Demharter
Grundbuchordnung

Beck'sche Kurz-Kommentare

Band 8

Grundbuchordnung

mit dem Text der Grundbuchverfügung
und weiterer Vorschriften

von

Johann Demharter

Richter am
Bayerischen Obersten Landesgericht a. D.

32., neubearbeitete Auflage 2021

C.H.BECK

www.beck.de

ISBN 978 3 406 75426 5

© 2021 Verlag C. H. Beck oHG
Wilhelmstraße 9, 80801 München
Druck und Bindung: Beltz Grafische Betriebe GmbH
Am Fliegerhorst 8, 99947 Bad Langensalza
Satz: Druckerei C. H. Beck, Nördlingen
(Adresse wie Verlag)
Umschlaggestaltung: Fotosatz Amann GmbH & Co. KG, Memmingen

chbeck.de/nachhaltig

Gedruckt auf säurefreiem, alterungsbeständigem Papier
(hergestellt aus chlorfrei gebleichtem Zellstoff)

Vorwort zur 32. Auflage

Der Gesetzgeber hat sich seit der Vorauflage nur zurückhaltend mit dem Grundbuchrecht befasst. Im Wesentlichen geht es um die Anpassung an die Vorgaben der Datenschutz-Grundverordnung. Die hierzu eingefügte Bestimmung des § 12d GBO dürfte sich auf die praktische Arbeit der Grundbuchämter nur wenig auswirken.

Im Vordergrund steht damit die Ausgestaltung des Grundbuchrechts durch die Rechtsprechung. Zahlreiche Entscheidungen von Obergerichten haben die Vollmacht in den verschiedenen Anwendungsbereichen zum Gegenstand. So ist weiterhin ungeklärt, ob eine von der Betreuungsbehörde beglaubigte Vorsorgevollmacht im Grundbuchverkehr eingesetzt werden kann. Umstritten ist, ob die von dem Gesellschafter einer BGB-Gesellschaft erteilte Vollmacht zur Vertretung der Gesellschaft mit der Insolvenz des Gesellschafters erlischt. Auffallend häufig ist die transmortale Vollmacht Gegenstand von Entscheidungen. Hier stellt sich die Frage, was für Auswirkungen es hat, wenn der transmortal Bevollmächtigte Allein- oder Miterbe des Erblassers als Vollmachtgeber wird. Bei der Veräußerung eines Grundstücks durch den transmortal Bevollmächtigten ist zweifelhaft, ob ohne Voreintragung der Erben zusammen mit einer Eigentumsvormerkung eine Grundschuld zur Sicherung der Kaufpreisfinanzierung eingetragen werden kann. Keine einheitliche Rechtsprechung liegt schließlich zu der Frage vor, ob die transmortale Vollmacht zugunsten des Vorerben diesen auch zur Vertretung des Nacherben berechtigt.

Im Gesetzgebungsverfahren befindet sich ein Entwurf zur Modernisierung des Wohnungseigentums. Mit den angestrebten Gesetzesänderungen schreitet die mit dem Änderungsgesetz vom Jahr 2007 eingeleitete „Vergesellschaftung von Wohnungseigentum" fort. Sie geht mit einer Schwächung der Rechtsposition des einzelnen Wohnungseigentümers als echtem Grundeigentümer zugunsten des Verbands und des Verwalters einher. Die Reform wird auch Auswirkungen auf das Grundbuchrecht haben. Im Vordergrund steht dabei die vorgesehene Möglichkeit, Eigentümerbeschlüsse aufgrund einer Vereinbarung der Wohnungseigentümer über ihr Verhältnis untereinander in das Grundbuch einzutragen..

Die Neuauflage bringt den Kommentar auf den Stand vom 10.9.2020.

München, im September 2020   Johann Demharter

Inhaltsübersicht

Inhalt

Verzeichnis abgedruckter Gesetzesstellen

Abkürzungsverzeichnis

A.	Anmerkung
aaO	am angegebenen Ort
Abs.	Absatz
Abt.	Abteilung
AbwicklG	Gesetz zur Abwicklung der landwirtschaftlichen Entschuldung v. 25.3.1952 (BGBl. I 203; BGBl. III 7812-2)
AbwicklVO	Verordnung zur Abwicklung der landwirtschaftlichen Schuldenregelung v. 5.7.1948 (VOBlBZ 199)
AcP	Archiv für civilistische Praxis
a. F.	alte Fassung
AG	Ausführungsgesetz und Aktiengesellschaft
AGB-Gesetz	Gesetz zur Regelung des Rechts der Allgemeinen Geschäftsbedingungen v. 9.12.1976 (BGBl. I 3317)
AgrarR	Zeitschrift für das gesamte Recht der Landwirtschaft, der Agrarmärkte und des ländlichen Raumes
AktG	Aktiengesetz v. 6.9.1965 (BGBl. I 1089)
AktO	Aktenordnung; BayJMBek. v. 13.12.1983 (BayJMBl. 1984, 13)
ALR	Allgemeines Landrecht für die Preußischen Staaten v. 1794
a. M.	anderer Meinung
ÄndVO	Verordnung zur Änderung des Verfahrens in Grundbuchsachen v. 5.8.1935 (RGBl. I 1065; BGBl. III 315-11-1)
Anh.	Anhang
Anl.	Anlage
AO	Abgabenordnung i. d. F. v. 1.10.2002 (BGBl. I 3866)
Art.	Artikel
AufwG	Aufwertungsgesetz v. 16.7.1925 (RGBl. I 117)
AusfG	Ausführungsgesetz
AusfVO	Ausführungsverordnung (ohne Zusammenhang mit anderen Gesetzen: Verordnung zur Ausführung der Grundbuchordnung v. 8.8.1935, RGBl. I 1089; BGBl. III 315-11-2)
AV	Allgemeine Verfügung
BAG	Bundesarbeitsgericht
BAnz.	Bundesanzeiger
Bauer/Schaub	Kommentar zur Grundbuchordnung, 4. Auflage, 2018
BauGB	Baugesetzbuch i. d. F. v. 3.11.2017 (BGBl. I 3634)
BauROG	Gesetz zur Änderung des Baugesetzbuchs und zur Neuregelung des Rechts der Raumordnung (Bau- und Raumordnungsgesetz 1998) v. 18.8.1997 (BGBl. I 2081)
BayBS	Bereinigte Sammlung des bayerischen Landesrechts 1802–1956 (Bd. I–IV und Ergänzungsband)
BayBSVJu	Bereinigte Sammlung der bayerischen Justizverwaltungsvorschriften 1863 – 30.6.1957 (Bd. I–VI und Registerband)
BayGBGA	s. GBGA
BayJMBl.	Bayerisches Justizministerialblatt (ersetzt ab 1.1.2019 durch das BayMBl.)
BayMBl.	Bayerisches Ministerialblatt (ersetzt ab 1.1.2019 u. a. das BayJMBl.)
BayNachlO	Bayerische Nachlassordnung v. 20.3.1903 (BayBSVJu III 166)

Abkürzungen

Abkürzungen

Abkürzungen

Abkürzungen

Hesse/Saage/Fischer	Kommentar zur Grundbuchordnung, 4. Auflage, 1957
HGB	Handelsgesetzbuch v. 10.5.1897 (RGBl. 219; BGBl. III 4100-1)
HöfeO	Höfeordnung i. d. F. v. 26.7.1976 (BGBl. I 1933)
HöfeVfO	Verfahrensordnung für Höfesachen v. 29.3.1976 (BGBl. I 881)
h. M.	herrschende Meinung
HofV	Verordnung über die grundbuchmäßige Behandlung von Anteilen an ungetrennten Hofräumen (HofraumVO) v. 12.7. 2017 (BGBl. I 2358) – *abgedruckt als Anhang 8*
HRR	Höchstrichterliche Rechtsprechung
HRV	Handelsregisterverordnung
Hügel/*Bearbeiter*	Kommentar zur Grundbuchordnung, 4. Auflage, 2020
Hyp.	Hypothek
HypAblV	Verordnung über die Ablösung früherer Rechte und andere vermögensrechtliche Fragen (Hypothekenablöseverordnung) v. 10.6.1994 (BGBl. I 1253)
i. d. F.	in der Fassung
InsO	Insolvenzordnung v. 5.10.1994 (BGBl. I 2866)
IntErbRVG	Internationales Erbrechtsverfahrensgesetz v. 29.6.2015 (BGBl. I 1042)
InvG	Investmentgesetz v. 15.12.2003 (BGBl. I 2676)
InVo	Insolvenz & Vollstreckung
InVorG	Gesetz über den Vorrang für Investitionen bei Rückübertragungsansprüchen nach dem Vermögensgesetz (Investitionsvorranggesetz) i. d. F. v. 4.8.1997 (BGBl. I 1996)
IPRax	Praxis des Internationalen Privat- und Verfahrensrechts
i. V. m.	in Verbindung mit
JBeitrG	Justizbeitreibungsgesetz i. d. F. v. 27.6.2017 (BGBl. I 1926)
JBl.	Justizblatt
JFG	Jahrbuch für Entscheidungen in Angelegenheiten der freiwilligen Gerichtsbarkeit und des Grundbuchrechts; Entscheidungen sind, soweit nichts anderes vermerkt, solche des Kammergerichts
JFGErg.	Ergänzung zum JFG
JMBl.	Justizministerialblatt
JMBlNRW	Justizministerialblatt Nordrhein-Westfalen
JR	Juristische Rundschau, ab 1947
JurBüro	Das Juristische Büro
JRdsch.	Juristische Rundschau (bis 1947)
Justiz	Die Justiz, Amtsblatt des Justizministeriums Baden-Württemberg
JVBl.	Justizverwaltungsblatt
JVKostG	Gesetz über Kosten in Angelegenheiten der Justizverwaltung v. 23.7.2013 (BGBl. I 2586, 2655)
JVKostG-KV	Anlage zu § 4 Abs. 1 JVKostG (Kostenverzeichnis)
JVKostO	Gesetz über Kosten im Bereich der Justizverwaltung (Justizverwaltungskostenordnung) v. 14.2.1940 (RGBl. I 357; BGBl. III 363-1)
JW	Juristische Wochenschrift
JZ	Juristen-Zeitung (früher DRZ und SJZ)
KAGB	Kapitalanlagegesetzbuch v. 4.7.2013 (BGBl. I 1981)
KEHE/*Bearbeiter*	Keller/Munzig, Grundbuchrecht, 8. Auflage 2019
KG	Kammergericht und Kommanditgesellschaft
KGBl.	Blätter für Rechtspflege im Bezirk des Kammergerichts

Abkürzungen

Abkürzungen

OLG	Oberlandesgericht und Rechtsprechung der Oberlandesgerichte in Zivilsachen auf dem Gebiete des Civilrechts, herausgegeben von Mugdan/Falkmann (ab 1900 bis einschließlich 1928)
OLG-NL	OLG-Rechtsprechung Neue Länder
OLGR	OLG-Report (Name des betreffenden OLG)
OLGZ	Entscheidungen der Oberlandesgerichte in Zivilsachen (ab 1965 bis einschließlich 1994)
PartGG	Gesetz über Partnerschaftsgesellschaften Angehöriger Freier Berufe (Partnerschaftsgesellschaftsgesetz) vom 25.7.1994 (BGBl. I 1744)
PartGmbB	Partnerschaftsgesellschaft mit beschränkter Berufshaftung
PRV	Verordnung über die Einrichtung und Führung des Partnerschaftsregisters (Partnerschaftsregisterverordnung) v. 16.6.1995 (BGBl. I 808)
RdL	Recht der Landwirtschaft
REinhG	Gesetz zur Wiederherstellung der Rechtseinheit auf dem Gebiete der Gerichtsverfassung, der bürgerlichen Rechtspflege, des Strafverfahrens und des Kostenrechts v. 12.9.1950 (BGBl. 455; BGBl. III 300-6)
Recht	Zeitschrift „Das Recht"
RegBl.	Regierungsblatt
RegVBG	Gesetz zur Vereinfachung und Beschleunigung registerrechtlicher und anderer Verfahren (Registerverfahrenbeschleunigungsgesetz) v. 20.12.1993 (BGBl. I 2182)
RG	Reichsgericht und Entscheidungen des Reichsgerichts in Zivilsachen
RGBl.	Reichsgesetzblatt
RHeimstG	Reichsheimstättengesetz i. d. F. v. 25.11.1937 (RGBl. I 1291; BGBl. III 2332-1)
RJA	Entscheidungen in Angelegenheiten der freiwilligen Gerichtsbarkeit, zusammengestellt im Reichsjustizamt
RJM	Reichsjustizminister
RMBl.	Reichsministerialblatt
Rn.	Randnummer
RNotZ	Rheinische Notar-Zeitschrift (vormals MittRhNotK)
Rpfleger	Rechtspfleger; mit Jahreszahl und Seite: Zeitschrift „Der Deutsche Rechtspfleger"
RpflegerG	Rechtspflegergesetz i. d. F. v. 14.4.2013 (BGBl. I 778)
RSiedlG	Reichssiedlungsgesetz v. 11.8.1919 (RGBl. 1429; BGBl. III 2331-1)
RVG	Rechtsanwaltsvergütungsgesetz v. 5.5.2004 (BGBl. I 718, 788)
RVG-VV	Anlage zu § 2 Abs. 2 RVG (Vergütungsverzeichnis)
S.	Seite
s.	siehe
SachenRÄndG	Gesetz zur Änderung sachenrechtlicher Bestimmungen (Sachenrechtsänderungsgesetz) v. 21.9.1994 (BGBl. I 2457)
SachenRBerG	Gesetz zur Sachenrechtsbereinigung im Beitrittsgebiet (Sachenrechtsbereinigungsgesetz) v. 21.9.1994 (BGBl. I 2457)
SachenR-DV	Verordnung zur Durchführung des Grundbuchbereinigungsgesetzes und anderer Vorschriften auf dem Gebiet des Sachenrechts (Sachenrechts-Durchführungsverordnung) v. 20.12.1994 (BGBl. I S. 3900)
SchlHA	Schleswig-Holsteinische Anzeigen

Abkürzungen

XVIII

Abkürzungen

Einleitung

1. Grundbuch

Das GB ist dazu bestimmt, über die privatrechtlichen, nicht aber auch **1** über die öffentlich-rechtlichen Verhältnisse eines Grundstücks zuverlässig Auskunft zu geben (BGH NJW-RR 2017, 1162; BayObLG BayVBl. 1990, 26). Dem dient die GBO, die bezweckt, auf sicherer Grundlage bestimmte und eindeutige Rechtsverhältnisse für unbewegliche Sachen zu schaffen und zu erhalten (RG 145, 354; BayObLG Rpfleger 1990, 503). Gegenüber dem materiellen Recht hat das GBVerfahrensrecht eine dienende Funktion und muss sich diesem grundsätzlich unterordnen (BGH Rpfleger 2012, 252). Dies darf aber nicht zum Vorwand genommen werden, sich über wesentliche Grundsätze des geltenden GBVerfahrensrechts hinwegzusetzen, die Fundament und Garant der Zuverlässigkeit des GB sind.

Das GBAmt darf grundsätzlich keine Eintragung vornehmen, die im Widerspruch zu geltendem Recht stünde (Legalitätsprinzip). Das bedeutet jedoch nicht, dass es bei Vorliegen der EintrVoraussetzungen eine Prüfungspflicht auch hinsichtlich der Übereinstimmung der Eintragung mit dem materiellen Recht hat. Selbst wenn es auf Grund von Tatsachen zweifelsfreie Kenntnis davon hat, dass durch die Eintragung ein Rechtszustand verlautbart würde, der im Widerspruch zu geltendem Recht stünde, darf es nach h. M. die Eintragung nicht ablehnen, es sei denn, durch die Eintragung würde das GB unrichtig. Im GBRecht beschränkt sich das Legalitätsprinzip damit auf die Pflicht des GBAmts, das GB richtig zu halten (s. dazu Anh. zu § 13 Rn. 41; Böttcher ZfIR 2013, 673; Zimmer, Die materielle Sachprüfung im GBVerfahren, NJW 2014, 337).

Zur Geschichte des GB s. den Abriss von Stewing Rpfleger 1989, 445. Zur Blockchain-Technologie aus der Sicht des deutschen GBRechts s. Wilsch DNotZ 2017, 761. Zur Verdrängung der Juden aus dem GB in der NS-Zeit s. Wilsch, Auf den Spuren des Bösen. Das GBVerfahren ab 1938 unter besonderer Berücksichtigung der obergerichtlichen GBRechtsprechung, notar 2019, 114.

2. Grundbuchrecht

Die GBO vom 24.3.1897 (RGBl. S. 139) i. d. F. vom 20.5.1898 (RGBl. **2** S. 574) hat durch die VO zur Änderung des Verfahrens in GBSachen vom 5.8.1935 (RGBl. I 1065; zur Aufhebung der VO s. Rn. 27) zahlreiche Änderungen erfahren. Sie galt seit dem 1.4.1936 i. d. F. vom 5.8.1935 (RGBl. I 1073). Zur Entstehung der GBO s. Demharter, 100 Jahre Grundbuchordnung, FGPrax 1997, 5; zu ihrer Neufassung vom 26.5.1994 s. Rn. 35.

Zweck und Ziel der Änderungen des Jahres 1935 war die Schaffung eines **3** für das ganze Reich einheitlichen GBRechts. Bei dem engen Zusammenhang zwischen dem sachlichrechtlichen und dem verfahrensrechtlichen Liegenschaftsrecht musste die erstrebte Vereinheitlichung allerdings dort ihre

Einleitung

Grenze finden, wo für das sachlichrechtliche Verhältnis nach dem EGBGB das Landesrecht maßgebend ist. Hieraus erklärt sich der in dem früheren § 117, heute in § 143, davor in § 136 GBO enthaltene Vorbehalt zugunsten der Landesgesetzgebung, während die früheren Vorbehalte sonst durchwegs beseitigt worden sind (s. im einzelnen Hesse DJust. 1935, 1291 und Saage JW 1935, 2769).

4 Die AusfVO vom 8.8.1935 (RGBl. I 1089) enthielt Vorschriften über die funktionelle Zuständigkeit der mit der GBFührung und der Wahrnehmung der sonstigen Aufgaben des GBAmts betrauten Personen, über das dem GB zugrundeliegende amtliche Grundstücksverzeichnis sowie über die nachträgliche Anlegung von GBBlättern. Zur Aufhebung der AusfVO durch das RegVBG s. Rn. 35.

5 In der GBV vom 8.8.1935 (RMBl. 637) wurde die Einrichtung und Führung des GB geregelt. Nach zahlreichen Änderungen (s. dazu Rn. 9 ff.) gilt die GBV jetzt in der Fassung vom 24.1.1995 (BGBl. I 114). Die AV des RJM über die geschäftliche Behandlung der GBSachen (GeschO) vom 25.2. 1936 (DJust. 350) mit Änderungen durch die AV vom 23.12.1937 (DJust. 1938, 33), vom 27.1.1939 (DJust. 224) und vom 20.10.1941 (DJust. 1022) trifft ergänzende Bestimmungen. Viele Länder haben die AV inzwischen abgeändert oder aufgehoben und durch andere Regelungen ersetzt, z.B. Bayern durch die Geschäftsanweisung für die Behandlung der GBSachen (GBGA) vom 7.12.1981 (JMBl. 190) mit späteren Änderungen, ersetzt durch die Geschäftsanweisung vom 16.10.2006 (JMBl. 182). Ab der 22. Auflage wird die GeschO daher im Anhang nicht mehr abgedruckt.

3. Rechtsentwicklung

6 Die grundbuchrechtlichen Vorschriften sind seit der Neufassung der GBO im Jahr 1935 durch folgende Gesetze, Verordnungen und Verfügungen geändert und ergänzt worden:

a) Bis zum Inkrafttreten des Grundgesetzes. Ges. zur Ergänzung des § 10 GBO vom 31.10.1938 (RGBl. I 1544). Durch dieses hat die genannte Vorschrift einen neuen Abs. 4 erhalten, der später wieder aufgehoben wurde (s. Rn. 19).

7 AV des RJM über die Zurückführung der Grundbücher auf das Reichskataster vom 20.1.1940 (DJust. 212, geändert durch AV vom 26.1.1942, DJust. 85), über die Erhaltung der Übereinstimmung zwischen dem Grundbuch und dem Reichskataster vom 20.1.1940 (DJust. 214) und über die Einführung des Reichskatasters als amtliches Verzeichnisses der Grundstücke vom 28.4.1941 (DJust. 548). Ferner VO über die Einführung des Reichskatasters als amtliches Verzeichnis der Grundstücke im Sinn des § 2 Abs. 2 GBO vom 23.1.1940 (RGBl. I 240). Die VO ergänzte § 2 Abs. 2 GBO; sie wurde durch die VO vom 19.11.1995 (BGBl. I 1527) aufgehoben (s. Rn. 47).

8 VO über die Wiederherstellung zerstörter oder abhandengekommener Grundbücher und Urkunden vom 26.7.1940 (RGBl. I 1048). Die VO enthält eine Ergänzung des § 148 Abs. 1 (früher § 141 Abs. 1 und davor § 123).

9 AV des RJM zur Abänderung des § 25 GBV vom 18.7.1941 (RMBl. 175).

Einleitung

VO zur Vereinfachung des GBVerfahrens vom 5.10.1942 (RGBl. I 573). **10** Durch diese wurden § 22 Abs. 2 und § 27 GBO neu gefasst, erhielt § 35 GBO einen neuen Abs. 3 und wurde nach § 82 ein neuer § 82a in die GBO eingefügt (§§ 1 mit 4). Im Übrigen wurde der RJM ermächtigt, im Verwaltungsweg Abweichungen von gewissen Vorschriften der GBO zuzulassen, und in Ergänzung der §§ 41 und 67 GBO eine besondere Regelung für den Fall getroffen, dass ein Hypotheken-, Grundschuld- oder Rentenschuldbrief durch Kriegseinwirkung vernichtet worden ist.

VO des Zentral-Justizamts der britischen Zone vom 12.5.1947 (VOBlBZ **11** 52), Badisches Landesgesetz vom 7.7.1948 (GVBl. 127), Gesetz des Landes Württemberg-Hohenzollern vom 6.8.1948 (RegBl. 93) und Rheinland-Pfälzisches Landesgesetz vom 8.10.1948 (GVBl. 369). Durch sie hat § 8 der VereinfachungsVO vom 5.10.1942 in der ehemals britischen und französischen Zone einen neuen Abs. 2 erhalten; die nämliche Änderung erfolgte später in West-Berlin (Ges. vom 11.12.1952, GVBl. 1075). Zur späteren Aufhebung dieser Vorschriften s. Rn. 19.

VO des Zentral-Justizamts der britischen Zone vom 21.5.1948 (VOBlBZ **12** 127). Sie lockerte in der ehemals britischen Zone die Briefvorlegungspflicht nach § 41 GBO. Die VO wurde durch die VO vom 19.11.1995 (BGBl. I 1527) aufgehoben (s. Rn. 47).

b) Nach dem Inkrafttreten des Grundgesetzes. Verfügung des BJM **13** über die grundbuchmäßige Behandlung der Wohnungseigentumssachen vom 1.8.1951 (BAnz. Nr. 152). Die WGV gilt nunmehr in der Fassung vom 24.1.1995 (BGBl. I 134).

Rechtspflegergesetz vom 8.2.1957 (BGBl. I 18). Durch dieses Ges. wurden **14** die nach der AusfVO vom Richter wahrzunehmenden Geschäfte grundsätzlich auf den Rpfleger übertragen.

VO des BJM zur Änderung des § 21 GBV vom 7.7.1959 (BAnz. Nr. 137). **15**

VO des BJM zur Änderung und Ergänzung der WGV vom 15.7.1959 **16** (BAnz. Nr. 137). Sie brachte Vereinfachungen für die Erteilung der Grundpfandrechtsbriefe.

VO des BJM zur Aufhebung des § 59 Satz 2 GBV vom 27.7.1960 (BAnz. **17** Nr. 145).

VO des BJM über Grundbücher mit herausnehmbaren Einlegebogen vom **18** 26.6.1961 (BAnz. Nr. 124). Sie schuf durch Änderung des § 2 und weiterer Vorschriften der GBV die Möglichkeit zur Einführung des sog. Loseblattgrundbuchs.

Ges. über Maßnahmen auf dem Gebiete des GBWesens vom 20.12.1963 **19** (BGBl. I 986). Dieses Gesetz, dessen vornehmliches Ziel die Beseitigung der durch einige Kriegs- und Nachkriegsgesetze eingetretenen Entwertung des GB ist, brachte in seinem 6. Abschnitt eine Neufassung des § 57 Abs. 2 Buchst. a und der §§ 82 und 123 (jetzt § 148 Abs. 1) GBO und ergänzte neben § 83 GBO auch §§ 2 und 3 AusfVO; außerdem hob es § 10 Abs. 4 und § 58 Abs. 2 GBO sowie §§ 5 mit 10 der VereinfachungsVO vom 5.10. 1942 samt den in Rn. 11 bezeichneten Vorschriften auf; die in § 8 der VereinfachungsVO getroffene Regelung wurde jedoch nicht aufgegeben, sondern mit gewissen Änderungen in das GBMaßnG übernommen.

Einleitung

20 VO des BJM zur Änderung der §§ 6, 13 und 53 GBV vom 2.11.1964 (BAnz. Nr. 209).

21 VO des BJM zur Änderung des § 6 GBV vom 10.6.1969 (BAnz. Nr. 105).

22 BeurkundungsG vom 28.8.1969 (BGBl. I 1513). Es beseitigte durch Änderung des § 29 GBO die Möglichkeit, zur Eintragung erforderliche Erklärungen zur Niederschrift des GBAmts abzugeben.

23 RechtspflegerG vom 5.11.1969 (BGBl. I 2065). Dieses Gesetz, das am 1.7.1970 an die Stelle des in Rn. 14 genannten getreten ist, hat die nach der AusfVO vom Richter wahrzunehmenden Geschäfte in vollem Umfang auf den Rpfleger übertragen. Das Ges. gilt jetz i. d. F. v. 14.4.2013 (BGBl. I 778).

24 EinführungsG zum StGB vom 2.3.1974 (BGBl. I 469). Durch Art. 106 des Ges. wurde § 76 Abs. 3 GBO angepasst.

25 VO des BJM zur Änderung der AusfVO sowie zur Änderung der GBV und der WGV vom 21.3.1974 (BGBl. I 771). Ihr wesentliches Ziel ist die Erleichterung des grundbuchamtlichen Geschäftsbetriebs.

26 Ges. zur Änderung sachenrechtlicher, grundbuchrechtlicher und anderer Vorschriften vom 22.6.1977 (BGBl. I 998). Durch dieses Gesetz, dessen Zweck es ist, die GBÄmter durch eine Neuregelung des Rechts der Löschungsvormerkung nach § 1179 BGB sowie durch eine Vereinfachung der Herstellung der Grundpfandrechtsbriefe zu entlasten, sind ein neuer § 29a in die GBO eingefügt und §§ 41, 56, 57, 61 und 62 GBO geändert worden.

27 VO des BJM zur Änderung der GBV und der WGV vom 1.12.1977 (BGBl. I 2313). Durch sie wurden im Hinblick auf die Änderungen der GBO durch das in Rn. 26 genannte Ges. §§ 47 und 59 GBV und §§ 5 und 9 WGV sowie die Anlagen 3 bis 8 der GBV und die Anlage 4 der WGV neu gefasst; außerdem ist § 21 GBV ein neuer Abs. 4 angefügt worden.

28 VO des BJM zur Änderung der GBV und der WGV vom 23.7.1984 (BGBl. I 1025). Ihr wesentlicher Inhalt besteht in der Einfügung eines neuen § 70a (jetzt § 108, davor § 101) in die GBV. Durch die VO soll die Umstellung auf das Loseblattgrundbuch erleichtert werden.

29 Ges. zur Neuregelung des Internationalen Privatrechts vom 25.7.1986 (BGBl. I 1142). Durch dieses Ges. wurde die Verweisung in § 116 Abs. 2 (jetzt § 142 Abs. 2, davor § 135 Abs. 2) GBO auf den neuen Standort der dort genannten Bestimmungen des EGBGB umgestellt.

30 Einigungsvertrag vom 31.8.1990 (BGBl. II 889). Er enthält in Anl. I Kap. III Sachgeb. B Abschn. III Nr. 1 bis 5 die Maßgaben, mit denen grundbuchrechtliche Vorschriften im Gebiet der ehemaligen DDR in Kraft traten.

Ges. zur Beseitigung von Hemmnissen bei der Privatisierung von Unternehmen und zur Förderung von Investitionen vom 22.3.1991 (BGBl. I 766). Durch dieses Ges. wurde § 125 GBO angefügt. Die Bestimmung wurde durch das RegVBG (s. Rn. 34) wieder aufgehoben; ihr Inhalt wurde in § 12b GBO übernommen.

31 2. VermögensrechtsänderungsG vom 14.7.1992 (BGBl. I 1257, 1283). Durch dieses Ges. wurde in § 25 Satz 2 GBO eine Ergänzung eingefügt.

32 Ges. zur Aufhebung des RHeimstG vom 17.6.1993 (BGBl. I 912). Durch dieses Ges. wurden in § 4 GBO die auf die Heimstätte hinweisenden Textstellen und der frühere § 55 Satz 2 GBO gestrichen; ferner wurden die früheren §§ 61 bis 63 GBV aufgehoben.

Einleitung

VO über die grundbuchmäßige Behandlung von Anteilen an ungetrenn- **33** ten Hofräumen vom 24.9.1993 (BGBl. I 1658). Durch die VO wurde die formale GBFähigkeit ungetrennter Hofräume in den ehemals preußischen Landesteilen im Gebiet der ehemaligen DDR hergestellt (s. dazu Rn. 90).

4. Registerverfahrenbeschleunigungsgesetz

Nach den Änderungen vom Jahr 1935 hat das GBRecht im Jahr 1993 **34** durch das RegVBG vom 20.12.1993 (BGBl. I 2182) erneut weitreichende Änderungen erfahren. Anlass dafür war die Notwendigkeit, im Gebiet der ehemaligen DDR wieder geordnete Eigentumsverhältnisse herzustellen und einen reibungslosen Ablauf des GBVerfahrens zu gewährleisten.

Im Vordergrund der Änderungen steht die Einführung des maschinell ge- **35** führten GB mit der Möglichkeit der Integration von GB und Liegenschaftskataster (§§ 126 ff. GBO). Außerdem wurde die AusfVO aufgehoben; ihre Bestimmungen wurden, soweit sie sich nicht als überholt und entbehrlich erwiesen, in die GBO eingefügt; dies betrifft insbes. die Regelungen über die funktionelle Zuständigkeit der Organe des GBAmts und das Verfahren zur nachträglichen Anlegung von GBBlättern (vgl. insbes. § 12c, § 13 Abs. 3, § 44 Abs. 1, § 56 Abs. 2 und §§ 116 ff. GBO). Erleichtert wurde die selbständige Buchung von Miteigentumsanteilen (§ 3 Abs. 4 ff. GBO) und die Bezugnahme bei der GBEintragung (§ 44 Abs. 2, 3 GBO). Erschwert wurden dagegen die Vereinigung und die Zuschreibung (§ 5 Abs. 2, § 6 Abs. 2 und § 136 Abs. 3, jetzt § 143 Abs. 3 GBO). Ermöglicht wurde es dem GBAmt, Grundakten statt in Papierform auf einem Bild- oder sonstigen Datenträger aufzubewahren (§ 10a GBO); diese Möglichkeit wurde durch das ERVGBG v. 11.8.2009 auf geschlossene Grundbücher beschränkt (s. Rn. 88). Ferner wurde das Mitteilungsverfahren neu geregelt (§§ 55 ff. GBO) Mit diesen und weiteren Änderungen gilt die GBO ab 25.12.1993 i. d. F. vom 26.5.1994 (BGBl. I 1114).

Durch das RegVBG wurde auch die GBV verschiedentlich geändert; ins- **36** bes. wurden in Abschnitt XIII Vorschriften über das maschinell geführte GB eingefügt. Das als Art. 2 des RegVBG in Kraft getretene GBBerG hat die Behandlung wertbeständiger und ähnlicher Rechte, das Erlöschen überholter Dienstbarkeiten und vergleichbarer Rechte sowie nicht eingetragener dinglicher Rechte, die Ablösung von Grundpfandrechten und sonstige Erleichterungen grundbuchrechtlicher Art zum Gegenstand. Viele das GBRecht betreffende Änderungen des RegVBG wirken sich nur im Gebiet der ehemaligen DDR aus. Dies gilt insbes. für die Neufassung der Grundstücksverkehrsordnung, das neu geschaffene Bodensonderungsverfahren und die Änderungen und Ergänzungen der Art. 231 und 233 EGBGB, welche die dinglichen Nutzungsrechte und das selbständige Gebäudeeigentum betreffen.

5. Änderungen nach der Neufassung der GBO

Die grundbuchrechtlichen Vorschriften haben nach der Neufassung der **37** GBO vom 26.5.1994 durch folgende Gesetze und Verordnungen Änderungen und Ergänzungen erfahren:

VO über die Ablösung früherer Rechte und andere vermögensrechtliche Fragen (HypAblV) vom 10.6.1994 (BGBl. I 1253). Durch § 11 Abs. 3 der

Einleitung

VO wurde der durch das RegVB eingefügte § 106 Abs. 1 GBV über das Inkrafttreten des Abschnitts XIII der GBV aufgehoben.

38 VO über Gebäudegrundbücher und andere Fragen des GBRechts vom 15.7.1994 (BGBl. I 1606). Art. 1 der VO enthält die Gebäudegrundbuchverfügung und Art. 2 vielfältige Änderungen der GBV.

39 SachenrechtsänderungsG vom 21.9.1994 (BGBl. I 2457). Durch dieses Gesetz, in dessen Mittelpunkt die Anpassung der Rechtsinstitute der DDR an das BGB und seine Nebengesetze steht, wurde auch das GBBerG vom 20.12.1993 geändert.

40 VO über die vorrangige Bearbeitung investiver GBSachen vom 3.10.1994 (BGBl. I 2796). Die VO bezweckte im Hinblick auf den Stau von GB-EintrAnträgen und -Ersuchen im Gebiet der ehemaligen DDR die beschleunigte Behandlung von Anträgen und Ersuchen, denen ein Investitionsvorhaben zugrundeliegt. Die VO wurde durch Ges. v. 8.7.2016 aufgehoben (s. Rn. 102).

41 EinführungsG zur Insolvenzordnung vom 5.10.1994 (BGBl. I 2911). Durch Art. 24 des Ges. sind mit Wirkung vom 19.10.1994 an § 144 (jetzt § 150) Abs. 1 Nr. 1 GBO die Sätze 4 und 5 angefügt und mit Wirkung vom 1.1.1999 der Wortlaut des § 12c Abs. 2 Nr. 3 GBO geändert worden.

42 3. VO zur Änderung der VO zur Durchführung der Schiffsregisterordnung und zur Regelung anderer Fragen des Registerrechts vom 30.11.1994 (BGBl. I 3580). Durch Art. 2 der VO ist die GBV und durch Art. 3 die WGV geändert worden. Art. 4 der VO enthält die GBAbVfV. Diese wurde durch das ERVGBG aufgehoben (s. Rn. 88).

43 Sachenrechts-DurchführungsVO vom 20.12.1994 (BGBl. I 3900). §§ 1 bis 11 der VO enthalten ergänzende Regelungen zu § 9 GBBerG, § 12 der VO legt die bei wertbeständigen Grundpfandrechten im Sinne des § 3 GBBerG zugrunde zu legenden Mittelwerte und Marktpreise fest und § 13 verlängert die Fristen des § 8 GBBerG.

44 Bek. der Neufassung der GBV vom 24.1.1995 (BGBl. I 114) und Bek. der Neufassung der WGV vom 24.1.1995 (BGBl. I 134).

45 AusführungsG Seerechtsübereinkommen 1982/1994 vom 6.6.1995 (BGBl. I 778). Durch Art. 5 Abs. 2 des Ges. wurde zur Entlastung der GB-Ämter § 10 Abs. 3 GBO aufgehoben; ferner wurde die Regelung des § 32 GBO auf die Partnerschaftsgesellschaft erstreckt.

46 VermögensrechtsanpassungsG vom 4.7.1995 (BGBl. I 895). Durch Art. 4 des Ges. wurde § 36a GBMaßnG geändert; die Änderung betrifft die Abgeltungshyp. im Gebiet der ehemaligen DDR. Außerdem wurde durch Art. 2 die GVO geändert.

47 VO zur Aufhebung überholter GBVorschriften vom 19.11.1995 (BGBl. I 1527). Durch die VO wurden die VO über die Einführung des Reichskatasters als amtliches Verzeichnis der Grundstücke (s. Rn. 7), die VO über den Vordruck bei Anlegung neuer Grundbücher im württembergischen Rechtsgebiet des Landes Baden-Württemberg vom 24.2.1964 (BAnz. Nr. 42) sowie die VO des Zentral-Justizamts der britischen Zone vom 21.5.1948 (s. Rn. 12) aufgehoben.

48 TelekommunikationsG vom 25.7.1996 (BGBl. I 1120). Durch § 99 Abs. 3 des Ges. wurde § 9 Abs. 11 GBBerG neu gefasst.

EigentumsfristenG v. 20.12.1996 (BGBl. I 2028). Durch dieses Ges. wurde **49** der Zeitpunkt, ab dem der öffentliche Glaube des GB im Gebiet der ehemaligen DDR auch für Mitbenutzungsrechte, dingliche Nutzungsrechte und das Gebäudeeigentum gilt, auf den 1.1.2000 hinausgeschoben (s. dazu Rn. 60).

JustizmitteilungsG vom 18.6.1997 (BGBl. I 1430). Der durch Art. 23 des **50** Ges. an § 17 BBergG angefügte neue Abs. 2 und der durch Art. 27 an § 12 FlurbG angefügte neue Abs. 3 begründen Mitteilungspflichten des GBAmts gegenüber der Bergbehörde und der Flurbereinigungsbehörde.

2. VO zur Änderung von Vorschriften für das maschinell geführte GB **51** (2. EDVGB-ÄndV) vom 11.7.1997 (BGBl. I 1808). Art. 1 enthält Änderungen der GBV und Art. 2 der VO über GBAbrufverfahrengebühren (zur Aufhebung dieser VO s. Rn. 88).

WohnraummodernisierungssicherungsG vom 17.7.1997 (BGBl. I 1823). **52** Durch Art. 4 dieses Ges. wurde die GVO geändert.

VO über Grundpfandrechte in ausländischer Währung und in Euro vom **53** 30.10.1997 (BGBl. I 2683) i. V. m. der zu § 4 der VO ergangenen VO vom 23.12.1998 (BGBl. I 4023).

2. Zwangsvollstreckungsnovelle vom 17.12.1997 (BGBl. I 3039). Durch **54** dieses Ges. wurde unter anderem der Mindestbetrag für eine Zwangssicherungshyp. angehoben und dem GBBerG ein § 15 über das Aufgebotsverfahren nach dem EntschädigungsG angefügt.

3. Ges. zur Änderung des RpflegerG und anderer Gesetze vom 6.8.1998 **55** (BGBl. I 2030). Durch dieses Ges. wurde die Vorlagepflicht des Rpflegers wesentlich eingeschränkt und die Durchgriffserinnerung beseitigt.

VermögensrechtsbereinigungsG vom 20.10.1998 (BGBl. I 3180). Durch **56** Art. 5 dieses Ges. wurde die GVO geändert und durch Art. 6 Nr. 2 in das GBBerG ein neuer § 9a eingefügt.

VO über das Vereinsregister und andere Fragen des Registerrechts vom **57** 10.2.1999 (BGBl. I 147, 155). Durch die VO wurden mehrere Bestimmungen der GBV, insbes. § 83, geändert.

VO über die Eintragung des Bodenschutzlastvermerks vom 18.3.1999 **58** (BGBl. I 497). Durch die VO wurde ein neuer Abschnitt XIV mit den §§ 93a und 93b in die GBV eingefügt.

ÜberweisungsG vom 21.7.1999 (BGBl. I 1642). Durch dieses Ges. wurde **59** ein § 26a in das GBMaßnG eingefügt, der sich mit Eintragungen im Zusammenhang mit der Umstellung auf den Euro befasst.

2. EigentumsfristenG vom 20.12.1999 (BGBl. I 2493). Durch dieses Ges. **60** wurde im Anschluss an das EigentumsfristenG vom 20.12.1996 (s. Rn. 49) der Zeitpunkt, ab dem der öffentliche Glaube des GB im Gebiet der ehemaligen DDR gilt, erneut hinausgeschoben, nunmehr auf den 1.1.2001.

Ges. über Fernabsatzverträge und andere Fragen des Verbraucherrechts **61** sowie zur Umstellung von Vorschriften auf Euro vom 27.6.2000 (BGBl. I 897). Durch Art. 7 dieses Ges. wurden in verschiedenen Gesetzen, darunter in der GBO, dem GBBerG und dem GBMaßnG, auf Deutsche Mark lautende Beträge auf Euro umgestellt.

GrundstücksrechtsänderungsG vom 2.11.2000 (BGBl. I 1481). Durch das **62** Ges. wurden §§ 8 und 10 GVO und § 15 GBBerG geändert.

Einleitung

63 Ges. zur Umstellung des Kostenrechts und der SteuerberatergebührenVO auf Euro vom 27.4.2001 (BGBl. I 751). Durch dieses Ges. wurden in der KostO und der VO über GBAbrufverfahrengebühren (zu deren Aufhebung s. Rn. 88) auf Deutsche Mark lautende Beträge auf Euro umgestellt.

64 ZustellungsreformG vom 25.6.2001 (BGBl. I 1206). Durch dieses Ges. wurde § 88 GBO an die Änderung der Zustellungsvorschriften der ZPO angepasst.

65 Ges. zur Änderung der Formvorschriften des Privatrechts und anderer Vorschriften an den modernen Rechtsgeschäftsverkehr vom 13.7.2001 (BGBl. I 1542). Durch dieses Ges. wurden die §§ 73, 81 GBO ergänzt und damit die Voraussetzungen für die Einreichung der Beschwerde in elektronischer Form geschaffen; außerdem wurde § 5 Abs. 1 GBBerG geändert.

66 Ges. zur Reform des Zivilprozesses vom 27.7.2001 (BGBl. I 1887). Durch dieses Ges. wurden § 78 GBO und § 14 KostO an die Änderungen der ZPO angepasst. § 78 GBO ist durch das FGG-RG neu gefasst worden (s. Rn. 83).

67 Ges. zur Änderung der InsO und anderer Gesetze vom 26.10.2001 (BGBl. I 2710). Durch dieses Ges. wurde an § 84 Abs. 1 GBO ein Satz 2 angefügt, der es ermöglicht, noch vorhandene Entschuldungsvermerke von Amts wegen zu löschen.

68 7. ZuständigkeitsanpassungsVO vom 29.10.2001 (BGBl. I 2785). Durch die VO wurde § 9 Abs. 11 Satz 3 GBBerG redaktionell angepasst.

69 Ges. zur Modernisierung des Schuldrechts vom 26.11.2001 (BGBl. I 3138). Durch das Ges. wurde § 6 Abs. 1 GBBerG an die Neuregelung der Verjährung angepasst.

70 Drittes Ges. zur Änderung verwaltungsverfahrensrechtlicher Vorschriften vom 21.8.2002 (BGBl. I 3322). Durch Art. 25 dieses Ges. wurden § 5 und § 7 Abs. 3 GVO ergänzt.

71 8. ZuständigkeitsanpassungsVO vom 25.11.2003 (BGBl. I 2304). Durch die VO wurde § 9 Abs. 11 Satz 3 GBBerG erneut redaktionell angepasst.

72 EntschädigungsrechtsänderungsG vom 10.12.2003 (BGBl. I 2471). Durch das Ges. wurden § 1 Abs. 2 und § 7 Abs. 3 GVO geändert.

73 1. JustizmodernisierungsG vom 24.8.2004 (BGBl. I 2198). Durch dieses Ges. wurde § 4 Abs. 2 Nr. 3 RpflegerG aufgehoben. Der Rpfleger ist damit vorbehaltlich einer entsprechenden Änderung des § 12c Abs. 4 GBO künftig auch befugt, über Anträge zu entscheiden, die auf eine Änderung einer Entscheidung des Urkundsbeamten der Geschäftsstelle gerichtet sind.

74 AnhörungsrügenG vom 9.12.2004 (BGBl. I 3220). Durch Art. 5 dieses Ges. wurde in § 81 GBO ein neuer Abs. 3 eingefügt, der § 29a FGG über die Fortführung des Verfahrens bei Verletzung des Anspruchs auf rechtliches Gehör für entsprechend anwendbar erklärt. An die Stelle von § 29a FGG ist nunmehr § 44 FamFG getreten (s. Rn. 82).

75 2. Ges. zur Neuregelung des Energiewirtschaftsrechts vom 7.7.2005 (BGBl. I 1970). Durch dieses Ges. wurde § 9 Abs. 4 Satz 1 GBBerG redaktionell geändert.

76 Ges. zur Neuorganisation der Finanzverwaltung und zur Schaffung eines Refinanzierungsregisters vom 22.9.2005 (BGBl. I 2809). Durch das Ges. wurde § 15 Abs. 1 GBBerG neu gefasst.

Ges. über die Bereinigung von Bundesrecht im Zuständigkeitsbereich des **77** Bundesministeriums der Justiz vom 19.4.2006 (BGBl. I 866). Durch Art. 88 dieses Ges. wurden § 12 Abs. 3 neu gefasst und der frühere § 142 (davor § 124), der eine Ermächtigung zum Erlass von Anordnungen zur Offenlegung der Grundakten enthielt, aufgehoben. Ferner wurden durch dieses Ges. die VO zur Änderung des Verfahrens in GBSachen vom 5.8.1935 (RGBl. I 1065; s. Rn. 2) und das Ges. über die Eintragung von Zinssenkungen im GB vom 11.5.1937 (RGBl. I 579) aufgehoben sowie das Ges. über Maßnahmen auf dem Gebiete des GBWesens vom 20.12.1963 (BGBl. I 986; s. Rn. 19) geändert.

9. ZuständigkeitsanpassungsVO vom 31.10.2006 (BGBl. I 2407). Durch **78** die VO wurde § 9 Abs. 11 Satz 3 GBBerG ein weiteres Mal redaktionell angepasst.

Bayer. Geschäftsanweisung für die Behandlung der GBSachen (GBGA) **79** vom 16.10.2006 (JMBl. 182). Durch sie wurde die Geschäftsanweisung vom 7.12.1981 (JMBl. 190) ersetzt.

Ges. zur Änderung des WEG und anderer Gesetze vom 26.3.2007 **80** (BGBl. I 370). Dieses Ges. enthält Änderungen, die eine Veräußerungsbeschränkung, die Zustimmung dinglich Berechtigter, die Abgeschlossenheitsbescheinigung und den Aufteilungsplan sowie die GBEintragung der WEigentümergemeinschaft betreffen, ferner das WErbbaurecht.

Ges. über die Bereinigung von Bundesrecht im Zuständigkeitsbereich des **81** Bundesministeriums der Justiz vom 23.11.2007 (BGBl. I 2614). Durch Art. 25 dieses Ges. wurde die Erbbaurechtsverordnung in Erbbaurechtsgesetz umbenannt; durch Art. 78 Abs. 7, 8 und 9 wurden § 137 (jetzt § 144) Abs. 3 GBO, § 17 Abs. 2 Satz 4, §§ 54, 56 Abs. 2, § 104 (jetzt § 111) GBV und § 13 Satz 1 GGV entsprechend geändert.

6. FGG-Reformgesetz

Am 1.9.2009 ist das Gesetz zur Reform des Verfahrens in Familiensachen **82** und in den Angelegenheiten der freiwilligen Gerichtsbarkeit (FGG-Reformgesetz, FGG-RG) v. 17.12.2008 (BGBl. I 2586) in Kraft getreten. Art. 1 dieses Ges. enthält das Ges. über das Verfahren in Familiensachen und in den Angelegenheiten der freiwilligen Gerichtsbarkeit (FamFG). Das FamFG ersetzt das Ges. über die Angelegenheiten der freiwilligen Gerichtsbarkeit (FGG) v. 12.5.1898. Der Allgemeine Teil des FGG enthielt nur eine lückenhafte Regelung, die durch mehrere Einzelgesetze für besondere Rechtsgebiete ergänzt wurde. Dazu gehört auch die GBO. Durch das an die Stelle des FGG getretene FamFG wird das Recht der freiwilligen Gerichtsbarkeit einschließlich des familiengerichtlichen Verfahrens vollständig und umfassend neu geregelt. Soweit die GBO nicht eine eigenständige Regelung enthält, finden die Bestimmungen des FamFG grundsätzlich auch im grundbuchrechtlichen Verfahren Anwendung.

Durch Art. 36 des FGG-RG wurde auch die GBO geändert. Im Vorder- **83** grund steht dabei die Neuregelung des Rechtsmittelverfahrens, das an den dreistufigen Instanzenzug in anderen Verfahrensordnungen angepasst wurde. Entscheidungen des GBAmts sind nunmehr mit der unbefristeten Beschwer-

Einleitung

de zum OLG anfechtbar. Gegen dessen Entscheidungen ist die befristete Rechtsbeschwerde zum BGH gegeben, sofern sie das OLG zugelassen hat. Das Vorlageverfahren gemäß dem früheren § 79 Abs. 2 ist damit entbehrlich geworden und entfallen.

84 Die Art. 37, 38 und 41 enthalten redaktionelle Anpassungen von Vorschriften der VO über die Wiederherstellung zerstörter oder abhanden gekommener Grundbücher und Urkunden (s. Rn. 87), des GBMaßnG (s. Rn. 19) und des GBBerG (s. Rn. 36) an die Änderungen durch das FGG-RG.

85 Als Übergangsregelung gilt, dass für Verfahren, die vor dem 1.9.2009 eingeleitet wurden oder deren Einleitung vor diesem Zeitpunkt beantragt wurde, weiter die vor dem 1.9.2009 geltenden Vorschriften anzuwenden sind (Art. 111 Abs. 1 FGG-RG).

7. Änderungen nach dem FGG-RG

86 In der Folgezeit wurden grundbuchrechtliche Vorschriften durch folgende Gesetze und Verordnungen geändert, aufgehoben oder ergänzt:
Ges. zur Änderung der Bundesnotarordnung und anderer Gesetze vom 15.7.2009 (BGBl. I 1798). Durch Art. 8 dieses Gesetzes wurde § 143 (später § 149) über die Vorbehalte für Baden-Württemberg neu gefasst und § 1 Abs. 1 entsprechend angepasst. Diese Änderungen sollten erst am 1.1.2018 in Kraft treten. Art. 8 des Ges. wurde durch das Ges. vom 5.12.2014 (BGBl. I 1962) aufgehoben; s. dazu Rn. 98.

87 Ges. zur Modernisierung von Verfahren im anwaltlichen und notariellen Berufsrecht, zur Errichtung einer Schlichtungsstelle der Rechtsanwaltschaft sowie zur Änderung sonstiger Gesetze vom 30.7.2009 (BGBl. I 2449). Durch Art. 9 Abs. 4 dieses Gesetzes wurde § 15 GBO ein neuer Abs. 1 vorangestellt, der den Kreis der in grundbuchrechtlichen Verfahren vertretungsbefugten Personen erweitert. Außerdem wurde der durch das FGG-RG (s. Rn. 83) neu gefasste § 78 GBO geändert.

88 Ges. zur Einführung des elektronischen Rechtsverkehrs und der elektronischen Akte im Grundbuchverfahren sowie zur Änderung weiterer grundbuch-, register- und kostenrechtlichter Vorschriften (ERVGBG) vom 11.8.2009 (BGBl. I 2713). Durch dieses Gesetz wurde der rechtliche Rahmen für die Einführung des elektronischen Rechtsverkehrs und der elektronischen Akte im GBVerfahren geschaffen. Dazu wurde in die GBO ein neuer 8. Abschnitt eingefügt und in die GBV ein neuer Abschnitt XV. Ferner wurde die Gebührenstruktur des GBAbrufverfahrens (§ 133 GBO) neu geregelt. Die GBAbVfV wurde aufgehoben; die Gebühren ergaben sich sodann aus dem in das Gebührenverzeichnis zur JVKostO eingefügten neuen Abschnitt 7; nach Aufhebung der JVKostO durch das 2. KostRMoG und Ersetzung durch das JVKostG (s. Rn. 94) ergeben sie sich jetzt aus Teil 1 Hauptabschnitt 1 Abschnitt 5 JVKostG-KV. Außerdem wurde durch das ERVGBG § 32 GBO über die Führung des Nachweises eintragungserheblicher Umstände bei Personen und Gesellschaften, die in einem öffentlichen Register eingetragen sind, neu gefasst und damit den Bedürfnissen der Praxis angepasst. Ferner wurde an § 47 ein neuer Abs. 2 angefügt. Die Regelung wurde notwendig, um zusammen mit dem neuen § 899a BGB den als Folge der Rechtsprechung des BGH zur Rechtsfähigkeit der BGB-Gesellschaft drohenden Verlust der Verkehrsfähigkeit von Grundstücken und Grundstücksrechten der Gesellschaft abzuwenden. Schließlich wurden weitere Bestimmungen der GBO und der GBV geändert und die GGV sowie das GBMaßnG an die Änderungen durch das ERVGBG redaktionell angepasst.

Ges. über die weitere Bereinigung von Bundesrecht vom 8.12.2010 **89** (BGBl. I 1864). Durch Art. 23 und 31 dieses Gesetzes wurden die VO über die Wiederherstellung zerstörter oder abhanden gekommener Grundbücher und Urkunden (s. Rn. 8) sowie das ErbbauRG redaktionell geändert.

Ges. zur Modernisierung des Benachrichtigungswesens in Nachlasssachen **90** durch Schaffung eines Zentralen Testamentsregisters bei der Bundesnotarkammer und zur Fristverlängerung nach der HofraumVO vom 22.12.2010 (BGBl. I 2255). Durch Art. 8 dieses Ges. wurde dem BodensonderungsG § 23 angefügt, der eine Verordnungsermächtigung zur Regelung der grundbuchmäßigen Behandlung der Anteile an ungetrennten Hofräumen enthält. Ferner wurde durch Art. 9 die Geltungsdauer der HofraumVO (s. Rn. 33) verlängert. Mit Ablauf des 31.12.2015 ist die VO vom 24.9.1993 außer Kraft getreten und ab 20.7.2017 durch die inhaltsgleiche VO vom 12.7.2017 ersetzt worden (s. Rn. 106).

Ges. zur Verbesserung des Austauschs von strafregisterrechtlichen Daten **91** zwischen den Mitgliedstaaten der Europäischen Union und zur Änderung registerrechtlicher Vorschriften vom 15.12.2011 (BGBl. I 2714). Durch das Ges. wurde § 134a GBO eingefügt. Die Vorschrift regelt die Datenübermittlung bei der Entwicklung von Verfahren zur Anlegung eines Datenbankgrundbuchs. Gemäß dem an § 150 GBO angefügten Abs. 6 tritt sie am 31.12.2020 außer Kraft.

Ges. zur Einführung einer Rechtsbehelfsbelehrung im Zivilprozess und **92** zur Änderung anderer Vorschriften vom 5.12.2012 (BGBl. I 2418). Durch Art. 17 des Ges. wurde § 31 GBMaßnG (s. dazu Rn. 19) im Hinblick auf die Änderungen des § 11 Abs. 2 RpflegerG aufgehoben.

Ges. zur Übertragung von Aufgaben im Bereich der freiwilligen Gerichts- **93** barkeit auf Notare vom 26.6.2013 (BGBl. I 1800). Dieses Ges. berechtigt Notare, eine rechtsgeschäftlich erteilte Vertretungsmacht zu bescheinigen, ein Zeugnis über die von ihnen vermittelte Auseinandersetzung einer Erben- oder Gütergemeinschaft auszustellen und den Inhalt des GB mitzuteilen oder einen GBAbdruck zu erteilen. Betroffen sind von dem Ges. §§ 34, 36, 133a GBO und §§ 85, 85a GBV sowie § 21 Abs. 3 BNotO.

2. KostenrechtsmodernisierungsG vom 23.7.2013 (BGBl. I 2586). Das **94** Ges. löst die KostO und die JVKostO ab und vereinfacht die Kostenregelungen für die Verfahren der freiwilligen Gerichtsbarkeit, die Notare und die Justizverwaltung. Art. 1 des Ges. enthält das Gerichts- und NotarkostenG und Art. 2 das JustizverwaltungskostenG, jeweils mit einem Kostenverzeichnis und einer Gebührentabelle. Das GBMaßnG wurde redaktionell angepasst.

8. Datenbankgrundbuchgesetz

Nach der Einführung des elektronischen GB durch das RegVBG vom **95** Jahr 1993 (s. Rn. 34) wird mit dem Gesetz zur Einführung eines Datenbank-

Einleitung

grundbuchs (DaBaGG) vom 1.10.2013 (BGBl. I 3719) ein weiterer Schritt zur Modernisierung des GBWesens getan. Ziel des Ges. ist es, durch die Umstellung des elektronischen GB auf eine strukturierte Datenhaltung den elektronischen Rechtsverkehr in GBSachen, für den durch das ERVGBG vom Jahr 2009 (s. Rn. 88) die Grundlagen geschaffen wurden, erheblich zu verbessern. Kritisch dazu Schneider ZfIR 2013, 81.

96 Durch das Ges. wurde die GBO an verschiedenen Stellen geändert. Im Vordergrund stehen dabei Änderungen, die den Ländern die Einführung eines Datenbankgrundbuchs ermöglichen, ohne sie dazu zu verpflichten, und die die Umstellung auf die erforderliche strukturierte Form der Daten und ihre logische Verknüpfung in der Datenbank unterstützen. Außerdem wurde an § 12 ein Abs. 4 und an § 12a ein Abs. 3 angefügt. Dadurch wird das GBAmt verpflichtet, über Einsichten in Grundbücher, Grundakten und von ihm geführte Verzeichnisse sowie die erteilten Abschriften daraus ein Protokoll zu führen, aus welchem dem Grundstückseigentümer auf Verlangen Auskunft zu erteilen ist. Die Regelungen im Einzelnen ergeben sich aus den zahlreichen Änderungen der GBV. Geändert wurden ferner das GBMaßnG, die GVO, die WGV, das BGB, das WEG sowie das ErbbauRG.

Das DaBaGG ist in wesentlichen Teilen am 9.10.2013 in Kraft getreten. Die Änderungen der §§ 12, 12a GBO über die Protokollierung von GB-Einsichtnahmen traten jedoch erst am 1.10.2014 in Kraft; die vorgesehenen Änderungen der GVO ab 1.1.2017 wurden aufgehoben (s. Rn. 103).

9. Änderungen nach dem DaBaGG

97 Ges. zur Förderung des elektronischen Rechtsverkehrs mit den Gerichten vom 10.10.2013 (BGBl. I 3786). Durch Art. 12 dieses Ges. wurden § 81 Abs. 4 und § 137 Abs. 1 Satz 2 GBO geändert. Die Änderungen des § 81 traten am 1.1.2018 in Kraft; die Änderung des § 137 trat bereits am 1.7.2014 in Kraft.

98 Ges. zur Erleichterung der Umsetzung der Grundbuchamtsreform in Baden-Württemberg sowie zur Änderung des Ges. betreffend die Einführung der ZPO und des WEG vom 5.12.2014 (BGBl. I 1962). Durch Art. 2 dieses Ges. wurde § 1 Abs. 1 Satz 3 GBO geändert und § 149 GBO neu gefasst. Außerdem wurde § 35a RpflegerG eingefügt und Art. 8 des Ges. vom 15.7.2009 (BGBl. I 1798) aufgehoben; s. dazu Rn. 86. Art. 2 trat erst am 1.1.2018 in Kraft, während das Ges. im Übrigen am 13.12.2014 in Kraft getreten ist.

99 Ges. zum Internationalen Erbrecht und zur Änderung von Vorschriften zum Erbschein sowie zur Änderung sonstiger Vorschriften vom 29.6.2015 (BGBl. I 1042). Durch Art. 6, 7 und 8 dieses Ges. wurden die GBO, die GBV und das GBMaßnG insoweit geändert, als in verschiedenen Vorschriften nach dem Wort „Erbschein" jeweils „oder das Europäische Nachlasszeugnis" eingefügt wurde.

100 10. ZuständigkeitsanpassungsVO vom 31.8.2015 (BGBl. I 1474). Durch die VO wurde eine Vielzahl von Vorschriften der GBO, der GBV, des GBMaßnG, des GBBerG und der GVO an die Umbenennung des Bundesministeriums der Justiz und für Verbraucherschutz angepasst.

101 Ges. zur Verlängerung der Befristung von Vorschriften nach den Terrorismusbekämpfungsgesetzen vom 3.12.2015 (BGBl. I 2161). Durch Art. 3 und

4 dieses Ges. wurden in §§ 12 und 133 GBO sowie in §§ 46a und 83 GBV die Beschränkungen der Auskunft aus dem Protokoll über eine GBEinsicht oder einen Datenabruf erweitert.

Ges. vom 8.7.2016 (BGBl. I 1594). Durch Art. 54 dieses Ges. wurde die **102** GrundbuchvorrangVO (s. Rn. 40) aufgehoben.

Ges. vom 21.11.2016 (BGBl. I 2591). Durch Art. 16 dieses Ges. wurde an **103** § 149 Abs. 1 in der bis zur Neufassung des § 149 ab 1.1.2018 (s. Rn. 98) geltenden Fassung ein weiterer Satz angefügt. Durch Art. 18 wurde mit Wirkung ab 1.7.2018 § 2 Abs. 1 Satz 2 und 3 GVO geändert; die noch nicht in Kraft getretenen Änderungen durch das Ges. vom 1.10.2013 (BGBl. I 3719; s. Rn. 95, 96) wurden aufgehoben.

Ges. vom 28.4.2017 (BGBl. I 969). Durch Art. 8 des Ges. wurde § 29 **104** Abs. 3 GBO um einen Satz 2 ergänzt und damit bei Erklärungen und Eintragungsersuchen einer Behörde die Verwendung eines maschinell angebrachten Dienstsiegels zugelassen.

Ges. vom 1.6.2017 (BGBl. I 1396). Durch Art. 5 des Ges. wurde der Notar **105** zur Prüfung der Eintragungsfähigkeit von GBErklärungen verpflichtet. Dazu wurde Abs. 3 an § 15 angefügt und Abs. 4 an § 143; ferner wurde § 151 eingefügt.

VO über die grundbuchmäßige Behandlung von Anteilen an ungetrenn- **106** ten Hofräumen vom 12.7.2017 (BGBl. I 2358). Ab 20.7.2017 ist die VO an die Stelle der am 31.12.2015 außer Kraft getretenen VO vom 24.9.1993 getreten (s. Rn. 90).

eIDAS-Durchführungsgesetz vom 18.7.2017 (BGBl. I 2745). Durch **107** Art. 11 Nr. 18 und 19 des Ges. wurden in §§ 137, 140 GBO und § 97 GBV die Wörter „nach dem Signaturgesetz" gestrichen.

Ges. zur Beschleunigung des Energieleitungsausbaus vom 13.5.2019 **108** (BGBl. I 706). Durch Art. 11 des Ges. wurde § 86a Abs. 1 GBV ergänzt.

Ges. zur Umsetzung der Richtlinie (EU) 2016/680 im Strafverfahren so- **109** wie zur Anpassung datenschutzrechtlicher Bestimmungen an die Verordnung (EU) 2016/679 vom 20.11.2019 (BGBl. I 1724). Durch Art. 15 des Ges. wurde § 12d GBO eingefügt und in den §§ 126, 131, 133, 134a GBO Änderungen vorgenommen; außerdem wurden durch Art. 16 des Ges. § 46a und § 80 GBV geändert.

Ges. vom 30.11.2019 (BGBl. I 1942). Durch Art. 15 dieses Ges. wurde an **110** § 133 Abs. 2 GBO ein Satz angefügt.

Ges. vom 12.12.2019 (BGBl. I 2602). Durch Art. 11 und 12 dieses Ges. **111** wurden § 12 Abs. 4 GBO und § 46a Abs. 3a GBV ergänzt.

Grundbuchordnung

In der Fassung vom 26. Mai 1994

(BGBl. I 1114)

Nach der Neufassung vom 26.5.1994 wurde die GBO geändert durch das Einführungsgesetz zur Insolvenzordnung vom 5.10.1994 (BGBl. I 2911), das Ausführungsgesetz Seerechtsübereinkommen 1982/1994 vom 6.6.1995 (BGBl. I 778), das Ges. über Fernabsatzverträge und andere Fragen des Verbraucherrechts sowie zur Umstellung von Vorschriften auf Euro vom 27.6.2000 (BGBl. I 897), das Zustellungsreformgesetz vom 25.6.2001 (BGBl. I 1206), das Ges. zur Anpassung der Formvorschriften des Privatrechts und anderer Vorschriften an den modernen Rechtsgeschäftsverkehr vom 13.7.2001 (BGBl. I 1542), das Zivilprozessreformgesetz vom 27.7.2001 (BGBl. I 1887), das Ges. zur Änderung der InsO und anderer Gesetze vom 26.10.2001 (BGBl. I 2710), das Ges. über Rechtsbehelfe bei Verletzung des Anspruchs auf rechtliches Gehör vom 9.12.2004 (BGBl. I 3220), die Ges. über die Bereinigung von Bundesrecht im Zuständigkeitsbereich der Bundesministeriums der Justiz vom 19.4.2006 (BGBl. I 866, 878) und vom 23.11.2007 (BGBl. I 2614, 2629), das Ges. zur Reform des Verfahrens in Familiensachen und in den Angelegenheiten der freiwilligen Gerichtsbarkeit vom 17.12.2008 (BGBl. I 2586), das Ges. zur Änderung der Bundesnotarordnung und anderer Gesetze vom 15.7.2009 (BGBl. I 1798), das Ges. zur Modernisierung von Verfahren im anwaltlichen und notariellen Berufsrecht zur Errichtung einer Schlichtungsstelle der Rechtsanwaltschaft sowie zur Änderung sonstiger Gesetze vom 30.7.2009 (BGBl. I 2449), das Ges. zur Einführung des elektronischen Rechtsverkehrs und der elektronischen Akte im Grundbuchverfahren sowie zur Änderung weiterer grundbuch-, register- und kostenrechtlicher Vorschriften vom 11.8.2009 (BGBl. I 2713), das Ges. zur Verbesserung des Austauschs von strafregisterrechtlichen Daten zwischen den Mitgliedstaaten der Europäischen Union und zur Änderung registerrechtlicher Vorschriften vom 15.12.2011 (BGBl. I 2714), das Ges. zur Übertragung von Aufgaben im Bereich der freiwilligen Gerichtsbarkeit auf Notare vom 26.6.2013 (BGBl. I 1800), das Ges. zur Einführung eines Datenbankgrundbuchs vom 1.10.2013 (BGBl. I 3719), das Ges. zur Förderung des elektronischen Rechtsverkehrs mit den Gerichten vom 10.10.2013 (BGBl. I 3786), das Ges. zur Erleichterung der Umsetzung der Grundbuchamtsreform in Baden-Württemberg sowie zur Änderung des Ges. betreffend die Einführung der Zivilprozessordnung und des Wohnungseigentumsgesetzes vom 5.12.2014 (BGBl. I 1962), das Ges. zum Internationalen Erbrecht und zur Änderung von Vorschriften zum Erbschein sowie zur Änderung sonstiger Vorschriften vom 29.6.2015 (BGBl. I 1042), die Zehnte ZuständigkeitsanpassungsVO vom 31.8.2015 (BGBl. I 1474), das Ges. zur Verlängerung der Befristung von Vorschriften nach den Terrorismusbekämpfungsgesetzen vom 3.12.2015 (BGBl. I 2161), das Ges. zur Durchführung der Verordnung (EU)

15

Nr. 655/2014 sowie zur Änderung sonstiger zivilprozessualer, grundbuchrechtlicher und vermögensrechtlicher Vorschriften und zur Änderung der Justizbeitreibungsordnung vom 21.11.2016 (BGBl. I 2591), das Ges. zur Reform des Bauvertragsrechts, zur Änderung der kaufrechtlichen Mängelhaftung, zur Stärkung des zivilprozessualen Rechtsschutzes und zur maschinellen Siegelung im Grundbuch- und Schiffsregisterverfahren vom 28.4.2017 (BGBl. I 969), das Ges. zur Neuordnung der Aufbewahrung von Notariatsunterlagen und zur Errichtung des Elektronischen Urkundenarchivs der Bundesnotarkammer sowie zur Änderung weiterer Gesetze vom 1.6.2017 (BGBl. I 1396), das eIDAS-Durchführungsgesetz vom 18.7.2017 (BGBl. I 2745), das Ges. zur Umsetzung der Richtlinie (EU) 2016/680 im Strafverfahren sowie zur Anpassung datenschutzrechtlicher Bestimmungen an die VO (EU) 2016/679 vom 20.11.2019 (BGBl. I 1724), das Ges. zur Änderung von Vorschriften über die außergerichtliche Streitbeilegung in Verbrauchersachen und zur Änderung weiterer Gesetze vom 30.11.2019 (BGBl. I 1942), das Ges. zur Umsetzung der Änderungsrichtlinie zur Vierten EU-Geldwäscherichtlinie vom 12.12.2019 (BGBl. I 2602).

Erster Abschnitt. Allgemeine Vorschriften

Übersicht

Der 1. Abschnitt enthält allgemeine Vorschriften verschiedener Art, die nur in einem losen inneren Zusammenhang stehen.

§ 1 bestimmt die zur Führung der Grundbücher berufenen Stellen, regelt ihre örtliche Zuständigkeit und ermächtigt zum Erlass von Vorschriften über die Einrichtung und Führung der Grundbücher. § 2 enthält Bestimmungen über die GBBezirke, über die Benennung der Grundstücke in den Grundbüchern und über die Abschreibung von Grundstücksteilen. § 3 stellt den Grundsatz des Realfoliums auf, sieht für gewisse Grundstücke Buchungsfreiheit vor und gestattet unter bestimmten Voraussetzungen die selbstständige Buchung ideeller Miteigentumsanteile. § 4 regelt die Führung eines gemeinschaftlichen GBBlatts über mehrere Grundstücke desselben Eigentümers. § 5 enthält Vorschriften über die Vereinigung, § 6 über die Zuschreibung von Grundstücken und § 6a über die Eintragung eines Erbbaurechts. § 7 macht die Belastung eines Grundstücksteils grundsätzlich von dessen grundbuchmäßiger Verselbständigung abhängig. Der inzwischen aufgehobene § 8 regelte die Anlegung eines GBBlatts für Erbbaurechte, die vor dem 22.1.1919 in das GB eingetragen wurden. § 9 lässt den Vermerk subjektiv-dinglicher Rechte auf dem Blatt des herrschenden Grundstücks zu. § 10 macht dem GBAmt die Aufbewahrung bestimmter Urkunden zur Pflicht; § 10a ermöglicht es ihm, Grundakten auch auf Bild- oder sonstigen Datenträgern aufzubewahren. § 11 erklärt auch solche Eintragungen für wirksam, die von einem kraft Gesetzes ausgeschlossenen Organ des GBAmts bewirkt worden sind. § 12 regelt die Offenlegung des GB. § 12a betrifft die vom GBAmt zu führenden Verzeichnisse, § 12b die Einsicht in die nicht vom GBAmt aufbewahrten Grundbücher und Grundakten. In § 12c sind die Zuständigkeiten des Urkundsbeamten der Geschäftsstelle aufgeführt. § 12d enthält Bestimmungen zur Anwendung der Datenschutz-Grundverordnung.

Zuständigkeit. Einrichtung und Führung der Grundbücher

1 (1) **Die Grundbücher, die auch als Loseblattgrundbuch geführt werden können, werden von den Amtsgerichten geführt (Grundbuchämter). Diese sind für die in ihrem Bezirk liegenden Grundstücke zuständig. Die abweichenden Vorschriften des § 150 für das in Artikel 3 des Einigungsvertrages genannte Gebiet bleiben unberührt.**

(2) **Liegt ein Grundstück in dem Bezirk mehrerer Grundbuchämter, so ist das zuständige Grundbuchamt nach § 5 des Gesetzes über das Verfahren in Familiensachen und in den Angelegenheiten der freiwilligen Gerichtsbarkeit zu bestimmen.**

(3) **Die Landesregierungen werden ermächtigt, durch Rechtsverordnung die Führung des Grundbuchs einem Amtsgericht für die Be-**

zirke mehrerer Amtsgerichte zuzuweisen, wenn dies einer schnelleren und rationelleren Grundbuchführung dient. Sie können die Ermächtigung durch Rechtsverordnung auf die Landesjustizverwaltungen übertragen.

(4) Das Bundesministerium der Justiz und für Verbraucherschutz wird ermächtigt, durch Rechtsverordnung, die der Zustimmung des Bundesrates bedarf, die näheren Vorschriften über die Einrichtung und die Führung der Grundbücher, die Hypotheken-, Grundschuld- und Rentenschuldbriefe und die Abschriften aus dem Grundbuch und den Grundakten sowie die Einsicht hierin zu erlassen sowie das Verfahren zur Beseitigung einer Doppelbuchung zu bestimmen. Es kann hierbei auch regeln, inwieweit Änderungen bei einem Grundbuch, die sich auf Grund von Vorschriften der Rechtsverordnung ergeben, den Beteiligten und der Behörde, die das in § 2 Abs. 2 bezeichnete amtliche Verzeichnis führt, bekanntzugeben sind.

Inhaltsübersicht

1. Allgemeines

1   § 1 bestimmt die zur Führung der Grundbücher berufenen Stellen, regelt ihre örtliche Zuständigkeit und enthält eine Ermächtigung der Landesregierungen zu einer Zuständigkeitskonzentration; außerdem wird das BJM ermächtigt, nähere Vorschriften, insbes. über die Einrichtung und Führung des GB zu erlassen. § 1 ist durch das RegVBG neu gefasst worden. In der Folgezeit wurden Abs. 1 durch das ERVGBG und Abs. 2 durch das FGG-RG redaktionell geändert. Durch das Ges. v. 12.12.2014 (BGBl. I 1962) wurde Abs. 1 im Hinblick auf das Inkrafttreten der GBAmtsreform in Baden-Württemberg am 1.1.2018 erneut geändert.

2. Grundbuchämter

GBÄmter sind die Amtsgerichte (Abs. 1 Satz 1). Sie sind zur GBFührung **2** zuständig. Die Grundbücher können außer in festen Bänden als Loseblattgrundbuch oder maschinell (elektronisch), auch in der Form des Datenbankgrundbuchs geführt werden. In Bayern wird das GB bei allen Amtsgerichten in maschineller Form als automatisierte Datei geführt (§ 11 Abs. 1 ERVV-Ju; s. zu der VO § 135 Rn. 1). Die GBÄmter führen die Bezeichnung des Amtsgerichts, zu dem sie gehören, ohne den Zusatz „Grundbuchamt" (s. § 1 Abs. 1 GeschO); dies ist vor allem bei der Unterzeichnung der Grundpfandrechtsbriefe zu beachten (s. Muster zur GBV Anl. 3 mit 8). Für Bayern bestimmt aber Nr. 1.1.1 GBGA, dass die GBÄmter die Bezeichnung des Amtsgerichts mit dem Zusatz „Grundbuchamt" führen.

Die von der Regel des Abs. 1 Satz 1 abweichenden Vorschriften des § 150 **3** für das Gebiet der ehemaligen DDR bleiben unberührt (Abs. 1 Satz 3). Dort oblag die GBFührung ab 3.10.1990 zunächst den Liegenschaftsdiensten der Räte der Bezirke; wegen der Überführung auf die Amtsgerichte s. § 150 Rn. 4. Ein entsprechender Vorbehalt für Baden-Württemberg, wo die Aufgaben des GBAmts zunächst nicht von den Amtsgerichten wahrgenommen wurden, entfiel mit dem Inkrafttreten der GBAmtsreform am 1.1.2018; wegen der Einzelheiten s. § 149 Rn. 2, 3.

Die Tätigkeit des GBAmts ist zunächst eine formellrechtliche, nämlich: **4** Führung der Grundbücher; dazu gehören die Entscheidung über EintrAnträge, die Vornahme von Eintragungen sowie deren Bekanntmachung. Führung der Grundakten. Aufbewahrung bestimmter Urkunden. Entscheidung über die GBEinsicht. Erteilung, Ergänzung und Unbrauchbarmachung von Briefen. Zuweilen sind sachlichrechtliche Erklärungen gegenüber dem GB-Amt abzugeben (§ 928 Abs. 1, § 1196 Abs. 2 BGB; § 8 WEG) oder können solche ihm gegenüber abgegeben werden (s. z. B. § 875 Abs. 1, §§ 876, 1168 Abs. 2, § 1183 BGB). Die Tätigkeit des GBAmts gehört nicht zu den Aufgaben der rechtsprechenden Gewalt (s. Rn. 39).

3. Organe des Grundbuchamts

Die funktionelle Zuständigkeit der mit der GBFührung und der Wahr- **5** nehmung der sonstigen Aufgaben des GBAmts betrauten Personen ergab sich zunächst aus §§ 1 bis 4 AusfVO; durch das RegVBG wurden die maßgebenden Vorschriften in die GBO eingefügt.

Organe des GBAmts sind danach der GBRichter, der Rpfleger (§ 3 Nr. 1 **6** Buchst. h RpflegerG), der Urkundsbeamte der Geschäftsstelle (§ 12c Abs. 1, 2, § 56 Abs. 2), der zweite Beamte der Geschäftsstelle (§ 44 Abs. 1 Satz 3), der von der Leitung des Amtsgerichts ermächtigte Justizangestellte (§ 44 Abs. 1 Satz 2, 3, § 56 Abs. 2) sowie der außer dem Rpfleger für die Entgegennahme von Anträgen und Ersuchen und die Beurkundung des Eingangszeitpunkts für das ganze GBAmt oder einzelne Abteilungen bestellte Beamte oder Angestellte der Geschäftsstelle (§ 13 Abs. 3).

7 Keine Organe des GBAmts sind Gerichtswachtmeister, Mitglieder der Beschwerdegerichte und Kanzleikräfte, soweit letzteren nicht Geschäfte nach § 13 Abs. 3, § 44 Abs. 1 Satz 2, 3, § 56 Abs. 2 übertragen sind; auch Notare, die einen Teilbrief nach § 61 Abs. 1 herstellen (s. § 61 Rn. 11), sind keine Organe des GBAmts.

8 Die Vorschriften über die funktionelle Zuständigkeit der mit den Aufgaben des GBAmts betrauten Personen galten in Baden-Württemberg bis zum Inkrafttreten der GBAmtsreform am 1.1.2018 nicht. Die Aufgaben des GBAmts nahmen dort Notare und Notarvertreter sowie Ratschreiber und in beschränktem Umfang auch Rpfleger wahr. S. hierzu § 149 Rn. 2.

9 Soweit im Gebiet der ehemaligen DDR das GB von anderen Stellen als den Amtsgerichten geführt wurde, richtete sich die Zuständigkeit der Bediensteten des GBAmts nach den für diese Stellen am 2.10.1990 bestehenden oder in dem jeweiligen Land erlassenen späteren Bestimmungen. Zeitlich befristet konnte auch nach dem 31.12.1994 Personen mit der Vornahme von Amtshandlungen betraut werden, die den GBÄmtern auf Grund von Dienstleistungsverträgen auf Dauer oder vorübergehend zugeteilt werden. S. hierzu § 150 Rn. 6, 7.

4. Zuständigkeitsabgrenzung

10 **a) GBRichter.** Ihm obliegen alle Geschäfte, die das GBAmt mit Wirkung nach außen zu erledigen hat und für die nicht eine besondere Regelung getroffen ist (Hesse DJust. 1935, 1294). Die Zuständigkeit des Richters ergibt sich aus der Zuweisung der GBGeschäfte an die Amtsgerichte. Zur Übertragung dieser Geschäfte auf den Rpfleger s. Rn. 16.

11 **b) Urkundsbeamter der Geschäftsstelle.** Er hat die vom Rpfleger verfügten Eintragungen zu veranlassen und sie sowie die Grundpfandrechtsbriefe und die nachträglichen Vermerke auf ihnen mit zu unterschreiben. Außerdem sind ihm verschiedene GBGeschäfte zur selbstständigen Erledigung übertragen. Wegen der Einzelheiten s. § 12c und die Erläuterungen dazu.

12 **c) Zweiter Beamter der Geschäftsstelle.** Er hat in den Fällen des § 12c Abs. 2 Nr. 2 bis 4 die Eintragung mit zu unterschreiben (§ 44 Abs. 1 Satz 3; wegen der Leistung der Unterschrift durch einen Justizangestellten s. Rn. 13).

13 **d) Ermächtigter Justizangestellter.** Der von der Leitung des Amtsgerichts ermächtigte Justizangestellte ist im Fall der Ermächtigung nach § 44 Abs. 1 Satz 2 Halbsatz 2, § 56 Abs. 2 statt des Urkundsbeamten der Geschäftsstelle, im Fall der Ermächtigung nach § 44 Abs. 1 Satz 3 statt des zweiten Beamten der Geschäftsstelle zur Leistung der Unterschrift befugt. Nach § 12c Abs. 2 Nr. 1 kann er ferner statt des Urkundsbeamten der Geschäftsstelle Abschriften aus dem GB beglaubigen.

14 **e) Präsentatsbeamter.** Für die Entgegennahme von EintrAnträgen und EintrErsuchen sowie für die Beurkundung des Zeitpunkts des Eingangs

(„Präsentat") ist außer der mit der Führung des GB über das betroffene
Grundstück beauftragten Person (Rpfleger) der für das ganze GBAmt oder
einzelne Abteilungen bestellte Beamte (Angestellte) der Geschäftsstelle zuständig. Bezieht sich ein Antrag oder Ersuchen auf mehrere Grundstücke, die
zu verschiedenen Geschäftsbereichen des GBAmts gehören, so ist jeder zuständig, der Anträge oder Ersuchen auch nur für eines der Grundstücke entgegennehmen darf (§ 13 Abs. 3; s. hierzu § 13 Rn. 24).

5. Rechtspfleger

§ 5 AusfVO hatte die landesrechtlichen Vorschriften, nach denen richterli- **15**
che Geschäfte dem Urkundsbeamten der Geschäftsstelle zur selbständigen
Wahrnehmung übertragen werden konnten, einstweilen aufrechterhalten. An
ihre Stelle war ab 1.8.1943 die Reichsentlastungsverfügung v. 3.7.1943
(DJust. 339) getreten, die mit den Änderungen durch die AV v. 5.6. und
19.9.1944 (DJust. 185, 249) bis 30.6.1957 gegolten hat. Seit dem 1.7.1957
war hinsichtlich der Übertragung richterlicher Geschäfte auf den Rpfleger
zunächst das RpflegerG v. 8.2.1957 (BGBl. I 18) maßgebend, an dessen Stelle das RpflegerG i.d.F. v. 14.4.2013 (BGBl. I 778) getreten ist. Nach diesem
gilt folgendes:

a) Vollübertragung. Die nach den gesetzlichen Vorschriften vom GB- **16**
Richter wahrzunehmenden Geschäfte sind in vollem Umfang dem Rpfleger
übertragen worden (§ 3 Nr. 1 Buchst. h RpflegerG); dem GBRichter vorbehaltene Geschäfte, wie sie noch das RpflegerG v. 8.2.1957 in § 17 vorsah,
gibt es nicht mehr. Beschränkungen ergeben sich jedoch aus § 4 Abs. 2 Nr. 1
und § 5 RpflegerG. Die Übertragung der GBGeschäfte auf den Rpfleger ist
nicht verfassungswidrig (BayObLG Rpfleger 1992, 147; s. hierzu auch Böttcher, Verfassungskonformität der Übertragung der GBSachen auf den Rpfleger, Rpfleger 1986, 201). Zur Wahrnehmung der Aufgaben des Rpflegers in
Baden-Württemberg s. § 35a RpflegerG und § 149 Rn. 3; zur Wahrnehmung von Rpflegeraufgaben im Gebiet der ehemaligen DDR s. Anl. I
Kap. III Sachgeb. A Abschn. III Nr. 3 EinigungsV; § 34 RpflegerG; Rellermeyer Rpfleger 1993, 45; Staats DtZ 1994, 271.

Zu den dem Rpfleger gemäß § 3 Nr. 1 Buchst. h RpflegerG übertragenen **17**
Geschäften gehört auch die Entscheidung über Anträge auf Eintragung einer
Zwangshypothek. Dass diese einen Doppelcharakter hat, nämlich sowohl
GBGeschäft als auch Vollstreckungsmaßnahme ist, steht nicht entgegen; denn
das GBAmt wird bei Eintragung einer Zwangshyp. ausschließlich als GBGe-
richt tätig und das Verfahren richtet sich von der Einbringung des
EintrAntrags an ausschließlich nach den Vorschriften des GBRechts (s. RG
106, 75 mit weit. Nachweisen und Anh. zu § 44 Rn. 67).

b) Sachliche Unabhängigkeit. Der Rpfleger ist sachlich unabhängig **18**
und bei seinen Entscheidungen nur an Gesetz und Recht gebunden (§ 9
RpflegerG). Damit verträgt sich nicht die Ansicht des OLG Hamm (Rpfleger 2014, 479 mit kritischer Anm. v. Bestelmeyer; kritisch auch Kanzleiter
DNotZ 2014, 686), der GBRpfleger habe in der alltäglichen Praxis zu Las/
ten seiner eigenen abweichenden Auffassung Vorgaben höchstrichterlicher

Rechtsprechung umzusetzen. Die sachliche Unabhängigkeit des Rpflegers wurde durch eine Anordnung der Justizverwaltung, die Altbestände der Grundbücher vom System der festen Bände auf das Loseblattsystem umzuschreiben, nicht verletzt (VerwG Augsburg Rpfleger 1985, 352). Die Vorschriften über den gesetzlichen Richter gelten nicht für Rpfleger. Die für die Geschäftsverteilung unter den Richtern maßgebenden Grundsätze (vgl. § 21e GVG) sind auf die Geschäfte der Rpfleger auch nicht entsprechend anzuwenden (BGH FGPrax 2010, 100). Zur Geschäftsverteilung für Rpfleger s. für Bayern die Bek. v. 29.9.2000 (JMBl. 266). Über die dem Rpfleger bei Erledigung der ihm übertragenen Geschäfte zustehenden Befugnisse trifft § 4 RpflegerG nähere Bestimmungen; der Rpfleger ist insbesondere auch befugt, nach Maßgabe des § 35 FamFG Zwangsgeld festzusetzen sowie die Anwendung von Gewalt anzuordnen. Dagegen erstreckt sich seine Zuständigkeit nicht auf Vorlagen nach Art. 100 Abs. 1 GG (§ 5 Abs. 1 Nr. 1 RpflegerG; BVerfG Rpfleger 1971, 173; 1981, 54). Er ist nicht Richter im Sinne des Verfassungs- und Gerichtsverfassungsrechts (BVerfG Rpfleger 2007, 200, 207; BGH FGPrax 2010, 100; kritisch dazu Tams Rpfleger 2007, 581). Daher ist er nicht befugt, eine Maßnahme der Dienstaufsicht nach § 62 Nr. 4 Buchst. e i. V. m. § 26 Abs. 3 DRiG anzufechten (BGH NJW-RR 2009, 561).

Zur Befugnis, einen Antrag nach § 159 Abs. 2 GVG zu stellen, s. Rn. 94. Wegen der Ausschließung und Ablehnung des Rpflegers s. § 6 FamFG und § 11 Rn. 3 ff.; wegen der Anfechtung seiner Entscheidungen s. § 71 Rn. 5.

19   **c) Vorlagepflicht.** Die Pflicht des Rpflegers, ihm übertragene Geschäfte dem Richter vorzulegen, ist durch die Neufassung des § 5 RpflegerG durch das Ges. v. 6.8.1998 (BGBl. I 2030) erheblich eingeschränkt worden. Eine Vorlagepflicht besteht in GBSachen grundsätzlich nur noch dann, wenn eine Entscheidung des BVerfG oder eines Landesverfassungsgerichts nach Art. 100 GG einzuholen ist (§ 5 Abs. 1 Nr. 1 RpflegerG). Der weitere in § 5 Abs. 1 Nr. 2 RpflegerG vorgesehene Vorlegungsfall ist für GBSachen angesichts ihrer Vollübertragung auf den Rpfleger bedeutungslos. Wenn die Anwendung ausländischen Rechts in Betracht kommt, besteht ein Recht des Rpflegers zur Vorlage, nicht aber eine Pflicht (§ 5 Abs. 2 RpflegerG). Vorgelegte Sachen bearbeitet der Richter, solange er es für erforderlich hält; er kann die Sachen dem Rpfleger zurückgeben; dann ist dieser an eine vom Richter mitgeteilte Rechtsauffassung gebunden (§ 5 Abs. 3 RpflegerG). Verfügt der Richter auf Vorlage eine Eintragung, so wird diese im GB vom Rpfleger unterzeichnet (s. § 44 Rn. 63). Eine Vorlagepflicht besteht auch, wenn eine Beeidigung angeordnet, ein Eid abgenommen oder ein mit Freiheitsentziehung verbundenes Ordnungsmittel verhängt werden soll (§ 4 Abs. 2 Nr. 1, Abs. 3 RpflegerG).

20   **d) Zuständigkeitsüberschreitung.** Ist ein Geschäft statt vom Rpfleger vom GBRichter wahrgenommen worden, so berührt dies seine Wirksamkeit nicht (§ 8 Abs. 1 RpflegerG; OLG Zweibrücken Rpfleger 1991, 54); dasselbe gilt, wenn der Rpfleger ein Geschäft des Urkundsbeamten der Geschäftsstelle wahrgenommen hat (§ 8 Abs. 5 RpflegerG). Der Zusammenhalt beider Bestimmungen ergibt, dass ein Geschäft des Urkundsbeamten auch dann wirksam ist, wenn es vom GBRichter wahrgenommen wurde (BayObLG Rpfleger 1999, 216; s. dazu auch OLG Hamm Rpfleger 1971, 107).

Dagegen ist ein GBGeschäft, das vom Urkundsbeamten der Geschäftsstelle **21** wahrgenommen wird, ohne dass es ihm ausdrücklich zur selbstständigen Erledigung übertragen ist (s. § 12c Rn. 4 ff.), nichtig (vgl. OLG Hamm FGPrax 2011, 222). Dasselbe gilt, wenn der Rpfleger entgegen § 4 Abs. 2 Nr. 1, Abs. 3 RpflegerG statt des GBRichters oder entgegen § 72 statt des Beschwerdegerichts (s. dazu § 72 Rn. 7) entschieden hat (§ 8 Abs. 4 RpflegerG; OLG Hamm Rpfleger 2013, 603). Die nichtige Entscheidung wird auch nicht dadurch wirksam, dass sie vom Erstbeschwerdegericht in der Sache gebilligt wird (BGH Rpfleger 2005, 520). Die Nichtigkeit kann trotz § 72 Abs. 2 FamFG mit der Rechtsbeschwerde geltend gemacht werden (s. § 78 Rn. 34). S. dazu OLG Brandenburg VIZ 1996, 724 und zur Notwendigkeit der Aufhebung der Entscheidung und Zurückverweisung durch das Beschwerde- oder Rechtsbeschwerdegericht s. BGH Rpfleger 2005, 520.

Anders als ein Verstoß gegen die Vorlagepflicht gem. § 4 Abs. 3 RpflegerG **22** hat ein Verstoß gegen die Vorlagepflicht gem. § 5 Abs. 1 RpflegerG nicht die Unwirksamkeit des Rpflegergeschäfts zur Folge (§ 8 Abs. 3 RpflegerG). Zur Nichtigkeit der von einem unzuständigen Rechtspflegeorgan vorgenommenen GBEintragung s. § 53 Rn. 1 und BayObLG Rpfleger 1992, 147. Zur Anfechtung eines vom Richter oder Rpfleger unter Überschreitung der funktionellen Zuständigkeit vorgenommenen Geschäfts s. § 71 Rn. 4, 5.

e) Zuständigkeitsstreit. Besteht Streit oder Ungewissheit darüber, ob **23** der Richter oder der Rpfleger zuständig ist, entscheidet der Richter durch unanfechtbaren Beschluss (§ 7 RpflegerG). Betrifft der Streit das Verhältnis des Rpflegers zum Urkundsbeamten, entscheidet der Rpfleger in entsprechender Anwendung von § 7 RpflegerG; seine Entscheidung ist mit der Erinnerung gemäß § 11 Abs. 2 RpflegerG anfechtbar (a. M. AG Göttingen Rpfleger 2011, 44, das den Richter für zuständig hält). Ein Zuständigkeitsstreit zwischen Rpflegern ist anhand der Geschäftsverteilung durch den Gerichtsvorstand zu entscheiden.

6. Örtliche Zuständigkeit

a) GBAmtsbezirk. Die GBÄmter sind für die in ihrem Bezirk liegenden **24** Grundstücke zuständig (Abs. 1 Satz 2). GBAmtsbezirk ist demnach der Amtsgerichtsbezirk. Eine hiervon abweichende Zuständigkeit kann sich bei Führung eines gemeinschaftlichen GBBlatts sowie im Fall der Vereinigung oder Zuschreibung von Grundstücken ergeben (§ 4 Abs. 2, § 5 Abs. 1 Satz 2, § 6 Abs. 2), außerdem beim Datenbankgrundbuch aufgrund einer Rechtsverordnung gemäß § 127 Abs. 1 Satz 1 Nr. 3, 4 (§ 127 Rn. 9 ff.); s. ferner Rn. 26 ff. Geht die Zuständigkeit zur Führung des GB infolge einer Gerichtsgrenzenänderung oder auf Grund § 4 Abs. 2, § 5 Abs. 1 Satz 2, § 6 Abs. 2 auf ein anderes GBAmt über, so ist nach §§ 25, 26 GBV zu verfahren. Ein GBAmtsbezirk kann einen oder mehrere GBBezirke haben (§ 2 Abs. 1); über diese s. § 2 Rn. 3.

Die §§ 25 ff. GBV betreffen einen Wechsel der örtlichen Zuständigkeit zur Führung von GBBlättern, die in Papierform geführt werden. Die durch das

DaBaGG eingefügten §§ 92a und 100a GBV regeln einen Zuständigkeitswechsel beim maschinell (elektronisch) geführten GB. Diese Regeln gelten entsprechend für die Abgabe einer elektronische geführten Grundakte (s. dazu § 135 Rn. 10) an ein anderes GBAmt.

25   **b) Zuständigkeitskonzentration.** Der durch das RegVBG eingefügte § 1 Abs. 3 enthält eine Ermächtigung der Landesregierungen, in Durchbrechung des in § 1 Abs. 1 Satz 2 aufgestellten Grundsatzes die GBFührung einem Amtsgericht für die Bezirke mehrerer Amtsgerichte zuzuweisen; die Ermächtigung kann auf die Landesjustizverwaltungen übertragen werden. Die Vorschrift ist vergleichbaren Bestimmungen in anderen Verfahrensordnungen (z. B. § 689 Abs. 3 ZPO) nachgebildet. Ihr Geltungsbereich ist nicht auf das maschinell geführte GB beschränkt. Eine Zuständigkeitskonzentration ist über die Zuständigkeitsgrenzen übergeordneter Gerichte, nicht aber über Ländergrenzen hinweg möglich. Zulässig ist eine Zuständigkeitskonzentration nur dann, wenn dadurch eine schnellere und rationellere GBFührung ermöglicht wird. Andererseits muss aber auch darauf Bedacht genommen werden, dass dem Bürger nicht unvertretbar lange Wege zugemutet werden. In Bayern kann gem. Art. 41 AGGVG v. 23.6.1981 (BayRS 300-1-1-J) die Führung des GB für Bergwerkseigentum einem Amtsgericht für die Bezirke mehrerer Amtsgerichte zugewiesen werden; hiervon ist bisher aber kein Gebrauch gemacht worden.

26   **c) Zuständigkeitsbestimmung.** Liegt ein Grundstück im Bezirk mehrerer GBÄmter, so wird das zuständige GBAmt nach § 5 FamFG bestimmt (§ 1 Abs. 2). Dasselbe gilt, wenn in verschiedenen GBAmtsbezirken liegende Grundstücke vereinigt werden sollen (§ 5 Abs. 1 Satz 2; zum Fall der Zuschreibung s. § 6 Abs. 2; zu Hofgrundstücken s. § 4 Abs. 2 Satz 2). § 1 Abs. 2 greift auch ein, wenn ein Grundstück im GB eines GBAmts gebucht ist, der Bezirk dieses GBAmts aber nachträglich geändert wird und die neue Grenze das Grundstück durchschneidet (vgl. OLG Frankfurt Rpfleger 1979, 209). Für die Anwendung des § 1 Abs. 2 ist es unerheblich, ob das Grundstück schon gebucht ist oder ob eine Doppelbuchung vorliegt.

Über die Zuständigkeit entscheidet das nächsthöhere gemeinsame Gericht. Ist dies der BGH, so trifft die Bestimmung dasjenige OLG, zu dessen Bezirk das zuerst mit der Sache (zum Begriff: KG FGPrax 2016, 288) befasste GBAmt gehört (§ 5 Abs. 2 FamFG). Bei der Bestimmung des nächsthöheren Gerichts ist auf die Rechtsmittelzuständigkeit und nicht auf den allgemeinen Gerichtsaufbau abzustellen (OLG Hamm FGPrax 2016, 192; a.M. OLG Stuttgart FGPrax 2011, 326; OLG Oldenburg FGPrax 2012, 284). Der Rpfleger ist nur dann befugt, eine Zuständigkeitsbestimmung herbeizuführen, wenn es sich in der Hauptsache um eine ihm übertragene Aufgabe handelt (BayObLG Rpfleger 2002, 485; OLG Zweibrücken Rpfleger 2005, 604). Dies ist bei GBSachen im Hinblick auf die Vollübertragung auf den Rpfleger (s. Rn. 6) grundsätzlich immer der Fall. Für die Entscheidung sind grundsätzlich Zweckmäßigkeitserwägungen maßgebend; von Bedeutung können aber auch wirtschaftliche Gesichtspunkte, ferner die Größe der betroffenen Grundstücke oder Grundstücksteile und historische Besonderheiten sein (OLG Düsseldorf FGPrax 2016, 105). Die Zuständigkeitsbestimmung ist unanfechtbar (§ 5 Abs. 3 FamFG).

Die Vorschriften über die Zuständigkeitsbestimmung gelten entsprechend 27 für grundstücksgleiche Rechte, z.B. für die Buchung eines selbstständigen Fischereirechts im Fischereigrundbuch. Voraussetzung einer Zuständigkeitsbestimmung ist in diesem Fall, dass die Gewässergrundstücke, an denen das Recht besteht, in mehreren GBAmtsbezirken liegen.

Unmittelbar nach § 5 FamFG (s. Rn. 34) ist das zuständige GBAmt in den 28 in § 5 Abs. 1 Nr. 1 bis 5 FamFG aufgezählten Fällen zu bestimmen, nämlich dann, wenn
- das an sich zuständige GBAmt in einem einzelnen Fall rechtlich oder tatsächlich verhindert ist,
- es mit Rücksicht auf die Grenzen verschiedener Amtsgerichtsbezirke oder aus sonstigen tatsächlichen Gründen ungewiss ist, welches GBAmt zuständig ist,
- verschiedene GBÄmter sich für unzuständig erklärt haben,
- verschiedene GBÄmter, von denen eines zuständig ist, sich rechtskräftig für unzuständig erklärt haben,
- eine Abgabe gemäß § 4 FamFG aus wichtigem Grund erfolgen soll, sich die GBÄmter aber nicht einigen können.

7. Verletzung der Zuständigkeitsvorschriften

Sie kann grundsätzlich mit der Beschwerde gerügt werden, sofern diese 29 zulässig ist (s. dazu § 74 Rn. 10). Die Rechtsbeschwerde kann jedoch nicht auf die vom Gericht des ersten Rechtszuges zu Unrecht angenommene Zuständigkeit gestützt werden (s. § 78 Rn. 34).

a) Funktionelle Unzuständigkeit. Wegen der Folgen einer Verletzung der Regeln über die funktionelle Zuständigkeit des GBRichters, GBRpflegers und Urkundsbeamten der Geschäftsstelle s. Rn. 20 ff.

b) Örtliche Unzuständigkeit. Die Handlung eines örtlich unzuständi- 30 gen GBAmts ist nach § 2 Abs. 3 FamFG (s. Rn. 34) nicht unwirksam. Die genannte Vorschrift wird, worüber allerdings Streit besteht, auch dann angewandt werden müssen, wenn eine vor oder gegenüber dem GBAmt abzugebende Erklärung (s. Rn. 4) vor oder gegenüber einem GBAmt abgegeben wird, das das GB über das in Betracht kommende Grundstück trotz Fehlens der örtlichen Zuständigkeit tatsächlich führt (vgl. RG 71, 380; BGH NJW 1962, 491).

c) Unzuständigkeit nach der Geschäftsverteilung. Auch die Tätig- 31 keit einer nach der Geschäftsverteilung unzuständigen Person ist wirksam (vgl. § 22d GVG). Eine Ausnahme gilt für die Entgegennahme eines Eintr-Antrags oder EintrErsuchens sowie für die Beurkundung des Eingangszeitpunkts; sie können wirksam nur durch die nach § 13 Abs. 3 zuständigen Personen erfolgen. Auch kann ein Rpflegergeschäft wirksam nur von jemandem vorgenommen werden, dem in der Geschäftsverteilung Rpflegeraufgaben und nicht nur Aufgaben der Justizverwaltung zugewiesen sind.

32 **d) Sachliche Unzuständigkeit.** Übt ein anderes Gericht als ein Amtsgericht eine grundbuchamtliche Tätigkeit aus, so ist die Handlung nicht unwirksam (Meikel/Böttcher Rn. 17; Waldner in Bauer/Schaub Rn. 5; a. M. Hügel/Holzer Rn. 34). Wegen Verletzung des § 1 ist sie aber anfechtbar. Wird dagegen eine Behörde, also kein gerichtliches Organ der Rechtspflege als GBAmt tätig, ist die Handlung, insbesondere eine GBEintragung nichtig. Das Gleiche gilt, wenn eine GBEintragung von einer Privatperson vorgenommen wird (OLG Brandenburg VIZ 1996, 724).

33 Die Wirkung der Nichtigkeit ist je nach Lage des Falls verschieden. Unterschreibt z. B. ein Bankangestellter einen HypBrief, so ist der Teil des Briefs, auf den sich die Unterschrift bezieht, nichtig. Hingegen berührt die Nichtigkeit einer EintrVerfügung, die der Rpfleger unter der Geltung des RpflegerG v. 8.2.1957 außerhalb seiner Zuständigkeit erlassen hatte, die Wirksamkeit der ordnungsgemäß (d. h. unter Beachtung des § 44 Abs. 1 Satz 2) erfolgten Eintragung nicht, weil die EintrVerfügung nur eine dem inneren Geschäftsverkehr des GBAmts angehörende Maßnahme ist (s. dazu § 44 Rn. 67). Zur Nichtigkeit von GBEintragungen s. § 53 Rn. 1.

8. Verfahren

34 Auch bei Auslandsberührung findet auf das Verfahren vor dem GBAmt deutsches Recht als lex fori Anwendung (BayObLG Rpfleger 1986, 369; KG FGPrax 2013, 9, 10). Zur Anwendung deutschen materiellen Rechts als lex rei sitae auf dingliche Rechte s. Art. 43 EGBGB. Zur Anwendung ausländischen Rechts und von Völkerrecht s. § 13 Rn. 5.1 und 5.2. Zum Erfordernis der deutschen Gerichtsbarkeit bei Vollstreckungsmaßnahmen s. Anh. zu § 44 Rn. 65.

a) FamFG-Vorschriften. GBSachen gehören zu den Angelegenheiten der freiwilligen Gerichtsbarkeit (§ 23a Abs. 2 Nr. 8 GVG), die durch Bundesgesetz den Amtsgerichten zugewiesen sind (§ 23a Abs. 1 Satz 1 Nr. 2 GVG; vgl. auch § 1 Abs. 1 Satz 1 GBO). Es finden daher nach § 1 FamFG auch die allgemeinen Vorschriften des FamFG (§§ 2 bis 85) Anwendung, soweit nicht die GBO eine andere Regelung trifft (KG FGPrax 2014, 149) oder die Anwendung mit dem Wesen des GBVerfahrens unvereinbar ist (OLG München JFG 14, 339; BayObLG Rpfleger 1980, 153, zugleich zur Unzulässigkeit einer Streitverkündung; Rpfleger 1988, 478). Nicht anwendbar sind z. B. §§ 13 und 58 FamFG. Für die Berechnung von Fristen gilt § 16 FamFG i. V. m. §§ 222 und 224 Abs. 2 und 3 sowie § 225 ZPO, die entsprechend anwendbar sind. Im Gebiet der ehemaligen DDR sind ergänzend zur GBO §§ 2 bis 85 FamFG entsprechend anwendbar, soweit sich nicht etwas anderes aus Rechtsvorschriften, insbes. solchen des GBRechts ergibt; solange die Liegenschaftsdienste für die GBFührung zuständig waren, konnte sich etwas anderes auch daraus ergeben, dass die Grundbücher nicht von Gerichten geführt wurden (§ 150 Abs. 1 Nr. 5).

35 **b) Übergangsregelung.** Als Übergangsregelung nach dem Inkrafttreten des FGG-RG am 1.9.2009 gilt gemäß Art. 111 Abs. 1 FGG-RG, dass auf Verfahren, die vor diesem Zeitpunkt eingeleitet oder beantragt wurden, in allen Rechtszügen (BGH FGPrax 2010, 102) weiterhin die bis zum 1.9.2009 geltenden Vorschriften anzuwenden sind. Bei Verfahren, die von Amts wegen einzuleiten sind, ist maßgebend der Zeitpunkt, in dem die Einleitung des Verfahrens angeregt wurde (OLG Schleswig FGPrax 2009, 289), sonst das erste Tätigwerden des GBAmts. Jedes mit einer Endentscheidung abgeschlossene Verfahren stellt gemäß Art. 111 Abs. 2 FGG-RG ein Verfahren i. S. des Art. 111 Abs. 1 FGG-RG dar. Dies trifft insbesondere auf eine Eintragung zu, an die sich ein gutgläubiger Erwerb anschließen kann. Mit der Eintragung ist, weil gegen sie eine Beschwerde ausgeschlossen ist (§ 71 Abs. 2 Satz 1), das EintrVerfahren abgeschlossen. Das auf die Eintragung eines Amtswiderspruchs gerichtet Verfahren stellt daher keine Fortsetzung des mit der Eintragung abgeschlossenen Verfahrens dar. Dies gilt auch, wenn die Eintragung eines Amtswiderspruchs gemäß § 71 Abs. 2 Satz 2 im Weg der Beschwerde verlangt wird (OLG Hamm FGPrax 2009, 285 mit Anm. v. Demharter Rpfleger 2010, 68; OLG München Rpfleger 2016, 556; 2010, 491).

Bei Anträgen, die gemäß § 16 Abs. 2 verbunden sind, finden einheitlich die für den zuerst gestellten Antrag maßgebenden Verfahrensvorschriften Anwendung (OLG Schleswig FGPrax 2009, 290). Vollstreckungsverfahren stellen selbständige Verfahren dar (BGH Rpfleger 2011, 666; OLG Karlsruhe Rpfleger 2010, 504).

c) ZPO-Vorschriften. Die GBSachen gehören nicht zu den so genann- **36** ten echten Streitverfahren der freiwilligen Gerichtsbarkeit (BayObLG ZflR 2002, 666). Die Vorschriften der ZPO sind nur insoweit entsprechend anzuwenden, als dies durch Gesetz vorgeschrieben ist, z. B. durch § 81 Abs. 2 (s. dazu § 81 Rn. 10 ff.). Eine entsprechende Anwendung von Vorschriften der ZPO ist vor allem bei Zwischen- und Nebenentscheidungen vorgesehen, die in der Regel mit der sofortigen Beschwerde in entsprechender Anwendung der §§ 567 bis 572 ZPO anfechtbar sind (vgl. z. B. § 35 Abs. 5, § 42 Abs. 3 FamFG). S. dazu § 71 Rn. 3. Zu Notwendigkeit und Inhalt einer Rechtsbehelfsbelehrung in diesen Fällen s. § 232 ZPO. Im Fall der Eröffnung des Insolvenzverfahrens über das Vermögen eines Beteiligten tritt keine Unterbrechung entsprechend § 240 ZPO ein (BayObLG NJW-RR 2002, 991). Das OLG München FGPrax 2018, 109 hat offen gelassen, ob beim Tod des nicht vertretenen Antragstellers das Verfahren entsprechend § 239 ZPO unterbrochen wird (s. dazu § 13 Rn. 48).

d) Elektronische Aktenführung. Die elektronische Aktenführung, die **37** Einreichung von Anträgen und Schriftsätzen in elektronischer Form und das gerichtliche elektronische Dokument regelt § 14 FamFG. Danach sind die Vorschriften der ZPO zum elektronischen Verfahren entsprechend anzuwenden (vgl. §§ 130a, 130b, 298, 298a ZPO). Gemäß § 73 Abs. 2 Satz 2, § 78 Abs. 3 GBO gilt § 14 Abs. 1 bis 3 und 5 FamFG, ergänzt durch § 81 Abs. 4 GBO, auch für die Beschwerdeverfahren in GBSachen (s. dazu § 73 Rn. 10, 15; § 81 Rn. 15). Für das grundbuchamtliche Verfahren enthält der 8. Abschnitt (§§ 135 ff.) eine eigenständige Regelung, die sich davon nicht wesentlich unterscheidet.

38   **e) Formale Rechtskraft.** Soweit eine solche bei Entscheidungen des
GBAmts überhaupt in Betracht kommt (s. dazu Anh. zu § 13 Rn. 10; § 53
Rn. 2; § 18 Rn. 18; § 45 Rn. 5), kann gem. § 46 FamFG über ihren Eintritt
ein Zeugnis ausgestellt werden (BayObLG FGPrax 2003, 199). Zuständig ist
der Urkundsbeamte der Geschäftsstelle (s. § 12c Rn. 8), dessen Entscheidung
mit der Erinnerung in entsprechender Anwendung des § 573 ZPO anfechtbar ist. Voraussetzung ist bei Entscheidungen, die mit einem unbefristeten
Rechtsmittel angefochten werden können, ein Rechtsmittelverzicht (s. § 73
Rn. 13).

39   **f) Rechtspflegeakt.** Die Tätigkeit des GBAmts gehört nicht zu den Aufgaben der rechtsprechenden Gewalt im Sinne des Art. 92 GG (BayObLG
Rpfleger 1992, 147 mit kritischer Anm. v. Meyer-Stolte). Die GBEintragung
stellt einen Rechtspflegeakt dar, auf den die Vorschriften der GBO und des
FamFG (s. Rn. 34 ff.), nicht aber die über den Verwaltungsakt (§§ 35 ff.
VwVfG) anwendbar sind (s. dazu Meikel/Böttcher Einl. A Rn. 36). Das Verfahren vor dem GBAmt richtet sich auch bei Auslandsberührung stets nach
deutschem Recht (s. Rn. 34). Landesrechtliche Vorschriften haben nur im
Rahmen der §§ 486 ff. FamFG Bedeutung. Zum Meinungsstand bezüglich
der Frage nach der rechtlichen Natur der EintrTätigkeit des GBAmts und
insbes. zu der Frage, ob das GBVerfahren Rechtsprechungscharakter hat, s.
Böttcher Rpfleger 1986, 201.

9. Verfahrensbeteiligte

40   **a) Grundsatz.** Materiell Beteiligter eines grundbuchrechtlichen Verfahrens ist jeder, dessen Rechtsstellung durch die Entscheidung des GBAmts
unmittelbar betroffen wird. Wer danach materiell Beteiligter ist, muss grundsätzlich auch formell am Verfahren beteiligt werden (§ 7 Abs. 2 Nr. 1 FamFG;
OLG Jena FGPrax 1997, 172). Im streng einseitigen EintrAntragsverfahren
ist jedoch nur der Antragsteller oder die ersuchende Behörde unmittelbar
formell beteiligt (§ 7 Abs. 1 FamFG; vgl. OLG Hamm OLGZ 1965, 342;
BayObLG 1972, 399).

In anderen Verfahren sind auch diejenigen formell zu beteiligen, die aufgrund einer gesetzlichen Vorschrift von Amts wegen oder auf Antrag beteiligt
werden müssen (§ 7 Abs. 2 Nr. 2 FamFG). Das GBAmt kann von Amts wegen oder auf Antrag weitere Personen als Beteiligte hinzuziehen, wenn dies
in einem Gesetz vorgesehen ist (§ 7 Abs. 3 FamFG). Soweit sie ihm bekannt
sind, hat das GBAmt diejenigen, die auf ihren Antrag formell beteiligt werden müssen oder beteiligt werden können, von der Einleitung des Verfahrens
zu benachrichtigen und über ihr Antragsrecht zu belehren (§ 7 Abs. 4
FamFG). Ein materiell nicht Beteiligter kann sich aber nur ausnahmsweise
auf Grund besonderer gesetzlicher Vorschriften formell am Verfahren beteiligen. Wenn das GBAmt einem Antrag auf Beteiligung nicht entspricht, entscheidet es gemäß § 7 Abs. 5 FamFG durch Beschluss, der mit der sofortigen
Beschwerde in entsprechender Anwendung der §§ 567 bis 572 ZPO anfechtbar ist (s. dazu § 71 Rn. 3).

41   Allein dadurch, dass jemand anzuhören ist oder eine Auskunft zu erteilen
hat, wird er nicht Beteiligter (§ 7 Abs. 6 FamFG). Zu einem Verfahren, das

die Berichtigung des GB auf Grund Unrichtigkeitsnachweises gem. § 22 zum Gegenstand hat, ist derjenige hinzuzuziehen, dessen grundbuchmäßiges Recht durch die berichtigende Eintragung beeinträchtigt werden kann. Eine Sonderregelung der Beteiligung enthält § 92 für das Rangbereinigungsverfahren. Bedeutung erlangt die Frage, wer formell am Verfahren zu beteiligen ist, insbes. bei der Gewährung rechtlichen Gehörs und bei der Bekanntmachung der Entscheidung (vgl. Rn. 68, 84). Wer Beteiligter eines Verfahrens ist, hat das GBAmt auch im Antragsverfahren von Amts wegen festzustellen (BayObLG Rpfleger 1997, 15). Die ihm obliegende Ermittlung der Beteiligten und ihrer Anschriften darf es nicht anderen Beteiligten aufgeben (OLG Düsseldorf RNotZ 2012, 328). Es kann daher einem Beteiligten nicht durch Zwischenverfügung aufgeben, eidesstattlich zu versichern, dass keine weiteren Beteiligten, z.B. Nacherben, bekannt sind, denen rechtliches Gehör gewährt werden müsste (OLG München FGPrax 2020, 63).

b) Beteiligungsfähigkeit. Die Fähigkeit, Beteiligter eines grundbuch- **42** rechtlichen Verfahrens zu sein, hat grundsätzlich nur, wer rechtsfähig ist (vgl. BayObLG 1990, 192/196), also jede natürliche und juristische Person des öffentlichen oder privaten Rechts (§ 8 Nr. 1 FamFG); zum Nachweis der Rechtsfähigkeit s. § 29 Rn. 15, § 32 Rn. 9. Darüber hinaus sind beteiligungsfähig aber auch Behörden ohne eigene Rechtspersönlichkeit, soweit sie ein eigenes Antragsrecht haben (§ 8 Nr. 3 FamFG), ferner Vereinigungen, Personengruppen und Einrichtungen, soweit ihnen ein Recht zustehen kann (§ 8 Nr. 2 FamFG), überhaupt jeder, der ohne rechtsfähig zu sein als Berechtigter im GB eingetragen werden kann (s. hierzu § 19 Rn. 95 ff.). Die Beteiligtenfähigkeit hat das GBAmt als Verfahrensvoraussetzung von Amts wegen zu prüfen. Zu den Folgen der vom GBAmt verneinten Rechtsfähigkeit des Antragstellers für dessen Beschwerdeberechtigung s. § 13 Rn. 53.

10. Verfahrensfähigkeit

a) Grundsatz. Verfahrenshandlungen kann ein Beteiligter selbst oder **43** durch einen von ihm bestellten Vertreter nur vornehmen, wenn er verfahrensfähig ist. Zu den grundbuchrechtlichen Verfahrenshandlungen gehören alle auf das GBVerfahren bezogenen Erklärungen von Beteiligten, insbes. die Stellung eines EintrAntrags, die Bewilligung einer Eintragung und die Einlegung einer Beschwerde. Die GBO enthält keine Vorschrift über die Fähigkeit eines Beteiligten, wirksame Verfahrenshandlungen vorzunehmen.
Verfahrensfähig sind nach § 9 Abs. 1 Nr. 1 bis 4 FamFG
• die nach bürgerlichem Recht Geschäftsfähigen (Nr. 1),
• die nach bürgerlichem Recht beschränkt Geschäftsfähigen, soweit sie für den Gegenstand des Verfahrens nach bürgerlichem Recht als geschäftsfähig anerkannt sind (Nr. 2),
• die nach bürgerlichem Recht beschränkt Geschäftsfähigen, soweit sie das 14. Lebensjahr vollendet haben und sie in einem Verfahren, das ihre Person betrifft, ein ihnen nach bürgerlichem Recht zustehendes Recht geltend machen (Nr. 3),
• diejenigen, die aufgrund des FamFG oder eines anderen Gesetzes dazu bestimmt sind (Nr. 4).

44   **b) Geschäftsfähige Personen.** Damit sind verfahrensfähig die nach bürgerlichem Recht voll Geschäftsfähigen. Die Geschäftsfähigkeit richtet sich
nach §§ 2 und 104 ff. BGB. Es darf weder eine Pflegschaft gemäß §§ 1911,
1913 BGB vorliegen noch im Verfahren ein Verfahrenspfleger gemäß § 57
ZPO bestellt sein. Verfahrensfähig sind ferner Minderjährige, die gemäß
§§ 112, 113 BGB zur Vornahme bestimmter Geschäfte ermächtigt sind (beschränkt Geschäftsfähige). Die in § 9 Abs. 1 Nr. 3 und 4 FamFG aufgeführten
Fälle haben für das grundbuchrechtliche Verfahren keine Bedeutung; sie betreffen insbesondere betreuungs- und unterbringungsrechtliche Verfahren
(vgl. §§ 275, 316 FamFG).

45   **c) Geschäftsunfähige Personen.** Sie können Verfahrenshandlungen nur
durch ihren gesetzlichen Vertreter, beschränkt Geschäftsfähige nur unter dessen Mitwirkung vornehmen. Juristische Personen des privaten oder öffentlichen Rechts sowie die Personenhandelsgesellschaften OHG und KG
sind nicht verfahrensfähig; für sie müssen ihre Vertreter handeln (§ 9 Abs. 2,
3 FamFG). Das Verschulden eines gesetzlichen Vertreters steht dem Verschulden des vertretenen Beteiligten gleich (§ 9 Abs. 4 FamFG). Für den gewillkürten Vertreter gilt dasselbe gemäß § 11 Satz 5 FamFG i.V.m. § 85 Abs. 2
ZPO.

46   **d) Prüfung von Amts wegen.** Die Verfahrensfähigkeit eines Beteiligten
ist in jeder Lage des Verfahrens, also auch in der Rechtsbeschwerdeinstanz,
von Amts wegen zu prüfen (§ 9 Abs. 5 FamFG i.V.m. § 56 Abs. 1 ZPO; vgl.
BGH 86, 188). Sie kann auch nur für einen bestimmten Kreis von Angelegenheiten ausgeschlossen sein (partielle Geschäftsunfähigkeit; vgl. BGH 18,
186 f.). Grundsätzlich ist von der Geschäftsfähigkeit und damit der Verfahrensfähigkeit als dem Regelfall auszugehen. Bestehen jedoch ernsthafte, auf
Tatsachen beruhende Zweifel an der Geschäftsfähigkeit, muss diesen nachgegangen werden. Im EintrAntragsverfahren ist die Geschäftsfähigkeit als Voraussetzung der Verfahrensfähigkeit und damit eines wirksamen EintrAntrags
und einer wirksamen EintrBewilligung eine EintrVoraussetzung (vgl. Bay-
ObLG 1974, 340); dem Antragsteller ist daher durch Zwischenverfügung
aufzugeben, bestehende Zweifel an der Geschäftsfähigkeit zu zerstreuen (s.
dazu § 18 Rn. 3). Im Amtsverfahren hat das GBAmt die hierzu erforderlichen Maßnahmen von Amts wegen zu ergreifen. Können die Zweifel nicht
ausgeräumt werden, ist von der Geschäftsunfähigkeit auszugehen. Zu den
Folgen der vom GBAmt verneinten Verfahrensfähigkeit des Antragstellers für
dessen Beschwerdeberechtigung s. § 13 Rn. 53.

47   **e) Sonstige Regelungen.** Nach § 9 Abs. 5 FamFG gelten die §§ 53 bis
58 ZPO entsprechend. Dadurch wird den verfahrensmäßigen Besonderheiten hinsichtlich einer Betreuung oder Pflegschaft (§ 53 ZPO), der Vornahme
einzelner Verfahrenshandlungen ohne besondere Ermächtigung (§ 54 ZPO)
und der Prüfung der Verfahrensfähigkeit von Ausländern (§ 55 ZPO) Rechnung getragen. Auch die Möglichkeit der Zulassung eines Beteiligten zur
Verfahrensführung unter Vorbehalt (§ 56 Abs. 2 ZPO) wird eröffnet. Des
Weiteren ist die Bestellung eines Verfahrenspflegers möglich (§ 57 ZPO). Das
GBAmt hat dafür zu sorgen, dass insbesondere ein nicht verfahrensfähiger

Antragsgegner ordnungsgemäß vertreten ist, damit ihm rechtliches Gehör gewährt werden kann.

Zur Beteiligung ausländischer natürlicher Personen am GBVerkehr s. § 33 Rn. 28 f.; § 35 Rn. 13; § 47 Rn. 25; ferner Eickmann Rpfleger 1983, 465; Süß Rpfleger 2003, 53; Lichtenberger MittBayNot 1986, 111. Zur Beteiligung ausländischer juristischer Personen s. § 32 Rn. 8; ferner Schaub NZG 2000, 953. S. auch Rauscher/Loose, Die EintrFähigkeit ausländischer Ehegatten und juristischer Personen im GB, Rpfleger 2016, 617.

11. Gerichtssprache und Öffentlichkeit

a) Grundsatz. Durch das FGG-RG wurde § 2 EGGVG geändert. Die **48** Anwendung der Vorschriften des GVG wurde auf die Angelegenheiten der freiwilligen Gerichtsbarkeit erstreckt. Damit gilt auch § 184 GVG, der deutsch als Gerichtssprache bestimmt. Verhandlungen, Erörterungen und Anhörungen (s. Rn. 55) sind nicht öffentlich. Das Gericht kann aber die Öffentlichkeit zulassen, jedoch nicht gegen den Willen eines Beteiligten (§ 170 GVG).

b) Übersetzung in deutsche Sprache. Urkunden und Schriftstücke, welche Erklärungen der Beteiligten gegenüber dem GBAmt enthalten, insbes. Anträge und Bewilligungen, müssen in deutscher Sprache abgefasst sein (vgl. § 5 Abs. 1 BeurkG). Für sonstige dem GBAmt zu erbringende Nachweise, z. B. für eine Vollmacht, gilt dieser Grundsatz aber nicht (JFG 7, 245). Wird zur Führung eines solchen Nachweises eine in fremder Sprache abgefasste Urkunde vorgelegt, kann von einer Übersetzung abgesehen werden, wenn der Rpfleger der fremden Sprache hinreichend mächtig ist (OLG Schleswig Rpfleger 2008, 498). Ist dies nicht der Fall, muss das GBAmt eine Übersetzung in die deutsche Sprache durch einen nach Landesrecht ermächtigten oder öffentlich bestellten Übersetzer verlangen. Die Übersetzung muss beweissicher durch Schnur und Siegel mit der fremdsprachlichen Urkunde verbunden und die Unterschrift des Übersetzers öffentlich beglaubigt sein (JFG 7, 243; KG FGPrax 2013, 10 mit abl. Anm. v. Heinemann; zustimmend Demharter Rpfleger 2013, 197; anders OLG Karlsruhe FGPrax 2013, 173 für das Erbscheinsverfahren). Gleiches gilt für den Beglaubigungsvermerk in nicht deutscher Sprache, durch den ein ausländischer Notar die Unterschrift unter einer in deutscher Sprache abgefassten Erklärung beglaubigt (KG FGPrax 2011, 168).

Nicht in deutscher Sprache abgefasste oder in sonstiger Weise verschlüsselte Textteile, die sich auf einer Urkunde erkennbar außerhalb der Erklärungen oder Nachweise gegenüber dem GBAmt befinden, sind für das GBAmt unbeachtlich. Dies gilt z. B. für die Verwendung eines Strichcodes am Seitenrand einer Urkunde (OLG Hamm FGPrax 2012, 193).

c) Dolmetscher. Zu Verhandlungen, Erörterungen und Anhörungen braucht ein Dolmetscher nicht zugezogen zu werden, wenn der Rpfleger der fremden Sprache, in der sich die Beteiligten erklären, hinreichend mächtig ist (§ 185 Abs. 3 GVG). Die Beeidigung eines zugezogenen Dolmetschers ist nicht erforderlich, wenn die Beteiligten darauf verzichten (§ 189 Abs. 3 GVG).

12. Sitzungspolizei

49   a) **Ordnungsmaßnahmen.** Die Sitzungspolizei ist in Verhandlungster-
minen nach Maßgabe der §§ 176 ff. GVG auszuüben. Bei Verstößen gegen
die zur Aufrechterhaltung der Ordnung getroffenen Anordnungen ist die
Entfernung aus dem Verhandlungsraum sowie die Abführung zur Ordnungshaft zulässig; außerdem kann der Betreffende während einer zu bestimmenden Zeit, die 24 Stunden nicht übersteigen darf, festgehalten werden (§ 177
GVG). Bei Ungebühr kann ein Ordnungsgeld bis zu 1000 EUR und für den
Fall, dass dieses nicht beigetrieben werden kann, Ordnungshaft festgesetzt
werden; statt Ordnungsgeld kann auch Ordnungshaft bis zu einer Woche
festgesetzt werden (§ 178 GVG). Das Ordnungsgeld beträgt mindestens
5 EUR die Ordnungshaft mindestens einen Tag (Art. 6 EGStGB v. 2.3.1974,
BGBl. I 469). Gegen Verfahrensbevollmächtigte und Beistände können Ordnungsmittel nicht festgesetzt werden.

50   b) **Zuständigkeit.** Wem die Ausübung der sitzungspolizeilichen Befugnisse obliegt, bestimmen §§ 176, 177 Satz 2, § 178 Abs. 2 GVG; s. auch § 180
GVG. Bei Ausübung der ihm übertragenen Geschäfte stehen diese Befugnisse dem Rpfleger zu (§ 4 Abs. 1 RpflegerG); mit Freiheitsentziehung verbundene Ordnungsmittel kann er jedoch nicht anordnen; hält er solche für geboten, hat er die Sache dem Richter zur Entscheidung vorzulegen (§ 4
Abs. 2, 3 RpflegerG). Mit der Vollstreckung von Ordnungsmitteln befasst sich
§ 179 GVG, mit den Voraussetzungen einer Anfechtung, der Befristung der
Beschwerde und der aufschiebenden Wirkung § 181 GVG; die Protokollierung der Vorgänge schreibt § 182 GVG vor. Die befristete Beschwerde zum
OLG gem. § 181 GVG ist auch dann gegeben, wenn der Rpfleger das Ordnungsmittel festgesetzt hat (§ 11 Abs. 1 RpflegerG). Eine Abhilfe ist zulässig.

51   c) **Untersagung der Vertretung.** Einem Bevollmächtigten oder Beistand, der nicht Rechtsanwalt oder Notar ist, kann das Gericht durch unanfechtbaren Beschluss die weitere Vertretung oder den weiteren Vortrag untersagen, wenn er nicht in der Lage ist, den Sach- und Verfahrensstand
sachgerecht darzustellen (§ 10 Abs. 3 Satz 3, § 12 Satz 4 FamFG). Entsprechendes gilt für einen Beteiligten. Das Gericht darf sich gegenüber einem
Querulanten, d. h. einer Person, die hartnäckig und unbelehrbar immer wieder sinnlose und unsachgemäße Eingaben macht, dadurch erwehren, dass es
nach vorheriger Verwarnung weitere Eingaben gleicher Art ungelesen zu den
Akten nimmt. Die in solchen weiteren Eingaben enthaltenen Anträge und
Beschwerden sind unwirksam (JFG 13, 267).

13. Bevollmächtigte und Beistände

52   a) **Anwaltszwang.** In GBSachen besteht, von Verfahren vor dem BGH
abgesehen (§ 10 Abs. 4 Satz 1 FamFG; s. § 78 Rn. 15 ff.), kein Anwaltszwang.
Soweit eine Vertretung durch Rechtsanwälte nicht geboten ist, können die
Beteiligten das Verfahren selbst betreiben. Sie können sich aber auch durch
einen Rechtsanwalt oder einen vertretungsbefugten Bevollmächtigten vertreten lassen (§ 10 Abs. 1, 2 FamFG) oder sich eines Beistands bedienen (§ 12
FamFG). Wer vertretungsbefugt ist, bestimmt § 10 Abs. 2 Satz 2 FamFG und

wer Beistand sein oder vom Gericht als Beistand zugelassen werden kann, ergibt sich aus § 12 Satz 2, 3 i. V. m. § 10 Abs. 2 Satz 2 FamFG. Näheres zur Vertretungsbefugnis Bevollmächtigter s. § 15 Rn. 2. Zur Postulationsfähigkeit des Notars in Notarkostensachen s. § 78 Rn. 17. Zur Vertretung durch den Notar oder Angestellte des Notars s. § 15 Rn. 3.3, 3.4. Zur Vertretung bei Abgabe einer Vollstreckungsunterwerfungserklärung s. § 44 Rn. 28.

b) Zurückweisung. Über die Zurückweisung eines vertretungsbefugten **53** Bevollmächtigten oder eines vertretungsbefugten oder vom Gericht zugelassenen Beistands s. Rn. 51. Nicht vertretungsbefugte Bevollmächtigte und nicht vertretungsbefugte und auch nicht vom Gericht zugelassene Beistände weist das Gericht durch unanfechtbaren Beschluss zurück. In diesem Fall bleiben von einem nicht vertretungsbefugten Bevollmächtigten bis zu seiner Zurückweisung vorgenommene Verfahrenshandlungen sowie Zustellungen und Mitteilungen an ihn wirksam (§ 10 Abs. 3 Satz 1, 2, § 12 Satz 4 FamFG).

c) Vollmacht. Sie bedarf, soweit auf sie nicht §§ 29, 31 GBO zur Anwen- **54** dung kommen (s. dazu § 29 Rn. 9), keiner Form. Zum Nachweis der Bevollmächtigung ist die Vollmacht aber gemäß § 11 Satz 1 FamFG schriftlich zu den Gerichtsakten einzureichen. Der Mangel der Vollmacht kann in jeder Lage des Verfahrens geltend gemacht werden. Er ist von Amts wegen zu berücksichtigen, es sei denn, als Bevollmächtigter tritt ein Rechtsanwalt oder Notar auf (§ 11 Satz 3, 4 FamFG); dann genügt grundsätzlich deren Versicherung, bevollmächtigt worden zu sein (KG FGPrax 2014, 149). Bei begründeten Zweifeln darf das GBAmt auch die Wirksamkeit der Bevollmächtigung eines Rechtsanwalts oder Notars von Amts wegen prüfen (OLG Schleswig NJW-RR 2012, 199). Die fehlende Vollmacht kann innerhalb einer vom Gericht bestimmten Frist, bei der es sich nicht um eine Ausschlussfrist handelt (BGH NJW-RR 2012, 515), nachgereicht werden (§ 11 Satz 2 FamFG). Ein Antrag kann daher nicht wegen fehlenden Vollmachtsnachweises abgewiesen werden, ohne dass vorher Gelegenheit gegeben wurde, die Bevollmächtigung nachzuweisen. Für die Verfahrensvollmacht gelten im Übrigen die §§ 81 bis 87 und 89 ZPO entsprechend (§ 11 Satz 5 FamFG). Daher steht ein Verschulden des Bevollmächtigten einem Verschulden des vertretenen Beteiligten gleich (vgl. § 85 Abs. 2 ZPO). Über die Zustellung an einen Bevollmächtigten s. Rn. 87.

d) Persönliches Erscheinen. Während im FGG eine ausdrückliche Vor- **55** schrift über die Anordnung des persönlichen Erscheinens eines Beteiligten fehlte, bestimmt § 33 Abs. 1 FamFG, dass das Gericht das persönliche Erscheinen eines Beteiligten zu einem Termin anordnen und den Beteiligten anhören kann, wenn dies zur Aufklärung des Sachverhalts sachdienlich erscheint. Die Anordnung des persönlichen Erscheinens eines Beteiligten und dessen Anhörung dient zwar auch dazu, ihm rechtliches Gehör zu gewähren (vgl. § 34 Abs. 1 Nr. 1 FamFG). Im Vordergrund steht aber die Sachaufklärung. Eine Anordnung des persönlichen Erscheinens kommt daher nur im Amtsverfahren in Betracht. Das persönliche Erscheinen kann nach Maßgabe des § 33 Abs. 3 FamFG erzwungen werden (OLG Hamm Rpfleger 2012, 253).

56   **e) Gewillkürte Verfahrensstandschaft.** Davon spricht man, wenn jemand ein fremdes Recht im eigenen Namen gerichtlich geltend macht. Voraussetzung dafür ist, dass er vom Rechtsinhaber dazu ermächtigt ist und ein eigenes schutzwürdiges Interesse daran hat (vgl. BGH NJW-RR 1988, 127). Sofern diese Voraussetzungen vorliegen, ist es nicht ausgeschlossen, dass es im GBVerfahren ein Antrags- oder Beschwerdeberechtigter einem anderen überlässt, eine Eintragung im eigenen Namen, allerdings nur zugunsten des Berechtigten, zu verlangen, z.B. die GBBerichtigung auf Grund Unrichtigkeitsnachweises gem. § 22 oder die Eintragung eines Amtswiderspruchs gem. § 71 Abs. 2 Satz 2 (vgl. OLG Zweibrücken Rpfleger 1968, 88; OLG Brandenburg FGPrax 2017, 245). Auch eine gesetzliche Verfahrensstandschaft entsprechend § 265 Abs. 2 Satz 1 ZPO kommt in Betracht. So kann der bisherige Eigentümer ein Verfahren nach Eigentumsumschreibung für den neuen Eigentümer fortführen (BayObLG 2001, 301; Demharter FGPrax 1997, 7; s. aber auch KG OLG 41, 22; OLG Hamm FGPrax 1996, 210). Die Voraussetzungen der Verfahrensstandschaft sind dem GBAmt oder Beschwerdegericht nachzuweisen; die Form des § 29 braucht dabei nicht eingehalten zu werden. In Bezug auf die Ausübung der Bewilligungsberechtigung kommt nur eine gesetzliche (s. § 19 Rn. 56), nicht aber eine gewillkürte Verfahrensstandschaft in Betracht.

14. Kosten und Geschäftswert

57   **a) Kosten.** Nach § 80 FamFG sind Kosten die Gerichtskosten und die außergerichtlichen Kosten der Beteiligten. Die Gerichtskosten setzen sich aus den Gebühren und Auslagen zusammen. Die außergerichtlichen Kosten bestehen aus den zur Durchführung des Verfahrens notwendigen Aufwendungen der Beteiligten. Für sie gilt § 91 Abs. 1 Satz 2 ZPO entsprechend. Eine entsprechende Anwendung auch des § 91 Abs. 2 Satz 1 ZPO sieht § 80 FamFG nicht vor. Die gesetzlichen Gebühren und Auslagen eines Rechtsanwalts gehören daher nicht zwingend, sondern nur dann zu den erstattungsfähigen Kosten, wenn ein Beteiligter nach seinen Fähigkeiten und Kenntnissen das Verfahren ohne die Gefahr eines Rechtsnachteils nicht ohne anwaltliche Hilfe führen kann (OLG Celle NJW-RR 2015, 1535).

58   **b) Kostenentscheidung.** Das GBAmt kann die Kosten, also Gerichtskosten einschließlich außergerichtlicher Kosten, nach billigem Ermessen einem Beteiligten ganz oder zu einem Teil auferlegen oder anordnen, dass von der Erhebung der Gerichtskosten abzusehen ist (§ 81 Abs. 1 Satz 1, 2 FamFG). Einem Beteiligten müssen jedoch die Gerichtskosten und die außergerichtlichen Kosten nicht im gleichen Umfang auferlegt werden. Das GBAmt kann seine Kostenentscheidung auch auf die Gerichtskosten oder auf die außergerichtlichen Kosten beschränken. Die Anordnung der Erstattung außergerichtlicher Kosten kommt nur zwischen Beteiligten in Betracht, die entgegengesetzte Interessen verfolgen. Werden die außergerichtlichen Kosten mehrerer Beteiligten auferlegt, haften diese nicht als Gesamtschuldner; maßgebend ist vielmehr § 420 BGB. Einem Dritten können Kosten nur auferlegt werden, wenn und soweit die Tätigkeit des Gerichts durch ihn veranlasst wurde und ihn ein grobes Verschulden trifft (§ 81 Abs. 4 FamFG).

Dies trifft insbesondere auf denjenigen zu, der anregt, ein Amtsverfahren einzuleiten (vgl. § 24 FamFG).

c) Ausdrückliche Kostenentscheidung. Das Gericht muss nicht in jedem Fall eine ausdrückliche Kostenentscheidung treffen. Wenn aber über die Kosten entschieden wird, muss dies in der Endentscheidung geschehen (§ 82 FamFG). Die Kosten sollen gemäß § 81 Abs. 2 FamFG ganz oder teilweise einem Beteiligten auferlegt werden, wenn

- er durch grobes Verschulden Anlass zu dem Verfahren gegeben hat,
- sein Antrag von vorneherein keine Aussicht auf Erfolg hatte und er dies erkennen musste,
- er zu einer wesentlichen Tatsache schuldhaft unwahre Angaben gemacht oder
- er durch schuldhaftes Verletzen seiner Mitwirkungspflichten das Verfahren erheblich verzögert hat.

Diese Grundsätze gelten entsprechend, wenn sich das Verfahren erledigt oder der Antrag zurückgenommen wird (§ 83 Abs. 2 FamFG). In diesen Fällen ist bei der nach billigem Ermessen zu treffenden Entscheidung von Bedeutung, ob der Antrag oder das Rechtsmittel voraussichtlich Erfolg gehabt hätte oder nicht. Im Fall der Erledigung durch Vergleich ohne Kostenregelung gilt § 83 Abs. 1 FamFG.

d) Fehlende Kostenentscheidung. Wenn das GBAmt keine ausdrückliche Kostenentscheidung trifft, ergibt sich die Kostenschuldnerschaft hinsichtlich der Gerichtskosten aus § 22 GNotKG. Seine außergerichtlichen Kosten trägt dann jeder Beteiligte selbst. Unberührt bleiben in jedem Fall Bestimmungen des Bundesrechts, welche die Kostenerstattung abweichend regeln (§ 81 Abs. 5 FamFG). **59**

e) Sonstiges. Zur Kostenentscheidung im Beschwerdeverfahren s. § 77 Rn. 33. Zur Anfechtung der Kostenentscheidung s. § 71 Rn. 31; zur Anfechtung des Kostenansatzes s. § 71 Rn. 80; zur Anfechtung der Kostenfestsetzung s. § 71 Rn. 86; zur Anfechtung der Anordnung, einen Kostenvorschuss zu zahlen, s. § 71 Rn. 85.

f) Gerichtskosten. Die KostO wurde mit Wirkung ab 1.8.2013 durch **60** das als Art. 1 des 2. KostRMoG v. 23.7.2013 (BGBl. I 2586) in Kraft getretene GNotKG ersetzt. Eine Übergangsregelung enthält § 136 GNotKG. Nach dieser sind die Regelungen der KostO weiterhin anzuwenden auf Verfahren, die vor dem 1.8.2013 eingeleitet worden sind oder in denen ein Antrag vor diesem Datum gestellt oder ein Rechtsmittel eingelegt worden ist (s. dazu OLG Dresden NotBZ 2013, 476). Wenn das GNotKG für eine bestimmte Tätigkeit des GBAmts keinen Gebührentatbestand vorsieht, ist diese Tätigkeit gebührenfrei. S. dazu Weber, Gerichtskosten in GBSachen, Rpfleger 2016, 321.

g) Kostenverzeichnis. Sofern nicht angeordnet wurde, dass von der Erhebung von Gerichtskosten abzusehen ist (§ 81 Abs. 1 Satz 2 FamFG; vgl. **60.1** auch § 21 GNotKG), werden Gerichtsgebühren nach dem Kostenverzeichnis erhoben. Sie richten sich nach dem Geschäftswert, soweit nichts anderes bestimmt ist. Insbesondere kann als Gebühr ein fester Betrag zu erheben sein. Das Kostenverzeichnis ist in der Anlage 1 zum GNotKG enthalten (§ 3 GNotKG). Wenn sich die Gebühren nach dem Geschäftswert richten, bestimmt sich die Höhe nach der Tabelle A oder B (§ 34 Abs. 1 GNotKG). Die Gebührentabelle befindet sich in der Anlage 2 zum GNotKG (§ 34 Abs. 3 GNotKG). In GBSachen ist die Tabelle B maßgebend, sofern nicht als Gebühr ein fester Betrag zu erheben ist. Der Mindestbetrag einer Gebühr beträgt 15 EUR (§ 34 Abs. 5 GNotKG). Löst den Gebührenanspruch eine GBEintragung aus, ist Voraussetzung der Fälligkeit eine wirksam unterschriebene (s. dazu § 44 Rn. 64) Eintragung (OLG Zweibrücken Rpfleger 2000, 267). Welches Recht bei einer Gesetzesänderung anzuwenden ist, regelt § 134 GNotKG.

Kosten, die bei richtiger Sachbehandlung nicht entstanden wären, werden gemäß § 21 Abs. 1 Satz 1 GNotKG nicht erhoben. Voraussetzung ist, dass das Gericht gegen eine klare gesetzliche Regelung verstoßen, insbesondere einen schweren Verfahrensfehler begangen hat, der offen zu Tage tritt (BGH NJW-RR 2005, 1230).

60.2   **h) Gebührenbefreiung.** Von der Zahlung von Kosten sind bestimmte Kostenschuldner, insbes. der Bund und die Länder, nicht aber die Bundesanstalt für vereinigungsbedingte Sonderaufgaben (BGH VIZ 1997, 310; OLG München und OLG Dresden VIZ 1998, 695), die Bundesanstalt für Immobilienaufgaben (BGH WuM 2009, 318), die Kreditanstalt für Wiederaufbau (OLG Koblenz NJW-RR 2012, 1468 und die Bundesagentur für Arbeit (OLG München NJW-RR 2005, 1230), befreit (§ 2 GNotKG). Gebührenbefreiungsvorschriften enthalten u. a. § 29 RSiedlG, § 108 FlurbG, §§ 79, 84 Abs. 2, § 151 BauGB. Landesrechtliche Befreiungsvorschriften gelten nur für das Verfahren vor den ordentlichen Gerichten des betreffenden Landes. Für Verfahren vor dem BGH galt die VO v. 24.12.1883 (RGBl. I 1884, 1) bis zu ihrer Aufhebung durch das 2. KostRMoG fort (BGH NJW-RR 2011, 934). Zur Kostenzahlungspflicht des nicht gebührenbefreiten Gesamtschuldners s. § 2 Abs. 5 GNotKG und OLG Zweibrücken FGPrax 2002, 272. Zu den Auswirkungen der Kostenübernahme durch den gebührenbefreiten Vertragspartner s. OLG Jena NotBZ 2016, 60 mit Anm. v. Heinze.

60.3   **i) Kostenansatz und Kostenvorschuss.** Angesetzt werden die Gerichtskosten gemäß § 18 GNotKG vom Kostenbeamten (s. dazu die bundeseinheitliche KostVerf. i. d. F. v. 26.3.2014, BayJMBl. 46, geändert durch Bek. v. 22.7.2015, BayJMBl. 93) und beigetrieben nach dem JBeitrG i. d. F. v. 27.6.2017 (BGBl. I 1926). Zur Anfechtung des Kostenansatzes s. § 71 Rn. 80.

Nach § 13 Satz 2 GNotKG soll im erstinstanzlichen Antragsverfahren ein Kostenvorschuss verlangt werden, wenn dies im Einzelfall zur Sicherung des Eingangs der Kosten erforderlich erscheint; Voraussetzung ist, dass auf Tatsachen gegründete ernsthafte Zweifel an der Zahlungsfähigkeit und Zahlungswilligkeit des Kostenschuldners bestehen. Dies kann der Fall sein, wenn das Grundstück mit einer Vielzahl von Zwangshyp. belastet und ein Zwangsversteigerungsvermerk eingetragen ist. Nach den Umständen des Einzelfalles kann die Anordnung eines Kostenvorschusses auch dann gerechtfertigt sein, wenn nur ein geringer Betrag, z. B. im unteren zweistelligen Bereich verlangt wird. Ausnahmen enthält § 16 GNotKG. Näheres s. OLG Düsseldorf FGPrax 2017, 200 und OLG München FGPrax 2019, 44 und 2020, 96 sowie § 18 Rn. 28. Zur Anfechtung der Anordnung einer Vorschusszahlung s. § 71 Rn. 85.

In Betracht kommt auch die Geltendmachung eines Zurückbehaltungsrechts (§ 11 GNotKG), insbesondere an einem Brief, bis die entstandenen Kosten bezahlt sind (s. § 60 Rn. 12). Die Verjährung der Ansprüche auf Zahlung von Gerichtskosten regelt § 6 Abs. 1 bis 3 GNotKG. Ansprüche auf Zahlung und Rückzahlung von Gerichtskosten werden nicht verzinst (§ 6 Abs. 4 GNotKG). Zu Notwendigkeit und Inhalt einer Rechtsbehelfsbelehrung bei jeder Kostenrechnung und bei jeder anfechtbaren Entscheidung in Kostensachen s. § 7a GNotKG.

j) Europäisches Recht. Die grundsätzlich wertabhängigen Gebühren **61** des GNotKG in GBSachen verstoßen weder gegen das Grundgesetz (BVerfG NJW 2004, 3321) noch gegen europäisches Recht; die EG-Gesellschaftssteuerrichtlinie v. 17.7.1969 (69/335/EWG) i. d. F. der Richtlinie v. 10.6.1985 (85/303/EWG) ist nicht entsprechend anzuwenden (BayObLG Rpfleger 2001, 269; OLG Hamm FGPrax 2001, 90; OLG Zweibrücken NJW-RR 2003, 235); zur Gebührenerhebung für eine GBBerichtigung oder Richtigstellung s. § 22 Rn. 63, 65. Die im Gebiet der ehemaligen DDR zunächst geltende allgemeine Gebührenermäßigung ist ab 1.7.2004 nicht mehr anwendbar. Näheres dazu s. 26. Auflage und Böhringer, Besondere GBEintragungen in den neuen Ländern im Lichte des neuen GNotKG, JurBüro 2014, 171, 230 und 288.

k) Außergerichtliche Kosten. Eine anwaltliche Tätigkeit wird nach **62** Teil 3 RVG-VV vergütet; in der Regel fällt eine Verfahrensgebühr von 1,3 gemäß Nr. 3100 an, die unter den Voraussetzungen der Nr. 3101 nur in Höhe von 0,8 entsteht; ausnahmsweise kann eine Terminsgebühr von 1,2 gem. Nr. 3104 hinzukommen. Zur Erstattungsfähigkeit s. Rn. 57. Festgesetzt werden die außergerichtlichen Kosten gemäß § 85 FamFG in entsprechender Anwendung der §§ 103 bis 107 ZPO vom Rpfleger (§ 21 Nr. 1 RpflegerG). Der Kostenfestsetzungsbeschluss ist grundsätzlich zu begründen. Eine erforderliche, aber unterbliebene Begründung ist spätestens im Nichtabhilfebeschluss nachzuholen (OLG Frankfurt Rpfleger 2010, 111). Zur Anfechtung der Kostenfestsetzung s. § 71 Rn. 86. Zu den Gebühren des Notars für Antragstellung und Beschwerdebegründung s. § 15 Rn. 23.

l) Geschäftswert. Er ist für die Berechnung der gerichtlichen und außer- **63** gerichtlichen Kosten maßgebend und bestimmt sich nach §§ 35 ff. GNotKG. Seine Festsetzung regelt § 79 GNotKG. Zuständig ist der Rpfleger (§ 3 Nr. 1 Buchst. h, § 4 Abs. 1 RpflegerG). Jedoch ist derjenige Rpfleger ausgeschlossen, welcher als Kostenbeamter tätig geworden ist (BayObLG Rpfleger 1987, 58; OLG München Rpfleger 2015, 232). Die Geschäftswertfestsetzung muss begründet werden, sofern sie zu ihrem Verständnis einer Begründung bedarf (OLG Frankfurt JurBüro 1998, 489). Anfechtbar ist die Geschäftswertfestsetzung gemäß § 83 Abs. 1 GNotKG, § 11 RpflegerG (s. hierzu § 71 Rn. 87).

Nach Maßgabe des § 79 Abs. 2 GNotKG kann sie von Amts wegen geändert werden. Zum Geschäftswert im Beschwerdeverfahren s. § 77 Rn. 43.

15. Verfahrenskostenhilfe

64   **a) Grundsatz.** Auf die Bewilligung von Verfahrenskostenhilfe finden die Vorschriften der §§ 114 bis 127 ZPO entsprechende Anwendung (§ 76 Abs. 1 FamFG). Die Gewährung rechtlichen Gehörs steht grundsätzlich im freien Ermessen des GBAmts. Dem Antragsgegner kann rechtliches Gehör aber nur ausnahmsweise versagt werden (§ 77 Abs. 1 FamFG). Mit der Beiordnung eines Rechtsanwalts befasst sich § 78 FamFG. Umstritten ist, ob die Beiordnung eines Rechtsanwalts für den Vollstreckungsgläubiger, z. B. bei Eintragung einer Zwangshypothek, geboten ist: verneinend OLG Schleswig Rpfleger 2010, 492; OLG Hamm Rpfleger 2012, 23; bejahend KG Rpfleger 2012, 552; OLG München Rpfleger 2014, 78; 2016, 222). Die Bestimmungen über die Verfahrenskostenhilfe gelten für Amts- und Antragsverfahren und grundsätzlich für alle Beteiligten. Einem Beteiligten, der nicht Antragsteller ist, kann Verfahrenskostenhilfe nur gewährt werden, wenn das aus seinem Vorbringen erkennbare Verfahrensziel Aussicht auf Erfolg hat.

65   **b) Rechtszug.** Verfahrenskostenhilfe ist für jedes Verfahren und für jeden Rechtszug besonders zu bewilligen (§ 119 Abs. 1 ZPO). Der Antrag auf Bewilligung von Verfahrenskostenhilfe für ein beabsichtigtes Beschwerdeverfahren ist bei dem Gericht anzubringen, dessen Entscheidung angefochten wird (vgl. § 64 Abs. 1 Satz 2 FamFG). Er ist unverzüglich dem Beschwerdegericht vorzulegen. Der Vorsitzende des Beschwerdegerichts kann, sofern dies eine Rechtsverordnung der Landesregierung oder Landesjustizverwaltung zulässt (s. dazu für Baden-Württemberg § 3 VO v. 10.4.2014, GBl. 212), die Prüfung der persönlichen und wirtschaftlichen Verhältnisse des Antragstellers nach §§ 114, 115 ZPO einschließlich bestimmter in § 118 ZPO bezeichneter Maßnahmen, Beurkundungen und Entscheidungen dem Rpfleger des Beschwerdegerichts übertragen (§ 20 Abs. 2, 3 RpflegerG, in Kraft ab 1.1.2014). Kommt dieser zu dem Ergebnis, dass die Voraussetzungen für die Gewährung von Verfahrenskostenhilfe nicht vorliegen, weist er den Antrag ab. Andernfalls vermerkt er das Ergebnis seiner Prüfung in den Akten. Sodann entscheidet das Beschwerdegericht über den Antrag. Ist es der Auffassung, dass die Erfolgsaussichten der Rechtsverteidigung oder Rechtsverfolgung von der Klärung einer umstrittenen und abschließend noch nicht geklärten Rechtsfrage abhängt, muss es bei Vorliegen der persönlichen Voraussetzungen dem Antragsteller Verfahrenskostenhilfe bewilligen, und zwar auch dann, wenn es die Auffassung vertritt, dass die Rechtsfrage zu seinen Ungunsten zu entscheiden ist (BGH FGPrax 2014, 187).

Die im Prozess bewilligte Prozesskostenhilfe erstreckt sich nicht auf die GBEintragungen, die in Vollstreckung des erwirkten Titels beantragt werden. Zur Anfechtung der im Verfahrenskostenhilfeverfahren ergehenden Entscheidungen s. § 71 Rn. 56.

16. Ermittlungspflicht

a) Antragsverfahren. Im Antragsverfahren ist das GBAmt zur Anstellung 66
von Ermittlungen weder berechtigt noch verpflichtet; es ist Sache des Antragstellers, die erforderlichen Unterlagen beizubringen; die Kenntnis etwa
anzuwendenden ausländischen Rechts muss sich das GBAmt jedoch auch im
Antragsverfahren selbst verschaffen (s. hierzu § 13 Rn. 5). Auch hat es von
Amts wegen festzustellen, wer am Verfahren beteiligt ist (s. dazu Rn. 40).

b) Amtsverfahren. Im Amtsverfahren, z. B. nach §§ 53, 84, 90, gilt dage- 67
gen § 26 FamFG (KGJ 48, 199; BayObLG Rpfleger 1976, 66). Eine Aufklä-
rung- und Ermittlungspflicht besteht nur, soweit der Vortrag der Beteiligten
oder der Sachverhalt dazu Anlass gibt. Sie kann durch eine im Einzelfall bestehende erhöhte Darlegungspflicht der Beteiligten eingeschränkt sein (vgl.
OLG Köln Rpfleger 2002, 195). Allen denkbaren Möglichkeiten muss nicht
nachgegangen werden; die Ermittlungen können eingestellt werden, wenn
für die Entscheidung ausschlaggebende Ergebnisse nicht mehr zu erwarten
sind (OLG München Rpfleger 2015, 530). Die Beteiligten sollen bei der
Ermittlung des Sachverhalts mitwirken. Ihre Erklärungen über tatsächliche
Umstände haben sie vollständig und wahrheitsgemäß abzugeben (§ 27
FamFG). § 26 FamFG gilt auch in Verfahren, die Kosten in GBSachen betreffen (§ 1 FamFG).

17. Rechtliches Gehör

a) Grundsatz. Das durch Art. 103 Abs. 1 GG garantierte Recht auf Ge- 68
hör ist in allen Verfahren der freiwilligen Gerichtsbarkeit zu beachten
(BVerfG NJW 1995, 2157; BGH Rpfleger 1989, 107), also auch im GBVerfahren. Im Verfahren vor dem Rpfleger bestimmt sich die Pflicht zur Gewährung rechtlichen Gehörs nicht nach Art. 103 Abs. 1 GG, sondern nach dem
rechtsstaatlichen Grundsatz eines fairen Verfahrens gem. Art. 2 Abs. 1 i. V. m.
Art. 20 Abs. 3 GG (BVerfG Rpfleger 2000, 205; kritisch dazu Dümig Rpfleger 2000, 249; 2001, 469; 2004, 345 sowie Habscheid Rpfleger 2001, 209).
Das GBAmt hat einen Beteiligten persönlich anzuhören, wenn dies zur Gewährung rechtlichen Gehörs erforderlich oder gesetzlich vorgeschrieben ist
(§ 34 FamFG). In diesem Fall kann auch die Anordnung des persönlichen
Erscheinens des Beteiligten in Betracht kommen (s. dazu Rn. 55). Zur Verpflichtung, alles Vorbringen bis zum Erlass der Entscheidung zu berücksichtigen, s. § 77 Rn. 5.

b) EintrAntragsverfahren. In diesem Verfahren, das streng einseitig ist, 69
erhält rechtliches Gehör nur der Antragsteller (OLG Hamm OLGZ 1965,
342; OLG Brandenburg FGPrax 2002, 148; OLG Schleswig FGPrax 2010,
124; OLG Celle FGPrax 2018, 102). Den übrigen Beteiligten ist es dadurch
gewährt, dass sie als Betroffene die Eintragung gemäß § 19 bewilligt haben;
da die EintrBewilligung dem Verfahrensrecht zuzuordnen ist (s. § 19 Rn. 13),
ist damit das rechtliche Gehör als „vor Gericht" gewährt anzusehen (OLG
Stuttgart FGPrax 2012, 158). Diese Grundsätze gelten nicht nur dann, wenn
dem Antrag stattgegeben wird, sondern auch bei Zurückweisung oder Erlass
einer Zwischenverfügung (OLG Düsseldorf Rpfleger 2007, 25). Sie gelten

auch, wenn das GBAmt eine Eintragung als Vollstreckungsorgan vornimmt (vgl. OLG Schleswig FGPrax 2010, 264). Kritisch hierzu Meikel/Böttcher Einl. C Rn. 89.; Ertl Rpfleger 1980, 9; Eickmann Rpfleger 1982, 456.
Vor einer GBBerichtigung auf Grund Unrichtigkeitsnachweises gem. § 22 ist jedoch denjenigen rechtliches Gehör zu gewähren, deren grundbuchmäßiges Recht durch die berichtigende Eintragung beeinträchtigt werden kann (OLG Zweibrücken Rpfleger 1999, 532), z. B. den Erben des Berechtigten eines Vorkaufsrechts vor dessen Löschung (BGH Rpfleger 2005, 135 mit Anm. v. Demharter Rpfleger 2005, 185) oder den Nacherben vor Löschung des Nacherbenvermerks (BayObLG Rpfleger 1995, 105; OLG Hamm FGPrax 1995, 15). Dasselbe gilt bei lastenfreier Abschreibung eines Grundstücksteils ohne Löschungsbewilligung (BayObLG FGPrax 1999, 172; s. dazu § 46 Rn. 19).

70   **c) Amtsverfahren.** In diesen Verfahren hat das GBAmt allen Beteiligten, deren Rechtsstellung durch sein Tätigwerden beeinträchtigt wird oder werden kann, rechtliches Gehör zu gewähren. Bei Eilbedürftigkeit oder der Gefahr der Rechtsvereitelung kann es erst nachträglich gewährt werden. Dies wird insbesondere bei Eintragung eines Amtswiderspruchs in Betracht kommen (Meikel/Böttcher Einl. C Rn. 86).

d) Sonstiges. Zum rechtlichen Gehör im Beschwerdeverfahren s. § 77 Rn. 7. Zur Anhörungsrüge bei Verletzung des Anspruchs auf rechtliches Gehör durch eine unanfechtbare Entscheidung s. § 81 Rn. 17.

18. Beweismittel

71   **a) Antragsverfahren.** Nach § 29 ist nur der Urkundenbeweis zulässig. Eine Beweisaufnahme durch Erholung von Gutachten, Vernehmung von Sachverständigen, Zeugen und Beteiligten findet nicht statt (OLG Hamm FGPrax 2005, 239; OLG München Rpfleger 2006, 393; OLG Köln FGPrax 2007, 102); ebenso wenig ist eine eidesstattliche Versicherung ein zulässiges Beweismittel (OLG Hamm FGPrax 1995, 14; s. hierzu aber auch § 35 Rn. 41, § 29 Rn. 63, ferner Böhringer, Eidesstattliche Versicherungen im GBVerkehr, NotBZ 2012, 241). Urkunden, die Erklärungen von Zeugen, Sachverständigen oder Beteiligten über Tatsachen enthalten, erbringen auch dann, wenn es sich um öffentliche Urkunden handelt, nicht den Beweis für die inhaltliche Richtigkeit der Erklärung, sondern nur für deren Abgabe (§ 415 ZPO; OLG Hamm Rpfleger 1995, 292; KG Rpfleger 2009, 147; OLG Schleswig FGPrax 2010, 125); dies gilt insbes. für eine notariell beurkundete eidesstattliche Versicherung (BayObLG DNotZ 1993, 598). Mit ihnen kann daher der Urkundennachweis gemäß § 29 nicht geführt werden.
Ausnahmen vom Erfordernis des Urkundennachweises enthalten § 5 Abs. 2 Satz 4, § 6a Abs. 1 Satz 3, § 29a und § 35 Abs. 3 (s. dazu § 29 Rn. 18). Über die Verwertung von Erfahrungssätzen s. § 29 Rn. 63. Zur Verwertung der durch unzulässige Ermittlungen und eine unzulässige Beweisaufnahme gewonnenen Kenntnisse s. § 13 Rn. 5.

72   **b) Amtsverfahren.** Hier gilt der Grundsatz des Freibeweises. Die erforderlichen Beweise erhebt das GBAmt in der ihm geeignet erscheinenden

Form. Dabei ist es weder an das Vorbringen der Beteiligten gebunden noch an deren Beweisanträge. Eine ablehnende Entscheidung über einen Beweisantrag ist nicht selbständig anfechtbar (§ 29 Abs. 1, 2 FamFG). In Betracht kommen bei formlosen Ermittlungen im Weg des Freibeweises die persönliche, telefonische oder schriftliche Befragung von Auskunftspersonen oder Beteiligten, ferner die Beiziehung von Akten. Beteiligte können auch zur eidesstattlichen Versicherung zugelassen werden. Im Rahmen des Freibeweises hat das GBAmt die Amtsverschwiegenheit gemäß § 376 ZPO und das Recht zur Zeugnis- und Auskunftsverweigerung gemäß §§ 383 bis 390 ZPO zu beachten (§ 29 Abs. 3 FamFG). Die Auskunftsperson hat die Verweigerungsgründe selbst darzulegen und glaubhaft zu machen. Die Amtsermittlungspflicht erstreckt sich nicht darauf. Die Entscheidung über die Auskunftsverweigerung ergeht durch Beschluss, der entsprechend § 387 Abs. 3 ZPO mit der sofortigen Beschwerde anfechtbar ist (s. dazu § 71 Rn. 3). Erzwungen werden können Auskünfte im Weg des Freibeweises nicht. Das Ergebnis seiner Beweiserhebung hat das GBAmt aktenkundig zu machen (§ 29 Abs. 4 FamFG). Grundlage der Entscheidung ist nicht nur das Ergebnis einer mündlichen Verhandlung, sondern der gesamte Akteninhalt. Die Entscheidung muss daher nicht von demjenigen getroffen werden, vor dem die mündliche Verhandlung stattgefunden hat.

c) Strengbeweis. Grundsätzlich steht es im pflichtgemäßen Ermessen des **73** GBAmts, ob es sich mit dem Freibeweis begnügt oder ob es Beweise im förmlichen Verfahren, dem Strengbeweis, erhebt (§ 30 Abs. 1 FamFG). Entscheidet es sich für den Strengbeweis, sind die Vorschriften der ZPO über die Beweisaufnahme (§§ 355 ff.) entsprechend anzuwenden. Beim Urkundenbeweis wird die gesetzliche Vermutung der Richtigkeit einer Privaturkunde (vgl. § 440 Abs. 2 ZPO) durch den Grundsatz der freien Beweiswürdigung ersetzt (BayObLG FGPrax 2002, 111). Bei Vorliegen der Voraussetzungen des § 30 Abs. 2, 3 FamFG hat eine förmliche Beweisaufnahme stattzufinden, ferner immer dann, wenn ohne sie eine ausreichende Sachaufklärung nicht möglich ist. Entscheidet sich das GBAmt für den Strengbeweis, dann hat es den Grundsatz der Unmittelbarkeit der Beweisaufnahme (§ 355 Abs. 1 ZPO) zu beachten; die Beweisaufnahme darf einem anderen Gericht nur in den gesetzlich vorgesehenen Fällen (vgl. § 372 Abs. 2, §§ 375, 479 ZPO) übertragen werden. Ein Wechsel in der Besetzung des Gerichts hindert die Verwertung förmlich erhobener Beweise grundsätzlich dann nicht, wenn die an der Entscheidung Mitwirkenden nur das berücksichtigen, was aktenkundig ist. Ist der persönliche Eindruck einer Beweisperson wichtig, muss er in einem Protokoll niedergelegt sein (OLG München FGPrax 2008, 211).

19. Entscheidungen des Grundbuchamts

a) Eintragung. Die häufigsten Entscheidungen sind solche über Eintr- **74** Anträge. Über einen EintrAntrag kann nur durch Vornahme der begehrten Eintragung, durch förmliche Zwischenverfügung oder durch Zurückweisung entschieden werden. Ein EintrAntrag, der in Unkenntnis davon gestellt wird, dass derselbe Antrag, z.B. durch einen anderen Notar, bereits gestellt wurde, muss nicht zurückgewiesen werden; wird er nicht zurückgenommen, tritt mit Entscheidung über den zuerst gestellten Antrag Hauptsacheerledigung ein (OLG Dresden NotBZ 2013, 386). Für die Ankündigung einer Eintragung durch einen Vorbescheid ist kein Raum (s. § 71 Rn. 18).

Eine Aussetzung des Verfahrens entsprechend § 21 FamFG ist unzulässig (OLG München MittBayNot 2014, 47); dies gilt selbst dann, wenn der Antragsteller oder alle Verfahrensbeteiligten mit einer Aussetzung einverstanden sind (KG JW 1932, 2890; BayObLG 1984, 129; OLG Frankfurt MDR 1990, 557; zu den Ausnahmen s. § 18 Rn. 1); zur Anfechtbarkeit, wenn das GBAmt dennoch das Verfahren aussetzt, s. § 71 Rn. 20. Auch das Ruhen des Verfahrens kann nicht angeordnet werden (OLG Düsseldorf FGPrax 2017, 200). Der Antragsteller kann aber bestimmen, dass über den Antrag erst nach Ablauf einer bestimmten Frist entschieden werden solle; dann gilt der Antrag erst mit Ablauf der Frist als gestellt. Zur Unterbrechung des Verfahrens s. Rn. 36. An sonstigen Entscheidungen sind vor allem die Feststellungsbeschlüsse nach §§ 87, 108 zu erwähnen.

75   **b) Beschluss.** Das GBAmt entscheidet, auch wenn der Urkundsbeamte der Geschäftsstelle zuständig ist, außer bei Vornahme einer Eintragung, durch Beschluss (§ 38 Abs. 1 FamFG). Dies gilt aber nur für Entscheidungen, durch die der Verfahrensgegenstand ganz oder teilweise erledigt wird, also nicht für die Zwischenverfügung gemäß § 18 Abs. 1 (s. § 18 Rn. 26). Der notwendige Inhalt des Beschlusses ergibt sich aus § 38 Abs. 2 FamFG. Erforderlich ist
- die Bezeichnung der Beteiligten, ihrer gesetzlichen Vertreter und der Bevollmächtigten,
- die Bezeichnung des Gerichts und der mitwirkenden Gerichtspersonen,
- die Beschlussformel.

Bei Abweisung eines Antrags und bei Entscheidungen, durch die in Rechte Beteiligter eingegriffen wird, z. B. bei Maßnahmen im Rahmen des GBBerichtigungszwangs, ist eine schriftliche Begründung regelmäßig erforderlich (§ 38 Abs. 3 Satz 1 FamFG). Zu den Ausnahmen s. § 38 Abs. 4 FamFG; eine Begründung erübrigt sich insbesondere dann, wenn einem Antrag stattgegeben wird. Außerdem muss die Entscheidung des GBAmts unterschrieben sein (§ 38 Abs. 3 Satz 2 FamFG; s. § 71 Rn. 11; für Eintragungen s. § 44 Abs. 1, § 130 GBO, § 75 GBV und § 44 Rn. 62 ff.). Eine fehlende Unterschrift kann für die Zukunft nachgeholt werden (BGH Rpfleger 1998, 123). Schließlich muss auf dem Beschluss das Datum des Erlasses vermerkt werden (§ 38 Abs. 3 Satz 3 FamFG). Auch ohne den Vermerk ist der Beschluss wirksam erlassen, wenn er von der Geschäftsstelle den Beteiligten bekannt gegeben wurde und damit feststeht, dass er der Geschäftsstelle zu diesem Zweck übergeben wurde (OLG München FGPrax 2017, 12). Zur Notwendigkeit einer Rechtsbehelfsbelehrung s. Rn. 76 ff. Zum Wirksamwerden s. Rn. 85. Zum gerichtlichen elektronischen Dokument s. § 140 Rn. 2.

20. Rechtsbehelfsbelehrung

76   Sie sieht die GBO lediglich für den in § 87 Buchst. c genannten Feststellungsbeschluss und die hierauf ergehende Beschwerdeentscheidung vor, weil diese Beschlüsse mit einem befristeten Rechtsmittel anfechtbar sind (§ 89

Abs. 1, 2). Aus demselben Grund ist auch in § 2 Abs. 1 Satz 2, Abs. 2 Satz 2 sowie § 4 Abs. 4 GBMaßnG eine Rechtsbehelfsbelehrung vorgesehen. In allen diesen Fällen handelt es sich jedoch nur um eine Sollvorschrift, so dass die Frist zur Einlegung des Rechtsmittels auch dann zu laufen beginnt, wenn die Belehrung unterblieben ist (s. § 89 Rn. 7). Zu Notwendigkeit und Inhalt einer Rechtsbehelfsbelehrung in Kostensachen s. § 7a GNotKG; in Fällen entsprechender Anwendung von ZPO-Vorschriften s. § 232 ZPO.

a) Betroffene Entscheidungen. In den Fällen, in denen durch Verwei- **77** sung auf die Beschwerde nach dem FamFG ein befristetes Rechtsmittel gegeben ist, die GBO aber eine Rechtsbehelfsbelehrung nicht verlangt (vgl. § 105 Abs. 2, § 110 Abs. 1), wird ebenso wie für alle sonstigen Beschlüsse eine Belehrung durch § 39 FamFG vorgeschrieben. Dies gilt auch für Entscheidungen des Urkundsbeamten der Geschäftsstelle (s. § 12c Rn. 4). Die Zwischenverfügung gemäß § 18 Abs. 1 bedarf nach dem Gesetzeswortlaut einer Belehrung nicht, weil sie gemäß § 38 Abs. 1 Satz 1 FamFG nicht durch Beschluss ergehen muss. Die für Beschlüsse geltenden Bestimmungen sind aber entsprechend anzuwenden. Wird einem EintrAntrag durch Eintragung entsprochen, liegt kein Beschluss vor, der mit einer Belehrung zu versehen wäre. Eine Belehrung ist nicht erforderlich, wenn ein Rechtsmittel nicht statthaft ist. Dies ist z. B. der Fall, wenn das Beschwerdegericht die Rechtsbeschwerde nicht zugelassen hat (§ 78 Abs. 1). In diesem Fall ist aber ein Hinweis auf die Unanfechtbarkeit der Entscheidung zweckmäßig.

b) Betroffene Rechtsbehelfe. Sofern Teile einer Entscheidung mit un- **78** terschiedlichen Rechtsbehelfen selbständig anfechtbar sind, hat dem die Belehrung Rechnung zu tragen. Die Belehrungspflicht erstreckt sich auf alle Rechtsmittel und ordentlichen Rechtsbehelfe einschließlich der Erinnerung. Eine Belehrung ist aber nicht erforderlich, wenn nur außerordentliche Rechtsbehelfe in Betracht kommen. Daher braucht z. B. über die Möglichkeit einer Wiedereinsetzung, einer Beschlussberichtigung, einer Beschlussergänzung oder einer Anhörungsrüge nicht belehrt zu werden.

c) Inhalt der Belehrung. Die Rechtsbehelfsbelehrung muss alle Angaben enthalten, die einen Beteiligten in die Lage versetzen, ohne Hinzuziehung eines Rechtsanwalts den zulässigen Rechtsbehelf einzulegen. Zu belehren ist daher insbes. über Form und Frist des Rechtsbehelfs sowie das Gericht bei dem er eingelegt werden muss, und den Gerichtsort mit genauer Anschrift. Bei Zulassung der Rechtsbeschwerde ist vom Beschwerdegericht auch über den Anwaltszwang (s. § 78 Rn. 15) zu informieren, nicht aber über die Notwendigkeit sowie Form und Frist einer Begründung (s. § 78 Rn. 19) der Rechtsbeschwerde (BGH NJW-RR 2010, 1297).

d) Fehlende oder unrichtige Belehrung. Bei einer im Einzelfall ge- **79** setzlich vorgeschriebenen Rechtsbehelfsbelehrung hat eine fehlende Belehrung grundsätzlich zur Folge, dass die Frist zur Einlegung des Rechtsmittels nicht zu laufen beginnt. Hiervon abweichend hindert das Fehlen der in § 39 FamFG allgemein vorgeschriebenen Belehrung den Eintritt der Rechtskraft nicht. Eine Frist beginnt also auch bei fehlender oder unrichtiger Belehrung zu laufen. Dies ergibt sich aus § 17 Abs. 2 FamFG. Danach wird in diesen

Fällen vermutet, dass die Frist unverschuldet nicht eingehalten wurde, so dass Wiedereinsetzung in den vorigen Stand gewährt werden kann (§ 17 Abs. 1 FamFG; s. BGH FGPrax 2012, 182).

Wiedereinsetzung kommt aber nicht in Betracht, wenn die unterbliebene Belehrung für die Fristversäumnis nicht ursächlich war (BGH NJW-RR 2010, 1297). Dies ist regelmäßig bei einem durch einen Rechtsanwalt vertretenen Beteiligten der Fall, der einer Rechtsbehelfsbelehrung nicht bedarf, gilt aber auch für eine sach- und rechtskundige Behörde, in deren Zuständigkeitsbereich Grundstücksangelegenheiten fallen (BGH Rpfleger 2012, 206). Dagegen ist ein durch eine inhaltlich unrichtige Belehrung hervorgerufener Rechtsirrtum eines anwaltlich vertretenen Beteiligten oder einer sach- und rechtskundigen Behörde dann nicht verschuldet, wenn die Belehrung nicht offenkundig fehlerhaft und der durch sie verursachte Irrtum nachvollziehbar ist (BGH 2018, 164, 165; NJW 2012, 2443). Bei einer durch eine unrichtige Rechtsbehelfsbelehrung veranlasste Einlegung eines unstatthaften Rechtsmittels kann die Nichterhebung von Gerichtskosten gemäß § 21 Abs. 1 Satz 1 GNotKG in Betracht kommen.

e) Rechtsbehelfsbelehrung und Zulassung. Eine Rechtsbehelfsbelehrung ersetzt, sofern nicht besondere Umstände ausnahmsweise eine andere Beurteilung rechtfertigen, eine erforderliche, aber unterbliebene Zulassung des Rechtsmittels nicht (BGH NJW-RR 2011, 1569; BayObLG 2000, 318; OLG Köln FGPrax 2005, 205). Auch wird ein Rechtsmittel gegen eine nicht beschwerdefähige Verfügung nicht dadurch zulässig, dass die Verfügung mit einer Rechtsbehelfsbelehrung versehen ist (OLG München FGPrax 2012, 59).

21. Erledigung der Hauptsache

80   **a) Voraussetzungen.** Eine Entscheidung zur Hauptsache ergeht nicht, wenn sich diese erledigt hat. Dies ist der Fall, wenn der Verfahrensgegenstand durch ein Ereignis, das eine Änderung der Sach- und Rechtslage herbeigeführt hat, fortgefallen ist, so dass die Weiterführung des Verfahrens keinen Sinn mehr hätte, weil eine Sachentscheidung nicht mehr ergehen kann (BGH FGPrax 2011, 163; BayObLG MittBayNot 1991, 78). Hauptsacheerledigung tritt z.B. ein, wenn die beanstandete Eintragung gelöscht wird (OLG München NJW-RR 2019, 1037); das Verfahren kann in diesem Fall nicht mit dem Ziel fortgesetzt werden, die Rechtswidrigkeit der gelöschten Eintragung festzustellen (OLG Düsseldorf Rpfleger 1996, 404; OLG Köln FGPrax 2005, 181). Das OLG München NotBZ 2010, 66 verneint eine Erledigung der Hauptsache, wenn ein durch Zwischenverfügung geltend gemachtes Hindernis durch Zeitablauf weggefallen ist, z.B. das beanstandete Fehlen der Löschungsbewilligung des Rechtsnachfolgers im Fall des § 23 Abs. 1 durch Ablauf der Jahresfrist.

81   **b) Beachtung von Amts wegen.** Die Hauptsache kann sich im Amts- und Antragsverfahren erledigen. Die Erledigung ist in jeder Verfahrenslage und in jedem Rechtszug von Amts wegen ohne Bindung an Erledigterklärungen der Beteiligten zu beachten. Im ersten Rechtszug führt sie zur Ein-

stellung eines Amtsverfahrens und bei einem Antragsverfahren zur Zurückweisung des EintrAntrags, sofern nicht der Antragsteller die Hauptsache für erledigt erklärt. Gibt er diese Erklärung ab, ist die Hauptsacheerledigung auszusprechen; dabei handelt es sich aber nicht um eine Hauptsacheentscheidung. Nach Erledigung der Hauptsache hat das Amtsgericht unter Berücksichtigung des voraussichtlichen Verfahrensausgangs ohne Hauptsacheerledigung über die außergerichtlichen Kosten zu entscheiden, sofern am Verfahren Personen mit entgegengesetzten Interessen beteiligt sind (isolierte Kostenentscheidung). Für die Kostenentscheidung gelten die allgemeinen Grundsätze (§ 83 Abs. 2 FamFG; s. dazu Rn. 57, 58). Gerichtskosten fallen keine an. Erklärt der Rechtsmittelführer eines unzulässigen Rechtsmittels die Hauptsache für erledigt, kann dies als Zurücknahme des Rechtsmittels auszulegen sein (BayObLG MittBayNot 1991, 78).

c) Erledigung nach Entscheidung. Erledigt sich die Hauptsache nach 82 Erlass einer Entscheidung des Amtsgerichts oder des OLG, kann ein zulässiges Rechtsmittel nicht mehr eingelegt werden, es sei denn, die Entscheidung enthält eine isoliert anfechtbare Kostenentscheidung (s. dazu § 71 Rn. 31). Tritt die Erledigung nach Einlegung einer zulässigen Beschwerde oder Rechtsbeschwerde ein, wird diese unzulässig. Der Rechtsmittelführer kann jedoch seinen Antrag auf die Kosten beschränken und damit eine Verwerfung seines Rechtsmittels verhindern (BGH FGPrax 2011, 163; BayObLG MittBayNot 1991, 78; KG Rpfleger 2006, 391). In diesem Fall ist nur noch über die gerichtlichen und außergerichtlichen Kosten des Verfahrens in allen Rechtszügen zu entscheiden; dabei gelten die allgemeinen Grundsätze für die Kostenentscheidung (§ 83 Abs. 2 FamFG; s. dazu Rn. 57, 58). Bei der nach billigem Ermessen zu treffenden Entscheidung kommt es vorrangig darauf an, wie auf der Grundlage einer summarischen Prüfung ohne Hauptsacheerledigung zu entscheiden gewesen wäre (OLG München NJW-RR 2018, 1107). Zur Anfechtung dieser und der Kostenentscheidung, die ergehen kann, wenn im ersten Rechtszug ein Amtsverfahren eingestellt oder im Antragsverfahren die Hauptsacheerledigung ausgesprochen wird, s. § 71 Rn. 33.

d) Feststellung der Rechtsverletzung. Erledigt sich die Hauptsache 83 nach einer Entscheidung des GBAmts, kann gemäß dem auch in GBVerfahren anwendbaren § 62 FamFG ausnahmsweise mit dem Ziel, feststellen zu lassen, dass die Entscheidung den Beschwerdeführer in seinen Rechten verletzt hat, eine Beschwerde eingelegt oder eine eingelegte Beschwerde aufrechterhalten werden. Entsprechendes gilt für die Rechtsbeschwerde (BGH NJW-RR 2017, 1162). § 62 FamFG ist auch dann anwendbar, wenn sich die Hauptsache bereits vor Einlegung der Beschwerde oder Rechtsbeschwerde erledigt hat (BGH FGPrax 2019, 50). Die Rechtswidrigkeit ist im Rechtsmittelverfahren zu klären; ein isoliertes Feststellungsverfahren vor dem GBAmt ist nicht statthaft (BGH FGPrax 2013, 44).

Voraussetzung eines Feststellungsverfahrens ist ein Antrag und ein berechtigtes Interesse an der Feststellung, das in der Regel gegeben sein wird, wenn schwerwiegende Grundrechtseingriffe vorliegen oder eine Wiederholung konkret zu erwarten ist (§ 62 FamFG). Die Rechtsverletzung kann auch in einer schwerwiegenden Verletzung des Verfahrensrechts bestehen. Die bloße Belastung mit Kosten begründet ein berechtigtes Interesse nicht (BGH FGPrax 2012, 91), ebenso wenig die unterbliebene Anhörung des Betroffenen vor Eintragung eines Richtigstellungsvermerks (OLG München FGPrax 2014, 51) oder die Absicht, mit der Feststellungsentscheidung Amtshaftungsansprüche zu begründen (OLG Hamm FGPrax 2010, 79).

Eine Rechtsverletzung kann nur bei einem tatsächlich vollzogenen Eingriff in die Rechte des Beschwerdeführers angenommen werden. Ein solcher liegt bei Erlass einer Zwischenverfügung nicht vor (OLG Hamm FGPrax 2011, 209; OLG Düsseldorf Rpfleger 2018, 135). Das erforderliche berechtigte Interesse hat höchstpersönlichen Charakter, so dass bei Beurteilung einer Wiederholungsgefahr auf den konkret betroffenen Beschwerdeführer abzustellen ist (OLG Düsseldorf Rpfleger 2010, 261; OLG München FGPrax 2010, 269). Ein berechtigtes Interesse fehlt daher auch, wenn lediglich eine abstrakte Rechtsfrage geklärt werden soll (BGH FGPrax 2019, 50).

22. Bekanntgabe

84   **a) Grundsatz.** Auf Eintragungen sind die Vorschriften der §§ 15, 41 FamG über die Bekanntgabe nicht anwendbar. Sie werden mit ihrer Vollendung, d. h. mit der in § 44 Abs. 1 Satz 2 vorgeschriebenen Unterzeichnung, wirksam und nach § 55 bekannt gemacht.

85   Andere Entscheidungen ergehen grundsätzlich durch Beschluss (vgl. § 38 Abs. 1 FamFG), der den formell am Verfahren Beteiligten bekannt zu geben ist (§ 41 Abs. 1 Satz 1 FamFG). Im Antragsverfahren ist dies grundsätzlich nur der Antragsteller oder die ersuchende Behörde (s. dazu Rn. 40). Der Beschluss wird durch Bekanntgabe an denjenigen Beteiligten wirksam, für den er seinem wesentlichen Inhalt nach bestimmt ist (§ 40 Abs. 1 FamFG). In der Regel ist dies der Antragsteller oder die ersuchende Behörde.

86   **b) Formen der Bekanntgabe.** Nach § 15 Abs. 2 FamFG kommen die Zustellung nach den §§ 166 bis 195 ZPO und die Aufgabe zur Post in Betracht. Das GBAmt hat nach pflichtgemäßem Ermessen zu entscheiden, ob förmlich zugestellt oder durch Aufgabe zur Post bekannt gemacht wird. Ein anfechtbarer Beschluss ist jedoch demjenigen, dessen erklärtem Willen er nicht entspricht, grundsätzlich förmlich zuzustellen (§ 41 Abs. 1 Satz 2 FamFG). Die Bestimmung des FamFG, welche die förmliche Zustellung anfechtbarer Entscheidungen verlangt, ist vor dem Hintergrund zu sehen, dass die Beschwerde in Angelegenheiten der freiwilligen Gerichtsbarkeit befristet ist (s. § 63 Abs. 1 FamFG). Für die GBBeschwerde gilt dies aber nicht, so dass das GBAmt nicht jede anfechtbare Entscheidung zwingend förmlich zustellen muss. Eine öffentliche Zustellung nach § 185 ZPO ist nicht ausgeschlossen (BayObLG NJW-RR 1998, 1172). Im Fall der Bekanntgabe im Inland durch Aufgabe zur Post gilt der Beschluss drei Tage nach Aufgabe zur Post als bekannt gegeben. Die Bekanntgabefiktion setzt die Feststellung des Datums der Aufgabe zur Post voraus sowie einen ausdrücklichen Hinweis an den Empfänger, dass durch Aufgabe zur Post bekannt gemacht wird. Das Fehlen eines erkennbaren Bekanntgabewillens kann nicht durch die Feststellung des tatsächlichen Zugangs geheilt werden (OLG München FGPrax

2012, 137). Die Bekanntgabefiktion ist widerlegbar. Dazu hat der Beteiligte glaubhaft zu machen, dass ihm der Beschluss nicht oder erst zu einem späteren Zeitpunkt zugegangen ist (§ 15 Abs. 2 Satz 2 FamFG). Auch einen früheren Zugang schließt die Bekanntgabefiktion nicht aus (BGH FGPrax 2012, 280).

c) Bekanntgabe im Ausland. Mit der Zustellung im Ausland befasst sich § 183 ZPO. Für Zustellungen in den Mitgliedsländern der EU ist die EG-VO Nr. 1393/2007 über die Zustellung gerichtlicher und außergerichtlicher Schriftstücke in Zivil- und Handelssachen v. 13.11.2007 (ABl. EU Nr. L 324 S. 79) zu beachten, die an die Stelle der früheren VO Nr. 1348/2000 getreten ist (vgl. § 183 Abs. 5 ZPO). Ausführungsvorschriften dazu enthalten §§ 1067 bis 1069 ZPO. Die Zustellung durch Aufgabe zur Post gemäß § 184 Abs. 1 Satz 2 ZPO ist nicht verfassungswidrig. Auch hat nicht jede Verletzung von Verfahrensvorschriften bei der Zustellung deren Unwirksamkeit zur Folge; dies ist nur der Fall, wenn der Zweck der verletzten Vorschrift dies erfordert (BGH NJW 2012, 2588). Zum Nachweis einer Zustellung durch die Post (vgl. Art. 14 der VO) genügt der Rückschein oder ein gleichwertiger Beleg (§ 1068 Abs. 1 ZPO). S. dazu das Haager Übereinkommen v. 15.11.1965 (BGBl. 1977 II 1452, 1453) über die Zustellung gerichtlicher und außergerichtlicher Schriftstücke im Ausland in Zivil- und Handelssachen sowie zum Geltungsbereich des Übereinkommens den Fundstellennachweis B zum BGBl. II v. 31.12.2019 S. 659.

d) Bekanntgabe an Bevollmächtigten. Nach dem durch das Ges. v. 87 30.7.2009 (BGBl. I 2449) eingefügten § 15 Abs. 1 Satz 2 kann zur Entgegennahme von EintrMitteilungen und Zwischenverfügungen auch jemand bevollmächtigt werden, der nicht gemäß § 10 Abs. 2 FamFG vertretungsbefugt ist. Dasselbe gilt für die Bevollmächtigung zur Entgegennahme von Entscheidungen, durch die ein Antrag zurückgewiesen wird. Wenn das GBAmt die Zustellung nach den Vorschriften der ZPO wählt (s. § 15 Abs. 2 Satz 1 Fall 1 FamFG), kann gemäß § 171 ZPO an einen rechtsgeschäftlich bestellten vertretungsbefugten Bevollmächtigten in gleicher Weise wie an den Vertretenen zugestellt werden.

e) Bekanntgabe an Verfahrensbevollmächtigten. § 172 Abs. 1 Satz 1 88 ZPO, der bestimmt, dass ausschließlich an den für die Instanz bestellten Verfahrensbevollmächtigten zuzustellen ist, kommt jedenfalls dann zur Anwendung, wenn ein Beteiligter einem Rechtsanwalt unbeschränkte Verfahrensvollmacht erteilt und dieser dem GBAmt seine Bestellung angezeigt hat. Ein Verstoß führt zur Unwirksamkeit der Zustellung mit der Folge, dass eine Frist nicht zu laufen beginnt.

Eine Pflicht zur Zustellung an den Verfahrensbevollmächtigten setzt die Kenntnis des Gerichts von dessen Bestellung spätestens zu Beginn der Zustellung voraus. Liegt keine unbeschränkte Verfahrensvollmacht vor und hat der Beteiligte dem Gericht gegenüber auch nicht klar zum Ausdruck gebracht, dass nur an seinen Bevollmächtigten zugestellt werden soll, kann sowohl an ihn als auch an den Bevollmächtigten zugestellt werden (BGH Rpfleger 1975, 350), wobei die Frist mit der ersten Zustellung zu laufen beginnt (vgl. OLG München JFG 22, 319). Hat sich ein Rechtsanwalt als Bevollmächtigter gemeldet, ohne den Umfang seiner Vollmacht darzutun, muss nicht zwingend an ihn zugestellt werden (OLG Hamm Rpfleger 1992, 114; s. hierzu aber auch KG Rpfleger 1993, 69). Hat sich für einen durch einen Rechtsanwalt vertretenen Beteiligten ein weiterer Verfahrensbevollmächtigter bestellt, so endet damit nicht ohne weiteres die Verfahrensvollmacht des bisherigen Bevollmächtigten. Bei einer Zustellung an beide Bevollmächtigte ist in diesem Fall für den Fristbeginn die erste Zustellung maßgebend (OLG Zweibrücken Rpfleger 2002, 567). Die auf den von einem Notar gemäß § 15 Abs. 2 gestellten EintrAntrag ergehenden Entscheidungen sind stets diesem bekanntzumachen, s. § 15 Rn. 19.

89   **f) Mündliche Bekanntgabe.** Einem anwesenden Beteiligten kann ein Beschluss wirksam auch dadurch bekannt gegeben werden, dass die Beschlussformel verlesen wird. Dies ist in den Akten zu vermerken. Nicht erforderlich, aber unschädlich ist es, dass auch die Gründe verlesen werden. Jedoch muss bei mündlicher Bekanntgabe der vollständige Beschluss einschließlich der Gründe auch schriftlich bekannt gegeben werden (§ 41 Abs. 2 FamFG). Erst damit beginnt der Lauf einer Beschwerdefrist (§ 63 Abs. 3 FamFG). Für den Lauf einer sonstigen Frist, etwa der in einer Zwischenverfügung gesetzten Frist, gilt dies entsprechend. Durch Verlesen der Beschlussformel kann ein Beschluss auch dann wirksam bekannt gemacht werden, wenn nur der Verfahrensbevollmächtigte des persönlich nicht anwesenden Beteiligten zugegen ist.

Eine Sonderregelung der Bekanntgabe enthalten § 88 Abs. 2 und § 98 GBO. S. zur Bekanntgabe einer Zwischenverfügung § 18 Rn. 35, der Zurückweisung eines EintrAntrags § 18 Rn. 14, einer Beschwerdeentscheidung § 77 Rn. 37, einer einstweiligen Anordnung § 76 Rn. 8.

90   **g) Bekanntgabe sonstiger Schriftstücke.** Schriftstücke, die weder eine Entscheidung des GBAmts noch eine Termins- oder Fristbestimmung enthalten oder den Lauf einer Frist auslösen, können formlos, etwa durch einfache E-Mail, mitgeteilt werden (§ 15 Abs. 3 FamFG). Es steht aber im Ermessen des GBAmts, auch in diesen Fällen statt der formlosen Mitteilung die förmliche Bekanntgabe nach § 15 Abs. 2 FamFG zu wählen.

h) Bekanntgabe elektronischer Dokumente. Für die Bekanntgabe von Entscheidungen, Verfügungen und Mitteilungen durch die Übermittlung elektronischer Dokumente ist § 140 Abs. 2 maßgebend (s. dazu § 140 Rn. 5).

23. Änderung von Entscheidungen

91   **a) Grundsatz.** Für Eintragungen, an die sich ein gutgläubiger Erwerb anschließen kann sowie für inhaltlich unzulässige Eintragungen gilt § 53. Im Übrigen ist das GBAmt grundsätzlich zu einer Änderung seiner Entscheidung befugt. Da die GBBeschwerde im Gegensatz zu der Beschwerde nach dem FamFG nicht befristet ist, kann die Beschränkung der freien Abänderbarkeit erstinstanzlicher Entscheidungen gemäß § 48 Abs. 1 Satz 1 FamFG auf Entscheidungen des GBAmts nicht angewendet werden. Ist ein EintrAntrag zurückgewiesen worden, so erfordert die Änderung jedoch einen

Antrag (vgl. § 48 Abs. 1 Satz 2 FamFG), den nicht nur der ursprüngliche Antragsteller, sondern jeder Antragsberechtigte stellen kann. Ändert das GBAmt seine Ansicht, hat es den ursprünglichen Antragsteller, nicht jedoch auch sonstige Antragsberechtigte darauf hinzuweisen (KG JW 1937, 478). Die Abänderung einer Entscheidung durch das GBAmt kommt jedenfalls im Rahmen der Abhilfe gemäß § 75 in Betracht. Nach Bestätigung der Entscheidung durch das Beschwerdegericht ist eine Änderung aber nicht mehr möglich (KGJ 42, 25; KG NJW 1955, 1074; OLG Hamm NJW 1970, 2119). Soweit in GBSachen ausnahmsweise ein befristetes Rechtsmittel gegeben ist (s. dazu § 71 Rn. 2), verbleibt es bei der beschränkten Abänderbarkeit gemäß § 48 Abs. 1 FamFG. Erachtet das GBAmt eine Entscheidung nachträglich als nicht gerechtfertigt, ist es, sofern eine Abänderungsbefugnis besteht, zur Abänderung nicht nur berechtigt, sondern verpflichtet.

b) Ausnahmen. Schreibfehler, Rechenfehler und ähnliche offenbare Un- 92 richtigkeiten können jederzeit von Amts wegen berichtigt werden. Die Berichtigung ist auf dem berichtigten Beschluss und den Ausfertigungen zu vermerken. Ein elektronischer Berichtigungsbeschluss ist in einem gesonderten, mit dem Beschluss untrennbar zu verbindenden Dokument festzuhalten. Zur Verbesserung von Schreibfehlern und Rötungen bei Eintragungen im GB s. Nr. 3.2.2 BayGBGA, ferner § 22 Rn. 26 und § 44 Rn. 72; zur Berichtigung offensichtlicher Unrichtigkeiten in notariellen Niederschriften s. § 29 Rn. 35, 44.

c) Rechtsbehelfe. Der einen Berichtigungsantrag zurückweisende Beschluss ist nicht anfechtbar. Der Beschluss, der eine Berichtigung ausspricht, ist mit der sofortigen Beschwerde in entsprechender Anwendung der §§ 567 bis 572 ZPO anfechtbar (§ 42 FamFG). S. dazu § 71 Rn. 3. Zur Zulässigkeit der unbeschränkten Beschwerde mit dem Ziel der Richtig- oder Klarstellung einer Eintragung sowie gegen eine richtig- oder klarstellende Eintragung oder deren Ablehnung s. § 71 Rn. 46.

24. Rechtshilfe

Es gelten §§ 157 bis 168 GVG. Rechtshilfe kommt zwar nicht im Antrags- 93 verfahren, wohl aber im Amtsverfahren in Betracht. So kann es z. B. im Fall des § 102 Abs. 1 Satz 3 praktisch sein, dass das mit Klarstellung der Rangverhältnisse befasste GBAmt ein anderes Amtsgericht ersucht, einen in dessen Bezirk wohnenden Beteiligten über seine Zustimmung zu hören. Keine Rechtshilfe liegt vor bei Eintragung einer Gesamthyp. in den Grundbüchern verschiedener Amtsgerichte nach § 48 oder bei Erteilung eines Gesamtbriefs nach § 59 Abs. 2, weil jedes Amtsgericht hier auf Grund eigener Zuständigkeit tätig wird (KGJ 52, 104; a. M. Güthe/Triebel § 1 Rn. 35).

Zu einem Rechtshilfeersuchen und zur Stellung eines Antrags nach § 159 94 Abs. 2 GVG ist der Rpfleger ohne Einschaltung des Richters befugt (OLG Karlsruhe Rpfleger 1994, 203); die Notwendigkeit, vor der Anrufung des OLG bei dem ersuchten Gericht zunächst eine Entscheidung des Richters herbeizuführen (s. dazu BayObLG FGPrax 1995, 169), ist durch die Abschaffung der Durchgriffserinnerung durch Ges. v. 6.8.1998 (BGBl. I 2030) entfallen (OLG Zweibrücken Rpfleger 2000, 381; OLG Stuttgart Rpfleger 2002, 255).

95   Nach § 158 GVG darf das Rechtshilfeersuchen eines im Rechtszug übergeordneten Gerichts nicht abgelehnt werden, ansonsten nur dann, wenn
seine Erledigung schlechthin verboten ist; ob das Ersuchen notwendig oder
zweckmäßig ist, hat das ersuchte Gericht nicht zu beurteilen (BGH NJW
1990, 2936; OLG Zweibrücken Rpfleger 2000, 381; OLG Stuttgart Rpfleger
2002, 255).

25. Zwangsmittel

96   Die Bestimmungen der §§ 86 ff. FamFG betreffen die Vollstreckung
verfahrensabschließender Entscheidungen. Für die im GBVerfahren nur in
Betracht kommende Durchsetzung verfahrensleitender Anordnungen des
GBAmts gilt § 35 FamFG, der als Zwangsmittel Festsetzung von Zwangsgeld
und Anordnung von Zwangshaft (Abs. 1 und 3) sowie Gewaltanwendung
(Abs. 4) vorsieht. Die Anordnung von Zwangshaft kommt in GBSachen
nicht in Betracht. Über die Befugnisse des Rpflegers s. Rn. 18. Zur Erzwingung des vom GBAmt angeordneten persönlichen Erscheinens s. § 33 Abs. 3
FamFG und Rn. 55. Zum GBBerichtigungszwang s. § 82 und § 83 Rn. 21,
22.

97   **a) Zwangsgeld.** Das an die Stelle der früheren Ordnungsstrafe getretene
Zwangsgeld ist gleich dieser nur Beugemittel, nicht etwa Sühne für began-
genes Unrecht (JFG 22, 119; BayObLG 1973, 294). Das einzelne Zwangsgeld
darf den Betrag von 25 000 EUR nicht übersteigen, sein Mindestbetrag ist
nach Art. 6 EGStGB v. 2.3.1974 (BGBl. I 469) 5 EUR.

98   **b) Hinweis.** Im Interesse der Beschleunigung des Verfahrens muss die
Festsetzung von Zwangsgeld nicht mehr vorher angedroht werden. Stattdessen hat die gerichtliche Entscheidung, die die Verpflichtung zur Vornahme
einer Handlung anordnet, auf die Folgen einer Zuwiderhandlung gegen die
Entscheidung hinzuweisen (§ 35 Abs. 2 FamFG). In der Sache unterscheidet
sich dieser Hinweis nicht von einer Androhung. Er ist Zulässigkeitsvoraussetzung der Festsetzung eines Zwangsmittels. Eine Androhung der Festsetzung
von Zwangsgeld ist mangels gesetzlicher Grundlage auf Beschwerde gemäß
§ 71 ersatzlos aufzuheben (OLG München FGPrax 2010, 168). Auch wenn
bei einer vor dem Inkrafttreten des FamFG angeordneten Maßnahme gemäß
§ 33 FGG für den Fall der Zuwiderhandlung Zwangsgeld angedroht worden
ist, erfordert dessen Festsetzung den vorherigen Hinweis gemäß § 35 Abs. 2
FamFG (BGH Rpfleger 2011, 666; a. M. OLG Karlsruhe Rpfleger 2010,
504). Zur Notwendigkeit eines erneuten Hinweises vor Festsetzung eines
weiteren Zwangsgeldes s. Rn. 99.

99   **c) Festsetzung.** Die Festsetzung des Zwangsgelds hat entsprechend dem
Wesen des Zwangsgelds zu unterbleiben, wenn die Nichterfüllung der Verpflichtung eine schuldlose ist (JFG 22, 118; OLG Naumburg FGPrax 2013,
158) oder die Verpflichtung mittlerweile erfüllt wurde (KGJ 41, 35). Wird die
zu erzwingende Handlung vor Erlass der Beschwerdeentscheidung vorgenommen, hat das Beschwerdegericht die Zwangsgeldfestsetzung aufzuheben

(BayObLG FGPrax 2002, 118; OLG Frankfurt FGPrax 2011, 322). Mit der Festsetzung des Zwangsgeldes sind dem Verpflichteten zugleich die Kosten des Festsetzungsverfahrens aufzuerlegen (§ 35 Abs. 3 Satz 2 FamFG). Der Festsetzungsbeschluss ist im Hinblick auf seine Anfechtbarkeit (s. Rn. 101) mit einer Rechtsbehelfsbelehrung zu versehen (s. Rn. 77). Soll nach Festsetzung (und Vollstreckung) eines Zwangsgeldes ein weiteres Zwangsgeld festgesetzt werden, bedarf es wiederum eines vorherigen Hinweises gemäß § 35 Abs. 2 FamFG (OLG Karlsruhe Justiz 2016, 266).

d) Vollstreckung. Sie richtet sich nach der vom BJM und den Landesjus- **100** tizverwaltungen beschlossenen Einforderungs- und Beitreibungsanordnung (EBAO) v. 25.7.2011 (BayJMBl. 82, 104) sowie (vgl. § 1 Abs. 1 EBAO) dem JBeitrG i.d.F. v. 27.6.2017 (BGBl. I 1926). Wird nach Beitreibung eines rechtskräftig festgesetzten Zwangsgeldes die angeordnete Verpflichtung erfüllt, besteht kein Anspruch auf Aufhebung der Zwangsgeldfestsetzung und Rückzahlung des Zwangsgeldes (BGH NJW 2017, 3592 mit Anm. v. Kemper und FGPrax 2017, 250 mit Anm. v. Ulrici). Wird die angeordnete Verpflichtung nach Rechtskraft des Festsetzungsbeschlusses, aber vor dessen Vollstreckung erfüllt, unterbleibt die Beitreibung des festgesetzten Zwangsgeldes; der Festsetzungsbeschluss wird aber nicht aufgehoben. Für jede Anordnung einer Zwangsmaßnahme durch Beschluss gemäß § 35 FamFG, insbesondere für jede Festsetzung von Zwangsgeld, wird eine Gebühr von 20 EUR erhoben (Nr. 17006 GNotKG-KV). Der Verpflichtete haftet für die Kosten der Vollstreckung (§ 27 Nr. 4 GNotKG).

e) Rechtsmittel. Der Beschluss, durch den eine Zwangsmaßnahme an- **101** geordnet wird, ist mit der sofortigen Beschwerde in entsprechender Anwendung der §§ 567 bis 572 ZPO anfechtbar (§ 35 Abs. 5 FamFG). Die Beschwerde hat aufschiebende Wirkung (§ 570 Abs. 1 ZPO). S. dazu im Übrigen § 71 Rn. 3. Der Geschäftswert der Beschwerde bemisst sich nicht nach der Höhe des angedrohten oder festgesetzten Zwangsgeldes, sondern nach dem mit dem Zwang verfolgten Interesse. § 567 Abs. 2 ZPO kommt nur dann zur Anwendung, wenn Gegenstand der Beschwerde allein die Kostenentscheidung des Festsetzungsbeschlusses ist (OLG Köln FGPrax 2010, 216). Die Anfechtbarkeit der gerichtlichen Anordnung, die durch eine Zwangsmaßnahme durchgesetzt werden soll, einschließlich des in § 35 Abs. 2 FamFG vorgeschriebenen Hinweises auf die Folgen einer Zuwiderhandlung, richtet sich nach allgemeinen Grundsätzen; maßgebend ist § 71 GBO und nicht § 35 Abs. 5 FamFG (s. dazu für den Fall des GBBerichtigungszwangs § 83 Rn. 23). Entsprechendes gilt für die Anfechtbarkeit der Ablehnung, eine gerichtliche Anordnung zu treffen.

f) Gewaltanwendung. In GBSachen kommt nur die Erzwingung der **102** Herausgabe oder der Vorlegung einer Sache in Betracht. Die Anordnung kann insbes. in der Durchsuchung der Wohnräume des Verpflichteten bestehen. Die Kosten trägt der Verpflichtete. Wird die Sache, z.B. der HypBrief, nicht vorgefunden, so kann der Verpflichtete zur Abgabe einer eidesstattlichen Versicherung über ihren Verbleib angehalten werden. Anwendung von

Gewalt kann neben oder anstelle von Zwangsgeld angeordnet werden (§ 35 Abs. 4 FamFG).

26. Einrichtung und Führung der Grundbücher

103   § 1 Abs. 4 ermächtigt das BJM, durch Rechtsverordnung mit Zustimmung des Bundesrats nähere Vorschriften über die Einrichtung und Führung des GB zu erlassen. In der Ermächtigungsnorm sind wegen ihrer besonderen Bedeutung einzelne Regelungsbereiche besonders hervorgehoben, darunter auch das Verfahren zur Beseitigung von Doppelbuchungen; die Ermächtigung hierfür enthielt bis zu den Änderungen durch das RegVBG § 3 Abs. 1 Satz 3.

104   **a) Grundbuchverfügung.** Aufgrund der früher in § 1 Abs. 3, jetzt in Abs. 4 enthaltenen Ermächtigung ist die Grundbuchverfügung erlassen worden. Sie schreibt unter Aufhebung der früheren landesrechtlichen Vorschriften (§ 94 Satz 2 GBV; s. dazu OLG München JFG 15, 168) ein einheitliches GBMuster vor und enthält die Bestimmungen für die Führung des GB. Im Rahmen des § 143 sind die landesrechtlichen Vorschriften jedoch in Kraft geblieben (§ 110 GBV). Vgl. auch die Übergangsbestimmungen der §§ 104, 105 GBV. Ergänzende Bestimmungen enthält für das WEigentum die WGV und für das Gebäudeeigentum die GGV.

Die GBV ist im wesentlichen Rechtsverordnung; auf die Einhaltung ihrer Vorschriften besteht grundsätzlich ein im Beschwerdeweg verfolgbarer Rechtsanspruch (OLG Hamm Rpfleger 1962, 274; OLG Köln Rpfleger 1994, 496; s. auch BayObLG Rpfleger 1982, 97). Die in den Anlagen 1, 2a und 2b, 9, 10a und 10b enthaltenen Probeeintragungen sind jedoch nur Beispiele, nicht Teile der GBV (§§ 22, 31, 58, § 69 Abs. 4 GBV). Die Fassung der EintrVermerke bleibt also dem GBAmt überlassen. Selbstverständlich kann ihm die Fassung auch von den Beteiligten nicht vorgeschrieben werden (s. hierzu § 13 Rn. 4).

105   **b) Ehemalige DDR.** Im Gebiet der ehemaligen DDR ist die GBV mit folgenden Maßgaben anzuwenden (§ 113 GBV): §§ 43 bis 53 sind stets anzuwenden. Die Einrichtung der Grundbücher richtet sich bis auf weiteres nach den am 2.10.1990 bestehenden oder von dem jeweiligen Land erlassenen späteren Bestimmungen. Im Übrigen ist für die GBFührung die GBV entsprechend anzuwenden. Soweit dies nicht möglich ist, weil z.B. Rechtsverhältnisse nicht zutreffend dargestellt werden könnten oder Verwirrung zu besorgen wäre, sind die am 2.10.1990 geltenden oder von dem jeweiligen Land erlassenen späteren Bestimmungen anzuwenden, sofern sie nicht mit dem in Kraft tretenden Bundesrecht unvereinbar sind. In diesem Fall sind auf die Einrichtung und Führung der Erbbaugrundbücher sowie auf die Bildung von Grundpfandrechtsbriefen bei Erbbaurechten grundsätzlich §§ 56, 57 und 59 GBV entsprechend anzuwenden.

106   Am 2.10.1990 waren für die Einrichtung und Führung der Grundbücher in der ehemaligen DDR die Grundstücksdokumentationsordnung v. 6.11.1975 (GBl. DDR I 697), die auf Grund ihres § 17 ergangene GBVerfahrensordnung v. 30.12.1975 (GBl. DDR I 1976, 42) sowie die auf Grund

§ 37 GB Verfahrensordnung erlassene sog. Colido-GBAnweisung v. 27.10. 1987 (Anweisung Nr. 4/87 des Ministers des Inneren und Chefs der Deutschen Volkspolizei über GB und GB Verfahren unter Colidobedingungen; in Kraft getreten am 1.3.1988; Colido = computergestützte Liegenschaftsdokumentation) maßgebend. Bereits mit der Übertragung der GBFührung auf die Kreisgerichte wurde von einzelnen Ländern für die Einrichtung und Führung der Grundbücher, insbes. auch der Gebäudegrundbücher, die GBV unter Außerkraftsetzung der Colido-GBAnweisung weitergehend als im EinigungsV vorgesehen für anwendbar erklärt (vgl. für Sachsen §§ 2 ff. GrundbuchVO v. 14.6.1991, GVBl. 154).

27. Grundakten und Verzeichnisse des Grundbuchamts

Zu den Grundakten werden die nach § 10 vom GBAmt zu verwahrenden **107** Urkunden und Abschriften genommen; ferner ist bei den Grundakten das sog. Handblatt zu verwahren (§ 24 GBV). Beim maschinell geführten GB ist § 24 Abs. 4 GBV nicht anzuwenden (§ 73 Satz 1 GBV); ein Handblatt ist also bei den Grundakten nicht aufzubewahren. Das bisher geführte Handblatt kann bei der Anlegung des maschinell geführten GB ausgesondert und vernichtet werden (s. Nr. 2.2 BayGBGA); geschieht dies nicht, ist das Handblatt als solches des wegen Anlegung des maschinell geführten GB geschlossenen GBBlatts zu kennzeichnen (§ 73 Satz 2, 3 i. V. m. § 32 Abs. 1 Satz 3 Halbsatz 2 GBV). Zur Behandlung des Handblatts bei Umschreibung des GB s. § 32 GBV.

Zur Weiterführung und Neuanlegung von Grundakten s. § 107 GBV; nähere Vorschriften über die Anlegung und Führung der Grundakten enthalten §§ 14 ff. GeschO); dort ist insbes. auf die Aktenordnung verwiesen (s. für Bayern § 21 AktO v. 13.12.1983, JMBl. 1984, 13, neu gefasst durch Bek. v. 30.5.2007, JMBl. 54).

Die GBÄmter führen für den Amtsgerichtsbezirk ein Eigentümerver- **108** zeichnis und ein Grundstücksverzeichnis (zu deren Inhalt s. § 12a Rn. 2); für die eingereichten Urkunden und die eingehenden EintrErsuchen wird eine Eingangsliste geführt (s. für Bayern § 21 Abs. 5, 7 AktO v. 13.12.1983, JMBl. 1984, 13, neu gefasst durch Bek. v. 30.5.2007, JMBl. 54). Gem. § 12a dürfen die GBÄmter mit Genehmigung der Landesjustizverwaltung weitere Verzeichnisse einrichten und führen; zur Markentabelle s. § 12a Rn. 2. Alle Verzeichnisse können auch maschinell geführt werden (vgl. Nr. 2.3 BayGBGA).

Zur Einsicht in die Grundakten und sonstigen Verzeichnisse des GBAmts und zur Auskunft aus ihnen s. § 12 Rn. 2, § 12a Rn. 5 und § 12b Rn. 3. Zur elektronischen Aktenführung s. § 135 Abs. 2.

Grundbuchbezirke. Bezeichnung der Grundstücke. Abschreibung von Grundstücksteilen

2 (1) Die Grundbücher sind für Bezirke einzurichten.

(2) Die Grundstücke werden im Grundbuch nach den in den Ländern eingerichteten amtlichen Verzeichnissen benannt (Liegenschaftskataster).

(3) **Ein Teil eines Grundstücks darf von diesem nur abgeschrieben werden, wenn er im amtlichen Verzeichnis unter einer besonderen Nummer verzeichnet ist oder wenn die zur Führung des amtlichen Verzeichnisses zuständige Behörde bescheinigt, dass sie von der Buchung unter einer besonderen Nummer absieht, weil der Grundstücksteil mit einem benachbarten Grundstück oder einem Teil davon zusammengefasst wird.**

Inhaltsübersicht

1. Allgemeines

1   § 2 enthält Bestimmungen über die GBBezirke, über die Benennung der Grundstücke in den Grundbüchern sowie über die Abschreibung von Grundstücksteilen.

Die Vorschrift ist durch das RegVBG neu gefasst worden; insbes. wurde der bisherige Abs. 3, der die Voraussetzungen des grundbuchamtlichen Vollzugs der Teilung von Grundstücken festlegte, durch die Abs. 3 bis 5 ersetzt. Sodann wurde durch das DaBaGG Abs. 3 neu gefasst; Abs. 4 und 5 wurden aufgehoben.

2. Grundbuchbezirke

2   Die Grundbücher sind für Bezirke einzurichten (Abs. 1); § 85 GBO i. d. F. v. 20.5.1898, der Grundbücher für gewisse Grundstücksgattungen zuließ, ist aufgehoben (s. aber Art. 8 Abs. 3 ÄndVO; zu der VO und zu ihrer Aufhebung s. Einl. Rn. 2 und 27). Soweit jedoch nach § 143 landesrechtliche Vorschriften aufrechterhalten sind, gelten auch entsprechende Vorschriften über die Einrichtung der Grundbücher weiter.

3   **a) Gemeindebezirk.** GBBezirke sind die Gemeindebezirke (§ 1 Abs. 1 Satz 1 GBV); mehrere zu einem Verwaltungsbezirk zusammengefasste Gemeinden bilden einen GBBezirk (§ 1 Abs. 1 Satz 2 GBV); ein Gemeindebezirk kann durch Anordnung der Justizverwaltung in mehrere GBBezirke geteilt werden (§ 1 Abs. 1 Satz 3 GBV); auch ist im Fall der Vereinigung von Gemeindebezirken und im Fall der Zerlegung eines Gemeindebezirks die Beibehaltung der bisherigen GBBezirke möglich (§ 1 Abs. 2 GBV; s. dazu auch AV v. 22.4.1939, DJust. 701). Über die grundbuchmäßige Behandlung von gemeindefreien Grundstücken und Gutsbezirken s. AV v. 8.2.1939 (DJust. 264).

b) Gemarkung. Landesrechtliche Vorschriften über eine andere Einteilung der GBBezirke sind gemäß § 102 Halbsatz 1 GBV vorläufig in Kraft geblieben. Demzufolge bilden in Bayern die Gemarkungen (früher: Steuergemeinden) die GBBezirke (§ 211 DA); Änderungen in der Benennung, im Bestand und in der Begrenzung der Gemarkungen (s. dazu FMBek. v. 3.11.1969 mit Änderung durch FMBek. v. 28.1.1975, JMBl. 1975, 26) haben seit 1.4.1975 ohne weiteres entsprechende Änderungen der GBBezirke zur Folge (§ 102 Halbsatz 2 GBV und Nr. 5 GBGA, die an die Stelle der JMBek. v. 3.3.1975, JMBl. 25 getreten ist). Zu den GBBezirken im gemeinschaftlichen deutsch-luxemburgischen Hoheitsgebiet i.S. von Art. 1 des Vertrags vom 19.12.1984 (BGBl. 1988 II 415) s. für Rheinland-Pfalz die VO v. 16.8.1990 (GVBl. 273). **4**

c) Zuständigkeit. Zur Bildung, Abgrenzung und Aufhebung von GBBezirken sind nach Nr. 1 der AV v. 4.9.1939 (DJust. 1463 = BayBSVJu III 120) die Oberlandesgerichtspräsidenten zuständig; die AV v. 21.5.1937 (DJust. 799) und die AV v. 2.11.1937 (DJust. 1760) haben damit ihre Bedeutung verloren; in Bayern ist die AV v. 4.9.1939 durch JMBek. v. 3.3.1975 (JMBl. 25) mit Wirkung ab 1.4.1975 aufgehoben worden. Geht ein Grundstück von einem GBBezirk in einen anderen über, so ist nach § 27 GBV zu verfahren. **5**

3. Amtliches Verzeichnis

a) Grundsatz. Die Grundstücke sind in den Grundbüchern nach einem amtlichen Verzeichnis zu benennen, das in den Ländern eingerichtet ist (Liegenschaftskataster; § 2 Abs. 2). Das Liegenschaftskataster gibt über die tatsächlichen Verhältnisse des Grundstücks Auskunft, während das GB die rechtlichen Verhältnisse ausweist. Zweck des § 2 Abs. 2 ist, die Auffindung der Grundstücke in der Örtlichkeit zu ermöglichen. Die Vorschrift betrifft nur die Bezeichnung des Grundstücks im Bestandsverzeichnis seines eigenen GBBlatts (Meikel/Nowak Rn. 11); der weitergehenden Ansicht, er gelte in allen Fällen, in denen im GB ein Grundstück zu bezeichnen ist (KGJ 35, 242; KG Rpfleger 1975, 226; Güthe/Triebel Rn. 17), kann nicht gefolgt werden (s. dazu auch Huth Rpfleger 1975, 226). **6**

b) Einrichtung des Verzeichnisses. Gemäß § 6 Abs. 1 AusfVO, inzwischen durch das RegVBG als gegenstandslos aufgehoben, waren die bestehenden landesrechtlichen Vorschriften über die Einrichtung des Verzeichnisses aufrechterhalten worden. Demzufolge blieben z.B. in den ehemals preußischen Gebieten die von den Katasterämtern geführten Grund- und Gebäudesteuerbücher (Art. 2 VO v. 13.11.1899, GS 519), in Bayern das von den GBÄmtern geführte Sachregister (§ 1 VO v. 25.2.1905, BayBS III 130, aufgehoben durch Ges. v. 6.4.1981, GVBl. 85) amtliches Verzeichnis. **7**

c) Reichskataster. Die inzwischen durch die VO v. 19.11.1995 (BGBl. I 1527) aufgehobene VO v. 23.1.1940 (RGBl. I 240) bestimmte alsdann, dass in den Bezirken, in denen das Reichskataster fertiggestellt ist, dieses in dem vom RJM durch Verwaltungsanordnung zu bestimmenden Zeitpunkt an die Stelle des bisherigen amtlichen Verzeichnisses tritt. Der maßgebende Zeitpunkt ist nach der AV v. 28.4.1941 (DJust. 548 = BayBSVJu III 97; in Bayern **8**

aufgehoben durch JMBek. v. 1.12.1978, JMBl. 213) allgemein der auf das Ende der Offenlegungsfrist folgende Tag. Die notwendigen Bestimmungen über die Zurückführung der Grundbücher auf das Reichskataster enthielt die AV v. 20.1.1940 (DJust. 212 = BayBSVJu III 103), ergänzt durch die AV v. 26.1.1942 (DJust. 85); für Bayern s. aber auch Abschn. II der JMBek. v. 31.3.1952 i. d. F. der Bek. v. 7.2.1957 (BayBSVJu III 99). Die Zurückführung der Grundbücher auf das Reichskataster war dem Urkundsbeamten der Geschäftsstelle zur selbstständigen Erledigung übertragen (§ 9 AV v. 20.1.1940, DJust. 212 = BayBSVJu III 103). In Bayern ist die AV v. 20.1.1940 durch Bek. v. 20.11.1979 (JMBl. 236) aufgehoben worden.

9   **d) Liegenschaftskataster.** An die Stelle des Reichskatasters ist als amtliches Grundstücksverzeichnis das von den Ländern eingerichtete Liegenschaftskataster getreten (vgl. für Bayern Art. 5 Abs. 2 VermKatG v. 31.7. 1970, BayRS 219-1-F). Das Liegenschaftskataster besteht aus einem beschreibenden und einem darstellenden Teil. Der beschreibende Teil umfasst das Automatisierte Liegenschaftsbuch (ALB); den darstellenden Teil bildet das Katasterkartenwerk. Bestandteil des Katasters sind außerdem die Unterlagen für die Fortführung, z. B. die Veränderungsnachweise.

10   Im Gebiet der ehemaligen DDR ist amtliches Verzeichnis das am 2.10.1990 zur Bezeichnung der Grundstücke maßgebende oder an seine Stelle tretende Verzeichnis (§ 150 Abs. 1 Nr. 2). Zur geschichtlichen Entwicklung des Liegenschaftskatasters, insbes. in der DDR, s. Mrosek/Petersen DtZ 1994, 331.

11   **e) Ausnahmen.** Der Grundsatz, dass die Grundstücke in den Grundbüchern nach dem Verzeichnis des Abs. 2 zu benennen sind, erleidet Ausnahmen. Bisweilen tritt an die Stelle dieses Verzeichnisses ein anderes Verzeichnis. Nach § 81 Abs. 1 FlurbG dient z. B. bis zur Berichtigung des Liegenschaftskatasters der Flurbereinigungsplan als amtliches Verzeichnis der Grundstücke (s. hierzu für Bayern Nr. 6 der Gem.Bek. Flurbereinigung und GB v. 23.6.2003, JMBl. 124); Entsprechendes gilt nach § 74 Abs. 2 und § 84 Abs. 1 Satz 2 BauGB für den Umlegungsplan sowie für einen Beschluss über die vereinfachte Umlegung (früher: Grenzregelung) und nach § 3 Abs. 1 VZOG für den Zuordnungsplan, ferner nach § 55 Abs. 2, § 61 Abs. 3 LandwirtschaftsanpassungsG i. d. F. v. 3.7.1991 (BGBl. I 1418) für den Tausch- und den Bodenordnungsplan; zum Sonderungsplan s. Rn. 12. Außerdem sind durch § 6 Abs. 3b GBV diejenigen Vorschriften aufrechterhalten, nach denen in besonderen Fällen in das GB auch ein Grundstück eingetragen werden kann, das nicht im amtlichen Verzeichnis aufgeführt ist.

Zu dem besonderen Liegenschaftskataster für die im gemeinschaftlichen deutsch-luxemburgischen Hoheitsgebiet i. S. von Art. 1 des Vertrags vom 19.12.1984 (BGBl. 1988 II 415) gelegenen Grundstücke s. das Verwaltungsabkommen zwischen Luxemburg, Rheinland-Pfalz und dem Saarland v. 22.2.1990 (ABl. Saarland 1990, 346).

12   **f) Sonderungsplan.** Im Gebiet der ehemaligen DDR gibt es vielfach unvermessene Grundstücke, insbes. die sog. ungetrennten Hofräume (s. hierzu Rn. 16), ferner Nutzungsrechte, bei denen nicht eindeutig ist, an welchen

Bodenflächen sie ausgeübt werden dürfen; außerdem sind zahlreiche Grundstücke großflächig überbaut worden. Diese Verhältnisse sollen durch das Instrument der Bodensonderung geordnet werden; eine aufwändige Vermessung wird dabei vorerst zurückgestellt. Gem. § 7 BodensonderungsG (BoSoG) v. 20.12.1993 (BGBl. I 2215) dient der Sonderungsplan, der Bestandteil des Sonderungsbescheids ist, als amtliches Verzeichnis; er tritt an die Stelle eines vorhandenen Ersatzes für das amtliche Verzeichnis und besteht aus einer Grundstückskarte und einer Grundstücksliste.

Ersatz für das amtliche Verzeichnis war bei Grundstücken, die im GB als Anteil an einem ungetrennten Hofraum eingetragen waren, vorbehaltlich anderer bundesgesetzlicher Bestimmungen bis zur Aufnahme des Grundstücks in das amtliche Verzeichnis grundsätzlich das Gebäudesteuerbuch, hilfsweise der letzte steuerliche Einheitswertbescheid, der auch aus der Zeit vor dem 3.10.1990 stammen konnte; war ein solcher Bescheid nicht oder noch nicht ergangen, diente (in dieser Reihenfolge) der letzte Grundsteuerbescheid, der Grunderwerbsteuerbescheid, der Abwassergebührenbescheid als amtliches Verzeichnis (§ 1 HofV v. 24.9.1993, BGBl. I 1658; s. dazu Rn. 20, 21).

g) Sonderungsbescheid. Mit Bestandskraft des Sonderungsbescheids **13** haben die Grundstücke den im Sonderungsplan bezeichneten Umfang; zu diesem Zeitpunkt werden bei der ergänzenden und der komplexen Bodenneuordnung gem. § 1 Nr. 3, 4 BoSoG unabhängig von einer späteren Eintragung im GB die in einem Sonderungsplan nach §§ 4, 5 BoSoG enthaltenen Bestimmungen über die Änderung, Aufhebung oder Begründung von Eigentums- und beschränkten dinglichen Rechten an Grundstücken und grundstücksgleichen Rechten im Gebiet des Sonderungsplans wirksam (§ 13 Abs. 1 BoSoG), so dass das GB unrichtig wird. Gem. § 22 Abs. 2 BoSoG kann in einem Sonderungsbescheid auch bestimmt werden, auf welchen Grundstücken sich Gebäudeeigentum nach Art. 233 § 2b EGBGB befindet. Der Umfang der Bestandskraft eines Sonderungsbescheids ist dem GBAmt durch die Sonderungsbehörde nachzuweisen; das GBAmt kann sodann die Grundstücksbezeichnung im GB von Amts wegen berichtigen (§ 18 Abs. 3 BoSoG). Die Unterrichtung des GBAmts über Veränderungen des Sonderungsplans und der für die Fortführung des Sonderungsplans zuständigen Stelle über Veränderungen des GB durch das GBAmt regelt § 20 Abs. 3 BoSoG.

h) Sonderungsplanverordnung. Nähere Vorschriften über die Gestaltung des Sonderungsplans einschließlich Grundstückskarte und -liste sowie über den Vollzug im GB enthält die Sonderungsplanverordnung (SPV) v. 2.12.1994 (BGBl. I 3701). Nach § 1 SPV ist dem GBAmt das Gebiet nachzuweisen, auf das sich der Sonderungsplan erstreckt (vgl. § 6 Abs. 2 BoSoG). Nach § 7 SPV berichtigt das GBAmt entsprechend den Festlegungen eines ganz oder teilweise bestandskräftigen Sonderungsbescheids das GB von Amts wegen; für die Eintragungen im GB sind, sofern es sich nicht um eine Sonderung zur Sachenrechtsbereinigung handelt (vgl. § 11 Abs. 1 Satz 4 SPV), keine der sonst erforderlichen behördlichen Genehmigungen beizubringen. Zur Eintragung des Sonderungsvermerks s. § 38 Rn. 26; zu Mitteilungspflichten des GBAmts s. § 55 Rn. 22. S. hierzu auch Schmidt-Räntsch, Zur Sonderungsplanverordnung, DtZ 1995, 74.

4. Flurstück und Grundbuchgrundstück

14   Die buchungstechnische Einheit des Katasters ist die Katasterparzelle (Flurstück), die des GB das Grundstück im Rechtssinne (GBGrundstück).

15   **a) GBGrundstück.** Der Grundstücksbegriff ist weder im BGB noch in der GBO näher erläutert. Nach der Rechtsprechung ist unter einem Grundstück im Rechtssinn ein räumlich abgegrenzter Teil der Erdoberfläche zu verstehen, der auf einem besonderen GBBlatt allein oder auf einem gemeinschaftlichen GBBlatt unter einer besonderen Nummer im Verzeichnis der Grundstücke gebucht ist (BayObLG Rpfleger 1981, 190; OLG München Rpfleger 2009, 673; OLG Celle FGPrax 2010, 224). Solange in Bayern das GB nach dem früheren Vordruck geführt wurde, bedeutete die fortlaufende Nummer im Titel nur die Nummer der Eintragung; die Grundstücke erhielten keine Nummer. Vorbehaltlich einer etwa eingetragenen Vereinigung oder Bestandteilszuschreibung stellte daher jede in Sp. 2 des Titels vorgetragene Plannummer ein selbstständiges Grundstück dar.

16   Bei den sog. ungetrennten Hofräumen in den ehemals preußischen Landesteilen im Gebiet der ehemaligen DDR handelt es sich um Grundstücke in Innenstadtbereichen, die zwar in ihren Außengrenzen, nicht aber hinsichtlich der daran bestehenden Anteile vermessen und katastermäßig erfasst waren. Katastermäßig erfasst war nur der ungetrennte Hofraum als solcher, der sich häufig über das gesamte Gebiet einer Innenstadt erstreckte. Im GB wurden die nicht ausgemessenen einzelnen Grundstücksflächen, aus denen der ungetrennte Hofraum bestand, ohne nähere Bezeichnung als „Anteil an einem ungetrennten Hofraum" geführt. Zur Grundstückseigenschaft des einzelnen Anteils an einem ungetrennten Hofraum und zu seiner grundbuchmäßigen Behandlung s. Rn. 12, 20, 21 sowie BGH DtZ 1997, 321; BezG Erfurt Rpfleger 1992, 471 mit Anm. v. Frenz DNotZ 1992, 808; Ufer DtZ 1992, 272; DNotZ 1992, 777. S. hierzu die Allgemeine Verwaltungsvorschrift zur Bodensonderung v. 17.12.1997, BAnz. Nr. 25a; Schmidt-Räntsch/Marx, Bodensonderung in den neuen Bundesländern, DtZ 1994, 354.

17   **b) Flurstück.** Ein Flurstück ist eine zusammenhängende, abgegrenzte Bodenfläche, für die in der Regel nur ein Eigentumsverhältnis besteht. Der räumliche Zusammenhang ist auch dann gegeben, wenn die Fläche des Flurstücks durch Straßen, Eisenbahnlinien oder Wasserläufe durchschnitten ist, die Übersichtlichkeit der Karte hierdurch jedoch nicht beeinträchtigt wird. Flurstücke werden mit Nummern bezeichnet, die entweder ganze Zahlen oder Bruchzahlen sind. Das Flurstück ist die Buchungseinheit für die Beschreibung und kartenmäßige Darstellung der Bodenflächen im Liegenschaftskataster (vgl. für Bayern Nr. 3.1 KatEA; s. zu dieser Rn. 9).

18   **c) Verhältnis von Flurstück und GBGrundstück.** Flurstück und GBGrundstück sind demnach nicht notwendig identisch. Ein GBGrundstück kann vielmehr aus mehreren Flurstücken bestehen. Hingegen kann ein Flurstück nicht mehrere GBGrundstücke umfassen (OLG München Rpfleger

2009, 673). Ein Anliegerweg, -graben oder -wasserlauf kann ein Flurstück bilden, ohne ein selbständiges GBGrundstück zu sein; in diesem Fall enthält ein Flurstück ausnahmsweise Flächen mehrerer GBGrundstücke und die angrenzenden Grundstücke enthalten jeweils einen Flurstücksteil (s. hierzu BayObLG Rpfleger 1993, 104; MittBayNot 1983, 63). Der Anliegerweg muss aber nicht notwendigerweise Bestandteil aller angrenzenden oder einander gegenüberliegenden Grundstücke sein; er kann auch in voller Breite auf einem der angrenzenden Grundstücke verlaufen (BayObLG NJW-RR 1998, 524). S. dazu auch Rn. 31 und § 3 Rn. 5).

5. Grundstücke im Bestandsverzeichnis

a) Grundsatz. Bezeichnet werden die Grundstücke im Bestandsver- **19** zeichnis gemäß dem amtlichen Verzeichnis (§ 2 Abs. 2). Soweit an die Stelle des amtlichen Verzeichnisses ausnahmsweise ein anderes Verzeichnis tritt (s. dazu Rn. 11), ist das Grundstück nach diesem zu bezeichnen. Sind in einem Buch, das nach § 145 als GB gilt, die Grundstücke nicht nach Maßgabe des § 2 Abs. 2 bezeichnet, so ist diese Bezeichnung von Amts wegen zu bewirken (§ 147); eine praktische Bedeutung hat § 147 nicht. Das amtliche Verzeichnis oder das an seine Stelle tretende Verzeichnis ermöglicht es, das Grundstück in der Natur nachzuweisen (s. Rn. 6).

b) Liegenschaftskataster. Maßgebend für die Bezeichnung der Grundstücke nach dem Liegenschaftskataster als dem amtlichen Verzeichnis ist § 6 Abs. 3 bis 5 GBV. Danach werden die Grundstücke gemäß dem amtlichen Verzeichnis in Sp. 3 und 4 des Bestandsverzeichnisses benannt. In Sp. 3 enthalten die Unterspalte a die Bezeichnung der Gemarkung (des Vermessungsbezirks); die Unterspalte b die vermessungstechnische Bezeichnung des Grundstücks innerhalb der Gemarkung oder des Vermessungsbezirks nach Buchstaben oder Nummern der Karte; die Unterspalten c und d die Bezeichnung des Grundstücks nach Artikeln oder Nummern der Steuerbücher, wenn solche Bezeichnungen vorhanden; die Unterspalte e die Wirtschaftsart und Lage des Grundstücks; über die zusammenfassende Bezeichnung mehrerer Katasterparzellen s. § 6 Abs. 4 GBV. Sp. 4 enthält die Größenangabe in ha, a und m^2. Die nach § 6 Abs. 4 Satz 3 GBV erforderliche Beschaffung eines berichtigten oder neuen Auszugs aus dem amtlichen Verzeichnis obliegt dem GBAmt und kann nicht auf den Grundstückseigentümer abgewälzt werden (OLG München FGPrax 2007, 104).

S. im Übrigen GBV Muster Anl. 1; über die Änderung des Vordrucks bei der Zurückführung der Grundbücher auf das Reichskataster s. § 6 AV v. 20.1.1940 (DJust. 212 = BayBSVJu III 103); Ermächtigungen der Landesjustizverwaltungen zu Abweichungen von dem Vordruck enthalten § 6 Abs. 3a Satz 3 und 4 sowie Abs. 3b GBV. In Bayern ist die AV v. 20.1.1940 durch Bek. v. 20.11.1979 (JMBl. 236) aufgehoben worden; s. jetzt Nr. 3.2.3 GBGA.

c) Bezeichnung eines Hofraumanteils. In den ehemals preußischen **20** Landesteilen im Gebiet der ehemaligen DDR war ein Grundstück, das im GB als Anteil an einem ungetrennten Hofraum bezeichnet war, solange ein Sonderungsplan (s. dazu Rn. 12) nicht vorlag, zunächst „mit der Nummer des Gebäudesteuerbuchs oder im Falle ihres Fehlens mit der Bezeichnung und dem Aktenzeichen des Bescheids unter Angabe der Behörde, die ihn erlassen hat", zu bezeichnen. Diese Bezeichnung konnte von Amts wegen nachgeholt werden; sie war nachzuholen, wenn in dem jeweiligen GB eine sonstige Eintragung vorgenommen wurde (§ 2 HofV v. 24.9.1993, BGBl. I 1658).

21   **d) Neue HofraumVO.** Die HofV vom 24.9.1993 galt nach Verlängerung bis zum Ablauf des 31.12.2015. Ab dem 1.1.2016 entsprach die Bezeichnung des Hofraumanteils im GB nach § 2 HofV nicht mehr § 2 Abs. 2. Die Befristung der HofV sollte bewirken, dass die Eigentümer alsbald eine Vermessung oder kartenmäßige Erfassung in einem Bodenordnungsverfahren, insbesondere die Aufnahme in einen Sonderungsplan herbeiführten. War dies nicht geschehen, verlor der Hofraumanteil am 1.1.2016 die GBFähigkeit; der Bestand wirksam begründeter dinglicher Rechte an ihm blieb davon aber unberührt. Ein den Anteil betreffender Antrag, auch wenn er vor dem 1.1.2016 gestellt wurde, konnte im GB nicht mehr vollzogen werden; er war zurückzuweisen. Die Voraussetzungen für ein Verfahren auf Schließung des GBBlatts waren gegeben (vgl. § 35 GBV). Erst wenn die Bestandsangaben entsprechend dem amtlichen Verzeichnis berichtigt waren, konnte der Hofraumanteil durch Eintragung im Bestandsverzeichnis unter einer neuen laufenden Nummer als Grundstück Gegenstand des Rechtsverkehrs sein. S. zum Ganzen Böhringer Rpfleger 2015, 309.

Am 20.7.2017 ist die HofV v. 12.7.2017 (BGBl. I 2358) in Kraft getreten. Durch sie wurde die Verkehrsfähigkeit der insbesondere in Sachsen noch zahlreich vorhandenen Hofraumanteile wieder hergestellt. Inhaltlich entspricht die VO, die am 31.12.2025 außer Kraft tritt, der HofV v. 24.9.1993 (s. zum Wortlaut Anhang 8). S. dazu Böhringer, Neue Hofraumverordnung für ungetrennte Hofraumanteile, Rpfleger 2017, 669.

6. Grundbuch und amtliches Verzeichnis

22   **a) Übereinstimmung.** Soweit das Liegenschaftskataster noch nicht amtliches Verzeichnis ist, bestimmt sich die Erhaltung der Übereinstimmung nach den aufrechterhaltenen landesrechtlichen Vorschriften (vgl. dazu den inzwischen durch das RegVBG als gegenstandslos aufgehobenen § 6 Abs. 2 AusfVO). In Bayern waren maßgebend §§ 327 ff. DA sowie XVIII/1 der bundeseinheitlichen Vorschriften und der Sondervorschriften für Bayern der Anordnung über Mitteilungen in Zivilsachen (MiZi) v. 1.10.1967 (JMBl. 127). Ist das Liegenschaftskataster amtliches Verzeichnis und die Zurückführung der Grundbücher erfolgt, so gilt für die Erhaltung der Übereinstimmung § 55 Abs. 3, ferner die bei Erlass der MiZi durch alle Landesjustizverwaltungen einheitlich geänderte AV v. 20.1.1940 (DJust. 214 = BayBSVJu III 105; Änderung in Bayern: Abschn. II Nr. 8 der JMBek. über die Einführung der MiZi v. 1.10.1967, JMBl. 125) i. V. m. XVIII/1 der MiZi in der Neufassung v. 11.5.1998 (JMBl. 64).

23   In Bayern ist an die Stelle der AV v. 20.1.1940 seit dem 1.1.1970 die in der Folgezeit mehrfach geänderte JMBek. über die Erhaltung der Übereinstimmung zwischen dem GB und dem Liegenschaftskataster v. 28.11.1969

(JMBl. 211) getreten, die durch Nr. 4 GBGA ersetzt ist. Danach gilt für Mitteilungen von Veränderungen in der Buchung eines Grundstücks und von Veränderungen in der Abt. I des GB an das Liegenschaftskataster nunmehr Nr. 4.1.1 GBGA i.V.m. XVIII/1 der MiZi in der Neufassung v. 11.5.1998 (JMBl. 64). Zur Zulässigkeit der Übermittlung personenbezogener Daten durch das GBAmt zur Führung des amtlichen Grundstücksverzeichnisses s. § 55 Abs. 3 sowie § 15 Nr. 2 EGGVG. Mit der Änderung von Bestandsangaben durch das GBAmt auf Grund von Auszügen aus den Veränderungsnachweisen des Vermessungsamts befasst sich Nr. 4.3 GBGA. Solche Änderungen haben ihre Ursache in der Fortführung des Liegenschaftskatasters (s. hierzu Art. 7 Satz 1 VermKatG v. 31.7.1970, BayRS 219-1-F). Nr. 4.2.1 GBGA betrifft den Sonderfall der Buchung eines Grundstücks gemäß § 6 Abs. 4 GBV.

b) Veränderungsnachweis. Die dem GBAmt zur Berichtigung der Be- **24** standsangaben des GB vorgelegten Veränderungsnachweise (Fortführungsmitteilungen; Fortführungsnachweise) der Katasterbehörde haben keine unmittelbar rechtsändernde Kraft; dies war auch nach dem Recht der ehemaligen DDR so (OLG Jena FGPrax 2002, 199). Sie stellen keine Ersuchen nach § 29 Abs. 3, § 38 dar (BGH NJW-RR 2017, 1162; OLG Düsseldorf Rpfleger 1988, 140). Für die Verfügungen und Eintragungen zur Erhaltung der Übereinstimmung zwischen dem GB und dem amtlichen Verzeichnis ist der Urkundsbeamte der Geschäftsstelle, der an den einen Verwaltungsakt darstellenden Veränderungsnachweis des Vermessungsamts grundsätzlich gebunden ist (BayObLG Rpfleger 1982, 19; OLG Oldenburg Rpfleger 1992, 387; OLG München DNotZ 2012, 142), zuständig; ausgenommen sind Verfügungen und Eintragungen, die eine Berichtigung rechtlicher Art oder eine Berichtigung eines Irrtums über das Eigentum betreffen (§ 12c Abs. 2 Nr. 2; s. dazu auch § 8 Abs. 1 Satz 2 und Abs. 2a Satz 1 AV v. 20.1.1940, DJust. 214 = BayBSVJu III 105 sowie für Bayern Nr. 4.3.1 GBGA, die entsprechende Bestimmungen nicht enthält). Für letztere ist der Rpfleger zuständig, dessen Entscheidung von der Katasterbehörde angefochten werden kann (BGH NJW-RR 2017, 1162; OLG Hamm Rpfleger 1985, 396 mit zust. Anm. v. Tröster; OLG Rostock Rpfleger 2019, 334). Das OLG Düsseldorf Rpfleger 1988, 140 bejaht die Beschwerdeberechtigung der Katasterbehörde auch bei nur rein tatsächlichen Berichtigungen. Lehnt der Rpfleger den Vollzug des Veränderungsnachweises ab, muss Im Liegenschaftskataster der vorherige Zustand wieder hergestellt werden (BGH NJW-RR 2017, 1162).

Für Eintragungen und Löschungen, die vorgenommen werden, um die Übereinstimmung von GB und amtlichem Verzeichnis zu erhalten, werden Gebühren nicht erhoben.

c) Bindung an den Veränderungsnachweis. Wegen der grundsätzli- **25** chen Bindung an den Verwaltungsakt in Gestalt des Veränderungsnachweises hat das GBAmt diesen an sich ohne weiteres zu vollziehen (BGH NJW-RR 2017, 1162; einschränkend OLG München RNotZ 2016, 236). Allerdings obliegt ihm hierbei auch die Prüfung, ob der Vollzug zu Rechtsänderungen führt und hierwegen noch der Erfüllung weiterer Voraussetzungen bedarf, insbes. der Erklärung einer Auflassung (BayObLG Rpfleger 1982, 19; OLG Rostock Rpfleger 2019, 334; s. dazu Demharter FGPrax 2007, 106). Bei der Berichtigung eines Zeichenfehlers, also einer grafisch falschen Darstellung des richtigen Vermessungszahlenwerks in der Flurkarte, handelt es sich stets um eine Berichtigung tatsächlicher Art, auch wenn sich der Zeichenfehler auf den Grenzverlauf bezieht (BGH NJW-RR 2017, 1162). Grenzveränderungen infolge Überflutung oder Verlandung nach Art. 6 ff. BayWG einschließlich damit verbundener Änderungen im Eigentum sind grundsätzlich aufgrund eines Veränderungsnachweises in das GB zu übernehmen. Dadurch wird die materielle Rechtslage, falls der Veränderungsnachweis unrichtig ist, aber nicht verändert. Auch scheidet ein Rechtsverlust durch gutgläubigen Erwerb aus (vgl. BGH 110, 155; BayObLG Rpfleger 1988, 254). S. zum Ganzen BayObLG NJW-RR 2000, 1258. Nach OLG Oldenburg Rpfleger 1992, 387 soll das GBAmt die in Fortführungsmitteilungen enthaltenen Veränderungen von Größenangaben eines Grundstücks nur dann in das Bestandsverzeichnis aufnehmen dürfen, wenn seine Ermittlungen ergeben, dass sie auf einer Vermessung auf der Grundlage der rechtmäßigen Eigentumsverhältnisse beruhen. Eine Pflicht des GBAmts, in jedem Fall derartige Ermittlungen anzustellen, ist abzulehnen (BGH NJW-RR 2017, 1162).

Über die Haftung des Staats, wenn durch Verschulden eines Katasterbeamten unrichtige Angaben in das GB gelangen, s. RG 148, 378.

7. Bestandsverzeichnis und öffentlicher Glaube

26   **a) Gegenstand.** Die Rechtsvermutung des § 891 BGB und der öffentliche Glaube des GB nach § 892 BGB erstrecken sich nicht auf die rein tatsächlichen Angaben des Bestandsverzeichnisses (BayObLG Rpfleger 1988, 254; OLG Oldenburg Rpfleger 1992, 387; OLG München FGPrax 2009, 9), also nicht auf die Angaben über Wirtschaftsart (OLG München DNotZ 2012, 142), Lage und Größe (Flächenmaß; OLG Oldenburg Rpfleger 1992, 387; OLG München FGPrax 2007, 105) des Grundstücks (BGH NJW-RR 2013, 789; Rpfleger 2014, 216); ebenso wenig auf die Angaben über die auf dem Grundstück vorhandenen Baulichkeiten (BayObLG 1971, 4). Der öffentliche Glaube des GB erstreckt sich aber auf die Eintragungen im Bestandsverzeichnis, aus denen sich in Verbindung mit der dort in Bezug genommenen Katasterkarte ersehen lässt, auf welchen Teil der Erdoberfläche sich das Eigentum bezieht. Voraussetzung eines gutgläubigen Erwerbs ist aber, dass Erwerber und Veräußerer das gesamte im Bestandsverzeichnis ausgewiesene Grundstück und nicht nur einen bestimmten Teil davon zum Gegenstand ihrer Auflassungserklärungen gemacht haben (BGH NJW-RR 2013, 789). Beim Wohnungsgrundbuch genießen die Angaben im Bestandsverzeichnis, die den Gegenstand des Sondereigentums und seine Abgrenzung gegenüber anderem Sondereigentum und dem Gemeinschaftseigentum beschreiben, den Schutz des öffentlichen Glaubens des GB (OLG München FGPrax 2017, 207).

b) Flächenangaben. Den §§ 891, 892 BGB unterliegen die Angaben über die Flächen, welche nach dem Inhalt des GB Gegenstand eingetragener Rechte sein sollen (RG 73, 129; BayObLG Rpfleger 1980, 295; OLG

Frankfurt Rpfleger 1985, 229; OLG München Rpfleger 2009, 673). Dies gilt auch für die durch einen Zugehörigkeitsvermerk gebuchte Teilfläche eines Anliegerwegs (s. dazu Rn. 18), obwohl sich dabei die Eigentumsgrenze nicht mit der Flurstücksgrenze deckt (BayObLG DNotZ 1998, 820). Inwieweit der entsprechende Nachweis durch das Bestandsverzeichnis geführt wird, ist in jedem einzelnen Fall zu prüfen. Nach dem jetzt vorgeschriebenen Bestandsverzeichnis kommen für die Vermutung des § 891 BGB und für einen Rechtserwerb gemäß § 892 BGB nur die Angaben in Sp. 3a und 3b in Betracht, durch welche die in der Flurkarte ausgewiesene Begrenzung eines Flurstückes und dessen Zugehörigkeit zum Grundstück zum Ausdruck gebracht wird (BayObLG Rpfleger 1988, 254; NJW-RR 1998, 524; über die Eintragungen im Titel des bayer. GBBlatts s. OLG München OLG 31, 315). Die Richtigkeitsvermutung des GB erstreckt sich damit auch auf den sich aus dem Liegenschaftskataster ergebenden Grenzverlauf (BGH Rpfleger 2006, 181; 2014, 216; OLG Hamm NotBZ 2015, 40; OLG München Rpfleger 2015, 530). Zur Möglichkeit eines gutgläubiger Erwerbs bei Berichtigung eines sich auf den Grenzverlauf beziehenden Zeichenfehlers in der Flurkarte s. BGH NJW-RR 2017, 1162.

c) Sonstiges. Wird ein Recht statt in Abt. II im Bestandsverzeichnis 27 vermerkt, nimmt die Eintragung am öffentlichen Glauben des GB teil (BayObLG 1995, 413). Zur unterbliebenen Aktualisierung der Eintragung in Sp. 2 der Abt. II oder III bei einer Änderung des Belastungsgegenstands im Bestandsverzeichnis s. § 128 Rn. 29. Ist ein aus mehreren Katasterparzellen bestehendes Grundstück gemäß § 6 Abs. 4 GBV bezeichnet, so erstreckt sich der öffentliche Glaube des GB in den aufgezeigten Grenzen auch auf den Inhalt des bei den Grundakten befindlichen beglaubigten Auszugs aus dem amtlichen Verzeichnis (vgl. RG JW 1927, 44). Voraussetzung für die Anwendbarkeit der §§ 891, 892 BGB ist die Zurückführung des GB auf das Kataster (BayObLG Rpfleger 1976, 251). Ist das Grundstück in der Örtlichkeit nicht nachzuweisen, so ist der öffentliche Glaube ohne Bedeutung. In diesem Fall ist das GBBlatt zu schließen (§ 35 GBV; zu den Mitteilungspflichten des GBAmts s. XVIII/1 Abs. 1 Nr. 8 MiZi).

Soweit hiernach ein gutgläubiger Erwerb möglich ist, muss bei einer Berichtigung des Bestandsverzeichnisses mit besonderer Vorsicht verfahren werden; sie ist regelmäßig nur mit Zustimmung aller Beteiligten zulässig.

8. Abschreibung von Grundstücksteilen

Für die Abschreibung eines Grundstücksteils, d. h. eines Teils eines 28 GBGrundstücks (s. Rn. 13), traf § 2 Abs. 3 a. F. eingehende Bestimmungen, welche die Auffindung des Teils in der Örtlichkeit gewährleisten und seine eindeutige Darstellung im GB in Übereinstimmung mit dem Liegenschaftskataster sicherstellen sollten (s. dazu jetzt § 7 Abs. 2). Die Abschreibung kommt hauptsächlich im Fall der Auflassung eines Grundstücksteils, aber auch bei Teilung eines Grundstücks ohne Eigentumswechsel in Betracht. Nicht hierher gehört die Aufhebung eines für mehrere Grundstücke geführten gemeinschaftlichen GBBlatts.

9. Erfordernisse der Abschreibung

29   **a) Flurstücksnummer.** Im Zuge der Neufassung der Vorschrift durch
das RegVBG wurde auf die bisher außer der Vorlage eines Auszugs aus dem
Liegenschaftskataster regelmäßig auch erforderliche Vorlage einer Karte
grundsätzlich verzichtet. Notwendig war für die Abschreibung eines Grundstücksteils in der Regel nur die Vorlage eines beglaubigten Auszugs aus dem
beschreibenden Teil des amtlichen Verzeichnisses (Veränderungsnachweis).
Nach der erneuten Änderung des § 2 durch das DaBaGG ist auch dieses
Erfordernis entfallen. Die sich aus dem Veränderungsnachweis ergebenden
Informationen sind beim GBAmt im Hinblick auf dessen unmittelbaren
Zugriff auf den Datenbestand des Liegenschaftskatasters regelmäßig offenkundig. Voraussetzung für die Abschreibung eines Teils eines Grundstücks
von diesem ist nur, dass der abzuschreibende Teil im amtlichen Verzeichnis
unter einer besonderen Nummer (Flurstücksnummer) verzeichnet ist.

30   **b) Zuflurstück.** Die Bezeichnung mit einer besonderen Nummer ist nur
dann entbehrlich, wenn das Liegenschaftsamt dem GBAmt bescheinigt, dass
hiervon abgesehen wird, weil der abzuschreibende Teil mit einem benachbarten Grundstück oder einem Teil davon zusammengefasst wird, so dass die
Bildung einer eigenen Flurstücksnummer technisch unerwünscht und un-
zweckmäßig erscheint. Alsdann kann der Grundstücksteil als sog. Zuflurstück
bezeichnet werden. Zuflurstücke gelten für die Anwendung des § 890 BGB
als selbständige Grundstücke, sind aber nicht als selbstständige Grundstücke
in das GB zu übernehmen (BGH DNotZ 1954, 197; BayObLG Rpfleger 1972,
1972, 18; 1974, 148; s. auch OLG Frankfurt Rpfleger 1960, 127; Weber
DNotZ 1960, 229). Soll auf Grund des Ersuchens einer Gemeinde das GB
hinsichtlich der im Rahmen eines Grenzregelungsverfahrens (jetzt: Verfahren
der vereinfachten Umlegung) eingetretenen Eigentumsveränderungen berichtigt werden, so ist es regelmäßig nicht erforderlich, die übergegangenen
Grundstücksteile in der Form von Zuflurstücken auszuweisen (BayObLG
1981, 8 gegen Waibel Rpfleger 1976, 347).

31   **c) Anliegerweg.** Soll ein mit einer eigenen Flurstücksnummer versehe-
ner Anliegerweg (s. dazu Rn. 18) rechtlich verselbständigt werden, brauchen
nicht sämtliche zu dem Weg gezogenen Teilflächen der angrenzenden
Grundstücke vorher katastermäßig sowie grundbuchmäßig als selbständige
Flurstücke und Grundbuchgrundstücke ausgewiesen und anschließend verschmolzen und vereinigt zu werden; dies gilt jedenfalls dann, wenn die abzu-
schreibenden Grundstücksteilflächen von dinglichen Belastungen freigestellt
werden (BayObLG Rpfleger 1994, 205).

10. Vorschriftswidrige Abschreibung

32   § 2 Abs. 3 ist eine Ordnungsvorschrift. Sachlichrechtliche Folgen ergeben
sich aus seiner Verletzung nicht. Insbesondere ist die Auflassung eines Grundstücksteils auch ohne Vorliegen der für die Abschreibung erforderlichen Unterlagen wirksam, wenn der Teil, vor allem durch Angabe der Grenzen, hinreichend deutlich gekennzeichnet ist (RG DR 1941, 2196; BayObLG 1971,
309; BGH Rpfleger 1984, 310).

11. Kosten

Eintragungen zur Erhaltung der Übereinstimmung zwischen GB und 33
amtlichem Verzeichnis sind gebührenfrei. Beim Erwerb eines Grundstücksteils ist dessen selbstständige Buchung gebührenfreies Nebengeschäft der
Eintragung des Erwerbers.

**Grundbuchblatt. Buchungsfreie Grundstücke. Buchung von Miteigen-
tumsanteilen**

3 (1) Jedes Grundstück erhält im Grundbuch eine besondere Stelle
(Grundbuchblatt). Das Grundbuchblatt ist für das Grundstück als
das Grundbuch im Sinne des Bürgerlichen Gesetzbuchs anzusehen.

(2) Die Grundstücke des Bundes, der Länder, der Gemeinden und anderer Kommunalverbände, der Kirchen, Klöster und Schulen, die Wasserläufe, die öffentlichen Wege, sowie die Grundstücke, welche einem
dem öffentlichen Verkehr dienenden Bahnunternehmen gewidmet sind,
erhalten ein Grundbuchblatt nur auf Antrag des Eigentümers oder eines
Berechtigten.

(3) Ein Grundstück ist auf Antrag des Eigentümers aus dem Grundbuch auszuscheiden, wenn der Eigentümer nach Absatz 2 von der Verpflichtung zur Eintragung befreit und eine Eintragung, von der das
Recht des Eigentümers betroffen wird, nicht vorhanden ist.

(4) Das Grundbuchamt kann, sofern hiervon nicht Verwirrung oder
eine wesentliche Erschwerung des Rechtsverkehrs oder der Grundbuchführung zu besorgen ist, von der Führung eines Grundbuchblatts für
ein Grundstück absehen, wenn das Grundstück den wirtschaftlichen
Zwecken mehrerer anderer Grundstücke zu dienen bestimmt ist, zu
diesen in einem dieser Bestimmung entsprechenden räumlichen Verhältnis und im Miteigentum der Eigentümer dieser Grundstücke steht
(dienendes Grundstück).

(5) In diesem Falle müssen an Stelle des ganzen Grundstücks die den
Eigentümern zustehenden einzelnen Miteigentumsanteile an dem dienenden Grundstück auf dem Grundbuchblatt des dem einzelnen Eigentümer gehörenden Grundstücks eingetragen werden. Diese Eintragung
gilt als Grundbuch für den einzelnen Miteigentumsanteil.

(6) Die Buchung nach den Absätzen 4 und 5 ist auch dann zulässig,
wenn die beteiligten Grundstücke noch einem Eigentümer gehören,
dieser aber die Teilung des Eigentums am dienenden Grundstück in
Miteigentumsanteile und deren Zuordnung zu den herrschenden
Grundstücken gegenüber dem Grundbuchamt erklärt hat; die Teilung
wird mit der Buchung nach Absatz 5 wirksam.

(7) Werden die Miteigentumsanteile an dem dienenden Grundstück
neu gebildet, so soll, wenn die Voraussetzungen des Absatzes 4 vorliegen, das Grundbuchamt in der Regel nach den vorstehenden Vorschriften verfahren.

(8) **Stehen die Anteile an dem dienenden Grundstück nicht mehr den
Eigentümern der herrschenden Grundstücke zu, so ist ein Grundbuchblatt anzulegen.**

(9) **Wird das dienende Grundstück als Ganzes belastet, so ist, sofern
nicht ein besonderes Grundbuchblatt angelegt wird oder § 48 anwendbar ist, in allen beteiligten Grundbuchblättern kenntlich zu machen,
daß das dienende Grundstück als Ganzes belastet ist; hierbei ist jeweils
auf die übrigen Eintragungen zu verweisen.**

Inhaltsübersicht

1. Allgemeines

1 § 3 enthält den Grundsatz des Realfoliums, sieht für gewisse Grundstücke
Buchungsfreiheit vor und lässt unter bestimmten Voraussetzungen die selbständige Buchung ideeller Miteigentumsanteile zu. Durch das RegVBG v.
20.12.1993 (BGBl. I 2182) wurde § 3 geändert, insbes. die selbstständige
Buchung von Miteigentumsanteilen neu geregelt (Abs. 4 ff.).

2. Grundbuchblatt

2 **a) Grundstücke.** Jedes Grundstück erhält im GB ein GBBlatt; dieses ist
für das Grundstück als GB im Sinn des BGB anzusehen (Abs. 1 Satz 1 und
2). Mit diesen Bestimmungen wird der Grundsatz des Realfoliums, gleichzeitig aber auch der des Buchungszwangs zum Ausdruck gebracht. Beim
maschinell geführten GB ist GB in diesem Sinn der in den dafür bestimmten
Datenspeicher aufgenommene und auf Dauer unverändert in lesbarer Form
wiedergabefähige Inhalt des GBBlatts (§ 62 GBV; vgl. § 126 Abs. 1 Satz 2
Nr. 2). Der Grundsatz, dass jedes Grundstück ein GBBlatt erhält, gilt nicht
ausnahmslos. § 4 lässt vielmehr unter gewissen Voraussetzungen die Führung
eines gemeinschaftlichen GBBlatts über mehrere Grundstücke desselben
Eigentümers zu.

3 **b) Grundstücksgleiche Rechte.** Außer für Grundstücke kann ein
GBBlatt für grundstücksgleiche Rechte anzulegen sein, z. B. für das Erbbaurecht ein Erbbaugrundbuchblatt (s. Anh. zu § 8 Rn. 39) und im Gebiet der
ehemaligen DDR für das selbständige Gebäudeeigentum ein Gebäudegrundbuchblatt (s. § 150 Rn. 16). Ferner ist für das WEigentum ein Woh-
nungsgrundbuchblatt (s. Anh. zu § 3 Rn. 35) anzulegen.

Zu dem gesonderten GBBlatt für Grundstücke im gemeinschaftlichen
deutsch-luxemburgischen Hoheitsgebiet i. S. von Art. 1 des Vertrags vom

19.12.1984 (BGBl. 1988 II 415) s. für Rheinland-Pfalz die VO v. 16.8.1990 (GVBl. 273).

3. Gegenstand der Buchung

a) Grundstücke. Hierunter sind alle Bodenflächen zu verstehen, sofern 4 sie in dem amtlichen Verzeichnis nach § 2 Abs. 2 aufgeführt sind; über gewisse Ausnahmen von diesem Erfordernis s. § 2 Rn. 11. Unerheblich ist, ob sie dem freien Rechtsverkehr unterliegen oder ob dies, wie z. B. bei Kirchhöfen, nicht der Fall ist. Ausgeschlossen von der Buchung sind jedoch eigentumsunfähige Bodenflächen. Die im ufernahen Bereich niedrigen Wassers (sog. Halde) des Bodensees gelegenen Grundstücke können Gegenstand bürgerlichrechtlichen Eigentums sein und damit im GB eingetragen werden (BayObLG NJW 1989, 2475, zugleich zum Eigentum an solchen Grundstücken). Zur Buchung eines fließenden Gewässers s. Rn. 5, 15.

b) Wesentliche Bestandteile. Wesentliche Bestandteile eines Grund- 5 stücks, z. B. Gebäude, sind für sich allein nicht buchungsfähig; aufrechterhalten ist durch Art. 182 EGBGB jedoch das Stockwerkseigentum (für Bayern s. dazu Art. 62 AGBGB v. 20.9.1982, BayRS 400-1-J und BayObLG 1995, 413/416; OLG München FGPrax 2009, 9). Subjektiv-dingliche Rechte, die nach § 96 BGB als Bestandteile des Grundstücks gelten, können auf Antrag auf dem Blatt des herrschenden Grundstücks vermerkt werden (§ 9). Ideelle Miteigentumsanteile an einem Grundstück sind nur ausnahmsweise buchungsfähig, nämlich dann, wenn die Voraussetzungen des § 3 Abs. 4 vorliegen (s. Rn. 27 ff.) oder wenn mit ihnen das Sondereigentum an einer Wohnung oder an nicht zu Wohnzwecken dienenden Räumen verbunden ist (zur Buchung des WEigentums s. Anh. zu § 3 Rn. 52).

c) Anliegerwege und Anliegergewässer. Die Teilflächen eines sog. Anliegerweges sind unselbständige Bestandteile der angrenzenden Grundstücke und als solche nicht buchungsfähig. Der jeweilige Anlieger ist Alleineigentümer der zu seinem Grundstück gezogenen Teilfläche. Sein Grundstück ist jedoch regelmäßig mit einer Grunddienstbarkeit zu Gunsten der Grundstücke derjenigen belastet, die den Weg nach seiner Zweckbestimmung zu Geh- und Fahrtzwecken nutzen dürfen, üblicherweise der anderen Anlieger, und zwar bezogen auf die Teilfläche des Grundstücks, die zum Weg gehört (BayObLG 1997, 367/369; s. dazu auch § 2 Rn. 18, 31). Ist ein fließendes Gewässer Bestandteil der Ufergrundstücke, kann es kein selbständiges Grundstück sein. Damit scheidet eine Buchung irgendwelcher Anteile auf den GBBlättern der Ufergrundstücke aus. Das Anliegergewässer steht nicht im Miteigentum der Eigentümer der Ufergrundstücke. Vielmehr steht jedem von ihnen das Alleineigentum an dem an sein Grundstück angrenzenden Teil des Gewässers zu (OLG München NJW-RR 2015, 917).

d) Grundstücksgleiche Rechte. Man versteht unter ihnen Rechte, auf 6 die kraft Gesetzes die sich auf Grundstücke beziehenden Vorschriften anzuwenden sind. Hierher gehören kraft Bundesrechts das Erbbaurecht (§ 1017 Abs. 1 BGB; § 11 Abs. 1 Satz 1 ErbbauRG; zur Buchung des Erbbaurechts s. Anh. zu § 8 Rn. 39) und das Bergwerkseigentum (§ 9 Abs. 1 Satz 2 Halb-

satz 2 BundesbergG v. 13.8.1980, BGBl. I 1310; s. dazu Ring, Grundstruktu-
ren des Bergwerkseigentums, NotBZ 2006, 37) sowie nach Maßgabe der
Landesgesetzgebung verschiedene andere Rechte. Das WEigentum ist kein
grundstücksgleiches Recht, sondern gesetzlich besonders ausgestaltetes Miteigentum (BGH NJW 1989, 2535), das grundsätzlich den auf Grundstücke
anwendbaren Vorschriften unterliegt (BayObLG Rpfleger 1988, 140). Im
Gebiet der ehemaligen DDR ist das selbstständige Gebäudeeigentum grundstücksgleiches Recht und damit buchungsfähig; s. dazu § 150 Rn. 8, 10, 16.

7   **e) Landesrechtliche Rechte.** In Bayern sind grundstücksgleiche Rechte
die selbständigen Fischereirechte (Art. 8 Abs. 2 FischereiG i. d. F. v. 10.10.
2008, GVBl. 840); ferner die realen nicht radizierten Gewerbeberechtigungen sowie gewisse Nutzungsrechte des älteren Rechts (Art. 40 Abs. 2
AGGVG v. 23.6.1981, BayRS 300-1-1-J). Nach dem durch Art. 176 Abs. 1
BBergG aufgehobenen BayBergG i. d. F. v. 10.1.1967 (GVBl. 185) waren
grundstücksgleiche Recht auch das Bergwerkseigentum sowie die unbeweglichen Kuxe des älteren Bergrechts; wegen der Aufrechterhaltung dieser
Rechte und der Fortgeltung ihrer in Rede stehenden Eigenschaft s. §§ 149,
151, 154 BBergG.
        Über die selbstständigen Fischereirechte nach dem bayer. FischereiG s.
BayObLG Rpfleger 1994, 453; Reimann MittBayNot 1971, 4; zu ihrer
rechtsgeschäftlichen Übertragung durch Einigung und Eintragung s. Bay-
ObLG 1991, 291 mit kritischer Anm. v. Mayer MittBayNot 1992, 248; zu
ihrer grundbuchmäßigen Behandlung s. Rn. 9; zum Rang mehrerer selbst-
ständiger Fischereirechte s. BayObLG 1995, 13 mit kritischer Anm. v. Mayer
MittBayNot 1995, 128; zur Begründung eines selbstständigen Fischereirechts
als Eigentümerrecht und seine Eintragung als Grundstücksbelastung s. Bay-
ObLG MittBayNot 2000, 557; NJW-RR 2004, 738; LG Coburg MittBay-
Not 2000, 559; LG Landshut MittBayNot 2007, 497. Zur Bestellung eines
selbständigen Fischereirechts nach Art. 8 FischereiG s. Kössinger/Grimm
MittBayNot 2012, 270.
        Zu den selbstständigen Kellerrechten nach Gemeinem Recht und zu ihrer
Übertragung s. BayObLG 1991, 178; ferner Freudling MittBayNot 2009, 27.
Zum Fortbestand bayerischer Kaminkehrerrealrechte trotz § 39a GewO s.
BayObLG MittBayNot 1973, 372, aber auch BVerwG BayVBl. 1988, 501.
Über die Gemeindenutzungsrechte in Bayern s. § 9 Rn. 7; LG Nürnberg-
Fürth MittBayNot 1988, 139; Glaser MittBayNot 1988, 113; zu ihrer Lö-
schung s. BayObLG BayVBl. 1990, 26.

4. Buchungszwang

8   Für Grundstücke besteht grundsätzlich eine Buchungspflicht; das GBBlatt
ist daher, soweit nicht ausnahmsweise Buchungsfreiheit gilt (s. Rn. 13), von
Amts wegen anzulegen. Über das Anlegungsverfahren s. Rn. 24. Für das
WEigentum wird ein GBBlatt ebenfalls von Amts wegen angelegt (§ 7 Abs. 1
WEG).

9   Von den grundstücksgleichen Rechten erhalten die nach dem ErbbauRG
begründeten Erbbaurechte von Amts wegen ein GBBlatt (§ 14 Abs. 1 Satz 1
ErbbauRG); im Übrigen wird für grundstücksgleiche Rechte ein GBBlatt

bald auf Antrag, bald von Amts wegen angelegt (s. für das selbstständige Gebäudeeigentum Art. 233 § 2b Abs. 2 Satz 1, § 2c Abs. 1 Satz 2 EGBGB und
für alte Erbbaurechte § 8 sowie für Bayern Art. 40 Abs. 1, Art. 55 Abs. 5
AGGVG v. 23.6.1981, BayRS 300-1-1-J; § 176 Abs. 2 BBergG sowie Art. 11
Abs. 2 FischereiG i. d. F. v. 10.10.2008 (GVBl. 840); Art. 40 Abs. 2 AGGVG v.
23.6.1981, BayRS 300-1-1-J; s hierzu auch §§ 2, 6 der VO über die grundbuchmäßige Behandlung von Bergwerkseigentum und von Fischereirechten
v. 7.10.1982, BayRS 315-1-J) sowie Kössinger/Grimm MittBayNot 2012,
270. Für die Anlegung des GBBlatts gelten §§ 116 ff. entsprechend (s. hierzu
Rn. 24) und nicht § 22 (vgl. BayObLG 1991, 291). Für ein nach preußischem Landesrecht entstandenes selbstständiges Fischereirecht ist ein GBBlatt
aber nur auf Antrag anzulegen (s. dazu § 116 Rn. 2). Solange in Bayern für
das Gewässergrundstück kein GB angelegt ist, wird der gute Glaube an die
Richtigkeit und Vollständigkeit der Eintragungen im Fischereigrundbuch
auch hinsichtlich Bestand, Inhalt und Umfang des Fischereirechts geschützt
(BayObLG 1990, 226; Rpfleger 1994, 453). Zur Einbuchung von Fischereirechten s. Berger BWNotZ 2006, 51.

5. Bedeutung des Grundbuchblatts

a) Allgemeines. Die Grundbücher werden in festen Bänden oder nach **10**
näherer Anordnung der Landesjustizverwaltungen in Bänden oder Einzelheften mit herausnehmbaren Einlegebogen (d. h. als Loseblattgrundbücher; s.
§ 1 Abs. 1 Satz 1) geführt. Die Landesregierungen können bestimmen, dass
und in welchem Umfang die Grundbücher maschinell (elektronisch) als
automatisierte Datei oder in strukturierter Form mit logischer Verknüpfung
der Inhalte als Datenbankgrundbuch geführt werden (§ 126 Abs. 1).

Beim GB in Papierform sollen die Bände regelmäßig mehrere GBBlätter
umfassen; mehrere Bände und sämtliche GBBlätter desselben GBBezirks
(s. § 2 Rn. 3) erhalten fortlaufende Nummern (§§ 2, 3 GBV; über weitere
Einzelheiten s. §§ 8 bis 11 GeschO). Das innerhalb dieser Ordnung für ein
Grundstück freigehaltene GBBlatt ist als das GB im Sinn des BGB anzusehen. Nur Eintragungen auf diesem Blatt sind Eintragungen im Sinn der
§§ 873, 875 BGB und haben die Wirkungen der §§ 891, 892 BGB (Bay-
ObLG 1988, 127). Eintragungen, die das Grundstück A betreffen, aber versehentlich auf dem Blatt des Grundstücks B erfolgen, sind hinsichtlich des
Grundstücks A wirkungslos. Über das Verhältnis des besonderen Blatts des
Erbbaurechts zum Grundstücksblatt s. Anh. zu § 8 Rn. 23, 47. Über Doppelbuchungen und ihre Beseitigung s. Rn. 29, 30.

Beim maschinell geführten GB ist das GB im Rechtssinn auch dann,
wenn das GB als Datenbankgrundbuch geführt wird, der in den dafür bestimmten Datenspeicher aufgenommene und jederzeit lesbar wiedergabefähige Inhalt des GBBlatts (§ 62 GBV). Im Übrigen gilt grundsätzlich nichts
anderes als beim GB in Papierform; jedoch sind die Bestimmungen der GBV,
die GBBände voraussetzen, nicht anzuwenden (§ 63 Satz 2 GBV; s. dazu
§ 128 Rn. 2).

b) Aufbau. Das GBBlatt besteht nach § 4 GBV aus der Aufschrift, dem **11**
Bestandsverzeichnis und drei Abteilungen; s. im übrigen GBV Muster Anl. 1.

Jeder Eintragung ist durch §§ 5 bis 12 GBV eine bestimmte Stelle zugewiesen. Diese Vorschriften sind vom GBAmt genau zu beachten. Ihre Einhaltung kann durch Beschwerde erzwungen werden (s. § 1 Rn. 104). Sachlichrechtlich und für den öffentlichen Glauben des GB ist es jedoch grundsätzlich ohne Einfluss, wenn eine Eintragung an einer unrichtigen Stelle vorgenommen wurde (RG 98, 219; BayObLG 1995, 413); eine Ausnahme gilt, wenn das materielle Recht den Ort der Eintragung vorschreibt, wie dies in § 881 Abs. 2 Halbsatz 2 BGB hinsichtlich der Eintragung des Rangvorbehalts geschehen ist (JFG 8, 300).

Der Aufbau des maschinell geführten GB unterscheidet sich nicht von dem des GB in Papierform. Der Inhalt des maschinell geführten GB muss auf dem Bildschirm oder im Ausdruck so sichtbar gemacht werden können, wie es die Muster der GBV und der WGV vorsehen (§ 63 Satz 1 GBV; s. hierzu § 128 Rn. 4). Beim Datenbankgrundbuch kann die dadurch vorgegebene Darstellung auf den aktuellen GBInhalt beschränkt werden. Durch Rechtsverordnung der Landesregierungen können aber auch weitere Darstellungsformen für die Anzeige des GBInhalts zugelassen werden (§ 63 Satz 2, 3 GBV).

12   **c) Umschreibung.** Ein GBBlatt ist umzuschreiben, wenn es unübersichtlich (s. dazu OLG Düsseldorf FGPrax 2016, 50) geworden ist (§ 28 Satz 1 GBV). Diese Voraussetzung muss nicht vorliegen, wenn das bisher in Papierform geführte GBBlatt maschinell geführt werden soll (§ 68 Abs. 1 GBV). Ein GBBlatt kann auch umgeschrieben werden, wenn es dadurch wesentlich vereinfacht wird (§ 28 Satz 2 GBV). Liegen diese Voraussetzungen nicht vor, gewährt auch das informationelle Selbstbestimmungsrecht (BVerfG 65, 43 = NJW 1984, 422) unter dem Gesichtspunkt, gelöschte Zwangsversteigerungsvermerke oder Zwangshyp. aus der Publizität des GB herauszunehmen („GBWäsche"), auch dann, wenn das GB als Datenbankgrundbuch geführt wird, keinen Anspruch auf Umschreibung (OLG Düsseldorf FGPrax 2017, 100; BayObLG Rpfleger 1992, 513; OLG Celle FGPrax 2013, 146; OLG München NotBZ 2014, 117; OLG Köln FGPrax 2015, 249). Böhringer (BWNotZ 1989, 5 f.; Rpfleger 1989, 309) hält eine Umschreibung, verbunden mit einer Beschränkung der Einsicht in das geschlossene GB, fünf Jahre nach Löschung von Zwangseintragungen für geboten.

12.1   In Betracht kommen kann auch eine entsprechende Anwendung des § 28 GBV. Dies ist der Fall, wenn nach Eintragung einer Änderung des Vornamens gemäß § 1 Abs. 1 TranssexuellenG dem Offenbarungsverbot des § 5 Abs. 1 TranssexuellenG Rechnung zu tragen ist (BGH FGPrax 2019, 97), ferner, wenn das GBAmt eine inzwischen gelöschte Zwangshyp. ohne Vorliegen der gesetzlichen Voraussetzungen eingetragen (OLG Frankfurt NJW 1988, 976; OLG Jena NJOZ 2013, 922; offen gelassen von OLG Köln FGPrax 2015, 249) oder bei der Eintragung einer Namensänderung in Abt. I unter Verstoß gegen § 1758 Abs. 1 BGB auf eine Adoption hingewiesen hatte (OLG Schleswig Rpfleger 1990, 203. In diesen Fällen setzt eine GBEinsicht in das geschlossene GBBlatt voraus, dass ein berechtigtes Interesse auf Einsicht auch in die darin enthaltenen früheren Eintragungen dargelegt wird (BGH FGPrax 2019, 97).

Bei der Umschreibung eines GBBlatts soll gem. § 44 Abs. 3 eine bisher **12.2** unterbliebene oder nur teilweise vorgenommene Bezugnahme auf EintrUnterlagen bis zu dem nach § 44 Abs. 2 zulässigen Umfang nachgeholt werden (s. hierzu § 44 Rn. 42). Dies gilt auch bei einer Umschreibung zum Zwecke der maschinellen GBFührung (§ 68 Abs. 2 GBV). Zur grundbuchmäßigen Abwicklung der Umschreibung s. §§ 29 ff. GBV und BGH FGPrax 2019, 97. Mit der Umschreibung des maschinell geführten GB befasst sich § 72 GBV. Für die Umschreibung unübersichtlicher GBBlätter und für die Neufassung einzelner Teile eines GBBlatts werden Gebühren nicht erhoben. Zur Anfechtbarkeit der Umschreibung eines GBBlatts im Ganzen s. § 71 Rn. 20.

6. Buchungsfreie Grundstücke

Gewisse Grundstücke sind ihrer Art nach nicht dazu bestimmt, am **13** GBVerkehr teilzunehmen; die Eigentumsverhältnisse an ihnen sind in der Regel auch ohne GB leicht feststellbar. Sie werden daher durch Abs. 2, 3 von dem Buchungszwang des Abs. 1 Satz 1 ausgenommen.

a) Betroffene Grundstücke. Folgende Grundstücke sind buchungsfrei:
- Grundstücke des Bundes und der Länder sowie der Gemeinden und anderer Kommunalverbände.
- Grundstücke der Kirchen, d. h. der Religionsgesellschaften, die Rechtsper- **14** sönlichkeit besitzen, sowie der Klöster und Schulen. Nehmen solche Grundstücke am GBVerkehr teil (s. Rn. 18), ist ihr Wert nach § 36 Abs. 2 GNotKG zu schätzen und zwar in der Regel auf einen Bruchteil des vollen Sachwerts; einen Verkehrswert haben solche Grundstücke in der Regel nicht (BayObLG 1985, 325).
- Wasserläufe, und zwar alle Wasserläufe, nicht nur die öffentlichen Gewässer. **15** Den Begriff „Wasserlauf" bestimmt bis auf weiteres gemäß Art. 65 EGBGB das Landesrecht. Ein Gewässer ist nur dann der Buchung fähig, wenn es ein selbständiges Grundstück darstellt (OLG München NJW-RR 2015, 917); zur Buchung eines Wasserlaufs s. BayObLG MittBayNot 1983, 63; zum Anliegergewässer s. Rn. 5.

Zur Eintragung von Veränderungen im Bestand und Eigentum von Grundstücken auf Grund des Wasserrechts im GB s. BayObLG Rpfleger 1982, 19; 1988, 254; OLG Hamm Rpfleger 1985, 396 mit zust. Anm. v. Tröster; OLG Oldenburg Rpfleger 1991, 412; Bauch MittBayNot 1984, 1. Zur Berichtigung des GB bei Veränderung von Grundstücksgrenzen durch Wasser s. § 22 Rn. 24. Zur Anwachsung nach Wasserrecht s. OLG Celle MittBayNot 1984, 29 mit abl. Anm. v. Bauch; OLG Rostock FGPrax 2014, 204. Zum Eigentum an Grundstücken im Bodensee s. BayObLG NJW 1989, 2475; zum Eigentum an Deichen s. OLG Oldenburg NJW-RR 1991, 784; zum Eigentum am Meeresstrand s. OLG Schleswig Rpfleger 2003, 495. Zur Anwendung des deutschen Sachenrechts gemäß Art. 43 EGBGB auf Windkraftanlagen im deutschen Küstenmeer und in der so genannten ausschließlichen Wirtschaftszone s. L. Böttcher RNotZ 2011, 589 und zum Ganzen Holzer, Wasserrecht und GB, MittBayNot 2020, 112.

16 • Öffentliche Wege. Die Öffentlichkeit eines Wegs wird dadurch begründet, dass ihn die zuständige Behörde dem öffentlichen Verkehr widmet. Auf die Eigentumsverhältnisse kommt es dabei nicht an. In Zweifelsfällen wird eine Bescheinigung der Wegepolizeibehörde verlangt werden müssen.

17 • Grundstücke, die einem dem öffentlichen Verkehr dienenden Bahnunternehmen gewidmet sind. Das ist z. B. nicht der Fall bei Grundstücken der Privatanschlussbahnen. In Betracht kommen ohne Rücksicht auf die Trägerschaft Grundstücke jedes Unternehmens, das eine Schienenbahn betreibt, die nach ihrer Zweckbestimmung von der Allgemeinheit benutzt werden kann.

18   **b) Buchung nur auf Antrag.** Buchungsfreie Grundstücke erhalten ein GBBlatt nur auf Antrag des Eigentümers oder eines Berechtigten (Abs. 2). Der Antrag bedarf keiner Form; notwendig ist jedoch der Nachweis der Antragsberechtigung. Wer mit dem Buchungsantrag seine Eintragung als Eigentümer erstrebt, muss dartun, dass er zu einer der in § 123 genannten Personengruppen gehört; genügend, aber auch erforderlich ist der formlose Nachweis von Tatsachen, die das Eigentum des Antragstellers zumindest wahrscheinlich machen (BayObLG NJW 1989, 2475; BayObLG 1991, 295). Wer einen Buchungsantrag als sonstiger Berechtigter stellt, hat nachzuweisen, dass ihm ein eintragungsfähiges dingliches Recht, z. B. eine ohne Eintragung entstandene Grunddienstbarkeit zusteht oder dass er auf Grund einer EintrBewilligung des Eigentümers bzw. eines gegen diesen erwirkten vollstreckbaren Titels den Antrag auf Eintragung einer Rechtsänderung zu stellen befugt ist (JFG 8, 218; BayObLG Rpfleger 1966, 332). Wegen der Antragsberechtigung des Fiskus, der das ihm gemäß Art. 190 EGBGB zustehende Aneignungsrecht ausüben will, s. JFG 8, 219.

19   Wird der Antrag von einem dazu Berechtigten gestellt, so muss die Anlegung des GBBlatts von Amts wegen betrieben werden (KGJ 30, 175; 49, 158; JFG 8, 218; BayObLG Rpfleger 1966, 332); über das Anlegungsverfahren s. Rn. 24.

20   **c) Ausbuchung.** Ein buchungsfreies, aber gleichwohl gebuchtes Grundstück ist auf Antrag des Eigentümers aus dem GB auszuscheiden, d. h. auszubuchen, wenn Eintragungen, durch die das Recht des Eigentümers betroffen wird, nicht vorhanden sind (Abs. 3). Weist die zweite oder dritte Abteilung Eintragungen auf, so sind diese zunächst nach den allgemeinen Vorschriften zur Löschung zu bringen. Der Antrag auf Ausbuchung bedarf keiner Form.

21   Der Ausbuchungsvermerk erfolgt in Sp. 8 des Bestandsverzeichnisses (§ 6 Abs. 7 GBV; s. auch § 13 Abs. 5 GBV); scheiden alle auf einem GBBlatt eingetragenen Grundstücke aus, so ist das Blatt zu schließen (§ 34 Buchst. a GBV). Vollzog sich die Ausbuchung im Zusammenhang mit einem rechtsgeschäftlichen Eigentumserwerb an einem auf einem gemeinschaftlichen GBBlatt vorgetragenen Grundstück, so durfte die Eintragung des neuen Eigentümers aus Gründen der Verfahrensvereinfachung mit dem Ausbuchungsvermerk verbunden werden; der Vermerk lautete dann etwa: „Nr. 4. Aufgelassen an die Gemeinde … und eingetragen am … Aus dem GB ausgeschieden am …". Diese Buchungsweise ist gemäß dem durch das DaBaGG angefügten § 9 Abs. 2 GBV nicht mehr zulässig; der Eigentümer ist auch in diesem Fall in Abt. I einzutragen.

Zu den Mitteilungspflichten des GBAmts s. XVIII/1 Abs. 1 Nr. 6 MiZi.

d) Nicht gebuchte Grundstücke im Rechtsverkehr. Nach Art. 186 **22** Abs. 2 EGBGB ist das GB auch für die wegen Buchungsfreiheit nicht gebuchten Grundstücke als angelegt anzusehen; gemäß Art. 189 EGBGB gilt mithin auch für sie das materielle Liegenschaftsrecht des BGB. Die Übertragung des Eigentums erfordert Auflassung und Eintragung; es bedarf daher der Anlegung eines GBBlatts, die im Hinblick auf § 39 auf den Namen des Veräußerers zu erfolgen hat (RG 164, 385). Zur Belastung ist Einigung und Eintragung erforderlich, so dass auch hier ein GBBlatt angelegt werden muss.

Ausnahmen gelten, soweit die Landesgesetzgebung von den Vorbehalten in **23** Art. 127, 128 EGBGB Gebrauch gemacht hat. So kann z. B. in Bayern die Übertragung des Eigentums an einen buchungsfreien Erwerber durch öffentlich beurkundete Einigung erfolgen (Art. 55 AGBGB v. 20.9.1982, BayRS 400-1-J); auch die Begründung einer Dienstbarkeit ist allein durch Einigung möglich, wobei die Erklärung des Bestellers in öffentlich beglaubigter Form abgegeben werden muss (Art. 56 AGBGB v. 20.9.1982, BayRS 400-1-J).

7. Anlegungsverfahren

Muss für ein Grundstück, das bei der erstmaligen Anlegung des GB (über **24** deren Beendigung in Bayern s. § 142 Rn. 5) kein GBBlatt erhalten hat oder das später als buchungsfrei ausgebucht wurde, ein GBBlatt angelegt werden, so gelten für das Verfahren die durch das RegVBG an die Stelle der §§ 7 ff. AusfVO getretenen §§ 116 ff. Diese Bestimmungen gelten entsprechend für die Anlegung eines GBBlatts für ein grundstücksgleiches Recht (s. hierzu Rn. 9 und BayObLG 1991, 178/184, 291/294). S. dazu auch § 9 Abs. 2 GBV. Zu den Mitteilungspflichten des GBAmts s. XVIII/1 Abs. 1 Nr. 7 MiZi.

8. Doppelbuchung

a) Rechtsfolgen. Aus Abs. 1 Satz 1 ergibt sich, dass ein Grundstück nur **25** ein GBBlatt erhält, also nicht auf mehreren GBBlättern gebucht werden darf. Ist es trotzdem versehentlich auf mehreren Blättern für verschiedene Eigentümer eingetragen, so würde an sich für jede Eintragung die Vermutung des § 891 BGB in gleichem Umfang gelten. Die notwendige Folge ist, dass sich die Vermutungen gegenseitig aufheben (RG 56, 60; JFG 18, 180; a. M. Güthe/Triebel § 2 Rn. 54). Wer Eigentum an einem doppelt gebuchten Grundstück behauptet, kann sich also nicht auf § 891 BGB berufen, sondern muss seinen Eigentumserwerb beweisen. Auch ein Rechtserwerb in gutem Glauben gemäß § 892 BGB ist bei widersprechenden Eintragungen nicht möglich (JFG 18, 181; BGH Rpfleger 2008, 6; OLG Stuttgart BWNotZ 1989, 85; über den Eigentumserwerb durch Zuschlag s. RG 85, 316).

b) Beseitigung. Das Verfahren zur Beseitigung einer Doppelbuchung ist **26** in § 38 GBV geregelt (s. dazu OLG Frankfurt FGPrax 2017, 153). Die früher in § 3 Abs. 1 Satz 3 enthaltene Ermächtigung hierzu ist durch das RegVBG beseitigt worden; sie ergibt sich nunmehr aus § 1 Abs. 4 Satz 1. Ist ein Grundstück allein auf mehreren Blättern eingetragen, so sind die Blätter bis auf eins zu schließen, wenn die Eintragungen auf den Blättern übereinstimmen. Stimmen sie nicht überein, so sind alle Blätter zu schließen; für das Grundstück ist ein neues Blatt anzulegen (§ 38 Abs. 1 GBV). Ist ein Grundstück oder Grundstücksteil auf mehreren Blättern eingetragen, und zwar wenigstens auf einem der Blätter zusammen mit anderen Grundstücken oder Grundstücksteilen, so ist das Grundstück oder der Grundstücksteil von allen Blättern abzuschreiben. Für das Grundstück oder den Grundstücksteil ist ein neues Blatt anzulegen (§ 38 Abs. 2a GBV). Die Übernahme von Eintragungen bei Anlegung eines neuen Blatts bemisst sich nach § 38 Abs. 1 Buchst. b Nr. 2, Abs. 2b GBV (s. dazu JFG 18, 181). Die wirkliche Rechtslage bleibt von den getroffenen Maßnahmen unberührt (§ 38 Abs. 1 Buchst. c, Abs. 2d GBV).

9. Buchung ideeller Miteigentumsanteile

27   § 3 Abs. 4, 5 gestattet dem GBAmt, unter bestimmten Voraussetzungen von der Führung eines GBBlatts für ein im Miteigentum stehendes Grundstück (dienendes Grundstück) abzusehen und statt dessen die einzelnen Miteigentumsanteile auf den GBBlättern der den einzelnen Miteigentümern gehörenden Grundstücken (herrschende Grundstücke) zu buchen. Wohnungs- oder Teileigentum kann sowohl dienendes als auch herrschendes Grundstück in diesem Sinn sein (BayObLG Rpfleger 1995, 153; OLG Celle Rpfleger 1997, 522). Die Regelung hat gemeinschaftliche Zufahrtswege, Hofräume, Weideflächen und dergleichen im Auge; beim WEigentum kommen insbes. sog. Duplex-Stellplätze (s. dazu Anh. zu § 3 Rn. 21 und Frank MittBayNot 1994, 512) in Betracht (OLG München FGPrax 2016, 203). Zu den rechtlichen Gestaltungsmöglichkeiten, wenn an den herrschenden Grundstücken Erbbaurechte bestellt werden sollen, s. Diekgräf DNotZ 1996, 338.

28   **a) Voraussetzungen.** Es muss sich um ein Grundstück handeln, das den wirtschaftlichen Zwecken mehrerer anderer Grundstücke zu dienen bestimmt ist; ein Verstoß dagegen führt nicht zur GBUnrichtigkeit (OLG München FGPrax 2017, 113). Das dienende Grundstück muss zu den anderen Grundstücken in einem der Zweckbestimmung entsprechenden räumlichen Verhältnis stehen und den Eigentümern dieser Grundstücke zu Bruchteilen gehören. Die von der Regel des Abs. 1 Satz 1 abweichende Buchungsart darf nur dann nicht gewählt werden, wenn davon Verwirrung oder eine wesentliche Erschwerung des Rechtsverkehrs oder der GBFührung zu besorgen ist (Abs. 4). Der Begriff der Verwirrung ist der gleiche wie in §§ 4 bis 6; s. hierzu § 5 Rn. 13. Verwirrung kann zu besorgen sein, wenn das ganze Grundstück belastet ist (BayObLG Rpfleger 1991, 299).

29   Das frühere Recht gestattete die selbständige Buchung von Miteigentumsanteilen nur dann, wenn dies zur Erleichterung des Rechtsverkehrs angezeigt war; außerdem durfte das dienende Grundstück für sich allein nur eine geringe wirtschaftliche Bedeutung haben. Diese Buchungsart kam daher nur unter eng begrenzten Voraussetzungen in Betracht. Demgegenüber ist sie nunmehr die Regel (OLG München FGPrax 2017, 113) und nur im Ausnahmefall unzulässig (vgl. auch § 3 Abs. 7).

b) Entscheidung des GBAmts. Liegen die Voraussetzungen des § 3 **30** Abs. 4 vor, so kann das GBAmt von der Führung eines GBBlatts für das dienende Grundstück, also je nach Sachlage von seiner Anlegung oder seiner Beibehaltung, absehen. Ob es davon absieht, liegt in seinem Ermessen. Das GBAmt soll jedoch von der Führung eines GBBlatts absehen, wenn bei der Neubildung von Miteigentumsanteilen die Voraussetzungen des Abs. 4 vorliegen (Abs. 7). Durch die selbständige Buchung der Miteigentumsanteile wird vielfach für das GBAmt eine erhebliche Arbeitsersparnis erzielt, z. B. dann, wenn die Miteigentumsanteile zusammen mit den herrschenden Grundstücken belastet werden. Die Buchung verhindert auch, dass bei einer Veräußerung des herrschenden Grundstücks oder bei der Eintragung einer Erbfolge der Miteigentumsanteil übersehen wird. Außerdem wird durch diese Form der Buchung in der Regel ein besserer Datenschutz erreicht, als bei der Führung eines gemeinschaftlichen GBBlatts für die Miteigentumsanteile. Entschieden wird über die Art der Buchung im Amtsverfahren; Anträge der Beteiligten haben nur die Bedeutung einer Anregung (OLG Düsseldorf Rpfleger 1970, 394).

Sieht das GBAmt von der Führung eines GBBlatts für das dienende **31** Grundstück ab, so hat es die einzelnen Miteigentumsanteile auf den GBBlättern der herrschenden Grundstücke nach Maßgabe des § 8 GBV einzutragen (Abs. 5 Satz 1; s. Muster zur GBV Anl. 1 Bestandsverzeichnis Nr. 7/zu 6). Diese Eintragung gilt als GB für den einzelnen Miteigentumsanteil (Abs. 5 Satz 2), der selbständig belastet werden kann. Ein etwa über das dienende Grundstück geführtes Blatt ist, falls auf ihm weitere Grundstücke nicht vorgetragen sind, zu schließen (§ 34 Buchst. b GBV). Eine nur teilweise Schließung dergestalt, dass es für einzelne Miteigentumsanteile weitergeführt wird, ist ausgeschlossen (BayObLG Rpfleger 1995, 153; OLG München FGPrax 2016, 203).

c) Grundstücke im Alleineigentum. Stehen das dienende und die **32** herrschenden Grundstücke noch im Alleineigentum, so ist nach dem Wortlaut des Abs. 4 eine selbständige Buchung von Miteigentumsanteilen nicht möglich. Ein Bedürfnis dafür besteht in diesem Fall gleichwohl dann, wenn eine Veräußerung der herrschenden Grundstücke jeweils mit einem Miteigentumsanteil des dienenden Grundstücks an verschiedene Personen, z. B. vom Bauträger an die einzelnen Erwerber, beabsichtigt ist.

Sofern der Alleineigentümer die Miteigentumsanteile an dem dienenden **33** Grundstück bezeichnet und sie den herrschenden Grundstücken durch Erklärung gegenüber dem GBAmt zuordnet, können die Miteigentumsanteile, obwohl noch in der Hand des Alleineigentümers, selbstständig gebucht werden (Abs. 6); Voraussetzung ist allerdings, dass die übrigen Voraussetzungen des Abs. 4 vorliegen. Mit der Buchung wird gem. Abs. 5 die Teilung wirksam; die Regelung ist § 8 Abs. 2 Satz 2 WEG nachgebildet.

Die Erklärung gegenüber dem GBAmt hat keinen materiellrechtlichen **34** Inhalt, sondern betrifft nur die Art der Buchung. Sie unterliegt nicht den Formvorschriften des § 29 (ebenso Waldner in Bauer/Schaub Rn. 36; a. M.

KEHE/Keller Rn. 11). Die Absicht, die herrschenden Grundstücke zusammen mit je einem Miteigentumsanteil an dem dienenden Grundstück zu veräußern, braucht dem GBAmt gegenüber weder nachgewiesen noch auch nur glaubhaft gemacht zu werden.

Zum gleichen Ergebnis kam die, allerdings nicht unumstrittene, Rechtsprechung schon vor der Einfügung des § 3 Abs. 6 durch das RegVBG; s. dazu OLG Köln Rpfleger 1981, 481; zum WEigentum: BayObLG Rpfleger 1975, 90.

35   **d) Anlegung des GBBlatts.** Stehen die Miteigentumsanteile nicht mehr sämtlich den Eigentümern der herrschenden Grundstücke zu, so ist für das dienende Grundstück ein GBBlatt anzulegen (Abs. 8); dies ist insbes. dann notwendig, wenn das dienende Grundstück als Ganzes veräußert wird. Ein GBBlatt ist ferner dann anzulegen, wenn die Voraussetzungen des Abs. 4 nicht mehr vorliegen.

36   Wird das dienende Grundstück als Ganzes belastet, so ist die Anlegung eines GBBlatts nicht zwingend erforderlich. Sie ist nur dann geboten, wenn andernfalls Verwirrung oder eine wesentliche Erschwerung des Rechtsverkehrs oder der GBFührung zu besorgen ist. Bei einer Belastung mit einem Grundpfandrecht oder einer Reallast entstehen Gesamtrechte; § 48 ist anzuwenden. Auf den GBBlättern aller Miteigentumsanteile ist die Mitbelastung der anderen Miteigentumsanteile erkennbar zu machen. Bei einer Belastung mit anderen Rechten, bei denen eine Gesamtbelastung nicht in Betracht kommt, ist im GBBlatt jedes Miteigentumsanteils durch Verweisung auf die gleich lautende Eintragung auf den Blättern der anderen Miteigentumsanteile kenntlich zu machen, dass das dienende Grundstück als Ganzes belastet ist (Abs. 9; vgl. BayObLG Rpfleger 1991, 299). Diese Grundsätze gelten auch dann, wenn im Weg der GBBerichtigung auf dem dienenden Grundstück eine altrechtliche Dienstbarkeit eingetragen werden soll.

37   Wird ein GBBlatt für das dienende Grundstück angelegt, sind die die Miteigentumsanteile belastenden, aus dem GB ersichtlichen Eintragungen auf das neue GBBlatt zu übertragen. Die die einzelnen Miteigentumsanteile betreffenden Eintragungen (vgl. Abs. 5) sind zu löschen (vgl. auch § 8 Buchst. c, § 13 Abs. 3 Satz 2 GBV). Zu den Mitteilungspflichten des GBAmts s. XVIII/1 Abs. 1 Nr. 5 MiZi.

38   **e) Beschwerde.** Gegen die Anlegung eines GBBlatts für das dienende Grundstück und gegen die Buchung der Miteigentumsanteile findet eine Beschwerde nicht statt (§ 125); hingegen kann die Ablehnung der Anregung, von der Beibehaltung des für das dienende Grundstück geführten Blatts abzusehen und die Miteigentumsanteile bei den herrschenden Grundstücken zu buchen, ebenso mit der unbeschränkten Beschwerde angefochten werden, wie die Ablehnung der Anregung, die Buchung der Miteigentumsanteile bei den herrschenden Grundstücken aufzuheben und für das dienende Grundstück ein GBBlatt anzulegen (OLG München FGPrax 2017, 113).

10. Kosten

Für die Anlegung eines GBBlatts und die Ausbuchung eines Grundstücks **39** wird keine Gebühr erhoben. Die Beseitigung von Doppelbuchungen einschl. des vorangegangenen Verfahrens vor dem GBAmt ist gebührenfrei.

Für die Buchung eines Miteigentumsanteils gilt folgendes: War das dienende Grundstück noch nicht gebucht, so wird für die Eintragung des Miteigentumsanteils auf dem Blatt des herrschenden Grundstücks keine Gebühr erhoben. War das dienende Grundstück bereits gebucht, so ist die Übertragung des Miteigentumsanteils auf das Blatt des herrschenden Grundstücks ebenfalls gebührenfrei. Im Fall der Veräußerung oder Belastung des dienenden Grundstücks ist die Blattanlegung nach Abs. 8, 9 gebührenfreies Nebengeschäft der Veräußerung oder Belastung.

Für grundstücksgleiche Rechte sind die für Grundstücke geltenden Vorschriften entsprechend anzuwenden (Vorbem. 1.4 Abs. 1 GNotKG-KV).

Anhang zu § 3
Das Wohnungseigentum und seine
grundbuchmäßige Behandlung[*]

Inhaltsübersicht

[*] Paragraphen ohne nähere Bezeichnung sind solche des Wohnungseigentumsgesetzes (WEG).

1. Allgemeines

1   In Weiterentwicklung des in § 1010 BGB enthaltenen Gedankens hat das WEG die Möglichkeit geschaffen, das Bruchteilseigentum an einem Grundstück in der Weise auszugestalten, dass mit ihm in teilweiser Durchbrechung des § 93 BGB das Sondereigentum an einer Wohnung oder an nicht zu Wohnzwecken dienenden Räumen zu einer rechtlichen Einheit verbunden wird. Dabei muss es sich um eine bestimmte Wohnung oder um bestimmte Räume in einem auf dem Grundstück errichteten oder zu errichtenden Gebäude handeln (§ 3 Abs. 1; § 8 Abs. 1). „Schwimmende Häuser" sind als Gebäude anzusehen, wenn sie fest mit dem Grund und Boden des Grundstücks verbunden sind (OLG Schleswig FGPrax 2016, 155).

2   WEigentum kann außer an einem Grundstück auch an einem Erbbaurecht begründet werden (s. Rn. 108), nicht aber im Gebiet der ehemaligen DDR an selbständigem Gebäudeeigentum (OLG Jena FGPrax 1996, 17; Hügel DtZ 1996, 66; a. M. Heinze DtZ 1995, 195). Für möglich wird auch die Begründung von WEigentum an einem Grundstück gehalten, das mit einem nur auf einer Teilfläche ausübbaren Erbbaurecht belastet ist (OLG Hamm FGPrax 1998, 126). Zur Begründung von WEigentum an mehreren Grundstücken, an Hofgrundstücken oder unter Einbeziehung mehrerer Gebäude oder eines Überbaus s. Rn. 7. Zum Dauerwohn- und Dauernutzungsrecht s. Anh. zu § 44 Rn. 120 ff.

2. Abgeschlossenheit

3   **a) Begriff.** Die Wohnung oder die sonstigen Räume sollen in sich abgeschlossen sein (§ 3 Abs. 2 Satz 1). Sondereigentum entsteht auch bei fehlender Abgeschlossenheit und geht bei ihrem nachträglichen Wegfall nicht unter; das GB wird nicht unrichtig (BayObLG FGPrax 1998, 52; OLG Köln Rpfleger 1994, 348). Bei dem Begriff der Abgeschlossenheit handelt es sich um einen rein zivilrechtlichen Begriff ohne Bezugnahme auf baurechtliche Anforderungen an Trennwände und Trenndecken hinsichtlich des Brand-, Schall- und Wärmeschutzes; es soll lediglich die eindeutige Abgrenzung der einzelnen Sondereigentumseinheiten voneinander und vom gemeinschaftlichen Eigentum gewährleistet sein (BayObLG Rpfleger 1990, 457).

4   **b) Nachbargebäude.** Gegenüber Räumen auf einem anderen Grundstück braucht keine Abgeschlossenheit vorzuliegen. Insoweit ist allein die Grundstücksgrenze maßgebend (KG Rpfleger 2020, 66). Der zur Abgeschlossenheit notwendige freie Zugang kann nach OLG Düsseldorf NJW-RR 1987, 333 auch in der Weise geschaffen werden, dass die Benutzung des im Nachbargebäude befindlichen und im Eigentum eines Dritten stehenden Treppenhauses durch eine Grunddienstbarkeit zugunsten aller jeweiligen WEigentümer sichergestellt wird; Grunddienstbarkeiten können aber als rangabhängige Belastungen erlöschen, so dass sie den freien Zugang nicht

sicher gewährleisten (vgl. BGH Rpfleger 1991, 454). Der Abgeschlossenheit
schadet es grundsätzlich nicht, wenn den übrigen WEigentümern das Recht
zum Betreten der Wohnung durch Gebrauchsregelung eingeräumt wird
(BayObLG Rpfleger 1989, 99); sie wird auch nicht dadurch in Frage gestellt,
dass ein WEigentum mit einer Grunddienstbarkeit belastet wird, durch die
einem anderen WEigentümer die Mitbenutzung eines der im Sondereigentum stehenden Räume und der Zugang zu diesem durch andere Räume
gestattet wird (OLG Zweibrücken MitBayNot 1993, 86 mit kritischer Anm.
v. Röll). Zur Abgeschlossenheitsbescheinigung s. Rn. 44.

c) Garagenstellplätze. Sie gelten als abgeschlossene Räume, wenn ihre 5
Flächen durch dauerhafte Markierungen ersichtlich sind (§ 3 Abs. 2 Satz 2).
Unter Garagenstellplätzen im Sinn von § 3 Abs. 2 Satz 2 sind nur Stellplätze
in geschlossenen Garagen zu verstehen, nicht aber solche auf freier Grund-
stücksfläche (BayObLG Rpfleger 1986, 217) oder auf dem nicht überdach-
ten Oberdeck eines Gebäudes (KG NJW-RR 1996, 587; LG Lübeck Rpfle-
ger 1976, 252; LG Aachen Rpfleger 1984, 184). Nach anderer Ansicht sollen
grundsätzlich auch letztere unter § 3 Abs. 2 Satz 2 fallen (so OLG Frankfurt
Rpfleger 1983, 482; OLG Köln DNotZ 1984, 700 mit zust. Anm. v. Schmidt;
OLG Hamm FGPrax 1998, 82; Höckelmann/Sauren Rpfleger 1999, 14).
S. hierzu auch OLG Celle Rpfleger 1991, 364; Röll DNotZ 1992, 221 und
Rn. 20 ff. Zur Sondereigentumsfähigkeit von Stellplätzen s. Rn. 21.

Sollen Nachbargrundstücke, über die sich ein einheitliches Tiefgaragen-
bauwerk erstreckt, in WEigentum aufgeteilt werden, müssen sich die Garagenstellplätze jeder Wohnanlage auf dem jeweiligen Grundstück befinden.
Nur innerhalb ihrer Wohnanlage müssen sie gemäß § 3 Abs. 2 abgeschlossen
sein. Gegenüber den Garagenstellplätzen auf dem Nachbargrundstück muss
keine Abgeschlossenheit vorliegen; insoweit ist die Grundstücksgrenze maßgebend (KG Rpfleger 2020, 66; BayObLG 1990, 279).

3. Wohnungseigentum und Teileigentum

a) Abgrenzung. Für das Teileigentum gelten die Vorschriften über das 6
WEigentum entsprechend (§ 1 Abs. 6). Maßgeblich für die Abgrenzung von
Wohnungs- und Teileigentum ist die bauliche Eignung und Zweckbestim-
mung der im Sondereigentum stehenden Räume, nicht die Art ihrer tatsäch-
lichen Nutzung (BayObLG Rpfleger 1973, 139; OLG München MittBay-
Not 2017, 478); vgl. dazu, insbes. zum Begriff der „Wohnung", auch Nr. 4
der Allgemeinen Verwaltungsvorschrift v. 19.3.1974, BAnz. Nr. 58, sowie
OLG Düsseldorf Rpfleger 1976, 215. Es ist möglich, mit einem Miteigentumsanteil Sondereigentum sowohl an einer Wohnung als auch an nicht zu
Wohnzwecken dienenden Räumen zu verbinden (vgl. § 2 Satz 2 WGV).
Zulässig ist es, lediglich Teileigentum an den Kellerräumen eines Wohnhauses
oder an Garagen zu begründen, so dass sämtliche Wohnungen gemeinschaftliches Eigentum werden; jedem Teileigentümer kann aber das Sondernutzungsrecht (s. hierzu Rn. 28) an einer Wohnung eingeräumt werden (Bay-
ObLG Rpfleger 1992, 154 mit zust. Anm. v. Eckhardt; OLG Hamm Rpfleger
1993, 445; OLG Düsseldorf Rpfleger 2001, 534; a. M. LG Braunschweig
Rpfleger 1991, 201; LG Hagen NJW-RR 1993, 402).

b) Widersprüchliche Eintragung. Werden in Sp. 3 des Bestandsverzeichnisses die im Sondereigentum stehenden Räume als nicht zu Wohnzwecken dienende Räume und damit als Teileigentum ausgewiesen und im Widerspruch dazu in der in Bezug genommenen Teilungserklärung (Eintr-Bewilligung) als Wohnung und damit als WEigentum, liegt eine inhaltlich unzulässige Eintragung vor (BayObLG Rpfleger 1998, 242; OLG München FGPrax 2017, 17; str.).

c) Umwandlung. Die Einordnung als WEigentum oder Teileigentum hat Vereinbarungscharakter im Sinn von § 5 Abs. 4, § 10 Abs. 2 (OLG München FGPrax 2017, 17). Zur Umwandlung von Teileigentum in WEigentum oder umgekehrt s. Rn. 95.

4. Gegenstand von Wohnungseigentum

7   **a) Mehrere Gebäude.** WEigentum kann auch begründet werden, wenn sich die Räume in mehreren auf einem Grundstück errichteten oder zu errichtenden Gebäuden befinden (s. hierzu, besonders für Einfamilienhäuser, auch OLG Köln DNotZ 1962, 210; OLG Frankfurt NJW 1963, 814; BGH Rpfleger 1968, 181).

b) Mehrere Grundstücke. Dagegen kann, was in § 1 Abs. 4 ausdrücklich ausgesprochen ist, WEigentum nicht in der Weise begründet werden, dass das Sondereigentum mit Miteigentum an mehreren Grundstücken verbunden wird; wegen der Heilung der Fälle, in denen vor dem Inkrafttreten des Ges. zur Änderung des WEG und der ErbbauVO v. 30.7.1973 (BGBl. I 910) am 1.10.1973 anders verfahren worden ist, s. Art. 3 § 1 dieses Gesetzes. Soll WEigentum an mehreren Grundstücken begründet werden, sind die Grundstücke vor der Aufteilung in WEigentum zu vereinigen oder ein Grundstück ist dem anderen als Bestandteil zuzuschreiben (OLG Köln NotBZ 2020, 65).

c) Hofgrundstücke. An ihnen kann WEigentum begründet werden, auch wenn dadurch die Hofeigenschaft verlorengeht (OLG Hamm Rpfleger 1989, 18, zugleich zum grundbuchamtlichen Vollzug der Eintragung; s. hierzu auch OLG Oldenburg Rpfleger 1993, 149 mit Anm. v. Hornung). Die Hofeigenschaft entfällt jedenfalls dann, wenn der Hofeigentümer WEigentum auf einen Dritten überträgt (OLG Köln RNotZ 2007, 104).

d) Überbau. Ein Überbau kann in die Begründung von WEigentum dann einbezogen werden, wenn er wesentlicher Bestandteil des Stammgrundstücks ist. Dies ist ohne Rücksicht auf die Größe oder wirtschaftliche Bedeutung des Überbaus der Fall, wenn es sich um einen überhängenden Überbau (Erker, Balkon) handelt (OLG Karlsruhe ZWE 2014, 23; KG Mitt-BayNot 2016, 31) oder um einen rechtmäßigen, insbesondere um einen durch eine Grunddienstbarkeit abgesicherten Überbau (OLG Stuttgart FGPrax 2011, 285).
S. hierzu Demharter Rpfleger 1983, 133; OLG Hamm Rpfleger 1984, 98; OLG Karlsruhe DNotZ 1986, 753 mit Anm. v. Ludwig; KG MittBayNot 2016, 145; LG Leipzig Rpfleger 1999, 272 mit Anm. v. Wudy; Rastätter BWNotZ 1986, 79; Brünger MittRhNotK 1987, 269; Elzer NotBZ 2020,

201. Zum Überbau im Verhältnis von Gemeinschaftseigentum und Sondereigentum s. Rn. 91.

5. Rechtsnatur

a) WEigentum. WEigentum ist zwar kein grundstücksgleiches Recht; als **8** besonders ausgestaltetes Bruchteilseigentum an einem Grundstück (BGH NJW 1989, 2535; BayObLG Rpfleger 1994, 108) unterliegt es aber grundsätzlich den auf Grundstücke anzuwendenden Vorschriften (BayObLG Rpfleger 1988, 140). An ihm kann jedoch nicht WEigentum in der Form von Unterwohnungseigentum gebildet werden (OLG Köln Rpfleger 1984, 268); zur Unterteilung s. Rn. 73. Die Ausgestaltung des WEigentums als Bruchteilseigentum betrifft die sachenrechtliche Seite.

b) WEigentümergemeinschaft. Soweit die WEigentümer bei der Verwaltung des gemeinschaftlichen Eigentums am Rechtsverkehr teilnehmen, ist die Gemeinschaft rechtsfähig. Sie kann als Eigentümerin oder Berechtigte eines dinglichen Rechts in das GB eingetragen werden (s. dazu § 19 Rn. 106). Zur Bewilligung der Löschung einer für sie eingetragenen Zwangshyp. s. § 19 Rn. 107. Rechtlich in Vollzug gesetzt ist die WEigentümergemeinschaft, wenn nach Anlegung der Wohnungsgrundbücher außer dem teilenden Eigentümer der erste Erwerber eines WEigentums eingetragen wird. Zur Rechtsfähigkeit der werdenden WEigentümergemeinschaft s. Rn. 19.

Die rechtsfähige WEigentümergemeinschaft und die WEigentümer als nicht rechtsfähige Miteigentümergemeinschaft sind unterschiedliche Rechtssubjekte (s. § 19 Rn. 106). Zu ihrer Beendigung s. Rn. 104.

6. Begründung von Wohnungseigentum

a) Arten. Die Begründung von WEigentum ist nach § 2 durch eine auf **9** Einräumung von Sondereigentum gerichtete Einigung der Miteigentümer (§ 3; s. Rn. 14) oder im Weg einer mit der Bildung von Sondereigentum verbundenen ideellen Grundstücksteilung (§ 8; s. Rn. 18) möglich; in beiden Fällen muss die Eintragung in das GB hinzutreten (§ 4 Abs. 1, § 8 Abs. 2 Satz 2). Mit jedem Miteigentumsanteil muss das Sondereigentum an mindestens einer Wohnung verbunden werden, weil andernfalls ein isolierter Miteigentumsanteil entstünde (s. dazu Rn. 11). Zulässig ist es aber, mit einem Miteigentumsanteil das Sondereigentum an mehreren Wohnungen zu verbinden, von denen jede in sich abgeschlossen sein soll (s. Rn. 3), die aber in ihrer Gesamtheit nicht in sich abgeschlossen zu sein brauchen und auch nicht unmittelbar aneinandergrenzen müssen (s. BayObLG DNotZ 1971, 473; LG Passau MittBayNot 2004, 264 mit Anm. v. Westermeier). Zulässig ist auch eine Verbindung beider Arten der Begründung von WEigentum (vgl. KG Rpfleger 1995, 17).

b) Anwartschaftsrecht. Mit der Eintragung sind die WEigentumsrechte **10** entstanden. Ist in diesem Zeitpunkt das Sondereigentum noch nicht errichtet, stellen sich die betreffenden Rechte als Miteigentumsanteile verbunden mit einem Anwartschaftsrecht auf Errichtung des zugehörigen Sondereigentums dar. Mit der Eintragung entsteht WEigentum auch dann, wenn das zugehörige Sondereigentum noch nicht errichtet ist und seiner Errichtung von vorneherein ein öffentlich-rechtliches Bauverbot entgegensteht; in diesem Fall bleibt das WEigentum auf Dauer in dem Zustand wirksam, in dem es sich bei GBEintragung befindet, also der Substanz nach nur in dem eines Miteigentumsanteils am Grundstück; rechtlich handelt es sich aber um WEigentum, das als solches durch Zuschlag in der Zwangsversteigerung erworben (BGH Rpfleger 1990, 159) und mit einem Grundpfandrecht belastet werden kann. Entsprechendes gilt, wenn der Errichtung des Sondereigentums von vorneherein andere, auch nur tatsächliche Hindernisse entgegenstehen, ferner bei nachträglich auftretenden rechtlichen oder tatsächlichen Hindernissen (a. M. OLG Hamm NJW-RR 1991, 335 mit krit. Anm. v. Weitnauer MittBayNot 1991, 143, Hauger DNotZ 1992, 498 und Klühs NZM 2010, 730). Daher bleibt das WEigentum auch dann bestehen, wenn die Absicht, Sondereigentum zu errichten endgültig aufgegeben wird und das Anwartschaftsrecht erlischt. Das GB wird dadurch nicht unrichtig (OLG München NJW-RR 2010, 1525).

11   **c) Gründungsmangel.** Ein Gründungsmangel, z. B. ein Verstoß gegen die Formvorschrift des § 4 Abs. 2 Satz 1 WEG i. V. m. § 925 BGB, der zunächst zur Unwirksamkeit des Gründungsakts führt, wird insgesamt geheilt, wenn ein Dritter gutgläubig im WEigentum erwirbt (BGH Rpfleger 1990, 62). Nicht zulässig ist es, WEigentum dergestalt zu begründen, dass mit einzelnen Miteigentumsanteilen kein Sondereigentum verbunden ist, weil dadurch isolierte Miteigentumsanteile entstünden. Ein isolierter Miteigentumsanteil kann auch dadurch entstehen, dass mit einem Miteigentumsanteil ausschließlich das Sondereigentum an Räumen verbunden wird, die kraft Gesetzes (§ 5 Abs. 2) nicht Gegenstand von Sondereigentum sein können; ferner dadurch, dass wegen widersprüchlicher Bezeichnung des Gegenstands von Sondereigentum in Teilungserklärung und Aufteilungsplan Sondereigentum nicht entstanden ist, oder dadurch, dass die Abweichung der Bauausführung vom Aufteilungsplan jede Zuordnung der errichteten Räume zu einem im Aufteilungsplan vorgesehenen Sondereigentum unmöglich macht, so dass ausschließlich gemeinschaftliches Eigentum entsteht. In diesen Fällen ist der Gründungsakt wirksam, so dass WEigentum entsteht. Die WEigentümer sind aber verpflichtet, den Gründungsakt so zu ändern, dass kein isolierter Miteigentumsanteil bestehen bleibt (BGH Rpfleger 1990, 62; 1996, 19; 2004, 207).

12   **d) Isolierter Miteigentumsanteil.** Ist ein solcher entstanden (s. dazu Rn. 11), so ist im Wohnungsgrundbuch in Sp. 8 des Bestandsverzeichnisses von Amts wegen die Verbindung des Miteigentumsanteils mit den als Sondereigentum ausgewiesenen Räumen als inhaltlich unzulässig zu löschen; außerdem ist in Sp. 3 der EintrTeil „verbunden mit dem Sondereigentum an ..., im Aufteilungsplan mit Nr. ... bezeichnet" zu röten. Der isolierte Miteigentumsanteil kann dadurch beseitigt werden, dass er entweder durch Auflassung und Eintragung (§§ 873, 925 BGB, § 20 GBO) mit einem oder anteilig mit mehreren anderen Miteigentumsanteilen verbunden wird (vgl. OLG Hamm Rpfleger 2007, 137) oder durch Einigung in der Form der Auflassung und Eintragung (§ 4 Abs. 1, 2 WEG, § 925 BGB, § 19 GBO) mit Sondereigentum, das entweder von einem oder mehreren anderen Miteigentumsanteilen abgespalten oder durch Umwandlung von sondereigentumsfähigem Gemeinschaftseigentum erst geschaffen wird; außerdem ist dazu die Zustimmung (Bewilligung) der nachteilig betroffenen dinglich Berechtigten erforderlich (§§ 876, 877 BGB, § 19 GBO). Wird durch Verbindung des isolierten Miteigentumsanteils mit Sondereigentum neues WEigentum geschaffen, ist hierfür eine Abgeschlossenheitsbescheinigung erforderlich. Zur Entstehung eines isolierten Miteigentumsanteils durch Unterteilung s. Rn. 73. Zum Ganzen Demharter, Isolierter Miteigentumsanteil beim WEigentum, NZM 2000, 1196; Dreyer, Mängel bei der Begründung von WEigentum, DNotZ 2007, 594.

e) Sonstiges. Nach Maßgabe der §§ 22, 172 BauGB kann die Begrün- **13** dung von WEigentum der Genehmigung der Baugenehmigungsbehörde unterliegen; s. hierzu Rn. 48. Der Anspruch auf Verschaffung von WEigentum kann durch Eintragung einer Vormerkung am Grundstück gesichert werden (s. hierzu Anh. zu § 44 Rn. 112).

7. Vertrag der Miteigentümer

Im Zeitpunkt der Einigung über die Einräumung von Sondereigentum **14** (§ 3 Abs. 1, § 4 Abs. 1) und dessen eventuelle inhaltliche Ausgestaltung brauchen die Beteiligten noch nicht Miteigentümer des Grundstücks zu sein; es ist ausreichend, wenn sie es in dem Augenblick sind, in dem sich die Begründung des WEigentums durch die Eintragung in das GB vollendet.

a) Einigung. Die Einigung der Miteigentümer über die Einräumung des **15** Sondereigentums ist nach § 4 Abs. 2 Satz 2 bedingungs- und befristungsfeindlich und kann, wie aus § 3 Abs. 1 hervorgeht, nur in der Weise erfolgen, dass jeder Miteigentümer auch Sondereigentum erhält (OLG Frankfurt OLGZ 1969, 387). Nicht dagegen ist erforderlich, dass das Sondereigentum der Miteigentümer in seinem Wertverhältnis zueinander dem der Miteigentumsanteile entspricht (BayObLG NJW 1958, 2116; BGH Rpfleger 1976, 352); ebenso wenig müssen alle sondereigentumsfähigen Räumlichkeiten (s. Rn. 20) in Sondereigentum aufgeteilt werden (§ 5 Abs. 3). Die Miteigentümer können durch nur einen dinglichen Vertrag WEigentum auch in der Weise begründen, dass sie sowohl die Zahl der Miteigentumsanteile verändern (zusammenlegen) als auch diesen (neuen) Anteilen Sondereigentum zuordnen (BGH Rpfleger 1983, 270). S. dazu Ott BWNotZ 2015, 73.

b) Form. Die Einigung bedarf nach § 4 Abs. 2 Satz 1 der für die Auflas- **16** sung vorgeschriebenen Form (s. dazu § 20 Rn. 14); § 20 gilt aber nicht (s. Rn. 41). Die Einigung kann, da § 925a BGB nicht für anwendbar erklärt worden ist, auch dann entgegengenommen werden, wenn der zur Einräumung von Sondereigentum verpflichtende, nach § 4 Abs. 3 der Formvorschrift des § 311b Abs. 1 BGB unterliegende Vertrag nicht vorgelegt oder gleichzeitig beurkundet wird. Wird zugleich mit der Begründung von WEigentum die Miteigentumsquote verändert, bedarf es hierzu der Auflassung (BayObLG DNotZ 1986, 237).

17   **c) Zustimmung der dinglich Berechtigten.** Die wechselseitige Einräumung von Sondereigentum ist anders als die Verwaltungs- und Benutzungsregelung nach § 1010 BGB keine Belastung der Miteigentumsanteile,
sondern eine Änderung ihres Inhalts. Ist ein Miteigentumsanteil selbstständig
mit dem Recht eines Dritten belastet, so bedarf es zur Einräumung von
Sondereigentum der Zustimmung des Dritten (vgl. §§ 877, 876 BGB; § 9
Abs. 2; BayObLG Rpfleger 1986, 177). Ist dagegen ein Grundstück als Ganzes oder sind alle Miteigentumsanteile mit dem Recht eines Dritten belastet,
ist dessen Zustimmung nicht erforderlich, weil sich an dem Haftungsobjekt
als Ganzem nichts ändert (BayObLG Rpfleger 1986, 177; OLG Frankfurt
Rpfleger 1997, 374); dies gilt auch dann, wenn es sich bei dem Recht um
ein Grundpfandrecht oder eine Reallast handelt. Die Rechte setzen sich an
allen entstehenden WEigentumsrechten fort. Ein Grundpfandrecht wird zu
einem Gesamtrecht.

An der Entbehrlichkeit einer Zustimmung hat sich durch die Einräumung
eines Vorrechts für Wohngeldansprüche in der Zwangsversteigerung (vgl.
§ 10 Abs. 1 Nr. 2 ZVG; § 54 Rn. 12) durch das Ges. v. 23.3.2007 (BGBl. I
370) nichts geändert (BGH Rpfleger 2012, 376; OLG München FGPrax
2011, 174; KG Rpfleger 2011, 202 und OLG Oldenburg FGPrax 2011, 318
zur Begründung von WEigentum gemäß § 8 mit zust. Anm. v. Heinemann
ZfIR 2011, 255; Schneider ZNotP 2010, 299 und 387; Becker/Schneider
ZfIR 2011, 545; a.M. OLG Frankfurt NotBZ 2012, 38 mit abl. Anm.
v. Volmer, ablehnend auch Fabis ZNotP 2012, 91; Kesseler NJW 2010, 2317;
ZNotP 2010, 335; MittBayNot 2011, 302). Ein Zustimmungserfordernis
besteht ferner dann nicht, wenn Vereinbarungen zum Inhalt des Sondereigentums gemacht werden (s. Rn. 24), sei es auch in der Form von Sondernutzungsrechten (Rn. 28) oder einer Veräußerungsbeschränkung (Rn. 34;
OLG Frankfurt Rpfleger 1996, 340). Ein Dauerwohnrecht gemäß § 31
WEG erlischt in sinngemäßer Anwendung der §§ 1026, 1090 Abs. 2 BGB an
denjenigen Miteigentumsanteilen, mit denen ein nicht den Gegenstand der
Rechtsausübung bildendes Sondereigentum verbunden wird (BayObLG
NJW 1957, 1840; OLG Frankfurt NJW 1959, 1977). Zum Fall der Belastung
des Grundstücks mit einem Wohnrecht s. Anh. zu § 44 Rn. 29.

8. Teilung durch den Eigentümer

18   **a) Teilungserklärung.** Die Teilung ist nicht nur im Fall des Alleineigentums, sondern auch bei bestehender Gesamthandsgemeinschaft oder Bruchteilsgemeinschaft (BayObLG Rpfleger 1969, 165; KG FGPrax 2015, 107)
möglich. Das bestehende Gemeinschaftsverhältnis setzt sich an jedem der neu
gebildeten WEigentumsrechte fort. Die Teilung erfordert keine gerichtliche
Genehmigung nach § 1821 Abs. 1 Nr. 1 BGB (KG FGPrax 2015, 107). Die
Teilungserklärung ist nach § 8 Abs. 1 gegenüber dem GBAmt abzugeben
und bedarf sachlichrechtlich keiner Form. Sie muss die Miteigentumsanteile
und den Gegenstand des Sondereigentums bezeichnen. Die Größe der einzelnen Miteigentumsanteile muss nicht der Größe oder dem Wert des jeweils
zugehörigen Sondereigentums entsprechen (BGH Rpfleger 1986, 430). Zu
Rechenfehlern bei der Aufteilung s. Röll MittBayNot 1996, 175. Die Tei-

lungserklärung kann, wie sich aus § 8 Abs. 2 i. V. m. § 5 Abs. 4 ergibt, auch Bestimmungen über den Inhalt des Sondereigentums enthalten (KG NJW 1956, 1680; BayObLG 1957, 107), die im Verhältnis der späteren WEigentümer untereinander einer Vereinbarung gleichstehen (s. hierzu Rn. 25).

b) Zustimmung der dinglich Berechtigten. Zur Notwendigkeit der Zustimmung der dinglich Berechtigten und zum Erlöschen eines Dauerwohnrechts an bestimmten Miteigentumsanteilen gilt das in Rn. 17 Ausgeführte entsprechend; die Zustimmung ist jedoch auch dann nicht erforderlich, wenn an dem zu teilenden Grundstück eine Bruchteilsgemeinschaft besteht und ein Miteigentumsanteil selbstständig mit dem Recht eines Dritten belastet ist. In diesem Fall setzt sich die Bruchteilsgemeinschaft einschließlich der Belastung des Miteigentumsanteils an allen entstehenden WEigentumsrechten fort (vgl. KG Rpfleger 1995, 17).

c) Rechtliche Selbständigkeit der Miteigentumsanteile. Die durch 19 die ideelle Teilung geschaffenen, mit Sondereigentum verbundenen Miteigentumsanteile sind, obwohl sie sich in gleicher Hand befinden, rechtlich selbstständig. Für den Fall, dass der Eigentümer nach Eingang des Antrags auf Teilung die Verfügungsbefugnis verliert, ist § 878 BGB entsprechend anwendbar (s. § 13 Rn. 9).

d) Werdende WEigentümergemeinschaft. Sie entsteht, wenn im GB als Eigentümer aller Wohnungen noch der teilende Eigentümer eingetragen ist und der Erwerber einer Wohnung neben einem durch Vormerkung gesicherten Eigentumserwerbsanspruch den Besitz an der Wohnung durch Übertragung erhalten hat. Im Innenverhältnis zwischen ihm als werdendem WEigentümer und dem teilenden Eigentümer wird die Anwendung wohnungseigentumsrechtlicher Vorschriften vorverlagert. Insoweit ist die werdende WEigentümergemeinschaft als rechtsfähig anzusehen (BGH NJW-RR 2016, 461). Ihre Eintragung als Berechtigte eines dinglichen Rechts oder als Eigentümerin scheitert aber schon daran, dass der erforderliche Nachweis der Besitzübertragung nicht in grundbuchmäßiger Form geführt werden kann (vgl. OLG München Rpfleger 2016, 718).

Der werdende WEigentümer verliert seine Rechtsposition nicht dadurch, dass sich mit der Eintragung des ersten Erwerbers in das GB die werdende WEigentümergemeinschaft in eine WEigentümergemeinschaft im Rechtssinne umwandelt. Werdender WEigentümer ist auch derjenige, der danach vom teilenden Eigentümer erwirbt und durch Eintragung einer Eigentumsvormerkung und Übergabe der Wohnung eine gesicherte Rechtsposition erlangt (BGH RNotZ 2020, 330).

9. Gegenstand des Sondereigentums

Zur Maßgeblichkeit des Aufteilungsplans für die Abgrenzung von Sonder- 20 eigentum und zu den Rechtsfolgen einer Abweichung der tatsächlichen Bauausführung vom Aufteilungsplan, zu einer unzureichenden Bezeichnung des Sondereigentums sowie zu einer Nichtübereinstimmung von EintrBewilligung (Teilungserklärung) und Aufteilungsplan s. Rn. 11 und 46 f. Zur

Eintragung des Gegenstands von Sondereigentum und dessen Änderung in das GB s. § 44 Rn. 31.2, 31.3.

a) Begriff. Den Gegenstand des Sondereigentums können nach § 5 Abs. 1 bis 3 nicht nur der „lichte Raum" bestimmter Räumlichkeiten, sondern auch gewisse zu diesen Räumlichkeiten gehörige Bestandteile des Gebäudes bilden; stets muss es sich aber, wie der in § 3 Abs. 1 enthaltene Hinweis auf § 93 BGB ergibt, um wesentliche Bestandteile handeln (BGH Rpfleger 1975, 124). Die in § 5 Abs. 2 genannten Gebäudeteile, Anlagen und Einrichtungen stehen zwingend im gemeinschaftlichen Eigentum; dies gilt auch für einen Raum, in dem sich solche Anlagen oder Einrichtungen befinden und der deshalb dem gemeinschaftlichen Gebrauch dient (BGH Rpfleger 1991, 454; BayObLG DNotZ 1992, 490; s. dazu auch Röll Rpfleger 1992, 94). An einem solchen Raum kann aber Sondereigentum begründet werden, wenn er nicht ausschließlich demselben Zweck dient, wie die Gemeinschaftseinrichtung und diese auch nicht den ständigen ungehinderten Zugang aller Eigentümer erfordert. Zur Sondereigentumsfähigkeit eines Raums, in dem sich die Heizungsanlage befindet, s. BGH Rpfleger 1975, 124; 1979, 255; BayObLG Rpfleger 1980, 230; 2000, 326; OLG Schleswig MittBayNot 2008, 45 mit Anm. v. Weigl; OLG Bremen ZWE 2016, 324; OLG Dresden ZWE 2017, 306); zur Sondereigentumsfähigkeit auch der Zugangswege s. Rn. 21. Weist das GB einen zwingend im gemeinschaftlichen Eigentum stehenden Raum, z. B. das Treppenhaus, als Sondereigentum aus, liegt eine inhaltlich unzulässige Eintragung vor.

b) Unbebaute Grundstücksflächen. Sie können nicht Gegenstand des Sondereigentums sein (OLG Hamm Rpfleger 1975, 27; OLG Frankfurt Rpfleger 1975, 179; BayObLG Rpfleger 1986, 217), es sei denn, dass darauf dem Aufteilungsplan entsprechend Räume und Gebäudeteile noch errichtet werden sollen (OLG Frankfurt Rpfleger 1978, 381). Wird auf einer im Aufteilungsplan als Teileigentum ausgewiesenen Fläche eine Anlage errichtet, die kraft Gesetzes (§ 5 Abs. 2) nicht im Sondereigentum stehen kann, so entsteht hieran gemeinschaftliches Eigentum; das GB ist unrichtig (OLG Düsseldorf Rpfleger 1986, 131; s. hierzu auch BGH Rpfleger 1991, 454). Wird durch Aufstockung des Gebäudes ein weiterer Raum geschaffen, steht dieser im Gemeinschaftseigentum. An einem nicht überdachten Innenhof kann Sondereigentum begründet werden, sofern er von Räumen umschlossen ist, die im Sondereigentum stehen (OLG Hamm FGPrax 2016, 109; zustimmend Ott DNotZ 2016, 626; ablehnend Rapp MittBayNot 2016, 399). Zur Sondereigentumsfähigkeit eines Schwimmbads mit Sauna s. BGH Rpfleger 1981, 96; zu Kfz-Stellplätzen im Freien s. Rn. 21.

21 **c) Kfz-Stellplätze.** Die einzelnen Stellplätze in einer Doppelstockgarage (Duplex-Stellplätze) sind nicht sondereigentumsfähig (BayObLG Rpfleger 1995, 346; OLG Jena Rpfleger 2005, 309; OLG Celle NJW-RR 2005, 1682; a. M. OLG Hamm Rpfleger 1983, 19; Gleichmann Rpfleger 1988, 10; Hügel NotBZ 2000, 349), wohl aber der Mehrfachparker (Stapelparker) in seiner Gesamtheit (BGH NJW-RR 2012, 85). Zur Zulässigkeit einer Benutzungsregelung durch die Miteigentümer eines Mehrfachparkers außer nach § 1010

BGB durch eine Vereinbarung nach § 15 s. Rn. 31 und zur selbständigen Buchung der Miteigentumsanteile an einem Mehrfachparker s. § 3 Rn. 27. S. dazu OLG München FGPrax 2016, 203).

Eine Tiefgarage kann auch dann insgesamt im Sondereigentum stehen, wenn sie den Notausgang für die Wohnanlage darstellt (OLG Frankfurt FGPrax 1995, 101). Nicht sondereigentumsfähig sind jedoch Kraftfahrzeug-stellplätze im Freien, auch wenn sie mit vier Eckpfosten und einer Überdachung versehen sind (BayObLG Rpfleger 1986, 217). Zu Stellplätzen auf dem nicht überdachten Oberdeck eines Gebäudes s. Rn. 5.

d) Einziger Zugang zu Gemeinschaftseigentum. Räumlichkeiten, 21.1 die den einzigen Zugang zu einem im gemeinschaftlichen Eigentum stehenden Raum (dem steht ein unbebauter Grundstücksteil nicht gleich: OLG Hamm Rpfleger 2001, 344) bilden, können nicht Gegenstand des Sondereigentums sein (BGH Rpfleger 1991, 454; BayObLG Rpfleger 1986, 220 mit kritischer Anm. v. Röll DNotZ 1986, 706; BayObLG DNotZ 1992, 490; 1995, 631; OLG Düsseldorf Rpfleger 1999, 387), es sei denn, der Raum (z. B. ein Speicher) dient seiner Beschaffenheit nach nicht dem dauernden Mitgebrauch aller WEigentümer (BayObLG NJW-RR 1992, 81; 1995, 908; 2001, 801); zur Sondereigentumsfähigkeit eines zusätzlichen Treppenabgangs zu einem im gemeinschaftlichen Eigentum stehenden Keller s. OLG Hamm OLGZ 1993, 43. Auch ein Raum (Vorflur), der den einzigen Zugang zu mehreren Eigentumswohnungen bildet, kann nicht im Sondereigentum stehen (OLG Hamm Rpfleger 1986, 374 mit Anm. v. Röll DNotZ 1987, 228; OLG Oldenburg Rpfleger 1989, 365). Umstritten ist die Sondereigentumsfähigkeit auch der Zugangswege zu einem im Sondereigentum stehenden Raum, in dem sich die gemeinschaftliche Heizungsanlage befindet (zu Recht bejahend OLG Bremen ZWE 2016, 324; verneinend OLG Dresden ZWE 2017, 306). S. zum Ganzen Röll Rpfleger 1992, 94. Zur Einräumung eines Sondernutzungsrechts in diesen Fällen s. Rn. 28.1.

e) Terrassen, Balkone, Loggien. Nicht sondereigentumsfähig sind 21.2 ebenerdige Terrassen (KG FGPrax 2015, 107) oder Dachterrassen, jedenfalls sofern sie räumlich nicht ausreichend begrenzt sind (vgl. OLG Köln Rpfleger 1982, 278). Zur grundsätzlichen Sondereigentumsfähigkeit von Balkonen und Loggien s. BGH NJW 1985, 1551; F. Schmidt MittBayNot 2001, 442; LG Wuppertal RNotZ 2009, 48 mit Anm. v. Hügel. Der Balkon, der einer im Sondereigentum stehenden Wohnung vorgelagert ist, nicht aber auch dessen Bauteile, ist als Raum auch ohne gesonderte Zuweisung Bestandteil dieses Sondereigentums (OLG München FGPrax 2011, 281 mit zust. Anm. v. F. Schmidt ZWE 2012, 38 sowie MittBayNot 2012, 216 und abl. Anm. v. Rapp RNotZ 2012, 42). Ein nur durch eine Wohnung zugänglicher Balkon ist aber nicht zwingend Sondereigentum; auch Balkone können zum Gemeinschaftseigentum bestimmt werden (KG ZWE 2017, 84). Zur Klärung der Frage, ob eine Terrasse oder ein Balkon zum Sondereigentum gehört, ist die Eintragung eines Klarstellungsvermerks nicht zulässig (OLG Düsseldorf Rpfleger 2009, 501).

Zur Sondereigentumsfähigkeit eines nicht überdachten Innenhofs s. Rn. 20. Zur Sondereigentumsfähigkeit von Stellplätzen auf dem nicht überdachten Oberdeck eines Gebäudes s. Rn. 5. Bei mehreren Einfamilienhäusern auf einem Grundstück kann das Sondereigentum nicht jeweils das vollständige Haus umfassen (BGH Rpfleger 1968, 181). Zur Begründung von Sondereigentum an der Hälfte eines Doppelhauses s. BayObLG Rpfleger 1966, 149.

22   **f) Mitsondereigentum.** Die Begründung von Mitsondereigentum einer Gruppe von WEigentümern an Räumen (z. B. Treppenhaus) oder sonstigen nur einem Teil der Miteigentümer dienenden Einrichtungen (z. B. Fahrstuhl) ist nicht zulässig (BGH NJW 1995, 2851; BayObLG Rpfleger 1996, 240; OLG Schleswig FGPrax 2007, 169 mit zust. Anm. v. Commichau DNotZ 2007, 622). Dagegen wird mit OLG Zweibrücken Rpfleger 1987, 106 Mitsondereigentum als sog. Nachbareigentum an nicht im Gemeinschaftseigentum stehenden, zwei WEigentumsrechte voneinander trennenden Gebäudeteilen (z. B. an nicht tragenden Trennwänden einschließlich darin befindlicher, von beiden Eigentümern gemeinsam benutzter Zuleitungen zu einer im Gemeinschaftseigentum stehenden Ver- oder Entsorgungsleitung) für zulässig zu erachten sein (ebenso BGH FGPrax 2001, 67; OLG Schleswig FGPrax 2007, 169 mit zust. Anm. v. Commichau DNotZ 2007, 622).

23   **g) Umdeutung.** Sofern die Begründung von Sondereigentum unwirksam ist, z. B. an Stellplätzen im Freien oder an Terrassen (s. dazu Rn. 21), kann eine Umdeutung in ein Sondernutzungsrecht in Betracht kommen (s. dazu OLG Köln MittRhNotK 1996, 61; Abramenko Rpfleger 1998, 313; ferner § 19 Rn. 30; § 53 Rn. 4).

10. Inhalt des Sondereigentums

24   **a) Begriff.** Das Verhältnis der WEigentümer untereinander bestimmt sich gemäß § 10 Abs. 2 Satz 1 in erster Linie nach §§ 11 mit 29 WEG und hilfsweise nach §§ 741 ff., 1008 ff. BGB. Nach Maßgabe des § 10 Abs. 2 Satz 2 können sich die WEigentümer aber auch über eine abweichende oder ergänzende Regelung einigen und diese gemäß § 5 Abs. 4 i. V. m. § 10 Abs. 3 dadurch verdinglichen, dass sie sie zum Inhalt des Sondereigentums machen. Die hierzu erforderliche Eintragung der Vereinbarung in das GB als Inhalt des Sondereigentums bewirkt eine Inhaltsänderung aller WEigentumsrechte und setzt daher sachlichrechtlich außer einer formfreien Einigung eine dahingehende Erklärung der WEigentümer gegenüber dem GBAmt, ferner grundsätzlich die Zustimmung nachteilig betroffener dinglich Berechtigter und der Berechtigten einer Eigentumsvormerkung voraus (vgl. §§ 877, 873, 876 BGB; BGH Rpfleger 2001, 69; zu den Einschränkungen des Zustimmungserfordernisses gem. § 5 Abs. 4 Satz 2 und 3 s. Rn. 79) sowie verfahrensrechtlich deren EintrBewilligungen und einen Antrag (§§ 13, 19).

Unter § 10 Abs. 2, 3 fallen nicht Vereinbarungen, die die sachenrechtliche Grundlage des WEigentums zum Gegenstand haben, z. B. die vorweggenommene Zustimmung oder die Ermächtigung zur Umwandlung von Gemeinschaftseigentum in Sondereigentum oder umgekehrt (BayObLG Rpfleger 2002, 140; s. dazu Rn. 91 und 93) oder die Verpflichtung zur Verschaffung des Alleineigentums an einem Teil des gemeinschaftlichen Grundstücks (BGH NJW 2003, 2165).

Von den Vorschriften des WEG abweichende oder sie ergänzende Vereinbarungen werden in ihrer Gesamtheit als Gemeinschaftsordnung bezeichnet. Sie können bereits bei Begründung von WEigentum im Fall des § 3 von den Miteigentümern und im Fall des § 8 vom teilenden Eigentümer getroffen werden. Zur nachträglichen Änderung s. Rn. 77, 82.

b) Prüfung durch das GBAmt. Bei Eintragung von Vereinbarungen im **25** GB als Inhalt des Sondereigentums – und nur in diesem Fall: OLG Köln Rpfleger 1982, 62 – hat das GBAmt zu prüfen, ob sie gegen zwingende gesetzliche Vorschriften (vor allem § 134 BGB) verstoßen; denn in diesem Fall würden sie das GB unrichtig machen. Ist auch nur eine von mehreren Regelungen unwirksam, so kann die Eintragung insgesamt nicht vorgenommen werden (BayObLG Rpfleger 1986, 220). Wenn die Prüfung, wie z. B. im Rahmen der §§ 138, 242 BGB, eine wertende Beurteilung unter Berücksichtigung aller Umstände erfordert, ist das GBAmt wegen der Beweismittelbeschränkung im EintrAntragsverfahren (s. § 1 Rn. 71) hierzu grundsätzlich nicht in der Lage; dies ist Sache des WEigentumsgerichts im Verfahren nach § 43. In einem solchen Fall wird das GBAmt einen EintrAntrag nur ausnahmsweise beanstanden können, nämlich dann, wenn zweifelsfrei feststeht, dass eine Bestimmung der zur Eintragung beantragten Gemeinschaftsordnung unwirksam oder unbeachtlich ist (BayObLG Rpfleger 1997, 375; OLG Frankfurt FGPrax 1998, 85; OLG Hamm MittBayNot 2018, 22; KG ZWE 2017, 403).

Zur Überprüfung im Hinblick auf § 138 BGB (Nichtigkeit einer Veräußerungsbeschränkung) s. OLG Zweibrücken MittBayNot 1994, 44; zur Überprüfung anhand des § 242 BGB (Treuwidrigkeit einer Genehmigungsfiktion in Bezug auf die Jahresabrechnung) s. die Anm. v. Böttcher zu BayObLG Rpfleger 1990, 160 und die Anm. v. Weitnauer DNotZ 1989, 430; zur Überprüfung hinsichtlich ausreichender Bestimmtheit (Entziehung des WEigentums wegen schwerer persönlicher Misshelligkeiten) s. OLG Düsseldorf MittBayNot 2000, 322.

c) Allgemeine Geschäftsbedingungen. Die Gemeinschaftsordnung **26** fällt nicht in den Anwendungsbereich der gesetzlichen Vorschriften über die Allgemeinen Geschäftsbedingungen, so dass sie vom GBAmt schon aus diesem Grunde nicht anhand der §§ 305 ff. BGB zu überprüfen ist (BayObLG NJW-RR 1992, 83; OLG Hamburg FGPrax 1996, 132; OLG Frankfurt FGPrax 1998, 85; KG ZWE 2017, 403; offen gelassen: BGH NJW 2007, 213; OLG Karlsruhe Rpfleger 1987, 412; zweifelnd: BGH NJW 2012, 676). Zur Prüfungspflicht des GBAmts hinsichtlich einzelner Bestimmungen der Gemeinschaftsordnung s. auch OLG Köln Rpfleger 1989, 405; LG Düsseldorf Rpfleger 1999, 221. Zur Überprüfung einer nach außen unbeschränkten Vollmacht zur Änderung der Teilungserklärung anhand der Bestimmungen über Allgemeine Geschäftsbedingungen s. § 19 Rn. 76. Zur ergänzenden Auslegung der Gemeinschaftsordnung s. BGH NJW 2004, 3413.

d) Eintragung. Aus praktischen Gründen sind Vereinbarungen der WEi- **27** gentümer über ihr Verhältnis untereinander auch insoweit eintragungsfähig, als lediglich der Inhalt einer gesetzlichen Regelung wiederholt wird (OLG Hamm FGPrax 1997, 59; LG Bielefeld Rpfleger 1986, 472). Eingetragen werden Vereinbarungen der WEigentümer im GB dadurch, dass wegen des Inhalts des Sondereigentums auf die EintrBewilligung (Teilungserklärung) Bezug genommen wird (s. dazu § 44 Rn. 31). Vereinbarte Veräußerungsbeschränkungen sind jedoch ausdrücklich einzutragen (§ 7 Abs. 3 WEG; § 3 Abs. 2 WGV und Rn. 51).

e) Öffentlicher Glaube. Der öffentliche Glaube des GB erstreckt sich nicht auf Vereinbarungen der WEigentümer über ihr Verhältnis untereinander. Dies schließt die Anwendung der Vorschriften über einen gutgläubigen Erwerb aus. Im Rahmen einer Öffnungsklausel kann nämlich durch Mehrheitsbeschluss mit Wirkung gegen einen Sondernachfolger eine Regelung des Gemeinschaftsverhältnisses getroffen sowie eine im GB eingetragene Vereinbarung mit Zustimmung des betroffenen WEigentümers aufgehoben oder geändert werden. Das damit hinsichtlich des Inhalts des Sondereigentums unrichtig gewordene GB kann aber nicht berichtigt werden, weil ein solcher Beschluss nicht in das GB eingetragen werden kann. Dies gilt auch für Vereinbarungen mit dem Inhalt eines Sondernutzungsrechts (Demharter DNotZ 1991, 28; MittBayNot 1995, 34; FGPrax 2010, 18; a.M. BGH Rpfleger 2017, 263; OLG Stuttgart OLGZ 1986, 35; BayObLG DNotZ 1990, 381 mit kritischer Anm. v. Weitnauer; OLG Hamm Rpfleger 1994, 60; FGPrax 2009, 57 mit zust. Anm. v. F. Schmidt ZWE 2009, 172; OLG Frankfurt FGPrax 1997, 214), aber nicht für eine eingetragene Veräußerungsbeschränkung. Wird sie durch Mehrheitsbeschluss aufgehoben (s. dazu Rn. 39), kann das dadurch unrichtig gewordene GB aufgrund des Beschlusses berichtigt werden (s. Anh. zu § 13 Rn. 28).

11. Sondernutzungsrechte

28   **a) Begriff.** Besondere Bedeutung haben Vereinbarungen der WEigentümer erlangt, durch die gem. § 13 Abs. 2 Satz 1, § 15 Abs. 1 einem WEigentümer unter Ausschluss aller übrigen WEigentümer vom Mitgebrauch (negative Komponente) der alleinige Gebrauch von Teilen oder auch des gesamten (BayObLG Rpfleger 1981, 299) gemeinschaftlichen Eigentums eingeräumt wird (positive Komponente). Dafür hat sich der Begriff Sondernutzungsrecht durchgesetzt. Das Gesetz verwendet den Begriff, ohne ihn zu definieren, in § 5 Abs. 4 Satz 2 und 3, angefügt durch das Ges. v. 26.3.2007 (BGBl. I 370).

28.1   **b) Gegenstand.** An Sondereigentum kommt die Eintragung eines Sondernutzungsrechts nicht in Betracht (BGH Rpfleger 2014, 362; OLG München FGPrax 2011, 281; s. dazu Hügel/Elzer DNotZ 2014, 403). Wenn der einzige Zugang zu einem Sondereigentum oder zu Gemeinschaftseigentum nur über eine Fläche möglich ist, an der ein Sondernutzungsrecht eingeräumt ist, muss dieser Zugang von dem Sondernutzungsberechtigten ausnahmsweise gewährt werden; der Eintragung des Sondernutzungsrechts steht daher kein Hindernis entgegen (OLG Zweibrücken ZWE 2011, 179). Ein Sondernutzungsrecht kann aber auch von Anfang an oder nachträglich so ausgestaltet werden, dass die dem Sondernutzungsrecht unterliegenden Teile des Gemeinschaftseigentums zu bestimmten Zwecken (widerruflich) auch von anderen WEigentümern betreten oder benutzt werden dürfen (OLG München RNotZ 2014, 483; FGPrax 2019, 163).

Gegenstand von Sondernutzungsrechten sind häufig Kfz-Stellplätze auf dem gemeinschaftlichen Grund, können aber auch Garagen auf dem Nachbargrundstück sein, die von den WEigentümern auf Grund einer Grunddienstbarkeit genutzt werden dürfen (BayObLG Rpfleger 1990, 354; OLG Köln Rpfleger 1993, 335; s. auch OLG Stuttgart Rpfleger 1990, 254). Auch wenn eine Grunddienstbarkeit nicht für die jeweiligen Eigentümer aller, sondern nur für die eines Teils der WEigentumsrechte begründet ist, können einzelnen der berechtigten Eigentümer Sondernutzungsrechte an dem Gegenstand der Dienstbarkeit eingeräumt werden (LG Kassel MittBayNot 2003, 222 mit zust. Anm. v. Röll).

c) Begründung. Sondernutzungsrechte können durch Vereinbarung der **28.2** WEigentümer begründet (§ 10 Abs. 2 Satz 2) und durch Eintragung in das GB verdinglicht werden (§ 10 Abs. 3). Dies kann bei Begründung des WEigentums gemäß § 8 durch den teilenden Alleineigentümer geschehen. Möglich ist es auch, den teilenden Alleineigentümer oder einen Dritten in der Gemeinschaftsordnung zu ermächtigen, Sondernutzungsrechte zu begründen und einzelnen WEigentümern zuzuordnen. Durch die Eintragung einer solchen Regelung werden die WEigentümer noch nicht vom Mitgebrauch ausgeschlossen, so dass ihre Mitwirkung und die der dinglich Berechtigten bei der späteren Begründung der Sondernutzungsrechte erforderlich werden können.

d) Gestreckte Begründung. In Betracht kommt auch eine so genannte **28.3** „gestreckte Begründung von Sondernutzungsrechten" (s. dazu OLG Frankfurt MittBayNot 2017, 48 mit Anm. v. Rapp und MittBayNot 2017, 252 mit Anm. v. Ott). Dabei können alle künftigen WEigentümer von dem gemeinschaftlichen Gebrauch bestimmter Teile des Gemeinschaftseigentums sogleich ausgeschlossen und der teilende Eigentümer, dem die alleinige persönliche Nutzungsberechtigung zugewiesen wird, ermächtigt werden, den späteren Erwerbern eines WEigentums ein Sondernutzungsrecht zuzuweisen. In diesem Fall verliert der teilende Eigentümer seine bis dahin bestehende persönliche Nutzungsberechtigung mit der Zuweisung, in jedem Fall aber mit seinem Ausscheiden aus der Gemeinschaft, mit dem er auch seine Zuweisungsbefugnis verliert.

Möglich ist aber auch eine Gestaltung, durch die die WEigentümer nicht sogleich, sondern aufschiebend bedingt ab dem Zeitpunkt der Zuweisung eines Sondernutzungsrechts vom Mitgebrauch ausgeschlossen werden. Dann verliert der teilende Eigentümer das Zuweisungsrecht vorbehaltlich einer abweichenden Vereinbarung (s. dazu OLG München NotBZ 2013, 324) oder Auslegung (OLG Düsseldorf FGPrax 2020, 16) nicht mit seinem Ausscheiden aus der Gemeinschaft; jedenfalls genügt es, wenn er im Zeitpunkt der Zuweisungserklärung noch WEigentümer ist, auch wenn er noch vor Stellung des EintrAntrags aus der Gemeinschaft ausscheidet (OLG Hamm FGPrax 2018, 11).

In beiden Fällen hat der Ausschluss der WEigentümer vom Mitgebrauch (negative Komponente) zur Folge, dass ihre Mitwirkung bei einer späteren Zuweisung eines Sondernutzungsrechts (positive Komponente) entbehrlich ist (OLG Zweibrücken NotBZ 2013, 485); dasselbe gilt für die Zustimmung dinglich Berechtigter an ihrem WEigentum.

28.4   **e) Zuweisungserklärung.** Bei der Zuweisung durch EintrBewilligung kann sich der teilende Eigentümer durch einen rechtsgeschäftlich Bevollmächtigten vertreten lassen (KG ZWE 2015, 27). Aufgrund einer Vollzugsvollmacht des Notars kann die unwirksame Zuweisung eines Sondernutzungsrechts nicht durch die Zuweisung eines anderen Sondernutzungsrechts ersetzt werden (s. § 15 Rn. 3.3). In den Wohnungsgrundbüchern der übrigen vom Mitgebrauch bereits ausgeschlossenen WEigentümer ist eine nachträgliche Zuordnung eines Sondernutzungsrechts zu einem WEigentum nicht einzutragen (BayObLG Rpfleger 1985, 292). In jedem Fall muss zur Verdinglichung des Sondernutzungsrechts nicht nur der Ausschluss der übrigen WEigentümer vom Mitgebrauch (negative Komponente), sondern auch die Zuweisung an einen WEigentümer (positive Komponente) in das GB eingetragen werden (OLG Schleswig RNotZ 2017, 34). Dabei kann auf die Zuweisungserklärung Bezug genommen werden (OLG Nürnberg FGPrax 2018, 112).

28.5   **f) Schuldrechtliches Sondernutzungsrecht.** Solange die Zuweisung im GB nicht eingetragen ist, besteht das Sondernutzungsrecht nur als schuldrechtliches Sondernutzungsrecht, das ohne Mitwirkung der übrigen WEigentümer und ohne Verlautbarung im GB auf einen anderen Miteigentümer der Gemeinschaft übertragen werden kann. Die Übertragung des WEigentums, dem das Sondernutzungsrecht zugewiesen ist, führt zum Übergang des Sondernutzungsrechts, ohne dass die Abtretung im Übertragungsvertrag ausdrücklich erwähnt sein müsste. Dies ist aber nicht der Fall, wenn das Sondernutzungsrecht vorher auf einen anderen WEigentümer übertragen worden ist. Dem GBAmt muss in grundbuchmäßiger Form nachgewiesen werden, dass dies nicht geschehen ist. Ohne diesen Nachweis scheidet eine Eintragung des schuldrechtlichen Sondernutzungsrechts im GB ohne Mitwirkung der übrigen WEigentümer und der dinglich Berechtigten aus (OLG München ZWE 2018, 164 mit Anm. v. Hogenschurz; OLG Saarbrücken ZWE 2018, 206 mit Anm. v. Hogenschurz ZfIR 2018, 415; a. M. OLG Hamm FGPrax 2018, 11 mit zustimmender Anm. v. Falkner MittBayNot 2018, 342; s. dazu Rn. 84).

28.6   **g) Wirkung.** Die Eintragung eines Sondernutzungsrechts im GB als Inhalt des Sondereigentums hat nur die Wirkung des § 10 Abs. 3; ein dingliches Recht entsteht dadurch nicht (BGH NJW 2000, 3500). Ein Sondernutzungsrecht kann unter einer aufschiebenden oder auflösenden Bedingung vereinbart werden. Die Eintragung im GB ist nicht davon abhängig, dass der Eintritt der Bedingung in grundbuchmäßiger Form nachgewiesen werden kann (OLG Zweibrücken Rpfleger 2008, 358).

28.7   **h) Berechtigter.** Ein Sondernutzungsrecht kann nur einem WEigentümer eingeräumt werden; einem Außenstehenden kann die Nutzung des gemeinschaftlichen Eigentums in dinglich wirkender Weise nur durch Bestellung einer Dienstbarkeit (s. Rn. 96, 98) eingeräumt werden. Berechtigter eines Sondernutzungsrechts kann daher nur ein anderer WEigentümer derselben Wohnanlage sein. Berechtigter kann aber auch einer von mehreren Bruchteilseigentümern eines WEigentums sein (BGH Rpfleger 2012, 512; OLG Nürnberg FGPrax 2011, 282 mit zust. Anm. v. Kühnlein MittBayNot 2012, 43; a.M. KG FGPrax 2004, 57 mit kritischer Anm. v. Häublein DNotZ 2004, 635; OLG München FGPrax 2012, 15). Ein Sondernutzungsrecht kann ferner mehreren WEigentümern in Bruchteilgemeinschaft (§ 741 BGB) eingeräumt werden; ein solches gemeinschaftliches Sondernutzungsrecht kann auch bei Teilung eines WEigentums, dem ein Sondernutzungsrecht zugewiesen ist, entstehen (s. dazu Lutz NotBZ 2014, 209).

i) Bestimmtheitsgrundsatz. Er verlangt, dass die EintrBewilligung (Tei- **29** lungserklärung) die Fläche, an der das Sondernutzungsrecht bestehen soll, klar und bestimmt bezeichnet. Dasselbe gilt für die Ermächtigung des teilenden Eigentümers und seine Zuweisungserklärung im Fall der Rn. 28.2 bis 28.4 (OLG Nürnberg FGPrax 2018, 112; OLG Saarbrücken ZWE 2018, 206). Dabei sind an die Bezeichnung der Grundstücksfläche die gleichen Anforderungen zu stellen, wie bei sonstigen Eintragungen in Bezug auf einen Grundstücksteil (vgl. hierzu § 7 Rn. 22, 25; BayObLG Rpfleger 1989, 194; DNotZ 1994, 244). Liegt die Fläche innerhalb eines Gebäudes, dann kann auf Merkmale Bezug genommen werden, die mit dem Gebäude dauerhaft verbunden sind (BayObLG MittBayNot 1985, 203). Zur Bezeichnung der betroffenen Fläche kann auf einen Plan Bezug genommen werden, bei dem es sich nicht um den Aufteilungsplan handeln muss und der von diesem abweichen kann, sofern sich die Fläche im Gemeinschaftseigentum befindet (OLG München RNotZ 2016, 390). Inhaltlich ist ein Sondernutzungsrecht ausreichend bestimmt, wenn es „zu beliebiger, rechtlich zulässiger Nutzung" eingeräumt wird; auf eine bestimmte Nutzungsart braucht es nicht beschränkt zu werden (BayObLG MittBayNot 1999, 180; LG Wuppertal MittRhNotK 1989, 17).

k) Sonstiges. Die Einräumung eines umfassenden Sondernutzungsrechts **30** an einer Grundstücksfläche einschließlich des Rechts, diese zu bebauen, enthält nicht die vorweggenommene Einigung über die Einräumung von Sondereigentum an den Räumen in einem solchen Gebäude zugunsten des Sondernutzungsberechtigten (BayObLG Rpfleger 2000, 544 mit abl. Anm. v. Roellenbleg MittBayNot 2000, 552).

Zur nachträglichen Begründung, Abänderung oder Aufhebung von Sondernutzungsrechten s. Rn. 82; zur Übertragung und Pfändung s. Rn. 84; zum Sondernutzungsrecht als Ausübungsbereich einer Dienstbarkeit s. Rn. 68, als Ausübungsbereich eines Wohnrechts s. Anh. zu § 44 Rn. 29.3; zur Bezugnahme bei der Eintragung s. § 44 Rn. 31; zur Umdeutung der unwirksamen Begründung von Sondereigentum in ein Sondernutzungsrecht s. Rn. 23; zum gutgläubigen Erwerb s. Rn. 27. S. hierzu auch Schneider, Sondernutzungsrechte im GB, Rpfleger 1998, 9 und 53.

12. Sonstige Vereinbarungen

31   Zum Inhalt des Sondereigentums kann eine Vereinbarung gemacht werden, dass ein WEigentümer zur Überlassung der Wohnung an einen Dritten zur Benutzung der Zustimmung des Verwalters oder der WEigentümer bedarf (BGH NJW 1962, 1613; s. Rn. 34), nicht aber ein wechselseitiges dingliches Vorkaufsrecht der WEigentümer, das vielmehr in Form der Belastung begründet werden muss (OLG Celle DNotZ 1955, 320; OLG Bremen Rpfleger 1977, 313). Die vorweggenommene Zustimmung oder Ermächtigung, Gemeinschaftseigentum in Sondereigentum umzuwandeln und umgekehrt, kann nicht als Inhalt des Sondereigentums vereinbart und eingetragen werden (s. Rn. 91, 93). Der Gebrauch eines in Miteigentum stehenden Teileigentums (Duplex-Stellplatz) kann außer gem. § 1010 BGB auch durch eine in das GB einzutragende Vereinbarung der WEigentümer gem. § 15 Abs. 1 geregelt werden (BGH Rpfleger 2014, 362; BayObLG Rpfleger 1995, 67; OLG Jena FGPrax 2000, 7; OLG Frankfurt Rpfleger 2000, 212; OLG Nürnberg ZWE 2011, 419; ablehnend Schöner Rpfleger 1997, 416; Basty Rpfleger 2001, 169).

32   Zum Inhalt des Sondereigentums kann eine Vereinbarung gemacht werden, dass eine Vertretung in der Eigentümerversammlung nur bestimmten Personen übertragen werden kann (OLG Karlsruhe OLGZ 1976, 273; s. auch BayObLG 1981, 163; BGH Rpfleger 1987, 106), nicht aber eine gegenseitige Bevollmächtigung von Miteigentümern eines WEigentums oder die Ermächtigung des ausgeschiedenen WEigentümers zur Wahrnehmung der Eigentümerrechte bis zum Nachweis des Eigentümerwechsels gegenüber dem Verwalter; eingetragen werden kann aber eine Vereinbarung, dass Zustellungen an die zuletzt mitgeteilte Anschrift wirksam sind und der Verwalter ermächtigt ist, WEigentum innerhalb und außerhalb der Gemeinschaft für diese zu erwerben (OLG Hamm MittBayNot 2018, 22 mit kritischer Anm. v. Gerono), ferner eine Vereinbarung, die das Stimmrecht der WEigentümer abweichend vom „Kopfprinzip" regelt (BayObLG Rpfleger 1982, 143; 1986, 220) oder eine Vereinbarung, dass die Miteigentümer eines WEigentums zur Bestellung eines Bevollmächtigten verpflichtet sind (KG FGPrax 2018, 3; zweifelnd Ott ZfIR 2018, 239) oder dass bestimmte bauliche Veränderungen am gemeinschaftlichen Eigentum ohne Zustimmung aller WEigentümer vorgenommen werden dürfen (BayObLG Rpfleger 1986, 217).

33   Belastungsbeschränkungen in Form von Zustimmungsvorbehalten entsprechend § 12 können als Inhalt des WEigentums nicht vereinbart werden. Eine Ausnahme gilt, soweit es sich um die Belastung des WEigentums mit Gebrauchsrechten, z. B. einem Dauerwohnrecht, handelt; Belastungsbeschränkungen betreffen dann die Gebrauchsregelung und damit das Verhältnis der WEigentümer untereinander, so dass sie als Inhalt des Sondereigentums in das GB eingetragen werden können (BGH Rpfleger 1962, 373). Beschränkungen der Unterteilung eines WEigentums können Gegenstand einer zum Inhalt des Sondereigentums gemachten Vereinbarung sein (Rn. 75).

13. Veräußerungsbeschränkung

Um das Eindringen unerwünschter Dritter in die Gemeinschaft zu ver- **34** hindern, kann nach § 12 Abs. 1 als Inhalt des Sondereigentums auch vereinbart werden, dass ein WEigentümer zur Veräußerung seines WEigentums der Zustimmung anderer WEigentümer oder eines Dritten, insbes. des Verwalters, bedarf. Ein Grundpfandgläubiger kommt als Zustimmungsberechtigter nicht in Betracht (vgl. § 1136 BGB; str.). Eine vereinbarte Veräußerungsbeschränkung hat das GBAmt von Amts wegen zu beachten und den Nachweis der Zustimmung in grundbuchmäßiger Form durch Zwischenverfügung zu verlangen. Ist die Zustimmung der WEigentümer oder des Verwalters notwendig, sind die erforderlichen Eigentümerbeschlüsse in der Form des § 29 nachzuweisen; s. dazu § 29 Rn. 10.

Zur Notwendigkeit der Zustimmung dinglich Berechtigter zu der Vereinbarung s. Rn. 24. Zur Nichtigkeit einer Veräußerungsbeschränkung s. Rn. 25. Zur Eintragung s. Rn. 27, 51. Zum Ganzen s. Elzer, Aktuelles zur Veräußerungsbeschränkung nach § 12 Abs. 1 WEG, NotBZ 2019, 370.

a) Veräußerung. Unter Veräußerung ist die rechtsgeschäftliche Übertragung eines WEigentums unter Lebenden zu verstehen (KG FGPrax 2012, 238). Darunter fällt auch die Eigentumsübertragung im Rahmen einer Erbauseinandersetzung oder in Erfüllung einer Teilungsanordnung oder eines Vermächtnisses (BayObLG Rpfleger 1982, 177; OLG Nürnberg FGPrax 2016, 13), nicht aber die Umwandlung des Gesamthandseigentums der Miterben in Bruchteilseigentum (OLG Karlsruhe FGPrax 2012, 246) und auch nicht die Bewilligung einer Eigentumsvormerkung (s. dazu Anh. zu § 44 Rn. 91). Ferner liegt bei einem Eigentumsübergang außerhalb des GB, z. B. bei Verschmelzung einer Kapitalgesellschaft mit dem Vermögen ihres Alleingesellschafters, der GBBerichtigung keine zustimmungsbedürftige Veräußerung zugrunde (OLG Jena ZWE 2014, 123). Ist eine BGB-Gesellschaft WEigentümerin, handelt es sich bei einem Gesellschafterwechsel nicht um eine zustimmungsbedürftige Veräußerung (OLG Celle NJW-RR 2011, 1166 mit zust. Anm. v. F. Schmidt ZWE 2011, 271). Bedarf nach der Vereinbarung der WEigentümer ein Verkauf des WEigentums der Zustimmung, ist diese im Fall einer Schenkung nicht erforderlich (KG FGPrax 2011, 7); erforderlich ist sie aber, wenn nach der Vereinbarung der WEigentümer die Veräußerung der Zustimmung bedarf (KG FGPrax 2012, 238).

b) Verwalterzustimmung. Die Bestellung des Verwalters in der Gemein- **35** schaftsordnung wirkt gegen Sondernachfolger nur, wenn sie gemäß § 10 Abs. 3 im GB eingetragen ist oder ihr alle Sondernachfolger beigetreten sind (KG FGPrax 2018, 101). Zum Nachweis der Verwaltereigenschaft gegenüber dem GBAmt s. § 29 Rn. 10. Die Zustimmung aller WEigentümer ersetzt eine an sich vorgesehene Zustimmung des Verwalters (OLG Zweibrücken Rpfleger 1987, 157; OLG Saarbrücken MittBayNot 1989, 29). In diesem Fall ist auch die Zustimmung der werdenden WEigentümer (s. Rn. 19) erforderlich (KG FGPrax 2018, 101 mit abl. Anm. v. Weber MittBayNot 2018, 557). Die Zustimmung kann durch einen Mehrheitsbeschluss nachgewiesen werden (s. § 29 Rn. 10). Ist die Zustimmung des Verwalters erforderlich, genügt die einer BGB-Gesellschaft nicht, weil diese trotz Anerkennung ihrer Rechtsfähigkeit anders als eine haftungsbeschränkte Unternehmergesellschaft (BGH NJW 2012, 3175) nicht wirksam zum Verwalter bestellt werden kann (BGH Rpfleger 2006, 257); s. dazu Schmid, Gesellschaften als WEigentumsverwalter, NZG 2012, 134. Auch die Zustimmung des Gesamtrechtsnachfolgers des bestellten Verwalters genügt nicht (OLG Köln FGPrax 2006, 100). Nach Ansicht des OLG Köln MittRhNotK 2000, 393 handelt es sich bei der Entscheidung, ob die Zustimmung erteilt oder versagt werden soll, nicht um eine vom Verwalter in eigener Person zu erbringende Leistung, so dass eine Bevollmächtigung für zulässig gehalten wird. Erforderlich ist die Zustimmung desjenigen, der im Zeitpunkt der Zustimmung Verwalter ist. Eine von einem Verwalter nach Ablauf der Zeit, für die er bestellt ist, erteilte Zustimmung wird nicht durch eine rückwirkende Bestellung des Verwalters wirksam; in Betracht kommt jedoch eine nachträgliche Genehmigung der Zustimmung. Zum Wechsel des zustimmungsberechtigten Verwalters s. Rn. 38.2.

36   **c) Umfang der Beschränkung.** Die Veräußerungsbeschränkung wird mit der Eintragung in das GB wirksam und nicht erst mit rechtlicher Invollzugsetzung der Gemeinschaft (a. M. OLG Hamm Rpfleger 1994, 460). Sie hat absolute Wirkung (BayObLG DNotZ 1962, 312; s. auch BGH 33, 85 zu § 5 ErbbauRG) und gilt nach § 12 Abs. 3 mangels abweichender Abrede auch für die Veräußerung im Weg der Zwangsvollstreckung oder durch den Insolvenzverwalter. Vorbehaltlich anderweitiger Regelung erfasst sie auch Veräußerungen innerhalb der WEigentümergemeinschaft (KG Rpfleger 1978, 382; ZWE 2011, 220; BayObLG Rpfleger 1982, 177), nicht aber eine Veräußerung an die rechtsfähige WEigentümergemeinschaft oder durch diese. Auch Rückauflassungen an den veräußernden WEigentümer zufolge vereinbarter Aufhebung des Kaufvertrags werden von ihr ergriffen (BayObLG Rpfleger 1977, 104), ebenso der rechtsgeschäftliche Rückerwerb aufgrund eines durch Vormerkung gesicherten, in das Belieben des Berechtigten gestellten Rückübertragungsanspruchs (OLG Hamm FGPrax 2012, 52), nicht aber die Rückübertragung in Erfüllung einer gesetzlichen Rückgabepflicht, z. B. in Folge einer wirksamen Anfechtung des Kaufvertrags (OLG Hamm RNotZ 2010, 580). Eine Veräußerungsbeschränkung erstreckt sich auch auf die Eigentumsübertragung von einer GmbH & Co. KG auf ihre Kommanditisten (OLG Hamm FGPrax 2007, 10). Nach KG ZWE 2011, 220 fällt unter die Veräußerungsbeschränkung ferner die Veräußerung eines ideellen Bruchteils an einem WEigentum.

d) Ausnahmen. Ist die Veräußerung an den Ehegatten vom Zustimmungserfordernis ausgenommen, so bedarf die bindende Auflassung in einem vor Rechtskraft des anschließend verkündeten Scheidungsurteils gerichtlich protokollierten Scheidungsvergleichs nicht der Zustimmung (OLG Schleswig Rpfleger 1994, 18); dasselbe gilt aber auch dann, wenn die Auflassung erst nach Rechtskraft des Scheidungsurteils, jedoch auf Grund einer vorher getroffenen Scheidungsvereinbarung erklärt wird (KG FGPrax 1996, 140). Bedarf die Veräußerung an einen Abkömmling des WEigentümers keiner Zustimmung, ist diese auch bei einer Veräußerung seiner Erben an einen seiner Abkömmlinge entbehrlich (OLG Schleswig Rpfleger 2012, 381). Ist die Veräußerung an den Ehegatten oder Abkömmlinge vom Zustimmungserfordernis ausgenommen, ist eine Zustimmung gleichwohl erforderlich bei einer Veräußerung an eine aus diesen Personen bestehende BGB-Gesellschaft (OLG München FGPrax 2007, 165; KG ZWE 2012, 41), desgleichen bei einer Veräußerung seitens dieser BGB-Gesellschaft an einen ihrer Gesellschafter, ebenso bei Übertragung des WEigentums im Weg der Auseinandersetzung an die Gesellschafter zu Bruchteilen (KG FGPrax 2016, 147 mit Anm. v. Ruhwinkel MittBayNot 2018, 29). Dagegen bedarf, da die Erbengemeinschaft im Gegensatz zur BGB-Gesellschaft nicht rechtsfähig ist, die Veräußerung an einen Miterben, der zu den übrigen Miterben in einem Verwandtschaftsverhältnis steht, bei dem eine Zustimmung entbehrlich ist, keiner Zustimmung (OLG Nürnberg FGPrax 2016, 13).

Das Vorliegen einer in der Vereinbarung vorgesehenen Ausnahme vom Zustimmungserfordernis ist dem GBAmt in der Form des § 29 nachzuweisen. Bedarf z. B. die Veräußerung an den Ehegatten keiner Zustimmung, ist das Bestehen der Ehe durch einen aktuellen Auszug aus dem Personenstandsregister nachzuweisen (KG FGPrax 2014, 194 mit abl. Anm. v. Heinemann, der die bloßen Erklärungen der Beteiligten als ausreichend ansieht; s. auch die zustimmende Anm. v. Hogenschurz MittBayNot 2015, 313).

e) Erstveräußerung. Das Zustimmungserfordernis gilt auch für den Fall **37** der Erstveräußerung von WEigentum durch den Grundstückseigentümer, der durch Teilung WEigentum begründet hat, sofern dieser Fall nicht ausdrücklich ausgenommen ist (BGH Rpfleger 1991, 246; OLG Köln Rpfleger 1992, 293; zur Heilung der von der Änderung der Rechtsprechung betroffenen Fälle s. § 61, der nur für die erstmalige Veräußerung nach Begründung von WEigentum gem. § 8 gilt: KG Rpfleger 1995, 17). Ist der teilende Eigentümer eine BGB-Gesellschaft, handelt es sich bei Übertragung der WEigentumsrechte durch diese an ihre Gesellschafter um eine Erstveräußerung, so dass eine Weiterveräußerung durch die Gesellschafter der Zustimmung bedarf (KG ZWE 2014, 311). Eine nach der Gemeinschaftsordnung ausdrücklich zustimmungsfreie Erstveräußerung wird aber nicht dadurch zustimmungsbedürftig, dass der teilende Eigentümer eine Erstveräußerung erst mehrere Jahre nach Begründung von WEigentum durch Teilung vornimmt (OLG Köln Rpfleger 1992, 293). Eine zustimmungsfreie Erstveräußerung liegt nicht vor bei Veräußerung durch eine Person, in deren Hand sich nach Erstveräußerung sämtliche WEigentumsrechte vereinigt haben (KG FGPrax 2018, 101). Wegen der Veräußerung eines der durch Unterteilung eines WEigentums entstandenen Teilrechte s. Rn. 73 ff.; zur Erbteilsübertragung s. §§ 82 bis 83 Rn. 7.

f) Zustimmungsverfahren. Eine erforderliche Zustimmung ist dem **38** GBAmt in der Form des § 29 nachzuweisen (s. Rn. 34). Die Zustimmung darf gemäß § 12 Abs. 2 nur aus wichtigem Grund versagt werden (s. dazu BayObLG NJW 1973, 152). Obwohl ein solcher Grund nur in der Person des Erwerbers liegen kann (BayObLG 1990, 27), ist die Zustimmung zu einem bestimmten Veräußerungsvertrag nicht immer auch als Zustimmung zu einem kurze Zeit später mit demselben Erwerber zu veränderten Bedingungen neu abgeschlossenen Vertrag auszulegen (BayObLG DNotZ 1992, 229). Der veräußernde WEigentümer hat einen im Klageverfahren nach § 43 durchsetzbaren Anspruch auf eine Zustimmungserklärung, die sowohl ihrer Form (s. hierzu § 29 Rn. 10), als auch ihrem Inhalt nach den Vollzug der Eigentumsumschreibung im GB zweifelsfrei ermöglicht (OLG Hamm Rpfleger 1992, 294); von einer Kostenübernahme des veräußernden WEigentümers kann sie nicht abhängig gemacht werden (OLG Hamm Rpfleger 1989, 451). Den Anspruch kann der die Zwangsversteigerung des WEigentums betreibende Gläubiger selbstständig geltend machen (BGH Rpfleger 2014, 438).

§ 181 BGB findet Anwendung (BayObLG Rpfleger 1983, 350). Durch diese Bestimmung ist derjenige, dessen Zustimmung erforderlich ist, aber nicht daran gehindert, die Genehmigung auch dann zu erteilen, wenn er selbst Veräußerer (OLG Düsseldorf Rpfleger 1985, 61; BayObLG MittBayNot 1986, 180) oder Erwerber (KG FGPrax 2004, 69; OLG Düsseldorf NJW-RR 2020, 263; OLG Hamm FGPrax 2020, 164; a. M. LG Hagen Rpfleger 2007, 196 zum Erwerb durch den Geschäftsführer der Verwalter-GmbH mit zust. Anm. v. Jurksch) ist; Voraussetzung ist aber, dass er die Zustimmung jeweils, jedenfalls auch, dem anderen Vertragsteil gegenüber erklärt.

38.1   **g) Widerruflichkeit.** Die Zustimmung ist einheitlich sowohl für das Verpflichtungs- als auch für das Erfüllungsgeschäft zu erteilen (vgl. § 12 Abs. 3 Satz 1). Ist sie zum schuldrechtlichen Vertrag erteilt, erfasst sie auch das dingliche Geschäft. Die Erteilung der erforderlichen Zustimmung richtet sich grundsätzlich nach §§ 182 ff. BGB. Die Zustimmung kann gem. § 183 BGB schon vor Abschluss des Vertrags, durch den sich der WEigentümer zur Veräußerung verpflichtet, erteilt und bis zu diesem Zeitpunkt widerrufen werden. Danach ist sie unwiderruflich (BGH Rpfleger 2019, 378; OLG Düsseldorf FGPrax 2011, 220). Das OLG München Rpfleger 2017, 529 hält demgegenüber einen Widerruf der Zustimmung zum dinglichen Rechtsgeschäft bis zum Eingang des Umschreibungsantrags auch dann für zulässig, wenn die Zustimmung zum schuldrechtlichen Vertrag wirksam erteilt war. S. hierzu Weber, Widerruf der Veräußerungszustimmung im WEG und ErbbauRG, ZWE 2017, 341.

38.2   **h) Wechsel des Zustimmungsberechtigten.** Die Notwendigkeit der Zustimmung Dritter zur Veräußerung eines WEigentums wurde lange Zeit als eine Verfügungsbeschränkung angesehen. Da das GBAmt das Vorliegen einer unbeschränkten Verfügungsbefugnis im Zeitpunkt der Eigentumsumschreibung zu prüfen hat (vgl. § 19 Rn. 60 f.), hatte dies zur Folge, dass die Zustimmung des in diesem Zeitpunkt Zustimmungsberechtigten vorliegen musste. Bei einem Wechsel des Zustimmungsberechtigten wurde eine davor oder jedenfalls vor dem nach § 878 BGB maßgeblichen Zeitpunkt erteilte Zustimmung als wirkungslos erachtet (vgl. OLG Celle RNotZ 2005, 542 mit kritischer Anm. v. Kesseler; OLG Hamm Rpfleger 2011, 28; kritisch dazu F. Schmidt ZWE 2010, 394 und Hügel ZWE 2010, 457; OLG Hamburg ZfIR 2011, 528; OLG Frankfurt FGPrax 2012, 51; NotBZ 2012, 303; OLG Saarbrücken FGPrax 2012, 60). Diese Ansicht wird zu Recht abgelehnt. Eine wirksam gewordene Zustimmung ist unabhängig von einem späteren Wechsel des Zustimmungsberechtigten eine ausreichende Grundlage für die Eigentumsumschreibung (OLG Düsseldorf FGPrax 2011, 220 und OLG München MittBayNot 2011, 486 mit zust. Anm. v. Schneider ZfIR 2011, 531 und Kössinger MittBayNot 2011, 487; KG NotBZ 2012, 173; OLG Nürnberg FGPrax 2013, 21). Dies gilt auch dann, wenn die Bestellung des zustimmenden Verwalters rückwirkend für ungültig erklärt wird (vgl. § 47 FamFG; BGH NJW 2007, 2776; offen gelassen von OLG Düsseldorf RNotZ 2011, 417).

Nach Ansicht des BGH (FGPrax 2013, 6 mit Anm. v. Hügel NotBZ 2013, **38.3** 1) bleibt die Zustimmung des Verwalters wirksam, auch wenn dessen Bestellung vor dem in § 878 BGB genannten Zeitpunkt endet. Dabei könne offen bleiben, ob es sich bei dem Zustimmungserfordernis um eine Verfügungsbeschränkung handelt. Die Zustimmung des Verwalters wirke jedenfalls deshalb fort, weil sie eine Entscheidung ersetze, die ohne Übertragung der Zustimmungsbefugnis auf den Verwalter von den WEigentümern durch Beschluss zu treffen wäre. Dem GBAmt sei daher nicht nachzuweisen, dass der Verwalter bei Eingang des Umschreibungsantrags noch Verwalter war.

i) Wegfall des Zustimmungsberechtigten. Existiert der Zustimmungsberechtigte nicht oder nicht mehr, z. B. bei Versterben des namentlich genannten Berechtigten, ist die Zustimmung aller WEigentümer erforderlich (str.; offen gelassen von OLG Saarbrücken FGPrax 2018, 205).

j) Sonstiges. Auch wenn umstritten ist, ob Kaufvertrag und Auflassung **39** ohne Rücksicht auf eine gerichtliche Geltendmachung des Zustimmungsanspruchs bereits mit der Verweigerung der Zustimmung endgültig unwirksam geworden sind (vgl. OLG Hamm DNotZ 1992, 232), kann das GBAmt jedenfalls eintragen, wenn ihm eine Auflassung und eine rechtskräftige Verpflichtung zur Erteilung der erforderlichen Zustimmung (s. dazu OLG Zweibrücken FGPrax 2006, 17) vorgelegt werden. Zur Eintragung der Veräußerungsbeschränkung im GB s. Rn. 51; zur fehlenden Beschwerdeberechtigung der WEigentümer, ausgenommen der Veräußerer, und des Verwalters bei Eigentumsumschreibung ohne die erforderliche Zustimmung s. § 71 Rn. 69. § 12 kann nicht erweiternd dahin ausgelegt werden, dass auch das Verbot der Veräußerung oder das Gebot der Veräußerung nur an bestimmte Personen zulässig ist. Eine solche Vereinbarung ist schuldrechtlich zulässig; sie hat aber auch im Fall ihrer Eintragung im GB als Inhalt des Sondereigentums nicht die Wirkung einer vom GBAmt zu beachtenden Veräußerungsbeschränkung (BayObLG MittBayNot 1984, 88).

k) Aufhebung. Nach § 12 Abs. 4, eingefügt durch Ges. v. 26.3.2007 (BGBl. I 370), können die WEigentümer eine Veräußerungsbeschränkung außer durch Vereinbarung auch durch einfachen Mehrheitsbeschluss aufheben (s. dazu Drasdo RNotZ 2007, 264; Wilsch NotBZ 2007, 305; Wenzel ZWE 2008, 69). Diese Befugnis kann durch eine Vereinbarung nicht eingeschränkt oder ausgeschlossen werden. Eine unzulässige Einschränkung liegt nicht vor, wenn vereinbart ist, dass sich das Stimmrecht in Abweichung vom gesetzlichen Kopfstimmrecht nach der Größe der Miteigentumsanteile bemisst. Durch Beschluss einer Untergemeinschaft kann die Veräußerungsbeschränkung nicht aufgehoben werden (OLG Hamm ZWE 2012, 489). Zulässig ist auch eine teilweise Aufhebung im Sinne einer Beschränkung, z. B. auf ein einzelnes WEigentum. Die Zustimmung dinglich Berechtigter ist nicht erforderlich.

Im GB kann die eingetragene Veräußerungsbeschränkung im Weg der GBBerichtigung durch Vorlage des Mehrheitsbeschlusses in der Form des § 26 Abs. 3, der die Berichtigungsbewilligung ersetzt, gelöscht werden (OLG München FGPrax 2011, 278). Die Bestandskraft des Beschlusses ist keine Voraussetzung. Zu dem Nachweis des Mehrheitsbeschlusses s. § 29 Rn. 10. Antragsberechtigt ist jeder WEigentümer, dessen WEigentum von der Veräußerungsbeschränkung betroffen ist, der Verwalter nur, wenn er dazu ermächtigt ist; es genügt nicht, dass seine Zustimmung zu der Veräußerung erforderlich ist. Die Löschung im GB ist nicht konstitutiv. Eingetragen wird sie im Bestandsverzeichnis Sp. 5, 6 (zu den Kosten s. Rn. 114). Für eine Beschwerde dagegen gilt § 71 Abs. 2. Eine aufgehobene Veräußerungsbeschränkung kann nur durch eine Vereinbarung der WEigentümer, nicht aber durch einen Mehrheitsbeschluss erneut begründet werden (OLG München Rpfleger 2014, 418).

14. Eintragungsgrundlagen

40   Das sich aus § 39 Abs. 1 GBO ergebende Erfordernis der Voreintragung des Betroffenen gilt auch für die Eintragung der Begründung von WEigentum.

15. Eintragungsbewilligung

41   **a) Vertragliche Begründung.** Da § 20 GBO nicht für anwendbar erklärt ist, gilt das formelle Konsensprinzip (s. § 7 Abs. 3). Erforderlich ist also neben dem EintrAntrag nur eine der Formvorschrift des § 29 Abs. 1 Satz 1 GBO entsprechende EintrBewilligung der Betroffenen, d. h. sämtlicher Miteigentümer und etwaiger dinglich Berechtigter (s. Rn. 17), nicht aber der Nachweis einer wirksamen Einigung über die Einräumung von Sondereigentum (OLG Zweibrücken OLGZ 1982, 265; KEHE/Munzig § 20 Rn. 13; offen gelassen: BayObLG DNotZ 1990, 38; a. M. OLG Düsseldorf Rpfleger 2010, 656; Meikel/Böttcher § 20 Rn. 59). Müssen die Beteiligten erst als Miteigentümer eingetragen werden, so gilt für diese Eintragung § 20 GBO.

42   **b) Begründung durch Teilung.** Das durch Teilung begründete WEigentum wird auf Grund eines EintrAntrags und der Teilungserklärung des Eigentümers gegenüber dem GBAmt, die zugleich die EintrBewilligung darstellt und deshalb der Form des § 29 Abs. 1 Satz 1 GBO bedarf, eingetragen. Ersetzt der EintrAntrag die Teilungserklärung, so gilt § 30. Bedarf es nach materiellem Recht der Zustimmung dinglich Berechtigter (s. Rn. 18), so ist auch diese in grundbuchmäßiger Form nachzuweisen. § 878 BGB ist auf die Teilungserklärung nicht entsprechend anwendbar (s. § 13 Rn. 9).

16. Anlagen

a) Bedeutung der Anlagen. Der EintrBewilligung (Teilungserklärung) **43**
sind nach § 7 Abs. 4 Satz 1 i. V. m. § 8 Abs. 2 als Anlagen eine Bescheinigung
über die Abgeschlossenheit der Wohnungen bzw. sonstigen Räume sowie ein
sog. Aufteilungsplan beizufügen. Durch sie soll sichergestellt werden, dass das
Sondereigentum auf die dafür vorgesehenen und geeigneten Räume beschränkt bleibt und die Grenzen von Sondereigentum und Gemeinschaftseigentum klar abgesteckt werden (BayObLG Rpfleger 1984, 314). Bei den
Anlagen handelt es sich um „andere Voraussetzungen der Eintragung" im
Sinn von § 29 Abs. 1 Satz 2 GBO (s. dazu § 29 Rn. 15). Nähere Bestimmungen über die Erteilung der Abgeschlossenheitsbescheinigung und ihre Verbindung mit dem Aufteilungsplan enthält die Allgemeine Verwaltungsvorschrift für die Ausstellung von Bescheinigungen gemäß § 7 Abs. 4 Satz 1
Nr. 2 und § 32 Abs. 2 Nr. 2 WEG v. 19.3.1974 (BAnz. Nr. 58).

b) Zuständigkeit zur Ausstellung. Für die Ausstellung der Abgeschlossenheitsbescheinigung und des Aufteilungsplans ist die Baubehörde zuständig. Die Länder können jedoch durch Rechtsverordnung die Zuständigkeit
eines öffentlich bestellten oder anerkannten Sachverständigen für das Bauwe-
sen bestimmen. Die Ermächtigung kann durch Rechtsverordnung auf die
Landesbauverwaltungen übertragen werden. Wenn der Aufteilungsplan und
die Abgeschlossenheit von einem Sachverständigen ausgefertigt und bescheinigt werden, bedürfen die Anlagen nicht der Form des § 29 GBO. Es genügen ein Stempel und die nicht beglaubigte Unterschrift des Sachverständigen.

c) Nachträgliche Vorlage. Die Anlagen müssen nicht bereits mit der
EintrBewilligung (Teilungserklärung) vorgelegt werden. Es genügt, dass sie
bei der Eintragung vorliegen. In diesem Fall muss aber die Zusammengehörigkeit der Anlagen und der EintrBewilligung (Teilungserklärung) zweifelsfrei feststehen (BayObLG FGPrax 2003, 57 mit Anm. v. Morhard MittBay-
Not 2003, 128 und F. Schmidt DNotZ 2003, 277; s. dazu auch Hügel
NotBZ 2003, 147). Lässt das GBAmt bei der Anlegung der Wohnungsgrundbücher unvollständige Anlagen unbeanstandet, so können sich daraus Amtshaftungsansprüche ergeben (BGH Rpfleger 1994, 245).

d) Abgeschlossenheitsbescheinigung. Sie soll dem GBAmt die Prü- **44**
fung erleichtern, ob die Sollvorschrift des § 3 Abs. 2 Satz 1 beachtet ist. Sie
bindet das GBAmt aber nicht; dieses hat vielmehr in eigener Verantwortung
zu prüfen, ob die Baubehörde oder der Sachverständige § 3 Abs. 2 Satz 1
richtig ausgelegt hat (Gemeinsamer Senat der obersten Gerichtshöfe des
Bundes NJW 1992, 3290). Im Übrigen darf das GBAmt die Voraussetzungen
der Abgeschlossenheit (s. hierzu Rn. 3 ff.) jedenfalls an Hand des Aufteilungsplans selbst überprüfen (BayObLG Rpfleger 1989, 99; KG Rpfleger
1985, 107; s. auch OLG Frankfurt Rpfleger 1977, 312).

e) Prüfung durch das GBAmt. Sie hat sich darauf zu beschränken, ob **45**
eine formell ordnungsmäßige Bescheinigung der zuständigen Stelle vorliegt,
die nicht offensichtlich unrichtig ist, insbes. nicht in erkennbarem Wider-

spruch zu den vorgelegten EintrUnterlagen steht (vgl. BGH Rpfleger 1990, 159). Ist dies der Fall, steht der Verwendung der Bescheinigung nicht entgegen, dass sie schon vor mehreren Jahren ausgestellt und bereits einmal verwendet wurde (OLG Schleswig RNotZ 2012, 335). Ist der in der Abgeschlossenheitsbescheinigung in Bezug genommene Aufteilungsplan in sich widersprüchlich oder steht er in Widerspruch zu der EintrBewilligung (Teilungserklärung), so liegt keine für das GBAmt bindende Abgeschlossenheitsbescheinigung vor (BayObLG Rpfleger 1993, 335). Das BayObLG verneint einerseits eine Pflicht des GBAmts, die Erfüllung bautechnischer Anforderungen an die Abgeschlossenheit nachzuprüfen (BayObLG Rpfleger 1990, 114), andererseits aber auch die Maßgeblichkeit solcher Anforderungen und hält die auf ihre Nichterfüllung gestützte Kraftloserklärung der Abgeschlossenheitsbescheinigung durch die zuständige Behörde für das GBAmt für unbeachtlich (BayObLG Rpfleger 1990, 457; ablehnend Böttcher Rpfleger 1990, 497). Zum Begriff der Abgeschlossenheit und den an sie zu stellenden Anforderungen s. Rn. 3.

46   **f) Aufteilungsplan.** Bei ihm handelt es sich um eine von der Baubehörde oder einem Sachverständigen mit Unterschrift und Siegel oder Stempel zu versehende Bauzeichnung, aus der die Aufteilung des Gebäudes sowie die Lage und Größe der im Sondereigentum und der im gemeinschaftlichen Eigentum stehenden Gebäudeteile ersichtlich ist. Dabei muss es sich um eine Urkunde im Sinn des § 29 Abs. 1 Satz 1 handeln; bloße Ablichtungen genügen nicht, ebenso wenig Zeichnungen, die zwar gesiegelt oder gestempelt sind, aber nicht die Originalunterschrift des Vertreters der Baubehörde tragen. Entspricht der im Übrigen den gesetzlichen Anforderungen genügende Plan bloß diesen formellen Anforderungen nicht, hat dies nicht zur Folge, dass das GB unrichtig wird (OLG München NotBZ 2013, 478).

In dem Plan sind alle zu demselben WEigentum gehörenden Einzelräume mit der jeweils gleichen Nummer zu kennzeichnen, und zwar auch dann, wenn die im GB noch nicht vollzogene EintrBewilligung (Teilungserklärung) nachträglich, z.B. bei einem Kellertausch, geändert wird (BayObLG Rpfleger 1991, 414), nicht aber bei einer Änderung nach Eintragung im GB. Zulässig ist es jedoch, mit einem Miteigentumsanteil das Sondereigentum an zwei jeweils in sich abgeschlossenen Wohnungen, die mit unterschiedlichen Nummern bezeichnet sind, zu verbinden (s. Rn. 6). S. dazu Grziwotz, Pro Raum eine Nummer? DNotZ 2009, 405.

46.1   **g) Sonderfälle.** Tauschen WEigentümer ihre Kellerräume oder sonstige in sich abgeschlossene Nebenräume, sind für den GBVollzug kein neuer Aufteilungsplan mit neuer Nummerierung und keine neue Abgeschlossenheitsbescheinigung erforderlich. Die betroffenen Räume sind jedoch grundsätzlich so zu benennen, dass nicht Räume mit gleicher Nummer zu verschiedenen WEigentumsrechten gehören (OLG München MittBayNot 2011, 229 mit kritischer Anm. v. Grziwotz; s. dazu Rn. 62, 87). Nicht ausgeschlossen ist es, dass im Einzelfall die bisherigen Nummern beibehalten werden (s. § 44 Rn. 31.3). Ein Verstoß gegen das Gebot, alle zu einem WEigentum gehörenden Räume mit der gleichen Nummer zu versehen, hindert die Entstehung von WEigentum nicht, sofern die Zuordnung der einzelnen Räume eindeu-

tig ist; dies kann z. B. durch eine farbige Umrandung der Räume sichergestellt werden.

Den Standort der Gebäude auf dem Grundstück braucht der Aufteilungsplan grundsätzlich nicht auszuweisen (Demharter Rpfleger 1983, 133; a. M.
OLG Hamm Rpfleger 1976, 317); zur Notwendigkeit von Grundrissen,
Schnitten und Ansichten aller Teile des Gebäudes s. BayObLG Rpfleger
1993, 398; DNotZ 1998, 377. Ein Aufteilungsplan ist nur erforderlich für
Gebäude, in denen sich Sondereigentum befindet (BayObLG DNotZ 1998,
377; Lotter MittBayNot 1993, 144). Wegen der Bedeutung des bei Eintragung von WEigentum zulässigerweise in Bezug genommenen Aufteilungsplans für den öffentlichen Glauben s. OLG Hamm Rpfleger 1976, 317;
BayObLG Rpfleger 1980, 295 und 435; zur Berichtigung falscher Wohnflächenangaben s. § 22 Rn. 23. Zur GBBerichtigung bei vertauschten Wohnungen oder Kellern s. BayObLG 1996, 149 und OLG München FGPrax
2016, 149.

h) Abweichende tatsächliche Bauausführung. Für die Abgrenzung **46.2**
des Sondereigentums ist der in der GBEintragung in Bezug genommene
Aufteilungsplan maßgebend. Er hat dieselbe sachenrechtliche Abgrenzungs-
funktion wie bei Grundstücken das Liegenschaftskataster. Nutzungsvorschlä-
ge für einzelne Räume, z. B. als Küche oder Schlafzimmer, haben dabei keine
rechtliche Bedeutung (OLG Düsseldorf Rpfleger 2017, 86). Weicht die tatsächliche Bauausführung, wenn auch nur unwesentlich, vom Aufteilungsplan
ab, entsteht Sondereigentum nur in dem Umfang, wie er sich aus EintrBewilligung (Teilungserklärung) und Aufteilungsplan ergibt (BGH NJW 2016,
473). Werden Raumteile im Aufteilungsplan nicht hinreichend als Sondereigentum bezeichnet, entsteht gemeinschaftliches Eigentum (BayObLG Mitt-
BayNot 1988, 236); kann überhaupt keiner der errichteten Räume einem
Sondereigentum zugeordnet werden, entsteht ausschließlich gemeinschaftliches Eigentum (BGH Rpfleger 2004, 207; OLG Zweibrücken Rpfleger
2006, 394; OLG Düsseldorf Rpfleger 2017, 86). Ist jedoch die Begrenzung
des Sondereigentums nach dem Aufteilungsplan und der Bauausführung
eindeutig, kann Sondereigentum an einem Raum auch dann entstehen,
wenn es an einer tatsächlichen Abgrenzung des Raums gegen fremdes Sondereigentum oder gegen Gemeinschaftseigentum fehlt (Luftschranke; BGH
Rpfleger 2008, 631 mit Anm. v. Schmid ZflR 2008, 736).

Zu den Problemen einer aufteilungsplanwidrigen Gebäudeerrichtung s.
Streblow MittRhNotK 1987, 141; Röll MittBayNot 1991, 240; Rapp Mitt-
BayNot 2016, 474; zu einem aufteilungsplanwidrigen Gebäudestandort s.
BayObLG Rpfleger 1990, 204.

i) Übereinstimmung mit der EintrBewilligung. Das GBAmt hat zu **47**
prüfen, ob der Aufteilungsplan nicht in Widerspruch zu der EintrBewilligung
(Teilungserklärung) steht (BayObLG FGPrax 2003, 57) oder in sich widersprüchlich ist (BayObLG Rpfleger 1993, 335). Zur Notwendigkeit der
Übereinstimmung von EintrBewilligung (Teilungserklärung) und Aufteilungsplan s. BayObLG FGPrax 2003, 57; OLG Köln NJW-RR 1993, 204;
zur inhaltlichen Unzulässigkeit als Folge einer Nichtübereinstimmung s.
BGH Rpfleger 1996, 19. Wird der EintrBewilligung (Teilungserklärung) ein

vorläufiger Aufteilungsplan beigefügt, hat das GBAmt dessen Übereinstimmung mit dem nachgereichten amtlichen Plan auch bei Vorliegen einer Identitätserklärung selbst festzustellen (BayObLG FGPrax 2003, 57 mit Anm. v. Morhard MittBayNot 2003, 128 und F. Schmidt DNotZ 2003, 277; s. dazu auch Hügel NotBZ 2003, 147). Ob an den Aufteilungsplan bei einem bereits bestehenden Gebäude andere Anforderungen zu stellen sind, als bei einem erst noch zu errichtenden, hat BayObLG Rpfleger 1984, 314 offen gelassen. Werden in der EintrBewilligung (Teilungserklärung) für die einzelnen Sondereigentumsrechte Nummern angegeben, so sollen diese nach § 7 Abs. 4 Satz 2 i. V. m. § 8 Abs. 2 mit denen des Aufteilungsplans übereinstimmen.

17. Notwendigkeit einer Genehmigung

48   **a) Fremdenverkehrsfunktion.** Nach § 22 Abs. 1 BauGB kann die Begründung oder Teilung von WEigentum der Genehmigung bedürfen; Entsprechendes gilt für Wohnungserbbaurechte und Dauerwohnrechte, aber nicht für eine Vereinbarung von Bruchteileigentümern eines Grundstücks gem. § 1010 BGB (OLG Schleswig Rpfleger 2000, 492). Der Genehmigungsvorbehalt kann zur Sicherung der Zweckbestimmung von Gebieten mit Fremdenverkehrsfunktionen in einem Bebauungsplan oder einer sonstigen Satzung der Gemeinde begründet werden. Über die Genehmigung entscheidet die Baugenehmigungsbehörde im Einvernehmen mit der Gemeinde (§ 22 Abs. 5 BauGB).

49   Das GBAmt darf die von dem Genehmigungsvorbehalt erfassten Eintragungen in das GB nur vornehmen, wenn der Genehmigungsbescheid, ein Zeugnis, dass die Genehmigung als erteilt gilt (§ 22 Abs. 5 Satz 5 BauGB) oder die Freistellungserklärung der Gemeinde gem. § 22 Abs. 8 BauGB beim GBAmt eingegangen ist. Wenn die Eintragung ohne die erforderliche Genehmigung vorgenommen wurde, kann die Baugenehmigungsbehörde das GBAmt unbeschadet des § 53 Abs. 1 um Eintragung eines Widerspruchs ersuchen. Dieser ist zu löschen, wenn die Genehmigung erteilt ist oder die Baugenehmigungsbehörde darum ersucht (§ 22 Abs. 6 BauGB). Die Kenntnis davon, welche Grundstücke von dem Genehmigungsvorbehalt betroffen sind, braucht sich das GBAmt nicht selbst zu verschaffen. Die Gemeinde hat dem GBAmt einen Genehmigungsvorbehalt und seine Aufhebung mitzuteilen (§ 22 Abs. 2 und 8 BauGB). Das GBAmt ist weder berechtigt noch verpflichtet, die Wirksamkeit der dem mitgeteilten Genehmigungsvorbehalt zugrunde liegenden Satzung zu überprüfen (OLG Rostock FGPrax 2016, 209). Im Hinblick auf die Mitteilungspflicht ist für ein Negativattest kein Raum (KG FGPrax 2016, 100 und 195).

Zur Überleitung wegen der Änderungen des § 22 BauGB durch das EAG Bau v. 24.6.2004 (BGBl. I 1359), insbes. zu Ersuchen um Löschung eines Widerspruchs, s. § 244 Abs. 6 BauGB. Zum Verhältnis des § 22 BauGB zur Fremdenverkehrsdienstbarkeit s. Hiltl/Gerold BayVBl. 1993, 385 und 423 sowie BVerwG MittBayNot 1996, 237 mit Anm. v. F. Schmidt und Grziwotz MittBayNot 1996, 179 und 181.

50   **b) Zusammensetzung der Wohnbevölkerung.** Die Begründung von Wohnungs- oder Teileigentum an Gebäuden, die ganz oder teilweise zu

Wohnzwecken bestimmt sind, kann außerdem nach § 172 Abs. 1 Satz 4 BauGB einer Genehmigung bedürfen. Der Genehmigungsvorbehalt kann zur Erhaltung der Zusammensetzung der Wohnbevölkerung durch Rechtsverordnung der Landesregierung für Grundstücke in Gebieten mit einer Erhaltungssatzung begründet werden (für Bayern s. § 5 DVWoR v. 8.5.2007, GVBl. 326, der am 28.2.2024 außer Kraft tritt). Der Genehmigung bedarf, obwohl nicht ausdrücklich erwähnt, auch die Begründung von Wohnungs- oder Teilerbbaurechten (a. M. OVG Berlin-Brandenburg ZWE 2019, 293), desgleichen die Unterteilung, weil auch durch sie neues Wohnungs- oder Teileigentum begründet wird, ferner die völlige Neuaufteilung durch den Alleineigentümer (OLG München FGPrax 2015, 255). Eine Genehmigungspflicht besteht aber nicht, wenn das GBAmt im Zeitpunkt des Inkrafttretens einer Rechtsverordnung nach § 172 Abs. 1 Satz 4 BBauG auf einen zuvor gestellten Antrag auf Vollzug einer Teilungserklärung die Wohnungsgrundbücher noch nicht angelegt hat; § 878 BGB ist entsprechend anwendbar (BGH Rpfleger 2017, 133; a. M. KG FGPrax 2017, 6).

Eine nach § 172 BauGB erforderliche Genehmigung wird grundsätzlich **50.1** von der Gemeinde erteilt (§ 173 Abs. 1 BauGB). Das GBAmt darf die von dem Genehmigungsvorbehalt erfassten Eintragungen nur vornehmen, wenn der Genehmigungsbescheid, ein Zeugnis darüber, dass die Genehmigung als erteilt gilt (vgl. § 22 Abs. 5 Satz 5 BauGB) oder die Freistellungserklärung der Gemeinde gem. § 22 Abs. 8 BauGB beim GBAmt eingegangen ist; § 22 Abs. 6 BauGB gilt entsprechend (§ 172 Abs. 1 Satz 6 BauGB).

Ob eine VO i. S. des § 172 Abs. 1 Satz 4 BauGB vorliegt, die Voraussetzung **50.2** einer Genehmigungspflicht ist, hat das GBAmt von Amts wegen zu prüfen. Ist dies nicht der Fall, darf eine Genehmigung, ein Zeugnis, dass die Genehmigung als erteilt gilt oder eine Freistellungserklärung nicht verlangt werden (OLG Hamm FGPrax 1999, 132; OLG Zweibrücken Rpfleger 1999, 441; Grziwotz DNotZ 1997, 936). Dagegen braucht sich das GBAmt durch eigene Feststellungen keine Kenntnis davon zu verschaffen, ob eine Satzung i. S. des § 172 Abs. 1 Satz 1 BauGB vorliegt. Die Gemeinde hat dem GBAmt nämlich einen Genehmigungsvorbehalt und seine Aufhebung mitzuteilen; § 22 Abs. 2 Satz 3 und 4 sowie Abs. 8 BauGB gelten entsprechend (§ 172 Abs. 1 Satz 6 BauGB). Daher gibt es keine Rechtfertigung dafür, durch Zwischenverfügung ein Negativattest zu verlangen (KG FGPrax 2016, 100 und 195; s. aber auch OLG München FGPrax 2015, 255 und die Anm. v. Grziwotz MittBayNot 2016, 355 zu beiden Entscheidungen).

Die Genehmigungspflicht gilt als Verbot i. S. des § 135 BGB (Abs. 1 **50.3** Satz 5). Als geschützte Person, die im Fall des § 172 Abs. 1 Satz 6 i. V. m. § 22 Abs. 6 Satz 2 BauGB als Berechtigte des Widerspruchs einzutragen ist, kommt nur die Gemeinde in Betracht. § 172 Abs. 4 BauGB bestimmt, wann die Genehmigung zu versagen und unter welchen Voraussetzungen sie zu erteilen ist. Die Genehmigung ist unter anderem zu erteilen, wenn sich der Eigentümer verpflichtet, innerhalb von sieben Jahren Wohnungen nur an die Mieter zu veräußern (§ 172 Abs. 4 Satz 3 Nr. 6 BauGB). In diesem Fall kann in der Genehmigung bestimmt werden, dass auch die Veräußerung während der Dauer der Verpflichtung der Genehmigung bedarf. Diese Genehmigungspflicht kann auf Ersuchen der Gemeinde in das GB eingetragen werden, sie erlischt nach Ablauf der Verpflichtung (§ 172 Abs. 4 Satz 4, 5 BauGB).

50.4 Die vorläufige Untersagung der Begründung von WEigentum gemäß § 15 Abs. 1 Satz 2 i. V. m. § 172 Abs. 2 BauGB ist ein liegenschaftsbezogenes, relatives Verfügungsverbot. Es nimmt nicht am öffentlichen Glauben des GB teil, begründet keine eigene Genehmigungspflicht und bewirkt keine GBSperre. Die Verfügungsbeschränkung kann auf Antrag in das GB eingetragen werden (BGH NJW-RR 2020, 395 mit zust. Anm. v. Böttcher ZfIR 2020, 244).

18. Eintragung

51 **a) Inhalt.** Er ergibt sich aus § 7 Abs. 1 Satz 2 i. V. m. § 8 Abs. 2. Hiernach muss die Eintragung das mit dem jeweiligen Miteigentumsanteil verbundene Sondereigentum und als Beschränkung des Miteigentums die Einräumung der mit den anderen Miteigentumsanteilen verbundenen Sondereigentumsrechte ersichtlich machen. Dabei ist wegen des Gegenstands und des Inhalts des Sondereigentums nach § 7 Abs. 3 i. V. m. § 8 Abs. 2 eine Bezugnahme auf die EintrBewilligung (Teilungserklärung) statthaft (s. hierzu § 44 Rn. 31, 31.2). Die Bezugnahme umfasst auch den Aufteilungsplan als Anlage (vgl. § 7 Abs. 4 Satz 1 Nr. 1) der EintrBewilligung (Teilungserklärung), so dass auch er Gegenstand der GBEintragung wird.

Veräußerungsbeschränkungen gemäß § 12 müssen jedoch, wie § 3 Abs. 2 WGV entsprechend § 56 Abs. 2 GBV bestimmt, in den EintrVermerk selbst aufgenommen werden; wegen der Einzelheiten, einschließlich etwa vereinbarter Ausnahmen, ist aber eine Bezugnahme zulässig (KEHE/Keller § 3 WGV Rn. 8; a. M. LG Marburg Rpfleger 1960, 336; LG Mannheim Rpfleger 1963, 301; OLG Saarbrücken Rpfleger 1968, 57; LG Kempten Rpfleger 1968, 58). Da Veräußerungsbeschränkungen zum Inhalt des Sondereigentums gehören, hat das Verbot einer Bezugnahme nur formellrechtliche Bedeutung; ein Verstoß dagegen berührt die materiellrechtliche Wirksamkeit nicht (vgl. dazu LG Marburg Rpfleger 1968, 26 mit Anm. v. Haegele). Zu einer inhaltlich unzulässigen Eintragung s. § 44 Rn. 15. Zur Löschung der Veräußerungsbeschränkung auf Grund Mehrheitsbeschlusses s. Rn. 39.

52 **b) Wohnungsgrundbuch.** Für die Art der Eintragung des WEigentums ist eine von den allgemeinen Vorschriften abweichende Regelung getroffen. Nach § 7 Abs. 1 Satz 1 i. V. m. § 8 Abs. 2 sind in Durchbrechung des in § 3 Abs. 1 Satz 1 GBO verankerten Grundsatzes und in Erweiterung der in § 3 Abs. 4 GBO vorgesehenen Ausnahme (s. § 3 Rn. 27 ff.) für die einzelnen Miteigentumsanteile von Amts wegen besondere Blätter, sog. Wohnungs- bzw. Teileigentumsgrundbücher anzulegen. Bei Begründung des WEigentums durch Einigung der Miteigentümer konnte deren Anlegung bis zur Aufhebung des § 7 Abs. 2 durch das DaBaGG unterbleiben, falls hiervon Verwirrung nicht zu besorgen war. Das GBBlatt war alsdann als gemeinschaftliches Wohnungs- bzw. Teileigentumsgrundbuch zu bezeichnen. Bei Begründung des WEigentums durch Teilungserklärung des Eigentümers mussten, wie § 8 Abs. 2 Satz 1 ergibt, stets besondere Blätter angelegt werden;

unterblieb die Anlegung, so hinderte dies nach h. M. die Entstehung von WEigentum nicht (s. dazu jedoch Horber MDR 1956, 63).

c) Zentralgrundbuch. Verschiedentlich wurde vorgeschlagen, es durch eine Gesetzesänderung zu ermöglichen, bei der Anlegung von Wohnungsgrundbüchern das bisherige GBBlatt für das Grundstück als so genanntes Zentralgrundbuch weiterzuführen. Dieses könnte alle Eintragungen enthalten, die das gemeinschaftliche Grundstück und sämtliche WEigentumsrechte betreffen. In Betracht kämen die nähere Bezeichnung des Gegenstands und insbes. des Inhalts des Sondereigentums einschließlich späterer Änderungen, auch durch Mehrheitsbeschluss auf Grund einer Öffnungsklausel, ferner Belastungen des gemeinschaftlichen Grundstücks, insbes. mit Dienstbarkeiten, außerdem ein Haftungsverzeichnis zu Globalgrundpfandrechten. Die entsprechenden Eintragungen in den einzelnen Wohnungsgrundbüchern würden durch eine Bezugnahme auf das Zentralgrundbuch ersetzt (vgl. Schneider Rpfleger 2003, 70; v. Oefele/Schneider DNotZ 2004, 741). Vorgeschlagen wurde darüber hinaus, auch den Verwalter in das Zentralgrundbuch einzutragen. Kritisch zu den Vorschlägen Demharter Rpfleger 2007, 121; dagegen wiederum v. Oefele/Schneider ZMR 2007, 753.

19. Anlegung des Wohnungsgrundbuchs

a) Einzelbücher. Für die einzelnen Miteigentumsanteile sind besondere **53** Blätter anzulegen. Dabei ist nach §§ 1 bis 6 WGV (zu ihrer Anwendung im Gebiet der ehemaligen DDR s. § 10 Abs. 2, 3 WGV, § 113 GBV) wie folgt vorzugehen:

Auf dem **Blatt des Grundstücks** werden die Miteigentumsanteile in Sp. 7 und 8 des Bestandsverzeichnisses abgeschrieben; in den Abschreibungsvermerk sind die Nummern der für die Miteigentumsanteile anzulegenden Blätter anzugeben. Die das Grundstück betreffenden Eintragungen in Sp. 1 mit 6 des Bestandsverzeichnisses sowie die ausschließlich auf das Grundstück oder einen der Miteigentumsanteile bezüglichen Vermerke in den drei Abteilungen werden gerötet. Sodann ist das Blatt, falls auf ihm nicht weitere von der Abschreibung nicht betroffene Grundstücke vorgetragen sind, nach Maßgabe des § 36 GBV zu schließen. Sind die künftigen WEigentümer, was häufig der Fall sein wird, noch nicht Miteigentümer des Grundstücks, sondern ist ihnen dieses lediglich zu Miteigentum aufgelassen, so setzt die Abschreibung der Miteigentumsanteile voraus, dass die Auflassung auf dem Blatt des Grundstücks oder, wenn dieses ein gemeinschaftliches ist, auf einem neu anzulegenden und sogleich wieder zu schließenden Blatt eingetragen wird; die Auflassung der Miteigentumsanteile kann vielmehr in der ersten Abteilung der für diese anzulegenden Blätter verlautbart werden.

Die **Blätter der Miteigentumsanteile** erhalten in der Aufschrift den **54** Vermerk „Wohnungsgrundbuch" bzw. „Teileigentumsgrundbuch", im Fall des § 2 Satz 2 WGV den Vermerk „Wohnungs- und Teileigentumsgrundbuch"; er ist in Klammern unter die Nummer des Blatts zu setzen.

In das **Bestandsverzeichnis** wird der bruchteilmäßig ausgedrückte Miteigentumsanteil an dem nach den allgemeinen Vorschriften zu bezeichnenden Grundstück und unmittelbar anschließend die Begründung des WEi- **55** gentums eingetragen; besteht das Grundstück aus mehreren Teilen, die in dem maßgebenden amtlichen Verzeichnis als selbständige Teile eingetragen sind, so ist bei der Bezeichnung des Grundstücks in geeigneter Weise zum Ausdruck zu bringen, dass die Teile ein Grundstück bilden; in der Eintragung, die in dem durch Sp. 3 gebildeten Raum vorzunehmen ist, sind die Blätter der anderen Miteigentumsanteile aufzuführen. In Sp. 4 wird die Größe des Grundstücks, in Sp. 6 die Übertragung des Miteigentumsanteils eingetragen; in dem Übertragungsvermerk ist das Blatt anzugeben, auf dem das Grundstück bisher vorgetragen war (darüber, dass die unter den EintrVermerk in Sp. 6 gesetzten Unterschriften auch den das Sondereigentum betreffenden EintrVermerk in Sp. 3 decken, s. OLG Celle Rpfleger 1971, 184); der Übertragungsvermerk kann statt in Sp. 6 auch in die Eintragung in Sp. 3 aufgenommen werden. Rechte, die dem jeweiligen Eigentümer des Grundstücks zustehen und gemäß § 9 GBO vermerkt waren, werden im Bestandsverzeichnis aller Blätter vermerkt; in der Eintragung in Sp. 6 sind auch die Blätter der anderen Miteigentumsanteile aufzuführen. S. im einzelnen Muster zur WGV Anl. 1 Nr. 1 und Nr. 3 des Bestandsverzeichnisses.

56   Die **erste Abteilung** dient der Eintragung des WEigentümers. Steht das WEigentum mehreren gemeinschaftlich zu, so ist in Sp. 2 auch das in Betracht kommende Gemeinschaftsverhältnis anzugeben; dieses kann, anders als beim gewöhnlichen Miteigentumsanteil (s. § 47 Rn. 8), auch eine Bruchteilsgemeinschaft sein (s. Rn. 61). In Sp. 4 wird entweder die Übertragung des bereits bestehenden Miteigentums vermerkt oder die Auflassung des Miteigentumsanteils eingetragen.

57   In die **zweite und dritte Abteilung** werden etwaige Belastungen des Miteigentumsanteils oder des ganzen Grundstücks übertragen. Im Fall der Belastung des ganzen Grundstücks ist, soweit es sich um Grundpfandrechte oder Reallasten handelt, die Mithaft der anderen Miteigentumsanteile zum Ausdruck zu bringen. Bei einem Briefrecht muss der Brief nicht vorgelegt zu werden; die Eintragungen auf ihm sind auf Antrag zu ergänzen (§ 57 Abs. 2 GBO; § 9 Satz 2 WGV und Muster zur WGV Anl. 4). Im Übrigen ist die Übertragung in der Weise vorzunehmen, dass die Belastung des ganzen Grundstücks erkennbar ist; dabei sind auch die Blätter der anderen Miteigentumsanteile aufzuführen. S. Muster zur WGV Anl. 1 Nr. 1 der Abt. II. Zur Behandlung eines am Grundstück lastenden Vorkaufsrechts samt Rangvorbehalt s. § 45 Rn. 36.

58   **b) Gemeinschaftliches GB.** Nach § 7 Abs. 2 konnte davon abgesehen werden, besondere GBBlätter für die einzelnen Miteigentumsanteile anzulegen, sofern davon keine Verwirrung zu besorgen war. In diesem Fall wurde das GBBlatt als Gemeinschaftliches Wohnungsgrundbuch oder Teileigentumsgrundbuch geführt. Die nähere grundbuchmäßige Darstellung war in § 7 WGV geregelt und aus dem Muster zur WGV Anlage 2 ersichtlich.

Das gemeinschaftliche Wohnungsgrundbuch hat in der Praxis keine Bedeutung erlangt. Überdies lässt es sich beim Datenbankgrundbuch nicht strukturell darstellen. § 7 Abs. 2 WEG sowie § 7 WGV und das Muster Anl. 2 wurden daher durch das DaBaGG aufgehoben. Die Überleitung regelt der an § 10 WGV angefügte Abs. 4. Danach sollen besondere GBBlätter bei der nächsten, das WEigentum betreffenden Eintragung angelegt werden, spätestens jedoch bei Anlegung des Datenbankgrundbuchs.

20. Freie Verfügbarkeit

Als besonders ausgestaltetes Bruchteilseigentum unterliegt das WEigentum **59** nach § 747 Satz 1 BGB der freien Verfügung des WEigentümers. Er kann es daher nach den für Miteigentumsanteile an Grundstücken geltenden Vorschriften veräußern und belasten; rechtlich geschieht dies in der Weise, dass der Miteigentumsanteil veräußert oder belastet wird; die Verfügung erstreckt sich dann nach § 6 Abs. 2 ohne weiteres auf das mit dem Miteigentumsanteil verbundene Sondereigentum (OLG Düsseldorf Rpfleger 2019, 710). Der WEigentümer ist auch befugt, sein WEigentum in mehrere selbstständige WEigentumsrechte zu unterteilen (s. Rn. 72). Ein Verzicht auf das WEigentum entsprechend § 928 BGB ist nicht möglich (s. Anh. zu § 44 Rn. 4). Zur Inhaltsänderung s. Rn. 77. Zur Vereinigung von WEigentumsrechten s. § 5 Rn. 5; zur Zuschreibung s. § 6 Rn. 5. Zu Vereinigung und Unterteilung von WEigentum s. DNotI-Report 2004, 85.

21. Veräußerung

a) Voraussetzungen. Die Veräußerung erfordert Auflassung und Eintra- **60** gung in das GB. Es gelten §§ 925, 925a BGB sowie § 20 GBO. Durch die Schenkung von WEigentum erlangt ein Minderjähriger stets nicht lediglich einen rechtlichen Vorteil (§ 107 BGB), so dass die Einwilligung seines gesetzlichen Vertreters, nicht aber auch eine familiengerichtliche Genehmigung erforderlich ist (BGH FGPrax 2011, 21 mit zust. Anm. v. Elzer ZfIR 2011, 28; s. dazu auch § 19 Rn. 65 und § 20 Rn. 45–45.3). Ist zur Veräußerung des WEigentums zufolge einer Vereinbarung der WEigentümer die Zustimmung anderer WEigentümer oder eines Dritten erforderlich (s. Rn. 34), so muss diese dem GBAmt nachgewiesen werden. Zur Eintragung des Erwerbers bedarf es ferner der Unbedenklichkeitsbescheinigung der Finanzbehörde (s. § 20 Rn. 48). Gemeindliche Vorkaufsrechte bestehen bei der Veräußerung von Rechten nach dem WEG nicht (§ 24 Abs. 2, § 25 Abs. 2 Satz 1 BauGB).

Wird das WEigentum auf mehrere Personen zu Bruchteilen übertragen, so **61** entsteht, anders als bei der Übertragung eines gewöhnlichen Miteigentumsanteils (s. § 47 Rn. 8), zwischen den Erwerbern eine besondere Gemeinschaft nach §§ 741 ff. BGB (OLG Neustadt NJW 1960, 295 mit Anm. v. Bärmann; s. auch Weitnauer DNotZ 1960, 115; BGH Rpfleger 1968, 114).

b) Teilweise Veräußerung. Eine teilweise Veräußerung des WEigentums **62** in dem Sinn, dass lediglich das Sondereigentum veräußert wird, ist durch § 6 Abs. 1 ausgeschlossen. Möglich ist jedoch die Veräußerung von WEigentum zu einem ideellen Bruchteil. Auch kann, wenn das WEigentum mehrere in sich abgeschlossene Wohnungseinheiten umfasst, eine von ihnen mit einem Teil des Miteigentumsanteils veräußert werden (vgl. dazu auch BGH Rpfleger 1968, 114). Ferner kann ein WEigentümer einzelne Teile des Sondereigentums, z. B. das an einzelnen Räumen, ohne gleichzeitige Übertragung eines Miteigentumsanteils an einen anderen WEigentümer veräußern, mit dessen Miteigentumsanteil das übertragene Sondereigentum zu verbinden ist (OLG München FGPrax 2017, 207). § 6 Abs. 1 hindert zwei WEigentümer auch nicht, ihr Sondereigentum unter Beibehaltung ihres jeweiligen Miteigentumsanteils untereinander teilweise oder vollständig auszutauschen. Schließlich können die WEigentümer auch ihre Miteigentumsanteile ohne Änderung des zugehörigen Sondereigentums untereinander verkleinern und vergrößern. Näheres hierzu s. Rn. 46.1, 87.

63   Einer Mitwirkung der übrigen WEigentümer bedarf es in diesen Fällen nicht; jedoch ist die Zustimmung dinglich Berechtigter erforderlich. Die Übertragung eines Teils des Sondereigentums auf einen anderen WEigentümer bedarf grundbuchrechtlich nicht deshalb der Bewilligung der übrigen WEigentümer und dinglich Berechtigten, weil die Abgeschlossenheit des vergrößerten WEigentums nur durch einen Durchbruch durch die im Gemeinschaftseigentum stehende Decke hergestellt werden kann (BayObLG FGPrax 1998, 52 mit zust. Anm. v. Röll MittBayNot 1998, 81). Erforderlich ist jedoch eine Abgeschlossenheitsbescheinigung und ein Aufteilungsplan, es sei denn, es werden von vorneherein bereits in sich abgeschlossene Räume, z.B. eine von zwei Wohnungen, übertragen (OLG Zweibrücken ZMR 2001, 663; s. auch Rn. 46). Wegen des grundbuchamtlichen Vollzugs s. Muster zur WGV Anl. 1 Nr. 1 und Nr. 2 des Bestandsverzeichnisses.

64   **c) Sonstiges.** Zur Rechtslage, wenn bei Verkauf und Auflassung einer Eigentumswohnung beide Parteien irrtümlich einen falschen Keller als zu der Wohnung gehörend betrachten, s. BayObLG 1996, 149. Bei Veräußerung des WEigentums an einen anderen WEigentümer behält jedes WEigentum seine rechtliche Selbständigkeit. Wegen der Schenkung von WEigentum an einen Minderjährigen s. Rn. 60. Zur Vormerkung zur Sicherung des Erwerbs eines erst zu begründenden WEigentums s. Anh. zu § 44 Rn. 112. Zu dem auf den Erwerb eines erst zu begründenden WEigentums gerichteten Vorkaufsrecht s. Anh. zu § 44 Rn. 82.

22. Belastung

65   **a) Voraussetzungen.** Das WEigentum kann zunächst mit all den beschränkten dinglichen Rechten belastet werden, die an einem gewöhnlichen Miteigentumsanteil begründet werden können, also mit Grundpfandrechten (§§ 1114, 1192, 1199 BGB), mit einer Reallast (§ 1106 BGB), einem Vorkaufsrecht (§ 1095 BGB) und einem Nießbrauch (vgl. § 1066 BGB). Die Belastung erfordert Einigung und Eintragung in das GB. Es gelten § 873 BGB und § 19 GBO. Der jeweilige Eigentümer eines WEigentums kann auch Berechtigter eines subjektiv-dinglichen Rechts sein (s. § 9 Rn. 3).

66   **b) Dienstbarkeit.** Wegen der mit einem WEigentum verbundenen Herrschaftsmacht über einen realen Teil des Gebäudes ist grundsätzlich auch seine Belastung mit einer Grunddienstbarkeit oder beschränkten persönlichen Dienstbarkeit zulässig. Dies gilt nicht nur für den Fall, dass ihre Ausübung, wie z.B. bei einem dinglichen Wohnungsrecht nach § 1093 BGB oder einem Wettbewerbsverbot, allein das Sondereigentum betrifft (so KG

DNotZ 1968, 750; BayObLG Rpfleger 1988, 62; weitergehend OLG Hamm Rpfleger 1980, 468; s. hierzu auch Zimmermann Rpfleger 1981, 333), sondern auch dann, wenn ein mit dem Sondereigentum an den Räumen verbundenes alleiniges Gebrauchsrecht an Gebäudeteilen betroffen wird, die im Gemeinschaftseigentum stehen.

Deshalb kann ein WEigentum zugunsten des jeweiligen Eigentümers einer anderen Wohnung mit einer Grunddienstbarkeit in der Weise belastet werden, dass ein Fenster ständig geschlossen zu halten ist (BGH Rpfleger 1989, 452; zum Sondernutzungsrecht als Ausübungsbereich s. Rn. 68). Zulässig ist auch eine Grunddienstbarkeit, durch die einem anderen WEigentümer die Mitbenutzung eines der im Sondereigentum stehenden Räume und der Zugang zu diesem durch andere Räume gestattet wird (OLG Zweibrücken MittBayNot 1993, 86), ferner eine Grunddienstbarkeit, die einen anderen WEigentümer zur Nutzung einzelner Räume eines WEigentums zu Wohnzwecken berechtigt (OLG Zweibrücken FGPrax 1997, 133; a.M. KG FGPrax 1995, 226 mit kritischer Anm. v. Demharter). Das Recht zur Benutzung eines Kfz-Stellplatzes kann als Dienstbarkeit an einem Teileigentum auch dann eingetragen werden, wenn das Sondereigentum nur aus dem Stellplatz besteht (BayObLG Rpfleger 1988, 62). Möglich ist die Belastung eines WEigentums nicht nur mit einem Wohnungsrecht gemäß § 1093 BGB (s. dazu Anh. zu § 44 Rn. 29), sondern auch mit einem Dauerwohnrecht nach § 31 (s. Anh. zu § 44 Rn. 123).

c) Nicht zulässiger Inhalt einer Dienstbarkeit. Dagegen kann die **67** Verpflichtung eines WEigentümers, es zu unterlassen, Wärme oder Wärmeenergie zum Zweck der Raumbeheizung und der Bereitung von Gebrauchswarmwasser zu beziehen, außer aus der im Bereich eines bestimmten Teileigentums gewerblich betriebenen Wärmeversorgungsanlage, aber nicht Inhalt einer Grunddienstbarkeit sein (BayObLG 1976, 219; s. hierzu auch BayObLG MittBayNot 1978, 213; Rpfleger 1980, 279, aber auch BGH WM 1984, 820; 1985, 808); ebenso wenig die Verpflichtung eines WEigentümers, die Wohnung der WEigentümergemeinschaft unentgeltlich als Hausmeisterwohnung zur Verfügung zu stellen (BayObLG Rpfleger 1980, 150). Auch kann ein Teileigentum (Tiefgaragenstellplatz) nicht mit einem Wohnungsrecht belastet werden (BayObLG Rpfleger 1986, 62). Nicht möglich ist die Belastung eines WEigentums mit einer beschränkten persönlichen Dienstbarkeit, die über einen Bergschadensverzicht hinaus eine Duldungsverpflichtung hinsichtlich der Einwirkungen aus dem Bergbaubetrieb des Dienstbarkeitsberechtigten beinhaltet (OLG Hamm FGPrax 2006, 145).

d) Sondernutzungsrecht. Das Sondernutzungsrecht eines WEigentü- **68** mers am gemeinschaftlichen Eigentum kann nicht selbständig mit einer Dienstbarkeit belastet werden. Ausübungsbereich einer an einem WEigentum lastenden Grunddienstbarkeit kann aber eine Sondernutzungsfläche sein, die dem belasteten WEigentum zugeordnet ist; diese kann auch den alleinigen Ausübungsbereich darstellen (a.M. BayObLG Rpfleger 1997, 431 mit abl. Anm. v. Ott DNotZ 1998, 128; 31. Auflage). Berechtigt die Dienstbarkeit zur Nutzung von WEigentum, umfasst die Berechtigung grundsätzlich auch die Nutzung der diesem zugeordneten Sondernutzungsfläche. Dies muss nicht schlagwortartig im EintrVermerk gekennzeichnet sein; es genügt die Bezugnahme auf die EintrBewilligung. Zur Erstreckung des Wohnungsrechts an einem WEigentum auf ein Sondernutzungsrecht des WEigentümers s. Anh. zu § 44 Rn. 29.3. Bei der Gesamtbelastung des Grundstücks und damit aller WEigentumsrechte mit einer Dienstbarkeit ist es zulässig, deren Ausübungsbereich auf einen Teil des gemeinschaftlichen Eigentums zu erstrecken, für den ein Sondernutzungsrecht besteht; die Dienstbarkeit geht der Nutzungsbefugnis am gemeinschaftlichen Eigentum vor (OLG München NJW-RR 2013, 1483).

69 **e) Sonstiges.** Mit Rechten, die ihrer Natur nach nicht an dem WEigentum als solchem bestehen können, z. B. mit einem Wegerecht, kann nur das im gemeinschaftlichen Eigentum stehende Grundstück belastet werden. In diesem Fall kann Berechtigter, auch einer Grunddienstbarkeit, einer der WEigentümer dieser Gemeinschaft sein. S. hierzu Rn. 96 und zum grundbuchamtlichen Vollzug Rn. 98. Zum Erlöschen einer am ganzen Grundstück eingetragenen Dienstbarkeit, wenn diese bei Versteigerung eines WEigentums an diesem nicht bestehen bleiben soll, s. Anh. zu § 44 Rn. 11.

70 Der Antrag, noch nicht gebildetes WEigentum mit einem Grundpfandrecht zu belasten, kann nicht als Antrag auf Belastung des eingetragenen Miteigentumsanteils an dem Grundstück ausgelegt werden; auch kann nicht durch Zwischenverfügung eine dahingehende Einschränkung des Antrags aufgegeben werden (OLG Hamm Rpfleger 1983, 395). Zu dem Fall, dass der Eigentümer eines Grundstücks vor der Bildung von WEigentum durch Vollzug der Teilungserklärung, aber nach dem darauf gerichteten Antrag die Belastung eines WEigentums mit einem Grundpfandrecht beantragt, s. § 17 Rn. 7, 14.

71 Eine Pfändung des WEigentums nach § 857 ZPO ist, entsprechend der Rechtslage beim gewöhnlichen Miteigentumsanteil unzulässig (s. hierzu Anh. zu § 26 Rn. 5). Belastungsbeschränkungen können nicht zum Inhalt des Sondereigentums gemacht werden; eine Ausnahme gilt aber bezüglich der Belastung mit Gebrauchsrechten, s. Rn. 33.

23. Unterteilung

72 Sie ist in der Weise möglich, dass die bisherige Raumeinheit in mehrere in sich wiederum abgeschlossene Raumeinheiten aufgeteilt und Hand in Hand hiermit eine weitere ideelle Aufteilung des Miteigentums vorgenommen wird; eine gleichzeitige Veräußerung eines der Teilrechte ist nicht Voraussetzung der Unterteilung (BGH Rpfleger 1968, 114; BayObLG Rpfleger 1977, 140).

73 **a) Fehlerhafte Unterteilung.** Wird bei der Unterteilung eines WEigentums ein Raum, der bisher zum Sondereigentum gehörte, nicht als Sondereigentum mit einem Miteigentumsanteil verbunden, so ist die Unterteilung nichtig. Die GBEintragungen, die eine solche Unterteilung vollziehen, sind inhaltlich unzulässig und können nicht Grundlage für einen Erwerb kraft öffentlichen Glaubens des GB sein (BayObLG Rpfleger 1988, 102; 1996, 240; OLG München Rpfleger 2007, 459). Dasselbe gilt, wenn bei der Unterteilung eines WEigentums aus den zu diesem gehörenden, nach der Teilungs-erklärung nicht der Nutzung zu Wohnzwecken dienenden Räumen ein neues WEigentum gebildet und damit insoweit die Zweckbestimmung ge-ändert wird (BGH FGPrax 2015, 101; s. auch Rn. 95). Nichts anderes gilt schließlich für eine Eintragung, welche dieselben Räume sowohl als Sonder-eigentum als auch als Gemeinschaftseigentum darstellt (BayObLG Rpfleger 1988, 256) oder ausschließlich Gemeinschaftseigentum als Sondereigentum ausweist (BGH Rpfleger 2005, 17). Werden bei einem der neu gebildeten WEigentumsrechte als Sondereigentum auch im gemeinschaftlichen Eigen-tum stehende Räume ausgewiesen, liegt nur insoweit eine inhaltlich unzuläs-sige Eintragung vor; die Unterteilung ist nicht insgesamt inhaltlich unzulässig (BayObLG FGPrax 1998, 88).

Zur Unzulässigkeit der Bildung von Mitsondereigentum s. Rn. 22. Zu in-haltlich unzulässigen Eintragungen im Zusammenhang mit der Unterteilung von WEigentum s. auch § 53 Rn. 47 und OLG Karlsruhe FGPrax 2014, 49.

b) Erforderliche Erklärungen. Die Unterteilung ohne gleichzeitige **74** Veräußerung eines der Teilrechte erfordert entsprechend § 8 eine einseitige Erklärung des teilenden WEigentümers gegenüber dem GBAmt (Unterte-lungserklärung); bei gleichzeitiger Veräußerung eines der Teilrechte erfolgt sie auf Grund des Veräußerungsvertrags zwischen diesem und dem Erwerber (BGH Rpfleger 1968, 114). Die Zustimmung der dinglich Berechtigten ist nicht erforderlich. Die Belastungen des ursprünglichen WEigentums beste-hen an den neuen WEigentumsrechten fort und werden, soweit dies möglich ist, zu Gesamtrechten. Ein neues WEigentumsrecht kann aber gem. § 1026 BGB von einer Belastung kraft Gesetzes frei werden.

Die Unterteilungserklärung betrifft ausschließlich den Gegenstand der Unterteilung. Im Verhältnis zu den übrigen WEigentümern bleiben die Be-stimmungen der ursprünglichen Teilungserklärung und die darin mit dingli-cher Wirkung getroffenen Vereinbarungen maßgebend, auch wenn auf sie bei Eintragung der Unterteilung nicht ausdrücklich Bezug genommen wird (BGH FGPrax 2015, 101 mit Anm. v. Theilig NotBZ 2015, 291; ablehnend Böttcher ZfIR 2015, 495). Die Unterteilungserklärung und die ursprüngli-che Teilungserklärung dürfen sich inhaltlich nicht widersprechen.

c) Zustimmungserfordernisse. Der WEigentümer bedarf zur Unterte-lung **75** nach dem Gesetz nicht der Zustimmung anderer WEigentümer oder eines Dritten (z. B. der Grundpfandrechtsgläubiger); die Unterteilung kann jedoch in entsprechender Anwendung des § 12 durch eine Vereinbarung der WEigentümer oder die Teilungserklärung mit der Einschränkung von einer solchen Zustimmung abhängig gemacht werden, dass diese nur aus wichti-gem Grund versagt werden darf (BGH Rpfleger 1968, 114; BayObLG Rpfleger 1986, 177; 1991, 455). Gleiches gilt für die gleichzeitige oder späte-re Veräußerung eines der Teilrechte (BGH Rpfleger 1979, 96; BayObLG 1983, 82). Soll jedoch im Zusammenhang mit der Unterteilung ein bisher im Sondereigentum stehender Raum zu Gemeinschaftseigentum werden, müssen hierzu die übrigen WEigentümer mitwirken (s. Rn. 93). Nach Maß-gabe des § 22 BauGB kann die Teilung von WEigentum der Genehmigung der Baugenehmigungsbehörde unterliegen; s. hierzu Rn. 48. S. zum Ganzen

Müller, Zustimmung bei Unterteilung von Wohnungs- oder Teileigentum,
ZWE 2012, 22.

76   **d) Eintragung der Unterteilung.** Hierzu sind in entsprechender Anwendung von § 8 Abs. 2 Satz 2 i.V.m. § 7 Abs. 4 Nr. 1, 2 ein die Unterteilung darstellender Aufteilungsplan (Unterteilungsplan) sowie eine Abgeschlossenheitsbescheinigung der Baubehörde für jedes der neu gebildeten
WEigentumsrechte vorzulegen; dies gilt auch dann, wenn durch die Unterteilung eine früher vorgenommene Vereinigung von zwei WEigentumsrechten rückgängig gemacht wird (BayObLG NJW-RR 1994, 716); dies gilt aber
nicht, wenn von vorneherein bereits in sich abgeschlossene Räume, z.B. zwei
Wohnungen, durch Unterteilung getrennt werden (OLG Zweibrücken
ZMR 2001, 663). Anhand der vorgelegten Unterlagen hat das GBAmt in
eigener Verantwortung zu prüfen, ob die neu gebildeten WEigentumsrechte
jeweils in sich abgeschlossen sind. Dies setzt einen eigenen Zugang voraus,
der nicht gegeben ist, wenn ein WEigentum nur über das Sondereigentum
eines anderen zugänglich ist (OLG München FGPrax 2019, 5).

Zum Umfang einer Bezugnahme bei Eintragung einer Unterteilung s.
BayObLG Rpfleger 1988, 103. Zur Darstellung der Unterteilung im GB s.
LG Lübeck Rpfleger 1988, 102. S. zum Ganzen Röll DNotZ 1993, 158.

24. Nachträgliche Änderungen

77   Sie können den Inhalt des Sondereigentums (s. Rn. 82), die Zusammensetzung von Miteigentumsanteil am Gemeinschaftseigentum und Sondereigentum (s. Rn. 87) oder die Zweckbestimmung als Wohnungs- oder
Teileigentum (s. Rn. 95) betreffen. Zur Identität eines WEigentums bei Veränderungen des gemeinschaftlichen Eigentums und bei Änderung der Gemeinschaftsordnung zwischen Auflassung und Eintragung s. BayObLG
Rpfleger 1984, 408.

78   **a) Voraussetzungen.** In allen Fällen ist gem. §§ 873, 877 BGB grundsätzlich die Einigung der betroffenen WEigentümer und die Eintragung in
das GB erforderlich. Soweit die Änderung die Miteigentumsanteile betrifft
(Quotenänderung; s. Rn. 89), ist auf die Einigung § 925 BGB anzuwenden
und auf die GBEintragung § 20 GBO (BayObLG DNotZ 1983, 752). Soweit nur der Gegenstand des Sondereigentums betroffen ist (s. Rn. 87 ff.),
bedarf die Einigung der Form der Auflassung (§ 4 Abs. 1, 2); § 20 GBO gilt
für die GBEintragung aber nicht (vgl. Rn. 41); daher genügt die Bewilligung
des von der Änderung rechtlich beeinträchtigten WEigentümers. Außerdem
ist grundsätzlich eine Abgeschlossenheitsbescheinigung mit Aufteilungsplan
für die betroffenen Wohnungen erforderlich. Soweit die Änderung schließlich nur den Inhalt des Sondereigentums betrifft (s. Rn. 82 ff., 95), bedarf die
Einigung keiner besonderen Form; für die GBEintragung gilt § 19 GBO.
Zur Bindung an die dingliche Einigung entsprechend §§ 877, 873 Abs. 2
BGB s. BayObLG Rpfleger 2001, 404. Zur Notwendigkeit der Zustimmung
(Bewilligung) der Berechtigten einer Eigentumsvormerkung s. Rn. 80.

79   **b) Zustimmung dinglich Berechtigter.** Ist ein WEigentum mit dem
Recht eines Dritten belastet und wird dieses auch nur möglicherweise recht-

lich und nicht bloß wirtschaftlich nachteilig berührt, so ist nach §§ 876, 877 BGB außerdem die Zustimmung des Dritten und damit grundbuchrechtlich seine EintrBewilligung gem. § 19 GBO (s. § 19 Rn. 53) erforderlich. Sie kann nicht durch eine im GB eingetragene Vereinbarung ausgeschlossen werden (BayObLG Rpfleger 2005, 136 mit zust. Anm. v. Röll DNotZ 2005, 392). Nicht rechtlich nachteilig berührt werden allerdings diejenigen dinglichen Rechte, mit denen das Grundstück als Ganzes oder jedes WEigentumsrecht belastet ist (BayObLG Rpfleger 1974, 314; OLG Frankfurt Rpfleger 1975, 309; vgl. BGH Rpfleger 1984, 408 und Rn. 17).

Bei Vereinbarungen über das Verhältnis der WEigentümer untereinander (§ 5 Abs. 4, § 10 Abs. 2 Satz 2, Abs. 3) gilt für die Zustimmung dinglich Berechtigter die durch das Ges. v. 26.3.2007 (BGBl. I 370) geschaffene Sonderregelung des § 5 Abs. 4 Satz 2, 3. Danach ist zu einer Vereinbarung die Zustimmung des Gläubigers eines Grundpfandrechts oder einer Reallast nur erforderlich, wenn ein Sondernutzungsrecht aufgehoben, geändert oder übertragen wird. Erforderlich ist dessen Zustimmung ferner dann, wenn ein Sondernutzungsrecht begründet wird, es sei denn, es wird gleichzeitig auch das zu seinen Gunsten belastete WEigentum mit einem Sondernutzungsrecht verbunden; diesem Fall wird der Tausch von Sondernutzungsrechten zwischen zwei Wohnungseigentümern gleichgestellt (Böttcher Rpfleger 2009, 181, 194). Das Gesetz verlangt weder Gleichartigkeit noch Gleichwertigkeit der Sondernutzungsrechte (OLG München FGPrax 2013, 109). Die Nachprüfung einer solchen Vorgabe wäre dem GBAmt in der Regel auch nicht möglich (OLG Köln FGPrax 2018, 62). Nicht entbehrlich ist die Zustimmung der Gläubiger von Grundpfandrechten oder Reallasten, wenn die mit jedem WEigentum verbundenen Sondernutzungsrechte aufgehoben und gleichzeitig neue Sondernutzungsrechte begründet und mit jedem WEigentum verbunden werden (OLG München Rpfleger 2009, 562; MittBayNot 2014, 244; OLG Köln FGPrax 2018, 62 mit kritischer Anm. v. Heinemann ZflR 2018, 624).

Die wirksam gewordene Zustimmung eines dinglich Berechtigten ist unwiderruflich (§ 876 Satz 3 BGB) und bindet vorbehaltlich eines gutgläubigen Erwerbs auch dessen Rechtsnachfolger (OLG Hamm Rpfleger 1995, 246). Zur Ersetzung der Zustimmung durch ein Unschädlichkeitszeugnis s. § 19 Rn. 11.

c) Berechtigter einer Eigentumsvormerkung. Betrifft die Änderung **80** Vereinbarungen der WEigentümer über ihr Verhältnis untereinander, die als Inhalt des Sondereigentums im GB eingetragen sind, ist außerdem die Zustimmung (Bewilligung) derjenigen erforderlich, zu deren Gunsten eine Eigentumsvormerkung eingetragen ist (BayObLG Rpfleger 1994, 17, zugleich zur Auslegung einer Vollmacht zur Änderung, mit kritischer Anm. v. Röll DNotZ 1994, 237; ferner OLG Düsseldorf Rpfleger 1997, 305; OLG Stuttgart MittBayNot 1997, 370; OLG Frankfurt FGPrax 1998, 85). Fehlt die Zustimmung, wird das GB unrichtig; § 888 Abs. 1 BGB ist nicht anwendbar. Dem Vormerkungsberechtigten steht vor seiner Eintragung als Eigentümer kein eigener GBBerichtigungsanspruch zu (BayObLG Rpfleger 1999, 178). Er ist auch nicht berechtigt, die Eintragung einer Vereinbarung zu beantragen

(KG DNotZ 2004, 149; OLG Zweibrücken FGPrax 2007, 161). Die Zustimmung (Bewilligung) des Berechtigten einer Eigentumsvormerkung ist jedoch dann nicht erforderlich, wenn die Vormerkung zugleich mit der Anlegung der Wohnungsgrundbücher eingetragen wird und dabei vom Gesetz abweichende Bestimmungen über das Gemeinschaftsverhältnis zum Inhalt des Sondereigentums gemacht werden (BayObLG Rpfleger 1999, 123). Auch zu einer Änderung der Zusammensetzung von Gemeinschaftseigentum und Sondereigentum durch Umwandlung von Gemeinschaftseigentum in Sondereigentum (s. Rn. 91) ist die Bewilligung der Berechtigten einer Eigentumsvormerkung an einem WEigentum erforderlich (KG FGPrax 2015, 152; OLG Köln FGPrax 2016, 60). Gleiches gilt für die Umwandlung von Sondereigentum in Gemeinschaftseigentum (s. Rn. 93).

81 **d) Sonstiges.** S. zum Folgenden auch Böhringer, Begründung und spätere Änderungen von Sondernutzungsrechten, NotBZ 2003, 285; Schüller, Änderungen von Teilungserklärungen und Gemeinschaftsordnungen, RNotZ 2011, 203; Krause, Die Änderung von Teilungserklärungen aufgrund von Vollmachten oder Änderungsvorbehalten, NotBZ 2001, 433 und 2002, 11, und dazu Weigl NotBZ 2002, 325; Armbrüster, Änderungsvorbehalte und -vollmachten zugunsten des aufteilenden Bauträgers, ZMR 2005, 244. Zur Unterteilung s. Rn. 73. Zur erforderlichen Bestimmtheit einer Vollmacht, die Teilungserklärung zu ändern, ferner zu ihrer Wirksamkeit im Hinblick auf die Bestimmungen über Allgemeine Geschäftsbedingungen, s. § 19 Rn. 76.

25. Änderung des Inhalts von Sondereigentum

82 Sollen als Inhalt des Sondereigentums im GB einzutragende Sondernutzungsrechte nachträglich begründet oder schon begründete nachträglich geändert oder aufgehoben werden, so kann dies nicht durch Mehrheitsbeschluss geschehen, der nichtig wäre (BGH NJW 2000, 3500). Die übrigen WEigentümer können jedoch unter den Voraussetzungen des § 10 Abs. 2 Satz 3 die dauerhafte Änderung oder Aufhebung eines Sondernutzungsrechts gegen den Willen des Sondernutzungsberechtigten herbeiführen (s. dazu BGH NJW-RR 2018, 776). In diesem Fall ist der Berechtigte einer Dienstbarkeit, die sich auf die Sondernutzungsfläche erstreckt, zur Zustimmung verpflichtet.

a) Voraussetzungen. Grundsätzlich ist zu einer Änderung oder Aufhebung eines Sondernutzungsrechts sachlichrechtlich die Einigung sämtlicher betroffener WEigentümer (OLG Frankfurt OLGZ 1986, 38; OLG Köln ZMR 1993, 428) und im Hinblick auf § 10 Abs. 3 die Eintragung in deren GB erforderlich, außerdem die Zustimmung der nachteilig betroffenen dinglich Berechtigten (OLG Hamm Rpfleger 1995, 246) und der Berechtigten einer Eigentumsvormerkung (s. Rn. 80), die nicht durch eine im GB eingetragene Vereinbarung ausgeschlossen werden kann. Nach OLG Hamm Rpfleger 2016, 290 ist bei einem minderjährigen oder unter Betreuung stehenden WEigentümer gemäß § 1821 Abs. 1 Nr. 1 BGB außerdem eine familiengerichtliche oder betreuungsgerichtliche Genehmigung erforderlich. Für die Zustimmung der Gläubiger eines Grundpfandrechts oder einer Reallast gilt die Sonderregelung des § 5 Abs. 4 Satz 2, 3 (s. dazu Rn. 79). Verfahrensrechtlich ist die Bewilligung derjenigen Berechtigten erforderlich aber auch ausreichend, deren Recht durch die Eintragung im Sinn des § 19 GBO betroffen wird (OLG Frankfurt FGPrax 1998, 85).

b) Aufhebung eines Sondernutzungsrechts. Ein Sondernutzungsrecht kann, weil es kein dingliches Recht ist, sachlichrechtlich nicht durch einseitige Erklärung des Sondernutzungsberechtigten aufgegeben werden; verfahrensrechtlich genügt zur Eintragung der Aufhebung jedoch dessen Bewilligung (BGH Rpfleger 2001, 69 mit Anm. v. Demharter WuM 2001, 103 und Häublein ZMR 2001, 120; OLG Düsseldorf RNotZ 2013, 356; s. dazu auch Ott ZMR 2002, 7). Zur Aufhebung eines Sondernutzungsrechts durch den teilenden Alleineigentümer in einer letztwilligen Verfügung s. BayObLG FGPrax 2005, 107 mit Anm. v. Hügel ZErb 2005, 381.

Das zum Sondernutzungsrecht Ausgeführte gilt für sonstige Vereinbarungen der WEigentümer gem. § 10 Abs. 2 Satz 2 mit der Einschränkung entsprechend, dass die Zustimmung der Gläubiger eines Grundpfandrechts oder einer Reallast nicht erforderlich ist (§ 5 Abs. 4 Satz 2; s. Rn. 79). Eine notwendige Zustimmung dinglich Berechtigter kann durch ein Unschädlichkeitszeugnis ersetzt werden (s. dazu § 19 Rn. 11).

c) Zustimmungserfordernisse. Die Eintragung des Rechts zur Son- **83** dernutzung einer bestimmten Grundstücksfläche als Kfz-Stellplatz bedarf der Zustimmung des Berechtigten einer Dienstbarkeit, die zur Mitbenutzung derselben Fläche als Kinderspielplatz berechtigt (BayObLG FGPrax 2002, 149 mit abl. Anm. v. Röll NZM 2002, 601 und MittBayNot 2002, 398). Wird bestimmten Miteigentümern jeweils das Sondernutzungsrecht an einem bestimmten Kfz-Abstellplatz eingeräumt, soll zur Eintragung dieser Vereinbarung, die eine rechtlich nachteilige Inhaltsänderung des Sondereigentums der von dem bisherigen Mitgebrauch künftig ausgeschlossenen Miteigentümer darstellt, die Zustimmung dinglich berechtigter Dritter auch dann erforderlich sein, wenn bereits die Teilungserklärung eine entsprechende Zuweisung der Abstellplätze vorsah (BGH DNotZ 1984, 695 mit abl. Anm. v. Schmidt; s. hierzu auch Hörer Rpfleger 1985, 108). Die nachträgliche Vereinbarung einer Öffnungsklausel, die dazu ermächtigt, den Inhalt des Sondereigentums durch Mehrheitsbeschluss zu ändern, bedarf zu ihrer Eintragung nicht der Zustimmung dinglich Berechtigter (OLG Düsseldorf FGPrax 2004, 99 mit kritischer Anm. v. Becker DNotZ 2004, 642).

d) Übertragung eines Sondernutzungsrechts. Ein WEigentümer **84** kann sein im GB als Inhalt des Sondereigentums eingetragenes Sondernutzungsrecht unter Mitwirkung der dinglich Berechtigten an seinem WEigentum ganz oder teilweise auf einen anderen WEigentümer übertragen; die übrigen WEigentümer und die dinglich Berechtigten an deren WEigentum müssen dabei nicht mitwirken (BGH Rpfleger 1979, 57; BayObLG MittBayNot 1999, 180; OLG München ZWE 2017, 32). Zum Inhalt des Sondereigentums derjenigen WEigentümer, denen das Recht zum Mitgebrauch entzogen ist, wird nämlich nur dieser Ausschluss der eigenen Berechtigung (negative Komponente), nicht jedoch auch die Zuordnung des Nutzungsrechts zu einem bestimmten WEigentum (positive Komponente); demzufolge werden diese WEigentümer durch eine Übertragung des Sondernutzungsrechts nicht berührt. Bei der Ausschlusswirkung bleibt es auch dann, wenn die Übertragung nur bei dem abgebenden, nicht aber auch bei dem aufnehmenden WEigentum eingetragen ist. Diese Eintragung muss nachgeholt werden, bevor eine Weiterübertragung des Sondernutzungsrechts eingetragen wird (OLG München Rpfleger 2017, 144). Zulässig ist es, die Übertragung in entsprechender Anwendung des § 12 von der Zustimmung der übrigen WEigentümer oder eines Dritten, etwa des Verwalters, abhängig zu machen (BGH Rpfleger 1979, 57; BayObLG Rpfleger 1985, 292; OLG Hamm Rpfleger 1997, 376). Entsprechendes gilt für einen Tausch von Sondernutzungsrechten mit der Einschränkung, dass es einer Zustimmung derjenigen Gläubiger nicht bedarf, zu deren Gunsten an den Wohnungen Grundpfandrechte oder Reallasten eingetragen sind (s. dazu Rn. 79).

Ein nicht im GB als Inhalt des Sondereigentums eingetragenes, bloß schuldrechtliches Sondernutzungsrecht kann ohne GBEintragung formlos durch Abtretung auf einen anderen WEigentümer übertragen werden. Soll das Sondernutzungsrecht sodann in das GB eingetragen werden, ist die Mitwirkung aller WEigentümer erforderlich (OLG München ZWE 2012, 367; Rpfleger 2013, 514; OLG Zweibrücken NotBZ 2013, 485; OLG Frankfurt MittBayNot 2017, 48; ablehnend F. Schmidt ZWE 2012, 368; ZWE 2014, 403; MittBayNot 2015, 38).

Ein Sondernutzungsrecht ist nicht pfändbar, auch nicht zugunsten eines anderen WEigentümers der Gemeinschaft, auf den es übertragen werden könnte (Schneider Rpfleger 1998, 59).

85 **e) Änderung durch den teilenden Eigentümer.** In der Gemeinschaftsordnung kann der teilende Eigentümer ermächtigt werden, nicht nur Teile des gemeinschaftlichen Eigentums, von deren Gebrauch die übrigen WEigentümer ausgeschlossen und an denen Sondernutzungsrechte begründet werden sollen, zu einem späteren Zeitpunkt festzulegen (zur so genannten „gestreckten Begründung von Sondernutzungsrechten" s. Rn. 28.2), sondern auch bereits bestehende Sondernutzungsrechte zu konkretisieren oder zu ändern. Auch ohne eine solche Ermächtigung kann er Sondernutzungsrechte durch einseitige Verfügung ändern, solange er noch Eigentümer aller Sondereigentumsrechte ist und noch keine Eigentumsvormerkung für einen Erwerber eingetragen ist; danach bedarf er dessen Zustimmung. Eine solche Änderung scheidet erst aus, wenn die werdende WEigentümergemeinschaft entstanden ist (BGH Rpfleger 2017, 263).

86 **f) Eintragung im GB.** Für die Eintragung einer Änderung des Inhalts von Sondereigentum, die in Sp. 6 und 8 des Bestandsverzeichnisses vorzunehmen ist (§ 3 Abs. 5 WGV), gilt § 19 GBO. Sie setzt also neben dem EintrAntrag nur eine der Formvorschrift des § 29 Abs. 1 Satz 1 GBO entsprechende EintrBewilligung der unmittelbar und mittelbar Betroffenen sowie des teilenden Eigentümers im Fall seiner Ermächtigung (s. Rn. 85) voraus (vgl. dazu auch BayObLG Rpfleger 1979, 108; MittBayNot 1980, 212). Auf diese kann, soweit die Eintragung nicht eine Veräußerungsbeschränkung gemäß § 12 zum Gegenstand hat, nach § 7 Abs. 3 Bezug genommen werden (s. Rn. 51 und § 44 Rn. 31.1).

26. Änderung der Zusammensetzung

a) Allgemeines. Die Änderung der Zusammensetzung des WEigentums **87** ist im WEG nicht angesprochen. WEigentümer können untereinander den Gegenstand ihres Sondereigentums ohne Änderung der Miteigentumsanteile verändern (vgl. BGH NJW 1986, 2759), z. B. ihr Sondereigentum untereinander vollständig austauschen (BayObLG Rpfleger 1984, 268) oder einen Teil des Sondereigentums, etwa das an einer Garage oder an einem Hobbyraum, mit einem anderen WEigentümer tauschen oder an ihn veräußern (OLG Köln FGPrax 2007, 19; OLG München Rpfleger 2009, 20; FGPrax 2017, 207); sie können aber auch ihre Miteigentumsanteile ohne Änderung des zugehörigen Sondereigentums verkleinern oder vergrößern (BGH NJW 1986, 2759; KG FGPrax 1998, 94). Zur erforderlichen Einigung s. Rn. 78. Zur Mitwirkung der übrigen WEigentümer und der dinglich Berechtigten sowie zur Vorlage einer Abgeschlossenheitsbescheinigung samt Aufteilungsplan s. Rn. 63.

Die **Belastungen** eines WEigentums erstrecken sich kraft Gesetzes auf **88** später hinzuerworbenes Sondereigentum (LG Düsseldorf MittRhNotK 1986, 78), nicht aber auch auf hinzuerworbene Miteigentumsanteile (a. M. LG Wiesbaden Rpfleger 2004, 350; LG Lüneburg RNotZ 2005, 364); insoweit ist eine Nachverpfändung erforderlich (s. hierzu BayObLG 1993, 169, aber auch Streuer Rpfleger 1992, 183). Teile des Sondereigentums oder Miteigentumsanteile werden von den Belastungen des WEigentums frei, von dem sie abgetrennt werden; deshalb ist die Zustimmung der dinglich Berechtigten dieses WEigentums erforderlich.

Wird die **Größe der Miteigentumsanteile** sämtlicher WEigentumsrech- **89** te ohne Änderung des zugehörigen Sondereigentums verändert, so sind hierzu entsprechende Rechtsänderungs- und Auflassungserklärungen aller WEigentümer erforderlich und die Zustimmung der dinglich Berechtigten an den WEigentumsrechten, deren Miteigentumsanteil kleiner wird, ferner eine Pfandunterstellung seitens der WEigentümer, deren Miteigentumsanteil sich vergrößert (s. dazu OLG Hamm FGPrax 1998, 206; a. M. LG Wiesbaden Rpfleger 2004, 350; LG Lüneburg RNotZ 2005, 364; LG Bochum Rpfleger 1990, 291 mit kritischer Anm. v. Meyer-Stolte, ablehnend Mottau Rpfleger 1990, 455).

Nicht erforderlich ist es, dass die Auflassungserklärungen erkennen lassen, **90** welchem bestimmten WEigentumsrecht der von einem anderen WEigentumsrecht abgespaltene Miteigentumsanteil zugeschlagen wird. Es genügt, dass die Verringerung von Miteigentumsanteilen einzelner WEigentumsrechte insgesamt der Vergrößerung anderer WEigentumsrechte entspricht und dass feststeht, in welchem Umfang sich der Miteigentumsanteil jedes einzelnen WEigentumsrechts verändert (BayObLG Rpfleger 1993, 444; vgl. auch OLG Hamm OLGZ 1986, 418 f.).

b) Umwandlung in Sondereigentum. Soll ein Teil des gemeinschaft- **91** lichen Eigentums in Sondereigentum eines WEigentümers umgewandelt werden, ist Einigung aller WEigentümer in der Form der Auflassung (§ 4 Abs. 1, 2) und Eintragung in das GB erforderlich (BayObLG Rpfleger 1992, 20; OLG Frankfurt Rpfleger 1997, 374; KG FGPrax 1998, 94); ohne Einigung und Eintragung können Teile des gemeinschaftlichen Eigentums auch nicht nach den Regeln des entschuldigten oder erlaubten Überbaus zu Sondereigentum werden (BayObLG Rpfleger 1993, 488 mit Anm. v. Röll Mitt-BayNot 1993, 265). Die Einräumung eines umfassenden Sondernutzungsrechts an einer Grundstücksfläche einschließlich des Rechts, diese zu bebauen, enthält nicht die vorweggenommene Einigung über die Einräumung von Sondereigentum an den Räumen in einem solchen Gebäude zugunsten des Sondernutzungsberechtigten (BayObLG Rpfleger 2000, 544; 2002, 140).

Die **Zustimmung der dinglich Berechtigten** an den WEigentumsrechten ist auch dann erforderlich, wenn an dem betreffenden Teil des gemeinschaftlichen Eigentums bereits ein Sondernutzungsrecht zugunsten eines WEigentümers besteht (BayObLG Rpfleger 1992, 20); § 5 Abs. 4 Satz 3 ist nicht entsprechend anwendbar (OLG Düsseldorf RNotZ 2010, 198). Die Zustimmung kann durch ein Unschädlichkeitszeugnis ersetzt werden (s. § 19 Rn. 11). Nicht erforderlich ist die Zustimmung derjenigen dinglich Berechtigten, denen am ganzen Grundstück und damit an allen WEigentumsrechten ein dingliches Recht in Gestalt einer Gesamtberechtigung zusteht. Erforderlich ist ferner die Zustimmung (Bewilligung) des Berechtigten einer Eigentumsvormerkung an einem WEigentum sowie des Berechtigten eines gegen einen WEigentümer bestehenden gerichtlichen Verfügungsverbots gemäß § 938 Abs. 2 ZPO (KG FGPrax 2015, 152). Außerdem ist zur Eintragung der Umwandlung grundsätzlich ein berichtigter amtlicher Aufteilungsplan vorzulegen (BayObLG Rpfleger 1998, 194).

Die **vorweggenommene Zustimmung** oder die Ermächtigung, gemeinschaftliches Eigentum in Sondereigentum umzuwandeln, kann nicht mit einer die Sondernachfolger bindenden Wirkung als Inhalt des Sondereigentums vereinbart werden (BayObLG Rpfleger 1998, 19 mit abl. Anm. v. Röll DNotZ 1998, 345 und Rapp MittBayNot 1998, 77; BayObLG Rpfleger 2000, 544; 2002, 140; KG FGPrax 1998, 94). S. dazu Häublein DNotZ 2000, 442. Zur grundsätzlichen Unwiderruflichkeit einer dem Bauträger erteilten Vollmacht zur Umwandlung s. BayObLG Rpfleger 2002, 140.

92   Die Umwandlung kann nicht nur in der Weise geschehen, dass das Sondereigentum eines WEigentümers um das neu geschaffene Sondereigentum erweitert wird, sondern auch dadurch, dass ein WEigentümer einen Teil seines Miteigentumsanteils von diesem abtrennt, ihn mit dem neu geschaffenen Sondereigentum verbindet und damit ein **neues WEigentum entsteht** (s. dazu BayObLG Rpfleger 1976, 403). Möglich ist die Schaffung eines neuen WEigentums auch dadurch, dass das Sondereigentum an den Räumen eines auf dem gemeinschaftlichen Grundstück erst noch zu errichtenden Gebäudes mit einem Teil des Miteigentumsanteils eines WEigentümers verbunden wird; der Anspruch auf eine derartige Inhaltsänderung der bestehenden WEigentumsrechte ist ausreichend bestimmbar (§ 315 BGB) und kann daher durch eine in die Wohnungsgrundbücher aller übrigen WEigentümer einzutragende Vormerkung gesichert werden, wenn der begünstigte WEigentümer das Gebäude auf einer bestimmt bezeichneten Teilfläche des gemeinschaftli-

chen Grundstücks „nach Maßgabe der künftigen baurechtlichen Genehmigung" errichten darf; ein Aufteilungsplan braucht nicht vorgelegt zu werden (BayObLG Rpfleger 1992, 292).

c) Umwandlung in Gemeinschaftseigentum. Zur Umwandlung von **93** Sondereigentum in gemeinschaftliches Eigentum bedarf es ebenfalls der Einigung aller WEigentümer (§ 4 Abs. 1, 2) in der Form der Auflassung und Eintragung in das GB (BayObLG Rpfleger 1998, 19; BGH Rpfleger 1999, 66); ferner ist die Zustimmung der dinglich Berechtigten an dem WEigentum erforderlich, von dem Sondereigentum abgetrennt und in gemeinschaftliches Eigentum umgewandelt werden soll (BayObLG MittBayNot 1998, 180); sie kann durch ein Unschädlichkeitszeugnis ersetzt werden (s. § 19 Rn. 11). Auch die Bewilligung der Berechtigten einer Eigentumsvormerkung an einem WEigentum ist erforderlich. Außerdem ist zur Eintragung der Umwandlung grundsätzlich ein berichtigter amtlicher Aufteilungsplan vorzulegen (BayObLG Rpfleger 1998, 194, zugleich zu einer Ausnahme und zur Fassung des EintrVermerks). Die vorweggenommene Zustimmung oder die Ermächtigung, Sondereigentum in gemeinschaftliches Eigentum umzuwandeln, kann ebenso wenig wie im umgekehrten Fall der Umwandlung von Gemeinschaftseigentum in Sondereigentum (s. dazu Rn. 91) mit einer die Sondernachfolger bindenden Wirkung als Inhalt des Sondereigentums vereinbart werden.

d) Aufhebung eines WEigentums. Ein einzelnes WEigentum kann da- **94** durch aufgehoben werden, dass das Sondereigentum in gemeinschaftliches Eigentum umgewandelt oder einem anderen WEigentümer übertragen und der Miteigentumsanteil einem bestehenden WEigentum zugeschlagen wird. Dingliche Rechte an dem aufgehobenen WEigentum erlöschen. Der Miteigentumsanteil kann auch aufgespalten und die einzelnen Teile mehreren WEigentumsrechten zugeschlagen werden. Mit den einzelnen Teilen kann aber auch Sondereigentum verbunden werden, das durch Umwandlung von gemeinschaftlichem Eigentum an den Räumen eines auf dem gemeinschaftlichen Grundstück neu errichteten Gebäudes entstanden ist; dadurch werden neue WEigentumsrechte geschaffen. Erforderlich ist zu diesem Vorgang, der eine Inhaltsänderung der übrigen WEigentumsrechte bewirkt, die Einigung aller WEigentümer in der Form der Auflassung (§ 4 Abs. 1, 2) und die Eintragung in das GB auf Grund einer Bewilligung aller WEigentümer; ferner ist die Zustimmung der dinglich Berechtigten an allen WEigentumsrechten und grundbuchrechtlich ihre Bewilligung erforderlich (BayObLG DNotZ 1995, 607). Das Wohnungsgrundbuch des aufgehobenen WEigentums ist zu schließen. Die Aufhebung eines einzelnen Sondereigentums allein ist nicht zulässig, weil dadurch ein isolierter Miteigentumsanteil entstünde, der auch nicht entsprechend § 738 Abs. 1 BGB den anderen WEigentümer anwüchse (OLG München NJW-RR 2010, 1525).

27. Änderung der Zweckbestimmung

Die Umwandlung eines (Teils eines) bisherigen Teileigentums in ein WEi- **95** gentum (oder umgekehrt) betrifft nicht die sachenrechtlichen Grundlagen der Gemeinschaft, sondern das Verhältnis des WEigentümer untereinander (BGH NJW-RR 2012, 1036). Sie bedarf grundsätzlich der Zustimmung der übrigen Weigentümer (BGH FGPrax 2015, 101; OLG Frankfurt MittBayNot 2015, 474) sowie der dinglich Berechtigten an dem Teileigentum oder WEigentum, deren Rechtsstellung beeinträchtigt wird. Wegen der Zustimmung der dinglich Berechtigten ist die Sonderregelung des § 5 Abs. 4 Satz 2, 3 (s. Rn. 79) zu beachten. Die Umwandlung kann Gegenstand einer Vereinbarung der WEigentümer über ihr Verhältnis untereinander sein, die als materielle Änderung der Zweckbestimmung zur Wirkung gegen Sondernachfolger der GBEintragung als Inhalt des Sondereigentums bedarf. Ist jedoch in der Gemeinschaftsordnung die Mitwirkung der übrigen WEigentümer ausgeschlossen worden, dann ist weder ihre Zustimmung (OLG München NJW-RR 2017, 7) noch die der dinglich Berechtigten erforderlich (BayObLG Rpfleger 1998, 19; KG Rpfleger 2011, 268). Ein solcher Ausschluss darf aber nicht dadurch bedingt sein, dass bestimmte, in grundbuchmäßiger Form nicht nachweisbare bauliche Auflagen eingehalten werden (OLG München MittBayNot 2014, 245). Nach KG (Rpfleger 2013, 515 mit Anm. v. Rapp RNotZ 2013, 430) ist bei einer Umwandlung von Teileigentum in WEigentum außerdem eine Abgeschlossenheitsbescheinigung vorzulegen. Deren Gegenstand muss zweifelsfrei die bewilligte Umwandlung sein (KG RNotZ 2015, 504).

Zur Änderung der Zweckbestimmung bei Bildung eines neues WEigentums aus den nicht der Nutzung zu Wohnzwecken dienenden Räumen eines WEigentums im Weg der Unterteilung dieses WEigentums s. Rn. 73. Die Änderung des Beschriebs eines als „Gewerbe- und Lagerraum" bezeichneten Teileigentums in „Kellerabteil" stellt keine materielle Änderung der Zweckbestimmung dar (BayObLG Rpfleger 1991, 455).

28. Verfügung über das Grundstück

96   **a) Voraussetzungen.** Soll über das Grundstück verfügt, insbes. eine Dienstbarkeit bestellt (BayObLG Rpfleger 1991, 365) oder eine nicht bebaute Teilfläche veräußert werden, so bedarf es nach § 747 Satz 2 BGB der Mitwirkung aller WEigentümer. Das Gleiche gilt für die Löschung einer zugunsten des Grundstücks vor Begründung der WEigentümergemeinschaft bestellten Grunddienstbarkeit; diese kann auf Grund der Bewilligung nur eines einzelnen WEigentümers auch nicht hinsichtlich des ihm zustehenden WEigentums (teilweise) gelöscht werden (BayObLG Rpfleger 1983, 434). Außer der Mitwirkung aller WEigentümer kann auch die Zustimmung dinglich Berechtigter erforderlich sein (§§ 876, 877 BGB); sie kann bei der Veräußerung einer Grundstücksteilfläche durch ein Unschädlichkeitszeugnis ersetzt werden (s. § 19 Rn. 11). Berechtigter einer Belastung des Gesamtgrundstücks, auch mit einer Grunddienstbarkeit, kann ein Dritter, aber auch einer der WEigentümer sein (BGH Rpfleger 2019, 320 mit Anm. v. Amann ZfIR 2019, 44; OLG Zweibrücken NotBZ 2014, 198). Ein WEigentümer kann zur Mitwirkung an der Veräußerung oder Belastung mangels Beschlusskompetenz nicht durch Mehrheitsbeschluss verpflichtet werden. Eine

Mitwirkungspflicht kann nur bei Vorliegen außergewöhnlicher Umstände bestehen (BGH NJW 2013, 1962).

Die teilrechtsfähige WEigentümergemeinschaft ist hinsichtlich des im Gemeinschaftseigentum stehenden Grundstücks nicht verfügungsbefugt. Durch Mehrheitsbeschluss kann weder ihr die Verfügungsbefugnis übertragen noch der Verwalter zur Verfügung ermächtigt werden. Erforderlich ist hierfür eine Bevollmächtigung durch sämtliche WEigentümer (OLG München FGPrax 2010, 121). Zur Bewilligung der Löschung einer für die WEigentümergemeinschaft eingetragenen Zwangshyp. s. § 19 Rn. 107.

b) Veräußerung einer Teilfläche. Zur Veräußerung einer Teilfläche des **97** gemeinschaftlichen Grundstücks und gleichzeitiger Erstreckung des WEigentums auf ein hinzuerworbenes Grundstück s. OLG Saarbrücken Rpfleger 1988, 479 mit zu Recht kritischer Anmerkung, ferner LG Ravensburg Rpfleger 1990, 291 sowie Röll Rpfleger 1990, 277; der Anspruch auf Auflassung der Teilfläche kann bei einem einzelnen WEigentumsrecht nicht vorgemerkt werden (BayObLG Rpfleger 1974, 261); erforderlich ist vielmehr eine Eintragung der Vormerkung in allen Wohnungsgrundbüchern entsprechend § 4 WGV (BayObLG DNotZ 2002, 784; OLG Düsseldorf NJW-RR 2013, 1174; s. dazu aber auch Hoffmann MittBayNot 2002, 155). Zur Teilung des Grundstücks und gleichzeitiger Aufhebung des WEigentums an einem Teil des Grundstücks s. OLG Frankfurt Rpfleger 1990, 292; zur Teilung des Grundstücks bei unterschiedlich belasteten WEigentumsrechten s. OLG Frankfurt DNotZ 2000, 778 mit kritischer Anm. v. Volmer ZfIR 2000, 285; kritisch dazu auch Röll DNotZ 2000, 749. Zur Teilauseinandersetzung der WEigentümergemeinschaft und Realteilung des Grundstücks s. OLG München FGPrax 2017, 114.

c) Hinzuerwerb eines Grundstücks. Zum Hinzuerwerb eines Grundstücks durch die Weigentümer mit anschließender Vereinigung oder Bestandteilszuschreibung s. § 5 Rn. 7; § 6 Rn. 7; OLG Frankfurt Rpfleger 1973, 394. Zum Erwerb eines Grundstücks durch die rechtsfähige WEigentümergemeinschaft s. § 19 Rn. 106. S. zum Ganzen Weikart, Bestandsänderungen von Sondereigentumsgrundstücken, NotBZ 1997, 89.

d) Grundbuchamtlicher Vollzug. Die Eintragung von Dienstbarkeiten **98** mit denen ihrer Natur nach nur das Grundstück insgesamt, nicht aber ein einzelnes WEigentum belastet werden kann, richtet sich nach § 4 WGV. Danach muss das Recht in der zweiten Abteilung sämtlicher Wohnungsgrundbücher in der Weise eingetragen werden, dass die Belastung des ganzen Grundstücks erkennbar ist (OLG Zweibrücken NotBZ 2014, 198). Ein Verstoß gegen die formelle Ordnungsvorschrift des § 4 Abs. 1 Satz 2 Halbsatz 2 WGV in Form eines unterbliebenen Gesamtvermerks berührt die Wirksamkeit der vorgenommenen Eintragung nicht und führt auch nicht zu einer inhaltlich unzulässigen Eintragung (a. M. BayObLG Rpfleger 1995, 455 mit kritischer Anm. v. Amann MittBayNot 1995, 267). Ist Berechtigter einer Grunddienstbarkeit der jeweilige Eigentümer eines WEigentums, dann ist die Belastung ausnahmsweise in dessen Wohnungsgrundbuch nicht einzutragen. Dies hat aber ebenso wie die Löschung des Rechts in einem einzelnen

Wohnungsgrundbuch nicht die inhaltliche Unzulässigkeit der in den übrigen Wohnungsgrundbüchern vorgenommenen Eintragung zur Folge. Durch die fehlende Eintragung bei dem herrschenden WEigentum wird das GB auch nicht unrichtig (BGH Rpfleger 2019, 320 mit Anm. v. Amann ZfIR 2019, 44 und kritischer Anm. v. Wilsch NotBZ 2019, 457).

Im Fall der Veräußerung einer Teilfläche wird der Miteigentumsanteil an dieser in Sp. 7 und 8 des Bestandsverzeichnisses aller Wohnungsgrundbücher abgeschrieben; dabei ist das Blatt anzugeben, auf das die Teilfläche unter Zusammensetzung der Miteigentumsanteile (vgl. den ähnlichen Vorgang der Blattanlegung nach Schließung der Wohnungsgrundbücher gemäß § 9 Abs. 3; darüber Rn. 104) übertragen wird. Alsdann wird in Sp. 3 und 4 des Bestandsverzeichnisses jeweils die bisherige Bezeichnung des Grundstücks gerötet und der (quotenmäßig unveränderte) Miteigentumsanteil an dem Restgrundstück unter neuer Nummer vorgetragen. In Sp. 2 ist auf die laufende Nummer der bisherigen Eintragung („Rest von …"), in dem Abschreibungsvermerk auf die laufende Nummer der nunmehrigen Eintragung („Rest Nr. …") zu verweisen. Wurde bis zur Aufhebung des § 7 Abs. 2 durch das DaBaGG ein gemeinschaftliches Wohnungsgrundbuch geführt, folgten die Eintragungen den allgemeinen Vorschriften.

29. Beendigung des Wohnungseigentums

99 Da das WEigentum auf der Begründung von Sondereigentum beruht, hört es mit dessen Wegfall zwangsläufig zu bestehen auf. Der Wegfall kann seinen Grund in der Aufhebung des Sondereigentums (s. Rn. 100) oder in seinem Erlöschen (s. Rn. 104) haben. Zur Aufhebung von WEigentum an Doppelhäusern s. Röll DNotZ 2000, 749. Zur Aufhebung eines einzelnen WEigentums s. Rn. 94.

30. Aufhebung des Sondereigentums

100 Sie erfordert eine hierauf gerichtete Einigung der WEigentümer und die Eintragung in das GB (§ 4 Abs. 1). Zur Aufhebung eines einzelnen Sondereigentums s. Rn. 94.

a) Einigung. Sie ist gemäß § 4 Abs. 2 Satz 2 bedingungs- und befristungsfeindlich und bedarf nach § 4 Abs. 2 Satz 1 der für die Auflassung vorgeschriebenen Form (s. darüber § 20 Rn. 14); sie kann, da § 925a BGB nicht für anwendbar erklärt worden ist, auch dann entgegengenommen werden, wenn der zur Aufhebung des Sondereigentums verpflichtende, nach § 4 Abs. 3 der Formvorschrift des § 311b Abs. 1 BGB unterliegende Vertrag nicht vorgelegt oder gleichzeitig beurkundet wird. Da die Aufhebung des Sondereigentums die Umwandlung des WEigentums in gewöhnliches Miteigentum bewirkt, also eine Änderung des Inhalts der Miteigentumsanteile bedeutet, sind §§ 877, 876 BGB zu beachten; hierauf ist in § 9 Abs. 2 ausdrücklich hingewiesen. Ist daher das WEigentum mit dem Recht eines Dritten belastet, so bedarf es zur Aufhebung des Sondereigentums der Zustimmung des Dritten. Jedoch ist die Zustimmung derjenigen dinglich Berechtigten nicht erforderlich, deren Recht am ganzen Grundstück lastet oder an allen WEigentumsrechten (OLG Zweibrücken Rpfleger 1986, 93; OLG Frankfurt Rpfleger 1990, 292; vgl. Rn. 17).

b) Eintragung. Für sie gilt, da § 20 GBO nicht für anwendbar erklärt ist, **101** das formelle Konsensprinzip. Sie setzt daher neben dem EintrAntrag nur eine der Formvorschrift des § 29 Abs. 1 Satz 1 GBO entsprechende EintrBewilligung der Betroffenen, d. h. sämtlicher WEigentümer und etwaiger dinglicher Berechtigter (s. Rn. 100), nicht aber den Nachweis einer wirksamen Einigung über die Aufhebung des Sondereigentums voraus (s. hierzu Rn. 41).

Sind Wohnungsgrundbücher angelegt, so wird die Aufhebung des Sonder- **102** eigentums jeweils in Sp. 6 des Bestandsverzeichnisses eingetragen. Da mit der Vollendung dieser Eintragungen wieder eine gewöhnliche Bruchteilsgemeinschaft besteht (s. Rn. 100), ist für die Weiterführung der besonderen Blätter kein Raum. Dementsprechend bestimmt § 9 Abs. 1 Nr. 1 i. V. m. Abs. 3, dass die Wohnungsgrundbücher von Amts wegen zu schließen sind und für das Grundstück ein GBBlatt nach Maßgabe der allgemeinen Vorschriften anzulegen ist. Wurde bis zur Aufhebung des § 7 Abs. 2 durch das DaBaGG ein gemeinschaftliches Wohnungsgrundbuch geführt, war die Aufhebung des Sondereigentums in Sp. 4 der ersten Abteilung einzutragen. Die bisherigen auf das Sondereigentum bezüglichen Eintragungen und der in der Aufschrift des Blatts angebrachte Vermerk wurden gerötet.

c) Belastungen. Belastungen des Grundstücks sind als solche, Belastun- **103** gen des WEigentums als Belastungen des entsprechenden Miteigentumsanteils in die zweite und dritte Abteilung dieses Blatts zu übertragen (OLG Schleswig Rpfleger 1991, 150 mit kritischer Anm. v. Meyer-Stolte, soweit das OLG eine Vereinigung der an verschiedenen Miteigentumsanteilen einzutragenden Grundschulden zu einem Einheitsrecht für zulässig erachtet). Zu beachten ist jedoch, dass Belastungen des WEigentums, die ihrer Art nach an einem gewöhnlichen Miteigentumsanteil nicht bestehen können (s. Rn. 66 und § 7 Rn. 18), mit der Aufhebung des Sondereigentums untergehen; derartige Belastungen können nach Maßgabe der §§ 84 ff., § 46 Abs. 2 GBO durch Nichtübertragung von Amts wegen gelöscht werden.

d) Subjektiv-dingliche Berechtigungen. Eine Grunddienstbarkeit, die wirksam zugunsten des jeweiligen Eigentümers eines WEigentums begründet worden ist, erlischt kraft Gesetzes, weil zugunsten eines ideellen Anteils eines Miteigentümers an einem Grundstück eine Grunddienstbarkeit nicht bestellt werden kann. Dabei hat es auch bei einer späteren erneuten Begründung von WEigentum an dem Grundstück sein Bewenden (OLG Hamm ZWE 2016, 325). Zum Fortbestand des Rechts bei Überführung des WEigentums im Zuge einer Teilauseinandersetzung in alleiniges Grundstückseigentum s. OLG München FGPrax 2017, 114. Kritisch dazu Weber ZWE 2017, 256. S. dazu auch Herrler DNotZ 2017, 726.

31. Erlöschen des Sondereigentums

Ist das Gebäude völlig zerstört oder haben sich sämtliche WEigentums- **104** rechte in einer Person vereinigt, so kann das Sondereigentum nach § 9 Abs. 1

Nr. 2 und 3 i. V. m. Abs. 3 durch antragsgemäße Schließung der Wohnungsgrundbücher zum Erlöschen gebracht werden; das Erlöschen tritt ein, sobald
für das Grundstück ein GBBlatt nach Maßgabe der allgemeinen Vorschriften
angelegt ist. Die (rechtsfähige) WEigentümergemeinschaft endet bereits mit
der Vereinigung aller WEigentumsrechte in einer Person. Sie kann wieder
entstehen, solange die Sondereigentumsrechte nicht erloschen sind (vgl. LG
Duisburg ZWE 2019, 277).

105   Der Antrag auf Schließung der Wohnungsgrundbücher ist wegen seiner
sachlichrechtlichen Bedeutung als gemischter Antrag anzusehen und bedarf
daher der Form des § 29 Abs. 1 Satz 1 GBO. Im Fall des § 9 Abs. 1 Nr. 2
muss er von sämtlichen WEigentümern gestellt und die völlige Zerstörung
des Gebäudes durch eine Bescheinigung der Baubehörde nachgewiesen werden. Da das Erlöschen des Sondereigentums die gleiche Wirkung wie dessen
Aufhebung äußert, also eine Änderung des Inhalts der Miteigentumsanteile
bedeutet, sind auch hier §§ 877, 876 BGB zu beachten. Es gilt das in
Rn. 100 ff. Ausgeführte.

106   Die Schließung der Wohnungsgrundbücher erfolgt nach Maßgabe des
§ 36 GBV. Hinsichtlich der Übertragung der Belastungen auf das für das
Grundstück anzulegende Blatt gilt das Gleiche wie im Fall der Aufhebung
des Sondereigentums (s. Rn. 103). Zu den Mitteilungspflichten des GBAmts
s. XVIII/1 Abs. 1 Nr. 9 MiZi.

107   Wurde bis zur Aufhebung des § 7 Abs. 2 durch das DaBaGG ein gemeinschaftliches Wohnungsgrundbuch geführt, war § 9 Abs. 1 Nr. 2 und 3
sinngemäß anzuwenden. Statt der Schließung der Wohnungsgrundbücher
war die Eintragung des Erlöschens des Sondereigentums zu beantragen.
Mit der Vornahme dieser Eintragung erlosch das Sondereigentum. Im
Übrigen war wie im Fall der Aufhebung des Sondereigentums zu verfahren
(s. Rn. 102).

32. Wohnungserbbaurecht

108   **a) Begründung.** Sondereigentum an einer Wohnung oder an nicht zu
Wohnzwecken dienenden Räumen kann nicht nur mit dem Miteigentumsanteil an einem Grundstück, sondern auch mit der Bruchteilsberechtigung
an einem Erbbaurecht verbunden werden. Eine derartige Verbindung, die –
wie beim WEigentum – durch Einigung der Mitberechtigten oder im Weg
der Teilungserklärung hergestellt werden kann, bezeichnet das Gesetz als
Wohnungs- bzw. Teilerbbaurecht. Auf dieses finden die für das WEigentum
und seine grundbuchmäßige Behandlung geltenden Vorschriften entsprechende Anwendung (s. § 30 Abs. 3 Satz 2; § 8 WGV und Muster Anl. 3). Bei
der Einigung ist trotz § 11 Abs. 1 Satz 1 ErbbauRG die Auflassungsform des
§ 925 BGB einzuhalten (§ 4 Abs. 2 Satz 1). § 20 GBO ist nicht anzuwenden
(s. Rn. 41). Im Hinblick auf § 1 Abs. 4 kann WEigentum zwar nicht an mehreren Einzelerbbaurechten begründet werden, wohl aber an einem Gesamterbbaurecht (LG Wiesbaden MittBayNot 1986, 28; BayObLG Rpfleger
1989, 503; Demharter DNotZ 1986, 457).

S. zum Ganzen Rethmeier, Rechtsfragen des WErbbaurechts, MittRh-
NotK 1993, 145; Schneider, Aktuelle Fragen zur Gemeinschaft der WErb-

bauberechtigten, ZfIR 2018, 589; Weber, Zeitablauf und Verlängerung des WErbbaurecht, ZWE 2019, 251.

b) Zustimmung des Grundstückseigentümers. Zur Aufteilung eines **109** Erbbaurechts in WErbbaurechte entsprechend § 8 ist eine Zustimmung des Grundstückseigentümers nicht erforderlich, und zwar auch dann nicht, wenn gemäß § 5 Abs. 1 ErbbauRG mit dinglicher Wirkung vereinbart ist, dass der Erbbauberechtigte zur Veräußerung des Erbbaurechts der Zustimmung des Grundstückseigentümers bedarf; denn die bloße Aufteilung ist keine Veräußerung im Sinn der genannten Vorschrift (BayObLG Rpfleger 1978, 375, das eine Zustimmung des Grundstückseigentümers auch in seiner Eigenschaft als Erbbauzinsberechtigter nicht für notwendig erachtet; s. in dieser Hinsicht jedoch Rn. 15). S. dazu auch OLG Celle Rpfleger 1981, 22. Wie BayObLG auch LG Augsburg MittBayNot 1979, 68 für den Fall, dass Mitberechtigte eines Erbbaurechts zu Bruchteilen WErbbaurechte durch Vereinbarung entsprechend § 3 begründen. Zur Umwandlung des Gesamthandseigentums einer Erbengemeinschaft, der ein WErbbaurecht gehört, in eine Bruchteilsgemeinschaft aller Miterben ist weder eine Zustimmung nach § 5 ErbbauRG noch nach § 12 erforderlich (LG Lübeck Rpfleger 1991, 201).

c) Genehmigungserfordernis. Nach Maßgabe des § 22 BauGB kann **110** die Begründung oder Teilung von WErbbaurechten der Genehmigung der Baugenehmigungsbehörde unterliegen; s. hierzu Rn. 48.

d) Veräußerungs- oder Belastungsbeschränkung. Ist als Inhalt des **111** Erbbaurechts eine Veräußerungs- oder Belastungsbeschränkung vereinbart, so wird diese mit Begründung von WErbbaurechten Inhalt eines jeden dieser Rechte (LG Itzehoe Rpfleger 2000, 495). Durch Einigung zwischen dem Inhaber eines WErbbaurechts und dem Grundstückseigentümer sowie Eintragung in das GB kann das Zustimmungserfordernis für ein einzelnes Recht aufgehoben werden; die Mitwirkung (Zustimmung) der übrigen WErbbauberechtigten und der an den WErbbaurechten oder am Grundstück dinglich Berechtigten ist dazu nicht erforderlich (BayObLG Rpfleger 1989, 503).

e) Zuschreibung des Grundstücks. WErbbaurechte wandeln sich bei **112** Zuschreibung des mit dem Erbbaurecht belasteten Grundstücks zum Erbbaurecht und dessen Aufhebung nicht ohne weiteres in WEigentum um (BayObLG Rpfleger 1999, 327 mit zust. Anm. v. Rapp MittBayNot 1999, 376).

33. Kosten

a) Begründung von WEigentum. Für die Eintragung der vertraglichen **113** Einräumung von Sondereigentum (§ 3) und für die Anlegung der Wohnungsgrundbücher im Fall der ideellen Grundstücksteilung (§ 8) wird eine Gebühr von 1,0 erhoben (Nr. 14112 GNotKG-KV); der Wert bestimmt sich nach § 42 Abs. 1 GNotKG (s. hierzu Rn. 116); die Gebühr wird auch dann besonders erhoben, wenn die Eintragung von Miteigentum und die Eintragung des Sondereigentums gleichzeitig beantragt werden.

114   **b) Änderung des Gegenstands von Sondereigentum.** Für die Veräußerung eines Teils des Sondereigentums, z. B. eines Kellerraums, an einen anderen WEigentümer (s. Rn. 87), wird eine Gebühr gemäß Nr. 14110 Nr. 1 GNotKG-KV erhoben; die Gebühr wird aus dem Wert des veräußerten Raums berechnet. Dies gilt unabhängig davon, ob auch ein Teil des Miteigentumsanteils mit übertragen wird. Für den Hinzuerwerb eines bisher im Gemeinschaftseigentum stehenden Raums zu einem Sondereigentum fällt eine Gebühr gemäß Nr. 14112 GNotKG-KV an (OLG München ZWE 2020, 276).

c) **Änderung des Inhalts von Sondereigentum.** Für die Eintragung einer oder mehrerer gleichzeitig beantragter Änderungen (s. Rn. 82), unter die auch die Eintragung oder Löschung einer Veräußerungsbeschränkung nach § 12 fällt (OLG München Rpfleger 2016, 58), beträgt die Gebühr 50 EUR; sie wird für jedes betroffene Sondereigentum gesondert erhoben (Nr. 14160 Nr. 5 GNotKG-KV). Abzustellen ist auf eine rechtliche Betroffenheit sowohl begünstigender als auch beeinträchtigender Art. Bei der Ausweitung eines bestehenden Sondernutzungsrechts ist daher das Sondereigentum jedes bisher vom Mitgebrauch des Teils des Gemeinschaftseigentums, auf den sich die Ausweitung bezieht, nicht ausgeschlossenen WEigentümers betroffen (OLG München FGPrax 2015, 184 mit zust. Anm. v. Wilsch ZfIR 2015, 619); dasselbe gilt bei Begründung eines neuen Sondernutzungsrechts (a. M. OLG Hamburg notar 2019, 22). Von der Zuweisung des Sondernutzungsrechts an einer Fläche, von deren Mitgebrauch die übrigen WEigentümer bereits in der Gemeinschaftsordnung, wenn auch aufschiebend bedingt, ausgeschlossen sind (s. Rn. 85), ist nur das Sondereigentum des WEigentümers betroffen, dem das Sondernutzungsrecht zugewiesen wird (OLG Zweibrücken MittBayNot 2017, 96; s. dazu aber auch Müller MittBayNot 2015, 18).

115   **d) Aufhebung von Sondereigentum.** Für die Eintragung der vertraglichen Aufhebung von Sondereigentum und für die Anlegung des GBBlatts für das Grundstück im Fall der völligen Zerstörung des Gebäudes oder der Vereinigung sämtlicher WEigentumsrechte in einer Person (s. Rn. 99) beträgt die Gebühr 50 EUR; sie wird für jedes betroffene Sondereigentum gesondert erhoben (Nr. 14160 Nr. 5 GNotKG-KV); der Wert bestimmt sich nach § 42 Abs. 1 GNotKG (s. hierzu Rn. 116). Bei Aufhebung des Sondereigentums lediglich an einem Raum eines WEigentums ist nur das Sondereigentum dieses WEigentums betroffen; die Gebühr ist nur einmal zu erheben (OLG Hamm FGPrax 2016, 184). Maßgebend ist der Wert des Raumes.

116   **e) Geschäftswert.** Nach § 42 Abs. 1 GNotKG ist Geschäftswert der Wert des bebauten Grundstücks. Ist das Grundstück noch nicht bebaut, ist dem Grundstückswert der Wert des zu errichtenden Bauwerks hinzuzurechnen. Dieser ergibt sich nicht aus dem Herstellungsaufwand, sondern aus dem zu erzielenden Kaufpreis. Sind bei Anlegung der Wohnungsgrundbücher im Fall des § 8 bereits 40 % der Wohnungen verkauft, kann der Grundstückswert aus den Kaufpreisen für diese Wohnungen hochgerechnet werden (BayObLG Rpfleger 1997, 42). Bei noch nicht verkauften Wohnungen kann wegen der Unwägbarkeiten des künftigen Kaufpreises ein Abschlag von 10 % geboten sein (OLG München MittBayNot 2020, 76 mit Anm. v. Sagmeister/Strauß). Der geschätzte Wert des Grundstücks in bebautem Zustand ist auch dann maßgeblich, wenn im Zeitpunkt des Kostenansatzes feststeht, dass die tatsächliche Bebauung unterbleibt (OLG Zweibrücken FGPrax 2004, 51).

f) WErbbaurecht. Für das WErbbaurecht gilt das vorstehend Ausgeführte **117** entsprechend (Vorbem. 1.4 Abs. 1 GNotKG-KV). An die Stelle des Grundstückswerts tritt der Wert des Erbbaurechts (§ 42 Abs. 2 GNotKG).

g) Sonstiges. Für die Beglaubigung der bei einer Veräußerungsbeschrän- **118** kung zum Nachweis der Verwaltereigenschaft gemäß § 26 Abs. 3 erforderlichen Unterschriften (s. dazu § 29 Rn. 10) erhält der Notar eine Gebühr von 20 EUR (Nr. 25101 Nr. 3 GNotKG-KV). Mit ihr ist die Beglaubigung mehrerer Unterschriften abgegolten, wenn diese in einem einzigen Vermerk erfolgt (Nr. 25100 Abs. 2 GNotKG-KV). Außerdem fällt für die Beglaubigung der Unterschrift des Verwalters unter der Zustimmungserklärung eine Gebühr gemäß Nr. 25100 GNotKG-KV an. Für diese Kosten haftet der Übernahmeschuldner nicht gemäß § 30 Abs. 3 GNotKG (OLG Hamm FGPrax 2018, 235). Zur kostenmäßigen Behandlung der Löschung einer nur noch an einem WEigentum bestehenden Globalgrundschuld s. § 46 Rn. 29. S. zum Ganzen Wilsch, Veränderungen von WEigentum und GBGebühren nach dem GNotKG, ZfIR 2014, 457 und 513.

Gemeinschaftliches Grundbuchblatt

4 (1) **Über mehrere Grundstücke desselben Eigentümers, deren Grundbücher von demselben Grundbuchamt geführt werden, kann ein gemeinschaftliches Grundbuchblatt geführt werden, solange hiervon Verwirrung nicht zu besorgen ist.**

(2) **Dasselbe gilt, wenn die Grundstücke zu einem Hof im Sinne der Höfeordnung gehören oder in ähnlicher Weise bundes- oder landesrechtlich miteinander verbunden sind, auch wenn ihre Grundbücher von verschiedenen Grundbuchämtern geführt werden. In diesen Fällen ist, wenn es sich um einen Hof handelt, das Grundbuchamt zuständig, welches das Grundbuch über die Hofstelle führt; im übrigen ist das zuständige Grundbuchamt nach § 5 des Gesetzes über das Verfahren in Familiensachen und in den Angelegenheiten der freiwilligen Gerichtsbarkeit zu bestimmen.**

Inhaltsübersicht

1. Allgemeines

1   § 4 durchbricht den Grundsatz des § 3 Abs. 1 Satz 1, indem er unter gewissen Voraussetzungen die Führung eines gemeinschaftlichen GBBlatts über
mehrere Grundstücke, die sog. Zusammenschreibung, gestattet. Die Vorschrift
ist vor allem für Gegenden mit zersplittertem Grundbesitz von Bedeutung.
Das gemeinschaftliche Blatt soll nicht nur das Verfahren des GBAmts, sondern auch Verfügungen des Eigentümers über seinen Grundbesitz sowie
dessen Verwaltung erleichtern (KG DR 1942, 1710; OLG Köln Rpfleger
2019, 580).
     § 4 Abs. 2 ist durch das RegVBG neu gefasst und durch Art. 36 Nr. 1 des
FGG-RG v. 17.12.2008 (BGBl. I 2586) geändert worden. Über Vereinigung
und Zuschreibung s. §§ 5, 6.

2. Voraussetzungen

2   **a) Mehrere Grundstücke.** Es muss sich um mehrere, also mindestens
zwei GBGrundstücke (s. § 2 Rn. 15) handeln. Nicht notwendig ist, dass über
sämtliche Grundstücke desselben Eigentümers ein gemeinschaftliches Blatt
geführt wird; einer derartigen Zusammenschreibung stehen bisweilen sogar
gesetzliche Vorschriften entgegen (s. Rn. 8). Unter den Voraussetzungen des
§ 3 Abs. 4, 5 ist auch eine gemeinschaftliche Buchung von Grundstücken
und Miteigentumsanteilen an solchen möglich.

3   Auch für mehrere **grundstücksgleiche Rechte** (s. § 3 Rn. 6, 7) kann ein
gemeinschaftliches Blatt geführt werden (KGJ 30, 184), ebenso für mehrere
Wohnungs- oder Teileigentumsrechte; zulässig ist ferner die Zusammenschreibung von Grundstücken und grundstücksgleichen Rechten. Wird in
Bayern ein selbständiges Fischereirecht (s. Art. 8 Abs. 1 FischereiG i. d. F. v.
10.10.2008, GVBl. 840) auf einem gemeinschaftlichen GBBlatt gebucht,
stellt dieses das Fischereigrundbuch im Sinn des Art. 11 Abs. 2 FischereiG dar
(BayObLG MittBayNot 1990, 310).

4   **b) Gleicher Eigentümer.** Die Grundstücke müssen demselben Eigentümer gehören, die grundstücksgleichen Rechte demselben Berechtigten
zustehen. Bei gemeinschaftlichem Eigentum muss die Gemeinschaftsart dieselbe sein. Die Führung eines gemeinschaftlichen Blatts ist z. B. nicht möglich über Grundstücke des Ehemanns und der Ehefrau, der OHG und ihrer
Gesellschafter, über Nachlassgrundstücke und sonstige im Miteigentum der
Erben stehende Grundstücke.

5   **c) Gleiches GBAmt.** Die Grundbücher müssen vorbehaltlich der Aus-
nahmeregelung in Abs. 2 (s. Rn. 13) von demselben GBAmt geführt werden.
Nicht erforderlich ist, dass die Grundstücke in demselben GBBezirk (s. § 2
Rn. 3) liegen oder dass bei verschiedener Geschäftsverteilung unter mehrere
Rpfleger für alle Blätter derselbe Rpfleger zuständig ist.

6   **d) Keine Verwirrung.** Die Führung des gemeinschaftlichen Blatts ist nur
zulässig, solange hiervon keine Verwirrung, d. h. keine Unübersichtlichkeit
des GB, zu besorgen ist; dabei handelt es sich um einen unbestimmten
Rechtsbegriff (BayObLG Rpfleger 1977, 251). Ob eine Zusammenschrei-

bung Verwirrung befürchten lässt, richtet sich nach den Umständen des Einzelfalls. Vor allem Verschiedenheit der Belastung der einzelnen Grundstücke kann ein Hindernisgrund sein, es sei denn, dass es sich um Belastungen handelt, die von der Eintragung (z. B. gemäß § 54) ausgeschlossen sind. Die Gefahr der Unübersichtlichkeit und damit der Verwirrung kann sich unter Umständen auch aus der Zusammenschreibung allzu vieler Grundstücke ergeben (OLG Naumburg FGPrax 2013, 204).

3. Verfahren der Zusammenschreibung

Liegen die in Rn. 2 bis 6 genannten Voraussetzungen vor, so kann die Zusammenschreibung erfolgen. Die Entscheidung liegt im Ermessen des GBAmts (s. jedoch Rn. 8), das, soweit nicht überwiegende öffentliche Interessen entgegenstehen, auch dem privaten Interesse des Eigentümers Rechnung zu tragen hat (KG DR 1942, 1710); dabei wird auch das informationelle Selbstbestimmungsrecht (BVerfG NJW 1984, 422) zu beachten sein (Böhringer Rpfleger 1989, 313). Die Zusammenschreibung geschieht von Amts wegen. Ein Antrag des Eigentümers oder eines dinglich Berechtigten ist ebenso wenig erforderlich wie deren Zustimmung. Die vorherige Anhörung des Eigentümers ist jedoch empfehlenswert (KG DR 1942, 1710). **7**

Bisweilen ist vorgeschrieben, dass gewisse Grundstücke einerseits zusammen, andererseits gesondert von anderen Grundstücken zu buchen sind. Dies war z. B. der Fall hinsichtlich der zu einem Schutzforst gehörenden Grundstücke (§ 2 Abs. 2 SchutzforstVO v. 21.12.1939, RGBl. I 2459, als Bundesrecht aufgehoben durch Art. 64 des Ges. v. 23.11.2007, BGBl. I 2614; in Bayern ist die VO durch Art. 6 § 2 VerwaltungsreformG v. 26.7.1997, GVBl. 311, aufgehoben und die Löschung im GB eingetragener Schutzforstvermerke angeordnet worden) und ist der Fall im Geltungsbereich der HöfeO hinsichtlich der Hofgrundstücke (§ 7 HöfeVfO). Insoweit ist für eine Ermessensentscheidung des GBAmts kein Raum. **8**

4. Wiederaufhebung

Die Zusammenschreibung ist von Amts wegen wieder aufzuheben, wenn ihre Voraussetzungen nicht vorgelegen haben oder, wie z. B. im Fall der Eigentumsaufgabe an einem der Grundstücke, nachträglich weggefallen sind (KGJ 50, 129; 51, 192; OLG Köln Rpfleger 2019, 580); sie kann auch aufgehoben werden, wenn andere Umstände die Wiederaufhebung zweckmäßig erscheinen lassen (KGJ 50, 129). Andererseits hindern bloße Zweckmäßigkeitsgründe und ein langer Zeitablauf die Wiederaufhebung nicht, wenn es an den Voraussetzungen des § 4 Abs. 2 fehlt (OLG Hamm Rpfleger 1987, 195). Die Rückübertragung eines umgeschriebenen Grundstücks auf das inzwischen geschlossene ursprüngliche GBBlatt ist nicht möglich (OLG Köln Rpfleger 2019, 580). **9**

5. Rechtsmittel

Die Führung eines gemeinschaftlichen Blatts ist keine Eintragung i. S. des § 71 Abs. 2 Satz 1. Daher ist gegen die Zusammenschreibung und deren Ab- **10**

lehnung sowie gegen die Wiederaufhebung und deren Verweigerung die
unbeschränkte Beschwerde zulässig (OLG Köln Rpfleger 2019, 580). Beschwerdeberechtigt ist nur der Eigentümer, nicht auch ein dinglich Berechtigter (OLG Naumburg FGPrax 2013, 204; s. jedoch KGJ 50, 127, wo ein
Beschwerderecht des HypGläubigers im Fall der Ablehnung der Wiederaufhebung anerkannt wird, wenn die Hyp. unter der Voraussetzung der Aufhebung der gemeinschaftlichen Buchung bewilligt worden ist und die Verfügung über sie durch ein unübersichtliches GBBlatt erschwert wird).

6. Wirkung der Zusammenschreibung

11   Die Zusammenschreibung ist nur eine grundbuchtechnische Maßnahme;
die gemeinschaftlich gebuchten Grundstücke bleiben rechtlich selbstständig
(KG HRR 1941 Nr. 28; BayObLG Rpfleger 1981, 190). Der Eigentümer
kann über jedes gesondert verfügen; in jedes kann unabhängig von den übrigen vollstreckt werden. Die Rechte an den einzelnen Grundstücken bleiben
in dem bisherigen Umfang bestehen, also keine Mithaft eines Grundstücks
für die Lasten der übrigen. Durch Eintragung einer Hyp. auf allen oder mehreren Grundstücken entsteht eine Gesamthypothek. Bei Eintragung von
Belastungen ist genaue Ausfüllung der Sp. 2 der zweiten oder dritten Abteilung erforderlich, um Unklarheiten und Schadensfälle zu vermeiden.

12   Vor Eintragung einer Zwangshyp. auf mehreren oder sämtlichen Grund-
stücken ist die Verteilung der Forderung nach § 867 Abs. 2 ZPO notwendig
(s. Anh. zu § 44 Rn. 65.2). Wird die Hyp. auf mehreren oder sämtlichen
Grundstücken unverteilt eingetragen, so ist die Eintragung inhaltlich unzu-
lässig (§ 53 Abs. 1 Satz 2), wenn sich aus ihr oder den in Bezug genommenen
Urkunden ergibt, dass es sich um eine Zwangshyp. handelt (KGJ 49, 234;
JFG 14, 103; RG 163, 125; OLG Köln NJW 1961, 368; s. hierzu auch § 53
Rn. 42).

7. Verschiedene Grundbuchämter

13   In Erweiterung des Abs. 1 gestattet Abs. 2 Satz 1 die Zusammenschreibung
mehrerer Grundstücke auf einem Blatt auch dann, wenn ihre Grundbücher
von verschiedenen GBÄmtern geführt werden. Erforderlich ist jedoch, dass
die in Betracht kommenden Grundstücke rechtlich miteinander verbunden
sind. Eine solche rechtliche Verbundenheit kann im Bundes- oder Landesrecht wurzeln; sie ist nur dann gegeben, wenn gewisse gemeinsame Beschränkungen in der Veräußerung und Belastung auf ein voraussichtlich ge-
meinsames rechtliches Schicksal der Grundstücke hinweisen, diese also
sachenrechtlichen Sondervorschriften unterliegen (JFG 14, 209; JFG 18, 124
betr. Grundstücke eines Entschuldungsbetriebs; OLG Hamm Rpfleger 1960,
92; OLG Köln Rpfleger 1976, 16); landwirtschaftliche Anwesen, die keinem
Höfe- oder Anerbenrecht unterliegen, fallen nicht unter die Bestimmung des
Abs. 2 Satz 1 (BayObLG Rpfleger 1974, 158; OLG Hamm Rpfleger 1987,
195). Auch hier ist Voraussetzung der Zusammenschreibung, dass die
Grundstücke demselben Eigentümer gehören und von der Führung eines
gemeinschaftlichen Blatts Verwirrung nicht zu besorgen ist (JFG 14, 210).

8. Hofgrundstücke

Die zu einem Hof desselben Eigentümers gehörenden Grundstücke sind **14** auf Ersuchen des Landwirtschaftsgerichts grundsätzlich auf einem besonderen Grundbuchblatt einzutragen (§ 7 Abs. 1 HöfeVfO); scheitert dies jedoch daran, dass bei einer Zusammenschreibung Verwirrung nach § 4 Abs. 2 Satz 1 i. V. m. Abs. 1 GBO zu besorgen wäre, ist die Hofzugehörigkeit entsprechend § 6 Abs. 4 HöfeVfO ausnahmsweise durch Eintragung wechselseitiger Hofzugehörigkeitsvermerke kenntlich zu machen. Ob Verwirrung zu besorgen ist, hat das GBAmt ohne Bindung insoweit an das Ersuchen des Landwirtschaftsgerichts zu prüfen (BGH FGPrax 2013, 54; OLG Köln FGPrax 2020, 19). Zum Hof können einzelne Flurstücke eines aus mehreren Flurstücken bestehenden Grundstücks gehören. Solche Flurstücke können vom Hof getrennt werden. Das Landwirtschaftsgericht kann das GBAmt ersuchen, einzelne Flurstücke von einem einheitlichen, mit einem Hofvermerk versehenen Grundstück abzuschreiben (§ 7 Abs. 3 HöfeVfO). Dies führt zu einer Teilung des Grundstücks. Die hierfür notwendige Bewilligung des Eigentümers wird durch das Ersuchen des Landwirtschaftsgerichts ersetzt (BGH FGPrax 2014, 192).

Handelt es sich um einen Hof, so ist für die Führung des gemeinschaftlichen Blatts das GBAmt zuständig, welches das GB über die Hofstelle führt; in anderen Fällen wird das zuständige GBAmt nach § 5 FamFG bestimmt (§ 4 Abs. 2 Satz 2). Ob die Grundstücke im Sinn des § 4 Abs. 2 Satz 1 rechtlich miteinander verbunden sind, ist als Voraussetzung der Zuständigkeitsbestimmung von dem hierzu berufenen Gericht (s. § 1 Rn. 21) zu prüfen (JFG 14, 209; OLG Hamm Rpfleger 1960, 92; BayObLG Rpfleger 1974, 158).

9. Kosten

Für die Zusammenschreibung mehrerer Grundstücke werden Gebühren **15** nicht erhoben.

Vereinigung

5 (1) **Ein Grundstück soll nur dann mit einem anderen Grundstück vereinigt werden, wenn hiervon Verwirrung nicht zu besorgen ist. Eine Vereinigung soll insbesondere dann unterbleiben, wenn die Grundstücke im Zeitpunkt der Vereinigung wie folgt belastet sind:**

1. mit unterschiedlichen Grundpfandrechten oder Reallasten oder

2. mit denselben Grundpfandrechten oder Reallasten in unterschiedlicher Rangfolge.

Werden die Grundbücher von verschiedenen Grundbuchämtern geführt, so ist das zuständige Grundbuchamt nach § 5 des Gesetzes über das Verfahren in Familiensachen und in den Angelegenheiten der freiwilligen Gerichtsbarkeit zu bestimmen.

(2) **Die an der Vereinigung beteiligten Grundstücke sollen im Bezirk desselben Grundbuchamts und derselben für die Führung des amtlichen Verzeichnisses nach § 2 Abs. 2 zuständigen Stelle liegen und un-**

mittelbar aneinandergrenzen. **Von diesen Erfordernissen soll nur abgewichen werden, wenn hierfür, insbesondere wegen der Zusammengehörigkeit baulicher Anlagen und Nebenanlagen, ein erhebliches Bedürfnis besteht. Die Lage der Grundstücke zueinander kann durch Bezugnahme auf das amtliche Verzeichnis nachgewiesen werden. Das erhebliche Bedürfnis ist glaubhaft zu machen; § 29 gilt hierfür nicht.**

Inhaltsübersicht

1. Allgemeines

1   § 5 befasst sich mit der Vereinigung von Grundstücken. Er ergänzt § 890 Abs. 1 BGB, nach dem der Eigentümer mehrere Grundstücke dadurch zu einem Grundstück vereinigen kann, dass er sie als ein Grundstück in das GB eintragen lässt. Als Vereinigung wird die grundbuchmäßige Zusammenlegung mehrerer GBGrundstücke zu einem einheitlichen Grundstück bezeichnet und als Verschmelzung die katastermäßige Zusammenlegung mehrerer Flurstücke zu einem einheitlichen Flurstück (s. dazu § 2 Rn. 14 ff.).

Die Vereinigung von Grundstücken ist anders als ihre in § 4 zugelassene Zusammenschreibung kein rein grundbuchtechnischer, sondern ein sachlichrechtlicher Vorgang. Abs. 2 wurde im Hinblick auf die Erfordernisse des mit dem Liegenschaftskataster integrierten und maschinell geführten GB durch das RegVBG angefügt. Abs. 1 ist durch Art. 36 Nr. 1 des FGG-RG v. 17.12.2008 (BGBl. I 2586) geändert worden. Durch das DaBaGG wurde in Abs. 1 Satz 2 eingefügt und Abs. 2 Satz 3 neu gefasst.

2   Auf Grund des Vorbehalts in dem durch das DaBaGG aufgehobenen Art. 119 Nr. 3 EGBGB konnte die Vereinigung von Grundstücken durch die Landesgesetzgebung ganz untersagt oder über § 5 Abs. 2 hinaus beschränkt werden (vgl. auch Art. 1 Abs. 2 EGBGB). In Bayern bestanden derartige Vorschriften nicht mehr. In Baden-Württemberg galt Art. 30 AGBGB v. 26.11.1974 (GBl. 498). In Rheinland-Pfalz s. zur Vereinigung von Grundstücken im gemeinschaftlichen deutsch-luxemburgischen Hoheitsgebiet i. S. von Art. 1 des Vertrags vom 19.12.1984 (BGBl. 1988 II 415) die VO v. 16.8.1990 (GVBl. 273).

Vgl. zum Folgenden auch Röll, Grundstücksteilungen, Vereinigungen und Bestandteilszuschreibungen im Anschluss an Vermessungen, DNotZ 1968, 523.

2. Mehrere Grundstücke

a) GBGrundstück. Es muss sich um mehrere GBGrundstücke (s. § 2 **3** Rn. 13) handeln; zu den Besonderheiten, wenn an einem der Grundstücke WEigentum begründet ist, s. Rn. 7. Eine Katasterparzelle, die Teil eines Grundstücks ist, ist der Vereinigung mit einem Grundstück erst nach grundbuchmäßiger Verselbständigung fähig. Bei anderen Grundstücksteilen hat der grundbuchmäßigen Verselbständigung nach § 2 Abs. 3 die katastermäßige vorauszugehen.

Kommt der Verselbstständigung für Kataster und GB nur vorübergehende **4** Bedeutung zu, so genügt es, wenn der beschränkt zu verselbstständigende Grundstücksteil als sog. **Zuflurstück** bezeichnet wird; das Zuflurstück gilt für die Anwendung des § 890 BGB als selbstständiges Grundstück, ist aber nicht als selbstständiges Grundstück in das GB zu übernehmen (BGH DNotZ 1954, 197; BayObLG Rpfleger 1974, 148; NJW-RR 1991, 465; s. auch § 2 Rn. 29). Ein Zuflurstück kann daher sowohl mit einem anderen Zuflurstück als auch mit einem Grundstück vereinigt werden (KEHE/Keller Rn. 5, 6; Meikel/Böttcher Rn. 7, 11).

Der Vereinigung miteinander oder mit einem Grundstück sind **Miteigen-** **5** **tumsanteile** selbst dann nicht fähig, wenn sie nach § 3 Abs. 4, 5 selbständig gebucht sind (BayObLG Rpfleger 1994, 108; vgl. LG Münster DFG 1940, 141; zum Hinzuerwerb eines weiteren Miteigentumsanteils durch einen Miteigentümer s. § 7 Rn. 19). Jedoch können zwei **WEigentumsrechte** miteinander vereinigt werden oder ein WEigentum mit einem Teileigentum (OLG Düsseldorf FGPrax 2016, 53); die übrigen WEigentümer müssen dabei nicht mitwirken. Wegen § 1 Abs. 4 WEG ist aber Voraussetzung, dass das jeweilige Sondereigentum mit Miteigentum am selben Grundstück verbunden ist (BayObLG MittBayNot 1999, 179; KG Rpfleger 1989, 500). Mit dem als Folge der Vereinigung vergrößerten einheitlichen Miteigentumsanteil ist das Sondereigentum an mehreren Wohnungen verbunden. Das durch die Vereinigung entstehende WEigentum braucht nicht in sich abgeschlossen zu sein (BGH FGPrax 2001, 65; BayObLG MittBayNot 1999, 179; KG Rpfleger 1989, 500; OLG Zweibrücken ZMR 2001, 663; OLG Hamburg FGPrax 2004, 217; a.M. OLG Stuttgart OLGZ 1977, 432; KEHE/Keller Rn. 9). Erforderlich ist daher weder ein neuer Aufteilungsplan noch eine neue Abgeschlossenheitsbescheinigung (OLG Düsseldorf FGPrax 2016, 53). Schließlich kann auch ein WEigentum mit einem Grundstück vereinigt werden (vgl. BayObLG Rpfleger 1994, 108; Meikel/Böttcher Rn. 9). Entsprechendes gilt für das WErbbaurecht (OLG Hamm FGPrax 2007, 62 mit Anm. v. Morvilius MittBayNot 2007, 492). S. zum Ganzen Böttcher ZNotP 2013, 57.

b) Grundstücksgleiche Rechte. Auch grundstücksgleiche Rechte (s. **6** § 3 Rn. 6, 7) können, falls sie gleichartig sind (Meikel/Böttcher Rn. 12), miteinander vereinigt werden; hinsichtlich der Vereinigung von Bergwerkseigentum bestehen jedoch Beschränkungen (s. §§ 24 ff. sowie § 151 Abs. 2 Nr. 4, § 154 Abs. 1 BBergG); zur Vereinigung von Erbbaurechten s. Anh. zu § 8 Rn. 16. Grundsätzlich zulässig ist ferner die Vereinigung von Grundstücken und grundstücksgleichen Rechten (KEHE/Keller Rn. 7; Meikel/

Böttcher Rn. 8; a. M. Güthe/Triebel Rn. 5), z. B. im Gebiet der ehemaligen DDR von Grundstück und selbständigem Gebäudeeigentum (LG Dresden Rpfleger 1999, 271; Hügel MittBayNot 1993, 196); zur Vereinigung von nutzungsrechtslosem Gebäudeeigentum s. § 14 Abs. 3 GGV. Ein Grundstück soll jedoch mit einem grundstücksgleichen Recht des Landesrechts (s. dazu § 3 Rn. 7) nicht vereinigt werden (§ 143 Abs. 3; s. dort Rn. 9). Nicht statthaft ist die Vereinigung eines Grundstücks mit einem Bergwerkseigentum (§ 9 Abs. 2 BBergG); am 1.1.1982 bestehende Vereinigungen bleiben hievon unberührt; die Länder können aber Vorschriften über ihre Aufhebung erlassen, s. § 151 Abs. 2 Nr. 3, § 154 Abs. 1 BBergG.

7   **c) Gleicher Eigentümer.** Die Grundstücke (Zuflurstücke, WEigentumsrechte) müssen spätestens im Zeitpunkt der Neueintragung demselben Eigentümer gehören, die grundstücksgleichen Rechte demselben Berechtigten zustehen. Bei gemeinschaftlichem Eigentum muss die Art der rechtlichen Verbundenheit dieselbe sein (BayObLG NJW-RR 1991, 465); unzulässig ist die Vereinigung auch dann, wenn bei Miteigentum nach Bruchteilen die Anteile des einzelnen Miteigentümers an den zu vereinigenden Grundstücken verschieden groß sind. Deshalb kann ein Grundstück, an dem **WEigentum** gebildet ist, mit einem in gewöhnlichem Miteigentum der WEigentümer stehenden anderen Grundstück erst dann vereinigt werden, wenn auch an diesem Grundstück WEigentum gebildet worden ist und jedem WEigentümer an beiden Grundstücken jeweils ein gleich großer Miteigentumsanteil gehört (OLG Zweibrücken DNotZ 1991, 605 mit Anm. v. Herrmann). Im Übrigen gilt dasselbe wie bei der Zuschreibung eines weiteren Grundstücks zu einem Grundstück, an dem WEigentum gebildet ist (s. dazu § 6 Rn. 7).

8   **d) Räumlicher Zusammenhang.** Bis zur Anfügung von Abs. 2 durch das RegVBG war es kein Erfordernis der Vereinigung, dass die Grundstücke räumlich oder wirtschaftlich zusammenhingen und dass die Grundbücher vom selben GBAmt geführt wurden. Beschränkungen in dieser Richtung waren jedoch durch die Landesgesetzgebung möglich (s. Rn. 2). Bei einer maschinellen GBFührung mit Integration des Liegenschaftskatasters, wie sie §§ 126 ff. nunmehr ermöglichen, ergäben sich Probleme bei Grundstücken, die über die Grenze eines GBAmts- oder Katasteramtsbezirks hinausgehen. Die Entstehung solcher Grundstücke durch Vereinigung wird daher grundsätzlich ausgeschlossen (Abs. 2 Satz 1). Eine nennenswerte Beeinträchtigung der Grundstückseigentümer in der Nutzung ihres Eigentums ist damit nicht verbunden, zumal Abs. 2 Satz 2 Ausnahmen zulässt. Die Möglichkeit weitergehender Beschränkungen der Vereinigung durch Landesrecht besteht nicht mehr (s. Rn. 2).

Das GBAmt darf eine Vereinigung grundsätzlich nur dann in das GB eintragen, wenn die zu vereinigenden Grundstücke im selben GBAmts- und Katasteramtsbezirk liegen. Ferner müssen die Grundstücke eine gemeinsame Grenze haben (Abs. 2 Satz 1). Das Vorliegen dieser Voraussetzung ist, sofern sie beim GBAmt nicht offenkundig ist (§ 29 Abs. 1 Satz 2), diesem im Hinblick auf den unmittelbaren Zugriff des GBAmts auf die amtliche Liegenschaftskarte durch Bezugnahme auf das amtliche Verzeichnis nachzuweisen

(Abs. 2 Satz 3). Zu vereinigende WEigentumsrechte müssen nicht aneinander grenzen (Böttcher ZNotP 2013, 57, 60; a. M. BayObLG Rpfleger 2003, 241).

e) Ausnahme. Eine Ausnahme ist nur zulässig, wenn hierfür ein erhebliches Bedürfnis besteht, das sich insbes. aus der Zusammengehörigkeit baulicher Anlagen und Nebenanlagen ergeben kann (Abs. 2 Satz 2). In Betracht kommt z. B. die Vereinigung des Stammgrundstücks mit einem weiteren Grundstück, auf dem sich Garagen, Parkplätze (LG Marburg Rpfleger 1996, 341) oder Entsorgungseinrichtungen (Mülltonnen) befinden. Ein erhebliches Bedürfnis für die Zulassung der Vereinigung kann bei der Bestellung eines Erbbaurechts an mehreren Grundstücken bestehen, die eine einheitliche Bahnanlage bilden (OLG Hamm FGPrax 2007, 313). Eine Ausnahme kommt insbes. beim WEigentum in Betracht, das nach § 1 Abs. 4 WEG nicht an mehreren Grundstücken begründet werden kann; das erforderliche erhebliche Bedürfnis wird regelmäßig vorliegen, wenn ohne die Möglichkeit einer Vereinigung eine beabsichtigte Begründung von WEigentum oder der Hinzuerwerb eines Grundstücks durch die WEigentümer zur Erweiterung der Anlage scheitern würde. Das erhebliche Bedürfnis als Voraussetzung für eine Ausnahme ist dem GBAmt nicht in der Form des § 29 nachzuweisen; weil dies in aller Regel auf erhebliche Schwierigkeiten stoßen würde, genügt Glaubhaftmachung. Der Grundstückseigentümer kann sich dabei aller Beweismittel bedienen, insbes. auch der Versicherung an Eides Statt (s. dazu § 29a Rn. 3); für ihre Form ist § 29 nicht anwendbar. Ist ein erhebliches Bedürfnis glaubhaft gemacht, brauchen die zu vereinigenden Grundstücke weder im Bezirk desselben GBAmts oder Katasteramts zu liegen, noch müssen sie aneinandergrenzen.

Abs. 2 ist als Sollvorschrift ausgestaltet. Es handelt sich um eine grundbuchverfahrensrechtliche, nicht um eine materiellrechtliche Regelung. Bei einer Verletzung der Vorschrift durch das GBAmt bleibt die materiellrechtliche Gültigkeit der Vereinigung unberührt.

3. Vereinigungserklärung

Die Vereinigung erfordert sachlichrechtlich eine hierauf gerichtete Erklä- **9** rung des Eigentümers gegenüber dem GBAmt und die Eintragung in das GB; durch bloße Zusammenlegung mehrerer, je ein GBGrundstück bildender Katasterparzellen entsteht kein einheitliches Grundstück im Rechtssinn (KGJ 49, 235). Einer Zustimmung der dinglich Berechtigten bedarf es nicht (KGJ 31, 241; OLG Saarbrücken OLGZ 1972, 137). Bei einer Vereinigung von WEigentumsrechten ist die Mitwirkung der übrigen WEigentümer nicht erforderlich (OLG Stuttgart OLGZ 1977, 431).

Verfahrensrechtlich sind zur Eintragung der Vereinigung ein EintrAntrag **10** und eine **EintrBewilligung** erforderlich. Die sachlichrechtliche Vereinigungserklärung stellt in der Regel zugleich die EintrBewilligung dar und bedarf deshalb der Form des § 29 Abs. 1 Satz 1. Wegen § 39 Abs. 1 muss der Eigentümer der zu vereinigenden Grundstücke als solcher eingetragen sein.

Der **EintrAntrag** kann im Hinblick auf § 13 Abs. 1 Satz 2 nur von dem **11** Eigentümer, nicht von einem dinglich Berechtigten gestellt werden. Ersetzt er, wie in der Regel, die Vereinigungserklärung und damit auch die EintrBewilligung, so bedarf er nach § 30 der Form des § 29 Abs. 1 Satz 1 (KGJ 31, 238; BayObLG DNotZ 1958, 388); über die Beurkundungs- und Beglaubigungsbefugnis der Vermessungsbehörden bei Vereinigung von Grundstücken s. § 66 Abs. 1 Nr. 6 BeurkG sowie das als Landesrecht fortgeltende Ges. v. 15.11.1937 (RGBl. I 1257), in Bayern ersetzt durch Art. 9 VermKatG v. 31.7.1970 (BayRS 219-1-F).

12   Wegen der unterschiedlichen rechtlichen Wirkungen einer Vereinigung und einer Bestandteilszuschreibung, insbes. im Hinblick auf § 1131 BGB, müssen die Erklärungen zumindest im Weg der Auslegung zweifelsfrei ergeben, ob eine **Vereinigung oder eine Zuschreibung** gewollt ist (vgl. KG OLG 39, 221; BGH DNotZ 1954, 198; BayObLG DNotZ 1972, 352; MittBayNot 1994, 128). Die Vereinigung ist die normale Form der Verbindung von Grundstücken und daher im Zweifel gewollt (BayObLG Rpfleger 1996, 332). Ein Antrag auf „Zuschreibung" ist regelmäßig als ein solcher auf Zuschreibung als Bestandteil zu verstehen (KG HRR 1941 Nr. 28).

4. Keine Verwirrung

13   **a) Grundsatz.** Der Antrag auf Vereinigung muss zurückgewiesen werden, wenn von dieser Verwirrung zu besorgen ist (Satz 1); dabei handelt es sich um einen unbestimmten Rechtsbegriff (BayObLG Rpfleger 1977, 251; KG Rpfleger 1989, 500). Verwirrung ist zu besorgen, wenn die Eintragungen derart unübersichtlich und schwer verständlich würden, dass der gesamte grundbuchliche Rechtszustand des Grundstücks nicht mit der für den GBVerkehr notwendigen Klarheit und Bestimmtheit erkennbar ist und die Gefahr von Streitigkeiten von Realberechtigten untereinander oder mit Dritten und von Verwicklungen namentlich im Fall der Zwangsversteigerung besteht (BGH FGPrax 2014, 2; KG Rpfleger 1989, 500; OLG Düsseldorf Rpfleger 2000, 211; BayObLG Rpfleger 1997, 102). Ob eine Vereinigung Verwirrung befürchten lässt, richtet sich nach den Umständen des Einzelfalls, wobei nicht nur die gegenwärtigen Verhältnisse zu berücksichtigen sind, sondern auch die weiteren Folgen, die sich aus dem Vollzug von Anträgen ergeben, die im Zusammenhang mit dem Antrag auf Vereinigung gestellt werden (OLG Hamm Rpfleger 1968, 121; OLG Düsseldorf DNotZ 1971, 479); spätere Veränderungen bleiben außer Betracht (OLG Schleswig Rpfleger 1982, 371; OLG Düsseldorf Rpfleger 2000, 211). S. hierzu auch OLG Hamm Rpfleger 1998, 154.

14   **b) Unterschiedliche Belastung.** Die Besorgnis der Verwirrung kann auch eine unterschiedliche Belastung der zu vereinigenden Grundstücke begründen. Die unterschiedliche Belastung der Grundstücke (oder WEigentumsrechte: KG Rpfleger 1989, 500; oder WErbbaurechte: OLG Hamm FGPrax 2007, 62 mit Anm. v. Morvilius MittBayNot 2007, 492) ist zwar kein unbedingtes Hindernis für eine Vereinigung, kann dieser aber doch entgegenstehen; so insbesondere, wenn Zuflurstücke vereinigt oder die Flurstücke, aus denen die zu vereinigenden Grundstücke bestehen, verschmolzen werden (BayObLG DNotZ 1994, 242; OLG Schleswig Rpfleger 1982, 371; KG Rpfleger 1989, 500; s. dazu auch BGH FGPrax 2014, 2 und BayObLG

Rpfleger 1997, 102). Dies kann ein Grund dafür sein, die Verschmelzung der Flurstücke, nicht aber die Vereinigung der Grundstücke abzulehnen (OLG Düsseldorf Rpfleger 2000, 211). Grundsätzlich besteht die Besorgnis der Verwirrung nicht, solange aus dem GB auch nach Eintragung der Vereinigung zu ersehen ist, auf welchem Teil des nunmehr einheitlichen Grundstücks welches Recht mit welchem Rang lastet (KG Rpfleger 1989, 500; OLG Düsseldorf Rpfleger 2000, 211).

c) Grundpfandrechte und Reallasten. Nach dem durch das DaBaGG **14.1** in § 5 Abs. 1 eingefügten Satz 2 soll im Interesse der Rechtsklarheit und zur Vermeidung von Schwierigkeiten bei der Zwangsversteigerung eine Vereinigung insbesondere dann unterbleiben, wenn die Grundstücke mit unterschiedlichen Grundpfandrechten oder Reallasten oder mit denselben Grundpfandrechten oder Reallasten mit unterschiedlicher Rangfolge belastet sind. Einer Vereinigung steht auch entgegen, dass nur eines der mehreren zu vereinigenden Grundstücke mit einem Grundpfandrecht belastet ist, während die übrigen Grundstücke unbelastet sind (OLG Düsseldorf FGPrax 2019, 155). Die gesetzliche Regelung beschränkt sich auf Verwertungsrechte. Dabei genügt es, dass die Ranggleichheit der Belastungen erst mit der Vereinigung hergestellt wird. Aufgrund der das GBAmt verpflichtenden Soll-Vorschrift hat eine Vereinigung auch dann zu unterbleiben, wenn die Flurstücke nicht verschmolzen werden. S. dazu Weber MittBayNot 2014, 497.

d) Sonstige Fälle. Keine Verwirrung ist zu besorgen, wenn dem jeweili- **14.2** gen Eigentümer eines der Grundstücke ein Recht an einem anderen Grundstück zusteht (BayObLG Rpfleger 1974, 148) oder wenn das herrschende Grundstück (oder ein Teil davon) mit dem dienenden vereinigt werden soll (vgl. BGH Rpfleger 1978, 52); gleiches gilt bei einer Vereinigung von Zuflurstücken, die mit der gleichen beschränkten persönlichen Dienstbarkeit belastet sind (BayObLG Rpfleger 1977, 442). Verwirrung ist auch dann nicht zu besorgen, wenn die unterschiedliche Belastung nur darin besteht, dass eines der Grundstücke zusätzlich mit einer erstrangigen Dienstbarkeit, z. B. einem Wasserleitungsrecht, belastet ist (vgl. BayObLG Rpfleger 1987, 13 mit zust. Anm. v. Wirner DNotZ 1987, 221). S. zum Ganzen OLG Brandenburg ZfIR 2010, 25 und dazu Böttcher ZfIR 2010, 6.

5. Zuständigkeit

Gehört die Führung der Grundbücher zu den Geschäftsaufgaben ver- **15** schiedener Rpfleger desselben GBAmts, so entscheidet die Geschäftsverteilung (s. dazu § 5 GeschO, Nr. 1.2 BayGBGA). Werden die Grundbücher dagegen von verschiedenen GBÄmtern geführt, so ist das zuständige GBAmt nach § 5 FamFG zu bestimmen (Abs. 1 Satz 2). Die Bestimmung des für die Entscheidung über den Antrag auf Eintragung der Vereinigung zuständigen Gerichts löst keine Bindungswirkung für die Entscheidung über den Antrag aus, setzt aber voraus, dass nach Einschätzung des Bestimmungsgerichts eine überwiegende Erfolgsaussicht für den Antrag besteht (OLG Hamm FGPrax 2007, 313; offen gelassen von OLG Düsseldorf FGPrax 2016, 105). Zur Zuständigkeitsbestimmung s. § 1 Rn. 26 ff.

6. Entscheidung

16 Liegen die in Rn. 3–14 genannten Voraussetzungen vor, so muss die Vereinigung eingetragen werden; für eine Ermessensentscheidung des GBAmts ist anders als bei der Zusammenschreibung kein Raum.

7. Rechtsmittel

17 Gegen die Zurückweisung eines Vereinigungsantrags ist die unbeschränkte Beschwerde gegeben (§ 71 Abs. 1). Die erfolgte Vereinigung ist eine Eintragung i. S. des § 71 Abs. 2 Satz 1 (KGJ 31, 244); gegen sie ist daher nur die beschränkte Beschwerde zulässig (§ 71 Abs. 2 Satz 2).

18 Beschwerdeberechtigt ist nur der Eigentümer, nicht auch ein dinglich Berechtigter (KGJ 31, 242; OLG Karlsruhe OLG 39, 222).

8. Grundbuchmäßige Behandlung

19 Maßgebend sind § 6 Abs. 2, 5, 6 Buchst. b und c, Abs. 7 sowie § 13 Abs. 1 und 3 GBV. Hiernach ist das Verfahren kurz folgendes (s. hierzu, insbes. zur Vereinigung von WEigentumsrechten, KG Rpfleger 1989, 500):

a) Dasselbe GBBlatt. Sind die zu vereinigenden Grundstücke auf demselben GBBlatt eingetragen, so werden die bisherigen Eintragungen in den Sp. 1 bis 4 des Bestandsverzeichnisses rot unterstrichen. Das durch die Vereinigung entstehende Grundstück ist unter neuer laufender Nummer einzutragen. In Sp. 2 ist auf die bisherigen laufenden Nummern der beteiligten Grundstücke zu verweisen. Die Größenangabe in Sp. 4 kann entweder die Gesamtgröße oder die jeweilige Größe der vereinigten Grundstücke verlautbaren. In Sp. 5 sind die laufenden Nummern der Grundstücke anzugeben, auf welche sich die Eintragung bezieht. Der Vereinigungsvermerk in Sp. 6 lautet etwa: „Nr. 4 mit Nr. 3 vereinigt und unter Nr. 5 als ein Grundstück eingetragen am …“ Eintragungen in der ersten bis dritten Abteilung erfolgen nicht.

20 **b) Verschiedene GBBlätter.** Sind die zu vereinigenden Grundstücke auf verschiedenen GBBlättern (A und B) desselben GBAmts eingetragen und soll die Vereinigung auf dem Blatt A erfolgen, so ist das auf dem Blatt B eingetragene Grundstück zunächst von diesem abzuschreiben. Sodann wird es in den Sp. 1 bis 4 des Bestandsverzeichnisses des Blatts A unter der nächsten laufenden Nummer, z. B. Nr. 2, eingetragen. Die Eintragungen zu Nr. 1 und 2 des Bestandsverzeichnisses sind darauf rot zu unterstreichen; das einheitliche Grundstück ist unter neuer laufender Nummer, z. B. Nr. 3, einzutragen. Der Vermerk in Sp. 6 lautet etwa: „Nr. 2 von Blatt B hierher übertragen, mit Nr. 1 vereinigt und unter Nr. 3 als ein Grundstück eingetragen am …“. Über den Vermerk in der ersten Abteilung s. Muster zur GBV Anl. 2a Abt. I Sp. 4. In die zweite und dritte Abteilung sind die auf dem Blatt B eingetragenen noch bestehenden Belastungen des auf das Blatt A übertragenen Grundstücks zu übernehmen. Die Eintragung lautet etwa: „Folgende Eintragung – einzurücken die Eintragung auf Blatt B – von Blatt B hierher übertragen am …“ oder bei noch bestehender Mithaft eines auf dem Blatt B

vorgetragenen Grundstücks „... hierher zur Mithaft übertragen am ...";
dabei ist in den Sp. 2 der zweiten und dritten Abteilung als belastetes Grundstück die Nr. 2, nicht etwa die Nr. 3 des Bestandsverzeichnisses anzugeben.

c) Verschiedene GBÄmter. Werden die Grundbücher der zu vereini- **21**
genden Grundstücke von verschiedenen GBÄmtern geführt, so kommt noch
die den Zuständigkeitswechsel regelnde Vorschrift des § 25 GBV in Betracht.

d) Zuflurstück. Nicht geregelt hat die GBV die grundbuchmäßige Be- **22**
handlung der Vereinigung eines Zuflurstücks mit einem GBGrundstück; sie
ist in entsprechender Anwendung der Bestimmungen über die Vereinigung
vorzunehmen, wobei der nur vorübergehenden rechtlichen Selbstständigkeit
des Zuflurstücks Rechnung zu tragen ist (BayObLG Rpfleger 1974, 148 mit
einem EintrMuster).

e) Verschmelzung. Die katastermäßige Verschmelzung der Flurstücke,
aus denen die zu vereinigenden Grundstücke bestehen, kann im GB erst
nach der Vereinigung vollzogen werden (OLG Hamm FGPrax 2007, 313).

9. Wirkung der Vereinigung

a) Belastungen. Die vereinigten Grundstücke verlieren ihre Selbststän- **23**
digkeit und werden nichtwesentliche Bestandteile des einheitlichen Grundstücks (KGJ 31, 241; OLG Saarbrücken OLGZ 1972, 137; BGH Rpfleger
1978, 52). Belastungen bleiben in dem bisherigen Umfang bestehen, keines
der früheren Grundstücke haftet für die Lasten der übrigen (KGJ 30, 195;
OLG Saarbrücken OLGZ 1972, 137; OLG Hamm Rpfleger 2003, 349; s.
auch BGH Rpfleger 1978, 52); die Zwangsversteigerung kann in jedes der
früheren Grundstücke gesondert betrieben werden (KGJ 31, 242); s. zum
Ganzen OLG Düsseldorf Rpfleger 2000, 211, ferner BGH Rpfleger 2006,
150 mit Anm. v. Dümig ZfIR 2006, 222 und Morvilius MittBayNot 2006,
299. Entsprechendes gilt bei einer Vereinigung von Zuflurstücken, WEigentumsrechten (s. dazu KG Rpfleger 1989, 500, aber auch Streuer Rpfleger
1992, 184) oder grundstücksgleichen Rechten. Soll eines der früheren
Grundstücke belastet werden, so ist nach § 7 zu verfahren. Wird bei der Umschreibung des GB die Beschränkung der Belastung mit einer Grunddienstbarkeit auf die Fläche eines der an der Vereinigung beteiligten Grundstücke
nicht übernommen, so wird das GB unrichtig, weil es die Belastung des gesamten durch Vereinigung entstandenen einheitlichen Grundstücks ausweist.
Die Veräußerung des herrschenden Grundstücks kann zu einem gutgläubigen Erwerb der Grunddienstbarkeit führen (OLG Hamm Rpfleger 2003,
349).

b) Herrschendes Grundstück. Wird mit dem herrschenden Grundstück einer Grunddienstbarkeit ein anderes Grundstück vereinigt, erstreckt
sich die Berechtigung formal auf das einheitliche Grundstück. Die Ausübung
der Berechtigung aus der Grunddienstbarkeit ist aber zugunsten des Teils des
früher herrschenden Grundstücks beschränkt. Etwas anderes kann nur durch
Neubestellung der Grunddienstbarkeit zugunsten des anderen Grundstücks
erreicht werden (KG JFG 13, 314 für den Fall der Zuschreibung). Um einen

einheitlichen Rang der Grunddienstbarkeit zu erreichen, kann dazu die Mitwirkung dinglich Berechtigter an dem dienenden Grundstück erforderlich sein (§ 880 Abs. 1 BGB). Die Ausübungsbeschränkung zugunsten eines Teils des einheitlichen Grundstücks hat dann keine praktischen Auswirkungen, wenn es für die Ausübung der Berechtigung weder auf die Größe des herrschenden Grundstücks noch auf die Lage eines Teils davon ankommt (BayObLG DJZ 1933, 1439). Wird die Vereinigung rückgängig gemacht, erlischt die Grunddienstbarkeit für das mit dem ursprünglich herrschenden Grundstück vereinigte Grundstück (§ 1025 Satz 2 BGB). S. zum Ganzen BayObLG FGPrax 2003, 10).

c) Zwangsversteigerung. Wie die Teilung eines Grundstücks ist die Vereinigung eine Verfügung i. S. v. § 23 ZVG. Die sich daraus ergebenden Folgen sind dieselben wie bei einer Teilung (s. dazu § 7 Rn. 15).

10. Vorschriftswidrige Vereinigung

24   Ist eine Vereinigung eingetragen worden, obwohl ihre sachlichrechtlichen Voraussetzungen fehlten, insbes. keine auf Vereinigung gerichtete Willenserklärung des Eigentümers vorlag, so ist das GB unrichtig (KGJ 49, 235); auch inhaltliche Unzulässigkeit der Eintragung ist denkbar; es gilt § 53 Abs. 1 (KGJ 31, 239). Hingegen ist es unschädlich, wenn lediglich gegen § 5 Abs. 1 Satz 1 verstoßen wurde, d. h. der Vereinigungsantrag wegen bestehen-der Verwirrungsgefahr zurückzuweisen gewesen wäre (BGH Rpfleger 2006, 150 mit Anm. v. Dümig ZfIR 2006, 222 und Morvilius MittBayNot 2006, 229).

11. Wiederaufhebung

25   Eine Wiederaufhebung der Vereinigung ist nur durch Teilung des einheitlichen Grundstücks möglich (BayObLG DNotZ 1958, 393); Näheres über die Teilung s. § 7 Rn. 2 ff. Für eine Wiederaufhebung von Amts wegen ist auch dann kein Raum, wenn sich nachträglich ergibt, dass infolge der Vereinigung Verwirrung zu besorgen ist. Bei entsprechender Belehrung wird ein einsichtiger Eigentümer aber in den meisten Fällen dazu veranlasst werden können, die Wiederaufhebung herbeizuführen.

12. Kosten

26   Für die Eintragung der ohne Eigentumsübergang stattfindenden Vereinigung wird eine Gebühr von 50 EUR erhoben (Nr. 14160 Nr. 3 GNotKG).

Gebührenfrei ist die Eintragung der Vereinigung, wenn die das amtliche Verzeichnis nach § 2 Abs. 2 führende Behörde bescheinigt, dass die Grundstücke örtlich und wirtschaftlich ein einheitliches Grundstück darstellen oder die Grundstücke zu einem Hof gehören.

Zuschreibung

6 (1) **Ein Grundstück soll nur dann einem anderen Grundstück als Bestandteil zugeschrieben werden, wenn hiervon Verwirrung nicht zu besorgen ist. Werden die Grundbücher von verschiedenen Grund-**

buchämtern geführt, so ist für die Entscheidung über den Antrag auf Zuschreibung und, wenn dem Antrag stattgegeben wird, für die Führung des Grundbuchs über das ganze Grundstück das Grundbuchamt zuständig, das das Grundbuch über das Hauptgrundstück führt.

(2) § 5 Absatz 1 Satz 2 und Absatz 2 ist entsprechend anzuwenden.

Inhaltsübersicht

1. Allgemeines

§ 6 befasst sich mit der Zuschreibung von Grundstücken. Er ergänzt § 890 **1** Abs. 2 BGB, nach dem ein Grundstück dadurch zum Bestandteil eines anderen Grundstücks gemacht werden kann, dass der Eigentümer es diesem im GB zuschreiben lässt. Die Zuschreibung als Bestandteil ist nur eine besondere Art der Vereinigung und unterscheidet sich von dieser im Hinblick auf § 1131 BGB lediglich in ihrer Wirkung (BGH DNotZ 1954, 197; BayObLG 1954, 271). Eine Zuschreibung als Zubehör kennt das geltende Recht nicht mehr. Die Zuschreibung gem. § 6 ist anders als die Zusammenschreibung gem. § 4 kein rein grundbuchtechnischer, sondern ein sachlichrechtlicher Vorgang. § 6 Abs. 2 ist durch das RegVBG angefügt und durch das DaBaGG neu gefasst worden.

Auf Grund des Vorbehalts in dem durch das DaBaGG aufgehobenen **2** Art. 119 Nr. 3 EGBGB konnte die Zuschreibung eines Grundstücks als Bestandteil eines anderen durch die Landesgesetzgebung ganz untersagt oder über § 6 Abs. 2 i. V. m. § 5 Abs. 2 hinaus beschränkt werden (vgl. auch Art. 1 Abs. 2 EGBGB). In Bayern bestanden derartige Vorschriften nicht mehr. In Baden-Württemberg galt Art. 30 AGBGB v. 26.11.1974 (GBl. 498).

Vgl. zum Folgenden auch Röll, Grundstücksteilungen, Vereinigungen und Bestandteilszuschreibungen im Anschluss an Vermessungen, DNotZ 1968, 523.

2. Grundstücke

a) GBGrundstücke. Es muss sich wie bei der Vereinigung um GB- **3** Grundstücke (s. § 2 Rn. 15) handeln; zu den Besonderheiten, wenn an einem der Grundstücke WEigentum begründet ist, s. Rn. 7. Ein Grundstück kann immer nur einem, nicht aber mehreren Grundstücken als Bestandteil zugeschrieben werden; hingegen ist es möglich, einem Grundstück mehrere

Grundstücke als Bestandteil zuzuschreiben (KG HRR 1941 Nr. 602; OLG Düsseldorf JMBlNRW 1963, 189). Eine Katasterparzelle, die Teil eines Grundstücks ist, kann einem anderen Grundstück erst nach grundbuchmäßiger Verselbstständigung als Bestandteil zugeschrieben werden. Bei anderen Grundstücksteilen hat der grundbuchmäßigen Verselbstständigung nach § 2 Abs. 3 die katastermäßige vorauszugehen.

4   b) Zuflurstücke. Kommt der Verselbstständigung für Kataster und GB nur vorübergehende Bedeutung zu, so genügt es, wenn der beschränkt zu verselbstständigende Grundstücksteil als sog. Zuflurstück bezeichnet wird; das Zuflurstück gilt für die Anwendung des § 890 BGB als selbstständiges Grundstück, ist aber nicht als selbstständiges Grundstück in das GB zu übernehmen (s. hierzu § 5 Rn. 4). Zuflurstücke können daher einem Grundstück zugeschrieben werden (BayObLG Rpfleger 1995, 151); ein Zuflurstück kann aber auch einem anderen Zuflurstück als Bestandteil zugeschrieben werden (KEHE/Keller Rn. 5, 6; Meikel/Böttcher Rn. 9, 13; Roellenbleg DNotZ 1971, 286; a. M. BayObLG DNotZ 1958, 388; Rpfleger 1972, 18; OLG Frankfurt Rpfleger 1976, 245).

5   c) Miteigentumsanteile. Sie sind der Zuschreibung untereinander oder zu einem Grundstück selbst dann nicht fähig, wenn sie nach § 3 Abs. 4 selbstständig gebucht sind (BayObLG Rpfleger 1994, 108; einschränkend: Bünger NJW 1964, 583; 1965, 2095; gegen diesen jedoch Staudenmaier NJW 1964, 2145). Jedoch kann ein **WEigentumsrecht** einem anderen WEigentumsrecht zugeschrieben werden, sofern das jeweilige Sondereigentum mit Miteigentum am selben Grundstück verbunden ist (BGH FGPrax 2014, 2). Das durch die Zuschreibung entstehende neue WEigentum braucht nicht in sich abgeschlossen zu sein (LG Ravensburg Rpfleger 1976, 303; a. M. KEHE/Keller § 5 Rn. 9). Auch kann ein WEigentum einem Grundstück zugeschrieben werden und umgekehrt (BayObLG Rpfleger 1994, 108; OLG Hamm NJW-RR 1996, 1100; a. M. OLG Düsseldorf JMBlNRW 1963, 189). Entsprechendes gilt für das WErbbaurecht (OLG Hamm FGPrax 2007, 62 mit Anm. v. Morvilius MittBayNot 2007, 492).

6   d) Grundstücksgleiche Rechte. Auch grundstücksgleiche Rechte (s. § 3 Rn. 6, 7) können, falls sie gleichartig sind (Meikel/Böttcher Rn. 14), durch Zuschreibung miteinander verbunden werden; zur Zuschreibung von Erbbaurechten s. Anh. zu § 8 Rn. 16. Grundsätzlich zulässig ist ferner die Zuschreibung eines grundstücksgleichen Rechts zu einem Grundstück sowie die Zuschreibung eines Grundstücks zu einem grundstücksgleichen Recht (KEHE/Keller Rn. 8; Meikel/Böttcher Rn. 10). Umstritten ist, ob ein grundstücksgleiches Recht, z. B. ein Erbbaurecht, dem Grundstück, an dem es lastet, zugeschrieben werden kann oder umgekehrt dieses Grundstück dem Erbbaurecht. Das KG hat die Zuschreibung des Grundstücks zu dem darauf lastenden Erbbaurecht nicht für zulässig erachtet (DNotZ 2011, 283; ebenso OLG Hamm FGPrax 2019, 107; offen gelassen von BayObLG Rpfleger 1999, 327; a. M. OLG Jena Rpfleger 2018, 256 mit zust. Anm. v. Böhringer). Zur Zuschreibung von Grundstück und Gebäudeeigentum im Gebiet der ehemaligen DDR s. OLG Jena Rpfleger 1998, 195; LG Mühlhausen Rpfleger 1998, 196; LG Dresden Rpfleger 1999, 271. Zuschreibungen zwischen Grundstücken und grundstücksgleichen Rechten des Landesrechts (s. dazu § 3 Rn. 7), sollen nicht vorgenommen werden (§ 143 Abs. 3; s. dort Rn. 9). Nicht statthaft ist die Zuschreibung eines Bergwerkseigentums als Bestandteil eines Grundstücks oder eines Grundstücks als Bestandteil eines Bergwerkseigentums (§ 9 Abs. 2 BBergG); am 1.1.1982 bestehende Zuschreibungen bleiben hiervon unberührt; die Länder können aber Vorschriften über ihre Aufhebung erlassen, s. § 151 Abs. 2 Nr. 3, § 154 Abs. 1 BBergG.

e) Gleicher Eigentümer. Die Grundstücke (Zuflurstücke, WEigentums- **7** rechte) müssen spätestens im Zeitpunkt der Neueintragung demselben Eigentümer gehören, die grundstücksgleichen Rechte demselben Berechtigten zustehen; über Einzelheiten s. § 5 Rn. 7. Es wird jedoch für zulässig erachtet, ein in gewöhnlichem Miteigentum stehendes Grundstück einem anderen Grundstück, an dem **WEigentum** gebildet ist, als Bestandteil zuzuschreiben, sofern denselben Personen jeweils die gleichen Miteigentumsanteile an beiden Grundstücken gehören (OLG Frankfurt Rpfleger 1973, 394). Voraussetzung ist aber, dass an dem zuzuschreibenden Grundstück WEigentum gebildet wird. Sondereigentum muss an diesem Grundstück jedoch nicht geschaffen werden. Es genügt, dass im Zusammenhang mit der Zuschreibung vereinbart wird, die vorhandene Teilungserklärung oder der Teilungsvertrag solle sich auf das zuzuschreibende Grundstück erstrecken. Damit wird die Verbindung der Miteigentumsanteile an diesem Grundstück mit dem bereits bestehenden jeweiligen Sondereigentum bewirkt (OLG Oldenburg Rpfleger 1977, 22, OLG Frankfurt Rpfleger 1993, 396; ZWE 2006, 341 und 343 mit Anm. v. Demharter).

f) Räumlicher Zusammenhang. § 6 Abs. 2 erklärt § 5 Abs. 2 für ent- **8** sprechend anwendbar; es gilt daher das zur Vereinigung Ausgeführte entsprechend (s. dazu § 5 Rn. 8). Größe und Wert der beteiligten Grundstücke spielen für die Zuschreibung keine Rolle (BayObLG Rpfleger 1994, 108).

3. Zuschreibungserklärung

Die Bestandteilszuschreibung erfordert sachlichrechtlich eine hierauf ge- **9** richtete Erklärung des Eigentümers gegenüber dem GBAmt und die Eintragung in das GB. Einer Zustimmung der dinglich Berechtigten bedarf es nicht (KG 43, 124).

Verfahrensrechtlich erfordert die Bestandteilszuschreibung einen EintrAn- **10** trag und eine EintrBewilligung. Die sachlichrechtliche Zuschreibungserklärung stellt zugleich die **EintrBewilligung** dar (BayObLG NJW-RR 1991, 465) und bedarf deshalb der Form des § 29 Abs. 1 Satz 1. Im Hinblick auf § 39 Abs. 1 muss der Eigentümer der durch die Zuschreibung zu verbindenden Grundstücke als solcher eingetragen sein; jedoch genügt es, wenn bei der Zuschreibung eines Zuflurstücks das Eigentum gleichzeitig mit der Bestandteilszuschreibung erworben wird (BayObLG NJW-RR 1991, 465).

Der **EintrAntrag** kann im Hinblick auf § 13 Abs. 1 Satz 2 nur von dem Eigentümer, nicht von einem dinglich Berechtigten gestellt werden; letzterer ist durch § 1131 BGB höchstens mittelbar beteiligt (BayObLG DNotZ 1977, 242). Ersetzt der Antrag, wie in der Regel, die Zuschreibungserklärung und damit auch die EintrBewilligung, so bedarf er nach § 30 der Form des § 29 Abs. 1 Satz 1 (KGJ 30, 180; BayObLG 1976, 188); eine Beurkundungs- und Beglaubigungsbefugnis der Vermessungsbehörden (s. § 5 Rn. 11) besteht hier nicht.

11   Wegen der unterschiedlichen rechtlichen Wirkungen von Vereinigung und Bestandteilszuschreibung, insbes. im Hinblick auf § 1131 BGB, müssen die Erklärungen zumindest im Weg der Auslegung zweifelsfrei ergeben, ob eine **Vereinigung oder eine Zuschreibung** gewollt ist (s. hierzu § 5 Rn. 12).

12   Soll ein Grundstück, zu dessen Belastung mit Grundpfandrechten eine behördliche Genehmigung erforderlich ist, einem mit solchen Rechten belasteten Grundstück als Bestandteil zugeschrieben werden, so bedarf es im Hinblick auf § 1131 BGB der behördlichen Genehmigung, es sei denn, dass die nämliche Belastung bereits auf dem zuzuschreibenden Grundstück ruht (JFG 12, 340; einschränkend jedoch BayObLG RdL 1960, 319).

13   Ist die Belastung eines Grundstücks mit Grundpfandrechten unzulässig, so darf es einem mit solchen Rechten belasteten Grundstück im Hinblick auf § 1131 BGB nicht als Bestandteil zugeschrieben werden (JFG 16, 218 betr. SchRegG).

Wird bei Zuschreibung einer Grundstücksteilfläche zu einem Grundstück, für das gem. § 9 ein Geh- und Fahrtrecht an der zugeschriebenen Fläche im GB eingetragen ist, dieses Recht aufgehoben, so werden dadurch die Grundpfandgläubiger des herrschenden Grundstücks nicht berührt (BayObLG Rpfleger 1995, 151); ihre Bewilligung ist also nicht erforderlich.

14   Zum Erfordernis des Entgeltlichkeitsnachweises, wenn die Zuschreibung von einem Testamentsvollstrecker beantragt wird, s. JFG 17, 63.

15   Erwirbt ein in Gütergemeinschaft lebender, allein zur Verwaltung des Gesamtguts berechtigter Ehegatte ein Grundstück mit der Maßgabe, dass es bei der Eigentumsumschreibung einem mit Grundpfandrechten belasteten Gesamtgutsgrundstück als Bestandteil zugeschrieben werden soll, so bedarf der Zuschreibungsantrag nicht der Zustimmung des anderen Ehegatten (LG Augsburg Rpfleger 1965, 369).

4. Keine Verwirrung

16   Der Antrag auf Zuschreibung muss zurückgewiesen werden, wenn von dieser Verwirrung zu besorgen ist (Satz 1). Es gilt das zu § 5 Rn. 13, 14 Ausgeführte entsprechend; s. auch OLG Schleswig Rpfleger 1982, 371; OLG Frankfurt Rpfleger 1993, 396; BayObLG Rpfleger 1995, 151. Die nach dem entsprechend anwendbaren § 5 Abs. 1 Satz 2 Nr. 2 erforderliche Ranggleichheit kann auch dadurch erreicht werden, dass eine Erstreckung kraft Gesetzes (vgl. § 1131 BGB) eintritt (s. Rn. 23). Im Übrigen genügt es, dass die Ranggleichheit aufgrund entsprechender Rangänderungserklärungen mit der Eintragung der Bestandteilszuschreibung hergestellt wird (OLG Hamm FGPrax 2015, 245). Werden die Flurstücke, aus denen das Grundstück nach der Zuschreibung besteht, auch katastermäßig verschmolzen, so ist wegen der möglichen Verwicklungen in der Zwangsversteigerung regelmäßig Verwirrung zu besorgen, wenn hinsichtlich der in Abt. II eingetragenen Belastungen unterschiedliche Rangverhältnisse an den ehemaligen Flurstücken bestehen (BayObLG DNotZ 1994, 242 mit kritischer Anm. v. Wendt Rpfleger 1994, 456).

5. Zuständigkeit

Gehört die Führung der Grundbücher zu den Geschäftsaufgaben ver- **17** schiedener Rpfleger desselben GBAmts, so entscheidet die Geschäftsverteilung (s. dazu § 5 GeschO, Nr. 1.2 BayGBGA). Werden die Grundbücher dagegen von verschiedenen GBÄmtern geführt, so ist für die Entscheidung über den Zuschreibungsantrag und für die Weiterführung des GB nach erfolgter Zuschreibung stets das GBAmt des Hauptgrundstücks zuständig (Satz 2).

6. Entscheidung

Liegen die in Rn. 3 bis 16 genannten Voraussetzungen vor, so muss die **18** Zuschreibung eingetragen werden; für eine Ermessensentscheidung des GBAmts ist anders als bei der Zusammenschreibung kein Raum.

7. Rechtsmittel

Gegen die Zurückweisung eines Zuschreibungsantrags ist die unbe- **19** schränkte Beschwerde gegeben (§ 71 Abs. 1). Die erfolgte Zuschreibung ist eine Eintragung i. S. des § 71 Abs. 2 Satz 1; gegen sie ist daher nur die beschränkte Beschwerde zulässig (§ 71 Abs. 2 Satz 2).

Beschwerdeberechtigt ist nur der Eigentümer (a. M. KGJ 30, 178, wo das **20** Beschwerderecht auch einem HypGläubiger zugebilligt wird).

8. Grundbuchmäßige Behandlung

Maßgebend sind § 6 Abs. 2, 5, 6 Buchst. b und c, Abs. 7 sowie § 13 Abs. 1, **21** 3 GBV; im Einzelnen gilt das zu § 5 Rn. 19 bis 21 Ausgeführte entsprechend. Der Zuschreibungsvermerk in Sp. 6 des Bestandsverzeichnisses lautet etwa: „Nr. 8 der Nr. 7 als Bestandteil zugeschrieben und Nr. 7 mit Nr. 8 als Nr. 9 neu eingetragen am …". Die Rechtsfolge aus § 1131 BGB (s. Rn. 23) wird im GB nicht vermerkt; sie ergibt sich aus den Eintragungen im Bestandsverzeichnis. Nicht geregelt hat die GBV die grundbuchmäßige Behandlung der Zuschreibung eines Zuflurstücks zu einem GBGrundstück; hier gilt das zu § 5 Rn. 22 Ausgeführte sinngemäß.

9. Wirkung der Zuschreibung

Das zugeschriebene Grundstück wird nichtwesentlicher Bestandteil des **22** einheitlichen Grundstücks (KG HRR 1932 Nr. 270; JFG 22, 284).

Grundpfandrechte, die auf dem Hauptgrundstück lasten, erstrecken sich **23** nach §§ 1131, 1192, 1199 BGB auf das zugeschriebene Grundstück, gehen aber dessen Belastungen im Rang nach; die kraft Gesetzes eintretende Erstreckung gilt auch in Ansehung einer bei den Grundpfandrechten einge-

tragenen Unterwerfungsklausel (BayObLG 29, 166) sowie hinsichtlich eines
sie beschränkenden Rangvorbehalts (Bleutge Rpfleger 1974, 387; KEHE/
Keller Rn. 25; a.M. Haegele Rpfleger 1975, 158). Durch die Erstreckung
entsteht kein Gesamtrecht i.S. des § 1132 BGB (JFG 22, 284). Die sich aus
der Zuschreibung nach § 1131 BGB ergebenden Rechtsfolgen können
durch entsprechende Eintragungen im GB deutlich gemacht werden (Bay-
ObLG Rpfleger 1995, 151).

24   Im Übrigen bleiben Belastungen in dem bisherigen Umfang bestehen
(KG HRR 1932 Nr. 270; JW 1936, 2750; s. auch BGH Rpfleger 1978, 52).
Vor allem erstrecken sich Belastungen des zugeschriebenen Grundstücks
nicht auf das Hauptgrundstück (JFG 22, 285; OLG Schleswig MDR 1955,
48; BayObLG Rpfleger 1995, 151). Sie können aber rechtsgeschäftlich auf
dieses erstreckt werden; geschieht dies, so entsteht keine Gesamtbelastung
und das bisherige Rangverhältnis der Belastungen bleibt ohne besonderen
Rangvermerk auch hinsichtlich des Hauptgrundstücks bestehen (JFG 22,
284); die rechtsgeschäftliche Belastungserstreckung enthält nicht ohne weiteres die Erstreckung einer etwa eingetragenen Unterwerfungsklausel (Bay-
ObLG 29, 166).

Ist zugunsten des Hauptgrundstücks eine Grunddienstbarkeit bestellt, gilt
hinsichtlich der Auswirkungen der Zuschreibung das in § 5 Rn. 23 zur Vereinigung Ausgeführte entsprechend.

25   Neue Belastungen ergreifen das einheitliche Grundstück; soll eines der
früheren Grundstücke belastet werden, so ist nach § 7 zu verfahren.

10. Vorschriftswidrige Zuschreibung

26   Es gilt das zu § 5 Rn. 24 Ausgeführte entsprechend; ist ein Grundstück
mehreren Grundstücken als Bestandteil zugeschrieben worden, so ist die
Eintragung inhaltlich unzulässig (KG HRR 1941 Nr. 602).

11. Wiederaufhebung

27   Auch hier gilt das zu § 5 Rn. 25 Ausgeführte entsprechend.

12. Kosten

28   Für die Eintragung der ohne Eigentumsübergang stattfindenden Zuschreibung wird eine Gebühr von 50 EUR erhoben (Nr. 14160 Nr. 3 GNotKG).

29   Gebührenfrei ist die Eintragung der Zuschreibung, wenn die das amtliche
Verzeichnis nach § 2 Abs. 2 führende Behörde bescheinigt, dass die Grundstücke örtlich und wirtschaftlich ein einheitliches Grundstück darstellen oder
die Grundstücke zu einem Hof gehören.

Eintragung eines Erbbaurechts

6a (1) **Dem Antrag auf Eintragung eines Erbbaurechts an mehreren
Grundstücken oder Erbbaurechten soll unbeschadet des Satzes 2
nur entsprochen werden, wenn hinsichtlich der zu belastenden Grundstücke die Voraussetzungen des § 5 Abs. 2 Satz 1 vorliegen. Von diesen**

Erfordernissen soll nur abgewichen werden, wenn die zu belastenden Grundstücke nahe beieinander liegen und entweder das Erbbaurecht in Wohnungs- oder Teilerbbaurechte aufgeteilt werden soll oder Gegenstand des Erbbaurechts ein einheitliches Bauwerk oder ein Bauwerk mit dazugehörenden Nebenanlagen auf den zu belastenden Grundstücken ist; § 5 Abs. 2 Satz 3 findet entsprechende Anwendung. Im übrigen sind die Voraussetzungen des Satzes 2 glaubhaft zu machen; § 29 gilt hierfür nicht.

(2) Dem Antrag auf Eintragung eines Erbbaurechts soll nicht entsprochen werden, wenn das Erbbaurecht sowohl an einem Grundstück als auch an einem anderen Erbbaurecht bestellt werden soll.

1. Allgemeines

Die in ihrer Ausgestaltung eng an § 5 Abs. 2 angelehnte Vorschrift wurde **1** durch das RegVBG v. 20.12.1993 (BGBl. I 2182) eingefügt. Durch sie soll Problemen im Zusammenhang mit der beim maschinell geführten GB durch § 127 eröffneten Möglichkeit einer Integration von GB und Liegenschaftskataster begegnet werden.

2. Regelungsinhalt

Die Vorschrift geht davon aus, dass die Bestellung eines Erbbaurechts an **2** mehreren Grundstücken (Gesamterbbaurecht) oder an einem oder mehreren Erbbaurechten (Untererbbaurecht, Gesamtuntererbbaurecht) grundsätzlich ebenso zulässig ist wie die Bestellung eines Erbbaurechts sowohl an einem Grundstück als auch an einem Erbbaurecht. Zu den Bedenken gegen solche Rechtsformen s. Anh. zu § 8 Rn. 4 und § 48 Rn. 6, 7. § 6a Abs. 1 macht die Eintragung eines Gesamterbbaurechts oder eines Gesamtuntererbbaurechts vom Vorliegen einschränkender Voraussetzungen abhängig; § 6a Abs. 2 untersagt die Eintragung eines Erbbaurechts, das sowohl an einem Grundstück als auch an einem Erbbaurecht bestellt ist.

3. Belastung mehrerer Grundstücke oder Erbbaurechte

Ein Gesamterbbaurecht darf vom GBAmt grundsätzlich nur eingetragen **3** werden, wenn die betroffenen Grundstücke im selben GBAmts- sowie Katasteramtsbezirk liegen und außerdem unmittelbar aneinandergrenzen (§ 6a Abs. 1 Satz 1 i. V. m. § 5 Abs. 2 Satz 1). Diese Beschränkung gilt auch für die nachträgliche Ausdehnung eines Erbbaurechts auf ein weiteres Grundstück oder Erbbaurecht (s. dazu BayObLG Rpfleger 1984, 313).

a) Ausnahme. Eine Ausnahme gilt jedoch, wenn die Grundstücke un- **4** mittelbar aneinandergrenzen oder zwar nicht unmittelbar aneinandergrenzen, aber doch nahe beieinander liegen, und außerdem das Erbbaurecht in Wohnungserbbaurechte aufgeteilt werden soll oder der Gegenstand des Erbbaurechts ein einheitliches Bauwerk oder ein Bauwerk mit dazugehörenden Nebenanlagen auf den betroffenen Grundstücken ist; dann brauchen die Grundstücke nicht im Bezirk desselben GBAmts und Katasteramts zu liegen

(§ 6a Abs. 1 Satz 2 Halbsatz 1). Durch die Ausnahmeregelung soll verhindert werden, dass wirtschaftlich sinnvolle Gestaltungen unmöglich gemacht werden, z.B. die Errichtung einer Fabrikanlage auf mehreren Grundstücken im Erbbaurecht oder einer Wohnanlage auf mehreren Grundstücken in Form von Wohnungserbbaurechten. Zur Vereinigung von Grundstücken, die eine einheitliche Bahnanlage bilden, aber in den Bezirken verschiedener GBÄmter liegen, um daran ein Erbbaurecht zu begründen, s. § 5 Rn. 8.

5   **b) Voraussetzungen.** Die Voraussetzung der Ausnahmeregelung, dass die Grundstücke nahe beieinander liegen, ist durch Vorlage einer beglaubigten Karte des Katasteramts nachzuweisen, sofern sie beim GBAmt nicht offenkundig ist (§ 29 Abs. 1 Satz 2; a.M. Meikel/Böttcher Rn. 9). Die weitere Voraussetzung, nämlich die bereits verwirklichte oder beabsichtigte Errichtung eines einheitlichen Bauwerks oder eines Bauwerks mit dazugehörenden Nebenanlagen auf den Grundstücken oder die beabsichtigte Teilung des Erbbaurechts in Wohnungs- oder Teilerbbaurechte ist nur glaubhaft zu machen; dabei ist die Formvorschrift des § 29 nicht zu beachten (§ 6a Abs. 1 Satz 2 Halbsatz 2, Satz 3; zur Glaubhaftmachung s. § 29a Rn. 3). Zu den Anforderungen an den Nachweis der EintrGrundlagen, wenn an mehreren in verschiedenen Ortsteilen einer Gemeinde liegenden Grundstücken, auf denen sich miteinander verbundene Klär- und sonstige Abwasserbeseitigungsanlagen befinden, ein Gesamterbbaurecht begründet werden soll, s. BayObLG FGPrax 2003, 250.

4. Belastung eines Grundstücks und eines Erbbaurechts

6   § 6a Abs. 2 untersagt dem GBAmt die Eintragung eines Erbbaurechts, das sowohl an einem Grundstück als auch an einem Erbbaurecht bestellt ist. Die Buchung eines solchen Erbbaurechts, das weder ein reines Erbbaurecht noch ein reines Untererbbaurecht ist, würde beim maschinell geführten GB Probleme aufwerfen. S. dazu aber den Ausnahmetatbestand des § 39 Abs. 3 SachenRBerG.

5. Sollvorschrift

7   Die sich an das GBAmt wendende Vorschrift ist als Sollvorschrift ausgestaltet, so dass eine Verletzung durch das GBAmt die Entstehung des Erbbaurechts nicht ausschließt.

Belastung eines Grundstücksteils

7 (1) **Soll ein Grundstücksteil mit einem Recht belastet werden, so ist er von dem Grundstück abzuschreiben und als selbständiges Grundstück einzutragen.**

(2) Ist das Recht eine Dienstbarkeit, so kann die Abschreibung unterbleiben, wenn hiervon Verwirrung nicht zu besorgen ist. In diesem Fall soll ein von der für die Führung des Liegenschaftskatasters zuständigen Behörde erteilter beglaubigter Auszug aus der amtlichen Karte vorgelegt werden, in dem der belastete Grundstücksteil gekennzeichnet ist.

Die Vorlage eines solchen Auszugs ist nicht erforderlich, wenn der Grundstücksteil im Liegenschaftskataster unter einer besonderen Nummer verzeichnet ist.

(3) **Die Landesregierungen werden ermächtigt, durch Rechtsverordnung zu bestimmen, dass der nach Absatz 2 vorzulegende Auszug aus der amtlichen Karte der Beglaubigung nicht bedarf, wenn der Auszug maschinell hergestellt wird und ein ausreichender Schutz gegen die Vorlage von nicht von der zuständigen Behörde hergestellten oder von verfälschten Auszügen besteht. Satz 1 gilt entsprechend für andere Fälle, in denen dem Grundbuchamt Angaben aus dem amtlichen Verzeichnis zu übermitteln sind. Die Landesregierungen können die Ermächtigung durch Rechtsverordnung auf die Landesjustizverwaltungen übertragen.**

Inhaltsübersicht

1. Allgemeines

§ 7 behandelt die Belastung eines Grundstücksteils. Zur Erhaltung der **1** Übersichtlichkeit des GB verlangt er grundsätzlich die grundbuchmäßige Verselbstständigung des Grundstücksteils. Durch das DaBaGG wurde die Regelung des Abs. 2 Satz 1 auf Dienstbarkeiten beschränkt; an die Stelle des bisherigen Satzes 2 sind die Sätze 2 und 3 getreten; Abs. 3 wurde angefügt.

Auf Grund des Vorbehalts in Art. 119 Nr. 2 EGBGB kann die Teilung eines Grundstücks durch die Landesgesetzgebung untersagt oder beschränkt werden. In Bayern bestehen derartige Vorschriften derzeit nicht.

Vgl. zum Folgenden auch Röll, Grundstücksteilungen, Vereinigungen und Bestandteilszuschreibungen im Anschluss an Vermessungen, DNotZ 1968, 523; Böttcher, Grundstücksteilung, Rpfleger 1989, 133; Geißel, Der Teilflächenverkauf, MittRhNotK 1997, 333.

2. Teilung von Grundstücken

Das BGB und die GBO enthalten zwar Vorschriften über die Verbindung **2** von Grundstücken durch Vereinigung oder Zuschreibung, nicht aber solche über die Teilung eines Grundstücks. Dass der Eigentümer sein Grundstück teilen, d. h. in mehrere GBGrundstücke (s. § 2 Rn. 15) aufteilen kann, ergibt sich jedoch aus § 903 BGB (KG NJW 1969, 470; OLG Hamm NJW 1974,

865). Als Teilung wird die grundbuchmäßige Aufspaltung eines GBGrundstücks in mehrere selbständige Grundstücke bezeichnet und als Zerlegung die katastermäßige Aufspaltung eines Flurstücks in mehrere Flurstücke (s. dazu § 2 Rn. 14 ff.).

Zur Teilung von Bergwerkseigentum s. § 28 BBergG; zur Teilung eines Erbbaurechts s. Anh. zu § 8 Rn. 14; zur Teilung eines Grundstücks, das mit einem Erbbaurecht belastet ist, s. Anh. zu § 8 Rn. 13; zur Teilung eines Hof grundstücks s. § 4 Rn. 14; zur Teilung eines WEigentums s. Anh. zu § 3 Rn. 73; zur Teilung eines Grundstücks, an dem WEigentum begründet ist, s. Anh. zu § 3 Rn. 97; zur Teilung von Gebäudeeigentum s. § 14 Abs. 3 GGV, ferner Böhringer DtZ 1996, 290; zur Teilung eines Grundstücks, das von einem Gebäudeeigentum, einem dinglichen Nutzungsrecht oder einem Recht zum Besitz gem. Art. 233 § 2a EGBGB betroffen oder damit belastet ist, s. § 14 Abs. 4 GGV.

3. Voraussetzungen der Teilung

3   **a) Sachlichrechtlich.** Die Teilung erfordert sachlichrechtlich eine hierauf gerichtete Erklärung des Eigentümers gegenüber dem GBAmt und die Eintragung in das GB. Einer Zustimmung der dinglich Berechtigten bedarf es nicht (KG NJW 1969, 470), weil die Rechte, mit denen das Grundstück belastet ist, an den Teilen fortbestehen (BayObLG MittBayNot 1995, 458; s. Rn. 13). Eine Belastung des Grundstücks oder auch nur eines Miteigentumsanteils hindert daher die Teilung nicht (BayObLG Rpfleger 1996, 333).

4   **b) Verfahrensrechtlich.** Die Teilung erfordert verfahrensrechtlich einen EintrAntrag und eine EintrBewilligung. Weil die Zustimmung dinglich Berechtigter sachlichrechtlich nicht erforderlich ist (s. Rn. 3), bedarf es auch ihrer verfahrensrechtlichen Bewilligung nicht. Die sachlichrechtliche Teilungserklärung stellt zugleich die EintrBewilligung dar und bedarf deshalb der Form des § 29 Abs. 1 Satz 1. Der EintrAntrag kann im Hinblick auf § 13 Abs. 1 Satz 2 nur von dem Eigentümer gestellt werden. Ersetzt er, wie in der Regel, die Teilungserklärung und damit auch die EintrBewilligung, so bedarf er nach § 30 der Form des § 29 Abs. 1 Satz 1 (KG JW 1937, 896; OLG Hamm NJW 1974, 865; OLG Frankfurt Rpfleger 1990, 292); über die Beurkundungs- und Beglaubigungsbefugnis der Vermessungsbehörden bei Teilung von Grundstücken s. § 66 Abs. 1 Nr. 6 BeurkG sowie das als Landesrecht fortgeltende Ges. v. 15.11.1937 (RGBl. I 1257), in Bayern ersetzt durch Art. 9 VermKatG v. 31.7.1970 (BayRS 219-1-F). Im Hinblick auf § 39 Abs. 1 muss der Eigentümer des zu teilenden Grundstücks als solcher eingetragen sein (a. M. KGJ 27, 262). Nach § 2 Abs. 3 ist regelmäßig die Vorlegung eines Auszugs aus dem amtlichen Verzeichnis erforderlich; Näheres s. § 2 Rn. 28 ff.

4. Teilungsgenehmigung

5   Grundstücksteilungen bedurften nach Maßgabe der §§ 19, 20 BauGB a. F. der Genehmigung. §§ 19 bis 23 BauGB waren mit Wirkung vom 1.7.1987 an die Stelle der §§ 19 bis 23 BBauG getreten. Bis zum 31.12.1997 war jedoch in Abweichung von § 19 Abs. 3 BauGB für bestimmte Vorhaben § 5

BauGB-MaßnahmenG anzuwenden. Durch das BauROG waren §§ 19, 20 BauGB mit Wirkung ab 1.1.1998 neu gefasst worden. Auch die Teilung eines Grundstücks nach dem SachenRBerG bedurfte der Genehmigung nach §§ 19, 20 BauGB; § 20 BauGB war dabei jedoch mit bestimmten Maßgaben anzuwenden (s. dazu § 120 Abs. 1 SachenRBerG). Einzelheiten s. 24. Auflage.

a) Wegfall. Durch das am 20.7.2004 in Kraft getretene EAG Bau v. **6** 24.6.2004 (BGBl. I 1359) wurde das BauGB mit dem Ziel der Anpassung des nationalen Rechts an zwingende Vorgaben durch Richtlinien des Europäischen Parlaments und des Rates geändert. Im Zuge dieser Änderungen wurde das grundsätzliche Erfordernis einer Teilungsgenehmigung beseitigt. § 19 BauGB in der Neufassung enthält in Abs. 1 die bisher in Abs. 2 enthaltene Begriffsbestimmung der Grundstücksteilung; in Abs. 2 ist bestimmt, dass durch die Teilung im Geltungsbereich eines Bebauungsplans keine Verhältnisse entstehen dürfen, die den Festsetzungen des Bebauungsplans widersprechen. Ein nach § 20 Abs. 3 BauGB a. F. eingetragener Widerspruch ist auf Ersuchen der Gemeinde zu löschen (§ 244 Abs. 5 Satz 5 BauGB).

b) Prüfung des GBAmts. Nach der Begründung des Gesetzentwurfs **7** handelt es sich bei § 19 Abs. 2 BauGB um eine materiellrechtliche Regelung. Das GBAmt hat einen Antrag auf Teilung zu vollziehen, ohne zu prüfen, ob durch die Teilung den Festsetzungen eines Bebauungsplans widersprechende Verhältnisse entstehen (LG Darmstadt Rpfleger 2005, 82; LG Traunstein Rpfleger 2005, 187 mit abl. Anm. v. Wiessatty Rpfleger 2005, 310, diesem erwidernd Dümig Rpfleger 2005, 432). Es hat insoweit keine Ermittlungen anzustellen und kann von dem Antragsteller auch keine Nachweise verlangen. Ein gesetzliches Verbot i. S. des § 134 BGB stellt § 19 Abs. 2 BauGB nicht dar (Dümig Rpfleger 2004, 461). Bei einer im Widerspruch zu den Festsetzungen eines Bebauungsplans stehenden Teilung würde das GB daher nicht unrichtig, so dass das GBAmt die Eintragung einer solchen Teilung nicht ablehnen darf (s. dazu Anh. zu § 13 Rn. 41).

c) Besondere Verfahren. Von der Gesetzesänderung unberührt bleibt **8** die Teilungsgenehmigung zur Sicherung besonderer Verfahren, wie in Umlegungsgebieten, Sanierungsgebieten, Entwicklungsbereichen, zur Sicherung von Gebieten mit Fremdenverkehrsfunktionen oder bei Enteignungsverfahren erhalten.

Bei Durchführung eines Umlegungsverfahrens dürfen nach § 51 Abs. 1 **9** Nr. 1 BauGB von der Bekanntmachung des Umlegungsbeschlusses an bis zur Bekanntmachung der Unanfechtbarkeit des Umlegungsplans oder dessen teilweiser Inkraftsetzung im Umlegungsgebiet Grundstücke nur mit schriftlicher Genehmigung der Umlegungsstelle geteilt werden; über die Versagung der Genehmigung und ihre Erteilung unter Auflagen, Bedingungen und Befristungen s. § 51 Abs. 3, 4 BauGB.

Bei Durchführung eines Enteignungsverfahrens bedarf von der Bekanntmachung über die Einleitung des Verfahrens an die Teilung eines Grundstücks nach § 109 Abs. 1 BauGB der schriftlichen Genehmigung der Enteignungsbehörde; diese kann nur unter den Voraussetzungen des § 109 Abs. 2

BauGB versagt werden; die Genehmigungspflicht kann für einen früheren Zeitpunkt angeordnet werden (§ 109 Abs. 3 BauGB).

Die Teilung eines Grundstücks bedarf im förmlich festgelegten Sanierungsgebiet nach § 144 Abs. 2 Nr. 5 BauGB und im städtebaulichen Entwicklungsbereich nach § 169 Abs. 1 Nr. 3 BauGB der schriftlichen Genehmigung der Gemeinde; nähere Regelungen enthalten § 144 Abs. 3, 4, § 145 BauGB. Bei einer Entscheidung durch Sonderungsbescheid bedarf es keiner Teilungsgenehmigung (§ 9 Abs. 4 BoSoG; s. auch § 7 Abs. 5 Satz 1 SPV); das Gleiche gilt für die Eintragung der in einem Bescheid gem. § 2 (s. auch § 4) VZOG getroffenen Feststellungen (§ 3 Abs. 2 Satz 2 VZOG, § 7 Abs. 5 Satz 1 i. V. m. § 12 SPV).

In allen diesen Fällen wird das GBAmt vom Eintritt der Genehmigungspflicht unterrichtet und hat in das GB entsprechende Vermerke einzutragen (vgl. § 54 Abs. 1, § 108 Abs. 6, § 143 Abs. 2, § 165 Abs. 9 BauGB; zu den auslaufenden Entwicklungsmaßnahmen s. § 53 Abs. 5 StBauFG).

10   Zur Genehmigungspflicht nach § 22 BauGB bei Teilung von WEigentum, eines Wohnungserbbaurechts oder Dauerwohnrechts s. Anh. zu § 3 Rn. 48 ff. Bei Schaffung von Bruchteilseigentum an einem Grundstück verbunden mit einer Benutzungsregelung gem. §§ 741 ff., §§ 1008 ff. BGB besteht keine Genehmigungspflicht gem. § 22 BauGB (OLG Schleswig Rpfleger 2000, 492).

11   **d) Versagung der Genehmigung.** Wird die Teilungsgenehmigung rechtskräftig versagt, so berührt dies das schuldrechtliche Geschäft nicht unmittelbar. Der Eigentumsverschaffungsanspruch entfällt nicht wegen Unmöglichkeit seiner Erfüllung, wenn die Grundstücksteilung unter veränderten Umständen noch genehmigt werden kann (BayObLG Rpfleger 1987, 450; OLG München NJW-RR 2010, 1027); s. dazu auch BGH NJW-RR 1994, 1356. Eine Eigentumsvormerkung kann in diesem Fall nicht wegen nachgewiesener GBUnrichtigkeit gelöscht werden.

5. Verfahren der Teilung

12   Liegen die in Rn. 3, 4, 8 bis 10 genannten Voraussetzungen vor, so muss die Teilung eingetragen werden; für eine Ermessensentscheidung des GB-Amts ist kein Raum. Die Teilung ist zwar ebenso wie die Vereinigung eine Verfügung i. S. v. § 23 ZVG. Da die Beschlagnahme aber keine GBSperre bewirkt, kann die Teilung in das GB eingetragen werden. Die Beschlagnahme hat jedoch ein relatives Verfügungsverbot zur Folge, so dass die Verfügung dem Vollstreckungsgläubiger gegenüber unwirksam ist, sofern sie von ihm nicht genehmigt wird (BGH Rpfleger 2014, 689).

Für die grundbuchmäßige Behandlung sind maßgebend § 6 Abs. 6d, 7 sowie § 13 Abs. 2, 4 GBV. Möglich ist sowohl die gesonderte Buchung der Teile auf dem bisherigen GBBlatt als auch die Übertragung eines Teils auf ein anderes GBBlatt; über das Verfahren im Einzelnen s. Rn. 27 ff.

6. Wirkung der Teilung

13   **a) Belastetes Grundstück.** Rechte, mit denen das geteilte Grundstück belastet war, bestehen an den Teilen fort, die durch die Teilung selbständige

Grundstücke geworden sind. Grundpfandrechte werden zu Gesamtrechten i. S. des § 1132 BGB (KGJ 34, 296). Zum Schicksal von Belastungen eines Miteigentumsanteils, der gleichzeitig mit der Grundstücksteilung ganz oder teilweise auf einen anderen Miteigentümer übertragen wird, s. BayObLG Rpfleger 1996, 333.

Eine Besonderheit gilt für Grunddienstbarkeiten und beschränkte persönliche Dienstbarkeiten einschließlich Wohnungsrecht (§ 1093 BGB) und Dauerwohnrecht (§ 31 WEG); sie erlöschen nach §§ 1026, 1090 Abs. 2 BGB an denjenigen Teilen, die außerhalb ihres Ausübungsbereichs liegen, kraft Gesetzes mit dem Vollzug der Grundstücksteilung. Dazu und zu den erforderlichen Nachweisen für das Erlöschen als Voraussetzung einer GBBerichtigung durch Nichtmitübertragung s. § 46 Rn. 19. Steht das Erlöschen einer Grunddienstbarkeit oder einer beschränkten persönlichen Dienstbarkeit an einem der Teile fest, so darf sie, falls der Teil auf ein anderes GBBlatt übertragen wird, auch dann nicht mitübertragen werden, wenn die Mitübertragung beantragt ist (BayObLG Rpfleger 1983, 143). Wegen der entsprechenden Anwendung des § 1026 BGB auf Erbbaurechte s. BayObLG DNotZ 1958, 415 mit Anm. v. Weitnauer.

b) Herrschendes Grundstück. Wird ein Grundstück geteilt, dessen je- **14** weiliger Eigentümer Berechtigter einer Grunddienstbarkeit oder einer Reallast ist, so bestimmen sich die Folgen der Teilung hinsichtlich dieser Rechte nach §§ 1025, 1109 BGB. Das Recht besteht für die einzelnen Teile fort, es sei denn, es ist nur für einen der Teile von Vorteil; dann erlischt es an den übrigen Teilen. Zur Löschung sind die Voraussetzungen für das Erlöschen dem GBAmt in grundbuchmäßiger Form nachzuweisen (OLG Celle FGPrax 2010, 224; OLG Saarbrücken FGPrax 2019, 66).

Ein subjektiv-dingliches Vorkaufsrecht besteht nach der Teilung des herrschenden Grundstücks in der Form weiter, dass es jedem Eigentümer der Trennstücke zusteht, aber nur von allen gemeinschaftlich und im Ganzen ausgeübt werden kann (BayObLG Rpfleger 1973, 133; OLG München FGPrax 2009, 256; OLG Celle FGPrax 2010, 173; zu den nachteiligen Folgen einer Vermehrung der Zahl der Berechtigten und zu Möglichkeiten, diesen zu begegnen, s. Amann NotBZ 2010, 201).

Eine Verpflichtung des GBAmts, die Teilung auf dem Blatt des dienenden Grundstücks zu vermerken, besteht nicht; ein entsprechender Vermerk ist aber zulässig (BayObLG MittBayNot 1995, 286; OLG München FGPrax 2009, 256). Auch ohne einen solchen Vermerk wirkt die Eintragung der Dienstbarkeit zu Gunsten der Eigentümer der getrennten Teile fort (BGH Rpfleger 2008, 295). Entsprechendes gilt für sonstige Bestandsänderungen des herrschenden Grundstücks (OLG München FGPrax 2017, 114). Wegen der für eine vollständige Löschung einer Grunddienstbarkeit erforderlichen Unterlagen, wenn von dem herrschenden Grundstück Teile abgeschrieben worden sind, s. KG Rpfleger 1974, 431; OLG Celle FGPrax 2010, 224.

7. Notwendigkeit der Teilung

a) Teilveräußerung. Notwendig ist die Teilung, wenn ein Grundstücks- **15** teil veräußert werden soll; denn ein GBGrundstück kann, wie sich aus § 890

BGB ergibt, nicht verschiedenen Eigentümern gehören. Die grundbuchmäßige Verselbstständigung des Grundstücksteils erfolgt hier von Amts wegen, erfordert also keinen Antrag des Eigentümers (BayObLG 1956, 476; OLG Frankfurt DNotZ 1962, 256); der Teil ist auf ein anderes GBBlatt zu übertragen, da ein gemeinschaftliches Blatt nach § 4 nur über Grundstücke desselben Eigentümers geführt werden kann; von der Übertragung darf abgesehen werden, wenn der Erwerber dem Buchungszwang nicht unterliegt und gleichzeitig die Ausbuchung beantragt (s. § 3 Rn. 20). Entsprechendes gilt, wenn gemäß § 928 BGB auf das Eigentum an einem Grundstücksteil verzichtet werden soll. Notwendig ist die Teilung zufolge der Bestimmung des § 7 in der Regel auch dann, wenn ein Grundstücksteil belastet werden soll; Näheres s. Rn. 17 ff.

16 **b) Vorratsteilung.** Der Alleineigentümer eines Grundstücks kann dieses nur bei gleichzeitiger Teilveräußerung in ideelle Anteile aufteilen. Eine Vorratsteilung in der Hand des Alleineigentümers ist nicht zulässig. Mehrere schlichte Miteigentumsanteile an einem Grundstück kann ein Eigentümer grundsätzlich nicht innehaben; sie vereinigen sich zu einem einzigen Miteigentumsanteil. Etwas anderes gilt bei der Schaffung von WEigentum durch den teilenden Alleineigentümer (s. dazu Anh. zu § 3 Rn. 19).

8. Belastung eines Grundstücksteils

17 **a) Realer Teil.** Es muss sich um die Belastung eines realen Teils eines GBGrundstücks handeln; der Teil kann aus einem oder mehreren Flurstücken, aber auch aus Teilen von solchen bestehen. Mehrere auf einem gemeinschaftlichen GBBlatt gebuchte Grundstücke sind nicht Grundstücksteile, sondern selbstständige Grundstücke (s. § 4 Rn. 11).

Wird ein Grundstücksteil, etwa eines von mehreren Flurstücken eines GBGrundstücks belastet, so kann dies wie bei der Belastung eines Grundstücks grundsätzlich auch in der Weise geschehen, dass der ganze Grundstücksteil belastet, die Ausübung des Rechts jedoch auf einen realen Teil dieses Grundstücksteils beschränkt wird (BGH Rpfleger 1984, 227). In diesem Fall gilt bezüglich der Bestimmung der Ausübungsstelle das in Rn. 21 ff. Ausgeführte entsprechend.

18 **b) Ideeller Anteil eines Miteigentümers.** Der Bruchteil eines Miteigentümers kann mit einem Nießbrauch, einem Vorkaufsrecht, einer Reallast sowie mit einer Hypothek, Grund- oder Rentenschuld belastet werden (§§ 1066 Abs. 1, 1095, 1106, 1114, 1192, 1199 BGB), nicht aber mit einer Dienstbarkeit (s. hierzu Anh. zu § 44 Rn. 8) oder einem Erbbaurecht (s. hierzu Anh. zu § 8 Rn. 5). Ist mit ihm jedoch das Sondereigentum an einer Wohnung oder an nicht zu Wohnzwecken dienenden Räumen verbunden, so ist grundsätzlich auch die Belastung mit einer Dienstbarkeit zulässig; ebenso ist die Belastung mit einem Dauerwohnrecht möglich (s. dazu Anh. zu § 3 Rn. 66).

Eine besondere Belastung des Bruchteils eines Miteigentümers sieht § 1010 Abs. 1 BGB in Gestalt der Eintragung einer Verwaltungs- und Benutzungsregelung oder einer Vereinbarung über den Ausschluss der Aufhebung der Gemeinschaft oder die Bestimmung einer Kündigungsfrist vor; keine Anwendung findet § 1010 BGB auf den Gesamthandsanteil (OLG Oldenburg Rpfleger 2012, 382) und das WEigentum (s. dazu § 10 Abs. 3 WEG). Zur Eintragungsfähigkeit s. Anh. zu § 13 Rn. 29 und zur Bezugnahme auf die EintrBewilligung bei der Eintragung § 44 Rn. 19.

Zur Verwaltungs- und Benutzungsregelung s. OLG Hamm Rpfleger 1973, 167; FGPrax 2017, 103, nach dessen Ansicht darunter nicht satzungsähnliche Bestimmungen fallen, die die interne Willensbildung der Miteigentümer und deren Vertretung gegenüber Dritten regeln; s. ferner Müller Rpfleger 2002, 554. Zum Ausschluss der Aufhebung der Gemeinschaft s. BayObLG Rpfleger 1981, 352; OLG München NJW-RR 2015, 1499; LG München II Mitt-BayNot 2008, 126 mit Anm. v. Munzig. Zum Ausschluss des Rechts, bei Übertragung eines Miteigentumsanteils die Aufhebung der Gemeinschaft nur im Verhältnis von Veräußerer und Erwerber zu verlangen, s. OLG München MittBayNot 2016, 511 mit ablehnender Anm. v. Voran.

c) Ideeller Anteil eines Alleineigentümers. Ein Bruchteil eines im Alleineigentum stehenden Grundstücks kann grundsätzlich nicht belastet werden. Entsprechendes gilt für den Bruchteil eines Miteigentumsanteils. Insbesondere scheidet eine Belastung mit einer Eigentumsvormerkung aus (OLG München RNotZ 2012, 391). Eine Vormerkung, die einen Anspruch auf Verschaffung eines Miteigentumsanteils an einem im Alleineigentum stehenden Grundstück sichern soll, kann nur an dem Grundstück und nicht an dem erst noch zu schaffenden Miteigentumsanteil bestellt werden (BGH FGPrax 2013, 53). Eine Ausnahme gilt für den Nießbrauch (s. Anh. zu § 44 Rn. 37).

d) Hinzuerwerb eines Miteigentumsanteils. Zwei oder mehr Miteigentumsanteile an einem Grundstück kann ein Miteigentümer nicht innehaben. Ein Miteigentümer, der einen weiteren Miteigentumsanteil hinzu erwirbt, erlangt einen einheitlichen, größeren Miteigentumsanteil oder Alleineigentum. Eine unterschiedliche Belastung der Miteigentumsanteile bleibt jedoch grundsätzlich bestehen. Insoweit behalten die ideellen Bruchteile eine gewisse rechtliche Selbständigkeit. Die unterschiedlich belasteten Anteile bestehen als fiktive Anteile fort (KG Rpfleger 2020, 505). Dies gilt auch für eine Benutzungsregelung gem. § 1010 Abs. 1 BGB, die erst erlischt, wenn sich alle Miteigentumsanteile in einer Hand vereinigen. Um eine unübersichtliche GBEintragung zu vermeiden, kann ein klarstellender Vermerk geboten sein (OLG München FGPrax 2018, 158).

Ist Alleineigentum durch Hinzuerwerb eines Miteigentumsanteils durch den früheren Miteigentümer entstanden, so kann eine Hyp. auf den hinzuerworbenen Anteil erstreckt werden (KGJ 36, 237; OLG München Rpfleger 2015, 395; dies gilt aber nicht für die Zwangshypothek: OLG Oldenburg Rpfleger 1996, 242); an ihm kann ferner eine Sicherungshyp. nach § 128 ZVG eingetragen werden, wenn sich der Erwerb durch Zuschlag vollzogen hat (JFG 10, 232). S. dazu Wolffskeel, Die Erstreckung von Grundpfandrechten beim Erwerb des Alleineigentums, NJW 2018, 342.

Zulässig ist auch die Eintragung einer **Zwangshypothek,** falls der Erwerb des im Alleineigentum aufgegangenen Miteigentumsanteils nach Maßgabe des AnfechtungsG wirksam angefochten ist (KG HRR 1931 Nr. 1709) oder auf einer Vermögensübernahme gemäß dem inzwischen aufgehobenen § 419 BGB beruht (OLG Jena JW 1935, 3647) oder auf einer Schenkung des Erblassers an den späteren Alleinerben zu Lasten des Pflichtteilsberechtigten (BGH FGPrax 2013, 189) oder auf einer Erbfolge mit Beschränkung der Haftung auf den Nachlass; wenn im Vollstreckungstitel die Beschränkung auf den Nachlass vorbehalten ist, braucht das GBAmt nicht zu prüfen, ob der Miteigentumsanteil im Weg der Erbfolge erlangt ist (OLG Schleswig FGPrax 2011, 69); s. dazu Anh. zu § 44 Rn. 66. In diesen Fällen wird für die Vollstreckungsmaßnahme der Miteigentumsanteil als fortbestehend fingiert und die Zwangsvollstreckung in diesen Anteil zugelassen (BGH Rpfleger 1983, 283). An einem hinzuerworbenen Miteigentumsanteil ist die Eintragung einer Hyp. zur Sicherung des Kaufpreises jedoch unabhängig davon unzulässig, in welcher zeitlichen Reihenfolge die Anträge auf Eintragung der Eigentumsumschreibung und der Hyp. gestellt werden (OLG Zweibrücken Rpfleger 1990, 15).

Wenn der Miteigentümer eines mit einer **Eigentumsvormerkung** belasteten ideellen Bruchteils das Alleineigentum erwirbt, kann er den hinzuerworbenen Anteil auch dann nicht ausnahmsweise mit einer Eigentumsvormerkung belasten, wenn diese für denselben Berechtigten bestellt wird (BGH FGPrax 2013, 53; a.M. BayObLG Rpfleger 2005, 78 gegen OLG Düsseldorf MittBayNot 1976, 137; offen gelassen von OLG München RNotZ 2012, 391). Entsprechendes gilt für die Belastung des hinzuerworbenen ideellen Bruchteils eines Miteigentumsanteils. Erwirbt der Eigentümer eines ideellen Hälftebruchteils die andere Hälfte des Grundstücks als Vorerbe hinzu, so kann er die ihm schon vor dem Vorerbfall gehörende ideelle Grundstückshälfte gesondert mit einem Grundpfandrecht belasten (BayObLG Rpfleger 1968, 221). Die durch ideelle Teilung nach § 8 WEG geschaffenen, mit Sondereigentum verbundenen Miteigentumsanteile sind, wenngleich in einer Hand befindlich, rechtlich selbstständig, s. Anh. zu § 3 Rn. 19.

20   **e) Inhaltliche Unzulässigkeit.** Soweit ideelle Anteile hiernach nicht belastet werden können, ist die Eintragung unwirksam und inhaltlich unzulässig (RG 88, 27; BayObLG Rpfleger 1991, 299); hingegen bleibt ein zulässigerweise an einem ideellen Anteil begründetes Recht unverändert auf diesem lasten, auch wenn der Anteil später wegfällt, z.B. dadurch, dass er im Alleineigentum aufgeht (KG OLG 40, 58; BayObLG Rpfleger 1971, 316; 1996, 333). Ist dagegen das ganze Grundstück mit einem Recht belastet, mit dem ein ideeller Anteil nicht belastet werden könnte, und wird ein solcher im Weg der Zwangsversteigerung oder kraft gutgläubigen lastenfreien Erwerbs von der Belastung frei, so stellt die an den übrigen Bruchteilen bestehen bleibende Belastung keine inhaltlich unzulässige Eintragung dar (s. Anh. zu § 44 Rn. 11).

9. Beschränkung der Rechtsausübung auf einen Teil

21   Unanwendbar ist § 7, wenn die Belastung das ganze Grundstück ergreifen und nur die Ausübung des Rechts auf einen Teil des Grundstücks beschränkt

sein soll (KGJ 35, 258; 50, 132; OLG Bremen NJW 1965, 2403). Diese Belastungsform ist möglich beim Erbbaurecht (s. Anh. zu § 8 Rn. 5), bei Dienstbarkeiten (§ 1023 Abs. 1 BGB; KGJ 50, 132; OLG Hamm OLGZ 1981, 272), beim Vorkaufsrecht (OLG Dresden OLG 4, 76; BayObLG FGPrax 1997, 169), nicht aber bei Reallasten und Grundpfandrechten. Grundsätzlich kann die Bestimmung des Ausübungsorts nach Belieben entweder rechtsgeschäftlich zum Inhalt des Rechts gemacht (s. Rn. 22) oder der tatsächlichen Ausübung überlassen werden (s. Rn. 23). Ist die Ausübungsstelle als Inhalt der Dienstbarkeit festgelegt und im GB eingetragen, kann sie nicht durch bloße tatsächliche Ausübung verlegt werden; erforderlich ist vielmehr eine dingliche Einigung über die Änderung des Rechtsinhalts und deren Eintragung im GB. Eine Verlegung der Ausübungsstelle kann, wenn sie zum Inhalt der Dienstbarkeit gemacht ist, gemäß § 1023 BGB der Eigentümer, nicht aber auch der Dienstbarkeitsberechtigte verlangen (BGH NJW 2015, 1750).

a) Bezeichnung der Ausübungsstelle. Ist die Ausübungsstelle rechtsge- 22
schäftlich zum Inhalt des Rechts gemacht, muss die EintrBewilligung grundsätzlich den Teil des Grundstücks bestimmt bezeichnen, auf den die Ausübung des Rechts beschränkt sein soll (BGH Rpfleger 1982, 16; BayObLG DNotZ 1989, 165); beim Vorkaufsrecht genügt Bestimmbarkeit (BayObLG FGPrax 1997, 169 zur Abhängigkeit von einem Bebauungsplan). Die Ausübungsstelle eines Wegerechts, das entlang einer bestimmten Grenze des Grundstücks zum Gehen und Fahren berechtigt, ist auch ohne ausdrückliche Angabe der Wegbreite ausreichend bestimmt bezeichnet (OLG Stuttgart Rpfleger 1991, 198).

Die Ausübungsstelle kann auch durch Bezugnahme auf in der Natur vorhandene Merkmale (vgl. BayObLG Rpfleger 1982, 335) sowie bei einer bereits errichteten Anlage auf die tatsächlich gewählte Ausübungsstelle (BayObLG MittBayNot 1992, 399; OLG Hamm NotBZ 2013, 396) oder auf eine als Orientierungshilfe dienende Karte oder Skizze geschehen, in der der Grundstückteil eingezeichnet und die allgemein zugänglich ist (BGH Rpfleger 1972, 250); erforderlich ist in jedem Fall die zweifelsfreie Verdeutlichung des Willens, die in Bezug genommene Anlage zum Inhalt der Erklärung machen zu wollen (OLG Köln Rpfleger 1984, 407). Auf ein der EintrBewilligung nicht beigefügtes Baugesuch kann jedoch zur Beschreibung des Ausübungsbereichs nicht Bezug genommen werden (BayObLG Rpfleger 1984, 12). Die in Bezug genommenen Merkmale brauchen nicht unveränderlich zu sein; es genügt, dass sie die Ausübungsstelle im Zeitpunkt der Bestellung des Rechts zweifelsfrei bestimmen (BayObLG DNotZ 1989, 165; OLG Hamm Rpfleger 2014, 75).

b) Maßgeblichkeit der tatsächlichen Ausübung. Wird bei Bestellung 23
einer Dienstbarkeit am ganzen Grundstück von der rechtsgeschäftlichen Festlegung der Ausübungsstelle abgesehen und die Bestimmung dieser Stelle der tatsächlichen Ausübung der Dienstbarkeit überlassen, dann entfällt das Erfordernis der bestimmten Bezeichnung der Ausübungsstelle in der EintrBewilligung (KG Rpfleger 1973, 300; BGH Rpfleger 1981, 286; NJW 2002, 3021 mit Anm. v. Dümig DNotZ 2002, 725; BayObLG Rpfleger 1983, 143). Von der rechtsgeschäftlichen Festlegung der Ausübungsstelle kann auch dann

abgesehen werden, wenn Inhalt der Dienstbarkeit auch noch ein auf die Ausübungsstelle beschränktes Bauverbot ist. Die GBEintragung auch eines solchen Bauverbots setzt nicht voraus, dass die Anlage, zu deren Errichtung die Dienstbarkeit berechtigt, bei Erteilung der EintrBewilligung schon vorhanden war (BGH Rpfleger 1984, 227 mit zust. Anm. v. Böttcher).

10. Art der Belastung

24 Gleichgültig ist, ob die Belastung des realen Grundstücksteils auf Bewilligung des Eigentümers, im Zwangsweg oder auf Ersuchen einer Behörde eingetragen werden soll.

a) In Betracht kommende Belastungen. Unbeschadet des Landesrechts auf vorbehaltenen Gebieten kommen in Betracht: Erbbaurecht, Dienstbarkeiten, Vorkaufsrecht, Reallast, Grundpfandrechte, Dauerwohnrecht nach § 31 WEG und Wiederkaufsrecht nach §§ 20, 21 RSiedlG. Für Dienstbarkeiten gilt die Ausnahmeregelung des Abs. 2 (s. Rn. 32). Im Gebiet der ehemaligen DDR können dingliche Nutzungsrechte, Gebäudeeigentum oder ein Recht zum Besitz nur Teile eines Grundstücks betreffen oder belasten, ohne dass eine Teilung gem. § 7 geboten ist (s. §§ 9, 10 GGV; s. hierzu auch § 14 Abs. 4 GGV).

25 **b) Vormerkungen.** Nicht anzuwenden ist § 7 auf die Eintragung von Vormerkungen, da diese keine endgültigen Belastungen darstellen und der mit ihnen verfolgte Sicherungszweck bei gegenteiliger Annahme häufig nicht zu erreichen wäre; erforderlich für die Eintragung ist jedoch, dass der Grundstücksteil so genau bezeichnet ist, dass sich dessen Größe und Lage in einer dem Verkehrsbedürfnis entsprechenden Weise zweifelsfrei ergibt (KG JW 1937, 110; OLG Hamm DNotZ 1971, 49; BayObLG Rpfleger 1981, 232; FGPrax 1999, 172); wegen der Bezugnahme auf in der Natur vorhandene Merkmale sowie auf Karten (Pläne, Skizzen u. ä.) gilt das in Rn. 22 Ausgeführte.

Eine Ausnahme von der Notwendigkeit einer solchen Bezeichnung des Grundstücksteils lässt BayObLG Rpfleger 1974, 65 (s. auch BayObLG Mitt-BayNot 1983, 119) für den Fall gelten, dass im schuldrechtlichen Vertrag das Geländebestimmungsrecht (zulässigerweise: s. BGH Rpfleger 1969, 44) einem der Vertragsteile oder einem Dritten zugewiesen ist (ebenso OLG Köln Rpfleger 1993, 349; s. auch BGH WM 1979, 861). Eine ausreichende Bestimmbarkeit (s. Anh. zu § 44 Rn. 87) liegt in diesem Fall nur vor, wenn sich das Bestimmungsrecht aus der Eintragung ergibt (BayObLG Rpfleger 1998, 241). Entsprechendes muss für die Eintragung von Widersprüchen und Verfügungsbeschränkungen gelten. Zum Bestimmtheitserfordernis bei der Bezeichnung von Grundstücksteilflächen s. auch BGH DNotZ 2000, 124 und von Campe DNotZ 2000, 109. Zur Löschung einer Eigentumsvormerkung an einem von ihr nicht betroffenen Grundstücksteil bei dessen Abschreibung s. Anh. zu § 44 Rn. 104.

26 **c) Löschung.** Hingegen gilt § 7 auch dann, wenn ein eingetragenes Recht an einem realen Grundstücksteil gelöscht oder sein Inhalt oder Rang insoweit geändert werden soll (RG 101, 120).

11. Verfahren bei Belastung

a) Amtsverfahren. Die in Abs. 1 vorgeschriebene grundbuchmäßige Ver- 27
selbstständigung erfolgt von Amts wegen, erfordert also keinen Antrag des
Eigentümers (BayObLG 1956, 476). Nach § 2 Abs. 3 ist in der Regel die
Vorlegung eines Auszugs aus dem amtlichen Verzeichnis notwendig; Näheres
s. § 2 Rn. 29 ff.

b) Grundbuchmäßige Behandlung. Für die grundbuchmäßige Be- 28
handlung sind maßgebend § 6 Abs. 6 Buchst. d, Abs. 7 sowie § 13 Abs. 2, 4
GBV. Möglich ist sowohl die gesonderte Buchung des Grundstücksteils auf
dem bisherigen GBBlatt als auch seine Übertragung auf ein anderes GBBlatt.
Ist das geteilte Grundstück herrschendes Grundstück (vgl. § 1025 BGB), so
ist das GBAmt nicht verpflichtet, die Teilung auf dem Blatt des dienenden
Grundstücks zu vermerken (s. Rn. 16). Im Einzelnen gilt folgendes:

Abschreibung **ohne Übertragung auf ein anderes Blatt.** Die auf das 29
ursprüngliche Grundstück bezüglichen Eintragungen in Sp. 1 bis 4 des
Bestandsverzeichnisses werden rot unterstrichen. Sodann werden das Restgrundstück und das neue Grundstück jeweils unter neuer laufender Nummer, z. B. Nr. 2 und Nr. 3, in Sp. 1 bis 4 des Bestandsverzeichnisses eingetragen; dabei ist in Sp. 2 durch den Vermerk „Teil von 1" auf die laufende
Nummer des ursprünglichen Grundstücks (Nr. 1) hinzuweisen. Die Abschreibung wird in Sp. 6 des Bestandsverzeichnisses vermerkt; der Vermerk
lautet etwa: „Nr. 1 geteilt und als Nr. 2 und Nr. 3 eingetragen am …". In
Sp. 2 der zweiten oder dritten Abteilung ist bei Eintragung der die Abschreibung veranlassenden Belastung die Nummer des neuen Grundstücks anzugeben.

Abschreibung **mit Übertragung auf ein anderes Blatt.** Die auf das ur- 30
sprüngliche Grundstück bezüglichen Eintragungen in Sp. 1 bis 4 des Be-
standsverzeichnisses werden rot unterstrichen. Die Abschreibung wird in
Sp. 8 des Bestandsverzeichnisses vermerkt; der Vermerk lautet etwa: „Von
Nr. 5 die Parzelle $^{102}/_{66}$ übertragen nach Blatt 1490 am … Rest: Nr. 6." Das
Restgrundstück wird unter laufender Nummer (Nr. 6) in Sp. 1 bis 4 des
Bestandsverzeichnisses eingetragen; dabei ist in Sp. 2 durch den Vermerk
„Rest von 5" auf die laufende Nummer des ursprünglichen Grundstücks
hinzuweisen. In der zweiten und dritten Abteilung wird bei den auf dem
ursprünglichen Grundstück haftenden Belastungen in der Veränderungsspalte
vermerkt: „Zur Mithaft nach Blatt 1490 übertragen am …". Besteht das
Grundstück aus mehreren Teilen, die in dem amtlichen Verzeichnis als selbstständige Teile aufgeführt sind, und wird ein solcher Teil abgeschrieben, so
kann von der Eintragung der bei dem Grundstück verbleibenden Teile unter
neuer laufender Nummer abgesehen werden; in diesem Fall sind lediglich
die Angaben zu dem abgeschriebenen Teil rot zu unterstreichen; ist das
Grundstück mit seiner Gesamtgröße vorgetragen, so ist auch diese rot zu
unterstreichen und die Gesamtgröße in Sp. 4 des Bestandsverzeichnisses anzugeben. Der Abschreibungsvermerk in Sp. 8 des Bestandsverzeichnisses und
die Übertragungsvermerke in der zweiten und dritten Abteilung sind selbstverständlich auch in diesem Fall erforderlich; in dem Abschreibungsvermerk
entfällt freilich der Hinweis auf die Nummer des Restgrundstücks.

31   Der **abgeschriebene Teil** wird auf dem anderen GBBlatt 1490 unter
neuer laufender Nummer in Sp. 1 bis 4 des Bestandsverzeichnisses eingetragen. In Sp. 6 wird vermerkt: „Von Blatt 1512 hierher übertragen am ...".
Erfolgt die Übertragung aus einem anderen GBBezirk, so ist dieser anzugeben. In Sp. 4 der ersten Abteilung wird vermerkt: „Aufgelassen am ... und in
Blatt 1512 eingetragen am ... Hierher übertragen am ...". In der zweiten
und dritten Abteilung werden die aus dem früheren Blatt zu übernehmenden Eintragungen unter Hinweis auf die neue laufende Nummer des Bestandsverzeichnisses eingetragen. Die Mithaft ist durch den Zusatz kenntlich
zu machen: „Von Blatt 1512 hierher zur Mithaft übertragen am ...". Hinter
diesen Eintragungen erfolgt die neue Eintragung, durch welche die Abschreibung veranlasst ist.

12. Dienstbarkeiten

32   **a) Betroffene Rechte.** Der Grundsatz, dass die Belastung eines Grundstücksteils dessen grundbuchmäßige Verselbstständigung erfordert, erleidet
eine Ausnahme, wenn ein Grundstücksteil mit einer Grunddienstbarkeit,
einem Nießbrauch oder einer beschränkten persönlichen Dienstbarkeit belastet werden soll; in diesen Fällen kann das GBAmt von der grundbuchmäßigen Verselbstständigung nach Abs. 2 Satz 1 absehen, wenn hiervon Verwirrung nicht zu besorgen ist. Die Ausnahmevorschrift, deren Ausdehnung
unzulässig ist (KG OLG 14, 86), hat hauptsächlich für Wegerechte, Altenteils-
rechte und Baubeschränkungen Bedeutung. Aufgrund der Änderung durch
das DaBaGG erstreckt sich die Ausnahme des Abs. 2 nicht mehr auf Reallasten.

33   **b) Bestimmte Bezeichnung.** Sieht das GBAmt von der Abschreibung
des Grundstücksteils ab, so ist dieser bei der Eintragung der Belastung so
genau zu bezeichnen, dass Zweifel nicht entstehen können. Dies erfordert
der grundbuchrechtliche Bestimmtheitsgrundsatz. Dazu ist der von der zuständigen Behörde erteilte beglaubigte Auszug aus der amtlichen Karte dem
GBAmt vorzulegen, es sei denn, der Grundstücksteil ist im Liegenschaftskataster unter einer besonderen Nummer (Flurstücksnummer) verzeichnet
(Abs. 2 Satz 2, 3). Die Eintragung in der zweiten Abteilung könnte etwa
lauten: „Auf demjenigen Teil dieses Grundstücks, der in der Karte der Katasterbehörde ... vom ... mit den Buchstaben a, b, c, d, a umschrieben ist, dürfen keine Gebäude errichtet werden. Unter Bezugnahme auf die EintrBewilligung vom ... für die jeweiligen Eigentümer des Grundstücks ... eingetragen am ...".

c) Verzicht auf Beglaubigung. Der nach Abs. 2 erforderliche Auszug
aus der amtlichen Karte bedarf grundsätzlich der Beglaubigung. Die Umstellung des Liegenschaftskatasters auf die automatisierte Datenverarbeitung hat
zur Folge, dass die Auszüge maschinell erstellt werden. Die Notwendigkeit,
maschinell erstellte Ausdrucke noch zu beglaubigen, stellt einen zusätzlichen
Verwaltungsaufwand dar. Dieser kann durch einen Verzicht auf die Beglaubigung vermieden werden, wenn sichergestellt ist, dass keine verfälschten oder
von einer nicht zuständigen Stelle hergestellten Ausdrucke dem GBAmt

vorgelegt werden. Unter diesen Voraussetzungen können die Landesregierungen durch Rechtsverordnung bestimmen, dass ein maschinell erstellter
Auszug aus dem Liegenschaftskataster, der dem GBAmt gemäß Abs. 2 oder
in anderen Fällen vorzulegen ist, nicht beglaubigt sein muss; die Ermächtigung kann auf die Landesjustizverwaltungen übertragen werden (Abs. 3).
Welche Voraussetzungen im Einzelnen erfüllt sein müssen, damit die Herkunft der Auszüge von der Vermessungsbehörde zweifelsfrei feststeht und
Verfälschungen ausgeschlossen sind, hängt von der Ausgestaltung der Auszüge
in den einzelnen Ländern ab. Diesen bleibt es daher überlassen zu entscheiden, ob die notwendigen Anforderungen erfüllt sind, um den verlangten
Schutz sicherzustellen. Die vordem in § 2 Abs. 5 enthaltene Ermächtigung
wurde durch das DaBaGG in § 7 Abs. 3 übernommen.

13. Unterbliebene Abschreibung

§ 7 ist trotz der Fassung des Abs. 1 nur eine Ordnungsvorschrift. Die ein- **34**
getragenen Belastungen sind daher auch bei unterbliebener Abschreibung
wirksam, sofern die Eintragung den belasteten Grundstücksteil deutlich erkennen lässt (RG 101, 120; KG OLG 14, 86). Hat das GBAmt die Abschreibung versehentlich unterlassen oder die Ausnahmevorschrift des Abs. 2 zu
Unrecht angewendet, so muss die Abschreibung von Amts wegen nachgeholt
werden.

14. Kosten

Für die Eintragung der ohne Eigentumsübergang stattfindenden Teilung **35**
wird eine Gebühr von 50 EUR erhoben (Nr. 14160 Nr. 2 GNotKG-KV).
Ist die Teilung mit einem Eigentumswechsel verbunden, so ist die Übertragung des veräußerten Grundstücksteils auf ein anderes GBBlatt gebührenfreies Nebengeschäft der Eintragung des Erwerbers. Die Abschreibung nach
§ 7 Abs. 1 ist gebührenfreies Nebengeschäft der Eintragung der Belastung.

Erbbaurecht

8 *(1) Ist auf dem Blatt eines Grundstücks ein Erbbaurecht eingetragen, so ist auf
Antrag für dieses Recht ein besonderes Grundbuchblatt anzulegen. Dies geschieht von Amts wegen, wenn das Recht veräußert oder belastet werden soll.*

(2) Die Anlegung wird auf dem Blatte des Grundstücks vermerkt.

§ 8 GBO i. d. F. v. 5.8.1935 (§ 7 in der ursprünglichen Fassung der GBO) **1**
befasst sich mit der Anlegung eines GBBlatts für Erbbaurechte, die vor dem
22.1.1919, dem Tag des Inkrafttretens der VO über das Erbbaurecht (ErbbauVO), die durch das Ges. v. 23.11.2007 (BGBl. I 2614) in Ges. über das
Erbbaurecht (ErbbauRG) umbenannt wurde, in das GB eingetragen wurden.
§ 7 GBO in der ursprünglichen Fassung und §§ 1012 bis 1017 BGB sind
durch § 35 ErbbauRG a. F. außer Kraft gesetzt worden; § 8 GBO i. d. F. v.
5.8.1935 ist durch das RegVBG v. 20.12.1993 (BGBl. I 2182) aufgehoben
worden. Die in diesen Bestimmungen enthaltenen Regelungen gelten aber

für alte Erbbaurechte unverändert weiter (§ 38 ErbbauRG). Ergänzt werden
sie durch § 60 GBV.

2   Für später begründete Erbbaurechte gelten die grundbuchrechtlichen
Sonderbestimmungen der §§ 14 bis 17 ErbbauRG.

Anhang zu § 8
Das Erbbaurecht und seine
grundbuchmäßige Behandlung

Inhaltsübersicht

1. Allgemeines

1   Bei der grundbuchmäßigen Behandlung von Erbbaurechten ist zu unterscheiden zwischen den bis zum Inkrafttreten des ErbbauRG im Jahr 1919 in
das GB eingetragenen Rechten alter Art nach dem BGB und den unter der
Geltung des ErbbauRG eingetragenen Erbbaurechten. Ein Erbbaurecht alter
Art kann im Weg der Inhaltsänderung in ein solches nach dem ErbbauRG
umgewandelt werden (LG Frankfurt DNotZ 1956, 488; h. M.).

Die im Gebiet der ehemaligen DDR bei Inkrafttreten des Zivilgesetzbuchs v. 19.6.1975 (GBl. DDR I 465) am 1.1.1976 bestehenden Erbbaurechte sind durch § 5 Abs. 2 Satz 1 EGZGB in unbefristete Rechte umgewandelt worden. § 112 SachenRBerG sieht Regelungen vor, durch die
solche Erbbaurechte wieder befristet werden. S. dazu Flik DtZ 1997, 146.

Zur Anpassung der nach dem Recht der DDR bestellten Nutzungsrechte
an das BGB und seine Nebengesetze sowie zur Regelung der Rechte am
Grundstück beim Auseinanderfallen von Grundstücks- und Gebäudeeigentum sieht das SachenRBerG insbes. Ansprüche des Grundstückseigentümers
und Nutzers auf Bestellung eines Erbbaurechts vor (§§ 3, 32ff. SachenR-
BerG). Auf die danach bestellten Erbbaurechte finden, soweit nicht gesetzlich
anderes angeordnet oder zugelassen ist, die Vorschriften des ErbbauRG Anwendung (§ 60 Abs. 1 SachenRBerG). Zur grundbuchmäßigen Behandlung
s. Rn. 56ff. Ansprüche auf Bestellung eines Erbbaurechts können sich auch

aus § 2 ErholungsnutzungsrechtsG v. 21.9.1994 (BGBl. I 2538, 2548) ergeben.

S. hierzu Schmenger, Aktuelle Rechtsfragen beim Erbbaurecht, BWNotZ 2006, 73; Schmidt-Räntsch, 100 Jahre Erbbaurecht, ZfIR 2019, 165.

2. Begriff des Erbbaurechts

Das Erbbaurecht ist das veräußerliche und vererbliche Recht, auf oder un- **2** ter der Oberfläche eines Grundstücks ein Bauwerk zu haben (§ 1017 BGB, § 1 ErbbauRG). Unter einem Bauwerk ist eine unbewegliche, durch Verwendung von Arbeit und Material in Verbindung mit dem Erdboden hergestellte Sache zu verstehen (RG 56, 42). In Betracht kommen daher nicht nur Gebäude, sondern bauliche Anlagen der verschiedensten Art (KGJ 29, 133), so z. B. auch Drahtseilbahnen (OLG Kiel OLG 26, 126), Gleisanlagen (KGJ 29, 131), Sportplätze (LG Braunschweig MDR 1953, 480), Straßen (LG Kiel SchlHA 1972, 169), Tennisplätze (LG Itzehoe Rpfleger 1973, 304), Campinganlagen (LG Paderborn MDR 1976, 579), Golfanlagen (BGH Rpfleger 1992, 286).

Auf das Erbbaurecht sind nach § 1017 BGB, § 11 ErbbauRG die sich auf **3** Grundstücke beziehenden Vorschriften (auch des Landesrechts) entsprechend anzuwenden, soweit sich nicht aus den Bestimmungen über das Erbbaurecht oder aus dem Inhalt und Zweck der entsprechend anzuwendenden Vorschriften ein anderes ergibt (RG 108, 71; BayObLG Rpfleger 1963, 87 betr. UnschädlichkeitsG v. 15.6.1898, BayRS 403-2-J, jetzt Art. 72 bis 74 AGBGB); das Erbbaurecht ist demnach ein grundstücksgleiches Recht (s. § 3 Rn. 6).

3. Belastungsgegenstand

a) Grundstück. Wie sich aus dem Begriff des Erbbaurechts ergibt, kann **4** mit diesem an sich nur ein Grundstück belastet werden, nicht aber ein anderes Erbbaurecht oder ein sonstiges grundstücksgleiches Recht.

Jedoch hält BGH Rpfleger 1974, 219 die Belastung eines Erbbaurechts mit einem Erbbaurecht, also ein sog. **Untererbbaurecht,** im Hinblick auf § 11 Abs. 1 i. V. m. § 1 Abs. 1 ErbbauRG für zulässig und erblickt dabei vor allem in der Begriffsbestimmung des Erbbaurechts kein entgegenstehendes Argument; vgl. dazu Schneider DNotZ 1976, 411; Stahl-Sura DNotZ 1981, 607. Der durch das RegVBG eingefügte § 6a geht nicht nur von der Zulässigkeit eines Erbbaurechts an einem, sondern auch an mehreren Erbbaurechten (Gesamtuntererbbaurecht) aus. Er enthält für die Eintragung eines Erbbaurechts an mehreren Erbbaurechten einschränkende Regelungen und untersagt dem GBAmt die Eintragung eines ebenfalls für zulässig erachteten Erbbaurechts sowohl an einem Grundstück als auch an einem Erbbaurecht (s. hierzu § 6a Rn. 3 ff. und § 39 SachenRBerG). Das Untererbbaurecht kann wie das Erbbaurecht nur zur ausschließlich ersten Rangstelle bestellt und im Erbbaugrundbuch eingetragen werden (vgl. § 10 Abs. 1 Satz 1 Halbsatz 1 ErbbauRG). Ferner ist von Amts wegen ein Untererbbaurechtsgrundbuch anzulegen, in dem der Erbbauberechtigte und jeder spätere Erwerber des Erbbaurechts vermerkt werden soll, nicht jedoch der Grundstückseigentümer (vgl. § 14 ErbbauRG). Im Übrigen gelten für das Untererbbaurecht die Vorschriften für das Erbbaurecht entsprechend. Zur Begründung eines Untererbbaurechts an dem Teil eines Erbbaurechts s. LG Traunstein Rpfleger 1987, 242. Zum Untererbbaurecht s. Habel MittBayNot 1998, 315.

5   Ausgeschlossen ist die Belastung eines **ideellen Miteigentumsanteils** (s. dazu aber Diekgräf DNotZ 1996, 338), zulässig dagegen die eines realen Grundstücksteils, der dann aber nach § 7 Abs. 1 abgeschrieben werden muss (KG OLG 14, 86). Die Belastung eines Grundstücks mit einem Erbbaurecht ist auch in der Weise möglich, dass die **tatsächliche Ausübung** des Erbbaurechts auf einen Teil des Grundstücks beschränkt wird; alsdann findet § 7 Abs. 1 keine Anwendung (OLG Frankfurt DNotZ 1967, 690; OLG Hamm Rpfleger 1972, 171; BayObLG Rpfleger 1984, 313). In diesem Fall kann sich die Ausübung auf eines von mehreren auf dem Grundstück bereits vorhandener Gebäude beschränken (OLG Zweibrücken FGPrax 1996, 131). Zum Verhältnis von § 1 Abs. 2 ErbbauRG zu einer Ausübungsbeschränkung s. OLG Hamm Rpfleger 2006, 9.

6   Nicht zulässig ist gemäß § 1014 BGB, § 1 Abs. 3 ErbbauRG die Beschränkung des Erbbaurechts auf einen **Teil eines Gebäudes,** insbes. ein Stockwerk; nicht möglich ist sonach auch die Beschränkung des Erbbaurechts auf einen vertikal abgegrenzten Teil des auf dem Erbbaugrundstück befindlichen oder zu errichtenden Gebäudes (Krämer DNotZ 1974, 653; OLG Düsseldorf DNotZ 1974, 698), es sei denn dass dieser nach der Verkehrsauffassung als selbstständiges Gebäude anzusehen ist (BayObLG DNotZ 1958, 409).

7   Nach h. M. ist es nicht zulässig, an mehreren Grundstücken, auf denen ein einheitliches Gebäude errichtet werden soll, jeweils selbständige Erbbaurechte zu begründen (**Nachbarerbbaurechte;** OLG Köln FGPrax 2013, 198 mit kritischer Anm. v. Rapp MittBayNot 2014, 159; s. dazu BGH DNotZ 1973, 609 und Usinger ZflR 2014, 520). Demgegenüber vertreten andere (vgl. Schraepler NJW 1972, 1981; Krämer DNotZ 1974, 647; Heckscher RNotZ 2016, 1; OLG Düsseldorf DNotZ 1974, 698; OLG Stuttgart Rpfleger 1975, 131) die Ansicht, dass § 1 Abs. 3 ErbbauRG dem selbst dann nicht entgegensteht, wenn eines oder mehrere dieser Grundstücke im Eigentum des Erbbauberechtigten stehen (vgl. dazu auch Rothoeft NJW 1974, 665; Esser NJW 1974, 921; Stahl-Sura DNotZ 1981, 604). S. dazu ferner § 39 Abs. 3 SachenRBerG und zum Ganzen Heinz/Jaeger ZflR 2008, 318.

Für möglich gehalten wird die Bestellung eines Erbbaurechts an einem in WEigentum aufgeteilten Grundstück (DNotI-Report 1998, 13).

8   **b) Eigenes Grundstück.** Auch an ihm kann ein Erbbaurecht bestellt werden (BGH Rpfleger 1982, 143; BayObLG FGPrax 1996, 128). Ein Bedürfnis (s. hierzu für den Fall der Bestellung einer beschränkten persönlichen Dienstbarkeit am eigenen Grundstück BGH Rpfleger 1964, 310 und Anh. zu § 44 Rn. 39) dafür, von vornherein die Bestellung eines Erbbaurechts am eigenen Grundstück zuzulassen, liegt im Hinblick darauf auf der Hand, dass ein Eigentümer-Erbbaurecht im Allgemeinen nur als Durchgangsform gedacht ist und insbesondere bei der Finanzierung erhebliche Erleichterungen mit sich bringt (BGH Rpfleger 1982, 143); ein Bedürfnis braucht daher in

der Regel nicht nachgewiesen zu werden. Eine Wertsicherungsklausel hinsichtlich des Erbbauzinses (s. hierzu Rn. 44) kann, da nur mit schuldrechtlicher Wirkung ausgestattet, nicht Teil der Bestellung eines Erbbaurechts am eigenen Grundstück sein (BGH Rpfleger 1982, 143). Ein Eigentümererbbaurecht kann auch nachträglich durch Heimfall oder Ausübung eines vereinbarten Vor- oder Ankaufsrechts durch den Eigentümer entstehen (OLG Hamm Rpfleger 1985, 233).

c) Mehrere Grundstücke. Wegen der Frage, ob sie mit einem Gesamterbbaurecht belastet werden können, s. § 48 Rn. 7.

4. Sonstiges zum Erbbaurecht

a) Inhalt. Außer dem durch § 1 ErbbauRG festgelegten gesetzlichen In- **9** halt des Erbbaurechts können bestimmte Vereinbarungen des Grundstückseigentümers und des Erbbauberechtigten durch Eintragung in das GB zum dinglichen Inhalt des Erbbaurechts gemacht werden (s. dazu §§ 2 ff., insbes. § 5 Abs. 1, 2, ferner § 27 Abs. 1 Satz 2 und § 32 Abs. 1 Satz 2 ErbbauRG). Weitergehende Vereinbarungen können nur mit schuldrechtlicher Wirkung vereinbart und nach allgemeinen Grundsätzen, z. B. durch eine Vormerkung, dinglich gesichert werden. Soll eine nachträgliche Änderung des dinglichen Inhalts eingetragen werden, z. B. der Ausschluss des Entschädigungs- oder Vergütungsanspruchs bei Erlöschen oder Heimfall des Erbbaurechts, handelt es sich um eine Inhaltsänderung, so dass die Bewilligung der rechtlich nachteilig berührten dinglich Berechtigten am Erbbaurecht erforderlich ist (vgl. § 11 ErbbauRG, § 876 Satz 1, § 877 BGB).

Vereinbarungen über „die Verwendung des Bauwerks" gem. § 2 Nr. 1 ErbbauRG können den Inhalt haben, dass der Erbbauberechtigte zu baulichen Veränderungen an Gebäuden oder zu deren Abbruch der Zustimmung des Grundstückseigentümers bedarf. Eine Vereinbarung, dass der Erbbauberechtigte zur Vermietung der Zustimmung bedarf, kann aber nicht zum dinglichen Inhalt des Erbbaurechts gemacht werden (BayObLG Rpfleger 2002, 140). Dasselbe gilt für eine Vereinbarung, dass der Erbbauberechtigte die Verkehrssicherungspflicht und die Haftung für das Grundstück übernimmt (BayObLG FGPrax 1999, 211). Ein formularmäßiger Ausschluss der Abwendungsbefugnis des Grundstückseigentümers nach § 27 Abs. 3 ErbbauRG schuldrechtlich oder als Inhalt des Erbbaurechts ist im Zweifel nach § 307 Abs. 1, 2 Satz 2 BGB unwirksam (BGH Rpfleger 2019, 381; s. dazu Amann MittBayNot 2019, 539). Zu Vereinbarungen, dass zur Belastung oder Veräußerung des Erbbaurechts die Zustimmung erforderlich ist, s. Rn. 10 und 15.

b) Bedingung. Zur Förderung seiner Beleihbarkeit kann ein Erbbaurecht nach § 1 Abs. 4 Satz 1 ErbbauRG nicht unter einer auflösenden Bedingung bestellt werden. In entsprechender Anwendung dieser Vorschrift verbietet sich auch die Bestellung durch einen nicht befreiten Vorerben ohne Zustimmung des Nacherben (BGH Rpfleger 1969, 346; kritisch hierzu jedoch Winkler DNotZ 1970, 651) und, wenn nicht schon § 1 Abs. 1 ErbbauRG entgegensteht (s. § 23 Rn. 5), auch eine solche auf Lebenszeit des

Berechtigten (OLG Celle Rpfleger 1964, 213; vgl. auch BGH Rpfleger 1969, 346).

10   **c) Belastung.** Ein Erbbaurecht kann im Allgemeinen wie ein Grundstück, also mit Dienstbarkeiten (s. dazu aber BayObLG Rpfleger 1959, 17), mit einem Vorkaufsrecht, mit einer Reallast sowie mit Grundpfandrechten belastet werden; zulässig ist auch die Belastung mit einem Dauerwohnrecht (§ 42 WEG); zur Belastung mit einem Erbbaurecht s. Rn. 4. Möglich ist ferner die Begründung eines Gesamtgrundpfandrechts an einem Erbbaurecht und einem Grundstück (OLG München JFG 23, 151; s. auch BayObLG Rpfleger 1984, 145). Ein Erbbaurecht, das lediglich zum Haben eines Wohngebäudes auf dem Grundstück berechtigt, kann nicht mit einer Tankstellendienstbarkeit belastet werden (BayObLG MDR 1958, 691). Das KG Rpfleger 1991, 496 hält seinen Inhaber aber für berechtigt, zugunsten eines Stromversorgungsunternehmens eine Dienstbarkeit zu bestellen, die zur Errichtung und zum Betrieb einer Netzstation auch außerhalb des Bauwerks berechtigt.

11   **d) Eigentümerzustimmung zur Belastung.** Als Inhalt des Erbbaurechts kann vereinbart werden, dass der Erbbauberechtigte zur Belastung des Erbbaurechts mit einem Grundpfandrecht oder einer Reallast der Zustimmung des Eigentümers bedarf (§ 5 Abs. 2 ErbbauRG). Der Ausschluss der Zustimmung im Voraus für bestimmte Fälle kann aber nicht Inhalt des Erbbaurechts sein (BayObLG FGPrax 1999, 211). Die Zustimmung kann gemäß § 7 Abs. 3 ErbbauRG gerichtlich ersetzt werden. Das für die Ersetzung zuständige Gericht der freiwilligen Gerichtsbarkeit ist auf die Prüfung des gesetzlichen Zustimmungsanspruchs beschränkt; für einen davon abweichend vereinbarten Zustimmungsanspruch ist das Prozessgericht zuständig (BGH Rpfleger 1987, 61). Zu den Voraussetzungen, unter denen die Zustimmung ersetzt werden kann, s. BayObLG 1986, 501. Zur Ersetzung einer der kirchenaufsichtlichen Genehmigung bedürftigen Zustimmung s. OLG Hamm Rpfleger 1994, 19.

Die Zustimmung ist nach § 8 ErbbauRG auch bei einer Belastung im Weg der Zwangsvollstreckung oder Arrestvollziehung oder durch den Insolvenzverwalter erforderlich. Sie ist auch beim Eigentümererbbaurecht nicht entbehrlich (OLG Hamm Rpfleger 1985, 233; BayObLG FGPrax 1996, 128). Zur Ersetzung der Zustimmung bei Belastung mit einer Sicherungshyp. im Weg der Zwangsvollstreckung s. OLG Hamm Rpfleger 1985, 291; die Ersetzung kann in diesem Fall der Gläubiger aus eigenem Recht beantragen (a. M. OLG Hamm Rpfleger 1993, 334 mit abl. Anm. v. Streuer Rpfleger 1994, 59; offen gelassen von BayObLG FGPrax 1996, 128). Eine erforderliche Zustimmung des Grundstückseigentümers wird durch das Ersuchen des Finanzamts um Eintragung einer Sicherungshyp. ersetzt (s. § 38 Rn. 16, 63). Die Zustimmung des Grundstückseigentümers ist auch bei Belastung mit einer Bauunternehmersicherungshyp. nach § 650e BGB erforderlich; die Ersetzung kann der Bauunternehmer aus eigenem Recht beantragen (BayObLG Rpfleger 1997, 256).

Die Belastung darf erst eingetragen werden, wenn dem GBAmt die Zustimmung oder ihre rechtskräftige (s. § 40 Abs. 3 FamFG) Ersetzung in der

Form des § 29 nachgewiesen ist (§ 15 ErbbauRG). Eine Vormerkung kann jedoch auch bei Vorliegen einer Vereinbarung gemäß § 5 Abs. 2 ErbbauRG ohne Eigentümerzustimmung eingetragen werden (s. Anh. zu § 44 Rn. 91). Zur Widerruflichkeit der Zustimmung und zu den Auswirkungen eines Eigentümerwechsels gelten die Ausführungen zur Eigentümerzustimmung, zu einer Veräußerung des Erbbaurechts entsprechend (s. Rn. 15).

e) Mehrere Erbbaurechte. Ob ein Grundstück mit mehreren Erb- **12** baurechten belastet werden kann, die im Gleichrang unter sich die erste Rangstelle einzunehmen hätten, ist auch für den Fall umstritten, dass der Ausübungsbereich der Erbbaurechte auf verschiedene Grundstücksteile beschränkt ist (bejahend: Weitnauer DNotZ 1958, 413; zu Recht verneinend: OLG Frankfurt DNotZ 1967, 688). § 39 Abs. 1 SachenRBerG lässt die Bestellung mehrerer Erbbaurechte an einem Grundstück ausnahmsweise zu.

f) Teilung des Grundstücks. Das Bestehen eines Erbbaurechts hindert **13** den Eigentümer des belasteten Grundstücks nicht an dessen Teilung. Umstritten ist, ob sich das Erbbaurecht dann entsprechend den für seine Ausübung getroffenen Bestimmungen automatisch auf die Teilgrundstücke verteilt oder ob es als Gesamtrecht an diesen weiter besteht. Die h. M. nimmt im Anschluss an KGJ 51, 229 letzteres an (s. hierzu § 48 Rn. 7). Wird eines der Teilgrundstücke von dem Erbbaurecht nicht erfasst (vgl. § 1 Abs. 2 ErbbauRG), erlischt das Erbbaurecht an ihm (vgl. § 1026 BGB) und das Teilgrundstück kann ohne das Erbbaurecht abgeschrieben werden (§ 46 Abs. 2). Die Zustimmung des Erbbauberechtigten ist weder dazu noch zur Teilung überhaupt erforderlich.

g) Teilung des Erbbaurechts. Auch eine Teilung des Erbbaurechts ist **14** grundsätzlich zulässig. Voraussetzung hierfür ist, dass das Grundstück entsprechend geteilt wird und dem Erbbauberechtigten das Recht verbleibt, auf jedem der Teilgrundstücke ein selbstständiges Bauwerk zu haben (KGJ 51, 228). Das zu teilende Erbbaurecht muss nach seinem vereinbarten Rechtsinhalt teilbar sein und die entstehenden Erbbaurechte müssen jeweils einen nach § 1 ErbbauRG zulässigen Inhalt haben. Dies ist anhand einer Gesamtbetrachtung aller, nicht nur der ursprünglich vereinbarten Vertragsregelungen zu beurteilen (OLG Düsseldorf RNotZ 2016, 243 mit Anm. v. Heckscher). Zur Teilung ist die Zustimmung der dinglich Berechtigten am Erbbaurecht (OLG Neustadt NJW 1960, 1157) und des Grundstückseigentümers (BGH DNotZ 1974, 441) erforderlich. Zur Verpflichtung des Eigentümers, der Teilung von Grundstück und Erbbaurecht zuzustimmen, s. OLG Hamm MDR 1984, 402. Die außer diesen Zustimmungen zum GBVollzug der Teilung erforderliche Teilungserklärung des Erbbauberechtigten enthält die Erklärung der teilweisen Enthaftung der Teilgrundstücke hinsichtlich des ursprünglichen Erbbaurechts, dessen Belastungen als Gesamtrechte an den neuen Erbbaurechten bestehen bleiben.

h) Eigentümerzustimmung zur Veräußerung. Ist als Inhalt des Erb- **15** baurechts gemäß § 5 Abs. 1 ErbbauRG vereinbart, dass die Veräußerung des Erbbaurechts der Zustimmung des Grundstückseigentümers bedarf, dann bedarf zwar die Ausübung, nicht aber bereits die Bestellung eines Vorkaufsrechts der Zustimmung (OLG Braunschweig Rpfleger 1992, 193). Die Zustimmung ist auch bei Übertragung des Erbbaurechts im Weg der vorweggenommenen Erbfolge erforderlich (OLG Hamm NotBZ 2012, 113). Sie ist für den Zuschlag in der Zwangsversteigerung sowie für eine Veräußerung im Weg der Arrestvollziehung oder durch den Insolvenzverwalter Wirksamkeitsvoraussetzung (§ 8 ErbbauRG; zur Wirksamkeit einer im Voraus erteilten Zustimmung s. Kappelhoff Rpfleger 1985, 281). Dies gilt auch dann, wenn das Grundpfandrecht, aus dem die Versteigerung betrieben wird, mit Zustimmung des Eigentümers (vgl. § 5 Abs. 2 ErbbauRG) eingetragen wurde. Die Zustimmung ist auch beim Eigentümererbbaurecht nicht entbehrlich. Sie kann jedoch durch das Gericht ersetzt werden (§ 7 Abs. 3 ErbbauRG). Von der vorherigen Zahlung der Beglaubigungskosten oder einer Freistellung von ihnen kann die Zustimmung nicht abhängig gemacht werden (OLG Hamm Rpfleger 1992, 58). Zur Umwandlung des Gesamthandseigentums einer Erbengemeinschaft, der ein Erbbaurecht gehört, in eine Bruchteilsgemeinschaft aller Miterben ist eine Eigentümerzustimmung nicht erforderlich (vgl. LG Lübeck Rpfleger 1991, 201). Dasselbe gilt für den Fall der Rückauflassung nach § 143 Abs. 1 InsO (KG Rpfleger 2012, 525) oder infolge Ausübung eines gesetzlichen Rücktrittsrechts oder nach Anfechtung des Grundgeschäfts.

15.1   Der Rechtsübergang darf erst eingetragen werden, wenn dem GBAmt die Zustimmung oder ihre rechtskräftige (s. § 40 Abs. 3 FamFG) Ersetzung in der Form des § 29 nachgewiesen ist (§ 15 ErbbauRG). Eine Vormerkung kann jedoch auch bei Vorliegen einer Vereinbarung gemäß § 5 Abs. 1 ErbbauRG ohne Eigentümerzustimmung eingetragen werden (s. Anh. zu § 44 Rn. 91).

Zu den Voraussetzungen, unter denen die Zustimmung verweigert werden kann, s. OLG Hamm WM 1986, 1290. Zur Ersetzung der Zustimmung zur Veräußerung im Weg der Zwangsversteigerung s. KG Rpfleger 1984, 282; OLG Oldenburg Rpfleger 1985, 203 mit kritischer Anm. v. Hagemann; die Ersetzung kann in diesem Fall der Gläubiger aus eigenem Recht beantragen (BGH Rpfleger 1987, 257). Gemeindliche Vorkaufsrechte bestehen bei der Veräußerung eines Erbbaurechts nicht (§ 24 Abs. 2, § 25 Abs. 2 Satz 1 BauGB).

15.2   **i) Widerruflichkeit und Eigentümerwechsel.** Die vom Grundstückseigentümer erteilte Zustimmung zur Veräußerung des Erbbaurechts wird unwiderruflich, sobald die schuldrechtliche Vereinbarung über die Veräußerung wirksam geworden ist (BGH NJW 2017, 3514 mit Anm. v. Heinemann ZflR 2017, 785 gegen OLG München FGPrax 2016, 256). Eine wirksam erteilte Zustimmung bleibt unabhängig von einem späteren Wechsel des Grundstückseigentümers, auch vor dem nach § 878 BGB maßgeblichen Zeitpunkt, eine ausreichende Grundlage für die Eintragung des Rechtsübergangs. Es gelten die gleichen Grundsätze wie bei einer gemäß § 12 WEG erforderlichen Zustimmung zur Veräußerung von WEigentum (s. dazu Anh. zu § 3 Rn. 38.1, 38.2).

16   **j) Vereinigung und Zuschreibung.** Ein Erbbaurecht kann einem anderen als Bestandteil zugeschrieben werden; auch eine Vereinigung von Erbbaurechten ist zulässig (§§ 5, 6). Voraussetzung ist jedoch, dass beide Erbbaurechte die gleiche Laufzeit haben (BayObLG MittBayNot 1996, 34). Zur Zuschreibung des Grundstücks als Bestandteil des Erbbaurechts und umgekehrt s. § 6 Rn. 6.

5. Buchung von Erbbaurechten nach dem BGB

Erbbaurechte alter Art, zu deren Entstehung Einigung in der Form der **17** Auflassung und Eintragung im GB des belasteten Grundstücks erforderlich war (§§ 873, 1015 BGB) und die eine beliebige Rangstelle einnehmen können, sind nicht buchungspflichtig. Für sie wird ein besonderes GBBlatt nur unter bestimmten Voraussetzungen angelegt, nämlich:

Auf Antrag (§ 8 Abs. 1 Satz 1). Der Antrag kann jederzeit gestellt werden **18** und bedarf keiner Form. Antragsberechtigt ist im Hinblick auf § 13 Abs. 1 Satz 2 nur der Erbbauberechtigte, nicht auch der Eigentümer des belasteten Grundstücks, der durch die Anlegung des Blatts weder begünstigt noch betroffen wird.

Von Amts wegen, wenn das Recht veräußert oder belastet werden soll **19** (§ 8 Abs. 1 Satz 2).

Keine Veräußerung ist der Übergang kraft Gesetzes, z. B. durch Erbfolge. Nach dem Zweck der Vorschrift dürfte die Anlegung eines besonderen Blatts aber auch hier geboten sein (a. M. Güthe/Triebel Rn. 8). Ein besonderes Blatt ist ferner anzulegen, wenn ein Gläubiger des Erbbauberechtigten die Anordnung der Zwangsversteigerung beantragt, um die Veräußerung des Rechts im Weg der Zwangsvollstreckung durchzuführen (KGJ 29, 131).

Ob die Belastung auf Bewilligung des Erbbauberechtigten, im Zwangsweg **20** oder auf Ersuchen einer Behörde eingetragen werden soll, ist gleichgültig. Die Eintragung einer Vormerkung, eines Widerspruchs oder einer Verfügungsbeschränkung macht die Anlegung eines besonderen Blatts nicht erforderlich; das zu § 7 Rn. 25 Ausgeführte muss auch hier gelten; die Eintragung kann also in Sp. 5 der Abt. II des Grundstücksblatts erfolgen (a. M. KEHE/ Keller Rn. 3).

6. Verfahren

Maßgebend ist § 60 GBV, der die sinngemäße Anwendung der für das **21** Erbbaugrundbuch geltenden Bestimmungen vorschreibt (s. dazu Rn. 39); in der Aufschrift des Blatts ist jedoch der Unterscheidung wegen an die Stelle des Wortes „Erbbaugrundbuch" das Wort „Erbbaurecht" zu setzen (§ 60 Buchst. a GBV); auch darf bei der Eintragung des Inhalts des Erbbaurechts, da es an einer § 14 Abs. 1 Satz 3 ErbbauRG entsprechenden Bestimmung fehlt, nicht auf die EintrBewilligung Bezug genommen werden (§ 60 Buchst. b GBV). Etwaige auf dem Grundstücksblatt bezüglich des Erbbaurechts eingetragene Vormerkungen, Widersprüche oder Verfügungsbeschränkungen sind in die zweite oder dritte Abteilung des besonderen Blatts zu übertragen; dasselbe gilt für eine fälschlicherweise auf dem Grundstücksblatt eingetragene Belastung des Erbbaurechts (s. dazu Rn. 27).

Die Anlegung eines besonderen Blatts ist auf dem Blatt des belasteten **22** Grundstücks zu vermerken (Abs. 2). Der Vermerk ist in Sp. 5 der Abt. II einzutragen und lautet etwa: „Für das Erbbaurecht ist als Blatt 1628 ein besonderes Blatt angelegt. Eingetragen am ...".

7. Bedeutung des besonderen Blatts

23 Besteht neben dem Grundstücksblatt ein besonderes Blatt für das Erbbaurecht, so gilt für das Verhältnis der beiden Blätter zueinander Folgendes:
- Für die Entstehung des Erbbaurechts ist allein das Grundstücksblatt entscheidend; dieses bleibt auch maßgebend für alle Rechtsakte, die vor der Anlegung des besonderen Blatts vorgenommen wurden.

24 - Für Rechtsakte, die nach der Anlegung des besonderen Blatts vorgenommen werden, ist zu unterscheiden zwischen solchen, die das Erbbaurecht als Grundstücksbelastung und solchen, die es als grundstücksgleiches Recht betreffen.
- Rechtsakte der ersteren Art, also Inhalts- und Rangänderungen des Erbbaurechts sowie seine Aufhebung, müssen, um wirksam zu sein, auf dem Grundstücksblatt eingetragen werden.

25 - Rechtsakte der letzteren Art, also Veräußerungen und Belastungen des Erbbaurechts, können wirksam nur auf dem Erbbaurechtsblatt eingetragen werden; denn dieser Rechtsakte wegen wird das besondere Blatt angelegt.

26 - Zur Vermeidung von Schadensfällen wird das GBAmt der Erhaltung der erforderlichen Übereinstimmung beider Blätter stets besondere Aufmerksamkeit zuwenden müssen.

8. Verletzung des § 8

27 § 8 enthält nur Ordnungsvorschriften. Ist die Anlegung eines besonderen Blatts entgegen Abs. 1 Satz 2 unterblieben, so ist die auf dem Grundstücksblatt vorgenommene Eintragung einer Veräußerung oder Belastung gleichwohl wirksam. Die Anlegung des besonderen Blatts ist aber von Amts wegen nachzuholen. Hat das GBAmt umgekehrt ein besonderes Blatt angelegt, obwohl die Voraussetzungen hierfür nicht vorlagen, so ist das Blatt weiterzuführen, also nicht zu schließen. Ist die Anlegung eines besonderen Blatts entgegen Abs. 2 nicht auf dem Grundstücksblatt vermerkt worden, so ist dies ebenfalls ohne sachlichrechtliche Bedeutung; der Vermerk ist jedoch von Amts wegen nachzuholen.

9. Erbbaurechte nach dem ErbbauRG

28 Erbbaurechte neuer Art entstehen durch Einigung und Eintragung im GB des belasteten Grundstücks (§ 873 BGB), wobei Einigung und Eintragung mindestens die ungefähre Beschaffenheit des Bauwerks oder der zulässigen mehreren Bauwerke, deren genaue Zahl nicht angegeben werden muss (OLG Nürnberg FGPrax 2014, 16), bezeichnen müssen (BGH 47, 190; s. auch BGH Rpfleger 1973, 355; OLG Hamm Rpfleger 1983, 349; OLG Frankfurt OLGZ 1983, 165; OLG München FGPrax 2013, 62). Das Bauwerk muss wirtschaftlich die Hauptsache sein; dies ist nicht der Fall bei einer Garage auf einem 1700 m² großen Grundstück (BayObLG 1991, 97). Zulässig ist die Bestellung eines Erbbaurechts mit dem Inhalt, „Gebäude aller

Art in Übereinstimmung mit dem zu erstellenden Bebauungsplan" (BGH Rpfleger 1987, 361) oder „jede baurechtlich zulässige Art von Bauwerken" (BGH NJW 1994, 2024) errichten zu dürfen. In diesem Fall geht das Erbbaurecht nicht unter, wenn sich die Erwartung der Bebaubarkeit zerschlägt (BGH Rpfleger 1987, 361). Ein Erbbaurecht entsteht allerdings nicht wirksam, wenn bereits bei seiner Bestellung ein dauerndes öffentlich-rechtliches Bebauungsverbot besteht (BGH 96, 388). Zur Ersitzung s. Anh. zu § 44 Rn. 2.

Erbbaurechte werden in aller Regel **auf Zeit** bestellt; im Hinblick auf **29** § 873 BGB verbietet es sich allerdings, als Anfangszeitpunkt eines Erbbaurechts einen vor dessen Eintragung liegenden Zeitpunkt zu bestimmen (BGH Rpfleger 1973, 355); ein solcher Zeitpunkt kann aber als Ausgangszeitpunkt für die Laufzeit des Erbbaurechts vereinbart werden (LG Würzburg Rpfleger 1975, 249); s. dazu, insbes. wegen der Auslegung von Vertragsklauseln über die Dauer des Erbbaurechts, auch BayObLG Rpfleger 1991, 303; OLG Zweibrücken Rpfleger 1995, 155; Promberger Rpfleger 1975, 233.

Im Gegensatz zum schuldrechtlichen Grundgeschäft, das gemäß § 11 **30** Abs. 2 ErbbauRG i. V. m. § 311b Abs. 1 Satz 1 BGB der notariellen Beurkundung bedarf, ist die Einigung (§ 873 BGB) gemäß § 11 Abs. 1 Satz 1 ErbbauVO sachlichrechtlich formfrei, muss dem GBAmt nach § 20 jedoch in der **Form** des § 29 Abs. 1 Satz 1 nachgewiesen werden (KGJ 53, 152; BayObLG DNotZ 1960, 540; KG Rpfleger 1979, 208). Zur Eintragung einer Erbbaurechtsbestellung trotz Formnichtigkeit des Grundgeschäfts s. § 20 Rn. 30.

In förmlich festgelegten Sanierungsgebieten und in städtebaulichen Ent- **31** wicklungsgebieten bedürfen die Bestellung und Veräußerung eines Erbbaurechts nach § 144 Abs. 2 Nr. 1, § 169 Abs. 1 Nr. 3 BauGB der schriftlichen Genehmigung der Gemeinde; Näheres hierzu s. § 19 Rn. 128. Eine Genehmigung nach § 2 GrdstVG ist nicht erforderlich. Wenn sich eine Gemeinde als Erbbauberechtigte zur Zahlung von Erbbauzins verpflichtet, können der Erbbaurechtsvertrag und die Bestellung einer Erbbauzins-Reallast nach den Gemeindeordnungen der Länder als kreditähnliches Rechtsgeschäft der Genehmigung durch die Kommunalaufsichtsbehörde bedürfen (BGH Rpfleger 2016, 330).

10. Eintragung im Grundstücksgrundbuch

Die Eintragung des Erbbaurechts auf dem Blatt des belasteten Grund- **32** stücks erfolgt nach § 10 GBV in Sp. 1 bis 3 der zweiten Abteilung.

a) Erste Rangstelle. Das Erbbaurecht kann nur zur ausschließlich ersten Rangstelle bestellt werden (§ 10 Abs. 1 Satz 1 Halbsatz 1 ErbbauRG); kein anderes Recht, auch keine **Vormerkung,** ausgenommen eine solche zur Sicherung des Anspruchs auf Einräumung des Erbbaurechts selbst, darf also Vorrang vor dem Erbbaurecht oder Gleichrang mit diesem haben (BGH NJW 1954, 1444; OLG Frankfurt DNotZ 1967, 688; s. auch OLG Frankfurt Rpfleger 1973, 400 zu dem Fall, dass vorhandene Belastungen des Grundstücks nur einen geringen Teil desselben betreffen und nach dem Vorbringen von Eigentümer und Erbbauberechtigtem nicht mehr ausgeübt werden können); eine Rangänderung ist ausgeschlossen (§ 10 Abs. 1 Satz 1 Halbsatz 2 ErbbauRG). Ist ein Erbbaurecht nicht mit dem gesetzlich vorgeschriebenen Rang eingetragen worden, so ist die Eintragung inhaltlich unzulässig (s. § 53 Rn. 46).

Die erforderliche erste Rangstelle kann dem Erbbaurecht nicht durch Löschung des vorrangigen Rechts oder durch eine **Rangänderung** verschafft werden, sondern nur durch Löschung des Erbbaurechts und Neueintragung (OLG Hamm Rpfleger 1976, 131). Dies gilt aber nicht, wenn das vorrangig eingetragene Recht bei Eintragung des Erbbaurechts nicht mehr bestand und auch nicht gutgläubig erworben werden kann, z. B. eine Vormerkung mangels Bestehens eines Anspruchs.

33   Rechte, die zur Erhaltung ihrer Wirksamkeit gegenüber dem öffentlichen Glauben des GB der Eintragung nicht bedürfen, bleiben außer Betracht (§ 10 Abs. 1 Satz 2 ErbbauRG); hierher gehören unter anderem **altrechtliche Grunddienstbarkeiten** (s. dazu Art. 187 Abs. 1 Satz 1 EGBGB und § 22 Rn. 20) sowie öffentliche Lasten, z. B. die HypGewinnabgabe (wegen der früheren Umstellungsgrundschulden s. BayObLG DNotZ 1952, 129) und die Abgeltungslast nach § 2 Abs. 2 VO über die Aufhebung der Gebäudeentschuldungssteuer v. 31.7.1942, RGBl. I 501 (LG Karlsruhe NJW 1949, 949; s. aber auch Huber NJW 1952, 688; vgl. nunmehr §§ 22 ff. GBMaßnG). Sobald jedoch eine altrechtliche Dienstbarkeit im GB eingetragen ist, steht der Eintragung eines Erbbaurechts § 10 Abs. 1 Satz 1 ErbbauRG entgegen (vgl. BGH Rpfleger 1988, 353).

34   Ein voreingetragener **Nacherbenvermerk** steht der Eintragung eines Erbbaurechts nicht entgegen, weil zwischen einem Nacherbenvermerk und einem Erbbaurecht kein Rangverhältnis besteht (OLG Hamburg DNotZ 1967, 376; OLG Hamm Rpfleger 1989, 232; offen gelassen von BGH 52, 269; s. hierzu auch Winkler DNotZ 1970, 651, ferner Rn. 35).

35   Auf Grund des Vorbehalts in § 10 Abs. 2 ErbbauRG kann das **Landesrecht** Abweichungen vom Erfordernis der ersten Rangstelle zulassen; in Bayern war dies durch die VO über die Rangstelle von Erbbaurechten v. 7.10.1919 (BayBS III 130) geschehen, die inhaltlich mit der preußischen VO v. 30.4.1919 (GS 88) übereinstimmte (zu Abs. 2 der letzteren s. einerseits OLG Hamm DNotZ 1966, 102, aber auch Rpfleger 1989, 232, andererseits OLG Hamburg DNotZ 1967, 373), aber inzwischen aufgehoben worden ist (s. VO v. 1.12.1981, GVBl. 504). In Baden-Württemberg ist von dem Vorbehalt durch die VO v. 17.1.1994 (GBl. 49) Gebrauch gemacht.

36   Durch die Eintragung eines **Vorkaufsrechts** des jeweiligen Erbbauberechtigten im gleichen Rang mit dem Erbbaurecht wird die gesetzlich vorgeschriebene erste Rangstelle des Erbbaurechts nicht in Frage gestellt (BGH NJW 1954, 1445; Rpfleger 1973, 356); zur gleichrangigen Eintragung eines dem Erbbauberechtigten persönlich zustehenden Vorkaufsrechts s. OLG Düsseldorf NJW 1956, 875.

37   Ein zu Unrecht **gelöschtes Erbbaurecht** kann nach gutgläubigem Zwischenerwerb von Grundpfandrechten auch an anderer als erster Rangstelle wieder in das GB eingetragen werden (BGH Rpfleger 1969, 13).

S. zum Ganzen Ott, das Sicherungsbedürfnis von Dienstbarkeitsberechtigten bei der Bestellung eines Erbbaurechts, DNotZ 2015, 341.

b) Bezugnahme. Bei der Eintragung ist zur näheren Bezeichnung des **38** Inhalts des Erbbaurechts auf das Erbbaugrundbuch Bezug zu nehmen (§ 14 Abs. 2 ErbbauRG).

11. Buchung im Erbbaugrundbuch

Für das Erbbaurecht ist bei der Eintragung von Amts wegen ein besonde- **39** res GBBlatt, das Erbbaugrundbuch, anzulegen (§ 14 Abs. 1 ErbbauRG; s. hierzu GBV Muster Anl. 9); Erbbaurechte neuer Art sind also stets buchungspflichtig. Maßgebend sind §§ 54 bis 59 GBV; zu den Maßgaben bei ihrer Anwendung im Gebiet der ehemaligen DDR s. § 113 Nr. 4 GBV. Die Vorschriften über die Bezugnahme auf die EintrBewilligung und die Benachrichtigung von Eintragungen (§ 44 Abs. 2, 3, §§ 55 bis 55b, ausgenommen § 55 Abs. 4) gelten für Eintragungen im Erbbaugrundbuch entsprechend (§ 17 Abs. 1 Satz 2 ErbbauRG).

a) Erbbaugrundbuchblatt. Es erhält die nächste fortlaufende Nummer des GB in dem das belastete Grundstück verzeichnet ist; in der Aufschrift ist unter die Blattnummer in Klammern das Wort „Erbbaugrundbuch" zu setzen (§ 55 GBV).

b) Bestandsverzeichnis. In dieses und zwar in den durch die Sp. 2 bis 4 **40** gebildeten Raum ist das Erbbaurecht unter Angabe des belasteten Grundstücks und seines Eigentümers einzutragen. Das Erbbaurecht ist ausdrücklich als solches zu bezeichnen, das belastete Grundstück entsprechend dem Bestandsverzeichnis des Grundstücksblatts zu beschreiben und der Eigentümer sowie jeder spätere Erwerber des Grundstücks (§ 14 Abs. 1 Satz 2 ErbbauRG) entsprechend der Eintragung in Abt. I des Grundstücksblatts zu vermerken. Die Landesregierungen können aufgrund der Ermächtigung in § 14 Abs. 4 ErbbauRG in der Fassung durch das DaBaGG bestimmen, dass der Vermerk automatisiert angebracht wird, wenn GB und Erbbaugrundbuch als Datenbankgrundbuch geführt werden.

Zur näheren Bezeichnung des Inhalts des Erbbaurechts (s. dazu §§ 2, 5 ErbbauRG) kann auf die EintrBewilligung Bezug genommen werden (§ 14 Abs. 1 Satz 3 ErbbauRG). Bedingungen und Befristungen (die nicht zu dem einer Bezugnahme zugänglichen Inhalt des Rechts gehören, s. § 44 Rn. 20) sowie Verfügungsbeschränkungen nach § 5 ErbbauRG sind ausdrücklich einzutragen (§ 56 Abs. 2 WGV). Da die Verfügungsbeschränkungen des § 5 ErbbauRG zum Inhalt des Erbbaurechts gehören, handelt es sich bei ihnen nur um ein formellrechtliches Gebot (LG Marburg Rpfleger 1968, 26 mit Anm. v. Haegele; BayObLG Rpfleger 1979, 384). Spätere Veränderungen der in Sp. 2 bis 4 enthaltenen Angaben werden dort unter neuer laufender Nummer vorgetragen; eine Löschung des Erbbaurechts wird in Sp. 8 vermerkt (§ 14 Abs. 1 Satz 2 und 3 ErbbauRG; § 56 GBV).

c) Erste Abteilung. Sie dient zur Eintragung des Erbbauberechtigten **41** (§ 57 Abs. 1 GBV). Die Eintragung eines neuen Erbbauberechtigten ist unverzüglich auf dem Blatt des belasteten Grundstücks zu vermerken. Der Vermerk wird bei Wohnungs- und Teilerbbauberechtigten durch Bezugnahme auf die Wohnungs- und Teilerbbaurechtsgrundbücher ersetzt (§ 14 Abs. 3

Satz 2 und 3 ErbbauRG). Die Landesregierungen können aufgrund der Ermächtigung in § 14 Abs. 4 ErbbauRG in der Fassung durch das DaBaGG bestimmen, dass der Vermerk nach § 14 Abs. 1 Satz 2 ErbbauRG automatisiert angebracht wird, wenn GB und Erbbaugrundbuch als Datenbankgrundbuch geführt werden.

42   **d) Zweite und dritte Abteilung.** Sie werden wie bei Grundstücken verwendet (§ 57 Abs. 2 GBV). In die zweite Abteilung wird insbes. auch ein nach § 9 ErbbauRG vereinbarter Erbbauzins eingetragen. Bei diesem handelt es sich um eine reallastartige Belastung (§ 9 Abs. 1 ErbbauRG), die durch Einigung und Eintragung entsteht (§ 873 BGB) und nur zugunsten des jeweiligen Eigentümers des mit dem Erbbaurecht belasteten Grundstücks begründet werden kann (§ 9 Abs. 2 ErbbauRG). Der Erbbauzins kann nicht nur in einer Geld-, sondern auch in einer Sachleistung bestehen. Eine Vereinbarung als Inhalt des Erbbauzinses gemäß § 9 Abs. 3 Satz 1 Nr. 1 ErbbauRG bedarf keiner Bewilligung der Inhaber dinglicher Rechte, die der Erbbauzins-Reallast im Rang nachgehen (§ 9 Abs. 3 Satz 2 ErbbauRG); das Bestehenbleiben der Erbbauzins-Reallast kann auch ohne Rangvorbehalt nach § 9 Abs. 3 Satz 1 Nr. 2 ErbbauRG vereinbart werden (KG Rpfleger 2018, 437 mit Anm. v. Schlögel MittBayNot 2018, 447). Zur Erbbauzinsreallast s. auch Anh. zu § 44 Rn. 81.

Bis zur Änderung des § 9 ErbbauRG mit Wirkung vom 1.10.1994 durch das SachenRÄndG (s. Rn. 43) musste der Erbbauzins nach Zeit und Höhe für die ganze Erbbauzeit im Voraus bestimmt sein (§ 9 Abs. 2 Satz 1 ErbbauRG a. F.); die Bestimmung konnte nicht in der Weise erfolgen, dass zunächst eine Höchst- und Mindestgrenze festgesetzt und die endgültige Feststellung einer späteren Vereinbarung der Beteiligten oder der Ermittlung durch dritte Personen vorbehalten wurde.

12. Nachträgliche Änderung des Erbbauzinses

43   **a) Gleitklausel.** Durch das SachenRÄndG ist § 9 ErbbauRG umgestaltet worden. Die ab 1.10.1994 geltende Neufassung sollte insbesondere die bisher übliche Wertsicherung durch einen schuldrechtlichen Anspruch auf Anpassung des Erbbauzinses und dessen Sicherung durch eine Vormerkung (s. dazu Rn. 44) entbehrlich machen. Die missglückte Fassung des § 9 Abs. 2 ErbbauRG führte jedoch dazu, dass die Bestimmung unterschiedlich ausgelegt wurde. Daraufhin wurde durch Art. 11a Euro-EinführungsG v. 9.6.1998 (BGBl. I 1242) § 9 Abs. 2 Satz 1 bis 3 ErbbauRG gestrichen. Gemäß § 9 Abs. 1 ErbbauRG finden damit die Vorschriften über die Reallast entsprechende Anwendung, die eine echte, automatisch wirkende Gleitklausel zulassen (s. dazu Anh. zu § 44 Rn. 76). Dies wird durch eine Ergänzung des § 1105 Abs. 1 BGB klargestellt. Bei einem Antrag auf Eintragung einer Wertsicherungsklausel mit einer Laufzeit von weniger als 30 Jahren als Inhalt einer Erbbauzins-Reallast soll nach OLG Celle NJW-RR 2008, 896 das GBAmt verpflichtet sein zu prüfen, ob die Voraussetzungen von § 1 Abs. 2, §§ 2, 3 PreisklauselG (s. dazu Rn. 44) vorliegen (zu Recht kritisch dazu im Hinblick auf § 8 PreisklauselG Reul MittBayNot 2007, 451 und NotBZ 2008, 453; s. dazu auch Usinger DNotZ 2009, 83).

Soll eine Vormerkung, die für einen Anspruch auf Anpassung des Erbbauzinses durch Eintragung neuer Reallasten bestellt worden ist (s. Rn. 45), künftig den Anspruch sichern, eine wertgesicherte Reallast zu bestellen, bedarf es der Eintragung der Änderung des Anspruchs in das GB, die entsprechend dem für die Änderung des einzutragenden Rechts selbst geltenden § 877 BGB vorzunehmen ist. Die Inhaber gleich- und nachrangiger dinglicher Rechte am Erbbaurecht müssen der Änderung des Inhalts der Erbbauzinsreallast nicht zustimmen, wenn sich aus der neuen wertgesicherten Erbbauzinsreallast kein höherer Erbbauzins als derjenige aus der bisherigen Reallast und dem durch eine Vormerkung gesicherten Anspruch auf Anpassung des Erbbauzinses ergeben kann (BGH FGPrax 2016, 246 mit Anm. v. Wilsch).

b) Schuldrechtliche Vereinbarungen. Auch schuldrechtliche Vereinba- **44** rungen über eine künftige Änderung sind weiterhin zulässig (BGH 22, 220); vgl. dazu auch BGH DNotZ 1960, 380, insbes. wegen der Genehmigungsbedürftigkeit nach § 3 WährG, der durch das Euro-EinführungsG v. 9.6.1998 (BGBl. I 1242) aufgehoben und durch § 2 Preisangaben- und PreisklauselG v. 3.12.1984 (BGBl. I 1249) ersetzt worden war (s. dazu auch die PreisklauselVO v. 23.9.1998, BGBl. I 3043, ferner v. Heynitz MittBayNot 1998, 398). Durch Art. 11 des Ges. v. 7.9.2007 (BGBl. I 2246) wurde das Preisangabenund PreisklauselG in PreisangabenG umbenannt und § 2 aufgehoben; außerdem wurde durch Art. 30 Abs. 2 Nr. 3 dieses Ges. die PreisklauselVO außer Kraft gesetzt. Nunmehr ist maßgebend das als Art. 2 des genannten Ges. v. 7.9.2007 erlassene PreisklauselG (s. dazu insbes. dessen §§ 4 und 9 sowie Reul MittBayNot 2007, 445 und Wilsch NotBZ 2007, 431). Vereinbarungen über künftige Änderungen des Erbbauzinses bedürfen nicht nach § 11 Abs. 2 ErbbauRG i. V. m. § 311b Abs. 1 BGB der notariellen Beurkundung (BGH Rpfleger 1986, 92). Zum Ort der Eintragung eines erhöhten Erbbauzinses s. BayObLG DNotZ 1960, 540; OLG Frankfurt Rpfleger 1978, 312; zur Frage der EintrFähigkeit einer rückwirkenden Erhöhung des Erbbauzinses s. BGH Rpfleger 1975, 56.

c) Vormerkungsfähigkeit. BGH 22, 220 hält den Anspruch auf Eintragung des neu festzusetzenden Erbbauzinses jedenfalls dann für vormerkungsfähig, wenn das Verhältnis des Grundstückswerts zur Höhe des Erbbauzinses die Grundlage der Neufestsetzung bildet; OLG Oldenburg NJW 1961, 2261 und OLG Hamm NJW 1963, 1502 bejahen Vormerkungsfähigkeit auch für den Fall, dass Bemessungsgrundlage für die Neufestsetzung ein bestimmter Handwerkslohn bzw. das jeweilige Gehalt einer bestimmten Beamtengruppe ist; wegen anderer Bemessungsgrundlage s. OLG Hamm DNotZ 1968, 244; OLG Düsseldorf DNotZ 1969, 297 (Verkehrswert bzw. Pachtzins von Grundstücken gleicher Art und Lage) und BayObLG Rpfleger 1969, 241; BGH NJW 1973, 1838 (Index für Lebenshaltungskosten; zur Bestimmbarkeit eines so gesicherten künftigen Anspruchs s. OLG Celle Rpfleger 1984, 462).

Ist auf den inzwischen weggefallenen Lebenshaltungskostenindex als Beziehungsgröße verwiesen, kann im Weg der Klarstellung im GB vermerkt werden, dass an dessen Stelle der ab dem Jahr 2003 veröffentlichte Verbraucherpreisindex des Statistischen Bundesamts maßgeblich ist. Die ursprünglich vereinbarten Anpassungsvoraussetzungen bleiben davon unberührt. Einer Zustimmung dinglich Berechtigter bedarf es nicht (BGH NJW 2009, 679; NJW-RR 2012, 1223; OLG Düsseldorf Rpfleger 2009, 227; Schneider Rpfleger 2009, 212). S. nunmehr § 9a ErbbauRG, eingefügt durch Ges. v. 8.1.1974 (BGBl. I 41), insbes. Abs. 3 dieser Bestimmung; vgl. dazu auch LG Flensburg Rpfleger 1975, 132 und, bezüglich der Vormerkungsfähigkeit im entschiedenen Fall wohl zu weitgehend, KG Rpfleger 1976, 244; ferner zur Bestimmbarkeit des zu sichernden Anspruchs OLG Hamm Rpfleger 1995, 499; 1999, 325; BGH NJW 1995, 1360 (wesentliche Veränderung der allgemeinen wirtschaftlichen Verhältnisse); OLG Zweibrücken FGPrax 2000, 56 (Verdoppelung des Erbbauzinses) mit Anm. v. von Oefele MittBayNot 2001, 78, und Anh. zu § 13 Rn. 5. S. hierzu Lang/Häcker, Anpassung des Erbbauzinses in der Rechtsprechung des BGH, ZfIR 2012, 120.

45   **d) Gegenstand der Vormerkung.** Durch Vormerkung kann zwar nicht der schuldrechtliche Anspruch auf Neufestsetzung des Erbbauzinses als solcher gesichert werden, wohl aber der schuldrechtliche Anspruch auf Einräumung einer Reallast des Inhalts, dass von einem bestimmten Zeitpunkt an ein neufestzusetzender Erbbauzins zu zahlen ist (BGH 22, 224; OLG Celle Rpfleger 1984, 462). § 9a Abs. 3 ErbbauRG hat daran nichts geändert (BGH DNotZ 1987, 360 mit zust. Anm. v. Wufka). Ein Anspruch auf Bestellung je einer Reallast für jede zukünftige Erhöhung des Erbbauzinses kann durch eine Vormerkung gesichert werden; die erstmalige Umschreibung der Vormerkung in eine Reallast erschöpft ihre Sicherungswirkung für zukünftige Erhöhungen nicht (BayObLG Rpfleger 1978, 55).

46   § 3 WährG, der durch Art. 9 des Euro-EinführungsG v. 9.6.1998 (BGBl. I 1242) aufgehoben und durch § 2 Preisangaben- und PreisklauselG ersetzt worden war, und § 9 Abs. 2 Satz 1 ErbbauRG i. d. F. bis zur Änderung durch das SachenRÄndG hinderten nicht, den Erbbauzins in der Weise zu bestimmen, dass nach Wahl des Gläubigers ein bestimmter Geldbetrag oder eine bestimmte Menge Roggen zu entrichten ist oder dass der Gläubiger statt des bestimmten Geldbetrags eine bestimmte Menge Roggen verlangen kann (s. dazu die Nachweise in der 22. Auflage). Zur jetzigen Rechtslage s. Rn. 44. Der Erbbauberechtigte kann sich wegen des Erbbauzinses oder der einzelnen Erbbauzinsleistungen nicht in der Weise der sofortigen Zwangsvollstreckung unterwerfen, dass die Zwangsvollstreckung aus der Urkunde gegen den jeweiligen Erbbauberechtigten zulässig sein soll (BayObLG DNotZ 1959, 402; s. dazu auch Hieber DNotZ 1959, 390).

13. Grundstücksblatt und Erbbaugrundbuch

47   Das Erbbaugrundbuch ist für das Erbbaurecht das GB im Sinn des BGB (§ 14 Abs. 3 Satz 1 ErbbauRG). Hinsichtlich seines Verhältnisses zum Grundstücksblatt (s. hierzu BayObLG 1986, 294) gilt Folgendes:

a) Entstehung des Erbbaurechts. Hierfür ist allein das Grundstücksblatt entscheidend; die Eintragung auf diesem entscheidet auch über den Rang des Erbbaurechts, über die Person des ersten Berechtigten sowie über die Frage, welches Grundstück belastet ist (OLG Dresden JFG 2, 306; teilweise abweichend: Güthe/Triebel Rn. 17).

b) Dauer des Erbbaurechts. Für sie ist ebenfalls nur das Grundstücks- **48** blatt maßgebend. Beginn und Dauer sowie aufschiebende Bedingungen oder Befristungen sind dort einzutragen. Änderungen der Dauer müssen daher, um wirksam zu sein, auf dem Grundstücksblatt eingetragen werden (OLG München FGPrax 2019, 6 mit Anm. v. Winkler MittBayNot 2019, 147); auch die Löschung des Erbbaurechts kann wirksam nur auf diesem erfolgen (OLG Dresden JFG 2, 307).

c) Inhalt des Erbbaurechts. Für ihn ist dagegen ausschließlich das Erb- **49** baugrundbuch entscheidend. Änderungen des Inhalts können mithin wirksam nur im Erbbaugrundbuch eingetragen werden; dasselbe gilt für eine Veräußerung oder Belastung des Erbbaurechts (OLG Dresden JFG 2, 307).

d) Sonstige Eintragungen. Vormerkungen sind auf dem Blatt einzutra- **50** gen, das für die endgültige Eintragung in Betracht kommt, also z. B. im Erbbaugrundbuch, wenn sie einen Anspruch auf Inhaltsänderung, Übertragung oder Belastung des Erbbaurechts sichern; Entsprechendes gilt für Widersprüche. Ebenso müssen auf das Erbbaurecht bezügliche Verfügungsbeschränkungen, z. B. Zwangsversteigerungs- und Zwangsverwaltungsvermerke im Erbbaugrundbuch eingetragen werden.

Für die Vermutung des § 891 BGB und für einen Rechtserwerb gemäß **51** § 892 BGB kommt es demnach, soweit der Bestand des Erbbaurechts in Frage steht, auf den Inhalt des Grundstücksblatts an, während im Übrigen, also soweit es um den Inhalt des Erbbaurechts und die an diesem bestehenden Rechte geht, der Inhalt des Erbbaugrundbuchs maßgeblich ist (OLG Dresden JFG 2, 307).

14. Löschung von Erbbaurechten

S. hierzu Wagner/Weber, Die Beendigung des Erbbaurechts in der GBPra- **52** xis, Rpfleger 2016, 685, mit Vorschlägen zur Fassung der GBEintragungen; Böhringer, Aufhebung eines Erbbaurechts und Gebäudeeigentums, Rpfleger 2019, 557.

a) Erlöschen. Erbbaurechte erlöschen im Allgemeinen durch Zeitablauf (zur Löschung in diesem Fall s. § 24 Rn. 5) oder rechtsgeschäftliche Aufhebung; bei Erbbaurechten nach dem BGB kommt ferner ein Erlöschen infolge Eintritts einer auflösenden Bedingung sowie infolge Zuschlags in Betracht. Für die rechtsgeschäftliche Aufhebung gelten §§ 875, 876 BGB; bei Erbbaurechten nach dem ErbbauRG ist die Zustimmung des Grundstückseigentümers erforderlich (§ 26 ErbbauRG). Wegen der entsprechenden Anwendung des § 1026 BGB auf Erbbaurechte s. BayObLG DNotZ 1958, 409 mit Anm. v. Weitnauer.

b) Inhaltsänderung. Eine Änderung oder vollständige Neufassung des **52.1** gesetzlichen oder vertraglichen Inhalts des Erbbaurechts (§§ 1, 2 ErbauRG) kann im GB eingetragen werden, ohne dass das Erbbaurecht zunächst aufgehoben und gelöscht und sodann mit anderem Inhalt neu eingetragen werden müsste (OLG München FGPrax 2013, 155). Zur Verlängerung eines Erbbaurechts und ihrem Vollzug im GB s. BayObLG DNotZ 1960, 540. S. zum Ganzen Maaß NotBZ 2002, 389.

52.2   **c) Dingliche Rechte.** Mit dem Erlöschen des Erbbaurechts erlöschen auch die daran bestellten dinglichen Rechte. Ihre Übertragung auf das Grundstück ist nur durch Neubestellung seitens des Grundstückseigentümers möglich (BayObLG Rpfleger 1984, 145). Umstritten ist, ob auch subjektiv-dingliche Rechte zugunsten des jeweiligen Erbbauberechtigten erlöschen (so LG Verden NdsRpfl. 1964, 249) oder ob diese gemäß § 12 Abs. 3 ErbbauRG Bestandteil des Erbbaugrundstücks werden. Der BGH (Rpfleger 2012, 377 mit Anm. v. Oppermann ZNotP 2012, 166 und Grziwotz ZflR 2012, 430) bejaht einen Übergang auf den Grundstückseigentümer nur bei Grunddienstbarkeiten für Wege- und Leitungsrechte. Gegen eine solche Einschränkung Maaß NotBZ 2012, 208. Bei einem Übergang auf den jeweiligen Grundstückseigentümer muss der Vermerk gemäß § 9 Abs. 1 Satz 1, der bei dem gelöschten Erbbaurecht eingetragen war, auf das Blatt des nunmehr herrschenden Grundstücks übertragen werden; außerdem ist bei dem dienenden Grundstück zu vermerken, dass Berechtigter nunmehr der jeweilige Grundstückseigentümer ist und der Vermerk gemäß § 9 Abs. 1 Satz 1 auf dessen GBBlatt eingetragen wurde. Dies hat von Amts wegen zu geschehen.

52.3   **d) Bewilligung dinglich Berechtigter.** Erwirbt der Erbbauberechtigte das Grundstück bei gleichzeitiger Aufhebung des Erbbaurechts, so ist zu dessen Löschung die Bewilligung des Berechtigten, für den eine Vormerkung zur Sicherung des Anspruchs auf Übertragung des Erbbaurechts eingetragen ist, auch dann erforderlich, wenn für ihn am Grundstück eine Eigentumsvormerkung an gleicher Rangstelle eingetragen werden soll. Dagegen ist die Bewilligung derjenigen Berechtigten nicht erforderlich, für die Nutzungsrechte (Dienstbarkeiten) oder Verwertungsrechte (Grundpfandrechte, Reallasten) am Erbbaurecht eingetragen sind, wenn die Rechte am Grundstück an gleicher Rangstelle eingetragen werden sollen (BayObLG Rpfleger 1987, 156; OLG Hamm NotBZ 2013, 399; LG Krefeld Rpfleger 1998, 284; offen gelassen von OLG München Rpfleger 2011, 77, jedoch ablehnend für den Fall, dass das aufgehobene Erbbaurecht in WErbbaurechte aufgeteilt ist, an denen Verwertungsrechte bestellt sind). Erlischt jedoch eine vor dem 20.8.2008 bestellte Grundschuld und soll sie danach neu bestellt und ranggleich eingetragen werden, ist dazu die Zustimmung des Grundpfandgläubigers erforderlich. Denn er wird dadurch rechtlich berührt, dass bei einer Sicherungsgrundschuld gemäß § 1193 Abs. 2 Satz 2 BGB, eingefügt durch das RisikobegrenzungsG v. 12.8.2008 (BGBl. I 1666), eine von Abs. 1 dieser Vorschrift abweichende Bestimmung zu Kündigung und Kündigungsfrist nicht mehr zulässig ist (OLG Brandenburg NotBZ 2013, 247).

53   **e) GBEintragung.** Die Löschung erfolgt in Sp. 7 der zweiten Abteilung des Grundstücksblatts und ist nach § 56 Abs. 6, § 60 GBV in Sp. 8 des Bestandsverzeichnisses des Erbbaugrundbuchs bzw. Erbbaurechtsblatts zu vermerken. Bei der Löschung des Erbbaurechts ist das Erbbaugrundbuch von Amts wegen zu schließen (§ 16 ErbbauRG); die Schließung erfolgt in entsprechender Anwendung der §§ 34 bis 37 GBV. Dasselbe muss auch für das Erbbaurechtsblatt gelten.

Wird ein durch Zeitablauf erloschenes Erbbaurecht gelöscht, so muss das **54** GBAmt prüfen, ob die Voraussetzungen für die Eintragung einer Vormerkung zur Erhaltung des Vorrechts auf Erneuerung des Erbbaurechts vorliegen (§ 31 Abs. 4 Satz 3 ErbbauRG). Gegebenenfalls ist die Vormerkung mit dem bisherigen Rang des Erbbaurechts von Amts wegen einzutragen; die Eintragung erfolgt in Sp. 1 bis 3 der zweiten Abteilung des Grundstückblatts und zwar halbspaltig (§ 12 Abs. 1 Buchst. b, § 19 Abs. 1 GBV).

In dem Löschungsvermerk ist nach § 17 Abs. 2 Satz 3 GBV auf diese **55** Vormerkung hinzuweisen; der Löschungsvermerk lautet in diesem Fall etwa: „Gelöscht unter gleichzeitiger Eintragung der Vormerkung Nr. 2 am …".

15. Erbbaurechte nach dem SachenRBerG

Die Bestellung eines Erbbaurechts statt eines Ankaufs des Grundstücks **56** oder Gebäudeeigentums (§ 3 SachenRBerG) kommt zur Rechtsbereinigung insbes. bei nutzungsrechtslosem Gebäudeeigentum nach Art. 233 § 2b EGBGB in Betracht (vgl. § 1 Abs. 1 Nr. 2b SachenRBerG). S. dazu auch Rn. 1.

a) Erbbaugrundbuch. Für seine Anlegung gelten grundsätzlich §§ 14 ff. **57** ErbbauRG (§ 60 Abs. 1 SachenRBerG) und §§ 54 ff. GBV. Nach Maßgabe des § 39 Abs. 1 SachenRBerG können an einem Grundstück mehrere Erbbaurechte bestellt werden, die untereinander gleichen Rang haben; dies ist im GB zu vermerken (§ 39 Abs. 1 Satz 5, 6 SachenRBerG). Ferner ist die Bestellung eines Gesamterbbaurechts (§ 39 Abs. 2 SachenRBerG) und unter den Voraussetzungen des § 39 Abs. 3 Satz 1 SachenRBerG die eines Nachbarerbbaurechts möglich, schließlich auch die eines Wohnungserbbaurechts (§ 40 SachenRBerG). Über das Nachbarerbbaurecht kann nur zusammen mit dem herrschenden Grundstück verfügt werden; es ist im GB als Nachbarerbbaurecht zu bezeichnen, im GB des belasteten Grundstücks als Belastung und im GB des herrschenden Grundstücks als Bestandteil einzutragen (§ 39 Abs. 3 Satz 2, 3 SachenRBerG). In das Erbbaugrundbuch sind alle Belastungen des Gebäudeeigentums aus dem Gebäudegrundbuch unter Beibehaltung ihres Rangs zu übertragen (vgl. § 34 Abs. 1 Satz 2 SachenRBerG); dies ist durch einen Zusatz bei der Eintragung in der Hauptspalte zum Ausdruck zu bringen: „… eingetragen am … und vom Gebäudeeigentumsblatt … hierher übertragen am …". Diese Rechte gehen der Erbbauzinsreallast (s. dazu § 52 SachenRBerG) im Rang vor.

b) Gebäudegrundbuch. Mit der Eintragung des Erbbaurechts wird das **58** Gebäude Bestandteil des Erbbaurechts (vgl. § 12 Abs. 1 ErbbauRG). Das selbständige Gebäudeeigentum erlischt, ebenso ein etwa bestehendes Nutzungsrecht und ein Recht zum Besitz gem. Art. 233 § 2a EGBGB (§ 59 SachenRBerG). Außerdem erlöschen alle am Gebäudeeigentum eingetragenen Rechte; sie entstehen kraft Gesetzes (§ 34 Abs. 1 Satz 2 SachenRBerG) am Erbbaurecht; im Gebäudegrundbuch ist in der Veränderungsspalte ihre Übertragung auf das Erbbaugrundbuch zu vermerken. Sodann ist das Gebäudegrundbuch zu schließen. Dazu ist in Sp. 8 des Bestandsverzeichnisses ein Löschungsvermerk einzutragen (vgl. § 3 Abs. 4 Satz 6 GGV) und außerdem das Gebäudeeigentumsblatt nach Maßgabe des § 36 GBV (vgl. § 3 Abs. 1 GGV, § 54 Abs. 1 GBV) zu schließen; der in der Aufschrift anzubringende Schließungsvermerk kann etwa lauten: „Wegen Erlöschens des Gebäudeeigentums und Anlegung des Erbbaugrundbuchs … geschlossen am …".

59   **c) Grundstücksgrundbuch.** Das dort in Abt. II eingetragene Gebäudeeigentum ist durch einen Vermerk in Sp. 6 und 7 zu löschen. Das Erbbaurecht ist in Abt. II zur ausschließlich ersten Rangstelle (§ 10 Abs. 1 Satz 1 ErbbauRG) einzutragen. In Betracht kommt ferner die Eintragung einer Eigentumsvormerkung zur Sicherung eines Ankaufsrechts gem. § 57 SachenRBerG.

16. Wohnungserbbaurecht

60   Hierunter ist eine mit dem Sondereigentum an einer Wohnung oder an nicht zu Wohnzwecken dienenden Räumen verbundene Bruchteilsberechtigung an einem Erbbaurecht zu verstehen. Näheres s. § 30 WEG und Anh. zu § 3 Rn. 108 ff.

17. Kosten

61   Die für Grundstücke geltenden Vorschriften sind auf Erbbaurechte entsprechend anzuwenden (Vorbem. 1.4 Abs. 1 GNotKG-KV). Für die Eintragung eines Erbbaurechts auf dem Blatt des belasteten Grundstücks wird eine Gebühr von 1,0 erhoben (Vorbem. 1.4.1.2 und Nr. 14121 GNotKG-KV). Der Wert bestimmt sich nach § 43 i. V. m. § 52 und § 49 Abs. 2 GNotKG. Für die Löschung beträgt die Gebühr 25 EUR (Vorbem. 1.4.1.4 und Nr. 14143 GNotKG-KV)

62   Die Anlegung des Erbbaugrundbuchs ist gebührenfreies Nebengeschäft der Eintragung des Erbbaurechts. Auch für die Anlegung des Erbbaurechtsblatts nach § 8 Abs. 1 und die Eintragung des Vermerks nach § 8 Abs. 2 wird keine Gebühr erhoben.

Vermerk subjektiv-dinglicher Rechte

9 (1) **Rechte, die dem jeweiligen Eigentümer eines Grundstücks zustehen, sind auf Antrag auch auf dem Blatt dieses Grundstücks zu vermerken. Antragsberechtigt ist der Eigentümer des Grundstücks sowie jeder, dessen Zustimmung nach § 876 Satz 2 des Bürgerlichen Gesetzbuchs zur Aufhebung des Rechtes erforderlich ist.**

(2) **Der Vermerk ist von Amts wegen zu berichtigen, wenn das Recht geändert oder aufgehoben wird.**

(3) **Die Eintragung des Vermerks (Absatz 1) ist auf dem Blatt des belasteten Grundstücks von Amts wegen ersichtlich zu machen.**

Allgemeine Vorschriften   **§ 9**

Inhaltsübersicht

1. Allgemeines

§ 9 gestattet es, subjektiv-dingliche Rechte auf dem Blatt des herrschen- **1** den Grundstücks zu vermerken.

Subjektiv-dingliche Rechte gelten nach § 96 BGB als Bestandteil des herrschenden Grundstücks. An der grundbuchmäßigen Verlautbarung dieser Rechtslage kann der Eigentümer ein Interesse haben. Sie liegt aber vor allem im Interesse der an dem herrschenden Grundstück dinglich Berechtigten. Die Aufhebung eines subjektiv-dinglichen Rechts sowie eine Änderung seines Inhalts oder Ranges kann sachlichrechtlich grundsätzlich nur mit Zustimmung dieser Berechtigten erfolgen (§ 876 Satz 2, §§ 877, 880 Abs. 3 BGB); zur Löschung des Rechts sowie zur Eintragung einer Inhalts- oder Rangänderung ist ihre Bewilligung nach § 21 aber nur dann erforderlich, wenn das Recht auf dem Blatt des herrschenden Grundstücks vermerkt ist.

2. Subjektiv-dingliche Rechte

a) Abgrenzung. Es ist zu unterscheiden zwischen Rechten, die nur dem **2** jeweiligen Eigentümer eines Grundstücks zustehen können und solchen, bei denen der Berechtigte sowohl eine bestimmte Person als auch der jeweilige Eigentümer eines Grundstücks sein kann. Zu den ersteren gehören die Grunddienstbarkeit (§ 1018 BGB), die Überbau- und Notwegrente (§ 914 Abs. 3, § 917 Abs. 2 Satz 2 BGB) sowie der Erbbauzins (§ 9 Abs. 2 Satz 2 ErbbauRG), zu den letzteren das Vorkaufsrecht (§ 1094 BGB) und die Reallast (§ 1105 BGB). § 9 gilt nur für subjektiv-dingliche Rechte; Rechte, deren Berechtigter eine bestimmte Person ist, scheiden daher aus. Nach Landesrecht gibt es noch weitere subjektiv-dingliche Rechte; so kann z. B. in Bayern ein Fischereirecht zugunsten des jeweiligen Eigentümers eines Grundstücks begründet werden (Art. 11 Abs. 3 FischereiG i. d. F. v. 10.10.2008, GVBl. 840).

Kein subjektiv-dingliches Recht ist eine Vormerkung, die (in zulässiger Weise) einen Anspruch des jeweiligen Eigentümers eines Grundstücks sichert (RG 128, 248; JFG 9, 212; s. dazu Anh. zu § 44 Rn. 100, 108). Ein für den „Berechtigten und seine Rechtsnachfolger" bestelltes dingliches Vorkaufsrecht ist kein subjektiv-dingliches, sondern ein subjektiv-persönliches (BGH NJW 1962, 1344). Der GBVermerk „Vorkaufsrecht zugunsten des jeweiligen Miteigentümers" verlautbart ein subjektiv-dingliches Recht (BayObLG Rpfleger 1982, 274).

b) Berechtigter. Als Berechtigter eines subjektiv-dinglichen Rechts **3** kommt der jeweilige Eigentümer eines anderen Grundstücks in Betracht. Bei ihm kann es sich auch um den Eigentümer des belasteten Grundstücks handeln (s. Anh. zu § 44 Rn. 38). Außerdem kommen in Betracht der jeweilige Inhaber

- eines **Miteigentumsanteils** (str.; bejahend für ein Vorkaufsrecht: BayObLG Rpfleger 1982, 274; ablehnend für eine Reallast: BayObLG Rpfleger 1990, 507 und für eine Grunddienstbarkeit: OLG Hamm ZWE 2016, 325; OLG München FGPrax 2017, 114),
- eines **WEigentums** (für eine Grunddienstbarkeit: OLG Hamm Rpfleger 1980, 469; ZWE 2016, 325; OLG München FGPrax 2017, 114; BGH Rpfleger 1989, 452; für eine Reallast: OLG Düsseldorf DNotZ 1977, 305); der jeweilige Eigentümer eines WEigentums kann auch Berechtigter eines subjektiv-dinglichen Rechts sein, mit dem das ganze in WEigentum aufgeteilte Grundstück belastet ist (s. dazu Anh. zu § 3 Rn. 96),
- eines **grundstücksgleichen Rechts** (für eine Grunddienstbarkeit: OLG Hamm Rpfleger 1980, 225).

Zugunsten eines realen Grundstücksteils kann ein subjektiv-dingliches Recht erst nach Abschreibung gemäß § 7 Abs. 1 bestellt werden (OLG Frankfurt Rpfleger 2002, 515). Zur Eintragung einer Grunddienstbarkeit für mehrere Berechtigte s. Anh. zu § 44 Rn. 20.

4　**c) Ausnahme.** § 9 gilt nicht für Rechte, die auf einem öffentlich-rechtlichen Verhältnis beruhen (BayObLG 12, 194; 1960, 455; s. aber Rn. 7) und für objektiv-persönliche Rechte; sind letztere radiziert, so kann die Landesgesetzgebung auf den ihr vorbehaltenen Gebieten, z. B. bei Realgewerbeberechtigungen, die Verlautbarung auf dem Blatt des herrschenden Grundstücks zulassen (§ 143).

3. Voraussetzungen des Vermerks

5　**a) Eintragung.** Subjektiv-dingliche Rechte können, wie sich aus dem Wortlaut des Abs. 1 Satz 1 ergibt, auf dem Blatt des herrschenden Grundstücks nur dann vermerkt werden, wenn sie auf dem Blatt des belasteten Grundstücks eingetragen sind (KGJ 40, 130; BayObLG DNotZ 1980, 104). Dies gilt auch für Grunddienstbarkeiten, die zur Erhaltung ihrer Wirksamkeit gegenüber dem öffentlichen Glauben des GB der Eintragung nicht bedürfen (Art. 187 EGBGB) oder die an buchungsfreien Grundstücken außerhalb des GB begründet worden sind (s. § 3 Rn. 23).

b) Überbau- und Notwegrenten. Mangelt einem subjektiv-dinglichen Recht die EintrFähigkeit, so ist für einen Vermerk auf dem Blatt des herrschenden Grundstücks kein Raum; dies trifft auf Überbau- und Notwegrenten zu, es sei denn, dass ihre Höhe vertraglich festgestellt ist (§ 914 Abs. 2, § 917 Abs. 2 Satz 2 BGB; s. Anh. zu § 13 Rn. 27). Ist die Höhe der Rente festgestellt und beim rentenpflichtigen Grundstück im GB eingetragen, kann dies beim rentenberechtigten Grundstück gem. § 9 im GB vermerkt werden. Ein beim rentenpflichtigen Grundstück eingetragener Verzicht auf eine Überbau- oder Notwegrente kann beim rentenberechtigten Grundstück jedoch nicht vermerkt werden (BGH FGPrax 2014, 48; BayObLG Rpfleger 1998, 468; KG FGPrax 2012, 6). Zur Eintragung des Verzichts ist daher außer der sachlichrechtlichen Zustimmung der nachteilig betroffenen dinglich Berechtigten des rentenberechtigten Grundstücks auch deren verfahrensrechtliche Bewilligung erforderlich (OLG Jena NotBZ 2012, 455; s. dazu § 21 Rn. 3).

Zur Eintragung einer Grunddienstbarkeit mit dem Inhalt des Verzichts auf einen Notweg und der Pflicht zur Duldung eines Überbaus s. Anh. zu § 44 Rn. 19, 20. Zum Überbau- und Notwegrecht s. Kesseler ZfIR 2015, 1.

c) Landesrecht. Hinsichtlich der auf Landesrecht beruhenden subjektiv- **6** dinglichen Rechte sind abweichende Bestimmungen möglich (§ 117); so kann z. B. in Bayern ein Fischereirecht auf dem Blatt des herrschenden Grundstücks auch dann vermerkt werden, wenn für das Gewässer ein Blatt nicht angelegt, eine Eintragung des Rechts auf dem Blatt des belasteten Grundstücks also nicht möglich ist (§ 6 Abs. 3 VO v. 7. 10. 1982, BayRS 315-1-J). Ausnahmen gelten ferner für subjektiv-dingliche Rechte, die nach früherem Recht nur auf dem Blatt des berechtigten Grundstücks eingetragen waren (KGJ 43, 121; BayObLG MittBayNot 1970, 21) sowie für objektiv-persönliche Rechte, die nach Landesrecht auf dem Blatt des herrschenden Grundstücks vermerkt werden können (s. Rn. 4).

In Bayern wurden im GBAnlegungsverfahren Gemeinderechte, die im **7** Grundsteuerkataster bei einzelnen berechtigten Anwesen vorgetragen waren, ohne nähere Untersuchung ihrer privat- oder öffentlich-rechtlichen Natur im Titel des GBBlatts vermerkt; derartige Rechte können in dieser Form im GB eingetragen bleiben, solange ihre öffentlich-rechtliche Natur nicht klar erwiesen ist (vgl. dazu BayObLG MittBayNot 1970, 21; 1978, 109). Wird jedoch dieser Nachweis geführt, ist die Eintragung als inhaltlich unzulässig zu löschen (BayObLG BayVBl. 1990, 26).

d) Antrag. Der Vermerk auf dem Blatt des herrschenden Grundstücks er- **8** folgt nur auf Antrag. Dieser kann, da er keine zur Eintragung erforderliche Erklärung ersetzt, formlos gestellt werden. Antragsberechtigt ist der Eigentümer des herrschenden Grundstücks, bei Miteigentum jeder Miteigentümer, sowie abweichend von § 13 Abs. 1 Satz 2 jeder, dem ein dingliches Recht an dem herrschenden Grundstück zusteht, sei es auch nur an einem Miteigentumsanteil. Auch der Berechtigte einer Vormerkung am herrschenden Grundstück fällt darunter. Das dingliche Recht braucht nicht eingetragen zu sein, muss aber durch die Aufhebung des subjektiv-dinglichen Rechts berührt werden (§ 876 Satz 2 BGB); letzteres trifft bei Grundpfandrechten, der Reallast und dem Vorkaufsrecht immer zu; bei anderen Rechten ist die Beeinträchtigung von Fall zu Fall zu beurteilen.

Ist an dem herrschenden Grundstück WEigentum begründet, kann den Antrag jeder WEigentümer und jeder Berechtigte eines dinglichen Rechts an einem WEigentum stellen. Ist Berechtigter eines subjektiv-dinglichen Rechts der jeweilige Eigentümer eines WEigentums, sind antragsberechtigt nur dieser WEigentümer und die Berechtigten eines dinglichen Rechts an diesem WEigentum.

4. Eintragung des Vermerks

9   **a) Herrschendes Grundstück.** Der Vermerk auf dem Blatt des herrschenden Grundstücks ist nach § 7 GBV in Sp. 1, 3 bis 6 des Bestandsverzeichnisses einzutragen. Der laufenden Nummer der Eintragung in Sp. 1 ist,
durch einen Bruchstrich getrennt, die laufende Nummer des herrschenden
Grundstücks mit dem Zusatz „zu" beizufügen; in dem durch Sp. 3 und 4
gebildeten Raum sind der allgemeine Inhalt des subjektiv-dinglichen Rechts,
das belastete Grundstück sowie die Stelle anzugeben, an der das Recht im
GB des belasteten Grundstücks eingetragen ist; in Sp. 5 und 6 ist der Zeitpunkt der Eintragung des Vermerks zu verlautbaren. Wegen der Fassung der
Eintragung und des in Sp. 3 und 4 der Abt. I aufzunehmenden Hinweises auf
die EintrGrundlage des Vermerks s. GBV Muster Anl. 2a Nr. 8 des Bestandsverzeichnisses sowie Abt. I. Wurde das herrschende Grundstück geteilt und ist
das subjektiv-dingliche Recht an einem der durch Teilung entstandenen
neuen Grundstücke gem. § 1025 Satz 2 BGB erloschen, so kann bei diesem
Grundstück der Herrschvermerk nicht angebracht werden (BayObLG Mitt-
BayNot 1995, 286). Besteht für das herrschende Grundstück infolge der Anlegung von Wohnungsgrundbüchern kein GBBlatt, so ist der Vermerk nach
§ 3 Abs. 7 WGV in die Sp. 1, 3 und 4 des Bestandsverzeichnisses sämtlicher
Wohnungsgrundbücher einzutragen und hierauf in dem in Sp. 6 einzutragenden Vermerk hinzuweisen. S. Muster zur WGV Anl. 1 Nr. 3 des Bestandsverzeichnisses.

10   **b) Belastetes Grundstück.** Wird das subjektiv-dingliche Recht auf dem
Blatt des herrschenden Grundstücks vermerkt, ist dies nach Abs. 3 auf dem
Blatt des belasteten Grundstücks von Amts wegen ersichtlich zu machen; auf
diese Weise wird sichergestellt, dass eine nach Abs. 2 gebotene Berichtigung
(s. Rn. 11 ff.) nicht übersehen und § 21 beachtet wird. Die Eintragung er-
folgt in Sp. 3 der zweiten Abteilung (§ 10 Abs. 4 GBV) und lautet etwa: „Das
Recht ist auf dem Blatt des herrschenden Grundstücks vermerkt." Wird der
Vermerk nachträglich eingetragen, hat dies in Sp. 5 zu geschehen (§ 10 Abs. 5
GBV; s. GBV Muster Anl. 2a Abt. II Nr. 3). Über die Benachrichtigungspflicht, falls die Blätter des herrschenden und des belasteten Grundstücks von
verschiedenen GBÄmtern geführt werden, s. § 55 Abs. 5 GBO, § 41 Abs. 1
GBV.

Bestandsänderungen des herrschenden Grundstücks, z. B. als Folge einer
Teilung, bewirken keine GBUnrichtigkeit; sie sind beim dienenden Grundstück nicht zu vermerken (s. § 7 Rn. 14).

5. Berichtigung des Vermerks

11   Wird das subjektiv-dingliche Recht geändert oder aufgehoben, so ist der
Vermerk auf dem Blatt des herrschenden Grundstücks nach Abs. 2 von Amts
wegen zu berichtigen. Über die Benachrichtigungspflicht, falls die Blätter des
belasteten und des herrschenden Grundstücks von verschiedenen GBÄmtern
geführt werden, s. § 55 Abs. 5 GBO, § 41 Abs. 2 GBV.

12   **a) Änderung.** Bei der Änderung des subjektiv-dinglichen Rechts muss es
sich um eine solche handeln, die den Inhalt des Rechts betrifft; Rangände-

rungen geben ebenso wenig wie die Eintragung eines Widerspruchs einen Anlass zur Berichtigung des Vermerks. Als Änderung ist auch die Aufhebung des Rechts an einem Teil des belasteten Grundstücks anzusehen. Die Veränderung wird unter neuer laufender Nummer in Sp. 1 bis 6 des Bestandsverzeichnisses vermerkt, wobei in Sp. 2 auf die bisherige laufende Nummer der Eintragung hinzuweisen ist; der frühere Vermerk ist, soweit er durch den Veränderungsvermerk gegenstandslos wird, rot zu unterstreichen; ferner ist bei der bisherigen Eintragung in Sp. 1 auf die laufende Nummer des Veränderungsvermerks hinzuweisen (§§ 7, 14 Abs. 1 GBV). S. GBV Muster Anl. 2a Nr. 10 des Bestandsverzeichnisses.

b) Aufhebung. Die Aufhebung des Rechts ist in Sp. 7 und 8 des Be- **13** standsverzeichnisses zu vermerken; der Vermerk lautet etwa: „Das Wegerecht ist auf dem Blatt des belasteten Grundstücks gelöscht. Hier vermerkt am …"; der bisherige Vermerk sowie etwaige Veränderungsvermerke sind rot zu unterstreichen (§§ 7, 14 Abs. 2 GBV).

6. Bedeutung des Vermerks

Der Vermerk bewirkt, dass zur Löschung des subjektiv-dinglichen Rechts **14** sowie zur Eintragung einer Inhalts- oder Rangänderung auch die Bewilligung derer erforderlich ist, die der Rechtsänderung nach den § 876 Satz 2, §§ 877, 880 Abs. 3 BGB zustimmen müssen (§ 21). Im Übrigen hat der Vermerk nur nachrichtliche Bedeutung; für den Bestand und den Inhalt des subjektiv-dinglichen Rechts sind allein die Eintragungen auf dem Blatt des belasteten Grundstücks maßgebend; auch für die Vermutung des § 891 BGB sowie für einen Rechtserwerb gemäß § 892 BGB kommt nur der Inhalt dieses Blatts in Betracht (JFG 10, 204; BayObLG Rpfleger 1987, 101; OLG Hamm Rpfleger 2003, 349).

7. Kosten

Für die Eintragung des Vermerks auf dem Blatt des herrschenden Grund- **15** stücks einschließlich des Vermerks hierüber auf dem Blatt des belasteten Grundstücks wird eine Gebühr von 50 EUR erhoben (Nr. 14160 Nr. 1 GNotKG-KV). Bei gleichzeitiger Eintragung der Vermerke ist die Festgebühr entsprechend der Anzahl der jeweiligen Rechte und nicht nach der Zahl der einzutragenden Vermerke zu erheben. Sind die jeweiligen Eigentümer mehrerer Grundstücke als Gesamtberechtigte einer Grunddienstbarkeit eingetragen, fällt die Gebühr daher unabhängig von der Zahl der einzutragenden Vermerke nur einmal an (OLG München NJW-RR 2016, 1110 mit zust. Anm. v. Wilsch ZfIR 2016, 544). Für die Löschung des Vermerks fallen keine Gebühren an. Berichtigungsvermerke sind als Nebengeschäfte gebührenfrei.

Aufbewahrung von Urkunden

10 (1) **Grundbücher und Urkunden, auf die eine Eintragung sich gründet oder Bezug nimmt, hat das Grundbuchamt dauernd aufzubewahren. Eine Urkunde nach Satz 1 darf nur herausgegeben wer-**

den, wenn statt der Urkunde eine beglaubigte Abschrift bei dem
Grundbuchamt bleibt.

(2) Das Bundesministerium der Justiz und für Verbraucherschutz wird
ermächtigt, durch Rechtsverordnung, die der Zustimmung des Bundesrates bedarf, zu bestimmen, daß statt einer beglaubigten Abschrift der
Urkunde eine Verweisung auf die anderen Akten genügt, wenn eine der
in Absatz 1 bezeichneten Urkunden in anderen Akten des das Grundbuch führenden Amtsgerichts enthalten ist.

(3) *(weggefallen)*

(4) *(weggefallen)*

Inhaltsübersicht

1. Allgemeines

1   § 10 regelt die Aufbewahrung der Grundbücher und der dem GBAmt
überreichten Urkunden, die zu den Grundakten zu nehmen sind. Ausnahmen von der Verpflichtung zur dauernden Aufbewahrung der Originalgrundbücher und der Originalgrundakten ergeben sich aus § 10a Abs. 2,
§ 128 Abs. 3 und § 138.

Die in Abs. 2 enthaltene Ermächtigung ist durch das RegVBG ohne inhaltliche Änderung neu gefasst worden. Der durch Ges. v. 31.10.1938 (RGBl.
I 1544) angefügte Abs. 4 war infolge Erlöschens der in ihm enthaltenen Ermächtigung gegenstandslos geworden und wurde durch § 27 Nr. 1
GBMaßnG ausdrücklich aufgehoben. Abs. 3 wurde durch Art. 5 Abs. 2 Aus-
führungsges. Seerechtsübereinkommen 1982/1994 v. 6.6.1995 (BGBl. I 778)
zur Entlastung der GBÄmter aufgehoben; er sah die Aufbewahrung von Urkunden vor, die über das einer EintrBewilligung zugrundeliegende Rechtsgeschäft errichtet wurden (s. dazu Rn. 3). Abs. 1 wurde durch das ERVGBG
v. 11.8.2009 (BGBl. I 2713) geändert.

2   Durch die Einreichung von Urkunden beim GBAmt wird ein öffentlich-
rechtliches Verwahrungsverhältnis begründet. Bei Verletzung der sich daraus
für das GBAmt ergebenden Pflichten können Amtshaftungsansprüche entstehen.

Im Gebiet der ehemaligen DDR werden geschlossene Grundbücher und
Grundakten auch von anderen als den grundbuchführenden Stellen aufbewahrt (s. § 12b Rn. 2).

Die von landwirtschaftlichen Produktionsgenossenschaften und anderen
sozialistischen Genossenschaften sowie ihren Rechtsnachfolgern an das GB-

Amt abzugebenden Urkunden über die Zuweisung des Nutzungsrechts an genossenschaftlich genutztem Boden an Bürger zum Bau von Eigenheimen oder von anderen persönlichen Bedürfnissen dienenden Gebäuden gem. § 291 des Zivilgesetzbuchs der DDR hat das GBAmt zu den Grundakten des Gebäudegrundbuchs oder, wenn ein solches nicht angelegt ist, zu denen des Grundstücks zu nehmen und dort aufzubewahren (§ 70 Abs. 4 des LandwirtschaftsanpassungsG i. d. F. v. 3.7.1991, BGBl. I 1418, angefügt durch das 2.VermRÄndG v. 14.7.1992, BGBl. I 1257, 1283).

2. Gegenstand der Aufbewahrungspflicht

Der Aufbewahrungspflicht nach § 10 unterliegen die Grundbücher und **3** zwei Arten der zu den Grundakten zu nehmenden Urkunden.

a) Urkunden, auf die eine Eintragung sich gründet. Ihre Aufbewahrung ist in Abs. 1 Satz 1 vorgeschrieben, damit jederzeit der Nachweis erbracht werden kann, dass die gesetzlichen Voraussetzungen für die Vornahme der Eintragung vorgelegen haben. Es kommen daher nur solche Urkunden in Betracht, die nach formellem GBRecht für eine Eintragung notwendig sind. Hierher gehören:

- Urkunden, die eine für die Eintragung notwendige Erklärung enthalten, **4** z. B. EintrAnträge (§ 13), EintrBewilligungen (§ 19), Einigungen in den Fällen des § 20, Abtretungserklärungen (§ 26), Zustimmungserklärungen (§ 22 Abs. 2, § 27), behördliche Bescheinigungen (§ 7 Abs. 4 Nr. 2, § 9 Abs. 1 Nr. 2, § 32 Abs. 2 Nr. 2 WEG, § 120 Abs. 3 Satz 1 LAG). Zu den sog. Erklärungsurkunden rechnen auch Schriftstücke, die zwar keine Erklärung enthalten, mit einer Erklärungsurkunde aber derart in Verbindung gebracht sind, dass sie als Teil dieser Urkunde erscheinen, z. B. Karten, die im Fall des § 1023 Satz 2 BGB den für die Ausübung der Grunddienstbarkeit in Betracht kommenden Grundstücksteil bezeichnen (KG OLG 8, 301), ferner Aufteilungspläne, die der EintrBewilligung nach § 7 Abs. 4 Nr. 1, § 32 Abs. 2 Nr. 1 WEG als Anlage beizufügen sind.
- Urkunden, die eine für die Eintragung notwendige Erklärung ersetzen, **5** z. B. Urteile nach §§ 894, 895 ZPO, vollstreckbare Schuldtitel samt den notwendigen Zustellungsnachweisen, Pfändungs- und Überweisungsbeschlüsse, Arrestbefehle und einstweilige Verfügungen. Zu den sog. Ersatzurkunden zählen ferner Überweisungszeugnisse (§§ 36, 37), Ersuchen einer Behörde (§ 38) sowie Urkunden, durch die die Unrichtigkeit des GB nachgewiesen wird (§ 22), z. B. Quittungen, Eheverträge, Sterbeurkunden.
- Legitimationsurkunden, z. B. Vollmachten, Bestallungen, Zeugnisse des **6** Registergerichts (§ 33 Abs. 1), Erbscheine, Testamente und Erbverträge (§ 35 Abs. 1), Testamentsvollstreckerzeugnisse (§ 35 Abs. 2).
- Auszüge aus dem amtlichen Verzeichnis sowie Karten in den Fällen des § 2 **7** Abs. 3 und § 7 Abs. 2.

b) Urkunden, auf die eine Eintragung Bezug nimmt. Ihre in Abs. 1 **8** Satz 1 vorgeschriebene Aufbewahrung ist notwendig, weil sie einen Bestandteil der Eintragung und damit des GB bilden. Die in Betracht kommenden Urkunden, z. B. EintrBewilligungen (§ 874 BGB), einstweilige Verfügungen

(§ 885 Abs. 2 BGB), sind überdies auch deshalb aufbewahrungspflichtig, weil sie zu den Urkunden gehören, auf die eine Eintragung sich gründet. Satzungen einer Kreditanstalt, auf die gemäß § 1115 Abs. 2 BGB Bezug genommen wird, brauchen im Hinblick auf ihre öffentliche Bekanntmachung nicht aufbewahrt zu werden.

3. Nicht betroffene Urkunden

9 Urkunden über Rechtsgeschäfte, die einer EintrBewilligung zugrundeliegen, fallen seit der Aufhebung des § 10 Abs. 3 (s. dazu Rn. 1) nicht mehr unter § 10. In Betracht kamen Urkunden über solche Rechtsgeschäfte, aus denen sich die Verpflichtung zur Abgabe der EintrBewilligung ergibt, z. B. über Kaufverträge, HypBestellungsverträge. Die bezüglich dieser Urkunden früher vorgesehene Aufbewahrungspflicht sollte es den Beteiligten ermöglichen, sich den Beweis des betreffenden Grundgeschäfts auf einfache Weise zu sichern.

10 Urkunden über Einigungserklärungen gemäß § 873 BGB, soweit nicht einer der Fälle des § 20 gegeben ist, sowie Urkunden über andere sachlichrechtliche Erklärungen fallen nicht unter § 10. Ihre Aufbewahrung kann aber aus anderen Gründen geboten sein; so besteht z. B. eine Aufbewahrungspflicht, wenn eine Einigungserklärung nach § 873 Abs. 2 BGB zwecks Herbeiführung der Bindung beim GBAmt eingereicht wird (BayObLG Rpfleger 1957, 351) oder eine Zustimmungserklärung nach § 876 Satz 3 BGB gegenüber dem GBAmt abgegeben wird.

11 § 10 gilt ferner nicht für Hypotheken-, Grundschuld- und Rentenschuldbriefe, die nach §§ 41, 42 zur Vornahme einer Eintragung vorgelegt werden; sie sind stets zurückzugeben. Für unbrauchbar gemachte Briefe ist jedoch die Aufbewahrung bei den Grundakten vorgeschrieben (§ 53 Abs. 2 GBV; die AV v. 29.1.1944, DJust. 66 dürfte überholt sein).

4. Voraussetzungen der Aufbewahrungspflicht

12 **a) Eintragung.** Im Interesse der Entlastung der Grundakten ist das GBAmt zur Entgegennahme und Aufbewahrung von Urkunden, die nicht im Zusammenhang mit einer Eintragung stehen, nicht verpflichtet. Dies ergibt sich aus seiner Aufgabe, nur solche dinglichen Rechtsverhältnisse zu verlautbaren, die zu ihrer Begründung oder Änderung der Eintragung in das GB bedürfen oder die für den öffentlichen Glauben des GB von Bedeutung sind (BayObLG Rpfleger 1975, 360; s. dazu Anh. zu § 13 Rn. 44). Eine Aufbewahrungspflicht besteht nur dann, wenn die Eintragung, auf die sich die Urkunde bezieht, erfolgt ist; dies gilt nicht nur für die in Abs. 1, sondern galt auch für die in dem aufgehobenen Abs. 3 genannten Urkunden.

13 **b) Vor EintrAntrag.** Vor der Stellung des EintrAntrags ist das GBAmt zur Aufbewahrung eingereichter Urkunden zwar berechtigt, aber nicht verpflichtet (KG OLG 23, 318; BayObLG Rpfleger 1957, 351). Die Aufbewahrung für kürzere Zeit kann jedoch zweckmäßig sein, wenn der EintrAntrag demnächst zu erwarten ist oder die Urkunde in sonstiger Weise für die sach-

gerechte Behandlung künftig zu erwartender EintrAnträge bedeutsam erscheint (OLG München Rpfleger 2010, 654).

c) Entfernung. Schreiben, die in keinem Zusammenhang mit einer Eintragung stehen und auch sonst für die Erfüllung der Aufgaben des GBAmts keine Bedeutung haben, deren Inhalt außerdem geeignet ist, Rechte eines Beteiligten zu beeinträchtigen, hat das GBAmt an den Einsender zurückzugeben oder in sonstiger Weise außerhalb der Grundakten abzulegen. Wurden sie dennoch zu den Grundakten genommen, sind sie daraus zu entfernen. Zur Zuständigkeit für eine Entscheidung über das Verlangen eines Beteiligten, eine Urkunde bei den Grundakten aufzubewahren oder aus diesen zu entfernen, und zur Anfechtung einer solchen Entscheidung s. Rn. 19 und § 71 Rn. 14. **14**

d) Rückgabe. Im Fall der Zurückweisung des EintrAntrags sind die zu dessen Erledigung eingereichten Urkunden ohne Rücksicht auf die Möglichkeit der Beschwerde dem zurückzugeben, der sie eingereicht hat (KGJ 39, 163; OLG Frankfurt NJW-RR 1995, 785); der Anfertigung beglaubigter Abschriften bedarf es nicht. Dasselbe gilt im Fall der Zurücknahme des EintrAntrags (KGJ 44, 171; JFG 8, 227; s. auch § 31 Rn. 13). Bestehen Zweifel über die Person des Einreichers, so ist Rückfrage geboten; dies gilt besonders, wenn die Urkunden von einem Notar eingereicht worden sind (RG DNotZ 1932, 716). Ist eine Urkunde versehentlich einem Nichtberechtigten ausgehändigt worden, so kann dieser vom GBAmt durch Zwangsmaßnahmen gemäß § 35 FamFG (s. § 1 Rn. 96) zur Rückgabe angehalten werden. Ist die beantragte Eintragung noch nicht erfolgt, so darf das GBAmt das Verlangen nach Rückgabe der mit dem EintrAntrag eingereichten Urkunden nicht mit der Begründung ablehnen, dass der Antrag ohne sie nicht erledigt werden kann (KGJ 44, 171). **15**

5. Ort und Art der Aufbewahrung

Die in § 10 Abs. 1 genannten Urkunden werden stets von Amts wegen aufbewahrt, während die in dem aufgehobenen Abs. 3 genannten Urkunden nur auf Antrag aufbewahrt wurden. **16**

a) Grundakten. Urkunden, die nach § 10 aufbewahrt werden müssen, sind zu den Grundakten zu nehmen, und zwar die Bewilligung der Eintragung eines Erbbaurechts zu den Grundakten des Erbbaugrundbuchs (§ 24 Abs. 1 GBV). Betrifft eine Urkunde Eintragungen auf verschiedenen Blättern desselben GBAmts, so ist sie zu den Grundakten eines der beteiligten Blätter zu nehmen; in den Grundakten der anderen Blätter ist auf diese Grundakten zu verweisen (§ 24 Abs. 2 GBV). S. hierzu § 14 GeschO. **17**

b) Notarielle Urkunden. Die Urkunden sind grundsätzlich in der überreichten Form aufzubewahren. In Betracht kommen Urschriften, Ausfertigungen und beglaubigte Abschriften, z.B. beglaubigte Abschrift eines Testaments. Bei den aufzubewahrenden Urkunden handelt es sich in der Regel um notarielle Urkunden. Sie haben in der Vergangenheit an Umfang stark zugenommen und enthalten oftmals für den GBVollzug nicht erforderliche **18**

Erklärungen, Hinweise und Belehrungen. Auch werden Urkunden häufig mehrfach vorgelegt, z. B. der Kaufvertrag ohne Auflassungserklärungen zur Eintragung der Eigentumsvormerkung und noch einmal der vollständige Vertrag zur Eintragung der Auflassung. Abgesehen davon, dass die Durchsicht umfangreicher Urkunden auf darin enthaltene GBErklärungen den GBRpfleger unnötig belastet, steigt durch die Aufbewahrung dieser Urkunden der Raumbedarf bei den GBÄmtern unverhältnismäßig. § 24a GBV fordert daher die Notare auf, GBVorlagen nach Möglichkeit doppelseitig zu beschreiben; auch sollen sie nur die EintrUnterlagen enthalten und nur einmal zu den betreffenden Grundakten eingereicht werden. Dabei handelt es sich nur um eine Anregung, deren Nichtbeachtung keine rechtlichen Folgen hat. Die in § 24a Satz 3 GBV erwähnten Empfehlungen des BJM liegen noch nicht vor.

c) Elektronische Dokumente. Die Landesjustizverwaltungen haben von der durch § 10a in der Fassung vor der Änderung durch das ERVGBG eröffneten Möglichkeit, auch zu den Grundakten zu nehmende Urkunden als Wiedergabe auf einen Bild- oder sonstigen Datenträger aufzubewahren, wegen der damit verbundenen Kosten keinen Gebrauch gemacht. Diese Möglichkeit wurde daher nur noch für geschlossene Grundbücher beibehalten. Jedoch können die in Papierform vorliegenden Urkunden in elektronische Dokumente übertragen und in dieser Form in die Grundakte übernommen werden (s. dazu § 138 GBO, § 97 GBV). Zur Aufbewahrung von Grundbüchern und Grundakten s. auch §§ 12, 13, 16, 17 GeschO und für Bayern Nr. 1.3 GBGA.

6. Herausgabe der Urkunden

19 Aufzubewahrende Urkunden sind dem Einreicher auf dessen Verlangen jederzeit herauszugeben. Jedoch darf eine der in Abs. 1 genannten Urkunden nach Abs. 1 Satz 2 nur dann herausgegeben werden, wenn statt der Urkunde eine beglaubigte Abschrift bei den Grundakten bleibt. Die Herstellung der beglaubigten Abschrift ist Sache des GBAmts; die Beteiligten sind zu ihrer Einreichung nicht verpflichtet; es genügt aber auch eine von einem Notar angefertigte beglaubigte Abschrift. Über Anträge auf Herausgabe von Urkunden entscheidet der Urkundsbeamte der Geschäftsstelle (§ 12c Abs. 1 Nr. 4). Über das Verlangen eines Beteiligten, eine Urkunde bei den Grundakten aufzubewahren oder sie aus den Grundakten zu entfernen (s. Rn. 14), entscheidet dagegen der Rpfleger (OLG München Rpfleger 2010, 654). Zur Anfechtbarkeit der Entscheidung s. § 71 Rn. 14.

7. Verweisung auf andere Akten

20 Besonderes gilt, wenn eine der in Abs. 1 genannten Urkunden in anderen von der Vernichtung ausgeschlossenen Akten des das GB führenden Amtsgerichts enthalten ist. Für diesen Fall ist auf Grund der Ermächtigung des Abs. 2 in § 24 Abs. 3 GBV bestimmt, dass statt einer beglaubigten Abschrift der Urkunde eine Verweisung auf die anderen Akten genügt. Stets muss es sich um Akten desselben Amtsgerichts handeln; eine Verweisung auf Akten eines anderen Gerichts ist nicht zulässig. Welche Akten von der Vernichtung ausgeschlossen sind, ergibt sich für Bayern aus der AufbewahrungsVO v. 29.7.2010 samt Anlage (GVBl. 644). § 24 Abs. 3 GBV betrifft nicht die Frage, inwieweit zum Nachweis von EintrVoraussetzungen auf Akten desselben Amtsgerichts Bezug genommen werden kann (s. dazu § 13 Rn. 5 und § 29 Rn. 57, 61).

8. Wiederbeschaffung zerstörter Urkunden

21 Wird eine aufbewahrte Urkunde zerstört oder kommt sie abhanden, z. B. durch Brand oder Kriegseinwirkung, ist sie nach Maßgabe des § 11 der VO v. 26.7.1940 über die Wiederherstellung zerstörter oder abhanden gekommener Grundbücher oder Urkunden (RGBl. I 1048) wiederherzustellen; s. dazu § 148 Rn. 3. Das Verfahren hat das GBAmt von Amts wegen einzuleiten. Eine wirksame GBEintragung wird davon nicht berührt, dass die in Bezug genommene Urkunde nach der Eintragung zerstört wird oder abhanden kommt (OLG München FGPrax 2018, 12).

9. Verletzung des § 10

§ 10 ist nur eine Ordnungsvorschrift. Auf die Eintragung ist es daher ohne **22** Einfluss, wenn eine Urkunde, auch im Fall der Bezugnahme, ohne Zurückbehaltung einer beglaubigten Abschrift herausgegeben wird.

Wird in einem EintrVermerk auf eine EintrBewilligung Bezug genommen, so ist die bei den Grundakten befindliche Urkunde für den Inhalt des GB maßgebend. Weicht diese Urkunde inhaltlich von der Urschrift ab, so ist das GB unrichtig. Die bei den Grundakten befindliche beglaubigte Abschrift darf in diesem Fall nicht etwa kurzerhand berichtigt werden; vielmehr ist das GB unter denselben Voraussetzungen und in der gleichen Art zu berichtigen, wie wenn der EintrVermerk selbst fehlerhaft wäre (JFG 15, 85).

10. Kosten

Für die Herstellung beglaubigter Abschriften nach Abs. 1 Satz 2 werden **23** Auslagen erhoben; die Beglaubigung ist gebührenfrei (Nr. 31000 Nr. 1b GNotKG-KV). Über die Möglichkeit der Zurückbehaltung zurückzugebender Urkunden bis zur Kostenzahlung s. § 11 GNotKG.

Speicherung geschlossener Grundbücher auf Bild- oder Datenträgern

10a (1) **Geschlossene Grundbücher können als Wiedergabe auf einem Bildträger oder auf anderen Datenträgern aufbewahrt werden, wenn sichergestellt ist, daß die Wiedergabe oder die Daten innerhalb angemessener Zeit lesbar gemacht werden können. Die Landesjustizverwaltungen bestimmen durch allgemeine Verwaltungsanordnung Zeitpunkt und Umfang dieser Art der Aufbewahrung und die Einzelheiten der Durchführung.**

(2) **Bei der Herstellung der Bild- oder sonstigen Datenträger ist ein schriftlicher Nachweis anzufertigen, dass die Wiedergabe mit dem Ori-**

ginal des Grundbuchs übereinstimmt. Weist das Original farbliche Eintragungen auf, die in der Wiedergabe nicht als solche erkennbar sind, ist
dies in dem schriftlichen Nachweis anzugeben. Die Originale der geschlossenen Grundbücher können ausgesondert werden.

(3) Durch Rechtsverordnung des Bundesministeriums der Justiz und
für Verbraucherschutz mit Zustimmung des Bundesrates kann vorgesehen werden, daß für die Führung des Grundbuchs nicht mehr benötigte, bei den Grundakten befindliche Schriftstücke ausgesondert werden
können. Welche Schriftstücke dies sind und unter welchen Voraussetzungen sie ausgesondert werden können, ist in der Rechtsverordnung
nach Satz 1 zu bestimmen.

1. Allgemeines

1   Die durch das RegVBG v. 20.12.1993 (BGBl. I 2182) eingefügte Vorschrift räumte den Ländern die Möglichkeit ein, den durch die Aufbewahrung der Grundakten ständig steigenden Raumbedarf bei den GBÄmtern zu
verringern. Die Bestimmung ermöglichte es, die vom GBAmt gem. § 10
aufzubewahrenden Urkunden statt in Papierform als Mikrofilm oder auf
einem sonstigen Datenträger vorrätig zu halten. Da die Landesjustizverwaltungen davon keinen Gebrauch gemacht haben, wurde diese Regelung
durch das ERVGBG v. 11.8.2009 (BGBl. I 2713) auf geschlossene Grundbücher beschränkt und hinsichtlich der Grundakten durch § 138 GBO und
§ 97 GBV ersetzt; außerdem wurde Abs. 2 neu gefasst.

2. Anwendungsbereich

2   Die Aufbewahrung als Wiedergabe auf einem Bildträger oder sonstigen
Datenträger ist gemäß Abs. 1 nur noch bei geschlossenen Grundbüchern
vorgesehen. Die bisher am meisten verwendete Technik, Urkunden statt in
Papierform vorrätig zu halten, auf Datenträgern zu speichern, ist die Mikroverfilmung; dabei werden die Urkunden auf einem Bildträger (Film) in stark
verkleinerter Form wiedergegeben. Das Gesetz lässt aber auch die Aufbewahrung auf anderen, insbes. elektronischen Datenträgern zu.

3. Voraussetzungen

3   a) Lesbarkeit. Die Mikroverfilmung oder Speicherung eines geschlossenen GB auf einem anderen Datenträger ist nur zulässig, wenn das auf dem
Bild- oder sonstigen Datenträger gespeicherte GB, das in dieser Form nicht
ohne technische Hilfsmittel gelesen werden kann, in angemessener Zeit lesbar gemacht werden kann. Dies schließt die Notwendigkeit ein, dass die
dauernde Wiedergabe des GB in lesbarer Form gesichert ist und der Zugriff
auf das in anderer als in Papierform aufbewahrte GB gegenüber dem herkömmlichen Zugriff nicht wesentlich erschwert ist. Diese Anforderungen
werden von den Mikrofilmen erfüllt; sie können mit den modernen technischen Einrichtungen leicht gelesen werden; von ihnen können auch ohne
weiteres Fotokopien angefertigt werden.

Wann und in welchem Umfang geschlossene Grundbücher auf Bild- oder **4** sonstigen Datenträgern aufbewahrt werden, bestimmen die Landesjustizverwaltungen durch allgemeine Verwaltungsanordnung; darin ist das Verfahren, insbes. der Lesbarmachung, im Einzelnen zu regeln. Voraussetzung ist, dass die für die Lesbarmachung erforderlichen technischen Hilfsmittel im Hinblick auf das Recht der Einsicht (s. Rn. 9) zur Verfügung stehen.

b) Nachweis. § 10a Abs. 2 trifft nähere Bestimmungen über die Herstel- **5** lung der Bild- oder sonstigen Datenträger. Erforderlich ist, dass ein Nachweis gefertigt wird, der die Übereinstimmung der Wiedergabe des geschlossenen GB mit dem Originalgrundbuch in Papierform bestätigt; zuständig ist hierfür der Urkundsbeamte der Geschäftsstelle (§ 12c Abs. 2 Nr. 5). Der Nachweis ist zu den Grundakten zu nehmen. Sodann ist das Original des (mikroverfilmten) geschlossenen GB der zuständigen Stelle, in der Regel einem Archiv, zu übergeben und dort aufzubewahren. Auf das Original des geschlossenen GB kann damit auch dann zurückgegriffen werden, wenn der Bildträger verloren geht oder zerstört wird. Dies ist allerdings nur dann möglich, wenn das Original des geschlossenen GB nicht vernichtet wurde (s. dazu Rn. 8).

c) Farbliche Eintragungen. Geschlossene Grundbücher weisen in der **6** Regel farbliche Eintragungen auf, nämlich Rötungen gemäß §§ 16, 17 Abs. 2 GBV bei Eintragung eines neuen Eigentümers (s. Anh. zu § 44 Rn. 1) oder Löschung eines Rechts (s. § 46 Rn. 13). Bei der Wiedergabe auf einem Bild- oder sonstigen Datenträger ist nicht in jedem Fall sichergestellt, dass die farblichen Eintragungen als solche erkennbar sind. In diesem Fall muss dies gemäß Abs. 2 Satz 2 in dem schriftlichen Nachweis angegeben werden.

4. Einsicht in geschlossene Grundbücher

Sind geschlossene Grundbücher auf einem Bild- oder sonstigen Datenträ- **7** ger gespeichert worden, so ist Gegenstand einer Einsicht in diese Grundbücher gemäß § 12 Abs. 1 Satz 1 der Datenträger. In die vom GBAmt weiter aufbewahrten Originalgrundbücher kann gemäß § 12b Abs. 1 Satz 1 eine Einsicht nicht mehr verlangt werden. Bei einer Aufbewahrung durch andere Stellen bestimmt sich die Einsicht nach Landesrecht (s. dazu § 12b Rn. 2, 3).

5. Aussonderung

Durch die Speicherung geschlossener Grundbücher auf einem Bild- oder **8** sonstigen Datenträger werden die GBÄmter nur dann räumlich entlastet, wenn die Originalgrundbücher nicht weiterhin aufbewahrt werden müssen. Abs. 2 Satz 3 räumt dem GBAmt die Möglichkeit ein, die Originale der geschlossenen Grundbücher auszusondern. Das GBAmt kann die Originale, wenn es sie nicht weiterhin bei sich aufbewahren will, nach Maßgabe der landesrechtlichen Vorschriften zur Aufbewahrung einer anderen Stelle, insbesondere einem Archiv übergeben. Dadurch würde das Raumproblem aber nur auf eine andere Stelle verlagert. Das Recht zur Aussonderung schließt daher die Möglichkeit einer endgültigen Vernichtung der Originale ein.

Um auch den Raumbedarf für die Aufbewahrung der Grundakten bei den **9** GBÄmtern in Grenzen zu halten, enthält Abs. 3 die Ermächtigung zum Erlass einer Rechtsverordnung zur endgültigen Aussonderung einzelner Schriftstücke aus den Grundakten. In Betracht kommen aber nur solche Urkunden, die zur GBFührung nicht mehr benötigt werden. Welche dies sind und unter welchen Voraussetzungen sie ausgesondert werden können, ist in der Rechtsverordnung zu regeln.

10   Die Art und Weise der Aussonderung, Abgabe an die staatlichen Archive oder Vernichtung, richtet sich nach den jeweiligen landesrechtlichen Bestimmungen.

Eintragungen durch gesetzlich ausgeschlossene Organe des Grundbuchamts

11 **Eine Eintragung in das Grundbuch ist nicht aus dem Grunde unwirksam, weil derjenige, der sie bewirkt hat, von der Mitwirkung kraft Gesetzes ausgeschlossen ist.**

1. Allgemeines

1   § 11 befasst sich mit Eintragungen, die ein kraft Gesetzes ausgeschlossenes Organ des GBAmts bewirkt hat; er bestimmt, dass die Wirksamkeit der Eintragung hierdurch nicht berührt wird. Der Wortlaut der Bestimmung ist ohne sachliche Änderung durch Streichung des ursprünglich verwendeten Begriffs des „GBBeamten" durch das RegVBG geändert worden.

2. Organe des GBAmts

2   Die vom GBAmt wahrzunehmenden Geschäfte obliegen grundsätzlich dem Richter. Gem. § 3 Nr. 1 Buchst. h RpflegerG sind sie jedoch mit den sich aus § 4 Abs. 2 Nr. 1, § 5 RpflegerG ergebenden Beschränkungen in vollem Umfang dem Rpfleger übertragen. Bei der GBFührung ist ferner der Urkundsbeamte der Geschäftsstelle nach Maßgabe des § 12c Abs. 1, 2, der zweite Beamte der Geschäftsstelle nach Maßgabe des § 44 Abs. 1 Satz 3 und der von der Leitung des Amtsgerichts ermächtigte Justizangestellte nach Maßgabe des § 44 Abs. 1 Satz 2, 3 zuständig. Außerdem ist für die Entgegennahme von Anträgen und Ersuchen sowie die Beurkundung des Eingangszeitpunkts der nach § 13 Abs. 3 bestellte Beamte oder Angestellte der Geschäftsstelle zuständig. Näheres, insbes. auch über die Abgrenzung der Zuständigkeit, s. § 1 Rn. 5 ff.

3. Ausschließung kraft Gesetzes

3   Für die Ausschließung des GBRichters gelten §§ 41 bis 49 ZPO entsprechend (§ 6 Abs. 1 FamFG). Entsprechendes gilt für den Rpfleger (§ 10 RpflegerG) sowie für den Urkundsbeamten der Geschäftsstelle, soweit ihm nach § 12c Abs. 1 und 2 GBGeschäfte zur selbstständigen Erledigung übertragen sind (§ 12c Abs. 3). Im Übrigen richtet sich die Ausschließung nach Landesrecht (vgl. für Bayern Art. 34 AGGVG v. 23.6.1981, BayRS 300-1-1-J); schweigt dieses, so ist § 6 Abs. 1 FamFG sinngemäß anzuwenden (Maaß in Bauer/Schaub Rn. 10). Die Gründe, bei deren Vorliegen der GBRichter,

GBRpfleger oder Urkundsbeamte der Geschäftsstelle von der Ausübung seines Amtes kraft Gesetzes ausgeschlossen ist, sind in § 41 ZPO aufgeführt. Darüber hinaus ist auch ausgeschlossen, wer in einem vorangegangenen Verwaltungsverfahren mitgewirkt hat (§ 6 Abs. 1 Satz 2 FamFG). Beteiligt im Sinn des § 41 Nr. 1 ZPO ist jemand, wenn er Antragsteller ist, wenn das GBAmt zu seinen Gunsten tätig werden soll oder wenn sein Recht durch die Tätigkeit des GBAmts betroffen wird.

4. Wirkung der Ausschließung

Zu unterscheiden ist zwischen Eintragungen und anderen grundbuchamt- 4 lichen Tätigkeiten.

a) Eintragungen. Sie sind nach § 11 nicht deswegen unwirksam, weil sie von jemandem bewirkt worden sind, der von der Mitwirkung bei der Eintragung kraft Gesetzes ausgeschlossen war. § 11 gilt für alle an dem Zustandekommen der Eintragung unmittelbar beteiligten Organe des GBAmts.

b) Andere Tätigkeiten. Sie fallen nicht unter § 11. So z. B. der Erlass ei- 5 ner Zwischenverfügung nach § 18, eines Zurückweisungsbeschlusses oder eines Feststellungsbeschlusses nach § 87 Buchst. c, § 108; die Erteilung oder Vervollständigung von Briefen; die Gestattung der Einsicht in das GB oder die Grundakten; die Entgegennahme von Anträgen. In diesen Fällen sind Handlungen des ausgeschlossenen Richters nicht unwirksam. Entsprechendes gilt für Handlungen des Rpflegers (§ 10 RpflegerG). Für Handlungen des Urkundsbeamten bestimmt § 12c Abs. 3 Satz 2 ausdrücklich, dass sie nicht deshalb unwirksam sind, weil der Urkundsbeamte kraft Gesetzes ausgeschlossen ist. Das Tätigwerden eines kraft Gesetzes ausgeschlossenen Richters, Rpflegers oder Urkundsbeamten kann mit einem zulässigen Rechtsmittel geltend gemacht werden (vgl. § 547 Nr. 2 ZPO). Im Übrigen richtet sich die Wirkung der Ausschließung nach Landesrecht (vgl. für Bayern Art. 34 AGGVG v. 23.6.1981, BayRS 300-1-1-J); schweigt dieses, gelten die allgemeinen Grundsätze (Maaß in Bauer/Schaub Rn. 6).

5. Ablehnung

Wegen Besorgnis der Befangenheit können von den Organen des GB- 6 Amts der GBRichter, der Rpfleger und der Urkundsbeamte der Geschäftsstelle abgelehnt werden. In Betracht kommt auch die Ablehnung eines Sachverständigen. Zu den Voraussetzungen einer Ablehnung wegen Besorgnis der Befangenheit s. § 81 Rn. 11.

a) GBRichter. Für seine Ablehnung wegen Befangenheit gelten §§ 42 bis 49 ZPO entsprechend (§ 6 Abs. 1 FamFG). Der GBRichter kann sowohl dann, wenn er von der Ausübung des Amtes kraft Gesetzes ausgeschlossen ist, als auch wegen Besorgnis der Befangenheit abgelehnt werden (§ 42 Abs. 1 ZPO). In diesen Fällen kann er von jedem Beteiligten abgelehnt werden (§ 42 Abs. 3 ZPO) oder sich selbst ablehnen (§ 48 ZPO).

Einer Entscheidung über das Ablehnungsgesuch eines Beteiligten bedarf es 7 nicht, wenn der abgelehnte Richter das Ablehnungsgesuch für begründet hält (§ 45 Abs. 2 Satz 2 ZPO). Im Übrigen ist über das Gesuch zu entscheiden. Dies gilt auch bei einer Selbstablehnung. Auch in diesem Fall ist den Beteiligten rechtliches Gehör zu gewähren (BVerfG NJW 1993, 2229; BGH NJW 1995, 403). Zuständig zur Entscheidung ist ein anderer Richter des Amtsgerichts, dem der GBRichter angehört (§ 45 Abs. 2 Satz 1 ZPO). Im Fall des § 45 Abs. 3 ZPO entscheidet das OLG als das übergeordnete Beschwerdegericht.

8   Der Beschluss, durch den das Ablehnungsgesuch für unbegründet erklärt wird, ist in entsprechender Anwendung der §§ 567 bis 572 ZPO anfechtbar (§ 6 Abs. 2 FamFG), nicht jedoch durch den sich selbst ablehnenden Richter. Dies gilt auch dann, wenn der abgelehnte Richter das Ablehnungsgesuch wegen Rechtsmissbrauchs selbst zurückgewiesen hat (BayObLG 1993, 9). Zum Rechtsmittelverfahren s. § 71 Rn. 3. Gegen die Beschwerdeentscheidung des OLG ist die Rechtsbeschwerde statthaft, sofern sie das OLG zugelassen hat. Unter dieser Voraussetzung ist auch eine Entscheidung des OLG mit der Rechtsbeschwerde anfechtbar, durch die gem. § 45 Abs. 3 ZPO das OLG die Ablehnung des GBRichters für unbegründet erklärt hat. Wenn im Ablehnungsverfahren eine Entscheidung nicht angefochten werden kann, ist eine **Anhörungsrüge** statthaft. Das Verfahren richtet sich nach dem entsprechend anwendbaren § 321a ZPO.

9   **b) Rpfleger, Urkundsbeamter.** Entsprechendes gilt für den Rpfleger (§ 10 RpflegerG) sowie für den Urkundsbeamten der Geschäftsstelle, soweit ihm nach § 12c Abs. 1 und 2 GBGeschäfte zur selbständigen Erledigung übertragen sind (§ 12c Abs. 3). Über die Ablehnung des Rpflegers entscheidet der GBRichter (§ 10 Satz 2 RpflegerG) und über die Ablehnung des Urkundsbeamten der Rpfleger (§ 4 Abs. 1 RpflegerG). Wie der Richter kann auch der Rpfleger bei Rechtsmissbrauch über ein Ablehnungsgesuch selbst entscheiden (BGH Rpfleger 2005, 415; s. aber auch BVerfG Rpfleger 2008, 124). Hat der GBRichter ein auf Ablehnung des Rpflegers oder der Rpfleger ein auf Ablehnung des Urkundsbeamten gerichtetes Gesuch für unbegründet erklärt und das OLG die sofortige Beschwerde dagegen zurückgewiesen, so ist gegen den Beschluss des OLG die Rechtsbeschwerde nur zulässig, wenn sie das OLG zugelassen hat.

c) Sachverständiger. Auf seine Ablehnung in der förmlichen Beweisaufnahme entsprechend der ZPO gemäß § 30 FamFG sind §§ 406, 42 ZPO entsprechend anzuwenden. Die für die Richterablehnung maßgebenden Grundsätze gelten daher entsprechend (OLG Köln FGPrax 2002, 230; 2005, 205).

6. Mitglieder der Beschwerdegerichte

10   Sie sind kein Organ des GBAmts (s. § 1 Rn. 6) und zwar auch dann nicht, wenn sie eine Eintragung angeordnet haben. Für ihre Ausschließung und Ablehnung gilt § 81 Abs. 2 (s. § 81 Rn. 10).

Grundbucheinsicht

12 (1) **Die Einsicht des Grundbuchs ist jedem gestattet, der ein berechtigtes Interesse darlegt.** Das gleiche gilt von Urkunden, auf die im Grundbuch zur Ergänzung einer Eintragung Bezug genommen ist, sowie von den noch nicht erledigten Eintragungsanträgen.

(2) **Soweit die Einsicht des Grundbuchs, der im Absatz 1 bezeichneten Urkunden und der noch nicht erledigten Eintragungsanträge gestattet ist, kann eine Abschrift gefordert werden; die Abschrift ist auf Verlangen zu beglaubigen.**

(3) **Das Bundesministerium der Justiz und für Verbraucherschutz kann durch Rechtsverordnung mit Zustimmung des Bundesrates bestimmen, dass**

1. **über die Absätze 1 und 2 hinaus die Einsicht in sonstige sich auf das Grundbuch beziehende Dokumente gestattet ist und Abschriften hiervon gefordert werden können;**

2. **bei Behörden von der Darlegung des berechtigten Interesses abgesehen werden kann, ebenso bei solchen Personen, bei denen es auf Grund ihres Amtes oder ihrer Tätigkeit gerechtfertigt ist.**

(4) **Über Einsichten in Grundbücher und Grundakten sowie über die Erteilung von Abschriften aus Grundbüchern und Grundakten ist ein Protokoll zu führen. Dem Eigentümer des betroffenen Grundstücks oder dem Inhaber eines grundstücksgleichen Rechts ist auf Verlangen Auskunft aus diesem Protokoll zu geben, es sei denn, die Bekanntgabe würde den Erfolg strafrechtlicher Ermittlungen oder die Aufgabenwahrnehmung einer Verfassungsschutzbehörde, des Bundesnachrichtendienstes, des Militärischen Abschirmdienstes oder die Zentralstelle für Finanztransaktionsuntersuchungen gefährden. Das Protokoll kann nach Ablauf von zwei Jahren vernichtet werden. Einer Protokollierung es nicht, wenn die Einsicht oder Abschrift dem Auskunftsberechtigten nach Satz 2 gewährt wird.**

Inhaltsübersicht

1. Allgemeines

1   **a) Einsicht in das GB.** § 12 regelt die im Hinblick auf den öffentlichen Glauben des GB erforderliche Offenlegung seines Inhalts; mit Rücksicht auf § 17 bezieht er in die Offenlegung auch die noch nicht erledigten EintrAnträge ein. Abs. 3 ist durch das Ges. v. 19.4.2006 (BGBl. I 866, 878) neu gefasst worden. Die in der vorhergehenden Fassung von Abs. 3 enthaltene Ermächtigung war nach Art. 129 Abs. 1 GG auf das BJM übergegangen und in der durch das RegVBG eingefügten Ermächtigung gem. § 1 Abs. 4 aufgegangen. Abs. 4 wurde durch das DaBaGG angefügt und durch die Ges. v. 3.12.2015 (BGBl. I 2161) und vom 12.12.2019 (BGBl. I 2602) geändert. Für die Einsicht in das maschinell geführte GB und die Erteilung von Ausdrucken daraus gelten ergänzend §§ 131 bis 133 GBO und §§ 77 bis 84 GBV; eine Ermächtigung des BJM zur näheren Regelung enthält § 134. Zur verfassungsrechtlichen Unbedenklichkeit des § 12 s. BVerfG 64, 238; Rpfleger 2001, 15 mit Anm. v. Demharter FGPrax 2001, 53.

2   **b) Einsicht in die Grundakten.** Die Einsicht in die Grundakten und die sonstigen beim GBAmt geführten Verzeichnisse (Eigentümerverzeichnis, Grundstücksverzeichnis; s. § 12a; § 1 Rn. 108) sowie die Erteilung von Auskünften aus ihnen wird von § 12 Abs. 1 Satz 1 nicht erfasst. Die Vorschrift des § 12 über die Offenlegung des GB erstreckt sich nur auf gewisse Teile der Grundakten (s. § 12 Abs. 1 Satz 2 und Rn. 17). Die Offenlegung der übrigen Teile ist auf Grund der Ermächtigung in dem früheren § 142 (davor § 124) in § 46 GBV geregelt worden („erweiterte" GBEinsicht). Entsprechende Ermächtigungen enthalten nunmehr § 1 Abs. 4 und § 12 Abs. 3 Nr. 1. Durch das Ges. v. 19.4.2006 (BGBl. I 866) wurde der frühere § 142 aufgehoben. Für die Einsicht in die elektronisch geführte Grundakte und die Erteilung von Ausdrucken daraus gelten § 139 GBO und § 99 GBV. Gehen Grundakten verloren, kann sich ein Schadensersatzanspruch wegen Amtspflichtverletzung daraus ergeben, dass die Einsicht vorübergehend nicht möglich ist und dadurch ein Zinsschaden entsteht (LG Hannover NJW-RR 1988, 218). Für die Einsicht in die sonstigen Verzeichnisse des GBAmts gilt § 12a.

c) Pflicht des Notars zur GBEinsicht. Der Notar soll sich bei Geschäften, die im GB eingetragene oder einzutragende Rechte zum Gegenstand haben, über den GBInhalt unterrichten (§ 21 Abs. 1 BeurkG). Bei Beurkundung eines Kaufvertrags ist er grundsätzlich nicht verpflichtet, die Beteiligten auf einen wieder gelöschten Zwangsversteigerungsvermerk hinzuweisen (BGH NJW-RR 2018, 1531). Auch ist er grundsätzlich nicht verpflichtet, bei der GBEinsicht noch nicht erledigter EintrAnträge (OLG Köln DNotZ 1989, 454) oder wegen der im EintrVermerk in Bezug genommenen EintrUnterlagen auch die Grundakten einzusehen. Die besonderen Umstände des Einzelfalles können dies aber ausnahmsweise erforderlich machen (BGH NJW 2009, 516 mit Anm. v. Regler MittBayNot 2009, 319: Zweifel am Umfang des Sondereigentums beim Verkauf einer Eigentumswohnung). Ein Verzicht auf die Einsicht des GB durch den Notar erstreckt sich nicht ohne weiteres auch auf die Grundakten. Zu den besonderen Belehrungspflichten des Notars bei Beurkundung eines Grundstückskaufvertrags ohne vorherige GBEinsicht s. BayObLG DNotZ 1990, 667 und zum Ganzen Frenz ZNotP 2016, 86.

d) Datenschutz. Weder beim GB (gleich ob es in festen Bänden oder als **3** Loseblattgrundbuch geführt wurde) noch bei den Grundakten handelte es sich um eine Datei i.S. von § 2 Abs. 3 Nr. 3 BundesdatenschutzG v. 27.1. 1977 (BGBl. I 201); durch die Vorschriften dieses Ges. erfuhr § 12 daher keine Einschränkung (Lüke NJW 1983, 1407; Lüke/Dutt Rpfleger 1984, 253; OLG Hamm Rpfleger 1988, 473); im Übrigen räumte § 45 Nr. 7 des Ges. § 12 ausdrücklich den Vorrang vor den Vorschriften des Datenschutzgesetzes ein (s. für Bayern Art. 2 Abs. 7 DatenschutzG v. 23.7.1993, GVBl. 498). S. hierzu auch BayObLG Rpfleger 1992, 513. Hieran hatte sich durch das BundesdatenschutzG i.d.F. v. 14.1.2003 (BGBl. I 66) in der Sache nichts geändert.

Ab 25.5.2018 ist maßgebend die VO (EU) 2016/679 v. 27.4.2016 (Datenschutz-Grundverordnung) und das ab 25.5.2018 geltende, in Art. 1 des Datenschutz-Anpassungs- und -Umsetzungsgesetzes EU v. 30.6.2017 (BGBl. I 2097) enthaltene BundesdatenschutzG (s. für Bayern das ebenfalls am 25.5.2018 in Kraft getretene DatenschutzG v. 15.5.2018, GVBl. 230). Näheres hierzu s. § 12d.

e) Sonstiges. S. zum Ganzen auch die auf Grund der Ermächtigung des **4** § 1 Abs. 4 erlassenen §§ 43ff. GBV und ferner Schreiner, Das Recht auf Einsicht in das GB, Rpfleger 1980, 51; Böhringer, Aktuelle Streitfragen des GBRechts, BWNotZ 1985, 106; Informationelles Selbstbestimmungsrecht kontra Publizitätsprinzip bei § 12 GBO, Rpfleger 1987, 181; Der Einfluss des informationellen Selbstbestimmungsrechts auf das GBVerfahrensrecht, Rpfleger 1989, 309; GBEinsicht – quo vadis?, Rpfleger 2001, 331; Melchers, Das Recht auf GBEinsicht, Rpfleger 1993, 309; Grziwotz, GBEinsicht, allgemeines Persönlichkeitsrecht und rechtliches Gehör, MittBayNot 1995, 97.

Im Gebiet der ehemaligen DDR galten nach dem durch das Ges. zur Be- **5** seitigung von Hemmnissen bei der Privatisierung von Unternehmen und zur Förderung von Investitionen v. 22.3.1991 (BGBl. I 766) eingefügten § 125 die Bestimmungen des GBRechts über die Einsicht in das GB und die Grundakten sowie die Erteilung von Abschriften hiervon entsprechend, soweit frühere Grundbücher und Grundakten von anderen als den grundbuchführenden Stellen aufbewahrt werden. Durch das RegVBG ist diese Regelung in § 12b Abs. 1, 2, jetzt Abs. 2, aufgenommen und § 125 in seiner damaligen Fassung aufgehoben worden. S. hierzu auch Böhringer, Die GBEinsicht in den neuen Bundesländern, DtZ 1991, 272.

2. Voraussetzungen der GBEinsicht

Das Recht auf Einsicht in das GB für ein Grundstück steht außer dem Ei- **6** gentümer dieses Grundstücks demjenigen zu, der die für den Einzelfall erteilte Zustimmung des eingetragenen Eigentümers darlegt (§ 43 Abs. 2 Satz 2 GBV). Entsprechendes gilt für die Einsicht in ein Wohnungsgrundbuch, ein Gebäudegrundbuch und ein Erbbaugrundbuch. Im Übrigen ist die Einsicht des GB nicht, wie z.B. die des Handelsregisters, schlechthin jedem gestattet.

Erforderlich ist nach Abs. 1 vielmehr die Darlegung (s. Rn. 13 ff.) eines berechtigten Interesses (s. Rn. 7 ff.). Dasselbe gilt für die Einsicht in die Grundakten (§ 46 Abs. 1 GBV).

Auch wenn die Zielrichtung des § 12 in erster Linie auf Publizität geht und nicht auf irgendeinen Geheimnisschutz (BVerwG BWNotZ 1981, 22), ist doch im Rahmen der Darlegung eines berechtigten Interesses auch den schutzwürdigen Interessen Eingetragener, Unbefugten keinen Einblick in ihre Rechts- und Vermögensverhältnisse zu gewähren, Rechnung zu tragen (vgl. BGH Rpfleger 1981, 287; BayObLG NJW 1993, 1142; OLG Zweibrücken NJW 1989, 531). Es liegt jedoch weitgehend in der Hand der Beteiligten, Daten von den Grundakten fernzuhalten, von denen sie nicht wollen, dass sie durch eine Einsicht in die Grundakten Dritten zugänglich werden. Dies kann dadurch erreicht werden, dass in die Erklärungen gegenüber dem GBAmt nur solche Daten und Informationen aufgenommen werden, die für den GBVollzug unverzichtbar sind (Demharter FGPrax 2001, 53). S. dazu auch Böhringer, Datenschutz im GBEintragungsverfahren durch entsprechende Urkundengestaltung, DNotZ 2012, 413.

3. Berechtigtes Interesse

7   **a) Begriff.** Er ist umfassender als der des „rechtlichen Interesses". Es genügt, dass der Antragsteller ein verständiges, durch die Sachlage gerechtfertigtes Interesse verfolgt (KGJ 20, 175; OLG Hamm Rpfleger 1971, 107); ausreichend ist, dass sachliche Gründe vorgetragen werden, welche die Verfolgung unbefugter Zwecke oder bloßer Neugier ausgeschlossen erscheinen lassen (OLG Stuttgart Rpfleger 1983, 272; OLG Hamm Rpfleger 1986, 128; 1988, 473; KG Rpfleger 2001, 539; kritisch hierzu Eickmann DNotZ 1986, 499; 1989, 378; Melchers Rpfleger 1993, 309). Ein berechtigtes Interesse ist nicht nur dann zu bejahen, wenn durch die Einsicht ein rechtlich erhebliches Handeln ermöglicht werden soll (a.M. OLG Düsseldorf FGPrax 1997, 90; 2018, 56; OLG Karlsruhe ZEV 2009, 42 mit Anm. v. Böhringer; OLG München FGPrax 2019, 115).

8   Ein berechtigtes Interesse hat zunächst jeder, dem ein Recht am Grundstück oder an einem Grundstücksrecht zusteht, mag er als Berechtigter eingetragen sein oder nicht, z.B. der Pfandgläubiger einer Briefhypothek.

9   **b) Wirtschaftliches Interesse.** Auch ein tatsächliches, insbes. wirtschaftliches Interesse kann genügen (KG Rpfleger 2001, 539; FGPrax 2004, 58). So kann Einsicht nehmen derjenige, der dem Eigentümer einen **Personalkredit** einräumen will oder eingeräumt hat (KGJ 20, 173; BayObLG Rpfleger 1975, 361; a.M. LG Offenburg Rpfleger 1996, 342), der Ansprüche auf Rückübertragung eines Grundstücks im Gebiet der ehemaligen DDR angemeldet hat (OLG Rostock DtZ 1995, 103), der **Bauhandwerker** im Hinblick auf seinen Anspruch auf Eintragung einer Sicherungshyp. gemäß § 650e BGB (OLG München RNotZ 2015, 296), der **Gläubiger,** der die Zwangsvollstreckung in den Grundbesitz seines Schuldners beabsichtigt (OLG Zweibrücken NJW 1989, 531), ein **WEigentümer** in die Wohnungsgrundbücher der anderen Eigentümer derselben Gemeinschaft im Hinblick auf die Möglichkeit einer Inanspruchnahme aufgrund der Nachschusspflicht

(s. BGH NJW 2015, 3651) bei deren Zahlungsunfähigkeit (zu eng KG ZWE 2014, 310: Einsicht nur in das Bestandsverzeichnis und in Abt. I; a. M. OLG Hamm FGPrax 2015, 244; Hügel/Wilsch Rn. 93: Einsichtsrecht nur der rechtsfähigen WEigentümergemeinschaft, vertreten durch den Verwalter), nicht jedoch allgemein der **Verwalter** (OLG Hamm FGPrax 2008, 51: ihm kann im Einzelfall ein inhaltlich beschränktes Einsichtsrecht zustehen, z. B. in das Bestandsverzeichnis und die Abt. I, s. dazu Rn. 18); zum Einsichtsrecht der rechtsfähigen WEigentümergemeinschaft s. OLG Stuttgart FGPrax 2019, 171.

Einsicht nehmen kann der Aktionär in das GB der AG (LG Kempten NJW 1989, 2825), der **Mieter** in das GB des Vermieters (OLG Hamm Rpfleger 1986, 128; LG Mannheim Rpfleger 1992, 246; s. auch BayObLG NJW 1993, 1142), und zwar bei einem Mieterhöhungsverlangen wegen gestiegener Kapitalkosten insbes. auch in Abt. III (vgl. BayObLG NJW-RR 1993, 83), nicht jedoch der wegen Eigenbedarfs gekündigte Mieter in die dem Eigentumserwerb zugrunde liegende Vertragsurkunde (OLG München FGPrax 2019, 3), der **geschiedene Ehegatte** zur Durchsetzung eines Anspruchs auf Zugewinnausgleich in das GB des anderen Ehegatten (LG Stuttgart NJW-RR 1996, 532), das unterhaltspflichtige Kind in das GB eines hochbetagten, in einem Pflegeheim untergebrachten Elternteils (LG Stuttgart Rpfleger 1998, 339), nicht jedoch ein Angehöriger bei zu erwartender Pflegebedürftigkeit (OLG Karlsruhe ZEV 2009, 42 mit Anm. v. Böhringer). Zur Einsicht berechtigt ist ferner der mit dem Eigentümer im gesetzlichen Güterstand lebende Ehegatte, auch wenn die Ehegatten getrennt leben (OLG Rostock NJW-RR 2012, 400), nicht jedoch allgemein jeder Verwandte. Will ein **Unterhaltsberechtigter** das GB eines Unterhaltsverpflichteten einsehen, muss er konkrete Tatsachen seiner Unterhaltsbedürftigkeit darlegen (OLG Frankfurt NJW-RR 2020, 591). Dient der GBEinsicht der Verwaltung des einer **Erbengemeinschaft** zustehenden Nachlasses, steht das Recht auf Einsicht allen Miterben gemeinschaftlich zu, bei Bestellung eines **Testamentsvollstreckers** nur diesem (OLG München FGPrax 2019, 115). Zur Einsicht eines Pflichtteilsberechtigten und eines einzelnen Miterben s. Rn. 12.

c) Öffentliches Interesse. Auch ein öffentliches Interesse kann in Betracht kommen; jedoch muss der Antragsteller befugt sein, dieses wahrzunehmen. Diese Befugnis verleiht der Zusammenschluss von Einzelpersonen in einem Verein mit dem Vereinszweck, die Interessen der Allgemeinheit wahrzunehmen, nicht ohne weiteres (OLG München NJW-RR 2017, 77). **10**

Ein öffentliches Interesse kann insbesondere das berechtigte Interesse der **Presse** an einer GBEinsicht begründen (s. dazu BVerfG Rpfleger 2001, 15 mit Anm. v. Demharter FGPrax 2001, 53; BGH NJW-RR 2011, 1651 mit kritischer Anm. v. Maaß NotBZ 2012, 100; OLG Düsseldorf NJW 2016, 89; KG Rpfleger 2001, 539; OLG München FGPrax 2016, 204). Der Begriff Presse ist weit und formal auszulegen und umfasst außer Druckerzeugnissen (KG Rpfleger 2012, 682) auch elektronische Medien. Die verfassungsrechtlich geschützte Funktion der Presse kann bei Abwägung des öffentlichen Informationsinteresses mit dem privaten Geheimhaltungsinteresse des Be- **10.1** troffenen unter Beachtung des Verhältnismäßigkeitsgrundsatzes die GBEinsicht durch die Presse rechtfertigen, wenn die presserechtlichen Voraussetzungen eines Auskunftsanspruchs dargelegt sind; die Interessenabwägung obliegt dem GBAmt und nicht der Presse (s. dazu Nr. 3.4.4 BayGBGA). Zur GBEinsicht der Presse zur Aufklärung eines möglichen Wahlbetrugs s. OLG Dresden NotBZ 2020, 45. Zu den bei der Abwägung zu beachtenden Grundsätzen s. BVerfG Rpfleger 2001, 15 mit Anm. v. Demharter FGPrax 2001, 53. Zur vorherigen Anhörung des Grundstückseigentümers s. Rn. 24.

10.2   Die Kontrollfunktion des Parlaments kann ein öffentliches Interesse an einer GBEinsicht begründen, das ein einzelner **Abgeordneter** des Bundestags oder eines Landtags als berechtigtes Interesse geltend machen kann; das setzt aber voraus, dass die GBEinsicht der Aufklärung von Missständen oder Fehlverhalten im Bereich der Exekutive dient und nicht allein allgemeinen Informationszwecken. Der Hinweis auf ein auf die Vergesellschaftung großer privater Immobilienvermögen gerichtetes Volksbegehren begründet daher für sich kein berechtigtes Interesse eines einzelnen Abgeordneten auf Einsicht in das GB eines Immobilienunternehmens (BGH NJW 2020, 1511; KG FGPrax 2019, 150). Zum GBEinsichtsrecht von Landtagsabgeordneten s. Gmeiner Rpfleger 2020, 1.

11   **d) Sonstiges Interesse.** Ein wissenschaftliches, insbes. historisches Interesse oder ähnliche Interessen geben keinen Rechtsanspruch gem. § 12 auf GBEinsicht. Diese kann jedoch im Justizverwaltungsweg gewährt und mit der Dienstaufsichtsbeschwerde verfolgt werden. Anträge von Privatpersonen, ihnen im Verwaltungsweg die Einsicht in einzelne bestimmt bezeichnete Grundbücher oder Grundakten oder bestimmte Gruppen von solchen zu gestatten, sind dem Gerichtsvorstand zur Entscheidung vorzulegen (§ 35 GeschO, Nr. 3.4.3 BayGBGA).

12   **e) Fehlendes Interesse.** Die Einsicht ist zu verweigern, wenn sie lediglich aus Neugier oder zu unbefugten Zwecken erfolgen soll (KGJ 20, 177). Auch kaufmännischen Auskunfteien und Immobilienmaklern wird ein allgemeines Recht auf GBEinsicht zu versagen sein. Ein berechtigtes Interesse kann sich jedoch für einen **Grundstücksmakler** im Zusammenhang mit der Geltendmachung von Ansprüchen aus dem Maklervertrag ergeben, sofern für deren Bestehen eine beträchtliche Wahrscheinlichkeit dargetan ist (OLG Stuttgart FGPrax 2010, 324; OLG Karlsruhe Rpfleger 1996, 334 mit Anm. v. Frey Rpfleger 1997, 372; OLG Dresden FGPrax 2010, 66; OLG Düsseldorf FGPrax 2017, 58). Kein Recht auf GBEinsicht hat ein möglicher **Kaufinteressent,** der dadurch erst den Namen des Grundstückseigentümers erfahren will; er hat ein berechtigtes Interesse an der Einsicht grundsätzlich erst nach Eintritt in Kaufverhandlungen mit dem Eigentümer (BayObLG Rpfleger 1984, 351; OLG Karlsruhe FGPrax 2015, 202; a.M. Franz NJW 1999, 406); Entsprechendes gilt für den Mietinteressenten (vgl. OLG Hamm Rpfleger 1986, 128). Ein berechtigtes Interesse eines **Bietinteressenten** an einer GBEinsicht wird im Hinblick auf die durch § 42 ZVG gewährten Informationen zwar nicht grundsätzlich ausgeschlossen sein, in der Regel aber nicht bestehen (OLG Düsseldorf FGPrax 2012, 189). Die bloße Stellung als **Eigentümer eines Nachbargrundstücks** begründet kein Einsichtsrecht

(OLG Köln RNotZ 2010, 203; OLG Karlsruhe FGPrax 2015, 202; OLG Düsseldorf Rpfleger 2019, 702). Dasselbe gilt für den Voreigentümer, es sei denn, er kann einen Restitutionanspruch darlegen (OLG Düsseldorf NJW-RR 2016, 338).

Auch zukünftige Ansprüche, z. B. Pflichtteils- oder Pflichtteilsergänzungsansprüche, rechtfertigen grundsätzlich eine GBEinsicht nicht (OLG Düsseldorf FGPrax 1997, 90; ZEV 2011, 45; BayObLG FGPrax 1998, 90 zur Einsicht in einen bei den Grundakten befindlichen Grundstücksüberlassungsvertrag; OLG München Rpfleger 2014, 15). Etwas anderes gilt jedoch für die GBEinsicht eines **Pflichtteilsberechtigten** nach Eintritt des Erbfalls, für die in der Regel ein berechtigtes Interesse ohne weitere Darlegungen außer der Pflichtteilsberechtigung zu bejahen ist (KG FGPrax 2004, 58; OLG Düsseldorf FGPrax 2015, 199; OLG Frankfurt Rpfleger 2011, 430; zum Einsichtsrecht des Erben im Hinblick auf Ansprüche von Pflichtteilsberechtigten s. LG Stuttgart ZEV 2005, 313 mit zust. Anm. v. Damrau). Dies gilt auch dann, wenn inzwischen der Erbe oder ein Dritter im GB eingetragen ist. Im Hinblick auf eine vergleichbare Interessenlage kann ein **Miterbe** ein berechtigtes Interesse an einer umfassenden GBEinsicht in ein früher dem Erblasser gehörendes Grundstück haben, wenn Ausgleichsansprüche gegen einen Miterben nach §§ 2050 ff. BGB in Betracht kommen (OLG Braunschweig FGPrax 2019, 153).

4. Darlegung des berechtigten Interesses

a) Grundsatz. Es wird nicht wie in § 13 Abs. 2 FamFG allgemein **13** Glaubhaftmachung, sondern nur Darlegung des berechtigten Interesses verlangt. Über den Unterschied s. OLG Jena OLG 25, 368. Darlegen bedeutet soviel wie erläutern, erklären oder näher auf etwas eingehen. Bloße Behauptungen und schlagwortartige Formulierungen genügen nicht (vgl. BGH NJW-RR 2010, 784). Im Allgemeinen lässt sich sagen: Darlegen ist das Vorbringen von Tatsachen in der Weise, dass das GBAmt von der Verfolgung berechtigter Interessen überzeugt ist (KGJ 20, 174; BayObLG Rpfleger 1983, 272; KG FGPrax 2004, 58). Im Einzelfall kann bei begründeten Bedenken Glaubhaftmachung oder Nachweis des Interesses verlangt werden. Die Darlegung erübrigt sich, wenn der Eigentümer der Einsichtnahme zustimmt.

b) Prüfung des GBAmts. Da dem eingetragenen Grundstückseigentü- **14** mer gegen die Gewährung der GBEinsicht an einen Dritten ein Beschwerderecht nicht zusteht (s. Rn. 32), ist das GBAmt gehalten, die Darlegung eines berechtigten Interesses in jedem Einzelfall genau zu prüfen, um Einsichtnahmen zu verhindern, durch die das schutzwürdige Interesse Eingetragener daran verletzt werden könnte, Unbefugten keinen Einblick in ihre Rechts- und Vermögensverhältnisse zu gewähren (BayObLG JurBüro 1983, 1383; KG FGPrax 2004, 58; OLG Dresden FGPrax 2010, 66).

c) Verzicht auf Darlegung. Auf Grund der Ermächtigung in Abs. 3 **15** Nr. 2 kann das BMJ durch Rechtsverordnung bestimmen, dass bei Behörden und bestimmten Personen von der Darlegung des berechtigten Interesses abgesehen werden kann. Entsprechende Bestimmungen enthält § 43 GBV.

Danach sind Beauftragte inländischer öffentlicher Behörden zur Einsicht des GB ohne Darlegung eines berechtigten Interesses befugt (§ 43 Abs. 1 GBV). Ein berechtigtes Interesse muss auch hier vorhanden sein; es braucht nur vom GBAmt nicht geprüft zu werden; weiß das GBAmt aber, dass es nicht vorliegt, hat es die Einsicht zu verweigern (OLG München ZWE 2016, 132). Dasselbe gilt für Notare sowie für Rechtsanwälte, die das GB im nachgewiesenen Auftrag eines Notars einsehen wollen, ferner für öffentlich bestellte Vermessungsingenieure und dinglich Berechtigte, soweit Gegenstand der Einsicht das betreffende Grundstück ist (§ 43 Abs. 2 GBV). Bei verfassungskonformer Auslegung des § 43 Abs. 1 GBV sind öffentlich-rechtlich organisierte Sparkassen nicht von der Darlegung eines berechtigten Interesses befreit (BVerfG Rpfleger 1983, 388; anders noch BayObLG Rpfleger 1979, 424 mit kritischer Anm. v. Schmid Rpfleger 1980, 290).

Zum Nachweis des Auftrags eines Notars wird im Allgemeinen eine entsprechende Versicherung des Rechtsanwalts genügen. Sofern ein Rechtsanwalt nicht im Auftrag eines Notars das GB einsehen will, hat er ein berechtigtes Interesse darzulegen; dies gilt auch für eine Einsicht aus eigenem Recht (OLG Celle FGPrax 2013, 195) und nicht nur bei Ausübung des Einsichtsrechts eines Mandanten (BayObLG Rpfleger 1984, 351). Voraussetzung der GBEinsicht durch einen Notar oder einen von ihm beauftragten Rechtsanwalt ist ein von dem Notar festgestelltes berechtigtes Interesse seines Auftraggebers. Zur Pflicht des Notars zur GBEinsicht s. Rn. 2.

d) Erbe. Wer als testamentarischer Erbe wegen einer möglichen Erbausschlagung GBEinsicht verlangt, muss, sofern nicht ernsthafte, auf Tatsachen gegründete Zweifel an seiner Testierfähigkeit bestehen (s. dazu § 35 Rn. 39.1), zur Darlegung eines berechtigten Interesses nicht in jedem Fall einen Erbschein vorlegen; vielmehr genügen die Vorlage eines öffentlichen Testaments samt Eröffnungsniederschrift und Darlegungen dazu, dass eine Ausschlagung noch möglich ist (OLG München NJW-RR 2018, 335).

16   **e) Versorgungsunternehmen.** Wenn ein Versorgungsunternehmen ein berechtigtes Interesse an der Einsicht darlegt, kann ihm das GBAmt die Einsicht in das GB in allgemeiner Form für sämtliche Grundstücke eines GBBezirks oder des GBAmtsbezirks gestatten (§ 86a Abs. 1 GBV). Ein berechtigtes Interesse liegt in der Regel in den in § 86a Abs. 1 Satz 2 GBV aufgeführten Fällen vor. Die Gestattung kann befristet erteilt werden. Dargelegt werden muss ein berechtigtes Interesse nicht nur an der Einsicht in einzelne Grundbücher sondern auch an der gleichzeitigen Einsicht in sämtliche Grundbücher eines GBBezirks oder des GBAmtsbezirks. In der Regel wird nur die Genehmigung der Einsicht in einzelne GBBezirke in Betracht kommen (OLG Düsseldorf NJW-RR 2018, 22). Nicht notwendig ist es, sämtliche Grundstücke eines GBBezirks, für den eine Genehmigung beantragt wird, einzeln aufzuführen (OLG Dresden Rpfleger 2016, 559).

Liegt die Genehmigung vor, braucht bei einer Einsicht im Einzelfall das berechtigte Interesse nicht mehr dargelegt zu werden. Das Protokoll über eine GBEinsicht im eingeschränkten automatisierten Abrufverfahren (§ 12 Abs. 4, § 133 Abs. 1 Nr. 2, Abs. 4 GBO, § 82 Abs. 2, § 83 GBV) muss keine Angaben zu dem der Einsicht zugrunde liegenden berechtigten Interesse (vgl. § 46a Abs. 1 Nr. 5 GBV) enthalten (OLG Brandenburg Rpfleger 2016, 558). S. dazu Riege, Die Einsicht von Versorgungsunternehmen in das elektronische GB, Rpfleger 2017, 57.

5. Gegenstand und Umfang der Einsicht

Der Einsicht unterliegen nach Abs. 1 das GB einschließlich des früheren, **17** nach Umschreibung geschlossenen GB (Wolfsteiner Rpfleger 1993, 273), die zur Ergänzung einer Eintragung in Bezug genommenen Urkunden sowie die noch nicht erledigten EintrAnträge; das Einsichtsrecht erstreckt sich auch auf die im Sinn des § 13 Abs. 2 Satz 2 eingegangenen EintrAnträge, die noch nicht zu den Grundakten gelangt sind. Auf Grund der Ermächtigung des durch das Ges. v. 19.4.2006 (BGBl. I 866, 878) aufgehobenen § 142 ist durch § 46 GBV auch der übrige Inhalt der Grundakten der Einsicht unterstellt worden; eine entsprechende Ermächtigung enthält jetzt der durch das genannte Ges. v. 19.4.2006 neu gefasste § 12 Abs. 3 Nr. 1. Die Grundakten können danach auch insoweit eingesehen werden, als ihr Inhalt keinen unmittelbaren Bezug zu einer GBEintragung hat (vgl. dazu OLG Stuttgart BWNotZ 1998, 145). Zur Einsicht in die sonstigen Verzeichnisse des GBAmts s. Rn. 2.

Das Recht auf Einsicht reicht so weit, wie ein berechtigtes Interesse **18** dargetan ist; bei der Einsicht durch öffentliche Behörden oder Notare (s. Rn. 15) ist das Verlangen der Behörde oder des Notars maßgebend; dasselbe gilt bei der Einsicht durch öffentlich bestellte Vermessungsingenieure und dinglich Berechtigte, die allerdings auf die Einsicht in das GB des betreffenden Grundstücks beschränkt sind. Sofern zur Befriedigung des dargelegten berechtigten Interesses keine weitergehende Einsicht erforderlich ist, kann das Einsichtsrecht auf Teile des GB (z.B. eine einzelne Eintragung oder das Bestandsverzeichnis und die Abt. I: LG Mannheim Rpfleger 1992, 246) oder der Grundakten (OLG Zweibrücken NJW 1989, 531) beschränkt sein; in einem solchen Fall kann es sich auch nur auf das GB unter Ausschluss der Grundakten erstrecken oder umgekehrt, ferner nur auf das aktuelle GB oder nur auf das frühere, nach Umschreibung geschlossene GBBlatt (vgl. dazu BGH FGPrax 2019, 97).

Zur Einsicht, wenn geschlossene Grundbücher und Grundakten auf einen Bild- oder sonstigen Datenträger übertragen und die Originale vom GBAmt oder einer anderen Stelle aufbewahrt werden, s. § 12b Rn. 2, 3.

6. Ausübung des Rechts auf Einsicht

a) Antrag. Für eine beabsichtigte Einsicht in das GB muss das Grund- **19** stück bezeichnet werden, auf das sich das Einsichtsbegehren bezieht. Soll Einsicht in das GB sämtlicher einer bestimmten Person zugeordneten Grundstücke im Bezirk des GBAmts genommen werden, kann die Bezeichnung dieser Person genügen (KG FGPrax 2019, 150). Das Verlangen auf Einsicht bedarf keiner besonderen Form. Das betroffene Grundstück muss eindeutig bezeichnet werden. § 28 ist aber nicht anzuwenden.

b) Vertretung. Das Recht auf Einsicht kann in dem dargelegten Umfang persönlich oder durch einen Bevollmächtigten ausgeübt werden (KGJ 22, 122; KG JW 1936, 2342); im letzteren Fall ist das berechtigte Interesse des Vertretenen maßgebend. Bevollmächtigt werden kann auch, wer nicht gemäß § 10 Abs. 2 FamFG vertretungsbefugt ist (s. § 15 Rn. 2.2).

Die Vollmacht ist schriftlich zu den Gerichtsakten einzureichen. Das GBAmt hat den Mangel der Vollmacht von Amts wegen zu berücksichtigen, es sei denn, als Bevollmächtigter tritt ein Rechtsanwalt oder Notar auf. Der Mangel der Vollmacht kann in jeder Lage des Verfahrens geltend gemacht werden (§ 11 FamFG; s. § 1 Rn. 54). Dem Bevollmächtigten ist die Einsicht zu verweigern, wenn der begründete Verdacht besteht, dass er statt des berechtigten Interesses seines Auftraggebers sein eigenes unberechtigtes Interesse oder das Interesse Dritter wahrnehmen werde (OLG Stuttgart FGPrax 2019, 171). Bloße Bedenken gegen die Zuverlässigkeit des Bevollmächtigten berechtigen das GBAmt noch nicht dazu, die Einsicht zu verweigern (KG JW 1936, 2342).

20   **c) Art und Ort der Einsichtnahme.** Die Einsicht wird in der Weise gewährt, dass das GBBlatt von dem zuständigen Bediensteten des GBAmts auf dem Bildschirm aufgerufen und Einsicht in den Bildschirminhalt genommen wird. Die Einsicht kann aber auch durch Einsicht in einen GBAusdruck gewährt werden (§ 79 Abs. 1 Satz 1, Abs. 2 GBV). Einsicht des GB und der Grundakten hat in den Diensträumen des GBAmts zu geschehen und zwar während der Dienststunden (§ 2 GeschO) sowie in Anwesenheit eines Bediensteten des GBAmts (§ 12 Abs. 5, § 16 GeschO, Nr. 3.4.1.1 BayGBGA). Grundbücher dürfen nicht zur Einsicht an einer anderen Stelle herausgegeben werden (§ 13 GeschO); eine Versendung von Grundakten ist nur ausnahmsweise statthaft (§ 17 GeschO, Nr. 2.1 BayGBGA). Das GBAmt ist nicht verpflichtet, einem Rechtsanwalt die Grundakten zur Einsichtnahme in seinem Büro zu überlassen (OLG Hamm FGPrax 2013, 105). Ein Notar hat keinen mit der Sachbeschwerde verfolgbaren Rechtsanspruch darauf, dass ihm die Einsicht der Grundakten durch deren Versendung an das Amtsgericht seines Amtssitzes vermittelt wird; über einen entsprechenden Antrag ist daher im Justizverwaltungsweg zu entscheiden (JFG 18, 283).

In das maschinell geführte GB kann auch bei einem anderen als dem grundbuchführenden GBAmt Einsicht genommen werden (§ 79 Abs. 3 GBV). Zuständig für die Entscheidung über die Zulässigkeit der Einsicht ist das GBAmt, bei dem die Einsicht genommen werden soll (§ 132). Beim maschinell geführten GB kommt ferner eine GBEinsicht im Rahmen eines automatisierten Abrufverfahrens in Betracht (s. hierzu § 133). Entsprechendes gilt für die Einsicht in die elektronisch geführte Grundakte (§ 139 Abs. 2, 3).

21   **d) Fotografien.** Das Recht auf Einsicht schließt die Befugnis des Berechtigten ein, sich selbst Abschriften aus dem GB oder den Grundakten zu fertigen (KG DNotZ 1933, 371). Dies kann auch unter Benutzung einer Schreibhilfe in der Weise geschehen, dass die Schreibhilfe in Gegenwart und auf Anweisung des Berechtigten unmittelbar die Abschrift herstellt; eine Beeinträchtigung des Geschäftsbetriebs darf hierdurch nicht eintreten (KG DNotZ 1933, 371). Das Recht des Berechtigten, selbst Abschriften zu ferti-

gen und zu bestimmen, wie er dies bewerkstelligt, erlaubt auch den Einsatz technischer Hilfsmittel. Zulässig ist es, das Papiergrundbuch und beim maschinell geführten GB das auf dem Bildschirm aufgerufene GBBlatt (s. § 132 Rn. 2) zu fotografieren. Auch hier gilt, dass der Geschäftsbetrieb des GBAmts dadurch nicht gestört werden darf (OLG Schleswig SchlHA 2010, 407; KG Rpfleger 2011, 266).

e) Abschriften. Soweit das Recht auf Einsicht reicht, können auch einfa- **22** che oder beglaubigte Abschriften aus dem GB oder den Grundakten, beim maschinell geführten GB und bei der elektronisch geführten Grundakte Ausdrucke oder amtliche Ausdrucke (vgl. §§ 131, 139 Abs. 1), verlangt werden (§ 12 Abs. 2 GBO; §§ 43, 46 Abs. 3, § 79 Abs. 4 GBV). Zulässig ist auch die Erteilung einer beglaubigten (nicht einfachen: KG FGPrax 2016, 104) Abschrift eines Teils des GBBlatts, z. B. einer einzelnen Abteilung oder einer bestimmten Eintragung (§ 45 Abs. 1 und 2 GBV), nicht dagegen die Herstellung eines abgekürzten Auszugs aus dem Inhalt des GB, der die Eintragungen nicht vollständig, sondern nur verkürzt wiedergibt (§ 45 Abs. 3 Satz 2 GBV). Abschriften werden in aller Regel als Ablichtungen hergestellt.

7. Zuständigkeit und Verfahren

a) Urkundsbeamter. Über die Gestattung der Einsicht und die Ertei- **23** lung von Abschriften aus dem GB und den Grundakten, beim maschinell geführten GB und der elektronische geführten Grundakte von Ausdrucken (vgl. §§ 131, 139 Abs. 1), sowie die Gewährung der Einsicht in ein Verzeichnis des GBAmts entscheidet der Urkundsbeamte der Geschäftsstelle (§ 12c Abs. 1 Nr. 1, 2). Wird eine Änderung der Entscheidung verlangt, von dem Urkundsbeamten aber abgelehnt, so entscheidet der Rpfleger; erst gegen dessen Entscheidung ist die Beschwerde zulässig (§ 12c Abs. 4 GBO und Rn. 31 sowie § 12c Rn. 11). Über die Gestattung der Einsicht zu wissenschaftlichen oder Forschungszwecken entscheidet nach § 35 GeschO, Nr. 3.4.3 BayGBGA der Gerichtsvorstand (vgl. § 12c Abs. 1 Nr. 1). Soweit im Gebiet der ehemaligen DDR Grundakten und frühere Grundbücher von anderen als den grundbuchführenden Stellen aufbewahrt werden (vgl. § 12b Abs. 2), entscheidet über die Einsicht und die Erteilung von Abschriften die Leitung der Stelle oder ein von ihr hierzu ermächtigter Bediensteter (§ 12c Abs. 5).

Wegen der Zuständigkeit zur Auskunftserteilung s. Rn. 28; zur Zuständigkeit für die Gestattung der GBEinsicht durch Versorgungsunternehmen in allgemeiner Form sowie zur Gewährung von Einsicht in das von einem anderen GBAmt geführte GB s. § 12c Rn. 4. Zur Zuständigkeit der Ratschreiber in Baden-Württemberg ab 1.1.2018 s. § 149 Rn. 4. Zur Zuständigkeit der Notare s. Rn. 31.

b) Rechtliches Gehör. Vor der Entscheidung ist dem Grundstückseigen- **24** tümer kein rechtliches Gehör zu gewähren (BGH Rpfleger 1981, 287; a. M. Maaß in Bauer/Schaub Rn. 80; zweifelnd BayObLG NJW 1993, 1142). Dies gilt grundsätzlich auch dann, wenn die Presse GBEinsicht begehrt (BVerfG Rpfleger 2001, 15; OLG Düsseldorf NJW 2016, 89, anders noch Rpfleger 1992, 18; vgl. Nr. 3.4.4 BayGBGA; a. M. OLG Hamm Rpfleger 1988, 473).

8. Erteilung von Abschriften

25   **a) Farbliche Eintragungen.** Abschriften können einfache oder beglaubigte sein. Beim maschinell geführten GB treten an ihre Stelle der Ausdruck und der amtliche Ausdruck; s. dazu § 131 GBO, § 78 GBV. Bei der Abschrift kommt es nicht auf die optische, sondern nur auf die inhaltliche Identität mit dem GB oder den Grundakten an. Weisen in den Grundakten enthaltene Urkunden, von denen eine Abschrift verlangt wird, farbliche Eintragungen auf, müssen diese in der Abschrift in gleicher Weise farblich wiedergegeben werden (OLG Saarbrücken FGPrax 2007, 65 mit Anm. v. Munzig MittBay-Not 2007, 495). Auf einfachen Abschriften ist der Tag anzugeben, an dem sie gefertigt sind; der Vermerk ist nicht zu unterzeichnen (§ 44 Abs. 3 GBV).

26   **b) Beglaubigung.** Für die Beglaubigung von Abschriften aus dem GB ist der Urkundsbeamte der Geschäftsstelle zuständig, auch soweit ihm die Entscheidung über die Erteilung nicht zusteht (vgl. § 12c Abs. 1 Nr. 1); die Beglaubigung kann aber auch von einem von der Leitung des Amtsgerichts ermächtigten Justizangestellten vorgenommen werden (§ 12c Abs. 2 Nr. 1). Die Verbindung mehrerer Blätter einer beglaubigten GBAbschrift mit Schnur und Siegel sieht das Bundesrecht nicht vor (BayObLG 1982, 31). Für die Beglaubigung von Abschriften aus den Grundakten gilt anders als nach dem früheren § 4 Abs. 2a AusfVO dasselbe (a. M. Maaß in Bauer/Schaub Rn. 68).

27   **c) Gelöschte Eintragungen.** Von gelöschten Eintragungen wird in einfache oder beglaubigte GBAbschriften nur die laufende Nummer mit dem Vermerk „Gelöscht" aufgenommen; dies gilt jedoch nicht, wenn ihre Aufnahme in vollem Wortlaut beantragt ist oder soweit die Abschrift durch Ablichtung hergestellt wird (§ 44 Abs. 4 GBV). Die Bestätigung oder Ergänzung früher gefertigter GBAbschriften ist zulässig, eine Ergänzung soll aber unter bestimmten Voraussetzungen unterbleiben (§ 44 Abs. 2 GBV). Über die Erteilung einer beglaubigten Abschrift eines Teils des GBBlatts s. § 45 GBV und Rn. 22.

9. Erteilung von Auskünften

28   **a) Verpflichtung.** Zur Erteilung von Auskünften über den Inhalt des GB, der Grundakten oder von Verzeichnissen des GBAmts ist das GBAmt nur auf Grund besonderer gesetzlicher Vorschrift verpflichtet (§ 45 Abs. 3 Satz 1 GBV). In Betracht kommen die Fälle des § 45 Abs. 2 Satz 2 GBV sowie des § 17 Abs. 2, § 19 Abs. 2 ZVG (s. dazu RG 157, 95); zuständig zur Auskunfterteilung ist der Urkundsbeamte der Geschäftsstelle (§ 12c Abs. 1 Nr. 3). Zur Auskunft aus dem Eigentümerverzeichnis (zu diesem s. für Bayern § 21 Abs. 7 AktO v. 13.12.1983, JMBl. 1984, 13, neu gefasst durch Bek. v. 30.5.2007, JMBl. 54) war das GBAmt bis zur Einfügung des § 12a durch das RegVBG nicht auf Grund besonderer gesetzlicher Vorschrift verpflichtet (KG Rpfleger 1986, 299). Nach § 12a Abs. 1 Satz 3 ist nunmehr aus dem

Eigentümerverzeichnis oder sonstigen Verzeichnissen des GBAmts, sofern sie öffentlich zugänglich gemacht sind, unter bestimmten Voraussetzungen Auskunft zu erteilen; zuständig hierfür ist der Urkundsbeamte der Geschäftsstelle (§ 12c Abs. 1 Nr. 2). Auch Behörden gegenüber besteht darüber hinaus auf Grund des GBRechts keine Auskunftspflicht; jedoch kann sich eine solche aus der in Art. 35 GG festgelegten allgemeinen Verpflichtung zur Amtshilfe ergeben (KGJ 23, 213; BayObLG 1967, 351).

b) Berechtigung. Dagegen ist das GBAmt zur Erteilung von Auskünften **29** berechtigt; die Auskunfterteilung wird, wenn sie keine Schwierigkeiten bereitet, vielfach ein nobile officium sein (KGJ 21, 273; BayObLG 1967, 352). Untersagt ist gemäß § 45 Abs. 3 Satz 2 GBV die Erteilung abgekürzter GBAuszüge (s. Rn. 22). Wird eine unrichtige Auskunft erteilt, so kann sich hieraus ein Schadensersatzanspruch gegen den Staat ergeben (RG Warn. 1914 Nr. 81). S. hierzu aber auch § 12a Abs. 1 Satz 2 Halbsatz 2.

10. Protokollierung

§ 12 Abs. 4 verpflichtet das GBAmt über Einsichten in Grundbücher und **30** Grundakten sowie über die Erteilung von Abschriften aus diesen ein Protokoll zu führen, das nach Ablauf von zwei Jahren vernichtet werden kann. Weil der Grundstückseigentümer vor der Gewährung von Einsicht durch Dritte nicht angehört werden muss (s. Rn. 24) und ihm auch kein Beschwerderecht gegen die Gewährung der Einsicht zusteht (s. Rn. 35), wird ihm die Möglichkeit eingeräumt, wenigstens nachträglich von einer Einsichtnahme zu erfahren. Der Grundstückseigentümer kann daher verlangen, dass ihm Auskunft aus dem Protokoll erteilt wird. Der Auskunftsanspruch erfasst auch das Protokoll über die Einsichtnahme in die Grundakte und die Erteilung von Abschriften aus dem GB oder der Grundakte. Eine Protokollierung unterbleibt, wenn der Grundstückseigentümer selbst Einsicht nimmt oder eine Abschrift verlangt. Dies gilt nicht, wenn dabei ein Dritter als sein Bevollmächtigter auftritt. In diesem Fall bedarf es aber nicht der Angaben über den Umfang der Einsichtnahme und die Beschreibung des berechtigten Interesses. Eine Protokollierungspflicht besteht nicht, wenn eine begehrte Einsicht abgelehnt wird.

Die näheren **Einzelheiten** regelt § 46a GBV:

- Nach Abs. 5 ist für die Führung des Protokolls und die Erteilung von Auskunft aus diesem der Urkundsbeamte der Geschäftsstelle des GBAmts zuständig, bei dem das betroffene GBBlatt geführt wird. Diese Zuständigkeit besteht auch dann, wenn die Einsicht gemäß § 132 von einem anderen GBAmt gewährt wird. Dieses hat dem zuständigen GBAmt die zur Erstellung des Protokolls erforderlichen Daten mitzuteilen.
- Welche Daten in das Protokoll aufzunehmen sind, bestimmt Abs. 1.
- Mit der Auskunft darüber, wer Einsicht in das GB genommen hat, befasst sich Abs. 2.
- Über die GBEinsicht durch eine Strafverfolgungsbehörde, eine Verfassungsschutzbehörde, den Bundesnachrichtendienst, den Militärischen Abschirmdienst oder die Zentralstelle für Finanztransaktionsuntersuchungen ist nur in beschränktem Umfang Auskunft zu erteilen (Abs. 3 und 3a).

- Die Dauer der Aufbewahrung des Protokolls und die Löschung der Daten regelt Abs. 4.

Die Vorschriften über die Protokollierung (§ 12 Abs. 4, § 12a Abs. 3 GBO) traten am 1.10.2014 in Kraft. In Baden-Württemberg sind sie erst ab 1.1.2018 anzuwenden (§ 149 Abs. 3 GBO in der bis 1.1.2018 geltenden Fassung; § 1 VO v. 29.7.2014, GBl. 382). S. zum Ganzen Böhringer Rpfleger 2014, 401.

11. Zuständigkeit der Notare

31 **a) Voraussetzungen.** Nach Abs. 1 des durch das Ges. zur Übertragung von Aufgaben im Bereich der freiwilligen Gerichtsbarkeit auf Notare vom 26.6.2013 (BGBl. I 1800) eingefügten § 133a dürfen Notare auch dann, wenn dies nicht der Vorbereitung oder Ausführung eines sonstigen Amtsgeschäfts dient, den Inhalt des GB mitteilen und einen GBAbdruck erteilen (so genannte isolierte GBEinsicht). Voraussetzung ist, dass dem Notar ein berechtigtes Interesse dargelegt wird. Nicht zulässig ist jedoch gemäß § 133a Abs. 2 die Mitteilung des GBInhalts im öffentlichen Interesse oder zu wissenschaftlichen oder Forschungszwecken; dies bleibt dem GBAmt oder der Justizverwaltung vorbehalten (s. dazu Rn. 10, 11). Den Ländern steht es frei, durch Rechtsverordnung zu bestimmen, dass durch Notare der Inhalt der Grundbücher des betreffenden Landes nicht mitgeteilt werden darf. Dies gilt aber nicht, wenn die Mitteilung der Vorbereitung oder Ausführung eines sonstigen Amtsgeschäfts dient (§ 133a Abs. 5). Vor der Mitteilung des GBInhalts oder Erteilung eines GBAbdrucks an Dritte muss der Notar dem Grundstückseigentümer kein rechtliches Gehör gewähren (s. Rn. 24).

Wie das GBAmt (s. Rn. 20) kann auch der Notar Einsicht entweder in das auf einem Bildschirm wiedergegebene GBBlatt (a. M. Mai notar 2015, 98) oder in einen von ihm hergestellten GBAbdruck gewähren.

32 **b) Abdruck.** Erstellt der Notar einen GBAbdruck, ist dieser mit dem Datum des Abrufs der GBDaten zu versehen. Dies dient der Feststellung der Aktualität des Abdrucks. Auf diesem ist außerdem die Aufschrift „Abdruck" abzubringen. Wird der Abdruck als „beglaubigter Ausdruck" gekennzeichnet und mit einem von dem Notar unterschriebenen Beglaubigungsvermerk und dem Amtssiegel des Notars versehen, steht er einem amtlichen Ausdruck gleich. Der Ausdruck kann dem Antragsteller auch elektronisch übermittelt werden (§ 85 GBV).

33 **c) Protokollierung.** Um die Rechtmäßigkeit der Mitteilung des GBInhalts, auch in der Form der Erteilung eines Abdrucks, überprüfen zu können, ist der Notar verpflichtet, darüber ein Protokoll zu führen. Der Grundstückseigentümer oder Inhaber eines grundstücksgleichen Rechts kann von dem Notar Auskunft aus dem Protokoll verlangen (§ 133a Abs. 3). Dieses Auskunftsrecht wird häufig daran scheitern, dass der Grundstückseigentümer in der Regel nicht weiß, ob ein Notar und welcher Einsicht in das GB gewährt oder einen Abdruck daraus erteilt hat. Eine Unterrichtung des GBAmts von der gewährten Einsicht sieht die gesetzliche Regelung nicht vor; zu dessen Unterrichtung von der Einsichtsgewährung durch ein anderes GBAmt s.

Rn. 30. Eine Protokollierung erübrigt sich, wenn die Mitteilung des GBInhalts der Vorbereitung oder Ausführung eines sonstigen Amtsgeschäfts des Notars dient oder der GBInhalt dem auskunftsberechtigten Grundstückseigentümer mitgeteilt wird (§ 133a Abs. 4). Welche Daten in das Protokoll aufzunehmen sind, ergibt sich aus § 85a Abs. 1 GBV. Das Protokoll dient nur der Unterrichtung des Auskunftsberechtigten und zur Überprüfung der Rechtmäßigkeit der Mitteilung des GBInhalts. Zu anderen Zwecken darf es nicht verwendet werden (§ 85a Abs. 2 Satz 1 GBV). Die Daten sind gegen zweckfremde Nutzung und sonstigen Missbrauch zuschützen. Die Dauer der Aufbewahrung bis zur Vernichtung des Protokolls bestimmt § 83 Abs. 3 GBV (§ 85a Abs. 2 Satz 2 GBV).

12. Rechtsmittel

a) Entscheidung des GBAmts. Gegen die Versagung der Einsicht oder **34** der Erteilung von Abschriften (Ausdrucken) ist, sofern der Rpfleger bereits entschieden hat (s. Rn. 24 und § 12c Rn. 11), die Beschwerde nach §§ 71 ff. zulässig. Voraussetzung ist jedoch, dass die Versagung auf Gründen des sachlichen oder des Verfahrensrechts, nicht nur auf verwaltungsmäßigen Erwägungen beruht; sonst ist lediglich die Dienstaufsichtsbeschwerde gegeben (JFG 18, 283; s. auch Rn. 20). Beschwerdeberechtigt ist nur der Antragsteller. Ein Beteiligter kann mangels Vorhandenseins einer Rechtsnorm im Weg der Sachbeschwerde nicht verlangen, dass mehrere Blätter einer beglaubigten GBAbschrift mit Schnur und Siegel verbunden werden (BayObLG 1982, 29).

Gegen die Gestattung der Einsicht oder die Erteilung von Abschriften **35** (Ausdrucken) steht dem Grundstückseigentümer oder einem sonstigen aus dem GB ersichtlichen dinglich Berechtigten ein Beschwerderecht auch dann nicht zu, wenn die Einsicht noch nicht genommen oder die Abschrift noch nicht herausgegeben ist (BGH Rpfleger 1981, 287; a. M. Maaß in Bauer/Schaub Rn. 81; zweifelnd BayObLG NJW 1993, 1142). Auch aus dem informationellen Selbstbestimmungsrecht (BVerfG NJW 1984, 422) kann ein Beschwerderecht nicht hergeleitet werden (OLG Stuttgart Rpfleger 1992, 247; OLG Hamburg ZMR 2008, 814). In Betracht kommen aber Schadensersatzansprüche wegen Amtspflichtverletzung. Rechtliches Gehör wird vor der Entscheidung nicht gewährt (s. Rn. 24). Zum Recht auf Auskunft aus dem über jede GBEinsicht zu führenden Protokoll s. Rn. 30, 35.

Gegen die Verweigerung einer Auskunft, die das GBAmt auf Grund be- **36** sonderer Vorschrift zu erteilen hat, ist die Beschwerde nach §§ 71 ff. zulässig; im Übrigen ist gegen die Verweigerung einer Auskunft nur die Dienstaufsichtsbeschwerde gegeben (KGJ 21, 273; 23, 213; BayObLG 1967, 352).

Die GBBeschwerde gem. §§ 71 ff. ist auch dann gegeben, wenn im Gebiet **37** der ehemaligen DDR über die Einsicht in nicht vom GBAmt aufbewahrte frühere Grundbücher oder Grundakten oder die Erteilung von Abschriften daraus (vgl. § 12b Abs. 2) gem. § 12c Abs. 5 Satz 1 die Leitung der aufbewahrenden Stelle oder ein von ihr hierzu ermächtigter Bediensteter entschieden hat; örtlich zuständig ist das OLG, in dessen Bezirk die Stelle ihren Sitz hat (§ 12c Abs. 5 Satz 2, 3).

38　　**b) Entscheidung des Notars.** Eine Tätigkeit nach § 133a Abs. 1 gehört nicht zu den Pflichtaufgaben des Notars. Vielmehr handelt es sich um eine sonstige Betreuungstätigkeit auf dem Gebiet der vorsorgenden Rechtspflege. Gegen die Versagung einer Mitteilung des GBInhalts oder der Erteilung eines GBAbdrucks ist gemäß § 15 Abs. 2 BNotO die Beschwerde zum Landgericht gegeben, das im Verfahren nach dem FamFG entscheidet. Beruht die Ablehnung darauf, dass der Notar ein berechtigtes Interesse verneint, hat sich die Überprüfung des Beschwerdegerichts darauf zu beschränken, ob der Rechtsbegriff des berechtigten Interesses in einer Weise verkannt wurde, dass sich die Entscheidung des Notars als willkürliche Verweigerung der Amtstätigkeit darstellt. Belässt es das Beschwerdegericht bei der ablehnenden Entscheidung des Notars, steht es dem Antragsteller frei, seinen Antrag beim GBAmt anzubringen. Damit ist sichergestellt, dass in dem für GBSachen vorgesehenen Rechtsmittelzug eine Klärung herbeigeführt wird.

Bei einer stattgebenden Entscheidung des Notars ist gegen die Mitteilung des GBInhalts oder die Erteilung eines GBAbdrucks ebenso wenig wie bei einer stattgebenden Entscheidung des GBAmts ein Beschwerderecht gegeben (s. Rn. 35).

13. Kosten

39　　**a) GBAmt.** Die GBEinsicht ist gebührenfrei. Dasselbe gilt für die Einsicht der Grundakten und für die Erteilung einer Auskunft aus dem Protokoll über eine Einsicht. Auch für die Ablehnung einer Einsicht oder Auskunft wird keine Gebühr erhoben. Für selbst gefertigte Abschriften fallen auch dann keine Gebühren an, wenn dazu technische Hilfsmittel eingesetzt werden (s. Rn. 21). Dagegen wird für einfache, vom GBAmt gefertigte Kopien aus dem GB eine Gebühr von 10 EUR erhoben und für beglaubigte Kopien eine solche von 20 EUR. Dieselbe Gebühr wird für die Ergänzung oder Bestätigung einer Abschrift erhoben. Neben der Gebühr wird die Dokumentenpauschale nicht erhoben. Frei von Gebühren und Auslagen ist die Erteilung von Kopien, Auskünften und Mitteilungen nach § 19 Abs. 2, 3 ZVG (Nr. 17000 und 17001 GNotKG-KV). Für beglaubigte Kopien aus den Grundakten gilt Nr. 31000 GNotKG-KV.

Entsprechendes gilt beim maschinell geführten GB, bei dem an die Stelle der Kopie der Ausdruck und an die Stelle der beglaubigten Kopie der amtliche Ausdruck tritt (vgl. § 131). Für die Einrichtung und Nutzung des automatisierten Abrufverfahrens werden Gebühren nach Teil 1 Hauptabschnitt 1 Abschnitt 5 des Kostenverzeichnisses zum JVKostG erhoben (s. § 133 Rn. 27).

40　　**b) Notar.** Der Notar erhält für die Einsicht des GB eine Gebühr von 15 EUR, es sei denn, die Einsicht hängt mit einem gebührenpflichtigen Verfahren oder Geschäft zusammen (Nr. 25209 GNotKG-KV). Für die Erteilung oder Ergänzung eines GBAbdrucks erhält der Notar eine Gebühr von 10 EUR und für die eines beglaubigten Abdrucks von 15 EUR. Daneben wird keine Dokumentenpauschale erhoben (Nr. 25210 und 25211 GNotKG-KV). Wird anstelle eines Abdrucks die elektronische Übermittlung einer Datei beantragt, fällt eine Gebühr nach Nr. 25212 oder 25213 GNotKG-KV an.

Zur kostenmäßigen Behandlung eines automatisierten Abrufs von Daten aus dem maschinell geführten GB s. § 133 Rn. 28.

Verzeichnisse des Grundbuchamts

12a (1) **Die Grundbuchämter dürfen auch ein Verzeichnis der Eigentümer und der Grundstücke sowie mit Genehmigung der Landesjustizverwaltung weitere, für die Führung des Grundbuchs erforderliche Verzeichnisse einrichten und, auch in maschineller Form, führen. Eine Verpflichtung, diese Verzeichnisse auf dem neuesten Stand zu halten, besteht nicht; eine Haftung bei nicht richtiger Auskunft besteht nicht. Aus öffentlich zugänglich gemachten Verzeichnissen dieser Art sind Auskünfte zu erteilen, soweit ein solches Verzeichnis der Auffindung der Grundbuchblätter dient, zur Einsicht in das Grundbuch oder für den Antrag auf Erteilung von Abschriften erforderlich ist und die Voraussetzungen für die Einsicht in das Grundbuch gegeben sind. Unter den Voraussetzungen des § 12 kann Auskunft aus Verzeichnissen nach Satz 1 auch gewährt werden, wenn damit die Einsicht in das Grundbuch entbehrlich wird. Inländischen Gerichten, Behörden und Notaren kann auch die Einsicht in den entsprechenden Teil des Verzeichnisses gewährt werden. Ein Anspruch auf Erteilung von Abschriften aus dem Verzeichnis besteht nicht. Für maschinell geführte Verzeichnisse gelten § 126 Abs. 2 und § 133 entsprechend.**

(2) **Als Verzeichnis im Sinne des Absatzes 1 kann mit Genehmigung der Landesjustizverwaltung auch das Liegenschaftskataster verwendet werden.**

(3) **Über Einsichten in Verzeichnisse nach Absatz 1 oder die Erteilung von Auskünften aus solchen Verzeichnissen, durch die personenbezogene Daten bekanntgegeben werden, ist ein Protokoll zu führen. § 12 Absatz 4 Satz 2 bis 4 gilt entsprechend.**

1. Art der Verzeichnisse

§ 12a wurde durch das RegVBG eingefügt. Abs. 3 wurde durch das Da- **1** BaGG mit Wirkung vom 1.10.2014 angefügt.

Abs. 1 Satz 1 schafft eine gesetzliche Grundlage für die bereits bisher von den GBÄmtern auf Grund der AktO geführten Verzeichnisse, nämlich das Eigentümer- und das Grundstücksverzeichnis (s. hierzu § 1 Rn. 108). Darüber hinaus darf das GBAmt weitere für die GBFührung erforderliche Verzeichnisse einrichten und führen; Voraussetzung hierfür ist jedoch die Genehmigung der Landesjustizverwaltung. Mit einer solchen Genehmigung kann auch das Liegenschaftskataster als Verzeichnis verwendet werden (§ 12a Abs. 2).

Das Eigentümerverzeichnis führt in alphabetischer Ordnung alle Grund- **2** stückseigentümer und WEigentümer unter Angabe des zugehörigen GBBlatts auf; das Verzeichnis erleichtert die GBEinsicht in den Fällen, in denen der Name des Eigentümers, nicht aber die Nummer des GBBlatts bekannt ist. Entsprechendes gilt für das Grundstücksverzeichnis, das nicht nur Grundstücke, sondern auch grundstücksgleiche Rechte und WEigentumsrechte umfasst. Das Eigentümerverzeichnis dient ebenso wie das Grundstücksverzeichnis und andere Verzeichnisse, z. B. das Wohnungsblatt (Beteiligtendatenbank) oder ein Verzeichnis über die Vormerkungsberechtigten oder die noch nicht erledigten EintrAnträge (Markentabelle), in erster Linie dem GBAmt bei der GBFührung.

2. Führung der Verzeichnisse

3 Die Verzeichnisse können in Papierform oder in maschineller Form geführt werden (§ 12a Abs. 1 Satz 1). Eine maschinelle Führung ist auch dann zulässig, wenn das GB selbst noch in Papierform geführt wird. Sie bedarf in jedem Fall der Genehmigung durch die Landesjustizverwaltung; im Übrigen können das Eigentümerverzeichnis und das Grundstücksverzeichnis auf Anordnung des Behördenleiters in Karteiform, in Loseblattform oder in Buchform geführt werden (vgl. für Bayern § 2 Abs. 7, 8 AktO v. 13.12.1983, JMBl. 1984, 13; Nr. 2.3.1 GBGA). Wird ein Verzeichnis maschinell geführt, gelten § 126 Abs. 2 und § 133 entsprechend (§ 12a Abs. 1 Satz 7):

Das vom GBAmt **maschinell geführte Verzeichnis** kann auch von den zur Führung des Liegenschaftskatasters zuständigen Stellen genutzt werden, soweit dies zur Katasterführung erforderlich ist; umgekehrt kann das GBAmt auch ein dort vorgehaltenes Verzeichnis gleicher Art nutzen. Im Übrigen gelten für die Einrichtung eines automatisierten Verfahrens zum Abruf von Daten aus einem maschinell geführten Verzeichnis die für das maschinell geführte GB aufgestellten Anforderungen entsprechend (s. dazu Nr. 2.3.2 BayGBGA).

3. Aktualisierung der Verzeichnisse

4 § 12a Abs. 1 Satz 2 entbindet das GBAmt von der Verpflichtung, die bei ihm eingerichteten Verzeichnisse stets auf dem neuesten Stand zu halten. Eine solche Verpflichtung würde das GBAmt erheblich belasten; gleichwohl wird bei einer maschinellen Führung eines Verzeichnisses in aller Regel gewährleistet sein, dass das Verzeichnis auf dem neuesten Stand ist. Durch die Bestimmung werden Amtshaftungsansprüche für den Fall ausgeschlossen, dass sich jemand auf den Inhalt eines Verzeichnisses verlässt, das nicht den aktuellen Stand wiedergibt. Dem kommt wegen der Verpflichtung des GBAmts zur Auskunftserteilung (§ 12a Abs. 1 Satz 3) erhebliche Bedeutung zu.

4. Auskunft und Einsicht

5 Es liegt in der Hand des GBAmts, ob es ein Verzeichnis nur für den eigenen Gebrauch einrichtet oder dieses darüber hinaus öffentlich zugänglich macht; letzteres ist noch nicht der Fall, wenn lediglich anderen Behörden der Zugang eröffnet wird. Die Anträge auf Auskunft aus einem Verzeichnis und auf Einsicht in ein solches betreffen verschiedene Verfahrensgegenstände, so dass im Rechtsmittelverfahren nicht von einem auf den anderen übergegangen werden kann (KG FGPrax 1997, 87).

a) Auskunft. Ein Anspruch auf Auskunft aus einem Verzeichnis besteht **6** gem. § 12a Abs. 1 Satz 3 nur dann, wenn folgende Voraussetzungen erfüllt werden:

- Das Verzeichnis muss öffentlich zugänglich gemacht sein; ist dies geschehen, kann der Vorgang wieder rückgängig gemacht werden, z. B. dann, wenn sich zeigen sollte, dass durch den starken Zugang zu dem Verzeichnis der Dienstbetrieb gestört wird. Ein öffentlich zugänglich gemachtes Verzeichnis kann aber nur allgemein wieder „geschlossen" werden und nicht nur für einen Einzelfall.
- Die Auskunft muss der Auffindung eines GBBlatts dienen; dies wird beim Eigentümerverzeichnis regelmäßig der Fall sein.
- Die Auskunft muss erforderlich sein, um in das GB Einsicht nehmen oder die Erteilung von Abschriften daraus verlangen zu können.
- Es müssen die Voraussetzungen für eine GBEinsicht gegeben, also ein berechtigtes Interesse dargetan sein.

Unabhängig von der Erfüllung dieser Voraussetzungen kann Auskunft **7** auch dann gewährt werden, wenn dadurch eine GBEinsicht entbehrlich wird; dies kann der Fall sein, wenn nur der Eigentümer eines Grundstücks festgestellt werden soll und dies durch eine Auskunft aus dem Grundstücksverzeichnis erreicht wird. Voraussetzung einer Auskunft ist dann nur, dass GBEinsicht verlangt werden kann; es muss also ein berechtigtes Interesse dargetan werden (§ 12a Abs. 1 Satz 4). Verpflichtet ist das GBAmt zur Auskunftserteilung in diesem Fall nicht; es besteht nur eine ermessensfehlerfrei auszuübende Befugnis hierzu (vgl. dazu KG FGPrax 1997, 87).

b) Einsicht. Grundsätzlich kann in die Verzeichnisse des GBAmts nicht **8** Einsicht genommen werden; auch besteht kein Anspruch, dass Abschriften daraus erteilt werden (§ 12a Abs. 1 Satz 6). Vielmehr kommt nur die Erteilung einer Auskunft aus den Verzeichnissen in Betracht. Ausnahmsweise kann jedoch inländischen Gerichten, Behörden und Notaren Einsicht in den entsprechenden Teil des Verzeichnisses gewährt werden (§ 12a Abs. 1 Satz 5). Diese Stellen brauchen bei einer GBEinsicht ein berechtigtes Interesse nicht darzulegen (s. § 12 Rn. 15); dasselbe gilt für die Einsicht in ein Verzeichnis des GBAmts. Ein Anspruch auf Einsicht besteht jedoch nicht; vielmehr liegt es im Ermessen des GBAmts, ob Einsicht gewährt wird (s. dazu Nr. 3.4.1.3 BayGBGA). Eine ermessensfehlerfreie Ausübung der Befugnis, Einsicht zu gewähren, wird jedoch nur ausnahmsweise die Versagung der Einsicht rechtfertigen (LG Berlin Rpfleger 1997, 212). Zur Einsicht in das Eigentümerverzeichnis s. auch Lüke/Dutt Rpfleger 1984, 253, 255.

c) Zuständigkeit. Für die Erteilung einer Auskunft aus einem Verzeich- **9** nis des GBAmts oder die Gewährung von Einsicht ist der Urkundsbeamte der Geschäftsstelle zuständig (§ 12c Abs. 1 Nr. 2).

5. Protokollierung

10   Abs. 3 verpflichtet das GBAmt, über die Einsicht in Verzeichnisse des GBAmt und die Erteilung von Auskünften aus diesen, sofern dadurch personenbezogene Daten bekannt gegeben werden, ein Protokoll zu führen. Für das Protokoll und die Auskunft daraus gelten die gleichen Grundsätze wie bei dem Protokoll über die Einsicht in Grundbücher und Grundakten sowie die Erteilung von Abschriften daraus. S. dazu § 12 Rn. 30. Auch § 46a GBV gilt entsprechend (§ 46a Abs. 6 Satz 2 GBV).

6. Kosten

11   Wie die GBEinsicht ist auch die Erteilung einer Auskunft aus einem Verzeichnis des GBAmts oder die Einsicht in ein solches gebührenfrei. Dasselbe gilt für die Erteilung einer Auskunft aus dem Protokoll über die Einsicht in Verzeichnisse des GBAmts und über die Erteilung von Auskünften daraus. Wird aus einem maschinell geführten Verzeichnis, das der Auffindung der GBBlätter dient, ein Ausdruck erteilt (worauf kein Anspruch besteht: § 12a Abs. 1 Satz 6), wird hierfür keine Gebühr erhoben. In Betracht kommt aber die Erhebung der Dokumentenpauschale gemäß Nr. 31000 GNotKG-KV. Der Abruf von Daten aus einem Verzeichnis gemäß § 12a im automatisierten Abrufverfahren ist gebührenfrei (s. dazu § 133 Rn. 27).

Einsicht in Grundbücher und Grundakten in besonderen Fällen

12b
(1) **Nach der Übertragung von geschlossenen Grundbüchern und Grundakten auf einen Bild- oder sonstigen Datenträger in einem Verfahren nach § 10a Absatz 1 und 2, § 128 Absatz 3 oder § 138 Absatz 1 kann eine Einsicht in die vom Grundbuchamt weiter aufbewahrten Originale nicht mehr verlangt werden. Werden die Originale nach ihrer Aussonderung durch eine andere Stelle als das Grundbuchamt aufbewahrt, bestimmt sich die Einsicht nach Landesrecht.**

(2) **Soweit in dem in Artikel 3 des Einigungsvertrages genannten Gebiet Grundakten und frühere Grundbücher von anderen als den grundbuchführenden Stellen aufbewahrt werden, gilt § 12 entsprechend.**

1. Allgemeines

1   Die Vorschrift wurde durch das RegVBG v. 20.12.1993 (BGBl. I 2182) eingefügt und durch das ERVGBG v. 11.8.2009 (BGBl. I 2713) neu gefasst. Sie regelt die Einsicht in die Originale der auf einem Bild- oder sonstigen Datenträger gespeicherten geschlossenen Grundbücher und Grundakten sowie die Einsicht in Grundakten und alte Grundbücher, die im Gebiet der ehemaligen DDR nicht vom GBAmt aufbewahrt werden.

2. Einsicht in die Originale

2   Werden geschlossene Grundbücher oder Urkunden, die bei den Grundakten aufzubewahren sind, gemäß § 10a Abs. 1, 2, § 128 Abs. 3, § 138 Abs. 1 auf einem Bild- oder sonstigen Datenträger gespeichert und die Originale ausgesondert, so werden diese in der Regel nicht mehr vom GBAmt, sondern von anderen Stellen, vornehmlich einem Archiv, aufbewahrt. Gegenstand der Einsicht gemäß § 12 Abs. 1 ist in diesem Fall der vom GBAmt aufbewahrte **Datenträger,** der an die Stelle des Originals tritt. Dabei muss sichergestellt sein, dass die Daten in angemessener Zeit vom Datenträger in lesbarer Form wiedergegeben werden können (vgl. § 10a Abs. 1 Satz 1).

Die durch die Speicherung auf einem Bild- oder sonstigen Datenträger **3** angestrebte Vereinfachung könnte nicht erreicht werden, wenn Einsicht auch in die **Originale** gestattet würde. Die Einsicht in die Originale der Grundakten und der geschlossenen Grundbücher kann daher gemäß Abs. 1 Satz 1 auch dann nicht verlangt werden, wenn diese weiterhin vom GBAmt aufbewahrt werden. Werden die Originale nach ihrer Aussonderung durch eine andere Stelle als das GBAmt aufbewahrt, bestimmt sich die Einsicht nach Landesrecht (Abs. 1 Satz 2); in Betracht kommen insbes. die landesrechtlichen Archivgesetze. Dieselben Grundsätze gelten für die Erteilung einer Abschrift.

3. Einsicht im Gebiet der ehemaligen DDR

Im Gebiet der ehemaligen DDR sind gem. § 150 Abs. 1 Nr. 1, Abs. 2 zur **4** GBFührung ab 1.1.1995 ausschließlich die GBÄmter zuständig; wegen der Zuständigkeit in der Zeit davor s. § 150 Rn. 3. Grundakten und frühere Grundbücher werden dort vielfach von anderen Stellen als den GBÄmtern aufbewahrt, z. B. von einem Staatsarchiv oder dem GBArchiv in Barby (zur Einrichtung eines zentralen GBArchivs in Berlin durch AV v. 16.12.1991 s. DtZ 1992, 278). In diesen Fällen sind die Vorschriften des GBRechts über die Einsicht in das GB und die Grundakten sowie die Erteilung von Abschriften (§ 12 GBO, aber auch §§ 43 ff. GBV) gemäß Abs. 2 entsprechend anzuwenden.

4. Zuständigkeit und Rechtsmittel

Werden Grundakten oder frühere Grundbücher im Gebiet der ehemali- **5** gen DDR von anderen Stellen als den GBÄmtern aufbewahrt, so ist für die Entscheidung über einen Antrag auf Einsicht oder die Erteilung von Abschriften die aufbewahrende Stelle zuständig; ihre Entscheidung kann mit der GBBeschwerde angefochten werden (§ 12c Abs. 5).

Urkundsbeamter der Geschäftsstelle

12c (1) Der Urkundsbeamte der Geschäftsstelle entscheidet über:

1. **die Gestattung der Einsicht in das Grundbuch oder die in § 12 bezeichneten Akten und Anträge sowie die Erteilung von Abschriften hieraus, soweit nicht Einsicht zu wissenschaftlichen oder Forschungszwecken begehrt wird;**

2. **die Erteilung von Auskünften nach § 12a oder die Gewährung der Einsicht in ein dort bezeichnetes Verzeichnis;**

3. die Erteilung von Auskünften in den sonstigen gesetzlich vorgesehenen Fällen;

4. die Anträge auf Rückgabe von Urkunden und Versendung von Grundakten an inländische Gerichte oder Behörden.

(2) Der Urkundsbeamte der Geschäftsstelle ist ferner zuständig für

1. die Beglaubigung von Abschriften (Absatz 1 Nr. 1), auch soweit ihm die Entscheidung über die Erteilung nicht zusteht; jedoch kann statt des Urkundsbeamten ein von der Leitung des Amtsgerichts ermächtigter Justizangestellter die Beglaubigung vornehmen;

2. die Verfügungen und Eintragungen zur Erhaltung der Übereinstimmung zwischen dem Grundbuch und dem amtlichen Verzeichnis nach § 2 Abs. 2 oder einem sonstigen, hiermit in Verbindung stehenden Verzeichnis, mit Ausnahme der Verfügungen und Eintragungen, die zugleich eine Berichtigung rechtlicher Art oder eine Berichtigung eines Irrtums über das Eigentum betreffen;

3. die Entscheidungen über Ersuchen des Gerichts um Eintragung oder Löschung des Vermerks über die Eröffnung des Insolvenzverfahrens und über die Verfügungsbeschränkungen nach der Insolvenzordnung oder des Vermerks über die Einleitung eines Zwangsversteigerungs- und Zwangsverwaltungsverfahrens;

3a. die Entscheidungen über Ersuchen um Eintragung und Löschung von Anmeldevermerken gemäß § 30b Absatz 1 des Vermögensgesetzes;

4. die Berichtigung der Eintragung des Namens, des Berufs oder des Wohnortes natürlicher Personen im Grundbuch;

5. die Anfertigung der Nachweise nach § 10a Abs. 2.

(3) Die Vorschrift des § 6 des Gesetzes über das Verfahren in Familiensachen und in den Angelegenheiten der freiwilligen Gerichtsbarkeit ist auf den Urkundsbeamten der Geschäftsstelle sinngemäß anzuwenden. Handlungen des Urkundsbeamten der Geschäftsstelle sind nicht aus dem Grunde unwirksam, weil sie von einem örtlich unzuständigen oder von der Ausübung seines Amtes kraft Gesetzes ausgeschlossenen Urkundsbeamten vorgenommen worden sind.

(4) Wird die Änderung einer Entscheidung des Urkundsbeamten der Geschäftsstelle verlangt, so entscheidet, wenn dieser dem Verlangen nicht entspricht, die für die Führung des Grundbuchs zuständige Person. Die Beschwerde findet erst gegen ihre Entscheidung statt.

(5) In den Fällen des § 12b Absatz 2 entscheidet über die Gewährung von Einsicht oder die Erteilung von Abschriften die Leitung der Stelle oder ein von ihr hierzu ermächtigter Bediensteter. Gegen die Entscheidung ist die Beschwerde nach dem Vierten Abschnitt gegeben. Örtlich zuständig ist das Gericht, in dessen Bezirk die Stelle ihren Sitz hat.

1. Allgemeines

Durch das RegVBG wurden die Vorschriften der AusfVO über die funk- **1** tionelle Zuständigkeit der mit der Wahrnehmung der Aufgaben des GBAmts betrauten Personen in die GBO übernommen. Die Zuständigkeit des Urkundsbeamten der Geschäftsstelle ist nunmehr in § 12c geregelt. Ergänzende Zuständigkeitsregelungen enthält § 44 Abs. 1, ferner § 56 Abs. 2, auf den in verschiedenen Vorschriften verwiesen wird. Der Wortlaut des § 12c Abs. 2 Nr. 3 ist mit Wirkung vom 1.1.1999 an die an diesem Tag in Kraft getretene InsO angepasst worden. § 12c Abs. 2 Nr. 3a wurde durch das DaBaGG eingefügt. § 12c Abs. 3 ist durch Art. 36 Nr. 2 des FGG-RG v. 17.12.2008 (BGBl. I 2586) neu gefasst, Abs. 4 ist durch das DaBaGG und Abs. 5 durch das ERVGBG geändert worden.

2. Zuständigkeit

a) Unterschrift. Der Urkundsbeamte der Geschäftsstelle hat die vom **2** Rpfleger verfügten Eintragungen in das GB zu veranlassen; die Eintragungen sind außer vom Rpfleger von ihm zu unterschreiben; jedoch kann statt des Urkundsbeamten ein von der Leitung des Amtsgerichts ermächtigter Justizangestellter unterschreiben (§ 44 Abs. 1 Satz 2). Die gleiche Zuständigkeitsregelung gilt für die Unterzeichnung des HypBriefs (§ 56 Abs. 2). Diese wiederum gilt auch für den Gesamthypothekenbrief (§ 59 Abs. 1 Satz 2), den Teilhypothekenbrief (§ 61 Abs. 3) und spätere Eintragungen auf dem HypBrief (§ 62 Abs. 2). Soweit dem Urkundsbeamten GBEintragungen zur selbstständigen Erledigung übertragen sind (§ 12c Abs. 2 Nr. 2 bis 4), sind diese von ihm und von einem zweiten Beamten der Geschäftsstelle oder einem ermächtigten Justizangestellten zu unterschreiben (§ 44 Abs. 1 Satz 3). Entsprechendes gilt für den Grundschuld- und Rentenschuldbrief (§ 70 Abs. 1 Satz 1).

Beim **maschinell geführten GB** gelten hiervon abweichende Regelun- **3** gen (§ 130). Der Urkundsbeamte hat die vom Rpfleger verfügte Eintragung nur dann zu veranlassen, wenn dies durch Rechtsverordnung bestimmt ist (§ 74 Abs. 1 Satz 3 GBV). Anstelle einer Unterschrift ist die Eintragung in diesem Fall mit einer elektronischen Unterschrift des Urkundsbeamten zu versehen (§ 75 GBV). Grundpfandrechtsbriefe für im maschinell geführten GB eingetragene Rechte werden maschinell erstellt und nicht unterschrieben. An die Stelle der Unterschrift tritt der Name des Bediensteten, der den Brief hergestellt hat (§ 87 GBV).

b) Grundbuchgeschäfte. Dem Urkundsbeamten sind bestimmte GB- **4** Geschäfte zur selbstständigen Erledigung übertragen.

Gem. § 12c Abs. 1 entscheidet der Urkundsbeamte über die Gewährung der **Einsicht in das GB** und die Grundakten sowie die sonstigen Verzeichnisse des GBAmts, ferner über die Erteilung von Abschriften (Ablichtungen) aus dem GB und den Grundakten sowie von Auskünften aus den Verzeichnissen des GBAmts und in sonstigen vom Gesetz vorgesehenen Fällen; er entscheidet auch über Anträge auf Rückgabe von Urkunden und die Versendung von Grundakten an inländische Gerichte und Behörden (s. dazu § 17

GeschO, Nr. 2.1 BayGBGA). Diese Zuständigkeiten des Urkundsbeamten bestehen grundsätzlich auch beim maschinell geführten GB und bei der elektronisch geführten Grundakte. An die Stelle der Abschrift tritt dann der Ausdruck (§§ 131, 139 Abs. 1 GBO; §§ 78, 99 GBV; s. dazu auch Nr. 3.4 BayGBGA). Für die Gewährung der Einsicht ist in diesen Fällen, wenn das GB oder die Grundakte von einem anderen GBAmt geführt wird, nur der besonders bestimmte Bedienstete zuständig (§§ 132, 139 Abs. 2 GBO; § 79 Abs. 3 Satz 2, § 99 Abs. 2 GBV). Zur Zuständigkeit der Ratschreiber in Baden-Württemberg ab 1.1.2018 s. § 149 Rn. 4. Der Urkundsbeamte ist auch dann zuständig, wenn GBEinsicht im öffentlichen Interesse verlangt wird (s. dazu § 12 Rn. 10) und die Entscheidung über das Verlangen eine Interessenabwägung erfordert (s. dazu Jurksch Rpfleger 2013, 481). Dagegen ist für die Gestattung von GBEinsicht durch Versorgungsunternehmen in allgemeiner Form (s. § 12 Rn. 16) der Rpfleger zuständig (a. A. Riege Rpfleger 2017, 57).

5   Der Urkundsbeamte der Geschäftsstelle ist auch nicht zuständig, wenn die Einsicht oder die Erteilung von Abschriften zu wissenschaftlichen oder **Forschungszwecken** begehrt wird (§ 12c Abs. 1 Nr. 1); in diesen Fällen ist vielmehr im Justizverwaltungsweg zu entscheiden (§ 35 GeschO; Nr. 3.4.3 BayGBGA). Der Urkundsbeamte ist ferner nicht zuständig, Einsicht zu gewähren oder Abschriften zu erteilen, wenn im Gebiet der ehemaligen DDR Grundbücher oder Grundakten von anderen als den grundbuchführenden Stellen aufbewahrt werden (vgl. § 12b Abs. 2); dann ist die Leitung der aufbewahrenden Stelle oder ein von ihr ermächtigter Bediensteter zuständig (§ 12c Abs. 5 Satz 1 i. V. m. § 12b Abs. 2 und § 10a Abs. 1).

6   Gem. § 12c Abs. 2 ist der Urkundsbeamte **ferner zuständig** für die Beglaubigung von Abschriften, auch wenn diese zu wissenschaftlichen oder Forschungszwecken begehrt werden (s. dazu § 12 Rn. 26), für Verfügungen und Eintragungen zur Erhaltung der Übereinstimmung von GB und amtlichem Verzeichnis gem. § 2 Abs. 2 oder einem sonstigen hiermit in Verbindung stehenden Verzeichnis, jedoch mit Ausnahme der Verfügungen und Eintragungen, die zugleich eine Berichtigung rechtlicher Art oder die Berichtigung eines Irrtums über das Eigentum betreffen, für die Entscheidung über Ersuchen um Eintragung oder Löschung des Vermerks über die Eröffnung des Insolvenzverfahrens und über die Verfügungsbeschränkungen nach der InsO (s. § 38 Rn. 8), eines Anmeldevermerks nach § 30b Abs. 1 VermG (s. § 38 Rn. 26) oder des Vermerks über die Einleitung des Zwangsversteigerungs- und Zwangsverwaltungsverfahrens (s. § 38 Rn. 7, 33 ff.), für die Berichtigung der Eintragung des Namens oder des Wohnorts, nicht jedoch des Geburtsdatums (Maaß in Bauer/Schaub Rn. 14; a. M. KEHE/Keller Rn. 15) natürlicher Personen im GB, schließlich für die Erteilung des Nachweises der Übereinstimmung der Wiedergabe einer Urkunde auf einem Bild- oder sonstigen Datenträger mit dem Original. Außerdem ist der Urkundsbeamte gemäß § 46a Abs. 5 GBV zuständig für die Führung des Protokolls über Einsichtnahmen in Grundbücher, Grundakten und Verzeichnisse des GBAmt und über die Erteilung von Abschriften daraus sowie für die Gewährung von Auskunft aus diesem Protokoll (s. dazu § 12 Rn. 30, § 12a Rn. 10). Diese Zuständigkeiten bestehen grundsätzlich auch beim maschinell geführten GB.

Eintragungen zur Erhaltung der Übereinstimmung von GB und amtlichem Verzeichnis werden unter den Voraussetzungen des § 127 jedoch maschinell aus dem Liegenschaftskataster übernommen (vgl. § 86 Abs. 1 GBV). Der an die Stelle der beglaubigten Abschrift tretende amtliche Ausdruck bedarf keiner Beglaubigung (s. dazu § 131).

Die Zuständigkeit für die **Anlegung und Freigabe** des maschinell ge- 7 führten GB kann ganz oder teilweise dem Urkundsbeamten der Geschäftsstelle durch Rechtsverordnung der Landesregierung oder der ermächtigten Landesjustizverwaltung übertragen werden. Die Ermächtigung gilt jedoch nicht für die Freigabe des Datenbankgrundbuchs (§ 93 GBV). In Bayern ist die Freigabe des angelegten maschinell geführten GB dem Urkundsbeamten der Geschäftsstelle übertragen (§ 11 Abs. 2 der E-RechtsverkehrsVO v. 15.12.2006, GVBl. 1084).

c) Sonstige Geschäfte. Zur Erteilung eines Zeugnisses über die formelle 8 Rechtskraft einer Verfügung des GBAmts ist der Urkundsbeamte gemäß § 46 FamFG zuständig (s. dazu § 1 Rn. 38). Er ist ferner zur Entgegennahme von Anträgen und Erklärungen (§ 25 FamFG) und insbes. einer Beschwerde (§ 73 Abs. 2) zuständig. Dies gilt aber nicht für die Entgegennahme von EintrAnträgen. Die Zuständigkeit hierfür richtet sich ausschließlich nach § 13 Abs. 3. Zur Zuständigkeit des Urkundsbeamten bei der elektronisch geführten Grundakte im Zusammenhang mit der Übertragung von Papierdokumenten in die elektronische Form s. § 138 Rn. 4.

d) Sachliche Unabhängigkeit. Soweit dem Urkundsbeamten der Geschäftsstelle GBGeschäfte zur selbstständigen Erledigung übertragen sind (s. Rn. 4 bis 7), ist er sachlich unabhängig. Ob und inwieweit er den Rat des GBRichters oder Rpflegers einholen und befolgen will, bleibt ihm überlassen.

e) Zuständigkeitsüberschreitung. Über den Fall, dass der Urkundsbe- 9 amte der Geschäftsstelle ein ihm nicht ausdrücklich zur selbständigen Erledigung übertragenes GBGeschäft wahrnimmt oder ein ihm übertragenes Geschäft vom Rpfleger oder GBRichter wahrgenommen wird, s. § 1 Rn. 21.

3. Ausschließung und Ablehnung

§ 6 FamFG über den Ausschluss eines Richters kraft Gesetzes gelten für 10 den Urkundsbeamten der Geschäftsstelle entsprechend (§ 12c Abs. 3). Soweit ihm GBGeschäfte zur selbstständigen Erledigung übertragen sind (§ 12c Abs. 1, 2), ist er unter den Voraussetzungen des § 41 ZPO kraft Gesetzes ausgeschlossen und kann in entsprechender Anwendung der §§ 42 ff. ZPO wegen Besorgnis der Befangenheit abgelehnt werden oder sich selbst ablehnen. Dass der Urkundsbeamte der Geschäftsstelle örtlich unzuständig oder kraft Gesetzes von der Ausübung seines Amtes ausgeschlossen ist, hat nicht zur Folge, dass von ihm vorgenommene Handlungen aus diesem Grund unwirksam sind (§ 12c Abs. 3 Satz 2). Näheres hierzu s. § 11 Rn. 3 ff.

4. Rechtsbehelfe

11   Die Entscheidungen des Urkundsbeamten der Geschäftsstelle sind grundsätzlich mit der Erinnerung anfechtbar. Über diese entscheidet, sofern ihr der
Urkundsbeamte nicht abhilft, der Rpfleger. Gegen seine Entscheidung ist
sodann die Beschwerde gegeben. Dies gilt auch dann, wenn statt des Urkundsbeamten sogleich der Rpfleger entscheidet. Etwas anderes gilt auch
nicht bei GBEintragungen durch den Urkundsbeamten. Das Erinnerungsverfahren ist gebührenfrei. Falls der Rpfleger, statt über die Erinnerung zu
entscheiden, ihr nicht abhilft und sie als Beschwerde dem OLG vorlegt, hält
es das OLG Düsseldorf FGPrax 2018, 56 ausnahmsweise für zulässig, selbst
zu entscheiden und im Hinblick auf die Kostenfreiheit des Erinnerungsver-
fahrens gemäß § 81 Abs. 1 Satz 2 FamFG von der Erhebung von Kosten
abzusehen.

   In § 12c Abs. 4 Satz 1 war zunächst die Zuständigkeit des GBRichters
deshalb begründet worden, weil nach § 4 Abs. 2 Nr. 3 RpflegerG der Rpfleger nicht befugt war, über Anträge zu entscheiden, die auf die Änderung
einer Entscheidung des Urkundsbeamten der Geschäftsstelle gerichtet waren.
Nachdem § 4 Abs. 2 Nr. 3 RpflegerG durch das Ges. v. 24.8.2004 (BGBl. I
2198) aufgehoben worden war, ergab sich die Zuständigkeit des Rpflegers
nunmehr unbeschadet des Umstands, dass § 12c Abs. 4 an diese Gesetzesänderung zunächst nicht angepasst wurde, aus der Vollübertragung der GBSachen auf den Rpfleger (s. § 1 Rn. 16). Durch das DaBaGG wurde nunmehr
ausdrücklich die Zuständigkeit des Rpflegers als der für die Führung des GB
zuständigen Person bestimmt.

12   Soweit Grundbücher oder Grundakten von anderen als den grundbuchführenden Stellen aufbewahrt werden, ist gegen die Entscheidung der Leitung solcher Stellen (oder des hierzu ermächtigten Bediensteten) über die
Gewährung von Einsicht oder die Erteilung von Abschriften (s. § 12b Abs. 2)
die GBBeschwerde gem. §§ 71 ff. gegeben; örtlich zuständig zur Entscheidung ist das OLG, in dessen Bezirk die Stelle ihren Sitz hat (§ 12c Abs. 5
Satz 2, 3).

Anwendung der Verordnung (EU) 2016/679

12d **(1) Das Auskunftsersuchen nach Artikel 15 Absatz 1 und das
Recht auf Erhalt einer Kopie nach Artikel 15 Absatz 3 der Verordnung (EU) 2016/679 des Europäischen Parlaments und des Rates
vom 27. April 2016 zum Schutz natürlicher Personen bei der Verarbeitung personenbezogener Daten, zum freien Datenverkehr und zur Aufhebung der Richtlinie 95/46/EG (Datenschutz-Grundverordnung) (ABl.
L 119 vom 4.5.2016, S. 1; L 314 vom 22.11.2016, S. 72; L 127 vom
23.5.2018, S. 2) werden dadurch gewährt, dass die betroffene Person**

**1. nach Maßgabe des § 12 Absatz 1 und 2 und den dazu erlassenen Vor-
schriften der Grundbuchverfügung in der jeweils geltenden Fassung
Einsicht in das Grundbuch, die Urkunden, auf die im Grundbuch zur
Ergänzung einer Eintragung Bezug genommen ist, sowie in die noch**

nicht erledigten Eintragungsanträge nehmen und eine Abschrift verlangen kann,

2. in die nach § 12a Absatz 1 Satz 1 geführten weiteren Verzeichnisse Einsicht nehmen kann.

Eine Information über Empfänger, gegenüber denen die im Grundbuch oder in den Grundakten enthaltenen personenbezogenen Daten offengelegt werden, erfolgt nur zu Gunsten der Eigentümer des betroffenen Grundstücks oder dem Inhaber eines grundstücksgleichen Rechts innerhalb der von § 12 Absatz 4 Satz 2 bis 4 und der Grundbuchverfügung gesetzten Grenzen.

(2) Hinsichtlich der im Grundbuch enthaltenen personenbezogenen Daten kann das Recht auf Berichtigung nach Artikel 16 der Verordnung (EU) 2016/679 nur unter den Voraussetzungen ausgeübt werden, die in den §§ 894 bis 896 des Bürgerlichen Gesetzbuchs sowie in den §§ 22 bis 25 und 27 dieses Gesetzes für eine Berichtigung oder Löschung vorgesehen sind.

(3) Das Widerspruchsrecht gemäß Artikel 21 der Verordnung (EU) 2016/679 findet in Bezug auf die im Grundbuch und den Grundakten enthaltenen personenbezogenen Daten keine Anwendung.

1. Allgemeines

1 Das Ges. zur Umsetzung der Richtlinie (EU) 2016/680 im Strafverfahren sowie zur Anpassung datenschutzrechtlicher Bestimmungen an die VO (EU) 2016/679 vom 20.11.2019 (BGBl. I 1724) dient unter anderem der Anpassung bereichsspezifischen Datenschutzrechts an die Datenschutz-Grundverordnung (DS-GVO; s. zu dieser § 12 Rn. 3). Im Bereich des GBRechts findet diese Anpassung durch den eingefügten § 12d statt.

Art. 23 Abs. 1 DS-GVO erlaubt die Beschränkung von Rechten gemäß Art. 12 bis 22 DS-GVO durch gesetzgeberische Maßnahmen, sofern dies der Sicherstellung bestimmter Schutzzwecke dient. Nach Art. 23 Abs. 1 Buchst. e DS-GVO können Rechte dann beschränkt werden, wenn dies für den Schutz wichtiger Ziele des allgemeinen öffentlichen Interesses notwendig und verhältnismäßig ist.

2. Nicht erforderliche Beschränkungen

2 Verschiedene in der DS-GVO aufgeführte Rechte können gegenüber dem GBAmt nicht geltend gemacht werden, weil Ausnahmetatbestände eingreifen. Einer Einschränkung bedarf es daher insoweit nicht.

a) Informationspflicht und Mitteilungspflicht. Die in Art. 14 Abs. 1 DS-GVO aufgeführten Informationspflicht betrifft das GBAmt gemäß Art. 14 Abs. 5 Buchst. c DS-GVO im Hinblick darauf nicht, dass das GBAmt bereits nach geltendem Recht zur Bekanntmachung von Eintragungen verpflichtet ist (§ 55). Eine Mitteilungspflicht nach Art. 19 DS-GVO scheitert schon nach dem Wortlaut der Bestimmung an dem unverhältnismäßigen

Aufwand, der wegen der außerordentlich großen Zahl der jährlichen Geschäftsvorgänge des GBAmts damit verbundenen wäre.

3 **b) Löschung von Daten.** Art. 17 DS-GVO begründet das Recht, unter bestimmten Voraussetzungen die Löschung von Daten zu verlangen. Die Geltendmachung dieses Rechts ist gegenüber dem GBAmt gemäß Art. 17 Abs. 3 Satz 2 DS-GVO ausgeschlossen, weil die Speicherung und Verarbeitung personenbezogener Daten durch das GBAmt zur Wahrnehmung einer im öffentlichen Interesse liegenden Aufgabe erforderlich ist.

4 **c) Verarbeitung und Übertragung von Daten.** Das durch Art. 18 Abs. 1 DS-GVO begründete Recht, unter bestimmten Voraussetzungen eine Einschränkung der Datenverarbeitung zu verlangen, kann gemäß Art. 18 Abs. 2 DS-GVO nicht geltend gemacht werden, weil die Daten durch das GBAmt aus Gründen eines wichtigen öffentlichen Interesses verarbeitet werden. Art. 20 Abs. 1 DS-GVO berechtigt, bereit gestellte personenbezogene Daten unbehindert einem Dritten zu übertragen. Die Ausübung dieses Rechts ist gemäß Art. 20 Abs. 3 Satz 2 DS-GVO ausgeschlossen, weil die Verarbeitung der Daten durch das GBAmt für eine im öffentlichen Interesse liegende Aufgabe erforderlich ist.

3. Erforderliche Beschränkungen

5 Im Hinblick auf Zweck und Bedeutung des GB als eines öffentlichen Registers ist auf der Grundlage des Art. 23 Abs. 1 Buchst. e DS-GVO die Beschränkung einzelner Rechte unter Achtung der Grundrechte und Grundfreiheiten erforderlich.

a) Recht auf Auskunft und Kopie. Das Recht auf Auskunft und Erhalt einer Kopie nach Art. 15 Abs. 1 und 3 DS-GVO wird durch § 12d Abs. 1 dadurch beschränkt, dass auf die entsprechenden Auskunftspflichten nach § 12 und die ergänzenden Bestimmungen der GBV verwiesen wird sowie auf die in § 55 vorgeschriebene Bekanntmachung. Das Recht auf Einsicht betrifft nicht nur das GB und die dort in Bezug genommenen Urkunden, sondern auch die Grundakten und unerledigte EintrAnträge, ferner die sonstigen Verzeichnisse des GBAmts (§ 12a). Ergänzend steht das Recht auf Einsicht in die Protokolle zu, in denen festgehalten wird, wer Einsicht in das GB oder in die Grundakten genommen hat (§ 12 Abs. 4, § 133 Abs. 5).

6 **b) Recht auf Berichtigung.** Das Recht auf Berichtigung gemäß Art. 16 DS-GVO wird dadurch beschränkt, dass in § 12d Abs. 2 auf die bestehenden GBBerichtigungsansprüche verwiesen wird. Eine Berichtigung des GB ist damit nur im grundbuchrechtlichen Verfahren unter den dort vorgesehenen Voraussetzungen zulässig. Ausgeschlossen ist es, eine Eintragung auf Dauer unkenntlich zu machen. Sie würde die Publizität des GB erheblich einschränken. Eine gelöschte Eintragung muss daher erkennbar bleiben.

7 **c) Recht auf Widerspruch.** Ausgeschlossen ist ein Widerspruch nach Art. 21 DS-GVO gemäß § 12d Abs. 3. Er würde zu einer Einschränkung der Datenverarbeitung durch das GBAmt führen und könnte eine GBEintragung und damit die Entstehung und Änderung von Rechten verhindern.

Zweiter Abschnitt. Eintragungen in das Grundbuch

Übersicht

Der 2. Abschnitt enthält das Kernstück der GBO. Er handelt von den Eintragungen in das GB, befasst sich also mit der Eintragungstätigkeit des GBAmts.

§§ 13 bis 43 regeln die Voraussetzungen einer Eintragung. Erforderlich sind im Allgemeinen ein EintrAntrag, eine EintrBewilligung, die Voreintragung des Betroffenen und bei Briefrechten die Vorlegung des Briefs; in jeder Hinsicht gelten Ausnahmen. Mit dem EintrAntrag befassen sich §§ 13 bis 17 und § 28. § 13 Abs. 1 Satz 1, Abs. 2 und 3 enthalten den Grundsatz und treffen Bestimmungen über den Eingang und die Entgegennahme des Antrags. § 13 Abs. 1 Satz 2 und § 14 behandeln die Antragsberechtigung, § 15 die Vertretungsbefugnis sowie die Ermächtigung des Notars zur Antragstellung. §§ 16 und 28 geben einige Vorschriften über den Inhalt des Antrags. § 17 regelt die Reihenfolge der Erledigung mehrerer Anträge. Von der EintrBewilligung handeln §§ 19 bis 28.

§ 19 enthält den Grundsatz der einseitigen Bewilligung. § 20 durchbricht ihn für die Fälle der Auflassung eines Grundstücks und der Bestellung, Inhaltsänderung oder Übertragung eines Erbbaurechts. § 21 bringt für einen Einzelfall eine Lockerung des Grundsatzes. § 22 Abs. 1, §§ 23, 24, 25 handeln von der Ersetzung der Bewilligung durch den Nachweis der Unrichtigkeit, § 26 von der durch die Abtretungserklärung. § 22 Abs. 2 und § 27 sehen für besondere Fälle Zustimmungserklärungen vor. § 28 gibt Vorschriften über den Inhalt der Bewilligung. Mit der Voreintragung des Betroffenen befassen sich §§ 39 und 40; § 39 Abs. 1 enthält den Grundsatz, § 39 Abs. 2 und § 40 sehen Ausnahmen vor. Von der Vorlegung des Briefs handeln §§ 41 und 42, von der der Inhaberschuldverschreibungen und Orderpapiere § 43. Der EintrAntrag und die EintrBewilligung werden durch das Ersuchen einer Behörde ersetzt; von diesem handelt § 38. Bestimmungen über die Form der EintrUnterlagen enthalten §§ 29 bis 37. § 30 nimmt den EintrAntrag und die Antragsvollmacht von der Formstrenge des § 29 aus, § 31 erstreckt diese auf den Fall der Zurücknahme des Antrags, ausgenommen den Berichtigungsantrag, und den Widerruf der Antragsvollmacht. Für bestimmte, sonst kaum zu führende Nachweise wird die Formstrenge des § 29 dadurch erleichtert, dass den Eintragungen in gewisse Register und gewissen Zeugnissen für den GBVerkehr eine ihnen sonst nicht zukommende Beweiskraft beigelegt wird; hiervon handeln §§ 32 bis 37. Das GBAmt kann einem EintrAntrag durch Eintragung entsprechen, es kann ihn durch Zwischenverfügung beanstanden oder endgültig zurückweisen; mit den beiden letzten Möglichkeiten befasst sich § 18.

§§ 44 bis 52 befassen sich mit der Art und Weise der Eintragung. § 44 regelt ihre Form, § 46 die buchmäßige Behandlung der Löschung. Die anderen Vorschriften geben für Sonderfälle Bestimmungen über den Inhalt der Eintragung, wobei zum Teil der Antragsgrundsatz durchbrochen wird.

§ 53 handelt vom Amtswiderspruch und von der Amtslöschung. Die Eintragung eines Amtswiderspruchs kommt unter gewissen Voraussetzungen gegenüber unrichtigen Eintragungen, die Amtslöschung bei inhaltlich unzulässigen Eintragungen in Betracht. § 54 schließt die öffentlichen Grundstückslasten als solche von der Eintragung in das GB aus. §§ 55, 55a und 55b regeln die Bekanntmachung von Eintragungen.

Antrag. Zuständigkeit zur Entgegennahme

13 (1) **Eine Eintragung soll, soweit nicht das Gesetz etwas anderes vorschreibt, nur auf Antrag erfolgen. Antragsberechtigt ist jeder, dessen Recht von der Eintragung betroffen wird oder zu dessen Gunsten die Eintragung erfolgen soll.**

(2) **Der genaue Zeitpunkt, in dem ein Antrag beim Grundbuchamt eingeht, soll auf dem Antrag vermerkt werden. Der Antrag ist beim Grundbuchamt eingegangen, wenn er einer zur Entgegennahme zuständigen Person vorgelegt ist. Wird er zur Niederschrift einer solchen Person gestellt, so ist er mit Abschluß der Niederschrift eingegangen.**

(3) **Für die Entgegennahme eines auf eine Eintragung gerichteten Antrags oder Ersuchens und die Beurkundung des Zeitpunkts, in welchem der Antrag oder das Ersuchen beim Grundbuchamt eingeht, sind nur die für die Führung des Grundbuchs über das betroffene Grundstück zuständige Person und der von der Leitung des Amtsgerichts für das ganze Grundbuchamt oder einzelne Abteilungen hierzu bestellte Beamte (Angestellte) der Geschäftsstelle zuständig. Bezieht sich der Antrag oder das Ersuchen auf mehrere Grundstücke in verschiedenen Geschäftsbereichen desselben Grundbuchamts, so ist jeder zuständig, der nach Satz 1 in Betracht kommt.**

Inhaltsübersicht

1. Allgemeines

§ 13 bestimmt, dass eine Eintragung grundsätzlich nur auf Antrag erfolgen **1** soll, gibt Vorschriften über den Eingang und die Entgegennahme des Antrags und regelt die Berechtigung zur Antragstellung. Die Vorschrift ist durch das RegVBG v. 20.12.1993 (BGBl. I 2182) neu gefasst und durch das ERVGBG v. 11.8.2009 (BGBl. I 2713) redaktionell geändert worden. Sie verdrängt § 25 FamFG. Dem EintrAntrag steht das EintrErsuchen nach § 38 gleich. S. dazu Klawikowski, Anträge im GBVerfahren, Rpfleger 2005, 13 und zu den verschiedenen maßgeblichen Zeitpunkten im GBEintrVerfahren Böhringer ZfIR 2020, 13.

Die Bestimmung des § 13 erklärt sich daraus, dass der Erwerb und die Sicherung dinglicher Rechte im Belieben der Beteiligten stehen. Aus diesem Grund kann das GBAmt die Stellung eines EintrAntrags in der Regel auch nicht erzwingen; eine Ausnahme bildet der GBBerichtungszwang nach § 82. Ob andere Geschäfte als Eintragungen von Amts wegen oder nur auf Antrag vorzunehmen sind, ist von Fall zu Fall zu beurteilen. So hat die in § 55 vorgeschriebene Bekanntmachung einer Eintragung, falls nicht auf sie verzichtet wird, von Amts wegen zu geschehen; bei der Erteilung und Ergänzung von Briefen wird das GBAmt von Amts wegen tätig, soweit nicht § 57 Abs. 2, §§ 63, 65, 66, 67 einen Antrag verlangen. Zur Behandlung mehrerer Anträge s. § 17 und § 18 Rn. 1.2.

Bei Übermittlung des EintrAntrags als elektronisches Dokument mittels **2** Datenfernübertragung oder durch Übergabe eines Datenträgers gelten die besonderen Bestimmungen des § 136.

Im Gebiet der ehemaligen DDR kam bei bestimmten Rechtslagen während einer Übergangszeit dem Zeitpunkt, in dem der EintrAntrag beim GBAmt einging, eine besondere Bedeutung zu; s. dazu Böhringer Rpfleger 1996, 177. Zur beschleunigten und vorrangigen Bearbeitung von Eintr-Anträgen und -ersuchen im Gebiet der ehemaligen DDR s. § 18 Rn. 1.3.

2. Antragsgrundsatz

a) Geltungsgebiet. Der Antragsgrundsatz gilt nur für Eintragungen im **3** Sinn des 2. Abschnitts der GBO, also nicht für das Anlegungsverfahren nach §§ 116 ff.; ferner nur für Eintragungen, die sich auf Rechtsverhältnisse beziehen, also nicht für Eintragungen rein tatsächlicher Art (s. dazu § 22 Rn. 22), wie z. B. die Berichtigung von Eigenschaftsangaben eines Grundstücks oder die Berichtigung einer falschen Bezeichnung des Berechtigten (KGJ 34, 295; JFG 8, 243), sonst für Eintragungen aller Art, mithin auch für Berichtigungen und Löschungen.

b) Fassung der Eintragung. Von einem Antrag, der zur Eintragung er- **4** forderlich ist, darf das GBAmt nicht abweichen. Das bedeutet aber nicht, dass es an Vorschläge des Antragstellers zur Fassung der Eintragung gebunden ist (BGH Rpfleger 1967, 111; BayObLG Rpfleger 1988, 309). Auch die von dem System SOLUM-STAR (s. § 126 Rn. 2) vorgegebenen Formulierungen sind nicht bindend (LG Münster NJW-RR 2009, 1242). Das GBAmt hat vielmehr das mit dem EintrAntrag Gewollte von sich aus klar zum Aus-

druck zu bringen (KG Rpfleger 1993, 16); die Auffassung des OLG Düsseldorf Rpfleger 1963, 287 (s. auch DNotZ 1971, 724) und des OLG Schleswig
Rpfleger 1964, 82, dass das GBAmt der vom Antragsteller vorgeschlagenen
Fassung der Eintragung zu entsprechen habe, falls diese weder ungesetzlich
sei noch die Übersichtlichkeit des GB gefährde, lässt sich aus dem Antragsgrundsatz nicht ableiten. Es steht dem GBAmt aber nicht frei, unter zwei
Namen, die ein Berechtigter zulässigerweise im allgemeinen Rechtsverkehr
führt, einen anderen als den vom Antragsteller selbst zu seiner Bezeichnung
angegebenen für den EintrVermerk auszuwählen (s. § 44 Rn. 49). Diese
Grundsätze gelten auch bei einem Ersuchen gemäß § 38 (JFG 14, 379; a. M.
OLG Nürnberg FGPrax 2014, 202). Mitunter schreibt jedoch das Gesetz
den Wortlaut der Eintragung vor (vgl. § 6 HöfeVfO).

5   **c) Verbot von Ermittlungen.** Der Antragsteller hat sämtliche zur Eintragung erforderlichen Unterlagen vorzulegen; eine Beweisaufnahme findet
nicht statt (s. § 1 Rn. 71). Dies gilt auch für die GBBerichtigung (JFG 11,
324). Eine Verweisung auf Akten desselben Amtsgerichts ist zulässig (OLG
München JFG 20, 373; JFG 23, 299). Voraussetzung hierfür ist jedoch, dass
die Akten und die darin befindlichen Urkunden, auf die verwiesen wird,
ausreichend bezeichnet sind, so dass sie vom GBAmt ohne weitere Ermittlungen festgestellt werden können (BayObLG Rpfleger 1987, 451). Über die
Verwendung der bei den Grundakten befindlichen Urkunden durch andere
Antragsteller s. § 31 Rn. 13.

Im Antragsverfahren ist das GBAmt zur Anstellung von Ermittlungen weder berechtigt noch verpflichtet; § 26 FamFG gilt nicht (KG Rpfleger 1968,
224; BGH 30, 258; Rpfleger 1961, 233; BayObLG Rpfleger 1982, 467); die
Beibringung fehlender Unterlagen und die Beseitigung von Zweifeln in
Bezug auf EintrUnterlagen ist dem Antragsteller durch Zwischenverfügung
aufzugeben (BayObLG Rpfleger 1973, 429). Weder darf noch muss das
GBAmt wegen möglicher EintrHindernisse Ermittlungen durch Überprüfung in den Grundakten befindlicher EintrUnterlagen erledigter EintrAnträge anstellen (OLG Naumburg FGPrax 2012, 252; OLG Frankfurt FGPrax
2019, 104). Kenntnisse, die sich das GBAmt durch eigene Ermittlungen verschafft hat, zu denen es nicht berechtigt war, darf es im GBEintrVerfahren
nicht verwerten, es sei denn, dass es dadurch zu seiner sicheren Überzeugung
das GB unrichtig machen würde (BayObLG DNotZ 1990, 741; a. M. KG
Rpfleger 1968, 224; OLG Hamm FGPrax 2005, 239).

5.1   **d) Ausländisches Recht.** Für das Verfahren vor dem GBAmt findet auch
bei Auslandsberührung immer deutsches Recht Anwendung (s. § 1 Rn. 34).
Die Kenntnis im Übrigen etwa anzuwendenden ausländischen Rechts einschließlich seiner konkreten Ausgestaltung durch die ausländische Rechtsprechung hat sich das GBAmt auch im Antragsverfahren grundsätzlich selbst
zu verschaffen (JFG 20, 178; BGH NJW-RR 1991, 1211; NJW 2014, 1244).
Dazu hat es das Erforderliche von Amts wegen zu veranlassen. Wie es dabei
vorgeht, steht in seinem pflichtgemäßen Ermessen (vgl. BGH Rpfleger 2007,
210; DNotZ 2017, 702; BayObLG FGPrax 1998, 240). In Betracht kommt
die Erholung von Rechtsgutachten wissenschaftlicher Institute der Universi-
täten oder von Rechtsauskünften privater oder öffentlicher Stellen des In-

und Auslands (OLG Hamm FGPrax 2011, 275). Insbesondere bietet sich aber die Erholung von Rechtsauskünften nach dem Europäischen Übereinkommen betreffend Auskünfte über ausländisches Recht v. 7.6.1968 (BGBl. II 1974, 938; Ges. v. 5.7.1974, BGBl. II 937; AusfG v. 5.7.1974, BGBl. I 1433; in Kraft getreten am 19.3.1975, Bek. v. 4.3.1975, BGBl. II 300) an; zu den Vertragsparteien des Übereinkommens s. Fundstellennachweis B zum BGBl. II v. 31.12.2019 S. 686. Die Vorlage solcher Rechtsgutachten oder Rechtsauskünfte kann nicht dem Antragsteller durch Zwischenverfügung aufgegeben werden (OLG München FGPrax 2016, 70; kritisch dazu Makowsky IPrax 2018, 187).

Der Rpfleger kann die Sache gem. § 5 Abs. 2 RpflegerG dem Richter zur Bearbeitung vorlegen, der sie nach Maßgabe des § 5 Abs. 3 RpflegerG an den Rpfleger zurückgeben kann (s. dazu OLG München FGPrax 2016, 70). Zur Überprüfung der Anwendung ausländischen Rechts durch das Rechtsbeschwerdegericht s. § 78 Rn. 34.

e) Völkerrecht. Die allgemeinen Regeln des Völkerrechts (Völkergewohnheitsrecht) sind gem. Art. 25 GG Bestandteil des Bundesrechts. Ihre Kenntnis hat sich das GBAmt von Amts wegen zu verschaffen. Dagegen sind völkerrechtliche Verträge, die nicht gem. Art. 59 Abs. 2 GG als deutsches Recht übernommen wurden (Völkervertragsrecht), vom Antragsteller in der für ausländische öffentliche Urkunden erforderlichen Form (s. dazu § 29 Rn. 50) nachzuweisen. Das GBAmt hat Völkerrecht auszulegen und anzuwenden, soweit es sich um Völkervertragsrecht handelt. Dasselbe gilt, soweit Zweifel an dem Bestehen oder der Tragweite einer allgemeinen Regel des Völkerrechts nicht bestehen. Bei ernstzunehmenden Zweifeln daran ist jedoch eine Vorlage gemäß § 100 GG durch den Richter (s. § 1 Rn. 19) geboten (BVerfG NJW 2012, 293). Völkerrechtliche Fragen treten insbes. dann auf, wenn im GB ein ausländischer Staat oder eine ausländische öffentliche Stelle als Eigentümer oder Berechtigter eingetragen ist und das Auslandsvermögen des Staats infolge Aufspaltung oder Auflösung übergegangen ist. S. dazu § 112 GBV, § 19 Rn. 46 und Demharter VIZ 1998, 65.

f) Ausnahmen. Der Grundsatz, dass eine Eintragung nur auf Antrag erfolgen soll, ist durch zahlreiche Ausnahmen durchbrochen. Aus der GBO selbst sind hervorzuheben § 9 Abs. 2 und 3, § 18 Abs. 2, § 23 Abs. 1, § 45 Abs. 1 und 2, §§ 48, 51, 52, 53 Abs. 1, § 68 Abs. 3, § 76 Abs. 2, §§ 82a, 84 ff., 90 ff.; außerhalb der GBO ist auf § 54 Abs. 1 Satz 2, § 143 Abs. 2 Satz 2 BauGB, § 4 Abs. 1 Satz 1, § 5 Abs. 1, § 8 Abs. 3, § 15 Satz 2 und § 24 Abs. 3 GBMaßnG hinzuweisen. S. dazu auch Rn. 3.

Wo das GBAmt von Amts wegen einzutragen hat, erweist sich ein „Antrag" nur als Anregung der Amtstätigkeit; eine derartige Anregung fällt nicht unter § 17. Folgt das GBAmt einer Anregung nicht, hat es denjenigen, der die Einleitung des Verfahrens angeregt hat, davon zu unterrichten, soweit ein berechtigtes Interesse daran ersichtlich ist (§ 24 FamFG). Folgt das GBAmt einer Anregung, wird es zweckmäßig sein, auch hiervon zu unterrichten (vgl. § 55 Rn. 10). Im Amtsverfahren gilt § 26 FamFG (s. § 1 Rn. 67); also keine Zwischenverfügung, sondern Amtsermittlungen; zur Eintragung eines Eigen-

5.2

6

tümers, z. B. gemäß § 82a, ist eine Unbedenklichkeitsbescheinigung der Finanzbehörde nicht erforderlich (s. § 20 Rn. 49).

3. Rechtsnatur des Eintragungsantrags

7   **a) Verfahrenshandlung.** Der Antrag ist das an das GBAmt gerichtete Begehren, eine Eintragung vorzunehmen, also keine rechtsgeschäftliche Willenserklärung, sondern reine Verfahrenshandlung (RG 54, 384; OLG Hamm Rpfleger 1992, 474). § 130 BGB kann daher nur entsprechend angewendet werden. Dass der Antrag wirksam erst mit dem Eingang beim GBAmt gestellt ist (OLG Hamm Rpfleger 1973, 305), ergibt sich jedoch unmittelbar aus seiner Natur als Verfahrenshandlung. Bis zu diesem Zeitpunkt muss der Antragsteller rechts- und geschäftsfähig sein; unschädlich ist es jedoch, wenn er nach Absendung stirbt oder geschäftsunfähig bzw. in seiner Geschäftsfähigkeit beschränkt wird (KGJ 44, 174). Sind in einer Urkunde mehrere Anträge gestellt, erklärt der Antragsteller aber, dass einer von ihnen noch nicht erledigt werden soll, so gilt dieser Antrag als noch nicht eingegangen (OLG Hamm Rpfleger 1973, 305). Eine Anfechtung des Antrags ist unzulässig (BayObLG Rpfleger 1999, 100; ZflR 2003, 682); er kann jedoch bis zur Vollendung der Eintragung jederzeit zurückgenommen werden (s. Rn. 36). Der Antrag kann, wie § 30 ergibt, auch durch einen Bevollmächtigten gestellt werden (s. dazu § 30 Rn. 7 ff.).

b) Kein Erfordernis der Rechtsänderung. Der Antrag ist kein Erfordernis der Rechtsänderung (RG JRdsch. 1926 Nr. 938). Diese wird, falls ihre sonstigen Voraussetzungen gegeben sind, durch die Eintragung auch dann herbeigeführt, wenn dem Antragsteller die Antragsberechtigung gefehlt oder überhaupt kein Antrag vorgelegen hat (BGH NJW 1999, 2369; BayObLG 1988, 124/127; ZflR 2004, 643).

4. Materielle Wirkungen des Eintragungsantrags

8   Der Eingang des Antrags beim GBAmt ist maßgebend für die Wirkung von Verfügungsbeschränkungen und für einen gutgläubigen Erwerb.

5. Verfügungsbeschränkungen

9   **a) Anwendung des § 878 BGB.** § 878 BGB gilt sowohl für relative als auch für absolute Verfügungsbeschränkungen (RG 113, 409; JFG 9, 182; OLG München JFG 17, 164); jedoch nicht, wenn sie, wie z. B. im Fall des § 75 BVersG, erst mit der Eintragung in das GB entstehen (JFG 9, 182 zu § 77 RVersG). Treten Verfügungsbeschränkungen nach Stellung des Antrags ein, so hindern sie nach § 878 BGB die Vollendung des Rechtserwerbs nicht, wenn die von dem Berechtigten gemäß §§ 873, 877 BGB abgegebene Erklärung vorher bindend geworden ist; dies ist nicht der Fall, wenn die Erklärung noch nicht wirksam geworden ist, weil eine erforderliche Genehmigung, z. B. nach dem GrdstVG aussteht; zur fehlenden Bindung im Fall der Fiktion des § 894 ZPO s. § 20 Rn. 24. Voraussetzung ist ein wirksamer Antrag, der nicht vorliegt, wenn er nur von dem Berechtigten im Sinn des § 878 BGB (oder vom Notar gem. § 15 Abs. 2 nur für ihn) gestellt worden ist, weil mit dem

Wegfall seiner Verfügungsbefugnis seine Antragsbefugnis entfällt, auch wenn seine Bewilligungsbefugnis bei Vorliegen eines wirksamen Antrags als fortbestehend angesehen würde (Venjakob Rpfleger 1991, 284; Kesseler ZfIR 2006, 117; a. M. KG Rpfleger 1975, 89; Meikel/Böttcher Anh. zu § 20 Rn. 79; offen gelassen von BGH Rpfleger 1988, 543). § 878 BGB ist kraft ausdrücklicher Vorschrift auch in den Fällen des § 880 Abs. 2, § 1109 Abs. 2, § 1116 Abs. 2, § 1132 Abs. 2, § 1154 Abs. 3, § 1168 Abs. 2, § 1180 Abs. 2 und § 1196 Abs. 2 BGB anzuwenden.

b) Entsprechende Anwendung des § 878 BGB. Sie ist geboten auf den Eigentumsverzicht nach § 928 BGB sowie auf die Bewilligung einer Vormerkung (JFG 4, 338; BayObLG FGPrax 2003, 251; BGH 28, 185; MDR 2005, 892) oder die rechtsgeschäftliche Aufhebung einer solchen (OLG Köln Rpfleger 1973, 299). Auch auf die Teilungserklärung nach § 8 WEG ist § 878 BGB entsprechend anwendbar (BGH Rpfleger 2017, 133; a. M. KG FGPrax 2017, 6). Für den Erwerb im Weg der Zwangsvollstreckung gilt § 878 BGB nicht (RG 84, 265; KG HRR 1934 Nr. 167; BGH 9, 250; a. M. Wacke ZZP 82, 377; Böhringer BWNotZ 1985, 103), wohl aber im Fall des § 894 ZPO. Zur Frage seiner Anwendbarkeit in Fällen, in denen ein Nichtberechtigter mit Einwilligung des Berechtigten verfügt hat, s. einerseits BayObLG DNotZ 1961, 198, andererseits OLG Köln Rpfleger 1975, 20, dessen Vorlegungsbeschluss jedoch zu keiner klärenden Entscheidung des BGH geführt hat. S. zum Ganzen auch § 19 Rn. 61 f.

c) § 878 BGB bei Antragszurückweisung. Wird der Antrag zurückge- 10 nommen oder zurückgewiesen und nach Wirksamwerden der Verfügungsbeschränkung abermals gestellt, so ist die Anwendung des § 878 BGB ausgeschlossen (BayObLG 11, 397); anders, wenn der Antrag zunächst durch Zwischenverfügung beanstandet und dann nach Wirksamwerden der Verfügungsbeschränkung ergänzt wird (OLG Celle OLG 17, 352; KG DNotZ 1930, 631). Wird der den Antrag zurückweisende Beschluss vom GBAmt oder vom Beschwerdegericht aufgehoben, so lebt der Antrag mit den Wirkungen aus § 878 BGB grundsätzlich wieder auf (s. § 18 Rn. 17). Dies gilt aber nicht, wenn die Aufhebung auf neuen Tatsachen beruht. Denn mit der rechtmäßigen Zurückweisung eines unvollständigen EintrAntrags endet die Schutzwirkung des § 878 BGB endgültig (BGH NJW 1997, 2751 mit Anm. v. Gerhardt JZ 1998, 159 und Schreiber JR 1998, 236; KG Rpfleger 2017, 527).

d) Keine Anwendung des § 878 BGB. Unanwendbar ist § 878 BGB 11 bei Eintritt eines absoluten Belastungsverbots (KG JW 1934, 1245 zu § 8 SchRegG), bei Beschränkung der Geschäftsfähigkeit (KG HRR 1936 Nr. 361; s. § 19 Rn. 62.2), bei unbedingten und relativen Erwerbsverboten (RG 120, 118; BayObLG Rpfleger 1997, 304) sowie bei Wegfall der Rechtsinhaberschaft (OLG München FGPrax 2009, 12; über die Bindung des Nacherben an rechtmäßige Verfügungen des Vorerben s. jedoch KG DR 1941, 2196). Wegen des Wegfalls der Befugnis, über fremdes Vermögen zu verfügen, s. § 19 Rn. 62. Zum Verfügungsverbot zum Zwecke der Terrorismusbekämpfung s. § 22 Rn. 53.

6. Guter Glaube

12   **a) Zeitpunkt.** Maßgebender Zeitpunkt für die einen gutgläubigen Erwerb hindernde Kenntnis der Unrichtigkeit des GB ist der Zeitpunkt, in dem sich der Rechtserwerb vollendet. Der Erwerber muss daher grundsätzlich auch noch im Zeitpunkt der Eintragung gutgläubig sein (BGH NJW 2001, 359). Dabei wird der gute Glaube auch an die Richtigkeit einer Eintragung geschützt, die gleichzeitig mit der Eintragung des Erwerbers vorgenommen wird (BGH NJW 2003, 202). Daher ist ein gutgläubiger lastenfreier Erwerb möglich, wenn zugleich mit der Eintragung des Erwerbers eines Grundstücks ein dingliches Recht versehentlich nicht mit übertragen wird (BayObLG FGPrax 2003, 201 mit Anm. v. Demharter; vgl. § 46 Rn. 15, 20). Der gute Glaube an die Geschäftsfähigkeit wird jedoch nicht geschützt. Zugunsten des Erwerbers ist jedoch, sofern die nach § 873 BGB erforderliche Einigung nicht erst später zustande kommt, für den guten Glauben der Zeitpunkt maßgebend, in dem der Antrag auf Eintragung eingeht, sonst der der Einigung (§ 892 Abs. 2 BGB). Wird der Erwerber nach diesem Zeitpunkt bösgläubig, schadet dies nicht. Der Schutz des guten Glaubens versagt aber dann, wenn vor der Eintragung das GB richtig wird oder ein Widerspruch eingetragen wird (OLG Köln FGPrax 2013, 201).

b) Rechtserwerb nur kraft guten Glaubens. Das GBAmt darf durch Eintragung keinen Rechtserwerb herbeiführen, von dem es weiß, dass er sich nur kraft guten Glaubens vollziehen kann (JFG 18, 208; eingehend KG Rpfleger 1973, 21; BayObLG Rpfleger 1994, 453; 2003, 573; OLG Hamm FGPrax 2004, 266; OLG München DNotZ 2012, 298; OLG Frankfurt NJW-RR 2012, 784; Bestelmeyer Rpfleger 1997, 424; offen gelassen von OLG Zweibrücken FGPrax 1997, 127; OLG Köln FGPrax 2013, 201; a.M. Lenenbach NJW 1999, 923; Kesseler ZNotP 2004, 338; Hügel/Reetz Rn. 29; s. hierzu § 19 Rn. 58; § 22 Rn. 52; § 38 Rn. 36). Wird die Eintragung dennoch vorgenommen, hat dies einen gutgläubiger Erwerb zur Folge. Ist für den Erwerber eine von diesem gutgläubig erworbene Vormerkung eingetragen worden, hat das GBAmt die Eintragung vorzunehmen, die den gutgläubigen Erwerb des durch die Vormerkung gesicherten dinglichen Rechts herbeiführt (OLG Karlsruhe Rpfleger 1998, 68; OLG Dresden NotBZ 1999, 261; OLG Schleswig FGPrax 2004, 264). In diesem Fall hindert weder eine nach Eintragung der Vormerkung eingetretene Bösgläubigkeit den gutgläubigen Erwerb (OLG Schleswig NotBZ 2004, 320; OLG Köln FGPrax 2011, 12) noch ein nach diesem Zeitpunkt eingetragener Amtswiderspruch (s. dazu § 53 Rn. 39; Anh. zu § 44 Rn. 86). Solange der wahre Berechtigte nicht eingetragen ist, genügen zur Umschreibung der Vormerkung die vom Buchberechtigten abgegebenen Erklärungen (OLG Köln FGPrax 2011, 12 mit kritischer Anm. v. Kesseler RNotZ 2011, 470).

7. Sonstige Wirkungen des Eintragungsantrags

13   **a) Arresthypothek.** Nicht maßgeblich ist der Eingang des Antrags für die Entstehung einer Arresthypothek; § 929 Abs. 3 ZPO hat für das sachliche GBRecht keine Bedeutung; die Arresthyp. entsteht ebenso wie die Zwangs-

hyp. erst mit der Eintragung; auch im Rahmen der §§ 88, 139 InsO ist diese entscheidend (vgl. BayObLG NJW 1955, 144).

b) Insolvenzanfechtung. Bei einem die Insolvenzgläubiger benachteiligenden Rechtsgeschäft, für dessen Wirksamwerden eine Eintragung im GB erforderliche ist, stellt § 140 Abs. 2 Satz 1 InsO bei der Berechnung der Anfechtungsfrist auf den Eingang des EintrAntrags ab. Durch einen von einem Notar gemäß § 15 Abs. 2 gestellten EintrAntrag wird jedoch eine im Sinn dieser Vorschrift geschützte Rechtsposition nicht erlangt (BGH MittBayNot 2009, 61 mit kritischer Anm. v. Kesseler).

c) Rang. Der früher beantragten Eintragung gebührt der Rang vor einer **14** später beantragten (§§ 17, 45). Der Rang selbst richtet sich jedoch ausschließlich nach der Eintragung im GB (s. darüber § 45 Rn. 4). Zur Wahrung des Rangs durch den früher gestellten Antrag, wenn dieser zunächst zurückgewiesen, ihm aber auf Beschwerde stattgegeben wird, s. § 18 Rn. 17 und § 74 Rn. 12, 13.

8. Notwendiger Inhalt

Der Antrag muss das Begehren einer Eintragung, den Antragsteller und **15** den Inhalt der begehrten Eintragung erkennen lassen. Als verfahrensrechtliche Erklärung ist der EintrAntrag einer Auslegung zugänglich (OLG Hamm Rpfleger 1992, 474; BayObLG DNotZ 1994, 891; OLG Frankfurt Rpfleger 1996, 104); es gilt § 133 BGB entsprechend (zu den Auslegungsgrundsätzen s. § 19 Rn. 28). Dagegen scheidet eine Umdeutung nach § 140 BGB grundsätzlich aus (vgl. § 19 Rn. 30). § 23 FamFG ist nicht anwendbar.

a) EintrBegehren. Die Sicherheit des GBVerkehrs verlangt klare Aus- **16** drucksweise; bestimmte Ausdrücke, insbes. der Gebrauch des Wortes „beantragen", sind jedoch nicht vorgeschrieben. Wird eine Eintragung begehrt, die eine andere Eintragung, z. B. die Voreintragung des Berechtigten, zur notwendigen Voraussetzung hat, so ist eine Auslegung des EintrAntrags dahin möglich, dass auch diese Eintragung beantragt ist (BayObLG Rpfleger 1979, 106). Im Zweifel ist die zulässige Eintragung als gewollt anzusehen (KG JW 1924, 2047; BayObLG Rpfleger 1982, 141). Ob in der EintrBewilligung auch ein EintrAntrag liegt, ist Auslegungsfrage; in der Regel ist dies nicht der Fall. Über die grundsätzliche Unzulässigkeit von Vorbehalten, insbesondere Bedingungen und Befristungen, s. § 16 Rn. 2, 3.

b) Antragsteller. Dem Antrag muss die Person des Antragstellers ent- **17** nommen werden können, damit die Antragsberechtigung geprüft werden kann.

c) EintrInhalt. Der Antrag kann wegen des Inhalts der begehrten Eintra- **18** gung auf beigefügte Urkunden, insbes. auf die EintrBewilligung Bezug nehmen, sich also auf das Begehren der „bewilligten Eintragung" beschränken (OLG Karlsruhe OLG 4, 82; OLG Hamburg Rpfleger 2004, 617). § 28 braucht er nur zu genügen, wenn er die EintrBewilligung ersetzen soll oder eine solche nicht erforderlich ist.

19 **d) Übereinstimmung von Antrag und Bewilligung.** EintrAntrag und EintrBewilligung müssen sich inhaltlich decken (BayObLG Rpfleger 1993, 15; OLG Hamm Rpfleger 1988, 404); so wenig der Antrag über die Bewilligung hinausgehen darf, so wenig darf er hinter ihr zurückbleiben, es sei denn, dass die Bewilligung dies ausdrücklich oder stillschweigend gestattet (BayObLG Rpfleger 1991, 303). Danach ist ein Teilvollzug zulässig, wenn der Eigentümer mehrerer mit einem Gesamtgrundpfandrecht belasteter Grundstücke unter Bezugnahme auf die Bewilligung des Gläubigers, das Recht in allen Grundbüchern zu löschen, die Löschung nur an einem Grundstück beantragt (OLG Hamm Rpfleger 1998, 511; OLG München FGPrax 2016, 150; OLG Jena NotBZ 2019, 395; OLG Frankfurt FGPrax 2019, 252; s. dazu § 19 Rn. 21 und § 27 Rn. 8). Entsprechendes gilt, wenn einer von mehreren Miteigentümern des mit einem Grundpfandrecht belasteten Grundstücks der Löschung nicht zustimmt (LG München I NotBZ 2001, 308). Sind mehrere Rechtsänderungen zur Eintragung bewilligt und stehen die bewilligten Eintragungen in einem inneren Zusammenhang, so darf sich der Antrag nicht auf eine der bewilligten Eintragungen beschränken (BayObLG 1948/51, 516). Unschädlich sind bloße Abweichungen in der Bezeichnung des Berechtigten; so kann auf Grund einer auf den Erblasser lautenden Bewilligung die Eintragung der Erben beantragt werden (JFG 7, 325; LG Düsseldorf Rpfleger 1987, 14); ebenso kann sich bei einer auf die Firma eines Einzelkaufmanns lautenden Bewilligung der Antrag auf die Eintragung des nachgewiesenen Firmeninhabers richten (KG HRR 1930 Nr. 737). S. in diesem Zusammenhang auch § 19 Rn. 73 und § 33 Rn. 25.

20 Stützt sich der Antrag auf eine andere EintrUnterlage als eine EintrBewilligung, so muss er § 28 entsprechen und mit dem Inhalt der Unterlage übereinstimmen. Die Eintragung einer Zwangshyp. kann jedoch auch für einen hinter der Höhe des Schuldtitels zurückbleibenden Betrag beantragt werden (RG 71, 315).

9. Erlaubter Inhalt

21 Der Antrag kann, auch wenn die EintrBewilligung nichts darüber sagt, enthalten:
- Vorbehalte des Inhalts, dass von mehreren beantragten Eintragungen die eine nicht ohne die andere erfolgen soll (§ 16 Abs. 2).
- Bestimmungen über das Rangverhältnis (§ 45 Abs. 3), über die Person des Briefempfängers (§ 60 Abs. 2) sowie über die Erteilung von Briefen (§§ 63, 65).

10. Form des Eintragungsantrags

22 S. § 30 Rn. 5. Zur Vertretung bei der Antragstellung s. § 30 Rn. 7.

11. Eingang beim GBAmt

23 Ein Antrag ist beim GBAmt eingegangen, wenn er einer zur Entgegennahme zuständigen Person vorgelegt ist, d. h. in deren Besitz kommt (§ 13 Abs. 2 Satz 2). Nur dieser Zeitpunkt ist maßgebend; also nicht der frühere, zu dem der Antrag an das Amtsgericht als solches gelangt (OLG München FGPrax 2019, 61), noch der spätere, zu dem die zuständige Person eine ihr verschlossen vorgelegte Sendung öffnet, von dem Inhalt der Urkunde Kenntnis nimmt oder den Eingangsvermerk anbringt (§ 19 Abs. 1 und 2b GeschO). Wird der Antrag am letzten Tag der Frist nach Dienstschluss in den Nachtbriefkasten des GBAmts eingeworfen, wird die Frist nicht gewahrt (OLG Düsseldorf Rpfleger 1993, 488). S. dazu auch LG Hamburg MDR 1973, 138. Diese Grundsätze gelten nach Ansicht des BGH jedoch nicht für den in § 932 Abs. 3 ZPO genannten Antrag (s. Anh. zu § 26 Rn. 43).

Der Antragsteller kann bestimmen, dass über den Antrag erst nach Ablauf einer bestimmten Frist entschieden werden solle; dann gilt der Antrag erst mit Ablauf der Frist als eingegangen. Ein mangelbehafteter Antrag gilt erst mit Behebung des Mangels als eingegangen, es sei denn, der Mangel wird mit rückwirkender Kraft behoben (s. § 18 Rn. 8).

12. Zuständigkeit zur Entgegennahme

Sie ergibt sich aus § 13 Abs. 3. Die Zuständigkeit der dort genannten Per- **24** sonen ist zur Vermeidung von Schadensfällen (vgl. RG Warn. 1929 Nr. 149) eine ausschließliche.

Zuständig ist der mit der Führung des GB über das betroffene Grundstück beauftragte Rpfleger (§ 3 Nr. 1 Buchst. h RpflegerG), also kein anderer Rpfleger; der Grundsatz, dass die Amtshandlung eines nach der Geschäftsverteilung unzuständigen Organs des GBAmts wirksam ist (s. § 1 Rn. 31), gilt hier nicht; wegen der Entgegennahme eines Antrags durch den GBRichter s. jedoch § 8 Abs. 1 RpflegerG.

Zuständig ist außerdem der von der Leitung des Amtsgerichts bestellte **25** Beamte oder Angestellte der Geschäftsstelle; die Bestellung kann für das ganze GBAmt oder für einzelne Abteilungen erfolgen.

Bezieht sich der Antrag auf mehrere Grundstücke in verschiedenen Ge- **26** schäftsbereichen desselben GBAmts, so ist jede der vorgenannten Personen zuständig, welche die Zuständigkeit zur Entgegennahme von Anträgen für eines der betroffenen Grundstücke besitzt. Werden die Grundbücher von verschiedenen GBÄmtern geführt, so muss der Antrag bei jedem GBAmt gesondert eingehen.

Ist die zuständige Person nicht ausschließlich mit Aufgaben des GBAmts **27** betraut, so kommt es auf den Willen des Antragstellers an und auf seine Auffassung von der Art, wie er seinen Antrag behandelt wissen will. Unerheblich ist, ob die Person den Antrag als EintrAntrag ordnungsmäßig behandelt (JFG 10, 244).

Gelangen nach den für das Amtsgericht bestehenden allgemeinen Be- **28** stimmungen EintrAnträge nicht unmittelbar an eine zur Entgegennahme zuständige Person, so sind sie von dem annehmenden Beamten unverzüglich dahin abzugeben; Entsprechendes gilt, wenn in einer gerichtlichen Verhandlung, insbes. der freiwilligen Gerichtsbarkeit, EintrAnträge gestellt werden oder wenn solche Anträge mit einem in anderer Angelegenheit an das Amtsgericht gerichteten Gesuch verbunden sind (§ 19 Abs. 6 GeschO, Nr. 3.1.1.3 BayGBGA).

Bei der Auswahl der auf Gerichtstagen tätigen Bediensteten ist darauf zu achten, dass möglichst eine zur Entgegennahme von EintrAnträgen zuständige Person anwesend ist (§ 19 Abs. 7 GeschO).

13. Erklärung zur Niederschrift

29 Wird der Antrag, was seit der Änderung des § 29 durch das BeurkG nur noch bei reinen Anträgen möglich ist, zur Niederschrift gestellt (s. dazu § 30 Rn. 5) und fehlt der aufnehmenden Person die Zuständigkeit zur Entgegennahme des Antrags, so gilt für dessen Eingang § 13 Abs. 2 Satz 2. Ist die aufnehmende Person dagegen auch zur Entgegennahme des Antrags zuständig, so ist dieser mit Abschluss der Niederschrift eingegangen (§ 13 Abs. 2 Satz 3).

30 Für die Niederschrift über den reinen Antrag fehlt es an bundesrechtlichen Vorschriften. Wann sie abgeschlossen ist, richtet sich daher nach etwa vorhandenen landesrechtlichen Bestimmungen. Fehlt es an solchen, so wird zwar nicht die Unterschrift des Antragstellers, wohl aber die der aufnehmenden Person als erforderlich erachtet werden müssen (vgl. auch § 19 Abs. 3 GeschO, Nr. 3.1.1.2 BayGBGA).

14. Eingangsvermerk

31 Der Zeitpunkt, zu dem der Antrag beim GBAmt eingeht, ist im Hinblick auf §§ 17 und 45 von erheblicher Bedeutung. Er soll dementsprechend auf dem Antrag genau vermerkt werden (§ 13 Abs. 2 Satz 1). Im Einzelnen gilt folgendes:
- Die Zuständigkeit zur Beurkundung des Eingangszeitpunkts deckt sich mit der zur Entgegennahme des Antrags (§ 13 Abs. 3; s. Rn. 24). Die Anbringung des Eingangsvermerks ist Aufgabe der zur Entgegennahme befugten Person, welcher der Antrag zuerst vorgelegt wird (§ 19 Abs. 2a Satz 1 GeschO, Nr. 3.1.1.1 BayGBGA).

32 • Der Eingangsvermerk ist auf jedes Schriftstück zu setzen, das einen Antrag enthält; also auch auf eine nach § 13 Abs. 2 Satz 3 aufgenommene Niederschrift; ebenso auf das Anschreiben des Notars, wenn dieser einen EintrAntrag der Beteiligten wiederholt. Nicht dagegen auf ein reines Anschreiben sowie auf die Beilagen des Antrags, es sei denn, dass sie ihrerseits einen EintrAntrag enthalten. Der Vermerk soll möglichst in der rechten oberen Ecke der ersten Seite angebracht werden und die Zahl etwaiger Beilagen verlautbaren (§ 19 Abs. 2c GeschO, Nr. 3.1.1.1 BayGBGA).

33 • Der Zeitpunkt des Eingangs ist so genau wie möglich, also nach Tag, Stunde und Minute anzugeben; denn die Eingangsfolge mehrerer Anträge muss einwandfrei festgestellt werden können (§ 19 Abs. 2a Satz 2 GeschO, Nr. 3.1.1.1 BayGBGA). Zu beurkunden ist der Zeitpunkt der Vorlegung; die Reihenfolge der Brieföffnung ist unwesentlich; mehrere gleichzeitig vorgelegte Anträge erhalten den gleichen Eingangsvermerk (§ 19 Abs. 2b GeschO).

34 • er Eingangsvermerk ist von der zuständigen Person mit dem ausgeschriebenen Namen zu unterzeichnen (§ 19 Abs. 2a Satz 2 GeschO, Nr. 3.1.1.1 BayGBGA).

- Wird ein den Eingangsvermerk tragendes Schriftstück herausgegeben, so **35** ist der Eingangsvermerk auf die nach § 10 Abs. 1 Satz 2 zurückzube- haltende beglaubigte Abschrift beglaubigt mitzuübertragen (§ 19 Abs. 5 GeschO, Nr. 3.1.1.4 BayGBGA).
- Über die weitere geschäftsmäßige Behandlung der EintrAnträge s. §§ 20 ff. GeschO, Nr. 3.1.2 BayGBGA.

15. Zurücknahme des Eintragungsantrags

a) Zeitpunkt. Sie ist bis zur Vollendung der Eintragung, d. h. bis zu ihrer **36** Unterzeichnung (s. § 44 Rn. 58; zu dem beim maschinell geführten GB maßgebenden Zeitpunkt s. § 129) zulässig (OLG Celle Rpfleger 1989, 499). Ob die Eintragung bereits verfügt wurde, ist unerheblich (BayObLG 1954, 146). Der Antrag kann auch noch in der Beschwerdeinstanz zurückgenom- men werden. § 22 FamFG findet jedoch keine Anwendung.

b) Berechtigter. Jeder Antragsteller kann nur den von ihm selbst oder **37** seinem Vertreter gestellten Antrag zurücknehmen, nicht dagegen Anträge, die andere Beteiligte, wenn auch in derselben Urkunde, gestellt haben (OLG Schleswig SchlHA 1959, 197). Über letztere hat das GBAmt zu entscheiden (KGJ 24, 95; OLG Jena Rpfleger 2001, 298). Haben mehrere Beteiligte den Antrag gestellt und nimmt einer von ihnen seinen Antrag zurück oder wird ihm die Antragstellung durch einstweilige Verfügung untersagt (vgl. § 19 Rn. 97), berührt dies die Wirksamkeit der von den anderen Beteiligten ge- stellten Anträge nicht. Zur Zurücknahme eines vom Erblasser gestellten An- trags bei Erbengemeinschaft s. OLG Düsseldorf NJW 1956, 877. Zur Zu- rücknahme des Antrags durch den Notar s. § 31 Rn. 7 ff.

Ist einem in Gütergemeinschaft lebenden Ehegatten ein Grundstück zu Alleineigentum aufgelassen worden, so bedarf er zur Zurücknahme des An- trags auf Eintragung beider Ehegatten als Miteigentümer in Gütergemein- schaft nicht der Zustimmung des anderen Ehegatten.

c) Vertretung. Rechtsgeschäftliche und gesetzliche Vertretung sind zuläs- **38** sig. Zur Zurücknahme des EintrAntrags kann auch bevollmächtigt werden, wer nicht nach § 10 Abs. 2 FamFG vertretungsbefugt ist. Voraussetzung einer wirksamen Antragszurücknahme ist aber, dass die Zurücknahme in öffentli- cher oder öffentlich beglaubigter Form erklärt wird (s. § 15 Rn. 2.1). Der Insolvenzverwalter kann den Antrag des Schuldners des Insolvenzverfahrens zurücknehmen. Ob die Vollmacht zur Stellung eines Antrags auch zu dessen Zurücknahme ermächtigt, ist Auslegungsfrage. Über die Antragszurücknah- me durch den Notar s. § 15 Rn. 17.

d) Bindung des Antragstellers. Dass der Antragsteller anderen Beteilig- **39** ten gegenüber nach § 873 Abs. 2, § 875 Abs. 2 BGB gebunden ist, hindert die Zurücknahme des Antrags nicht; andererseits lässt die Zurücknahme die eingetretene Bindung sowie die Wirksamkeit der EintrBewilligung unbe- rührt (JFG 8, 229; KG Rpfleger 1972, 174; BayObLG 1972, 215). Die ande- ren Beteiligten können sich gegen die Zurücknahme dadurch schützen, dass sie ihrerseits die Eintragung beantragen; sie haften dann aber auch für die Kosten (§ 22 Abs. 1, § 32 Abs. 1 GNotKG); s. dazu eingehend Wörbelauer

DNotZ 1965, 529 ff. Das GBAmt hat einen ihm gegenüber erklärten Verzicht auf die Zurücknahme nicht zu beachten (OLG Düsseldorf NJW 1956, 877; BayObLG Rpfleger 1985, 356); dasselbe gilt von einer anderen Beteiligten gegenüber eingegangenen Verpflichtung, den Antrag nicht zurückzunehmen.

40   **e) Teilweise Zurücknahme.** Auch eine teilweise Zurücknahme ist zulässig. Sie ist unbedenklich, wenn gleichzeitig die EintrBewilligung und im Fall des § 20 auch die dingliche Einigung entsprechend geändert werden (BayObLG Rpfleger 1991, 303) oder wenn nur die Teile des Antrags eingeschränkt werden, über die sich die EintrBewilligung nicht auszusprechen hat (s. Rn. 21). Hat sie jedoch zur Folge, dass sich der verbleibende Antrag mit der EintrBewilligung nicht mehr deckt, so ist er zu beanstanden oder zurückzuweisen (a. M. OLG München JFG 22, 30, das die teilweise Zurücknahme in diesem Fall als unzulässig erachtet). In aller Regel wird die teilweise Zurücknahme des EintrAntrags dahin auszulegen sein, dass damit auch die EintrBewilligung entsprechend eingeschränkt wird. Dies setzt aber voraus, dass der Antrag von demjenigen zurückgenommen wird, der die Eintragung bewilligt hat. Hat der Notar den Antrag nach § 15 Abs. 2 gestellt, bedarf er zur Einschränkung der EintrBewilligung einer besonderen Vollmacht (BayObLG MittBayNot 1996, 36).

41   **f) Sonstiges.** Über Form, Wirkung, Anfechtung und Kosten der Zurücknahme des EintrAntrags s. § 31 Rn. 6, 12, 21.

16. Antragsberechtigung

42   **a) Grundsatz.** Auch im GBVerfahren setzt ein Antrag ein Rechtsschutzbedürfnis voraus; dieses fehlt, wenn der Antragsteller kein schutzwürdiges Interesse an der beantragten Eintragung hat (vgl. OLG Brandenburg FGPrax 1997, 118). Mit der Antragsberechtigung ist grundsätzlich auch das Rechtsschutzbedürfnis gegeben. Antragsberechtigt ist nur der unmittelbar Beteiligte (KGJ 31, 347; OLG Frankfurt Rpfleger 1988, 184), dessen dingliche Rechtsstellung durch die Eintragung einen Verlust erleidet oder einen Gewinn erfährt (BGH Rpfleger 2005, 354; OLG Hamm Rpfleger 1990, 157). Ob der Antragsberechtigte sein Antragsrecht selbst ausüben kann, ist eine Frage der Antragsbefugnis (s. dazu Rn. 49). Zur Zulässigkeit einer Wiederholung des Antrags nach dessen Zurückweisung s. § 18 Rn. 18.

43   **b) Mittelbar Beteiligte.** Bloß wirtschaftliche Vorteile oder Nachteile begründen das Antragsrecht nicht. Ebenso wenig persönliche Verpflichtungen (KGJ 52, 163) oder ein sonstiges bloß rechtliches oder berechtigtes Interesse (OLG Frankfurt FGPrax 1996, 208). Deshalb kann z. B. der Eigentümer, auf dessen Grundstück eine Gesamthyp. in der Zwangsversteigerung bestehen bleibt, nicht die Löschung der Hyp. auf anderen Grundstücken beantragen. Ebenso wenig kann der Verwalter, dessen Zustimmung zur Veräußerung eines Wohnungseigentums gem. § 12 WEG erforderlich ist, die Eintragung der Auflassung beantragen (OLG Frankfurt Rpfleger 1988, 184).

44   Mittelbar Beteiligte sind auch dann nicht antragsberechtigt, wenn sie die Eintragung nach § 19 zu bewilligen haben (s. darüber § 19 Rn. 52 ff.). Ausnahmen enthalten § 9 Abs. 1 Satz 2 und § 14 sowie § 8 Abs. 2 GBMaßnG. Der Berechtigte einer Eigentumsvormerkung an einem WEigentum ist, auch wenn zur Eintragung einer Vereinbarung im Sinn des § 10 Abs. 2 Satz 2, Abs. 3 WEG seine Bewilligung erforderlich ist, nicht berechtigt, die Eintragung zu beantragen (s. dazu Anh. zu § 3 Rn. 80). Zur fehlenden Antragsberechtigung des Vormerkungsberechtigten als nur mittelbar Beteiligtem und zur gleichwohl gegebenen Zulässigkeit der Klage nach § 888 BGB vor seiner Eintragung als Eigentümer oder sonstiger Rechtsinhaber s. BGH NJW 2010, 3367 und kritisch dazu Kesseler NJW 2010, 3341 sowie Wilhelm ZfIR 2011, 45.

c) Mehrere Mitberechtigte. Jeder der danach antragsberechtigt ist, kann **45** den Antrag stellen, also sowohl der verlierende als auch der gewinnende Teil. So kann z. B. die Eintragung einer Hyp. von dem Eigentümer und dem Gläubiger beantragt werden, die einer Zwangshyp. jedoch nur von dem Gläubiger (§ 867 ZPO). Sind auf der verlierenden oder gewinnenden Seite mehrere Mitberechtigte, z. B. Bruchteilseigentümer oder Miterben beteiligt, so ist jeder von ihnen antragsberechtigt (KGJ 20, 209; KG OLG 41, 155). Zur Zurücknahme des Antrags durch einen von ihnen s. Rn. 37.

d) Verlierender Teil. Dies ist derjenige, dessen Recht durch die Eintra- **46** gung unmittelbar betroffen wird, z. B. der Eigentümer bei Veräußerung oder Belastung des Grundstücks, nicht dagegen der Pfandgläubiger bei Aufhebung eines verpfändeten beschränkten dinglichen Rechts. Von einer rechtsändernden Eintragung wird nur der wahre Berechtigte betroffen (KGJ 45, 206; KG Rpfleger 1975, 136; OLG Frankfurt Rpfleger 1997, 103), von einer berichtigenden kann der Buchberechtigte oder der wahre Berechtigte betroffen werden (ebenso KEHE/Volmer Rn. 74; s. auch § 22 Rn. 32). Bei Rangrücktritt einer Hyp. ist der Eigentümer antragsberechtigt, weil sich der Rang der Hyp. auch als künftiges Eigentümerrecht verschlechtert (OLG München JFG 15, 364; OLG Schleswig SchlHA 1963, 147; KG NJW 1964, 1479; KEHE/Volmer Rn. 76; a. M. Güthe/Triebel Rn. 49; Böttcher Rpfleger 1982, 52).

e) Gewinnender Teil. Dies ist derjenige, dessen unmittelbare Begünsti- **47** gung die Eintragung bezweckt, z. B. der Eigentümer bei Aufhebung eines beschränkten dinglichen Rechts, nicht dagegen der Berechtigte einer Eigentumsvormerkung (OLG Frankfurt FGPrax 1996, 208) oder der nachgehende, durch die Löschung im Rang aufrückende Berechtigte; ebenso wenig der in Gütergemeinschaft lebende Ehegatte, wenn dem anderen Ehegatten ein Grundstück zu Alleineigentum aufgelassen worden ist (BayObLG 1954, 145). Im Fall der GBBerichtigung ist unmittelbar begünstigt, wer einen Berichtigungsanspruch nach § 894 BGB hat; hier also auch der nachgehende Berechtigte, wenn das vorgehende Recht nicht entstanden oder erloschen ist (KGJ 47, 207); ebenso derjenige, dessen Recht durch eine nicht bestehende Vormerkung beeinträchtigt wird (KGJ 52, 164; RG 163, 63; BayObLG BWNotZ 1988, 165). Der Berechtigte eines dinglichen Rechts ist daher berechtigt, die Berichtigung des GB durch Löschung einer vor- oder gleichrangig eingetragenen Grundstücksbelastung, auch einer Eigentumsvormer-

kung, zu beantragen und mit der Beschwerde weiter zu verfolgen. Das An-
trags- und Beschwerderecht steht dem Inhaber einer Zwangshyp. aber nur so
lange zu, als die zugrunde liegende Forderung nicht vollständig getilgt ist
(OLG München NJW-RR 2018, 1107).

Bei Rangvortritt einer Hyp. vor ein Recht der zweiten Abteilung ist der
Eigentümer antragsberechtigt, da sich der Rang der Hyp. auch als künftiges
Eigentümerrecht verbessert (KG Rpfleger 1965, 14; OLG Oldenburg Rpfleger 1966, 266; NdsRpfl. 1997, 305; a. M. LG Dortmund NJW 1960, 678;
Haegele Rpfleger 1965, 15; 1966, 266; 1977, 310; Böttcher Rpfleger 1982,
52). Hat der Grundstückseigentümer für sich eine Grundschuld bestellt und
diese vor ihrer Eintragung in das GB abgetreten, so ist der Abtretungsempfänger nicht berechtigt, die Eintragung der Eigentümergrundschuld und ihre
Abtretung zu beantragen; antragsberechtigt ist nur der Grundstückseigentümer (OLG Celle Rpfleger 1989, 499).

Im Fall der Pfändung eines Erbanteils wird der Pfändungsgläubiger durch
die für die Eintragung der Pfändung im GB nach § 39 erforderliche Voreintragung der Erbengemeinschaft zwar nicht unmittelbar begünstigt (OLG
Zweibrücken Rpfleger 1976, 214); er kann insoweit aber das seinem Schuld-
ner-Miterben zustehende Antragsrecht (s. Rn. 45) ausüben (s. dazu Stöber
Rpfleger 1976, 199).

48   **f) Maßgebender Zeitpunkt.** Die Antragsberechtigung muss noch im
Zeitpunkt der Vollendung der Eintragung bestehen. Fällt sie vorher weg, z. B.
dadurch, dass durch einstweilige Verfügung die Antragstellung untersagt wird
(s. § 19 Rn. 97), wird der Antrag unzulässig und ist zurückzuweisen (OLG
München JFG 23, 330). Jedoch können, wenn der Antragsteller stirbt, die
Erben den Antrag weiterverfolgen (vgl. OLG Köln FGPrax 2005, 103). Eine
Unterbrechung des Verfahrens findet nicht statt (BGH Rpfleger 2019, 378).
Die Erbfolge braucht, weil es lediglich um den Nachweis der Antragsberechtigung geht, nicht gem. § 35 nachgewiesen zu werden (s. Rn. 55; vgl. § 71
Rn. 59.4). Auch ist es nicht ausgeschlossen, dass der Grundstückseigentümer,
der einen Antrag, z. B. auf GBBerichtigung, gestellt hat, diesen nach Eigentumsumschreibung in Verfahrensstandschaft für den neuen Eigentümer (vgl.
§ 265 Abs. 2 Satz 1 ZPO) weiterverfolgt (s. für die Beschwerde § 71 Rn. 66).

17. Antragsbefugnis

49   **a) Allgemeines.** Die Antragsbefugnis betrifft die Ausübung der Antragsberechtigung. Sie ist Ausfluss der sachlichrechtlichen Verfügungsbefugnis des
verlierenden Teils über das von der Eintragung betroffene Recht und des
gewinnenden Teils über seine Anwartschaft. Antragsbefugt ist grundsätzlich
der Antragsberechtigte selbst. Seine Verfügungsbefugnis kann aber beschränkt
sein oder, wie im Insolvenzverfahren, bei Nachlasspflegschaft und Testamentsvollstreckung, gänzlich fehlen. Dann fehlt ihm auch die Antragsbefugnis, deren Vorliegen das GBAmt von Amts wegen zu prüfen hat. Den Antrag
kann dann nur der Verfügungsbefugte stellen, und zwar im eigenen Namen
kraft seines Amts. Dabei handelt es sich um einen Fall der gesetzlichen Verfahrensstandschaft. Zur gewillkürten Verfahrensstandschaft s. § 1 Rn. 56. Zum
Verbot der Antragstellung durch einstweilige Verfügung s. § 19 Rn. 97.

Unterliegt ein Recht der Verwaltung eines **Testamentsvollstreckers,** so 50 kann die Berichtigung des GB durch Eintragung der Erben nicht von diesen, sondern nur von dem Testamentsvollstrecker beantragt werden (KGJ 51, 216; OLG München JFG 20, 373; BayObLG Rpfleger 1996, 148; a. M. OLG Stuttgart Rpfleger 2014, 76 mit kritischer Anm. v. Becker Rpfleger 2014, 113; OLG München FGPrax 2018, 109; LG Stuttgart Rpfleger 1998, 243; Bertsch Rpfleger 1968, 178; Schneider MittRhNotK 2000, 283). Dagegen kann ein Erbteilserwerber seine Eintragung als Rechtsnachfolger des bisherigen Mitglieds der im GB eingetragenen Erbengemeinschaft ohne Mitwirkung des Testamentsvollstreckers beantragen (LG Essen Rpfleger 1960, 57 mit Anm. v. Haegele). Zum Antrag auf Löschung einer an einem Gesamtgutsgrundstück lastenden Hyp. ist neben dem Gläubiger nur der Gesamtgutsverwalter befugt (BayObLG HRR 1934 Nr. 1053). Ein wirksam bestellter Sequester kann die Eintragung der kraft Gesetzes entstandenen Sicherungshyp. (vgl. § 1287 BGB, § 848 Abs. 2 ZPO) beantragen (BayObLG Rpfleger 1994, 162).

Eintragungen, um deren Vornahme eine **Behörde** ersuchen darf, können 51 von den Beteiligten grundsätzlich nicht beantragt werden. S. hierzu und zu Ausnahmen § 38 Rn. 3.

Unterliegt ein Recht der Zwangsvollstreckung, fällt es in die Insolvenz- 52 masse, über die nur der **Insolvenzverwalter** verfügen kann. Die Vormerkung einschließlich des durch sie gesicherten Anspruchs gehört zum pfändbaren Vermögen. Verfügungs- und damit antrags- und bewilligungsbefugt ist insoweit nur der Insolvenzverwalter und nicht der Vormerkungsberechtigte (OLG München FGPrax 2009, 155 zur Löschung einer bei Grundstücksübertragung auf den Ehegatten eingetragenen aufschiebend bedingten Rückauflassungsvormerkung). Zum ausländischen Insolvenzverfahren s. § 38 Rn. 8.

b) Ausübung. Die Ausübung der Antragsberechtigung durch den An- 53 tragsbefugten setzt Verfahrensfähigkeit voraus (s. hierzu § 1 Rn. 43 und zum maßgebenden Zeitpunkt Rn. 7). Ist der Antragsteller nicht verfahrensfähig oder nicht ordnungsgemäß gesetzlich vertreten, so ist sein Antrag als unzulässig zurückzuweisen. Die Beschwerde des Antragstellers hiergegen kann jedoch nicht aus demselben Grund als unzulässig behandelt werden (BayObLG 1989, 175/178; OLG München Rpfleger 2017, 441; s. auch § 77 Rn. 9). Dasselbe gilt, wenn ein Antrag wegen fehlender Rechtsfähigkeit zurückgewiesen wird. Unbeschadet der vom GBAmt verneinten Rechts- oder Verfahrensfähigkeit ist der Antragsteller beschwerdeberechtigt (BayObLG FGPrax 2003, 59). Der in der fehlenden Verfahrensfähigkeit oder in nicht ordnungsgemäßen gesetzlichen Vertretung liegende Verfahrensmangel kann auch noch in der Rechtsbeschwerdeinstanz dadurch rückwirkend geheilt werden, dass der gesetzliche Vertreter des Antragstellers das bisherige Verfahren genehmigt (BGH NJW 1989, 984).

c) Maßgebender Zeitpunkt. Die Antragsbefugnis des Antragsberechtig- 54 ten muss ebenso wie die Antragsberechtigung noch bei Vollendung der Eintragung bestehen. Erlischt sie vorher, wird der Antrag unzulässig und ist zurückzuweisen. Hat nur der verlierende Teil als Berechtigter im Sinn des

§ 878 BGB einen EintrAntrag gestellt und verliert er nachträglich seine Verfügungsbefugnis, treten die Rechtsfolgen des § 878 BGB nicht ein, weil mit dem Wegfall der Verfügungsbefugnis die Antragsbefugnis entfällt und damit das Erfordernis einer wirksamen Antragsstellung nicht erfüllt ist (s. hierzu Rn. 9).

18. Nachweis der Antragsberechtigung

55   Für den Nachweis der Antragsberechtigung einschließlich der Antragsbefugnis gilt § 29 nicht; es genügt ein schlüssiger Sachvortrag (BGH NJW 1999, 2369 mit Anm. Demharter NotBZ 1999, 172; OLG München FGPrax 2009, 62).

19. Verwirkung der Antragsberechtigung

56   Die Antragsberechtigung wird nicht durch Zeitablauf verwirkt (OLG Hamm Rpfleger 1973, 305; OLG München FGPrax 2007, 106). Sie kann auch nicht verjähren (OLG München NJW-RR 2015, 1358). Der EintrAntrag kann daher eine EintrBewilligung zur Grundlage haben, die vor Jahrzehnten wirksam geworden ist (s. § 19 Rn. 113).

20. Verzicht auf die Antragsberechtigung

57   Ein gegenüber dem GBAmt erklärter Verzicht auf das Antragsrecht ist von diesem nicht zu beachten; dasselbe gilt von einer anderen Beteiligten gegenüber eingegangenen Verpflichtung, einen Antrag nicht zu stellen (OLG Celle FGPrax 2018, 193); insoweit kann nichts anderes gelten als im Fall eines Verzichts auf die Antragszurücknahme (s. dazu Rn. 39). Davon geht wohl auch OLG Hamm Rpfleger 1975, 250 aus; wenn es jedoch die Beteiligten für befugt hält, sich durch Erteilung einer „verdrängenden Vollmacht" an den Notar der Ausübung ihres Antragsrechts mit Wirkung gegenüber dem GBAmt in der Weise zu begeben, dass von ihnen selbst gestellte Anträge wirkungslos und nur die für sie vom Notar gestellten Anträge wirksam sind, so kann auch dies nicht als zulässig erachtet werden. Das OLG Frankfurt DNotZ 1992, 389 hat offen gelassen, ob dem OLG Hamm zu folgen ist. S. dazu auch Herrmann MittBayNot 1975, 173 sowie Ertl DNotZ 1975, 644.

Anhang zu § 13
Grundzüge des EintrAntragsverfahrens

Inhaltsübersicht

1. Antragsgrundsatz

Als Regel gilt, dass eine Eintragung nur auf Antrag, nicht von Amts wegen 1
erfolgt (§ 13). Daher findet grundsätzlich auch keine GBBerichtigung von
Amts wegen statt (s. § 22 Rn. 45). Notwendige Folge ist ferner, dass das
GBAmt sachlich nichts anderes eintragen darf, als was bewilligt und bean-
tragt ist (BayObLG HRR 1935 Nr. 128). Nur bei der Fassung der Eintra-
gung ist es an Vorschläge der Beteiligten nicht gebunden (s. § 13 Rn. 4).
Dem EintrAntrag steht das behördliche EintrErsuchen nach § 38 gleich.
Über Ausnahmen vom Antragsgrundsatz s. § 13 Rn. 6; wo das GBAmt von
Amts wegen einzutragen hat, erweist sich ein Antrag nur als Anregung der
Amtstätigkeit.

Der Antragsteller hat sämtliche zur Eintragung erforderlichen Unterlagen 2
vorzulegen; dies gilt auch für die GBBerichtigung; eine Verweisung auf Akten desselben Amtsgerichts ist zulässig. Im Antragsverfahren ist das GBAmt
zur Anstellung von Ermittlungen weder berechtigt noch verpflichtet; die
Beibringung fehlender Unterlagen und die Beseitigung von Zweifeln ist
dem Antragsteller durch Zwischenverfügung aufzugeben. Anders im Amtsverfahren; hier gilt § 26 FamFG (s. hierzu § 1 Rn. 67). Die Kenntnis etwa
anzuwendenden ausländischen Rechts hat sich das GBAmt auch im Antragsverfahren soweit wie möglich selbst zu verschaffen. S. zum Ganzen § 13
Rn. 5 ff.

2. Grundsatz der einseitigen Bewilligung

Zur Eintragung genügt regelmäßig die einseitige Bewilligung des von ihr 3
Betroffenen (§ 19). Die neben der Eintragung zum Eintritt einer Rechtsän-
derung notwendigen sachlichrechtlichen Erklärungen (Einigung: § 873
BGB; Aufgabeerklärung: § 875 BGB) brauchen dem GBAmt nicht nachgewiesen zu werden. Nur im Fall der Auflassung eines Grundstücks sowie im
Fall der Bestellung, Inhaltsänderung oder Übertragung eines Erbbaurechts ist
nach § 20 die Einigung nachzuweisen (s. auch § 144 sowie für Bayern
Art. 40 Abs. 4 AGGVG v. 23.6.1981, BayRS 300-1-1-J und Art. 11 Abs. 4
FischereiG i. d. F. v. 10.10.2008, GVBl. 840). Über Fälle, die eine Bewilligung
nicht erfordern oder in denen die Bewilligung ersetzt wird, s. § 19 Rn. 7–11;
hervorzuheben sind die Eintragung auf behördliches Ersuchen (§ 38) sowie
die GBBerichtigung auf Nachweis der Unrichtigkeit (§ 22). Auch das dem
dinglichen Rechtsgeschäft zugrunde liegende schuldrechtliche Grundgeschäft ist in der Regel nicht nachzuprüfen (s. § 19 Rn. 18 ff.).

3. Beweisgrundsatz

4   Das GBAmt soll Eintragungen nur auf beweissichere Unterlagen gründen. Die Regel bilden echte beweiskräftige, in besonderer Form errichtete Urkunden (§ 29). Nur offenkundige Tatsachen bedürfen keines Beweises (§ 29 Abs. 1 Satz 2). Beweiserleichterungen sehen §§ 32 bis 37 vor; in beschränktem Umfang ist auch eine freie Beweiswürdigung möglich (s. § 29 Rn. 63). Gegen jedermann wirkende gesetzliche Vermutungen hat auch das GBAmt zu beachten, so z. B. § 891 BGB (s. hierzu Rn. 16).

4. Bestimmtheitsgrundsatz

5   **a) Anforderungen.** Der Zweck des GB, auf sicherer Grundlage bestimmte und sichere Rechtsverhältnisse für unbewegliche Sachen zu schaffen und zu erhalten (RG 145, 354; BayObLG Rpfleger 1990, 503), erfordert klare und eindeutige Eintragungen (OLG Köln Rpfleger 1992, 153). Um sie zu ermöglichen, müssen die Beteiligten bedacht sein auf klare und eindeutige Erklärungen über das betroffene Grundstück (§ 28), die Person des Berechtigten, den Umfang (z. B. auch die Zinsen: OLG Darmstadt JFG 11, 231) und den Inhalt (JFG 3, 332) des einzutragenden Rechts (vgl. BayObLG Rpfleger 1985, 488; 1989, 194). Bei der Eintragung einer Grundstücksbelastung ist es grundsätzlich erforderlich, dass der Umfang der Belastung aus der Eintragung selbst oder in Verbindung mit der EintrBewilligung ohne weiteres ersichtlich ist (BGH FGPrax 2015, 5). Es genügt aber, dass die höchstmögliche Belastung für jeden Dritten erkennbar ist und der Umfang der tatsächlichen Haftung des Grundstücks zu einem bestimmten Zeitpunkt auf Grund jederzeit feststellbarer objektiver Umstände bestimmbar ist. Diese Umstände können auch außerhalb des GB liegen, sofern sie nachvollziehbar und mindestens in der EintrBewilligung angedeutet sind (BGH FGPrax 1995, 186; BayObLG Rpfleger 2004, 561; OLG Frankfurt FGPrax 2019, 197).

6   **b) Bedingung.** Ein Ereignis, das zur Bedingung für das Entstehen oder Erlöschen eines Rechts gemacht werden soll, muss mit genügender Bestimmtheit feststellbar sein; Voraussetzung ist aber nicht, dass ein Streit über den Eintritt des Ereignisses ausgeschlossen ist (BayObLG FGPrax 1997, 210; OLG Hamm RNotZ 2016, 101) und mögliche Zweifel erst durch eine richterliche Entscheidung ausgeräumt werden können (OLG München FGPrax 2014, 52). Ob der Eintritt des maßgebenden Ereignisses in grundbuchmäßiger Form nachgewiesen werden kann, ist für die Löschung, nicht aber für die Eintragung von Bedeutung (OLG Frankfurt Rpfleger 1993, 331). Zur Bezugnahme bei der Eintragung der Bedingung s. § 44 Rn. 20. Zur Bedeutung von Bedingungen im GBEintrVerfahren s. Böttcher ZfIR 2020, 1.

   Dem Erfordernis der Bestimmtheit ist genügt, wenn zur auflösenden Bedingung eines Rechts die Beendigung eines bestehenden Schuldverhältnisses, z. B. eines bestimmten, sich auf das belastete Grundstück beziehenden Mietvertrags, gemacht wird (BayObLG NJW-RR 1990, 1169; FGPrax 1997, 210; OLG Zweibrücken DNotZ 1990, 177; s. aber auch BayObLG Rpfleger 1984, 405; 1985, 488), oder zur auflösenden Bedingung der Abtretung einer

Grundschuld die Beendigung des Kreditverhältnisses und das Nichtbestehen von Ansprüchen des Zessionars gegen den Zedenten (OLG Frankfurt Rpfleger 1993, 331), ferner wenn die Verzinsung einer Hyp. vom Zugang der Kündigung des Darlehens abhängig gemacht ist, deren frühestmöglicher Zeitpunkt festliegt (BayObLG Rpfleger 2001, 172) oder wenn eine Vormerkung den Rückübereignungsanspruch für den Fall sichern soll, dass der Erwerber bis zur Bebauung des Grundstücks der Verkehrssicherungspflicht nicht nachkommt, nicht aber für den Fall, dass er bis zu diesem Zeitpunkt das Grundstück nicht in ordnungsmäßigem Zustand hält (OLG Zweibrücken Rpfleger 2005, 137; s. dazu auch Anh. zu § 44 Rn. 87).

c) Sonstiges. Um der Klarheit des GB willen, insbes. um das Rangver- **7** hältnis nicht zu verwirren, kann grundsätzlich der Umfang eines Rechts nachträglich nicht erweitert werden; jedoch ist der Grundsatz nicht zu überspannen (RG 143, 428); s. auch § 44 Rn. 70. Wegen der bei Begründung von WEigentum angesichts des Bestimmtheitsgrundsatzes an den Aufteilungsplan zu stellenden Anforderungen s. Anh. zu § 3 Rn. 46. Zur Bestimmbarkeit der Höhe einer Reallast s. Anh. zu § 44 Rn. 75. Zur Bestimmbarkeit des Anspruchs bei der Vormerkung s. Anh. zu § 44 Rn. 87. Zur Bestimmbarkeit des Anfangszeitpunkts der Verzinsung s. Anh. zu § 44 Rn. 46.

5. Vorrangsgrundsatz

Nach § 879 BGB richtet sich das Rangverhältnis der Grundstücksrechte **8** grundsätzlich nicht nach ihrem Alter, sondern nach der Eintragung im GB. Es entscheidet in erster Reihe der Rangvermerk. Fehlt ein solcher, so ist für das Rangverhältnis unter Rechten der gleichen Abteilung die Reihenfolge der Eintragungen, unter Rechten verschiedener Abteilungen die Tagesangabe maßgebend. §§ 17, 45 GBO gewähren den Anspruch auf den besseren Rang der früher beantragten Eintragung. Über Ausnahmen s. § 45 Rn. 20 ff. Über den Rang der Rechte an einem Grundstücksrecht s. § 45 Rn. 11.

6. Eintragungsgrundsatz

Die Eintragung ist nach §§ 873, 875 BGB Voraussetzung einer rechtsge- **9** schäftlichen Rechtsänderung (s. Rn. 10), begründet die Rechtsvermutung des § 891 BGB (s. Rn. 15) und ist ein Mittel zur GBBerichtigung (s. Rn. 19).

7. Rechtsänderung

a) Eintragung. Sie ist Voraussetzung einer rechtsgeschäftlichen Rechts- **10** änderung, hat jedoch keine formale Rechtskraft (zur materiellen Rechtskraft von Entscheidungen im GBVerfahren s. § 18 Rn. 18); sie führt daher für sich allein grundsätzlich nicht zur Rechtsänderung. Hinzukommen müssen entweder die sachlichrechtlichen Rechtsänderungserklärungen (Einigung: § 873 BGB; Aufhebungserklärung: § 875 BGB), ein gutgläubiger Erwerb (§ 892 BGB) oder bei zu Unrecht gelöschten Rechten die Verjährung (§ 901 BGB); bei der Vormerkung ist eine Bewilligung oder einstweilige Verfügung erforderlich (§ 885 BGB) und bei Vollstreckungsmaßnahmen müssen die vollstreckungsrechtlichen Voraussetzungen gegeben sein. Zu dem Fall, dass diese sachlichrechtlichen Voraussetzungen einer Rechtsänderung inhaltlich nicht mit der Eintragung übereinstimmen, s. § 22 Rn. 7. Auch ein als gegenstandslos gelöschtes Recht erlischt nicht, wenn es in Wahrheit nicht gegenstandslos ist (JFG 10, 281). Der Rang eines Grundstücksrechts richtet sich jedoch bei Fehlen eines Rangvermerks ohne Rücksicht auf die Einigung nur nach der Eintragung (s. § 45 Rn. 5).

11   **b) Einigung und Eintragung.** Sie stellen gleichwertige und von einander unabhängige Rechtsakte eines Doppeltatbestandes dar. Die Rechtsänderung tritt unabhängig davon ein, in welcher Reihenfolge der Doppeltatbestand verwirklicht wird (OLG Frankfurt Rpfleger 1989, 191). Für den Rang ist allerdings allein die Eintragung maßgebend (§ 879 Abs. 2 BGB). Diese muss jedoch vollständig und ordnungsmäßig bewirkt sein; wird sie dies erst durch nachträgliche Ergänzung oder Berichtigung, entfaltet sie erst mit diesem Zeitpunkt ihre rangwahrende Wirkung (s. § 53 Rn. 59). Das für das Verhältnis von Einigung und Eintragung Ausgeführte gilt entsprechend, wenn die Rechtsänderung nicht durch Einigung und Eintragung herbeigeführt wird, sondern durch Eintragung und das Vorliegen sonstiger Voraussetzungen, z. B. vollstreckungsrechtlicher Art.

12   **c) Erneute Eintragung.** Hat eine Eintragung eine GBBerichtigung oder eine Rechtsänderung bewirkt, ist sie (ebenso wie die zu Grunde liegende EintrBewilligung: § 19 Rn. 114) „verbraucht". Wird das GB danach durch einen Vorgang außerhalb des GB unrichtig, so kann im Wege der Rechtsänderung eine der GBAussage entsprechende Rechtslage nur durch eine neue Eintragung herbeigeführt werden; vorher ist wegen § 39 Abs. 1, soweit nicht dessen Abs. 2 oder § 40 eingreift, das GB zu berichtigen. Wird jedoch das GB nach zwischenzeitlicher Unrichtigkeit wieder richtig, so ist lediglich die Angabe des EintrGrundes (s. § 9 Abs. 1 Buchst. d GBV) richtig zu stellen.

13   Hieraus folgt, dass die im GB als Eigentümer eingetragene Vorerbe, dem nach Eintritt des Nacherbfalls das Grundstück vom Nacherben aufgelassen wird, nur dann wieder Eigentümer wird, wenn er erneut eingetragen wird (KGJ 51, 187), eine erneute Eintragung aber nicht notwendig ist, wenn der eingetragene Vorerbe nach Eintritt des Nacherbfalls Erbe des Nacherben wird.

d) Sonderfall der Vormerkung. Eine auf Grund einstweiliger Verfügung eingetragene Vormerkung muss erneut eingetragen werden, wenn die auf Widerspruch aufgehobene einstweilige Verfügung auf Berufung wiederhergestellt wird (a. M. OLG Hamm Rpfleger 1983, 435). Dasselbe gilt für eine Eigentumsvormerkung, wenn nach Rücktritt vom Kaufvertrag dieser später erneut abgeschlossen wird (a. M. LG Lübeck NJW-RR 1996, 914). Es gilt ferner für den Fall, dass eine erloschene aber im GB nicht gelöschte Vormerkung zur Sicherung eines deckungsgleichen Anspruchs erneut bewilligt wird (a. M. BGH Rpfleger 2000, 153 mit abl. Anm. v. Demharter Mitt-BayNot 2000, 106, Streuer Rpfleger 2000, 155, Volmer ZfIR 2000, 207, Zimmer NJW 2000, 2978, Schubert JR 2001, 61; s. dazu auch Amann Mitt-

BayNot 2000, 197 und Wacke DNotZ 2000, 643; a. M. auch BGH Rpfleger 2008, 187, dazu Anh. zu § 44 Rn. 90.2; vgl. zu dem Fall, dass eine nach § 88 InsO unwirksam gewordene, aber nicht gelöschte Zwangshyp. ohne Löschung und Neueintragung neu entstehen soll, BGH Rpfleger 2006, 253 und Anh. zu § 44 Rn. 66.2).

e) Entbehrlichkeit erneuter Eintragung. Eine neue GBEintragung ist 14 im Übrigen nur dann entbehrlich, wenn die zunächst vorgenommene Eintragung weder eine GBBerichtigung noch eine Rechtsänderung bewirkt hat (vgl. OLG Frankfurt Rpfleger 1989, 191; BayObLG MittBayNot 1991, 78; BayObLG 1996, 149/154). Deshalb braucht der als Eigentümer eingetragene Scheinerbe, dem der wirkliche Erbe das Grundstück auflässt, nicht erneut eingetragen zu werden, um das Eigentum zu erlangen (BGH NJW 1973, 613 mit Anm. v. Gotzler NJW 1973, 2014; a. M. BGH Rpfleger 1952, 587); lediglich die Angabe des EintrGrundes bedarf der Richtigstellung.

Eine Eigentumsvormerkung braucht nicht erneut eingetragen zu werden, wenn der zugrunde liegende nichtige Kaufvertrag gem. § 141 BGB bestätigt wird und damit der gesicherte Anspruch mit Rangwahrung ex nunc entsteht; eine Richtigstellung der GBEintragung oder die Eintragung eines Bestätigungsvermerks scheidet aus (OLG Frankfurt DNotZ 1995, 539; Wacke DNotZ 1995, 507, zugleich zur Novation des vorgemerkten Anspruchs).

Eine erneute Eintragung ist nicht erforderlich, wenn die im GB genannte Auflassung nichtig ist und durch eine spätere Auflassung ersetzt wurde; dann kommt nur eine Klarstellung in Betracht (BayObLG MittBayNot 1979, 74; OLG München Rpfleger 2009, 81). Bestehen lediglich Zweifel an der Wirksamkeit der eingetragenen Auflassung, kann eine vorsorglich erneut erklärte Auflassung nicht im GB vermerkt werden (BayObLG Rpfleger 2002, 303; s. hierzu auch Böhringer NotBZ 2004, 13). S. zum Ganzen auch Streuer Rpfleger 1988, 513 und Wieling AcP 209 (2009), 577.

8. Vermutung

a) Bedeutung. Die Eintragung begründet die Rechtsvermutung des 15 § 891 BGB; dies gilt auch für die Eintragung eines Rechts, das zur Erhaltung der Wirksamkeit gegenüber dem öffentlichen Glauben des GB der Eintragung nicht bedarf (BGH 104, 142; BayObLG 1995, 417); zur Anwendung des § 891 BGB auf die Vormerkung s. OLG Schleswig FGPrax 2004, 264. Ohne Bedeutung ist dabei, ob das Recht an der richtigen Stelle im GB eingetragen ist (BayObLG 1995, 417; OLG München FGPrax 2009, 9). Eine Ausnahme besteht im Fall der Doppelbuchung (s. § 3 Rn. 25).

Die Vermutung erstreckt sich nicht auf die Rechtsfähigkeit des Eingetragenen (OLG Frankfurt Rpfleger 1997, 105; ZflR 2005, 254; KG FGPrax 1997, 212) und auch nicht auf seine Verfügungsbefugnis (einschränkend OLG Frankfurt Rpfleger 1991, 361); jedoch besteht eine tatsächliche Vermutung dafür, dass der eingetragene Berechtigte auch zur Verfügung über das Recht befugt ist (KG NJW 1973, 428 f.). Die Vermutung gilt auch für Eintragungen, die das GBAmt unter Verletzung gesetzlicher Vorschriften vorgenommen hat (BayObLG Rpfleger 2000, 266), ferner für solche, die im Gebiet der ehemaligen DDR auf Grund von Vorschriften des Rechts der DDR vorgenommen wurden (Flik DtZ 1996, 74; vgl. §§ 7 bis 9 der Grundstücks-dokumentationsordnung v. 6.11.1975, GBl. DDR I 697; BGH Rpfleger 1995, 291; OLG Naumburg VIZ 1997, 116; OLG Jena FGPrax 2002, 199). Eine nichtige Eintragung begründet die Vermutung jedoch nicht (s. dazu § 53 Rn. 1). Durch einen Widerspruch wird die Vermutung nicht entkräftet (OLG Zweibrücken FGPrax 1997, 127). Sie kann jedoch durch den GBInhalt selbst widerlegt werden, z. B. dadurch, dass ein Erwerbsgrund eingetragen ist, der nicht Grundlage einer Eigentumsübertragung sein kann (OLG Jena FGPrax 2002, 199).

16   **b) Geltung für GBAmt.** Die Vermutung gilt auch für das GBAmt (BayObLG Rpfleger 1992, 56; OLG Frankfurt Rpfleger 1991, 361; OLG München Rpfleger 2015, 530). Dieses hat daher ein eingetragenes eintragungsfähiges Recht (mit dem im GB, auch durch zulässige Bezugnahme, angegebenen Inhalt: BayObLG DNotZ 1973, 370) als bestehend und den eingetragenen Berechtigten als den verfügungsberechtigten Inhaber des Rechts anzusehen. Von dieser Vermutung darf es nur abgehen, wenn ihm Tatsachen bekannt oder nachgewiesen werden, welche die Unrichtigkeit der Eintragung ergeben. Bloße Möglichkeiten oder Vermutungen genügen nicht; es muss der volle Beweis des Gegenteils erbracht werden (BGH Rpfleger 2006, 181; OLG Frankfurt Rpfleger 1991, 361; OLG Zweibrücken FGPrax 2010, 127; OLG Köln FGPrax 2013, 201). Die Tatsachen, die die Vermutung widerlegen, müssen nicht in der Form des § 29 nachgewiesen sein (BayObLG Rpfleger 1992, 56; OLG Frankfurt FGPrax 2012, 100; OLG München DNotZ 2012, 298; offen gelassen von OLG Zweibrücken FGPrax 2010, 127). Die Eintragung eines Widerspruchs gemäß § 899 BGB oder § 53 verhindert lediglich einen gutgläubigen Erwerb (§ 892 Abs. 1 Satz 1 BGB), lässt aber die Vermutung des § 891 BGB unberührt (OLG Celle FGPrax 2012, 189).

Ist im GB für eine bestimmte Person ein Kellerrecht eingetragen, hat das GBAmt wegen § 891 BGB von einer beschränkten persönlichen Dienstbarkeit (und nicht von einer Grunddienstbarkeit) auszugehen (BayObLG Rpfleger 2004, 417). Nach Löschung eines im GB eingetragenen Rechts wird dessen früheres Bestehen während der Zeit seiner Eintragung i. S. des § 891 Abs. 1 BGB vermutet, wenn feststeht, dass die Löschung nicht eine GBBerichtigung bewirken sollte (BGH Rpfleger 1969, 423).

17   **c) Änderung der Auslegung.** Aus Gründen der Rechtssicherheit geht es regelmäßig nicht an, dass das GBAmt sich die zur Widerlegung der Vermutung nötigen Tatsachen dadurch schafft, dass es die Unterlagen früherer Eintragungen anders auslegt (KG HRR 1930 Nr. 1468; JW 1934, 2931; OLG Schleswig SchlHA 1962, 174); dies wird nur aus zwingenden Gründen, insbes. bei Bekanntwerden neuer Umstände zulässig sein (BayObLG Rpfleger 1982, 467); die Grenze ist im Einzelfall schwer zu ziehen, weil das GBAmt nicht dazu mitwirken darf, das GB unrichtig zu machen (s. Rn. 41). Bei Bedenken hat das GBAmt durch Zwischenverfügung auf Klärung hinzuwirken (KGJ 40, 298).

18   **d) Gläubiger eines Briefgrundpfandrechts.** Für den als Gläubiger eines Briefgrundpfandrechts Eingetragenen streitet die Vermutung des § 891

BGB nur dann, wenn er den Brief besitzt (BGH Rpfleger 2010, 129 mit Anm. v.Volmer ZfIR 2009, 74 und Heinemann DNotZ 2010, 714; BayObLG DNotZ 1990, 739; OLG Frankfurt ZfIR 2005, 254; OLG Zweibrücken FGPrax 2010, 127; OLG München Rpfleger 2017, 146); ist der Gläubiger nicht eingetragen, gilt § 1155 BGB (s. dazu OLG Frankfurt Rpfleger 1997, 103). Zum Ersatz der Vorlegung des Briefs durch die eines Ausschließungsbeschlusses und zu den Auswirkungen des von einem Gläubiger erwirkten Ausschließungsbeschlusses auf die Berufung des noch im GB eingetragenen Gläubigers auf den öffentlichen Glauben des GB s. § 41 Rn. 11.

Steht für das GBAmt fest, dass ein Briefrecht außerhalb des GB abgetreten wurde, rechtfertigt die bloße Möglichkeit, dass die Abtretung wirksam angefochten, das Recht zurückübertragen worden oder der wahre Berechtigte mit der Verfügung des Buchberechtigten einverstanden ist, nicht die Annahme, die Vermutung sei lediglich erschüttert, nicht aber widerlegt. Wird dem GBAmt der Brief von einem Dritten samt einer privatschriftlichen Abtretungserklärung des Buchberechtigten vorgelegt, ist die Vermutung des § 891 BGB widerlegt (BayObLG Rpfleger 1992, 56; a.M. OLG Köln MittRhNotK 1983, 52; FGPrax 1996, 5; Ertl DNotZ 1990, 699 f.; Amann MittBayNot 1991, 258). Das BayObLG geht in diesem Fall unter Berufung auf KG JW 1939, 562 davon aus, dass die Vermutung wiederhergestellt ist, wenn eine privatschriftliche Rückabtretungserklärung vorgelegt wird und sich der Brief noch beim GBAmt befindet (BayObLG Rpfleger 1992, 56 mit kritischer Anm. v. Bestelmeyer Rpfleger 1993, 279).

9. GBBerichtigung

Die Eintragung ist auch ein Mittel, das GB zu berichtigen und mit der **19** wahren Rechtslage in Einklang zu bringen (§ 894 BGB). Wird das zunächst unrichtig gewordene GB durch einen Vorgang außerhalb des GB wieder richtig, so bedarf es zur GBBerichtigung keiner neuen Eintragung (BayObLG MittBayNot 1991, 78). Deshalb braucht weder der als Eigentümer eingetragene Scheinerbe, wenn er Erbe des wahren Erben wird, zum Zwecke der GBBerichtigung noch einmal eingetragen zu werden, noch der eingetragene Vorerbe, wenn er nach Eintritt des Nacherbfalls den Nacherben beerbt. Es genügt, wenn die Angabe des EintrGrundes richtiggestellt wird (s. hierzu Rn. 12–14).

10. Eintragungsfähigkeit

a) Grundsatz. Das BGB enthält hierüber keine allgemeine Bestimmung, **20** die GBO lediglich die Vorschrift des § 54. Grundsätzlich dürfen nur solche Eintragungen vorgenommen werden, die durch eine Rechtsnorm vorgeschrieben oder zugelassen sind; die Zulassung kann auch eine stillschweigende sein, sich insbes. daraus ergeben, dass das materielle Recht an die Eintragung eine rechtliche Wirkung knüpft (BGH NJW 1992, 978; FGPrax 2014, 48; OLG Zweibrücken Rpfleger 1982, 413; BayObLG Rpfleger 2000, 543 mit Anm. v. Frank MittBayNot 2000, 556). Ein so genannter Flurbereinigungsvermerk kann daher nicht eingetragen werden (a.M. Flick BWNotZ 1987, 88). Auch gesetzliche Vorkaufsrechte sind nicht eintragungsfähig

(s. Anh. zu § 44 Rn. 84). Schließlich ist auch für die Eintragung des gesetzlichen oder des rechtsgeschäftlich bestellten Vertreters eines eingetragenen Eigentümers oder dinglich Berechtigten kein Raum. Dies gilt insbesondere für den Verwalter von WEigentum. Das GB ist kein Ersatzregister, weder für die BGB-Gesellschaft noch für die rechtsfähige WEigentümergemeinschaft.

21   **b) Bestimmte Vermerke.** Eintragungsfähig sind aber Klarstellungsvermerke (s. § 22 Rn. 26) und Wirksamkeitsvermerke (s. § 22 Rn. 10, 20, § 45 Rn. 18, § 46 Rn. 4, § 51 Rn. 25). Zur EintrFähigkeit eines Rechtshängigkeitsvermerks s. Rn. 34 und zu der eines Vermerks zur Sicherung der in Art. 233 § 2c Abs. 2 EGBGB genannten Ansprüche und solcher auf Rückübertragung nach dem VermG (§ 9a Abs. 1 Satz 2, 3 EGZVG) s. KG Rpfleger 1998, 239 und Anh. zu § 44 Rn. 94.

22   **c) Sonstiges.** Gegenstandslose und überflüssige Eintragungen, zu denen grundsätzlich auch solche gehören, die lediglich den Inhalt gesetzlicher Regelungen wiederholen, sind nicht eintragungsfähig; sie würden das GB unübersichtlich, aber nicht unrichtig machen (BayObLG Rpfleger 2000, 543 mit Anm. v. Frank MittBayNot 2000, 556; OLG Hamm FGPrax 1997, 59; 2001, 55) und auch nicht inhaltlich unzulässig sein (s. § 44 Rn. 14). Zu einer Ausnahme bei der Eintragung von Vereinbarungen über das Verhältnis der WEigentümer untereinander s. Anh. zu § 3 Rn. 27; zur Ausnahme bei EintrErsuchen s. KG FGPrax 2003, 56.

23   Der Eintragung zugänglich sind grundsätzlich dingliche Rechte (s. Rn. 24) in der Form von Rechten an Grundstücken (s. Rn. 26) und Rechten an Grundstücksrechten (s. Rn. 30), Vormerkungen und Widersprüche (s. Rn. 32), Verfügungsbeschränkungen (s. Rn. 33) und bestimmte tatsächliche Angaben (s. Rn. 37).

11. Dingliche Rechte

24   Der Kreis der eintragungsfähigen dinglichen Rechte an Grundstücken und Grundstücksrechten ist ein geschlossener, kann also durch Vereinbarung der Beteiligten nicht erweitert werden (JFG 3, 316). Eintragungsfähig sind demnach nur gesetzlich vorgesehene dingliche Rechte und diese nur mit dem gesetzlich gebotenen und erlaubten Inhalt (KG HRR 1931 Nr. 741; BayObLG Rpfleger 1968, 52; MittBayNot 1980, 201; zu der Frage, inwieweit bei einem Nießbrauch die das gesetzliche Schuldverhältnis zwischen Nießbraucher und Eigentümer regelnden Vorschriften mit dinglicher Wirkung geändert oder abbedungen werden können, s. Anh. zu § 44 Rn. 33). Bei einer Hyp. kann daher im Hinblick auf die zwingende Bestimmung des § 1142 Abs. 2 BGB ein Aufrechnungsverbot in keinem Fall als Inhalt des dinglichen Rechts eingetragen werden (LG Aachen Rpfleger 1988, 99; a. M. LG Köln DNotZ 1956, 601). Vereinzelt sind dingliche Rechte von der Eintragung ausgeschlossen.

25   Eintragungsfähig sind im Gebiet der ehemaligen DDR vor dem 3.10. 1990 entstandene Mitbenutzungsrechte im Sinn von § 321 Abs. 1 bis 3, § 322 des Zivilgesetzbuchs der DDR vom 19.6.1975 (GBl. DDR I 465), soweit ihre Begründung der Eigentümerzustimmung bedurfte, auch dann,

wenn sie nach den am 2.10.1990 geltenden Vorschriften nicht eintragungsfähig waren. Bei der Eintragung ist auf Nachweis der Zeitpunkt des Entstehens der Rechte zu vermerken oder auf Bewilligung der Vorrang vor anderen Rechten. Hinsichtlich des Inhalts der einzutragenden Rechte besteht ein Regelungsvorbehalt zugunsten des Landesgesetzgebers (Art. 233 § 5 Abs. 3 EGBGB).

Zur EintrFähigkeit von Rechten an Grundstücken im gemeinschaftlichen deutsch-luxemburgischen Hoheitsgebiet i. S. von Art. 1 des Vertrags vom 19.12.1984 (BGBl. 1988 II 415), deren Rechtsverhältnisse sich nach luxemburgischem Recht richten, s. für Rheinland-Pfalz die VO v. 16.8.1990 (GVBl. 273).

12. Rechte an Grundstücken

a) Betroffene Rechte. Als eintragungsfähige Rechte kommen unbe- **26** schadet des Landesrechts auf vorbehaltenen Gebieten hauptsächlich in Betracht: Eigentum einschließlich des WEigentums, Erbbaurecht einschließlich des Wohnungserbbaurechts, Gebäudeeigentum (im Gebiet der ehemaligen DDR), Grunddienstbarkeit, Nießbrauch, beschränkte persönliche Dienstbarkeit, Dauerwohnrecht, dingliches Vorkaufsrecht, Reallast, Hypothek, Grund- und Rentenschuld sowie dingliches Wiederkaufsrecht nach §§ 20, 21 RSiedlG (zur Rechtsnatur des Wiederkaufsrechts nach § 20 RSiedlG s. BGH Rpfleger 1972, 216; wegen der Notwendigkeit seiner Befristung s. OLG Stuttgart RdL 1954, 125; OLG Hamm Rpfleger 1956, 72, aber auch KG OLGZ 1977, 10). Zur EintrFähigkeit des Entschädigungsanspruchs nach §§ 27, 28 ErbbauRG s. § 24 Rn. 5.

b) Überbau- und Notwegrente. Nicht eintragungsfähig ist nach § 914 **27** Abs. 2, § 917 Abs. 2 BGB die Überbau- und Notwegrente; einzutragen ist jedoch ein auch bedingter oder befristeter Verzicht auf sie sowie eine vertragliche Feststellung ihrer Höhe und zwar auf dem GBBlatt des rentenpflichtigen Grundstücks in Abt. II Sp. 1 bis 3 (KG Rpfleger 1968, 52; BayObLG Rpfleger 1998, 468; OLG Düsseldorf Rpfleger 1978, 16; BGH DNotZ 1984, 554; a. M. Besell DNotZ 1965, 297; 1968, 617; Böck Mitt-BayNot 1976, 63); zum Vermerk gem. § 9 beim rentenberechtigten Grundstück s. § 9 Rn. 5. Dem Verzicht durch den Eigentümer des rentenberechtigten Grundstücks müssen die dinglich Berechtigten an diesem Grundstück sowie die Berechtigten an diesen Rechten zustimmen, sofern ihr Recht von dem Verzicht nachteilig berührt wird (§ 876 Satz 2 BGB). Grundbuchrechtlich sind EintrBewilligungen in der Form des § 29 erforderlich. S. zum Ganzen Böhringer, GBVerfahren beim Verzicht auf die Überbaurente, Rpfleger 2008, 177.

c) Eigentümerbeschlüsse. Ausgeschlossen von der Eintragung sind **28** mangels EintrBedürftigkeit (§ 10 Abs. 4 Satz 1 WEG) Beschlüsse der WEigentümer gemäß § 23 WEG sowie gerichtliche Entscheidungen gemäß § 43 WEG. Dies gilt auch für Eigentümerbeschlüsse, die auf Grund einer Öffnungsklausel in zulässiger Weise (s. dazu BGH 95, 137) vom Gesetz abweichen oder eine Vereinbarung abändern (BGH 127, 104; BayObLG Rpfleger

1983, 348; DNotZ 1985, 434; Demharter DNotZ 1991, 31). Der durch Ges. v. 26.3.2007 (BGBl. I 370) geänderte § 10 Abs. 4 Satz 2 WEG stellt dies nunmehr ausdrücklich klar (OLG München FGPrax 2010, 16 mit zust. Anm. v. Demharter und abl. Anm. v. Böttcher NotBZ 2010, 108; s. dazu auch Schneider NotBZ 2008, 442). Ein Eigentümerbeschluss, durch den eine Veräußerungsbeschränkung in zulässiger Weise (s. dazu § 12 Abs. 4 Satz 1 WEG) aufgehoben wird, kann jedoch Grundlage für deren Löschung im GB sein (§ 12 Abs. 4 Satz 3 WEG). Vereinbarungen der WEigentümer können als Inhalt des Sondereigentums eingetragen werden (§ 5 Abs. 4, § 10 Abs. 3 WEG), und zwar auch insoweit, als lediglich der Inhalt einer gesetzlichen Regelung wiederholt wird (s. hierzu Anh. zu § 3 Rn. 27). Gegenstand einer Vereinbarung kann trotz § 1010 BGB die Regelung der Nutzung eines in Miteigentum stehenden Teileigentums (Duplex-Stellplatz) gem. § 15 Abs. 1 WEG sein (s. hierzu Anh. zu § 3 Rn. 31).

29   **d) Verwaltungs- und Benutzungsregelungen.** Damit eine Regelung der Miteigentümer eines Grundstücks über die Verwaltung und Benutzung des Grundstücks gegen den Sondernachfolger eines Miteigentümers wirkt, muss sie als Belastung des Anteils dieses Miteigentümers im GB eingetragen werden. Dasselbe gilt für eine Vereinbarung über den Ausschluss des Rechts, die Aufhebung der Gemeinschaft zu verlangen (§ 1010 Abs. 1 BGB; s. dazu § 7 Rn. 18 und zur Eintragung § 44 Rn. 19). Belastet werden können auch die Anteile aller Miteigentümer. Eintragungsfähig ist ferner eine Regelung über die Lasten- und Kostentragung (BayObLG Rpfleger 1993, 59; LG Bonn MittRhNotK 1994, 81; a. M. OLG Hamm DNotZ 1973, 546). Eingetragen werden kann die Belastung nur zugunsten eines oder aller anderen Miteigentümer (a. M. OLG Hamm DNotZ 1973, 546).

13. Rechte an Grundstücksrechten

30   Als eintragungsfähige Rechte kommen lediglich der Nießbrauch und das Pfandrecht in Betracht. Beide sind nach § 1069 Abs. 2, § 1274 Abs. 2 BGB aber nur an übertragbaren Rechten möglich. Darf die Ausübung eines nicht übertragbaren Rechts einem anderen überlassen werden, so ist auch die Verpfändung des Ausübungsrechts zulässig; sie ist aber nicht eintragungsfähig, weil sie nicht stärker wirken kann als die Überlassung der Ausübung und diese nur schuldrechtliche Beziehungen begründet (KGJ 40, 254; s. auch JFG 16, 332; RG 159, 207; BGH DNotZ 1971, 238). Die Pfändung des schuldrechtlichen Anspruchs auf Wertersatz gem. § 92 ZVG ist nicht eintragungsfähig (OLG Schleswig FGPrax 1997, 53). Zur EintrFähigkeit der Vorpfändung s. Anh. zu § 26 Rn. 38.

31   Persönlichen Rechten sowie Rechten familien- oder erbrechtlicher Art ist das GB verschlossen; nicht eintragungsfähig sind daher z. B. ein Mietrecht (RG 54, 233; s. dazu auch OLG Hamm DNotZ 1957, 314; LG Mannheim DNotZ 1972, 617), ein Ankaufsrecht (JFG 3, 316; BayObLG Rpfleger 1968, 52), ein schuldrechtliches Wiederkaufsrecht (BayObLG JFG 4, 350) oder eine Beschränkung der Erbauseinandersetzung (KG DNotZ 1944, 15).

14. Vormerkungen und Widersprüche

In Betracht kommen als in das GB eintragungsfähig in erster Linie Vor- **32** merkungen und Widersprüche nach §§ 883, 899 BGB; die Eintragung von Vormerkungen und Widersprüchen mit anderem Inhalt ist in § 18 Abs. 2, § 23 Abs. 1, § 53 Abs. 1 und § 76 Abs. 1 vorgesehen.

15. Verfügungsbeschränkungen

a) Relative Beschränkungen. Eintragungsfähig sind relative Verfü- **33** gungsbeschränkungen, d. h. solche, die den Schutz bestimmter Personen bezwecken (§§ 135, 136 BGB); sie bewirken grundsätzlich keine GBSperre (BGH NJW-RR 2020, 395). Ihre Eintragung ist notwendig, um einen gutgläubigen Erwerb auszuschließen (§ 892 Abs. 1 Satz 2 BGB). Hierher zählen vor allem: Nacherbfolge, Testamentsvollstreckung, Insolvenz, Nachlassverwaltung, Zwangsvollstreckungsbeschlagnahme, Verfügungsverbot auf Grund einstweiliger Verfügung (s. dazu BayObLG FGPrax 2003, 251 und Schillig NotBZ 2003, 416), Verfügungsbeschränkung für Versicherungsunternehmen nach § 129 (vordem § 72) VAG (JFG 11, 322; wegen der Voraussetzungen ihrer Eintragung s. BayObLG DNotZ 1965, 684; OLG Frankfurt Rpfleger 1972, 104; OLG Zweibrücken Rpfleger 2011, 318; OLG Hamm Rpfleger 2015, 130; LG Bielefeld Rpfleger 1993, 333; das LG Wuppertal Rpfleger 2008, 418 hält die Eintragung „Verfügungsbeschränkung gemäß § 129 VAG" nicht für ausreichend; zur Löschung des Sperrvermerks s. § 46 Rn. 8), oder für Kapitalanlagegesellschaften nach § 84 Abs. 1 Nr. 3, § 246 KAGB (s. dazu Poelzig/Volmer DNotZ 2014, 483, 491 und zur Vorgängerregelung nach § 26 InvG BGH FGPrax 2011, 216), Verfügungsverbot des § 3 Abs. 10 AusglLeistG i. d. F. v. 13.7.2004, BGBl. I 1665 (BGH Rpfleger 2008, 250).

b) Teilungsversteigerung. Bei ihr hat die Beschlagnahme anders als bei **33.1** der Vollstreckungsversteigerung auch dann nicht die Wirkung eines Veräußerungsverbots, wenn das Verfahren von einem Pfändungsgläubiger betrieben wird. Das gilt für die Teilungsversteigerung zur Aufhebung einer Bruchteilsgemeinschaft ebenso wie dann, wenn das Grundstück einer BGB-Gesellschaft betroffen ist und das Verfahren von dem Gläubiger eines Gesellschafters betrieben wird, der den Anteil und den Auseinandersetzungsanspruch des Gesellschafters gepfändet hat (BGH ZfIR 2016, 759 mit abl. Anm. v. Becker/Schneider).

c) Miterbe. Die Verpfändung oder Pfändung eines Miterbenanteils (s. **33.2** dazu § 26 Rn. 24 und Anh. zu § 26 Rn. 1, 5) bewirkt eine Verfügungsbeschränkung der Miterben, die im Weg der GBBerichtigung bei einem zum Nachlass gehörenden Grundstück (grundstücksgleichen Recht, Grundstücksrecht oder Recht daran) eingetragen werden kann (BGH Rpfleger 2017, 19; OLG Frankfurt Rpfleger 1979, 205; OLG Düsseldorf FGPrax 2013, 57); dasselbe gilt im Hinblick auf § 161 Abs. 3 BGB für die bedingte Verfügung über einen Miterbenanteil (§ 161 BGB; BayObLG Rpfleger 1994, 343 mit weit. Nachweisen und zugleich zum EintrOrt: Abt. II; OLG München FGPrax 2016, 65). Überträgt ein Miterbe einen Bruchteil seines Erbanteils auf einen Dritten, der diesen sogleich aufschiebend bedingt an den

Miterben zurücküberträgt, so ist mit Eintragung der Bruchteilsübertragung zugleich die durch die bedingte Rückübertragung bewirkte Verfügungsbeschränkung des Erbanteilserwerbers einzutragen (OLG München MittBayNot 2016, 228). Zur Eintragung der Pfändung eines Miterbenanteils bedarf es außer einem Antrag der Vorlegung des Pfändungsbeschlusses und des Nachweises seiner zur Wirksamkeit erforderlichen Zustellung an alle Miterben, bei Bestellung eines Testamentsvollstreckers oder Nachlassverwalters nur an diesen (OLG Düsseldorf FGPrax 2013, 57; OLG Stuttgart FGPrax 2019, 69 mit Anm. v. Achenbach ZfIR 2019, 354). Zur Eintragung eines Insolvenzvermerks s. § 38 Rn. 9.

33.3　　**d) BGB-Gesellschafter.** Eine lediglich den Gesellschafter einer BGB-Gesellschaft, nicht aber die Gesellschaft betreffende Verfügungsbeschränkung kann nach Anerkennung der Rechtsfähigkeit der BGB-Gesellschaft grundsätzlich nicht in das GB eingetragen werden. Dies gilt mit Ausnahme der Insolvenz (s. dazu § 38 Rn. 9) für Verfügungsbeschränkungen eines Gesellschafters durch Nacherbfolge (vgl. OLG München FGPrax 2011, 67) oder Bestellung eines Nießbrauchs (OLG München FGPrax 2011, 67; OLG Celle RNotZ 2011, 489), ferner bei einer Testamentsvollstreckung oder bei einer Pfändung oder Verpfändung (BGH Rpfleger 2017, 19 mit Anm. v. Keller FGPrax 2016, 243) des Gesellschaftsanteils. S. dazu auch OLG Köln FGPrax 2011, 62 mit Anm. v. Heinze RNotZ 2011, 173.

Bis zur Anerkennung der Rechtsfähigkeit der BGB-Gesellschaft konnte die Verfügungsbeschränkung, die eine im Einverständnis aller Gesellschafter vorgenommene Verpfändung des Anteils eines Gesellschafters zur Folge hatte, bei einem zum Gesellschaftsvermögen gehörenden Grundstück eingetragen werden (OLG Hamm DNotZ 1987, 359; OLG Düsseldorf FGPrax 2004, 98; a. M. Keller Rpfleger 2000, 205). Dasselbe galt bei Bestellung eines Nießbrauchs an dem Anteil eines Gesellschafters (OLG Hamm DNotZ 1977, 376) und bei einer bedingten Verfügung eines Gesellschafters über seinen Gesellschaftsanteil (§ 161 BGB; LG Zwickau DNotZ 2003, 131 mit Anm. v. Demharter). Entsprechendes galt aber nicht für die Pfändung des Anteils eines BGB-Gesellschafters (OLG Zweibrücken Rpfleger 1982, 413; OLG Hamm Rpfleger 1987, 196). Danach seinerzeit in zulässiger Weise vorgenommene, jetzt nicht mehr zulässige Eintragungen können nicht gemäß § 53 Abs. 1 Satz 2 von Amts wegen als inhaltlich unzulässig gelöscht werden (OLG München FGPrax 2015, 58 zum Nießbrauch, mit abl. Anm. v. Bestelmeyer; im Ergebnis zustimmend Reymann MittBayNot 2016, 38).

Zur Eintragung der Pfändung oder Verpfändung eines Gesamthandsanteils s. Lindemeier DNotZ 1999, 876. Zur Eintragung eines Insolvenzvermerks s. § 38 Rn. 8. Verfügungsbeschränkungen werden kostenfrei eingetragen.

33.4　　**e) Bruchteilsmiteigentümer.** Die Pfändung und Überweisung des Anspruchs eines Bruchteilsmiteigentümers an einem Grundstück auf Aufhebung der Gemeinschaft sowie Teilung und Auszahlung des Erlöses kann nicht in das GB eingetragen werden (LG Siegen Rpfleger 1988, 249 mit zust. Anm. v. Tröster).

f) Rechtshängigkeitsvermerk. Im Hinblick auf § 325 Abs. 2 ZPO kann **34** ein Rechtshängigkeitsvermerk eingetragen werden, um einen gutgläubigen Erwerb auszuschließen (a. M. Lickleder ZZP 2001, 195). Voraussetzung ist, dass Gegenstand des Rechtsstreits eine GBUnrichtigkeit im Sinn von § 894 BGB ist. Mit der Klage muss also eine GBBerichtigung oder die Feststellung der GBUnrichtigkeit verfolgt werden. Die Rechtshängigkeit eines bloß schuldrechtlichen Anspruchs in Bezug auf ein dingliches Recht oder das Eigentum, z. B. des Rückgewähranspruchs auf Grund einer Anfechtung nach dem AnfG, rechtfertigt die Eintragung eines Rechtshängigkeitsvermerks aber nicht (KG FGPrax 2013, 209; OLG Stuttgart FGPrax 1996, 208; BayObLG NJW-RR 2004, 1461; a. M. OLG München Rpfleger 1966, 306).

Der Rechtshängigkeitsvermerk kann aufgrund Bewilligung oder einstweiliger Verfügung, nicht aber aufgrund Unrichtigkeitsnachweises entsprechend § 22 in das GB eingetragen werden (BGH FGPrax 2013, 100; OLG Köln FGPrax 2012, 57; OLG Nürnberg FGPrax 2012, 105; a. M. BayObLG Rpfleger 2003, 122; OLG Frankfurt FGPrax 2009, 250). Die einstweilige Verfügung ist mit Vorlage der Beschlussausfertigung nachgewiesen. Einer Vollstreckungsklausel bedarf es nicht. Die Vollziehungsfrist ist mit dem Antrag gewahrt. Eine Zustellung der einstweiligen Verfügung an den Grundstückseigentümer muss nicht nachgewiesen werden (KG FGPrax 2013, 102).

Der Rechtshängigkeitsvermerk kann wie folgt gefasst werden: „Gegen die Eintragung ... hat ... Klage erhoben; gem. Bewilligung .../gem. einstweiliger Verfügung ... eingetragen am ...". Einzutragen ist der Vermerk dort, wo ein Widerspruch einzutragen wäre. Die Eintragung ist gebührenfrei. Zur Zulässigkeit der unbeschränkten Beschwerde gegen die Eintragung s. § 71 Rn. 39. Die Löschung des Rechtshängigkeitsvermerks setzt entweder die Bewilligung des begünstigten Klägers oder den Nachweis des Eigentümers voraus, dass die Rechtshängigkeit entfallen und das GB damit unrichtig geworden ist.

Im Fall der Klageerhebung nach § 8 Abs. 1 GBBerG ersucht das Prozessgericht auf Antrag des Klägers das GBAmt um Eintragung eines Rechtshängigkeitsvermerks (§ 8 Abs. 4 GBBerG); im Fall der Anhängigkeit eines Anspruchs auf Berichtigung des GB durch Eintragung eines gem. § 459 ZGB entstandenen Miteigentumsanteils ersucht es um Eintragung eines Vermerks über die Anhängigkeit (§ 113 Abs. 3 Satz 2 SachenRBerG); dasselbe gilt im Fall der Anhängigkeit eines Anspruchs gem. § 116 Abs. 1 SachenRBerG auf Bestellung einer Grunddienstbarkeit oder einer beschränkten persönlichen Dienstbarkeit (§ 116 Abs. 2 Satz 2 i. V. m. § 113 SachenRBerG). Zum EintrErsuchen und zur Löschung des Vermerks s. § 38 Rn. 6.

g) Absolute Beschränkungen. Nicht eintragungsfähig und auch nicht **35** rangfähig (BGH Rpfleger 2008, 250) sind vorbehaltlich abweichender Bestimmung absolute Verfügungsbeschränkungen, d. h. solche, die im öffentlichen Interesse vorgesehen sind; sie führen zu einer GBSperre; ihrer Eintragung bedarf es nicht, weil ein gutgläubiger Erwerb ausgeschlossen ist (KGJ 50, 170; BayObLG 21, 300; JFG 15, 208). Eine Ausnahme gilt z. B. hinsichtlich der Verfügungsbeschränkung nach § 75 BVersG, ferner für die absolut wirkende Verfügungsbeschränkung gem. § 161 BGB (s. dazu Rn. 33.2, 33.3).

h) Rechtsgeschäftliche Beschränkungen. Von der Eintragung ausgeschlossen sind in der Regel auch rechtsgeschäftliche Verfügungsbeschränkungen; sie können nach § 137 BGB mit dinglicher Wirkung nicht begründet werden. Ausnahmen gelten bezüglich der Beschränkungen nach § 5 ErbbauRG und nach §§ 12, 35 WEG. Auch ist die Wirkung einer rechtsgeschäftlichen Verfügungsbeschränkung in zulässiger Weise zu erreichen durch Eintragung von Vormerkungen (KGJ 40, 123), durch Sicherungshyp. (RG 73, 18) sowie durch den Ausschluss oder die Beschränkung der Abtretung oder Verpfändung nach §§ 399, 1274 BGB (KGJ 40, 232; OLG München JFG 16, 291; BayObLG FGPrax 1998, 210). Auch soweit sich der Ausschluss oder die Beschränkung bei der Vormerkung auf den zu sichernden Anspruch bezieht, ist eine Eintragung bei der Vormerkung möglich (BayObLG FGPrax 1998, 210; OLG Köln FGPrax 2004, 207; a. M. LG Berlin Rpfleger 2003, 291); dies kann durch Bezugnahme auf die Bewilligung geschehen (BGH FGPrax 2012, 142). Neben der Eintragung eines Abtretungsausschlusses kann aber nicht auch noch ein Verpfändungsverbot eingetragen werden (OLG Köln FGPrax 2004, 207). Zur EintrFähigkeit der Befugnis, die Ausübung eines nicht übertragbaren Rechts einem anderen zu überlassen, und des Ausschlusses dieser Befugnis s. Anh. zu § 26 Rn. 3. Nicht eintragungsfähig ist schließlich eine Beschränkung der Verfügungsbefugnis, die sich aus persönlichen Eigenschaften, z. B. der Minderjährigkeit, ergibt; dasselbe gilt für eine solche, die sich bei einer vor dem 1.7.1958 vereinbarten Fahrnis- oder Errungenschaftsgemeinschaft aus der Zugehörigkeit eines Gegenstands zum Sondergut oder eingebrachten Gut der Frau ergibt (s. § 33 Rn. 23).

36 **i) Begünstigter.** Inhaltlich unzulässig ist sowohl die Eintragung einer relativen Verfügungsbeschränkung ohne Angabe des Begünstigten (KGJ 45, 255; KG OLG 44, 164), als auch die Eintragung einer absoluten Verfügungsbeschränkung zugunsten einer bestimmten Person (BayObLG DNotZ 1988, 784 mit abl. Anm. v. Sieveking).

16. Tatsächliche Angaben

37 Sie kommen für eine Eintragung insoweit in Betracht, als dies, wie z. B. in §§ 6, 15 GBV, ausdrücklich vorgesehen ist.

17. Grundsatz der Sachprüfung

38 Das GBAmt darf nur dann eintragen, wenn es die gesetzlichen Voraussetzungen der Eintragung geprüft und ihr Vorliegen festgestellt hat.

Das GBAmt hat alle in Betracht kommenden Vorschriften zu beachten. Dies gilt auch für Ordnungsvorschriften (RG 133, 282; BayObLG Rpfleger 1986, 370); ein etwaiges Verlangen der Beteiligten, über solche hinwegzusehen, ist bedeutungslos (BayObLG DNotZ 1958, 397). Über gesetzliche Vermutungen s. Rn. 4, 15. Wichtig ist die GBV; die in den Anlagen 1, 9 und 10 enthaltenen Probeeintragungen sind nicht Teil der GBV, sondern nur Beispiele (§§ 22, 31, 58, 69 Abs. 4 GBV); jedoch wird sich das GBAmt zweckmäßigerweise nach ihnen richten.

Die Auslegung von Gesetzen darf nicht am Wortlaut haften, vielmehr sind **39** unter Anwendung der Grundsätze des § 133 BGB der wirkliche Wille sowie der Sinn und Zweck des Gesetzes zu erforschen (RG 139, 112; BGH NJW 1951, 603). Über die Auslegung von GBErklärungen s. § 19 Rn. 28, über die von Eintragungen s. § 53 Rn. 4.

Das GBAmt darf den Beteiligten nicht unnötige Schwierigkeiten machen. **40** Die Belange der einzelnen Beteiligten sind gegen die Belange der Allgemeinheit abzuwägen. Zwischen beiden ist die richtige Mitte zu halten. Die Wahrung von Verfahrens- und Formvorschriften bringt für die Beteiligten zwar ein gewisses Maß an Unbequemlichkeiten. Sie müssen diese auf sich nehmen, damit die Zuverlässigkeit des GB gewährleistet bleibt. Andererseits sind Formvorschriften nicht um ihrer selbst willen da.

18. Richtigerhaltung des Grundbuchs

Das GBAmt hat darüber zu wachen, dass das GB seinen Zweck (s. Einl. **41** Rn. 1) erfüllen kann; es darf daher nicht dazu mitwirken, das GB unrichtig zu machen (BGH Rpfleger 1986, 215; BayObLG Rpfleger 1986, 369; OLG Frankfurt Rpfleger 1991, 361; FGPrax 2017, 60); dies gilt auch, wenn eine Behörde gem. § 38 um eine Eintragung ersucht (BGH Rpfleger 1989, 192; BayObLG Rpfleger 1986, 129).

a) Beschränkte Prüfungspflicht. Für das EintrAntragsverfahren ist allerdings zu beachten, dass das GBAmt die sachliche Richtigkeit der Eintragung nicht nachzuprüfen hat. Ihm obliegt weder im Interesse der Beteiligten noch des Rechtsverkehrs eine allgemeine Rechtsfürsorge für die materielle Richtigkeit der im GB ausgewiesenen Rechtsverhältnisse (OLG Karlsruhe Rpfleger 1994, 248; OLG Rostock FGPrax 2016, 209). Es hat sich auf die Prüfung zu beschränken, ob die EintrVoraussetzungen in grundbuchmäßiger Form nachgewiesen sind. Nur im Fall des § 20 gehört dazu auch der Nachweis, dass die Einigung erklärt, nicht aber, dass sie auch materiellrechtlich wirksam ist (s. dazu § 20 Rn. 38).

Hieraus folgt:

- Wenn dem GBAmt Tatsachen bekannt sind, aus denen sich ergibt, dass das GB im Geltungsbereich des § 19 durch die der Bewilligung entsprechende Eintragung **unrichtig** würde und dass bei einer rechtsändernden Eintragung die sich aus der fehlenden Einigung ergebende Unrichtigkeit auch durch nachfolgende Einigung oder Zustimmung nicht geheilt werden kann oder nach Sachlage nicht geheilt werden wird (KG HRR 1933 Nr. 1491), so hat es den EintrAntrag zurückzuweisen; bloße Zweifel genügen jedoch nicht; die Tatsachen, die sich auch aus Vorgängen außerhalb der EintrUnterlagen ergeben können, müssen vielmehr zur Überzeugung des GBAmts feststehen (BGH Rpfleger 1961, 233; BayObLG 1987, 360; OLG Hamm Rpfleger 1983, 144; OLG Karlsruhe Rpfleger 2001, 343), jedoch auch dann, wenn sie in Willenserklärungen (z.B. im Widerruf einer Einigung) bestehen, nicht in der Form des § 29 bewiesen sein (OLG München DNotZ 1937, 327; BayObLG Rpfleger 1967, 145).

- Zu Ermittlungen ist das GBAmt weder berechtigt noch verpflichtet (s. § 13 Rn. 5).

- Wenn dem GBAmt dagegen Tatsachen bekannt sind, aus denen sich ergibt, dass eine Eintragung, deren grundbuchmäßigen Voraussetzungen vorliegen, in Widerspruch zum materiellen Recht stünde, das GB durch die Eintragung aber **nicht unrichtig** würde, darf es nach h.M. die Eintragung nicht ablehnen. Zur GBUnrichtigkeit führt ein Widerspruch zum materiellen Recht grundsätzlich nur dann, wenn es sich bei dem entgegenstehenden materiellen Recht um ein gesetzliches Verbot i.S. des § 134 BGB handelt.

42   **b) Vorübergehende Unrichtigkeit.** Die Möglichkeit einer nur vorübergehenden Unrichtigkeit bis zur nachholbaren Einigung (und Briefübergabe) ist im Geltungsbereich des § 19, wenn alle EintrVorausetzungen vorliegen, kein Hinderungsgrund für die Eintragung (BGH Rpfleger 1986, 9). Überhaupt kann eine Eintragung nicht schon deshalb abgelehnt werden, weil sie nur möglicherweise zur Unrichtigkeit des GB führt; in diesem Fall kommt auch eine Zwischenverfügung nicht in Betracht. Anders liegen die Dinge jedoch, wenn Zweifel nicht bloß daran bestehen, ob bei Vorliegen aller EintrVorausetzungen der Inhalt des GB hinsichtlich der Eintragung mit der wirklichen Rechtslage in Einklang stünde, sondern daran, ob alle EintrVorausetzungen gegeben sind (BayObLG Rpfleger 1986, 369). Eine Auflassung kann daher nur eingetragen werden, wenn die Einigung, die in diesem Fall EintrVorausetzung ist (§ 20), nachgewiesen wird; dies gilt auch dann, wenn feststeht, dass die Einigung nachgeholt wird.

43   **c) Endgültige Unrichtigkeit.** Kommt das GBAmt auf Grund tatsächlicher Anhaltspunkte zu der Überzeugung, dass eine Eintragung das GB endgültig unrichtig machen würde, hat es den EintrAntrag zurückzuweisen; hat es auf Grund solcher Anhaltspunkte berechtigte Zweifel an der Wirksamkeit der EintrUnterlagen, so muss es durch Zwischenverfügung auf die Beseitigung seiner Bedenken hinwirken (BGH Rpfleger 1961, 233; BayObLG Rpfleger 1971, 429); so etwa, wenn tatsächlich begründete Zweifel daran bestehen, ob der Bewilligende bei Abgabe der Bewilligung geschäftsfähig war (s. hierzu § 18 Rn. 3).

44   **d) Nicht eintragungsfähige Tatsachen.** Häufig teilen Beteiligte dem GBAmt nicht eintragungsfähige Tatsachen, z.B. den Widerruf einer Vollmacht, vorsorglich mit, um späteren Verfügungen Nichtberechtigter vorzubeugen. Das GBAmt wird dadurch grundsätzlich nicht verpflichtet, solche Tatsachen derart augenfällig aktenkundig zu machen, dass spätere Bearbeiter sie nicht übersehen können. Sonst müsste es neben dem amtlichen GB ein weiteres Buch für die nicht eintragungsfähigen Tatsachen führen (vgl. dazu auch BayObLG Rpfleger 1975, 360). Ausnahmen gelten nur bei besonderer Anordnung (vgl. z.B. für Bayern § 21 Abs. 8 AktO v. 13.12.1983, JMBl. 1984, 13, neu gefasst durch Bek. v. 30.5.2007, JMBl. 54). Das GBAmt ist, wenn auch nicht verpflichtet, so doch berechtigt, Urkunden auch außerhalb eines EintrVerfahrens zu den Grundakten zu nehmen (BayObLG DNotZ 1990, 739).

19. Prüfung durch das GBAmt

Im EintrVerfahren hat sich die Prüfung des GBAmts auf die Zuständigkeit, **45** die EintrFähigkeit, den EintrAntrag, die EintrBewilligung, die Voreintragung des Betroffenen und bei Briefrechten auf die Notwendigkeit einer Briefvorlage zu erstrecken. Über die Prüfung behördlicher EintrErsuchen s. § 38 Rn. 73, 74 und über die Prüfung des Grundgeschäfts s. § 19 Rn. 18 ff.

- **Zuständigkeit** (s. § 1 Rn. 9 ff.). Über die geschäftliche Behandlung von Anträgen durch das unzuständige GBAmt s. § 21 GeschO, Nr. 3.1 BayGB-GA.
- **EintrFähigkeit** (s. Rn. 20).
- **EintrAntrag.** Zu prüfen sind:
  - Antragsberechtigung (§ 13 Abs. 1 Satz 2) und Antragsbefugnis (s. § 13 Rn. 49);
  - Identität, Rechtsfähigkeit, Geschäftsfähigkeit des Antragstellers und des Vertreters;
  - Vertretungsmacht des Vertreters;
  - Inhalt des Antrags (s. § 13 Rn. 15–22; vgl. auch § 16 Abs. 2);
  - Form des Antrags (§ 30).
- **EintrBewilligung.** Zu prüfen sind:
  - Bewilligungsberechtigung und Bewilligungsbefugnis (s. § 19 Rn. 44 ff., 56 ff.);
  - Identität, Rechtsfähigkeit, Geschäftsfähigkeit der Bewilligenden und ihrer Vertreter;
  - Vertretungsmacht der Vertreter;
  - Inhalt der Bewilligung (s. § 19 Rn. 31 ff.);
  - Form der Bewilligung (§ 29);
  - Erwerbsfähigkeit des Erwerbers (s. § 19 Rn. 95 ff.); seine Rechts- und Geschäftsfähigkeit ist dagegen regelmäßig nur im Fall des § 20 zu prüfen.
- **Voreintragung des Betroffenen** (§§ 39, 40).
- **Vorlegung des Briefs** (§§ 41 ff.).

Erweiterung des Antragsrechts

14 Die Berichtigung des Grundbuchs durch Eintragung eines Berechtigten darf auch von demjenigen beantragt werden, welcher auf Grund eines gegen den Berechtigten vollstreckbaren Titels eine Eintragung in das Grundbuch verlangen kann, sofern die Zulässigkeit dieser Eintragung von der vorgängigen Berichtigung des Grundbuchs abhängt.

Inhaltsübersicht

1. Allgemeines

1 § 14 erweitert die in § 13 Abs. 1 Satz 2 geregelte Antragsberechtigung, indem er einem nur mittelbar Beteiligten unter bestimmten Voraussetzungen die Befugnis zur Stellung eines Berichtigungsantrags verleiht. Zur Anwendung auf EintrErsuchen einer Behörde s. § 38 Rn. 65.
Die Erweiterung des Antragsrechts erklärt sich aus § 39 Abs. 1. Soweit diese Bestimmung reicht, könnte ein nicht eingetragener Berechtigter den zwangsweisen Zugriff auf das ihm zustehende dingliche Recht dadurch vereiteln oder verzögern, dass er keinen Antrag auf GBBerichtigung stellt.

2 § 14 gilt weder für die Eintragung des Erstehers eines Grundstücks noch für die Eintragung des Berechtigten bei einer nach §§ 126, 128 ZVG eingetragenen Sicherungshypothek; in beiden Fällen darf das GB vielmehr nur auf Ersuchen des Vollstreckungsgerichts berichtigt werden.

2. Unrichtigkeit des Grundbuchs

3 Das Antragsrecht nach § 14 setzt voraus, dass das GB infolge Nichteintragung eines Berechtigten unrichtig ist.
Berechtigter ist nur derjenige, der ein außerhalb des GB bestehendes dingliches Recht hat, nicht auch der, dem ein schuldrechtlicher Anspruch auf Einräumung eines solchen zusteht; denn nur im ersteren Fall liegt eine Unrichtigkeit des GB vor. Welcher Art das dingliche Recht ist, ist unerheblich; es kann sich also um das Eigentum, um ein sonstiges Recht an einem Grundstück oder um ein Recht an einem solchen Recht handeln.

4 Aus welchem Grund ein Berechtigter nicht eingetragen ist, ist belanglos. Es kommen drei Fälle in Betracht:
- Das Recht ist **überhaupt nicht eingetragen.** Hierher gehört zunächst der Fall, dass es ohne Eintragung entstanden ist; so z.B. ein Nießbrauch nach § 1075 Abs. 1 BGB, eine Sicherungshyp. nach § 1287 Satz 2 BGB oder § 848 Abs. 2 ZPO, ein Nießbrauch oder ein Pfandrecht an einer Briefhyp. nach §§ 1069, 1274, 1154 Abs. 1 BGB, ein Pfändungspfandrecht an einer für die gepfändete Forderung eingetragenen Buch- oder Briefhyp. (JFG 4, 413). Weiter gehört hierher der Fall, dass das Recht zu Unrecht gelöscht worden ist.

5 - Das Recht ist **für einen anderen eingetragen,** d.h. für einen Nichtberechtigten. Die mangelnde Berechtigung des Eingetragenen kann darauf beruhen, dass ein Rechtsübergang außerhalb des GB stattgefunden hat, so z.B. bei Eintritt der Erbfolge oder bei Abtretung einer Briefhyp. nach § 1154 Abs. 1 BGB (über den Eigentumserwerb durch Zuschlag s. Rn. 2); sie kann aber auch darauf beruhen, dass der Eingetragene trotz seiner Eintragung kein Recht erworben hat, so z.B. bei Nichtigkeit einer Auflassung.

6 - Das Recht ist zwar für den Berechtigten, aber **unter Nichtbeachtung des § 47 Abs. 1** eingetragen (RG 54, 86). Zu dem Fall, dass Ehegatten im Gebiet der ehemaligen DDR im Güterstand der Eigentums- und Vermö-

gensgemeinschaft des Familiengesetzbuchs der DDR im GB eingetragen sind, s. § 33 Rn. 3 und LG Neubrandenburg Rpfleger 1995, 250.

3. Vollstreckbarer Titel

Das Antragsrecht nach § 14 steht nur demjenigen zu, der auf Grund eines **7** gegen den Berechtigten vollstreckbaren Titels eine Eintragung in das GB verlangen kann. Hat ein nicht eingetragener Berechtigter freiwillig eine EintrBewilligung erteilt, z.B. der Erbe des eingetragenen Eigentümers die Eintragung einer Hyp. bewilligt, so ist der Begünstigte nicht antragsberechtigt; der nicht eingetragene Berechtigte muss notwendigenfalls dazu verurteilt werden, seine Eintragung herbeizuführen.

a) Titel. Er kann auf Bundes- oder Landesrecht beruhen; er muss den An- **8** tragsteller als Gläubiger und den einzutragenden Berechtigten als Schuldner bezeichnen. Im Fall der Rechtsnachfolge auf der einen oder anderen Seite ist Umschreibung nach §§ 727 ff. ZPO nicht erforderlich (KG Rpfleger 1975, 133; Meikel/Böttcher Rn. 10). Sind mehrere Berechtigte einzutragen, so muss der Titel gegen alle wirken (KGJ 37, 279); daher kann der Gläubiger, der auf Grund eines vollstreckbaren Titels einen Erbanteil seines Schuldners hat pfänden lassen, die für die Eintragung der Pfändung im GB gemäß § 39 erforderliche Voreintragung der Erbengemeinschaft nicht nach § 14 beantragen (KGJ 37, 279; OLG Zweibrücken Rpfleger 1976, 214; Stöber Rpfleger 1976, 199); wegen seiner Antragsberechtigung im Übrigen s. § 13 Rn. 48.

b) Vollstreckungsmöglichkeit. Die Antragstellung nach § 14 ist kein **9** Akt der Zwangsvollstreckung. Der Titel braucht daher, abgesehen von Fällen der Rechtsnachfolge (s. Rn. 8), nur in einfacher Ausfertigung vorgelegt zu werden; aus dem gleichen Grund bedarf es auch nicht des Nachweises seiner Zustellung. Es muss jedoch die Möglichkeit der Vollstreckung bestehen. Im Fall des § 726 ZPO ist daher, wenn der Titel ohne Vollstreckungsklausel vorgelegt wird, das Vorliegen der Voraussetzungen für ihre Erteilung nachzuweisen. Im Fall des § 751 Abs. 1 ZPO muss der Kalendertag abgelaufen sein und im Fall des § 751 Abs. 2 ZPO die Leistung der Sicherheit nachgewiesen werden. Die Nachweise sind, da von ihnen nur die Antragsberechtigung abhängt, nicht in grundbuchmäßiger Form zu erbringen (s. § 13 Rn. 55).

c) Eintragung in das GB. Sie muss auf Grund des Titels verlangt wer- **10** den können. Auf die Art der Eintragung kommt es nicht an; sie kann rechtsändernden oder berichtigenden Charakter haben, eine positive Eintragung oder eine Löschung sein. Als Titel kommen in Betracht:

Titel, die auf **Bewilligung einer Eintragung** lauten oder, was bei einst- **11** weiligen Verfügungen zutreffen kann, eine Eintragung anordnen.

Titel, die eine **Geldforderung** zum Gegenstand haben. Dabei ist es **12** gleichgültig, ob eine Eintragung unmittelbar auf Grund des Titels oder erst auf Grund eines auf dem Titel beruhenden Pfändungsbeschlusses verlangt werden kann (JFG 14, 329). Die Berichtigung des GB durch Eintragung des Eigentümers kann auf Grund eines solchen Titels grundsätzlich auch dann beantragt werden, wenn die Forderung den Betrag von 750 EUR nicht übersteigt oder an dem auf den Namen des Schuldners einzutragenden

Grundstück bereits hypothekarisch gesichert ist. In diesen Fällen scheidet allerdings die Eintragung einer Zwangshyp. aus (s. einerseits § 866 Abs. 3 ZPO, andererseits RG 70, 245; 131, 17). Der Gläubiger kann jedoch die Zwangsversteigerung oder Zwangsverwaltung beantragen, deren Anordnung nach § 19 Abs. 1, § 146 ZVG als Verfügungsbeschränkung in das GB einzutragen ist; dass diese Eintragung auf Ersuchen des Vollstreckungsgerichts erfolgt, ist unbeachtlich (KGJ 27, 101). Erklärt der Gläubiger allerdings ausdrücklich, auf Grund seines Titels die Eintragung einer Zwangshyp. erwirken zu wollen, so ist sein Antrag nach § 14 abzuweisen. Diese ist, da § 866 Abs. 3 ZPO auch für die Arresthyp. gilt (§ 932 Abs. 2 ZPO), ferner geboten, wenn der Titel ein Arrestbefehl ist und die Lösungssumme den Betrag von 750 EUR nicht übersteigt. Im Übrigen ist der Antrag zurückzuweisen, wenn infolge von Vollstreckungsbeschränkungen weder die Eintragung einer Zwangshyp. noch die Zwangsversteigerung oder Zwangsverwaltung zulässig ist.

4. Notwendigkeit der GBBerichtigung

13   Das Antragsrecht nach § 14 besteht nur, wenn die Zulässigkeit der auf Grund des vollstreckbaren Titels zu bewirkenden Eintragung von der vorgängigen Berichtigung des GB abhängt. Dies ist im Hinblick auf § 39 Abs. 1 die Regel; bei einer Eigentümergrundschuld ist dieser Vorschrift genügt, wenn der Eigentümer als solcher eingetragen ist (s. § 39 Rn. 19). Kann die auf Grund des vollstreckbaren Titels zu bewirkende Eintragung nach § 39 Abs. 2, § 40 ohne die vorherige Eintragung des Berechtigten erfolgen oder ist diese zur Anordnung der Zwangsversteigerung oder Zwangsverwaltung nach § 17 Abs. 1, § 146 ZVG nicht erforderlich, so entfällt das Antragsrecht. Dies ist der Fall, wenn der Gläubiger einen vollstreckbaren Titel gegen den eingetragenen Erblasser in Händen hat, den er gemäß § 727 ZPO auf dessen Erben umschreiben lassen kann (OLG Naumburg FGPrax 2018, 203).

5. Andere Voraussetzungen

14   § 14 erweitert lediglich die Antragsberechtigung, befreit den Antragsteller aber nicht von der Beibringung der für die Berichtigung des GB notwendigen Unterlagen (JFG 18, 54; BGH Rpfleger 2006, 316). Dieser hat daher entweder eine EintrBewilligung des Betroffenen oder die den Nachweis der Unrichtigkeit erbringenden Urkunden vorzulegen (§§ 19, 22 Abs. 1, § 29; BGH Rpfleger 2006, 316); dagegen ist die Berichtigung des GB insofern erleichtert, als die Eintragung eines Eigentümers oder Erbbauberechtigten stets ohne dessen Zustimmung erfolgen kann (§ 22 Abs. 2). Vorzulegen sind ferner der Brief oder der ihn ersetzende Ausschließungsbeschluss (§§ 41, 42).

Der Berichtigungsantrag nach § 14 ersetzt niemals eine zur Eintragung erforderliche Erklärung und ist daher gemäß § 30 immer formfrei.

6. Beschaffung der Eintragungsunterlagen

15   Die für die Berichtigung des GB notwendigen Urkunden kann sich der Gläubiger auf verschiedene Weise beschaffen:

- Durch Geltendmachung des **Erteilungsanspruchs** gegenüber Behörden, Beamten oder Notaren, soweit sich ein solcher aus §§ 792, 896 ZPO oder aus anderen Vorschriften ergibt; in letzterer Hinsicht ist insbes. auf § 357 Abs. 2 FamFG (Ausfertigung eines erteilten Erbscheins), § 2264 BGB (beglaubigte Abschrift eines Testaments), § 13 Abs. 3 FamFG (beglaubigte Abschrift eines Erbvertrags oder einer Eröffnungsniederschrift) sowie § 1563 BGB und § 9 HGB (beglaubigte Abschriften von Eintragungen im Güterrechts-, Partnerschafts- und Handelsregister) zu verweisen.

- Durch Geltendmachung des **Herausgabeanspruchs** gegenüber Privat- **16** personen, soweit ihm selbst ein solcher Anspruch zusteht oder soweit er die Pfändung eines dem Schuldner zustehenden Herausgabeanspruchs und dessen Überweisung zur Einziehung erwirkt hat.

- Durch Klage gegen den **eingetragenen Nichtberechtigten,** die er ent- **17** weder auf Feststellung der Unrichtigkeit des GB oder auf Bewilligung der Eintragung des Schuldners richten kann; letzteres allerdings nur, wenn er gemäß § 857 ZPO oder, falls der Titel keine Geldforderung betrifft, in entsprechender Anwendung des § 886 ZPO die Pfändung des dem Schuldner zustehenden Berichtigungsanspruchs und seine Überweisung zur Einziehung erwirkt hat (s. dazu KGJ 47, 169; RG 94, 10) oder wenn er von dem Schuldner zur Geltendmachung des Berichtigungsanspruchs ermächtigt worden ist (s. dazu RG 112, 265).

7. Beschaffung des Briefs

Befindet sich der Brief im Besitz des Schuldners, so kann ihn der Gläubi- **18** ger auf Grund eines nach § 830 Abs. 1, § 857 Abs. 6 ZPO erwirkten Pfändungsbeschlusses oder nach § 897 Abs. 2 ZPO durch den Gerichtsvollzieher wegnehmen lassen. Hat ihn ein Dritter in Besitz, so muss der Gläubiger den Vorlegungsanspruch des Schuldners aus § 896 BGB auf Grund eines Pfändungs- und Überweisungsbeschlusses oder gemäß § 897 Abs. 2 ZPO verfolgen. Ist der Brief verloren gegangen, so muss der Gläubiger nach §§ 792, 896, 1004 Abs. 2 ZPO einen Ausschließungsbeschluss erwirken oder, falls ein solches bereits vorliegt, eine Ausfertigung desselben verlangen und gemäß § 41 Abs. 2 die Erteilung eines neuen Briefs beantragen.

8. Entsprechende Anwendung

Hängt die Erledigung eines EintrErsuchens von der vorgängigen Berichti- **19** gung des GB durch Eintragung des Berechtigten ab, so darf die ersuchende Behörde in sinngemäßer Anwendung des § 14 die Eintragung des Berechtigten beantragen, wenn die ihrem Ersuchen zugrundeliegende Verfügung gegen den Berechtigten wirksam ist (JFG 16, 47). Das OLG Schleswig (Rpfleger 2011, 368) hält einen Grundpfandgläubiger in entsprechender Anwendung des § 14 für berechtigt, die Berichtigung des GB durch Nachholung der unterbliebenen Eintragung der Gesellschafter einer BGB-Gesellschaft entsprechend § 47 Abs. 2 zu beantragen.

Vertretungsbefugnis. Antragsermächtigung des Notars. Prüfung der Eintragungsfähigkeit

15 (1) **Für die Eintragungsbewilligung und die sonstigen Erklärungen, die zu der Eintragung erforderlich sind und in öffentlicher oder öffentlich beglaubigter Form abgegeben werden, können sich die Beteiligten auch durch Personen vertreten lassen, die nicht nach § 10 Absatz 2 des Gesetzes über das Verfahren in Familiensachen und in den Angelegenheiten der freiwilligen Gerichtsbarkeit vertretungsbefugt sind. Dies gilt auch für die Entgegennahme von Eintragungsmitteilungen und Verfügungen des Grundbuchamtes nach § 18.**

(2) **Ist die zu einer Eintragung erforderliche Erklärung von einem Notar beurkundet oder beglaubigt, so gilt dieser als ermächtigt, im Namen eines Antragsberechtigten die Eintragung zu beantragen.**

(3) **Die zu einer Eintragung erforderlichen Erklärungen sind vor einer Einreichung für das Grundbuchamt von einem Notar auf Eintragungsfähigkeit zu prüfen. Dies gilt nicht, wenn die Erklärung von einer öffentlichen Behörde abgegeben wird.**

§ 24 Abs. 3 BNotO. Soweit der Notar kraft Gesetzes ermächtigt ist, im Namen der Beteiligten bei dem Grundbuchamt oder bei den Registerbehörden Anträge zu stellen (insbesondere § 15 Absatz 2 der Grundbuchordnung, § 25 der Schiffsregisterordnung, § 378 des Gesetzes über das Verfahren in Familiensachen und in den Angelegenheiten der freiwilligen Gerichtsbarkeit), ist er auch ermächtigt, die von ihm gestellten Anträge zurückzunehmen. Die Rücknahmeerklärung ist wirksam, wenn sie mit der Unterschrift und dem Amtssiegel des Notars versehen ist; eine Beglaubigung der Unterschrift ist nicht erforderlich.

Inhaltsübersicht

1. Allgemeines

1   Abs. 1 wurde durch das Ges. v. 30.7.2009 (BGBl. I 2449) eingefügt. Damit sollen die durch die Neufassung des § 13 Abs. 2 FGG durch das Ges. v. 12.12.2007 (BGBl. I 2840) aufgetretenen Auslegungszweifel im Zusammenhang mit der Vertretungsbefugnis im GBVerfahren behoben werden. An die Stelle des § 13 Abs. 2 FGG ist nunmehr der wortgleiche § 10 Abs. 2 FamFG getreten.

§ 15 Abs. 2 erweitert nicht, wie § 14, die in § 13 Abs. 1 Satz 2 geregelte Antragsberechtigung, begründet vielmehr eine Vermutung für die Erteilung einer Vollmacht zur Stellung des EintrAntrags. Damit entfällt der sonst erforderliche Vollmachtsnachweis. Die Bestimmung findet ihre Rechtfertigung in dem besonderen Verhältnis, in das der Notar durch die Leistung seiner Dienste zu den Beteiligten getreten ist, in der Erwägung, dass er sich nicht ohne Auftrag in die Verhältnisse anderer einmischen werde sowie in der Erfahrung, dass der Wille der Beteiligten regelmäßig auf die Besorgung der ganzen GBAngelegenheit durch den Notar gerichtet ist (KGJ 44, 172; Bay-ObLG Rpfleger 1985, 356).

Abs. 3 wurde durch das Ges. v. 1.6.2017 (BGBl. I 1396) angefügt.

2. Vertretungsbefugnis

Vor dem GBAmt können die Beteiligten das Verfahren selbst betreiben **2** (§ 10 Abs. 1 FamFG). Sie können sich aber auch vertreten lassen. Der Kreis der vertretungsbefugten Bevollmächtigten ist jedoch durch § 10 Abs. 2 FamFG **eingeschränkt.** Zur verfassungsrechtlichen Unbedenklichkeit der Vertretungsbeschränkung s. BVerfG FGPrax 2010, 293. Außer Rechtsanwälten und Notaren sind nur die in § 10 Abs. 2 Satz 2 Nr. 1 und 2 FamFG aufgeführten Bevollmächtigten vertretungsbefugt. Dabei handelt es sich im Wesentlichen um Familienangehörige des Beteiligten oder um Beschäftigte des beteiligten Unternehmens oder der beteiligten Behörde. Die Beschränkung der Vertretungsbefugnis gilt grundsätzlich nur für das grundbuchamtliche EintrVerfahren. Hierfür enthält § 15 Abs. 1 eine klarstellende Regelung.

In öffentlicher oder öffentlich beglaubigter Form abgegebene und unmit- **2.1** telbar **eintragungsrelevante Erklärungen** sind wirksam, auch wenn sie von Bevollmächtigten abgegeben werden, die nicht zum vertretungsbefugten Personenkreis des § 10 Abs. 2 FamFG gehören. In Anlehnung an § 29 Abs. 1 Satz 1 ist die Regelung auf Erklärungen beschränkt, die unmittelbar zur Eintragung erforderlich sind und außerdem in öffentlicher oder öffentlich beglaubigter Form abgegeben werden. In Betracht kommen damit insbesondere die EintrBewilligung des § 19 und der EintrAntrag des § 13 Abs. 1 Satz 1. Der reine **EintrAntrag** bedarf allerdings an sich nicht der Form des § 29 Abs. 1 (s. § 30 Rn. 3, 8). Von einem nach § 10 Abs. 2 FamFG nicht vertretungsbefugten Bevollmächtigten kann er aber nur gestellt werden, wenn er in öffentlicher oder öffentlich beglaubigter Form erklärt wird (Wilke in Bauer/Schaub Rn. 5a; a.M. OLG München Rpfleger 2012, 619 mit abl. Anm. v. Demharter). Entsprechendes gilt für die Zurücknahme eines EintrAntrags durch einen nicht vertretungsbefugten Bevollmächtigten. Zur Erklärung der Zwangsvollstreckungsunterwerfung durch einen nicht vertretungsbefugten Bevollmächtigten s. § 44 Rn. 28.

In den von § 15 Abs. 1 erfassten Fällen ist sowohl eine Vertretung aufgrund Bevollmächtigung als auch eine vollmachtslose Vertretung durch eine nicht vertretungsbefugte Person zulässig. Begründet ist die Ausnahme von § 10 Abs. 2 FamFG außer mit einem erheblichen praktischen Bedürfnis damit, dass der durch § 10 Abs. 2 FamFG verfolgte Schutzzweck der Qualitätssicherung durch die bei dem Erfordernis einer öffentlichen oder öffentlich beglaubigten Urkunde notwendige Einschaltung eines Notars erreicht wird.

2.2   Auf Anträge und Erklärungen, die **außerhalb des EintrVerfahrens** an
das GBAmt gerichtet werden, ist die Beschränkung auf vertretungsbefugte
Bevollmächtigte nach § 10 Abs. 2 FamFG nicht anzuwenden. Dies gilt für
den Antrag auf Gestattung der GBEinsicht (§ 12), für Anträge auf Erteilung
eines neuen oder eines gemeinschaftlichen Briefs (§§ 66, 67) sowie für die
Bestimmung des zum Empfang eines Briefs Be rechtigten (§ 60 Abs. 2). Solche Anträge und Erklärungen können auch von einem nicht nach § 10
Abs. 2 FamFG vertretungsbefugten Bevollmächtigten abgegeben werden. Für
die Vollmacht gilt § 11 FamFG.

2.3   Nach § 15 Abs. 1 Satz 2 können EintrMitteilungen und Zwischenverfügungen auch von einem nicht vertretungsbefugten Bevollmächtigten entgegengenommen werden. Diese Regelung gilt auch für die Entgegennahme
des einen EintrAntrag zurückweisenden Beschlusses des GBAmts. Für Erklärungen im **Rechtsbehelfsverfahren** verbleibt es bei der Bestimmung des
§ 10 Abs. 2 FamFG. Zur Einlegung einer GBBeschwerde sowie einer Erinnerung ist als Bevollmächtigter nur berechtigt, wer zum Kreis der vertretungsbefugten Personen gehört. S. zum Ganzen Meyer/Bormann RNotZ
2009, 470.

3. Vollmachtsvermutung

3   **a) Widerlegung.** Die Vertretungsbefugnis des Notars wird nach § 15
Abs. 2 vermutet; sie ist weder vom Auftrag noch vom Einverständnis des
oder der Antragsberechtigten abhängig. Die Vermutung für die Erteilung
einer Vollmacht zur Stellung des EintrAntrags ist allerdings widerlegbar, kann
also durch eine entgegenstehende Willensäußerung der Beteiligten entkräftet
werden (KGJ 44, 172; OLG Köln Rpfleger 1982, 98; BayObLG Rpfleger
1984, 96). Der Gegenbeweis kann sich aus der Urkunde selbst oder anderen
EintrUnterlagen ergeben. In jedem Fall muss es sich aber um die Ermächtigung des Notars eindeutig ausschließende, nach außen sichtbar gewordene
Umstände handeln (BayObLG Rpfleger 1985, 356). Solche liegen nicht vor,
wenn der Gläubiger einer Grundschuld bei der Freigabe gemäß § 875 BGB
erklärt, Kosten übernehme er nicht (BayObLG Rpfleger 1987, 14) oder
wenn die Löschungsbewilligung mit dem Zusatz versehen wird, mit ihrer
Erteilung sei kein Löschungsantrag verbunden (OLG München Rpfleger
2012, 683).

3.1   **b) Beschränkung.** Die gesetzlich vermutete Vollmacht kann nicht nur
insgesamt ausgeschlossen, sondern auch teilweise beschränkt werden, z. B. auf
das Verfahren vor dem GBAmt (Wilke in Bauer/Schaub Rn. 16; a. M. OLG
Düsseldorf Rpfleger 2001, 124 mit kritischer Anm. v. Volmer ZfIR 2001,
331; LG Koblenz Rpfleger 1996, 449). Hat der Notar von der Vollmacht
Gebrauch gemacht und einen EintrAntrag gestellt, ist die Eintragung jedoch
auch dann nur ihm bekannt zu machen, wenn er und der Antragsteller eine
Benachrichtigung nur des Antragstellers wünschen (s. § 55 Rn. 10). Dasselbe
gilt für die den Antrag zurückweisende Entscheidung des GBAmts und eine
Zwischenverfügung. Zur Anfechtbarkeit der ausschließlichen Benachrichtigung des Notars s. § 55 Rn. 30.

c) Widerruf. Auch ein nachträglicher Widerruf der vermuteten Vollmacht **3.2** ist möglich, jedoch nicht mehr nach Eingang des Antrags beim GBAmt (vgl. BayObLG Rpfleger 1985, 356; s. hierzu auch § 31 Rn. 17).

d) Erlöschen. Zum Erlöschen der vermuteten Vollmacht bei Tod, Geschäftsunfähigkeit oder Insolvenz sowie Verlust der Antragsbefugnis des Antragstellers s. Rn. 10.

e) Rechtsgeschäftliche Vollmacht. Dem Notar kann eine über die ge- **3.3** setzlich vermutete Vollmacht hinausgehende rechtsgeschäftliche Vollmacht erteilt werden (zum Vollmachtsnachweis s. § 1 Rn. 54). Im Rahmen einer solchen Vollmacht können vom Notar verfahrensrechtliche Erklärungen in Form einer Eigenurkunde (s. dazu § 29 Rn. 35) abgegeben werden. Wird der Notar in einem Grundstückskaufvertrag zur Abgabe aller dem Grundbuchvollzug förderlichen Erklärungen bevollmächtigt, so fallen darunter grundsätzlich alle Erklärungen, welche die Beteiligten bei einem normalen Ablauf des Geschäfts selbst abgeben würden (OLG München Rpfleger 2006, 392; OLG Düsseldorf FGPrax 2009, 203). Die Vollzugsvollmacht berechtigt den Notar aber nur, vom GBAmt geltend gemachte (technische) EintrHindernisse zu beseitigen, nicht aber, die EintrGrundlage inhaltlich zu verändern (vgl. OLG Düsseldorf FGPrax 2013, 13). Eine solche Veränderung liegt vor, wenn statt einer Vereinigung von Grundstücken ein Grundstück dem anderen als Bestandteil zugeschrieben werden soll (OLG Köln NotBZ 2020, 65), ferner dann, wenn die unwirksame Zuweisung eines Sondernutzungsrechts durch die Zuweisung eines anderen Sondernutzungsrechts ersetzt werden soll (OLG Köln FGPrax 2019, 158).

Die uneingeschränkte Bevollmächtigung, den Kaufvertrag zu ergänzen oder zu ändern, beschränkt den Notar aber nicht darauf, in der Eigenurkunde nur verfahrensrechtliche Erklärungen abzugeben; sie erlaubt es ihm, sich selbst zu bevollmächtigen, die Genehmigung gemäß § 1829 BGB als Doppelbevollmächtigter (s. dazu § 20 Rn. 41) in Empfang zu nehmen und sich selbst mitzuteilen (OLG Zweibrücken FGPrax 2016, 73). Die weitergehende Vollmacht, alle zur Durchführung des Vertrags erforderlichen Erklärungen abzugeben sowie Löschungen und Vertragsänderungen zu bewilligen, erstreckt sich jedoch nicht auf die Löschung von Grundstücksbelastungen, für die sich ein Wille der Vertragsteile nicht feststellen lässt (OLG Celle FGPrax 2010, 64). Vollzugsvollmachten in dem Kaufvertrag mit dem Dritten werden nicht Inhalt des Kaufvertrags des Verkäufers mit dem Vorkaufsberechtigten (BGH FGPrax 2012, 217).

Zur Auslegung einer Vollmacht als nur im Innenverhältnis beschränkt, s. OLG München FGPrax 2014, 53. Zum Erlöschen der Vollmacht s. Rn. 10. Zum Übergang der Vollmacht auf den Amtsnachfolger s. Rn. 5.

f) Angestellte des Notars. Die Bevollmächtigung der jeweiligen, na- **3.4** mentlich nicht bezeichneten Angestellten des Notars ist jedenfalls dann für zulässig zu erachten, wenn der Notar zugleich ermächtigt ist, einen seiner Angestellten zu benennen (OLG Brandenburg NotBZ 2012, 133). Das OLG Dresden (NotBZ 2012, 135; zustimmend Gergaut NotBZ 2012, 125; ebenso OLG Brandenburg Rpfleger 2013, 386; OLG Naumburg NotBZ 2014, 272) hält die Bevollmächtigung auch ohne diese Einschränkung für zulässig. Demgegenüber erachtet das OLG Frankfurt (NotBZ 2008, 123 mit kritischer Anm. v. Gergaut) eine Bevollmächtigung namentlich nicht benannter Angestellter auch dann nicht für zulässig, wenn der Notar zur Benennung durch Eigenurkunde ermächtigt ist.

Bei der einem namentlich genannten Angestellten des Notars in einem Grundstückskaufvertrag erteilten Vollmacht zur Durchführung des Geschäfts wird die Auslegung in der Regel ergeben, dass die Vollmacht mit der Beendigung des Arbeitsverhältnisses zwischen Notar und Angestelltem erlischt (a. M. OLG Naumburg NotBZ 2014, 272). Die Unwiderruflichkeit der einem Angestellten erteilten Vollmacht kann ausdrücklich erklärt sein oder sich daraus ergeben, dass die Bevollmächtigung auch den Interessen des jeweils anderen Beteiligten dient (KG RNotZ 2019, 619).

4   **g) Urkundenvorlage beim GBAmt.** Der Notar soll, wenn er Willenserklärungen beurkundet hat, die beim GBAmt einzureichen sind, dies gem. § 53 BeurkG veranlassen, sobald die Urkunde eingereicht werden kann; das setzt voraus, dass alle materiellrechtlichen und formellen Voraussetzungen für die Eintragung vorliegen. Er hat die Urkunde mit der ihm möglichen und vertretbaren Beschleunigung vorzulegen; von der vorherigen Zahlung entstandener Kosten darf er die Vorlage nicht abhängig machen (§ 11 Satz 2 GNotKG; BGH FGPrax 2015, 41).

Sofern alle Beteiligten verlangen, dass die Urkunde nicht umgehend beim GBAmt eingereicht wird (Vorlagesperre), soll der Notar auf die mit einer Verzögerung verbundenen Gefahren hinweisen. Von der Einreichung der Urkunde darf er nicht schon dann absehen, wenn bei zweiseitigen Erklärungen (Vertrag) dies nur ein Beteiligter verlangt und sich dabei, wenn auch mit beachtlichen Gründen, auf die Unwirksamkeit des Vertrags beruft, es sei denn, diese ist offensichtlich (BGH FGPrax 2012, 217; OLG Köln FGPrax 2007, 95; OLG Hamm FGPrax 2006, 176). Bei einer von mehreren Personen abgegebenen einseitigen Erklärung genügt dagegen bereits das Verlangen eines Beteiligten, um den Notar von der Amtspflicht zu entbinden, die Urkunde dem GBAmt vorzulegen. Auch wenn es für den Notar in hohem Maße wahrscheinlich ist, dass das GB durch den Vollzug der Urkunde unrichtig würde, darf er nicht tätig werden (BGH FGPrax 2012, 217; BayObLG DNotZ 1998, 646 und 648; OLG Zweibrücken Rpfleger 2002, 261). Dasselbe gilt, wenn der wegen Unterverbriefung nichtige Kaufvertrag nur durch die GBEintragung der Auflassung gültig würde (BayObLG DNotZ 1998, 645). Beabsichtigt der Notar trotz des Widerspruchs eines Urkundsbeteiligten die Urkunde zum Vollzug vorzulegen, muss er dies regelmäßig in einem Vorbescheid ankündigen (BGH FGPrax 2020, 43 mit Anm. v. Milzer; s. ferner die Anm. v. Heinemann ZfIR 2020, 202).

4. Notar

5   **a) Deutsche Notare.** § 15 Abs. 2 gilt nur für sie und ihre amtlich bestellten Vertreter, nicht aber auch für einen in Bürogemeinschaft mit einem Notar verbundenen anderen Notar (BayObLG NJW-RR 1989, 1495); zum Nachweis der Vertreterbestellung s. § 29 Rn. 25. Für ausländische Notare gilt

§ 15 Abs. 2 selbst dann nicht, wenn die von ihnen beurkundete oder beglaubigte Erklärung eine ausreichende EintrUnterlage bildet. Der Notar muss sich zurzeit der Antragstellung im Amt befinden (RG 93, 71); dass er sich, wie im Fall der Bestellung eines Vertreters oder bei vorläufiger Amtsenthebung, der Ausübung seines Amts enthalten soll oder zu enthalten hat (§ 44 Abs. 1, § 55 Abs. 2 BNotO), berührt die Wirksamkeit eines gleichwohl gestellten Antrags nicht.

b) Amtsnachfolger. Bei Beendigung des Amts geht die vermutete Vollmacht auf den Amtsnachfolger über (BayObLG Rpfleger 1969, 243; vgl. BGH NJW 1999, 2369), desgleichen eine rechtsgeschäftlich erteilte Vollmacht (s. Rn. 3.3). Dasselbe gilt für den Notarvertreter gemäß § 39 BNotO und den Notariatsverwalter gemäß § 56 BNotO, aber auch für den Aktenverwahrer gemäß § 51 Abs. 1 BNotO. Letzterer wird im eigenen Namen unter Verwendung seines eigenen Siegels oder Stempels tätig. Eines besonderen Nachweises der Stellung als Amtsnachfolger, Notarvertreter, Notariatsverwalter oder Aktenverwahrer gegenüber dem GBAmt bedarf es nicht; es genügt eine entsprechende Versicherung (KG FGPrax 2014, 148; s. dazu Terner RNotZ 2014, 523). Auf andere Personen als Notare, insbes. auf Rechtsanwälte, die die Urkunde entworfen haben, findet § 15 Abs. 2 keine Anwendung.

5. Beurkundungs- oder Beglaubigungstätigkeit

Nur an die Beurkundung oder Beglaubigung einer zur Eintragung erfor- **6** derlichen Erklärung durch den Notar ist die Vermutung für die Erteilung einer Vollmacht zur Stellung des EintrAntrags geknüpft; andere Tätigkeiten, wie z. B. die Erteilung eines Rats, das Entwerfen einer Urkunde (BayObLG FGPrax 2003, 289 mit Anm. v. Amann MittBayNot 2004, 165 und Suppliet NotBZ 2004, 159) oder die Beglaubigung der Abschrift einer EintrBewilligung (OLG München JFG 20, 128) reichen nicht aus. Andererseits gilt jeder Notar als zur Antragstellung ermächtigt, der auch nur eine maßgebende Erklärung beurkundet oder beglaubigt hat.

Zur Eintragung erforderliche Erklärungen im Sinn des § 15 Abs. 2 sind **7** nur solche, die eine unmittelbare EintrGrundlage bilden. In Betracht kommen EintrBewilligungen (§ 19), Auflassungen (§ 20), Abtretungs- und Verpfändungserklärungen (§ 26), Zustimmungserklärungen (§ 22 Abs. 2, § 27), Unterwerfungserklärungen (§ 794 Abs. 1 Nr. 5, § 800 ZPO).

Nicht hierher gehören neben dem Grundgeschäft der reine EintrAntrag **8** (BayObLG 1988, 102/104), den § 30 in Gegensatz zu den zur Eintragung erforderlichen Erklärungen stellt, sowie solche Erklärungen, die zwar zur Eintragung erforderlich sind, aber, wie z. B. Vollmachten oder Genehmigungen, nur eine mittelbare EintrGrundlage bilden.

6. Im Namen eines Antragsberechtigten

Ein eigenes Antragsrecht verleiht § 15 Abs. 2 dem Notar nicht; vielmehr **9** kann der Antrag vom Notar nur im Namen eines Antragsberechtigten gestellt werden (BayObLG NJW-RR 1989, 1495; 1993, 530).

10   **a) Antragsberechtigter.** Wer antragsberechtigt ist, ergibt sich aus § 13 Abs. 1 Satz 2 und § 14. Der Notar kann den EintrAntrag auf Grund der vermuteten Vollmacht für jeden Antragsberechtigten stellen (RG HRR 1929 Nr. 760), also auch für einen solchen, dessen Erklärung nicht von ihm beurkundet oder beglaubigt worden ist (KGJ 22, 295; OLG München Rpfleger 2012, 683) oder der überhaupt keine Erklärung abgegeben hat (KGJ 21, 96; BayObLG Rpfleger 1984, 96); a. M. Kesseler MittBayNot 2009, 62 f., der die Vollmachtsvermutung auf die Beteiligten des notariellen Beurkundungs- oder Beglaubigungsverfahrens beschränkt. Die Beurkundung oder Beglaubigung der von einem Vertreter ohne Vertretungsmacht abgegebenen Erklärung begründet die Vollmachtsvermutung nicht (OLG Hamm Rpfleger 1986, 367). Ist einem Antragsberechtigten die Stellung des EintrAntrags durch einstweilige Verfügung untersagt worden (s. § 19 Rn. 97), so ist auch der Notar nicht mehr befugt, die Eintragung für ihn zu beantragen (BayObLG BayRpflZ 1923, 232). Dasselbe gilt, wenn der Antragsberechtigte die Antragsbefugnis verloren hat (s. § 13 Rn. 49).

Wie bei einer dem Notar ausdrücklich erteilten Vollmacht (s. hierzu §§ 168, 672, 675 BGB; § 19 Rn. 81; LG Aschaffenburg Rpfleger 1971, 319; Safferling Rpfleger 1971, 294) führen Tod oder Geschäftsunfähigkeit des Antragsberechtigten auch bei der gem. § 15 Abs. 2 vermuteten Vollmacht nicht ohne weiteres zum Erlöschen der Vollmacht (OLG Köln FGPrax 2005, 103). Dagegen erlischt mit Eröffnung des Insolvenzverfahrens über das Vermögen des Vollmachtgebers sowohl die gesetzlich vermutete Vollmacht des Notars als auch eine ihm rechtsgeschäftlich erteilte Vollmacht (BayObLG FGPrax 2003, 289 mit Anm. v. Amann MittBayNot 2004, 165 und Supplet NotBZ 2004, 159).

11   **b) Angabe des Antragstellers.** Der GBVerkehr erfordert klare Erklärungen. Der Notar hat deshalb ausdrücklich anzugeben, für wen er den EintrAntrag stellt. Fehlt eine solche Angabe, so ist der Antrag als im Namen aller Antragsberechtigten gestellt anzusehen (BayObLG NJW-RR 1993, 530; BGH NJW 1985, 3070; OLG Köln Rpfleger 1986, 411; OLG Bremen Rpfleger 1987, 494). Dies gilt jedoch nicht, wenn sich aus den Umständen unter Einbeziehung auch der Interessenlage der Antragsberechtigten durch Auslegung zweifelsfrei ergibt, dass er für bestimmte Antragsberechtigte nicht gestellt werden soll (KGJ 24, 91; BayObLG Rpfleger 1985, 356; OLG Bremen Rpfleger 1987, 494; OLG Zweibrücken Rpfleger 1989, 17); so z. B. dann, wenn in der überreichten Urkunde nur ein Antragsberechtigter den Antrag gestellt hat und der Notar sich im Anschreiben auf eine Wiederholung dieses Antrags beschränkt (OLG Hamburg MDR 1954, 492); dies ist der Fall, wenn der Notar eine Urkunde mit dem Antrag vorlegt, „gem. § 15 Abs. 2 den gestellten Anträgen stattzugeben" (KG Rpfleger 1991, 305).

12   Nimmt der Notar auf einen Antrag Bezug, der in einer von ihm erstellten Urkunde enthalten ist, so gilt diese Bezugnahme regelmäßig nur dem Inhalt des Antrags. Aus ihr allein lässt sich daher nicht schließen, der Notar stelle Antrag nur namens derjenigen Antragsberechtigten, die bereits in der Urkunde Eintragungen beantragt haben (a. M. OLG Bremen Rpfleger 1987, 494; OLG Zweibrücken Rpfleger 1989, 17). Eine Antragstellung „namens

der Beteiligten" lässt nicht zweifelsfrei eine Beschränkung auf die nur formell Beteiligten der Beurkundung im Sinne von § 6 Abs. 2 BeurkG unter Ausschluss der bloß materiell Beteiligten erkennen (BayObLG Rpfleger 1985, 356). Für wen der Notar den Antrag gestellt hat, ist insbes. für die Pflicht zur Kostentragung von Bedeutung (s. Rn. 22).

c) Eigener Antrag des Antragsberechtigten. Der Notar kann den 13 EintrAntrag auch dann stellen, wenn die Antragsberechtigten die Eintragung in der überreichten Urkunde bereits selbst beantragt haben (KGJ 44, 172; BayObLG Rpfleger 1989, 147; KG Rpfleger 1971, 313); wegen der Frage, ob dann eine Wiederholung des Antrags der Beteiligten durch den Notar oder nur ein Antrag des Notars vorliegt, s. § 31 Rn. 9. Die eigene Antragstellung des Notars ist von Bedeutung für die Bekanntmachung der ergehenden Entscheidung sowie für das Beschwerderecht (s. Rn. 19, 20). Will der Notar von der Möglichkeit eigener Antragstellung Gebrauch machen, so empfiehlt es sich, dass er dies bei der Einreichung der Urkunde deutlich zum Ausdruck bringt (BayObLG 1952, 272; s. dazu auch DNotZ 1939, 2). Eine Vorlegung der Urkunde „zum Vollzug", „zur weiteren Veranlassung" oder „mit der Bitte, den gestellten Anträgen stattzugeben", lässt den Notar nur als Boten erscheinen (OLG München JFG 22, 30; KG JW 1937, 114; BGH DNotZ 1964, 435; s. aber auch KG DNotZ 1933, 372; OLG Hamburg MDR 1954, 493). Legt er seine Urkunde dagegen „gemäß § 15 Abs. 2 zum Vollzug" vor (s. OLG Karlsruhe Rpfleger 2014, 416) oder beantragt er, „gem. § 15 Abs. 2 den gestellten Anträgen stattzugeben" (s. KG Rpfleger 1991, 305), so ist eigene Antragstellung anzunehmen (bedenklich daher OLG München DNotZ 1943, 261).

Einen zunächst nur botenmäßig eingereichten Antrag kann der Notar 14 nachträglich gemäß § 15 Abs. 2 wiederholen; eine solche Wiederholung ist anzunehmen, wenn er auf Beanstandung des GBAmts im erstinstanzlichen Verfahren Ausführungen macht (BayObLG 1967, 409; 1975, 4), z. B. dadurch, dass er gegen eine Zwischenverfügung Beschwerde einlegt. Legt der Notar eine Urkunde mit mehreren EintrAnträgen der Beteiligten dem GBAmt vor und beantragt gem. § 15 Abs. 2 nur den Vollzug eines der Anträge, so sind die übrigen in der Urkunde enthaltenen Anträge nur dann von ihm als Bote übermittelt, wenn er dies ausdrücklich erklärt (OLG Köln Rpfleger 1990, 159).

7. Inhalt der Ermächtigung

Der Notar gilt nur als zur Stellung des EintrAntrags ermächtigt. Andere 15 zur Eintragung notwendige Erklärungen kann er für die Beteiligten nicht abgeben. Sein Antrag vermag daher niemals eine fehlende EintrUnterlage, z. B. die Zustimmung des Eigentümers (§ 22 Abs. 2, § 27) oder die Angabe des Gemeinschaftsverhältnisses (§ 47 Abs. 1), zu ersetzen (OLG Köln Rpfleger 1970, 286).

a) Grenzen der Ermächtigung. Der Notar ist nicht in der Lage, eine Rangbestimmung nach § 45 Abs. 3 vorzunehmen (KGJ 26, 83; OLG Hamm FGPrax 1995, 171; OLG Frankfurt Rpfleger 1991, 362 mit kritischer Anm.

v. Meyer-Stolte; KG Rpfleger 2000, 453; Wilke in Bauer/Schaub Rn. 27; zur Bevollmächtigung hierzu s. § 45 Rn. 31) oder eine abweichende Bestimmung über die Aushändigung des Briefs nach § 60 Abs. 2 zu treffen (KGJ 30, 275; RG HRR 1932 Nr. 267; OLG Jena NotBZ 2013, 353). Er kann, wenn er die EintrBewilligung beglaubigt hat, auch nicht nachträglich ohne besondere Vollmacht oder Ermächtigung hierzu, an dem über der Unterschrift stehenden Text Änderungen vornehmen, sofern es sich dabei nicht bloß um die Verbesserung offenbarer Schreibfehler handelt (OLG Celle Rpfleger 1984, 230).

Dagegen kann er die Reihenfolge des Eingangs der Anträge bestimmen. Er darf auch eine Bestimmung nach § 16 Abs. 2 treffen, sofern er sich damit nicht in Widerspruch zu Erklärungen der Beteiligten setzt (vgl. dazu OLG Hamm MittRhNotK 1996, 330). Er kann schließlich erklären, dass einer von mehreren in der überreichten Urkunde enthaltenen Anträge nicht als dem GBAmt zugegangen angesehen werden soll (OLG Köln Rpfleger 1990, 159); in diesem Fall hat das GBAmt jedoch zu prüfen, ob der gestellte Antrag mit dem ausgeschlossenen nach § 16 Abs. 2 verbunden ist (KG JW 1937, 477; Rpfleger 1971, 313).

16   **b) Bindung an EintrUnterlagen.** Der Antrag muss sich mit dem Inhalt der EintrUnterlagen decken (s. § 13 Rn. 19). Der Notar darf ohne besondere rechtsgeschäftliche Vollmacht nicht von ihm abweichen (BayObLG Rpfleger 1980, 19; OLG Hamm Rpfleger 1986, 367), wohl aber mehrdeutige Erklärungen der Beteiligten durch seinen Antrag klarstellen (OLG Hamm FGPrax 1995, 171; OLG Frankfurt FGPrax 1998, 170). Er ist auch nicht ohne weiteres berechtigt, die Berichtigung des GB zu betreiben, um damit ein dem Antrag entgegenstehendes Hindernis zu beseitigen (KGJ 26, 246). Die Beurkundung einer Auflassung gibt ihm nicht die Befugnis, die Eintragung einer Eigentumsvormerkung (BayObLG JFG 8, 210; Rpfleger 1979, 134; a. M. Hieber DNotZ 1954, 67) oder die Zuschreibung als Bestandteil zu beantragen.

17   **c) Antragsrücknahme.** Der Notar kann den von ihm gestellten Antrag nach § 24 Abs. 3 Satz 1 BNotO ohne Vollmachtsnachweis zurücknehmen, wobei für die Form der Rücknahmeerklärung die Sondervorschrift des § 24 Abs. 3 Satz 2 BNotO gilt. Über Einzelheiten sowie über Ausnahmen bei Zurücknahme des von einem Beteiligten gestellten Antrags oder eines von mehreren gemäß § 16 Abs. 2 verbundenen Anträgen durch den Notar s. § 31 Rn. 7, 8. Selbstverständlich kann der von dem Notar gestellte Antrag auch von dem Antragsberechtigten zurückgenommen werden; war der Antrag jedoch für mehrere Antragsberechtigte gestellt, so erledigt er sich durch die Rücknahmeerklärung nur eines Antragsberechtigten nicht. Der Notar kann auch nicht im Weg der Beschwerde nach § 15 BNotO gegen den ausdrücklichen Willen eines von mehreren Antragsberechtigten zur Zurücknahme des von ihm für alle Antragsberechtigten gestellten EintrAntrags gezwungen werden (OLG Schleswig FGPrax 1999, 192; KG FGPrax 2000, 250; OLG Köln FGPrax 2001, 128).

18   Der Notar ist grundsätzlich als befugt zu erachten, die mit dem gestellten Antrag eingereichten Urkunden zurückzufordern (KGJ 44, 173); einem Verlangen auf Rückgabe ist auch vor Erledigung des Antrags zu entsprechen, s. § 10 Rn. 15.

8. Wirkung der Antragstellung

Eine im Sinn des § 140 Abs. 2 Satz 1 InsO geschützte Rechtsposition wird **19** durch einen von einem Notar auf der Grundlage des § 15 Abs. 2 gestellten EintrAntrag nicht erlangt (s. dazu § 13 Rn. 13). Hat der Notar den Eintr-Antrag gestellt, nicht nur einen solchen der Antragsberechtigten als Bote weitergegeben, so hat dies ein Doppeltes zur Folge:

a) Bekanntmachung an den Notar. Die auf den Antrag ergehende Entscheidung ist dem Notar bekanntzumachen (BGH NJW 1958, 1532; OLG Zweibrücken Rpfleger 1968, 154); eine Bekanntmachung an den Antragsberechtigten selbst ist, entgegen dem sonst im Verfahren der freiwilligen Gerichtsbarkeit geltenden Grundsatz (s. § 1 Rn. 84), unwirksam (KGJ 38, 196; OLG München JFG 18, 20 betr. Zwischenverfügung; OLG Düsseldorf Rpfleger 1984, 311; OLG Köln Rpfleger 2001, 123). Dies gilt auch bei Wiederholung des von einem Antragsberechtigten gestellten Antrags (s. Rn. 14). Die EintrNachricht erhält auch dann nur der Notar, wenn dieser sowohl den Antrag nach § 15 Abs. 2 gestellt, als auch einen eigenen Antrag des Antragsberechtigten als Bote überbracht hat (BayObLG Rpfleger 1989, 147). Der von einem Notar vertretene Antragsberechtigte hat keinen Anspruch darauf, dass ihm und den übrigen Beteiligten EintrNachrichten unmittelbar übersandt werden (OLG Düsseldorf Rpfleger 1984, 311). Der Notar erhält eine EintrNachricht allerdings auch dann, wenn er den Antrag nur als Bote überbracht hat; dann ist auch der Antragsteller zu benachrichtigen (§ 55 Abs. 1). S. dazu auch § 55 Rn. 10. Zur Verpflichtung des Notars, die EintrNachricht zu überprüfen, s. § 55 Rn. 32.

b) Beschwerdeeinlegung durch den Notar. Der Notar oder sein **20** Amtsnachfolger (BGH NJW 1999, 2369) kann, ohne eine Vollmacht vorlegen zu müssen, gegen die auf den EintrAntrag ergangene Entscheidung, aber auch gegen eine in engem sachlichem Zusammenhang mit ihr erlassene Entscheidung (z. B. die Geschäftswertfestsetzung oder eine Entscheidung, die allein die EintrNachricht betrifft: BayObLG 1988, 308), für einen Antragsberechtigten, nicht aber im eigenen Namen (KG NJW 1959, 1086; BayObLG NJW-RR 1989, 1495), Beschwerde einlegen. Dabei braucht der Antragsberechtigte, für den er die Beschwerde einlegt, nicht derjenige zu sein, in dessen Namen er den EintrAntrag gestellt hat (BayObLG 34, 121). Der Notar wird anzugeben haben, für wen er die Beschwerde einlegt; fehlt eine solche Angabe, so sind als Beschwerdeführer, falls sich aus den Umständen nicht zweifelsfrei etwas anderes ergibt, alle Antragsberechtigten anzusehen (BGH NJW 1985, 3070; OLG Jena FGPrax 1997, 172; OLG Schleswig FGPrax 2010, 282; vgl. auch BayObLG Rpfleger 1985, 356).

Hält sich der Notar mit seinem EintrAntrag nicht im Rahmen der **21** EintrUnterlagen (s. Rn. 16) oder hat er die von den Antragsberechtigten selbst gestellten Anträge nur als Bote weitergeleitet (s. Rn. 13, 14), so kann er Beschwerde nur auf Grund besonderer Vollmacht (s. Rn. 3.3) einlegen, ohne die seine Beschwerde zu verwerfen ist (BGH NJW 1999, 2369; OLG Hamm Rpfleger 1986, 367). Die Vollmacht ist schriftlich zu den Gerichtsakten einzureichen. Einen Mangel der Vollmacht hat das Beschwerdegericht jedoch nicht von Amts wegen zu berücksichtigen; er kann aber in jeder Lage des Verfahrens geltend gemacht werden (s. dazu § 1 Rn. 54).

9. Prüfung der Eintragungsfähigkeit

22   **a) Amtspflicht des Notars.** Bei jeder von einem Notar beurkundeten oder auch nur entworfenen GBErklärung gehört es zu den Amtspflichten des Notars gegenüber dem Auftraggeber sicherzustellen, dass dem grundbuchamtlichen Vollzug keine EintrHindernisse entgegenstehen. Etwas anderes gilt für Erklärungen, die nicht von dem Notar entworfen sind und bei denen sich die Tätigkeit des Notars auf die Beglaubigung der Unterschrift beschränkt. Durch § 15 Abs. 3 Satz 1 wird dem Notar die Pflicht auferlegt, bei sämtlichen beim GBAmt einzureichenden Erklärungen die EintrFähigkeit zu prüfen, also auch bei nicht von ihm entworfenen oder beurkundeten Erklärungen. Dabei handelt es sich um eine Pflicht im öffentlichen Interesse, die ausschließlich gegenüber dem GBAmt besteht, dessen EintrTätigkeit erleichtert werden soll. Eine Verletzung dieser Pflicht kann daher nur dienstrechtliche Maßnahmen, nicht aber Schadensersatzansprüche gemäß § 19 BNotO zur Folge haben. Einen ausländischen Notar trifft die Prüfungspflicht nicht.

Zu den Einzelheiten s. die – teilweise sehr kritischen – Stellungnahmen von Zimmer NJW 2017, 1909, Attenberger MittBayNot 2017, 335, Dien/Rachlitz DNotZ 2017, 487, Eickelberg/Böttcher FGPrax 2017, 145; Weber RNotZ 2017, 427, Heinemann ZNotP 2017, 166, Krafka/Heinemann Rpfleger 2017, 661; Buchner ZfIR 2018, 136; s. ferner das Gutachten des DNotI 2017, 89 und das BNotK-Rundschreiben ZNotP 2017, 181.

23   **b) Betroffene Erklärungen.** Die Prüfungspflicht betrifft von den zur Eintragung erforderlichen Erklärungen im Sinn des § 29 Abs. 1 Satz 1 nur die eigentlichen grundbuchrechtlichen Erklärungen (s. § 29 Rn. 8), wie insbesondere die EintrBewilligung, aber nicht auch ergänzende Erklärungen (s. § 29 Rn. 9), wie z. B. Vollmachten und Genehmigungen (OLG Frankfurt NotBZ 2020, 356; a. M. OLG Köln FGPrax 2019, 199 für eine nach § 12 WEG erforderliche Zustimmung). Erfasst wird auch nicht der reine EintrAntrag (s. dazu § 30 Rn. 3), z. B. auf GBBerichtigung aufgrund Unrichtigkeitsnachweises.

Keine Prüfungspflicht besteht, wenn die Erklärung von einer öffentlichen Behörde in einer Urkunde im Sinn des § 415 Abs. 1 ZPO abgegeben wird. Dasselbe gilt aufgrund des § 143 Abs. 4 für Erklärungen, die von Personen oder Stellen öffentlich beglaubigt worden sind, die nach Landesrecht dafür zuständig sind. Die Befreiung von der Prüfpflicht ist in diesem Fall auf Erklärungen beschränkt, die bei einem GBAmt des betreffenden Landes eingereicht werden. Die Erklärung genügt zwar auch in anderen Ländern der Form des § 29 (s. § 29 Rn. 42). Wird die Erklärung aber bei dem GBAmt eines anderen Landes eingereicht, muss die Prüfung der EintrFähigkeit durch einen Notar nachgeholt werden. Die Prüfungspflicht besteht außerdem nicht für Erklärungen, die vor dem Inkrafttreten des Änderungsgesetzes am 9.6.2017 beurkundet oder beglaubigt wurden (§ 151).

c) Prüfung durch den Notar. Die Pflicht zur Prüfung der EintrFähig- 24 keit beschränkt sich auf den Inhalt der Erklärung, die dem GBAmt zum Vollzug vorgelegt werden soll. Umstände oder Erklärungen außerhalb dieser Erklärung braucht der Notar nicht zu berücksichtigen (OLG Frankfurt NotBZ 2020, 356). Zu irgendwelchen Ermittlungen ist er nicht verpflichtet. Ohne einen besonderen Auftrag hat er insbesondere keine Einsicht in das GB zu nehmen, mit der besondere Kosten verbunden wären. Hat der Notar die Erklärung beurkundet, schließen die in diesem Fall bestehenden umfassenden Prüfungspflichten des Notars (vgl. § 17 BeurkG) die Prüfung der EintrFähigkeit ein. Entsprechendes gilt für eine Erklärung, deren Unterschrift der Notar beglaubigt hat und die von ihm entworfen wurde. Eines ausdrücklichen Vermerks, dass die Prüfung stattgefunden hat, bedarf es dann nicht. Ein solcher ist aber erforderlich, wenn der Notar die Erklärung weder entworfen noch beurkundet hat und sich seine Tätigkeit auf die Beglaubigung der Unterschrift beschränkt. Der Vermerk muss von dem Notar unterschrieben und mit Siegel oder Stempel versehen werden. Eine eigenständige Vermerkurkunde gemäß § 39 BeurkG ist nicht erforderlich. Eine formlose Bestätigung des Notars genügt nicht (OLG Köln RNotZ 2020, 214). Hält der Notar die Erklärung nicht für eintragungsfähig, hat er eine Änderung anzuregen. Wird die Anregung von den Beteiligten nicht aufgegriffen, hat er seine Bedenken in dem Prüfvermerk niederzulegen. Ein Grund, seine Beglaubigungstätigkeit zu verweigern, ist dies aber nicht.

d) Verfahren des GBAmts. Die Prüfung der EintrFähigkeit durch den 25 Notar ist eine formelle EintrVoraussetzung. Für das GBAmt muss ohne weiteres erkennbar sein, dass die Prüfung stattgefunden hat. Dies ist auch ohne einen dies bestätigenden Vermerk bei einer von dem Notar beurkundeten oder erkennbar von ihm entworfenen Erklärung wegen der bestehenden umfassenden Prüfungspflichten der Fall (OLG Schleswig FGPrax 2017, 210 mit Anm. v. Weber MittBayNot 2017, 578 und Herrler NJW 2017, 3605; OLG Celle FGPrax 2018, 5 mit Anm. v. Eickelberg sowie Anm. v. Otto NotBZ 2018, 66 und Leidner ZfIR 2018, 105). Ist dies nicht der Fall, liegt ein EintrHindernis vor, das eine Zwischenverfügung erforderlich machen kann. Als Nachweis der Prüfung kommt der Prüfvermerk des Notars in Betracht. Das Ergebnis der Prüfung durch den Notar bindet das GBAmt nicht und entbindet es auch nicht von der Pflicht, die EintrFähigkeit selbst zu prüfen.

10. Kosten

a) Kostenschuldner. Der Notar wird durch die Stellung des Eintr- 26 Antrags nicht zum Kostenschuldner im Sinn des § 22 Abs. 1 GNotKG; kostenpflichtig ist allein derjenige, für den er den Antrag gestellt hat (BayObLG Rpfleger 1984, 96). Dies gilt jedoch nicht, wenn die Vollmachtsvermutung des § 15 Abs. 2 widerlegt ist (OLG Köln Rpfleger 1982, 98). Dies ist z. B. der Fall, wenn in einer notariellen Kaufvertragsurkunde nur eine Eigentumsvormerkung bewilligt, nicht aber auch die Auflassung erklärt wird, das GBAmt aber auf den auf § 15 Abs. 2 gestützten Antrag des Notars dennoch die Auflassung einträgt; eine Kostenschuld der Vertragsparteien wird in diesem Fall durch die Eintragung der Auflassung nicht begründet (BayObLG JurBüro 1993, 224).

27   Stellt der Notar gemäß § 15 Abs. 2 „namens der Beteiligten" den Antrag, eine Hyp. einzutragen, so ist auch der Gläubiger Antragsteller und Kostenschuldner, sofern nicht klar erkennbar ist, dass für ihn kein Antrag gestellt werde (BayObLG Rpfleger 1985, 356; s. hierzu auch OLG Düsseldorf Rpfleger 1986, 368; OLG Köln Rpfleger 1986, 411; OLG Zweibrücken Rpfleger 1989, 17). Die Antragstellung und damit die Kostenhaftung werden nicht dadurch zweifelsfrei ausgeschlossen, dass der Gläubiger einer Grundschuld bei der Freigabe gemäß § 875 BGB erklärt, Kosten übernehme er nicht (BayObLG Rpfleger 1987, 14) oder in der Löschungsbewilligung erklärt, mit der Bewilligung sei kein Löschungsantrag verbunden (OLG München FGPrax 2012, 222). Eine Antragstellung und Kostenhaftung des Gläubigers ist dagegen in der Regel zu verneinen, wenn zur lastenfreien Grundstücksübertragung seine Löschungsbewilligung vorgelegt wird und sich aus dem Kaufvertrag ergibt, dass nur die Kaufvertragsparteien die zum Vollzug erforderlichen GBEintragungen beantragen (OLG Düsseldorf WM 1999, 1274). S. hierzu auch OLG Bremen Rpfleger 1987, 494.

Zur Auslegung einer Erklärung des Notars gemäß § 27 Nr. 2 GNotKG, die Haftung für die Kosten zu übernehmen, durch die gemäß § 16 Nr. 3 GNotKG die Anordnung eines Kostenvorschusses vermieden werden kann, s. OLG Köln Rpfleger 1992, 497 mit weit. Nachweisen.

28   **b) Gebühren des Notars.** Für die Stellung eines EintrAntrags gem. § 15 Abs. 2 erhält der Notar auch dann keine Gebühr, wenn er den Antrag auch für einen Antragsberechtigten stellt, der keine Erklärung abgegeben hat, z. B. für den Berechtigten einer einzutragenden Grundschuld; das Gleiche gilt für die Zurücknahme eines von ihm gestellten Antrags. Auch die bloße Übermittlung von Anträgen der Beteiligten an das GBAmt löst keine gesonderte Gebühr aus (Vorbem. 2.1 Abs. 2 Nr. 1, 2 und Vorbem. 2.4.1 Abs. 4 Nr. 1, 2 GNotKG-KV).

29   Beschränkt sich jedoch die Tätigkeit des Notars auf die Übermittlung von Anträgen an das GBAmt oder die Stellung von Anträgen im Namen der Beteiligten oder auf die Prüfung der EintrFähigkeit einer GBErklärung, fällt eine Gebühr von 20 EUR unter den Voraussetzungen der Vorbem. 2.2.1.2 Nr. 1, Nr. 22124 GNotKG-KV an. Besteht die Tätigkeit des Notars allein in der Beglaubigung einer Unterschrift, erhält er außer der Beglaubigungsgebühr gemäß Nr. 25100 oder 25101 GNotKG-KV für die Prüfung der EintrFähigkeit keine Gebühr (Vorbem. 2.4.1 Abs. 3 Satz 2 GNotKG-KV).

Anträge unter Vorbehalt

16 (1) **Einem Eintragungsantrag, dessen Erledigung an einen Vorbehalt geknüpft wird, soll nicht stattgegeben werden.**

(2) **Werden mehrere Eintragungen beantragt, so kann von dem Antragsteller bestimmt werden, daß die eine Eintragung nicht ohne die andere erfolgen soll.**

Inhaltsübersicht

1. Allgemeines

§ 16 erklärt EintrAnträge unter Vorbehalt grundsätzlich für unzulässig. Die **1** Vorschrift bezweckt, das GBAmt nicht mit der Prüfung von Umständen zu belasten, die jenseits der Entscheidung darüber liegen, ob eine beantragte Eintragung durch die vorgelegten Unterlagen gerechtfertigt wird (OLG Hamm Rpfleger 1992, 474).

2. Eintragungsantrag

§ 16 befasst sich nur mit dem EintrAntrag. Diesem darf, von der Ausnah- **2** meregelung des Abs. 2 abgesehen, kein Vorbehalt beigefügt werden. Erfasst werden nur Vorbehalte, die den GBVollzug betreffen. Ob ein einzutragendes Recht eine Beschränkung, insbes. eine Bedingung oder Befristung verträgt, ist eine Frage des materiellen Rechts (BGH ZWE 2011, 401; OLG Stuttgart Rpfleger 2011, 267). Sie ist im Allgemeinen zu bejahen. Ausnahmen gelten jedoch für die Auflassung (§ 925 Abs. 2 BGB), für die Bestellung und Übertragung eines Erbbaurechts (§ 1 Abs. 4, § 11 Abs. 1 Satz 2 ErbbauRG; § 1017 BGB), für die Einräumung und Aufhebung von Sondereigentum (§ 4 Abs. 2 Satz 2 WEG) sowie für die Bestellung eines Dauerwohnrechts (§ 33 Abs. 1 WEG); in diesen Fällen ist jedoch ein Vorbehalt im Sinne des Abs. 2 nicht ausgeschlossen, weil damit nicht die sachlichrechtlichen Erklärungen von einer Bedingung abhängig gemacht werden, sondern nur deren Vollzug im GB. Zur Eintragung bedingter und befristeter Rechte s. § 19 Rn. 32. Wegen der entsprechenden Anwendung des § 16 auf die EintrBewilligung s. Rn. 15.

3. Vorbehalt

a) Begriff. Als Vorbehalt ist jede Erklärung aufzufassen, die die Erledi- **3** gung des EintrAntrags von einem nicht zu den gesetzlichen Voraussetzungen gehörigen Umstand abhängig macht oder es zweifelhaft erscheinen lässt, ob die Eintragung überhaupt gewollt ist (OLG Hamm Rpfleger 1992, 474; OLG Stuttgart Rpfleger 2011, 267; KG FGPrax 2015, 103). Der Begriff des Vorbehalts beschränkt sich daher nicht auf Bedingungen und Befristungen im Rechtssinn (KG JW 1938, 2227), umfasst vielmehr auch Zusätze anderer

Art, insbes. solche, welche die Erledigung des EintrAntrags an das Vorliegen eines bestimmten gegenwärtigen Tatbestands knüpfen. Letztere sind jedoch dann unschädlich, wenn das GBAmt das Vorliegen des in Betracht kommenden Tatbestands ohne weitere Mühe und mit Sicherheit, z. B. anhand des GB oder der Grundakten feststellen kann (BayObLG MittBayNot 1972, 228; KG FGPrax 2015, 103). Dies ist nicht der Fall, wenn es bei einem Antrag auf Eintragung einer Zwangshyp. wegen Wohngeldansprüchen darum geht, ob die Vorraussetzungen einer Bevorrechtigung nach § 10 Abs. 1 Nr. 2 ZVG vorliegen (OLG Stuttgart Rpfleger 2011, 267; s. dazu § 54 Rn. 12). Unzulässig ist ein bloß vorsorglich gestellter EintrAntrag.

4　　**b) Zulässiger Vorbehalt.** Wird der Antrag auf Löschung einer Eigentumsvormerkung lediglich davon abhängig gemacht, dass keine Zwischeneintragungen vorgenommen wurden und keine Anträge auf solche vorliegen, ist daher nicht von einem Vorbehalt i. S. des § 16 Abs. 1 auszugehen (OLG Hamm Rpfleger 1992, 474; KG FGPrax 2015, 103). Dasselbe gilt, wenn ein Antrag in Form eines Hilfsantrags nur für den Fall gestellt ist, dass dem Hauptantrag nicht entsprochen wird (BayObLG MittBayNot 1995, 286). Rechtsbedingungen betreffen gesetzliche Voraussetzungen, gehören also ebenfalls nicht hierher; über die Bedeutung des Zusatzes „soweit eintragungsfähig" oder „soweit angängig" s. Rn. 9. Der Antrag, eine Eigentumsvormerkung „bei vertragsgerechter Eigentumsumschreibung ohne entgegenstehende Zwischenrechte" zu löschen, kann dahin auszulegen sein, dass nur solche Zwischeneintragungen einer Löschung entgegenstehen sollen, die ohne Mitwirkung des Erwerbers getroffene Verfügungen über das Grundstück betreffen; bei dieser Auslegung liegt kein unzulässiger Vorbehalt vor (OLG Hamm Rpfleger 1992, 474).

Zur Erledigung des EintrAntrags rechnet hier nicht nur die Vornahme der Eintragung, sondern auch diejenige Tätigkeit des GBAmts, die sich notwendigerweise an die Eintragung anschließt; dazu gehören namentlich die Erteilung und Aushändigung von Briefen sowie die Bekanntmachung der Eintragung.

4. Folge des Vorbehalts

5　　Ist die Erledigung eines EintrAntrags an einen Vorbehalt geknüpft und fällt dieser nicht unter die Ausnahmeregelung des Abs. 2, so soll dem Antrag nicht stattgegeben werden. Das GBAmt braucht ihn jedoch nicht sofort zurückzuweisen, ist vielmehr auch befugt, durch eine Zwischenverfügung auf die Beseitigung des Vorbehalts hinzuwirken (JFG 19, 137; OLG Hamm MittRhNotK 1992, 149; a. M. KG JW 1931, 1100; s. Rn. 12 und § 18 Rn. 27). Im Einzelfall kann sich der Erlass einer solchen allerdings wegen der Art des Vorbehalts verbieten; so z. B. wenn der Antrag aufschiebend befristet ist und feststeht, dass ihm vor Ablauf der Frist nicht entsprochen werden kann oder wenn der Antragsteller durch den Vorbehalt erreichen will, dass ihm Gelegenheit zur Verschaffung des Verfügungsrechts gegeben wird (KG JW 1938, 2227). Eine Aussetzung des EintrVerfahrens ist unzulässig (s. hierzu § 1 Rn. 74).

Gibt das GBAmt dem Antrag trotz des Vorbehalts statt, so berührt dies die   6
Wirksamkeit der Eintragung nicht (s. Rn. 14).

5. Ausnahmeregelung des Abs. 2

Durch sie wird vor allem die Abwicklung Zug um Zug zu erfüllender   7
Verträge erleichtert. Die Bestimmung kann dahin gehen, dass keine der mehreren Eintragungen ohne die andere vorgenommen werden soll; sie kann
aber auch dahin lauten, dass die eine von zwei Eintragungen nicht ohne die
andere, wohl aber die andere ohne die eine erfolgen darf (KGJ 35, 198). Wird
bestimmt, dass ein gestellter Antrag nur zugleich mit einem erst zu stellenden
erledigt werden soll, so handelt es sich nicht um einen Vorbehalt nach Abs. 2;
es kommt sonach die Regel des Abs. 1 zum Zug (KG JW 1938, 2227).

6. Mehrere Eintragungen

Es müssen mehrere Eintragungen beantragt sein (OLG Frankfurt Rpfleger   8
1976, 401). Unerheblich ist, ob mit ihnen eine Rechtsänderung oder eine
GBBerichtigung erstrebt wird und ob die Anträge von derselben Person
oder von verschiedenen Personen gestellt sind. Die mehreren Eintragungen
brauchen in keinem Zusammenhang zu stehen. Sie können auch verschiedene GBBlätter betreffen, sofern diese von demselben GBAmt geführt werden (BayObLG Recht 1909 Nr. 2511; KGJ 44, 201).

Nicht hierher gehört der Fall, dass eine Eintragung mit mehreren Einzel-   9
bestimmungen begehrt wird, z. B. eine Hyp. mit Zins- und Zahlungsbestimmungen. Kann einem solchen Antrag nicht vollends stattgegeben werden, so
ist er im Ganzen zurückzuweisen, falls eine Zwischenverfügung nicht zur
Behebung des Hindernisses oder zur Einschränkung des Antrags führt (KGJ
39, 257; BayObLG Rpfleger 1986, 220). Dagegen liegen mehrere Anträge
vor, wenn eine Hyp. und die Unterwerfung unter die sofortige Zwangsvollstreckung eingetragen werden sollen (BayObLG 2, 576). Ein Zusatz „soweit
eintragungsfähig" oder „soweit angängig" kann bedeuten, dass der Antragsteller mit der Eintragung des zulässigen Teils einverstanden ist; meist jedoch
wird sich der Antragsteller eines bestimmten Antrags enthalten und es dem
GBAmt überlassen wollen, die nach seiner Ansicht eintragungsfähigen Bestimmungen einzutragen; da er die Ansicht des GBAmts vorher nicht kennen
kann, fehlt dem Antrag die erforderliche Bestimmtheit und ist dieser unzulässig (KG OLG 26, 186; JFG 1, 463; BayObLG DNotZ 1969, 492; OLG
Frankfurt Rpfleger 1977, 101).

7. Bestimmung des Antragstellers

a) Einzelheiten. Dass die eine Eintragung nicht ohne die andere erfol-   10
gen soll, kann nur der Antragsteller bestimmen; die Antragsberechtigung
allein gibt kein Bestimmungsrecht (s. aber Rn. 15). Sind mehrere Antragsteller vorhanden, so kann jeder von ihnen die Bestimmung treffen; die anderen
Antragsteller müssen sie gegen sich gelten lassen. Die Bestimmung kann dem
Antrag auch nachträglich beigefügt werden. Sie bedarf keiner Form (OLG
Hamm Rpfleger 1973, 305; BayObLG Rpfleger 1975, 94) und zwar auch

dann nicht, wenn sie nachträglich getroffen wird (s. § 31 Rn. 4). Die Bestimmung kann im Rahmen des § 15 Abs. 2 auch der Notar treffen, sofern er sich damit nicht in Widerspruch zu den Erklärungen der Beteiligten setzt. Die Bestimmung kann bis zur Erledigung der Anträge formlos widerrufen werden (OLG Frankfurt FGPrax 2019, 57). Dies kommt insbes. dann in Betracht, wenn dem Vollzug eines von mehreren Anträgen ein Hindernis entgegensteht (BGH FGPrax 2012, 95). Wenn die Bestimmung von mehreren Antragstellern getroffen ist, muss sie von allen widerrufen werden.

11   **b) Stillschweigende Bestimmung.** Sie wird häufig anzunehmen sein, nämlich dann, wenn zwischen den Anträgen ein innerer Zusammenhang rechtlicher oder wirtschaftlicher Natur besteht, der die Einheitlichkeit der Erledigung als gewollt vermuten lässt (OLG Hamm Rpfleger 1988, 404; BayObLG Rpfleger 1988, 244; OLG Zweibrücken NJW-RR 1999, 1174). So z. B. wenn die Eintragung des Eigentumswechsels und die einer Kaufpreisresthyp. beantragt ist (BayObLG JFG 3, 341), wenn ein Sequester gemäß § 848 Abs. 2 ZPO die Anträge auf Eintragung des Pfändungsschuldners und auf Eintragung der Sicherungshyp. stellt (JFG 7, 343) oder wenn mehrere Auflassungen auf Grund eines einheitlichen Teilungsvertrags (OLG München JFG 21, 105) oder eine Auflassung und die Löschung eines Nacherbenvermerks (BayObLG MittBayNot 1991, 122) eingetragen werden sollen. Bei einem Hofübergabevertrag ist regelmäßig davon auszugehen, dass jedenfalls nach dem Willen des Übergebers die Eintragung der Auflassung nur vollzogen werden darf, wenn gleichzeitig die zur Sicherung seiner Ansprüche vom Übernehmer bewilligten GBEintragungen vorgenommen werden (BayObLG Rpfleger 1975, 94). Bewilligt und beantragt ein Grundstückseigentümer ganz allgemein die Löschung „aller eingetragenen Grundstücksbelastungen", so bezieht sich diese Erklärung auf eine zu seinen Gunsten eingetragene Eigentumsvormerkung nur für den Fall, dass gleichzeitig auch etwaige Zwischenrechte gelöscht werden; eine darin zugleich liegende materiellrechtliche Aufhebungserklärung ist inhaltlich in gleicher Weise beschränkt (BGH NJW 1973, 323). Die äußerliche Vereinigung der den Anträgen zugrunde liegenden Bewilligungen in einer Urkunde oder die gleichzeitige Stellung der Anträge rechtfertigt für sich allein die Annahme einer stillschweigenden Bestimmung nicht (KGJ 35, 198; BayObLG 1973, 311; OLG Hamm MittRhNotK 1996, 330).

8. Sachbehandlung durch das Grundbuchamt

12   Das GBAmt hat, bevor es dem mit dem Vorbehalt gestellten Antrag entspricht, zu prüfen, ob auch dem anderen Antrag stattgegeben werden kann. Ist dies nicht der Fall, so hat es entweder beide Anträge zurückzuweisen (zur Beschwerdeberechtigung in diesem Fall s. § 71 Rn. 63) oder eine Zwischenverfügung zu erlassen und die Erledigung beider Anträge bis zum Ablauf der Frist aufzuschieben (JFG 13, 113; BayObLG 1976, 187). Die Zwischenverfügung kann auch dahin gehen, den beanstandeten Antrag oder den Vorbehalt zurückzunehmen (JFG 1, 441; OLG Stuttgart BWNotZ 2019, 344; s. Rn. 5 und § 18 Rn. 27). Das GBAmt darf jedoch nicht einen Antrag zurückweisen und wegen des anderen eine Zwischenverfügung erlassen. Denn der Vorbehalt bedeutet, dass die verbundenen Anträge als verfahrensrechtliche Einheit zu behandeln sind. Mit der Ablehnung des einen Antrags muss daher auch der mit diesem verbundene andere Antrag abgelehnt werden (BGH FGPrax 2002, 196; BayObLG Rpfleger 1988, 244). Wird in diesem Fall das nur eine der beantragten Eintragungen betreffende EintrHindernis zu Unrecht angenommen, hat das Beschwerdegericht die Entscheidung des GBAmts aufzuheben und die Sache an dieses zur erneuten Behandlung und Entscheidung zurück zu geben.

Enthält eine Urkunde mehrere Anträge, verlangt der Antragsteller aber nur **13** die Erledigung eines von ihnen, so muss das GBAmt stets prüfen, ob ein anderer Antragsteller die gleichzeitige Erledigung aller Anträge vorbehalten hat (KG HRR 1937 Nr. 1405; OLG Hamm Rpfleger 1973, 305).

Lässt das GBAmt den Vorbehalt außer Acht, so berührt dies die Wirksam- **14** keit der Eintragung nicht (KGJ 44, 201); wegen der sonstigen Folgen eines unzulässigen Teilvollzugs s. BayObLG Rpfleger 1979, 210.

9. Eintragungsbewilligung

Auf sie ist § 16 entsprechend anzuwenden (BayObLG Rpfleger 1986, 48; **15** OLG Hamm Rpfleger 1992, 474). Auch sie muss grundsätzlich vorbehaltlos erklärt werden (KGJ 44, 197), kann aber den ausdrücklichen oder stillschweigenden Vorbehalt enthalten, dass eine andere Eintragung erfolgt (BGH NJW 2010, 3367; KGJ 44, 199; KG HRR 1937 Nr. 466). Enthält sie einen solchen, so muss ihn auch der EintrAntrag machen (s. § 13 Rn. 19). Der Vorbehalt, dass eine andere Eintragung erfolgt, kann trotz § 925 Abs. 2 BGB auch der die EintrBewilligung enthaltenden Auflassung (vgl. § 20 Rn. 2) beigefügt werden (JFG 1, 337; OLG Hamm Rpfleger 1973, 305).

Mit einer unter Vorbehalt erklärten Bewilligung ist nicht zu verwechseln **16** die vorbehaltlose Bewilligung der Eintragung eines bedingten oder befristeten Rechts (RG JW 1934, 282; s. auch Rn. 2 und § 19 Rn. 32).

Erledigung mehrerer Anträge

17 Werden mehrere Eintragungen beantragt, durch die dasselbe Recht betroffen wird, so darf die später beantragte Eintragung nicht vor der Erledigung des früher gestellten Antrags erfolgen.

Inhaltsübersicht

1. Allgemeines

1 § 17 regelt die Erledigung mehrerer EintrAnträge unterschiedlichen Inhalts, wenn von den beantragten Eintragungen dasselbe Recht betroffen wird.

Zur Behandlung mehrerer Anträge im Übrigen und zu ihrer Erledigung in angemessener Zeit s. § 18 Rn. 1. Zur Behandlung eines versehentlich wiederholt gestellten identischen EintrAntrags s. § 1 Rn. 74. Zur vorrangigen Erledigung eines Amtsverfahrens s. § 53 Rn. 15.

Nach § 879 BGB richtet sich das Rangverhältnis unter mehreren Rechten nach der Eintragung im GB. Den Anspruch auf den besseren Rang hat, soweit die Beteiligten nichts anderes bestimmen, die früher beantragte Eintragung. Dem trägt § 45 Rechnung. § 17 soll ergänzend die richtige Rangeintragung für den Fall sichern, dass dem Vollzug des früher gestellten Antrags ein Hindernis entgegensteht. Die Vorschrift will ferner eine Regelung für die Fälle treffen, in denen die Zulässigkeit der später beantragten Eintragung von der Art der Erledigung des früher gestellten Antrags abhängt.

2. Mehrere Eintragungsanträge

2 **a) Unterschiedlicher Inhalt.** Es müssen mehrere Eintragungen unterschiedlichen Inhalts beantragt sein (s. § 16 Rn. 8). Das Ersuchen einer Behörde (§ 38) steht einem Antrag gleich (RG HRR 1940 Nr. 516). Ihm kommt kein Vorrang vor sonstigen Anträgen zu. Dagegen kommen Eintragungen, die von Amts wegen zu bewirken sind, für § 17 auch dann nicht in Betracht, wenn sie von einem Beteiligten beantragt sind; denn hier erweist sich der Antrag nur als Anregung der Amtstätigkeit (s. § 13 Rn. 6). Ob die Anträge von einem oder von verschiedenen Beteiligten gestellt sind, ist unerheblich. Es kann sich auch um mehrere Anträge auf Eintragung als Eigentümer handeln (OLG Naumburg FGPrax 2019, 118). Wird ein Grundstück mehrfach hintereinander aufgelassen oder ein Grundpfandrecht mehrfach hintereinander abgetreten (Kettenerwerb; s. dazu § 19 Rn. 73 und § 20 Rn. 42), so kann der letzte Erwerber seine unmittelbare Eintragung (KGJ 47, 159) nur beantragen, wenn die Zwischenerwerber nicht ihrerseits ihre Eintragung beantragt haben; sonst sind diese Anträge zu erledigen (KG OLG 43, 178). Mehrere EintrAnträge liegen dann nicht vor, wenn der früher gestellte Antrag wegen Wegfalls der Antragsbefugnis unzulässig geworden ist (s. § 13 Rn. 54).

3 **b) Unterschiedlicher Eingangszeitpunkt.** Die Anträge müssen zu verschiedenen Zeiten gestellt sein. Maßgebend ist der Eingang beim GBAmt (s. § 13 Rn. 23); wird ein unbegründeter Antrag, der ohne Zwischenverfügung zurückzuweisen gewesen wäre, nachträglich begründet, so ist er im Sinn des § 17 erst in diesem Zeitpunkt als eingegangen anzusehen (JFG 14, 445; s. auch § 18 Rn. 8); über den Fall, dass die Zurückweisung eines Antrags aufgehoben wird, s. Rn. 11. Anträge, die gleichzeitig eingehen, sind gleichzeitig zu erledigen; sind die Anträge nicht miteinander zu vereinbaren, so sind sie zurückzuweisen.

3. Betroffensein desselben Rechts

a) Art der Eintragungen. Von den beantragten Eintragungen muss das- **4** selbe Recht betroffen werden. Unerheblich ist die Art der Eintragungen. Sie können rechtsändernden oder berichtigenden Charakter haben; auch Vormerkungen, Widersprüche (OLG Schleswig FGPrax 2004, 264) und Verfügungsbeschränkungen gehören hierher. Betroffen werden kann das Eigentum, ein sonstiges Recht an einem Grundstück oder ein Recht an einem solchen Recht. Teilhyp. sind als selbständige Rechte zu behandeln, gleichgültig, ob ein Teilbrief gebildet ist oder nicht (§ 61 Rn. 2).

b) Begriff des Betroffenseins. Er ist in § 17 enger als in § 13 Abs. 2 (s. **5** § 13 Rn. 46). Dasselbe Recht wird betroffen:

- Wenn zwischen den beantragten Eintragungen ein Rangverhältnis besteht (s. hierzu § 45 Rn. 13). Dies ist z.B. der Fall, wenn die Anträge auf Eintragung mehrerer Hyp. an demselben Grundstück gerichtet sind, nicht dagegen, wenn neben der Eintragung einer Hyp. die Eintragung der Inhaltsänderung eines anderen Rechts beantragt ist.

- Wenn Eintragungen beantragt sind, von denen die eine die Zulässigkeit **6** der anderen ausschließt oder an weitere Voraussetzungen knüpft. Ersteres trifft z.B. zu, wenn die Umschreibung des Eigentums und auf Grund eines Titels gegen den Veräußerer die Eintragung einer Zwangshyp. beantragt ist (OLG Dresden JFG 2, 447), letzteres, wenn mit dem einen Antrag die Eintragung der Verpfändung eines Rechts, mit dem anderen dessen Löschung begehrt wird.

- Wenn die früher beantragte Eintragung die später beantragte Eintragung **7** erst zulässig macht. Dies ist z.B. der Fall, wenn von dem Erwerber eines Grundstücks vor dem Vollzug der beantragten Umschreibung die Eintragung einer Hyp. oder von einem Eigentümer eines Grundstücks vor der beantragten Bildung von WEigentum durch Vollzug der Teilungserklärung die Eintragung eines Grundpfandrechts bei einem WEigentum beantragt wird (OLG Düsseldorf MittBayNot 1985, 199).

4. Erledigung der Eintragungsanträge

§ 17 bestimmt lediglich die Reihenfolge, nicht aber die Art und Weise, in **8** der die mehreren Anträge zu erledigen sind. Ob die Eintragung vorzunehmen, der EintrAntrag abzuweisen oder eine Zwischenverfügung zu erlassen ist, hängt allein davon ab, ob die EintrVoraussetzungen vorliegen oder EintrHindernisse bestehen. Grundsätzlich muss der früher gestellte Antrag erledigt sein, bevor auf den späteren Antrag hin eine Eintragung erfolgen kann. Doch gibt es Ausnahmen als Folge einer abweichenden Bestimmung des Antragstellers (s. dazu Rn. 15 und § 13 Rn. 23); deshalb hat das GBAmt jeden Antrag sofort zu prüfen.

5. Erledigung des früher gestellten Antrags

Es kommen vier Möglichkeiten in Betracht (KG OLG 43, 117; OLG **9** München JFG 22, 140):

- Eintragung. Diese muss vollendet, d. h. unterzeichnet sein (s. § 44 Rn. 58; zu dem beim maschinell geführten GB maßgebenden Zeitpunkt s. § 129). Die bloße Verfügung der Eintragung genügt nicht.

10 - Eintragung einer Vormerkung oder eines Widerspruchs nach § 18 Abs. 2 (s. § 18 Rn. 37 ff.). Deshalb darf der spätere Antrag nicht zurückgewiesen werden, wenn der frühere Antrag nach § 18 Abs. 2 erledigt werden kann, auch wenn die endgültige Eintragung auf Grund des früheren Antrags dem späteren die Grundlage entziehen würde (KG HRR 1931 Nr. 125; s. auch § 18 Rn. 51). Ausnahme: Trotz Eintragung einer Vormerkung kann dem späteren Antrag nicht durch Eintragung stattgegeben werden, wenn mit ihm die Löschung des betroffenen Rechts beantragt wird; denn es gibt keine vorläufige Löschung. Entsprechendes gilt bei Eintragung eines Widerspruchs. Die Zwischenverfügung als solche erledigt den Antrag nicht.

11 - Zurückweisung des EintrAntrags. Erforderlich ist eine bekanntgemachte Entscheidung des GBAmts; Ablauf der in der Zwischenverfügung gesetzten Frist genügt nicht (RG 60, 396). Einlegung der Beschwerde beseitigt als solche die Tatsache der Erledigung nicht. Erst wenn der zurückweisende Beschluss vom GBAmt (§ 75) oder vom Beschwerdegericht (§§ 77, 80 Abs. 3) aufgehoben wird, ist der frühere EintrAntrag als unerledigt im Sinn des § 17 anzusehen (BGH DNotZ 1966, 673; BayObLG Rpfleger 1983, 101). Über den Fall, dass die Beschwerde auf neues Vorbringen (§ 74) gestützt war, s. § 18 Rn. 17.

- Zurücknahme des EintrAntrags (s. § 13 Rn. 36).

6. Erledigung des später gestellten Antrags

12   Unstatthaft ist die Vornahme der später beantragten Eintragung, solange der früher gestellte Antrag nicht erledigt ist. Zulässig ist vor dessen Erledigung dagegen:

13 - Der Erlass einer Zwischenverfügung auf den später gestellten Antrag. Diese kann auch die Beseitigung des ersten Antrags oder die Herbeiführung der mit dem ersten Antrag begehrten Eintragung verlangen, wenn davon die Zulässigkeit der später beantragten Eintragung abhängt.

14 - Die Zurückweisung des später gestellten Antrags. Diese ist aber unstatthaft, wenn die Zulässigkeit der später beantragten Eintragung allein von der Entscheidung über den ersten Antrag ab hängt (s. Rn. 6, 7). Denn dann ist eine sachgemäße Entscheidung über den späteren Antrag erst nach Entscheidung über den früheren möglich (JFG 2, 450; 14, 445; OLG Düsseldorf MittBayNot 1985, 199). Im Fall eines Vorbehalts nach § 16 Abs. 2 müssen beide Anträge zurückgewiesen werden (s. § 16 Rn. 12).

7. Ausnahmen

15   Der Antragsteller bestimmt nachträglich, dass der früher gestellte Antrag erst nach dem später gestellten erledigt werden soll: Die Bestimmung enthält eine teilweise Zurücknahme des früheren Antrags und ist daher formbedürftig (s. dazu aber auch § 31 Rn. 5).

16   Die früher beantragte Eintragung ist erst zulässig nach Vornahme der später beantragten Eintragung: Letztere ist zuerst vorzunehmen, weil auf Fälle

dieser Art der Zweckgedanke des § 17 nicht zutrifft (s. Rn. 1; OLG München NotBZ 2014, 115). Steht sie mit anderen Anträgen unter einem Vorbehalt des § 16 Abs. 2, so sind sämtliche später beantragten Eintragungen vor den früher beantragten Eintragungen vorzunehmen (JFG 7, 342).

Zur Behandlung eines noch nicht erledigten EintrAntrags bei Eingang eines Ersuchens um Eintragung eines Zwangsversteigerungsvermerks s. § 38 Rn. 36. Über den Fall des § 130 Abs. 3 ZVG s. § 38 Rn. 41.

8. Nichtbeachtung des § 17

§ 17 ist nur eine Ordnungsvorschrift. Ein Verstoß berührt weder die Wirk-   **17** samkeit der vorgezogenen Eintragung noch den ihr durch die Eintragung zugewachsenen Rang. Er macht das GB nicht unrichtig, so dass die Eintragung eines Amtswiderspruchs ausscheidet. In Betracht kommen aber Schadensersatzansprüche gegen den Fiskus (BayObLG Rpfleger 1995, 16; OLG Frankfurt FGPrax 2009, 255; OLG München Rpfleger 2015, 693). Eine Vormerkung schützt auch gegen vorher beantragte widersprechende Verfügungen, die unter Verstoß gegen § 17 erst nach Eintragung der Vormerkung eingetragen wurden; daran ändert sich auch dadurch nichts, dass auf die vormerkungswidrige Eintragung Art. 233 § 7 Abs. 1 EGBGB anzuwenden ist (BGH Rpfleger 1995, 290). Wurde jedoch eine Eintragung bewirkt, obwohl sie durch die fälschlicherweise zuerst vorgenommene Eintragung unzulässig geworden ist, dann ist das GB unrichtig. Beispiel: A beantragt, Pfändung der Buchhyp. des X einzutragen; X beantragt danach, die Hyp. auf Y umzuschreiben. Wird versehentlich zuerst Y eingetragen, so darf die Pfändung nicht mehr gebucht werden; sonst würde das GB unrichtig.

Zurückweisung und Zwischenverfügung

18 (1) **Steht einer beantragten Eintragung ein Hindernis entgegen, so hat das Grundbuchamt entweder den Antrag unter Angabe der Gründe zurückzuweisen oder dem Antragsteller eine angemessene Frist zur Hebung des Hindernisses zu bestimmen. Im letzteren Fall ist der Antrag nach dem Ablauf der Frist zurückzuweisen, wenn nicht inzwischen die Hebung des Hindernisses nachgewiesen ist.**

(2) **Wird vor der Erledigung des Antrags eine andere Eintragung beantragt, durch die dasselbe Recht betroffen wird, so ist zugunsten des früher gestellten Antrags von Amts wegen eine Vormerkung oder ein Widerspruch einzutragen; die Eintragung gilt im Sinne des § 17 als Erledigung dieses Antrags. Die Vormerkung oder der Widerspruch wird von Amts wegen gelöscht, wenn der früher gestellte Antrag zurückgewiesen wird.**

Inhaltsübersicht

1. Allgemeines

1   § 18 regelt die Behandlung von EintrAnträgen, deren Vollzug ein Hindernis entgegensteht. Vgl. zum Folgenden auch Böttcher, Zurückweisung und Zwischenverfügung im GBVerfahren, MittBayNot 1987, 9, 65.

a) Vorbescheid. Über einen EintrAntrag kann außer durch Eintragung nur durch Zurückweisung oder Zwischenverfügung entschieden werden. Andere Möglichkeiten gibt es grundsätzlich nicht. Insbes. ist das GBAmt im Antragsverfahren zur Anstellung von Ermittlungen weder berechtigt noch verpflichtet (s. § 13 Rn. 5). Unzulässig ist die Ankündigung einer Eintragung durch einen Vorbescheid (s. § 71 Rn. 18), ebenso eine formlose Erinnerung, d. h. die Beanstandung eines EintrAntrags ohne Fristsetzung (RG 60, 395; OLG Hamm Rpfleger 1975, 134; BayObLG FGPrax 1995, 221; 1996, 15 mit zust. Anm. v. Keller FGPrax 1996, 85; a. M. OLG Köln Rpfleger 2006, 646) oder verbunden mit der „Bitte um Aufklärung" (OLG Frankfurt Rpfleger 1994, 204) oder mit der Anheimgabe, den EintrAntrag zurückzunehmen (BayObLG FGPrax 1996, 15). Wird später zur Behebung der in der formlosen Beanstandung aufgezeigten EintrHindernisse unter Androhung der Antragsabweisung eine Frist gesetzt, kann darin eine Zwischenverfügung zu sehen sein (BayObLG FGPrax 1996, 15).

1.1   **b) Aussetzung.** Eine Aussetzung des Verfahrens ist ebenso unstatthaft wie eine Anordnung, dass das Verfahren ruht; jedoch kann der Antragsteller bestimmen, dass der Antrag erst nach Ablauf einer bestimmten Frist als gestellt gelten solle (s. hierzu § 1 Rn. 74). Ausnahmen gelten im Übrigen, wenn eine früher beantragte Eintragung erst nach Vornahme der später beantragten zulässig wird oder ein Fall des § 130 Abs. 3 ZVG vorliegt (s. § 17 Rn. 16 und § 38 Rn. 41), ferner im Fall des § 106. Zur Unterbrechung des Verfahrens s. § 1 Rn. 36.

1.2   **c) Beschleunigung.** Das GBAmt hat EintrAnträge mit der gebotenen Beschleunigung zu behandeln und in angemessener Zeit zu erledigen; grundsätzlich werden die Anträge in der Reihenfolge ihres Eingangs zu bearbeiten sein; soweit nicht § 17 entgegensteht, können besondere Gründe, sofern sie offenkundig sind oder der Antragsteller auf sie hinweist, die vordringliche Behandlung eines EintrAntrags gebieten. Ein Verstoß gegen diese Amtspflichten kann Maßnahmen der Dienstaufsicht (s. dazu § 71 Rn. 92) oder Schadensersatzansprüche auslösen (s. dazu auch OLG Naumburg NJW

1997, 1593); grundbuchrechtliche Folgen hat er aber nicht (OLG Frankfurt Rpfleger 1996, 335). In Betracht kommen kann außer einem Amtshaftungsanspruch auch ein Entschädigungsanspruch aus enteignungsgleichem Eingriff (BGH Rpfleger 2007, 254, zugleich zur Verjährung eines Amtshaftungsanspruchs, mit Anm. v. Hutner ZflR 2007, 243 und Ossenbühl JZ 2007, 690). Zur Untätigkeitsbeschwerde s. § 71 Rn. 21. Zur Befugnis des Antragstellers, zu bestimmen, dass über den Antrag erst nach Ablauf einer bestimmten Frist entschieden werden solle, s. § 13 Rn. 23, und zur Befugnis, auch nach dem Eingang eines Antrags zu bestimmen, dass dieser erst nach einem später gestellten Antrag erledigt werden solle, s. § 17 Rn. 15 und § 31 Rn. 5.

d) Sonderregelungen. Im Gebiet der ehemaligen DDR war auf Anträ- **1.3** ge, die bis zum 31.12.1993 eingingen, die Allgemeine Verwaltungsvorschrift zur beschleunigten Bearbeitung von GBEintrAnträgen bei Vorliegen eines besonderen Investitionszweckes (GVB-AV; DtZ 1991, 88) anzuwenden; s. dazu Schmidt-Räntsch DtZ 1991, 65. Die Vorschrift ist durch die Grundbuchvorrangverordnung (GBVorV) v. 3.10.1994 (BGBl. I 2796) ersetzt worden. Danach konnten Anträge und Ersuchen auf rechtsändernde oder berichtigende Eintragungen, die Investitionen dienen, vom GBAmt vorrangig bearbeitet werden (§ 1 Abs. 1 Satz 1 GBVorV). Wegen der Einzelheiten s. 30. Auflage und zum Ganzen Böhringer DtZ 1995, 2. Die GBVorV ist durch Art. 54 des Ges. v. 8.7.2016 (BGBl. I 1594) aufgehoben worden.

2. Eintragungshindernis

a) Grundsatz. Die Prüfungspflicht des GBAmts erstreckt sich auf die ge- **2** setzlichen Voraussetzungen der beantragten Eintragung (nicht des materiellen Rechtserwerbs), insbes. auf den EintrAntrag, die EintrBewilligung und die Voreintragung des Betroffenen (s. Anh. zu § 13 Rn. 45). Alle für die Eintragung in Betracht kommenden Vorschriften sachlichrechtlicher und verfahrensrechtlicher Art, auch bloße Ordnungsvorschriften (s. Anh. zu § 13 Rn. 38), sind zu beachten. Über die Prüfung des Grundgeschäfts s. § 19 Rn. 19, 20. Die Nichtzahlung eines angeforderten Kostenvorschusses stellt ein EintrHindernis dar (s. Rn. 28). Ein solches kann auch darin bestehen, dass die Eintragung zur Unrichtigkeit des GB führen würde (BayObLG Rpfleger 1986, 369; s. hierzu Anh. zu § 13 Rn. 41). Enthält der EintrAntrag oder eine EintrUnterlage Unklarheiten, so ist durch Zwischenverfügung auf Klarstellung hinzuwirken (vgl. hierzu auch RG DR 1942, 1412; BayObLG Rpfleger 1986, 369).

b) Zweifel an der Geschäftsfähigkeit. Das Gleiche gilt bei ernsthaften **3** Zweifeln an der Geschäftsfähigkeit des Antragstellers oder des Bewilligenden, die Voraussetzung seiner Verfahrensfähigkeit (s. § 1 Rn. 43) und damit eine EintrVoraussetzung ist. Solche Zweifel können sich auch aus Vorgängen außerhalb der vorgelegten EintrUnterlagen ergeben. Sie sind vom Antragsteller im Rahmen einer Zwischenverfügung durch ein ärztliches Zeugnis auszuräumen, das nicht der Form des § 29 bedarf (BayObLG Rpfleger 1974, 396; OLG Frankfurt Rpfleger 1997, 111). An Privatgutachten, die das Ergebnis eines gerichtlich erholten Gutachtens bezweifeln, sind hohe Anforderungen zu stellen (OLG München FGPrax 2019, 205). Der volle Nachweis der Geschäftsfähigkeit braucht nicht geführt zu werden; es genügt, die Zweifel so weit zu zerstreuen, dass wieder von dem Grundsatz der Geschäftsfähigkeit ausgegangen werden kann (BayObLG Rpfleger 1992, 152; OLG Frankfurt NJW-RR 2006, 450; OLG Celle FGPrax 2011, 111; OLG Düsseldorf FGPrax 2013, 147). Entsprechendes gilt bei ernsthaften Zweifeln daran, ob eine ausländische Kapitalgesellschaft den für die Beurteilung ihrer Rechtsfähigkeit maßgebenden tatsächlichen Verwaltungssitz in ihrem Gründungsstaat hat (s. dazu § 32 Rn. 9). Andere Grundsätze gelten jedoch, wenn die Unrichtigkeit des GB mit fehlender Geschäftsfähigkeit begründet wird (s. dazu § 22 Rn. 37) oder der Wegfall der Geschäftsfähigkeit Bedingung einer Vollmacht ist (s. dazu § 19 Rn. 77). Zum Verhältnis von Geschäftsfähigkeit und Einwilligungsvorbehalt s. § 20 Rn. 38.2.

4   **c) Maßgebender Zeitpunkt.** Zu beachten ist jedes bis zur Vollendung der Eintragung (s. § 44 Rn. 58; zu dem beim maschinell geführten GB maßgebenden Zeitpunkt s. § 129) auftretende Hindernis (BayObLG 1948/ 51, 365), andererseits aber auch jede Beseitigung eines Hindernisses vor der Bekanntmachung des zurückweisenden Beschlusses an den Antragsteller (s. Rn. 14). Zu dem Fall, dass die Berechtigung für die Beanstandung des EintrHindernisses nachträglich entfällt s. § 71 Rn. 34.

3. Sofortige Zurückweisung des Eintragungsantrags

5   Zur Behandlung eines versehentlich wiederholt gestellten identischen EintrAntrags s. § 1 Rn. 74.

In folgenden Fällen ist der Antrag sofort, d. h. ohne Zwischenverfügung zurückzuweisen:

a) Fehlende Antragsberechtigung. Sie liegt vor, wenn der Antragsteller nicht zum Kreis der Antragsberechtigten gehört oder wenn ihm durch gerichtliche Entscheidung die Stellung eines EintrAntrags untersagt ist (RG 120, 118). Besteht das EintrHindernis jedoch in einem durch einstweilige Verfügung ausgesprochenen, nur vorläufigen Erwerbsverbot, dann ist eine Zwischenverfügung nicht von vornherein ausgeschlossen (BayObLG FGPrax 1997, 89; Näheres hierzu s. § 19 Rn. 97).

6   **b) Fehlende EintrFähigkeit.** Sie liegt vor, wenn sich der Antrag auf Eintragung eines nicht eintragungsfähigen Rechts richtet oder ein an sich eintragungsfähiges Recht mit einem unzulässigen Inhalt oder einem nicht zweifelsfrei feststellbaren Umfang eingetragen werden soll.

Dies ist z. B. der Fall, wenn die Eintragung eines Mietrechts begehrt wird (RG 54, 233; s. auch § 53 Rn. 44) oder wenn das Recht nicht wie beantragt als Grunddienstbarkeit, sondern nur als beschränkte persönliche Dienstbarkeit eingetragen werden könnte (OLG München HRR 1936 Nr. 271; s. auch § 53 Rn. 46). In diesen Fällen ist es nicht zulässig, durch Zwischenverfügung aufzugeben, das einzutragende dingliche Recht durch Rechtsgeschäft abzuändern oder durch ein anderes Recht zu ersetzen (s. Rn. 32). Dagegen kann eine Zwischenverfügung erlassen werden, wenn sich lediglich eine

Nebenbestimmung eines eintragungsfähigen Rechts als nicht eintragungsfähig erweist (s. Rn. 27).

Die Eintragung einer Vormerkung oder eines Widerspruchs zugunsten des **7** gestellten Antrags und damit der Erlass einer Zwischenverfügung sind auch dann ausgeschlossen, wenn bei einem Antrag auf Eintragung einer Zwangshyp. die nach § 867 Abs. 2 ZPO erforderliche Verteilung der Forderung unterblieben ist (BGH 27, 314, zugleich zur Zulässigkeit eines Hinweises gem. § 139 ZPO; OLG Düsseldorf Rpfleger 1990, 60; a. M. KG OLG 42, 40) oder der Umfang eines einzutragenden Rechts nicht zweifelsfrei feststeht (KG RJA 12, 67; einschränkend: OLG Karlsruhe JFG 4, 404); denn im ersten Fall hätte eine Vormerkung einen unzulässigen Inhalt, im zweiten würde ihre Eintragung dem Bestimmtheitsgrundsatz widersprechen.

c) Fehlende Rückwirkung der Mangelbehebung. Eine Zwischenver- **8** fügung und die Vormerkung oder der Widerspruch, die bei Eingang eines weiteren Antrags einzutragen sind, sind ein Mittel, um der beantragten Eintragung den nach dem Eingang des Antrags sich bestimmenden Rang zu sichern, der bei sofortiger Zurückweisung nicht gewahrt bliebe. Eine Zwischenverfügung ist daher nicht zulässig, wenn der Mangel des Antrags nicht mit rückwirkender Kraft geheilt werden kann; denn andernfalls erhielte die beantragte Eintragung einen Rang, der ihr nicht gebührt. Dem Antragsteller kann daher durch Zwischenverfügung nicht aufgegeben werden, durch Abschluss eines Rechtsgeschäfts ein EintrHindernis zu beseitigen und die Voraussetzungen für die beantragte Eintragung zu schaffen (BGH FGPrax 2014, 2; OLG Frankfurt Rpfleger 1990, 292; OLG Hamm Rpfleger 2002, 353; OLG Jena Rpfleger 2002, 431). In diesem Fall ist der Antrag sofort zurückzuweisen (OLG Hamm FGPrax, 1997, 59). Geschieht dies nicht und wird der Mangel später behoben, so ist der Antrag erst im Zeitpunkt der Behebung als im Sinn des § 17 eingegangen anzusehen (JFG 14, 445; 23, 146; OLG München Rpfleger 2017, 532).

Vor der Zurückweisung des Antrags kann es das Gebot des rechtlichen Gehörs erfordern, zunächst auf diese Rechtsfolge hinzuweisen und erst nach Ablauf einer nach Lage des Einzelfalls angemessenen Zeit zu entscheiden (OLG München FGPrax 2019, 159). Was im Hinblick auf die rangwahrende Wirkung des EintrAntrags gesagt wurde, gilt in gleicher Weise für die sonstigen Rechtswirkungen, für die der Eingang des EintrAntrags maßgebend ist (s. § 13 Rn. 9 ff.; BayObLG DNotZ 1989, 361).

d) Beispiele. In den folgenden Fällen ist die Eintragung einer Vormer- **9** kung oder eines Widerspruchs mit dem Zweckgedanken des § 18 nicht vereinbar, der Antrag also sofort zurückzuweisen:

- Wenn bei einem Antrag auf Eintragung einer **Zwangshyp.** die Voraussetzungen der Zwangsvollstreckung (s. dazu Anh. zu § 44 Rn. 68) nicht gegeben sind (KG JRdsch. 1926 Nr. 2048; BGH 27, 310/313 f., zugleich zur Zulässigkeit eines Hinweises gem. § 28 Abs. 2 FamFG; s. dazu Anh. zu § 44 Rn. 67); denn sonst würde für den Rang ein Zeitpunkt maßgebend sein, in dem noch nicht vollstreckt werden durfte. An dieser von jeher herrschenden Auffassung ist festzuhalten, auch wenn man annimmt, dass eine gesetzwidrig eingetragene Zwangshyp. durch nachträglichen Eintritt der fehlenden Vollstreckungsvoraussetzung rückwirkend vom Zeitpunkt ihrer Eintragung an entsteht, die zunächst gegebene Unrichtigkeit des GB also entfällt (OLG Düsseldorf FGPrax 2019, 54; s. dazu JFG 21, 92; BayObLG Rpfleger 2003, 647; OLG Hamm FGPrax 1997, 86). Anders, wenn der Eintragung das Fehlen eines grundbuchrechtlichen Erfordernisses (s. dazu Anh. zu § 44 Rn. 69) entgegensteht (RG 85, 167; BayObLG 24, 11) oder lediglich der mangelnde Nachweis einer zur Gewissheit des GBAmts gegebenen Vollstreckungsvoraussetzung (Meikel/Böttcher Rn. 45; offen gelassen von OLG München FGPrax 2009, 103); dann kann eine Zwischenverfügung erlassen werden.

10 • Wenn sich der Antrag auf die EintrBewilligung oder bei einzutragendem Eigentumswechsel auf die Auflassung eines **Nichtberechtigten**, z.B. des Käufers eines Grundstücks (s. JFG 1, 303), gründet und eine Heilung dieses Mangels mit rückwirkender Kraft, also durch Genehmigung des Berechtigten (§ 185 Abs. 2, § 184 Abs. 1 BGB), nicht zu erwarten ist (OLG München JFG 21, 105; JFG 23, 145); denn dann gebührt dem Antrag Rang nicht nach dem Eingang beim GBAmt, sondern gegebenenfalls nach dem Zeitpunkt, in welchem der Nichtberechtigte zum Berechtigten wird.

11 • Wenn bei einem **Berichtigungsantrag** noch keine Unrichtigkeit des GB vorliegt, z.B. die Pfändung eines Briefrechts oder eines Erbteils eingetragen werden soll, bevor der Pfändungsgläubiger in den Besitz des Briefs gelangt ist (JFG 14, 445) bzw. der Pfändungsbeschluss dem Drittschuldner zugestellt wurde (KG DR 1944, 124). Anders, wenn es nur an dem Nachweis der tatsächlich bestehenden Unrichtigkeit fehlt, z.B. die Zustellungsurkunde nicht vorgelegt ist (KG DR 1944, 124).

12 • Wenn die zur Eintragung erforderliche EintrBewilligung des **unmittelbar Betroffenen** noch nicht erklärt ist (BGH Rpfleger 2015, 198; BayObLG DNotZ 1990, 295; OLG Zweibrücken OLGZ 1991, 153; OLG Hamm ZfIR 1998, 115), z.B. bei einer Erbengemeinschaft die Eintragung nicht von allen Miterben bewilligt ist (s. dazu § 19 Rn. 44). Gleiches gilt, wenn im Fall des § 20 die Auflassung noch nicht erklärt ist (s. dazu Rn. 32) oder die zur Umschreibung auf den überlebenden Ehegatten erforderliche Feststellung der Eigenschaft als Ehegattenhof durch das Landwirtschafsgericht nicht vorliegt (s. § 35 Rn. 21).

Etwas anderes gilt, wenn die EintrBewilligung eines Miterben vorgelegt wird, der die Bewilligung als Nichtberechtigter auch für die übrigen Miterben abgegeben hat; dann kommt eine rückwirkende Heilung durch Genehmigung der übrigen Miterben in Betracht (s. § 19 Rn. 72; BayObLG DNotZ 1989, 361; s. aber auch Rn. 10). Ferner kann dann, wenn die Bewilligung des unmittelbar Betroffenen vorliegt, durch Zwischenverfügung aufgegeben werden, die fehlende EintrBewilligung des nur mittelbar Betroffenen (vgl. § 19 Rn. 52 ff.) beizubringen (BayObLG 1990, 6; OLG Hamm Rpfleger 2002, 353), z.B. bei der Löschung einer Grundschuld die Bewilligung des Grundstückseigentümers (BayObLG Rpfleger 1997, 154; OLG Zweibrücken Rpfleger 1999, 533) oder bei der Eintragung einer Auflassung die Löschungsbewilligung der Berechtigten derjenigen Rechte, die nicht übernommen werden (BayObLG Rpfleger 1994, 58). Ist die bei

Eingang des Antrags bereits erklärte Auflassung oder EintrBewilligung dem GBAmt versehentlich oder bewusst nicht vorgelegt worden, kann ihre Vorlage durch Zwischenverfügung verlangt werden (OLG Köln Rpfleger 2018, 607).

Ohne Bedeutung ist, ob es sich bei der fehlenden EintrBewilligung des unmittelbar Betroffenen um eine rechtsändernde Bewilligung handelt oder um eine **Berichtigungsbewilligung** (BayObLG NJW-RR 2004, 1533; OLG München Rpfleger 2015, 198; OLG Nürnberg NJW 2018, 1029). Wenn eine Vormerkung wegen Erlöschens des gesicherten Anspruchs gelöscht werden soll, der Unrichtigkeitsnachweis aber nicht geführt ist, kann die Vorlage einer Berichtigungsbewilligung auch nicht im Hinblick auf eine nicht in Betracht kommende Rangwirkung der Antragstellung durch Zwischenverfügung aufgegeben werden (str.; OLG Schleswig FGPrax 2010, 282 mit Anm. v. Lorbacher; OLG München NotBZ 2017, 233; OLG Düsseldorf FGPrax 2019, 102; Rpfleger 2019, 256; 2020, 252; OLG Köln RNotZ 2020, 282; a. M. OLG Hamm Rpfleger 2014, 158; FGPrax 2010, 226; OLG Zweibrücken NotBZ 2014, 199).

4. Zurückweisende Entscheidung

a) Inhalt. Die Zurückweisung geschieht durch schriftlichen, mit Gründen versehenen Beschluss (§ 38 FamFG); Bezeichnung als Verfügung ist jedoch unschädlich. Liegen neben dem Hindernis, das von vornherein die Zurückweisung rechtfertigt, noch weitere Hindernisse vor, so sind sie sämtlich zu bezeichnen, um die Gefahr erneuter Zurückweisung zu mindern (RG 84, 274). Der Unterschrift ist die Amtsbezeichnung beizufügen, der Unterschrift des Rpflegers das Wort „Rechtspfleger" (§ 12 RpflegerG). Zur Rechtsmittelbelehrung s. § 1 Rn. 77. **13**

b) Bekanntmachung. Die Entscheidung wird erst mit der Bekanntmachung an den Antragsteller oder die ersuchende Behörde wirksam (§ 40 Abs. 1 FamFG). Bekannt zu machen ist der Beschluss diesen und den übrigen Beteiligten (§ 41 Abs. 1 Satz 1 FamFG). Sie kann auch einem nicht nach § 10 Abs. 2 FamFG vertretungsbefugten Bevollmächtigten bekannt gemacht werden (s. § 15 Rn. 2.3). Für die Bekanntmachung gelten die allgemeinen Grundsätze. Auch dem Antragsteller oder der ersuchenden Behörde muss der Zurückweisungsbeschluss nicht zwingend förmlich zugestellt werden, weil die GBBeschwerde nicht befristet ist (s. dazu § 1 Rn. 86). Wo die Zurückweisung ausnahmsweise der befristeten Beschwerde nach den Vorschriften des FamFG unterliegt (s. Rn. 53), ist nach § 41 Abs. 1 Satz 2 FamFG Zustellung erforderlich. Hat ein Notar den Antrag gestellt, so muss ihm bekanntgemacht werden (s. § 15 Rn. 19). Wird das Hindernis vor der Bekanntmachung beseitigt, so darf das GBAmt den Beschluss nicht mehr absenden. **14**

c) Kosten. Für die Kostenentscheidung gelten die allgemeinen Grundsätze (s. dazu § 1 Rn. 57). Über die Kosten als solche s. Rn. 58. Über die Anfechtbarkeit einer ergangenen Kostenentscheidung s. § 71 Rn. 31. **15**

5. Wirkung der Zurückweisung

16   Sie ist ohne Einfluss auf das materielle Rechtsverhältnis. Eine nach § 873 Abs. 2, § 875 Abs. 2 BGB eingetretene Bindung bleibt, ebenso wie im Fall der Antragszurücknahme (s. § 13 Rn. 39), bestehen.

17   **a) Erledigung des Antrags.** Der Antrag ist im Sinn des § 17 erledigt. Später beantragte Eintragungen können vorgenommen werden. Die Anwartschaft auf den Rang und die materiellen Wirkungen des Antrags (s. § 13 Rn. 9 ff.) gehen verloren; bei Wiederholung des Antrags richten sie sich nach dem Eingang des neuen Antrags. Wird aber die Zurückweisung vom GBAmt oder vom Beschwerdegericht aufgehoben, so leben die alten Wirkungen wieder auf (BGH DNotZ 1966, 673); jedoch bleiben die zwischen der Zurückweisung und ihrer Aufhebung vorgenommenen Eintragungen bei Bestand (RG 135, 385; BGH DNotZ 1966, 673), und zwar auch hinsichtlich ihres Rangs (BayObLG Rpfleger 1983, 101 mit zust. Anm. v. Meyer-Stolte). Der Grundsatz erleidet eine Ausnahme, wenn die Beschwerde auf neues Vorbringen (§ 74) gestützt war; in diesem Fall hat ihre Einlegung die Bedeutung eines neuen Antrags (s. § 74 Rn. 13).

18   **b) Keine Rechtskraft.** Die Zurückweisung erwächst weder in formelle noch in materielle Rechtskraft (BayObLG NJW-RR 1993, 530; OLG München BWNotZ 2019, 60; s. auch JFG 9, 398); einer materiellen Rechtskraft sind Entscheidungen im GBVerfahren allgemein nicht fähig (OLG Hamm FGPrax 2005, 239; a. M. Meikel/Böttcher Einl. C Rn. 145; offen gelassen von BayObLG Rpfleger 1995, 455). Das GBAmt kann die Zurückweisung im Rahmen seiner Abänderungsbefugnis aufheben, solange das Beschwerdegericht nicht die Beschwerde als unbegründet zurückgewiesen hat (s. dazu § 1 Rn. 91). An die Entscheidung des Beschwerdegerichts ist das GBAmt für den gestellten Antrag gebunden. Ein neuer selbständiger Antrag ist jederzeit zulässig; über ihn ist ohne Bindung an das frühere Verfahren zu entscheiden (OLG München FGPrax 2013, 203; s. KGJ 44, 303 für Berichtigungsanträge). Das für jeden Antrag erforderliche Rechtsschutzbedürfnis (s. § 13 Rn. 42) fehlt auch bei unveränderter Sach- und Rechtslage nicht. Anders BGH FGPrax 2013, 219 für einen Antrag auf Eintragung in das Handelsregister im Hinblick auf die befristete Beschwerde nach dem FamFG.

19   **c) Urkundenrückgabe.** Die eingereichten Urkunden sind an den zurückzugeben, der sie eingereicht hat (s. § 10 Rn. 14). Über die Verwendung von Urkunden für Anträge anderer Antragsteller s. § 31 Rn. 13.

6. Zurückweisung oder Zwischenverfügung

20   Ist der Antrag nicht sofort zurückzuweisen (s. Rn. 5), so hat das GBAmt die Wahl zwischen Zurückweisung und Zwischenverfügung.

21   **a) Ermessensentscheidung.** Die Entscheidung ist nach pflichtgemäßem Ermessen zu treffen (BayObLG Rpfleger 1988, 408; OLG Frankfurt FGPrax 1997, 50; OLG Zweibrücken FGPrax 2010, 128). Der Erlass einer Zwischenverfügung ist die Regel. Die sofortige Antragszurückweisung ist die Ausnahme und bedarf besonderer Begründung (OLG München DNotZ

2008, 934; OLG Düsseldorf Rpfleger 2020, 187). Bei der Ermessensentscheidung sind die Besonderheiten des Einzelfalls zu berücksichtigen und die sich gegenüberstehenden Interessen abzuwägen (BayObLG FGPrax 1997, 89), nämlich:

- Das berechtigte **Streben des Antragstellers** nach alsbaldiger Stellung des **22** Antrags zur Wahrung des Rangs und der mit dem Eingang des Antrags verbundenen materiellen Wirkungen (s. § 13 Rn. 9 ff.); deshalb sind unnötige Härten zu vermeiden. Wenn die Grundstücksumschreibung der Vollziehung der Kapitalerhöhung einer GmbH dient, darf daher der Umschreibungsantrag nicht wegen Fehlens der Unbedenklichkeitsbescheinigung der Finanzbehörde zurückgewiesen werden; vielmehr ist eine Zwischenverfügung zu erlassen (OLG Düsseldorf Rpfleger 1986, 297; vgl. OLG Zweibrücken FGPrax 2010, 128).

- Das **Interesse der Allgemeinheit** an der raschen Abwicklung des **23** GBVerkehrs und der Zuverlässigkeit der GBEinsicht, häufig auch die Belange anderer Antragsteller. Daher kommt eine Zwischenverfügung im Allgemeinen nur bei leicht und schnell, also in angemessener Frist behebbaren Mängeln in Betracht (BayObLG Rpfleger 1984, 406; FGPrax 1997, 89; OLG Jena Rpfleger 1997, 104; OLG München FGPrax 2019, 61). Auch ein bewusst oder versehentlich unvollständig eingereichter Antrag ist nicht grundsätzlich zurückzuweisen (RG 126, 107; OLG Düsseldorf Rpfleger 1986, 297; BayObLG MittBayNot 2002, 290 mit Anm. v. Schmucker; OLG München DNotZ 2008, 934).

Wo hiernach eine Zwischenverfügung angemessen ist, muss sie erlassen **24** werden (zur Überprüfung des Ermessens auf Beschwerde s. Rn. 54). Auch gegenüber behördlichen EintrErsuchen (§ 38) ist eine Zwischenverfügung zulässig (KGJ 52, 155).

b) Andere Meinung. Nach einer anderen Meinung ist immer dann, **25** wenn eine sofortige Zurückweisung des Antrags nicht zwingend geboten ist, eine Zwischenverfügung zu erlassen; für eine Ermessensentscheidung sei kein Raum; die mit der Antragstellung erlangte Rechtsposition müsse so lange wie möglich erhalten werden (Böttcher MittBayNot 1987, 9; KEHE/ Volmer Rn. 21 ff.; Hügel/Zeiser Rn. 10). S. dazu aber BayObLG FGPrax 1997, 89.

7. Erlass einer Zwischenverfügung

a) Beschlussform. Die Zwischenverfügung ergeht nicht in der Form ei **26** nes Beschlusses (a. M. OLG Düsseldorf FGPrax 2012, 97; OLG Köln FGPrax 2013, 18; Hügel/Zeiser Rn. 32), weil durch sie der Verfahrensgegenstand weder ganz noch teilweise erledigt wird (§ 38 Abs. 1 Satz 1 FamFG). Die für Beschlüsse geltenden Vorschriften der §§ 38 Abs. 2, 3 und 39 ff. FamFG sind aber entsprechend anzuwenden. Die Zwischenverfügung ist daher insbesondere zu begründen, zu unterschreiben (s. dazu Rn. 35) und mit einer Rechtsmittelbelehrung zu versehen (Meikel/Böttcher Rn. 75).

b) Behebbare Hindernisse. Eine Zwischenverfügung kommt nur im **26.1** EintrVerfahren in Betracht. Im Amtsverfahren ist für sie kein Raum. In Be tracht kommt sie nur bei behebbaren Hindernissen. Denn in jeder einen Antrag beanstandenden Zwischenverfügung liegt zugleich der Ausspruch, dem Antrag werde nach Beseitigung des Hindernisses entsprochen werden. Deshalb stellt sich eine Zwischenverfügung, wenn der Antrag bei richtiger Würdigung der Sach- und Rechtslage überhaupt nicht zu der begehrten Eintragung führen kann, als Irreführung des Antragstellers dar. Denn sie stellt ihm die Eintragung nach Behebung des Hindernisses in Aussicht und veranlasst ihn zu Vorkehrungen, obwohl die beantragte Eintragung trotzdem nicht vorgenommen werden kann. In einem solchen Fall ist für eine Zwischenverfügung kein Raum (JFG 8, 240; BayObLG 1988, 102/108).

26.2 **c) Klarstellung des Antrags.** Eine Zwischenverfügung ist zur Klarstellung geboten (BayObLG Rpfleger 1997, 371), wenn der Antrag und seine Unterlagen Widersprüche aufweisen (KG HRR 1935 Nr. 866; OLG Frankfurt FGPrax 1998, 170), ferner zur Darlegung des Grundgeschäfts, z. B. zwecks Prüfung seiner Entgeltlichkeit, wenn davon die Verfügungsbefugnis des Testamentsvollstreckers oder des befreiten Vorerben abhängt (JFG 7, 284).

27 **d) Einschränkung des Antrags.** Eine Zwischenverfügung kommt in Betracht zur Einschränkung des Antrags (BayObLG Rpfleger 1997, 371), z. B. hinsichtlich nicht eintragungsfähiger Nebenbestimmungen (KGJ 44, 268; BayObLG Rpfleger 1976, 181). Der Übergang vom Berichtigungsantrag zum Rechtsänderungsantrag ist keine Einschränkung (KG HRR 1930 Nr. 887). Eine Zwischenverfügung ist auch geboten zur Zurücknahme eines von mehreren nach § 16 Abs. 2 verbundenen Anträgen, damit den übrigen stattgegeben werden kann (BGH Rpfleger 1978, 365; OLG Frankfurt FGPrax 1998, 170; OLG Hamm Rpfleger 2000, 449), ferner zur Beseitigung eines unzulässigen Vorbehalts (JFG 19, 137; s. auch § 16 Rn. 5, 12). Unstatthaft ist sie dagegen zwecks Zurücknahme eines unverbundenen Antrags (JFG 13, 112; OLG Hamm Rpfleger 1975, 134; OLG Frankfurt Rpfleger 1978, 306) oder zwecks Stellung eines anderen Antrags (s. dazu § 71 Rn. 19); über die Unanfechtbarkeit einer solchen Verfügung s. Rn. 55.

28 **e) Sicherung des Kosteneingangs.** Die Vornahme der Eintragung kann durch Zwischenverfügung gemäß § 13 GNotKG (s. dazu § 1 Rn. 60.3) von der Zahlung eines Kostenvorschusses abhängig gemacht werden (JFG 15, 315). Durch Zwischenverfügung kann aber nicht aufgegeben werden, Angaben zum Geschäftswert zu machen, damit danach der Vorschuss berechnet werden kann (OLG Hamm Rpfleger 2000, 267). Der Rpfleger ordnet nur an, dass ein Vorschuss zu leisten ist; seine Höhe errechnet der Kostenbeamte, der den Kostenvorschuss zur Zahlung einfordert. Hiergegen ist die Erinnerung gem. § 81 Abs. 1 GNotKG gegeben (s. dazu § 71 Rn. 80). Erst wenn der Vorschuss nicht gezahlt wird, erlässt der Rpfleger eine Zwischenverfügung, mit der er die Eintragung von der Einzahlung des Vorschusses abhängig macht; wegen des zulässigen Rechtsmittels s. § 71 Rn. 85. Die Zwischenverfügung muss, auch wenn sie dem Urkundsnotar (§ 15 Abs. 2) zugestellt wird, die Höhe des Vorschusses angeben (OLG München JFG 18, 21) und ist mit einer wegen sachlicher Mängel zu erlassenden Zwischenverfügung zu verbinden. Wird der Vorschuss nicht eingezahlt, ist der Antrag zurückzuweisen; die Anordnung, dass das Verfahren ruht, kommt nicht in Betracht (OLG Hamm Rpfleger 2000, 267; OLG München FGPrax 2019, 44). Das OLG Düsseldorf FGPrax 2017, 200 erachtet es für geboten, gemäß § 81 Abs. 1 Satz 2 FamFG von der Erhebung von Gerichtskosten abzusehen, wenn der Antrag nur wegen Nichtzahlung des Vorschusses zurückgewiesen wird. Zur Zahlung des Vorschusses nach Beschwerdeeinlegung gegen die Antragszurückweisung s. § 74 Rn. 10. Zum Kostenvorschuss im Beschwerdeverfahren s. § 77 Rn. 42. S. zum Ganzen Heckschen/Wagner NotBZ 2001, 83.

8. Wesentliche Erfordernisse der Zwischenverfügung

Wird der Antragsteller vom GBAmt aufgefordert, seinen Antrag innerhalb **29** einer bestimmten Frist zurückzunehmen oder durch einen anderen Antrag zu ersetzen, so fehlt es an dem wesentlichen Erfordernis einer Zwischenverfügung, Gelegenheit zur Beseitigung eines EintrHindernisses zu geben (BGH FGPrax 2016, 246). In diesem Fall liegt überhaupt keine Zwischenverfügung im Sinn des § 18 vor (s. hierzu § 71 Rn. 19).

Eine wirksame Zwischenverfügung liegt aber unabhängig davon vor, ob der Rpfleger seine Verfügung subjektiv als Zwischenverfügung beurteilt (vgl. § 71 Rn. 19). Voraussetzung ist, dass sie von ihm unterschrieben ist (s. dazu Rn. 35; § 71 Rn. 11) und folgenden Inhalt hat:

a) Angabe der Hindernisse. Sämtliche der Eintragung entgegenstehen- **30** den EintrHindernisse sind auf einmal zu bezeichnen; eine stufenweise Beanstandung ist unstatthaft (BayObLG Rpfleger 1970, 346; BayObLG 1990, 51/57). Erst nach Erlass einer Zwischenverfügung aufgetretene oder bekanntgewordene EintrHindernisse können jedoch durch eine Ergänzung der Zwischenverfügung beanstandet werden. Anlass für eine solche Ergänzung kann z.B. ein Hinweis auf das Bestehen eines weiteren EintrHindernisses in einer Entscheidung des Beschwerde- oder Rechtsbeschwerdegerichts sein; eine Ergänzung kann nur das GBAmt vornehmen, nicht aber das Beschwerde- oder Rechtsbeschwerdegericht (s. § 77 Rn. 13; BayObLG 1990, 51/57). Behält sich der Rpfleger die Beanstandung weiterer EintrHindernisse durch eine weitere Zwischenverfügung vor, handelt er amtspflichtwidrig. Dem kann nur durch Maßnahmen der Dienstaufsicht begegnet werden; auch können sich daraus Schadensersatzansprüche ergeben. Die Wirksamkeit einer weiteren Zwischenverfügung bleibt davon aber unberührt (BayObLG FGPrax 1995, 95).

b) Bezeichnung der Mittel zur Beseitigung. Die zur Beseitigung der **31** Hindernisse geeigneten Mittel sind anzugeben (KGJ 50, 229; BayObLG MittBayNot 1989, 209; OLG Köln FGPrax 2016, 60). Bestehen mehrere Möglichkeiten, so sind sie alle aufzuzeigen (BayObLG Rpfleger 1990, 363; OLG Karlsruhe FGPrax 2005, 219); so z.B. Nachweis der Entgeltlichkeit oder Zustimmung der Nacherben. Beschwerde- und Rechtsbeschwerdegericht können die Zwischenverfügung um weitere zur Beseitigung des EintrHindernisses geeignete Wege ergänzen (BayObLG Rpfleger 2000, 451; OLG Frankfurt Rpfleger 1993, 147; OLG Zweibrücken RNotZ 2001, 589).

Geeignete Mittel sind nur solche, die in absehbarer Zeit beigebracht werden können (s. Rn. 23). Stehen zur Beseitigung der EintrHindernisse geeignete Mittel überhaupt nicht zur Verfügung, ist der Antrag sofort zurückzuweisen (OLG München FGPrax 2019, 205; OLG Rostock Rpfleger 2019, 593).

32   Unzulässig ist es, durch Zwischenverfügung aufzugeben, das einzutragende dingliche Recht durch Rechtsgeschäft abzuändern (BayObLG FGPrax 1998, 6) oder durch ein anderes Recht zu ersetzen (BayObLG DNotZ 1998, 125; OLG Zweibrücken FGPrax 1997, 133; 2006, 103). Es kann nämlich nicht Inhalt einer Zwischenverfügung sein, auf den Abschluss eines Rechtsgeschäfts hinzuwirken, das Grundlage der einzutragenden Rechtsänderung sein soll, weil sonst die beantragte Eintragung einen ihr nicht gebührenden Rang erhielte (s. Rn. 8). Daher kann durch Zwischenverfügung auch nicht verlangt werden, eine nicht hinreichend bestimmte oder sonst unzureichende Auflassung erneut zu erklären (BayObLG NJW-RR 1991, 465; OLG Hamm MittRhNotK 1996, 225; OLG Köln FGPrax 2020, 20)

33   **c) Setzung einer Frist.** Zur Beseitigung der Hindernisse ist eine Frist zu setzen, die genau bestimmt (KG OLG 35, 10) und nach Lage des Einzelfalls angemessen (KG JW 1926, 1588; OLG Frankfurt FGPrax 1997, 84) sein muss. Fehlt es hieran, so ist eine Zurückweisung des Antrags nicht möglich (KG HRR 1940 Nr. 1077) und die Zwischenverfügung auf Beschwerde schon aus diesem Grund aufzuheben (OLG Hamm Rpfleger 1975, 134; OLG Frankfurt Rpfleger 1997, 111 und 209; s. auch KG DNotZ 1971, 415). Enthält eine Zwischenverfügung des Rpflegers keine Fristsetzung, so kann sie der Rpfleger im Rahmen seiner Abhilfeentscheidung auch dann nachholen, wenn der Beschwerdeführer nicht das Fehlen der Frist rügt, sondern die Annahme eines EintrHindernisses beanstandet (vgl. BayObLG FGPrax 1996, 15; OLG Hamm NJW 1967, 2365).

34   Eine zu kurze Frist kann von Amts wegen oder auf Antrag **verlängert** werden (KG JW 1926, 1588; OLG Frankfurt FGPrax 1997, 84). Antragsberechtigt ist auch der, dessen EintrAntrag von der Vornahme der zuerst beantragten Eintragung abhängt (JFG 1, 305). Verlängerung ist auch nach Ablauf der Frist zulässig (vgl. KG JW 1926, 1588; OLG Düsseldorf MittRhNotK 1992, 188), nicht mehr dagegen nach Zurückweisung des Antrags. Zulässig ist auch nachträgliche Verkürzung, wenn sich herausstellt, dass das Hindernis in kürzerer Zeit behoben werden kann als ursprünglich angenommen.

Wird die Zwischenverfügung vom GBAmt nachträglich um weitere EintrHindernisse (s. Rn. 30) oder vom Beschwerde- oder Rechtsbeschwerdegericht um weitere Beseitigungsmöglichkeiten (s. Rn. 31) ergänzt, ist ggfls. die Frist zu verlängern oder eine neue Frist zu setzen (vgl. OLG Frankfurt Rpfleger 1993, 147; OLG Köln FGPrax 2009, 6).

Weist der Rpfleger den EintrAntrag vor Ablauf der in einer Zwischenverfügung gesetzten Frist ab, ist die Entscheidung aus diesem Grund nur dann vom Beschwerdegericht aufzuheben, wenn das aufgezeigte EintrHindernis noch innerhalb der Frist beseitigt wurde (BayObLG FGPrax 1996, 15 mit Anm. v. Keller FGPrax 1996, 85).

Für die Berechnung der Frist gilt § 16 FamFG i. V. m. §§ 222, 224 Abs. 2, 3, § 225 ZPO, §§ 187 ff. BGB.

9. Bekanntmachung der Zwischenverfügung

Zwischenverfügungen können auch maschinell erstellt werden. Dann **35** muss die Mitteilung an den Antragsteller oder die ersuchende Behörde nicht unterschrieben werden. Jedoch soll in diesem Fall der Vermerk: „Dieses Schreiben ist maschinell erstellt und auch ohne Unterschrift wirksam" angebracht werden (§ 42 Satz 1, 2 GBV). Unverzichtbar ist auch in diesem Fall, dass die bei den Grundakten verbleibende Zwischenverfügung vom Rpfleger unterschrieben wird (BayObLG FGPrax 1996, 32); andernfalls liegt nur ein Entwurf vor (s. dazu § 71 Rn. 11). Zur Rechtsmittelbelehrung s. § 1 Rn. 77.

Die Zwischenverfügung ist dem Antragsteller oder der ersuchenden Behörde bekannt zu machen (§ 15 Abs. 1, § 41 Abs. 1 Satz 1 FamFG). Zur Entgegennahme der Zwischenverfügung kann auch bevollmächtigt werden, wer nicht gemäß § 10 Abs. 2 FamFG vertretungsbefugt ist (§ 15 Abs. 1 Satz 2). Dem Antragsteller oder der ersuchenden Behörde ist die Zwischenverfügung im Hinblick auf die gesetzte Frist grundsätzlich durch förmliche Zustellung bekannt zu machen (§ 41 Abs. 1 Satz 2 FamFG). Im Übrigen gelten für die Bekanntmachung die allgemeinen Grundsätze (s. dazu § 1 Rn. 85). Hat ein Notar den Antrag gestellt, so setzt nur die Bekanntmachung an ihn die Frist in Lauf (s. § 15 Rn. 19).

10. Wirkung und Aufhebung der Zwischenverfügung

Alle Wirkungen des Antrags (s. § 13 Rn. 9 ff.) bleiben erhalten (RG 110, **36** 206). Das GBAmt ist an die Zwischenverfügung nicht gebunden. Es kann sie auf Grund neuer rechtlicher Beurteilung oder auf Grund neuer Tatsachen jederzeit aufheben und die beantragte Eintragung vornehmen, aber auch eine neue Zwischenverfügung erlassen oder den Antrag zurückweisen (Bay-ObLG 1990, 51/53; OLG Frankfurt FGPrax 1995, 180). Bei unverändertem Hindernis darf es von der Zwischenverfügung zur Zurückweisung nur unter Beachtung der in Rn. 21–23 dargelegten Gesichtspunkte übergehen. Über die Änderung der gesetzten Frist s. Rn. 34.

Erklärt der Antragsteller ernsthaft und endgültig, dass er das in der Zwischenverfügung genannte EintrHindernis nicht beheben werde, kann die Zwischenverfügung nicht aufrechterhalten werden. Das GBAmt hat sie aufzuheben und über den EintrAntrag zu entscheiden (OLG Düsseldorf Rpfleger 2019, 710; FGPrax 2019, 102).

11. Vormerkung und Widerspruch

Sie sollen den ersten Antragsteller vorläufig dagegen schützen, dass sein **37** Antrag durch die frühere Vornahme der später beantragten Eintragung beeinträchtigt oder vereitelt wird. Sie sichern beide den öffentlich-rechtlichen Anspruch des Antragstellers gegen das GBAmt auf endgültige Bescheidung seines Antrags (RG 110, 207; BayObLG 30, 440; JFG 23, 146). Der Widerspruch richtet sich also anders als der des § 899 BGB nicht gegen die Richtigkeit des GB und die Vormerkung setzt anders als die des § 883 BGB keinen schuldrechtlichen Anspruch voraus. Letztere ist demnach z. B. auch dann einzutragen, wenn der der Auflassung zugrunde liegende Kaufvertrag formnichtig ist (RG 55, 343); ebenso wenn der frühere Antrag auf Eintragung einer Vormerkung oder eines Widerspruchs gerichtet ist. § 888 BGB ist auf Vormerkungen nach § 18 Abs. 2 nicht anwendbar; dasselbe gilt für § 106 InsO.

12. Wahl zwischen Vormerkung und Widerspruch

38   Eine Vormerkung ist einzutragen, wenn der frühere Antrag eine rechtsändernde, ein Widerspruch, wenn er eine berichtigende Eintragung zum Gegenstand hat. Jedoch ist es praktisch bedeutungslos, wenn statt einer Vormerkung ein Widerspruch eingetragen wird oder umgekehrt. Denn beide bringen zum Ausdruck, dass die später beantragte Eintragung nur unter Vorbehalt erfolgt ist (OLG Karlsruhe JFG 6, 272).

13. Eintragung von Amts wegen

39   Die Vormerkung oder der Widerspruch ist von Amts wegen einzutragen, wenn einer beantragten Eintragung ein Hindernis entgegensteht, das nicht zur sofortigen Zurückweisung des Antrags berechtigt, und eine später beantragte Eintragung, durch die dasselbe Recht betroffen wird (der Begriff des Betroffenseins ist der gleiche wie in § 17; s. dort Rn. 5 ff.), vorgenommen werden kann; ob hinsichtlich des früher gestellten Antrags bereits eine Zwischenverfügung erlassen wurde, ist unerheblich (BayObLG Rpfleger 1999, 123). Entsprechende Anwendung auf gleichzeitig gestellte Anträge ist geboten, wenn zwischen den beantragten Eintragungen ein Rangverhältnis besteht.

40   Die grundbuchrechtlichen Voraussetzungen einer auf Antrag vorzunehmenden Eintragung brauchen nicht vorzuliegen; so kann die Vormerkung oder der Widerspruch z. B. auch dann eingetragen werden, wenn der Betroffene nicht als Berechtigter eingetragen ist (§ 39) oder wenn das Gemeinschaftsverhältnis mehrerer Berechtigter nicht verlautbart werden kann (§ 47 Abs. 1).

Bei der Eintragung muss erkennbar werden, dass es sich um eine Vormerkung oder einen Widerspruch gem. § 18 Abs. 2 handelt. Der Vorrang vor der später beantragten Eintragung oder der Gleichrang bei gleichzeitig beantragten Eintragungen muss zum Ausdruck gebracht werden. Eine Bezugnahme gem. § 874 BGB ist zulässig. Zu Ort und Fassung der Eintragung s. §§ 12, 19 GBV und Muster Anl. 2a Abt. II Nr. 7.

Nicht zulässig ist es, von der Eintragung einer Vormerkung oder eines Widerspruchs in der Hoffnung auf eine umgehende Erledigung der Zwischenverfügung abzusehen, wenn eine dasselbe Recht betreffende Eintragung beantragt ist, deren Vollzug nichts entgegensteht. Wird gleichwohl eine Eintragung unterlassen, drohen Maßnahmen der Dienstaufsicht und Amtshaftungsansprüche. Unrichtig wird das GB dadurch aber nicht (s. dazu OLG München Rpfleger 2007, 314 mit Anm. v. Zeiser FGPrax 2007, 158 und Bestelmeyer Rpfleger 2007, 463).

14. Wirkung der Vormerkung oder des Widerspruchs

Die Eintragung der Vormerkung oder des Widerspruchs erledigt den frü- **41** her gestellten Antrag lediglich im Sinn des § 17, nicht aber endgültig, und sichert ihm den Vorrang vor der später beantragten Eintragung.

a) Erledigung des früher gestellten Antrags. Mit der Eintragung der Vormerkung oder des Widerspruchs gilt der früher gestellte Antrag im Sinn des § 17 als erledigt. Die später beantragte Eintragung ist also vorzunehmen, und zwar in derselben Abteilung unter nächstfolgender Nummer, in einer anderen Abteilung mit späterem Datum oder Rangvermerk gemäß § 45 Abs. 2; bei gleichzeitig beantragten Eintragungen sind Vermerke über den Gleichrang anzubringen (§ 45 Abs. 1 Halbsatz 2). Über eine Ausnahme für den Fall der Löschung s. § 17 Rn. 10.

b) Rangwahrung. Vormerkung und Widerspruch sichern den Vorrang **42** der zuerst beantragten Eintragung vor der später beantragten; sie wahren ihn trotz § 184 Abs. 2 BGB auch dann, wenn eine zu dem früheren Antrag notwendige Genehmigung erst nach der später beantragten Eintragung erteilt wird (OLG Karlsruhe JFG 6, 272). Vormerkung und Widerspruch sichern den Vorrang aber nur für den Fall, dass der frühere Antrag durch Eintragung erledigt wird.

c) Schwebezustand. Die Entscheidung über den früheren wie über den **43** späteren Antrag bleibt in der Schwebe (RG 110, 207). Die später beantragte Eintragung ist nur unter dem sich aus der Vormerkung oder dem Widerspruch ergebenden Vorbehalt erfolgt; sie ist also von dem Schicksal des früher gestellten Antrags abhängig.

Über den früher gestellten Antrag ist so zu entscheiden, als ob die Vor- **44** merkung nicht eingetragen wäre. Wird also nach Eintragung der Vormerkung das Insolvenzverfahren über das Vermögen des Betroffenen eröffnet, so ist dies nach § 878 BGB unerheblich, wenn gemäß §§ 873, 875, 877 BGB Bindung eingetreten war; dagegen ist der früher gestellte Antrag im Hinblick auf § 89 InsO zurückzuweisen wenn er auf Eintragung einer Zwangshyp. gerichtet ist (KGJ 39, 173).

d) Unterlassene Eintragung. Ist die Eintragung einer Vormerkung oder **45** eines Widerspruchs unterblieben, so kann die früher beantragte Eintragung nur mehr den Rang hinter der später beantragten, bereits vorgenommenen Eintragung erhalten; ist sie wegen dieser nicht mehr zulässig, so ist der früher gestellte Antrag zurückzuweisen. Ergibt sich aus der später beantragten und bereits vorgenommenen Eintragung lediglich ein weiteres EintrHindernis für die früher beantragte Eintragung, so kommt zur Behebung dieses Hindernisses der Erlass einer weiteren Zwischenverfügung in Betracht (OLG Hamm Rpfleger 1995, 246). Schadensersatzansprüche sind in beiden Fällen möglich (s. § 17 Rn. 17).

15. Endgültige Entscheidung über die Eintragungsanträge

Zu unterscheiden sind die Fälle der Zurückweisung des früher gestellten **46** Antrags und die Vornahme der früher beantragten Eintragung.

a) Zurückweisung des früher gestellten Antrags. Ihr steht die Zurücknahme des früher gestellten Antrags gleich (KG Rpfleger 1972, 174).

47 Vormerkung oder Widerspruch sind von Amts wegen zu löschen, sobald der Zurückweisungsbeschluss wirksam geworden ist, d. h. dem Antragsteller bekannt gemacht worden ist (s. Rn. 14); eine unterbliebene Löschung ist jederzeit nachholbar (JFG 23, 147; s. auch Rn. 48).

48 Die später beantragte Eintragung wird vorbehaltlos wirksam. Dieser Erfolg wird nicht dadurch beseitigt, dass die Zurückweisung des früher gestellten Antrags auf Beschwerde aufgehoben wird (s. Rn. 17). Dies gilt auch, wenn die Vormerkung oder der Widerspruch entgegen § 18 Abs. 2 Satz 2 noch eingetragen ist; denn da diese einen noch nicht endgültig beschiedenen EintrAntrag zur notwendigen Voraussetzung haben, sind sie mit der Zurückweisung des Antrags auch dann hinfällig geworden, wenn das GBAmt die gesetzlich vorgeschriebene Löschung unterlassen hat (JFG 23, 147 unter teilweiser Aufgabe von JFG 1, 308; KG DNotZ 1973, 34).

49 **b) Vornahme der früher beantragten Eintragung.** Vormerkung oder Widerspruch werden in die endgültige Eintragung umgeschrieben und, da nunmehr gegenstandslos, gemäß § 19 Abs. 2 GBV gerötet.

50 Bezüglich der später beantragten Eintragung ist zu unterscheiden:
• Besteht zwischen ihr und der früher beantragten Eintragung ein **Rangverhältnis**, so erlangt die früher beantragte Eintragung durch die Umschreibung der Vormerkung den Rang vor der später beantragten. Die später beantragte Eintragung bleibt bestehen.

51 • Hätte dagegen die später beantragte Eintragung nicht mehr bewirkt werden dürfen, wenn die früher beantragte im Zeitpunkt der Eintragung der Vormerkung oder des Widerspruchs vorgenommen worden wäre, so ist sie von Amts wegen **zu löschen** (BayObLG 30, 440; JFG 23, 146; OLG Frankfurt FGPrax 1998, 128). Wird z. B. zuerst die Eintragung der Abtretung von A an B, dann die Eintragung einer solchen von A an C beantragt, so ist die Eintragung des C zu löschen, sobald B eingetragen wird; war zunächst die Eintragung der Abtretung, dann mit einem Titel gegen den Abtretenden die Eintragung der Pfändung beantragt, dann ist die Eintragung der Pfändung zu löschen, wenn die Abtretung eingetragen wird. Hingegen ist ein Zwangsversteigerungs- oder Zwangsverwaltungsvermerk nicht zu löschen, weil das GBAmt dem Ersuchen des Vollstreckungsgerichts auch dann stattgeben muss, wenn der Schuldner nicht mehr als Eigentümer eingetragen ist (JFG 1, 312).

52 Ergibt sich, dass der früher gestellte Antrag erst nach dem später gestellten als eingegangen anzusehen ist (s. Rn. 8) und kann er trotz der bereits vorgenommenen Eintragung noch vollzogen werden, so ist die Eintragung mit dem Rang hinter der bereits vorgenommenen zu bewirken; alsdann ist die Vormerkung von Amts wegen zu löschen (vgl. KG OLG 25, 389). Wurde z. B. zum Schutz eines Antrags auf Eintragung einer Zwangshyp. wegen des fehlenden Nachweises der behaupteten Urteilszustellung eine Vormerkung und anschließend eine später beantragte Grundschuld eingetragen, geht dann aber aus der vorgelegten Zustellungsurkunde hervor, dass das Urteil erst nach dem Eingang des Antrags auf Eintragung der Grundschuld zugestellt worden

ist, so kann die Zwangshyp. nicht durch Umschreibung der Vormerkung, sondern nur im Rang nach der Grundschuld eingetragen werden (s. dazu Rahn Justiz 1962, 58).

16. Rechtsmittel

Die unbeschränkte Beschwerde ist sowohl gegen die Zurückweisung eines **53** Antrags als auch gegen eine Zwischenverfügung (s. § 71 Rn. 1) zulässig. Sie ist an keine Frist gebunden. Eine Besonderheit gilt im Fall der Zurückweisung eines EintrAntrags nach § 1 oder § 4 Abs. 2 GBMaßnG, gegen die nach § 2 und § 4 Abs. 4 GBMaßnG die befristete Beschwerde nach den Vorschriften des FamFG gegeben ist (s. dazu § 71 Rn. 2). Die Beschwerde zum OLG ist auch gegeben, wenn der Rpfleger entschieden hat (§ 11 Abs. 1 RpflegerG; s. dazu § 71 Rn. 5). Die Entscheidung des OLG kann mit der Rechtsbeschwerde angefochten werden (§ 78). Über die Beschwerdeberechtigung s. § 71 Rn. 63 ff.

a) Zurückweisung. Gegen sie kann die Beschwerde mit der Begrün- **54** dung erhoben werden, dass der angegebene Grund unrichtig sei; dies auch dann, wenn der Antragsteller die auf denselben Grund gestützte Zwischenverfügung nicht angefochten hatte (OLG München NotBZ 2014, 154; zu dem Verlangen auf nochmaligen Erlass der unbeachtet gelassenen Zwischenverfügung s. OLG Celle DNotZ 1955, 544) oder wenn eine gegen die Zwischenverfügung eingelegte Beschwerde erfolglos geblieben ist. Mit der Beschwerde kann aber auch geltend gemacht werden, dass zunächst eine Zwischenverfügung zu erlassen gewesen wäre. Näheres zum Ganzen s. § 71 Rn. 26. Ob das GBAmt von seinem Ermessen (s. Rn. 21) rechtlich einwandfrei Gebrauch gemacht hat, kann im Weg der Rechtsbeschwerde nachgeprüft werden, sofern diese zugelassen wurde (OLG Karlsruhe JFG 4, 405; OLG München DNotZ 2008, 934; s. auch § 78 Rn. 38). Ist die Zurückweisung eines EintrAntrags aufgehoben worden, so ist hiergegen eine Beschwerde mit dem Ziel, die zurückweisende Entscheidung wiederherzustellen, nicht zulässig (s. hierzu § 71 Rn. 65).

b) Zwischenverfügung. Gegen sie ist die Beschwerde auch noch zuläs- **55** sig, wenn die gesetzte Frist zwar abgelaufen, der Antrag aber noch nicht zurückgewiesen ist (OLG Düsseldorf FGPrax 2013, 14). Es kann jede einzelne Beanstandung des GBAmts für sich allein angefochten werden. Die Beschwerde kann auch nur auf Verlängerung der Frist, nicht aber auf sofortige Zurückweisung des EintrAntrags gerichtet werden. Hat das GBAmt eine Frist zur Zurücknahme eines unverbundenen Antrags gesetzt, so liegt keine beschwerdefähige Zwischenverfügung vor; dasselbe gilt bei Setzung einer Frist zur Stellung eines anderen Antrags. Näheres zum Ganzen s. § 71 Rn. 34 und § 77 Rn. 12 ff. Ist eine Zwischenverfügung aufgehoben worden, so ist hiergegen eine Beschwerde mit dem Ziel, die Zwischenverfügung wiederherzustellen, nicht zulässig (s. hierzu § 71 Rn. 65.2).

c) Vormerkung oder Widerspruch. Gegen ihre Eintragung ist ebenfalls **56** die unbeschränkte Beschwerde statthaft; § 71 Abs. 2 steht nicht entgegen, da sich an die Eintragung kein gutgläubiger Erwerb anschließen kann (JFG 7,

329; s. auch § 71 Rn. 39). Hat der Rpfleger die Eintragung verfügt, so gilt das in Rn. 53 Ausgeführte. Es ist nur zu prüfen, ob der gesicherte Antrag früher als der durch Eintragung erledigte beim GBAmt eingegangen ist, nicht dagegen, ob er bei richtiger Beurteilung ohne Zwischenverfügung hätte abgelehnt werden müssen (KG HRR 1932 Nr. 1773; 1933 Nr. 139).

57 Gegen die Löschung der Vormerkung oder des Widerspruchs ist die Beschwerde mit dem Ziel der Eintragung eines Amtswiderspruchs zulässig. Zur Beschwerdeberechtigung s. § 71 Rn. 69.

17. Kosten

58 Für Eintragungen in das GB wird gemäß § 55 Abs. 2 GNotKG die Gebühr für jede Eintragung, bei der es sich auch um eine Löschung handeln kann, gesondert erhoben, sofern nicht etwas anderes bestimmt ist, wie in Vorbem. 1.4 Abs. 3 und 5 GNotKG-KV. Wird der EintrAntrag zurückgewiesen, wird eine Gebühr von 50% der für die Eintragung bestimmten Gebühr erhoben, jedoch mindestens 15 EUR und höchstens 400 EUR. Von der Erhebung von Kosten kann abgesehen werden, wenn der Antrag auf unverschuldeter Unkenntnis der tatsächlichen oder rechtlichen Verhältnisse beruht (Nr. 14400 GNotKG-KV).

Der Erlass einer Zwischenverfügung, die Eintragung einer Vormerkung oder eines Widerspruchs sowie deren Löschung sind gebührenfrei (Vorbem. 1.4 Abs. 2 Nr. 1 GNotKG-KV). Zum Geschäftswert einer Beschwerde gegen eine Zwischenverfügung s. § 77 Rn. 45.

Der Notar erhält für die Erledigung von Beanstandungen einschließlich des Beschwerdeverfahrens grundsätzlich keine gesonderte Gebühr (Vorbem. 2.1 Abs. 2 Nr. 3 und Vorbem. 2.4.1 Abs. 4 Nr. 3 GNotKG-KV).

Eintragungsbewilligung

19 **Eine Eintragung erfolgt, wenn derjenige sie bewilligt, dessen Recht von ihr betroffen wird.**

Inhaltsübersicht

1. Allgemeines

§ 19 ist die bedeutsamste Bestimmung des GBRechts; er bringt den **1** Grundsatz der einseitigen Bewilligung, das so genannte formelle Konsensprinzip, zum Ausdruck.

Die Regelung, dass zur Eintragung die einseitige Bewilligung des von ihr Betroffenen genügt, bezweckt die Erleichterung des GBVerkehrs. Durch sie wird das GBAmt vor allem der Prüfung enthoben, ob die zum Eintritt einer Rechtsänderung notwendigen sachlichrechtlichen Erklärungen der Beteiligten vorliegen.

Die Bewilligung des Betroffenen ist nicht die einzige Voraussetzung einer Eintragung. Daneben sind erforderlich ein Antrag (§ 13), die Voreintragung des Betroffenen (§ 39) und bei Briefrechten die Vorlegung des Briefs (§ 41); mitunter bedarf es auch noch besonderer Zustimmungserklärungen (§ 22 Abs. 2, § 27).

Unterlässt das GBAmt eine beantragte und bewilligte Eintragung ohne **2** Anhaltspunkte dafür zu haben, dass durch die Eintragung das GB unrichtig werden würde, handelt es verfahrenswidrig; daraus kann sich ein Amtshaftungsanspruch ergeben. Zweck der dem GBAmt auferlegten Bindung an EintrAntrag und EintrBewilligung ist es aber nicht, eine sachlichrechtlich und grundbuchmäßig objektiv falsche Eintragung vorzunehmen, um dadurch die Voraussetzungen für einen gutgläubigen Erwerb zu schaffen; auf eine solche Eintragung hat niemand einen Anspruch; ihr Unterlassen kann daher auch keinen Schadensersatzanspruch begründen (BGH Rpfleger 1986, 215).

2. Bewilligungsgrundsatz

Der Grundsatz der einseitigen Bewilligung gilt sowohl für rechtsändernde **3** als auch für berichtigende Eintragungen. Auch Löschungen sind Eintragungen (vgl. BayObLG Rpfleger 1987, 101, 156); dies gilt unabhängig davon, ob sie durch Eintragung eines Löschungsvermerks oder durch Nichtmitübertragung (vgl. § 46) bewirkt werden.

Bei **rechtsändernden Eintragungen** brauchen die zum Eintritt der **4** Rechtsänderung notwendigen sachlichrechtlichen Erklärungen (s. Rn. 16) nicht nachgewiesen zu werden. Weiß das GBAmt allerdings, dass diese fehlen und der Eintragung auch nicht nachfolgen können oder nach Sachlage nicht nachfolgen werden, so hat es die Eintragung abzulehnen; denn es darf nicht dazu mitwirken, das GB unrichtig zu machen (s. zum Ganzen Anh. zu § 13 Rn. 41).

5   Bei **berichtigenden Eintragungen** darf das GBAmt neben der Berichtigungsbewilligung nicht noch den Nachweis der Unrichtigkeit verlangen (RG 73, 156). Ergibt sich aber aus den mit der Berichtigungsbewilligung vorgelegten Urkunden oder aus anderen dem GBAmt bekannten Umständen, dass das GB durch die der Bewilligung entsprechende Eintragung unrichtig werden würde, so ist der Berichtigungsantrag zurückzuweisen (RG 73, 157; KGJ 41, 201; BayObLG 1980, 303).

3. Ausnahmen

6   **a) Nachweis der Einigung.** Die Bewilligung des Betroffenen reicht nicht aus, vielmehr ist nach § 20 auch die Einigung nachzuweisen im Fall der Auflassung eines Grundstücks sowie im Fall der Bestellung, Inhaltsänderung oder Übertragung eines Erbbaurechts (s. auch § 118 sowie für Bayern Art. 40 Abs. 4 AGGVG v. 23.6.1981, BayRS 300-1-1-J und Art. 11 Abs. 4 FischereiG i. d. F. v. 10.10.2008, GVBl. 840).

7   **b) Entbehrlichkeit der Bewilligung.** Eine Bewilligung des Betroffenen ist nicht notwendig zur Löschung eines nicht vermerkten subjektiv-dinglichen Rechts und zur Eintragung der Inhalts- und Rangänderung eines solchen, soweit mittelbar Betroffene in Betracht kommen (§ 21), ferner zur Eintragung eines Widerspruchs gegen eine Buchhypothek, der sich auf die unterbliebene Hingabe des Darlehens gründet (§ 1139 BGB).

8   **c) Ersetzung der Bewilligung.** Die Bewilligung des Betroffenen wird ersetzt durch:
     § 22: Nachweis der Unrichtigkeit; s. auch §§ 23, 24.
     § 26: Abtretungs- oder Belastungserklärung bei Briefrechten.
     § 38: Ersuchen einer Behörde.
9   § 830 ZPO: Pfändungsbeschluss.
     §§ 866, 867 ZPO: Vollstreckbaren Schuldtitel (BayObLG 1975, 402; s. dazu Anh. zu § 44 Rn. 69). Bei Verurteilung Zug um Zug gegen Erbringung einer Gegenleistung muss der Annahmeverzug des Schuldners in der Form des § 29 nachgewiesen werden (OLG Hamm Rpfleger 1983, 393; LG Wuppertal Rpfleger 1988, 153).
     § 894 ZPO: Rechtskräftige Verurteilung zur Abgabe einer Willenserklärung (BayObLG Rpfleger 1983, 390). Das Urteil muss dieselben Anforderungen erfüllen, wie die EintrBewilligung; ein Mangel der unvollständigen Bezeichnung oder der fehlenden Bestimmtheit des einzutragenden Rechts kann nicht durch Auslegung behoben werden (BGH FGPrax 2012, 50). Bei Verurteilung Zug um Zug gegen Erbringung einer Gegenleistung ist vollstreckbare Ausfertigung des rechtskräftigen Urteils erforderlich; das Vorliegen der Voraussetzungen der Klauselerteilung hat das GBAmt nicht zu prüfen (BayObLG Rpfleger 1983, 480), wohl aber die Wirksamkeit der Klausel (OLG Hamm Rpfleger 1987, 509).

§ 895 ZPO: Vorläufig vollstreckbare Verurteilung zur Abgabe einer Willenserklärung, auf Grund deren eine Eintragung in das GB erfolgen soll; es gilt die Eintragung einer Vormerkung oder eines Widerspruchs als bewilligt. Eine nach dem Urteil erforderliche Sicherheitsleistung muss nachgewiesen werden; sie kann auch nur die Vollstreckung wegen der Kosten betreffen (OLG Schleswig FGPrax 2010, 264).

§§ 932, 935 ff. ZPO: Arrest, Einstweilige Verfügung (BayObLG Rpfleger 1981, 190; 1987, 407). Soll eine Vormerkung eingetragen werden, so muss sich ein entsprechender Titel auch dann gegen den von der Eintragung Betroffenen richten, wenn die Vormerkung einen Anspruch auf Einräumung einer Bauhandwerkersicherungshyp. sichern soll und das Prozessgericht angeordnet hat, dass diese an nicht dem Antragsgegner des Verfügungsverfahrens gehörenden Grundstücken oder Miteigentumsanteilen eingetragen werden soll; die gegen eine GmbH erwirkte einstweilige Verfügung auf Eintragung einer Vormerkung ist daher kein ausreichender Titel für die Eintragung der Vormerkung auf einem Grundstück der GmbH & Co. KG (BayOLG 1986, 163).

§ 1060 ZPO: Rechtskräftig für vollstreckbar erklärter Schiedsspruch, auch in der Form eines Schiedsspruchs mit vereinbartem Wortlaut.

§ 927 BGB: Ausschließungsbeschluss. $\qquad$ **10**

§ 12 Abs. 4 Satz 3 WEG: Eigentümerbeschluss. Der in der Form des § 26 Abs. 3 WEG geführte Nachweis des Eigentümerbeschlusses, durch den eine Veräußerungsbeschränkung aufgehoben wird, ersetzt die Löschungsbewilligung.

§ 106 SachenRBerG: Feststellungsurteil. Das rechtskräftige Urteil ersetzt bei Einbeziehung des notariellen Vermittlungsvorschlags in seinen Gestaltungsbreich alle darin enthaltenen dinglichen Erklärungen und Rechtsakte, z. B. eine Auflassung oder Bewilligung (BGH Rpfleger 2015, 528 mit Anm. v. Salzig NotBZ 2015, 385; OLG Jena OLG-NL 2002, 198).

Art. 120 EGBGB: Unschädlichkeitszeugnis. S. dazu Rn. 11.

d) Unschädlichkeitszeugnis. Rechtsgrundlage für die Erteilung des **11** Zeugnisses sind die auf Grund des Vorbehalts in Art. 120 EGBGB, ergänzt für das GBVerfahren durch § 143 GBO, bestehenden Landesgesetze. In Bayern war maßgebend das UnschädlichkeitszeugnisG (UnschZG) v. 15.6.1898, (BayRS 403-2-J), das durch Ges. v. 24.11.2016 (GVBl. 318) aufgehoben wurde. An seine Stelle sind ab 1.12.2016 Art. 72 bis 74 AGBGB v. 20.9.1982 (BayRS 400-1-J) getreten. Das UnschZG war zuletzt durch Ges. v. 23.2.2016 (GVBl. 14) geändert worden. Zu dem vorhergehenden Änderungsgesetz v. 9.11.2012 (GVBl. 534) s. Demharter MittBayNot 2013, 104 und zu dem diesem vorhergehenden Änderungsgesetz v. 7.8.2003 (GVBl. 512) s. Demharter MittBayNot 2004, 17 und Rpfleger 2004, 406 sowie Kirchmayer Rpfleger 2004, 203. Zur Haftungserstreckung bei Wertausgleich durch ein anderes Grundstück s. BayObLG MittBayNot 1994, 128; zum Verfahren s. BayObLG DNotZ 1994, 178. S. zum Ganzen auch Wudy, Unschädlichkeitszeugnisse in den neuen Bundesländern, NotBZ 1998, 132 und 178.

Das Zeugnis ersetzt die materiellrechtlich erforderliche Zustimmung und die verfahrensrechtliche Bewilligung der dinglich Berechtigten. Das GBAmt ist an das Zeugnis gebunden und nicht befugt, es zu überprüfen (OLG Hamm FGPrax 2004, 206). Zulässig ist die Erteilung des Zeugnisses auch bei Veräußerung eines ideellen Miteigentumsanteils an einem Grundstück (BayObLG Rpfleger 1966, 355) oder eines von mehreren gesamtbelasteten Grundstücken (BGH 18, 396), ferner beim Erbbaurecht (BayObLG Rpfleger 1963, 87) und beim **WEeigentum,** und zwar sowohl bei der Veräußerung eines Teils des im gemeinschaftlichen Eigentum stehenden Grundstücks (LG München I MittBayNot 1967, 365) als auch bei der Umwandlung eines Teils des gemeinschaftlichen Eigentums in Sondereigentum (BayObLG MittBay-Not 1993, 368; OLG Hamburg ZMR 2002, 619) und umgekehrt, sowie bei der nachträglichen Begründung von Sondernutzungsrechten (BayObLG Rpfleger 1988, 140 mit Anm. v. Reinl; OLG Hamburg ZMR 2002, 619; s. dazu OLG Köln ZMR 1993, 428, das hierfür gesetzgeberische Maßnahmen für erforderlich hält) und ganz allgemein bei Änderungen der als Inhalt des Sondereigentums im GB eingetragenen Gemeinschaftsordnung (BayObLG FGPrax 2003, 214 mit zust. Anm. v. Rapp DNotZ 2003, 939).

Für die Abschreibung einer Grundstücksteilfläche ohne Wechsel im Eigentum kann das Zeugnis grundsätzlich nicht erteilt werden (BayObLG DNotZ 1990, 294; OLG München MittBayNot 2013, 82); zu einer Ausnahme s. BayObLG FGPrax 2003, 200 mit zust. Anm. v. Rapp DNotZ 2003, 939. Zur Erteilung des Zeugnisses bei Aufhebung eines subjektiv-dinglichen Rechts s. § 21 Rn. 5. Belastungen im Sinne von Art. 120 Abs. 1 EGBGB sind insbes. Grundpfandrechte und Reallasten, aber auch Grunddienstbarkeiten und beschränkte persönliche Dienstbarkeiten (BayObLG MittBayNot 1981, 136) sowie Vormerkungen für diese Rechte, nicht aber Erbbaurechte, Verfügungsbeschränkungen (z. B. Nacherbenvermerke: LG Frankfurt Rpfleger 1986, 472) und Eigentumsvormerkungen. S. zum Ganzen auch Panz BWNotZ 1998, 16.

4. Rechtsnatur der Eintragungsbewilligung

12   Die EintrBewilligung wird teils als rein verfahrensrechtliche Erklärung angesehen, teils als eine dem Verfahrensrecht angehörende, aber zugleich auch rechtsgeschäftliche Willenserklärung. Praktische Bedeutung erlangt die Unterscheidung insbesondere bei der Frage nach der Wirksamkeit (s. Rn. 21) und der Rechtsbeständigkeit (s. Rn. 112) der EintrBewilligung.

Eine lange Zeit herrschend gewesene Meinung sah in der EintrBewilligung nicht eine nur rechtsgeschäftliche Willenserklärung (so RG 54, 384; 141, 377), sondern eine zwar verfahrensrechtliche, aber auch rechtsgeschäftliche Willenserklärung (so noch BayObLG 1974, 34). Diese Auffassung von der Doppelnatur der EintrBewilligung stützte sich insbes. auf § 873 Abs. 2 BGB und argumentierte, der Eintritt der sachlichrechtlichen Bindung an eine rechtsgeschäftliche Erklärung durch Aushändigung der EintrBewilligung setze begrifflich voraus, dass auch die EintrBewilligung einen sachlichrechtlichen Inhalt habe.

5. Rein verfahrensrechtliche Erklärung

a) Begründung. Nach nunmehr herrschender Meinung ist die EintrBe- **13** willigung eine rein verfahrensrechtliche Erklärung (BGH FGPrax 2013, 53; BayObLG Rpfleger 1993, 189; OLG Hamburg FGPrax 1999, 6; OLG München Rpfleger 2006, 392; NotBZ 2012, 227; OLG Düsseldorf FGPrax 2013, 13). Diese Auffassung verdient gegenüber der von der Doppelnatur den Vorzug. Die EintrBewilligung ist nämlich die lediglich formelle Voraussetzung und Rechtfertigung der GBEintragung. Hierin erschöpft sich im Wesentlichen ihre Bedeutung und daraus folgt auch ihr rein verfahrensrechtlicher Inhalt. Dass die Aushändigung der EintrBewilligung die Bindung an die sachlichrechtliche Erklärung zur Folge hat (§ 873 Abs. 2, § 875 Abs. 2 BGB), berührt die verfahrensrechtliche Natur der EintrBewilligung ebenso wenig, wie die verschiedentlich vorgesehene Möglichkeit, bei der GBEintragung auf die EintrBewilligung Bezug zu nehmen (vgl. §§ 874, 885 Abs. 2, § 1115 Abs. 1 BGB, § 7 Abs. 3 WEG, § 14 Abs. 1 ErbbauRG). Der rein verfahrensrechtliche Charakter der EintrBewilligung hat zur Folge, dass diese grundsätzlich nur verfahrensrechtlichen, nicht aber sachlichrechtlichen Vorschriften unterliegt; die Vorschriften des bürgerlichen Rechts für rechtsgeschäftliche Erklärungen können daher nicht unmittelbar, sondern allenfalls entsprechend angewendet werden.

b) EintrAntrag. Vom EintrAntrag, der ebenfalls reine Verfahrenhandlung **14** ist (s. § 13 Rn. 7), unterscheidet sich die EintrBewilligung dadurch, dass sie die Grundlage der Eintragung bildet, während der EintrAntrag nur die auf die Eintragung gerichtete Tätigkeit des GBAmts veranlasst.

c) Grundgeschäft und Erfüllungsgeschäft. Von der EintrBewilligung **15** zu unterscheiden ist das schuldrechtliche Grundgeschäft, das lediglich persönliche Verpflichtungen zum Gegenstand hat (s. Rn. 18 ff.).

Zu unterscheiden ist die EintrBewilligung auch von den sachlichrechtli- **16** chen Erklärungen, die zum Eintritt einer Rechtsänderung notwendig sind, d. h. die Einigungserklärung (§ 873 Abs. 1, §§ 877, 880 Abs. 2 Satz 1, §§ 925, 1116 Abs. 2 und 3, § 1180 Abs. 1 BGB; § 4 Abs. 1 WEG), die einseitige Erklärung des Berechtigten (§ 875 Abs. 1, § 1109 Abs. 2, § 1132 Abs. 2, § 1168 Abs. 2, § 1188 Abs. 1, §§ 1195, 1196 Abs. 2 BGB) und die Zustimmungserklärung (§§ 876, 880 Abs. 2 Satz 2, § 1180 Abs. 2 Satz 1, § 1183 BGB; § 26 ErbbauRG). Wenngleich sich EintrBewilligung und sachlichrechtliche Erklärung des Betroffenen begrifflich nicht decken, kann doch die eine in der anderen enthalten sein; ob dies zutrifft, ist eine Frage der Auslegung. Auch in den Fällen des § 20 bedarf es neben dem Nachweis der Einigung grundsätzlich einer EintrBewilligung (s. § 20 Rn. 2).

d) Ordnungsvorschrift. Entspricht die EintrBewilligung nicht der wah- **17** ren Rechtslage, so wird das GB durch die Eintragung unrichtig. Über den Fall, dass dem GBAmt der Sachverhalt bekannt ist, s. Rn. 4. Andererseits ist § 19 nur eine Ordnungsvorschrift. Durch die Eintragung wird eine Rechtsänderung, falls ihre sonstigen Voraussetzungen vorliegen, also auch dann herbeigeführt, wenn keine oder keine formgerechte EintrBewilligung vorgelegen hat (BayObLG Rpfleger 2000, 448; OLG München NotBZ 2009, 103; OLG Düsseldorf FGPrax 2009, 101).

6. Unabhängigkeit vom Grundgeschäft

18   Die EintrBewilligung ist auf Grund ihrer verfahrensrechtlichen Natur eine abstrakte Erklärung. Ihre Wirksamkeit hängt daher nicht von der des (schuldrechtlichen) Grundgeschäfts ab (OLG München JFG 20, 241), auch wenn beide in derselben Urkunde enthalten sind. Die Wirksamkeit des Grundgeschäfts kann auch nicht zur Bedingung der EintrBewilligung gemacht werden, da letztere keine Bedingung verträgt (s. Rn. 31). Die Wirksamkeit der EintrBewilligung ist auch unabhängig von der Wirksamkeit des (dinglichen) Erfüllungsgeschäfts. Dessen Unwirksamkeit kann aber dazu führen, dass das GB durch die Eintragung unrichtig wird; daran darf das GBAmt nicht mitwirken (s. Rn. 20 und Anh. zu § 13 Rn. 41).

19   **a) Prüfungspflicht.** Das GBAmt braucht das Grundgeschäft grundsätzlich nicht zu prüfen (OLG Celle Rpfleger 1996, 336). Der Grundsatz erleidet jedoch einige Ausnahmen. Erforderlich ist die Prüfung, wenn die Wirksamkeit einer Vollmacht nach § 139 BGB von der Wirksamkeit des in derselben Urkunde beurkundeten Grundgeschäfts abhängt (KGJ 41, 162/164; KG FGPrax 2019, 99), wenn nach § 181 BGB die Erfüllung einer Verbindlichkeit festzustellen ist oder wenn die Verfügungsbefugnis als Grundlage der Bewilligungsbefugnis von der Art des Grundgeschäfts abhängt, z. B. von der Entgeltlichkeit im Fall der Verfügung eines Testamentsvollstreckers oder eines befreiten Vorerben (JFG 7, 287). Notwendig ist die Prüfung ferner dann, wenn der Inhalt des Grundgeschäfts für die Erwerbsfähigkeit von Bedeutung ist (s. zum Ganzen BayObLG DNotZ 1990, 510).

20   **b) Prüfungsrecht.** Das GBAmt ist zur Prüfung des Grundgeschäfts berechtigt. Es darf den EintrAntrag aber nur zurückweisen, wenn es auf Grund der ihm vorliegenden Urkunden oder anderer ihm bekannter Umstände zu der sicheren Überzeugung gelangt, dass das Grundgeschäft nichtig ist und die Nichtigkeit auch das Erfüllungsgeschäft ergreift (BGH NJW 1999, 2526; Rpfleger 2006, 316, jeweils zur Sittenwidrigkeit; KG HRR 1935 Nr. 1373; BayObLG DNotZ 1990, 510; OLG Frankfurt Rpfleger 1980, 292); bloße Bedenken rechtfertigen höchstens eine Zwischenverfügung zur Klarstellung (BayObLG JFG 2, 344; Rpfleger 1969, 48). Ein Antrag auf Eigentumsumschreibung ist daher auch dann zu vollziehen, wenn entgegen der in dem Kaufvertrag übernommenen Verpflichtung zur lastenfreien Umschreibung nicht zugleich die Löschung von Grundpfandrechten beantragt wird (LG Aurich Rpfleger 1986, 469; OLG Celle Rpfleger 1996, 336). Dagegen hat das GBAmt die Eintragung einer Grundschuld mit einem Zinssatz von 48 % wegen Sittenwidrigkeit der zugrunde liegenden dinglichen Einigung abzulehnen (OLG Schleswig Rpfleger 2013,79). Zur Annahme der Sittenwidrigkeit eines Grundstückskaufvertrags ohne Hinzutreten weiterer Umstände erst ab einer Verkehrswertüber- oder -unterschreitung von 90 % s. BGH NJW 2014, 1652. Zur Eintragung einer Erbbaurechtsbestellung trotz Formnichtig-

keit des Grundgeschäfts s. § 20 Rn. 30. S. zum Ganzen auch Anh. zu § 13 Rn. 41 ff.

7. Wirksamkeit der Eintragungsbewilligung

a) Zugang. Die EintrBewilligung wird nicht schon mit der Ausstellung **21** der in der vorgeschriebenen Form (s. Rn. 109) errichteten Urkunde wirksam in dem Sinn, dass sie verfahrensrechtliche Grundlage einer Eintragung durch das GBAmt sein kann (zu einem Ausnahmefall s. Rn. 24), sondern erst dann, wenn die Urkunde mit dem Willen des Erklärenden (KGJ 48, 187; s. dazu auch OLG Brandenburg FGPrax 2003, 54) dem GBAmt (OLG Braunschweig Rpfleger 2013, 442; s. dazu Heinze DNotZ 2014, 24) oder zur Vorlage bei diesem demjenigen, zu dessen Gunsten die Eintragung erfolgen soll (OLG Frankfurt NJW-RR 1995, 785; zu den Adressaten der EintrBewilligung s. Rn. 25 ff.), in Urschrift, Ausfertigung oder beglaubigter Abschrift (s. dazu Rn. 26) zugeht (BayObLG DNotZ 1994, 182; OLG Stuttgart FGPrax 2012, 158; KG Rpfleger 2013, 140; FGPrax 2015, 10; vgl. OLG Hamm Rpfleger 1989, 148).

Daher wird die einheitliche Löschungsbewilligung des Gläubigers einer Gesamtgrundschuld, die dem GBAmt nur zur Löschung des Rechts an einem Grundstück vorgelegt wird, nur insoweit wirksam; ein Dritter, dem die Löschungsbewilligung nicht ausgehändigt wurde, kann sich nicht auf die beim GBAmt verbliebene Bewilligung mit dem Ziel berufen, eine darüber hinaus gehende Löschung zu erreichen (OLG Braunschweig Rpfleger 2013, 442 mit Anm. v. Munzig MittBayNot 2014, 162; LG Berlin Rpfleger 2001, 409). Enthält die zur Eintragung einer Eigentumsvormerkung dem GBAmt vorgelegte Kaufvertragsurkunde die Bewilligung sowohl der Eintragung der Vormerkung als auch der späteren Löschung, hält das OLG Celle FGPrax 2018, 193 eine Löschung der Vormerkung auf Antrag des Grundstückseigentümers, gestützt auf die Löschungsbewilligung in der beim GBAmt verbliebenen Kaufvertragsurkunde zu Recht für zulässig. Zur Wiedererlangung der Wirksamkeit einer beim GBAmt verbliebenen EintrBewilligung s. Rn. 114. Zum Nachweis, dass die Eintrbewilligung mit dem Willen des Erklärenden dem Begünstigten zugegangen ist, wenn dieser die EintrBewilligung dem GBAmt vorlegt, s. Rn. 26.

Die Notwendigkeit, dass die EintrBewilligung mit dem Willen des Erklärenden dem GBAmt oder dem Begünstigten zugegangen sein muss, um EintrGrundlage sein zu können, folgt aus der Natur der EintrBewilligung als Verfahrenshandlung und dem mit ihr verfolgten Verfahrenszweck, eine GBEintragung herbeizuführen und deren verfahrensrechtliche Grundlage zu sein. Auf § 130 Abs. 1 Satz 1 BGB, der auf die EintrBewilligung als Verfahrenshandlung ohnehin allenfalls entsprechend angewendet werden könnte, braucht daher nicht zurückgegriffen zu werden. Dagegen sind die in § 130 Abs. 1 Satz 2, Abs. 2, 3 BGB enthaltenen allgemeinen Rechtsgedanken auch auf verfahrensrechtliche Erklärungen wie die EintrBewilligung entsprechend anzuwenden. Daraus ergibt sich folgendes:

• **Tod, Geschäftsunfähigkeit, Widerruf.** Wird die EintrBewilligung ge- **22** genüber dem GBAmt abgegeben, so ist maßgebend der Eingang bei die-

sem. Stirbt der Aussteller vor dem Zugang oder wird er vorher geschäftsunfähig oder in seiner Geschäftsfähigkeit beschränkt, so ist die Bewilligung
wirksam, wenn der Aussteller vorher alles Erforderliche getan hat, um das
Zugehen der Erklärung herbeizuführen. Diese Voraussetzung ist stets erfüllt, wenn er die Erklärung nicht nur abgefasst, sondern sie auch an den
Adressaten abgesandt hat; es genügt aber auch, wenn er die Erklärung in
anderer Weise derart in den Rechtsverkehr gebracht hat, dass er mit ihrem
Zugehen bei diesem rechnen konnte (RG 170, 380; OLG Köln NJW
1950, 702; OLG Stuttgart FGPrax 2012, 158). Geht dem Adressaten der
EintrBewilligung vor oder mit dieser ein Widerruf des Erklärenden zu, so
hindert dies den Eintritt der Wirksamkeit der EintrBewilligung. Der nachträglichen Beschränkung der Geschäftsfähigkeit steht die nachträgliche
Anordnung eines Einwilligungsvorbehalts gem. § 1903 BGB gleich (OLG
Celle NJW 2006, 3501).

23 • **EintrBewilligung des Erblassers.** Die wirksam gewordene Bewilligung
des Erblassers genügt zur Umschreibung auf den Erwerber (KG JR 1951,
761), und zwar auch dann, wenn inzwischen der Erbe als Berechtigter in
das GB eingetragen worden ist (BGH Rpfleger 1968, 49; OLG Stuttgart
FGPrax 2012, 158; OLG München FGPrax 2014, 244). Zu weiteren Fällen, in denen die Erklärung (EintrBewilligung) des Erblassers zur Eintragung ausreicht, s. § 20 Rn. 44. Die EintrBewilligung und die Bevollmächtigung zur Abgabe einer solchen können auch in einem notariellen
Testament oder einem Erbvertrag erklärt werden (OLG Stuttgart FGPrax
2012, 158; a. M. KG HRR 1928 Nr. 590; 1933 Nr. 416), desgleichen die
Bevollmächtigung zur Erklärung einer Auflassung, auch an sich selbst
(OLG Köln NJW-RR 1992, 1357). In diesem Fall ist aber fraglich, ob alles
getan wurde, um den Zugang der EintrBewilligung bei einem Adressaten
(s. Rn. 25, 26) sicherzustellen (verneinend für den Zugang beim GBAmt
Otte ZEV 2012, 433). Das OLG Stuttgart (FGPrax 2012, 158; ebenso RG
170, 380) bejaht dies, falls die letztwillige Verfügung in die amtliche Verwahrung gegeben wurde (zweifelnd Kössinger MittBayNot 2013, 50).

24   **b) Ausnahme.** Ausnahmsweise wird die EintrBewilligung bereits mit
dem Abschluss des Beurkundungsvorgangs wirksam, wenn demjenigen, zu
dessen Gunsten die EintrBewilligung abgegeben wird, ein gesetzlicher Anspruch auf Erteilung einer Ausfertigung (s. § 51 BeurkG) zusteht (KG
FGPrax 2015, 10). Nur ein derartiger gesetzlicher, der Willensmacht des Bewilligenden entzogener Anspruch kann den Zugang der EintrBewilligung
ersetzen (KGJ 49, 149; OLG Frankfurt DNotZ 1970, 163; OLG Hamm
Rpfleger 1989, 148). In diesem Fall hat auch ein nach der Beurkundung
erklärter Vollmachtswiderruf keinen Einfluss auf die Wirksamkeit der
EintrBewilligung; es genügt die Vorlage einer beglaubigten Abschrift der
EintrBewilligung beim GBAmt (BayObLG DNotZ 1994, 182).

   c) Widerruf. Die Wirksamkeit der EintrBewilligung durch Zugang bei
einem Empfangsberechtigten (s. Rn. 21) oder ausnahmsweise durch Abschluss des Beurkundungsvorgangs hat ihre Unwiderruflichkeit zur Folge.
Zur Rechtsbeständigkeit der EintrBewilligung s. Rn. 112.

8. Adressat der Eintragungsbewilligung

a) GBAmt. Adressat der EintrBewilligung ist stets das GBAmt (KG OLG 25
40, 37; BayObLG Rpfleger 1976, 66); dies ergibt sich ohne weiteres aus dem
mit der EintrBewilligung verfolgten Verfahrenszweck, eine GBEintragung
herbeizuführen, die dem GBAmt obliegt. In den Fällen der §§ 36, 37 tritt
jedoch an die Stelle des GBAmts die nach diesen Vorschriften zuständige
Stelle (s. dazu § 37 Rn. 15).

b) Begünstigter. Außer dem GBAmt wird als Adressat der EintrBewilli- 26
gung auch, aber auch nur derjenige angesehen werden müssen, zu dessen
Gunsten die EintrBewilligung abgegeben wird (KGJ 43, 149; OLG Frankfurt
DNotZ 1970, 162; weitergehend Meikel/Böttcher Rn. 137 und andere, die
auch einen Dritten als empfangsberechtigt ansehen), und zwar auch bei Bewilligung einer Vormerkung (KGJ 46, 208) sowie hinsichtlich der Bewilligung eines mittelbar Betroffenen (§ 876 Satz 3, § 1180 Abs. 2 Satz 1 BGB; s.
aber die Sonderregelung in § 880 Abs. 2 Satz 3, § 1183 BGB und § 26 ErbbauRG). Dies folgt aus dem mit der EintrBewilligung verfolgten Verfahrenszweck, eine GBEintragung zu seinen Gunsten zu bewirken, die er durch
eigene Antragstellung (§ 13 Abs. 1 Satz 2) erwirken kann (OLG München
NotBZ 2012, 227).

c) Aushändigung. Ein Aushändigen der EintrBewilligung an den Begünstigten, also die Verschaffung des unmittelbaren Besitzes an der sie ver-
körpernden Urschrift oder Ausfertigung, ist zu ihrer Wirksamkeit nicht erforderlich; es genügt vielmehr auch insoweit ihr Zugang in Form einer
beglaubigten Abschrift (a. M. Meikel/Böttcher Rn. 139). Wird jedoch dem
GBAmt die EintrBewilligung von einem anderen als dem Erklärenden oder
seinem Vertreter lediglich in beglaubigter Abschrift vorgelegt, so wird damit,
sofern der Erklärende nicht wenigstens den EintrAntrag stellt, in der Regel
sein Einverständnis mit dem Zugang zur Vorlage beim GBAmt, das zur Wirksamkeit der EintrBewilligung erforderlich ist (s. Rn. 21), nicht nachgewiesen
sein (BayObLG DNotZ 1994, 182). Daher und weil die Bindung an die
sachlichrechtliche Erklärung die Aushändigung der EintrBewilligung in der
Form des § 29 Abs. 1 Satz 1 verlangt (§ 873 Abs. 2, § 875 Abs. 2 BGB), wird
sich der Begünstigte in der Regel (zu einer Ausnahme s. Rn. 24) mit dem
Zugang lediglich einer beglaubigten Abschrift nicht begnügen können, sondern auf einer Aushändigung der EintrBewilligung in Urschrift oder Ausfertigung bestehen müssen (OLG Zweibrücken FGPrax 2013, 24).

9. Auslegung der Eintragungsbewilligung

a) Allgemeines. Die Sicherheit des GBVerkehrs verlangt klare Aus- 27
drucksweise; bestimmte Ausdrücke, insbes. der Gebrauch des Wortes „bewilligen", sind jedoch nicht vorgeschrieben. Es muss nur unzweideutig erkennbar sein, dass eine GBEintragung gewollt ist und was eingetragen werden soll
(BayObLG Rpfleger 1984, 145; 1985, 288); die EintrBewilligung kann daher
insbes. auch in die Form eines EintrAntrags gekleidet werden (KG Rpfleger
2013, 140). Sie kann auch in einem gerichtlichen (schriftlichen) Vergleich
enthalten sein (OLG München Rpfleger 2014, 367; s. dazu § 29 Rn. 29).

28   **b) Auslegungsgrundsätze.** Als verfahrensrechtliche Erklärung ist die
EintrBewilligung auslegungsfähig, es sei denn, dass ihre Eindeutigkeit eine
Auslegung ausschließt (BGH 32, 63; BayObLG Rpfleger 1990, 363; OLG
Frankfurt Rpfleger 1993, 331). Das GBAmt ist zur Auslegung nicht nur be-
rechtigt, sondern auch verpflichtet (OLG Zweibrücken DNotZ 1997, 325).
Für die Auslegung gilt § 133 BGB entsprechend, wobei jedoch zu beachten
ist, dass der das GBVerfahren beherrschende Bestimmtheitsgrundsatz und das
grundsätzliche Erfordernis urkundlich belegter EintrUnterlagen der Auslegung durch das GBAmt Grenzen setzen (BayObLG 1984, 122/124; OLG
München RNotZ 2019, 220). Auf die Auslegung kann nur zurückgegriffen
werden, wenn sie zu einem zweifelsfreien und eindeutigen Ergebnis führt
(BGH Rpfleger 1995, 343). Im Zweifel ist derjenigen Auslegung der Vorzug
zu geben, die eine Nichtigkeit des Rechtsgeschäfts vermeidet.

      Bei der Auslegung ist, wie bei der von GBEintragungen, auf Wortlaut und
Sinn der Erklärung abzustellen, wie er sich für einen unbefangenen Betrachter als nächstliegende Bedeutung der Erklärung ergibt (BGH FGPrax 2015,
5; BayObLG Rpfleger 1993, 189; OLG Düsseldorf Rpfleger 1988, 357);
außerhalb der EintrBewilligung liegende Umstände dürfen zur Auslegung
nur insoweit herangezogen werden, als sie für jedermann ohne weiteres erkennbar sind (BGH FGPrax 2015, 5; OLG Schleswig Rpfleger 1991, 17). Ist
die EintrBewilligung in einer notariellen Urkunde enthalten, kann sie zur
Auslegung nur in dem Umfang herangezogen werden, in dem auf sie in der
Eintragung in zulässiger Weise Bezug genommen werden kann (s. dazu § 44
Rn. 15 ff.); sonstige in der Urkunde enthaltene Erklärungen können bei der
Auslegung nicht berücksichtigt werden (BayObLG FGPrax 2002, 151; OLG
Frankfurt NJW-RR 1997, 1447). Darauf, was der Bewilligende gewollt hat,
kommt es nicht an. (BayObLG Rpfleger 2002, 619; OLG Naumburg
FGPrax 2004, 202).

29   Diese Auslegungsgrundsätze gelten auch für die Feststellung, ob überhaupt
eine GBErklärung vorliegt. Ist die Eintragung einer Rechtsänderung bewilligt, so liegt hierin noch nicht die Bewilligung einer entsprechenden Vormerkung (BayObLG JFG 8, 210; Rpfleger 1979, 134; a. M. Hieber DNotZ
1954, 67). Enthält der vom Käufer zum Abschluss angebotene Kaufvertrag
eine Eigentumsvormerkung, so kann die vorbehaltlose Annahme des Ange-
bots durch den Verkäufer als dessen Bewilligung einer Eigentumsvormerkung ausgelegt werden (LG Karlsruhe MittBayNot 1993, 22). Über die Auslegung ungenau oder widerspruchsvoll ausgefüllter Vordrucke s. KG DNotZ
1935, 407. Auf die Beseitigung von Unklarheiten ist durch Zwischenverfügung hinzuwirken.

      Zur Auslegung der EintrBewilligung durch das Rechtsbeschwerdegericht
s. § 78 Rn. 41. Zur – auch ergänzenden – Auslegung von GBEintragungen s.
§ 53 Rn. 4. Zum Ganzen s. Wulf MittRhNotK 1996, 41.

30   **c) Umdeutung.** Dem GBAmt steht grundsätzlich weder die Entscheidung darüber zu, ob die Vermutung des allenfalls entsprechend anwendbaren
§ 139 BGB entkräftet ist (BayObLG 1952, 28), noch ist es seine Aufgabe, die
Möglichkeit einer Umdeutung in entsprechender Anwendung des § 140
BGB ins Auge zu fassen (BayObLG Rpfleger 1990, 363; KG Rpfleger 1968,

52). Die Umdeutung einer GBErklärung ist aber nicht völlig ausgeschlossen, kommt jedoch nur in Betracht, wenn die vorrangige Auslegung zu keinem Ergebnis geführt hat; wie dieser sind auch der Umdeutung durch die Grundsätze des EintrVerfahrens von vornherein Grenzen gesetzt. Wenn aber eine ihrem Wortlaut nach nicht eintragungsfähige GBErklärung objektiv und nach dem wirtschaftlich mit ihr Gewollten den Erfordernissen eines anderen, eintragungsfähigen Rechts entspricht, kann sich auch das GBAmt, sofern es auf Grund der EintrUnterlagen zu einer abschließenden Würdigung in der Lage ist, einer Umdeutung nicht verschließen (vgl. dazu BayObLG Rpfleger 1983, 346; FGPrax 1997, 91; OLG Bremen OLGZ 1987, 10; OLG Hamm FGPrax 2014, 238; 2015, 112; ferner Böhringer MittBayNot 1990, 12). In Betracht kommen kann z.B. eine Umdeutung der unwirksamen Bewilligung von Sondereigentum in die Bewilligung eines Sondernutzungsrechts (OLG Köln MittRhNotK 1996, 61).

10. Inhalt der Eintragungsbewilligung

a) Vorbehalt. Die EintrBewilligung muss den bestimmten Willen zu ei- **31** ner Eintragung erkennen lassen. Sie darf deshalb keinen Vorbehalt enthalten, insbes. nicht bedingt und nicht befristet sein (KGJ 44, 197; OLG Hamm FGPrax 2011, 10).

Statthaft ist ein Vorbehalt nach § 16 Abs. 2, der auch stillschweigend gemacht werden kann (s. § 16 Rn. 11), unschädlich die Beifügung einer Rechtsbedingung (OLG München Rpfleger 2014, 486; s. § 16 Rn. 3, 9). Ob sich die in einem schuldrechtlichen Vertrag enthaltene Bedingung oder Befristung auch auf die in demselben Vertrag enthaltenen dinglichen Erklärungen, z.B. die Bewilligung einer Eigentumsvormerkung erstreckt, ist durch Auslegung zu ermitteln (KG Rpfleger 2006, 391).

b) Nachweis des Eintritts einer Bedingung. Das GBAmt darf trotz bedingter oder befristeter EintrBewilligung eintragen, wenn der Eintritt der Bedingung oder des Anfangstermins in grundbuchmäßiger Form nachgewiesen ist (OLG München Rpfleger 2014, 486); dies gilt auch, wenn die aufschiebende Bedingung in der Nichtausübung eines Widerrufsrechts besteht (s. dazu § 29 Rn. 15, 26); der Erlass einer Zwischenverfügung zur Beibringung dieses Nachweises ist nicht ausgeschlossen (JFG 15, 131; KG HRR 1940 Nr. 1077; s. auch OLG Frankfurt Rpfleger 1975, 177; 1980, 291). Zum Nachweis, dass ein widerruflicher gerichtlicher Vergleich, der eine Berichtigungsbewilligung enthält, nicht widerrufen wurde, s. OLG Frankfurt FGPrax 1996, 8; zum Nachweis des Eintritts der aufschiebenden Bedingung, unter der zur Abgabe einer EintrBewilligung (oder Auflassung) ermächtigt wurde, s. OLG Köln FGPrax 2007, 102; KG Rpfleger 2009, 147; zum Nachweis, dass von einem zeitlich befristeten Widerrufsvorbehalt in der EintrBewilligung kein Gebrauch gemacht wurde, s. OLG Oldenburg NdsRpfl. 1996, 208; zum Nachweis bei Bewilligung „wenn und soweit der grundbuchliche Vollzug gemäß § 15 beantragt ist", s. KG FGPrax 2019, 9.

c) Bedingtes Recht. Mit einer bedingten oder befristeten EintrBewilli- **32** gung nicht zu verwechseln ist die vorbehaltlose Bewilligung der Eintragung

eines bedingten oder befristeten Rechts (RG JW 1934, 282). Ob ein einzutragendes Recht eine Bedingung oder Befristung verträgt, ist eine Frage des
materiellen Rechts. Sie ist im Allgemeinen zu bejahen; Ausnahmen gelten
jedoch für die Auflassung (§ 925 Abs. 2 BGB), für die Bestellung und Übertragung eines Erbbaurechts (§ 1 Abs. 4, § 11 Abs. 1 Satz 2 ErbbauRG; § 1017
BGB), für die Einräumung und Aufhebung von Sondereigentum (§ 4 Abs. 2
Satz 2 WEG) sowie für die Bestellung eines Dauerwohnrechts (§ 33 Abs. 1
WEG). Zur Notwendigkeit der genügenden Bestimmtheit des zur Bedingung für das Entstehen oder Erlöschen eines Rechts gemachten Ereignisses
s. Anh. zu § 13 Rn. 6; zur Bezugnahme bei der Eintragung der Bedingung s.
§ 44 Rn. 20.

33   **d) Zustimmungen und Genehmigungen.** Der Grundsatz, dass Eintr-
Bewilligungen unbedingt sein müssen, ist auf Zustimmungen und behördliche Genehmigungen nur anzuwenden, wenn diese lediglich verfahrensrechtliche Bedeutung haben. Wenn es sich bei dem Zustimmungserfordernis um
eine sachlichrechtliche Wirksamkeitsvoraussetzung handelt, entscheidet das
materielle Recht über die Zulässigkeit der Bedingung. Verbietet dieses die
Zufügung einer solchen nicht, so kann das GBAmt die bedingte Genehmigung nicht ohne weiteres als EintrGrundlage zurückweisen; es hat vielmehr
den Nachweis des Bedingungseintritts in der Form des § 29 im Weg der
Zwischenverfügung zu fordern (KG HRR 1940 Nr. 1077).

34   **e) Bezugnahme.** Die EintrBewilligung muss den Inhalt der gewollten
Eintragung, insbes. den Inhalt eines einzutragenden Rechts, vollständig enthalten. Nicht ausgeschlossen ist aber eine Bezugnahme in der EintrBewilligung auf andere Urkunden. Zur Bezugnahme auf die EintrBewilligung im
EintrVermerk s. § 44 Rn. 16.
Zulässig ist eine Bezugnahme in der EintrBewilligung auf den Inhalt eines
anderen GB, etwa des Erbbaugrundbuchs bei Belastung des Grundstücks mit
den am Erbbaurecht bestellten dinglichen Rechten (BayObLG Rpfleger
1984, 145), auf Protokollanlagen nach § 9 Abs. 1 Satz 2 und 3 BeurkG (OLG
München JFG 20, 241; s. hierzu BGH Rpfleger 1994, 412), auf eine andere
notarielle Niederschrift, auf die nach § 13a BeurkG verwiesen wird, auch
dann, wenn keine Identität der Beteiligten der beiden Beurkundungsvorgän-
ge besteht (OLG Düsseldorf FGPrax 2003, 88 mit Anm. v. Demharter
FGPrax 2003, 138; OLG Braunschweig RNotZ 2020, 117), auf öffentliche
oder öffentlich beglaubigte Urkunden, die dann aber genau zu bezeichnen
und zu den Grundakten einzureichen sind (KGJ 48, 177; OLG Frankfurt
Rpfleger 1971, 66; KG FGPrax 2014, 147), sowie auf Satzungen einer Kreditanstalt im Sinn des § 1115 Abs. 2 BGB (KGJ 47, 206); erforderlich ist in
jedem Fall die zweifelsfreie Verdeutlichung des Willens, das in Bezug Genommene zum Inhalt der Erklärung machen zu wollen (BGH DNotZ 1995,
35; OLG Köln Rpfleger 1984, 407; FGPrax 2014, 12).
Wird bei der EintrBewilligung ebenso wie bei der Bestellung des dinglichen Rechts auf die in derselben Urkunde enthaltenen schuldrechtlichen
Vereinbarungen Bezug genommen und gehen diese über das hinaus, was als
Inhalt des dinglichen Rechts in das GB eingetragen werden kann, so kann
nicht ohne weiteres davon ausgegangen werden, dass Inhalt der Eintr-

Bewilligung nur der eintragungsfähige Teil der Vereinbarungen ist. Dies kann sich aber durch Auslegung der EintrBewilligung ergeben (OLG Köln MittRhNotK 1974, 409; OLG München RNotZ 2008, 495; s. auch OLG Frankfurt NJW-RR 1997, 1447). Ansonsten ist eine Einschränkung der EintrBewilligung und im Fall des § 20 auch des dinglichen Rechtsgeschäfts erforderlich (BayObLG 1991, 97/102). Bei der Bezugnahme auf die EintrBewilligung im EintrVermerk kann in diesen Fällen zur Klarstellung ein einschränkender Zusatz geboten sein (BGH FGPrax 2015, 5; OLG Frankfurt NJW-RR 1992, 345).

f) Unzulässige Bezugnahme. Unzulässig ist eine Bezugnahme auf nicht mehr geltendes Recht (über eine Ausnahme bei der Eintragung altrechtlicher Dienstbarkeiten s. KGJ 51, 255), auf örtliche baupolizeiliche Vorschriften sowie auf Verwaltungsbestimmungen, die nicht als allgemein bekannt vorausgesetzt werden können. S. dazu § 44 Rn. 35, 45.

g) Sonstiges. Die EintrBewilligung muss den **Bewilligenden** erkennen 35 lassen, damit dessen Bewilligungsberechtigung (s. Rn. 44) geprüft werden kann. Sie muss ferner den **Berechtigten** bezeichnen, und zwar so, wie dieser in das GB einzutragen ist (s. dazu § 44 Rn. 47 ff.). Bei einer Mehrheit von Berechtigten ist die Angabe des Gemeinschaftsverhältnisses (§ 47 Abs. 1) erforderlich (OLG München JFG 20, 53; BayObLG Rpfleger 1990, 503). Ist eine Eintragung zugunsten einer Firma bewilligt, so kann durch Handelsregisterauszug klargestellt werden, dass ein Einzelkaufmann eingetragen werden soll (KG HRR 1930 Nr. 737). Ist der Begünstigte verstorben, so können seine Erben eingetragen werden (JFG 7, 326). Dagegen ist die Übertragung des „Anspruchs" auf Eintragung in dem Sinn, dass ein anderer als der in der EintrBewilligung genannte Begünstigte eingetragen werden soll, unzulässig (KG HRR 1933 Nr. 1491). Zur Eintragung der Erben einer noch lebenden Person als Berechtigte s. OLG München RNotZ 2011, 245. Über die Eintragung des letzten Erwerbers eines Rechts ohne vorherige Eintragung der Zwischenerwerber s. Rn. 73.

In der EintrBewilligung ist das **Grundstück** nach Maßgabe des § 28 zu 36 bezeichnen; etwa einzutragende Geldbeträge sind in einer zulässigen Währung anzugeben (s. § 28 Rn. 17).

Die EintrBewilligung muss den **materiellen Rechtsvorgang** bezeich 37 nen, der grundbuchmäßig verlautbart werden soll; denn dieser ist in der Eintragung anzugeben (KGJ 40, 270; OLG München JFG 18, 120). Die bloße Bewilligung der „Umschreibung" eines Rechts genügt daher nicht, vielmehr ist im Fall der Rechtsänderung der maßgebliche Rechtsakt (z. B. Abtretung) anzuführen. Im Fall der Berichtigung muss schlüssig dargetan werden, dass das GB unrichtig ist und durch die beantragte Eintragung richtig wird (BayObLG DNotZ 1991, 598; OLG Schleswig Rpfleger 2012, 381). Eine Ausnahme gilt für die Löschungsbewilligung, da der Grund der Löschung im GB nicht vermerkt wird. S. zum Ganzen § 44 Rn. 56.

Bei Bestellung eines **Dauerwohnrechts** ist die Ordnungsvorschrift des 38 § 32 Abs. 3 WEG zu beachten. Danach soll das GBAmt die Eintragung ablehnen, wenn über die in der Vorschrift aufgeführten Punkte Vereinbarungen nicht getroffen sind. Der Prüfung des GBAmts unterliegt aber nur der Inhalt der EintrBewilligung. Zu prüfen ist daher nur, ob solche Vereinbarungen getroffen sind, nicht aber auch, ob ihre materiellrechtliche Wirksamkeit in der Form des § 29 nachgewiesen ist (str.; a. M. OLG Düsseldorf Rpfleger 1977, 446). Zu § 32 Abs. 3 WEG im Übrigen s. BayObLG Rpfleger 1954, 307; Diester Rpfleger 1965, 216; Riedel Rpfleger 1966, 226.

39 Im Fall der Begründung von **WEigentum** sowie bei Bestellung eines Dauerwohnrechts sind der EintrBewilligung als Anlagen Aufteilungsplan und Abgeschlossenheitsbescheinigung beizufügen (§ 7 Abs. 4, § 32 Abs. 2 Satz 2 WEG). Nach Maßgabe des § 22 BauGB kann ferner die Genehmigung der Baugenehmigungsbehörde und nach Maßgabe des § 172 Abs. 1 Satz 4 bis 6 BauGB die der Gemeinde erforderlich sein. S. hierzu Anh. zu § 3 Rn. 43, 48.

11. Inhaltskontrolle

40 Zur Überprüfung der EintrBewilligung anhand der §§ 305 ff. BGB über die Allgemeinen Geschäftsbedingungen ist das GBAmt nicht berufen (Kössinger in Bauer/Schaub Rn. 90, 91). Die gesetzlichen Bestimmungen haben bezüglich des EintrVerfahrens des GBAmts keine Regelung getroffen. Auszugehen ist daher von der Ausgestaltung des Verfahrens durch die GBO.

41 **a) Formelles Konsensprinzip.** Die im Bereich des formellen Konsensprinzips als EintrUnterlage allein in Betracht kommende EintrBewilligung ist eine einseitige, rein verfahrensrechtliche Erklärung. Schon dies verbietet eine Anwendung der Vorschriften der §§ 305 ff. BGB auf sie (OLG Frankfurt FGPrax 1998, 85). Davon abgesehen kann das GBAmt der EintrBewilligung in der Regel nicht entnehmen, ob eine Bedingung gestellt oder im Einzelnen ausgehandelt worden ist. Nur wenn ersteres zutrifft, greifen aber die Klauselverbote ein. Darüber hinaus hängen diese zum Teil von Wertungen ab (s. §§ 307 bis 309 BGB), die regelmäßig anhand der EintrBewilligung allein nicht vorgenommen werden können. Das EintrAntragsverfahren, in dem das GBAmt zur Anstellung von Ermittlungen weder berechtigt noch verpflichtet ist, eignet sich somit nicht für eine Kontrolle gemäß den gesetzlichen Bestimmungen über die Allgemeinen Geschäftsbedingungen; diese ist grundsätzlich dem Prozessgericht zu überlassen.

Zur Inhaltskontrolle einer Gemeinschaftsordnung der WEigentümer, die als Inhalt des Sondereigentums in das GB eingetragen werden soll, sowie einer Vollmacht zu ihrer Änderung, s. Anh. zu § 3 Rn. 25, 26 und § 19 Rn. 76.

42 **b) Materielles Konsensprinzip.** Im Bereich des materiellen Konsensprinzips sind den Inhalt des Rechts betreffende Vereinbarungen zwar nicht bei der Übertragung des Eigentums, wohl aber bei Bestellung oder Inhaltsänderung eines Erbbaurechts möglich. Hier ist dem GBAmt die dingliche Einigung nachzuweisen. Diese stellt aber nur einen Teil der gesamten Vertragsverhandlungen dar. Auch ihr ist demnach, jedenfalls in der Regel, weder zu entnehmen, ob die §§ 305 ff. BGB überhaupt eingreifen, noch ob eines der zum Teil wertungsabhängigen Klauselverbote zum Zug kommt.

43 Weiß das GBAmt allerdings, dass eine Bedingung nicht im Einzelnen ausgehandelt worden ist, und verstößt diese gegen § 309 BGB oder ist ein Verstoß gegen §§ 307, 308 BGB offensichtlich, so hat es den EintrAntrag zu beanstanden und, falls der Beanstandung nicht Rechnung getragen wird, zurückzuweisen, da es nicht dazu mitwirken darf, das GB unrichtig zu machen (OLG München FGPrax 2009, 105; s. Anh. zu § 13 Rn. 41 ff.). Eine gleichwohl vorgenommene Eintragung wäre grundsätzlich nicht inhaltlich unzulässig (s. dazu § 53 Rn. 48).

12. Bewilligungsberechtigung

a) Verlierender Teil. Die EintrBewilligung muss von demjenigen ausge- **44** hen, dessen Recht (s. Rn. 45) von der Eintragung betroffen wird (s. Rn. 49), also von dem verlierenden Teil; ob er die Bewilligungsberechtigung selbst ausüben kann, ist eine Frage der Bewilligungsbefugnis (s. hierzu Rn. 56). Bewilligen muss also derjenige, der im Zeitpunkt der Eintragung Inhaber des betroffenen Rechts ist (OLG München Rpfleger 2015, 693). Im Fall einer Gesamtrechtsnachfolge genügt jedoch die Bewilligung des Rechtsvorgängers. Soll zugleich mit dem bewilligten Recht ein neuer Inhaber des betroffenen Rechts in das GB eingetragen werden, ist dessen Bewilligung erforderlich; die seines Rechtsvorgängers genügt nicht (vgl. BGH Rpfleger 2003, 118; OLG Düsseldorf FGPrax 2003, 88 mit Anm. v. Demharter FGPrax 2003, 139). Der gewinnende Teil ist lediglich antragsberechtigt.

b) Gesamtgläubigerschaft. Zur Löschung eines dinglichen Rechts, bei dem eine Gesamtberechtigung gemäß § 428 BGB besteht, ist grundsätzlich die Bewilligung aller Gesamtgläubiger erforderlich (BGH FGPrax 2017, 54; OLG München FGPrax 2020, 21). Bei einem Grundpfandrecht kann ein Gläubiger ohne Mitwirkung der anderen zwar eine löschungsfähige Quittung erteilen, nicht aber die Löschung des ganzen Rechts bewilligen (OLG Brandenburg FGPrax 2015, 196).

c) Erbengemeinschaft. Steht das betroffene Recht einer Erbengemeinschaft zu, muss die Bewilligung von allen Miterben erklärt werden (vgl. § 2040 Abs. 1 BGB). Dazu ist es aber nicht erforderlich, dass alle Miterben die Bewilligung gleichzeitig oder bei derselben Gelegenheit abgeben (RG 152, 383). Es genügen zeitlich aufeinander folgende Erklärungen der Miterben, sofern sie sich nur zu einer einheitlichen Bewilligung ergänzen (Demharter FGPrax 1998, 43). Verfügt ein Miterbe für sich und die übrigen Miterben über einen Nachlassgegenstand als Maßnahme ordnungsmäßiger Mehrheitsverwaltung oder als Maßnahme der Notverwaltung (§ 2038 Abs. 1 BGB), sind die Voraussetzungen dafür durch öffentliche Urkunden nachzuweisen; in der Regel wird der Nachweis in dieser Form nicht geführt werden können (OLG München NotBZ 2019, 66 mit Anm. v. Zimmer und v. Ruhwinkel MittBayNot 2019, 587). Zur fehlenden Rechtsfähigkeit der Erbengemeinschaft s. Rn. 99. Zur Bewilligung eines Miterben als Nichtberechtigter für die anderen Miterben s. Rn. 72.

d) WEigentümergemeinschaft. Zur Bewilligungsberechtigung des Verwalters von WEigentum bei der Löschung von Rechten s. Rn. 107.

13. Betroffenes Recht

45   **a) Buchberechtigter.** Es kommen nur dingliche Rechte in Betracht, also Eigentum, sonstige Rechte an einem Grundstück sowie Rechte an solchen Rechten. Ihnen gleichzustellen sind Vormerkungen, Widersprüche und Verfügungsbeschränkungen, z. B. Nacherbenvermerke (RG 83, 439). Betroffenes Recht kann auch das grundbuchmäßige Recht als bloße Buchberechtigung sein (s. Rn. 47). Die Buchposition ist aber nicht ausschließlich das betroffene Recht. Dies ergibt sich aus § 39 Abs. 1; danach kann das Recht einer Person betroffen sein, die nicht als Berechtigter im GB eingetragen ist (OLG München Rpfleger 2006, 393; s. auch Rn. 48).

46   **b) Rechtsänderung.** Von der Eintragung einer Rechtsänderung wird nur der wahre Berechtigte betroffen (KGJ 40, 296). Dieser muss, wenn er nicht eingetragen ist, sein Recht nachweisen. Die bloße Berufung auf §§ 892, 893 BGB genügt dem GBAmt gegenüber nicht (KGJ 40, 267; KG Rpfleger 1973, 23). Für das GBAmt gilt nämlich die Vermutung des § 891 BGB, dass der Eingetragene der wahre Berechtigte ist. Nur wenn das GBAmt Tatsachen kennt, welche die Unrichtigkeit des GB ergeben, darf es auf die Bewilligung des Buchberechtigten nicht eintragen (BayObLG Rpfleger 1992, 56); bloße Möglichkeiten oder Vermutungen rechtfertigen die Zurückweisung des Antrags dagegen nicht (BayObLG DNotZ 1990, 739; s. hierzu Anh. zu § 13 Rn. 16).

Zum Nachweis der Rechtsinhaberschaft und damit der Bewilligungsberechtigung einer ausländischen staatlichen oder öffentlichen Stelle genügt gegenüber dem GBAmt eine mit dem Dienstsiegel oder Dienststempel versehene und unterschriebene Bestätigung des Auswärtigen Amtes. § 39 findet in diesem Fall keine Anwendung (§ 112 GBV). Damit soll den Schwierigkeiten begegnet werden, die für das GBAmt bei der Feststellung des Verfügungs- und Bewilligungsberechtigten dann entstehen, wenn im GB ein ausländischer Staat eingetragen ist, dessen Auslandsvermögen infolge Aufspaltung oder Auflösung auf Grund allgemeiner Regeln des Völkerrechts (vgl. Art. 25 GG) oder nach Maßgabe völkerrechtlicher Verträge ganz oder teilweise auf einen oder mehrere Nachfolgestaaten übergegangen ist (s. dazu und insbes. für Grundstücke der ehemaligen UdSSR Demharter VIZ 1998, 65).

47   **c) Berichtigung.** Von der Eintragung einer Berichtigung kann der Buchberechtigte oder der wahre Berechtigte betroffen werden; besteht die Berichtigung in der Löschung eines Rechts oder in der Eintragung des wahren Berechtigten, so wird der Buchberechtigte betroffen (BayObLG MittRhNotK 1989, 13); handelt es sich um eine Berichtigung anderer Art, so wird der wahre Berechtigte betroffen (BayObLG DNotZ 1998, 811 mit kritischer Anm. v. Schöner; s. § 22 Rn. 32).

48   **d) Wahrer Berechtigter.** Soweit danach die Bewilligung des wahren Berechtigten erforderlich ist, genügt die des Buchberechtigten nicht, wenn die Vermutung des § 891 BGB widerlegt ist (BGH Rpfleger 2006, 316 mit zust. Anm. v. Böttcher NotBZ 2006, 207; BayObLG Rpfleger 1992, 56; OLG Frankfurt ZflR 2005, 254; OLG München Rpfleger 2006, 393). Andererseits genügt wegen § 39 Abs. 1 die EintrBewilligung des wahren Berechtigten grundsätzlich nur, wenn er zugleich Buchberechtigter ist. Gegebenenfalls ist das GB vorher zu berichtigen. Dass die EintrBewilligung eine reine Verfahrenshandlung und als solche keine sachlichrechtliche, sondern nur eine verfahrensrechtliche Verfügung über das betroffene Recht darstellt (s. Rn. 56), rechtfertigt es nicht, bezüglich der Bewilligungsberechtigung nur auf den GBEintrag abzustellen mit der Folge, dass in jedem Fall die Bewilligung desjenigen erforderlich aber auch ausreichend ist, dessen grundbuchmäßiges Recht danach von der Eintragung betroffen wird (ebenso Kössinger in Bauer/Schaub Rn. 136 ff.). Andernfalls würde das GBAmt, wenn es weiß, dass es sich dabei nur um den Buchberechtigten handelt, im Einzelfall eine GBEintragung vornehmen, die aus seiner Sicht der wirklichen Rechtslage nicht entspricht. Dies ist ihm verwehrt (BayObLG DNotZ 1990, 739).

14. Betroffenwerden

Ein Recht wird von der Eintragung betroffen, wenn es durch sie im **49** Rechtssinn, nicht nur wirtschaftlich, beeinträchtigt wird oder werden kann (BGH Rpfleger 1984, 408; 2001, 69; BayObLG Rpfleger 1985, 355). Eine Beeinträchtigung liegt schon dann vor, wenn das Recht durch die Eintragung unter Umständen eine ungünstigere Gestaltung erfährt (JFG 14, 147; BayObLG 1981, 158), was bei Eintragung einer Unterwerfungserklärung gemäß § 800 ZPO hinsichtlich des gesamten Grundpfandrechts nicht der Fall ist; nach BayObLG Rpfleger 1985, 355 soll bei einer Unterwerfungserklärung nur hinsichtlich eines Teilbetrags ohne Rangbestimmung hinsichtlich dieses Teilbetrags nichts anderes gelten. Die Beeinträchtigung braucht anders als im Rahmen des § 13 Abs. 1 Satz 2 auch keine unmittelbare zu sein. Hieraus folgt:

a) Nur möglicherweise Betroffener. Auch er muss bewilligen (RG **50** 119, 316; BayObLG MittBayNot 1981, 122). So z. B. der Eigentümer, wenn die Erteilung eines Briefs über ein Grundpfandrecht nachträglich ausgeschlossen werden soll (KG RJA 1, 25; BayObLG Rpfleger 1987, 363), ferner der Eigentümer, der den Gläubiger einer Gesamthyp. befriedigt und daher möglicherweise Ersatzansprüche hat (§ 1173 Abs. 2 BGB), wenn die Hyp. auf anderen Grundstücken gelöscht werden soll; der Gläubiger, wenn eine Hyp. in Teile mit verschiedenem Rang zerlegt werden soll (JFG 14, 147), ferner wenn sich der Eigentümer hinsichtlich eines rangmäßig bestimmten Teils einer Grundschuld der sofortigen Zwangsvollstreckung unterwerfen soll (OLG Hamm Rpfleger 1984, 60; OLG Köln JurBüro 1984, 1422) oder wenn ein Recht im Rang hinter einen Teil einer Grundschuld zurücktreten soll (BayObLG 1985, 434 gegen LG Augsburg Rpfleger 1984, 348); der frühere Eigentümer, der eine Höchstbetragshyp. bestellt hat, wenn diese, ohne dass die Feststellung der Forderung nachgewiesen wird, gelöscht werden soll (OLG Dresden JFG 2, 444).

Beide Teile müssen bewilligen, wenn Gewinn und Verlust nicht zu erken- **51** nen sind. So z. B. Eigentümer und Gläubiger bei nachträglicher Umwandlung einer Grundschuld in eine Hyp. (JFG 12, 324), bei Änderung der Zahlungsbedingungen, die nicht zweifelsfrei nur den einen Teil benachteiligen (JFG 14, 148) oder bei Verlängerung der Kündigungsfrist (OLG München

JFG 22, 101). Die Eintragung einer mit einem Recht belasteten Hyp. braucht nur der Eigentümer zu bewilligen, weil er von der Eintragung der Hyp. allein betroffen wird (JFG 11, 269). Steht bei einer Verkehrshyp. der Anspruch auf Kapital und Zinsen verschiedenen Gläubigern zu (s. § 26 Rn. 19), so bedarf es zur Löschung der Hyp. einschließlich der Zinsen nur der Bewilligung des Kapitalgläubigers (JFG 18, 35). Behält in einem Überlassungsvertrag der Überlasser anderen einen Nießbrauch an dem überlassenen Grundstück vor, so genügt seine Bewilligung zur Eintragung des Nießbrauchs, die des Erwerbers ist nicht erforderlich (OLG Celle NdsRpfl. 1949, 38; vgl. in diesem Zusammenhang auch OLG Frankfurt Rpfleger 1981, 20).

52   **b) Nur mittelbar Betroffener.** Auch er muss bewilligen (BayObLG Rpfleger 1981, 354). Fehlt seine Bewilligung, kann anders als beim Fehlen der Bewilligung des unmittelbar Betroffenen, durch Zwischenverfügung aufgegeben werden, sie beizubringen (BayObLG 1990, 6; OLG Hamm Rpfleger 2002, 353). Als mittelbar Betroffene kommen in Betracht:

53   Die **Zustimmungsberechtigten,** d.h. diejenigen, deren Zustimmung sachlichrechtlich zum Eintritt der Rechtsänderung notwendig ist (§§ 876, 880 Abs. 2 Satz 2, § 1180 Abs. 2 Satz 1, § 1183 BGB; § 26 ErbbauRG; vgl. BGH Rpfleger 1984, 408). Die Bestimmung des § 876 BGB, deren Anwendung in einer Reihe von Vorschriften, insbes. in §§ 877, 880 Abs. 3 BGB, vorgesehen ist, gilt sinngemäß, wenn bei einem zu löschenden Recht der Anspruch auf Übertragung oder Belastung vorgemerkt ist (JFG 9, 220). Zum Zessionar als mittelbar Betroffenem bei Löschung einer Vormerkung, bei der die aufschiebend bedingte Abtretung des Anspruchs vermerkt ist, s. Anh. zu § 44 Rn. 90. Zur Sonderregelung des § 5 Abs. 4 Satz 2, 3 WEG für die Zustimmung der Gläubiger eines Grundpfandrechts oder einer Reallast beim WEigentum s. Anh. zu § 3 Rn. 79. Zum Erfordernis der Bewilligung Zustimmungsberechtigter, wenn bei Löschung eines Erbbaurechts die daran lastenden Rechte am Grundstück eingetragen werden sollen, s. Anh. zu § 8 Rn. 52. Eine Ausnahme von dem Grundsatz, dass auch die Zustimmungsberechtigten zu bewilligen haben, sieht § 21 vor.

54   Bei Pfändung eines Nießbrauchs ist Gegenstand der Pfändung dieser selbst, nicht ein obligatorischer Anspruch auf seine Ausübung (BGH Rpfleger 1974, 186; s. dazu auch Anh. zu § 26 Rn. 3). Zur Löschung des Nießbrauchs bedarf es daher, wenn die Pfändung im GB eingetragen ist oder das GBAmt von ihr Kenntnis hat, der Bewilligung des Nießbrauchers und des Pfändungsgläubigers (BayObLG Rpfleger 1998, 69).

55   Die **gleich- und nachstehenden Berechtigten,** wenn der Umfang eines gleichstehenden oder vorgehenden Rechts erweitert oder wenn der Inhalt der Belastung verstärkt und dadurch die Haftung des Grundstücks verschärft wird (BayObLG DNotZ 1960, 540). Ersteres ist z.B. der Fall bei Ersetzung einer bedingten Nebenleistung durch eine unbedingte (JFG 11, 234), letzteres z.B. bei nachträglicher Eintragung der Barzahlungsklausel (JFG 11, 215). Nicht erforderlich ist eine Bewilligung der gleich- und nachstehenden Berechtigten bei Erhöhung des Zinssatzes bis zu 5% (§ 1119 Abs. 1 BGB), bei Änderung von Zahlungszeit oder Zahlungsort (§ 1119 Abs. 2 BGB) sowie bei Umwandlung eines Grundpfandrechts in ein solches anderer Art (§§ 1186, 1198, 1203 BGB). Eine rechtliche Beeinträchtigung liegt auch nicht vor, wenn die Zinsen einer Aufwertungshyp. auf den zurzeit gesetzlich geltenden Zinsfuß festgeschrieben werden (KG JW 1936, 2344); sie lag auch nicht vor, wenn eine wertbeständige Hyp. in eine Reichsmarkhyp. umgewandelt wurde (JFG 16, 271).

15. Bewilligungsbefugnis

Die Bewilligungsbefugnis betrifft die Ausübung der Bewilligungsberechti- **56** gung (s. hierzu Rn. 44); sie setzt Verfahrensfähigkeit voraus (s. hierzu § 1 Rn. 43).

a) Verfügungsbefugnis. Die EintrBewilligung stellt als reine Verfahrenshandlung (s. Rn. 13) keine rechtsgeschäftliche, sondern lediglich eine verfahrensrechtliche Verfügung über das betroffene Recht dar. Die Befugnis hierzu leitet sich von der Befugnis zur sachlichrechtlichen Verfügung über das Recht ab. Die verfahrensrechtliche Bewilligungsbefugnis knüpft somit als Ausfluss der sachlichrechtlichen Verfügungsbefugnis an diese an (BayObLG DNotZ 1989, 361; OLG Hamm Rpfleger 1989, 148; OLG Hamburg FGPrax 1999, 6). Ebenso wie der materiell Verfügungsberechtigte als Inhaber des Rechts in der Regel die Verfügungsbefugnis darüber hat, ist der Bewilligungsberechtigte grundsätzlich auch bewilligungsbefugt.

b) Fehlende Verfügungsbefugnis. Die sachlichrechtliche Verfügungsbe- **57** fugnis kann jedoch durch das Erfordernis der Zustimmung Dritter beschränkt sein (s. Rn. 63) oder, wie im Insolvenzverfahren, bei Nachlassverwaltung und Testamentsvollstreckung, nicht aber bei Anordnung der Zwangsversteigerung (BayObLG ZfIR 2003, 682), gänzlich fehlen; die Befugnis des Treuhänders im vereinfachten Insolvenzverfahren zur rechtsgeschäftlichen Veräußerung eines Grundstücks wird durch § 313 Abs. 3 Satz 1 InsO jedoch nicht beschränkt (OLG Hamm FGPrax 2012, 53). S. hierzu auch § 20 Rn. 40. In den Fällen der Beschränkung oder des Fehlens der sachlichrechtlichen Verfügungsbefugnis ist auch die verfahrensrechtliche Bewilligungsbefugnis beschränkt oder fehlt ganz. Fehlt sie ganz, kann nur der Verfügungsberechtigte die Bewilligung abgeben, und zwar im eigenen Namen kraft seines Amts. Dabei handelt es sich um einen Fall der gesetzlichen Verfahrensstandschaft. Zur gewillkürten Verfahrensstandschaft s. § 1 Rn. 56. Zur GBEintragung des Berechtigten in diesen Fällen s. § 44 Rn. 50. Zur Bewilligungsbefugnis des Insolvenzverwalters bei Löschung einer Vormerkung zur Sicherung eines aufschiebend bedingten Rückauflassungsanspruchs des Ehegatten s. § 13 Rn. 52.

c) Prüfung des GBAmts. Die Verfügungsbefugnis ist als Grundlage der **58** formellen Bewilligungsbefugnis von Amts wegen zu prüfen (BGH Rpfleger 1961, 233; BayObLG Rpfleger 1987, 110; OLG Hamburg FGPrax 1999, 6; OLG Jena Rpfleger 2001, 298). Bei eintragungsfähigen Verfügungsbeschränkungen (s. Anh. zu § 13 Rn. 33 ff.) ist nach § 891 BGB zunächst das GB maßgebend; so ist z. B. ein eingetragener Erbe als verfügungsberechtigt anzusehen, wenn weder Nacherbschaft noch Testamentsvollstreckung vermerkt ist. Hat das GBAmt allerdings von einer nicht eingetragenen Verfügungsbeschränkung Kenntnis, so muss es diese berücksichtigen (JFG 18, 206; Bay-ObLG DNotZ 1954, 395; OLG Düsseldorf MittBayNot 1975, 224; Kössinger in Bauer/Schaub Rn. 251; Ertl MittBayNot 1975, 204; Böhringer BWNotZ 1985, 102); es darf durch Eintragung nicht einen Rechtserwerb allein auf Grund guten Glaubens des Erwerbers herbeiführen (s. § 13 Rn. 12). Deshalb ist, falls nicht § 878 BGB zur Anwendung kommt, der Antrag entweder zurückzuweisen (OLG Hamburg FGPrax 1999, 6) oder Zwischenverfügung zu erlassen (BayObLG DNotZ 1954, 395); als Möglichkeit der Behebung des in der nicht eingetragenen Verfügungsbeschränkung liegenden EintrHindernisses kommt insbes. die Genehmigung der Eintragung durch die geschützte Person in Betracht (s. hierzu JFG 18, 205). Der Wegfall einer eingetragenen Verfügungsbeschränkung ist in grundbuchmäßiger Form (§ 29) nachzuweisen. Über die Wirkung relativer und absoluter Verfügungsbeschränkungen s. § 22 Rn. 52, 53.

59   **d) Verfahrensstandschafter.** Ist der Insolvenzverwalter (Nachlassverwalter, Testamentsvollstrecker) verfügungsbefugt (s. Rn. 57), hat er seine Verfügungsbefugnis nachzuweisen (zum ausländischen Insolvenzverwalter s. OLG Düsseldorf FGPrax 2015, 198). Die Eintragung des Insolvenzvermerks erübrigt diesen Nachweis nicht, weil sich ihre Wirkung darin erschöpft, einen gutgläubigen Erwerb zu verhindern (OLG Zweibrücken FGPrax 2013, 206). Der Insolvenzverwalter hat zum Nachweis seiner Verfügungsbefugnis die Urschrift der Bestallungsurkunde (§ 56 Abs. 2 InsO) vorzulegen. Die Vorlage einer beglaubigten Abschrift genügt in Verbindung mit einer Bescheinigung des Notars, dass ihm die Urschrift vorgelegen hat. Weil die Verfügungsbefugnis im Zeitpunkt der Eintragung gegeben sein muss (s. Rn. 60), ist es erforderlich, dass die Notarbescheinigung zeitnah zu der Eintragung ausgestellt wurde (BGH DNotZ 2006, 44). Insoweit sind die Grundsätze, die bei dem Nachweis der Vertretungsbefugnis durch eine Notarbescheinigung gemäß § 32 gelten (s. § 32 Rn. 15), entsprechend anzuwenden (KG FGPrax 2012, 8; vgl. KG NJW-RR 2012, 786). Diese Grundsätze gelten auch für den Nachweis der Bestellung des Nachlassverwalters. Zum Nachweis der Verfügungsbefugnis des Testamentsvollstreckers durch Testamentsvollstreckerzeugnis s. § 35 Rn. 57.

e) Bewilligungsstelle. Im Gebiet der ehemaligen DDR genügt zum Nachweis der Verfügungsbefugnis bei Verfügungen über beschränkte dingliche Rechte an einem Grundstück, Gebäude oder sonstigen grundstücksgleichen Rechten oder über Vormerkungen zugunsten bestimmter Berechtigter, deren Eintragung vor dem 1.7.1990 beantragt worden ist, dass die EintrBewilligung von einer Bewilligungsstelle abgegeben wird (§ 113 Abs. 1 Nr. 6 Satz 1 GBV). Durch die bis 31.12.2020 befristete Regelung soll die Verfügung über Rechte erleichtert werden, als deren Berechtigte nicht mehr bestehende öffentliche Stellen, insbes. Sparkassen und Kreditinstitute sowie Volkseigentum in Rechtsträgerschaft anderer Stellen eingetragen sind; der Entwurf eines Gesetzes zur Modernisierung des WEigentums sieht eine Verlängerung der Frist bis 31.12.2030 vor (s. dazu Böhringer NotBZ 2020, 81). Ergänzende Regelungen enthalten Art. 231 § 10 EGBGB, § 113 Abs. 1 Nr. 6 Satz 2 bis 7, § 113 Abs. 3 GBV, ferner das Schreiben des BMF zur Löschung

von Grundpfandrechten im ehemaligen Volkseigentum der DDR v. 16.12.
1996 (BStBl. II 1467). Zur Berichtigung des Berechtigten in diesen Fällen s.
insbes. Art. 231 § 10 Abs. 3 EGBGB. Zur Zuständigkeit der Bundesanstalt für
Immobilienaufgaben, insbes. für Verfügungen über dingliche Rechte, die zu
Gunsten von Altkommunen in den neuen Ländern eingetragen sind, s. Salzig
NotBZ 2008, 45.

f) Maßgebender Zeitpunkt. Entscheidend für die Beurteilung der Ver- 60
fügungsbefugnis als Grundlage der Bewilligungsbefugnis ist der Zeitpunkt
der Eintragung, weil sich erst in diesem die verfahrensrechtliche Verfügung
über das betroffene Recht verwirklicht (vgl. BGH NJW 1963, 36; WM 1971,
445; BayObLG Rpfleger 1987, 110; 1999, 25; OLG Hamm Rpfleger 1989,
148; OLG Düsseldorf FGPrax 2003, 88). Dies gilt auch für die Berichtigungsbewilligung und die im Fall des § 26 an die Stelle der EintrBewilligung
tretende Abtretungs- oder Belastungserklärung. Der Bewilligungsberechtigte
(s. Rn. 44) muss daher im Zeitpunkt der Eintragung verfügungs- und damit
bewilligungsbefugt sein. Für seine Geschäftsfähigkeit ist der Zeitpunkt der
Eintragung aber ebenso wenig von Bedeutung (s. Rn. 62.2), wie für die
Wirksamkeit seiner Vertretung (s. Rn. 74.2).

g) Eintritt einer Verfügungsbeschränkung. Tritt bis zum Zeitpunkt 61
der Eintragung eine Verfügungsbeschränkung ein, so ist sie zu beachten (s.
Rn. 58). Ausnahmen gelten im Rahmen des § 878 BGB (s. dazu § 13 Rn. 9
und KG HRR 1930 Nr. 975; BayObLG Rpfleger 2003, 573). Bei Verfügungen von Miterben sind die Voraussetzungen des § 878 BGB für jeden Miterben gesondert festzustellen (KG HRR 1935 Nr. 1655). Zu der Frage, ob bei
der Verfügung einer BGB-Gesellschaft der Eintritt einer Verfügungsbeschränkung bei einem der Gesellschafter, z. B. durch Eröffnung des Insolvenzverfahrens über sein Vermögen, vom GBAmt zu beachten ist und ob die Verfügungsbeschränkung im GB eingetragen werden kann, s. Anh. zu § 13
Rn. 33.2. Über den Fall, dass eine gemäß §§ 12, 35 WEG, § 5 ErbbauRG
erforderliche Zustimmung vor der Eintragung widerrufen wird, s. Anh. zu
§ 3 Rn. 38.1 und Anh. zu § 8 Rn. 11, 15.

h) Wegfall der Verfügungsbefugnis. Bei einem Wegfall der Befugnis 62
über fremdes Vermögen zu verfügen vor dem Zeitpunkt der Eintragung, z. B.
bei Aufhebung eines Insolvenzverfahrens oder Beendigung einer Testamentsvollstreckung oder einer Nachlassverwaltung, ist eine neue Bewilligung des
nunmehr verfügungsbefugten Rechtsinhabers erforderlich. Umstritten ist, ob
§ 878 BGB entsprechend anwendbar ist (zu Recht verneinend KG OLG 29,
398; OLG Celle DNotZ 1953, 158; OLG Köln MittRhNotK 1981, 139;
FGPrax 2020, 20; unentschieden BayObLG Rpfleger 1999, 25 mit kritischer
Anm. v. Reimann ZEV 1999, 69; s. auch JFG 1, 341; Böhringer BWNotZ
1984, 137; Kesseler RNotZ 2013, 480).

Die Befugnis über fremdes Vermögen zu verfügen, kann auch nur in Be- 62.1
zug auf einen einzelnen Gegenstand wegfallen, z. B. durch dessen Freigabe
seitens des Insolvenzverwalters oder Testamentsvollstreckers. Der Wegfall
muss dem GBAmt in der Form des § 29 nachgewiesen werden. Beruht er
auf einer Freigabe durch den Insolvenzverwalter, sind diese und ihr Zugang

beim Insolvenzschuldner zum Vollzug der Bewilligung des nunmehr verfügungsbefugten Rechtsinhabers nachzuweisen (OLG Naumburg Rpfleger
2014, 365). Dieser Nachweis ist nicht erforderlich, wenn der Insolvenzvermerk gelöscht ist. Dann hat das GBAmt von der Verfügungsbefugnis des eingetragenen Rechtsinhabers auszugehen (BGH Rpfleger 2017, 715 mit Anm.
v. Schneider ZfIR 2017, 708; OLG Hamm Rpfleger 2014, 363 mit zust.
Anm. v. Zimmer ZfIR 2014, 434; KG Rpfleger 2017, 612; a. M. OLG Zweibrücken FGPrax 2013, 206; OLG Brandenburg NotBZ 2012, 384; OLG
Naumburg Rpfleger 2014, 365; OLG München FGPrax 2017, 161; OLG
Celle FGPrax 2015, 154 mit abl. Anm. v. Keller, zustimmend Holzer ZfIR
2015, 531). S. dazu Reul MittBayNot 2013, 16 und Schreinert RNotZ 2013,
161 und zum Ganzen Dressler, Der gelöschte Insolvenzvermerk in der
grundbuchgerichtlichen Praxis, Rpfleger 2018, 246.

62.2   **i) Beschränkung der Geschäftsfähigkeit.** Tod, Wegfall oder Beschränkung der Geschäftsfähigkeit, die vor der Eintragung eintreten, lassen die Verfügungsbefugnis unberührt. Dasselbe gilt für die nachträgliche Anordnung
eines Einwilligungsvorbehalts gem. § 1903 BGB (vgl. Rn. 22). § 878 BGB ist
nicht anwendbar. Bei der nachträglichen Anordnung eines Zustimmungsvorbehalts im Insolvenzeröffnungsverfahren gem. § 21 Abs. 2 Nr. 2 InsO handelt
es sich zwar um eine Verfügungsbeschränkung. Erfasst werden von ihr aber
nur Verfügungshandlungen. Der Vorbehalt hindert daher eine GBEintragung
nicht, die vor seiner Anordnung beantragt worden ist. Auf § 878 BGB
braucht dazu nicht zurückgegriffen zu werden (BGH Rpfleger 2012, 509;
kritisch zur Begründung der Entscheidung Kesseler ZfIR 2012, 549).

16. Zustimmung Dritter

63   **a) Allgemeines.** Die Wirksamkeit eines Rechtsgeschäfts hängt verschiedentlich von der Zustimmung eines Dritten ab. In diesen Fällen ist die
Zustimmung zu dem sachlichrechtlichen Rechtsgeschäft, nicht zu der verfahrensrechtlichen EintrBewilligung, dem GBAmt nachzuweisen. Zum
Nachweis im Einzelnen s. Rn. 69.
Die Notwendigkeit einer Zustimmung kann sich aus einer Beschränkung
der Verfügungsbefugnis ergeben (s. Rn. 64). Weil dadurch auch die verfahrensrechtliche Bewilligungsbefugnis beschränkt wird, deren Vorliegen das
GBAmt zu prüfen hat (s. dazu Rn. 58), ist die Zustimmung dem GBAmt
nachzuweisen. Ist die Zustimmung zu einem sachlichrechtlichen Rechtsgeschäft infolge einer Beschränkung der Vertretungsmacht erforderlich (s.
Rn. 65), wird dadurch auch die Vertretungsmacht zur Abgabe der verfahrensrechtlichen EintrBewilligung beschränkt, die das GBAmt zu prüfen hat (s.
dazu Rn. 74.1). Daraus folgt die Notwendigkeit, die Zustimmung dem GB-
Amt nachzuweisen. Hängt die Wirksamkeit des sachlichrechtlichen Rechtsgeschäfts schließlich wegen Beschränkung der Geschäftsfähigkeit von der
Zustimmung eines Dritten ab (s. Rn. 66), ist die Zustimmung dem GBAmt
im Rahmen der diesem obliegenden Prüfung der Verfahrensfähigkeit (s. dazu
§ 1 Rn. 43) nachzuweisen.

b) Notwendigkeit. Die Zustimmung eines Dritten zu einem Rechtsge- **64**
schäft kann notwendig sein:

Infolge **Beschränkung der Verfügungsbefugnis,** z. B. im ehelichen
Güterrecht bei Zugewinngemeinschaft oder Gütergemeinschaft (§§ 1365 ff.,
1423 ff. BGB; s. dazu § 33 Rn. 6, 16). Verschiedentlich ist die Verfügungsbefugnis aus Gründen des öffentlichen Interesses eingeschränkt mit der
Folge, dass zur Verfügung eine behördliche Genehmigung erforderlich ist
(s. Rn. 116 ff.). Die Beschränkung der Verfügungsbefugnis kann außer auf
Gesetz auch auf Vereinbarung beruhen, ferner auf gerichtlicher oder behördlicher Anordnung. Zur Abgrenzung der Veräußerungs- oder Belastungsbeschränkungen in den Fällen des § 5 ErbbauRG und der §§ 12, 35 WEG von
einer Verfügungsbeschränkung s. Anh. zu § 8 Rn. 11, 15; Anh. zu § 3 Rn. 34,
38.

Infolge **Beschränkung der Vertretungsmacht,** z. B. bei Vormundschaft, **65**
Betreuung, Pflegschaft und elterlicher Sorge (§§ 1812 f., 1821 f., 1828 ff.,
1832, 1908i, 1915, 1643, 1962 BGB). Soweit danach ein Rechtsgeschäft der
Genehmigung bedarf, ist zur Erteilung das Familiengericht, das Betreuungsgericht oder das Nachlassgericht zuständig. Die Auslegung des Genehmigungsbeschlusses kann ergeben, dass er sämtliche in der Urkunde abgegebenen Erklärungen umfasst, bei einer Urkunde über den Verkauf eines Grundstücks auch die Zustimmung zur Löschung eines Grundpfandrechts (OLG
Naumburg FGPrax 2019, 208). Der Genehmigungsbeschluss wird erst mit
Rechtskraft wirksam (§ 40 Abs. 2 Satz 1 FamFG).

Die elterliche Sorge für minderjährige Kinder steht nach § 1626 Abs. 1
Satz 1, § 1626a Abs. 1, 2 BGB den Eltern gemeinschaftlich oder der Mutter
allein zu; nach § 1629 Abs. 1 BGB umfasst sie die Vertretung des Kindes und
vertreten die Eltern dieses grundsätzlich gemeinschaftlich. Das Vertretungsrecht des Vormunds ergibt sich aus § 1793 Abs. 1 Satz 1 BGB. Der Umfang
der Vertretungsmacht des Betreuers/Pflegers wird vom Gericht bestimmt, das
den Aufgabenkreis in der Bestellungsurkunde (§ 290 FamFG) festlegt.

Einzelfälle: Veräußert der Betreuer mit dem Aufgabenkreis der Vermö- **65.1**
genssorge kraft der ihm zustehenden gesetzlichen Vertretungsmacht ein
Grundstück des **Betreuten,** bedarf er auch dann der Genehmigung des Betreuungsgerichts gem. § 1821 Abs. 1 Nr. 1 BGB, wenn der geschäftsfähige
Betreute die Veräußerung genehmigt. Eine Genehmigung ist aber nicht erforderlich, wenn der Betreuer auf Grund einer ihm von dem geschäftsfähigen Betreuten rechtsgeschäftlich erteilten Vollmacht handelt (str.; s. dazu
OLG Frankfurt Rpfleger 1997, 111, ferner zum Handeln von Betreuer und
Betreutem bei Veräußerung eines Grundstücks Dressler-Berlin Rpfleger
2019, 297). Der auf die Vertretung beim Verkauf eines Grundstücksteils beschränkte Aufgabenkreis umfasst nicht die Bestellung eines Erbbaurechts. Die
gerichtliche Genehmigung ersetzt weder die fehlende Vertretungsmacht und
den Nachweis der Bestellung des Betreuers mit dem erforderlichen Aufgabenkreis, noch beseitigt sie materiellrechtliche Mängel des Rechtsgeschäfts
(BayObLG Rpfleger 1986, 471; OLG Frankfurt NotBZ 2012, 303; 2019, 50;
OLG München NJW-RR 2015, 1222; a. M. OLG Hamm FGPrax 2017, 11).
Für den Nachweis der Bestellung gelten die für den Nachweis der Verfügungsbefugnis des Insolvenzverwalters maßgebenden Grundsätze (s. Rn. 59)

entsprechend. Ist der Grundstückskaufvertrag vom Betreuungsgericht genehmigt, kann das GBAmt grundsätzlich davon ausgehen, dass der Vertrag nicht nichtig ist, z. B. wegen Verstoßes gegen das Schenkungsverbot gemäß §§ 1908i, 1804 BGB. Für die Beurteilung der Frage, ob Unentgeltlichkeit vorliegt, sind die für den Testamentsvollstrecker maßgebenden Grundsätze (s. § 52 Rn. 21 ff.) entsprechend anzuwenden (KG FGPrax 2012, 145; OLG Frankfurt NotBZ 2019, 50).

65.2   Der Genehmigungsvorbehalt des § 1821 Abs. 1 Nr. 5 BGB betrifft nur den schuldrechtlichen Vertrag. Er ist daher für das GBAmt unbeachtlich (BayObLG Rpfleger 1992, 62); zur Entbehrlichkeit einer Genehmigung bei Übernahme eines bestehenden Pachtvertrags durch den Erwerber s. OLG Düsseldorf Rpfleger 2017, 533. Die Bestellung eines Grundpfandrechts im Zusammenhang mit dem Grundstückserwerb, insbes. zur Finanzierung des Restkaufpreises, fällt nicht unter § 1821 Abs. 1 Nr. 1 BGB, der nur bereits vorhandenes Grundvermögen schützt (BGH Rpfleger 1998, 110; BayObLG Rpfleger 1992, 63). Zum Erfordernis der betreuungsgerichtlichen Genehmigung der Belastung eines Grundstücks des Betreuten trotz bereits genehmigter Vollmacht zu Belastung durch den Käufer, s. OLG Zweibrücken Rpfleger 2005, 193 und dazu Braun DNotZ 2005, 730.

65.3   Bei Veräußerung des Grundstücks eines **Minderjährigen** ist außer der familiengerichtlichen Genehmigung der Veräußerung zusätzlich die Genehmigung der Bestellung einer Grundschuld zur Kaufpreisfinanzierung durch den Erwerber erforderlich. Dies gilt auch dann, wenn der genehmigte Kaufvertrag die wesentlichen Bestimmungen für die Grundschuldbestellung enthält. Auch die Bewilligung einer Eigentumsvormerkung bedarf der Genehmigung (s. dazu Anh. zu § 44 Rn. 92). Die Veräußerung des einem Minderjährigen und seinem gesetzlichen Vertreter in Erbengemeinschaft gehörenden Grundstücks bedarf neben der familiengerichtlichen Genehmigung der Veräußerung nicht zusätzlich der Genehmigung eines zu bestellenden Ergänzungspflegers. Dies gilt jedenfalls dann, wenn nicht auch die Erbengemeinschaft auseinandergesetzt wird (OLG Hamm Rpfleger 2014, 200).

Zur Notwendigkeit der familiengerichtlichen Genehmigung der Bestellung einer Grundschuld durch eine BGB-Gesellschaft mit Beteiligung eines Minderjährigen (s. dazu OLG Schleswig MittBayNot 2002, 294 und Lautner MittBayNot 2002, 256) gelten dieselben Grundsätze wie bei der Veräußerung des Grundstücks einer BGB-Gesellschaft, an der ein Minderjähriger beteiligt ist (s. dazu § 20 Rn. 45.3). Zum Nachweis der Vertretungsmacht des gesetzlichen Vertreters eines Minderjährigen mit Lebensmittelpunkt in England s. OLG München Rpfleger 2017, 441.

65.4   Ist für einen Minderjährigen eine Vormerkung auf Übertragung eines Erbbaurechts eingetragen, so bedarf der gesetzliche Vertreter für die Bewilligung der Löschung des Erbbaurechts der familiengerichtlichen Genehmigung gemäß § 1643 Abs. 1, § 1821 Abs. 1 Nr. 2 BGB (BayObLG Rpfleger 1987, 156). Handelt ein Testamentsvollstrecker im eigenen Namen, so bedarf er keiner familiengerichtlichen Genehmigung, wenn der Erbe unter Vormundschaft steht oder minderjährig ist (BayObLG Rpfleger 1992, 63; OLG Karlsruhe FGPrax 2015, 158). Erforderlich ist die Genehmigung aber bei (auch unentgeltlichem) Erwerb eines WEigentums durch den Minderjährigen zusammen mit anderen und gesamtschuldnerischer Haftung auf den vollen Betrag von Verbindlichkeiten (OLG Köln Rpfleger 2015, 541). Hat sich der Veräußerer bei Übertragung eines Grundstücks auf einen Minderjährigen die Eintragung eines Nießbrauchs vorbehalten, ist dazu eine familiengerichtliche Genehmigung nur dann nicht erforderlich, wenn der Nießbrauch zugleich mit der Eigentumsumschreibung eingetragen wird und nicht erst nach deren Vollzug (KG Rpfleger 2020, 8 mit Anm. v. Lamberz).

Infolge **Beschränkung der Geschäftsfähigkeit** wegen Minderjährigkeit **66** (§§ 106 ff. BGB); die Volljährigkeit tritt nach § 2 BGB mit der Vollendung des 18. Lebensjahres ein. Soweit danach ein Minderjähriger, der das 7. Lebensjahr vollendet hat, ein Rechtsgeschäft nicht selbst wirksam abschließen kann, ist dazu die Zustimmung seines gesetzlichen Vertreters erforderlich. Dessen Vertretungsmacht ist für bestimmte Rechtsgeschäfte eingeschränkt (s. Rn. 65). S. dazu Kölmel, Der unentgeltliche Erwerb von Grundstücksrechten durch Minderjährige, RNotZ 2011, 332.

c) Fehlende Zustimmung. In sachlichrechtlicher Beziehung gilt hin- **67** sichtlich des Verhältnisses von Verfügung und Zustimmung folgendes:

- Stellt die Verfügung ein **einseitiges Rechtsgeschäft** dar, so ist sie nach §§ 1367, 1427 Abs. 1, §§ 1831, 111 BGB unwirksam, wenn sie ohne die erforderliche Einwilligung vorgenommen wird.

- Stellt die Verfügung ein **zweiseitiges Rechtsgeschäft** dar, so hat das **68** Fehlen der Einwilligung nach § 1366 Abs. 1 und § 1427 Abs. 1, § 1829 Abs. 1 Satz 1, § 108 Abs. 1 BGB zur Folge, dass sie erst durch die nachfolgende und dann zurückwirkende Genehmigung wirksam wird. Die Genehmigung kann grundsätzlich gegenüber jedem der Vertragsteile erklärt werden (§ 182 Abs. 1 BGB). Bezüglich der Genehmigung des Familiengerichts oder Betreuungsgerichts (Gegenvormunds) gilt nach den zwingenden Bestimmungen der §§ 1828, 1829 Abs. 1 Satz 2 BGB die Besonderheit, dass sie nur gegenüber dem gesetzlichen Vertreter (Betreuer, Pfleger) erteilt werden kann und dem anderen Teil gegenüber erst dadurch Wirksamkeit erlangt, dass ihm die rechtskräftige Genehmigung von dem gesetzlichen Vertreter mitgeteilt wird. Mitgeteilt werden kann die Genehmigung erst, wenn sie mit ihrer Rechtskraft (s. Rn. 69) wirksam geworden ist. Eine Mitteilung vor Eintritt der Rechtskraft entfaltet auch dann keine Wirkung, wenn die Genehmigung nach der Mitteilung rechtskräftig wird (KG FGPrax 2015, 243). Wegen der Aufforderung seitens des anderen Teils zur Erteilung, Mitteilung oder Beschaffung der Genehmigung und der rechtlichen Folgen der Aufforderung s. § 1366 Abs. 3 und § 1427 Abs. 1, § 1829 Abs. 2, § 108 Abs. 2 BGB.

Der gesetzliche Vertreter (Betreuer, Pfleger) kann einen Dritten bevollmächtigen, die Genehmigung des Familiengerichts oder Betreuungsgerichts (Gegenvormunds) entgegenzunehmen und dem anderen Teil mitzuteilen; der andere Teil kann seinerseits denselben Dritten ermächtigen, die Mitteilung in Empfang zu nehmen (RG 121, 30; BayObLG Rpfleger 1988, 482; OLG Zweibrücken DNotZ 1971, 731). Der Doppelbevollmächtigte kann auch der beurkundende Notar sein (RG 155, 178; BGH Rpfleger 2016, 280; Bay-

ObLG 1989, 247; OLG Jena NotBZ 2016, 115). Wegen der Notwendigkeit eines entsprechenden Vermerks s. § 20 Rn. 41.

Zu einer von dem Notar aufgrund der ihm erteilten Vollmacht, den Kaufvertrag zu ergänzen oder zu ändern, sich selbst in einer Eigenurkunde erteilten Doppelvollmacht s. § 15 Rn. 3.3.

69   **d) Nachweis.** Die Rechtskraft, mit der ein Genehmigungsbeschluss erst wirksam wird (§ 40 Abs. 2 Satz 1 FamFG), ist dem GBAmt durch ein Rechtskraftzeugnis (vgl. § 46 FamFG) nachzuweisen. Das Zeugnis stellt die Rechtskraft zwar nur deklaratorisch fest, genießt als öffentliche Urkunde aber Beweiskraft gemäß § 418 Abs. 1 ZPO. Das GBAmt hat die inhaltliche Richtigkeit des Zeugnisses nicht zu überprüfen (KG MittBayNot 2018, 340). Bloße Zweifel an ihr berechtigen weder zu Ermittlungen noch zu einer Beanstandung des EintrAntrags (KG NotBZ 2012, 132). Wenn ein materiell Beteiligter (vgl. § 41 Abs. 3 FamFG) nicht formell beteiligt wurde, tritt die formelle Rechtskraft des Genehmigungsbeschlusses (vgl. § 45 FamFG) mit Ablauf der am längsten laufenden Rechtsmittelfrist (vgl. § 63 Abs. 2 Nr. 2, Abs. 3 FamFG) für einen der tatsächlich Beteiligten ein (str.; OLG Hamm Rpfleger 2011, 87 mit kritischer Anm. v. Heggen NotBZ 2011, 47 und zust. Anm. v. Kölmel ZNotP 2011, 59; KG NotBZ 2012, 132; a. M. OLG Köln FGPrax 2013, 91).

Im Übrigen ist hinsichtlich des in der Form des § 29 zu führenden Nachweises der Zustimmung zu unterscheiden:

• Stellt die sachlichrechtliche Verfügung, wie z. B. bei Aufgabe einer Hypothek, ein **einseitiges Rechtsgeschäft** dar (§ 875 BGB), muss dem GBAmt, weil ihm die Wirksamkeit des sachlichrechtlichen Rechtsgeschäfts nicht nachzuweisen ist (s. Rn. 3 ff.), auch der Zeitpunkt der Zustimmung nicht nachgewiesen werden. Es genügt daher die EintrBewilligung und der Nachweis einer wirksam gewordenen Zustimmung zum sachlichrechtlichen Rechtsgeschäft. Ist die Zustimmung des Familiengerichts oder Betreuungsgerichts erforderlich, muss sich der Nachweis grundsätzlich auf die Einhaltung des § 1828 BGB erstrecken. Dieser Nachweis ist aber mit dem erforderlichen Nachweis der Rechtskraft des Genehmigungsbeschlusses erbracht. Die Einhaltung auch des § 1831 BGB muss nicht nachgewiesen werden. Die gerichtliche Genehmigung kann damit auch zeitlich nach dem Eingang der EintrBewilligung beim GBAmt erteilt sein und dem GBAmt nachgewiesen werden. Die Beibringung der erforderlichen Nachweise kann durch Zwischenverfügung aufgegeben werden. S. dazu auch JFG 13, 395. Zum Nachweis der Zustimmung des Ehegatten gem. § 1365 BGB s. § 33 Rn. 31. Über den Nachweis durch Geständnisurkunde s. KG HRR 1933 Nr. 1012 und § 29 Rn. 9.

70   • Stellt die sachlichrechtliche Verfügung, wie z. B. bei Bestellung einer Hypothek, ein **zweiseitiges Rechtsgeschäft** dar (§ 873 BGB), so ist der Zeitpunkt der Zustimmung für das GBAmt belanglos; denn sie stellt sich entweder als Genehmigung der erfolgten Einigung oder als Einwilligung in deren Vornahme dar. Für die Nachweise gegenüber dem GBAmt gilt, soweit das formelle Konsensprinzip zur Anwendung kommt, das zu Rn. 69 Ausgeführte entsprechend; die Voraussetzungen des § 1829 BGB brauchen nicht nachgewiesen zu werden (KG MittBayNot 2018, 340). Etwas anderes gilt aber, wenn § 20 einschlägig ist (s. dazu § 20 Rn. 41). Dann muss dem GBAmt das sachlichrechtliche Rechtsgeschäft nachgewiesen werden. Ist zu diesem die Zustimmung des Familiengerichts oder Betreuungsgerichts erforderlich, hat sich der Nachweis nicht nur auf die Einhaltung des § 1828 BGB, sondern auch des § 1829 Abs. 1 BGB zu erstrecken (s. dazu Rn. 68). Die Beachtung des § 1829 Abs. 2 BGB braucht dagegen ebenso wenig wie die der vergleichbaren Vorschriften des § 108 Abs. 2 und des § 1366 Abs. 3 BGB (vgl. auch § 1427 Abs. 1 BGB) nachgewiesen zu werden. Zum Nachweis der Genehmigung des Betreuungsgerichts oder Familiengerichts bei Eintragung einer Eigentumsvormerkung s. Anh. zu § 44 Rn. 92. Zum Nachweis der Zustimmung des Ehegatten gem. § 1365 BGB s. § 33 Rn. 31.

e) Ersetzung. Bei Verurteilung zur Abgabe einer EintrBewilligung **71** (§§ 894, 895 ZPO) ersetzt das Urteil auch eine an sich erforderliche Genehmigung des Familiengerichts oder Betreuungsgerichts (KGJ 45, 264; BayObLG MDR 1953, 561; str.) sowie eine an sich notwendige Zustimmung des in Gütergemeinschaft lebenden Ehegatten (KG OLG 9, 113; unentschieden: RG 108, 285). Eine Bescheinigung des Familiengerichts oder Betreuungsgerichts, dass eine Genehmigung nicht erforderlich sei (Negativattest), ersetzt die Genehmigung nicht und bindet das GBAmt auch nicht (OLG Zweibrücken NJW-RR 1999, 1174; a. M. LG Braunschweig Rpfleger 1986, 90 mit abl. Anm. v. Meyer-Stolte).

17. Erklärung durch Nichtberechtigten

a) Heilung. Die Verfügung eines Nichtberechtigten ist, falls ohne Einwil- **72** ligung des Berechtigten vorgenommen, unwirksam, kann jedoch geheilt werden (§ 185 BGB). Rückwirkung hat die Heilung nur bei Genehmigung des Berechtigten (§ 184 Abs. 1 BGB), nicht bei nachträglichem Rechtserwerb (RG 89, 158; OLG München NotBZ 2009, 103). § 185 BGB gilt auch für die EintrBewilligung (KGJ 47, 159; BayObLG Rpfleger 1970, 432); er kann auf diese als eine lediglich verfahrensrechtliche Verfügung jedoch nur entsprechend angewendet werden (BGH FGPrax 2010, 223). Einwilligung oder Heilung müssen vor der Eintragung nachgewiesen werden.

b) Verfügungen Nichtberechtigter. Verfügung eines Nichtberechtigten ist auch die Verfügung eines einzelnen Miterben über einen Nachlassgegenstand (RG JFG 14, 350; BGH 19, 138; s. aber auch BayObLG DNotZ 1989, 361; OLG Naumburg FGPrax 1998, 1 mit Anm. v. Demharter FGPrax 1998, 43), die eines Gesamthänders über einen Gesamtgutsgegenstand bei der Auseinandersetzungsgemeinschaft (OLG München JFG 14, 345) sowie die eines nicht verfügungsberechtigten Rechtsinhabers (RG Recht 1912 Nr. 22; OLG Düsseldorf NJW 1963, 162); desgleichen die Verfügung desjenigen, der sein Recht in der Zeit zwischen der Abgabe der Verfügungserklärung und der zur vollständigen Verwirklichung des Verfügungstatbestands notwendigen Eintragung verloren hat (BayObLG MittBayNot 1967, 7; Rpfleger 1973, 296). Etwas anderes gilt aber dann, wenn ein Fall der Gesamtrechtsnachfolge vorliegt; dann muss sich der Rechtsnachfolger die Verfügung seines Rechtsvorgängers wie eine eigene zurechnen lassen (s. hierzu § 20 Rn. 44).

73   **c) Kettenerwerb.** Bei einer Kette von Erwerbern, z. B. bei mehrfacher Abtretung einer Buchhypothek, ist die Eintragung des letzten Erwerbers ohne vorherige Eintragung der Zwischenerwerber, die § 39 Abs. 1 nicht verlangt, zulässig. Denn in der Einigungserklärung des Zedenten liegt regelmäßig die Einwilligung (§ 185 Abs. 1 BGB) in weitere Verfügungen, die der Erwerber vor seiner Eintragung vornimmt. Durch Auslegung ist zu ermitteln, ob dies trotz fehlender ausdrücklicher Erklärung der Fall ist (BGH FGPrax 2010, 223 mit Anm. v. Hager RNotZ 2010, 536 und Heinze ZfIR 2010, 835; OLG Düsseldorf Rpfleger 1996, 194; 2010, 577). Dem Zedenten ist vor der von dem Zessionar bewilligten Löschung des Rechts kein rechtliches Gehörs zu gewähren (zweifelnd OLG Düsseldorf Rpfleger 2010, 577).

Zur Eintragung des letzten Erwerbers, wenn Zwischenerwerber ihrerseits ihre Eintragung beantragt haben, s. § 17 Rn. 2. Zur mehrfachen Auflassung eines Grundstücks s. § 20 Rn. 42. Zur Eintragung einer Vormerkung bei Abtretung des gesicherten Anspruchs s. Anh. zu § 44 Rn. 90. Zur Eintragung des Erbeserben s. § 39 Rn. 12.

18. Erklärung durch Vertreter

74   **a) Grundsatz.** Die EintrBewilligung kann auch durch einen Vertreter abgegeben werden. Sie braucht nicht ausdrücklich im Namen des Vertretenen erklärt zu werden; es genügt, dass sich dies aus den Umständen eindeutig ergibt (BayObLG Rpfleger 1992, 99; OLG Naumburg FGPrax 2004, 202). Macht ein Bevollmächtigter von der ihm erteilten Vollmacht keinen Gebrauch, handelt er als Vertreter ohne Vertretungsmacht (BGH NJW 2009, 3792).

Die von einem Vertreter ohne Vertretungsmacht abgegebene EintrBewilligung kann als Verfahrenshandlung bis zur Eintragung vom Vertretenen nachträglich genehmigt werden (vgl. § 177 Abs. 1 BGB, § 89 Abs. 2 ZPO; BayObLG DNotZ 1989, 779; OLG Frankfurt FGPrax 1996, 212); der für rechtsgeschäftliche Erklärungen geltende § 180 BGB steht dem nicht entgegen (OLG Frankfurt NotBZ 2012, 303). Die für einen bereits Verstorbenen abgegebene Erklärung kann nicht von dessen Erben genehmigt werden (OLG Bremen Rpfleger 2020, 506). Erwirbt oder erbt der Vertreter ohne Vertretungsmacht das betroffene Grundstück oder Recht, wird dadurch die von ihm abgegebene EintrBewilligung nicht entsprechend § 185 Abs. 2 Satz 1 BGB wirksam (OLG Frankfurt FGPrax 1996, 212); dasselbe gilt, wenn er von dem Vertretenen beerbt wird. Die Beschränkung der Vertretungsbefugnis gemäß § 10 Abs. 2 FamFG gilt nicht für die EintrBewilligung (§ 15 Abs. 1 Satz 1).

74.1   **b) Prüfung durch den Notar.** Bei Vornahme von Beurkundungen, bei denen ein gesetzlicher oder rechtsgeschäftlicher Vertreter beteiligt ist, verpflichtet § 17 Abs. 1 BeurkG den Notar, die Existenz und grundsätzlich auch die Vertretungsmacht des Vertreters zu prüfen. Auf die Angaben der Beteiligten darf er sich nicht ohne weiteres verlassen. Die Prüfungspflicht besteht auch bei juristischen Personen ausländischen Rechts (BGH NJW-RR 2018,

443). Vor Einreichung einer Erklärung beim GBAmt gemäß § 53 BeurkG (s. § 15 Rn. 4), die ein Beteiligter als Vertreter eines anderen abgegeben hat, obliegt dem Notar die Amtspflicht zur Prüfung der Vertretungsmacht. Dabei ist der Prüfungsmaßstab hinsichtlich der materiellrechtlichen Wirksamkeit der Vollmacht und der Wirksamkeit eines Widerrufs eingeschränkt. Der Notar hat die Einreichung der Urkunde nur dann zu unterlassen, wenn für ihn offensichtlich ist, dass eine wirksame Vollmacht nicht mehr vorliegt. Dasselbe gilt, wenn ein Missbrauch einer im Außenverhältnis unbeschränkten Vollmacht aufgrund von Verstößen gegen im Innenverhältnis bestehende Beschränkungen gegeben ist (BGH FGPrax 2020, 43 mit Anm. v. Milzer; s. ferner die Anm. v. Heinemann ZfIR 2020, 202).

c) Prüfung durch das GBAmt. Das GBAmt hat die Wirksamkeit einer **74.2** Vollmacht und den Umfang der Vertretungsmacht selbstständig zu prüfen, auch wenn der Urkundsnotar die Vollmacht für ausreichend angesehen hat (OLG Köln Rpfleger 1984, 182; BayObLG Rpfleger 1986, 216). Die Prüfung hat sich auch auf die Geschäftsfähigkeit des Vollmachtgebers bei Erteilung der Vollmacht zu erstrecken. Wegen der dabei zu beachtenden Grundsätze s. OLG Hamm Rpfleger 2015, 129 mit Anm. v. Jurksch, ferner § 18 Rn. 3. Zum Fortbestand der Vollmacht nach Eintritt der Geschäftsunfähigkeit des Vollmachtgebers s. Rn. 81.4.

Bei einer bedingten Vollmacht hat sich die Prüfung des GBAmts auch auf den Eintritt der Bedingung zu erstrecken (s. dazu Rn. 77). Die Vollmacht kann aber im Außenverhältnis, also gegenüber dem GBAmt, statt bedingt uneingeschränkt erteilt und der Bevollmächtigte lediglich im Innenverhältnis schuldrechtlich verpflichtet werden, von der Vollmacht nur unter bestimmten Voraussetzungen Gebrauch zu machen (s. dazu Rn. 75.1). Dies bietet sich bei einer Vorsorgevollmacht an. Dann muss sich aber aus ihr eindeutig ergeben, dass die Bedingung, z. B. der Wegfall der Geschäftsfähigkeit, nur das Innenverhältnis betrifft. Bestehen daran berechtigte Zweifel, hat das GBAmt durch Zwischenverfügung auf deren Beseitigung hinzuwirken (OLG Frankfurt FGPrax 2011, 58, 273; NotBZ 2015, 38; s. dazu auch Müller DNotZ 2011, 747). Dasselbe gilt, wenn an der Vertretungsmacht, z. B. wegen eines möglichen Verstoßes gegen das Schenkungsverbot (§§ 1641, 1804 BGB), berechtigte Zweifel stehen.

Zum Vollmachtsnachweis bei grundbuchrechtlichen Erklärungen in einem Prozessvergleich s. § 20 Rn. 16.2. Zum Nachweis der Vertretungsberechtigung durch eine Notarbescheinigung s. § 32 Rn. 11 und § 34 Rn. 2.

d) Maßgebender Zeitpunkt. Maßgebend für die Rechtswirksamkeit **74.3** der Vertretung ist der Zeitpunkt des Wirksamwerdens der von dem Vertreter abgegebenen Erklärung (s. dazu Rn. 21, 24), also grundsätzlich der Zugang an einen Empfangsberechtigten (KGJ 43, 151; OLG Düsseldorf FGPrax 2014, 8; KG FGPrax 2015, 10; OLG München FGPrax 2019, 61). Für diesen Zeitpunkt muss die Vertretungsmacht nachgewiesen werden. Der Zeitpunkt der GBEintragung ist insoweit ohne Bedeutung; anderes gilt für die Verfügungsbefugnis des Vertretenen (s. Rn. 60). Zu dem Nachweis der Vertretung der Vor-KG durch die spätere Handelsregistereintragung der KG s. Rn. 104.

74.4   **e) Gesetzliche Vertretung.** Der Nachweis der gesetzlichen Vertretung ist
gem. § 29 Abs. 1 Satz 2 zu erbringen (KG Rpfleger 2019, 251; s. § 29 Rn. 15,
26). Bei juristischen Personen des öffentlichen Rechts kann die Eigenschaft,
gesetzlicher Vertreter zu sein, z. B. als Bürgermeister einer Gemeinde, durch
eine Bescheinigung der vertretenen juristischen Person nachgewiesen werden (OLG Zweibrücken FGPrax 2013, 162). In Betracht kommt auch der
Nachweis durch eine Bescheinigung der Aufsichtsbehörde (BayObLG 1991,
24/33).

Entsprechendes gilt für Stiftungen, auch wenn die Gesetze eines Landes
dies nicht ausdrücklich vorsehen; die in einzelnen Ländern geführten Stif-
tungsregister sind nicht geeignet, die erforderlichen Nachweise zu erbringen
(OLG Zweibrücken ZflR 2011, 319 mit Anm. v. Heinze). Wegen der Zeitpunkts der Ausstellung der Bescheinigung gelten die Grundsätze entsprechend, die zu der in § 32 in Bezug genommenen Notarbescheinigung entwickelt wurden (s. dazu § 32 Rn. 15). S. zur Vertretung der Stiftung im
GBVerfahren Werner MDR 2011, 639 und zu Vertretungsbescheinigungen
für Stiftungsorgane Roth NotBZ 2011, 244. Die gesetzliche Vertretung einer
Katholischen Pfarrpfründestiftung kann durch urkundliche Erklärungen der
kirchlichen Aufsichtsbehörde nachgewiesen werden (BayObLG Rpfleger
2001, 486, zugleich zum Nachweis durch eine bereits längere Zeit zurück-
liegende Erklärung). Der Nachweis der kirchenaufsichtlichen Genehmigung
des Rechtsgeschäfts einer Pfarrpfründestiftung ersetzt ebenso wenig den
Nachweis einer wirksamen gesetzlichen Vertretung der Stiftung bei Vornahme des Geschäfts (BayObLG 2001, 132) wie der Nachweis der familiengerichtlichen oder betreuungsgerichtlichen Genehmigung eines Rechtsgeschäfts des Vormunds oder Betreuers den Nachweis dessen Bestellung
erübrigt (s. dazu Rn. 65.1).

Bei gesetzlicher Zuständigkeit einer Behörde bedarf es keines zusätzlichen
Nachweises ihrer Vertretungsmacht (BayObLG DNotZ 1987, 39; OLG
Brandenburg FGPrax 2001, 95). Zum Nachweis der Bestellung des Insol-
venzverwalters, Nachlassverwalters oder Testamentsvollstreckers s. Rn. 59.
Zum Nachweis der Vertretung einer gelöschten GmbH & Co. KG s.
Rn. 103.

74.5   **f) Sonstiges.** S. hierzu Kuhn, Vollmacht und Genehmigung beim Grund-
stückskaufvertrag, RNotZ 2001, 305. Zur Auflassungsvollmacht s. § 20
Rn. 21. Zur Vertretung durch den Verwalter von WEigentum s. Anh. zu § 3
Rn. 96, § 19 Rn. 106 f. Zur Vertretung einer nach altem Coburger Recht
entstandenen Teilnehmergemeinschaft eines Flurbereinigungsverfahrens s.
BayObLG 1985, 132. Zum Vertretungsrecht der Kirchen s. Rn. 141.

19. Vollmacht

75   **a) Auslegung.** Bestehen Zweifel an ihrem Umfang, ist die Vollmacht zunächst nach den für die Auslegung von GBErklärungen geltenden Grundsätzen (s. Rn. 28) auszulegen (OLG München Rpfleger 2006, 392; KG FGPrax
2020, 54). Erst wenn die Auslegung zu keinem eindeutigen Ergebnis führt,
gilt der Grundsatz, dass der geringere Umfang der Vollmacht anzunehmen ist,
wenn sich der größere nicht nachweisen lässt (BayObLG Rpfleger 1996, 332;

OLG Schleswig Rpfleger 1991, 17; KG FGPrax 2018, 98). Eine Prozessvollmacht ermächtigt grundsätzlich nur zur Stellung von EintrAnträgen (s. § 30 Rn. 7, ferner BGH Rpfleger 1992, 475).

Zur gesetzlich vermuteten Vollmacht des Notars s. § 15 Rn. 3, 15; zu seiner rechtsgeschäftlichen Bevollmächtigung und zur Bevollmächtigung von Angestellten des Notars s. § 15 Rn. 3.3, 3.4. Zur bedingten Vollmacht s. Rn. 74.1.

b) Umfang. Die Vollmacht kann so ausgestaltet sein, dass sie entweder **75.1** nur zu Lebzeiten des Vollmachtgebers wirksam ist oder erst mit dessen Tod wirksam wird (postmortale Vollmacht). Möglich ist auch eine Ausgestaltung derart, dass sie zu Lebzeiten des Vollmachtgebers wirksam ist, aber über seinen Tod hinaus wirksam bleibt (transmortale Vollmacht). Nach dem Tod des Vollmachtgebers ermächtigt die post- oder transmortale Vollmacht zur Verfügung über den Nachlass mit Wirkung für und gegen die Erben bis zu ihrem Widerruf durch diese. S. hierzu Rn. 81.1 und von Schwander, Ausgewählte Rechtsfragen der transmortalen und der postmortalen Vollmacht insbesondere bei Grundstücksgeschäften, RNotZ 2019, 57.

Die Vollmacht zum Abschluss eines materiellrechtlichen Vertrags umfasst in der Regel die Vollmacht zur Abgabe der zum grundbuchmäßigen Vollzug erforderlichen GBErklärungen. Die rechtsgeschäftlich erteilte Vollmacht zur Veräußerung eines Grundstücks berechtigt nicht ohne Weiteres dazu, den Käufer zur Belastung des Grundstücks mit Finanzierungsgrundpfandrechten im Namen des Verkäufers zu ermächtigen (OLG München DNotZ 2012, 535). Diese Berechtigung kann aber dem Betreuer, der mit dem Aufgabenkreis „Veräußerung der Eigentumswohnung" bestellt ist, als gesetzlichem Vertreter zukommen (KG FGPrax 2018, 248). Eine Vollmacht zur Auflassung an den Käufer ermächtigt nicht ohne Weiteres zur Auflassung an dessen Sonderrechtsnachfolger (KGJ 51, 204). Hat der Käufer eines Grundstücks dem Verkäufer Auflassungsvollmacht erteilt, so steht diese nicht dem Verwalter bei Eröffnung des Insolvenzverfahrens über das Vermögen des Verkäufers zu (BayObLG Rpfleger 1978, 372).

Zum Umfang der einem städtischen oder staatlichen Bediensteten für Grundstücksgeschäfte erteilten Vollmacht, zu dessen Berechtigung, Untervollmacht zu erteilen und zur Doppelvertretung durch diesen s. OLG München FGPrax 2013, 257 und 2014, 14. Über Vollmachten für Geschäfte „der laufenden Verwaltung" s. KG JW 1938, 1906. Über den Umfang einer Vollmacht bei der Fassung „soweit die Gesetze Vertretung zulassen" s. KG DR 1943, 802.

c) Beschränkung im Innenverhältnis. Eine im Außenverhältnis, also gegenüber dem GBAmt uneingeschränkt erteilte Vollmacht kann im Innenverhältnis Beschränkungen unterliegen (zur Vorsorgevollmacht s. Rn. 74.2; zur Vollmacht zur Änderung einer Teilungserklärung s. Rn. 76). Hat das GBAmt in diesem Fall auf Tatsachen gründende, sichere Kenntnis davon, dass der Gebrauch der im Außenverhältnis unbeschränkten Vollmacht gegen die im Innenverhältnis bestehenden Beschränkungen verstößt, muss es die Eintragung ablehnen, weil sonst das GB unrichtig würde (OLG München

FGPrax 2013, 111; 2019, 61; zum Widerruf der Vollmacht in diesem Fall s.
Rn. 83.1). Zur Prüfung durch den Notar s. Rn. 74.1.

75.2   **d) Untervollmacht.** Im Zweifel besteht keine Befugnis zur Unterbevollmächtigung. Die Auslegung kann aber etwas anderes ergeben (OLG
München NotBZ 2011, 452). Dabei ist entscheidend, ob der Vertretene erkennbar ein Interesse an der persönlichen Wahrnehmung der Vertretungsmacht durch den Bevollmächtigten hat (OLG München RNotZ 2012, 122).
Beruht die Erteilung der Vollmacht nicht auf einem persönlichen Vertrauens-
verhältnis zwischen Vertretenem und Bevollmächtigtem, umfasst sie grundsätzlich das Recht, Untervollmacht zu erteilen (OLG München NJW-RR
2015, 1230). Die Bevollmächtigung einer juristischen Person, die nur durch
einen Vertreter handeln kann, schließt zwangsläufig die Zulässigkeit einer
Unterbevollmächtigung ein (OLG München FGPrax 2015, 16). Eine Untervollmacht kann auf zwei Arten erteilt werden: Entweder erteilt der Bevollmächtigte dem Unterbevollmächtigten Vollmacht, den Vollmachtgeber
unmittelbar zu vertreten oder er bevollmächtigt ihn zu seiner eigenen Vertretung bei den aufgrund der Vollmacht vorzunehmenden GBErklärungen. Die
Vertretungsmacht des Unterbevollmächtigten kann grundsätzlich nicht
weiter gehen als die des Hauptbevollmächtigten. Bei Handlungen eines
Unterbevollmächtigten ist die gesamte Vertretungskette nachzuweisen, also
nicht nur die Vertretungsmacht des Unterbevollmächtigten, sondern auch
die des Hauptbevollmächtigten (BGH NJW 2013, 297; KG FGPrax 2015,
195).

Zum Nachweis des Fortbestands von Vollmacht und Untervollmacht und
zum maßgebenden Zeitpunkt s. Rn. 80.1 und 80.2. Zum Erlöschen der Untervollmacht bei Erlöschen der Hauptvollmacht s. Rn. 81. Zu den Beschränkungen gemäß § 181 BGB bei der Untervollmacht s. Rn. 90, 92. Zu Untervollmachten bei General- und Vorsorgevollmachten s. Schüller RNotZ 2014,
585.

75.3   **e) Belastungsvollmacht.** Eine Beleihungsvollmacht ermächtigt nicht
ohne weiteres auch zur Abgabe einer Unterwerfungserklärung (s. dazu und
allgemein zur Vollmacht zur Abgabe der Unterwerfungserklärung § 44
Rn. 28).

Zur Auslegung einer Vollmacht,
- das verkaufte Grundstück schon vor Eigentumsumschreibung „mit
  Grundpfandrechten bis zur Höhe des Kaufpreises" zu belasten, als Vollmacht zur Bestellung einer in üblicher Höhe verzinslichen Grundschuld, s.
  BayObLG NJW-RR 1987, 792
- das Grundstück über den Kaufpreis hinaus zu belasten, s. OLG Hamm
  FGPrax 2017, 10
- das erworbene Grundstück mit Grundpfandrechten zu belasten und „alle
  erforderlichen Eintragungen zu bewilligen", als Vollmacht, auch einen
  Rangrücktritt mit der Eigentumsvormerkung des Käufers zu bewilligen
  oder von einem Rangvorbehalt bei der Eigentumsvormerkung für ein
  Grundpfandrecht zur Kaufpreisfinanzierung Gebrauch zu machen, s. OLG
  Düsseldorf FGPrax 1998, 166 mit Anm. v. Jung Rpfleger 1999, 124; OLG
  Düsseldorf FGPrax 2000, 55

- das verkaufte Grundstück vor Eigentumsumschreibung zur Kaufpreisfinanzierung mit einem Grundpfandrecht zu belasten, als Vollmacht zur Belastung des Grundstücks in unbeschränkter Höhe, wenn die alleinige Einschränkung der Vollmacht darin besteht, von ihr nur vor einem bestimmten Notar Gebrauch zu machen, s. BayObLG DNotZ 1996, 295
- das erworbene Grundstück mit einem Finanzierungsgrundpfandrecht zu belasten und der Verpflichtung des Käufers, die persönliche Schuld zu übernehmen, als keine vom GBAmt bei der Eintragung des Grundpfandrechts auf Bewilligung des Käufers zu berücksichtigende Bedingung einer wirksamen Vertretung, s. KG FGPrax 2018, 98.

Zu den Prüfungspflichten des Grundbuchamts bei der Eintragung einer Grundschuld aufgrund einer im Außenverhältnis beschränkten Belastungsvollmacht, die es den Käufern erlaubt, das noch im Eigentum des Verkäufers stehende Grundstück als dingliche Sicherheit für die Finanzierung des Kaufpreises zu verwenden, s. BGH FGPrax 2016, 145. Zur familiengerichtlichen oder betreuungsgerichtlichen Genehmigung der Grundschuldbestellung in Ausübung einer Belastungsvollmacht s. Rn. 65.2. Zur fehlenden Bestimmtheit einer Vollmacht zur Bestellung „im Rahmen der Baumaßnahme notwendiger Grunddienstbarkeiten", wenn die Notwendigkeit nicht mit den im GBVerfahren zulässigen Beweismitteln nachgewiesen werden kann (BayObLG DNotZ 2005, 294). Zur Unzulässigkeit der „Weitergabe" der dem Erwerber erteilten Belastungsvollmacht im Fall der Weiterveräußerung durch diesen s. OLG Düsseldorf FGPrax 1999, 169. Zur Ausübungsbeschränkung bei einer Finanzierungsvollmacht s. Wilke MittBayNot 1996, 260. Zur Gestaltung von Belastungsvollmachten s. Kesseler DNotZ 2017, 651.

f) Vollmacht zur Änderung der Teilungserklärung. Eine solche Vollmacht ist vom GBAmt im Hinblick auf die Vorschriften über Allgemeine Geschäftsbedingungen (vgl. § 308 Nr. 4 BGB) nur bei offensichtlicher Unwirksamkeit zu beanstanden (OLG München FGPrax 2009, 105 mit zust. Anm. v. Basty MittBayNot 2010, 131). Diese liegt in der Regel nicht vor, wenn eine nach außen unbeschränkte Vollmacht Bindungen im Innenverhältnis unterliegt (BayObLG Rpfleger 2003, 121; s. dazu auch BayObLG Rpfleger 2003, 498). Zur Fassung der Vollmacht im Hinblick auf die erforderliche Vereinbarkeit mit § 308 Nr. 4 BGB s. BGH FGPrax 2020, 43 mit Anm v. Milzer. Nach Ansicht des OLG München (FGPrax 2006, 201 mit zu Recht abl. Anm. v. Holzer NotBZ 2007, 29 und Munzig DNotZ 2007, 43) soll eine im Außenverhältnis unbeschränkte Vollmacht nicht zur Abgabe einer Erklärung gegenüber dem GBAmt ermächtigen, wenn feststeht, dass dadurch dem Vollmachtgeber wegen Verstoßes gegen eine Beschränkung der Vollmacht im Innenverhältnis ein Vermögensschaden entstünde. **76**

Zur Auslegung einer Vollmacht zur Änderung der Teilungserklärung im Hinblick auf den Bestimmtheitsgrundsatz s. BayObLG Rpfleger 1994, 17 mit kritischer Anm. v. Röll DNotZ 1994, 237; s. ferner BayObLG DNotZ 1995, 610 und 612 mit zust. Anm. v. Röll; OLG Düsseldorf Rpfleger 1997, 305; Basty NotBZ 1999, 233. Zur Vollmacht für den Verwalter von WEigentum zur Verfügung über das im Gemeinschaftseigentum stehende Grundstück s. Anh. zu § 3 Rn. 96. Zur Vollmacht für den Bauträger zur Umwandlung von Gemeinschaftseigentum in Sondereigentum s. BayObLG Rpfleger 2002, 140. Zu Änderungsvollmachten im Bauträgervertrag s. Hügel NotBZ 2020, 182.

76.1   **g) Ausländische Vollmacht.** Bis zum Inkrafttreten des Art. 8 EGBGB i. d. F. des Ges. v. 11.6.2017 (BGBl. I 1607) am 17.6.2017 waren Auslegung und Umfang ausländischer Vollmachten grundsätzlich nach dem Recht des Wirkungslandes, also gegebenenfalls nach deutschem Recht, zu beurteilen (RG JW 1943, 1066; BGH NJW 1975, 1220); dasselbe galt hinsichtlich der Zulässigkeit des Selbstkontrahierens sowie bezüglich der Beendigung der Vertretungsmacht, z. B. durch Widerruf (s. dazu Reithmann DNotZ 1956, 125). Für eine Vollmacht zur Verfügung über Grundstücke und Grundstücksrechte galt deutsches Recht als lex rei sitae.

Nunmehr ist für die gewillkürte Stellvertretung Art. 8 EGBGB maßgebend. Bei Verfügungen über Grundstücke und Rechte an Grundstücken bestimmt Art. 8 Abs. 6 EGBGB entsprechend Art. 43 EGBGB das Recht des Belegenheitsortes (lex rei sitae) wie bisher als das anzuwendende Recht. Für das Grundgeschäft verbleibt es bei den übrigen Bestimmungen des Art. 8 EGBGB. S. dazu Becker DNotZ 2017, 835. Zur Rechtswahl s. Art. 15 des am 1.1.2009 in Kraft getretenen Haager Erwachsenenschutzübereinkommens (ErwSÜ) v. 13.1.2000 (BGBl. II 2007, 324; AusfG v. 17.3.2007, BGBl. I 314) und Brücken RNotZ 2018, 213.

20. Form der Vollmacht

77   Einer Form bedarf die Vollmacht sachlichrechtlich in der Regel nicht (§ 167 Abs. 2 BGB). Verfahrensrechtlich ist sie jedoch in der Form des § 29 nachzuweisen (BayObLG MittBayNot 1980, 152; KG OLGZ 1985, 185); dies gilt auch für eine etwaige Befreiung von den Beschränkungen des § 181 BGB. Wirksam ist eine Blankovollmacht, desgleichen eine in deutscher Sprache abgefasste Vollmacht, auch wenn sie nicht in die Muttersprache des Vollmachtgebers übersetzt worden ist (BGH FGPrax 2014, 43).

a) Bedingte Vollmacht. Bei einer bedingten Vollmacht hat sich der formgerechte Nachweis auch auf den Eintritt der Bedingung zu erstrecken (OLG Hamm FGPrax 2011, 10; OLG Frankfurt FGPrax 2011, 58; OLG Köln FGPrax 2020, 111). Ist Bedingung der Wegfall der Geschäftsfähigkeit des Vollmachtgebers, muss auch der Eintritt dieser Bedingung in der Form des § 29 nachgewiesen werden. Ein ärztliches Zeugnis genügt dazu nicht (OLG Köln FGPrax 2007, 102 mit Anm. v. Renner MittBayNot 2008, 53; OLG Schleswig FGPrax 2010, 125). Zur Vorsorgevollmacht s. Rn. 74.1.

b) Vollmachtsanerkenntnis. Ausreichend ist ein Vollmachtsanerkenntnis dergestalt, dass der Vollmachtgeber in der Form des § 29 erklärt, er habe dem Vertreter bereits Vollmacht erteilt; zum Vollmachtsanerkenntnis (Vollmachtsgeständniserklärung, Vollmachtsbestätigung) s. § 29 Rn. 9. Bis zur Anfügung des Art. 231 § 8, jetzt § 8 Abs. 1, EGBGB durch das SachenRÄndG bedurfte die Vollmacht, die den Mitarbeiter eines staatlichen Organs der ehemaligen DDR zu Grundstücksgeschäften ermächtigt, der Beglaubigung durch ein

Staatliches Notariat; eine privatschriftliche, mit Dienstsiegel versehene Vollmacht genügte nicht (KG DtZ 1993, 30).

c) Nachweis. Zum Vollmachtsnachweis s. Rn. 80.1, 80.2 und § 29 Rn. 59 sowie Stiegeler, Vollmachtsnachweis gegenüber dem GBAmt, BWNotZ 1985, 129, ferner Wolf, Der Nachweis der Untervollmacht bei Notar und GBAmt, MittBayNot 1996, 266 und Bous, Zum Nachweis bestehender Vertretungsmacht gegenüber dem GBAmt unter besonderer Berücksichtigung des § 172 Abs. 1 BGB, Rpfleger 2006, 357. Über den Nachweis der Vollmacht zur Stellung eines EintrAntrags s. § 30 Rn. 8. Zur Vorsorgevollmacht s. Rn. 74.1 und zur Beglaubigungsbefugnis der Urkundsperson bei der Betreuungsbehörde für Vorsorgevollmachten s. § 29 Rn. 42.

d) Auflassungsvollmacht. Eine Auflassungsvollmacht (s. hierzu § 20 **78** Rn. 21) bedarf der Form des § 311b Abs. 1 BGB, wenn sie mit einem schuldrechtlichen Vertrag ein einheitliches Rechtsgeschäft bildet, das seinerseits dieser Form bedarf (RG 94, 149; KG OLGZ 1985, 185). Darüber hinaus unterliegt sie der Formvorschrift des § 311b Abs. 1 BGB auch dann, wenn ihre Erteilung einer bindenden Verpflichtung zur Übertragung oder zum Erwerb des Eigentums gleichkommt (OLG Hamm FGPrax 2005, 240). Das ist anzunehmen, wenn die Vollmacht nicht widerrufen werden kann (BGH DNotZ 1966, 92; OLG Zweibrücken DNotZ 1983, 104; BayObLG NJW-RR 1996, 848), hängt aber von den Umständen des Einzelfalls ab, wenn der Bevollmächtigte nur von der Beschränkung des § 181 BGB befreit ist (BGH WM 1974, 1229; OLG Frankfurt Rpfleger 1979, 133; OLG Schleswig MDR 2000, 1125); s. dazu auch BayObLG MittBayNot 1980, 152; KG OLGZ 1985, 185; OLG Celle FGPrax 2020, 10.

Die formlos erteilte Auflassungsvollmacht ist stets wirksam, wenn das ihrer Erteilung zugrunde liegende Geschäft notariell beurkundet ist (OLG Zweibrücken DNotZ 1983, 104). Die Formnichtigkeit eines Grundstückskaufvertrags hat im Zweifel auch die Unwirksamkeit der in diesem Vertrag vom Verkäufer erteilten Auflassungsvollmacht zur Folge; dies gilt aber dann nicht, wenn die Vollmacht unwiderruflich gerade zur Sicherung der Vollziehung des Vertrags und damit der Heilung seiner Formnichtigkeit gem. § 311b Abs. 1 Satz 1 BGB erteilt ist; eine solche Vollmacht bindet auch den Erben des Verkäufers (BGH Rpfleger 1989, 320). Das zur Auflassungsvollmacht Ausgeführte gilt für die Vollmacht zur Erbteilsübertragung nach § 2033 BGB entsprechend (JFG 15, 205; BayObLG 1954, 234).

e) Ausländische Vollmacht. Ausländische Vollmachten zur Verfügung **79** über inländische Grundstücke und Rechte an Grundstücken brauchen nur den Formvorschriften des Errichtungsorts zu genügen (Art. 11 EGBGB; KG HRR 1931 Nr. 1051; OLG Stuttgart Rpfleger 1981; 145; einschränkend für die Vollmacht zur Auflassung und Erbteilsübertragung: Ludwig NJW 1983, 495), und zwar auch dann, wenn das internationale Privatrecht des Ortsrechts eine Rück- oder Weiterverweisung enthält (OLG Stuttgart Rpfleger 1982, 137). Für den Nachweis gegenüber dem GBAmt gilt aber deutsches Verfahrensrecht; maßgebend ist also § 29 (KG NotBZ 2013, 261). Zur Notwendigkeit einer Übersetzung s. § 1 Rn. 48.

21. Fortbestand der Vollmacht

80   **a) Grundsatz.** Ist der Bevollmächtigte im Besitz der Vollmachtsurkunde, so hat das GBAmt regelmäßig, insbes. dann, wenn die Voraussetzungen des Rechtsscheintatbestands des § 172 BGB vorliegen, von dem Fortbestand der Vollmacht auszugehen (KG DNotZ 1972, 18; OLG Köln Rpfleger 1984, 182; OLG Karlsruhe BWNotZ 1992, 102); sind ihm aber besondere Umstände bekannt, die auf die Möglichkeit eines Erlöschens hinweisen, so hat es in freier Beweiswürdigung (JFG 18, 246; OLG Karlsruhe BWNotZ 1992, 102; s. § 29 Rn. 63 ff.) zu prüfen, ob die Vollmacht erloschen ist (KG Rpfleger 1991, 461; 2009, 147) und bei begründeten Zweifeln den Nachweis ihres Fortbestehens zu verlangen (BayObLG Rpfleger 1986, 90; OLG Hamm FGPrax 2004, 266; 2005, 240). Das GBAmt darf einen Nachweis für den Fortbestand einer Auflassungsvollmacht verlangen, wenn die Vollmacht vor 50 Jahren erteilt wurde und keiner der an dem Grundgeschäft Beteiligten mehr am Leben ist (OLG Naumburg FGPrax 2002, 241). Allein der Umstand, dass die Vollmacht vor 15 Jahren erteilt wurde, rechtfertigt dies jedoch nicht (OLG Hamm FGPrax 2005, 240).

Ist die Vollmacht in einer letztwilligen Verfügung enthalten, kann das GBAmt bei deren Anfechtung durch eine gem. § 2080 BGB hierzu nicht berechtigte Person von der Wirksamkeit der Vollmacht ausgehen (OLG Köln Rpfleger 1992, 299). Die materiellrechtlichen Vorschriften der §§ 172 ff. BGB finden auf die Vollmacht zur Abgabe einer Vollstreckungsunterwerfung als prozessuale Willenserklärung (§ 44 Rn. 27.1) keine Anwendung (BGH 154, 283).

80.1   **b) Abschrift oder Ausfertigung.** Dem GBAmt muss die Vollmachtsurkunde, bei einer Untervollmacht auch die über die Hauptvollmacht (OLG München DNotZ 2008, 844), grundsätzlich in Urschrift oder Ausfertigung vorgelegt werden; die Vorlage einer beglaubigten Abschrift der Vollmachtsurkunde kann aber genügen, wenn der beurkundende Notar bescheinigt, die Vollmachtsurkunde habe ihm in Urschrift oder Ausfertigung vorgelegen (OLG Hamm FGPrax 2004, 266; OLG Zweibrücken FGPrax 2010, 286; OLG München FGPrax 2019, 61; a. M. Wolf MittBayNot 1996, 270; s. dazu auch § 29 Rn. 59). Die Vorlage einer beglaubigten Abschrift der Vollmachtsurkunde genügt ferner dann, wenn sich der Bevollmächtigte bei seiner Erklärung, die von demselben Notar beurkundet ist, der schon die Vollmacht beurkundet hat, auf die von diesem verwahrte Urschrift der Vollmacht beruft und der Notar entsprechende Feststellungen trifft (OLG Stuttgart FGPrax 1998, 125). Gibt der Unterbevollmächtigte unmittelbar im Namen des Vollmachtgebers eine GBErklärung ab (s. dazu Rn. 75.2), kommt es wegen des Fortbestands der Untervollmacht auf den Zeitpunkt des Wirksamwerdens der GBErklärung an und wegen des Fortbestands der Vollmacht auf den Zeitpunkt der Erteilung der Untervollmacht (KG FGPrax 2015, 195; Rpfleger 2019, 251).

80.2   **c) Vorlage durch den Bevollmächtigten.** Weil das materielle Recht den Fortbestand der Vertretungsmacht an den Besitz der Vollmachtsurkunde knüpft (§ 172 BGB), muss die Urschrift oder Ausfertigung von dem Bevollmächtigten (Unterbevollmächtigten) vorgelegt worden sein; dass dies geschehen ist und der Zeitpunkt der Vorlage müssen sich aus der Bescheinigung des Notars ergeben. Die Bescheinigung kann auch in den Beglaubigungsvermerk aufgenommen werden (BayObLG Rpfleger 2002, 194). Den erforderlichen Nachweis vermag eine ohne den Willen des Vollmachtgebers in den Verkehr gelangte Urschrift oder Ausfertigung der Vollmachtsurkunde nicht zu erbringen (OLG München FGPrax 2009, 260 mit Anm. v. Braun NotBZ 2009, 491).

d) Mehrere Bevollmächtigte. Die Legitimationswirkung der Voll- 80.3
machtsurkunde erfasst regelmäßig nur den im Ausfertigungsvermerk namentlich genannten Bevollmächtigten. Nicht ausreichend ist es daher, dass einer von zwei selbständig Bevollmächtigten die nach dem Ausfertigungsvermerk dem anderen Bevollmächtigten erteilte Ausfertigung der Vollmacht vorlegt (OLG München DNotZ 2008, 844; FGPrax 2013, 60; OLG Naumburg FGPrax 2016, 259 mit abl. Anm. v. Zimmer NotBZ 2017, 199) oder bei einer gegenseitig erteilten Vollmacht der Bevollmächtigte eine nach dem Ausfertigungsvermerk dem Vollmachtgeber erteilte Ausfertigung vorlegt (a. M. OLG Köln Rpfleger 2002, 197 mit kritischer Anm. v. Waldner/Mehler; kritisch auch Helms RNotZ 2002, 235; s. zum Ganzen Mehler/Braun DNotZ 2008, 810). Das OLG Frankfurt (FGPrax 2013, 103) hält es für ausreichend, dass zwei jeweils gemeinsam vertretungsberechtigte Bankangestellte eine der Bank als Vollmachtgeberin erteilte Ausfertigung vorlegen.

e) Vollmacht in gerichtlichem Vergleich. Diese Grundsätze gelten 80.4
auch, wenn in einem widerruflichen gerichtlichen Vergleich Vollmachten, z. B. Auflassungsvollmachten enthalten sind. Die wirksame Erteilung der Vollmacht ist dem GBAmt nachgewiesen, wenn der Notar bescheinigt, dass ihm von dem Bevollmächtigten dem Vollmachtgeber erteilte vollstreckbare Ausfertigung des Vergleichs vorgelegt wurde. Durch diese Bescheinigung In Verbindung mit der beigefügten beglaubigten Abschrift der vollstreckbaren Ausfertigung ist auch nachgewiesen, dass der Vergleich nicht widerrufen wurde. Darüber hinaus ist auch der Fortbestand der Vollmacht nachgewiesen, weil es sich bei der vollstreckbaren Ausfertigung um eine Vollmachtsurkunde im Sinn des § 172 BGB handelt (KG FGPrax 2012, 7).

22. Erlöschen der Vollmacht

a) Haupt- und Untervollmacht. Eine wirksam erteilte Untervollmacht 81
zur unmittelbaren Vertretung des Vollmachtgebers ist nicht vom Bestand der Hauptvollmacht abhängig. Maßgebend dafür, ob eine zeitliche Beschränkung der Hauptvollmacht eine zeitlich unbeschränkte unmittelbare Vertretung des Vollmachtgebers durch den Unterbevollmächtigten ausschließt, ist der durch Auslegung zu ermittelnde Wille des Vollmachtgebers bei Erteilung der Hauptvollmacht (OLG Köln FGPrax 2018, 106). Eine wirksame Vertretung kann daher auch dann gegeben sein, wenn die Hauptvollmacht befristet und im Zeitpunkt der von dem Unterbevollmächtigten abgegebenen GBErklärung bereits erloschen war (KGJ 37 A 239; KG FGPrax 2017, 98 mit zust. Anm. v. Spernath MittBayNot 2017, 525). S. zum Ganzen Bous, Fortbestand

und Rechtsschein der Untervollmacht trotz Wegfalls der Hauptvollmacht, RNotZ 2004, 483. Über das Erlöschen der gemäß § 15 Abs. 2 vermuteten Vollmacht des Notars s. § 15 Rn. 10.

b) Tod des Vollmachtgebers. Im Zweifel erlischt eine Vollmacht, der kein Rechtsverhältnis zugrunde liegt (isolierte Vollmacht). Ist in grundbuchmäßiger Form nachgewiesen, dass das der Vollmachtserteilung zugrunde liegende Rechtsverhältnis ein Auftrag oder Geschäftsbesorgungsvertrag ist, so ist nach § 168 Satz 1, §§ 672, 675 BGB grundsätzlich von dem Fortbestehen der Vollmacht auszugehen (KG HRR 1934 Nr. 36; DNotZ 1972, 18; OLG Frankfurt NotBZ 2015, 268). Jedoch kann die Vertragsauslegung ergeben, dass die Besorgung des Geschäfts nur für den noch lebenden Auftraggeber von Bedeutung ist. Davon kann auszugehen sein, wenn der Gegenstand des Auftrags mehr auf die Person und die persönlichen Verhältnissen als auf die Vermögensverhältnisse des Auftraggebers zugeschnitten ist. Dies trifft in der Regel auf die Altersvorsorgevollmacht zu, die für den Fall der Betreuungsbedürftigkeit des Auftraggebers Vertretungsmacht entsprechend der eines Betreuers einräumt. Dann endet die Vollmacht mit dem Tod des Auftraggebers (OLG Hamm NJW-RR 2003, 800; OLG München FGPrax 2014, 199 mit kritischer Anm. v. Zimmer ZEV 2014, 617). Zur Vorsorgevollmacht s. Rn. 74.1; zur Vorsorgevollmacht als transmortaler Vollmacht s. § 29 Rn. 42.

Etwas anderes gilt, wenn der Erblasser Vollmacht ausdrücklich mit Wirkung über seinen Tod hinaus (transmortale Vollmacht, s. Rn. 81.1) zur Vertretung des Erben erteilt hat. Über die Zulässigkeit der Vollmachtserteilung in einem Testament s. OLG Köln NJW 1950, 702; über die Zulässigkeit der einem Vermächtnisnehmer in einem öffentlichen Testament unter Befreiung von § 181 BGB erteilten Auflassungsvollmacht hinsichtlich des ihm vermachten Grundstücks s. OLG Köln Rpfleger 1992, 299.

81.1   **c) Transmortale Vollmacht.** Der Bevollmächtigte ist in diesem Fall bis zum Widerruf der Vollmacht durch die Erben befugt, über das zum Nachlass gehörende Vermögen zu verfügen, ohne die Erbfolge nachzuweisen und die Erben zu benennen (JFG 12, 276; OLG Frankfurt ZEV 2012, 377; NotBZ 2015, 268; OLG München NJW-RR 2015, 1382; OLG Stuttgart Rpfleger 2019, 76). Dies gilt bei Befreiung von den Beschränkungen des § 181 BGB grundsätzlich auch für ein Insichgeschäft (OLG Schleswig FGPrax 2014, 206; a. M. OLG Stuttgart RNotZ 2012, 129). Umstritten ist, ob der Bevollmächtigte nicht nur den Vorerben, sondern auch den Nacherben vertreten kann (s. dazu § 51 Rn. 42.1). Die Vollmacht ermächtigt nicht zu einer Erbauseinandersetzung, wohl aber zur Auflassung eines Nachlassgrundstücks in Vollzug einer Erbauseinandersetzung der Erben. Die Verfügungsbefugnis des Bevollmächtigten wird nicht dadurch in Frage gestellt, dass die Erben im GB eingetragen sind (OLG Frankfurt NotBZ 2014, 148). Der Bevollmächtigte bedarf nicht der Zustimmung Dritter, wenn der Erbe aus persönlichen Gründen in der Verfügungsbefugnis beschränkt ist, also z. B. nicht der Genehmigung des Familiengerichts bei Minderjährigkeit des Erben (RG 88, 350; JFG 12, 276); vgl. dazu auch BGH DNotZ 1969, 481. Ob sich der Bevollmächtigte am Willen des Erblassers oder an den Interessen der Erben orientiert hat, obliegt als Frage des materiellen Rechts, abgesehen von Fällen eines offensichtlichen Vollmachtsmissbrauchs, nicht der Beurteilung durch das GBAmt (OLG Frankfurt MittBayNot 2016, 401 mit abl. Anm. v. Sagmeister).

d) Bevollmächtigter und Testamentsvollstrecker. Die transmortale Vollmacht steht selbständig neben der Testamentsvollstreckung und verleiht dem Bevollmächtigten eigenständige, vom Erblasser und nicht vom Testamentsvollstrecker abgeleitete Befugnisse. Dies gilt erst recht, wenn die Vollmacht erst ab dem Tod des Vollmachtgebers Wirkung entfalten soll (postmortale Vollmacht); in diesem Fall ist die Wirksamkeit der Vollmacht durch die Sterbeurkunde des Vollmachtgebers nachzuweisen (OLG Frankfurt NotBZ 2014, 148). Ob im Einzelfall vom Vollmachtgeber und Erblasser eine Einschränkung der Befugnisse des Bevollmächtigten im Hinblick auf die angeordnete Testamentsvollstreckung gewollt ist, muss durch Auslegung der Vollmachtsurkunde und der letztwilligen Verfügung festgestellt werden (OLG München FGPrax 2012, 14 mit Anm. v. Reimann MittBayNot 2012, 228; OLG München MittBayNot 2013, 230; s. zum Ganzen Weidlich MittBayNot 2013, 196; Mensch NotBZ 2013, 420).

Zum Testamentsvollstrecker als transmortal Bevollmächtigtem s. § 52 Rn. 26. Zum Widerruf der Vollmacht durch die Erben s. Rn. 83.1. Zu den Problemen bei der Verwendung von Vollmachten über den Tod hinaus, insbesondere im Zusammenhang mit § 39, s. Milzer DNotZ 2009, 325; NotBZ 2009, 482. Zur Verwendung post- und transmortaler Vollmachten zum Nachteil des Erben s. Grunewald ZEV 2014, 579. Zu Grundstücksverfügungen mittels Vollmachten über den Tod hinaus s. Weidlich ZEV 2016, 57, ferner Amann MittBayNot 2016, 369; Glenk, Grauzone trans- und postmortale Vollmachten? NotBZ 2017, 364.

e) Bevollmächtigter ist Erbe. Nach OLG Stuttgart (JFG 12, 274; SJZ **81.2** 1948, 455; ebenso OLG Hamm FGPrax 2013, 148) erlischt die post- oder transmortale Vollmacht, wenn der Bevollmächtigte alleiniger Erbe ist (s. demgegenüber aber Hueck SJZ 1948, 455; Klaus NJW 1948, 627; LG Bremen Rpfleger 1993, 235). Nach KGJ 43, 160 gilt dies auch, wenn er alleiniger Vorerbe ist. Diese Rechtsansicht hat zur Folge, dass sich der Alleinerbe beim Vollzug einer Verfügung dem GBAmt gegenüber nicht auf die Vollmacht berufen kann, vielmehr sein Erbrecht nachweisen muss (OLG Hamm FGPrax 2013, 148; zu Recht kritisch dazu Lange ZEV 2013, 343; Amann MittBayNot 2013, 367; Mensch ZNotP 2013, 171; Keim DNotZ 2013, 692; Herrler NotBZ 2013, 454; Lutz BWNotZ 2013, 171).

Das GBAmt hat, jedenfalls solange es keine sichere Kenntnis davon hat, dass der Bevollmächtigte Alleinerbe ist, die Eintragung aufgrund der Vollmacht vorzunehmen (OLG München FGPrax 2016, 205 mit abl. Anm. v. Bestelmeyer). Die bloße Erklärung des Bevollmächtigten, Erbe geworden zu sein, genügt nicht (OLG Stuttgart Rpfleger 2019, 189). Wenn jedoch der Bevollmächtigte erklärt, Alleinerbe zu sein und als solcher zu handeln, setzt die Eintragung den Nachweis seines Erbrechts voraus (OLG München NJW 2016, 3381 mit Anm. v. Volmer ZfIR 2017, 781; ablehnend Zimmer NJW 2016, 3341). Ist die Erbfolge dem GBAmt nachgewiesen, verliert eine zugleich vorgelegte transmortale Vollmacht ihre Wirksamkeit (OLG München

FGPrax 2017, 65 mit Anm. v. Bestelmeyer). S. dazu Keim MittBayNot 2017, 111; Herrler DNotZ 2017, 508.

Wenn der Bevollmächtigte lediglich Miterbe ist, handelt er nicht für sich selbst, sondern für die Miterben in ihrer gesamthänderischen Verbundenheit. Dies rechtfertigt den Fortbestand der Vollmacht. Eines Erbnachweises bedarf es nicht (OLG Schleswig FGPrax 2014, 206 mit kritischer Anm. v. Bestelmeyer Rpfleger 2015, 11; OLG Celle FGPrax 2020, 10 mit Anm. v. Becker MittBayNot 2020, 140).

Zur Notwendigkeit der Berichtigung des Eintragungsgrundes, wenn aufgrund einer Verfügung des zum Alleinerben gewordenen Bevollmächtigten zu seinen eigenen Gunsten Auflassung statt Erbschein eingetragen ist, s. OLG Hamm Rpfleger 2019, 384 mit Anm. v. Jurksch.

81.3   **f) Ende der gesetzlichen Vertretung.** Die von einem gesetzlichen oder organschaftlichen Vertreter erteilte Vollmacht erlischt nicht mit dem Ende der gesetzlichen oder organschaftlichen Vertretungsmacht. Daher erlischt die vom gesetzlichen Vertreter eines Minderjährigen erteilte Vollmacht ebenso wenig mit dem Eintritt der Volljährigkeit (JFG 1, 316; BayObLG NJW 1959, 2119) wie die vom Geschäftsführer einer GmbH erteilte Vollmacht mit der Beendigung seiner Organstellung als Geschäftsführer (KG Rpfleger 2019, 251). Dagegen endet die von einem Vertreter fremden Vermögens (z. B. Nachlass-, Insolvenz-, Zwangsverwalter) erteilte Vollmacht grundsätzlich mit der Beendigung der Verwaltung und Aufhebung der Vermögenssonderung. Dies gilt aber nicht für die nach Eröffnung des Insolvenzverfahrens über das Vermögen eines BGB-Gesellschafters von dem Insolvenzverwalter zusammen mit den übrigen Gesellschaftern erteilte Vollmacht (KG Rpfleger 2011, 316; s. § 47 Rn. 30.2). Auch hat die Beendigung des Testamentsvollstreckeramts das Erlöschen der von dem Testamentsvollstrecker erteilten Vollmacht zur Folge (KGJ 41, 79). Die von einer juristischen Person erteilte Vollmacht erlischt erst bei vollständigem Erlöschen der juristischen Person (s. dazu Rn. 103). Der Eintritt der Liquidation führt nicht zum Erlöschen der Vollmacht; er hat lediglich eine Beschränkung der Vollmacht auf den Liquidationszweck zur Folge (OLG Dresden DNotZ 2009, 305).

81.4   **g) Geschäftsunfähigkeit des Vollmachtgebers.** Tritt sie ein, ist bei einem Auftrag oder Geschäftsbesorgungsvertrag als Grundgeschäft nach § 168 Satz 1 i. V. m. §§ 672, 675 BGB vom Fortbestand der Vollmacht auszugehen. Der Bevollmächtigte unterliegt mit Eintritt der Geschäftsunfähigkeit nicht den Beschränkungen eines gesetzlichen Vertreters, bedarf also insbes. nicht einer gerichtlichen Genehmigung zu bestimmten Rechtsgeschäften (Schaub in Bauer/Schaub AT G Rn. 111; einschränkend OLG Köln NJW-RR 2001, 652; a. M. Meikel/Böttcher Einl. E Rn. 79). Zum Nachweis des Eintritts der Geschäftsunfähigkeit als Bedingung einer Vollmacht s. Rn. 77.

81.5   **h) Insolvenz des Vollmachtgebers.** Mit Eröffnung des Insolvenzverfahrens über das Vermögen des Vollmachtgebers erlöschen gemäß § 117 Abs. 1 InsO die von ihm erteilten Vollmachten. Dies gilt auch für die von einem BGB-Gesellschafter erteilte Vollmacht (s. § 47 Rn. 30.2). Auch eine dem

Notar rechtsgeschäftlich erteilte und eine gemäß § 15 Abs. 2 gesetzlich vermutete Vollmacht des Notars erlöschen (s. § 15 Rn. 10).

i) Sonstiges. Die Vollmacht erlischt grundsätzlich mit dem Tod des Be- 82 vollmächtigten sowie durch dessen einseitigen Verzicht auf die ihm erteilte Vollmacht (OLG Hamm FGPrax 2004, 266). Eine dem Käufer erteilte Auflassungsvollmacht ermächtigt in der Regel auch dessen Erben (KG JW 1939, 482; OLG Schleswig MDR 1963, 675; OLG Köln DNotZ 1970, 27); auch ohne ausdrückliche Bestimmung kann nämlich angenommen werden, dass die Unwiderruflichkeit der Vollmacht vertraglich vereinbart ist (BayObLG MittBayNot 1989, 308). Soll die Vollmacht mit der Auflassung des Grundstücks erlöschen, so tritt die auflösende Bedingung auch für solche EintrBewilligungen ein, die mit der Auflassungserklärung in derselben Urkunde erklärt worden sind (BayObLG Rpfleger 1986, 216).

23. Widerruf oder Anfechtung der Vollmacht

a) Grundsatz. Der Widerruf ist bei isolierter Vollmacht stets zulässig, 83 auch bei Unwiderruflichkeitsklausel (KG DNotZ 1980, 167; FGPrax 2019, 245; BGH DNotZ 1989, 85). Eine isolierte Vollmacht liegt vor, wenn ihr kein Rechtsverhältnis zugrunde liegt oder das zugrunde liegende Rechtsverhältnis nichtig ist (BayObLG NJW-RR 1996, 848 mit Anm. v. Wufka DNotZ 1997, 315). Auch für die nicht isolierte Vollmacht gilt freie Widerruflichkeit als Grundsatz; aus dem Grundgeschäft können sich jedoch eine Beschränkung oder ein Ausschluss des Widerrufsrechts ergeben; in diesem Fall bedarf bei der Auflassungsvollmacht das Grundgeschäft, nicht aber die Vollmacht der Form des § 311b Abs. 1 BGB (OLG Zweibrücken DNotZ 1983, 104; BayObLG NJW-RR 1996, 848).

b) Unwiderruflichkeit. Dient die Vollmacht vereinbarungsgemäß auch 83.1 dem Vorteil des Bevollmächtigten, so ist sie regelmäßig auch ohne ausdrückliche Erklärung unwiderruflich (RG JW 1932, 1548; BGH WM 1985, 646; OLG München RNotZ 2019, 392). Auch bei Unwiderruflichkeit bleibt Widerruf aus wichtigem Grund möglich (BGH WM 1969, 1009; 1985, 646). Ein wichtiger Grund kann darin liegen, dass bei einer im Außenverhältnis unbeschränkten Vollmacht ein den im Innenverhältnis bestehenden Beschränkungen widersprechender Gebrauch gemacht wird (OLG München NJW-RR 2015, 1230; s. Rn. 75.1). Bei einer Generalvollmacht kann Ausschluss der Widerruflichkeit nichtig sein (KGJ 47, 152). Eine unwiderruflich erteilte Vollmacht, die als solche wegen Formmangels nichtig ist, kann nicht nach § 139 BGB aufrechterhalten werden (RG JRdsch. 1926 Nr. 360; KG DNotZ 1933, 182). Soweit Widerruflichkeit gegeben, kann die seitens des Erblassers erteilte Vollmacht von jedem der Erben für seine Person widerrufen werden (JFG 15, 335; RG JW 1938, 1892), nicht jedoch rückwirkend (OLG Köln Rpfleger 1992, 299). Widerrufsberechtigt sind auch der Testamentsvollstrecker und der Nachlassverwalter (s. KG NJW 1971, 566), ferner der Nachlasspfleger (str.). Zur grundsätzlichen Unwiderruflichkeit der dem Bauträger erteilten Vollmacht zur Umwandlung von Gemeinschaftseigentum in Sondereigentum s. BayObLG Rpfleger 2002, 140.

83.2   **c) Berücksichtigung eines Widerrufs.** Das GBAmt hat den Widerruf einer isolierten Vollmacht auch dann zu beachten, wenn diese als unwiderruflich bezeichnet ist; der Widerruf bedarf nicht der Form des § 29 (s. § 29 Rn. 4). Ergibt sich jedoch aus dem Grundgeschäft die Unwiderruflichkeit, hat das GBAmt einen Widerruf unberücksichtigt zu lassen, es sei denn, ein wichtiger Grund für den Widerruf ist zu seiner Überzeugung dargetan (a. M. OLG Stuttgart MittBayNot 1997, 370 mit Anm. v. Munzig: es genügt ein erheblicher Grad von Wahrscheinlichkeit; ebenso OLG München NJW-RR 2015, 1230; offen gelassen von KG FGPrax 2019, 245). Diese Überzeugung kann das GBAmt im Wesentlichen nur aus den vorgelegten förmlichen Urkunden und dem Vorbringen der Beteiligten in freier Beweiswürdigung gewinnen (OLG München RNotZ 2019, 392). Der Widerruf hat keine Rückwirkung (OLG München FGPrax 2019, 61). Die Wirksamkeit einer vor dem Widerruf aufgrund der Vollmacht abgegebenen Willenserklärung bleibt von dem Widerruf unberührt (BGH FGPrax 2020, 43 mit Anm. v. Milzer).

Gibt der Bevollmächtigte nach Widerruf der Vollmacht die Vollmachtsurkunde nicht zurück, können der Vollmachtgeber oder dessen Erben gemäß § 176 BGB die Vollmachtsurkunde und deren Ausfertigungen durch öffentliche Bekanntmachung für kraftlos erklären (OLG München FGPrax 2018, 239 mit Anm. v. Müller-Engels MittBayNot 2019, 256).

83.3   **d) Anfechtung.** Eine Anfechtung der Vollmacht wegen Irrtums oder arglistiger Täuschung hat das GBAmt grundsätzlich unberücksichtigt zu lassen, es sei denn, ein Anfechtungsgrund ist zu seiner Überzeugung dargetan. Anders als ein Widerruf hat eine erfolgreiche Anfechtung allerdings rückwirkende Kraft. Das OLG München RNotZ 2015, 355 hält es für ausreichend, dass ein Anfechtungsgrund zumindest wahrscheinlich ist.

24. Generalvollmacht

84   Eine Vollmacht kann grundsätzlich auch zur Vertretung in allen Angelegenheiten, soweit eine Vertretung gesetzlich zulässig ist, erteilt werden. Dies gilt für die Bevollmächtigung durch einen organschaftlichen Vertreter jedoch mit der Einschränkung, dass die Übertragung organschaftlicher Vertretungsbefugnisse im Ganzen auf einen Bevollmächtigten unwirksam ist (BGH FGPrax 2011, 106; OLG Hamm NotBZ 2011, 180). Zur Generalvollmacht von Gesellschaftern einer BGB-Gesellschaft s. § 47 Rn. 30.2. Ein Vormund kann (widerrufliche) Generalvollmacht erteilen, und zwar auch für die Zeit nach Eintritt der Volljährigkeit (s. JFG 1, 313); ebenso der Inhaber der elterlichen Sorge und der Testamentsvollstrecker (s. § 52 Rn. 19.2), nicht aber der Geschäftsführer namens der GmbH (BGH DNotZ 1977, 119). Auch können sich die Vorstandsmitglieder einer Genossenschaft nicht gegenseitig Generalvollmacht erteilen, weil damit die gesetzliche Gesamtvertretung umgangen wird (BayObLG 34, 4; vgl. dazu BGH Rpfleger 2009, 222). Bei Gesamtvertretung mehrerer Bevollmächtigter kann die Erklärung des einen durch die anderen genehmigt werden; die Genehmigung ist gegenüber dem Bevollmächtigten oder dem anderen Vertragsteil zu erklären (RG 112, 221). Bürgermeister können Gattungsvollmachten, nicht Generalvollmachten erteilen (JFG 14, 127).

Über die Bevollmächtigung einer Behörde als solche ihres Vertreters s. KG HRR 1931 Nr. 281. Zu Untervollmachten bei Generalvollmachten s. Schüller RNotZ 2014, 585. Zur Auslegung einer Vollmacht als Generalhandlungsvollmacht mit den Befugnissen des § 54 Abs. 1 HGB und zur Abgrenzung von einer unzulässigen, Organbefugnisse einer GmbH übertragenen Generalvollmacht, s. KG Rpfleger 1991, 461.

25. Erklärung des ersten Bürgermeisters

Der erste Bürgermeister einer Gemeinde ist im Außenverhältnis uneinge- **85** schränkt zur Vertretung der Gemeinde berechtigt. Das GBAmt hat daher nicht zu prüfen, ob nach den Vorschriften der Gemeindeordnung im Innenverhältnis Beschränkungen bestehen, z. B. ein Gemeinderatsbeschluss erforderlich ist.

a) Bayerische Gemeindeordnung. Art. 38 Abs. 1 der bayerischen Gemeindeordnung i. d. F. v. 22.8.1998 (GVBl. 797) wurde vorwiegend von Gerichten in Bayern über viele Jahrzehnte dahin ausgelegt, dass die Bestimmung lediglich das Vertretungsrecht des ersten Bürgermeisters begründet, jedoch nicht seine Vertretungsmacht (BayObLG MittBayNot 1986, 22; 1997, 120; OLG München MittBayNot 2009, 222). Gab der erste Bürgermeister einer bayerischen Gemeinde grundbuchmäßige Erklärungen ab, so hatte er dem GBAmt seine Rechtsmacht zur Vornahme des betreffenden Rechtsgeschäfts durch Vorlage eines entsprechenden Gemeinderatsbeschlusses nachzuweisen (BayObLG MittBayNot 1974, 106). Handelt es sich bei dem Rechtsgeschäft um die Erledigung einer laufenden Angelegenheit (Geschäft der laufenden Verwaltung), die für die Gemeinde keine grundsätzliche Bedeutung hat und keine erheblichen Verpflichtungen erwarten lässt, so entscheidet hierüber nach Art. 37 Abs. 1 Nr. 1 GO der erste Bürgermeister in eigener Zuständigkeit; nur in diesem Fall deckte sich das Vertretungsrecht des ersten Bürgermeisters mit seiner Vertretungsmacht (BayObLG MittBayNot 1997, 120).

b) Entscheidung des BGH. Der BGH (NJW 2017, 2412 mit Anm. **86** v. Grziwotz MittBayNot 2017, 302) hat am 18.11.2016 entschieden, dass die organschaftliche Vertretungsmacht auch des ersten Bürgermeisters einer bayerischen Gemeinde im Außenverhältnis allumfassend und unbeschränkt ist; infolgedessen werde die Gemeinde auch durch solche Rechtshandlungen des ersten Bürgermeisters berechtigt und verpflichtet, die dieser ohne die erforderliche Beschlussfassung des Gemeinderats vorgenommen hat (ebenso BGH NJW-RR 2017, 917 und OLG München Rpfleger 2018, 195). Begründet wurde diese Auslegung des Art. 38 Abs. 1 GO mit dem Bedürfnis nach Rechtssicherheit und angemessenem Verkehrsschutz. Sollte eine Eintragung in das GB vorgenommen werden, brauchte das GBAmt folglich nicht zu prüfen, ob die Vertretungsbefugnis des ersten Bürgermeisters in der Form des § 29 nachgewiesen ist; ihm blieb damit die Auslegung von Gemeinderatsbeschlüssen erspart.

c) Änderung der Bayerischen Gemeindeordnung. Bayern hat als Reaktion auf die BGH-Entscheidung durch Gesetz vom 22.3.2018

(GVBl. 145) die Gemeindeordnung geändert. Durch eine Ergänzung des Art. 38 Abs. 1 wurde der Rechtszustand vor der BGH-Entscheidung wieder hergestellt.

87   **d) Sonstiges.** Zum notwendigen Nachweis, dass die handelnde Person der erste Bürgermeister ist, s. § 19 Rn. 74.3. Wegen des Nachweises, dass der Verhinderungsfall des Art. 39 Abs. 1 Satz 1 GO vorliegt, wenn der zweite Bürgermeister zu Urkunde des amtierenden Notars erklärt, der erste Bürgermeister sei verhindert, s. BayObLG Rpfleger 1971, 429; zu dem Fall, dass ein Vertreter ohne Vertretungsmacht für die Gemeinde gehandelt hat, s. Bay-ObLG MittBayNot 1978, 79. Bei Art. 75 GO, der die Veräußerung eines Grundstücks der Gemeinde unter Wert untersagt, handelt es sich um ein Verbotsgesetz im Sinn von § 134 BGB (BayObLG MittBayNot 1995, 389); zum Nachweis, dass keine Grundstücksveräußerung unter Wert vorliegt s. § 29 Rn. 65. Zur Genehmigungspflicht gemäß Art. 72 Abs. 3 GO bei Bestellung einer Sicherheit zugunsten Dritter s. OLG München FGPrax 2019, 256 und Rn. 138. Zu den Einschränkungen bei Übertragung der organschaftlichen Vertretungsbefugnis des ersten Bürgermeisters s. OLG Nürnberg Mitt-BayNot 2019, 621 mit Anm. v. Volmer).

26. Verhandeln mit sich selbst

88   **a) Grundsatz.** Das Verhandeln mit sich selbst ist dem Vertreter nach § 181 BGB grundsätzlich verboten, und zwar ohne Rücksicht darauf, ob im Einzelfall die Gefahr einer Interessenkollision besteht oder nicht (RG 157, 31; BGH 21, 229, 231; NJW 1991, 982). Dieser Grundsatz gilt jedoch nicht ausnahmslos. Im Einzelfall kann der Zweck des § 181 BGB, den Vertretenen vor den Gefahren einer Interessenkollision zu schützen, die Anwendung der Bestimmung unabhängig von ihrem Wortlaut gebieten oder auch verbieten (BGH 77, 7, 9). So ist der Vertreter des Veräußerers eines Grundstücks, den der Erwerber unter Befreiung von den Beschränkungen des § 181 BGB bevollmächtigt hat, die Auflassungserklärung auch in seinem Namen abzugeben, nicht in der Vertretung beschränkt, wenn er die Auflassungserklärungen beider Parteien im Namen des Veräußerers abgibt (KG Rpfleger 2017, 538).

§ 181 BGB betrifft nur die Fälle, in denen der Vertreter die eine Erklärung abgibt und die andere entgegennimmt. Bei der einseitigen formellen Bewilligungserklärung ist das nicht der Fall. Soweit der Bewilligung aber materiellrechtlich eine einseitige empfangsbedürftige Erklärung zugrunde liegt, z.B. bei der Löschungsbewilligung die Aufgabeerklärung gemäß § 875 BGB, muss das GBAmt im Hinblick auf seine Pflicht, das GB richtig zu halten, den Nachweis der Befreiung von den Beschränkungen des § 181 BGB verlangen (OLG München FamRZ 2012, 1672; OLG Nürnberg ZfIR 2016, 267 mit zust. Anm. v. Böttcher).

89   Der Vertreter kann sich z.B. nicht mit sich selbst über die Bestellung einer Hyp. am Grundstück des Vertretenen einigen. Hieraus folgt, dass ihm auch die Befugnis zur Abgabe einer entsprechenden EintrBewilligung gegenüber dem GBAmt fehlt (KGJ 39, 235; 47, 147; BGH 77, 7, 9; a.M. Güthe/Triebel S. 2053). Dagegen betrifft § 181 BGB grundsätzlich nicht die Fälle, in denen der Vertreter zwei gleich lautende Erklärungen einem Dritten oder auch

dem GBAmt gegenüber abgibt (RG 157, 27; BayObLG DNotZ 1952, 163). Deshalb kann der Eigentümer dem GBAmt gegenüber im eigenen Namen dem Rangrücktritt zustimmen, den er als Vertreter des HypGläubigers bewilligt (RG 157, 27). Nicht aber kann er als Vertreter des Gläubigers dem GBAmt gegenüber die Löschung der Hyp. bewilligen und ihr im eigenen Namen zustimmen, weil er hinsichtlich der Aufgabe der Hyp. den Beschränkungen des § 181 BGB auch dann unterliegt, wenn diese dem GBAmt gegenüber erklärt wird (BGH Rpfleger 1980, 336; s. auch OLG Köln FGPrax 2013, 153). Auch kann der Erbbauberechtigte, der zugleich gesetzlicher Vertreter des Inhabers eines Rechts am Erbbaurecht ist, dessen Zustimmung zur Aufhebung (und die entsprechende Bewilligung zur Löschung) des Erbbaurechts nicht selbst erklären; dabei ist es unerheblich, ob er die Erklärung sich selbst, einem anderen oder dem GBAmt gegenüber abgibt (BayObLG Rpfleger 1987, 156). Jedoch kann der Vertreter ein Grundstück des Vertretenen veräußern, auch wenn ihm zugleich ein eigenes Recht an dem Grundstück eingeräumt wird (OLG Düsseldorf FGPrax 2016, 49). Zur Erteilung der Zustimmung des Nacherben zu einer Verfügung des Vorerben durch diesen aufgrund einer Vollmacht des Erblassers s. § 51 Rn. 42.1.

b) Gesetzlicher Vertreter. § 181 BGB gilt nicht nur für den gewillkürten, sondern auch für den gesetzlichen Vertreter sowie für Organe juristischer Personen und entsprechend auch für den Testamentsvollstrecker (s. dazu § 52 Rn. 19.1); wegen seiner entsprechenden Anwendung auf Fälle der gesetzlichen Verwaltung s. BGH Rpfleger 1960, 88.

c) Unterbevollmächtigter. Ein zur Bestellung eines Unterbevollmäch- **90** tigten befugter, aber von der Beschränkung des § 181 BGB nicht befreiter Bevollmächtigter ist regelmäßig nicht in der Lage, eine Untervollmacht ohne die Beschränkung des § 181 BGB zu erteilen (BayObLG Rpfleger 1993, 441; KG FGPrax 1998, 81); ein auf Grund der Unterbevollmächtigung geschlossenes Insichgeschäft des Unterbevollmächtigten kann aber dadurch wirksam werden, dass es von dem Hauptbevollmächtigten namens des Vollmachtgebers genehmigt wird (KG DR 1941, 997).

§ 181 BGB ist dann nicht anwendbar, wenn der Vertreter mit einem von ihm bestellten Unterbevollmächtigten abschließt (RG 108, 407); BGH 64, 72 hält diese Auffassung für bedenklich, meint aber seinerseits, dass § 181 BGB einen von zwei gesamtvertretungsberechtigten Geschäftsführern, der mit der Gesellschaft einen Vertrag abschließen will, nicht daran hindere, den anderen Geschäftsführer zur Alleinvertretung der Gesellschaft zu ermächtigen (s. dazu jedoch kritisch Reinecke NJW 1975, 1185). Werden bei Abschluss eines Vertrags zwei Kommanditgesellschaften in der Rechtsform der GmbH & Co. KG zwar durch unterschiedliche Komplementärgesellschaften in der Form der GmbH, diese ihrerseits aber wieder durch denselben Geschäftsführer vertreten, so greift § 181 BGB ein (BayObLG Rpfleger 1979, 801).

d) Vertreter ohne Vertretungsmacht. Ob § 181 BGB auch dann gilt, wenn der Vertreter die Auflassung für den einen Teil auf Grund Vollmacht und für den anderen als Vertreter ohne Vertretungsmacht mit nachträglicher Genehmigung erklärt, ist umstritten. Die Frage wird zu Recht verneint von

OLG Rostock Rpfleger 2020, 129; a. M. BayObLG Rpfleger 1988, 61 mit abl. Anm. v. Fertl; s. hierzu auch OLG Düsseldorf MittBayNot 1999, 470 mit abl. Anm. v. Lichtenberger sowie Kanzleiter MittRhNotK 1987, 128; Kuhn RNotZ 2001, 324; Schneeweiß MittBayNot 2001, 341.

e) Heilung. Ein Verstoß gegen § 181 BGB macht das Rechtsgeschäft nicht nichtig; der Mangel der Vertretungsmacht kann vielmehr gemäß § 177 i. V. m. § 184 BGB geheilt werden (RG 119, 116; KG DR 1943, 802; BGH 21, 234). Die Genehmigung des Insichgeschäfts kann von den Vertragsparteien persönlich, aber auch durch Vertreter erklärt werden. Wenn der das schwebend unwirksame Insichgeschäft genehmigende Vertreter an diesem weder als Vertreter noch als Vertretener beteiligt war, braucht er nicht von den Beschränkungen des des § 181 BGB befreit zu sein (OLG Zweibrücken MittBayNot 2012, 377 mit Anm. v. Auktor).

91   **f) Ausnahmen.** Die Rechtsprechung hatte eine Ausnahme vom Verbot des Selbstkontrahierens zugelassen bei Rechtsgeschäften des geschäftsführenden Alleingesellschafters einer GmbH mit sich selbst (BGH NJW 1971, 1355 mit krit. Anm. v. Winkler; a. M. noch BGH 33, 189) sowie bei Rechtsgeschäften des alleinigen Gesellschafter-Geschäftsführers der Komplementär-GmbH einer GmbH & Co. KG mit sich selbst, sofern er zugleich der einzige Kommanditist war (BGH DNotZ 1980, 632). Nach § 35 Abs. 4 GmbHG, eingefügt durch Ges. v. 4.7.1980 (BGBl. I 836), ist § 181 BGB ab 1.1.1981 jedoch auch auf Rechtsgeschäfte dieser Art anzuwenden. OLG Hamm Rpfleger 1981, 66 ist § 181 BGB mindestens entsprechend anzuwenden, wenn der alleinige Geschäftsführer einer GmbH ein dieser gehörendes Grundstück an sich, vertreten durch seine Ehefrau, veräußert.

Zulässig ist ein Verhandeln mit sich selbst:

92   • Bei **Gestattung** durch das Gesetz oder die Vollmacht; das Familiengericht oder Betreuungsgericht kann einen Vormund oder Pfleger dazu nicht ermächtigen (BGH 21, 234; BayObLG NJW 1959, 989; OLG Hamm Rpfleger 1975, 127; OLG Frankfurt NotBZ 2012, 303); ebenso wenig der Geschäftsführer einer GmbH, der selbst diese Ermächtigung nicht hat (BayObLG Rpfleger 1993, 441). Eine Generalvollmacht enthält die Gestattung nicht ohne weiteres (KGJ 41, 172; s. aber auch KGJ 51, 209). Ermächtigt die Vollmacht zur Vertretung „soweit die Gesetze die Vertretung zulassen", so wird dadurch nur die Unbeschränktheit der Vertretungsmacht in Bezug auf den Gegenstand der Vertretung, nicht aber hinsichtlich der persönlichen Erfordernisse zum Ausdruck gebracht; also keine Befreiung vom Verbot des Selbstkontrahierens (KG DR 1941, 997; 1943, 802; KG JR 1952, 438).

Ist die Befreiungsklausel unwirksam, so kann die Vollmacht im Übrigen nach § 139 BGB aufrechterhalten werden (KG DNotZ 1933, 184). Eine Befreiung in der Vollmacht ist wie diese in grundbuchmäßiger Form (§ 29) nachzuweisen; zum Nachweis der Befreiung des Testamentsvollstreckers s. jedoch § 52 Rn. 26. Der Residenzialbischof der römisch-katholischen Kirche ist als Vertretungsorgan rechtlich selbständiger Träger von Kirchenvermögen seiner Diözese von den Beschränkungen des § 181 BGB frei (BayObLG Rpfleger 1974, 65).

- Bei Rechtsgeschäften, die ausschließlich der **Erfüllung einer Verbind-** 93
lichkeit dienen. Dann ist das Grundgeschäft formgerecht (§ 29) nachzuweisen.
- Bei Rechtsgeschäften, die dem Vertretenen lediglich einen **rechtlichen** 94
Vorteil bringen (BGH NJW 1972, 2262 gegen RG 157, 31; BGH 94,
232; BayObLG Rpfleger 1998, 425). Entsprechendes gilt bei einem Vertre-
tungsausschluss gem. § 1795 Abs. 1 Nr. 1 BGB (OLG Frankfurt NotBZ
2012, 303). Zum Begriff des lediglich rechtlich vorteilhaften Rechtsgeschäfts s. § 20 Rn. 45–45.2.

27. Erwerbsfähigkeit

a) Allgemeines. Das GBAmt hat den Erwerbswillen des Begünstigten 95
nicht zu prüfen, wohl aber die Erwerbsfähigkeit, die Teil der Rechtsfähigkeit
ist. Natürliche und juristische Personen sind stets erwerbsfähig, die nicht
rechtsfähige Erbengemeinschaft aber nur im Rahmen des § 2041 BGB
(s. § 20 Rn. 33). Über Erwerbsbeschränkungen ausländischer natürlicher und
juristischer Personen s. Rn. 138.

Zur Rechts- und Erwerbsfähigkeit sowie zur Vertretung einer **ausländi-**
schen juristischen Person und zu den erforderlichen Nachweisen s. § 32
Rn. 9. Zur Rechtsfähigkeit der Erbengemeinschaft s. Rn. 99 und zur
Rechtsfähigkeit der ehelichen Gütergemeinschaft § 33 Rn. 24. Zur Rechts-
fähigkeit **altrechtlicher Korporationen** (Waldgemeinschaften, Markgenos-
senschaften) s. OLG Zweibrücken FGPrax 2011, 288; OLG Frankfurt
FGPrax 2012, 135; OLG Naumburg FGPrax 2019, mit Anm. v. Holzer. Zum
Nachweis der Vertretungsberechtigung des Vorstands einer Markgenossen-
schaft s. OLG Frankfurt FGPrax 2013, 248. Zur Rechtsfähigkeit einer Gehö-
ferschaft nach den preußischen Gesetzen vom 6.7.1875 und 14.3.1881 s.
OLG Zweibrücken FGPrax 2013, 164. Zur Rechtsfähigkeit privilegierter
Schützengesellschaften s. Holzer MittBayNot 2018,108. Zur Rechtsfähigkeit
und GBEintragung einer Waldgenossenschaft nach thüringischem Recht s.
OLG Jena Rpfleger 2018, 534 und dazu Spitzer Rpfleger 2019, 302.

Im Anwendungsbereich des formellen Konsensprinzips des § 19 hat das 96
GBAmt **keine Nachforschungen** anzustellen, ob der Erwerber noch lebt,
ob er verheiratet ist und in welchem Güterstand er lebt; ebenso wenig, ob
eine juristische Person besteht; es genügt, dass sie nach ihrer Bezeichnung als
rechtsfähige Person bestehen kann (JFG 7, 276; OLG München RNotZ
2016, 97). Entsprechendes gilt bei Eintragung einer ausländischen Gesellschaft oder einer BGB-Gesellschaft gem. § 47 Abs. 2 (OLG Schleswig Rpfleger 2010, 320). Die EintrBewilligung muss die BGB-Gesellschaft so bezeichnen, wie sie in das GB als Berechtigte einzutragen ist (s. dazu § 47 Rn. 15).
Nur wenn das GBAmt weiß, dass die Angaben in der Bewilligung unrichtig
sind, hat es den EintrAntrag zu beanstanden oder zurückzuweisen (OLG
Frankfurt Rpfleger 1997, 105); so z. B. wenn die Eintragung eines Rechts für
einen Ehegatten bewilligt ist, das Recht aber in das Gesamtgut fällt (s. § 33
Rn. 28). Zur Eintragung eines nicht existenten Berechtigten s. § 44 Rn. 55.

Auf Grund der §§ 935, 938 Abs. 2 ZPO ist es möglich, die Stellung eines 97
EintrAntrags durch **einstweilige Verfügung** zu verbieten. Dies ist nament-

lich dort von Bedeutung, wo es darum geht, einen nur noch von der Eintragung abhängigen Rechtserwerb zu verhindern. Wird zu diesem Zweck eine Anordnung der genannten Art erlassen, so kann sie ihrem Sinn nach nur dahin gedeutet werden, dass auch die Aufrechterhaltung eines bereits gestellten EintrAntrags und damit ganz allgemein die Herbeiführung der zur Vollendung des Rechtserwerbs erforderlichen Eintragung untersagt sein soll (RG 120, 118; KG Rpfleger 1962, 177). Sie hat also nicht lediglich verfahrensrechtliche Bedeutung, sondern enthält zugleich ein in die Erwerbsfähigkeit des Betroffenen eingreifendes sachliches Verbot (KG Rpfleger 1962, 177; OLG Hamm DNotZ 1970, 661). Dieses wird mit der innerhalb der Vollziehungsfrist (§§ 929, 936 ZPO) zu bewirkenden Zustellung an den Betroffenen wirksam (RG 117, 290). Es ist, da es sich gegen einen nicht im GB Eingetragenen richtet, nicht eintragungsfähig (JFG 18, 194), bildet aber, soweit dem GBAmt bekannt, ein zu beachtendes EintrHindernis (KG Rpfleger 1962, 177; OLG Hamm DNotZ 1970, 201; BayObLG FGPrax 1997, 89, zugleich zum Erlass einer Zwischenverfügung). § 878 BGB ist auf das Verbot nicht anwendbar (RG 120, 118; KG Rpfleger 1962, 177).

Eine Eintragung trotz des Verbots macht das GB dem durch das Verbot Geschützten gegenüber unrichtig (JFG 1, 383; OLG Hamm DNotZ 1970, 661; unentsch. RG 117, 290); zu seinen Gunsten kann nach § 899 BGB, unter Umständen auch gemäß § 53 Abs. 1 Satz 1 (BayObLG 22, 314), ein Widerspruch eingetragen werden. Das Verbot schließt auch einen Antrag des Notars gemäß § 15 Abs. 2 aus (s. § 15 Rn. 10). Seine Wirkung verliert das Verbot bereits mit Verkündung eines die einstweilige Verfügung aufhebenden Urteils (OLG München FGPrax 2013, 110). Zur Antragstellung durch mehrere Beteiligte s. § 13 Rn. 37. S. zum Ganzen BayObLG FGPrax 1997, 89; Böttcher BWNotZ 1993, 25; Heydrich MDR 1997, 796.

98   **b) Verstorbener.** Er ist nicht in das GB einzutragen (KGJ 36, 227; OLG Darmstadt JFG 10, 213; BayObLG Rpfleger 1995, 103), und zwar auch dann nicht, wenn der Antragsteller mit der Eintragung des Verstorbenen, gegen den er einen vollstreckbaren Titel in Händen hat, die Voraussetzungen des § 40 Abs. 1 herbeiführen will, um sich den Nachweis der Erbfolge nach seinem Titelschuldner zu ersparen, den er sonst für die Zwangsvollstreckung nach § 779 Abs. 1 ZPO nicht zu führen brauchte (KG Rpfleger 1975, 133; kritisch hierzu jedoch Hagena Rpfleger 1975, 389); eine Ausnahme gilt gemäß § 130 ZVG für den Ersteher in der Zwangsversteigerung, denn das Versteigerungsergebnis kann nur im ganzen eingetragen werden und das Vollstreckungsgericht ist zur Ermittlung des Erben weder verpflichtet noch berechtigt (JFG 10, 210). Auch bei mehrfacher Erbfolge ist der inzwischen gestorbene Erbe des eingetragenen Erblassers nicht in das GB einzutragen; die mehrfache Rechtsnachfolge außerhalb des GB ergibt sich nur aus den Eintragungen in Sp. 4 der Abt. I (s. § 44 Rn. 56).

99   Ist ein Verstorbener gleichwohl in das GB eingetragen worden, so wirkt die Eintragung **für die Erben;** es liegt nur eine unrichtige Bezeichnung vor (RG JW 1926, 1955; KG Rpfleger 1965, 366). Stirbt der Begünstigte vor der Eintragung, so ist die Eintragung der ausgewiesenen Erben ohne neue Bewilligung zulässig (JFG 7, 326; LG Düsseldorf Rpfleger 1987, 14). Dies gilt jedoch nicht, wenn die Eintragung eines durch Gesetz oder Rechtsgeschäft auf die Lebenszeit des Berechtigten beschränkten Rechts bewilligt ist (Jung Rpfleger 1996, 94). Erwirbt der Vorerbe ein Recht und beantragt er zugleich mit seiner Eintragung die des Nacherben, so ist nicht zu prüfen, ob das Recht gemäß § 2111 BGB tatsächlich der Nacherbfolge unterliegt (JFG 7, 271). Dagegen genügt die Bewilligung des Testamentsvollstreckers zur Umschreibung eines Rechts auf die Erben nicht (KG JW 1938, 123), wie überhaupt vor der Eintragung einer Erbengemeinschaft die Erbfolge nachzuweisen ist, damit das GBAmt nach §§ 51, 52 verfahren kann (KG HRR 1933 Nr. 1451; JFG 18, 161; a. M. BayObLG HRR 1934 Nr. 1366).

Die **Erbengemeinschaft** ist nicht rechtsfähig (BGH Rpfleger 2002, 625; Rpfleger 2007, 75; kritisch dazu Ann MittBayNot 2003, 193) und damit auch nicht grundbuchfähig. Einzutragen sind die Erben mit dem gem. § 47 Abs. 1 erforderlichen Zusatz: „in Erbengemeinschaft" (s. dazu § 47 Rn. 21). Über die Eintragung unbekannter Berechtigter, insbes. unbekannter Erben, s. § 44 Rn. 51.

c) Ungeborener. Er kann, auch wenn er noch nicht gezeugt ist, in das **100** GB eingetragen werden, soweit er durch Beerbung (§ 1923 Abs. 2, § 2101 Abs. 1 BGB), Vermächtnis (§ 2162 Abs. 2 BGB), Vertrag zugunsten Dritter (KGJ 29, 156) oder gemäß § 844 Abs. 2 Satz 2 BGB Rechte erwerben kann. Über die Art der Eintragung s. § 44 Rn. 51.

d) Nicht eingetragener Verein. Ein Verein erlangt Rechtsfähigkeit **101** durch Eintragung in das Vereinsregister oder staatliche Verleihung (§§ 21, 22 BGB). Der rechtsfähige Verein kann unter seinem Namen als Eigentümer oder Berechtigter dinglicher Rechte in das GB eingetragen werden (§ 15 Abs. 1 Buchst. b GBV). Für den Vorverein und den im Vereinsregister gelöschten Verein gelten die Ausführungen zur GmbH entsprechend (s. Rn. 102 ff.). Danach erbringt die Liquidation und Löschung des Vereins im Vereinsregister nicht den Nachweis der GBUnrichtigkeit (OLG Saarbrücken FGPrax 2019, 125).

Obgleich der nicht im Vereinsregister eingetragene Verein im Zivilprozess **101.1** als aktiv parteifähig angesehen wurde (s. dazu BGH Rpfleger 2008, 79 und Terner NJW 2008, 16), konnte er mangels Rechtsfähigkeit nicht als solcher in das GB eingetragen werden. Einzutragen waren die einzelnen Mitglieder mit dem Zusatz: „als Mitglieder des nicht eingetragenen Vereins ..." (OLG Zweibrücken Rpfleger 1986, 12; 1999, 531); eine Eintragung auf den Namen des Vereins machte das GB unrichtig. Gewerkschaften konnten daher nicht unter ihrem Namen in das GB eingetragen werden, auch wenn sie im Zivilprozess (s. dazu BGH 50, 325) als allgemein aktiv parteifähig angesehen werden. Dagegen konnten im Hinblick auf § 3 ParteienG i. d. F. v. 31.1.1994 (BGBl. I 149) **politische Parteien** und grundsätzlich auch ihre Gebietsverbände der jeweils höchsten Stufe (OLG Zweibrücken Rpfleger 1999, 531; a. M. OLG Celle NJW 2004, 1743), nicht aber ein Bezirksverband (OLG Zweibrücken Rpfleger 1986, 12), unter ihrem Namen in das GB eingetragen werden (für die GBFähigkeit politischer Parteien allgemein: Morlok/Schulte-Trux NJW 1992, 2058). Die Vertretungsbefugnis konnte z. B. anhand der

Mitteilungen der Partei an den Bundeswahlleiter (§ 6 Abs. 3 Nr. 2, § 11 Abs. 3 ParteienG) in grundbuchmäßiger Form nachgewiesen werden.

101.2   Nach § 50 Abs. 2 ZPO i. d. F. durch das Ges. v. 24.9.2009 (BGBl. I 3145) ist der im Vereinsregister nicht eingetragene Verein sowohl passiv als auch aktiv parteifähig. Insbesondere im Hinblick auf diese Gesetzesänderung kann nicht mehr daran festgehalten werden, dass der nicht eingetragene Verein nicht rechtsfähig ist und nicht als solcher in das GB eingetragen werden kann. Auf ihn sind vielmehr die für die BGB-Gesellschaft geltenden Vorschriften (§ 47 Abs. 2) entsprechend anzuwenden, so dass er grundbuchmäßig wie diese zu behandeln ist (Terner DNotZ 2010, 5, 16; Böhringer Rpfleger 2010, 406, 410). Für den wirtschaftlichen Verein (§ 22 BGB), der Rechtsfähigkeit nicht durch staatliche Verleihung erlangt hat, gilt nichts anderes (a. M. KG Rpfleger 2015, 410). Der Verein kann daher als Rechtsträger in das GB eingetragen werden. Eine Eintragung allein unter seinem Vereinsnamen ist nicht möglich (BGH FGPrax 2016, 97). Das KG (Rpfleger 2017, 143 mit zu Recht ablehnender Anm. v. Bestelmeyer) hält eine solche Eintragung für inhaltlich unzulässig. Weil die Vertretungsberechtigung mangels einer § 32 GBO und § 69 BGB entsprechenden Vorschrift nicht in der Form des § 29 nachgewiesen werden kann, ergeben sich beim nicht im Vereinsregister eingetragenen Verein die gleichen Probleme wie bei der BGB-Gesellschaft (s. dazu § 47 Rn. 29.1, 30.2, 38). Bei den politischen Parteien bleibt es dabei, dass sie allein unter ihrem Namen eingetragen werden können.

102   **e) GmbH in Gründung.** Bei juristischen Personen des Handelsrechts (AG, GmbH u. a.) ist schon vor deren Eintragung im Handelsregister eine Auflassung an die künftige Rechtsperson oder eine sonstige dingliche Einigung mit ihr zulässig; der Vollzug dieser Auflassung oder sonstigen dinglichen Einigung im GB ist jedoch erst nach Eintragung der Gesellschaft im Handelsregister möglich (BayObLG Rpfleger 1979, 303; 1984, 13).

103   Eine zwar errichtete, aber noch nicht im Handelsregister eingetragene GmbH (Vor-GmbH oder GmbH in Gründung) ist, auch als Einmann-GmbH, als grundbuchfähig anzusehen (BGH NJW 1992, 1824; s. dazu auch § 7 Abs. 3 GmbHG, ferner BGH 45, 347; BayObLG 1985, 368; OLG Hamm Rpfleger 1981, 296). Im GB ist sie als Berechtigte entsprechend § 15 Abs. 1 Buchst. b GBV wie die künftige GmbH mit dem Zusatz „in Gründung" einzutragen. Ihr Bestehen ist dem GBAmt außer im Fall des § 20 ebenso wenig nachzuweisen, wie das der GmbH. Weiß das GBAmt jedoch, dass die Vor-GmbH mit rechtskräftiger Ablehnung ihrer Eintragung in das Handelsregister aufgelöst worden und zu liquidieren ist, so kann sie nicht mehr (als Berechtigte einer Arresthyp.) in das GB eingetragen werden (OLG Düsseldorf DB 1993, 1815). Eine Vor-GmbH besteht nur so lange wie die Eintragung der GmbH in das Handelsregister betrieben wird (BayObLG Rpfleger 1987, 407). Auch wenn die Eintragung nicht mehr weiter verfolgt wird, bleibt die Vor-GmbH als Abwicklungs- oder Personengesellschaft grundbuchfähig (vgl. BGH NJW 2008, 2441). Mit ihrer Eintragung tritt die GmbH ohne weiteres an die Stelle der Vor-GmbH (BGH DNotZ 1967, 381). Das GB wird lediglich richtig gestellt. Wenn die GmbH nicht entsteht, ist im Weg der GBBerichtigung an Stelle der Vor-GmbH eine BGB-Gesellschaft oder eine OHG einzutragen oder bei der Einmann-GmbH der Alleingesellschafter. S. hierzu auch Böhringer BWNotZ 1981, 53; 1985, 107; Rpfleger 1988, 446.

Die **Unternehmergesellschaft (haftungsbeschränkt)** ist als Unterform **103.1** der GmbH grundbuchverfahrensmäßig wie diese zu behandeln (s. § 32 Rn. 2). Sie kann daher als „Unternehmergesellschaft (haftungsbeschränkt) in Gründung" in das GB eingetragen werden. Ebenso wie die gGmbH (s. § 4 Satz 2 GmbHG) ist auch die Abkürzung gUG für eine gemeinnützige Unternehmergesellschaft zulässig (BGH NJW 2020, 2035 gegen OLG Karlsruhe RNotZ 2019, 486). Anders als die BGB-Gesellschaft kann die Unternehmergesellschaft auch zum Verwalter von WEigentum bestellt werden (Anh. zu § 3 Rn. 35).

f) Gelöschte GmbH. Eine im Handelsregister wegen Vermögenslosigkeit **103.2** gelöschte GmbH kann als Berechtigte im GB mit dem Zusatz „i. L." eingetragen werden. Die Löschung hat keine konstitutive Wirkung. Sofern noch Vermögen vorhanden ist, besteht die Gesellschaft als Liquidationsgesellschaft fort. Sie erlischt nicht mit der Löschung der Firma im Handelsregister, sondern erst mit der tatsächlichen Beendigung der Liquidation. Dieser Grundsatz gilt nicht nur für die Personenhandelsgesellschaft, sondern auch für die GmbH als juristische Person. Auch eine Gesellschaft ausländischen Rechts, die infolge Löschung im Register ihres Heimatlandes durch behördliche Anordnung ihre Rechtsfähigkeit verliert, besteht für ihr in Deutschland belegenes Vermögen als Restgesellschaft fort, und sei es auch nur zum Zwecke der Liquidation (BGH Rpfleger 2017, 287). Zum Fortbestand einer im englischen Register gelöschten Limited mit Vermögen in Deutschland als Restgesellschaft in der Form einer juristischen Person s. OLG Brandenburg NotBZ 2017, 34 mit Anm. v. Primaczenko/Fröhlich.

Ein für die Gesellschaft als Berechtigte eingetragenes dingliches Recht erlischt damit nicht wegen Wegfalls des Berechtigten bereits mit der Löschung im Handelsregister (OLG München MittBayNot 2014, 529; OLG Hamm FGPrax 2017, 108). Ein eingetragenes Recht stellt unabhängig davon, ob es einen Vermögenswert besitzt, eine formale Rechtsposition dar, deren Beseitigung durch Löschung eine Nachtragsliquidation erfordern kann (OLG Düsseldorf Rpfleger 2011, 26; OLG München NJW-RR 2015, 1358 für eine AG; ZfIR 2016, 716 für eine GmbH; LG Hagen Rpfleger 2009, 312). Im Hinblick auf die Möglichkeit einer Löschung aufgrund Unrichtigkeitsnachweises ist aber allein zur Beseitigung der Buchposition nicht in jedem Fall eine Nachtragsliquidation erforderlich (OLG Stuttgart FGPrax 2012, 15; OLG München RNotZ 2016, 540).

Der Geschäftsführer der Komplementär-GmbH einer aufgelösten GmbH & Co. KG ist zur Vertretung der KG nur berechtigt, wenn die GmbH durch Gesellschafterbeschluss zur alleinigen Liquidatorin bestellt worden ist; ein Verweis auf die Eintragung der GmbH im Handelsregister genügt nicht (OLG Düsseldorf FGPrax 2016, 107).

g) Personenhandelsgesellschaft. OHG und KG können unter ihrer **104** Firma Eigentum und andere dingliche Rechte an Grundstücken erwerben (§ 124 Abs. 1, § 161 Abs. 2 HGB). Sie sind damit grundbuchfähig und nach Maßgabe des § 15 Abs. 1 Buchst. b GBV in das GB einzutragen. Wie eine juristische Person erlischt auch die Personengesellschaft nicht mit ihrer Auflösung und der Löschung ihrer Firma im Handelsregister. Solange noch Gesellschaftsvermögen vorhanden ist, besteht sie als Liquidationsgesellschaft fort. Die Vorschriften der Liquidation finden im Außenverhältnis auch bei Ausschluss der Liquidation und Wahl einer anderen Art der Auseinandersetzung Anwendung. In diesem Fall kann die von der Gesellschaft erklärte Auflassung im GB vollzogen werden (OLG Hamm RNotZ 2016, 509).

Ob die **KG in Gründung** unter ihrer Firma als Eigentümerin in das GB eingetragen werden kann, lässt BayObLG Rpfleger 1985, 353 unentschieden, erachtet es aber für zulässig, die Mitglieder der Gesellschaft unter Angabe der Firma und des Sitzes der Gesellschaft mit dem Zusatz „Kommanditgesellschaft in Gründung" als Berechtigte einzutragen, wenn eine Vormerkung für eine KG eingetragen werden soll, für die der Gesellschaftsvertrag bereits geschlossen ist, die aber mit Wirkung gegenüber Dritten noch nicht die Rechtsform der KG erlangt hat. Ob auch die kraft Gesetzes als BGB-Gesellschaft entstandene Vor-KG (Vor-OHG) wie die Vor-GmbH allgemein als grundbuchfähig angesehen werden kann, ist zweifelhaft, wird aber überwiegend zu Recht bejaht (vgl. Böhringer BWNotZ 1985, 108; Munzig § 20 Rn. 62). Die KG ist mit der Vor-KG identisch und tritt mit ihrer Eintragung im Handelsregister an deren Stelle. Damit erbringt die Handelsregistereintragung den Nachweis für Existenz und Vertretungsverhältnisse der Vor-KG als Auflassungsempfängerin (OLG Hamm FGPrax 2011, 61; a. M. KG FGPrax 2015, 10 mit abl. Anm. v. Wilsch ZfIR 2015, 64 und kritischer Anm. v. Kesseler MittBayNot 2015, 505). Ist die Vor-KG im GB eingetragen, muss das GB lediglich richtiggestellt werden, wenn die KG entsteht.

105   **h) Partnerschaftsgesellschaft.** Gem. § 7 Abs. 2 PartGG ist auf sie § 124 HGB entsprechend anzuwenden. Für die Partnerschaftsgesellschaft gilt daher hinsichtlich der GBFähigkeit das zur Personenhandelsgesellschaft Ausgeführte entsprechend.

Die durch das Ges. v. 15.7.2013 (BGBl. I 2386) für Freiberufler als Alternative zu der angloamerikanischen Limited liability partnership (LLP) zur Verfügung gestellte Partnerschaftsgesellschaft mit beschränkter Berufshaftung (PartGmbB) stellt eine Rechtsformvariante der Partnerschaftsgesellschaft dar, aber keine andere Rechtsform (OLG Nürnberg FGPrax 2014, 127).

i) Jobcenter. In der Form der gemeinsamen Einrichtung gemäß § 44b SGB II ist das Jobcenter Rechtsnachfolger der nach früherem Recht errichteten Arbeitsgemeinschaft und wie diese rechts- und damit grundbuchfähig. Es kann als Berechtigter einer gemäß § 24 Abs. 5 SGB II zu bestellenden Grundschuld eingetragen werden. Vertreten wird das Jobcenter durch den Geschäftsführer. Bei einem Jobcenter in der Form der Optionskommune gemäß § 6a SGB II ist ausschlaggebend, ob das Jobcenter in einer rechtsfähigen Organisationsform betrieben wird. Ist dies nicht der Fall, kommt als Rechtsträger die Kommune in Betracht. S. zum Ganzen Grimm MittBayNot 2012, 103.

106   **j) WEigentümergemeinschaft.** Sie wurde lange Zeit in Rechtsprechung und Schrifttum ganz überwiegend für nicht rechtsfähig und damit

auch nicht für grundbuchfähig erachtet. Als Berechtigte eines dinglichen Rechts waren, auch bei größeren Gemeinschaften, sämtliche WEigentümer in das GB einzutragen und dort entsprechend § 15 Abs. 1 Buchst. a GBV zu bezeichnen (BayObLG FGPrax 2001, 93 und 189). Durch Beschluss vom 2.6.2005 (BGH Rpfleger 2005, 521) hat der BGH sodann die WEigentümergemeinschaft insoweit für **rechtsfähig** erachtet, als sie bei der Verwaltung des gemeinschaftlichen Eigentums am Rechtsverkehr teilnimmt. Der Gesetzgeber hat diese Rechtsansicht übernommen (§ 10 Abs. 6 WEG i. d. F. des Ges. v. 26.3.2007, BGBl. I 370). Die rechtsfähige WEigentümergemeinschaft und die WEigentümer als nicht rechtsfähige Miteigentümergemeinschaft sind unterschiedliche Rechtssubjekte (OLG München FGPrax 2013, 156; KG Rpfleger 2014, 132).

Im Rahmen ihrer Rechtsfähigkeit kann die WEigentümergemeinschaft als **Berechtigte** eines dinglichen Rechts in das GB eingetragen werden (zur Eintragung s. § 44 Rn. 54). In Betracht kommt insbesondere die Eintragung der Gemeinschaft als Gläubigerin einer Zwangshypothek wegen Wohngeldschulden eines WEigentümers. Dienstbarkeiten werden in der Regel als Grunddienstbarkeiten eingetragen; die WEigentümergemeinschaft kann aber auch Berechtigte einer beschränkten persönlichen Dienstbarkeit sein, die z. B. an dem WEigentum eines Miteigentümers der Gemeinschaft eingetragen ist (KG MittBayNot 2016, 31). Möglich ist auch ihre Eintragung als **Eigentümerin** eines Grundstücks oder WEigentums (BGH NJW 2016, 2177 mit Anm. v. Kreuzer MittBayNot 2016, 498; OLG München Rpfleger 2016, 718); davon zu unterscheiden ist der Hinzuerwerb eines Grundstücks durch die nicht rechtsfähige Miteigentümergemeinschaft der WEigentümer (s. Anh. zu § 3 Rn. 97). In Betracht kommt z. B. die Eintragung der WEigentümergemeinschaft als Eigentümerin eines Nachbargrundstücks, auf dem sie, durch eine Dienstbarkeit gesichert, ein Heizwerk zur Versorgung des Gemeinschaftseigentums betreibt (OLG Hamm Rpfleger 2010, 583) oder auf dem Stellplätze für die WEigentümer geschaffen werden. In diesem Fall kann das GBAmt grundsätzlich davon ausgehen, dass die Gemeinschaft mit dem Erwerb im Rahmen der Verwaltung des gemeinschaftlichen Eigentums am Rechtsverkehr teilnimmt, also rechtsfähig ist. Ob der ihm nachzuweisende Eigentümerbeschluss über den Erwerb einschließlich der Ermächtigung des Verwalters hierzu ordnungsmäßiger Verwaltung entspricht, hat es nicht zu prüfen (OLG Celle Rpfleger 2008, 296 mit Anm. v. Heggen NotBZ 2008, 198; OLG Hamm FGPrax 2010, 12; a. M. LG Nürnberg-Fürth ZMR 2006, 812 mit Anm. v. Schneider; LG Hannover ZMR 2007, 893 mit Anm. v. Kümmel; s. dazu auch Schneider Rpfleger 2007, 175; 2008, 291; Böhringer, NotBZ 2008, 179; Basty ZWE 2009, 253). Zur GBEintragung der werdenden WEigentümergemeinschaft s. Anh. zu § 3 Rn. 19.

Weist ein **Vollstreckungstitel** aus der Zeit vor der Entscheidung des BGH vom 2.6.2005 (Rpfleger 2005, 521) die WEigentümer als Gläubiger aus, können weiterhin nur sie als Berechtigte eingetragen werden (BGH Rpfleger 2007, 479 mit Anm. v. Demharter; KG Rpfleger 2014, 132; a. M. LG Hamburg Rpfleger 2006, 10 mit abl. Anm. v. Demharter Rpfleger 2006, 120). Sind in der Vergangenheit die WEigentümer eingetragen worden, hat es dabei sein Bewenden; das GB ist nicht unrichtig. Die rechtsfähige Gemeinschaft kann an ihrer Stelle nicht im Weg der Richtigstellung eingetragen werden. Dies kann auch nicht durch einen Vermerk gemäß § 44a Abs. 2 Satz 1 BeurkG, wonach Gläubigerin die WEigentümergemeinschaft sein soll, geschehen (KG FGPrax 2019, 100). S. zum Ganzen Demharter NZM 2005, 601; Wilsch RNotZ 2005, 536; Böhringer Rpfleger 2006, 53.

107 Hat der Verwalter als Verfahrensstandschafter einen Vollstreckungstitel wegen Ansprüchen der **WEigentümergemeinschaft** erwirkt, kann nur er als Gläubiger einer Zwangshyp. eingetragen werden. Dies gilt auch dann, wenn sich aus dem Titel eindeutig ergibt, dass Inhaber der Forderung die WEigentümergemeinschaft ist (BGH FGPrax 2002, 7 mit Anm. v. Sauren Rpfleger 2002, 194; OLG München FGPrax 2010, 120 und 231; s. dazu Demharter ZfIR 2001, 957; Zeiser Rpfleger 2003, 550). Entsprechendes gilt, wenn ein WEigentümer oder alle WEigentümer als Verfahrensstandschafter einen Vollstreckungstitel wegen Ansprüchen der rechtsfähigen WEigentümergemeinschaft erwirken (s. dazu BGH NJW 2005, 3146). Ein auf „die übrigen WEigentümer" als Kläger oder Beklagte lautender Titel erlaubt weder die Eintragung der WEigentümergemeinschaft als Berechtigte einer Zwangshyp. (OLG München FGPrax 2013, 156) noch die Belastung eines Grundstücks der WEigentümergemeinschaft (OLG München Rpfleger 2019, 21).

Sind die WEigentümer als Berechtigte einer Sicherungshyp. im GB eingetragen, so ist der jeweilige Verwalter der WEigentümergemeinschaft zur Erteilung einer **löschungsfähigen Quittung** unabhängig davon berechtigt, ob alle im GB eingetragenen Berechtigten noch WEigentümer der Gemeinschaft sind (BayObLG Rpfleger 1995, 410). Diese Befugnis steht dem Verwalter auch dann zu, wenn die rechtsfähige WEigentümergemeinschaft als Berechtigte eingetragen ist. Zur Abgabe einer Löschungsbewilligung für die als Berechtigte eingetragene rechtsfähige WEigentümergemeinschaft ist der Verwalter aber ohne Ermächtigung durch die Wohnungseigentümer gemäß § 27 Abs. 3 Satz 1 Nr. 7 WEG nicht befugt (OLG München FGPrax 2011, 111 mit nicht berechtigter Kritik von Then MittBayNot 2012, 48; LG Frankfurt RNotZ 2006, 63; LG Köln RNotZ 2011, 179; Demharter NZM 2005, 601); zum Nachweis eines ermächtigenden Eigentümerbeschlusses s. § 29 Rn. 11. Sind als Berechtigte, z. B. eines Verfügungsverbots gegen einen WEigentümer die übrigen WEigentümer und nicht die rechtsfähige Gemeinschaft eingetragen, muss die Löschung von allen eingetragenen WEigentümern bewilligt werden; der Verwalter kann dazu nicht durch Mehrheitsbeschluss ermächtigt werden (KG Rpfleger 2014, 132).

108 **k) Gesellschaft bürgerlichen Rechts.** Sie wurde lange Zeit nicht für rechtsfähig gehalten. Als Rechtsträger wurden die einzelnen Gesellschafter angesehen, die gemäß § 47, jetzt § 47 Abs. 1, mit dem Zusatz „als Gesellschafter bürgerlichen Rechts" als Eigentümer oder Berechtigte eines dinglichen Rechts in das GB eingetragen wurden (vgl. BayObLG Rpfleger 1985, 353). Am 29.1.2001 hat der BGH (NJW 2001, 1056) sodann entschieden, dass die Gesellschaft grundsätzlich rechtsfähig sei. Als Folge der Anerkennung ihrer Rechtsfähigkeit kann die Gesellschaft nach der Rechtsprechung des BGH (vgl. NJW 2006, 2191) sowohl Eigentümerin eines Grundstücks als auch Inhaberin eines beschränkten dinglichen Rechts an einem Grundstück

sein. Durch das ERVGBG v. 11.8.2009 (BGBl. I 2713) wurde die aufgrund dieser Rechtsprechung notwendig gewordene Anpassung des GBVerfahrensrechts vorgenommen (vgl. § 47 Abs. 2, § 82 Satz 3 GBO, § 15 Abs. 1 Buchst. c GBV und § 899a BGB). Deren Ziel ist es, die BGB-Gesellschaft grundbuchverfahrensrechtlich im Wesentlich weiterhin so zu behandeln, wie vor Anerkennung ihrer Rechtsfähigkeit. Wegen der Einzelheiten s. § 47 Rn. 28.

Zur Eintragung einer baurechtlichen Arbeitsgemeinschaft (ARGE) s. KG FGPrax 2010, 171; zur Eintragung einer gemäß § 44b SGB II gegründeten ARGE s. BGH VersR 210, 346; OLG Köln FGPrax 2010, 277.

l) Europäische wirtschaftliche Interessenvereinigung. Rechtsgrund- **108.1** lagen der EWIV sind die EG-VO Nr. 2137/1985 (EWIV-VO) v. 25.7.1985 (ABl. EG Nr. L 199 S. 1) und das Ges. zur Ausführung der EWIV-VO (EWIV-AG) v. 14.4.1988 (BGBl. I 514). Auf die EWIV sind, soweit nicht die EWIV-VO gilt, die Vorschriften des EWIV-AG und im Übrigen die für die OHG geltenden Bestimmungen entsprechend anzuwenden; die EWIV gilt als Handelsgesellschaft im Sinn des HGB (§ 1 EWIV-AG). Die Vereinigung ist gem. § 2 Abs. 1 EWIV-AG zur Eintragung in das Handelsregister anzumelden. Von der Eintragung an hat sie die Fähigkeit, im eigenen Namen Träger von Rechten und Pflichten jeder Art zu sein, Verträge zu schließen oder andere Rechtshandlungen vorzunehmen und vor Gericht zu stehen (Art. 1 Abs. 2 EWIV-VO). Daraus ergibt sich die GBFähigkeit der EWIV. Ob auch die EWIV in Gründung (Vor-EWIV) in das GB eingetragen werden kann, erscheint dagegen zweifelhaft; zu Recht bejahend Meikel/Böhringer § 47 Rn. 99, zugleich zu den erforderlichen Nachweisen.

m) Europäische Gesellschaft. Rechtsgrundlagen der Societas Europaea **108.2** (SE) sind die EG-VO Nr. 2157/2001 v. 8.10.2001 (ABl. EG Nr. L 294 S. 1) und das Ges. zur Einführung der SE (SEEG) samt dem Ges. zur Ausführung der EG-VO (SEAG) v. 22.12.2004 (BGBl. I 3675). Rechtsfähigkeit und damit GBFähigkeit erlangt die SE durch Eintragung im Handelsregister (vgl. § 3 SEAG). Eine SE in Gründung (Vor-SE) gibt es als Rechtsträger nicht (Vossius ZIP 2005, 742; s. dazu Früchtl NotBZ 2005, 246: es gelten die allgemeinen Grundsätze zur Vorgesellschaft).

n) Europäische Genossenschaft. Rechtsgrundlagen der Europäischen **108.3** Genossenschaft (SCE) sind die EG-VO Nr. 1435/2003 v. 22.7.2003 (ABl. EU Nr. L 207 S. 1) und das Ges. zur Einführung der Europäischen Genossenschaft und zur Änderung des Genossenschaftsrechts samt dem Ges. zur Ausführung der EG-VO (SCEAG) v. 14.8.2006 (BGBl. I 1911). Rechtsfähigkeit und damit GBFähigkeit erlangt die SCE durch Eintragung in das Genossenschaftsregister (vgl. § 3 SCEAG).

o) REIT-Aktiengesellschaft. Rechtsgrundlage der Real-Estate-Invest- **108.4** ment-Trust-AG ist das Ges. über deutsche Immobilien-Aktiengesellschaften mit börsennotierten Anteilen (REITG) v. 28.5.2007 (BGBl. I 914). Nach § 1 Abs. 3 REITG unterliegt die REIT-AG den allgemeinen für Aktiengesellschaften geltenden Vorschriften, soweit das REITG nichts Abweichendes bestimmt. Die REIT-AG ist grundbuchfähig und nach Maßgabe des § 15

Abs. 1 Buchst. b GBV einzutragen. Für den Nachweis der Vertretungsbefugnis gilt § 32. Der Vor-REIT gemäß § 2 Satz 1 REITG kann nicht als solcher in das GB eingetragen werden. S. zum Ganzen Wilsch NotBZ 2008, 334; Klühs RNotZ 2008, 509).

28. Form der Eintragungsbewilligung

109   Sie ist in § 29 Abs. 1 Satz 1 geregelt. Hiernach muss die EintrBewilligung öffentlich beurkundet oder öffentlich beglaubigt sein (s. § 29 Rn. 27, 41). Weil dem GBAmt eine wirksame Bewilligung vorgelegt werden muss (s. Rn. 21), genügt die Vorlage einer beglaubigten Abschrift nur ausnahmsweise (s. dazu Rn. 24, 26). Besteht die EintrBewilligung aus mehreren Blättern, sind diese mit Schnur und Prägesiegel zu verbinden. § 44 BeurkG gilt auch für die Verbindung einer aus mehreren Blättern bestehenden privatschriftlichen EintrBewilligung mit dem Beglaubigungsvermerk. Zur erforderlichen Form der durch ein elektronisches Dokument nachgewiesenen EintrBewilligung s. § 137 Abs. 1.

29. Wirkung der Eintragungsbewilligung

110   Die EintrBewilligung bildet die wesentliche Grundlage der Eintragung (über deren weitere Voraussetzungen s. Rn. 1). Sonstige grundbuchrechtliche Wirkungen hat sie nicht. Sie bewirkt insbes. keine Verfügungsbeschränkung des Bewilligenden, hindert diesen also nicht an der Erteilung einer entgegenstehenden Bewilligung (KGJ 49, 152; OLG München FGPrax 2014, 108). Bewilligt z.B. ein HypGläubiger die Umschreibung seiner Buchhyp. auf A und später auf B, so hat das GBAmt die zuerst beantragte Umschreibung auf B auch dann vorzunehmen, wenn ihm die frühere Bewilligung zugunsten des A bekannt ist; anders nur, wenn es weiß, dass das GB durch die Eintragung des B unrichtig werden würde.

111   Wird die EintrBewilligung dem Begünstigten in der erforderlichen Form (s. Rn. 26) ausgehändigt (s. dazu BGH Rpfleger 1967, 142; OLG Frankfurt DNotZ 1970, 162), so bewirkt dies nach §§ 873, 875, 877 BGB die Bindung an die sachlichrechtlichen Rechtsänderungserklärungen; dagegen tritt keine Bindung ein, wenn der Bewilligende die EintrBewilligung unmittelbar dem GBAmt vorlegt (KG HRR 1930 Nr. 957). Auch die Bindung an die sachlichrechtlichen Rechtsänderungserklärungen hat keine Verfügungsbeschränkung zur Folge (RG 113, 407). Zur Notwendigkeit, bei Personenidentität von Bewilligendem und Begünstigtem die Aushändigung nach außen erkennbar zu machen, s. BayObLG Rpfleger 1998, 69.

30. Rechtsbeständigkeit der Eintragungsbewilligung

112   Als Verfahrenshandlung wird die EintrBewilligung mit ihrer Wirksamkeit (s. Rn. 21 ff.) bindend und unwiderruflich (OLG Frankfurt NJW-RR 1995, 785); dabei macht es keinen Unterschied, ob sie von einem unmittelbar oder von einem mittelbar Betroffenen ausgeht (KGJ 49, 155). Tod und Wegfall oder Beschränkung der Geschäftsfähigkeit des Bewilligenden (s. Rn. 22, 23) berühren den Fortbestand einer wirksam und bindend gewordenen Bewilligung nicht.

a) Widerruf. Ein Widerruf nach Eintritt der Wirksamkeit ist nicht zu be- **113** achten (BayObLG JFG 2, 339; OLG Frankfurt NJW-RR 1995, 785; OLG Jena Rpfleger 2001, 298). Ein EintrAntrag kann daher grundsätzlich auch auf eine bereits vor Jahrzehnten wirksam gewordene EintrBewilligung gestützt werden (BayObLG DNotZ 1994, 182; OLG München FGPrax 2007, 106). Die Bedeutung der Unwiderruflichkeit liegt darin, dass das EintrVerfahren eine feste Grundlage erhält (JFG 8, 228). Dies ist zugleich die Rechtfertigung für die Unwiderruflichkeit. Zu einem zeitlich befristeten Widerrufsvorbehalt s. Rn. 31.

Wird die EintrBewilligung von dem Begünstigten vorgelegt, so darf das GBAmt davon ausgehen, dass sie diesem von dem Bewilligenden ausgehändigt wurde und weder vor noch gleichzeitig mit der Aushändigung ein Widerruf erfolgt ist. Dies gilt jedoch nicht, wenn dem GBAmt die EintrBewilligung vom Begünstigten nur in beglaubigter Abschrift vorgelegt wird (s. Rn. 26, aber auch Rn. 24).

b) Verbrauch. Wird auf Grund einer EintrBewilligung eine Eintragung **114** im Rechtssinne, also nicht eine inhaltlich unzulässige, von Anfang an gegenstandslose oder nichtige Eintragung vorgenommen, hat die EintrBewilligung ihren Zweck erfüllt und ist (ebenso wie die Eintragung: Anh. zu § 13 Rn. 12) „verbraucht" (vgl. dazu BayObLG NJW-RR 1997, 1511). Sie kann daher, wenn die Eintragung später zu Recht oder zu Unrecht gelöscht wird, nicht Grundlage einer erneuten Eintragung sein (OLG Frankfurt NJW-RR 2015, 1045). Für die Wiederherstellung der gelöschten Eintragung ist eine neue rechtsändernde Bewilligung oder eine Berichtigungsbewilligung erforderlich oder ein Unrichtigkeitsnachweis (BayObLG MittBayNot 1995, 42; OLG Frankfurt RNotZ 2008, 494).

c) Wiederverwendung. Aus ihrer Natur, die verfahrensrechtliche Grundlage einer Eintragung abzugeben, folgt, dass die EintrBewilligung, sofern sie nicht ihren Verfahrenszweck erfüllt und zur Eintragung führt, ihre Wirkung als Verfahrenshandlung grundsätzlich mit der Beendigung des Verfahrens durch Antragsrücknahme (OLG Hamm Rpfleger 1989, 148; OLG Nürnberg FGPrax 2012, 155) oder endgültige Antragszurückweisung verliert, und zwar auch dann, wenn sie beim GBAmt verbleibt (BGH Rpfleger 1982, 414). Sie kann diese Wirkung wieder erlangen, wenn sie erneut zur Grundlage eines Verfahrens gemacht wird (OLG Frankfurt NJW-RR 1995, 785; OLG Nürnberg FGPrax 2012, 155). Dies setzt aber voraus, dass die Wirksamkeitsvoraussetzungen (s. Rn. 21) auch für das neue Verfahren gegeben sind. Die EintrBewilligung muss also mit dem Willen des Erklärenden, EintrGrundlage zu sein, dem GBAmt oder dem Begünstigten zur Vorlage beim GBAmt zugehen oder zugegangen sein (KG Rpfleger 2019, 251).

31. Nichtigkeit und Anfechtbarkeit

Da die EintrBewilligung keine rechtsgeschäftliche Willenserklärung ist (s. **115** Rn. 13), kann sie auch nicht nach den allgemein für Willenserklärungen geltenden Bestimmungen des BGB nichtig oder anfechtbar sein (OLG Jena Rpfleger 2001, 298; BayObLG ZflR 2003, 682).

32. Behördliche Genehmigungen

116   Das GBAmt hat selbständig und eigenverantwortlich zu entscheiden, ob es sich bei einem GBGeschäft um einen genehmigungspflichtigen Rechtsvorgang handelt (KG FGPrax 1996, 213). Dabei hat es nur die abstrakten Voraussetzungen einer Genehmigungspflicht zu prüfen, nicht jedoch auch, ob das Geschäft nach seiner Ausgestaltung genehmigungsfähig wäre; dies obliegt allein der Genehmigungsbehörde (OLG München FGPrax 2019, 256).

Zu rechtsaufsichtlichen Genehmigungen s. Rn. 138. Zu kirchenaufsichtlichen Genehmigungen s. Rn. 139. Zur familiengerichtlichen, betreuungsgerichtlichen oder nachlassgerichtlichen Genehmigung s. Rn. 65, 68; zum Nachweis des Genehmigungsbeschlusses gegenüber dem GBAmt s. Rn. 69. Zu Einzelfällen behördlicher Genehmigungen s. Rn. 123.

a) Allgemeines. Verschiedentlich können Verfügungen aus Gründen des öffentlichen Interesses nur mit behördlicher Genehmigung getroffen werden; es handelt sich dann um sog. absolute Verfügungsbeschränkungen. Da dem GBAmt die Prüfung der Verfügungsbefugnis des Bewilligenden als Voraussetzung dessen Bewilligungsbefugnis obliegt (s. Rn. 59), hat es auch zu prüfen, ob der einzutragende Rechtsvorgang sachlich (JFG 17, 76) und zeitlich (JFG 22, 301) genehmigungsbedürftig ist (OLG Jena Rpfleger 1998, 109); dies gilt auch im Fall der Verurteilung zur Abgabe einer EintrBewilligung (OLG München SJZ 1949, 852; OGH JR 1950, 722; s. auch RG 149, 348). Die Genehmigungsbedürftigkeit muss im Zeitpunkt der GBEintragung bestehen (OLG Brandenburg NotBZ 2005, 357). Bedarf eine Verfügung behördlicher Genehmigung, so muss diese zur Eintragung einer Vormerkung grundsätzlich nicht vorliegen (s. Anh. zu § 44 Rn. 91).

117   **b) Schwebende Unwirksamkeit.** Fehlt eine kraft gesetzlicher Bestimmung erforderliche behördliche Genehmigung, hat dies zur Folge, dass das Rechtsgeschäft bis zur endgültigen Entscheidung über die Genehmigung schwebend unwirksam ist. Mit Erteilung der Genehmigung wird es rückwirkend vom Zeitpunkt seines Abschlusses an voll wirksam (BGH FGPrax 2015, 150).

c) Zwischenverfügung. Bejaht das GBAmt die Genehmigungsbedürftigkeit oder erachtet es diese nach der sachlichen Seite trotz sorgfältiger Prüfung der Sach- und Rechtslage, die eine Auslegung der Genehmigungsvorschrift einschließt (OLG Jena Rpfleger 1998, 109), als zweifelhaft (JFG 17, 76; OLG Celle DNotZ 1967, 639; BayObLG Rpfleger 1972, 408; MittBayNot 1978, 32), so hat es durch Zwischenverfügung den Nachweis der Genehmigung (über deren Rückwirkung s. Rn. 121) oder eine Negativbescheinigung zu verlangen (OLG Zweibrücken Rpfleger 1999, 179; OLG Frankfurt FGPrax 2017, 155).

d) Negativbescheinigung. Wenn der gesetzliche Genehmigungsvorbehalt ausschließlich dem Schutz öffentlicher Interessen dient, steht ein Negativattest der zuständigen Behörde einer Genehmigung gleich (BGH NJW 2010, 144). Wird es beigebracht, so ist das GBAmt daran gebunden (JFG 16, 85; BGH NJW 1951, 645; BayObLG 1952, 56; vgl. dazu auch BGH Rpfleger 1966, 79; zu einer Ausnahme s. Rn. 71); lehnt die Genehmigungsbehörde den Antrag auf Erteilung einer Negativbescheinigung aus sachlichen Gründen ab, so hat das GBAmt davon auszugehen, dass die Genehmigung erforderlich ist.

e) Genehmigungsbescheid. Der Genehmigungsbescheid ist auslegungsfähig. Maßgebend ist der nach außen erkennbare Wille der Behörde, wie er sich nach Sinn und Wortlaut als nächstliegende Bedeutung für einen unbefangenen Betrachter ergibt (BayObLG BWNotZ 1994, 20). Bei der Genehmigung handelt es sich um eine andere Voraussetzung der Eintragung im Sinn des § 29 Abs. 1 Satz 2; § 29 Abs. 3 ist nicht anzuwenden.

Ob bei einer nachträglichen Änderung des bereits genehmigten Rechtsvorgangs eine erneute Genehmigung erforderlich ist, beurteilt sich danach, ob die Änderung für die Genehmigungspflicht nach dem mit ihr verfolgten Zweck von Bedeutung ist (vgl. BGH MittBayNot 1979, 185).

f) Erstreckung auf Erfüllungsgeschäft. Sind das schuldrechtliche und **118** das dingliche Rechtsgeschäft genehmigungsbedürftig, so deckt die Genehmigung des Verpflichtungsgeschäfts in der Regel das entsprechende Erfüllungsgeschäft (vgl. JFG 14, 248; für die familiengerichtliche oder betreuungsgerichtliche Genehmigung: BayObLG DNotZ 1983, 369; Rpfleger 1985, 235; über den Fall, dass das Verpflichtungsgeschäft als Scheingeschäft nichtig ist, s. OGH NJW 1949, 425; DNotZ 1951, 85). Bei einer Kette von Erwerbern setzt die Eintragung des letzten Erwerbers ohne vorherige Eintragung der Zwischenerwerber voraus, dass auch die Zwischengeschäfte genehmigt sind (RG 129, 153; a.M. KG HRR 1930 Nr. 45).

g) Auflage und Bedingung. Ob die Genehmigung unter einer Auflage **119** oder unter einer Bedingung erteilt werden kann, richtet sich nach den jeweils in Betracht kommenden Vorschriften. Die unter einer Auflage erteilte Genehmigung ist unbedingt; die Erfüllung der Auflage ist daher vom GBAmt nicht nachzuprüfen (KG JW 1937, 895). Soll die Genehmigung unter einer aufschiebenden Bedingung erteilt sein, so muss dies deutlich zum Ausdruck kommen; der Eintritt der Bedingung ist alsdann in der Form des § 29 nachzuweisen (KG DNotZ 1937, 644; OLG Frankfurt OLGZ 1980, 84).

h) Unwiderruflichkeit. Die einmal erteilte Genehmigung ist, da sie die **120** schwebende Unwirksamkeit beseitigt, also rechtsgestaltende Wirkung hat, grundsätzlich unwiderruflich (RG HRR 1935 Nr. 432; BayObLG 1952, 209; BayVerfGH DÖV 1954, 28; OLG Celle MDR 1956, 170; s. aber für den Fall der Erschleichung OLG Celle RdL 1954, 46; OLG Köln RdL 1954, 71). Sind das Verpflichtungs- und das Erfüllungsgeschäft genehmigungsbedürftig, so kann die Genehmigung des ersteren bis zum Abschluss des letzteren widerrufen werden (RG 106, 145; JFG 22, 338); sind mehrere Genehmigungen notwendig, so ist der Widerruf einer Genehmigung bis zur Erteilung der Letzten möglich (OLG München DNotZ 1951, 418; mit abl. Anm. v. Hieber). Vom Widerruf zu unterscheiden ist die Änderung der Entscheidung im vorgesehenen Instanzenzug (OGH NJW 1949, 821; BayObLG 1952, 209).

121   **i) Keine Rückwirkung.** Die Einführung des Genehmigungszwangs hat regelmäßig keine Rückwirkung (zur Rückwirkung der Genehmigung s. RG 125, 55; OLG Hamm NJW 1961, 560; BGH 32, 389). Wird abgesehen vom Verpflichtungsgeschäft der rechtsgeschäftliche Teil der Verfügung für genehmigungsbedürftig erklärt, so bedarf es keiner Genehmigung, wenn eine Verfügung in ihrem rechtsgeschäftlichen Teil bei Inkrafttreten des Genehmigungszwangs bereits voll wirksam war (JFG 17, 141; OLG München JFG 17, 194; JFG 22, 301); § 878 BGB kommt in diesem Fall überhaupt nicht zum Zug (KG FGPrax 1996, 213 zu § 144 Abs. 2 Nr. 1 und 3 BauGB). Wird dagegen schlechthin die Verfügung für genehmigungsbedürftig erklärt, so ist die Genehmigung auch dann erforderlich, wenn zum Wirksamwerden einer Verfügung bei Inkrafttreten des Genehmigungszwangs nur mehr die Eintragung notwendig ist (JFG 17, 166; OLG Celle MDR 1948, 252; s. auch BayObLG MittBayNot 1977, 201); Ausnahmen gelten im Rahmen des § 878 BGB (s. dazu § 13 Rn. 9 und KG HRR 1930 Nr. 975).

122   Entsprechendes gilt bei Ausdehnung oder Neueinführung eines gesetzlichen Vorkaufsrechts; es erfasst vorher abgeschlossene Kaufverträge auch dann nicht, wenn eine erforderliche behördliche Genehmigung erst nach der Ausdehnung oder Einführung erteilt wird (JFG 16, 285; BGH NJW 1960, 1808; a. M. RG 154, 307). Zu der Frage, ob ein Vorkaufsrecht einen Kaufvertrag erfasst, der vor der Entstehung des Vorkaufsrechts abgeschlossen, aber danach geändert und alsdann erst genehmigt worden ist, s. BGH DNotZ 1970, 246.

33. Einzelfälle behördlicher Genehmigungen

123   Eine behördliche Genehmigung zu Verfügungen, die auch in der Auflassung eines Grundstücks oder in der Bestellung oder Übertragung eines Erbbaurechts bestehen können, ist vor allem erforderlich nach folgenden Gesetzen und Verordnungen:

a) GrdstVG. Genehmigungsbedürftig sind nach § 2 Abs. 1, 2 GrdstVG die rechtsgeschäftliche Veräußerung eines land- oder forstwirtschaftlichen Grundstücks sowie die Einräumung oder Veräußerung eines Miteigentumsanteils an einem solchen. Unter einem Grundstück ist ein solches im Rechtssinn (s. § 2 Rn. 15) zu verstehen (OLG Schleswig RNotZ 2007, 210; OLG Jena Rpfleger 2010, 421). Genehmigungsbedürftig sind ferner die Bestellung eines Nießbrauchs an einem land- oder forstwirtschaftlichen Grundstück sowie die Veräußerung eines Erbanteils an einen anderen als an einen Miterben, wenn der Nachlass im Wesentlichen aus einem land- oder forstwirtschaftlichen Betrieb besteht. Nicht genehmigungspflichtig ist eine GBBerichtigung als Folge eines Rechtsübergangs außerhalb des GB (OLG Frankfurt FGPrax 2018, 9).

Aufgrund des § 2 Abs. 3 Nr. 1 GrdstVG kann die Genehmigungspflicht landesrechtlich auf die Veräußerung von grundstücksgleichen Rechten, die die land- oder forstwirtschaftliche Nutzung eines Grundstücks zum Gegenstand haben, sowie auf die Veräußerung von selbständigen Fischereirechten ausgedehnt werden; in Bayern hat das AusfG v. 21.12.1961 (BayRS 7810-1-E) von dieser Möglichkeit keinen Gebrauch gemacht. Auf Grund der durch das Änderungsgesetz v. 14.8.2005 (BGBl. I 2409) § 2 Abs. 3 GrdstVG angefügten Nr. 3 kann landesrechtlich bestimmt werden, dass die Genehmigung über die in § 9 GrdstVG genannten Gründe hinaus versagt oder mit Nebenbestimmungen nach § 10 oder § 11 GrdstVG versehen werden kann.

Genehmigungspflichtig ist auch das **Verpflichtungsgeschäft;** ist es genehmigt, so deckt die Genehmigung das entsprechende Verfügungsgeschäft (§ 2 Abs. 1 GrdstVG). Die Genehmigung kann nach § 2 Abs. 1 Satz 3 GrdstVG auch vor der Beurkundung des Rechtsgeschäfts und nach §§ 10, 11 GrdstVG unter Auflagen oder Bedingungen erteilt werden. Ist sie ohne solche, also uneingeschränkt erteilt, so bedarf es keines weiteren Nachweises ihrer Unanfechtbarkeit gemäß § 7 Abs. 1 GrdstVG durch ein Zeugnis der Genehmigungsbehörde, weil sich die Unanfechtbarkeit in diesem Fall aus dem Gesetz (§ 22 GrdstVG) ergibt (BayObLG MittBayNot 1985, 25; BGH Rpfleger 1985, 234). Zuständig zur Erteilung der Genehmigung ist nach § 3 Abs. 1 GrdstVG die durch Landesrecht bestimmte Behörde (s. dazu für Bayern Art. 1 AusfG v. 21.12.1961, BayRS 7810-1-E i. d. F. durch Art. 9 des Ges. v. 28.3.2000, GVBl. 137).

Ausnahmen vom Genehmigungszwang können sich aus § 4 GrdstVG so- **124** wie daraus ergeben, dass landesrechtlich auf Grund des § 2 Abs. 3 Nr. 2 GrdstVG eine **„Freigrenze"** vorgesehen ist (s. dazu für Bayern Art. 2 AusfG v. 21.12.1961, BayRS 7810-1-E i. d. F. durch Art. 9 des Ges. v. 28.3.2000, GVBl. 137). Unter einem Grundstück ist auch bei Verwendung des Begriffs in landesrechtlichen Regelungen grundsätzlich ein Grundstück im Rechtssinn zu verstehen. Dem Landesgesetzgeber bleibt es aber unbenommen, seiner Regelung die Geltung eines wirtschaftlichen Grundstücksbegriffs zugrunde zu legen (OLG Naumburg NJW-RR 2011, 884). Im Fall einer Freigrenze entscheidet bei Veräußerung eines realen Teils eines land- oder forstwirtschaftlichen Grundstücks für die Genehmigungsbedürftigkeit die Größe des veräußerten Teils, bei Veräußerung eines Miteigentumsanteils an einem land- oder forstwirtschaftlichen Grundstück die Gesamtgröße des Grundstücks (BayObLG Rpfleger 1964, 121 mit Anm. v. Haegele). Wenn von mehreren veräußerten Grundstücken nur eines die Freigrenze überschreitet, ist nur für dieses eine Genehmigung erforderlich (a. M. OLG Naumburg NJW-RR 2011, 884; OLG Brandenburg NotBZ 2010, 223; RNotZ 2018, 404, das einen wirtschaftlichen Grundstücksbegriff zugrunde legt). Werden mehrere Grundstücke veräußert, von denen keines für sich die Mindestgröße überschreitet, ist auch dann keine Genehmigung erforderlich, wenn die Grundstücke eine wirtschaftliche Einheit bilden und insgesamt die Mindestgröße überschreiten (OLG Jena Rpfleger 2010, 421 für Thüringen; anders OLG Düsseldorf MittRhNotK 1992, 188, das für Nordrhein-Westfalen von der Geltung eines wirtschaftlichen Grundstücksbegriffs ausgeht; anders OLG Rostock NJW-RR 2015, 1238 für den Fall eines Umgehungsgeschäfts). S. zum Ganzen Stavorinus NotBZ 2010, 208. Über den Fall, dass die der Genehmigung des Kaufvertrags folgende Vermessung ein von der ursprünglichen Annahme der Beteiligten abweichendes Flächenmaß ergibt, s. Bay-ObLG Rpfleger 1963, 243.

Die Vereinbarung des Rechts zum Ankauf eines landwirtschaftlichen Grundstücks bedarf nicht der Genehmigung; diese ist erst erforderlich für das Rechtsgeschäft, durch das die Pflicht zur Übereignung endgültig ausgelöst wird (BGH Rpfleger 1983, 397). Ferner bedarf keiner Genehmigung die Eintragung eines Eigentumsübergangs, der sich kraft Gesetzes, z. B. durch Vereinbarung allgemeiner Gütergemeinschaft, oder auf Grund Staatsakts, z. B. infolge gerichtlicher Zuweisung, vollzogen hat. Auch die Bestellung eines Erbbaurechts an einem land- oder forstwirtschaftlichen Grundstück ist nicht genehmigungspflichtig (OLG Hamm NJW 1966, 1416; BGH Rpfleger 1976, 126; s. dazu auch Rötelmann MDR 1965, 538; DNotZ 1965, 399). Schließlich ist die Genehmigung auch nicht erforderlich zur Eintragung der in einem Bescheid gem. § 2 VZOG (vgl. auch § 4 VZOG) getroffenen Feststellungen (§ 3 Abs. 2 Satz 2 VZOG, § 7 Abs. 5 Satz 1 i. V. m. § 12 SPV); das Gleiche gilt für Eintragungen auf Grund eines Bescheids gem. § 7 BoSoG (§ 7 Abs. 5 Satz 1 SPV).

Die Genehmigungsfreiheit von Grundstücksgeschäften des **Bundes** nach § 4 Nr. 1 GrdstVG gilt nur für Rechtsgeschäfte, an denen der Bund oder eines seiner Sondervermögen beteiligt ist, nicht aber für Geschäfte, die von rechtsfähigen Körperschaften, Anstalten und Stiftungen des öffentlichen Rechts im Rahmen der von ihnen ausgeübten mittelbaren Bundesverwaltung abgeschlossen werden (BGH NJW-RR 2010, 886). Genehmigungsfreiheit genießen daher nicht die Bundesanstalt für vereinigungsbedingte Sonderaufgaben oder die Bundesanstalt für Immobilienaufgaben. Genehmigungsfreiheit ist auch dann gegeben, wenn der Bund nicht als alleiniger Käufer oder Verkäufer sondern als Mitglied einer Erbengemeinschaft an dem Rechtsgeschäft beteiligt ist (BGH NJW 2014, 1170).

125   Das GBAmt hat grundsätzlich **selbstständig zu prüfen,** ob ein Rechtsvorgang überhaupt in den Bereich des GrdstVG fällt (BGH Rpfleger 1985, 234) oder ob ein Befreiungstatbestand (s. Rn. 124) vorliegt (OLG Zweibrücken Rpfleger 1999, 179; OLG Jena Rpfleger 2010, 421). Dabei ist es weder berechtigt noch verpflichtet, eigene Ermittlungen anzustellen. Es hat vielmehr aufgrund der ihm vorliegenden Erkenntnisquellen zu entscheiden, ob Genehmigungsfreiheit besteht (OLG Frankfurt FGPrax 2011, 10; 2017, 155). Nur bei konkreten Zweifeln daran hat es eine Zwischenverfügung zu erlassen (s. dazu Rn. 117).

Zum Nachweis der Genehmigung gegenüber dem GBAmt s. § 7 Abs. 1 GrdstVG; der Genehmigung steht ein Negativzeugnis der Genehmigungsbehörde gleich (§ 5 GrdstVG). Zum Ersuchen um Eintragung oder Löschung eines Widerspruchs bei Eintragung eines nicht genehmigten Rechtsgeschäfts s. § 7 Abs. 2 GrdstVG und § 38 Rn. 27. Die rückwirkende Zurücknahme der Genehmigung, nachdem diese Grundlage für die Eigentumsumschreibung war, begründet keine Befugnis der Genehmigungsbehörde, das GBAmt um Eintragung eines Widerspruchs zu ersuchen (OLG Brandenburg FGPrax 2018, 55).

In Baden-Württemberg sind die Bestimmungen des am 1.7.2010 in Kraft getretenen AgrarstrukturverbesserungsG (ASVG) v. 10.11.2009 (GBl. 645) maßgebend. Dieses Gesetz löst das GrdstVG und das RSiedlG ab.

b) BauGB. Die früher im BBauG und StBauFG enthaltenen Genehmi- **126** gungsvorbehalte ergeben sich seit 1.7.1987 aus den Bestimmungen des BauGB in der Fassung auf Grund der Änderungen durch das am 1.1.1998 in Kraft getretene BauROG. Bis zum 31.12.1997 galten jedoch an deren Stelle oder ergänzend die Bestimmungen des BauGB-MaßnahmenG (§ 20 BauGB-MaßnahmenG). Im Gebiet der ehemaligen DDR war das BauGB bis 31.12.1997 nach Maßgabe des § 246a BauGB anzuwenden und das BauGB-MaßnahmenG nach Maßgabe des § 19 BauGB-MaßnahmenG. Zur Eintragung der in einem Bescheid gem. § 2 VZOG (s. auch § 4 VZOG) getroffenen Feststellungen ist eine Genehmigung nach dem BauGB nicht erforderlich (§ 3 Abs. 2 Satz 2 VZOG, § 7 Abs. 5 Satz 1 i. V. m. § 12 SPV); das Gleiche gilt für Eintragungen auf Grund eines Bescheids gem. § 7 BoSoG (§ 7 Abs. 5 Satz 1 SPV). Der Investitionsvorrangbescheid ersetzt nach dem BauGB erforderliche Genehmigungen (§ 11 Abs. 1 InVorG). Die für Grundstücke geltenden Vorschriften des BauGB sind auf Grundstücksteile und, soweit nichts anderes bestimmt, auf grundstücksgleiche Rechte entsprechend anzuwenden (§ 200 BauGB), ferner auf das Wohnungs- und Teileigentum (vgl. LG Berlin Rpfleger 1996, 342). Zu Ersuchen um GBEintragungen im Zusammenhang mit Genehmigungserfordernissen nach dem BauGB s. § 38 Rn. 23 bis 25.

Genehmigungsbedürftig war nach § 19 BauGB a. F. die **Teilung** eines Grundstücks. Das Genehmigungserfordernis ist durch das am 20.7.2004 in Kraft getretene EAG Bau v. 24.6.2004 (BGBl. I 1359) beseitigt worden. Näheres hierzu s. § 7 Rn. 5 ff.

Bei Durchführung eines **Umlegungsverfahrens** dürfen nach § 51 Abs. 1 **127** Nr. 1 BauGB von der Bekanntmachung des Umlegungsbeschlusses an bis zur Bekanntmachung der Unanfechtbarkeit des Umlegungsplans oder dessen teilweiser Inkraftsetzung im Umlegungsgebiet Grundstücke nur mit schriftlicher Genehmigung der Umlegungsstelle geteilt und Verfügungen über ein Grundstück oder über ein Grundstücksrecht, gleich welcher Art (BayObLG Rpfleger 1964, 215; OLG Celle Rpfleger 1965, 275; a. M. Eppig DNotZ 1960, 524), nur mit Genehmigung getroffen werden; genehmigungspflichtig ist also auch die Löschung eines Grundpfandrechts (OLG Hamm Rpfleger 1980, 296); keiner Genehmigung bedarf die Eintragung von Vormerkungen (BayObLG Rpfleger 1970, 25). § 22 Abs. 5 Satz 2 bis 5 und Abs. 6 BauGB sind entsprechend anzuwenden (§ 51 Abs. 3 Satz 2, § 54 Abs. 2 Satz 2 BauGB). Entsprechende Genehmigungspflichten bestehen bei Durchführung eines **Enteignungsverfahrens** von der Bekanntmachung über die Einleitung des Verfahrens an (§ 109 Abs. 1 BauGB).

In förmlich festgelegten **Sanierungsgebieten** und in städtebaulichen **128** Entwicklungsbereichen bedürfen nach § 144 Abs. 2 Nr. 1, 2, 5, § 169 Abs. 1 Nr. 3 BauGB die Teilung und rechtsgeschäftliche Veräußerung eines Grundstücks, ferner die Bestellung und Veräußerung eines Erbbaurechts (s. aber § 120 SachenRBerG) sowie die Bestellung eines das Grundstück belastenden Rechts, sofern dieses nicht mit der Durchführung von Baumaßnahmen im Sinn des § 148 Abs. 2 BauGB im Zusammenhang steht, der schriftlichen Genehmigung. Genehmigungspflichtig ist auch das Verpflichtungsgeschäft; ist dieses genehmigt, so gilt auch das entsprechende Erfüllungsgeschäft als genehmigt (§ 144 Abs. 2 Nr. 3 BauGB). Keiner Genehmigung bedarf es zur Eintragung einer Eigentumsvormerkung. Erforderlich ist die Genehmigung jedoch zur Eintragung der Verpfändung des zugrunde liegenden Auflassungsanspruchs (BGH FGPrax 2015, 150; OLG Nürnberg (FGPrax 2013, 161; s. dazu auch § 26 Rn. 26).

Ausnahmen vom Genehmigungszwang sieht § 144 Abs. 4 BauGB vor. In diesem Fall ist § 51 Abs. 1 Satz 2 BauGB zu beachten. Die Genehmigung kann nach § 144 Abs. 3 BauGB allgemein und nach Maßgabe des § 145 Abs. 4 BauGB auch unter Auflagen sowie befristet oder bedingt erteilt werden. § 22 Abs. 5 Satz 2 bis 6 und Abs. 6 BauGB ist entsprechend anzuwenden (§ 145 Abs. 1 Satz 3 und Abs. 6 BauGB). Zuständig für die Erteilung der Genehmigung ist nach § 145 Abs. 1 BauGB grundsätzlich die Gemeinde. Zur Löschung einer Eigentumsvormerkung bei rechtskräftiger Versagung der Genehmigung s. § 22 Rn. 38.

Zur Genehmigungspflicht nach § 22 BauGB bei Begründung und Teilung von **WEigentum** oder Teileigentum, Wohnungs- oder Teilerbbaurechten und Dauerwohnrechten sowie nach § 172 Abs. 1 Satz 4 bis 6 BauGB bei Begründung von Wohnungs- oder Teileigentum s. Anh. zu § 3 Rn. 48 ff.

Die Bestellung eines **Erbbaurechts** nach dem SachenRBerG bedurfte, sofern sich die Nutzungsbefugnis des Erbbauberechtigten nicht auf das Grundstück insgesamt erstreckte, bis zum Wegfall des Genehmigungserfordernisses durch das am 20.7.2004 in Kraft getretene EAG Bau v. 24.6.2004 (BGBl. I 1359), gem. § 120 Abs. 2 SachenRBerG einer Genehmigung nach §§ 19, 20 BauGB mit der Maßgabe des § 120 Abs. 1 SachenRBerG.

129   **c) BBergG.** Die Genehmigung ist nach § 23 BBergG erforderlich zur rechtsgeschäftlichen Veräußerung von Bergwerkseigentum sowie zum schuldrechtlichen Vertrag hierüber. Die Genehmigung, die vor der Beurkundung erteilt werden kann, darf nur versagt werden, wenn Gründe des öffentlichen Interesses entgegenstehen. Wegen der Zuständigkeit zur Erteilung der Genehmigung s. § 142 BBergG.

130   **d) VO über Entschuldungsbetriebe.** Die Genehmigung war nach Art. 1 Abs. 1 der VO v. 6.1.1937 (RGBl. I 5) erforderlich zur Veräußerung eines Grundstücks, auf dem im GB ein Entschuldungsvermerk (§§ 80, 81 SchRegG) eingetragen war oder das einem mit einem Entschuldungsvermerk behafteten Grundstück nach Art. 1 Abs. 3 der VO gleichstand. Zur Aufhebung der VO v. 6.1.1937 s. Art. 65 des Ges. v. 23.11.2007 (BGBl. I 2614).

Das Entschuldungsrecht hat keine praktische Bedeutung mehr. Nahezu alle Entschuldungsvermerke sind inzwischen gelöscht. Der durch Ges. v. 26.10.2001 (BGBl. I 2710) an § 84 Abs. 1 angefügte Satz 2 sieht die Löschung der noch eingetragenen Entschuldungsvermerke von Amts wegen als gegenstandslos vor (s. § 84 Rn. 2). Eine ausführlichere Darstellung von Einzelheiten des Genehmigungserfordernisses enthält die 20. Auflage.

131   **e) BVersG.** Genehmigungsbedürftig sind nach § 75 BVersG die Veräußerung und die Belastung eines mit einer Kapitalabfindung erworbenen Grundstücks, Erbbaurechts, WEigentums oder WErbbaurechts, wenn eine entsprechende Verfügungsbeschränkung im GB eingetragen ist; ob die Genehmigung auch zur Eintragung einer Vormerkung erforderlich ist (JFG 7, 391; RG 134, 182), erscheint zweifelhaft.

f) FidErlG. Die Genehmigung ist nach § 18 FidErlG v. 6.7.1938 (RGBl. **132** I 825; s. auch § 1 des Ges. v. 28.12.1950, BGBl. 820) sowie §§ 15 bis 26 der DVO v. 20.3.1939 (RGBl. I 509) erforderlich zur Veräußerung von Grundstücken durch Stiftungen, Genossenschaften, sonstige juristische Personen und Personenverbände, die aus Anlass der Fideikommissauflösung entstanden sind. Dies gilt aber nicht mehr in Bayern; hier sind die genannten Bestimmungen durch Art. 50 Abs. 4 Nr. 1, 2 StiftungsG v. 26.11.1954 (BayRS 282-1-1-K) aufgehoben worden. Zur Aufhebung fideikommissrechtlicher Vorschriften als Bundesrecht s. Art. 64 des Ges. v. 23.11.2007 (BGBl. I 2614).

g) GVO. Im Gebiet der ehemaligen DDR ist die Grundstücksverkehrs- **133** verordnung (GVVO) v. 15.12.1977 (GBl. DDR I 1978, 73) nach dem 2.10. 1990 in Kraft geblieben. Nach umfangreichen Änderungen gilt an ihrer Stelle jetzt neben dem GrdstVG die Grundstücksverkehrsordnung (GVO) i. d. F. v. 20.12.1993 (BGBl. I 2221); zur Überleitung s. Art. 19 Abs. 4 RegVBG v. 20.12.1993 (BGBl. I 2182); zur Neufassung s. Frenz DtZ 1994, 56; zu Einzelheiten s. Wolf MittBayNot 1995, 17 und Böhringer Rpfleger 2016, 253; 2018, 362.

Ausschließlicher **Zweck** der Genehmigung ist es zu verhindern, dass bei **134** Vorliegen eines Rückübertragungsantrags entgegen dem nur schuldrechtlich wirkenden Verfügungsverbot des § 3 Abs. 3 Satz 1 VermG dingliche Rechtsgeschäfte abgeschlossen werden, durch die ein Rückübertragungsanspruch vereitelt werden könnte. Zur weiteren Vereinfachung entfällt daher auf Grund der Neufassung vom Jahr 1993 das Genehmigungserfordernis in den in § 2 Abs. 1 Satz 2 GVO genannten Fällen ganz. Dies gilt nach der am 1.7.2018 in Kraft tretenden Änderung des § 2 Abs. 1 GVO durch Art. 18 des Ges. v. 21.11.2016 (BGBl. I 2591) insbesondere für den Fall, dass weder ein Anmeldevermerk nach § 30b Abs. 1 VermG eingetragen ist noch ein EintrErsuchen dazu vorliegt (s. dazu Stavorinus DNotZ 2014, 340). Darüber hinaus entfällt es auch dann, wenn nach dem GBInhalt das Bestehen eines Rückübertragungsanspruchs nach dem VermG mit Sicherheit auszuschließen ist (OLG Jena Rpfleger 1998, 109).

Nach § 2 Abs. 1 Satz 1, § 3 Satz 1 GVO bedürfen die **Auflassung eines** **135** **Grundstücks** oder eines Teils davon sowie die Bestellung und Übertragung eines Erbbaurechts jeweils einschließlich des schuldrechtlichen Vertrags hierüber der Genehmigung. Diese ist auch für Verträge erforderlich, die vor dem 3.10.1990 abgeschlossen wurden; in diesem Fall genügt aber eine Genehmigung nach der GVVO v. 11.1.1963 (GBl. DDR II 159) oder der späteren GVVO v. 15.12.1977 (GBl. DDR I 1978, 73), aber auch nur eine solche (§ 2 Abs. 2 Satz 5 GVO; OLG Brandenburg FGPrax 1996, 170). Die Genehmigung kann auch vor Abschluss des jeweiligen Rechtsgeschäfts (§ 1 Abs. 1 Satz 2 GVO) und mit Auflagen (§ 4 Abs. 2 GVO) erteilt werden; ist der schuldrechtliche Vertrag genehmigt, gilt auch das dingliche Rechtsgeschäft als genehmigt und umgekehrt (§ 2 Abs. 1 Satz 4 GVO). Für die Erteilung der Genehmigung sind die Landkreise und die kreisfreien Städte zuständig, soweit jedoch die Bundesanstalt für vereinigungsbedingte Sonderaufgaben (s. VO v. 20.12.1994, BGBl. I 3913) oder eines ihrer Unternehmen verfügungsbefugt ist, der Oberfinanzpräsident der Oberfinanzdirektion Berlin oder eine von ihm ermächtigte Person (§ 8 GVO). Zum grundbuchamtlichen Verfahren s. § 2 Abs. 2 GVO und OLG Jena NotBZ 2012, 430.

136   Der Auflassung eines Grundstücks stehen die Einräumung oder Auflassung eines **Miteigentumsanteils** an einem Grundstück und die Übertragung von WEigentum gleich (§ 3 Satz 2 GVO). Zur Anwendung auf Gebäude und Rechte an Gebäuden oder Gebäudeteilen, die auf Gebäudegrundbuchblättern nachgewiesen werden, s. § 3 Satz 1 GVO. Eine die GVO ergänzende Regelung enthält § 7 der VO über die Anmeldung vermögensrechtlicher Ansprüche i. d. F. v. 3.8.1992 (BGBl. I 1481). Die Eintragung einer Vormerkung bedarf keiner Genehmigung (so schon KG Rpfleger 1992, 243 vor der ausdrücklichen Regelung in § 2 Abs. 1 Satz 2 Nr. 4 GVO); zur Genehmigungsfreiheit der Weiterveräußerung nach Grundstückserwerb auf Grund eines Investitionsvorrangbescheids s. KG FGPrax 1995, 178. Veräußern Gebäudeeigentümer das nach dem 3.10.1990 dazu erworbene Grundstück bei gleichzeitiger Aufgabe des Nutzungsrechts, bedarf der Vertrag nach Schließung des Gebäudegrundbuchs und Löschung des beim Grundstück gebuchten Nutzungsrechtsvermerks nach OLG Dresden (NotBZ 2010, 464 mit kritischer Anm. v. Salzig) keiner Genehmigung. Eine Genehmigung ist ferner nicht erforderlich zur Eintragung der in einem Bescheid gem. § 2 VZOG getroffenen Feststellungen (§ 3 Abs. 2 Satz 2 VZOG, § 7 Abs. 5 Satz 1 i. V. m. § 12 SPV); das Gleiche gilt für Eintragungen auf Grund eines Bescheids gem. § 7 BoSoG (§ 7 Abs. 5 Satz 1 SPV). Zur Erforderlichkeit einer Genehmigung für die Eigentumsumschreibung eines im Bodenordnungsverfahren entstandene Grundstücks s. OLG Rostock und LG Rostock NotBZ 2006, 60 f. mit Anm. v. Hückstädt. Die Genehmigung wird ersetzt durch einen Investitionsvorrangbescheid (§ 11 Abs. 1 InVorG); s. hierzu auch § 2 Abs. 1 Satz 2 GVO. Das grundbuchamtliche Verfahren ist in § 2 Abs. 2 GVO näher geregelt. S. hierzu Böhringer DtZ 1993, 141.

137   **h) VermG.** Über Vermögenswerte, die Gegenstand einer zwischenstaatlichen Vereinbarung der DDR sind, kann gem. § 11c VermG nur mit Zustimmung des Bundesamts zur Regelung offener Vermögensfragen verfügt werden; für Grundstücke, Gebäude und Grundpfandrechte gilt dies nur, wenn auf Ersuchen des Bundesamts im GB ein Zustimmungsvorbehalt eingetragen ist (s. dazu § 38 Rn. 26).

138   **i) Sonstige Vorschriften.** Bestimmte Rechtsgeschäfte einer Gemeinde, z. B. die Bestellung einer Sicherheit in Form einer Grundschuld, können der Genehmigung durch die Rechtsaufsicht mit der Möglichkeit einer Freistellung von der Genehmigungspflicht bedürfen (vgl. Art. 72 Abs. 3 und 5 BayGO; s. dazu OLG München FGPrax 2019, 256 mit abl. Anm. v. Weber MittBayNot 2020, 238 und Wilsch ZfIR 2020, 63).

Einer behördlichen Genehmigung zum Erwerb von Grundstücken bedürfen außer den Sozialversicherungsträgern nach § 85 Sozialgesetzbuch – Gemeinsame Vorschriften für die Sozialversicherung – (SGB IV) v. 23.12. 1976, BGBl. I 3845 (s. dazu BGH ZfIR 2004, 146) ausländische natürliche und juristische Personen nach Maßgabe des Art. 86 EGBGB i. d. F. durch das Ges. v. 23.7.1998 (BGBl. I 1886), durch das außerdem Art. 88 EGBGB aufgehoben wurde; zur Rechtslage in der Zeit davor s. 22. Auflage. Vom GBAmt nicht zu beachten sind die Erwerbsbeschränkungen der Bausparkassen nach § 4 Abs. 4 BausparkassenG i. d. F. v. 15.2.1991 (BGBl. I 455) sowie der bayerischen Sparkassen beim Erwerb von Immobilien zur Weiterveräußerung nach § 8 Abs. 1 SpkO v. 21.4.2007, BayRS 2025-1-I (OLG München FGPrax 2013, 157).

34. Kirchenaufsichtliche Genehmigungen

Das kirchliche Recht, für den Bereich der römisch-katholischen Kirche **139** im Codex Iuris Canonici (CIC) von 1983 niedergelegt, ist auch im staatlichen Bereich zu beachten (BayObLG 1985, 331; 1989, 392). Die Erfüllung sich aus dem Kirchenrecht ergebender kirchenaufsichtlicher Genehmigungspflichten (vgl. z. B. can. 1291 CIC) ist **Wirksamkeitsvoraussetzung** für kirchliche Rechtsgeschäfte auch nach staatlichem Recht (OLG Hamburg MDR 1988, 860; OLG Braunschweig Rpfleger 1991, 452). Solche Genehmigungspflichten sind damit auch vom GBAmt zu beachtendes Recht (vgl. OLG Hamm Rpfleger 1981, 60; LG Memmingen Rpfleger 1990, 70; OLG Schleswig FGPrax 2013, 114). Sie betreffen insbesondere die Veräußerung, den Erwerb und die Belastung von Grundstücken und grundstücksgleichen Rechten und bezwecken, einer Gefährdung oder Beeinträchtigung des Kirchenvermögens vorzubeugen. Im Einzelfall kann es für das GBAmt notwendig werden, in Betracht kommende Genehmigungsvorbehalte bei der kirchlichen Aufsichtsbehörde zu erfragen oder ein von dieser ausgestelltes Negativattest zu verlangen (OLG Braunschweig Rpfleger 1991, 452).

Wird ein Grundstück zur Erfüllung eines Vermächtnisses übereignet, be- **140** darf dies nicht der Genehmigung nach can. 1291 CIC (LG Memmingen Rpfleger 1990, 70 mit zust. Anm. v. Khan). Jedoch bedarf die Zustimmung einer katholischen Kirchengemeinde als Eigentümerin zur Belastung eines Erbbaurechts gem. Nr. 1 der Anordnung v. 20.2.1928 (GS 12) der kirchenaufsichtlichen Genehmigung durch die bischöfliche Behörde (OLG Hamm Rpfleger 1994, 19). Werden kirchliche Rechtsgeschäfte über einen längeren Zeitraum ohne die erforderliche kirchenaufsichtliche Genehmigung vorgenommen, so kann hieraus **kein Vertrauenstatbestand** hergeleitet werden (OLG Braunschweig Rpfleger 1991, 452).

Die Genehmigung des von einer Pfarrpfründestiftung vorgenommenen Rechtsgeschäfts durch die kirchliche Aufsichtsbehörde stellt in der Regel keinen ausreichenden Nachweis für eine wirksame gesetzliche Vertretung der Pfarrpfründestiftung bei der Vornahme des Geschäfts dar (BayObLG Rpfleger 2001, 486).

Die Kirche kann nicht unter Hinweis auf ihren Status als Körperschaft des **141** öffentlichen Rechts Vorschriften erlassen, die dem Erwerber eines Grundstücks eine **Verwaltungsgebühr** für die kirchenaufsichtliche Genehmigung der Veräußerung durch die Kirchengemeinde auferlegen (BVerwG Mitt-BayNot 2008, 500). Zur Vertretung und zu den Genehmigungserfordernissen bei Rechtsgeschäften kirchlicher Vermögensträger in Bayern s. Seeger Mitt-

BayNot 2003, 361 zu Rechtsgeschäften der evangelisch-lutherischen Kirche und Eckert/Heckel MittBayNot 2006, 471 zu Rechtsgeschäften der römisch-katholischen Kirche. Zum Vertretungsrecht der Kirchen in Nordrhein-Westfalen s. Bamberger RNotZ 2014, 1.

Nachweis der Einigung

20 **Im Falle der Auflassung eines Grundstücks sowie im Falle der Bestellung, Änderung des Inhalts oder Übertragung eines Erbbaurechts darf die Eintragung nur erfolgen, wenn die erforderliche Einigung des Berechtigten und des anderen Teils erklärt ist.**

Inhaltsübersicht

1. Allgemeines

1 § 20 enthält eine Ausnahme von dem in § 19 ausgesprochenen Grundsatz der einseitigen Bewilligung, indem er die Eintragung in bestimmten Fällen vom Nachweis der sachlichrechtlich notwendigen Rechtsänderungserklärungen abhängig macht.

Die Durchbrechung des formellen Konsensprinzips zugunsten des materiellen erklärt sich daraus, dass mit dem Eigentum an einem Grundstück

sowie mit einem Erbbaurecht auch öffentlich-rechtliche Verpflichtungen verbunden sind und daher an der Übereinstimmung zwischen GB und wahrer
Rechtslage ein besonderes Interesse besteht (KGJ 25, 102).

a) EintrBewilligung. Aus der Notwendigkeit eines Nachweises der Ei- **2**
nigung folgt nicht, dass eine EintrBewilligung nicht mehr notwendig ist
(eingehend Weser MittBayNot 1993, 253; vgl. BGH Rpfleger 1987, 452;
1993, 398; OLG Köln Rpfleger 1992, 299; BayObLG Rpfleger 1994, 344;
OLG München NotBZ 2011, 61; a. M. RG 141, 376; JFG 15, 158; Kesseler
ZNotP 2005, 176). Jedoch kann die Auslegung ergeben, dass die sachlichrecht-
liche Einigung auch die verfahrensrechtliche EintrBewilligung enthält
(KEHE/Munzig Rn. 6; s. auch BayObLG Rpfleger 1975, 26; OLG Köln
Rpfleger 1992, 153; OLG Stuttgart MittBayNot 2008, 122; a. M. Meikel/
Böttcher Rn. 7; Hügel Rn. 3). Die ausdrückliche Erklärung oder der aus den
Umständen erkennbare Wille der Erklärenden, die Einigung solle die Eintr-
Bewilligung nicht enthalten, hindert das GBAmt in jedem Fall an der Vollzie-
hung der Auflassung (Ertl Rpfleger 1980, 49; Behmer Rpfleger 1984, 306). Gilt
die Auflassungserklärung gem. § 894 ZPO als abgegeben (s. Rn. 24), ersetzt die
Rechtskraft des Urteils in keinem Fall auch die EintrBewilligung (a. M. OLG
Stuttgart MittBayNot 2008, 122 mit Anm. v. Demharter). Erforderlich ist fer-
ner ein EintrAntrag, der in der Einigungserklärung nicht zu liegen braucht.

b) Bewilligungslösung. Um zu verhindern, dass der Verkäufer das Eigentum an dem Grundstück verliert, ohne den Kaufpreis zu erhalten, kommt
unter anderen Gestaltungsmöglichkeiten (s. dazu Weber/Wesiack DNotZ
2019, 164) in Betracht, dass in der Kaufvertragsurkunde die EintrBewilligung
noch nicht erklärt sondern dem Notar Vollmacht erteilt wird, die Bewilligung namens des Verkäufers zu erklären, sobald ihm die Kaufpreiszahlung
nachgewiesen ist (BGH Rpfleger 2019, 9).

c) Ordnungsvorschrift. § 20 ist ebenso wie § 19 nur eine Ordnungs- **3**
vorschrift; eine Verletzung hindert den Eintritt der Rechtsänderung daher
nicht. Fehlt die sachlichrechtlich notwendige Einigung, so wird das GB
durch die Eintragung unrichtig; die Unrichtigkeit kann aber durch nachfolgende Einigung behoben werden (JFG 5, 332). Zum Verhältnis von Einigung
und Eintragung s. Anh. zu § 13 Rn. 11, 12. Zu dem Fall, dass eine mangels
behördlicher Genehmigung schwebend unwirksame Auflassung genehmigt
wird, nachdem das GB bereits wieder berichtigt worden ist, s. RG 131, 101.

2. Auflassung eines Grundstücks

Einem Grundstück stehen gleich reale Grundstücksteile, Anteile in Bruch- **4**
teilen (RG 76, 413; OLG Frankfurt NotBZ 2020, 56) sowie das WEigentum
(s. Anh. zu § 3 Rn. 60).

3. Notwendigkeit der Auflassung

Wann es der Auflassung eines Grundstücks bedarf, richtet sich nach mate- **5**
riellem Recht. Bisweilen geht das Eigentum an einem Grundstück kraft
Gesetzes oder durch Staatsakt auf einen anderen über. Soweit kein derartiger

Fall vorliegt, ist zu einem Eigentümerwechsel grundsätzlich eine Auflassung notwendig (über eine Besonderheit bei buchungsfreien Grundstücken s. § 3 Rn. 23). Der bestandskräftige Bescheid über die Ausübung des Vorkaufsrechts nach dem BayNatSchG macht die Auflassung nicht entbehrlich (BayObLG 1999, 245).

6   Erforderlich ist z. B. eine Auflassung zur Überführung von Grundstückseigentum von einer Gesamthand auf eine Bruchteilsgemeinschaft (BGH FGPrax 2016, 27) oder auf einen der Gesamthänder, etwa bei Auseinandersetzung einer ehelichen Gütergemeinschaft (RG DR 1944, 292) oder bei ehevertraglicher Zuweisung eines Gesamtgutsgrundstücks zum Vorbehaltsgut eines der Ehegatten (JFG 15, 194) sowie zur Einbringung von Gesellschaftergrundstücken in eine OHG (RG 65, 233). Trotz Personengleichheit auf der Veräußerer- und Erwerberseite bedarf es der Auflassung zum Übergang von Grundstückseigentum von einer OHG auf eine GmbH (RG 74, 9; s. auch OLG Celle Rpfleger 1954, 108), auf die Teilhaber nach Bruchteilen (RG 65, 233) oder auf eine BGB-Gesellschaft (RG 136, 406) sowie von einer Erbengemeinschaft auf eine OHG (JFG 21, 168; OLG Hamm DNotZ 1958, 416; s. auch OLG München JFG 18, 120); dasselbe gilt, wenn sich eine BGB-Gesellschaft, der mehrere WEigentumsrechte gehören, in personengleiche Gesellschaften in der Weise aufteilt, dass jeder neuen Gesellschaft ein WEigentum zugewiesen wird (BayObLG Rpfleger 1981, 58); nach OLG Hamm Rpfleger 1983, 432 bedarf auch die Übertragung von Teileigentum nach dem WEG von einer BGB-Gesellschaft auf eine andere personengleiche BGB-Gesellschaft der Auflassung (ebenso KG Rpfleger 1987, 237); s. hierzu auch BayObLG DNotZ 1991, 598.

4. Entbehrlichkeit der Auflassung

7   Nicht erforderlich ist eine Auflassung, wenn an die Stelle der als Eigentümerin eingetragenen Vor-GmbH die GmbH mit ihrer Eintragung in das Handelsregister tritt (BGH DNotZ 1967, 381; gleiches gilt für die Vor-KG: BayObLG Rpfleger 1985, 353), ferner wenn eine OHG oder eine KG in eine BGB-Gesellschaft umgewandelt wird (JFG 12, 280; BayObLG NJW 1952, 28) oder umgekehrt (OLG Zweibrücken Rpfleger 2012, 519; LG München I Rpfleger 2001, 489 mit zust. Anm. v. Limmer MittBayNot 2001, 483), oder eine aus den Teilnehmern einer Erbengemeinschaft gebildete BGB-Gesellschaft sämtliche Erbanteile erwirbt (KG DR 1944, 455). Ferner bedarf es keiner Auflassung eines zum Nachlass gehörenden Grundstücks bei Erwerb aller übrigen Erbanteile durch einen Miterben (OLG Köln Rpfleger 1993, 349); auch bedarf es keiner Auflassung eines zum Gesellschaftsvermögen gehörenden Grundstücks bei liquidationsloser Übernahme des Vermögens einer aus zwei Personen bestehenden OHG oder BGB-Gesellschaft durch einen der Gesellschafter (RG 65, 240; BGH 32, 307; NJW 1966, 827; BayObLG Rpfleger 1983, 431). Zur Richtigstellung des GB s. § 22 Rn. 23.

Wird eine im GB als Eigentümerin eingetragene KG wegen Ausscheidens des einzigen Komplementärs aufgelöst, so ist für die Eintragung der aus den bisherigen Kommanditisten bestehenden BGB-Gesellschaft eine Auflassung nicht erforderlich, sofern eine diese Rechtsfolge bezüglich des Eigentums ergebende Vereinbarung der Gesellschafter bzw. Liquidatoren dem GBAmt nachgewiesen wird (OLG Hamm Rpfleger 1984, 95). Wird vereinbart, dass ein Gesellschafter einer aus zwei Gesellschaftern bestehenden, in Liquidation befindlichen BGB-Gesellschaft ausscheidet, wächst sein Anteil dem verbleibenden Gesellschafter an; einer Auflassung an ihn bedarf es nicht (LG Münster Rpfleger 1992, 149).

Übertragen BGB-Gesellschafter ihre Gesellschaftsanteile auf Erwerber, die **8** ihrerseits eine neue BGB-Gesellschaft bilden, und treten sie ihre Rechte und Pflichten an diese ab, so geht das Gesellschaftsvermögen im Weg der Gesamtrechtsnachfolge auf die erwerbende Gesellschaft über; es bedarf keiner Auflassung von Grundstücken (OLG Hamm Rpfleger 1986, 429). Dasselbe gilt allgemein bei der Übertragung von Gesellschaftsanteilen, auch wenn diese insgesamt auf einen einzigen Erwerber übertragen werden.

Keine neue Auflassung ist erforderlich, wenn bei Beteiligung einer Gesamthandsgemeinschaft an der Auflassung, sei es auf der Veräußerer- oder auf der Erwerberseite, vor GBEintragung eine Änderung eintritt, z.B. einer BGB-Gesellschaft ein weiterer Gesellschafter beitritt (BayObLG Rpfleger 1992, 100; zustimmend Jaschke DNotZ 1992, 160; a.M. LG Aachen Rpfleger 1987, 104; s. dazu auch LG Leipzig NotBZ 2002, 307 mit Anm. v. Wudy); das Gleiche gilt, wenn von dem an der Auflassung Beteiligten vor der GBEintragung Gütergemeinschaft vereinbart wird (a.M. BayObLG MittBayNot 1975, 228). In diesen Fällen ist dem GBAmt jedoch die Veränderung, z.B. die Vereinbarung des Gesellschafterbeitritts oder der Gütergemeinschaft, in grundbuchmäßiger Form nachzuweisen. S. hierzu auch Rn. 44 und § 47 Rn. 31.2.

5. Sonderfälle

Die von einem Miteigentümer eines Grundstücks erklärte Auflassung von **9** ideellen Bruchteilen des (Gesamt-)Grundstücks begegnet solange keinen Bedenken, als die Bruchteile insgesamt nicht größer sind als der Anteil des Miteigentümers (BayObLG Rpfleger 1979, 302).

Aus der Autonomie der Kirche folgt nicht die Befugnis, für den Bereich des staatlichen Rechts einen Übergang des Eigentums an einem Grundstück mit der Wirkung anzuordnen, dass das GB unrichtig wird (OLG Düsseldorf NJW 1954, 1767; OLG Oldenburg DNotZ 1972, 492; OLG Hamm Rpfleger 1980, 148; BVerfG – Vorprüfungsausschuss – NJW 1983, 2571; s. aber auch OLG Hamburg Rpfleger 1982, 373). Soweit die Kirchen am allgemeinen Rechtsverkehr teilnehmen, genießen sie keine Sonderrechte; sie sind nicht besser und nicht schlechter gestellt als die Körperschaften des öffentlichen Rechts im staatlichen Bereich. Die Voraussetzungen für den Eigentumsübergang von einem kirchlichen Rechtsträger auf einen anderen und seine Eintragung im GB beurteilen sich allein nach den staatlichen Gesetzen (BayObLG Rpfleger 1994, 410). Dies schließt es jedoch nicht aus, dass kirchliche Vertretungsregelungen und Veräußerungsbeschränkungen vom GBAmt zu beachten sind (s. § 19 Rn. 139).

Die auf die Einräumung oder Aufhebung von Sondereigentum nach dem **10** WEG gerichtete Einigung der Miteigentümer bedarf zwar sachlichrechtlich

der für die Auflassung vorgeschriebenen Form (§ 4 Abs. 2 WEG); für die
Eintragung gilt jedoch das formelle Konsensprinzip (str.; s. Anh. zu § 3
Rn. 41).

6. Bestellung eines Erbbaurechts

11   Außer bei der Bestellung ist die Einigung auch bei einer Inhaltsänderung
oder Übertragung eines Erbbaurechts nachzuweisen. Für Erbbaurechte, die
vor dem 22.1.1919, also nach dem BGB begründet worden sind, ist nach
§ 38 ErbbauRG noch die frühere Fassung des § 20 maßgebend, die nur von
der Bestellung oder Übertragung eines Erbbaurechts spricht; dennoch wird
die Einigung auch im Fall der Inhaltsänderung eines alten Erbbaurechts
nachzuweisen sein, da sie sachlichrechtlich nach richtiger Ansicht der für die
Bestellung vorgesehenen Form bedarf (s. Rn. 30).

7. Entsprechende Anwendung und Sonderregelung

12   Nach § 144 ist § 20, soweit er das Erbbaurecht betrifft, entsprechend auf
Erbpachtrechte sowie auf Abbaurechte an nicht bergrechtlichen Mineralien
anzuwenden. In Bayern kommen derartige Rechte nicht vor; § 20 gilt hier
aber sinngemäß für den Fall der Übertragung von Bergwerkseigentum
(Art. 40 Abs. 4 AGGVG v. 23.6.1981, BayRS 300-1-1-J; § 176 Abs. 2
BBergG), selbständigen Fischereirechten (Art. 11 Abs. 4 FischereiG i. d. F. v.
10.10.2008, GVBl. 840; s. zu diesen Reimann MittBayNot 1971, 4), realen
nicht radizierten Gewerbeberechtigungen (zum Fortbestand von Kaminkehrerrealrechten s. § 3 Rn. 7) und gewissen Nutzungsrechten des älteren
Rechts (Art. 40 Abs. 4 AGGVG v. 23.6.1981, BayRS 300-1-1-J); wegen der
vor dem Inkrafttreten des BBergG entstandenen Bergwerke und unbeweglichen Kuxe s. Art. 55 Abs. 5 AGGVG v. 23.6.1981 (BayRS 300-1-1-J); § 176
Abs. 2 BBergG.

Auf die Auflassung eines Grundstücks und die Übertragung eines Erbbaurechts gemäß § 1 Abs. 3, § 7 ReichsvermögenG v. 16.5.1961 (BGBl. I 597)
ist § 20 nicht anzuwenden (§ 10 Nr. 2 ReichsvermögenG); insoweit gilt
mithin das formelle Konsensprinzip.

8. Form der Einigung bei Grundstücken

13   Die Einigung muss so nachgewiesen werden, wie sie sachlichrechtlich zur
Herbeiführung der Rechtsänderung notwendig ist. Schreibt das materielle
Recht eine Form vor, so muss diese gewahrt sein. S. hierzu Ertl, Form der
Auflassung eines Grundstücks – Aufgabe des Notars, MittBayNot 1992, 102.
Zur erforderlichen Form der durch ein elektronisches Dokument nachge-
wiesenen sachlichrechtlichen Einigung s. § 137 Abs. 1 Satz 2.

a) Mündliche Erklärung. Die Auflassung muss nach § 925 Abs. 1 Satz 1
BGB vor einer zuständigen Stelle bei gleichzeitiger Anwesenheit beider Teile
erklärt werden (über eine Ausnahme s. § 10 Nr. 1 ReichsvermögenG v.
16.5.1961, BGBl. I 597). Erforderlich ist grundsätzlich eine mündliche Erklärung. Jedenfalls muss zweifelsfrei feststellbar sein, dass sowohl die Willenserklärung des Veräußerers als auch die deckungsgleiche Erklärung des Erwer-

bers bestimmt und eindeutig erklärt sind; dies kann auch das Ergebnis einer Auslegung sein (BayObLG FGPrax 2001, 13 mit kritischer Anm. v. Kanzleiter MittBayNot 2001, 203 und Reithmann DNotZ 2001, 563; vgl. auch OLG Rostock NJW-RR 2006, 1162 mit Anm. v. Volmer ZfIR 2006, 732 und Kanzleiter DNotZ 2007, 222). Bloßes Stillschweigen genügt nicht (RG JW 1928, 2519); die Genehmigung und Unterzeichnung der den Veräußerungsvertrag und die Erklärung des Veräußerers enthaltenden Urkunde durch den Erwerber ist daher kein Ersatz für die fehlende eigene Erklärung des letzteren (BayObLG 12, 833; BayObLG FGPrax 2001, 13 mit kritischer Anm. v. Kanzleiter MittBayNot 2001, 203 und Reithmann DNotZ 2001, 563; OLG Zweibrücken RNotZ 2009, 654 mit kritischer Anm. v. Schmitz).

b) Andere Formen. Nicht ausgeschlossen ist es damit, dass jemand, der keine mündliche Erklärung abgeben oder entgegennehmen kann, z. B. ein Stummer oder ein Tauber, sich in anderer, eindeutiger Weise erklärt oder die Entgegennahme der Erklärung des anderen Teils zum Ausdruck bringt (s. dazu § 24 BeurkG). Ist in einer notariellen Urkunde nur die Auflassungserklärung des Veräußerers enthalten, kann die entsprechende Erklärung des Erwerbers grundsätzlich nicht als offensichtliche Unrichtigkeit durch einen Nachtragsvermerk des Notars gem. § 44a Abs. 2 BeurkG ersetzt werden (BayObLG FGPrax 2001, 13 mit kritischer Anm. v. Kanzleiter MittBayNot 2001, 203 und Reithmann DNotZ 2001, 563).

Zur Notwendigkeit des Nachweises einer formgerechten Beurkundung der Auflassung gegenüber dem GBAmt s. Rn. 27.

9. Zuständige Stellen

Vor welchen Stellen die Auflassung erklärt werden kann, ergibt sich teils **14** aus § 925 Abs. 1 Satz 2 und 3 BGB, teils aus Sondervorschriften. Verschiedene früher bestehende Sonderzuständigkeiten sind durch das BeurkG beseitigt worden.

10. Notar

Nach § 925 Abs. 1 Satz 2 BGB ist zur Entgegennahme der Auflassung je- **15** der deutsche Notar zuständig (s. auch § 20 Abs. 2 BNotO); ausländische Notare sind nicht zuständig (BGH NJW 2020, 1670; OLG Köln Rpfleger 1972, 134; KG Rpfleger 1986, 428; s. auch Blumenwitz DNotZ 1968, 736). Die früher bestehende Möglichkeit, die Auflassung auch vor dem GB führenden GBAmt sowie vor jedem deutschen Amtsgericht zu erklären, ist durch das BeurkG beseitigt worden. Die Zuständigkeit des Notars zur Entgegennahme der Auflassung hängt nicht davon ab, dass das Grundstück in seinem Amtsbezirk liegt; sie wird auch nicht dadurch berührt, dass der Notar nach § 16 BNotO, §§ 6, 7 BeurkG von der Beurkundung ausgeschlossen ist (BGH NJW 1957, 459).

Umstritten war, ob ein vor dem 3.10.1990 von einem Staatlichen Notariat der DDR beurkundeter Grundstückskaufvertrag gem. § 297 des Zivilgesetzbuchs v. 19.6.1975 (GBl. DDR I 465) Grundlage für eine nach dem 2.10. 1990 beantragte Eigentumsumschreibung sein kann; der Streit wurde durch

Art. 233 § 7 Abs. 1 Satz 2 EGBGB, eingefügt durch das 2. VermRÄndG v.
14.7.1992 (BGBl. I 1257, 1277), in bejahendem Sinn entschieden. Umstritten war ferner, ob ein solcher von einem Notar in der Bundesrepublik oder
in West-Berlin beurkundeter Vertrag wirksam ist; der Streit wurde durch
Art. 231 § 7 EGBGB, eingefügt durch das 2. VermRÄndG v. 14.7.1992
(BGBl. I 1257, 1275), für alle notariellen Beurkundungen und Beglaubigungen zugunsten der Wirksamkeit entschieden.

11. Gericht

16   Nach § 925 Abs. 1 Satz 3 BGB kann die Auflassung vor jedem deutschen
Gericht in einem gerichtlichen Vergleich erklärt werden, ferner in einem
rechtskräftig bestätigten Insolvenzplan. S. hierzu Adam, Die Auflassung in
gerichtlichen Vergleichen und Insolvenzplänen, NJW 2016, 3484; Rupietta,
Die Erklärung der Auflassung in einem gerichtlichen Vergleich, ZfIR 2017,
381. Zur Auflassung in einem Feststellungsurteil nach § 106 SachenRBerG s.
§ 19 Rn. 10.

16.1   **a) Alle deutschen Gerichte.** In Betracht kommen als Gerichte, vor denen die Auflassung erklärt werden kann, nicht nur die ordentlichen Gerichte
der freiwilligen und streitigen Gerichtsbarkeit sowie die Arbeitsgerichte,
sondern alle deutschen Gerichte, also auch Strafgerichte (OLG Stuttgart
NJW 1964, 110), Vollstreckungsgerichte (OLG Saarbrücken OLGZ 1969,
210), Landwirtschaftsgerichte (BGH 14, 387) und insbes. auch Verwaltungs-
gerichte (BVerwG Rpfleger 1995, 497) sowie Finanz- und Sozialgerichte.
Dies entspricht inzwischen allgemeiner Meinung, die im Anschluss an
Walchshöfer (NJW 1973, 1103) an der früher vertretenen Beschränkung im
Wesentlichen auf die Gerichte der ordentlichen Gerichtsbarkeit (vgl.
BayVGH BayVBl. 1972, 664; Hesse DR 1940, 1034) nicht mehr festhält.

16.2   **b) Vergleich.** Ein Vergleich im Sinn des § 779 BGB ist nicht erforderlich;
es genügt, dass die Auflassung Teil einer vor dem Gericht geschlossenen, ein
noch anhängiges Verfahren ganz oder teilweise beendenden Vereinbarung ist
und mit dieser sachlich zusammenhängt. Der Vergleich muss ordnungsgemäß
protokolliert sein (RG HRR 1929 Nr. 542; BGH 16, 390); unschädlich ist es
aber, wenn der Vermerk unterblieben ist, dass die Erklärungen vorgelesen
oder sonst in gesetzlicher Form eröffnet und genehmigt worden sind (BGH
NJW 1999, 2806). In einem Vergleich mit Widerrufsvorbehalt ist die Erklärung der Auflassung im Hinblick auf § 925 Abs. 2 BGB nicht möglich (OLG
Celle DNotZ 1957, 660; a.M. BVerwG Rpfleger 1995, 497). Dasselbe gilt
für die Auflassung in einem für den Fall der rechtskräftigen Scheidung geschlossenen Vergleich, und zwar auch dann, wenn gemäß § 278 Abs. 6 ZPO
festgestellt wird, die Beteiligten ergänzten den Vergleich dahin, dass die Auflassung nicht unter der Bedingung der rechtskräftigen Scheidung erklärt
werde (OLG Düsseldorf RNotZ 2015, 299). Zum Nachweis der Vollmacht
eines Prozessbevollmächtigten genügt in der Regel dessen Anführung im
Vergleichsprotokoll (JFG 1, 334; OLG Saarbrücken OLGZ 1969, 210; OLG
Frankfurt Rpfleger 1980, 291; bei Vertretung einer Gemeinde: BayObLG
BayVBl. 1988, 250). Dies gilt jedenfalls dann, wenn der Beteiligte bei Ab-

schluss des Vergleichs persönlich anwesend ist (OLG Hamm FGPrax 2013, 59).

c) Schriftlicher Vergleich. Die nach § 925 Abs. 1 Satz 1 BGB erforder- **16.3** liche gleichzeitige Anwesenheit beider Teile muss auch bei der in einem gerichtlichen Vergleich erklärten Auflassung gegeben sein. Bei einem schriftlichen Vergleich gemäß § 278 Abs. 6 ZPO ist dies nicht der Fall. In ihm kann daher eine Auflassung nicht wirksam erklärt werden (OLG Düsseldorf Rpfleger 2007, 25 mit kritischer Anm. v. Dümig ZfIR 2007, 191; OLG Jena Rpfleger 2015, 261; OLG Hamm FGPrax 2018, 155; a. M. Demharter FGPrax 2008, 1/2; Adam NJW 2016, 3484; Trappe ZfIR 2018, 302; Uhlig NotBZ 2018, 342). Dies gilt auch für einen schriftlich geschlossenen Vergleich nach § 36 Abs. 1 FamFG. Der schriftliche Vergleich erfüllt trotz fehlender Protokollierung die Beurkundungsform; § 127a BGB ist auf ihn entsprechend anzuwenden (BGH RNotZ 2017, 675 mit kritischer Anm. v. Reetz RNotZ 2017, 645; s. dazu OLG Celle NJW 2013, 2979 zu § 2033 Abs. 1 Satz 2 BGB mit Anm. v. Falkner MittBayNot 2014, 188; ferner Zimmer NJW 2013, 3280).

d) Schiedsvergleich. Ein Vergleich in Form eines Schiedsspruchs mit **16.4** vereinbartem Wortlaut gem. § 1053 ZPO fällt nicht unter § 925 Abs. 1 Satz 3 BGB (§ 1053 Abs. 2 Satz 2 ZPO). Eine wirksame Auflassung kann er nicht enthalten (s. dazu Demharter ZfIR 1998, 445).

e) Insolvenzplan. Die Auflassung kann auch in einem Insolvenzplan **16.5** gem. §§ 217 ff. InsO erklärt werden. Das betroffene Grundstück ist dabei gem. § 28 zu bezeichnen (§ 228 InsO). Der Insolvenzplan muss gerichtlich bestätigt (§§ 248, 252 InsO) und der bestätigende Beschluss rechtskräftig sein (vgl. § 253 InsO). Die Bestätigung und ihre Rechtskraft müssen dem GBAmt in der Form des § 29 nachgewiesen werden (vgl. § 254 Abs. 1, § 254a Abs. 1 InsO).

12. Konsularbeamter

Auch er ist zur Entgegennahme der Auflassung zuständig (§ 12 Nr. 1, **17** §§ 19, 24 KonsularG v. 11.9.1974, BGBl. I 2317).

13. Landesrecht

Durch Landesrecht können Zuständigkeiten zur Entgegennahme der **18** Auflassung, nachdem das BeurkG den Vorbehalt des Art. 143 Abs. 1 EGBGB beseitigt hat, nicht mehr begründet werden. Soweit Bayern von dem Vorbehalt in § 29 der 1. AusfVO z. GSB (BayBS IV 338) Gebrauch gemacht hatte, ist diese Vorschrift durch das BeurkG aufgehoben worden. Aufrechterhalten geblieben war die (allerdings begrenzte) Zuständigkeit der Ratschreiber in Baden-Württemberg (§ 66 Abs. 4 BeurkG, aufgehoben ab 1.1.2018; Art. 2 Ges. v. 17.12.1974, BGBl. I 3602; § 32 Abs. 3 LFGG v. 12.2.1975, GVBl. 116, aufgehoben ab 1.1.2018; vgl. dazu Kraiß BWNotZ 1975, 114).

14. Entgegennahmebereitschaft

19   Die Auflassung braucht nicht an der Amtsstelle erklärt zu werden; die angegangene Stelle muss jedoch zur Entgegennahme bereit sein (RG 132, 409). Gemäß § 925a BGB soll die Auflassung aber nur entgegengenommen werden, wenn die nach § 311b Abs. 1 BGB erforderliche Urkunde über den zugrunde liegenden Vertrag vorgelegt oder gleichzeitig errichtet wird. Der Vorlegungszwang besteht gegenüber allen zur Entgegennahme der Auflassung zuständigen Stellen. Das Grundgeschäft muss formgerecht beurkundet sein; durch Landesrecht kann nach Beseitigung eines entsprechenden Vorbehalts im EGBGB eine von § 311b Abs. 1 BGB abweichende Beurkundungsform nicht mehr zugelassen werden; soweit Bayern von dem Vorbehalt in § 29 der 1. AusfVO z. GSB (BayBS IV 338) Gebrauch gemacht hatte, ist diese Vorschrift durch das BeurkG aufgehoben worden; aufrechterhalten geblieben war ebenso wie die Zuständigkeit zur Entgegennahme der Auflassung die (allerdings begrenzte) Beurkundungsbefugnis der Ratschreiber in Baden-Württemberg (s. dazu die Nachweise in Rn. 18). Ein Verstoß gegen § 925a BGB berührt die Wirksamkeit der Auflassung nicht.

15. Gleichzeitige Anwesenheit beider Teile

20   Ein Verstoß gegen das Erfordernis der gleichzeitigen Anwesenheit beider Teile (§ 925 Abs. 1 Satz 1 BGB) hat gemäß § 125 Satz 1 BGB die Nichtigkeit der Auflassung zur Folge (BGH 29, 10). Bei mehreren Erwerbern, bei denen es sich auch um die Miterben einer Erbengemeinschaft handeln kann, kann jeder von ihnen die Auflassung in Gegenwart des Veräußerers, jedoch in Abwesenheit des jeweils anderen Erwerbers erklären; Entsprechendes gilt bei mehreren Veräußerern (OLG München Rpfleger 2009, 22; OLG Celle FGPrax 2013, 12). Die Auflassungserklärung des Erblassers in einem Testament zugunsten eines eingesetzten Vermächtnisnehmers ist unwirksam (OLG Rostock FGPrax 2019, 10).
Weder die Erklärung der Auflassung durch einen Vertreter (s. hierzu § 19 Rn. 74 ff.) noch die durch einen Nichtberechtigten (s. hierzu § 19 Rn. 72) ist ausgeschlossen (JFG 16, 297; BGH 29, 370; BayObLG Rpfleger 1984, 11; OLG Celle FGPrax 2013, 12). Möglich ist auch eine Vertretung von Veräußerer und Erwerber durch denselben von den Beschränkungen des § 181 BGB befreiten Bevollmächtigten (OLG Hamm FGPrax 2010, 10). Zu den Anforderungen an den Nachweis der gleichzeitigen Anwesenheit s. Rn. 27.

16. Vertretung

21   **a) Nachweis der Vollmacht.** Vollmacht und Einwilligung des Berechtigten bedürfen nicht der Form des § 925 BGB (RG 129, 286; JFG 16, 297; BayObLG 1953, 35). Voraussetzung dafür ist aber, dass ihre freie Widerruflichkeit nicht eingeschränkt ist (s. dazu für die Vollmacht § 19 Rn. 78 und für die Einwilligung BGH NJW 1998, 1482). Dem GBAmt sind Vollmacht und Einwilligung in jedem Fall in der Form des § 29 nachzuweisen. Die Vollmacht muss inhaltlich die Einigung decken; dies hat das GBAmt zu prüfen.

b) Auslegung der Vollmacht. Gegebenenfalls ist der Umfang der Vollmacht durch Auslegung zu ermitteln; dabei gelten die gleichen Grundsätze wie bei der Auslegung von GBErklärungen (s. hierzu § 19 Rn. 28, 75). Nimmt die Vollmacht auf den der Auflassung zugrunde liegenden schuldrechtlichen Vertrag Bezug, kann die Auslegung ergeben, dass sich aus diesem ergebende Beschränkungen nur auf das Innenverhältnis beziehen, dem GBAmt gegenüber die Auflassungsvollmacht jedoch uneingeschränkt erklärt ist (vgl. OLG Hamm FGPrax 2010, 10). Von einer Identität der im Kaufvertrag und in der Auflassungsvollmacht bezeichneten, noch nicht vermessenen Grundstücksteilfläche mit dem durch den Bevollmächtigten aufgelassenen, durch Vermessung entstandenen Grundstück kann bei starken Abweichungen in der Größe und der Darstellung im Lageplan nicht ausgegangen werden (OLG Hamm Rpfleger 1985, 288; s. auch BayObLG Rpfleger 1985, 105; DNotZ 1989, 373). Die Vollmacht zur Auflassung sämtlicher durch Teilung erst zu begründender WEigentumsrechte berechtigt nicht ohne weiteres zur Auflassung des noch ungeteilten Grundstücks (OLG Schleswig Rpfleger 1991, 17). Über den Fall, dass ein Gesamthänder im eigenen Namen ein gemeinschaftliches Grundstück an den anderen Gesamthänder zu dessen Alleineigentum aufläss, s. BayObLG Rpfleger 1958, 345 mit krit. Anm. v. Bruhn.

c) Rückwirkende Heilung. Mangelnde Vertretungsmacht sowie mangelnde Verfügungsbefugnis bei Auflassung durch einen Nichtberechtigten können durch Genehmigung rückwirkend geheilt werden (§§ 177, 184 Abs. 1, § 185 Abs. 2 BGB). In der Auflassung an den Erwerber, der bereits vorher als Nichtberechtigter über das Grundstück zu Gunsten eines Dritten verfügt hat, liegt in der Regel die Genehmigung dieser Verfügung (§ 185 Abs. 2 BGB); der Dritte kann ohne Zwischeneintragung des Erwerbers eingetragen werden (s. dazu Rn. 42). Die Genehmigung bedarf nicht der Form des § 925 BGB (JFG 16, 297; BGH Rpfleger 1994, 408); jedoch ist dem GBAmt in der Form des § 29 nachzuweisen, dass sie wirksam (§ 182 Abs. 1 BGB) erteilt worden ist. In dem Vorbehalt der Genehmigung der von einem vollmachtlosen Vertreter erklärten Auflassung durch den Vertretenen liegt keine nach § 925 Abs. 2 BGB unzulässige Bedingung. Jedoch kann für eine im Zeitpunkt des Vertragsabschlusses noch nicht bestimmte Person ein (vollmachtloser) Vertreter die Auflassung wegen § 925 Abs. 2 BGB nicht rechtswirksam entgegennehmen (BayObLG Rpfleger 1984, 11). **22**

d) Bedingte Auflassungsvollmacht. § 925 Abs. 2 BGB steht ihrer Wirksamkeit nicht entgegen; vor Eintragung der Auflassung ist dem GBAmt jedoch bei einer aufschiebenden Bedingung der Eintritt und bei einer auflösenden Bedingung der Nichteintritt der Bedingung in der Form des § 29 nachzuweisen (KGJ 53, 143). Abzustellen ist dabei auf den Zeitpunkt der Auflassungserklärung. Zu den erforderlichen Nachweisen, wenn die Auflassungsvollmacht unter der aufschiebenden Bedingung des Wegfalls der Geschäftsfähigkeit erteilt ist, s. § 19 Rn. 77.

Gibt sich ein Bevollmächtigter fälschlich als Erwerber aus, so ist die Auflassung nichtig (RG 106, 199). Die in einem wegen unrichtiger Kaufpreisan- **23** gabe nichtigen Kaufvertrag erteilte Auflassungsvollmacht ist regelmäßig wirksam (JFG 1, 325).

17. Sonderregelungen

24   **a) § 894 ZPO.** In diesem Fall gilt die Erklärung des Verurteilten, falls sie nicht von einer Gegenleistung abhängig gemacht ist, mit dem Eintritt der Rechtskraft als in gehöriger Form abgegeben; es ist also nurmehr die Erklärung des anderen Teils notwendig, die unter Vorlegung einer Ausfertigung des rechtskräftigen Urteils vor einem Notar oder einer sonst zuständigen Stelle abzugeben ist (RG 76, 411; KGJ 49, 183; OLG München Rpfleger 2014, 133; BayObLG Rpfleger 2005, 488, zugleich die Haftung des Verurteilten für die Notarkosten verneinend; kritisch zu dem Erfordernis, das rechtskräftige Urteil vorzulegen, Meyer-Stolte Rpfleger 1983, 391; offen gelassen von OLG Hamm Rpfleger 2014, 366). Die Erklärung des anderen Teils kann wirksam erst nach Rechtskraft des Urteils abgegeben werden (BayObLG Rpfleger 1983, 390). Eine Erklärung mit bloßer Unterschriftsbeglaubigung genügt nicht (KG HRR 1936 Nr. 137).

Die Fiktion des § 894 ZPO kann auch dann nur die Auflassungserklärung des Verurteilten ersetzen, wenn diesem in dem Vertrag die Vollmacht erteilt worden ist, auch für den anderen Teil die Auflassung zu erklären. Die Wirkung des § 878 BGB kann daher die bloße Vorlage des Urteils mangels Bindung auch des anderen Teils nicht auslösen (OLG München Rpfleger 2017, 532).

24.1   Ist die Erklärung von einer **Gegenleistung** des anderen Teils abhängig gemacht, so wird ihre Abgabe erst mit der Erteilung einer vollstreckbaren Ausfertigung fingiert (§ 894 Satz 2 ZPO), bei der es sich um eine qualifizierte Ausfertigung gemäß § 726 ZPO handeln muss. Die Erklärung des anderen Teils kann erst nach der Erteilung abgegeben werden (RG HRR 1928 Nr. 215). Eine schon vorher abgegebene Erklärung ist formunwirksam (OLG Hamm Rpfleger 2014, 366). Das Vorliegen der Voraussetzungen der Klauselerteilung hat das GBAmt nicht zu prüfen (BayObLG Rpfleger 1983, 480). Etwas anderes gilt, wenn die gebotene Auslegung der Klausel nach den für GBErklärungen geltenden Grundsätzen (s. § 19 Rn. 28) ergibt, dass die Klausel an einem schwerwiegenden Fehler leidet und dies bei verständiger Würdigung aller in Betracht kommenden Umstände offensichtlich ist; dann ist die Klausel nichtig (OLG München Rpfleger 2014, 133).

24.2   Handelt es sich bei einer Verurteilung zur Auflassung an **Miteigentümer** um eine Verurteilung zu einer unteilbaren Leistung, ist nur eine einheitliche Eintragung des Eigentumsübergangs auf die Miteigentümer möglich (OLG München Rpfleger 2009, 228). Ein Urteil auf Abgabe der Auflassungserklärung stellt keine Genehmigung einer Auflassungserklärung dar, die ein Vertreter ohne Vertretungsmacht für den Schuldner abzugeben hat (BayObLG Rpfleger 1983, 390). Bei Verurteilung eines Minderjährigen, auch im Versäumnisverfahren, ersetzt das Urteil eine an sich erforderliche Genehmigung des Familiengerichts (BayObLG MDR 1953, 561; str.). Nicht ersetzt wird jedoch die neben der Auflassung erforderliche EintrBewilligung (s. Rn. 2).

Ist der von einem Insolvenzgläubiger im Anfechtungsverfahren erwirkte 24.3
und auf den Insolvenzverwalter umgeschriebene rechtskräftige Titel auf
Duldung der Zwangsvollstreckung in ein Grundstück mit der auf
Rückauflassung und Eintragung des Insolvenzschuldners versehenen Vollstreckungsklausel für den Insolvenzverwalter versehen, löst er die Fiktion des
§ 894 ZPO aus (OLG München FGPrax 2017, 68).

b) § 19 WEG. Nach § 19 Abs. 1 Satz 1 WEG a. F. ersetzte ein auf Grund 25
des § 18 WEG ergangenes Urteil oder ein entsprechender gerichtlicher Vergleich die Auflassungserklärung an den Ersteher des zu versteigernden WEigentums; es war daher nur noch dessen Annahmeerklärung erforderlich, die
wie im Fall des § 894 ZPO vor einem Notar oder einer sonst zuständigen
Stelle abgegeben werden musste. Durch das Ges. v. 26.3.2007 (BGBl. I 370)
wurde diese Bestimmung geändert. Das Urteil, durch das ein WEigentümer
zur Veräußerung seines WEigentums verpflichtet wird, berechtigt nunmehr
jeden Miteigentümer zur Zwangsvollstreckung entsprechend den Vorschriften des ZVG. Der Eigentumserwerb des Erstehers vollzieht sich nach den
Regeln des ZVG (vgl. § 38 Rn. 38 ff.).

c) Art. 143 Abs. 2 EGBGB. Aufgrund des in dieser Bestimmung enthal- 26
tenen Vorbehalts kann die gleichzeitige Anwesenheit beider Teile landesrechtlich für entbehrlich erklärt werden, wenn ein Grundstück durch einen Notar
versteigert wird und die Auflassung noch im Versteigerungstermin erfolgt;
Bayern hatte von diesem Vorbehalt in Art. 82 AGBGB v. 9.6.1899 (BayBS III
89) Gebrauch gemacht; nach dem AGBGB v. 20.9.1982 (BayRS 400-1-J)
besteht eine solche Vorschrift nicht mehr.

18. Beurkundung

a) Notwendiger Nachweis. Die Beurkundung der Auflassung ist nicht 27
Voraussetzung ihrer Wirksamkeit; eine Auflassung ist daher auch dann gültig,
wenn die Beurkundung unterblieben ist oder nicht den gesetzlichen Vorschriften entspricht (BGH 22, 312; BayObLG MittBayNot 1998, 339; OLG
Rostock NJW-RR 2006, 1162 mit Anm. v. Volmer ZfIR 2006, 732 und
Kanzleiter DNotZ 2007, 222; a. M. Güthe/Triebel Rn. 35; hinsichtlich der
Auflassung im gerichtlichen Vergleich s. jedoch Rn. 16.2). Dem GBAmt
muss aber in der Form des § 29 nachgewiesen werden, dass die Auflassung
bei gleichzeitiger Anwesenheit beider Teile vor einer zuständigen Stelle erklärt worden ist; dieser Nachweis wird ohne eine formgerechte Beurkundung der Auflassung nicht geführt werden können (KG HRR 1934 Nr. 652;
BayObLG Rpfleger 2001, 228; a. M. OLG Celle MDR 1948, 258, das einen
Nachweis durch öffentlich beurkundete Erklärung des Notars zulässt; s. dazu
auch Fuchs-Wissemann Rpfleger 1977, 9; 1978, 431 sowie Huhn Rpfleger
1977, 199). Eine formgerecht beurkundete Auflassung liegt auch vor, wenn
die Auflassungserklärungen in einer der Urkunde beigefügten Anlage enthalten sind, auf die in der Urkunde gemäß § 9 Abs. 1 Satz 2 BeurkG verwiesen
wird (OLG Köln FGPrax 2014, 12).

Dagegen kann der Nachweis einer formgerechten Beurkundung. nicht
dadurch geführt werden, dass die Beteiligten die Auflassungserklärungen

schriftlich abgeben und ihre notariell beglaubigten Unterschriften jeweils mit identischen Angaben zu Ort, Datum und Uhrzeit ihrer Abgabe versehen (OLG München FGPrax 2009, 62; OLG Braunschweig FGPrax 2019, 131) oder eine Person als Vertreter sowohl des Veräußerers als auch des Erwerbers in öffentlich beglaubigter Form die Einigung über den Eigentumsübergang erklärt (KG NotBZ 2015, 387). Eine formgerechte Auflassungsurkunde liegt nicht vor, wenn die Unterschrift des Erwerbers fehlt; der Mangel kann auch nicht durch nachträgliche Erklärungen des Erwerbers und des Notars geheilt werden (BayObLG Rpfleger 2001, 228 mit zust. Anm. v. Reithmann DNotZ 2001, 563).

28   **b) Sonstiges.** Ob die Beteiligten an die Auflassung auch dann gebunden sind, wenn diese nicht oder fehlerhaft beurkundet wurde, ist streitig; bejahend mit der Begründung, dass § 873 Abs. 2 BGB nicht auf formbedürftige Einigungen anzuwenden sei: BayObLG Rpfleger 1957, 351; verneinend: Bassenge Rpfleger 1977, 8; Kössinger in Bauer/Schaub Rn. 205. Bei einem gerichtlichen Vergleich wird die notarielle Beurkundung gem. § 127a BGB auch dann durch das Protokoll ersetzt, wenn in diesem der Vermerk unterblieben ist, dass die Erklärungen vorgelesen oder sonst in gesetzlicher Form eröffnet und genehmigt worden sind (BGH NJW 1999, 2806).

Im Gebiet der ehemaligen DDR führte wegen des Beurkundungserfordernisses des § 297 Abs. 1 Satz 2 des Zivilgesetzbuchs v. 19.6.1975 (GBl. DDR I 465) die Nichtigkeit der Beurkundung zur materiellen Unwirksamkeit auch der Übereignungserklärung, die auch durch GBEintragung nicht geheilt wird (KG DtZ 1992, 298).

19. Form der Einigung beim Erbbaurecht

29   Im Fall der Übertragung eines vor dem 22.1.1919, also nach dem BGB begründeten Erbbaurechts ist für die Einigung durch § 1017 BGB die Auflassungsform vorgeschrieben; dieser Form bedarf die Einigung aber auch im Fall der Inhaltsänderung eines alten Erbbaurechts, weil für die Inhaltsänderung von Rechten nach § 877 BGB die gleichen Vorschriften wie für die Bestellung gelten, mithin § 1015 BGB anzuwenden ist. Insoweit gilt daher das in Rn. 14 ff. Ausgeführte.

30   Im Fall der Bestellung, Inhaltsänderung oder Übertragung eines Erbbaurechts nach der ErbbauRG ist eine Form für die Einigung nicht vorgeschrieben. Verfahrensrechtlich ist aber der Nachweis in der Form des § 29 notwendig (s. hierzu Anh. zu § 8 Rn. 30). Ist dieser Nachweis erbracht, hat das GBAmt dem EintrAntrag auch dann stattzugeben, wenn es weiß, dass das Grundgeschäft der gemäß § 11 Abs. 2 ErbbauRG erforderlichen Form des § 311b Abs. 1 Satz 1 BGB nicht entspricht; dies gilt auch dann, wenn sich die Vertragsparteien des Grundgeschäfts in Erwartung einer Heilung gemäß § 311b Abs. 1 Satz 2 BGB bewusst über die Formvorschrift hinweggesetzt haben (OLG Oldenburg DNotZ 1985, 712; im Ergebnis ebenso Wufka DNotZ 1985, 664).

20. Inhalt der Einigung

a) Auslegung. Die Einigung erfordert übereinstimmende, unmittelbar auf **31** Rechtsänderung gerichtete Erklärungen des Berechtigten und des anderen Teils. Bestimmte Ausdrücke sind nicht vorgeschrieben; so kann die Auflassung z. B. in der Form erklärt werden, dass der Veräußerer die Umschreibung des Eigentums bewilligt und der Erwerber diese beantragt (KG HRR 1936 Nr. 137; BayObLG Rpfleger 1984, 266). Die Erklärungen sind auslegungsfähig (RG 152, 192; BayObLG Rpfleger 1994, 344; OLG Frankfurt NotBZ 2020, 56). Zu den Auslegungsgrundätzen und den Grenzen der Auslegung durch das GBAmt s. § 19 Rn. 28. Zur Unzulässigkeit einer Bedingung oder Befristung der Einigung s. Rn. 36.

b) Falsa demonstratio. Die Grundsätze der Unschädlichkeit einer falsa **31.1** demonstratio gelten grundsätzlich auch bei der Auflassung (BayObLG FGPrax 1996, 215; BGH NJW 2008, 1658). Ist der Auflassungsgegenstand falsch bezeichnet, ist maßgebend der übereinstimmende Wille der Vertragsparteien. Er geht dem anders lautenden Wortlaut und jeder anderen Auslegung vor (OLG Frankfurt NJW 2008, 1003). Voraussetzung eines grundbuchamtlichen Vollzugs der Auflassung ist aber, dass dem GBAmt der vom Wortlaut abweichende übereinstimmende Wille der Vertragsparteien in grundbuchmäßiger Form nachgewiesen wird. Dazu kann auch ein Berichtigungsvermerk des Notars gemäß § 44a BeurkG (s. dazu § 29 Rn. 30) in Betracht kommen (OLG Düsseldorf RNotZ 2017, 189), aber auch eine nachvollziehbare, unterschriftsbeglaubigte Identitätserklärung der Beteiligten oder eine solche in einer Eigenurkunde (s. § 29 Rn. 35) des Notars (s. dazu OLG München ZWE 2018, 93 mit Anm. v. Weber). Die bloße Behauptung der Vertragsparteien genügt grundsätzlich nicht (a. M. OLG Stuttgart NotBZ 2012, 235). Wenn der Nachweis nicht geführt werden kann, was häufig im Fall sein wird, kommt zur Klarstellung nur eine erneute Auflassung in Betracht (OLG Frankfurt NJW 2008, 1003; s. auch OLG München FGPrax 2009, 11). Der Vollzug der Auflassung mit dem falsch bezeichneten Auflassungsgegenstand macht das GB unrichtig, weil bei der Eintragung im GB die Grundsätze der falsa demonstratio nicht gelten (BayObLG FGPrax 1996, 215; OLG München FGPrax 2009, 11; OLG Hamm RNotZ 2016, 41). Zur GBBerichtigung kann der Unrichtigkeitsnachweis durch einen Vermerk des Notars gemäß § 44a BeurkG geführt werden (OLG Düsseldorf RNotZ 2017, 189) oder durch eine Identitätserklärung der Beteiligten oder des Notars.

Zur Parzellenverwechslung s. Rn. 32.4. Zur Falschbezeichnung des Gemeinschaftsverhältnisses s. Rn. 33.

c) Nichtigkeit des Grundgeschäfts. Die Wirksamkeit der Einigung **31.2** hängt grundsätzlich nicht von der des Grundgeschäfts ab (RG 104, 103; KG HRR 1930 Nr. 1507; BayObLG Rpfleger 1969, 48). Die Nichtigkeit des Grundgeschäfts kann aber auch das Erfüllungsgeschäft und die verfahrensrechtliche Bewilligung erfassen, z. B. im Falle der Sittenwidrigkeit (s. dazu § 19 Rn. 20).

21. Bezeichnung des Grundstücks

32 **a) Grundsatz.** Wenn die sachlichrechtliche Einigung auch die verfahrensrechtliche EintrBewilligung enthält (s. Rn. 2), muss sie das Grundstück gemäß § 28 bezeichnen (KG HRR 1930 Nr. 1507; BayObLG Rpfleger 1988, 60); für den Insolvenzplan (vgl. § 925 Abs. 1 Satz 3 BGB) schreibt dies § 228 InsO ausdrücklich vor. Dies ist aber nur ein verfahrensrechtliches, nicht ein sachlichrechtliches Erfordernis; eine Auflassung ist wirksam, sofern das Grundstück sonst zweifelsfrei bezeichnet ist (BayObLG Rpfleger 1988, 60). Der grundbuchamtliche Vollzug setzt in jedem Fall eine § 28 entsprechende Grundstücksbezeichnung voraus (zur Nachholung s. Rn. 32.2).

32.1 **b) Unvermessene Trennstücke.** Auch sie können aufgelassen werden, falls sie hinreichend deutlich gekennzeichnet sind (BayObLG JFG 3, 285; Rpfleger 1963, 243; BGH Rpfleger 1984, 310); wegen der Bezugnahme auf in der Natur vorhandene Merkmale und Karten, Pläne, Skizzen u. ä. gilt das zu § 7 Rn. 22 Ausgeführte. In diesem Fall ist auch eine Verurteilung zur Auflassung möglich (BGH Rpfleger 1984, 310), nicht aber in jedem Fall auch eine solche zur Abgabe der EintrBewilligung (BGH Rpfleger 1987, 452; vgl. OLG Jena Rpfleger 2002, 431; s. hierzu auch § 28 Rn. 3).

32.2 **c) Nachholung.** Die bei der Auflassung oder der Verurteilung hierzu unterbliebene Bezeichnung gemäß § 28 ist in der Form des § 29 nachzuholen, wobei die Erklärung eines der Beteiligten genügt (BGH Rpfleger 1984, 310; OLG Köln Rpfleger 1992, 153; OLG Naumburg FGPrax 2014, 56; a. M. KEHE/Munzig Rn. 84: nur der Veräußerer kann die Erklärung abgeben); zur Nachholung der Erklärung durch den hiezu ausdrücklich bevollmächtigten Urkundsnotar s. § 29 Rn. 35. Die Bezeichnung gem. § 28 wird in der Regel dadurch nachgeholt, dass die Beteiligten nach Vermessung der Teilfläche und Vorliegen des Veränderungsnachweises in der Form des § 29 die Richtigkeit der Vermessung anerkennen und die Identität des aufgelassenen Grundstücksteils und des nach Vermessung im Veränderungsnachweis ausgewiesenen Flurstücks bestätigen (Messungsanerkennung, Identitätserklärung).

32.3 **d) Identitätserklärung.** Die Erklärung, dass Identität zwischen der aufgelassenen und der vermessenen Teilfläche besteht, hat keinen materiellrechtlichen Gehalt (OLG Köln Rpfleger 1992, 153; OLG Hamm FGPrax 2007, 243, zugleich zur gebührenrechtlichen Behandlung; a. M. Kössinger in Bauer/Schaub Rn. 52). Dies gilt auch dann, wenn die Identität der verkauften und der vermessenen Teilfläche vor der Auflassung bestätigt wird. Die rein verfahrensrechtliche Übereinstimmungserklärung kann von einem Vertreter für beide Beteiligte auch ohne Befreiung von den Beschränkungen des § 181 BGB abgegeben werden (BGH FGPrax 2016, 1 mit Anm v. Volmer Mitt-BayNot 2016, 133 und Grziwotz ZfIR 2016, 103). Die Identitätserklärung kann auch Inhalt einer notariellen Eigenurkunde (s. § 29 Rn. 35) sein. Ob Identität besteht, hat das GBAmt selbst festzustellen (vgl. BayObLG FGPrax 2003, 57; a. M. LG Saarbrücken MittRhNotK 1997, 364). Eine Identitätserklärung kann vom GBAmt nicht verlangt werden, wenn keine Zweifel an der Identität bestehen, weil z. B. die amtliche Karte nach Vermessung und der der Auflassung zugrundeliegende Lageplan zweifelsfrei übereinstimmen

(OLG Köln Rpfleger 1992, 153); zu einem Fall der fehlenden Übereinstimmung s. BGH Rpfleger 1995, 342.

e) Parzellenverwechslung. Eine versehentlich unrichtige Bezeichnung, **32.4** z. B. infolge Parzellenverwechslung, lässt die erklärte Auflassung unberührt (BGH DNotZ 2001, 846). Sie kann in der Form des § 29 richtig gestellt werden (RG 133, 281). Die erforderlichen Erklärungen stellen sich als Berichtigungsbewilligung dar (OLG München FGPrax 2016, 149). S. dazu § 22 Rn. 25.

22. Angabe des Gemeinschaftsverhältnisses

Bei einer Mehrheit von Erwerbern hat die Einigung auch die nach § 47 **33** Abs. 1 erforderlichen Angaben über das Gemeinschaftsverhältnis zu umfassen.

a) Nachholung. Die Nachholung oder Änderung der Angabe des Gemeinschaftsverhältnisses erfordert Einigung, kann also grundsätzlich nicht einseitig durch die Erwerber vorgenommen werden (BayObLG Rpfleger 1975, 302). In der Einigung (Auflassung) liegt aber regelmäßig die stillschweigende Ermächtigung durch den Veräußerer (§ 185 Abs. 1 BGB), dass die mehreren Erwerber ohne seine Mitwirkung die Angaben über das Gemeinschaftsverhältnis ändern (OLG Köln Rpfleger 1980, 16) oder bei unterbliebenen Angaben die Auflassung mit Angaben zum Gemeinschaftsverhältnis nachholen (LG Lüneburg Rpfleger 1994, 206); dies muss in der Form des § 925 BGB, § 29 GBO geschehen.

b) Gütergemeinschaft. Eine Mehrheit von Erwerbern ist nicht gegeben, wenn ein in Gütergemeinschaft lebender Ehegatte ein Grundstück für sich erwirbt (BayObLG Rpfleger 1975, 302) oder er und der andere Ehegatte jeweils einen Hälfteanteil an dem Grundstück erwerben (BayObLG Rpfleger 1979, 18). Wird Ehegatten, die in Gütergemeinschaft leben, ein Grundstück „in Miteigentum zu gleichen Teilen" aufgelassen, so können sie auf ihren formlosen Antrag als Eigentümer in Gütergemeinschaft in das GB eingetragen werden, ohne dass es einer (erneuten) Auflassung des Grundstücks an sie als Eigentümer zur gesamten Hand bedarf (BGH Rpfleger 1982, 135; vgl. OLG Schleswig Rpfleger 2010, 73). Ist andererseits an Eheleute, die nicht in Gütergemeinschaft leben, ein Grundstück zum Gesamtgut aufgelassen und sind sie im GB als Eigentümer in Gütergemeinschaft eingetragen worden, so kann im Allgemeinen angenommen werden, dass sie Miteigentum je zur Hälfte erworben haben (BayObLG Rpfleger 1983, 346), nicht jedoch, dass ein Ehegatte Alleineigentum erworben hat (OLG München MittBayNot 2010, 207 mit zust. Anm. v. Reiß). S. hierzu auch Reymann NJW 2008, 1773, der in diesen Fällen die Grundsätze der Unschädlichkeit einer falsa demonstratio für anwendbar hält, ferner Böhringer BWNotZ 1985, 104.

c) Erbengemeinschaft. Gesamthänderisches Miteigentum mehrerer Personen in Erbengemeinschaft kann grundsätzlich nur kraft Gesetzes (§§ 1922, 2032 BGB) entstehen, nicht dagegen durch Rechtsgeschäft unter Lebenden begründet werden. Deshalb können, wenn der Vorerbe vor Eintritt des Nacherbfalls ein Nachlassgrundstück an die Nacherben auflässt, diese nicht als Erbengemeinschaft eingetragen werden (OLG Frankfurt FGPrax 2019, 57). Eine bestehende Erbengemeinschaft kann in ihrer gesamthänderischen Bindung Grundstückseigentum nur durch ein unter § 2041 BGB fallendes Rechtsgeschäft erwerben (JFG 15, 155; KG DNotZ 1944, 177; OLG Köln OLGZ 1965, 117).

d) Sonstiges. Zum Grundstückserwerb durch eine BGB-Gesellschaft s. Rn. 38.1. Zum Grundstückserwerb durch eine Gesamthand, insbesondere Erbengemeinschaft und Ehegatten bei Gütergemeinschaft, s. Böhringer NotBZ 2011, 317.

23. Flurbereinigung

34   **a) Verfahren.** Die Durchführung einer Flurbereinigung nach dem FlurbG i. d. F. v. 6.3.1976 (BGBl. I 546) stellt weder für den Grundstückseigentümer ein Verfügungsverbot dar noch bewirkt sie eine GBSperre. Ein Flurbereinigungvermerk kann nicht in das GB eingetragen werden (s. Anh. zu § 13 Rn. 20). Der Grundstückseigentümer kann, von dem Ausnahmefall des § 52 Abs. 3 Satz 1 FlurbG abgesehen, ein im Flurbereinigungsgebiet liegendes Grundstück veräußern und belasten; auch eine Verwertung im Weg der Zwangsversteigerung ist möglich. Der Erwerber muss aber unabhängig von einer Kenntnis des Flurbereinigungsverfahrens und unabhängig davon, ob der Erwerb auf Rechtsgeschäft oder einem Zuschlag in der Zwangsversteigerung beruht gemäß § 15 Satz 1 FlurbG das bis zu seiner Eintragung in das GB oder bis zur Anmeldung des Erwerbs durchgeführte Verfahren gegen sich gelten lassen. Daher wird er ungeachtet eines Fortbestehens des Flurbereinigungsverfahrens zwar Eigentümer des Grundstücks, muss aber die Belastung mit einer durch die Flurbereinigung entstandenen Grunddienstbarkeit gegen sich gelten lassen, auch wenn sie aus dem GB nicht ersichtlich oder im geringsten Gebot nicht aufgeführt ist. § 15 FlurbG steht dem Erlöschen einer solchen, entgegen §§ 79 ff. FlurbG nicht in das GB eingetragenen Grunddienstbarkeit infolge gutgläubigen lastenfreien Erwerbs oder Zuschlags in der Zwangsversteigerung jedoch nicht mehr entgegen, wenn das Flurbereinigungsverfahren mit der bestandskräftigen Schlussfeststellung nach § 149 Abs. 3 FlurbG abgeschlossen ist (BGH Rpfleger 2019, 49).

35   **b) Auflassung eines Einlagegrundstücks.** Mit der Anordnung der Ausführung des Flurbereinigungsplans tritt zu dem darin bestimmten Zeitpunkt der im Plan vorgesehene neue Rechtszustand an die Stelle des bisherigen Rechtszustands. Damit gehen die alten Grundstücke rechtlich unter; an ihre Stelle treten im Weg der Surrogation die als Ersatz ausgewiesenen Grundstücke (§ 61 Satz 2, § 68 Abs. 1 Satz 1 FlurbG). Tritt im Zug einer Flurbereinigung nach Auflassung, aber vor deren Eintragung im GB an die Stelle des aufgelassenen Einlagegrundstücks ein Ersatzgrundstück, so bedarf es weder einer Erneuerung der Auflassung noch einer Berichtigung der Bezeichnung des aufgelassenen Grundstücks; war zur Zeit der Auflassung eines Einlagegrundstücks der neue Rechtszustand bereits eingetreten, dieser aber noch nicht im GB eingetragen, so ist die Auflassung dahin auszulegen, dass sie sich auf das Ersatzgrundstück bezieht, und eine Berichtigung der Bezeichnung des aufgelassenen Grundstücks auch hier nicht erforderlich (BayObLG Rpfleger 1972, 366; 1980, 293; s. dazu auch Rehle MittBayNot 1980, 160; Tönnies MittRhNotK 1987, 97). Die Auflassung kann jedoch im GB nicht eingetragen werden, solange dort der neue Rechtszustand nicht verlautbart ist (OLG Frankfurt Rpfleger 1996, 335; BayObLG Rpfleger 1983, 145; kritisch hierzu Haiduck MittBayNot 1983, 66; s. auch Eckhardt BWNotZ 1984, 109). Dies gilt auch, wenn die Auflassung bereits das Ersatzgrundstück zum Gegenstand hatte (OLG Zweibrücken FGPrax 2003, 7 mit Anm. v. Grziwotz DNotZ 2003, 281). Zur GBBerichtigung nach dem Flurbereinigungsplan, wenn die Auflassung eines Einlagegrundstücks noch im GB vollzogen worden ist, der Flurbereinigungsplan für dieses Grundstück aber kein bestimmtes Ersatzgrundstück vorsieht, s. BayObLG Rpfleger 1986, 129.

c) **GBBerichtigung.** Das GB wird aufgrund eines Ersuchens der Flurbereinigungbehörde berichtigt (s. dazu § 38 Rn. 22).

24. Bedingung und Befristung

a) **Rücktrittsvorbehalt.** Die Auflassung muss bei Meidung ihrer Un- **36** wirksamkeit unbedingt und unbefristet sein (§ 925 Abs. 2 BGB), darf demnach auch nicht von der Wirksamkeit des Grundgeschäfts oder davon abhängig gemacht werden, dass ein Rücktrittsvorbehalt bestehen bleibt (JFG 14, 221; OLG Düsseldorf JMBlNW 1957, 160; wegen der Erklärung der Auflassung in einem bedingten gerichtlichen Vergleich, z. B. mit Widerrufsvorbehalt, s. Rn. 16.2; zur Zulässigkeit einer bedingten Auflassungsvollmacht s. Rn. 22). Behält sich jedoch der Verkäufer in einem Kaufvertrag mit Auflassung für bestimmte Fälle vor, vom Vertrag zurückzutreten, so erstreckt sich der Rücktrittsvorbehalt im Zweifel nur auf das Verpflichtungsgeschäft, so dass eine bedingte Auflassung nicht vorliegt (OLG Oldenburg Rpfleger 1993, 330). Ob sich die in einem schuldrechtlichen Vertrag enthaltene Bedingung oder Befristung auch auf die in demselben Vertrag erklärte Auflassung (oder Bewilligung einer Eigentumsvormerkung) erstreckt, ist durch Auslegung zu ermitteln (KG Rpfleger 2006, 391). Eine unter eine Bedingung gestellte Auflassung ist nicht nur materiellrechtlich unwirksam, sondern auch formell für das EintrVerfahren ungeeignet. Eine Heilung tritt auch nicht durch Eintritt der Bedingung ein (OLG München RNotZ 2019, 220).

b) **Rechtsbedingung.** Statthaft ist ein Vorbehalt nach § 16 Abs. 2 (JFG 1, 337). Die Beifügung von Rechtsbedingungen, z. B. Erteilung der familiengerichtlichen oder betreuungsgerichtlichen Genehmigung (OLG Celle DNotZ 1957, 660), ist unschädlich; anders, wenn die Rechtsbedingung zur rechtsgeschäftlichen Bedingung erhoben wird (KGJ 36, 198; BayObLG Rpfleger 1972, 400). Eine Auflassung, bei der nur der grundbuchamtliche Vollzug, nicht aber die Einigung über den Eigentumsübergang, von einer Bedingung oder Zeitbestimmung abhängig gemacht ist, fällt nicht unter § 925 Abs. 2 BGB und ist daher wirksam (BGH NJW 1953, 1301; OLG Düsseldorf NJW 1954, 1041; s. dazu auch OLG Hamm Rpfleger 1975, 250). Hingegen kommt § 925 Abs. 2 BGB zum Zug, wenn die Parteien eines

Scheidungsrechtsstreits „für den Fall der Scheidung" zu gerichtlichem Vergleich die Auflassung eines Grundstücks erklärt haben, mag auch das Urteil im gleichen Termin noch verkündet und wegen beiderseitigen Rechtsmittelverzichts rechtskräftig geworden sein (BayObLG Rpfleger 1972, 400; s. hierzu auch Schmidt SchlHA 1980, 81; Wichers SchlHA 1980, 124). Entsprechendes gilt im Fall der Aufhebung einer Lebenspartnerschaft gem. § 15 LPartG.

37　　**c) Übertragung eines Erbbaurechts.** Auch sie ist bedingungs- und befristungsfeindlich; dabei macht es keinen Unterschied, ob das Erbbaurecht noch nach dem BGB oder nach dem ErbbauRG begründet worden ist (§ 1017 BGB; § 11 Abs. 1 Satz 2 ErbbauRG). Dagegen ist bei der Bestellung eines Erbbaurechts lediglich die Vereinbarung einer auflösenden Bedingung unzulässig (§ 1 Abs. 4 Satz 1 ErbbauRG).

25. Prüfung des GBAmts

38　　**a) Einigung.** Nach dem Gesetzeswortlaut muss die Einigung „erklärt" sein. EintrVoraussetzung ist nicht, dass die materiellrechtliche Wirksamkeit der Einigung vom GBAmt festgestellt ist; eine solche Feststellung könnte in dem durch die Beweismittelbeschränkung geprägten EintrAntragsverfahren (vgl. § 1 Rn. 71) vom GBAmt nicht getroffen werden. Vielmehr genügt es, dass dem GBAmt die Einigung in der grundbuchmäßigen Form des § 29 so nachgewiesen ist, wie sie sachlichrechtlich zur Herbeiführung der Rechtsänderung notwendig ist (§ 925 BGB). Dazu gehört, dass die Erklärenden geschäftsfähig sind (s. Rn. 38.2) und bei Handeln eines Vertreters oder eines Nichtberechtigten eine wirksame Vollmacht oder Zustimmung (s. Rn. 21 ff.) nachgewiesen ist (OLG Jena NotBZ 2012, 459), ferner der Nachweis einer erforderlichen behördlichen, insbesondere familiengerichtlichen oder betreuungsgerichtlichen Genehmigung (s. Rn. 55). Zur Bezeichnung des Grundstücks s. Rn. 32. Zur Erforderlichkeit einer EintrBewilligung s. Rn. 2 und zum notwendigen Nachweis der steuerlichen Unbedenklichkeit und der Nichtausübung gesetzlicher Vorkaufsrechte s. Rn. 48, 51. Liegen wirksame Auflassungserklärungen vor, berühren weder Tod noch Wegfall oder Beschränkung der Geschäftsfähigkeit eines Erklärenden ihren Fortbestand (s. Rn. 38.2 und 44).

38.1　　**b) BGB-Gesellschaft.** Bei juristischen Personen und Gesellschaften ist deren Bestehen sowie die Vertretungsberechtigung der für sie handelnden Personen in grundbuchmäßiger Form nachzuweisen (s. dazu § 32 Rn. 10); dies gilt auch für ausländische juristische Personen (KG FGPrax 2012, 236; s. dazu § 32 Rn. 8). Veräußert eine BGB-Gesellschaft ein Grundstück, dann erbringt die § 47 Abs. 2 Satz 1 entsprechende GBEintragung die erforderlichen Nachweise (vgl. §§ 891, 899a BGB). Beim Erwerb durch eine BGB-Gesellschaft reicht es nach der Rechtsprechung des BGH (FGPrax 2011, 164; zustimmend Kesseler NJW 2011, 1909; kritisch Demharter Rpfleger 2011, 386; Hartmann RNotZ 2011, 401; ablehnend Bestelmeyer ZIP 2011, 1389) für die Eintragung des Eigentumswechsels aus, dass die Gesellschaft und ihre Gesellschafter in der Auflassungsurkunde benannt sind und die für die Gesellschaft Handelnden erklären, dass sie die alleinigen Gesellschafter sind; weiterer Nachweise der Existenz, der Identität und der Vertretungsverhältnisse dieser Gesellschaft bedarf es gegenüber dem GBAmt nicht. Der Eintragung steht nicht entgegen, dass ein Gesellschafter nach dem Gesellschaftsvertrag keinen Kapitalanteil hat (OLG Frankfurt Rpfleger 2013, 263). Ein Hinweis in Abt. I Sp. 4, dass die Auflassung ohne Prüfung der Vertretungsverhältnisse der Erwerberin und ihres Gesellschafterbestandes eingetragen worden sei, ist nicht statthaft. Seine Beseitigung kann mit der Fassungsbeschwerde verlangt werden. Ein Anspruch, das GB sodann umzuschreiben, besteht aber nicht (OLG Naumburg NotBZ 2013, 71).

c) Geschäftsfähigkeit. Die Geschäftsfähigkeit der Erklärenden im Zeit- **38.2** punkt der Abgabe ihrer Erklärungen hat das GBAmt ohne Bindung an das Ergebnis der Prüfung durch den Notar selbständig zu prüfen. Dabei ist von dem Grundsatz der Geschäftsfähigkeit auszugehen. Ergeben sich daran auf Tatsachen gegründete Zweifel, ist diesen im Rahmen einer Zwischenverfügung nachzugehen. Der volle Nachweis der Geschäftsfähigkeit muss jedoch nicht geführt werden. S. zum Ganzen § 18 Rn. 3.

Der nachträgliche Wegfall der Geschäftsfähigkeit oder ihre Beschränkung hindern die Eintragung der Auflassung nicht (vgl. § 19 Rn. 22). Ein Einwilligungsvorbehalt gemäß § 1903 BGB beschränkt die rechtlichen Handlungsmöglichkeiten. Auf die tatsächliche Geschäftsfähigkeit kommt es nicht an.

d) Ablehnung der Eintragung. Sind die erforderlichen Nachweise er- **38.3** bracht, darf das GBAmt die Eintragung nur ablehnen, wenn es auf Grund feststehender Tatsachen zu der Überzeugung gelangt, dass das GB durch die Eintragung unrichtig würde (OLG Düsseldorf Rpfleger 2000, 107; BayObLG Rpfleger 2005, 247; OLG Frankfurt NJW-RR 2006, 450; vgl. Anh. zu § 13 Rn. 41; ferner Wolfsteiner DNotZ 1987, 72). Zur Auslegungsfähigkeit und zur Auslegung der Auflassungserklärungen durch das GBAmt s. Rn. 31. Zur Eintragung einer vorsorglich erneut erklärten Auflassung s. Anh. zu § 13 Rn. 14. Die erneute Erklärung einer nicht oder nicht hinreichend bestimmten Auflassung kann durch Zwischenverfügung aufgegeben werden (§ 18 Rn. 32).

26. Einigungsberechtigung

Im Fall der Auflassung eines Grundstücks sowie im Fall der Bestellung ei- **39** nes Erbbaurechts wird ausschließlich das Eigentum, im Fall der Übertragung eines Erbbaurechts ausschließlich dieses betroffen. Verlierender Teil ist daher in den beiden ersten Fällen nur der Eigentümer, im letzten Fall nur der Erbbauberechtigte; entscheidend ist die wahre Berechtigung, weil Rechtsänderung in Rede steht (s. § 19 Rn. 46).

27. Verlierender Teil

a) Verfügungsberechtigter. Er muss die Einigungserklärung abgeben **40** (BayObLG Rpfleger 1973, 296). Die Einigungsberechtigung als Ausfluss der sachlichrechtlichen Verfügungsbefugnis sowie die Befugnis, sie auszuüben, müssen grundsätzlich noch im Zeitpunkt der Eintragung vorliegen; die gilt auch dann, wenn die Einigung gem. § 873 Abs. 2 BGB bindend geworden ist (BayObLG 1999, 109). Insoweit gilt das zu § 19 Rn. 56 ff. Ausgeführte entsprechend. Zum nachträglichen Wegfall der Geschäftsfähigkeit oder ihrer Beschränkung s. Rn. 38.2. Die von BGB-Gesellschaftern auf der Veräußererseite erklärte Auflassung wird aber durch den Wechsel eines Gesellschafters nicht unwirksam (LG Köln Rpfleger 2002, 23). Der Nachlassverwalter ist ebenso wenig wie der Insolvenzverwalter oder der Testamentsvollstrecker befugt, persönliche Mitgliedschaftsrechte des Erben eines BGB-Gesellschafters oder eines Gesellschafters einer Personenhandelsgesellschaft geltend zu machen; er braucht auch an der Verfügung über ein zum Gesellschaftsvermögen gehörendes Grundstück nicht mitzuwirken. Dies gilt sowohl bei Auflösung der Gesellschaft als auch bei Fortsetzung mit den Erben des Gesellschafters (BGH FGPrax 2017, 243; BayObLG Rpfleger 1991, 58).

Für Grundstücke und Gebäude, die im Gebiet der ehemaligen DDR im GB noch als Eigentum des Volkes eingetragen sind, enthält § 8 (früher § 6) VZOG hinsichtlich der Verfügungsbefugnis eine Sonderregelung. Zu den Voraussetzungen und zum Umfang der danach den Gemeinden, Städten und Landkreisen eingeräumten Verfügungsbefugnis s. Anh. zu § 44 Rn. 3. Verfügungsbeschränkungen enthält § 3 Abs. 3 bis 5 VermG, der jedoch nicht anzuwenden ist, wenn ein Investitionsvorrangbescheid (§ 2 Abs. 1, § 8 Abs. 1 InVorG) oder ein Vorhaben- und Erschließungsplan (§ 18 Abs. 1 InVorG) vorliegt. Zur Verfügungsbefugnis einer Bewilligungsstelle s. § 113 Abs. 1 Nr. 6 GBV und § 19 Rn. 59.

Die erklärte, aber im GB noch nicht vollzogene Auflassung stellt unabhängig von der Frage einer Bindung an die Erklärung keine Verfügungsbeschränkung im Sinn des § 892 Abs. 1 Satz 2 BGB dar (BGH 49, 200; BayObLG Rpfleger 1983, 249). Sie steht daher der Eintragung eines Dritten aufgrund einer erneut erklärten Auflassung nicht entgegen. Eine wegen Beschränkung der Verfügungsbefugnis oder der Geschäftsfähigkeit erforderliche Zustimmung eines Dritten bedarf nicht der Form des § 925 BGB; dem GBAmt ist jedoch in der Form des § 29 nachzuweisen, dass die Zustimmung gegenüber dem Verfügenden oder dem anderen Teil erklärt worden ist (s. dazu § 19 Rn. 70); den Nachweis, dass der andere Teil nicht nach § 1366 Abs. 3 und § 1427 Abs. 1 BGB oder gemäß § 108 Abs. 2 BGB vorgegangen ist, kann das GBAmt trotz des materiellen Konsensprinzips nicht verlangen (BayObLG 20, 386; OLG Frankfurt Rpfleger 1959, 275; a. M. Güthe/Triebel Rn. 42 ff.).

41   **b) Gerichtliche Genehmigung.** Die Genehmigung des Verpflichtungsgeschäfts erstreckt sich in der Regel auch auf die nachfolgende Auflassung (JFG 14, 248; BayObLG DNotZ 1983, 369; Rpfleger 1985, 235). Ist die Genehmigung erforderlich, so ist ihre Erteilung gegenüber dem gesetzlichen Vertreter (Betreuer, Pfleger) und ihre Mitteilung an den anderen Teil (nicht aber die Beachtung des § 1829 Abs. 2 BGB; a. M. Güthe/Triebel Rn. 43) in grundbuchmäßiger Form nachzuweisen (BayObLG DNotZ 1983, 369; OLG Jena Rpfleger 2015, 400). S. dazu § 19 Rn. 68, 70 und zur Eintragung einer Eigentumsvormerkung Anh. zu § 44 Rn. 92.

Haben die Beteiligten einen Doppelbevollmächtigten bestellt, z. B. den beurkundenden Notar (zur Formulierung und Auslegung der Bevollmächtigung s. OLG Jena NotBZ 2016, 115 mit Anm. v. Rothe), so muss dessen innerer Wille, die erteilte rechtskräftige Genehmigung für den gesetzlichen Vertreter entgegenzunehmen und sich selbst als Vertreter des anderen Teils mitzuteilen, nach außen irgendwie erkennbar in Erscheinung treten (OLG Hamm FGPrax 2017, 11). Dies kann durch einen entsprechenden, nicht der Form des § 29 bedürftigen Vermerk des Doppelbevollmächtigten (zum Wortlaut des Vermerks s. KG FGPrax 2015, 243) geschehen, bei bevollmächtigtem Notar durch Eigenurkunde. Nach anderer Ansicht genügt es, dass der Notar die Urkunde mit der Ausfertigung des Genehmigungsbeschlusses dem GBAmt einfach zum Vollzug vorlegt (BGH Rpfleger 2016, 280; OLG Zweibrücken DNotZ 1971, 731; BayObLG DNotZ 1983, 369).

Über bedingte Zustimmungen s. § 19 Rn. 33. Zum Erfordernis einer familiengerichtlichen Genehmigung der Veräußerung eines Grundstücks durch eine BGB-Gesellschaft, an der ein Minderjähriger beteiligt ist, s. Rn. 45.3.

c) Einwilligung in weitere Verfügungen (Kettenauflassung). In der **42** Einigung liegt regelmäßig die Einwilligung des Veräußerers im Sinn des § 185 Abs. 1 BGB, dass der Erwerber vor seiner Eintragung durch Weiterveräußerung über das Grundstück verfügt. Veräußert der eingetragene Eigentümer A das Grundstück an B und kann von einer Einwilligung in eine Weiterveräußerung durch diesen an C ausgegangen werden, kann C ohne vorherige Eintragung von B, die § 39 Abs. 1 nicht verlangt, eingetragen werden (BGH Rpfleger 1989, 192; BayObLG NJW-RR 1991, 465; KG FGPrax 1995, 178; zur Eintragung des letzten Erwerbers, wenn Zwischenerwerber ihrerseits ihre Eintragung beantragt haben, s. § 17 Rn. 2). Wurde das Grundstück zwischenzeitlich von A an X veräußert und dieser eingetragen, scheitert die Eintragung von C daran, dass A die noch im Zeitpunkt der Umschreibung erforderliche Verfügungsberechtigung (s. § 19 Rn. 60) verloren hat. Etwas anderes gilt, wenn für B/C eine Eigentumsvormerkung eingetragen ist. Dann handelt es sich bei der Veräußerung an X um eine vormerkungswidrige Verfügung mit der Folge, dass zur Umschreibung auf C die Zustimmung (Bewilligung) von X (§ 888 Abs. 1 BGB) erforderlich ist (OLG Hamm FGPrax 2014, 10 zu dem Sonderfall einer formunwirksamen Erstveräußerung). Zu dem Fall, dass der Erwerber bereits vor der Auflassung an ihn als Nichtberechtigter über das Grundstück zugunsten eines Dritten verfügt hat, s. Rn. 22. Zur Eintragung des Erbeserben s. § 39 Rn. 12.

Ob in der Einigung die Einwilligung in eine weitere Verfügung durch den Erwerber liegt, ist durch **Auslegung** zu ermitteln (BGH FGPrax 2010, 223; a. M. Streuer Rpfleger 1998, 314). So enthält die Auflassung dann keine Ermächtigung des Käufers, das Grundstück ohne Zwischeneintragung zu veräußern, wenn der Erwerb des Dritten einer vertraglichen Zweckbestimmung zuwiderliefe (BGH Rpfleger 1997, 207). Eine Einwilligung in weitere Verfügungen ist ferner dann zu verneinen, wenn der letzte Erwerber die Kaufgeldhyp. des ersten Veräußerers nicht eintragen lassen will (JFG 2, 319; s. auch OLG Düsseldorf OLGZ 1980, 343); wegen des Falls, dass ein Auflassungsempfänger, ohne sich als Eigentümer eintragen zu lassen, die Eintragung eines Grundpfandrechts zugunsten eines Dritten bewilligt, s. BayObLG Rpfleger 1970, 431. Die dem Erwerber eingeräumte Vollmacht, das Grundstück vor Eigentumsumschreibung dinglich zu belasten, berechtigt diesen im Fall der Weiterveräußerung nicht, namens des eingetragenen Eigentümers einer dinglichen Belastung durch den Zweiterwerber samt Vollstreckungsunterwerfung zuzustimmen (OLG Düsseldorf FGPrax 1999, 169). Die Auflassungserklärung eines Eigentümers enthält nicht die Einwilligung in die Bewilligung einer Eigentumsvormerkung durch den Auflassungsempfänger, s. BayObLG Rpfleger 1979, 134. Möglich ist auch die stillschweigende Ermächtigung des Erwerbers, im Namen des Veräußerers die Löschung von Eintragungen zu beantragen.

43　　**d) Übertragung der Anwartschaft.** Ein Auflassungsempfänger kann seine Anwartschaft aus der Auflassung sowie das Anwartschaftsrecht, zu dem sich jene bei Vorliegen eines eigenen unerledigten EintrAntrags des Auflassungsempfängers oder bei Eintragung einer Vormerkung für diesen verstärkt, übertragen (s. hierzu Anh. zu § 26 Rn. 53). Die Übertragung des Anwartschaftsrechts bedarf der Form des § 925 BGB (BGH Rpfleger 1968, 83; 1982, 272); die überwiegende Ansicht im Schrifttum nimmt dies auch bezüglich der (schwächeren) Anwartschaft an. Die Übertragung bewirkt, dass der Erwerber, ohne der Zustimmung des Auflassungsempfängers und Anwartschaftsveräußerers zu bedürfen, die Eigentumsumschreibung unmittelbar vom Eigentümer auf sich beantragen kann und mit deren Vollzug das Eigentum unmittelbar vom Eigentümer erwirbt (BGH Rpfleger 1968, 83). S. hierzu Egbert Schneider, Kettenauflassung und Anwartschaft, MDR 1994, 1057, ferner Monath, Kettenkaufverträge, RNotZ 2004, 359.

44　　**e) Gesamtrechtsnachfolge.** Wer im Weg der Gesamtrechtsnachfolge Eigentümer (Erbbauberechtigter) wird, muss sich die Einigungserklärung seines Rechtsvorgängers zurechnen lassen; seine Zustimmung ist zur GBUmschreibung nicht erforderlich. Daher bedarf es zur Eintragung des Eigentumswechsels auf Grund einer von dem Erblasser, auch wenn schon vor Jahrzehnten erklärten Auflassung nicht der Zustimmung des als Eigentümer eingetragenen Erben oder Erbeserben (BGH Rpfleger 1968, 49; BayObLG 1990, 306/312; OLG München Rpfleger 2018, 367); dies gilt auch dann, wenn der Erbeserbe das Grundstück nach dessen Veräußerung an einen Dritten von diesem zurückerworben hatte (BayObLG Rpfleger 1973, 296).

Die Auflassung des Erblassers oder der Erbengemeinschaft nach ihm genügt zur Eigentumsumschreibung aber nicht, wenn ein Miterbe im Weg der Erbauseinandersetzung Alleineigentümer des Grundstücks geworden ist (BayObLG Rpfleger 1998, 334; s. auch BayObLG NJW-RR 1990, 722f.). Eine Bindung an die Auflassung eines Rechtsvorgängers tritt auch dann nicht ein, wenn die Kette der Gesamtrechtsnachfolge durch einen Erwerb auf Grund Rechtsgeschäfts unterbrochen ist (BayObLG 1999, 104/110; OLG Naumburg FGPrax 2020, 166). Bei einer Auflassung des Erblassers ist zur GBUmschreibung auch die Zustimmung desjenigen entbehrlich, der teils durch Erbgang (§ 1922 BGB), teils durch Erbteilserwerb (§ 2033 BGB) Eigentümer geworden und als solcher im GB eingetragen ist (OLG Zweibrücken MittBayNot 1975, 177). Hat die Erbengemeinschaft die Auflassung erklärt, bedarf es zum grundbuchamtlichen Vollzug nicht der Zustimmung des im GB eingetragenen Erbteilserwerbers (BayObLG Rpfleger 1987, 110).

28. Gewinnender Teil

Gewinnender Teil ist nur der Erwerber. Zur Erwerbsfähigkeit s. § 19 **45** Rn. 95. Zur Befugnis des Testamentsvollstreckers, der zugleich für den Erben und einen Vermächtnisnehmer bestimmt ist und zu dessen Aufgaben die Erfüllung des Vermächtnisses gehört, auch die Auflassung für den minderjährigen Vermächtnisnehmer entgegenzunehmen, s. § 52 Rn. 19.

a) Beschränkt Geschäftsfähiger. Ist die dingliche Übertragung eines Grundstücks an einen Minderjährigen bei isolierter Betrachtung lediglich rechtlich vorteilhaft im Sinne des § 107 BGB, bedarf seine Auflassungserklärung auch dann nicht der Einwilligung des gesetzlichen Vertreters oder eines Ergänzungspflegers, wenn die zu Grunde liegende schuldrechtliche Vereinbarung mit rechtlichen Nachteilen verbunden ist. Eine Gesamtbetrachtung des schuldrechtlichen und des dinglichen Rechtsgeschäfts ist in diesem Fall nicht veranlasst.

Die Übereignung eines Grundstücks an einen Minderjährigen ist auch **45.1** dann **lediglich rechtlich vorteilhaft,** wenn das Grundstück mit einer Grundschuld belastet ist. Für die Belastung mit einem Nießbrauch gilt dies jedenfalls dann, wenn der Nießbraucher auch die Kosten außergewöhnlicher Ausbesserungen und Erneuerungen sowie die außergewöhnlichen Grundstückslasten zu tragen hat. Auch die Eintragung einer Eigentumsvormerkung zur Sicherung eines bedingten Rückübereignungsanspruchs beseitigt den mit dem Eigentumserwerb verbundenen Vorteil nicht. Schließlich begründet auch die aus der Eigentumsübertragung folgende Haftung des Erwerbers für die gewöhnlichen öffentlichen Lasten des Grundstücks keinen Rechtsnachteil im Sinne des § 107 BGB (BGH Rpfleger 2005, 189 mit Anm. v. Everts ZEV 2005, 69, Schmitt NJW 2005, 1090, Joswig ZflR 2005, 292, Reiß RNotZ 2005, 224, Feller MittBayNot 2005, 412, Wojcik DNotZ 2005, 655, Führ/Menzel FamRZ 2005, 1729 und Müßig JZ 2006, 150).

Der BGH ist damit von seiner bisherigen Rechtsprechung abgerückt, **45.2** nach der die Frage, ob ein Minderjähriger durch eine Schenkung lediglich einen rechtlichen Vorteil erlangt, aus einer **Gesamtbetrachtung** des schuldrechtlichen und des dinglichen Vertrags heraus zu beurteilen ist (vgl. BGH Rpfleger 1980, 463). Ein auf den Erwerb eines vermieteten oder verpachteten Grundstücks gerichtetes Rechtsgeschäft ist für einen Minderjährigen aber nicht lediglich rechtlich vorteilhaft im Sinne des § 107 BGB, auch wenn sich der Veräußerer den Nießbrauch an dem zu übertragenden Grundstück vorbehalten hat (BGH Rpfleger 2005, 354 mit Anm. v. Everts ZEV 2005, 211, Fembacher DNotZ 2005, 627, Feller MittBayNot 2005, 415 und Führ/Wenzel FamRZ 2005, 1729, JR 2005, 418). Zur Schenkung von WEigentum an einen Minderjährigen s. Anh. zu § 3 Rn. 60. Der unentgeltliche Erwerb eines Nachlassgrundstücks durch einen minderjährigen Miterben zu Alleineigentum bedarf keiner Einwilligung seines gesetzlichen Vertreters und keiner Genehmigung durch das Familiengericht (BayObLG Rpfleger 1968, 151).

45.3   Die familiengerichtliche Genehmigung ist jedoch erforderlich, wenn ein Minderjähriger einer **BGB–Gesellschaft** beitritt, es sei denn, die Gesellschaft ist rein vermögensverwaltend ohne Berechtigung zur Veräußerung von Grundstücken tätig; auch die Veräußerung des Grundstücks einer BGB-Gesellschaft mit einem minderjährigen Gesellschafter bedarf der familiengerichtlichen Genehmigung, es sei denn, zum Geschäftsgegenstand der Gesellschaft gehört die Veräußerung von Grundstücken mit der Folge, dass bereits der Beitritt zu der Gesellschaft der Genehmigung bedarf (OLG Nürnberg FGPrax 2012, 254 mit zust. Anm. v. Gerono MittBayNot 2014, 167; zu Recht kritisch dazu Wertenbruch NJW 2015, 2150 und Bestelmeyer FGPrax 2016, 148). Entsprechendes gilt für die Personenhandelsgesellschaften OHG und KG (vgl. OLG Jena MittBayNot 2013, 387).

S. zum Ganzen Rastätter BWNotZ 2006, 1; Böttcher Rpfleger 2006, 293, Wilhelm NJW 2006, 2353; zum unentgeltlichen Erwerb von Grundstücken durch Minderjährige s. Kölmel RNotZ 2010, 618.

46   **b) Verpfändung.** Zur Rechtslage bei Verpfändung eines Auflassungsanspruchs, der Anwartschaft aus einer Auflassung oder des Anwartschaftsrechts aus einer solchen s. § 26 Rn. 25, 28; zu der bei Pfändung eines Auflassungsanspruchs, der Anwartschaft aus einer Auflassung oder des Anwartschaftsrechts aus einer solchen s. Anh. zu § 26 Rn. 49 ff.

29. Sonstige EintrUnterlagen

47   In den Fällen des § 20 sind in der Regel weitere EintrUnterlagen beizubringen; insbes. bedarf die Verfügung zu ihrer Wirksamkeit häufig einer behördlichen Genehmigung (s. Rn. 55) oder der Zustimmung eines Dritten (s. dazu, insbes. zum Erfordernis der familiengerichtlichen oder betreuungsgerichtlichen Genehmigung, § 19 Rn. 63 ff.; zu den Zustimmungserfordernissen nach § 12 WEG und § 5 ErbbauRG s. Anh. zu § 3 Rn. 34 und Anh. zu § 8 Rn. 15). An weiteren EintrUnterlagen kommen (abgesehen von dem im Fall des § 2 Abs. 3 erforderlichen beglaubigten Auszug aus dem amtlichen Grundstücksverzeichnis) vornehmlich der Nachweis der steuerlichen Unbedenklichkeit (s. Rn. 48) und der Nichtausübung gesetzlicher Vorkaufsrechte (s. Rn. 51) in Betracht.

30. Unbedenklichkeitsbescheinigung des Finanzamts

48   **a) Grundsatz.** Sie ist gemäß § 22 GrEStG i.d.F. v. 26.2.1997 (BGBl. I 418) erforderlich für jede rechtsändernde oder berichtigende (OLG Frankfurt Rpfleger 1995, 346; MittBayNot 2006, 334) Eintragung des Erwerbers eines Grundstücks oder Erbbaurechts. Das GBAmt hat zunächst zu prüfen, ob ein Rechtsvorgang vorliegt, der seiner Art nach unter das GrEStG fällt (OLG Celle Rpfleger 1985, 187; OLG Frankfurt Rpfleger 1995, 346; MittBayNot 2006, 334). Trifft dies nicht zu, so darf die Eintragung nicht von der Beibringung der Bescheinigung abhängig gemacht werden, es sei denn, dass eine Steuerpflicht auf Grund eines Missbrauchstatbestands (§ 42 AO) möglich erscheint (BayObLG Rpfleger 1983, 103; vgl. OLG Celle Rpfleger 1985, 187). Liegt dagegen ein „Erwerbsvorgang" im Sinn des § 1 GrEStG vor, so hat das GBAmt die Bescheinigung auch dann zu verlangen, wenn eine Steuer nicht erhoben wird; darüber entscheidet allein das Finanzamt (BGH 7, 57; BayObLG Rpfleger 1983, 103; OLG Celle Rpfleger 1985, 187). Diesem ist die Klärung von Zweifeln in tatsächlicher und rechtlicher Hinsicht am Bestehen eines steuerpflichtigen Vorgangs vorbehalten (OLG Zweibrücken Rpfleger 2000, 544; OLG Saarbrücken Rpfleger 2005, 20).

b) Erforderlichkeit der Bescheinigung. Der Übergang von Grundstücken im Rahmen einer Umwandlung nach § 1 UmwandlungsG v. 28.10. 1994 (BGBl. I 3210) unterliegt gem. § 1 Abs. 1 Nr. 3 GrEStG der Grunderwerbsteuer; dies gilt aber nicht für den Fall einer bloß formwechselnden Umwandlung ohne Wechsel des Rechtsträgers (BFH MittBayNot 1997, 124). Jedoch ist bei gleichzeitiger Auswechslung aller Gesellschafter einer BGB-Gesellschaft durch Abtretung der Gesellschaftsanteile trotz Wahrung der Identität des Rechtsträgers über § 42 AO ein der Grunderwerbsteuer unterliegender Vorgang gegeben (BFH BStBl. II 1997, 299). Das bloße Ausscheiden eines Gesellschafters aus einer mit mindestens zwei Gesellschaftern fortbestehenden BGB-Gesellschaft ist kein grunderwerbsteuerpflichtiger Vorgang (BayObLG Rpfleger 1983, 103; s. dazu aber auch OLG Jena FGPrax 2011, 226; OLG Frankfurt NotBZ 2011, 402). Bei Veränderungen im Gesellschafterbestand einer BGB-Gesellschaft im Übrigen ist das GBAmt jedoch berechtigt, eine steuerliche Unbedenklichkeitsbescheinigung zu verlangen (OLG Celle Rpfleger 1985, 187; OLG Frankfurt MittBayNot 2006, 334; NotBZ 2011, 402).

Auch die Übernahme des Handelsgeschäfts einer KG durch einen Kommanditisten stellt einen grunderwerbsteuerpflichtigen Vorgang dar (BayObLG FGPrax 1995, 95), ebenso grundsätzlich die Eigentumszuordnung im Umlegungsverfahren nach dem BauGB (BFH MittRhNotK 1998, 96), nicht jedoch die bloße Firmenänderung einer Kapitalgesellschaft (OLG Frankfurt Rpfleger 1995, 346). Erforderlich ist die Vorlage einer Unbedenklichkeitsbescheinigung bei der Umschreibung eines Erbbaurechts als Folge eines Vermögensübergangs im Weg der Anwachsung (OLG Oldenburg NJW-RR 1998, 1632), bei Rückübertragung eines Erbbaurechts in die Insolvenzmasse infolge eines schuldrechtlichen Rückgewähranspruchs (KG Rpfleger 2012, 525), bei Übertragung des Erbteils eines Miterben auf einen Dritten, (OLG Celle FGPrax 2011, 218), ferner bei Begründung eines Erbbaurechts (BFH BStBl. II 1968, 223), nicht aber bei dessen Erlöschen durch Zeitablauf (BFH MittBayNot 1995, 248). Das GBAmt hat die Vorlage der Bescheinigung zur Eigentumsumschreibung zu verlangen, wenn das Eigentum an einer Straßenparzelle wegen eines Wechsels der Straßenbaulast von einer Körperschaft des öffentlichen Rechts auf eine andere übergeht (OLG Zweibrücken MDR 1987, 593). S. hierzu aber auch die Bekanntmachungen der Länderjustizminister, z. B. Bayern Nr. 7 Buchst. f GBGA: Danach ist die Bescheinigung entbehrlich oder gilt als allgemein erteilt.

Grundstücksgleiche Rechte wie z. B. das selbständige Fischereirecht nach Art. 2 Abs. 1 BayFischereiG fallen nicht unter den Grundstücksbegriff des § 1 Abs. 1, § 2 Abs 1 GrEStG (OLG Nürnberg FGPrax 2015, 119). Eine Ausnahme gilt gemäß § 2 Abs. 2 Nr. 1 GrEStG für Erbbaurechte.

49   c) **Entbehrlichkeit der Bescheinigung.** Im Amtsverfahren, z. B. im Anlegungsverfahren, ist eine Unbedenklichkeitsbescheinigung nicht erforderlich
(JFG 13, 128; a. M. KG JR 1953, 186 betr. Berichtigungsverfahren nach
§ 82a). In Bayern ist Nr. 7 GBGA zu beachten, wonach es zu bestimmten
Eintragungen, vor allem der einer Erbfolge, unter gewissen Voraussetzungen
keiner Unbedenklichkeitsbescheinigung bedarf; ähnliche Regelungen gibt es
auch in anderen Ländern. Die Vorlage der Bescheinigung ist nicht gem. Nr. 7
Buchst. d und e BayGBGA entbehrlich, wenn ein Grundstück der Ehegatte
oder Lebenspartner und die Kinder als BGB-Gesellschafter erwerben (a. M.
nach der früheren Rechtslage LG Würzburg MittBayNot 1989, 217); entbehrlich ist sie aber beim Erwerb durch den Bund, ein Land oder eine Gemeinde (Nr. 7 Buchst. g BayGBGA). Einer Unbedenklichkeitsbescheinigung
bedarf es auch nicht im Fall der Aneignung eines Grundstücks (s. Anh. zu
§ 44 Rn. 7) und Ersitzung (s. Anh. zu § 44 Rn. 2) sowie zur Eintragung der
in einem Bescheid gem. § 7 BoSoG (§ 7 Abs. 5 Satz 1 SPV) getroffenen
Feststellungen. Zur Notwendigkeit einer Unbedenklichkeitsbescheinigung
bei GBEintragungen im Zusammenhang mit der Privatisierung von ehemals
volkseigenem Vermögen im Gebiet der ehemaligen DDR s. Böhringer
BWNotZ 1992, 96.

50   d) **Prüfung des GBAmts.** Die Unbedenklichkeitsbescheinigung muss
zweifelsfrei den zur Eintragung beantragten Erwerbsvorgang betreffen (OLG
Hamm FGPrax 1997, 170; OLG Köln Rpfleger 2017, 696). Wird sie vom
Finanzamt vor Eintragung des Erwerbers widerrufen, so darf das GBAmt die
Eintragung nicht mehr vornehmen (BayObLG Rpfleger 1975, 227). Das
Finanzamt darf die Erteilung der Bescheinigung nicht deshalb verweigern,
weil es die dem Erwerbsvorgang zugrunde liegenden bürgerlichrechtlichen
Erklärungen für unwirksam hält; darüber entscheidet allein das GBAmt
(BFH MittRhNotK 1995, 279).

     e) **Nachweis.** Die Unbedenklichkeitsbescheinigung muss in der Form
des § 29 Abs. 3 nachgewiesen werden. Ob sie immer im Original vorgelegt
werden muss, ist umstritten. Eine beglaubigte Abschrift genügt jedenfalls
dann, wenn der Notar bestätigt, dass ihm bei der Beglaubigung das Original
vorgelegen hat (KG FGPrax 2012, 9; OLG Naumburg Rpfleger 2015, 131).
Die Bescheinigung ist keine Wirksamkeitsvoraussetzung der Rechtsänderung; ihr Fehlen macht daher das GB nicht unrichtig (BayObLG Rpfleger
1975, 227; OLG Frankfurt MittBayNot 2006, 334). In der Regel ist durch
Zwischenverfügung aufzugeben, die fehlende Unbedenklichkeitsbescheinigung nachzureichen (OLG Zweibrücken FGPrax 2010, 128). Zum Beschwerderecht des Finanzamts s. § 71 Rn. 77. S. zum Ganzen Böhringer, Die
GBSperre des § 22 GrEStG und ihre Ausnahmen, Rpfleger 2000, 99; Hinweise des Bayer. Staatsministeriums der Finanzen NJW 2000, 1169.

31. Nichtausübung gesetzlicher Vorkaufsrechte

51   Das GrundstückverkehrsG ließ den Nachweis des siedlungsrechtlichen
Vorkaufsrechts wegfallen. Das Vorkaufsrecht des Heimstättenausgebers ist
durch die Aufhebung des Reichsheimstättengesetzes entfallen; zur Ausübung

eines auf die Dauer von 30 Jahren vereinbarten Wiederkaufsrechts nach Aufhebung des RHeimstG s. BGH MDR 2006, 323 mit Anm. v. Deutrich MittBayNot 2006, 326, zu dem dabei zu beachtenden Verhältnismäßigkeitsgrundsatz s. BGH Rpfleger 2006, 600. Zu den gesetzlichen Vorkaufsrechten nach den Naturschutzgesetzen s. Anh. zu § 44 Rn. 84. Zur Rückwirkung bei Ausdehnung oder Neueinführung eines gesetzlichen Vorkaufsrechts s. § 19 Rn. 122. Zu den grundbuchsperrenden landesrechtlichen Vorkaufsrechten s. Böhringer NotBZ 2005, 417.

a) Vorkaufsrechte der Gemeinden. Die Vorkaufsrechte, deren Nichtausübung dem GBAmt nachzuweisen ist, ergeben sich aus §§ 24, 25 BauGB. Zur Rechtslage bis zum 31.12.1997 s. 27. Auflage. Soweit ein Grundstück nach dem InvestitionsvorrangG veräußert wird, besteht kein Vorkaufsrecht der Gemeinde (§ 6 Abs. 2 InVorG). Das Vorkaufsrecht besteht nicht nur bei Veräußerung des ganzen Grundstücks, sondern auch bei Veräußerung nur eines Grundstücksteils oder eines Miteigentumsbruchteils (BGH Rpfleger 1984, 232; OLG Frankfurt FGPrax 1995, 139). Es muss sich aber um die Veräußerung eines Grundstücks handeln; dies ist bei Übertragung eines Erb- oder Gesellschaftsanteils auch dann nicht der Fall, wenn dieser nur aus einem Grundstück besteht (vgl. LG Berlin Rpfleger 1994, 502). Auch bei einer teilweise unentgeltlichen Veräußerung (gemischte Schenkung) besteht ein Vorkaufsrecht nicht.

b) Nachweis der Nichtausübung. § 28 Abs. 1 Satz 2 BauGB bestimmt, **52** dass das GBAmt bei Veräußerungen den Erwerber als Eigentümer in das GB nur eintragen darf, wenn ihm die Nichtausübung oder das Nichtbestehen des Vorkaufsrechts nachgewiesen ist; besteht ein Vorkaufsrecht nicht oder wird es nicht ausgeübt, so hat die Gemeinde nach § 28 Abs. 1 Satz 3 des Ges. auf Antrag eines Beteiligten darüber unverzüglich ein Zeugnis auszustellen; das Zeugnis gilt nach § 28 Abs. 1 Satz 4 des Ges. als Verzicht auf die Ausübung des Vorkaufsrechts. Der Investitionsvorrangbescheid ersetzt das Zeugnis (§ 11 Abs. 1 InVorG). Das GBAmt hat selbständig und eigenverantwortlich zu prüfen, ob der Gemeinde ein Vorkaufsrecht überhaupt zusteht. Diese Prüfung anhand des vorgelegten Vertrags hat sich auch darauf zu erstrecken, ob die Ausübung des Vorkaufsrechts gem. § 26 BauGB ausgeschlossen ist (OLG München FGPrax 2008, 13). Das GBAmt kann die Vorlage eines Zeugnisses nicht verlangen, wenn sich aus dem zu vollziehenden notariellen Vertrag ergibt, dass ein Vorkaufsfall nicht gegeben ist, weil der Veräußerung kein Kaufvertrag mit einem Dritten zugrunde liegt (BGH Rpfleger 1979, 97; s. dazu auch KG Rpfleger 1979, 62; OLG Köln Rpfleger 1982, 338). Dies ist auch dann der Fall, wenn ein Miteigentümer seinen Anteil an einen anderen Miteigentümer verkauft (BayObLG Rpfleger 1986, 52), ein Nachlassgrundstück von einem Miterben erworben wird (KG Rpfleger 1979, 62) oder ein Grundstück in eine Gesellschaft eingebracht wird. Ein Vorkaufsrecht besteht aber auch bei einer einem Kauf nahe kommenden Vertragsgestaltung (OLG Frankfurt NJW 1996, 935). Jedoch scheidet ein Tausch jedenfalls dann aus, wenn die Gemeinde die vereinbarte Gegenleistung nicht erbringen könnte (OLG Düsseldorf FGPrax 2010, 275).

53 **c) Ausschluss eines Vorkaufsrechts.** Ein Vorkaufsrecht ist nicht gem. § 26 Nr. 1 BauGB ausgeschlossen, wenn ein Grundstück an den Ehegatten und die Kinder als BGB-Gesellschaft veräußert wird; die Vorlage eines Negativzeugnisses ist daher erforderlich (OLG Celle Rpfleger 2014, 191 mit kritischer Anm. v. Grziwotz ZflR 2014, 533; a. M. nach der früheren Rechtslage LG Würzburg MittBayNot 1989, 217). Etwas anderes gilt wegen § 28 Abs. 2 Satz 2 BauGB, § 471 BGB bei Veräußerung durch den Insolvenzverwalter (LG Lübeck Rpfleger 1990, 159). Ein Negativzeugnis muss dem GBAmt weder beim Kauf noch beim Verkauf eines Grundstücks durch eine Gemeinde, für die das gemeindliche Vorkaufsrecht gilt, vorgelegt werden.

Die Vorlage eines Zeugnisses der Gemeinde über das Nichtbestehen oder die Nichtausübung eines Vorkaufsrechts ist auch dann nicht erforderlich, wenn die Gemeinde auf die Ausübung ihres Vorkaufsrechts allgemein **verzichtet** hat. Dies kann für das ganze Gemeindegebiet oder für sämtliche Grundstücke einer Gemarkung geschehen sein. Der Verzicht und der jederzeit mögliche Widerruf für künftige Verkaufsfälle sind ortsüblich bekanntzumachen und dem GBAmt mitzuteilen (§ 28 Abs. 5 BauGB).

54 Seit 1.7.1987 steht den Gemeinden ein Vorkaufsrecht weder bei der Veräußerung von WEigentum noch von Erbbaurechten zu (§ 24 Abs. 2, § 25 Abs. 2 Satz 1 BauGB). Der Vorlage eines Negativattests bedarf es auch dann nicht, wenn sämtliche WEigentumsrechte einer Wohnanlage veräußert werden (OLG Hamm NotBZ 2012, 112). Auch bei der Veräußerung von Gebäudeeigentum besteht kein Vorkaufsrecht der Gemeinden (LG Erfurt NotBZ 2001, 470). Dasselbe gilt bei der Veräußerung eines selbständigen Fischereirechts nach Art. 8 Abs. 1 BayFischereiG (OLG Nürnberg FGPrax 2015, 119). Das OLG Jena Rpfleger 2018, 137 hält eine entsprechende Anwendung von § 24 Abs. 2 BauGB auf sämtliche sonstige öffentlich-rechtliche Vorkaufsrechte nicht für möglich.

32. Behördliche Genehmigungen

55 Verschiedentlich bedürfen die Auflassung eines Grundstücks sowie die Bestellung oder Übertragung eines Erbbaurechts zu ihrer Wirksamkeit einer behördlichen Genehmigung. Über behördliche Genehmigungen im Allgemeinen s. § 19 Rn. 116; zu Einzelfällen, in denen eine behördliche Genehmigung erforderlich ist, s. § 19 Rn. 123 ff.; zur familiengerichtlichen oder betreuungsgerichtlichen Genehmigung s. Rn. 41 sowie § 19 Rn. 65, 68; zu den kirchenaufsichtlichen Genehmigungen s. § 19 Rn. 139.

33. Kosten

56 **a) Eigentümereintragung.** Für die Eintragung eines Eigentümers oder die von Miteigentümern wird eine Gebühr von 1,0 erhoben (Nr. 14110 Nr. 1 GNotKG-KV). Die unter der Geltung der KostO bestehende Ermäßigung der Gebühr bei Eintragung des Ehegatten, des Lebenspartners oder von Abkömmlingen des eingetragenen Eigentümers ist durch das GNotKG beseitigt worden. Dagegen ist die Gebührenbegünstigung bei Eintragung der Erben des eingetragenen Eigentümers beibehalten und auf die Erben eines BGB-Gesellschafters erstreckt worden. S. dazu § 40 Rn. 23. Wird derselbe

Eigentümer bei mehreren Grundstücken eingetragen, über die das GB bei demselben Amtsgericht geführt wird, ist die Gebühr nur einmal zu erheben, wenn die Anträge am selben Tag beim GBAmt eingegangen sind (Vorbem. 1.4 Abs. 3 GNotKG-KV). Maßgebender Geschäftswert ist in diesem Fall der zusammengerechnete Wert der Grundstücke (§ 69 Abs. 1 GNotKG).

Für die Fortführung des Liegenschaftskatasters fällt eine Gebühr von 30% der Eintragungsgebühr an, die zusammen mit dieser vom GBAmt erhoben wird (Art. 1 Abs. 3, Art. 3 BayKatFortGebG). Für die Eintragung einer Eigentumsvormerkung wird eine Gebühr von 0,5 erhoben (Nr. 14150 GNotKG-KV) und für deren Löschung eine Festgebühr von 25 EUR (Nr. 14152 GNotKG-KV). Zu der Frage, ob diese für die Löschung bei jedem Grundstück gesondert anfällt, wenn die Vormerkung bei mehreren Grundstücken eingetragen ist, s. § 46 Rn. 26.

Über die EintrGebühren bei Bestellung oder Übertragung eines Erbbaurechts s. Anh. zu § 8 Rn. 61, 62.

b) Notar. Für die Beurkundung der Auflassung fällt die Gebühr von 2,0, **57** mindestens 120 EUR, gemäß Nr. 21100 GNotKG-KV auch dann an, wenn der Kaufvertrag von einem ausländischen Notar beurkundet worden ist; die Gebühr von 1,0, mindestens 60 EUR, gemäß Nr. 21102 GNotKG-KV kommt nicht zur Anwendung (BayObLG DNotZ 1978, 58; OLG Hamm FGPrax 1998, 114; a. M. OLG Zweibrücken FGPrax 1995, 204; OLG Celle JurBüro 1997, 207 mit abl. Anm. v. Bund; OLG Jena NJW-RR 1998, 645; OLG Karlsruhe BWNotZ 1998, 64; OLG Köln FGPrax 2002, 88 mit abl. Anm. v. Knoche RNotZ 2002, 241; OLG Düsseldorf und OLG Stuttgart DNotZ 1991, 410ff. mit abl. Anm. v. Lappe; ablehnend auch Knoche MittRhNotK 1990, 140).

c) Geschäftswert. Er bestimmt sich bei Eintragung des Eigentumsüber- **58** gangs eines Grundstücks nach §§ 46ff. GNotKG. Liegt ein Kauf zugrunde, ist maßgebend der Kaufpreis, es sei denn, der Verkehrswert ist höher (§ 47 GNotKG). Für letzteres spricht, dass bei einer alsbaldigen Weiterveräußerung ein deutlich höherer Kaufpreis erzielt wurde; dieser kann dann zugrunde gelegt werden (OLG München Rpfleger 2015, 171, 604). Die für die Geschäftswertberechnung maßgebende Ausnahmevorschrift, wonach beim Kauf eines Grundstücks eine für Rechnung des Erwerbers vorgesehene Bebauung bei der Ermittlung des Werts außer Betracht bleibt, wurde in das GNotKG nicht übernommen (OLG Saarbrücken NotBZ 2014, 391). Wird ein Grundstück zum Zwecke der Kapitalerhöhung übertragen, so bestimmt sich der Geschäftswert nach dem Grundstückswert; die EG-Gesellschaftssteuerrichtlinie v. 17.7.1969 (69/335/EWG) i. d. F. der Richtlinie v. 10.6.1985 (85/303/EWG) findet keine Anwendung (OLG Hamm Rpfleger 2001, 153). Eine besondere Regelung enthält § 70 GNotKG für Gesamthandsgemeinschaften. Grundsätzlich sollen sie wie eine Bruchteilsgemeinschaft behandelt werden. Betroffen sind insbesondere Anteilsübertragungen bei der Erbengemeinschaft. Auf die OHG, die KG, die Partnerschaftsgesellschaft und die EWIV ist die Bestimmung nicht anzuwenden. Zur Anwendung bei der BGB-Gesellschaft s. § 22 Rn. 64, 65.

Wegfall der Eintragungsbewilligung mittelbar Betroffener

21 Steht ein Recht, das durch die Eintragung betroffen wird, dem jeweiligen Eigentümer eines Grundstücks zu, so bedarf es der Bewilligung der Personen, deren Zustimmung nach § 876 Satz 2 des Bürgerlichen Gesetzbuchs zur Aufhebung des Rechtes erforderlich ist, nur dann, wenn das Recht auf dem Blatt des Grundstücks vermerkt ist.

1. Allgemeines

1   § 21 enthält eine Einschränkung des § 19, indem er in bestimmten Fällen die Bewilligung mittelbar Betroffener ersatzlos entfallen lässt.

2. Geltungsgebiet

2   Die Bestimmung bezieht sich nur auf Eintragungen bei einem subjektiv-dinglichen Recht (s. § 9 Rn. 2). Dabei muss es sich um eine Eintragung handeln, durch die das Recht betroffen wird, d. h. eine Einbuße erleidet; erforderlich ist weiter, dass die Eintragung auf Grund einer Bewilligung, nicht etwa auf Grund Unrichtigkeitsnachweises erfolgen soll. Ob die Eintragung eine Rechtsänderung oder eine Berichtigung bezweckt, macht keinen Unterschied; da ein subjektiv-dingliches Recht nicht selbständig übertragen oder belastet werden kann, kommen als rechtsändernde Eintragungen, von der Sondervorschrift des § 1109 Abs. 2 BGB abgesehen, nur die Eintragung der Aufhebung, einer Inhaltsänderung oder einer Rangänderung in Betracht.

3. Bewilligung mittelbar Betroffener

3   **a) Entbehrlichkeit.** Gemäß § 19 ist zu einer Eintragung auch die Bewilligung der nur mittelbar Betroffenen erforderlich (s. § 19 Rn. 52 ff.). Wird ein subjektiv-dingliches Recht von der Eintragung betroffen, so müsste diese im Hinblick auf § 876 Satz 2, §§ 877, 880 Abs. 3 und § 1109 Abs. 2 BGB grundsätzlich auch von den an dem herrschenden Grundstück dinglich Berechtigten bewilligt werden. Zwecks Erleichterung des GBVerkehrs erklärt § 21 die Bewilligung dieser mittelbar Betroffenen dann für entbehrlich, wenn das subjektiv-dingliche Recht auf dem Blatt des herrschenden Grundstücks nicht vermerkt ist. An dem Erfordernis der sachlichrechtlichen Zustimmung wird hierdurch nichts geändert; fehlt diese, so tritt keine Rechtsänderung ein und wird das GB durch die Eintragung unrichtig (BayObLG Rpfleger 1998, 468). Die an dem herrschenden Grundstück dinglich Berechtigten können sich ihre verfahrensrechtliche Beteiligung durch Antragstellung gemäß § 9 sichern. Dies setzt voraus, dass es sich um ein eintragungsfähiges subjektiv-dingliches Recht handelt. Zur Aufhebung oder Inhaltsänderung eines nicht eintragungsfähigen Rechts ist die Bewilligung der nachteilig betroffenen dinglich Berechtigten nicht entbehrlich (s. dazu § 9 Rn. 5).

4   **b) Notwendigkeit.** Ist das subjektiv-dingliche Recht auf dem Blatt des herrschenden Grundstücks vermerkt, so gilt die Regel des § 19. Zu der Bewilligung des unmittelbar Betroffenen muss also die Bewilligung der an dem herrschenden Grundstück dinglich Berechtigten hinzutreten, es sei denn,

dass ihr Recht nicht berührt wird. Grundpfandgläubiger des herrschenden Grundstücks werden stets berührt; bei anderen Berechtigten ist die Beeinträchtigung von Fall zu Fall zu beurteilen. Auch die Bewilligung des Berechtigten einer Eigentumsvormerkung am herrschenden Grundstück ist erforderlich, aber ebenfalls nur im Fall eines Vermerks nach § 9 (a. M. Jung Rpfleger 2000, 372). Hat der Ersteher vor seiner Eintragung als Eigentümer die Löschung eines mit dem Eigentum an dem versteigerten Grundstück verbundenen Rechts bewilligt, so darf die Löschung des Rechts in entsprechender Anwendung des § 130 Abs. 3 ZVG erst nach Erledigung des in § 130 Abs. 1 ZVG bezeichneten Ersuchens erfolgen (JFG 10, 199).

c) Unschädlichkeitszeugnis. Die zur Aufhebung eines subjektiv-ding- 5 lichen Rechts erforderliche Mitwirkung der an dem herrschenden Grundstück dinglich Berechtigten kann nach Maßgabe der Landesgesetzgebung durch ein Unschädlichkeitszeugnis ersetzt werden (Art. 120 Abs. 2 Nr. 2 EGBGB); in Bayern s. Art. 72 bis 74 AGBGB und dazu § 19 Rn. 11.

Berichtigung des Grundbuchs

22 (1) **Zur Berichtigung des Grundbuchs bedarf es der Bewilligung nach § 19 nicht, wenn die Unrichtigkeit nachgewiesen wird. Dies gilt insbesondere für die Eintragung oder Löschung einer Verfügungsbeschränkung.**

(2) **Die Berichtigung des Grundbuchs durch Eintragung eines Eigentümers oder eines Erbbauberechtigten darf, sofern nicht der Fall des § 14 vorliegt oder die Unrichtigkeit nachgewiesen wird, nur mit Zustimmung des Eigentümers oder des Erbbauberechtigten erfolgen.**

Inhaltsübersicht

1. Allgemeines

§ 22 sieht für den Fall der GBBerichtigung eine Ausnahme von § 19 vor; 1 statt der hiernach notwendigen Bewilligung wird zur Erleichterung des GBVerkehrs der Nachweis der Unrichtigkeit für genügend erklärt.

Besteht die Berichtigung des GB in der **Eintragung eines Eigentümers** oder Erbbauberechtigten, so darf sie grundsätzlich nur mit dessen Zustimmung vorgenommen werden. Diese Regelung erklärt sich daraus, dass mit dem Eigentum an einem Grundstück sowie mit einem Erbbaurecht auch öffentlich-rechtliche Verpflichtungen verbunden sind und demnach an der Übereinstimmung zwischen GB und wahrer Rechtslage ein besonderes Interesse besteht (KGJ 25, 102). Die anfänglich nur für den Fall des § 14 vorgesehene Ausnahme ist durch die VereinfVO v. 5.10.1942 (RGBl. I 573) berechtigterweise auf den Fall des Unrichtigkeitsnachweises ausgedehnt worden.

2   Berichtigt wird das GB durch **Vornahme einer Eintragung.** Diese kann in der vollständigen oder teilweisen Löschung einer früheren Eintragung bestehen, in der Ergänzung einer vorhandenen Eintragung oder einer völligen Neueintragung, auch in der Form der Wiedereintragung einer zu Unrecht gelöschten Eintragung. In Betracht kommen kann auch die Löschung einer Eintragung verbunden mit einer Neueintragung anderen Inhalts. Ein zu Unrecht gelöschtes Recht ist vorbehaltlich des gutgläubig erworbenen Vorrangs eines zwischenzeitlich eingetragenen anderen Rechts mit seinem ursprünglichen Rang wieder einzutragen. Zum Rang eines außerhalb des GB entstandenen Rechts s. § 45 Rn. 24.

3   § 22 ist nur **Ordnungsvorschrift;** ein Verstoß berührt die wahre Rechtslage nicht. Der ungerechtfertigte Antrag auf Löschung eines Rechts durch Nachweis der Unrichtigkeit des GB löst grundsätzlich keine Schadensersatzansprüche des Betroffenen infolge gutgläubigen Erwerbs eines Dritten aus (BGH Rpfleger 2005, 135 mit Anm. v. Demharter Rpfleger 2005, 185 und Dümig ZfIR 2005, 108).

2. Berichtigung

4   Die Berichtigung gemäß § 22 setzt eine Unrichtigkeit des GB im Sinn des § 894 BGB voraus. Sie ist gegeben, wenn der Inhalt des GB in Ansehung eines Rechts an einem Grundstück, eines Rechts an einem solchen Recht oder einer Verfügungsbeschränkung der in § 892 Abs. 1 BGB bezeichneten Art mit der wirklichen Rechtslage nicht im Einklang steht (BayObLG Rpfleger 1988, 254); sie liegt ferner vor, falls es an dieser Übereinstimmung in Ansehung einer Vormerkung oder eines Widerspruchs fehlt (BayObLG DNotZ 1989, 363; BGH NJW 1973, 323). Über nicht hierher gehörende Fälle s. Rn. 22.

Ziel der GBBerichtigung ist es, die Übereinstimmung des GB mit der wirklichen Rechtslage wieder herzustellen. Dazu darf das GB nur in der Weise berichtigt werden, dass es den im Zeitpunkt der Berichtigung bestehenden Rechtszustand insgesamt richtig wiedergibt. Ist das GB in mehrfacher Hinsicht unrichtig, ist nur eine Gesamtberichtigung zulässig (OLG München FGPrax 2019, 6 mit Anm. v. Winkler MittBayNot 2019, 147). Zu beachten ist, dass das zunächst unrichtige GB durch Vorgänge außerhalb des GB, durch gutgläubigen Erwerb (§ 892 BGB) oder, wenn ein Recht an einem fremden Grundstück zu Unrecht gelöscht wurde, infolge Verjährung (§ 901 BGB) richtig geworden sein kann.

§ 22 gilt auch, wenn die Eintragung, deren Berichtigung begehrt wird, **5** gemäß § 38 auf behördliches Ersuchen vorgenommen worden ist (BGH FGPrax 2017, 243; OLG Frankfurt Rpfleger 1996, 336).

3. Unrichtigkeit

Die Unrichtigkeit des GB kann eine ursprüngliche (s. Rn. 7) oder eine **6** nachträgliche (s. Rn. 14) sein; im ersten Fall spricht man von einer Unrichtigkeit im engeren Sinn, im letzteren von einer Unvollständigkeit. § 22 gilt an sich für beide Arten der Unrichtigkeit, ist jedoch unanwendbar, wenn das GBAmt bei der Eintragung die ihm bekannte Rechtslage unrichtig beurteilt hat (OLG München Rpfleger 2010, 491; BayObLG 28, 202; s. auch KGJ 26, 80; BayObLG OLG 42, 162). Über die Bedeutung der Unterscheidung für die Beschwerde s. § 71 Rn. 27.

4. Ursprüngliche Unrichtigkeit

Diese liegt bei von vornherein unrichtiger Eintragung vor und kann so- **7** wohl bei rechtsändernden als auch bei berichtigenden Eintragungen in Betracht kommen.

a) Rechtsändernde Eintragung. Ursprüngliche Unrichtigkeit ist gegeben:

- Wenn es an den sachlichrechtlichen Voraussetzungen für den Eintritt der Rechtsänderung fehlt. Dies ist z. B. der Fall, wenn die zur Entstehung eines eingetragenen Rechts erforderliche Einigung (§ 873 BGB) fehlt oder unwirksam ist, wenn die zur Aufhebung eines gelöschten Rechts notwendige Aufgabeerklärung des Berechtigten (§ 875 BGB) oder die Zustimmung des Pfandgläubigers (§ 876 BGB) oder Vormerkungsberechtigten (JFG 9, 219) nicht vorliegt oder wenn das GBAmt versehentlich oder auf Grund einer mit der Einigung nicht übereinstimmenden Eintr-Bewilligung einen falschen Berechtigten (KGJ 39, 178) oder einen nicht existenten Berechtigten (s. dazu § 44 Rn. 55), ein anderes Recht (s. RG 123, 170) oder etwas über die Einigung Hinausgehendes eingetragen hat. Letzteres trifft beispielsweise zu bei Eintragung einer Hyp. zu einem höheren Betrag oder bei Eintragung eines unbedingten statt eines bedingten oder eines unbefristeten statt eines befristeten Rechts; hier ist das GB in Höhe des überschießenden Betrags bzw. insofern unrichtig, als nur ein bedingtes oder befristetes Recht entstanden ist (RG 106, 113; BGH NJW 1990, 114; BayObLG MittBayNot 1998, 256; OLG Hamm ZWE 2012, 39; OLG München MittBayNot 2017, 248). Hat das GBAmt weniger eingetragen, etwa eine Hyp. zu einem geringeren Betrag oder als Sicherungshyp. statt als Verkehrshypothek, so ist das GB nur dann unrichtig, wenn das Eingetragene nicht mehr als gewollt anzusehen ist (RG 108, 149; 123, 170).

- Wenn eine mit der Eintragung eines Rechts entstandene Belastung dessel- **8** ben nicht vermerkt, z. B. bei der für eine gepfändete Forderung eingetragenen Hyp. das Pfändungspfandrecht nicht verlautbart ist (JFG 5, 417; KG HRR 1931 Nr. 1048).

9 • Wenn die Eintragung mehrerer Berechtigter ohne die erforderliche Angabe des Gemeinschaftsverhältnisses, also unter Verletzung des § 47 Abs. 1 erfolgt ist (KGJ 50, 151).

10 • Wenn der durch eine Vormerkung gesicherte Anspruch nicht besteht (KGJ 52, 164; RG 163, 63; BayObLG Rpfleger 1987, 450; a. M. RG JW 1933, 1823) oder einem eingetragenen Widerspruch kein Berichtigungsanspruch zugrunde liegt; desgleichen, wenn eine Vormerkung, ein Widerspruch oder eine Verfügungsbeschränkung unberechtigterweise gelöscht worden ist (KG HRR 1934 Nr. 1223; BGH NJW 1973, 323). Durch die Eintragung einer vormerkungswidrigen Verfügung wird das GB nicht unrichtig, wohl aber durch die Eintragung einer dem Vormerkungsberechtigten gegenüber wirksamen Verfügung ohne Wirksamkeitsvermerk (s. hierzu Rn. 20).

11 **b) Berichtigende Eintragung.** Ursprüngliche Unrichtigkeit ist gegeben:
• Wenn das GB vor der Eintragung richtig war, die Unrichtigkeit also zu Unrecht angenommen worden ist.

12 • Wenn die berichtigende Eintragung die Unrichtigkeit nicht vollständig beseitigt hat, z. B. bei Eintragung einer Erbengemeinschaft die durch Erbteilspfändung entstandene Verfügungsbeschränkung eines Miterben (RG 90, 235) nicht verlautbart ist.

13 • Wenn durch die berichtigende Eintragung eine neue Unrichtigkeit herbeigeführt, z. B. statt des wahren Erben ein anderer als Erbe eingetragen wurde.

5. Nachträgliche Unrichtigkeit

14 Sie ist die Folge von Rechtsänderungen, die sich außerhalb des GB, d. h. ohne Eintragung vollzogen haben. In Betracht kommen folgende Vorgänge:

a) Entstehung eines eintragungsfähigen Rechts. Als Beispiele sind zu nennen: Verpfändung einer Briefhyp. (§ 1274 Abs. 1, § 1154 Abs. 1 BGB) oder Begründung dinglicher Rechte durch unanfechtbaren Bescheid des Amts zur Regelung offener Vermögensfragen (§ 34 Abs. 1 Satz 1, 2 VermG) oder durch bestandskräftigen Sonderungsbescheid (§ 13 Abs. 1 BoSoG; s. auch § 7 SPV).

15 **b) Übergang eines eingetragenen Rechts.** Als Beispiele sind zu nennen: Erbfolge (§ 1922 BGB; zum Vindikationslegat s. § 35 Rn. 5.2). Übertragung von Erbanteilen (§ 2033 Abs. 1 BGB; vgl. BayObLG Rpfleger 1995, 103; zur Übertragung durch schriftlichen Vergleich gemäß § 278 Abs. 6 ZPO s. OLG Celle NJW 2013, 2979). Anwachsung des Anteils eines Miterben aufgrund Abschichtung (s. dazu, insbes. auch zum Formerfordernis, BGH Rpfleger 1998, 287; OLG Zweibrücken ZEV 2012, 264 mit Anm. v. Böhringer; OLG Hamm Rpfleger 2014, 479 mit Anm. v. Bestelmeyer; OLG München ZIP 2014, 482); die Abschichtung kann nicht auf einzelne Nachlassgegenstände beschränkt werden (OLG Frankfurt FGPrax 2019, 106). Anwachsung des Anteils eines ausscheidenden Gesellschafters bürgerlichen Rechts (§ 738 Abs. 1 Satz 1 BGB; s. dazu § 47 Rn. 31.2). Vereinbarung der Gütergemeinschaft (§ 1416 Abs. 2 BGB). Spaltung eines Treuhandunternehmens (§ 10 SpTrUG v. 5.4.1991, BGBl. I 854; s. auch § 12 SpTrUG und

Weimar DtZ 1991, 182). Vermögenszuordnung auf Grund eines Bescheids des Präsidenten der Treuhandanstalt (später Bundesanstalt für vereinigungsbedingte Sonderaufgaben, s. VO v. 20.12.1994, BGBl. I 3913) oder des Oberfinanzpräsidenten gem. § 2 (s. auch § 4) VZOG (vgl. § 3 VZOG). Bodensonderung auf Grund eines Bescheids der Sonderungsbehörde gem. § 7 BoSoG (vgl. § 7 SPV; s. dazu § 2 Rn. 13). Rückübertragung von Eigentumsrechten oder sonstigen dinglichen Rechten durch unanfechtbaren Bescheid des Amts zur Regelung offener Vermögensfragen (§ 34 Abs. 1 VermG). Übertragung des Eigentums an Bodenreformgrundstücken kraft Gesetzes (Art. 233 § 11 Abs. 2 EGBGB; s. hierzu auch Rn. 46, 60; ferner Böhringer Rpfleger 1993, 89, 183; Tremmel Rpfleger 1993, 177; Keller MittBayNot 1993, 70; Rpfleger 1993, 317).

Ferner Übertragung von Eigentum und dinglichen Rechten der Bundesrepublik Deutschland auf die Bundesanstalt für Immobilienaufgaben gem. BImA-EinrichtungsG v. 9.12.2004, BGBl. I 3235; s. dazu Stellwaag Rpfleger 2008, 293. Übergang des Vermögens einer Unterstützungskasse gem. § 9 Abs. 3 BetrAVG auf den Pensionssicherungsverein Versicherungsverein auf Gegenseitigkeit (PSVaG; s. dazu Schulte Rpfleger 2007, 365). Grenzregelung (jetzt: vereinfachte Umlegung) gemäß §§ 80 ff. BauGB (BayObLG 1981, 10). Umwandlung inländischer Rechtsträger nach dem UmwandlungsG v. 28.10. 1994 (BGBl. I 3210; s. dazu Böhringer Rpfleger 2001, 59; zur Spaltung eines Rechtsträgers s. OLG Hamm FGPrax 2011, 192, ferner LG Ellwangen mit Anm. v. Böhringer Rpfleger 1996, 154 und § 28 Rn. 5). Zur GBBerichtigung auf Grund der Postreform siehe das Merkblatt des BJM v. 12.12.1994 (MittBayNot 1995, 501); zur Heilung unwirksamer Übertragungen von volkseigenem Vermögen im Gebiet der ehemaligen DDR im Weg der Umwandlung s. Art. 231 § 9 EGBGB.

Als **weitere Beispiele** sind zu nennen: Abtretung einer Briefhyp. (§ 1154 Abs. 1 BGB). Übergang von Hyp. und Grundschulden infolge Bestandsübertragung zwischen zwei Bausparkassen (§ 14 BausparkassenG i. d. F. v. 15.2. 1991, BGBl. I 455; vgl. JFG 13, 152) oder Übergang einer Hyp. auf den Versicherer (§ 104 Satz 1 VVG; OLG Hamm Rpfleger 2002, 614), den Eigentümer (§ 1143 Abs. 1, § 1163 Abs. 1 Satz 2, § 1172 Abs. 1, § 1173 BGB; § 868 Abs. 1 ZPO; § 88 InsO, vgl. dazu BayObLG Rpfleger 2000, 448), den persönlichen Schuldner (§§ 1164, 1174 BGB) oder einen Dritten (§§ 1150, 774 BGB). Ferner Ablösung eines Grundpfandrechts durch Hinterlegung (s. dazu OLG München FGPrax 2008, 52 mit zust. Anm. v. Böttcher ZfIR 2008, 507; die Ablösung ist ebenso wie das Erlöschen eines Pfandrechts in der Form des § 29 Abs. 1 Satz 2 nachzuweisen: OLG München NotBZ 2013, 279). Aufhebung einer Zwangshyp. zu Grunde liegenden Titels (s. Anh. zu § 44 Rn. 65.4). Übergang eingezogenen Vereinsvermögens (§ 11 Abs. 2 VereinsG v. 5.8.1964, BGBl. I 592). Übergang von Grundstücken aufgrund eines Spaltungs- und Übernahmevertrags (§ 126 Abs. 2 Satz 2 UmwG; s. dazu § 28 Rn. 5), ferner als Folge eines Wechsels der Straßenbaulast gemäß § 6 Abs. 1 FStrG (OLG Zweibrücken FGPrax 2013, 23; 2014, 208, zugleich zu den dem GBAmt zu erbringenden Nachweisen) oder gemäß Art. 11 BayStrWG (OLG München Rpfleger 2015, 392, zugleich zum Übergang auch der dinglichen Belastungen).

16   Über den Zeitpunkt des Eigentumsübergangs im Enteignungsverfahren
s. Art. 34 Abs. 6 des Bayer. Gesetzes über die entschädigungspflichtige Enteignung i. d. F. v. 25.7.1978 (BayRS 2141-1-B); s. dazu auch BayObLG 1971,
341. Aus der Autonomie der Kirche folgt nicht die Befugnis, für den Bereich
des staatlichen Rechts einen Übergang des Eigentums an einem Grundstück
mit der Wirkung anzuordnen, dass das GB unrichtig wird (s. dazu § 20
Rn. 9). Der öffentlich-rechtliche Rückübertragungsanspruch gem. § 3 Abs. 1
VermG ändert an der dinglichen Rechtslage nichts; er macht das GB nicht
unrichtig und kann daher auch nicht Grundlage eines Widerspruchs nach
§ 899 BGB sein (LG Berlin DtZ 1991, 412; BezG Dresden DtZ 1991, 250,
302; BezG Frankfurt NJ 1992, 218).

17   **c) Inhaltsänderung eines eingetragenen Rechts.** Als Beispiel ist zu
nennen die Änderung der Zahlungsbedingungen einer Hyp. zufolge § 3 VO
zur Regelung der Fälligkeit alter Hyp. v. 22.12.1938 (RGBl. I 1905); die VO
hat keine nennenswerte Bedeutung mehr.

18   **d) Erlöschen eines eingetragenen Rechts.** S. dazu § 84 Rn. 6 ff. Als
Beispiele sind zu nennen: Erlöschen von Vorkaufsrechten gemäß § 28 Abs. 2
Satz 2 BauGB (früher § 24 Abs. 4 Satz 5 BBauG; zur Verfassungsmäßigkeit
dieser Vorschrift s. BayObLG MittBayNot 1980, 113) sowie § 5 Satz 1
RSiedlG i. d. F. des Ges. v. 26.7.1961 (BGBl. I 1091), eines für den ersten
Verkaufsfall bestellten Vorkaufsrechts, wenn das belastete Grundstück im
Hinblick auf ein künftiges Erbrecht oder in anderer Weise als durch Verkauf
im Weg der Sonderrechtsnachfolge auf einen Dritten übergegangen ist (s.
dazu Anh. zu § 44 Rn. 83), einer Vormerkung, wenn der gesicherte Anspruch
erloschen ist (s. dazu Anh. zu § 44 Rn. 89) oder bei einer Bedingung oder
Befristung der Vormerkung (nicht des gesicherten Anspruchs) die auflösende
Bedingung oder der Endtermin eingetreten ist (BayObLG MittBayNot
1989, 312).
       Weitere Beispiele sind: Erlöschen einer Grunddienstbarkeit nach § 1026
BGB (BayObLG Rpfleger 1987, 451; s. dazu § 7 Rn. 13 und § 46 Rn. 19),
eines Nießbrauchs oder einer beschränkten persönlichen Dienstbarkeit gemäß §§ 1061, 1090 Abs. 2 BGB (zum Erlöschen einer juristischen Person
erst mit Vollbeendigung s. OLG Schleswig FGPrax 2011, 71 und § 19
Rn. 103; zur Ausnahme gemäß § 1059a BGB bei Verschmelzung einer Genossenschaft als Berechtigte mit einer anderen s. BayObLG Rpfleger 1983,
391), eines Gemeindenutzungsrechts privatrechtlicher Art durch Verzichts-
und Aufhebungserklärung und eines solchen öffentlich-rechtlicher Art durch
Ablösung oder Verzicht (BayObLG BayVBl. 1990, 26), einer Zwangssicherungshyp. durch Eröffnung des Insolvenzverfahrens (Rückschlagsperre;
s. Anh. zu § 44 Rn. 66.1, 66.2).

19   **e) Entstehen einer Verfügungsbeschränkung.** Dabei kann es sich um
die Entstehung einer eintragungsfähigen (s. Rn. 50) oder das Erlöschen einer
eingetragenen Verfügungsbeschränkung handeln oder um den Übergang
oder das Erlöschen eines durch eine Vormerkung gesicherten Anspruchs.
       Als Beispiele sind zu nennen: Aufnahme eines Grundstücks oder dingli-
chen Rechts, z. B. eines Grundpfandrechts in den Deckungsstock des Versi-

cherers (zur Eintragung des Sperrvermerks gem. § 129 VAG s. Anh. zu § 13 Rn. 33; zur GBSperre s. Rn. 52; zur Löschung s. § 46 Rn. 8) oder Verpfändung oder Pfändung eines Miterbenanteils oder des Anteils eines BGB-Gesellschafters (s. dazu Anh. zu § 13 Rn. 33.1 und 33.2). Zur GBUnrichtigkeit bei Erlöschen des durch eine Vormerkung gesicherten Anspruchs s. Anh. zu § 44 Rn. 89.

6. Sonderfälle

a) Wirksamkeitsvermerk. Durch die Eintragung einer vormerkungs- 20 widrigen Verfügung wird das GB nicht unrichtig (s. dazu Anh. zu § 44 Rn. 85). Ist eine nach der Vormerkung eingetragene Verfügung dem Vormerkungsberechtigten gegenüber wirksam, z. B. ein Grundpfandrecht, das mit Zustimmung des Käufers bestellt wird, für den eine Eigentumsvormerkung eingetragen ist, so ist dies durch Eintragung eines Wirksamkeitsvermerks kenntlich zu machen (BGH Rpfleger 1999, 383), bei dem es sich nicht um einen Klarstellungsvermerk handelt (s. § 71 Rn. 47). Andernfalls wird das GB unrichtig (OLG Saarbrücken Rpfleger 1995, 404; Lehmann NJW 1993, 1558; Frank MittBayNot 1996, 271; s. auch die abl. Anm. zu OLG Köln Rpfleger 1998, 106 v. Lehmann MittRhNotK 1997, 396 und Gursky DNotZ 1998, 273). Dasselbe gilt bei Bestellung eines Grundpfandrechts mit Zustimmung des Veräußerers, für den eine Vormerkung zur Sicherung des bedingten Anspruchs auf Rückübertragung des Grundstücks eingetragen ist (LG Krefeld RNotZ 2002, 286). Der Vermerk ist sowohl bei dem begünstigten Recht als auch bei der Vormerkung einzutragen (BGH Rpfleger 1999, 383; vgl. § 18 GBV), und zwar bei nachträglicher Eintragung jeweils in der Veränderungsspalte, sonst in der Hauptspalte. Wird das Grundpfandrecht im Rang vor der Eigentumsvormerkung eingetragen, ist für einen Wirksamkeitsvermerk kein Raum (LG Darmstadt Rpfleger 2004, 482 unter Aufgabe von NJW-RR 2003, 233). Statt des Wirksamkeitsvermerks kann auch ein Rangrücktritt im GB eingetragen werden; dies wird durch die Möglichkeit der Eintragung eines Wirksamkeitsvermerks nicht ausgeschlossen (OLG Bremen Rpfleger 2005, 529).

Wird der Wirksamkeitsvermerk zugleich mit dem gegenüber dem Vormerkungsberechtigten wirksamen Recht eingetragen, verhindert er eine GBUnrichtigkeit. Die Wirksamkeit muss dem GBAmt in der Form des § 29 nachgewiesen werden; jedoch genügt eine Bewilligung des Vormerkungsberechtigten als des Betroffenen. Die nachträgliche Eintragung des Vermerks ist GBBerichtigung und setzt einen Unrichtigkeitsnachweis in der Form des § 29 voraus oder eine Berichtigungsbewilligung des Vormerkungsberechtigten (vgl. BayObLG FGPrax 1997, 135). Sofern sich die Zustimmung des Vormerkungsberechtigten zu der Bestellung des Grundpfandrechts aus der EintrBewilligung zweifelsfrei ergibt, muss das GBAmt mit dem Grundpfandrecht von Amts wegen einen Wirksamkeitsvermerks eintragen, weil es sonst das GB unrichtig machen würde (Demharter Rpfleger 2013, 605). Das OLG München FGPrax 2016, 112 hat offen gelassen, ob der Wirksamkeitsvermerk im Weg der GBBerichtigung auf Antrag oder nach den Regeln der Richtigstellung von Amts wegen einzutragen ist.

Zum bedingten Rangvorbehalt als kostengünstige Alternative s. Vierling/
Mehler/Gotthold MittBayNot 2005, 375. Zum Wirksamkeitsvermerk in der
Zwangsversteigerung s. Stöber MittBayNot 1997, 143; zum Wirksamkeitsvermerk und guten Glauben s. Lehmann MittRhNotK 1997, 258; zum
Wirksamkeitsvermerk anstelle von Rangvermerken s. Lehmann NJW 1999,
3318; Schubert DNotZ 1999, 967; zum Wirksamkeitsvermerk und Rangvermerken bei der Vormerkung, zugleich Anm. zu OLG Celle Rpfleger
2013, 603, s. Kesseler RNotZ 2014, 155. Zu den Kosten der Eintragung
eines Wirksamkeitsvermerks s. Rn. 66. Zur Beschwerde gegen einen Wirksamkeitsvermerk s. § 71 Rn. 47. S. dazu auch § 45 Rn. 18, § 51 Rn. 25 und.
zum Ganzen Blank ZflR 2001, 419, ferner zu allen Seiten des Wirksamkeitsvermerks die umfassende Darstellung von Schultz RNotZ 2001, 541.

21   **b) Altrechtliche Dienstbarkeit.** Eine besonders geartete Unrichtigkeit
liegt vor, wenn eine unter der Geltung des früheren Rechts entstandene
Grunddienstbarkeit nicht eingetragen ist. S. dazu Art. 184, 187 EGBGB; KGJ
51, 252; BayObLG Rpfleger 1982, 467; 1990, 351. Bei der Eintragung, deren
die altrechtliche Dienstbarkeit zur Erhaltung der Wirksamkeit gegenüber
dem öffentlichen Glauben des GB nicht bedarf, ist § 1026 BGB zu beachten.
Die erforderlichen Nachweise hat derjenige zu erbringen, der die Eintragung
der Dienstbarkeit im Weg der GBBerichtigung betreibt. Nachzuweisen ist
auch, dass die Dienstbarkeit nicht erloschen ist (in Bayern durch zehnjährige
Nichtausübung: Art. 56 Abs. 3, Art. 57 Abs. 1 AGBGB v. 20.9.1982, BayRS
400-1-J; BayObLG Rpfleger 1990, 351), sofern es sich dabei nicht nur um
eine ganz entfernte, theoretische Möglichkeit handelt (BayObLG 1988,
102/107; OLG Karlsruhe Rpfleger 2002, 304; OLG München MittBayNot
2014, 47). Eine altrechtliche Dienstbarkeit bleibt mit dem sich bei ihrer Bestellung ergebenden Rang bestehen; § 879 BGB gilt auch bei GBAnlegung
nicht. Die Eintragung der Dienstbarkeit setzt daher voraus, dass sie mit dem
ihr danach zukommenden Rang eingetragen werden kann. Sind Rechte
eingetragen, die nach ihrer Entstehung entstanden sind, ist ein Rangrücktritt
der Berechtigten dieser Rechte erforderlich (OLG München MittBayNot
2014, 54 mit Anm. v. Zeiser zu der erforderlichen Unterscheidung zwischen
einer Eintragung aufgrund Unrichtigkeitsnachweises und aufgrund Berichtigungsbewilligung; s. auch § 45 Rn. 24).
  Zum Nachweis des Bestehens eines altrechtlichen Waldweiderechts s.
BayObLG 1989, 203. Zum gutgläubigen lastenfreien Grundstückserwerb,
wenn eine eingetragene altrechtliche Grunddienstbarkeit zu Unrecht gelöscht worden ist, s. § 71 Rn. 51. Zur Auslegung einer altrechtlichen Dienstbarkeit als Grunddienstbarkeit oder beschränkte persönliche Dienstbarkeit
s. Anh. zu § 44 Rn. 20.5. Zur Änderung des Inhalts aufgrund der technischen
und wirtschaftlichen Entwicklung s. Anh. zu § 44 Rn. 15.
  Zur Eintragung einer „Freiveräußerungsklausel" bei Forstberechtigungen
im Weg der GBBerichtigung s. BayObLG DNotZ 1973, 370; BayObLG
1975, 68. Zur GBUnrichtigkeit beim WEigentum, wenn Aufteilungsplan und
tatsächliche Bauausführung voneinander abweichen, insbes. in der Abgrenzung von Gemeinschafts- und Sondereigentum oder von Sondereigentum
untereinander, s. Anh. zu § 3 Rn. 46, 47.

7. Richtigstellung statt GBBerichtigung

a) Grundsatz. Nicht unter § 22 fallen Unrichtigkeiten des GB, die keine 22 Rechtsverhältnisse betreffen. Sie können durch bloße Richtigstellung behoben werden. Diese ist vom GBAmt von Amts wegen durch Eintragung eines Richtigstellungsvermerks vorzunehmen (s. dazu § 13 Rn. 3). Dem Antrag eines Beteiligten kommt nur die Bedeutung einer Anregung zu. Die Unrichtigkeit muss feststehen; ein Nachweis in der Form des § 29 ist nicht erforderlich (JFG 8, 243; OLG Brandenburg FGPrax 2017, 245). Einer Bewilligung bedarf es nicht. Auch besteht keine Ermittlungspflicht des GBAmts. Die erforderlichen Nachweise hat vielmehr derjenige zu erbringen, dessen Recht von der Richtigstellung betroffen ist (OLG Naumburg FGPrax 2019, 258). Das GBAmt ist aber nicht gehindert, Ermittlungen von Amts wegen anzustellen. Dann gilt der Grundsatz des Freibeweises (s. § 1 Rn. 72). Für den Erlass einer Zwischenverfügung ist kein Raum (OLG Schleswig Rpfleger 2012, 249). Vor Eintragung des Richtigstellungsvermerks ist den davon Betroffenen rechtliches Gehör zu gewähren. Die Eintragung des Vermerks statt eines Amtswiderspruchs hindert ebenso wie dieser einen gutgläubigen Erwerb (OLG München FGPrax 2014, 51).

Zu den Kosten s. Rn. 65. Gegen eine richtigstellende oder klarstellende Eintragung ist ebenso wie gegen deren Ablehnung die unbeschränkte Beschwerde gegeben (s. § 71 Rn. 46). S. zum Ganzen Holzer, Richtig- und Klarstellungen im GB, NotBZ 2008, 14.

b) Richtigstellung tatsächlicher Angaben. Nicht unter § 22 fällt die 23 Berichtigung rein tatsächlicher Angaben (BayObLG Rpfleger 1988, 254; OLG Oldenburg Rpfleger 1991, 412), auf die sich der öffentliche Glaube des GB nicht erstreckt (s. § 2 Rn. 26).

Hierher rechnet vor allem die Berichtigung der Eigenschaftsangaben eines Grundstücks (OLG München BeckRS 2017, 100746), z.B. der Angaben über seine Größe (s. dazu § 2 Rn. 26). Ebenso gehört hierher die Berichtigung einer unzutreffenden oder unvollständigen **Bezeichnung des Berechtigten,** die dessen Identität unberührt lässt (OLG Frankfurt FGPrax 2011, 221; OLG Schleswig Rpfleger 2012, 249; OLG Brandenburg FGPrax 2017, 245). Eine solche liegt z.B. vor bei Namensänderung durch Heirat (zum Nachweis s. LG Mainz NJW-RR 1999, 1032), bei Änderung des Vornamens gemäß § 1 Abs. 1 TranssexuellenG (KG FGPrax 2018, 100; s. dazu auch § 3 Rn. 12), bei Umbenennungen, z.B. der Treuhandanstalt und der Bundesanstalt für Arbeit (s. dazu § 44 Rn. 53), bei einer formwechselnden Umwandlung nach §§ 190 ff. UmwG (OLG Köln Rpfleger 2003, 47; Böhringer Rpfleger 2001, 65 f.), bei Umwandlung einer OHG in eine KG (JFG 1, 371; BayObLG FGPrax 1998, 156) oder einer solchen in eine BGB-Gesellschaft (BayObLG FGPrax 1995, 204; z.B. durch Einstellung der werbenden Tätigkeit: OLG Hamm MittBayNot 1996, 235), bei Umwandlung einer KG durch bloße Änderung des Gesellschaftsvertrags und registerrechtlichen Vollzug in eine Partnerschaft (OLG Hamm RNotZ 2019, 483), ferner bei Umwandlung einer BGB-Gesellschaft in eine OHG oder KG. Zur Richtigstellung beim Datenbankgrundbuch durch ein GBAmt auch in Grundbüchern, die von anderen GBÄmtern geführt werden, s. § 127 Rn. 10.

Steht die Identität des Berechtigten in Frage, kommt nur eine Berichtigung nach § 22 in Betracht.

24   Die **Wohnflächenangaben** in dem in den Wohnungsgrundbüchern in Bezug genommenen Aufteilungsplan sind einer Berichtigung nicht zugänglich, weil sie nicht GBInhalt sind (a. M. LG Passau Rpfleger 1994, 500 mit abl. Anm. v. Röll).
      Wie eine Berichtigung rein tatsächlicher Angaben ist auch die Berichtigung von **Grundstücksgrenzen** im Zusammenhang mit Art. 7, 8 BayWasserG i. d. F. v. 3.2.1988 (GVBl. 33) zu behandeln. §§ 19, 22 sind nicht anzuwenden. Das GBAmt hat die Berichtigung auf Grund des Veränderungsnachweises vorzunehmen (s. dazu § 2 Rn. 25). Ebenso OLG Oldenburg Rpfleger 1991, 412 bei einer Erweiterung des Gewässerbetts gem. § 3 BundeswasserstraßenG v. 2.4.1968 (BGBl. II 173). S. hierzu aber auch OLG Oldenburg Rpfleger 1992, 387.

25   Nicht um eine Berichtigung rein tatsächlicher Angaben handelt es sich im Fall einer **Parzellenverwechslung,** weil dann der Gegenstand des Eigentumsrechts unrichtig eingetragen ist (KGJ 25, 104; RG 133, 281; s. hierzu auch Rn. 26 und § 20 Rn. 32.4). Wegen einer zu Unrecht eingetragenen Vereinigung oder Bestandsteilszuschreibung s. § 5 Rn. 24 und § 6 Rn. 26. Zur Berichtigung der Grundstücksbezeichnung s. § 2 Abs. 3 ErgänzungsG z. RSiedlG v. 4.1.1935 (RGBl. I 1).

26   **c) Richtigstellung von Ungenauigkeiten.** Auch die Klarstellung ungenauer Fassungen (KG DR 1942, 1796; s. dazu § 53 Rn. 7) und die Berichtigung offensichtlicher Schreibfehler (KGJ 27, 248; § 1 Rn. 92) fallen nicht unter § 22. Wird bei einem subjektiv-dinglichen Recht als herrschendes Grundstück versehentlich ein anderes als dasjenige Grundstück eingetragen, für dessen jeweiligen Eigentümer das Recht bestellt wurde, so kommt keine Richtigstellung, sondern GBBerichtigung in Betracht (BGH Rpfleger 1994, 157); s. dazu auch BayObLG DNotZ 1997, 335.

27   **d) Beseitigung sonstiger Unrichtigkeiten.** Unter § 22 fällt weder die Beseitigung inhaltlich unzulässiger Eintragungen, die in § 53 Abs. 1 Satz 2 geregelt ist, noch die einer durch vormerkungswidrige Verfügung entstandenen relativen Unrichtigkeit. Sie richtet sich nach § 888 Abs. 1 BGB. Nicht nur relativ, sondern absolut unrichtig ist das GB, wenn das mit der Vormerkung belastete Recht ohne Zustimmung des Vormerkungsberechtigten gelöscht wurde (JFG 9, 218). Der vormerkungswidrigen Verfügung steht nach § 888 Abs. 2 BGB die einem Veräußerungsverbot zuwiderlaufende Verfügung gleich.

8. Unterlagen für die Berichtigung

28   **a) Grundsatz.** Erforderlich ist entweder Berichtigungsbewilligung (s. Rn. 31) oder Nachweis der Unrichtigkeit (s. Rn. 36). Durch die Eintragung der Erben des eingetragenen Eigentümers kann das GB aber nur aufgrund Unrichtigkeitsnachweises berichtigt werden, weil es an einem Bewilligungsberechtigten fehlt (OLG München Rpfleger 2016, 144; s. auch Rn. 37). Die Berichtigungsbewilligung wird stets durch den Nachweis der Unrichtigkeit

ersetzt. Andererseits kann neben einer Berichtigungsbewilligung nicht noch der Nachweis der Unrichtigkeit verlangt werden (BayObLG Rpfleger 1976, 359) und zwar auch dann nicht, wenn die Eintragung, falls es sich um eine Rechtsänderung handeln würde, nach § 20 den Nachweis der Einigung zur Voraussetzung hätte (RG 73, 156; KGJ 40, 153). Der Berichtigungsantrag ist jedoch zurückzuweisen, wenn sich aus den mit der Berichtigungsbewilligung vorgelegten Urkunden oder aus anderen dem GBAmt bekannten Umständen ergibt, dass das GB durch die der Bewilligung entsprechende Eintragung unrichtig werden würde (OLG Hamm Rpfleger 1985, 289; OLG Zweibrücken NJW-RR 1999, 1174); bloße Zweifel an der Richtigkeit der Angaben der Beteiligten rechtfertigen die Zurückweisung dagegen nicht (KGJ 41, 201 unter ausdrücklicher Einschränkung von KGJ 36, 172; BayObLG 34, 179).

b) Ausländische Entscheidung. Soll eine ausländische Entscheidung **29** Grundlage einer GBBerichtigung sein, wird nicht in einem gesonderten Verfahren festgestellt, ob sie anzuerkennen ist (s. dazu §§ 108, 109 FamFG). Vielmehr hat das GBAmt selbständig zu prüfen, ob die rechtlichen Anerkennungsvoraussetzungen erfüllt sind und keine Anerkennungshindernisse bestehen (BGH Rpfleger 2019, 631).

c) Ausnahmen. Befristete oder auflösend bedingte Rechte können nach §§ 23, 24 unter gewissen Umständen nur auf Grund einer Bewilligung, nicht hingegen auf Grund Unrichtigkeitsnachweises gelöscht werden; Näheres s. § 23 Rn. 14, 17 und § 24 Rn. 3. Zur Umschreibung eines Rechts vom Erblasser auf den Erben ist der Nachweis der Erbfolge erforderlich; eine Bewilligung des Testamentsvollstreckers genügt nicht (KG JW 1938, 122). Wegen der Eintragung des Umstellungsbetrags s. 16. Auflage Anh. zu § 22 Erl. 5.

d) Sondervorschriften. Bisweilen gelten für die Berichtigung des GB **30** besondere Bestimmungen. Hinzuweisen ist hier vor allem auf § 9 des Ges. über die vermögensrechtlichen Verhältnisse der Bundesautobahnen und sonstigen Bundesstraßen des Fernverkehrs v. 2.3.1951 (BGBl. I 157), § 8 des Ges. über die vermögensrechtlichen Verhältnisse der Bundeswasserstraßen v. 21.5. 1951 (BGBl. I 352) und § 11 ReichsvermögenG v. 16.5.1961 (BGBl. I 597). Ist die Bundesrepublik Deutschland auf Grund einer Erklärung gemäß § 9 des Ges. über die vermögensrechtlichen Verhältnisse der Bundesautobahnen und sonstigen Bundesstraßen des Fernverkehrs im GB als Eigentümerin eingetragen, so kann diese Eintragung nicht auf Grund der bloßen Erklärung der Bundesrepublik, ihr stehe das Eigentum nicht zu, wieder rückgängig gemacht werden (LG Bamberg Rpfleger 1983, 347).

e) Gebiet der ehemaligen DDR. Zur GBBerichtigung im Zusammenhang mit der Privatisierung von ehemals volkseigenem Vermögen im Gebiet der ehemaligen DDR s. Böhringer BWNotZ 1992, 96. Zur GBBerichtigung im Hinblick auf Art. 237 EGBGB s. OLG Naumburg FGPrax 2000, 90; zur GBBerichtigung im Zusammenhang mit der Überleitung des Güterstands nach dem Familiengesetzbuch der DDR s. § 33 Rn. 3. Miteigentumsanteile, die im Gebiet der ehemaligen DDR gem. § 459 Abs. 1 Satz 2, Abs. 4 Satz 1 des Zivilgesetzbuchs v. 19.6.1975 (GBl. DDR I 465) entstanden sind und gem. Art. 233 § 8 EGBGB fortbestehen, können nach

Maßgabe der §§ 113 bis 115 SachenRBerG im Weg der GBBerichtigung in das GB eingetragen werden.

9. Berichtigungsbewilligung

31   **a) Anforderungen.** Die Berichtigungsbewilligung ist eine Unterart der EintrBewilligung. Daher gilt für sie im Allgemeinen das zur EintrBewilligung Ausgeführte (s. die Erläuterungen zu § 19). Die Bewilligung muss, falls sie nicht auf eine Löschung gerichtet ist (OLG München FGPrax 2011, 69), erkennen lassen, dass das GB berichtigt werden soll und inwiefern es unrichtig ist (s. § 19 Rn. 37). Der Grundsatz, dass durch Zwischenverfügung nicht aufgegeben werden kann, die fehlende Bewilligung des unmittelbar Betroffenen beizubringen, gilt auch für die Berichtigungsbewilligung. Deshalb kann, wenn der Berichtigungsantrag auf einen vom GBAmt nicht für erbracht erachteten Unrichtigkeitsnachweis gestützt wird, nicht durch Zwischenverfügung die Vorlage einer Berichtigungsbewilligung verlangt werden (s. dazu § 18 Rn. 12).

b) Berichtigung der Eigentümereintragung. Bei ihr ist im Hinblick auf § 20 die Unrichtigkeit in der Berichtigungsbewilligung schlüssig darzulegen; dazu gehört auch die Darlegung, dass das GB durch die beantragte Berichtigung richtig wird (BayObLG Rpfleger 1994, 412; OLG Frankfurt FGPrax 1996, 8; OLG Jena Rpfleger 2001, 125). Es ist z.B. anzugeben, dass das Eigentum noch dem früheren Eigentümer zusteht, weil eine erforderliche behördliche Genehmigung nicht erteilt und deshalb die Auflassung unwirksam ist. Wird die Berichtigungsbewilligung durch ein rechtskräftiges Urteil ersetzt (vgl. § 894 ZPO; s. § 19 Rn. 9), dann ergeben sich die erforderlichen Darlegungen regelmäßig aus den Urteilsgründen (OLG München FGPrax 2012, 104). Ist dies nicht der Fall, z.B. bei einem Versäumnisurteil, dann müssen die notwendigen Angaben in grundbuchmäßiger Form gemacht werden; dasselbe gilt, wenn die Berichtigungsbewilligung in einem gerichtlichen Vergleich enthalten ist (s. dazu OLG Frankfurt FGPrax 1996, 8). Zur GBBerichtigung beim Tod eines BGB-Gesellschafters s. Rn. 41. Zur GBBerichtigung bei vertauschen. Wohnungen oder Kellern s. BayObLG 1996, 149 und OLG München FGPrax 2016, 149.

c) Prüfung des GBAmts. Ist schlüssig dargelegt, dass das GB unrichtig ist und durch die beantragte Eintragung richtig würde, hat das GBAmt die dazu vorgetragenen Tatsachen, deren Richtigkeit zu unterstellen ist, nicht nachzuprüfen; es darf daher auch keine Beweise verlangen. Den EintrAntrag darf es nur ablehnen, wenn es auf Tatsachen gegründete sichere Kenntnis hat, dass eine Unrichtigkeit des GB nicht gegeben ist oder das unrichtige GB durch die beantragte Eintragung nicht richtig würde. Bloße Zweifel genügen insoweit nicht (OLG München FGPrax 2011, 69; 2016, 149); sie rechtfertigen auch nicht das Verlangen des GBAmts, weitere Unterlagen vorzulegen (OLG München RNotZ 2012, 286; a.M. OLG Jena Rpfleger 2001, 125 mit abl. Anm. v. Demharter FGPrax 2001, 54). Soll ein Eigentümer (oder Erbbauberechtigter) aufgrund Berichtigungsbewilligung eingetragen werden, ist § 22 Abs. 2 zu beachten (s. dazu Rn. 54ff.).

10. Bewilligungsberechtigung

a) Grundsatz. Die Bewilligung muss von demjenigen ausgehen, dessen **32** Recht von der Berichtigung betroffen wird. Betroffen werden kann sowohl der Buchberechtigte als auch der wahre Berechtigte; besteht die Berichtigung in der Löschung eines Rechts oder in der Eintragung des wahren Berechtigten, so wird der Buchberechtigte, gegebenenfalls sein Erbe betroffen (zu einer Besonderheit bei der GBBerichtigung nach dem Tod eines BGB-Gesellschafters s. Rn. 41); handelt es sich um eine Berichtigung anderer Art, so wird der wahre Berechtigte betroffen (s. jedoch § 891 BGB und § 19 Rn. 48).

Beispiele: Ist das Recht des eingetragenen A außerhalb des GB auf B und **33** sodann auf C übergegangen, ist zur Eintragung des C eine Berichtigungsbewilligung des A erforderlich, aber auch ausreichend. Ist die für A eingetragene Hyp. mangels Einigung nicht entstanden oder steht sie in Wahrheit dem B zu, so ist ihre Löschung oder Umschreibung von A zu bewilligen. Hat die für A eingetragene, jedoch dem B zustehende Hyp. Nr. 1 den Rang nach der Hyp. Nr. 2 und wurde der Rangvermerk zu Unrecht gelöscht, so ist die Rangberichtigung (außer von dem Eigentümer) von dem wahren Berechtigten der Hyp. Nr. 1, mithin von B zu bewilligen; die Bewilligung des A genügt, falls die Vermutung des § 891 BGB widerlegt ist, nicht; die Rangberichtigung auf Grund Bewilligung des B setzt jedoch wegen § 39 voraus, dass vorher das GB hinsichtlich des Gläubigers der Hyp. Nr. 1 berichtigt wird.

b) Bewilligung aller Betroffenen. Erforderlich ist die Bewilligung aller **34** Betroffenen. Fehlt die Bewilligung eines der Betroffenen, so ist die Berichtigung je nach Lage des Falls entweder nur beschränkt oder überhaupt nicht zulässig. Beispiele: Ist die Hyp. Nr. 1 zu Unrecht gelöscht und dann eine Hyp. Nr. 2 eingetragen worden, so kann die Wiedereintragung der Hyp. Nr. 1, falls nur die Bewilligung des Eigentümers vorliegt, zwar vorgenommen werden, jedoch nur mit dem Rang nach der Hyp. Nr. 2 erfolgen. Ist die für A eingetragene Hyp. mangels Einigung nicht entstanden, aber dem B verpfändet worden, so kann sie nur gelöscht werden, wenn (abgesehen von der Zustimmung des Eigentümers) die Bewilligung des A und des B vorliegt. Ist im GB bei einer Eigentumsvormerkung ein Ausschluss der Abtretung nicht eingetragen, genügt zur GBBerichtigung bei Abtretung des gesicherten Anspruchs die Berichtigungsbewilligung des eingetragenen Vormerkungsberechtigten (BayObLG FGPrax 1998, 210).

c) Bewilligung des Verfügungsberechtigten. Bewilligen muss nicht **35** der Rechtsinhaber, sondern der Verfügungsberechtigte (KGJ 40, 159). Im Insolvenzverfahren ist dies der Insolvenzverwalter (OLG Celle NJW 1985, 204). Maßgebender Zeitpunkt für die Beurteilung der Verfügungsbefugnis als Grundlage der Bewilligungsbefugnis ist die Eintragung. Bedarf es zur Wirksamkeit einer Verfügung der Zustimmung eines Dritten oder einer Behörde, z. B. des Familiengerichts oder Betreuungsgerichts, so ist diese auch zur Berichtigungsbewilligung erforderlich (KGJ 42, 217; 51, 225; BayObLG FGPrax 1996, 15).

11. Nachweis der Unrichtigkeit

36   Er obliegt dem Antragsteller ohne Rücksicht darauf, wie sich die Beweislast in einem über den Berichtigungsanspruch des § 894 BGB geführten Prozess verteilen würde (BayObLG DNotZ 1989, 166). Die in einem solchen Prozess möglichen Einwendungen und Einreden gegen den Berichtigungsanspruch können im grundbuchrechtlichen Berichtigungsverfahren nicht berücksichtigt werden (BayObLG DNotZ 1959, 543; a.M. OLG Braunschweig NdsRpfl. 1962, 16). Ist der Unrichtigkeitsnachweis nicht oder nicht vollständig geführt, kann dem Antragsteller nicht durch Zwischenverfügung aufgegeben werden, das EintrHindernis durch Vorlage einer Berichtigungsbewilligung zu beheben (str.; s. dazu § 18 Rn. 12).

37   **a) Anforderungen.** An die Führung des Nachweises sind strenge Anforderungen zu stellen (BGH FGPrax 2016, 99; OLG Hamm Rpfleger 1984, 312; BayObLG Rpfleger 1982, 468); ein gewisser Grad von Wahrscheinlichkeit genügt nicht. Das GB darf nur in der Weise berichtigt werden, dass es den geänderten Rechtszustand insgesamt richtig wiedergibt (OLG München FGPrax 2018, 109). Der Antragsteller hat daher auch alle Möglichkeiten auszuräumen, die der Richtigkeit der begehrten (neuen) Eintragung entgegenstehen würden (BayObLG Rpfleger 1992, 19; OLG Hamm Rpfleger 1989, 148), z.B. die eines gutgläubigen Erwerbs (JFG 2, 406; KG Rpfleger 1973, 23). Zum gutgläubigen lastenfreien Erwerb eines Miteigentumsanteils bei Belastung des Grundstücks mit einer Dienstbarkeit s. Anh. 44 Rn. 8 und zum gutgläubigen Erwerb bei Übertragung eines Miteigentumsanteils unter Miteigentümern BGH Rpfleger 2007, 597 mit zust. Anm. v. von Grießenbeck ZflR 2007, 853. Ganz entfernte Möglichkeiten brauchen aber nicht widerlegt zu werden (KG HRR 1929 Nr. 231; BayObLG 1995, 413/416; OLG Frankfurt NJW-RR 2015, 1045). Die Unrichtigkeit kann sich auch aus den Eintragungen im GB selbst ergeben (OLG Nürnberg FGPrax 2018, 14). Der Unrichtigkeitsnachweis ist in der Form des § 29 Abs. 1 zu führen. Die Beweisregel des § 139 BGB gilt nicht (BGH FGPrax 2015, 5; BayObLG Rpfleger 1997, 151; OLG München NotBZ 2014, 348). Was beim GBAmt offenkundig ist (s. dazu § 29 Rn. 60), bedarf keines Beweises (vgl. OLG Frankfurt Rpfleger 1994, 106; OLG Nürnberg FGPrax 2018, 14).

b) Bindung an Zivilurteil. Wird die GBUnrichtigkeit mit fehlender Geschäftsfähigkeit bei Bestellung eines eingetragenen Rechts begründet, ist der volle Nachweis der Geschäftsunfähigkeit in der Form des § 29 zu führen (OLG Düsseldorf FGPrax 2015, 109). Insoweit gilt etwas anderes als für den Nachweis der Geschäftsfähigkeit (s. dazu § 18 Rn. 3). Ein rechtskräftiges Zivilurteil, das die Geschäftsunfähigkeit feststellt, ist für das GBAmt nur im Verhältnis der Parteien des Rechtsstreits zueinander bindend. Rechtsgestaltende Urteile binden dagegen das GBAmt uneingeschränkt (OLG Darmstadt JFG 11, 220), sonstige Urteile nur im Rahmen der Rechtskraft und nicht hinsichtlich vorgreiflicher Rechtsverhältnisse und Tatsachen (BGH FGPrax 2018, 245; OLG Frankfurt NJW-RR 2015, 1045).

Zur Bindung des GBAmts an ein rechtskräftiges Urteil eines Zivilgerichts, das die Nichtigkeit eines eingetragenen Rechts verneint, s. OLG Zweibrücken OLGZ 1984, 385. Zur Bindung des Gerichts der freiwilligen Gerichtsbarkeit an ein rechtskräftiges Urteil, mit dem eine Feststellungsklage abgewiesen wurde, s. BayObLG NJW-RR 1988, 547; Rpfleger 1995, 406; KG FGPrax 2009, 201; zur Bindung an einen rechtskräftig für vollstreckbar erklärten Schiedsspruch s. BayObLG 1984, 48.

Der Umfang der Bindung des GBAmts an ein rechtskräftiges Urteil, das zur Abgabe der Berichtigungsbewilligung hinsichtlich des Eigentums an einem Grundstück verpflichtet, ist umstritten; zur Bindung an das einen GBBerichtigungsanspruch rechtskräftig abweisende Urteil s. BGH WM 2000, 320. Die dingliche Rechtslage stellt für die Entscheidung über den GBBerichtigungsanspruch nur eine Vorfrage dar, deren Beurteilung grundsätzlich nicht in Rechtskraft erwächst (BGH WM 2000, 320; NJW-RR 2002, 516). Weder durch ein dem GBBerichtigungsanspruch gemäß § 894 BGB stattgebendes noch durch ein ihn ablehnendes Urteil wird die dingliche Rechtslage festgestellt (BGH NJW 2019, 71). Deshalb erbringt das die Bewilligung ersetzende Urteil nicht auch den Unrichtigkeitsnachweis, so dass zur GBBerichtigung die Zustimmung des einzutragenden Eigentümers gemäß § 22 Abs. 2 (s. Rn. 56) erforderlich ist (OLG München FGPrax 2012, 104; OLG Naumburg FGPrax 2014, 200; a. M. OLG Jena FGPrax 2001, 56). Auch tritt daher eine Bindung des GBAmts nicht ein, wenn die Nichtigkeit einer Grunddienstbarkeit in einem rechtskräftigen Urteil über Ansprüche nach §§ 1027, 1004 BGB als Vorfrage bejaht wurde (OLG Frankfurt FGPrax 2009, 253).

Ein unter Verstoß gegen die guten Sitten, z. B. zur Umgehung einer notwendigen behördlichen Genehmigung, erwirktes Urteil ist keine geeignete Grundlage für die GBBerichtigung (JFG 18, 267). Ein Urteil, das die Zwangsvollstreckung aus einer notariellen Urkunde für unwirksam erklärt, beweist nicht die Unrichtigkeit des GB hinsichtlich einer Vormerkung zur Sicherung eines in dieser Urkunde begründeten Anspruchs (OLG München NotBZ 2010, 62). Zur Berichtigung des GB bei Eintragung einer Zwangshyp. auf Grund eines Titels gegen den Bucheigentümer nach Berichtigung des GB durch Umschreibung des Eigentums auf den wahren Eigentümer s. KG Rpfleger 2006, 602.

c) **Einzelfälle.** Auf Grund des Nachweises, dass die zu einem Grund- **38** stückskauf erforderliche behördliche Genehmigung rechtskräftig versagt worden ist, kann eine eingetragene Eigentumsvormerkung auch dann gelöscht werden, wenn der buchmäßige Vormerkungsberechtigte dem Anspruch auf Löschungsbewilligung die Zurückbehaltungseinrede wegen Verwendungen auf das Grundstück entgegensetzen könnte (BayObLG DNotZ 1959, 543; zur Versagung einer Genehmigung nach § 144 Abs. 2 Nr. 1, 3 BauGB: OLG Zweibrücken Rpfleger 1989, 495; zur Versagung der Genehmigung nach § 2 GVO im Gebiet der ehemaligen DDR: KG Rpfleger 1992, 243). Zur Löschung einer Eigentumsvormerkung bei rechtskräftiger Versagung der Teilungsgenehmigung s. § 7 Rn. 11. Zum Nachweis einer GBUnrichtigkeit durch das Handelsregister s. § 32 Rn. 1.

Wegen der Nachweise, die zur berichtigenden Eintragung des Begünstig- **39** ten eines **Enteignungsverfahrens** erforderlich sind, s. Art. 34 Abs. 7 des

Bayer. Gesetzes über die entschädigungspflichtige Enteignung i. d. F. v. 25.7.1978 (BayRS 2141-1-I); s. dazu auch BayObLG 1971, 341. Zur Eigentumsumschreibung auf Grund einer Bescheinigung der Treuhandanstalt gem. § 12 Abs. 1 Satz 2 SpTrUG v. 5.4.1991 (BGBl. I 854) s. BezG Dresden DtZ 1992, 153. Zum grundbuchamtlichen Vollzug der Umwandlung des Regiebetriebs einer Gemeinde im Gebiet der ehemaligen DDR in eine GmbH nach dem UmwandlungsG bedarf es im Hinblick auf § 8 (früher § 6) VZOG regelmäßig nicht der Vorlage eines Zuordnungsbescheids gem. § 2 VZOG (BezG Dresden Rpfleger 1993, 190 mit Anm. v. Keller).

40   Zum Nachweis der GBUnrichtigkeit, wenn jemand nach **Identitätsdiebstahl** mittels gefälschter notarieller Urkunde zu Unrecht als Eigentümer eines Grundstücks eingetragen wurde, s. § 71 Rn. 59. Das Ersuchen der **Flurbereinigungsbehörde** (§ 79 FlurbG), das GB hinsichtlich der Bestandsangaben zu berichtigen, ersetzt in Verbindung mit dem Flurbereinigungsplan und den sonstigen Unterlagen (vgl. § 80 FlurbG) den Nachweis der Unrichtigkeit. Zur GBBerichtigung nach dem Flurbereinigungsplan, wenn die Auflassung eines Einlagegrundstücks noch im GB vollzogen worden ist, der Flurbereinigungsplan aber für dieses Grundstück kein bestimmtes Ersatzgrundstück ausweist, s. BayObLG Rpfleger 1986, 129. Im Fall der Gesamtrechtsnachfolge durch **Übertragung sämtlicher Gesellschaftsanteile** einer KG auf einen einzigen Erwerber kann der Unrichtigkeitsnachweis durch Vorlage einer beglaubigten Anmeldung der Auflösung der Gesellschaft und des Erlöschens der Firma durch sämtliche Gesellschafter zum Handelsregister und einen entsprechenden Registerausdruck geführt werden (KG RNotZ 2013, 36). Zur Möglichkeit der **Löschung einer Vormerkung** aufgrund Unrichtigkeitsnachweises trotz der Rechtsprechung des BGH (Rpfleger 2000, 153; 2008, 187) zur Erweiterung oder Ersetzung des gesicherten Anspruchs ohne Eintragung im GB s. Anh. zu § 44 Rn. 90.3, 90.4.

41   **d) Tod eines BGB-Gesellschafters.** Das GB wird hinsichtlich der Eintragung der Gesellschafter (§ 47 Abs. 2 Satz 1) durch den Tod eines von ihnen unrichtig. Wenn im Gesellschaftsvertrag nichts anderes vereinbart ist, wird die Gesellschaft aufgelöst (§ 727 Abs. 1 BGB). Sie besteht aber als Liquidationsgesellschaft fort. Im Weg der GBBerichtigung kann der nach rein erbrechtlichen Regeln bestimmte Rechtsnachfolger des Gesellschafters eingetragen werden (OLG München FGPrax 2010, 279). Wird in diesem Fall die Berichtigung des GB durch Eintragung des Rechtsnachfolgers von den eingetragenen Gesellschaftern und dem Rechtsnachfolger bewilligt, ist die Vorlage des Gesellschaftsvertrags für die erforderliche schlüssige Darlegung, dass das GB berichtigt werden soll und inwiefern es unrichtig ist (s. § 47 Rn. 31.1) unverzichtbar.

Der Gesellschaftsvertrag kann bestimmen, dass die Gesellschaft nicht aufgelöst, sondern mit den verbleibenden Gesellschaftern fortgesetzt wird (Fortsetzungsklausel) oder mit den Erben (einfache Nachfolgeklausel) oder mit einzelnen Erben (qualifizierte Nachfolgeklausel) oder mit einem Dritten, dem ein Eintrittsrecht eingeräumt ist (Eintrittsklausel). Die Rechtsfolgen des Todes eines Gesellschafters hängen damit vom Inhalt des Gesellschaftsvertrags ab. Zur Berichtigung des GB ist daher der Gesellschaftsvertrag vorzulegen, der nicht zwingend der Form des § 29 entsprechen muss (s. dazu Rn. 42). Dies gilt sowohl für eine Berichtigung auf Grund Unrichtigkeitsnachweises als auch auf Grund Bewilligung. Die Bewilligungen der Erben des verstorbenen Gesellschafters und der übrigen eingetragenen Gesellschafter reichen nicht aus (BayObLG Rpfleger 1992, 19; 1993, 105; OLG Zweibrücken Rpfleger 1996, 192; OLG Schleswig Rpfleger 2012, 433; OLG Hamm Rpfleger 2012, 253; OLG München FGPrax 2015, 57; 2017, 250; 2020, 64; a. M. KG Rpfleger 2016, 548 mit zust. Anm. v. Weber ZEV 2016, 339 und Goslich MittBayNot 2018, 141; Böhringer Rpfleger 2013, 433; Weber ZEV 2015, 200; Reymann FGPrax 2017, 252). Die Fortsetzung der Gesellschaft kann außer durch den Gesellschaftsvertrag mit einer entsprechenden Nachfolgevereinbarung aber auch durch eine nachträgliche Fortsetzungsvereinbarung der verbleibenden Gesellschafter nachgewiesen werden. Diese kann auch erst nach der Auflösung der Gesellschaft als Rückumwandlungsbeschluss getroffen werden, bedarf dann aber der Zustimmung der Erben (OLG München FGPrax 2019, 200 mit zust. Anm. v. Holzer).

Zu den Auswirkungen eines Nachlassinsolvenzverfahrens bei Tod eines Gesellschafters auf die Befugnis, über im GB eingetragene Rechte der Gesellschaft zu verfügen, s. § 47 Rn. 30.1.

e) Form des Nachweises. Der Nachweis der GBUnrichtigkeit ist in der **42** Form des § 29 zu führen (BayObLG Rpfleger 1988, 525; OLG Hamm Rpfleger 1984, 312). Hieran ist festzuhalten, auch wenn die Möglichkeit, eine formgerechte Erklärung abzugeben, im Einzelfall erschwert oder unzumutbar ist oder sogar unmöglich sein sollte. Notfalls bedarf es einer durch Urteil zu erwirkenden Berichtigungsbewilligung (BayObLG Rpfleger 1984, 463). Wenn jedoch auch dieser Weg nicht gangbar ist, muss sich das GBAmt ausnahmsweise mit einem nicht der Form des § 29 entsprechenden Nachweis begnügen (s. dazu § 29 Rn. 63), z. B. mit einem formlosen Gesellschaftsvertrag oder eidesstattlichen Versicherungen zum Inhalt eines nicht schriftlich geschlossenen Gesellschaftsvertrags zur Berichtigung des GB beim Tod eines BGB-Gesellschafters (OLG Schleswig Rpfleger 2012, 433; OLG München Rpfleger 2016, 146; ablehnend Niesse ZfIR 2015, 534; s. dazu Rn. 41); diese Grundsätze gelten auch, wenn Zweifel am unveränderten Fortbestand eines in der Form des § 29 vor langer Zeit geschlossenen Gesellschaftsvertrags ausgeräumt werden sollen (OLG München FGPrax 2015, 250; 2020, 64). Auch eine öffentliche oder öffentlich beglaubigte Urkunde kann als Nachweis genügen (BayObLG DNotZ 1989, 364), z. B. eine löschungsfähige Quittung in dieser Form (BayObLG Rpfleger 1995, 410).

Hängt die GBBerichtigung von einem **Todesnachweis** ab, so hat der An- **43** tragsberechtigte ein rechtliches Interesse an der Erteilung einer Sterbeurkunde jedenfalls unmittelbar an das GBAmt (BGH MittBayNot 1997, 51).

Hat ein Grundstückseigentümer den Betrag einer HypForderung unter **44** Verzicht auf Rücknahme **hinterlegt,** so bedarf es zum Antrag auf Löschung der dadurch entstandenen Eigentümergrundschuld des Nachweises, dass im Zeitpunkt der Hinterlegung die Forderung noch bestanden hat und ein Hinterlegungsgrund gegeben war; durch den Hinterlegungsschein wird dieser Nachweis nicht geführt (BayObLG Rpfleger 1980, 186). Soll eine Eigentumsvormerkung gelöscht werden, weil der Eigentumsverschaffungsanspruch durch Aufhebung des Kaufvertrags erloschen ist, so kann der Unrichtigkeitsnachweis durch notariell beglaubigte Erklärungen der Kaufvertragsparteien über die **Vertragsaufhebung** geführt werden, sofern diese nicht ausnahmsweise (vgl. BGH 83, 395) der Form des § 311b Abs. 1 BGB bedarf (BayObLG DNotZ 1989, 363).

12. Sonstige Voraussetzungen

45   **a) Antrag.** Die Berichtigung des GB erfordert in der Regel einen Antrag; eine Berichtigung von Amts wegen findet nur ausnahmsweise, z. B. in den Fällen der §§ 51, 52, 84 ff. statt. Die Antragsberechtigung kann weder verjähren noch verwirkt werden (s. § 13 Rn. 56). Eine Anregung auf Löschung wegen Gegenstandslosigkeit gem. § 84 kann als Berichtigungsantrag auszulegen sein (BayObLG NJW-RR 1989, 1495; OLG Düsseldorf Rpfleger 2011, 26). Dagegen kann ein GBBerichtigungsantrag gem. § 22 grundsätzlich nicht auch als Anregung auf GBBerichtigung von Amts wegen gem. §§ 82, 82a ausgelegt werden (OLG Hamm NJW-RR 1994, 271). Zu Schadensersatzansprüchen bei Rechtsverlust auf Grund gutgläubigen Erwerbs als Folge eines ungerechtfertigten Berichtigungsantrags s. BGH Rpfleger 2005, 135.

Der Antrag und seine Zurücknahme bedürfen nicht der **Form** des § 29 (§§ 30, 31 Satz 2). Dies gilt auch für eine Vollmacht zur Stellung oder Zurücknahme des Antrags (§ 30; § 31 Rn. 19), nicht aber für den Widerruf einer zur Stellung des Antrags ermächtigenden Vollmacht (§ 31 Rn. 18). Die Erledigung des Berichtigungsantrags darf nicht von der Einzahlung eines Kostenvorschusses abhängig gemacht werden (§ 16 Nr. 5 GNotKG).

b) Antragsberechtigung. Antragsberechtigt ist nach § 13 Abs. 1 Satz 2 jeder unmittelbar gewinnende oder verlierende Beteiligte. Gewinnender Teil ist, wer einen Berichtigungsanspruch nach § 894 BGB hat; also nicht ein Buchberechtigter (KGJ 52, 163). Dieser ist aber als verlierender Teil antragsberechtigt, wenn sich der Berichtigungsanspruch gegen ihn richtet (BayObLG Rpfleger 1970, 26). Antragsberechtigt ist bei einer Erbengemeinschaft jeder Miterbe (OLG Nürnberg FGPrax 2018, 14). Der Nachlasspfleger kann als Vertreter nur eines Miterben und zugleich im eigenen Namen die GBBerichtigung verlangen (BGH Rpfleger 2001, 32). Wenn jedoch Testamentsvollstreckung angeordnet ist, kann ein Miterbe den Berichtigungsantrag nicht stellen (s. § 13 Rn. 50). Ist das GB hinsichtlich der Eintragung des Eigentümers oder Erbbauberechtigten durch einen Rechtsübergang außerhalb des GB unrichtig geworden, so kann die Stellung des Berichtigungsantrags nach § 82 erzwungen und unter Umständen nach § 82a zur Amtsberichtigung geschritten werden.

46   Den Antrag, bei einem **Bodenreformgrundstück** das GB gem. Art. 233 § 11 Abs. 2 Satz 1 Nr. 1 EGBGB zu berichtigen, kann nicht nur der eingetragene Alleineigentümer stellen, sondern auch sein mit ihm bei Ablauf des 15.3.1990 im gesetzlichen Güterstand der Eigentums- und Vermögensgemeinschaft des Familiengesetzbuchs der DDR v. 20.12.1965 (GBl. DDR I 1966, 1) verheirateter Ehegatte; er hat aber zum Nachweis seiner Antragsberechtigung das Vorliegen der Voraussetzungen des Art. 233 § 11 Abs. 5

EGBGB nachzuweisen. Sind beide Ehegatten in „Eigentums- und Vermögensgemeinschaft" eingetragen, kann jeder den Berichtigungsantrag stellen. Die GBBerichtigung gem. Art. 233 § 11 Abs. 2 Satz 1 Nr. 2 EGBGB kann jedes Mitglied der aus den Erben bestehenden Bruchteilsgemeinschaft beantragen; zum Nachweis seiner Antragsberechtigung hat der Antragsteller gem. § 35 nachzuweisen, dass er Erbe geworden ist; außerdem hat er nachzuweisen, dass er entweder Alleinerbe geworden ist oder wer bei Inkrafttreten des Art. 233 § 11 EGBGB am 22.7.1992 sonst noch zum Personenkreis der aus den Erben oder Erbeserben bestehenden Gemeinschaft gehört. Der Berichtigungsantrag kann in allen Fällen formfrei gestellt werden.

c) Zustimmung. In gewissen Fällen bedarf es zur Berichtigung des GB **47** einer besonderen Zustimmung. Gemäß § 27 kann eine Hypothek, Grundschuld oder Rentenschuld, falls nicht die Unrichtigkeit nachgewiesen wird, nur mit Zustimmung des Eigentümers gelöscht werden. Ferner ist zur Eintragung eines Eigentümers oder Erbbauberechtigten, wenn nicht ein Fall des § 14 vorliegt oder die Berichtigung auf Unrichtigkeitsnachweis erfolgen soll, die Zustimmung des Einzutragenden erforderlich (s. Rn. 54).

d) Voreintragung. Das Erfordernis der Voreintragung des Betroffenen gilt **48** nach Maßgabe der §§ 39, 40 auch für die Berichtigung des GB (OLG Frankfurt Rpfleger 1997, 152). Bei Briefrechten ist nach §§ 41, 42 grundsätzlich die Vorlegung des Briefs (BayObLG Rpfleger 1987, 363), bei Inhaber- und Orderhyp. nach § 43 grundsätzlich die Vorlegung des Inhaber- oder Orderpapiers notwendig.

e) Unbedenklichkeitsbescheinigung. Zur Eintragung des Erwerbers **49** eines Grundstücks oder Erbbaurechts bedarf es grundsätzlich der Unbedenklichkeitsbescheinigung der Finanzbehörde (s. § 20 Rn. 48).

f) Rechtliches Gehör. Vor einer GBBerichtigung auf Grund Unrichtigkeitsnachweises ist dem Buchberechtigten rechtliches Gehör zu gewähren (s. § 1 Rn. 69).

13. Verfügungsbeschränkungen

Näheres zur EintrFähigkeit s. Anh. zu § 13 Rn. 33 ff. Über den Rang s. **50** § 45 Rn. 18, 19. Über den maßgebenden Zeitpunkt s. § 13 Rn. 9 und § 19 Rn. 60–62. Vgl. hierzu auch Böttcher, Beeinträchtigung der Verfügungsbefugnis, Rpfleger 1983, 49; Verfügungsentziehungen, Rpfleger 1983, 187; Verfügungsbeschränkungen, Rpfleger 1984, 377; 1985, 1; Verfügungsverbote, Rpfleger 1985, 381 f.

a) Entstehung. Verfügungsbeschränkungen entstehen regelmäßig außerhalb des GB. Ihre Eintragung ist dann GBBerichtigung. Dies gilt auch für Verfügungsverbote auf Grund einstweiliger Verfügung, weil sie mit der Zustellung wirksam werden (JFG 5, 302); ihre Eintragung in entsprechender Anwendung des § 929 Abs. 3 Satz 1 ZPO ist vor der Zustellung zulässig (BayObLG FGPrax 2003, 251 und Schillig NotBZ 2003, 416); zu ihrer Löschung in entsprechender Anwendung von § 25 Satz 1 s. § 25 Rn. 3. Nacherbfolge und Testamentsvollstreckung werden nach §§ 51, 52 bei der Eintragung des Erben von Amts wegen mit eingetragen. Im Übrigen erfolgt die Eintragung. entweder auf Antrag (§ 13) oder auf behördliches Ersuchen (§ 38).

51 Vereinzelt entstehen Verfügungsbeschränkungen erst mit der Eintragung. Dies gilt für die rechtsgeschäftlich vereinbarten Verfügungsbeschränkungen nach § 5 ErbbauRG und §§ 12, 35 WEG sowie für die Verfügungsbeschränkung nach § 75 BVersG.

52 **b) Wirkung.** Zu unterscheiden ist zwischen relativen und absoluten Verfügungsbeschränkungen, d. h. solchen die den Schutz bestimmter Personen bezwecken und solchen, die im öffentlichen Interesse vorgesehen sind. Sowohl bei relativen als auch bei absoluten Verfügungsbeschränkungen ist § 878 BGB zu beachten; über Einzelheiten s. § 13 Rn. 9 ff.

Bei **relativen Verfügungsbeschränkungen** sind entgegenstehende Verfügungen regelmäßig nur gegenüber demjenigen unwirksam, dessen Schutz die Verfügungsbeschränkung bezweckt (§ 135 Abs. 1 Satz 1 BGB; anders z. B. § 2113 BGB). Solange die Verfügungsbeschränkung nicht eingetragen ist (zur EintrFähigkeit s. Anh. zu § 13 Rn. 33 ff.), darf das GBAmt dem auf eine Bewilligung des beschränkten Berechtigten gestützten EintrAntrag nicht entsprechen, wenn es von der Verfügungsbeschränkung Kenntnis erlangt (s. hierzu § 19 Rn. 58). Ist die Verfügungsbeschränkung hingegen eingetragen, so bewirkt sie, da ein gutgläubiger Erwerb alsdann ausgeschlossen ist, grundsätzlich keine GBSperre (KG HRR 1934 Nr. 1095; OLG Stuttgart BWNotZ 1985, 127); Ausnahmen gelten für eine Löschung, weil durch sie auch der Vermerk der Verfügungsbeschränkung wirkungslos wird (RG 102, 332; JFG 4, 420) sowie bei Insolvenz, Nachlassverwaltung und Testamentsvollstreckung, weil hier der Berechtigte nicht mehr verfügungsfähig ist (RG 71, 39; OLG Düsseldorf NJW 1963, 162), ferner bei der Verfügungsbeschränkung nach § 129 (vordem § 72) VAG; zu der Verfügungsbeschränkung nach § 26 InvG, an deren Stelle die Verfügungsbeschränkung nach § 84 Abs. 1 Nr. 3, § 246 KAGB getreten ist, s. OLG Karlruhe FGPrax 2010, 119. Zu der Wirkung einer Erbteilpfändung bei Verfügungen über den gepfändeten Erbanteil oder ein zum Nachlass gehörendes Grundstück s. OLG Hamm JMBlNW 1960, 152 mit weit. Nachweisen.

53 Bei **absoluten Verfügungsbeschränkungen** sind entgegenstehende Verfügungen nichtig (§ 134 BGB). Die Verfügungsbeschränkung bewirkt daher eine Sperre des GB. Die Eintragung eines deklaratorischen Sperrvermerks ist aber grundsätzlich nicht zulässig. Zur absoluten Verfügungsbeschränkung zum Zwecke der Terrorismusbekämpfung gemäß EG-VO Nr. 881/2002 v. 27.5.2002 (ABl. EG Nr. L 139 S. 9) mit zahlreichen Änderungen und Ergänzungen s. LG Berlin Rpfleger 2006, 183 und das auf Vorlage des KG ergangene Urteil des EuGH Rpfleger 2008, 17 mit Anm. v. Schmucker DNotZ 2008, 695; § 878 BGB ist nicht anwendbar (Rn. 62 des Urteils). S. dazu auch EuGH v. 3.9.2008 (NJOZ 2008, 4499) und v. 18.7.2013 sowie Sauer NJW 2008, 3685. Wer gegen das Verfügungsverbot der EG-VO verstößt, macht sich nach §§ 18, 19 des AußenwirtschaftsG v. 6.6.2013 (BGBl. I 1482) strafbar oder handelt ordnungswidrig. Dies gilt auch für Organe des GBAmts. Weitere Verfügungsverbote enthalten die EG-VO Nr. 2580/2001 v. 27.12.

2001 (ABl. EG Nr. L 344 S. 70), die EG-VO Nr. 765/2006 v. 18.5.2006
(ABl. EG Nr. L 134 S. 1) und die EU-VO Nr. 753/2011 v. 1.8.2011 (ABl.
EU Nr. L 199 S. 1), jeweils mit späteren Änderungen. Zur Umsetzung der
Verbote durch das GBAmt s. Weber Rpfleger 2017, 249 und Schmiedeberg
Rpfleger 2020, 173.

14. Eintragung eines Eigentümers oder Erbbauberechtigten

Die Berichtigung des GB durch Eintragung eines Eigentümers oder Erb- **54**
bauberechtigten darf nach Abs. 2 grundsätzlich nur mit deren Zustimmung
vorgenommen werden; es gelten aber bedeutsame Ausnahmen (s. Rn. 58).
Die Zustimmung ist gleich der EintrBewilligung eine dem Verfahrensrecht
angehörende Erklärung.

a) Berichtigung. Es muss sich um eine GBBerichtigung handeln; bei
rechtsändernder Eintragung eines Eigentümers oder Erbbauberechtigten gilt
§ 20. Das GBAmt kann neben einer Berichtigungsbewilligung nicht noch
den Nachweis der Unrichtigkeit verlangen, s. Rn. 28. Keine GBBerichtigung
ist die Berichtigung einer unzutreffenden Bezeichnung des Berechtigten (s.
Rn. 23).

b) Neueintragung. Es muss sich um eine Berichtigung handeln, bei der **55**
jemand neu als Eigentümer oder Erbbauberechtigter einzutragen ist; ob
als Alleinberechtigter, Bruchteilsberechtigter oder Gesamthandsberechtigter
macht keinen Unterschied. Abs. 2 gilt dagegen nicht für den bereits eingetragenen Eigentümer, der kein neues oder andersgeartetes Eigentum hinzuerwirbt oder der durch die Berichtigung nur einen Rechtsverlust erleidet;
ersteres trifft z. B. zu bei Anwachsung des Gesamthandanteils eines Miterben
oder des Gesellschaftsanteils eines ausscheidenden Gesellschafters (KG OLG
46, 224; KG JRdsch. 1926 Nr. 60), letzteres z. B. bei Berichtigung von Alleineigentum in Bruchteilseigentum (BayObLG 9, 328).

c) Zustimmung. Zustimmen muss der wahre Berechtigte, der eingetra- **56**
gen werden soll (RG 73, 156; OLG Stuttgart DNotZ 1971, 478). Sollen
mehrere als Berechtigte eingetragen werden, so haben alle zuzustimmen
(KGJ 37, 278). Sind einzelne von ihnen rechtskräftig verurteilt, so müssen die
andern auch dann zustimmen, wenn sie die Kläger gewesen sind (KG DRZ
1931 Nr. 30; OLG München FGPrax 2015, 254).

Als zur Eintragung erforderliche Erklärung bedarf die Zustimmung der **57**
Form des § 29 Abs. 1 Satz 1; sie muss also öffentlich beurkundet oder öffentlich beglaubigt sein (s. § 29 Rn. 27, 41). Wird sie durch Stellung des Berichtigungsantrags erklärt, so bedarf dieser als gemischter Antrag nach § 30 der
gleichen Form.

15. Ausnahmen vom Zustimmungserfordernis

Der Eigentümer oder Erbbauberechtigte kann ohne seine Zustimmung **58**
eingetragen werden, wenn ein Fall des § 14 vorliegt oder die Unrichtigkeit
nachgewiesen wird.

a) **Berichtigungsantrag nach § 14.** Diese früher alleinige Ausnahme ist heute nurmehr von Bedeutung, wenn der Vollstreckungsgläubiger die GBBerichtigung auf Grund einer Bewilligung des Betroffenen betreibt.

59   b) **Unrichtigkeitsnachweis.** Der wichtigste Fall dieser durch die VereinfVO v. 5.10.1942 (RGBl. I 573) geschaffenen weiteren Ausnahme ist der der GBBerichtigung auf Grund **Erbfolgenachweises.** Der Wegfall des Zustimmungserfordernisses hat zur Folge, dass der Berichtigungsantrag des Erben nicht mehr eine zur Eintragung erforderliche Erklärung ersetzt, also formlos gestellt werden kann, und dass das GB auch dann zu berichtigen ist, wenn nur einer der Miterben den Antrag gestellt hat. Von Bedeutung ist die Neuregelung auch, wenn der Eintritt der ehelichen oder fortgesetzten Gütergemeinschaft nachgewiesen wird. Der Unrichtigkeitsnachweis ist auch durch ein zur Abgabe der Berichtigungsbewilligung verpflichtendes, rechtskräftiges Urteil geführt (s. Rn. 37).

60   Beantragt ein im GB eines **Bodenreformgrundstücks** eingetragener Alleineigentümer im Hinblick auf Art. 233 § 11 Abs. 2 Satz 1 Nr. 1 EGBGB die Berichtigung des GB, so ist, wenn das Vorliegen der Voraussetzungen des Art. 233 § 11 Abs. 5 EGBGB nachgewiesen ist, auch der Ehegatte des Antragstellers als Miteigentümer zur Hälfte einzutragen, ohne dass es seiner Mitwirkung bedarf; ihm ist aber vorher rechtliches Gehör zu gewähren. Entsprechendes gilt, wenn der nicht eingetragene Ehegatte den Antrag stellt oder beide Ehegatten die GBBerichtigung beantragen, ferner dann, wenn die GBBerichtigung gem. Art. 233 § 11 Abs. 2 Satz 1 Nr. 2 EGBGB nur von einem Teilhaber der aus mehreren Erben oder Erbeserben bestehenden Bruchteilsgemeinschaft beantragt wird und nachgewiesen ist, wer bei Inkrafttreten des Art. 233 § 11 EGBGB am 22.7.1992 sonst noch zum Personenkreis der Bruchteilsgemeinschaft gehört. Bruchteilseigentum gem. Art. 233 § 11 Abs. 5 EGBGB ist auch dann entstanden, wenn der Erwerber zum Zeitpunkt des Erwerbs noch unverheiratet war (OLG Brandenburg NotBZ 2000, 130), ist aber nicht entstanden, wenn die Ehegatten vor Inkrafttreten dieser Bestimmung Gütertrennung vereinbart haben (OLG Brandenburg FGPrax 1996, 166). Dagegen ist das GB auf Antrag eines der Ehegatten ohne weitere Nachweise durch deren Eintragung als Bruchteilseigentümer zu gleichen Teilen zu berichtigen, wenn die am 22.7.1992 lebenden Ehegatten im GB in „Eigentums- und Vermögensgemeinschaft" gemäß dem gesetzlichen Güterstand der DDR eingetragen sind (LG Erfurt Rpfleger 1995, 350). Art. 233 § 11 Abs. 2 Satz 1 Nr. 1 EGBGB ist auf die Übertragung von Grundstücken aus der Bodenreform auf landwirtschaftliche Produktionsgenossenschaften entsprechend anzuwenden (BGH Rpfleger 2003, 238).

Zur maßgeblichen Kennzeichnung eines Grundstücks im GB als Bodenreformgrundstück s. Anh. zu § 44 Rn. 2. Zu den Auswirkungen des Urteils des EGMR vom 22.1.2004 (NJW 2004, 923), nach dem ein Anspruch auf unentgeltliche Übereignung eines Bodenreformgrundstücks (vgl. Art. 233 §§ 11 ff. EGBGB) gegen den Eigentumsschutz der Europäischen Menschenrechtskonvention verstößt, s. Böhringer Rpfleger 2004, 267 (zur Berücksichtigung von Entscheidungen des EGMR durch deutsche Gerichte s. BVerfG

NJW 2004, 3407). Zur Antragsberechtigung s. Rn. 46 und zum Ganzen Böhringer Rpfleger 1993, 89 und Stavorinus NotBZ 2000, 107.

16. Ersetzung der Zustimmung

Erfolgt die GBBerichtigung, wie z.B. im Fall der Eintragung des Erste- **61** hers, auf behördliches Ersuchen, so ersetzt dieses auch eine an sich erforderliche Zustimmung des Eigentümers oder Erbbauberechtigten (s. § 38 Rn. 63).

17. Entsprechende Anwendung

Nach § 144 Abs. 1 ist § 22 Abs. 2 entsprechend auf Erbpachtrechte sowie **62** auf Abbaurechte an nicht bergrechtlichen Mineralien anzuwenden. In Bayern kommen derartige Rechte nicht vor; § 22 Abs. 2 gilt hier aber sinngemäß für das Bergwerkseigentum (Art. 40 Abs. 4 AGGVG v. 23.6.1981, BayRS 300-1-1-J; § 176 Abs. 2 BBergG), die selbständigen Fischereirechte (Art. 11 Abs. 4 FischereiG i.d. F. v. 10.10.2008, GVBl. 840; s. zu diesen Reimann MittBayNot 1971, 4), die realen nicht radizierten Gewerbeberechtigungen (zum Fortbestand von Kaminkehrerrealrechten s. § 3 Rn. 7) und gewisse Nutzungsrechte des älteren Rechts (Art. 40 Abs. 4 AGGVG v. 23.6.1981, BayRS 300-1-1-J); wegen der vor dem Inkrafttreten des BBergG entstandenen Bergwerke und unbeweglichen Kuxe s. Art. 55 Abs. 5 AGGVG v. 23.6.1981 (BayRS 300-1-1-J); § 176 Abs. 2 BBergG.

18. Kosten

Scheidet aus einer im GB als Eigentümerin eingetragenen KG der einzige **63** persönlich haftende Gesellschafter aus und setzen die Kommanditisten die Gesellschaft als BGB-Gesellschaft fort, ist für deren berichtigende Eintragung in Abt. I unter neuer laufender Nummer eine Gebühr von 1,0 gemäß Nr. 14110 Nr. 1 GNotKG-KV aus dem vollen Grundstückswert zu berechnen. Dasselbe gilt, wenn ein Mitgesellschafter einer OHG die Anteile der übrigen Gesellschafter erwirbt und als neuer Eigentümer im GB eingetragen wird, ferner bei Eintragung der durch Umwandlung einer GmbH & Co. KG nach dem UmwandlungsG als neue Rechtspersönlichkeit entstandenen AG. Die Gebühr von 1,0 gemäß Nr. 14110 Nr. 1 GNotKG-KV ist ferner zu erheben für eine GBBerichtigung nach Verschmelzung von zwei Aktiengesellschaften (OLG Hamm Rpfleger 1993, 42), der Fusion von Krankenkassen (§ 144 SGB V) und der Vereinigung von Berufsgenossenschaften (§ 118 SGB VII; OLG München Rpfleger 2013, 709). Voraussetzung für den Anfall der Gebühr ist immer, dass es sich um einen außerhalb des GB vollzogenen Rechtsträgerwechsel handelt und nicht nur um eine Änderung der Bezeichnung des unverändert gebliebenen Rechtsträgers (s. dazu Rn. 65).

Zur Berechtigung der Erhebung einer Gebühr für die Berichtigung des GB nach Verschmelzung durch Aufnahme einer Genossenschaft durch eine andere im Hinblick auf die EG-Gesellschaftssteuerrichtlinie (s. dazu § 1 Rn. 61) s. EuGH Rpfleger 2006, 670 mit Anm. v. Wilsch; für die GBBerichtigung nach Ausgliederung gem. § 123 Abs. 3 UmwG s. OLG München Rpfleger 2007, 115.

64   Für die Eintragung eines **BGB-Gesellschafters** im Weg der GBBerichtigung wird eine Gebühr von 1,0 fällig. Die Gebühr wird nicht erhoben, wenn die Erben des Gesellschafters, sei es auch erst aufgrund einer Erbauseinandersetzung, eingetragen werden und der Antrag binnen zwei Jahren seit dem Erbfall eingereicht wird (Nr. 14110 Nr. 2 Abs. 1 GNotKG-KV); zu den Voraussetzungen der Gebührenbefreiung s. § 40 Rn. 25. Wird die Eintragung aufgrund des § 82a von Amts wegen vorgenommen, beträgt die Gebühr 2,0, neben der für das Verfahren vor dem GBAmt oder dem Nachlassgericht keine weitere Gebühr anfällt (Nr. 14111 GNotKG-KV). Gemäß § 70 Abs. 4 GNotKG gilt für den Geschäftswert bei der Eintragung von Änderungen im Gesellschafterbestand § 70 Abs. 1 bis 3 GNotKG. Die Anteile der Gesellschafter sind grundsätzlich wie – im Zweifel gleiche – Bruchteile an dem Grundstück zu behandeln. Der Wert bemisst sich nach dem Anteil des einzutragenden Gesellschafters. Werden mehrere Gesellschafter eingetragen, wird nur eine Gebühr aus dem zusammengerechneten Wert ihrer Anteile erhoben. Wird ein BGB-Gesellschafter ausgewechselt, der zwar keinen Anteil am Gesellschaftsvermögen, aber die alleinige Geschäftsführungsbefugnis hat, so ist für die GBBerichtigung der Wert seiner Beteiligung nach § 36 Abs. 3 GNotKG zu schätzen (BayObLG 1989, 52). Keine Gebühr fällt an, wenn lediglich ein Gesellschafter ausscheidet.

65   Für die **Richtigstellung** tatsächlicher Angaben (s. Rn. 22 ff.), insbes. die Namensberichtigung, fällt keine Gebühr an. Auch eine Katasterfortführungsgebühr löst die bloße Namensberichtigung nicht aus (BayObLG FGPrax 1995, 204). Dasselbe gilt für die Berichtigung der Bezeichnung des Rechtsträgers bei einer formwechselnden Umwandlung nach §§ 190 ff. UmwG. Die Umwandlung einer BGB-Gesellschaft in eine KG ist auch bei gleichzeitigem Eintritt eines neuen persönlich haftenden Gesellschafters ein identitätswahrender Formwechsel, dessen Eintragung in das GB kostenrechtlich als Richtigstellung zu behandeln ist (vgl. BayObLG Rpfleger 2002, 536).

66   Für die Eintragung eines **Wirksamkeitsvermerks** fällt keine Gebühr an. Dies gilt sowohl für die Eintragung gleichzeitig mit dem begünstigten Recht als auch bei der nachträglichen Eintragung, die im Verhältnis von Eigentumsvormerkung und nachrangigem Grundpfandrecht eine Änderung des Rangs der zurücktretenden Vormerkung bewirkt (vgl. Nr. 14130 Abs. 2 GNotKG-KV), die gebührenfrei ist. Die Wertvorschrift des § 45 Abs. 2 Satz 2 GNotKG ist daher nur für die Gebühren des Notars von Bedeutung.

Die Gebührenbefreiungsvorschrift des § 34 Abs. 2 Satz 3 VermG kann nicht, auch nicht entsprechend, angewendet werden, wenn die GBBerichtigung auf Grund einer Berichtigungsbewilligung des eingetragenen Eigentümers und nicht auf Grund eines Rückübertragungsbescheids gem. § 34 Abs. 1 Satz 1 VermG vorgenommen wird (KG VIZ 1997, 243).

Zu den Kosten bei der GBBerichtigung durch Eintragung des Erben s. § 40 Rn. 23 ff.

Löschung auf die Lebenszeit des Berechtigten beschränkter Rechte

23 (1) **Ein Recht, das auf die Lebenszeit des Berechtigten beschränkt ist, darf nach dessen Tod, falls Rückstände von Leistungen nicht**

ausgeschlossen sind, nur mit Bewilligung des Rechtsnachfolgers gelöscht werden, wenn die Löschung vor dem Ablauf eines Jahres nach dem Tod des Berechtigten erfolgen soll oder wenn der Rechtsnachfolger der Löschung bei dem Grundbuchamt widersprochen hat; der Widerspruch ist von Amts wegen in das Grundbuch einzutragen. Ist der Berechtigte für tot erklärt, so beginnt die einjährige Frist mit dem Erlaß des die Todeserklärung aussprechenden Urteils.

(2) Der im Absatz 1 vorgesehenen Bewilligung des Rechtsnachfolgers bedarf es nicht, wenn im Grundbuch eingetragen ist, daß zur Löschung des Rechtes der Nachweis des Todes des Berechtigten genügen soll.

Inhaltsübersicht

1. Allgemeines

§ 23 ergänzt § 22; er betrifft die GBBerichtigung durch Löschung von **1** Rechten, die auf die Lebenszeit des Berechtigten beschränkt sind.

Derartige Rechte können nach dem Tod des Berechtigten nach Maßgabe des § 22 gelöscht werden, falls Rückstände von Leistungen nach der Art des Rechts ausgeschlossen sind; zur Löschung genügt daher stets der Nachweis des Todes des Berechtigten. Besteht nach der Art des Rechts die Möglichkeit von Rückständen, so gilt § 22 nur mit Abwandlungen; die Löschung auf Grund Unrichtigkeitsnachweises ist durch § 23 unter bestimmten Voraussetzungen erleichtert, im Übrigen aber ausgeschlossen.

Die Vorschrift ist entsprechend anzuwenden, wenn ein Recht auf die **2** Dauer des Bestehens einer juristischen Person beschränkt ist. Vgl. zum Folgenden auch Böttcher, Der Löschungserleichterungsvermerk gemäß § 23 Abs. 2, § 24 GBO, MittRhNotK 1987, 219; Lülsdorf, Die Löschung von auf Lebenszeit des Berechtigten beschränkter Rechte, MittRhNotK 1994, 129.

2. Auf Lebenszeit beschränkte Rechte

Unter einem Recht ist dabei sowohl ein Grundstücksrecht als auch ein **3** Recht an einem Grundstücksrecht zu verstehen; auch ein Pfandrecht an einem durch Vormerkung gesicherten Anspruch fällt darunter (BayObLG FGPrax 1995, 139). Die Beschränkung kann auf Gesetz oder auf Rechtsgeschäft beruhen.

a) Gesetzliche Beschränkung. Gesetzlich auf die Lebenszeit des Berechtigten beschränkt sind der Nießbrauch (§ 1061 BGB), die beschränkte persönliche Dienstbarkeit (§ 1090 Abs. 2 BGB) und, falls nichts anderes vereinbart ist, das subjektiv-persönliche Vorkaufsrecht (§ 1098 Abs. 1, § 514 BGB; vgl. dazu Burkhardt in der Anm. zu AG Bochum NJW 1971, 289; ferner OLG Hamm Rpfleger 1989, 148; OLG Zweibrücken Rpfleger 1989, 450); in letzterem Fall bedarf die Vereinbarung der Übertragbarkeit und Vererblichkeit der Eintragung im GB, sei es auch durch Bezugnahme auf die EintrBewilligung, um dinglich wirksam zu sein (OLG Hamm Rpfleger 1989, 148). Ausnahmen enthalten §§ 1059a, 1092 Abs. 2 und 3, § 1098 Abs. 3 BGB; zuständig für die Erteilung der erforderlichen Feststellungserklärung ist in Bayern der Präsident des LG (VO v. 14.10.1991, GVBl. 368).

4   Beim Nießbrauch und der beschränkten persönlichen Dienstbarkeit ist die Lebenszeit des Berechtigten nur die äußerste Dauer des Rechts. Zulässig ist mithin eine rechtsgeschäftliche Bestimmung des Inhalts, dass das Recht bereits mit dem Eintritt eines bestimmten Zeitpunkts oder Ereignisses erlöschen soll; in diesem Fall gilt für die Löschung § 24 (LG München DNotZ 1954, 260; LG Nürnberg DNotZ 1954, 263).

5   **b) Rechtsgeschäftliche Beschränkung.** Rechtsgeschäftlich auf die Lebenszeit des Berechtigten beschränkbar sind die subjektiv-persönliche Reallast (s. hierzu BayObLG DNotZ 1989, 567; OLG Köln Rpfleger 1994, 292; OLG Düsseldorf FGPrax 2002, 195), die Hypothek, Grundschuld und Rentenschuld, das Pfandrecht an Rechten und die Vormerkung. Nicht dagegen die Grunddienstbarkeit oder ein sonstiges subjektiv-dingliches Recht. Auch nicht das Erbbaurecht (OLG Celle Rpfleger 1964, 213 mit Anm. v. Diester, das die Bestellung eines Erbbaurechts auf Lebenszeit des Berechtigten zwar nicht im Hinblick auf § 1 Abs. 1, jedoch in entsprechender Anwendung des § 1 Abs. 4 Satz 1 ErbbauRG für unzulässig erachtet; vgl. ferner BGH Rpfleger 1969, 346). Zum Dauerwohnrecht s. Anh. zu § 44 Rn. 122.

6   Ist in einem **Übergabevertrag** ein Rückübereignungsanspruch vorgesehen, so sind dieser und die dafür bestellte Vormerkung in der Regel auf die Lebenszeit des Übergebers beschränkt; § 23 ist nicht anwendbar (BayObLG Rpfleger 1990, 61 mit Anm. v. Ertl MittBayNot 1990, 39). Im Einzelfall kann jedoch etwas anderes bestimmt sein. Dies ist durch Auslegung zu ermitteln (OLG Hamm FGPrax 2006, 146). Zur Löschung einer Vormerkung zur Sicherung eines nicht vererblichen Rückauflassungsanspruchs s. Anh. zu § 44 Rn. 90.3, 90.4.

7   Soll eine **Vormerkung** den Anspruch auf Eintragung einer weiteren, kraft Vereinbarung auf die Lebenszeit des Berechtigten beschränkten subjektiv-persönlichen Reallast (für eine Rentenerhöhung) sichern, so ist auch die Vormerkung auf die Lebenszeit des Berechtigten beschränkt, auch wenn dies in der Eintragung nicht besonders hervorgehoben ist.

8   Ist bei einer **Hypothek** nicht diese, sondern die persönliche Forderung auf die Lebenszeit des Berechtigten beschränkt, so entsteht mit dessen Tod eine Eigentümergrundschuld (KGJ 33, 241); § 23 ist in diesem Fall aber sinngemäß anzuwenden (KG HRR 1931 Nr. 29). Dagegen kommt die Vorschrift nicht zum Zug, wenn eine Hyp. zur Sicherung einer Forderung eingetragen ist, die nur bis zum Tod des Gläubigers entstehen kann (KG DFG 1943, 44).

9   Ist Gegenstand einer im Rahmen eines Leibgedings bestellten **Reallast** auch die Sicherung der Kosten der Beerdigung und der Grabpflege, so ist die

Reallast nicht auf die Lebenszeit des Berechtigten beschränkt; ihre Löschung bedarf daher der Bewilligung des Erben des Berechtigten, und zwar auch dann, wenn im GB die Löschungserleichterung des Abs. 2 eingetragen ist (s. dazu Rn. 26).

3. Rückstände

a) Möglichkeit von Rückständen. Rückstände aus rein schuldrechtli- **10** chen Ansprüchen, die an der Verdinglichungswirkung der GBEintragung nicht teilhaben, sind keine Rückstände i. S. der §§ 23, 24 (OLG München RNotZ 2016, 602). Möglich sind Rückstände zunächst beim Nießbrauch; im Fall eines Rechtsnießbrauchs können z. B. HypZinsen, im Fall eines Grundstücksnießbrauchs z. B. Mietzinsen rückständig sein. Rückstände sind ferner möglich bei der Reallast sowie bei der Hypothek, Grundschuld und Rentenschuld; hier können z. B. fällig gewordene Altenteilsleistungen nicht erbracht oder fällig gewordene Zinsen bzw. Rentensummen nicht gezahlt sein. Die Möglichkeit von Rückständen besteht auch bei einem Pfandrecht an Rechten sowie an einem durch Vormerkung gesicherten Anspruch (BayObLG FGPrax 1995, 139), ferner bei einem Wohnungsrecht, das nur Teile eines Anwesens umfasst und zur Mitbenutzung gemeinschaftlicher Anlagen berechtigt (OLG München NotBZ 2010, 66).

Bei einem auf die Lebenszeit des Berechtigten beschränkten Vorkaufsrecht **11** wird die Möglichkeit von Rückständen ebenfalls bejaht; als Rückstände werden die aus einer Ausübung des Vorkaufsrechts zu Lebzeiten des Berechtigten entstandenen Rechte angesehen (s. dazu Deimann Rpfleger 1977, 91; OLG Hamm Rpfleger 1989, 148; OLG Zweibrücken Rpfleger 1989, 450). Schließlich wurden Rückstände auch bei der **Vormerkung** für möglich gehalten, wenn nur diese und nicht auch der durch sie gesicherte Anspruch auf die Lebenszeit des Berechtigten beschränkt ist; als möglicher Rückstand wurde z. B. bei einer Eigentumsvormerkung zur Sicherung eines künftigen oder aufschiebend bedingten Anspruchs ein zu Lebzeiten des Berechtigten entstandener und geltend gemachter, aber nicht mehr erfüllter Eigentumsverschaffungsanspruch angesehen (BayObLG Rpfleger 1990, 504; BayObLG 1991, 288). Dieser Rechtsansicht ist der BGH nicht gefolgt; nach seiner Meinung betrifft das, was hier als Rückstand der Vormerkung angesehen wird, allein den schuldrechtlichen Anspruch, der infolge Erlöschens der Vormerkung nicht mehr gesichert ist (BGH Rpfleger 1992, 287 mit Anm. v. Ertl MittBayNot 1992, 195; bestätigt durch BGH FGPrax 2012, 142; s. hierzu auch Tiedtke DNotZ 1992, 539). Für das Vorkaufsrecht wird, weil es die Wirkung einer Vormerkung hat (§ 1098 Abs. 2 BGB), nichts anderes gelten können. S. hierzu auch Streuer, Löschungserleichterung bei Auflassungsvormerkung und Vorkaufsrecht, Rpfleger 1986, 245.

Das OLG Köln Rpfleger 1994, 345 hielt Rückstände jedenfalls dann für möglich, wenn ein künftiger oder ein aufschiebend bedingter Auflassungsanspruch, der nur zu Lebzeiten des Berechtigten entstehen oder voll wirksam werden kann, durch eine nicht auf die Lebenszeit des Berechtigten beschränkte Vormerkung gesichert ist. Auch diese Rechtsansicht hat der BGH verworfen (BGH FGPrax 1995, 225). Zu den rechtlichen Auswirkungen der

Entscheidung des BGH und zu Vorschlägen zur Lösung der Altfälle s. Wufka MittBayNot 1996, 156.

Die **Umdeutung** einer unzulässigen Löschungserleichterungsklausel in eine Löschungsvollmacht ist grundsätzlich nicht möglich; s. dazu BayObLG FGPrax 1997, 91; Rpfleger 1999, 71; OLG München FGPrax 2012, 250; OLG Hamm FGPrax 2014, 238; Frank MittBayNot 1997, 217; Amann DNotZ 1998, 6.

12   **b) Ausschluss von Rückständen.** Ausgeschlossen sind Rückstände bei den meisten beschränkten persönlichen Dienstbarkeiten, z. B. bei Wohnungs- und Wegerechten (im Einzelfall kann ihr dinglicher Inhalt jedoch anderes ergeben: BayObLG Rpfleger 1980, 20; OLG Düsseldorf Rpfleger 1995, 248; OLG Hamm NJW-RR 2001, 1099; ZWE 2014, 83 betr. ein Wohnungsrecht nach § 1093 BGB; s. hierzu auch OLG Frankfurt NJW-RR 1989, 146; OLG Düsseldorf Rpfleger 2003, 351). Ferner kann rechtsgeschäftlich vereinbart werden, dass mit dem Tod des Berechtigten auch die Rückstände erlöschen sollen (KGJ 44, 246). Wenn man bei der Vormerkung die Möglichkeit von Rückständen nicht von vorneherein ausschließt (s. Rn. 11), sind Rückstände jedenfalls dann ausgeschlossen, wenn der durch die Vormerkung gesicherte Anspruch dergestalt auf die Lebenszeit des Berechtigten beschränkt ist, dass ein aufschiebend bedingter oder künftiger Anspruch auch dann mit dem Tod des Berechtigten erlischt, wenn er bereits zu dessen Lebzeiten voll wirksam entstanden ist (LG Bochum Rpfleger 1971, 314; vgl. OLG Köln Rpfleger 1985, 290).

4. Löschung des Rechts bei Tod des Berechtigten

13   Es ist zu unterscheiden, ob nach der Art des Rechts Rückstände ausgeschlossen oder möglich sind.

a) Ausschluss von Rückständen. Sind Rückstände ausgeschlossen, so gilt § 22 ohne Einschränkung. Zur Löschung genügt daher stets der Nachweis des Todes des Berechtigten; er ist durch Vorlegung der Sterbeurkunde oder eines rechtskräftigen Todeserklärungsbeschlusses zu führen (OLG Hamm Rpfleger 1989, 148).

14   **b) Möglichkeit von Rückständen.** Sind Rückstände möglich, so müsste nach der Regel des § 22 entweder eine Bewilligung des Rechtsnachfolgers vorgelegt oder der Tod des Berechtigten und das Nichtbestehen von Rückständen nachgewiesen werden. Demgegenüber lässt § 23 die Löschung unter gewissen Voraussetzungen schon bei Nachweis des Todes des Berechtigten, im Übrigen aber nur auf Grund einer Bewilligung des Rechtsnachfolgers zu. Die Löschung auf Grund Unrichtigkeitsnachweises ist damit teils erleichtert, teils ausgeschlossen. Wegen der Führung des Todesnachweises s. Rn. 13.

15   Zur Löschung genügt der **Nachweis des Todes** des Berechtigten, wenn sie nach Ablauf eines Jahres seit dem Tod des Berechtigten erfolgen soll und der Rechtsnachfolger der Löschung bei dem GBAmt nicht widersprochen hat; ist der Berechtigte für tot erklärt, so beginnt die einjährige Frist mit der Rechtskraft des Todeserklärungsbeschlusses (Abs. 1 Satz 2 i. V. m. § 49 Abs. 1

VerschG i.d.F. v. 15.1.1951, BGBl. I 63). Für die Fristberechnung gelten § 187 Abs. 1, § 188 Abs. 2 BGB. Wegen des Widerspruchs des Rechtsnachfolgers s. Rn. 20. Zur Löschung einer auf die Lebenszeit des Berechtigten beschränkten Reallast s. OLG Köln Rpfleger 2018, 607; OLG München Rpfleger 2019, 138.

Der Nachweis des Todes des Berechtigten genügt zur Löschung weiterhin **16** dann, wenn im GB ein Vermerk nach Abs. 2 eingetragen ist. In diesem Fall ist sowohl der Zeitpunkt der Löschung als auch ein Widerspruch des Rechtsnachfolgers unerheblich. Über die Eintragung des Vermerks nach Abs. 2 s. Rn. 24.

Zur Löschung bedarf es einer **Bewilligung des Rechtsnachfolgers,** **17** wenn im GB kein Vermerk nach Abs. 2 eingetragen ist und die Löschung vor Ablauf des Sperrjahres oder gegen den Widerspruch des Rechtsnachfolgers erfolgen soll. Verlangt das GBAmt durch Zwischenverfügung die Vorlage dieser Bewilligung, wird eine Beschwerde mit Ablauf der Jahresfrist nicht wegen Erledigung des Hauptsache unzulässig (s. dazu § 71 Rn. 34).

§ 23 enthält nur Verfahrensvorschriften. Bestehen beim Tod des Berechtig- **18** ten Rückstände, wird das Recht aber auf Todesnachweis gelöscht, so lässt die Löschung das Recht auf die Rückstände unberührt; sind beim Tod des Berechtigten keine Rückstände vorhanden, kann das Recht mangels Bewilligung des Rechtsnachfolgers aber nicht gelöscht werden, so ändert der Fortbestand der Eintragung nichts an dem gänzlichen Erlöschen des Rechts. In beiden Fällen ist das GB unrichtig.

Grundpfandrecht. Ist das Recht eine Hypothek, Grundschuld oder **19** Rentenschuld, so sind neben § 27 auch §§ 41 ff. zu beachten.

5. Widerspruch des Rechtsnachfolgers

a) Rechtsnatur. Der Widerspruch gegen die Löschung ist ein Rechtsge- **20** bilde eigener Art. Er kommt nur in Betracht, falls Rückstände möglich sind und soll verhindern, dass das Recht auf diese durch Löschung des Rechts und gutgläubigen Erwerb verlorengehet.

b) Erhebung. Der Widerspruch muss beim GBAmt erhoben werden, **21** d.h. bei diesem eingehen. Er ist zulässig bis zur Löschung des Rechts, aber wirkungslos, wenn im GB ein Vermerk nach Abs. 2 eingetragen ist. Bei einer Mehrheit von Rechtsnachfolgern ist jeder zum Widerspruch berechtigt. Rechtsnachfolger ist auch, wer das Recht oder ein Recht an diesem zu Lebzeiten des Berechtigten durch Rechtsgeschäft oder im Weg der Zwangsvollstreckung erworben hat (KG JW 1938, 2830).

Da der Widerspruch die Grundlage einer Eintragung bildet (s. Rn. 22), bedarf er der Form des § 29 Abs. 1 Satz 1; er muss daher öffentlich beurkundet oder öffentlich beglaubigt sein (s. § 29 Rn. 27, 41). Auch die Rechtsnachfolge ist in der Form des § 29 nachzuweisen.

c) Eintragung. Der Widerspruch ist von Amts wegen in das GB einzu- **22** tragen. Wirksamkeitserfordernis ist die Eintragung nicht; sie soll lediglich verhindern, dass der Widerspruch übersehen wird; ist das Recht gelöscht worden, so kann sie nicht mehr erfolgen (a. M. LG München I DNotZ 1954,

262; s. aber Rn. 23). §§ 12, 19 GBV passen auf die Eintragung des Widerspruchs nach § 23 nicht; diese richtet sich nach §§ 10, 11 GBV.

23 **d) Wirkung.** Ist der Widerspruch formgerecht eingegangen, die Rechtsnachfolge nachgewiesen und im GB kein Vermerk nach Abs. 2 eingetragen, so kann das Recht nur noch auf Grund einer Löschungsbewilligung des Rechtsnachfolgers gelöscht werden. Ein auf den Todesnachweis gestützter Löschungsantrag ist zurückzuweisen, auch wenn er vor dem Widerspruch eingegangen oder das Sperrjahr abgelaufen ist; hat ihm das GBAmt trotzdem stattgegeben, so kann die Eintragung eines Amtswiderspruchs nach § 53 Abs. 1 Satz 1 in Betracht kommen.

6. Löschungserleichterungsvermerk

24 **a) Eintragung.** Der Vermerk nach Abs. 2 bedeutet keine Einschränkung des Rechts in seinem materiellen Bestand, gewährt vielmehr nur eine formellrechtliche Erleichterung der Löschbarkeit für den Fall des Todes des Berechtigten (BGH Rpfleger 1976, 206; OLG Hamm FGPrax 2014, 238). Die Eintragung des Vermerks erfordert, wenn sie nach der Eintragung des Rechts vorgenommen werden soll, eine Bewilligung des Berechtigten (BayObLG Rpfleger 1980, 20); für seine Eintragung zugleich mit der des Rechts reicht die Bewilligung des Eigentümers aus (BGH Rpfleger 1976, 206; BayObLG FGPrax 1997, 91). Soll der Vermerk nicht gleichzeitig mit dem Recht gelöscht werden, ist die Löschungsbewilligung des mit dem Recht belasteten Eigentümers erforderlich, nicht die des Berechtigten (Böttcher MittRhNotK 1987, 225).

25 **b) Bezugnahme.** Der Vermerk nach Abs. 2 kann nicht durch eine Bezugnahme auf die EintrBewilligung ersetzt werden (BayObLG Rpfleger 1984, 144). Er muss bei dem zu löschenden Recht selbst eingetragen sein. Die Eintragung bei einer vorrangig eingetragenen Reallast reicht daher nicht aus zur Löschung einer Vormerkung, durch die der Anspruch auf Eintragung einer weiteren Reallast (für eine Rentenerhöhung) gesichert werden soll.

26 **c) Reallast.** Der Vermerk kann nur bei einem (gesetzlich oder rechtsgeschäftlich) auf die Lebenszeit des Berechtigten beschränkten Recht, bei dem Rückstände von Leistungen nicht ausgeschlossen sind, in das GB eingetragen werden. Bei einer vererblichen Reallast, z. B. der Verpflichtung zur Unterhaltung einer Grabstätte, ist seine Eintragung daher unzulässig (KG HRR 1933 Nr. 1353; BayObLG Rpfleger 1983, 308; 1997, 373; 1999, 71); zur Umdeutung einer unzulässigen Löschungserleichterungsklausel in eine Löschungsvollmacht s. Rn. 11. Die gleichwohl eingetragene Löschungserleichterung kann nicht gutgläubig erworben werden (BayObLG Rpfleger 1983, 308).

27 **d) Leibgeding.** Sind auf die Lebenszeit des Berechtigten beschränkte mit vererblichen Rechten zu einem Leibgeding verknüpft, so ist ein bei diesem allgemein eingetragener Vermerk gem. Abs. 2 nicht auf die vererblichen Rechte wie z. B. eine Reallast zur Sicherung der Verpflichtung zur Beerdigung und Grabpflege anzuwenden, auch nicht kraft Gewohnheitsrechts; im Einzelfall kann jedoch die Auslegung ergeben, dass in dem beispielhaft ange-

führten Fall beim Tod des Erstversterbenden von mehreren Berechtigten dessen Mitberechtigung allein auf den Todesnachweis zu löschen ist (s. zum Ganzen § 49 Rn. 5).

7. Kosten

Über die Kosten der Löschung s. § 46 Rn. 25. Für die Eintragung des Widerspruchs wird eine Gebühr von 50 EUR erhoben (Nr. 14151 GNotKG-KV). Für die, auch nachträgliche, Eintragung des Vermerks nach Abs. 2 wird keine Gebühr erhoben. Es handelt sich dabei nicht um eine Veränderung gemäß Nr. 14130 GNotKG-KV. **28**

Löschung zeitlich beschränkter Rechte

24 Die Vorschriften des § 23 sind entsprechend anzuwenden, wenn das Recht mit der Erreichung eines bestimmten Lebensalters des Berechtigten oder mit dem Eintritt eines sonstigen bestimmten Zeitpunkts oder Ereignisses erlischt.

1. Allgemeines

§ 24 schreibt die sinngemäße Anwendung des § 23 auf Fälle vor, in denen **1** ein Recht zeitlich beschränkt, die Beschränkung aber keine solche auf die Lebenszeit des Berechtigten ist.

2. Zeitlich beschränkte Rechte

Die zeitliche Beschränkung kann auf einem Endtermin oder einer auflö- **2** senden Bedingung beruhen. Während bei den beschränkten dinglichen Rechten des BGB sowohl die Vereinbarung eines Endtermins als auch die einer auflösenden Bedingung möglich ist, können ein Erbbaurecht sowie ein Dauerwohnrecht lediglich durch Endtermin befristet, nicht aber unter einer auflösenden Bedingung bestellt werden (§ 1 Abs. 4 ErbbauRG; § 33 Abs. 1 Satz 2 WEG). Zur Eintragung bedingter und befristeter Rechte s. Anh. zu § 13 Rn. 6 und § 19 Rn. 31 ff. Zum Nachweis des Lebensalters s. § 29 Rn. 26.

3. Anwendung des § 23

Sinngemäß anzuwenden ist Abs. 1 und Abs. 2. Ist bei einem Recht in ent- **3** sprechender Anwendung des § 23 Abs. 2 vermerkt, dass zur Löschung der Nachweis des Eintritts des Endtermins oder der auflösenden Bedingung genügen soll, so rechtfertigt der Vermerk nicht die Löschung auf Todesnachweis, falls das Recht, z. B. ein auf die Lebenszeit eines Dritten befristeter Nießbrauch, durch den Tod des Berechtigten erlischt (LG München I DNotZ 1954, 260; LG Nürnberg-Fürth DNotZ 1954, 264).

Im Übrigen gilt das zu § 23 Ausgeführte mit der Maßgabe, dass von der Löschung des Rechts sowohl der Berechtigte als auch sein Rechtsnachfolger betroffen werden kann.

4. Löschung eines Verpfändungsvermerks

4   Wenn bei einer Eigentumsvormerkung eingetragen ist, dass der Eigentumsverschaffungsanspruch unter der auflösenden Bedingung der Eintragung einer Grundschuld für den Pfändungsgläubiger verpfändet ist, kann der Vermerk mit Eintragung der Grundschuld im Weg der GBBerichtigung nur mit Bewilligung des Pfändungsgläubigers gelöscht werden (BayObLG Rpfleger 1984, 144; FGPrax 1995, 139).

5. Löschung eines Erbbaurechts

5   Das Erbbaurecht erlischt mit Ablauf der Zeit, für die es bestellt wurde. Sofern der Anspruch des Erbbauberechtigten auf Entschädigung für das Bauwerk nicht ausgeschlossen ist (§ 27 Abs. 1 Satz 2 ErbbauRG), haftet das Grundstück anstelle des Erbbaurechts und mit dessen Rang für die Entschädigungsforderung (§ 28 ErbbauRG). Ein Ausschluss der Entschädigung als Inhalt des Erbbaurechts erfordert eine Vereinbarung zwischen dem Grundstückseigentümer und dem Erbbauberechtigten sowie die Eintragung im Erbbaurechtsgrundbuch. Dabei ist die Bezugnahme auf die EintrBewilligung im Bestandsverzeichnis ausreichend. Im Fall eines Ausschlusses der Entschädigung ist das durch Zeitablauf erloschene Erbbaurecht ohne gleichzeitige Eintragung einer Entschädigungsforderung zu löschen (KG FGPrax 2019, 51). Zum Ausschluss der Abwendungsbefugnis gemäß § 27 Abs. 3 ErbbauRG s. Anh. zu § 8 Rn. 9.

6   Auf Bewilligung des Erbbauberechtigten kann das Erbbaurecht mit Zustimmung der dinglich Berechtigten am Erbbaurecht ohne Rücksicht auf die Entschädigungsforderung gelöscht werden. Im Weg der GBBerichtigung auf Antrag des Grundstückseigentümers ist dies aber nicht möglich. Die Entschädigungsforderung entsteht bereits mit dem Erbbaurecht als bedingtes Recht. Ihre Fälligkeit ist bis zum Erlöschen des Erbbaurechts aufgeschoben. Für sie haftet der Grundstückseigentümer persönlich, aber auch das Grundstück. Die Entschädigungsforderung tritt ranggleich an die Stelle des zu löschenden Erbbaurechts. Ohne Bewilligung des Erbbauberechtigten kann das GB daher auf Antrag des Grundstückseigentümers nur dann berichtigt werden, wenn zugleich mit der Löschung des Erbbaurechts auf Antrag des Grundstückseigentümers die Entschädigungsforderung eingetragen wird. Für die Eintragung gelten die Vorschriften für Reallasten entsprechend. Einzutragen ist die Entschädigungsforderung wie das Erbbaurecht in Abt. II und, sofern die Höhe der Forderung noch nicht feststeht, ohne Nennung eines bestimmten Geldbetrages (BGH FGPrax 2013, 143; OLG München FGPrax 2019, 6 mit Anm. v. Winkler MittBayNot 2019, 147). Bis zu diesen Entscheidungen waren die grundbuchmäßigen Voraussetzungen für die Löschung eines Erbbaurechts nach Zeitablauf sehr umstritten; s. dazu einerseits OLG Celle NJW-RR 1995, 1420, andererseits OLG Hamm Rpfleger 2007, 541.

Zum grundbuchmäßigen Vollzug der Löschung im Übrigen, insbesondere bei Bestehen eines Erneuerungsvorrechts gemäß § 2 Nr. 6 ErbbauRG, s. Anh. zu § 8 Rn. 53 ff.

Löschung von Vormerkungen und Widersprüchen

25 Ist eine Vormerkung oder ein Widerspruch auf Grund einer einstweiligen Verfügung eingetragen, so bedarf es zur Löschung nicht der Bewilligung des Berechtigten, wenn die einstweilige Verfügung durch eine vollstreckbare Entscheidung aufgehoben ist. Diese Vorschrift ist entsprechend anzuwenden, wenn auf Grund eines vorläufig vollstreckbaren Urteils nach den Vorschriften der Zivilprozeßordnung oder auf Grund eines Bescheides nach dem Vermögensgesetz eine Vormerkung oder ein Widerspruch eingetragen ist.

1. Allgemeines

§ 25 betrifft einen Fall der GBBerichtigung, enthält aber keine verfahrensrechtliche, sondern eine sachlichrechtliche Vorschrift. In Satz 2 wurden durch das 2.VermRÄndG v. 14.7.1992 (BGBl. I 1257, 1283) im Hinblick auf § 34 Abs. 1 VermG die Wörter „oder auf Grund eines Bescheides nach dem Vermögensgesetz" eingefügt. **1**

Die Bestimmung will besagen, dass eine Vormerkung oder ein Widerspruch erlischt, wenn die zugrunde liegende einstweilige Verfügung, das zugrunde liegende vorläufig vollstreckbare Urteil oder der zugrunde liegende Bescheid nach dem VermG aufgehoben wird. Die Regelung entspricht § 868 Abs. 1, § 932 Abs. 2 ZPO, nach denen die Aufhebung des vollstreckbaren Titels das Recht des Gläubigers aus einer Zwangs- oder Arresthyp. in Wegfall bringt. Gleich diesen Vorschriften durchbricht § 25 den in § 775 Nr. 1, § 776 Satz 1 ZPO ausgesprochenen Grundsatz, dass eine Vollstreckungsmaßregel durch die Aufhebung des Vollstreckungstitels nicht ohne weiteres unwirksam wird, vielmehr besonders aufzuheben ist (BGH NJW 1963, 813).

Führt die Aufhebung der einstweiligen Verfügung, des vorläufig vollstreckbaren Urteils oder des Bescheids nach dem VermG zum Erlöschen der Vormerkung oder des Widerspruchs, bewirkt sie also, dass das GB unrichtig wird, so ist selbstverständlich, dass zur Löschung der Aufhebungsnachweis genügt, d. h. keine Löschungsbewilligung notwendig ist. **2**

§ 25 Satz 1 ist **entsprechend anzuwenden,** wenn die einstweilige Verfügung analog § 269 Abs. 4 ZPO durch einen Beschluss des Prozessgerichts für wirkungslos erklärt wird (BayObLG FGPrax 2004, 109; OLG Frankfurt FGPrax 1995, 180); ferner, wenn ein Verfügungsverbot auf Grund einer einstweiligen Verfügung eingetragen ist und die einstweilige Verfügung durch eine vollstreckbare Entscheidung aufgehoben worden ist (OLG Düsseldorf FGPrax 2004, 59; LG Frankfurt Rpfleger 1988, 407). **3**

2. Vormerkung und Widerspruch

§ 25 bezieht sich nur auf Vormerkungen und Widersprüche, die auf einer einstweiligen Verfügung beruhen oder gemäß § 895 ZPO ein vorläufig vollstreckbares Urteil (s. dazu BayObLG Rpfleger 1997, 525) oder gemäß § 34 Abs. 1 VermG eine für sofort vollziehbar erklärte Entscheidung zur Grundlage haben. Nicht erforderlich ist, dass sich dies aus dem EintrVermerk ergibt; **4** es genügt, wenn es sich sonst mit Sicherheit feststellen lässt (KGJ 46, 206). Im Hinblick auf § 25 werden Vormerkung oder Widerspruch aber zweckmäßig mit einem Hinweis auf den Titel eingetragen.

5   Ist die Eintragung auf Grund einstweiliger Verfügung erfolgt und wird sie nachträglich vom Betroffenen bewilligt oder dieser rechtskräftig zur Bewilligung verurteilt, so kann dies im GB zum Ausdruck gebracht werden; § 25 ist dann nicht mehr anwendbar (KGJ 20, 79).

3. Aufhebung der einstweiligen Verfügung

6   Es muss eine die einstweilige Verfügung, das vorläufig vollstreckbare Urteil oder den Bescheid nach dem VermG aufhebende Entscheidung ergangen sein. Unerheblich ist, ob es sich um ein Urteil oder um einen Beschluss handelt. Ein Beschluss kann bei Aufhebung einer einstweiligen Verfügung gemäß § 942 Abs. 3 ZPO in Betracht kommen. Bei einem Bescheid nach dem VermG kann es sich auch um eine Abhilfeentscheidung oder einen Widerspruchsbescheid handeln (vgl. §§ 72, 73 VwGO). Der Aufhebung eines Urteils nach § 895 ZPO steht die Aufhebung seiner vorläufigen Vollstreckbarkeit gleich und der Aufhebung eines Bescheids nach dem VermG die Beseitigung seiner sofortigen Vollziehbarkeit (vgl. § 80 VwGO). Dass die einstweilige Verfügung auf Grund eines Prozessvergleichs oder übereinstimmender Erledigterklärungen ihre Wirkung verloren hat, reicht dagegen ebenso wenig aus wie die Einstellung der Zwangsvollstreckung gem. § 732 ZPO (ebenso Meikel/Böttcher Rn. 50; s. dazu auch OLG Frankfurt FGPrax 1995, 180).

7   Die ergangene Entscheidung muss **vollstreckbar,** also rechtskräftig, für vorläufig vollstreckbar erklärt oder kraft gesetzlicher Bestimmung ohne weiteres vollstreckbar sein. Ein Urteil, das eine einstweilige Verfügung aufhebt, ist ohne Sicherheitsleistung für vorläufig vollstreckbar zu erklären (§ 708 Nr. 6 ZPO); ein Beschluss dieses Inhalts sowie ein Urteil, das ein vorläufig vollstreckbares Urteil oder dessen Vollstreckbarkeitserklärung aufhebt, sind ohne weiteres vollstreckbar (§ 794 Abs. 1 Nr. 3, § 717 Abs. 1 ZPO). Nötig ist Vollstreckbarkeit gegen denjenigen, der aus der Vormerkung oder dem Widerspruch berechtigt ist.

8   Liegen diese Voraussetzungen vor, so ist die Vormerkung oder der Widerspruch erloschen, das GB also unrichtig (s. Rn. 1). War die Vormerkung oder der Widerspruch noch nicht eingetragen, kommt eine Eintragung nicht mehr in Betracht. Zur Notwendigkeit, die Vormerkung oder den Widerspruch erneut einzutragen, wenn die aufhebende Entscheidung ihrerseits aufgehoben und die einstweilige Verfügung wieder hergestellt wird, s. Anh. zu § 13 Rn. 13.

4. Löschung nach § 25

9   Zur Löschung einer Vormerkung oder eines Widerspruchs ist ein Antrag erforderlich. Ein Ersuchen des Prozessgerichts ist, anders als bei Eintragungen auf Grund einer einstweiligen Verfügung (s. § 38 Rn. 5), nicht zulässig.

10   Der **Unrichtigkeitsnachweis** ist durch Vorlegung einer Ausfertigung der Aufhebungsentscheidung zu führen; eine Vollstreckungsklausel ist nur in Fällen einer Rechtsnachfolge notwendig. Ist die Entscheidung ein anfechtbares,

nicht für vorläufig vollstreckbar erklärtes und auch nicht ohne weiteres vollstreckbares Urteil, so bedarf es eines Rechtskraftzeugnisses; ist sie ein nicht verkündeter Beschluss, so muss zufolge § 329 Abs. 3 ZPO die Zustellung nachgewiesen werden (vgl. KGJ 41, 222). Hängt die Vollstreckbarkeit der aufhebenden Entscheidung von einer Sicherheitsleistung ab, so ist diese in grundbuchmäßiger Form nachzuweisen (BayObLG Rpfleger 2001, 407); hierzu und zum Nachweis der Sicherheitsleistung durch Hinterlegung s. LG Frankfurt Rpfleger 1988, 407. Ist dagegen die aufhebende Entscheidung gem. § 708 Nr. 6 ZPO ohne Sicherheitsleistung vorläufig vollstreckbar, dem Vormerkungsberechtigten jedoch gem. § 711 ZPO die Abwendung der Zwangsvollstreckung durch Sicherheitsleistung oder Hinterlegung gestattet, so ist die Vormerkung oder der Widerspruch ohne Rücksicht auf eine Sicherheitsleistung oder eine Hinterlegung durch den Vormerkungsberechtigten zu löschen (ebenso Meikel/Böttcher Rn. 53).

Ist die Vormerkung oder der Widerspruch infolge Abtretung des gesicherten Anspruchs (KGJ 43, 212) oder Übertragung des geschützten dinglichen Rechts (KGJ 47, 177) auf einen Dritten übergegangen, so ist gemäß § 39 dessen **Voreintragung** erforderlich; bei einem Übergang auf den Erben gilt die Ausnahme des § 40. Schließlich muss nach §§ 41, 42 der Brief vorgelegt werden, wenn die Vormerkung oder der Widerspruch bei einem Briefrecht eingetragen ist. **11**

5. Löschung in anderen Fällen

§ 25 behandelt nur einen Sonderfall der Löschung einer Vormerkung oder eines Widerspruchs. Unberührt bleibt eine berichtigende Löschung aus anderen Gründen, z. B. weil eine einstweilige Verfügung nicht innerhalb der Frist des § 929 Abs. 3 ZPO zugestellt wurde (RG 81, 289; 151, 157), der durch Vormerkung gesicherte Anspruch nicht entstanden bzw. erloschen ist (RG 163, 63; Erlöschen durch Erfüllung setzt Beseitigung vormerkungswidriger Zwischeneintragungen voraus: RG 129, 185) oder einem Widerspruch kein Berichtigungsanspruch zugrundeliegt; erforderlich ist der Nachweis der Unrichtigkeit oder eine Bewilligung des Betroffenen (BayObLG Rpfleger 1997, 525). Unberührt bleibt ferner eine vom Betroffenen zu bewilligende rechtsändernde Löschung. **12**

Wegen der Löschung von Widersprüchen, die auf Ersuchen einer Genehmigungsbehörde eingetragen wurden, s. § 38 Rn. 27. Über die Löschung von Amtswidersprüchen nach § 53 Abs. 1 Satz 1 s. § 53 Rn. 41.

6. Kosten

Für die Eintragung einer Vormerkung wird eine Gebühr von 0,5 erhoben (Nr. 14150 GNotKG-KV) und für die Eintragung eines Widerspruchs eine Gebühr von 50 EUR (Nr. 14151 GNotKG-KV). Abgegolten ist damit auch die spätere Eintragung der Änderung einer Vormerkung, insbesondere der Rangänderung einer Eigentumsvormerkung. **13**

Für die Löschung einer Vormerkung wird eine Gebühr von 25 EUR erhoben (Nr. 14152 GNotKG-KV). Die Löschung eines Widerspruchs ist gebührenfrei.

Die Eintragung und Löschung von Amtswidersprüchen nach § 53 Abs. 1 Satz 1 erfolgt gebührenfrei (Vorbem. 1.4 Abs. 2 Nr. 1 GNotKG-KV).

Abtretung und Belastung von Briefrechten

26 (1) **Soll die Übertragung einer Hypothek, Grundschuld oder Rentenschuld, über die ein Brief erteilt ist, eingetragen werden, so genügt es, wenn an Stelle der Eintragungsbewilligung die Abtretungserklärung des bisherigen Gläubigers vorgelegt wird.**

(2) **Diese Vorschrift ist entsprechend anzuwenden, wenn eine Belastung der Hypothek, Grundschuld oder Rentenschuld oder die Übertragung oder Belastung einer Forderung, für die ein eingetragenes Recht als Pfand haftet, eingetragen werden soll.**

Inhaltsübersicht

1. Allgemeines

1 § 26 wandelt § 19 für bestimmte Fälle der GBBerichtigung dadurch ab, dass er statt der Bewilligung eine andere Erklärung genügen lässt.

a) Briefrechte. Sie können außerhalb des GB übertragen oder belastet werden; bei Forderungen, denen ein eingetragenes Recht als Pfand haftet, vollziehen sich Übertragung oder Belastung stets in dieser Weise (§ 1154 Abs. 1, § 398 Satz 1, § 1069 Abs. 1, § 1274 Abs. 1 BGB). Für eine GBBerichtigung nach § 22 wäre die Vorlegung der Abtretungs- oder Belastungserklärung nicht genügend; es bedürfte vielmehr noch des Nachweises ihrer Annahme, im ersten Fall auch noch des Nachweises der Briefübergabe. Durch die Bestimmung, dass die sachlichrechtliche Abtretungs- oder Belastungserklärung die EintrBewilligung ersetzt, wird die GBBerichtigung nach § 19 ermöglicht und damit die Führung der bezeichneten Nachweise entbehrlich gemacht (KGJ 51, 280; BayObLG Rpfleger 1987, 363).

b) Buchrechte. Die in grundbuchmäßiger Form erklärte Abtretung eines Buchrechtes kann nicht ohne weiteres als Bewilligung der zum Rechtsübergang erforderlichen GBEintragung ausgelegt werden (KG FGPrax 2017, 149). Besonderheiten gelten aufgrund des RisikobegrenzungsG v. 12.8.2008 (BGBl. I 1666) bei Übertragung einer Grundschuld, die zur Sicherung eines

Anspruchs verschafft wurde (Sicherungsgrundschuld). Diese Besonderheiten sind auch dann zu beachten, wenn eine vor Inkrafttreten des Gesetzes eingetragene Sicherungsgrundschuld auf ein weiteres Grundstück erstreckt werden soll (s. § 44 Rn. 39). § 1192 Abs. 1a BGB schließt einen gutgläubigen einredefreien Erwerb der Sicherungsgrundschuld aus. Außerdem bestehen Hinweis- und Unterrichtungspflichten im Hinblick auf die Abtretbarkeit und Abtretung der gesicherten Darlehensforderung (§ 492 Abs. 1a, § 496 Abs. 2 BGB). Im GB ist die Sicherungsgrundschuld nicht als solche zu bezeichnen. S. in diesem Zusammenhang zur Wirksamkeit einer formularmäßigen Unterwerfungserklärung § 44 Rn. 27 und zum Ganzen Schmid/Voss DNotZ 2008, 740.

2. Abtretung von Briefrechten

a) Übertragung. Die Bestimmung spricht in Abs. 1 zwar schlechthin von **2** der Übertragung eines Briefrechts, hat aber, wie das Wort „Abtretungserklärung" ergibt, nur die rechtsgeschäftliche Übertragung im Auge. Nicht unter § 26 fallen demnach:

- Die Überweisung an Zahlungs statt. Hier wird die Unrichtigkeit des GB **3** durch die Vorlegung des Überweisungsbeschlusses nachgewiesen, so dass die Berichtigung nach § 22 ohne Schwierigkeiten möglich ist. Eine Überweisung zur Einziehung bewirkt keinen Rechtsübergang und ist mithin nicht eintragungsfähig (KGJ 33, 276).
- Der Übergang kraft Gesetzes. In diesem Fall bedarf es zur GBBerichtigung entweder einer Bewilligung des Betroffenen oder des Nachweises der Unrichtigkeit.

b) Abtretung vor Eintragung. Eine künftige Briefgrundschuld kann **4** bereits vor Eintragung der Grundschuld im GB abgetreten werden. In diesem Fall erwirbt der Grundstückseigentümer mit der Eintragung eine Eigentümerbriefgrundschuld. Diese wird mit der Übergabe des Briefs an den Zessionar zur Fremdgrundschuld (OLG Hamm FGPrax 2017, 204; OLG Frankfurt Rpfleger 2018, 437).

c) GBBerichtigung oder Löschung. Zur Abtretung eines Briefrechts ist sachlichrechtlich die schriftliche Abtretungserklärung und deren formfreie Annahme sowie Übergabe des Briefs erforderlich (§ 1154 Abs. 1, § 1192 Abs. 1, § 1200 Abs. 1 BGB). Damit wird das GB unrichtig. Der neue Gläubiger kann im Weg der GBBerichtigung eingetragen werden. Dazu genügt es, dass anstelle einer Berichtigungsbewilligung die Abtretungserklärung in grundbuchmäßiger Form und außerdem der Brief vorgelegt werden. Der Zusatz in der Abtretungserklärung, die Grundschuld werde „gewährlos" abgetreten, ist unschädlich (OLG Hamm FGPrax 2017, 204). Begehrt der noch nicht eingetragene neue Gläubiger die Löschung des Rechts, muss er den Gläubigerwechsel und die eigene Berechtigung nachweisen. Auch dazu genügt die Vorlage der Abtretungserklärung samt Brief (OLG München NotBZ 2014, 306).

Die Verfügungsbefugnis des Abtretenden muss bis zur Vollendung des **5** Rechtserwerbs, also auch noch bei einer späteren Briefübergabe vorhanden sein; bei einer GBBerichtigung auf Grund Unrichtigkeitsnachweises muss dies dem GBAmt nachgewiesen werden (OLG Frankfurt Rpfleger 1968, 355). Die schriftliche Form der Abtretungserklärung kann durch die Eintragung der Abtretung in das GB ersetzt werden (§ 1154 Abs. 2 BGB); in diesem Fall ist für die Anwendung des § 26 kein Raum; die Eintragung hat, wie bei der Abtretung eines Buchrechts (§ 1154 Abs. 3 BGB), rechtsändernden Charakter und kann nur auf Grund einer EintrBewilligung des Betroffenen vorgenommen werden.

6   **d) Bedingung oder Befristung.** Die Abtretung ist ein abstraktes Rechtsgeschäft; sie kann auch zu Treuhand- oder Sicherungszwecken erfolgen (RG 53, 416, 148, 206) und bedingt oder befristet sein (KGJ 49, 210; OLG Frankfurt Rpfleger 1993, 331; wegen der bedingten oder befristeten Abtretungserklärung als EintrGrundlage s. Rn. 18). Ein Gesamtrecht kann nur im Ganzen, nicht hinsichtlich einzelner Grundstücke abgetreten werden (JFG 5, 410). Wird die einer Hyp. zugrundeliegende Forderung nach § 1180 BGB durch die eines anderen Gläubigers ersetzt, so bedarf es keiner Abtretung (KG JW 1935, 3570). Eine abgetretene Hyp. kann auf den früheren Gläubiger nur gemäß § 1154 BGB, nicht durch Rückgabe der Abtretungsurkunde zurück übertragen werden (KG OLG 35, 11).

7   **e) Ausschluss oder Beschränkung.** Nach §§ 399, 413 BGB kann die Abtretung durch Rechtsgeschäft ausgeschlossen oder beschränkt, z. B. von der Zustimmung eines Dritten abhängig gemacht werden; die Eintragung des Ausschlusses oder einer Beschränkung ist zulässig und zur Verhinderung gutgläubigen Erwerbs geboten (s. dazu Anh. zu § 13 Rn. 35).

3. Belastung von Briefrechten

8   In Betracht kommt nur die rechtsgeschäftliche Belastung eines Briefrechts, die entweder in der Bestellung eines Nießbrauchs oder in der eines Pfandrechts bestehen kann. Nicht unter § 26 fällt demnach die Pfändung. Hier wird das GB nach § 22 berichtigt, wobei der Nachweis der Unrichtigkeit durch die Vorlegung des Pfändungsbeschlusses und des Briefs erbracht wird.

9   Die Belastung eines Briefrechts vollzieht sich nach den für seine Übertragung geltenden Vorschriften (§ 1069 Abs. 1, § 1274 Abs. 1 BGB). Sachlichrechtlich ist mithin schriftliche Belastungserklärung, ihre formfreie Annahme sowie Übergabe des Briefs erforderlich. Die Verfügungsbefugnis des Belastenden muss auch noch bei einer späteren Briefübergabe vorhanden sein (s. Rn. 5). Die schriftliche Form der Belastungserklärung kann durch die Eintragung der Belastung in das GB ersetzt werden; in diesem Fall ist für die Anwendung des § 26 kein Raum; die Eintragung hat, wie bei der Belastung eines Buchrechts, rechtsändernden Charakter und kann nur auf Grund einer EintrBewilligung des Betroffenen erfolgen. Über die Verpfändung s. auch Rn. 24 ff.

10   Die Belastung kann rechtsgeschäftlich ausgeschlossen oder beschränkt, z. B. von der Zustimmung eines Dritten abhängig gemacht werden (§§ 399, 413, 1069 Abs. 2, § 1274 Abs. 2 BGB); der Ausschluss oder eine Beschränkung sind eintragungsfähig (s. dazu Anh. zu § 13 Rn. 35).

4. Abtretung oder Belastung von Forderungen

Wird eine Forderung, der ein eingetragenes Recht als Pfand haftet, abge- **11** treten, so geht auch das Pfandrecht auf den neuen Gläubiger über (§ 401 Abs. 1, § 1250 Abs. 1 BGB); wird die Forderung belastet, so ergreift die Belastung auch das Pfandrecht (§ 1069 Abs. 1, § 1274 Abs. 1 BGB). Die Abtretung oder Belastung der pfandgesicherten Forderung macht das GB mithin ebenso unrichtig wie die Abtretung oder Belastung eines Briefrechts. Hieraus erklärt sich die Gleichbehandlung der beiden Fälle.

Der Forderung muss ein eingetragenes Recht als Pfand haften; ob es sich **12** um ein Buchrecht oder um ein Briefrecht handelt, macht keinen Unterschied; unerheblich ist ferner, ob die Pfandhaftung auf einer Verpfändung oder auf einer Pfändung beruht. Das haftende Recht kann eine Hypothek, Grundschuld oder Rentenschuld, eine subjektiv-persönliche Reallast, ein Dauerwohnrecht oder ein Pfandrecht an einem solchen Recht sein. Auch ein Nießbrauch scheidet nicht schlechthin aus; er kann einer Forderung zwar nicht zufolge Verpfändung als Pfand haften (s. Rn. 24), wohl aber auf Grund einer Pfändung (s. Anh. zu § 26 Rn. 3).

Zur Abtretung der pfandgesicherten Forderung genügt sachlichrechtlich **13** ein formfreier Vertrag (§ 398 Satz 1 BGB). Dasselbe gilt für ihre Belastung, die in der Bestellung eines Nießbrauchs oder in der eines Pfandrechts bestehen kann (§ 1069 Abs. 1, § 1274 Abs. 1 BGB); im letzteren Fall ist jedoch die Bestimmung des § 1280 BGB zu beachten.

5. Ersatz der EintrBewilligung

In den in Rn. 2–13 genannten Fällen genügt an Stelle der EintrBewilli- **14** gung des durch die Abtretung oder Belastung Betroffenen die Abtretungs- oder Belastungserklärung; diese muss wie die durch sie ersetzte EintrBewilligung von dem auch noch im Zeitpunkt der Eintragung Verfügungsbefugten abgegeben sein (zu dem für die Verfügungsbefugnis maßgebenden Zeitpunkt bei GBBerichtigung auf Grund Unrichtigkeitsnachweises s. Rn. 5, 9). Demnach kann der Erwerber einer Briefhyp. von dem bisherigen Gläubiger nicht auch eine EintrBewilligung fordern, wenn die Abtretungserklärung in der gehörigen Form (s. Rn. 15) ausgestellt worden ist. § 26 liegt die Erwägung zugrunde, dass der die Abtretung oder Belastung Erklärende mit der (im Hinblick auf die außerhalb des GB eintretende Rechtsänderung nur berichtigenden) GBEintragung einverstanden ist. Daher kann die Abtretungs- oder Belastungserklärung die EintrBewilligung dann nicht ersetzen, wenn sich aus ihr ein anderslautender Wille des Erklärenden ergibt. Soll im Zusammenhang mit der Abtretung oder Belastung eines Rechts sein Inhalt oder Rang geändert werden, so ist zu der entsprechenden Eintragung die Bewilligung der von der Änderung Betroffenen erforderlich.

Die Abtretungs- oder Belastungserklärung bedarf verfahrensrechtlich der **15** Form des § 29 Abs. 1 Satz 1. Ist sie nur schriftlich abgegeben, so genügt eine Verurteilung des Erklärenden, „die Erklärung beglaubigen zu lassen", für die Eintragung nicht; denn hier ist kein Fall des § 894 ZPO gegeben (BayObLG HRR 1934 Nr. 1356; Rpfleger 1997, 314; OLG Brandenburg NotBZ 2008, 419). Ein solcher liegt dagegen vor, wenn die Verurteilung dahin geht, „die

Erklärung in grundbuchmäßiger Form zu wiederholen" (KG HRR 1935 Nr. 1250).

16 An den übrigen EintrVoraussetzungen wird durch § 26 nichts geändert. Notwendig ist mithin ein EintrAntrag (§ 13) und vorbehaltlich gewisser Ausnahmen die Voreintragung des Betroffenen (§§ 39, 40). Soll die Abtretung oder Belastung eines Briefrechts eingetragen werden, so muss auch der Brief vorgelegt werden (§§ 41, 42; BayObLG Rpfleger 1987, 363).

6. Inhalt der Abtretungs- oder Belastungserklärung

17 Wie bei der durch sie ersetzten EintrBewilligung kann bei der Auslegung der Abtretungs- oder Belastungserklärung auf Umstände, die außerhalb der Urkunde liegen und nicht jedermann ohne weiteres erkennbar sind, nicht zurückgegriffen werden; die Bezeichnung des Rechts, die Erklärung der Abtretung oder Belastung sowie die Angabe des Erwerbers müssen daher in der Erklärung selbst enthalten sein (BGH Rpfleger 1989, 449; 1992, 99). Dies schließt es aber nicht aus, dass bloße Ungenauigkeiten in der Bezeichnung des Abtretungsempfängers durch Rückgriff auf außerhalb der Urkunde liegende Umstände behoben werden (BGH Rpfleger 1997, 255).

a) Bezeichnung des Rechts. Das belastete Grundstück muss verfahrensrechtlich gemäß § 28 bezeichnet werden (s. § 28 Rn. 4, 9 ff.; vgl. aber auch BGH Rpfleger 1974, 351 und dazu Haegele Rpfleger 1975, 396; 1976, 248); dieser Vorschrift ist bei Abtretung oder Belastung eines Grundpfandrechts unter Angabe des GBBlattes und der laufenden Nummer seiner Eintragung in dessen Abt. III mit Rücksicht darauf genügt, dass das belastete Grundstück aus Sp. 2 der Eintragung hervorgeht. Betrifft die Abtretung oder Belastung nur einen Teil des Rechts (§§ 1151, 1152 BGB) so ist dieser zweifelsfrei zu kennzeichnen (BayObLG 13, 419; KGJ 24, 133); im Fall der Abtretung „mit dem Rang vor dem Überrest" bedarf es keiner Zustimmung des Eigentümers (OLG Dresden JFG 5, 432).

18 **b) Erklärung der Abtretung oder Belastung.** Bestimmte Ausdrücke, insbes. der Gebrauch der Worte „abtreten" oder „verpfänden", sind nicht vorgeschrieben (KG OLG 7, 372; s. auch RG 135, 358); wegen der Beschränkung einer Auslegung s. BGH Rpfleger 1969, 202. Bei einer Verpfändung ist die zu sichernde Forderung bestimmbar zu bezeichnen (RG 136, 424). Die Abtretungs- oder Belastungserklärung muss wie die EintrBewilligung, die sie ersetzen soll, unbedingt und unbefristet sein; ist sie es nicht, so muss entweder eine unbedingte bzw. unbefristete EintrBewilligung erteilt oder der Eintritt der Bedingung bzw. des Anfangstermins in grundbuchmäßiger Form nachgewiesen werden. Bei Abtretung einer Hyp. an den Eigentümer kann die Eintragung der Umwandlung in eine Eigentümergrundschuld nur dieser beantragen (KGJ 29, 182).

19 **c) Zinsen.** Das Recht auf die Zinsen kann von der Hauptforderung getrennt, also von dem Gläubiger vorbehalten oder zum Gegenstand einer gesonderten Verfügung gemacht werden (RG 86, 219). Mit Rücksicht darauf ist in der Abtretungs- oder Belastungserklärung anzugeben, ob die Zinsen mitabgetreten oder mitbelastet werden und gegebenenfalls von welchem

Zeitpunkt an (KGJ 40, 273; 46, 240; BayObLG Rpfleger 1984, 351; 1997, 258). Eine ausdrückliche Angabe ist entbehrlich, falls die Erklärung keinen Zweifel über die Person des Zinsgläubigers lässt, z. B. eine Abtretung mit den rückständigen, laufenden und künftigen Zinsen erfolgt (JFG 6, 323); bei einer Abtretung „mit den laufenden Zinsen" ist dies regelmäßig nicht der Fall (KG HRR 1941 Nr. 604), auch nicht bei einer Abtretung „nebst sämtlichen Zinsen" oder „samt Zinsen" (OLG Frankfurt MDR 1978, 228; Rpfleger 1993, 486). Sind mit einer Grundschuld, die ab ihrer Eintragung zu verzinsen ist, Zinsen „von Anfang an" abgetreten, so sind hiermit mangels entgegenstehender Anhaltspunkte alle Zinsansprüche gemeint (BayObLG Rpfleger 1984, 351). Zur Abtretung und Löschung der Eigentümergrundschuld nach isolierter Abtretung der Grundschuldzinsen und zur EintrFähigkeit einer Zinsrückstandsgrundschuld s. § 27 Rn. 20 und Keith NotBZ 2011, 351.

Bei der Verpfändung einer Briefhypothek bedarf es der Angabe, ob und **20** von welchem Zeitpunkt an die Zinsen mitverpfändet sind, dann nicht, wenn der Brief und die Verpfändungserklärung von dem Pfandgläubiger vorgelegt oder die Annahme der Verpfändungserklärung und eine nach §§ 1154, 1274, 1117 Abs. 2 BGB getroffene Vereinbarung in grundbuchmäßiger Form nachgewiesen wird (JFG 11, 262). Zur Eintragung der Verpfändung einer Buchhyp. ist die Angabe überhaupt nicht erforderlich (KGJ 53, 187; KG Recht 1927 Nr. 2430). Zinsrückstände werden nach §§ 1159, 1274, 1280 BGB formlos abgetreten oder verpfändet; die Abtretung oder Verpfändung kann nur zusammen mit der Abtretung oder Verpfändung der laufenden und künftigen Zinsen eingetragen werden (KGJ 42, 249; JFG 6, 323).

Der BGH Rpfleger 1986, 9 hat bei einer bisher unverzinslichen Eigentü- **21** mergrundschuld die Eintragung von Zinsen mit rückwirkendem Beginn und die gleichzeitige Eintragung der Abtretung der Grundpfandrechts mit diesen Zinsen für zulässig erachtet. Das OLG Düsseldorf Rpfleger 1986, 468 hat die Frage, ob die Abtretung von Zinsen für die Zeit vor Abtretung der Grundschuld eingetragen werden kann, unentschieden gelassen, die Abtretung der Grundschuld „mit den Zinsen seit dem Tage des Zinsbeginns" aber so ausgelegt, dass damit Zinsen seit dem im GB (unmittelbar oder durch Bezugnahme auf die EintrBewilligung) eingetragenen Zinsbeginn abgetreten sind und nicht erst seit dem Tag der Abtretung. Das BayObLG hat seine frühere Rechtsansicht aufgegeben und hält die Abtretung einer Eigentümergrundschuld mit rückwirkendem Zinsbeginn jetzt für zulässig (BayObLG Rpfleger 1987, 364; ebenso OLG Celle Rpfleger 1989, 323 mit zust. Anm. v. Hennings Rpfleger 1989, 363; OLG Düsseldorf Rpfleger 1989, 498; ablehnend Bayer Rpfleger 1988, 139).

d) Angabe des Erwerbers. Dieser muss so bezeichnet werden, wie er in **22** das GB einzutragen ist (s. dazu § 15 GBV). Dem Erfordernis der bestimmten und zweifelsfreien Bezeichnung des Abtretungsempfängers genügt die pauschale Bezeichnung „Bauherrengemeinschaft A-Straße in B, vertreten durch die Firma C" nicht (BGH Rpfleger 1989, 449). Bei einer Mehrheit von Erwerbern ist das Gemeinschaftsverhältnis (§ 47 Abs. 1) anzugeben. Eine Blankoabtretung oder Blankoverpfändung erfüllt die in §§ 1154, 1274 BGB vorgeschriebene Schriftform nicht; sie wird erst mit der Ausfüllung der Urkunde durch einen hierzu Ermächtigten, also nicht etwa rückwirkend, wirksam (RG 63, 234; JW 1930, 61; BGH NJW 1957, 137).

7. Stelle der Eintragung

23   Die Abtretung oder Belastung wird nach § 10 Abs. 5 und 7, § 11 Abs. 6 und 8 GBV in der Veränderungsspalte der in Frage kommenden Abteilung eingetragen. Bei Teilabtretungen ist § 17 Abs. 1 und 4 GBV zu beachten; danach sind die Geldbeträge in Buchstaben anzugeben; außerdem sind Teilabtretungen durch Buchstaben und römische Zahlen bei der laufenden Nummer besonders kenntlich zu machen (s. GBV Muster Anl. 1 Abt. III zu lfd. Nr. 3 Sp. 5 bis 7; Anl. 2a Abt. III zu lfd. Nr. 1 Sp. 5 bis 7). Ob diese Vorschrift für Hypotheken, die in viele Teile zersplaten und teilweise wieder vereinigt werden, praktisch ist, lässt sich bezweifeln. Auf Teilhypotheken, die durch teilweise Belastung entstehen, wird die Vorschrift entsprechend anzuwenden sein.

8. Verpfändung

24   **a) Verpfändungsfähigkeit.** Verpfändungsfähig sind, wie § 1274 Abs. 2 BGB ergibt, nur übertragbare Rechte. Die Übertragbarkeit eines Rechts kann nach §§ 399, 413 BGB durch Rechtsgeschäft ausgeschlossen oder beschränkt, z. B. von der Zustimmung eines Dritten abhängig gemacht werden; der Ausschluss oder eine Beschränkung sind eintragungsfähig (s. dazu Anh. zu § 13 Rn. 35). Darf die Ausübung eines nicht übertragbaren Rechts, z. B. eines Nießbrauchs, einem anderen überlassen werden, so ist auch eine Verpfändung des Ausübungsrechts zulässig; sie ist jedoch nicht eintragungsfähig, weil sie nicht stärker wirken kann als die Überlassung der Ausübung und diese nur schuldrechtliche Beziehungen begründet (KGJ 40, 254; s. auch JFG 16, 332; RG 159, 207; BGH DNotZ 1971, 238). Die Verpfändung des Anteils eines BGB-Gesellschafters ist zulässig, wenn sie der Gesellschaftsvertrag gestattet oder alle Gesellschafter einverstanden sind.

Zur EintrFähigkeit der Verpfändung s. Anh. zu § 13 Rn. 33.2; zu der Verpfändung eines Erbanteils s. RG 90, 234 und zur EintrFähigkeit Anh. zu § 13 Rn. 33.2; zu der Verpfändung von Rechten aus einem Altenteil s. KG JW 1935, 2439; zur Eintragung der Verpfändung eines Gesamthandsanteils s. Lindemeier DNotZ 1999, 876; zur Pfändung und Verpfändung der Rechte des Grundstückserwerbers und Auflassungsempfängers s. Bohlsen ZfIR 2017, 130.

25   **b) Auflassungsanspruch.** Seine Verpfändung ist sehr häufig. Sie kommt nur vor Erklärung der Auflassung in Betracht (wegen der Verpfändung der Anwartschaft und des Anwartschaftsrechts sowie des Eigentumsverschaffungsanspruchs in der Zeit danach s. Rn. 28, 29) und richtet sich nach § 1274 Abs. 1 Satz 1, § 1280 BGB. Der (dingliche) Vertrag über die Bestellung des Pfandrechts bedarf keiner besonderen Form (BayObLG Rpfleger 1976, 359; Ertl DNotZ 1977, 81; a. M. Huhn Rpfleger 1974, 2, der eine notarielle Beurkundung für erforderlich hält). S. hierzu Ludwig, Die Verpfändung des Auflassungsanspruchs, DNotZ 1992, 339.

Das somit außerhalb des GB entstehende Pfandrecht an dem Auflassungs- **26** anspruch kann im GB allerdings nur verlautbart werden, wenn der Auflassungsanspruch dort vorgemerkt ist; die Eintragung der Verpfändung erfordert neben einem EintrAntrag gemäß § 13 entweder eine EintrBewilligung (Berichtigungsbewilligung) des Gläubigers des Auflassungsanspruchs oder den Nachweis der Entstehung des Pfandrechts in grundbuchmäßiger Form (BayObLG Rpfleger 1968, 18; 1976, 359). Zur erforderlichen Genehmigung der Gemeinde im förmlich festgelegten Sanierungsgebiet s. § 19 Rn. 128. Wegen der Notwendigkeit der Bewilligung des Pfandgläubigers zur Eintragung einer Veränderung oder der Löschung der Vormerkung gilt das zur Pfändung Ausgeführte entsprechend (s. Anh. zu § 26 Rn. 50).

c) Sicherungshypothek. Die Verpfändung bewirkt, dass der Pfandgläubiger mit der Eintragung des Grundstückskäufers als Eigentümer im GB gemäß § 1287 Satz 2 BGB für seine Forderung eine Sicherungshyp. erwirbt. Zum Rang der Sicherungshyp. und zu der Möglichkeit einer Beeinträchtigung durch gutgläubigen Erwerb eines Dritten gilt das zur Sicherungshyp. gem. § 848 Abs. 2 ZPO Gesagte entsprechend (s. dazu Anh. zu § 26 Rn. 51). Falls beantragt, ist die Sicherungshyp. im Weg der GBBerichtigung entweder auf Bewilligung oder auf Unrichtigkeitsnachweis einzutragen. Der Pfandgläubiger kann von dem Berechtigten eines vormerkungswidrig eingetragenen Rechts gem. § 883 Abs. 2, § 888 Abs. 1 BGB die Zustimmung dazu verlangen, dass der Sicherungshyp. der Vorrang eingeräumt wird; im Weg der GBBerichtigung kann der Vorrang nicht erlangt werden. Der Zustimmung des Eigentümers gem. § 880 Abs. 2 Satz 2 BGB bedarf es im Hinblick auf die Verpfändung nicht (BayObLG NJW-RR 1991, 567).

d) Bewilligung des Pfandgläubigers. Die Umschreibung des Eigen- **27** tums auf den Grundstückskäufer erfordert, wenn die Verpfändung des Auflassungsanspruchs im GB bei der Eigentumsvormerkung vermerkt ist, jedenfalls dann die Bewilligung des Pfandgläubigers gemäß § 19, wenn für ihn nicht gleichzeitig die Sicherungshyp. eingetragen wird (BayObLG Rpfleger 1987, 299 mit abl. Anm. v. Weirich DNotZ 1987, 628 und Ludwig Rpfleger 1987, 495; vgl. BayObLG DNotZ 1983, 758; Rpfleger 1986, 48; a. M. Stöber DNotZ 1985, 587; s. dazu auch OLG Nürnberg FGPrax 2012, 155). Die Mitwirkungsrechte des Pfandgläubigers (§§ 1281, 1282 BGB) können gemäß § 1284 BGB abbedungen werden. Auch wenn dies geschehen ist, bedarf die Eigentumsumschreibung auf den Grundstückskäufer der Bewilligung des Pfandgläubigers, sofern eine Sicherungshyp. gleichwohl entstehen soll, aber nicht gleichzeitig eingetragen wird; die Bewilligung ist auch dann nicht entbehrlich, wenn die Verpfändung an die auflösende Bedingung des Entstehens einer rechtsgeschäftlich bestellten Grundschuld zugunsten des Pfandgläubigers geknüpft ist und Eigentumsübergang sowie Grundschuld gleichzeitig eingetragen werden (BayObLG Rpfleger 1987, 299).

Auch die Löschung der Eigentumsvormerkung samt Verpfändungsvermerk setzt die Bewilligung des Pfandgläubigers voraus (BayObLG DNotZ 1983, 758). Dies gilt nicht bei einer Löschung nach Eigentumsumschreibung, wenn §§ 1281, 1282 BGB abbedungen sind, eine Sicherungshyp. also nicht entstanden sein kann (LG Passau Rpfleger 1992, 426). Die Bewilligung des

Pfandgläubigers ist schließlich auch dann erforderlich, wenn ohne gleichzeitige Eigentumsumschreibung mit der Löschung des Verpfändungsvermerks eine rechtsgeschäftlich bestellte Grundschuld für den Pfandgläubiger eingetragen werden soll und diese Eintragung auflösende Bedingung der Verpfändung ist (BayObLG Rpfleger 1984, 144; FGPrax 1995, 139 mit zust. Anm. v. Ludwig DNotZ 1996, 556). S. zu allem auch Hieber DNotZ 1954, 171; Hoche NJW 1955, 161; Vollkommer Rpfleger 1969, 409.

28   **e) Anwartschaft und Anwartschaftsrecht.** Auch die Anwartschaft aus einer erklärten Auflassung sowie das Anwartschaftsrecht, zu dem sich jene bei Vorliegen eines eigenen unerledigten EintrAntrags des Auflassungsempfängers oder bei Eintragung einer Vormerkung für diesen verstärkt, können verpfändet werden (s. hierzu Anh. zu § 26 Rn. 53). Nach BGH Rpfleger 1968, 83 bedarf der (dingliche) Vertrag über die Bestellung eines Pfandrechts am Anwartschaftsrecht gemäß § 1274 Abs. 1 Satz 1 BGB wie dessen Übertragung (s. § 20 Rn. 43) der Form des § 925 BGB; die überwiegende Ansicht im Schrifttum nimmt dies auch bezüglich der (schwächeren) Anwartschaft an; eine Anzeige nach § 1280 BGB hält sie in beiden Fällen nicht für erforderlich. Hinsichtlich der Verlautbarung des Pfandrechts im GB und der Notwendigkeit einer Bewilligung des Pfandgläubigers zu Veränderungen und zur Löschung der Eigentumsvormerkung in diesem Fall gilt das für das Pfandrecht an einem Auflassungsanspruch Ausgeführte. Die Wirkung der Verpfändung entspricht der bei einer Pfändung (s. dazu Anh. zu § 26 Rn. 53), nur dass die Sicherungshyp. für die Forderung des Pfandgläubigers in entsprechender Anwendung des § 1287 Satz 2 BGB entsteht. S. zu allem auch Hieber DNotZ 1954, 175; 1955, 186; 1959, 350; Hoche NJW 1958, 652; Vollkommer Rpfleger 1969, 409.

29   **f) Eigentumsverschaffungsanspruch.** Nach Erklärung der Auflassung ist für die Verpfändung des Auflassungsanspruchs wegen seiner Erfüllung kein Raum mehr; verpfändbar ist aber außer der Anwartschaft und dem Anwartschaftsrecht auch noch der bis zum Vollzug der Auflassung durch Eintragung des Eigentumswechsels im GB fortbestehende Eigentumsverschaffungsanspruch (BGH NJW 1994, 2947; BayObLG Rpfleger 1984, 144; s. Anh. zu § 26 Rn. 56); für dessen Verpfändung gilt, was ihre Form und die Verlautbarung des Pfandrechts im GB betrifft, das für die Verpfändung des Auflassungsanspruchs Ausgeführte. Der Eigentumsverschaffungsanspruch kann auch schon vor Erklärung der Auflassung verpfändet werden; dann wird von der Verpfändung auch der Auflassungsanspruch erfasst (s. Rn. 25). Ist der Eigentumsverschaffungsanspruch infolge Erfüllung (Eintragung der Auflassung) erloschen, so ist auch ein hieran bestelltes Pfandrecht untergegangen. Der bei der Eigentumsvormerkung eingetragene Verpfändungsvermerk kann dann gemäß § 22 mit der Eigentumsvormerkung gelöscht werden (BayObLG Rpfleger 1984, 144; LG Augsburg Rpfleger 1984, 263); Voraussetzung ist aber, dass keine vormerkungswidrigen Eintragungen vorliegen, weil sonst nicht vollständig erfüllt ist (BayObLG NJW-RR 1991, 567). S. zum Ganzen Knobloch, Zur (Ver-)Pfändung des Eigentumsverschaffungsanspruchs, NotBZ 2011, 17.

Mit dem Untergang des Pfandrechts entsteht an seiner Stelle eine Siche- **30** rungshypothek (§ 1287 Satz 2 BGB). Ebensowenig wie der Eigentumsüber- gang materiellrechtlich der Mitwirkung des Pfandgläubigers nach §§ 1281, 1282 BGB bedarf, ist diese zur Entstehung der Sicherungshyp. erforderlich. Die Eintragung des Eigentumswechsels im GB setzt aber auch bei Verpfän- dung des Eigentumsverschaffungsanspruchs nach erklärter Auflassung gleich- wohl die Bewilligung des Pfandgläubigers nach § 19 voraus. Dies gilt jeden- falls dann, wenn nicht gleichzeitig die Sicherungshyp. eingetragen wird (Bay- ObLG Rpfleger 1986, 48). S. hierzu aber auch Stöber DNotZ 1985, 587.

9. Begründung des Pfandrechts

Sie vollzieht sich gemäß § 1274 Abs. 1 BGB nach den für die Übertra- **31** gung des Rechts geltenden Vorschriften (s. aber auch § 1280 BGB). Soweit dingliche Rechte an einem Grundstück in Betracht kommen, gilt folgendes:

a) Verpfändung eines Briefrechts. Sie erfolgt durch schriftliche Ver- **32** pfändungserklärung, deren formfreie Annahme und Übergabe des Briefs (§ 1154 Abs. 1, § 1192 Abs. 1, § 1200 Abs. 1 BGB). An Stelle der Briefüber- gabe genügt nach § 1274 Abs. 1 Satz 2 i. V. m. § 1205 Abs. 2, § 1206 BGB die Übertragung des mittelbaren Besitzes und die Anzeige der Verpfändung an den unmittelbaren Besitzer (KG JW 1936, 1136) oder die Einräumung des mindestens mittelbaren Mitbesitzes (RG Warn. 1914 Nr. 58); Begründung bloßer Besitzdienerschaft ist unzureichend (RG 92, 267). Die zu sichernde Forderung ist in der Verpfändungserklärung bestimmbar zu bezeichnen (RG 136, 424). Die schriftliche Form der Verpfändungserklärung kann durch die Eintragung der Verpfändung in das GB ersetzt werden (§ 1154 Abs. 2 BGB); die Eintragung, die in diesem Fall rechtsändernden Charakter hat, muss die zu sichernde Forderung mindestens durch Bezugnahme auf die EintrBewilli- gung bezeichnen.

b) Verpfändung eines Buchrechts. Dafür ist Einigung und Eintragung **33** notwendig (§ 873 Abs. 1 BGB). Ein Pfandrecht an einer Gesamthyp. entsteht erst mit der Eintragung auf den GBBlättern aller belasteten Grundstücke (KGJ 39, 249). Entsprechendes gilt für die Abtretung eines Gesamtgrund- pfandrechts; sie ist nur insgesamt und nur an denselben Gläubiger zulässig (OLG München FGPrax 2014, 108). Besonderes gilt für Inhaber- und Or- derhyp. (§ 1187 BGB); ihre Verpfändung erfolgt durch Verpfändung des In- haber- oder Orderpapiers (§§ 1292, 1293 BGB). Zur Bezeichnung der zu sichernden Forderung in der EintrBewilligung s. Bintz Rpfleger 2005, 11.

Das Pfandrecht erstreckt sich nach §§ 1289, 1291 BGB auch auf die Zin- **34** sen; § 1289 Satz 1 BGB enthält jedoch kein zwingendes Recht, weshalb die Erstreckung mit dinglicher Wirkung ausgeschlossen werden kann (s. dazu Rn. 19).

10. Wirkung des Pfandrechts

Zur Aufhebung des verpfändeten Rechts sowie zur Änderung seines In- **35** halts oder Rangs ist Zustimmung des Pfandgläubigers erforderlich (§§ 876, 877, § 880 Abs. 3, § 1276 BGB).

36 Nach Eintritt der Pfandreife (§ 1228 Abs. 2 BGB) darf sich der Pfandgläubiger aus dem verpfändeten Recht befriedigen. Die Pfandverwertung erfolgt im Allgemeinen auf Grund eines vollstreckbaren Titels nach den für die Zwangsvollstreckung geltenden Vorschriften (§ 1277 BGB). Bei einem Forderungspfandrecht sowie einem Pfandrecht an einer Grund- oder Rentenschuld ist auch eine Verwertung durch Einziehung statthaft (§ 1282 Abs. 1, § 1291 BGB); zieht der Pfandgläubiger eine HypForderung ein, so ist zur Umschreibung bzw. Löschung der Hyp. die löschungsfähige Quittung des Pfandgläubigers vorzulegen und die Fälligkeit der Hyp. sowie die Höhe und die Fälligkeit der pfandgesicherten Forderung in der Form des § 29 nachzuweisen (KG JW 1935, 1641). Abweichende Vereinbarungen über die Pfandverwertung sind zulässig; vor dem Eintritt der Pfandreife darf jedoch weder eine Verfallklausel vereinbart noch die Öffentlichkeit und die Bekanntmachung der Versteigerung ausgeschlossen werden (§ 1277 Satz 2 BGB); Höhe und Fälligkeit der pfandgesicherten Forderung sind dem GBAmt auch hier in grundbuchmäßiger Form nachzuweisen (KGJ 40, 286, 292).

11. Rang mehrerer Pfandrechte

37 Sind die Pfandrechte außerhalb des GB entstanden, so ist für ihren Rang der Zeitpunkt der Entstehung maßgebend (über das Verfahren bei der Eintragung s. § 45 Rn. 24); war zu ihrer Entstehung die Eintragung erforderlich, so gilt § 879 BGB entsprechend (JFG 3, 440). Hierbei bleibt es auch dann, wenn ein Pfandrecht eine künftige oder eine bedingte Forderung sichert (RG Warn. 1912 Nr. 345).

12. Erlöschen des Pfandrechts

38 Das Pfandrecht erlischt regelmäßig außerhalb des GB. Erlöschensgründe sind vor allem Aufhebungserklärung und Erlöschen der pfandgesicherten Forderung (§ 1255 Abs. 1, §§ 1252, 1273 BGB). Besonders zu beachten ist, dass ein Pfandrecht an einem Briefrecht nach § 1253 Abs. 1, § 1273 BGB durch bloße Rückgabe des Briefs erlischt (KG DNotZ 1932, 184).

13. Kosten

39 Für die Eintragung der Übertragung oder Belastung einer Hypothek, Grundschuld oder Rentenschuld wird eine Gebühr von 0,5 erhoben (Nr. 14130 GNotKG-KV).

Anhang zu § 26
Pfändung

Inhaltsübersicht

1. Zulässigkeit

a) Übertragbare Rechte. Nur sie sind nach § 851 Abs. 1, § 857 Abs. 1 **1**
ZPO der Pfändung unterworfen. Dieser Grundsatz ist allerdings insofern
durchbrochen, als Rechte, die nach §§ 399, 413 BGB unübertragbar sind,
nach Maßgabe des § 851 Abs. 2 ZPO gepfändet werden können.

Neben der Pfändung von dinglichen Rechten an einem Grundstück, vor
allem von Hypotheken, Grundschulden und Rentenschulden, sind für das
GBAmt bedeutsam die Pfändung

- von Erbanteilen (RG 86, 295; BayObLG Rpfleger 1960, 157; OLG
  Frankfurt Rpfleger 1979, 205; OLG Düsseldorf FGPrax 2013, 57; s. dazu
  auch Rn. 5, ferner Ripfel NJW 1958, 692; Stöber Rpfleger 1976, 197 und
  zur Eintragung als Verfügungsbeschränkung Anh. zu § 13 Rn. 33.2),
- von Nacherbenrechten (RG 83, 437),
- durch Vormerkung gesicherter Ansprüche (KG JW 1937, 249; OLG München FGPrax 2009, 155 zur Pfändung des Rückauflassungsanspruchs des
  Ehegatten einschließlich der Vormerkung zu seiner Sicherung; OLG Düsseldorf FGPrax 2013, 16 zur Pfändung des Anspruchs auf Rückübertragung einer Grundschuld und zur Eintragung nur bei Eintragung einer
  Vormerkung für diesen Anspruch),
- von Forderungen, denen ein eingetragenes Recht als Pfand haftet,
- des Anspruchs auf Auflassung sowie der Anwartschaft und des Anwartschaftsrechts aus einer solchen (s. darüber Rn. 49 ff.).

Zur Eintragung der Pfändung oder Verpfändung des Anteils eines BGB-
Gesellschafters s. Anh. zu § 13 Rn. 33.3; zu der eines Gesamthandsanteils s.
Lindemeier DNotZ 1999, 876. Zur Pfändung eines Anteils an einer Limited
liability partnership s. BGH NJW-RR 2019, 930. Zur Pfändung der Nutzungsrechte der Abt. II s. Eickmann NotBZ 2008, 257.

Das Recht des Veräußerers, das Grundstück zur dinglichen Sicherung der **2**
gegen ihn bestehenden Verpflichtungen zu verwenden, ist, soweit es sich um
das Recht im ganzen (Stammrecht) handelt, weder abtretbar noch pfändbar.
Der sich aus diesem Stammrecht ergebende Einzelanspruch auf Eintragung
eines Grundpfandrechts kann dagegen an den Gläubiger der zu sichernden
Forderung abgetreten werden; er ist für diesen auch pfändbar (OLG Bremen
Rpfleger 1983, 289). Ein Altenteil kann nicht einheitlich gepfändet werden;
zu pfänden sind vielmehr die Einzelnen übertragbaren künftigen Leistungen
(KG JW 1932, 1564); s. dazu jedoch § 850b Abs. 1 Nr. 3, Abs. 2 ZPO. Der
zukünftige Anteil am Gesamtgut einer Gütergemeinschaft kann während des

Bestehens dieses Güterstandes nicht gepfändet werden (OLG München NJW-RR 2013, 527). Zur Pfändbarkeit des Zustimmungsrechts des Eigentümers nach § 27 s. § 27 Rn. 12.

b) Nur eingeschränkt übertragbare Rechte. Nicht übertragbar sind grundsätzlich der Nießbrauch (§ 1059 Satz 1 BGB) und die beschränkte persönliche Dienstbarkeit (§ 1092 Abs. 1 Satz 1 GB), ferner das Vorkaufsrecht, sofern die Übertragbarkeit nicht Rechtsinhalt geworden ist (§ 1098 Abs. 1 Satz 1, § 473 BGB; s. dazu auch Anh. zu § 44 Rn. 83). Zur Übertragbarkeit eines Nießbrauchs, einer beschränkten persönlichen Dienstbarkeit oder eines Vorkaufsrechts, wenn das Recht einer juristischen Person oder einer rechtsfähigen Personengesellschaft (§ 14 Abs. 2 BGB) zusteht, s. §§ 1059a bis 1059d, 1092 Abs. 2, 3, § 1098 Abs. 3 BGB und § 23 Rn. 3. Die gemäß § 1092 Abs. 2, § 1059a Abs. 1 Nr. 2 Satz 2, 3 BGB erforderliche, das GBAmt bindende Feststellung der zuständigen Landesbehörde (in Bayern des Präsidenten des LG; s. VO v. 14.10.1991, GVBl. 368) ist keine Wirksamkeitsvoraussetzung der Übertragung. Das GBAmt darf die Übertragung aber nur eintragen, wenn die Feststellungserklärung vorliegt (OLG München FGPrax 2017, 62). Die gesetzlich geregelte Übertragbarkeit kann nicht dadurch im GB verlautbart werden, dass die berechtigte juristische Person oder rechtsfähige Personengesellschaft mit dem Zusatz: „und deren Rechtsnachfolger" eingetragen wird (OLG Hamm FGPrax 2001, 55). Die Übertragbarkeit einer beschränkten persönlichen Dienstbarkeit für eine Hochspannungsleitung gemäß § 1092 Abs. 3 BGB erstreckt sich auch auf ein selbständig in Abt. II des GB gebuchtes Wegerecht, das ausschließlich dazu dient, die Wartung und Instandhaltung der Hochspannungsleitung zu ermöglichen. Ob dies der Fall ist, hat das GBAmt ebenso zu prüfen wie das Vorliegen der Voraussetzungen des § 1092 Abs. 3 BGB (OLG Hamm FGPrax 2014, 306).

Eine beschränkte persönliche Dienstbarkeit mit dem Recht auf Erstellung und Betrieb einer Wärmeerzeugungsanlage ist nicht übertragbar (OLG München NotBZ 2013, 198). Zur Übertragung von Energieleitungsrechten im Weg der Spaltung s. § 28 Rn. 6. Zur Eintragung einer Vormerkung und zu deren Abtretbarkeit bei nur beschränkt übertragbaren Rechten s. Zeiser Rpfleger 2009, 285. Zur Pfändbarkeit s. Rossak MittBayNot 2000, 383.

3   **c) Überlassung der Ausübung.** Ist sie bei einem nicht übertragbaren Recht, z. B. einem Nießbrauch (vgl. § 1059 Satz 2 BGB), statthaft, so ist nach § 857 Abs. 3 ZPO auch die Pfändung zulässig (BGH Rpfleger 2006, 331); dem steht auch ein durch Eintragung im GB mit dinglicher Wirkung ausgestatteter vertraglicher Ausschluss der Überlassung der Ausübung nicht entgegen (BGH NJW 1985, 2827). Auch eine nicht aus dem Grundbuch ersichtliche Ausübungsgestattung gem. § 1092 Abs. 1 Satz 2 BGB führt zur Pfändbarkeit einer beschränkten persönlichen Dienstbarkeit; die Eintragung ist nur bedeutsam für die Frage, ob sich ein Grundstückserwerber die Befugnis zur Übertragung der Ausübung entgegen halten lassen muss. Für die Bindung des Erwerbers genügt eine allgemeine Bezugnahme des Grundbucheintrags auf die eine Gestattung enthaltende EintrBewilligung (BGH Rpfleger 2007, 34). Verlautbart werden kann im GB die Befugnis, die Ausübung des Rechts

einem anderen zu überlassen, ebenso der Ausschluss dieser Befugnis; die Überlassung selbst kann aber nicht eingetragen werden.

Gegenstand der Pfändung ist das Recht selbst, nicht ein obligatorischer Anspruch auf seine Ausübung (BGH Rpfleger 2006, 331; BayObLG Rpfleger 1998, 69). Die Pfändung bedarf zu ihrer Wirksamkeit nicht der Eintragung im GB (s. dazu Rn. 9), ist jedoch wegen der aus ihr folgenden Beschränkung des Berechtigten in der Verfügung über das Recht eintragungsfähig (OLG Köln NJW 1962, 1621; s. auch LG Bonn Rpfleger 1979, 349). Zur Notwendigkeit auch der Bewilligung des Pfändungsgläubigers zur Löschung des Nießbrauchs s. § 19 Rn. 54.

Bei einem **dinglichen Wohnungsrecht** kann eine Pfändung auch durch **4** den Grundstückseigentümer nur dann erfolgen, wenn dem Berechtigten die Überlassung der Ausübung an einen anderen gestattet und die Gestattung durch Eintragung im GB zum Inhalt des Rechts gemacht worden ist, s. KG DNotZ 1968, 750.

Ist der durch eine **Vormerkung** gesicherte Anspruch durch Pfändungsbeschluss zur Überweisung und nicht an Zahlungs statt überwiesen, kann der Pfändungsgläubiger den Anspruch nicht abtreten; ist die Pfändung bei der Vormerkung eingetragen, kann die Abtretung nicht im GB eingetragen werden (OLG München FGPrax 2009, 259).

d) Erbanteil. Durch seine Pfändung gemäß § 859 Abs. 1, 2, § 857 Abs. 1 **5** ZPO erlangt der Gläubiger ein Pfandrecht an dem Erbanteil, nicht aber an den einzelnen Nachlassgegenständen. Er tritt nicht in die Rechtsposition des Schuldners ein, der Miterbe bleibt und bei einer Verfügung über einzelne Nachlassgegenstände mitwirken muss. Die Überweisung des gepfändeten Erbanteils begründet nicht die Befugnis des Gläubigers zusammen mit den übrigen Miterben unter Ausschluss des Schuldners über Nachlassgegenstände zu verfügen (OLG Köln FGPrax 2015, 14 mit Anm. v. Bestelmeyer; s. dazu ferner Ruhwinkel MittBayNot 2016, 343). Auch zu einer Verfügung über den gepfändeten Erbanteil ist der Gläubiger ohne Mitwirkung des Schuldners nicht befugt (a. M. OLG Naumburg FamRZ 2013, 1515). Zu einer freihändigen Veräußerung des gepfändeten und überwiesenen Erbanteils bedarf der Vollstreckungsgläubiger eines gesonderten Beschlusses des Vollstreckungsgerichts (BGH Rpfleger 2019, 405 mit Anm. v. Nußbaum Rpfleger 2019, 467). Zur Eintragung der Pfändung s. Anh. zu § 13 Rn. 33.2.

e) Miteigentumsanteil. Der Miteigentumsanteil an einem Grundstück kann nicht gemäß § 857 ZPO gepfändet werden, eine Vollstreckung in diesen ist vielmehr nur nach § 864 Abs. 2, § 866 ZPO möglich; § 751 BGB steht nicht entgegen (KG OLG 40, 410; s. dazu auch Furtner NJW 1957, 1620). Mithin ist auch das WEigentum einer Pfändung nach § 857 ZPO unzugänglich. Auch ein Sondernutzungsrecht kann nicht gepfändet werden. Möglich ist jedoch die Pfändung und Überweisung des Anspruchs eines Grundstücksmiteigentümers auf Aufhebung der Gemeinschaft sowie Teilung und Auszahlung des Erlöses (BGH Rpfleger 1984, 283). In das GB kann sie aber nicht eingetragen werden (s. Anh. zu § 13 Rn. 33.3).

f) **Insolvenz.** Nach Eröffnung des Insolvenzverfahrens sind §§ 80 ff., insbes. §§ 88, 89 InsO zu beachten (s. dazu Hintzen, Insolvenz und Immobiliarzwangsvollstreckung, Rpfleger 1999, 256). Zur Unwirksamkeit der Pfändung als Maßnahme der Zwangsvollstreckung im Hinblick auf die Rückschlagsperre gemäß § 88 InsO und zur Löschung des Pfändungsvermerks im Weg der GBBerichtigung s. OLG Stuttgart FGPrax 2019, 69 mit Anm. v. Achenbach ZfIR 2019, 354 und die Ausführungen im Zusammenhang mit einer Zwangshyp. Anh. zu § 44 Rn. 66.2 ff.

2. Entstehung des Pfändungspfandrechts

6 In der Regel ist für die Pfändung ein Pfändungsbeschluss sowie dessen Zustellung erforderlich und genügend (§§ 829, 857 Abs. 1 ZPO).

7 Für die Pfändung dinglicher Rechte an einem Grundstück gilt, auch wenn Eigentümergrundschulden in Frage kommen (BGH Rpfleger 1961, 291; OLG Celle NJW 1968, 1682; OLG Köln OLGZ 1971, 154; s. auch OLG Oldenburg Rpfleger 1970, 100), folgendes:

8 • Bei **Briefrechten** ist ein Pfändungsbeschluss und die Briefübergabe erforderlich (§ 830 Abs. 1 Satz 1 und 2, § 857 Abs. 6 ZPO). Die Pfändung bewirkt, dass das GB unrichtig wird, weil es das Pfandrecht an dem Grundstücksrecht nicht ausweist (OLG München Rpfleger 2015, 199); zur Berichtigung durch Eintragung der Pfändung s. Rn. 24, 25. Bis zur Briefübergabe ist die Pfändung unvollständig und wirkungslos (BGH Rpfleger 1995, 119). Solange sich der Pfändungsgläubiger nicht im Besitz des Briefs befindet, ist ein Antrag auf Eintragung der Pfändung ohne Zwischenverfügung zurückzuweisen (s. § 18 Rn. 11).

9 • Bei **Buchrechten** ist ein Pfändungsbeschluss und die Eintragung der Pfändung notwendig (§ 830 Abs. 1 Satz 3, § 857 Abs. 6 ZPO). Bis zur GBEintragung ist die Pfändung unvollständig und wirkungslos (BGH Rpfleger 1995, 119). § 857 Abs. 6 ZPO erwähnt zwar nur Grundschulden, Rentenschulden und Reallasten, ist jedoch auch auf andere Buchrechte, z. B. Dauerwohnrechte (Weitnauer DNotZ 1951, 497) sowie übertragbare Vorkaufsrechte, anzuwenden, nicht aber auf unübertragbare Rechte, z. B. einen Nießbrauch (BGH Rpfleger 1974, 186; BayObLG Rpfleger 1998, 69). Die Pfändung einer Gesamthyp. ist erst mit der Eintragung auf den GBBlättern aller belasteten Grundstücke vollzogen (KGJ 44, 187). Besonderes gilt für die Inhaber- und Orderhyp. (§ 1187 BGB); ihre Pfändung erfolgt durch Wegnahme des Inhaber- oder Orderpapiers (§ 830 Abs. 3 Satz 2, § 808 Abs. 2, § 831 ZPO).

10 Die Pfändung von **Zinsrückständen** richtet sich nach § 829 ZPO (§ 830 Abs. 3 Satz 1, § 808 Abs. 2, § 831 ZPO).

11 Ein **Gesamtrecht** kann nur im Ganzen, nicht hinsichtlich einzelner Grundstücke gepfändet werden (KG DR 1943, 449). Der Pfändungsbeschluss muss sich gegen alle Eigentümer richten; es genügen aber mehrere Einzelbeschlüsse (KG HRR 1936 Nr. 440).

12 Bei einer **Höchstbetragshypothek** kann die gesicherte Forderung nach Maßgabe des § 837 Abs. 3 ZPO ohne die Hyp. gepfändet werden; die Hyp. wird alsdann in Höhe des gepfändeten Betrags zur Eigentümergrundschuld.

Bei einer Sicherungsgrundschuld kann sowohl diese wie auch die gesicherte Forderung allein gepfändet werden; s. dazu eingehend Stöber BB 1964, 1457; Huber BB 1965, 609.

Wird für eine gepfändete Forderung nachträglich eine Hyp. eingetragen, **13** so ergreift die Pfändung die Hyp. mit deren Eintragung. Das GB wird also unrichtig, wenn die Pfändung nicht gleichzeitig gebucht wird (JFG 5, 417; KG HRR 1931 Nr. 1048).

Zur Pfändung einer Forderung, für die eine Briefhyp. eingetragen ist, so- **14** lange letztere wegen noch ausstehender Briefübergabe dem Grundstückseigentümer als vorläufige Eigentümergrundschuld zusteht, s. OLG Hamm Rpfleger 1980, 483.

3. Pfändungsbeschluss

Wesentlich ist der Ausspruch der Pfändung und das Leistungsverbot an **15** den Drittschuldner, nicht aber das Gebot an den Schuldner, sich der Verfügung zu enthalten. Dieses gehört, wie § 857 Abs. 2 ZPO ergibt, jedoch dann zum wesentlichen Inhalt des Beschlusses, wenn ein Drittschuldner nicht vorhanden ist (JFG 14, 132). Der Pfändungsbeschluss muss den Gegenstand der Pfändung klar erkennen lassen; eine Auslegung gemäß § 133 BGB ist zulässig; Tatsachen außerhalb des Beschlusses dürfen dazu aber nicht herangezogen werden (RG 160, 39; BGH MDR 1965, 738; Rpfleger 1975, 219; BayObLG Rpfleger 1993, 14). Im Übrigen ist der Inhalt des Pfändungsbeschlusses je nach der Art des gepfändeten Rechts verschieden; bei einer Teilpfändung ist zweckmäßig der Vorrang des gepfändeten Teils anzugeben.

Ist der Schuldner nicht als Berechtigter im GB eingetragen, so muss erfor- **16** derlichenfalls der ihm gegen den Buchberechtigten zustehende Berichtigungsanspruch gepfändet werden (s. § 14 Rn. 17). Befindet sich der Brief im Besitz eines Dritten, so ist nötigenfalls der Anspruch auf Herausgabe oder auf Vorlegung an das GBAmt zu pfänden, im Fall einer Teilpfändung auch der Anspruch auf Aufhebung der Briefgemeinschaft (RG 59, 318), falls der Besitz an dem Stammbrief sonst nicht zu erlangen ist (s. Rn. 30).

4. Zustellung

Vorgeschrieben ist die Zustellung des Pfändungsbeschlusses an Dritt- **17** schuldner und Schuldner (§ 829 Abs. 2 ZPO). Die Erstere ist Voraussetzung für das Wirksamwerden der Pfändung (§ 829 Abs. 3, § 857 Abs. 1 ZPO), die letztere nur, wenn ein Drittschuldner nicht vorhanden ist (§ 857 Abs. 2 ZPO). Wegen des Begriffs des Drittschuldners im Sinn des § 857 Abs. 2 ZPO s. RG 49, 407; 86, 295.

Ist ein dingliches Recht an einem Grundstück Gegenstand der Pfändung, **18** so bildet die Zustellung des Pfändungsbeschlusses an den Drittschuldner bzw. den Schuldner kein Erfordernis für das Wirksamwerden der Pfändung (§§ 830, 857 Abs. 6 ZPO). Die Eintragung der Pfändung kann also nicht von dem Nachweis der Zustellung abhängig gemacht werden. Über die Rückbeziehung der durch Briefübergabe oder Eintragung wirksam gewordenen Pfändung im Fall vorheriger Zustellung s. § 830 Abs. 2 ZPO; den Vorrang einer Pfändung vor einer anderen bewirkt die frühere Zustellung des Pfändungsbeschlusses nicht (OLG Düsseldorf NJW 1961, 1266 mit weit. Nachweisen; OLG Köln Rpfleger 1991, 241).

5. Briefübergabe

19 Sie ist im Fall der Pfändung eines Briefrechts stets, also auch bei einer Teilpfändung notwendig (s. Rn. 30). Grundsätzlich muss dem Pfändungsgläubiger oder seinem Vertreter der unmittelbare Besitz an dem Brief eingeräumt werden. Mittelbarer Besitz ist ausreichend, wenn der Schuldner den Brief hinterlegt und der Pfändungsgläubiger die Hinterlegung annimmt (RG 135, 274); ebenso, wenn sich der Pfändungsgläubiger den unmittelbaren Besitz jederzeit verschaffen kann (KG OLG 43, 158; s. auch OLG Frankfurt NJW 1955, 1483). Die Besitzeinräumung darf nicht nur eine vorübergehende sein, sondern muss für die ganze Pfändungsdauer erfolgen (RG 92, 266). Übergabe eines gemäß § 1162 BGB erwirkten Ausschließungsbeschlusses ersetzt die Übergabe des Briefs nicht (KG HRR 1931 Nr. 1708). Befindet sich der Pfändungsgläubiger bereits im Besitz des Briefs, so ist die Pfändung mit der Aushändigung des Pfändungsbeschlusses an den Pfändungsgläubiger bewirkt (KGJ 44, 280; KG JW 1935, 3236).

20 Gibt der Schuldner den in seinem Besitz befindlichen Brief nicht freiwillig heraus, so kann er ihm nach § 830 Abs. 1 Satz 2 ZPO im Weg der **Hilfsvollstreckung** durch den Gerichtsvollzieher weggenommen werden. Die Hilfsvollstreckung erfolgt auf Grund des keiner Vollstreckungsklausel bedürftigen, jedoch nach § 750 ZPO zuzustellenden Pfändungsbeschlusses, und zwar gemäß § 883 ZPO. Mit der Wegnahme durch den Gerichtsvollzieher gilt der Brief als übergeben.

21 Befindet sich der Brief im Gewahrsam eines nicht zur Herausgabe bereiten **Dritten,** so muss der Pfändungsgläubiger auf Grund des nach § 750 ZPO zuzustellenden Pfändungsbeschlusses den Herausgabeanspruch des Schuldners gemäß § 886 ZPO (s. RG 74, 83) pfänden und sich zur Einziehung überweisen lassen. Der Pfändungs- und Überweisungsbeschluss ist aber kein Ersatz für die Briefübergabe (KG DNotV 1930, 242). Die Pfändung wird vielmehr erst wirksam, wenn der Dritte den Brief nunmehr herausgibt oder wenn er ihm nach Erwirkung eines Titels im Weg der Zwangsvollstreckung weggenommen wird. Ist der Dritte das GBAmt, so darf dieses den Brief nur herausgeben, wenn dem Pfändungsschuldner neben dem privatrechtlichen auch der öffentlich-rechtliche Herausgabeanspruch zusteht (KGJ 44, 277). Bei nachträglicher Erteilung oder Wiedereinreichung eines Briefs werden sich privatrechtlicher und öffentlich-rechtlicher Herausgabeanspruch in der Regel decken. Im Fall der Neueintragung des Rechts können sie auseinanderfallen, nämlich dann, wenn die Vereinbarung nach § 1117 Abs. 2 BGB und die Bestimmung nach § 60 Abs. 2 nicht übereinstimmen (s. § 60 Rn. 13). Decken sich die beiden Ansprüche nicht, so bleibt die Pfändung des privatrechtlichen Herausgabeanspruchs wirkungslos.

22 Ein zweiter Pfändungsgläubiger muss von dem ersten mindestens den mittelbaren Mitbesitz eingeräumt erhalten (KGJ 35, 299; KG HRR 1929 Nr. 1968; s. dazu auch OLG Frankfurt NJW 1955, 1483) oder sich diesen, falls der Gerichtsvollzieher den Brief besitzt, mittels Anschlusspfändung verschaffen (JFG 14, 325).

Legt der Pfändungsgläubiger den Brief vor, so hat das GBAmt davon aus- **23** zugehen, dass er den Besitz ordnungsgemäß erlangt hat. Der Antrag auf Eintragung der Pfändung, die stets eine GBBerichtigung darstellt (KGJ 35, 299), ist jedoch zurückzuweisen, wenn dem GBAmt ein fehlerhafter Besitzerwerb bekannt ist.

6. Eintragung der Pfändung

Sie muss im Fall der Pfändung eines übertragbaren Buchrechts zu dem **24** Pfändungsbeschluss hinzutreten (s. Rn. 9). Während sie insoweit rechtsändernden Charakter hat, dient sie in allen anderen Fällen, insbes. bei der Pfändung eines Briefrechts, nur der GBBerichtigung. Zur EintrFähigkeit der Pfändung eines Miterbenanteils oder des Anteils eines BGB-Gesellschafters s. Anh. zu § 13 Rn. 33.1 und 33.2.

Zur Eintragung der Pfändung bedarf es eines Antrags sowie der Vorlegung **25** des Pfändungsbeschlusses; erforderlich ist weiter die Voreintragung des Betroffenen (§ 39) und bei Briefrechten die Vorlegung des Briefs (§§ 41, 42). Der Pfändungsbeschluss ersetzt im Fall der Pfändung eines Buchrechts die EintrBewilligung des Betroffenen (§ 830 Abs. 1 Satz 3 ZPO); die Prüfungspflicht des GBAmts beschränkt sich auf Existenz und Inhalt des Beschlusses, erstreckt sich aber nicht auf dessen Rechtmäßigkeit (OLG München Rpfleger 2019, 186). Im Übrigen ist der Pfändungsbeschluss zur Führung des Unrichtigkeitsnachweises, der bei der Pfändung eines Briefrechts durch die Vorlegung des Briefs vervollständigt wird (s. Rn. 23) und bei sonstigen Pfändungen durch die Vorlegung der Zustellungsurkunde zu ergänzen ist (s. Rn. 17). Bei Pfändung eines Briefrechts steht es der Voreintragung des Gläubigers gleich, wenn der Briefbesitzer sein Gläubigerrecht nach § 1155 BGB in grundbuchmäßiger Form nachweist (§ 39 Abs. 2; OLG München Rpfleger 2015, 199; § 39 Rn. 37).

Wird die Eintragung **mehrerer Pfändungen** desselben Rechts beantragt, **26** so erhalten die Eintragungen nach §§ 17, 45 den Rang gemäß der Reihenfolge des Eingangs der EintrAnträge; wird jedoch die Entstehung eines anderen Rangs außerhalb des GB nachgewiesen, so sind die Pfändungen mit dem richtigen Rang zu buchen (KGJ 35, 301; JFG 3, 441).

7. Wirkung der Pfändung

Verfügungen, die der Schuldner nach dem Wirksamwerden der Pfändung **27** vornimmt, sind dem Pfändungsgläubiger gegenüber unwirksam. Ist die Pfändung eingetragen, so steht sie, von der Löschung des gepfändeten Rechts abgesehen, weiteren Eintragungen nicht entgegen. Andernfalls hat das GBAmt, sofern es von der Pfändung Kenntnis hat, die Zustimmung des Pfändungsgläubigers zu verlangen (s. § 22 Rn. 52; BayObLG Rpfleger 1998, 69).

8. Teilpfändung

28   Eine Teilpfändung ist zulässig. Notwendig ist jedoch die bestimmte Bezeichnung des gepfändeten Teils (KG JW 1931, 2576). Möglich ist auch eine Pfändung allein der Zinsen (s. dazu § 26 Rn. 19).

29   Eine Pfändung „wegen und in Höhe" stellt, wenn die Forderung des Pfändungsgläubigers bestimmt und niedriger als die gepfändete ist, eine Teilpfändung dar (KG HRR 1930 Nr. 1165). Ist die Forderung, weil wegen laufender Zinsen gepfändet wurde, unbestimmt (s. OLG Oldenburg Rpfleger 1970, 100), so kann die Pfändung als Teilpfändung weder bei einer Buchnoch bei einer Briefhyp. eingetragen werden. Deshalb ist die ganze Hyp. als gepfändet anzusehen (KG JW 1931, 2576; HRR 1933 Nr. 964).

30   Die Teilpfändung eines **Briefrechts** ist erst mit der Übergabe des Stammbriefs oder des über den gepfändeten Teil gebildeten Teilbriefs bewirkt (s. Rn. 19). Besitzt ein Dritter den Stammbrief, so kann, wenn dem Pfändungsgläubiger oder seinem Vertreter nicht der Besitz oder Mitbesitz an dem Stammbrief eingeräumt, sondern dieser nur dem GBAmt zur Herstellung eines Teilbriefs vorgelegt wird, die Pfändung nicht vor der Bildung des Teilbriefs wirksam werden (KG JW 1938, 900; OLG Oldenburg Rpfleger 1970, 100). Der Pfändungsgläubiger kann die Herstellung eines Teilbriefs grundsätzlich erst beantragen, nachdem er ein wirksames Pfandrecht erlangt hat (KG HRR 1929 Nr. 1968); er ist jedoch auch dann antragsberechtigt, wenn mangels eines Anspruchs auf Einräumung des Besitzes oder Mitbesitzes der Schuldner oder ein den Brief besitzender Dritter den Stammbrief zwecks Bildung eines Teilbriefs für den Pfändungsgläubiger dem GBAmt vorlegt und letzterer sich das Recht auf Bildung des Teilbriefs durch Pfändungsbeschluss hat überweisen lassen (OLG Oldenburg Rpfleger 1970, 100).

31   Den **Vorrang** kann der Pfändungsgläubiger nur beanspruchen, wenn der Pfändungsbeschluss den Vorrang des gepfändeten Teils feststellt (s. OLG Oldenburg Rpfleger 1970, 100).

9. Pfändung einer Eigentümergrundschuld

32   Nur die Pfändung einer bereits entstandenen Eigentümergrundschuld ist eintragungsfähig. Die Pfändung einer künftigen Eigentümergrundschuld kann dagegen nicht eingetragen werden; eine dennoch vorgenommene Eintragung ist inhaltlich unzulässig (s. RG 145, 351; OLG Köln NJW 1961, 368). Ist die entstandene Eigentümergrundschuld im GB für den Eigentümer eingetragen, so ergeben sich keine Schwierigkeiten. Andernfalls bedarf es des Nachweises der Entstehung der Eigentümergrundschuld, der in der Form des § 29, z.B. durch löschungsfähige Quittung (s. § 27 Rn. 21 ff.), Entscheidung gemäß § 868 ZPO oder Urteil gegen den Buchberechtigten (s. § 14 Rn. 17), zu führen ist (OLG Hamburg Rpfleger 1976, 371; OLG Hamm Rpfleger 1990, 157). Der nach § 39 erforderlichen Voreintragung des Schuldners wird durch seine Eintragung als Eigentümer genügt (s. § 39 Rn. 19). Die Eigentümergrundschuld wird nach Übergang des Eigentums auf einen neuen Eigentümer zu einer Fremdgrundschuld für den früheren Eigentümer, die von dessen Gläubigern gepfändet werden kann. Nach Voreintragung des früheren Eigentümers als Grundschuldgläubiger (s. § 39

Rn. 19) kann die Pfändung im GB vermerkt werden (OLG Frankfurt FGPrax 2009, 255).

Bei einer Höchstbetragshyp. kann die Pfändung der vor der Feststellung **33** der Forderung bestehenden vorläufigen Eigentümergrundschuld nicht eingetragen werden (RG JW 1935, 2554); eine dennoch vorgenommene Eintragung ist jedoch nicht ohne weiteres inhaltlich unzulässig (RG 120, 112). Zum Nachweis der Forderungsfeststellung gegenüber den GBAmt genügt die einseitige Erklärung des Gläubigers (RG HRR 1932 Nr. 719). S. dazu OLG Karlsruhe FGPrax 2006, 53.

Zur Wirksamkeit einer Verfügung, mit der die Finanzbehörde Eigentü- **34** mergrundschulden gepfändet hat auf der Grundlage eines Bescheids, der die Duldung der Zwangsvollstreckung in die mit den Grundschulden belasteten Grundstücke anordnete, s. BGH Rpfleger 1988, 181.

10. Pfändung von Höchstbetragshypotheken

Bei einer Höchstbetragshyp. kann die zugrundeliegende Forderung nach **35** Maßgabe des § 837 Abs. 3 ZPO ohne die Hyp. gepfändet werden; in diesem Fall wird die Hyp. in Höhe des gepfändeten Betrags zur Eigentümergrundschuld; eine Pfändung der Forderung ohne die Hyp. vollzieht sich außerhalb des GB und ist nicht eintragungsfähig.

Wegen der Pfändung der vorläufigen Eigentümergrundschuld s. Rn. 33.

11. Vorpfändung

Sie ist nach § 845 Abs. 1 ZPO statthaft, sobald ein Gläubiger einen voll- **36** streckbaren Titel besitzt, und geschieht in der Weise, dass dem Drittschuldner und dem Schuldner eine Benachrichtigung über die bevorstehende Pfändung zugestellt wird; vollstreckbare Ausfertigung und Zustellung des Titels sind nicht erforderlich, jedoch muss die Möglichkeit sofortiger Vollstreckung bestehen.

Wird die Pfändung innerhalb eines Monats (vor dem 1.4.1991: innerhalb **37** dreier Wochen) nach Zustellung der Benachrichtigung an den Drittschuldner oder, wenn ein solcher nicht vorhanden ist, an den Schuldner (RG 71, 182) bewirkt, so hat der Pfändungsgläubiger gemäß § 845 Abs. 2 ZPO den Vorrang vor zwischenzeitlich erfolgten Pfändungen (JFG 3, 441); im Fall der Pfändung eines Buchrechts wahrt nicht schon der Eingang des EintrAntrags, sondern erst die Eintragung die Frist (JFG 3, 442).

Die Vorpfändung ist auch bei einer Buch- oder Briefhyp. sowie bei **38** Eigentümergrundschulden zulässig (JFG 3, 441); sie kann in das GB eingetragen werden (vgl. OLG Celle NdsRpfl. 1958, 93); die Eintragung ist aber immer nur berichtigender Natur (str.; s. OLG Köln Rpfleger 1991, 241 mit Nachweisen und Anm. v. Hintzen). Das OLG Naumburg Rpfleger 2016, 222 (mit zustimmender Anm. v. Stritter ZEV 2016, 438) hält es für zulässig, auch die Vorpfändung eines Miterbenanteils im GB zu vermerken (str.).

12. Vollziehung eines Arrestbefehls

39 Auf die Vollziehung des Arrests sind die Vorschriften über die Zwangsvollstreckung entsprechend anzuwenden; abweichende Vorschriften enthalten
jedoch §§ 929 ff. ZPO (§ 928 ZPO). Die Vollziehung des Arrests in ein
Grundstück oder grundstücksgleiches Recht geschieht durch Eintragung
einer Sicherungshypothek (§ 932 ZPO).

a) Frist. Erforderlich ist die Einhaltung der Monatsfrist des § 929 Abs. 2
ZPO. Die ältere Rechtsprechung verlangte hierfür nicht nur Beginn, sondern auch Beendigung der Vollstreckung innerhalb der Frist (RG 75, 181).
Die neuere Rechtsprechung hielt die Monatsfrist bereits für gewahrt, wenn
die Vollstreckung innerhalb der Frist begonnen und dann unverzüglich fortgesetzt wurde (OLG Düsseldorf MDR 1983, 239). Nach Ansicht des BGH
(NJW 1991, 496) ist die Frist gewahrt, wenn innerhalb der Frist eine
Vollstreckungsmaßnahme beantragt und ohne vom Arrestgläubiger zu ver-
antwortende Verzögerung auf diesen Antrag vom Vollstreckungsorgan vorgenommen wird; begonnen haben muss die Vollstreckungsmaßnahme innerhalb der Frist nicht; ist danach die Frist für eine bestimmte Vollstreckungsmaßnahme gewahrt, können jedoch andere Vollstreckungsmaßnahmen nach
Fristablauf nicht mehr eingeleitet werden.

Die Monatsfrist des § 929 Abs. 2 ZPO erfasst auch die Vollziehung eines
Arrestbefehls, der in einem anderen Mitgliedstaat der Europäischen Union
erlassen und in Deutschland für vollstreckbar erklärt wurde (EuGH NJW
2019, 581; BGH FGPrax 2017, 19; Rpfleger 2019, 353; OLG München
FGPrax 2016, 68).

40 **b) Neue Vollziehungsfrist.** Wird ein Arrest im Widerspruchsverfahren
aufgehoben, dann aber wieder bestätigt, so läuft von der Verkündung des
Urteils an eine neue Vollziehungsfrist (JFG 5, 320; OLG München NJW
1958, 752; OLG Celle NJW-RR 1987, 64; s. dazu auch KG Rpfleger 1981,
119); dasselbe gilt, wenn ein Arrest gegen Sicherheitsleistung bestätigt oder
wenn eine angeordnete Sicherheitsleistung in Fortfall gebracht wird. Wenn
eine einstweilige Verfügung (zur grundsätzlich entsprechenden Anwendung
der Arrestvorschriften auf sie s. § 936 ZPO), die zur Eintragung einer Vormerkung geführt hat, zunächst aufgehoben und sodann wiederhergestellt
wird, bedarf es einer neuen Vollziehung durch Eintragung einer weiteren
Vormerkung auch dann, wenn die erste Vormerkung inzwischen nicht gelöscht worden ist (s. hierzu Anh. zu § 13 Rn. 13).

41 **c) Nichteinhaltung der Frist.** Es entsteht kein Pfandrecht (RG 81, 289;
BGH Rpfleger 1999, 485); die erst nach Fristablauf beantragte Vollstreckungsmaßnahme ist unwirksam (BGH NJW 1991, 496). Ein Verzicht auf
die Einhaltung der Frist ist unzulässig, zum mindesten aber Dritten gegenüber unbeachtlich (RG 151, 157; OLG Hamm NJW 1978, 830).

42 **d) Vollziehung vor Zustellung.** Wird ein Arrest vor der Zustellung des
Arrestbefehls vollzogen, so bedarf es der Wahrung der Wochenfrist des § 929
Abs. 3 ZPO. Bei Nichteinhaltung der Zustellungsfrist wird das Pfandrecht
unwirksam (BGH Rpfleger 1999, 485); ein Verzicht auf die Einhaltung ist

auch hier unzulässig, jedenfalls aber Dritten gegenüber unbeachtlich (RG 151, 157; OLG Frankfurt Rpfleger 1982, 32). Solange die Vollziehungsfrist noch läuft, ist jedoch ein erneuter Arrestvollzug möglich (RG 151, 156). § 929 Abs. 3 Satz 1 ZPO macht für die Vollstreckung eines Arrestbefehls lediglich dessen vorherige Zustellung an den Schuldner entbehrlich, nicht aber auch die Zustellung des auf Grund des Arrests ergangenen Pfändungsbeschlusses an den Drittschuldner (BayObLG Rpfleger 1985, 58). Die Vollziehung einer einstweiligen Verfügung (zur grundsätzlich entsprechenden Anwendung der Arrestvorschriften auf sie s. § 936 ZPO) durch Eintragung einer Vormerkung in das GB vor Zustellung ist zwar gemäß § 929 Abs. 3 Satz 1 ZPO zulässig; das GB wird aber unrichtig, wenn die einstweilige Verfügung nicht innerhalb der Frist des Satz 2 zugestellt wird (OLG Köln Rpfleger 1987, 301). Die Einhaltung der Frist ist ohne Rücksicht auf die für eine Versäumung maßgebenden Umstände ausschließlich danach zu bestimmen, ob die Zustellung objektiv vor Fristablauf bewirkt wird (OLG Hamm FGPrax 2016, 58).

e) Arrestvollzug in ein Grundstück. Er geschieht nach § 932 ZPO **43** durch Eintragung einer Sicherungshypothek; sie ist Höchstbetragshypothek (s. dazu Anh. zu § 44 Rn. 51), wobei den Höchstbetrag die Lösungssumme bildet. Übersteigt diese nicht den Betrag von 750 EUR, so ist die Eintragung einer Arresthyp. unzulässig. EintrGrundlage ist der Arrestbefehl, der einer Vollstreckungsklausel gemäß § 929 Abs. 1 ZPO nur in den Fällen einer Rechtsnachfolge bedarf.

Zum Arrestvollzug nach der Reform der strafrechtlichen Vermögensabschöpfung s. Rn. 44 und § 38 Rn. 13. Das OLG Celle FGPrax 2018, 102 hält auch nach der Neuregelung die Einhaltung der Vollziehungsfrist des § 929 Abs. 2 ZPO nicht für erforderlich.

f) Wahrung der Vollziehungsfrist. Hierzu genügt nach § 932 Abs. 3 ZPO der Eingang des EintrAntrags beim Amtsgericht. Nicht erforderlich ist, dass der Antrag innerhalb der Frist i. S. von § 13 Abs. 2 Satz 2, 3 (s. dazu § 13 Rn. 23 ff.) eingeht (BGH Rpfleger 2001, 294 mit Anm. v. Alff und FGPrax 2001, 93 mit Anm. v. Demharter; LG Lübeck Rpfleger 1995, 66 mit abl. Anm. v. Gleußner Rpfleger 1995, 294; zur Verfassungsmäßigkeit der Gegenmeinung s. BVerfG InVo 1996, 17). Voraussetzung ist jedoch, dass der Antrag mangelfrei ist oder etwaige EintrHindernisse innerhalb der Vollziehungsfrist beseitigt werden (s. dazu OLG Karlsruhe Rpfleger 1998, 255 und Rn. 39). Daher muss, wenn die Sicherungshyp. auf mehreren Grundstücken eingetragen werden soll, innerhalb der Vollziehungsfrist der Betrag der Forderung auf die einzelnen Grundstücke verteilt und der Antrag entsprechend ergänzt werden. Geschieht dies nicht, liegt ein vollstreckungsrechtlicher und kein grundbuchrechtlicher Mangel vor, der die Zurückweisung des Antrags zur Folge hat (OLG München FGPrax 2016, 11). Entsprechendes gilt für die Vollziehung einer auf Eintragung einer Vormerkung gerichteten einstweiligen Verfügung (§ 936 ZPO); die Vollziehungsfrist des § 929 Abs. 2 ZPO wird nur durch den EintrAntrag gewahrt und nicht auch durch eine Parteizustellung der einstweiligen Verfügung (a. M. LG Frankfurt Rpfleger 1993, 254 mit abl. Anm. v. Hintzen).

g) Prüfung des GBAmts. Die Einhaltung der Zustellungsfrist des § 929 Abs. 3 Satz 2 ZPO hat das GBAmt nicht zu überprüfen. Eine durch die Versäumung der Frist entstandene GBUnrichtigkeit kann gem. § 22 berichtigt werden (BayObLG Rpfleger 1993, 397; OLG Karlsruhe Rpfleger 1997, 16, zugleich zum Rechtsschutzbedürfnis, wenn die Versäumung der Frist auch durch Widerspruch gem. § 924 ZPO geltend gemacht wird). Ein Arrestbefehl, in dem die Angabe der Lösungssumme fehlt, ist kein zur Eintragung einer Arresthyp. geeigneter Titel (LG Düsseldorf NJW 1951, 81; s. auch OLG Düsseldorf SJZ 1950, 913). Vergleiche sowie vollstreckbare Urkunden im Sinn des § 794 ZPO können nicht mit der Rechtswirkung abgeschlossen bzw. errichtet werden, dass sie an die Stelle eines Arrestbefehls treten und die Grundlage für die Eintragung einer Arresthyp. bilden sollen (LG München DNotZ 1951, 40).

44   **h) Nichteinhaltung der Vollziehungs- oder Zustellungsfrist.** Sie hat die Nichtigkeit der Arresthyp. zur Folge (BayObLG Rpfleger 1993, 397; BGH Rpfleger 1999, 485); es entsteht nicht etwa eine Eigentümergrundschuld (OLG Frankfurt Rpfleger 1982, 32). Zur Neueintragung einer Arresthyp. bei Versäumung der Zustellungs-, aber noch laufender Vollziehungsfrist s. KG OLG 44, 172 sowie, im Hinblick auf die zwischenzeitliche Änderung des § 27, Wittmann MDR 1979, 549. Zur Löschung einer Arresthyp. ist auch die Bewilligung eines früheren Grundstückseigentümers erforderlich, der in Höhe des nicht durch festgestellte Forderungen ausgefüllten Teils des Höchstbetrags eine Eigentümergrundschuld erlangt hat (OLG Frankfurt MittBayNot 1984, 85). Ein Anspruch nach § 1179a oder § 1179b BGB steht dem Gläubiger oder im GB eingetragenen Gläubiger der Sicherungshyp. nicht zu.

i) Arrestvollziehung nach StPO-Vorschriften. Hatte der Staat gemäß §§ 111b, 111d StPO a. F. i. V. m. § 832 ZPO zur Sicherung des Strafanspruchs den dinglichen Arrest in ein Grundstück durch Eintragung einer Sicherungshyp. vollzogen, konnte der durch die Straftat Geschädigte seinerseits einen Arrest in das Grundstück vollziehen und den Vorrang der zu seinen Gunsten eingetragenen Sicherungshyp. vor der durch den staatlichen Arrest begründeten Sicherungshyp. verlangen (sog. Rückgewinnungshilfe). S. zur Hinterlegung im Rückgewinnungshilfeverfahren Savini Rpfleger 2016, 454, zur Rangänderung § 45 Rn. 57 und zum Ganzen OLG München FGPrax 2016, 111.

Die Rückgewinnungshilfe wurde im Zuge der am 1.7.2017 in Kraft getretenen Reform der strafrechtlichen Vermögensabschöpfung gemäß Ges. v. 13.4.2017 (BGBl. I 872) beseitigt.

j) Rechtsmittel. Bei Eintragung der Arresthyp. wird das GBAmt als Vollstreckungsgericht tätig. Die Rechtsmittel richten sich jedoch nach der GBO; weil ein gutgläubiger Erwerb möglich ist, kommt nur eine beschränkte Beschwerde in Betracht (BayObLG Rpfleger 1993, 397). Im Einzelnen gilt das zur Zwangshyp. Ausgeführte (s. Anh. zu § 44 Rn. 65 ff.).

13. Verwertung durch Überweisung

Die Verwertung des Pfändungspfandrechts durch Überweisung bildet die **45** häufigste Art der Verwertung, erfolgt nach §§ 835 ff. ZPO und kann eine Überweisung zur Einziehung oder eine solche an Zahlungs statt sein. Der hierzu erforderliche Überweisungsbeschluss kann nach BGH Rpfleger 1995, 119 (mit abl. Anm. v. Riedel; s. dazu auch Hintzen/Wolf Rpfleger 1995, 94; ablehnend auch Stöber NJW 1996, 1180) erst nach Wirksamwerden des Pfändungsbeschlusses durch GBEintragung bei einem Buchrecht und Briefübergabe bei einem Briefrecht, also nicht zusammen mit dem Pfändungsbeschluss erlassen werden.

a) Überweisung zur Einziehung. Sie bewirkt keinen Rechtsübergang **46** und ist daher nicht eintragungsfähig (KGJ 33, 276). Der Schuldner bleibt Inhaber des Rechts und kann mit den sich aus dem Pfandrecht ergebenden Beschränkungen über dieses verfügen. Der Pfändungsgläubiger erhält die Befugnis zur Einziehung und darf deshalb auch löschungsfähige Quittung erteilen (KGJ 52, 205; OLG Schleswig SchlHA 1958, 50).

b) Überweisung an Zahlungs statt. Sie bewirkt den Übergang des **47** Rechts auf den Pfändungsgläubiger und ist demnach eintragungsfähig. Ist ein Buchrecht gepfändet, so muss zu dem Überweisungsbeschluss die Eintragung der Überweisung hinzutreten, ist ein Briefrecht gepfändet, so dient letztere nur der GBBerichtigung. EintrGrundlage ist in beiden Fällen der keiner Zustellung bedürftige Überweisungsbeschluss. Im Fall der Teilpfändung kann der Vorrang vor dem Überrest nur eingetragen werden, wenn ihn der Überweisungsbeschluss ausspricht.

14. Andere Art der Verwertung

Sie kann gemäß § 844 ZPO vom Gericht angeordnet werden. In Betracht **48** kommen namentlich die Anordnung des Verkaufs oder der Versteigerung. Im ersteren Fall bedarf es zum Erwerb des Rechts der Abtretungserklärung des Pfändungsgläubigers (KG JW 1935, 3236); im letzteren wird diese durch den Zuschlag ersetzt (KG HRR 1933 Nr. 964). Außerdem ist bei Briefrechten die Übergabe des Briefs, bei Buchrechten die Eintragung erforderlich.

15. Pfändung der Rechte eines Grundstückskäufers

Soll in die Rechte eines Grundstückskäufers vollstreckt werden, so sind **49** zwei Stadien zu unterscheiden, nämlich das vor Erklärung der Auflassung (s. Rn. 50) und das nach ihrer Erklärung (s. Rn. 53).

S. zum Ganzen Hintzen, Pfändung des Eigentumsverschaffungsanspruches und des Anwartschaftsrechtes aus der Auflassung, Rpfleger 1989, 439; Behr, Anspruch und Anwartschaftsrecht auf Eigentumsübertragung an einem Grundstück, JurBüro 1997, 458; Knobloch, Zur (Ver-)Pfändung des Eigentumsverschaffungsanspruchs, NotBZ 2011, 17; Bohlsen, Pfändung und Verpfändung der Rechte des Grundstückserwerbers und Auflassungsempfängers, ZfIR 2017, 130.

16. Pfändung vor Erklärung der Auflassung

50   **a) Grundsatz.** In Betracht kommt lediglich eine Pfändung des schuldrechtlichen Anspruchs auf Übertragung des Eigentums, die nach §§ 846, 829
ZPO mit der Zustellung des Pfändungsbeschlusses an den Grundstücksverkäufer wirksam wird. Die Pfändung kann, wenn für den gepfändeten Anspruch eine Vormerkung eingetragen ist, bei dieser im Weg der GBBerichtigung vermerkt werden (BayObLG Rpfleger 1985, 58; OLG München
NotBZ 2010, 469; zur Löschung der Eigentumsvormerkung in diesem Fall
s. Anh. zu § 44 Rn. 107), es sei denn, schon bei Erlass des Pfändungsbeschlusses war im GB die Abtretung der Rechte aus der Vormerkung an einen Dritten eingetragen (OLG Frankfurt Rpfleger 1997, 152). Veränderungen der
Eigentumsvormerkung, z. B. einen Rangrücktritt, darf das GBAmt, wenn die
Pfändung oder Abtretung bei der Vormerkung vermerkt ist, nur eintragen,
wenn außer der Bewilligung des Vormerkungsberechtigten auch die des
Pfändungsgläubigers oder Zessionars vorliegt, es sei denn, die Unrichtigkeit
des Pfändungs- oder Abtretungsvermerks ist nachgewiesen (BayObLG NJW-
RR 1997, 1173; Jung Rpfleger 1997, 96).
       Die Rechtsfolgen der Pfändung sind in § 848 ZPO geregelt. Hiernach
bewirkt die Pfändung in Verbindung mit der nach § 848 Abs. 1 ZPO zu
erlassenden Anordnung (s. dazu Hoche NJW 1955, 163), dass das Grundstück an einen auf Antrag des Pfändungsgläubigers zu bestellenden Sequester
aufzulassen ist, der dabei als Vertreter des Grundstückskäufers handelt und in
dieser Eigenschaft auch den Antrag auf Eintragung des Eigentumswechsels
stellt. Lässt der Grundstücksverkäufer nicht freiwillig an den Sequester auf, so
muss der Pfändungsgläubiger auf Auflassung an diesen klagen; der Ansicht,
dass hierfür der gepfändete Anspruch zur Einziehung überwiesen werden
müsse (OLG Dresden OLG 33, 113; JFG 3, 301), tritt Hoche NJW 1955,
163 mit beachtenswerten Erwägungen entgegen.

51   **b) Sicherungshypothek.** Mit der Eintragung des Grundstückskäufers
erwirbt der Pfändungsgläubiger gemäß § 848 Abs. 2 ZPO für seine Forderung eine Sicherungshypothek; sie entsteht ohne Rücksicht auf die Höhe
der Forderung (KGJ 35, 316; JFG 7, 341; OLG München JFG 22, 165), geht
einer im Kaufvertrag ausbedungenen Kaufpreisresthyp. oder Grunddienstbarkeit an dem Erwerbsgrundstück im Rang nach (JFG 5, 346; BayObLG
Rpfleger 1972, 182; 1993, 15) und ist, wenn der Anspruch auf Übertragung
des Eigentums an mehreren Grundstücken gepfändet wurde, Gesamthyp.
(OLG München JFG 22, 166). Vorrang vor der Sicherungshyp. hat nur eine
Kaufpreisresthyp. zugunsten des Veräußerers, nicht aber auch eine Kaufpreis-
finanzierungshyp. zugunsten eines Dritten; diese kann den Vorrang jedoch
kraft guten Glaubens erlangen (s. hierzu LG Fulda Rpfleger 1988, 252 mit
Anm. v. Böttcher und weiterer Anm. v. Kerbusch Rpfleger 1988, 475; s. dazu
aber auch Just JZ 1998, 120). Ohne Eintragung im GB kann die Sicherungshyp. durch gutgläubigen Erwerb eines Dritten sich nicht nur im Rang ver-
schlechtern, sondern auch erlöschen (BayObLG Rpfleger 1986, 48 f.; 1994,
162). Im Fall der Pfändung auf Grund eines Arrestbefehls erlangt der Pfändungsgläubiger eine Arresthyp. in Höhe der Lösungssumme. Einer von dem
Grundstückskäufer zugunsten eines Dritten bewilligten Eigentumsvormer-

kung geht die Sicherungshyp. auch dann vor, wenn die Eintragung der Vormerkung vor der Pfändung beantragt wurde (OLG Jena Rpfleger 1996, 100; s. dazu Amann, Schutz des Zweitkäufers vor Zwangsvollstreckungsmaßnahmen gegen den Erstkäufer, DNotZ 1997, 113).

c) Eintragung der Sicherungshypothek. Die Eintragung, die den Charakter einer GBBerichtigung hat (BayObLG Rpfleger 1972, 182), ist von dem Sequester gleichzeitig mit der Stellung des Antrags auf Eintragung des Eigentumswechsels zu bewilligen (Berichtigungsbewilligung) und zu beantragen (JFG 7, 343); zum Vermerk der Eintragung auf dem vollstreckbaren Titel s. OLG Brandenburg FGPrax 2017, 200. Bei mehrfacher Pfändung hat der Sequester die Eintragung aller entstandenen Sicherungshyp. herbeizuführen; ihr Rang richtet sich nach der Reihenfolge der Pfändungen; unerheblich ist, welcher Pfändungsgläubiger die Bestellung des Sequesters beantragt hat (OLG Braunschweig HRR 1935 Nr. 1711; OLG München JFG 22, 165). War der Auflassungsanspruch durch Vormerkung gesichert, so kann der Pfändungsgläubiger von einem vormerkungswidrig Eingetragenen die Zustimmung zur Einräumung des Vorrangs verlangen; ohne weiteres hat die Sicherungshyp. den Vorrang nicht (KG HRR 1931 Nr. 1755); die Zustimmung des Eigentümers wird durch den gegen ihn erwirkten Titel ersetzt (s. JFG 12, 306).

d) Ehegatten als Berechtigte. Steht der Anspruch auf Übertragung des   **52** Eigentums Ehegatten in Bruchteilsgemeinschaft zu, so ist er auf eine unteilbare Leistung gerichtet. Gepfändet werden kann daher auf Grund eines Titels nur gegen einen Ehegatten lediglich dessen Anteil an der gemeinschaftlichen Forderung. Mit der Vereinbarung von Gütergemeinschaft erstreckt sich das Pfandrecht auf die ganze Gesamtgutsforderung. Die Pfändung wird gem. § 857 ZPO bewirkt. Bei der Auflassung soll es keiner Zwischenschaltung eines Sequesters bedürfen (BayObLG Rpfleger 1993, 13).

17. Pfändung nach Erklärung der Auflassung

Es können die Anwartschaft aus der Auflassung sowie das Anwartschafts-   **53** recht, zu dem sich die Anwartschaft bei Vorliegen eines eigenen unerledigten EintrAntrags des Auflassungsempfängers (BGH Rpfleger 1968, 83; 1982, 271) oder bei Eintragung einer Vormerkung für diesen (OLG Düsseldorf Rpfleger 1981, 199; BGH Rpfleger 1982, 271) verstärkt, gepfändet werden (JFG 14, 132; BayObLG JFG 9, 234; OLG München NotBZ 2010, 469). Nach BGH Rpfleger 1989, 192 (ebenso OLG Jena Rpfleger 1996, 100) gilt dies jedoch nur für das Anwartschaftsrecht. Die Pfändung kann, wenn für den Grundstückskäufer eine Eigentumsvormerkung eingetragen ist, bei dieser im GB vermerkt werden; zu Veränderungen und zur Löschung der Eigentumsvormerkung in diesem Fall s. Rn. 50 und Anh. zu § 44 Rn. 107.

a) Anwartschaftsrecht. Die Pfändung erfolgt gemäß § 857 ZPO und   **54** wird nach h. M. mit der Zustellung des das Verfügungsverbot enthaltenden Pfändungsbeschlusses an den Grundstückskäufer wirksam (JFG 5, 344; 14, 132; BayObLG JFG 9, 234; BGH Rpfleger 1968, 83). Durch sie erlangt der Pfändungsgläubiger das Recht, sich gemäß § 792 ZPO die erforderlichen

Urkunden zu verschaffen und an Stelle des Grundstückskäufers dessen Eintragung als Eigentümer zu beantragen (JFG 5, 343; BayObLG JFG 9, 235; OLG München BayJMBl. 1953, 10), wobei es keiner Zwischenschaltung eines Sequesters bedarf; der Grundstückskäufer selbst kann seine Eintragung nur mehr unter Mitwirkung des Pfändungsgläubigers herbeiführen (BayObLG JFG 9, 235).

Der Pfändungsgläubiger erwirbt mit der Eintragung des Grundstückskäufers in entsprechender Anwendung des § 848 Abs. 2 Satz 2 ZPO eine Sicherungshyp. für seine Forderung (BGH Rpfleger 1968, 83; JFG 5, 344). Die berichtigende Eintragung der Sicherungshyp. kann der Pfändungsgläubiger selbst beantragen. Dieser Antrag kann schon vor Eintragung des Grundstückskäufers als Eigentümer entweder gleichzeitig mit einem auf die Eigentumsumschreibung abzielenden Antrag oder schon vor einem solchen gestellt werden; in letzterem Fall ist dem Pfändungsgläubiger durch Zwischenverfügung eine Frist zur Stellung des Eigentumsumschreibungsantrags zu setzen (s. hierzu Münzberg, Anm. zu LG Düsseldorf Rpfleger 1985, 305). Zum Rang der Sicherungshyp. s. Rn. 51.

55　　Die Pfändung des Anwartschaftsrechts kann bei der Eigentumsvormerkung nur eingetragen werden, wenn die Auflassung in der Form des § 29 dem GBAmt nachgewiesen ist (OLG Rostock FGPrax 2016, 15 mit Anm. v. Wilsch; kritisch Bestelmeyer Rpfleger 2016, 91); der Nachweis ist durch Zwischenverfügung aufzugeben (OLG Rostock NotBZ 2016, 73; LG Bonn Rpfleger 1989, 449; offen gelassen von OLG Frankfurt Rpfleger 1997, 152).

56　　**b) Eigentumsverschaffungsanspruch.** Mit der Erklärung der Auflassung ist der Grundstücksverkäufer zwar seiner hauptsächlichen Verpflichtung aus dem Kaufvertrag nachgekommen, der Eigentumsverschaffungsanspruch des Grundstückskäufers hat sich durch sie aber noch nicht erledigt; er besteht bis zur Eintragung des Eigentumswechsels im GB fort. Außer dem Anwartschaftsrecht kann daher auch dieser Anspruch gepfändet werden (BGH NJW 1994, 2947; BayObLG Rpfleger 1986, 48; OLG Jena Rpfleger 1996, 100; OLG Frankfurt Rpfleger 1997, 152; OLG München NotBZ 2010, 469; a. M. Hoche NJW 1955, 934; gegen diesen Vollkommer Rpfleger 1969, 409); es gelten §§ 846, 848 ZPO mit der selbstverständlichen Einschränkung, dass eine Mitwirkung des Sequesters bei der Auflassung entfällt (s. hierzu Rn. 50, 51, ferner § 26 Rn. 29).

Die Pfändung des Anwartschaftsrechts bewirkt nicht zugleich eine Pfändung des schuldrechtlichen Anspruchs auf Eigentumsverschaffung und umgekehrt (OLG München NotBZ 2010, 469). Eine Eigentumsvormerkung kann daher nicht bereits deshalb ohne Bewilligung des Vormerkungsberechtigten gelöscht werden, weil der Grundstückseigentümer das Anwartschaftsrecht pfänden und sich zur Einziehung hat überweisen lassen (OLG Hamm FGPrax 2008, 9).

Löschung von Grundpfandrechten

27 Eine Hypothek, eine Grundschuld oder eine Rentenschuld darf nur mit Zustimmung des Eigentümers des Grundstücks gelöscht

**werden. Für eine Löschung zur Berichtigung des Grundbuchs ist die
Zustimmung nicht erforderlich, wenn die Unrichtigkeit nachgewiesen
wird.**

Inhaltsübersicht

1. Allgemeines

§ 27 macht die Löschung einer Hypothek, Grundschuld oder Renten- **1**
schuld von der Zustimmung des Eigentümers abhängig, sieht aber eine Ausnahme für den Fall vor, dass die Löschung auf Grund nachgewiesener Unrichtigkeit vorgenommen werden soll. Die Fassung der Vorschrift beruht auf
der VereinfVO v. 5.10.1942 (RGBl. I 573).

Dass die rechtsändernde Löschung eines Grundpfandrechts nicht ohne **2**
Mitwirkung des Eigentümers möglich ist, ergibt sich wegen der Notwendigkeit seiner sachlichrechtlichen Zustimmung (§§ 1183, 1192 Abs. 1, § 1200
Abs. 1 BGB) bereits aus § 19. § 27 greift über diese Bestimmung hinaus und
fordert die Mitwirkung des Eigentümers auch für die auf eine Bewilligung
des Gläubigers gestützte berichtigende Löschung. Die Regelung trägt dem
Umstand Rechnung, dass eine solche, wenn sie nicht der Rechtslage entspricht, auch die Anwartschaft auf den Erwerb eines Eigentümergrundpfand-
rechts gefährdet. § 27 kommt daher nicht zur Anwendung, wenn die Entstehung einer Eigentümergrundschuld ausgeschlossen ist (OLG Nürnberg
FGPrax 2013, 113).

Auf die Löschung einer am 3.10.1990 bestehenden Hyp. nach dem Zivil- **3**
gesetzbuch der DDR ist § 27 nicht anwendbar; die Aufhebung der Hyp.
bedarf auch nicht der Eigentümerzustimmung gem. § 1183 BGB. Auf die
Löschung von Grundpfandrechten aus der Zeit vor dem Inkrafttreten des
Zivilgesetzbuchs der DDR am 1.1.1976 ist § 27 jedoch anzuwenden; für
ihre Aufhebung gilt auch § 1183 BGB (Art. 233 § 6 EGBGB). S. dazu auch
§ 150 Rn. 2.

2. Grundpfandrechte

§ 27 gilt nur für Hypotheken, Grundschulden und Rentenschulden. Auf **4**
andere Rechte, vor allem auf Reallasten, bezieht er sich nicht (BayObLG
MittBayNot 1981, 122); ebenso wenig auf Vormerkungen und Widersprüche,
selbst wenn diese eine Hypothek, Grundschuld oder Rentenschuld betreffen.

Unerheblich ist, ob es sich um ein Buch- oder um ein Briefrecht, um ein Einzel- oder um ein Gesamtrecht handelt; gleichgültig ist ferner, ob eine Hyp. eine Verkehrs- oder eine Sicherungshyp. ist.

3. Löschung

5   Es muss sich um die Löschung eines Grundpfandrechts handeln. Sie darf jedoch keine solche wegen inhaltlicher Unzulässigkeit sein; hier gilt ausschließlich § 53 Abs. 1 Satz 2.

6   **a) Rechtsänderung oder Berichtigung.** Was von beiden die Löschung bezweckt, macht für das Erfordernis der Eigentümerzustimmung grundsätzlich keinen Unterschied (OLG München JFG 18, 204; KG FGPrax 2020, 153). Diese ist seit der Neufassung des § 27 gemäß Satz 2 aber nicht mehr notwendig, wenn eine berichtigende Löschung auf Unrichtigkeitsnachweis erfolgen soll; wird nämlich in der Form des § 29 dargetan, dass das Grundpfandrecht nicht entstanden oder erloschen ist, so steht zugleich fest, dass der Eigentümer durch seine Löschung nicht betroffen werden kann. Die Ausnahme hat insbes. für die Fälle Bedeutung, in denen eine Hyp. mit dem Erlöschen der gesicherten Forderung erlischt.

Der Nachweis, dass die Bestellung einer Hyp. wegen Wuchers nicht rechtswirksam ist, schließt das Entstehen einer Eigentümergrundschuld aus, so dass die Belastung gemäß § 27 Satz 2 zu löschen ist (OLG Karlsruhe FGPrax 2013, 253; str.).

7   **b) Voll- oder Teillöschung.** Beides kann die Löschung sein. Teillöschung ist auch die Eintragung einer Zinssenkung (RG 72, 367; KG HRR 1932 Nr. 1657; s. dazu aber Rn. 9). Als Löschung gilt nach § 46 Abs. 2 auch die pfandfreie Abschreibung eines Grundstücksteils; sie wird, wenn sie nicht auf Grund der landesrechtlichen Vorschriften über das Unschädlichkeitszeugnis (s. hierzu § 19 Rn. 11) erfolgt, aber meist auf einer Verzichtserklärung des Gläubigers gemäß § 1175 Abs. 1 Satz 2 BGB beruhen, so dass § 27 nicht zur Anwendung kommt (JFG 11, 244; KG JW 1937, 1553; OLG München JFG 23, 322; FGPrax 2016, 150; s. Rn. 8 und Lotter MittBayNot 1985, 8).

8   **c) Verzicht.** Nicht unter § 27 fällt die Eintragung eines Verzichts gemäß § 1168 oder § 1175 Abs. 1 Satz 1 BGB. Die Eintragung des Verzichts auf ein Einzel- oder Gesamtgrundpfandrecht steht, da sie dessen Übergang auf den Eigentümer zur Folge hat, der Löschung nicht gleich. Einem Löschungsbegehren des Eigentümers kann nicht schon auf Grund des Verzichts, sondern erst nach dessen Eintragung entsprochen werden (OLG München FGPrax 2016, 150; Wendt/Pommerening Rpfleger 1963, 272; a. M. OLG Schleswig Rpfleger 1965, 177 mit Anm. der Vorgenannten). Im Fall des Verzichts auf eine Gesamtgrundschuld an einem Grundstück von Bruchteilseigentümern steht diese allen Miteigentümern gemeinschaftlich zu; an dem jeweiligen eigenen Miteigentumsanteil ist sie Eigentümergrundschuld und an dem Anteil der anderen Miteigentümer Fremdgrundschuld (OLG Celle FGPrax 2018, 250).

Auch für die Eintragung einer Verteilung gemäß § 1132 Abs. 2 BGB gilt § 27 nicht; der Eigentümer kann das Recht des Gläubigers auf selbständige Verteilung des Gesamtgrundpfandrechts nicht durch Versagung seiner Zustimmung hindern (RG 70, 93). Zur Verteilung in der Weise, dass die Summe der Einzelrechte hinter dem Gesamtrecht zurückbleibt, s. OLG Düsseldorf MittRhNotK 1995, 315 mit Anm. v. Wochner.

Nicht unter § 27 fällt schließlich die Eintragung eines Verzichts gemäß § 1175 Abs. 1 Satz 2 BGB (OLG Celle FGPrax 2018, 250). Der Verzicht des Gläubigers auf das Grundpfandrecht an einem der belasteten Grundstücke kann seinen grundbuchmäßigen Ausdruck außer in einem Verzichtsvermerk auch in der Löschung des Grundpfandrechts an einem enthafteten Grundstück finden (KG JW 1937, 1553; OLG München JFG 23, 325). Zur Auslegung einer Pfandfreigabeerklärung hinsichtlich einer nur noch an einem von mehreren Grundstücken (WEigentumsrechten) lastenden Globalgrundschuld als Löschungsbewilligung s. LG Dresden NotBZ 2000, 273 mit Anm. v. Endorf und LG Leipzig NotBZ 2001, 71.

Auch zur Löschung eines nach § 1181 Abs. 2 BGB erloschenen Gesamtgrundpfandrechts bedarf es keiner Eigentümerzustimmung (s. dazu § 38 Rn. 48). Zum Teilvollzug der bewilligten Löschung eines Gesamtgrundpfandrechts s. § 13 Rn. 19 und § 19 Rn. 21.

4. Sondervorschriften

Vereinzelt ist die Eigentümerzustimmung kraft Sondervorschrift entbehr- **9** lich. So konnte eine Zinssenkung nach § 2 Ges. v. 11.5.1937 (RGBl. I 579, aufgehoben durch Ges. v. 19.4.2006, BGBl. I 866) ohne sie eingetragen werden. Auch für die Löschung einer Abgeltungshyp. ist die Zustimmung des Eigentümers nach § 9 Abs. 4 DVO z. VO über die Aufhebung der Gebäudeentschuldungssteuer v. 31.7.1942 (RGBl. I 503) nicht erforderlich; s. dazu § 24 GBMaßnG.

5. Zustimmung des Eigentümers

a) Rechtsnatur. Die Zustimmung ist gleich der EintrBewilligung eine **10** dem Verfahrensrecht angehörende Erklärung und von der sachlichrechtlichen Zustimmung nach § 1183 BGB zu unterscheiden und kann bereits vor Abgabe der Löschungsbewilligung des Gläubigers erklärt werden (OLG Köln FGPrax 2014, 153). Sie ist wie die EintrBewilligung bedingungs- und befristungsfeindlich. Wenn ein Eigentümerrecht vorliegt, kann sie als Löschungsbewilligung auszulegen sein (s. Rn. 23).

b) Inhalt. Es muss klar zum Ausdruck gebracht werden, dass Einverständ- **11** nis mit der Löschung besteht; bestimmte Ausdrücke, insbes. der Gebrauch des Wortes „zustimmen", sind nicht vorgeschrieben. Soll der Löschung eines Gesamtrechts insgesamt und nicht nur an dem vertragsgegenständlichen Grundstück zugestimmt werden, muss dies zweifelsfrei zum Ausdruck gebracht werden (OLG München MittBayNot 2016, 234; LG München I Rpfleger 2008, 21). Die Zustimmung kann vor allem durch Stellung des Löschungsantrags erklärt werden (OLG München JFG 18, 204; BayObLG

Rpfleger 1973, 404; 1980, 347). Zulässig ist auch die Erklärung der Zustimmung in der Weise, dass im Voraus auf die noch abzugebenden Löschungsbewilligungen der Berechtigten Bezug genommen wird (OLG Köln Rpfleger 1981, 354).

12   Die Zustimmung kann u. U. auch in der Freistellungsverpflichtung in einer Auflassungsurkunde enthalten sein (BayObLG Rpfleger 1973, 404; 1981,
23; OLG Köln FGPrax 2014, 153). Die von den Vertragsparteien im Kaufvertrag erklärte Zustimmung zur Löschung aller vom Käufer nicht zu übernehmenden Belastungen kann im Weg der Auslegung auch eine nach dem
Kaufvertrag und vor Eigentumsumschreibung eingetragene Sicherungshyp.
erfassen (LG Köln MittRhNotK 1999, 245; s. dazu auch OLG Zweibrücken
Rpfleger 1999, 533 mit Anm. v. Amann MittBayNot 2000, 80). Der im Zusammenhang mit einer Freistellungsverpflichtung gestellte Antrag des Verkäufers, alle Belastungen zu löschen, kann jedoch nicht als Zustimmung des
inzwischen eingetragenen Käufers zur Löschung einer erst nach dem Kaufvertrag eingetragenen Zwangssicherungshyp. ausgelegt werden (OLG Zweibrücken FGPrax 1998, 129).

13   **c) Form.** Die Zustimmung bedarf der Form des § 29 Abs. 1 Satz 1. Sie
muss daher öffentlich beurkundet oder öffentlich beglaubigt sein (s. § 29
Rn. 27, 41). Wird sie durch Stellung des Löschungsantrags zum Ausdruck
gebracht, so bedarf dieser als gemischter Antrag nach § 30 der gleichen Form
(BGH Rpfleger 2012, 613; OLG München JFG 21, 83; BayObLG Rpfleger
1973, 404).

14   **d) Ersetzung.** Soll gemäß § 38 auf behördliches Ersuchen gelöscht werden, so ersetzt dieses auch die Zustimmung (s. § 38 Rn. 63).

e) Genehmigung. Die von dem Betreuer für den Betreuten erklärte Zustimmung bedarf gemäß § 1812 Abs. 1 Satz 1 BGB der Genehmigung durch
das Betreuungsgericht. Ein von diesem ausgestelltes Negativattest bindet das
GBAmt nicht (OLG Hamm FGPrax 2011, 61).

f) Beibringung. Liegt die Löschungsbewilligung des Grundpfandrechts-
gläubigers dem GBAmt vor, kann die Beibringung der fehlenden Zustimmung (Bewilligung) des Grundstückseigentümers durch Zwischenverfügung
aufgegeben werden (s. § 18 Rn. 12).

6. Zustimmungsberechtigung

15   **a) Eigentümer.** Zustimmen muss der wahre Eigentümer. Da die Vermutung des § 891 BGB auch für das GBAmt gilt (s. Anh. zu § 13 Rn. 16), kann
dieses zunächst davon ausgehen, dass der eingetragene Eigentümer der wirkliche Eigentümer ist; steht das Eigentum einem anderen zu, so ist nach § 39
Abs. 1 dessen Voreintragung erforderlich (OLG München JFG 18, 204). Entscheidend ist der Zeitpunkt der Löschung (KG OLG 5, 493; 25, 380); wird
gleichzeitig die Umschreibung des Eigentums und die Löschung eines
Grundpfandrechts beantragt, so genügt die Zustimmung des Veräußerers
(JFG 20, 8). Bei einem herrenlosen Grundstück entfällt die Notwendigkeit
einer Eigentümerzustimmung. Die bloße Möglichkeit, dass der frühere Ei-

gentümer eine mit der Eigentumsaufgabe oder der Eigentumsübertragung zur Fremdgrundschuld gewordene Eigentümergrundschuld erlangt hatte, erfordert seine Zustimmung nicht (BGH FGPrax 2012, 145).

Zur Löschung einer Arresthyp. ist auch die Bewilligung eines früheren Grundstückseigentümers erforderlich, der in Höhe des nicht durch festgestellte Forderungen ausgefüllten Höchstbetragteils eine Eigentümergrundschuld erlangt hat (OLG Frankfurt MittBayNot 1984, 85). Ebenso ist zur Löschung einer Höchstbetragshyp. nach einem Eigentümerwechsel auch die Zustimmung des früheren Eigentümers erforderlich, sofern nicht nachgewiesen wird, dass dieser keine Eigentümergrundschuld erlangt hat (a. M. LG Hamburg Rpfleger 2004, 348 mit abl. Anm. v. Meyer-König).

b) Verfügungsberechtigter. Fehlt dem Eigentümer, wie z. B. im Insol- **16** venzverfahren, bei Nachlassverwaltung oder Testamentsvollstreckung, die Verfügungsbefugnis, so muss der Verfügungsberechtigte zustimmen (KG OLG 14, 298), z. B. der Insolvenzverwalter (BGH Rpfleger 2012, 613). Ist der Eigentümer Vorerbe, so ist auch die Zustimmung des Nacherben notwendig, es sei denn, dass nachstehende Rechte nicht vorhanden sind (JFG 15, 187; OLG München JFG 21, 81) oder dass die Vorerbschaft eine befreite ist und die Zustimmung des Vorerben entgeltlich erfolgt (KGJ 43, 266). Die Zustimmung des Vormunds zur Löschung eines Grundpfandrechts bedarf nach § 1812 BGB der Genehmigung des Familiengerichts (KG OLG 26, 171; JW 1936, 2745); dies gilt jedoch nicht, wenn das Recht an letzter Rangstelle gebucht ist (a. M. BayObLG Rpfleger 1985, 24 mit abl. Anm. v. Damrau; s. hierzu auch Böttcher Rpfleger 1987, 485). Ein gerichtliches Verbot, über das Grundstück zu verfügen, verbietet dem Eigentümer nicht ohne weiteres, der Aufhebung eines Grundpfandrechts zuzustimmen (JFG 5, 420).

c) Miteigentümer. Bei Miteigentum nach Bruchteilen haben, wenn das **17** Grundpfandrecht nicht nur an dem Bruchteil eines Miteigentümers lastet, sämtliche Miteigentümer zuzustimmen (KGJ 22, 140), bei Gesamthandseigentum ist die Zustimmung aller verfügungsberechtigten Gesamthänder erforderlich (OLG Hamm NotBZ 2014, 181 für Miterben). Gehört das belastete Grundstück zum Gesamtgut einer ehelichen Gütergemeinschaft oder einer fortgesetzten Gütergemeinschaft, so genügt die Zustimmung des das Gesamtgut verwaltenden oder des überlebenden Ehegatten (OLG München JFG 18, 204). Der Löschung eines Gesamtrechts haben die Eigentümer aller belasteten Grundstücke zuzustimmen; soll das Recht nur an einem oder einzelnen Grundstücken gelöscht werden und handelt es sich nicht um den Vollzug einer Verzichtserklärung gemäß § 1175 Abs. 1 Satz 2 BGB (s. Rn. 7, 8), so brauchen nur die Eigentümer der in Betracht kommenden Grundstücke zuzustimmen. Soll ein letztrangiger Teilbetrag eines Gesamtrechts nur am Anteil eines Miteigentümers gelöscht werden, ist die Zustimmung der anderen Miteigentümer nicht erforderlich, wenn die Löschungsbewilligung des Gläubigers einen Teilvollzug zulässt (OLG Celle FGPrax 2018, 250).

d) Gläubiger. Der Gläubiger kann dem GBAmt gegenüber im eigenen **18** Namen die Löschung des Grundpfandrechts bewilligen und als Vertreter des

Eigentümers der Löschung zustimmen (BayObLG HRR 1934 Nr. 1053; str.).

e) Pfändungsgläubiger. Zur Löschung genügt es nicht, dass außer einer Löschungsbewilligung des Grundschuldgläubigers ein Pfändungs- und Überweisungsbeschluss vorlegt wird, durch den neben dem Anspruch auf Rückgewähr der Grundschuld das Zustimmungsrecht des Grundstückseigentümers gepfändet und zur Einziehung überwiesen ist, und der Pfändungsgläubiger die Zustimmung zur Löschung erklärt. Umstritten ist schon, ob eine Pfändung der Zustimmungsbefugnis überhaupt möglich ist (bejahend OLG Dresden NotBZ 2010, 410; verneinend OLG München Rpfleger 2017, 84; offen gelassen von BGH FGPrax 2018, 1). Sollte sie für zulässig erachtet werden, wäre es jedenfalls erforderlich, dass dem GBAmt die Wirksamkeit der Pfändung des Anspruchs auf Rückgewähr der Grundschuld in der Form des § 29 nachgewiesen wird (BGH FGPrax 2018, 1).

7. Löschungsantrag

19   Die Löschung kann sowohl von dem Eigentümer als auch von dem Gläubiger beantragt werden; wird der Löschungsantrag von dem Eigentümer gestellt und enthält er zugleich dessen Zustimmung, so bedarf er nach § 30 der Form des § 29 Abs. 1 Satz 1 (s. Rn. 13). Zum Antrag auf Teilvollzug der bewilligten Löschung eines Gesamtgrundpfandrechts s. § 13 Rn. 19.

8. Löschungsbewilligung

20   Die Löschungsbewilligung ist wie die Berichtigungsbewilligung eine Unterart der EintrBewilligung. Deshalb gilt im Allgemeinen das zur EintrBewilligung Ausgeführte (s. die Erl. zu § 19). Der Bewilligende muss sich nicht dazu erklären, ob mit der Löschung die Aufgabe des Rechts (§ 875 BGB) oder die Berichtigung des GB (§ 894 BGB) bezweckt wird (OLG München Rpfleger 2017, 146). Die Löschung ist von dem Gläubiger und etwaigen Drittberechtigten zu bewilligen; ist bei einem Grundpfandrecht eine Vormerkung zur Sicherung des Anspruchs auf Übertragung oder Belastung eingetragen, so gilt § 876 BGB entsprechend (JFG 9, 220). Steht bei einer Verkehrshyp. der Anspruch auf das Kapital und der Anspruch auf die Zinsen verschiedenen Gläubigern zu (s. § 26 Rn. 19), so bedarf es zur Löschung der Hyp. einschließlich der Zinsen nur der Bewilligung des Kapitalgläubigers (JFG 18, 35; OLG Nürnberg FGPrax 2011, 114 mit Anm. v.Wolfsteiner MittBayNot 2012, 127; OLG Hamm Rpfleger 2016, 218). Bewilligen muss die Löschung der wahre Berechtigte. Wenn die gesetzliche Vermutung des § 891 BGB widerlegt ist, genügt die Bewilligung des eingetragenen Gläubigers nicht (BayObLG 1992, 341; OLG Düsseldorf NJW-RR 2015, 1429). Zur Notwendigkeit der Voreintragung des wahren Berechtigten, dessen Bewilligung dann erforderlich ist, s. § 39 Rn. 19. Zur Löschung von Grundpfandrechten bei nicht erreichbarem Berechtigten s. Wenckstern DNotZ 1993, 547.

Eine Löschungsbewilligung ist nach § 22 Abs. 1 nicht erforderlich, wenn in der Form des § 29 dargetan wird, dass das Grundpfandrecht nicht entstanden oder erloschen ist; da in diesem Fall auch das Erfordernis der Eigentümerzustimmung entfällt (s. Rn. 6), kann die Löschung auf formlosen Antrag des Eigentümers vorgenommen werden.

9. Löschungsfähige Quittung

a) HypGläubiger. Erklärt sich ein HypGläubiger in der Löschungsbewilligung für befriedigt, so ist die Bewilligung als solche bedeutungslos, weil die Hyp. infolge der Befriedigung des Gläubigers auf den Eigentümer (§ 1143 Abs. 1, § 1163 Abs. 1 Satz 2, § 1172 Abs. 1, § 1173 BGB), den persönlichen Schuldner (§§ 1164, 1174 BGB) oder einen Dritten (§§ 1150, 774 BGB) übergegangen ist (KGJ 40, 294; OLG München JFG 21, 83; KG Rpfleger 1965, 366; OLG Hamm FGPrax 2005, 58). Die Bewilligung kann jedoch als sog. löschungsfähige Quittung für den Nachweis des nunmehrigen Gläubigerrechts in Betracht kommen. Zu deren Erteilung durch einen Gesamtgläubiger s. § 19 Rn. 44 und zur Erteilung durch den Verwalter einer WEigentümergemeinschaft s. § 19 Rn. 107. **21**

b) Bezeichnung des Zahlenden. Die löschungsfähige Quittung muss den Zahlenden bezeichnen, weil ohne dessen Benennung der konkrete Rechtsübergang nicht beurteilt werden kann (KGJ 40, 294; OLG München JFG 21, 83; OLG Köln Rpfleger 1964, 149; OLG Frankfurt Rpfleger 1997, 103). Bei Zahlung durch einen von mehreren Miteigentümern ist wegen der unterschiedlichen Rechtsfolgen der Tilgung bei einer Gesamtbelastung die Angabe erforderlich, ob auch für Rechnung des anderen oder nur für sich selbst bezahlt wurde (OLG München FGPrax 2011, 112). Die mit „Quittung und Löschungsbewilligung" überschriebene Erklärung des HypGläubigers, in der sich dieser für befriedigt erklärt, wird den Zahlenden nicht erkennen lässt, reicht zur Löschung der Hyp. nicht aus (OLG Hamm FGPrax 2005, 58). Die Bezeichnung des Zahlenden muss nicht namentlich, aber zweifelsfrei sein.

c) Angabe des Zeitpunkts. Ist als Zahlender der „Eigentümer" bezeichnet, so kann sich bei zwischenzeitlichem Eigentumswechsel auch die Angabe des Zeitpunkts der Zahlung als notwendig erweisen (KG HRR 1931 Nr. 1864; DNotZ 1954, 472; OLG Köln NJW 1961, 368); eine Vermutung, dass der jetzige Eigentümer gezahlt hat, besteht nämlich nicht (OLG Frankfurt Rpfleger 1997, 103; OLG Hamm FGPrax 2005, 58). Der Zeitpunkt ist maßgebend für die Feststellung, ob das Recht dem alten Eigentümer als Fremdrecht oder dem neuen Eigentümer als Eigentümerrecht zusteht (OLG München FGPrax 2011, 112). Zur Löschung einer für Gesamtgläubiger bestellten Hyp. genügt die löschungsfähige Quittung nur eines der Gesamtgläubiger (KG Rpfleger 1965, 366). **22**

d) Formal unzureichende Quittung. Lässt die Quittung den Zahlenden nicht erkennen, kann sie nicht Grundlage einer Löschung der Hyp. aufgrund Bewilligung des Grundstückseigentümers sein. Dann ist aber auch eine Löschung aufgrund Bewilligung des HypGläubigers nicht mehr möglich, weil durch die Erteilung einer auch formal unzulänglichen Quittung die Vermutung des § 891 BGB für seine Verfügungsbefugnis und damit auch für seine Bewilligungsbefugnis widerlegt ist. In diesem Fall kommt eine Löschung der Hyp. aufgrund einer Bewilligung des Eigentümers unter der Voraussetzung in Betracht, dass im Aufgebotsverfahren ein rechtskräftiger Ausschließungsbeschluss erwirkt wird, durch den der unbekannte Gläubiger gemäß § 1170 BGB mit seinem Recht ausgeschlossen wird (OLG Frankfurt RNotZ 2017, 521).

23   **e) Grundschuldgläubiger.** Erklärt sich der Gläubiger einer Grundschuld in der Löschungsbewilligung für befriedigt, so gilt das Vorstehende nur, wenn auf die Grundschuld gezahlt ist (KG Rpfleger 1975, 136; OLG Frankfurt Rpfleger 1997, 103); eine Zahlung auf die der Grundschuld wirtschaftlich zugrunde liegende Forderung bewirkt zwar deren Erlöschen, lässt das Gläubigerrecht an der Grundschuld aber unberührt (JFG 17, 201; BGH MDR 1968, 35). Zur Möglichkeit der nachträglichen Zweckänderung einer Zahlung s. BGH Rpfleger 1969, 423.

24   **f) Löschungsbewilligung des Eigentümers.** Ergibt die löschungsfähige Quittung den Übergang des Grundpfandrechts auf den gegenwärtigen Eigentümer, so bedarf es neben seiner Löschungsbewilligung nicht noch einer besonderen Zustimmungserklärung; eine Voreintragung als Gläubiger ist entbehrlich (s. § 39 Rn. 19). In einem solchen Fall kann die vom Eigentümer gem. § 27 erklärte Zustimmung als Löschungsbewilligung auszulegen sein (OLG Düsseldorf MittRhNotK 1988, 175). Ist der Eigentümer Vorerbe, so gilt auch die Eigentümergrundschuld als zur Vorerbschaft gehörig (JFG 1, 489); hat der Eigentümer jedoch den Gläubiger mit eigenen Mitteln befriedigt, so fällt die entstandene Eigentümergrundschuld nicht in den Nachlass und kann daher ohne Zustimmung des Nacherben gelöscht werden (KGJ 50, 210; OLG München JFG 21, 84); diese ist auch dann nicht notwendig, wenn der Gläubiger zwar mit Mitteln des Nachlasses befriedigt wurde, die entstandene Eigentümergrundschuld aber die rangletzte Grundstücksbelastung ist (JFG 15, 187; OLG München JFG 21, 81).

10. Voreintragung

25   Sie ist nach Maßgabe der §§ 39, 40 nicht nur hinsichtlich des Gläubigers (s. aber Rn. 23), sondern auch hinsichtlich des zustimmenden Eigentümers erforderlich (OLG München JFG 18, 204). Zu der Frage, ob die Löschung eines umgestellten Grundpfandrechts von der vorherigen Eintragung der Umstellung abhängt, s. 16. Auflage Anh. zu § 22 Erl. 6.

11. Vorlegung des Briefs

26   Bei Briefrechten muss nach §§ 41, 42 grundsätzlich der Brief, bei Inhaber- und Orderhyp. nach § 43 grundsätzlich das Inhaber- oder Orderpapier vorgelegt werden.

12. Eintragung der Löschung

27   Gelöscht wird nach § 46 Abs. 1 durch Eintragung eines Löschungsvermerks (s. § 46 Rn. 9); möglich ist nach § 46 Abs. 2 aber auch eine Löschung durch Nichtübertragung.

13. Kosten

Über die Kosten der Löschung s. § 46 Rn. 25. Für die Beurkundung **28** der Zustimmung sowie die der Löschungsbewilligung wird von dem Notar je eine Gebühr von 0,5, mindestens 30 EUR, erhoben (Nr. 21201 Nr. 4 GNotKG-KV). Für die bloße Beglaubigung der Unterschrift des zustimmenden Eigentümers erhält der Notar eine Gebühr von 20 EUR (Nr. 25101 Nr. 2 GNotKG-KV), die nur einmal anfällt, wenn die Zustimmung für mehrere Grundpfandrechte erteilt wird und die Beglaubigung in einem einzigen Vermerk erfolgt (BGH NotBZ 2020, 218; OLG Celle RNotZ 2019, 643). Für die Beglaubigung der Unterschrift des bewilligenden Gläubigers beträgt die Gebühr 0,2, mindestens 20 EUR und höchstens 70 EUR (Nr. 25100 GNotKG-KV). Für die auftragsgemäße Übermittlung an das GBAmt erhält der Notar eine Vollzugsgebühr von 20 EUR (Nr. 22124 GNotKG-KV).

Bezeichnung des Grundstücks und der Geldbeträge

28 In der Eintragungsbewilligung oder, wenn eine solche nicht erforderlich ist, in dem Eintragungsantrag ist das Grundstück übereinstimmend mit dem Grundbuch oder durch Hinweis auf das Grundbuchblatt zu bezeichnen. Einzutragende Geldbeträge sind in inländischer Währung anzugeben; durch Rechtsverordnung des Bundesministeriums der Justiz und für Verbraucherschutz im Einvernehmen mit dem Bundesministerium der Finanzen kann die Angabe in einer einheitlichen europäischen Währung, in der Währung eines Mitgliedstaats der Europäischen Union oder des Europäischen Wirtschaftsraums oder einer anderen Währung, gegen die währungspolitische Bedenken nicht zu erheben sind, zugelassen und, wenn gegen die Fortdauer dieser Zulassung währungspolitische Bedenken bestehen, wieder eingeschränkt werden.**

Inhaltsübersicht

1. Allgemeines

§ 28 enthält zwei Bestimmungen über den Inhalt der EintrBewilligung **1** oder, falls eine solche nicht erforderlich ist, über den des EintrAntrags.

Satz 1 ist ein besonderer Anwendungsfall des Grundsatzes, dass der GBVerkehr klare Erklärungen verlangt; er will die Eintragung bei dem richtigen Grundstück sichern (BGH Rpfleger 1987, 452; OLG Zweibrücken

Rpfleger 1988, 183; OLG Köln Rpfleger 1992, 153) und hat demnach nur für die Vornahme der Eintragung Bedeutung. Satz 2 bezieht sich demgegenüber mittelbar auch auf den Inhalt der Eintragung.

2 Beide Bestimmungen sind entgegen ihrem Wortlaut nur Ordnungsvorschriften (BGH Rpfleger 1986, 210; DtZ 1995, 131); ein Verstoß gegen sie macht die Eintragung daher nicht unwirksam. Zu dem Sonderfall der Verweisung auf § 28 in § 126 Abs. 2 UmwG s. Rn. 5. Satz 2 ist durch das RegVBG geändert und um Halbsatz 2 ergänzt worden.

§ 28 bezieht sich in erster Linie auf die EintrBewilligung, in zweiter Linie auf den EintrAntrag. Für sachlichrechtliche Erklärungen gilt er nur, soweit diese eine EintrBewilligung ersetzen (s. Rn. 4).

2. Eintragungsbewilligung

3 **a) Grundsatz.** § 28 gilt für Bewilligungen jeder Art, also auch für die Berichtigungsbewilligung (KGJ 34, 305; BGH Rpfleger 1986, 210), die Löschungsbewilligung (BayObLG DNotZ 1961, 591) und die Bewilligung mittelbar Betroffener (s. § 19 Rn. 52 ff.); ebenso für Bewilligungen in der Gestalt von Zustimmungserklärungen nach § 22 Abs. 2 und § 27 sowie für behördliche Genehmigungen (KG JW 1937, 896).

Im Fall der Verurteilung zur Abgabe einer EintrBewilligung oder Zustimmungserklärung (§§ 894, 895 ZPO) gilt § 28 auch für das Urteil (KG JW 1937, 896), weil dieses die EintrBewilligung ersetzt. Die Klage auf Bewilligung der Eintragung des Eigentümers einer Grundstücksteilfläche ist daher vor Vollzug der Teilung im GB grundsätzlich auch dann unzulässig, wenn die Teilfläche durch einen notariellen Vertrag mit Skizze hinreichend genau bestimmt ist; denn in diesem Fall könnte das die EintrBewilligung ersetzende Urteil den Anforderungen des § 28 nicht genügen (BGH Rpfleger 1963, 12). Etwas anderes gilt ausnahmsweise nur dann, wenn bereits ein Veränderungsnachweis vorliegt, auf den im Urteil Bezug genommen werden kann (BGH Rpfleger 1984, 310; 1986, 210); dass die Teilfläche früher im Kataster als einheitliche Parzelle vermerkt war, reicht nicht aus (BGH Rpfleger 1987, 452). Ferner ist die Klage auf Bewilligung der Eintragung des Eigentümers eines WEigentums bereits vor Anlegung der Wohnungsgrundbücher zulässig, sofern dem GBAmt die Teilungserklärung mit Aufteilungsplan und Abgeschlossenheitsbescheinigung vorliegt (BGH Rpfleger 1993, 398). Vor dem grundbuchamtlichen Vollzug muss die Bezeichnung nach § 28 nachgeholt werden (s. dazu § 20 Rn. 32.2).

4 **b) Ersetzung der EintrBewilligung.** Der Sinn der Vorschrift gebietet ihre Anwendung ferner auf Urkunden, die eine EintrBewilligung ersetzen (s. § 19 Rn. 8 ff.), es sei denn, dass sie, wie Erbscheine, Testamente oder auf eine Geldzahlung lautende Vollstreckungstitel, in keiner Beziehung zu einem bestimmten Grundstück stehen. § 28 gilt daher z. B. auch für löschungsfähige Quittungen (KGJ 34, 305), Abtretungs- und Belastungserklärungen nach § 26 (KG JW 1937, 896), den Spaltungsplan und die Bescheinigung der Treuhandanstalt – zu deren Umbenennung und Abwicklung s. § 44 Rn. 53 – (§ 2 Abs. 1 Nr. 9, § 12 Abs. 1 Satz 2 SpTrUG v. 5.4.1991, BGBl. I 854), den Insolvenzplan (§ 228 InsO), den Investitionsvorrangbescheid (§ 8 Abs. 2 In-

VorG), behördliche Ersuchen (JFG 11, 328) sowie einstweilige Verfügungen (BayObLG Rpfleger 1981, 190); wenn die sachlichrechtliche Einigung auch die verfahrensrechtliche EintrBewilligung enthält, gilt § 28 auch für sie (s. § 20 Rn. 32). Zur Verurteilung zur Abgabe der EintrBewilligung s. Rn. 3.

c) Spaltungs- und Übernahmevertrag. Die Verweisung auf den zu be- **5** achtenden § 28 (§ 126 Abs. 2 Satz 2 UmwG) hat nach BGH Rpfleger 2008, 247 materiellrechtlichen Charakter (ebenso OLG Schleswig FGPrax 2010, 21; OLG Düsseldorf Rpfleger 2010, 496; KG Rpfleger 2015, 76). Bei der Spaltung geht das Eigentum an Grundstücken daher nur dann mit der Handelsregistereintragung außerhalb des GB auf den übernehmenden Rechtsträger über, wenn die Grundstücke im Spaltungs- und Übernahmevertrag nach § 28 Satz 1 bezeichnet sind. S. dazu die überwiegend kritischen Anm. v. Heckschen NotBZ 2008, 192; Lüke/Scherz ZfIR 2008, 467; Weiler Mitt-BayNot 2008, 310; Link RNotZ 2008, 358; Limmer DNotZ 2008, 471; ferner Rn. 10. Im GB wird die Spaltung im Weg der GBBerichtigung eingetragen. Zum Unrichtigkeitsnachweis s. § 32. Fehlt es an der Bezeichnung nach § 28 in dem Vertrag, kann diese nicht in der Berichtigungsbewilligung nachgeholt werden (KG Rpfleger 2015, 76). Wenn die betroffenen Grundstücke nicht nach § 28, aber doch für jedermann klar und eindeutig bestimmt bezeichnet sind, hält dies das OLG Schleswig (FGPrax 2010, 21; offen gelassen von KG Rpfleger 2015, 76) für ausreichend. Grundstücksteilflächen gehen wegen der nicht möglichen Bezeichnung nach § 28 nicht mit der Eintragung im Handelsregister, sondern erst dann auf den übernehmenden Rechtsträger über, wenn diese Bezeichnung später nachgeholt wird (s. dazu § 20 Rn. 32.2, ferner Ising ZfIR 2010, 821).

Die materiellrechtliche Wirksamkeit der Spaltung ist im GBVerfahren nicht zu prüfen. Dies gilt insbesondere für die wirksame Vertretung der Vertragsbeteiligten. Mit der Eintragung im Handelsregister geht das Eigentum an den Grundstücken unbeschadet etwaiger Mängel der Spaltung über (§ 131 Abs. 1, 2 UmwG; OLG Hamm FGPrax 2014, 239).

Das zum Übergang des Eigentums an Grundstücken Ausgeführte gilt ent- **6** sprechend für den Übergang beschränkter dinglicher Rechte wie beschränkter persönlicher Dienstbarkeiten (OLG Schleswig FGPrax 2010, 21; KG Rpfleger 2015, 76; Ising ZfIR 2010, 386, insbesondere zur Aufspaltung eines Rechtsträgers). Voraussetzung ist, dass es ich um übertragbare Rechte handelt, was z. B. im Fall des § 1092 Abs. 1 Satz 1 BGB nicht zutrifft (OLG Naumburg Rpfleger 2019, 579). Energieleitungsrechte können aber nach § 1092 Abs. 3 Satz 1 BGB auch im Weg der Spaltung übertragen werden; § 28 ist dabei anzuwenden (s. dazu Schmidt-Räntsch ZNotP 2012, 11). Das OLG Düsseldorf Rpfleger 2010, 496 (ebenso OLG Hamm FGPrax 2011, 192; KG FGPrax 2012, 96) hält die Vorlage des Spaltungs- und Übernahmevertrags auch zur GBBerichtigung aufgrund Berichtigungsbewilligung für erforderlich. Durch eine auf der Einsicht in den Vertrag beruhende Notarbescheinigung kann der Rechtsübergang bestimmter Vermögensgegenstände, z. B. von Grundschulden, nicht nachgewiesen werden (KG FGPrax 2012, 96). Der Rechtsübergang kann aber ohne Vorlage des Umwandlungsvertrags vollzogen werden, wenn die beteiligten Rechtsträger die Grundschulden vorsorglich abtreten und die Eintragung bewilligen (OLG Schleswig Rpfleger 2012, 381).

7   **d) Bezugnahme.** Die Bewilligung oder die ersetzende Urkunde müssen die in § 28 vorgeschriebenen Angaben auch dann enthalten, wenn sie im EintrAntrag enthalten sind. Eine Bezugnahme auf formgerechte genau bezeichnete Urkunden ist zulässig. Die Ergänzung oder Berichtigung der Angaben bedarf der grundbuchmäßigen Form (KG OLG 40, 42 Anm. 1); über die Ergänzung einer Auflassung s. § 20 Rn. 32.2.

3. Eintragungsantrag

8   Ist weder eine EintrBewilligung noch eine sie ersetzende Urkunde (s. Rn. 4) erforderlich, so gilt § 28 für den EintrAntrag.

4. Gegenstand der Bezeichnung

9   **a) Grundstück.** Das nach Satz 1 in bestimmter Weise zu bezeichnende Grundstück ist dasjenige, auf dessen Blatt die Eintragung vorgenommen werden soll. Seine Bezeichnung muss ohne Rücksicht darauf erfolgen, ob die Eintragung das Eigentum, ein sonstiges Recht an dem Grundstück oder ein Recht an einem solchen Recht betrifft (OLG Schleswig FGPrax 2010, 21).

10   **b) Mehrere Grundstücke.** Kommen mehrere Grundstücke in Betracht, so sind sie alle zu bezeichnen. Dies gilt auch dann, wenn in einem Spaltungs- und Übernahmevertrag (s. Rn. 5) „ohne Ausnahme alle Grundstücke" übertragen werden (a. M. OLG Schleswig FGPrax 2010, 21 mit zust. Anm. v. Perz DNotZ 2010, 69 und mit kritischer Anm. v. Leitzen ZNotP 2010, 91; s. dazu auch Heckschen/Hagedorn NotBZ 2010, 100). Betrifft die Eintragung jedoch ein eingetragenes Gesamtrecht, so genügt die Bezeichnung eines der belasteten Grundstücke, da sich die anderen zwangsläufig aus dem GB ergeben (KG OLG 43, 181). Dies gilt aber nur, soweit der Grundsatz einheitlicher Veränderung (s. § 48 Rn. 39) reicht; auf Grund einer Löschungsbewilligung, die lediglich eines der belasteten Grundstücke bezeichnet, kann daher eine Hyp. nicht auf den mithaftenden Grundstücken gelöscht werden (OLG München JFG 20, 132) und zwar auch dann nicht, wenn die Löschung mit dem Zusatz „und allerorts" bewilligt ist (BayObLG 1961, 107 mit zust. Anm. v. Haegele Rpfleger 1962, 21 und abl. Anm. v. Hieber DNotZ 1961, 576; BayObLG FGPrax 1995, 221; OLG Neustadt Rpfleger 1962, 345 mit zust. Anm. v. Haegele; OLG Köln DNotZ 1976, 746 mit abl. Anm. v. Teubner). Ausreichend ist es dagegen, wenn die GBStelle eines der mehreren belasteten Grundstücke angegeben ist und die Löschung auch an „allen sonstigen dort vermerkten Mithaftstellen" bewilligt wird (OLG Nürnberg FGPrax 2012, 195; OLG Rostock Rpfleger 2016, 634). Über die Bezeichnung abzuschreibender oder zu belastender Grundstücksteile s. Rn. 12, 14.

11   **c) Entsprechende Anwendung.** Nach seinem Wortlaut gilt § 28 Satz 1 nur für Grundstücke. Die Bestimmung ist aber entsprechend anzuwenden auf Miteigentumsanteile einschließlich Wohnungs- und Teileigentum sowie auf grundstücksgleiche Rechte einschließlich Erbbaurecht und Gebäudeeigentum. Das herrschende Grundstück bei einem subjektiv-dinglichen Recht ist wie das dienende Grundstück ebenfalls gemäß § 28 Satz 1 zu bezeichnen. Für beschränkte dingliche Rechte und Rechte an solchen ist eine bestimmte Art der Bezeichnung nicht vorgeschrieben. Es genügt jede deutliche und zweifelsfreie Kennzeichnung; nicht notwendig, aber zweckmäßig ist die Angabe der Abteilung und der laufenden Nummer.

5. Art der Bezeichnung

Das Grundstück kann auf zweifache Weise bezeichnet werden: **12**

a) Übereinstimmend mit dem GB. Wie das Grundstück im GB zu bezeichnen ist, ergibt sich aus § 2 Abs. 2 GBO i. V. m. § 6 Abs. 3 bis 5 GBV (s. § 2 Rn. 19, 21). Nicht unbedingt erforderlich ist die Angabe aller Kennzeichen; die Angabe von Gemarkung, Kartenblatt (Flur) und Parzelle (Flurstück) wird regelmäßig genügen; die fehlende Angabe einer im GB als unselbständiger Grundstücksbestandteil ausgewiesenen Teilfläche eines Anliegerweges schadet jedenfalls nicht (s. dazu § 2 Rn. 18). Bezeichnung in dieser Weise ist auch für abzuschreibende Grundstücksteile notwendig, da gemäß § 2 Abs. 3 erst nach Vermessung abgeschrieben werden soll. Die zusätzliche Angabe einer unrichtigen Grundstücksgröße ist unschädlich, sofern Zweifel an der Grundstücksidentität ausgeschlossen sind (OLG Zweibrücken Rpfleger 1988, 183). Über die Belastung eines Grundstücksteils mit einer Vormerkung s. Rn. 15.

b) Durch Hinweis auf das GBBlatt. Anzugeben sind das das GB führende Amtsgericht, der GBBezirk (§ 2 Abs. 1; s. dazu § 2 Rn. 2 ff.; KG Rpfleger 2013, 284) sowie die Blattnummer (s. § 5 Satz 1 GBV). Kommt nur eines von mehreren auf dem Blatt vorgetragenen Grundstücken in Betracht, so ist dieses entweder durch Angabe seiner laufenden Nummer im Bestandsverzeichnis oder durch Angabe seiner Kennzeichen gemäß § 6 GBV zu bezeichnen; mangels besonderer Angabe sind alle Grundstücke als gemeint anzusehen (KG OLG 43, 182; a. M. LG Kiel SchlHA 1989, 157; s. dazu aber auch BayObLG Rpfleger 1981, 147). **13**

c) Andere Bezeichnungsarten. Sie genügen nicht, so z. B. eine solche nach Straße und Hausnummer (JFG 11, 328). Das GBAmt ist nicht gehalten, das gemeinte Grundstück an Hand des Eigentümerverzeichnisses zu ermitteln (KG OLG 30, 409; s. auch OLG Düsseldorf DNotZ 1952, 35). Bei der Löschung eines Gesamtgrundpfandrechts müssen alle Grundstücke, an denen das Recht gelöscht werden soll, in der Löschungsbewilligung gemäß § 28 Satz 1 bezeichnet werden (s. hierzu Rn. 10). § 28 Satz 1 darf aber auch nicht formalistisch überspannt werden (BayObLG Rpfleger 1981, 147, 190; BGH Rpfleger 1984, 310; OLG Köln Rpfleger 1992, 153); die EintrBewilligung kann nämlich auch im Hinblick auf § 28 ausgelegt werden (BGH Rpfleger 1984, 310). Daher kann bei einem Wechsel der GBBezeichnung die frühere genügen; Voraussetzung ist jedoch, dass keinerlei Zweifel hinsichtlich des gemeinten Grundstücks bestehen; vgl. dazu als Beispiel § 20 Rn. 35. **14**

Über die Grundstücksbezeichnung in einer im Voraus erteilten Pfandfreigabeerklärung s. KG JW 1937, 479; über die Bezeichnung abzuschreibender

Grundstücksteile in einer Wohnsiedlungsgenehmigung s. KG JW 1937, 896; über die Bezeichnung einer Grundstücksteilfläche bei Verurteilung zur Abgabe einer EintrBewilligung durch Bezugnahme auf einen Veränderungsnachweis s. BGH Rpfleger 1984, 310.

15   Bei Belastung eines Grundstücksteils mit einer Vormerkung genügt, falls der Teil keine Katasterparzelle bildet, eine Beschreibung, die seine Lage und Fläche in einer dem Verkehrsbedürfnis entsprechenden Weise ersehen lässt (s. § 7 Rn. 25); Entsprechendes gilt im Fall des § 7 Abs. 2.

6. Angabe der Geldbeträge

16   § 28 Satz 2 gilt für alle in das GB einzutragenden Geldbeträge; für Hypotheken, Grundschulden und Rentenschulden ebenso wie für Reallasten; auch für Ablösungssummen (§ 1199 Abs. 2 BGB) und für den Höchstbetrag des Wertersatzes (§ 882 BGB). S. dazu Böhringer, Währungsangabe im Grundstücksverkehr, NotBZ 2018, 201.

17   **a) Zulässige Währungen.** In das GB einzutragende Geldbeträge sind grundsätzlich in inländischer Währung anzugeben. Das BJM kann jedoch durch Rechtsverordnung zulassen, dass Geldbeträge, insbes. bei Grundpfandrechten, in einer anderen Währung eingetragen werden; eine Zulassung kann, wenn gegen ihre Fortdauer währungspolitische Bedenken bestehen, auch wieder eingeschränkt werden. In Betracht kommt grundsätzlich nur eine einheitliche europäische Währung, die Währung eines Mitgliedsstaats der Europäischen Union oder des Europäischen Wirtschaftsraums. Eine außereuropäische Währung kann nur zugelassen werden, wenn gegen sie keine währungspolitischen Bedenken bestehen. S. dazu die VO v. 30.10.1997 (BGBl. I 2683) und zu dieser Rn. 29. Im Hinblick auf die Entscheidung des EuGH v. 16.3.1999 (WM 1999, 946) erscheint es zweifelhaft, ob § 28 Satz 2 mit europäischem Gemeinschaftsrecht vereinbar ist. Die Angabe von Geldbeträgen in ECU (= European Currency Unit) war bis zur Einführung des Euro am 1.1.1999, jedenfalls nach dem Wortlaut des § 28 Satz 2 Halbsatz 2, nicht zulässig (s. dazu Siebelt NJW 1993, 2118 Fn. 5). Zu den Auswirkungen der Einführung des Euro s. Rn. 21 ff.

18   **b) Reichsmark.** § 28 Satz 2 gilt unmittelbar auch für die Eintragung (RG 106, 79; KG NJW 1954, 1686). Nach Einführung der Deutschen Mark war daher eine Neueintragung in Reichsmark unzulässig. Ein zu Unrecht gelöschtes Reichsmarkrecht kann auch im Weg der GBBerichtigung nicht wieder eingetragen werden; dadurch würde das GB unrichtig (s. hierzu die Nachweise in der 20. Auflage). Ist eine Eintragung in einer nach § 28 Satz 2 Halbsatz 2 zugelassenen Währung vorgenommen worden und wird die Zulassung später wieder aufgehoben, so wird das GB ebenfalls unrichtig. Nachdem die Zulassung einer ausländischen Währung wieder zurückgenommen worden ist, kann ein in der Zeit davor zu Unrecht gelöschtes Recht nicht im Weg der GBBerichtigung wieder in der nunmehr nicht mehr zugelassenen Währung eingetragen werden.

19   **c) Mark der DDR.** Am 1.7.1990 ist die Deutsche Mark auch im Gebiet der ehemaligen DDR geltende Währung geworden. Soweit dort Rechte in

Mark der DDR eingetragen sind, ist das GB unrichtig geworden. Grundsätzlich ist es Sache der Beteiligten, gem. § 22 die Berichtigung des GB unter Beachtung des Umstellungsverhältnisses von 2 : 1 (s. Art. 10 Abs. 5 des Vertrags über die Schaffung einer Währungs-, Wirtschafts- und Sozialunion zwischen der Bundesrepublik Deutschland und der DDR v. 18.5.1990, BGBl. II 518, 537, sowie Anl. I Art. 7 § 1 Abs. 1 hierzu) zu betreiben (a. M. Böhringer BWNotZ 1993, 117, der eine Richtigstellung von Amts wegen für zulässig hält; vgl. dazu auch BGH DtZ 1995, 131). Die Berichtigung des GB ist jedenfalls vor solchen das Recht betreffenden Eintragungen unverzichtbar, bei denen der Geldbetrag im Vordergrund steht, z. B. vor der Eintragung einer Teilabtretung, nicht aber vor der Löschung des Rechts insgesamt. Die Neueintragung oder die Wiedereintragung zu Unrecht gelöschter Rechte in Mark der DDR ist unzulässig. Dies gilt auch dann, wenn die Eintragung auf Grund eines behördlichen Ersuchens vorgenommen werden soll und dieses vor dem 1.7.1990 eingegangen ist (KG Rpfleger 1993, 16). Seit dem 1.1.2002 ist nur noch eine Umstellung auf Euro-Beträge zulässig.

d) Andere Währungen. Im GB noch eingetragene Rechte, deren Geld- **20** betrag in Mark nach dem MünzG v. 9.7.1873 (RGBl. 233) oder noch älteren, nicht mehr geltenden inländischen Währungen angegeben ist, sind nach Maßgabe des spätestens am 31.12.1968 außer Kraft getretenen GBBerG-1930 (s. dazu Übers. vor § 82) erloschen und können von Amts wegen gelöscht werden. S. dazu auch das Schreiben des BJM v. 4.5.1995, MittBayNot 1995, 250. Zum Wesen und zur EintrFähigkeit der früheren Goldklauseln s. RG 121, 11; 136, 169. Über Grundpfandrechte in ausländischer Währung und wertbeständige Grundpfandrechte s. Rn. 26, 30.

7. Umstellung auf Euro

Mit der Teilnahme Deutschlands an der Europäischen Währungsunion ab **21** 1.1.1999 ist die Deutsche Mark durch den Euro abgelöst worden; dieser ist damit inländische Währung im Sinn des § 28. Während einer Übergangszeit bis zum 31.12.2001 war die Deutsche Mark ebenfalls noch geltende inländische Währung. Sie war durch einen festen Wechselkurs (1 Euro = 1,95583 DM) mit dem Euro verknüpft. Neueintragungen waren zwischen dem 1.1.1999 und dem 31.12.2001 sowohl in Euro als auch in Deutscher Mark zulässig. Ein zu Unrecht gelöschtes DM-Recht kann nach dem 31.12.2001 im Weg der GBBerichtigung nicht wieder als solches eingetragen werden.

a) Inhaltsänderung. Sollte zwischen dem 1.1.1999 und dem 31.12.2001 **22** ein eingetragenes DM-Recht auf Euro umgestellt werden, handelte es sich um eine Inhaltsänderung des Rechts, die materiellrechtlich der Einigung von Grundstückseigentümer und Berechtigtem sowie der Zustimmung der dinglich Berechtigten an dem Recht bedurfte (§§ 873, 876, 877 BGB; Art. 8 Abs. 1, 2 EG-VO Nr. 974/98 v. 3.5.1998, ABl. EG Nr. L 139 S. 1). Verfahrensrechtlich war grundsätzlich deren Bewilligung erforderlich (§ 19 GBO), nicht aber die Bewilligung gleich- und nachrangig Berechtigter (Rellermeyer Rpfleger 1999, 50; Bestelmeyer Rpfleger 1999, 368; a. M. Ottersbach

Rpfleger 1999, 51). Nach Abs. 1 Satz 1 des durch Ges. v. 21.7.1999 (BGBl. I 1642) eingefügten § 26a GBMaßnG genügte jedoch ein Antrag des Grundstückseigentümers oder des Berechtigten und die Zustimmung des jeweils anderen Teils, die der Schriftform, nicht aber der Form des § 29 bedurften. Ein Gesamtrecht konnte nur einheitlich umgestellt werden. Bei Briefrechten war der Brief vorzulegen und die Umstellung darauf zu vermerken (§§ 41, 62). Die Teilabtretung oder -löschung wegen eines auf Euro lautenden Betrags hatte zur Voraussetzung, dass das Recht insoweit auf Euro umgestellt wurde; der verbleibende Rest konnte als DM-Recht bestehen bleiben. Für die Umstellung einschließlich Briefvermerk fiel nach dem durch das DaBaGG aufgehobenen § 26a Abs. 2 GBMaßnG a. F. eine Festgebühr von 50 DM an.

23   **b) Richtigstellung.** Soweit im GB DM-Rechte eingetragen sind, wurde das GB mit dem 1.1.2002 unrichtig. Was die Berichtigung angeht, gilt im Hinblick auf Art. 14 EG-VO Nr. 974/98 v. 3.5.1998 (ABl. EG Nr. L 139 S. 1) etwas anderes als im Verhältnis Mark der DDR zu Deutscher Mark. Das GB wurde nicht unrichtig im Sinn von § 894 BGB, § 22 GBO; es bedarf lediglich der Richtigstellung, die das GBAmt von Amts wegen vornehmen kann (ebenso Hartenfels MittRhNotK 1998, 168; Bestelmeyer Rpfleger 1999, 368; Ottersbach Rpfleger 1999, 51). Das GBAmt hat die Umstellung aber nur dann vornehmen, wenn sie ein Beteiligter beantragt oder auf dem betreffenden GBBlatt ohnehin eine Eintragung vorzunehmen ist (§ 26a Abs. 1 Satz 2 bis 4 GBMaßnG). Betrifft die Umstellung ein Briefrecht, braucht der Brief nicht gem. §§ 41, 62 vorgelegt zu werden; auf ausdrücklichen Antrag wird die Umstellung aber auf dem Brief vermerkt (§ 26a Abs. 1 Satz 5 GBMaßnG). Soll ein auf Deutsche Mark lautendes Recht insgesamt gelöscht werden, ist eine vorherige Umstellung auf Euro nicht erforderlich. Zuständig für die Umstellung ist mangels Erweiterung der Zuständigkeit des Urkundsbeamten der Geschäftsstelle (vgl. § 12c) der Rpfleger. Für die Umstellung werden keine Gebühren erhoben. Dies gilt seit dem Inkrafttreten des DaBaGG und Aufhebung des § 26a Abs. 2 GBMaßnG a. F. auch dann, wenn die Umstellung auf Antrag vorgenommen und auf dem Brief vermerkt wird.

Ging vor dem 1.1.2002 ein Antrag auf Eintragung eines auf Deutsche Mark lautenden Rechts ein, so war die Eintragung nach dem 31.12.2001 in Euro vorzunehmen, ohne dass es dazu einer Änderung der Bewilligung oder des EintrAntrags bedurfte.

24   Das zur Umstellung von DM-Rechten auf Euro Ausgeführte gilt entsprechend für Rechte in einer Währung der übrigen Staaten, die an der Europäischen Währungsunion teilnehmen (ab 1.1.2002: Belgien, Finnland, Frankreich, Griechenland, Irland, Italien, Luxemburg, Niederlande, Österreich, Portugal, Spanien; ab 1.1.2007: Slowenien; ab 1.1.2008: Zypern, Malta; ab 1.1.2009: Slowakei; ab 1.1.2011: Estland; ab 1.1.2014: Lettland; ab 1.1.2015: Litauen), nicht aber für Rechte in einer anderen zugelassenen Währung (§ 26a Abs. 1 Satz 1 GBMaßnG). Ebensowenig wie Bruchteile von Pfennigen eingetragen werden konnten, können Bruchteile der Untereinheit Euro-Cent in das GB eingetragen werden. Ergeben sich solche auf Grund der

Umrechnung, ist nach den in Art. 4, 5 der EG-VO Nr. 1103/97 v. 17.6.1997 (ABl. EG Nr. L 162 S. 1) niedergelegten Rundungsregeln auf volle Euro-Cent auf- oder abzurunden (s. dazu Rellermeyer Rpfleger 2001, 291).

S. zum Ganzen auch die VO über Grundpfandrechte in ausländischer **25** Währung und in Euro v. 30.10.1997 (BGBl. I 2683) i.V.m. der zu § 4 der VO ergangenen VO v. 23.12.1998 (BGBl. I 4023); Flik BWNotZ 1996, 163; Rellermeyer Rpfleger 1999, 50 und 522; Bestelmeyer Rpfleger 1999, 368 und 524; Ottersbach Rpfleger 1999, 51; Böhringer DNotZ 1999, 692; von Campe NotBZ 2000, 2.

8. Grundpfandrechte in ausländischer Währung

Nach §§ 1113, 1191 Abs. 1, § 1199 Abs. 1 BGB besteht der Inhalt einer **26** Hypothek, Grundschuld oder Rentenschuld darin, dass aus dem belasteten Grundstück (einmalig oder wiederkehrend) eine bestimmte Geldsumme zu zahlen ist. Dem in den genannten Vorschriften verankerten Bestimmtheitsgrundsatz ist genügt, wenn der aus dem Grundstück zu entrichtende Geldbetrag in einer bestimmten Anzahl von Währungseinheiten ausgedrückt wird. Das Erfordernis, dass die Währungseinheit eine inländische sein müsse, dürfte sich aus dem Bestimmtheitsgrundsatz hingegen nicht ableiten lassen (JFG 14, 371; s. auch RG 157, 123). Der Begründung von Grundpfandrechten in ausländischer Währung stand jedoch zunächst die die Eintragung hindernde Ordnungsvorschrift des § 28 Satz 2, jetzt Satz 2 Halbsatz 1, entgegen.

a) VO vom 13.2.1920. Eine Änderung der Rechtslage brachte die VO **27** über die Eintragung von Hyp. in ausländischer Währung v. 13.2.1920 (RGBl. I 1231). § 1 der VO bestimmte, dass mit der im GB zu vermerkenden Einwilligung der Landeszentralbehörde Hyp. und Grundschulden in ausländischer Währung eingetragen und bereits eingetragene Hyp. bei Zustimmung der gleich- und nachstehenden Berechtigten in Fremdwährungshyp. umgewandelt werden können; die Vorschrift durchbrach aber nicht nur den Grundsatz des § 28 Satz 2, jetzt Satz 2 Halbsatz 1, sondern schuf mit dem Erfordernis der staatlichen Einwilligung gleichzeitig eine sachlichrechtliche Voraussetzung für die Begründung des Fremdwährungsgrundpfandrechts (RG 157, 120 gegen JFG 14, 365).

Eintragungen nach § 1 der vorbezeichneten VO waren seit dem 1.1.1930 **28** nur mehr ausnahmsweise statthaft (§ 15 i.d. F. des Ges. v. 12.3.1931, RGBl. I 31). Durch Art. IV Abs. 1 des Ges. v. 8.5.1963 (BGBl. I 293) wurde die VO samt den zu ihrer Änderung ergangenen Gesetzen aufgehoben; die aufgehobenen Vorschriften bleiben nach Art. IV Abs. 2 des genannten Ges. jedoch auf Rechte anwendbar, die vor seinem Inkrafttreten in ausländischer Währung eingetragen worden sind; unter diesem Blickpunkt hat § 15 Abs. 3 der VO auch heute noch Bedeutung (s. dazu für Bayern VO v. 6.12.1956, BayRS 315-3-J, aufgehoben durch VO v. 15.1.2004, GVBl. 8). Über die Schweizer Goldhyp. und ihre Umwandlung in Schweizer-Franken-Grundschulden s. Abkommen v. 6.12.1920 (RGBl. 2023) und Zusatzabkommen v. 25.3.1923 (RGBl. II 286), ferner Vereinbarung v. 23.2.1953 und Ges. hierzu v. 15.5.1954 (BGBl. II 538, 740). Das GBBerG v. 20.12.1993 (BGBl. I 2192) hat diese Vorschriften unberührt gelassen (§ 3 Abs. 2 Satz 2 GBBerG). Zum

Erlöschen der „Frankengrundschulden" im Gebiet der ehemaligen DDR durch Überführung von Grundeigentum in Volkseigentum s. KG VIZ 1999, 105.

29   **b) VO vom 30.10.1997.** Seit der Anfügung des Halbsatzes 2 an § 28 Satz 2 durch das RegVBG steht der Eintragung eines Grundpfandrechts in ausländischer Währung dann kein Hindernis entgegen, wenn es sich um eine Währung handelt, die durch Rechtsverordnung des BJM zugelassen wurde, und die Zulassung fortbesteht (s. dazu Rn. 17). Nach der VO des BJM über Grundpfandrechte in ausländischer Währung und in Euro v. 30.10.1997 (BGBl. I 2683) können Geldbeträge von Grundpfandrechten und Reallasten ab dem 15.11.1997 in der Währung eines der Mitgliedstaaten der Europäischen Union, der Schweiz und der USA angegeben werden und ab 1.1.1999 mit der Teilnahme Deutschlands an der dritten Stufe der Europäischen Währungsunion auch in Euro. Ab 1.1.2002 sind jedoch die Deutsche Mark und die Währung eines Mitgliedstaats der Europäischen Union, in dem der Euro an die Stelle der bisherigen nationalen Währungseinheit getreten ist, nicht mehr zugelassen. Die danach zulässigen Währungen können nicht nur der Eintragung neuer Grundpfandrechte, einschließlich der Zwangshypotheken, und Reallasten zugrunde gelegt werden, sondern auch der Umwandlung bereits bestehender Rechte.

9. Wertbeständige Grundpfandrechte

30   Während die Begründung eines Grundpfandrechts in ausländischer Währung nach materiellem Liegenschaftsrecht keinen Bedenken begegnet (s. Rn. 20), ist die eines wertbeständigen Grundpfandrechts mit den Bestimmungen des BGB unvereinbar. Zwar hat auch das wertbeständige Grundpfandrecht die Zahlung einer Geldsumme aus dem belasteten Grundstück zum Inhalt. Dem zu entrichtenden Geldbetrag fehlt jedoch, da er nach dem Preis einer bestimmten Menge von Waren oder Leistungen zu errechnen ist, die nach §§ 1113, 1191 Abs. 1, § 1199 Abs. 1 BGB erforderliche Bestimmtheit.

31   **a) Wertmesser.** In der Zulassung wertbeständiger Grundpfandrechte durch das Ges. über wertbeständige Hyp. v. 23.6.1923 (RGBl. I 407) war demnach eine Erweiterung des numerus clausus der dinglichen Rechte zu erblicken. Als Wertmesser waren nach § 1 Satz 1 des Ges. Roggen, Weizen und Feingold vorgesehen. Die auf der Grundlage des § 1 Satz 2 ergangenen Durchführungsverordnungen ließen darüber hinaus gewisse Sorten von Kohle und Kali sowie bei Hyp. zur Sicherung bestimmter Anleihen den Kurswert des nordamerikanischen Dollars als Wertmesser zu. Für die nur nach amtlich festgestellten Preisen erfolgende Umrechnung war ein Stichtag festzulegen, den die Beteiligten bei Begründung des Grundpfandrechts beliebig wählen konnten.

32   **b) Feingoldbasis.** Grundpfandrechte auf Feingoldbasis waren die häufigsten und bedeutungsvollsten wertbeständigen Rechte. In Betracht kamen zwei Formen der Eintragung: Entweder zum Preis einer bestimmten Gewichtsmenge Feingold oder in Goldmark, dem amtlich festgestellten Preis

von $^1/_{2790}$ kg Feingold. Möglich war eine Verbindung von Goldmark mit Reichsmark: Eingetragen werden konnte die sog. Schwankungsklausel, d. h. die Bestimmung dass für eine Goldmark eine Reichsmark zu zahlen sei, wenn der Preis von 1 kg Feingold am Stichtag zwischen 2760 und 2820 RM liegen sollte. Eingetragen werden konnte ferner die sog. Reichsmarkklausel, d. h. die Abrede, dass statt einer Goldmark mindestens eine Reichsmark zu entrichten sei. Während der Preis des Goldes zunächst nach der Londoner Goldpreis berechnet wurde, erklärte § 1 Abs. 1 der VO über wertbeständige Rechte v. 16.11.1940 (RGBl. I 1521) den für die Reichsbank geltenden Preis des Feingolds als maßgebend. Durch diese Regelung wurde die Goldmark der Reichsmark gleichgesetzt und jeder Anreiz zur Begründung von Grundpfandrechten auf Feingoldbasis genommen. Rechtlich möglich war ihre Neubestellung jedoch auch weiterhin.

c) Nachkriegsgesetzgebung. Der hinsichtlich der wertbeständigen **33** Grundpfandrechte bis zum Kriegsende bestehende Rechtszustand ist im Einzelnen in der 17. Auflage § 28 Erl. 9 dargestellt. Die Nachkriegsgesetzgebung hat zunächst weder das Ges. über wertbeständige Hyp. noch die VO über wertbeständige Rechte aufgehoben. Eine Neubestellung wertbeständiger Grundpfandrechte auf der Basis der noch zugelassenen Wertmesser war daher weiterhin möglich, bedurfte nach § 3 Satz 2 WährG und § 49 Abs. 2 AußenwirtschaftsG v. 28.4.1961 (BGBl. I 481) jedoch der Genehmigung der Deutschen Bundesbank (OLG Düsseldorf JMBlNW 1957, 32; a. M; Fögen NJW 1956, 1824). Das Ges. und die VO sind jedoch spätestens am 31.12. 1968 gemäß § 3 Abs. 1 Satz 2 des Ges. über die Sammlung des Bundesrechts v. 10.7.1958 (BGBl. I 437) i. V. m. § 3 Abs. 1 des Ges. über den Abschluss der Sammlung des Bundesrechts v. 28.12.1968 (BGBl. I 1451) außer Kraft getreten. Wertbeständige Grundpfandrechte können ab diesem Zeitpunkt nicht mehr begründet werden. Über die Umstellung bestehender Rechte als Folge der Währungsreform s. 16. Auflage Anh. zu § 22 Erl. 7; über ihre Umstellung gemäß Abschnitt 1 des GBBerG v. 20.12.1993 (BGBl. I 2192) s. Anh. zu §§ 84 bis 89 Rn. 2 bis 5.

10. Währungsreform

Die Auswirkungen der Währungsreform auf das GB sind in der 16. Auf- **34** lage in einem Anhang zu § 22 ausführlich dargestellt. Gegenstand der Erläuterungen sind zum einen die Umstellung der Grundpfandrechte und Reallasten sowie Entstehung, Rechtsnatur und Inhalt der Umstellungsgrundschuld nach dem Lastenausgleichssicherungsgesetz und der HypGewinnabgabe nach dem Lastenausgleichsgesetz, zum anderen die Unrichtigkeit des GB als Folge der Umstellung, die Eintragung der Umstellung sowie die Veränderung und Löschung umgestellter Rechte. Diese Erläuterungen haben im Lauf der Zeit ihre praktische Bedeutung weitgehend verloren; sie sind daher in spätere Auflagen nicht mehr übernommen worden.

Nachweis der Eintragungsunterlagen

29 (1) **Eine Eintragung soll nur vorgenommen werden, wenn die Eintragungsbewilligung oder die sonstigen zu der Eintragung erforderlichen Erklärungen durch öffentliche oder öffentlich beglaubigte Urkunden nachgewiesen werden. Andere Voraussetzungen der Eintragung bedürfen, soweit sie nicht bei dem Grundbuchamt offenkundig sind, des Nachweises durch öffentliche Urkunden.**

(2) *weggefallen*

(3) **Erklärungen oder Ersuchen einer Behörde, auf Grund deren eine Eintragung vorgenommen werden soll, sind zu unterschreiben und mit Siegel oder Stempel zu versehen. Anstelle der Siegelung kann maschinell ein Abdruck des Dienstsiegels eingedruckt oder aufgedruckt werden.**

Inhaltsübersicht

1. Allgemeines

1   § 29 bestimmt, dass die EintrUnterlagen dem GBAmt in besonderer Form nachzuweisen sind; seine jetzige Fassung beruht auf dem inzwischen aufgehobenen § 57 Abs. 7 BeurkG, der die früher bestehende Möglichkeit, zur Eintragung erforderliche Erklärungen vor dem GBAmt zur Niederschrift des GBRichters abzugeben, beseitigt hat.

2   Die Regelung ist im Hinblick auf die Gefahren getroffen, die aus unrichtigen Eintragungen wegen des öffentlichen Glaubens des GB erwachsen (BayObLG Rpfleger 1988, 478; OLG Schleswig FGPrax 2010, 125). Jedoch handelt es sich bei § 29 nur um eine Ordnungsvorschrift. Durch die Eintragung wird eine Rechtsänderung, falls ihre sonstigen Voraussetzungen vorliegen, also auch dann herbeigeführt, wenn die EintrUnterlagen nicht in der gehörigen Form vorgelegen haben. Das entbindet das GBAmt aber nicht von der Verpflichtung, auf der Einhaltung der Formvorschriften zu bestehen (BayObLG Rpfleger 1984, 463; OLG Braunschweig NotBZ 2020, 42).

Es liegt nicht in der Hand der Beteiligten zu bestimmen, in welcher Form ein erforderlicher Nachweis dem GBAmt gegenüber erbracht werden kann. Ist z. B. das Erlöschen einer Partnerschaft auflösende Bedingung eines dinglichen Wohnungsrechts, kann nicht ausbedungen werden, dass zum Nachweis des Bedingungseintritts die Erklärung des Bestellers des Rechts genügt, die Partnerschaft sei beendet (OLG München NotBZ 2013, 117).

In Baden-Württemberg, wo die Grundbücher lange Zeit nicht von den **3** Amtsgerichten geführt wurden, galt zunächst noch § 29 i. d. F. v. 20.5.1898 (Art. 8 Abs. 1, 3 ÄndVO). Seit dem durch das RegVBG an den früheren § 143 (sodann § 149) angefügten Abs. 2 gilt § 29 Abs. 1 und 3 auch in Baden-Württemberg in der im übrigen Bundesgebiet geltenden Fassung (s. dazu § 149 Rn. 1, 2). Satz 2 wurde § 29 Abs. 3 durch das Gesetz vom 28.4.2017 (BGBl. I 969) angefügt.

Urkunden und Schriftstücke, die Erklärungen gegenüber dem GBAmt enthalten, müssen in deutscher Sprache abgefasst sein (s. dazu § 1 Rn. 48). Zum Nachweis von EintrUnterlagen durch elektronische Dokumente s. § 137. Zur Form beim GBAmt einzureichender Unterlagen beim papiergebundenen Verfahren und beim elektronischen Rechtsverkehr s. Böhringer NotBZ 2016, 281.

2. Eintragungsunterlagen

§ 29 gilt nur für EintrUnterlagen. Dies sind entweder zur Eintragung er- **4** forderliche Erklärungen (s. Rn. 8 ff.) oder andere Voraussetzungen der Eintragung (s. Rn. 14 ff.). Für reine EintrAnträge gilt § 29 nicht. Diese und Vollmachten zur Stellung von solchen sind nach § 30 formfrei. Dasselbe gilt für Anträge, die nicht auf Vornahme einer Eintragung gerichtet sind, z. B. die Gestattung der GBEinsicht oder die Bildung von Briefen zum Gegenstand haben. Auf Erklärungen, die die Zurückweisung eines EintrAntrags rechtfertigen sollen, ist § 29 Abs. 1 Satz 1 auch nicht entsprechend anwendbar (s. Anh. zu § 13 Rn. 41). Der Widerruf einer Vollmacht bedarf daher nicht der Form des § 29, muss aber zur Überzeugung des GBAmts dargetan sein (OLG München FGPrax 2013, 60).

§ 29 Abs. 1 Satz 1 ist jedoch entsprechend anzuwenden:
- Nach § 31 auf die Zurücknahme eines EintrAntrags, sofern er nicht auf **5** die Berichtigung des GB gerichtet ist, und den Widerruf einer Antragsvollmacht.
- Nach § 60 Abs. 2 auf die abweichende Bestimmung über die Aushändi- **6** gung eines neu erteilten Briefs.
- Nach BayObLG Rpfleger 1988, 477 auf den Nachweis des Gläubiger- **7** rechts bei einem Antrag auf Erteilung eines neuen Briefs gem. § 67.

3. Zur Eintragung erforderliche Erklärungen

Solche Erklärungen im Sinn des Abs. 1 Satz 1 sind, vom reinen EintrAn- **8** trag sowie der Antragsvollmacht abgesehen, alle Erklärungen, deren es nach den Vorschriften des GBRechts zur Eintragung bedarf.

Neben der ausdrücklich erwähnten EintrBewilligung, die auch die Berichtigungsbewilligung umfasst (s. § 22 Rn. 31), kommen vor allem Einigungserklärungen nach § 20, Abtretungs- oder Belastungserklärungen gemäß § 26 sowie Zustimmungserklärungen nach § 22 Abs. 2, § 27 in Betracht.

9   **a) Ergänzende Erklärungen.** Unter Abs. 1 Satz 1 fallen jedoch nicht nur die eigentlichen grundbuchrechtlichen Erklärungen, sondern auch solche, die eine dem Formerfordernis des § 29 unterliegende grundbuchrechtliche Erklärung ergänzen oder begründen, z. B. Zustimmungserklärungen bei Handeln eines Nichtberechtigten oder eines Vertreters ohne Vertretungsmacht (s. § 19 Rn. 72 ff.) sowie bei bestehender Verfügungsbeschränkung (s. § 19 Rn. 64), Vollmachten (s. § 19 Rn. 77; § 20 Rn. 21; BayObLG Rpfleger 1984, 463; BayObLG 1991, 33) sowie Quittungen (BayObLG Rpfleger 1995, 410; s. § 27 Rn. 21).

Dabei kann es sich auch um sog. Geständniserklärungen (das sind Erklärungen, in denen die Vornahme eines Rechtsgeschäfts durch den Vornehmenden selbst bestätigt wird) handeln, etwa um die Erklärung, dass eine Vollmacht erteilt worden ist (JFG 18, 249; BGH NJW 1959, 883; BayObLG 1984, 160); Voraussetzung ist aber, dass der Erklärende im Zeitpunkt der Abgabe der Erklärung noch die Rechtsmacht hatte, die bestätigte Rechtshandlung selbst vorzunehmen (JFG 18, 246; OLG Köln Rpfleger 1986, 298). Auch Vereinigungs-, Zuschreibungs- und Teilungserklärungen gehören hierher.

10   **b) Beschlüsse der WEigentümer.** Die im Fall des § 12 WEG erforderliche Zustimmung zur Veräußerung eines WEigentums (s. dazu Anh. zu § 3 Rn. 34 ff.) ist sachenrechtlich formfrei. Dem GBAmt ist sie aber in der Form des § 29 nachzuweisen (vgl. OLG Hamm Rpfleger 1989, 451). Eine erforderliche Zustimmung der Eigentümerversammlung ist durch einen Mehrheitsbeschluss der WEigentümer in entsprechender Anwendung des § 26 Abs. 3 WEG nachzuweisen (BayObLG DNotZ 1962, 312). Ein Beschluss nur der WEigentümer einer Untergemeinschaft genügt nicht. Bei einem schriftlichen Beschluss gemäß § 23 Abs. 3 WEG müssen die Unterschriften aller WEigentümer öffentlich beglaubigt sein (BayObLG Rpfleger 1986, 299; OLG Hamm ZWE 2012, 489). Ist die Zustimmung des Verwalters notwendig, hat dieser seine **Verwaltereigenschaft** gem. § 26 Abs. 3 WEG nachzuweisen (s. dazu BayObLG NJW-RR 1991, 978). Entsprechendes gilt für den Verwaltungsbeirat, wenn nach der Gemeinschaftsordnung dessen Zustimmung erforderlich ist (OLG Hamm NotBZ 2013, 310). Die Verwaltereigenschaft des gerichtlich bestellten Verwalters wird durch das rechtskräftige Urteil nachgewiesen.

10.1   Der Nachweis gem. § 26 Abs. 3 WEG erfordert nicht auch den Nachweis, dass die in § 24 Abs. 6 Satz 2 WEG bezeichneten Personen die dort vorgesehenen **Funktionen** in der Eigentümergemeinschaft haben (a. M. OLG Hamm RNotZ 2011, 540) und in der Eigentümerversammlung anwesend waren, es sei denn, daran bestehen begründete Zweifel (vgl. OLG Düsseldorf Rpfleger 2010, 363; OLG Köln FGPrax 2013, 16; Heggen NotBZ 2009, 401). Aus der Niederschrift muss aber erkennbar sein, in welcher Funktion die Unterschrift getätigt wurde. Ist der Vorsitzende des Verwaltungsbeirats zum Vorsitzenden der Versammlung bestellt, ist seine und außerdem die Unterschrift seines Vertreters in der Funktion des Beiratsvorsitzenden unter der

Niederschrift erforderlich. Die Unterschrift des Beiratsvorsitzenden oder seines Vertreters erübrigt auch nicht die Unterschrift eines (weiteren) WEigentümers (KG Rpfleger 2015, 465). Unterschreibt als WEigentümer oder Vorsitzender des Verwaltungsbeirats das Mitglied einer werdenden WEigentümergemeinschaft, dann sind die Voraussetzungen dieser Funktion (s. BGH NJW 2008, 2639) dem GBAmt grundsätzlich nachzuweisen (OLG Köln FGPrax 2013, 16 mit Anm. v. Stöhr RNotZ 2012, 568 zu den dabei auftretenden Problemen). Des Nachweises, dass die Wohnung dem Mitglied der werdenden WEigentümergemeinschaft übertragen worden ist, bedarf es aber nur dann, wenn begründete Zweifel daran bestehen (KG FGPrax 2018, 249).

Die **Unterschriften,** die zum Nachweis eines Eigentümerbeschlusses erforderlichen sind (§ 26 Abs. 3, § 24 Abs. 6 WEG), können auch auf mehrere gleichlautende Versammlungsniederschriften verteilt sein (KG Rpfleger 2018, 611). Fehlt die Unterschrift sowohl des Vorsitzenden des Verwaltungsbeirats als auch seines Vertreters, hat das GBAmt, sofern nicht begründete Zweifel daran bestehen, davon auszugehen, dass keiner von beiden in der Versammlung anwesend war oder kein Vertreter des Vorsitzenden oder überhaupt kein Verwaltungsbeirat bestellt wurde (vgl. LG Lübeck Rpfleger 1991, 309). Eine fehlende Unterschrift kann nachgeholt werden (OLG München NJW 2008, 156). Auch wenn ein WEigentümer mit dem Zusatz „Beirat" unterschreibt, liegt damit die erforderliche Unterschrift eines WEigentümers vor. Demgegenüber hält das OLG Düsseldorf Rpfleger 2010, 363 die einmalige Unterschrift des Beiratsvorsitzenden in der Doppelfunktion als Vorsitzender der Versammlung und des Verwaltungsbeirats für ausreichend, dagegen die Unterschrift eines WEigentümers mit dem Zusatz „Beirat" nicht (kritisch dazu Demharter Rpfleger 2010, 499; Heggen RNotZ 2010, 455; a.M. OLG Hamm RNotZ 2011, 540). S. zum Ganzen Demharter ZWE 2012, 75. **10.2**

Die Nachweiserleichterung des § 26 Abs. 3 WEG findet in allen sonstigen Fällen **entsprechende Anwendung,** in denen dem GBAmt ein Eigentümerbeschluss nachzuweisen ist. Dies gilt insbesondere für den ermächtigenden Beschluss gemäß § 27 Abs. 3 Satz 1 Nr. 7 WEG (OLG Hamm FGPrax 2010, 12), aber auch für die Ermächtigung eines oder mehrerer WEigentümer oder einer außenstehenden Person zur Vertretung gemäß § 27 Abs. 3 Satz 3 WEG (OLG München FGPrax 2017, 15). Für den Beschluss, durch den eine Veräußerungsbeschränkung aufgehoben wird, ist die entsprechende Anwendung in § 12 Abs. 4 Satz 5 WEG ausdrücklich bestimmt. Der Nachweis der Bestellung des Aufsichtsbeirats eines eingetragenen Vereins kann aber nicht in entsprechender Anwendung des § 26 Abs. 3 WEG geführt werden (s. § 32 Rn. 6). **11**

Ein Mehrheitsbeschluss erbringt auch dann den erforderlichen Nachweis, wenn er **anfechtbar** ist; ohne Bedeutung ist auch, ob er angefochten ist. Den Nachweis, dass er nicht durch rechtskräftiges Urteil für ungültig erklärt ist, kann das GBAmt nur bei begründeten Zweifeln verlangen. Dasselbe gilt für den formgerechten Nachweis des Fortbestands der Verwalterbestellung bis zum Ablauf der beschlossenen oder gesetzlich höchstmöglichen Bestellungszeit (OLG Köln Rpfleger 1986, 298; OLG München Rpfleger 2018, 370). Die Nichtigkeit eines Eigentümerbeschlusses über die Verwalterbestellung hat das GBAmt auch dann zu beachten, wenn sie nicht gem. § 43 Abs. 1 Nr. 4 WEG festgestellt ist (BGH Rpfleger 1989, 325). S. zum Ganzen Böhringer, Notarielle Unterschriftsbeglaubigung bei WEG-Beschlüssen, DNotZ 2016, 631. Zu der Gebühr, die der Notar für die Beglaubigung der gemäß § 26 Abs. 3 WEG erforderlichen Unterschriften erhält, s. Anh. zu § 3 Rn. 118.

12   **c) Sonstige Erklärungen.** Unter Abs. 1 Satz 1 fallen nicht nur diejenigen Erklärungen, welche als solche Grundlage der Eintragung sind. Notariell beglaubigte statt beurkundete Erklärungen reichen auch dann aus, wenn durch sie der Nachweis einer sonstigen EintrVoraussetzung, z. B. der GBUnrichtigkeit, geführt werden kann. Deshalb genügt zur Löschung einer Eigentumsvormerkung im Weg der GBBerichtigung die notariell beglaubigte Erklärung der Kaufvertragsparteien über die Aufhebung des Vertrags, sofern diese nicht materiellrechtlich ausnahmsweise (vgl. BGH NJW 1982, 1639) der Form des § 311b Abs. 1 BGB bedarf (BayObLG DNotZ 1989, 363).

13   Keine zur Eintragung erforderliche Erklärung sind z. B. die Einigungserklärung außerhalb des § 20 (s. § 19 Rn. 4), die Berichtigungsbewilligung bei nachgewiesener Unrichtigkeit (s. § 22 Rn. 28) sowie die Eigentümerzustimmung im Fall der Eintragung einer Zinssenkung (s. § 27 Rn. 9).

4. Andere Voraussetzungen der Eintragung

14   Andere Voraussetzungen der Eintragung im Sinn des Abs. 1 Satz 2 sind solche, die nicht in Erklärungen bestehen, also nicht von Abs. 1 Satz 1 erfasst werden (KG Rpfleger 1979, 208).

15   **In Betracht kommen** z. B. Lebensalter (OLG München Rpfleger 2010, 366), Verehelichung (KG FGPrax 2014, 194), Scheidung, Tod (OLG Nürnberg FGPrax 2019, 209), Staatsangehörigkeit (JFG 20, 177), Eintritt von Bedingungen (OLG Frankfurt FGPrax 1996, 8), Erbfolge, Eigenschaft als gesetzlicher Vertreter (zum Nachweis bei Handels- und Partnerschaftsgesellschaften s. § 32; zum Nachweis bei juristischen Personen des öffentlichen Rechts und Stiftungen s. § 19 Rn. 74.3; zum Nachweis bei einer Alpgenossenschaft s. BayObLG 1991, 24; s. auch § 30 Rn. 10) oder als Verwalter fremden Vermögens (Insolvenzverwalter), Anlagen (Aufteilungsplan und Abgeschlossenheitsbescheinigung) nach § 7 Abs. 4 Satz 1 WEG (vgl. hierzu OLG Zweibrücken MittBayNot 1983, 242; ferner OLG Düsseldorf Rpfleger 2010, 656 mit Anm. v. Rezori/Klingler RNotZ 2010, 576), Rechtsfähigkeit einer ausländischen Kapitalgesellschaft (OLG Hamm Rpfleger 1995, 153), einer Stiftung (OLG Frankfurt Rpfleger 1997, 105) oder einer Religionsgemeinschaft (OLG Hamm FGPrax 2014, 197: Die Verleihung der Rechte einer Körperschaft des öffentlichen Rechts durch ein Land wirkt für das gesamte Bundesgebiet), die vollstreckungsrechtlichen Voraussetzungen der §§ 740, 741 ZPO bei Eintragung einer Zwangshyp. (BayObLG FGPrax 1995, 188).

16   **Keine EintrVoraussetzung** im Sinn des Abs. 1 Satz 1 ist, soweit nachzuweisen, die Nichtausübung eines gesetzlichen Vorkaufsrechts (JFG 2, 336; OLG Dresden JFG 6, 295; OLG Düsseldorf JMBlNW 1956, 209); auch gerichtliche Entscheidungen (z. B. Vollstreckungstitel) und, soweit nachzuweisen, ihre Zustellung sowie familiengerichtliche, betreuungsgerichtliche, kirchenaufsichtliche und behördliche Genehmigungen (s. dazu § 19 Rn. 116) fallen nicht unter Abs. 1 Satz 1. Für sie gilt Abs. 1 Satz 2.

Abs. 1 Satz 2 ist **einschränkend auszulegen;** es fallen hierunter nicht **17** Nebenumstände, die eine nach Abs. 1 Satz 1 nachzuweisende Erklärung erst wirksam machen (KGJ 32, 290; KG DNotZ 1954, 472). Solche Umstände sind z. B. der Zugang einer Erklärung an den Empfangsberechtigten (JFG 2, 408) oder die Aushändigung einer Vollmachtsurkunde (KGJ 35, 235); für sie spricht ein Erfahrungssatz, wenn die Vorlegung durch den Empfänger erfolgt; letztere ist daher grundsätzlich genügend. Weiteres zur Verwertung von Erfahrungssätzen bei der Würdigung der EintrUnterlagen s. Rn. 63.

5. Ausnahmen vom Formzwang

Der Formzwang des § 29 gilt nicht ausnahmslos; vielmehr bestehen eine **18** Reihe von Sondervorschriften. Hervorzuheben sind: § 5 Abs. 2 Satz 4, § 6a Abs. 1 Satz 3, §§ 29a, 31 Satz 2, § 35 GBO. Soweit die **Eintragung einer Löschungsvormerkung** nach § 1179 Nr. 2 BGB zulässig ist, brauchen die Voraussetzungen dieser Bestimmung nur glaubhaft gemacht zu werden (s. dazu die Erläuterungen zu § 29a). § 29a nachgebildet sind § 5 Abs. 2 Satz 4 und § 6a Abs. 1 Satz 3 (s. dazu § 5 Rn. 8). Ein EintrAntrag kann ausnahmsweise ohne Beachtung der Form des § 29 zurückgenommen werden, wenn er auf eine Berichtigung des GB gerichtet ist (§ 31 Satz 2). Zur Eintragung eines Eigentümers oder Miteigentümers kann das GBAmt nach § 35 Abs. 3 unter bestimmten Voraussetzungen von den in § 35 Abs. 1, 2 genannten Beweismitteln absehen und sich mit anderen, nicht der Form des § 29 bedürftigen Beweismitteln begnügen.

§§ 18, 19, 36a GBMaßnG. Die zur **Löschung einer umgestellten Hyp. 19** oder Grundschuld erforderlichen Erklärungen und Nachweise bedürfen keiner Form, falls der Geldbetrag der Hyp. oder Grundschuld 3000 EUR nicht übersteigt; dasselbe gilt für die Löschung einer umgestellten Rentenschuld oder Reallast, deren Jahresleistung nicht mehr als 15 EUR beträgt. Die früher maßgebenden Beträge von 5000 DM und 25 DM wurden durch das Ges. v. 27.6.2000 (BGBl. I 897) mit Wirkung vom 30.6.2000 durch Euro-Beträge ersetzt. Art. 18 Abs. 4 Nr. 1 RegVBG enthielt bis zu seinem Außerkrafttreten am 24.7.1997 (s. Art. 7 Abs. 3 Nr. 3 WohnraummodernisierungssicherungsG v. 17.7.1997, BGBl. I 1823) eine Ermächtigung des BJM, den Betrag von 5000 DM durch Rechtsverordnung den veränderten Lebenshaltungskosten anzupassen. § 18 Abs. 1 GBMaßnG lässt auch bei Bagatellrechten eine Löschung ohne Bewilligung des Berechtigten zu. Dies gilt auch dann, wenn der Berechtigte unbekannt ist und der Grundstückseigentümer die Löschung bewilligt und eidesstattlich versichert, dass der Geldbetrag der Hyp. oder Grundschuld längst zurückgezahlt ist (BayObLG Rpfleger 1998, 157 mit abl. Anm. v. Wolf MittBayNot 1998, 424; a. M. LG Köln MittRhNotK 1982, 252 mit zust. Anm. v. Keim MittBayNot 1985, 247).

Bei Berechnung des Geldbetrags ist von dem im GB eingetragenen **Umstellungsbetrag** auszugehen. Ist der Umstellungsbetrag nicht eingetragen, so kommt es darauf an, ob die Voraussetzungen vorliegen, unter denen eine

Berichtigung des GB durch Eintragung eines Umstellungsbetrags, der sich auf eine Deutsche Mark für je zehn Reichsmark beläuft, zulässig ist (s. darüber 16. Auflage Anh. zu § 22 Erl. 5 B d); liegen sie, was erst seit dem Ende des Jahres 1965 möglich ist, vor, so ist von diesem Umstellungsbetrag, anderenfalls von einem Umstellungsbetrag auszugehen, der sich auf eine Deutsche Mark für je eine Reichsmark beläuft (vgl. OLG Hamm Rpfleger 1983, 146). Ein auf Deutsche Mark lautender Umstellungsbetrag ist in Euro umzurechnen (1 Euro = 1,95583 DM).

Im Gebiet der ehemaligen DDR ist § 18 Abs. 2 Satz 2 GBMaßnG mit der Maßgabe anzuwenden, dass an die Stelle eines Umrechnungsbetrages von einer Deutschen Mark zu zehn Reichsmark der Umrechnungssatz von einer Deutschen Mark zu zwei Reichsmark oder Mark der DDR tritt (§ 36a GBMaßnG).

20   § 5 Abs. 2 Satz 2, § 14 Satz 2 GBBerG. Im Gebiet der ehemaligen DDR sind mit Inkrafttreten des GBBerG **Kohleabbaugerechtigkeiten** und zu deren Ausübung eingeräumte Dienstbarkeiten, Vormerkungen und Vorkaufsrechte erloschen. Zur Löschung einer Dienstbarkeit, einer Vormerkung oder eines Vorkaufsrechts genügt es, dass der Zusammenhang mit der Abbaugerechtigkeit glaubhaft gemacht ist. Die Form des § 29 braucht nicht eingehalten zu werden (s. dazu Anh. zu §§ 84 bis 89 Rn. 17). Dies gilt auch für die Erklärung, die Versicherung und den Antrag im Zusammenhang mit der GBBerichtigung, wenn Ehegatten keine Erklärung abgegeben haben, es solle der bisherige gesetzliche Güterstand des Familiengesetzbuchs der DDR weitergelten (s. dazu Anh. zu §§ 84 bis 89 Rn. 72).

Art. 233 § 13 Abs. 5 Satz 1 a. F., Art. 234 § 4a Abs. 1 Satz 4 EGBGB. Im Zusammenhang mit der Abwicklung der **Bodenreform** im Gebiet der ehemaligen DDR brauchte der Nachweis, dass Klage auf Erfüllung des Anspruchs aus Art. 233 § 11 Abs. 3 EGBGB erhoben wurde, nicht in der Form des § 29 geführt zu werden. Diese Form braucht auch bei der GBBerichtigungsantrag und die Bestimmung anderer als gleicher Anteile von Ehegatten nicht einzuhalten, wenn die Ehegatten keine Erklärung abgegeben haben, dass der bisherige gesetzliche Güterstand weitergelten solle (s. dazu § 33 Rn. 3).

21   § 1 Ges. über die Eintragung von **Zinssenkungen** v. 11.5.1937 (RGBl. I 579, aufgehoben durch Ges. v. 19.4.2006, BGBl. I 866). Für die Bewilligung der Eintragung einer Zinssenkung genügte die schriftliche Form (§ 126 BGB); ebenso für eine etwa notwendige Nacherbenzustimmung (OLG München JFG 18, 117).

§ 9 Abs. 4 DVO z. VO über die Aufhebung der Gebäudeentschuldungssteuer v. 31.7.1942 (RGBl. I 503). Zur Löschung einer **Abgeltungshyp.** reicht der formlose Antrag des Gläubigers; erklärt dieser im Löschungsverfahren nach § 24 GBMaßnG, dass eine Forderung aus dem Abgeltungsdarlehen nicht mehr besteht, so gilt dies als Löschungsantrag.

22   §§ 8, 10 Abs. 2 GGV. Sofern die in § 10 Abs. 1 GGV vorgesehenen amtlichen Nachweise für den räumlichen Umfang eines **dinglichen Nutzungsrechts,** eines Gebäudeeigentums oder eines Rechts zum Besitz nicht vorgelegt werden können, genügen gem. § 10 Abs. 2 GGV andere Unterlagen und eine Versicherung des Rechtsinhabers, die nicht der Form des § 29 entsprechen müssen. Der Formzwang ist auch bei dem in § 8 GGV vorgesehenen

Nachweis gelockert, wenn ein dingliches Nutzungsrecht oder ein Gebäudeeigentum als Eigentum von Ehegatten eingetragen werden soll (s. dazu § 150 Rn. 28).

§ 7 Abs. 4 Satz 5, § 32 Abs. 2 Satz 6 WEG. Wenn der **Aufteilungsplan** und die **Abgeschlossenheit** von einem öffentlich bestellten oder anerkannten Sachverständigen statt von der Baubehörde ausgefertigt und bescheinigt werden, bedürfen diese Anlagen nicht der Form des § 29. Es genügen ein Stempel und die nicht beglaubigte Unterschrift des Sachverständigen.

6. Nachweis der Eintragungsunterlagen

a) Beweisgrundsatz. Im Antragsverfahren findet § 26 FamFG keine **23** Anwendung. Der Antragsteller oder die ersuchende Behörde haben alle EintrUnterlagen formgerecht beizubringen; ein Beweis durch Zeugen, eidesstattliche Versicherung oder Vernehmung eines Beteiligten ist, unbeschadet des § 35 Abs. 3, unzulässig. Das GBAmt ist zur Anstellung von Ermittlungen weder berechtigt noch verpflichtet; die Kenntnis etwa anzuwendenden ausländischen Rechts hat es sich jedoch auch im Antragsverfahren soweit wie möglich selbst zu verschaffen. S. zum Ganzen § 1 Rn. 71 und § 13 Rn. 5.

b) Zur Eintragung erforderliche Erklärungen. Sie müssen gemäß **24** Abs. 1 Satz 1 stets durch Urkunden nachgewiesen werden; eine Berufung auf Offenkundigkeit ist nicht zulässig (LG Kassel Rpfleger 1959, 319). Als Nachweismittel kommen öffentliche Urkunden (s. Rn. 27) oder öffentlich beglaubigte Urkunden (s. Rn. 41) in Betracht. Die Möglichkeit der Abgabe zur Niederschrift des GBAmts ist mit dem Inkrafttreten des BeurkG entfallen (s. Rn. 1).

Formgerecht abgegebene Erklärungen eines Betroffenen, die ihm ungüns- **25** tig sind, beweisen mangels entgegenstehender Umstände des Einzelfalls die Richtigkeit ihres Inhalts (KG HRR 1933 Nr. 199; DNotZ 1954, 472; OLG München NJW-RR 2010, 747).

Zur Errichtung öffentlicher oder öffentlich beglaubigter Urkunden sind in erster Linie Notare zuständig (§ 20 Abs. 1 BNotO). Von ihnen unterschriebene und mit ihrem Amtssiegel versehene Urkunden sind geeignet, die nach § 29 Abs. 1 erforderlichen Nachweise zu erbringen. Von einem Notarvertreter unter Verwendung des Präge- oder Farbdrucksiegels des von ihm vertretenen Notars in Papierform errichtete Urkunden bedürfen keines weiteren Nachweises der Vertreterbestellung (vgl. OLG Hamm NJW-RR 2011, 259). Zur Erstellung eines einfachen elektronischen Zeugnisses durch den Notarvertreter s. § 137 Rn. 2.

c) Andere Voraussetzungen der Eintragung. Sie sind nach Abs. 1 **26** Satz 2, soweit nicht offenkundig (s. Rn. 60), ebenfalls durch Urkunden nachzuweisen. Als Nachweismittel kommen hier jedoch nur öffentliche Urkunden (s. Rn. 27) in Betracht. Diese können grundsätzlich in Urschrift, Ausfertigung oder beglaubigter Abschrift vorgelegt werden (s. Rn. 57). Der Nachweis wird durch §§ 32 bis 37 insofern erleichtert, als bestimmte Eintragungen in öffentlichen Registern, den Erbscheinen, Testamentsvollstreckerzeugnissen und Zeugnissen über die Fortsetzung der Gütergemeinschaft sowie den Überweisungszeugnissen für den GBVerkehr eine ihnen im Allgemeinen nicht zukommende Beweiskraft beigelegt ist.

Für den Nachweis des Eintritts einer **Bedingung,** die in einer Abtretung besteht, reicht es grundsätzlich aus, dass Abtretender und Abtretungsempfänger in notarieller oder notariell beglaubigter Form erklären (bekunden), dass die Abtretung erfolgt sei (BayObLG 1984, 155). Zum Nachweis des Eintritts einer Bedingung durch eine Notarbestätigung s. Rn. 28.

Soll ein Recht mit Eintritt eines bestimmten **Lebensalters** des Berechtigten erlöschen, muss das Lebensalter grundsätzlich durch eine Geburtsurkunde nachgewiesen werden. Der Nachweis wird weder durch das gemäß § 15 Abs. 1 Buchst. a GBV im GB eingetragene, noch durch das in einem vorliegenden notariellen Vertrag angegeben Geburtsdatum des Berechtigten erbracht (OLG München Rpfleger 2010, 366).

Der **Tod** eines Berechtigten ist grundsätzlich durch eine Sterbeurkunde nachzuweisen. Dazu genügt auch eine zu einem anderen Zweck (gebührenfrei) erteilte Sterbeurkunde (OLG Nürnberg FGPrax 2019, 209).

7. Öffentliche Urkunden

27   **a) Begriff.** Die in § 415 ZPO enthaltene Begriffsbestimmung ist auch für den GBVerkehr maßgebend (KGJ 40, 115; BGH NJW 1957, 1673; OLG München NJW-RR 2018, 1423). Wesentlich sind drei Merkmale: Richtiger Aussteller, Einhaltung der Grenzen der Amtsbefugnisse und Wahrung der vorgeschriebenen Form (s. Rn. 31, 33, 39). Zu den öffentlichen Urkunden zählen auch kirchliche Urkunden (BayObLG Rpfleger 2001, 486; OLG Schleswig FGPrax 2013, 114).

b) Ausländische Urkunden. Auch sie fallen, sofern sie den Erfordernissen des § 415 ZPO entsprechen, unter § 29 (JFG 6, 305; OLG Zweibrücken FGPrax 1999, 86; KG FGPrax 2011, 168). Zum Nachweis ihrer Echtheit kann die Legalisation durch einen deutschen Konsul oder Gesandten verlangt werden (§ 2 Ges. v. 1.5.1878, RGBl. 89; § 13 KonsularG v. 11.9.1974, BGBl. I 2317; vgl. § 438 Abs. 1, 2 ZPO); Näheres hierüber s. Rn. 50. Voraussetzung für eine Anerkennung als öffentliche Urkunde ist, dass die ausländische Urkundsperson nach Ausbildung und Stellung einem deutschen Notar gleichsteht und das von ihr eingehaltene Beurkundungsverfahren dem deutschen Verfahren gleichwertig ist (OLG Nürnberg Rpfleger 2014, 492). Bei einer notariellen Beglaubigung kann davon in der Regel ausgegangen werden (OLG Zweibrücken FGPrax 1999, 86).

28   **c) Notarbestätigung.** Die „Notarbestätigung" (s. dazu BayObLG 1970, 310) in der Form einer gutachtlichen Äußerung (vgl. dazu OLG Zweibrücken DNotZ 1970, 183) hat keine Beweiskraft gem. §§ 415, 418 ZPO (OLG Frankfurt Rpfleger 1996, 151; OLG München NotBZ 2010, 62; KG FGPrax 2012, 96). Anders die Beurkundung gem. § 20 Abs. 1 Satz 2 BNotO einer vom Notar amtlich wahrgenommenen Tatsache (BayObLG Rpfleger 2000, 62 mit zust. Anm. v. Limmer DNotZ 2000, 294).

29   **d) Gerichtlicher Vergleich.** Soweit bei einem gerichtlichen Vergleich gem. § 127a BGB die notarielle Beurkundung durch die Aufnahme der Er-

klärungen in ein nach den Vorschriften der ZPO errichtetes Protokoll ersetzt wird (s. dazu BGH NJW 1999, 2806), betrifft dies nur die zur materiellrechtlichen Wirksamkeit von Erklärungen erforderliche Form (vgl. § 311b Abs. 1; § 2033 Abs. 1 Satz 2 BGB); ein schriftlicher Vergleich gem. § 278 Abs. 6 ZPO ersetzt die notarielle Beurkundung mangels Protokollierung nicht (s. § 20 Rn. 16.3). Die verfahrensrechtliche Form des § 29 erfüllt der gerichtliche Vergleich als öffentliche Urkunde. Entsprechendes gilt für den Beschluss, durch den das Zustandekommen und der Inhalt eines schriftlichen Vergleichs gemäß § 278 Abs. 6 ZPO festgestellt wird (KG FGPrax 2011, 108; OLG München FGPrax 2014, 107), ferner für den Schiedsvergleich in der Form des Schiedsspruchs mit vereinbartem Wortlaut (vgl. § 1053 Abs. 3 ZPO). Er erfüllt die Form des § 29 nur dann, wenn er rechtskräftig für vollstreckbar erklärt ist (s. dazu Demharter ZfIR 1998, 445).

e) Beweiskraft. Erfüllt eine Urkunde die Voraussetzungen des § 415 **30** Abs. 1 ZPO, dann begründet sie, wenn sie über eine vor der Behörde oder der Urkundsperson abgegebene Erklärung errichtet ist, den vollen Beweis des beurkundeten Vorgangs. Der Verwendung einer öffentlichen Urkunde im GBVerfahren steht nicht entgegen, dass sie zur Verwendung in einem anderen Verfahren gebührenfrei ausgestellt wurde (OLG Nürnberg FGPrax 2020, 209; s. dazu § 35 Rn. 22, 30).

f) Richtigstellungsvermerk des Notars. Offensichtliche Unrichtigkeiten in einer notariellen Niederschrift kann der Notar gemäß § 44a Abs. 2 Satz 1, 2 BeurkG auch nach Abschluss der Niederschrift durch einen von ihm zu unterschreibenden und mit dem Siegel zu versehenden Nachtragsvermerk richtigstellen (s. dazu Zimmer NotBZ 2010, 172; LG Regensburg NotBZ 2010, 198). Der Vermerk in der Form einer Eigenurkunde stellt eine öffentliche Urkunde dar (s. Rn. 35). Eine Richtigstellung nach § 44a Abs. 2 BeurkG kann auch von einem Vertreter des Urkundsnotars, einem Amtsnachfolger oder einem Aktenverwahrer vorgenommen werden. Ein Berichtigungsvermerk kann auch bei einer falsa demonstratio in Betracht kommen, sofern die Unrichtigkeit wenigstens für den Notar offensichtlich ist. Die Berichtigung ist zeitlich nicht begrenzt und auch noch nach grundbuchamtlichem Vollzug möglich. Dann ist der Vermerk als Unrichtigkeitsnachweis geeignet (s. dazu § 20 Rn. 30).

Richtig gestellt werden können nicht nur Schreibfehler, sondern auch weitergehende Fehler wie eine versehentliche Auslassung oder Unvollständigkeit. Allerdings muss der Fehler offensichtlich sein. Er muss also für jeden Außenstehenden erkennbar sein, kann sich aber auch aus Umständen ergeben, die außerhalb der Urkunde liegen (OLG München Rpfleger 2012, 311). Offensichtlich muss nur die Unrichtigkeit sein, nicht auch was richtig ist; dies festzustellen ist Gegenstand des Nachtragsvermerks des Notars. Nach Ansicht des OLG München (MittBayNot 2012, 502 mit krit. Anm. v. Regler) liegt eine offensichtliche Unrichtigkeit nicht vor, wenn sich die Auflassungserklärungen und die EintrBewilligung nur auf eines der zwei im Eingang der Urkunde aufgeführten Grundstücke erstrecken.

Durch eine Richtigstellung nach § 44a Abs. 2 Satz 1, 2 BeurkG wird die Beweiskraft der Urkunde grundsätzlich nicht in Frage gestellt. Zu Änderungen vor Abschluss der Niederschrift s. Rn. 40.

8. Richtiger Aussteller

31   Als Aussteller einer öffentlichen Urkunde kommen eine öffentliche Behörde oder eine mit öffentlichem Glauben versehene Person in Betracht.

a) Öffentliche Behörde. Öffentliche Behörde ist ein in den allgemeinen Behördenorganismus eingefügte von der physischen Person des Amtsträgers unabhängiges Organ der Staatsgewalt, das dazu berufen ist, unter öffentlicher Autorität nach eigenem Ermessen für die Erreichung der Zwecke des Staates oder der von ihm geförderten Zwecke tätig zu sein; Ausübung obrigkeitlicher Gewalt ist nicht notwendig; unerheblich ist auch, ob das Organ unmittelbar vom Staat oder von einer diesem untergeordneten Körperschaft zunächst für deren eigene Angelegenheiten bestellt ist (JFG 4, 263; 8, 306; 14, 221; BGH NJW 1951, 799; BayObLG Rpfleger 1978, 141). Als Behörden kommen folglich auch die gesetzlichen Vertreter öffentlich-rechtlicher Körperschaften in Betracht (JFG 8, 306; BayObLG Rpfleger 1978, 141; Mitt-BayNot 1980, 113). Zur Behördeneigenschaft der vertretungsberechtigten Organe der Träger der Sozialversicherung s. § 31 Abs. 3 Sozialgesetzbuch – Gemeinsame Vorschriften für die Sozialversicherung – v. 23.12.1976 (BGBl. I 3845). Wegen der Handlungsorgane des Bayer. Roten Kreuzes s. BayObLG Rpfleger 1969, 243. Juristische Personen des Privatrechts werden durch die Übertragung staatlicher Aufgaben nicht zu Behörden (JFG 14, 221; BGH NJW 1951, 799).

b) Mit öffentlichem Glauben versehene Person. Das sind nur Personen, denen diese Eigenschaft durch Gesetz beigelegt ist, z. B. Notare, Gerichtsvollzieher, öffentlich bestellte Vermessungsingenieure (JFG 19, 311).

32   **c) Maßgebendes Recht.** Welche Behörden öffentlich sind und wer zu den Urkundspersonen gehört, bemisst sich nach dem Recht des Staates, dessen Behörde oder Urkundsperson die Urkunde aufgenommen hat (BayObLG JFG 5, 274; KG JW 1933, 524). Über ausländische Urkunden s. Rn. 27.

9. Einhaltung der Grenzen der Amtsbefugnisse

33   Die Behörde oder Urkundsperson muss zur Ausstellung der Urkunde sachlich zuständig sein. Dies hat zur Voraussetzung, dass die Behörde die Grenzen ihrer Amtsbefugnisse und die Urkundsperson den ihr zugewiesenen Geschäftskreis nicht überschreiten. Eine Überschreitung der örtlichen Zuständigkeit nimmt der Urkunde die Eigenschaft als einer öffentlichen nicht.

34   **a) Eigene Angelegenheit.** Jede öffentliche Behörde ist zuständig, über rechtsgeschäftliche oder sonstige Erklärungen in ihren eigenen Angelegenheiten, zu denen auch solche privatrechtlicher Art gehören, öffentliche Urkunden auszustellen (BayObLG Rpfleger 1975, 315; MittBayNot 1980, 113; OLG Naumburg FGPrax 2004, 202). Dass die Behörde die Erklärung als

Bevollmächtigte einer Privatperson abgibt, schließt es nicht in jedem Fall aus, dass sie damit eigene Angelegenheiten wahrnimmt (OLG Celle Rpfleger 1984, 61 mit zust. Anm. v. Meyer-Stolte). Ob in eigener formgerechter Urkunde auch solche Erklärungen rechtswirksam abgegeben werden können, die nach bürgerlichem Recht der notariellen Beurkundung oder der öffentlichen Beglaubigung bedürfen, ist streitig; die Frage ist für Erklärungen der letzteren Art zu bejahen (JFG 23, 306; BayObLG Rpfleger 1975, 315), im übrigen aber zu verneinen (Römer DNotZ 1956, 364 mit weit. Nachweisen).

b) Eigenurkunde. Hat ein Notar von ihm selbst beurkundete oder be- **35** glaubigte grundbuchrechtliche Erklärungen auf Grund ausdrücklicher Vollmacht im Namen eines Beteiligten nachträglich berichtigt, ergänzt oder grundbuchrechtlichen Erfordernissen angepasst, so ist diese Eigenurkunde, falls sie vom Notar unterschrieben und mit dem Amtssiegel versehen ist, eine öffentliche Urkunde und genügt dem Formerfordernis des § 29 (BGH Rpfleger 1980, 465; s. auch BayObLG DNotZ 1983, 436; Rpfleger 1988, 60; Lerch NotBZ 2014, 373). Dasselbe gilt für eine von dem Notar aufgrund einer ihm in der Auflassungsurkunde erteilten Vollmacht abgegebene EintrBewilligung (OLG Frankfurt MittBayNot 2001, 225 mit zust. Anm. v. Reithmann). Eine Eigenurkunde kann mit Einschränkungen auch für materiellrechtliche Erklärungen im Zusammenhang mit der eigentlichen Beurkundungstätigkeit in Betracht kommen (OLG München FGPrax 2017, 65). Zur Gebühr des Notars s. Nr. 25204 GNotKG-KV. S. auch Milzer notar 2013, 35. Zur Richtigstellung offensichtlicher Unrichtigkeiten einer Niederschrift durch einen Nachtragsvermerk des Notars s. Rn. 30.

Die von einem Notar in eigener Sache beurkundete, zur Eintragung **36** erforderliche Erklärung, z. B. eine Löschungsbewilligung oder eine Freigabeerklärung als Testamentsvollstrecker gem. § 2217 BGB, entspricht jedoch nicht der grundbuchmäßigen Form und ist deshalb nicht vollziehbar (OLG Zweibrücken Rpfleger 1982, 276; OLG Düsseldorf Rpfleger 1989, 58).

c) Fremde Erklärungen. Die Zuständigkeit zur Beurkundung fremder **37** Erklärungen oder von Tatsachen ist gesetzlich geregelt. Neben der Beurkundungsbefugnis der Notare (§ 20 Abs. 1 BNotO) kommt für das GBAmt noch die der Konsularbeamten (§ 10 Abs. 1 Nr. 1, §§ 19, 24 KonsularG v. 11.9.1974, BGBl. I 2317; vgl. dazu auch Geimer DNotZ 1978, 3) und in beschränktem Umfang die der Vermessungsbehörden (s. § 66 Abs. 1 Nr. 6 BeurkG sowie das als Landesrecht fortgeltende Ges. v. 15.11.1937, RGBl. I 1257, in Bayern ersetzt durch Art. 9 VermKatG v. 31.7.1970, BayRS 219-1-F) in Betracht. Die Eigenschaft einer öffentlichen Urkunde kommt auch dem von letzteren erstellten Katasterkartenwerk (JFG 19, 315) und den von ihnen erteilten Auskünften aus dem Liegenschaftskataster zu (BayObLG DNotZ 1989, 167; vgl. für Bayern Art. 1, 5, 11 VermKatG v. 31.7.1970, BayRS 219-1-F; zu den Formerfordernissen s. BayObLG 1991, 144). Zur Zuständigkeit öffentlich bestellter Vermessungsingenieure s. OLG Hamm FGPrax 2000, 54.

Wegen der Aufrechterhaltung der (allerdings begrenzten) Beurkundungs- **38** befugnis der Ratschreiber in Baden-Württemberg s. § 20 Rn. 19. Eine

Beurkundungsbefugnis der Gerichte besteht seit Inkrafttreten des BeurkG vorbehaltlich dessen §§ 66 und 67 nicht mehr; wegen der früheren Ausschließung der Beurkundungsbefugnis der Gerichte in Bayern s. Art. 10 Abs. 2 AGGVG v. 17.11.1956 (BayBS III 3), aufgehoben durch das BeurkG. Notare sollen Amtshandlungen nur in ihrem Bezirk vornehmen; ein Verstoß macht die Amtshandlung jedoch nicht unwirksam (§ 11 BNotO).

10. Wahrung der vorgeschriebenen Form

39   Soweit öffentliche Behörden über Erklärungen in ihren eigenen Angelegenheiten (bewirkende) Urkunden ausstellen (s. Rn. 34), gilt für das GBVerfahren die Formvorschrift des Abs. 3 (s. darüber Rn. 45).

Die Form für (bezeugende) Urkunden über fremde Erklärungen oder Tatsachen bestimmt sich nach den Vorschriften des 2. und 3. Abschnitts des BeurkG, die zwischen Beurkundungen von Willenserklärungen und sonstigen Beurkundungen unterscheiden; diese Vorschriften gelten auch für konsularische Beurkundungen (§ 10 Abs. 3 KonsularG v. 11.9.1974, BGBl. I 2317) und für Beurkundungen, für die neben den Notaren andere Urkundspersonen oder sonstige Stellen zuständig sind (§ 1 Abs. 2 BeurkG).

40   **a) Änderungen.** Zusätze und sonstige, nicht nur geringfügige Änderungen sollen vom Notar am Schluss der Urkunde vor den Unterschriften oder am Rand vermerkt und im letzteren Fall von ihm besonders unterzeichnet werden (§ 44a Abs. 1 Satz 1 BeurkG); mit dem Dienstsiegel muss der Randvermerk nicht versehen werden (OLG Schleswig Rpfleger 2010, 660); anzugeben ist aber das Datum der Richtigstellung (§ 44a Abs. 1 Satz 2 BeurkG). Fehlt bei Änderungen ein Vermerk oder die Unterschrift des Notars, so beeinträchtigt dies die Wirksamkeit der Beurkundung nicht. Die Änderungen werden jedoch von der Beweiskraft der Urkunde nach § 415 Abs. 1 ZPO nicht erfasst. Die Beweiskraft der Urkunde ist in diesem Fall frei zu würdigen (OLG Düsseldorf FGPrax 2014, 86). Zu nachträglichen Änderungen s. Rn. 35. Zur nachträglichen Richtigstellung offensichtlicher Unrichtigkeiten s. § 44a Abs. 2 BeurkG und dazu Rn. 30.

b) Identitätsfeststellung. Die in einer notariellen Urkunde enthaltene Identitätsfeststellung genießt auch dann Beweiskraft gem. §§ 415, 418 ZPO, wenn sich aus der Urkunde nicht ergibt (vgl. § 10 Abs. 3 Satz 1 BeurkG), wie sich der Notar über die Person Gewissheit verschafft hat; anderes gilt, wenn in der Urkunde vermerkt ist (vgl. § 10 Abs. 2 Satz 2 BeurkG), dass sich der Notar keine Gewissheit über die Person verschaffen konnte (BGH DNotZ 2011, 340; OLG Celle NJW-RR 2006, 448).

c) Sonstiges. Zu den Auswirkungen der Dienstordnung für Notare im Hinblick auf ihre Rechtsnatur als bloße Verwaltungsverordnung s. OLG Hamm FGPrax 2012, 193; Kanzleiter DNotZ 1972, 519. Zu den für dienstliche Schreiben von Behörden des Freistaats Bayern geltenden Formvorschriften s. §§ 21 ff. Allgemeine Geschäftsordnung v. 12.12.2000 (GVBl. 873), bis 31.12.2000 §§ 20 ff., insbes. § 26 Allgemeine Dienstordnung v. 1.9.1971 (BayRS 200-21-I), und BayObLG 1991, 139. Zur Erstellung einer Ersatzurkunde bei abhandengekommenen oder zerstörten gerichtlichen oder notariellen Urkunden s. § 148 Rn. 2.

Zu der erforderlichen Form bei Übermittlung einer öffentlichen Urkunde als öffentliches elektronisches Dokument s. § 137 Abs. 1 Satz 2 GBO, § 371a Abs. 3 Satz 1 ZPO.

11. Öffentlich beglaubigte Urkunden

a) Begriff. Hierunter sind schriftlich abgefasste Erklärungen zu verstehen, bei denen die Unterschrift oder das Handzeichen des Erklärenden von einem Notar beglaubigt ist (§ 129 BGB; s. aber auch Rn. 42). Beurkundet **41** wird also nicht der Inhalt der Erklärung, sondern nur die Tatsache der Unterzeichnung oder der Anerkennung der Unterschrift. Deshalb gehört nicht in den Beglaubigungsvermerk, dass der Unterschreibende die Erklärung im Namen eines anderen abgegeben hat (BayObLG 34, 124). Dies muss sich aus der beglaubigten Erklärung selbst ergeben (OLG Karlsruhe Rpfleger 2014, 420; OLG Düsseldorf FGPrax 2019, 55). Die Urkundsperson kann, wenn sie dafür zuständig ist, wie z. B. der Notar, nur bescheinigen, dass eine Vollmacht bestimmten Inhalts vorgelegen hat; über Registerauszüge s. § 32 Rn. 19. Öffentliche Urkunde im Sinne des § 415 ZPO ist nur der Beglaubigungsvermerk; er kann nur vom Notar berichtigt werden. Die abgegebene Erklärung ist dagegen eine Privaturkunde, deren Änderung oder Berichtigung dem Erklärenden obliegt.

Die öffentliche Beglaubigung einer Erklärung wird durch deren notarielle Beurkundung ersetzt (§ 129 Abs. 2 BGB). Zum Umfang der Beweiskraft öffentlich beglaubigter Urkunden s. Rn. 44. Zu den an eine Unterschrift, die nicht lesbar sein muss, im Übrigen zu stellenden Anforderungen s. OLG Frankfurt FGPrax 1995, 185; OLG Stuttgart DNotZ 2002, 543.

b) Zuständigkeit. Außer den Notaren (s. Rn. 41 und § 20 Abs. 1 **42** BNotO) sind für die öffentliche Beglaubigung einer Unterschrift oder eines Handzeichens noch die Konsularbeamten (§ 10 Abs. 1 Nr. 2 KonsularG v. 11.9.1974, BGBl. I 2317; vgl. dazu auch Geimer DNotZ 1978, 3) und in beschränktem Umfang die Betreuungsbehörde und die Vermessungsbehörden (s. § 66 Abs. 1 Nr. 6 BeurkG sowie das als Landesrecht fortgeltende Ges. v. 15.11.1937, RGBl. I 1257, in Bayern ersetzt durch Art. 9 VermKatG v. 31.7.1970, BayRS 219-1-F) zuständig. S. dazu Böhringer, Beglaubigungsbefugnisse anderer Personen/Stellen als Notare in GBSachen, NotBZ 2019, 241.

c) Betreuungsbehörde. Gem. § 6 Abs. 2 BetreuungsbehördenG v. 12.9.1990 (BGBl. I 2002, 2025, geändert durch Ges. v. 6.7.2009, BGBl. I 1696), ist seit 1.7.2005 die Urkundsperson bei der Betreuungsbehörde zur öffentlichen Beglaubigung von Unterschriften und Handzeichen auf Vorsorgevollmachten befugt. Aus der Vollmacht muss sich deren Beschränkung, nicht nur im Innenverhältnis, auf den Fall ergeben, dass für den Vollmachtgeber die nur zu seinen Lebzeiten in Betracht kommende Notwendigkeit der Bestellung eines Betreuers besteht. Nur dann liegt eine wirksame öffentlich beglaubigte Urkunde vor, weil nur insoweit eine sachliche Zuständigkeit der

Betreuungsbehörde besteht (OLG Köln FGPrax 2019, 255; a. M. OLG Dresden NotBZ 2010, 409; OLG München NJW-RR 2010, 747; OLG Jena NotBZ 2014, 341; OLG Naumburg NotBZ 2014, 234 mit ablehnender Anm. v. Zimmer; OLG Karlsruhe FGPrax 2016, 10 mit ablehnender Anm. v. Heinemann; s. dazu auch Spanl Rpfleger 2006, 455; Renner Rpfleger 2007, 367 und diesem erwidernd Spanl Rpfleger 2007, 372). Die Verwendung im GBVerfahren wird in der Regel daran scheitern, dass der erforderliche Nachweis der Notwendigkeit einer Betreuerbestellung in grundbuchmäßiger Form nicht erbracht werden kann.

Zur Vorsorgevollmacht als bedingter Vollmacht s. § 19 Rn. 74.1. Zur Vorsorgevollmacht als transmortaler Vollmacht s. OLG Karlsruhe FGPrax 2016, 10, ferner OLG München FGPrax 2014, 199. S. auch Zimmer, Vorsorgevollmachten im Grundstücksverkehr, ZfIR 2017, 769.

d) Landesrecht. Wegen der Aufrechterhaltung der Zuständigkeit der Ratschreiber in Baden-Württemberg für Unterschriftsbeglaubigungen s. § 66 Abs. 4 BeurkG, aufgehoben ab 1.1.2018, Art. 2 Ges. v. 17.12.1974 (BGBl. I 3602) und § 32 Abs. 4, ab 1.1.2018 § 35a Abs. 4 LFGG v. 12.2.1975 (GVBl. 116). Eine Beglaubigungsbefugnis der Gerichte besteht seit dem Inkrafttreten des BeurkG vorbehaltlich dessen § 61 nicht mehr. Zur Befugnis der Länder, durch Gesetz die Zuständigkeit für die öffentliche Beglaubigung einer Unterschrift, nicht eines Handzeichens, anderen Personen oder Stellen (nicht aber den Amtsgerichten) zu übertragen, s. § 68 BeurkG; von diesem Vorbehalt ist z. B. in Rheinland-Pfalz durch das Landesgesetz über die Beglaubigungsbefugnis v. 21.7.1978 (GVBl. 597) Gebrauch gemacht worden. Die öffentliche Beglaubigung einer nach Landesrecht zuständigen Person oder Stelle genügt im gesamten Bundesgebiet § 29 (LG Bonn Rpfleger 1983, 309).

43   **e) Form.** Die Form der öffentlichen Beglaubigung einer Unterschrift oder eines Handzeichens bestimmt sich nach §§ 39, 40 BeurkG; s. dazu Winkler DNotZ 1971, 140, 145. Die genannten Vorschriften gelten auch für konsularische Beglaubigungen (§ 10 Abs. 3 KonsularG v. 11.9.1974, BGBl. I 2317) und für Beglaubigungen, für die neben den Notaren andere Urkundspersonen oder sonstige Stellen zuständig sind (§ 1 Abs. 2 BeurkG). Die Vorlage einer notariell beglaubigten Abschrift einer privatschriftlichen Erklärung genügt den Anforderungen an eine öffentlich beglaubigte Erklärung nicht (s. Rn. 59). Eine mangelhafte notarielle Beurkundung kann die Form einer öffentlichen Beglaubigung wahren, s. BayObLG Rpfleger 1973, 362.

Ein Einzelkaufmann kann mit seiner Firma unterzeichnen (KGJ 37, 228). Eine Namens- oder Firmenunterschrift ist als EintrGrundlage trotz Beglaubigung unverwertbar, wenn sie die wesentlichen Namens- oder Firmenbestandteile nicht erkennen lässt (KG HRR 1939 Nr. 1045).

Zu der erforderlichen Form bei Übersendung einer öffentlich beglaubigten Urkunde als elektronisches Dokument s. §§ 39a, 40 BeurkG; s. dazu auch § 137 Abs. 1 Satz 1.

44   **f) Beweiskraft.** Nach dem auch im GBVerfahren geltenden § 440 Abs. 2 ZPO hat die über der beglaubigten Unterschrift stehende Schrift die Vermutung der Richtigkeit für sich; diese Vermutung gilt nicht für die unter einer so genannten Oberschrift stehende Erklärung (OLG Köln FGPrax 2014, 123). Die Vermutung geht dahin, dass die Schrift den Willen desjenigen wiedergibt, der unterschrieben hat. Sie wird nicht dadurch in Frage gestellt, dass offenbare Schreibfehler oder sonstige offenbare Unrichtigkeiten, die auch in Auslassungen bestehen können, berichtigt worden sind. Dies gilt aber nicht für Änderungen oder Einfügungen anderer Art (OLG Karlsruhe Rpfleger 2002, 304). Diese berühren zwar nicht die Formwirksamkeit der notariellen Beglaubigung, wohl aber die Beweiskraft der Erklärung, weil sie die Frage aufwerfen, ob die Änderungen mit dem Willen desjenigen vorgenommen wurden, der unterschrieben hat (OLG Frankfurt DNotZ 2006, 767; OLG Brandenburg FGPrax 2010, 210; KG FGPrax 2013, 8). Bestehen daran Zweifel, hat ihnen das GBAmt nachzugehen. Zu ihrer Behebung kann es erforderlich sein, die geänderte oder ergänzte Erklärung erneut zu unterschreiben und die Unterschrift beglaubigen zu lassen (vgl. zum Ganzen BayObLG Rpfleger 1985, 105 mit Nachweisen zum Meinungsstand).

g) Änderungen Dritter. Nimmt ein Dritter, insbesondere der Notar, der eine EintrBewilligung beglaubigt hat, nachträglich an dem über der Unterschrift stehenden Text Änderungen vor, so stellt die Urkunde nur dann eine geeignete EintrGrundlage dar, wenn die Vollmacht oder Ermächtigung zu der Änderung durch öffentliche oder öffentlich beglaubigte Urkunden nachgewiesen wird (OLG Celle Rpfleger 1984, 230; OLG Brandenburg FGPrax 2010, 210; KG FGPrax 2013, 8).

h) Blankounterschrift. Die Beglaubigung einer Blankounterschrift ist, zulässig (§ 40 Abs. 5 BeurkG). In dem Beglaubigungsvermerk ist anzugeben, dass bei der Beglaubigung ein durch die Unterschrift gedeckter Text nicht oder nur unvollständig vorhanden war. Die Urkunde bildet in einem solchen Fall grundsätzlich eine ausreichende EintrUnterlage; sie kann jedoch als solche zurückgewiesen werden, wenn bestimmte Anhaltspunkte dafür vorliegen, dass die Ausfüllung des Blanketts nicht dem Willen des Ausstellers entspricht (s. dazu eingehend Hornig DNotZ 1971, 69).

12. Erklärungen und Ersuchen von Behörden

a) Grundsatz. Wenn sie Grundlage einer Eintragung sein sollen, es sich **45** also um bewirkende Urkunden handelt, sind sie nach Abs. 3 zu unterzeichnen und mit Siegel oder Stempel zu versehen. Durch diese nur für das GBVerfahren geltende Formvorschrift soll einmal den Behörden (zum weit zu fassenden Begriff s. Rn. 31) der Nachweis der Legitimation der Personen erleichtert werden, die für sie Erklärungen unterzeichnen; zum anderen soll dem GBAmt die Prüfung erspart werden, ob der Erklärung oder dem Ersuchen die Eigenschaft einer öffentlichen Urkunde zukommt. Die Beifügung des Stempels oder Siegels der Behörde begründet für das GBAmt die Vermutung der Ordnungsmäßigkeit der Erklärung; sie soll das GBAmt von der Pflicht zur Nachprüfung der im Einzelfall für die Wirksamkeit der Erklärung maßgebenden Vorschriften entbinden (BayObLG Rpfleger 1986, 370; OLG Zweibrücken Rpfleger 2001, 71; OLG Frankfurt FGPrax 2003, 197). Eines

Nachweises in der Form des Abs. 3 bedarf es aber nicht, wenn die aus der Erklärung folgende Tatsache bei dem GBAmt offenkundig ist (OLG München Rpfleger 2016, 719; Rn. 60 f.).

b) Zurücknahme. Die Form des Abs. 3 ist stets, also auch dann einzuhalten, wenn die Erklärung der Behörde im sonstigen Rechtsverkehr auch ohne Siegel oder Stempel eine öffentliche Urkunde darstellt (JFG 12, 330); sie ist auch im Fall der Zurücknahme eines Ersuchens zu wahren, es sei denn, das Ersuchen hat eine GBBerichtigung zum Ziel (s. § 31 Satz 2). Die dem GBAmt zur Berichtigung der Bestandsangaben des GB vorgelegten Veränderungsnachweise (Fortführungsmitteilungen) der Katasterbehörde fallen nicht unter § 29 Abs. 3 (OLG Düsseldorf Rpfleger 1988, 140). Die Kreishandwerkerschaft besitzt keine Behördeneigenschaft im Sinne dieser Bestimmung (LG Aachen Rpfleger 1991, 51), wohl aber der Kirchenvorstand gem. § 1 des Ges. über die Verwaltung des katholischen Kirchenvermögens v. 24.7.1924, GS 585 (OLG Hamm Rpfleger 1994, 19). Zum Begriff der Behörde s. Rn. 31.

46 **c) Unterschrift.** Erforderlich ist im Anwendungsbereich des § 29 Abs. 3 zunächst eine Unterschrift. Das GBAmt muss nicht nachprüfen, ob die Urkunde die erforderliche Zahl von Unterschriften aufweist; es genügt grundsätzlich eine Unterschrift (OLG Zweibrücken Rpfleger 2001, 71). Das GBAmt kann davon ausgehen, dass eine öffentliche Behörde ihre Erklärungen von sich aus mit der erforderlichen Anzahl von Unterschriften versieht. Bestehen jedoch auf Tatsachen gestützte Zweifel an der Vertretungsbefugnis des oder der Unterzeichner, dann kann das GBAmt weitere Nachweise verlangen (OLG Hamm Rpfleger 1996, 338; OLG Zweibrücken Rpfleger 2001, 71; OLG Düsseldorf FGPrax 2004, 56). Auf keinen Fall genügt die Unterzeichnung durch einen Kanzleibeamten in der Form: „Beglaubigt durch …". Hier geht aus der Art der Unterzeichnung hervor, dass ein nicht vertretungsberechtigter Beamter die Urkunde unterzeichnet hat.

47 **d) Siegel oder Stempel.** Notwendig ist weiter ein Siegel oder Stempel. Neben dem Prägesiegel (vgl. § 1 Abs. 2c GeschO) ist auch ein Farbdrucksiegel (Stempel) zugelassen. Nicht erforderlich ist eine individuelle Siegelung, so dass auch ein drucktechnisch erzeugtes Siegelabbild ausreichend ist. Voraussetzung ist aber, dass das Siegel eindeutig der ersuchenden oder erklärenden Behörde zugeordnet werden kann. Das OLG München (FGPrax 2019, 200 mit zust. Anm. v. Holzer) hat das auf der Ausfertigung eines Erbscheins drucktechnisch maschinell erzeugte Siegel mit der Umschrift „Bayern – Amtsgericht" ohne Ortsangabe nicht beanstandet; ebenso OLG Nürnberg Rpfleger 2018, 621 in einer Registersache. S. dazu Ilg Rpfleger 2019, 61.

Bis zur Ergänzung von § 29 Abs. 3 mit Wirkung ab 5.5.2017 durch das Ges. v. 28.4.2017 (BGBl. I 969) war die Verwendung eines eingedruckten oder aufgedruckten Abdrucks des Dienstsiegels grundsätzlich nicht zulässig (BGH FGPrax 2017, 56 mit Anm. v. Dressler Rpfleger 2017, 439 und Frohn DNotZ 2017, 468; OLG München FGPrax 2016, 152; Rpfleger 2016, 719).

Die Beidrückung von Siegel oder Stempel wird durch eine notarielle Beglaubigung der Unterschrift der Unterzeichner nicht ersetzt (KG Rpfleger

1974, 399). Wenn in einer notariellen Auflassungsurkunde den Unterschriften der für eine Behörde auftretenden Personen lediglich das Siegel dieser Behörde beigedrückt worden ist, liegt darin nach OLG Frankfurt Rpfleger 1990, 112 weder eine Erklärung im Sinn von § 29 Abs. 3 noch ist damit die Vertretungsmacht dieser Personen nachgewiesen. Gibt die Gemeinde in der notariellen Kaufvertragsurkunde die im Landesrecht vorgesehene Erklärung ab, dass der Verkauf des gemeindlichen Grundstücks nicht der Genehmigung durch die Rechtsaufsichtsbehörde bedarf, genügt dieses Negativattest nicht der Form des Abs. 3, weil die Erklärung nicht mit dem Siegel oder Stempel der Gemeinde versehen ist (OLG Jena Rpfleger 2001, 22; OLG Dresden NotBZ 2015, 306; OLG Brandenburg Rpfleger 2005, 357; OLG München Rpfleger 2018, 133 mit Anm. v. Böhringer; str.; s. auch Rn. 65).

e) Sonstiges. Ist eine mit der Verwaltung der HypGewinnabgabe beauf- **48** tragte Stelle (4. AbgabenDV-LA v. 8.10.1952, BGBl. I 662) nicht zur Führung eines hoheitlichen Siegels oder Stempels berechtigt, so bedarf es zur Wahrung der in § 139 Abs. 2 Satz 2 LAG vorgesehenen Form ihrer Erklärungen der Verwendung eines Siegels oder Stempels nicht, wenn die beauftragte Stelle sich in der Urkunde als solche bezeichnet (§ 8 der 5. AbgabenDV-LA v. 21.8.1953, BGBl. I 1030). Zur Form des EintrErsuchens einer nicht siegelführenden Teilnehmergemeinschaft in der Flurbereinigung s. BayObLG Rpfleger 1986, 370. Zum Nachweis des Inhabers eines im GB im Eigentum des Volkes in Rechtsträgerschaft eines Kreditinstituts eingetragenen Grundpfandrechts durch eine Bescheinigung der Kreditanstalt für Wiederaufbau s. Art. 231 § 10 Abs. 3 EGBGB.

Zu dem Formerfordernis bei einem aus mehreren Blättern bestehenden Behördenersuchen s. § 38 Rn. 68. Zu der einzuhaltenden Form, wenn Erklärungen oder Ersuchen einer Behörde, die Grundlage einer GBEintragung werden sollen, als elektronisches Dokument übermittelt werden, s. § 137 Rn. 6.

13. Prüfung inländischer Urkunden

Stellt sich eine Urkunde als von einer inländischen öffentlichen Behörde **49** oder Urkundsperson ausgestellt dar und genügt sie auch den weiteren Anforderungen des § 415 ZPO, so ist sie als echt, d. h. von der als Ausstellerin bezeichneten Behörde oder Urkundsperson herrührend anzusehen; weitere Nachweise, vor allem hinsichtlich der Vertretungsbefugnis der Unterzeichner, kann das GBAmt nur bei einem auf Tatsachen gestützten Zweifel verlangen (KGJ 21, 101; JFG 5, 261; BayObLG Rpfleger 1975, 315). Die schon zur Echtheitsprüfung notwendige Feststellung, dass die Grenzen der Amtsbefugnisse eingehalten und die zwingenden Formvorschriften gewahrt sind, ergibt zugleich, dass die Urkunde formell beweiskräftig ist (s. dazu BayObLG 1971, 342). Ihre Beweiskraft erstreckt sich auch auf die Angaben über die Feststellung der erschienenen Person (OLG Celle NJW-RR 2006, 448) sowie über deren Personenstand (KGJ 44, 209; LG Berlin Rpfleger 1963, 53); fehlen solche Angaben, so hat das GBAmt auf Klärung etwaiger Zweifel hinzuwirken (KGJ 35, 200), kennt es ihre Unrichtigkeit, so ist diese zu berücksichtigen (s. Anh. zu § 13 Rn. 43). Bestehen im Hinblick auf Zusätze oderÄnderungen in einer gerichtlichen oder notariellen Urkunde Zweifel an ihrer Beweiskraft (vgl. § 419 ZPO und Rn. 44), hat das GBAmt die Vorlage einer einwandfreien Urkunde zu verlangen; bei einer notariellen Urkunde können die Zweifel auch durch eine Eigenurkunde des Notars (s. Rn. 35) beseitigt werden. S. dazu BGH DNotZ 1956, 643 mit Anm. v. Knur; OLG Hamm Rpfleger 1957, 113; Bruhn Rpfleger 1957, 104.

14. Prüfung ausländischer Urkunden

50   **a) Legalisation.** Stellt sich eine Urkunde als von einer ausländischen öffentlichen Behörde oder Urkundsperson ausgestellt dar, so kann das GBAmt zum Nachweis ihrer Echtheit die Legalisation durch die zuständige deutsche Auslandsvertretung verlangen (s. Rn. 27), es sei denn, dass durch die besonderen Umstände des Einzelfalls der Echtheitsbeweis auch ohne Legalisation als erbracht angesehen werden kann (BayObLG Rpfleger 1993, 192; OLG Zweibrücken FGPrax 1999, 86; OLG Schleswig Rpfleger 2008, 498; wegen des Falls, dass eine deutsche Auslandsvertretung fehlt, s. Bülow DNotZ 1955, 41/42).

51   Die Legalisation begründet die Vermutung für die Echtheit der Urkunde sowie dafür, dass der Aussteller die Urkunde in amtlicher Eigenschaft gefertigt hat. Sie sagt an sich aber nichts darüber, dass vom Aussteller die maßgebenden Zuständigkeits- und Formvorschriften beachtet worden sind (KG JW 1933, 524). Es entspricht jedoch einem im internationalen Rechtsverkehr anerkannten Erfahrungssatz, dass eine ausländische Urkunde nicht kompetenzwidrig und fehlerhaft aufgenommen wurde. Ein Zeugnis über die Einhaltung der Zuständigkeits- und Formvorschriften (Legalisation im weiteren Sinn) darf daher vom GBAmt nur bei Vorliegen gewichtiger Gründe gefordert werden (JFG 20, 177; OLG Zweibrücken FGPrax 1999, 86; LG Wiesbaden Rpfleger 1988, 17).

Zur öffentlichen Beglaubigung durch einen amerikanischen oder kanadischen notary public s. BayObLG Rpfleger 1993, 192 und OLG Zweibrücken FGPrax 1999, 86; zur öffentlichen Beglaubigung durch einen französischen Notar s. LG Wuppertal RNotZ 2005, 123 und durch einen belgischen Notar LG Darmstadt MittBayNot 2008, 317. Wegen der Zuziehung und Beeidigung eines Dolmetschers bei fremdsprachigen Urkunden s. § 1 Rn. 48.

52   **b) Befreiung vom Erfordernis der Legalisation.** Eine solche sehen bisweilen Staatsverträge vor; zurzeit bestehen solche Verträge im Verhältnis zu Belgien (Abkommen über die Befreiung öffentlicher Urkunden von der Legalisation v. 13.5.1975, BGBl. 1980 II 813; Bek. v. 9.3.1981, BGBl. II 142), Dänemark (Beglaubigungsabkommen v. 17.6.1936, RGBl. II 214; Bek. v. 30.6.1953, BGBl. II 186), Frankreich (Vertrag über die Befreiung öffentlicher Urkunden von der Legalisation v. 13.9.1971, BGBl. 1974 II 1074; Bek. v. 6.3.1975, BGBl. II 353), Griechenland (Art. 24 des Abkommens über die gegenseitige Rechtshilfe in Angelegenheiten des bürgerlichen und des Handelsrechts v. 11.5.1938, RGBl. 1939 II 849; Bek. v. 26.6.1952, BGBl. II 634), Israel (Art. 15 Abs. 2 des Vertrags über die Anerkennung und Vollstreckung gerichtlicher Entscheidungen in Zivil- und Handelssachen v. 20.7.1977,

BGBl. 1980 II 925; Bek. v. 12.12.1980, BGBl. II 1531), Italien (Vertrag über den Verzicht auf die Legalisation von Urkunden v. 7.6.1969, BGBl. 1974 II 1069; Bek. v. 22.4.1975, BGBl. II 660), Norwegen (Art. 14 Abs. 3 des Vertrags über die gegenseitige Anerkennung und Vollstreckung gerichtlicher Entscheidungen und anderer Schuldtitel in Zivil- und Handelssachen v. 17.6.1977, BGBl. 1981 II 341; Bek. v. 14.9.1981, BGBl. II 901), Österreich (Beglaubigungsvertrag v. 21.6.1923, RGBl. 1924 II 55; Bek. v. 13.3.1952, BGBl. II 436), Spanien (Art. 16 Abs. 2 des Vertrags über die Anerkennung und Vollstreckung von gerichtlichen Entscheidungen und Vergleichen sowie vollstreckbaren öffentlichen Urkunden in Zivil- und Handelssachen v. 14.11.1983, BGBl. 1987 II 34; Bek. v. 28.1. und 23.3.1988, BGBl. II 207 und 375), der Schweiz (Vertrag über die Beglaubigung öffentlicher Urkunden v. 14.2.1907, RGBl. 411), Tunesien (Art. 5 Abs. 2 und 3 des Vertrags über Rechtsschutz und Rechtshilfe, die Anerkennung und Vollstreckung gerichtlicher Entscheidungen in Zivil- und Handelssachen sowie über die Handelsschiedsgerichtsbarkeit v. 19.7.1966, BGBl. 1969 II 889; Bek. v. 2.3.1970, BGBl. II 125) dem Vereinigten Königreich Großbritannien und Nordirland (Art. VI Abs. 3 des Abkommens über die gegenseitige Anerkennung und Vollstreckung von gerichtlichen Entscheidungen in Zivil- und Handelssachen v. 14.7.1960, BGBl. 1961 II 301; Bek. v. 28.6.1961, BGBl. II 1025). Zu den Staatsverträgen mit Frankreich und Italien s. auch Arnold DNotZ 1975, 581.

c) **Haager Übereinkommen vom 5.10.1961.** Besonderes gilt auf 53 Grund des Haager Übereinkommens v. 5.10.1961 zur Befreiung ausländischer öffentlicher Urkunden von der Legalisation (BGBl. 1965 II 875). Zum Nachweis der Echtheit öffentlicher Urkunden, die in dem Hoheitsgebiet eines Vertragsstaats errichtet worden sind und unter Art. 1 Abs. 2 des Übereinkommens fallen, kann eine Legalisation nicht mehr verlangt werden (Art. 2 des Übereinkommens). An ihre Stelle tritt eine Echtheitsbestätigung, die von der zuständigen Behörde des Errichtungsstaats erteilt wird und die Bezeichnung **„Apostille"** führt (Art. 3 Abs. 1, Art. 4 und 5 des Übereinkommens). Unter bestimmten Voraussetzungen, insbes. soweit ein Staatsvertrag Urkunden von dem Erfordernis der Legalisation befreit (s. darüber Rn. 52), kann auch die Apostille nicht gefordert werden (Art. 3 Abs. 2 des Übereinkommens). Im Übrigen kann auf sie unter den gleichen Voraussetzungen wie auf die Legalisation (s. hierzu Rn. 50) ausnahmsweise verzichtet werden (BayObLG Rpfleger 1993, 192). Das Übereinkommen ist auf Urkunden, die den Gegenstand des Europäischen Übereinkommens v. 7.6.1968 bilden, nicht anzuwenden (s. dazu Rn. 55). Für die Erwirkung der Apostille erhält der Notar eine Gebühr von 25 EUR gemäß Nr. 25207 GNotKG-KV; eine zusätzliche Vollzugsgebühr gemäß Nr. 22124 GNotKG-KV fällt nicht an (BGH FGPrax 2019, 282).

Das Übereinkommen, das für die Bundesrepublik am 13.2.1966 in Kraft 54 getreten ist, **gilt gegenwärtig** im Verhältnis zu Frankreich (einschließlich Neue Hebriden), den Niederlanden (einschließlich Niederländische Antillen), dem Vereinigten Königreich Großbritannien und Nordirland einschließlich Jersey, Guernsey und Insel Man sowie weiterer vertretener Gebie-

te (Bek. d. Ausw. Amts v. 12.2.1966, BGBl. II 106; 17.5.1967, BGBl. II 1811),
Malawi (12.10.1967, BGBl. II 2390), Österreich (18.1.1968, BGBl. II 76),
Malta (19.2.1968, BGBl. II 131), Portugal einschließlich aller Gebiete außer-
halb des Mutterlands (21.1.1969, BGBl. II 120; 25.2.1970, BGBl. II 121),
Botsuana, Mauritius (25.2.1970, BGBl. II 121), Japan (4.7.1970, BGBl. II
752), Fidschi (12.7.1971, BGBl. II 1016), Tonga (16.3.1972, BGBl. II 254),
Liechtenstein, Lesotho (20.9.1972, BGBl. II 1466), Ungarn (10.1.1973,
BGBl. II 65), der Schweiz (8.3.1973, BGBl. II 176), Zypern (13.4.1973,
BGBl. II 391), Belgien (7.1.1976, BGBl. II 199), den Bahamas (5.1.1977,
BGBl. II 20), Surinam (17.7.1967, BGBl. II 2082; 1.6.1977, BGBl. II 593),
Italien (23.1.1978, BGBl. II 153), Israel (23.8.1978, BGBl. II 1198), Spanien
(30.10.1978, BGBl. II 1330), den Seschellen, Swasiland (30.4.1979, BGBl. II
417), Luxemburg (30.5.1979, BGBl. II 684), den Vereinigten Staaten von
Amerika (16.9.1981, BGBl. II 903), Norwegen (8.7.1983, BGBl. II 478),
Finnland (1.8.1985, BGBl. II 1006), Griechenland, der Türkei (22.8.1985,
BGBl. II 1108), Antigua, Barbuda (10.3.1986, BGBl. II 542), Brunei Darussa-
lam (25.1.1988, BGBl. II 154), Argentinien (19.2.1988, BGBl. II 235), Pana-
ma (7.8.1991, BGBl. II 998), Marshallinseln und Russland (24.8.1992,
BGBl. II 948), Belize, Belarus und Slowenien (21.6.1993, BGBl. II 1005),
Bosnien-Herzegowina und Kroatien (16.12.1993, BGBl. 1994 II 82), Maze-
donien (6.6.1994, BGBl. II 1191), Armenien (31.8.1994, BGBl. II 2532),
St. Kitts und Nevis (14.11.1994, BGBl. II 3765), Australien und San Marino
(8.2.1995, BGBl. II 222), Südafrika (22.3.1995, BGBl. II 326), Mexiko
(25.7.1995, BGBl. II 694), Lettland (8.1.1996, BGBl. II 223), El Salvador
(29.4.1996, BGBl. II 934), Andorra (29.11.1996, BGBl. II 2802), Litauen
(10.6.1997, BGBl. II 1400), Niue, Tschechische Republik, Venezuela, Irland
(4.2.1999, BGBl. II 142), Schweden (27.4.1999, BGBl. II 420), Samoa
(12.8.1999, BGBl. II 794), Trinidad und Tobago (6.10.2000, BGBl. II 1362),
Kasachstan, Kolumbien und Namibia (21.2.2001, BGBl. II 298), Bulgarien,
Rumänien (19.7.2001, BGBl. II 801), Estland, Neuseeland (ohne Erstreckung auf Tokelau) und Slowakei (11.2.2002, BGBl. II 626), Grenada
(10.6.2002, BGBl. II 1685), St. Lucia (29.8.2002, BGBl. II 2503), Monaco
(13.12.2002, BGBl. 2003 II 63), St.Vincent und die Grenadinen (21.5.2003,
BGBl. II 698), Dominica (10.7.2003, BGBl. II 734), Honduras, Island
(17.12.2004, BGBl. 2005 II 64), Cookinseln, Ecuador (20.6.2005, BGBl. II
752), Polen (20.1.2006, BGBl. II 132), Dänemark (unter Ausschluss der Anwendung auf Grönland und die Faröer), Republik Korea, Montenegro, Ser-
bien (18.2.2008, BGBl. II 224), São Tomé und Principe (28.4.2009, BGBl. II
596); Kap Verde (28.1.2010, BGBl. II 93); Georgien (25.5.2010, BGBl. II
809); Ukraine (27.9.2010, BGBl. II 1195); Costa Rica (19.12.2011, BGBl.
2012 II 79); Oman (7.3.2012, BGBl. II 273); Uruguay (29.8.2012, BGBl. II
1029); Nicaragua (27.3.2013, BGBl. II 528); Bahrain (20.11.2013, BGBl. II
1593); Peru (22.1.2014, BGBl. II 137); Brasilien, Chile (20.7.2016, BGBl. II
1008); Albanien (19.1.2017, BGBl. II 160); Guatemala (19.9.2017, BGBl. II
1309); Bolivien (23.2.2018, BGBl. II 102); Guyana (20.2.2019, BGBl. II
141).

S. dazu auch Fundstellennachweis B zum BGBl. II v. 31.12.2019 S. 621,
ferner Weber DNotZ 1967, 469.

d) Europäisches Übereinkommen vom 7.6.1968. Zu beachten ist **55** ferner das Europäische Übereinkommen v. 7.6.1968 zur Befreiung der von diplomatischen oder konsularischen Vertretern errichteten Urkunden von der Legalisation (BGBl. 1971 II 85). Es ist für die Bundesrepublik am 19.9. 1971 in Kraft getreten und gilt gegenwärtig im Verhältnis zu Frankreich, den Niederlanden einschließlich Niederländische Antillen, der Schweiz, Zypern (Bek. d. Ausw. Amts v. 27.7.1971, BGBl. II 1023), dem Vereinigten Königreich Großbritannien und Nordirland einschließlich Insel Man, Guernsey und Jersey (27.7.1971, BGBl. II 1023; 10.1.1972, BGBl. II 48), Italien (30.11.1971, BGBl. II 1313), Österreich (15.6.1973, BGBl. II 746), Liechtenstein (7.8.1973, BGBl. II 1248), Schweden (23.11.1973, BGBl. II 1676), Griechenland (26.3.1979, BGBl. II 338), Luxemburg (3.8.1979, BGBl. II 938), Norwegen (13.7.1981, BGBl. II 561), Spanien (28.6.1982, BGBl. II 639), Portugal (26.1.1983, BGBl. II 116), der Türkei (22.7.1987, BGBl. II 427), Polen (28.2.1995, BGBl. II 251), Tschechische Republik (21.7.1998, BGBl. II 2373), Irland (3.8.1999, BGBl. II 762), Moldau (22.7.2002, BGBl. II 1872), Estland (23.3.2011, BGBl. II 503); Rumänien (17.1.2012, BGBl. II 114); Belgien (12.4.2016, BGBl. II 514). S. dazu auch Fundstellennachweis B zum BGBl. II v. 31.12.2019 S. 685.

Die Urkunden, die den Gegenstand dieses Übereinkommens bilden (s. dazu Art. 2 Abs. 1 und 2), sind von der Anwendung des Haager Übereinkommens v. 5.10.1961 (s. Rn. 53) nach dessen Art. 1 Abs. 3 ausdrücklich ausgenommen worden. S. dazu auch Arnold NJW 1971, 2109.

e) Sonstiges. Vgl. zum Ganzen Bindseil, Internationaler Urkundenverkehr, DNotZ 1992, 275; Roth, Legalisation und Apostille im GBVerfahren, IPRax 1994, 86 sowie für Bayern JMBek. v. 3.4.2008 (JMBl. 46), mehrmals geändert, zuletzt durch JMBek. v. 13.8.2020 (MBl. Nr. 488). **56**

15. Urschrift, Ausfertigung, beglaubigte Abschrift

Die in § 29 Abs. 1 Satz 1 und 2 genannten, zum Nachweis gegenüber dem **57** GBAmt erforderlichen Urkunden können in Urschrift, in Ausfertigung (s. §§ 47 ff. BeurkG; OLG München JFG 22, 362; wegen einer auszugsweisen Ausfertigung s. BayObLG Rpfleger 1981, 233) oder in beglaubigter Abschrift (JFG 2, 408; OLG Düsseldorf Rpfleger 1961, 48; für Urkunden im Sinn des § 29 Abs. 1 Satz 2 KG FGPrax 2012, 9; OLG Naumburg Rpfleger 2015, 131; insoweit a. M. OLG Düsseldorf RNotZ 2010, 573), auch in der Form einer beglaubigten Abschrift einer beglaubigten Abschrift (KG FGPrax 1998, 7), vorgelegt werden; eine Übermittlung der Urkunde mittels Telefax wahrt die Form nicht.

a) Verweisung auf Akten. Ist eine Urkunde in einer der drei zulässigen Formen in Akten desselben Amtsgerichts enthalten, so genügt an Stelle ihrer Vorlegung die Verweisung auf die Akten (vgl. OLG Köln Rpfleger 1986, 298; OLG Karlsruhe Rpfleger 2002, 304; OLG Bremen ZfIR 2011, 108 mit Anm. v. Heinze); dabei macht es keinen Unterschied, ob die Akten von der Vernichtung ausgeschlossen sind oder nicht (JFG 23, 299); im letzteren Fall ist eine beglaubigte Abschrift zu den Grundakten zu bringen (§ 10 Abs. 2

GBO; § 24 Abs. 3 GBV). Eine zulässige Verweisung setzt jedoch voraus, dass die Akten und die darin enthaltenen Urkunden, auf die verwiesen wird, ausreichend bezeichnet sind, so dass sie vom GBAmt ohne weitere Ermittlungen festgestellt werden können (BayObLG Rpfleger 1987, 451). Die von dem früheren Berechtigten in einer notariellen Niederschrift erklärte Eintr-Bewilligung ist durch die bloße Verweisung gem. § 13a BeurkG hierauf in einer anderen Niederschrift, in der sonstige Erklärungen des jetzigen Berechtigten enthalten sind, nicht als von diesem abgegeben anzusehen (a. M. OLG Düsseldorf FGPrax 2003, 88 mit abl. Anm. v. Demharter FGPrax 2003, 138).

58   **b) Beglaubigte Abschrift.** Zur Herstellung von Ausfertigungen und beglaubigten Abschriften können auch Lichtbilder (Fotokopien, Ablichtungen) verwendet werden; § 1 VO v. 21.10.1942 (RGBl. I 609) ist durch das BeurkG aufgehoben worden; vgl. dazu auch § 68 Abs. 2 BeurkG. Die Formerfordernisse einer Beglaubigung durch einen Notar ergeben sich aus §§ 39, 42 BeurkG. Nicht erforderlich ist die Bestätigung einer bildidentischen oder optischen Übereinstimmung; es genügt die Bestätigung einer inhaltlichen Übereinstimmung. Die notariell beglaubigte Ablichtung einer EintrBewilligung mit Unterschriftsbeglaubigung genügt den Erfordernissen des § 29 daher auch dann, wenn in der Ablichtung die Unterschrift des Bewilligenden oder des Notars mit Schreibmaschine wiedergegeben ist (LG Düsseldorf MittRhNotK 1987, 78; a. M. LG Aachen Rpfleger 1983, 310; offengelassen von OLG Frankfurt DNotZ 1993, 757 mit Anm. v. Kanzleiter). Eine beglaubigte Abschrift hat keine stärkere Beweiskraft als die Urschrift; die beglaubigte Abschrift einer Privaturkunde ist daher nicht ausreichend (JFG 12, 264; OLG Köln FGPrax 2009, 6; KG FGPrax 2012, 236).

59   **c) Besitz der Urkunde.** Eine beglaubigte Abschrift genügt nicht, wenn eine Rechtsfolge an den Besitz der Urkunde geknüpft ist, z. B. bei Vollmachten, Bestallungen, Erbscheinen, Vollstreckungstiteln. Diese sind regelmäßig in Urschrift oder Ausfertigung vorzulegen (RG 88, 431; BGH 102, 63). Eine beglaubigte Abschrift ist bei einer EintrBewilligung grundsätzlich nur dann eine ausreichende EintrGrundlage, wenn sie von dem Bewilligenden dem GBAmt vorgelegt wird. Andernfalls ist die Vorlage der Urschrift der Bewilligung oder einer Ausfertigung erforderlich (s. dazu § 19 Rn. 26). Die beglaubigte Abschrift einer Legitimationsurkunde genügt nur, wenn ein Notar oder eine Behörde bescheinigt, dass die Urschrift oder Ausfertigung zu dem maßgebenden Zeitpunkt von demjenigen vorgelegt wurde, auf dessen Besitz an der Urkunde es ankommt, bei mehreren, von jedem von ihnen (KG FGPrax 1998, 7; Rpfleger 2019, 251; BayObLG Rpfleger 2000, 62; s. auch OLG Frankfurt FGPrax 1996, 208; BayObLG Rpfleger 2002, 197; zum Nachweis des Fortbestands einer Vollmacht s. § 19 Rn. 80). Ein Erbschein und ein Testamentsvollstreckerzeugnis sind aber grundsätzlich immer in Urschrift oder Ausfertigung vorzulegen (s. § 35 Rn. 23, 60). Die beglaubigte Abschrift eines Testamentsvollstreckerzeugnisses reicht jedoch aus, wenn nicht die noch bestehende Verfügungsbefugnis des Testamentsvollstreckers nachgewiesen werden soll, sondern nur die Beendigung der Testamentsvollstreckung (BayObLG Rpfleger 1990, 363).

d) Sonstiges. Eine Vollmachtsgeständnisurkunde braucht nur beglaubigt zu sein; sie ist aber nur beweiskräftig, wenn der Erklärende noch verfügungsberechtigt ist (s. hierzu Rn. 9).

Zur Übermittlung einer öffentlichen oder öffentlich beglaubigten Urkunde als eine mit einem einfachen elektronischen Zeugnis versehene elektronische Abschrift s. § 137 Abs. 1 Satz 1, 3 GBO, §§ 39a, 42 BeurkG, ferner § 137 Rn. 2 und wegen der Kosten § 137 Rn. 10. Über die Auslegung der Urkunden s. § 19 Rn. 28.

16. Offenkundigkeit

Offenkundig sind die allen lebenserfahrenen Menschen ohne weiteres bekannten oder solche Tatsachen, deren Kenntnis sich jeder aus allgemein zugänglichen und zuverlässigen Quellen ohne besondere Sachkunde verschaffen kann (RG 147, 200; OLG München NJW-RR 2010, 1027). § 29 verwendet diesen Begriff in einem etwas engeren Sinn: Es genügt, dass eine Tatsache dem GBAmt offenkundig, d.h. zweifelsfrei bekannt ist (JFG 20, 220; OLG Frankfurt Rpfleger 1972, 104; OLG München Rpfleger 2016, 719); dabei macht es keinen Unterschied, ob die Kenntnis amtlich oder außeramtlich erlangt wurde (OLG Hamm RdL 1952, 77; BayObLG DNotZ 1957, 311). Auch die Lebenserfahrung kommt damit als Beweismittel in Betracht (BGH FGPrax 2014, 101). Offenkundig ist z.B. der Preisindex für die Lebenshaltung eines Vier-Personen-Arbeitnehmerhaushalts (OLG Celle Rpfleger 1984, 462). **60**

Was das GBAmt aus dem GB oder aus seinen Akten oder aus anderen Akten desselben Amtsgerichts entnimmt, ist **aktenkundig** (BayObLG Rpfleger 2001, 486; OLG München NJW-RR 2018, 71). Ist in ihnen eine Tatsache zur Entstehung gelangt, z.B. eine familiengerichtliche oder betreuungsgerichtliche Genehmigung erteilt worden, so ist diese Tatsache beim GBAmt offenkundig; sonst ist aktenkundig nicht gleichbedeutend mit offenkundig (s. dazu eingehend OLG Köln MDR 1965, 993; ferner OLG München Rpfleger 2016, 719). Sind aber im GB, den Grundakten oder in anderen Akten Tatsachen formgerecht bezeugt, z.B. durch Erbschein, so kann der Antragsteller auf sie verweisen (OLG Köln FGPrax 2015, 115), und zwar ohne Rücksicht darauf, ob die Akten der Vernichtung unterliegen oder nicht (s. Rn. 57). **61**

Die offenkundigen Tatsachen soll das GBAmt durch einen Vermerk in der EintrVerfügung aktenkundig machen (§ 24 Abs. 3 GeschO; Nr. 3.2.1.2 BayGBGA). **62**

17. Freie Beweiswürdigung

a) Allgemeines. Nicht selten lassen sich nicht offenkundige Tatsachen, die nach Abs. 1 Satz 2 durch öffentliche Urkunden nachgewiesen werden müssten, in dieser Form nicht nachweisen. Dies gilt insbes. für so genannte negative Tatsachen (s. dazu Völzmann, Der Nachweis negativer Tatsachen im GBVerfahren, RNotZ 2012, 380). In solchen Fällen kann häufig ein Nachweis allenfalls durch ein Feststellungsurteil geführt werden. Im Einzelfall kann selbst diese Möglichkeit verschlossen sein, so dass bei einem strengen **63**

Festhalten an der Formvorschrift des § 29 eine GBUnrichtigkeit nicht nachgewiesen werden könnte. Deshalb gestattet die Rechtsprechung, bei der Würdigung der EintrUnterlagen Erfahrungssätze zu verwerten (OLG Köln Rpfleger 1987, 301) und darüber hinaus ausnahmsweise eidesstattliche Versicherungen (s. § 1 Rn. 71) zuzulassen und nicht in der Form des § 29 nachgewiesene Tatsachen frei zu würdigen (KG FGPrax 1997, 212; Rpfleger 2013, 81). Der Zweck des § 29, die Eintragung auf sichere Unterlagen zu gründen, wird bei verständiger Anwendung nicht gefährdet. Der Zwang, entfernte Möglichkeiten durch formgerechten Nachweis auszuschließen, würde in der Mehrzahl der Fälle nur zu leerem Formalismus führen und einen geordneten Geschäftsverkehr unnötig erschweren (BGH Rpfleger 1985, 234). Andererseits darf das GBAmt, wo ein formgerechter Nachweis möglich ist, nicht davon absehen, diesen zu verlangen, weil es im einzelnen Fall von der Richtigkeit des Vorbringens überzeugt ist (BayObLG 1986, 211).

Auch soweit danach die strengen Anforderungen an einen formgerechten Nachweis gelockert sind, verbleibt es bei der Beschränkung auf präsente, von dem Antragsteller vorzulegende Urkunden. Eigene Ermittlungen des GBAmts oder eine Beweisaufnahme durch Vernehmung von Zeugen sind ausgeschlossen (OLG Hamm FGPrax 2005, 239). Zur Verwertung der durch unzulässige Ermittlungen und eine unzulässige Beweisaufnahme gewonnenen Kenntnisse s. § 13 Rn. 5.

Besteht ein **allgemeiner Erfahrungssatz,** so hat das GBAmt lediglich tatsächlich begründeten, ernsthaften Zweifeln am Vorliegen der für die Eintragung erforderlichen Tatsachen nachzugehen; dabei genügt es, die Zweifel so weit auszuräumen, dass wieder von dem allgemeinen Erfahrungssatz ausgegangen werden kann (OLG Hamm Rpfleger 1995, 153 für den Nachweis der Rechtsfähigkeit einer ausländischen juristischen Person; BayObLG NJW-RR 1990, 271 und Rpfleger 1992, 152 für den Nachweis der Geschäftsfähigkeit; s. dazu auch § 18 Rn. 3).

64   **b) Einzelfälle.** Die Möglichkeit der freien Beweiswürdigung ist vor allem bedeutsam für den Nachweis der Tatsache, dass sich ein Testamentsvollstrecker oder ein befreiter Vorerbe in den Grenzen seiner Verfügungsmacht gehalten hat, also keine unentgeltliche Verfügung vorliegt (s. dazu § 52 Rn. 23 und § 51 Rn. 35), ebenso für den Nachweis der Befreiung des Testamentsvollstreckers von den Beschränkungen des § 181 BGB (s. dazu § 52 Rn. 26), ferner bei einem formlosen Gesellschaftsvertrag für den Nachweis der Rechtsfolgen beim Tod eines BGB-Gesellschafters (s. § 22 Rn. 42), bei der Verfügung einer ausländischen Kapitalgesellschaft über ein Grundstück für den Nachweis des tatsächlichen Verwaltungssitzes, sofern dieser für die Beurteilung ihrer Rechtsfähigkeit maßgebend ist (s. dazu § 32 Rn. 9), für den Nachweis von Existenz und Vertretung einer ausländischen juristischen Person durch Vorlage der nach dem ausländischen Recht möglichen Nachweise (KG FGPrax 2012, 236 für einen dänischen Verein), für den Nachweis der Nichtexistenz eines eingetragenen Berechtigten (KG FGPrax 1997, 212) und für den Nachweis der Geschäftsfähigkeit (BayObLG NJW-RR 1990, 271; Rpfleger 1992, 152), nicht aber für den Nachweis, dass die Geschäftsfähigkeit fehlt oder weggefallen ist (s. dazu § 18 Rn. 3).

In freier Würdigung aller ihm bekannten Tatsachen und allgemeiner Er- 65
fahrungssätze hat das GBAmt auch darüber zu entscheiden, ob eine wirksam
erteilte **Vollmacht** in dem maßgebenden Zeitpunkt fortbestanden hat (s.
§ 19 Rn. 80), wann ein Brief übergeben worden ist (KG JW 1935, 713;
HRR 1939 Nr. 1250; s. aber auch OLG Frankfurt Rpfleger 1968, 355 mit
Anm. v. Haegele), ob die Vollziehungsfrist des § 929 Abs. 2 ZPO gewahrt ist
(OLG Köln Rpfleger 1987, 301), wer eine politische Partei vertritt, soweit
sie als solche in das GB eingetragen werden kann (s. § 19 Rn. 101), oder ob
eine Verfügung eine unwirksame Schenkung, z. B. des Betreuers (KG FGPrax
2012, 145) darstellt (BayObLG 34, 411; JFG 16, 90). Das OLG Karlsruhe
(Rpfleger 2014, 420) hält eine freie Beweiswürdigung auch zur Feststellung
des Bestehens einer Vollmacht zur Entgegennahme einer Zustellung nach
§ 750 ZPO für zulässig.

Zum Nachweis, dass Art. 81 BayVerf. beachtet ist, s. BayObLG Rpfleger
1970, 22, zu dem, dass der Verhinderungsfall des Art. 39 Abs. 1 Satz 1 BayGO
vorliegt, s. BayObLG Rpfleger 1971, 429. Zum Nachweis, dass das Verbot der
Grundstücksveräußerung unter Wert durch eine **Gemeinde** gem. Art. 75
BayGO (vgl. die entsprechenden Vorschriften des Art. 69 LkrsO und des Art. 67
BezO) beachtet ist, genügt in der Regel eine entsprechende schriftliche Feststellung des Vertretungsberechtigten der Gemeinde in der Form des § 29 Abs. 3;
s. BayObLG MittBayNot 1995, 389; OLG München Rpfleger 2018, 133
und IMBek. v. 15.5.1992 (AllMBl. 535) sowie Mayer MittBayNot 1996, 251,
ferner für Baden-Württemberg OLG Karlsruhe Justiz 2012, 324 und Rn. 47.

Ausnahme von § 29

29a Die Voraussetzungen des § 1179 Nr. 2 des Bürgerlichen Gesetzbuchs sind glaubhaft zu machen; § 29 gilt hierfür nicht.

Die Vorschrift ist durch Art. 2 Nr. 1 des Ges. v. 22.6.1977 (BGBl. I 998) 1
eingefügt worden und erklärt sich aus der Neufassung des § 1179 BGB
durch Art. 1 Nr. 1 dieses Gesetzes.

Danach kann eine Löschungsvormerkung unter anderem dann eingetra- 2
gen werden, wenn demjenigen, zu dessen Gunsten die Eintragung vorgenommen werden soll, ein, wenn auch künftiger oder bedingter, Anspruch auf
Einräumung eines nicht in einem Grundpfandrecht bestehenden gleich-
oder nachrangigen Rechts am Grundstück oder auf Übertragung des Eigentums am Grundstück zusteht (§ 1179 Nr. 2 BGB). Müsste der Nachweis
dieser Voraussetzung durch öffentliche Urkunden geführt werden, so könnte
dies unter Umständen unangemessenen Schwierigkeiten begegnen; § 29a
lässt deshalb hierfür eine Glaubhaftmachung genügen.

Glaubhaft gemacht ist eine Tatsache, wenn eine erhebliche (überwiegende) 3
Wahrscheinlichkeit für ihr Vorliegen dargetan ist (BGH FGPrax 2016, 244).
Zur Glaubhaftmachung können alle Beweismittel eingesetzt werden; insbes.
kommt die Versicherung an Eides Statt in Betracht (§ 31 Abs. 1 FamFG; Hü-
gel/Otto Rn. 9; a. M. Meikel/Hertel Rn. 13; KEHE/Volmer Rn. 10). Wer
glaubhaft zu machen hat, muss die hierzu erforderlichen Beweismittel her-
beischaffen und dem GBAmt unterbreiten (vgl. § 31 Abs. 2 FamFG).

Form des Eintragungsantrags und der Antragsvollmacht

30 Für den Eintragungsantrag sowie für die Vollmacht zur Stellung eines solchen gelten die Vorschriften des § 29 nur, wenn durch den Antrag zugleich eine zu der Eintragung erforderliche Erklärung ersetzt werden soll.

1. Allgemeines

1 § 30 handelt von der Form des EintrAntrags und der Vollmacht zur Stellung eines solchen. Für beide gilt § 29 nur, wenn durch den Antrag zugleich eine zur Eintragung erforderliche Erklärung ersetzt werden soll. Ist dies nicht der Fall, so bedürfen der Antrag und die Antragsvollmacht nicht der grundbuchmäßigen Form. Die Regelung ist zur Erleichterung des GBVerkehrs getroffen, weil nennenswerte Nachteile aus der Formfreiheit nicht zu befürchten sind.

Zur Übermittlung eines EintrAntrags oder einer Vollmacht zur Stellung eines EintrAntrags als elektronisches Dokument s. § 137 Rn. 8 und 9.

2. Eintragungsantrag

2 § 30 betrifft nur Anträge, mit denen eine Eintragung begehrt wird (§ 13). Nicht hierher gehören also Anträge auf Gestattung der GBEinsicht, auf Erteilung von GBAbschriften sowie auf Erteilung von Briefen; ebenso wenig behördliche EintrErsuchen (§ 38), die zwar den EintrAntrag ersetzen, deren Form aber in § 29 Abs. 3 geregelt ist. EintrAnträge können reine oder gemischte Anträge sein.

3 **a) Reiner Antrag.** Er liegt vor, wenn er lediglich die EintrTätigkeit des GBAmts veranlassen soll. Hierher gehören zunächst die Fälle, in denen zur Eintragung weder eine EintrBewilligung noch eine sonstige Erklärung erforderlich ist. So z.B. der Antrag auf Anlegung eines Erbbaurechtsblatts (§ 8 Abs. 1 Satz 1), auf Vermerk subjektiv-dinglicher Rechte (§ 9 Abs. 1 Satz 1), auf Berichtigung des GB wegen nachgewiesener Unrichtigkeit (§ 22); ferner der Antrag auf Eintragung einer Zwangshyp. einschließlich der etwa notwendigen Verteilungserklärung, und zwar auch dann, wenn ein hinter der Höhe des Schuldtitels zurückbleibender Betrag eingetragen werden soll (RG 71, 315). Des Weiteren zählen hierher diejenigen Fälle, in denen die Eintr-Bewilligung oder die sonstige zur Eintragung erforderliche Erklärung entweder gesondert oder von einem anderen Beteiligten abgegeben ist. So z.B. der Antrag auf Eintragung einer von dem Eigentümer bewilligten Hypothek, mag er von diesem oder von dem Gläubiger gestellt werden.

4 **b) Gemischter Antrag.** Er ist gegeben, wenn er nicht nur die EintrTätigkeit des GBAmts veranlassen, sondern zugleich eine zur Eintragung erforderliche Erklärung ersetzen soll. Hierher gehören diejenigen Fälle, in denen eine EintrBewilligung oder eine Zustimmungserklärung in die Form eines Antrags gekleidet wird oder der Antrag sonst eine zur Eintragung erforderliche Erklärung enthält. So z.B. der Antrag des Gläubigers auf Eintragung der Teilung einer Hypothek, wenn die Teile verschiedenen Rang erhalten sollen

(JFG 14, 146), der Antrag des Eigentümers auf Löschung einer Hypothek, sofern er sich auf eine Bewilligung des Gläubigers gründet (s. § 27 Rn. 19), der Antrag auf Vereinigung, Zuschreibung oder Teilung von Grundstücken (s. § 5 Rn. 10, § 6 Rn. 10, § 7 Rn. 4) sowie auf ideelle Grundstücksteilung zwecks Begründung von WEigentum (s. Anh. zu § 3 Rn. 42), der Antrag des Fiskus auf Eintragung des Verzichts auf sein Aneignungsrecht sowie der Antrag des Fiskus oder nach dessen Verzicht auf das Aneignungsrecht der Antrag eines Dritten, als Eigentümer eines herrenlos gewordenen Grundstücks eingetragen zu werden (s. Anh. zu § 44 Rn. 5), der Antrag auf Schließung der Wohnungsgrundbücher nach § 9 Abs. 1 Nr. 2, 3 WEG (s. Anh. zu § 3 Rn. 105, 107), der Antrag auf Eintragung eines Widerspruchs nach § 1139 BGB (str.); ferner der Antrag, der die in der EintrBewilligung fehlende Bezeichnung des Grundstücks (§ 28 Satz 1) oder die dort unterbliebene Angabe des Gemeinschaftsverhältnisses (§ 47 Abs. 1) nachholt.

3. Form des Eintragungsantrags

a) Reiner Antrag. Besteht er aus mehreren Blättern müssen diese nicht **5** mit Schnur und Siegel verbunden werden. Es gilt das zum EintrErsuchen Ausgeführte entsprechend (s. § 38 Rn. 68). Der reine Antrag unterliegt nicht den Formvorschriften des § 29, muss aber, wie sich aus § 13 Abs. 2 Satz 1 ergibt, in einem Schriftstück niedergelegt sein (RG Recht 1911 Nr. 2460; KGJ 44, 176; BayObLG Rpfleger 1977, 135). Ein schriftlich gestellter Antrag braucht keine Orts- und Zeitangabe zu enthalten, soll aber vom Antragsteller oder seinem Bevollmächtigten unterschrieben werden (§ 23 Abs. 1 Satz 3 FamFG); eine mechanisch hergestellte Unterschrift ist ausreichend, telegraphische Antragstellung ebenso zulässig, wie eine Antragstellung durch Telebrief oder Telefax (OLG Frankfurt FGPrax 2011, 322). Im Hinblick auf die Ausgestaltung des § 23 Abs. 1 Satz 3 FamFG als Soll-Vorschrift ist das Fehlen der Unterschrift unschädlich, wenn die Person des Antragstellers zweifelsfrei erkennbar ist (OLG Jena FGPrax 1998, 127). Ein mündlich gestellter Antrag genügt nur, wenn über ihn eine Niederschrift aufgenommen wird (RG Recht 1911 Nr. 2460), wozu neben dem Urkundsbeamten der Geschäftsstelle (§ 25 FamFG) auch der GBRichter und damit an dessen Stelle der Rpfleger (§ 3 Nr. 1 Buchst. h RpflegerG) befugt ist. Für diese Niederschrift fehlt es an bundesrechtlichen Vorschriften; maßgebend sind daher etwa vorhandene landesrechtliche Bestimmungen; in Ermanglung solcher wird zwar nicht die Unterschrift des Antragstellers, wohl aber die des aufnehmenden Beamten als erforderlich erachtet werden müssen (vgl. auch § 19 Abs. 3 GeschO). Wegen des Eingangs eines zur Niederschrift gestellten Antrags s. § 13 Rn. 29, 31.

b) Gemischter Antrag. Besteht er aus mehreren Blättern gilt das zur **6** EintrBewilligung Ausgeführte entsprechend (s. § 19 Rn. 109). Der gemischte Antrag bedarf der Form des § 29 Abs. 1 Satz 1. Er muss daher in öffentlicher oder öffentlich beglaubigter Urkunde (s. § 29 Rn. 27, 41) gestellt werden. Genügt für eine zur Eintragung erforderliche Erklärung ausnahmsweise eine mildere Form, so gilt dies auch für den die Erklärung ersetzenden Antrag; der gemischte Antrag des Gläubigers auf Eintragung einer Zinssenkung bedurfte daher nur der Schriftform (§ 1 Ges. über die Eintragung von Zinssenkungen v. 11.5.1937, RGBl. I 579, aufgehoben durch Ges. v. 19.4.2006, BGBl. I 866). Formfrei ist der gemischte Antrag des Gläubigers auf Löschung einer Abgeltungshyp. (§ 9 Abs. 4 DVO z. VO über die Aufhebung der Gebäudeentschuldungssteuer v. 31.7.1942, RGBl. I 503; s. dazu § 24 GBMaßnG).

4. Vollmacht zur Stellung eines Eintragungsantrags

7   Sie ist die auf Rechtsgeschäft beruhende Befugnis, für einen anderen einen EintrAntrag zu stellen. Unter § 30 fällt demnach auch die Prozessvollmacht. Sie ermächtigt zur Stellung von EintrAnträgen aber nur im Rahmen der §§ 81, 82 ZPO; außerhalb dieses Rahmens kann der Prozessbevollmächtigte EintrAnträge nur auf Grund besonderer Vollmacht stellen. Auch die Antragsermächtigung des Notars gemäß § 15 Abs. 2 gehört hierher. Zur Antragstellung kann auch bevollmächtigt werden wer nicht gemäß § 10 Abs. 2 FamFG **vertretungsbefugt** ist. Voraussetzung einer wirksamen Antragstellung ist aber, dass der Bevollmächtigte den Antrag in öffentlicher oder öffentlich beglaubigter Form abgibt (s. § 15 Rn. 2.1). Über die gesetzliche Vertretungsmacht s. Rn. 10.

8   Für die Vollmacht zur Stellung eines **reinen Antrags** gelten die Formvorschriften des § 29 nicht (OLG München FGPrax 2009, 62). Die Vollmacht ist schriftlich zu den Gerichtsakten einzureichen. Der Mangel der Vollmacht ist von Amts wegen zu berücksichtigen, es sei denn, als Bevollmächtigter tritt ein Rechtsanwalt oder Notar auf (§ 11 Satz 4 FamFG). Ein Prozessbevollmächtigter ist durch seine Anführung im Vollstreckungstitel zur Stellung des Antrags auf Eintragung einer Zwangshyp. ausreichend legitimiert Wird der Antrag von einem Notar auf Grund der Ermächtigung des § 15 Abs. 2 gestellt, so bedarf es überhaupt keines Vollmachtsnachweises.

9   Die Vollmacht zur Stellung eines **gemischten Antrags** muss in der Form des § 29 Abs. 1 Satz 1 nachgewiesen werden, sofern nicht ausnahmsweise für den gemischten Antrag selbst eine mildere Form, z. B. Schriftform, genügt oder dieser gar formfrei gestellt werden kann.

10   Die **gesetzliche Vertretungsmacht**, z. B. des Vormunds oder der gesetzlichen Vertreter juristischer Personen, fällt nicht unter § 30. Sie ist stets gemäß § 29 Abs. 1 Satz 2, § 32 nachzuweisen. Kritisch hierzu, soweit es um den reinen Antrag einer juristischen Person des Privatrechts als gewinnendem Teil geht, Böhringer Rpfleger 1994, 449. Bei der Aktiengesellschaft ist die in § 78 Abs. 3 AktG vorgesehene unechte Gesamtvertretung durch ein Vorstandsmitglied und einen Prokuristen gesetzliche Vertretung (RG 134, 307). Im Rahmen des § 49 HGB handelt der Prokurist dagegen als gewillkürter Vertreter.

5. Kosten

11   Die Aufnahme reiner EintrAnträge geschieht gebührenfrei.

Form der Zurücknahme des Eintragungsantrags und des Widerrufs der Antragsvollmacht

31 Eine Erklärung, durch die ein Eintragungsantrag zurückgenommen wird, bedarf der in § 29 Abs. 1 Satz 1 und Abs. 3 vorgeschriebenen Form. Dies gilt nicht, sofern der Antrag auf eine Berichtigung des Grundbuchs gerichtet ist. Satz 1 gilt für eine Erklärung, durch die eine zur Stellung des Eintragungsantrags erteilte Vollmacht widerrufen wird, entsprechend.

Inhaltsübersicht

1. Allgemeines

§ 31 unterwirft Erklärungen, durch die ein EintrAntrag zurückgenommen **1** oder die Vollmacht zur Stellung eines solchen widerrufen wird, aus Gründen der Rechtssicherheit der Formvorschrift des § 29; ausgenommen vom Formzwang ist jedoch die Zurücknahme eines Berichtigungsantrags. Die Ausnahme wurde durch das RegVBG eingefügt, das im Übrigen die seinerzeit unterbliebene Anpassung des Wortlauts der Bestimmung an die Neufassung des § 29 durch die ÄndVO nachholte.

Zur Übermittlung der Zurücknahme eines EintrAntrags oder des Widerrufs einer Vollmacht zur Stellung eines EintrAntrags als elektronisches Dokument s. § 137 Rn. 8 und 9.

2. Zurücknahme des Eintragungsantrags

§ 31 Satz 1 betrifft nur die Zurücknahme von Anträgen, mit denen die **2** Vornahme einer Eintragung begehrt worden ist; ausgenommen sind nach Satz 2 jedoch Anträge auf Berichtigung des GB (s. dazu § 22 Rn. 45). Im Übrigen gilt § 31 Satz 1 ohne Rücksicht darauf, ob es sich um einen reinen oder um einen gemischten Antrag handelt (KG DNotV 1929, 737; OLG Hamm Rpfleger 1985, 231; wegen der Unterscheidung s. § 30 Rn. 2 ff.) und ob der Antrag von dem Antragsberechtigten selbst oder von einem Vertreter, z. B. einem Prozessbevollmächtigten, gestellt wurde; auch die Zurücknahme eines Antrags auf Eintragung einer Zwangshyp. fällt unter § 31 (s. Anh. zu § 44 Rn. 69). Die Zurücknahme von Anträgen, die nicht EintrAnträge sind, z. B. von solchen auf Gestattung der GBEinsicht oder auf Erteilung von GBAbschriften, gehört nicht hierher. Für die Zurücknahme behördlicher EintrErsuchen (§ 38) gilt § 29 Abs. 3 (OLG Naumburg FGPrax 2014, 55).

3. Zulässigkeit der Zurücknahme

3   Die Zurücknahme des Antrags ist bis zur Vollendung der Eintragung, d. h. bis zu ihrer Unterzeichnung zulässig. Ob die Eintragung bereits verfügt wurde, ist unerheblich. Über Einzelheiten s. § 13 Rn. 36 ff. Wegen des Einflusses eines allgemeinen Verfügungsverbots gem. § 21 Abs. 2 Nr. 2 InsO (vordem § 106 Abs. 1 Satz 3 KO) auf die Antragszurücknahme s. KG Rpfleger 1972, 174.

4. Begriff der Zurücknahme

4   Unter § 31 Satz 1 fällt nicht nur die gänzliche, sondern auch eine teilweise Zurücknahme. Eine solche liegt bei jeder inhaltlichen Änderung, insbes. bei einer Einschränkung des gestellten Antrags vor (KG HRR 1934 Nr. 1056; OLG München JFG 22, 32; BayObLG DNotZ 1956, 206). Ergänzungen eines Antrags, die seinen Inhalt unverändert lassen, gehören nicht hierher; so z. B. die Nachholung der Bezeichnung des Grundstücks gemäß § 28 oder die nachträgliche Beifügung eines Vorbehalts nach § 16 Abs. 2. Für die Zurücknahme eines Vorbehalts nach § 16 Abs. 2 gilt dagegen § 31; anders, wenn der Antragsteller keinen solchen gemacht hat und nachträglich erklärt, dass die nicht beanstandete Eintragung vorgenommen werden soll (KGJ 35, 195).

5   Keine Zurücknahme liegt vor, wenn der Antragsteller erklärt, dass einer von mehreren in der Urkunde enthaltenen Anträgen noch nicht erledigt werden soll oder wenn vor dem Eingang des Antrags oder gleichzeitig mit diesem ein Widerruf eingeht; denn in diesem Fall ist der Antrag nicht als gestellt anzusehen (OLG Jena FGPrax 1998, 127). In dem Verlangen, eine Urkunde zurückzugeben, ist noch keine Zurücknahme des EintrAntrags zu erblicken (RG 60, 396).

5. Form der Zurücknahme

6   **a) Grundsatz.** Die Zurücknahme des Antrags bedarf, sofern nicht der Ausnahmefall des § 31 Satz 2 vorliegt, grundsätzlich der Form des § 29 Abs. 1 Satz 1. Sie muss daher öffentlich beurkundet oder öffentlich beglaubigt sein (s. § 29 Rn. 27, 41). Dies gilt auch für die Zurücknahme eines Antrags auf Eintragung einer Zwangshyp. (s. Anh. zu § 44 Rn. 69). Ein Berichtigungsantrag kann formfrei zurückgenommen werden.

7   **b) Antrag des Notars.** Nimmt ein Notar einen von ihm auf Grund der Ermächtigung des § 15 Abs. 2 gestellten Antrag zurück, so braucht er die Rücknahmeerklärung nach § 24 Abs. 3 BNotO nur mit seiner Unterschrift und seinem Amtssiegel (Prägesiegel oder Farbdruckstempel: OLG München JFG 22, 33; BayObLG DNotZ 1956, 206; s. auch Bertzel DNotZ 1951, 455) zu versehen; dabei macht es keinen Unterschied, ob es sich um eine gänzliche oder um eine teilweise Zurücknahme handelt (BayObLG DNotZ 1994, 891); eines Vollmachtsnachweises bedarf es nicht. Die Übermittlung der vom Notar unterschriebenen und mit seinem Siegel versehenen Rücknahmeschrift mittels Telefax genügt nicht den Anforderungen des § 29 (§ 29 Rn. 57).

Ein Antrag, den der Notar auf Grund besonderer Vollmacht gestellt hat, kann von ihm nur auf Grund einer solchen zurückgenommen werden (OLG München JFG 22, 33). Auf die Vollmacht zur Zurücknahme ist § 31 Satz 1, auf die Zurücknahme § 24 Abs. 3 Satz 2 BNotO entsprechend anzuwenden (s. Rn. 8, 19).

Den von dem Notar gestellten Antrag kann ein Beteiligter zurücknehmen, jedoch nur, soweit er für ihn gestellt wurde (s. dazu § 15 Rn. 11); es gilt § 31 Satz 1.

c) Antrag der Beteiligten. Einen von den Beteiligten selbst gestellten **8** Antrag kann der Notar dagegen nur auf Grund besonderer Vollmacht zurücknehmen (OLG Frankfurt Rpfleger 1973, 403; BayObLG DNotZ 1989, 364), wobei die Vollmacht in entsprechender Anwendung des § 31 Satz 1 in der Form des § 29 Abs. 1 Satz 1 nachzuweisen ist (OLG Hamm JMBlNRW 1961, 273; BayObLG Rpfleger 1975, 94), auf die Zurücknahme jedoch § 24 Abs. 3 Satz 2 BNotO entsprechende Anwendung findet (BGH Rpfleger 1978, 365; s. dazu jetzt aber auch BGH Rpfleger 1980, 465 und § 29 Rn. 35). Um einen derartigen Antrag handelt es sich z. B., wenn der Notar die von ihm aufgenommene, den Antrag der Beteiligten enthaltende Urkunde beim GBAmt nur botenmäßig eingereicht hat, mag er den solchermaßen übermittelten Antrag auch nachträglich gemäß § 15 Abs. 2 wiederholt haben.

d) Antrag des Notars und der Beteiligten. Ob ein von den Beteilig- **9** ten selbst gestellter Antrag auch dann vorliegt, wenn der Notar den Antrag gemäß § 15 Abs. 2 gestellt hat, die von ihm vorgelegte Urkunde aber bereits den Antrag der Beteiligten enthält, ist umstritten; die Rechtsprechung nimmt dies überwiegend an (BayObLG Rpfleger 1989, 147; OLG Frankfurt Rpfleger 1958, 221; OLG Hamm Rpfleger 1988, 404). Demgegenüber ist OLG Braunschweig DNotZ 1961, 413 der Ansicht, dass regelmäßig nur der vom Notar gestellte Antrag wirksam sei, während die in der Urkunde enthaltenen Anträge der Beteiligten nicht als gestellt zu gelten hätten.

Von einem allein vom Notar gestellten Antrag kann, worauf OLG Frank- **10** furt Rpfleger 1973, 403 zutreffend abhebt, nur dann ausgegangen werden, wenn der Notar bei seiner Antragstellung deutlich zum Ausdruck gebracht hat, dass Anträge der Beteiligten als nicht gestellt gelten sollen. Handelt es sich bei den in der Urkunde enthaltenen Anträgen der Beteiligten um gemäß § 16 Abs. 2 verbundene, so bedarf der Notar auch bei alleiniger Antragstellung zur Zurücknahme eines dieser Anträge einer besonderen Vollmacht der Beteiligten in der Form des § 29 Abs. 1 Satz 1 (BayObLG Rpfleger 1975, 94).

e) Einschränkung des Antrags nach Zurückweisung. § 31 ist nicht **11** anzuwenden, wenn das GBAmt einen Antrag zurückgewiesen hat und dieser mit der Beschwerde entsprechend der Beanstandung des GBAmts eingeschränkt wird; denn durch die Zurückweisung entfällt der innere Grund für die Formerschwerung (KG HRR 1934 Nr. 1056).

6. Wirkung der Zurücknahme

12   Ist der Antrag formgerecht zurückgenommen, so hat die begehrte Eintragung, falls nicht noch Anträge anderer Beteiligter vorliegen (KGJ 24, 95), zu unterbleiben. Das Verfahren ist beendet und der Antrag im Sinn des § 17 erledigt (OLG München JFG 22, 140). Eine ergangene Entscheidung wird wirkungslos, ohne dass es ihrer Aufhebung bedarf. Eine Anfechtung der Zurücknahme ist unzulässig; der Antrag kann jedoch jederzeit wiederholt werden, ist dann aber als neuer Antrag zu behandeln (KG HRR 1928 Nr. 587; OLG München FGPrax 2010, 121).

13   Die von dem Antragsteller **eingereichten Urkunden** sind an diesen zurückzugeben (KGJ 44, 171; JFG 8, 227). Auch wenn dies nicht geschehen ist, darf das GBAmt eine EintrBewilligung nicht als Unterlage für eine Eintragung verwenden, die von einem anderen Antragsberechtigten nach der Antragszurücknahme beantragt worden ist (BGH Rpfleger 1982, 414 gegen JFG 8, 229; s. hierzu auch § 19 Rn. 114).

14   Im Fall des § 31 Satz 1 bleibt der Antrag bei formloser Zurücknahme wirksam. Das GBAmt hat einzutragen, wenn der Vollzug anderer EintrAnträge von der Eintragung auf den nicht formgerecht zurückgenommenen Antrag abhängt. Ist dies nicht der Fall, so hat es dem Antragsteller Gelegenheit zu formgerechter Zurücknahme zu geben; unterbleibt diese, so ist einzutragen. Eine Eintragung kommt jedoch nur in Betracht, wenn die übrigen EintrVoraussetzungen gegeben sind; andernfalls ist der Antrag zurückzuweisen (OLG Hamm Rpfleger 1985, 231).

7. Widerruf der Vollmacht zur Antragstellung

15   § 31 Satz 3 bezieht sich nur auf den Widerruf von Vollmachten, die zur Stellung eines EintrAntrags ermächtigen (s. § 30 Rn. 7). Dabei macht es keinen Unterschied, ob die Vollmacht den Formvorschriften des § 29 unterliegt oder nicht; ohne Bedeutung ist auch, ob der Antrag gem. § 31 Satz 2 ohne Einhaltung von Formvorschriften zurückgenommen werden kann. Der Widerruf von Vollmachten zur Stellung anderer Anträge, die nicht EintrAnträge sind, gehört nicht hierher.

16   Widerruf im Sinn des § 31 Satz 3 ist nicht nur der gemäß § 168 Satz 3 BGB, sondern auch die Kündigung der Prozessvollmacht sowie der Widerruf der Antragsermächtigung nach § 15 Abs. 2 (BayObLG 1984, 96). Nicht unter § 31 Satz 3 fällt die Widerlegung der Antragsermächtigung gemäß § 15 Abs. 2, die Aufhebung des der Vollmacht zugrunde liegenden Rechtsverhältnisses (§ 168 Satz 1 BGB) sowie die Kraftloserklärung der Vollmachtsurkunde (§ 176 BGB).

17   Ein Widerruf der Antragsvollmacht ist nur vor Antragstellung beachtlich. Ist der Antrag beim GBAmt eingegangen, so kann er seiner Wirksamkeit nicht mehr durch einen zeitlich nachfolgenden Widerruf der Antragsvollmacht, sondern nurmehr durch eine formgerechte Zurücknahme entkleidet werden (OLG Celle FGPrax 2018, 145).

18   Der Widerruf der Antragsvollmacht bedarf der Form des § 29 Abs. 1 Satz 1, und zwar auch dann, wenn die Vollmacht nur zur Stellung eines Berichtigungsantrags ermächtigt.

Auf die Vollmacht zur Zurücknahme eines Antrags ist § 31 Satz 1 sinnge- **19** mäß anzuwenden (BayObLG Rpfleger 1999, 71). Die Vollmacht zur Zurücknahme eines Berichtigungsantrags bedarf jedoch im Hinblick auf § 31 Satz 2 keiner Form.

8. Nichtbeachtung des § 31

Unterlässt das GBAmt die Eintragung, obwohl der Antrag nur formlos zu- **20** rückgenommen oder die Antragsvollmacht nur formlos widerrufen war, die Zurücknahme oder der Widerruf aber der Form bedurft hätte, so bewirkt dies keine Unrichtigkeit des GB. Trägt es trotz formgerechter Zurücknahme des Antrags oder trotz formgerechten Widerrufs der Antragsvollmacht ein, so entscheidet für die Frage, ob das GB durch die Eintragung unrichtig geworden ist, ausschließlich die materielle Rechtslage. In beiden Fällen kann die Nichtbeachtung des § 31 Schadensersatzansprüche begründen.

9. Kosten

Wird der Antrag vor Eintragung oder vor Erlass der zurückweisenden **21** Entscheidung zurückgenommen, wird eine Gebühr von 25 % der für die Eintragung bestimmten Gebühr erhoben, jedoch mindestens 15 EUR und höchstens 250 EUR. Die Mindestgebühr ist auch dann zu erheben, wenn für die Vornahme des Geschäfts keine Gebühr anfällt (Vorbem. 1.4.4 Satz 2 GNotKG-KV). Von der Erhebung von Kosten kann abgesehen werden, wenn der Antrag auf unverschuldeter Unkenntnis der tatsächlichen oder rechtlichen Verhältnisse beruht (Nr. 14401 GNotKG-KV).

Der Notar erhält für die Zurücknahme eines von ihm gem. § 15 Abs. 2 **22** gestellten Antrags keine Gebühr.

Nachweise bei registerfähigen Personen und Gesellschaften

32 (1) Die im Handels-, Genossenschafts-, Partnerschafts- oder Vereinsregister eingetragenen Vertretungsberechtigungen, Sitzverlegungen, Firmen- oder Namensänderungen sowie das Bestehen juristischer Personen und Gesellschaften können durch eine Bescheinigung nach § 21 Absatz 1 der Bundesnotarordnung nachgewiesen werden. Dasselbe gilt für sonstige rechtserhebliche Umstände, die sich aus Eintragungen im Register ergeben, insbesondere Umwandlungen. Der Nachweis kann auch durch einen amtlichen Registerausdruck oder eine beglaubigte Registerabschrift geführt werden.

(2) Wird das Register elektronisch geführt, kann in den Fällen des Absatzes 1 Satz 1 der Nachweis auch durch die Bezugnahme auf das Register geführt werden. Dabei sind das Registergericht und das Registerblatt anzugeben.

§ 21 BNotO. (1) Die Notare sind zuständig

1. Bescheinigungen über eine Vertretungsberechtigung sowie

2. *Bescheinigungen über das Bestehen oder den Sitz einer juristischen Person oder Handelsgesellschaft, die Firmenänderung, eine Umwandlung oder sonstige rechtserhebliche Umstände auszustellen,*

wenn sich diese Umstände aus einer Eintragung im Handelsregister oder in einem ähnlichen Register ergeben. Die Bescheinigung hat die gleiche Beweiskraft wie ein Zeugnis des Registergerichts.

(2) Der Notar darf die Bescheinigung nur ausstellen, wenn er sich zuvor über die Eintragung Gewißheit verschafft hat, die auf Einsichtnahme in das Register oder in eine beglaubigte Abschrift hiervon beruhen muß. Er hat den Tag der Einsichtnahme in das Register oder den Tag der Ausstellung der Abschrift in der Bescheinigung anzugeben.

(3) Die Notare sind ferner dafür zuständig, Bescheinigungen über eine durch Rechtsgeschäft begründete Vertretungsmacht auszustellen. Der Notar darf die Bescheinigung nur ausstellen, wenn er sich zuvor durch Einsichtnahme in eine öffentliche oder öffentlich beglaubigte Vollmachtsurkunde über die Begründung der Vertretungsmacht vergewissert hat. In der Bescheinigung ist anzugeben, in welcher Form und an welchem Tag die Vollmachtsurkunde dem Notar vorgelegen hat.

Inhaltsübersicht

1. Allgemeines

1   § 32 wurde durch das ERVGBG v. 11.8.2009 (BGBl. I 2713) neu gefasst. Auslöser dafür war die Entscheidung des OLG Hamm (Rpfleger 2008, 298 mit zust. Anm. v. Heinze ZfIR 2008, 503; zu Recht ablehnend Roth FGPrax 2008, 192; Böcker RNotZ 2008, 419), das eine Verpflichtung des GBAmts verneinte, sich durch Einsicht in das durch die Einführung des Gemeinsamen Registerportals der Länder geschaffene elektronische Register Kenntnis von den für erforderlich gehaltenen Unterlagen zu verschaffen.

Die Bestimmung schafft eine **Verkehrserleichterung,** indem sie für Nachweise gegenüber dem GBAmt bei registerfähigen Personen und Gesellschaften eine Notarbescheinigung über Eintragungen in dem jeweiligen Register, einen amtlichen Registerausdruck oder eine Bezugnahme auf das elektronisch geführte Register genügen lässt. Dem Register, das grundsätzlich weder eine Gewähr für die Richtigkeit der Eintragungen noch für ihre Vollständigkeit bietet, wird damit für den GBVerkehr Beweiskraft beigelegt.

2. Geltungsbereich

2   Die Nachweiserleichterung des § 32 gilt für alle registerfähigen Personen und Gesellschaften, die in einem inländischen öffentlichen Register einge-

tragen sind. In Betracht kommen das Handels-, Genossenschafts-, Partner-
schafts- und Vereinsregister. Erfasst wird auch der Versicherungsverein auf
Gegenseitigkeit, der nach § 30 VAG in das Handelsregister eingetragen wird,
ferner die EWIV, die SE, die SCE und die REIT-AG (s. zu diesen § 19
Rn. 108.1 ff.) sowie die Unternehmergesellschaft (haftungsbeschränkt) gemäß § 5a GmbHG. Diese wurde durch das MoMiG v. 23.10.2008 (BGBl. I
2026) geschaffen, um ein Ausweichen auf ausländische Rechtsformen, insbesondere die britische Private limited company zu vermeiden. Sie ist rechtlich
eine Unterform der GmbH und wie diese zu behandeln, so dass auch für sie
die Nachweiserleichterung des § 32 gilt. Auf die **BGB-Gesellschaft,** die
nicht in einem Register eingetragen ist, kann § 32 nicht angewendet werden.
Bei ihr müssen die Nachweise gemäß § 29 erbracht werden. Zum Nachweis
der gesetzlichen Vertretung bei juristischen Personen des öffentlichen Rechts
und bei Stiftungen s. § 19 Rn. 74.3.

§ 32 gilt auch für Liquidatoren sowie für Prokuristen (KGJ 52, 122; OLG **3**
Saarbrücken MittBayNot 1993, 398; OLG Frankfurt Rpfleger 1995, 248);
s. dazu auch Rn. 5. **Handlungsbevollmächtigte** werden nicht in das Handelsregister eingetragen und müssen ihre Vollmacht daher nach §§ 29, 30
nachweisen.

Eine dem § 32 entsprechende Vorschrift enthielt § 15 Abs. 3 GBV. Die **4**
Vorschrift wurde durch das ERVGBG v. 11.8.2009 (BGBl. I 2713) aufgehoben.

Nicht auf das GBVerfahren beschränkte, dem § 32 sachlich entsprechende **5**
Vorschriften enthalten:
- § 26 Abs. 2 GenG. Zur Legitimation des Vorstands einer **eingetragenen
  Genossenschaft** genügt Behörden gegenüber eine Bescheinigung des
  Gerichts, dass die darin zu bezeichnenden Personen als Mitglieder des
  Vorstands in das Genossenschaftsregister eingetragen sind. Die Vorschrift
  gilt außer für Vorstandsmitglieder auch für Prokuristen (OLG Frankfurt
  Rpfleger 1995, 248). S. hierzu Böhringer, Genossenschaften im Grundstücksverkehr, BWNotZ 2018, 108.
- § 69 BGB. Der Nachweis, dass der Vorstand eines **eingetragenen Vereins 6**
  aus den im Vereinsregister eingetragenen Personen besteht, wird Behörden
  gegenüber durch ein Zeugnis des Gerichts über die Eintragung geführt (s.
  dazu KG Recht 1929, 670). Ist die Vertretungsbefugnis des Vorstands dadurch eingeschränkt (vgl. § 70 BGB), dass zu bestimmten Rechtsgeschäften die Zustimmung des Aufsichtsbeirats erforderlich ist, kann der Nachweis dessen Bestellung nicht entsprechend § 26 Abs. 3 WEG geführt
  werden (KG FGPrax 2016, 194 mit ablehnender Anm. v. Otto MittBay-
  Not 2016, 542; str.). Zum Nachweis durch Notarbescheinigung s. Rn. 11.
  Zur Rechtslage nicht eingetragener Verein s. § 19 Rn. 101.2.
- § 12 GBBerG. Zum Nachweis u. a. gegenüber dem GBAmt, dass im Ge- **7**
  biet der **ehemaligen DDR** ein Recht von einer vor dem 3.10.1990 gegründeten landwirtschaftlichen Produktionsgenossenschaft oder einer anderen Genossenschaft auf eine im Weg der Umwandlung, Verschmelzung
  oder Spaltung aus einer solchen Genossenschaft hervorgegangene Kapitalgesellschaft oder eingetragene Genossenschaft übergegangen ist, genügt
  eine Bescheinigung der Stelle, die das Register für den neuen Rechtsträ-

ger führt (§ 12 Abs. 1 GBBerG). Dabei kann es sich um das Handelsregister oder das Genossenschaftsregister handeln. Darüber hinaus begründet § 12 Abs. 2 Satz 1 GBBerG eine beschränkte Fiktion für die Rechtsnachfolge von Genossenschaften, die am 1.1.1990 im Gebiet der ehemaligen DDR in einem örtlich abgegrenzten Bereich tätig waren.

3. Ausländische Gesellschaften

8   **a) Vertretungsbefugnis.** Auf ausländische juristische Personen und Gesellschaften ist § 32 nicht anzuwenden. Ihr Bestehen und die Vertretungsbefugnis sind in der Form des § 29 dem GBAmt nachzuweisen (BayObLG FGPrax 2003, 59; KG FGPrax 2012, 236; OLG Hamm Rpfleger 1995, 153; s. dazu § 29 Rn. 63, 64; ferner Bausback DNotZ 1996, 254; Werner ZfIR 1998, 448; Suttmann notar 2014, 273). Jedoch reicht die von einem deutschen Notar aufgrund Einsicht in das deutsche Handelsregister der Zweigniederlassung einer ausländischen Gesellschaft bescheinigte Berechtigung zur Vertretung der Gesellschaft aus (KG NotBZ 2013, 261). Zur Pflicht des Urkundsnotars, Existenz und Vertretungsmacht des Vertreters zu prüfen, s. § 19 Rn. 74.1. Zu den Vertretungsnachweisen bei Gesellschaften aus dem britischen und amerikanischen Rechtskreis s. Freier NotBZ 2018, 444.

b) Ausländisches Register. Ausnahmsweise kann die durch einen deutschen Notar aufgrund einer Einsicht in ein ausländisches Register ausgestellte Bescheinigung über eine Vertretungsberechtigung ausreichen, sofern zur Überzeugung des GBAmts feststeht, dass das ausländische Register seiner rechtlichen Bedeutung nach dem deutschen Register entspricht (OLG Schleswig Rpfleger 2008, 498 mit Anm. v. Apfelbaum DNotZ 2008, 711: bejaht für das schwedische Handelsregister; KG FGPrax 2013, 10: bejaht für das italienische Unternehmensregister; OLG München Rpfleger 2016, 219: bejaht für das Schweizerische Handelsregister; OLG Brandenburg MittBayNot 2011, 222: offen gelassen für das russische Einheitliche Staatliche Register; OLG Köln FGPrax 2013, 18; OLG Düsseldorf FGPrax 2015, 12; OLG Nürnberg Rpfleger 2015, 406: verneint für das beim Companies House geführte englische Register; a.M. Meikel/Krause Rn. 15). In diesem Fall kann der Nachweis auch durch Vorlage eines beglaubigten Auszugs aus dem betreffenden ausländischen Register (s. dazu § 29 Rn. 27, 50) geführt werden (KG FGPrax 2013, 10). Zum Fortbestand einer im englischen Register gelöschten Limited s. § 19 Rn. 103.

c) Ausländischer Notar. Die Vertretungsbescheinigung eines ausländischen Notars fällt nicht unter § 21 Abs. 1 BNotO. Sie genügt als Nachweis, wenn das ausländische Recht dies vorsieht und sie den Anforderungen des ausländischen Rechts entspricht (einschränkend OLG Hamm FGPrax 2011, 275); ob dies der Fall ist, hat das GBAmt von Amts wegen festzustellen (s. § 13 Rn. 5.1). Das OLG Köln FGPrax 2013, 18 hat dies verneint für die Bescheinigung eines englischen Notars über die Vertretungsverhältnisse einer Private limited company, die allein auf einer Einsicht in das beim Companies House geführte Register beruhte; bejaht wurde es vom OLG Nürnberg Rpfleger 2014, 492 für eine Bescheinigung aufgrund Einsicht in das englische Handelsregister und die dort befindlichen Unterlagen. Vgl. dazu auch OLG Köln Rpfleger 1989, 66; OLG Jena FGPrax 2018, 104.

d) Rechtsfähigkeit. Die Rechtsfähigkeit einer in einem Mitgliedsstaat **9** des EG-Vertrags wirksam gegründeten Gesellschaft ist unabhängig von ihrem Verwaltungssitz anzuerkennen (vgl. EuGH NJW 2002, 3614). Dasselbe gilt für einen Mitgliedstaat der Europäischen Freihandelszone (BGH Rpfleger 2006, 20 mit Anm. v. Thölke DNotZ 2006, 145), aber nicht für die Schweiz (BGH Rpfleger 2009, 222 mit Anm. v. Kieninger NJW 2009, 289).

Im Übrigen ist für die Beurteilung der Rechtsfähigkeit vorbehaltlich abweichender Regelungen durch Staatsvertrag (s. BGH NJW 2003, 1607) grundsätzlich das Recht des Staates maßgebend, in dem sich der tatsächliche Verwaltungssitz befindet (BayObLG FGPrax 2003, 59 mit Anm. v. Dümig ZflR 2003, 191 und Schaub DStR 2003, 654; s. dazu auch BGH NJW 2003, 1461; ZIP 2009, 2385; Leible/Hoffmann NZG 2003, 259). Nach diesem Recht beurteilt sich auch, welche Befugnisse die Organe einer ausländischen juristischen Person oder Handelsgesellschaft besitzen, insbes. ob und in welchem Umfang sie Vertretungsmacht haben (OLG Schleswig Rpfleger 2008, 498; KG FGPrax 2012, 236; 2013, 10; OLG München RNotZ 2016, 97). Der verfahrensrechtliche Nachweis richtet sich nach deutschem Verfahrensrecht; es gilt insbesondere § 29. Für den Nachweis des tatsächlichen Verwaltungssitzes gilt jedoch der Grundsatz der freien Beweiswürdigung (OLG Hamm Rpfleger 1995, 153; s. dazu § 29 Rn. 63).

e) Grundbuchfähigkeit. Grundsätzlich schließt die Rechtsfähigkeit die GBFähigkeit ein. Entscheidend ist jedoch, ob die ausländische Gesellschaft nach dem maßgebenden Personalstatut im eigenen Namen Grundstückseigentum und dingliche Rechte erwerben kann. Ist dies der Fall, kommt ihr materielle GBFähigkeit zu. Dann kann sie unter ihrem Namen in das GB eingetragen werden (BGH DNotZ 2017, 702). Das insoweit maßgebende ausländische Recht hat das GBAmt unter Berücksichtigung auch der ausländischen Rechtspraxis von Amts wegen zu ermitteln (s. dazu § 13 Rn. 5.1).

Zur Rechts- und Verfahrensfähigkeit US-amerikanischer Gesellschaften s. Pfeiffer Rpfleger 2006, 173. Zur Rechts- und GBFähigkeit einer Partnerschaft englischen Rechts (Partnership) s. § 19 Rn. 105 und Kruis IPRax 2006, 98. Zur GBFähigkeit einer Gesellschaft (società semplice) nach italienischem Recht s. BGH DNotZ 2017, 702. Zur Erleichterung der Umwandlung einer englischen Limited mit Verwaltungssitz in Deutschland in eine deutsche Rechtsform bei Inkrafttreten des Brexit-Abkommens v. 12.11.2019 am 1.2.2020 s. das 4. Ges. zur Änderung des UmwandlG v. 19.12.2018 (BGBl. I 2694).

4. Notwendige Nachweise

Im Vordergrund steht die Notwendigkeit, dem GBAmt die Berechtigung **10** zur Vertretung einer registerfähigen Person oder Gesellschaft nachzuweisen. Der Nachweis ist erforderlich, wenn von dieser eine zur Eintragung erforderliche Erklärung abgegeben oder eine Eintragung beantragt wird, nicht aber, wenn sie, ohne dass einer dieser Fälle vorliegt, als gewinnender Teil in

Betracht kommt (s. dazu auch § 19 Rn. 96). Nachzuweisen ist außer der Vertretungsberechtigung des Erklärenden auch das Bestehen einer juristischen Person oder Gesellschaft, das Voraussetzung der Vertretungsbefugnis ist.

Nachweise können ferner erforderlich werden zur Richtigstellung des GB als Folge einer Sitzverlegung, Firmen- oder Namensänderung sowie einer Umwandlung (s. dazu § 22 Rn. 23).

5. Notarbescheinigung

11   Die Vorschrift des § 21 Abs. 1 BNotO (s. den Wortlaut vor der Inhaltsübersicht) lässt, ohne auf den Zusammenhang mit einem Beurkundungsvorgang abzustellen, notarielle Bescheinigungen über eine Vertretungsberechtigung (Abs. 1 Nr. 1), das Bestehen oder den Sitz einer juristischen Person oder Handelsgesellschaft, die Firmenänderung, eine Umwandlung oder sonstige rechtserhebliche Umstände (Abs. 1 Nr. 2) zu, wenn sich diese Umstände aus einer Eintragung im Handels-, Partnerschafts-, Genossenschafts- oder Vereinsregister ergeben; hieran fehlt es z. B. bei Ermächtigung einzelner Vorstandsmitglieder gemäß § 78 Abs. 4 AktG. Zur Bescheinigung eines ausländischen Notars s. Rn. 8.

6. Beweiskraft der Notarbescheinigung

12   **a) Gegenstand.** Die Bescheinigung erbringt den Beweis für das Bestehen der Gesellschaft und die bezeugte Vertretungsbefugnis. Dies folgt nicht aus der Natur des Registers. Dessen Eintragungen haben regelmäßig keine rechtsbegründende Kraft; es genießt auch keinen öffentlichen Glauben. Die Beweiskraft beruht auf der ausdrücklichen Vorschrift des § 32. Das Bestehen der juristischen Person oder Gesellschaft ist die Voraussetzung für die bezeugte Vertretungsbefugnis (BayObLG NJW-RR 1989, 977). Die Bescheinigung beschränkt sich auf Umstände, die sich aus der Registereintragung ergeben (§ 21 Abs. 1 Satz 1 Halbsatz 2 BNotO). Ist ihr Gegenstand eine Umwandlung, erbringt sie daher nur den Beweis für den Umwandlungsvorgang, nicht aber auch für den Rechtsübergang bestimmter Vermögensgegenstände (KG FGPrax 2012, 96). Dieser Nachweis kann nur durch Vorlage des Umwandlungsvertrages geführt werden (s. § 28 Rn. 4).

Die Gesamtrechtsnachfolge einer Personenhandelsgesellschaft entsprechend § 738 Abs. 1 Satz 1 BGB lässt sich nicht durch Vermerke im Handelsregister nachweisen, wohl aber durch die notariell beglaubigte Ausscheidensvereinbarung der Gesellschafter oder die notariell beglaubigte Anmeldung der Auflösung der Gesellschaft und des Erlöschens der Firma durch alle Gesellschafter, aus der sich die zugrundeliegende Rechtsänderung ergibt (BGH FGPrax 2018, 242; BayObLG Rpfleger 1993, 495 mit kritischer Anm. v. Buchberger Rpfleger 1994, 215). In dem Sonderfall, in dem eine OHG ihr Handelsgewerbe nicht mehr betrieb und sich deshalb in eine BGB-Gesellschaft verwandelte, hat das KG (HRR 1939 Nr. 1473) die Auffassung vertreten, auch das Erlöschen der OHG könne durch das Handelsregister nachgewiesen werden, weil sonst ein Nachweis in grundbuchmäßiger Form nicht geführt werden könne.

Liegt eine formal ordnungsmäßige Notarbescheinigung gemäß § 21 Abs. 2 BNotO vor, hat das GBAmt grundsätzlich ohne weitere Prüfung von der Vertretungsberechtigung auszugehen (OLG Düsseldorf FGPrax 2014, 8 mit zust. Anm. v. Zimmer ZfIR 2014, 97). Bei Zweifeln an der Richtigkeit der Notarbescheinigung die sich auf Tatsachen, nicht etwa auf bloße Vermutungen stützen, hat das GBAmt jedoch durch Zwischenverfügung auf Klärung hinzuwirken (KGJ 33, 155; KG OLG 41, 146).

b) Umfang. Aus der Bescheinigung über eine Vertretungsberechtigung **13** muss hervorgehen, dass der Beteiligte nach dem Registereintrag als Vorstandsmitglied, Gesellschafter, Partner, Geschäftsführer, Liquidator oder Prokurist zur Vertretung einer bestimmten Gesellschaft befugt ist. Der Umfang der Vertretungsmacht ergibt sich aus dem Gesetz; Beschränkungen sind Dritten gegenüber grundsätzlich unwirksam (s. § 82 Abs. 1 AktG; § 37 Abs. 2 GmbHG; § 27 Abs. 2 GenG; aber auch § 26 Abs. 2 Satz 2 BGB). Ein Prokurist bedarf zur Veräußerung oder Belastung von Grundstücken nach § 49 Abs. 2 HGB einer besonderen Ermächtigung; er kann jedoch ein erworbenes Grundstück ohne eine solche mit einer Kaufpreisresthyp. belasten (JFG 6, 264); zur Erweiterung der Vertretungsmacht eines Prokuristen im Fall der unechten Gesamtvertretung gemäß § 125 Abs. 3 HGB und § 78 Abs. 3 AktG s. RG 134, 306; BGH 13, 64; 62, 170. Eine AG oder GmbH kann trotz echter oder unechter Gesamtvertretung im Rahmen der Prokura von einem Prokuristen allein vertreten werden (JFG 5, 236; KG JW 1933, 1466). Ein Liquidator besitzt zwar Vertretungsmacht nur für seinen Geschäftskreis (§§ 149, 161 HGB; § 268 Abs. 1 und 2, § 269 AktG; §§ 70, 71 Abs. 2, § 37 Abs. 2 GmbHG; §§ 88, 89, 27 Abs. 2 GenG; § 49 BGB). Trotz z. T. abweichender Fassung hat aber das GBAmt in allen Fällen von der Liquidationsmäßigkeit des Rechtsgeschäfts auszugehen; nur bei begründeten Bedenken hat es durch Zwischenverfügung auf Klarstellung hinzuwirken (str.; s. KG HRR 1932 Nr. 851; a. M. JFG 5, 278 für Personenhandelsgesellschaft; unentschieden für diese OLG Zweibrücken Rpfleger 1977, 135; OLG Frankfurt Rpfleger 1980, 62; vgl. auch RG 146, 376 für Verein).

c) Zeitpunkt. Die Notarbescheinigung bezeugt die Rechtslage frühes- **14** tens für den Zeitpunkt der Eintragung im Register, auch wenn sich aus den EintrUnterlagen die gleiche Rechtslage schon für einen früheren Zeitpunkt ergibt (OLG Köln Rpfleger 1990, 352). Eine Ausnahme gilt jedoch im Hinblick auf die Identität zwischen der Vorgesellschaft und der durch Eintragung in das Handelsregister entstandenen Gesellschaft (s. dazu § 19 Rn. 104). Jede Bescheinigung nach § 21 Abs. 1 BNotO hat anzugeben, an welchem Tag das Register eingesehen oder die dem Notar vorliegende Abschrift ausgestellt worden ist. Durch die Neufassung des § 21 BNotO durch das Ges. v. 31.8. 1998 (BGBl. I 2585) ist klargestellt worden, dass der Notar das Register nicht persönlich einsehen muss. Er kann sich dabei vielmehr geeigneter Hilfskräfte bedienen.

Da die Notarbescheinigung die Rechtslage nur an dem Tag wiedergibt, an **15** dem das Register eingesehen oder der zugrunde liegende Registerausdruck ausgestellt wurde, müsste streng genommen dieser Tag mit dem der grundbuchrechtlichen Erklärung zusammenfallen. Dies kann aus praktischen

Gründen nicht immer gewährleistet werden. Bescheinigungen, welche die
Rechtslage zu einem früheren Zeitpunkt bezeugen, sind deshalb nicht
grundsätzlich zu beanstanden. Es ist von Fall zu Fall zu prüfen, ob die Vertretungsbefugnis noch als nachgewiesen angesehen werden kann. Allgemeine
Regeln lassen sich nicht aufstellen (s. dazu OLG Hamm Rpfleger 1990, 85
mit Anm. v. Hintzen Rpfleger 1990, 218; OLG Frankfurt Rpfleger 1995,
248). Das Bestreben, den GBVerkehr auf möglichst zuverlässige Nachweise
zu gründen, ist abzuwägen gegen die Notwendigkeit, ihn nicht über Gebühr
zu erschweren (JFG 17, 230; OLG Saarbrücken MittBayNot 1993, 398).
Bezeugt die Notarbescheinigung die Rechtslage zu einem Zeitpunkt nach
der grundbuchrechtlichen Erklärung, so ist notfalls ein Auszug aus dem Register zu verlangen, der den Tag der Erklärung deckt.

7. Andere Nachweise

16   **a) Amtlicher Registerausdruck.** § 32 will den GBVerkehr nur erleichtern. Deshalb sind auch andere Beweismittel zulässig. Unberührt bleibt die
Möglichkeit, dass erforderliche Nachweise durch Urkunden in der Form des
§ 29 Abs. 1 Satz 2 erbracht werden. § 32 Abs. 1 Satz 3 sieht vor, Nachweise
durch einen amtlichen Registerausdruck (zu diesem s. § 30a HRV) oder eine
beglaubigte Registerabschrift zu erbringen. Eine bloße EintrNachricht genügt nicht. Ergibt sich der nachzuweisende Umstand aus mehreren Regis-
terblättern, z. B. die Vertretungsberechtigung des Geschäftsführers der Komplementär-GmbH einer GmbH & Co. KG, sind Ausdrucke oder Abschriften
aller einschlägigen Registerblätter vorzulegen. Für die Gültigkeitsdauer eines
Ausdrucks oder einer Bescheinigung gilt das zur Notarbescheinigung Ausgeführte entsprechend (s. dazu Rn. 15).

17   **b) Bezugnahme auf das Register.** § 32 Abs. 2 ermöglicht den Nachweis in allen Fällen, in denen das betreffende Register elektronisch geführt
wird, durch eine Bezugnahme auf das Register unabhängig davon, bei welchem Gericht es geführt wird. Der Vorteil eines Nachweises in dieser Form
besteht darin, dass die Rechtslage zu dem maßgeblichen Zeitpunkt nachgewiesen wird. Durch eine Bezugnahme auf das Register wird der Notar nicht
von der Verpflichtung entbunden, eigenverantwortlich die Rechtslage zu
prüfen. Entbehrlich ist lediglich, dass er einen amtlichen Registerausdruck
oder eine beglaubigte Registerabschrift beschafft und seinem Antrag an das
GBAmt beilegt. Bei der Bezugnahme hat er jedoch das zuständige Registergericht und alle betroffenen Registerblätter zu bezeichnen. Ist dies geschehen, bedarf es keiner ausdrücklich erklärten Bezugnahme auf das Register
(OLG Düsseldorf Rpfleger 2016, 278).

Nicht zulässig ist eine Bezugnahme auf das Register zum Nachweis anderer als in Abs. 1 Satz 1 genannter rechtserheblicher Umstände. Insbesondere
kann durch Bezugnahme nicht eine Umwandlung nachgewiesen werden. Im
Fall einer zulässigen Bezugnahme darf das GBAmt nicht durch Zwischenverfügung die Vorlage anderer Nachweismittel, z. B. eine Notarbescheinigung
oder einen amtlichen Registerausdruck verlangen (OLG Frankfurt FGPrax
2011, 272). Die Einsicht in das in Bezug genommene elektronisch geführte
Register ist dem GBAmt über das von den Ländern geschaffene Gemeinsa-

me Registerportal möglich. Jurksch (Rpfleger 2014, 405) hält es für zulässig, nicht nur auf das jeweilige Registerblatt Bezug zu nehmen, sondern auch auf die bei dem Handelsregister elektronisch gespeicherten, die Gesellschaft betreffenden Anmeldungen und Urkunden.

8. Nicht zulässige Nachweise

a) Zeugnis des Registergerichts. Ein solches sieht die Neufassung des **18** § 32 nicht mehr als einen zulässigen Nachweis gegenüber dem GBAmt vor. Besondere Bedeutung hat das nach § 32 a. F. zulässige Zeugnis in der Praxis ohnehin nicht erlangt. Eine Notwendigkeit für seine Beibehaltung als Nachweismöglichkeit besteht auch deshalb nicht, weil die dadurch vermittelte Information durch eine Einsicht des GBAmts in das elektronische geführte Register erlangt werden kann.

b) Notarielles Zeugnis. Auch ein Zeugnis nach § 20 Abs. 1 Satz 2 **19** BNotO, in dem der Notar bescheinigt, dass ihm ein gerichtliches Zeugnis mit einem wörtlich wiederzugebenden Inhalt vorgelegen hat, oder dass das Register eine bestimmte Eintragung enthält, ist als Nachweis im GBVerkehr aufgrund der Neufassung des § 32 nicht mehr zulässig. Anders als bei der Notarbescheinigung nach § 21 Abs. 1 BNotO müsste das GBAmt bei der Vorlage eines Zeugnisses nach § 20 Abs. 1 Satz 2 BNotO die Schlussfolgerungen wie bei Vorlage eines amtlichen Registerausdrucks, dort aber wegen des standardisierten Erscheinungsbildes mit geringerem Prüfungsaufwand, selbst ziehen.

9. Kosten

Für die Erteilung beglaubigter Abschriften oder amtlicher Ausdrucke **20** durch das Registergericht wird ebenso wie für die Ergänzung oder Bestätigung eine Gebühr von 20 EUR erhoben, neben der keine Dokumentenpauschale anfällt (Nr. 17001 GNotKG-KV).

Für die Erteilung einer Bescheinigung nach § 21 Abs. 1 BNotO erhält der **21** Notar eine Gebühr von 15 EUR für jedes Registerblatt, dessen Einsicht zur Erteilung erforderlich ist (Nr. 25200 GNotKG-KV). Für die Einsicht erhält er daneben keine zusätzliche Gebühr.

Nachweis des Güterrechts

33 (1) **Der Nachweis, dass zwischen Ehegatten oder Lebenspartnern Gütertrennung oder ein vertragsmäßiges Güterrecht besteht oder dass ein Gegenstand zum Vorbehaltsgut eines Ehegatten oder Lebenspartners gehört, kann durch ein Zeugnis des Gerichts über die Eintragung des güterrechtlichen Verhältnisses im Güterrechtsregister geführt werden.**

(2) **Ist das Grundbuchamt zugleich das Registergericht, so genügt statt des Zeugnisses nach Absatz 1 die Bezugnahme auf das Register.**

§ 33

Inhaltsübersicht

1. Allgemeines

1   § 33 dient wie § 32 der Erleichterung des GBVerkehrs. Durch das ERVGBG v. 11.8.2009 (BGBl. I 2713) wurde § 34 aufgehoben und sein Inhalt, soweit er das Güterrechtsregister betraf, § 33 als Abs. 2 angefügt. Durch das DaBaGG wurde Abs. 1 neu gefasst und die Regelung ausdrücklich auf Lebenspartner ausgedehnt. Die Ausführungen im Folgenden zu Ehe und Ehegatten gelten daher in gleicher Weise für eine bis 1.10.2017 begründete Lebenspartnerschaft und die Lebenspartner (s. dazu Rn. 45).

Soweit das Güterrecht nachzuweisen ist, genügt hierfür ein gerichtliches Zeugnis über die Eintragung im Güterrechtsregister oder die Bezugnahme auf das Register. Dem Register, das keine Gewähr für die Richtigkeit und die Vollständigkeit der Eintragungen leistet, wird damit für den GBVerkehr Beweiskraft beigelegt. Zu den erforderlichen Nachweisen gegenüber dem GBAmt bei Insolvenz eines Ehegatten oder Lebenspartners s. Grziwotz Rpfleger 2008, 289.

2   Unterliegen die güterrechtlichen Wirkungen einer Ehe dem Recht eines anderen Staates, so gilt § 33 im Rahmen des Art. 16 EGBGB, also dann, wenn einer der Ehegatten seinen gewöhnlichen Aufenthalt im Inland hat oder hier ein Gewerbe betreibt. Zur Beteiligung von Ausländern am GBVerfahren s. Rn. 28 f. und § 1 Rn. 47.

3   Im Gebiet der **ehemaligen DDR** ist am 3.10.1990 das Güterrecht des BGB nach Maßgabe des Art. 234 § 4 EGBGB in Kraft getreten (Art. 230 Abs. 2 EGBGB).

Der gesetzliche Güterstand der Eigentums- und Vermögensgemeinschaft gem. §§ 13 bis 16 des Familiengesetzbuchs der DDR vom 20.12.1965 (GBl. DDR I 1966, 1) ist vorbehaltlich anderer Vereinbarung der Ehegatten am 3.10.1990 in den gesetzlichen Güterstand der Zugewinngemeinschaft übergeleitet worden (Art. 234 § 4 Abs. 1 EGBGB); s. hierzu Brudermüller/Wagenitz, Das Ehe- und Ehegüterrecht in den neuen Bundesländern, FamRZ 1990, 1294; Böhringer, Grundbuchrechtliche Probleme in den neuen Bundesländern, NJ 1992, 292, GBBerichtigung bei übergeleitetem „ehelichem Vermögen", Rpfleger 1994, 282 und GBBerichtigung bei nicht eingetragenem „ehelichem Vermögen", NotBZ 1998, 227.

Die Ehegatten konnten bis zum 2.10.1992 erklären, dass der bisherige gesetzliche Güterstand **weiter gelten** solle (Art. 234 § 4 Abs. 2 Satz 1

EGBGB). Im Fall einer solchen Erklärung finden auf das – auch künftige – gemeinschaftliche Eigentum die Vorschriften über das durch beide Ehegatten verwaltete Gesamtgut einer Gütergemeinschaft entsprechende Anwendung (Art. 234 § 4a Abs. 2 EGBGB). Haben die Ehegatten keine Erklärung abgegeben, wurde gemeinschaftliches Eigentum der Ehegatten Eigentum zu gleichen Bruchteilen. Für Grundstücke und grundstücksgleiche Rechte konnten die Ehegatten jedoch bis 24.6.1994, sofern nicht die Zwangsversteigerung oder Zwangsverwaltung angeordnet oder ein Antrag auf Eintragung einer Zwangshyp. gestellt war, ohne Einhaltung der Form des § 29 zusammen mit dem Antrag auf Berichtigung des GB andere Anteile bestimmen (Art. 234 § 4a Abs. 1 EGBGB). Die Bestimmung musste bei mehreren Grundstücken oder grundstücksgleichen Rechten nicht einheitlich getroffen werden. Für Bruchteilseigentum der Ehegatten zu gleichen Teilen besteht eine gesetzliche Vermutung, die durch das Güterrechtsregister oder die Eintragung anderer Bruchteile im GB widerlegt werden kann (Art. 234 § 4a Abs. 3 EGBGB). Die Regelung wird durch § 14 GBBerG in grundbuchrechtlicher Hinsicht ergänzt (s. dazu Anh. zu §§ 84–89 Rn. 70).

Nach dem 2.10.1990 können somit Ehegatten in der Regel nicht mehr als Eigentümer in ehelicher Eigentums- und Vermögensgemeinschaft nach dem Familiengesetzbuch der DDR in das GB eingetragen werden. In Betracht kommt im Hinblick auf die auch für das GBAmt geltende **gesetzliche Vermutung** des Art. 234 § 4a Abs. 3 EGBGB grundsätzlich nur eine Eintragung als Miteigentümer je zur Hälfte (vgl. LG Halle DtZ 1994, 414). Voraussetzung ist aber, dass die Ehegatten im GB als Eigentümer in ehelicher Eigentums- und Gütergemeinschaft eingetragen sind (LG Dresden Rpfleger 1996, 404 mit Anm. v. Böhringer). S. hierzu auch LG Chemnitz DtZ 1994, 288, mit kritischer Anm. v. Peters DtZ 1994, 399, das die gesetzliche Vermutung des Art. 234 § 4a Abs. 3 EGBGB unberücksichtigt lässt, ferner Böhringer Rpfleger 1994, 283 sowie § 14 GBBerG (s. dazu Anh. zu §§ 84–89 Rn. 52 ff.), § 8 GGV und § 7 Abs. 4 SPV.

2. Gesetzliches Güterrecht

Über das gesetzliche Güterrecht vor dem Inkrafttreten des GleichberG s. 5. Auflage § 33 Erl. 2 A; wegen seiner Überleitung s. Art. 8 I Nr. 3 bis 5 GleichberG sowie Weber DNotZ 1957, 571. Zur Überleitung des Güterrechts im Gebiet der ehemaligen DDR s. Rn. 3. **4**

a) Zugewinngemeinschaft. Das mangels ehevertraglicher Regelung kraft Gesetzes eintretende Güterrecht ist seit dem Inkrafttreten des GleichberG der Güterstand der Zugewinngemeinschaft (§§ 1363 bis 1390 BGB). Das Vermögen des Mannes und das Vermögen der Frau werden nicht gemeinschaftliches Vermögen der Ehegatten; dies gilt auch für Vermögen, das ein Ehegatte nach der Eheschließung erwirbt; es findet jedoch ein Ausgleich des von den Ehegatten in der Ehe erzielten Zugewinns statt, wenn die Zugewinngemeinschaft endet (§ 1363 Abs. 2, §§ 1371 ff. BGB). **5**

Jeder Ehegatte verwaltet sein Vermögen nach § 1364 BGB selbständig; er ist in der Verwaltung aber nach Maßgabe der §§ 1365 ff. BGB beschränkt; Verfügungen eines Ehegatten bedürfen daher grundsätzlich nicht der Zu- **6** stimmung des anderen Ehegatten; diese ist jedoch erforderlich, wenn sich ein Ehegatte ohne Zustimmung des anderen zu einer Verfügung über sein Vermögen im Ganzen verpflichtet hat und in Erfüllung der übernommenen Verpflichtung verfügt. Die Zustimmung ist auch erforderlich, wenn für einen Ehegatten ein Bevollmächtigter oder ein ermächtigter Nichtberechtigter handelt. Die Bevollmächtigung und die Ermächtigung bedürfen aber nicht der Zustimmung (OLG Frankfurt FGPrax 2012, 99).

Zum Nachweis der Verfügungsbefugnis s. Rn. 30.

7   **b) Einzelne Vermögensgegenstände.** Beinahe einhellig wird heute angenommen, dass unter § 1365 BGB auch Rechtsgeschäfte fallen können, die ein Ehegatte in Ansehung einzelner Vermögensgegenstände abschließt; Voraussetzung hierfür ist jedenfalls, dass der in Frage kommende Gegenstand das ganze oder nahezu ganze Vermögen des Ehegatten darstellt; zudem ist es erforderlich, dass der Vertragspartner dies positiv weiß oder zumindest die Umstände kennt, aus denen es sich ergibt (BGH Rpfleger 1996, 400; BayObLG FamRZ 1988, 503; OLG Saarbrücken Rpfleger 1984, 265); maßgebender Zeitpunkt hierfür ist der Abschluss des Verpflichtungsgeschäfts (BayObLG Rpfleger 1967, 213; BGH Rpfleger 1989, 189; OLG Frankfurt FGPrax 2012, 99).

8   Bei der Abwägung, ob ein veräußerter Gegenstand, verglichen mit dem restlichen Vermögen, im Wesentlichen das gesamte Vermögen des verfügenden Ehegatten darstellt, ist der Wert nicht nur der ihm verbleibenden Vermögensstücke, sondern auch des veräußerten Gegenstands um die darauf ruhenden dinglichen Belastungen zu vermindern (OLG Schleswig FGPrax 2005, 105 mit Anm. v. Bauer MittBayNot 2006, 39; OLG Hamm MittBayNot 2006, 41). Eine Gegenleistung hat aber außer Betracht zu bleiben. Ein bei Übertragung eines Grundstücks vorbehaltenes dingliches Wohnungsrecht ist jedoch als verbleibendes Vermögen zu berücksichtigen (BGH NJW 2013, 1156). Liegen mehrere Einzelverfügungen über das insgesamt nahezu ganze Vermögen in einem engen zeitlichen Zusammenhang vor, sind diese als einheitliche Verfügung anzusehen (OLG Celle NJW-RR 2000, 384). Bei kleinen Vermögen ist der Tatbestand des § 1365 BGB grundsätzlich nicht erfüllt, wenn dem verfügenden Ehegatten Werte von 15 % seines ursprünglichen Gesamtvermögens verbleiben (BGH Rpfleger 1980, 423; NJW 2013, 1156), bei größeren Vermögen (etwa ab 250 000 EUR), wenn ihm 10 % verbleiben (BGH Rpfleger 1991, 309; OLG Schleswig FGPrax 2005, 105).

9   **c) Verfügung.** Der Begriff der „Verfügung" im Sinn des § 1365 BGB umfasst nicht nur Veräußerungsgeschäfte (BayObLG NJW 1960, 821). Ob die Verpflichtung zu einer Gesamtvermögensverfügung entgeltlich oder unentgeltlich eingegangen wird, ist für die Anwendbarkeit der genannten Bestimmung belanglos (BayObLG NJW 1960, 821; OLG Hamm NJW 1960, 1466; BGH NJW 1961, 1304).

10   **d) Belastung.** Macht ein Grundstück das gesamte oder nahezu gesamte Vermögen eines Ehegatten aus, so liegt in seiner Belastung nach herrschender Auffassung nur dann eine Gesamtvermögensverfügung im Sinn des § 1365 BGB, wenn die Belastung den Grundstückswert bei Berücksichtigung etwaiger Vorbelastungen ganz oder im Wesentlichen ausschöpft (BGH NJW 1993, 2441). Zinsen eines Grundpfandrechts sind in die Berechnung einzubeziehen und regelmäßig mit dem zweieinhalbfachen Jahresbetrag zu berücksichtigen (BGH Rpfleger 2012, 134 mit Anm. v. Zimmer ZflR 2012, 93 und Gladenbeck MittBayNot 2012, 223). Die Begründung von Eigentümergrundschulden bedarf jedoch in keinem Fall einer Zustimmung des anderen Ehegatten (OLG Hamm NJW 1960, 1352; OLG Frankfurt Rpfleger 1960, 289). Nicht erforderlich ist diese auch zur Bewilligung der Eintragung einer Eigentumsvormerkung (s. Anh. zu § 44 Rn. 92). Zum Erfordernis der Zustimmung bei Belastung eines Grundstücks mit einem Wohnungsrecht s. Anh. zu § 44 Rn. 32.

e) Sonderfälle. Wer sich zurzeit seines Ledigenstands zu einer Gesamt- **11** vermögensverfügung verpflichtet hatte, kann die Verpflichtung nach seiner Verheiratung ohne Zustimmung seines Ehegatten erfüllen (OLG Oldenburg DNotZ 1955, 545). Das Nämliche gilt für einen Ehegatten, welcher die Verpflichtung zu einer Gesamtvermögensverfügung vor dem 1.7.1958 eingegangen war (BayObLG 1959, 136; OLG Hamm Rpfleger 1959, 381; OLG Celle NJW 1962, 743). S. zum Ganzen auch Scherer FamRZ 1962, 413.

Hat ein Ehegatte ein nach § 1365 Abs. 1 BGB zustimmungsbedürftiges **12** Rechtsgeschäft ohne Zustimmung des anderen Ehegatten vorgenommen und endet der gesetzliche Güterstand infolge rechtskräftiger Scheidung der Ehe, so bleibt das Rechtsgeschäft grundsätzlich weiterhin zustimmungsbedürftig (BGH Rpfleger 1978, 207 gegen BayObLG Rpfleger 1972, 225). Nach OLG Hamm Rpfleger 1984, 15 bleibt ein nach § 1365 BGB zustimmungsbedürftiges Rechtsgeschäft in entsprechender Anwendung dieser Vorschrift auch dann zustimmungsbedürftig, wenn es zwar nach Teilrechtskraft des Scheidungsausspruchs, aber noch während der Rechtshängigkeit des aus dem Verbund abgetrennten Zugewinnausgleichsanspruchs vorgenommen wird.

3. Vertragsmäßiges Güterrecht

Zum vertragsmäßigen Güterrecht vor dem Inkrafttreten des GleichberG s. **13** 5. Auflage § 33 Erl. 2 B; wegen seiner Überleitung s. Art. 8 I Nr. 5 bis 7 GleichberG sowie Weber DNotZ 1957, 573.

a) Vertragsfreiheit. Hinsichtlich der Regelung ihrer güterrechtlichen **14** Verhältnisse durch Ehevertrag unterliegen die Ehegatten im Allgemeinen keinen Beschränkungen. Kraft der sich aus § 1408 BGB ergebenden Vertragsfreiheit können sie das gesetzliche Güterrecht in einzelnen Beziehungen ändern (s. dazu Knur DNotZ 1957, 467), z. B. die Verfügungsbeschränkung des § 1365 BGB beseitigen (OLG Hamburg DNotZ 1964, 229; unentschieden: BGH DNotZ 1964, 689 mit Anm. v. Beitzke), aber auch ein Güterrecht anderer Art vereinbaren. Grundsätzlich unzulässig ist nach § 1409 BGB jedoch die Bestimmung des Güterrechts durch Verweisung auf ein nicht mehr geltendes oder auf ein ausländisches Gesetz. Zu der Frage, inwieweit die alten BGB-Güterstände noch vereinbart werden können, s. Clamer NJW 1960, 563 mit weit. Nachweisen. Vgl. zum Ganzen auch Zöllner FamRZ

1965, 113. Gemäß § 1410 BGB muss der Ehevertrag bei gleichzeitiger Anwesenheit beider Teile zur Niederschrift eines Notars geschlossen werden. Vor dem Inkrafttreten des BeurkG war der Abschluss auch vor Gericht möglich; dies jedoch nicht in Bayern (Art. 10 Abs. 2 AGGVG v. 17.11.1956, BayBS III 3, aufgehoben durch das BeurkG).

15 **b) Gütergemeinschaft.** Als vertragsmäßiges Güterrecht, das mittels einfacher Verweisung übernommen werden kann, steht den Ehegatten die Gütergemeinschaft zur Verfügung (§§ 1415 bis 1482 BGB). Diese entspricht im Wesentlichen der früheren allgemeinen Gütergemeinschaft (s. dazu § 35 Rn. 48), wird jedoch beim Tod eines Ehegatten zwischen dem überlebenden Ehegatten und den gemeinschaftlichen Abkömmlingen nur dann fortgesetzt, wenn dies durch Ehevertrag vereinbart ist (§§ 1483 bis 1518 BGB).

16 Das Vermögen beider Ehegatten wird bei Gütergemeinschaft Gesamtgut der Ehegatten, d. h. gemeinschaftliches Vermögen; zum Gesamtgut gehört auch, was einer der beiden Ehegatten (in der Erwerbsfähigkeit nicht beschränkt: BayObLG Rpfleger 1975, 302) während der Gütergemeinschaft erwirbt; vom Gesamtgut ausgeschlossen ist das Sondergut und das Vorbehaltsgut der Ehegatten (§§ 1416 bis 1418 BGB). Jeder Ehegatte verwaltet sein Sonder- und Vorbehaltsgut nach § 1417 Abs. 2, § 1418 Abs. 2 BGB selbständig, bedarf also zu einer Verfügung darüber nicht der Zustimmung des anderen Ehegatten. Hinsichtlich des Gesamtguts soll im Ehevertrag bestimmt werden, ob es (was allein zur Wahl steht: BayObLG Rpfleger 1968, 117) von einem der beiden Ehegatten oder von ihnen gemeinschaftlich verwaltet wird; enthält der Ehevertrag keine Bestimmung hierüber, so verwalten die Ehegatten das Gesamtgut gemeinschaftlich (§ 1421 BGB). Für das GBAmt gilt die Vermutung, dass es sich um Gesamtgut handelt und dass dieses von den Ehegatten gemeinschaftlich verwaltet wird. Bei Verwaltung des Gesamtguts durch einen der Ehegatten ist der verwaltende Ehegatte verfügungsberechtigt; gewisse Verfügungen, insbes. solche über Grundstücke (nicht jedoch über schuldrechtliche, wenn auch durch eine Vormerkung gesicherte Ansprüche auf Übertragung des Eigentums an solchen: BGH Rpfleger 1971, 349), kann er jedoch nur mit Zustimmung des anderen Ehegatten treffen (§§ 1422 ff. BGB). Bei Verwaltung des Gesamtguts durch beide Ehegatten sind diese nur gemeinschaftlich verfügungsberechtigt (§§ 1450 ff. BGB). Jedoch ist jeder Ehegatte berechtigt, gewisse Handlungen ohne Mitwirkung des anderen Ehegatten vorzunehmen (§ 1455 BGB), z. B. gegen die Eintragung einer Zwangshyp. Beschwerde einzulegen (OLG München FGPrax 2011, 18).

17 **c) Gütertrennung.** Schließen die Ehegatten den gesetzlichen Güterstand aus oder heben sie ihn auf, so tritt, falls in dem Ehevertrag nichts anderes bestimmt ist, Gütertrennung ein; dasselbe gilt, wenn sie den Zugewinnausgleich ausschließen oder die Gütergemeinschaft aufheben (§ 1414 BGB). Über den Eintritt der Gütertrennung, falls durch Urteil auf vorzeitigen Ausgleich des Zugewinns oder auf Aufhebung der Gütergemeinschaft erkannt wird, s. §§ 1388, 1449, 1470 BGB.

d) Wahl-Zugewinngemeinschaft. Ehegatten können durch Ehevertrag vor oder während der Ehe den Güterstand der Wahl-Zugewinngemeinschaft vereinbaren (§ 1519 BGB). Der Güterstand tritt gleichwertig neben die Wahlgüterstände der Gütergemeinschaft und der Gütertrennung. Wird der Güterstand vereinbart, gelten die Vorschriften der Art. 1 bis 19 des deutsch-französischen Abkommens vom 4.2.2010 (BGBl. 2012 II 180; Ges. v. 15.3. 2012, BGBl. II 178; in Kraft getreten am 1.5.2013 gemäß Bek. v. 22.4.2013, BGBl. II 431). Dem Abkommen können auch andere Mitgliedsstaaten der Europäischen Union beitreten. Der Güterstand steht Ehegatten zur Verfügung, deren Güterstand dem Sachrecht eines Vertragsstaates unterliegt. Er entspricht in seiner Grundstruktur der Zugewinngemeinschaft. Art. 5 des Abkommens enthält eine Verfügungsbeschränkung eines Ehegatten für Rechtsgeschäfte über Hausratsgegenstände oder Rechte, durch die die Familienwohnung sichergestellt wird. Diese sind ohne Zustimmung des anderen Ehegatten unwirksam, können aber von diesem genehmigt werden. § 1368 BGB gilt entsprechend. § 1412 BGB ist nicht anzuwenden. Die unabhängig von der Kenntnis des Vertragspartners von den sie begründenden Umständen gegenüber jedermann wirkende Verfügungsbeschränkung ohne die Möglichkeit eines gutgläubigen Erwerbs betrifft insbes. die Veräußerung und Belastung der im Alleineigentum eines Ehegatten stehenden Familienwohnung. S. dazu Amann DNotZ 2013, 252; Braun MittBayNot 2012, 89; Hoischen RNotZ 2015, 317; Knoop NotBZ 2017, 202.

4. Internationales Privatrecht

a) Art. 15 EGBGB a. F. Nach ihm beurteilte sich das eheliche Güter- **18** recht nach dem Heimatrecht des Mannes zurzeit der Eheschließung. Die Rechtsprechung hatte die Vorschrift in Übereinstimmung mit der überwiegenden Ansicht des Schrifttums gleich anderen an die Staatsangehörigkeit des Mannes anknüpfenden Kollisionsnormen wegen ihres bloßen Ordnungscharakters als durch den Eintritt der Gleichberechtigung nicht berührt erachtet; sie hatte ferner den Standpunkt vertreten, dass, wenn nach Art. 15 EGBGB a. F. ausländisches Recht maßgebend ist, auch die Vorbehaltsklausel des Art. 30 EGBGB a. F. nicht dazu führen dürfe, eine ausländische Rechtsbestimmung deshalb von der Anwendung auszuschließen, weil sie den Mann gegenüber der Frau bevorzugt. Zu Einzelheiten s. 21. und frühere Auflagen.

b) Entscheidung des BVerfG. Sodann hat jedoch das BVerfG im Jahr **19** 1983 entschieden, dass die Kollisionsregelung in Art. 15 Abs. 1, 2 Halbsatz 2 EGBGB a. F., die für die Beurteilung des maßgebenden Güterrechtsstatuts an die Staatsangehörigkeit des Mannes anknüpft, gegen Art. 3 Abs. 2 GG verstößt und nichtig ist (BVerfG Rpfleger 1983, 250). Zu den Auswirkungen dieser Entscheidung auf GBEintragungen s. Henrich IPRax 1983, 209; von Bar NJW 1983, 1936; Schotten MittRhNotK 1984, 43; s. hierzu auch Lichtenberger MittBayNot 1983, 71; DNotZ 1983, 394. Zur Löschung der Eintragung einer deutschen Ehefrau als Miteigentümerin in niederländischer Gütergemeinschaft nach der Nichtigerklärung des Art. 15 EGBGB a. F. durch das BVerfG und zur Eintragung eines Amtswiderspruchs in diesen Fällen s. OLG Oldenburg Rpfleger 1985, 188. Zum anwendbaren Güterrecht im Verhältnis zu Italien im Hinblick auf das Haager Ehewirkungsabkommen vom 17.7.1905 und zugleich zur Geltung dessen Art. 2 Abs. 1 s. BayObLG

1986, 1; Rpfleger 1986, 127; BGH Rpfleger 1987, 16; zur Eintragung einer Eigentumsvormerkung in diesen Fällen nur für einen Ehegatten s. Anh. zu § 44 Rn. 105.

20 **c) Neuregelung.** Durch das am 1.9.1986 in Kraft getretene Gesetz zur Neuregelung des Internationalen Privatrechts vom 25.7.1986 (BGBl. I 1142) ist Art. 15 EGBGB neu gestaltet worden. In Abs. 1 unterstellt die Vorschrift in der bis einschließlich 28.1.2019 geltenden Fassung (s. Rn. 22) die güterrechtlichen Wirkungen der Ehe von Ehegatten ausländischer Staatsangehörigkeit dem bei der Eheschließung für die allgemeinen Ehewirkungen maßgebenden Recht (s. hierzu Art. 14 Abs. 1 bis 3 EGBGB) und lässt in Abs. 2 eine Rechtswahl zu, deren Form Abs. 3 durch Verweisung auf Art. 14 Abs. 4 EGBGB regelt; Abs. 4 stellt klar, dass die Vorschriften des Gesetzes über den ehelichen Güterstand von Vertriebenen und Flüchtlingen vom 4.8.1969 (BGBl. I 1067) unberührt bleiben. Die Neuregelung erhält damit die Unwandelbarkeit der gesetzlichen Anknüpfung, räumt den Ehegatten jedoch die Möglichkeit einer Anpassung durch Rechtswahl ein. Die Rechtswahlmöglichkeit ist auf die jeweiligen Heimatrechte der Ehegatten und die Rechtsordnung des Staates des gewöhnlichen Aufenthalts mindestens eines Ehegatten sowie für unbewegliches Vermögen auf das Recht des Lageorts beschränkt.

Zu dem auf die güterrechtlichen Wirkungen eingetragener Lebenspartnerschaften anzuwendenden Recht s. Art. 17b EGBGB, geändert durch Art. 2 Nr. 8 des Ges. v. 17.12.2018 (s. Rn. 22).

21 **d) Übergangsregelung.** Diese enthält Art. 220 Abs. 3 EGBGB. Die güterrechtlichen Wirkungen von Ehen, die vor dem 1.4.1953, dem Inkrafttreten der Gleichberechtigung (vgl. Art. 3 Abs. 2, Art. 117 Abs. 1 GG), geschlossen worden sind, bleiben von der gesetzlichen Neuregelung unberührt; die Ehegatten können jedoch eine Rechtswahl nach Art. 15 Abs. 2, 3 EGBGB treffen (Art. 220 Abs. 3 Satz 6). Auf die güterrechtlichen Wirkungen von Ehen, die nach dem 8.4.1983, dem Tag des Bekanntwerdens der Entscheidung des BVerfG vom 22.2.1983 zur Nichtigkeit von Art. 15 EGBGB a. F. geschlossen worden sind, ist Art. 15 EGBGB anzuwenden (Art. 220 Abs. 3 Satz 5). Die güterrechtlichen Wirkungen nach dem 31.3.1953 und vor dem 9.4.1983 geschlossener Ehen sind in Art. 220 Abs. 3 Sätze 1 bis 4 EGBGB im Einzelnen geregelt. Ferner bestimmt Art. 220 Abs. 1 EGBGB, dass auf vor dem 1.9.1986 abgeschlossene Vorgänge das bisherige Internationale Privatrecht anwendbar bleibt. Wegen der Auswirkungen der Übergangsregelung auf GBEintragungen s. Lichtenberger DNotZ 1986, 674.

22 **e) Europäische Güterrechtsverordnungen.** Die Regelung des Art. 15 EGBGB wird durch die Europäische Güterrechtsverordnung (EU-VO Nr. 2016/1103 v. 24.6.2016, ABl. EU Nr. L 183 S. 1, betreffend den ehelichen Güterstand) verdrängt. Die wesentlichen Bestimmungen der VO gelten nach Art. 70 Abs. 2 in den 18 teilnehmenden Staaten, darunter Deutschland, ab 29.1.2019.

Die Ehegatten können das auf ihren ehelichen Güterstand anzuwendende Recht nach Maßgabe des Art. 22 durch Vereinbarung bestimmen oder ändern. Wenn sie keine Rechtswahl getroffen haben, unterliegt der Güterstand in erster Linie dem Recht des Staates, in dem sie nach der Eheschließung ihren ersten gemeinsamen gewöhnlichen Aufenthalt hatten (Art. 26 Abs. 1 Buchst. a). Das Güterrechtsstatut ist grundsätzlich unwandelbar. Eine Ausnahme lässt Art. 26 Abs. 3 zu. Eine Rück- oder Weiterverweisung (Renvoi) schließt Art. 32 aus. Die kollisionsrechtlichen Normen der VO gelten nur für Ehegatten, die nach dem 29.1.2019 die Ehe eingegangen sind oder eine Rechtswahl getroffen haben (Art. 69 Abs. 3).

Den Bestimmungen für das eheliche Güterrecht entsprechende Regelungen enthält die VO über die güterrechtlichen Wirkungen eingetragener Partnerschaften (EU-VO Nr. 2016/1104 v. 24.6.2016, ABl. EU Nr. L 183 S. 30). S. dazu Weber, Sachenrecht und Verkehrsschutz aus der Perspektive der Europäischen Güterrechtsverordnungen, RNotZ 2017, 365; Döbereiner, Das internationale Güterrecht nach den Güterrechtsverordnungen, MittBayNot 2018, 470.

f) Internationales Güterrechtsverfahrensgesetz. Art. 1 des am 29.1. 2019 in Kraft getretenen Gesetzes zum Internationalen Güterrecht und zur Änderung von Vorschriften des Internationalen Privatrechts v. 17.12.2018 (BGBl. I 2573) enthält das Internationale Güterrechtsverfahrensgesetz (IntGüRVG), das die Durchführung der Europäischen Güterrechtsverordnungen regelt. Art. 2 enthält Änderungen des EGBGB. Dessen Art. 14 wird neu gefasst, Art. 15 aufgehoben und Art. 17b geändert. Eine Übergangsregelung enthält Art. 229 § 47 EGBGB. S. dazu Ring/Olsen-Ring NotBZ 2019, 124.

5. Eintragungsfähigkeit des Güterrechts

Das zwischen Ehegatten bestehende Güterrecht kann in das GB nur eingetragen werden, wenn ein Grundstück oder ein Recht zum Gesamtgut einer Gütergemeinschaft gehört, also den Ehegatten gemeinschaftlich zusteht. Eintragungsfähig ist auch, dass eine Gütergemeinschaft beendet, aber noch nicht auseinandergesetzt ist (s. § 47 Rn. 21). **23**

Der gesetzliche Güterstand sowie eine bestehende Gütertrennung sind dagegen nicht eintragungsfähig; ebenso wenig kann im GB verlautbart werden, dass ein Grundstück oder ein Recht zum Sondergut, Vorbehaltsgut oder eingebrachten Gut eines Ehegatten gehört; hier ändert sich nichts an der Person des Berechtigten; soweit, wie bei einer vor dem 1.7.1958 vereinbarten Fahrnis- oder Errungenschaftsgemeinschaft, die Zugehörigkeit zum Sondergut oder eingebrachten Gut der Frau noch eine Verfügungsbeschränkung zur Folge hat (s. Art. 8 I Nr. 7 GleichberG), wirkt diese nach §§ 1404, 1525 Abs. 2, § 1550 Abs. 2 BGB a. F. auch gegenüber gutgläubigen Dritten, so dass ihre Eintragung überflüssig ist (KGJ 38, 211).

6. Eintragung einer Gütergemeinschaft

a) GBBerichtigung. Ist ein Recht für einen Ehegatten eingetragen, so **24** wird das GB durch den Eintritt der Gütergemeinschaft unrichtig, falls das Recht kraft gesetzlicher Vorschrift in das Gesamtgut fällt; dies ergibt sich aus § 1416 Abs. 2 BGB. Die Berichtigung des GB erfordert entweder eine Bewilligung des eingetragenen Ehegatten oder den Nachweis des Bestehens der Gütergemeinschaft. Bei einem Grundstück ist die Zustimmung des anderen Ehegatten zu seiner Eintragung als Miteigentümer dann entbehrlich, wenn das Bestehen der Gütergemeinschaft nachgewiesen wird (s. § 22 Rn. 59). Die eheliche Gütergemeinschaft ist nicht rechtsfähig (BayObLG FGPrax 2003, 132) und damit auch nicht grundbuchfähig. Einzutragen sind die beiden Ehegatten mit einem auf die Gütergemeinschaft hinweisenden Zusatz (s. dazu § 47 Rn. 21). Zu den Problemen bei Eintragung einer nicht bestehenden Gütergemeinschaft im GB s. Britz RNotZ 2008, 333.

25   **b) Nachweis der Gütergemeinschaft.** Wird die Eintragung eines Rechts für Ehegatten in Gütergemeinschaft bewilligt ist der Nachweis des Bestehens der Gütergemeinschaft nicht notwendig (OLG Düsseldorf Rpfleger 2000, 107). Dies gilt auch dann, wenn ein Ehegatte (wozu er berechtigt ist: BayObLG Rpfleger 1975, 302) ein Recht für sich erwirbt und dessen Eintragung für beide Ehegatten in Gütergemeinschaft beantragt; da es sich alsdann nicht um eine eigentliche GBBerichtigung handelt, ist, wenn der Erwerb ein Grundstück zum Gegenstand hat, die Zustimmung des anderen Ehegatten zu seiner Eintragung als Miteigentümer nicht erforderlich (RG 84, 326; BayObLG Rpfleger 1975, 302). Ein Fall dieser Art liegt auch vor, wenn die Ehegatten jeweils für sich einen Hälfteanteil an einem Grundstück erwerben (s. hierzu BayObLG Rpfleger 1979, 18).

26   **c) Auflassung zu Miteigentum.** Die umstrittene Frage, ob in Gütergemeinschaft lebende Ehegatten, denen ein Grundstück „in Miteigentum zu gleichen Teilen" aufgelassen worden ist, auf ihren Antrag als Eigentümer in Gütergemeinschaft in das GB eingetragen werden können oder ob hierfür eine (erneute) Auflassung des Grundstücks an sie als Eigentümer zur gesamten Hand erforderlich ist, hat der BGH im ersteren Sinn entschieden; ist andererseits an Eheleute, die nicht im Güterstand der Gütergemeinschaft leben, ein Grundstück zum Gesamtgut aufgelassen und sind sie im GB als Eigentümer in Gütergemeinschaft eingetragen worden, so kann nach BayObLG im Allgemeinen angenommen werden, dass sie Miteigentum je zur Hälfte erworben haben. Näheres hierzu s. § 20 Rn. 33.

27   Zu dem Fall, dass ein Grundstück Ehegatten zum Gesamtgut eines zwischen ihnen bestehenden ausländischen gesetzlichen Güterstands aufgelassen worden ist, die Ehegatten jedoch vor ihrer Eintragung den gesetzlichen Güterstand der Zugewinngemeinschaft vereinbaren und sich zugleich darüber einig erklären, dass ihnen das Grundstück in Bruchteilsgemeinschaft je zur Hälfte gehören sollte, s. OLG Köln Rpfleger 1980, 16.

7. Eintragung von Ehegatten

28   **a) Deutsche Staatsangehörige.** Das GBAmt hat, wenn Ehegatten als Berechtigte eingetragen werden sollen, das Güterrecht nicht zu erforschen, kann vielmehr von der Richtigkeit der hierzu gemachten Angaben und bei Fehlen solcher vom gesetzlichen Güterstand ausgehen; einen EintrAntrag hat es jedoch zurückzuweisen, wenn es auf Grund der Angaben oder sonst die sichere Kenntnis davon hat, dass das GB unrichtig werden würde (OLG

München Rpfleger 2009, 445; OLG Düsseldorf Rpfleger 2010, 319), weil z. B. ein Ehegatte als Alleinberechtigter eingetragen werden soll, obwohl das Recht in das Gesamtgut einer Gütergemeinschaft fällt; bloße Zweifel genügen nicht (BayObLG Rpfleger 1992, 341; 2001, 173 mit Anm. v. Riering MittBayNot 2001, 222 und Böhringer BWNotZ 2001, 133; OLG Frankfurt FGPrax 2019, 104; wegen der Eintragung von Vormerkungen s. jedoch Anh. zu § 44 Rn. 105). Weiß das GBAmt, dass Gütergemeinschaft bestanden hat, ihre Fortsetzung vereinbart war oder als vereinbart gilt (s. dazu § 35 Rn. 48) und Abkömmlinge vorhanden sind, so ist vor der Umschreibung auf den überlebenden Ehegatten nachzuweisen, dass fortgesetzte Gütergemeinschaft nicht eingetreten ist (vgl. RG HRR 1931 Nr. 1353).

Die gleichen Grundsätze gelten, wenn das GB im Gebiet der ehemaligen DDR bei Grundstücken aus der Bodenreform gem. Art. 233 § 11 Abs. 2 Satz 1 Nr. 1 EGBGB berichtigt werden soll. Das GBAmt darf die Eintragung des Antragstellers als Alleineigentümer nur ablehnen, wenn es sichere Kenntnis vom Vorliegen der Voraussetzungen des Art. 233 § 11 Abs. 5 EGBGB hat. S. hierzu § 22 Rn. 60; Keller, Miteigentum des Ehegatten bei Bodenreform, MittBayNot 1993, 70. Zur Eintragung von Ehegatten im Gebiet der ehemaligen DDR im Übrigen s. Rn. 3.

b) Ausländische Staatsangehörige. Die sich aus der Verantwortung des **29** GBAmts für die Richtigkeit des GB ergebenden Prüfungspflichten bei der Eintragung eines Ehegatten im Hinblick darauf, dass das GB wegen dessen Güterstandes unrichtig werden könnte, gelten in gleicher Weise für inländische wie für ausländische Ehegatten. Das auf die güterrechtlichen Wirkungen ausländischer Ehegatten nach den Regeln des Internationalen Privatrechts (s. Rn. 20, 22) anzuwendende Recht ist maßgebend dafür, ob ein Ehegatte als Alleineigentümer eingetragen werden kann, ferner dafür, in welchem Gemeinschaftsverhältnis beide Ehegatten einzutragen sind (s. § 47 Rn. 25). Besteht nach dem Recht, das nach dem Kenntnisstand des GBAmts anwendbar ist, die nicht nur theoretische Möglichkeit, dass ein Ehegatte Alleineigentum erwerben kann, muss dem EintrAntrag entsprochen werden (OLG München MittBayNot 2013, 404). Die bloße Möglichkeit, dass das GB durch die Eintragung eines Ehegatten mit fremdländischem Namen wegen eines ausländischen Güterrechts unrichtig werden könnte, kann weder zur Zurückweisung eines EintrAntrags noch zum Erlass einer Zwischenverfügung zur Klärung des Güterstandes führen (vgl. OLG Düsseldorf Rpfleger 2000, 107; 2017, 329; OLG Frankfurt FGPrax 2019, 104). Etwas anderes gilt allerdings, wenn sich die Zweifel auf die Wirksamkeit von EintrVoraussetzungen, etwa der Auflassung, beziehen (BayObLG Rpfleger 1992, 341; OLG Karlsruhe Rpfleger 1994, 248; OLG Hamm NJW-RR 1996, 530; s. hierzu auch Amann MittBayNot 1986, 222; Wolfsteiner DNotZ 1987, 67; Böhringer BWNotZ 1987, 17).

Zum grundbuchrechtlichen Nachweis des Bestehens einer Errungenschaftsgemeinschaft nach dem Recht von Bosnien-Herzegowina s. OLG Zweibrücken MittBayNot 2014, 267. Ohne Vorlage einer Todeserklärung kann ein Ehegatte nicht als Alleineigentümer eines nach dem maßgebenden Recht von Bosnien-Herzegowina zum gemeinschaftlichen Eigentum der

Ehegatten gehörenden Grundstücks allein auf Grund seiner Behauptung eingetragen werden, sein Ehegatte sei im Zusammenhang mit den Kriegswirren seit mehreren Jahren verschollen (BayObLG FamRZ 1998, 443). S. zum Ganzen Weber, Erwerb von Grundstücken durch Ehegatten mit ausländischem Güterstand, MittBayNot 2016, 482 und 2017, 22.

8. Verfügungsbefugnis von Ehegatten

30   **a) Nachweis.** Ein Nachweis ist nur erforderlich, wenn der verfügende Ehegatte nach dem für ihn maßgebenden Güterrecht nicht allein verfügungsberechtigt ist. Das GBAmt darf mangels anderer Kenntnis annehmen, dass gesetzliches Güterrecht, z. B. Zugewinngemeinschaft, besteht (KGJ 47, 195; OLG Freiburg DNotZ 1952, 95; BayObLG NJW 1960, 821). Was bei Auslandsbezug gesetzliches Güterrecht ist, beurteilt sich nach der maßgeblichen Rechtsordnung (OLG Saarbrücken NJW-RR 2020, 266).

31   **b) Zugewinngemeinschaft.** Ist das Recht für einen der Ehegatten eingetragen, so braucht dieser seine Verfügungsbefugnis nur nachzuweisen, wenn sie das GBAmt begründet bezweifelt. Bei Verfügungen eines in Zugewinngemeinschaft lebenden Ehegatten kann die Zustimmung des anderen Ehegatten oder der Nachweis des Nichtvorliegens der Voraussetzungen des § 1365 Abs. 1 BGB (s. dazu Rn. 6 ff.) nicht schon wegen der bloßen Möglichkeit verlangt werden, dass die Verfügung der Erfüllung einer nicht wirksam eingegangenen Verpflichtung zu einer Gesamtvermögensverfügung dient. Erforderlich ist vielmehr, dass sich aus den EintrUnterlagen oder aus sonst bekannten bzw. nach der Lebenserfahrung nahe liegenden Umständen positive Anhaltspunkte für das Vorliegen der Voraussetzungen des § 1365 Abs. 1 BGB ergeben (BGH Rpfleger 1961, 233; BayObLG Rpfleger 2000, 265; OLG Zweibrücken FGPrax 2003, 249; OLG Jena Rpfleger 2001, 298).

Dazu gehört insbes. auch die Kenntnis des Vertragspartners im Zeitpunkt des Abschlusses des Verpflichtungsgeschäfts davon, dass es sich um das nahezu ganze Vermögen handelt (BayObLG Rpfleger 2000, 265; OLG München Rpfleger 2007, 259 mit Anm. v. Bauer MittBayNot 2008, 120; OLG Frankfurt FGPrax 2011, 271).

Verfügt der nicht eingetragene Ehegatte über das Recht, so muss er die Zustimmung des eingetragenen Ehegatten beibringen oder die Vermutung des § 891 BGB entkräften, also seine Berechtigung dartun.

32   **c) Gütergemeinschaft.** Ist das Recht für Ehegatten in Gütergemeinschaft eingetragen, so ist die Eintragung so lange maßgebend, als das GBAmt keine begründeten Zweifel an der Richtigkeit hat (KGJ 29, 148; BayObLG JFG 3, 313). Das Recht ist demnach als zum Gesamtgut gehörig anzusehen. Über die Vermutung der Gesamtguteigenschaft bei Gütergemeinschaft s. KGJ 38, 213, über die bei Errungenschaftsgemeinschaft s. KG JW 1938, 1598. Soll ein zum Gesamtgut einer Gütergemeinschaft gehörendes Grundstück Alleineigentum eines der Ehegatten werden, so ist die Erklärung zum Vorbehaltsgut nachzuweisen (JFG 15, 194). Zur Verfügungsberechtigung der Ehegatten s. Rn. 16.

d) Bodenreform. Verfügt derjenige, dem gem. Art. 233 § 11 Abs. 2 **33** Satz 1 Nr. 1 EGBGB im Gebiet der ehemaligen DDR das Eigentum an einem Grundstück aus der Bodenreform übertragen wurde, über dieses Grundstück, so ist so lange von seiner alleinigen Verfügungsbefugnis auszugehen, als das GBAmt daran keine begründeten Zweifel hat; nur bei Vorliegen konkreter Anhaltspunkte dafür, dass die Voraussetzungen des Art. 233 § 11 Abs. 5 EGBGB gegeben sind, kann der Nachweis des Alleineigentums aufgegeben werden (LG Neubrandenburg Rpfleger 1994, 293; LG Erfurt NotBZ 2004, 74; a. M. OLG Rostock MittBayNot 1994, 441, das in jedem Fall die Vorlage einer Bescheinigung der Meldebehörde über den Familienstand am 15.3.1990 verlangt). Zum Nachweis der Verfügungsbefugnis verheirateter Ausländer ohne Wohnsitz im Inland s. OLG Hamm DNotZ 1966, 236; OLG Köln DNotZ 1972, 182, aber auch KG DNotZ 1973, 620.

9. Zeugnis des Registergerichts

Zuständig ist jedes Amtsgericht, in dessen Bezirk auch nur einer der Ehe- **34** gatten seinen gewöhnlichen Aufenthalt hat (§§ 1558, 1559 BGB in der ab 1.9.1986 geltenden Fassung durch das Ges. v. 25.7.1986, BGBl. I 1142). Zur Zuständigkeit des Amtsgerichts am Ort der Handelsniederlassung oder der Hauptniederlassung bei Kaufleuten s. Art. 4 EGHGB in der Fassung durch das Ges. v. 23.10.1989 (BGBl. I 1910).

Zu bezeugen ist, dass nach dem Eintrag im Güterrechtsregister Gütertren- **35** nung oder ein bestimmtes vertragsmäßiges Güterrecht besteht oder ein Gegenstand zum Vorbehaltsgut eines Ehegatten gehört. Das Zeugnis ist zu datieren, damit seine Beweiskraft geprüft werden kann.

Zur Beweiskraft gilt das zu § 32 Rn. 12, 14, 15 Ausgeführte entsprechend **36** (s. dazu KGJ 39, 185). Das Zeugnis beweist auch das Bestehen der Ehe, weil Eintragungen in das Güterrechtsregister erst nach Eheschließung erfolgen dürfen; deshalb ist neben dem Zeugnis eine Heiratsurkunde nicht erforderlich.

10. Ersetzung des Zeugnisses

§ 33 will den GBVerkehr nur erleichtern. Deshalb sind andere Beweismit- **37** tel zulässig. In Betracht kommen:
- Bezugnahme auf das Register (Abs. 2; s. Rn. 42).
- Beglaubigte Abschrift oder Auszug des Registers. Bloße EintrBenachrich- **38** tigungen genügen nicht.
- Bescheinigung des Notars, dass ihm ein gerichtliches Zeugnis mit wörtlich **39** wiederzugebendem Inhalt vorgelegen hat oder dass das Register eine bestimmte Eintragung enthält (§ 20 Abs. 1 Satz 2 BNotO; s. dazu Promberger Rpfleger 1977, 355; 1982, 460).
- Ehevertrag. Er beweist nach der Lebenserfahrung das Güterrecht so lange, **40** bis sich bestimmte Anhaltspunkte für eine Änderung oder Aufhebung ergeben (KGJ 39, 183). Haben die Ehegatten den Ehevertrag noch als Verlobte geschlossen, so ist die Verehelichung, falls nicht offenkundig, durch Heiratsurkunde nachzuweisen (s. dazu BayObLG DNotZ 1957, 311).

41 • EintrBewilligung beider Ehegatten. Diese sind zu allen Verfügungen befugt, so dass es keines weiteren Nachweises bedarf. Zur Übertragung von Gesamtgut in Alleineigentum eines Ehegatten ist jedoch ein Ehevertrag notwendig (s. Rn. 32).

11. Bezugnahme auf das Register

42 Durch das ERVGBG v. 11.8.2009 wurde Abs. 2 angefügt. Die Vorschrift übernimmt inhaltlich unverändert die früher in § 34 enthaltene Regelung, soweit das Güterrechtsregister betroffen ist. Sie erleichtert den GBVerkehr für die Beteiligten über Abs. 1 hinaus. Die Beschaffung des Zeugnisses soll ihnen erspart werden.

43 Eine Bezugnahme ist nur statthaft, wenn GB und Register von demselben Amtsgericht geführt werden; auch wenn beide nicht in demselben Gebäude untergebracht sind (KG JW 1935, 3042; LG Saarbrücken RNotZ 2002, 231). Unzulässig ist dagegen eine Bezugnahme auf Register eines anderen Gerichts (BayObLG 13, 149).

44 Das GBAmt hat sich die Kenntnis des Registerinhalts selbst zu verschaffen. Dies wird in der Regel, muss aber nicht unbedingt durch Einsicht geschehen (KG JW 1935, 3042). Zu prüfen ist der gesamte Inhalt des Registers. Nicht erledigte Anmeldungen sind nur zu berücksichtigen, soweit sie zweifelsfrei die Unrichtigkeit der Eintragung erweisen. Ein Vermerk über das Ergebnis der Nachprüfung ist ratsam.

12. Lebenspartner

45 Bis zum 1.10.2017 konnten nach § 1 LebenspartnerschaftsG (LPartG) v. 16.2.2001 (BGBl. I 266) zwei Personen gleichen Geschlechts eine Lebenspartnerschaft begründen. Durch das Ges. zur Überarbeitung des Lebenspartnerschaftsrechts v. 15.12.2004 (BGBl. I 3396) wurde das Güterrecht der Lebenspartner dem ehelichen Güterrecht angeglichen. Ab 1.10.2017 können Lebenspartnerschaften nicht mehr begründet werden (Art. 3 Abs. 3 des Ges. v. 20.7.2017, BGBl. I 2787). Bestehende Lebenspartnerschaften bleiben aber erhalten und können in eine Ehe umgewandelt werden (§ 20a LPartG). Dann gelten von den Lebenspartnern getroffene Vereinbarungen zum Güterrecht unverändert weiter, ebenso ein geschlossener Erbvertrag.

46 Lebenspartner leben nach § 6 LPartG im Güterstand der Zugewinngemeinschaft, wenn sie nicht durch Lebenspartnerschaftsvertrag gem. § 7 LPartG etwas anderes vereinbart haben; § 1363 Abs. 2 sowie §§ 1364 bis 1390 BGB gelten entsprechend. Gem. § 7 LPartG können die Lebenspartner ihre güterrechtlichen Verhältnisse durch Lebenspartnerschaftsvertrag regeln. Vereinbart werden kann der Güterstand der Gütertrennung oder der Gütergemeinschaft sowie der Wahl-Zugewinngemeinschaft. Es gelten die für Ehegatten maßgebenden Vorschriften der §§ 1409 bis 1563 BGB entsprechend; damit gelten auch die Vorschriften der §§ 1558 ff. BGB über das Güterrechtsregister entsprechend. Allerdings wurden die das grundbuchrechtliche Verfahren erleichternden Vorschriften der §§ 33 ff. GBO zunächst nicht für entsprechend anwendbar erklärt. Die entsprechende Anwendung ergab sich aber aus dem Zweck der Vorschrift (vgl. Grziwotz Rpfleger 2008, 289).

Durch das DaBaGG wurde § 33 Abs. 1 dahin geändert, dass die Nachweiserleichterungen ausdrücklich auch für Lebenspartner gelten.

Wegen der Einzelheiten wird auf die Erläuterungen zum ehelichen Gü- 47
terrecht (Rn. 4 ff.) verwiesen, die entsprechend für das Güterrecht der Lebenspartner gelten. Kostenmäßige Vergünstigungen bestehen sowohl für Ehegatten als auch für Lebenspartner seit dem Inkrafttreten des GNotKG nicht mehr. Zur Rechtslage vor dem Inkrafttreten des Ges. zur Überarbeitung des Lebenspartnerschaftsrechts v. 15.12.2004 (BGBl. I 3396) s. die Erl. in der 24. Auflage sowie Böhringer, Erwerb und Veräußerung von Grundbesitz durch eingetragene Lebenspartner, Rpfleger 2002, 299.

13. Kosten

Es gilt das zu § 32 Rn. 20, 21 Ausgeführte entsprechend. 48

Nachweis der rechtsgeschäftlich erteilten Vertretungsmacht

34 **Eine durch Rechtsgeschäft erteilte Vertretungsmacht kann auch durch eine Bescheinigung nach § 21 Absatz 3 der Bundesnotarordnung nachgewiesen werden.**

1. Allgemeines

In seiner ursprünglichen Fassung ließ § 34 in den Fällen der §§ 32, 33 statt 1
eines Zeugnisses des jeweiligen Registergerichts die Bezugnahme auf das Register zu, sofern das GBAmt zugleich das Registergericht war. Durch das ERVGBG v. 11.8.2009 wurde die Bezugnahme in § 32 Abs. 2 und § 33 Abs. 2 geregelt und § 34 aufgehoben. Durch das Ges. zur Übertragung von Aufgaben im Bereich der freiwilligen Gerichtsbarkeit auf Notare vom 26.6.2013 (BGBl. I 1800) wurde sodann der neue § 34 eingefügt.

Der Wortlaut des § 21 BNotO ist vor der Inhaltsübersicht zu § 32 abgedruckt.

2. Notarbescheinigung

Nach § 21 Abs. 1 Satz 1 Nr. 1 BNotO sind die Notare dafür zuständig, 2
Vertretungsberechtigungen zu bescheinigen, die sich aus bestimmten Registern, insbesondere dem Handelsregister, ergeben. Solche Bescheinigungen haben dieselbe Beweiskraft wie ein Zeugnis des betreffenden Registergerichts. Durch die notarielle Bescheinigung kann die Vertretungsberechtigung gegenüber dem GBAmt nachgewiesen werden (§ 32 Abs. 1 Satz 1). Der durch das Ges. zur Übertragung von Aufgaben im Bereich der freiwilligen Gerichtsbarkeit auf Notare angefügte § 21 Abs. 3 BNotO erstreckt die Regelung auf den Nachweis einer durch Rechtsgeschäft erteilten Vertretungsmacht.

a) Nachweis der Vertretungsmacht. Wie die Bescheinigung einer sich 3
aus einem Register ergebenden Vertretungsberechtigung erbringt auch die mit Unterschrift und Siegel des Notars versehene Bescheinigung einer rechtsgeschäftlich erteilten Vertretungsmacht den erforderlichen Nachweis

gegenüber dem GBAmt. Durch die Möglichkeit des Nachweises durch eine Notarbescheinigung wird vor allem bei Vollmachtsketten für die Beteiligten die Nachweisführung und für das GBAmt die Prüfung der Nachweise erleichtert. Die Anforderungen an den Nachweis bleiben jedoch unverändert. Lediglich ein Teil der erforderlichen Prüfung der Vertretungsberechtigung wird vom GBAmt auf den Notar verlagert.

Bei einer Vollmachtskette ist für jede einzelne Vollmacht eine Bescheinigung erforderlich. Erteilt der Vertreter einer in einem Register eingetragenen juristischen Person oder Gesellschaft eine rechtsgeschäftliche Vollmacht, ist auch seine Vertretungsbefugnis nachzuweisen; dies kann gemäß § 32 Abs. 1 geschehen. Die Bescheinigungen können in einem Vermerk zusammengefasst werden (BGH Rpfleger 2017, 137; OLG Hamm Rpfleger 2016, 550 mit Anm. v. Kilian MittBayNot 2017, 94; OLG Frankfurt NotBZ 2016, 224).

4   b) Gegenstand der Notarbescheinigung. In Betracht kommt nur die Bescheinigung einer rechtsgeschäftlich erteilten Vertretungsmacht durch den Notar. Die Bescheinigung einer gesetzlichen Vertretungsmacht oder einer Vertretungsmacht kraft Amtes, z. B. als Testamentsvollstrecker oder Insolvenzverwalter, lässt § 34 nicht zu. Nicht ausgeschlossen ist aber die Bescheinigung einer durch Bestellung zum Verwalter von WEigentum in der Gemeinschaftsordnung begründeten organschaftlichen Vertretungsmacht (s. dazu Spieker notar 2014, 196).

5   c) Inhalt der Notarbescheinigung. Die Vollmachtsurkunde, die Grundlage der Bescheinigung des Notars ist, muss diesem im Hinblick auf § 29 in öffentlicher oder öffentlich beglaubigter Form vorliegen. Der Notar hat in seiner Bescheinigung den Tag anzugeben, an dem ihm die Vollmachtsurkunde vorgelegen hat und außerdem die Form der Urkunde. Anzugeben ist also, ob es sich dabei um ein Original oder eine Ausfertigung handelt. Diese Angaben sind unverzichtbar für die dem GBAmt obliegende Prüfung des Fortbestands der Vollmacht (s. dazu im Einzelnen § 19 Rn. 80, 81). Bei einer Vollmachtskette sind die Angaben zu jeder einzelnen Vollmachtsurkunde zu machen. Dem GBAmt müssen die Vollmachtsurkunden nicht vorgelegt werden. Bescheinigt der Notar für ein konkretes Rechtsgeschäft die Vertretungsmacht, braucht die Befugnis zum Selbstkontrahieren nicht ausdrücklich erwähnt zu werden (OLG Nürnberg MittBayNot 2017, 293).

6   d) Prüfung des GBAmts. Bei einer Legitimationskette hat das GBAmt zu prüfen, ob für jedes einzelne Glied der Kette die Vertretungsmacht bescheinigt ist (BGH Rpfleger 2017, 137). Liegt eine formal ordnungsmäßige Vertretungsbescheinigung gemäß § 21 Abs. 3 BNotO vor, hat das GBAmt grundsätzlich auch dann ohne weitere Prüfung von der Vertretungsberechtigung auszugehen, wenn der Notar die Vollmachtsurkunden gemäß § 12 Satz 1 BeurkG vorlegt. Bestehen jedoch auf Tatsachen und nicht nur auf Vermutungen gegründete Zweifel an der Richtigkeit der Bescheinigung, ist durch Zwischenverfügung auf deren Behebung hinzuwirken. Dazu kann insbesondere die Vorlage der Vollmachtsurkunden aufgegeben werden (vgl. OLG Bremen NotBZ 2014, 293 mit abl. Anm. v. Zimmer ZfIR 2014, 566; OLG Hamm Rpfleger 2016, 550; OLG Nürnberg MittBayNot 2017, 293; s.

dazu auch § 32 Rn. 12 und Zimmer NJW 2014, 337). Es liegt in der Hand des Notars, ob er von der eingeräumten Möglichkeit, eine Vollmachtsbescheinigung auszustellen, Gebrauch macht oder ob er es dabei belässt, die Vollmachtsurkunden dem GBAmt vorzulegen.

3. Kosten

Für die Ausstellung der Vertretungsbescheinigung erhält der Notar eine   7
Gebühr von 15 EUR (Nr. 25214 GNotKG-KV). Bei einer Vollmachtskette fällt die Gebühr für jede in einem – auch mehrere Bescheinigungen zusammenfassenden – Vermerk bescheinigte Vertretungsmacht gesondert an (BGH Rpfleger 2017, 137). Darunter kann auch eine Gebühr nach Nr. 25200 GNotKG-KV sein.

Nachweis der Erbfolge, der Fortsetzung einer Gütergemeinschaft und der Verfügungsbefugnis eines Testamentsvollstreckers

35 (1) **Der Nachweis der Erbfolge kann nur durch einen Erbschein oder ein Europäisches Nachlasszeugnis geführt werden. Beruht jedoch die Erbfolge auf einer Verfügung von Todes wegen, die in einer öffentlichen Urkunde enthalten ist, so genügt es, wenn an Stelle des Erbscheins oder des Europäischen Nachlasszeugnisses die Verfügung und die Niederschrift über die Eröffnung der Verfügung vorgelegt werden; erachtet das Grundbuchamt die Erbfolge durch diese Urkunden nicht für nachgewiesen, so kann es die Vorlegung eines Erbscheins oder eines Europäischen Nachlasszeugnisses verlangen.**

(2) **Das Bestehen der fortgesetzten Gütergemeinschaft sowie die Befugnis eines Testamentsvollstreckers zur Verfügung über einen Nachlaßgegenstand ist nur auf Grund der in den §§ 1507, 2368 des Bürgerlichen Gesetzbuchs vorgesehenen Zeugnisse oder eines Europäischen Nachlasszeugnisses als nachgewiesen anzunehmen; auf den Nachweis der Befugnis des Testamentsvollstreckers sind jedoch die Vorschriften des Absatzes 1 Satz 2 entsprechend anzuwenden.**

(3) **Zur Eintragung des Eigentümers oder Miteigentümers eines Grundstücks kann das Grundbuchamt von den in den Absätzen 1 und 2 genannten Beweismitteln absehen und sich mit anderen Beweismitteln, für welche die Form des § 29 nicht erforderlich ist, begnügen, wenn das Grundstück oder der Anteil am Grundstück weniger als 3000 Euro wert ist und die Beschaffung des Erbscheins, des Europäischen Nachlasszeugnisses oder des Zeugnisses nach § 1507 des Bürgerlichen Gesetzbuchs nur mit unverhältnismäßigem Aufwand an Kosten oder Mühe möglich ist. Der Antragsteller kann auch zur Versicherung an Eides Statt zugelassen werden.**

Inhaltsübersicht

1. Allgemeines

1 § 35 bestimmt, wie die Erbfolge, der Eintritt der fortgesetzten Gütergemeinschaft und die Verfügungsbefugnis eines Testamentsvollstreckers nachzuweisen sind. Durch das Ges. v. 29.6.2015 (BGBl. I 1042) wurde das Europäische Nachlasszeugnis (s. Rn. 5) als weiterer geeigneter Nachweis in § 35 eingefügt.

Der Nachweis ist durch Erbschein, Europäisches Nachlasszeugnis, Zeugnis über die Fortsetzung der Gütergemeinschaft oder Testamentsvollstreckerzeugnis zu führen. Diese starre Beweisregelung gilt jedoch nicht ohne Ausnahmen. Statt des Erbscheins, Europäischen Nachlasszeugnisses oder Testamentsvollstreckerzeugnisses genügt in der Regel die Vorlegung der in einer öffentlichen Urkunde enthaltenen Verfügung von Todes wegen sowie der Eröffnungsniederschrift. Vereinzelt ist auch der Nachweis mit anderen, nicht der Form des § 29 bedürftigen Beweismitteln zugelassen. S. dazu Bestelmeyer, Nachweis der Erbfolge im Anwendungsbereich des § 35 GBO, notar 2013, 147.

Zur Anwendung güterrechtlicher und erbrechtlicher Vorschriften für Ehegatten auf Lebenspartner s. §§ 6, 7 und 10, insbesondere Abs. 5, LPartG.

2. Erbfolge

2 Erbfolge ist der mit dem Tod einer Person eintretende Übergang ihres gesamten Vermögens auf eine oder mehrere andere Personen (§ 1922 BGB). Sie beruht entweder auf Gesetz (§§ 1924 bis 1936 BGB) oder auf einer Verfügung von Todes wegen; letztere kann ein Testament oder ein Erbvertrag sein (§§ 1937, 1941 BGB). Wie eine Erbfolge behandelt wird auch der Anfall von Vereins- oder Stiftungsvermögen an den Fiskus (§ 45 Abs. 3, §§ 46, 88

BGB; s. auch Art. 85 EGBGB, ferner für Bayern Art. 17 StiftungsG i. d. F. v. 19.12.2001, GVBl. 2002, 10). Gleiches gilt, wenn in Bayern gem. Art. 17 Abs. 1 StiftungsG Stiftungsvermögen nicht an den Fiskus, sondern das Vermögen einer kommunalen Stiftung an eine Gebietskörperschaft oder das Vermögen einer kirchlichen Stiftung an eine Kirche fällt (BayObLG Rpfleger 1994, 410).

Keine Erbfolge liegt vor beim Erwerb auf Grund eines Vermächtnisses **3** (§ 1939 BGB) oder eines Erbschaftskaufs (§ 2371 BGB), auch nicht bei Übertragung eines Erbanteils (RG 64, 173) oder bei Übertragung des Nacherbenrechts auf den Vorerben (KG DNotZ 1933, 291). Nicht wie eine Erbfolge zu behandeln ist der Anfall von Vereins- oder Stiftungsvermögen an einen anderen als den Fiskus, eine Gebietskörperschaft oder eine Kirche, z. B. an Vereinsmitglieder.

Ein Erwerb aufgrund Erbfolge genießt den Schutz der Vorschriften über den guten Glauben nicht (§ 892 BGB). Dieser greift nur bei einem rechtsgeschäftlichen Erwerb durch ein Verkehrsgeschäft ein (BGH NJW 2007, 3204). Um einen solchen handelt es sich bei der Erbfolge ebenso wenig wie bei einem Erwerb durch Hoheitsakt (OLG Naumburg Rpfleger 2019, 336). Dies gilt auch dann, wenn die Erbfolge auf einer letztwilligen Verfügung beruht. Eine Übertragung im Weg der vorweg genommenen Erbfolge steht einem Erwerb aufgrund Erbfolge gleich (BayObLG NJW-RR 1986, 882).

3. Nachweis der Erbfolge

Zum Nachweis durch letztwillige Verfügung in einer öffentlichen Urkun- **4** de im Zusammenhang mit der Eröffnungsniederschrift s. Rn. 31 und Böhringer, Eignung öffentlicher Urkunden als Nachweis der Erbfolge im GBVerfahren, ZEV 2001, 387.

a) Erbschein. Soweit die Erbfolge nachgewiesen werden muss, ist der Nachweis grundsätzlich durch Erbschein zu führen (s. Rn. 16). Dies gilt auch, soweit der Anfall von Vereins- oder Stiftungsvermögen an den Fiskus, eine Gebietskörperschaft oder eine Kirche wie eine Erbfolge behandelt wird (s. Rn. 2); auch in diesen Fällen ist dem GBAmt gegenüber der Nachweis durch ein inhaltlich dem Erbschein entsprechendes Zeugnis des Nachlassgerichts zu erbringen (OLG Hamm OLGZ 1966, 109; BayObLG 1994, 35).

Auch der Nachweis, dass jemand nach einem Vorerben Erbe geworden ist, kann grundsätzlich nur durch einen Erbschein geführt werden; eine GBBerichtigung auf Grund Bewilligung des Vorerben bei Eintritt des Nacherbfalls zu seinen Lebzeiten scheidet aus (BayObLG Rpfleger 1994, 410). Ein Erbschein, der den Nacherben als Erben des Vorerben ausweist, genügt nicht. Erforderlich ist ein Erbschein, der bezeugt, dass der Nacherbe nach dem Vorerben Erbe des Erblassers geworden ist (s. Rn. 8, 19).

Zum Nachweis im Geltungsbereich der HöfeO s. Rn. 21. Die Vorlage des Erbscheins kann nicht dadurch ersetzt werden, dass der Testamentsvollstrecker unter Vorlage des Testamentsvollstreckerzeugnisses die Erben benennt (KG JW 1938, 123; OLG Köln Rpfleger 1992, 342; OLG München FGPrax 2011, 228; s. auch Rn. 9). Beruht die Erbfolge jedoch auf einer in einer öffentlichen Urkunde enthaltenen Verfügung von Todes wegen, so genügt im

Allgemeinen die Vorlegung der Verfügung und der Niederschrift über ihre Eröffnung (s. Rn. 31 ff.). Zum ausländischen Erbschein s. Rn. 13.

5   **b) Europäisches Nachlasszeugnis.** Für den Nachweis der Erbfolge nach Personen, die ab dem 17.8.2015 verstorben sind, kommt gegenüber dem GBAmt neben dem Erbschein nach § 2353 BGB das Europäische Nachlasszeugnis gemäß Art. 62 ff. EU-ErbrechtsVO (EU-VO Nr. 650/2012 v. 4.7.2012, ABl. EU Nr. L 201 S. 107) in Betracht. Gemäß Art. 62 Abs. 1 der VO wird das Zeugnis zur Verwendung in einem anderen Mitgliedstaat ausgestellt. Art. 4 der VO begründet für die Ausstellung des Zeugnisses die ausschließliche internationale Zuständigkeit des Mitgliedstaats, in dem der Erblasser im Zeitpunkt seines Todes seinen gewöhnlichen Aufenthalt hatte (s. dazu Volmer ZEV 2014, 129). Umstritten war, ob dies auch für die Erteilung eines nationalen Erbnachweises (Erbscheins) gilt (bejahend OLG Hamburg Rpfleger 2017, 153 mit abl. Anm. v. Bestelmeyer). Auf Vorlage des KG (FamRZ 2017, 564; s. dazu Lamberz Rpfleger 2017, 376) hat der EuGH (Rpfleger 2018, 550 mit kritischer Anm. v. Lamberz; s. dazu Becker NotBZ 2018, 441) dies bejaht. Zur örtlichen und sachlichen Zuständigkeit s. § 34 IntErbRVG. Zur Zuständigkeit des Rpflegers s. § 3 Nr. 2 Buchst. i, § 16 Abs. 2, 3, § 19 Abs. 1 Nr. 5 RpflegerG.

5.1   Durch das Zeugnis können auch die Befugnisse als Testamentsvollstrecker nachgewiesen werden. Es entfaltet seine Wirkungen in allen Mitgliedsstaaten (s. dazu § 1 Abs. 2 IntErbRVG), ohne dass es eines besonderen Verfahrens bedarf; eine Legalisation ist daher entbehrlich (Art. 69 Abs. 1, Art. 74 der VO). Für die Art der zulässigen dinglichen Rechte und ihre Eintragung in das GB sowie deren Voraussetzungen und Wirkungen gilt aber deutsches Sachen- und GBRecht (vgl. Art. 1 Abs. 2 Buchst. k und l, Art. 69 Abs. 5 der VO). Für danach erforderliche rechtsgeschäftliche Übertragungen verbleibt es daher grundsätzlich bei den sich aus §§ 19, 20, 29 ergebenden Anforderungen.

5.2   Jedoch entfaltet ein nach dem Erbstatut dinglich wirkendes Vermächtnis (Vindikationslegat) unmittelbar dingliche Wirkung (EuGH NJW 2017, 3767; Lamberz Rpfleger 2017, 376; Weber DNotZ 2018, 16). Nach OLG Saarbrücken (FGPrax 2019, 169 mit zu Recht ablehnender Anm v. Leitzen ZEV 2019, 642 und kritischer Anm. v. Keim MittBayNot 2020, 148) soll dies auch dann gelten, wenn Vermächtnisgegenstand nicht das Eigentum oder ein bestehendes dingliches Recht ist, das übergehen soll, sondern ein dingliches Recht (Ehegattennießbrauch nach französischem Recht), das neu begründet werden soll. Der Vollzug des Rechtsübergangs im GB setzt einen Unrichtigkeitsnachweis voraus. Dieser wird nur durch ein auf den Vermächtnisgegenstand beschränktes, den Anforderung des § 28 Satz 1 und des § 47 Abs. 1 genügendes Europäisches Nachlasszeugnis geführt werden können. Zu Rechtsübergang und Rechtsbegründung durch ausländische Vindikationslegate in Deutschland s. Bandel MittBayNot 2018, 99. Zur GBEintragung eines Vindikationslegats s. Böhringer ZfIR 2018, 81; Dressler Rpfleger 2018, 413; Wilsch ZfIR 2018, 595; Bestelmeyer Rpfleger 2018, 649/651.

Umstritten ist, ob in ein Europäisches Nachlasszeugnis bei Grundstücken, die im Ausland, insbes. in Österreich, belegen sind, Grundstücksdaten aufzunehmen sind, weil davon die GBUmschreibung abhängt (verneinend OLG

Nürnberg Rpfleger 2017, 545; FGPrax 2018, 40; OLG München FGPrax 2018, 39 mit Anm. v. Wilsch).

Für die Ausstellung des Zeugnisses, das als beglaubigte Abschrift erteilt **5.3** wird, ist die Verwendung eines standardisierten Formblatts vorgeschrieben (Art. 67 Abs. 1 der VO). Dem GBAmt ist die gemäß Art. 70 Abs. 1 der VO erteilte beglaubigte Abschrift vorzulegen; nicht ausreichend ist eine hiervon gefertigte beglaubigte Abschrift. Die Gültigkeit beglaubigter Abschriften des Zeugnisses ist zeitlich begrenzt; in der Regel auf sechs Monate (Art. 70 Abs. 3 der VO; § 42 IntErbRVG). Der Beglaubigungsvermerk muss daher mit dem Verfallsdatum versehen werden. Die Gültigkeitsfrist darf bei Eintragung im GB noch nicht abgelaufen sein. Dies gilt auch bei Ablauf der Frist nach Eingang des Antrags beim GBAmt (KG FGPrax 2019, 193 mit zust. Anm. v. Dressler-Berlin; s. ferner die Anm. v. Lamberz Rpfleger 2019, 701; str.). Nähere Regelungen enthalten die §§ 33 bis 44 IntErbRVG.

S. dazu Böhringer, Das Europäische Nachlasszeugnis im deutschen GBVerfahren, NotBZ 2015, 281; ferner Buschbaum/Simon Rpfleger 2015, 444; Wilsch ZEV 2012, 530 und ZfIR 2018, 253; Volmer Rpfleger 2013, 421 und notar 2016, 323; Schmitz RNotZ 2017, 269.

c) Andere Beweismittel. In Betracht können auch andere Beweismittel **6** als ein Erbschein oder ein Europäisches Nachlasszeugnis kommen:

- Die Erbfolge kann durch ein **Überweisungszeugnis** nach §§ 36, 37 nachgewiesen werden. Ist ein solches erteilt worden, obwohl die Erbengemeinschaft hinsichtlich des Nachlassgrundstücks nicht aufgelöst werden soll, kann mit dem Zeugnis nicht die darin festgestellte Erbfolge nachgewiesen werden (s. §§ 36, 37 Rn. 15).

- Zur Eintragung des **Eigentümers** oder Miteigentümers eines Grundstücks kann sich das GBAmt nach Abs. 3 mit anderen, nicht der Form des § 29 bedürftigen Beweismitteln begnügen, wenn das Grundstück oder der Anteil an diesem weniger als 3000 EUR wert ist und der Erbschein oder ein Europäisches Nachlasszeugnis nur mit unverhältnismäßigem Aufwand an Kosten oder Mühe beschafft werden kann; in diesem Fall darf der Antragsteller auch zur Versicherung an Eides Statt zugelassen werden (s. dazu Hesse DFG 1943, 18). Die Beweiserleichterung gilt entsprechend für die Eintragung des Berechtigten eines grundstücksgleichen Rechts, z. B. eines Erbbauberechtigten oder Gebäudeeigentümers. Soll das GB durch Eintragung einer Erbengemeinschaft berichtigt werden, ist maßgebend der Wert des Grundstücks; auf den Wert der einzelnen Erbanteile kommt es nicht an (OLG Rostock NotBZ 2006, 104).

- Zur **Löschung** umgestellter Hyp. oder Grundschulden, deren Geldbetrag 3000 EUR nicht übersteigt, sowie zur Löschung umgestellter Rentenschulden oder Reallasten, deren Jahresleistung nicht mehr als 15 EUR beträgt, darf sich das GBAmt nach §§ 18 und 19 GBMaßnG mit anderen, nicht der Form des § 29 bedürftigen Beweismitteln begnügen, wenn die Beschaffung des Erbscheins oder eines Europäischen Nachlasszeugnisses nur mit unverhältnismäßigem Aufwand an Kosten oder Mühe möglich ist; es kann den Antragsteller in diesem Fall auch zur Versicherung an Eides Statt zulassen. Wegen der Berechnung des Geldbetrags s. § 29 Rn. 19.

7   Von einem **unverhältnismäßigen Aufwand,** auf den § 35 Abs. 3 GBO
     und § 18 Abs. 1 GBMaßnG abstellen, kann grundsätzlich auch dann ausge-
     gangen werden, wenn der Aufwand den Wert des Grundstücks oder Grund-
     pfandrechts nicht übersteigt (a. M. OLG München NJW-RR 2014, 1114).
     Der in § 35 Abs. 3 Satz 1 und in § 18 Abs. 1 Satz 1 GBMaßnG zunächst
     genannte Betrag von 5000 DM wurde durch das RegVBG festgesetzt;
     er wurde durch Art. 7 Abs. 5, 7 des Ges. v. 27.6.2000 (BGBl. I 897) mit
     Wirkung vom 30.6.2000 durch den Betrag von 3000 EUR ersetzt. Art. 18
     Abs. 4 Nr. 1 RegVBG enthielt bis zu seinem Außerkrafttreten am 24.7.
     1997 (s. Art. 7 Abs. 3 Nr. 3 des Ges. v. 17.7.1997, BGBl. I 1823) eine Er-
     mächtigung des BJM, durch Rechtsverordnung mit Zustimmung des Bun-
     desrats den Betrag an die Veränderungen der Lebenshaltungskosten anzupas-
     sen.

8   **e) Entbehrlichkeit eines Nachweises.** In bestimmten Fällen bedarf die
     Erbfolge keines Nachweises:
     • Nicht erforderlich ist der Nachweis der Erbfolge, wenn diese beim GB-
       Amt **offenkundig** ist (BayObLG 1906, Bd. 7, 417; offen gelassen: BGH
       Rpfleger 1982, 333); dies folgt aus § 29 Abs. 1 Satz 2. Zur GBBerichti-
       gung nach Eintritt des Nacherbfalls bedarf die Nacherbfolge gemäß § 35
       Abs. 1 Satz 1 des Nachweises durch Erbschein oder Europäisches Nach-
       lasszeugnis jedoch auch dann, wenn das Recht des Nacherben gemäß § 51
       im GB vermerkt ist und eine Sterbeurkunde des Vorerben vorgelegt wird
       (BGH Rpfleger 1982, 333; OLG Zweibrücken RNotZ 2011, 113; OLG
       München FGPrax 2011, 173).

9   • Ein **Bevollmächtigter,** der auf Grund einer vom Erblasser mit Wirkung
       über den Tod hinaus erteilten Vollmacht ein Recht frei von den Beschrän-
       kungen durch Nacherbfolge und Testamentsvollstreckung veräußert,
       braucht die Erbfolge nicht nachzuweisen (s. dazu § 19 Rn. 81.1). Ebenso-
       wenig ein Testamentsvollstrecker (OLG Köln Rpfleger 1992, 342) oder
       Nachlasspfleger (OLG Köln Rpfleger 2011, 158). Dies gilt aber nur, wenn
       eine Voreintragung der Erben nicht erforderlich ist (vgl. § 40; OLG
       Schleswig FGPrax 2014, 206). Zur Umschreibung eines Rechts auf die
       Erben ist ein Nachweis durch Erbschein oder Europäisches Nachlasszeug-
       nis unverzichtbar (OLG Köln Rpfleger 1992, 342; BayObLG Rpfleger
       1994, 410). Dieser Nachweis ist auch dann erforderlich, wenn die Entgelt-
       lichkeit der Verfügung eines Testamentsvollstreckers nur durch den Nach-
       weis der Erbeneigenschaft dargetan werden kann (JFG 18, 161; s. dazu
       auch Rn. 4).

10   **f) Sonstiges.** Der Fiskus kann als gesetzlicher Erbe nur auf Grund eines
     Erbscheins oder Europäischen Nachlasszeugnisses, nicht aber eines Feststel-
     lungsbeschlusses nach § 1964 BGB in das GB eingetragen werden (OLG
     Frankfurt MDR 1984, 145; BayObLG Rpfleger 1994, 410; OLG Düsseldorf
     FGPrax 2020, 109); dies gilt auch, soweit ihm Vereins- oder Stiftungsvermö-
     gen anfällt (s. Rn. 2, 4). An die nach ihrer Aufhebung in Baden-Württemberg
     (s. Buhl BWNotZ 2015, 67) nur noch in Bayern gem. Art. 37 Abs. 1
     AGGVG v. 23.6.1981 (BayRS 300-1-1-J) von Amts wegen vorzunehmende
     Ermittlung und Feststellung der Erben durch das Nachlassgericht ist das

GBAmt nicht gebunden (BayObLG Rpfleger 1989, 278); sie kann daher den Erbschein oder das Europäische Nachlasszeugnis nicht ersetzen.

4. Früheres Recht

§ 35 findet nur Anwendung, wenn der Erblasser nach dem Inkrafttreten **11** des BGB gestorben ist; ist er vor dem 1.1.1900 gestorben, so bestimmen sich die erbrechtlichen Verhältnisse gemäß Art. 213 EGBGB nach dem bis dahin geltenden Recht; nach ihm richtet sich auch der Nachweis der Erbfolge (KGJ 23, 129; 25, 124).

Für die Form einer vor dem 1.1.1900 errichteten Verfügung von Todes wegen ist das bis dahin geltende Recht gemäß Art. 214 Abs. 1 EGBGB auch dann maßgebend, wenn der Erblasser nach dem Inkrafttreten des BGB gestorben ist.

Im Gebiet der ehemaligen DDR bleibt für die erbrechtlichen Verhältnisse **12** das bisherige Recht maßgebend, wenn der Erblasser vor dem 3.10.1990 gestorben ist (Art. 235 § 1 Abs. 1 EGBGB). Bei einem Erbfall unter der Geltung des Zivilgesetzbuchs der DDR v. 19.6.1975 (GBl. DDR I 465), also ab dem 1.1.1976, trat daher bei einem Erblasser, der nicht in der DDR lebte, hinsichtlich seines dort belegenen Grundbesitzes auf Grund § 25 Abs. 2 des mit dem ZGB in Kraft getretenen RechtsanwendungsG der DDR v. 5.12. 1975 (GBl. DDR I 748) Nachlassspaltung ein (BayObLG Rpfleger 1991, 205). Die Erbfolge richtet sich nach dem Recht der DDR (vgl. §§ 362 ff. ZGB), so dass ein die Erbfolge nach dem BGB bezeugender Erbschein für diesen Zeitraum kein ausreichender Nachweis für eine GBBerichtigung ist. Auf die Vorlage eines Erbscheins, der die Erbfolge hinsichtlich des im Gebiet der ehemaligen DDR belegenen Grundbesitzes zum Gegenstand hat, kann das GBAmt nicht verzichten (Brakebusch DtZ 1994, 61; a. M. BezG Erfurt DtZ 1994, 77; s. hierzu auch BayObLG Rpfleger 1994, 299).

Die Errichtung oder Aufhebung einer Verfügung von Todes wegen vor dem 3.10.1990 beurteilt sich auch dann nach dem bisherigen Recht, wenn der Erblasser nach diesem Zeitpunkt stirbt; dies gilt auch für die Bindungswirkung eines vor dem 3.10.1990 errichteten gemeinschaftlichen Testaments (Art. 235 § 2 EGBGB). Auf die unter der Geltung des ZGB der DDR errichteten Testamente sind daher insoweit §§ 362 ff. ZGB anzuwenden. S. zum Ganzen Bestelmeyer Rpfleger 1992, 229; Böhringer NJ 1992, 292.

5. Erbfolge nach Ausländern

Ist der Erblasser nach dem 1.1.1900 gestorben, so gilt § 35 (s. dazu LG Aa- **13** chen Rpfleger 1965, 233). Soweit es zum Nachweis der Erbfolge eines Erbscheins bedarf, ist vorbehaltlich einer abweichenden Regelung durch Staatsvertrag, an der es für Israel fehlt (KG FGPrax 1997, 132), ein deutscher Erbschein erforderlich (KG FGPrax 1997, 132; 2013, 9; OLG Bremen FGPrax 2011, 217 mit Anm. v. Hertel DNotZ 2012, 688); dieser kann ein unbeschränkter nach § 2353 BGB oder ein gegenständlich beschränkter nach § 2369 BGB sein (JFG 17, 343). Durch einen ausländischen Erbschein kann der Nachweis der Erbfolge trotz § 108 Abs. 1 FamFG grundsätzlich nicht geführt werden. Daran kann nach der Entscheidung des EuGH v.

21.6.2018 (Rpfleger 2018, 550) nicht mehr uneingeschränkt festgehalten werden (s. dazu Rn. 5).

Zum Europäischen Nachlasszeugnis s. Rn. 5. Zu der Frage, inwieweit österreichische Einantwortungsurkunden aus früherer Zeit deutschen Erbscheinen gleichzustellen sind, s. KG DNotZ 1953, 406 mit Anm. v. Firsching; OLG Zweibrücken Rpfleger 1990, 121. S. hierzu auch Krzywon, Ausländische Erbrechtszeugnisse im GBVerfahren, BWNotZ 1989, 133; Kaufhold, Zur Anerkennung ausländischer öffentlicher Testamente und Erbnachweise im GBVerfahren, ZEV 1997, 399.

6. Reichsheimstätte

14 Durch das am 1.10.1993 in Kraft getretene Ges. v. 17.6.1993 (BGBl. I 912) sind das RHeimstG, das Ges. zur Änderung des RHeimstG und die VO zur Ausführung des RHeimstG aufgehoben worden. Nach der Übergangsregelung in Art. 6 § 4 sind auf Erbfälle aus der Zeit vor dem 1.10.1993 die Vorschriften der VO zur Ausführung des RHeimstG weiterhin anzuwenden. Die Übergangsregelung wurde zuletzt in der 23. Auflage im Einzelnen dargestellt.

7. Familienfideikommisse, Lehen und Stammgüter

15 Diese sowie sonstige gebundene Vermögen sind auf Grund des FidErlG v. 6.7.1938 (RGBl. I 825) spätestens mit dem 1.1.1939 erloschen (§ 1 Abs. 1, § 30 Abs. 1 FidErlG). Das gebundene Vermögen wurde freies Vermögen des letzten Besitzers (§ 2 FidErlG). Mit dem gleichen Zeitpunkt kam auch ein im Zug einer früheren Auflösung (s. für Bayern Ges. v. 28.3.1919, BayBS III 118, aufgehoben durch Ges. v. 6.4.1981, GVBl. 85, und AusfVO v. 26.9.1919, BayBS III 118 = BayRS 403-5-J) begründetes Nacherbenrecht in Wegfall, sofern der Nacherbfall nicht schon vorher eingetreten war (§ 14 FidErlG). Wegen des Nachweises einer seitdem nicht mehr in Betracht kommenden Folge in ein Familienfideikommiss oder anderes gebundenes Vermögen und des Nachweises eines durch fideikommissrechtliche Bestimmungen oder Anordnungen begründeten Nacherbenrechts s. § 39 DVO z. FidErlG v. 20.3.1939 (RGBl. I 509).

8. Inhalt des Erbscheins

16 Der gemäß § 2353 BGB zu erteilende Erbschein hat das Erbrecht und die Größe der Erbteile zu bezeugen.

a) Erblasser und Erben. Anzugeben sind der Name des Erblassers und der Erben sowie die Größe der Bruchteile. Erbeserben dürfen nicht unmittelbar als Erben angegeben werden; vielmehr ist für jeden Erbfall ein besonderer Erbschein zu erteilen (KGJ 44, 100). Die Zusammenfassung mehrerer Erbscheine in einer Urkunde ist zulässig, jedoch nicht praktisch. Auf eine bloße Wiedergabe der Bestimmungen des Testaments darf sich der Erbschein nicht beschränken; das Erbrecht ist festzustellen.

b) Erbteil. Ein Erbschein kann auch nur über einen einzelnen Erbteil als **17** Teilerbschein (bei Ungewissheit des Erbrechts im Übrigen auch über Mindesterbteil: JFG 13, 43; OLG München JFG 15, 355), oder über mehrere Erbteile als Gruppenerbschein (Zusammenfassung mehrerer Teilerbscheine in einer Urkunde: KGJ 41, 90) und als gemeinschaftlicher Teilerbschein (JFG 13, 41; OLG München JFG 15, 353) ausgestellt werden. Die Angabe der Erbteile ist für das GBAmt nur von Bedeutung, wenn ein Miterbe über seinen Anteil im ganzen verfügt, oder um festzustellen, ob das Erbrecht in vollem Umfang nachgewiesen ist; in das GB sind die Erbteile nicht einzutragen.

c) Vorerbe. Der Erbschein für einen Vorerben muss nach § 352b Abs. 1 **18** FamFG enthalten: Anordnung der Nacherbfolge; Voraussetzungen ihres Eintritts; Bezeichnung der Nacherben und Ersatznacherben (RG 142, 172; BayObLG 1960, 410; OLG Frankfurt DNotZ 1970, 692) und zwar soweit möglich mit Namen (OLG Dresden JFG 7, 269; BayObLG Rpfleger 1983, 104); Befreiungen des Vorerben (KGJ 44, 78) und diesem zugewendete Vorausvermächtnisse (JFG 21, 122; BayObLG 1965, 465); falls zutreffend, Vermerk über die Unvererblichkeit des Nacherbenrechts (RG JFG 15, 211; OLG Köln NJW 1955, 635); Anordnung einer Testamentsvollstreckung zur Ausübung der Rechte des Nacherben (KGJ 43, 95) oder zur Verwaltung des Nachlasses nach dem Eintritt des Nacherbfalls (KG JW 1938, 1411). Hat ein Nacherbe seine Anwartschaft auf einen Dritten übertragen, so ist dieser an Stelle des Nacherben im Erbschein anzugeben (JFG 20, 21). Beschränkungen des Vorerben sind aber nur insoweit aufzunehmen, als sie z. Z. der Erteilung des Erbscheins noch bestehen. Mithin kein Nacherbenvermerk im Erbschein, wenn der Nacherbe weggefallen oder der Vorerbe durch Übertragung des Nacherbenrechts Vollerbe geworden ist (JFG 18, 225; OLG Köln Rpfleger 2018, 386). Nach Eintritt des Nacherbenfalls kommt nurmehr eine Erbscheinserteilung an den Nacherben in Betracht (KG HRR 1932 Nr. 12).

d) Nacherbe. Ein Erbschein für einen Nacherben kann erst nach Eintritt **19** des Nacherbfalls erteilt werden; in ihm ist der Tag des Anfalls der Erbschaft anzugeben (KGJ 50, 87). Zum Nachweis der Vererblichkeit des Nacherbenanwartschaftsrechts, wenn die Erben des Nacherben eingetragen werden sollen, s. OLG Oldenburg Rpfleger 1989, 106.

e) Testamentsvollstreckung. Anzugeben ist nach § 352b Abs. 2 FamFG **20** auch die Anordnung einer Testamentsvollstreckung, wenn sie den Erben (nicht etwa nur den Vermächtnisnehmer) beschränkt, also nicht mehr nach Fortfall (KGJ 48, 148; JFG 18, 225; BayObLG FGPrax 2005, 217) und bei aufschiebender Bedingung regelmäßig erst nach Eintritt der Bedingung (JFG 10, 73; OLG Köln FGPrax 2015, 56). Name des Vollstreckers und Aufgabenkreis sind nicht anzugeben, wohl aber eine Beschränkung auf einen Nachlassgegenstand (BayObLG FGPrax 2005, 217).

f) Hoferbe. Im Geltungsbereich der HöfeO muss nach deren § 18 Abs. 2 **21** Satz 2 der Erbschein oder das Europäische Nachlasszeugnis den Hoferben als solchen bezeichnen. Anzugeben ist auch das Verwaltungs- und Nutznießungsrecht des überlebenden Ehegatten gemäß § 14 HöfeO (OLG Celle MDR 1949, 189), das jedoch nicht eintragungsfähig ist (OLG Celle Rpfleger 1968, 155 mit weit. Nachweisen). Nach § 18 Abs. 2 Satz 3 HöfeO kann ein sog. Hoffolgezeugnis erteilt werden (a. M. AG Düren JMBlNRW 1948, 189 mit abl. Anm. v. Temmen); auch die Erteilung eines Erbscheins oder eines Europäischen Nachlasszeugnisses über das hoffreie Vermögen ist zulässig (OLG Düsseldorf NJW 1953, 1870; OLG Celle RdL 1956, 113; OLG Hamburg RdL 1958, 186). Der Nachweis der Hoferbfolge kann dem GBAmt gegenüber auch durch einen Hoferbenfeststellungsbeschluss gemäß § 11 Abs. 1 Buchst. g HöfeVfO erbracht werden, s. Pritsch RdL 1955, 261 mit weit. Nachweisen sowie OLG Hamm DNotZ 1962, 422. Ein Hoffolgezeugnis ist nicht erforderlich, wenn ein Ehegattenhof an den längstlebenden Ehegatten vererbt wird (OLG Oldenburg NdsRpfl. 1997, 117). Die Beibringung einer zur Umschreibung auf den überlebenden Ehegatten erforderlichen Feststellung des Landwirtschaftsgerichts gemäß § 11 Abs. 1 Buchst. b HöfeVfO, dass es sich bei dem Hof um einen Ehegattenhof handelt, kann nicht durch Zwischenverfügung aufgegeben werden (OLG Düsseldorf FGPrax 2015, 110). S. zum Ganzen OLG Köln MittRhNotK 1999, 282 und Rn. 44.

22   **g) Gegenständliche Beschränkung.** Ein gegenständlich beschränkter Erbschein (Fremdrechtserbschein) kann nur im Fall des § 352c FamFG erteilt werden. Für Gegenstände, die sich im Gebiet der (alten) Bundesrepublik befinden und zum Nachlass eines vor dem 3.10.1990 im Gebiet der ehemaligen DDR verstorbenen deutschen Erblassers gehören, kann seit diesem Zeitpunkt ein gegenständlich beschränkter Erbschein nicht mehr erteilt werden (BayObLG Rpfleger 1992, 300). Wegen eines nur zum beschränkten Gebrauch erteilten Erbscheins s. Rn. 30.

9. Form des Erbscheins

23   Der Erbschein ist in Urschrift oder Ausfertigung vorzulegen (BGH Rpfleger 1982, 16; zu den Anforderungen an das Siegel auf der Ausfertigung s. § 29 Rn. 47). Eine beglaubigte Abschrift genügt in der Regel nicht, weil der Erbschein gemäß § 2361 BGB als unrichtig eingezogen sein kann (s. dazu KG DNotZ 1972, 615; BayObLG 1994, 158/160). Eine beglaubigte Abschrift reicht daher auch zusammen mit einer Notarbescheinigung über das Vorliegen der Urschrift oder einer Ausfertigung nicht aus (s. dazu § 29 Rn. 59). Zur Form des Europäischen Nachlasszeugnisses s. Rn. 5.

24   Die Vorlegung wird ersetzt durch Verweisung auf die den Erbschein enthaltenden Nachlass- oder sonstigen Akten desselben Amtsgerichts (OLG München JFG 20, 373; JFG 23, 299; BGH Rpfleger 1982, 16); der Erbschein muss aber wirksam erteilt, d. h. dem Antragsteller ausgehändigt worden sein (BayObLG NJW 1960, 1722). Ein wirksamer Erbschein, der Grundlage einer GBBerichtigung sein könnte, liegt damit noch nicht vor, wenn das Nachlassgericht die Erteilung des Erbscheins in den Nachlassakten verfügt, die Herausgabe einer Ausfertigung aber von der Zahlung eines Kostenvorschusses abhängig gemacht hat (OLG Hamm NJW-RR 1994, 271); s. hierzu aber auch BayObLG Rpfleger 1961, 437; KG Rpfleger 1981, 479 zu dem Fall, dass die Nachlassakten einem Antrag des Erben entsprechend dem GBAmt unter Bezugnahme auf die in den Akten liegende, den Wortlaut des

zu erteilenden Erbscheins wiedergebende Urschrift der Erteilungsbewilligung zum Nachweis der Erbfolge zugeleitet werden.

10. Prüfung des Erbscheins

Zu prüfen sind außer der Form des Erbscheins (s. dazu Rn. 23) die sachliche Zuständigkeit der ihn erteilenden Stelle und der Inhalt des Erbscheins. **25**

a) Zuständigkeit. Zuständig zur Erteilung des Erbscheins ist das Nachlassgericht (§ 2353 BGB; § 23a Abs. 2 Nr. 2 GVG; für den Geltungsbereich der HöfeO s. auch deren § 18 Abs. 2 Satz 1). Es darf einen Erbschein aber nur erteilen, wenn der Erblasser seinen letzten gewöhnlichen Aufenthalt in Deutschland hatte; Art. 4 EU-ErbrechtsVO geht § 343 FamFG vor (s. dazu Rn. 5). Wegen der Zuständigkeit des Rpflegers und der Folgen einer Zuständigkeitsüberschreitung s. § 3 Nr. 2 Buchst. c i. V. m. § 16 Abs. 1 Nr. 6, Abs. 3 sowie § 8 Abs. 2, 4, § 19 Abs. 1 Satz 1 Nr. 5 RpflegerG und für Bayern § 1a Abs. 1 Nr. 3, Abs. 2 der zuletzt durch VO v. 17.8.2015 (GVBl. 320) geänderten VO zur Aufhebung von Richtervorbehalten v. 15.3.2006 (GVBl. 170), ferner OLG Hamm Rpfleger 2013, 603. Unter Ausnutzung des Vorbehalts in Art. 147 EGBGB waren in Baden-Württemberg die staatlichen Notariate für zuständig erklärt worden (§ 1 Abs. 1 und 2, § 38 LFGG v. 12.2.1975, GBl. 116, aufgehoben ab 1.1.2018 durch Ges. v. 29.7.2010, GBl. 555). Wegen der früheren Zuständigkeit der Staatlichen Notariate in der DDR s. § 1 Abs. 2 Nr. 3 NotariatsG v. 5.2.1976 (GBl. DDR I 93). Örtliche Unzuständigkeit macht den Erbschein nicht unwirksam (§ 2 Abs. 3 FamFG; zur örtlichen Zuständigkeit s. § 343 FamFG). Zum ausländischen Erbschein s. Rn. 13 und zum Europäischen Nachlasszeugnis Rn. 5.

b) Inhalt. Der Erbschein muss das Erbrecht unzweideutig bezeugen (KG **26** OLG 43, 185; NJW-RR 2012, 786). Sonst ist er auf seine Richtigkeit nicht nachzuprüfen (BayObLG Rpfleger 1990, 363). An die Beurteilung der Formgültigkeit des Testaments durch das Nachlassgericht ist das GBAmt gebunden (KGJ 37, 253; JFG 18, 44); ebenso an dessen Auslegung (OLG München JFG 18, 44; BayObLG Rpfleger 1997, 156) und die bezeugte Erbfolge (OLG Köln FGPrax 2012, 57).

c) Unrichtiger Erbschein. Nur wenn das GBAmt neue, vom Nachlass- **27** gericht offenbar nicht berücksichtigte Tatsachen kennt, die die ursprüngliche oder nachträgliche Unrichtigkeit des Erbscheins in irgendeinem Punkt erweisen und daher seine Einziehung durch das Nachlassgericht erwarten lassen, darf der Erbschein der Eintragung nicht mehr zugrunde gelegt werden (KGJ 45, 253; OLG München JFG 18, 44; OLG Frankfurt Rpfleger 1979, 106; BayObLG 1990, 82/86; s. auch BGH 117, 301); unmittelbare Rückfrage beim Nachlassgericht ist zulässig und angebracht, damit dieses den unrichtigen Erbschein einziehen kann (BayObLG Rpfleger 1997, 156); bleibt das Nachlassgericht bei seiner Auffassung, so trägt es allein die Verantwortung. Das OLG Frankfurt (FGPrax 2019, 58 mit abl. Anm. v. Bestelmeyer) hält eine Bindung des GBAmt auch an einen Erbschein für gegeben, der den Vorerben zugleich als Mitnacherben ausweist. Weiß das GBAmt, dass der Erbschein für kraftlos erklärt ist, so hat es einen anderen Erbschein zu verlangen (OLG Düsseldorf Rpfleger 2020, 453).

28   **d) Erbschein bei nichtehelichem Kind.** Als Folge des Ges. v. 12.4. 2011 (BGBl. I 615) können wegen der Änderung der erbrechtlichen Verhältnisse vor dem 1.7.1949 geborener nichtehelicher Kinder ursprünglich richtige Erbscheine unrichtig geworden sein. Entgegen § 2361 Abs. 1 BGB können solche ab dem 29.5.2009 und vor dem 15.4.2011 erteilte Erbscheine nicht von Amts wegen eingezogen oder für kraftlos erklärt werden (Art. 12 § 24 Abs. 1 NEhelG). Das GBAmt ist an einen danach unrichtig gewordenen Erbschein nicht gebunden (Bestelmeyer Rpfleger 2012, 371). Zur teleologischen Erweiterung der auf den 29.5.2009 abstellenden Stichtagsregelung des Art. 5 Satz 2 des Ges. v. 12.4.2011 s. EGMR NJW 2017, 1805 und BGH Rpfleger 2017, 625 mit Anm. v. Braun MittBayNot 2018, 470. S. zum Ganzen Weber NotBZ 2018, 32.

11. Beweiskraft des Erbscheins

29   Sachlichrechtlich begründet der Erbschein nur eine Vermutung für das bezeugte Erbrecht (§ 2365 BGB). Im GBVerfahren hat er aber nach § 35 darüber hinaus volle Beweiskraft (OLG München RNotZ 2016, 185):
- Für den **Tod des Erblassers;** daher ist neben dem Erbschein keine Sterbeurkunde notwendig (BayObLG Rpfleger 2000, 451).
- Für das **Bestehen des Erbrechts** in dem bezeugten Umfang, damit auch dafür, dass es nicht durch andere als die angegebenen Anordnungen, z.B. Testamentsvollstreckung oder Nacherbfolge beschränkt ist (OLG München RNotZ 2012, 286). Es bedarf demnach keines weiteren Nachweises, dass die Erbschaft angenommen oder nicht ausgeschlagen oder der Erbschein nicht für kraftlos erklärt worden ist (s. aber Rn. 27, 28). Der einem Vorerben erteilte Erbschein ist zum Nachweis des Erbrechts des Nacherben auch dann nicht geeignet, wenn der Eintritt des Nacherbfalls formgerecht dargetan wird (s. Rn. 8). Denn einmal bezeugt der einem Vorerben erteilte Erbschein, obwohl er die Anordnung der Nacherbfolge, die Voraussetzungen ihres Eintritts und den zum Nacherben Berufenen angeben muss (s. Rn. 18), nur das Vorerbenrecht (BayObLG JFG 6, 135; OLG München JFG 16, 328; OLG Frankfurt FGPrax 2010, 175). Zum anderen wird dem GBAmt durch den Nachweis, dass der Nacherbfall eingetreten ist, die Unrichtigkeit des Erbscheins zur Kenntnis gebracht (OLG München JFG 16, 328; OLG Frankfurt NJW 1957, 265).

30   Ein bis zum Inkrafttreten des GNotKG möglich gewesener Vermerk auf einem Erbschein, dass er zur ausschließlichen **Verwendung in einem anderen Verfahren** gebührenfrei oder gebührenermäßigt erteilt worden ist (vgl. § 107 Abs. 3, § 107a Abs. 1 KostO), berührte nicht dessen Wirksamkeit und Beweiskraft (BayObLG Rpfleger 1983, 442; OLG Frankfurt Rpfleger 1994, 67; OLG München FGPrax 2011, 228; s. § 29 Rn. 30).

Wird der Erbschein, nachdem er Grundlage für eine Grundbucheintragung war, als unrichtig eingezogen, ist es Sache der Beteiligten, eine GBBerichtigung herbeizuführen (OLG Köln FGPrax 2006, 85). Zu den

Möglichkeiten, einen Rechtsverlust aufgrund gutgläubigen Erwerbs als Folge eines unrichtigen Erbscheins zu vermeiden, s. Dillinger/Fest ZEV 2009, 220.

12. Verfügung von Todes wegen

Sie reicht, falls in einer öffentlichen Urkunde (s. Rn. 32) enthalten, im **31** Zusammenhang mit der Eröffnungsniederschrift (s. Rn. 38) im Allgemeinen zum Nachweis der Erbfolge aus. Es genügt, dass diese jedenfalls auch auf einer öffentlichen Verfügung von Todes wegen beruht und sich selbständig auch aus ihr ableiten lässt (OLG Oldenburg Rpfleger 1974, 434; BayObLG Rpfleger 1987, 59; s. hierzu Rn. 37). Dies ist nicht der Fall, wenn in der späteren, inhaltlich gleich lautenden privatschriftlichen Verfügung die frühere, in einer öffentlichen Urkunde enthaltene Verfügung ausdrücklich aufgehoben wird (BayObLG MittBayNot 1993, 28). Eine öffentliche Verfügung, in der ein Erbe eingesetzt und durch die Anordnung von Testamentsvollstreckung beschränkt wird, reicht zum Nachweis der Erbfolge nicht aus, wenn die Testamentsvollstreckung in einem späteren privatschriftlichen Testament aufgehoben wurde (OLG Hamm Rpfleger 2013, 23). Ein gerichtlicher Vergleich über die Auslegung eines privatschriftlichen Testaments ist kein Erbfolgenachweis, der die Vorlage eines Erbscheins oder Europäischen Nachlasszeugnisses erübrigen könnte (OLG München NotBZ 2013, 67).

13. Verfügung in öffentlicher Urkunde

Die letztwillige Verfügung muss in einer formgültigen öffentlichen Ur- **32** kunde enthalten sein (zur Prüfungspflicht des GBAmts s. Rn. 39). Dabei kann es sich auch um eine ausländische öffentliche Urkunde handeln (KG OLG 3, 222; FGPrax 2013, 9; OLG München RNotZ 2016, 320; s. hierzu § 29 Rn. 27, 50). Ein eigenhändig errichtetes Testament wird weder durch amtliche Verwahrung noch durch nachlassgerichtliche Eröffnung zu einem öffentlichen Testament oder einer öffentlichen Urkunde (OLG München NJW-RR 2018, 1423).

a) Mögliche Formen. Nach deutschem Recht kommen in Betracht: **33**
- Zur Niederschrift eines Notars oder eines Konsularbeamten errichtete **Testamente** (§ 2231 Nr. 1, §§ 2232 f. BGB und BeurkG; § 10 Abs. 1 Nr. 1, §§ 11, 19, 24 KonsularG v. 11.9.1974, BGBl. I 2317; vgl. dazu auch Geimer DNotZ 1978, 3) und Testamente, die vor dem Inkrafttreten des BeurkG vor einem Richter oder Notar sowie vor dem Inkrafttreten des KonsularG v. 11.9.1974 vor einem ermächtigten Berufskonsul bzw. Konsularbeamten errichtet worden sind (§ 2231 Nr. 1, §§ 2232 ff. BGB a. F.; §§ 16a, 37a KonsularG v. 8.11.1867, BGBl. 137 i. d. F. der Ges. v. 14.5. 1936, RGBl. I 447 und 16.12.1950, BGBl. 784). Über die frühere Ausschließung der Beurkundungsbefugnis der Gerichte in Bayern s. Art. 10 Abs. 2 AGGVG v. 17.11.1956 (BayBS III 3).
- **Nottestamente** zur Niederschrift des Bürgermeisters (§§ 2249, 2250 **34** Abs. 1 BGB) und vor dem Inkrafttreten des BeurkG vor dem Bürgermeis-

ter errichtete Testamente dieser Art (§§ 2249, 2250 Abs. 1 BGB a. F.). Dagegen sind die durch mündliche Erklärung vor drei Zeugen errichteten Nottestamente (§§ 2250, 2251 BGB) keine öffentlichen Urkunden. Nottestamente werden unwirksam, wenn der Tod nicht innerhalb von drei Monaten nach Errichtung eintritt (§ 2252 BGB).

35 • Zur Niederschrift eines Notars oder eines Konsularbeamten geschlossene **Erbverträge** (§ 2276 BGB und BeurkG; § 10 Abs. 1 Nr. 1, §§ 11, 19, 24 KonsularG v. 11.9.1974, BGBl. I 2317; vgl. dazu auch Geimer DNotZ 1978, 3) und Erbverträge, die vor dem Inkrafttreten des BeurkG vor einem Richter oder Notar sowie vor dem Inkrafttreten des KonsularG v. 11.9.1974 vor einem ermächtigten Berufskonsul bzw. Konsularbeamten geschlossen worden sind (§ 2276 BGB a. F.; §§ 16a, 37a KonsularG v. 8.11. 1867, BGBl. 137 i. d. F. der Ges. v. 14.5.1936, RGBl. I 447 und 16.12.1950, BGBl. 784). Über die frühere Ausschließung der Beurkundungsbefugnis der Gerichte in Bayern s. Art. 10 Abs. 2 AGGVG v. 17.11.1956 (BayBS III 3).

36   **b) Öffentliche und privatschriftliche Verfügung.** Hat der Erblasser neben einer öffentlichen Verfügung von Todes wegen auch ein privatschriftliches Testament hinterlassen, muss das GBAmt, wenn sich aus dem Vorhandensein des eigenhändigen Testaments Bedenken gegen die Wirksamkeit der öffentlichen Verfügung von Todes wegen ergeben, die Wirksamkeit des privatschriftlichen Testaments klären (OLG Frankfurt FGPrax 1998, 207) und seinen Inhalt würdigen, um festzustellen, ob die Bedenken begründet sind. Dabei hat es in gleicher Weise zu verfahren wie bei der Würdigung einer öffentlichen Verfügung von Todes wegen, so dass die Pflicht zu eigener Auslegung nur dann entfällt, wenn für diese erst zu ermittelnde Umstände maßgebend sind (JFG 18, 332; BayObLG Rpfleger 2000, 266, OLG Frankfurt NJW-RR 2005, 380).

Im Hinblick auf die mögliche Bindungswirkung eines früheren privatschriftlichen gemeinschaftlichen Testaments können sich Bedenken gegen die Wirksamkeit der späteren Erbeinsetzung in einem öffentlichen Testament ergeben (OLG München RNotZ 2016, 396). Andererseits kann ein früheres öffentliches Testament Grundlage der GBBerichtigung sein, wenn das spätere privatschriftliche Testament offensichtlich unwirksam ist, weil es gegen die von dem gemeinschaftlichen öffentlichen Testament ausgehende Bindungswirkung wechselseitiger Verfügungen verstößt. Der Vorlage eines Erbscheins bedarf es nicht, wenn auch das Nachlassgericht im Erbscheinsverfahren nur auf die Zweifelsregelung des § 2270 Abs. 2 BGB zurückgreifen könnte (OLG München Rpfleger 2017, 201).

37   **c) Beispiele.** Haben Eheleute in einem privatschriftlichen gemeinschaftlichen Testament den Erben des Zuletztversterbenden bestimmt, so ist der überlebende Ehegatte in der Lage, diese Erbeinsetzung in einem öffentlichen Testament wirksam und mit der Folge zu wiederholen, dass sich der Erbe im GBVerfahren mit Hilfe des zweiten Testaments ausweisen kann (JFG 18, 332). Haben Ehegatten in einem öffentlichen Testament ohne Bindung des Zuletztversterbenden ihre Kinder als dessen Erben eingesetzt und bestimmt der überlebende Ehegatte sodann in einem privatschriftlichen Testament, dass

nur eines der Kinder sein alleiniger Erbe sein solle, dann beruht dessen Erbrecht selbstständig auf jedem der beiden Testamente, also auch auf dem öffentlichen Testament (§ 2258 Abs. 1, § 2094 Abs. 1 BGB). Erklärt das als Alleinerbe eingesetzte Kind die Auflassung eines Nachlassgrundstücks, bedarf es zur GBUmschreibung nicht der Vorlage eines Erbscheins. Vielmehr genügt das öffentliche Testament samt Eröffnungsniederschrift. Ist die Wirksamkeit des privatschriftlichen Testaments im Streit, gilt dies nur dann, wenn alle Kinder die Auflassung erklären (BayObLG Rpfleger 1987, 59). S. zum Ganzen auch OLG Oldenburg Rpfleger 1974, 434 mit Anm. v. Meyer-Stolte Rpfleger 1975, 313; BayObLG Rpfleger 1983, 18.

14. Eröffnungsniederschrift

Die in einer öffentlichen Urkunde enthaltene Verfügung von Todes wegen **38** ist zum Nachweis der Erbfolge nur im Zusammenhang mit der Niederschrift über ihre Eröffnung geeignet. Die Eröffnung richtet sich nach §§ 2260 ff., 2273, 2300 BGB. Ein gemeinschaftliches Testament erfordert nach dem Tod des Längstlebenden eine zweite Eröffnungsverhandlung, auch wenn es nach dem Tod des Erstverstorbenen seinem ganzen Inhalt nach eröffnet worden ist (RG 137, 228). Die Vorlegung der Eröffnungsniederschrift ist auch bei einem ausländischen Testament notwendig (KGJ 36, 164). Zur Form der Niederschrift s. Rn. 45.

15. Prüfung der Verfügung von Todes wegen

a) Grundsatz. Werden die in einer öffentlichen Urkunde enthaltene Ver- **39** fügung von Todes wegen und die Eröffnungsniederschrift vorgelegt, so darf das GBAmt einen Erbschein oder ein Europäisches Nachlasszeugnis nur dann verlangen, wenn sich bei der Prüfung der Verfügung hinsichtlich des behaupteten Erbrechts (zur Pflicht eigener Auslegung s. Rn. 43) Zweifel ergeben, die nur durch weitere Ermittlungen (zum Verbot eigener Ermittlungen s. Rn. 40) über den Willen des Erblassers oder über die tatsächlichen Verhältnisse geklärt werden können (OLG Frankfurt; NJW-RR 2005, 380; OLG Köln Rpfleger 2000, 157; OLG Hamm Rpfleger 2001, 71). Entfernte abstrakte Möglichkeiten, die das aus der Verfügung hervorgehende Erbrecht nur unter ganz besonderen Umständen in Frage stellen, vermögen das Verlangen nach Vorlegung eines Erbscheins ebenso wenig zu rechtfertigen wie rein rechtliche Bedenken (OLG München JFG 22, 184; BayObLG Rpfleger 1983, 104; OLG Stuttgart Rpfleger 1992, 154).

b) Testierfähigkeit. Die wirksame Errichtung eines öffentlichen Testa- **39.1** ments setzt Testierfähigkeit voraus (§ 2229 Abs. 4 BGB). Für deren Vorliegen spricht, auch bei angeordneter Betreuung, eine vom GBAmt zu beachtende Vermutung. Bloße Behauptungen oder Vermutungen, der Erblasser sei testierunfähig gewesen, reichen nicht aus, um einen Erbschein zu verlangen; erforderlich sind dazu ernsthafte, auf Tatsachen gegründete Zweifel an der Testierfähigkeit (OLG München RNotZ 2016, 320; OLG Oldenburg Mitt-BayNot 2017, 500). Wenn in vorliegenden ärztlichen Gutachten trotz ernster Bedenken die Testierfähigkeit nicht zweifelsfrei verneint werden kann, hat das GBAmt von der Testierfähigkeit auszugehen; dies gilt jedenfalls dann, wenn auch bei einer weiteren Beweiserhebung durch das Nachlassgericht die sichere Feststellung der Testierunfähigkeit ausgeschlossen erscheint (OLG München MittBayNot 2015, 221 mit Anm. v. Roth; s. dazu aber auch OLG Hamm FGPrax 2015, 53 mit zu Recht kritischer Anm. v. Zimmer ZflR 2015, 217, ferner Weser, Prüfung der Testierfähigkeit durch das GBAmt, MittBayNot 2015, 368). Ein Vermerk des Notars, er halte den Erblasser für testierfähig (vgl. § 28 BeurkG), bindet das GBAmt nicht (OLG Düsseldorf FGPrax 2018, 252). Auf Zweifel an der Testierfähigkeit kommt es aber nicht an, wenn ein das Erbrecht rechtskräftig feststellendes Urteil, auch in der Form eines Anerkenntnisurteils, vorliegt, sofern als Erben außer den Parteien des Rechtsstreits Dritte nicht ernsthaft in Betracht kommen (KG FGPrax 2015, 52).

39.2   **c) Widerruf, Aufhebung, Rücktritt.** Die bloße Möglichkeit, dass ein öffentliches Testament später widerrufen oder ein Erbvertrag aufgehoben worden ist, rechtfertigt ohne konkrete Anhaltspunkte dafür nicht das Verlangen, einen Erbschein vorzulegen (OLG Frankfurt FGPrax 1998, 207). Dasselbe gilt für die bloße Möglichkeit, dass von dem in einem Erbvertrag vorbehaltenen Rücktrittsrecht Gebrauch gemacht wurde. In diesen Fällen kann das GBAmt auch keine eidesstattliche Versicherung dafür verlangen, dass das öffentliche Testament nicht widerrufen und der Erbvertrag nicht aufgehoben oder das Rücktrittsrecht nicht ausgeübt wurde (OLG Düsseldorf RNotZ 2013, 354 für den Fall des vorbehaltenen Rücktritts, mit zust. Anm. v. Demharter ZflR 2013, 471 und v. Rinteln NotBZ 2013, 265; a. M. OLG München MittBayNot 2012, 293 mit abl. Anm. v. Braun, ablehnend auch Tönnies RNotZ 2012, 326 und Lehmann/Schulz ZEV 2012, 538; das OLG München Rpfleger 2016, 220 hält jedenfalls nach Einführung des Zentralen Testamentsregisters gemäß § 34a BeurkG an seiner abweichenden Meinung nicht mehr fest). Nichts anderes gilt für einen möglichen Rücktritt von dem Erbvertrag gemäß § 2295 BGB wegen Aufhebung einer darin übernommenen Verpflichtung zu einer Gegenleistung (OLG München FGPrax 2012, 203 mit Anm. v. Braun MittBayNot 2013, 48) oder für eine mögliche Unwirksamkeit der letztwilligen Verfügung im Hinblick auf eine Klausel mit dem Inhalt des § 2077 BGB (KG Rpfleger 2013, 199). S. dazu Lange ZEV 2009, 371.

39.3   **d) Verwirkungsklausel.** Hängt das Erbrecht des in einem gemeinschaftlichen Ehegattentestament eingesetzten Schlusserben davon ab, dass er nach dem Tod des erstverstorbenen Ehegatten den Pflichtteil nicht verlangt hat (Pflichtteilsstrafklausel), ist im Hinblick auf die darin liegende auflösend bedingte Erbeinsetzung (§ 2075 BGB) grundsätzlich ein Erbschein zu verlangen (OLG Frankfurt FamRZ 2012, 1591). Das GBAmt hat sich aber mit einer in der Form des § 29 abgegebenen eidesstattlichen Versicherung des Schlusserben, dass der Pflichtteil nicht verlangt wurde, zu begnügen, wenn es damit den Nachweis der Erbfolge als erbracht ansieht und sich voraussichtlich auch das Nachlassgericht bei Erteilung des Erbscheins ohne weitere Ermittlungen damit begnügen würde. Privatschriftliche Erklärungen Beteiligter kommen aber nicht in Betracht (OLG Hamm RNotZ 2011, 350;

MittBayNot 2016, 142; KG NJW-RR 2012, 847; OLG München NotBZ 2013, 152; OLG Frankfurt Rpfleger 2013, 445; s. dazu auch Rn. 40). Wenn aber die Einsetzung als Alleinerbe davon abhängt, dass der in der letztwilligen Verfügung auflösend bedingt eingesetzte Miterbe nach dem Tod des erstverstorbenen Elternteils den Pflichtteil verlangt hat und damit die Bedingung eingetreten ist, kann der Nachweis der Erbfolge nur durch einen Erbschein geführt werden (OLG Hamm Rpfleger 2014, 667 mit Anm. v. Weber ZEV 2014, 610).

Das zur Pflichtteilsstrafklausel Ausgeführte gilt entsprechend für eine allgemein gehaltene Verwirkungsklausel sowie für eine spezielle Verwirkungsklausel mit nicht eindeutigen Verhaltensanforderungen. Für die Feststellung, ob ein im Sinne einer solchen Klausel sanktionsbewehrtes Verhalten vorliegt, bedarf es regelmäßig zunächst der Testamentsauslegung (BGH FGPrax 2016, 244 mit Anm. v. Weber MittBayNot 2017, 163). Zur Erforderlichkeit eines Erbscheins bei einer Scheidungsklausel s. OLG Naumburg FGPrax 2019, 116.

e) Ermittlungen. Eigene Ermittlungen darf das GBAmt nicht anstellen **40** (KG OLG 44, 88; BayObLG Rpfleger 1983, 104; OLG Hamm Rpfleger 2014, 667). Jedoch hat es vorgelegte öffentliche Urkunden anderer Art sowie offenkundige Tatsachen bei der Auslegung der Verfügung (s. dazu Rn. 43) zu berücksichtigen (JFG 11, 197; 20, 217; BayObLG Rpfleger 2000, 451; OLG Hamm Rpfleger 2011, 494 mit kritischer Anm. v. Jurksch Rpfleger 2011, 665; a. M. Meikel/Krause Rn. 128). An die in Bayern von Amts wegen zu treffende, nicht notwendig ausdrückliche Erbenfeststellung des Nachlassgerichts ist das GBAmt nicht gebunden (s. Rn. 10).

Hängt die beantragte Eintragung eines Ersatzerben davon ab, dass der berufene Erbe die Erbschaft ausgeschlagen hat, wird der außer der Vorlage der öffentlichen Verfügung und der Eröffnungsniederschrift erforderliche Nachweis einer wirksamen Ausschlagung in der Form des § 29 Abs. 1 Satz 2 nicht zu führen sein, so dass ein Erbschein verlangt werden muss (OLG München RNotZ 2016, 683; FGPrax 2017, 67 mit Anm. v. Bestelmeyer; OLG Hamm Rpfleger 2017, 539 mit kritischer Anm. v. Widmann MittBayNot 2019, 282; OLG Köln FGPrax 2020, 60 mit Anm. v. Dressler-Berlin; a. M. LG Aschaffenburg RNotZ 2009, 656 mit kritischer Anm. v. L. Böttcher ZEV 2009, 579). Dasselbe gilt, wenn die erforderliche Angabe der Nacherben davon abhängt, ob ein Nacherbe ausgeschlagen hat (OLG Frankfurt NJW-RR 2018, 902). Zu den Grenzen der Auslegung, wenn es um die Wirksamkeit einer Ausschlagung geht, s. Rn. 43.

f) Eidesstattliche Versicherung. Zu Recht sieht das OLG Frankfurt **41** Rpfleger 1980, 434 mit abl. Anm. v. Meyer-Stolte, wie bei einer vergleichbaren Fallgestaltung auch BayObLG Rpfleger 1974, 434 und OLG Zweibrücken DNotZ 1986, 240 sowie OLG Hamm FGPrax 1997, 48 bei Erbeinsetzung der Kinder des Erblassers in einer Verfügung von Todes wegen, die in einer öffentlichen Urkunde enthalten ist, den Nachweis, dass keine oder keine weiteren als die bekannten Kinder aus der Ehe des Erblassers hervorgegangen sind, durch eine in der Form des § 29 abgegebene eidesstattliche Versicherung der Ehefrau des Erblassers als erbracht an und verlangt insoweit

keinen Erbschein. Nach dem Tod der Ehefrau als Vorerbin genügt bei Nacherbeneinsetzung der gemeinsamen Kinder die eidesstattliche Versicherung
eines Kindes, dass es das einzige gemeinsame Kind ist, sofern sich voraussichtlich auch das Nachlassgericht mit einer solchen eidesstattlichen Versicherung begnügen müsste (BayObLG Rpfleger 2000, 451; ebenso bei Schlusser-
beneinsetzung der gemeinsamen Abkömmlinge OLG Schleswig FGPrax
1999, 206; OLG Düsseldorf Rpfleger 2010, 321). Die eidesstattliche Versicherung ist vor einem Notar abzugeben; eine Zuständigkeit des GBAmts besteht
nicht (BayObLG Rpfleger 2000, 451). S. hierzu auch LG Bochum Rpfleger
1992, 194 mit Anm. v. Meyer-Stolte sowie Peißinger Rpfleger 1992, 427;
ferner § 51 Rn. 39.

42   **g) Form und Inhalt der Verfügung.** Die Verfügung von Todes wegen
ist zunächst auf ihre Formgültigkeit und sodann auf ihren Inhalt zu prüfen.
Dabei ist bei einer notariell beurkundeten Verfügung deren erhöhte Beweis-
kraft gem. § 415 ZPO zu beachten (OLG Frankfurt Rpfleger 1990, 290).
Die Formerfordernisse ergeben sich aus den in Rn. 33 bis 35 angeführten
Bestimmungen.

43   **h) Auslegung.** Den Gegenstand der inhaltlichen Prüfung, die auch die
Pflicht zu einer etwa notwendigen Auslegung einschließt (OLG Hamm
DNotZ 1972, 98; OLG Stuttgart Rpfleger 1975, 135), bilden Erbeinsetzung
sowie Beschränkungen durch Anordnung einer Nacherbfolge oder einer
Testamentsvollstreckung (OLG Hamm Rpfleger 2013, 23). Das GBAmt hat
die Verfügung auch dann selbst auszulegen, wenn rechtlich schwierige Fragen
zu beurteilen sind (BayObLG Rpfleger 2000, 266; OLG Köln FGPrax 2020,
60). Bei der Auslegung sind auch außerhalb der Verfügung liegende Umstände zu berücksichtigen, sofern sie sich aus öffentlichen Urkunden ergeben, die dem GBAmt vorliegen (BayObLG Rpfleger 1995, 249; 2000, 324;
OLG Zweibrücken FGPrax 2011, 176), ferner allgemein bekannte oder offenkundige Tatsachen (OLG Zweibrücken Rpfleger 2010, 365). Gesetzliche
Auslegungsregeln hat das GBAmt zu beachten, wenn auch das Nachlassgericht voraussichtlich darauf zurückgreifen muss (s. KG DNotV 1930, 479;
OLG Stuttgart Rpfleger 1992, 154 mit kritischer Anm. v. Peißinger Rpfleger
1992, 427; 1995, 330; OLG Schleswig FGPrax 2006, 248 mit Anm. v. Peißinger Rpfleger 2007, 195). Zu einer Klausel, nach der die Wiederverheiratung
auflösende Bedingung der Erbeinsetzung sein soll, s. § 51 Rn. 6.

    i) Grenzen einer Auslegung. Eine Auslegung scheidet aus, wenn das
GBAmt auf Grund der EintrUnterlagen nicht zu einer abschließenden Würdigung in der Lage ist (OLG Zweibrücken Rpfleger 2001, 173 mit Anm.
v. Winkler DNotZ 2001, 401; OLG Schleswig FGPrax 2006, 248 mit Anm. v.
Peißinger Rpfleger 2007, 195). Dies kann der Fall sein, wenn es um die
Wirksamkeit einer Erbausschlagung, z. B. im Hinblick auf die Möglichkeit
einer vorherigen Annahme des Erbes geht, oder um die Anfechtung einer
Erbschaftsannahme. In diesen Fällen können weitere Ermittlungen notwendig sein, die dem GBAmt verwehrt sind (s. dazu Rn. 40).
    Auf die Auslegung kann im Übrigen nur dann zurückgegriffen werden,
wenn sie zu einem eindeutigen Ergebnis führt. Erben, Nacherben und Er-

satznacherben müssen in der Verfügung in jedem Fall zweifelsfrei bezeichnet sein (OLG Dresden JFG 7, 269). Fehlt es an der namentlichen Benennung der Nacherben, so ist ein Erbschein zu verlangen (OLG Köln MittRhNotK 1988, 44; s. aber auch BayObLG Rpfleger 1983, 104). Hat das Nachlassgericht ein Testamentsvollstreckerzeugnis erteilt, so ist das GBAmt hinsichtlich der Anordnung der Testamentsvollstreckung grundsätzlich an die Auslegung des Nachlassgerichts gebunden (OLG München JFG 16, 148). Hat das GBAmt ein Testament in einem bestimmten Sinn ausgelegt und diese Auslegung zur Grundlage einer Eintragung gemacht, so darf es ohne neue Tatsachen von der Auslegung nicht wieder abweichen (s. hierzu Anh. zu § 13 Rn. 17).

j) Höferecht. Im Geltungsbereich der HöfeO ist zu beachten, dass der **44** Hofeigentümer den Hoferben durch Verfügung von Todes wegen frei bestimmen darf (§ 7 Abs. 1 Satz 1), grundsätzlich auch der gewillkürte Hoferbe wirtschaftsfähig sein muss (§ 7 Abs. 1 Satz 2; zum Begriff der Wirtschaftsfähigkeit s. § 6 Abs. 7; wegen ihres Nachweises vgl. JFG 13, 123; 20, 217; OLG Oldenburg NdsRpfl. 1959, 175; Schmidt MDR 1960, 19), die Übergehung sämtlicher Abkömmlinge jetzt keiner gerichtlichen Genehmigung mehr bedarf, jedoch die Wirksamkeit einer Hoferbenbestimmung unter gewissen Umständen an dem Vorhandensein eines hoferbenberechtigten Abkömmlings scheitern kann (§ 7 Abs. 2).

Wenn nicht ausgeschlossen werden kann, dass der Erblasser zu Lebzeiten gemäß § 7 Abs. 2, § 6 Abs. 1 Satz 1 HöfeO eine formlose Hoferbenbestimmung vorgenommen hat, genügt die Vorlage der in einer öffentlichen Urkunde enthaltenen Verfügung von Todes wegen nicht zum Nachweis des Erbrechts hinsichtlich des Hofs (OLG Oldenburg Rpfleger 1984, 13). Dann ist zur GBUmschreibung ein Hoffolgezeugnis (OLG Oldenburg Rpfleger 1989, 95) oder ein Hoferbenfeststellungsbeschluss erforderlich. Der Nachweis, dass keine formlose Hoferbenbestimmung getroffen wurde, kann aber auch durch eine eidesstattliche Versicherung der als gesetzliche Hoferben in Betracht kommenden Abkömmlinge des Erblassers geführt werden (OLG Hamm ZErb 2016, 208). S. dazu auch Rn. 21.

k) Nachweis. Die Verfügung von Todes wegen sowie die Eröffnungsnie- **45** derschrift können, anders als der Erbschein, auch in beglaubigter Abschrift vorgelegt werden (KG JW 1938, 1411); ausreichend ist auch eine beglaubigte Abschrift einer beglaubigten Abschrift (KG FGPrax 1998, 7). Die Vorlegung wird ersetzt durch Verweisung auf die die Urkunden enthaltenden Akten desselben Amtsgerichts (JFG 23, 299; BayObLG Rpfleger 1987, 59; OLG Frankfurt NJW-RR 2005, 380).

16. Beweiskraft der Verfügung von Todes wegen

Wird die Verfügung von Todes wegen bei der Prüfung in Ordnung befun- **46** den (s. Rn. 39 ff.), so beweist sie im Zusammenhalt mit der Eröffnungsniederschrift im GBVerfahren gemäß § 35 den Tod des Erblassers sowie das sich aus der Prüfung ergebende Erbrecht. Eine Sterbeurkunde sowie ein Zeugnis des Nachlassgerichts über das Nichtvorhandensein weiterer Verfügungen von Todes wegen sind nicht erforderlich.

Das GBAmt darf sich jedoch bei der Feststellung der Erbfolge nicht in Widerspruch zu der ihm bekannten Auffassung des Nachlassgerichts oder des Antragstellers setzen. Eine eigene Feststellung der Erbfolge ist ihm daher auch verwehrt, wenn Nachlasspflegschaft angeordnet ist (OLG Köln Rpfleger 2011, 158). In diesen Fällen muss es die Vorlage eines Erbscheins verlangen.

17. Fortgesetzte Gütergemeinschaft

47 Die Gütergemeinschaft wird nach dem Tod eines Ehegatten zwischen dem überlebenden Ehegatten und den gemeinschaftlichen, bei gesetzlicher Erbfolge als Erben berufenen Abkömmlingen fortgesetzt, falls die Ehegatten ihre Fortsetzung durch Ehevertrag vereinbart haben (§ 1483 Abs. 1 Satz 1 und 2 BGB). Der überlebende Ehegatte hat jedoch das Recht, die Fortsetzung der Gütergemeinschaft abzulehnen (§ 1484 BGB). Bei Fortsetzung der Gütergemeinschaft gehört der Gesamtgutsanteil des verstorbenen Ehegatten nicht zum Nachlass; im Übrigen erfolgt die Beerbung des Ehegatten nach den allgemeinen Vorschriften (§ 1483 Abs. 1 Satz 3 BGB). Sind neben den gemeinschaftlichen Abkömmlingen einseitige vorhanden, so ist § 1483 Abs. 2 BGB zu beachten.

48 Für eine vor dem 1.7.1958 vereinbarte allgemeine Gütergemeinschaft gelten die Vorschriften über die Gütergemeinschaft; hatten die Ehegatten ihre Fortsetzung nicht ausgeschlossen, so ist diese als vereinbart anzusehen (Art. 8 I Nr. 6 Abs. 1 GleichberG). Für eine vor dem 1.7.1958 vereinbarte Errungenschafts- oder Fahrnisgemeinschaft bleiben grundsätzlich die vor dem 1.4. 1953 geltenden Vorschriften maßgebend; hiernach wird eine Errungenschaftsgemeinschaft niemals, eine Fahrnisgemeinschaft nur dann fortgesetzt, wenn dies ehevertraglich vereinbart ist (Art. 8 I Nr. 7 GleichberG i. V. m. §§ 1546, 1557 BGB a. F.).

18. Nachweis der fortgesetzten Gütergemeinschaft

49 Er ist grundsätzlich durch Zeugnis nach § 1507 BGB zu führen; Ausnahmen gelten im Rahmen des Abs. 3, der §§ 36, 37 sowie der §§ 18, 19 GBMaßnG. Auf das Zeugnis finden die Vorschriften über den Erbschein entsprechende Anwendung. Ist zweifelhaft, ob Ehegatten in Gütergemeinschaft gelebt haben, kann der vom GBAmt zur Eintragung des überlebenden Ehegatten als Erbe verlangte Nachweis des gesetzlichen Güterstands durch eidesstattliche Versicherung erbracht werden (BayObLG Rpfleger 2003, 353).

19. Zeugnis über die Fortsetzung der Gütergemeinschaft

50 Es hat den Übergang des Gesamtguts auf bestimmte Personen zu bescheinigen. Anzugeben sind die Namen des verstorbenen und des überlebenden Ehegatten sowie der Abkömmlinge (OLG München FGPrax 2011, 181), nicht dagegen die Größe der Anteile. Sind neben den gemeinschaftlichen Abkömmlingen einseitige Abkömmlinge vorhanden, so ist der Bruchteil des Gesamtguts zu bezeichnen, der Gesamtgut der fortgesetzten Gütergemeinschaft geworden ist (KGJ 34, 231; KG DNotZ 1934, 616). Änderungen in der Person der anteilsberechtigten Abkömmlinge, die vor der Erteilung des Zeugnisses eingetreten sind, z. b. solche nach §§ 1490, 1491 BGB, sind ersichtlich zu machen (OLG München FGPrax 2011, 181); bei späteren Änderungen ist das Zeugnis auf Antrag zu berichtigen (KG OLG 7, 58; 26, 318). Das Zeugnis kann auch nach dem Tod des überlebenden Ehegatten erteilt werden (KGJ 41, 54; JFG 12, 199); in diesem Fall empfiehlt es sich, die Beendigung der fortgesetzten Gütergemeinschaft zu vermerken.

Zulässig ist auch die Erteilung eines Zeugnisses darüber, dass fortgesetzte **51** Gütergemeinschaft nicht eingetreten ist (KGJ 45, 250); insoweit ist aber auch ein Nachweis durch andere öffentliche Urkunden statthaft (OLG Frankfurt Rpfleger 1978, 412).

20. Form des Zeugnisses

Das Zeugnis ist in Urschrift oder Ausfertigung vorzulegen. Die Vorlegung **52** wird ersetzt durch Verweisung auf das Zeugnis enthaltende Akten desselben Amtsgerichts. Über Einzelheiten s. Rn. 23, 24.

21. Prüfung des Zeugnisses

Es gilt das in Rn. 25, 26 Ausgeführte sinngemäß; jedoch ist für die Erteilung **53** lung des Zeugnisses nach § 1507 BGB stets der Rpfleger zuständig (§ 3 Nr. 2 Buchst. c i. V. m. § 16 RpflegerG).

22. Beweiskraft des Zeugnisses

Sachlichrechtlich begründet das Zeugnis nur eine Vermutung. Im GBVer- **54** fahren erbringt es dagegen den vollen Beweis für den Übergang des Gesamtguts auf die in ihm genannten Personen (OLG München FGPrax 2011, 181). Ist es nicht auf einen Bruchteil des Gesamtguts beschränkt (s. Rn. 50), so beweist es auch, dass einseitige erbberechtigte Abkömmlinge nicht vorhanden sind. Die Zugehörigkeit eines Rechts zum Gesamtgut wird durch das Zeugnis hingegen nicht bewiesen; sie ist, falls sie sich nicht schon aus dem GB ergibt (s. § 33 Rn. 32), besonders nachzuweisen. Wegen der Verfügungsbefugnis des überlebenden Ehegatten s. § 1487 Abs. 1, §§ 1422 ff. BGB.

23. Testamentsvollstrecker

Der Testamentsvollstrecker ist nicht Vertreter des Erben, sondern übt sein **55** Amt zu eigenem Recht, aber in fremdem Interesse aus (KGJ 41, 80; RG 138, 136; BGH NJW 1954, 1036). Das Amt beginnt mit der Annahme; diese ist erst nach Eintritt des Erbfalls zulässig und erfolgt durch formlose Erklärung gegenüber dem Nachlassgericht (§ 2202 BGB). Annahme und Ablehnung sind unwiderruflich (KG OLG 11, 242). Vor der Amtsannahme ist weder der Erbe noch der Testamentsvollstrecker verfügungsberechtigt (KGJ 40, 200). Mehrere Testamentsvollstrecker führen das Amt grundsätzlich gemeinschaftlich (§ 2224 BGB). Der Alleinerbe oder alleinige Vorerbe kann nicht zum einzigen Testamentsvollstrecker ernannt werden (RG 77, 177; KG JW 1933, 2915).

56   Die Befugnis des Testamentsvollstreckers zur Verfügung über Nachlassgegenstände ist im Allgemeinen unbeschränkt; nur zu unentgeltlichen Verfügungen ist er grundsätzlich nicht berechtigt (§ 2205 BGB). Näheres s. § 52
Rn. 19.

24. Nachweis der Verfügungsbefugnis

57   Die Verfügungsbefugnis eines Testamentsvollstreckers ist grundsätzlich
durch Testamentsvollstreckerzeugnis nachzuweisen (s. Rn. 59); Ausnahmen
gelten, wenn der Testamentsvollstrecker in einer öffentlich beurkundeten
Verfügung von Todes wegen ernannt worden ist (s. Rn. 63), sowie im Rahmen der §§ 36, 37. Der zusätzlichen Vorlage eines Erbscheins bedarf es nicht,
es sei denn, die Wirksamkeit der Verfügung des Testamentsvollstreckers hängt
von der Beurteilung der Erbfolge ab (OLG Köln Rpfleger 1992, 342). In
Betracht kommt auch ein Nachweis durch ein Europäisches Nachlasszeugnis
(s. dazu Rn. 5.1).
58   Der Nachweis ist auch dann notwendig, wenn keine Verfügung über einen
Nachlassgegenstand in Frage steht (KGJ 42, 219), erübrigt sich gemäß § 29
Abs. 1 Satz 2 jedoch im Fall der Offenkundigkeit der Verfügungsbefugnis
(KGJ 35, 205). S. dazu auch § 52 Rn. 18.

25. Testamentsvollstreckerzeugnis

59   **a) Inhalt.** Das gemäß § 2368 BGB zu erteilende Zeugnis, auf das die Vorschriften über den Erbschein entsprechend anzuwenden sind (§ 354 Abs. 1
FamFG), hat zu bescheinigen, dass eine bestimmte Person Testamentsvollstrecker ist (KGJ 42, 222). Anzugeben sind die Namen des Erblassers und des
Testamentsvollstreckers sowie etwaige Abweichungen von der gesetzlichen
Verfügungsbefugnis, z. B. eine Befristung oder auflösende Bedingung der
Testamentsvollstreckung (§ 354 Abs. 2 FamFG; KGJ 31, 97; RG HRR 1933
Nr. 138; BayObLG Rpfleger 1999, 25). Nur im Innenverhältnis wirksame
Verwaltungsanordnungen sind hingegen nicht aufzunehmen (BayObLG
Rpfleger 1999, 25). Dies gilt z. B. für eine Befreiung von den Beschränkungen des § 181 BGB (s. § 52 Rn. 25). Das Zeugnis kann sich auf einen
Bruchteil des Nachlasses beziehen oder nach § 352c Abs. 1 FamFG gegenständlich beschränkt sein (KGJ 36, 112). Ist die Testamentsvollstreckung aufschiebend bedingt angeordnet, kann das Zeugnis erst nach Eintritt der Bedingung erteilt werden (OLG Köln FGPrax 2015, 56).

60   **b) Form.** Das Zeugnis ist in Urschrift oder Ausfertigung vorzulegen
(BayObLG Rpfleger 1995, 452; OLG Hamm FGPrax 2016, 201; a. M. LG
Köln Rpfleger 1977, 29, das im Anschluss an Haegele Rpfleger 1967, 40 die
Vorlegung einer beglaubigten Abschrift für genügend erachtet). Eine beglaubigte Abschrift reicht jedoch auch dann nicht aus, wenn zugleich eine
Notarbescheinigung über das Vorliegen der Urschrift oder einer Ausfertigung vorgelegt wird (s. dazu § 29 Rn. 59); sie genügt aber, wenn nicht
die (noch) bestehende Verfügungsbefugnis des Testamentsvollstreckers nachgewiesen werden soll, sondern nur die Beendigung der Testamentsvollstreckung (BayObLG Rpfleger 1990, 363). Die Vorlegung der Urschrift oder

einer Ausfertigung wird ersetzt durch Verweisung auf die das Zeugnis enthaltenden Akten desselben Amtsgerichts. Wegen der Einzelheiten vgl. Rn. 23, 24.

c) Prüfung des GBAmts. Hinsichtlich der Prüfungspflicht des GBAmts **61** gilt das in Rn. 25, 26 Ausgeführte sinngemäß (s. dazu BayObLG Rpfleger 2005, 247); jedoch ist für die Erteilung eines Testamentsvollstreckerzeugnisses vorbehaltlich einer Einschränkung des Richtervorbehalts gem. § 19 Abs. 1 Nr. 5 RpflegerG (s. dazu für Rheinland-Pfalz OLG Düsseldorf Rpfleger 2016, 231) der Richter zuständig (§ 3 Nr. 2 Buchst. c i. V. m. § 16 Abs. 1 Nr. 6 RpflegerG) und § 18 Abs. 2 Satz 1 HöfeO auf die Erteilung des Zeugnisses nicht anzuwenden (OLG Oldenburg RdL 1953, 281; BGH Rpfleger 1972, 215). Nach § 2368 Satz 2 Halbs. 2 BGB wird das Zeugnis mit der Beendigung des Amts (s. dazu § 52 Rn. 30), die zur Überzeugung des GBAmts feststehen muss, ohne weiteres kraftlos; sind aber Anhaltspunkte für eine solche nicht gegeben, so kann das GBAmt die Testamentsvollstreckung als fortdauernd ansehen (KG FGPrax 2019, 33).

d) Beweiskraft. Sachlichrechtlich begründet das Zeugnis nur eine Vermutung. Im GBVerfahren hat es jedoch nach § 35 volle Beweiskraft dafür, **62** dass die in ihm genannte Person zum Testamentsvollstrecker ernannt ist und das Amt angenommen hat (KG OLG 40, 49; KG FGPrax 2015, 104) und dass keine weiteren als die angegebenen Verfügungsbeschränkungen bestehen (OLG München FGPrax 2016, 66).

26. Ernennung in Verfügung von Todes wegen

Ist der Testamentsvollstrecker in einer öffentlich beurkundeten Verfü- **63** gung von Todes wegen ernannt worden, so ist zum Nachweis seiner Verfügungsbefugnis ein Zeugnis gemäß § 2368 BGB im Allgemeinen nicht erforderlich. Vielmehr genügt es in der Regel, wenn die Verfügung von Todes wegen nebst der Eröffnungsniederschrift vorgelegt und außerdem die Amtsannahme nachgewiesen wird; dieser Nachweis wird durch ein Zeugnis des Nachlassgerichts über die Annahme oder durch die Niederschrift über die Annahmeerklärung erbracht (KGJ 28, 283; 38, 136; s. auch OLG München JFG 17, 284). Die bloße Erklärung in der dem GBAmt vorgelegten EintrBewilligung, das Amt gegenüber dem Nachlassgericht angenommen zu haben, genügt nicht (OLG München RNotZ 2016, 602). Im Übrigen gilt das in Rn. 31 ff. Ausgeführte sinngemäß; die Verweisung auf die Nachlassakten genügt jedoch nicht, wenn diese nur eine privatschriftliche Annahmeerklärung des Testamentsvollstreckers enthalten (KG OLG 40, 49).

Bei nur mittelbarer Ernennung des Testamentsvollstreckers, also in den **64** Fällen der §§ 2198 bis 2200 BGB, müssen die Bestimmung des Dritten oder die rechtskräftige Ernennung durch das Nachlassgericht in grundbuchmäßiger Form nachgewiesen werden.

27. Kosten

65   Für das Verfahren über den Antrag auf Erteilung eines Erbscheins, eines Europäischen Nachlasszeugnisses, eines Zeugnisses über die Fortsetzung der Gütergemeinschaft oder eines Testamentsvollstreckerzeugnisses fällt eine Gebühr von 1,0 an; für die Abnahme der eidesstattlichen Versicherung wird die Gebühr gesondert erhoben (Vorbem. 1.2.2 Abs. 1 Nr. 1, 2 und 4, Abs. 2 Satz 1, Vorbem. 1.2.2.1 sowie Nr. 12210 GNotKG-KV) Die früher mögliche gebührenfreie oder gebührenermäßigte Erteilung eines Erbscheins zur ausschließlichen Verwendung in einem anderen Verfahren, insbesondere im GBVerfahren (s. Rn. 30), wurde durch das GNotKG beseitigt (s. dazu OLG Hamm Rpfleger 2015, 50). Zu den Kosten für die Ausstellung des Europäischen Nachlasszeugnisses s. Schneider Rpfleger 2015, 454.

Für die Eröffnung der in einer öffentlichen Urkunde enthaltenen Verfügung von Todes wegen wird eine Festgebühr von 100 EUR erhoben (Nr. 12101 GNotKG-KV) und für die Entgegennahme der Erklärung über die Annahme des Testamentsvollstreckeramtes eine solche von 15 EUR (Nr. 12410 Abs. 1 Nr. 4 GNotKG-KV).

Überweisungszeugnis

36 (1) **Soll bei einem zum Nachlass oder zu dem Gesamtgut einer Gütergemeinschaft gehörenden Grundstück oder Erbbaurecht einer der Beteiligten als Eigentümer oder Erbbauberechtigter eingetragen werden, so genügt zum Nachweis der Rechtsnachfolge und der zur Eintragung des Eigentumsübergangs erforderlichen Erklärungen der Beteiligten ein gerichtliches Zeugnis. Das Zeugnis erteilt**

1. **das Nachlassgericht, wenn das Grundstück oder das Erbbaurecht zu einem Nachlass gehört,**

2. **das nach § 343 des Gesetzes über das Verfahren in Familiensachen und in den Angelegenheiten der freiwilligen Gerichtsbarkeit zuständige Amtsgericht, wenn ein Anteil an dem Gesamtgut zu einem Nachlass gehört, und**

3. **im Übrigen das nach § 122 des Gesetzes über das Verfahren in Familiensachen und in den Angelegenheiten der freiwilligen Gerichtsbarkeit zuständige Amtsgericht.**

(2) **Das Zeugnis darf nur ausgestellt werden, wenn:**

a) **die Voraussetzungen für die Erteilung eines Erbscheins vorliegen oder der Nachweis der Gütergemeinschaft durch öffentliche Urkunden erbracht ist und**

b) **die Abgabe der Erklärungen der Beteiligten in einer den Vorschriften der Grundbuchordnung entsprechenden Weise dem nach Absatz 1 Satz 2 zuständigen Gericht nachgewiesen ist.**

(2a) **Ist ein Erbschein über das Erbrecht sämtlicher Erben oder ein Zeugnis über die Fortsetzung der Gütergemeinschaft erteilt, so ist auch der Notar, der die Auseinandersetzung vermittelt hat, für die Erteilung des Zeugnisses nach Absatz 1 Satz 1 zuständig.**

(3) **Die Vorschriften über die Zuständigkeit zur Entgegennahme der Auflassung bleiben unberührt.**

37 Die Vorschriften des § 36 sind entsprechend anzuwenden, wenn bei einer Hypothek, Grundschuld oder Rentenschuld, die zu einem Nachlaß oder zu dem Gesamtgut einer Gütergemeinschaft gehört, einer der Beteiligten als neuer Gläubiger eingetragen werden soll.

Inhaltsübersicht

1. Allgemeines

§§ 36, 37 lassen unter bestimmten Voraussetzungen Eintragungen auf **1** Grund eines sog. Überweisungszeugnisses zu. S. dazu Kersten JurBüro 1997, 231; Schäfer NotBZ 1997, 94. § 36 Abs. 1 und Abs. 2 Buchst. b ist durch Art. 36 Nr. 3 des FGG-RG geändert worden. Durch das Ges. zur Übertragung von Aufgaben im Bereich der freiwilligen Gerichtsbarkeit auf Notare vom 26.6.2013 (BGBl. I 1800) wurde § 36 Abs. 1 neu gefasst, Abs. 2 geändert und Abs. 2a eingefügt. §§ 36, 37 wurden ferner durch das DaBaGG im Hinblick auf die Einbeziehung der Lebenspartnerschaft geändert.

Zweck der Vorschriften ist es, die Auseinandersetzung von Erben- und Gütergemeinschaften zu erleichtern. Voraussetzung für ihre Anwendung ist daher, dass statt der Gesamthandsgemeinschaft einer der Beteiligten als Alleineigentümer oder mehrere Beteiligte als Bruchteilseigentümer (s. Rn. 7) eingetragen werden sollen. Entsprechend anwendbar sind die Vorschriften, wenn bei einer eingetragenen Erbengemeinschaft durch den Tod eines Miterben eine weitere Erbengemeinschaft (Untergemeinschaft) entsteht und diese dadurch auseinandergesetzt werden soll, dass ein Beteiligter der Untergemeinschaft an einzelner Stelle als Berechtigter tritt; dass die ursprüngliche Erbengemeinschaft weiterhin eingetragen bleibt, steht nicht entgegen (JFG 21, 235). Die Bestimmungen sind auch anwendbar, wenn die Auseinandersetzung durch einen Testamentsvollstrecker vorgenommen wird (BayObLG Rpfleger 1986, 470).

Sachlich ist die Erleichterung nur eine solche für das GBAmt; wird ihm **2** ein Überweisungszeugnis vorgelegt, so braucht es weder die Rechtsnachfolge noch das Vorliegen der zur Eintragung erforderlichen Erklärungen der Beteiligten zu prüfen. Die Beteiligten müssen jedoch zur Erlangung des Überweisungszeugnisses alle auch sonst notwendigen Nachweise erbringen. Ob der

Antragsteller ein Überweisungszeugnis vorlegen oder die Nachweise gemäß §§ 19, 20, 29, 33, 35 führen will, steht in seinem Belieben; das GBAmt kann das Zeugnis nicht verlangen.

2. Grundstück, Erbbaurecht oder Grundpfandrecht

3   Um eines von ihnen muss es sich handeln. Einem Grundstück ist der Miteigentumsanteil und die Gesamthandsberechtigung an einem Grundstück oder Miteigentumsanteil gleichzustellen (JFG 21, 233), ferner die Gesamtberechtigung gem. § 428 BGB (OLG Hamm Rpfleger 2006, 539) und das WEigentum. Andere Rechte, z. B. grundstücksgleiche Rechte, die nicht Erbbaurechte sind, Reallasten und Pfandrechte an einem Grundpfandrecht, fallen nicht unter §§ 36, 37.

3. Zugehörigkeit zum Nachlass oder Gesamtgut

4   Das Grundstück, Erbbaurecht oder Grundpfandrecht muss zu einem Nachlass oder zu einem Gesamtgut gehören.

a) Nachlass. Der Nachlass muss einer Erbengemeinschaft zustehen; steht er einem Alleinerben oder alleinigen Vorerben zu, so ist für die Anwendung der §§ 36, 37 kein Raum (JFG 14, 137). Eine entsprechende Anwendung kommt jedoch in Betracht, wenn sich der Vorerbe mit dem Nacherben dergestalt auseinandersetzt, dass der Nacherbe sein Nacherbenrecht zugunsten des Vorerben aufgibt (s. dazu § 51 Rn. 48) und dieser unbeschränkter Erbe wird (BGH Rpfleger 2018, 665).

Die Erbengemeinschaft braucht ihre Rechtsstellung nicht unmittelbar auf den eingetragenen Berechtigten zurückzuführen, kann vielmehr mit diesem auch durch einzelne nicht gesamthänderisch verbundene Erben als Zwischenglieder verbunden sein. Das kann z. B. der Fall sein, wenn der als Eigentümer im GB eingetragene Ehemann von seiner Ehefrau und diese wiederum von ihren beiden Kindern beerbt wird, von denen eines als Alleineigentümer eingetragen werden soll (JFG 18, 32; KG FGPrax 2020, 77). Zum Nachlass gehören nicht nur Rechte, die dem Erblasser zustanden, sondern auch solche, die nach §§ 2019, 2041 BGB erworben wurden.

5   **b) Gesamtgut.** Das Gesamtgut kann das einer ehelichen, einer lebenspartnerschaftlichen oder das einer fortgesetzten Gütergemeinschaft sein. Was zum Gesamtgut einer Gütergemeinschaft gehört, bemisst sich nach den für diese maßgebenden Vorschriften (s. § 33 Rn. 16).

4. Umschreibung auf einen Beteiligten

6   **a) Umschreibung.** Es muss sich um die Umschreibung des Grundstücks, Erbbaurechts oder Grundpfandrechts auf einen Beteiligten handeln. Ob sie der Herbeiführung einer Rechtsänderung dient oder, wie z. B. bei vorangegangener Erbteilsübertragung oder erfolgter Abtretung einer Nachlassbriefhypothek, eine GBBerichtigung bezweckt, macht keinen Unterschied (JFG 14, 137). Für andere Eintragungen, z. B. die einer Belastung des Grundstücks, Erbbaurechts oder Grundpfandrechts, gelten §§ 36, 37 nicht; eine Ausnahme

wird für die Eintragung von Inhaltsänderungen zu machen sein, die gleichzeitig mit der Übertragung vereinbart werden und mit der Auseinandersetzung zusammenhängen, wie z. B. bei Umwandlung einer Eigentümergrundschuld in eine Hyp. mit neuer Forderung.

b) Beteiligter. Der einzutragende Berechtigte muss ein Beteiligter sein. 7
Soll das Grundstück, Erbbaurecht oder Grundpfandrecht auf einen Dritten umgeschrieben werden, so sind §§ 36, 37 nicht anwendbar (JFG 22, 161); das Gleiche gilt, wenn die Gesamthandsgemeinschaft nicht aufgelöst, sondern eingetragen werden soll, z. B. die Erbengemeinschaft nach dem Tod des als Alleineigentümer eingetragenen Erblassers (KG HRR 1939 Nr. 1363). Dagegen wird von §§ 36, 37 auch der Fall umfasst, dass die Umschreibung auf mehrere oder alle Beteiligte in Bruchteilsgemeinschaft vorgenommen werden soll (JFG 14, 137; 18, 32; 21, 233).

c) Nachlassbeteiligte. Dies sind nur die Erben, Erbeserben und Erbteils- 8
erwerber (JFG 22, 161), nicht hingegen Vermächtnisnehmer und Nachlassgläubiger; ist aber ein Erbe zugleich Vermächtnisnehmer oder Nachlassgläubiger, so gelten §§ 36, 37 auch dann, wenn er das Grundstück, Erbbaurecht oder Grundpfandrecht in dieser Eigenschaft erhalten soll (Schaub in Bauer/Schaub § 36 Rn. 20).

d) Gesamtgutsbeteiligte. Dies sind bei der Gütergemeinschaft die Ehe- 9
gatten oder Lebenspartner bzw. deren Erben; bei fortgesetzter Gütergemeinschaft sind es der überlebende Ehegatte oder Lebenspartner bzw. dessen Erben und die anteilsberechtigten Abkömmlinge, aber auch einseitige erbberechtigte Abkömmlinge, die nach § 1483 Abs. 2 BGB an dem Gesamtgut teilhaben und sich mit den Teilhabern der fortgesetzten Gütergemeinschaft auseinandersetzen müssen (a. M. Hesse/Saage/Fischer A. II b; Güthe/Triebel Rn. 6).

5. Überweisungszeugnis

Zuständig zur Ausstellung des Zeugnisses ist, wenn ein Nachlass in Rede 10
steht, das Nachlassgericht. Das Überweisungszeugnis erteilen, falls Gesamtgut in Betracht kommt, das nach § 122 FamFG und wenn ein Anteil am Gesamtgut zu einem Nachlass gehört, das nach § 343 FamFG zuständige Amtsgericht, und zwar unabhängig von der Durchführung eines Vermittlungsverfahrens nach §§ 363 ff., 373 FamFG (KGJ 48, 156). Ausländische Gerichte sind nicht zuständig. Nach dem durch das Ges. zur Übertragung von Aufgaben im Bereich der freiwilligen Gerichtsbarkeit auf Notare vom 26.6.2013 (BGBl. I 1800) eingefügten § 36 Abs. 2a ist auch eine Zuständigkeit des Notars gegeben, der die Auseinandersetzung vermittelt hat. In Bayern konnte das Zeugnis schon vorher nach Art. 39 AGGVG v. 23.6.1981 (BayRS 300-1-1-J) unter bestimmten Voraussetzungen von den Notaren ausgestellt werden (s. dazu § 487 Abs. 1 Nr. 3 FamFG, § 20 Abs. 5 BNotO).

6. Ausstellung des Zeugnisses

a) Ausstellung durch ein Gericht. § 36 Abs. 2, der an sich nicht in die 11
GBO gehört, gibt eine Anweisung an die für die Erteilung des Zeugnisses

zuständigen Gerichte. Diese dürfen das Zeugnis nur ausstellen, falls die Voraussetzungen für die Erteilung eines Erbscheins vorliegen oder der Nachweis der Gütergemeinschaft durch öffentliche Urkunden erbracht ist; außerdem muss nachgewiesen sein, dass die zur Eintragung erforderlichen Erklärungen der Beteiligten, z. B. die Auflassungs- bzw. Einigungserklärung (§ 20), die EintrBewilligung (§ 19) oder die diese ersetzende Abtretungserklärung (§ 26), in einer den Vorschriften der GBO entsprechenden Weise, d. h. in der Form des § 29 Abs. 1 Satz 1, abgegeben sind. Hängt die Wirksamkeit einer solchen Erklärung von der Vollmacht eines Vertreters oder einer Genehmigung ab, so sind auch diese nachzuweisen.

12   **b) Ausstellung durch einen Notar.** Der Notar, der die Auseinandersetzung vermittelt hat, darf das Zeugnis nach § 36 Abs. 2a nur ausstellen, wenn ein Erbschein oder ein Zeugnis über die Fortsetzung der Gütergemeinschaft erteilt ist. Wenn ein Vermittlungsverfahren nach §§ 363 ff., 373 FamFG stattgefunden hat, so reicht, weil Gegenstand des Verfahrens auch die zur Durchführung der Auseinandersetzung abzugebenden Erklärungen sein können, vermutetes Einverständnis gemäß § 366 Abs. 3 Satz 2 FamFG aus (BayObLG OLG 10, 38; KGJ 41, 249); das Zeugnis darf erst nach der Rechtskraft der Bestätigung erteilt werden (§§ 371, 372 FamFG).

7. Inhalt des Zeugnisses

13   Das Zeugnis hat die Erbfolge oder das Bestehen sowie die Teilhaber der Gütergemeinschaft auszuweisen und die Abgabe der zur Eintragung erforderlichen Erklärungen aller Beteiligten zu bezeugen; die Bescheinigung der Übereignung bzw. Übertragung genügt nicht (KGJ 44, 237). Weist das Zeugnis eine Erbfolge aus, so ist, wie beim Erbschein, auch die Anordnung einer Nacherbfolge oder einer Testamentsvollstreckung anzugeben; letzterenfalls kann in dem Zeugnis auch die Verfügungsbefugnis des Testamentsvollstreckers bescheinigt werden (s. KG HRR 1939 Nr. 1363). Im Übrigen gelten die §§ 352 bis 353 FamFG für die Erteilung des Zeugnisses entsprechend (§ 354 Abs. 1 FamFG).

8. Form des Zeugnisses

14   Das Zeugnis kann im Hinblick auf eine mögliche Einziehung bei Unrichtigkeit entsprechend § 2361 BGB (JFG 14, 138; KG HRR 1939 Nr. 1363) nur in Urschrift oder Ausfertigung, nicht aber in beglaubigter Abschrift vorgelegt werden (vgl. § 35 Rn. 23). Statt der Vorlegung genügt die Verweisung auf die das Zeugnis enthaltenden Akten desselben Amtsgerichts (OLG München JFG 20, 373; JFG 23, 299).

9. Prüfung des Zeugnisses

15   Zu prüfen sind außer der Form des Zeugnisses (Rn. 14) die sachliche Zuständigkeit des Ausstellers (Rn. 10) und der Inhalt des Zeugnisses (Rn. 13).

     a) Zuständigkeit. Zuständig zur Ausstellung des Zeugnisses ist das Nachlassgericht, das Amtsgericht oder der Notar (s. Rn. 10). Beim Nachlassgericht und beim Amtsgericht ist vorbehaltlich einer Aufhebung des Richtervorbehalts gemäß § 19 Abs. 1 Nr. 5 RpflegerG der Richter zuständig. Unter den Voraussetzungen des § 16 Abs. 3 Satz 1 Nr. 3 RpflegerG kann der Richter die Ausstellung des Zeugnisses dem Rpfleger übertragen.

Hat das Nachlassgericht ein Überweisungszeugnis erteilt, obwohl die Erbengemeinschaft hinsichtlich des Grundstücks, Erbbaurechts oder Grundpfandrechts nicht aufgelöst werden soll, so kann mit dem Zeugnis auch nicht die darin festgestellte Erbfolge nachgewiesen werden (KG HRR 1939 Nr. 1363). Örtliche Unzuständigkeit lässt die Wirksamkeit des Zeugnisses unberührt (§ 2 Abs. 3 FamFG).

b) Inhalt. Das Zeugnis muss den gebotenen Inhalt haben (s. Rn. 13). **16** Sonst ist es auf seine Richtigkeit nicht nachzuprüfen. Wenn dem GBAmt jedoch Tatsachen bekannt sind, die seine Unrichtigkeit ergeben und daher die Einziehung (s. dazu JFG 14, 138; KG HRR 1939 Nr. 1363) erwarten lassen, muss es die Eintragung verweigern (OLG Frankfurt RNotZ 2018, 563). Insoweit gilt das Gleiche wie beim Erbschein (s. dazu § 35 Rn. 27).

10. Beweiskraft des Zeugnisses

Das Zeugnis beweist im GBVerfahren die Erbfolge oder das Bestehen und **17** die Teilhaber der Gütergemeinschaft sowie die wirksame Abgabe der zur Eintragung erforderlichen Erklärungen der Beteiligten. Weitere Beweiskraft kommt ihm nicht zu; vor allem beweist es nicht die Zugehörigkeit des Grundstücks, Erbbaurechts oder Grundpfandrechts zum Nachlass oder Gesamtgut.

Das Zeugnis genügt auch, wenn der Beteiligte, ohne dass seine Eintragung erforderlich wird, weiter verfügt (JFG 22, 161).

11. Sonstige Eintragungsvoraussetzungen

Sie werden durch §§ 36, 37 nicht berührt. Neben einem EintrAntrag **18** (§ 13) ist mithin nach Maßgabe der §§ 39, 40 und der §§ 41, 42 die Voreintragung des Betroffenen sowie die Vorlegung des Briefs erforderlich.

12. Kosten

Eine kostenmäßige Begünstigung des Überweisungszeugnisses gegenüber **19** den in § 35 vorgesehenen Zeugnissen wurde durch das GNotKG beseitigt. Für das Verfahren des Gerichts wird eine Gebühr von 1,0 erhoben (Vorbem. 1.2.2 Abs. 1 Nr. 3, Nr. 12210 GNotKG-KV). Der Geschäftswert bestimmt sich nach § 41 GNotKG.

Der Notar erhält für die Vermittlung der Auseinandersetzung einschließlich Erteilung des Überweisungszeugnisses eine Gebühr von 6,0 (Vorbem. 2.3.9 Abs. 1, Nr. 23900 GNotKG-KV). S. auch Vorbem. 2.3.9 Abs. 2 GNotKG-KV.

Eintragung auf Ersuchen einer Behörde

38 In den Fällen, in denen nach gesetzlicher Vorschrift eine Behörde befugt ist, das Grundbuchamt um eine Eintragung zu ersuchen, erfolgt die Eintragung auf Grund des Ersuchens der Behörde.

Inhaltsübersicht

1. Allgemeines

1   § 38 bestimmt, dass Eintragungen unter Umständen auch auf Ersuchen einer Behörde vorzunehmen sind; er durchbricht damit nicht nur den in § 13 ausgesprochenen Antragsgrundsatz, sondern auch den in § 19 niedergelegten Bewilligungsgrundsatz.

2   **a) Behörde.** Welchen Behörden die Ersuchensbefugnis zusteht und um welche Eintragungen ersucht werden kann, richtet sich nach den bestehenden gesetzlichen Vorschriften; dabei kommt nicht nur das Bundesrecht, sondern, soweit der Vorbehalt des § 143 reicht, auch das Landesrecht in Betracht. Eine entsprechende Anwendung gesetzlicher Vorschriften, die einer Behörde für bestimmte Fälle die Befugnis zu einem EintrErsuchen einräumen, kommt grundsätzlich nicht in Betracht (KG Rpfleger 1998, 239). Mangels gesetzlicher Ermächtigung ist die für den Erlass eines Verfügungsverbots gem. § 15 Abs. 4 InVorG zuständige Behörde nicht befugt, das GBAmt um die Eintragung des Verbots in das GB zu ersuchen (LG Berlin Rpfleger 1998, 424).

3   **b) Anträge der Beteiligten.** Soweit eine Behörde um Vornahme einer Eintragung ersuchen darf, sind Anträge der Beteiligten grundsätzlich ausgeschlossen (JFG 18, 72; KG Rpfleger 1998, 239; OLG Hamm Rpfleger 2012, 252); eine Ausnahme gilt, abgesehen von der positiven Regelung in § 32 Abs. 2 Satz 2, Abs. 3 Satz 2 InsO, z.B. im Fall des § 941 ZPO (KGJ 41, 221; JFG 5, 303).

c) Entsprechende Anwendung. Zur entsprechenden Anwendung des 4 § 38, wenn auf Grund der Mitteilung einer Behörde eine Eintragung von Amts wegen vorzunehmen ist, s. BayObLG Rpfleger 1970, 346. Auf die von der Katasterbehörde zur Berichtigung der Bestandsangaben des GB vorgelegten Veränderungsnachweise (Fortführungsmitteilungen) ist § 38 nicht entsprechend anwendbar (OLG Düsseldorf Rpfleger 1988, 140).

2. Ersuchen nach Bundesrecht

Aufgrund Bundesrechts können insbes. folgende Stellen um eine Eintra- 5 gung ersuchen:

a) Prozessgericht. Ersuchen um Eintragungen auf Grund einstweiliger Verfügung nach § 941 ZPO. Neben dem Ersuchen um Eintragung einer Vormerkung (s. dazu OLG München Rpfleger 2015, 266) oder eines Widerspruchs kommt insbes. das um Eintragung eines **Verfügungsverbots** in Betracht (JFG 5, 303). Wegen der Einzelheiten s. Demharter Rpfleger 1998, 133, ferner § 22 Rn. 50. Eine durch einstweilige Verfügung angeordnete Sequestration (§ 938 Abs. 2 ZPO) kann im GB nicht vermerkt werden; denn sie begründet, anders als die Zwangsverwaltung, die ebenfalls durch einstweilige Verfügung angeordnet werden kann (KGJ 35, 265; RG 92, 19), keine Verfügungsbeschränkung des Eigentümers, sondern ist lediglich Verwahrung und Verwaltung des Grundstücks durch einen Treuhänder (s. dazu KG JW 1937, 2115). Die Ersuchensbefugnis des Gerichts berührt die Antragsberechtigung des Gläubigers nicht (s. Rn. 3). Eintragungen auf Grund Arrestbefehls können nicht auf Ersuchen des Gerichts, sondern nur auf Antrag des Gläubigers erfolgen.

Ersuchen auf Antrag des Klägers um Eintragung eines **Rechtshängig-** 6 **keitsvermerks** (s. dazu Anh. zu § 13 Rn. 34) gem. § 8 Abs. 4 GBBerG (s. dazu Anh. zu §§ 84 bis 89 Rn. 38). Der Vermerk hat die Wirkung eines Widerspruchs und wird mit rechtskräftiger Klageabweisung gegenstandslos; dann kann er gem. § 84 gelöscht werden.

Ersuchen nach § 113 Abs. 3 Satz 2 SachenRBerG um Eintragung eines Vermerks über die **Anhängigkeit eines Anspruchs** auf Berichtigung des GB durch Eintragung eines gem. § 459 Abs. 1 Satz 2, Abs. 4 Satz 1 ZGB entstandenen Miteigentumsanteils (s. dazu § 22 Rn. 30) oder eines Anspruchs gem. § 116 Abs. 1 SachenRBerG auf Bestellung einer Grunddienstbarkeit oder einer beschränkten persönlichen Dienstbarkeit (§ 116 Abs. 2 Satz 2 i. V. m. § 113 Abs. 3 SachenRBerG; s. dazu Anh. zu § 44 Rn. 10). Der Vermerk hat die Wirkung eines Widerspruchs. Das Prozessgericht darf das Ersuchen nicht davon abhängig machen, dass das Bestehen des geltend gemachten Anspruchs schlüssig dargetan ist (KG VIZ 1999, 618). Etwas anderes gilt nur bei einer offensichtlich rechtsmissbräuchlich erhobenen Klage. Unterrichtet das Prozessgericht das GBAmt von dem Ende des Rechtsstreits (§ 113 Abs. 3 Satz 2 SachenRBerG), wird der Vermerk gegenstandslos und kann gemäß § 84 gelöscht werden.

b) Vollstreckungsgericht. Ersuchen im Verfahren der Zwangsversteige- 7 rung und Zwangsverwaltung nach §§ 19, 34, 130, 146, 158, 161 ZVG sowie nach § 5a AbwicklG v. 25.3.1952 (BGBl. I 203), eingefügt durch Art. 10 des Ges. v. 20.8.1953 (BGBl. I 952); Näheres s. Rn. 33 ff.

8   **c) Insolvenzgericht.** Ersuchen um Eintragung und Löschung eines allgemeinen Verfügungsverbots und einer Verfügungsbeschränkung sowie des Vermerks über die Eröffnung des Insolvenzverfahrens nach § 21 Abs. 2 Nr. 2, § 25 Abs. 1, §§ 263, 23 Abs. 3, §§ 32, 200 Abs. 2 InsO (vgl. auch die Verweisungen auf § 32 InsO in anderen Vorschriften der InsO). Wegen des Antragsrechts des Insolvenzverwalters s. § 32 Abs. 2 Satz 2, Abs. 3 Satz 2 InsO. Der Insolvenzverwalter hat seine Antragsbefugnis durch Vorlage der Bestallungsurkunde nachzuweisen (s. dazu § 19 Rn. 59). Zur Eintragung des Insolvenzvermerks hat er außerdem die GBUnrichtigkeit nachzuweisen und dazu den Eröffnungsbeschluss des Insolvenzgerichts in Ausfertigung oder beglaubigter Abschrift (vgl. BGH NJW 2000, 2427) vorzulegen. Zur Löschung des Vermerks genügt statt des Unrichtigkeitsnachweises die Löschungsbewilligung des Insolvenzverwalters in der Form des § 29 (s. dazu § 47 Rn. 30.1).

Im Insolvenzeröffnungsverfahren ist ein **gutgläubiger Erwerb** möglich, wenn eine vom Insolvenzgericht gemäß § 21 Abs. 2 Nr. 2 InsO angeordnete Verfügungsbeschränkung nicht in das GB eingetragen ist (OLG Köln FGPrax 2019, 254). Dasselbe gilt gemäß § 81 Abs. 1 Satz 2 InsO, wenn nach Eröffnung des Insolvenzverfahrens der Insolvenzvermerk nicht jn das GB eingetragen ist (OLG Düsseldorf FGPrax 2019, 251). S. dazu Becker, Gutgläubiger Erwerb bei insolvenzrechtlichen Verfügungsbeschränkungen, ZfIR 2020, 130.

9   Zum **ausländischen Insolvenzverfahren** und zum Antragsrecht des ausländischen Insolvenzverwalters s. §§ 343 ff., insbesondere § 346 InsO, die EG-VO Nr. 1346/2000 (EuInsVO) v. 29.5.2000 (ABl. EG Nr. L 160 S. 1) samt Ausführungsvorschriften des Art. 102 EGInsO sowie Bierhenke, Der ausländische Insolvenzverwalter und das deutsche GB, MittBayNot 2009, 197. Das im Ausland eröffnete Insolvenzverfahren erfasst grundsätzlich auch das Inlandsvermögen des Insolvenzschuldners (BGH Rpfleger 1985, 412). Auf Antrag des ausländischen Insolvenzverwalters ersucht das inländische Insolvenzgericht das GBAmt um Eintragung eines Insolvenzvermerks (Art. 102 § 6 EGInsO). Entsprechendes gilt für die Löschung eines eingetragenen Insolvenzvermerks. Der ausländische Insolvenzverwalter ist beschwerdebefugt, wenn die Eintragung oder die Löschung abgelehnt wird (OLG Köln FGPrax 2019, 253). Für die Behandlung des Ersuchens durch das GBAmt gelten die allgemeinen Regeln (s. Rn. 73 ff.). Verantwortlich für das Vorliegen der Voraussetzungen des Ersuchens ist das ersuchende Insolvenzgericht. Eine Prüfungspflicht des GBAmts besteht insoweit nicht (OLG Dresden Rpfleger 2011, 27; OLG Düsseldorf FGPrax 2012, 97). Zu den Prüfungspflichten des GBAmts bei dem Antrag auf Eintragung einer Eigentumsvormerkung, die von einem ausländischen Insolvenzverwalter bewilligt wurde, s. OLG Düsseldorf FGPrax 2015, 198).

9.1   Im Fall der Eröffnung des Insolvenzverfahrens über einen **Nachlass** oder eine erloschene Gesellschaft, z.B. eine KG, ist der Insolvenzvermerk auch dann einzutragen, wenn im GB noch der Erblasser oder die erloschene Gesellschaft eingetragen ist (s. dazu § 39 Rn. 5). Der Vermerk ist ferner einzutragen, wenn das Grundstück im Eigentum einer Erbengemeinschaft steht und das Insolvenzverfahren über das Vermögen eines der Miterben eröffnet wird (BGH FGPrax 2011, 167). Das Gleiche gilt, wenn als Eigentümerin eine **BGB-Gesellschaft** eingetragen ist und das Insolvenzverfahren über das Vermögen eines eingetragenen Gesellschafters eröffnet wird (OLG München ZIP 2011, 375; OLG Dresden NotBZ 2011, 444 mit Anm. v. Suppliet und Anm. v. Kesseler DNotZ 2012, 616) oder nach dem Tod eines Gesellschafters und Auflösung der Gesellschaft über dessen Nachlass (BGH FGPrax 2017, 243; a. M. Altmeppen NZG 2017, 1281). Der bezüglich eines Gesellschafters eingetragene Vermerk hindert nicht eine Zwangsvollstreckung in das Grundstück der Gesellschaft (OLG Naumburg FGPrax 2014, 55).

Die Eintragung des Insolvenzvermerks kann mit der unbeschränkten Be- **9.2** schwerde angefochten werden (§ 71 Rn. 39). S. hierzu auch Bachmann, Auswirkungen der Sicherungsmaßnahmen nach § 21 InsO auf das GBVerfahren, Rpfleger 2001, 105. Zu dem Fall, dass bei Eingang des Ersuchens um Eintragung des Insolvenzvermerks ein unerledigter EintrAntrag vorliegt, s. Rieger BWNotZ 2001, 84 und Rn. 36.

Ab 1.1.1999 sind die KO und die VerglO sowie im Gebiet der ehemaligen DDR die Gesamtvollstreckungsordnung (GesO) und das Ges. über die Unterbrechung von Gesamtvollstreckungsverfahren (GUG), jeweils i. d. F. v. 23.5.1991 (BGBl. I 1185, 1191), aufgehoben (s. Art. 12 EGInsO) und durch die Vorschriften der InsO ersetzt. Nach Art. 103 EGInsO sind auf die vor dem 1.1.1999 beantragten Konkurs-, Vergleichs- und Gesamtvollstreckungsverfahren und deren Wirkungen weiter die bisherigen gesetzlichen Vorschriften anzuwenden (s. dazu 22. Auflage). Gleiches gilt für Anschlusskonkursverfahren, bei denen der dem Verfahren vorausgehende Vergleichsantrag vor dem 1.1.1999 gestellt worden ist. Zur Löschung des Gesamtvollstreckungsvermerks, der auch auf Grundstücken eingetragen sein kann, die nicht im Gebiet der ehemaligen DDR liegen, s. Holzer NZG 1998, 417.

d) Bodenschutzbehörde. Ersuchen um Eintragung und Löschung des **10** Bodenschutzlastvermerks nach § 93b Abs. 2 GBV.

e) Vertragshilfegericht. Ersuchen um Eintragung und Löschung eines allgemeinen oder besonderen Veräußerungsverbots nach § 12 VHG v. 26.3.1952 (BGBl. I 198). Die Ersuchensbefugnis ist mit der Aufhebung des VertragshilfeG mit Wirkung vom 30.6.2000 durch Art. 9 Nr. 1 des Ges. v. 27.6.2000 (BGBl. I 897) entfallen.

f) Vormundschaftsgericht. Ersuchen um Eintragung einer Sicherungs- **11** hypothek. § 54 FGG, der die Befugnis hierzu vorsah, ist im Hinblick auf die Aufhebung des § 1844 BGB und Ersetzung durch die Regelung des § 1837 Abs. 2 Satz 2 BGB durch das BetreuungsG v. 12.9.1990 (BGBl. I 2002) mit Wirkung ab 1.1.1992 aufgehoben worden.

g) Nachlassgericht. Ersuchen um Eintragung und Löschung des Ver- **12** merks über die Anordnung der Nachlassverwaltung; die Ersuchensbefugnis ist hier allerdings streitig (s. für Bayern §§ 79, 80, 86 NachlO v. 20.3.1903, BayBSVJu III 166, aufgehoben mit Wirkung vom 1.8.1981 durch JMBek. v. 3.7.1981, JMBl. 93).

13   **h) Staatsanwaltschaft.** Ersuchen um Eintragung einer Sicherungshyp.
und eines Veräußerungsverbots in Vollziehung eines Arrests in ein Grundstück gemäß § 111f Abs. 2, 4 StPO und Eintragung der Beschlagnahme eines
Grundstücks oder eines den Vorschriften des ZVG unterliegenden Rechts
gemäß § 111c Abs. 3 StPO. Arrest und Beschlagnahme werden durch das
Gericht, bei Gefahr im Verzug durch die Staatsanwaltschaft angeordnet
(§ 111j Abs. 1 StPO); vollzogen werden sie durch die Staatsanwaltschaft
(§ 111k Abs. 1 StPO). Diese ist zu dem EintrErsuchen befugt. Zuständig ist
der Rpfleger (OLG Hamm Rpfleger 2018, 433; s. auch OLG München
FGPrax 2018, 68). Die Anordnung des Arrests muss dem Ersuchen nicht
beigefügt werden (BGH FGPrax 2020, 7; a.M. OLG Celle FGPrax 2018,
102). Zum Rechtsmittel gegen die Eintragung s. § 71 Rn. 3. In Ermittlungsverfahren wegen einer Steuerstraftat nimmt die Finanzbehörde die Rechte
und Pflichten der Staatsanwaltschaft wahr (§§ 386, 399 AO).
    Zu dem durch die Eintragung der Sicherungshyp. bewirkten Vollstre-
ckungsverbot des § 111h Abs. 2 StPO s. Anh. zu § 44 Rn. 67. Zur Reform
der strafrechtlichen Vermögensabschöpfung mit Wirkung ab 1.7.2017 durch
Ges. v. 13.4.2017 (BGBl. I 872) s. Wolf Rpfleger 2017, 489; Savini Rpfleger
2018, 177; 2019, 118.

14   **i) Fideikommissgericht.** Ersuchen um Löschung der Fideikommissei-
genschaft sowie eines auf Grund fideikommissrechtlicher Bestimmungen
oder Anordnungen eingetragenen Nacherbenrechts nach § 38 DVO z. FidErlG v. 20.3.1939 (RGBl. I 509). Zur Aufhebung fideikommissrechtlicher
Vorschriften als Bundesrecht s. Art. 64 des Ges. v. 23.11.2007 (BGBl. I 2614).

15   **k) Landwirtschaftsgericht.** Ersuchen um Eintragung und Löschung des
Hofvermerks nach § 3 HöfeVfO (s. Anh. zu § 44 Rn. 118) und Ersuchen um
Eintragung der zum Hof gehörenden Grundstücke eines Eigentümers auf
einem besonderen GBBlatt nach § 7 Abs. 1 HöfeVfO sowie um Abschreibung eines Flurstücks von einem Hofgrundstück nach § 7 Abs. 3 HöfeVfO
(s. dazu § 4 Rn. 14).

16   **l) Finanzbehörde.** Ersuchen um Eintragung einer Zwangshyp. für Steuerforderungen nach § 322 AO; Vollstreckungsbehörden sind nach § 249
Abs. 1 Satz 2 AO die Finanzämter und die Hauptzollämter; zum Begriff der
Steuern s. § 3 Abs. 1 AO. Zur Wahrnehmung der Rechte und Pflichten der
Staatsanwaltschaft bei Ermittlungen wegen Steuerstraftaten s. Rn. 13.
    Der in § 322 Abs. 3 Satz 1 AO erwähnte „Antrag" der Vollstreckungsbe-
hörde ist grundbuchrechtlich „Ersuchen" (§ 322 Abs. 3 Satz 4 AO). In ihm
ist zu bestätigen, dass die gesetzlichen Voraussetzungen für die Vollstreckung
vorliegen. Zu diesen gehört auch, dass eine zur Eintragung einer Sicherungshyp. an einem Erbbaurecht erforderliche Zustimmung des Grundstückseigentümers erteilt ist (s. Anh. zu § 8 Rn. 11). Ob die gesetzlichen Voraussetzungen vorliegen, unterliegt gemäß § 322 Abs. 3 Satz 3 AO nicht der
Beurteilung des GBAmts. Eine Bescheinigung nach § 322 Abs. 3 Satz 2 AO
kann als Verwaltungsakt beim Finanzgericht angefochten werden und im Fall
eines Erfolgs einen Anspruch auf Erteilung einer Löschungsbewilligung begründen. Das GBAmt darf daher die sachliche Richtigkeit der Bescheini-

gung der Vollstreckungsbehörde über die Vollstreckbarkeit des Anspruchs, die den Vollstreckungstitel ersetzt, nicht nachprüfen (OLG München FGPrax 2008, 235; 2019, 161; OLG Schleswig Rpfleger 2012, 65); dies gilt auch für einen auf § 191 Abs. 1 AO i. V. m. den Vorschriften des AnfechtungsG gestützten Duldungsbescheid gegen den Grundstückseigentümer, der nicht selbst Steuerschuldner ist (OLG Hamm Rpfleger 1983, 481; OLG München FGPrax 2012, 251).

Das GBAmt kann jedoch verlangen, dass in einem mehrere Steuerforderungen betreffenden Ersuchen die einzelnen Forderungen nach Art und Betrag bezeichnet werden; auch hat es auf die Einhaltung von § 866 Abs. 3 und § 867 Abs. 2 ZPO zu achten (JFG 7, 400). Ist Eigentümerin eine Erbengemeinschaft muss sich aus dem Ersuchen hinreichend deutlich ergeben, dass gegen diese und nicht gegen ein Mitglied der Gesamthand vollstreckt werden soll und die Verantwortung für das Vorliegen der gesetzlichen Voraussetzungen einer Vollstreckung gegen die Erbengemeinschaft übernommen wird (OLG München NotBZ 2010, 314). § 20 Abs. 3 ErbStG geht § 747 ZPO und § 265 AO vor. Zur Eintragung der Pfändung der durch eine Buchhyp. gesicherten Forderung gemäß § 310 AO genügt die Vorlage einer beglaubigten Abschrift der Pfändungsverfügung des Finanzamts durch dieses (OLG Zweibrücken FGPrax 2013, 24).

Als Gläubigerin der zu vollstreckenden Ansprüche gilt im Vollstreckungs- **17** verfahren gemäß § 252 AO die Körperschaft, der die Vollstreckungsbehörde angehört. Zur entsprechenden Anwendung der Vorschriften der AO in Bayern bei der Vollstreckung von Leistungsbescheiden des Staats s. Art. 25 VwZVG i. d. F. v. 11.11.1970 (BayRS 2010-2-I).

m) Verbots-, Vollzugs- oder Einziehungsbehörde. Ersuchen um Ein- **18** tragung und Löschung der Beschlagnahme von Vereinsvermögen sowie um Eintragung und Löschung eines Amtswiderspruchs und Berichtigung des GB bei Einziehung von Vereinsvermögen nach §§ 2, 18 DVO zum VereinsG v. 28.7.1966 (BGBl. I 457).

n) Bergbehörde. Ersuchen um Eintragung oder Löschung des Berg- **19** werkseigentums nach § 17 Abs. 3, § 18 Abs. 4 und § 20 Abs. 5 BBergG sowie Ersuchen gemäß § 27 Abs. 2, § 92 Abs. 3, § 96 Abs. 6, § 149 Abs. 6, § 152 Abs. 3, § 160 Abs. 5 und § 162 Abs. 2 dieses Gesetzes; wegen der Zuständigkeit s. § 142 BBergG. Zu Mitteilungspflichten des GBAmts gegenüber der Bergbehörde s. § 55 Rn. 21.

o) Gerichtskasse. Ersuchen um Eintragung einer Zwangshyp. für rück- **20** ständige Gerichtskosten und diesen gleichstehende Ansprüche nach §§ 1, 2, 7 JBeitrG i. d. F. v. 27.6.2017 (BGBl. I 1926). Der Vorlage eines Vollstreckungstitels bedarf es nicht. Dieser wird durch das formgerechte (s. Rn. 68) EintrErsuchen ersetzt. Die Berechtigung der Kostenforderung gegen den Kostenschuldner darf das GBAmt ebenso wenig nachprüfen wie die Verpflichtung des Vollstreckungsschuldners zur Leistung oder Duldung der Zwangsvollstreckung nach den Vorschriften des bürgerlichen Rechts; Einwendungen dieser Art sind gemäß § 8 Abs. 1 Satz 1 JBeitrG nach den Vorschriften über Erinnerungen gegen den Kostenansatz geltend zu machen (OLG Frankfurt FGPrax

2009, 252). Dagegen hat das GBAmt auf die Einhaltung von § 866 Abs. 3, § 867 Abs. 2 ZPO zu achten (OLG Frankfurt FGPrax 2003, 197 mit Anm. v. Dümig; vgl. Anh. zu § 44 Rn. 68.3).

21   **p) Versorgungsbehörde.** Ersuchen um Eintragung einer Verfügungsbeschränkung nach § 75 BVersG. Erwirbt ein Beschädigter mit einer Kapitalabfindung das Eigentum nur an dem ideellen Bruchteil eines Grundstücks, so kann die Verfügungsbeschränkung nur in Ansehung seines Anteils in das GB eingetragen werden; dies gilt auch dann, wenn die Ehefrau des Beschädigten Miteigentümerin ist (BGH NJW 1956, 463 gegen JFG 5, 368).

Zum Ersuchen des Bundesministerium der Verteidigung um Eintragung der Genehmigungspflicht bei Weiterveräußerung und Belastung eines Grundstücks oder dinglichen Rechts s. § 31 Satz 3 SoldatenversorgungsG i. d. F. v. 16.9.2009 (BGBl. I 3054).

22   **q) Flurbereinigungsbehörde.** Ersuchen um Eintragung eines Verfügungsverbots sowie um Berichtigung des GB entsprechend dem Flurbereinigungsplan nach § 52 Abs. 3 und §§ 79 ff. FlurbG und Ersuchen der Flurneuordnungsbehörde um Eintragung eines Zustimmungsvorbehalts nach § 13 Satz 2 GBBerG i. V. m. § 6 Abs. 4 BoSoG sowie um Berichtigung des GB nach dem Tausch- oder Bodenordnungsplan (§ 55 Abs. 2, § 61 Abs. 3 LandwirtschaftsanpassungsG i. d. F. v. 3.7.1991, BGBl. I 1418). Für Bayern s. Nr. 5 der Gem. Bek. Flurbereinigung und GB v. 23.6.2003, JMBl. 124.

Ein Flurbereinigungsvermerk kann nicht in das GB eingetragen werden (s. Anh. zu § 13 Rn. 20). Sollen nach dem zur GBBerichtigung von der Flurbereinigungsbehörde vorgelegten Tauschplan dingliche Rechte auf ein Grundstück übertragen werden, muss der Tauschplan Angaben zum Rang dieser und der auf dem Grundstück bereits bestehenden Rechte enthalten (OLG München FGPrax 2009, 61). Zu dem Ersuchen um Löschung einer Dienstbarkeit, die das GBAmt an Einlagegrundstücken eines Flurbereinigungsverfahrens nach wirksamer Anordnung der vorzeitigen Ausführung des Flurbereinigungsplans eingetragen hat, s. BayObLG DNotZ 1993, 599. Die Flurbereinigungsbehörde ist zur Vorlage von Grundpfandrechtsbriefen verpflichtet, wenn Eintragungen bei den verbrieften Rechten in Abt. III notwendig sind; werden berichtigende Eintragungen nur im Bestandsverzeichnis vorgenommen, besteht keine Pflicht zur Briefvorlage (BGH FGPrax 2013, 98). Eine solche Pflicht besteht aber, wenn sich im Zug der Flurbereinigung der Belastungsgegenstand ändert. Dies ist der Fall, wenn für das Grundpfandrecht auch ein neues, im Bestandsverzeichnis unter einen eigenen Nummer aufzuführendes selbständiges Grundstück haftet (BGH FGPrax 2019, 50; OLG Frankfurt FGPrax 2018, 150).

Zur Form des EintrErsuchens einer nicht siegelführenden Teilnehmergemeinschaft in der Flurbereinigung s. BayObLG Rpfleger 1986, 370. Zur Beschwerdeberechtigung der Flurbereinigungsbehörde s. BayObLG 1985, 372; OLG München FGPrax 2009, 61. Zu Mitteilungspflichten im Flurbereinigungsverfahren s. § 55 Rn. 21, 23.

23   **r) Umlegungsstelle.** Ersuchen um Eintragung des Umlegungsvermerks gemäß § 54 Abs. 1 Satz 2 BauGB (OLG Frankfurt FGPrax 2011, 274, auch zu den Anforderungen an ein ordnungsmäßiges Ersuchen). Ferner Ersuchen nach § 74 Abs. 1 Satz 1 BauGB um Berichtigung des GB entsprechend dem Umlegungsplan (s. dazu OLG Hamm FGPrax 1996, 89, zugleich zur Überprüfung der Wirksamkeit der Umlegungsmaßnahme) und Löschung des gemäß § 54 Abs. 1 BauGB eingetragenen Umlegungsvermerks. Soll eine Eintragung bei einem Briefrecht vorgenommen werden, hat die Umlegungsstelle gem. §§ 41, 42 den Brief vorzulegen (OLG Düsseldorf NJW-RR 1997, 1375).

s) Gemeinde. Ersuchen um Eintragung einer Vormerkung zur Sicherung **24** des Anspruchs auf Übereignung eines Grundstücks oder um Löschung einer solchen nach § 28 Abs. 2 Satz 3 und 6 BauGB, um Eintragung des Übergangs des Eigentums an einem Grundstück nach § 28 Abs. 3 Satz 6 und Abs. 4 Satz 3 BauGB sowie um Berichtigung des GB entsprechend einem Beschluss über die vereinfachte Umlegung nach § 84 Abs. 1 Satz 1 BauGB (s. zu letzterem auch Rn. 74); ferner Ersuchen um Eintragung und Löschung eines Entwicklungsvermerks (§ 165 Abs. 9 Satz 3, § 169 Abs. 1 Nr. 8, § 162 Abs. 3 BauGB) oder eines Sanierungsvermerks (§ 143 Abs. 2 Satz 2, § 162 Abs. 3 BauGB) sowie Ersuchen um Eintragung der Genehmigungspflicht bei Veräußerung von Wohnungs- oder Teileigentum (§ 172 Abs. 4 Satz 5 BauGB).

t) Enteignungsbehörde. Ersuchen um Eintragung und Löschung von **25** Enteignungsvermerken nach § 108 Abs. 6 Satz 2 BauGB sowie Ersuchen um Berichtigung des GB entsprechend dem Enteignungsbeschluss nach § 117 Abs. 7 BauGB und § 51 Abs. 4 LandbeschG v. 23.2.1957, BGBl. I 134 (s. hierzu BayObLG DNotZ 1988, 781).

u) Treuhandanstalt. Ersuchen um Eintragung der in einem Bescheid des **26** Präsidenten der Treuhandanstalt oder des Oberfinanzpräsidenten gem. § 2 VZOG getroffenen Feststellungen (§ 3 Abs. 1 VZOG); s. auch § 4 Abs. 2 VZOG. An die Stelle der Treuhandanstalt ist ab 1.1.1995 die mit dieser als juristische Person identische Bundesanstalt für vereinigungsbedingte Sonderaufgaben getreten (s. VO v. 20.12.1994, BGBl. I 3913). S. dazu das BvSAbwG v. 28.10.2003 (BGBl. I 2081).

v) Amt zur Regelung offener Vermögensfragen. Ersuchen gem. § 11c VermG um Eintragung eines Zustimmungsvorbehalts bei Grundstücken, Gebäuden und Grundpfandrechten, die Gegenstand einer zwischenstaatlichen Vereinbarung der DDR sind (bei Briefrechten braucht der Brief nicht vorgelegt zu werden: § 113 Abs. 1 Nr. 6 Satz 6 Halbsatz 2 GBV); ferner Ersuchen um GBBerichtigung gem. § 34 Abs. 2 VermG bei der Rückübertragung von Eigentums- und sonstigen Rechten an Grundstücken und Gebäuden sowie bei der Aufhebung der staatlichen Verwaltung (s. hierzu auch das Ersuchen um Eintragung eines Widerspruchs gem. § 16 Abs. 6 VermG; ferner KG Rpfleger 1997, 154 und wegen der kostenmäßigen Behandlung KG Rpfleger 1996, 479). Ist jemand auf Grund einer noch nicht unanfechtbar gewordenen Entscheidung über die Rückübereignung als Eigentümer im GB eingetragen worden, so ist das Amt zur Regelung offener Vermögensfragen nicht in entsprechender Anwendung von § 34 Abs. 2 VermG befugt, um die Eintragung eines Widerspruchs zu ersuchen (a. M. OLG Naumburg Rpfleger 1993, 444). Das Amt ist auch nicht befugt, um die Eintragung eines Vermerks im Sinn des § 9a Abs. 1 Satz 2, 3 EGZVG zur Sicherung der in Art. 233 § 2c Abs. 2 EGBGB bezeichneten Ansprüche und solcher auf Rückübertragung nach dem VermG zu ersuchen (KG Rpfleger 1998, 239).

Ersuchen gem. § 30b Abs. 1 und 3 sowie § 34 Abs. 2 Satz 2 VermG um Eintragung und Löschung eines Vermerks über die Anmeldung eines Antrags auf Rückübertragung. Der Vermerk ist in Abt. II mit dem in § 30b Abs. 1 Satz 2 VermG vorgeschriebenen Wortlaut einzutragen. Zuständig für die Entscheidung über die Ersuchen ist der Urkundsbeamte der Geschäftsstelle (§ 12c Abs. 2 Nr. 3a). Die Eintragungen sind gebührenfrei (§ 34 Abs. 2 Satz 4 VermG). S. dazu im einzelnen § 19 Rn. 133 ff. und Böhringer Rpfleger 2016, 253.

w) Sonderungsbehörde. Ersuchen gem. § 6 Abs. 4 BoSoG um Eintragung eines Zustimmungsvorbehalts bei dinglichen Rechten an Grundstücken und grundstücksgleichen Rechten im Rahmen der ergänzenden oder komplexen Bodenneuordnung (Sonderungsvermerk). Zum Inhalt des Vermerks s. § 8 Abs. 1 SPV.

x) Fiskus. Ersuchen gem. Art. 233 § 13a EGBGB um Eintragung einer Vormerkung zur Sicherung des Auflassungsanspruchs gem. Art. 233 § 11 Abs. 3 EGBGB.

y) Notar. Ersuchen um Eintragung eines Vermerks über die Eröffnung eines Vermittlungsverfahrens nach dem SachenRBerG (§ 92 Abs. 5 SachenRBerG). Der Vermerk hat die Wirkung einer Vormerkung (§ 92 Abs. 6 SachenRBerG); er hat daher den Antragsteller als den Begünstigten des Vermittlungsverfahrens zu benennen (OLG Brandenburg Rpfleger 1999, 487).

27 **z) Genehmigungsbehörde.** Ersuchen um Eintragung und Löschung eines Widerspruchs bei nicht genehmigten Verfügungen, und zwar:
• Nach § 7 Abs. 2 GrdstVG (s. dazu § 19 Rn. 125);
• nach § 22 Abs. 6 Satz 2 und 3 BauGB (entsprechend anwendbar gemäß § 54 Abs. 2 Satz 2, § 145 Abs. 6 Satz 1 und § 172 Abs. 1 Satz 6 BauGB) sowie nach § 244 Abs. 5 Satz 5, Abs. 6 Satz 5 BauGB i. V. m. § 20 Abs. 3 BauGB a. F.;
• nach Art. 2 Abs. 3 VO über die Veräußerung von Entschuldungsbetrieben v. 6.1.1937 (RGBl. I 5); zur Aufhebung der VO s. § 19 Rn. 130;
• nach § 7 Abs. 4 VO über die Anmeldung vermögensrechtlicher Ansprüche i. d. F. v. 3.8.1992 (BGBl. I 1481); s. hierzu Böhringer NJ 1992, 290.
Der Widerspruch ist zugunsten des Inhabers des Berichtigungsanspruchs, nicht etwa zugunsten der Behörde einzutragen (KG JW 1925, 1780; Bay-ObLG DNotZ 1956, 189). Seine Löschung kann auch auf Antrag der Beteiligten erfolgen, erfordert dann aber den Nachweis, dass die Genehmigung erteilt oder nicht erforderlich ist; eine Bewilligung des Berechtigten genügt nicht (JFG 1, 395). Deshalb wird der Widerspruch zweckmäßig mit dem Hinweis auf das Ersuchen der Behörde eingetragen. Über Ersuchen um Eintragung eines Widerspruchs, die sich auf das Vorliegen eines Umgehungsgeschäfts gründen, s. BayObLG NJW 1956, 1639).

3. Ersuchen nach Landesrecht

Auch landesrechtliche Vorschriften können die Befugnis nach § 38 be- **28**
gründen. Dem Ersuchen einer nach dem Recht eines Landes zuständigen
Behörde ist grundsätzlich auch von dem GBAmt eines anderen Landes zu
entsprechen. In Bayern können z.b. folgende Stellen um eine Eintragung
ersuchen:

• **Kreisverwaltungsbehörde.** Ersuchen um Eintragung einer Verfügungs- **29**
und Veränderungssperre sowie um GBBerichtigung entsprechend einem
Enteignungsbeschluss nach Art. 27 Abs. 4 Satz 1 und Art. 34 Abs. 7 Ges.
über die entschädigungspflichtige Enteignung i.d.F. v. 25.7.1978 (BayRS
2141-1-I). Die Verfügungs- und Veränderungssperre ist eine absolute Verfügungsbeschränkung. Ihre Eintragung hat nur deklaratorische Bedeutung.
Wird sie in der Form einer relativen Verfügungsbeschränkung („zugunsten
des Landratsamts") vorgenommen, ist sie inhaltlich unzulässig. Die Eintragung könnte lauten: „Es besteht eine Verfügungs- und Veränderungssperre
nach Art. 27 BayEG. Gemäß Ersuchen vom ... eingetragen am ..." (Bay-
ObLG DNotZ 1988, 784).

• **Genehmigungsbehörde.** Ersuchen um Eintragung und Löschung eines **30**
Widerspruchs nach Art. 2 AlmG v. 28.4.1932 (BayRS 7817-2-L).

• **Gemeinde.** Ersuchen von Gemeinden, Landkreisen, Bezirken und **31**
Zweckverbänden um Eintragung einer Zwangssicherungshyp. auf Grund
eines vollstreckbaren Leistungsbescheids (Austandsverzeichnisses) gemäß
Art. 26 Abs. 1 VwZVG i.d.F. v. 11.11.1970 (BayRS 2010-2-I); s. hierzu
BayObLG Rpfleger 1982, 99. Zur entsprechenden Anwendung der genannten Bestimmung auf sonstige juristische Personen des öffentlichen
Rechts s. Art. 27 VwZVG. Wird die Vollstreckungsanordnung automatisiert
erstellt (Art. 24 Abs. 3 VwVZG), verlangt § 29 Abs. 3 den Nachweis der
vorgeschriebenen Form, wenn ein Bevollmächtigter und nicht die Anord-
nungsbehörde selbst in der Form des § 29 Abs. 3 das EintrErsuchen stellt
und damit formgerecht bestätigt, dass die Vollstreckungsvoraussetzungen
gegeben sind (OLG München FGPrax 2015, 19).

4. Nicht unter § 38 fallende Ersuchen

Kein Ersuchen im Sinn des § 38 liegt vor, wenn das GBAmt in den Fällen **32**
des § 48 auf Grund der Mitteilung eines anderen GBAmts nach § 30 GeschO, Nr. 3.2.5 BayGBGA die Mitbelastung einträgt oder den Mithaftvermerk berichtigt (KGJ 52, 105). Jedes GBAmt wird hier nach § 48 von Amts
wegen auf Grund eigener Zuständigkeit tätig.

5. Ersuchen des Vollstreckungsgerichts

Das Vollstreckungsgericht ist unter grundsätzlichem Ausschluss der An- **33**
tragsberechtigung der Beteiligten (OLG Hamburg Rpfleger 2004, 617; OLG
Nürnberg FGPrax 2014, 202) befugt, um Vornahme der nachfolgenden Eintragungen und Löschungen zu ersuchen (s. Rn. 34–59).

6. Zwangsversteigerungsvermerk

34   **a) Eintragung.** Um Eintragung des Vermerks ist nach § 19 Abs. 1, § 146 ZVG zugleich mit der Anordnung der Zwangsversteigerung oder Zwangsverwaltung zu ersuchen. Der Vermerk sperrt das GB nicht, verhindert aber einen gutgläubigen Erwerb. Die Eintragung des Vermerks berührt die Verfügungsbefugnis des Vollstreckungsschuldners nicht (BayObLG ZflR 2003, 682). Dem Vollstreckungsschuldner ist lediglich untersagt, sie auszuüben. Zur Veräußerung des Grundstücks während des Zwangsversteigerungsverfahrens s. Böttcher ZflR 2010, 521.

35   Der Vermerk ist auch dann einzutragen, wenn der Vollstreckungsschuldner nicht oder nicht mehr als Eigentümer eingetragen ist (JFG 5, 301); ferner auch im Zeitraum zwischen dem Eintritt des neuen Rechtszustands im Flurbereinigungsverfahren nach der Ausführungsanordnung und der GBBerichtigung (LG Ellwangen BWNotZ 1989, 1). Er sperrt das GB nicht für weitere Eintragungen (KGJ 34, 286; BayObLG Rpfleger 1996, 333) und lautet: „Die Zwangsversteigerung (Zwangsverwaltung) ist angeordnet. Eingetragen am ...". Der Belastungsgegenstand braucht nicht im Vermerk bezeichnet zu werden. Es genügt, dass dies in Sp. 2 der Abt. II durch Angabe der laufenden Nummer der betroffenen Grundstücke im Bestandsverzeichnis geschieht, bei Belastung eines Miteigentumsanteils an einem Grundstück durch den Zusatz der laufenden Nummer der Eintragung des Anteils in Abt. I. Im Gebiet der ehemaligen DDR ist ein Zwangsversteigerungsvermerk auch in ein bestehendes Gebäudegrundbuch für Gebäudeeigentum auf dem Grundstück einzutragen (§ 9a Abs. 3 Satz 3 EGZVG).

36   **b) Unerledigter EintrAntrag.** Liegt bei Eingang des EintrErsuchens ein unerledigter EintrAntrag vor, so kann diesem, falls nicht § 878 BGB zur Anwendung kommt, vor Eintragung des Zwangsversteigerungsvermerks nicht mehr entsprochen werden (s. hierzu § 19 Rn. 58). Wegen § 17 ist er entweder zurückzuweisen oder durch Zwischenverfügung die Behebung des in der nicht eingetragenen Verfügungsbeschränkung liegenden EintrHindernisses aufzugeben; in Betracht kommt dabei insbes. die Genehmigung der Eintragung durch den Gläubiger. Nach Eintragung einer Vormerkung gem. § 18 Abs. 2 kann dann der Zwangsversteigerungsvermerk eingetragen werden. Wird die Genehmigung beigebracht, ist der EintrAntrag durch Umschreibung der Vormerkung und Anbringung eines Wirksamkeitsvermerks (s. hierzu § 45 Rn. 18) endgültig zu erledigen. Andere sehen wegen der Möglichkeit eines gutgläubigen Erwerbs die mit der wirksam gewordenen Anordnung der Zwangsversteigerung eintretende Verfügungsbeschränkung nicht als EintrHindernis an und erledigen den EintrAntrag vor dem Ersuchen um Eintragung des Zwangsversteigerungsvermerks; bei Vorliegen eines EintrHindernisses gehen sie nach § 18 Abs. 1, 2 vor oder stellen die Eintragung des Zwangsversteigerungsvermerks so lange zurück, bis über den EintrAntrag abschließend entschieden werden kann. S. hierzu Hagemann Rpfleger 1984, 397; 1985, 341; Tröster Rpfleger 1985, 337; Baum Rpfleger 1990, 141; Rieger BWNotZ 2001, 84.

c) Rechtsmittel. Gegen die Eintragung ist die unbeschränkte Beschwerde zulässig (s. § 71 Rn. 39). Die Löschung setzt kein Ersuchen des Vollstreckungsgerichts voraus (BayObLG Rpfleger 1997, 101; a. M. KG HRR 1930 Nr. 1509).

d) Löschung. Um Löschung des Vermerks ist nach § 34, § 161 Abs. 4 **37** ZVG bei Aufhebung des Verfahrens, um Löschung des Versteigerungsvermerks nach § 130 Abs. 1 ZVG auch dann zu ersuchen, wenn der Teilungsplan ausgeführt und der Zuschlag rechtskräftig ist (s. Rn. 45 ff.). Der in Sp. 6 und 7 der Abt. II anzubringende Löschungsvermerk lautet: „Gelöscht am ...". Zur Wiedereintragung eines zu Unrecht gelöschten Versteigerungsvermerks s. JFG 12, 295.

7. Zwangsversteigerungsergebnis

Um Eintragung des Versteigerungsergebnisses ist nach § 130 Abs. 1, § 145 **38** ZVG zu ersuchen, wenn der Teilungsplan ausgeführt oder die außergerichtliche Befriedigung nachgewiesen ist und der Zuschlagsbeschluss Rechtskraft erlangt hat. Ihm braucht weder eine Ausfertigung des Zuschlagsbeschlusses noch eine solche des Verteilungsprotokolls beigefügt zu werden (KG HRR 1933 Nr. 591). Sie sind nicht EintrGrundlage. Werden sie gleichwohl vorgelegt, hat sie das GBAmt nicht auf ihre Richtigkeit und etwaige Widersprüche zu dem allein maßgebenden EintrErsuchen zu überprüfen.

8. Eintragung des Erstehers

a) Inhalt des Ersuchens. Das Ersuchen muss das Datum des Zuschlags- **39** beschlusses angeben, weil dieser nach § 9 Buchst. d GBV als Grundlage der Eintragung in Sp. 4 zu erwähnen ist; bei mehreren Erstehern bedarf es ferner der Angabe des Gemeinschaftsverhältnisses nach § 47 Abs. 1; erforderlich ist schließlich die Unbedenklichkeitsbescheinigung der Finanzbehörde (s. § 20 Rn. 48). Soll eine BGB-Gesellschaft als Ersteherin eingetragen werden, müssen in dem Ersuchen die gemäß § 47 Abs. 2 einzutragenden Gesellschafter benannt werden; eine Überprüfung des Gesellschafterbestandes steht dem GBAmt nicht zu (OLG Hamm FGPrax 2011, 453). Die Eintragung in Sp. 4 lautet etwa: „Auf Grund Zuschlagsbeschlusses des Amtsgerichts ... vom ... eingetragen am ...". Hat der Vollstreckungsschuldner das Grundstück erstanden, so ist er auf Grund des Ersuchens von neuem einzutragen.

b) Tod des Erstehers. Ist der Ersteher nach der Erteilung des Zuschlags gestorben, so hat das GBAmt auch bei Kenntnis dieses Sachverhalts den verstorbenen Ersteher als Eigentümer einzutragen (JFG 10, 208). Anträge der Erben, sie unmittelbar als Eigentümer einzutragen, hat das Vollstreckungsgericht an das GBAmt weiterzuleiten. Ihre Prüfung und Beurteilung ist ausschließlich Aufgabe des GBAmts. Stehen den Anträgen keine Bedenken entgegen, so kann es die Erben in diesem Fall unmittelbar eintragen (Mönch DJust. 1937, 1807).

c) Beibringung der Berichtigungsunterlagen. Das Vollstreckungsge- **40** richt, nicht das GBAmt, hat zu prüfen, ob eine zum Grundstückserwerb erforderliche Genehmigung erteilt ist. Das GBAmt darf daher die Eintragung des Erstehers nicht von der Vorlage eines Negativattests nach § 28 Abs. 1 BauGB oder von der Zustimmung nach § 12 WEG abhängig machen (LG Frankenthal Rpfleger 1984, 183). Die erforderlichen Berichtigungsunterlagen, z. B. die Unbedenklichkeitsbescheinigung des Finanzamts (s. Rn. 67), hat das Vollstreckungsgericht zu beschaffen. Zur Beibringung kann nicht der Ersteher im Rahmen eines Zwangsverfahrens zur GBBerichtigung gemäß § 82 verpflichtet werden (OLG Hamm Rpfleger 2012, 252 mit abl. Anm. v. Krause).

41   **d) EintrBewilligung des Erstehers vor seiner Eintragung.** Nach § 130 Abs. 3 ZVG darf, wenn der Ersteher vor seiner Eintragung als Eigentümer die Eintragung eines Rechts an dem versteigerten Grundstück bewilligt hat, dieses Recht nicht vor der Erledigung des Ersuchens nach § 130 Abs. 1 ZVG eingetragen werden. Das GBAmt kann in diesem Fall von einer Beanstandung der gestellten Anträge, wenn sie im Übrigen hindernisfrei sind, absehen und einfach eine Frist bis zur Erledigung des Ersuchens verfügen. Die Anträge dürfen nicht deswegen zurückgewiesen werden, weil der Ersteher noch nicht als Eigentümer eingetragen ist (RG 62, 140; s. auch LG Lahn-Gießen Rpfleger 1979, 352 mit Anm. v. Schiffauer), es sei denn, dass sofortige Entscheidung verlangt wird (JFG 10, 208). Für die Erledigung mehrerer Anträge gilt § 17. Ein Verstoß gegen § 130 Abs. 3 ZVG macht die Eintragung nicht unwirksam (KGJ 34, 287). S. zum Ganzen LG Gera Mitt-BayNot 2003, 130 mit kritischer Anm. v. Stöber.

42   § 130 Abs. 3 ZVG ist entsprechend anzuwenden, wenn der Ersteher vor seiner Eintragung als Eigentümer die Löschung eines mit dem Eigentum an dem versteigerten Grundstück verbundenen und gemäß § 9 vermerkten Rechts bewilligt (JFG 10, 199).

43   **e) Gebühr.** Die Gebühr gemäß Nr. 14110 GNotKG-KV von 1,0 wird auch dann erhoben, wenn der bisherige Eigentümer auf Grund des Zuschlagsbeschlusses erneut als Eigentümer eingetragen wird (OLG Düsseldorf Rpfleger 1989, 250). Kostenschuldner ist nur der Ersteher (s. Rn. 80).

44   **f) Geschäftswert.** Der Geschäftswert für die Eintragung des Erstehers als Eigentümer bemisst sich grundsätzlich nach dem gemäß § 74a Abs. 5 ZVG festgesetzten Verkehrswert des Grundstücks; dessen Eignung kann nur unter besonderen Umständen in Frage gestellt werden (BayObLG Rpfleger 2002, 382; OLG Stuttgart Rpfleger 1991, 30; OLG Düsseldorf Rpfleger 2002, 592; KG Rpfleger 2009, 532). Wird bei der Zwangsversteigerung ein gemeinschaftliches Grundstück einem Miteigentümer zugeschlagen, so ist für die Gebühr der Wert des ganzen Grundstücks maßgebend (BayObLG Rpfleger 1996, 129; a. A. OLG Karlsruhe FGPrax 2016, 90 im Hinblick auf den jetzt geltenden § 70 Abs. 2 GNotKG).

9. Löschung erloschener Rechte

45   **a) Betroffene Rechte.** Welche Rechte durch den Zuschlag erlöschen, ergibt sich aus § 91 ZVG. Verfügungsbeschränkungen, die auf öffentlichem

Recht beruhen, fallen nicht unter diese Vorschrift; um ihre Löschung kann daher nicht ersucht werden (JFG 5, 301).

Das Ersuchen ist auf alle bis zum Zuschlag eingetragenen Rechte zu **46** erstrecken, wobei die nach Eintragung des Versteigerungsvermerks gebuchten nicht einzeln aufgeführt zu werden brauchen; es kann etwa lauten: „Es wird um Löschung folgender Eintragungen ersucht: Abt. II Nr. 1 und 2; Abt. III Nr. 4, 5, 6 und etwa folgende, bis zum Zuschlag bewirkte." Über den Wortlaut des § 130 Abs. 1 Satz 1 ZVG hinaus wird das Ersuchen aber auch auf die nach dem Zuschlag eingetragenen Rechte erstreckt werden dürfen, wenn die Eintragungen von dem bisherigen Eigentümer bewilligt oder gegen ihn im Weg der Zwangsvollstreckung erfolgt sind und ein anderer als der bisherige Eigentümer der Ersteher ist (s. dazu OLG Jena Rpfleger 2001, 343 und Anh. zu § 44 Rn. 69); denn dann sind die Rechte im Hinblick auf § 90 ZVG überhaupt nicht entstanden (str.; a. M. KGJ 34, 282; s. dazu Hornung Rpfleger 1980, 249). Die Löschung solcher Eintragungen kann aber auch von dem Ersteher gemäß § 22 betrieben werden. Nach Maßgabe des § 130 Abs. 2 ZVG ist das Ersuchen auch auf die Löschung eines im geringsten Gebot berücksichtigten Rechts zu richten; die Löschung eines solchen Rechts kann auch auf Antrag der Beteiligten erfolgen.

b) Bestehen bleibende Rechte. Eine nach dem Zuschlagsbeschluss **47** bestehen bleibende, als „verdeckte Eigentümergrundschuld" bezeichnete Zwangssicherungshyp. gibt dem GBAmt keinen Anlass, die Zwangshyp. von Amts wegen umzuschreiben (OLG München FGPrax 2017, 111). Haben die Beteiligten vereinbart, dass ein durch Zuschlag erloschenes Grundpfandrecht nur teilweise bestehen bleiben soll, so kann das Vollstreckungsgericht das GBAmt um die Löschung des nicht liegenbelassenen Teils ersuchen (OLG Köln Rpfleger 1983, 168). Bei einem Löschungsersuchen nach § 130 Abs. 1 ZVG ist die Vorlegung der Briefe über die zu löschenden Rechte nach § 131 ZVG nicht erforderlich; einem Löschungsersuchen nach § 130 Abs. 2 ZVG muss der Brief dagegen beigefügt werden.

c) Gesamtgrundpfandrechte. Wird bei einer Gesamthypothek, einer **48** Gesamtgrundschuld oder Gesamtrentenschuld der Gläubiger aus dem versteigerten Grundstück befriedigt, so erlischt das Recht nach § 1181 Abs. 2 BGB grundsätzlich auch an den nicht versteigerten Grundstücken. Trotzdem darf das Vollstreckungsgericht mit Rücksicht auf § 1182 BGB und weil durch den Zuschlag nur Rechte an dem versteigerten Grundstück erlöschen können (KG HRR 1933 Nr. 592), nicht um Löschung auf den Blättern nicht versteigerter Grundstücke ersuchen. Ein dahingehendes Ersuchen wäre abzulehnen. Das GBAmt hat aber das Erlöschen der Mithaft des versteigerten Grundstücks auf den Blättern der nicht versteigerten Grundstücke gemäß § 48 Abs. 2 von Amts wegen zu vermerken.

Im Übrigen muss es den Beteiligten überlassen bleiben, die Löschung der nach § 1181 Abs. 2 BGB erloschenen Rechte auf den Blättern der nicht versteigerten Grundstücke herbeizuführen. Dazu muss dem GBAmt außer der Befriedigung des Gläubigers in grundbuchmäßiger Form nachgewiesen werden, dass dem Eigentümer des versteigerten Grundstücks keine Ersatzansprüche nach § 1182 BGB gegen die Eigentümer der Grundstücke zustehen, auf denen das Recht gelöscht werden soll. Einer Zustimmung dieser Eigentümer nach § 27 bedarf es aber nicht, weil mit Erlöschen des Gesamtgrundpfandrechts an den nicht versteigerten Grundstücken keine Eigentümergrundschuld entsteht (OLG Nürnberg FGPrax 2013, 113).

49   **d) Neue Bedingungen.** Nicht ersuchen kann das Vollstreckungsgericht um Eintragung neuer Bedingungen bei bestehen bleibenden Rechten. Seine Zuständigkeit beschränkt sich auf die in § 130 Abs. 1 und 2 ZVG erwähnten Maßnahmen. Ein auf Eintragung neuer Bedingungen gerichtetes Ersuchen müsste abgelehnt werden, auch wenn das Bestehenbleiben der Rechte gemäß § 91 Abs. 2 ZVG im Verteilungstermin vereinbart ist (OLG Köln Rpfleger 1983, 168). Auf die Eintragung neuer Bedingungen bezügliche Erklärungen kann das Vollstreckungsgericht lediglich an das GBAmt weiterleiten.

50   **e) Wiedereintragung versehentlich gelöschter Rechte.** Ist der Ersteigerer eines Grundstücks zugleich Gläubiger einer bestehen bleibenden Hyp. und der dadurch gesicherten Forderung, so erlischt diese regelmäßig gem. § 53 Abs. 1 ZVG (BGH NJW 1996, 2310). Hat das Vollstreckungsgericht versehentlich um die Löschung eines bestehen gebliebenen Rechts ersucht, so kann es auch um dessen Wiedereintragung ersuchen (KGJ 25, 311). Es darf dabei aber nicht in Rechte Dritter eingreifen. Ist nach Lage des Falls die Möglichkeit eines gutgläubigen Erwerbs nach § 892 BGB gegeben, so kann die Wiedereintragung, wenn sie sich nicht überhaupt verbietet, nur an bereiter Rangstelle erfolgen (KG HRR 1933 Nr. 591). Über die Eintragung eines Widerspruchs s. Mönch DJust. 1937, 1866.

51   **f) Vormerkungswirkung.** Soweit für den Gläubiger eines erloschenen Rechts gegenüber einem bestehen bleibenden Grundpfandrecht nach § 1179a Abs. 1 Satz 3 BGB die Wirkungen einer Vormerkung bestanden, fallen diese gemäß § 130a Abs. 1 ZVG mit der Ausführung des Ersuchens nach § 130 ZVG weg. Ist bei einem solchen Recht der Löschungsanspruch nach § 1179a BGB gegenüber einem bestehen bleibenden Recht nicht gemäß § 91 Abs. 4 Satz 2 ZVG erloschen, so ist das Ersuchen nach § 130 ZVG auf einen spätestens im Verteilungstermin zu stellenden Antrag des Anspruchsberechtigten gemäß § 130a Abs. 2 Satz 1 ZVG jedoch auch darauf zu richten, dass für ihn bei dem bestehen bleibenden Recht eine Vormerkung zur Sicherung des sich aus dem erloschenen Grundpfandrecht ergebenden Anspruchs auf Löschung einzutragen ist; zur Eintragung einer solchen Vormerkung ist eine Vorlegung des über das bestehen bleibende Recht erteilten Briefs nicht erforderlich. Zur Wirkung der Vormerkung und zu ihrer Löschung s. § 130a Abs. 2 Satz 2 und 3 ZVG.

10. Sicherungshypothek für Forderung gegen den Ersteher

52   **a) Inhalt des Ersuchens.** Die Eintragung der Sicherungshyp. für die Forderung gegen den Ersteher kommt nach § 128 ZVG in Betracht, soweit der Teilungsplan gemäß § 118 ZVG durch Forderungsübertragung ausgeführt ist. Das Ersuchen muss den Gläubiger, den Betrag und die Bedingungen der übertragenen Forderung angeben und zum Ausdruck bringen, dass für sie eine Sicherungshyp. einzutragen ist; der der Hyp. nach § 128 Abs. 1

Satz 1 ZVG zukommende Rang und etwaige nach § 128 Abs. 1 Satz 2 ZVG miteinzutragende Rechte Dritter sind genau zu bezeichnen; im Fall einer Eventualübertragung, z. B. nach §§ 120, 124 ZVG, ist auch der Zweitberechtigte anzugeben (s. dazu Rn. 55).

b) Eintragung. Zur Eintragung der Sicherungshyp. nebst gesetzlicher **53** Zinsen als wegen der Zinsen an sich überflüssige Eintragung s. KG FGPrax 2003, 56; zur Eintragung mit variabler Verzinsung ohne Höchstzinssatz s. LG Kassel Rpfleger 2001, 176. Kostenschuldner der für die Eintragung der Sicherungshyp. gemäß Nr. 14121 GNotKG-KV zu erhebenden Gebühr von 1,0 sind der Ersteher und der Gläubiger als Gesamtschuldner (s. Rn. 80).

Die Sicherungshyp. unterliegen nicht den Beschränkungen des § 866 Abs. 3 und des § 867 Abs. 2 ZPO (OLG Düsseldorf Rpfleger 1989, 339). An einem versteigerten Miteigentumsanteil können die Hyp. trotz § 1114 BGB auch dann eingetragen werden, wenn dieser Anteil infolge des Zuschlags weggefallen ist (JFG 10, 232). Die Sicherungshyp. können auch dann eingetragen werden, wenn sich der Ersteher im Zeitpunkt der Eintragung im Insolvenzverfahren befindet (OLG Düsseldorf Rpfleger 1989, 339).

c) Zusammenfassende Eintragung. Für jede auf einen Kosten-, Zins- **54** oder Kapitalanspruch übertragene Forderung ist eine Sicherungshyp. unter besonderer Nummer einzutragen; eine zusammenfassende Eintragung ist ordnungswidrig, aber weder unwirksam noch inhaltlich unzulässig im Sinn des § 53 Abs. 1 Satz 2. Bei der Eintragung der Hyp. soll nach § 130 Abs. 1 Satz 2 ZVG im GB vermerkt werden, dass sie auf Grund eines Zwangsversteigerungsverfahrens erfolgt ist; der Vermerk ist wegen der sich aus § 128 Abs. 3, § 129 und § 132 Abs. 1 Satz 1 ZVG ergebenden Besonderheiten der Sicherungshyp. von erheblicher praktischer Bedeutung; er ist der Eintragung von Amts wegen, also auch dann beizufügen, wenn das Ersuchen des Vollstreckungsgerichts nicht darauf gerichtet ist.

d) Eventualübertragung. Bei ihr ist neben dem Erstberechtigten A auch **55** der Zweitberechtigte B einzutragen. Im Fall des § 124 ZVG lautet die Eintragung etwa: „Dreitausend Euro Sicherungshyp. für die infolge Nichtberichtigung des Bargebots auf den Gläubiger übertragene Forderung gegen den Ersteher ..., mit 4 v. H. jährlich seit dem ... verzinslich, für A. Falls und soweit der von B gegen die Zuteilung dieses Betrags an A erhobene Widerspruch für begründet erklärt wird, steht die Hyp. B zu. Auf Grund des Zwangsversteigerungsverfahrens eingetragen am ...". Die endgültige Eintragung erfolgt hier auf Ersuchen des Vollstreckungsgerichts, bei sonstiger Eventualübertragung dagegen auf Antrag der Beteiligten.

e) Unbekannter Berechtigter. Im Fall des § 126 Abs. 2 Satz 2 ZVG er- **56** folgt die Eintragung für den unbekannten Berechtigten; wird der Berechtigte später ermittelt oder nach §§ 135 ff. ZVG mit seinem Recht ausgeschlossen, so ist die Eintragung auf Ersuchen des Vollstreckungsgerichts zu berichtigen.

f) Briefvorlegung. Zur Eintragung des Vorrangs einer Sicherungshyp. ist **57** die Vorlegung des Briefs über das zurücktretende Recht nach § 131 ZVG nicht erforderlich; das GBAmt ist auch nicht berechtigt, den Besitzer nach-

träglich zur Vorlegung des Briefs anzuhalten, damit die Eintragung der Rangänderung auf diesem vermerkt werden kann.

11. Vollständigkeit des Ersuchens nach § 130 ZVG

58   Das Ersuchen nach § 130 ZVG muss vollständig sein, d. h. das gesamte für
die grundbuchmäßige Erledigung in Betracht kommende Ergebnis der
Zwangsversteigerung umfassen. Ein Ersuchen, das nur auf Übernahme eines
Teils des Versteigerungsergebnisses in das GB gerichtet ist, z. B. nur auf Lö-
schung der durch den Zuschlag erloschenen Rechte und Eintragung der
Sicherungshyp. wegen Nichtberichtigung des Bargebots, ist als ungesetzlich
abzulehnen (KG HRR 1930 Nr. 60; JFG 10, 210). Umgekehrt darf das
GBAmt das Ersuchen nur einheitlich erledigen, muss dieses also entweder im
Ganzen vollziehen oder im Ganzen ablehnen (BayObLG 34, 213; JFG 10,
234).

12. Grundpfandrechte im Zwangsverwaltungsverfahren

59   Um Löschung einer Hypothek, Grundschuld oder Rentenschuld ist nach
§ 158 Abs. 2 ZVG zu ersuchen, soweit der Gläubiger in einem gemäß § 158
Abs. 1 ZVG bestimmten Termin durch Zahlung auf das Kapital oder die
Ablösungssumme befriedigt und sein Recht daher gemäß § 1181 BGB erloschen ist. Dem Ersuchen ist nach § 158 Abs. 2 Satz 2 Halbsatz 1 ZVG eine
Ausfertigung des Terminsprotokolls beizufügen; da dem Ersuchen nach § 130
ZVG keine Ausfertigung des Verteilungsprotokolls beigegeben werden muss
(s. Rn. 38), ist der Zweck jener Bestimmung nicht ersichtlich; man wird
daher annehmen müssen, dass als Grundlage der Löschung allein das Ersuchen in Betracht kommt und das GBAmt zu dessen Nachprüfung an Hand
des Protokolls nicht berechtigt ist. Die Vorlegung des Briefs ist nach § 158
Abs. 2 Satz 2 Halbsatz 2 ZVG nicht erforderlich.

13. Bedeutung des Ersuchens

60   Im Fall des § 38 erfolgt die Eintragung auf Grund des Ersuchens der Behörde. Dieses ersetzt aber nur bestimmte, nicht sämtliche Erfordernisse der
Eintragung (KGJ 52, 155; OLG Dresden JFG 1, 408).

14. Ersetzte Eintragungserfordernisse

61   Durch das Ersuchen werden grundsätzlich ersetzt:
- Der **EintrAntrag** (§ 13). Das Ersuchen ist wie dieser mit dem Eingangsvermerk zu versehen und unterliegt hinsichtlich seiner Erledigung §§ 17,
18.
62 • Die **EintrBewilligung** (§ 19), die ausnahmsweise erforderliche Einigung
(§ 20) sowie der einer Berichtigungsbewilligung gleichstehende Nachweis
der Unrichtigkeit (§ 22). Ersetzt wird auch der Nachweis der Verfügungsbefugnis desjenigen, dessen Erklärung sich infolge des Ersuchens erübrigt;
deshalb kann auf Ersuchen des Versteigerungsgerichts eine Sicherungshyp.
gem. § 128 ZVG auch dann eingetragen werden, wenn sich der Ersteher

im Zeitpunkt der Eintragung im Insolvenzverfahren befindet (OLG Düsseldorf Rpfleger 1989, 339).

- Die sonst notwendige **Zustimmung Dritter** (z. B. gemäß § 22 Abs. 2, **63** § 27). Das EintrErsuchen der Finanzbehörde um Eintragung einer Sicherungshyp. an einem Erbbaurecht (s. Rn. 16) ersetzt auch eine gemäß § 5 Abs. 2 ErbbauRG erforderliche Zustimmung des Grundstückseigentümers (KG FGPrax 2018, 99).

Das Vorstehende gilt jedoch nicht ausnahmslos. So kommt z. B. dem Ersu- **64** chen des Prozessgerichts nach § 941 ZPO nur die Bedeutung eines Eintr-Antrags zu (JFG 5, 303). Hat eine Behörde versehentlich um Vornahme einer unrichtigen Eintragung, z. B. das Vollstreckungsgericht gemäß § 130 Abs. 2 ZVG um die Löschung eines in Wirklichkeit bestehen gebliebenen Rechts ersucht, so ersetzt das an sich zulässige Berichtigungsersuchen nicht die EintrBewilligung derer, die in der Zwischenzeit auf Grund § 892 BGB der GBBerichtigung entgegenstehende Rechte erworben haben (JFG 14, 176; 15, 140; KG HRR 1933 Nr. 591).

15. Nicht ersetzte Eintragungserfordernisse

Nicht ersetzt werden durch das Ersuchen: **65**
- Die **Voreintragung** des Betroffenen (§ 39). Dies gilt auch für die Eintragung einer Vormerkung (BayObLG NJW 1983, 1567). Eine Ausnahme gilt für das Ersuchen des Vollstreckungsgerichts um Eintragung des Zwangsversteigerungs- oder Zwangsverwaltungsvermerks (JFG 5, 301). Hängt die Erledigung eines Ersuchens von der vorgängigen Berichtigung des GB durch Eintragung des Berechtigten ab, so darf die ersuchende Behörde in sinngemäßer Anwendung des § 14 die Eintragung des Berechtigten beantragen, wenn die ihrem Ersuchen zugrunde liegende Verfügung gegen den Berechtigten wirksam ist (JFG 16, 47).
- Die **Vorlegung des Briefs** und der diesem gleichstehenden Urkunde **66** (§§ 41 bis 43). Der Grundsatz ist jedoch mehrfach durchbrochen. So ist z. B. die Vorlegung des Briefs nach §§ 131, 158 Abs. 2 ZVG nicht erforderlich, wenn auf Ersuchen des Vollstreckungsgerichts eine durch Zuschlag oder Zahlung im Zwangsverwaltungsverfahren erloschene Hypothek, Grundschuld oder Rentenschuld gelöscht oder eine Sicherungshyp. nach § 128 ZVG mit Vorrang vor einem bestehen gebliebenen Grundpfandrecht eingetragen werden soll. Die Vorlegung des Briefs ist trotz Fehlens einer ausdrücklichen Bestimmung auch dann entbehrlich, wenn auf Ersuchen des Insolvenzgerichts gem. § 21 Abs. 2 Nr. 2, § 23 Abs. 3, § 32 InsO ein allgemeines Verfügungsverbot oder die Eröffnung des Insolvenzverfahrens eingetragen werden soll (OLG Hamburg KGJ 23 D 27). Wegen der Ersuchen der Enteignungsbehörde nach § 117 Abs. 7 BauGB s. Dittus NJW 1956, 612 zu § 46 Abs. 2 des inzwischen aufgehobenen BaulandbeschG v. 3.8.1953 (BGBl. I 720).
- Die **Unbedenklichkeitsbescheinigung** der Finanzbehörde (s. § 20 **67** Rn. 48). Ihr Fehlen hat das GBAmt gegenüber der ersuchenden Behörde zu beanstanden (KGJ 52, 155; OLG Dresden JFG 1, 408).

16. Form des Ersuchens

68   Das Ersuchen ist nach § 29 Abs. 3 zu unterschreiben und mit Siegel oder Stempel zu versehen (zu den Anforderungen an das Siegel s. § 29 Rn. 47). Ist dies geschehen, so kann das GBAmt nicht noch besondere Nachweise hinsichtlich der Vertretungsbefugnis des Unterzeichners fordern (JFG 5, 261). Die Formvorschrift des § 29 Abs. 3 gilt auch für die Zurücknahme des Ersuchens, es sei denn, das Ersuchen hat eine GBBerichtigung zum Ziel (s. § 31 Satz 2); in diesem Fall ist die Zurücknahme formfrei. Zu der einzuhaltenden Form, wenn Erklärungen oder Ersuchen einer Behörde, die Grundlage einer GBEintragung werden sollen, als elektronisches Dokument übermittelt werden, s. § 137 Rn. 6.

Bei einem Ersuchen, das aus mehreren Blättern besteht, genügt es, dass diese mit einer Heftklammer verbunden sind, sofern nach dem Inhalt und dem äußeren Erscheinungsbild des Ersuchens die Zusammengehörigkeit der mehreren Blätter eindeutig ist (KG FGPrax 2018, 99). Eine Verbindung mit Schnur und Siegel ist nicht erforderlich; § 44 Satz 1 BeurkG ist nicht entsprechend anwendbar (vgl. OLG Zweibrücken FGPrax 2014, 208).

17. Inhalt des Ersuchens

69   **a) Anforderungen.** Das Ersuchen ist einer Auslegung zugänglich (OLG Nürnberg FGPrax 2014, 202). Da es den EintrAntrag und die EintrBewilligung ersetzt, muss es den allgemeinen Vorschriften für diese entsprechen. Das Ersuchen kann daher grundsätzlich nicht unter einem Vorbehalt gestellt werden (§ 16). Es muss das Grundstück gemäß § 28 Satz 1 übereinstimmend mit dem GB oder durch Hinweis auf das GBBlatt bezeichnen (JFG 11, 328) und einzutragende Geldbeträge gemäß § 28 Satz 2 in einer zulässigen Währung angeben. Sollen mehrere Berechtigte eingetragen werden, so ist gemäß § 47 Abs. 1 die Angabe des Gemeinschaftsverhältnisses erforderlich (KGJ 26, 103). Ein einzutragender Berechtigter ist nach der Vorschrift des § 15 GBV zu bezeichnen.

70   Das Ersuchen darf nicht auf eine inhaltlich unzulässige Eintragung i. S. des § 53 Abs. 1 Satz 2 gerichtet sein, z. B. nicht auf Eintragung einer Zwangshyp. für einen 750 EUR nicht übersteigenden Betrag oder als Gesamthyp. (§ 866 Abs. 3, § 867 Abs. 2 ZPO). Es darf auch nicht Vereinigung oder Zuschreibung verlangen, wenn von dieser Verwirrung zu besorgen ist (§§ 5, 6).

71   **b) Beifügung von Urkunden.** Sie ist in manchen Fällen vorgeschrieben. So muss dem Löschungsersuchen des Vollstreckungsgerichts nach § 158 Abs. 2 ZVG eine Ausfertigung des Terminsprotokolls, dem GBBerichtigungsersuchen der Flurbereinigungsbehörde nach § 79 FlurbG eine Bescheinigung über den Eintritt des neuen Rechtszustands sowie ein beglaubigter Auszug aus dem Flurbereinigungsplan beigefügt werden. Die Beifügung von Urkunden ist ferner vorgeschrieben für GBBerichtigungsersuchen der Umlegungsstelle nach § 74 Abs. 1 und solche der Gemeinde nach § 84 Abs. 1 BauGB, für Ersuchen des Fideikommissgerichts nach § 38 DVO z. FidErlG v. 20.3.1939 (RGBl. I 509), für Ersuchen der Enteignungsbehörde nach § 117 Abs. 7 BauGB und § 51 Abs. 4 LandbeschG v. 23.2.1957 (BGBl. I 134) sowie für Ersuchen der Siedlungsbehörde nach §§ 2 bis 6 ErgänzungsG z. RSiedlG v. 4.1.1935 (RGBl. I 1).

c) Bezugnahme. Das Ersuchen darf auf Anlagen Bezug nehmen, sofern **72** sich aus ihnen mit hinreichender Bestimmtheit ergibt, was eingetragen werden soll (JFG 15, 67).

18. Behandlung des Ersuchens

a) Prüfung des GBAmts. Das GBAmt hat zu prüfen, ob die ersuchende **73** Behörde zur Stellung eines Ersuchens der in Rede stehenden Art abstrakt befugt ist (JFG 7, 399; BayObLG DNotZ 1988, 781), ob das Ersuchen bezüglich seiner Form und seines Inhalts den gesetzlichen Vorschriften entspricht (s. Rn. 68 bis 72) und ob die durch das Ersuchen nicht ersetzten EintrErfordernisse (s. Rn. 65 bis 67) gegeben sind (BGH FGPrax 2013, 54; OLG Frankfurt FGPrax 2011, 274; OLG Nürnberg FGPrax 2014, 202).

b) Verantwortung der Behörde. Nicht zu prüfen ist vom GBAmt da- **74** gegen, ob die Voraussetzungen, unter denen die Behörde zu dem Ersuchen befugt ist, tatsächlich vorliegen; hierfür trägt allein die ersuchende Behörde die Verantwortung (JFG 7, 399; BGH FGPrax 2013, 54; OLG Frankfurt FGPrax 2003, 197). Weiß das GBAmt jedoch, dass es an diesen Voraussetzungen fehlt, so hat es das Ersuchen zurückzuweisen, weil es nicht dazu mitwirken darf, das GB unrichtig zu machen (KG FGPrax 2003, 56). Voraussetzung dafür ist die sichere Kenntnis, dass dem Ersuchen jede Rechtsgrundlage fehlt (BGH FGPrax 2017, 243; KGJ 49, 160; KG Rpfleger 1997, 154). S. zum Ganzen auch OLG Hamm FGPrax 1996, 89; BayObLG Rpfleger 1986, 129. Zum Vollzug von Grenzregelungsbeschlüssen (jetzt: Beschlüsse über die vereinfachte Umlegung) im GB s. Waibel Rpfleger 1976, 347; OLG Frankfurt Rpfleger 1976, 313; BayObLG 1981, 8; LG Regensburg NJW-RR 1987, 1044.

c) Erledigung. Für die Erledigung des Ersuchens gelten die allgemeinen **75** Vorschriften des GBRechts, insbesondere §§ 17 und 18 (BGH FGPrax 2014, 192); ein Ersuchen des Vollstreckungsgerichts nach § 130 ZVG darf nur einheitlich erledigt werden, s. Rn. 58. Die Fassung der Eintragung ist Sache des GBAmts; an die in dem Ersuchen gewählte Ausdrucksweise ist es nicht gebunden (s. § 13 Rn. 4). Bisweilen ist der Wortlaut der Eintragung jedoch gesetzlich vorgeschrieben; dies ist z.B. hinsichtlich der Fassung des Hofvermerks der Fall (§ 6 HöfeVfO).

d) Benachrichtigung. Die ersuchende Behörde ist von der Eintragung **76** gemäß § 55 zu benachrichtigen (KGJ 49, 240) und hat ihrerseits die ordnungsgemäße Ausführung des Ersuchens zu überprüfen (OLG Dresden JFG 1, 409; RG 138, 116).

19. Berichtigung des Ersuchens

Das Ersuchen kann, solange es nicht erledigt ist, jederzeit berichtigt oder **77** ergänzt werden. Über die Verpflichtung des GBAmts, die ersuchende Behörde auf erkennbare Versehen, z.B. offensichtliche Schreibfehler oder Widersprüche aufmerksam zu machen, s. KG JW 1937, 3176; OLG München RdL 1953, 216.

78   Wenn das GBAmt in dem Berichtigungsverfahren gemäß § 22 die sichere Überzeugung erlangt, dass die auf das Ersuchen gegründete Eintragung unrichtig ist, hat es das GB durch Löschung der Eintragung zu berichtigen. Voraussetzung ist dafür nicht ein Berichtigungsersuchen der Behörde (BGH FGPrax 2017, 243; a. M. OLG Brandenburg Rpfleger 2015, 97). Einem an sich zulässigen Berichtigungsersuchen kann aber nur stattgegeben werden, wenn und soweit Rechte Dritter, die sich auf den Inhalt des GB verlassen durften, nicht beeinträchtigt werden; die an dem vorangegangenen Verfahren Beteiligten müssen sich die Berichtigung gefallen lassen (JFG 14, 176; 15, 138; KG HRR 1933 Nr. 591).

20. Rechtsmittel

79   Im Fall einer Zwischenverfügung oder bei Zurückweisung des Ersuchens steht die Beschwerde nicht nur der ersuchenden Stelle, z. B. dem Versteigerungsgericht (OLG Hamm Rpfleger 2011, 453; OLG Nürnberg FGPrax 2014, 202), dem Landwirtschaftsgericht (BGH FGPrax 2013, 54; 2014, 192), der Staatsanwaltschaft (OLG München FGPrax 2018, 68) oder dem Insolvenzgericht (OLG München FGPrax 2016, 152) zu, sondern auch den Beteiligten (KGJ 41, 254; JFG 5, 353; OLG Jena FGPrax 2014, 252). Es gelten die allgemeinen Rechtsmittelvorschriften (BGH FGPrax 2013, 54; 2014, 192). Für die Beschwerdeschrift der ersuchenden Stelle gilt die Formvorschrift des § 29 Abs. 3 nicht (OLG München FGPrax 2016, 152).

21. Kosten

80   Eintragungen und Löschungen auf Ersuchen eines Gerichts, nicht aber einer Behörde, für die aufgrund besonderer Vorschriften eine Gebührenbefreiung bestehen kann (s. § 1 Rn. 60), sind grundsätzlich gebührenfrei (Vorbem. 1.4 Abs. 2 Nr. 2 Halbs. 1 GNotKG-KV; vgl. z. B. § 3 Abs. 4 VZOG; § 34 Abs. 2 VermG). Ausgenommen sind gemäß Vorbem. 1.4 Abs. 2 Nr. 2 Halbs. 2 GNotKG-KV die Eintragung des Erstehers als Eigentümer, die Eintragung von Sicherungshyp. für Forderungen gegen den Ersteher und Eintragungen auf Grund einer einstweiligen Verfügung. Die Gebühr für die Eintragung des Erstehers wird nur von diesem erhoben. Bei Eintragung von Sicherungshyp. für Forderungen gegen den Ersteher haftet neben den Gläubigern auch der Ersteher als Gesamtschuldner (§ 23 Nr. 12, 13, § 32 Abs. 1 GNotKG). Als Kostenschuldner für Eintragungen aufgrund eines Ersuchens nach § 941 ZPO kommt nur ein Beteiligter in Betracht, dem das GBAmt die Kosten auferlegt (§ 81 Abs. 1 FamFG; § 27 Nr. 1 GNotKG). Das Ersuchen des Landwirtschaftsgerichts um Löschung des Hofvermerks (s. Rn. 15) und der Vollzug durch das GBAmt sind gebührenfrei (OLG Schleswig ZEV 2016, 471).

81   Gebühren werden gemäß Vorbem. 1.4 Abs. 2 Nr. 3 GNotKG-KV ferner nicht erhoben für Eintragungen, die nach der InsO statt auf Ersuchen des Insolvenzgerichts auf Antrag des Insolvenzverwalters oder, wenn kein Verwalter bestellt ist, auf Antrag des Schuldners vorgenommen werden.

Die Erledigung eines Ersuchens, das auf Berichtigung des GB oder Ein- **82** tragung eines Widerspruchs gerichtet ist, darf nicht von der Zahlung eines Kostenvorschusses abhängig gemacht werden (§ 16 Nr. 5 GNotKG). S. dazu Böhringer, GBGebühren bei Ersuchen von Gerichten und Behörden, Rpfleger 2014, 54.

Voreintragung des Betroffenen

39 (1) **Eine Eintragung soll nur erfolgen, wenn die Person, deren Recht durch sie betroffen wird, als der Berechtigte eingetragen ist.**

(2) **Bei einer Hypothek, Grundschuld oder Rentenschuld, über die ein Brief erteilt ist, steht es der Eintragung des Gläubigers gleich, wenn dieser sich im Besitz des Briefes befindet und sein Gläubigerrecht nach § 1155 des Bürgerlichen Gesetzbuchs nachweist.**

Inhaltsübersicht

1. Allgemeines

§ 39 macht die Vornahme einer Eintragung von der Voreintragung des Be- **1** troffenen abhängig, stellt dieser aber für den Fall, dass das betroffene Recht ein Briefrecht ist, einen anderen Tatbestand gleich.

§ 39 Abs. 1 soll dem GBAmt die Legitimationsprüfung erleichtern und den eingetragenen Berechtigten dagegen sichern, dass ungeachtet der Vermutung des § 891 BGB ein anderer unbefugterweise über das Recht verfügt. Er will des Weiteren erreichen, dass der Rechtsstand des GB und seiner Änderungen nicht bloß im Endziel richtig, sondern in allen Entwicklungsstufen klar und verständlich wiedergegeben wird (RG 133, 283; BGH Rpfleger 2006, 316; FGPrax 2010, 223; OLG Schleswig FGPrax 2006, 149; OLG Köln Rpfleger 2006, 646). Bei mehrfachem Rechtsübergang außerhalb des GB gilt dies aber nicht (a. M. OLG München FGPrax 2006, 148 mit abl. Anm. v. Lautner MittBayNot 2006, 497). In diesem Fall erschließt sich die Entwicklung des Rechtsstands aus der Eintragung in Abt. I Sp. 4 (s. dazu Rn. 12). Bei der Sollvorschrift des § 39 handelt es sich um eine Ordnungsvorschrift, deren Verletzung sachlichrechtlich ohne Folgen ist, die vom

GBAmt aber stets beachtet werden muss (KG FGPrax 2015, 107) und keine die Zulassung von Ausnahmen ermöglichende Auslegung verträgt (RG JFG 21, 329; KG Rpfleger 1992, 430; BayObLG Rpfleger 2003, 25). Zu Problemen bei der Verwendung von Vollmachten über den Tod hinaus s. Milzer DNotZ 2009, 325; NotBZ 2009, 482.

§ 39 Abs. 2 erklärt sich aus der sachlichrechtlichen Bestimmung des § 1155 BGB.

2. Grundsatz der Voreintragung

2   § 39 Abs. 1 gilt für Eintragungen aller Art, durch die ein Recht betroffen, d. h. im Rechtssinn beeinträchtigt werden kann, also nicht für Eintragungen rein tatsächlicher Art, z. B. die Richtigstellung als Folge eines identitätswahrenden Formwechsels (OLG München Rpfleger 2016, 217; s. § 22 Rn. 23), ferner nicht für Eintragungen in Bezug auf Rechtsverhältnisse, die nur den Charakter eines Hinweises haben. Ob die Eintragung eine positive oder eine Löschung ist, ob sie rechtsändernden oder berichtigenden Charakter hat, macht keinen Unterschied. Gleichgültig ist auch, ob sie auf Bewilligung, im Weg der Zwangsvollstreckung oder auf Ersuchen einer Behörde erfolgen soll. Unter die Vorschrift fällt mithin auch die Eintragung und Löschung von Vormerkungen (RG 72, 276; BayObLG NJW 1983, 1567), Widersprüchen (KG HRR 1928 Nr. 550) und Verfügungsbeschränkungen (OLG Hamm JMBlNRW 1963, 181) sowie die Eintragung von Grundstücksvereinigungen, Bestandteilszuschreibungen und Grundstücksteilungen (für letztere a. M. KGJ 27, 262; Güthe/Triebel Rn. 5). Soweit zur Übertragung des Eigentums an einem ungebuchten buchungsfreien Grundstück die Eintragung erforderlich ist (s. § 3 Rn. 22), muss das GBBlatt im Hinblick auf § 39 Abs. 1 auf den Namen des Veräußerers angelegt werden (RG JFG 21, 329).

3. Ausnahmen

3   Allgemeine Zweckmäßigkeitserwägungen rechtfertigen es nicht, in großem Umfang Ausnahmen von dem Voreintragungsgrundsatz zuzulassen (BayObLG Rpfleger 2003, 25). Gleichwohl ist die Voreintragung des Betroffenen keine ausnahmslose EintrVoraussetzung.

Ist das betroffene Recht ein **Briefrecht,** so steht es gemäß Abs. 2 der Eintragung des Gläubigers gleich, wenn dieser im Besitz des Briefs ist und sein Gläubigerrecht nach § 1155 BGB nachweist; Näheres s. Rn. 28 ff.

4   Steht das betroffene Recht dem **Erben** des eingetragenen Berechtigten zu, so ist die Eintragung des Erben entbehrlich, soweit ein Fall des § 40 Abs. 1 oder 2 vorliegt; über die entsprechende Anwendung auf andere Fälle einer Gesamtrechtsnachfolge s. § 40 Rn. 9 ff.

5   Nicht erforderlich ist die Voreintragung des Betroffenen ferner zur Eintragung einer Vormerkung oder eines Widerspruchs nach § 18 Abs. 2 sowie zur Eintragung des Zwangsversteigerungs- oder Zwangsverwaltungsvermerks (JFG 5, 301); auch nicht zur Berichtigung des Bestandsverzeichnisses nach Maßgabe eines Flurbereinigungsplans (OLG Zweibrücken OLGZ 1978, 167). Eine weitere Ausnahme enthält § 10 Nr. 3 ReichsvermögenG v. 16.5.

1961 (BGBl. I 597). Wegen der Eintragung von Löschungsvormerkungen s. Rn. 20 ff.

Im Fall der Eröffnung des **Insolvenzverfahrens** über einen Nachlass ist der Insolvenzvermerk auf Ersuchen des Insolvenzgerichts unbeschadet der fehlenden Voreintragung der Erben bei einem auf den Namen des Erblassers gebuchten Grundstück einzutragen (OLG Düsseldorf Rpfleger 1998, 334). Entsprechendes gilt im Fall der Insolvenz einer erloschenen Gesellschaft, z. B. einer KG; dass diese noch im GB eingetragen ist, steht der Eintragung des Insolvenzvermerks nicht entgegen (KG FGPrax 2013, 7).

Die Anwendbarkeit des § 39 Abs. 1 entfällt bei Eintragungen nach § 927 **6** Abs. 2, § 928 Abs. 2 Satz 2 BGB sowie dann, wenn ein **herrenloses Grundstück** zur Erfüllung eines durch Vormerkung gesicherten Auflassungsanspruchs von einem gemäß § 58 ZPO bestellten Vertreter aufgelassen wird (KGJ 51, 197).

§ 39 Abs. 1 ist nicht anzuwenden, wenn eine Person auf Grund eines Ersuchens nach **§ 34 VermG** (s. hierzu § 38 Rn. 26) eingetragen werden soll; **7** er ist ferner nicht anzuwenden, wenn diejenige Person oder ihr Erbe verfügt, die durch den Bescheid begünstigt ist, der einem solchen EintrErsuchen zugrundeliegt (§ 11 Abs. 1 GBBerG). Der durch einen Bescheid gem. § 34 VermG Begünstigte oder sein Erbe ist allerdings nicht gehindert, sich zunächst als Berechtigter ins GB eintragen zu lassen; in diesem Fall ist ein gutgläubiger Erwerb durch einen Dritten möglich, der sonst nicht in Betracht kommt (vgl. § 40 Rn. 2). Gem. § 11 Abs. 1 Satz 3 GBBerG gilt die Regelung entsprechend für Eintragungen und Verfügungen auf Grund eines Bescheids gem. § 2 VZOG und für Verfügungen gem. § 8 VZOG; s. dazu OLG Dresden VIZ 2000, 238.

Die Voreintragung des Betroffenen ist nicht erforderlich bei Eintragungen, die auf Grund der Erklärung einer **Bewilligungsstelle** gem. § 113 Abs. 1 Nr. 6 Satz 1 GBV vorgenommen werden (§ 113 Abs. 1 Nr. 6 Satz 5 GBV) oder auf Grund der Erklärung einer ausländischen staatlichen oder öffentlichen Stelle, deren Rechtsinhaberschaft durch eine Bescheinigung des Auswärtigen Amtes gem. § 112 Satz 1 GBV bestätigt wird (§ 112 Satz 2 GBV).

Beim sog. **Kettenerwerb,** bei dem der Abtretungs- oder Auflassungsempfänger als berechtigt anzusehen ist, über das abgetretene Recht oder das aufgelassene Grundstück weiter zu verfügen (§ 185 Abs. 1 BGB), ist die Voreintragung des Zwischenerwerbers nicht erforderlich (s. dazu § 19 Rn. 73 und § 20 Rn. 42, 43).

4. Betroffener

Eingetragen sein muss derjenige, dessen Recht (s. Rn. 9) durch die be- **8** gehrte Eintragung betroffen wird (s. Rn. 10).

5. Betroffenes Recht

In Betracht kommen nur dingliche Rechte, also Eigentum, sonstige Rech- **9** te an einem Grundstück sowie Rechte an solchen Rechten. Ihnen gleichzustellen sind Vormerkungen, Widersprüche und Verfügungsbeschränkungen, z. B. Nacherbenvermerke (RG 83, 438). Als Betroffener scheidet demgemäß aus, wer noch kein dingliches Recht erworben hat, z. B. der Auflassungsempfänger; über die Rechtslage bei weiterer Auflassung s. Rn. 11. Dasselbe gilt für denjenigen, dessen dingliches Recht außerhalb des GB auf einen anderen übergegangen ist; seine Eintragung würde das GB unrichtig machen (KGJ 38, 217). Betroffenes Recht kann auch die bloße Buchposition sein (s. Rn. 12).

6. Betroffenwerden

10 Ein Recht wird durch die Eintragung betroffen, wenn es durch sie im Rechtssinn, nicht nur wirtschaftlich, beeinträchtigt wird. Über den Begriff der Beeinträchtigung s. § 19 Rn. 49.

a) Rechtsändernde Eintragung. Von einer solchen wird der wahre Berechtigte betroffen (RG 133, 282). Während die EintrBewilligung von dem Verfügungsberechtigten abzugeben ist (s. § 19 Rn. 56), kommt es in § 39 auf den Inhaber des Rechts an (BGH FGPrax 2010, 223; JFG 1, 291). Deshalb müssen, falls das betroffene Recht zum Gesamtgut einer ehelichen Gütergemeinschaft gehört, beide Ehegatten, falls es zum Gesamtgut einer fortgesetzten Gütergemeinschaft gehört, alle Teilhaber eingetragen sein; über die entsprechende Anwendung des § 40 bei Übertragung oder Aufhebung eines Rechts s. § 40 Rn. 10.

11 Von der Verfügung eines Nichtberechtigten wird der wahre Berechtigte auch dann betroffen, wenn er seine Einwilligung oder Genehmigung erteilt hat; letztere macht nur die Verfügung wirksam, den Nichtberechtigten aber nicht zum Inhaber des Rechts (BGH FGPrax 2010, 223). Deshalb kann, wenn ein von dem eingetragenen Eigentümer aufgelassenes Grundstück seitens des Auflassungsempfängers weiter aufgelassen wird, der letzte Erwerber unmittelbar eingetragen werden; die zweite Auflassung ist wirksam, weil die Erste die Einwilligung in weitere Verfügungen enthält (s. § 20 Rn. 42); der Bestimmung des § 39 ist genügt, weil der Berechtigte eingetragen ist. Dagegen ist, wenn die Verfügung durch nachträglichen Erwerb des Rechts wirksam wird, der bisherige Nichtberechtigte der Betroffene.

12 **b) Berichtigende Eintragung.** Von einer solchen wird der Buchberechtigte betroffen (BayObLG OLG 40, 263; DNotZ 1988, 781; RG 133, 282); § 39 ist hier also bereits genügt. Bei mehrfachem Rechtsübergang außerhalb des GB verlangt § 39 zur Berichtigung des GB durch Eintragung des nunmehrigen Berechtigten nicht die Eintragung der Zwischenberechtigten. Solche Eintragungen würden das GB unrichtig machen (a. M. OLG München FGPrax 2006, 148 mit abl. Anm. v. Lautner MittBayNot 2006, 497). Die mehrfache Rechtsnachfolge außerhalb des GB, z. B. durch mehrfache Erbfolge, ergibt sich aus den Vermerken über die Grundlage der Eintragung in Abt. I Sp. 4 (s. dazu § 44 Rn. 56). Über Fälle, in denen die Berichtigung nicht in der Löschung eines Rechts oder in der Eintragung des wahren Berechtigten besteht, s. jedoch § 22 Rn. 32. Wegen der Notwendigkeit der Zwischeneintragung des Eigentümers im Fall einer Parzellenverwechslung s. RG 133, 279.

c) Alle Betroffenen. Eingetragen sein müssen alle Betroffenen, also auch **13** die nur mittelbar Betroffenen. Hierher gehört z.b. der Eigentümer, der der Löschung einer Hyp. zustimmt (OLG München JFG 18, 201) oder derjenige, der ein Recht an dem unmittelbar betroffenen Recht hat und mithin zustimmungsberechtigt ist (s. § 19 Rn. 52 ff.).

7. Voreintragung des Betroffenen

Es genügt nicht, dass die Person des Berechtigten, gegebenenfalls nach **14** Maßgabe des § 47 Abs. 1 (KGJ 41, 54; OLG Hamm DNotZ 1965, 408), aus dem GB ersichtlich ist; vielmehr muss, da die Eintragung ein einheitliches Ganzes bildet, auch das betroffene Recht in allen seinen Rechtsbeziehungen so eingetragen sein, wie es der materiellen Rechtslage und der sich anschließenden neuen Eintragung entspricht (BayObLG DNotZ 1953, 133; BGH NJW 1955, 342).

Eine Ungenauigkeit oder nachträglich eingetretene Unrichtigkeit in der **15** Bezeichnung des Berechtigten braucht nicht beseitigt zu werden; die Richtigstellung ist zweckmäßig, aber nicht notwendig. Fälle dieser Art liegen z.B. vor, wenn Erben nicht namentlich, sondern als „Deszendenz" einer bestimmten Person eingetragen sind (KGJ 31, 266) oder wenn eine Ehefrau noch mit dem Mädchennamen bezeichnet ist. Um eine bloße Unrichtigkeit in der Bezeichnung handelt es sich auch, wenn eine OHG nachträglich in eine KG umgewandelt wurde (JFG 1, 371), in Liquidation gegangen ist (JFG 5, 285; OLG Frankfurt Rpfleger 1980, 62) oder sonst ihre Firma geändert hat oder wenn eine KG nachträglich in eine BGB-Gesellschaft umgewandelt worden ist (s. § 22 Rn. 23).

Über den Fall, dass einem eingetragenen Verein die Rechtsstellung einer **16** Körperschaft des öffentlichen Rechts verliehen wird, s. Auweder Rpfleger 1959, 45. Zur Notwendigkeit der vorherigen Berichtigung des nicht oder nicht richtig eingetragenen Gemeinschaftsverhältnisses, wenn einer der mehreren Berechtigten als Alleineigentümer eingetragen werden soll, s. § 47 Rn. 36.

8. Zeitpunkt und Bewirkung

Es genügt, wenn der Betroffene im Zeitpunkt der Vornahme der neuen **17** Eintragung eingetragen ist oder seine Eintragung gleichzeitig mit dieser erfolgt; der Zeitpunkt der Erteilung der EintrBewilligung ist nicht entscheidend (RG 84, 105). Eine Zusammenfassung der Eintragung des Betroffenen und der neuen Eintragung in einem Vermerk ist zulässig und im Fall der Verfügung über eine Eigentümergrundschuld praktisch. Die Eintragung kann in diesem Fall z.B. lauten: „Mit Zinsen seit dem ... abgetreten an ... unter Rückumwandlung des zunächst als Grundschuld auf den Eigentümer übergegangenen Rechts in eine Hyp. ...".

Die Voreintragung des Betroffenen erfolgt nur auf Antrag. Das GBAmt **18** kann durch Zwischenverfügung auf ihre Herbeiführung hinwirken (BayObLG 1990, 51; 1992, 336/344; Rpfleger 2003, 25). Wegen des Antragsrechts des Vollstreckungsgläubigers s. § 14.

9. Eigentümergrundschuld

19   **a) Umschreibung.** Zur Eintragung von Verfügungen über eine aus einer Fremdhyp. hervorgegangene Eigentümergrundschuld ist deren vorherige Umschreibung auf den Eigentümer nicht nötig (BGH Rpfleger 1968, 277; KG FGPrax 2009, 201; OLG Schleswig FGPrax 2010, 280). Entsprechendes gilt bei einer aus einer Fremdgrundschuld hervorgegangenen Eigentümergrundschuld (OLG Hamm Rpfleger 1990, 157; OLG Düsseldorf Rpfleger 1996, 194). Zu beachten ist jedoch, dass sich die Eigentümergrundschuld bei Veräußerung des Grundstücks in eine Fremdgrundschuld verwandelt und dann die vorherige Eintragung des bisherigen Eigentümers als Grundschuldgläubiger erforderlich wird (KGJ 36, 259; BayObLG 1992, 336/344; OLG Schleswig FGPrax 2010, 280). Ist der Eigentümer durch einen Nacherbenvermerk beschränkt, so gilt auch die Eigentümergrundschuld als zur Vorerbschaft gehörig (JFG 1, 489; s. dazu aber auch § 27 Rn. 23). Das vorstehend Ausgeführte gilt auch für den Fall, dass sich die mit der Eintragung einer Hyp. entstandene vorläufige Eigentümergrundschuld (die einer Darstellung im GB unzugänglich ist: RG 75, 251) in eine endgültige verwandelt hat (BayObLG Rpfleger 1970, 24).

b) Nachweis des Rechtsübergangs. Die Eintragung einer Verfügung des Eigentümers über eine als Fremdrecht ausgewiesene Hyp. ohne Voreintragung des Eigentümers setzt den Nachweis des Rechtsübergangs auf diesen durch eine löschungsfähige Quittung oder öffentliche Urkunden voraus (KG FGPrax 2009, 201). Wird eine Verfügung des nicht eingetragenen Eigentümers ohne Vorlage einer löschungsfähigen Quittung eingetragen, wird das GB jedenfalls dann nicht unrichtig, wenn eine Abtretungserklärung des Rechts an den Eigentümer samt einer entsprechenden EintrBewilligung in grundbuchmäßiger Form vorliegt; denn darin liegt in der Regel die Einwilligung des noch eingetragenen Berechtigten in Verfügungen des Eigentümers über das Recht vor Eintragung des Eigentümers (OLG Düsseldorf Rpfleger 1996, 194).

20   **c) Löschungsvormerkung.** Die Eintragung von Verfügungen über eine künftige Eigentümergrundschuld verstößt nicht nur gegen § 39 Abs. 1 (KGJ 45, 269; RG 72, 275; 84, 78), ist vielmehr auch inhaltlich unzulässig (RG 145, 351; OLG Hamm Rpfleger 1990, 157). Eine Ausnahme gilt für die Eintragung einer Löschungsvormerkung nach § 1179 BGB, der materiell § 883 BGB erweitert und formell § 39 suspendiert, jedoch nicht über seinen gesetzlich vorgesehenen Anwendungsbereich ausgedehnt werden darf (KG Rpfleger 1976, 128); eine solche Vormerkung kann aber nicht eingetragen werden, bevor die Hypothek, die als Eigentümergrundschuld dem Löschungsanspruch unterliegt, im GB eingetragen ist, und zwar auch dann nicht, wenn zur Sicherung des Anspruchs auf Einräumung der Hyp. eine Vormerkung besteht (BayObLG Rpfleger 1975, 60); eine vorherige Eintragung der Umstellung setzt sie, da § 39 nicht zum Zug kommt, hingegen nicht voraus (OLG Oldenburg NdsRpfl. 1956, 131).

21   **d) Eintragung nach Übergang auf den Eigentümer.** Eine Löschungsvormerkung kann auch noch eingetragen werden, wenn die Hyp.

bereits als Grundschuld auf den Eigentümer übergegangen ist (JFG 11, 251; OLG München JFG 22, 307; BayObLG 1952, 142; OLG Braunschweig Rpfleger 1964, 119). Soll die Löschungsvormerkung auch den Fall der bereits erfolgten Vereinigung umfassen, so ist dies in der Eintragung zum Ausdruck zu bringen, was auch durch Bezugnahme auf die EintrBewilligung geschehen kann (BayObLG DNotZ 1956, 547); bei Unterlassung kann mit der Fassungsbeschwerde (s. § 71 Rn. 46) ein Klarstellungsvermerk beantragt werden (BayObLG 1952, 142; OLG Braunschweig Rpfleger 1964, 119); über die Auslegung einer mit dem Gesetzeswortlaut eingetragenen Löschungsvormerkung s. OLG Bremen NJW 1957, 1284 und OLG Celle DNotZ 1958, 544, über die von Löschungsvormerkungen mit abweichendem Wortlaut s. BGH Rpfleger 1973, 208, 209. Zu der umstrittenen Frage, unter welchen Voraussetzungen eine Löschungsvormerkung zugunsten des jeweiligen Gläubigers einer Eigentümergrundschuld eingetragen werden kann, s. Knopp DNotZ 1969, 278 mit weit. Nachweisen; OLG Frankfurt Rpfleger 1972, 98 mit Anm. v. Haegele.

e) Gesetzlicher Löschungsanspruch. Durch Art. 1 Nr. 1 des Ges. v. **22** 22.6.1977 (BGBl. I 998) hat § 1179 BGB eine neue Fassung erhalten. Diese erklärt sich daraus, dass für den Gläubiger oder im GB eingetragenen Gläubiger eines Grundpfandrechts jetzt der gesetzliche Löschungsanspruch nach Maßgabe der §§ 1179a und 1179b BGB, eingefügt durch Art. 1 Nr. 2 des genannten Gesetzes, normiert worden ist. Er steht dem Gläubiger eines Grundpfandrechts, das nach dem 1.1.1978 eingetragen worden ist, auch bezüglich der vor diesem Zeitpunkt eingetragenen Rechte zu (BGH Rpfleger 1987, 238). Nach OLG Braunschweig DNotZ 1987, 515 gehört der Löschungsanspruch nach § 1179a Abs. 1 BGB und mithin die vom Bestand dieses Anspruchs abhängige Möglichkeit, den Anspruch nach § 1179a Abs. 5 BGB auszuschließen, zum gesetzlichen Inhalt auch einer Eigentümergrundschuld (s. auch OLG Düsseldorf Rpfleger 1988, 308; BayObLG NJW-RR 1992, 306). Zum gesetzlichen Anspruch auf Löschung einer Eigentümergrundschuld s. § 1196 Abs. 3 BGB und BGH NJW 1997, 2597. Die Neufassung des § 1179 BGB ergibt, dass die Eintragung einer Löschungsvormerkung zugunsten des jeweiligen Inhabers eines gleich- oder nachrangigen Grundpfandrechts nicht mehr möglich ist (BayObLG Rpfleger 1980, 341, zugleich darüber, dass dies die Eintragung einer solchen zugunsten des Berechtigten eines subjektiv-dinglichen Rechts nicht ausschließt, sowie zur Bezeichnung des Berechtigten in einem solchen Fall).

f) Übergangsvorschrift. Zu beachten ist jedoch die in Art. 8 § 1 Abs. 3 **23** des Ges. enthaltene Übergangsvorschrift; danach ist auf eine Löschungsvormerkung, die vor dem 1.1.1978 in das GB eingetragen oder deren Eintragung vor diesem Zeitpunkt beantragt worden ist, § 1179 BGB in seiner bisherigen Fassung anzuwenden; wird die Eintragung einer Löschungsvormerkung zugunsten eines im Rang gleich- oder nachstehenden Berechtigten oder des eingetragenen Gläubigers des betroffenen Rechts nach dem 31.12.1977 beantragt, so gilt das Gleiche, wenn dem Berechtigten wegen Art. 8 § 1 Abs. 1 oder 2 ein Löschungsanspruch nach §§ 1179a und 1179b BGB nicht zusteht (s. dazu auch KG Rpfleger 1980, 342); ergänzend wird auf § 45 Rn. 53 sowie auf § 48 Rn. 10 verwiesen. Vgl. zum Ganzen Stöber Rpfleger 1977, 400 ff. und 431 f.

24   **g) Nachweis.** In jedem Fall ist das Bestehen der Eigentümergrundschuld in grundbuchmäßiger Form (§ 29) nachzuweisen (OLG Hamm Rpfleger 1990, 157). Dies gilt vor allem bei Pfändung einer Eigentümergrundschuld; nachzuweisen ist, dass letztere dem Pfändungsschuldner zusteht; die Eintragung der Pfändung einer angeblichen Eigentümergrundschuld ist inhaltlich unzulässig (JFG 1, 498). Über die Pfändung der vorläufigen Eigentümergrundschuld bei einer Höchstbetragshyp. s. Anh. zu § 26 Rn. 33.

25   **h) Umwandlung in Hypothek.** Eine Besonderheit gilt, wenn der Eigentümer die Eigentümergrundschuld unter Umwandlung in eine Hyp. abtritt; hier ist die vorangegangene Umwandlung der Fremdhyp. in eine Eigentümergrundschuld einzutragen, weil die Umwandlung einer Hyp. in eine Hyp. nicht verständlich wäre (KG JW 1933, 2010).

26   **i) Grundstückserwerb durch HypGläubiger.** Erwirbt der eingetragene HypGläubiger das Grundstück, so bedarf es zur Eintragung der Pfändung der nunmehr zur Eigentümergrundschuld gewordenen Hyp. weder der Eintragung des Eigentümers noch der Umschreibung der Hyp. in eine Grundschuld. § 39 Abs. 1 ist dadurch genügt, dass der Pfändungsschuldner als der Berechtigte der Hyp. eingetragen ist. Wenn der Betroffene weder als Eigentümer noch als Gläubiger eingetragen ist, so kann seine vorherige Eintragung entweder dadurch erfolgen, dass er als Eigentümer oder dadurch, dass er als Berechtigter der Eigentümergrundschuld eingetragen wird. Die Pfändung des Erbanteils kann bei der Eigentümergrundschuld eingetragen werden und erfordert dann nur die vorgängige Eintragung der Erben bei der Grundschuld (KG HRR 1933 Nr. 140).

10. Briefrechte

27   Ist das betroffene Recht ein Briefrecht, so steht es gemäß Abs. 2 der Eintragung des Gläubigers gleich, wenn dieser im Besitz des Briefs ist (s. Rn. 28) und sein Gläubigerrecht nach § 1155 BGB nachweist (s. Rn. 29).

11. Briefbesitz

28   Der Gläubiger muss sich im Besitz des Briefs befinden. Notwendig ist unmittelbarer oder mittelbarer Eigenbesitz (RG 86, 264). Legt der Gläubiger den Brief vor, so hat das GBAmt regelmäßig davon auszugehen, dass er Eigenbesitzer ist; dann ist nach § 1117 Abs. 3, § 1154 Abs. 1 BGB ordnungsgemäße Übergabe zu vermuten (RG 93, 43), so dass Nachweise hierfür grundsätzlich nicht erforderlich sind (KGJ 32, 287). Dagegen ist die Zeit der Übergabe nachzuweisen, wenn sie, wie etwa bei Insolvenz des Rechtsvorgängers, für den Rechtserwerb erheblich ist (KGJ 40, 279). Wird der Brief von einem Dritten, z. B. einem Pfändungsgläubiger vorgelegt, so muss nachgewiesen werden, dass der Gläubiger den Besitz am Brief erlangt hat; die Erklärung des Rechtsvorgängers in der Abtretungsurkunde ist hierfür ausreichend.

12. Nachweis des Gläubigerrechts nach § 1155 BGB

Nötig ist eine zusammenhängende, auf einen eingetragenen Gläubiger zu- 29
rückführende Reihe von öffentlich beglaubigten Abtretungserklärungen,
gerichtlichen Überweisungsbeschlüssen oder öffentlich beglaubigten Aner-
kenntnissen eines kraft Gesetzes eingetretenen Rechtsübergangs (OLG
Hamm FGPrax 2017, 204).

a) Geeignete Urkunden. Nur bestimmte Urkunden kommen für den 30
Nachweis in Frage, nämlich:
- **Abtretungserklärungen.** Sie müssen öffentlich beglaubigt sein; der Zeitpunkt der Beglaubigung ist unwesentlich; die öffentliche Beglaubigung
  wird gemäß § 129 Abs. 2 BGB durch notarielle Beurkundung ersetzt (RG
  85, 61). Notwendig sind unbedingte und unbefristete Erklärungen, weil
  sonst der Nachweis ohne weitere Urkunden als die in § 1155 BGB aufgezählten nicht geführt werden kann. Statt einer Abtretungserklärung genügen EintrBewilligung (§ 26), Zeugnis nach § 37, rechtskräftiges Urteil
  (§ 894 ZPO) oder im Fall der Versteigerung nach § 844 ZPO das Ge-
  richtsvollzieherprotokoll (KGJ 31, 317) oder der Veräußerungsbeschluss
  (KG HRR 1935 Nr. 1592). Ist die Abtretung von einem Bevollmächtigten
  erklärt worden, so muss auch die Vollmacht nachgewiesen werden (RG
  151, 80).
- **Gerichtliche Überweisungsbeschlüsse.** Nur eine Überweisung an 31
  Zahlungs Statt überträgt das Gläubigerrecht (§ 835 Abs. 2 ZPO), eine solche zur Einziehung genügt deshalb nicht. Der Vollstreckungsgläubiger
  selbst kann sich aber auf gutgläubigen Erwerb nach §§ 1155, 892 BGB
  nicht berufen und steht deshalb einem eingetragenen Gläubiger nicht
  gleich; er muss also zuvor eingetragen werden, wenn er der Letzte in der
  Reihe ist. Überträgt er weiter, so gilt Abs. 2 uneingeschränkt.
- **Anerkenntnisse eines Rechtsübergangs.** In Betracht kommen vor 32
  allem die Übergänge nach § 268 Abs. 3, § 426 Abs. 2, §§ 774, 1143, 1163,
  1173, 1174, 1182, 1438 BGB und nach § 868 ZPO. Notwendig ist eine
  öffentlich beglaubigte, rechtsgeschäftliche Erklärung des bisherigen Gläubigers, dass das Recht auf Grund bestimmt bezeichneter Tatsachen kraft
  Gesetzes dem neuen Gläubiger zusteht (RG Warn. 1930 Nr. 163). Andere
  Urkunden, die den Nachweis des gesetzlichen Rechtsübergangs erbringen, z. B. eine löschungsfähige Quittung, genügen nicht (JFG 3, 397);
  ebenso wenig Löschungsbewilligungen (RG HRR 1930 Nr. 398). Wegen
  des Nachweises der Erbfolge s. Rn. 35.

b) Zusammenhängende Reihe. Die Urkunden müssen in zusammen- 33
hängender Reihe auf einen eingetragenen Gläubiger zurückführen. Ungeachtet des Wortes „Reihe" genügt eine einzige Erklärung (RG 86, 263).

Privatschriftliche Erklärungen unterbrechen den Zusammenhang, mögen 34
sie auch sachlichrechtlich den Rechtsübergang herbeiführen (§ 1154 Abs. 1
BGB); wird die Beglaubigung nicht nachgeholt, so ist Voreintragung erforderlich.

Hingegen nötigen eine löschungsfähige Quittung sowie ein im GB einge- 35
tragener Verzicht zur Voreintragung nicht, solange der die Hyp. erwerbende

Eigentümer noch als solcher eingetragen ist (s. Rn. 19). Ferner ist im Hinblick auf § 40 eine Unterbrechung der Reihe durch Erbfolge unschädlich, wenn diese grundbuchmäßig nachgewiesen wird; dies gilt nicht nur bei Beerbung des letzten durch die oben genannten Urkunden ausgewiesenen Erwerbers (KGJ 36, 244; RG 88, 349), sondern auch dann, wenn der eingetragene Berechtigte oder ein Zwischenerwerber beerbt worden ist (a. M. KGJ 36, 244).

36   Zu prüfen ist, ob in allen Urkunden die Zinsen mit übertragen worden sind.

13. Wirkung von Briefbesitz und Gläubigernachweis

37   Der gemäß § 1155 BGB ausgewiesene Briefbesitzer steht einem eingetragenen Gläubiger gleich, braucht also nicht als Berechtigter eingetragen zu werden; dies gilt ohne Rücksicht auf den Inhalt der neuen Eintragung, mithin auch, wenn eine Belastung des Rechts oder eine Änderung seines Inhalts oder Rangs gebucht werden soll. Ist der Briefbesitzer allerdings Erbe seines Rechtsvorgängers (s. Rn. 35), so ist seine Voreintragung nur im Rahmen des § 40 entbehrlich; wegen der Rechtslage im Fall der Vorerbschaft s. § 40 Rn. 4.

14. Kosten

38   Für die Eintragung einer Löschungsvormerkung gemäß § 1179 BGB wird eine Gebühr von 0,5 erhoben (Nr. 14150 GNotKG-KV). Werden auf Grund gleichzeitigen Antrags eine Eigentumsvormerkung und zugunsten des Berechtigten aus ihr eine Löschungsvormerkung (§ 1179 Nr. 2 BGB) bei einem Grundpfandrecht eingetragen, so ist die Eintragung der Löschungsvormerkung ein gebührenfreies Nebengeschäft der Eintragung der Eigentumsvormerkung (KG Rpfleger 1998, 215; s. Nr. 14130 Abs. 1 Satz 2 GNotKG-KV). Für die Löschung einer Eigentumsvormerkung und einer Löschungsvormerkung gemäß § 1179 BGB beträgt die Gebühr 25 EUR (Nr. 14152 GNotKG-KV).

Ausnahmen von der Voreintragung

40 (1) **Ist die Person, deren Recht durch eine Eintragung betroffen wird, Erbe des eingetragenen Berechtigten, so ist die Vorschrift des § 39 Abs. 1 nicht anzuwenden, wenn die Übertragung oder die Aufhebung des Rechts eingetragen werden soll oder wenn der Eintragungsantrag durch die Bewilligung des Erblassers oder eines Nachlaßpflegers oder durch einen gegen den Erblasser oder den Nachlaßpfleger vollstreckbaren Titel begründet wird.**

(2) **Das gleiche gilt für eine Eintragung auf Grund der Bewilligung eines Testamentsvollstreckers oder auf Grund eines gegen diesen vollstreckbaren Titels, sofern die Bewilligung oder der Titel gegen den Erben wirksam ist.**

1. Allgemeines

§ 40 durchbricht die Regel des § 39 Abs. 1 für den Fall, dass der Betroffe- **1** ne Erbe des eingetragenen Berechtigten ist. § 40 Abs. 1 war gemäß § 11 Abs. 2 GBBerG v. 20.12.1993 (BGBl. I 2192) im Gebiet der ehemaligen DDR zeitlich befristet bis 31.12.1999 für Belastungen entsprechend anzuwenden.

a) Zweck der Vorschrift. Bei einer Übertragung oder Aufhebung des Rechts, also in Fällen, in denen die persönliche Berechtigung des Erben oder das Recht selbst aus dem GB verschwindet, sollen dem Erben die Kosten für seine vorherige Eintragung erspart bleiben. Zum anderen sollen Eintragungen, die gegen den Erben wirksam vorgenommen werden können, auch dann ermöglicht werden, wenn der Nachweis der Erbfolge schwer zu führen ist.

b) Eintragung des Erben. Selbstverständlich ist der Erbe nicht gehin- **2** dert, trotz der Voraussetzungen des § 40 seine Eintragung herbeizuführen. Liegt ein Europäisches Nachlasszeugnis vor oder ein öffentliches Testament, aber kein Erbschein, kann die Eintragung zweckmäßig sein, um dem Erwerber den Schutz des § 892 BGB zu verschaffen (s. hierzu Vollhardt MittBay-Not 1986, 115; Egerland NotBZ 2005, 286; a. M. OLG Schleswig FGPrax 2006, 149, das die Möglichkeit eines gutgläubigen Erwerbs auch von einem nicht eingetragenen Gesamtrechtsnachfolger kraft Gesetzes bejaht). Die Berichtigung der Eigentumseintragung ist sogar erwünscht und nach Maßgabe der §§ 82 ff. erzwingbar. § 40 wird durch diese Vorschriften jedoch nicht berührt. Das GBAmt darf mithin die Eintragung einer Belastung, die ohne vorherige Eintragung des Erben erfolgen kann, nicht durch Zwischenverfügung von der vorherigen Eintragung des Erben als Eigentümer abhängig machen. Es kann nur nebenher ein Verfahren nach §§ 82 ff. einleiten.

c) Erforderliche Nachweise. Durch den Verzicht auf die Voreintragung entfällt die mit dieser verbundene Erleichterung der Legitimationsprüfung durch das GBAmt (§ 39 Rn. 1). Die Bewilligungsberechtigung (§ 19 Rn. 44) muss dem GBAmt daher nachgewiesen werden; dies erfordert den Nachweis der Erbfolge (§ 35 Rn. 4). Wer ein rechtskräftiges Urteil gegen den Erben des eingetragenen Eigentümers auf Auflassung des Grundstücks erwirkt hat, kann ohne Zwischeneintragung des Erben nur eingetragen werden, wenn dem GBAmt die Erbfolge nachgewiesen wird; die Feststellungen in dem rechtskräftigen Urteil hierzu erbringen diesen Nachweis nicht. Bei dem Verzicht auf die Voreintragung ergibt sich die lückenlose Dokumentation der

Entwicklung des Rechtsstands (s. § 44 Rn. 71) aus der Eintragung in Abt. I
Sp. 4 (s. dazu § 39 Rn. 1 und § 44 Rn. 56).

2. Erbe

3   **a) Erbanteilsübertragung.** Erbe des eingetragenen Berechtigten ist
auch die Erbengemeinschaft (OLG Hamm FGPrax 2017, 104), der Erbeserbe
(RG 53, 304; KGJ 49, 176), der Vorerbe (RG 65, 217) und der Nacherbe
nach Eintritt des Nacherbfalls. Erbe ist ferner ein Miterbe oder ein Dritter,
auf den sämtliche Erbanteile im Weg der Abschichtung oder der Erbteilsübertragung gemäß § 2033 Abs. 1 BGB übergegangen sind. Er kann ohne
Voreintragung der ursprünglichen Erbengemeinschaft, die zu einer GBUnrichtigkeit führen würde, als alleiniger Berechtigter eingetragen werden (LG
Nürnberg-Fürth Rpfleger 2007, 657 mit zustimmender Anm. v. Simon; OLG
München FGPrax 2018, 196 für den Fall der Übertragung der Erbanteile
aller Miterben im Weg der Abschichtung auf einen von ihnen, mit Anm.
v. Milzer). Auch diese Eintragung erübrigt sich, wenn er über das Recht
sogleich weiterverfügt.

Wenn ein Miterbe seinen Erbanteil auf einen anderen Miterben im Weg
der Abschichtung oder auf einen Dritten überträgt, kommt die Voreintragung
der ursprünglichen Erbengemeinschaft ebenfalls nicht in Betracht; sie würde
das GB unrichtig machen (KG FGPrax 2019, 196; OLG Nürnberg Rpfleger
2014, 12 mit zustimmender Anm. v. Simon; OLG Köln Rpfleger 2018, 258
mit kritischer Anm. v. Bestelmeyer; kritisch dazu auch Ruhwinkel MittBay-
Not 2019, 65; a.M. 31. Auflage). Die Übertragung kann jedoch nur gleichzeitig mit der Eintragung der übrigen Miterben gebucht werden (OLG
Hamm DNotZ 1966, 747; BayObLG Rpfleger 1995, 103). Diese Eintragung
ist aber nicht notwendig, wenn die Erbengemeinschaft über das Recht
sogleich weiterverfügt (JFG 44, 240). Kein Erbe im Sinne des § 40 Abs. 1 ist
der Miterbe, der ein Grundstück oder dingliches Recht im Weg der Auseinandersetzung, also durch rechtsgeschäftliche Übertragung, erwirbt (JFG 22, 161).

4   **b) Vorerbschaft.** Die Voreintragung des Vorerben und der Nachweis der
Zustimmung des Nacherben sind nicht erforderlich, wenn die begehrte Eintragung auf einer der in § 40 Abs. 1 und 2 genannten EintrGrundlagen beruht. Ist das nicht der Fall, so ist zu unterscheiden:

5   • Im Fall der **Übertragung eines Rechts** ist die Voreintragung des Vorerben und damit die gleichzeitige Eintragung des Nacherben (§ 51) entbehrlich, wenn die Zustimmung des Nacherben oder bei befreiter Vorerbschaft die Entgeltlichkeit der Verfügung nachgewiesen wird (OLG Hamm
FGPrax 2005, 239); andernfalls ist Voreintragung erforderlich oder der
EintrAntrag zurückzuweisen (RG 65, 217). Wenn nämlich der Vorerbe
nicht eingetragen wird, ist die Eintragung des Nacherbenvermerks unzulässig (KGJ 30, 216); dann aber wäre der Nacherbe gegen einen Rechtsverlust durch gutgläubigen Erwerb Dritter nicht geschützt. Hieraus folgt
aber auch, dass die Voreintragung des Vorerben dann nicht erforderlich ist,
wenn der Nacherbe auf die Eintragung des Nacherbenvermerks verzichtet
(s. hierzu § 51 Rn. 26; BayObLG Rpfleger 1989, 412; OLG Hamm
Rpfleger 1995, 209).

- Im Fall der **Löschung eines Rechts** sind die vorstehenden Nachweise **6** stets notwendig; die Voreintragung des Vorerben und damit die gleichzeitige Eintragung des Nacherben (§ 51) nützen dem Nacherben nichts, weil die Schutzwirkung des Nacherbenvermerks mit der Löschung des Rechts hinfällig wird (RG 102, 337; JFG 15, 188; OLG München JFG 21, 84).
Ein Verstoß gegen diese Grundsätze kann das GB unrichtig machen (KGJ **7** 52, 143).

c) Sonstiges. Dem Erben nicht gleichgestellt sind Vermächtnisnehmer, **8** Pflichtteilsberechtigte, Erbschaftskäufer (anders Erwerber eines Erbanteils, s. Rn. 3). Sie erwerben nicht durch Gesamtrechtsnachfolge, sondern durch rechtsgeschäftliche Übertragung. Dies gilt auch für den Miterben, der ein Recht im Weg der Auseinandersetzung erwirbt (s. Rn. 3).

3. Entsprechende Anwendung

Eine entsprechende Anwendung des § 40 auf andere erbgangsähnliche **9** Rechtsübergänge, also auf Fälle der Gesamtrechtsnachfolge auf gesetzlicher Grundlage ohne weiteren Übertragungsakt (BayObLG NJW-RR 1989, 977; OLG Schleswig FGPrax 2006, 149; OLG Köln FGPrax 2018, 60), kann geboten sein. Dazu gehören nicht ein Wechsel im Mitgliederbestand einer BGB-Gesellschaft auf Grund Rechtsgeschäfts (KG Rpfleger 1992, 426; OLG München FGPrax 2006, 148 mit Anm. v. Lautner MittBayNot 2006, 497) und auch nicht das Ausscheiden des einzigen Kommanditisten einer GmbH & Co. KG (OLG Köln FGPrax 2018, 60). Zur Übertragung von Erbanteilen und zur Anwachsung aufgrund Abschichtung s. Rn. 3.
In Betracht kommen für eine entsprechende Anwendung insbesondere: **10**
- Anfall von Vereins- oder Stiftungsvermögen an den Fiskus nach § 45 Abs. 3, §§ 46, 88 BGB (s. JFG 1, 292, ferner § 35 Rn. 2, 4, 10).
- Eintritt der ehelichen oder fortgesetzten Gütergemeinschaft. Ihre Teilhaber brauchen vor der Übertragung oder Löschung eines zum Gesamtgut gehörenden Rechts nicht eingetragen zu werden, wenn letzteres auf den Namen auch nur eines Ehegatten eingetragen ist (JFG 1, 295). Unerheblich ist, ob die Gütergemeinschaft schon zurzeit der Eintragung des Rechts bestanden hat oder ob sie erst später eingetreten ist. Eine entsprechende Anwendung auf Eintragungen, die nicht die Übertragung oder Löschung eines Rechts zum Gegenstand haben, scheidet aus.
- Vermögensübergang nach Umwandlung inländischer Rechtsträger nach **11** dem UmwandlungsG v. 28.10.1994 (BGBl. I 3210) oder Eigentumsübergang auf die Bundesanstalt für Immobilienaufgaben nach dem BImA-EinrichtungsG v. 9.12.2004, BGBl. I 3235 (s. dazu OLG Schleswig FGPrax 2006, 149).
- Eingemeindung (RG 86, 286; KGJ 52, 188) sowie Teilung einer Gemein- **12** de in Einzelgemeinden (KGJ 41, 216; s. dazu auch OLG Hamm Rpfleger 1980, 148).
- Ausscheiden eines Gesellschafters aus einer zweigliedrigen Personenhandelsgesellschaft mit liquidationsloser Vollbeendigung der Gesellschaft und damit anwachsungsbedingter Gesamtrechtsnachfolge des anderen Gesell-

schafters (BGH FGPrax 2018, 242, auch zu den Nachweisen zur Eintragung einer Vormerkung).

Diesen Fällen ist gemeinsam, dass ein Rechtssubjekt wie bei der Erbfolge kraft Gesetzes in die Rechtsverhältnisse eines anderen, untergegangenen Rechtssubjekts eintritt.

4. Eingetragener Erblasser

13   Der Erblasser muss eingetragen sein. Ist er es nicht, so bleibt es bei der Regel des § 39 Abs. 1. Wurde anstelle des Erblassers der Vorerbe eingetragen, so braucht nach Eintritt des Nacherbfalls der Nacherbe nicht eingetragen zu werden (KGJ 51, 191). Anders, falls der Erblasser nicht eingetragen war; dann ist der Nacherbe einzutragen, auch wenn ein Nacherbenvermerk gebucht ist; die Eintragung des Vorerben ist unerheblich, weil der Nacherbe nicht Erbe des Vorerben ist.

14   Bei Briefrechten steht dem Eingetragensein des Erblassers der Fall des § 39 Abs. 2 gleich; der Erbe braucht also nicht eingetragen zu werden, wenn er den Brief besitzt und das Gläubigerrecht des Erblassers nach § 1155 BGB nachweist (KGJ 36, 244; RG 88, 349).

15   Stand dem Erblasser eine Hyp. als Eigentümergrundschuld oder Eigentümerhyp. zu, so genügt es, wenn er als Eigentümer eingetragen ist (s. § 39 Rn. 19); dasselbe wird zu gelten haben, wenn der Erbe des eingetragenen Eigentümers die Hyp. erwirbt (KGJ 28, 289).

5. Übertragung oder Aufhebung eines Rechts

16   Es muss sich um ein im GB eingetragenes Recht des Erblassers handeln. Dann ist die Voreintragung des Erben stets entbehrlich. Gleichgültig ist, ob Rechtsänderung oder Berichtigung vorliegt, gleichgültig auch, auf Grund welcher Unterlagen die Eintragung vorgenommen werden soll. Die Übertragung des Erbanteils eines Miterben auf einen anderen Miterben oder einen Dritten stellt keine Übertragung eines dinglichen Rechts dar (s. Rn. 3).

17   **a) Übertragung.** Darunter fällt nicht nur die rechtsgeschäftliche Übertragung, also Abtretung und Auflassung, sondern auch die Übertragung kraft Gesetzes oder richterlicher Anordnung. Auch die Übertragung von realen Teilen eines Grundstücks oder eines Rechts rechnet hierher (JFG 7, 372); nicht dagegen die Übertragung eines Bruchteils des für den Erblasser eingetragenen Rechts, da diese das dem Erben verbleibende Recht inhaltlich verändert. Eine Überweisung an Zahlungs Statt kann ohne Voreintragung des Erben auch dann eingetragen werden, wenn gleichzeitig die Pfändung eingetragen wird. Wird aber die Pfändung vorher allein eingetragen, so ist dazu nach der Regel des § 39 Abs. 1 die Eintragung des Erben notwendig.

18   **b) Vormerkung und Belastung.** Der Übertragung ist deren Sicherung durch Eintragung einer Vormerkung oder eines Widerspruchs gleichzustellen (JFG 7, 333; 16, 312; BGH FGPrax 2018, 242; OLG Frankfurt RNotZ 2018, 28). Eine Voreintragung des Erben ist auch dann nicht erforderlich, wenn die Übertragung mit einer Belastung (KG DRZ 1931 Nr. 511), Rangänderung (JFG 7, 372) oder Inhaltsänderung (KGJ 36, 240) verbunden ist.

Erforderlich ist sie jedoch für die Eintragung eines Nießbrauchs in Erfüllung eines Vermächtnisses (OLG Köln FGPrax 2020, 60) und dann, wenn zunächst nur eine Eigentumsvormerkung verbunden mit einer Belastung des Grundstücks mit einer Finanzierungsgrundschuld eingetragen werden soll (KG FGPrax 2011, 270; Jurksch Rpfleger 2019, 70; Bestelmeyer Rpfleger 2019, 679/695; a.M. OLG Frankfurt RNotZ 2018, 28; OLG Stuttgart Rpfleger 2019, 189; FGPrax 2019, 13 mit abl. Anm. v. Kramer; zustimmend Böttcher MittBayNot 2019, 346; OLG Köln FGPrax 2018, 106 mit abl. Anm. v. Bestelmeyer, anders aber bei einer isolierten Grundschuldbestellung Rpfleger 2019, 478; OLG Celle FGPrax 2020, 10 mit abl. Anm. v. Dressler-Berlin; alle beim Handeln eines transmortal Bevollmächtigten; zustimmend Cramer ZfIR 2017, 834; kritisch Becker MittBayNot 2019, 315).

c) Aufhebung. Darunter fallen der Verzicht auf das Eigentum (§ 928 **19** BGB) und die Löschung eingetragener Rechte. Auch die Entpfändung von Trennstücken gehört hierher (KGJ 23, 151).

6. Sonstige Fälle

Bei Eintragungen, die nicht die Übertragung oder Aufhebung eines **20** Rechts zum Gegenstand haben, ist die Voreintragung des Erben nur unter besonderen Voraussetzungen entbehrlich (s. Rn. 21, 22). Es gilt dies in erster Linie für die Eintragung von Belastungen sowie von Inhalts- oder Rangänderungen eines Rechts, aber auch für die Eintragung von Vormerkungen, Widersprüchen und Verfügungsbeschränkungen (s. aber Rn. 18).

Im Gebiet der ehemaligen DDR war § 40 Abs. 1 bis zum Ablauf des 31.12.1999 auf Belastungen entsprechend anwendbar (§ 11 Abs. 2 GBBerG). Das Erfordernis der Voreintragung des Erben entfiel damit nicht nur dann, wenn die Übertragung oder Aufhebung des Rechts eingetragen werden sollte, sondern auch bei Eintragung einer Belastung des Rechts durch den Erben. § 40 Abs. 1 konnte nur angewendet werden, wenn vor dem 1.1.2000 sowohl die EintrBewilligung erklärt als auch der EintrAntrag beim GBAmt eingegangen war.

7. Eintragungsbewilligung des Erblassers

Die EintrBewilligung des Erblassers oder eines Nachlasspflegers, auch ei- **21** nes Nachlassverwalters (RG JFG 13, 388) oder eines Nachlassinsolvenzverwalters (LG Mainz NotBZ 2007, 226), genügt stets, weil sie den Erben immer bindet. Das OLG Frankfurt RNotZ 2018, 28 stellt den transmortal Bevollmächtigten einem Nachlasspfleger gleich; ebenso OLG Stuttgart FGPrax 2019, 13; Rpfleger 2019, 189; OLG Köln FGPrax 2018, 106; OLG Celle FGPrax 2020, 10. Zu Recht ablehnend Bestelmeyer Rpfleger 2019, 679/695; Dressler-Berlin FGPrax 2020, 12.

Die Bewilligung eines Testamentsvollstreckers genügt gemäß § 40 Abs. 2 hingegen nur dann, wenn sie gegen den Erben wirksam ist (§§ 2205 bis 2209 BGB). Dies setzt voraus, dass sich der Testamentsvollstrecker in den Grenzen seiner Verfügungsbefugnis hält (OLG München Rpfleger 2019, 334), es sich also insbesondere nicht um eine unentgeltliche Verfügung handelt (s. dazu

§ 52 Rn. 18 ff.). In jedem Fall muss eine EintrBewilligung im Sinn des § 19 vorliegen. Es genügt nicht, dass der Erblasser zur Eintragung verpflichtet ist oder dass er im Testament den Erben zu einer Eintragung ermächtigt hat (OLG Darmstadt KGJ 50, 239). Ist der Erbe verstorben, so genügt die Bewilligung des für seinen Nachlass bestellten Testamentsvollstreckers, weil § 40 auch auf Erbeserben anzuwenden ist (KGJ 49, 176; str.).

8. Vollstreckbarer Titel gegen den Erblasser

22   In Betracht kommen alle Titel gegen den Erblasser, den Nachlasspfleger oder den Testamentsvollstrecker, die die Grundlage einer Eintragung bilden können, insbes. auch auf Zahlung einer Geldsumme lautende, wenn eine Sicherungshyp. eingetragen werden soll. Hatte die Zwangsvollstreckung gegen den Erblasser begonnen, so kann sie mit Vollstreckungsklausel gegen den Erblasser auch in andere Nachlassgegenstände fortgesetzt werden (§ 779 ZPO). Sonst ist die Vollstreckungsklausel auf den Erben, vor Annahme der Erbschaft auf den Testamentsvollstrecker oder Nachlasspfleger, umzuschreiben und zuzustellen (§§ 727, 750 ZPO). Urteile nach § 894 Abs. 1 Satz 1, § 895 ZPO bedürfen der Vollstreckungsklausel nicht, weil die Erklärung mit der Rechtskraft bzw. mit der Verkündung als abgegeben gilt. Bei Titeln gegen einen Testamentsvollstrecker ist § 748 ZPO zu beachten; die Voreintragung des Erben ist nur im Fall des Abs. 1 entbehrlich; in den Fällen der Abs. 2 und 3 hingegen muss der Erbe zuvor eingetragen werden.

9. Kosten

23   **a) Gebührenfreiheit.** Lässt sich der Erbe des eingetragenen Eigentümers trotz Vorliegens der Voraussetzungen des § 40 im Weg der GBBerichtigung eintragen (vgl. Rn. 2), genießt er Gebührenfreiheit, sofern der Umschreibungsantrag binnen zwei Jahren seit dem Erbfall eingereicht wird (Nr. 14110 Abs. 1 Satz 1 GNotKG-KV). Entsprechendes gilt für die Eintragung des Nacherben nach Eintritt des Nacherbfalls unabhängig davon, ob der Vorerbe eingetragen wurde. Zu den Voraussetzungen der Gebührenfreiheit s. Rn. 25.

Die Eintragung ist auch dann gebührenfrei, wenn der Erbe seinen Eintr-Antrag formell auf einen mit dem Erblasser geschlossenen Hofübergabevertrag (vorweggenommene Erbfolge) stützt (OLG Celle NdsRpfl. 1988, 61). Gebührenfrei ist auch die gleichzeitige Eintragung des Nacherben- oder Testamentsvollstreckervermerks (s. hierzu § 51 Rn. 49). Wenn ein in Gütergemeinschaft lebender Ehegatte den im GB eingetragenen Eigentümer beerbt, erstreckt sich die Gebührenbefreiung auch auf die Eintragung des anderen Ehegatten, der Eigentum nach § 1416 BGB erwirbt (BayObLG Rpfleger 1993, 464; s. dazu Staudt MittBayNot 1986, 234). Zur Gebührenbefreiung bei Eintragung der Erben eines BGB-Gesellschafters s. § 22 Rn. 64. Die Gebührenbefreiung setzt aber in jedem Fall voraus, dass ein Erbfall die Eigentumsänderung ausgelöst hat; eine Schenkung reicht auch dann nicht aus, wenn sie als „vorweggenommene Erbfolge" bezeichnet wird.

Für die Eintragung der Erben des Berechtigten eines in Vorbem. 1.4.1.2 GNotKG-KV genannten dinglichen Rechts wird eine Gebühr von 0,5 erhoben (Nr. 14130 GNotKG-KV). Die Möglichkeit einer Gebührenbefreiung besteht nicht. Jedoch werden die Erben eines Vormerkungsberechtigten gebührenfrei eingetragen.

b) Erbauseinandersetzung. Ob bei der Eigentumsumschreibung auf 24 Grund einer Erbauseinandersetzung ohne vorherige Eintragung der Erbengemeinschaft eine Gebührenbefreiung erlangt werden konnte, war umstritten. Nach Nr. 14110 Abs. 1 Satz 2 GNotKG-KV erfasst die Gebührenbefreiung auch diesen Fall. Wird zunächst die Erbengemeinschaft eingetragen und werden dann einzelne Erben auf Grund einer Erbauseinandersetzung eingetragen, fällt eine Gebühr von 1,0 an (Nr. 14110 Nr. 1 GNotKG-KV); der Geschäftswert bestimmt sich nach § 70 Abs. 2 GNotKG. Gebührenfreiheit genießt nur die Eintragung der Erbengemeinschaft (OLG Köln Rpfleger 2003, 622; FGPrax 2014, 129; s. dazu auch Bund Rpfleger 2004, 393). Nach OLG Stuttgart (Rpfleger 2015, 729 mit zust. Anm. v. Böhringer) genießt Gebührenfreiheit auch der Vorausvermächtnisnehmer, also die Eintragung eines Erben, dessen Erwerb auf der Ausübung eines erbvertraglich eingeräumten Übernahmerechts, Abschluss eines Übernahmevertrags zwischen sämtlichen Erben einschließlich Auflassung, EintrBewilligung und EintrAntrag beruht. Begünstigt ist aber immer nur die Eintragung einer Person, die Erbe des eingetragenen Eigentümers geworden ist.

c) Voraussetzungen der Gebührenfreiheit. Voraussetzung der Gebüh- 25 renfreiheit ist, dass innerhalb der Zweijahresfrist, bei der es sich um eine Ausschlussfrist handelt, die zur GBBerichtigung erforderlichen Nachweise eingereicht werden, mithin ein vollzugsfähiger Berichtigungsantrag gestellt wird. Gebührenfreiheit ist auch dann nicht gegeben, wenn dies aus Gründen nicht möglich ist, die der Erbe nicht zu vertreten hat (OLG Karlsruhe Rpfleger 1988, 19; BayObLG Rpfleger 1999, 509; a. M. OLG Köln Rpfleger 1988, 549; NJW-RR 1999, 1230; FGPrax 2018, 236 mit Anm. v. Wilsch; OLG Zweibrücken Rpfleger 1997, 277; OLG Frankfurt MittBayNot 2007, 522). Bei Eintragung des Nacherben kommt es für die Frist auf den Zeitpunkt des Nacherbfalls an. Voraussetzung der Privilegierung ist aber, dass das GB beim Vorerbfall fristgerecht berichtigt wurde oder die Frist noch nicht abgelaufen ist. In letzterem Fall ist der Zeitraum zwischen dem Erbfall und dem Nacherbfall in die Frist einzubeziehen (OLG München Rpfleger 2015, 368).

Vorlegung des Hypothekenbriefes

41 (1) **Bei einer Hypothek, über die ein Brief erteilt ist, soll eine Eintragung nur erfolgen, wenn der Brief vorgelegt wird. Für die Eintragung eines Widerspruchs bedarf es der Vorlegung nicht, wenn die Eintragung durch eine einstweilige Verfügung angeordnet ist und der Widerspruch sich darauf gründet, daß die Hypothek oder die Forderung, für welche sie bestellt ist, nicht bestehe oder einer Einrede unterliege oder daß die Hypothek unrichtig eingetragen sei. Der Vorlegung des Briefes bedarf es nicht für die Eintragung einer Löschungsvormerkung nach § 1179 des Bürgerlichen Gesetzbuchs.**

(2) **Der Vorlegung des Hypothekenbriefs steht es gleich, wenn in den Fällen der §§ 1162, 1170, 1171 des Bürgerlichen Gesetzbuchs auf Grund**

des Ausschließungsbeschlusses die Erteilung eines neuen Briefes beantragt wird. Soll die Erteilung des Briefes nachträglich ausgeschlossen oder die Hypothek gelöscht werden, so genügt die Vorlegung des Ausschlußurteils.

Inhaltsübersicht

1. Allgemeines

1   § 41, geändert durch Art. 2 Nr. 2 des Ges. v. 22.6.1977 (BGBl. I 998) und durch Art. 36 Nr. 4 des FGG-RG v. 17.12.2008 (BGBl. I 2586), macht Eintragungen bei einer Briefhyp. grundsätzlich von der Vorlegung des Briefs abhängig und trifft eine Bestimmung für die Fälle, in denen ein erteilter Brief kraftlos geworden ist.

Die Vorlegung des Briefs ist, da die Hyp. außerhalb des GB übertragen und belastet werden kann, zunächst zum Nachweis der Verfügungs- und damit auch der Bewilligungsberechtigung notwendig. Außerdem bedarf es ihrer zur Erhaltung der Übereinstimmung zwischen GB und Brief, die durch § 62 vorgeschrieben und deshalb geboten ist, weil sich ein Erwerber der Hyp. gegenüber dem richtigen GB nicht auf den abweichenden Inhalt des Briefs berufen kann (BGH FGPrax 2013, 98; OLG Düsseldorf Rpfleger 1995, 104). Allerdings ist nicht in allen Fällen, in denen der Brief gemäß § 41 wegen einer bei der Hyp. zu bewirkenden Eintragung vorgelegt werden muss, diese Eintragung auch gemäß § 62 auf dem Brief zu vermerken (s. hierzu § 62 Rn. 3).

2. Voraussetzungen der Vorlegungspflicht

2   **a) Briefhypothek.** Die vorzunehmende Eintragung muss eine Briefhyp. betreffen. Ist über eine Buchhyp. versehentlich ein Brief erteilt worden, so bleibt die Hyp. gleichwohl Buchhypothek; eine Eintragung bei ihr kann daher nicht von der Vorlegung des Briefs abhängig gemacht werden. Dasselbe gilt, wenn eine Briefhyp. in eine Buchhyp. umgewandelt wurde, der Brief aber aus Versehen nicht unbrauchbar gemacht worden ist. Eine im Zeitpunkt der GBAnlegung bestehende Hyp. ist nach Art. 192 EGBGB Buchhyp. im Sinn des BGB geworden; von der der Landesgesetzgebung in Art. 193 EGBGB eingeräumten Möglichkeit, ein anderes zu bestimmen, wurde in Bayern kein Gebrauch gemacht.

3   **b) Bei der Hyp. zu bewirkende Eintragung.** Es kommen nur solche Eintragungen in Betracht, die in der dritten Abteilung unter der Nummer der Hyp. zu erfolgen haben (KGJ 36, 222). Eintragungen, die zwar materiell auf die Hyp. einwirken, aber an einer anderen Stelle des GB vorzunehmen sind, gehören nicht hierher. Dasselbe gilt für Eintragungen, die lediglich Tatsachen verlautbaren wie die identitätswahrende Namensänderung des Berechtigten, die Richtig- und Klarstellung ungenauer Eintragungsvermerke, Euro-Umstellungen seit dem 31.12.2001, Vermerke über das Bestehen oder Erlöschen anderer Mithaftstellen, die nur infolge von Umbuchungen angebracht werden, die Einweisung eines anderen Rechts in einen bei der Grundschuld bereits eingetragenen vorbehaltenen Rang und die Umbuchung des belasteten Grundbesitzes auf ein anderes GBBlatt (BGH FGPrax 2013, 98. Mithin bedarf es auch zur Eintragung einer Bestandteilszuschreibung nicht der Vorlegung des Briefs über eine auf dem Hauptgrundstück lastende Hyp. (BGH FGPrax 2013, 98). Wegen der pfandfreien Abschreibung eines Grundstücksteils s. Rn. 5. Zur Pflicht der Flurbereinigungsbehörde, den Brief zur Berichtigung des GB entsprechend dem Flurbereinigungsplan vorzulegen s. § 38 Rn. 22.

c) Art der Eintragung. Ob die bei der Hyp. zu bewirkende Eintragung **4** rechtsändernden oder berichtigenden, endgültigen oder vorläufigen Charakter hat, ist unwesentlich (KGJ 44, 252); unerheblich ist ferner, ob sie sich auf eine Bewilligung des Gläubigers, auf einen gegen diesen erwirkten Titel (OLG München Rpfleger 2010, 420) oder auf den Nachweis der Unrichtigkeit gründet, ob sie auf Antrag, auf Ersuchen einer Behörde oder von Amts wegen erfolgen soll (OLG Düsseldorf Rpfleger 1995, 104); schließlich macht es auch keinen Unterschied, ob sie die Rechtsstellung des Gläubigers verschlechtert, verbessert oder unberührt lässt (BGH FGPrax 2013, 98; 2019, 50; KGJ 44, 263). Stets aber muss es sich um eine Eintragung handeln, die über die dingliche Rechtslage Auskunft zu geben bestimmt ist und nicht etwa nur eine Tatsache kundgibt, ohne die Rechtslage zu ändern (KGJ 44, 252, 257).

d) Notwendigkeit der Vorlegung. Der Vorlegung des Briefs bedarf es **5** daher nicht nur zur Eintragung von Abtretungen, Belastungen, Inhalts- und Rangänderungen (OLG Hamm FGPrax 2002, 193; OLG Frankfurt Rpfleger 2018, 437) sowie Löschungsvermerken (OLG Saarbrücken FGPrax 2019, 168), sondern auch zur Eintragung von Verfügungsbeschränkungen (KGJ 38, 296), Vormerkungen (KGJ 27, 82; OLG München Rpfleger 2010, 420; nicht aber Löschungsvormerkungen nach § 1179 BGB, s. Rn. 16) und Widersprüchen (KGJ 38, 296; s. aber Rn. 14). Auch die pfandfreie Abschreibung eines Grundstücksteils erfordert die Vorlegung des Briefs, da sie einen Ersatz für den bei der Hyp. einzutragenden Löschungsvermerk bildet (OLG Rostock KGJ 29, 282). Der BGH (FGPrax 2013, 98) hat dies offen gelassen, die Notwendigkeit einer Briefvorlegung aber für den Fall verneint, dass ein bereits katastermäßig als Flurstück ausgewiesener Grundstücksteil abgeschrieben werden soll; in diesem Fall bleibt Belastungsgegenstand das bisherige GBGrundstück, das lediglich flächenmäßig kleiner geworden ist. Zur Eintragung einer Teilabtretung oder eines kraft Gesetzes eingetretenen Teilübergangs ist außer dem etwa hergestellten TeilhypBrief auch der Stammbrief vorzulegen (KGJ 30, 238).

e) Entbehrlichkeit der Vorlegung. Nicht erforderlich ist die Vorlegung **6** des Briefs, wenn ein Grundstücksteil unter Übernahme der Hyp. auf ein anderes GBBlatt übertragen werden soll; denn die nach § 48 Abs. 1 Satz 2 einzutragenden Mithaftvermerke bekunden lediglich eine Tatsache (KGJ 34, 294; a. M. RG 157, 292; dagegen Henke ZAkDR 1938, 673). Aus dem gleichen Grund bedarf es zur Eintragung eines vorbehaltenen Rechts trotz § 18 GBV nicht der Vorlegung des Briefs über das Vorbehaltsrecht (KGJ 36, 225). Dagegen nimmt die h. M. an, dass zur Eintragung einer Rangänderung, obwohl zu deren Wirksamwerden die Verlautbarung beim zurücktretenden Recht genügt, auch der Brief über das vortretende Recht vorzulegen ist (KGJ 44, 257 mit weit. Nachweisen).

3. Beschaffung des Briefs

7   Die Beschaffung des Briefs ist Sache des Antragstellers oder der ersuchenden Behörde (KGJ 30, 282; zur Verpflichtung der Umlegungsstelle, bei einem EintrErsuchen den Brief vorzulegen, s. § 38 Rn. 23). Dass sie tatsächliche Schwierigkeiten bereitet, berechtigt das GBAmt nicht, von der Vorlegung abzusehen (OLG Karlsruhe DNotZ 1926, 262; OLG München Rpfleger 2010, 420; OLG Jena NotBZ 2013, 353). Hat das GBAmt den Brief in einer anderen GBSache in Verwahrung, so darf es ihn nur dann als vorgelegt ansehen, wenn dies offenbar dem Willen der Beteiligten entspricht (RG Warn. 1917 Nr. 277; JFG 8, 231; s. auch OLG Oldenburg Rpfleger 1966, 174; BayObLG Rpfleger 1992, 56). Andernfalls bedarf es zur Verwendung einer Einverständniserklärung desjenigen, der den Brief eingereicht hat (OLG Jena NotBZ 2013, 353); die Erklärung braucht aber nicht in grundbuchmäßiger Form abgegeben zu werden (a. M. KGJ 50, 230). Befindet sich der Brief in Verwahrung der Gerichtskasse, so hat der Antragsteller für die Vorlegung an das GBAmt zu sorgen (KGJ 50, 230).

8   Soll ein Amtswiderspruch eingetragen oder eine Amtslöschung vorgenommen werden, so hat das GBAmt den Brief nach Maßgabe des § 62 Abs. 3 Satz 1 zu beschaffen, d. h. den Besitzer zur Vorlegung anzuhalten. Zur Beschaffung des Briefs bei Eintragung einer Vormerkung oder eines Widerspruchs auf Anordnung des Rechtsmittelgerichts s. § 76 Rn. 6.

4. Verfahren des Grundbuchamts

9   Wird der Brief nicht vorgelegt und bleibt auch eine auf Vorlegung gerichtete Zwischenverfügung ergebnislos, so ist der EintrAntrag oder das EintrErsuchen zurückzuweisen.

10   Wird der Brief vorgelegt, so ist seine formelle Ordnungsmäßigkeit und die Verfügungsberechtigung des Bewilligenden zu prüfen. Ob ein unvollständig vorgelegter Brief als ausreichend angesehen werden kann, ist im Einzelfall zu entscheiden. Von der Vorlegung eines ordnungsmäßigen Briefs kann jedenfalls dann nicht ausgegangen werden, wenn der Brief aufgrund nachträglicher Veränderungen in seiner Substanz derart unvollständig ist, dass wesentliche Teile fehlen (OLG Saarbrücken FGPrax 2019, 168 zur Vorlegung eines Teilbriefs). Falls der Bewilligende nicht als Gläubiger eingetragen ist, muss seine Berechtigung nach Maßgabe des § 1155 BGB dargetan sein. Nur wenn diese Voraussetzungen erfüllt sind, darf eingetragen werden; alsdann ist nach § 62 Abs. 1, § 69 zu verfahren.

5. Ersatz für die Vorlegung des Briefs

Ist der Brief gemäß § 1162 BGB für kraftlos erklärt worden oder ist er infolge eines nach §§ 1170, 1171 BGB erwirkten **Ausschließungsbeschlusses** kraftlos geworden, so greift Abs. 2 ein. Hiernach steht es der Vorlegung des Briefs gleich, wenn der rechtskräftige (§ 439 Abs. 2 FamFG) Ausschließungsbeschluss vorgelegt und die Erteilung eines neuen Briefs gemäß § 67 beantragt wird; soll die Erteilung des Briefs nachträglich gemäß § 1116 Abs. 2 BGB ausgeschlossen oder die Hyp. gelöscht werden, so genügt die Vorlegung des Ausschließungsbeschlusses. Dies gilt aber nur für den Gläubiger, der den Ausschließungsbeschluss erwirkt und in Besitz hat. Ist dies nicht der im GB noch eingetragene Gläubiger, kann sich dieser nicht auf den Ausschließungsbeschluss als Ersatz des Briefs berufen, weil ihm die mit dem Beschluss verbundene Legitimationswirkung nicht zugute kommt (OLG München Rpfleger 2017, 146). S. dazu aber auch OLG Hamm FGPrax 2020, 163. **11**

Das **Antragsrecht** des Antragstellers im Aufgebotsverfahren ist vom GBAmt nicht nachzuprüfen (KGJ 45, 297); eine Kraftloserklärung wirkt auch dann für und gegen alle, wenn der Ausschließungsbeschluss von einem Nichtberechtigten erwirkt worden ist (KGJ 45, 298). S. hierzu auch Ges. über die Kraftloserklärung von Hypotheken-, Grundschuld- und Rentenschuldbriefen in besonderen Fällen v. 18.4.1950. Näheres zu diesem s. § 67 Rn. 6. **12**

Über den Fall, dass der Brief durch **Kriegseinwirkung** oder im Gebiet der ehemaligen DDR im Zusammenhang mit besatzungsrechtlichen oder besatzungshoheitlichen Enteignungen von Banken oder Versicherungen vernichtet wurde oder abhanden gekommen ist, s. § 67 Rn. 7.

Hat das GBAmt den Brief aus Versehen **unbrauchbar gemacht,** so bedarf es zur Löschung der Hyp. weder der Vorlegung des Briefs noch der eines Ausschließungsbeschlusses (KGJ 48, 226). **13**

6. Ausnahmen von der Vorlegungspflicht

a) Nach der GBO. Nach Abs. 1 Satz 2 ist zur Eintragung eines Widerspruchs die Vorlegung des Briefs nicht erforderlich, wenn die Eintragung durch eine einstweilige Verfügung angeordnet ist und der Widerspruch sich auf bestimmte Tatsachen, nämlich darauf gründet, dass die Hyp. oder die ihr zugrunde liegende Forderung nicht besteht oder einer Einrede unterliegt oder dass die Hyp. unrichtig eingetragen ist. Die Hyp. besteht z. B. nicht, wenn die Einigung nichtig oder eine auflösende Bedingung eingetreten ist; dem Fall, dass die Forderung nicht besteht, also eine Eigentümergrundschuld vorliegt, ist nach der Entstehungsgeschichte der Vorschrift derjenige gleichzusetzen, dass der Eigentümer die Hyp. als solche erworben hat; an Einreden gegen die Hyp. oder die Forderung kommen alle Einreden in Betracht, die nach §§ 1137, 1157 BGB eintragungsfähig sind; unrichtig eingetragen ist die Hypothek, wenn ihr Inhalt oder ihr Rang (OLG Hamm FGPrax 2002, 193) nicht richtig verlautbart ist. Hat der Widerspruch einen anderen Inhalt oder soll er auf Grund einer Bewilligung oder eines Urteils nach §§ 894, 895 ZPO eingetragen werden, so ist der Brief vorzulegen (KGJ 38, 296; OLG Frankfurt Rpfleger 1975, 301); dasselbe gilt, wenn überhaupt kein Wider- **14**

spruch, sondern eine Verfügungsbeschränkung eingetragen werden soll (KGJ 38, 296; BayObLG KGJ 49, 286; OLG Schleswig ZflR 1998, 709). Deshalb kann eine Vormerkung auf Grund einer einstweiligen Verfügung bei einem Briefrecht nicht ohne Briefvorlage eingetragen werden (OLG Düsseldorf Rpfleger 1995, 104). Ist ein Widerspruch nach Abs. 1 Satz 2 ohne Vorlegung des Briefs eingetragen worden, so hat das GBAmt den Besitzer nach § 62 Abs. 3 Satz 2 zur Vorlegung anzuhalten, damit die Eintragung des Widerspruchs nachträglich auf dem Brief vermerkt werden kann.

15 Hat ein Amtswiderspruch den in Abs. 1 Satz 2 bezeichneten Inhalt, so ist die Eintragung nach § 53 Abs. 2 Satz 1 ohne Vorlegung des Briefs statthaft. Nach der Eintragung muss das GBAmt gemäß § 62 Abs. 3 Satz 2 verfahren.

16 Nicht erforderlich ist die Vorlegung des Briefs nach Abs. 1 Satz 3 zur Eintragung einer Löschungsvormerkung nach § 1179 BGB; die Eintragung einer solchen Vormerkung wird nach § 62 Abs. 1 Satz 2 auch nicht auf dem Brief vermerkt. Der Brief braucht nicht vorgelegt zu werden zur Eintragung oder Löschung eines Widerspruchs auf Ersuchen der Verbots- oder Einziehungsbehörde bei Einziehung von Vereinsvermögen gem. § 18 Abs. 2 DVO zum VereinsG v. 28.7.1966 (BGBl. I 457).

17 **b) Nach anderen bundesrechtlichen Vorschriften.** Die Vorlegung des Briefs ist nach §§ 131, 158 Abs. 2 ZVG nicht erforderlich, wenn auf Ersuchen des Vollstreckungsgerichts eine durch Zuschlag oder Zahlung im Zwangsverwaltungsverfahren erloschene Hyp. gelöscht oder der Vorrang einer Sicherungshyp. nach § 128 ZVG vor einer bestehen gebliebenen Hyp. eingetragen werden soll; das Gleiche gilt für die Eintragung einer Vormerkung nach § 130a Abs. 2 Satz 1 ZVG.

Keiner Vorlegung des Briefs bedarf es nach § 6 Satz 1 GBMaßnG zur Eintragung oder Löschung eines Umstellungsschutzvermerks. Auch zur Eintragung der Umstellung eines Rechts auf Euro muss der Brief nicht vorgelegt werden (§ 26a Abs. 1 Satz 5 GBMaßnG). Die Vorlegung des Briefs ist trotz Fehlens einer ausdrücklichen Bestimmung auch dann entbehrlich, wenn auf Ersuchen des Insolvenzgerichts ein allgemeines Verfügungsverbot oder die Eröffnung des Insolvenzverfahrens eingetragen werden soll (s. dazu § 38 Rn. 66).

Die Vorlegung des Briefs ist nicht erforderlich bei Eintragungen, die auf Grund der Erklärung einer Bewilligungsstelle gem. § 113 Abs. 1 Nr. 6 Satz 1 GBV vorgenommen werden, ferner nicht bei Eintragung eines Zustimmungsvorbehalts gem. § 11c VermG (§ 113 Abs. 1 Nr. 6 Satz 6 GBV). Betrifft bei der Anlegung des Datenbankgrundbuchs die Neufassung ein Briefgrundpfandrecht braucht der Brief nicht vorgelegt zu werden. Ein Vermerk über die Neufassung wird auf dem Brief nur auf Antrag vermerkt (§ 71a Abs. 2 Satz 2 GBV).

Zur Löschung eines Briefgrundpfandrechts, das nach § 16 Abs. 2 VermG oder nach Art. 14 Abs. 6 Satz 2 und 3 des 2.VermRÄndG als erloschen oder als nicht entstanden gilt, braucht dem GBAmt der Brief nicht vorgelegt zu werden (§ 4 Abs. 7 HypAblöseVO v. 10.6.1994, BGBl. I 1253).

18 **c) Nach landesrechtlichen Vorschriften.** Ausnahmen bestehen auf den durch § 143 vorbehaltenen Gebieten. In Bayern kommt vor allem Art. 72

Abs. 4 AGBGB in Betracht, wonach zu einer lastenfreien Abschreibung auf Grund Unschädlichkeitszeugnisses die Vorlegung des Briefs nicht erforderlich ist. Weitere Ausnahmen ergeben sich aus Art. 42 Satz 1 AGGVG v. 23.6.1981 (BayRS 300-1-1-J).

7. Nichtbeachtung des § 41

Hat das GBAmt eine Eintragung ohne die erforderliche Vorlegung des **19** Briefs vorgenommen, so berührt dies die Wirksamkeit der Eintragung nicht (RG 73, 50; BayObLG KGJ 49, 286; OLG Düsseldorf Rpfleger 1995, 104); das GBAmt ist nicht befugt, die nachträgliche Vorlegung des Briefs zu erzwingen, um GB und Brief in Übereinstimmung zu bringen (RG 83, 290; KGJ 38, 297; OLG Dresden JFG 7, 415). War der Bewilligende aber nicht der Berechtigte, so ist das GB unrichtig (OLG Hamm FGPrax 2002, 193).

Vorlegung des Grundschuld- oder Rentenschuldbriefes

42 **Die Vorschriften des § 41 sind auf die Grundschuld und die Rentenschuld entsprechend anzuwenden. Ist jedoch das Recht für den Inhaber des Briefes eingetragen, so bedarf es der Vorlegung des Briefes nur dann nicht, wenn der Eintragungsantrag durch die Bewilligung eines nach § 1189 des Bürgerlichen Gesetzbuchs bestellten Vertreters oder durch eine gegen ihn erlassene gerichtliche Entscheidung begründet wird.**

1. Allgemeines

§ 42 schreibt die entsprechende Anwendung des § 41 auf die Grundschuld **1** und die Rentenschuld vor, trifft jedoch eine Sonderbestimmung für den Fall, dass das Recht für den Inhaber des Briefs eingetragen ist.

Zur grundbuchmäßigen Behandlung der Inhabergrund- und -rentenschuld s. Zeiser Rpfleger 2006, 577.

2. Namensgrundschuld und Namensrentenschuld

Ist die Grund- oder Rentenschuld für einen bestimmten, namentlich be- **2** zeichneten Berechtigten eingetragen, so gilt § 41 Abs. 1 und 2. Da die Grund- und Rentenschuld von der etwa zugrunde liegenden Forderung rechtlich unabhängig ist, kann sich der in § 41 Abs. 1 Satz 2 erwähnte Widerspruch hier nur darauf gründen, dass die Grund- oder Rentenschuld nicht besteht, einer Einrede unterliegt oder unrichtig eingetragen ist. Zu beachten bleibt jedoch, dass sich Einreden gegen die Grund- oder Rentenschuld auch daraus ergeben können, dass diese zu einer Forderung in Beziehung gebracht ist; so kann sich z.B. ein Widerspruch über § 1157 BGB auf die Nichtvalutierung einer Sicherungsgrundschuld gründen (KGJ 53, 219). Befriedigt der Eigentümer den Grundschuldgläubiger, so geht die Grundschuld nach § 1143 BGB auf ihn über (RG 78, 67; KGJ 35, 327); dasselbe gilt bei Ablösung einer Rentenschuld. Beide Fälle sind dem Nichtbestehen der Forderung im Sinn des § 41 Abs. 1 Satz 2 gleichzustellen (a. M. OLG Rostock KGJ 31, 371).

3. Inhabergrundschuld und Inhaberrentenschuld

3   Nach § 1195 Satz 2, § 1199 Abs. 1 BGB kann eine Grund- oder Rentenschuld in der Weise bestellt werden, dass der Brief auf den Inhaber ausgestellt wird. Eintragungen bei der Grund- oder Rentenschuld kommen nur insoweit in Betracht, als sie deren Bestand oder Inhalt betreffen. Eintragungen, die die persönliche Berechtigung, also die Übertragung, die Nießbrauchs- und Pfandrechtsbestellung oder die Pfändung betreffen, sind unzulässig.

Auf einen Inhabergrund- oder Rentenschuldbrief finden nach § 1195 Satz 2 BGB die Vorschriften über Schuldverschreibungen auf den Inhaber entsprechende Anwendung. Bis zu der Aufhebung des § 795 BGB und dem Außerkrafttreten des Ges. v. 26.6.1954 (BGBl. I 147) mit Wirkung vom 1.1.1991 gem. Ges. v. 17.12.1990 (BGBl. I 2839) durfte der Brief bei Meidung seiner Nichtigkeit nur mit staatlicher Genehmigung in den Verkehr gebracht werden, deren Erteilung vor der Eintragung nachzuweisen war (RG 59, 387). Wird die Grund- oder Rentenschuld in Teile zerlegt. so ist nach § 70 Abs. 2 über jeden Teil ein besonderer Brief herzustellen; über die Eintragung im Fall der Zerlegung s. § 50 Abs. 2.

4   Für den jeweiligen Gläubiger kann gemäß § 1189 Abs. 1 BGB ein sog. GBVertreter bestellt werden; die Bestellung bedarf der Eintragung in das GB; dabei ist der Name des Vertreters (RG JFG 13, 285) und, wenigstens durch Bezugnahme auf die EintrBewilligung, der Umfang seiner Vertretungsmacht anzugeben (BayObLG OLG 41, 182). Der GBVertreter hat nach außen eine von der Person des Gläubigers unabhängige Vertretungsmacht (RG JFG 13, 283); über seine Rechtsstellung im Einzelnen s. BayObLG OLG 41, 182; RG 117, 372; JFG 7, 301. Für den eingetragenen Vertreter spricht die Vermutung des § 891 BGB (KGJ 51, 307). Ist eine Aktiengesellschaft GBVertreter, so geht diese Stellung im Fall der Verschmelzung in der Regel auf die übernehmende Gesellschaft über (RG JFG 13, 281). Dem Vertreter kann auch das Recht zur Ernennung eines Nachfolgers eingeräumt werden (KGJ 51, 306). Die nachträgliche Bestellung eines GBVertreters und die Änderung seiner Vertretungsmacht sind Inhaltsänderungen der Grund- oder Rentenschuld (KGJ 45, 279). Ist ein GBVertreter bestellt, so bleibt der Gläubiger gleichwohl verfügungsberechtigt (KGJ 45, 279).

4. Vorlegung des Briefs

5   Ist die Grund- oder Rentenschuld für den Inhaber des Briefs eingetragen, so findet die Ausnahmebestimmung des § 41 Abs. 1 Satz 2 keine Anwendung. Ihre Ausschaltung beruht darauf, dass für den Brief die Vorschriften über Inhaberschuldverschreibungen gelten (s. Rn. 3) und es dem § 796 BGB widerspräche, wenn ein Widerspruch zwar aus dem GB, nicht aber aus dem Brief ersichtlich wäre. Dementsprechend hat sich das GBAmt, falls ein Amtswiderspruch einzutragen ist, den Brief nach § 53 Abs. 2 Satz 2 auch dann vor der Eintragung zu verschaffen, wenn der Amtswiderspruch den in § 41 Abs. 1 Satz 2 bezeichneten Inhalt hat.

Andererseits ist die Briefvorlegung dann nicht erforderlich, wenn ein sog. **6** GBVertreter bestellt ist (s. Rn. 4) und sich der EintrAntrag auf eine Bewilligung des Vertreters oder eine gegen diesen erlassene gerichtliche Entscheidung gründet. Auch eine nachträgliche Beschaffung des Briefs durch das GBAmt ist hier nicht vorgesehen; auf die Ergänzung des Briefs durch Vermerk der Eintragung kann verzichtet werden, weil die Bestellung des Vertreters aus diesem Brief hervorgeht und mit Verfügungen des Vertreters gerechnet werden muss. Der Umfang der dem GBVertreter eingeräumten Vertretungsmacht ist sorgfältig zu prüfen (BayObLG OLG 41, 182). In allen anderen Fällen, insbes. für Eintragungen auf Bewilligung des Gläubigers oder auf Ersuchen einer Behörde, bedarf es der Vorlegung des Briefs.

Hat das GBAmt dem eingetragenen Eigentümer den Brief für eine Inha- **7** bergrundschuld ausgehändigt, genügt es für deren Löschung, dass der eingetragene Eigentümer die Löschung bewilligt und einen von ihm erwirkten, rechtskräftigen Ausschließungsbeschluss vorlegt, in dem der Brief für kraftlos erklärt wird (KG FGPrax 2019, 53).

5. Ausnahmen nach Bundes- und Landesrecht

Das zu § 41 Rn. 14 ff. Ausgeführte gilt auch für die Grund- und Renten- **8** schuld.

Vorlegung von Inhaber- und Orderpapieren

43 (1) **Bei einer Hypothek für die Forderung aus einer Schuldverschreibung auf den Inhaber, aus einem Wechsel oder einem anderen Papier, das durch Indossament übertragen werden kann, soll eine Eintragung nur erfolgen, wenn die Urkunde vorgelegt wird; die Eintragung ist auf der Urkunde zu vermerken.**

(2) **Diese Vorschrift ist nicht anzuwenden, wenn eine Eintragung auf Grund der Bewilligung eines nach § 1189 des Bürgerlichen Gesetzbuchs bestellten Vertreters oder auf Grund einer gegen diesen erlassenen gerichtlichen Entscheidung bewirkt werden soll.**

1. Allgemeines

§ 43 macht Eintragungen bei einer Inhaber- oder Orderhyp. grundsätzlich **1** von der Vorlegung des Inhaber- oder Orderpapiers abhängig. Zur grundbuchmäßigen Behandlung der Inhaber- und Orderhyp. s. Zeiser Rpfleger 2006, 577.

Die Inhaber- und Orderhyp. ist nach § 1187 Satz 2 BGB immer Sicherungshypothek, also Buchhypothek. Um den Umlauf der Inhaber- und Orderpapiere nicht zu hemmen, schließt § 1187 Satz 3 BGB die Anwendung des § 1154 Abs. 3 BGB aus. Die Übertragung der Forderung und damit der Hyp. geschieht durch Übergabe des Inhaberpapiers oder indossierten Orderpapiers, vollzieht sich also außerhalb des GB. Das Papier hat mithin im Verkehr eine dem HypBrief ähnliche Bedeutung. Die Gründe, die dessen Vorlegung erforderlich machen, sprechen auch für die Notwendigkeit der Vorlegung des Inhaber- oder Orderpapiers.

2. Voraussetzungen der Vorlegungspflicht

2   Die vorzunehmende Eintragung muss eine Inhaber- oder Orderhyp. betreffen, also eine Hyp. für die Forderung aus einer Schuldverschreibung auf den Inhaber oder einem durch Indossament übertragbaren Papier. Indossable Papiere sind außer dem Wechsel der Scheck (Art. 14 ScheckG), die Namensaktie (§ 68 AktG) sowie die in § 363 HGB genannten Papiere; sie kommen im Hinblick auf § 1113 Abs. 1 BGB jedoch nur insoweit in Betracht, als sie auf Zahlung einer bestimmten Geldsumme lauten. Soweit Inhaber- und Orderschuldverschreibungen bis zu der Aufhebung der §§ 795, 808a BGB und dem Außerkrafttreten des Ges. v. 26.6.1954 (BGBl. I 147) mit Wirkung vom 1.1.1991 gem. Ges. v. 17.12.1990 (BGBl. I 2839) nur mit staatlicher Genehmigung in den Verkehr gebracht werden durften, war die Erteilung der Genehmigung vor der Eintragung der Hyp. nachzuweisen (str.; vgl. RG 59, 387). Als Gläubiger ist bei der Inhaberhyp. der Inhaber der Schuldverschreibung, bei der Orderhyp. der erste Nehmer mit dem Zusatz „oder der durch Indossament ausgewiesene Inhaber" einzutragen (OLG Dresden KGJ 22 D 29; KGJ 35 B 31); über die Eintragung von Inhaber- und Orderhyp. für Teilschuldverschreibungen s. § 50 Abs. 1. Für den jeweiligen Gläubiger kann nach Maßgabe des § 1189 Abs. 1 BGB ein sog. GBVertreter bestellt werden; Näheres hierzu s. § 42 Rn. 4.

3   Die Eintragung muss bei der Hyp. zu bewirken sein. Es gilt das zu § 41 Rn. 3 ff. Ausgeführte. Eintragungen bei der Inhaber- und Orderhyp. kommen nur insoweit in Betracht, als sie deren Bestand oder Inhalt betreffen; hierher gehört auch die Eintragung einer Löschungsvormerkung nach § 1179 BGB (KGJ 50, 200). Eintragungen, die die persönliche Berechtigung, also die Übertragung, die Nießbrauchs- oder Pfandrechtsbestellung oder die Pfändung betreffen, sind unzulässig (OLG Dresden KGJ 22 D 29). Die Bestimmung ist über ihren Wortlaut hinaus auch auf die Eintragung der Hyp. selbst anzuwenden, weil Vermerke über spätere Eintragungen ohne den Vermerk der ursprünglichen Eintragung nicht verständlich wären (a. M. OLG Colmar OLG 6, 105; KEHE/Keller Rn. 7; Meikel/Wagner Rn. 7).

3. Beschaffung der Urkunde

4   Es gilt das zu § 41 Rn. 7, 8 Ausgeführte sinngemäß.

4. Verfahren des Grundbuchamts

5   Wird die Urkunde nicht vorgelegt und bleibt auch eine auf Vorlegung gerichtete Zwischenverfügung ergebnislos, so ist der EintrAntrag oder das EintrErsuchen zurückzuweisen.

6   Wird die Urkunde vorgelegt, so ist ihre formelle Ordnungsmäßigkeit und die Verfügungsberechtigung des Bewilligenden **zu prüfen.** Nur wenn diese Voraussetzungen erfüllt sind, darf eingetragen werden.

Bei Inhaberschuldverschreibungen genügt zur Unterzeichnung eine im **7** Weg mechanischer Vervielfältigung hergestellte Namensunterschrift (§ 793 Abs. 2 Satz 2 BGB); da die Gültigkeit der Unterzeichnung durch eine in die Urkunde aufgenommene Bestimmung von der Beobachtung einer besonderen Form abhängig gemacht werden kann, ist zu prüfen, ob dies geschehen und die besondere Form gewahrt ist (§ 793 Abs. 2 Satz 1 BGB). Bei Orderschuldverschreibungen reicht eine vervielfältigte Namensunterschrift nicht aus (str.).

Die Verfügungsberechtigung ergibt sich bei der Inhaberhyp. aus dem Besitz der Urkunde. Bei der Orderhyp. bedarf es außerdem der Legitimation durch eine ununterbrochene Reihe von Indossamenten im Sinn des Art. 16 WechselG; die Indossamente müssen in der Form des § 29 Abs. 1 Satz 1 vorliegen. **8**

Die vorgenommene Eintragung ist nach Abs. 1 Halbsatz 2 auf der Urkunde **zu vermerken.** Der Vermerk ist entsprechend § 62 Abs. 1 mit Unterschrift und Siegel oder Stempel zu versehen; für die Unterzeichnung gilt § 56 Abs. 2 sinngemäß. **9**

5. Ausnahmen von der Vorlegungspflicht

Nach Abs. 2 ist die Vorlegung der Urkunde entsprechend § 42 Satz 2 nicht **10** erforderlich, wenn ein sog. GBVertreter bestellt ist (s. Rn. 2) und die Eintragung auf Grund einer Bewilligung des Vertreters oder einer gegen diesen erlassenen gerichtlichen Entscheidung bewirkt werden soll. Der Umfang der dem GBVertreter eingeräumten Vertretungsmacht ist sorgfältig zu prüfen (BayObLG OLG 41, 182). Hat der GBVertreter die Eintragung zwar nicht bewilligt, ihr aber im Rahmen seiner Vertretungsmacht zugestimmt, so ist die Vorlegung der Urkunde gleichfalls entbehrlich (KGJ 50, 204 betr. Eintragung einer Löschungsvormerkung).

Ausnahmen von der Vorlegungspflicht ergeben sich ferner aus landesrecht- **11** lichen Sondervorschriften; das zu § 41 Rn. 18 Ausgeführte gilt entsprechend.

Die Vorlegung der Urkunde ist schließlich dann nicht erforderlich, wenn **12** diese vernichtet oder für kraftlos erklärt ist. Da die Vernichtung durch öffentliche Urkunden kaum nachgewiesen werden kann, wird in der Regel ein Aufgebotsverfahren nach §§ 1003 ff. ZPO durchgeführt werden müssen. Die Vorlegung des Ausschließungsbeschlusses ersetzt die Vorlegung der Urkunde; die Beschaffung einer neuen Urkunde, die bei Inhaberpapieren möglich ist (§ 800 BGB), kann nicht verlangt werden (a. M. Güthe/Triebel Rn. 15).

6. Nichtbeachtung des § 43

Es gilt das zu § 41 Rn. 19 Ausgeführte sinngemäß. **13**

Tagesangabe und Unterschrift. Bezugnahme

44 (1) **Jede Eintragung soll den Tag, an welchem sie erfolgt ist, angeben. Die Eintragung soll, sofern nicht nach § 12c Abs. 2 Nr. 2 bis 4 der Urkundsbeamte der Geschäftsstelle zuständig ist, die für die Führung des Grundbuchs zuständige Person, regelmäßig unter Angabe des**

Wortlauts, verfügen und der Urkundsbeamte der Geschäftsstelle veranlassen; sie ist von beiden zu unterschreiben, jedoch kann statt des Urkundsbeamten ein von der Leitung des Amtsgerichts ermächtigter Justizangestellter unterschreiben. In den Fällen des § 12c Abs. 2 Nr. 2 bis 4 haben der Urkundsbeamte der Geschäftsstelle und zusätzlich entweder ein zweiter Beamter der Geschäftsstelle oder ein von der Leitung des Amtsgerichts ermächtigter Justizangestellter die Eintragung zu unterschreiben.

(2) Soweit nicht gesetzlich etwas anderes bestimmt ist und der Umfang der Belastung aus dem Grundbuch erkennbar bleibt, soll bei der Eintragung eines Rechts, mit dem ein Grundstück belastet wird, auf die Eintragungsbewilligung Bezug genommen werden. Hierbei sollen in der Bezugnahme der Name des Notars, der Notarin oder die Bezeichnung des Notariats und jeweils die Nummer der Urkundenrolle, bei Eintragungen auf Grund eines Ersuchens (§ 38) die Bezeichnung der ersuchenden Stelle und deren Aktenzeichen angegeben werden. Bei der Eintragung von Dienstbarkeiten und Reallasten soll der Inhalt des Rechts im Eintragungstext lediglich schlagwortartig bezeichnet werden; das Gleiche gilt bei der Eintragung von Vormerkungen für solche Rechte.

(3) Bei der Umschreibung eines Grundbuchblatts, der Neufassung eines Teils eines Grundbuchblatts und in sonstigen Fällen der Übernahme von Eintragungen auf ein anderes, bereits angelegtes oder neu anzulegendes Grundbuchblatt soll, sofern hierdurch der Inhalt der Eintragung nicht verändert wird, die Bezugnahme auf die Eintragungsbewilligung oder andere Unterlagen bis zu dem Umfange nachgeholt oder erweitert werden, wie sie nach Absatz 2 zulässig wäre. Im gleichen Umfang kann auf die bisherige Eintragung Bezug genommen werden, wenn ein Recht bisher mit seinem vollständigen Wortlaut im Grundbuch eingetragen ist. Sofern hierdurch der Inhalt der Eintragung nicht verändert wird, kann auch von dem ursprünglichen Text der Eintragung abgewichen werden.

Inhaltsübersicht

1. Allgemeines

§ 44 enthält Vorschriften über den Inhalt der Eintragungen. Die Bestim- **1** mung wurde durch das RegVBG v. 20.12.1993 (BGBl. I 2182) wesentlich erweitert und neu gefasst. Abs. 2 und 3 wurden durch das DaBaGG ergänzt. § 44 ist in der Neufassung nur auf die am 25.12.1993 noch nicht im GB vollzogenen Eintragungen, Umschreibungen oder Neufassungen anzuwenden (Art. 19 Abs. 1 RegVBG). Die Vorschrift gilt im Übrigen trotz ihrer Stellung im 2. Abschnitt der GBO für alle Eintragungen, also auch für solche rein tatsächlicher Art (s. § 12c Abs. 2 Nr. 2, 4), sowie für Schließungs-, Umschreibungs- und Neufassungsvermerke (s. § 30 Abs. 1 Buchst. h, § 33 Abs. 2d, § 36 Buchst. b GBV sowie Muster Anl. 1 und 2). Für das maschinell geführte GB ist § 44 nur mit Einschränkungen anzuwenden (s. dazu § 130). Zur Wirksamkeit von GBEintragungen im Gebiet der ehemaligen DDR in der Zeit vor dem 19.10.1994, die Abs. 1 nicht entsprechen, s. § 150 Abs. 1 Nr. 1 Satz 4 und 5.

a) Tagesangabe. Sie ist wesentlich, weil sie gemäß § 879 Abs. 1 Satz 2 BGB über das Rangverhältnis der Rechte entscheidet, die in verschiedenen Abteilungen eingetragen sind; ihr Fehlen macht die Eintragung jedoch nicht unwirksam. S. hierzu Rn. 58 bis 61.

b) Unterschrift. Mit ihr übernehmen die zuständigen Personen die Ver- **2** antwortung dafür, dass die Eintragung mit der EintrVerfügung übereinstimmt. Das soll sie veranlassen, die Richtigkeit der Eintragung zu überprüfen. S. hierzu Rn. 62 bis 68.

c) Bezugnahme. Der Inhalt der Eintragung im GB ist für Entstehung **3** und Umfang eines Rechts von entscheidender Bedeutung (vgl. § 873 Abs. 1 BGB); an die Eintragung knüpft auch der öffentliche Glaube des GB an (§§ 891 bis 893 BGB). Verschiedentlich erlaubt es das Gesetz oder schreibt es vor, im EintrVermerk auf die EintrBewilligung oder sonstige EintrUnterlagen Bezug zu nehmen. Dadurch soll insbes. der EintrAufwand vermindert und die Übersichtlichkeit des GB erhöht werden. S. hierzu Rn. 15 bis 45.

2. Eintragungsverfügung

Die EintrVerfügung ist grundsätzlich stets notwendig (§ 44 Abs. 1 Satz 2; s. **4** auch §§ 24 bis 26 GeschO) und enthält die Anordnung zur Eintragung in das GB und zur weiteren Erledigung. Sie ist aber nur ein interner Vorgang, daher weder den Beteiligten bekanntzumachen noch mit Rechtsmitteln anfechtbar (s. § 71 Rn. 20); letzteres auch dann nicht, wenn das GBAmt die EintrVerfügung zu dem Zweck bekanntgemacht hat, dass die Beteiligten vor der Eintragung Beschwerde einlegen (zum sog. Vorbescheid s. § 71 Rn. 18); auch im Amtsverfahren, z. B. Anlegungsverfahren, gilt keine Ausnahme (JFG

12, 270; OLG Karlsruhe Rpfleger 1993, 192; a. M. für den Fall der Ankündigung, eine Eintragung als inhaltlich unzulässig zu löschen, OLG Saarbrücken OLGZ 1972, 129). Zuständig ist der Rpfleger, bei einigen Eintragungen einfacher Art der Urkundsbeamte der Geschäftsstelle (§ 12c Abs. 2 Nr. 2 bis 4).

5   Beim **maschinell geführten GB** ist eine EintrVerfügung nicht erforderlich, wenn die Eintragung von der für die Führung des GB zuständigen Person unmittelbar veranlasst wird (§ 130 Satz 1 Halbsatz 2 GBO; § 74 Abs. 1 Satz 1, 2 GBV); in diesem Fall ist die Eintragung von dieser Person auf ihre Richtigkeit und Vollständigkeit zu überprüfen (§ 74 Abs. 2 GBV); außerdem ist in geeigneter Weise der Veranlasser der Eintragung aktenkundig oder sonst feststellbar zu machen (§ 130 Satz 2 GBO). Die Landesregierung oder die von ihr ermächtigte Justizverwaltung kann jedoch anordnen, dass auch beim maschinell geführten GB die Eintragungen vom Urkundsbeamten der Geschäftsstelle auf Grund einer Verfügung des Rpflegers vorgenommen werden (§ 74 Abs. 1 Satz 3 GBV).

3. Inhalt der Eintragungsverfügung

6   Die Eintragung soll regelmäßig unter Angabe ihres Wortlauts verfügt werden. Wer über den EintrAntrag entscheidet, soll damit auch die Verantwortung für den Wortlaut der Eintragung übernehmen (Hesse DJust. 1935, 1294). Eine Eintragung kann auch in der Weise verfügt werden, dass der EintrVermerk in das Handblatt geschrieben und in der EintrVerfügung auf dieses verwiesen wird. Die Angabe des vollen Wortlauts der Eintragung in der EintrVerfügung ist nicht zwingend vorgeschrieben, wenn auch immer zweckmäßig. Bei Eintragungen einfacher Art, deren Wortlaut in der Praxis kaum Abweichungen begegnet, z.B. Zwangsversteigerungsvermerken, genügt es, in der EintrVerfügung die Eintragung ohne Angabe des Wortlauts anzuordnen. Doch sollte diese Art der Verfügung, die leicht zu einer Fehlerquelle werden kann, die Ausnahme bleiben (Saage JW 1935, 2774).

7   Im Übrigen muss die EintrVerfügung enthalten:
- Genaue Bezeichnung der Stelle der Eintragung, also GBBlatt, Bestandsverzeichnis oder Abteilung, Spalten und lfd. Nummer.

8 • Anordnungen über die Erteilung oder Behandlung von Briefen. Die Art eines zu erteilenden Briefs, z.B. Gesamtbrief, gemeinschaftlicher Brief oder Teilbrief (§§ 59, 66, 61), ist anzugeben; ebenso ist die etwa zu verbindende Schuldurkunde (§ 58) zu bezeichnen. Wichtig ist die Bezeichnung der Personen, denen die Briefe oder abgetrennte Schuldurkunden auszuhändigen sind. Im Übrigen hat der Urkundsbeamte den Wortlaut des Briefs und der Vermerke zu entwerfen und dem Rpfleger den Entwurf zur Mitzeichnung vorzulegen.

9 • Anordnungen über etwaige Rückgabe von Urkunden, Anfertigung beglaubigter Abschriften (§ 10 Abs. 1 Satz 2) oder Verweisung auf andere Akten (§ 10 Abs. 2).

10 • Angabe, wem die Eintragung bekanntzumachen ist (§ 55). Namentliche Angabe ist zur Vermeidung von Unklarheiten zweckmäßig.
- Ratsam ist es, auf die Berichtigung des Wohnungsblatts (Beteiligtendatenbank) hinzuweisen (vgl. für Bayern § 21 Abs. 8 AktO v. 13.12.1983, JMBl.

1984, 13, neu gefasst durch Bek. v. 30.5.2007, JMBl. 54). Dessen Anlegung ist schon im Hinblick auf eine etwaige Zwangsversteigerung oder Zwangsverwaltung (s. § 19 Abs. 2 ZVG) zweckmäßig.

4. Eintragung

Zur Rechtsnatur der GBEintragung s. § 1 Rn. 39. **11**

a) Stelle. Sie ist für die einzelnen Eintragungen verschieden. Allgemein lässt sich nur sagen, dass jedes selbständige Recht im GB unter einer besonderen Nummer einzutragen ist (KGJ 33, 247; BayObLG Rpfleger 1985, 55). Für den öffentlichen Glauben des GB ist es ohne Bedeutung, ob das Recht an der richtigen Stelle eingetragen ist (s. § 3 Rn. 11; Anh. zu § 13 Rn. 15).

b) Sammelbuchung. Eine zusammenfassende Eintragung mehrerer selbständiger Rechte unter einer oder mehreren Nummern (sog. Sammelbuchung) ist ordnungswidrig und daher grundsätzlich zu unterlassen (str.). Die Zusammenfassung macht die Eintragung aber weder unwirksam noch inhaltlich unzulässig (BayObLG 1953, 64; s. aber auch BayObLG Rpfleger 1958, 88; 1996, 63; OLG München Rpfleger 2014, 14; MittBayNot 2017, 496; vgl. ferner Jestaedt Rpfleger 1970, 380, zugleich zu LG Fulda und OLG Frankfurt Rpfleger 1970, 396 ff.). Eine Sammelbuchung liegt vor, wenn sich Datum und Unterschrift in dem zusammenfassenden EintrVermerk zweifelsfrei auf die Eintragung der mehreren einzelnen Rechte bezieht. In diesem Fall haben – vorbehaltlich eines abweichenden Rangvermerks – die unter einer Nummer eingetragenen Rechte untereinander Gleichrang, bei Eintragung unter mehreren fortlaufenden Nummern Rang entsprechend der Reihenfolge der Nummern.

Zusammenfassende Eintragungen sind zugelassen beim Altenteil (§ 49) sowie bei der Hyp. für Teilschuldverschreibungen (§ 50). Zulässig ist die Eintragung eines Rechts, das für A auflösend, für B durch dasselbe Ereignis aufschiebend bedingt ist (sog. Sukzessivberechtigung; s. RG 76, 90; KG JW 1932, 2445; OLG München MittBayNot 2017, 496; zur Abgrenzung von der Alternativberechtigung s. BayObLG Rpfleger 1985, 55; s. hierzu auch Streuer, Sukzessivberechtigung bei dinglichen Rechten und Vormerkungen, Rpfleger 1994, 397). Etwas anderes gilt bei der Alternativberechtigung; bei dieser sind zwei selbständige Rechte einzutragen (s. Anh. zu § 44 Rn. 31). Zur Vormerkung s. in diesem Zusammenhang Anh. zu § 44 Rn. 108.

c) Form und Fassung. Die Eintragung ist deutlich und ohne Abkürzung zu schreiben; es darf nicht radiert werden; Durchstreichungen sind nur in der Weise erlaubt, dass das Geschriebene leserlich bleibt (§ 21 Abs. 1 GBV). Für Eintragungen, die mit gleich lautendem Text in einer größeren Zahl von GBBlättern vorzunehmen sind, kann die Verwendung eines Stempels gestattet werden (§ 21 Abs. 2 GBV). S. ferner § 27 GeschO. **12**

Die Eintragung ist knapp und klar zu fassen. Ihr Inhalt und ihre Bedeutung müssen für jemanden, der über Grundkenntnisse des GBRechts verfügt, erkennbar sein. Nicht erforderlich ist, dass die Eintragung auch Laien verständlich ist (a. M. BayObLG HRR 1935 Nr. 128). Klar und eindeutig gefasste Eintragungen sind insbesondere auch im Hinblick auf eine Zwangs- **13** vollstreckung erforderlich (RG 126, 278). An Vorschläge für die Fassung der Eintragung ist das GBAmt nicht gebunden; es hat das mit dem EintrAntrag Gewollte von sich aus in dem EintrVermerk klar zum Ausdruck zu bringen. Einer vom Antragsteller vorgeschlagenen Fassung der Eintragung braucht es auch dann nicht zu entsprechen, wenn diese weder ungesetzlich ist noch die Übersichtlichkeit des GB gefährdet. Diese Grundsätze gelten auch bei einem Ersuchen gemäß § 38. Näheres zum Ganzen s. § 13 Rn. 4.

14   **d) Überflüssige Vermerke.** Unerhebliche oder unnötige Vermerke haben zu unterbleiben (RG 119, 213; JFG 8, 296); sie überlasten das GB und gefährden die Übersichtlichkeit. Nur bei zweifelhafter Rechtslage ist ein kurzer klärender Zusatz, wenn auch objektiv überflüssig, gestattet (RG 132, 112; BayObLG 1952, 145). Ihrem Inhalt nach unzulässig wird eine Eintragung durch überflüssige Vermerke nicht (s. § 53 Rn. 43). Bei unklarer Fassung ist auch ein nachträglicher Klarstellungsvermerk zulässig (s. § 53 Rn. 7). Über die Auslegung von Eintragungen s. § 53 Rn. 4. Zur Unzulässigkeit ergänzender Vermerke zum EintrGrund bei Eintragung einer BGB-Gesellschaft s. § 20 Rn. 38.1.

5. Bezugnahme

15   **a) Grundsatz.** An sich müssten alle eintragungsfähigen und eintragungsbedürftigen Bestimmungen in den EintrVermerk selbst aufgenommen werden. Um eine Überfüllung des GB zu vermeiden, gestattet das Gesetz in gewissen Grenzen eine Bezugnahme, insbes. auf die EintrBewilligung (s. Rn. 16 ff.; ferner § 19 Rn. 34), aber auch in sonstigen Fällen (s. Rn. 33 bis 36). Bei der Eintragung des Berechtigten ist eine Bezugnahme ausgeschlossen (s. Rn. 47). Dasselbe gilt für die Eintragung des Gemeinschaftsverhältnisses gemäß § 47 bei mehreren Berechtigten.

b) Anforderungen. In der EintrBewilligung muss eindeutig festgelegt werden, was durch Bezugnahme zum Inhalt des GB werden soll. Soll z. B. wegen des näheren Inhalts eines Rechts auf eine die ursprüngliche Bewilligung abändernde Nachtragsurkunde Bezug genommen werden, ist es erforderlich, dass in der Eintragung des Rechts außer auf die ursprüngliche Bewilligung auch auf diese Urkunde Bezug genommen wird; es genügt nicht, diese lediglich mit Schnur und Siegel mit der ursprünglichen Bewilligung zu verbinden (OLG München FGPrax 2016, 154).

c) Wirkung. Das zulässigerweise in Bezug Genommene ist als im GB eingetragen anzusehen (RG 113, 229; BGH FGPrax 2015, 5; BayObLG Rpfleger 1987, 101). Es bildet mit dem EintrVermerk eine Einheit, die nur einheitlich gelesen und gewürdigt werden kann (OLG Düsseldorf NJW-RR 1987, 1102; OLG München RNotZ 2008, 495). Gegen eine Mischform von teilweise ausdrücklicher Eintragung und Bezugnahme im Übrigen bestehen keine rechtlichen Bedenken (BayObLG Rpfleger 2002, 140).

d) Widerspruch zum EintrVermerk. Stehen der EintrVermerk und eine dort in zulässiger Weise in Bezug genommene Urkunde, insbes. die EintrBewilligung, in einem auch durch Auslegung nicht aufzulösenden Widerspruch zueinander, so liegt eine inhaltlich unzulässige GBEintragung vor, die nicht Grundlage eines gutgläubigen Erwerbs sein kann (BayObLG Rpfleger 1987, 101; 2005, 419; OLG Zweibrücken FGPrax 2011, 175; a. M. Reuter MittBayNot 1994, 115: maßgebend ist der EintrVermerk). Das Bay-ObLG Rpfleger 1998, 242 hat eine inhaltliche Unzulässigkeit angenommen bei Bezeichnung eines Sondereigentums im EintrVermerk als „Wohnung" und in der in Bezug genommenen EintrBewilligung als „Hobbyraum" (s. dazu Anh. zu § 3 Rn. 6). Weichen die Angaben zum Inhalt des Sondereigentums im EintrVermerk (Gewerberaum) und in der in Bezug genommenen EintrBewilligung (Laden) von einander ab und ergibt die Auslegung, dass die Angabe im EintrVermerk zu weit gefasst ist, kann dies durch einen Klarstellungsvermerk im Bestandsverzeichnis richtig gestellt werden (OLG München NJW 2014, 3584). Zu dem umgekehrten Fall, dass der Umfang eines Rechts in der in Bezug genommenen EintrBewilligung über das hinausgeht, was sich aus dem EintrVermerk ergibt s. Rn. 45.

e) Sonstiges. Der Umfang einer Bezugnahme ist nach § 133 BGB zu ermitteln (JFG 1, 285). Maßgebend ist die bei den Grundakten befindliche Urkunde (JFG 15, 86; s. auch § 10 Rn. 22). Zu einem einschränkenden Zusatz bei der Bezugnahme s. § 19 Rn. 34. Zu einem klarstellenden Zusatz und zum Umfang der Bezugnahme s. Rn. 37, 39, 45.

6. Bezugnahme bei Grundstücksbelastungen

Gem. § 874 BGB kann bei der Eintragung eines Rechts, mit dem ein **16** Grundstück belastet wird, zur näheren Bezeichnung des Inhalts des Rechts grundsätzlich auf die EintrBewilligung Bezug genommen werden. Das Gleiche gilt bei der Eintragung einer Inhaltsänderung des Rechts (§ 877 BGB). Darunter fällt nicht eine Änderung der Rechtsinhaberschaft, z. B. bei einer Grunddienstbarkeit eine Erweiterung des Kreises der nutzungsberechtigten Eigentümer der herrschenden Grundstücke (OLG Hamm NotBZ 2015, 391). Der Bezugnahme auf die EintrBewilligung steht eine solche auf die bisherige Eintragung im GB mit dem vollständig wiedergegebenen Rechtsinhalt gleich.

a) Wesentlicher Inhalt. Die allgemeine rechtliche Natur und die beson- **17** dere Art des Rechts müssen im EintrVermerk selbst gekennzeichnet werden, weil die Bezugnahme nur zur näheren Bezeichnung des Inhalts des Rechts gestattet ist (RG 89, 159; KGJ 49, 169; vgl. jedoch die Ausnahme des § 49). Die juristische Bezeichnung des Rechts genügt, wenn sie bereits eine hinreichende Vorstellung seines Inhalts vermittelt (Jansen DNotZ 1954, 209), also z. B. beim Nießbrauch (KGJ 26, 273), Vorkaufsrecht (OLG Frankfurt NJW-RR 1997, 1447) oder Erbbaurecht (s. hierzu auch BayObLG Rpfleger 1986, 296).

b) Schlagwortartige Bezeichnung. Bei anderen Rechten, nämlich Grunddienstbarkeiten, beschränkten persönlichen Dienstbarkeiten oder Reallasten sowie Vormerkungen für solche Rechte ist der Inhalt des Rechts im EintrVermerk lediglich schlagwortartig zu bezeichnen, etwa als Wegerecht, Wohnrecht, Baubeschränkung (OLG Hamm FGPrax 1996, 171), Mitbenutzungsrecht (OLG Zweibrücken FGPrax 1998, 6), Kfz-Abstellplatz (OLG München RNotZ 2008, 495), Bebauungsrecht (BGH FGPrax 2015, 5) oder Rentenrecht (vgl. BGH NJW 1965, 2398; BayObLG Rpfleger 1995, 13; OLG Zweibrücken FGPrax 1997, 133; OLG Hamm ZfIR 1998, 52). Wegen des näheren Inhalts dieser Rechte ist auf die EintrBewilligung Bezug zu nehmen. Eine vollständige Wiedergabe des Inhalts solcher Rechte im EintrVermerk führt aber nicht zur Unwirksamkeit der Eintragung. Dies ist die Folge der Ausgestaltung des § 44 Abs. 2 Satz 3 als Soll-Vorschrift, die gleichwohl für das GBAmt bindend ist. Andererseits liegt bei einer Eintragung ohne eine wenigstens schlagwortartige Bezeichnung des Rechtsinhalts eine unzulässige Eintragung vor (s. § 53 Rn. 45). Zur Ergänzung der Eintragung in diesem Fall s. § 53 Rn. 59. Die schlagwortartige Bezeichnung ist Sache des GBAmts bei der Fassung des EintrVermerks. Die EintrBewilligung muss sie nicht enthalten; sie muss den Inhalt des Rechts lediglich ausreichend bestimmt bezeichnen (KG Rpfleger 2016, 275).

18   **c) Anforderungen an die Bezeichnung.** An die schlagwortartige Bezeichnung im GB selbst dürfen keine übertriebenen Anforderungen gestellt werden; Verkürzungen oder Ungenauigkeiten lassen sich vielfach nicht vermeiden (BayObLG Rpfleger 1989, 230; DNotZ 1990, 175); zu eng OLG Nürnberg Rpfleger 2000, 325. Jedoch müssen, wenn Inhalt einer Dienstbarkeit verschiedenartige Nutzungsberechtigungen oder Unterlassungsverpflichtungen sind, diese im EintrVermerk sämtlich wenigstens andeutungsweise verlautbart werden. Andernfalls liegt eine unvollständige Eintragung vor (BGH FGPrax 2015, 5; OLG Düsseldorf FGPrax 2010, 272; zugleich zur Ergänzung der Eintragung). Die notwendige Kennzeichnung des Rechts im EintrVermerk kann sich auch aus der dort enthaltenen Bezeichnung des Berechtigten ergeben (BayObLG Rpfleger 1981, 479); s. zu dem EintrVermerk „Benützungsrecht für die Deutsche Reichsbahn-Gesellschaft" BayObLG Rpfleger 1986, 296. Nicht ausreichend ist jedoch die bloße Kennzeichnung als „Benützungsrecht und Benützungsbeschränkung" im EintrVermerk und die Bezugnahme im Übrigen auf die EintrBewilligung; eine solche Eintragung ist inhaltlich unzulässig (OLG Köln Rpfleger 1980, 467; BayObLG MittBayNot 1990, 173; Rpfleger 1995, 13, zugleich zum Schutz des Vertrauens auf die Rechtsgültigkeit einer lange Zeit unbeanstandeten GBEintragung; OLG München FGPrax 2018, 12). Ob eine inhaltlich unzulässige Eintragung vorliegt, beurteilt sich nach dem Recht und der Verkehrsauffassung im Zeitpunkt der Eintragung (s. § 53 Rn. 50). Das OLG Hamm NJW-RR 1995, 914 hält die Bezeichnung einer im Jahr 1978 als „Verfügungs- und Benutzungsbeschränkung" eingetragenen Grunddienstbarkeit nach damaliger Rechtsansicht für ausreichend bestimmt. Zur Kennzeichnung einer Dienstbarkeit als „altrechtliches Stockwerks-Benutzungsrecht" s. BayObLG 1995, 413. Im Einzelfall kann es zweckmäßig sein, in die schlagwortartige Bezeichnung des Rechts einen ergänzenden Zusatz aufzunehmen (OLG Schleswig FGPrax 2011, 18).

19   **d) Sonstiger Inhalt.** Der Inhalt im Übrigen, z.B. die Zulässigkeit der Überlassung der Ausübung einer beschränkten persönlichen Dienstbarkeit (JFG 15, 31), eine Bedingung für die Ausübung einer Grunddienstbarkeit

(OLG Karlsruhe DNotZ 1968, 433; s. demgegenüber aber OLG Frankfurt Rpfleger 1974, 430) oder die gemäß § 399 BGB vereinbarte Nichtabtretbarkeit eines Grundpfandrechts (OLG Hamm Rpfleger 1968, 283), kann durch Bezugnahme bezeichnet werden; diese genügt auch zur Eintragung des mit einer Tankstellendienstbarkeit verbundenen Wettbewerbsverbots, d. h. ihrer „Ausschließlichkeit" (BayObLG Rpfleger 1959, 22; KG Rpfleger 1959, 20; OLG Hamm Rpfleger 1961, 238; BGH 35, 382); ist der Inhalt einer beschränkten persönlichen Dienstbarkeit das Verbot, eine Tankstelle zu errichten oder zu betreiben sowie Motorenbetriebsstoffe und Mineralölerzeugnisse zu lagern, zu verkaufen oder zu vertreiben, so reicht es zu ihrer wirksamen Eintragung aus, wenn sie im EintrVermerk selbst als „Tankstellenbetriebsverbot" bezeichnet und im Übrigen auf die EintrBewilligung Bezug genommen ist (BayObLG Rpfleger 1973, 298); eine als „Hochspannungsleitungsrecht" unter Bezugnahme auf die EintrBewilligung eingetragene beschränkte persönliche Dienstbarkeit deckt auch das bestellte Recht zur Errichtung von Masten, s. BayObLG Rpfleger 1981, 295. Über eine Besonderheit bei der Eintragung von Altenteilen s. § 49. Haben Miteigentümer nach § 1010 BGB eine Verwaltungs- und Benutzungsregelung getroffen, so genügt es, wenn im EintrVermerk die „Regelung der Verwaltung und Benutzung" zum Ausdruck kommt und im Übrigen auf die EintrBewilligung Bezug genommen wird (BayObLG Rpfleger 1973, 246). Entsprechendes gilt bei einem Ausschluss der Aufhebung der Gemeinschaft.

e) Bedingungen und Befristungen. Sie gehören nicht zum Inhalt eines Rechts im Sinn des § 874 BGB. Sie müssen daher im EintrVermerk selbst zum Ausdruck gebracht werden (OLG Hamm FGPrax 2011, 10; OLG München MittBayNot 2017, 248); nur hinsichtlich der näheren Kennzeichnung der Bedingung oder Befristung ist eine Bezugnahme zulässig (KG DNotZ 1956, 556; OLG Köln DNotZ 1963, 48); diese Auffassung liegt auch § 56 Abs. 2 GBV zugrunde. Änderungen einer Bedingung oder Befristung sind jedoch wie eine Inhaltsänderung des Rechts im Sinn des § 877 BGB zu behandeln (s. JFG 13, 77; BayObLG 1959, 527).
  Zur GBUnrichtigkeit, wenn Einigung und Eintragung bezüglich einer Bedingung oder Befristung wegen einer unzulässigen Bezugnahme nicht übereinstimmen, s. § 22 Rn. 7. **20**

f) Belastungsgegenstand. Auch er gehört nicht zum Inhalt des Rechts (BGH Rpfleger 1998, 104). Daher wird der gutgläubige Erwerb eines Rechts nicht dadurch ausgeschlossen, dass in der im EintrVermerk in Bezug genommenen EintrBewilligung als Belastungsgegenstand ein anderes Grundstück genannt ist als das belastete (BayObLG Rpfleger 1987, 101).

7. Bezugnahme bei der Vormerkung

Gem. § 885 BGB kann bei der Eintragung einer Vormerkung zur näheren Bezeichnung des zu sichernden Anspruchs auf die einstweilige Verfügung oder die EintrBewilligung Bezug genommen werden. Dies gilt auch für eine Bedingung oder Befristung des zu sichernden Anspruchs. Ist jedoch die **21**

Vormerkung selbst bedingt oder befristet, muss dies in den EintrVermerk aufgenommen werden. Zur Eintragung einer Vormerkung sind der Berechtigte, der Schuldner und der Gegenstand des Anspruchs anzugeben; die Angabe des Schuldgrunds ist regelmäßig nicht erforderlich, aber dann geboten, wenn begründete Zweifel darüber bestehen, welcher von mehreren in Betracht kommenden inhaltsgleichen Ansprüchen gesichert werden soll. Der Berechtigte und der Gegenstand des Anspruchs müssen im GB selbst eingetragen werden (BGH Rpfleger 2008, 187; FGPrax 2014, 145); im Übrigen ist eine Bezugnahme statthaft, und zwar auch bei einer Löschungsvormerkung nach § 1179 BGB (BayObLG DNotZ 1956, 547). Für eine nach dem vorstehend Ausgeführten notwendige Angabe des Schuldgrunds reicht es aus, wenn die in Bezug genommene EintrBewilligung ihrerseits auf eine Vertragsurkunde Bezug nimmt, aus der sich der zu sichernde Anspruch ergeben soll; die Vorlegung dieser Urkunde kann nicht gefordert werden (KG Rpfleger 1969, 49; 1972, 94; s. demgegenüber aber für Eigentumsvormerkungen Ertl Rpfleger 1979, 361). S. zum Ganzen auch Jansen DNotZ 1953, 382.

8. Bezugnahme bei der Hypothek

22   **a) Grundsatz.** Gem. § 1115 Abs. 1 BGB kann bei der Eintragung einer Hyp. zur Bezeichnung der Forderung auf die EintrBewilligung genommen werden. Gläubiger, Geldbetrag der Forderung, Zinssatz und Geldbetrag sonstiger Nebenleistungen sowie die Unterwerfungsklausel müssen in den EintrVermerk selbst aufgenommen werden. Zur Eintragung eines nicht eingetragenen Vereins als Gläubiger, ferner einer WEigentümergemeinschaft, des Verwalters als Prozessstandschafter, einer noch nicht eingetragenen GmbH oder KG, einer BGB-Gesellschaft, des Insolvenz- oder Zwangsverwalters sowie des Testamentsvollstreckers oder Nachlassverwalters s. Rn. 47, 48, 50. Der gutgläubige Erwerb einer Hyp. wird nicht dadurch ausgeschlossen, dass im GBEintrag eine andere Person als Gläubiger genannt ist als in der in Bezug genommenen EintrBewilligung (RG DNotV 1932, 721).

23   **b) Zinssatz.** Der Begriff „Zinssatz" umfasst auch den Zeitraum, für den der Zins geschuldet wird; bei Jahreszinsen erachten OLG Zweibrücken MittBayNot 1976, 139; OLG Saarbrücken Rpfleger 1979, 305; OLG Frankfurt Rpfleger 1980, 18 den Zusatz „jährlich" im EintrVermerk allerdings deshalb für nicht unbedingt geboten, weil nach der Verkehrsanschauung ein Zinssatz ohne weitere Angaben allgemein als Jahreszinssatz verstanden werde (s. dazu kritisch Oestereich MDR 1979, 13); vgl. zum Ganzen ferner Meyer-Stolte Rpfleger 1975, 120, der wegen des Berechnungszeitraums des Zinses die Bezugnahme auf die EintrBewilligung für zulässig hält.

24   **c) Nebenleistungen.** Unter den außer den Zinsen zu entrichtenden Nebenleistungen sind Geldleistungen zu verstehen, die nach dem Willen der Beteiligten nicht Hauptleistung sein sollen und zu der Hypothek, bei der sie eingetragen werden sollen, in einem Abhängigkeitsverhältnis stehen (KG JW 1937, 2973; OLG Stuttgart Rpfleger 1986, 466). Nebenleistungen sind z.B. im Weg der Tilgungsstreckung zu erstattende Geldbeschaffungskosten (LG

Düsseldorf Rpfleger 1963, 50), Verwaltungskostenbeiträge (OLG Neustadt NJW 1961, 2260), Strafzinsen wegen unpünktlicher Kapital- oder Zinszahlung (KGJ 49, 213; s. dazu unter dem Blickpunkt der Bestimmungen über Allgemeine Geschäftsbedingungen BayObLG Rpfleger 1981, 297), Zinseszinsen (JFG 1, 464), Entschädigung wegen vorzeitiger Kapitalrückzahlung (JFG 9, 272; eine solche konnte im Hinblick auf § 247 BGB, seit 1.1.1987 ersetzt durch § 609a BGB, nur beschränkt vereinbart werden, s. BGH Rpfleger 1981, 226; vgl. dazu im Hinblick auf die Bestimmungen über Allgemeine Geschäftsbedingungen auch BayObLG Rpfleger 1981, 396), Erstattung verauslagter Versicherungsprämien (KG JW 1937, 2973), nicht unter § 1118 BGB fallende Kosten (JFG 1, 464).

d) Nähere Bestimmung. Nach OLG Stuttgart Rpfleger 1986, 466 be- **25** darf es für die EintrFähigkeit einer auf Zahlung gerichteten Nebenleistung nicht deren näheren Bestimmung der Art nach. Die Nebenleistungen brauchen nicht in einem bestimmten Geldbetrag ausgedrückt zu werden; es genügt, wenn der EintrVermerk die Umstände angibt, aus denen sich der Umfang der Belastung berechnen lässt (BGH Rpfleger 1967, 111; OLG Frankfurt Rpfleger 1978, 409). Bestimmt sich die Nebenleistung nach einem Prozentsatz des ursprünglichen Darlehenskapitals, muss der EintrVermerk nicht zum Ausdruck bringen, dass für die Berechnung der Nebenleistung das Ursprungskapital maßgebend ist (BGH Rpfleger 1967, 111). Die Bezugsgröße muss sich aber aus der im Bezug genommenen EintrBewilligung ergeben (OLG Brandenburg NotBZ 2011, 366). Bei befristeten Nebenleistungen ist neben deren Höhe nach überwiegender Meinung auch der Befristungszeitraum in den EintrVermerk selbst aufzunehmen (BGH Rpfleger 1967, 111; OLG Karlsruhe Rpfleger 1968, 352; OLG Zweibrücken Rpfleger 1968, 290; s. dazu aber auch BayObLG Rpfleger 1974, 189 mit Anm. v. Haegele).

e) Sonstiges. Wegen der Zulässigkeit der Zusammenfassung von Zinsen **26** und Strafzinsen in einen Gesamthöchstzinssatz s. OLG Hamm Rpfleger 1971, 252. Zur Eintragung von Nebenleistungen im GB s. auch Haegele Rpfleger 1971, 237. Wegen der ausnahmsweisen Zulässigkeit einer Bezugnahme hinsichtlich der zu entrichtenden Nebenleistungen s. Rn. 34. Zur Rechtsnatur der Nebenleistungshyp. s. RG 136, 77; JFG 9, 272.

9. Unterwerfungsklausel

a) Grundsatz. Die gemäß § 800 Abs. 1 Satz 2 ZPO erforderliche Eintra- **27** gung der Vollstreckungsunterwerfung in das GB erfordert eine Bewilligung und einen Antrag. Die Unterwerfung muss in den EintrVermerk aufgenommen werden. Ausreichend ist der Vermerk: „Vollstreckbar nach § 800 ZPO" (s. dazu aber Rn. 35); zur näheren Bezeichnung des Inhalts und Gegenstands der Unterwerfung ist eine Bezugnahme zulässig (KG RJA 4, 270). Nur die Klausel, nicht auch die HypBestellung muss in der Form des § 794 Abs. 1 Nr. 5 ZPO beurkundet sein (BGH Rpfleger 1979, 132). Die Eintragung der Unterwerfungsklausel macht, wenn die Vollstreckung aus einem Grundpfandrecht gegen den späteren Eigentümer des Grundstücks betrieben werden soll, die Erteilung und Zustellung einer Nachfolgeklausel gemäß § 727

ZPO nicht entbehrlich (BGH Rpfleger 2018, 561 mit Anm. v. Volmer ZfIR 2018, 628).

27.1   **b) Prozessuales Nebenrecht.** Die Unterwerfung gehört nicht zum Inhalt des Grundpfandrechts; sie ist vielmehr ein selbstständiges prozessuales Nebenrecht, das weder an der Bestandsvermutung noch am öffentlichen Glauben des GB teilnimmt (BGH Rpfleger 1990, 16; BayObLG Rpfleger 1992, 196). Die Unterwerfungserklärung ist eine einseitige prozessuale Willenserklärung (OLG Düsseldorf Rpfleger 1988, 357; BGH Rpfleger 1990, 16), die nach objektiven Kriterien und ohne Berücksichtigung außerhalb der Urkunde liegender Umstände auslegungsfähig ist (BayObLG Rpfleger 1992, 196; OLG Hamm DNotZ 1992, 663). Dem Zustimmungserfordernis des § 1365 BGB unterliegt sie nicht (BGH Rpfleger 2008, 566). Sie ist nichtig, wenn sie im Bauträgervertrag enthalten ist und den Notar ermächtigt, die Vollstreckungsklausel ohne Nachweis der Kaufpreisfälligkeit zu erteilen (BGH NJW 1999, 51); wegen des allgemeinen Nachweisverzichts verstößt sie als Allgemeine Geschäftsbedingung gegen § 307 BGB (BGH NJW 2002, 138 mit Anm. v. Blank ZfIR 2001, 978; s. dazu Grziwotz NotBZ 2002, 51). Zu Wirksamkeit der Unterwerfung verbunden mit einem Verzicht des Schuldners auf den Nachweis der Fälligkeit des Kapitals einer Sicherungsgrundschuld nach Inkrafttreten des Risikobegrenzungsgesetzes s. Schindeldecker RNotZ 2016, 440.

27.2   Eine formularmäßige Unterwerfungserklärung ist nicht gemäß § 307 Abs. 1 Satz 1 BGB unwirksam (BGH Rpfleger 2010, 414 mit Besprechung von Hinrichs/Jaeger NJW 2010, 2017; OLG Celle NotBZ 2009, 368; a. M. LG Hamburg NJW 2008, 2784). Eine auf die gegenteilige Ansicht gestützte materiellrechtliche Einwendung ist im Verfahren auf Erteilung der Vollstreckungsklausel nicht zulässig (BGH Rpfleger 2009, 465). Zur Erteilung der Vollstreckungsklausel im Hinblick auf den von BGH Rpfleger 2010, 414 verlangten Eintritt des Zessionars einer Sicherungsgrundschuld in den Sicherungsvertrag s. Sommer RNotZ 2010, 378; Zimmer NotBZ 2010, 269; Stavorinus NotBZ 2010, 281; Volmer MittBayNot 2010, 383; Wolfsteiner ZNotP 2010, 32; Lindemeier NotBZ 2010, 433; insbesondere aber auch BGH Rpfleger 2011, 592. Zu den Notarkosten bei der Klauselumschreibung s. Sikora DNotZ 2010, 585. Wegen der Gerichtskosten für die Eintragung und Löschung der Unterwerfungserklärung s. § 56 Rn. 21.

28   **c) Erklärung des Grundstückseigentümers.** Abgeben kann die Unterwerfungserklärung nur der Grundstückseigentümer; es genügt aber, dass der Erklärende im Zeitpunkt der Eintragung der Klausel Eigentümer ist. Die Unterwerfungserklärung des Grundstückskäufers, der ein Grundpfandrecht bestellt, ist daher wirksam, wenn er spätestens gleichzeitig mit der Eintragung des Unterwerfungsvermerks im GB als Eigentümer eingetragen wird (BayObLG DNotZ 1987, 216; vgl. KG NJW-RR 1987, 1229; BGH Rpfleger 1990, 16). Eine seitens des Eigentümers abgegebene Unterwerfungserklärung kann nach der Eröffnung des Insolvenzverfahrens über sein Vermögen nicht mehr eingetragen werden (KG HRR 1931 Nr. 1705). Wird die Unterwerfungserklärung nur von der BGB-Gesellschaft und nicht auch von den Gesellschaftern abgegeben, kann aufgrund des Titels nur in das Gesellschaftsvermögen vollstreckt werden. Unterwerfen sich nur die Gesellschafter, ist dagegen eine Vollstreckung auch in das Gesellschaftsvermögen zulässig.

d) Bevollmächtigter. Die Erklärung kann auch von einem Vertreter **28.1** (BayObLG Rpfleger 1992, 99), auch von einem solchen ohne Vertretungsmacht (RG 146, 308) abgegeben werden (s. hierzu Stöber, Vollstreckungsunterwerfung durch einen Bevollmächtigten, Rpfleger 1994, 393). Auf eine Vollmacht zur Abgabe der Unterwerfungserklärung, die auch unwiderruflich erteilt werden kann, finden die materiellrechtlichen Vorschriften der §§ 172 ff. BGB keine Anwendung (BGH NJW 2003, 1594). Grundsätzlich muss die Vollmacht ausdrücklich zur Vollstreckungsunterwerfung ermächtigen (a. M. OLG Dresden NotBZ 2017, 49; Volmer MittBayNot 2017, 241). Eine Beleihungsvollmacht erstreckt sich nicht ohne weiteres auch auf die Abgabe einer Unterwerfungserklärung (OLG Düsseldorf Rpfleger 1988, 357 mit Anm. v. Linderhaus Rpfleger 1988, 474). Zur Auslegung einer Vollmacht zur Abgabe einer Unterwerfungserklärung s. auch OLG Düsseldorf Rpfleger 1989, 499 und MittRhNotK 1992, 268. Voraussetzung für die Eintragung der Zwangsvollstreckungsunterwerfung in das GB ist nicht, dass die Erklärung von einem gemäß § 10 Abs. 2 FamFG oder § 79 Abs. 2 ZPO vertretungsbefugten Bevollmächtigten abgegeben wird (s. dazu § 15 Rn. 2.1). Eine aufgrund einer privatschriftlichen Vollmacht abgegebene Unterwerfungserklärung ist wirksam (BGH Rpfleger 2008, 505). Dem GBAmt muss die Vollmacht aber in der Form des § 29 nachgewiesen werden. Der Insolvenzverwalter kann die Unterwerfungserklärung für den Schuldner nur aufgrund besonderer Vollmacht abgeben (OLG Hamm NotBZ 2013, 146).

e) Nichtberechtigter. Auch er kann die Erklärung abgeben; § 185 BGB **28.2** ist entsprechend anzuwenden (OLG Köln Rpfleger 1980, 222; 1991, 13 hinsichtlich § 185 Abs. 1 BGB; BGH Rpfleger 1990, 16 hinsichtlich § 185 Abs. 2 BGB; a. M. BayObLG 1970, 254, s. aber auch BayObLG Rpfleger 1992, 99; KG NJW-RR 1987, 1229).

f) Wiederholung. Bei jeder rechtsgeschäftlichen Erweiterung des Um- **29** fangs des Rechts, z. B. einer Zinserhöhung (KGJ 45, 261) oder der Umwandlung einer Hyp. in eine Grundschuld (OLG Hamm Rpfleger 1987, 297 gegen LG Düsseldorf DNotZ 1962, 97 und LG Bonn Rpfleger 1998, 34), sowie bei jeder verschärfenden Änderung der Fälligkeitsbestimmungen ist die Unterwerfung zu wiederholen und die Klausel erneut einzutragen (KGJ 52, 190; KG DNotZ 1954, 199; LG Essen DNotZ 1957, 670 mit Anm. v. Saage). Die bei der Bestellung einer Hyp. erklärte Unterwerfung erstreckt sich nicht auf die durch Tilgung des gesicherten Darlehens entstehende Eigentümergrundschuld und die bei deren Abtretung entstehende Fremdgrundschuld; es bedarf einer erneuten Unterwerfung (OLG Hamm Rpfleger 1987, 297 mit zust. Anm. v. Knees). Sollen für eine Hyp. mit Unterwerfungsklausel nachträglich weitere auf demselben GBBlatt vorgetragene Grundstücke mithaften und gilt auch für diese die Unterwerfungsklausel, so wird dies durch die Mithafteintragung in der Veränderungsspalte auch ohne ausdrückliche Erwähnung der Unterwerfung verlautbart (s. hierzu § 48 Rn. 19). Zum notwendigen Inhalt einer Unterwerfungserklärung, insbes. hinsichtlich der Angabe des Zinsbeginns, bei Nachverpfändung eines Grundstücks, s. LG Aachen Rpfleger 1991, 15. Zur Unterwerfungsklausel bei Gesamtrechten s. auch § 48 Rn. 10.

30   **g) Sonstiges.** Auch ein künftiger oder bedingter Zahlungsanspruch kann Gegenstand der Unterwerfungserklärung sein (BGH Rpfleger 1983, 408, zugleich zu dem Erfordernis der Bestimmtheit des Anspruchs). Ist in der notariellen Schulddurkunde ein bedingter mit einem unbedingten Zinsanspruch in einem sich daraus ergebenden Höchstzinssatz zusammengefasst, so ist die Erklärung, dass sich der Schuldner „bis zu" diesem Höchstzinssatz der sofortigen Zwangsvollstreckung unterwirft, wirksam und unter den Voraussetzungen des § 800 Abs. 1 ZPO eintragungsfähig (BGH Rpfleger 1983, 408). Im Gebiet der ehemaligen DDR ist bei einer Aufbauhyp. die nachträgliche Vollstreckungsunterwerfung zulässig (LG Dessau NotBZ 2000, 422). Zu dem Erfordernis der Bestimmtheit des zu vollstreckenden Anspruchs s. BGH 22, 58; OLG Stuttgart BWNotZ 1974, 38; LG Aachen MittRhNotK 1985, 38. Zur Unterwerfungsklausel bei einer Höchstbetragshyp. s. auch Anh. zu § 44 Rn. 52. Zur Zulässigkeit, zu den Voraussetzungen und zur Bedeutung der Unterwerfung nur hinsichtlich eines Teilbetrags s. BGH Rpfleger 1990, 16 und § 61 Rn. 5.

10. Bezugnahme beim Wohnungseigentum

31   Gem. § 7 Abs. 3 WEG, § 3 Abs. 2 Halbsatz 1 WGV kann bei der Eintragung von WEigentum zur näheren Bezeichnung von Gegenstand und Inhalt des Sondereigentums auf die EintrBewilligung Bezug genommen werden. Zum Gegenstand und Inhalt des Sondereigentums s. Anh. zu § 3 Rn. 20, 24. Zur Bezugnahme bei Eintragung eines Dauerwohnrechts s. § 32 Abs. 2 WEG.

a) Inhalt des Sondereigentums. Gem. § 5 Abs. 4, § 8 Abs. 1, § 10 Abs. 3 WEG können zum Inhalt des Sondereigentums gemachte Vereinbarungen, insbes. Sondernutzungsrechte, durch Bezugnahme auf die EintrBewilligung (Teilungserklärung) eingetragen werden. Gleichwohl kann eine schlagwortartige Bezeichnung solcher Vereinbarungen im GBEintrag im Rahmen der Bezugnahme zweckmäßig sein (OLG Hamm Rpfleger 1985, 109; OLG Köln Rpfleger 1985, 110; OLG München FGPrax 2006, 245; Rpfleger 2017, 144; OLG Zweibrücken FGPrax 2007, 161); § 44 Abs. 2 steht dem nicht entgegen (s. Rn. 37). Der gleichlautend in allen Wohnungsgrundbüchern anzubringende EintrVermerk kann etwa lauten: „Wegen des Inhalts des Sondereigentums, insbes. wegen der Sondernutzungsrechte an den oberirdischen Kfz-Stellplätzen, wird auf die Bewilligung vom … Bezug genommen." Eine Bezugnahme ist aber unzulässig bei einer Veräußerungsbeschränkung nach § 12 WEG (§ 3 Abs. 2 Halbsatz 2 WGV; s. Anh. zu § 3 Rn. 51). Zu von einander abweichenden Angaben zum Inhalt des Sondereigentums im EintrVermerk und der in Bezug genommenen EintrBewilligung s. Rn. 15.

31.1   **b) Änderung des Inhalts.** Bei einer Änderung von Vereinbarungen, die als Inhalt des Sondereigentums im GB eingetragen sind, z. B. bei einer Änderung, Übertragung oder Aufhebung eines Sondernutzungsrechts, genügt grundsätzlich der Vermerk in Sp. 6 des Bestandsverzeichnisses aller Wohnungsgrundbücher: „Der Inhalt des Sondereigentums ist geändert. Unter Bezugnahme auf die Bewilligung vom ... eingetragen am ...". Auch hier kann aber eine schlagwortartige Bezeichnung der Änderung in den Vermerk aufgenommen werden und dieser lauten: „Der Inhalt des Sondereigentums ist durch Aufhebung/Übertragung eines Sondernutzungsrechtes an den oberirdischen Kfz-Stellplätzen geändert. Unter Bezugnahme ..." (s. hierzu WGV Muster Anl. 1 Bestandsverzeichnis Sp. 6 zu lfd. Nr. 2 Buchst. b und zum Ganzen Demharter WuM 2001, 103).

c) Gegenstand des Sondereigentums. Der Gegenstand des Sondereigentums (§ 3 Abs. 1, § 5 Abs. 1 WEG) wird in das Bestandsverzeichnis nach Maßgabe des § 3 Abs. 1 Buchst. c WGV eingetragen. Die Eintragung kann lauten: „Mit dem Miteigentumsanteil ist das Sondereigentum an der im Aufteilungsplan mit Nr. 1 bezeichneten Wohnung im 1. Obergeschoss links verbunden. Im Übrigen wird wegen des Gegenstands des Sondereigentums auf die EintrBewilligung vom ... Bezug genommen." **31.2**

d) Änderung des Gegenstands. Bei einer Änderung des Gegenstands des Sondereigentums, z. B. durch Wegfall oder Tausch eines Raumes, genügt grundsätzlich der EintrVermerk: „Der Gegenstand des Sondereigentums ist geändert. Unter Bezugnahme ...". Auch hier kann es zweckmäßig sein, den Umfang der Änderung, z. B. durch Benennung des betroffenen Raums im EintrVermerk schlagwortartig zu bezeichnen (vgl. WGV Muster Anl. 1 Bestandsverzeichnis Sp. 6 zu lfd. Nr. 2). Tauschen WEigentümer bestimmte Nebenräume können die bisherigen Nummern dieser Räume beibehalten werden, sofern der EintrVermerk im Bestandsverzeichnis eine eindeutige Zuordnung der Räume zum jeweiligen WEigentum gewährleistet und Verwirrung nicht zu besorgen ist. Aus dem EintrVermerk muss sich in jedem Fall ergeben, dass und in welcher Weise die Änderung den Gegenstand des Sondereigentums betrifft (OLG München FGPrax 2017, 207; 2019, 8 mit zustimmender Anm. v. Grziwotz MittBayNot 2019, 350). Bei Eintragung einer Änderung der Beschränkung des Miteigentums durch neu begründete Sondereigentumsrechte (vgl. § 7 Abs. 2 Satz 2 WEG) kann nicht durch bloße Bezugnahme auf die EintrBewilligung auch der Gegenstand des Sondereigentums geändert werden (vgl. BGH Rpfleger 2008, 60) mit Anm. v. Hentel NotBZ 2008, 73, F. Schmidt ZWE 2008, 97, M. Müller ZflR 2008, 579). **31.3**

11. Bezugnahme beim Erbbaurecht

Gem. § 14 Abs. 1 ErbbauRG kann bei der Eintragung eines Erbbaurechts zur näheren Bezeichnung des Inhalts des Erbbaurechts auf die EintrBewilligung Bezug genommen werden. Ausgenommen sind jedoch Beschränkungen gemäß § 5 ErbbauRG (§ 56 Abs. 2 GBV; s. dazu Anh. zu § 8 Rn. 40). Im Übrigen gilt im Wesentlichen das zu § 874 BGB Ausgeführte (s. Rn. 16–20). S. aber auch Rn. 36. **32**

12. Sonstige Fälle der Bezugnahme

33 **a) Urkunden.** Nimmt eine EintrBewilligung zulässigerweise auf eine Urkunde Bezug (s. § 19 Rn. 34), kann diese im EintrVermerk ebenfalls in Bezug genommen werden. Zur Wirksamkeit einer ordnungswidrigen Bezugnahme auf eine nicht körperlich verbundene privatschriftliche Anlage der EintrBewilligung s. KG HRR 1931 Nr. 1459. Statthaft ist ferner die Bezugnahme auf Urkunden, welche die EintrBewilligung ersetzen (s. § 19 Rn. 8 bis 11), z. B. einstweilige Verfügungen und behördliche EintrErsuchen; dies aber nur in dem Rahmen, in dem auf die ersetzte Bewilligung Bezug genommen werden könnte. Wird bei der Eintragung einer Zwangshyp. auf den die EintrBewilligung ersetzenden Vollstreckungstitel Bezug genommen, dann wird der Vermerk gem. § 867 Abs. 1 Satz 1 Halbsatz 1 ZPO nicht Inhalt des EintrVermerks im GB (BayObLG Rpfleger 1986, 372).

34 **b) Satzung einer Kreditanstalt.** Zulässig ist die Bezugnahme auf die öffentlich bekanntgemachte Satzung einer Kreditanstalt und zwar zur Bezeichnung der bei einer Hyp. außer den Zinsen satzungsgemäß zu entrichtenden Nebenleistungen (§ 1115 Abs. 2 BGB). In Bezug genommen werden kann nur die zurzeit der HypBestellung bestehende, nicht etwa die jeweilige Satzung (JFG 5, 344). Zum Begriff der Nebenleistungen s. Rn. 24.

35 **c) Gesetzesbestimmungen.** Statthaft ist auch eine Bezugnahme auf geltende und allgemein zugängliche inländische Gesetzesbestimmungen (JFG 5, 378), nicht aber auf Verwaltungsvorschriften, die nicht als allgemein bekannt vorausgesetzt werden können (KGJ 46, 223; 53, 207). Auf eine nur örtlich geltende baurechtliche Vorschrift kann daher nicht Bezug genommen werden (OLG München Rpfleger 2008, 480). Bei einer Bezugnahme auf Gesetzesbestimmungen ist zu bedenken, dass Laien nicht erkennen können, welche rechtlichen Folgen sich aus der Bezugnahme ergeben; Eintragungen wie „Vormerkung nach § 1179 BGB" und „Vollstreckbar nach § 800 ZPO" (s. dazu OLG Köln Rpfleger 1974, 150) können unter diesem Blickpunkt nicht befriedigen. S. dazu Rn. 13 und 37.

36 **d) Erbbaugrundbuch.** Über die Bezugnahme auf das Erbbaugrundbuch bei der Eintragung des Erbbaurechts auf dem Blatt des belasteten Grundstücks sowie bei dem auf diesem vorzunehmenden Vermerk der Eintragung eines neuen Erbbauberechtigten s. § 14 Abs. 2 und Abs. 3 Satz 2 und 3 ErbbauRG.

13. Umfang der Bezugnahme

37 **a) Ermessen.** Die Bezugnahme steht im Hinblick auf die Kann-Vorschriften des materiellen Rechts (vgl. §§ 874, 885 Abs. 2, § 1115 Abs. 1 BGB, § 7 Abs. 3 WEG, § 14 Abs. 1 Satz 2 ErbbauRG), soweit nicht ausnahmsweise vorgeschrieben (vgl. § 14 Abs. 2 ErbbauRG), grundsätzlich im Ermessen des GBAmts. Dieses Ermessen wird jedoch durch die verfahrensrechtliche Sollvorschrift des § 44 Abs. 2 weitgehend beseitigt. Das GBAmt soll danach über den Wortlaut der Bestimmung hinaus nicht nur bei Eintragung einer Grundstücksbelastung (s. dazu Rn. 16 ff.), sondern bei jeder Eintragung, bei der

eine Bezugnahme zulässig ist (s. dazu Rn. 21 bis 32), im gesetzlich zulässigen Umfang auf die EintrBewilligung Bezug nehmen; die Vorschrift ist dahin zu ergänzen, dass auch auf sonstige Unterlagen Bezug zu nehmen ist, auf die in zulässiger Weise Bezug genommen werden kann (s. dazu Rn. 33 ff.).

b) Klarstellende Zusätze. § 44 Abs. 2 verbietet es nicht, dass der Rpfleger nach seinem Ermessen für erforderlich gehaltene klarstellende Zusätze in die Bezugnahme aufnimmt (s. dazu das Beispiel in Rn. 31); erzwungen werden kann dies aber nicht (OLG Zweibrücken FGPrax 2007, 161). Zu einem Klarstellungsvermerk bei einer teilweise unzulässigen Bezugnahme s. Rn. 45. Die als Soll-Vorschrift ausgestaltete Bestimmung des § 44 Abs. 2 bindet zwar das GBAmt, führt aber bei einem Verstoß nicht zur Nichtigkeit der Eintragung. Auch kann dagegen mangels Rechtsschutzinteresses nicht mit der Beschwerde (s. dazu § 71 Rn. 46) vorgegangen werden (ebenso jetzt Weber in Bauer/Schaub Rn. 51). Denn durch die Ausschöpfung aller Bezugnahmemöglichkeiten soll EintrRaum eingespart und der Einsatz von Datenverarbeitungsanlagen erleichtert werden (s. zum Ganzen Demharter FGPrax 1999, 46).

c) Absehen von einer Bezugnahme. Dies ist dem GBAmt nur erlaubt, **38** wenn das Gesetz dies verlangt oder der Inhalt der Eintragung, insbes. der Umfang der Belastung aus dem GB nicht mehr erkennbar wäre. Dies kann der Fall sein, wenn die EintrBewilligung in einer unübersichtlich gefassten Urkunde enthalten ist, die noch andere Rechtsgeschäfte verlautbart; mindestens ist dann eine genaue Bezeichnung des die EintrBewilligung enthaltenden Teils erforderlich (JFG 8, 235). Entbehrlich ist im Fall der Bezugnahme nicht die schlagwortartige Bezeichnung des Rechts im EintrVermerk (s. dazu Rn. 17).

d) Nicht eintragungsfähige Bestimmungen. Bei der Eintragung ist **39** auf die EintrBewilligung Bezug zu nehmen; die in Bezug genommene Urkunde braucht aber nicht als EintrBewilligung bezeichnet zu sein. Enthält die EintrBewilligung nicht eintragungsfähige Bestimmungen (s. Anh. zu § 13 Rn. 20 ff.), so sind diese durch Eintragung eines Vermerks von der Bezugnahme auszunehmen (BGH FGPrax 2015, 5; s. dazu § 19 Rn. 34). Ein Abweichen vom EintrAntrag ist aber nur gestattet, wenn der Antragsteller mit teilweiser Eintragung und teilweiser Antragszurückweisung einverstanden ist; sonst ist auf Einschränkung des Antrags hinzuwirken und, falls diese nicht erfolgt, der Antrag im Ganzen zurückzuweisen (s. dazu § 16 Rn. 9). Enthält z. B. eine HypBestellungsurkunde Verpflichtungen des Grundstückseigentümers, die an sich persönlicher Natur sind, deren Nichterfüllung dem Gläubiger aber das Recht zur Kündigung gibt, so dürfen diese Verpflichtungen bei der Eintragung der Hyp. nicht unmittelbar und unbeschränkt in Bezug genommen werden, vielmehr ist nur die Bezugnahme auf den die Kündigungsbedingungen enthaltenden Teil der EintrBewilligung zulässig (BGH NJW 1956, 1196; s. auch BayObLG NJW 1967, 1373; OLG Frankfurt Rpfleger 1973, 23). Zur Erstreckung einer vor dem Inkrafttreten des RisikobegrenzungsG v. 12.8.2008 (BGBl. I 1666) eingetragenen Sicherungsgrundschuld, bei der auf eine künftig nicht mehr zulässige Nebenbestimmung Bezug genommen wird, auf ein weiteres Grundstück s. § 48 Rn. 10, 39.

40 **e) In Bezug genommene Urkunden.** Handelt es sich bei der Eintr-
Bewilligung, wie in der Regel, um eine notarielle Urkunde, so sollen bei der
Eintragung der Name des Notars oder die Bezeichnung des Notariats und
die Nummer der Urkundenrolle sowie selbstverständlich das Datum der
Urkunde angegeben werden (vgl. GBV Muster Anl. 1 Abt. III lfd. Nr. 1). Ist
die Urkunde von einem Notariatsverwalter errichtet worden, ist dessen
Name und nicht der des Notars anzugeben, weil der Notariatsverwalter nicht
Vertreter des Notars ist (LG Essen RNotZ 2010, 540). Wird auf eine unterschriftsbeglaubigte EintrBewilligung Bezug genommen, ist maßgebend das
Datum der Bewilligung; zweckmäßig ist es aber, daneben auch das Datum
einer zeitlich späteren Beglaubigung anzugeben. Bei Eintragungen auf Grund
eines gerichtlichen oder behördlichen Ersuchens gem. § 38 sind das Gericht
oder die Behörde, ihr Aktenzeichen und das Datum des Ersuchens anzugeben. Diese Angaben erleichtern das Auffinden der in Bezug genommenen
EintrUnterlagen, aber auch ihre Aussonderung aus den Grundakten im Fall
des § 10a Abs. 3.

41 Maßgebend ist die bei den Grundakten befindliche Abschrift der in Bezug
genommenen Urkunde. Weicht diese inhaltlich von der Urschrift ab, ist das
GB unrichtig (s. hierzu § 10 Rn. 22).

14. Nachholung der Bezugnahme

42 **a) Verpflichtung.** Das frühere Recht (vgl. § 30 Abs. 1 Buchst. f i. V. m.
§ 33 Abs. 2 Buchst. c GBV a. F.) schloss es aus, dass bei der Umschreibung
oder Neufassung eines Teils des GBBlatts eine unterbliebene Bezugnahme
nachgeholt oder eine Bezugnahme erweitert wurde. Der durch das RegVBG
eingefügte und durch das DaBaGG erweiterte § 44 Abs. 3 verpflichtet dazu
nunmehr das GBAmt nicht nur in den beiden genannten Fällen, sondern
auch in sonstigen Fällen der Übernahme von Eintragungen auf ein anderes,
bereits angelegtes oder neu anzulegendes GBBlatt; in Betracht kommen dabei die Abschreibung eines Grundstücks oder eines Grundstücksteils, die
Übernahme von Belastungen des Grundstücks bei der Anlegung von Wohnungsgrundbüchern, die Vereinigung von Grundstücken, die auf verschiedenen Blättern eingetragen sind oder die Zuschreibung eines Grundstücks, das
auf einem anderen GBBlatt gebucht ist. In allen diesen Fällen ist das GBAmt
nunmehr gehalten, die gesetzlich vorgesehenen Möglichkeiten einer Bezugnahme in vollem Umfang auszuschöpfen.

b) Grenzen. Jedoch darf durch eine nachträgliche oder erweiterte Bezugnahme selbstverständlich der Inhalt des Rechts nicht verändert werden.
Unter dieser Voraussetzung kann auch von dem ursprünglichen Text der
Eintragung abgewichen werden; insoweit handelt es sich aber um eine Kann-
und nicht um eine Soll-Vorschrift. § 44 Abs. 3 gestattet es grundsätzlich nur,
bisher im GB eingetragene Angaben durch eine zulässige Bezugnahme zu
ersetzen; eine unzulässige Bezugnahme darf dagegen nicht durch eine zulässige ersetzt werden, weil dadurch der Inhalt des Rechts verändert würde.

43 **c) Gehör.** Vor einer Nachholung oder Erweiterung der Bezugnahme
müssen die Beteiligten vom GBAmt grundsätzlich nicht gehört werden, weil

der Inhalt des Rechts nicht berührt werden darf. Bestehen Zweifel am Inhalt einer Eintragung oder den Auswirkungen einer ins Auge gefassten Nachholung oder Erweiterung der Bezugnahme, kann es jedoch geboten sein, die Beteiligten zu hören. Lassen sich die Zweifel nicht zerstreuen, wird das GBAmt von einer Nachholung oder Erweiterung der Bezugnahme abzusehen haben.

d) Briefvorlage. Wird von einer Nachholung oder Erweiterung der Be- **44** zugnahme die Eintragung über ein Grundpfandrecht betroffen, so ist die Vorlage des Briefs gem. § 41 nicht erforderlich. Weil der Inhalt des Rechts nicht berührt werden darf, handelt es sich nicht um eine Eintragung „bei der Hypothek" im Sinn des § 41 (s. hierzu § 41 Rn. 4). Zu einer Ergänzung des HypBriefs entsprechend § 57 Abs. 2 GBO, § 39 Abs. 3 Satz 4 GBV ist das GBAmt nicht verpflichtet, wohl aber berechtigt.

15. Unzulässige Bezugnahme

Sie wirkt nicht als Eintragung. Ihre rechtlichen Folgen sind verschieden. **45** Fehlt infolge der unzulässigen Bezugnahme ein wesentlicher Teil der Eintragung, z. B. die Bezeichnung des Berechtigten (RG 88, 83), nicht aber die Angabe des Zinssatzes einer Hyp. (RG 113, 229), so ist die ganze Eintragung unwirksam. Bei teilweiser Unwirksamkeit der Eintragung entscheidet die Einigung, ob das GB richtig ist. Zu beachten ist, dass die Beteiligten sich nachträglich über den Bestand des Rechts nach Maßgabe des wirksam eingetragenen Teils einig geworden sein können (RG 108, 148).

Eine Bezugnahme stellt sich als unzulässig dar, wenn der Umfang des Rechts nach der in Bezug genommenen EintrBewilligung über das hinausgeht, was sich aus dem EintrVermerk ergibt. Der sich aus der unzulässigen Bezugnahme ergebende weitergehende Inhalt des Rechts wird nicht Teil der Eintragung. Eine inhaltlich unzulässige Eintragung liegt nicht vor, wenn der EintrVermerk mit dem zulässigen Teil der Bezugnahme alle wesentlichen Erfordernisse für die Buchung des Rechts erfüllt. Dann ist jedoch von Amts wegen durch einen Vermerk klarzustellen, welcher Teil der EintrBewilligung nicht Inhalt des GB geworden ist (BGH FGPrax 2015, 5 mit abl. Anm. v. Amann ZfIR 2015, 208 und kritischer Anm. v. Joost MittBayNot 2015, 401).

Zu dem Fall eines Widerspruchs zwischen EintrVermerk und der in Bezug genommenen EintrGrundlage s. Rn. 15.

16. Inhalt der Eintragung

Er ist je nach ihrem Gegenstand verschieden. Bei der Eintragung von **46** Rechten sowie bei der von Vormerkungen und Widersprüchen ist stets die Angabe des Berechtigten erforderlich; bei der Eintragung von Veräußerungsverboten muss die geschützte Person angegeben werden (RG 89, 159; zur Eintragung des Begünstigten bei Verfügungsbeschränkungen s. auch Anh. zu § 13 Rn. 36). Unabhängig davon, ob es sich um einen Widerspruch nach § 899 BGB oder einen Amtswiderspruch nach § 53 GBO handelt, ist als Berechtigter der Gläubiger des Anspruchs aus § 894 BGB anzugeben (OLG

München Rpfleger 2019, 140; § 53 Rn. 33). Zur Eintragung des Eigentümers s. Anh. zu § 44 Rn. 1 ff.

47 **a) Angabe des Berechtigten.** Sie ist in den EintrVermerk aufzunehmen; eine Bezugnahme ist ausgeschlossen (BayObLG Rpfleger 1982, 274); fehlt die Angabe, so ist die Eintragung inhaltlich unzulässig (BGH Rpfleger 1970, 280; BayObLG Rpfleger 1985, 102); anders im Fall einer nur ungenauen (BayObLG Rpfleger 1976, 250; s. auch OLG Frankfurt Rpfleger 1980, 185) oder unrichtigen (RG 113, 230; BayObLG JFG 3, 438) Angabe des Berechtigten.

Berechtigter kann eine natürliche sowie eine juristische Person oder eine rechtsfähige Personengesellschaft (OHG, KG, EWIV, Partnerschaft) sein (s. Rn. 49, 53), eine zwar errichtete, aber noch nicht im Handels- oder Partnerschaftsregister eingetragene Gesellschaft oder ein nicht eingetragener Verein (s. § 19 Rn. 101, 102), ferner eine BGB-Gesellschaft (s. § 47 Rn. 28) oder eine WEigentümergemeinschaft (s. Rn. 54).

48 Vormerkungen können auch zugunsten des jeweiligen Eigentümers eines Grundstücks oder des jeweiligen Inhabers eines Rechts eingetragen werden (RG 128, 247; BGH NJW 1957, 98; wegen einer Löschungsvormerkung nach § 1179 BGB n. F. s. jedoch § 39 Rn. 22, 23); zulässig ist auch die Eintragung zugunsten des jeweiligen Inhabers eines im Handelsregister eingetragenen Unternehmens (KG DNotZ 1937, 330), unzulässig hingegen die Eintragung zugunsten einer Person, die ein Dritter bestimmen soll (OLG Hamm MDR 1953, 41; OLG Schleswig DNotZ 1957, 661 mit krit. Anm. v. Hieber; BGH Rpfleger 1983, 169; s. dazu Anh. zu § 44 Rn. 100).

49 **b) Natürliche Personen.** Sie sind gemäß § 15 Abs. 1 Buchst. a GBV zu bezeichnen. Anzugeben sind regelmäßig Vor- und Familienname (nicht erforderlich ist es, sämtliche Vornamen anzugeben), sowie das Geburtsdatum. Ergibt sich letzteres ausnahmsweise nicht aus den EintrUnterlagen und ist es dem GBAmt auch nicht anderweitig bekannt, soll der Wohnort angegeben werden. Sofern sich aus den EintrUnterlagen akademische Grade oder frühere Familiennamen ergeben, sind auch sie anzugeben; bei einem früheren Familiennamen wird es sich in aller Regel um den Geburtsnamen handeln. Das GBAmt ist weder berechtigt noch verpflichtet, diese Daten von den Beteiligten zu erfragen.

Nicht ausgeschlossen ist es, bei Eheleuten als Miteigentümern im Einverständnis beider in der Eintragung ergänzend zu vermerken, dass es sich um Eheleute handelt (OLG Düsseldorf FGPrax 2016, 51). Es steht dem GBAmt aber nicht frei, unter zwei Namen, die ein Berechtigter zulässigerweise im allgemeinen Rechtsverkehr führt, einen anderen als den vom Antragsteller angegebenen für den EintrVermerk auszuwählen (BayObLG Rpfleger 1988, 309). Auch der Einzelkaufmann ist in das GB unter seinem bürgerlichen Namen, nicht mit seiner Firma einzutragen (OLG München JFG 14, 501; BayObLG Rpfleger 1981, 192; OLG Naumburg NotBZ 2020, 70). Dies gilt auch dann, wenn er als Gläubiger einer Zwangshyp. eingetragen werden soll und im Vollstreckungstitel mit seiner Firma bezeichnet ist (BayObLG Rpfleger 1988, 309).

c) **Prozess- oder Verfahrensstandschafter.** Hat ein gesetzlicher oder **50** gewillkürter Prozess- oder Verfahrensstandschafter den Titel erwirkt, ist auch dann nur er als Titelgläubiger einzutragen, wenn er materiellrechtlich nicht Inhaber der Forderung ist (BGH FGPrax 2002, 7; OLG München FGPrax 2010, 120, 231). Einzutragen ist also bei gesetzlicher Prozessstandschaft der Insolvenz- oder Zwangsverwalter und nicht der Schuldner (LG Darmstadt Rpfleger 2007, 659) sowie der Testamentsvollstrecker oder Nachlassverwalter und nicht der Erbe, bei einem gem. § 1629 Abs. 3 BGB erwirkten Unterhaltstitel der Elternteil und nicht das Kind (LG Konstanz NJW-RR 2002, 6), bei gewillkürter Verfahrensstandschaft z. B. der Verwalter von WEigentum und nicht die WEigentümer (s. dazu § 19 Rn. 107). Nicht zulässig sind dabei auf die Funktion hinweisende Zusätze wie z. B. „als Insolvenzverwalter" (OLG München FGPrax 2012, 154). Ein solcher Hinweis ändert aber an der Wirksamkeit der Eintragung nichts (OLG München ZIP 2016, 883).

Beim rechtsgeschäftlichen Erwerb eines dinglichen Recht, z. B. einer Grundschuld, durch den Insolvenzverwalter als Partei kraft Amtes, ist jedoch als Berechtigter der Schuldner und zugleich ein Insolvenzvermerk einzutragen. Dasselbe gilt bei einem Erwerb kraft Gesetzes, z. B. durch Erbgang, wenn über das Vermögen des Erwerbers das Insolvenzverfahren eröffnet war (OLG München ZIP 2014, 482; FGPrax 2017, 68). Als Berechtigter ist ferner dann der Schuldner einzutragen, wenn der Insolvenzverwalter an einem zur Insolvenzmasse gehörenden Grundstück eine Eigentümergrundschuld bestellt; der Insolvenzvermerk ist dann nicht nur bei der Eigentümergrundschuld einzutragen, sondern auch in den Grundschuldbrief aufzunehmen (BayObLG Rpfleger 1980, 429). Bei der Eintragung mehrerer Berechtigter ist § 47 Abs. 1 zu beachten.

Zur Eintragung des Insolvenzschuldners aufgrund eines im Anfechtungsverfahren erwirkten Titels auf Duldung der Zwangsvollstreckung in ein Grundstück s. § 20 Rn. 24.3.

d) **Zusätzliche Unterscheidungsmerkmale.** Ist die Regelbezeichnung, **51** weil sie auf mehrere Personen zutrifft, nicht ausreichend, so bedarf es der Angabe weiterer Unterscheidungsmerkmale. Erweist sie sich nicht als möglich, so ist sie durch eine andere Bezeichnung zu ersetzen (BayObLG NJW 1958, 1917). Dies ist z. B. der Fall, wenn eine BGB-Gesellschaft eingetragen werden soll und es eine weitere Gesellschaft mit identischem Gesellschafterbestand gibt (s. § 47 Rn. 29), ferner wenn es sich bei einem einzutragenden Recht um ein subjektiv-dingliches handelt oder als Berechtigter ein noch Ungeborener in Betracht kommt; hier geschieht die Kennzeichnung des Berechtigten durch Angabe des herrschenden Grundstücks bzw. durch namentliche Angabe der Eltern. In besonderen Ausnahmefällen kann von einem der Mindesterfordernisse des § 15 Abs. 1 Buchst. a GBV abgesehen werden. Dies wird insbes. dann in Betracht kommen, wenn eine Angabe unmöglich oder ihre Beschaffung mit ungewöhnlichen, nicht zumutbaren Schwierigkeiten verbunden ist (BayObLG FGPrax 2001, 93; OLG Frankfurt NZM 2004, 503). Auch dann muss aber der Berechtigte durch andere Merkmale eindeutig identifizierbar sein.

52   **e) Unbekannte Berechtigte.** Auch Eintragungen zugunsten eines unbekannten Berechtigten sind möglich, setzen aber voraus, dass die Person des Berechtigten nicht festzustellen ist (KGJ 36, 229; BGH DNotZ 1961, 486; KG Rpfleger 1975, 133) und die GBEintragung notwendig ist. So darf die Sicherung von Rechten oder Ansprüchen durch die Eintragung einer Sicherungshyp. oder einer Vormerkung nicht daran scheitern, dass der Berechtigte, z. B. der Erbe des verstorbenen Berechtigten, nicht bekannt ist. Die Eintragung eines unbekannten Berechtigten ist auch dann zulässig, wenn anderenfalls eine erforderliche, aber nur einheitlich mögliche GBBerichtigung nicht durchführbar wäre, z. B. die Eintragung der Erben des eingetragenen Erblassers, von denen einer inzwischen ebenfalls gestorben ist, seine Erben aber nicht bekannt sind (BayObLG Rpfleger 1995, 103; OLG Rostock NJW-RR 2005, 604). Zur Eintragung der Erben einer noch lebenden Person als Berechtigte s. OLG München RNotZ 2011, 245. Die Art der Kennzeichnung des unbekannten Berechtigten bemisst sich nach den Umständen des Einzelfalls. Über die Bezeichnung des Gläubigers bei der Eintragung von Inhaberoder Orderhyp. s. § 43 Rn. 2.

53   **f) Treuhänder.** Die Eintragung eines Berechtigten mit dem Zusatz „als Treuhänder" ist unzulässig, weil eine rechtsgeschäftliche Verfügungsbeschränkung gemäß § 137 BGB nicht dinglich wirkt (OLG Saarbrücken NJW 1967, 1378; BayObLG Rpfleger 1985, 102; vgl. auch OLG Celle Rpfleger 1986, 484). Wegen des Treuhänders nach § 75 Abs. 2 AusfG z. Abkommen über deutsche Auslandsschulden v. 24.8.1953 (BGBl. I 1003) i. d. F. des ErgänzungsG v. 9.2.1955 (BGBl. I 57) s. Fleischmann NJW 1955, 609. Zur Unzulässigkeit sonstiger Zusätze s. Rn. 50.

53.1   **g) Juristische Personen.** Juristische Personen sowie rechtsfähige Personengesellschaften i. S. von § 1059a Abs. 2 BGB, also Handels- und Partnerschaftsgesellschaften, sind gemäß § 15 Abs. 1 Buchst. b GBV zu bezeichnen. Anzugeben sind Name oder Firma und Sitz; außerdem sollen das Registergericht und das Registerblatt der Eintragung des Berechtigten in das betreffende Register angegeben werden, wenn sich diese Angaben aus den EintrUnterlagen ergeben oder dem GBAmt anderweitig bekannt sind. Wird zunächst eine Vorgesellschaft als Berechtigte im GB eingetragen, kann nach der Eintragung der juristischen Person im Register die Bezeichnung im GB durch Angabe von Registergericht und Registerblatt im Weg der Richtigstellung ergänzt werden.

Die Firma einer Handelsgesellschaft muss so eingetragen werden, wie sie im Handelsregister eingetragen ist (OLG München JFG 15, 168); Entsprechendes gilt für den Namen einer Partnerschaft (vgl. § 2 PartGG; § 5 PRV). Eine Amtspflicht des GBAmts, GB und Handelsregister in Übereinstimmung zu halten, besteht aber nicht (OLG München FGPrax 2008, 98). Die Angabe des Firmenkerns und des Firmensitzes genügen, weil sie grundsätzlich die erforderliche eindeutige Identifizierung ermöglichen (OLG München FGPrax 2009, 14). Zur GBFähigkeit und Eintragung einer Gesellschaft im Stadium der Gründung s. § 19 Rn. 103 bis 105.

53.2   **h) Zweigniederlassung.** Die Firma einer Zweigniederlassung kann mit ihrem Namen und dem Ort der Niederlassung trotz fehlender Rechtsfähigkeit in das GB eingetragen werden (KGJ 32, 199; BayObLG Rpfleger 1973, 56; OLG München RNotZ 2016, 97, zugleich zum Begriff der Zweigniederlassung; LG Meiningen NJW-RR 2000, 680; a.M. Kössinger in Bauer/Schaub AT B Rn. 31). Zur nachträglichen Eintragung s. LG Konstanz Rpfleger 1992, 247. Vgl. dazu, besonders zur Sitzangabe, auch Woite NJW 1970, 548. Auch die inländische Zweigniederlassung einer ausländischen juristischen Person kann als Berechtigte eingetragen werden (OLG München NotBZ 2013, 197). Zum Nachweis des Bestehens und der Vertretung ausländischer Gesellschaften sowie ihrer Rechtsfähigkeit s. § 32 Rn. 8, 9.

i) Juristische Personen öffentlichen Rechts. Bei ihrer Eintragung **53.3** kann nach § 15 Abs. 2 Satz 1 GBV auf Antrag der Teil des Vermögens, zu dem das Recht gehört, oder die Zweckbestimmung des Rechts durch einen Klammerzusatz bei dem Namen angegeben werden. Ist im GB als Eigentümer „Freistaat Bayern (Forstverwaltung)" eingetragen, ist bei Zuweisung des Grundstücks zu einem anderen Vermögensbereich, z.B. der Bauverwaltung, lediglich der Zusatz „(Forstverwaltung)" im Weg der Richtigstellung ersatzlos zu löschen (OLG Bamberg FGPrax 2013, 192). Nach dem durch VO v. 15.7.1994 (BGBl. I 1606) angefügten § 15 Abs. 2 Satz 2 GBV kann bei Eintragungen, die ab dem 24.7.1994 vorgenommen werden, auf Antrag auch angegeben werden, durch welche Stelle der Fiskus vertreten wird (Art. 3 Abs. 1 VO v. 15.7.1994, BGBl. I 1606); bis zu dieser Änderung war die Angabe der zur Vertretung berufenen Behörde unzulässig (BayObLG Rpfleger 1975, 362). Bei den so genannten Pfarrfonds oder Fabrikfonds der Katholischen Kirche handelt es sich um selbständige Rechtspersönlichkeiten mit eigenem, von dem der Kirchengemeinde getrennten Vermögen (OLG Hamm Rpfleger 2012, 684; OLG Düsseldorf Rpfleger 2018, 442).

Zur Umbenennung der Treuhandanstalt in Bundesanstalt für vereinigungsbedingte Sonderaufgaben s. VO v. 20.12.1994 (BGBl. I 3913) und die Hinweise im Schreiben des BJM v. 12.1.1995 (MittBayNot 1995, 91); s. dazu auch das BvSAbwG v. 28.10.2003 (BGBl. I 2081). Zur Umbenennung der Bundesanstalt für Arbeit in Bundesagentur für Arbeit s. das Ges. v. 23.12.2003 (BGBl. I 2848).

In Anwendung der für die Eintragung der Firma einer Zweigniederlassung entwickelten Grundsätze erachtet es BayObLG Rpfleger 1973, 56 als zulässig, ein Grundpfandrecht auf Antrag für die „Bayerische Landesbausparkasse, Anstalt der Bayerischen Landesbank Girozentrale München" (s. dazu Ges. v. 27.6.1972, BayRS 762-6-F) einzutragen, wenn der Erwerbstitel auf diesen Namen lautet; das LG Itzehoe Rpfleger 1991, 498 hält aus denselben Gründen die Eintragung der „Investitionsbank Schleswig-Holstein, Zentralbereich der Landesbank Schleswig-Holstein, Girozentrale in Kiel" als Berechtigte für zulässig. Die Kreditanstalt für Wiederaufbau kann als „KfW, Frankfurt am Main" eingetragen werden (OLG Köln Rpfleger 2017, 693).

j) WEigentümergemeinschaft. § 15 Abs. 1 Buchst. b GBV ist auf die **54** rechtsfähige WEigentümergemeinschaft (s. dazu § 19 Rn. 106) entsprechend anzuwenden. Einzutragen ist sie als „WEigentümergemeinschaft", gefolgt von der bestimmten Angabe des gemeinschaftlichen Grundstücks (vgl. § 10 Abs. 6 WEG i.d.F. des Ges. v. 26.3.2007, BGBl. I 370), also z.B. als „WEigentümergemeinschaft A-Stadt, B-Straße Hausnummer X". Die Angabe eines zusätzlichen, im Rechtsverkehr verwendeten Namens, ist nicht ausgeschlossen (s. dazu Demharter NZM 2005, 601).

k) BGB-Gesellschaft. Zur Eintragung der rechtsfähigen Gesellschaft bürgerlichen Rechts als Eigentümerin oder Berechtigte eines dinglichen Rechts s. § 47 Abs. 2 GBO und § 15 Abs. 1 Buchst. c GBV sowie § 47 Rn. 28, 29.

55   **l) Fehlende oder fehlerhafte Bezeichnung.** Eine dem § 15 GBV nicht entsprechende Bezeichnung des Berechtigten berührt die Wirksamkeit der Eintragung nicht. Fehlt jedoch die Angabe des Berechtigten gänzlich oder ist sie so mangelhaft, dass sich der Berechtigte nicht identifizieren lässt, so ist die Eintragung inhaltlich unzulässig. Ist ein nicht existenter Berechtigter eingetragen, ist das GB unrichtig im Sinn einer ursprünglichen Unrichtigkeit. Eine inhaltlich unzulässige Eintragung liegt nicht vor. Außer einer Berichtigung nach § 22 (s. § 22 Rn. 7) kann auch eine solche nach §§ 84 ff. (s. dazu § 84 Rn. 5) in Betracht kommen. Zum Nachweis der Nichtexistenz des Berechtigten s. § 29 Rn. 64. S. zum Ganzen Böhringer, Löschung eines Rechts wegen anfänglicher Nichtexistenz des Berechtigten, NotBZ 2007, 189.

17. Angabe des Eintragungsgrundes

56   Die Eintragung muss bei einem Wechsel des Eigentümers oder des Berechtigten eines Rechts den zugrunde liegenden materiellen Rechtsvorgang, z. B. Auflassung, Abtretung oder Erbfolge, angeben; einfache „Umschreibung" eines Rechts genügt nicht (vgl. dazu § 9 Abs. 1 Buchst. d GBV und Anh. zu § 44 Rn. 2). Eine Ausnahme gilt im Fall der Löschung eines Rechts; bei ihr wird der zugrunde liegende Rechtsakt im GB nicht vermerkt (KG JW 1934, 1056; OLG München FGPrax 2011, 69). Bei Verzicht auf die Voreintragung im Fall des § 40 und bei mehrfachem Rechtsübergang außerhalb des GB wird das Erfordernis der lückenlosen Dokumentation der Entwicklung des Rechtsstands (s. Rn. 71) durch die Fassung der Eintragung in Abt. I Sp. 4 sichergestellt; sie kann wie folgt lauten: „Erbschein vom … und Erbschein/Erbteilsübertragung/Abschichtungsvereinbarung/Auflassung vom …" (s. dazu BayObLG Rpfleger 1995, 103; OLG München NJW-RR 2018, 645; KG FGPrax 2019, 196). Zur Unzulässigkeit ergänzender Vermerke zum EintrGrund bei Eintragung einer BGB-Gesellschaft s. § 20 Rn. 38.1. Wird eine zur Eigentümergrundschuld gewordene Fremdhyp. unter Umwandlung in eine Hyp. abgetreten, so ist der vorangegangene Übergang auf den Eigentümer zu verlautbaren, weil sonst die Umwandlung einer Hyp. in eine Hyp. nicht verständlich wäre (KG JW 1933, 2010). S. dazu auch § 19 Rn. 37.

Am öffentlichen Glauben des GB nehmen die Angaben über die Eintr-Grundlage (vgl. Abt. I Sp. 4), z. B. die Auflassung, nicht teil (BGH 7, 68; KG Rpfleger 1967, 115; BayObLG Rpfleger 2002, 303; OLG Hamm FGPrax 2011, 322). Sie können daher mit der unbeschränkten Beschwerde angefochten werden (OLG Hamm Rpfleger 2019, 384). Zur notwendigen Angabe des EintrGrundes in der EintrBewilligung s. § 19 Rn. 37. Zur Richtigstellung der Angaben über den EintrGrund, z. B. Erbfolge statt der eingetragenen Auflassung, s. OLG Hamm Rpfleger 2019, 384 und zu weiteren Fällen der Richtigstellung Anh. zu § 13 Rn. 12, 14.

18. Ort der Eintragung

Das GB besteht nach § 4 GBV aus der Aufschrift, dem Bestandsverzeich- 57
nis und drei Abteilungen. Jeder Eintragung ist durch §§ 5 bis 12 GBV eine
bestimmte Stelle zugewiesen; diese Vorschriften hat das GBAmt genau zu
beachten. Alle Eintragungen im Bestandsverzeichnis und in Abt. II und III
sind nach § 21 Abs. 3 GBV an der zunächst freien Stelle unmittelbar an die
vorhergehende Eintragung anzuschließen. Dies gilt auch für Veränderungen
und Löschungen; sie sind also nicht gegenüber der Eintragung des Rechts in
der Hauptspalte vorzunehmen (s. Hesse DJust. 1935, 1296). Wegen des Falls,
dass in einem in GB Loseblattform geführten GB Eintragungen gedruckt werden
sollen, s. jedoch § 21 Abs. 4 GBV. Für die Wirksamkeit der Eintragung und
den öffentlichen Glauben des GB ist es grundsätzlich unerheblich, ob die
Eintragung an der richtigen Stelle vorgenommen worden ist (s. § 3 Rn. 11;
Anh. zu § 13 Rn. 15).

19. Angabe des Eintragungstages

Anzugeben ist gem. § 44 Abs. 1 Satz 1 der Tag, an dem die Eintragung 58
vollendet wird. Dies ist der Fall mit Leistung der Unterschrift. Denn da die
Eintragung ohne Unterschrift wirkungslos ist, kann vorher von einer Eintragung nicht gesprochen werden (s. auch § 28 Abs. 2 GeschO). Beim maschinell geführten GB ist § 44 Abs. 1 Satz 1 nicht anzuwenden (§ 130 Satz 1
Halbsatz 1). Ihm entspricht inhaltlich § 129 Abs. 2 Satz 1.

a) Notwendige Angaben. Anzugeben sind Kalendertag, Monat und 59
Jahr. Der Monat ist in den Mustereintragungen in den Anlagen zur GBV seit
deren Neufassung vom 24.1.1995 in der Regel als zweistellige Zahl und
nicht mehr mit Namen benannt (anders in Anl. 1 zur GBV und in den Anlagen zur WGV). Die Angabe der Stunde ist, anders als beim Eingangsvermerk
nach § 13 Abs. 2 Satz 1, unnötig; Vorrang vor einem an demselben Tag in der
anderen Abteilung gebuchten Recht kann nur durch besonderen Vermerk
begründet werden (§ 879 Abs. 3 BGB). Die Mustereintragungen enthalten
die Zeitangabe stets am Ende der Eintragung unmittelbar vor der Unterschrift; es ist zweckmäßig, dass das GBAmt sich angewöhnt, jede EintrVerfügung zu schließen mit den Worten: „… eingetragen am …", weil es die
Übersichtlichkeit erhöht. Sind mehrere Spalten auszufüllen, so braucht nur
eine datiert zu werden; denn sämtliche Vermerke gelten als eine Eintragung
(§ 20 GBV).

b) Fehlende Zeitangabe. Das Fehlen der Zeitangabe macht die Eintra- 60
gung nicht unwirksam, führt aber zu Schwierigkeiten bei der Feststellung
des Rangverhältnisses zu Rechten der anderen Abteilung (s. § 45 Rn. 7) und
kann Schadensersatzansprüche begründen. Zur Nachholung einer vergessenen Zeitangabe s. Rn. 72.

61   **c) Rückdatierung.** Die Rückdatierung einer Eintragung, also die Angabe eines vor dem Tag der tatsächlichen Eintragung liegenden Tages, ist nicht zulässig. Sie führt aber weder ohne weiteres zu einer Unrichtigkeit des GB noch zu einer inhaltlich unzulässigen Eintragung. Damit kommt weder eine Amtslöschung noch die Eintragung eines Amtswiderspruchs gem. § 53 in Betracht (OLG Köln Rpfleger 2006, 646). Inhaltlich unzulässig ist jedoch eine Eintragung in der Veränderungsspalte, dass eine Eintragung als an einem anderen als dem im GB vermerkten Tag vorgenommen gelten solle (KG DNotV 1929, 739).

20. Unterschrift der zuständigen Personen

62   Über Eintragungen einer geschäftsunfähigen, einer getäuschten, einer unzuständigen, einer gesetzlich ausgeschlossenen oder einer unter Zwang oder Drohung handelnden, mit Aufgaben des GBAmts betrauten Person s. § 53 Rn. 1.

63   **a) Zuständigkeit.** Zuständig sind nach § 44 Abs. 1 Satz 2 der Rpfleger und der Urkundsbeamte der Geschäftsstelle; jedoch kann statt des letzteren ein von der Leitung des Amtsgerichts ermächtigter Justizangestellter unterschreiben. Der Rpfleger unterschreibt auch dann, wenn im Fall des § 5 RpflegerG der GBRichter die Eintragung verfügt hat (s. jedoch § 8 Abs. 1 RpflegerG). Gewisse einfache und häufig wiederkehrende Eintragungen unterzeichnet der Urkundsbeamte der Geschäftsstelle zusammen mit einem zweiten Beamten der Geschäftsstelle oder einem dazu ermächtigten Justizangestellten (§ 44 Abs. 1 Satz 3). In Baden-Württemberg waren bis 1.1.2018 abweichende landesrechtliche Bestimmungen maßgebend (s. § 149 Rn. 2). Zur Rechtslage im Gebiet der ehemaligen DDR s. § 150 Abs. 1 Nr. 1.

64   **b) Unterschrift.** Sie ist mit vollem Nachnamen ohne Beifügung der Amtsbezeichnung unter den Eintragungstext zu setzen. Ein bloßes Handzeichen genügt nicht. Lesbar muss die Unterschrift nicht sein (s. dazu OLG Zweibrücken Rpfleger 2000, 267). Sind mehrere Spalten auszufüllen, so gilt das in Rn. 59 für die Datierung Ausgeführte auch für die Unterschrift; daher decken z. B. im Wohnungsgrundbuch die unter den EintrVermerk in Sp. 6 gesetzten Unterschriften auch den das Sondereigentum betreffenden Eintr-Vermerk in Sp. 3 des Bestandsverzeichnisses (OLG Celle Rpfleger 1971, 184).

65   **c) Fehlende Unterschrift.** Auch wenn nur eine Unterschrift fehlt, ist die Eintragung unwirksam. Das Recht ist also nicht entstanden. Eine Rangwirkung tritt nicht ein. Gutgläubiger Erwerb ist nicht möglich. Die Unterschrift kann deshalb nur nachgeholt werden, solange keine nachgehenden Rechte (wirksam) eingetragen sind (s. in diesem Zusammenhang auch OLG Köln Rpfleger 1980, 477). Sonst geht das später eingetragene Recht der früher vorgenommenen, aber nicht gehörig unterschriebenen Eintragung im Rang vor. Letztere muss dann gerötet und unter neuer Nummer erneut vorgenommen oder es muss der Rang durch besondere Vermerke (§ 879 Abs. 3 BGB; § 18 GBV) richtiggestellt werden. Schadensersatzansprüche sind leicht möglich.

Nach § 44 Abs. 1 Satz 2 Halbsatz 2 ist die Eintragung unwirksam, wenn **66**
sie nicht von zwei zuständigen Personen unterschrieben ist. Die Zuständigkeit zur Unterschrift ist für jede Person gesondert zu prüfen. Für Eintragungen kann diese Regelung nicht als glücklich angesehen werden. Jeder sollte
sich darauf verlassen können, dass die Unterschriften in einem öffentlichen
Register von zuständigen Personen herrühren.

Ist eine Eintragung von den zuständigen Personen unterschrieben, so ist **67**
sie auch dann wirksam, wenn eine wirksame EintrVerfügung fehlt (OLG
Neustadt Rpfleger 1961, 17; OLG Frankfurt Rpfleger 1961, 397).

d) Elektronische Unterschrift. Beim maschinell geführten GB sind die **68**
Vorschriften des § 44 Abs. 1 Satz 2 Halbsatz 2 und Satz 3 über die Notwendigkeit der Unterschrift bei GBEintragungen nicht anzuwenden (§ 130
Satz 1 Halbsatz 1). In diesem Fall hat die Person, die die Eintragung veranlasst, der Eintragung ihren Nachnamen hinzuzusetzen und beides elektronisch zu unterschreiben (§ 75 GBV; s. § 130 Rn. 4).

21. Änderung der Eintragung

a) Vor Vollendung. Vor der Unterzeichnung (s. Rn. 58; zu dem beim **69**
maschinell geführten GB maßgebenden Zeitpunkt s. § 129) ist eine Änderung jederzeit zulässig (OLG Köln Rpfleger 1980, 477); jedoch ist Radieren
verboten und Durchstreichen nur so gestattet, dass Geschriebenes leserlich
bleibt. S. dazu § 21 Abs. 1 Satz 2 GBV, § 29 Abs. 1 und 2 GeschO. Kann die
Eintragung aus Rechtsgründen nicht durch Unterzeichnung vollendet und
damit wirksam werden, ist sie vom GBAmt von Amts wegen zu beseitigen
und der EintrAntrag abzuweisen (OLG Brandenburg VIZ 1996, 722).

b) Nach Vollendung. Der EintrVermerk darf nicht mehr geändert wer- **70**
den. Auf die Bekanntmachung der Eintragung kommt es nicht an; denn mit
Vollendung der Eintragung vollendet sich, vorangegangene Einigung vorausgesetzt, auch der Rechtserwerb; diesen kann das GBAmt nicht rückgängig
machen. Ob in das GB nach Vollendung der Eintragung Einsicht genommen
wurde, lässt sich später außerdem niemals mit Sicherheit feststellen.

c) Lückenlose Dokumentation. Der Grundsatz der lückenlosen Do- **71**
kumentation aller GBEintragungen verlangt, dass der Rechtsstand des GB
nicht bloß im Endziel richtig, sondern in allen Entwicklungsstufen klar und
verständlich wiedergegeben wird (s. § 39 Rn. 1). Er verbietet es, dass eine
Eintragung nachträglich unleserlich gemacht (§ 21 Abs. 1 Satz 2 GBV) oder
ein EintrVermerk später vernichtet wird, z. B. durch Auswechseln einzelner
Teile des GBBlattes (OLG Schleswig Rpfleger 1990, 203; OLG Düsseldorf
FGPrax 1997, 83). Jedoch kann im Einzelfall ein Anspruch auf Umschreibung des GBBlattes in Betracht kommen (s. hierzu § 3 Rn. 12). Ausgeschlossen ist es, einen mittlerweile überholten Rechtszustand nachträglich im GB
zu dokumentieren.

d) Berichtigung offenbarer Schreibfehler. Sie ist erlaubt, darf aber **72**
nur durch besonderen, datierten und unterschriebenen Vermerk erfolgen, der
bei Eintragungen in der zweiten und dritten Abteilung in die Veränderungs-

spalte gehört; eine versehentlich erfolgte rote Unterstreichung ist mit kleinen schwarzen Strichen zu durchkreuzen. S. dazu § 29 Abs. 3 GeschO, Nr. 3.2.2 BayGBGA. Eine vergessene Zeitangabe kann nur nachgeholt werden, wenn der Tag der Eintragung zweifelsfrei festzustellen ist. Denn das Rangverhältnis zu Rechten der anderen Abteilung darf durch die Nachholung nicht beeinträchtigt werden. Vorsichtige Handhabung ist ratsam, weil über das Rangverhältnis undatierter Eintragungen Streit besteht (s. § 45 Rn. 7). Zur Ergänzung einer inhaltlich unzulässigen Eintragung s. § 53 Rn. 59.

Anhang zu § 44
Einzelfragen zur Grundbucheintragung

Inhaltsübersicht

1. Eintragung eines Eigentümers

1   **a) Allgemeines.** Der Eigentümer wird in Abt. I eingetragen (§ 9 GBV). Liegt gemeinschaftliches Eigentum vor, so sind die mehreren Eigentümer nach der Änderung des § 9 Abs. 1 Buchst. a GBV durch das DaBaGG in stufenweiser Nummerierung nach dem Beispiel 1 in DIN 1421, Ausgabe Januar 1983, aufzuführen. Dadurch wird die eindeutige Darstellung von Eigentümergemeinschaften, insbesondere in den Fällen, in denen eine Eigentümergemeinschaft aus mehreren Untergemeinschaften besteht, vereinfacht. Im Hinblick auf § 47 Abs. 2 sind auch die Gesellschafter einer BGB-Gesellschaft jeweils unter einer besonderen Nummer einzutragen. Spätestens bei einer Neufassung des GB zur Anlegung des Datenbankgrundbuchs ist das neue Nummerierungssystem anzuwenden.

b) EintrGrundlage. In Sp. 4 werden die EintrGrundlagen vermerkt; das **2** sind z. B. Auflassung, Erbschein, bei Erwerb in der Zwangsversteigerung der Zuschlag, nicht das Ersuchen des Vollstreckungsgerichts (JFG 7, 339), bei Erwerb durch Enteignung nach §§ 104 ff. BauGB die Ausführungsanordnung der Enteignungsbehörde unter Anführung des Enteignungsbeschlusses (KG Rpfleger 1967, 115), bei der GBBerichtigung im Zusammenhang mit der Abwicklung der Bodenreform im Gebiet der ehemaligen DDR der „Eigentumsübergang gem. Art. 233 § 11 Abs. 2 EGBGB" (vgl. Böhringer Rpfleger 1993, 91); allein dieser Vermerk in Abt. I und nicht der Bodenreformvermerk in Abt. II ist maßgebend für die Kennzeichnung als Bodenreformgrundstück (BGH Rpfleger 2003, 288; VIZ 2004, 77). Am öffentlichen Glauben des GB nehmen die Angaben zur EintrGrundlage nicht teil (s. § 44 Rn. 56).

c) Ersitzung. Im Weg der Buchersitzung gem. § 900 BGB kann der Ei- **2.1** genbesitzer nur diejenige materielle Rechtsposition erwerben, die das GB zu seinen Gunsten ausweist; eine Ersitzung gegen den Inhalt des GB scheidet aus. Im Fall der Ersitzung wird das bisher unrichtige GB richtig. Eintragungen im GB sind nicht veranlasst; möglich ist jedoch ein Klarstellungsvermerk in Sp. 4. Behördliche Genehmigungen oder eine Unbedenklichkeitsbescheinigung sind zu dem originären Eigentumserwerb durch Ersitzung nicht erforderlich. Zu dem Sonderfall der Ersitzung gem. Art. 237 § 2 EGBGB s. Böhringer NotBZ 2003, 85 f. Zur Ersitzung eines Erbbaurechts s. BGH Rpfleger 2016, 330.

d) Verfügungsbeschränkungen. Solche des Eigentümers sind nicht in **2.2** Abt. I, sondern in Abt. II zu buchen. Bei Eintragung eines neuen Eigentümers ist die des bisherigen in Sp. 1 bis 4 gemäß § 16 GBV zu röten, bei Umschreibung des Anteils eines Miteigentümers nur der des bisherigen Miteigentümers in Sp. 1 und 2. Erwirbt der eingetragene Eigentümer neue Grundstücke hinzu, so werden nur Sp. 3 und 4 ausgefüllt. Zur Eintragung bei Ausscheiden eines BGB-Gesellschafters und Anwachsung seines Anteils s. § 47 Rn. 31.2. Zur Notwendigkeit erneuter Eintragung nach zwischenzeitlicher GBUnrichtigkeit s. Anh. zu § 13 Rn. 12, 19. Zur Eintragung einer vorsorglich erneut erklärten Auflassung s. Anh. zu § 13 Rn. 14.

e) Volkseigentum. Ist im Gebiet der ehemaligen DDR das Eigentum an **3** einem Grundstück vor dem 3.10.1990 außerhalb des GB in Eigentum des Volkes übergeführt worden, so ist als Eigentümer auch nach dem 2.10.1990 im Weg der GBBerichtigung „Eigentum des Volkes" einzutragen; dabei ist es nicht Sache des GBAmts sondern eines Vermögenszuordnungsbescheids, den in Betracht kommenden Rechtsnachfolger des Volkseigentums zu bestimmen (s. dazu KG FGPrax 1995, 223; OLG Brandenburg VIZ 1996, 722). Nach dem 2.10.1990 kann Volkseigentum jedoch nicht mehr neu begründet werden; eine Eigentümereintragung „Eigentum des Volkes" kommt daher nach dem 2.10.1990 auch auf Grund eines bis dahin beim GBAmt eingegangenen

EintrAntrags oder -Ersuchens als rechtsändernde Eintragung nicht mehr in Betracht, kann also nicht mehr vorgenommen werden, wenn die GBEintragung Voraussetzung für den Eigentumsübergang ist (vgl. LG Berlin DtZ 1993, 314 und 315). Zur nur deklaratorischen und vorübergehenden Eintragung „Eigentum des Volkes" s. OLG Rostock Rpfleger 2004, 475 mit Anm. v. Böhringer.

3.1   Im Gebiet der ehemaligen DDR wurde die **Aufgabe des Eigentums** an einem Grundstück gem. § 310 Abs. 1 ZGB durch formbedürftige Verzichtserklärung des Eigentümers und staatliche Zustimmung wirksam. Mit der Genehmigung und der Eintragung des Verzichts in das GB entstand gem. § 310 Abs. 2 ZGB Volkseigentum. Mithin war nicht die Aufgabe des Eigentums, sondern lediglich die Entstehung des Volkseigentums von der GBEintragung abhängig (s. dazu BGH DtZ 1996, 208). Entsprechendes galt für das Gebäudeeigentum (vgl. § 295 Abs. 2 ZGB). Ab 3.10.1990 gelten auch im Gebiet der ehemaligen DDR §§ 927, 928 BGB (Art. 233 § 2 Abs. 1 EGBGB). Auf das Gebäudeeigentum sind diese Bestimmungen jedoch nicht anwendbar (Art. 233 § 4 Abs. 1 EGBGB); zur Aufhebung des selbständigen Gebäudeeigentums s. § 150 Rn. 13. Besonderheiten gelten beim Verzicht auf das Eigentum an einem Grundstück aus der Bodenreform (Art. 233 § 15 Abs. 2, 3 EGBGB) und beim Verzicht auf das Eigentum durch einen Berechtigten nach dem VermG (§ 11 Abs. 1 VermG).

3.2   Zur Heilung von Kaufverträgen über Volkseigentum nach dem sog. Modrow-Verkaufsgesetz v. 7.3.1990 (GBl. DDR I 157) und zur grundbuchrechtlichen Behandlung s. Art. 231 § 8 Abs. 2 EGBGB und Böhringer VIZ 1997, 617; zur Wirksamkeit solcher Verträge s. OLG Dresden VIZ 2004, 183 und Kellner VIZ 2004, 153. Zur unwiderleglichen Vermutung der Befugnis, über volkseigene Grundstücke zu verfügen, und zur Abwicklung des Volkseigentums s. Art. 233 § 2 Abs. 2 EGBGB; zur **Verfügungsbefugnis** über volkseigene Grundstücke nach dem VZOG s. BGH NJ 1995, 649; Rpfleger 1998, 465; Böhringer MittBayNot 1991, 189; Teige/Rauch VIZ 1997, 622; zum Erlöschen der Verfügungsbefugnis s. BGH NJW 1999, 2526. Zu Fehlern bei der Überführung von Grundstücken oder selbständigem Gebäudeeigentum in Volkseigentum vor dem 3.10.1990 und ihren Folgen s. Art. 237 EGBGB und Böhringer BWNotZ 1998, 73 sowie EGMR VIZ 2004, 170 (zur Berücksichtigung von Entscheidungen des EGMR durch deutsche Gerichte s. BVerfG NJW 2004, 3407). Zur Befugnis, nach § 8 VZOG über ein nicht wirksam in Volkseigentum überführtes Grundstück zu verfügen, s. BGH Rpfleger 1999, 176 mit Anm. v. Keller Rpfleger 1999, 269. Zur rechtlichen Behandlung ehemaliger Mauer- und Grenzgrundstücke s. BGH NJW-RR 2008, 1045. Zur Eintragung eines Unternehmens der Deutschen Bundespost im Weg der GBBerichtigung als Eigentümer eines in Volkseigentum in Rechtsträgerschaft der Deutschen Post-DDR gebuchten Grundstücks s. OLG Jena Rpfleger 1995, 293. Zum Inhaber eines im GB im Eigentum des Volkes in Rechtsträgerschaft eines Kreditinstituts eingetragenen Grundpfandrechts und zum Nachweis der Inhaberschaft gegenüber dem GBAmt s. Art. 231 § 10 EGBGB; durch die Bestimmung sollen die Zweifel beseitigt werden, die durch die Entscheidungen KG ZfIR 1997, 621 und BGH 139, 357 entstanden sind.

f) Verzicht. Verzichtet der Eigentümer gemäß § 928 Abs. 1 BGB auf das 4
Eigentum, so ist dies in Sp. 4 einzutragen (§ 9 Buchst. d GBV); die Eintragung lautet etwa: „Der Eigentümer hat am ... auf das Eigentum verzichtet;
eingetragen am ...". Für die Eintragung wird keine Gebühr erhoben. Die
Eintragung erfordert eine EintrBewilligung (§ 19) des im GB eingetragenen
Eigentümers; in der Regel wird die Auslegung ergeben, dass in der sachlichrechtlichen Verzichtserklärung auch die verfahrensrechtliche EintrBewilligung enthalten ist (BayObLG Rpfleger 1983, 308). Nicht möglich ist jedoch
der Verzicht auf das Miteigentum an einem Grundstück (BGH Rpfleger
2007, 457 mit Anm. v. Kesseler DNotZ 2007, 844 und Heinemann ZfIR
2008, 22) und auf das WEigentum (BGH Rpfleger 2007, 537 mit Anm.
v. Demharter NJW 2007, 2248). Das Mitglied einer Gesamthandsgemeinschaft, z. B. einer Erbengemeinschaft, kann nicht auf seinen Anteil an einem
im Gesamthandseigentum stehenden Grundstück verzichten (vgl. § 2033
Abs. 2 BGB); den Verzicht können nur alle Gesamthandseigentümer gemeinschaftlich erklären (OLG Jena NotBZ 2012, 455). Eine bayerische Gemeinde
kann nicht wirksam auf ihr Eigentum an einem Grundstück verzichten
(BayObLG Rpfleger 1983, 308). Zur Eigentumsaufgabe im Gebiet der ehemaligen DDR s. Rn. 3.1.

Gegen die Eintragung des Verzichts ist die Beschwerde mit dem Ziel der
Löschung und Wiedereintragung des Eigentümers zulässig (OLG Zweibrücken OLGZ 1981, 139).

g) Aneignung. Mit der Eintragung des Verzichts wird das Grundstück 5
herrenlos. Dingliche Rechte bleiben bestehen. Eine Eigentümergrundschuld
wird zur Fremdgrundschuld. Zur Eigentümerzustimmung bei Löschung
eines Grundpfandrechts s. § 27 Rn. 15. Zu den Benachrichtigungspflichten
des GBAmts s. § 55 Abs. 4 und § 55 Rn. 16, 17. Das Eigentum erwirbt der
Fiskus oder ein sonstiger Aneignungsberechtigter erst durch GBEintragung
(JFG 8, 214); diese setzt einen gem. § 30 der Form des § 29 bedürftigen
EintrAntrag voraus (OLG Schleswig JurBüro 1989, 90); als EintrGrundlage
ist anzugeben: „Aneignung vom ...; eingetragen am ...". Die Aneignung des
herrenlos gewordenen Grundstücks geschieht nicht durch Rechtsgeschäft.
Ein gutgläubiger Erwerb von demjenigen, der sich das Grundstück angeeig-
net hat, ist daher nicht möglich. Der gute Glaube daran, dass auf das Eigentum wirksam verzichtet wurde, wird nicht geschützt (OLG Zweibrücken
OLGZ 1981, 139).

Der Aneignungsberechtigte, in der Regel der Fiskus, kann auf sein Aneignungsrecht verzichten oder es ohne Einhaltung der Form des § 925 BGB
(str.) auf andere übertragen (BGH Rpfleger 1989, 497). Dies muss in das GB
(Abt. I Sp. 4) eingetragen werden (a. M. zum Verzicht OLG Naumburg
FGPrax 2019, 118 mit Anm. v. Holzer; AG Unna Rpfleger 1991, 16); Voraussetzung ist ein gem. § 30 der Form des § 29 bedürftiger EintrAntrag (str.);
die Eintragung lautet etwa: „Der Fiskus hat am ... sein Aneignungsrecht auf
... übertragen/auf sein Aneignungsrecht verzichtet; eingetragen am ...". Eine
Voreintragung des Fiskus ist nicht erforderlich. Im Falle eines wirksamen
Verzichts kann sich jeder Dritte und im Falle der Übertragung des Aneig-
nungsrechts der dann Aneignungsberechtigte das herrenlose Grundstück

durch Erklärung gegenüber dem GBAmt und Eintragung im GB aneignen; Eigenbesitz oder ein Aufgebotsverfahren (vgl. § 927 BGB) ist für den Eigentumserwerb nicht erforderlich (BGH Rpfleger 1989, 497); die Aneignungserklärung muss gem. § 30 in der Form des § 29 abgegeben werden (OLG Schleswig JurBüro 1989, 90; str.). Als EintrGrundlage ist anzugeben: „Aneignung vom …; eingetragen am …". Liegen nach einem Verzicht des Fiskus mehrere Anträge auf Aneignung vor, kann für den späteren Antragsteller ein berechtigtes Interesse an einer Einsicht in den anderen Aneignungsantrag bestehen (OLG Naumburg Rpfleger 2019, 503).

6 **h) Ausschließungsbeschluss.** Der Eigenbesitzer, der einen Ausschließungsbeschluss erwirkt hat (§ 927 BGB), erwirbt das Eigentum erst durch Eintragung; sie setzt die Vorlage des rechtskräftigen (§ 439 Abs. 2 FamFG) Ausschließungsbeschlusses und einen EintrAntrag voraus, der nicht gem. § 30 der Form des § 29 bedarf (OLG Jena FGPrax 2003, 9; OLG Oldenburg NdsRpfl. 2005, 119; OLG Dresden Rpfleger 2007, 543; Saenger MDR 2001, 134). Als EintrGrundlage ist anzugeben: „Ausschließungsbeschluss des … vom … und Aneignung vom …; eingetragen am …". Der Ausschließungsbeschluss wirkt auch gegen die im Weg der GBBerichtigung eingetragenen Erben (LG Saarbrücken Rpfleger 2007, 654). Betrifft es ein nicht gebuchtes Grundstück (s. dazu LG Mönchengladbach Rpfleger 2007, 616), ist ein GBBlatt anzulegen (vgl. § 3 Abs. 2, § 116). Auf Gesamthandsanteile ist § 927 BGB nicht anwendbar (OLG Frankfurt FGPrax 2016, 189).

7 **i) Unbedenklichkeitsbescheinigung.** Eine Unbedenklichkeitsbescheinigung des Finanzamts ist im Fall der Aneignung nicht erforderlich (OLG Zweibrücken Rpfleger 1987, 105). Bei Eintragung eines neuen Eigentümers als Folge einer Aneignung sind die sich auf den bisherigen Eigentümer beziehenden EintrVermerke rot zu unterstreichen (§ 16 GBV).

2. Eintragung einer Dienstbarkeit

8 **a) Allgemeines.** Die Eintragung erfolgt nach § 10 GBV in Abt. II. Über die Bezeichnung des Rechts im EintrVermerk und zur Zulässigkeit einer Bezugnahme s. § 44 Rn. 16 ff. Dienstbarkeit ist seinem Wesen nach auch der Nießbrauch (BayObLG Rpfleger 1973, 55) sowie das Dauerwohn- und Dauernutzungsrecht gem. § 31 WEG (OLG Frankfurt NJW 1954, 1613; BayObLG 1957, 107; zur Eintragung s. Rn. 120 ff.). Ein Miteigentumsanteil kann nicht mit einer Dienstbarkeit belastet werden (BGH 36, 189; BayObLG Rpfleger 1991, 299). Die Eintragung wäre inhaltlich unzulässig. Zur Belastung eines WEigentums s. Anh. zu § 3 Rn. 66.

Der Miteigentumsanteil an einem Grundstück, das mit einer zu Unrecht gelöschten oder einer kraft Gesetzes entstanden und eintragungsbedürftigen, aber nicht eingetragenen Dienstbarkeit belastet ist, kann gutgläubig lastenfrei erworben werden; dem steht nicht entgegen, dass der Miteigentumsanteil nicht isoliert mit der Dienstbarkeit belastet werden könnte (BGH FGPrax 2015, 241; OLG Jena FGPrax 2012, 55; OLG Brandenburg NotBZ 2015, 231; a.M. OLG Dresden ZfIR 2010, 545 mit abl. Anm. v. Heggen; offen gelassen von OLG Rostock FGPrax 2014, 205). Zum Erlöschen der Dienstbarkeit in diesem Fall an allen anderen Miteigentumsanteilen s. Rn. 11.

b) Landesrechtliche Vorschriften. Zu beachten sind die auf Grund des 9 Art. 115 EGBGB ergangenen landesrechtlichen Vorschriften; so ist in Bayern z. B. die Neubestellung von Forstrechten durch Art. 2 Abs. 1 ForstrechteG v. 3.4.1958 (BayRS 7902-7-E) grundsätzlich untersagt, was jedoch schon nach Art. 33 ForstG v. 28.3.1852 (BayBS IV 533) gegolten hatte (s. dazu auch BayObLG 1975, 70).

Im Gebiet der ehemaligen DDR entsprachen unter der Geltung des Zi- 10 vilgesetzbuchs v. 19.6.1975 (GBl. DDR I 465) die Mitbenutzungsrechte gem. §§ 321, 322 ZGB ihrem Charakter nach einer Dienstbarkeit; zur Überleitung der Mitbenutzungsrechte s. Art. 233 §§ 3, 5, 10 EGBGB und zu ihrer Umwandlung in Grunddienstbarkeiten OLG Naumburg FGPrax 2020, 23 mit Anm. v. Keller; zu ihrer EintrFähigkeit s. Anh. zu § 13 Rn. 25; zum Erlöschen nicht eingetragener Mitbenutzungsrechte s. § 8 GBBerG und Anh. zu §§ 84 bis 89 Rn. 24 ff. S. zum Ganzen Böhringer NJ 1992, 291. Ein Anspruch auf Bestellung einer Dienstbarkeit besteht nach Maßgabe der §§ 116 bis 119 SachenRBerG (s. dazu Keller Rpfleger 1996, 231 und zur Bestellung einer Wegedienstbarkeit BGH NotBZ 2000, 155 sowie für den Erbbauberechtigten BGH NJW-RR 2012, 651), ferner nach Maßgabe des § 3 Meliorationsanlagen G v. 21.9.1994 (BGBl. I 2538, 2550). Zur Bestellung einer Dienstbarkeit in der Verkehrsflächenbereinigung s. Böhringer VIZ 2003, 55.

Zur Bestellung altrechtlicher Dienstbarkeiten, auch durch gerichtlichen Vergleich, zum Nachweis der Entstehung, zur Aufhebung und zum Erlöschen sowie zur Eintragung solcher Rechte im GB s. BayObLG 1985, 225 mit weit. Nachweisen sowie § 22 Rn. 21.

c) Erlöschen. Erlischt eine Dienstbarkeit, mit der nur das Grundstück 11 insgesamt belastet werden kann, an einem Miteigentumsanteil, bei dem es sich auch um einen solchen in Gestalt eines WEigentums handeln kann, dann erlischt die Dienstbarkeit auch an allen anderen Miteigentumsanteilen. Das ist z. B. der Fall, wenn ein Miteigentumsanteil gutgläubig lastenfrei erworben wird, ferner dann, wenn er versteigert wird und die Dienstbarkeit nach den Versteigerungsbedingungen nicht bestehen bleiben soll. Die Löschung der Dienstbarkeit bei dem lastenfrei gewordenen oder bei dem versteigerten Miteigentumsanteil hat ebenso wie die von vorneherein unterbliebene Eintragung bei einem Miteigentumsanteil (s. dazu aber Anh. zu § 3 Rn. 98) zur Folge, dass durch die Eintragung bei allen übrigen Anteilen das GB unrichtig wird; eine inhaltlich unzulässige Eintragung nach § 53 Abs 1 Satz 2 liegt aber nicht vor (BGH Rpfleger 2019, 320 mit Anm. v. Amann ZfIR 2019, 44; a. M. KG JW 1933, 626; Rpfleger 1975, 68; OLG Düsseldorf RNotZ 2011, 40; OLG Frankfurt Rpfleger 1979, 149).

Eine Grunddienstbarkeit erlischt, wenn ihre Ausübung aus tatsächlichen oder rechtlichen Gründen dauernd unmöglich wird und dadurch oder auf andere Weise der Vorteil für das herrschende Grundstück (s. Rn. 20) entfällt. Zur Löschung der Dienstbarkeit in einem solchen Fall s. § 84 Rn. 3 ff. Besteht eine objektive und dauernde Ausübungsunmöglichkeit schon bei Bestellung der Dienstbarkeit, kann diese nicht wirksam entstehen (BGH Rpfleger 1985, 185). Zum Erlöschen einer Dienstbarkeit gem. § 1026 BGB s. § 46 Rn. 19.

12   **d) Ausübungsstelle.** Die Ausübung der Dienstbarkeit kann auf einen bestimmten Teil des belasteten Grundstücks beschränkt sein. Dabei kann die Ausübungsstelle rechtsgeschäftlich festgelegt sein oder lediglich der tatsächlichen Ausübung überlassen bleiben (BGH Rpfleger 1981, 286; BGH 90, 184f.; BayObLG Rpfleger 1983, 143; s. hierzu und zur Verlegung der Ausübungsstelle § 7 Rn. 21 ff.).

13   **e) Umwandlung.** Die Umwandlung einer Grunddienstbarkeit in eine beschränkte persönliche Dienstbarkeit (oder umgekehrt) ist nicht möglich; erforderlich sind vielmehr Aufhebung und Neubestellung (OLG Hamm Rpfleger 1989, 448).

14   **f) Gesamtbelastung.** Zur Begründung einer Dienstbarkeit an mehreren Grundstücken als Gesamtbelastung, wenn sich die Ausübung der Dienstbarkeit auf mehrere Grundstücke erstreckt, s. § 48 Rn. 8. Mehrere inhaltsgleiche, sich gegenseitig beeinträchtigende Dienstbarkeiten können mit gleichem Rang für jeweils einen anderen Berechtigten bestellt werden (§ 1024 BGB; BGH 46, 254; OLG Saarbrücken Rpfleger 1992, 16); s. hierzu auch Rn. 31.

3. Inhalt einer Dienstbarkeit

15   **a) Allgemeines.** Er kann nach § 1018 sowie § 1090 Abs. 1 BGB (nur) sein, dass der Berechtigte das belastete Grundstück in einzelnen Beziehungen benutzen darf (Benutzungsdienstbarkeit; s. Rn. 16), dass auf dem belasteten Grundstück gewisse Handlungen nicht vorgenommen werden dürfen (Unterlassungsdienstbarkeit; s. Rn. 17) oder dass die Ausübung eines Rechts ausgeschlossen ist, das sich aus dem Eigentum an dem belasteten Grundstück ergibt (Ausschlussdienstbarkeit; s. Rn. 19). Die danach möglichen unterschiedlichen Belastungsarten können zu einer einzigen beschränkten persönlichen Dienstbarkeit verbunden werden (BGH Rpfleger 2013, 257; OLG München FGPrax 2019, 111).

b) Bestimmtheit. Der Inhalt einer Dienstbarkeit muss dem grundbuchrechtlichen Bestimmtheitsgrundsatz genügen. Er muss daher so genau bezeichnet werden, dass der Umfang der Belastung erkennbar und aufgrund objektiver Umstände, sei es auch erst in einem Rechtsstreit, bestimmbar ist (BayObLG Rpfleger 2004, 561; OLG Brandenburg FGPrax 2009, 100; OLG München FGPrax 2019, 111; s. dazu Anh. zu § 13 Rn. 5). Zulässig ist auch die aufschiebend oder auflösend bedingte Bestellung einer Dienstbarkeit. Die Bedingung ist in den EintrVermerk aufzunehmen. Ihr Eintritt muss objektiv in der gebotenen Eindeutigkeit bestimmbar sein (s. Anh. zu § 13 Rn. 6).

c) Änderung. Der Inhalt einer Dienstbarkeit kann sich im Lauf der Zeit entsprechend den Bedürfnissen des Berechtigten unter Berücksichtigung der technischen und wirtschaftlichen Entwicklung und einem dadurch gesteigerten Nutzungsbedarf ändern, insbes. auch erweitern. Eine Bedürfnissteigerung muss sich jedoch in den Grenzen einer der Art nach gleich bleibenden Nutzung halten und darf nicht auf eine zur Zeit der Bestellung des Rechts unvorhersehbare oder willkürliche Benutzungsänderung zurückzuführen sein (BGH Rpfleger 2000, 540). Die zur Verlegung einer Ferngasleitung berechtigende Dienstbarkeit berechtigt daher nicht zu einer umfassenden telekommunikativen Nutzung des belasteten Grundstücks (BGH Rpfleger 2000, 540). Eine mit der Ausweitung des Betriebs durch den Eigentümer des herrschenden Grundstücks auf andere Grundstücke verbundene Bedarfssteigerung kann nur insoweit berücksichtigt werden, als sie bei vorhersehbarer Betriebsausweitung auf dem herrschenden Grundstück eingetreten wäre (BGH Rpfleger 2003, 412 und 493). Die zur Herstellung und Nutzung eines Eiskellers bestellte (altrechtliche) Dienstbarkeit berechtigt nicht dazu, den Keller aufgrund der technischen und wirtschaftlichen Entwicklung nunmehr allgemein zu Brauereizwecken zu nutzen (BayObLG Rpfleger 2004, 156).

d) Benutzungsdienstbarkeit. Voraussetzung einer Benutzungsdienstbar- **16** keit ist immer eine Beschränkung der Benutzung auf einzelne Beziehungen, darüber hinaus aber nicht, dass dem Eigentümer noch eine wirtschaftlich sinnvolle Nutzung verbleibt (OLG Köln FGPrax 2012, 150; Demharter FGPrax 1995, 227; MittBayNot 2010, 390; Ertl MittBayNot 1988, 53). Eine Nutzung des Grundstücks in einzelnen Beziehungen steht als eine bestimmte, näher definierte Nutzungsart im Gegensatz zu einem umfassenden, nicht näher bezeichneten oder begrenzten Nutzungsrecht. Ein solches Nutzungsrecht kann Inhalt eines Nießbrauchs, nicht jedoch einer Grunddienstbarkeit sein. Dies gilt auch dann, wenn die Ausübung des Nutzungsrechts auf eine Teilfläche des dienenden Grundstücks beschränkt ist. Die Abgrenzung richtet sich allein formal danach, ob dem Berechtigten nach dem Inhalt der Eintr-Bewilligung eine umfassende Nutzungsbefugnis oder nur einzelne Nutzungsmöglichkeiten eingeräumt werden.

Wenn Gegenstand der Dienstbarkeit die nicht näher eingegrenzte Nutzung einer nur auf einer Teilfläche vorhandenen baulichen Anlage ist und dem Eigentümer an dem von der Ausübungsbefugnis nicht erfassten Teil des Grundstücks die volle Nutzung verbleibt, ergibt sich die Benutzung nur in einzelnen Beziehungen bereits aus ihrer Beschränkung auf die Anlage (BGH FGPrax 2018, 245 mit Anm. v. Kanzleiter MittBayNot 2019, 340 und Kesseler ZfIR 2019, 278). Entsprechendes gilt, wenn Gegenstand der Dienstbarkeit die Nutzung eines Gebäudes oder Gebäudeteils (Zimmers) ist (OLG Düsseldorf FGPrax 2020, 15).

Eine Benutzung des Grundstücks in einzelnen Beziehungen ist auch dann gegeben, wenn sich die Benutzung nicht auf Grundstücksteile, sondern auf Teilrechte am gesamten Grundstück in Form der Mitbenutzung erstreckt (OLG Frankfurt Rpfleger 1985, 393; OLG Zweibrücken FGPrax 1998, 6). Die Dienstbarkeit ist auch mit einer Kombination verschiedenartiger Nutzungsbefugnisse zulässig. Dann ist der verschiedenartige Inhalt im EintrVermerk anzugeben (BGH FGPrax 2015, 5). Das Recht, ein Grundstück oder auch nur einen Teil davon „dauernd zu nutzen", kann nicht Gegenstand einer Dienstbarkeit sein, weil damit die Nutzungsberechtigung umfassend und nicht nur „in einzelnen Beziehungen" eingeräumt wird (BayObLG Rpfleger 1986, 255; ZfIR 2003, 597 in Abgrenzung zu BGH NJW 1992, 1101; KG Rpfleger 1991, 411). Das Recht zur Benutzung eines Kfz-Stellplatzes kann als Dienstbarkeit an einem Teileigentum auch dann eingetragen werden, wenn das Sondereigentum nur aus einem Stellplatz besteht (Bay-ObLG Rpfleger 1988, 62).

17   **e) Unterlassungsdienstbarkeit.** Mit dem Fall, dass auf dem belasteten Grundstück gewisse Handlungen nicht vorgenommen werden dürfen, ist eine Beschränkung des Eigentümers in der tatsächlichen Herrschaftsmacht gemeint; eine dem Grundstückseigentümer auferlegte Unterlassungspflicht muss demnach auf eine **Beschränkung im tatsächlichen Gebrauch** des Grundstücks gerichtet sein, sie darf nicht nur eine Beschränkung der rechtlichen Verfügungsfreiheit enthalten (BGH 29, 244/249); dabei muss sich ein Verbot von Handlungen, das als Inhalt einer Dienstbarkeit im GB eingetragen werden soll, auf die Benutzung des Grundstücks in tatsächlicher Hinsicht auswirken, also eine Verschiedenheit in der Benutzung des Grundstücks zur Folge haben (BayObLG MittBayNot 1989, 273). Der Inhalt einer Dienstbarkeit kann nur in einem Dulden oder Unterlassen bestehen; positives Tun des Eigentümers kann nicht Hauptinhalt einer Dienstbarkeit sein (OLG Zweibrücken Rpfleger 2001, 485; BayObLG Rpfleger 2005, 419). Ob danach das Gebot, ein vorhandenes Wohngebäude nur von einem bestimmten Personenkreis als Wohnung zu benutzen, nicht zulässiger Inhalt einer beschränkten persönlichen Dienstbarkeit sein kann (so OLG München FGPrax 2019, 203; kritisch dazu Forschner MittBayNot 2020, 107), erscheint zweifelhaft.

18   Die Verpflichtung zur Unterlassung bestimmter Handlungen auf einem Grundstück kann nach BayObLG 1976, 219 (s. auch BayObLG MittBayNot 1978, 213; Rpfleger 1980, 279, aber auch OLG München Rpfleger 2005, 308) dann nicht Inhalt einer Dienstbarkeit sein, wenn die Unterlassungsdienstbarkeit für den Verpflichteten praktisch die gleiche Wirkung äußert wie die (positive) Verpflichtung zur Vornahme der Einzigen hiernach noch erlaubten Handlung. Nach BayObLG Rpfleger 1986, 10 kann jedoch eine beschränkte persönliche Dienstbarkeit mit dem Inhalt bestellt werden, dass es dem Eigentümer untersagt ist, sein Grundstück zu anderen Zwecken als zum Betrieb einer Werkstatt für Behinderte zu nutzen; die Dienstbarkeit ist nicht deshalb unzulässig, weil dem Verpflichteten damit nur noch eine sinnvolle Nutzung seines Grundstücks übrig bleibt; denn wesentlich ist, dass Hauptinhalt der Dienstbarkeit nicht die Verpflichtung zu positivem Tun ist (s. hierzu auch BGH WM 1984, 820; 1985, 808). Zur Zulässigkeit eines Verbots, die Wohnungen auf dem Grundstück selbst oder zur Beherbergung mit ständig wechselnder Belegung zu nutzen, s. LG Ravensburg Rpfleger 1992, 192.

19   **f) Ausschlussdienstbarkeit.** Der Fall, dass die Ausübung eines sich aus dem Grundstückseigentum ergebenden Rechts ausgeschlossen ist, betrifft in erster Linie die dingliche Verpflichtung, die Nachbarrechte aus §§ 904 bis 923 BGB nicht oder nur eingeschränkt auszuüben.

Zulässig ist die Eintragung einer Dienstbarkeit des Inhalts, dass auf einen nach § 917 BGB zu duldenden **Notweg verzichtet** wird. Die Dienstbarkeit ist im GB des durch den Verzicht belasteten Grundstücks einzutragen. Aus einer Eintragung im GB des durch das Notwegrecht belasteten Grundstücks kann sich ein dinglich wirksamer Verzicht nicht ergeben. Daher liegt in der

Beschränkung eines Geh- und Fahrtrechts auf Kraftfahrzeuge, die keine Personenkraftwagen sind, kein dinglicher Verzicht zu Lasten des Berechtigten (BGH Rpfleger 2014, 485).

Beim so genannten **Bergschadensverzicht** soll mit der Dienstbarkeit ein weitgehender Ausschluss von Abwehr- und Entschädigungsansprüchen aus bergbaulicher Betätigung verdinglicht werden. Es muss sich jedoch um Ansprüche handeln, die unmittelbar aus dem Eigentum entspringen und nicht bereits kraft Gesetzes ausgeschlossen sind (OLG Hamm FGPrax 2006, 145, zugleich zur Belastung eines WEigentums). Der Verzicht auf Entschädigungsansprüche ist aber eintragungsfähig, soweit diese kraft Gesetzes an die Stelle gesetzlich ausgeschlossener Abwehrrechte treten. Zu den sich aus dem Bestimmtheitsgrundsatz des GB ergebenden Anforderungen an die Eintragungsfähigkeit einer Ausschlussdienstbarkeit s. OLG Hamm Rpfleger 1986, 364. Zur ausreichenden Bestimmtheit einer Grunddienstbarkeit mit dem Inhalt eines umfassenden Verzichts auf jedwede Art von Immissionen s. BayObLG FGPrax 2004, 203.

Das BayObLG MittBayNot 1990, 107 hat als zulässigen Inhalt einer Ausschlussdienstbarkeit die Verpflichtung angesehen, Einwirkungen vom Nachbargrundstück durch Baumwurf entschädigungslos zu dulden, das LG Köln Rpfleger 1994, 56 den **Verzicht auf Rechtsmittel** gegen eine nach baurechtlichen Vorschriften erteilte Genehmigung. Das OLG Hamm (RNotZ 2013, 357) hat den Verzicht auf Rechtsmittel gegen Genehmigungen im Zusammenhang mit Bauvorhaben auf dem herrschenden Grundstück nur in der Auslegung als materiellrechtlichen Verzicht auf öffentlich-rechtliche Abwehransprüche als eintragungsfähig angesehen.

4. Grunddienstbarkeit

a) **Vorteil.** Zwingende Voraussetzung einer Grunddienstbarkeit ist ein **20** Vorteil für die Benutzung des herrschenden Grundstücks (§ 1019 BGB). Ist aus dem GB ersichtlich, dass dieser fehlt, liegt eine inhaltlich unzulässige Eintragung vor. Fällt der Vorteil nachträglich weg, erlischt die Grunddienstbarkeit (s. Rn. 11). Der Vorteil eines Wegerechts entfällt nicht dadurch, dass zwischen herrschendem und dienendem Grundstück ein weiteres Grundstück liegt, sofern dessen Eigentümer die Nutzung seines Grundstücks tatsächlich duldet (OLG Düsseldorf FGPrax 2019, 102). Der Vorteil entfällt auch nicht schon dadurch, dass der Ausübungsbereich als öffentliche Straße gewidmet wird. Solange die Möglichkeit eines künftigen Vorteils nicht ausgeschlossen ist, kommt ein Erlöschen nicht in Betracht. Andererseits hindert bei einem endgültigen Wegfall des Vorteils die bloß vage Möglichkeit eines künftig erneuten Vorteils das Erlöschen nicht (OLG München Rpfleger 2015, 392). Ein Berichtigung des GB durch Löschung setzt den Nachweis des Wegfalls in grundbuchmäßiger Form voraus (OLG München NJW-RR 2011, 97). In Betracht kommt auch eine Löschung als gegenstandslos gemäß § 84 (s. § 84 Rn. 7).

Wegen des Erfordernisses eines Vorteils kann die Nutzung einer Photovol- **20.1** taikanlage nur dann Inhalt einer Grunddienstbarkeit sein, wenn der erzeugte Strom technisch auf dem herrschenden Grundstück verbraucht wird (OLG

Hamm Rpfleger 2015, 326). Eine Grunddienstbarkeit kann mit der Maßgabe bestellt werden, dass ihre Ausübung auf den Vorteil eines realen Teils des herrschenden Grundstücks beschränkt ist (BayObLG Rpfleger 1966, 367 mit Anm. v. Haegele). Unzulässig ist die Bestellung einer Grunddienstbarkeit zugunsten des jeweiligen Eigentümers eines realen Grundstücksteils, es sei denn, dieser wird durch Abschreibung zu einem selbständigen Grundstück umgestaltet (OLG Frankfurt Rpfleger 2002, 515).

20.2   **b) Mehrere Berechtigte.** Zu den Berechtigten eines subjektiv-dinglichen Rechts s. § 9 Rn. 3. Die Eintragung einer Grunddienstbarkeit für den oder die jeweiligen Eigentümer mehrerer Grundstücke ist zulässig, wenn die Dienstbarkeit für die Benutzung aller Grundstücke einen Vorteil bietet (§ 1019 BGB). Als Gemeinschaftsverhältnis kommt eine modifizierte Gesamtberechtigung gemäß §§ 428, 432 BGB in Betracht (Meikel/Böhringer § 47 Rn. 132; str.; s. LG Kassel Rpfleger 2009, 502). Zur Angabe des Gemeinschaftsverhältnisses, wenn die mehreren Grundstücke demselben Eigentümer gehören s. § 47 Rn. 13.

20.3   Die Eintragung stellt grundsätzlich für jedes herrschende Grundstück kostenrechtlich ein besonderes Recht dar (OLG Zweibrücken Rpfleger 1999, 418, zugleich zu einer Ausnahme). Ist für den jeweiligen Eigentümer eines Grundstücks eine Dienstbarkeit bestellt (z. B. ein Wegerecht), ist dessen Zustimmung zur Bestellung einer inhaltsgleichen Dienstbarkeit zugunsten des jeweiligen Eigentümers eines anderen Grundstücks nicht erforderlich. Der bessere Rang der zuerst bestellten Dienstbarkeit verleiht nicht das Recht, den Berechtigten der später bestellten Dienstbarkeit von der Ausübung der Berechtigung auszuschließen (OLG Hamm Rpfleger 1981, 105; OLG München FGPrax 2014, 198).

20.4   **c) Einzelfälle.** Die Eintragung einer Grunddienstbarkeit auf Ableitung fremden Quellwassers kann nicht von dem Nachweis der wasserrechtlichen Erlaubnis oder Bewilligung abhängig gemacht werden (BayObLG DNotZ 1960, 308). Die Übernahme der Verkehrssicherungspflicht durch den Berechtigten kann zum Inhalt einer Grunddienstbarkeit gemacht werden (BayObLG NJW-RR 1990, 600; s. hierzu aber auch OLG Köln Rpfleger 1990, 409), nicht dagegen, weil ohnehin gesetzlich verboten, die Verpflichtung, auf dem Grundstück keine ABC-Waffen und -Trägersysteme aufzustellen, zu lagern, zu transportieren und zu verwenden (LG Siegen Rpfleger 1984, 58 mit zust. Anm. v. Tröster).

20.5   Die Pflicht des Grundstücksnachbarn, einen Überbau zu dulden, kann nach einem Eigengrenzüberbau Inhalt einer Grunddienstbarkeit sein, um mögliche künftige Streitigkeiten über das Eigentum an dem Bauwerk und die Duldungspflicht des Nachbarn auszuschließen (BGH Rpfleger 2014, 182). Gegenstand einer Grunddienstbarkeit kann eine Baubeschränkung auch dann sein, wenn sich eine inhaltsgleiche öffentlich-rechtliche Beschränkung aus einem Bebauungsplan ergibt (OLG Hamm FGPrax 1996, 171). Auch die Berechtigung, ein anderes Grundstück als Ausgleichs- und Ersatzfläche nach § 8 BNatSchG zu nutzen, kann als Grunddienstbarkeit eingetragen werden (OLG Oldenburg NdsRpfl. 1998, 223); ebenso das Verbot, auf dem Grundstück jedweden Hobbyfunkverkehr zu betreiben (OLG München NJW-RR 2011, 97).

Zur Auslegung einer altrechtlichen Dienstbarkeit als Grunddienstbarkeit oder beschränkte persönliche Dienstbarkeit s. BayObLG 1991, 139/143; OLG Karlsruhe Rpfleger 2002, 304; OLG Düsseldorf FGPrax 2018, 195. Zur Auslegung einer im Jahr 1958 eingetragenen Grunddienstbarkeit zur Nutzung von Wagenabstellplätzen im Hinblick auf die damals als Landesrecht fortgeltende RGaragenO v. 17.2.1939 (RGBl. I 219) s. KG Rpfleger 2020, 15).

5. Beschränkte persönliche Dienstbarkeit

a) Inhalt. Die für die Grunddienstbarkeit geltende Vorschrift des § 1019 **21** BGB ist auf die beschränkte persönliche Dienstbarkeit nicht anwendbar; für deren Zulässigkeit genügt jeder rechtsschutzwürdige, mit Mitteln des Privatrechts verfolgte Zweck. Auch eine beschränkte persönliche Dienstbarkeit entsteht nicht wirksam, wenn ihre Ausübung schon bei der Bestellung objektiv und dauernd unmöglich ist (BGH Rpfleger 1985, 185). Die Dauer einer beschränkten persönlichen Dienstbarkeit kann im Weg einer Bedingung vom Bestehen eines schuldrechtlichen Vertrags abhängig gemacht werden (BayObLG Rpfleger 1990, 111). Die Erben einer noch lebenden Person können nicht als Berechtigte einer beschränkten persönlichen Dienstbarkeit eingetragen werden (OLG München RNotZ 2011, 245). Zur Rechtsnachfolge bei beschränkten persönlichen Dienstbarkeiten s. Keller ZflR 2011, 704.

Zur Übertragbarkeit und zur Überlassung der Ausübung s. § 1092 Abs. 1 BGB und Anh. zu § 26 Rn. 3; zur Übertragbarkeit, wenn die beschränkte persönliche Dienstbarkeit einer juristischen Person oder einer rechtsfähigen Personengesellschaft zusteht, s. Anh. zu § 26 Rn. 2; zur Übertragbarkeit und Übertragung des Bestellungsanspruchs s. Rn. 90.

b) Öffentlich-rechtliche Körperschaft. Sie kann mit der beschränkten **22** persönlichen Dienstbarkeit auch solche öffentlichen Zwecke verfolgen, die mit öffentlich-rechtlichen Mitteln nicht oder nicht ohne weiteres zu verwirklichen sind (BGH Rpfleger 1983, 478; zu den hierbei zu beachtenden Beschränkungen s. die Anm. v. Quack; BayObLG Rpfleger 1989, 401 mit kritischer Anm. v. Quack). Die Eintragung einer beschränkten persönlichen Dienstbarkeit zugunsten der öffentlichen Hand zur Sicherung eines Geh- und Fahrtrechts (Zufahrt zu einem Baugrundstück) kann nicht mit der Begründung abgelehnt werden, hierfür bestehe wegen einer bereits zugunsten des Baugrundstücks eingetragenen inhaltsgleichen Grunddienstbarkeit kein Rechtsschutzbedürfnis (BayObLG Rpfleger 1982, 372). Eine beschränkte persönliche Dienstbarkeit kann auch für öffentliche Zwecke bestellt werden, z.B. zur Absicherung von Ausgleichs- und Ersatzmaßnahmen nach dem Naturschutzrecht (OLG München FGPrax 2019, 111 mit Anm. und einer Musterformulierung einer Ausgleichsdienstbarkeit und Reallast v. Grziwotz MittBayNot 2019, 523).

c) Bierbezugsverpflichtung. Die Verpflichtung eines Grundstückseigen- **23** tümers, auf seinem Grundstück keine anderen Waren als die eines bestimmten Herstellers oder Lieferanten zu vertreiben, z. B. in einer Gaststätte kein anderes als das von einer bestimmten Brauerei gelieferte Bier zu verkaufen, kann grundsätzlich nicht Gegenstand einer (beschränkten persönlichen) Dienstbarkeit sein (BayObLG Rpfleger 1972, 18; BGH 29, 244). Eine Bierbezugsverpflichtung kann jedoch grundsätzlich durch eine (beschränkte persönliche) Dienstbarkeit des Inhalts abgesichert werden, dass auf dem belasteten Gaststättengrundstück kein Bier hergestellt, gelagert, verkauft oder sonst wie vertrieben werden darf (BGH Rpfleger 1979, 375; einschränkend hinsichtlich der Notwendigkeit einer Befristung BGH Rpfleger 1988, 403); vgl. in diesem Zusammenhang auch BGH Rpfleger 1975, 171; DNotZ 1992, 665; OLG Düsseldorf Rpfleger 1979, 304; BayObLG 1985, 290. Das Recht, ein Grundstück zum ausschließlichen Verkauf von Weißbier zu nutzen und den Verkauf von Weißbier auf dem Grundstück zu untersagen, kann als beschränkte persönliche Dienstbarkeit eingetragen werden (BayObLG Rpfleger 1997, 371). Ebenso das Verbot, das belastete Grundstück mit anderen Brennstoffen als Flüssiggas zu beheizen (OLG Zweibrücken Rpfleger 2001, 485).

24   **d) Wohnungsbesetzungsrecht.** Zulässig ist eine beschränkte persönliche Dienstbarkeit des Inhalts, dass von den auf einem Grundstück errichteten Wohnungen alle oder eine bestimmte Anzahl näher bezeichneter Wohnungen nur von Angehörigen eines bestimmten Personenkreises oder von Personen bewohnt werden dürfen, die dem Eigentümer von dem Berechtigten benannt oder von dem Grundstückseigentümer mit Zustimmung des Dienstbarkeitsberechtigten bestimmt werden (KG NJW 1954, 1245; BayObLG Rpfleger 1982, 215). Die Befugnisse aus der als Wohnungsbesetzungsrecht mit Benennungsrecht des Berechtigten bestellten Dienstbarkeit kann der Berechtigte auch dem Eigentümer überlassen, indem er diesen benennt (BGH Rpfleger 2013, 257). Ist Berechtigter einer solchen Dienstbarkeit eine juristische Person, braucht die Dienstbarkeit grundsätzlich nicht zeitlich begrenzt zu sein (BGH Rpfleger 2019, 374; BayObLG Rpfleger 2000, 384; MittBayNot 2001, 317).

Auch kann eine so genannte **Austragshausdienstbarkeit** in der Form eines Wohnungsbesetzungsrechts bestellt werden (BayObLG Rpfleger 1989, 401 mit kritischer Anm. v. Quack; s. hierzu ferner BayObLG Rpfleger 1990, 14 mit Anm. v. Ertl MittBayNot 1990, 36 und Ring DNotZ 1990, 508; s. auch LG Ravensburg Rpfleger 1992, 192). Zur Bewertung des Wohnungsbesetzungsrechts mit 15 % der gesicherten öffentlichen Wohnungsbauförderungsmittel s. OLG Düsseldorf Rpfleger 1992, 177; OLG Celle NdsRpfl. 1997, 26; zur Bewertung mit dem Regelwert s. KG Rpfleger 1968, 370; OLG Oldenburg Rpfleger 1994, 273.

25   **e) Fremdenverkehrsdienstbarkeit.** Zulässig ist eine Fremdenverkehrsdienstbarkeit in der Form des Verbots, ein Grundstück (WEigentum) „länger als sechs Wochen im Jahr selbst zu bewohnen oder durch ein und denselben Dritten bewohnen zu lassen" und es „zu anderen beruflichen oder gewerblichen Zwecken als denen eines fremdenverkehrsgewerblichen Beherbergungsbetriebs mit ständig wechselnder Belegung zu nutzen" (BayObLG NJW 1985, 2485; MittBayNot 1989, 273). S. hierzu auch BGH Rpfleger

2003, 410 (Ferienparkbetriebsrecht) und LG Ravensburg Rpfleger 1992, 192. Zum Verhältnis der Fremdenverkehrsdienstbarkeit zu § 22 BauGB s. Hiltl/Gerold BayVBl. 1993, 385 und 423 sowie BVerwG MittBayNot 1996, 237 mit Anm. v. F. Schmidt und Grziwotz MittBayNot 1996, 179 und 181. Zur Fremdenverkehrsdienstbarkeit in der notariellen Praxis s. Kristic Mitt-BayNot 2003, 263.

f) Energiegewinnungsanlage. Inhalt einer beschränkten persönlichen **26** Dienstbarkeit kann das Recht sein, eine Photovoltaikanlage zu errichten und zu betreiben (s. dazu Kappler ZfIR 2012, 264 mit einem Formulierungsvorschlag; zur Bestellung als Grunddienstbarkeit s. Rn. 20). Der Anspruch des Betreibers der Anlage auf wiederholte Bestellung inhaltsgleicher Dienstbarkeiten für beliebig viele aufeinander folgende, von ihm zu benennende Personen, bei denen es sich nicht um Gesamt- oder Einzelrechtsnachfolger handeln muss, kann durch eine einzige Vormerkung gesichert werden (Sukzessivberechtigung; OLG München MittBayNot 2011, 231 mit Anm. v. Preuß; OLG Hamm FGPrax 2012, 192; Klühs RNotZ 2012, 28). Der Daueranspruch erlischt nicht bereits mit der ersten Benennung eines Dritten, sondern erst dann, wenn nach den schuldrechtlichen Vereinbarungen eine weitere Benennung nicht mehr möglich ist (OLG München FGPrax 2012, 193; RNotZ 2016, 388). Zur Unzulässigkeit einer Vormerkung für den noch eingetragenen Eigentümer s. Rn. 38.

Der durch die Vormerkung absicherbare Versprechensempfänger muss nicht zwangsläufig mit demjenigen identisch sein, der den späteren Rechtsinhaber benennt. Möglich ist es daher, dass der vom Versprechensempfänger benannte Dritte seinerseits eine Bank als Berechtigte der Dienstbarkeit benennt (OLG München FGPrax 2013, 156). Ferner ist auch die Eintragung einer gleichrangigen Vormerkung zur Sicherung eines inhaltsgleichen Anspruchs der die Anlage finanzierenden Bank möglich. Nach Ansicht des OLG München (FGPrax 2012, 193; RNotZ 2016, 388; zu Recht ablehnend Kappler ZfIR 2012, 602; Keller MittBayNot 2012, 446; Böttcher ZfIR 2017, 451) kann dagegen der Anspruch der finanzierenden Bank auf Bestellung der Dienstbarkeit für sich selbst und der Anspruch auf Bestellung der Dienstbarkeit für weitere aufeinander folgende, von ihr zu benennende Berechtigte nicht durch nur eine Vormerkung gesichert werden.

S. dazu und zur Abtretbarkeit des Anspruchs auf Eintragung einer Dienstbarkeit auch OLG Nürnberg Rpfleger 2016, 472 mit Anm. v. Kesseler ZfIR 2016, 540; Reymann ZIP 2013, 605; Sikora MittBayNot 2019, 159; ferner Rn. 100 und zum Ganzen Flache notar 2017, 83. Zu den sachenrechtlichen Problemen von Photovoltaikanlagen bei Grundstücksübertragungen s. Meier MittBayNot 2019, 548 und 2020, 1.

g) Sonstiges. Inhalt einer beschränkten persönlichen Dienstbarkeit kann **27** nicht allein die Berechtigung sein, die Nutzungsbefugnis auszuüben, die eine zu Gunsten des zu belastenden Grundstücks eingetragene Grunddienstbarkeit gewährt. Die Eintragung der Dienstbarkeit mit diesem Inhalt wäre eine inhaltlich unzulässige Eintragung (OLG Hamm Rpfleger 2008, 356). Eine Verpflichtung, ein Grundstück zu keinem anderen Zweck als zur Einstellung von Kraftfahrzeugen nebst Zufahrt zu verwenden und hierzu dauernd offen zu halten, ist zulässiger Inhalt einer beschränkten persönlichen Dienstbarkeit (BayObLG NJW 1965, 1484). Nach OLG Köln Rpfleger 1990, 409 soll bei einem Gartenbenutzungsrecht die Übernahme der Verkehrssicherungspflicht für das Grundstück durch den Dienstbarkeitsberechtigten nicht als Inhalt des Rechts in das GB eingetragen werden können; s. hierzu auch BayObLG NJW-RR 1990, 600. Wird eine Genossenschaft, die Berechtigte einer beschränkten persönlichen Dienstbarkeit ist, mit einer anderen Genossenschaft verschmolzen, so geht die Dienstbarkeit auf die übernehmende Genossenschaft über (BayObLG Rpfleger 1983, 391).

6. Dingliches Wohnungsrecht

28   **a) Allgemeines.** Zu den verschiedenen dinglichen Rechten zum Wohnen und zu ihrer Abgrenzung, nämlich Dauerwohnrecht (§ 31 WEG), Wohnungsrecht (§ 1093 BGB), Wohnrecht (Wohnungsnutzungsrecht, §§ 1090 ff. BGB) und Wohnungsreallast (§ 1105 BGB) s. OLG München FGPrax 2018, 110. Zur Abgrenzung des Wohnungsrechts vom Wohnrecht s. OLG Frankfurt MittBayNot 2007, 402 mit Anm. v. Adam. Zur Wohnungsreallast s. Rn. 80.

Wird die Eintragung eines „Wohnungsrechts" bewilligt, so ist die nächstliegende Bedeutung, dass es sich um ein Recht im Sinne des § 1093 BGB handelt (OLG Zweibrücken DNotZ 1997, 325). Nur wenn die Ausübung durch Personen gestattet ist, die nicht in § 1093 Abs. 2 BGB genannt sind, unterliegt das Wohnungsrecht der Verfügungsbefugnis des Insolvenzverwalters (OLG München FGPrax 2011, 17). Ein Wohnungsrecht kann unter der aufschiebenden Bedingung begründet werden, dass „der Berechtigte das Anwesen nicht nur vorübergehend verlässt" (BayObLG FGPrax 1997, 210) oder dass „der Berechtigte die Wohnung nicht mehr selbst oder zusammen mit Dritten bewohnt" (OLG Nürnberg FGPrax 2018, 256). Zur auflösenden Bedingung kann nur ein Ereignis gemacht werden, dessen Eintritt objektiv mit der gebotenen Eindeutigkeit bestimmbar ist (OLG Frankfurt MittBayNot 2016, 231 mit Anm. v. Everts; verneint für den Fall, dass das den Eltern eingeräumte Recht „voraussichtlich auf Dauer nicht mehr ausgeübt werden kann"). Das Wohnungsrecht kann nicht zugunsten eines Nießbrauchsberechtigten eingetragen werden (OLG Hamm FGPrax 1997, 168; OLG Frankfurt MittBayNot 2009, 46 mit abl. Anm. v. Frank; a. M. im Hinblick auf die Unterschiede bei der Pfändbarkeit LG Frankfurt/Oder NotBZ 2010, 153); es ist nicht übertragbar und kann auch nicht gem. § 90 BSozialhilfeG übergeleitet werden (OLG Braunschweig FGPrax 1995, 224).

Zur Bestellung eines Wohnungsrechts zugunsten des Grundstückseigentümers s. Rn. 41. Zum Gesamtwohnungsrecht s. § 48 Rn. 8. Zum Verzicht des Betreuers auf ein Wohnungsrecht, das der Betreute nicht mehr nutzen kann, s. BGH NJW 2012, 1956 und dazu Zimmer NJW 2012, 1919. Zum Erlöschen des Wohnungsrechts wegen Unmöglichkeit der Rechtsausübung s. § 84 Rn. 14. Zur Pfändbarkeit s. Rossak MittBayNot 2000, 386.

29   **b) Gegenstand und Inhalt.** Zu Inhalt und Rechtsnatur des Wohnungsrechts, insbes. zu seiner Erstreckung auf Anlagen und Einrichtungen außerhalb des Gebäudes, s. BayObLG Rpfleger 1985, 186. Bei solchen Anlagen und Einrichtungen kann es sich auch um sanitäre Versorgungs- und Entsorgungsleitungen handeln; sie hindern die lastenfreie Abschreibung eines Grundstücksteils, auf dem sie sich befinden (BayObLG Rpfleger 1992, 57; OLG Hamm FGPrax 2000, 54, zugleich zum Nachweis des Vorhandenseins von Ver- oder Entsorgungsleitungen). Zur Erstreckung des Wohnungsrechts auf einen zu dem belasteten Grundstück gehörenden Miteigentumsanteil an einem dienenden Grundstück i. S. des § 3 Abs. 4, 5 s. Heil RNotZ 2003, 445.

Ein Wohnungsrecht des Inhalts, dass der Berechtigte die Wohnung mit dem derzeitigen Eigentümer gemeinsam, im Falle dessen Vorversterbens vom Zeitpunkt des Todes an unter Ausschluss des neuen Eigentümers allein benutzen darf, kann nicht als ein einheitliches Recht (beschränkte persönliche Dienstbarkeit) in das GB eingetragen werden (OLG Düsseldorf FGPrax 1997, 171).

c) Ausschließliches Wohnungsrecht. Es ist nur eintragungsfähig, wenn **29.1** die für die ausschließliche Benützung in Betracht kommenden Räume bestimmt bezeichnet sind (OLG Hamm Rpfleger 1962, 59; BayObLG Rpfleger 1981, 353; MDR 1988, 581). Fehlt es an einer solchen Bezeichnung, ist die nächstliegende Bedeutung der Erklärung, dass sich das Wohnungsrecht auf das gesamte oder alle vorhandenen Gebäude erstreckt (vgl. § 1093 Abs. 1 Satz 1 BGB; BayObLG Rpfleger 1999, 525). Die Ausübung eines Wahlrechts zwischen verschiedenen, jeweils genau bezeichneten Räumen, kann eine zulässige auflösende und zugleich aufschiebende Bedingung für zwei Wohnungsrechte sein (BayObLG MDR 1988, 581). Ein ausschließliches Wohnungsrecht an einem Gebäude kann sich auch auf einen Hausgarten erstrecken (OLG Schleswig SchlHA 1966, 67; LG München I MittBayNot 1970, 153; zur Zulässigkeit seiner Verbindung mit einem Mitbenutzungsrecht an einem solchen s. LG Koblenz DNotZ 1970, 164; BayObLG Rpfleger 1976, 14). Zur Verbindung eines Wohnungsrechts mit dem Recht auf Mitbenutzung der Räume eines ganzen anderen Geschosses des Gebäudes zu Wohnzwecken s. OLG Saarbrücken FGPrax 1995, 222.

d) Nebenleistungen. Als Inhalt des Rechts kann zwar vereinbart werden, **29.2** dass die Kosten für Schönheitsreparaturen, Strom, Wasser, Abwasser, Heizung und Müllabfuhr als Nebenleistungen vom Eigentümer zu tragen sind (BayObLG Rpfleger 1980, 385; OLG Schleswig NJW-RR 1994, 1359; a. M. LG Itzehoe Rpfleger 1994, 159; vgl. dazu auch Amann DNotZ 1982, 396), nicht aber, dass der Wohnberechtigte die Grundstückslasten zu tragen hat (BayObLG Rpfleger 1988, 523). Nebenleistungsverpflichtungen des Eigentümers können auch durch selbständige Reallasten abgesichert werden (OLG Köln MittRhNotK 1992, 46). Die Unentgeltlichkeit des Wohnungsrechts kann nicht als Inhalt des dinglichen Rechts eingetragen werden (OLG Frankfurt NJW-RR 1992, 345; BayObLG Rpfleger 1993, 189).

e) Wohnungsrecht an WEigentum. Ein dingliches Wohnungsrecht **29.3** kann an einem Baugrundstück auch schon vor Errichtung der davon betroffenen Räume (BayObLG Rpfleger 1981, 353) oder vor Begründung des davon betroffenen WEigentums (LG Lübeck Rpfleger 1995, 152) eingetragen werden. An einem Tiefgaragenstellplatz, der selbständig als Teileigentum gebucht ist, kann ein Wohnungsrecht jedoch nicht begründet werden (Bay-

ObLG Rpfleger 1987, 62). Gleiches gilt für einen als Teileigentum ausgewiesenen Kellerraum.

Wird das Wohnungsrecht an einem WEigentum begründet, dann ist der Wohnungsberechtigte vorbehaltlich einer abweichenden Vereinbarung kraft Gesetzes zur alleinigen Nutzung des dem WEigentümer zur Sondernutzung zugewiesenen Teils des gemeinschaftlichen Eigentums berechtigt; dies kann auch Inhalt des Wohnungsrechts sein (s. Anh. zu § 3 Rn. 68; a. M. BayObLG Rpfleger 1998, 68). Durch Vereinbarungen zwischen dem WEigentümer und dem Berechtigten kann der Inhalt des Wohnungsrechts nicht dergestalt ausgestaltet werden, dass dadurch die Rechte der anderen WEigentümer betroffen werden. Deshalb kann die Verpflichtung des WEigentümers zur Wiederherstellung des Gebäudes im Falle der Zerstörung nicht zum Inhalt des Wohnungsrechts gemacht werden (OLG Hamm ZWE 2014, 83). Wird das mit einem Wohnungsrecht belastete Grundstück in WEigentum aufgeteilt, ist das Wohnungsrecht in allen Wohnungsgrundbüchern einzutragen, es sei denn, sein Ausübungsbereich ist auf das Sondereigentum einschließlich eines damit verbundenen alleinigen Nutzungsrechts an Teilen des gemeinschaftlichen Eigentums eines oder mehrerer WEigentumsrechte beschränkt (OLG Hamm FGPrax 2000, 132).

30   **f) Mietvertrag.** Eine unter Beachtung der §§ 1090 ff. BGB bestellte beschränkte persönliche Dienstbarkeit ist keinesfalls deshalb nicht eintragungsfähig, weil die Parteien über denselben Gegenstand einen Mietvertrag abgeschlossen haben (BayObLG Rpfleger 1990, 111); nicht eintragungsfähig ist dagegen ein dingliches Wohnungsrecht, wenn sich das Recht des Wohnberechtigten nach einem zwischen den Beteiligten abgeschlossenen Mietvertrag bestimmen soll (OLG Hamm DNotZ 1957, 314 mit Anm. v. Glaser; LG Mannheim DNotZ 1972, 617; s. auch BGH Rpfleger 1974, 187). Zum Verhältnis von dinglichem Wohnungsrecht und Mietvertrag s. BGH Rpfleger 1999, 122.

31   **g) Mehrere Berechtigte.** Dingliche Wohnungsrechte mehrerer Berechtigter an denselben Räumen eines Anwesens können inhalts- und ranggleich rechtlich selbständig nebeneinander bestehen; dabei kann Berechtigter eines der Wohnungsrechte auch der derzeitige Eigentümer sein (KG FGPrax 2019, 53). Werden die Rechte von vornherein gleichzeitig mit diesem Inhalt bestellt, so bedarf es hierfür nicht auch der Zustimmung des jeweils anderen Berechtigten (BayObLG Rpfleger 1980, 151). Dingliche Wohnungsrechte können aber auch für mehrere Berechtigte als Gesamtberechtigte gem. § 428 BGB bestellt werden; dann steht jedem Berechtigten ein eigenes Recht zu; die mehreren Rechte bestehen jedoch nicht unabhängig voneinander; sie sind vielmehr miteinander verbunden (BayObLG Rpfleger 1992, 191). Mit dem Tod des Erstversterbenden erlischt nur dessen Wohnungsrecht; das des anderen Berechtigten bleibt bis zu dessen Tod bestehen (BGH Rpfleger 2007, 308). Das Wohnungsrecht für die mehreren Berechtigten wird in das GB unter einer laufenden Nummer und Angabe des Gemeinschaftsverhältnisses „als Gesamtberechtigte gemäß § 428 BGB" eingetragen; dafür wird die Gebühr nach Nr. 14121 GNotKG-KV nur einmal erhoben (OLG Hamm FGPrax 2016, 233; OLG Köln FGPrax 2017, 91).

Ein dingliches Wohnungsrecht kann schließlich aber auch als ein einziges Recht mehreren gemeinschaftlich, z. B. zur gesamten Hand, zustehen (zum Ganzen: BGH 46, 253/254 f.; KG Rpfleger 2014, 130). Ein in Gütergemeinschaft lebenden Ehegatten gemeinsam bestelltes dingliches Wohnungsrecht fällt in das Gesamtgut (BayObLG JFG 9, 177; Rpfleger 1968, 220). Räumt der Erwerber eines Grundstücks dem Längstlebenden der Veräußerer (Eltern des Erwerbers) ein mit dem Tod des Erstversterbenden entstehendes lebenslanges Wohnungsrecht ein, dann ist für jeden Veräußerer ein durch den Tod des anderen aufschiebend bedingtes Recht einzutragen (sog. Alternativberechtigung; OLG Köln MittRhNotK 1997, 84).

h) Zustimmung des Ehegatten. Zur Bestellung kann im Einzelfall die 32 Zustimmung gem. § 1365 BGB erforderlich sein; maßgebend ist, ob durch die Belastung der Wert des Grundstücks in einem Maß absinkt, dass dem verfügenden Ehegatten nur ein unwesentlicher Teil seines ursprünglichen Gesamtvermögens verbleibt (BGH Rpfleger 1989, 404). Ist das Grundstück bereits mit Grundpfandrechten belastet, ist die Zustimmung erforderlich, wenn der Wohnberechtigte weiß, dass es sich bei dem Grundstück im Wesentlichen um das ganze Vermögen des verfügenden Ehegatten handelt, dass und in welchem Umfang der Wert des Grundstücks durch die Vorbelastungen gemindert ist und dass der Wert des Wohnungsrechts den danach verbleibenden Grundstückswert im Wesentlichen aufzehrt (BGH NJW 1993, 2441).

7. Nießbrauch

Zur Abgrenzung des Grundstücksnießbrauchs als umfassender Nutzungs- 33 befugnis von der Benutzungsdienstbarkeit als Nutzungsbefugnis nur in einzelnen Beziehungen s. Rn. 16.

a) Inhalt. Beim Nießbrauch gehören die das gesetzliche Schuldverhältnis zwischen Nießbraucher und Eigentümer regelnden Vorschriften zum Inhalt des Rechts; sie können aber gleichwohl mit dinglicher Wirkung geändert oder abbedungen werden, soweit dadurch nicht gegen das Wesen des Nießbrauchs verstoßen wird und insbes. die begriffswesentlichen Grenzen zwischen Eigentum und Nießbrauch und damit der Grundsatz der Erhaltung der Substanz der nießbrauchsbelasteten Sache nicht verletzt werden (BGH Rpfleger 1985, 373; KG Rpfleger 1992, 14).

b) Umfang. Der Nießbrauch kann aufschiebend oder auflösend bedingt, aber höchstens auf die Lebenszeit des Berechtigten (§ 1061 BGB) bestellt werden. Ein Kündigungsrecht kann nicht zum Inhalt eines Nießbrauchs gemacht werden. Das Recht, unter bestimmten Voraussetzungen und mit einer bestimmten Frist den Nießbrauch zu „kündigen", kann dem Nießbrauch aber als auflösende Bedingung hinzugefügt werden (BayObLG NJW-RR 1990, 87); zur Eintragung der Bedingung im GB s. § 44 Rn. 20. Der Enstehens- und der Erlöschenstatbestand müssen bestimmt oder bestimmbar bezeichnet werden (s. Anh. zu § 13 Rn. 5). Dem Erfordernis ist genügt, wenn der Nießbrauch mit Eintritt der Geschäftsunfähigkeit des Bestellers und unter der Voraussetzung entstehen soll, dass die Lebensgemeinschaft mit dem

Berechtigten besteht (OLG München RNotZ 2017, 234 mit Anm. v. Leidner MittBayNot 2017, 585).

Die Verlängerung der für einen Nießbrauch bestimmten Zeit ist wie eine Inhaltsänderung des Rechts im Sinn des § 877 BGB zu behandeln (JFG 13, 77; OLG Hamm FGPrax 2015, 112). Kann die bewilligte und beantragte Verlängerung vor Ablauf der Zeit, der das Erlöschen des Nießbrauchs zur Folge hat, im GB nicht mehr vollzogen werden, ist eine Umdeutung in die Neubestellung des Rechts nicht möglich (OLG Hamm FGPrax 2015, 112). Mit dem Erlöschen des Nießbrauchs wird der Grundstückseigentümer nicht Rechtsnachfolger des Nießbrauchsberechtigten (BGH Rpfleger 2016, 273).

Zu Vereinbarungen über den dinglichen Inhalt des Nießbrauchs s. Trömer RNotZ 2016, 421. Zur Übertragbarkeit und zur Überlassung der Ausübung s. § 1059 BGB und Anh. zu § 26 Rn. 3; zur Übertragbarkeit, wenn der Nießbrauch einer juristischen Person oder einer rechtsfähigen Personengesellschaft zusteht, s. Anh. zu § 26 Rn. 2. Zum Eigentümernießbrauch s. Rn. 40. Zur Pfändbarkeit s. Rossak MittBayNot 2000, 383.

34   **c) Nicht zulässige Vereinbarungen.** Ein Nießbrauch mit dem Inhalt, dass der Eigentümer gegenüber dem Nießbraucher verpflichtet ist, das Waldgrundstück wieder aufzuforsten, falls es der Nießbraucher abholzt, läuft, weil dem Eigentümer eine Leistungspflicht auferlegend, dem Wesen des Nießbrauchs als einer Dienstbarkeit zuwider und kann daher nicht eingetragen werden (BayObLG Rpfleger 1973, 55). Aus den gleichen Gründen kann eine Vereinbarung, dass der Eigentümer verpflichtet sein soll, zur Finanzierung von Ausbesserungen und Erneuerungen des Grundstücks ein Darlehen aufzunehmen, nicht zum Inhalt eines Nießbrauchs gemacht werden (BayObLG MittBayNot 1985, 70).

35   **d) Abbedingung.** Die Pflicht des Nießbrauchers, das mit dem Nießbrauch belastete Waldgrundstück nach einem gestatteten Kahlhieb wieder aufzuforsten, kann nicht mit dinglicher Wirkung abbedungen werden (BayObLG Rpfleger 1977, 407). Nicht mit dinglicher Wirkung abdingbar sind ferner die gesetzlichen Regelungen des § 1037 Abs. 1 BGB (KG Rpfleger 1992, 14: die Errichtung eines Gebäudes auf einer unbebauten Grundstücksteilfläche kann daher nicht gestattet werden; kritisch hierzu Frank DNotZ 1992, 678) und des § 1039 Abs. 1 Satz 2 BGB, wohl aber das Recht des Eigentümers, nach § 1051 BGB Sicherheitsleistung zu verlangen (BayObLG Rpfleger 1977, 252) und das Recht des Nießbrauchers, gemäß § 1059 Satz 2 BGB die Ausübung des Nießbrauchs einem anderen zu überlassen (BGH NJW 1985, 2827).

36   **e) Zulässige Vereinbarungen.** Die Vereinbarung, dass der Nießbraucher auch die Kosten für außerordentliche Ausbesserungen und Erneuerungen des Grundstücks zu tragen hat, kann als zulässige Abänderung des gesetzlichen Schuldverhältnisses zwischen Eigentümer und Nießbraucher in das GB eingetragen werden (BayObLG MittBayNot 1985, 70; Rpfleger 1985, 285); ebenso eine Beschränkung des Nießbrauchers dergestalt, dass er ohne Zustimmung des Eigentümers keine Mietverträge mit einer Laufzeit von mehr als 12 Monaten abschließen darf (LG Aachen Rpfleger 1986, 468). Für den

Nießbraucher kann nicht auch noch ein Wohnungsrecht eingetragen werden (OLG Hamm FGPrax 1997, 168), es sei denn mit Rang vor dem Nießbrauch (OLG Hamm NotBZ 2013, 399). Der Ausschluss des Nießbrauchers von den Nutzungen der Sache und einem Besitzrecht, das ihm die Ziehung von Nutzungen ermöglicht, lässt kein wirksames Nießbrauchsrecht entstehen (OLG Hamm Rpfleger 1983, 144). Zur Bestellung eines Nießbrauchs für ein „Holznutzungsrecht" an einem Waldgrundstück s. BayObLG Rpfleger 1981, 439; vgl. in diesem Zusammenhang auch Schöner DNotZ 1982, 416.

f) Bruchteils- und Quotennießbrauch. Mit einem Nießbrauch kann **37** ein ganzer ideeller Miteigentumsanteil oder ein ideeller Bruchteil davon belastet werden, ferner vom Alleineigentümer ein ideeller Bruchteil des ganzen Grundstücks (sog. Bruchteilsnießbrauch; BGH FGPrax 2013, 53; BayObLG 30, 342; 1985, 9). Es kann aber auch ein ganzes Grundstück oder ein ganzer Miteigentumsanteil nur mit dem Bruchteil eines Nießbrauchs belastet werden (sog. Quotennießbrauch; JFG 13, 447; OLG Schleswig RNotZ 2009, 401; LG Wuppertal Rpfleger 1995, 209; LG Köln MittRhNotK 1999, 246). Beim Bruchteilsnießbrauch lastet ein ungeteilter Nießbrauch an einem Miteigentumsanteil oder an einem ideellen Bruchteil des Alleineigentums oder eines Miteigentumsanteils, während beim Quotennießbrauch ein Nießbrauchsteil an einem ungeteilten Alleineigentum oder Miteigentumsanteil lastet. Die Begriffe Bruchteilsnießbrauch und Quotennießbrauch werden in Rechtsprechung und Schrifttum nicht einheitlich verwendet. Zur Übertragung des mit einem Nießbrauch belasteten Miteigentumsanteils ist die Zustimmung (Bewilligung) des Nießbrauchers nicht erforderlich (LG Wuppertal MittRhNotK 1996, 234).

Zur Eintragung eines Nießbrauchs für Eheleute zu gleichen Bruchteilen und eines durch den Tod eines von ihnen aufschiebend bedingten Nießbrauchs für den Längerlebenden s. OLG Frankfurt DNotZ 2008, 846 mit kritischer Anm. v. Westphal. Zum Gemeinschaftsverhältnis s. § 47 Rn. 12.

g) Realer Grundstücksteil. Ein realer Teil eines Grundstücks kann nach **37.1** Maßgabe des § 7 Abs. 2 mit einem Nießbrauch belastet werden. An einem realen Teil eines Gebäudes auf dem Grundstück kann dagegen ein Nießbrauch nicht bestellt werden (BGH Rpfleger 2006, 386). Deshalb ist die Bestellung eines Nießbrauchs an einem bebauten Grundstück mit der Beschränkung, dass sich der Eigentümer die Nutzung einer bestimmten Wohnung in dem auf dem Grundstück errichteten Gebäude vorbehält, unzulässig (BayObLG Rpfleger 1980, 17), ebenso die Bestellung mit der Beschränkung der Nutzung auf eine bestimmte Wohnung. Denn unter einer einzelnen Nutzung i. S. des § 1030 Abs. 2 BGB ist eine einzelne Nutzungsart zu verstehen (OLG Köln FGPrax 2016, 201).

h) Erbanteil und Gesellschaftsanteil. Die Belastung des Erbanteils eines **37.2** nes Miterben mit einem Nießbrauch ist zulässig. Sie bewirkt eine Beschränkung der Verfügungsbefugnis über den Nachlassgegenstand und kann in das GB eingetragen werden (OLG Hamburg ZErb 2016, 209). Zur Belastung des Anteils an einer BGB-Gesellschaft mit einem Nießbrauch und zum Antrag, diesen im GB einzutragen s. Anh. zu § 13 Rn. 33.2. S. dazu auch Lindemeier, Die Belastung des Gesamthandsanteils im GB, DNotZ 1999, 876; Frank, Der Nießbrauch an Gesellschaftsanteilen, MittBayNot 2010, 96.

8. Dienstbarkeit am eigenen Grundstück

38   Sie ist nicht grundsätzlich ausgeschlossen. Die Belastung zugunsten eines Miteigentümers lässt § 1009 Abs. 1 BGB ausdrücklich zu. Ausgeschlossen ist jedoch die Eintragung einer Vormerkung zur Sicherung des Anspruchs des noch eingetragenen Eigentümers auf Bestellung einer Dienstbarkeit zu Gunsten von ihm später zu benennender Dritter; denn der eingetragene Eigentümer kann als Schuldner des zu sichernden Anspruchs nicht zugleich dessen Gläubiger sein (OLG Stuttgart NJW-RR 2018, 1169 mit Anm. v. Reymann MittBayNot 2019, 151).

a) Grunddienstbarkeit. Die Bestellung einer Grunddienstbarkeit am eigenen Grundstück ist trotz des insoweit nicht durchbrochenen Einigungsgrundsatzes zulässig. Dabei muss es sich bei dem dienenden und dem herrschenden Grundstück um verschiedene Grundstücke (desselben Eigentümers) handeln. Zur Begründung genügt die einseitige Erklärung des Grundstückseigentümers gegenüber dem GBAmt (RG 142, 231; BGH MittBayNot 1984, 126).

39   **b) Beschränkte persönliche Dienstbarkeit.** Auch die Bestellung einer beschränkten persönlichen Dienstbarkeit am eigenen Grundstück ist zulässig. Der BGH (Rpfleger 2011, 659) hält an seiner früher vertretenen Ansicht, Voraussetzung sei, dass hierfür im Hinblick auf eine beabsichtigte Übertragung des Eigentums ein Bedürfnis bestehe (BGH Rpfleger 1964, 310; offen gelassen von BayObLG Rpfleger 1992, 191, OLG Frankfurt Rpfleger 1994, 204), nicht mehr fest. Bereits im Hinblick auf die bloße Möglichkeit eines Interesses an der Bestellung eines Rechts am eigenen Grundstück ist die Bestellung zulässig. Eines entsprechenden Nachweises bedarf es im Einzelfall nicht.

Eine Benutzungsdienstbarkeit für den Eigentümer kann an denselben Räumen bestellt werden, die Gegenstand eines Wohnungsrechts für einen Dritten sind; die beschränkte persönliche Dienstbarkeit und das Wohnungsrecht können in diesem Fall auch den gleichen Rang haben (OLG Saarbrücken Rpfleger 1992, 16).

40   **c) Nießbrauch.** Gleich der Bestellung einer beschränkten persönlichen Dienstbarkeit am eigenen Grundstück ist auch die eines Nießbrauchs zulässig (BGH Rpfleger 2011, 659; LG Stade NJW 1968, 1678; Harder NJW 1969, 278; DNotZ 1970, 267). Die Wirksamkeit eines Eigentümernießbrauchs ist nicht von dem Nachweis eines berechtigten Interesses an der Bestellung im Einzelfall abhängig. Hierzu gilt das in Rn. 39 Ausgeführte. Zugunsten eines Miteigentümers kann das Grundstück gemäß § 1009 Abs. 1 BGB ohne Einschränkungen mit einem Nießbrauch belastet werden (OLG Frankfurt Rpfleger 1994, 204).

41   **d) Wohnungsrecht.** Wie die Bestellung einer beschränkten persönlichen Dienstbarkeit am eigenen Grundstück kann auch ein Wohnungsrecht für den

Grundstückseigentümer, ebenso für mehrere Miteigentümer, bestellt werden (KG Rpfleger 2014, 130; FGPrax 2019, 53; s. dazu Rn. 39). Das KG Rpfleger 1985, 185 hält die gleichzeitige Bestellung eines solchen Rechts sowohl für den Eigentümer als auch für einen Dritten für ausgeschlossen (s. hierzu aber auch LG Lüneburg NJW-RR 1990, 1037; OLG Saarbrücken Rpfleger 1992, 16). Zugunsten eines Miteigentümers kann ein Wohnungsrecht uneingeschränkt bestellt werden (BayObLG Rpfleger 1992, 191). Zum Dauerwohnrecht am eigenen Grundstück s. Rn. 123.

9. Eintragung einer Hypothek

a) Aufbauhypothek. Im Gebiet der ehemaligen DDR konnte ein **42** Grundstück unter der Geltung des Zivilgesetzbuchs v. 19.6.1975 (GBl. DDR I 465) mit einer Sicherungshyp. gem. § 452 ZGB oder einer Aufbauhyp. gem. § 456 ZGB belastet werden; zur Höchstbetragshyp. s. § 454a ZGB, eingefügt durch das Ges. zur Änderung und Ergänzung des ZGB v. 28.6.1990 (GBl. DDR I 524). Überleitungsvorschriften enthält Art. 233 §§ 3, 6, 10 EGBGB. Die Hyp. war mit der gesicherten Forderung untrennbar verbunden und bestand nur in Höhe der Forderung (§ 454 Abs. 1, § 456 Abs. 2 ZGB); die Vermutung der Richtigkeit des GB (vgl. §§ 7 bis 9 der Grundstücksdokumentationsordnung v. 6.11.1975, GBl. DDR I 697) erstreckte sich aber mangels einer § 1138 BGB entsprechenden Vorschrift (auch bei der Aufbauhyp.) nicht auf die zugrunde liegende Forderung (BGH Rpfleger 1995, 291). Eine vor dem 3.10.1990 zur Eintragung beantragte Aufbauhyp. konnte auch danach noch eingetragen werden, sofern nur leicht behebbare EintrHindernisse bestanden (BGH Rpfleger 1995, 290).

Zum Vorrang der Aufbauhyp. s. § 45 Rn. 23; zur Löschung einer am 3.10.1990 bestehenden Hyp. s. § 27 Rn. 3; zu ihrer Umstellung s. § 28 Rn. 19; zur Vollstreckungsunterwerfung bei einer Aufbauhyp. s. § 44 Rn. 30. S. dazu Böhringer, Löschung von Grundpfandrechten in den neuen Ländern, Rpfleger 1995, 139, Grundbuchrechtliche Konsequenzen aus der Zuordnung von Aufbauhyp. für Sparkassen, VIZ 1998, 424, und zum Ganzen NJ 1992, 292.

b) Eintragung. Die Hyp. ist nach § 11 GBV in Abt. III einzutragen. Der **43** Mindestinhalt des EintrVermerks ergibt sich aus § 1115 BGB (s. § 44 Rn. 22). Notwendig ist entweder die Bezeichnung als Hyp. oder die Angabe der näher zu bezeichnenden Forderung, z.B. Darlehen, Kaufpreisforderung. Im ersteren Fall muss sich die Art der Forderung aus der in Bezug genommenen EintrBewilligung ergeben. Der Gläubiger der Hyp. muss dieselbe Person wie der Gläubiger der gesicherten Forderung sein (BayObLG NJW 1958, 1917; BGH 29, 363). Der Schuldner der Forderung braucht im EintrVermerk oder in der in Bezug genommenen EintrBewilligung nur dann angegeben zu werden, wenn er nicht der Eigentümer des Grundstücks ist (KGJ 37, 289; RG 136, 82). Für den Eigentümer kann eine Hyp. nicht bestellt werden (OLG Zweibrücken Rpfleger 1990, 15). Eine Eigentümerhyp. kann aber dadurch entstehen, dass der Eigentümer die gesicherte Forderung und mit ihr die Hyp. erwirbt.

Zur Bezugnahme auf die EintrBewilligung s. § 44 Rn. 22; zur Eintragung einer Unterwerfungsklausel s. § 44 Rn. 27. Zu den Kosten s. § 56 Rn. 21.

44   **c) Doppelhypothek.** Ein und dieselbe Forderung darf am selben Grundstück nicht durch mehrere selbständige Einzelhyp. gesichert werden (RG 131, 20; OLG Hamm Rpfleger 2015, 534; anders bei selbständigen Teilen der nämlichen Forderung: OLG München JFG 23, 170), wohl aber durch eine Hyp. und eine Grundschuld (RG 132, 138). Für eine Geldschuld aus einem Wahlschuldverhältnis kann eine Hyp. auch dann bestellt werden, wenn nur eine der wahlweise geschuldeten Leistungen eine Geldschuld ist (BayObLG Rpfleger 2000, 324). Das OLG Köln FGPrax 1996, 13 hält die Eintragung einer Zwangshyp. wegen einer Forderung für unzulässig, zu deren Sicherung bereits eine Grundschuld am selben Grundstück eingetragen ist und wegen der der Grundstückseigentümer die persönliche Haftung übernommen und sich der sofortigen Zwangsvollstreckung unterworfen hat (s. dazu OLG München Rpfleger 2015, 395).

Zulässig ist auch eine Ausfallsicherungshyp. an einem anderen Grundstück (RG 122, 331) sowie die Sicherung ausfallender Zinsrückstände durch Höchstbetragshyp. am gleichen Grundstück (KG DR 1943, 856). Ferner kann eine Zwangshyp. eingetragen werden, wenn für dieselbe Forderung an einem anderen Grundstück eine gewöhnliche Hyp. besteht; am selben Grundstück können beide Hyp. nach Ansicht des OLG Köln FGPrax 1996, 13 jedoch nicht eingetragen werden (s. dazu auch § 48 Rn. 12). Eine Hyp. kann mehrere Forderungen gegen denselben Schuldner oder eine Forderung gegen mehrere Gesamtschuldner sichern (RG 126, 278); ob auch mehrere Forderungen gegen verschiedene, nicht in Verpflichtungsgemeinschaft stehende Schuldner, ist umstritten (s. dazu für Höchstbetragshyp. Rn. 53; ferner BayObLG DNotZ 1965, 168). Zur Gesamthyp. s. § 48 Rn. 6ff. Zum Verbot der Überpfändung s. Rn. 68.3.

45   **d) Zinsen.** Der Zinssatz muss bestimmt sein (zur grundsätzlichen Zulässigkeit unterschiedlicher Festlegung hinsichtlich verschiedener Teile der Hyp. s. OLG Celle Rpfleger 1972, 97). Ein gleitender Zinssatz, etwa ein solcher entsprechend dem jeweiligen Zinssatz einer Sparkasse, ist durch Eintragung eines **Höchstzinssatzes** nach oben zu begrenzen (OLG Jena JW 1932, 114; KG JW 1938, 1257; KG Rpfleger 1971, 316); über dessen Bestimmung durch den Vollstreckungsgläubiger im Fall der Eintragung einer Zwangshyp. s. OLG Karlsruhe JFG 7, 396. Ob dies auch für einen von dem **Basiszinssatz** des § 247 BGB abhängigen gleitenden Zinssatz für rechtsgeschäftlich vereinbarte oder gesetzliche (vgl. §§ 288, 1118 BGB) Zinsen gilt, war umstritten, wurde vom BGH (Rpfleger 2006, 313 mit Anm. v. Wagner; ebenso OLG München NJW-RR 2011, 1462; s. dazu auch Zimmer NJW 2006, 1325; Kesseler MittBayNot 2006, 468; Klawikowski Rpfleger 2007, 388) aber verneint; in diesem Fall ist daher die Eintragung eines Höchstzinssatzes entbehrlich, nicht aber auch die eines vereinbarten **Mindestzinssatzes** (KG FGPrax 2012, 240). Die Eintragung eines Höchstzinssatzes genügt, wenn die in Bezug genommene EintrBewilligung den regelmäßigen Zinssatz oder den Mindestzinssatz sowie die Bedingungen für die Entstehung der Verpflichtung zur Zahlung eines höheren Satzes ersehen lässt (JFG 5, 350; KG HRR 1931

Nr. 1863; BGH 35, 22; s. auch BGH Rpfleger 1975, 296); es verstößt nicht gegen den Bestimmtheitsgrundsatz, wenn sich der Gläubiger unter der Voraussetzung der allgemeinen Änderung der Kapitalzinsen eine Änderung des Normalzinssatzes innerhalb des eingetragenen Höchstbetrags durch schriftliche Erklärung gegenüber dem Schuldner vorbehält (OLG Stuttgart NJW 1954, 1646; BGH 35, 22; s. dazu auch Riedel DNotZ 1954, 562), wohl aber, wenn die Zinshöhe allein von seinem Willen abhängt (BGH DNotZ 1963, 437; a. M. Ripfel DNotZ 1955, 62; 1963, 439); letzteres trifft jedoch nicht zu, wenn eine öffentliche Sparkasse als Gläubigerin den jeweiligen Tageszins nach Maßgabe ihrer eigenen, allgemein festgesetzten HypZinsen bestimmen darf (BayObLG Rpfleger 1975, 221).

e) Anfangstag der Verzinsung. Er kann vor der Eintragung liegen **46** (OLG Stuttgart NJW 1953, 464; dasselbe gilt bei einer Fremd- oder Eigentümergrundschuld, s. RG 136, 235; BayObLG Rpfleger 1978, 309). Er muss in der EintrBewilligung angegeben werden. Wird er nicht kalendermäßig bestimmt angegeben, muss er anhand der Angaben in der EintrBewilligung i. V. m. den jedermann zugänglichen Erkenntnisquellen mindestens bestimmbar sein; zu den Anforderungen an die Bestimmbarkeit s. Anh. zu § 13 Rn. 5. Wird eine Hyp. für eine Darlehensforderung bestellt, deren Verzinsung vom Zugang der Kündigung abhängig gemacht ist, kann der frühestmögliche Zeitpunkt der Kündigung als Anfangszeitpunkt für die Verzinsung in das GB eingetragen werden (BayObLG Rpfleger 2001, 172). Die Angabe, dass die Verzinsung mit dem Tag der Hingabe des Darlehens beginnt, ist nicht ausreichend bestimmt (BayObLG MittBayNot 1995, 461; vgl. OLG Stuttgart BWNotZ 1974, 38 zur Vollstreckungsunterwerfung in diesem Fall; a. M. KG HRR 1930 Nr. 1457; LG Aachen MittRhNotK 1985, 38, auch zur Vollstreckungsunterwerfung). Ist jedoch der Tag der Darlehensauszahlung kalendermäßig festgelegt, bestimmt er den höchstmöglichen Umfang der gesicherten Zinsforderung, deren vom Zeitpunkt einer etwaigen späteren Auszahlung abhängiger tatsächlicher Umfang objektiv feststellbar ist (BayObLG FGPrax 1999, 174). Ist die erste Rate einer Kaufpreisforderung ab dem Monatsersten zu verzinsen, der auf die Fälligkeit des ersten Kaufpreisteilbetrages folgt, kann die Hyp. mit dem ersten Tag des auf die Beurkundung des Grundstückskaufvertrags folgenden Monats als frühestmöglichem Zinsbeginn eingetragen werden (BayObLG DNotZ 2001, 702). Ist die Sicherungshyp. ab ihrer Bestellung und Bewilligung zu verzinsen, kann die Hyp. mit diesem Tag als Zinsbeginn eingetragen werden, auch wenn das Darlehen ab Auszahlung zu verzinsen ist und als Tag der Auszahlung ein späterer Termin festgelegt ist (BayObLG FGPrax 2004, 205).

Fehlen in der EintrBewilligung nähere Angaben zum Anfangstag, so ist im Weg der Auslegung als nächstliegende Bedeutung der Erklärung der Tag der Eintragung der Hyp. als Anfangstag festzustellen (OLG Köln NJW 1960, 1108; LG Aachen Rpfleger 1963, 116 mit weit. Nachweisen). Das in diesem Zusammenhang zur EintrBewilligung Ausgeführte gilt auch für die GBEintragung. Zum Anfangszeitpunkt für die Verzinsung bei Bewilligung eines Rangvorbehalts für ein verzinsliches Grundpfandrecht s. § 45 Rn. 38. Zur Möglichkeit, einen Klarstellungsvermerk dahin einzutragen, dass sich die

Zinsen auch nach einer Teillöschung weiterhin nach dem Ursprungskapital berechnen, s. Rn. 56.

47   **f) Nebenleistungen.** Zum Begriff der außer den Zinsen zu entrichtenden Nebenleistungen und der Eintragung ihres Geldbetrags s. § 44 Rn. 24, 25; zu ihrer Bezeichnung durch Bezugnahme auf die öffentlich bekanntgemachte Satzung einer Kreditanstalt s. § 44 Rn. 34. Eine Kündigungsklausel dahin, dass die Hyp. im Fall der ganzen oder teilweisen Veräußerung des Grundstücks fristlos gekündigt werden kann, verstößt nicht gegen § 1136 BGB (BGH Rpfleger 1980, 271). Bei Barzahlungsklauseln ist im Einzelfall zu prüfen, ob Hinterlegung und Aufrechnung entgegen § 1142 Abs. 2 BGB ausgeschlossen sein sollen (Güldenpfennig NJW 1953, 1024; OLG Düsseldorf NJW 1958, 1142); soweit dies nicht der Fall ist, z. B. bei Ausschluss der Zahlung mit Pfandbriefen (JFG 11, 200) oder bei Ausschluss der Aufrechnung unbeschadet entgegenstehender zwingender Gesetzesvorschriften (LG Köln DNotZ 1956, 601), sind sie eintragungsfähig; zur nachträglichen Eintragung ist die Bewilligung der gleich- und nachstehenden Berechtigten erforderlich (JFG 11, 216); die Klauseln können keinen besonderen Rang haben (JFG 11, 216).

48   Wegen des Verzichts auf die Vorlegung des HypBriefs und einer Gerichtsstandsklausel s. OLG Köln Rpfleger 1956, 340. Der Ausschluss der Brieferteilung gemäß § 1116 Abs. 2 BGB ist im EintrVermerk zum Ausdruck zu bringen. Sicherungshyp. müssen nach § 1184 Abs. 2 BGB als solche bezeichnet werden; Ausnahmen gelten für die Inhaber- und Orderhyp. (§ 1187 Satz 2 BGB) sowie die Höchstbetragshyp. (§ 1190 Abs. 3 BGB) und galten für die Vergleichsgläubigerhyp. nach § 93 VerglO. Bei der Eintragung einer Sicherungshyp. nach § 128 ZVG soll gemäß § 130 Abs. 1 Satz 2 ZVG im GB ersichtlich gemacht werden, dass sie auf Grund eines Zwangsversteigerungsverfahrens erfolgt ist. Über die Eintragung der Unterwerfungsklausel s. § 44 Rn. 27.

49   **g) Gesetzlicher Löschungsanspruch.** Nach §§ 1179a, 1179b BGB, eingefügt durch Art. 1 Nr. 2 des Ges. v. 22.6.1977 (BGBl. I 998), kann der Gläubiger einer Hypothek, die nicht unter die Übergangsvorschrift des Art. 8 Abs. 1 oder 2 des genannten Ges. fällt, von dem Eigentümer die Löschung einer vor- oder gleichrangigen Hyp. verlangen, wenn sie im Zeitpunkt der Eintragung der Hyp. des Gläubigers mit dem Eigentum in einer Person vereinigt ist oder eine solche Vereinigung später eintritt; der nämliche Anspruch steht dem Gläubiger einer Hyp. unter der angegebenen Voraussetzung auch hinsichtlich dieser Hyp. zu; der gesetzliche Löschungsanspruch gehört zum Inhalt der Hyp. und ist in gleicher Weise gesichert, wie wenn zu seiner Sicherung gleichzeitig mit der Eintragung der begünstigten Hyp. eine Vormerkung in das GB eingetragen worden wäre. Gemäß § 1179a Abs. 5, § 1179b Abs. 2 BGB kann jedoch als Inhalt einer Hyp. vereinbart werden, dass der gesetzliche Löschungsanspruch ganz oder für bestimmte Fälle der Vereinigung ausgeschlossen ist. Ein solcher Ausschluss des Löschungsanspruchs ist unter Bezeichnung der Grundpfandrechte, die dem Löschungsanspruch ganz oder teilweise nicht unterliegen, im EintrVermerk anzugeben; ist der Ausschluss nicht für alle Fälle der Vereinigung vereinbart, so kann zur näheren Bezeichnung der erfassten Fälle auf die EintrBewilligung Bezug genommen werden. Vgl. dazu Stöber Rpfleger 1977, 429 f. Bei der Eintragung einer Hyp. kann jedoch nicht zugleich der Ausschluss des gesetzlichen Löschungsanspruchs künftig erst einzutragender Grundpfandrechte gegen die jetzt einzutragende Hyp. eingetragen werden (OLG Köln MittRhNotK 1979, 39; BayObLG NJW-RR 1992, 306). Zum Ausschluss des Löschungsanspruchs bei einer Eigentümergrundschuld s. § 39 Rn. 22.

h) Veränderung des Kapitalbetrags. Eine Erhöhung des Kapitalbetrags **50** ist grundsätzlich nicht als Inhaltsänderung der Hyp. bei dieser einzutragen. Notwendig ist vielmehr die Eintragung eines neuen Rechts (RG 143, 428; JFG 16, 249; BayObLG DNotZ 1960, 540; OLG Hamm Rpfleger 1992, 13). Eine Ermäßigung des Kapitalbetrags erfordert eine Teilaufhebung der Hypothek (OLG Hamm Rpfleger 1992, 13).

10. Höchstbetragshypothek

a) Eintragung. Bei ihr sind der Gläubiger sowie der Höchstbetrag, bis zu **51** dem das Grundstück haften soll, im EintrVermerk anzugeben; die Eintragung von Zinsen und anderen Nebenleistungen ist im Hinblick auf § 1190 Abs. 2 BGB unzulässig (KGJ 39, 257); der Bezeichnung der Hyp. als Sicherungshyp. bedarf es nach § 1190 Abs. 3 BGB nicht. Wesentlich ist die Unbestimmtheit der zu sichernden Forderung. Deshalb darf die Forderung in der EintrBewilligung nicht nach Grund und Betrag als feststehend bezeichnet sein (JFG 7, 366; BayObLG DNotZ 1990, 594). Es genügt aber, dass die Zinsforderung unbestimmt ist (KG HRR 1933 Nr. 202). Bei einer nach dem Grund und in Höhe eines bestimmten Betrages feststehenden Forderung kann eine Höchstbetragshyp. nicht „bis zu" diesem Betrag eingetragen werden (KG Rpfleger 2020, 190). Ist die zurzeit der HypBestellung in Höhe des Höchstbetrags bestehende bestimmte Forderung, wie etwa bei laufender Geschäftsverbindung, nicht unabänderlich, so darf sie als unbestimmt behandelt werden (KG DR 1942, 1796). Der EintrVermerk muss ersehen lassen, dass die Feststellung der Forderung späterer Zeit vorbehalten ist (KGJ 42, 238); über seine Fassung s. GBV Muster Anl. 1 Abt. III lfd. Nr. 5. Die Angabe des Schuldners ist entbehrlich, wenn er der Eigentümer des Grundstücks ist, die des Forderungskreises dann, wenn alle Forderungen gesichert werden sollen (RG 136, 81).

b) Unterwerfungsklausel. Eine Unterwerfungsklausel ist nicht eintra- **52** gungsfähig, es sei denn, dass sie sich auf eine in den gesicherten Forderungskreis fallende bestimmte Forderung bezieht (KG DNotZ 1926, 260; BayObLG DNotZ 1990, 594; OLG Frankfurt Rpfleger 1977, 220). Sie muss sich auf einen betragsmäßig bestimmten Teil der durch die Hyp. gesicherten Forderung beschränken (BGH Rpfleger 1983, 408), darf also nicht den Höchstbetrag ausschöpfen (BayObLG DNotZ 1990, 594 mit Anm. v. Münch).

c) Mehere Höchstbetragshypotheken. Die Eintragung mehrerer selb- **53** ständiger Höchstbetragshyp. zur Sicherung desselben Forderungskreises ist grundsätzlich unzulässig; anders aber dann, wenn der Gesamtkredit später derart auf die Grundstücke verteilt werden soll, dass der Gläubiger bestimmen darf, für welche Forderungen er das einzelne Grundstück in Anspruch nehmen will (RG 131, 20; 134, 225). Durch eine Höchstbetragshyp. können auch Forderungen gegen mehrere selbständige, d. h. nicht in Verpflichtungsgemeinschaft stehende Schuldner gesichert werden (RG 126, 272; str.; s. dazu auch BayObLG DNotZ 1965, 168 mit weit. Nachweisen). Über die Bestellung einer Höchstbetragshyp. für Forderungen mehrerer Gläubiger s. KG DR 1942, 1334.

d) Sonstiges. Zur Entstehung einer vorläufigen Eigentümergrundschuld, solange die gesicherte Forderung noch nicht entstanden ist, zur Umwandlung in eine Fremdhyp. mit Entstehen der Forderung und zur erneuten Entstehung einer Eigentümergrundschuld bei Erlöschen der Forderung, s. OLG Karlsruhe FGPrax 2006, 53. Über die Eintragung einer Höchstbetragshyp. in Vollzug eines Arrestbefehls s. Anh. zu § 26 Rn. 43. Zur Pfändung einer Höchstbetragshyp. s. Anh. zu § 26 Rn. 35.

11. Tilgungshypothek

54　　**a) Grundsatz.** Während bei der Abzahlungshyp. wechselnde Jahresleistungen, nämlich der feste Tilgungsbetrag und der entsprechend der Tilgung sinkende Zins, zu erbringen sind, werden bei der Tilgungshyp. gleich bleibende, sich aus Zinsen und Tilgungsbeträgen zusammensetzende Jahresleistungen in einem bestimmten Prozentsatz des ursprünglichen Kapitals entrichtet; die bei fortschreitender Kapitaltilgung ersparten Zinsen wachsen der Tilgung zu. Die Tilgungsbeträge sind, wenn sie auch als Zuschläge zu den Zinsen gezahlt werden, keine Nebenleistungen, sondern Kapitalteile; sie können daher durch Bezugnahme bezeichnet werden und fallen nicht unter § 1178 BGB.

55　　**b) Eigentümergrundschuld.** Erlischt mit der Zahlung die Forderung, so entsteht gemäß § 1163 Abs. 1 Satz 2 BGB in Höhe des Tilgungsbetrags eine Eigentümergrundschuld; abweichende Vereinbarungen sind dinglich unwirksam (RG 104, 72; s. aber auch RG 142, 159; 143, 70 sowie Art. 167 EGBGB). Die Grundschuld steht dem Eigentümer zurzeit der Zahlung zu, also dem Verkäufer bis zur Eintragung des Käufers; nach dem Eigentumswechsel muss deshalb auch der frühere Eigentümer die Löschung bewilligen, sofern er nicht den Käufer zur Verfügung über die Eigentümergrundschuld ermächtigt hat (§ 185 Abs. 1 BGB); die Klausel „Gutmachungen werden dem Käufer übertragen" ist in diesem Sinn auszulegen. Bei Zahlung von Tilgungsbeträgen durch den Zwangsverwalter erlischt die Hyp. (JFG 11, 254). S. zum Ganzen Kaps DR 1941, 401 ff.

Zur Frage der Verzinslichkeit der aus einer Tilgungshyp. entstandenen Eigentümergrundschuld s. Jochemczyk DNotZ 1966, 276; BGH Rpfleger 1977, 16 mit weit. Nachweisen, zur Kündigung einer solchen s. BGH Rpfleger 1978, 301.

56　　**c) Umschreibung.** Ist die Umschreibung einer Tilgungshyp. auf einen neuen Gläubiger beantragt, so braucht das GBAmt nicht zu prüfen, ob und welche Tilgungsbeträge geleistet worden sind; ergibt sich jedoch aus den vorgelegten Urkunden, dass Tilgungsbeträge entrichtet wurden, so darf das

Recht in Höhe dieser Beträge nur mit Zustimmung des Eigentümers und nur als Grundschuld auf den neuen Gläubiger umgeschrieben werden (JFG 21, 306).

d) Teillöschung. Wird bei einer Tilgungshyp. ein Teilbetrag gelöscht, so **57** ist auf Antrag ein Klarstellungsvermerk darüber einzutragen, ob Tilgungsraten und sonstige prozentual bestimmte Nebenleistungen nach wie vor von dem ursprünglichen Kapitalbetrag oder, wie bei außerplanmäßiger Teilrückzahlung, nur von dem Restbetrag zu berechnen sind (KG HRR 1935 Nr. 790; Rpfleger 1966, 305).

Bei einer Schuldversprechenshyp. kommt ein Klarstellungsvermerk dahin, dass die vereinbarten Zinsen auch nach Teillöschung weiterhin vom Ursprungskapital zu berechnen sind, nur dann in Betracht, wenn dies ausdrücklich in der EintrBewilligung bestimmt worden ist; denn grundsätzlich bezieht sich die dingliche Zinsenhaftung auf das jeweils im GB vermerkte HypKapital (OLG Düsseldorf Rpfleger 1985, 394); im Gegensatz dazu bejaht das OLG Hamm Rpfleger 1985, 286 bei gleichem Sachverhalt die Voraussetzungen eines Klarstellungsvermerks, obwohl allenfalls die Eintragung einer nachträglichen Inhaltsänderung des Rechts in Betracht kommt. Das OLG Düsseldorf FGPrax 1995, 218 hält es für zulässig, schon bei Eintragung der Hyp. die für den aufschiebend bedingten Fall einer Teillösung vereinbarte Fortzahlung der Zinsen auch für den getilgten Teilbetrag als Nebenleistungen im GB zu verlautbaren und dies nicht erst einem bei Bedingungseintritt einzutragenden Klarstellungsvermerk vorzubehalten.

12. Einheitshypothek

a) Voraussetzungen. Mehrere mindestens hinsichtlich des Hauptrechts **58** im Rang gleichstehende oder unmittelbar aufeinander folgende Hyp. desselben Gläubigers können zu einer einheitlichen Hyp. zusammengefasst werden; die Zusammenfassung stellt sich rechtlich als inhaltliche Änderung der Einzelhyp. dar (RG 145, 47; JFG 20, 283; BayObLG Rpfleger 1996, 445). Soll die unmittelbare Rangfolge durch eine Rangänderung herbeigeführt werden, so müssen sämtliche Zwischengläubiger den Vorrang einräumen; sonst würden sie im Rang aufrücken, wenn das zurücktretende Recht kraft Gesetzes aufgehoben wird (s. § 45 Rn. 48). Keine Zusammenfassung, wenn die Hyp. zwar demselben Gläubiger zustehen, jedoch zu verschiedenen Vermögensmassen, z. B. teilweise zu einer Vorerbschaft, gehören. Der zu bildenden Einheitshyp. muss eine einheitliche Forderung zugrunde liegen oder zugrunde gelegt werden; Zinssatz und Zahlungsbedingungen müssen einheitlich sein (JFG 20, 383; KG DR 1944, 574), nicht aber Beginn der Verzinsung (LG Hof Rpfleger 1964, 375 mit Anm. v. Haegele).

b) Bewilligung von Gläubiger und Eigentümer. Sachlichrechtlich ist **59** Einigung, verfahrensrechtlich Bewilligung des Gläubigers und des Eigentümers erforderlich; ist eine Hyp. mit dem Recht eines Dritten belastet, so muss dessen sachlichrechtliche Zustimmung und verfahrensrechtliche Bewilligung hinzutreten (s. jedoch Rn. 60); dagegen bedarf es einer Mitwirkung gleich- und nachstehender Berechtigter nur, soweit diese durch andere Inhaltsänderungen notwendig wird (Recke DJust. 1935, 1727). Mehrere im Rang unmittelbar aufeinander folgende Hyp. desselben Gläubigers können nach OLG Hamm Rpfleger 1992, 13 ohne Eintragung einer Einheitshyp. als Zwischenstadium in betragsmäßig geänderte neue Einzelhyp. mit gleichem Gesamtbetrag wie vorher und zugleich in Buchgrundschulden umgewandelt werden; s. hierzu die kritische Anm. v. Bestelmeyer Rpfleger 1992, 151.

60   **c) Ablehnung der Zusammenfassung.** Der Antrag auf Zusammenfassung ist zurückzuweisen, wenn bei einzelnen Hyp. Veräußerungsverbote, Vormerkungen zur Sicherung des Anspruchs auf Übertragung, Widersprüche oder Pfandrechte eingetragen sind. Denn dann besteht die Möglichkeit, dass die Einheitshyp. wieder getrennt werden muss, was die Übersichtlichkeit des GB nicht fördert, sondern erschwert. Auch die Zustimmung dieser Drittberechtigten ändert daran nichts. Ein Nießbrauch hindert die Zusammenfassung nicht; ebenso wenig eine Löschungsvormerkung oder der Umstand, dass eine der zusammenzufassenden Hyp. eine Gesamthyp. ist (JFG 20, 383).

61   **d) Eintragung in der Veränderungsspalte.** Die Zusammenfassung ist ihrer sachlichrechtlichen Natur entsprechend in der Veränderungsspalte einzutragen (AV v. 5.3.1937, DJust. 446 = BayBSVJu III 96; in Bayern als entbehrlich aufgehoben durch JMBek. v. 1.12.1978, JMBl. 213) und kann etwa wie folgt verlautbart werden: „Die Hyp. Nr. 3, 4, 5 sind zusammengefasst in eine einheitliche Darlehenshyp. von 15 000 EUR, mit 4 v.H. jährlich verzinslich. Der jeweilige Eigentümer ist der sofortigen Zwangsvollstreckung unterworfen. Die bisherigen HypBriefe sind zu einem einheitlichen HypBrief zusammengefasst worden. Unter Bezugnahme auf die EintrBewilligung vom ... eingetragen am ...".

62   **e) Darstellung im Einzelnen.** Streit besteht über die Bezifferung der Einheitshyp. und die Kenntlichmachung in der Hauptspalte. Am übersichtlichsten ist der Vorschlag von Saage DFG 1937, 115; 1938, 101. Danach ist in der Hauptspalte nichts zu ändern, auch nichts zu röten. In Sp. 5 werden die bisherigen Nummern wiederholt; als neue Nummer erhält die Einheitshyp. die römische Ziffer der niedrigsten Nummer; z.B. „3, 4, 5, jetzt III". In Sp. 6 werden die bisherigen Einzelbeträge wiederholt mit dem Zusatz des Gesamtbetrags, z.B. „(jetzt 15 000 EUR)". Bei späteren Veränderungen heißt es dann nur: „III 15 000 EUR". Nur bei Löschungen sind die früheren Nummern in Sp. 8 zu wiederholen, um die Verbindung mit der Rötung in der Hauptspalte herbeizuführen. Spätere Teilhyp. werden mit III a usw. bezeichnet. Bei einer Teillöschung wird ein entsprechender Betrag in Sp. 3 abgesetzt, und zwar zunächst von der Hyp. mit der höchsten Nummer. Dies auch dann, wenn nicht der letztstellige Teilbetrag gelöscht wird; denn das frühere Rangverhältnis der Hyp. untereinander ist durch die Zusammenfassung gegenstandslos geworden. Das vom LG Hamburg DFG 1938, 99 vorgeschlagene Verfahren macht das GB unübersichtlich, sobald spätere Teillöschungen hinzutreten.

63   **f) Neuer Brief.** Handelt es sich bei den zusammengefassten Hyp. um Briefrechte, so ist über die Einheitshyp. grundsätzlich ein neuer Brief zu bilden; Näheres s. § 67 Rn. 11.

g) Kosten. Die Gebühr gemäß Nr. 14130 GNotKG-KV für die Eintra- **64** gung der Zusammenfassung setzt sich aus den halben Gebühren für die Veränderung der einzelnen Hyp. zusammen (JFGErg. 17, 101).

13. Zwangshypothek

Die Eintragung einer Zwangshyp. ist neben der Zwangsversteigerung und **65** Zwangsverwaltung eine weitere Maßregel der Zwangsvollstreckung in ein Grundstück (§ 866 Abs. 1 ZPO). Zu Rechtsproblemen bei der Eintragung s. Böhringer ZfIR 2018, 373. Zur Zulässigkeit der beschränkten Beschwerde s. § 71 Rn. 3, 12, 51.

a) Ausländischer Staat. Die Zwangsvollstreckung in das Grundstück eines ausländischen Staates, das von diesem bei Beginn der Vollstreckung zu diplomatischen Zwecken oder auf sonstige Weise hoheitlich genutzt wird, z. B. dadurch, dass einzelne Wohnungen eines im Übrigen gewerblich genutzten Gebäudes Diplomaten seiner diplomatischen Mission als Dienstwohnung überlassen werden (KG Rpfleger 2010, 658), ist ohne Zustimmung des fremden Staates grundsätzlich unzulässig. Dabei kommt es nicht darauf an, ob das Grundstück bereits für hoheitliche Zwecke genutzt wird; es genügt, dass seitens des ausländischen Staates eine entsprechende Zweckbestimmung besteht (BGH Rpfleger 2017, 231). Die Reichweite der Vollstreckungsimmunität beschränkt sich jedoch auf den Umfang der hoheitlichen Zwecksetzung. Bei gemischt genutzten Gegenständen steht das allgemeine Völkerrecht einer Vollstreckung in die nicht hoheitlich genutzten Teile von Gegenständen nicht entgegen (BVerfG NJW 2012, 293). Das setzt aber voraus, dass eine entsprechende Beschränkung möglich ist.

Ob das Grundstück hoheitlich genutzt wird, beurteilt sich mangels entsprechender Kriterien des allgemeinen Völkerrechts nach der lex fori. Bei einem unbebauten Grundstück kann davon nur ausnahmsweise ausgegangen werden (vgl. OLG München FGPrax 2015, 17). Der Vollstreckungsschuldner hat glaubhaft zu machen, dass das Grundstück hoheitlichen Zwecken dient; dazu genügt, dass er dies versichert (BGH Rpfleger 2006, 133, 135; 2010, 88; 2014, 610). Eine Arresthyp. kann als bloße Sicherungsmaßnahme jedoch ohne Zustimmung eingetragen werden (OLG Köln FGPrax 2004, 100). Zum Verzicht auf den Schutz der diplomatischen Immunität s. LG Bonn NJW-RR 2009, 1316. Ist wegen der Vollstreckungsimmunität eine Zuständigkeit deutscher Gerichte für die Vollstreckungsmaßnahme nicht gegeben, hat dies deren Nichtigkeit zur Folge. Eine gleichwohl eingetragene Zwangshyp. macht das GB unrichtig (OLG München FGPrax 2015, 17). Um eine inhaltlich unzulässige Eintragung handelt es sich aber nicht. Zur Rüge der fehlenden deutschen Gerichtsbarkeit, deren Vorliegen in jeder Lage des Verfahrens von Amts wegen zu prüfen ist (BGH Rpfleger 2017, 231), mit Beschwerde oder Rechtsbeschwerde s. § 74 Rn. 10, § 78 Rn. 34.

b) Mehr als 750 EUR. Die Zwangshyp. darf nur für einen Betrag von **65.1** mehr als 750 EUR eingetragen werden (§ 866 Abs. 3 ZPO). Dabei dürfen die bisherigen Vollstreckungskosten (§ 788 ZPO), nicht aber die Kosten der Eintragung der Zwangshypothek (§ 867 Abs. 1 Satz 3 ZPO) hinzugerechnet werden. Die auf die Hauptforderung zu entrichtenden **Zinsen** dürfen bei Berechnung des erforderlichen Betrages von mehr als 750 EUR nur berücksichtigt werden, wenn sie in kapitalisierter Form tituliert sind; eine nachträgliche Kapitalisierung der titulierten Zinsforderung ist daher nicht möglich (OLG Hamm FGPrax 2009, 153; OLG München Rpfleger 2016, 556; vgl. OLG Schleswig Rpfleger 1982, 301 mit Anm. v. Hellmig). Ist eine Zwangshyp. nur wegen der Hauptsacheforderung eingetragen, kommt eine nachträgliche Erweiterung wegen der Zinsen nicht in Betracht. Eingetragen werden kann vielmehr insoweit nur eine weitere Zwangshypothek, für die § 866 Abs. 3 ZPO gilt (OLG Celle FGPrax 2013, 103). Ob eine Erweiterung entsprechend § 1119 BGB in Betracht kommt, lässt das KG FGPrax 2017, 99 offen, schließt sie aber jedenfalls nach Eröffnung des Insolvenzverfahrens aus. Liegt ein Titel über die Hauptforderung und über Zinsen als Nebenforderung vor, kann jedenfalls nach vollständigem Erlöschen der Hauptforderung wegen kapitalisierter rückständiger Zinsen von mehr als 750 EUR eine Zwangshyp. eingetragen werden (OLG Nürnberg Rpfleger 2014, 585; OLG Düsseldorf Rpfleger 2019, 336). Voraussetzung der Eintragung einer Zwangshyp. wegen der **Kosten** der Zwangsvollstreckung ist es nicht, dass zugleich mit den Kosten auch der Hauptanspruch vollstreckt wird. Auch ist es nicht notwendig, dass der Hauptsachetitel auf eine Geldzahlung lautet (BayObLG Rpfleger 1998, 32). Daher kann aufgrund eines Räumungstitels allein wegen der Kosten der Räumung eine Zwangshyp. eingetragen werden, ohne dass es für die Kosten eines besonderen Titels bedarf (OLG München Rpfleger 2014, 77).

65.2   **c) Mehrere Grundstücke.** Sollen mehrere Grundstücke des Schuldners belastet werden, so ist der Betrag der Forderung bereits im Antrag auf die einzelnen Grundstücke zu verteilen. Dabei handelt es sich um eine vollstreckungsrechtliche und nicht um eine grundbuchrechtliche Voraussetzung. Die Größe der einzelnen Teile bestimmt der Gläubiger; eine Rangfolge der Teile für die Befriedigung braucht er nicht anzugeben. Sollen für mehrere Forderungen, für die mehrere Titel bestehen, an mehreren Grundstücken Zwangshyp. eingetragen werden, muss im EintrAntrag und in der Eintragung genau angegeben werden, welcher Teil welcher Forderung an welchem Grundstück gesichert sein soll (§ 867 Abs. 2 ZPO; BGH Rpfleger 1991, 303; OLG Zweibrücken Rpfleger 2001, 586; zur Eintragung einer Gesamtzwangshyp. s. Deimann Rpfleger 2000, 193; vgl. hierzu auch § 48 Rn. 15). In diesen Fällen muss auch der Betrag der einzelnen Zwangshyp. über 750 EUR liegen.

Zur Eintragung einer Zwangshyp. wegen einer bereits durch eine rechtsgeschäftlich bestellte Hyp. gesicherten Forderung s. Rn. 44 und § 48 Rn. 12. Zur Notwendigkeit der Verteilung innerhalb der Vollziehungsfrist des § 932 Abs. 2 ZPO s. Anh. zu § 26 Rn. 43.

65.3   **d) Sicherungshypothek.** Die Zwangshyp. ist kraft Gesetzes Sicherungshypothek, die mit der Eintragung entsteht (§ 867 Abs. 1 Satz 2 ZPO) und sich von der rechtsgeschäftlich bestellten Hyp. (§ 1184 BGB) grundsätzlich nur durch die Art ihrer Entstehung unterscheidet. Die Erteilung eines Briefs ist ausgeschlossen (§ 1185 Abs. 1 BGB); die Sicherungshyp. kann daher zusammen mit der Forderung nur durch Einigung und Eintragung im GB abgetreten werden (BayObLG Rpfleger 1998, 283). Für die Eintragung der Einigung im GB ist die Bewilligung des eingetragenen Berechtigten erforderlich. Ein Unrichtigkeitsnachweis kommt nicht in Betracht. Eine titelumschreibende Vollstreckungsklausel ist keine geeignete EintrGrundlage (OLG Köln FGPrax 2009, 6).

e) Eigentümergrundschuld. Wird der Vollstreckungstitel, der Grundlage **65.4** der Eintragung ist, durch eine vollstreckbare Entscheidung aufgehoben, entsteht kraft Gesetzes eine Eigentümergrundschuld (§ 1177 BGB, § 868 ZPO). Das GB wird unrichtig und ist durch Umschreibung der Sicherungshyp. in eine Eigentümergrundschuld gemäß § 22 zu berichtigen. Dazu sind die Voraussetzungen des § 868 ZPO in der Form des § 29 nachzuweisen (OLG Köln FGPrax 2008, 193). Die Zwangshyp. kann aber auch auf Bewilligung des Grundstückseigentümers, die zugleich als dessen Zustimmung gemäß § 27 auszulegen ist, gelöscht werden, ohne dass es der Voreintragung des Eigentümers bedarf (OLG München FGPrax 2019, 164).

f) Gutgläubiger Erwerb. Die Zwangshyp. ist privatrechtlicher Natur; sie **65.5** kann, falls die zugrundeliegende Forderung besteht, von einem Dritten durch Rechtsgeschäft gutgläubig erworben werden (BayObLG Rpfleger 1986, 372; KG Rpfleger 1988, 359; OLG Frankfurt FGPrax 1998, 205). Der Grundstückseigentümer erwirbt die Zwangshyp. unter den Voraussetzungen des § 868 ZPO (s. dazu OLG Celle NdsRpfl. 1998, 89; OLG Brandenburg Rpfleger 2001, 487). Ein vollstreckungshindernder gerichtlicher Vergleich bewirkt grundsätzlich nicht den Erwerb der Zwangshyp. durch den Eigentümer (BayObLG Rpfleger 1998, 437).

g) Belastungsgegenstand. Mit einer Zwangshyp. können Grundstücke **66** (§ 866 Abs. 1 ZPO) und grundstücksgleiche Rechte (§ 864 Abs. 1, § 870 ZPO; zum Begriff s. § 3 Rn. 6, 7) sowie Bruchteile davon (§ 864 Abs. 2 ZPO) einschließlich WEigentum belastet werden, nicht aber ein Miterbenanteil (OLG Düsseldorf FGPrax 2013, 12). Werden verschiedenen Eigentümern gehörende Bruchteile eines Grundstücks mit Zwangssicherungshyp. belastet, entsteht eine Gesamthyp. (OLG Düsseldorf FGPrax 2003, 249 mit Anm. v. Deimann Rpfleger 2004, 40). An dem Bruchteil eines im Alleineigentum stehenden Grundstücks kann entgegen § 864 Abs. 2 ZPO nur in Ausnahmefällen eine Zwangshyp. eingetragen werden (OLG Frankfurt NJW-RR 1988, 463; OLG Schleswig FGPrax 2011, 69; s. dazu § 7 Rn. 19). Ist ein Miteigentumsanteil mit einer Hyp. belastet, kann nach Hinzuerwerb der übrigen Miteigentumsanteile wegen derselben Forderung eine Zwangshyp. am Gesamtgrundstück nicht eingetragen werden; möglich ist dies aber bei der Belastung des Miteigentumsanteils mit einer Grundschuld (OLG München Rpfleger 2015, 395). Zur Erstreckung einer an einem Miteigentumsanteil eingetragenen Zwangshyp. auf das Gesamtgrundstück nach Hinzuerwerb der übrigen Anteile durch den Schuldner s. OLG Oldenburg Rpfleger 1996, 242. Zur Begründung einer Zwangshyp. im Gebiet der ehemaligen DDR am Grundstück und/oder Gebäudeeigentum, wenn beide dem Schuldner gehören, s. § 150 Rn. 13.

66.1   **h) Insolvenzverfahren.** Im Gebiet der ehemaligen DDR wurden mit Eröffnung des Gesamtvollstreckungsverfahrens vorher eingetragene Zwangssicherungshyp. gem. § 7 Abs. 3 GesO unwirksam (sog. Rückschlagsperre); damit wurde das GB unrichtig (BGH NJW 1995, 2715, zugleich zur GBBerichtigung auf Grund Berichtigungsbewilligung). Zur Berichtigung auf Grund Unrichtigkeitsnachweises durch Vorlage des Beschlusses über die Eröffnung des Gesamtvollstreckungsverfahrens s. BGH NJW 2000, 2427, ferner BayObLG Rpfleger 2000, 448. Eine Löschung von Amts wegen oder die Eintragung eines Amtswiderspruchs kam nicht in Betracht (LG Schwerin Rpfleger 1996, 168). Auf eine vom Schuldner zur Abwendung der Zwangsvollstreckung bewilligte Hyp. war § 7 Abs. 3 GesO nicht entsprechend anwendbar (KG ZIP 1996, 645), ferner nicht auf eine Vormerkung zur Sicherung des Anspruchs auf Eintragung einer Hypothek, z. B. einer Bauhandwerkersicherungshypothek, es sei denn, dass diese auf Grund einstweiliger Verfügung eingetragen wurde (BGH Rpfleger 1999, 556; NJW 2000, 2427, zugleich zur Löschung der Vormerkung). S. zum Ganzen auch BGH NJW 1995, 1159; Keller Rpfleger 1997, 45; Bestelmeyer DtZ 1997, 274. Die GesO ist ab 1.1.1999 durch die InsO ersetzt worden. An Stelle des § 7 Abs. 3 GesO gilt jetzt § 88 InsO.

66.2   **i) Rückschlagsperre.** Die im letzten Monat vor dem Antrag auf Eröffnung des Insolvenzverfahrens oder nach der Antragstellung erlangte Zwangshyp. wird mit der Eröffnung des Insolvenzverfahrens unwirksam (§ 88 InsO, wegen der Frist s. auch § 312 Abs. 1 Satz 3 InsO; sog. Rückschlagsperre); erlangt ist die Zwangshyp. mit der Eintragung im GB (OLG Köln FGPrax 2010, 230; LG Nürnberg-Fürth Rpfleger 2001, 410 mit zust. Anm. v. Zimmermann; LG Bonn ZIP 2004, 1374). Entsprechend § 868 ZPO entsteht eine Eigentümergrundschuld (BayObLG Rpfleger 2000, 448). Demgegenüber hält es jedoch der BGH für möglich, dass die gegenüber jedermann schwebend unwirksam gewordene, aber nicht gelöschte Zwangshyp. ohne Löschung und Neueintragung wieder wirksam werden kann, allerdings nur mit entsprechend verändertem Rang; Voraussetzung hierfür ist, dass der Insolvenzverwalter das belastete Grundstück frei gibt oder das Insolvenzverfahren ohne Verwertung des Grundstücks aufgehoben wird (BGH Rpfleger 2006, 253 mit abl. Anm. v. Demharter; ablehnend auch Bestelmeyer Rpfleger 2006, 388; Keller ZIP 2006, 1174; Böttcher NotBZ 2007, 86; s. dazu auch Volmer ZfIR 2006, 441 und diesem erwidernd Keller ZfIR 2006, 499).

66.3   **j) Löschung.** Zu der nach der BGH-Rechtsprechung zulässigen Löschung der Zwangshyp. im Weg der GBBerichtigung bedarf es entweder der Bewilligung des Berechtigten der Zwangshyp. und der gemäß § 27 Satz 1 erforderlichen Zustimmung des Grundstückseigentümers, die vom Insolvenzverwalter zu erklären ist, oder des Unrichtigkeitsnachweises (BGH Rpfleger 2012, 613 gegen OLG Stuttgart FGPrax 2011, 286, das einen Unrichtigkeitsnachweis nicht für ausreichend erachtete, diese Ansicht aber inzwischen aufgegeben hat: OLG Stuttgart FGPrax 2019, 69). Zur GBBerichtigung durch Unrichtigkeitsnachweis s. OLG Köln FGPrax 2010, 230; OLG München FGPrax 2010, 278; 2011, 13; Rpfleger 2015, 79.

k) Frist. Maßgebend für die Frist des § 88 InsO ist auch ein zunächst **66.4** mangelhafter oder beim unzuständigen Gericht gestellter Antrag, sofern er zur Eröffnung des Verfahrens führt (BGH Rpfleger 2011, 626; BayObLG Rpfleger 2000, 448; OLG Köln FGPrax 2010, 230). Auf Schwierigkeiten kann es stoßen, den Zeitpunkt der Stellung des Insolvenzantrags in grundbuchmäßiger Form nachzuweisen (s. dazu OLG München FGPrax 2010, 278, mit Anm. v. Keller, aber auch OLG Köln FGPrax 2010, 230). Eine Bescheinigung des Insolvenzgerichts, in der das Eingangsdatum des Antrags mitgeteilt wird, ist mangels Zuständigkeit des Insolvenzgerichts für die Erteilung einer solchen Bescheinigung kein im GBVerfahren verwendbarer Nachweis (BGH Rpfleger 2012, 613). Nichts anderes gilt für Angaben zum Eingang des Antrags in den Gründen des Eröffnungsbeschlusses des Insolvenzgerichts (OLG Hamm Rpfleger 2014, 158; OLG München Rpfleger 2015, 79 mit Anm v. Sternal NZI 2014, 927; a. M. OLG Stuttgart FGPrax 2019, 69). Ein Nachweis ist aber entbehrlich, wenn z. B. aufgrund von Eintragungen im GB offenkundig ist, dass die Zwangshyp. in dem letzten Monat vor Eingang des Eröffnungsantrags oder nach Antragstellung eingetragen worden ist (OLG Köln FGPrax 2015, 115; zur Offenkundigkeit s. § 29 Rn. 60, 61).

l) Gesamtzwangshypothek. Liegen bei einer Gesamtzwangshypothek, **66.5** die durch Belastung der verschiedenen Eigentümern gehörenden Bruchteile eines Grundstücks mit Zwangssicherungshyp. entstanden ist, die Voraussetzungen des § 88 InsO nur hinsichtlich eines Eigentümers vor, entsteht insoweit keine Eigentümergrundschuld (OLG Düsseldorf FGPrax 2003, 249 mit Anm. v. Deimann Rpfleger 2004, 40). Zur GBBerichtigung s. BayObLG Rpfleger 2000, 448, ferner in einem Fall der Nachlassinsolvenz OLG Düsseldorf FGPrax 2003, 248. Im Übrigen gelten die vorstehenden Ausführungen zu § 7 Abs. 3 GesO entsprechend.

m) Verstoß gegen § 89 Abs. 1 InsO. Eine unter Verstoß gegen § 89 **66.6** Abs. 1 InsO eingetragene Zwangshyp. ist materiellrechtlich unwirksam. Es entsteht keine Grundstücksbelastung, auch keine Eigentümergrundschuld (vgl. BGH Rpfleger 2006, 253; str.). Die Zwangshyp. kann aufgrund nachgewiesener GBUnrichtigkeit gelöscht werden (OLG Hamm FGPrax 2012, 54). Zur Anfechtung mit der GBBeschwerde s. § 71 Rn. 3.

S. zum Ganzen Becker, Die Zwangshyp. in der Insolvenz des Grundstückseigentümers, ZflR 2015, 81.

n) Prüfung des GBAmts. Die Eintragung der Zwangshyp. ist Vollstre- **67** ckungsmaßregel, die durch ein GBGeschäft vollzogen wird (KG Rpfleger 1987, 301). Das GBAmt hat die Eintragung als Vollstreckungsorgan vorzunehmen. Es hat sowohl die vollstreckungsrechtlichen Voraussetzungen der ZPO (s. Rn. 68) als auch die grundbuchrechtlichen der GBO (s. Rn. 69) selbständig zu prüfen (BGH NJW 2001, 3627; BayObLG Rpfleger 1982, 466; OLG Hamm Rpfleger 1985, 231). Zur eingeschränkten Prüfung bei einem EintrErsuchen, z. B. des Finanzamts, s. § 38 Rn. 16, 73 ff. Die Eintragung einer Sicherungshyp. auf Ersuchen der Staatsanwaltschaft (s. § 38 Rn. 13) bewirkt ein vom GBAmt zu beachtendes Vollstreckungsverbot, das die Eintragung weiterer Zwangssicherungs- oder Arrresthyp. unzulässig macht; durch § 111h Abs. 2 StPO wird das Vollstreckungsverbot des § 89 Abs. 1 InsO (s. Rn. 66.6) ergänzt (s. dazu Savini Rpfleger 2018, 177).

Fehlt eine vollstreckungsrechtliche Zulässigkeitsvoraussetzung, so ist der Antrag zurückzuweisen. Zulässig und notwendig ist jedoch ein vorheriger, nicht rangwahrender und nicht selbständig anfechtbarer Hinweis gemäß § 28 Abs. 2 FamFG (vormals § 319 ZPO entsprechend) auf den Vollstreckungsmangel (BGH 27, 310/314 f.; BayObLG Rpfleger 2005, 250; OLG Düsseldorf FGPrax 2013, 243; 2019, 54); zu den Folgen eines unterbliebenen Hinweises s. BGH FGPrax 2013, 189; OLG Jena FGPrax 2002, 100; OLG Naumburg FGPrax 2019, 120. Fehlt eine grundbuchrechtliche Voraussetzung kommt der Erlass einer Zwischenverfügung in Betracht (s. dazu auch § 18 Rn. 7, 9). Wird eine Zwangshyp. eingetragen, obwohl vollstreckungsrechtliche Voraussetzungen fehlen, wird der darin liegende Verfahrensmangel dadurch geheilt, dass die Voraussetzungen nachgeholt werden (OLG Hamm FGPrax 1997, 86; 2005, 192; BayObLG Rpfleger 2003, 647).

14. Vollstreckungsrechtliche Eintragungsvoraussetzungen

68   Für die Eintragung einer Zwangshyp. muss die deutsche Gerichtsbarkeit gegeben sein, die bei Vollstreckungsimmunität fehlt (s. Rn. 65). Außerdem müssen ein Antrag des Gläubigers vorliegen (§ 867 Abs. 1 Satz 1 ZPO; s. dazu Rn. 69) und gemäß § 750 Abs. 1 ZPO die allgemeinen Voraussetzungen der Zwangsvollstreckung gegeben und dem GBAmt in der Form des § 29 nachgewiesen sein (BayObLG Rpfleger 1982, 466; 1983, 407; OLG Hamm FGPrax 2005, 192).

68.1   **a) Umfang der Prüfung des GBAmts.** Die Prüfung des GBAmts hat sich zu erstrecken auf das Vorliegen

- eines **Titels,** der zur Vollstreckung geeignet ist (§§ 704, 794 ZPO); er kann auch auf Landesrecht beruhen (§ 801 ZPO; z. B. Art. 26 BayVwVZG; s. dazu § 38 Rn. 31). Liegt kein wirksamer Vollstreckungstitel vor, ist die Vollstreckungsmaßnahme nichtig. Zur Anerkennung einer ausländischen Entscheidung s. § 22 Rn. 29.
- der **Vollstreckungsklausel** (§§ 724, 796 Abs. 1 ZPO); die im Fall des § 726 ZPO statt vom Rpfleger vom Urkundsbeamten erteilte Klausel ist nicht unwirksam (BGH Rpfleger 2012, 321; a. M. OLG Hamm FGPrax 2011, 222); das GBAmt hat als Vollstreckungsorgan nur die ordnungsmäßige Erteilung zu überprüfen, nicht aber auch die materielle Richtigkeit der Klausel und damit auch nicht eine Rechtsnachfolge im Fall des § 727 ZPO (OLG Karlsruhe Rpfleger 2014, 420) oder Erteilung und Umfang einer Vollmacht zur Abgabe der Unterwerfungserklärung (BGH Rpfleger 2012, 638 und 639; 2013, 161). Durch das Inkrafttreten des Risikobegrenzungsgesetzes (s. § 48 Rn. 10) hat sich daran nichts geändert (OLG München Rpfleger 2017, 23). Zur Vollstreckung aus Sicherungsgrundschulden nach dem Risikobegrenzungsgesetz s. Lindemeier RNotZ 2020, 86. Zu Klauselerteilung bei Sicherungsgrundschulden und Nachweisverzicht s. LG Düsseldorf und LG Münster MittBayNot 2020, 193, 194 mit kritischer Anm. v. Everts.

- der **Zustellung** (§ 750 Abs. 1, 2 ZPO); der Nachweis wird durch Vorlage der Postzustellungsurkunde geführt (BayObLG NotBZ 2002, 184; OLG München FGPrax 2009, 103); zu den Anforderungen bei einer Zustellung im Parteibetrieb s. BayObLG Rpfleger 2005, 250; bei einem Titel gegen BGB-Gesellschafter genügt die Zustellung an den Geschäftsführer der Gesellschaft (BGH Rpfleger 2006, 478).

Gegebenenfalls ist das Vorliegen der weiteren Voraussetzungen des § 750 **68.2** Abs. 3 (für die **Sicherungsvollstreckung** nach § 720a ZPO bedarf es der Zustellung der Vollstreckungsklausel nur im Fall des § 750 Abs. 2 ZPO: BGH Rpfleger 2005, 547), des § 751 (OLG Frankfurt FGPrax 1998, 205; zur Zulässigkeit der Zwangsvollstreckung ohne **Sicherheitsleistung** gem. § 720a Abs. 1 Satz 1 Buchst. b ZPO aus einem Urteil gegen einen Dritten auf Duldung der Zwangsvollstreckung wegen einer vollstreckbaren Geldforderung gegen den Schuldner s. BayObLG Rpfleger 1995, 305), des § 765 (der **Annahmeverzug** des Schuldners muss in der Form des § 29 nachgewiesen werden: OLG Hamm Rpfleger 1983, 393; OLG Celle Rpfleger 1990, 112; OLG Köln Rpfleger 1997, 315; OLG München Rpfleger 2014, 369; s. dazu auch Alff Rpfleger 2004, 159) und des § 798 ZPO zu prüfen.

Darüber hinaus sind die besonderen Vorschriften des § 866 Abs. 3 (Min- **68.3** destbetrag; s. dazu Rn. 65.1), § 867 Abs. 1 (Antrag; s. dazu Rn. 69), § 867 Abs. 2 (Belastung mehrerer Grundstücke; s. dazu Rn. 65.2) und des § 882a ZPO (Ankündigung der Zwangsvollstreckung; s. dazu auch § 15 Nr. 3 EGZPO und für Bayern Art. 77 GO; ferner BayObLG Rpfleger 1995, 106) zu beachten. Ob die Zwangsvollstreckung mindestens sechs Monate vor Antragstellung angedroht worden ist (§ 1193 Abs. 2 Satz 2 BGB), hat das GBAmt aber nicht zu prüfen (OLG München FGPrax 2018, 198 und 201). Das Verbot der Überpfändung (§ 803 Abs. 1 Satz 2 ZPO) gilt nicht. Zur Doppelhyp. s. Rn. 44.

b) Vollstreckungstitel. Der Titel muss sich gegen den eingetragenen Ei- **68.4** gentümer richten (s. Rn. 69). Der Titel ist auch maßgebend dafür, wer als Berechtigter einzutragen ist. Grundlage für die Eintragung einer Zwangshypothek können nicht nur unmittelbar auf Zahlung, sondern auch auf Hinterlegung von Geld bei einem Dritten (LG Essen Rpfleger 2001, 543) oder auf Duldung der Zwangsvollstreckung wegen einer Geldforderung lautende Titel sein. Die Sicherungsvollstreckung gemäß § 720a ZPO kann auch aus Urteilen betrieben werden, durch die der Schuldner zur Duldung der Zwangsvollstreckung wegen einer Geldforderung verurteilt worden ist (BGH FGPrax 2013, 189). Eine unklare Bezeichnung im Vollstreckungstitel hat das GBAmt nach allgemeinen Grundsätzen auszulegen; dabei darf es außerhalb des Titels liegende Umstände grundsätzlich nicht berücksichtigen. Dies gilt auch, wenn die Zwangsvollstreckung aus einem europäischen Vollstreckungstitel (s. Rn. 68.6) betrieben wird (BGH EuZW 2010, 159). Ist im Vollstreckungstitel statt des Landes dessen allgemeine Vertretungsbehörde genannt, erlaubt es die Auslegung, das Land als Gläubiger einzutragen (OLG München FGPrax 2012, 59). Ein vollstreckungstauglicher Titel liegt nicht vor, wenn der Gläubiger als „Rechtsanwalt R & Co." bezeichnet ist (OLG München Rpfleger 2017, 619; OLG Frankfurt FGPrax 2018, 152).

Sind im Rubrum eines Urteils die Gesellschafter einer **BGB-Gesellschaft** als Beklagte aufgeführt und wird im Entscheidungssatz nur die Gesellschaft ausdrücklich genannt und zur Zahlung verurteilt, kann aufgrund dieses Urteils auf einem zum Privatvermögen eines Gesellschafters gehörenden Grundstück keine Zwangshyp. eingetragen werden (BayObLG Rpfleger 2002, 261). Aufgrund eines gegen die Gesellschafter ergangenen Titels ist die Eintragung einer Zwangshyp. am Grundstück der Gesellschaft zulässig, sofern sich aus dem Titel die gesamtschuldnerische Haftung der Gesellschafter und die Eigenschaft als Gesellschaftsschuld ergibt (OLG Hamburg Rpfleger 2011, 426; ablehnend Bestelmeyer Rpfleger 2011, 420). S. dazu auch § 47 Rn. 29.2. Zur Eintragung der **WEigentümer** vor Anerkennung der Rechtsfähigkeit der WEigentümergemeinsachaft s. § 19 Rn. 106 und zur Eintragung, wenn der Titel „die übrigen WEigentümer" als Kläger oder Beklagte ausweist, s. § 19 Rn. 107.

Der **Notar** kann wegen seiner Gebühren und Auslagen aufgrund einer von ihm mit einer Vollstreckungsklausel versehenen Ausfertigung der Kostenberechnung die Zwangsvollstreckung nach den Vorschriften der ZPO betreiben. Die Wartefrist des § 798 ZPO ist einzuhalten (§ 89 GNotKG). Sollte aus einer vollstreckbaren ausländischen notariellen Urkunde nach Art. 38 EuGV-VO vollstreckt werden, konnte die Urkunde von einem Notar für vollstreckbar erklärt werden (§ 55 Abs. 3 AVAG). Nach Art. 39 EuGV-VO in der ab 10.1.2015 geltenden Fassung bedarf es grundsätzlich keiner Vollstreckbarerklärung mehr (s. Rn. 68.7). S. dazu Seebach, Das notarielle Zeugnis über die unbeschränkte Zwangsvollstreckung aus ausländischen Notarurkunden, MittBayNot 2013, 200. Zu den notariellen Vollstreckungstiteln s. Müller RNotZ 2010, 167.

68.5   **Materiellrechtliche Einwendungen,** z. B. die Abtretung der titulierten Forderung, sind einer Vollstreckungsabwehrklage gemäß § 767 ZPO vorbehalten und für das GBAmt grundsätzlich unbeachtlich (OLG Frankfurt FGPrax 2009, 252). Sie sind nur im Rahmen des § 775 Nr. 4, 5 ZPO zu berücksichtigen (OLG Köln Rpfleger 1991, 149; OLG München FGPrax 2008, 235; s. dazu auch § 53 Rn. 23). Selbst bei Vorlage entsprechender Belege ist die Zwangshyp. aber einzutragen, wenn der Gläubiger eine Befriedigung oder Stundung ausdrücklich bestreitet (BGH Rpfleger 2016, 177; OLG München FGPrax 2015, 161).

Ob die Zwangsvollstreckung **vorläufig eingestellt** ist, hat das GBAmt nicht zu prüfen. Wenn ihm die Einstellung jedoch bekannt ist, hat es sie zu beachten (OLG Hamm FGPrax 2005, 192). Eine im Vollstreckungstitel dem Vollstreckungsschuldner vorbehaltene **Beschränkung der Haftung** (vgl. §§ 780, 786 ZPO) braucht das GBAmt nicht zu berücksichtigen, es sei denn, ihretwegen ist die Zwangsvollstreckung für unzulässig erklärt oder eine Anordnung nach § 769 ZPO erlassen worden (§§ 781, 785 ZPO; vgl. OLG Frankfurt NJW-RR 1998, 160). Ist die Vollstreckung aus einer notariellen Urkunde vorläufig vollstreckbar gegen Sicherheitsleistung des Schuldners **für unzulässig erklärt,** hat nach Ansicht des OLG Nürnberg (Rpfleger 2014, 276) der Vollstreckungsgläubiger dem GBAmt nachzuweisen, dass die Sicherheit nicht geleistet wurde.

Zum Vollstreckungstitel zur Eintragung der WEigentümer, der WEigentümergemeinschaft oder des Verwalters s. § 19 Rn. 106 f. Zur Aufhebung eines Vollstreckungstitels s. Rn. 65.4.

c) Europäische Vollstreckungstitel. Zum Europäischen Vollstreckungs- **68.6**
titel für unbestrittene Forderungen s. die EG-VO Nr. 805/2004 (EuVT-VO)
v. 21.4.2004 (ABl. EG Nr. L 143 S. 15) und zur Durchführung der VO die
durch das Ges. v. 18.8.2005 (BGBl. I 2477) angefügten §§ 1079 bis 1086
ZPO, ferner Wagner NJW 2005, 1157; Rellermeyer Rpfleger 2005, 389;
Franzmann MittBayNot 2005, 470. Ergänzend dazu s. die EG-VO Nr. 861/
2007 zur Einführung eines Europäischen Verfahrens für geringfügige Forderungen (EuGF-VO) v. 11.7.2007 (ABl. EU Nr. L 199 S. 1) und die zur
Durchführung der VO durch das Ges. v. 30.10.2008 (BGBl. I 2122) angefügten §§ 1097 bis 1109 ZPO, ferner Nardone Rpfleger 2009, 72. Zum Europäischen Zahlungsbefehl als Vollstreckungstitel s. die EG-VO Nr. 1896/2006
zur Einführung eines Europäischen Mahnverfahrens (EuMV-VO) v. 12.12.
2006 (ABl. EU Nr. L 399 S. 1) und die zur Durchführung der VO durch das
Ges. v. 30.10.2008 (BGBl. I 2122) angefügten §§ 1087 bis 1096 ZPO, ferner
Rellermeyer Rpfleger 2009, 11 und zu den Folgen einer nicht ordnungsmäßigen Zustellung des Zahlungsbefehls EuGH Rpfleger 2015, 155.

Zu vollstreckbar erklärten ausländischen Entscheidungen als Vollstre- **68.7**
ckungstitel s. die EG-VO Nr. 44/2001 über die gerichtliche Zuständigkeit
und die Anerkennung und Vollstreckung von Entscheidungen in Zivil- und
Handelssachen (EuGV-VO) v. 22.12.2000 (ABl. EG Nr. L 12/2001 S. 1, so
genannte Brüssel-I-VO) sowie das Anerkennungs- und VollstreckungsausführungsG (AVAG) i. d. F. v. 30.11.2015 (BGBl. I 2146), dessen Vorschriften
in ihrem Anwendungsbereich §§ 722, 723 ZPO ersetzten. Die EG-VO
Nr. 44/2001 wurde aufgehoben und die EuGV-VO neu gefasst durch EU-
VO Nr. 1215/2012 v. 12.12.2012 (ABl. EU Nr. L 351 S. 1; so genannte
Brüssel-Ia-VO, in Kraft getreten am 10.1.2015); nach Art. 39 der VO bedarf
es grundsätzlich keiner Vollstreckbarerklärung mehr. S. dazu die zur Durchführung der neu gefassten EuGV-VO durch das Ges. v. 15.7.2014 (BGBl. I
890) angefügten §§ 1110 bis 1117 ZPO, ferner EuGH NJW 2019, 581;
BGH FGPrax 2017, 192; OLG München FGPrax 2016, 68; Rpfleger 2019,
194). Zur Anerkennung einer ausländischen Entscheidung s. § 22 Rn. 29.

d) Titel gegen Ehegatten. Bei einer Vollstreckung in das Gesamtgut in **68.8**
Gütergemeinschaft lebender Ehegatten auf Grund eines Vollstreckungstitels
nur gegen einen Ehegatten muss nachgewiesen werden, dass dieser das Gesamtgut allein verwaltet (§ 740 ZPO) oder dass die Voraussetzungen des
§ 741 ZPO vorliegen. Andernfalls muss sich der Vollstreckungstitel gegen
beide Ehegatten richten (OLG München NJW-RR 2013, 527). Ein Erwerbsgeschäft, bei dem es sich auch um einen landwirtschaftlichen Betrieb
handeln kann (BayObLG Rpfleger 1983, 407), muss im Zeitpunkt der
EintrVerfügung selbständig geführt werden; dies ist auch dann noch der Fall,
wenn das Erwerbsgeschäft nach Betriebsaufgabe abgewickelt wird. Bei Eintragung einer Zwangshyp. ohne die gem. §§ 740, 741 ZPO erforderlichen
Nachweise entsteht keine inhaltlich unzulässige Eintragung (BayObLG
FGPrax 1995, 188). Die Nachweise sind in der Form des § 29 durch Vorlage

des Ehevertrags oder Auszüge aus dem Handels- und Güterrechtsregister zu erbringen. Bei Vollstreckung durch das Finanzamt genügt dessen Bestätigung, der verurteilte Ehegatte betreibe selbständig ein Erwerbsgeschäft (BayObLG Rpfleger 1984, 232).

Ist ein Vollstreckungstitel gegen beide Ehegatten erforderlich, genügt es, dass gegen beide Ehegatten jeweils ein Vollstreckungstitel mit identischem Rechtsgrund der Verpflichtung ergangen ist (OLG Zweibrücken FGPrax 2009, 107). Auch wenn das Gesamtgut gemeinschaftlich verwaltet wird, ist jeder Ehegatte berechtigt, ohne Mitwirkung des anderen Ehegatten gegen die Eintragung einer Zwangshyp. Beschwerde einzulegen (§ 1455 Nr. 9 BGB; OLG München FGPrax 2011, 18). Die Vollstreckung in ein Grundstück, das Eheleute im gesetzlichen Güterstand der Errungenschaftsgemeinschaft nach italienischem Recht erworben haben, erfordert regelmäßig einen Titel gegen beide Ehegatten (OLG Zweibrücken FGPrax 2007, 162 mit Anm. v. Süß MittBayNot 2007, 385). Zu den Voraussetzungen für eine Zwangsvollstreckung in das Gesamtgut einer Gütergemeinschaft niederländischen Rechts (hier: Duldungstitel nur gegen den Ehegatten des Schuldners) s. BGH Rpfleger 1998, 350.

15. Grundbuchrechtliche Eintragungsgrundsätze

69   Sie gebieten die Anwendung des § 13 auf den Vollstreckungsantrag des § 867 Abs. 1 ZPO; antragsberechtigt ist in Abweichung von § 13 Abs. 1 Satz 2 jedoch nur der Gläubiger. Wegen Form und Bevollmächtigung s. § 30 Rn. 5 ff. Zur Beiordnung eines Rechtsanwalts zur Antragstellung bei bewilligter Verfahrenskostenhilfe s. § 1 Rn. 64. Der Antrag ist im Hinblick auf § 867 Abs. 1 Satz 1 ZPO Wirksamkeitsvoraussetzung für das Entstehen der Zwangshypothek. Fehlt er, ist das GB unrichtig. Die Eintragung einer Zwangshyp. kann für einen geringeren Betrag beantragt werden als ihn der Schuldtitel ausweist (s. § 13 Rn. 20). Eine Zwangshyp. kann aufgrund mehrerer demselben Gläubiger zustehenden Vollstreckungstitel als einheitliche Sicherungshyp. eingetragen werden (§ 866 Abs. 3 ZPO). In diesem Fall ist die Eintragung eines Amtswiderspruchs beschränkt auf einen der mehreren Titel zulässig (s. § 53 Rn. 25). Zum Ersuchen um Eintragung einer Zwangshyp. für Steuerforderungen als Antrag s. § 38 Rn. 16.

Die EintrBewilligung wird durch den vollstreckbaren Titel ersetzt (BayObLG Rpfleger 1996, 63). Dieser muss sich deshalb gegen denjenigen richten, der im Zeitpunkt der Eintragung der Zwangshyp. Eigentümer ist. Wenn nach Eingang des EintrAntrags das Eigentum außerhalb des GB, z. B. durch Zuschlag in der Zwangsversteigerung, auf einen anderen übergegangen ist, kann die Zwangshyp. nicht mehr eingetragen werden (OLG Jena Rpfleger 2001, 343). Das zu belastende Grundstück ist gemäß § 28 Satz 1 zu bezeichnen. Trotz § 28 Satz 2 Halbsatz 1 ist die Eintragung einer Zwangshyp. auch für eine Fremdwährungsschuld möglich (s. hierzu RG 106, 79; BGH WM 1991, 723). Für erforderliche Nachweise, insbesondere der vollstreckungsrechtlichen Voraussetzungen (s. Rn. 68), gilt § 29. Die Zurücknahme des Antrags bedarf gemäß § 31 der in § 29 Abs. 1 Satz 1 vorgeschriebenen Form (OLG Hamm Rpfleger 1985, 231; FGPrax 2015, 114; OLG Düsseldorf

Rpfleger 2000, 62; a.M. Hintzen Rpfleger 1991, 286). Der Grundsatz der Voreintragung (§ 39) ist zu beachten. Soll die Zwangshyp. für mehrere gemeinschaftlich eingetragen werden, ist § 47 Abs. 1 maßgebend (s. hierzu auch § 47 Rn. 14f. und Böhringer BWNotZ 1985, 73).

16. Eintragung und Löschung

a) EintrVermerk. Die Zwangshyp. ist im GB als Sicherungshyp. zu be- **70** zeichnen (§ 1184 Abs. 2 BGB). Darüber hinaus ist kenntlich zu machen, dass sie „im Weg der Zwangsvollstreckung" eingetragen wurde (KGJ 49, 230). Geldbetrag der Forderung, Zinssatz und Geldbetrag sonstiger Nebenleistungen müssen in den EintrVermerk selbst aufgenommen werden; andernfalls ist die Eintragung inhaltlich unzulässig (BayObLG 1984, 245). Im Übrigen kann zur Bezeichnung der Forderung auf den die EintrBewilligung ersetzenden Vollstreckungstitel Bezug genommen werden (§ 1115 Abs. 1 BGB). Zur Fassung der Eintragung s. GBV Muster Anl. 1 Abt. III lfd. Nr. 4.

b) Zinsen. Sind sie nicht bereits im Vollstreckungstitel in kapitalisierter Form ausgewiesen, können sie nicht als Bestandteil der Hauptforderung eingetragen werden (OLG München FGPrax 2012, 11). Dasselbe gilt für Säumniszuschläge, deren Eintragung jedoch als Nebenforderung in Betracht kommt (OLG Hamm FGPrax 2013, 149). Zur Eintragung einer Zwangshyp. allein für die kapitalisierten Zinsen einer vollstreckbaren Forderung s. OLG Schleswig Rpfleger 1982, 301. Im Vollstreckungstitel als Nebenforderung ausgewiesene Zinsen können nicht als Teil der Hauptsache mit dem kapitalisierten Betrag des im EintrZeitpunkt bestehenden Rückstands eingetragen werden (OLG München Rpfleger 2016, 556). Zur nachträglichen Erweiterung wegen der Zinsen s. Rn. 65.1.

c) Berechtigter. Ist der Grundstückseigentümer zur Zahlung eines be- **71** stimmten Geldbetrags verurteilt, kann nach OLG Köln Rpfleger 1990, 411 wegen dieses Betrags für den Kläger eine Zwangshyp. auch dann eingetragen werden, wenn nach dem Urteil Teilbeträge auf Grund Pfändungen an Dritte zu zahlen sind. Ist der Grundstückseigentümer zur Zahlung an einen Dritten verurteilt, kann der Kläger nach OLG Karlsruhe (Rpfleger 1998, 158; ebenso BayObLG Rpfleger 2005, 309) die Eintragung einer Zwangshyp. für sich mit der Maßgabe verlangen, dass neben ihm der Dritte als Zahlungsempfänger eingetragen wird. Ein Kaufmann kann als Gläubiger auch dann nur mit seinem bürgerlichen Namen eingetragen werden, wenn er im Vollstreckungstitel mit seiner Firma bezeichnet ist (BayObLG Rpfleger 1988, 309).

Zur Eintragung eines nicht eingetragenen Vereins als Gläubiger, ferner einer Eigentümergemeinschaft, des Verwalters als Prozessstandschafter, des Insolvenzverwalters, des Nachlasspflegers oder des Testamentsvollstreckers, einer noch nicht eingetragenen GmbH oder KG, einer BGB-Gesellschaft, s. § 44 Rn. 50, 53, 54.

Zur Bestimmung des Höchstzinssatzes durch den Vollstreckungsgläubiger s. Rn. 45. Wegen der Rechtsmittel s. § 71 Rn. 3, 12, 51. Besonderheiten gelten für die Eintragung einer Zwangshyp. für Steuerforderungen nach § 322 AO; Näheres hierüber s. § 38 Rn. 16. Zur Arresthyp. s. Anh. zu § 26 Rn. 43.

S. hierzu auch Dümig, Fehler bei der Eintragung von Zwangshypotheken, Rpfleger 2004, 94. Zur Eintragung einer Zwangshyp. wegen der in § 10 Abs. 1 Nr. 2 ZVG genannten Wohngeldansprüche s. § 54 Rn. 12.

72   **d) Löschung.** Für die Entscheidung über die Kosten der Löschung, bei denen es sich nicht um Kosten der Zwangsvollstreckung handelt, ist § 81 FamFG maßgebend (OLG Stuttgart FGPrax 2020, 28). Zur Bewilligung der Löschung ist nach Ansicht des BGH (FGPrax 2012, 4 mit abl. Anm. v. Demharter; ablehnend auch Bestelmeyer Rpfleger 2012, 63; Schneider ZfIR 2012, 60; Böttcher NJW 2012, 2769) der im Vollstreckungstitel genannte Vertreter des Berechtigten befugt; Nachweise zu seiner fortbestehenden Vertretungsbefugnis sind nicht erforderlich. Zu Recht a. M. KG FGPrax 2014, 5 mit zust. Anm. v. Böttcher ZfIR 2014, 141. Der BGH (NJOZ 2015, 725) hat die Möglichkeit, die Vertretungsverhältnisse für die Eintragung und Löschung einer Zwangshyp. mit dem Vollstreckungstitel nachzuweisen, nunmehr auf den Fall beschränkt, dass Gläubigerin eine BGB-Gesellschaft ist. Zur Bewilligung der Löschung durch den Verwalter von WEigentum s. § 19 Rn. 107.

e) Kosten. Für die Eintragung der Zwangshyp. fällt eine Gebühr von 1,0 und für die Löschung eine Gebühr von 0,5 an (Nr. 14121, 14140 GNotKG-KV). Wird die Zwangshyp. an mehreren selbständigen Grundstücken in Teilbeträgen der Forderung eingetragen (§ 867 Abs. 2 ZPO), ist Nr. 14122 GNotKG-KV anzuwenden. Entsprechendes gilt bei der Löschung (Nr. 14141 GNotKG-KV). Für die Eintragung der Zwangshyp. sind nach § 64 Abs. 2 SGB X Gerichtsgebühren nicht zu erheben, wenn die Eintragung auf Antrag eines Sozialhilfeträgers wegen eines auf ihn nach § 116 SGB X übergegangenen Ersatzanspruchs erfolgt (OLG Köln Rpfleger 1990, 64).

17. Eintragung einer Reallast

73   **a) Allgemeines.** Gegenstand einer Reallast können nur Leistungen sein, die in einem positiven Geben oder Tun bestehen (BayObLG Rpfleger 1981, 353; OLG Köln MittRhNotK 1992, 46; zur Eintragung als Bezugsrecht oder Lieferungsverpflichtung s. BayObLG NJW-RR 1993, 530). Auch für eine unvertretbare oder eine persönliche Dienstleistung kann eine Reallast bestellt werden (BGH FGPrax 1995, 186). Es muss sich um − nicht notwendig regelmäßig und in gleicher Höhe − wiederkehrende Leistungen handeln.

Eine einmalig zu erbringende Leistung kann nicht Gegenstand einer Reallast sein. Ausnahmsweise können aber einmalige Leistungen einbezogen sein, wenn sie innerhalb eines Gesamtbereichs wiederkehrender Leistungen liegen, die sie ergänzen (BGH NJW 2014, 1000; OLG München FGPrax 2012, 250; OLG Frankfurt FGPrax 2019, 197). Jedoch kann eine Verfallklausel, nach der der Berechtigte unter bestimmten Voraussetzungen anstelle wiederkehrender Leistungen ihre Ablösung durch eine einmalige Leistung verlangen kann, nicht Inhalt einer Reallast sein (OLG Köln Rpfleger 1991, 200; s. auch BayObLG Rpfleger 1970, 202). Zulässiger Inhalt kann aber sein, dass die wiederkehrenden Leistungen erst nach dem Tod des Grundstückseigentümers zu erbringen sind (OLG Zweibrücken Rpfleger 1991, 496). Zur

EintrFähigkeit einer Leistungsverweigerungseinrede für den Fall der Erfüllung der schuldrechtlichen Verpflichtung s. OLG Hamm FGPrax 1998, 9.

b) Nicht zulässiger Inhalt. Als Inhalt der Reallast kann nicht abweichend von § 12 ZVG dem Hauptanspruch Vorrang vor dem Anspruch auf eine wiederkehrende Leistung eingeräumt werden (BGH Rpfleger 2004, 92; s. dazu Oppermann RNotZ 2004, 84; Dümig MittBayNot 2004, 153; Eickmann NotBZ 2004, 262; Stöber NotBZ 2004, 265; Amann DNotZ 2004, 599). Der Grundsatz, dass dingliche Rechte nicht zugunsten Dritter begründet werden können, weil auf sie § 328 BGB nicht anwendbar ist, gilt auch für die Reallast (BGH DNotZ 1965, 612; NJW 1993, 2617). Möglich ist aber eine Reallastbestellung in Form eines unechten dinglichen Vertrags zugunsten eines Dritten mit der Folge, dass dieser Leistungsempfänger, nicht aber im GB einzutragender Reallastgläubiger wäre (OLG Düsseldorf NotBZ 2020, 50). Ist die Eintragung einer Reallast bewilligt, so hat das GBAmt in aller Regel nicht der Frage nachzugehen, ob eine unwirksame Bestellung zugunsten eines Dritten vorliegt (OLG Köln DNotZ 1966, 677). Zur Bewilligung einer Vormerkung zur Sicherung des Anspruchs auf Bestellung einer inhaltsgleichen Reallast für den Fall des Erlöschens einer bestehenden Reallast in der Zwangsversteigerung s. Rn. 79. **74**

c) Eintragung der Reallast. Die Reallast wird nach § 10 GBV in Abt. II eingetragen. Über die Bezeichnung des Rechts im EintrVermerk s. § 44 Rn. 17 ff. Wie bei der Hyp. (s. dazu Rn. 58 ff.) ist auch bei der Reallast eine Zusammenfassung mehrerer im Rang gleichstehender oder unmittelbar aufeinander folgender Reallasten zugunsten desselben Berechtigten zu einer einheitlichen Reallast als Inhaltsänderung der einzelnen Rechte zulässig (BayObLG FGPrax 1996, 130 mit zust. Anm. v. Wilke MittRhNotK 1996, 278). Zu den Besonderheiten der Erbbauzins-Reallast s. Rn. 81 und Anh. zu § 8 Rn. 42 bis 46. **74.1**

d) Landesrecht. Zu beachten sind die auf Grund des Art. 115 EGBGB ergangenen landesrechtlichen Vorschriften; in Bayern ist Art. 85 Abs. 1, 2 des früheren AGBGB durch die VO v. 17.4.1923 (GVBl. 147) außer Kraft gesetzt worden; nach dem AGBGB v. 20.9.1982 (BayRS 400-1-J) bestehen untersagende oder beschränkende Vorschriften nicht mehr. Art. 113 EGBGB lässt landesrechtliche Regelungen u. a. zur Vereinbarung eines Rechts auf Ablösung zu; für Bayern s. dazu Art. 63, 64 AGBGB. Die Ablösungsvereinbarung wird nicht zum Rechtsinhalt der Reallast; sie muss daher in den EintrVermerk aufgenommen werden. **74.2**

e) Bestimmbarkeit. Für die Reallast genügt es, wenn der Geldwert der aus dem Grundstück zu entrichtenden wiederkehrenden Leistung bestimmbar ist; dabei können außerhalb des EintrVermerks und der EintrBewilligung liegende Umstände herangezogen werden, soweit sie nachprüfbar sind und auf sie im GB oder in der EintrBewilligung hingewiesen ist. Die Anforderungen an die Bestimmbarkeit dürfen einerseits nicht überspannt, andererseits aber im Hinblick auf die Interessen nachrangig Berechtigter auch nicht zu großzügig angesetzt werden (BGH FGPrax 1995, 186; BayObLG Rpfle- **75**

ger 1993, 485; OLG Frankfurt Rpfleger 1988, 247; OLG Düsseldorf MittRhNotK 1990, 167; s. dazu auch Anh. zu § 13 Rn. 5).
Eine von der Entwicklung des Index für Lebenshaltungskosten abhängige Leistung ist genügend bestimmbar (OLG Celle Rpfleger 1984, 462). Ebenso die Übernahme der Kosten einer standesgemäßen und ortsüblichen Beerdigung einschließlich der üblichen Gottesdienste sowie der Errichtung eines Grabmals und der Grabpflege (OLG Frankfurt FGPrax 2019, 197). Nicht ausreichend bestimmt ist dagegen die Höhe einer Geldrentenreallast, die sich lediglich nach den jeweiligen Kosten der vom Berechtigten auszuwählenden Mietwohnung richtet, sofern es an objektiven Kriterien für die Ausübung des Auswahlrechts fehlt (KG OLGZ 1984, 425); nicht genügend bestimmbar ist ferner eine Reallast des Inhalts, dass Unterhalt zu gewähren ist, soweit der Berechtigte zur Bestreitung seines hergebrachten Lebensaufwands aus eigener Rentenversorgung oder aus sonstigen Einkünften und weiterem Vermögen nicht in der Lage ist (OLG Düsseldorf MittRhNotK 1990, 167).

f) Höchstmögliche Belastung. Ist der Umfang einer zu erbringenden Leistung, z. B. Wart und Pflege im Alter, davon abhängig gemacht, dass die Leistung dem Verpflichteten zumutbar ist, liegt nach Ansicht des BGH eine bestimmbare Leistung vor; entscheidend sei, dass die höchstmögliche Belastung des Grundstücks für einen Dritten, auch wenn dieser die dafür maßgebenden Tatsachen nicht feststellen kann, erkennbar ist und der Haftungsumfang zu einem bestimmten Zeitpunkt bestimmt werden kann (s. dazu Anh. zu § 13 Rn. 5). Mit einem bestimmten Betrag muss die höchstmögliche Belastung nicht angegeben werden (BayObLG FGPrax 1996, 173). Auf der Grundlage dieser Rechtsprechung hält das OLG Düsseldorf (FGPrax 2004, 58 mit Anm. v. Volmer ZfIR 2004, 377) eine Reallast, deren Inhalt die Kosten des Betriebs, der Wartung und Instandhaltung einschließlich der Schönheitsreparaturen eines Bauwerks sind, für ausreichend bestimmbar, weil sich die höchstmögliche Belastung aus den im ungünstigsten Fall entstehenden Kosten ergibt.

76   **g) Anpassung.** Zu unterscheiden ist zwischen einer automatischen Anpassung der Leistung auf Grund einer Wertsicherungsklausel (Gleitklausel), die Inhalt des dinglichen Rechts sein kann, und einem bloß schuldrechtlichen Anspruch auf eine erst noch zu vereinbarende Anpassung der Leistung auf Grund veränderter Umstände und Eintragung einer Reallast mit entsprechendem Inhalt, der allenfalls durch eine Vormerkung gesichert werden kann (OLG Hamm Rpfleger 1988, 404). Zum Verbot von Wertsicherungsklauseln und zu den Ausnahmen s. das PreisklauselG v. 7.9.2007 (BGBl. I 2246). Zulässig ist die Vereinbarung einer automatischen Anpassung, wenn die jeweilige Leistung wenigstens bestimmbar ist. Das ist der Fall, wenn sich der Mindest- und der Höchstumfang der Belastung sowie Voraussetzung und Umfang der Anpassung aus der Bezugnahme auf die EintrBewilligung und aus der davon gedeckten Wertsicherungsklausel erschließen (BGH Rpfleger 1990, 452). Die jeweilige Höhe der wertgesicherten Leistung muss sich in diesem Fall nicht aus dem GB ergeben. Zulässig ist es jedoch, die zu einem bestimmten Zeitpunkt geschuldete Leistung bei der Reallast in Abt. II Sp. 5 einzutragen (KG FGPrax 2015, 108 mit zust. Anm. v. Winkler MittBayNot 2015, 310).

Zulässiger Inhalt einer Rentenreallast kann eine Wertsicherungsklausel auch dann sein, wenn eine Erhöhung der Rente in dem sich aus der Klausel ergebenden Umfang nur auf Verlangen des Berechtigten eintritt (BGH Rpfleger 1990, 452).

h) Vorbehalt einer Anpassung. Ein Vorbehalt der Anpassung einer Reallast „nach dem Maßstab des § 323 ZPO" erfordert, insbes. im Hinblick auf den sachenrechtlichen Bestimmtheitsgrundsatz die Angabe der für die Leistung im Einzelnen maßgebenden Bemessungsgrundlagen, deren Änderung eine Anpassung auslösen soll (BayObLG MittBayNot 1987, 94; OLG Frankfurt Rpfleger 1988, 247; OLG Oldenburg Rpfleger 1991, 450); zur Vormerkungsfähigkeit eines solchen Vorbehalts s. OLG Hamm Rpfleger 1988, 57. Soll durch eine Reallast der angemessene Unterhalt und seine Anpassung an veränderte Verhältnisse gesichert werden, muss als Mindestvoraussetzung für die Bestimmbarkeit der künftigen Leistungen festgelegt werden, welchen Betrag die Beteiligten derzeit als angemessenen Unterhalt ansehen; weiter ist anzugeben, durch welche Einkünfte dieser Betrag im Einzelnen aufgebracht wird (BayObLG Rpfleger 1993, 485; s. aber auch BGH FGPrax 1995, 186). Wegen sonstiger Bemessungsgrundlagen s. Anh. zu § 8 Rn. 44.

i) Einzelfälle. Zur Zulässigkeit der Bestellung einer Roggen- oder Weizenreallast s. OLG Celle DNotZ 1955, 315; OLG Schleswig NJW 1955, 65; DNotZ 1975, 720. Gegenstand einer im Rahmen eines Leibgedings bestellten Reallast kann auch die Sicherung der Kosten der Beerdigung und der Grabpflege sein (BayObLG Rpfleger 1983, 308). Zur Löschung einer solchen Reallast s. § 23 Rn. 9, 26. **77**

Zur Sicherung einer in monatlichen Raten zu entrichtenden Forderung, die sich um einen bestimmten Betrag erhöht, welcher aber nicht zur Tilgung der Forderung verwendet wird, sondern als Entgelt für die nicht sofort eintretende Fälligkeit der Gesamtforderung dienen soll, kann eine Reallast bestellt werden; dem steht weder das Verbot der Vereinbarung von Zinseszinsen entgegen, noch ermangelt es der für eine Reallast erforderlichen Bestimmtheit (BayObLG MittBayNot 1980, 204). **78**

Der Grundstückseigentümer kann sich wegen der Reallast oder der einzelnen Reallastleistungen nicht in der Weise der sofortigen Zwangsvollstreckung unterwerfen, dass die Zwangsvollstreckung aus der Urkunde gegen den jeweiligen Grundstückseigentümer zulässig sein soll (BayObLG DNotZ 1959, 402; s. dazu auch Hieber DNotZ 1959, 390). Zur Auslegung der Bewilligung einer Vormerkung zur Sicherung des Anspruchs auf unter Umständen mehrmalige Bestellung einer inhaltsgleichen Reallast für den Fall des Erlöschens einer bestehenden Reallast in der Zwangsversteigerung s. OLG München FGPrax 2007, 64 mit zust. Anm. v. Otto NotBZ 2007, 103 und Amann DNotZ 2007, 298. **79**

k) Wohnungsrecht. Wenn ein Wohnungsrecht in der Rechtsform der Reallast begründet werden soll, kann diese nicht darauf gerichtet sein, ein bestimmtes auf dem Grundstück errichtetes Gebäude oder einen bestimmten Teil eines solchen Gebäudes dem Berechtigten unter Ausschluss des Eigentümers zur Verfügung zu stellen (OLG Hamm Rpfleger 1975, 357; Bay- **80**

ObLG Rpfleger 1981, 353). Die Nebenleistungsverpflichtungen des Eigentümers können bei einem Wohnungsrecht durch selbständige Reallasten abgesichert werden, z. B. die Verpflichtung, den Wohnungsberechtigten von den in seiner Person entstehenden, im Einzelnen genau bestimmten wiederkehrenden Kosten und Abgaben freizustellen, nicht aber die Verpflichtung des Eigentümers, in seiner Person entstehende Kosten und Abgaben nicht auf den Wohnungsberechtigten umzulegen (OLG Köln MittBayNotK 1992, 46). Verpflichtet sich der Übernehmer eines Grundstücks, dem Übergeber Wohnraum einer bestimmten Größe und Qualität, jedoch ohne Festlegung der Räume zur Verfügung zu stellen, handelt es sich um eine Wohnungsreallast; die Eintragung eines Wohnungsrechts wäre eine inhaltlich unzulässige Eintragung (OLG München FGPrax 2018, 110).

81   **l) Erbbauzins-Reallast.** Sie ist ein subjektiv-dingliches Recht, das untrennbar mit dem Eigentum an dem mit dem Erbbaurecht belasteten (herrschenden) Grundstück verbunden ist. Sie kann davon auch nicht in der Weise getrennt werden, dass sie nur noch dem jeweiligen Inhaber eines bestimmten Miteigentumsanteils am herrschenden Grundstück zusteht. Dies gilt auch für die Erbbauzins-Reallast an einem einzelnen Wohnungs- oder Teilerbbaurecht (BayObLG Rpfleger 1990, 507). Zur nachträglichen Änderung des Erbbauzinses aufgrund einer Wertsicherungsklausel s. Anh. zu § 8 Rn. 43, 44. Zum Verhältnis von Erbbauzins-Reallast und Finanzierungsgrundpfandrecht s. Dedekind MittRhNotK 1993, 109; zum Rangvorbehalt bei der Erbbauzins-Reallast s. Weber Rpfleger 1998, 5.

18. Eintragung eines Vorkaufsrechts

82   **a) Allgemeines.** Das dingliche Vorkaufsrecht als subjektiv-persönliches oder subjektiv-dingliches Vorkaufsrecht (§ 1094 Abs. 1 und 2 BGB) ist ein eigenständiges dingliches Recht und nicht lediglich die Verdinglichung eines schuldrechtlichen Vorkaufsrechts (s. zu diesem § 463 BGB). Das dingliche und das schuldrechtliche Vorkaufsrecht bestehen rechtlich unabhängig voneinander. Das schuldrechtliche Vorkaufsrecht kann nur durch eine Vormerkung gesichert werden. Das dingliche Vorkaufsrecht bedarf der GBEintragung. Eingetragen wird es nach § 10 GBV in Abt. II. Die zur Bestellung erforderliche dingliche Einigung muss anders als das Verpflichtungsgeschäft nicht notariell beurkundet werden (BGH NJW 2016, 2035 mit Anm. v. Wais; ablehnend Schreindorfer MittBayNot 2017, 144; s. Kanzleiter DNotZ 2017, 503 und Anm. v. Schubert JR 2017, 534). Die Eintragung kann nicht von der Vorlegung des Verpflichtungsvertrags abhängig gemacht werden. Ein schuldrechtliches Vorkaufsrecht kann aufgrund einer entsprechenden Vereinbarung neben einem dinglichen Vorkaufsrecht begründet werden. Wenn die Vorkaufsberechtigung bereits vom Vertragsschluss an und unabhängig von der Eintragung des Vorkaufsrechts im GB bestehen soll, ist neben der Bestellung eines dinglichen Vorkaufsrechts zusätzlich ein schuldrechtliches Vorkaufsrecht als vereinbart anzusehen (BGH Rpfleger 2014, 247).

Zum Formerfordernis der notariellen Beurkundung bei schuldrechtlichen und dinglichen Vorkaufsrechten und zu den Voraussetzungen der Heilung eines etwaigen Formmangels s. Wais NJW 2017, 1569. S. zum Ganzen Falkner, Vorkaufsrechte im Grundstücksverkehr, MittBayNot 2016, 378 und 465.

b) Mehrere Vorkaufsrechte. An einem Grundstück können mehrere **82.1** Vorkaufsrechte mit verschiedenem Rang wirksam bestellt werden (BGH NJW 1961, 1669). Auch eine Bestellung zu gleichem Rang ist zulässig, sofern zum Inhalt der Rechte eine Ausübungsregelung getroffen ist, die eine Kollision der ranggleichen Rechte verhindert; dies gilt auch für den Fall, dass die subjektiv-dinglichen Rechte bei ihrer Bestellung jeweils derselben Person zustehen (BGH Rpfleger 2014, 659; OLG Hamm Rpfleger 1989, 362; 2017, 9; OLG München RNotZ 2016, 308); vgl. dazu auch Promberger MittBayNot 1974, 145; Zimmermann Rpfleger 1980, 326; 1981, 480. So können an einem Grundstück mehrere auf den Erwerb von Miteigentumsanteilen gerichtete subjektiv-dingliche Vorkaufsrechte im Gleichrang begründet werden (BGH Rpfleger 2014, 659). Nicht ausgeschlossen ist es, im Weg der Auslegung eine gewollte Kollisionsregelung zu ermitteln (OLG Hamm Rpfleger 2017, 9, zugleich zu denkbaren Regelungen).

c) Ausübungsbeschränkung. Ein dingliches Vorkaufsrecht an einem **82.2** ungeteilten Grundstück kann auf den Erwerb eines noch zu schaffenden Miteigentumsanteils, eines noch zu begründenden WEigentums oder einer noch zu bildenden realen Teilfläche gerichtet sein (BGH Rpfleger 2014, 659); in diesem Fall genügt es, dass der Miteigentumsanteil, das WEigentum oder die Teilfläche bestimmbar ist (s. § 7 Rn. 21, 22; vgl. Anh. zu § 44 Rn. 112). Werden mehrere mit einem Vorkaufsrecht belastete Grundstücke zu einem Gesamtpreis verkauft, so kann die Ausübung des Vorkaufsrechts auf eines oder mehrere der Grundstücke beschränkt werden (BGH Rpfleger 2006, 598 mit Anm. v. Hahn RNotZ 2006, 541 und Böttcher ZfIR 2007, 64).

d) Mehrere Berechtigte. Das dingliche Vorkaufsrecht ist unteilbar. Be- **82.3** stellt werden kann daher für mehrere Berechtigte nur ein gemeinschaftliches Vorkaufsrecht. Eine Bruchteilsgemeinschaft mehrerer Berechtigter ist ausgeschlossen. Ebenso eine Gesamtberechtigung gemäß § 428 BGB. Zwischen den Berechtigten besteht ein gesamthandartiges Verhältnis. Das Vorkaufsrecht kann von ihnen nur gemeinschaftlich und im Ganzen ausgeübt werden (BGH FGPrax 2017, 54 mit kritischer Anm. v. Kesseler NJW 2017, 1813 und Anm. v. Falkner MittBayNot 2018, 33; OLG Naumburg FGPrax 2016, 259). Zur Vermehrung der Zahl der Berechtigten durch Teilung des herrschenden Grundstücks s. § 7 Rn. 14. Zur Bezeichnung des Gemeinschaftsverhältnisses bei einem gemeinschaftlichen Vorkaufsrecht s. § 47 Rn. 3.

Ein Mitberechtigter kann auf seine Mitberechtigung mit der Folge verzichten, dass das inhaltlich unveränderte Vorkaufsrecht den verbleibenden Berechtigten zusteht. Erforderlich ist hierzu ein Erlassvertrag mit dem Verpflichteten oder eine einseitige Aufgabeerklärung entsprechend § 875 Abs. 1 BGB sowie die berichtigende Eintragung der veränderten Mitberechtigung im GB. Einer Mitwirkung der übrigen Berechtigten bedarf es nicht (vgl. OLG München FGPrax 2009, 256 mit kritischer Anm. v. Jeep MittBayNot

2010, 44 und Heinze ZfIR 2010, 241, aber auch OLG München Rpfleger 2013, 20; s. ferner Herrler RNotZ 2010, 249).

83   **e) Übertragbarkeit.** Die Vereinbarung der Übertragbarkeit und Vererblichkeit eines dinglichen Vorkaufsrechts (vgl. § 1098 Abs. 1 Satz 1, § 473 Satz 1 BGB) bedarf zur dinglichen Wirksamkeit der Eintragung in das GB. Sie braucht aber nicht in den EintrVermerk aufgenommen zu werden; es genügt vielmehr Bezugnahme auf die EintrBewilligung (OLG Düsseldorf Rpfleger 1967, 13; OLG Zweibrücken NotBZ 2012, 239; s. dazu BGH Rpfleger 2005, 135 mit Anm. v. Demharter Rpfleger 2005, 185). Dasselbe gilt bei Bestellung eines Vorkaufsrechts für mehrere oder alle Verkaufsfälle (OLG Köln Rpfleger 1982, 16). Die nachträgliche Vereinbarung der Übertragbarkeit und Vererblichkeit stellt eine Inhaltsänderung des dinglichen Vorkaufsrechts dar. Erst nach deren Eintragung im GB kann das Recht wirksam übertragen werden; die bloße Zustimmung des Vorkaufsverpflichteten zur Übertragung genügt nicht (OLG Hamm FGPrax 2017, 156). Die Abtretung der Rechte aus der Ausübung eines subjektiv-dinglichen Vorkaufsrechts kann im GB nicht eingetragen werden (BayObLG Rpfleger 1971, 215). Zur Übertragbarkeit eines Vorkaufsrechts, das einer juristischen Person oder einer rechtsfähigen Personengesellschaft zusteht, s. Anh. zu § 26 Rn. 2.

f) Erlöschen. Ein für den ersten Verkaufsfall bestelltes dingliches Vorkaufsrecht hat den Inhalt gemäß § 1097 Halbsatz 1 BGB. Es erlischt in der Zwangsversteigerung des belasteten Grundstücks (OLG Zweibrücken Rpfleger 2011, 491), ferner wenn dieses an den Vorkaufsberechtigten verkauft wird (OLG München NotBZ 2012, 59, zugleich zum Erlöschen eines für den Fall der Nichtausübung des Vorkaufsrechts eingeräumten bedingten Vorkaufsrechts) oder wenn es mit Rücksicht auf ein künftiges Erbrecht an ein Kind verkauft wird (OLG Stuttgart Rpfleger 1997, 473; OLG Düsseldorf Rpfleger 2019, 256) oder in anderer Weise als durch Verkauf im Weg der Sonderrechtsnachfolge auf einen Dritten übertragen wird (OLG Zweibrücken Rpfleger 1999, 532; OLG München Rpfleger 2010, 260), z. B. im Weg der vorweggenommenen Erbfolge (OLG Düsseldorf FGPrax 2013, 57). Dies gilt aber nicht für das Vorkaufsrecht nach § 20 VermG, für das § 1097 Halbsatz 1 BGB nicht anwendbar ist (KG FGPrax 2018, 193).

Ein für den ersten Verkaufsfall eingeräumtes Vorkaufsrecht erlischt auch dann, wenn es im Einzelfall nicht ausgeübt werden kann. Ein subjektiv-dingliches Vorkaufsrecht erlischt nicht bereits dadurch, dass die als Berechtigte eingetragene GmbH & Co KG nach Auflösung der Gesellschaft im Handelsregister gelöscht worden ist (s. dazu § 19 Rn. 103.2, 104). Der Erwerb eines Grundstücks im Teilungsversteigerungsverfahren stellt grundsätzlich einen Vorkaufsfall dar. Die Ausübung des Vorkaufsrechts ist in diesem Fall auch dann nicht ausgeschlossen, wenn mit ihm nur ein Miteigentumsanteil belastet ist und der Zuschlag einem anderen Miteigentümer erteilt wird (BGH FGPrax 2016, 99 mit Anm. v. Böttcher ZfIR 2016, 498 und Everts MittBayNot 2017, 379; a. M. OLG Köln FGPrax 2015, 116).

Zur Löschung bei Verdacht der Eigentumsübertragung unter Umgehung des Vorkaufsrechts s. OLG München NotBZ 2016, 188; kritisch dazu Amann

NotBZ 2016, 161 sowie Braun MittBayNot 2016, 322 und Serr DNotZ 2016, 390. Zur Löschung im Weg der GBBerichtigung s. § 22 Rn. 18.

g) Wirkung. Das Vorkaufsrecht hat die gleiche Wirkung wie eine Eigen- 84
tumsvormerkung (§ 1098 Abs. 2 BGB). Diese Wirkung kann einem gesetzlichen Vorkaufsrecht auch ohne dessen Eintragung zukommen (vgl. Art. 34 Abs. 7 BayNatSchG). Der dingliche Schutz wirkt schon ab dem Zeitpunkt, ab dem das Vorkaufsrecht ausgeübt werden kann und nicht erst ab seiner Ausübung (BGH 60, 294; BayObLG Rpfleger 2000, 543). Bewilligt und beantragt der Eigentümer, „das Vorkaufsrecht" an bestimmten mehreren Grundstücken einzutragen, so gibt diese Formulierung dem GBAmt keinen berechtigten Anlass für die Annahme, dass die Eintragung eines unzulässigen Gesamtvorkaufsrechts (s. § 48 Rn. 6) gewollt ist (BayObLG Rpfleger 1975, 23).

h) Kaufpreis. Die Vereinbarung eines sog. „limitierten Kaufpreises" kann 84.1
nicht Inhalt eines dinglichen Vorkaufsrechts sein (BayObLG 11, 576; KGJ 43, 223; OLG München Rpfleger 2008, 129; OLG Zweibrücken NotBZ 2012, 239); dies gilt auch für die im Gebiet der ehemaligen DDR nach § 306 ZGB bestellten Vorkaufsrechte (s. dazu auch BayObLG MittBayNot 1995, 460). Die Eintragung eines Vorkaufsrechts mit Vereinbarung eines festen Vorkaufspreises ist nur hinsichtlich dieser Vereinbarung, nicht insgesamt inhaltlich unzulässig. Jedoch kann im Übrigen das GB unrichtig sein (OLG Zweibrücken NotBZ 2012, 239; s. dazu § 53 Rn. 58). Dies ist dann der Fall, wenn anzunehmen ist, dass sich die Beteiligten über ein Vorkaufsrecht mit dem gesetzlichen Vorkaufspreis nicht geeinigt haben würden (KGJ 43, 223; OLG München Rpfleger 2008, 129; OLG Frankfurt FGPrax 2017, 202 mit Anm. v. Böhringer MittBayNot 2018, 152). Eine Umdeutung in eine Vormerkung zur Sicherung eines schuldrechtlichen Vorkaufsrechts und bloße Eintragung eines entsprechenden Klarstellungsvermerks ist nicht möglich (a. M. LG Darmstadt Rpfleger 2004, 349; s. dazu § 53 Rn. 4).

i) Gesetzliches Vorkaufsrecht. Ein gesetzliches Vorkaufsrecht besteht 84.2
und erlischt außerhalb des GB. Sein Bestand ist von einer Eintragung im GB unabhängig. Es wird daher auch nicht vom öffentlichen Glauben des GB erfasst. Weder ist ein gutgläubiger Erwerb des Vorkaufsrechts möglich, noch kann ein Grundstück deshalb gutgläubig frei von dem Vorkaufsrecht erworben werden, weil das Recht nicht eingetragen ist. Das gesetzliche Vorkaufsrecht ist nicht eintragungsfähig, auch die Ausübung des Vorkaufsrechts kann nicht im GB vermerkt werden (BayObLG Rpfleger 2000, 543 mit Anm. v. Frank MittBayNot 2000, 556). Das gesetzliche Vorkaufsrecht führt nicht zu einer GBSperre, sein Nichtbestehen oder seine Nichtausübung muss dem GBAmt also nicht nachgewiesen werden.

Das Vorkaufsrecht nach § 66 BNatSchG v. 29.7.2009 (BGBl. I 2542) und 84.3
das nach § 99a WHG v. 31.7.2009 (BGBl. I 2585; s. dazu Böhringer DNotZ 2017, 887) haben wie das nach Art. 34 BayNatSchG v. 18.8.1998 (GVBl. 593) die Wirkung einer Vormerkung. Zum Verhältnis des bundesrechtlichen Vorkaufsrechts zu landesrechtlichen Vorkaufsrechten s. § 66 Abs. 5 BNatSchG und Hecht DNotZ 2010, 323 sowie für Nordrhein-Westfalen

Heinze RNotZ 2010, 388. Zum wasserrechtlichen Vorkaufsrecht in Baden-Württemberg s. § 29 Abs. 6 WasserG v. 3.12.2013 (GBl. 389), neu gefasst durch Ges. v. 29.7.2014 (GBl. 378) und zum naturschutzrechtlichen Vorkaufsrecht in Baden-Württemberg s. § 53 NatSchG v. 23.6.2015 (GBl. 585) sowie Böhringer BWNotZ 2015, 170. Zu neuen öffentlich-rechtlichen Vorkaufsrechten in Nordrhein-Westfalen s. Bremkamp RNotZ 2017, 197. Zum gesetzlichen Vorkaufsrecht der Miterben bei Verkauf eines Erbanteils s. § 2034 BGB. Zum siedlungsrechtlichen Vorkaufsrecht s. § 4 RSiedlG v. 11.8.1919 (RGBl. 1429). Zu den landesrechtlichen Vorkaufsrechten s. Grauel RNotZ 2002, 210. Zur Rückwirkung bei Ausdehnung oder Neueinführung eines gesetzlichen Vorkaufsrechts s. § 19 Rn. 122. Zur Behandlung gesetzlicher Vorkaufsrechte durch das GBAmt s. § 20 Rn. 51 ff.

19. Eintragung einer Vormerkung

85   **a) Inhalt.** Die Vormerkung wird nach Maßgabe des § 12 Abs. 1 GBV in Abt. II oder III und zwar, wie § 19 Abs. 1 GBV ergibt, teils halb-, teils ganzspaltig eingetragen. Über den Inhalt der Eintragung und die Bezugnahme s. § 44 Rn. 21. Zweckmäßig ist stets die Angabe, ob der Eintragung eine Bewilligung oder eine einstweilige Verfügung bzw. ein vorläufig vollstreckbares Urteil zugrunde liegt; denn die Löschungsvoraussetzungen sind in beiden Fällen verschieden; ist die Vormerkung auf Grund einer einstweiligen Verfügung eingetragen und wird sie nachträglich vom Betroffenen bewilligt, so kann dies auf Antrag im GB zum Ausdruck gebracht werden. Zum Unwirksamwerden gem. § 88 InsO einer aufgrund einstweiliger Verfügung eingetragenen Vormerkung s. Rn. 66.1.

b) Keine GBSperre. Die Eintragung einer Vormerkung bewirkt keine GBSperre. Das GB wird nämlich durch die Eintragung einer vormerkungswidrigen Verfügung nicht unrichtig. Das GBAmt darf daher eine solche Eintragung nicht mit dem Hinweis auf die Rechtsfolge des § 883 Abs. 2 BGB ablehnen (OLG Naumburg FGPrax 2015, 61; 2019, 120). Zur Eintragung eines Wirksamkeitsvermerks s. § 22 Rn. 20.

86   **c) Gutgläubiger Erwerb.** Die vom Buchberechtigten bewilligte Vormerkung kann entsprechend §§ 892, 893 BGB gutgläubig erworben werden. Dabei bleibt der bei Erwerb der Vormerkung bestehende gute Glaube auch für den späteren Erwerb des durch die Vormerkung gesicherten dinglichen Rechts maßgebend. Dies gilt auch, wenn die Vormerkung einen künftigen Anspruch sichert (BGH NJW 1981, 446). Der öffentliche Glaube des GB und die Möglichkeit eines gutgläubigen Erwerbs erstrecken sich aber nicht auf den Bestand des gesicherten Anspruchs (BayObLG Rpfleger 1993, 58; 2000, 9; OLG Düsseldorf NJW-RR 2000, 1686). S. dazu auch § 13 Rn. 12.

d) Eintragung eines Widerspruchs. Für die Eintragung eines Widerspruchs gilt das zur Vormerkung Ausgeführte sinngemäß. Die Eintragung eines Widerspruchs darf nicht von der Einzahlung eines Kostenvorschusses abhängig gemacht werden (§ 16 Nr. 5 GNotKG). S. dazu auch § 53 Rn. 33 ff.

20. Prüfung des Grundbuchamts

a) Bestimmter Anspruch. Zunächst ist zu prüfen, ob ein vormerkungs- **87** fähiger Anspruch vorliegt (s. Rn. 94 ff.). Aus den EintrUnterlagen muss sich der Gläubiger, der Schuldner, der Gegenstand des Anspruchs, unter Umständen auch der Schuldgrund des zugrundeliegenden Anspruchs, ergeben (BayObLG Rpfleger 1993, 328). Der zu sichernde Anspruch muss außerdem nach Inhalt und Gegenstand bestimmt oder wenigstens eindeutig bestimmbar sein (BayObLG Rpfleger 1986, 174; DNotZ 1989, 364; OLG Köln DNotZ 1985, 451; zu den Anforderungen an die Bestimmbarkeit s. Anh. zu § 13 Rn. 5).

An einem bestimmten Anspruch **fehlt** es bei dem in einem Hofübergabevertrag mit Altenteilsbestellung enthaltenen Anspruch auf Anpassung einer Barrente gem. § 323 ZPO, wenn dem Vertrag die für die Bemessung der Rentenhöhe oder die für die künftige Anpassung maßgebenden Gesichtspunkte nicht zu entnehmen sind (OLG Hamm Rpfleger 1988, 57), ferner bei einem Rückübertragungsanspruch für den Fall, dass „der Berechtigte außerstande ist, den bisherigen Lebensstandard aufrecht zu erhalten" (OLG Düsseldorf Rpfleger 2008, 415 mit abl. Anm. v. Volmer DNotZ 2008, 622).

Hinreichende Bestimmbarkeit ist dagegen **gegeben,** wenn der gesetzliche Rückübereignungsanspruch des Schenkers gem. §§ 528, 530 BGB gesichert werden soll (BGH FGPrax 2002, 196 mit Anm. v. Schippers DNotZ 2002, 779; OLG Düsseldorf FGPrax 2002, 203; s. dazu Schippers DNotZ 2001, 756) oder der Rückübereignungsanspruch im Falle einer „wesentlichen Verschlechterung der Vermögensverhältnisse des Beschenkten" (OLG München FGPrax 2007, 159 mit Anm. v. Wartenburger MittBayNot 2008, 51) oder „der drohenden Zwangsvollstreckung in den Vertragsbesitz" (OLG München NJW-RR 2009, 950 mit Anm. v. Wartenburger MittBayNot 2009, 465), oder „der Geschäftsunfähigkeit des Erwerbers" (OLG München FGPrax 2014, 52), ferner dann, wenn bei einem Anspruch auf Eintragung weiterer, erhöhte Rentenzahlungen betreffende Reallasten sowohl der Höchstbetrag jeder einzelnen Rentenerhöhung als auch der Gesamterhöhungsrahmen von vornherein feststehen (OLG Düsseldorf Rpfleger 1989, 231) oder dann, wenn der Umfang einer zukünftigen Leistung anhand objektiver Kriterien von einem Dritten bestimmt werden soll, z. B. die Größe eines zu verschaffenden Miteigentumsanteils (vgl. dazu OLG Düsseldorf FGPrax 1996, 207).

Zur näheren Bezeichnung des zu sichernden Anspruchs bei der Eigentumsvormerkung s. Rn. 107. Zur ausreichenden Bestimmbarkeit des Anspruchs eines **WEigentümers,** neues Sondereigentum an den Räumen eines von ihm auf einer bestimmt bezeichneten Teilfläche des gemeinschaftlichen Grundstücks nach Maßgabe der künftigen baurechtlichen Genehmigung zu errichtenden Gebäudes zu bilden, s. Anh. zu § 3 Rn. 92. Zur Bestimmbarkeit des Anspruchs auf Verschaffung von WEigentum s. Rn. 112.

b) Bestehender Anspruch. Das Bestehen des zu sichernden Anspruchs **88** hat das GBAmt nicht zu prüfen, weshalb auch eine Inhaltskontrolle des schuldrechtlichen Vertrags gemäß den Bestimmungen der §§ 305 ff. BGB über Allgemeine Geschäftsbedingungen ausscheidet, die übrigens im Hinblick auf § 306 Abs. 2 BGB kaum praktische Bedeutung hätte. Da das

Schenkungsverbot des § 1804 BGB nur den zu sichernden Anspruch betrifft, hat das GBAmt bei Eintragung einer Eigentumsvormerkung nicht zu prüfen, ob ein Verstoß dagegen vorliegt (BayObLG Rpfleger 2003, 573). Weiß das GBAmt allerdings, dass der Anspruch nicht besteht und auch nicht mehr entstehen kann, so muss es die Eintragung der Vormerkung ablehnen, weil es nicht dazu mitwirken darf, das GB unrichtig zu machen (BayObLG Rpfleger 1993, 328; OLG Zweibrücken FGPrax 2007, 11). Ermittlungen hat das GBAmt in dieser Richtung jedoch nicht anzustellen; eine Beweisaufnahme kommt nicht in Betracht (zur Notwendigkeit einer Auslegung s. Rn. 89). Auch durch Zwischenverfügung darf die Behebung von Zweifeln nicht aufgegeben werden. Die Vormerkung ist vielmehr einzutragen, sofern nicht mit Sicherheit feststeht, dass der Anspruch nicht entstanden ist, nicht mehr besteht oder, beim künftigen oder bedingten Anspruch, nicht mehr entstehen oder seine Wirkung nicht mehr entfalten kann (vgl. BayObLG DNotZ 1994, 185; Rpfleger 1997, 151).

21. Abhängigkeit vom Anspruch

89   Die Vormerkung ist abhängig vom Bestand des durch sie gesicherten Anspruchs. Ist er nicht entstanden oder nachträglich erloschen, ist auch die Vormerkung nicht entstanden oder erloschen; das GB ist unrichtig (BGH 60, 50; BayObLG DNotZ 1989, 363; OLG Hamm Rpfleger 1992, 474; OLG Zweibrücken Rpfleger 2005, 597). Zur Notwendigkeit erneuter Eintragung der trotz zwischenzeitlichen Erlöschens des Anspruchs nicht gelöschten und zur Sicherung eines deckungsgleichen Anspruchs erneut bewilligten Vormerkung s. Anh. zu § 13 Rn. 13.

a) Erlöschen des Anspruchs. Ob der durch eine Eigentumsvormerkung gesicherte Rückübertragungsanspruch vererblich ist mit der Folge, dass er mit dem Tod des Berechtigten nicht erlischt, ist durch Auslegung zu ermitteln (s. § 23 Rn. 6). Der Nachweis des Todes des Berechtigten eines durch Vormerkung gesicherten, bedingten Rückübertragungsanspruchs genügt zur Löschung der Vormerkung im Weg der GBBerichtigung nur dann, wenn die Bedingung nicht mehr eintreten und ausgeschlossen werden kann, dass der gesicherte Anspruch zu Lebzeiten des Berechtigten entstanden ist, aber nicht mehr durchgesetzt wurde und auf die Erben des Berechtigten übergegangen ist (OLG München MittBayNot 2017, 59). Zur Löschung einer Vormerkung zur Sicherung des nicht vererblichen Rückauflassungsanspruchs s. Rn. 90.3. Der gesicherte Anspruch erlischt insbes. durch Erfüllung, z. B. der durch eine Eigentumsvormerkung gesicherte Eigentumsverschaffungsanspruch durch Eintragung der Auflassung (OLG Hamm Rpfleger 1992, 474); Voraussetzung ist aber, dass keine vormerkungswidrigen Eintragungen vorliegen, weil sonst nicht vollständig erfüllt ist (BayObLG NJW-RR 1991, 567; Rpfleger 2002, 260; OLG Hamm Rpfleger 1992, 474; vgl. BGH NJW 1994, 2947).

Ist dem Eigentümer die Übertragung des Eigentums auf bestimmte Einzelrechtsnachfolger ohne Zustimmung des Berechtigten einer Eigentumsvormerkung gestattet, erlischt ein bedingter Rückübertragungsanspruch und mit ihm die zu seiner Sicherung eingetragene Vormerkung jedenfalls mit der Eintragung des Einzelrechtsnachfolgers als Eigentümer (OLG Frankfurt

DNotZ 2009, 130). Eine Eigentumsvormerkung erlischt auch, wenn die nach § 2 GVO im Gebiet der ehemaligen DDR zur Veräußerung erforderliche Genehmigung bestandskräftig versagt wird (KG Rpfleger 1992, 243); etwas anderes gilt aber, wenn eine Teilungsgenehmigung versagt wird (s. hierzu § 7 Rn. 11). Eine vormerkungswidrige Verfügung wird mit dem Erlöschen der Vormerkung voll wirksam, wenn bis dahin nicht der gesicherte Anspruch durchgesetzt ist (BGH Rpfleger 1992, 287). Das GB ist auch unrichtig, wenn der gesicherte künftige Anspruch von Anfang an nicht entstehen konnte oder endgültig feststeht, dass er nicht mehr entstehen kann (BayObLG Rpfleger 1993, 58), ferner wenn eine Vormerkung zu Unrecht gelöscht worden ist. Durch ein Urteil, das eine Klage auf Feststellung der Wirksamkeit eines Kaufvertrags rechtskräftig als „derzeit unbegründet" abweist, ist das Nichtbestehen des durch Vormerkung gesicherten Auflassungsanspruchs nicht nachgewiesen (BayObLG Rpfleger 1995, 406).

b) Übertragung des Anspruchs. Der Anspruch auf Dienstbarkeitsbe- **90** stellung ist nicht schlechthin unübertragbar. Maßgeblich ist, ob der Anspruchsinhalt einen Gläubigerwechsel ausschließt (§ 399 Fall 1 BGB). Der Anspruch des Versprechensempfängers auf Einräumung einer beschränkten persönlichen Dienstbarkeit zugunsten eines Dritten ist anders als der Anspruch des Versprechensempfängers auf Bestellung zu seinen eigenen Gunsten in der Regel abtretbar (OLG München FGPrax 2017, 112). Die für die Eintragung der Abtretung erforderliche Übertragbarkeit des Anspruchs ergibt sich aus der gemäß § 885 Abs. 2 BGB in Bezug genommenen EintrBewilligung (OLG München FGPrax 2017, 109). S. dazu Reyman MittBayNot 2017, 384.

Wird der durch die Vormerkung gesicherte übertragbare Anspruch auf einen Dritten übertragen (§ 398 BGB), geht auch die Vormerkung außerhalb des GB auf diesen über. Das GB wird damit unrichtig. Es kann dadurch berichtigt werden, dass die Abtretung bei der Vormerkung im GB vermerkt wird. Dazu ist entweder der Nachweis einer wirksamen Abtretung oder die Berichtigungsbewilligung des im GB eingetragenen Vormerkungsberechtigten erforderlich (BayObLG FGPrax 1998, 210). Ist die aufschiebend bedingte Abtretung des gesicherten Anspruchs bei der Vormerkung im GB verlautbart, bedarf es zur Löschung der Vormerkung unabhängig vom Eintritt der Bedingung auch der Bewilligung des Zessionars (OLG München RNotZ 2011, 420). GBUnrichtigkeit nur hinsichtlich des Berechtigten der Vormerkung tritt auch dann ein, wenn die Vormerkung erst nach Abtretung des zu sichernden Anspruchs für den Zedenten eingetragen wird. Wird der zu sichernde Anspruch nach Bewilligung der Vormerkung abgetreten, kann unmittelbar der Zessionar als Vormerkungsberechtigter eingetragen werden. Einer neuen Bewilligung bedarf es dazu nicht; jedoch ist die Abtretung in grundbuchmäßiger Form nachzuweisen. S. dazu auch Rn. 102 und zum Ganzen Deimann Rpfleger 2001, 583. Zur EintrFähigkeit des Ausschlusses der Abtretbarkeit des gesicherten Anspruchs s. Anh. zu § 13 Rn. 35.

Der im Weg der **befreienden Schuldübernahme** eintretende Schuldnerwechsel führt zum Erlöschen der Vormerkung, weil die erforderliche Übereinstimmung von Schuldner des gesicherten Anspruchs und Eigentümer des von der Vormerkung betroffenen Grundstücks (vgl. Rn. 97) nicht mehr gegeben ist. Dies gilt aber nicht, wenn der neue Schuldner zeitgleich mit der Schuldübernahme das Eigentum an dem von der Vormerkung betroffenen Grundstück erlangt. In das GB kann der Schuldnerwechsel in diesem Fall nicht eingetragen werden (BGH FGPrax 2014, 145 mit Anm. v. Amann DNotZ 2014, 611; Krause ZfIR 2014, 482; Zimmer JZ 2014, 793; s. dazu auch Kesseler ZfIR 2015, 870).

90.1 **c) Änderung des Anspruchs.** Um die Sicherungswirkung der Vormerkung zu erhalten, bedarf jede wesentliche Änderung des gesicherten Anspruchs der Eintragung in das GB. Eine solche Änderung liegt jedoch nicht vor, wenn durch Annahme des Kaufangebots der zunächst künftige Anspruch entstanden ist oder die Annahmefrist für ein bindendes Kaufangebot verlängert wird (s. zum Ganzen Rn. 110). Zur Notwendigkeit der Eintragung, wenn die für einen Anspruch auf Anpassung des Erbbauzinses durch Eintragung neuer Reallasten bestellte Vormerkung künftig den Anspruch sichern soll, eine wertgesicherte Erbbauzinsreallast zu bestellen, s. Anh. zu § 8 Rn. 43.

90.2 Zur nachträglichen Bestätigung des einer Eigentumsvormerkung zugrundeliegenden nichtigen Kaufvertrags und zur Novation des vorgemerkten Anspruchs sowie zu dem Fall, dass eine erloschene, aber im GB nicht gelöschte Eigentumsvormerkung zur Sicherung eines deckungsgleichen Anspruchs erneut bewilligt wird (sog. Aufladung der Vormerkung), ferner zu dem Fall, dass eine zur Sicherung eines durch Rücktritt bedingten Anspruchs eingetragene Vormerkung auf weitere Rücktrittsgründe erstreckt wird, s. BGH Rpfleger 2000, 153 und dazu Anh. zu § 13 Rn. 13 sowie BGH Rpfleger 2008, 187 mit abl. Anm. v. Demharter MittBayNot 2008, 214; kritisch dazu auch Zimmermann ZfIR 2008, 91, Heggen RNotZ 2008, 213, Amann DNotZ 2008, 520, Böttcher NotBZ 2008, 401; zustimmend Krause NotBZ 2008, 407. S. dazu Kohler, Alte Auflassungsvormerkung und neuer Anspruch, DNotZ 2011, 808.

90.3 Der BGH hält bei einer Erweiterung des durch Vormerkung gesicherten Anspruchs oder bei dessen Ersetzung durch einen deckungsgleichen Anspruch eine erneute GBEintragung nicht für erforderlich; der Vorrang zwischenzeitlich eingetragener Rechte soll aber unberührt bleiben.

Aus dem GB ist der durch die Vormerkung gesicherte Anspruch damit nicht mehr zweifelsfrei feststellbar. Die bloße Möglichkeit, dass er nach Maßgabe der Rechtsprechung des BGH erweitert oder durch einen anderen ersetzt wurde, vermag aber nicht die auch für das GBAmt geltende, an die GBEintragung einschließlich der in Bezug genommenen EintrBewilligung anknüpfende Richtigkeitsvermutung des § 891 BGB (vgl. Anh. zu § 13 Rn. 16) zu entkräften (vgl. Amann MittBayNot 2010, 451; NotBZ 2012, 201). Auch wird ein Unrichtigkeitsnachweis nicht durch die ganz entfernte Möglichkeit einer Erweiterung oder Ersetzung des Anspruchs in Frage gestellt (vgl. § 22 Rn. 37). Die Löschung einer Vormerkung zur Sicherung eines nicht vererblichen Rückauflassungsanspruchs im Weg der GBBerichtigung erfordert daher nicht in jedem Fall eine Berichtigungsbewilligung unter Ausschluss des Unrichtigkeitsnachweises durch Vorlage einer Sterbeurkunde des Berechtigten. Die Rechtsprechung (z. B. OLG Köln FGPrax 2010, 14 mit Anm. v. Zimmer ZfIR 2010, 630; KG Rpfleger 2011, 365; s. auch OLG Naumburg NotBZ 2015, 67 mit Anm. v. Everts MittBayNot 2015, 315) hat in diesem Fall zur Löschung der Vormerkung einen Unrichtigkeitsnachweis grundsätzlich nicht für ausreichend erachtet.

Nach Ansicht des BGH in der Entscheidung vom 3.5.2012 (FGPrax 2012, **90.4** 142 mit kritischer Anm. v. Wiggers; kritisch auch Zimmer JZ 2012, 1134; s. dazu Kesseler NJW 2012, 2765; Reymann MittBayNot 2013, 456) ist die Vormerkung jedoch kein abstraktes Sicherungsmittel dergestalt, dass der gesicherte Anspruch ohne weiteres gegen einen anderen Anspruch ausgetauscht werden könnte. Daher könne die unrichtig gewordene Eintragung einer Vormerkung durch nachträgliche Bewilligung für einen neuen Anspruch nur verwendet werden, wenn Anspruch, Eintragung und Bewilligung kongruent sind. An dieser Übereinstimmung fehle es, wenn die Vormerkung für einen höchstpersönlichen, nicht vererblichen und nicht übertragbaren Rückübertragungsanspruch eingetragen ist, die Vormerkung nach der nachfolgenden Bewilligung aber einen anderweitigen, vererblichen Anspruch sichern soll. Die Vormerkung könne daher im Weg der GBBerichtigung gelöscht werden, wenn der Tod des Berechtigten nachgewiesen ist. Eine Erweiterung des gesicherten Anspruchs ohne erneute Eintragung setze voraus, dass die erweiternde Bewilligung und die schon eingetragene Vormerkung kongruent sind; die Ergänzungen dürften nur den Schuldgrund, nicht aber den Inhalt des gesicherten Anspruchs betreffen.

Zur Vererblichkeit eines Rückübertragungsanspruchs, der dadurch entstanden ist, dass der nicht vererbliche Rückübertragungsanspruch des Berechtigten der Vormerkung zu dessen Lebzeiten geltend gemacht, aber nicht erfüllt wurde, s. OLG Düsseldorf FGPrax 2017, 152; OLG Köln FGPrax 2017, 159 mit kritischer Anm. v. Bestelmeyer. S. dazu Amann, Grenzen der Kongruenz vorgemerkter Ansprüche, DNotZ 2014, 178; zur Löschung einer Rückauflassungsvormerkung s. Jurksch ZfIR 2017, 569.

22. Genehmigungen

a) Grundsatz. Die erforderliche Genehmigung eines Dritten braucht zur **91** Eintragung der Vormerkung grundsätzlich nicht vorzuliegen. Etwas anderes gilt nur dann, wenn die Genehmigung Voraussetzung einer wirksamen Vertretung ist.

Die Eintragung einer Vormerkung bedarf keiner Genehmigung nach § 2 GrdstVG (vgl. RG 108, 94), nach § 2 GVO im Gebiet der ehemaligen DDR (§ 2 Abs. 1 Satz 2 Nr. 4 GVO; vgl. auch KG Rpfleger 1992, 243) sowie nach § 51 Abs. 1 Nr. 1 BauGB (zu der gleich lautenden Vorschrift des früheren BBauG: BayObLG Rpfleger 1970, 25); wohl auch keiner solchen nach § 75 BVersG (a. M. JFG 7, 391; RG 134, 182). Zum Erlöschen der Eigentumsvormerkung bei bestandskräftiger Versagung der zur Veräußerung oder Teilung erforderlichen Genehmigung s. Rn. 89, 107. Im Fall einer Verfügungsbeschränkung nach § 5 ErbbauRG bedarf es zur Eintragung einer Vormerkung nicht der Zustimmung des Grundstückseigentümers (OLG Nürnberg MDR 1967, 213; OLG Köln NJW 1968, 505; a. M. OLG Dresden JFG 9,

215; OLG Karlsruhe Rpfleger 1958, 221); ebenso wenig bedarf es im Fall des § 12 WEG der Zustimmung der anderen WEigentümer oder des Dritten (BayObLG DNotZ 1964, 722). Ein in Zugewinngemeinschaft lebender Ehegatte bedarf zur Bewilligung der Eintragung einer Eigentumsvormerkung an seinem Grundstück der Zustimmung der anderen Ehegatten auch dann nicht, wenn das Grundstück sein ganzes oder nahezu ganzes Vermögen ausmacht (BayObLG Rpfleger 1976, 129; OLG Frankfurt FGPrax 2011, 271; s. dazu auch Tiedtke FamRZ 1976, 320).

92   **b) Familiengericht oder Betreuungsgericht.** Eine Eigentumsvormerkung kann für einen Minderjährigen oder Betreuten eingetragen werden, auch wenn die nach § 1821 Abs. 1 Nr. 5 BGB erforderliche Genehmigung noch nicht erteilt ist (BayObLG DNotZ 1994, 182). Dagegen kann für den Erwerber des Grundstücks eines Minderjährigen oder Betreuten eine Eigentumsvormerkung erst eingetragen werden, wenn die nach § 1821 Abs. 1 Nr. 1 BGB zu der Bewilligung der Vormerkung erforderliche Genehmigung des Familiengerichts oder Betreuungsgerichts nach Maßgabe von § 40 Abs. 2 FamFG, §§ 1828, 1829 Abs. 1 Satz 2 BGB wirksam geworden ist (OLG Celle Rpfleger 1980, 187; OLG Frankfurt FGPrax 1997, 84; Mohr Rpfleger 1981, 175). Das KG (Rpfleger 2017, 266 mit zu Recht ablehnender Anm. v. Dressler; ablehnend auch Böttcher NJW 2018, 831) hält den Nachweis, dass die Genehmigung dem Käufer mitgeteilt wurde (§ 1829 Abs. 1 Satz 2 BGB), nicht für erforderlich. S. dazu und zu den Nachweisen gegenüber dem GBAmt § 19 Rn. 68, 70.

23. Kosten der Eintragung einer Vormerkung

93   Für die Eintragung einer Vormerkung wird eine Gebühr von 0,5 erhoben (Nr. 14150 GNotKG-KV) und für die Löschung eine Gebühr von 25 EUR (Nr. 14152 GNotKG-KV). Eine Vormerkung gemäß § 18 Abs. 2 wird gebührenfrei eingetragen und gelöscht (Vorbem. 1.4 Abs. 2 Nr. 1 GNotKG-KV).

Als Geschäftswert für die Eintragung einer Eigentumsvormerkung kommt in der Regel der volle Grundstückswert in Betracht; er ist auch maßgebend, wenn die Eintragung abgelehnt wird. Der geringeren Bedeutung der Vormerkung wird durch den ermäßigten Gebührensatz Rechnung getragen (BayObLG Rpfleger 1996, 378; zugleich zum maßgebenden Zeitpunkt bei Umschreibung einer Eigentumsvormerkung). Jedoch ist entsprechend § 51 Abs. 1 Satz 2, Abs. 3 GNotKG grundsätzlich nur der halbe Grundstückswert anzunehmen, wenn die Eigentumsvormerkung den Eigentumsverschaffungsanspruch aus einer bedingten Rückübereignungsverpflichtung sichert (BayObLG Rpfleger 1986, 31; OLG Zweibrücken Rpfleger 1989, 233; OLG München FGPrax 2015, 230; a.M. OLG Bamberg ZfIR 2015, 388 mit abl. Anm. v. Wilsch: voller Grundstückswert) oder den aus einem Vorvertrag erwachsenden künftigen Eigentumsverschaffungsanspruch (BayObLG Rpfleger 1992, 539; OLG Düsseldorf Rpfleger 1994, 182). Bei einer Vormerkung zur Sicherung des Anspruchs auf Überlassung von WEigentum (s. Rn. 112) ist auch dann der in der Regel mit dem Kaufpreis identische Verkehrswert des künftigen WEigentums maßgebend, wenn im Zeitpunkt der Eintragung das Grundstück noch unbebaut ist.

24. Vormerkungsfähigkeit

Nach § 883 Abs. 1 BGB ist vormerkungsfähig nur ein schuldrechtlicher, **94** auf Einräumung, Änderung oder Aufhebung eines im GB eintragungsfähigen dinglichen Rechts gerichteter Anspruch, der auch ein bedingter (s. Rn. 96) oder ein künftiger (s. Rn. 95) sein kann. Der Anspruch kann auf Vertrag oder auf Gesetz beruhen (OLG Hamm Rpfleger 2000, 449).

Nicht durch Vormerkung gesichert werden können z. B. der öffentlich-rechtliche Rückübertragungsanspruch gem. § 3 Abs. 1 VermG (KG WM 1991, 1891; s. auch Kohler NJW 1991, 469; DNotZ 1991, 703) sowie eine Verpflichtung nach § 137 Satz 2 BGB (BGH 12, 122); ebenso wenig der GBBerichtigungsanspruch des Nacherben bei einer gem. § 2113 BGB unwirksamen Verfügung des Vorerben (s. § 51 Rn. 31) oder der künftige Anspruch des Eigentümers gegen den Gläubiger einer Sicherungshyp. auf Berichtigung des GB dahin, dass der Eigentümer nach Entstehung einer Eigentümergrundschuld als deren Inhaber eingetragen wird (BayObLG 1975, 39). Bei dem Anspruch eines der zwei Gesellschafter einer BGB-Gesellschaft auf Übertragung der Geschäftsanteile des anderen Gesellschafters handelt es sich nicht um einen Anspruch auf Verschaffung eines eintragungsfähigen Grundstücksrechts, der durch eine Vormerkung gesichert werden könnte (OLG Düsseldorf Rpfleger 2017, 21).

a) Künftiger Anspruch. Beim künftigen Anspruch muss ein Rechtsbo- **95** den vorhanden sein, aus dem der Anspruch erwachsen kann; es muss eine, wenn auch zunächst nur vorläufige Bindung des Verpflichteten bestehen, die dieser nicht einseitig beseitigen kann; vormerkungsfähig ist namentlich ein Anspruch, dessen Entstehung nur noch vom Willen des demnächst Berechtigten abhängt; rein tatsächliche Aussichten genügen nicht (s. BGH NJW 2002, 213; KG Rpfleger 1992, 243; FGPrax 2011, 79; zur Unterscheidung zwischen bedingten und künftigen Ansprüchen s. Ertl Rpfleger 1977, 345; BayObLG Rpfleger 1978, 14; OLG Hamm Rpfleger 1978, 137). Diese Voraussetzungen sollen auch für den gesetzlichen Löschungsanspruch des nachrangigen Grundschuldgläubigers gelten (BGH Rpfleger 2006, 484, zugleich zur Insolvenzfestigkeit des gesetzlichen Löschungsanspruchs, mit zu Recht kritischer Anm. v. Alff; s. auch die Anm. v. Krause NotBZ 2006, 397 und Amann MittBayNot 2007, 13).

Ein Übergabevertrag, mit dem sich der Übernehmer zur späteren Übergabe des Anwesens an eines seiner Kinder verpflichtet, begründet keinen künftigen, durch Vormerkung sicherbaren Auflassungsanspruch, wenn sich die Vertragsschließenden das Recht vorbehalten haben, ohne Zustimmung der Kinder die Verpflichtung zur späteren Übergabe aufzuheben (BayObLG Rpfleger 1977, 60). Dasselbe gilt für ein Kaufangebot, wenn die Annahme von einer Bedingung abhängig gemacht ist, deren Eintritt der Anbietende beeinflussen kann (OLG Oldenburg Rpfleger 1987, 294 mit kritischer Anm. v. Kerbusch Rpfleger 1987, 449). Jedoch kann der in einem Vorvertrag begründete künftige Anspruch auf Verschaffung des Eigentums aufgrund eines noch abzuschließenden Hauptvertrags (Ankaufsrecht) durch Eigentumsvormerkung gesichert werden (OLG München NJW-RR 2016, 529). Ansprüche aus einem schwebend unwirksamen Vertrag stehen künftigen Ansprüchen gleich (BayObLG DNotZ 1990, 297; KG FGPrax 2011, 79). Zur Insolvenzfestigkeit eines vor Eröffnung des Insolvenzverfahrens durch Vormerkung gesicherten künftigen Auflassungsanspruchs s. Rn. 106. Zur Vormerkungsfähigkeit bei fehlender Genehmigung durch einen Dritten s. Rn. 91. Zur Vormerkungsfähigkeit des Anspruchs auf Eintragung des neufestzusetzenden Erbbauzinses s. Anh. zu § 8 Rn. 44.

96   **b) Bedingter Anspruch.** Hat sich in einem Grundstücksüberlassungsvertrag der Übergeber das Recht vorbehalten, die Rückübereignung des Grundstücks zu verlangen, falls der Übernehmer entgegen einer im selben Vertrag getroffenen Vereinbarung über das Grundstück verfügt, so kann zur Sicherung des bedingten Rückauflassungsanspruchs des Übergebers eine Vormerkung eingetragen werden, ohne dass darin eine unzulässige Umgehung der Vorschrift des § 137 Satz 1 BGB zu erblicken ist (BGH NJW 1997, 861; BayObLG Rpfleger 1978, 135; vgl. auch OLG Zweibrücken Rpfleger 1981, 189); verpflichtet sich ein Grundstückseigentümer gegenüber dem von ihm erbvertraglich eingesetzten Erben, das Grundstück nicht ohne dessen Zustimmung zu veräußern oder zu belasten und bei einem Verstoß gegen diese Verpflichtung das Eigentum an dem Grundstück auf den als Erben Eingesetzten zu übertragen, so gilt dasselbe hinsichtlich des bedingten Auflassungsanspruchs des letzteren (BayObLG Rpfleger 1978, 442). Die vertragliche Verpflichtung, auf Verlangen ein Wohnungsrecht an einem Raum zu bestellen, kann durch Vormerkung gesichert werden, auch wenn der Berechtigte befugt sein soll, den Raum selbst auszuwählen (BayObLG Rpfleger 1986, 174).

97   **c) Betroffener Rechtsinhaber.** Ein an sich vormerkungsfähiger Anspruch ist der Sicherung durch Vormerkung grundsätzlich nur dann zugänglich, wenn er sich gegen den betroffenen Rechtsinhaber richtet. Schuldner des Anspruchs muss daher bei der Eintragung der Vormerkung der Eigentümer des von ihr betroffenen Grundstücks oder der Inhaber des von ihr betroffenen Rechts sein (BGH NJW 2014, 2431; KG FGPrax 2011, 109; Rpfleger 2017, 618). In diesem Fall richtet sich der Anspruch grundsätzlich auch gegen dessen Erben als Gesamtrechtsnachfolger. Entscheidend ist, dass nicht ein Anspruch durch die Vormerkung gesichert werden soll, der sich ausschließlich oder originär gegen den Erben richtet, sondern ein Anspruch gegen den betroffenen Rechtsinhaber, der sich gegen den Erben nur kraft Gesamtrechtsnachfolge richtet (vgl. §§ 1922, 884 BGB). Denn ein Anspruch, der sich nur gegen den möglichen zukünftigen Eigentümer oder Rechtsinhaber richtet, kann nicht durch eine Vormerkung gesichert werden (BayObLG Rpfleger 2000, 9). Bei einem aufschiebend bedingten Anspruch kann die Bedingung auch erst nach dem Tod des betroffenen Rechtsinhabers eintreten und der Eintritt der Bedingung auch von einem Verhalten des Erben abhängig sein (BGH NJW 1997, 861; ebenso OLG Düsseldorf FGPrax 1996, 129).

98   Weil sich der Anspruch nicht gegen den betroffenen Rechtsinhaber richtet, kann bei einem Grundstücksvermächtnis keine Eigentumsvormerkung zugunsten des Vermächtnisnehmers eingetragen werden (OLG Hamm Rpfleger 1995, 208); dabei ist es unerheblich, ob das Vermächtnis auf einem Testament beruht (KGJ 48, 193; OLG Schleswig SchlHA 1959, 175) oder in einem Erbvertrag angeordnet ist (JFG 23, 149; BGH 12, 115; a. M. OLG Celle NJW 1953, 27); auch die Rechte eines Vertragserben können nicht durch eine Vormerkung gesichert werden (OLG Hamm Rpfleger 1966, 366 mit Anm. v. Haegele). Überhaupt sind zu Lebzeiten des Erblassers erbrechtliche Ansprüche, zu denen auch Ansprüche aus einem (wechselseitigen) Schenkungsversprechen von Todes wegen gehören (s. dazu OLG Düsseldorf FGPrax 2003, 110; RNotZ 2020, 382), nicht vormerkungsfähig; vorgemerkt werden kann aber ein Anspruch, wenn sich der Schenker schon endgültig zur Leistung verpflichtet hat und lediglich die Erfüllung des Anspruchs bis zu seinem Tod hinausgeschoben ist, sofern der Anspruch nicht unter der ausdrücklichen Bedingung steht, dass der Beschenkte den Schenker überlebt (BayObLG FGPrax 2002, 151). Ein künftiger Auflassungsanspruch, der den Nacherben als Vermächtnis beschwert, kann nicht durch Vormerkung gesichert werden, solange der Nacherbfall nicht eingetreten ist (OLG Schleswig DNotZ 1993, 346). Nach Eintritt des Erbfalls kann durch Vormerkung jedoch ein Anspruch gesichert werden, der durch Vermächtnis in der Weise begründet wurde, dass der Bedachte die Leistung fordern kann, wenn er die vom Erblasser vorgesehene Gegenleistung anbietet (BGH NJW 2001, 2883). Vormerkbar ist auch der Rückübertragungsanspruch des Übergebers aus einem auf den Tod des Übernehmers befristeten Grundstücksübergabevertrags; dies gilt nicht, wenn der Anspruch unter der Bedingung steht, dass das Grundstück sich beim Tod des Übernehmers noch in dessen Vermögen befindet (BGH NJW 2002, 2874 mit Anm. v. Schmucker DNotZ 2002, 796).

S. zum Ganzen auch Preuß, Die Vormerkungsfähigkeit von Übertragungsansprüchen auf den Todesfall, DNotZ 1998, 602; Baldus/Stremnitzer, Zur Vormerkungsfähigkeit künftiger Vermächtnisansprüche bei dauerhafter Testier- und Geschäftsunfähigkeit des Erblassers, DNotZ 2006, 598, mit Erwiderung v. Zimmer DNotZ 2006, 724; zur Sicherstellung der Erfüllung eines auf den Erwerb eines dinglichen Rechts gerichteten Vermächtnisses s. Halding-Hoppenheit RNotZ 2005, 311; zur Sicherung eines von der Wirksamkeit eines Vermächtnisses abhängigen bedingten Eigentumsübertragungsanspruchs durch Eigentumsvormerkung s. OLG Zweibrücken Rpfleger 2005, 597.

Wegen fehlender Identität zwischen Verpflichtetem und Grundstückseigentümer kann auf Ersuchen einer Gemeinde eine Vormerkung nach § 28 Abs. 2 Satz 3 BauGB nicht mehr eingetragen werden, wenn bereits der Erwerber im GB eingetragen ist (BayObLG NJW 1983, 1567). Aus demselben Grund ist bei der Bauhandwerkersicherungshyp. die gegen eine GmbH erwirkte einstweilige Verfügung auf Eintragung einer Vormerkung kein ausreichender Titel für die Eintragung der Vormerkung auf einem Grundstück des Alleingesellschafters der GmbH (OLG Frankfurt MDR 2001, 1405) oder der GmbH & und Co. KG (BayObLG 1986, 163); zur grundsätzlichen Notwendigkeit der Personenidentität von Verpflichtetem und Grundstückseigentümer s. BGH ZfIR 2015, 380 mit Anm. v. Spiller. Schließlich kann aus demselben Grund eine Vormerkung auch nicht zur Sicherung von Ansprüchen „gegen den jeweiligen Grundstückseigentümer" eingetragen werden; sichert die Vormerkung jedoch nach dem gewollten und verlautbarten Inhalt nur Ansprüche gegen den derzeitigen Eigentümer, so ist sie wirksam, auch wenn sie ihrem Wortlaut nach darüber hinausgeht und insoweit inhaltlich unzulässig ist (BGH DNotZ 1993, 506).

99   **d) Betroffener Gegenstand.** Vorgemerkt werden kann nur, was endgültig eingetragen werden kann (JFG 1, 430; BayObLG Rpfleger 1986, 255; OLG Hamm FGPrax 2010, 117), also z. B. nicht der durch den Erwerb des Alleineigentums bedingte Anspruch auf Einräumung einer Dienstbarkeit bei einem ideellen Miteigentumsanteil (BayObLG Rpfleger 1972, 442). Die Vormerkung kann nur und ausschließlich an dem Gegenstand eingetragen werden, an dem die zu sichernde Rechtsänderung einzutragen ist. Deshalb kann der Anspruch auf Auflassung eines Grundstücks(teils) nicht durch Eintragung einer Vormerkung an einem Miteigentumsanteil gesichert werden (BayObLG Rpfleger 1987, 154; KG NotBZ 2013, 110). Die Eintragung einer Vormerkung an einem noch nicht existierenden ideellen Bruchteil, z. B. des Miterben einer ungeteilten Erbengemeinschaft, ist nicht möglich (KG Rpfleger 2017, 618; OLG München FGPrax 2017, 208). Zur Belastung eines ideellen Bruchteils durch den Alleineigentümer s. § 7 Rn. 19. Beim WEigentum kann der Anspruch auf Auflassung einer Teilfläche des gemeinschaftlichen Grundstücks nicht in einem einzelnen, sondern nur in allen Wohnungsgrundbüchern vorgemerkt werden (s. Anh. zu § 3 Rn. 97).

100   **e) Berechtigter.** Vormerkungsberechtigter kann nur der gegenwärtige Gläubiger des zu sichernden Anspruchs sein (OLG Hamm Rpfleger 2011, 367). Das kann auch der jeweilige Eigentümer eines Grundstücks sein (OLG Naumburg FGPrax 2016, 258; OLG München MittBayNot 2017, 496); um ein subjektiv-dingliches Recht handelt es sich dabei aber nicht (s. § 9 Rn. 2). Der Eigentümer des von der Vormerkung betroffenen Grundstücks kann nicht Berechtigter sein, weil er als Schuldner nicht zugleich Gläubiger des zu sichernden Anspruchs sein kann (OLG Stuttgart NJW-RR 2018, 1169 mit Anm. v. Reymann MittBayNot 2019, 151).

Verpflichtet sich jemand in einem echten **Vertrag zugunsten Dritter** zur Übereignung eines Grundstücks an einen vom Versprechensempfänger noch zu benennenden Dritten, dann ist nur der Anspruch des Versprechensempfängers auf Übereignung an den Dritten (nicht jedoch der Anspruch des noch unbekannten Dritten) vormerkungsfähig (BGH Rpfleger 1983, 169; BayObLG DNotZ 1997, 153; kritisch hierzu Ludwig NJW 1983, 2792; Rpfleger 1986, 345; 1989, 321; s. auch OLG Oldenburg Rpfleger 1990, 202; Denck NJW 1984, 1009; Hörer Rpfleger 1984, 346). Steht der Dritte bereits fest, kann er als Berechtigter der Vormerkung eingetragen werden. Daher ist die Bewilligung einer Vormerkung zugunsten eines von dritter Seite noch zu benennenden Berechtigten wirksam, sofern der Berechtigte im Zeitpunkt der Eintragung der Vormerkung bestimmungsgemäß benannt (BGH DNotZ 2012, 840) oder nach sachlichen Kriterien eindeutig bestimmbar ist (OLG Hamm FGPrax 2017, 157).

Dagegen scheidet bei einem sog. unechten oder ermächtigenden Vertrag zugunsten Dritter eine Vormerkung zugunsten des nur faktisch Begünstigten mangels eigener Gläubigerstellung aus. Vormerkbar ist aber der Anspruch des

Versprechensempfängers auch insoweit, als die Forderung auf Leistung an einen bereits benannten oder noch zu bestimmenden Dritten und dessen Rechtsnachfolger gerichtet ist (OLG München FGPrax 2012, 193; RNotZ 2016, 388; NJW-RR 2017, 587 mit Anm. v. Spernath MittBayNot 2017, 588; s. auch Rn. 26). Auf die relative Unwirksamkeit eines vormerkungswidrigen Erwerbs kann sich der Dritte nur berufen, wenn ihm der Anspruch und damit die Vormerkung (§ 401 BGB) abgetreten worden ist (BGH NJW 2009, 356 mit Anm. v. Kesseler; s. dazu auch Assmann ZfIR 2009, 245).

Zu der Frage, ob in diesen Fällen eine oder mehrere Vormerkungen eingetragen werden müssen, s. Rn. 108.

Eine Vormerkung zur Sicherung des Anspruchs auf Bestellung einer **101** Grunddienstbarkeit kann zugunsten einer bestimmten Person eingetragen werden, auch wenn eine Grunddienstbarkeit nur zugunsten des jeweiligen Eigentümers eines Grundstücks bestellt werden kann (OLG Düsseldorf MittRhNotK 1988, 235). Denn es ist nicht erforderlich, dass der Inhaber des durch eine Vormerkung zu sichernden Anspruchs auf dingliche Rechtsänderung auch Begünstigter der Rechtsänderung ist (BayObLG DNotZ 1989, 370). Erforderlich ist lediglich, dass Vormerkungsberechtigter und Anspruchsgläubiger identisch sind (BayObLG DNotZ 1987, 101; 1997, 153). Wegen der Löschungsvormerkung nach § 1179 BGB s. § 39 Rn. 20 bis 23.

25. Eigentumsvormerkung

Die Vormerkung zur Sicherung eines Eigentumsverschaffungsanspruchs **102** wird häufig als „Auflassungsvormerkung" bezeichnet. Zutreffender ist jedoch der Begriff „Eigentumsvormerkung". Er wird vom Gesetzgeber in § 7 Abs. 2 VerkehrsflächenbereinigungsG v. 26.10.2001 (BGBl. I 2716) verwendet.

Zur Sicherstellung der Eintragung der Eigentumsvormerkung als Voraussetzung der Kaufpreisfälligkeit im Rahmen der Fälligkeitsmitteilung durch den Notar s. Lindow RNotZ 2019, 505. Zu den Gestaltungsmöglichkeiten im Hinblick auf Vorkehrungen zur Sicherstellung der Löschung der Eigentumsvormerkung s. Weber RNotZ 2015, 195. Ein zulässiges Gestaltungsmittel ist es, zur auflösenden Bedingung der Eigentumsvormerkung den Löschungsantrag des beurkundenden Notars zu machen oder dessen Feststellung, dass der gesicherte Anspruch nicht besteht (OLG Schleswig NotBZ 2017, 76; KG FGPrax 2016, 250 mit Anm. v. Milzer; Weber Rpfleger 2016, 460 und MittBayNot 2017, 246; a.M. Jurksch Rpfleger 2016, 131 und 464).

a) Abtretung trotz Auflassung. Die Auflassung steht der Abtretung des Eigentumsverschaffungsanspruchs und der ihn sichernden Vormerkung an einen Dritten nicht entgegen. Die Wirkungen der Eigentumsvormerkung kommen dem Dritten zugute, an den der Veräußerer das Grundstück mit Zustimmung des Käufers übereignet (BGH NJW 1994, 2947). Die Abtretung kann im GB im Weg der GBBerichtigung bei der Vormerkung vermerkt werden. Wird der Käufer (Zedent) als Eigentümer eingetragen, besteht die Vormerkung fort (OLG München NJW-RR 2010, 1027). Die Abtretung eines vormerkungsgesicherten Eigentumsverschaffungsanspruchs stellt keine der originären Vormerkung gleichwertige Sicherung dar (BGH DNotZ

2007, 360 mit zust. Anm. v. Kesseler). Zu der Frage, wann bei einem Anspruch auf Auflassung eines Grundstücks dessen Abtretung hinsichtlich einer
realen Teilfläche der Zustimmung des Grundstückseigentümers bedarf und
folglich auch ein teilweiser Übergang der Eigentumsvormerkung von dem
Vorliegen jener Zustimmung abhängt, s. BayObLG Rpfleger 1972, 16 mit
Anm. v.Vollkommer. S. dazu auch Rn. 90.

103   **b) Eintragung nach Auflassung.** Eine Eigentumsvormerkung kann
auch noch nach erklärter Auflassung eingetragen werden (KG Rpfleger
1971, 313; BGH NJW 1994, 2947; s. dazu auch Schaaff NJW 1952, 291;
Kuchinke JZ 1964, 150). Mit dem Inhalt, dass zu ihrer Löschung der Nachweis des Todes des Berechtigten genügt, kann sie aber nicht eingetragen werden (BGH Rpfleger 1992, 287). Zu dem Fall, dass eine erloschene aber im
GB nicht gelöschte Eigentumsvormerkung erneut bewilligt wird, s. Anh. zu
§ 13 Rn. 13.

104   **c) Abschreibung einer Teilfläche.** Bezieht sich eine an einem Grundstück eingetragene Eigentumsvormerkung nur auf eine Teilfläche, so bedarf
es zur lastenfreien Abschreibung anderer Teile des Grundstücks keiner Bewilligung des Vormerkungsberechtigten (BayObLG MittBayNot 1986, 253;
FGPrax 1999, 172). Dass sich die Vormerkung nicht auf den abzuschreiben-
den Teil bezieht, ist in grundbuchmäßiger Form nachzuweisen (BayObLG
1999, 174). Dies kann durch eine Bescheinigung des Vermessungsamts geschehen (s. dazu § 29 Rn. 37).

105   **d) Eintragung bei Gütergemeinschaft.** Das GBAmt ist nicht gehindert, eine Eigentumsvormerkung auch bei Kenntnis der bestehenden allgemeinen Gütergemeinschaft allein zugunsten des das Grundstück erwerbenden Ehegatten einzutragen (BayObLG 1957, 184). Für einen (ausländischen)
Ehegatten allein kann eine Eigentumsvormerkung auch dann eingetragen
werden, wenn das Grundstück ohne Mitwirkung des anderen Ehegatten
gekauft wurde und nicht festgestellt ist, ob der maßgebende Güterstand den
Alleinerwerb durch einen Ehegatten überhaupt zulässt (AG Schwabach
Rpfleger 1983, 429 mit zust. Anm. v. Ertl; Amann Rpfleger 1986, 117; a.M.
Rauscher Rpfleger 1985, 52; 1986, 119). Zur Eintragung einer Eigentumsvormerkung für einen Ehegatten italienischer Staatsangehörigkeit, wobei die
Frage nach der Geltung von Art. 2 Abs. 1 des Haager Ehewirkungsabkom-
mens vom 17.7.1905 offenbleibt, s. BayObLG Rpfleger 1986, 127.

106   **e) Sonstiges.** Bei einer Erbauseinandersetzungsvereinbarung gemäß
§ 2042 BGB kann der Anspruch des Erwerbers auf Eigentumsverschaffung
durch eine Vormerkung gesichert werden (Hartlich RNotZ 2018, 285/294;
zweifelnd im Hinblick auf die Teilidentität von Schuldner und Gläubiger
Becker Rpfleger 2020, 3; s. dazu Rn. 38). Der Erwerb eines Miteigentumsanteils an einem Grundstück wird in seinem vorgemerkten Rang nicht dadurch beeinträchtigt, dass Zwischeneintragungen von Eigentumsvormerkungen für die restlichen Miteigentumsanteile erfolgt sind (BayObLG Rpfleger
1975, 395). Mehrere Eigentumsvormerkungen können mit gleichem Rang
eingetragen werden (s. dazu § 45 Rn. 3).

Ein künftiger Auflassungsanspruch, der durch eine vor Eröffnung des Insolvenzverfahrens eingetragene Vormerkung gesichert wird, ist insolvenzfest (BGH NJW 2002, 213 mit Anm. v. Preuß DNotZ 2002, 283; zustimmend Assmann ZflR 2002, 11). Zur Eigentumsumschreibung bedarf es aber der Mitwirkung des Insolvenzverwalters. Die nach § 10 Abs. 1 Nr. 2 ZVG bevorrechtigten Wohngeldansprüche haben stets Vorrang vor einer Eigentumsvormerkung, auch wenn diese schon im Zeitpunkt der Beschlagnahme eingetragen ist (s. § 54 Rn. 12).

Der durch die Eigentumsvormerkung zu sichernde Anspruch bedarf der **107** näheren Bezeichnung in der EintrBewilligung (vgl. § 885 Abs. 2 BGB). Dazu genügt die Angabe der zu Grunde liegenden notariellen Urkunde (OLG Köln FGPrax 2005, 103). Dem GBAmt muss diese aber nicht vorgelegt werden.

Soll eine Eigentumsvormerkung gelöscht werden, bei der ein Pfändungs- oder Verpfändungsvermerk angebracht ist, müssen auch insoweit die Voraussetzungen einer Löschung vorliegen, also außer der Löschungsbewilligung des Vormerkungsberechtigten auch die des Pfand- oder Pfändungsgläubigers; ausreichend ist aber auch ein Unrichtigkeitsnachweis (BayObLG NJW-RR 1997, 1173). Zur Eintragung einer Vormerkung bei fehlender Genehmigung durch einen Dritten s. Rn. 91. Zur Löschung einer Eigentumsvormerkung bei rechtskräftiger Versagung der Teilungsgenehmigung s. § 7 Rn. 11; zur Löschung bei rechtskräftiger Versagung der für den schuldrechtlichen Vertrag erforderlichen behördlichen Genehmigung s. § 22 Rn. 38. Zur Eigentumsvormerkung beim WEigentum s. Rn. 112 ff. Zum Geschäftswert s. Rn. 93.

26. Vormerkung für mehrere Ansprüche

a) Grundsatz. Zur Sicherung mehrerer verschiedener Ansprüche des **108** gleichen oder mehrerer Berechtigter muss je eine gesonderte Vormerkung eingetragen werden (s. hierzu BayObLG Rpfleger 1999, 529; 2002, 135; OLG Hamm FGPrax 2014, 196, zugleich zu dem Beurteilungsmaßstab für das Vorliegen mehrerer Ansprüche; s. dazu auch Giehl MittBayNot 2002, 158).

b) Nur eine Vormerkung. Nur ein einziger Rückübereignungsanspruch liegt vor, wenn der Anspruch an mehrere alternative Bedingungen geknüpft ist (BayObLG DNotZ 2002, 784), ferner dann, wenn der Rückübereignungsanspruch für den Fall des Verkaufs auf einem Vorkaufsrecht und für sonstige Fälle, z. B. Insolvenz oder Zwangsversteigerung, auf einem Ankaufsrecht beruht (BayObLG FGPrax 2003, 55; s. dazu Westermeier Rpfleger 2003, 347). Auch zur Sicherung von Verpflichtungen aus einem Wahlschuldverhältnis, dem eine einheitliche schuldrechtliche Vereinbarung zugrunde liegt, kann nur eine Vormerkung eingetragen werden (OLG Frankfurt MittBayNot 1983, 59).

Nur ein Anspruch liegt vor, der auch nur durch eine Vormerkung gesichert werden kann, wenn der Rückauflassungsanspruch den als Miteigentümern eingetragenen Veräußerern (Eltern des Erwerbers) zunächst gemeinschaftlich, beim Tod eines der Berechtigten aber dem Überlebenden allein zustehen soll (sog. Sukzessivberechtigung; BayObLG Rpfleger 1995, 498; OLG Zweibrücken Rpfleger 1985, 284; OLG Frankfurt ZErb 2004, 350;

OLG Düsseldorf FGPrax 2016, 253). Zu dem gleich zu behandelnden Fall, dass nur einer der Berechtigten des Rückauflassungsanspruchs als Eigentümer eingetragen ist, s. LG Duisburg Rpfleger 2005, 600 mit Anm. v. Wicke. Bei der Vorausabtretung des Rückauflassungsanspruchs an einen Dritten, bedingt durch den Tod des zunächst Berechtigten und unabhängig von einer Geltendmachung des Anspruchs durch diesen, kann nur eine Vormerkung eingetragen werden. Zusammen mit dieser muss aber auch ein Vermerk über die bedingte Abtretung eingetragen werden (OLG München FGPrax 2017, 248 mit Anm v. Reymann MittBayNot 2018, 146). Zulässig ist es auch, dass der Anspruch vom zweitberechtigten Zessionar ein weiteres Mal aufschiebend bedingt und befristet durch sein Ableben abgetreten wird (OLG München NotBZ 2018, 153).

Nur ein Anspruch liegt ferner vor, wenn Berechtigter der Vormerkung der jeweilige Eigentümer eines Grundstücks sein soll (OLG Naumburg FGPrax 2016, 258; OLG München MittBayNot 2017, 496 mit Anm. v. Hecht). Auch zur Sicherung des Anspruchs auf Einräumung mehrerer dinglicher Rechte gleichen Inhalts für beliebige vom Versprechensempfänger zu benennende Dritte genügt die Eintragung nur einer Vormerkung (s. Rn. 26).

c) Mehrere Vormerkungen. Wird zwischen dem Veräußerer und dem Erwerber eines Grundstücks ein Rückauflassungsanspruch für den Fall vereinbart, dass der Veräußerer den Erwerber überlebt, und wird weiterhin vereinbart, dass ein Dritter die Rückauflassung dann fordern kann, wenn der Veräußerer vor ihm stirbt, er aber den Erwerber überlebt, so liegen zwei Ansprüche vor, die nur durch zwei getrennte Vormerkungen gesichert werden können (sog. Alternativberechtigung; BayObLG Rpfleger 1985, 55). Überlassen Eltern ein Grundstück ihren beiden Kindern je zur Hälfte und soll jedem Elternteil ein Rückübereignungsanspruch gegen jedes Kind zustehen, so sind insgesamt vier Vormerkungen erforderlich, bei denen es sich jeweils um selbständige Berechtigungen handelt, auf die § 47 Abs. 1 keine Anwendung findet (BayObLG DNotZ 2002, 784).

Bei einem echten Vertrag zugunsten Dritter besteht zwischen dem Versprechensempfänger und dem Dritten kein Gemeinschaftsverhältnis im Sinn des § 428 BGB. Hat sich der Grundstückseigentümer in einem solchen Vertrag zur Belastung mit einer Grunddienstbarkeit verpflichtet und sollen die Ansprüche sowohl des Versprechensempfängers als auch des Dritten gesichert werden, müssen zwei Vormerkungen eingetragen werden (KG FGPrax 2016, 196). Ein schuldrechtlicher Anspruch, der einerseits auf Eigentumsübertragung der Teilfläche eines Grundstücks, andererseits auf Begründung eines Erbbaurechts an einer weiteren Teilfläche desselben Grundstücks gerichtet ist, kann nur durch die Eintragung von zwei Vormerkungen, die gesondert den jeweiligen Leistungsgegenstand betreffen, gesichert werden (OLG Hamm FGPrax 2014, 196).

S. zum Ganzen auch Amann MittBayNot 1990, 225; Liedel DNotZ 1991, 855; Streuer Rpfleger 1994, 397; Rastätter BWNotZ 1994, 27; LG Landshut Rpfleger 1992, 338.

109   **d) Sonstiges.** Übertragen Miteigentümer je zur Hälfte ihr Grundstück, kann vereinbart und durch eine Eigentumsvormerkung gesichert werden, dass der ihnen für bestimmte Fälle vorbehaltene Rückübereignungsanspruch als **Gesamtberechtigten** gem. § 428 BGB zustehen soll (OLG Hamm NJW-RR 2006, 162); zur Ausgestaltung des Gemeinschaftsverhältnisses entsprechend §§ 461, 472 BGB s. § 47 Rn. 3. Zur EintrFähigkeit einer Vormerkung zur Sicherung eines (befristeten) Rückübereignungsanspruchs zu Gunsten des jeweiligen Eigentümers eines Grundstücks s. DNotI-Report 2001, 113.

Wird über das Vermögen des Berechtigten einer Vormerkung zur Sicherung eines aufschiebend bedingten Rückauflassungsanspruchs das **Insolvenzverfahren** eröffnet, kann der Berechtigte auf den gesicherten Anspruch nicht ohne Mitwirkung des Insolvenzverwalters verzichten und die Löschung der Vormerkung im Weg der GBBerichtigung erreichen; § 852 Abs. 2 ZPO ist nicht entsprechend anwendbar (OLG München DNotZ 2010, 917; s. dazu Reul DNotZ 2010, 902).

Ein Anspruch auf Bestellung je einer Reallast für jede zukünftige Erhöhung des **Erbbauzinses** kann durch eine Vormerkung gesichert werden; die erstmalige Umschreibung der Vormerkung in eine Reallast erschöpft ihre Sicherungswirkung für zukünftige Erhöhungen nicht (BayObLG Rpfleger 1978, 55). Zur Sicherung des Anspruchs auf Bestellung einer beschränkten persönlichen Dienstbarkeit zum Betrieb einer Energiegewinnungsanlage (Photovoltaikanlage) für den Betreiber der Anlage, die finanzierende Bank und beliebig viele weitere von diesen zu benennende Personen, s. Rn. 26.

27. Einzelheiten zur Vormerkung

a) Anspruchsänderung. Eine Inhaltsänderung des gesicherten An- **110** spruchs erfordert deren Eintragung, zu der unter Umständen die Zustimmung zwischenzeitlich eingetragener Berechtigter notwendig ist, s. OLG Köln NJW 1976, 631; OLG Karlsruhe DNotZ 1994, 252. Dies gilt aber nicht, wenn der gesicherte Anspruch in seinem Kern unverändert bleibt und nur in Punkten modifiziert und klargestellt wird, die ihn als solchen nicht betreffen (OLG Düsseldorf MittRhNotK 1986, 195). Dies ist der Fall, wenn bei einem durch Vormerkung gesicherten Anspruch aus einem befristeten Kaufangebot die Annahmefrist nachträglich verlängert wird (OLG Düsseldorf FGPrax 2013, 244; a. M. OLG Frankfurt Rpfleger 1993, 329 mit Anm. v. Promberger DNotZ 1994, 249; s. hierzu auch Promberger Rpfleger 1977, 157). Auch liegt keine Änderung des gesicherten Anspruchs vor, die in das GB eingetragen werden könnte, wenn ein zunächst künftiger Anspruch durch Annahme des Kaufangebots innerhalb der Angebotsfrist entsteht (BayObLG Rpfleger 1995, 247), bei einem bedingten Anspruch die Bedingung eintritt oder bei Fortbestand der Vormerkung ein Schuldnerwechsel stattfindet (s. dazu Rn. 90). Der BGH hält bei einer Erweiterung oder einem Austausch des durch Vormerkung gesicherten Anspruchs eine erneute GBEintragung nicht für erforderlich (s. dazu Rn. 90.2).

b) Übertragung einer Sicherungsgrundschuld. Tritt ein Grund- **111** stückseigentümer den aufschiebend bedingten Anspruch an einen nachrangigen Grundschuldgläubiger ab, so ist zur Eintragung einer Vormerkung zur Sicherung des abgetretenen Anspruchs die Bewilligung des Gläubigers der

Sicherungsgrundschuld erforderlich (KG Rpfleger 1976, 128; OLG Hamm Rpfleger 1990, 157; s. dazu auch Dempewolf NJW 1957, 1257; Ripfel DNotZ 1957, 524). Verpflichtet sich ein Grundstückseigentümer, die ihm bei Nichtentstehung der Forderung endgültig verbleibende Eigentümergrundschuld an den HypGläubiger abzutreten, so kann zu dessen Gunsten eine Abtretungsvormerkung erst eingetragen werden, wenn dem GBAmt in grundbuchmäßiger Form (§ 29) nachgewiesen ist, dass sich die mit der Eintragung der Hyp. entstandene vorläufige Eigentümergrundschuld in eine endgültige verwandelt hat (BayObLG Rpfleger 1970, 24). Soll zur Sicherung des (bedingten) Anspruchs eines Dritten auf Abtretung einer im GB bereits eingetragenen Grundschuld eine Vormerkung eingetragen werden, so bedarf es hierzu (neben der Bewilligung des Grundschuldinhabers) nicht der Bewilligung des Grundstückseigentümers (BayObLG Rpfleger 1983, 267). Zu den Besonderheiten aufgrund des RisikobegrenzungsG s. § 26 Rn. 1.

112   **c) Verschaffung von WEigentum.** Der hierauf gerichtete Anspruch kann schon vor der Begründung von WEigentum und der Anlegung der Wohnungsgrundbücher durch Eintragung einer Vormerkung im GB für das noch ungeteilte Grundstück gesichert werden (BayObLG Rpfleger 1977, 300; OLG Köln DNotZ 1985, 450). Dabei muss der Miteigentumsanteil, mit dem das Sondereigentum verbunden werden soll, größenmäßig bestimmt werden. Ferner müssen Lage und Größe der im Sondereigentum stehenden Räume bestimmt oder bestimmbar sein. Entsprechendes gilt für Sondernutzungsrechte. In der Regel wird hierzu die Vorlage eines Plans erforderlich sein. Zu den Anforderungen an die Bestimmbarkeit des durch Vormerkung zu sichernden Anspruchs eines WEigentümers auf Einräumung von Sondereigentum an den Räumen eines „nach Maßgabe der künftigen baurechtlichen Genehmigung" zu erstellenden Gebäudes s. BayObLG Rpfleger 1992, 292. Bestimmbarkeit ist auch gegeben, wenn dem Vertragspartner oder einem Dritten ein ausreichend eingegrenztes Bestimmungsrecht eingeräumt ist. Auch ein Anspruch auf Einräumung eines Wohnungsrechts an einem WEigentum kann schon vor Begründung von WEigentum durch eine Vormerkung im Grundstücksgrundbuch gesichert werden (LG Lübeck Rpfleger 1995, 152). Zu den Anforderungen an die Bestimmtheit oder Bestimmbarkeit des gesicherten Anspruchs s. auch BGH NJW 2002, 2247; OLG Düsseldorf MittRhNotK 1995, 60.

113   Ist das Gebäude, das in WEigentum übergeführt werden soll, bereits errichtet, so bedarf es zur Eintragung einer solchen Vormerkung nicht zwingend der Vorlage eines Aufteilungsplans oder des Bauplans für das Gebäude; es genügt vielmehr, dass die Wohnung in der EintrBewilligung so beschrieben ist, dass sie auf Grund der Beschreibung in der Örtlichkeit zweifelsfrei festgestellt werden kann (BayObLG Rpfleger 1977, 300; OLG Köln DNotZ 1985, 450). Die Eintragung der Vormerkung ist auch möglich, wenn noch keine Abgeschlossenheitsbescheinigung vorliegt, es sei denn, es stünde fest, dass sie unter keinen Umständen erteilt werden kann (LG Köln MittRhNotK 1990, 224).

114   Veräußert der Verkäufer von WEigentum vor Anlegung der Wohnungsgrundbücher eine Teilfläche des gemeinschaftlichen Grundstücks an einen

Dritten, so sichert die Eigentumsvormerkung für den Wohnungskäufer insoweit den Anspruch auf Verschaffung schlichten Miteigentums (BayObLG Rpfleger 1976, 13).

Falls ein WEigentümer durch vorläufig vollstreckbares Urteil nach §§ 18, 19 WEG zur Veräußerung seines WEigentums verurteilt worden ist, kann im Hinblick auf § 895 ZPO zur Sicherung des Anspruchs des Titelgläubigers auf Rechtsübertragung an den künftigen Ersteigerer eine Vormerkung in das Wohnungsgrundbuch eingetragen werden (KG Rpfleger 1979, 198).

d) Umschreibung der Vormerkung. Darunter ist die endgültige Eintragung in Erfüllung des durch die Vormerkung gesicherten Anspruchs zu verstehen. Der Rang des einzutragenden Rechts bestimmt sich, sofern das Recht rangfähig ist, nach dem Rang der Vormerkung (§ 883 Abs. 3 BGB). Die Eintragung muss alle Voraussetzungen einer GBEintragung erfüllen. Erforderlich ist also, von dem Fall des § 20 abgesehen, insbes. die Bewilligung der Eintragung des Rechts durch den Grundstückseigentümer oder die Bewilligung der Löschung durch den Rechtsinhaber. Die Bewilligung kann jedoch durch eine rechtskräftige Verurteilung zu ihrer Abgabe (§ 894 ZPO) ersetzt werden (s. § 19 Rn. 9). **115**

Bei dem häufigen Fall einer Vormerkung zur Sicherung des Anspruchs auf Bestellung einer Bauhandwerkersicherungshyp. gem. § 650e BGB setzt eine Umschreibung die Bewilligung der Sicherungshyp. durch den Grundstückseigentümer voraus. Ein auf Zahlung von Werklohn gerichteter Vollstreckungstitel ersetzt die Bewilligung nicht und ist daher keine geeignete Grundlage für die Umschreibung; wird eine Umschreibung dennoch vorgenommen, entsteht eine Zwangssicherungshyp. an bereitester Rangstelle; den Rang der Vormerkung erhält die Hyp. nicht (BayObLG Rpfleger 2000, 448; vgl. OLG Düsseldorf NJW-RR 1986, 322). Die Vormerkung zur Sicherung des Anspruchs auf Einräumung einer Bauhandwerkersicherungshyp. für erbrachte Leistungen kann mit dem ihr zukommenden Rang nicht in eine Hyp. zur Sicherung nachfolgender Leistungen umgeschrieben werden (BGH Rpfleger 2001, 586). **115.1**

Zur grundbuchmäßigen Abwicklung der Umschreibung s. § 19 GBV (vgl. dazu auch GBV Muster Anl. 2a Abt. III lfd. Nr. 4). Reicht die gemäß § 19 Abs. 1 Satz 1 GBV für die endgültige Eintragung freizuhaltende rechte Hälfte der Spalte hierfür nicht aus, ist das Recht an nächster freier Stelle ganzspaltig einzutragen. Darauf ist in der frei gehaltenen rechten Halbspalte hinzuweisen. Bei der Eintragung ist kenntlich zu machen, dass es sich um die Umschreibung der Vormerkung handelt und sicher zu stellen, dass das Recht den ihm gemäß § 883 Abs. 3 BGB zukommenden Rang erhält. Eine in der GBV nicht erwähnte Umschreibung einer Eigentumsvormerkung durch entsprechende Vermerke bei der Eigentümereintragung in Abt. I Sp. 4 und bei der Vormerkung in Abt. II Sp. 5 kommt, wenn man sie überhaupt für zulässig erachten wollte, allenfalls in Ausnahmefällen in Betracht, weil die Eigentumsvormerkung regelmäßig mit der Eigentumsumschreibung gelöscht wird. **115.2**

e) Sonstiges. Über die Zulässigkeit der stufenweisen Umschreibung einer Vormerkung, wenn der gesicherte Anspruch teilbar ist, z.B. auf Eintra- **116**

gung einer Hyp. für eine Geldforderung geht, s. BayObLG NJW 1963, 157. Zu Eintragung und Löschung einer Vormerkung bei einem Widerspruch der Gemeinde oder des Landesfiskus gegen eine Verfügung über ein **Bodenreformgrundstück** im Gebiet der ehemaligen DDR s. Art. 233 § 13a EGBGB. Die Eintragung kann etwa lauten: „Vormerkung zur Sicherung des Anspruchs des ... auf Übertragung des Eigentums gem. Art. 233 § 11 Abs. 3 Satz 1 EGBGB auf Grund Widerspruchs der Gemeinde/des Landesfiskus ... vom ...; eingetragen am ...".

117   Zur Eintragung einer Vormerkung zur Sicherung des Anspruchs auf Aufhebung einer altrechtlichen (nicht eingetragenen) Grunddienstbarkeit s. LG Regensburg Rpfleger 1976, 361. Zur rechtlichen Bedeutung einer Vormerkung nach dem bayerischen HypGesetz s. BayObLG 1997, 266. Die aufschiebend bedingte Abtretung eines durch Vormerkung gesicherten Anspruchs kann im GB bei der Vormerkung eingetragen werden (BayObLG MittBayNot 1986, 77). Eine Eigentumsvormerkung zur Sicherung eines Rückübereignungsanspruchs, der sich weder aus einem Wiederkauf noch aus einem Vorkauf ergibt, kann auch dann in das GB eingetragen werden, wenn auf den Anspruch § 461 oder § 472 BGB angewendet werden soll und die Berechtigten in Gütergemeinschaft leben (BayObLG Rpfleger 1993, 328; s. hierzu Grziwotz MittBayNot 1993, 74).

Ist zur Sicherung des Anspruchs auf Eintragung einer Hyp. (Bauhandwerkersicherungshyp.) **auf mehreren Grundstücken** des Schuldners oder mehrerer Gesamtschuldner gem. § 885 BGB die Eintragung einer Vormerkung bewilligt oder durch einstweilige Verfügung angeordnet, so ist diese bei jedem Grundstück ohne Verteilung des Betrages einzutragen; § 867 Abs. 2 ZPO ist weder unmittelbar noch entsprechend anwendbar (OLG Frankfurt FGPrax 1995, 138). Zur Wirksamkeit einer Vormerkung für eine Gesamthyp. als solche für eine Einzelhyp. s. § 48 Rn. 6.

28. Eintragung des Hofvermerks

118   Die Eintragung des Vermerks nach der HöfeO erfolgt nur noch auf Ersuchen des Landwirtschaftsgerichts (§ 3 HöfeVfO); wegen der Stelle und des Inhalts des Vermerks s. § 6 HöfeVfO. Auch die Löschung eines Hofvermerks setzt ein Ersuchen des Landwirtschaftsgerichts voraus (§ 3 HöfeVfO). Für die Eintragung und Löschung des Vermerks werden Gebühren und Auslagen nicht erhoben. Der in der Aufschrift des GB eingetragene Hofvermerk begründet die Vermutung, dass die Hofeigenschaft noch besteht (OLG Köln MittRhNotK 1999, 282). Das Erlöschen der Hofeigenschaft kann auch dann in das GB eingetragen werden, wenn ein Hofvermerk nicht im GB eingetragen ist (OLG Köln RNotZ 2009, 323 mit Anm. v. Roemer). Zur zeitlich beschränkten Aufgabe der Hofeigenschaft s. BGH DNotZ 2009, 395.

119   Auf Ersuchen des Landwirtschaftsgerichts eines Landes, in dem die HöfeO gilt, ist ein Hofvermerk auch im GB für Grundstücke einzutragen, die in einem benachbarten Land – auch im Gebiet der ehemaligen DDR – liegen, in dem die HöfeO nicht gilt (so gen. Ausmärkergrundstücke; OLG Jena FGPrax 2013, 252). Beantragt der Eigentümer eines Hofs i. S. der HöfeO, ein neu erworbenes landwirtschaftliches Grundstück auf das für den

Hof bereits angelegte GBBlatt zu übertragen, so ist ein besonderer Nachweis der Hofzugehörigkeit dieses Grundstücks in der Regel nicht erforderlich (OLG Celle Rpfleger 1974, 433).

Die HöfeO i.d.F. v. 26.7.1976 (BGBl. I 1933) und die HöfeVfO v. 29.3.1976 (BGBl. I 881, 885) gelten in den Ländern Hamburg, Niedersachsen, Nordrhein-Westfalen und Schleswig-Holstein. Jetzt hat auch Brandenburg das Höferecht eingeführt; am 21.6.2019 ist das Ges. über die HöfeO für das Land Brandenburg v. 19.6.2019 (GVBl. Teil I Nr. 28) in Kraft getreten.

Zu den EintrErsuchen des Landwirtschaftsgerichts s. § 38 Rn. 15. Zur Kenntlichmachung der Hofzugehörigkeit, wenn bei einer Zusammenschreibung Verwirrung zu besorgen ist, s. BGH FGPrax 2013, 54. Zur Begründung von WEigentum an Hofgrundstücken s. Anh. zu § 3 Rn. 7. Gegen die Hofzugehörigkeit einer Salzabbaugerechtigkeit Ebeling Rpfleger 1983, 383 gegen AG Lüneburg Rpfleger 1983, 396.

29. Eintragung eines Dauerwohnrechts

a) Allgemeines. Das Dauerwohnrecht berechtigt zur Benutzung einer **120** bestimmten Wohnung unter Ausschluss des Eigentümers (§ 31 Abs. 1 WEG). Gegenstand des Dauerwohnrechts kann auch ein einzelner Raum oder ein ganzes Haus sein. Unter der Voraussetzung des § 31 Abs. 1 Satz 2 WEG kann das Dauerwohnrecht auch auf außerhalb des Gebäudes liegende Grundstücksteile erstreckt werden. Das Dauernutzungsrecht, auf das die Vorschriften über das Dauerwohnrecht entsprechend anzuwenden sind, berechtigt zur Nutzung nicht zu Wohnzwecken bestimmter Räume unter Ausschluss des Eigentümers (§ 31 Abs. 2, 3 WEG). Dauerwohnrecht und Dauernutzungsrecht können auch als Einheit bestellt und im GB eingetragen werden (BayObLG DNotZ 1960, 596). Die §§ 31 bis 41 WEG gelten für die Belastung eines Erbbaurechts mit einem Dauerwohnrecht entsprechend (§ 42 WEG).

Das Dauerwohnrecht ist eine Grundstücksbelastung, die durch Einigung **121** und Eintragung in das GB entsteht (§ 873 BGB). Es ist seiner Natur nach eine Dienstbarkeit; § 1026 BGB ist entsprechend anwendbar (BayObLG MittBayNot 1995, 458; Rn. 8). Das Zeitmoment ist kein wesentliches Merkmal; das dingliche Recht bleibt auch dann ein Dauerwohnrecht, wenn es zeitlich nur in bestimmtem Umfang ausgeübt werden kann (BGH NJW 1995, 2637; s. dazu auch § 41 WEG). Jedoch wird es überwiegend für unzulässig erachtet, an einem Teileigentum 52 gleichrangige, jeweils auf eine Woche befristete Dauerwohnrechte zu bestellen (OLG Stuttgart Rpfleger 1987, 107). Die zulässigen Vereinbarungen über den Inhalt des Dauerwohnrechts ergeben sich aus § 33 Abs. 4 WEG.

Vom Wohnungsrecht gem. § 1093 BGB unterscheidet sich das Dauer- **122** wohnrecht dadurch, dass es veräußerlich (zur Zulässigkeit einer Veräußerungsbeschränkung s. § 35 WEG) und vererblich ist; unter einer Bedingung kann es nicht bestellt werden (§ 33 Abs. 1 WEG), wohl aber befristet (vgl. § 41 Abs. 1 WEG). Das Gebot der Vererblichkeit steht der Bestellung eines Dauerwohnrechts auf die Lebenszeit des Berechtigten nicht entgegen (OLG Celle FGPrax 2014, 150; a.M. OLG Neustadt NJW 1961, 1974). Als veräußerliches Recht kann es auch verpfändet werden (§§ 1273, 1274 BGB). Belastet werden kann das Dauerwohnrecht nur mit einem Nießbrauch, nicht aber mit Grundpfandrechten. Ein Zustimmungsvorbehalt für die Bestellung dinglicher Rechte, die wie der Nießbrauch zum Gebrauch und zur Nutzung des zu belastenden Rechts berechtigen, kann gemäß § 33 Abs. 4 Nr. 1 WEG als Inhalt des Rechts, nicht aber gemäß § 35 WEG vereinbart werden (BGH Rpfleger 2019, 323; offen gelassen von OLG München RNotZ 2016, 575). S. zum Ganzen Lehmann, Dauerwohn- und Dauernutzungsrechte nach dem WEG, RNotZ 2011, 1.

123   **b) Berechtigter und Belastungsgegenstand.** Das Dauerwohnrecht ist teilbar und kann mehreren nach Bruchteilen zustehen (BGH NJW 1995, 2637). Berechtigte können außerdem Gesamtgläubiger nach § 428 BGB sein (str.) und eine Gesamthandsgemeinschaft. Das Dauerwohnrecht kann schließlich auch Eigentümerrecht sein (BayObLG FGPrax 1997, 178).

Belastet werden kann mit einem Dauerwohnrecht außer einem oder mehreren Grundstücken auch ein WEigentum (Anh. zu § 3 Rn. 66), ein Erbbaurecht (§ 42 WEG) und ein Wohnungserbbaurecht, nicht aber ein Miteigentumsanteil an einem Grundstück.

Gegenstand des Dauerwohnrechts können ein ganzes Gebäude, aber auch nur einzelne Räume eines Gebäudes sein, die bestimmt bezeichnet und in sich abgeschlossen sein müssen (§ 32 Abs. 1, 2 WEG); dies gilt insbes. auch dann, wenn das Gebäude erst errichtet werden soll.

Erstreckt sich das Dauerwohnrecht auf außerhalb des Gebäudes liegende Grundstücksteile, z. B. einen Garten (§ 31 Abs. 1 Satz 2 WEG), muss sich deren Lage und Größe in Abgrenzung zu dem Restgrundstück aus dem Aufteilungsplan (§ 32 Abs. 2 Satz 2 Nr. 1 WEG) ergeben. Soweit nichts anderes vereinbart ist, darf der Berechtigte die zum gemeinschaftlichen Gebrauch bestimmten Teile, Anlagen und Einrichtungen des Gebäudes und Grundstücks mitbenutzen (§ 33 Abs. 3 WEG); dazu kann auch ein dem Gebäude zugeordneter Garten gehören. In diesem Fall bedarf der Gegenstand der Mitbenutzung keiner Bezeichnung im Einzelnen im Aufteilungsplan (OLG München Rpfleger 2013, 513).

124   **c) Eintragung.** Die Eintragung des Dauerwohnrechts in Abt. II setzt eine EintrBewilligung des Eigentümers und einen EintrAntrag voraus (§§ 13, 19). Der EintrBewilligung sind ein Aufteilungsplan und eine Abgeschlossenheitsbescheinigung beizufügen (§ 32 Abs. 2 Satz 2 WEG; s. dazu Anh. zu § 3 Rn. 43 ff.). Nach § 22 Abs. 1 BauGB kann eine Genehmigung der Gemeinde erforderlich sein (s. Anh. zu § 3 Rn. 48). Zur näheren Bezeichnung von Gegenstand und Inhalt des Dauerwohnrechts kann auf die EintrBewilligung Bezug genommen werden (§ 32 Abs. 2 Satz 1 WEG; vgl. § 44 Rn. 31). Eine Befristung ist jedoch von der Bezugnahme ausgeschlossen (§ 44 Rn. 20). Auch eine Veräußerungsbeschränkung gem. § 35 WEG ist ausdrücklich einzutragen (vgl. § 3 Abs. 2 Halbsatz 2 WGV, § 56 Abs. 2 Halbsatz 2 ErbbauRG); für sie gilt § 12 WEG entsprechend (s. dazu Anh. zu § 3 Rn. 34 ff.). Zu den Anforderungen an den Aufteilungsplan, wenn nur eine Wohnung in einem von mehreren mehrstöckigen Gebäuden auf dem Grundstück Gegenstand des Rechts ist, s. BayObLG DNotZ 1998, 374.

Die Eintragung darf vom GBAmt nur vorgenommen werden, wenn die in § 32 Abs. 3 WEG genannten Vereinbarungen als Inhalt des Dauerwohnrechts getroffen sind; ob sie wirksam sind, hat das GBAmt jedoch nicht zu prüfen (§ 19 Rn. 38). Ein Verstoß gegen die Ordnungsvorschrift berührt die Wirksamkeit des Dauerwohnrechts nicht.

d) Übertragung, Pfändung, Verpfändung, Aufhebung. Zur Veräuße-   125
rung (Übertragung) des Dauerwohnrechts ist sachlichrechtlich eine formfreie Einigung und die Eintragung erforderlich (§ 873 BGB). Grundbuchrechtlich genügt die EintrBewilligung; § 20 ist nicht anwendbar. Als Inhalt des Dauerwohnrechts kann gemäß § 35 WEG vereinbart werden, dass die Veräußerung der Zustimmung des Eigentümers (Erbbauberechtigten) oder eines Dritten bedarf. Ein Zustimmungsvorbehalt kann nur für die Übertragung des Rechts, nicht aber auch für die Belastung mit beschränkten dinglichen Rechten vereinbart werden (BGH Rpfleger 2019, 323; a. M. OLG München RNotZ 2016, 575; 31. Auflage). Zur Belastung s. Rn. 122. Zur Pfändung des Dauerwohnrechts bedarf es gem. § 857 Abs. 6, § 830 ZPO der Eintragung in das GB (Anh. zu § 26 Rn. 9). Die Verpfändung setzt gem. §§ 1273, 1274, 873 BGB Einigung und Eintragung voraus. Das Dauerwohnrecht erlischt durch Aufhebung und Eintragung (§ 875 BGB); die Zustimmung des Eigentümers ist nur erforderlich, wenn Inhalt des Dauerwohnrechts ein Heimfallanspruch ist.

30. Eintragung einer Reichsheimstätte

Einzelfragen im Zusammenhang mit der Eintragung einer Reichsheim-   126
stätte im GB sind in der 20. Auflage dargestellt. Durch das am 1.10.1993 in Kraft getretene Ges. v. 17.6.1993 (BGBl. I 912) sind das RHeimstG, das Ges. zur Änderung des RHeimstG und die VO zur Ausführung des RHeimstG aufgehoben worden. Als Folge davon wurden in § 4 Abs. 2 die auf die Heimstätte hinweisenden Textstellen und in § 55 dessen Satz 2 gestrichen; ferner wurde Abschnitt XIII der GBV aufgehoben, der sich mit dem Reichsheimstättenvermerk befasste. Kurze Zeit später wurden durch das RegVBG die genannten Bestimmungen der GBO neu gefasst und ein neuer Abschnitt XIII in die GBV eingefügt. Zur Aufhebung des RHeimstG s. Hornung Rpfleger 1994, 277; zur Ausübung eines vereinbarten Wiederkaufrechts nach Aufhebung des RHeimstG s. BGH MDR 2006, 323 mit Anm. v. Deutrich MittBayNot 2006, 326; zu dem dabei zu beachtenden Verhältnismäßigkeitsgrundsatz s. BGH Rpfleger 2006, 600.

Art. 6 des Ges. v. 17.6.1993 enthält eine Übergangsregelung, die zuletzt in der 23. Auflage im Einzelnen dargestellt wurde.

Rangvermerk

45 (1) **Sind in einer Abteilung des Grundbuchs mehrere Eintragungen zu bewirken, so erhalten sie die Reihenfolge, welche der Zeitfolge der Anträge entspricht; sind die Anträge gleichzeitig gestellt, so ist im Grundbuch zu vermerken, daß die Eintragungen gleichen Rang haben.**

(2) **Werden mehrere Eintragungen, die nicht gleichzeitig beantragt sind, in verschiedenen Abteilungen unter Angabe desselben Tages bewirkt, so ist im Grundbuch zu vermerken, daß die später beantragte Eintragung der früher beantragten im Range nachsteht.**

(3) **Diese Vorschriften sind insoweit nicht anzuwenden, als ein Rangverhältnis nicht besteht oder das Rangverhältnis von den Antragstellern abweichend bestimmt ist.**

Inhaltsübersicht

1. Allgemeines

1   § 45 hängt mit § 879 BGB zusammen. § 879 BGB betrifft das materiellrechtliche Rangverhältnis mehrerer Rechte untereinander. § 45 enthält den Grundsatz, dass der früher beantragten Eintragung der bessere Rang gebührt und sorgt dafür, dass der ihr zukommende Rang nach materiellem Recht erforderlichen grundbuchmäßigen Ausdruck findet.

Vgl. zum Folgenden Böttcher, Das Rangverhältnis im GBVerfahren, BWNotZ 1988, 73; Ulbrich, Rechtsprobleme des Rangrücktritts und des Rangvorbehalts in der notariellen Praxis, MittRhNotK 1995, 289; Morvilius, Versteigerungsrechtliche Auswirkungen von Rangvorbehalt und Rangrücktritt auf die Eigentumsvormerkung, MittBayNot 2005, 477. Zum Rang der am 2.10.1990 im Gebiet der ehemaligen DDR bestehenden dinglichen Rechte s. Art. 233 §§ 3, 9 EGBGB, ferner § 14 Abs. 2 GGV. Zum gesetzlichen Rangrücktritt des Versicherers nach § 104 Satz 2 VVG beim Erbbaurecht s. OLG Hamm Rpfleger 2002, 614.

2. Bedeutung des Rangverhältnisses

2   Das Rangverhältnis regelt die Reihenfolge, in der mehrere an einem Grundstück bestehende Rechte verwirklicht und bei der Zwangsversteigerung und Zwangsverwaltung berücksichtigt und befriedigt werden (JFG 12, 298). Es setzt inhaltlich zulässige Eintragungen voraus; inhaltlich unzulässige

Eintragungen können eine Rangstelle ebenso wenig wahren wie unvollendete, d. h. nicht unterschriebene Eintragungen (KG DR 1942, 796).

Der Rang gehört im weiteren Sinn zum Inhalt eines Rechts (OLG Zwei- **3** brücken Rpfleger 1985, 54; OLG München FGPrax 2009, 61); deshalb kann z. B. zur näheren Bezeichnung des Inhalts eines Rangvorbehalts auf die EintrBewilligung Bezug genommen werden (s. Rn. 40). Das Eigentum ist als das umfassende Vollrecht nicht rangfähig (BGH Rpfleger 2007, 333). Über Fälle, in denen ein Rangverhältnis nicht besteht, s. Rn. 14–19.

Sind im GB mehrere Eigentumsvormerkungen im Gleichrang eingetragen, erwirbt derjenige, der zuerst seine Eintragung als Eigentümer erlangt, unbeschadet der gleichrangigen Vormerkungen Dritter das dauerhafte Eigentum (OLG Naumburg NJW-RR 2000, 1185); nach einer anderen Meinung sichert jede der Vormerkungen nur einen Anspruch auf Erlangung anteiligen Bruchteilseigentums.

Zur umstrittenen Rangfähigkeit der Eigentumsvormerkung s. Rn. 11. Zum Vorrang von Zwischenrechten bei einer Erweiterung oder einem Austausch des durch Vormerkung gesicherten Anspruchs ohne erneute GBEintragung s. Anh. zu § 44 Rn. 90.2. Zur Konkurrenz der Vormerkung und einer Verfügung über das Grundstück s. Böhringer NotBZ 2002, 292.

3. Bestimmung des Rangverhältnisses nach § 879 BGB

Das Rangverhältnis unter mehreren ein Grundstück belastenden und **4** durch Eintragung entstehenden Rechten bestimmt sich grundsätzlich nach der Eintragung im GB. Ist ein besonderer Rangvermerk gebucht, so ist dieser maßgebend (§ 879 Abs. 3 BGB). Andernfalls entscheidet bei Eintragungen in derselben Abteilung die räumliche Reihenfolge, bei Eintragungen in verschiedenen Abteilungen die Tagesangabe (§ 879 Abs. 1 BGB), und zwar auch dann, wenn die Einigung der Eintragung nachfolgt (§ 879 Abs. 2 BGB), mithin auch, falls eine unwirksame Einigung durch Genehmigung rückwirkend geheilt wird (KG HRR 1932 Nr. 1823); Eintragungen in der Haupt- und Veränderungsspalte der Abt. II und III bilden dabei eine Rangeinheit (s. hierzu § 48 Rn. 20). Das Gleiche gilt, wenn eine bei der Eintragung einer Zwangshyp. fehlende Voraussetzung der Zwangsvollstreckung später eintritt (s. hierzu § 18 Rn. 9). Über den Fall, dass mehrere selbständige Rechte ordnungswidrig unter einer Nummer eingetragen wurden und eine Angabe über das Rangverhältnis fehlt, s. BayObLG 1953, 64 mit weit. Nachweisen; BayObLG Rpfleger 1958, 88.

a) Neueintragung ohne Rangvermerk. Hier hat die Eintragung hin- **5** sichtlich des Rangs formale Rechtskraft; dem Recht kommt der sich aus der räumlichen Stellung oder dem Datum der Eintragung ergebende Rang zu; unerheblich ist, über welchen Rang sich die Beteiligten geeinigt haben (KG Rpfleger 2012, 621; Weber in Bauer/Schaub Rn. 23; a. M. OLG Frankfurt FGPrax 1995, 17), wie die EintrBewilligung lautet und ob das GBAmt gegen §§ 17, 45 verstoßen hat (BGH 21, 98; BayObLG Rpfleger 1976, 302); einen ihm gebührenden anderen Rang kann das Recht nur im Weg der Rechtsänderung, d. h. durch Rangänderung (s. Rn. 47 ff.), erhalten. Scheidet somit eine Unrichtigkeit des GB hinsichtlich des Rangs aus, so kann die Eintragung jedoch inhaltlich unzulässig sein, falls der dem Recht zukommende Rang nicht der gesetzlich vorgeschriebene ist (s. § 10 ErbbauRG); möglich ist auch GBUnrichtigkeit wegen Unwirksamkeit des Rechts, wenn dieses zufolge Rangabweichung von der Einigung nicht entstanden ist (§ 139 BGB; s. hierzu BGH NJW-RR 1990, 206; FGPrax 2014, 99; KG Rpfleger 2012, 621).

6 Den durch seine räumliche Stellung im GB erworbenen Rang kann ein eingetragenes Recht nicht dadurch verlieren, dass das GBAmt später eine Eintragung in einem vorstehenden leeren Raum vornimmt. Deshalb wird das GB unrichtig, wenn das GBAmt ein Recht in einen entgegen § 21 Abs. 2 GBV freigelassenen Raum einträgt, wenn es eine räumlich vorgehende, nicht unterschriebene Eintragung nach wirksamer Eintragung eines räumlich nachstehenden Rechts nachträglich unterschreibt oder wenn es ein neues Recht neben einer nach § 25 bereits erloschenen, wenn auch nicht gelöschten Vormerkung einträgt (KGJ 41, 223; RG HRR 1935 Nr. 1016). Über den Fall ordnungswidriger Ergänzung einer inhaltlich unzulässigen Eintragung s. § 53 Rn. 59.

7 **b) Fehlen der Tagesangabe.** Dies ist für das Rangverhältnis unter Rechten derselben Abteilung bedeutungslos; denn hier entscheidet die räumliche Reihenfolge. Das Rangverhältnis unter Rechten verschiedener Abteilungen richtet sich bei fehlender Tagesangabe nach der Zeit der Vollendung der Eintragung. Lässt sich die Eintragungszeit nicht zweifelsfrei feststellen, so muss die undatierte Eintragung hinter alle Eintragungen der anderen Abteilung zurücktreten, soweit sich ihr Vorrang aus dem Zusammenhalt der übrigen Eintragungen im GB nicht zweifelsfrei ergibt. Ist z. B. das letzte Recht der Abt. II undatiert, so geht es allen Rechten der Abt. III nach. Ist das vorletzte Recht der Abt. II undatiert, so geht es den Rechten der Abt. III vor, welche dem letzten Recht der Abt. II nachgehen. Entsprechendes gilt, wenn mehrere Eintragungen undatiert sind (Meikel/Böttcher Rn. 226; str.). Eine andere Ansicht legt auf den Wortlaut des § 879 BGB, dass das undatierte Recht nicht „unter Angabe" eines früheren Tages eingetragen sei, nur dann Gewicht, wenn der undatierten Eintragung in derselben Abteilung keine weiteren Rechte folgen.

8 **c) Buchung eines Rangvermerks.** Liegt ihr eine Rangvereinbarung der Beteiligten zugrunde (§ 879 Abs. 3 BGB; § 45 Abs. 3), so ist das GB hinsichtlich des Rangs nur richtig, wenn der Vermerk der Einigung entspricht (Weber in Bauer/Schaub Rn. 25; OLG Brandenburg Rpfleger 2002, 135). Fehlt es daran, so hat das Recht in Wahrheit den sich aus der räumlichen Stellung oder dem Datum der Eintragung ergebenden Rang (KG HRR 1935 Nr. 114; BayObLG Rpfleger 1976, 302); das GB ist, falls nicht etwa der gutgläubige Erwerb eines Dritten entgegensteht, durch Löschung des Rangvermerks zu berichtigen (vgl. OLG Brandenburg Rpfleger 2002, 135); ein von den Beteiligten abweichend hiervon beabsichtigter Rang kann nur im Weg der Rechtsänderung, d. h. durch Rangänderung (s. Rn. 47 ff.) herbeigeführt werden (a. M. mit beachtlichen Gründen Meikel/Böttcher Rn. 228; Streuer Rpfleger 1985, 388: maßgebend ist der eingetragene Rangvermerk; offen gelassen von BGH FGPrax 2014, 99; KG Rpfleger 2012, 621). Der

Eintragung eines Gleichrangvermerks gemäß § 45 Abs. 1 Halbsatz 2 liegt keine materiellrechtliche Rangvereinbarung zugrunde (KG Rpfleger 2012, 621); dasselbe gilt für einen Rangvermerk gemäß § 45 Abs. 2.

Beispiel: Der Eigentümer bewilligt mit Zustimmung des Gläubigers der **9** Hyp. Nr. 2 die Eintragung einer Grundschuld mit Rang vor Nr. 2. Versehentlich wird die Grundschuld mit Rang vor Nr. 3 eingetragen. Die Grundschuld hat in Wahrheit den Rang hinter Nr. 2, weil der Vorrang vor dieser Post nicht eingetragen ist, und hinter Nr. 3 weil in Bezug auf den eingetragenen Rangvermerk die Einigung fehlt; den Rang vor Nr. 2 kann die Grundschuld nicht durch Berichtigung, sondern nur durch Rechtsänderung erhalten; wenn der Gläubiger der Hyp. Nr. 2 inzwischen gewechselt hat, nur mit Zustimmung des neuen Gläubigers. Über die Möglichkeit der Unwirksamkeit des Rechts zufolge Rangabweichung von der Einigung (§ 139 BGB) s. Rn. 5.

Wird ein Rangvermerk nicht im Widerspruch zu einer Rangvereinbarung **10** der Beteiligten (§ 879 Abs. 3 BGB; § 45 Abs. 3), sondern unter Verletzung von § 45 Abs. 1, 2 oder in Widerspruch zu einer bloß verfahrensrechtlichen Rangbestimmung gemäß § 45 Abs. 3 Fall 2 eingetragen, so macht dies das GB nicht unrichtig; maßgebend für den Rang ist der eingetragene Rangvermerk (BGH FGPrax 2014, 99; KG OLG 36, 148; OLG Frankfurt FGPrax 1995, 17).

d) Entsprechende Anwendung des § 879 BGB. Die Vorschrift bezieht **11** sich unmittelbar nur auf Grundstücksrechte; sie ist sinngemäß anzuwenden auf Vormerkungen (BGH NJW 1986, 578; OLG Köln Rpfleger 1992, 497; a. M. Schneider DNotZ 1982, 523) einschließlich Eigentumsvormerkungen (JFG 10, 226; OLG Bremen Rpfleger 2005, 529; a. M. LG Lüneburg Rpfleger 2004, 214; Skidzun Rpfleger 2002, 9; Lehmann NotBZ 2002, 205; zu ranggleichen Eigentumsvormerkungen s. Rn. 3), nicht hingegen auf Widersprüche (RG 129, 127) und Verfügungsbeschränkungen (RG 135, 384). Entsprechende Anwendung ist ferner auf Rechte an Grundstücksrechten geboten, soweit es zu ihrer Entstehung der Eintragung bedarf (JFG 3, 441); da hier nur Eintragungen in derselben Abteilung in Frage kommen, richtet sich der Rang der Rechte mangels besonderen Rangvermerks nach der räumlichen Reihenfolge der Eintragungen.

4. Mehrere Eintragungen

Es müssen mehrere Eintragungen beantragt sein; § 45 gilt also nicht, wenn **12** nur ein Recht einzutragen ist, mag sich dieses auch aus mehreren Ansprüchen zusammensetzen oder seine Eintragung für mehrere Berechtigte zu Bruchteilen begehrt werden.

5. Bestehen eines Rangverhältnisses

Sind mehrere Eintragungen beantragt, so gilt § 45 nur insoweit, als zwi- **13** schen ihnen ein Rangverhältnis besteht. Kommt ein solches in Betracht, so ist die Art der Eintragungen unerheblich; der unmittelbare Anwendungsbereich des § 45 geht also weiter als der des § 879 BGB.

14   Soweit zwischen den beantragten Eintragungen kein Rangverhältnis besteht, ist, falls sie dasselbe Recht betreffen, lediglich § 17, nicht § 45 anzuwenden (RG 116, 363). In **keinem Rangverhältnis** stehen:

15   ● Eintragungen im Bestandsverzeichnis zueinander und zu den Eintragungen in den drei Abteilungen.

16   ● Eintragungen in Abt. I zueinander und zu den Eintragungen in den Abt. II und III (RG 116, 363; BayObLG 1990, 321; OLG Köln Rpfleger 1992, 497).

17   ● Eintragungen in Abt. II und III, die nur die Anteile verschiedener Miteigentümer betreffen (KGJ 52, 217; OLG Hamm FGPrax 1995, 171) oder die Belastung oder sonstige Veränderung verschiedener Rechte zum Gegenstand haben.

18   ● Auf das Eigentum bezügliche Verfügungsbeschränkungen und Grundstücksrechte (KG HRR 1934 Nr. 199; JFG 13, 114; 16, 235; OLG Hamm Rpfleger 1966, 48; OLG Hamburg DNotZ 1967, 376; a. M. Hesse DFG 1938, 88), z. B. Nacherbenvermerk und Erbbaurecht (OLG Hamm Rpfleger 1989, 232). Mit Rücksicht auf die sich aus § 892 BGB ergebende Rechtserheblichkeit der zeitlichen Reihenfolge der Eintragungen gelten die formellen Vorschriften der §§ 17 und 45, die diese zeitliche Reihenfolge und ihre Kenntlichmachung regeln, jedoch auch hier; in diesem formellen Sinn kommt also auch ein Rangverhältnis zwischen der Verfügungsbeschränkung und dem Grundstücksrecht sowie die Kenntlichmachung eines solchen Rangverhältnisses im GB in Betracht; ist das später eingetragene Recht gegenüber der Verfügungsbeschränkung wirksam, z. B. wegen Genehmigung der geschützten Person oder weil das vor einer Eigentumsvormerkung eingetragene Veräußerungsverbot erst nach Eintragung der Vormerkung durch Zustellung wirksam geworden ist (s. dazu BayObLG FGPrax 2003, 251), ist dies durch Eintragung eines sog. **Wirksamkeitsvermerks** sowohl bei dem begünstigten Recht als auch bei der Verfügungsbeschränkung jeweils in der Veränderungsspalte kenntlich zu machen (KG HRR 1934 Nr. 199; JFG 13, 114; s. hierzu auch OLG Köln Rpfleger 1990, 159; OLG Saarbrücken Rpfleger 1995, 404; § 22 Rn. 20; § 46 Rn. 4; § 51 Rn. 25). Entsprechendes gilt für Widersprüche (RG 129, 127; RG Warn. 1931 Nr. 106; a. M. Hesse DFG 1938, 88). Damit ist nicht gesagt, dass das GBAmt bei Erledigung eines EintrAntrags eine ihm bekannte, nicht eingetragene Verfügungsbeschränkung unberücksichtigt lassen und durch Eintragung einen Rechtserwerb allein auf Grund guten Glaubens des Erwerbers herbeiführen dürfte (s. hierzu § 19 Rn. 58).

19   ● Mehrere dasselbe Recht betreffende Verfügungsbeschränkungen (a. M. JFG 5, 337; Hesse DFG 1938, 89), Widersprüche und Löschungsvormerkungen (KG DR 1944, 189).

6. Gesetzliche Rangbestimmung

20   Der Grundsatz, dass einem durch Eintragung entstehenden Recht der Rang nach dem Eingang des EintrAntrags gebührt, wird mitunter durch eine gesetzliche Sonderregelung verdrängt; soweit dies der Fall ist, findet § 45 keine Anwendung. In Betracht kommen folgende Fälle:

- § 883 Abs. 3 BGB. Durch Vormerkung gesicherte Rechte erhalten den 21
  Rang der Vormerkung. Dies ist durch Eintragung des Rechts neben der
  Vormerkung zum Ausdruck zu bringen; letztere wird zu diesem Zweck
  halbspaltig eingetragen (§ 19 Abs. 1 GBV). Auf die Eigentumsvormerkung
  findet § 883 Abs. 3 BGB keine Anwendung, weil das Eigentum selbst
  nicht rangfähig ist (BGH Rpfleger 2007, 333).
- § 128 Abs. 1 ZVG. Sicherungshyp. für die Forderungen gegen den Erste- 22
  her erhalten den Rang des Anspruchs, zu dessen Befriedigung die Forderungsübertragung erfolgt ist; das Rangverhältnis ist in dem Ersuchen des
  Vollstreckungsgerichts zu bestimmen und durch die Reihenfolge der Eintragungen, notfalls durch Rangvermerke, zum Ausdruck zu bringen.
- § 130 Abs. 3 ZVG. Eintragungen, die von dem Ersteher vor seiner Eintragung als Eigentümer bewilligt worden sind, erhalten den Rang nach den
  Versteigerungsergebnissen (s. § 38 Rn. 41).
- § 456 Abs. 3 ZGB. Im Gebiet der ehemaligen DDR haben vor dem 23
  1.7.1990 begründete (maßgebend ist der Zeitpunkt des Eingangs des
  EintrAntrags beim Liegenschaftsdienst) Aufbauhypotheken gem. § 456
  Abs. 3 des Zivilgesetzbuchs v. 19.6.1975 (GBl. DDR I 465) i. V. m. § 3 des
  Ges. zur Änderung und Ergänzung des ZGB v. 28.6.1990 (GBl. DDR I
  524) Vorrang vor anderen Hypotheken; s. hierzu auch Art. 233 § 9 Abs. 3
  EGBGB. Rangänderungen oder -vorbehalte sind gleichwohl zulässig;
  § 880 Abs. 2 Satz 2 BGB gilt in diesem Fall nicht.

7. Außerhalb des GB entstandene Rechte

Der Rang außerhalb des GB entstandener Rechte richtet sich nach der 24
Entstehungszeit (vgl. für die am 2.10.1990 im Gebiet der ehemaligen DDR
bestehenden dinglichen Rechte Art. 233 § 9 Abs. 2 EGBGB). Das GBAmt
darf bei ihrer Eintragung jedoch nach § 45 verfahren, solange es den richtigen Rang nicht kennt; entspricht der demgemäß verlautbarte Rang nicht
der wahren Rechtslage, so ist das GB unrichtig (KGJ 35, 301). Zum Rang
einer Sicherungshyp. nach § 848 ZPO (oder nach § 1287 BGB) s. Anh. zu
§ 26 Rn. 51.

Öffentliche Grundstückslasten gehen, soweit nichts anderes bestimmt ist, 25
allen anderen Rechten in der Zwangsversteigerung vor. Sie haben, falls sie
ausnahmsweise in das GB eingetragen werden, keinen Rang im Sinn von
§ 879 BGB, § 45 GBO. Ein Rangvermerk ist daher, wenn nicht gesetzlich
angeordnet, inhaltlich unzulässig (JFG 14, 437 betr. Entschuldungsrente).
Auch die Landesrentenbankrente gemäß § 6 VO v. 10.3.1937 (RGBl. I 292)
und § 1 der 2. DVO v. 27.1.1938 (RGBl. I 107) war ohne Rangvermerk
einzutragen. Die erwähnten Verordnungen sind gemäß Art. 4 Abs. 1 des Ges.
v. 20.2.1980 (BGBl. I 159) am 1.5.1980 außer Kraft getreten; für den Rang
eingetragener Landesrentenbankrenten sind ihre Vorschriften jedoch weiterhin maßgebend (s. Art. 4 Abs. 2 des genannten Ges.).

8. Eintragungen in derselben Abteilung

Sind die EintrAnträge zu verschiedenen Zeiten ohne abweichende Rang- 26
bestimmung gestellt, so ist die früher beantragte Eintragung räumlich vor der

später beantragten zu bewirken; gemäß § 879 Abs. 1 Satz 1 BGB hat dann die Erstere ohne Rücksicht auf die Eintragungsdaten den ihr gebührenden Vorrang vor der Letzteren; eines besonderen Rangvermerks bedarf es nicht.

27   Sind die EintrAnträge zu gleicher Zeit ohne abweichende Rangbestimmung gestellt, so ist der den Eintragungen gebührende Gleichrang durch einen besonderen Rangvermerk, nicht etwa durch Zusammenfassung unter einer Nummer (zur Wirksamkeit aber Ordnungswidrigkeit einer Sammelbuchung s. § 44 Rn. 11), herzustellen. Der Gleichrang ist nach § 18 GBV bei allen beteiligten Rechten zu vermerken. Dies geschieht im EintrVermerk der Hauptspalte und zwar zweckmäßig unmittelbar vor dem Datum; Fassung etwa: „... im Gleichrang mit dem Recht Nr. ... eingetragen am ...".

9. Eintragungen in verschiedenen Abteilungen

28   Sind die EintrAnträge zu verschiedenen Zeiten ohne abweichende Rangbestimmung gestellt, so kann die früher beantragte Eintragung den ihr gebührenden Vorrang vor der später beantragten auf zweifache Weise erhalten:
* Durch Bewirkung an einem früheren Tag; in diesem Fall ist im Hinblick auf § 879 Abs. 1 Satz 2 BGB ein besonderer Rangvermerk überflüssig.

29   • Durch besonderen Rangvermerk, wenn beide Eintragungen an demselben Tag bewirkt werden. Hinsichtlich des Rangvermerks gilt das in Rn. 27 Ausgeführte entsprechend; Fassung etwa: „... im Rang vor/nach dem Recht Abt. ... Nr. ... eingetragen am ...".

30   Sind die EintrAnträge zu gleicher Zeit ohne abweichende Rangbestimmung gestellt, so erhalten die Eintragungen den ihnen gebührenden Gleichrang gemäß § 879 Abs. 1 Satz 2 BGB dadurch, dass sie an demselben Tag bewirkt werden; ein besonderer Rangvermerk ist dann nicht erforderlich.

10. Abweichende Bestimmung des Rangverhältnisses

31   Zu unterscheiden ist zwischen der materiellrechtlichen Rangvereinbarung (§ 879 Abs. 3 BGB), die eine Einigung des Eigentümers mit dem Erwerber eines Rechts voraussetzt, und der zu ihrer Verwirklichung durch Eintragung in das GB erforderlichen verfahrensrechtlichen Rangbestimmung (§ 45 Abs. 3), die in der EintrBewilligung oder dem EintrAntrag enthalten sein kann (s. dazu auch Rn. 8 ff.). Außerdem ist ein bloß schuldrechtlicher Anspruch auf Verschaffung eines bestimmten Rangs möglich, der durch eine Vormerkung gesichert werden kann.

a) Zuständigkeit. Eine abweichende verfahrensrechtliche Rangbestimmung können die Antragsteller treffen (Abs. 3). In diesem Fall gilt der Grundsatz, dass die Eintragungen den Rang nach dem Eingang der EintrAnträge erhalten, nicht. Zu beachten ist aber, dass der Antrag nicht in Widerspruch zu der EintrBewilligung stehen darf (s. § 13 Rn. 19). Enthält auch nur eine Bewilligung eine Rangbestimmung, so braucht sie der Antrag nicht zu wiederholen (BayObLG Rpfleger 1993, 15; OLG Brandenburg Rpfleger 2002, 135). Enthält keine Bewilligung eine solche, so kann sie im Antrag getroffen werden. Dieser ersetzt dann aber eine zur Eintragung erforderliche

Erklärung und bedarf deshalb der Form des § 29 Abs. 1 Satz 1 (BayObLG Rpfleger 1982, 334; 1993, 15). Werden die Anträge auf Eintragung mehrerer Hypotheken, Grundschulden oder Rentenschulden mit Rangbestimmung nur von den Gläubigern gestellt, so bedarf es der Zustimmung des Eigentümers nicht; § 880 Abs. 2 Satz 2 BGB gilt nur für eine nachträgliche Rangänderung. Widersprechen sich die Anträge, so ist der früher gestellte Antrag zuerst zu erledigen (§ 17); sind die Anträge gleichzeitig eingegangen, so sind sie nach § 18 zu beanstanden. Ein späterer Antragsteller kann ohne Zustimmung des früheren Antragstellers nicht den Vorrang vor diesem beanspruchen; dagegen kann der frühere Antragsteller einen schlechteren als den ihm nach der Antragstellung zukommenden Rang wählen. Eine abweichende Rangbestimmung ist nur bis zur Eintragung möglich; ist diese bewirkt, so bleibt nur die Rangänderung (s. Rn. 47 ff.).

Der Notar kann auf Grund der Vollmachtsvermutung des § 15 Abs. 2 eine Rangbestimmung vornehmen (s. § 15 Rn. 15), wohl aber auf Grund einer Vollmacht, z. B. „zur Stellung der zum Vollzug erforderlichen und zweckdienlichen Anträge" (vgl. LG Saarbrücken Rpfleger 2000, 109); die Rangbestimmung kann in diesem Fall auch noch in der Beschwerde gegen eine Zwischenverfügung getroffen werden (BayObLG Rpfleger 1993, 15).

b) Stillschweigende Rangbestimmung. Auch sie ist möglich. Werden **32** bei der Veräußerung eines Grundstücks im Zusammenhang mit der Auflassung dingliche Rechte für den Veräußerer bewilligt und außerdem vom Erwerber solche für Dritte, können letztere ohne Rücksicht auf den Zeitpunkt der Antragstellung im GB erst eingetragen werden, wenn die Auflassung vollzogen ist (s. § 17 Rn. 16). Die Eintragung der Auflassung wird jedoch in der Regel unter dem (stillschweigenden) Vorbehalt der gleichzeitigen Eintragung der für den Veräußerer bewilligten Rechte stehen (s. § 16 Rn. 11). In einem solchen Fall ist von einer stillschweigenden Rangbestimmung gemäß Abs. 3 des Inhalts auszugehen, dass die für den Veräußerer bewilligten Rechte Vorrang vor den vom Erwerber für Dritte bewilligten Rechten haben sollen (vgl. BayObLG Rpfleger 1993, 15; OLG München Rpfleger 2006, 68 mit Anm. v. Bestelmeyer Rpfleger 2006, 318; aber auch BayObLG Rpfleger 1982, 334 und dazu Bauch und Bielau Rpfleger 1983, 421, 423; s. hierzu ferner Amann MittBayNot 1994, 330). Soweit eine bei Bewilligung der Rechte für Dritte getroffene Rangbestimmung hierzu in Widerspruch steht, ist nach § 18 zu verfahren.

c) Einzelfälle. Eine Rangbestimmung liegt nicht vor, wenn keine der **33** hierfür in dem Formular für eine Grundschuldbestellung vorgesehenen, sich widersprechenden Alternativen als maßgebend gekennzeichnet ist (OLG Celle NdsRpfl. 1997, 257). Die Erklärung in einer Grundschuldbestellungsurkunde, dass die Grundschuld ausschließlich erste, notfalls nächstoffene Rangstelle zu erhalten hat, stellt keine materiellrechtliche (dingliche) Rangbestimmung dar; damit enthält auch die darauf Bezug nehmende EintrBewilligung keine verfahrensrechtliche Rangbestimmung (BayObLG Rpfleger 1993, 15; OLG Brandenburg Rpfleger 2002, 135; s. auch OLG Frankfurt Rpfleger 1980, 477). Dagegen enthalten die Erklärungen in einem Übergabevertrag, dass von zwei zur Eintragung bewilligten und beantragten Rechten das eine Rang vor dem anderen „erhalten solle", eine Rangbestimmung i. S. des § 45 Abs. 3 und nicht bloß die Vereinbarung eines schuldrechtlichen Rangverschaffungsanspruchs (vgl. OLG Düsseldorf MittRhNotK 1994, 80). Eine Rangbestimmung liegt auch vor, wenn die Eintragung einer Eigentumsvormerkung und einer Grundschuld mit „Rangrücktritt" der Vormerkung hinter die Grundschuld beantragt ist (OLG Köln Rpfleger 1998, 216).

Sollen Teile eines Grundpfandrechts unterschiedlichen Rang erhalten, so müssen mehrere selbständige Grundpfandrechte bestellt werden; die Bestellung eines einheitlichen Grundpfandrechts in Teilbeträgen mit unterschiedlichem Rang ist nicht möglich (LG Frankenthal Rpfleger 1983, 142; OLG Zweibrücken Rpfleger 1985, 54). Zur Rangbestimmung im Zusammenhang mit der Teilung eines Grundpfandrechts s. § 61 Rn. 4, 5.

11. Rangvorbehalt nach § 881 BGB

34   Der Rangvorbehalt ist ein Stück vorbehaltenen Eigentumsrechts mit der Wirkung der Beschränkung des von ihm betroffenen Rechts, des Vorbehaltsrechts (KGJ 40, 239; JFG 5, 341). Er ist unübertragbar und unpfändbar (RG 117, 431; BGH NJW 1954, 954). Seine Ausübung steht, wie § 881 Abs. 3 BGB ergibt, dem jeweiligen Eigentümer zu. Wird er nicht auf einen bestimmten Fall beschränkt, so ist wiederholte Ausübung zulässig (KGJ 40, 239; JFG 8, 298; str.; s. dazu auch Rieve NJW 1954, 1434; Fabricius Rpfleger 1956, 155). Der Eigentümer ist nicht gehindert, sein Grundstück mit Rechten außerhalb des Vorbehalts zu belasten; für diesen Fall trifft § 881 Abs. 4 BGB nähere Bestimmungen.

35   Der Rangvorbehalt entsteht durch Einigung und Eintragung; unterbleibt die Eintragung, so ist das GB nicht unrichtig (JFG 8, 289; 12, 304; str.). Ein Rangvorbehalt ist nicht nur bei Grundstücksrechten, sondern auch bei Vormerkungen zulässig. Als Vorbehaltsrecht kommen aber nur rechtsgeschäftlich bestellte Rechte in Betracht und Vormerkungen, die durch Bewilligung und nicht durch einstweilige Verfügung begründet wurden. Entsprechendes gilt für die vorbehaltenen Rechte und Vormerkungen. Vorbehalten werden kann auch die Eintragung eines Rechts zu gleichem Rang (BayObLG 1956, 462). Bei einem bereits eingetragenen Recht kann ein Rangvorbehalt in entsprechender Anwendung des § 877 BGB nachträglich begründet werden (JFG 8, 291).

36   Der Rangrücktritt eines Rechts hinter einen Rangvorbehalt ist angesichts der in Rn. 34 dargelegten Rechtsnatur des letzteren nicht möglich (s. dazu auch Lehmann BayRpflZ 1931, 35; Zeitler Rpfleger 1974, 176). Zum Rangvorbehalt bei der Erbbauzins-Reallast s. Weber Rpfleger 1998, 5.

Wird das mit einem Vorkaufsrecht samt Rangvorbehalt belastete Grundstück in WEigentum aufgeteilt, so ist das Vorkaufsrecht bei jedem WEigentumsrecht einzutragen. Der Rangvorbehalt kann nur in der Weise ausgeübt werden, dass alle WEigentumsrechte insgesamt bis zu dem eingetragenen Höchstbetrag des Vorbehalts belastet werden; dies ist bei dem Rangvorbehalt zu vermerken (OLG Schleswig Rpfleger 2000, 11; LG Köln Rpfleger 1987, 368).

12. Eintragung des Vorbehalts

a) Bewilligung. Bei gleichzeitiger Eintragung mit dem betroffenen 37
Recht genügt die Bewilligung des Eigentümers. Bei nachträglicher Eintragung ist grundsätzlich die Bewilligung des Berechtigten ausreichend; sofern
es sich bei dem betroffenen Recht jedoch um eine Hypothek, Grundschuld
oder Rentenschuld handelt, ist auch die Bewilligung des Eigentümers erforderlich (vgl. § 880 Abs. 2 Satz 2 BGB; a. M. frühere Auflagen unter Berufung
auf JFG 12, 289).

b) Bestimmter Umfang. Der Umfang des Vorbehalts muss bestimmt 38
sein; die Angabe des Höchstbetrags von Kapital, Zinsen und sonstigen Nebenleistungen genügt (s. dazu OLG Frankfurt Rpfleger 1964, 376; LG Itzehoe MDR 1968, 1010). Anzugeben ist auch der Anfangszeitpunkt der
Verzinsung; fehlt eine solche Angabe in der EintrBewilligung eines Rangvorbehalts für ein verzinsliches Grundpfandrecht, dann wird der Tag der Eintragung des Grundpfandrechts in der Regel nicht durch Auslegung der
EintrBewilligung (s. hierzu § 19 Rn. 28) als Anfangszeitpunkt zweifelsfrei
feststellbar sein (BGH Rpfleger 1995, 343). Bei bereits eingetragenen Rang-
vorbehalten für ein verzinsliches Grundpfandrecht, die keine Angaben zum
Zeitpunkt des Zinsbeginns enthalten, soll nach BGH Rpfleger 1995, 343 (s.
dazu die krit. Anm. v. Demharter MittBayNot 1995, 124) hinsichtlich des
Zinsbeginns der Zeitpunkt der Eintragung des Grundpfandrechts als Mindestinhalt der Eintragung gelten (ebenso OLG Frankfurt FGPrax 1996, 169
mit krit. Anm. v. Demharter FGPrax 1996, 206; a.M. BayObLG 1994, 203:
hinsichtlich des Zinsanspruchs handelt es sich wegen mangelnder Bestimmtheit um eine inhaltlich unzulässige Eintragung). § 1119 Abs. 1 BGB ist entsprechend anwendbar, sofern das vorbehaltene Recht nicht als unverzinslich
bezeichnet ist (RG 135, 196). Der Berechtigte des vorbehaltenen Rechts
muss nicht angegeben werden.

c) Bedingung und Befristung. Der Vorbehalt kann bedingt oder befris- 39
tet sein (JFG 8, 305; RG JW 1933, 605). Auch ein wahlweiser Vorbehalt ist
zulässig (JFG 8, 304); ebenso ein inhaltlich beschränkter Vorbehalt, z. B. für
ein Recht zugunsten eines namentlich oder gattungsmäßig bezeichneten
Berechtigten (KG HRR 1931 Nr. 288), für eine Hyp. mit gleichzeitiger
Belastung durch eine Löschungsvormerkung (JFG 18, 41; s. dazu auch
Hummitzsch Rpfleger 1956, 272) oder für eine Gesamthyp. (Weber DNotZ
1938, 289); auch eine dahingehende inhaltliche Beschränkung, dass der Vorrang nur solchen Rechten vorbehalten ist, für die die Bestellungsurkunde
oder EintrBewilligung von einem bestimmten Notar bekundet oder beglaubigt ist, wird als zulässig anzusehen sein (LG Düsseldorf Rpfleger 1985, 100),
desgleichen die dahingehende Beschränkung eines Vorbehalts für Grundpfandrechte bei einer Eigentumsvormerkung, dass diese vom Vormerkungsberechtigten als Bevollmächtigten des Eigentümers bestellt sind (LG Köln
MittRhNotK 1996, 234).

d) Stelle der Eintragung. Die Eintragung muss nach § 881 Abs. 2 Halb- 40
satz 2 BGB bei dem betroffenen Recht erfolgen; sonst entsteht der Vorbehalt
nicht (JFG 8, 300). Sie ist in der Hauptspalte, bei nachträglicher Begründung

des Vorbehalts in der Veränderungsspalte zu bewirken. Der Umfang des vorbehaltenen Rechts muss in der Eintragung selbst angegeben werden (JFG 5, 340; 8, 294). Hingegen ist zur näheren Bezeichnung des Rechts, z. B. Brief- oder Buchrecht, Verkehrs- oder Sicherungshypothek, eine Bezugnahme auf die EintrBewilligung zulässig (KGJ 48, 192). Durch Bezugnahme verlautbart werden können ferner Bedingungen (RG JW 1933, 605) sowie inhaltliche Beschränkungen (KG HRR 1931 Nr. 288) des Rangvorbehalts.

13. Ausübung des Vorbehalts

41   Sie steht dem jeweiligen Eigentümer zu. Ein Miteigentümer ist zur Ausnutzung eines Rangvorbehalts für ein Grundpfandrecht durch Belastung seines Miteigentumsanteils ohne Mitwirkung der anderen Miteigentümer befugt, jedoch nur bis zu dem seinem Miteigentumsanteil entsprechenden Bruchteil des Nennbetrags des vorbehaltenen Rechts (OLG Hamm FGPrax 2010, 177 mit kritischer Anm. v. Kutter MittBayNot 2010, 393). Eine Vollmacht zur Grundstücksbelastung zum Zwecke der Kaufpreisfinanzierung kann auch zur Ausnutzung eines bei der Eigentumsvormerkung für den Erwerber eingetragenen Rangvorbehalts ermächtigen (OLG Düsseldorf FGPrax 2000, 55). Ein Vollstreckungsgläubiger kann den Vorbehalt für eine einzutragende Zwangshyp. nicht in Anspruch nehmen (BGH NJW 1954, 954). Notwendig sind Einigung mit dem Gläubiger des vortretenden Rechts und Eintragung. Einer Zustimmung des Inhabers des Vorbehaltsrechts und diesem nachstehender Berechtigter bedarf es nicht.

Statthaft ist auch stufenweise Ausübung, so dass der Vorbehalt bis zur Erschöpfung seines Umfangs durch mehrere Rechte nebeneinander ausgenützt werden kann (KGJ 40, 236; s. dazu auch BayObLG 1956, 462; Unterreitmayer Rpfleger 1960, 282). Über die Ausnutzung des Vorbehalts für eine Gesamthyp. s. LG Bochum DNotZ 1956, 604. Statt einer vorbehaltenen Hyp. kann eine Grundschuld eingetragen werden und umgekehrt (JFG 5, 341); nicht aber statt vorbehaltener Zinsen ein Verwaltungskostenbeitrag (OLG Frankfurt NJW 1964, 669; a. M. Schmitz-Valckenberg NJW 1964, 1477).

42   Auch ein bei Eintragung des Vorbehalts bereits eingetragenes Recht kann den vorbehaltenen Rang erhalten (JFG 8, 292). Der Vorbehalt wirkt auch gegenüber einer nach dem Vorbehaltsrecht entstandenen Umstellungsgrundschuld (s. dazu 29. Auflage). Zur Ausnutzung eines Rangvorbehalts für ein DM-Recht zugunsten eines auf Euro lautenden Rechts s. LG München II MittBayNot 1999, 381. Über die Zulässigkeit wiederholter Ausübung s. Rn. 34.

43   Bei der Eintragung des vorbehaltenen Rechts muss der Rangvermerk zum Ausdruck bringen, dass es den Vorrang vor dem Vorbehaltsrecht hat und dass es das Recht ist, durch das der Vorbehalt ausgeübt wird. Ein Vermerk „… mit dem Vorrang vor …" genügt nicht; dadurch würde eine Rangänderung (s. Rn. 47 ff.) verlautbart und wenn Zwischenrechte vorhanden sind, das GB unrichtig werden (JFG 6, 309). Auch der Rangvermerk bei dem Vorbehaltsrecht muss erkennen lassen, dass der Vorrang des vorbehaltenen Rechts auf der Ausnutzung des Vorbehalts beruht. Über die Fassung der Vermerke s. GBV Muster Anl. 1 Abt. III Sp. 4 lfd. Nr. 3 und Sp. 7 zu lfd. Nr. 2. Zur Eintragung des vorbehaltenen Rechts ist die Vorlegung des Briefs über das Vorbehaltsrecht nicht erforderlich (KGJ 36, 225).

14. Löschung des Vorbehalts

Sie kommt in Betracht, wenn der Vorbehalt aufgehoben werden soll oder **44** erloschen ist.

Zur Aufhebung bedarf es gemäß § 877 BGB der Einigung des Eigentümers und des Inhabers des Vorbehaltsrechts sowie der Eintragung des Erlöschens; verfahrensrechtlich genügt die Bewilligung des Eigentümers. Dies gilt auch dann, wenn der Vorbehalt bereits ausgeübt worden ist; denn der einmal begründete Vorrang des vorbehaltenen Rechts wird durch die Aufhebung des Vorbehalts nicht berührt (LG Hof MittBayNot 1974, 268; a. M. Fabricius Rpfleger 1956, 155, 301). Die in der Veränderungsspalte zu bewirkende Eintragung kann etwa lauten: „Der Rangvorbehalt ist aufgehoben. Eingetragen am ...".

Durch die Ausübung des Vorbehalts erlischt dieser nur, wenn er auf **45** einen bestimmten Fall beschränkt worden ist (s. Rn. 34). Das Erlöschen ist im GB durch eine Ergänzung des bei dem Vorbehaltsrecht in der Veränderungsspalte einzutragenden Rangvermerks (s. hierzu Rn. 43) zu verlautbaren. Der Rangvermerk kann etwa lauten: „Der vorbehaltene Vorrang vor diesem Recht ist dem Recht Abt.... Nr.... eingeräumt. Der Rangvorbehalt ist damit erloschen. Eingetragen am ...".

S. zum Ganzen auch Staudenmaier Rpfleger 1960, 81 mit weit. Nachwei- **46** sen; BayObLG MittBayNot 1979, 113. Mit dem Erlöschen des Vorbehaltsrechts geht natürlich auch der noch nicht ausgeübte Vorbehalt unter.

15. Rangänderung nach § 880 BGB

Zur Eintragung eines Wirksamkeitsvermerks bei Finanzierungsgrund- **47** pfandrechten eines durch eine Eigentumsvormerkung gesicherten Grundstückskäufers statt eines Rangrücktritts mit der Vormerkung s. § 22 Rn. 19.

a) Anwendungsgebiet. Die Bestimmung des § 880 BGB gilt für alle eingetragenen Grundstücksrechte, sofern nicht, wie z. B. in § 10 ErbbauRG, gesetzlich ein anderes bestimmt ist. Sie ist entsprechend anzuwenden auf Teile solcher Rechte und Nebenrechte (RG 132, 110), auf Rechte an Grundstücksrechten sowie auf Vormerkungen einschließlich solcher auf Auflassung (JFG 10, 226), nicht aber auf Widersprüche und Verfügungsbeschränkungen (s. Rn. 11, 18). Der Rang einer für mehrere Berechtigte in Bruchteilsgemeinschaft eingetragenen Eigentumsvormerkung kann grundsätzlich nur insgesamt, also nicht nur bezüglich einzelner Berechtigter nachträglich geändert werden (BayObLG FGPrax 1998, 209). Durch die nachträgliche Änderung des Rangs von Teilen eines eingetragenen Grundpfandrechts wird dieses in mehrere selbständige Rechte aufgespalten (OLG Zweibrücken Rpfleger 1985, 54). Erklärt der Gläubiger eines Briefrechts dessen Teilung mit Rangbestimmung für die Teilrechte untereinander und wird das letztrangige Teilrecht unter Übergabe des Stammbriefs in einer nach § 1154 Abs. 1 Satz 1 BGB zulässigen Form abgetreten, so tritt der Rechtsübergang mit dem bestimmten Rangverhältnis außerhalb des GB ein und kann im Weg der Berichtigung eingetragen werden. Einer konstitutiv wirkenden Eintragung (§ 880 Abs. 2 BGB) bedarf es zur Rangänderung der Teilrechte untereinander in diesem Fall nicht (OLG Hamm Rpfleger 1988, 58 mit zust. Anm. v. Muth; ebenso OLG Düsseldorf Rpfleger 1991, 240; ablehnend Schmid Rpfleger 1988, 136). Zur Unzulässigkeit des Rangrücktritts hinter einen Rangvorbehalt s. Rn. 36.

48   **b) Wirkung.** Eine Rangänderung kann die Verschaffung des Vorrangs oder des Gleichrangs zum Gegenstand haben (KGJ 40, 243). Das vortretende Recht tritt in vollem Umfang vor oder neben das zurücktretende und verdrängt dieses mit dinglicher Wirkung aus seiner Rangstelle (KGJ 53, 179; JFG 6, 309). Das vortretende Recht behält seinen Vorrang nach § 880 Abs. 4 BGB auch dann, wenn das zurücktretende Recht durch Rechtsgeschäft aufgehoben wird. Erlischt das zurücktretende Recht dagegen kraft Gesetzes oder wird das vortretende Recht kraft Gesetzes oder durch Rechtsgeschäft aufgehoben, so wird die Rangänderung hinfällig (s. aber die Sonderbestimmungen in § 120 Abs. 1 Halbsatz 2 LAG sowie in § 17 und § 24 Abs. 5 GBMaßnG). Fehlen Zwischenrechte, so wirkt die Rangänderung jedoch absolut (JFG 22, 42; KG HRR 1942 Nr. 539).

49   **c) Zwischenrechte.** Die Wirkung der Rangänderung im Unterschied zum Rangvorbehalt zeigt sich in der Stellung der Zwischenrechte. Diese bleiben von der Rangänderung gemäß § 880 Abs. 5 BGB unberührt; die Zwischenberechtigten brauchen der Rangänderung deshalb nicht zuzustimmen. Es darf ihnen aber auch nicht mehr im Rang vorgehen als bisher; ist das vortretende Recht größer als das zurücktretende, so tritt es nur mit einem Teilbetrag in Höhe des Betrags des zurücktretenden Rechts vor.

50   **d) Rangänderung mehrerer Rechte.** Treten mehrere Rechte gleichzeitig hinter ein anderes zurück, so behalten sie untereinander ihren bisherigen Rang (KGJ 53, 179); dasselbe gilt, wenn mehrere Rechte gleichzeitig vor ein anderes treten (KGJ 47, 189). Räumt erst das an zweiter Stelle, dann das an erster Stelle stehende Recht dem ursprünglich an dritter Stelle stehenden Recht den Vorrang ein, so bleibt ebenfalls das Verhältnis der Ersten beiden Rechte untereinander unberührt; Rangordnung 3, 1, 2 (KGJ 53, 180). Räumt dagegen Nr. 1 zunächst der Nr. 3 und erst nach dieser Eintragung der Nr. 2 den Vorrang ein, so steht nunmehr Nr. 3 vor Nr. 2, weil Nr. 1 über den Rang nicht zum Nachteil der Nr. 3 verfügen kann; Rangfolge also 3, 2, 1 (JFG 8, 310). Erfolgen die Rangänderungen zu verschiedenen Zeiten, so ist der Rang am besten schrittweise für die einzelnen Eintragungen festzustellen.

51   **Beispiel:** Es sind in folgender Rangordnung eingetragen:

Hyp. Nr. 1	4 000 EUR
Hyp. Nr. 2	5 000 EUR
Hyp. Nr. 3	6 000 EUR
Hyp. Nr. 4	20 000 EUR

Räumt nun erst die Hyp. Nr. 1, später die Hyp. Nr. 2 der Hyp. Nr. 4 den Vorrang ein, so ist das Ergebnis folgendes:

Nach der ersten Vorrangeinräumung:

1. Rangstelle von 4 000 EUR	Hyp. Nr. 4a	
2. Rangstelle von 5 000 EUR	Hyp. Nr. 2	5 000 EUR
3. Rangstelle von 6 000 EUR	Hyp. Nr. 3	6 000 EUR
4. Rangstelle von 20 000 EUR	Hyp. Nr. 4b	16 000 EUR
	Hyp. Nr. 1	4 000 EUR

Nach der zweiten Vorrangeinräumung:

1. Rangstelle von 4 000 EUR	Hyp. Nr. 4a	4 000 EUR
2. Rangstelle von 5 000 EUR	Hyp. Nr. 4b I	5 000 EUR
3. Rangstelle von 6 000 EUR	Hyp. Nr. 3	6 000 EUR
4. Rangstelle von 20 000 EUR	Hyp. Nr. 4b II	11 000 EUR
	Hyp. Nr. 1	4 000 EUR
	Hyp. Nr. 2	5 000 EUR

Es leuchtet ein, dass mehrfache Rangänderungen das GB höchst unüber- **52** sichtlich machen können. Für die Klarstellung unübersichtlicher Rangverhältnisse sehen §§ 90 ff. ein besonderes Verfahren vor; ob Anlass zur Einleitung dieses Verfahrens besteht, ist insbes. vor der Umschreibung eines GBBlatts zu prüfen (§ 29 GBV).

e) Gesetzlicher Löschungsanspruch. Ein im Rang zurücktretendes **53** Grundpfandrecht erlangt mit der Eintragung der Rangänderung den in § 1179a BGB vorgesehenen gesetzlichen Löschungsanspruch (§ 1179a Abs. 4 BGB und dazu Stöber Rpfleger 1977, 428); dies gilt jedoch nicht, wenn das zurücktretende Recht unter die Übergangsvorschrift des Art. 8 § 1 Abs. 1 oder 2 des Ges. v. 22.6.1977 (BGBl. I 998) fällt (OLG Celle Rpfleger 1978, 308; OLG Frankfurt Rpfleger 1979, 19; BayObLG Rpfleger 1979, 261; a. M. Brych/Meinhard MittBayNot 1978, 138; Zagst BWNotZ 1979, 1). Wegen des gesetzlichen Löschungsanspruchs bei Rangänderungen mit Zwischenrechten s. Rambold Rpfleger 1995, 284.

f) Sonderfall. Räumt ein Grundpfandgläubiger einer zu Baukreditzwec- **54** ken zu bestellenden Hyp. ohne ausdrückliche Einschränkung den Vorrang ein, so erstreckt sich dieser mangels klarer gegenteiliger Verlautbarung auch auf die Eigentümergrundschuld, die bis zur Valutierung durch den Hyp-Gläubiger besteht und vom Eigentümer an einen Zwischenfinanzierer abgetreten wird (BGH Rpfleger 1973, 208).

16. Voraussetzungen der Rangänderung

a) Einigung. Die sachlichrechtlichen Erfordernisse der Rangänderung **55** ergeben sich aus § 880 Abs. 2 und 3 BGB. Nötig sind Einigung des zurücktretenden und des vortretenden Berechtigten und Eintragung; ist das zurücktretende Recht ein Grundpfandrecht, nicht nur eine HypVormerkung (JFG 13, 419), so bedarf es ferner der Zustimmung des Eigentümers; lasten an dem Grundpfandrecht Rechte Dritter, so müssen auch die Drittberechtigten zustimmen. Diese Erfordernisse gelten auch, wenn einem eingetragenen Recht ein erst einzutragendes Recht im Rang vorgehen soll (RG 157, 26; BGH Rpfleger 2010, 129). Eine Rangänderung kann auch bedingt oder befristet sein (KG HRR 1933 Nr. 1585; RG HRR 1934 Nr. 390). Sie ist auch möglich, wenn das zurücktretende und das vortretende Recht demselben Berechtigten zustehen; in diesem Fall genügt statt der Einigung die einseitige Erklärung gegenüber dem GBAmt (KGJ 40, 243; vgl. auch RG 142, 237).

56 **b) Eigentümerzustimmung.** Wird einer Zwangshyp. der Vorrang eingeräumt, so ersetzt der Titel auch die etwa erforderliche Zustimmung des Eigentümers (JFG 12, 306; BGH NJW 1954, 954). Der Zustimmung des Eigentümers bedarf es auch dann nicht, wenn einer gem. § 1287 BGB oder § 848 Abs. 2 ZPO entstandenen Sicherungshyp. von dem Gläubiger eines vormerkungswidrig eingetragenen Grundpfandrechts gem. § 888 Abs. 1 BGB der Vorrang eingeräumt wird (BayObLG NJW-RR 1991, 567). Zur Änderung des Rangverhältnisses von Teilhyp. untereinander ist eine Zustimmung des Eigentümers nach § 1151 BGB nicht notwendig; dies gilt auch bei einer Rangänderung nach Teilung der Hyp. (OLG Dresden JFG 5, 432).

57 **c) Bewilligung.** Zur Eintragung der Rangänderung bedarf es der Bewilligung des zurücktretenden Berechtigten und etwaiger Zustimmungsberechtigter. Zur Notwendigkeit, bei Briefrechten den Brief vorzulegen, s. § 41 Rn. 5. Die gem. § 880 Abs. 2 Satz 2 BGB sachlichrechtlich erforderliche Zustimmung des Eigentümers enthält regelmäßig die grundbuchrechtlich notwendige EintrBewilligung; daher ist eine Zwischenverfügung, welche „die Eigentümerzustimmung gem. § 880 Abs. 2 BGB" verlangt, regelmäßig dahin auszulegen, dass die Bewilligung gem. § 19 verlangt wird (BayObLG MittBayNot 1989, 310 unter Aufgabe von DNotZ 1988, 585). Die Zustimmung des Eigentümers zur Freistellung einer verkauften Teilfläche von einer Grundschuld ist in der Regel nicht auch als Bewilligung des Rangrücktritts der Grundschuld hinter die für den Käufer bewilligte Eigentumsvormerkung auszulegen (BayObLG MittBayNot 1989, 310). Zur Auslegung einer Belastungsvollmacht für den Käufer als Vollmacht zur Bewilligung eines Rangrücktritts mit der Eigentumsvormerkung s. § 19 Rn. 75.

d) Rangänderung gemäß StPO-Vorschriften. Der durch eine Straftat Geschädigte konnte gemäß § 111h Abs. 1 Satz 1 StPO a. F. eine Rangänderung der Sicherungshyp. verlangen, die zu seinen Gunsten wegen der ihm aus der Straftat erwachsenen Ansprüche eingetragen wurde (s. Anh. zu § 26 Rn. 44). S. dazu OLG München FGPrax 2011, 281; OLG Celle Rpfleger 2014, 74; Huber Rpfleger 2002, 293.

Diese Möglichkeit wurde im Zuge der am 1.7.2017 in Kraft getretenen Reform der strafrechtlichen Vermögensabschöpfung gemäß Ges. v. 13.4.2017 (BGBl. I 872) beseitigt.

e) Gutgläubiger Erwerb. Ein gutgläubiger Erwerb des Rangvorrechts einer Buchgrundschuld vor einer im GB eingetragenen Briefgrundschuld ist bei fehlender Einigungserklärung des zurücktretenden Berechtigten, der seine Berechtigung nach § 1155 BGB auf eine zusammenhängende, auf einen eingetragenen Gläubiger zurückführende Reihe von öffentlich beglaubigten Abtretungserklärungen stützen kann, nach § 892 BGB ausgeschlossen, wenn der als Inhaber des verbrieften Rechts im GB Eingetragene nicht im Besitz des Briefes ist (BGH Rpfleger 2010, 129 mit Anm. v. Volmer ZfIR

2009, 74 und Heinemann DNotZ 2010, 714; s. dazu Heinze ZNotP 2010, 20).

17. Eintragung der Rangänderung

Erforderlich ist nach § 18 GBV ein Rangvermerk bei dem zurücktreten- **58** den und dem vortretenden Recht. Zum Wirksamwerden der Rangänderung genügt aber ihre Verlautbarung bei dem zurücktretenden Recht (KGJ 44, 260; RG HRR 1931 Nr. 1912; BayObLG 1988, 332), nicht jedoch eine solche bei dem vortretenden Recht (OLG Celle NdsRpfl. 1997, 76). Die Eintragungen sind in der Veränderungsspalte zu bewirken; wird jedoch das vortretende Recht neu eingetragen, so ist der Rangvermerk bei diesem in der Hauptspalte einzutragen. Eine Bezugnahme auf die EintrBewilligung zur Bezeichnung des begünstigten Rechts ist unzulässig (RG Warn. 1908 Nr. 319); nicht ausgeschlossen ist sie dagegen zur näheren Bezeichnung des Inhalts der Rangänderung.

Sollen mehrere Grundpfandrechte auf einem nachträglich mitzubelasten- **59** den Grundstück untereinander und im Verhältnis zu etwaigen sonstigen Belastungen das gleiche Rangverhältnis wie auf dem bereits belasteten Grundstück erlangen, so genügt im Hinblick auf den Grundsatz der Rangeinheit von Haupt- und Veränderungsspalten in Abt. II und III die Eintragung des Mithaftvermerks ohne Rangangaben in der Veränderungsspalte. Wenn in einem solchen Fall ein gesonderter Vermerk über einen Rangrücktritt bei dem zurücktretenden Recht auch nicht erforderlich ist, so kann er doch im Interesse der GBKlarheit zweckmäßig sein; dann sind jedoch §§ 41, 42, 62, 70 zu beachten (OLG Hamm Rpfleger 1985, 17; s. hierzu auch § 48 Rn. 20). Allerdings braucht die Eintragung nachträglicher Rangänderungen nur auf den vor dem 1.1.1978 erteilten Briefen vermerkt zu werden (s. hierzu § 62 Rn. 3).

18. Aufhebung der Rangänderung

Sie kann nicht durch Löschung der Rangvermerke, sondern nur im Weg **60** einer neuen Rangänderung erfolgen (JFG 12, 293).

19. Kosten

a) Rangvorbehalt. Die Eintragung ist gebührenfrei, wenn sie gleichzeitig **61** mit dem Vorbehaltsrecht erfolgt. Bei nachträglicher Eintragung ist eine Gebühr von 0,5 zu erheben (Vorbem. 1.4.1.2 und Nr. 14130 GNotKG-KV). Werden eine Eigentumsvormerkung und zugleich ein Rangvorbehalt für noch einzutragende Grundpfandrechte eingetragen, so ist die Eintragung des Rangvorbehalts gebührenfreies Nebengeschäft (OLG Zweibrücken Rpfleger 1996, 217; KG Rpfleger 1996, 377; OLG Hamm FGPrax 1996, 238; OLG Düsseldorf Rpfleger 1998, 446). Ein gebührenfreies Nebengeschäft zu der Eintragung des vorbehaltenen Rechts ist auch die Eintragung der (teilweisen) Ausnutzung des Rangvorbehalts (OLG Zweibrücken Rpfleger 2002, 385).

62 **b) Rangänderung.** Für die Eintragung wird eine Gebühr von 0,5 erhoben, berechnet nach dem Wert des zurücktretenden Rechts; die Gebühr ist nur einmal zu erheben, da die Rangänderung nur als Veränderung des zurücktretenden Rechts behandelt wird (Nr. 14130 Abs. 2 GNotKG-KV). Es ist mit dem Grundgesetz vereinbar, dass dann, wenn einem Recht der Vorrang vor oder der Gleichrang mit anderen Rechten eingeräumt wird, für die GBEintragung für jedes zurücktretende Recht eine Gebühr besonders erhoben wird (OLG Hamm Rpfleger 1988, 101). Die Gebühr für die Eintragung einer Rangänderung fällt nur bei den in Vorbem. 1.4.1.2 GNotKG-KV aufgeführten Belastungen an; die Vormerkung gehört nicht dazu. Die Eintragung der Veränderung einer Vormerkung ist daher gebührenfrei. Dies gilt insbesondere für die Eintragung des Rangrücktritts einer Eigentumsvormerkung. Auch die Eintragung eines Wirksamkeitsvermerks ist gebührenfrei (s. § 22 Rn. 66).

c) Notargebühren. Für die Erteilung einer Rangbescheinigung erhält der Notar eine Gebühr von 0,3 (Nr. 25201 GNotKG-KV). Maßgebend ist der Wert des beantragten Rechts (§ 122 GNotKG).

Formen der Löschung

46 (1) **Die Löschung eines Rechtes oder einer Verfügungsbeschränkung erfolgt durch Eintragung eines Löschungsvermerks.**

(2) **Wird bei der Übertragung eines Grundstücks oder eines Grundstücksteils auf ein anderes Blatt ein eingetragenes Recht nicht mitübertragen, so gilt es in Ansehung des Grundstücks oder des Teils als gelöscht.**

Inhaltsübersicht

1. Allgemeines

1 § 46 stellt für die Löschung zwei Formen zur Wahl und zwar die Eintragung eines Löschungsvermerks und die Nichtmitübertragung auf ein neues GBBlatt. Dabei handelt es sich um gleichwertige Löschungstatbestände. Daher ist es für einen gutgläubig lastenfreien Erwerb ohne Bedeutung, welche der beiden Formen gewählt wurde (BGH Rpfleger 1988, 353).

Die Bestimmung enthält zwingendes Recht. Auf andere Weise, z.B. durch Durchstreichen einer Eintragung, kann eine Löschung wirksam nicht vorgenommen werden; andererseits gilt eine unterlassene Mitübertragung stets, also auch dann als Löschung, wenn diese vom GBAmt nicht beabsichtigt war.

Welche Löschungsform im Einzelfall zu wählen ist, wird von den Ge- **2** sichtspunkten der Zweckmäßigkeit und der GBKlarheit bestimmt und liegt grundsätzlich im Ermessen des GBAmts. Jedoch soll das GBAmt, wenn das GB als Datenbankgrundbuch geführt wird, von der Form der Löschung durch Nichtmitübertragung keinen Gebrauch machen (§ 76a Abs. 1 Nr. 3 GBV). Die Soll-Vorschrift ist für das GBAmt bindend. Ein Verstoß hat aber nicht die Unwirksamkeit der Löschung zur Folge. Zur Löschung von Grundstücksbelastungen in Problemsituationen s. Schaal RNotZ 2008, 569. Zur Löschung von GBRechten in „Uraltfällen" s. Grziwotz ZflR 2012, 529.

2. Geltungsgebiet

Das Wort „Recht" ist sowohl in Abs. 1 als auch in Abs. 2 im weitesten **3** Sinn zu verstehen, umschließt mithin neben den in Abs. 1 eigens erwähnten Verfügungsbeschränkungen auch Vormerkungen und Widersprüche. Ob die Löschung eine rechtsändernde oder eine berichtigende ist, macht keinen Unterschied; unerheblich ist auch, auf welcher Grundlage sie erfolgt und ob sie das Recht im ganzen oder nur einen Teil desselben zum Gegenstand hat.

Auch bei der Eintragung einer Zinssenkung handelt es sich um eine Lö- **4** schung (RG 72, 367); es genügt hier jedoch, dass die Herabsetzung des Zinssatzes in der Veränderungsspalte verlautbart wird; ein besonderer Löschungsvermerk hinsichtlich des wegfallenden Zinsteils ist nicht notwendig, aber selbstverständlich zulässig (KG HRR 1932 Nr. 1657). Die Bedeutung einer Teillöschung hat auch der nachträglich eingetragene Vermerk, dass ein Grundstücksrecht einem Nacherbenvermerk gegenüber wirksam ist (KG JW 1935, 3560); der sog. Wirksamkeitsvermerk ist jedoch in der Veränderungsspalte zu buchen (s. dazu auch § 51 Rn. 25).

Nicht hierher gehören Inhaltsänderungen eines Rechts. Diese werden in der Veränderungsspalte eingetragen. Gegenstandslos gewordene Vermerke sind nach § 17 Abs. 3 GBV rot zu unterstreichen.

3. Voraussetzungen der Löschung

Nur ein eingetragenes Recht kann gelöscht werden (JFG 3, 403; 5, 438; **5** OLG München JFG 14, 318); eine Ausnahmeregelung galt für Eigentümer-Umstellungsgrundschulden (§ 7 Abs. 1 der 5. AbgabenDV-LA v. 21.8.1953, BGBl. I 1030; zur Rechtsgültigkeit der Bestimmung s. BGH 15, 307, zu ihrer Anwendbarkeit bei Teillöschung s. BGH 18, 300).

a) Grundsatz. Für die Löschung gelten alle Vorschriften, die für Eintra- **6** gungen schlechthin gegeben sind; erforderlich sind also regelmäßig Antrag (§ 13), Bewilligung (§ 19) oder Unrichtigkeitsnachweis (§ 22), Voreintragung des Betroffenen (§§ 39, 40) und bei Briefrechten Vorlegung des Briefs (§§ 41, 42). Daneben gibt es besondere Vorschriften über die Löschung von Vormerkungen und Widersprüchen nach § 18 Abs. 2 Satz 1, § 76 Abs. 1 (§ 18 Abs. 2 Satz 2, § 76 Abs. 2), von befristeten Rechten (§§ 23, 24), von Vormerkungen und Widersprüchen auf Grund einstweiliger Verfügungen (§ 25), von Hypotheken, Grund- und Rentenschulden (§ 27), von Gesamtrechten (§ 48 Abs. 2), von inhaltlich unzulässigen Eintragungen (§ 53 Abs. 1 Satz 2) sowie von gegenstandslosen Eintragungen (§§ 84 ff.).

7   **b) Löschungsbewilligung.** Sie stellt sich als EintrBewilligung gemäß § 19 dar, die in der Regel zugleich die materiellrechtliche Aufgabeerklärung gem. § 875 BGB enthält. Für sie gilt alles, was für die EintrBewilligung gilt. Gibt ein dinglich Berechtigter eine Teilfläche mit einer ungefähren Größenangabe frei und ist hinsichtlich der grundbuchmäßigen Beschreibung auf den noch zu erstellenden Veränderungsnachweis verwiesen, so wird die lastenfreie Abschreibung einer Teilfläche, die in der Größe vom vorläufigen Beschrieb nicht unwesentlich abweicht, durch die Löschungsbewilligung nicht mehr gedeckt; wesentlich ist jedenfalls eine Größenabweichung von 24% (BayObLG 1986, 327). Stimmt der Eigentümer gem. § 27 der Löschung eines Grundpfandrechts zu, so kann dies als Löschungsbewilligung auszulegen sein, wenn es sich um eine Eigentümerrecht handelt (OLG Düsseldorf MittRhNotK 1988, 175).

8   **c) Sperrvermerk.** Die Löschung eines Sperrvermerks gemäß § 129 VAG setzt GBUnrichtigkeit voraus (s. § 22 Rn. 19). Diese tritt ein, wenn der betroffene Gegenstand im Vermögensverzeichnis gelöscht oder wirksam, also mit Zustimmung des Treuhänders, über ihn verfügt wird. Außer aufgrund Unrichtigkeitsnachweises kann der Vermerk aufgrund Berichtigungsbewilligung des Treuhänders gelöscht werden (OLG Hamm Rpfleger 2015, 130). Hat der Löschung einer mit einem Sperrvermerk eingetragenen Grundschuld ein Treuhänder zugestimmt, der zur Überwachung nur eines Teils des Deckungsstocks bestellt ist, so muss zur Löschung in der Form des § 29 auch nachgewiesen werden, dass die Grundschuld zu diesem Deckungsstockteil gehört (OLG Frankfurt Rpfleger 1993, 147).

4. Eintragung eines Löschungsvermerks

9   Im Gegensatz zu sonstigen Eintragungen bedarf es der Angabe des sachlichrechtlichen Grunds der Löschung nicht (KG JW 1934, 1056). Auch dann nicht, wenn das Erlöschen des Rechts auf einem Verzicht beruht; deshalb kann der Verzicht des Gläubigers auf das Grundpfandrecht an einem der belasteten Grundstücke (§ 1175 Abs. 1 Satz 2 BGB) durch einen Löschungsvermerk zum Ausdruck gebracht werden (s. § 27 Rn. 7). Wird ein Grundpfandrecht oder eine Reallast zu einem Teilbetrag gelöscht, so ist der gelöschte Betrag nach § 17 Abs. 1 Satz 2 GBV mit Buchstaben zu schreiben. Der besonderen Benennung des Rechts bedarf es zur näheren Kennzeichnung nur, wenn dieses, wie z.B. ein Pfandrecht an einem Grundstücksrecht oder eine Löschungsvormerkung, in der Veränderungsspalte eingetragen ist. Wird bei der Löschung eines Erbbaurechts gleichzeitig eine Vormerkung zur Erhaltung des Vorrechts auf Erneuerung eingetragen (§ 31 Abs. 4 Satz 3 ErbbauRG), so ist nach § 17 Abs. 2 Satz 3 GBV in dem Löschungsvermerk auf diese Vormerkung hinzuweisen; über die Fassung s. Anh. zu § 8 Rn. 55. Die

Löschung der Belastungen eines Rechts braucht nicht besonders vermerkt zu werden.

Im Übrigen gelten für den Löschungsvermerk die allgemeinen Vorschrif- **10** ten über Eintragungen; nach § 44 Abs. 1 ist er daher zu datieren und bei Meidung seiner Unwirksamkeit zu unterzeichnen; s. ferner § 44 Rn. 11 ff.

5. Stelle der Eintragung

Die Löschung erfolgt in Abt. II in Sp. 6 und 7, in Abt. III in Sp. 8 bis 10; in **11** den Löschungsspalten werden sowohl die Eintragungen der Hauptspalte als auch die der Veränderungsspalte gelöscht (§ 10 Abs. 6, § 11 Abs. 7 GBV). Eine Besonderheit gilt, wenn ein Gesamtrecht an mehreren auf einem gemeinschaftlichen Blatt vorgetragenen Grundstücken lastet und das Recht an einem der Grundstücke gelöscht werden soll; hier wird die Löschung in der Veränderungs-, nicht in der Löschungsspalte eingetragen. Wegen der Eintragung von Zinssenkungen und sog. Wirksamkeitsvermerken s. Rn. 4.

6. Sonstige Kenntlichmachung der Löschung

Wesentlich für die Löschung ist allein der Löschungsvermerk. Nur um das **12** GB übersichtlicher zu machen, schreibt die GBV noch andere Maßnahmen vor:

Wird ein Recht **ganz gelöscht,** so sind der EintrVermerk und Vermerke, **13** die ausschließlich das gelöschte Recht betreffen, nach § 17 Abs. 2 Satz 1 und 2 GBV rot zu unterstreichen. Die rote Unterstreichung kann dadurch ersetzt werden, dass über der Ersten und unter der letzten Zeile der Eintragung oder des Vermerks ein waagerechter roter Strich gezogen wird und beide Striche durch einen von oben links nach unten rechts verlaufenden roten Schrägstrich verbunden werden (sog. Buchhalternase); erstreckt sich eine Eintragung oder ein Vermerk auf mehr als eine Seite, so ist auf jeder Seite entsprechend zu verfahren (§ 17 Abs. 2 Satz 3 GBV). Die sog. Buchhalternase kann auch bei Löschungen im Bestandsverzeichnis und in Abt. I verwendet werden (§ 17a GBV). Bei der Umstellung auf das Loseblattgrundbuch durch Verwendung von Ablichtungen der bisherigen Blätter in festen Bänden stellt sich die Rötung als schwarze Unterstreichung dar (vgl. § 101 Abs. 2 GBV). Beim maschinell geführten GB kann eine Rötung schwarz dargestellt und die sog. Buchhalternase in computermäßige Darstellungsformen übersetzt werden (§ 91 Satz 2 GBV). Zur Bedeutung der Rötung s. Rn. 21.

Wird ein Grundpfandrecht zu einem **Teilbetrag gelöscht,** so ist der ge- **14** löschte Teilbetrag nach § 17 Abs. 5 GBV in Sp. 3, unter Umständen auch in Sp. 6 abzuschreiben.

Über die Unbrauchbarmachung von Briefen s. §§ 69, 70.

7. Wirkung der Löschung oder Nichtlöschung

Die Eintragung eines Löschungsvermerks als solche führt nicht zum Erlö- **15** schen des Rechts (BGH Rpfleger 2012, 377); ist dieses nicht bereits außerhalb des GB erloschen, so wird das GB durch die Löschung unrichtig, falls es an einer wirksamen Aufhebungserklärung nach § 875 BGB fehlt; dasselbe

gilt auch für eine Vormerkung (BGH NJW 1973, 323). Andererseits ist das
GB trotz wirksamer Aufhebungserklärung richtig, solange die nach § 875
BGB erforderliche Löschung nicht ordnungsgemäß erfolgt ist; Rötung der
Eintragung oder Unbrauchbarmachung des Briefs können den fehlenden
Löschungsvermerk nicht ersetzen.

8. Nichtmitübertragung

16   **a) Allgemeines.** Wird ein Grundstück oder Grundstücksteil auf ein anderes Blatt übertragen, so kann die Löschung eines Rechts an dem Grundstück oder Grundstücksteil auch dadurch zum Ausdruck gebracht werden,
dass es nicht mitübertragen wird. Weshalb das Grundstück oder der Grundstücksteil auf ein anderes Blatt übertragen wird, ist für die Zulässigkeit der
Löschung durch Nichtmitübertragung unwesentlich. Diese kommt aber nur
bei eingetragenen Rechten in Betracht; soweit ausnahmsweise auch ein nicht
eingetragenes Recht gelöscht werden kann (s. Rn. 6), muss die Löschung
durch Eintragung eines Löschungsvermerks vorgenommen werden. Diese
Form der Löschung ist ferner die einzig mögliche, falls ein Grundstücksteil
auf demselben Blatt als selbständiges Grundstück eingetragen wird und bei
dieser Gelegenheit ein Recht an ihm gelöscht werden soll (s. dazu auch
BayObLG 1995, 418).

17   **b) Voraussetzungen.** Die grundbuchmäßigen Voraussetzungen der
Nichtmitübertragung sind dieselben wie die der Eintragung eines Löschungsvermerks; s. dazu Rn. 7.
18   Den häufigsten Fall bildet die **Entlassung aus der Mithaft.** Notwendig
ist die Bewilligung der lastenfreien Abschreibung durch die Betroffenen; bei
Grundpfandrechten kommt die Entlassung eines Trennstücks aus der Mithaft
einem Verzicht des Gläubigers nach § 1175 Abs. 1 Satz 2 BGB gleich, so dass
eine Zustimmung des Eigentümers nicht erforderlich ist (s. § 27 Rn. 7). Die
Bewilligung der Betroffenen kann nach Maßgabe der Landesgesetzgebung
durch ein Unschädlichkeitszeugnis ersetzt werden (Art. 120 Abs. 1 EGBGB);
in Bayern s. Art. 72 bis 74 AGBGB und hierzu § 19 Rn. 11. Zur Vormerkung
bei einem Grundpfandrecht zur Sicherung des Anspruchs auf Freigabe einer
Teilfläche (Freigabevormerkung) s. Wörner MittBayNot 2001, 450.
19   In Betracht kommt ferner das **Freiwerden eines Grundstücksteils** von
Grunddienstbarkeiten und beschränkten persönlichen Dienstbarkeiten nach
§§ 1026, 1090 Abs. 2 BGB (s. dazu § 7 Rn. 13). Die Dienstbarkeit erlischt in
diesem Fall auf dem von ihr nicht betroffenen Grundstücksteil kraft Gesetzes
mit dem Vollzug der Grundstücksteilung. Das Erlöschen setzt voraus, dass der
Berechtigte nicht nur tatsächlich, sondern nach dem Rechtsinhalt der
Dienstbarkeit oder auf Grund rechtsgeschäftlich vereinbarter Ausübungsregelung dauernd rechtlich gehindert ist, die Ausübung auf andere Teile des belasteten Grundstücks zu erstrecken (BGH NJW 2002, 3021 mit Anm. v.
Dümig DNotZ 2002, 725; OLG Saarbrücken FGPrax 2018, 160). Das GB ist
mit der Abschreibung gem. § 22 nach Gewährung rechtlichen Gehörs (s. § 1
Rn. 69) dadurch zu berichtigen, dass die Dienstbarkeit auf das neue GBBlatt
nicht mit übertragen wird (BayObLG Rpfleger 1983, 143; 1987, 451). S.

hierzu Opitz Rpfleger 2000, 367, der einen ausdrücklichen Löschungsvermerk verlangt.

Sofern nicht offenkundig, ist nachzuweisen, dass der abzuschreibende **19.1** Grundstücksteil außerhalb des Ausübungsbereichs der Dienstbarkeit liegt (KGJ 31, 313; BayObLG Rpfleger 1985, 186). Steht dies fest, darf die Dienstbarkeit auch dann nicht mit übertragen werden, wenn dies beantragt ist. Der in der Form des § 29 zu führende Unrichtigkeitsnachweis kann auch durch Bezugnahme auf einen amtlichen Veränderungsnachweis erbracht werden, der dem GBAmt vorliegt und bestimmt bezeichnet ist (BayObLG Rpfleger 2004, 280). Auch andere geeignete Nachweise kommen in Betracht (OLG München NotBZ 2014, 155), z. B. sonstige Bescheinigungen des Vermessungsamts (OLG Saarbrücken FGPrax 2019, 167). Eine Bescheinigung des Vermessungsamts, dass die abzuschreibende Teilfläche von der Dienstbarkeit in tatsächlicher Hinsicht nicht betroffen ist, entbindet das GBAmt aber nicht von der eigenständigen Prüfung, ob dies nach dem Inhalt der Dienstbarkeit auch in rechtlicher Hinsicht der Fall ist (OLG München RNotZ 2016, 236; OLG Saarbrücken FGPrax 2018, 160).

Ein Teil eines mit einem Wohnungsrecht belasteten Grundstücks kann **19.2** dann nicht lastenfrei abgeschrieben werden, wenn sich auf ihm zwar nicht das Gebäude, aber sanitäre Versorgungs- und Entsorgungsleitungen befinden, die dem gemeinschaftlichen Gebrauch der Bewohner dienen und auf deren Mitbenützung der Wohnberechtigte angewiesen ist (BayObLG Rpfleger 1992, 57). Bezieht sich eine an einem Grundstück eingetragene Eigentumsvormerkung nur auf eine Teilfläche, so bedarf es zur lastenfreien Abschreibung anderer Teile des Grundstücks keiner Bewilligung des Vormerkungsberechtigten (s. dazu Anh. zu § 44 Rn. 104). Zur Aufteilung eines mit einem Wohnungsrecht belasteten Grundstücks in WEigentum gem. § 8 WEG s. OLG Hamm FGPrax 2000, 132. Zur lastenfreien Abschreibung eines Teils eines Grundstücks, das von einem Gebäudeeigentum, einem dinglichen Nutzungsrecht oder einem Recht zum Besitz gem. Art. 233 § 2a EGBGB betroffen oder damit belastet ist, s. § 14 Abs. 4 GGV.

c) Wirkung. Die Nichtmitübertragung gilt stets, also auch dann als Lö- **20** schung, wenn die grundbuchmäßigen Voraussetzungen einer solchen nicht vorgelegen haben (BGH Rpfleger 1988, 353). Ob das GB alsdann unrichtig ist, richtet sich nach der materiellen Rechtslage (s. Rn. 15). Gegebenenfalls ist nach § 53 zu verfahren; die Nachholung der unterbliebenen Mitübertragung ist nicht mehr möglich (BGH NJW 1994, 2947). Zum gutgläubigen lastenfreien Erwerb bei gleichzeitiger Eigentumsumschreibung s. § 13 Rn. 12.

9. Rötung

Sie ist keine Löschung, sondern nur ein buchungstechnisches Hilfsmittel, **21** um das GB übersichtlich zu machen (KG HRR 1932 Nr. 1657); zur Ersetzung der Rötung durch eine schwarze Darstellung s. Rn. 13. Gegen eine Rötung ist daher keine Beschwerde gegeben (s. § 71 Rn. 20). Eine versehentliche Rötung kann gem. § 29 Abs. 3 GeschO, Nr. 3.2.2 BayGBGA rückgängig gemacht werden (s. dazu BayObLG NJW 1961, 1265). Die Rötung ist vorgesehen:

22 • Um zu kennzeichnen, dass eine Eintragung **gelöscht** worden ist oder ein Vermerk ausschließlich eine gelöschte Eintragung betrifft (§ 17 Abs. 2 Satz 1 und 2 GBV); s. dazu Rn. 13.

23 • Um solche Vermerke kenntlich zu machen, die nach dem aus dem GB ersichtlichen Inhalt eines Veränderungsvermerks **gegenstandslos** geworden sind (§ 17 Abs. 3 GBV). Hierher gehören z. B. der Name des früheren Gläubigers bei Abtretung eines Rechts, die bisherigen Zins- und Zahlungsbestimmungen im Fall ihrer Änderung sowie der Ausschluss der Brieferteilung bei Aufhebung desselben; dagegen darf ein Nacherbenvermerk nicht gerötet werden, wenn das Recht mit Zustimmung des Nacherben veräußert worden ist. Zu röten sind auch die auf den bisherigen Eigentümer bezüglichen Eintragungen in Sp. 1 mit 4 der Abt. I, wenn ein neuer Eigentümer eingetragen wird (§ 16 GBV).

24 • Um zu kennzeichnen, dass eine Vormerkung durch die endgültige Eintragung ihre **Bedeutung verloren** hat (§ 19 Abs. 2 GBV). Maßgebend ist allein der Inhalt des GB; daher verliert eine Eigentumsvormerkung ihre Bedeutung durch die endgültige Eintragung dann nicht, wenn zwischenzeitlich eine Belastung eingetragen wurde und noch nicht wieder gelöscht worden ist. Entsprechendes gilt für einen Widerspruch (§ 19 Abs. 3 GBV). Bezüglich der Löschung der Vormerkung oder des Widerspruchs bewendet es bei den allgemeinen Vorschriften (KGJ 52, 229); sie kann nach Maßgabe der §§ 84 ff. auch von Amts wegen erfolgen (s. dazu LG Nürnberg DNotZ 1956, 607).

10. Kosten

25 Für die Löschung eines Rechts der Abt. III des GB wird eine Gebühr von 0,5 erhoben. Handelt es sich um ein Gesamtrecht und wird das GB bei verschiedenen GBÄmtern geführt, erhöht sich diese Gebühr, wenn der Antrag gleichzeitig bei einem der GBÄmter gestellt wird oder die gesondert gestellten Anträge innerhalb eines Monats eingehen (Nr. 14140 und 14141 GNotKG-KV). Die Gebühr entsteht auch bei einer Löschung durch Nichtmitübertragung (BayObLG 1975, 392; OLG Düsseldorf Rpfleger 1977, 460; a. M. OLG Köln Rpfleger 1959, 290).

26 Für die Eintragung der Entlassung aus der Mithaft fällt eine Gebühr von 0,3 an (Nr. 14142 GNotKG-KV) und für die Löschung von Rechten, die nicht in Abt. III eingetragen sind, eine Gebühr von 25 EUR (Nr. 14143 GNotKG-KV). Dies gilt auch für Vormerkungen, insbesondere für Eigentumsvormerkungen (Nr. 14152 GNotKG-KV). Bis zur Änderung der Vorbem. 1.4 Abs. 3 GNotKG-KV mit Wirkung ab 4.7.2015 durch das Ges. v. 29.6.2015 (BGBl. 1042) fiel für die Löschung einer bei mehreren Grundstücken eingetragenen Vormerkung nach Ansicht des OLG Köln (FGPrax 2015, 93 mit zu Recht abl. Anm. v. Kesseler Rpfleger 2015, 496 und Kämper RNotZ 2015, 354; ebenso OLG Hamm FGPrax 2016, 42 mit abl. Anm. v. Wilsch ZfIR 2015, 908) die Festgebühr gemäß Nr. 14152 GNotKG-KV nach § 55 Abs. 2 GNotKG für die Löschung bei jedem Grundstück gesondert an. Dasselbe sollte bei gleichzeitiger Löschung mehrerer auf verschiedenen Grundstücken lastender Rechte (Dienstbarkeiten) für die Festgebühr gemäß Nr. 14143 GNotKG-KV gelten (OLG Köln FGPrax 2015, 133). Dabei soll es nach Ansicht des OLG Hamm FGPrax 2016, 42 bei den vor dem 4.7.2015 vorgenommenen Löschungen bleiben. S. dazu jetzt Vorbem. 1.4 Abs. 3 Satz 2 und 3 GNotKG-KV.

Für die Beschaffung der Unterlagen für die nach einem Grundstückskaufvertrag geschuldete Löschung von Grundpfandrechten durch den Notar fällt eine Vollzugsgebühr, keine Betreuungsgebühr an (Vorbem. 2.2.1.1 Abs. 1 Satz 2 Nr. 9, 10 GNotKG-KV; vgl. BGH Rpfleger 2007, 627 mit Anm. v. Klein RNotZ 2007, 558).

11. Geschäftswert

Der Geschäftswert der Löschung eines Rechts der Abt. III bestimmt sich **27** nach § 53 Abs. 1 GNotKG. Maßgebend ist der Nennbetrag der Schuld oder der Ablösungssumme. Ein etwaiges geringeres Sicherungsinteresse des Grundschuldgläubigers bleibt außer Betracht (OLG Düsseldorf FGPrax 2019, 283). Für die Eintragung der Entlassung aus der Mithaft ist maßgebend der Wert des entlassenen Grundstücks, wenn dieser geringer ist als der Nennbetrag der Schuld oder der Ablösungssumme (§ 44 Abs. 1 Satz 1 GNotKG). Für die Löschung der übrigen Belastungen erübrigt sich wegen der anfallenden Festgebühr eine Wertbestimmung.

Der Geschäftswert bei Löschung eines dinglichen Vorkaufsrechts bestimmt **28** sich nach § 51 Abs. 1 Satz 2 GNotKG. Maßgebend ist der halbe Grundstückswert. Ist dieser Wert nach den Umständen des Einzelfalles unbillig, kann ein höherer oder niedrigerer Wert angenommen werden (§ 51 Abs. 3 GNotKG); ein wegen Eintritts einer auflösenden Bedingung gegenstandslos gewordenes Vorkaufsrecht ist nach OLG Zweibrücken Rpfleger 1991, 54 nur mit 20% und nach BayObLG MittBayNot 1995, 487 nur mit 10% des Grundstückswerts zu bewerten.

Wenn nach Freigabe der übrigen WEigentumsrechte eine nur noch an ei- **29** nem WEigentumsrecht lastende Globalgrundschuld gelöscht werden soll, bestimmt sich der Wert nach § 44 Abs. 1 Satz 2 GNotKG. Maßgebend ist der Wert des WEigentums, wenn dieser geringer ist als der Nennbetrag der Schuld (vgl. § 53 Abs. 1 GNotKG).

Eintragung gemeinschaftlicher Rechte und einer Gesellschaft bürgerlichen Rechts

47 (1) **Soll ein Recht für mehrere gemeinschaftlich eingetragen werden, so soll die Eintragung in der Weise erfolgen, daß entweder die Anteile der Berechtigten in Bruchteilen angegeben werden oder das für die Gemeinschaft maßgebende Rechtsverhältnis bezeichnet wird.**

(2) Soll ein Recht für eine Gesellschaft bürgerlichen Rechts eingetragen werden, so sind auch deren Gesellschafter im Grundbuch einzutragen. Die für den Berechtigten geltenden Vorschriften gelten entsprechend für die Gesellschafter.

1. Allgemeines

1   § 47 Abs. 1 handelt von der Eintragung gemeinschaftlicher Rechte. Steht ein einzutragendes Recht mehreren gemeinschaftlich zu, so ist die Verfügungsbefugnis des einzelnen Berechtigten je nach der in Betracht kommenden Gemeinschaft verschieden. Der Bestimmtheitsgrundsatz erfordert daher, dass Art und Inhalt des Gemeinschaftsverhältnisses im GB angegeben werden (BGH NJW 1997, 3235; OLG Hamm Rpfleger 1973, 250). Erforderlich ist eine zweifelsfreie Bezeichnung des Gemeinschaftsverhältnisses unter Verzicht auf überflüssige Zusätze (BayObLG Rpfleger 1990, 503). Die Angabe des Gemeinschaftsverhältnisses ist in den EintrVermerk aufzunehmen und kann nicht der Bezugnahme überlassen bleiben. Vgl. hierzu auch Böhringer, Bezeichnung des Gemeinschaftsverhältnisses, insbes. im Vollstreckungstitel zur Eintragung einer Zwangshypothek, BWNotZ 1985, 73.

    § 47 Abs. 2 wurde durch das ERVGBG v. 11.8.2009 (BGBl. I 2713) angefügt. Er dient der erforderlich gewordene Anpassung des GBVerfahrensrechts an die Veränderung des materiellen Rechts durch Anerkennung der Rechtsfähigkeit der BGB-Gesellschaft durch den BGH (s. dazu § 19 Rn. 108).

2. Geltungsgebiet

2   **a) Grundsatz.** § 47 Abs. 1 gilt für alle Rechte, bei denen ein Gemeinschaftsverhältnis möglich ist, und zwar für Rechte im weitesten Sinn, mithin auch für Vormerkungen (BGH NJW 1997, 3235; OLG Frankfurt Rpfleger 1975, 177; OLG Zweibrücken Rpfleger 1985, 284) und Widersprüche (KGJ 29, 236) sowie für Verfügungsbeschränkungen. Ob die Eintragung rechtsändernden oder berichtigenden Charakter hat, macht keinen Unterschied (KGJ 39, 204).

3   **b) Altenteil.** Nicht anzuwenden ist § 47 Abs. 1, wenn das gemeinschaftliche Recht ein Altenteil ist und es nach § 49 eingetragen wird. Näheres dazu s. § 49 Rn. 11.

    c) Vorkaufsrecht. Auch bei Eintragung eines gemeinschaftlichen Vorkaufsrechts gem. § 1094 Abs. 1, § 1098 Abs. 1 Satz 1 BGB ist § 47 Abs. 1 nicht anzuwenden, weil die Berechtigten hier nach § 472 BGB in einem zwingenden Gesamtverhältnis stehen (BGH FGPrax 2017, 54; JFG 6, 293; BayObLG 1958, 196/203; OLG Frankfurt FGPrax 1998, 170; s. hierzu aber auch OLG Frankfurt DNotZ 1986, 239). Wird ein dingliches Vorkaufsrecht dennoch mit einer Gesamtberechtigung gemäß § 428 BGB eingetragen, ist nur der das Gemeinschaftsverhältnis betreffende Teil der Eintragung inhaltlich unzulässig (s. dazu § 53 Rn. 58).

d) Vormerkung. Wird zugunsten mehrerer Berechtigter ein schuldrechtliches Vorkaufsrecht bestellt, auf das § 472 BGB Anwendung findet, kann bei der Eintragung einer Vormerkung zugunsten der Berechtigten die Angabe des nach Ausübung des Rechts zwischen ihnen zustandekommenden Gemeinschaftsverhältnisses nicht verlangt werden. Gem. § 47 Abs. 1 ist vielmehr in das GB einzutragen, dass § 472 BGB auf das Vorkaufsrecht Anwendung findet (BGH NJW 1997, 3235 gegen KG FGPrax 1997, 130, mit kritischer Anm. v. Demharter MittBayNot 1998, 16; Streuer Rpfleger 1998, 154; Brückner BWNotZ 1998, 170).

Entsprechendes gilt für die Eintragung einer Vormerkung zur Sicherung des Anspruchs mehrerer Berechtigter aus einem Ankaufsrecht, auf das § 472 BGB Anwendung findet (BayObLG Rpfleger 1968, 52), ferner wegen des mit § 472 BGB inhaltsgleichen § 461 BGB für die Eintragung einer Vormerkung zur Sicherung der Ansprüche aus einem Wiederkaufsrecht (OLG Düsseldorf MittRhNotK 1983, 49).

Auch eine Vormerkung zur Sicherung eines Rückauflassungsanspruchs kann hinsichtlich des Gemeinschaftsverhältnisses entsprechend §§ 461, 472 BGB ausgestaltet und eingetragen werden (OLG München FGPrax 2007, 160; LG Karlsruhe Rpfleger 2005, 602). Zur Unanwendbarkeit des § 47 Abs. 1 auf mehrere Vormerkungen zur Sicherung von Rückübereignungsansprüchen von Eltern bei Überlassung eines Grundstücks an mehrere Kinder s. Anh. zu § 44 Rn. 108. S. zum Ganzen auch BayObLG Rpfleger 1986, 371.

e) Subjektiv-dingliche Berechtigung. § 47 Abs. 1 ist ferner nicht an- **4** zuwenden, wenn Berechtigter der jeweilige Eigentümer eines anderen Grundstücks sein soll, das mehreren gemeinschaftlich gehört. In diesem Fall ist für die Gemeinschaft der mehreren Berechtigten dasselbe Rechtsverhältnis maßgebend wie für das Eigentum am Grundstück; dies gilt auch dann, wenn an dem Grundstück WEigentum begründet ist. Etwas anderes gilt jedoch, wenn Berechtigte die jeweiligen Eigentümer mehrerer Grundstücke oder mehrerer WEigentumsrechte sein sollen (OLG Düsseldorf MittRhNotK 1988, 175). Dann ist grundsätzlich die Angabe des Gemeinschaftsverhältnisses erforderlich, es sei denn, dass Eigentümer der mehreren Grundstücke oder WEigentumsrechte ein und dieselbe Person ist (s. dazu Rn. 13).

3. Gemeinschaftliches Recht

Gemeinschaftlich ist ein Recht, wenn es mehreren in Bruchteilsgemein- **5** schaft, in Gesamthandsgemeinschaft oder als Gesamtberechtigten gemäß § 428 oder § 432 BGB zusteht (OLG Köln DNotZ 1965, 686; BGH Rpfleger 1979, 56; 1980, 464; KG Rpfleger 1985, 435). In Betracht kommt auch ein dem deutschen Recht nicht bekanntes Gemeinschaftsverhältnis, wenn **Ehegatten** eingetragen werden sollen, für die ein ausländisches Güterrecht gilt (s. dazu Rn. 25). Kein gemeinschaftliches Recht liegt dagegen vor, wenn eine Hyp. mehrere voneinander unabhängige Forderungen von Mitbürgen sichern soll; ebenso wenig, wenn eine Hypothek, auch als Höchstbetragshypothek, für mehrere Gläubiger in der Weise bestellt wird, dass sie als Sicherung für die Forderung des einen nur dann und nur insoweit dienen soll, als Forderungen des anderen nicht entstehen; in beiden Fällen ist die Eintragung inhaltlich unzulässig (KG OLG 45, 238). Nicht hierher gehört die zusammenfassende Eintragung mehrerer selbstständiger Rechte verschiedener Berechtigter; über diese s. § 44 Rn. 11. Zur Sukzessivberechtigung und zur Alternativberechtigung s. § 44 Rn. 11; Anh. zu § 44 Rn. 108.

6 **a) Bruchteilsgemeinschaft.** Sie ist nicht nur hinsichtlich des Eigentums an einem Grundstück möglich, sie kann auch an einem Nießbrauch (KGJ 49, 194; KG HRR 1936 Nr. 1217), einer beschränkten persönlichen Dienstbarkeit (vgl. KG JW 1935, 3564) sowie einer Hyp. (KGJ 31, 313) bestehen; von BayObLG Rpfleger 1966, 367 mit Anm. v. Haegele wird sie auch an einer Grunddienstbarkeit für möglich gehalten, durch die mehreren Grundstückseigentümern das Recht eingeräumt wird, auf dem dienenden Grundstück eine ihnen allen zum Vorteil gereichende einheitliche Anlage zu errichten (ebenso KG Rpfleger 1970, 282 und, für den Fall einer Wegerechtseinräumung, OLG Frankfurt NJW 1969, 469). Als ausgeschlossen erachtet sie OLG Köln DNotZ 1965, 686 bei einem dinglichen Wohnungsrecht.

7 Bei Abtretung einer **Hyp. an mehrere Personen** „zu gleichen Teilen" wird meist eine reale Teilung gewollt sein. Dagegen ist eine Abtretung „zu gleichen Rechten und Anteilen" dahin zu verstehen, dass zu gleichen Bruchteilen abgetreten ist (KG DR 1944, 254). Steht eine Gesamthyp. an zwei ideellen Grundstückshälften nach § 1172 Abs. 1, § 1163 BGB den Eigentümern gemeinschaftlich als Eigentümergrundschuld zu, so bilden diese eine Bruchteilsgemeinschaft; die Anteile bestimmen sich gemäß § 1172 Abs. 2 BGB (JFG 16, 347; RG HRR 1938 Nr. 1593).

8 Wird ein **Miteigentumsanteil** auf mehrere zu Bruchteilen übertragen, so entsteht keine besondere Bruchteilsgemeinschaft an dem Anteil, sondern treten die Erwerber mit den entsprechenden Anteilen an dem Grundstück in die das ganze Grundstück betreffende Bruchteilsgemeinschaft ein (KGJ 51, 201; BGH 13, 141; BayObLG Rpfleger 1979, 302); anders jedoch, wenn der Miteigentumsanteil mit dem Sondereigentum an einer Wohnung oder an nicht zu Wohnzwecken dienenden Räumen verbunden ist (s. Anh. zu § 3 Rn. 61).

9 Wird ein **Erbanteil** in Teilen auf mehrere Personen übertragen, so stehen diese bezüglich des erworbenen Erbanteils in Bruchteilsgemeinschaft (str.; s. dazu Haegele Rpfleger 1968, 173 mit umfassenden Nachweisen), was dann entgegen BayObLG Rpfleger 1968, 187 auch im GB zu verlautbaren ist (OLG Düsseldorf Rpfleger 1968, 188; OLG Köln Rpfleger 1974, 109; LG Dresden Rpfleger 1996, 243 mit zust. Anm. v. Böhringer; ablehnend Venjakob Rpfleger 1993, 2; 1997, 19). S. dazu aber auch BayObLG Rpfleger 1981, 21 für den Fall, dass ein Miterbe seinen Erbanteil im ganzen auf alle übrigen an der Erbengemeinschaft beteiligten Miterben überträgt; ferner BayObLG Rpfleger 1991, 315 für den Fall, dass ein Miterbe einen Bruchteil seines Anteils auf einen anderen Miterben überträgt. Die Übertragung aller Erbanteile zu gleichen Bruchteilen auf mehrere jeweils in Bruchteilsgemeinschaft ver-

bundene Personen führt nicht zur Auflösung der Erbengemeinschaft und zur
Entstehung von Bruchteilseigentum an den einzelnen Nachlassgegenständen
(BGH FGPrax 2016, 27; OLG Jena Rpfleger 2014, 665 mit abl. Anm.
v. Werner ZEV 2014, 604 und Anm. v. Lohmann MittBayNot 2015, 324). S.
zum Ganzen auch Rn. 22 und zur Notwendigkeit der Voreintragung § 40
Rn. 3.

Wird das Eigentum an einem **Bodenreformgrundstück** im Gebiet der
ehemaligen DDR gem. Art. 233 § 11 Abs. 2 Satz 1 Nr. 2 EGBGB kraft Gesetzes auf die Erben der dort genannten Person übertragen, so bilden diese
keine Erbengemeinschaft, sondern nach Art. 233 § 11 Abs. 2 Satz 2 EGBGB
eine Bruchteilsgemeinschaft. Abweichend von § 742 BGB bestimmen sich
jedoch die Bruchteile nach der Größe der Erbteile, es sei denn, die Erben
bewilligen übereinstimmend eine andere Aufteilung der Bruchteile. Zur
Rechtslage vor der Ergänzung des Art. 233 § 11 Abs. 2 Satz 2 EGBGB durch
das RegVBG s. LG Leipzig Rpfleger 1994, 16; LG Neubrandenburg Rpfleger 1994, 161; OLG Jena Rpfleger 1995, 343. Wenn vor dieser Ergänzung
gleiche Bruchteile eingetragen wurden, rechtfertigt dies nicht die Eintragung
eines Amtswiderspruchs.

Haben Ehegatten im Gebiet der ehemaligen DDR bis zum 2.10.1992
nicht erklärt, dass der bisherige gesetzliche Güterstand der Eigentums- und
Vermögensgemeinschaft des Familiengesetzbuchs der DDR fortgelten solle,
wird gemeinschaftliches Eigentum Bruchteilseigentum zu gleichen Teilen.
Bei Grundstücken und grundstücksgleichen Rechten konnten die Ehegatten
jedoch bis zum 24.6.1994 andere Anteile bestimmen. Dass gemeinschaftliches Eigentum Bruchteilseigentum zu gleichen Teilen geworden ist, wird
widerleglich vermutet (Art. 234 § 4a Abs. 1, 3 EGBGB; s. dazu auch § 33
Rn. 3). Zu der Eintragung von Ehegatten als Berechtigte eines dinglichen
Nutzungsrechts, eines Gebäudeeigentums oder eines Rechts zum Besitz s.
§ 8 GGV und § 150 Rn. 28; zur Eintragung auf Grund eines Sonderungsplans s. § 7 Abs. 4 SPV.

b) Gesamthandsgemeinschaft. Als solche kommen die Erbengemein- **10**
schaft sowie die eheliche, lebenspartnerschaftliche und fortgesetzte Gütergemeinschaft in Betracht. Die Gesamthandsgemeinschaft erlischt, wenn ein
Miterbe oder ein Dritter sämtliche Erbanteile erwirbt und sich damit alle
Erbanteile in der Hand ein und derselben Person vereinigen (BGH FGPrax
2016, 27). Dies gilt auch, wenn in der Hand des letzten Miterben eine Voll-
und Nacherbenstellung zusammentreffen; dann unterliegt der Alleinerbe
allerdings den Beschränkungen des § 2113 BGB, so dass ein Nacherbenvermerk einzutragen ist (BGH Rpfleger 2018, 665). Bei der Gütergemeinschaft
dauert das Gesamthandsverhältnis trotz Vereinigung aller Anteile in der Hand
des überlebenden Ehegatten jedoch bis zur Auseinandersetzung fort, wenn
dieser alleiniger Vorerbe des Erstverstorbenen geworden ist (BGH Rpfleger
1976, 205).

Steht ein Recht einer OHG oder KG zu, so findet § 47 Abs. 1 keine An-
wendung, weil das Recht nicht für die Gesellschafter, sondern nach § 15
GBV für die Personenhandelsgesellschaft unter ihrer Firma eingetragen wird
(KGJ 39, 220; BayObLG Rpfleger 1981, 192). Entsprechendes gilt für die

WEigentümergemeinschaft (s. § 19 Rn. 106) und die BGB-Gesellschaft (s. Rn. 28).

Haben Ehegatten im Gebiet der **ehemaligen DDR** bis zum 2.10.1992 erklärt, dass der bisherige gesetzliche Güterstand der Eigentums- und Vermögensgemeinschaft des Familiengesetzbuchs der DDR fortgelten solle, so finden auf das Bestehende und künftige gemeinschaftliche Eigentum die Vorschriften über das durch beide Ehegatten verwaltete Gesamtgut einer Gütergemeinschaft entsprechende Anwendung. Es wird jedoch widerleglich vermutet, dass gemeinschaftliches Vermögen Bruchteilseigentum zu gleichen Anteilen geworden ist (Art. 234 § 4a Abs. 2, 3 EGBGB; s. dazu auch § 33 Rn. 3). Zu der Eintragung von Ehegatten als Berechtigte eines dinglichen Nutzungsrechts, eines Gebäudeeigentums oder eines Rechts zum Besitz s. § 8 GGV und § 150 Rn. 28; zur Eintragung auf Grund eines Sonderungsplans s. § 7 Abs. 4 SPV.

11   **c) Gesamtberechtigung.** Die Gesamtberechtigung gem. **§ 428 BGB** ist als Gesamtgläubigerschaft für das Gebiet des Schuldrechts geregelt, aber nicht auf dieses beschränkt. Die Berechtigungsform ist bei einer Hyp. oder Grundschuld (KG Rpfleger 1965, 366; BGH Rpfleger 1975, 84; OLG Frankfurt Rpfleger 1976, 403) ebenso möglich wie bei einem Nießbrauch (JFG 10, 312; OLG Hamm Rpfleger 1980, 21; BGH Rpfleger 1980, 464), einer beschränkten persönlichen Dienstbarkeit (KG JW 1935, 3564), einem dinglichen Wohnungsrecht (BGH Rpfleger 1967, 143; DNotZ 1997, 401; teilweise kritisch hierzu Reinicke JZ 1967, 415; s. in diesem Zusammenhang aber auch BayObLG Rpfleger 1975, 300), einer Reallast (OLG München JFG 18, 132) oder einem Erbbaurecht (LG Hagen DNotZ 1950, 381); möglich ist sie auch bei einer Grunddienstbarkeit (OLG München NJW-RR 2016, 1110), durch die z. B. mehreren Grundstückseigentümern das Recht eingeräumt wird, auf dem dienenden Grundstück eine ihnen allen zum Vorteil gereichende einheitliche Anlage zu errichten (KG Rpfleger 1970, 282) oder das Grundstück zu begehen und zu befahren (BayObLG MittBayNot 2002, 288 mit Anm. v. J. Mayer; BayObLG Rpfleger 2002, 619); zum Wieder- und Vorkaufsrecht s. Rn. 3.

Beim Eigentum kommt eine Gesamtberechtigung gem. § 428 BGB nicht in Betracht, wohl aber bei einer Eigentumsvormerkung (BayObLG 1963, 128; OLG Köln MittRhNotK 1974, 255; jeweils mit einem Vorschlag zur Fassung des EintrVermerks bei der Eigentumsvormerkung). Eine Rückauflassungsvormerkung kann für die als Miteigentümer eingetragenen Veräußerer (Eltern des Erwerbers) auch als Gesamtberechtigte nach § 428 BGB eingetragen werden (OLG Zweibrücken Rpfleger 1985, 284; s. dazu auch OLG München FGPrax 2007, 160 und Anh. zu 44 Rn. 108).

Eine Hyp. kann auch zur Sicherung des Forderungsrechts eines der Gesamtgläubiger bestellt werden; dann scheidet eine Anwendung des § 47 Abs. 1 aus (BGH NJW 1959, 984). In Gütergemeinschaft lebende Ehegatten können auf ihrem Grundbesitz nicht eine Eigentümergrundschuld „für sich selbst als Gesamtgläubiger" errichten, jedenfalls dann nicht, wenn sie die Grundschuld nicht als Vorbehaltsgut erklären (BayObLG DNotZ 1963, 49); vgl. dazu auch BayObLG Rpfleger 1968, 220). S. zum Ganzen

Böttcher, Grundstücksrechte für Gesamtgläubiger nach § 428 BGB, ZfIR 2018, 547.

Die Gesamtberechtigung **gem. § 432 BGB** kommt in der Form der Mit- **12** berechtigung bei einer unteilbaren Leistung in Betracht. Von der Gesamtberechtigung gem. § 428 BGB unterscheidet sie sich dadurch, dass die Leistung nur an alle Berechtigten gemeinschaftlich und nicht an jeden einzelnen von ihnen erbracht werden kann. Mehrere Nießbrauchsberechtigte können außer zu Bruchteilen als „Gesamtberechtigte gemäß § 428 BGB" eingetragen werden, nicht aber als „Mitberechtigte gemäß § 432 BGB" (OLG München Rpfleger 2009, 616; kritisch dazu Amann NotBZ 2009, 441 und Kesseler DNotZ 2010, 123). Dies gilt grundsätzlich auch bei einer rechtsgeschäftlichen Modifizierung des Gemeinschaftsverhältnisses der Gläubiger (OLG Frankfurt MittBayNot 2012, 386 mit krit. Anm. v. Frank). S. dazu Amann, Auf der Suche nach einem interessengerechten und grundbuchtauglichen Gemeinschaftsverhältnis, DNotZ 2008, 324.

4. Eintragungsunterlagen

§ 47 gilt unmittelbar nur für die Eintragung, setzt aber voraus, dass die nö- **13** tigen Angaben in den EintrUnterlagen, also regelmäßig in der EintrBewilligung, enthalten sind. Er bestimmt demnach mittelbar auch deren Inhalt (OLG Frankfurt Rpfleger 1973, 394; OLG Hamm Rpfleger 1980, 21; KG FGPrax 2018, 50). Zu den Auswirkungen des Fehlens dieser Angaben in der Eintragung s. Rn. 35 ff.

a) Gemeinschaftsverhältnis. Sind Berechtigte die jeweiligen Eigentü- mer mehrerer Grundstücke, ist die Angabe des Gemeinschaftsverhältnisses ausnahmsweise dann entbehrlich, wenn alle Grundstücke demselben Eigentümer gehören (BayObLG MittBayNot 2002, 288 mit Anm. v. J. Mayer, zugleich zur Rechtslage für den Fall, dass das Eigentum an einem Grundstück auf einen anderen Eigentümer übergeht; offen gelassen von OLG Rostock NotBZ 2011, 301; a. M. KG RNotZ 2018, 248). Das maßgebende Gemeinschaftsverhältnis braucht nicht mit den Worten des Gesetzes bezeichnet zu werden, muss sich der Urkunde jedoch wenigstens durch Auslegung unzweideutig entnehmen lassen (KG JW 1933, 617; BayObLG Rpfleger 1958, 88; OLG Jena OLG-NL 1998, 8); für die Angabe des Gemeinschaftsverhältnisses unter mehreren Erwerbern eines Grundstücks genügt es, wenn das Gemeinschaftsverhältnis im Verpflichtungsgeschäft dargelegt ist und die Auflassung auf das in der gleichen Urkunde enthaltene Verpflichtungsgeschäft, wenn auch nicht ausdrücklich, Bezug nimmt (LG Saarbrücken Rpfleger 1971, 358; vgl. auch OLG Düsseldorf MittBayNot 1977, 66); s. in diesem Zusammenhang ferner BayObLG MittBayNot 1971, 248. Die auf das Gemeinschaftsverhältnis bezüglichen Angaben sind auf ihre Richtigkeit ebenso wenig nachzuprüfen wie der sonstige Inhalt der EintrBewilligung.

b) Fehlende Angabe. Fehlt die Angabe des Gemeinschaftsverhältnisses, **14** so ist Zwischenverfügung erforderlich (OLG Oldenburg Rpfleger 1991, 412); dass eine Vormerkung oder ein Widerspruch nach § 18 Abs. 2 das Gemeinschaftsverhältnis dann nicht angeben kann, ist unschädlich. Die in der

EintrBewilligung fehlende Angabe kann nicht durch eine Erklärung der Berechtigten ersetzt werden (OLG Jena OLG-NL 1998, 8); im Fall der Auflassung eines Grundstücks ist grundsätzlich Ergänzung durch Veräußerer und Erwerber notwendig (s. dazu § 20 Rn. 33). Keine Besonderheit gilt, wenn eine Zwangshyp. eingetragen werden soll und der Titel keine Angabe über das Gemeinschaftsverhältnis der Gläubiger enthält; auch in diesem Fall ist eine Ersetzung der fehlenden Angabe durch die Berechtigten nicht möglich (KEHE/Keller Rn. 32). Das OLG Köln Rpfleger 1986, 91 erachtet es aber für zulässig, dass die Gläubiger zusammen mit dem EintrAntrag oder nachträglich das im Titel nicht angegebene und auch durch Auslegung nicht zu ermittelnde Gemeinschaftsverhältnis dem GBAmt gegenüber bezeichnen, ohne dabei an § 29 gebunden zu sein (ebenso OLG Frankfurt MDR 1989, 365; KG FGPrax 2018, 50; Schneider MDR 1986, 817; offen gelassen von OLG München NJW-RR 2016, 464).

c) Auslegung. Eine Beanstandung des EintrAntrags kommt jedoch nicht in Betracht, wenn sich das in der EintrBewilligung oder dem sie ersetzenden Vollstreckungstitel (s. Anh. zu § 44 Rn. 69) nicht angegebene Gemeinschaftsverhältnis vom GBAmt durch Auslegung (s. hierzu § 19 Rn. 28) ermitteln lässt (OLG Rostock NotBZ 2011, 301; OLG München NJW-RR 2016, 464; OLG Düsseldorf Rpfleger 2019, 80). Zur Annahme einer Gesamtgläubigerschaft gem. § 428 BGB bei mehreren Streitgenossen mit einem gemeinsamen Rechtsanwalt durch Auslegung eines gerichtlichen Vergleichs ohne Angabe eines Gemeinschaftsverhältnisses als Vollstreckungstitel bei Eintragung einer Zwangshyp. s. LG Saarbrücken Rpfleger 2003, 498 mit Hinweis auf die Auslegung eines Kostenfestsetzungsbeschlusses durch BGH Rpfleger 1985, 321. Zur fehlenden Angabe des Gemeinschaftsverhältnisses in der Eintragung s. Rn. 35.

15   **d) BGB-Gesellschafter.** Soll eine BGB-Gesellschaft eingetragen werden, müssen in den EintrUnterlagen sämtliche Gesellschafter benannt und nach Maßgabe des § 15 Abs. 1 Buchst. c GBV bezeichnet sein. Fehlen die erforderlichen Angaben, kann der Erlass einer Zwischenverfügung geboten sein. Name und Sitz der BGB-Gesellschaft können, müssen aber nicht angegeben werden (s. dazu Rn. 29).

5. Eintragung einer Bruchteilsgemeinschaft

16   Notwendig ist die Angabe der Bruchteile; bloße Bezeichnung „als Miteigentümer" genügt daher nicht. Die Angabe der Bruchteile ist auch dann nötig, wenn für die Größe gesetzliche Auslegungsregeln bestehen (RG 54, 86; KGJ 27, 147). Am klarsten und deshalb am zweckmäßigsten ist die Angabe: „In Bruchteilsgemeinschaft zu $1/4$" oder „als Miteigentümer zur Hälfte". „Zu gleichen Anteilen" genügt (RG 76, 413); aber nicht „zu gleichen Rechten", denn solche können auch Gesamthandsberechtigte haben (JFG 14, 337). Die Wendung „zu gleichen Rechten und Anteilen" drückt Bruchteilsgemeinschaft aus (KG DR 1944, 254). Zur Zulässigkeit eines ergänzenden Hinweises darauf, dass es sich bei den Miteigentümern um Eheleute handelt, s. § 44 Rn. 49.

Bei Teilung eines Miteigentumsanteils, der nicht mit dem Sondereigentum **17** an einer Wohnung oder an nicht zu Wohnzwecken dienenden Räumen verbunden ist (s. Rn. 8), sind zweckmäßigerweise die neuen Bruchteile anzugeben; notwendig ist dies jedoch nicht (KGJ 51, 201; BayObLG 1958, 201). Erklären die Miteigentümer an einem Grundstück je zur Hälfte, dass sie einem Dritten einen halben Miteigentumsanteil überlassen und an ihn auflassen, so hat diese Erklärung regelmäßig die nächstliegende Bedeutung, dass jeder Miteigentümer die Hälfte seines Miteigentumanteils auf den Erwerber übertragen will (BayObLG Rpfleger 1977, 360; vgl. auch OLG Frankfurt Rpfleger 1978, 213).

Die Angabe der Bruchteile erfolgt hinter den Namen der Berechtigten. **18** Bei Eigentümern also in Abt. I Sp. 2; die mehreren Eigentümer sind unter derselben laufenden Nummer, jedoch unter besonderen Buchstaben aufzuführen (§ 9 Buchst. a GBV). Veränderungen des Anteilsverhältnisses sind in Abt. I ebenfalls in Sp. 2, in Abt. II und III in der Veränderungsspalte zu buchen.

Bei Grundstücken, die den wirtschaftlichen Zwecken mehrerer anderer **19** Grundstücke zu dienen bestimmt sind, kann unter den Voraussetzungen des § 3 Abs. 4 von der Führung eines besonderen GBBlatts abgesehen werden. Die Miteigentumsanteile sind dann im Bestandsverzeichnis der herrschenden Grundstücke zu verzeichnen (s. § 3 Rn. 27).

Über die selbständige Buchung ideeller Miteigentumsanteile, die mit dem **20** Sondereigentum an einer Wohnung oder an nicht zu Wohnzwecken dienenden Räumen verbunden sind (WEigentum, Teileigentum), s. Anh. zu § 3 Rn. 51 ff. Zur Eintragung einer WEigentümergemeinschaft als Berechtigte s. § 19 Rn. 106, 107.

6. Eintragung einer Gesamthandsgemeinschaft

a) Grundsatz. Da die Gesamthandsverhältnisse verschieden geregelt sind, **21** muss die konkrete Gemeinschaft angegeben werden (KG Rpfleger 1985, 435). Die Bezeichnung „zur gesamten Hand" genügt nicht (KG OLG 22, 179). Erforderlich ist vielmehr z. B. die Bezeichnung „in Erbengemeinschaft". Der Erblasser ist dabei ausnahmsweise anzugeben, wenn dies bei mehreren Erben- und Untererbengemeinschaften der Grundsatz der Rechtsklarheit erfordert; am öffentlichen Glauben des GB nimmt der Zusatz nicht teil (OLG München RNotZ 2016, 665). Bei einer Gütergemeinschaft genügt die Bezeichnung „in Gütergemeinschaft"; zulässig ist auch die Eintragung, dass eine Gütergemeinschaft beendet, aber noch nicht auseinandergesetzt ist (KGJ 50, 152; BayObLG 21, 17). Überflüssige Zusätze sind zu vermeiden (OLG Hamm Rpfleger 1973, 250). Zur Eintragung des im Vereinsregister nicht eingetragenen Vereins s. § 19 Rn. 101 und zur Eintragung der BGB-Gesellschaft s. Rn. 28.

b) Bruchteile. Sie dürfen der Bezeichnung des Gesamthandsverhältnisses **22** nicht hinzugefügt werden, weil sie seinem Wesen widersprechen (OLG Frankfurt Rpfleger 1982, 469; OLG München RNotZ 2016, 665); dies gilt insbes. für die Angabe der Erbteile bei Eintragung einer Erbengemeinschaft, die die Eintragung inhaltlich unzulässig machen kann. Sind einzelne Miterben einer Erbengemeinschaft wiederum Erbengemeinschaften mit teilweise identischen Mitgliedern, so müssen die Untergemeinschaften und ihre Zusammensetzung auch bei einer GBUmschreibung aus dem GB ersichtlich bleiben (BayObLG Rpfleger 1990, 503).

c) Anteilsübertragung. Keine Untergemeinschaft entsteht aber, wenn ein Miterbe einen Bruchteil seines Anteils auf einen anderen Miterben überträgt; vielmehr vergrößert sich dessen Anteil im Weg der Anwachsung, während sich der Anteil des übertragenden Miterben entsprechend verringert (BayObLG Rpfleger 1991, 315, zugleich zur Ergänzung des Vermerks über die EintrGrundlage in Abt. I Sp. 4; dazu auch LG Düsseldorf RNotZ 2002, 233; a. M. zu Recht OLG München Rpfleger 2005, 530 mit Anm. v. Demharter, das einen ergänzenden Vermerk für inhaltlich unzulässig hält). S. dazu für die BGB-Gesellschaft auch Rn. 31.2. Etwas anderes gilt aber, wenn ein Miterbe einen Bruchteil seines Anteils auf mehrere Erwerber zu Bruchteilen überträgt (s. Rn. 9). S. dazu auch Venjakob, Die Untergemeinschaft innerhalb der Erbengemeinschaft, Rpfleger 1993, 2.

Wegen der Stelle der Eintragung s. Rn. 18. Zur Eintragung der Belastung (Pfändung, Verpfändung, Nießbrauchsbestellung) eines Gesamthandsanteils s. Lindemeier DNotZ 1999, 876.

7. Eintragung von Gesamtberechtigten

23   Gesamtberechtigte gem. § 428 BGB sind durch den Zusatz „als Gesamtgläubiger" (KGJ 46, 228) oder „als Gesamtberechtigte gem. § 428 BGB" (JFG 11, 274; BayObLG DNotZ 1964, 343; BGH Rpfleger 1967, 143; OLG Frankfurt Rpfleger 1976, 403) zu kennzeichnen; der Zusatz „als Gesamtberechtigte" genügt nicht (BGH NJW 1981, 176; BayObLG Rpfleger 1996, 21; OLG Jena OLG-NL 1998, 8).

Gesamtberechtigte gem. § 432 BGB können unter dieser Bezeichnung oder als „Mitberechtigte gem. § 432 BGB" in das GB eingetragen werden (LG Bochum Rpfleger 1981, 148; vgl. BGH NJW 1981, 176; OLG Hamm Rpfleger 1980, 21); sofern jedoch im Einzelfall eine nähere Bezeichnung des Rechtsverhältnisses der Mitberechtigung möglich ist, ist diese zu verwenden.

Wegen der Stelle der Eintragung s. Rn. 18.

8. Sonstige Eintragung mehrerer Berechtigter

24   **a) Lebenspartner.** Für die Eintragung von Lebenspartnern als Berechtigte gelten die Vorschriften für Ehegatten entsprechend. In Betracht kommt die Eintragung einer Gütergemeinschaft (§§ 6, 7 LebenspartnerschaftsG – LPartG – v. 16.2.2001, BGBl. I 266, i. d. F. durch das Ges. zur Überarbeitung des Lebenspartnerschaftsrechts v. 15.12.2004, BGBl. I 3396; s. § 33 Rn. 45 ff.). Zur Möglichkeit der Umwandlung einer Lebenspartnerschaft in eine Ehe s. § 20a LPartG.

25   **b) Ehegatten.** Bei der Eintragung von Ehegatten, für deren Güterstand ausländisches Recht maßgebend ist, muss das Gemeinschaftsverhältnis so genau wie möglich unter schlagwortartiger Bezeichnung des ausländischen Güterstandes angegeben werden, z. B.: „im gesetzlichen Güterstand des niederländischen Rechts". Ermittlungspflichten des GBAmts bestehen nicht. S. hierzu OLG Zweibrücken FGPrax 2008, 147 zum gesetzlichen Güterstand nach türkischem Recht mit Anm. v. Süß MittBayNot 2009, 44; OLG Oldenburg Rpfleger 1991, 412, OLG Düsseldorf FGPrax 2000, 5, OLG Schleswig Rpfleger 2010, 73 sowie OLG München Rpfleger 2009, 445 mit kritischer Anm. v. Süß RNotZ 2009, 397 und OLG Oldenburg FGPrax 2019, 122 zum gesetzlichen Güterstand nach niederländischem Recht; OLG München MittBayNot 2014, 556 zum gesetzlichen Güterstand nach kroatischem Recht; OLG Zweibrücken NJW 2016, 1185 zum gesetzlichen Güterstand nach italienischem Recht; ablehnend Weber MittBayNot 2016, 482/486; OLG München FGPrax 2016, 70 zum gesetzlichen Güterstand nach polnischem Recht; kritisch dazu Makowsky IPrax 2018, 187; OLG Düsseldorf Rpfleger 2017, 329 mit Anm. v. Böhringer zum gesetzlichen Güterstand nach französischem Recht. Zur Berichtigung der Angaben zum Gemeinschaftsverhältnis durch formlosen Antrag ohne erneute Auflassung s. § 20 Rn. 33. Zur Eintragung eines Ehegatten, der in einem ausländischen Güterstand lebt, als Alleineigentümer s. § 33 Rn. 29.

c) Landesrecht. In den nach Landesrecht möglichen Fällen der Eintra- **26** gung mehrerer Eigentümer, zwischen denen kein Rechtsverhältnis der in § 47 Abs. 1 genannten Art besteht, ist bei den Namen der Eigentümer der Inhalt ihres Rechts anzugeben (§ 9 Buchst. b GBV); s. dazu BayObLG MittBayNot 1971, 248 betr. eine sog. Waldkorporation.

9. Wirkung der Eintragung des Gemeinschaftsverhältnisses

Ist das Gemeinschaftsverhältnis ordnungsgemäß eingetragen, so hat das **27** GBAmt bei späteren Eintragungen nach § 891 BGB von der Richtigkeit der Angabe auszugehen. Anders nur, wenn es weiß, dass diese unrichtig ist; bloße Zweifel genügen nicht.

Zu den vergleichbaren Wirkungen der Eintragung der Gesellschafter einer BGB-Gesellschaft gemäß Abs. 2 s. Rn. 32.

10. Eintragung einer BGB-Gesellschaft

Soll eine BGB-Gesellschaft als Eigentümerin eines Grundstücks oder Be- **28** rechtigte eines dinglichen Rechts in das GB eingetragen werden, sind nach § 47 Abs. 2 Satz 1 auch deren Gesellschafter einzutragen. Dabei handelt es sich nicht um die Eintragung mehrerer Berechtigter im eigentlichen Sinn. Denn Rechtsträger ist allein die rechtsfähige BGB-Gesellschaft (s. § 19 Rn. 108). Dies muss in der Eintragung eindeutig zum Ausdruck kommen. Die Eintragung könnte lauten: „Gesellschaft bürgerlichen Rechts, bestehend aus den Gesellschaftern A, B und C". Auch wenn damit allein die Gesellschaft als Berechtigte eingetragen ist, wird die zwingend vorgeschriebene Eintragung auch der Gesellschafter zum Inhalt der GBEintragung. Durch die eingetragenen Gesellschafter wird grundbuchrechtlich das Recht der Gesellschaft „vermittelt" (s. Rn. 31.1). Zur Eintragung der Gesellschafter jeweils unter einer besonderen Nummer s. Anh. zu § 44 Rn. 1.

29   **a) Eintragung aller Gesellschafter.** Auch wenn es sich dabei um mehr als tausend Personen handelt, sind sämtliche Gesellschafter einzutragen (vgl. LG Stuttgart Rpfleger 1999, 272). Gesellschafter kann auch eine BGB-Gesellschaft (Untergesellschaft) sein (s. Rn. 32). Es genügt nicht, nur den nach dem Gesellschaftsvertrag vertretungsberechtigten Gesellschafter einzutragen. Besteht eine weitere Gesellschaft mit identischem Gesellschafterbestand, ist der Eintragung der Gesellschaften ein klarstellendes Unterscheidungsmerkmal beizufügen (OLG München NotBZ 2013, 153). Zu bezeichnen sind die Gesellschafter bei der Eintragung wie dies § 15 Abs. 1 Buchst. a und b GBV für die Bezeichnung eines Berechtigten vorschreibt. Zulässig, aber nicht vorgeschrieben ist es, zusätzlich einen von der Gesellschaft im Rechtsverkehr geführten Namen und den Sitz der Gesellschaft einzutragen (§ 15 Abs. 1 Buchst. c GBV). Dagegen ist es nicht zulässig, die Gesellschaft allein unter ihrem Namen ohne Eintragung auch ihrer Gesellschafter einzutragen. Die Eintragung der Gesellschafter dient zusammen mit einem etwa eingetragenen Namen und Sitz der Gesellschaft insbesondere auch der Identifizierung der nicht in einem öffentlichen Register eingetragenen Gesellschaft (s. Rn. 31.1). Die Eintragung von Namen und Sitz der Gesellschaft wird nicht zum Inhalt des GB im Sinn von § 892 Abs. 1 BGB. Sind die Gesellschafter eingetragen, können nachträglich auch Name und Sitz der Gesellschaft im Weg der Richtig- oder Klarstellung (s. § 22 Rn. 22) eingetragen werden (OLG Schleswig Rpfleger 2012, 249). Zur fehlenden Eintragung aller Gesellschafter s. Rn. 38.

29.1   **b) Nachweise.** Zur Eintragung einer BGB-Gesellschaft sind dem GB-Amt grundsätzlich keine Nachweise zu Existenz, Identität und Vertretung der Gesellschaft zu erbringen. Voraussetzung für die Eintragung der Gesellschaft als Berechtigte eines beschränkten dinglichen Rechts ist lediglich, dass in der EintrBewilligung alle Gesellschafter als solche einer Gesellschaft bürgerlichen Rechts bezeichnet sind (s. dazu § 19 Rn. 96). Zur Eintragung der Gesellschaft als Erwerberin eines Grundstücks genügen die bloßen Erklärungen der für die Gesellschaft handelnden Gesellschafter in der Auflassungsurkunde zu Existenz, Identität und Vertretung der Gesellschaft sowie dazu, dass sie die alleinigen Gesellschafter sind (s. dazu § 20 Rn. 38.1). Zur Notwendigkeit einer familiengerichtlichen Genehmigung bei Beteiligung eines minderjährigen Gesellschafters s. § 20 Rn. 45.3.

29.2   **c) Vollstreckung.** Die Notwendigkeit, im GB auch die Gesellschafter einzutragen, hat zur Folge, dass die Gesellschaft, wenn sie einen Vollstreckungstitel nur unter ihrem Namen erlangt, nicht als Berechtigte einer Zwangshypothek in das GB eingetragen werden kann. Erforderlich ist die Angabe sämtlicher Gesellschafter nach Maßgabe des § 15 Abs. 1 GBV im Titel; die Angabe nur der vertretungsberechtigten Gesellschafter genügt nicht (OLG Düsseldorf FGPrax 2017, 8; OLG Frankfurt FGPrax 2018, 152). Eine nicht grundsätzlich ausgeschlossene Zwischenverfügung mit dem Ziel, eine Ergänzung des Titels zu erwirken, wird nicht selten daran scheitern, dass dies nicht in angemessener Frist (s. § 18 Rn. 23) möglich ist (OLG München Rpfleger 2012, 140).

Andererseits setzt auch die Vollstreckung in das Grundstück einer BGB-Gesellschaft voraus, dass der Vollstreckungstitel die Gesellschafter in Übereinstimmung mit der GBEintragung ausweist. Wird bei einem Gesellschafterwechsel die Vollstreckungsklausel entsprechend § 727 ZPO angepasst, muss die Änderung daher auch im GB nachvollzogen werden (BGH Rpfleger 2011, 285; kritisch dazu Bestelmeyer ZfIR 2011, 117). Ist eine formwechselnde Umwandlung von einer Kapital- oder einer Personenhandelsgesellschaft in eine BGB-Gesellschaft zwar im Handelsregister eingetragen, im Grundbuch aber nicht durch eine berichtigende Eintragung nach § 47 Abs. 2 GBO nachvollzogen worden, bedarf es für eine Zwangsvollstreckung in das Grundstück keiner titelergänzenden Klausel nach § 727 ZPO. Die Zwangsvollstreckung kann auf Grund eines auf die im Grundbuch eingetragene Gesellschaft lautenden Titels betrieben werden (BGH Rpfleger 2016, 494, dazu Beck MittBayNot 2017, 209).

Auch die Eintragung einer BGB-Gesellschaft aufgrund eines Ersuchens **29.3** des Versteigerungsgerichts als Ersteherin eines Grundstücks ist nur möglich, wenn die einzutragenden Gesellschafter in dem Ersuchen genannt sind (s. § 38 Rn. 39). Bei einer Vollstreckung in das Grundstück der Gesellschaft aufgrund einer Vollstreckungsunterwerfung gemäß § 800 ZPO gelten die noch im GB eingetragenen bisherigen Gesellschafter grundsätzlich auch dann entsprechend § 1148 Satz 1, § 1192 Abs. 1 BGB als Gesellschafter der Schuldnerin, wenn diese durch den Tod eines Gesellschafters aufgelöst worden ist (BGH Rpfleger 2011, 285 und 337; 2016, 237 mit Anm. v. Volmer ZfIR 2016, 191).

Zu den Anforderungen an den Titel s. Beck NZG 2017, 1178. S. dazu auch Anh. zu § 44 Rn. 68.4 und Bestelmeyer Rpfleger 2011, 420. Zur Vollstreckungsunterwerfung der BGB-Gesellschaft s. § 44 Rn. 28. Zur rechtsgeschäftlichen Vertretung der Gesellschaft bei Erteilung der Löschungsbewilligung ist nach Ansicht des BGH der im Vollstreckungstitel genannte Vertreter befugt (s. Anh. zu § 44 Rn. 72).

d) Verfügungsbefugnis der Gesellschafter. Nach § 47 Abs. 2 Satz 2 **30** gelten die sich auf die Eintragung des Berechtigten beziehenden Vorschriften entsprechend für die Eintragung der Gesellschafter. Damit werden die eingetragenen Gesellschafter grundbuchverfahrensrechtlich im Wesentlichen weiterhin so behandelt wie vor Anerkennung der Rechtsfähigkeit der Gesellschaft, nämlich wie Berechtigte. Daraus leitet sich ihre Befugnis ab, wie ein Berechtigter über im GB eingetragene Rechte der Gesellschaft zu verfügen. Dies schließt ihre verfahrensrechtliche Bewilligungsbefugnis ein. Die Gesellschafter handeln dabei als Vertreter der Gesellschaft.

Wird die Gesellschaft gemäß § 727 Abs. 1 BGB durch den Tod eines Ge- **30.1** sellschafters aufgelöst, geht mit der Eröffnung des **Insolvenzverfahrens** über dessen Nachlass die Befugnis, über im GB eingetragene Rechte zu verfügen, von den Erben auf den Insolvenzverwalter über. In das GB ist ein Insolvenzvermerk einzutragen. Dagegen wird, wenn die Gesellschaft nach dem Gesellschaftsvertrag beim Tod eines Gesellschafters nicht aufgelöst, sondern mit dessen Erben fortgesetzt wird, durch die Eröffnung des Nachlassinsolvenzverfahrens die Verfügungsbefugnis der Erben nicht eingeschränkt. Ein wegen

Eröffnung des Nachlassinsolvenzverfahrens eingetragener Insolvenzvermerk ist zu löschen, wenn der Insolvenzverwalter dies bewilligt oder dem GBAmt die Vereinbarung einer Nachfolgeklausel in grundbuchmäßiger Form nachgewiesen wird (BGH FGPrax 2017, 243 mit Anm. v. Keller ZfIR 2017, 831 und Lubberich DNotZ 2018, 256; kritisch dazu Altmeppen NZG 2017, 1281). Zur GBBerichtigung beim Tod eines Gesellschafters s. § 22 Rn. 41.

30.2   **e) Vertretung der Gesellschaft.** Die Gesellschaft wird grundsätzlich von allen Gesellschaftern gemeinschaftlich vertreten. Will abweichend von diesem gesetzlichen Regelfall der Gesamtvertretung ein einzelner nach dem Gesellschaftsvertrag zur Vertretung berechtigter Gesellschafter verfügen, muss er seine Vertretungsbefugnis in grundbuchmäßiger Form nachweisen. Dieser Nachweis kann durch den Gesellschaftsvertrag grundsätzlich nicht geführt werden (OLG München FGPrax 2011, 229; OLG Celle NotBZ 2013, 348; KG RNotZ 2017, 663 mit zust. Anm. v. Goslich MittBayNot 2019, 49). Wenn ein Dritter für die Gesellschaft handelt, genügt zum Nachweis seiner Vertretungsbefugnis eine Vollmacht aller Gesellschafter nur dann, wenn sie zur Vertretung der Gesellschaft und nicht nur der Gesellschafter persönlich ermächtigt. Solange die Gesellschafter die organschaftliche Vertretungsbefugnis behalten, können sie sich gegenseitig oder einem Dritten rechtsgeschäftliche Generalvollmachten erteilen und darin, nicht notwendigerweise ausdrücklich, auch zum Handeln für die Gesellschaft ermächtigen (BGH FGPrax 2011, 106 mit Anm. v. L. Böttcher DNotZ 2011, 363 und Lautner MittBayNot 2011, 495; KG Rpfleger 2017, 331 mit Anm. v. Volmer MittBayNot 2017, 369; s. dazu Führ RNotZ 2011, 155; vgl. auch OLG München Rpfleger 2010, 71 mit Anm. v. Ruhwinkel MittBayNot 2010, 128, insbes. zu Altvollmachten aus der Zeit vor Anerkennung der Rechtsfähigkeit der Gesellschaft). Dies ist auch dann zulässig, wenn die Gesellschaft im Zeitpunkt der Vollmachtserteilung noch nicht existierte (OLG Zweibrücken RNotZ 2016, 247 mit Anm. v. Schuck).

Zur Wirksamkeit einer post- oder transmortalen Vollmacht für den Mitgesellschafter einer zweigliedrigen Gesellschaft s. OLG München NJW-RR 2015, 1382. Zur Vertretung der Gesellschaft im Grundstücksverkehr s. Weber MittBayNot 2019, 11.

Bei Eröffnung des **Insolvenzverfahrens** über das Vermögen eines Gesellschafters übt die Befugnis zur Vertretung der Gesellschaft der Insolvenzverwalter zusammen mit den übrigen Gesellschaftern aus. Die Wirksamkeit einer von ihnen erteilten Vollmacht wird durch die Beendigung des Insolvenzverfahrens nicht berührt (KG Rpfleger 2011, 316). Die von den Gesellschaftern einem Dritten, bei dem es sich auch um den Urkundsnotar handeln kann, erteilte Vollmacht zur Vertretung der Gesellschaft erlischt gemäß § 117 Abs. 1 InsO mit Eröffnung des Insolvenzverfahrens über das Vermögen eines der Gesellschafter. Die Freigabe des Gesellschaftsanteils durch den Insolvenzverwalter hat nicht zur Folge, dass die erloschene Vollmacht wieder auflebt (OLG München FGPrax 2017, 161; 2018, 254 mit abl. Anm. v. Lautner MittBayNot 2018, 591 und Weber MittBayNot 2019, 11; Bauer/Schaub AT G Rn. 134a; str.).

Zur familiengerichtlichen Genehmigung der Belastung oder Veräußerung des Grundstücks einer BGB-Gesellschaft, an der ein **Minderjähriger** beteiligt ist, s. § 19 Rn. 65 und § 20 Rn. 45.3. Zur EintrFähigkeit einer nur einen Gesellschafter, nicht aber die Gesellschaft betreffenden Verfügungsbeschränkung s. Anh. zu § 13 Rn. 33.2. Zur rechtsgeschäftlichen Vertretung der Gesellschaft bei Löschung einer Zwangshyp. s. Rn. 29.2.

f) Gesellschaft als Vertreterin. Tritt eine BGB-Gesellschaft als Vertreterin auf, müssen die für sie handelnden Personen ihre Berechtigung zur Vertretung der Gesellschaft in grundbuchmäßiger Form nachweisen. Die Bevollmächtigung der ein Grundstück erwerbenden Gesellschaft, z.B. zur Belastung des Grundstücks, kann nicht ohne weiteres dahin ausgelegt werden, dass außer der Gesellschaft auch die zur Zeit der Bevollmächtigung vertretungsberechtigten Gesellschafter persönlich unabhängig vom Fortbestand ihrer Gesellschafterstellung bevollmächtigt sind (KG Rpfleger 2014, 249 mit zust. Anm. v. Lautner MittBayNot 2015, 137). **30.3**

g) Änderungen im Gesellschafterbestand. Bei Änderungen durch Einzel- oder Gesamtrechtsnachfolge sowie bei ersatzlosem Ausscheiden eines Gesellschafters oder bei Eintritt eines Gesellschafters wird das GB nur hinsichtlich des Gesellschafterbestandes unrichtig, ohne dass sich dadurch an der Stellung der Gesellschaft als der Berechtigten etwas ändert. Eine Berichtigungsbewilligung muss von allen eingetragenen Gesellschaftern abgegeben werden und bei Eintritt eines Gesellschafters auch von diesem (OLG Zweibrücken FGPrax 2010, 22 und 286; OLG Brandenburg NJW-RR 2011, 1036; OLG Hamm FGPrax 2011, 226; OLG Frankfurt NotBZ 2011, 402; OLG Karlsruhe FGPrax 2012, 247 mit zust. Anm. v. Lautner MittBayNot 2014, 61; OLG München FGPrax 2015, 250; RNotZ 2016, 393; Hügel/Reetz Rn. 102). Die Berichtigungsbewilligung allein des ausscheidenden Gesellschafters genügt nicht (a.M. OLG Jena FGPrax 2011, 226 mit zust. Anm. v. Böttcher ZflR 2011, 719; KG FGPrax 2011, 217 mit zust. Anm. v. Böhringer MittBayNot 2012, 219; KG FGPrax 2015, 153 mit abl. Anm. v. Bestelmeyer; ablehnend auch Böttcher ZflR 2015, 720; OLG München FGPrax 2013, 64, anders aber bei einer nur aus zwei Gesellschaftern bestehenden Gesellschaft: FGPrax 2011, 66; s. dazu Rn. 31.2). Unmittelbar betroffen sind nur der ausscheidende und der eintretende Gesellschafter. Die übrigen Gesellschafter sind nur mittelbar betroffen; ihre Bewilligung kann daher durch Zwischenverfügung aufgegeben werden. **31**

Eine Berichtigung kann auch im Weg des GBBerichtigungszwangs herbeigeführt werden (§ 82 Satz 3). Zur Notwendigkeit, eine Unbedenklichkeitsbescheinigung vorzulegen, s. § 20 Rn. 48. Wie bei einer Personenhandelsgesellschaft können auch bei der BGB-Gesellschaft unter Wahrung der Gesellschaftsidentität gleichzeitig sämtliche Gesellschafter im Weg der Anteilsübertragung ausgewechselt werden (BGH Rpfleger 2016, 355). Ein identitätswahrender Formwechsel der Gesellschaft in eine GmbH & Co. KG hat nur eine Richtigstellung des GB zur Folge. Einer Voreintragung der GmbH als aufgenommener Gesellschafterin bedarf es nicht (OLG München Rpfleger 2016, 217).

31.1 **h) Funktion der Eintragung aller Gesellschafter.** Die Eintragung der Gesellschafter verlautbart kein eigenes dingliches Recht der Gesellschafter. Sie hat vielmehr die Funktion, die Identifizierung der Gesellschaft und die Feststellung der Verfügungsbefugnis sicher zu stellen. Durch die eingetragenen Gesellschafter wird das dingliche Recht der Gesellschaft grundbuchrechtlich vermittelt (BGH FGPrax 2011, 164). Eine Veränderung des Gesellschafterbestandes durch Ausscheiden eines Gesellschafters oder Eintritt eines weiteren Gesellschafters hat Auswirkungen auf diese Funktion. Betroffen im Sinn des § 19 sind davon alle Gesellschafter, weil nur sie gemeinsam der Gesellschaft das dingliche Recht vermitteln. Daraus folgt, dass die Berichtigungsbewilligung von allen eingetragenen Gesellschaftern zu erklären ist (OLG Köln FGPrax 2013, 150). Da gemäß § 47 Abs. 2 Satz 2 grundbuchverfahrensrechtlich die für die Gesellschaft geltenden Vorschriften für die eingetragenen Gesellschafter entsprechend gelten, ist schlüssig darzutun, dass das GB berichtigt werden soll und inwiefern es unrichtig ist (§ 22 Rn. 31). Außerdem ist bei dem Eintritt eines weiteren Gesellschafters dessen Bewilligung erforderlich (§ 22 Abs. 2 entsprechend). S. dazu OLG München Rpfleger 2017, 441.

31.2 **i) Eintragung der Änderung im Gesellschafterbestand.** Erwirbt ein Gesellschafter die Beteiligung eines von mehreren Mitgesellschaftern, ist im GB nur das Ausscheiden des Gesellschafters zu vermerken. Da die GBEintragung kein eigenes dingliches Recht der Gesellschafter vielmehr nur ihre Stellung als Gesellschafter verlautbart, ist für die Eintragung weiterer Vermerke kein Raum.

Etwas anderes gilt aber, wenn bei einer nur aus zwei Gesellschaftern bestehenden Gesellschaft mit dem Ausscheiden eines Gesellschafters dessen Gesellschaftsanteil dem einzigen verbleibenden Gesellschafter anwächst. Dieser wird dadurch zum Rechtsnachfolger der erlöschenden Gesellschaft und damit auch Eigentümer eines der Gesellschaft gehörenden Grundstücks, ohne dass eine Auflassung erforderlich ist (BGH Rpfleger 2019, 631); das GB bedarf der Berichtigung. Dasselbe gilt, wenn alle Gesellschaftsanteile auf einen Gesellschafter oder einen Dritten übergehen (s. dazu Böhringer NotBZ 2019, 441/444).

Eine Berichtigung nur hinsichtlich des Gesellschafterbestands ist notwendig, wenn ein weiterer Gesellschafter in die Gesellschaft eintritt. Erwirbt ein Gesellschafter einen Teil des Gesellschaftsanteils eines anderen Gesellschafters, vergrößert sich sein Anteil im Weg der Anwachsung, während sich der Anteil des anderen Gesellschafters entsprechend verringert. Für eine GBEintragung ist kein Raum. Zur Notwendigkeit einer Unbedenklichkeitsbescheinigung s. § 20 Rn. 48.

31.3 **j) Auswirkungen der Änderung im Gesellschafterbestand.** Die von der Gesellschaft, vertreten durch ihre Gesellschafter, wirksam abgegebene Auflassungserklärung bleibt wirksam, auch wenn sich vor Vollzug der Auflassung im GB der Gesellschafterbestand ändert. Ist die Änderung dem GBAmt bekannt und soll die Gesellschaft als Erwerberin eingetragen werden, muss der Gesellschafterwechsel durch eine Berichtigungsbewilligung der bisherigen und der neuen Gesellschafter dem GBAmt nachgewiesen werden (s. auch § 20 Rn. 8).

Zur GBBerichtigung beim Tod eines eingetragenen Gesellschafters s. § 22 Rn. 41. Zur Anwachsung bei Ausscheiden eines Gesellschafters s. § 22 Rn. 15. Zur kostenmäßigen Behandlung der Eintragung bei einem Wechsel im Gesellschafterbestand s. § 22 Rn. 64. Zur Insolvenz der Gesellschaft oder eines Gesellschafters s. § 38 Rn. 8.

k) Schutz des guten Glaubens. § 899a Satz 1 BGB begründet die ge- **32** setzliche Vermutung, dass die nach § 47 Abs. 2 Satz 1 im GB als Gesellschafter eingetragenen Personen Gesellschafter sind und keine weiteren Gesellschafter vorhanden sind. Die Vermutung erstreckt sich auch auf die Existenz der Gesellschaft (str.; a. M. Steffek ZIP 2009, 1445; Kohler NZG 2012, 441), beschränkt sich aber auf das im GB eingetragene Recht. Sie gilt, wie die vergleichbare Vermutung des § 891 BGB, auch für das GBAmt. Dieses kann daher bei einer Verfügung über das Recht durch die im GB eingetragenen Gesellschafter von der Existenz und der ordnungsmäßigen Vertretung der Gesellschaft ausgehen. Die Vermutung gilt in entsprechender Anwendung des § 899a BGB auch für diejenige BGB-Gesellschaft, die Gesellschafterin einer im GB eingetragenen BGB-Gesellschaft ist (Untergesellschaft; OLG Hamm FGPrax 2011, 275).

Auf die eingetragenen Gesellschafter, nicht aber auch auf die freigestellte **33** Eintragung von Namen und Sitz der Gesellschaft (OLG Schleswig Rpfleger 2012, 249), finden die §§ 892 bis 899 BGB entsprechende Anwendung (§ 899a Satz 2 BGB). Die Regelung des § 892 BGB gilt damit außer für die Gesellschaft auch für die eingetragenen Gesellschafter. Sie ermöglicht einen gutgläubigen Erwerb von einer nicht ordnungsgemäß vertretenen oder gar nicht mehr existierenden Gesellschaft. Die Rechtswirkungen der §§ 892 ff. BGB sind aber auf das eingetragene Recht beschränkt. Ein Gesellschaftsanteil kann daher grundsätzlich nicht gutgläubig vom eingetragenen Buchgesellschafter erworben werden. Auch kann, wenn fälschlicherweise im GB eingetragene BGB-Gesellschafter ihre Gesellschaftsanteile an einen Dritten veräußern, dieser das Eigentum an dem Grundstück nicht kraft öffentlichen Glaubens des GB erwerben (vgl. BGH NJW 1997, 860). Im grundbuchrechtlichen EintrVerfahren, insbesondere im Berichtigungsverfahren, gilt jedoch bei der Verfügung über einen Gesellschaftsanteil für das GBAmt die Vermutung des § 899a Satz 1 BGB, dass die im GB eingetragenen Personen und nur sie Gesellschafter der BGB-Gesellschaft und damit in ihrer Gesamtheit verfügungs- und bewilligungsbefugt sind. Dies gilt auch bei Ausscheiden des vorletzten Gesellschafters und liquidationslosem Erlöschen der Gesellschaft (s. dazu Rn. 30, 31).

l) Altfälle. Die Wirkungen der gesetzlichen Regelung erstrecken sich **34** auch auf Eintragungen aus der Zeit vor dem Inkrafttreten des Änderungsgesetzes, sofern die Eintragung die Gesellschafter ausweist (Art. 229 § 21 EGBGB). Dabei ist es ohne Bedeutung, dass vor Anerkennung der Rechtsfähigkeit der BGB-Gesellschaft die Gesellschafter als unmittelbar Berechtigte eingetragen wurden (OLG Zweibrücken FGPrax 2010, 22). Auch dadurch wird die BGB-Gesellschaft als Rechtsträgerin ausgewiesen (vgl. BGH Rpfleger 2007, 23). § 47 Abs. 2 Satz 2 ist jedoch nicht anzuwenden, wenn die Gesellschaft nur unter ihrem Namen eingetragen wurde; dies hatte der BGH in seiner Entscheidung v. 4.12.2008 (Rpfleger 2009, 141) für zulässig angesehen (zur Wirksamkeit solcher Eintragungen s. Rn. 38). Ein Zwang zur nachträglichen Eintragung der Gesellschafter besteht nicht und kann auch nicht nach Maßgabe des § 82 Satz 3 ausgeübt werden (a. M. Hügel/Holzer § 82 Rn. 2; Ruhwinkel MittBayNot 2009, 421 f.). Zur Ergänzung der Eintragung dadurch, dass die Gesellschafter nachträglich hinzugefügt werden, s. Rn. 38. Im Einzelfall kann es schwierig sein, die bei einer Verfügung über das eingetragene Recht erforderlichen Nachweise in grundbuchmäßiger Form beizubringen, wenn nicht auch die Gesellschafter eingetragen sind. In diesem Fall hält das OLG Schleswig (FGPrax 2011, 114; ablehnend Bestelmeyer ZfIR 2011, 395) zur Verhinderung einer endgültigen faktischen GBSperre eine Lockerung der strengen Formvorschriften des GBRechts für zulässig. S. zum Ganzen Böttcher ZfIR 2009, 613; Böhringer Rpfleger 2009, 537.

11. Verletzung der Bestimmungen des § 47

35 Sie kann darin liegen, dass bei der Eintragung entweder die nach Abs. 1 erforderliche Angabe des Gemeinschaftsverhältnisses fehlt oder bei einer BGB-Gesellschaft die nach Abs. 2 notwendige Eintragung der Gesellschafter. Zur Notwendigkeit einer Zwischenverfügung, wenn diese Angaben in den EintrUnterlagen fehlen, s. Rn. 14, 15.

a) Fehlende Angabe des Gemeinschaftsverhältnisses. § 47 Abs. 1 ist nur eine Ordnungsvorschrift. Fehlt die Angabe des Gemeinschaftsverhältnisses, so ist die Eintragung wirksam, das GB jedoch unvollständig und daher unrichtig (OLG Hamm DNotZ 1965, 408; BayObLG Rpfleger 1996, 21). Ein gutgläubiger Erwerb ist aber ausgeschlossen, da die Unvollständigkeit für jedermann erkennbar ist (RG JW 1934, 2612). Die Berichtigung erfolgt nur auf Antrag und hat entweder eine Berichtigungsbewilligung oder den Nachweis der Unrichtigkeit zur Voraussetzung; bei Berichtigung einer Eigentümereintragung ist § 22 Abs. 2 zu beachten (s. dazu auch OLG Hamm DNotZ 1965, 408).

36 Eintragungen, durch die das unvollständig gebuchte Recht betroffen wird, dürfen im Hinblick auf § 39 Abs. 1 erst nach vorgängiger Berichtigung des GB vorgenommen werden (s. § 39 Rn. 14); dies gilt auch dann, wenn das betroffene Recht unter Herrschaft früheren Rechts eingetragen wurde und dieses eine dem § 47 Abs. 1 entsprechende Bestimmung nicht kannte (KGJ 50, 151). Die vorgängige Berichtigung ist ausnahmsweise nicht notwendig, wenn ein Gemeinschafter, ohne dass die Anteile verschieden belastet sind, das ganze Recht erwirbt (KG OLG 8, 154). Ebenso wenig, wenn sämtliche Gemeinschafter die Löschung oder Übertragung des Rechts bewilligen; hier werden nicht die Anteile, sondern das Recht im Ganzen i. S. des § 39 Abs. 1 betroffen. Demgegenüber hält das BayObLG Rpfleger 2003, 25 die vorherige Berichtigung des Gemeinschaftsverhältnisses dann für erforderlich, wenn Ehegatten im GB als Eigentümer eines Grundstücks in Gütergemeinschaft eingetragen, in Wirklichkeit aber Bruchteileigentümer je zur Hälfte geworden sind, und ein Ehegatte seinen Anteil dem anderen überträgt, der als Alleineigentümer eingetragen werden soll.

Eine undeutliche Angabe des Gemeinschaftsverhältnisses kann durch **37** besonderen Vermerk klargestellt werden. Erweist sich die Angabe des Gemeinschaftsverhältnisses in einer Eintragung als inhaltlich unzulässig, z. B. bei einem dinglichen Vorkaufsrecht die Angabe der Gesamtberechtigung gemäß § 428 BGB, ist nur dieser Teil der Eintragung zu löschen (s. § 53 Rn. 58).

b) Fehlende Eintragung der Gesellschafter. Anders als die in Abs. 1 **38** verlangte Angabe des Gemeinschaftsverhältnisses ist die in Abs. 2 vorgeschriebene Eintragung auch der Gesellschafter einer BGB-Gesellschaft nicht als Soll-Vorschrift ausgestaltet. Das Gesetz verlangt vielmehr zwingend, dass auch die Gesellschafter eingetragen werden. Sind überhaupt keine Gesellschafter eingetragen, handelt es sich, sofern die Gesellschaft wenigstens identifizierbar ist (s. § 44 Rn. 55), gleichwohl nicht um eine inhaltlich unzulässige Eintragung, sondern nur um eine unrichtige (unvollständige) Bezeichnung des Berechtigten (s. § 44 Rn. 47), die richtig gestellt werden kann (s. § 22 Rn. 22, 23). Dies betrifft insbesondere Eintragungen, in denen die Gesellschaft im Hinblick auf die Entscheidung des BGH v. 4.12.2008 (Rpfleger 2009, 141) nur mit ihrem Namen bezeichnet ist (s. OLG München FGPrax 2010, 179 mit zust. Anm. v. Heinze DNotZ 2010, 695; OLG Zweibrücken RNotZ 2011, 421). Das OLG Köln (FGPrax 2011, 62) hält eine GBBerichtigung gemäß § 22 für erforderlich, die nach Ansicht des OLG Schleswig (Rpfleger 2011, 368) ein Grundpfandgläubiger in entsprechender Anwendung des § 14 beantragen kann. Eintragungen, die nach dem Inkrafttreten des durch das ERVGBG angefügten § 47 Abs. 2 am 18.8.2009 vorgenommen wurden und keine Gesellschafter ausweisen, werden von anderen für inhaltlich unzulässige Eintragungen angesehen (so KG Rpfleger 2017, 143 mit abl. Anm. v. Bestelmeyer; ablehnend auch Waldner NotBZ 2017, 147; zustimmend Lautner MittBay 2018, 155). Sind einzelne, aber nicht sämtliche Gesellschafter eingetragen, ist das GB unrichtig mit der Möglichkeit eines gutgläubigen Erwerbs.

Kenntlichmachung der Mitbelastung

48 (1) **Werden mehrere Grundstücke mit einem Recht belastet, so ist auf dem Blatt jedes Grundstücks die Mitbelastung der übrigen von Amts wegen erkennbar zu machen. Das gleiche gilt, wenn mit einem an einem Grundstück bestehenden Recht nachträglich noch ein anderes Grundstück belastet oder wenn im Falle der Übertragung eines Grundstücksteils auf ein anderes Grundbuchblatt ein eingetragenes Recht mitübertragen wird.**

(2) **Soweit eine Mitbelastung erlischt, ist dies von Amts wegen zu vermerken.**

Inhaltsübersicht

1. Allgemeines

1   § 48 bestimmt in Durchbrechung des Antragsgrundsatzes, dass eine Gesamtbelastung auf den Blättern aller belasteten Grundstücke von Amts wegen erkennbar zu machen ist. Auch wenn Mithaftvermerke in mehr als 2000 GBBlättern erforderlich werden, kann das GBAmt die Eintragung eines Gesamtrechts nicht ablehnen (OLG München FGPrax 2013, 112).

2   Zweck der Regelung ist es zunächst, die im Wesen des Gesamtrechts liegende Bedingtheit der Belastung zum Ausdruck zu bringen; diese ist insofern gegeben, als mit der Befriedigung des Berechtigten aus einem der Grundstücke das Recht auch an den anderen erlischt. Des Weiteren soll verhindert werden, dass sich das einheitliche Gesamtrecht in der Hand gutgläubiger Erwerber in eine Mehrheit von Einzelrechten verwandelt.

3   § 48 enthält nur Ordnungsvorschriften. Verstöße beeinflussen die Rechtsnatur der Belastung nicht; ein Recht bleibt mithin auch dann Gesamtrecht, wenn der Mithaftvermerk fehlt (KG HRR 1934 Nr. 278); jedoch ist das GB unvollständig und daher unrichtig. Der Vermerk ist auf allen GBBlättern von Amts wegen nachzuholen, solange das Gesamtrecht noch dem ersten Berechtigten zusteht. Bei Übergang auf Dritte muss mit gutgläubigem Erwerb als Einzelrechten gerechnet werden; daher ist nur noch die Eintragung eines Widerspruchs (§ 53) möglich, falls Bösgläubigkeit glaubhaft. Eintragung nachgehender Rechte oder Erwerb von Rechten am Gesamtrecht hindern die Nachholung des Vermerks nicht.

2. Mehrere Grundstücke

4   Es muss sich um selbstständige Grundstücke, d. h. GBGrundstücke (s. § 2 Rn. 15), handeln. Ob sie auf einem gemeinschaftlichen Blatt oder auf verschiedenen Blättern vorgetragen sind, ist unerheblich. Den Grundstücken stehen grundstücksgleiche Rechte (s. § 3 Rn. 6, 7), das WEigentum sowie ideelle Miteigentumsanteile an einem Grundstück gleich. Im letzteren Fall entsteht eine Gesamthyp. nicht nur, wenn die Miteigentümer die einzelnen Anteile mit derselben Hyp. belasten, sondern auch, wenn das Grundstück von den Miteigentümern im Ganzen mit einer Hyp. belastet wird oder wenn ein mit einer Hyp. belastetes, im Alleineigentum stehendes Grundstück in Miteigentum nach Bruchteilen übergeht (RG 146, 365; BGH NJW 1961, 1352; NJW-RR 2010, 1529); die Belastung einzelner Anteile ist bei erster Eintragung in Sp. 4, bei nachträglicher in Sp. 7 einzutragen. Reale Grundstücksteile sind vor einer Belastung gemäß § 7 grundsätzlich abzuschreiben und als selbstständige Grundstücke einzutragen.

Die Grundstücke können in den Bezirken verschiedener GBÄmter belegen sein. § 48 findet jedoch keine Anwendung, wenn ein Grundstück im Inland, das andere im Ausland liegt (KGJ 39 B 47). Theoretisch ist die Belastung in- und ausländischer Grundstücke mit einem einheitlichen Recht denkbar; da aber deutsches Verfahrensrecht auf ausländische Grundstücke nicht anwendbar ist, hat das GBAmt die Hyp. auf dem inländischen Grundstück als Einzelhyp. anzusehen. Der Antrag auf Eintragung einer Gesamthyp. ist deshalb zurückzuweisen. Bei nachträglicher Teilung durch Änderung der Bundesgrenze entsteht dagegen sachlichrechtlich eine Gesamthyp. (RG 157, 290). **5**

3. Grundpfandrecht und Reallast

Grundsätzlich ist nur bei ihnen eine Gesamtbelastung möglich (§§ 1132, 1192, 1199, 1107 BGB). Die Einzelhyp. ist ein Minus zur Gesamthypothek. Der Gläubiger kann gem. § 1132 Abs. 2 BGB die Gesamthyp. aufteilen, wodurch diese in eine oder mehrere Einzelhyp. für selbstständige Forderungen zerfällt und die Mitbelastung der Grundstücke in Höhe der auf sie nicht zugeteilten Beträge erlischt. Die Vormerkung auf Bewilligung einer Gesamthyp. behält als Vormerkung für eine Einzelhyp. ihre Wirksamkeit, wenn dem Berechtigten nur noch ein Anspruch auf eine Einzelhyp. zusteht (BGH NJW 2000, 1861). **6**

Rechte an Grundstücksrechten können nur als Einzelrechte begründet werden. Vormerkungen und Widersprüche fallen unter § 48, wenn sie sich auf Gesamtrechte beziehen. Erbbaurechte, Dienstbarkeiten sowie Vorkaufsrechte können Grundstücke ihrer rechtlichen Natur nach an sich nur als Einzelrechte belasten. Dies ist hinsichtlich des Vorkaufsrechts wohl allgemein anerkannt (s. dazu BayObLG Rpfleger 1975, 23), war im Übrigen jedoch lange Zeit umstritten; vgl. zum Ganzen Hampel Rpfleger 1962, 126; Böttcher MittBayNot 1993, 129.

4. Erbbaurecht

Unter Hinweis auf den in KGJ 51, 229 für den Fall der Grundstücksteilung eingenommenen Standpunkt wird die Begründung eines Gesamterbbaurechts ganz überwiegend als zulässig erachtet (BGH Rpfleger 1976, 126; OLG Köln Rpfleger 1988, 355; BayObLG Rpfleger 1990, 503; s. dazu auch Stahl-Sura DNotZ 1981, 605). Der durch das RegVBG eingefügte § 6a geht nicht nur von der Zulässigkeit eines Erbbaurechts an mehreren Grundstücken sowie an mehreren Erbbaurechten aus, sondern auch von der Zulässigkeit eines Erbbaurechts sowohl an einem Grundstück als auch an einem Erbbaurecht; er enthält für die GBEintragung solcher Gesamtrechte ein- **7** schränkende Regelungen (s. hierzu § 6a Rn. 3 ff.; von der Zulässigkeit eines Gesamterbbaurechts geht auch § 39 Abs. 2 SachenRBerG aus). Bis zu deren Inkrafttreten konnte ein Gesamterbbaurecht ohne Einschränkung auch an mehreren nicht unmittelbar aneinandergrenzenden Grundstücken bestellt werden (Demharter DNotZ 1986, 457; zweifelnd OLG Köln Rpfleger 1988, 355 mit abl. Anm. v. Meyer-Stolte). Diekgräf (DNotZ 1996, 338) hält ein Gesamterbbaurecht am herrschenden Grundstück und an einem Miteigentumsanteil eines dienenden Grundstücks für zulässig. Wegen der nachträglichen Ausdehnung eines Erbbaurechts auf ein weiteres Grundstück und ihre Auswirkung auf Belastungen des Erbbaurechts s. OLG Hamm Rpfleger 1973, 427; BayObLG Rpfleger 1984, 313.

5. Dienstbarkeit

8   Auch die Gesamtbelastung mehrerer Grundstücke mit einer Grunddienstbarkeit, einer beschränkten persönlichen Dienstbarkeit oder einem Dauerwohnrecht ist möglich (OLG Jena KGJ 44, 359; BayObLG Rpfleger 1990, 111), sofern sich die Ausübung des Rechts wie bei einer einheitlichen baulichen Anlage notwendigerweise auf die mehreren Grundstücke erstreckt und die Belastung dort die gleiche Benutzung sichert (BGH FGPrax 2018, 245). Daher ist ein Gesamtwohnungsrecht an mehreren Grundstücken, von denen nur eines bebaut ist, nicht zulässig (OLG Zweibrücken FGPrax 1998, 84). Wegen der selbstständigen Kohleabbaugerechtigkeiten des preußischen Rechts s. JFG 23, 265; § 5 Abs. 2 GBBerG.

6. Gleichartige Rechte

9   Nur aus solchen kann ein Gesamtrecht bestehen (KGJ 44, 254). Nicht möglich ist also eine Gesamthypothek, die auf dem einen Grundstück Verkehrs-, auf dem anderen Sicherungshyp. oder auf dem einen Grundstück Brief-, auf dem anderen Buchhyp. ist (RG 70, 245; 77, 176); wohl aber eine Gesamtgrundschuld, die sich teilweise als Eigentümer-, teilweise als Fremdgrundschuld darstellt (BayObLG NJW 1962, 1725; in dem entschiedenen Fall dürfte dies jedoch nicht zugetroffen haben, weil die Belastung des den Ehegatten zu gleichen Bruchteilen gehörenden Grundstücks eine Gesamtgrundschuld an den beiden Miteigentumsanteilen entstehen ließ und daher auch insoweit keine Identität von Eigentümer und Gläubiger gegeben war).

7. Einheitlicher Inhalt der Belastung

10   **a) Ausnahmen.** Der Inhalt der Belastung muss grundsätzlich, aber nicht lückenlos ein einheitlicher sein; jedenfalls muss der Berechtigte derselbe sein. Sonstige Abweichungen im Inhalt und Umfang der Belastung werden durch den Grundsatz der Gleichartigkeit nicht von vorneherein ausgeschlossen. Sie sind zulässig, wenn sie ohne Auswirkungen auf den rechtlichen Bestand des Gesamtrechts bleiben und auch im Übrigen mit dessen Wesen vereinbar sind. Dies ist bei den Fälligkeitsbestimmungen der Fall (BGH Rpfleger 2010, 485 gegen KGJ 40, 299). Auch ist eine Unterwerfung unter die sofortige Zwangsvollstreckung nicht hinsichtlich aller Grundstücke erforderlich

(LG Penzlau DFG 1941, 123; vgl. auch BGH NJW 1958, 630). Der Umfang der Belastung kann bei den einzelnen Grundstücken verschieden sein (KGJ 40, 299); dasselbe gilt hinsichtlich ihres Rangs (BGH Rpfleger 1981, 228).

b) Gesetzlicher Löschungsanspruch. Der gesetzliche Löschungsanspruch nach §§ 1179a, 1179b BGB braucht nicht einheitlich für alle belasteten Grundstücke zu bestehen (s. dazu Stöber Rpfleger 1978, 167); wird ein unter die Übergangsvorschrift des Art. 8 § 1 Abs. 1 oder 2 des Ges. v. 22.6. 1977 (BGBl. I 998) fallendes Recht nach dem 31.12.1977 auf ein weiteres Grundstück erstreckt, so hat das Recht an dem nachverpfändeten Grundstück den gesetzlichen Löschungsanspruch und ist für die Eintragung einer Löschungsvormerkung insoweit kein Raum (BGH Rpfleger 1981, 228). Bei nachträglicher Mitbelastung sind kraft Gesetzes eingetretene Änderungen zu berücksichtigen (KG HRR 1932 Nr. 1472).

c) Sicherungsgrundschuld. Wird eine vor dem 20.8.2008 bestellte, sofort fällige Sicherungsgrundschuld auf ein anderes Grundstück erstreckt, gilt die durch das RisikobegrenzungsG v. 12.8.2008 (BGBl. I 1666) eingeführte zwingende Fälligkeitsregelung des § 1193 Abs. 1 i. V. m. Abs. 2 Satz 2 BGB nur für die Belastung des nachverpfändeten Grundstücks. Dies ist durch einen von Amts wegen einzutragenden Klarstellungsvermerk kenntlich zu machen (BGH Rpfleger 2010, 485 mit zust. Anm. v. Dietz DNotZ 2010, 686). Zum Vorgehen des GBAmts im Hinblick auf § 1193 Abs. 2 Satz 2 BGB bei Eintragung einer neu bestellten Grundschuld und bei Erstreckung einer vor dem 20.8.2008 bestellten Sicherungsgrundschuld auf ein weiteres Grundstück s. BGH Rpfleger 2014, 358. Zu der erforderlichen Erklärung über den Charakter des Rechts als Sicherungsgrundschuld s. Bestelmeyer Rpfleger 2009, 377.

8. Zeitpunkt der Gesamtbelastung

Er ist für die Anwendung des § 48 unerheblich. Die Bestimmung gilt für **11** die gleichzeitige Belastung mehrerer Grundstücke, für die nachträgliche Mitbelastung eines anderen Grundstücks und für die Teilung bisher selbstständiger Grundstücke. Kein Gesamtrecht entsteht durch Erstreckung einer Hyp. gemäß § 1131 BGB (JFG 22, 284) oder durch den wechselseitigen Austausch des Belastungsgegenstands verschiedener Grundschulden (Pfandtausch; BGH Rpfleger 2010, 485 mit abl. Anm. v. Bestelmeyer Rpfleger 2010, 576). Ist der Auflassungsanspruch bezüglich mehrerer Grundstücke gepfändet worden, so entsteht die Sicherungshyp. gemäß § 848 Abs. 2 ZPO als Gesamthyp. (OLG München JFG 22, 163).

9. Entsprechende Anwendung des § 48

Sie kommt in Betracht: **12**
• Wenn für eine durch gewöhnliche Hyp. gesicherte Forderung auf einem anderen Grundstück eine Zwangshyp. eingetragen wird (sog. Doppelsicherung). Beide Hyp. sind Einzelhyp. (RG 98, 110; JFG 13, 86; BayObLG Rpfleger 1991, 53); die Zulässigkeit der Doppelhyp. ist allerdings bestritten (s. dazu auch Anh. zu § 44 Rn. 44). Zur Übertragung der Forderung ist

gemäß § 1153 Abs. 2 BGB die Übertragung beider Hyp. notwendig (JFG 13, 86).

13 • Wenn auf einem Grundstück eine Verkehrshypothek, auf einem anderen Grundstück eine Ausfallsicherungshyp. lastet (OLG Stuttgart Rpfleger 1971, 191); letztere entsteht als unbedingte Hyp. erst mit Erlöschen der Verkehrshyp. (RG 122, 332).

14 In beiden Fällen (Rn. 12, 13) kann zwar auch bei gutgläubigem Erwerb der Verkehrshyp. dem Eigentümer oder persönlichen Schuldner kein Schaden entstehen, weil er bei Geltendmachung der Sicherungshyp. ein Einrederecht hat (JFG 13, 88); trotzdem ist ein Hinweis entsprechend § 48 zweckmäßig, um Schwierigkeiten durch Auseinanderfallen des Gläubigerrechts zu vermeiden (RG 98, 111; 122, 332; a. M. Reinhard JW 1929, 750 A 20 am Ende). Fassung etwa: „Für dieselbe Forderung ist auf dem GBBlatt ... bereits eine Briefhyp. eingetragen."

10. Zwangshypothek

15 Sie kann gemäß § 867 Abs. 2 ZPO an mehreren Grundstücken desselben Schuldners (s. dazu BGH NJW 1961, 1352) weder gleichzeitig noch nacheinander (OLG Düsseldorf Rpfleger 1990, 60) als Gesamthyp. eingetragen werden (BGH Rpfleger 1991, 303); geschieht dies gleichwohl, so ist die Eintragung inhaltlich unzulässig, wenn sich aus ihr oder den in Bezug genommenen Urkunden ergibt, dass es sich um eine Zwangshyp. handelt (OLG Stuttgart Rpfleger 1971, 191; BayObLG Rpfleger 1976, 66; OLG Düsseldorf Rpfleger 1990, 60). Wird bei der Eintragung auf den die EintrBewilligung ersetzenden Vollstreckungstitel Bezug genommen, so wird der Vermerk gem. § 867 Abs. 1 Satz 1 Halbs. 2 ZPO nicht Inhalt des EintrVermerks im GB, so dass sich ein Verstoß gegen § 867 Abs. 2 ZPO nicht aus diesem und dem in Bezug genommenen Titel ergibt (BayObLG Rpfleger 1986, 372).

16 Wegen der Unzulässigkeit einer Zwischenverfügung bei fehlender Verteilung der Forderung s. § 18 Rn. 7. Wird der Antrag nicht zurückgewiesen, so ist die Verteilung als Einschränkung des Antrags formbedürftig (s. § 31 Rn. 4). Über die Verteilung mit der Beschwerde s. § 74 Rn. 7. Für dieselbe unverteilte Forderung können auch nicht mehrere Einzelzwangshyp. begründet werden. Ist für eine vollstreckbare Forderung bereits in voller Höhe eine Zwangshyp. eingetragen, so ist Eintragung einer weiteren Zwangshyp. nur zulässig, wenn und soweit die Erste gelöscht wird oder der Gläubiger wirksam auf sie verzichtet (JFG 18, 153; Bruder NJW 1990, 1163). Wegen der Unzulässigkeit der Eintragung einer Ausfallzwangshyp. s. OLG Stuttgart Rpfleger 1971, 191. § 867 Abs. 2 ZPO ist weder unmittelbar noch entsprechend anwendbar bei Eintragung einer Vormerkung zur Sicherung des Anspruchs auf Eintragung einer Hyp. (Bauhandwerkersicherungshyp.) auf mehreren Grundstücken gem. § 885 BGB auf Grund Bewilligung oder einstweiliger Verfügung (s. dazu Anh. zu § 44 Rn. 117).

11. Erkennbarmachung der Mitbelastung

17 § 48 Abs. 1 bestimmt, dass die Mitbelastung auf dem Blatt jedes Grundstücks von Amts wegen erkennbar zu machen ist. Weitere Vorschriften enthält auch die GBV nicht, wohl aber § 30 GeschO, Nr. 3.2.5 BayGBGA. Das Verfahren ist je nach Lage des Einzelfalls verschieden (s. Rn. 18–33). Wenn das GB als Datenbankgrundbuch geführt wird, kann durch Rechtsverordnung der Landesregierung bestimmt werden, dass die Vermerke über das Bestehen oder das Erlöschen einer Mitbelastung automatisiert angebracht werden können. Die Anordnung kann auf einzelne GBÄmter beschränkt werden. Die automatisiert angebrachten Vermerke sind dem GBAmt zuzurechnen, das die dem Vermerk zugrunde liegende Eintragung vollzogen hat (§ 76a Abs. 2 GBV); diese Regelung ist im Hinblick auf die Anfechtbarkeit der Vermerke (s. § 71 Rn. 42) notwendig.

12. Auf demselben Blatt gebuchte Grundstücke

Bei gleichzeitiger Belastung wird das Recht in Abt. II oder III nur einmal **18** eingetragen. In Sp. 2 werden die laufenden Nummern sämtlicher belasteter Grundstücke angegeben; eines besonderen Mithaftvermerks bedarf es nicht.

a) Nachträgliche Mitbelastung. Das Recht braucht nicht noch einmal **19** mit seinem vollen Wortlaut eingetragen zu werden. Die Mithaft des nachträglich belasteten Grundstücks wird vielmehr durch einen Vermerk in der Veränderungsspalte verlautbart. Dieser lautet: „Das Grundstück Bestandsverzeichnis Nr.... haftet mit. Eingetragen am ...". Zweckmäßig ist es, in Sp. 2 das neubelastete Grundstück nachzutragen. Der Mithaftvermerk deckt alle in Sp. 4 und 7 eingetragenen Bedingungen, auch eine Unterwerfungsklausel (JFG 17, 346; BGH NJW 1958, 630; LG Essen DNotZ 1957, 670 mit Anm. v. Saage). In der EintrBewilligung für die nachträgliche Mitbelastung braucht die Unterwerfung nicht ausdrücklich erwähnt zu sein. Erforderlich ist aber die prozessuale Erklärung in notarieller Urkunde, dass auch der jeweilige Eigentümer des mithaftenden Grundstücks der sofortigen Zwangsvollstreckung unterworfen sein soll; diesem Erfordernis genügt eine „Erstreckung des Grundpfandrechts samt Unterwerfungsklausel auf das mithaftende Grundstück" (BayObLG Rpfleger 1992, 196).

b) Notwendigkeit eines Rangvermerks. Ist das nachträglich belastete **20** Grundstück bereits mit anderen Rechten belastet, die räumlich hinter dem nunmehrigen Gesamtrecht stehen oder in einer anderen Abteilung an einem späteren Tag als das nunmehrige Gesamtrecht eingetragen wurden, so ist ein Rangvermerk nötig; ohne einen solchen würde, da die Eintragungen in der Hauptspalte und in der Veränderungsspalte eine einheitliche Eintragung bilden (RG 132, 112; s. dazu auch OLG Hamm Rpfleger 1985, 17; LG Würzburg Rpfleger 1958, 152; Streuer Rpfleger 1982, 139; Feuerpeil Rpfleger 1983, 298; a. M. Schmid Rpfleger 1982, 251; 1984, 130), das Gesamtrecht buchmäßig (s. § 45 Rn. 5) auf dem nachträglich belasteten Grundstück den Vorrang vor den bereits eingetragenen Rechten erhalten. Ist dies gewollt, so genügt folglich die Eintragung des Mithaftvermerks ohne Rangangaben in der Veränderungsspalte (s. dazu § 45 Rn. 59).

Wird ein Teil eines belasteten Grundstücks auf demselben Blatt unter neu- **21** er Nummer als selbständiges Grundstück gebucht, so ist kein Mithaftvermerk nötig. Die Mithaft ergibt sich aus dem Teilungsvermerk in Sp. 5 und 6 des

Bestandsverzeichnisses. Die Sp. 2 in Abt. II oder III braucht nicht ergänzt zu werden.

13. Auf verschiedenen Blättern gebuchte Grundstücke

22   Es muss sich um Blätter desselben GBAmts handeln (zur Beteiligung mehrerer GBÄmter s. Rn. 27).

a) Gleichzeitige Belastung. In jede Eintragung ist der Mithaftvermerk aufzunehmen. Dieser lautet: „Das Grundstück Nr. ... des Bestandsverzeichnisses von ... Blatt ... haftet mit." Die Angabe der Nummer des Bestandsverzeichnisses ist auch dann zweckmäßig, wenn auf dem anderen Blatt nur ein Grundstück verzeichnet ist; nachträglich können dort weitere Grundstücke gebucht werden, die nicht ohne weiteres mithaften.

23   **b) Nachträgliche Mitbelastung.** Das Recht ist auf dem Blatt des neu belasteten Grundstücks mit dem Mithaftvermerk wie in Rn. 22 einzutragen. Auf dem Blatt des bereits belasteten Grundstücks wird in der Veränderungsspalte vermerkt: „Das Grundstück ... haftet mit. Eingetragen am ...".

24   Wird ein Teil eines belasteten Grundstücks unter Mitübertragung des Rechts auf ein anderes Blatt übertragen, so ist auf dem bisherigen Blatt in der Veränderungsspalte zu vermerken: „Zur Mithaft übertragen nach ... am ...". Auf dem neuen Blatt erhält die Eintragung des Rechts den Zusatz: „Von ... hierher zur Mithaft übertragen am ...". In gleicher Weise ist zu verfahren, wenn eines von mehreren selbständigen Grundstücken auf ein anderes Blatt übertragen wird; nur muss nach § 13 Abs. 3 GBV auf dem bisherigen Blatt in Sp. 2 noch die Nummer des übertragenen Grundstücks gerötet werden. Wegen des Falls, dass ein Grundstück auf ein Blatt übertragen wird, auf dem das mithaftende Grundstück eingetragen ist, s. GBV Muster Anl. 2a Abt. III Sp. 7 zu lfd. Nr. 3.

25   Liegen die Grundstücke in verschiedenen Geschäftsbereichen desselben GBAmts, so sind für die Entgegennahme des Antrags und die Beurkundung der Eingangszeit sämtliche beteiligten Personen zuständig (§ 13 Abs. 3 Satz 2). Zu bearbeiten ist der Antrag nur von einem Rpfleger; die Zuständigkeit richtet sich nach der Geschäftsverteilung (s. dazu § 5 GeschO; Nr. 1.2 BayGBGA).

26   Die Behandlung der EintrUnterlagen ist in § 24 Abs. 2 GBV geregelt.

14. Beteiligung mehrerer GBÄmter

27   Zur Zuständigkeit eines GBAmts beim Datenbankgrundbuch für Eintragungen in Grundbüchern, die von anderen GBÄmtern geführt werden, s. § 127 Rn. 11.

Sind die Grundstücke auf Blättern verschiedener GBÄmter gebucht, so bestimmt sich das Verfahren nach § 30 GeschO, Nr. 3.2.5 BayGBGA. Zur Benachrichtigung der GBÄmter untereinander s. § 55a Abs. 2.

28   **a) Gleichzeitige Belastung.** Nach § 30 GeschO ist wie folgt vorzugehen:

- Das zuerst mit der Sache befasste GBAmt fragt bei den anderen GBÄmtern an, ob die Grundstücke in den EintrUnterlagen grundbuchmäßig richtig bezeichnet sind (§ 30 Abs. 2b GeschO); sind die Grundstücke nicht unter Hinweis auf das GBBlatt bezeichnet, so werden auch Blatt und Nummer des Bestandsverzeichnisses erfragt. Ergeben sich aus den Nachrichten Zweifel über die Identität, so sind sie gemäß § 18 zu beheben; andernfalls ist von den mitgeteilten Bezeichnungen auszugehen.

- Nunmehr trägt das zuerst mit der Sache befasste GBAmt das Recht ein **29** und zwar unter Vermerk der Mithaft sämtlicher Grundstücke in der Hauptspalte (§ 30 Abs. 2a GeschO). Nachdem es beglaubigte Abschriften der EintrUnterlagen zu seinen Grundakten genommen hat, übersendet es den Antrag mit den Unterlagen und einer beglaubigten Abschrift des EintrVermerks gemäß § 21 Abs. 2a GeschO an das nächste GBAmt mit dem Anheimstellen (nicht Ersuchen: KGJ 52, 105) weiterer Veranlassung; dabei sind etwa bekanntgewordene Abweichungen (s. Rn. 28) weiterzugeben (§ 30 Abs. 1 GeschO). Das zweite GBAmt verfährt in gleicher Weise wie das zuerst mit der Sache befasste; jedoch werden sich Anfragen bei weiteren beteiligten GBÄmtern erübrigen, wenn das erste GBAmt das Ergebnis seiner Anfragen mitgeteilt hat.

- Jedes beteiligte GBAmt teilt den bereits mit der Sache befasst gewesenen **30** GBÄmtern den Wortlaut der von ihm vorgenommenen Eintragung oder einen Zurückweisungsbeschluss mit. Diese überprüfen ihre Eintragung und berichtigen erforderlichenfalls den Mithaftvermerk von Amts wegen durch einen Vermerk in der Veränderungsspalte. Ob bei Zurückweisung des Antrags bezüglich einzelner Grundstücke das Recht auf den übrigen entstanden ist, richtet sich nach § 139 BGB. Insoweit haben die Beteiligten die Berichtigung zu betreiben; für einen Amtswiderspruch fehlt die Voraussetzung.

- Die Weitergabe des Antrags und der EintrUnterlagen (s. Rn. 29) unter- **31** bleibt, wenn der Antragsteller die Eintragung bei den anderen GBÄmtern selbst betreiben will (s. dazu § 21 Abs. 2b GeschO). Die in § 30 Abs. 1 GeschO vorgeschriebene Mitteilung an die anderen GBÄmter ist aber auch in diesem Fall zu machen; im Übrigen ist die Antragstellung bei diesen nach Maßgabe des § 30 Abs. 2d GeschO zu überwachen.

- Zu beachten ist, dass der Eingang des Antrags bei dem einen GBAmt den **32** Rang nicht für die Eintragungen bei den anderen GBÄmtern wahrt. Kommt es dem Antragsteller auf die Rangwahrung an, so muss er den Antrag gleichzeitig bei allen beteiligten GBÄmtern stellen, die sich alsdann über die geschäftliche Behandlung verständigen müssen.

b) Nachträgliche Mitbelastung. Das in Rn. 28 ff. Ausgeführte gilt sinn- **33** gemäß. Für Bayern ist das Verfahren durch Nr. 3.2.5 GBGA im Zusammenhalt mit Nr. 3.1.3.2 und Nr. 3.1.3.3 GBGA im Wesentlichen gleichartig geregelt. Bei Abschreibung eines Grundstücks oder Grundstücksteils unter Mitübertragung des Rechts verfährt das bisher zuständige GBAmt nach § 25 Abs. 3 und 4 GBV. Sobald es die EintrNachricht des anderen GBAmt erhält, vermerkt es die Mithaft. Das andere GBAmt trägt das Recht sogleich mit dem Mithaftvermerk ein und benachrichtigt alle beteiligten GBÄmter; auf genaue Bezeichnung der belasteten Grundstücke ist zu achten. Über das Verfahren bei der Briefbildung s. § 59 Rn. 3, 4.

15. Erlöschen der Mitbelastung

34   Dem Zwang zur Eintragung des Mithaftvermerks nach Abs. 1 entspricht die Notwendigkeit, den Vermerk in Übereinstimmung mit dem GB zu halten. Daher bestimmt Abs. 2, dass das Erlöschen einer Mitbelastung von Amts wegen zu vermerken ist.

35   Abs. 2 setzt voraus, dass das Recht an einem Grundstück ganz oder teilweise gelöscht wird. Für diese Löschung gelten die allgemeinen Vorschriften; ob sie rechtsändernder Natur ist (§ 1132 Abs. 2, § 1172 Abs. 2, § 1183 BGB) oder berichtigenden Charakter hat (§ 1173 Abs. 1, § 1174 Abs. 1, § 1175 Abs. 1 Satz 2, § 1181 Abs. 2 BGB), macht keinen Unterschied. Auch wenn das Recht an einem Grundstück außerhalb des GB erloschen ist, darf das Erlöschen der Mitbelastung erst nach der Löschung des Rechts vermerkt werden. Eine (gebührenfreie, s. Rn. 41) Amtseintragung nach Abs. 2 entfällt, wenn die Mitbelastung nicht erkennbar gemacht worden war (KG HRR 1935 Nr. 1406).

36   Sind die belasteten Grundstücke auf demselben Blatt gebucht, so wird die Löschung des Rechts an einem von ihnen in der Veränderungsspalte eingetragen (s. GBV Muster Anl. 2a Abt. III Sp. 7 zu lfd. Nr. 4); in Sp. 2 ist die Nummer des enthafteten Grundstücks zu röten (§ 17 Abs. 3 GBV). Sind die Grundstücke auf verschiedenen Blättern gebucht, so wird nach der Löschung des Rechts auf dem Blatt des enthafteten Grundstücks auf den Blättern der anderen Grundstücke in der Veränderungsspalte vermerkt: „Die Mithaft des Grundstücks ... ist erloschen. Eingetragen am ...". Das ein Gesamtrecht ganz oder teilweise löschende GBAmt hat die anderen GBÄmter nach § 55a (s. auch § 30 GeschO, Nr. 3.2.5.2 BayGBGA) zu benachrichtigen; diese berichtigen den Mithaftvermerk von Amts wegen.

16. Veränderungen

37   **a) Berechtigter.** Veränderungen sind bei Gesamtrechten regelmäßig nur insoweit zulässig, als sie sich auf das Gesamtrecht im Ganzen beziehen (s. Rn. 10). Dies gilt vor allem für Änderungen in der Person des Berechtigten (RG 63, 74; JFG 3, 360); unzulässig ist deshalb die Abtretung oder die Pfändung des Gesamtrechts nur hinsichtlich eines Grundstücks (KG DR 1943, 449) oder eines Miteigentumsanteils (LG Berlin Rpfleger 2008, 359). Abtretungen, Belastungen sowie Pfändungen werden bei Buchgesamtrechten erst mit der Eintragung auf den Blättern aller belasteten Grundstücke wirksam (KGJ 39, 248; 44, 187).

38   **b) Inhalt.** Inhaltsänderungen müssen nicht ausnahmslos einheitlich vorgenommen werden. Bei Fälligkeitsbestimmungen ist eine einheitliche Änderung nicht erforderlich (s. Rn. 10). Sind mehrere GBÄmter beteiligt und hat das Erste die Eintragung vorgenommen, das zweite den ihm nach § 21 Abs. 2a GeschO (vgl. dazu Nr. 3.1.3.2 BayGBGA) übermittelten Antrag aber zurückgewiesen, so wird das erste GBAmt nach Eingang der Mitteilung gemäß § 55a (s. auch § 30 GeschO, Nr. 3.2.5.2 BayGBGA) in sinngemäßer Anwendung des § 53 einen Amtswiderspruch einzutragen haben (Saage DFG 1938, 119).

c) Umfang und Rang. Veränderungen, die nur den Umfang oder den 39
Rang des Rechts oder den gesetzlichen Löschungsanspruch betreffen, sind
auch hinsichtlich einzelner Grundstücke möglich. Zulässig ist deshalb die
teilweise Aufhebung des Rechts an nur einem Grundstück (JFG 5, 411;
BayObLG DNotZ 1961, 591). Rangänderungen sind auf den mithaftenden
Grundstücken überhaupt nicht zu vermerken, Umfangsänderungen nur,
soweit eine Mitbelastung erlischt.

d) Verteilung. Eine Gesamtgrundschuld kann nur einheitlich in Einzel-
grundschulden aufgeteilt werden. Die Aufteilung muss sich auf den gesamten
Betrag der Forderung beziehen. Sie wird erst mit der Eintragung wirksam
(§ 1132 Abs. 2, § 1192 BGB). Zulässig ist jedoch ein Teilvollzug in der Weise,
dass einzelne Grundstücke zunächst gemeinschaftlich verhaftet bleiben, und
zwar in Höhe des noch nicht auf andere Grundstücke verteilten Betrags der
ursprünglichen Gesamtbelastung. Die Verteilung von Teilbeträgen auf einzelne Grundstücke und die anderer Teilbeträge auf mehrere Grundstücke zur
Gesamthaft ist zulässig (KG MittBayNot 2018, 561).

e) Löschung. Ein Anspruch auf Löschung einer Gesamtgrundschuld 40
steht grundsätzlich den Eigentümern aller belasteten Grundstücke oder Miteigentumsanteile als Gesamtgläubigern zu. Wenn ein Löschungsanspruch
besteht, kann aber jeder Eigentümer die Löschung an seinem Grundstück
oder Miteigentumsanteil verlangen, sofern alle anderen Eigentümer zustimmen oder er von ihnen die Zustimmung verlangen kann. Der Gläubiger
kann auf die Gesamtgrundschuld an einzelnen der mithaftenden Grundstücke oder Miteigentumsanteile nach § 1175 Abs. 1 Satz 2 BGB mit der Folge
verzichten, dass die Grundschuld daran erlischt, im Übrigen aber weiter besteht. Verzichtet werden kann in der Form einer Teilfreigabe oder einer entsprechenden Löschungsbewilligung. Rechtlich möglich ist auch die Freigabe
der mithaftenden Grundstücke oder Miteigentumsanteile in unterschiedlichem Umfang (BGH NJW-RR 2010, 1529). Zur Zulässigkeit der Löschung
nur an einzelnen belasteten Grundstücken auf Antrag des Eigentümers bei
einer umfassenden Löschungsbewilligung des Gläubigers s. § 13 Rn. 19.

f) Benachrichtigungspflichten. Zu den Benachrichtigungspflichten des
GBAmts s. § 55a Abs. 2, ferner § 55 Rn. 17, § 30 GeschO, Nr. 3.2.5.2
BayGBGA. Über die Unterwerfungsklausel s. Rn. 10.

17. Kosten

Bei der Eintragung eines Gesamtrechts oder der Belastung mehrerer 41
Grundstücke mit einem Nießbrauch, einer beschränkten persönlichen
Dienstbarkeit, einem Altenteil oder einem Vorkaufsrecht richten sich die
Gebühren danach, ob das GB bei einem oder bei verschiedenen GBÄmtern
geführt wird und ob der EintrAntrag für mehrere GBÄmter gleichzeitig bei
einem GBAmt oder ob er gesondert bei den beteiligten GBÄmtern gestellt
wird (Vorbem. 1.4 Abs. 3; Nr. 14122 GNotKG-KV; s. dazu OLG Frankfurt
RNotZ 2017, 186). Entsprechendes gilt bei der Löschung (Nr. 14141
GNotKG-KV). Die Zuständigkeit für den Kostenansatz in diesen Fällen
ergibt sich aus § 18 Abs. 3 GNotKG. Zur Eintragung einer Zwangshyp. im

Fall des § 867 Abs. 2 ZPO s. Anh. zu § 44 Rn. 72. S. dazu auch Nr. 18 KostVerf.

Für die Eintragung von Veränderungen, z. B. die Abtretung eines Gesamtgrundpfandrechts, fällt eine Gebühr von 0,5 gemäß Nr. 14130 GNotKG-KV an. Zur Anwendung kommt Vorbem. 1.4 Abs. 5 GNotKG-KV. Wenn das GB bei verschiedenen GBÄmtern geführt wird, ist für die Gebühr Nr. 14131 GNotKG-KV maßgebend. Der Gebührentatbestand wurde durch das Ges. v. 29.6.2015 (BGBl. I 1042) eingefügt, nachdem die Oberlandesgerichte zu der Frage einer Gebührenermäßigung entsprechend Nr. 14122 oder 14141 GNotKG-KV unterschiedliche Meinungen vertraten (vgl. z. B. OLG Stuttgart Rpfleger 2015, 171 einerseits und KG ZfIR 2014, 203 andererseits).

Für die Eintragung von Entlassungen aus der Mithaft beträgt die Gebühr 0,3 gemäß Nr. 14142 GNotKG-KV. Umstritten ist, ob bei Entlassung mehrerer Grundstücke die Gebühr mehrfach, nämlich aus dem jeweiligen Verkehrswert der entlassenen Grundstücke anfällt (so OLG Köln FGPrax 2016, 283) oder nur einmal aus dem geringeren Wert bei Gegenüberstellung von Nominalwert der Gesamtbelastung und zusammengerechnetem Wert aller entlassenen Grundstücke (so Wilsch ZfIR 2017, 209). Für den Vermerk gemäß § 48 Abs. 2 wird keine Gebühr erhoben.

Eintragung von Altenteilen

49 Werden Dienstbarkeiten und Reallasten als Leibgedinge, Leibzucht, Altenteil oder Auszug eingetragen, so bedarf es nicht der Bezeichnung der einzelnen Rechte, wenn auf die Eintragungsbewilligung Bezug genommen wird.

1. Allgemeines

1 § 49 enthält eine Erweiterung des § 874 BGB. Während die Bezugnahme auf die EintrBewilligung sonst nur zur näheren Bezeichnung des Inhalts eines Rechts möglich ist (s. § 44 Rn. 16), wird sie zur Entlastung des GB und zur Vereinfachung des GBVerfahrens hier unter bestimmten Voraussetzungen zur Bezeichnung des Rechts selbst zugelassen (BGH Rpfleger 1972, 89; OLG Hamm Rpfleger 1973, 98; BayObLG Rpfleger 1975, 314). Als sachlichrechtliche Vorschrift gehört § 49 eigentlich in das BGB.

2. Leibgeding, Leibzucht, Altenteil oder Auszug

2 Dies sind verschiedene Bezeichnungen desselben Rechtsgebildes (OLG Frankfurt Rpfleger 1972, 20), für das mitunter auch der Begriff „Abnahme" verwendet wird (OLG Schleswig FGPrax 2012, 157). Bei der Ausgestaltung des schuldrechtlichen Vertragsverhältnisses bei einem Altenteil in Verbindung mit der Überlassung eines Grundstücks ist dem Landesrecht ein weiter Spielraum eingeräumt (Art. 96 EGBGB; s. für Bayern Art. 7 ff. AGBGB v. 20.9.1982, BayRS 400-1-J). Das Landesrecht kann auch einen Anspruch auf dingliche Sicherung der vertraglichen Rechte geben (für Bayern s. Art. 16 AGBGB).

a) Begriff. Unter einem Altenteil im Sinn des § 49 hat man im Allge- 3
meinen den vertragsmäßig zugesicherten oder durch letztwillige Verfügung
zugewandten Inbegriff von dinglich gesicherten Nutzungen und Leistungen
zum Zwecke der persönlichen Versorgung des Berechtigten zu verstehen
(BGH Rpfleger 2007, 614; BayObLG Rpfleger 1993, 443; OLG Köln
Rpfleger 1992, 431). Ein Altenteil kann auch von einer BGB-Gesellschaft
eingeräumt werden, wenn sämtliche Gesellschafter in einer besonderen persönlichen Beziehung zu dem Berechtigten stehen, die auf eine soziale Motivation für die Einräumung der Rechte schließen lässt (KG Rpfleger 2015,
75). Ein Altenteil kann nicht nur auf einem landwirtschaftlichen, sondern
auch auf einem städtischen Grundstück lasten (BGH NJW 1962, 2249; OLG
Köln Rpfleger 1992, 431; OLG Frankfurt FGPrax 2012, 190). Die Verbindung mit der Überlassung eines Grundstücks ist zwar häufig der Fall, für das
Leibgeding aber nicht begriffswesentlich (RG 162, 57; anders im Rahmen
des Art. 96 EGBGB: BGH NJW 1994, 1158; BayObLG Rpfleger 1975, 314).
Dass der Verpflichtete durch die Übernahme des Grundstücks in eine „die
Existenz zumindest teilweise begründende Wirtschaftseinheit" nachrückt,
wie dies im Rahmen des Art. 96 EGBGB verlangt wird (vgl. BGH NJW-
RR 1989, 451), ist deshalb nicht Voraussetzung (BGH NJW 1994, 1158;
OLG Frankfurt NotBZ 2013, 56; s. dazu auch Mayer Rpfleger 1993, 320).
Über den Unterschied zum Leibrentenvertrag s. RG 104, 273.

b) Verknüpfte Einzelrechte. Ein Altenteil ist kein eigenständiges dingli- 4
ches Recht (OLG Köln Rpfleger 1992, 431; OLG Frankfurt NotBZ 2013,
56); als miteinander zu einem Altenteil verknüpfte dingliche Rechte kommen im Wesentlichen beschränkte persönliche Dienstbarkeiten (z. B. Wohnungsrecht) und Reallasten (z. B. Leistung von Lebensmitteln, Kleidung und
Geld) in Betracht. Zu der ausnahmsweise möglichen Einbeziehung einmali-
ger Leistungen in eine im Rahmen eines Altenteils vereinbarte Reallast
s. Anh. zu § 44 Rn. 73 und zu den rechtlichen Gestaltungsmöglichkeiten
eines dinglichen Wohnungsrechts im Rahmen eines Altenteils s. OLG Hamm
Rpfleger 1975, 357; BayObLG Rpfleger 1981, 353. Auch ein Nießbrauch
kann Inhalt eines Altenteils sein; es darf sich aber nicht um einen totalen
handeln (BayObLG Rpfleger 1975, 314; OLG München Rpfleger 2016,
549). Nicht ausgeschlossen ist es, dass auch ohne Verknüpfung miteinander
einzelne der üblicherweise in Betracht kommenden Sach- oder Dienstleis-
tungsansprüche als Altenteil bestellt werden (RG 162, 58; 152, 104; OLG
Hamm Rpfleger 1986, 270; vgl. dazu auch OLG Schleswig Rpfleger 1980,
348). Unanwendbar ist § 49, wenn Dienstbarkeiten oder Reallasten außerhalb eines Altenteils eingetragen werden; alsdann ist Bezugnahme nur im
Rahmen des § 874 BGB zulässig.

c) Übertragbarkeit. Beschränkte persönliche Dienstbarkeiten und 5
Nießbrauch sind nicht übertragbar (§§ 1092, 1059 BGB; die Ausnahmen der
§§ 1059a, 1092 Abs. 2 und 3 BGB kommen bei Altenteilen nicht in Betracht). Bei Reallasten ist eine Übertragung möglich, soweit der Anspruch
auf die einzelnen Leistungen übertragbar ist. Sind Reallasten mit Dienstbarkeiten verbunden, so wird regelmäßig für erstere Ausschluss der Übertragbarkeit nach §§ 399, 413 BGB als gewollt anzusehen sein (KG JW 1935,

2339; anders RG 140, 64 für ein Altenteil, das nur Geldleistungen zum Gegenstand hatte). Ein Altenteil kann nicht einheitlich gepfändet werden; zu pfänden sind vielmehr die Einzelnen übertragbaren künftigen Leistungen (KG JW 1932, 1564); s. dazu jedoch § 850b Abs. 1 Nr. 3, Abs. 2 ZPO. Die Verpflichtung, eine Grabstätte zu unterhalten, kann als vererbliche Reallast begründet werden und Teil eines Altenteils sein (KG HRR 1933 Nr. 1353). Auf ihre Löschung ist aber ein bei dem Altenteil allgemein eingetragener Vermerk gem. § 23 Abs. 2 nicht anzuwenden (BayObLG Rpfleger 1983, 308; OLG Hamm FGPrax 2014, 238), auch nicht kraft Gewohnheitsrechts (BayObLG Rpfleger 1988, 98; OLG München FGPrax 2012, 250; OLG Naumburg FGPrax 2014, 109). Im Einzelfall kann jedoch die Auslegung für die Mitberechtigung des Erstversterbenden von mehreren Berechtigten etwas anderes ergeben (OLG Hamm Rpfleger 1988, 247).

6   **d) Einmalige Leistungen.** Unschädlich ist es, wenn einzelne Leistungen nur einmal zu erbringen, also keine Reallasten sind; so z.B. Gutsabstandsgeld, Geschwisterabfindungen oder Begräbniskosten (JFG 1, 442; BayObLG Rpfleger 1970, 202; OLG Hamm Rpfleger 1973, 98; s. dazu Anh. zu § 44 Rn. 73). Daher ist die Eintragung einer Sicherungshyp. hierfür nicht notwendig. Anders, wenn der Eigentümer verpflichtet wird, das Altenteil im ganzen gegen Geldzahlung abzulösen (KGJ 53, 168; s. aber auch BayObLG Rpfleger 1970, 202; OLG Köln Rpfleger 1991, 200).

7   **e) Zwangsversteigerung.** Durch Landesgesetz (s. hierzu für Bayern Art. 30 Abs. 1 AGGVG v. 23.6.1981, BayRS 300-1-1-J) kann ein Altenteil gem. § 9 Abs. 1 EGZVG mit der sich aus § 9 Abs. 2 EGZVG ergebenden Einschränkung in der Zwangsversteigerung dadurch begünstigt werden, dass es trotz gleichen oder schlechteren Rangs als das Recht, aus dem die Zwangsversteigerung betrieben wird, nicht durch den Zuschlag erlischt (vgl. § 91 ZVG). Dies gilt auch dann, wenn das Altenteil nicht als solches im GB eingetragen ist (OLG Hamm Rpfleger 1986, 270). S. hierzu auch Drischler Rpfleger 1983, 229.

3. Eintragung des Altenteils

8   Das GBAmt hat zu prüfen, ob die Voraussetzungen eines Altenteils im Sinn des § 49 vorliegen, nämlich die dingliche Sicherung von Leistungen zum Zwecke der persönlichen Versorgung des Berechtigten (s. Rn. 3); hierzu genügt die formlose Angabe von Umständen, die eine soziale Motivation der Versorgung begründet erscheinen lassen (OLG Schleswig Rpfleger 1980, 348). Sind diese Voraussetzungen nicht dargetan, kommt allenfalls die Eintragung von Einzelrechten in Betracht, nicht aber die eines Altenteils.

9   **a) Bezugnahme.** Wird auf die EintrBewilligung Bezug genommen, so ist die Bezeichnung als Leibgeding, Leibzucht, Altenteil oder Auszug im EintrVermerk genügend, die Angabe der einzelnen Rechte also nicht notwendig. Das eingetragene Recht braucht aber nicht ausdrücklich als Leibgeding oder mit einem ähnlichen Begriff bezeichnet zu sein; es genügt, dass sich der Charakter des Rechts oder der Rechte als Leibgeding aus der GBEintragung, z.B. als Wohn- und Unterhaltsrecht, oder aus der darin in

Bezug genommenen EintrBewilligung hinreichend deutlich ergibt (BGH NJW 1994, 1158). Aus der EintrBewilligung muss in jedem Fall eindeutig ersichtlich sein, aus welchen dinglichen Einzelrechten sich das Altenteil zusammensetzt (OLG Hamm Rpfleger 1975, 357; s. dazu auch OLG Oldenburg Rpfleger 1978, 411). Die einzelnen Rechte müssen aber nicht mit den im BGB verwendeten Begriffen, z.B. als Wohnungsrecht (§ 1093 BGB) bezeichnet werden (OLG Zweibrücken MittBayNot 1996, 211); sie müssen ferner nicht notwendig gleichen Rang haben (OLG Frankfurt NotBZ 2013, 56; LG Traunstein MittBayNot 1980, 65). Bei der Eintragung eines Altenteils an mehreren Grundstücken genügt es, wenn sich aus der EintrBewilligung ergibt, auf welchen Grundstücken die einzelnen Rechte lasten (BGH Rpfleger 1972, 89; s. dazu auch OLG Hamm Rpfleger 1973, 98; 1975, 357; a.M. KEHE/Keller Rn. 16).

b) Inhalt der einzelnen Rechte. Zu seiner näheren Bezeichnung kann **10** ebenfalls auf die EintrBewilligung Bezug genommen werden. Das beruht aber nicht auf § 49, sondern auf § 874 BGB. Dasselbe gilt für eine nachträgliche Inhaltsänderung und zwar auch dann, wenn dadurch eine beschränkte persönliche Dienstbarkeit in eine Reallast, z.B. ein Wohnrecht in eine Geldrente, umgewandelt wird; denn die Gesamtbezeichnung Altenteil deckt auch die letztere (s. KG JW 1934, 2998; BayObLG Rpfleger 1975, 314). Bei Eintragung der Inhaltsänderung in der Veränderungsspalte ist deshalb wegen der näheren Bezeichnung des Inhalts der Änderung auf die EintrBewilligung Bezug zu nehmen. Die einzelnen Leistungen müssen nach Art und Umfang in der EintrBewilligung mindestens bestimmbar angegeben sein (KG DNotZ 1932, 520; BayObLG DNotZ 1954, 98), damit sie dem grundbuchrechtlichen Bestimmtheitsgrundsatz genügen (s. hierzu allgemein Anh. zu § 13 Rn. 5; ferner für ein Wohnungsrecht Anh. zu § 44 Rn. 29 und für eine Reallast Anh. zu § 44 Rn. 75). Ein unterschiedlicher Rang der einzelnen Rechte untereinander bedarf nicht der Eintragung in das GB; auch insoweit genügt die Bezugnahme. Wenn jedoch ein einzelnes Recht am Rang des Altenteils nicht teilnehmen soll, muss die abweichende Bestimmung des Rangverhältnisses in das GB eingetragen werden (s. § 879 Abs. 3 BGB).

c) Berechtigter. Er muss stets in das GB selbst eingetragen werden. Eintragung unter einer Nummer für mehrere ist zulässig, wenn diese Gesamtgläubiger sind (zur Möglichkeit dieser Berechtigungsform bei einem Leibgeding sowie zur Frage der Bewilligungsberechtigung für dessen Löschung s. BayObLG Rpfleger 1975, 300) oder in Bruchteils- oder Gesamthandsgemeinschaft stehen; letztere kann, selbst wenn das Altenteil ein Wohnungsrecht und eine unveräußerliche Reallast umfasst, auch eine Gütergemeinschaft sein (BayObLG Rpfleger 1968, 220; OLG Frankfurt Rpfleger 1973, 394).

Das Gemeinschaftsverhältnis kann hinsichtlich der einzelnen Teilrechte verschieden sein (KG JW 1932, 1594). Es braucht jedoch, wenn diese nicht eingetragen werden, nicht ausdrücklich eingetragen zu werden, wird vielmehr durch die Bezeichnung als Altenteil und die Bezugnahme auf die das Gemeinschaftsverhältnis verlautbarende EintrBewilligung gedeckt (OLG Frankfurt Rpfleger 1973, 394; BayObLG Rpfleger 1975, 300; BGH Rpfleger 1979, 56 unter Ablehnung von KG OLG 29, 140; HRR 1930 Nr. 739, das eine Angabe des Gemeinschaftsverhältnisses auch in der EintrBewilligung nicht für erforderlich erachtet). Zulässig ist auch die bedingte Einräumung des Altenteils in der Weise, dass nach dem Tod des einen Auszüglers der andere die Leistungen im bisherigen Umfang zu beanspruchen hat (KG OLG 40, 53).

12   **d) Wertersatz.** Um Schwierigkeiten in der Zwangsversteigerung zu vermeiden, ist es zweckmäßig, den Höchstbetrag des Wertersatzes für den Fall des Erlöschens des Altenteils (s. hierzu § 92 ZVG) in das GB einzutragen (§ 882 BGB). S. hierzu aber auch Rn. 7.

4. Entsprechende Anwendung

13   Nach § 144 ist § 49 entsprechend auf Erbpachtrechte und Abbaurechte an nicht bergrechtlichen Mineralien anzuwenden; in Bayern kommen derartige Rechte nicht vor.

5. Kosten

14   Für die Eintragung eines Altenteils wird eine Gebühr von 1,0 erhoben (Nr. 14121 GNotKG-KV). Der Wert bestimmt sich nach § 52 GNotKG.

Hypothek für Teilschuldverschreibungen auf den Inhaber

50 (1) **Bei der Eintragung einer Hypothek für Teilschuldverschreibungen auf den Inhaber genügt es, wenn der Gesamtbetrag der Hypothek unter Angabe der Anzahl, des Betrags und der Bezeichnung der Teile eingetragen wird.**

(2) **Diese Vorschrift ist entsprechend anzuwenden, wenn eine Grundschuld oder eine Rentenschuld für den Inhaber des Briefes eingetragen und das Recht in Teile zerlegt werden soll.**

1. Allgemeines

1   § 50 gestattet für einen bestimmten Fall die Zusammenfassung mehrerer Hyp. zu einer einheitlichen Hyp. und ergänzt zugleich § 1115 BGB, soweit dieser die Angabe des Geldbetrags betrifft. S. zum Ganzen auch Böhringer BWNotZ 1988, 25.

2. Hyp. für Teilschuldverschreibungen

2   Bei der gemäß Abs. 1 eingetragenen Hyp. handelt es sich um eine Mehrzahl selbstständiger Hyp. für die einzelnen Teilschuldverschreibungen, die äußerlich in einem EintrVermerk zusammengefasst sind (KGJ 38 B 70; JFG 3, 428; BGH NJW 2009, 847). Abs. 1 ist auf indossable Teilschuldverschreibungen entsprechend anzuwenden (JFG 3, 426).

3   Zulässig ist auch die Eintragung einer Höchstbetragshypothek. Dann findet § 50 aber keine Anwendung; einzutragen ist also nicht die Anzahl, der Betrag und die Bezeichnung der Teile, sondern lediglich der Höchstbetrag, bis zu dem das Grundstück haften soll (JFG 5, 425).

3. Inhabergrund- und Inhaberrentenschuld

Abs. 1 gilt nach Abs. 2 sinngemäß, wenn eine Grund- oder Rentenschuld **4** für den Inhaber des Briefs eingetragen und das Recht in Teile zerlegt werden soll. Für jeden Teil ist gemäß § 70 Abs. 2 von Amts wegen ein besonderer Brief zu bilden. Näheres über die Inhabergrund- und Inhaberrentenschuld s. § 70 Rn. 5–7.

4. Inhalt der Eintragung

Im Fall der zusammenfassenden Eintragung sind der Gesamtbetrag der **5** Hyp. und die einzelnen Teile nach Anzahl, Betrag und Bezeichnung anzugeben; die Bezeichnung der Teile erfordert wenigstens die Angabe ihrer Nummern (KG JRdsch. 1927 Nr. 1294). Im Übrigen bleibt es bei § 1115 BGB mit der selbstverständlichen Einschränkung, dass ein bestimmter Gläubiger bei Inhaberrechten nicht angegeben werden kann.

§ 50 will nur eine Erleichterung für den GBVerkehr schaffen. Zulässig, **6** aber in den meisten Fällen nicht praktisch ist es daher, die einzelnen Hyp. für die Teilschuldverschreibungen einzutragen und zwar, falls nichts Abweichendes bestimmt ist, zu gleichem Rang untereinander; die Eintragung richtet sich dann unmittelbar nach § 1115 BGB.

5. Fassung der Eintragung

Für eine Eintragung nach Abs. 1 ist etwa folgende Fassung zu wählen: **7**
- Bei Inhaberschuldverschreibungen: „500 000 EUR Sicherungshyp. mit 4 v.H. jährlich seit dem ... verzinslich zur Sicherung der von der Aktiengesellschaft ... ausgegebenen 1000 Stück Teilschuldverschreibungen auf den Inhaber zu je 500 EUR, Reihe A, Nr. 1 bis 1000. Unter Bezugnahme auf die EintrBewilligung vom ... eingetragen am ...".
- Bei Orderschuldverschreibungen: „500 000 EUR Sicherungshyp. mit 4 **8** v.H. jährlich seit dem ... verzinslich zur Sicherung der von der Aktiengesellschaft ... ausgegebenen, auf die Handelsbank ... oder deren Order gestellten 1000 Stück Teilschuldverschreibungen zu 500 EUR, Reihe A, Nr. 1 bis 1000 für die Handelsbank ... oder die durch Indossament ausgewiesenen Inhaber. Unter Bezugnahme auf die EintrBewilligung vom ... eingetragen am ...".

Für eine Eintragung nach Abs. 2 kommt etwa folgende Fassung in Be- **9** tracht: „1 000 000 EUR Grundschuld, zerlegt in 2000 Teile zu je 500 EUR, bezeichnet mit Nr. 1 bis 2000, mit 6 v.H. jährlich seit dem ... verzinslich für die Inhaber der Briefe unter Bezugnahme auf die EintrBewilligung vom ... eingetragen am ...".

In den Fällen Rn. 7–9 kann für die jeweiligen Gläubiger nach § 1189 **10** BGB ein sog. GBVertreter bestellt werden (s. dazu § 42 Rn. 4 und § 43 Rn. 2). Die Eintragungen erhalten dann etwa folgenden Zusatz: „Zum Vertreter der jeweiligen Gläubiger ist ... bestellt".

6. Fehlerhafte Eintragungen

11 Wird bei einer in Teilschuldverschreibungen zerlegten Anleihe für einen Teil der Anleihe eine Sicherungshyp. bestellt, so müssen in der Eintragung die durch Hyp. gesicherten Teilschuldverschreibungen im Gegensatz zu den nichtgesicherten angegeben werden, auch wenn ein Vertreter nach § 1189 BGB bestellt ist; andernfalls ist die Eintragung als inhaltlich unzulässig zu löschen (KG JFG 3, 427). Nicht inhaltlich unzulässig dagegen ist die ausschließlich für eine Bank erfolgte Eintragung einer Sicherungshyp. zur Sicherstellung eines Teils der in der EintrBewilligung bezeichneten Teilschuldverschreibungsanleihe (RG JFG 5, 7; OLG Dresden JFG 3, 435; BayObLG JFG 3, 431).

Nacherbenvermerk

51 Bei der Eintragung eines Vorerben ist zugleich das Recht des Nacherben und, soweit der Vorerbe von den Beschränkungen seines Verfügungsrechts befreit ist, auch die Befreiung von Amts wegen einzutragen.

Inhaltsübersicht

1. Allgemeines

1 § 51 bestimmt in Durchbrechung des Antragsgrundsatzes, dass bei Eintragung eines Vorerben das Recht des Nacherben von Amts wegen einzutragen ist. Der Erblasser kann die Eintragung des Nacherbenvermerks nicht verbieten; eine solche Befugnis steht ihm nach § 2136 BGB nicht zu. Die Nacherbschaft des BGB beruht stets auf einer Verfügung von Todes wegen; eine gesetzliche Vor- und Nacherbschaft gibt es nicht.

S. zum Folgenden auch Kanzleiter, Der „unbekannte" Nacherbe, DNotZ 1970, 326; Hartmann, Nacherbfolge und GBRecht, DNotZ 2016, 899 und 2017, 28.

a) Verfügungsbeschränkung. Das Nacherbenrecht ist kein dingliches 2 Recht an den einzelnen Nachlassgegenständen (RG 83, 436; KGJ 42, 231). Es kann daher als solches nicht in das GB eingetragen werden. Die Nacherbeneinsetzung bedeutet jedoch eine Verfügungsbeschränkung des Vorerben. Da diese nach § 2113 Abs. 3 BGB aber nicht gegenüber gutgläubigen Dritten wirkt, ist es erforderlich, das Anwartschaftsrecht des Nacherben gegen die Wirkungen des öffentlichen Glaubens zu sichern. Diese Sicherung wird durch die Amtseintragung besonders wirksam gestaltet. Zu den Auswirkungen der Einsetzung eines Testamentsvollstreckers auf die Verfügungsbeschränkung des Vorerben gemäß § 2113 Abs. 1 BGB s. § 52 Rn. 20.

b) Geltungsbereich. Die Schutzvorschrift des § 51 gilt auch zugunsten 3 eines nur bedingt eingesetzten Nacherben (KGJ 42, 114; KG HRR 1939 Nr. 103; OLG Braunschweig Rpfleger 1991, 204; OLG Hamm FGPrax 2020, 57; s. Rn. 7). Unter § 51 fallen auch Rechtsverhältnisse des früheren Rechts, die der Nacherbschaft des BGB entsprechen, also z. B. die fideikommissarische Substitution des preuß. ALR und das gemeinrechtliche Universalfideikommiss (KGJ 34, 238).

c) Gesamthandsgemeinschaft. Ob § 51 auch dann gilt, wenn ein Ge- 3.1 samthandsberechtigter durch einen Vorerben mit Nacherbfolge beerbt wird, wird unterschiedlich beantwortet. Schaub (ZEV 1998, 372) verneint die Anwendbarkeit des § 51 unterschiedslos für jede Gesamthandsgemeinschaft. Im Übrigen wird sie verneint,

- wenn bei einer Gütergemeinschaft der überlebende Ehegatte den anderen als Vorerbe beerbt (BGH NJW 1964, 768; Rpfleger 1976, 205; BayObLG Rpfleger 1996, 150; OLG München Rpfleger 2016, 544 mit Anm. v. Böhringer ZEV 2016, 396),
- wenn von zwei Miterben der eine Vorerbe des anderen wird (BGH Rpfleger 1978, 52; zu dem Fall, dass ein Miterbe Vorerbe und Testamentsvollstrecker ist, s. OLG Zweibrücken Rpfleger 1998, 156),
- wenn jemand einen Miterben als Vorerbe und sodann die übrigen Miterben ohne Nacherbfolge beerbt (BayObLG Rpfleger 1995, 105),
- wenn ein Gesellschafter bürgerlichen Rechts seinen einzigen Mitgesellschafter als Vorerbe beerbt (OLG Köln Rpfleger 1987, 60) oder wenn eine BGB-Gesellschaft mit dem Vorerben eines Gesellschafters fortgesetzt wird (Hügel/Kral GesR Rn. 100; bis zur Anerkennung der Rechtsfähigkeit der Gesellschaft Haegele Rpfleger 1977, 50; vgl. hierzu aber auch die kritische Anm. v. Ludwig Rpfleger 1987, 155); s. dazu Anh. zu § 13 Rn. 33.3,
- wenn einer von mehreren Miterben durch einen Vorerben beerbt wird (BGH Rpfleger 2007, 383 mit kritischer Anm. v. Armbruster und v. Dümig Rpfleger 2007, 459; BayObLG Rpfleger 1995, 105).

Bejaht wird sie, wenn ein Miterbe, der bei der Entstehung der Erbengemeinschaft Miterbe als Vorerbe geworden ist, die übrigen Miterbenanteile hinzuerwirbt (BGH Rpfleger 2018, 665; OLG Saarbrücken Rpfleger 1999, 440 mit zust. Anm. v. Schaub ZEV 2000, 28).

d) Bruchteilsgemeinschaft. Wird ein Miteigentümer Vorerbe des ande- 3.2 ren, verbleibt es bei § 51 (BGH MittBayNot 1973, 28). Wird einer von zwei

Miterben eines Miteigentumsanteils an einem Grundstück durch den anderen Miterben, der zugleich Eigentümer der übrigen Miteigentumsanteile ist, zum Vorerben eingesetzt, so kann er als Alleinerbe ohne die Beschränkungen eines Vorerben nur über den Miteigentumsanteil verfügen, dessen Miterbe er war, nicht aber auch über die übrigen Miteigentumsanteile (BayObLG FGPrax 2002, 153).

3.3　　**e) Beschränkter Vermerk.** Soweit danach § 51 nicht anzuwenden ist, kann ein Nacherbenvermerk nicht in das GB eingetragen werden. Dagegen hält Jung (Rpfleger 1995, 9) die Eintragung eines inhaltlich auf den bisherigen Anteil des Erblassers an dem Gesamthandsvermögen beschränkten Nacherbenvermerk für erforderlich, damit der Nacherbe nach Eintritt des Nacherbfalls bei Verfügungen durch den Erben des Vorerben geschützt ist; der Nacherbenvermerk soll bis zum Nacherbfall keine Wirkung haben. Auch wenn z. B. bei dem Grundstück einer Erbengemeinschaft die Eintragung eines Nacherbenvermerks nicht für zulässig erachtet wird, muss der Vermerk nach der Auseinandersetzung an Surrogatsgrundstücken eingetragen werden; dies hat bereits bei Eintragung einer Eigentumsvormerkung zu geschehen (OLG München FGPrax 2012, 103; s. Rn. 12).

4　　**f) Gebiet der ehemaligen DDR.** Für die erbrechtlichen Verhältnisse bleibt das bisherige Recht maßgebend, wenn der Erblasser vor dem 3.10. 1990 gestorben ist (Art. 235 § 1 Abs. 1 EGBGB). Nach dem am 1.1.1976 in Kraft getretenen Zivilgesetzbuch der DDR v. 19.6.1975 (GBl. DDR I 465) konnte Vor- und Nacherbfolge nicht mehr angeordnet werden (vgl. § 371 Abs. 1, 2 ZGB). Die in einer letztwilligen Verfügung aus der Zeit davor angeordnete Vor- und Nacherbfolge galt jedoch weiter, allerdings mit der Einschränkung, dass die sich aus ihr ergebenden Verfügungsbeschränkungen des Vorerben als nicht angeordnet gelten (§ 8 Abs. 2 EGZGB). In einem solchen Fall ist das Recht des Nacherben gleichwohl im GB einzutragen, jedoch mit dem Hinweis auf die unbeschränkte Verfügungsbefugnis des Vorerben (Bestelmeyer Rpfleger 1992, 233; a.M. Köster Rpfleger 1991, 98; zum Inhalt des Erbscheins in diesem Fall s. KG Rpfleger 1996, 71).

5　　Wird das Eigentum an einem Bodenreformgrundstück gem. Art. 233 § 11 Abs. 2 Satz 1 Nr. 2 EGBGB kraft Gesetzes auf einen Erben übertragen, der Vorerbe ist, so ist er im Weg der GBBerichtigung ohne Nacherbenvermerk einzutragen, weil es sich nicht um eine Erbfolge handelt. Ist vor Inkrafttreten des Art. 233 § 11 EGBGB am 22.7.1992 der Nacherbfall eingetreten, so ist der Nacherbe als Berechtigter einzutragen.

2. Vor- und Nacherbschaft

6　　**a) Grundsatz.** Nacherbe ist nach § 2100 BGB, wer Erbe wird, nachdem zunächst ein anderer, der Vorerbe, Erbe geworden ist. Möglich ist auch mehrfache Nacherbschaft (KG OLG 18, 332; JW 1938, 1411) und Nacherbschaft in Bezug auf nur einen von mehreren Erbanteilen eines Alleinerben (s. dazu Hartmann, Der Teilvorerbe, RNotZ 2019, 322). Setzen sich Ehegatten in einem gemeinschaftlichen Testament gegenseitig als Vorerben und ihr einziges Kind als Nacherben ein, wird das Kind aufgrund des Testaments nur Erbe des erstversterbenden, aber nicht auch des letztversterbenden Ehegatten (OLG Celle ZEV 2010, 95). Der Wortlaut einer gemäß § 35 vorgelegten Verfügung von Todes wegen allein ist nicht dafür entscheidend, ob Vor- und Nacherbschaft gewollt ist. Zu beachten ist insbes. § 2269 BGB. Danach ist der überlebende Ehegatte im Zweifel, d. h. falls kein auf Trennung der Vermögensmassen gerichteter Wille erkennbar, unbeschränkter Erbe, also nicht Vorerbe des zuerst verstorbenen Ehegatten (s. RG 113, 240; JFG 7, 131; BayObLG 1966, 61, 417; zur Anwendung der Vorschrift durch das GBAmt s. OLG Hamm MDR 1968, 1012).

b) Bedingte Nacherbeinsetzung. Ist der Nacherbe unter der Bedin- 7 gung eingesetzt, dass der Vorerbe nicht anderweitig letztwillig über den Nachlass verfügt, steht auch im Fall einer solchen Verfügung des Vorerben erst bei dessen Tod fest, ob das Nacherbenrecht besteht (OLG Braunschweig Rpfleger 1991, 204). Der Nacherbenvermerk ist aber einzutragen und darf vor dem Tod des Vorerben grundsätzlich nicht gelöscht werden. Nichts anderes gilt, wenn der Nacherbe unter der auflösenden Bedingung einer Verfügung des Vorerben unter Lebenden eingesetzt ist. In jedem Fall kann Bedingung nur eine Verfügung über den gesamten Nachlass und nicht über einen einzelnen Nachlassgegenstand sein (OLG Hamm FGPrax 2019, 108; 2020, 57).

Mit einer gegenseitigen Erbeinsetzung nach § 2269 BGB kann eine bedingte Nacherbeinsetzung der Schlusserben für den Fall der Wiederverheiratung des überlebenden Ehegatten verbunden werden (RG 156, 181; JFG 13, 155; OLG München JFG 15, 40); in diesem Fall unterliegt der überlebende Ehegatte auch als Vollerbe den gesetzlichen Beschränkungen eines Vorerben (OLG München JFG 15, 41; BayObLG 1961, 206); jedoch ist beim Fehlen entgegenstehender Umstände anzunehmen, dass die Ehegatten einander als Vorerben im Rahmen der gesetzlichen Ermächtigung haben befreien wollen (JFG 13, 155; BGH FamRZ 1961, 275; BayObLG 1966, 231); mit der Wiederverheiratung des überlebenden Ehegatten entfällt nicht nur dessen Bindung an seine in dem gemeinschaftlichen Testament getroffenen Verfügungen, sondern werden diese in der Regel ohne weiteres gegenstandslos (KG DNotZ 1957, 557; FamRZ 1968, 331; str.). Zur Einsetzung des Vorerben zugleich als Mitnacherben s. § 35 Rn. 26.

Vgl. zum Ganzen auch Haegele, Wiederverheiratungsklauseln, Rpfleger 1976, 73. Zu Zweifeln an der Wirksamkeit von Wiederverheiratungsklauseln s. OLG Zweibrücken FGPrax 2011, 176; s. dazu auch Völzmann RNotZ 2012, 1.

3. Nachweis des Nacherbenrechts

Das Nacherbenrecht muss gemäß § 35 nachgewiesen sein, also entweder 8 durch Erbschein, der nach § 2363 BGB auch die Anordnung der Nacherbfolge bezeugt, Europäisches Nachlasszeugnis oder durch öffentlich beurkundete Verfügung von Todes wegen und Niederschrift über ihre Eröffnung; mit bloßen Erklärungen der Beteiligten darf sich das GBAmt nicht begnügen (KG JW 1933, 2776; OLG München JFG 22, 143; BayObLG JurBüro 1984, 751; einschränkend: KG DR 1944, 194). Eine Verfügung von Todes wegen muss das GBAmt auslegen; es darf nicht lediglich deswegen einen Erbschein oder ein Europäisches Nachlasszeugnis verlangen, weil die Auslegung rechtlich schwierig ist; soweit aber bestehende Zweifel und Unklarheiten, z. B. hinsichtlich der Namen der Nacherben (OLG Köln MittRhNotK 1988, 44), nur durch tatsächliche Ermittlungen behoben werden können, ist ein Erbschein oder ein Europäisches Nachlasszeugnis zu verlangen (s. § 35 Rn. 39).

9   Hiervon ist jedoch dann abzusehen, wenn auch in diesen Urkunden die Namen der Nacherben mit Rücksicht auf die noch fehlende Bestimmtheit der Berufenen nicht angegeben werden können (KG JW 1938, 1411; OLG Hamm DNotZ 1966, 108; BayObLG Rpfleger 1983, 104), z. B. wenn beim Tod des Vorerben dessen in diesem Zeitpunkt etwa vorhandene Abkömmlinge zu Nacherben berufen sind. In diesem Fall kann der Kreis der Nacherben erst im Zeitpunkt des Eintritts des Nacherbfalls bestimmt werden (BGH FGPrax 2014, 98; OLG Frankfurt FGPrax 2018, 279). Darüber hinaus erachtet KG DR 1944, 194 das Verlangen nach Vorlegung eines Erbscheins als ungerechtfertigt, wenn bei einem gemeinschaftlichen Testament i. S. des § 2269 BGB das Bestehen einer Nacherbschaft zweifelhaft ist, der überlebende Ehegatte jedoch die Eintragung des Nacherbenvermerks bewilligt und feststeht, dass die Rechte der etwaigen Nacherben nicht berührt werden.

4. Umfang des Nacherbenrechts

10   **a) Gegenstand.** Das Nacherbenrecht erstreckt sich:
- Auf die zur Vorerbschaft gehörenden Gegenstände. Nachlassfremde Gegenstände kann der Vorerbe nicht – auch nicht als befreiter Vorerbe und mit Zustimmung des Nacherbenvollstreckers – in die Vorerbschaft einbeziehen. Deshalb kann er auch nicht ein Nachlassgrundstück gegen ein nicht zum Nachlass gehörendes Grundstück austauschen (OLG Stuttgart OLGZ 1973, 262; OLG Köln Rpfleger 1987, 60).

11   • Gemäß § 2110 BGB im Zweifel auf einen Erbteil, der dem Vorerben infolge Wegfalls eines Miterben zufällt, nicht aber auf ein dem Vorerben zugewendetes Vorausvermächtnis (s. JFG 21, 122 und Rn. 14).

12   • Auf einen Erwerb des Vorerben nach § 2111 BGB (sog. dingliche Surrogation). Dahin gehört z. B. der bei Versteigerung eines Nachlassgrundstücks an den Vorerben ausgekehrte Überschuss (BGH Rpfleger 1993, 493) oder der Erwerb einer Eigentümergrundschuld durch Ablösung einer Hyp. mit Mitteln des Nachlasses (JFG 8, 355; BGH 40, 123; Rpfleger 1993, 493). Auch ein Erwerb des Vorerben bei der Auseinandersetzung mit seinen Miterben kommt in Betracht (KG Rpfleger 1993, 236; BayObLG Rpfleger 2005, 142); soweit der Erwerb mit Mitteln der Erbschaft erfolgt, ist er mit dem Nacherbenrecht belastet (BayObLG 1986, 213; OLG Hamm Rpfleger 2002, 617). Soll ein Vorerbe im Weg der Nachlassauseinandersetzung an einem Nachlassgrundstück einen Miteigentumsanteil erhalten, so ist bei diesem der Nacherbenvermerk einzutragen (BayObLG 1986, 208; KG Rpfleger 1993, 236; OLG Hamm Rpfleger 1995, 209).

13   **b) Prüfung des GBAmts.** Erwirbt der Vorerbe ein Recht und beantragt er mit seiner Eintragung zugleich die des Nacherben, so ist nicht zu prüfen, ob das Recht gemäß § 2111 BGB tatsächlich der Nacherbfolge unterliegt.

Denn das GBAmt ist nicht berechtigt oder verpflichtet, Rechte des Vorerben entgegen seinem eigenen Antrag wahrzunehmen. Weiß das GBAmt dagegen, dass sich die Nacherbfolge auf das Recht nicht erstreckt, so ist der Antrag des Vorerben abzulehnen (JFG 7, 271; s. hierzu auch KG JW 1933, 2776; OLG München JFG 22, 143).

c) Eigentümergrundschuld. Wird eine auf dem Nachlassgrundstück **14** lastende Hyp. von dem Vorerben mit eigenen Mitteln zurückgezahlt, so gehört die dadurch entstandene Eigentümergrundschuld nicht zum Nachlass (JFG 15, 188; OLG München JFG 21, 84; BGH Rpfleger 1993, 493; zur Ablösung mit Mitteln des Nachlasses s. Rn. 12). Die Eintragung der Zugehörigkeit der Eigentümergrundschuld zu dem der Nacherbfolge nicht unterliegenden Vermögen des Eigentümers kann verlangt werden (JFG 8, 355) und erfolgt durch entsprechenden Vermerk in Abt. III Sp. 5 bis 7. Der Vermerk kann etwa lauten: „Diese Hyp. ist Eigentümergrundschuld geworden und als solche mit den Zinsen seit dem ... umgeschrieben auf ... Die Grundschuld gehört nicht zum Nachlass des ... Eingetragen am ...". Der Vorerbe kann auch nicht Gegenstände seines freien Vermögens mit dinglicher Wirkung der Erbschaftsmasse zuweisen (JFG 7, 272; OLG Stuttgart OLGZ 1973, 262; s. auch Rn. 10 sowie BGH NJW 1963, 2323). Ist dem Vorerben ein Grundstück als Vorausvermächtnis zugewendet, so ist die Eintragung des Nacherbenvermerks unzulässig (OLG München JFG 23, 300).

d) Transmortale Vollmacht. Veräußert ein Bevollmächtigter, dem der **15** Erblasser Vollmacht über den Tod hinaus erteilt hat, ein zum Nachlass gehöriges Recht, so ist der Nacherbenvermerk gegen den Willen des Bevollmächtigten nicht einzutragen; es ist so anzusehen, als ob die Nacherben der Veräußerung zugestimmt hätten (s. JFG 12, 278; KEHE/Munzig Rn. 12; str.; s. auch § 19 Rn. 81.2).

5. Inhalt des Nacherbenvermerks

a) Notwendige Angaben. Anzugeben sind die Anordnung der Nach- **16** erbfolge sowie die Voraussetzungen, unter denen sie eintritt. Auch eine nur bedingt angeordnete Nacherbfolge ist zu vermerken (KG HRR 1939 Nr. 103). Zu den möglichen Ausgestaltungen einer Bedingung, insbesondere zu einem Änderungsvorbehalt zugunsten des Vorerben, s. OLG München MittBayNot 2018, 50 mit Anm. v.Volmer.

Der Nacherbe ist unter Beachtung des § 15 GBV so genau wie möglich **17** zu bezeichnen; im Fall mehrfacher Nacherbfolge sind sämtliche Nacherben anzugeben (KG JW 1938, 1411; OLG Hamm Rpfleger 1975, 134; BayObLG Rpfleger 1983, 104). Auch noch unbekannte Nacherben, z. B. „etwaige weitere Kinder des Vorerben" (s. dazu Rn. 39) sind anzugeben. Einzutragen ist ferner ein Ersatznacherbe (JFG 21, 252; OLG Hamm DNotZ 1966, 108; 1970, 688; OLG Frankfurt DNotZ 1970, 691). Ebenso die Ernennung eines Testamentsvollstreckers gemäß § 2222 BGB zur Wahrnehmung der Rechte und Pflichten des Nacherben bis zum Eintritt des Nacherbfalls und zur Verwaltung des Nachlasses nach diesem Zeitpunkt (KGJ 40, 198; KG JW 1938, 1411).

Anzugeben sind schließlich etwaige Befreiungen des Vorerben (KGJ 44, 80). Eine Übertragung des Anwartschaftsrechts des Nacherben auf den Vorerben ist bei vorhandenen Ersatznacherben im Nacherbenvermerk zum Ausdruck zu bringen (s. Rn. 48).

18   **b) Berichtigung des Vermerks.** Der Nacherbenvermerk, der den Nacherben und einen Ersatznacherben ausweist, ist nach dem Tod des Nacherben vor Eintritt des Nacherbfalls nicht dahin zu berichtigen, dass nunmehr der Ersatznacherbe als Nacherbe ausgewiesen wird (OLG Hamm FGPrax 2016, 32 mit ablehnender Anm. v. Bestelmeyer; ablehnend auch Holzer Rpfleger 2016, 89). Statt einer GBBerichtigung kommt aber eine Richtigstellung (s. § 22 Rn. 22) in Betracht. Entsprechendes gilt, wenn im Fall des § 2108 Abs. 2 Satz 1 BGB an die Stelle des eingetragenen Nacherben dessen Erben getreten sind.

6. Zeitpunkt der Eintragung

19   Das Recht des Nacherben ist gleichzeitig mit der Eintragung des Vorerben einzutragen und zwar von Amts wegen, also ohne besonderen Antrag. Eine Eintragung des Nacherbenrechts ohne Eintragung des Vorerben ist unzulässig (s. Rn. 2). Die Eintragung des Vorerben setzt einen Antrag nach § 13 voraus. Der Vorerbe kann nach §§ 82 ff. gezwungen werden, den Antrag zu stellen. Der Nacherbe kann die Berichtigung des GB durch Eintragung des Vorerben und damit auch des Nacherbenvermerks gemäß § 895 BGB durchsetzen. Dazu bedarf er eines entsprechenden Titels gegen den Vorerben (OLG Naumburg Rpfleger 2020, 12).

20   Ist die Eintragung des Nacherbenvermerks unterblieben, so kann sie von Amts wegen nachgeholt werden, vorausgesetzt, dass das zum Nachlass gehörende Recht nicht inzwischen auf einen Dritten umgeschrieben ist (OLG Hamm Rpfleger 1976, 132). Im Fall der Umschreibung kommt nur noch die Eintragung eines Widerspruchs (§ 53) in Betracht (KGJ 52, 145). Nach Eintritt des Nacherbfalls ist die Nachholung nicht mehr zulässig, weil der Nacherbe dann Vollerbe wird und Eintragung des Vermerks das GB unrichtig machen würde (KGJ 49, 178; OLG Hamm Rpfleger 1991, 59).

7. Stelle und Fassung der Eintragung

21   Die Eintragung erfolgt nicht nur bei Grundstücken, Grundstücksrechten und Rechten an solchen, sondern auch bei Vormerkungen, Widersprüchen und Verfügungsbeschränkungen.

22   Betrifft der Nacherbenvermerk das Eigentum, so ist er nach § 10 Abs. 1b GBV in Abt. II einzutragen. Die versehentlich in Abt. I erfolgte Eintragung gibt dem Nacherben kein Miteigentumsrecht (KGJ 50, 211). Bei Rechten in der zweiten Abteilung erfolgt die Eintragung in Sp. 5 und bei Rechten in der dritten Abteilung in Sp. 7 (§ 10 Abs. 5, § 11 Abs. 6 GBV). Das ist insbesondere bei Neueintragungen in der dritten Abteilung nicht immer praktisch, wenn die Sp. 5 bis 7 zahlreiche Eintragungen enthalten und der Nacherbenvermerk in Sp. 7 räumlich weit von der Haupteintragung in Sp. 4 getrennt ist, so dass er leicht übersehen werden kann. Es wird daher auch nicht unzulässig sein, beide Vermerke je nach der Sachlage zu einem zusammenzufassen. Ist das Recht in der zweiten oder dritten Abteilung bereits eingetragen und erfolgt die Umschreibung auf den Vorerben, so können Umschreibungs- und Nacherbenvermerk zusammengefasst werden (s. GBV Muster Anl. 2a Abt. III Sp. 7 zu lfd. Nr. 3).

Ist als Eigentümer ein durch Nacherbenrechte beschränkter Vorerbe eingetragen, so ist die aus einer Hyp. entstandene Eigentümergrundschuld auch ohne Beifügung eines Nacherbenvermerks als Vorerbschaftseigentümergrundschuld anzusehen (JFG 8, 355). **23**

Der Vermerk kann etwa lauten: „Nacherbe des ... ist ... Die Nacherbfolge tritt beim Tod des Vorerben oder mit Vollendung des 35. Lebensjahres des Nacherben ein. Der Nacherbe ist auf dasjenige eingesetzt, was von der Erbschaft bei Eintritt der Nacherbfolge übrig sein wird. Zur Wahrnehmung der Rechte und Pflichten des Nacherben bis zum Eintritt des Nacherbfalls ist ein Testamentsvollstrecker bestellt. Eingetragen am ...". Wahl der Worte „Vorerbe" und „Nacherbe" ist ratsam, um Zweifel und Irrtümer auszuschließen. **24**

8. Rang des Nacherbenvermerks

Zwischen einem Nacherbenvermerk und einem Recht am Grundstück besteht kein materiellrechtliches Rangverhältnis im Sinn des § 879 BGB (s. dazu § 45 Rn. 18). Die Wirksamkeit einer von dem Vorerben bewilligten Hyp. gegenüber dem Nacherben ist aus dem GB auch dann nicht ohne weiteres zu ersehen, wenn der Nacherbenvermerk nach der Hyp. eingetragen worden ist. Sie lässt sich grundbuchmäßig nur dadurch ausdrücken, dass ein Vermerk des Inhalts eingetragen wird, dass die Hyp. dem Nacherben gegenüber wirksam ist (KG HRR 1934 Nr. 199; JFG 13, 114; BayObLG FGPrax 1997, 135). Zur Eintragung eines Vermerks zur Verlautbarung der Wirksamkeit einer von dem Vorerben bewilligten Eigentumsvormerkung gegenüber dem Nacherben s. OLG München FGPrax 2016, 112. Zur Eintragung des Vermerks im Einzelnen gilt das zum Wirksamkeitsvermerk bei der Vormerkung Ausgeführte entsprechend (s. dazu § 22 Rn. 20). **25**

9. Verzicht auf Eintragung

a) Grundsatz. Der Erblasser kann die Eintragung des Nacherbenvermerks nicht ausschließen (s. Rn. 1). Auch der Vorerbe kann nicht beantragen, sein Recht allein ohne das des Nacherben einzutragen. Ein solcher Antrag wäre zurückzuweisen. Der Nacherbe kann aber auf die Eintragung seines Rechts verzichten, ohne das Nacherbenrecht selbst auszuschlagen (KGJ 52, 169; RG 151, 397; a.M. mit beachtlichen Gründen Bestelmeyer Rpfleger 1994, 190 und 2015, 177), jedoch nur unter Mitwirkung eines für nicht auszuschließende unbekannte Nacherben bestellten Pflegers (s. Rn. 39) und etwa vorhandener Ersatznacherben (JFG 21, 255; OLG Köln NJW 1955, 634). Die Erklärung bedarf der Form des § 29 Abs. 1 Satz 1. Der Verzicht kann auch durch einen Testamentsvollstrecker erklärt werden (KG DNotV 1930, 480; OLG München JFG 20, 297); das GBAmt ist nicht befugt, die **26**

Zweckmäßigkeit eines derartigen Verzichts zu prüfen (BayObLG Rpfleger 1989, 412).

b) Wirkung. Der Verzicht auf die Eintragung des Nacherbenvermerks ist (nur) als Verzicht des Nacherben auf den Schutz gegen gutgläubigen Erwerb aufzufassen und bewirkt, dass das Nacherbenrecht für das GBAmt als nicht mehr vorhanden gilt, also von diesem nicht mehr zu beachten ist. Das materiellrechtliche Erlöschen des Nacherbenrechts hat der Verzicht nicht zur Folge. Der Nacherbe kann den Verzicht in der Form des § 29 Abs. 1 Satz 1 widerrufen und die Eintragung des Nacherbenvermerks unter der Voraussetzung beantragen, dass das Nacherbenrecht nicht durch gutgläubigen Erwerb erloschen ist.

c) Mehrere Nacherben. Bezieht sich der Nacherbenvermerk auf mehrere Personen (A, B, C), so können auch einzelne auf den in der Eintragung liegenden Schutz (s. Rn. 31) verzichten. Zwar kann der Nacherbenvermerk als solcher in diesem Fall nicht gelöscht, wohl aber kann beispielsweise in der zweiten Abteilung in Sp. 5 folgendes eingetragen werden: „A und B haben für ihre Person auf die Eintragung des Nacherbenrechts verzichtet". Die Namen des A und des B sind dann in der Haupteintragung in Sp. 3 rot zu unterstreichen (§ 17 Abs. 3 GBV).

27   **d) Zustimmung des Nacherben zur Veräußerung.** Die Eintragung des Nacherbenvermerks unterbleibt auch dann, wenn der Vorerbe ein zum Nachlass gehöriges Recht veräußert und der Nacherbe zustimmt (OLG Colmar OLG 18, 222; JFG 12, 277). Bei bedingter Nacherbeinsetzung ist die Zustimmung aller unter einer Bedingung eingesetzten Nacherben erforderlich; der Zustimmung etwa vorhandener Ersatznacherben bedarf es hingegen nicht (JFG 21, 253; OLG Oldenburg MDR 1962, 57; BGH DNotZ 1964, 623).

10. Rechtsmittel

28   **a) Eintragung.** Gegen die Eintragung des Vermerks ist Beschwerde mit dem Ziel der Löschung zulässig (s. § 71 Rn. 39). Soll jedoch die Eintragung, dass der Vorerbe befreit ist, beseitigt werden, dann kann Ziel einer Beschwerde nur die Eintragung eines Amtswiderspruchs sein (OLG Hamm Rpfleger 1971, 255).

29   **b) Unterlassene Eintragung.** Gegen die Unterlassung der Eintragung kann Beschwerde mit dem Ziel eingelegt werden, die Eintragung des Nacherbenvermerks nachzuholen (s. hierzu Rn. 20) oder einen Widerspruch einzutragen (s. hierzu § 71 Rn. 52).

30   **c) Löschung.** Gegen die Löschung des Vermerks ist Beschwerde mit dem Ziel zulässig, einen Amtswiderspruch einzutragen. Der Widerspruch kann auch noch nach Eintritt der Nacherbfolge eingetragen werden (a. M. OLG Hamm Rpfleger 1991, 59 mit abl. Anm. v. Alff Rpfleger 1991, 243).

11. Wirkung des Nacherbenvermerks

a) Grundsatz. Der Vermerk schützt den Nacherben und dessen Erben **31** (KG JW 1936, 2749) davor, dass Verfügungen des Vorerben oder desjenigen, der vom Vorerben erworben hat, infolge gutgläubigen Erwerbs entgegen § 2113 Abs. 1 und 2 BGB Rechtswirksamkeit behalten (§ 2113 Abs. 3, § 892 Abs. 1 Satz 2 BGB). Den Schutz genießt auch der nur bedingt eingesetzte Nacherbe (OLG München FGPrax 2018, 65). Die Vereinbarung der Gütergemeinschaft stellt jedoch keine Verfügung über das einem Ehegatten als Vorerbe gehörende Grundstück zugunsten des anderen Ehegatten im Sinn von § 2113 BGB dar (BayObLG Rpfleger 1989, 328). Der GBBerichtigungsanspruch des Nacherben bei Eintritt der Nacherbfolge wegen einer gem. § 2113 BGB unwirksamen Grundstücksverfügung des Vorerben kann nicht durch eine Vormerkung gesichert werden (OLG Oldenburg NJW-RR 2002, 728). Der Vermerk erübrigt nicht den Nachweis der eingetretenen Nacherbfolge durch einen Erbschein (s. § 35 Rn. 8).

b) Keine GBSperre. Der Nacherbenvermerk bewirkt keine GBSperre **32** (KGJ 52, 145; OLG Frankfurt FGPrax 2018, 281: OLG Hamm NotBZ 2018, 152); das GBAmt hat den EintrAnträgen des Vorerben daher ohne Rücksicht auf das Recht des Nacherben stattzugeben, mag es sich um eine befreite oder nicht befreite Vorerbschaft, um eine entgeltliche oder unentgeltliche Verfügung handeln (KG JW 1936, 2749; OLG München JFG 14, 340; OLG Frankfurt FGPrax 2018, 281). Dies gilt aber wegen § 1 Abs. 4 ErbbauRG nicht, wenn ein Erbbaurecht eingetragen werden soll. Voraussetzung dafür ist bei nicht befreiter Vorerbschaft die Zustimmung des Nacherben (BGH 52, 269) und bei befreiter Vorerbschaft der Nachweis der Entgeltlichkeit (OLG Hamm OLGZ 1989, 156). Die erforderliche erste Rangstelle des Erbbaurechts (§ 10 Abs. 1 ErbbauRG) ist trotz eines eingetragenen Nacherbenvermerks gewahrt (s. Anh. zu § 8 Rn. 34).

c) Löschung eines Rechts. Eine Ausnahme gilt ferner, wenn ein Recht **33** gelöscht werden soll, weil damit die Schutzwirkung des Nacherbenvermerks hinfällig wird (JFG 15, 188; OLG München JFG 21, 84; BayObLG Rpfleger 2001, 408 mit Anm. v. Gergaut NotBZ 2001, 304; a. M. Bestelmeyer Rpfleger 1994, 191 und 2005, 80). In diesem Fall gilt folgendes:

Bei **nicht befreiter Vorerbschaft** ist nachzuweisen, dass die Verfügung **34** des Vorerben das Recht des Nacherben weder vereiteln noch beeinträchtigen würde. Dieser Nachweis wird sich im Allgemeinen nur durch eine der Form des § 29 Abs. 1 Satz 1 bedürftige Zustimmungserklärung des Nacherben (nicht auch eines etwa vorhandenen Ersatznacherben: KG JW 1936, 3562; BGH DNotZ 1964, 623; OLG Frankfurt DNotZ 1970, 691) erbringen lassen (RG 102, 337). Im Einzelfall kann sich die Wirksamkeit der Verfügung gegenüber dem Nacherben aber auch aus anderen Umständen ergeben; so kann z. B. eine auf dem Nachlassgrundstück eingetragene, zur Eigentümergrundschuld gewordene Hyp. auf Antrag des Vorerben ohne Zustimmung des Nacherben gelöscht werden, wenn der Vorerbe die Hyp. nachweislich mit eigenen Mitteln zurückgezahlt hat (JFG 15, 188; OLG München JFG 21, 84), wenn gleich- oder nachstehende Rechte nicht vorhanden sind (JFG 15,

187; OLG München JFG 21, 81; BayObLG Rpfleger 2001, 408 mit Anm.
v. Gergaut NotBZ 2001, 304; OLG Hamm NotBZ 2012, 428) oder wenn
sich die Löschung, wie etwa bei eingetragener Löschungsvormerkung, als
Erfüllung einer Nachlassverbindlichkeit darstellt (OLG Saarbrücken DNotZ
1950, 66; zu den Nachweisen bei Erfüllung eines Vermächtnisses durch den
Vorerben s. BayObLG Rpfleger 2001, 408; OLG Celle RNotZ 2005,
365).

35   Bei **befreiter Vorerbschaft** bedarf es des Nachweises, dass eine entgeltliche Verfügung des Vorerben vorliegt (§§ 2136, 2113 Abs. 2 BGB). Die Notwendigkeit des Nachweises entfällt, wenn die Entgeltlichkeit beim GBAmt
offenkundig (§ 29 Abs. 1 Satz 2) oder die Unentgeltlichkeit durch die Natur
der Sache oder die Sachlage ausgeschlossen ist (OLG München JFG 18, 173;
OLG Hamm Rpfleger 1969, 349; OLG Frankfurt Rpfleger 1980, 107). Der
Begriff der Unentgeltlichkeit ist der gleiche wie beim Testamentsvollstrecker
(s. § 52 Rn. 21 sowie OLG München JFG 18, 173; 20, 216; BGH Rpfleger
1999, 331; BayObLG Rpfleger 1988, 525). Zur Prüfung durch das GBAmt
gilt das in § 52 Rn. 23 bis 25 Ausgeführte.

Der Verzicht auf das Eigentum an einem praktisch unveräußerlichen
Mietwohngrundstück, das nur Kosten verursacht, ist als entgeltliche Verfügung anzusehen (BGH Rpfleger 1999, 331); desgleichen die Löschung einer
auf dem Nachlassgrundstück eingetragenen, zur Eigentümergrundschuld
gewordenen Hyp., wenn diese an letzter Stelle steht (KGJ 43, 264; s. Rn. 34)
oder wenn gleichzeitig eine neue Hyp. bestellt wird und deren Gläubiger die
Löschung verlangt (KGJ 41, 180; KG HRR 1930 Nr. 223). Im Fall der Löschung einer Nachlasshyp. genügt die Quittung des befreiten Vorerben als
Entgeltlichkeitsnachweis (str.; s. einerseits LG Köln JMBlNRW 1951, 160,
andererseits LG Stade NdsRpfl. 1975, 219).

d) Noch eingetragener Erblasser. Ist im GB noch der Erblasser eingetragen, kann der Schutz eines Nacherbenvermerks nicht zum Tragen kommen. In diesem Fall müssen bei einer unentgeltlichen Verfügung des Vorerben sowie bei der Verfügung eines nicht befreiten Vorerben, durch die das
Recht des Nacherben vereitelt oder beeinträchtigt würde, zur Wirksamkeit
der Verfügung der Nacherbe und ein Nachnacherbe zustimmen, nicht jedoch auch ein Ersatznacherbe (OLG Zweibrücken NJW-RR 2011, 666).
Die Zustimmung ist dem GBAmt zur Eigentumsumschreibung in grundbuchmäßiger Form nachzuweisen.

12. Eintragung ohne Nacherbenvermerk

36   Ist ein Recht ohne Nacherbenvermerk kraft Erbrechts eingetragen, so
kann das GBAmt in unmittelbarer oder entsprechender Anwendung des
§ 891 BGB davon ausgehen, dass Nacherbenrechte nicht bestehen (RG
HRR 1935 Nr. 184 gegen KGJ 52, 168). Das GB ist jedoch unrichtig, weil
das Bestehen des Nacherbenrechts nicht davon abhängt, dass der Nacherbenvermerk im GB eingetragen ist.

13. Löschung des Nacherbenvermerks

a) Löschungsbewilligung. Zur Löschung ist entweder eine Bewilligung **37** des Nacherben (oder im Fall des § 2222 BGB des Testamentsvollstreckers) sowie etwa vorhandener Ersatznacherben (OLG Hamm Rpfleger 2015, 15 und – für den Fall der Übertragung des Anwartschaftsrechts des Nacherben – OLG Hamm Rpfleger 1970, 242; BayObLG Rpfleger 1970, 344; OLG Frankfurt DNotZ 1970, 691) oder der Unrichtigkeitsnachweis erforderlich (BayObLG Rpfleger 1988, 525; OLG Hamm Rpfleger 1991, 59). Die Bewilligung kann nicht durch ein Unschädlichkeitszeugnis gemäß Art. 120 EGBGB ersetzt werden (s. hierzu § 19 Rn. 11). Bei unbekannten Ersatznacherben ist die Bewilligung eines für diese bestellten Pflegers erforderlich, die der Genehmigung des Betreuungsgerichts bedarf (OLG Düsseldorf Rpfleger 2014, 418; OLG München FGPrax 2018, 65). Bestelmeyer (Rpfleger 1994, 191 und 2015, 177) hält mit beachtlichen Gründen eine Löschung des Vermerks aufgrund Bewilligung nicht für möglich.

b) Unrichtigkeitsnachweis. Vor der Löschung auf Grund Unrichtigkeitsnachweises ist dem Nacherben oder seinen Erben rechtliches Gehör zu gewähren (OLG Hamm Rpfleger 1984, 312; BayObLG Rpfleger 1995, 105; s. § 22 Rn. 49), nicht aber auch den Ersatznacherben (s. Rn. 42.1). Dies gilt auch dann, wenn an der Entgeltlichkeit der Verfügung des befreiten Vorerben (s. Rn. 42.2) kein vernünftiger Zweifel besteht (OLG Bamberg (MittBayNot 2015, 402; OLG Frankfurt FGPrax 2018, 279; kritisch dazu Morhard MittBayNot 2015, 361). Für noch unbekannte Nacherben (s. dazu Rn. 39) ist zur Gewährung des rechtlichen Gehörs ein Pfleger zu bestellen (OLG Frankfurt FGPrax 2018, 279).

Zur Berichtigung des Nacherbenvermerks s. Rn. 18.

14. Löschungsbewilligung

a) Grundsatz. Die Löschungsbewilligung des Nacherben ist als Verzicht **38** auf den Schutz gegen gutgläubigen Erwerb aufzufassen und hat dieselbe Wirkung wie ein Verzicht auf die Eintragung des Nacherbenvermerks. Das materiellrechtliche Erlöschen des Nacherbenrechts hat die Löschung des Vermerks nicht zur Folge. Zur Löschungsbewilligung eines von mehreren Nacherben gilt das zum Verzicht Ausgeführte (s. dazu Rn. 26 und KGJ 52, 170; OLG Hamm Rpfleger 2015, 15; OLG München RNotZ 2017, 383). Anders als ein Verzicht auf die Eintragung des Nacherbenvermerks ist eine Löschungsbewilligung unwiderruflich (s. § 19 Rn. 112). Wenn der Nacherbenvermerk auf Bewilligung des Nacherben gelöscht worden ist, können nach Eintritt des Nacherbfalls die Erben des Vorerben über das Grundstück verfügen, ohne dass es der vorherigen berichtigenden Eintragung der Nacherbfolge bedarf (OLG Hamm Rpfleger 2015, 15 mit kritischer Anm. v. Dressler Rpfleger 2015, 328).

b) Unbekannte Nacherben. Sind als Nacherben die „Kinder des Vorerben" **39** eingesetzt, so bedarf es zur Löschung des Nacherbenvermerks vor Eintritt des Nacherbfalls außer der Bewilligung der derzeit lebenden und damit bekannten Nacherben auch der Bewilligung eines gemäß § 1913 BGB für die derzeit noch nicht lebenden und bis zum Eintritt des Nacherbfalls unbekannten Nacherben bestellten Pflegers und der Genehmigung des Familiengerichts oder Betreuungsgerichts nach §§ 1915, 1821 BGB (OLG Frankfurt FGPrax 2010, 175; OLG München FGPrax 2019, 113); die Bewilligung lediglich der derzeit lebenden Nacherben zusammen mit einer eidesstattlichen Versicherung, dass sie derzeit die einzigen Kinder des Vorerben sind, reicht nicht aus (BayObLG Rpfleger 1982, 277).

Unbekannt ist ein Nacherbe nicht deshalb, weil ungewiss ist, ob er den Nacherbfall erleben, also den Vorerben überleben wird. Auch ein nur abstrakt bezeichneter Nacherbe ist nicht unbekannt, wenn feststeht, wer die abstrakte Bestimmung erfüllt und sich daran bis zum Nacherbfall außer durch den Tod der bestimmten Person nichts ändern kann (BGH FGPrax 2014, 98). Der Nacherbe ist auch dann nicht als unbekannt anzusehen, wenn dem Vorerben das Recht eingeräumt wird, statt des benannten Nacherben durch letztwillige Verfügung als seinen Erben einen anderen Abkömmling des Erblassers einzusetzen (OLG Hamm FGPrax 2014, 237 mit Anm. v. Henn MittBayNot 2015, 500).

c) Eidesstattliche Versicherung der Vorerbin. Sind dagegen „die Kinder der Vorerbin aus deren Ehe mit dem Erblasser" als Nacherben eingesetzt, dann kann die Löschung des Nacherbenvermerks vor Eintritt des Nacherbfalls nicht von der Bewilligung eines Pflegers für unbekannte Nacherben abhängig gemacht werden; vielmehr reicht eine in der Form des § 29 abgegebene eidesstattliche Versicherung der Vorerbin aus, dass aus ihrer Ehe mit dem Erblasser keine oder keine weiteren als die bekannten Kinder hervorgegangen sind (OLG Frankfurt Rpfleger 1986, 51 mit Anm. v. Meyer-Stolte). Sind als Nacherben die beim Nacherbfall lebenden, von der Vorerbin geborenen Kinder eingesetzt, dann genügt zur Löschung des Nacherbenvermerks die Bewilligung der bekannten Nacherben, wenn es im Hinblick auf eine eidesstattliche Versicherung der Vorerbin ausgeschlossen ist, dass weitere Nacherben vorhanden sind und im Hinblick auf das Alter der Vorerbin bis zum Nacherbfall auch keine mehr hinzukommen können; dass der Erbschein die bekannten Nacherben als „derzeit" vorhandene Nacherben ausweist, steht nicht entgegen (OLG Hamm FGPrax 1997, 128). Sind als Nacherben die „ehelichen Abkömmlinge" der Vorerbin eingesetzt und ergibt die Auslegung, dass darunter auch als Kind angenommene Abkömmlinge zu verstehen sind, scheitert die Löschung des Nacherbenvermerks, wenn zwar ausgeschlossen werden kann, dass die Vorerbin noch leibliche, nicht aber auch als Kind angenommene Abkömmlinge haben wird (OLG Stuttgart ZEV 2010, 94 mit kritischer Anm. v. Heinze). Bremkamp (RNotZ 2011, 36) hält auch in diesem Fall ab einem Alter der Vorerbin von 55 Jahren die Bewilligung der bekannten Nacherben für ausreichend. Die Möglichkeit, noch leibliche Kinder zu bekommen oder jemanden als Kind anzunehmen kann im Hinblick auf das fortgeschrittene Alter der Vorerbin nur in Ausnahmefällen ausgeschlossen werden (OLG Hamm FGPrax 2016, 57 verneint für eine 59jährige Vorerbin).

Zum Ausschluss von Adoptivkindern bei Erbeinsetzung der „leiblichen ehelichen Kinder" s. OLG Düsseldorf FGPrax 2015, 33. S. dazu auch § 35 Rn. 41.

15. Unrichtigkeitsnachweis

Das GB kann durch die Eintragung des Nacherbenvermerks in folgenden **40** Fällen unrichtig geworden sein:

a) Nicht bestehendes Nacherbenrecht. Wenn das Nacherbenrecht nie bestanden hat, der Nacherbenvermerk z. B. auf Grund eines unrichtigen Erbscheins, infolge irriger Testamentsauslegung oder unter Außerachtlassung des § 2110 Abs. 2 BGB bei einem dem Vorerben als Vorausvermächtnis zugewendeten Nachlassgegenstand (OLG München JFG 23, 300; LG Fulda Rpfleger 2005, 664) eingetragen wurde, ist das GB unrichtig.

b) Nicht zum Nachlass gehörender Gegenstand. Unrichtig ist das **41** GB, wenn der Nacherbenvermerk an einem nicht zum Nachlass gehörenden Gegenstand eingetragen worden ist (JFG 7, 270), z. B. an einem zum Gesamtgut einer ehelichen, durch den Tod eines Ehegatten beendeten, aber noch nicht auseinandergesetzten Gütergemeinschaft gehörenden Grundstück und zwar auch dann, wenn Vorerbe der überlebende Ehegatte ist. Hierzu und zu dem Fall, dass eine BGB-Gesellschaft mit dem Vorerben eines Gesellschafters fortgesetzt wird, dass einer von zwei Miterben Vorerbe des anderen wird, oder dass ein BGB-Gesellschafter seinen einzigen Mitgesellschafter als Vorerbe beerbt, s. Rn. 3.

c) Aus dem Nachlass ausgeschiedener Gegenstand. Das GB ist un- **42** richtig, wenn ein Nachlassgegenstand aus dem Nachlass ausgeschieden ist. Durch ein – auch unentgeltliches – Rechtsgeschäft zwischen Vorerbe und Nacherbe, das nicht der Zustimmung von Ersatznacherben bedarf (OLG Frankfurt FGPrax 2010, 175; OLG München Rpfleger 2019, 502 mit Anm. v. Weidlich MittBayNot 2020, 57), kann ein Nachlassgegenstand aus dem Nachlass herausgenommen werden, so dass er nicht der Nacherbschaft unterliegt (BayObLG Rpfleger 2005, 421 mit zust. Anm. v. Keim RNotZ 2005, 368; OLG Hamm Rpfleger 2016, 632 mit abl. Anm. v. Bestelmeyer, das offen lässt, ob für die Freigabe eine Mitwirkung des Vorerben unverzichtbar ist; Keim DNotZ 2016, 751 hält eine einseitige Freigabeerklärung des Nacherben für ausreichend). Ein vormerkungsgesicherter Rückübertragungsanspruch in Bezug auf ein ausgeschiedenes Grundstück gehört dann nicht mehr in die Nacherbfolge. Er fällt in den Nachlass des Vorerben. Zur Löschung der Vormerkung ist die Zustimmung der Erben des Vorerben erforderlich. Die Zustimmung von Ersatznacherben ist auch dann entbehrlich, wenn der einzige Nachlassgegenstand aus dem Nachlass herausgenommen wird (Hartmann RNotZ 2020, 377; a. M. OLG Düsseldorf RNotZ 2020, 390).

S. zum Ganzen Heskamp, Überführung von Nachlassgegenständen in das nachlassfreie Vermögen des Vorerben, RNotZ 2014, 517; Keim, Die Befreiung einzelner Gegenstände aus den Fesseln der Nacherbenbindung, DNotZ 2016, 751; zur Überführung von Nachlassgegenständen in das nachlassfreie Vermögen des Vorerben und zur Übertragung des Anwartschaftsrechts des Nacherben auf den Vorerben s. OLG Düsseldorf RNotZ 2020, 166 und Hartmann RNotZ 2020, 148.

42.1 **d) Veräußerung mit Zustimmung des Nacherben.** Unrichtig wird das GB nicht allein mit Rücksicht auf die Veräußerung eines Nachlassgegenstands durch den Vorerben (KGJ 52, 140/144; OLG Düsseldorf Rpfleger 1957, 413/414). Ein Nachlassgegenstand scheidet aber dadurch aus dem Nachlass aus, dass er von dem Vorerben oder demjenigen, der ihn aufgrund Verfügung des Vorerben erworben hat, mit Zustimmung des Nacherben veräußert wird. Ist der Nacherbe noch unbekannt, bedarf es der Zustimmung eines für ihn bestellten Pflegers und einer gerichtlichen Genehmigung (s. dazu Rn. 39). Die Zustimmung von Ersatznacherben ist nicht erforderlich (BGH 40, 115/119; FGPrax 2014, 98; BayObLG Rpfleger 2005, 421); ebenso OLG München Rpfleger 2015, 475, das an der zunächst für geboten erachteten formlosen Anhörung der unbekannten Ersatznacherben nicht mehr festhält.

Umstritten ist, ob die transmortale Vollmacht auch zur Vertretung des Nacherben berechtigt. Verneint wird dies jedenfalls für ein Rechtsgeschäft zwischen dem bevollmächtigten Vorerben und dem Nacherben, es sei denn, dieser ist dem Vorerben gegenüber zur Zustimmung zu dem Rechtsgeschäft verpflichtet (KGJ 36, 166; OLG München FGPrax 2019, 165; s. dazu auch JFG 5, 309). Demgegenüber vertritt das OLG Stuttgart (FGPrax 2019, 172 mit zust. Anm. v. Suttmann MittBayNot 2020, 250) die Auffassung, dass der transmortal Bevollmächtigte auch den Nacherben wirksam vertreten kann und dabei nur an vom Erblasser ihm direkt auferlegte Beschränkungen gebunden ist, als bevollmächtigter Vorerbe also nicht an die Beschränkungen gemäß §§ 2113 ff. BGB.

S. dazu Strobel, Die trans- und postmortale Vollmacht zugunsten des Vorerben, NJW 2020, 502; Keim, Aushöhlung des Nacherbenschutzes durch postmortale Vollmachten? ZEV 2020, 1; Mensch, Vertretung der Nacherben durch den trans- bzw. postmortal Bevollmächtigten, ZNotP 2020, 112.

42.2 **e) Veräußerung ohne Zustimmung des Nacherben.** Ein Nachlassgegenstand ist auch dann ausgeschieden, wenn die Veräußerung ohne Zustimmung des Nacherben voll wirksam war (OLG Hamm Rpfleger 1991, 59; KG Rpfleger 1993, 236). Dies ist nach § 2113 Abs. 1, 2 BGB nicht der Fall, soweit durch die Verfügung das Recht des Nacherben vereitelt oder beeinträchtigt wird oder wenn die Verfügung bei befreiter Vorerbschaft (§ 2136 BGB) – auch nur teilweise – unentgeltlich erfolgt. Die Verfügung eines zugleich für den Vor- und Nacherben eingesetzten Testamentsvollstreckers ist unbeschadet der Vorschriften des § 2205 BGB auch ohne Zustimmung des Nacherben wirksam (BGH 40, 119; BayObLG MittBayNot 1991, 122). S. hierzu Rn. 34, 35. Zum Begriff der Unentgeltlichkeit und zur Prüfung durch das GBAmt gilt das gleiche wie beim Testamentsvollstrecker in § 52 Rn. 21 bis 25 Ausgeführte (s. hierzu auch BayObLG Rpfleger 1988, 525; OLG Hamm Rpfleger 1991, 59).

42.3 **Einzelfälle.** Übereignet ein nicht befreiter Vorerbe einem Nacherben in vorzeitiger Erfüllung einer den Nacherben auferlegten Teilungsanordnung ein Nachlassgrundstück, so ist hierzu die Zustimmung der übrigen Nacherben erforderlich (BayObLG Rpfleger 1974, 355). Verfügt der Vorerbe über ein Nachlassgrundstück, so ist die Zustimmung des Nacherben auch dann erforderlich, wenn die Verfügung der Durchführung eines Erbauseinandersetzungsvertrags dient; sie ist aber entbehrlich, wenn lediglich eine Teilungsanordnung des Erblassers erfüllt wird (OLG Hamm Rpfleger 1995, 209).

Die Verfügung des befreiten Vorerben beeinträchtigt das Nacherbenrecht dann nicht, wenn der Nacherbe, z. B. aufgrund eines Vermächtnisses, verpflichtet ist, den durch die Verfügung herbeigeführten Erfolg hinzunehmen (OLG Düsseldorf Rpfleger 1999, 541 mit Anm. v. Wübben ZEV 2000, 30; OLG Düsseldorf Rpfleger 2003, 495 mit Anm. v. Ivo ZEV 2003, 297 zu dem grundbuchrechtlichen Nachweis der Vermächtniserfüllung). Zu den Voraussetzungen der Löschung, wenn der Vorerbe das Grundstück in Erfüllung eines Vermächtnisses an den Vermächtnisnehmer übertragen hat, s. OLG Hamm Rpfleger 1984, 312, aber auch Rpfleger 1996, 504, ferner BayObLG Rpfleger 2001, 408 mit Anm. v. Gergaut NotBZ 2001, 304.

Ein Nacherbenvermerk wird nicht bereits dadurch unrichtig, dass der Nacherbe im Vorerbfall den Pflichtteil fordert und erhält, ohne die Erbschaft ausgeschlagen zu haben (BayObLG Rpfleger 1973, 433). Er wird aber gegenstandslos und kann gelöscht werden, wenn der überlebende Ehegatte als Hofvorerbe den Hof mit Genehmigung des Landwirtschaftsgerichts im Wege der vorweggenommenen Erbfolge auf einen der Nacherben übertragen hat und der Rechtsübergang vollzogen ist (OLG Hamm Rpfleger 1985, 489).

Eine entgeltliche Verfügung des befreiten Vorerben liegt vor, wenn als Ge- **42.4** genleistung eine Kaufpreisrente vereinbart wird, die für eine Mindestdauer zu bezahlen ist und deren kapitalisierter Betrag eine gleichwertige Gegenleistung darstellt; für den Fall, dass der Vorerbe vor Ablauf der Mindestdauer stirbt, muss jedoch die Weiterzahlung der noch ausstehenden Gegenleistung an den Nacherben vereinbart sein (OLG Hamm Rpfleger 1991, 59 mit abl. Anm. v. Brinkmann Rpfleger 1991, 300). Zur Entgeltlichkeit einer Grundstücksveräußerung bei einem neben dem Kaufpreis vereinbarten Wohnungsrecht für den Vorerben s. OLG München RNotZ 2018, 491. Enge verwandtschaftliche Beziehungen des Vorerben zum Käufer begründen in der Regel Zweifel an der Entgeltlichkeit (OLG Braunschweig Rpfleger 1991, 204). In diesem Fall kann es erforderlich sein, den Nachweis der vollständigen Entgeltlichkeit durch Vorlage eines Wertgutachtens zu erbringen (OLG Düsseldorf Rpfleger 2008, 299). Der bei Abwägung von Leistung und Gegenleistung zuzubilligende Ermessensspielraum wird regelmäßig nicht überschritten, wenn sich der Kaufpreis an einem Wertgutachten des Gutachterausschusses orientiert (OLG Stuttgart RNotZ 2019, 24). Ist der minderjährige Nacherbe zusammen mit seinem gesetzlichen Vertreter und Vorerben zugleich Miterbe und verkauft und veräußert er durch seinen gesetzlichen Vertreter mit Genehmigung des Familiengerichts ein zur Erbschaft gehörendes Grundstück, so ist der gesetzliche Vertreter von der Erklärung der Zustimmung des Nacherben und der Bewilligung der Löschung des Nacherbenvermerks nicht ausgeschlossen (BayObLG NJW-RR 1995, 1032).

f) Eintritt des Nacherbfalls. Unrichtig wird das GB auch, wenn der **43** Nacherbfall eingetreten ist und eine Verfügung, gegen die der Nacherbenvermerk schützen sollte, von dem Vorerben nicht getroffen worden ist; wegen der Umschreibung eines Rechts auf den nach § 51 eingetragenen Nacherben s. § 35 Rn. 8.

44   **g) Eintritt des Nacherbfalls ausgeschlossen.** Wenn der Nacherbfall nicht mehr eintreten kann, z. B. weil der Nacherbe die Nacherbschaft ausgeschlagen hat und auch keine Ersatznacherben berufen sind (BayObLG Rpfleger 1997, 156; 2000, 324), oder weil die Nacherbeneinsetzung wegen Ablaufs der Frist von 30 Jahren nach dem Erbfall unwirksam geworden ist (§ 2109 BGB), ist das GB unrichtig. Bei gestaffelter Nacherbfolge muss der Ausnahmetatbestand des § 2109 Abs. 1 Satz 2 Nr. 1 BGB für jeden Nacherbfall gesondert geprüft werden. Die Nacherbeneinsetzung wird unwirksam, wenn die gesetzliche Frist überschritten ist und der zweite Nacherbe zur Zeit des Erbfalls noch nicht lebte (OLG Hamm Rpfleger 2011, 327).

16. Löschungsantrag

45   Gelöscht wird der Nacherbenvermerk grundsätzlich nur auf Antrag, jedoch ist nach §§ 84 ff. auch eine Amtslöschung möglich. In dem nach Eintritt des Nacherbfalls gestellten Antrag des Nacherben, ihn im Weg der GBBerichtigung als Berechtigten einzutragen, ist nicht zugleich der Antrag auf Löschung des nunmehr gegenstandslosen Nacherbenvermerks zu erblicken (BayObLG 1952, 260 gegen KG JFG 1, 366; str.). Über die Löschung des Vermerks durch Nichtübertragung s. LG Verden Rpfleger 1952, 341.

17. Verfügung über das Nacherbenrecht

46   **a) Vererblichkeit.** Das Nacherbenrecht ist im Zweifel vererblich (§ 2108 Abs. 2 BGB). § 2108 Abs. 2 Satz 1 BGB enthält keinen ergänzenden Rechtssatz, sondern nur eine Auslegungsvorschrift (RG 106, 357). Ausdrückliche oder stillschweigende Einsetzung eines Ersatznacherben (§§ 2296, 2069 BGB) spricht allein noch nicht gegen Vererblichkeit (RG 142, 174; 169, 39; OLG Köln OLGZ 1968, 91; BayObLG 1961, 136; s. auch BGH NJW 1963, 1150). Zum Nachweis der Vererblichkeit des Nacherbenanwartschaftsrechts s. § 35 Rn. 19.

47   **b) Übertragung.** Das Nacherbenrecht kann vor Eintritt des Nacherbfalls übertragen, verpfändet und gepfändet werden (RG 103, 358; JFG 6, 274); dies gilt auch, wenn der Nacherbe nur bedingt eingesetzt ist (RG 170, 168). Die Verfügung des Nacherben über sein Recht geschieht sinngemäß nach § 2033 Abs. 1 BGB (JFG 6, 275). Nach Eintritt des Nacherbfalls kann über das nur bis dahin bestehende Nacherbenanwartschaftsrecht nicht mehr verfügt werden. Daher kann eine vorher durch einen vollmachtslosen Vertreter vorgenommene Verfügung nicht mehr durch Genehmigung seitens des zum Vollerben gewordenen Nacherben (rückwirkend) wirksam werden (a. M. OLG Hamm FGPrax 2017, 180 mit abl. Anm. v. Bestelmeyer; zustimmend dagegen Widmann MittBayNot 2018, 237).

Ein Testamentsvollstrecker gemäß § 2222 BGB ist zur Übertragung des Nacherbenrechts nicht befugt (KG JW 1937, 1553). Die Pfändung erfolgt bei nur einem Nacherben nach § 857 Abs. 2 ZPO, also durch Zustellung des Pfändungsbeschlusses an diesen (KGJ 42, 236). Bei mehreren Nacherben sind die übrigen als Drittschuldner anzusehen; die Pfändung vollzieht sich daher nach § 857 Abs. 1, § 829 Abs. 3 ZPO, also durch Zustellung des Pfändungsbeschlusses an die übrigen Nacherben (KGJ 42, 243).

Für eine etwa erforderliche Zustimmung des Nacherben zu Verfügungen des Vorerben tritt bei Übertragung des Nacherbenrechts der Rechtsnachfolger des Nacherben an dessen Stelle. Im Fall der Pfändung und Verpfändung ist außer der Zustimmung des Nacherben auch noch die des Pfandgläubigers notwendig (KGJ 42, 240). Über den Fall der Insolvenz des Nacherben s. OLG Schleswig SchlHA 1958, 178.

c) Übertragung auf den Vorerben. Der Nacherbe kann sein Anwart- 48
schaftsrecht auch ohne Zustimmung etwaiger Ersatznacherben auf den Vorerben übertragen und diesen damit zum unbeschränkten Erben machen; sind jedoch Ersatznacherben vorhanden und haben nicht auch sie ihre Anwartschaft übertragen, so steht die Vereinigung der Rechte und Pflichten des Vorerben und des Nacherben in einer Person unter der auflösenden Bedingung des Eintritts des Ersatznacherbfalls (KGJ 51, 218; KG JW 1937, 1553; BayObLG Rpfleger 1970, 344; OLG München FGPrax 2018, 65). Entsprechendes gilt bei Berufung eines Nachnacherben (OLG Hamm JMBlNRW 1953, 80; OLG Köln NJW 1955, 634). Eine Übertragung des Anwartschaftsrechts des Nacherben auf den Vorerben ist auch dann anzunehmen, wenn der Nacherbe dem Vorerben gegenüber in notariell beurkundeter Form auf sein Nacherbenrecht verzichtet (OLG Köln Rpfleger 2018, 386).

Überträgt der Nacherbe sein Anwartschaftsrecht auf den Vorerben, so ändert dies nichts an der Notwendigkeit, bei vorhandenen Ersatznacherben einen Nacherben- und Ersatznacherbenvermerk in das GB einzutragen. Dieser hat die Übertragung der Nacherbenstellung auf den Vorerben zum Ausdruck zu bringen (OLG München FGPrax 2015, 118). Wird ein Nachlassgegenstand von demjenigen, der ihn aufgrund Verfügung des Vorerben erworben hat, mit dessen Zustimmung als dem Inhaber des Nacherbenanwartschaftsrechts weiterveräußert, bedarf es zur Löschung des Vermerks Zug um Zug mit Vollzug der Auflassung nicht der Bewilligung der Ersatznacherben, die ihr Anwartschaftsrecht nicht auf den Vorerben übertragen haben (OLG München FGPrax 2018, 65).

d) Eintragung. Übertragung, Verpfändung und Pfändung des Nacherbenrechts sind eintragbar. Die Eintragung ist je nach der Art des der Nacherbenfolge unterliegenden Rechts in der zweiten Abteilung in Sp. 5 oder in der dritten Abteilung in Sp. 7 vorzunehmen (§ 10 Abs. 5 und § 11 Abs. 6 GBV).

18. Kosten

Für die Eintragung des Nacherbenvermerks und seine Löschung wird 49
nach dem Inkrafttreten des GNotKG keine Gebühr mehr erhoben. Zu den Kosten für die Eintragung des Nacherben s. § 40 Rn. 23.

Testamentsvollstreckervermerk

52 Ist ein Testamentsvollstrecker ernannt, so ist dies bei der Eintragung des Erben von Amts wegen miteinzutragen, es sei denn, daß der Nachlaßgegenstand der Verwaltung des Testamentsvollstreckers nicht unterliegt.

Inhaltsübersicht

1. Allgemeines

1 § 52 bestimmt in Durchbrechung des Antragsgrundsatzes, dass bei der Eintragung des Erben die Ernennung eines Testamentsvollstreckers von Amts wegen mit einzutragen ist. Der Erblasser kann die Eintragung des Testamentsvollstreckervermerks nicht verbieten; hat er es getan, so ist zu prüfen, ob nicht etwa ein Ausschluss des Verwaltungsrechts vorliegt (s. Rn. 8). Der Testamentsvollstrecker kann auf die Eintragung des Vermerks nicht verzichten (s. Rn. 15).

S. zum Ganzen Zahn, Testamentsvollstreckung und Grundbuchverkehr, MittRhNotK 2000, 89; Schmerger, Testamentsvollstreckung im Grundbuchrecht, BWNotZ 2004, 97; Walloschek, Die Bedeutung der Testamentsvollstreckung im GBVerkehr, ZEV 2011, 167; Kollmeyer, Materielle Wirksamkeit und GBVollzug von Grundstücksverfügungen des Testamentsvollstreckers, NJW 2018, 2289.

2 Die Ernennung eines Testamentsvollstreckers schließt die Verfügungsbefugnis des Erben über Nachlassgegenstände insoweit aus, als diese der Verwaltung des Testamentsvollstreckers unterliegen. Da diese Verfügungsbeschränkung des Erben nach § 2211 Abs. 2 BGB aber nicht gegenüber gutgläubigen Dritten wirkt, muss das alleinige Verfügungsrecht des Testamentsvollstreckers gegen die Wirkungen des öffentlichen Glaubens geschützt werden. Dieser Schutz wird durch die Amtseintragung besonders wirksam gestaltet. Die Befugnis eines Miterben, gemäß § 2033 BGB über seinen Erbteil zu verfügen, wird durch das Bestehen einer Testamentsvollstreckung nicht berührt (LG Essen Rpfleger 1960, 57 mit Anm. v. Haegele).

3 Im Gebiet der ehemaligen DDR bleibt für die erbrechtlichen Verhältnisse das bisherige Recht maßgebend, wenn der Erblasser vor dem 3.10.1990 gestorben ist (Art. 235 § 1 Abs. 1 EGBGB). Das am 1.1.1976 in Kraft getretene Zivilgesetzbuch der DDR v. 19.6.1975 (GBl. DDR I 465) ließ die Anordnung einer Testamentsvollstreckung weiterhin zu. Diese führte aber nicht zu einer Beschränkung der Verfügungsbefugnis des Erben (vgl. § 371 Abs. 2, 3 ZGB), so dass in einem solchen Fall die Eintragung eines Testamentsvollstreckervermerks in das GB nicht in Betracht kommt. Eine vor dem 1.1. 1976 angeordnete Testamentsvollstreckung galt unverändert weiter, also auch hinsichtlich der Beschränkung der Verfügungsbefugnis (§ 8 Abs. 2 EGZGB). Sie ist daher im GB einzutragen (Köster Rpfleger 1991, 98; Bestelmeyer

Rpfleger 1992, 235). S. hierzu auch v. Morgen/Götting DtZ 1994, 199 und Janke DtZ 1994, 364. Zur Rechtsstellung des Testamentsvollstreckers nach dem ZGB s. KG FGPrax 1995, 157.

2. Ernennung eines Testamentsvollstreckers

Sie geschieht durch Testament oder einseitige Verfügung im Erbvertrag **4** (§§ 2197, 2287 Abs. 2, § 2299 BGB); der Gebrauch des Wortes „Testamentsvollstrecker" ist nicht erforderlich. Die Ernennung ist unwirksam, wenn zu der Zeit, zu welcher der Testamentsvollstrecker das Amt anzutreten hat, d. h. sich über Annahme oder Ablehnung erklären kann (KGJ 41, 73), ein Unfähigkeitsgrund nach § 2201 BGB vorliegt. Der Alleinerbe oder alleinige Vorerbe kann nicht einziger Testamentsvollstrecker, wohl aber Mittestamentsvollstrecker sein (RG 77, 177; KG JW 1933, 2915; OLGZ 1967, 361). Der Nacherbe kann den Vorerben als Testamentsvollstrecker beschränken (KGJ 52, 78; BayObLG NJW 1959, 1920).

§ 52 gilt entsprechend für den Fall, dass Testamentsvollstreckung nicht für **5** den Erben, sondern gemäß § 2223 BGB für einen **Vermächtnisnehmer** angeordnet ist (BGH 13, 203). Voraussetzung ist aber, dass dem Testamentsvollstrecker die Verwaltung des vermachten Gegenstandes und damit die Verfügungsbefugnis zustehen sollen ((BayObLG Rpfleger 1990, 365)).

Ein Testamentsvollstrecker kann auch zu dem Zweck ernannt werden, die Rechte und Pflichten des **Nacherben** wahrzunehmen (§ 2222 BGB). Zur Verlautbarung im GB als Inhalt des Nacherbenvermerks s. § 51 Rn. 17, 24. Der Testamentsvollstrecker kann aber auch nur für den Vorerben oder sowohl für den Vorerben als auch für den Nacherben eingesetzt sein. Von Letzterem ist auszugehen, wenn das Testamentsvollstreckerzeugnis nur allgemein die Anordnung von Testamentsvollstreckung verlautbart. Zu den Auswirkungen der Nacherbfolge auf die Verfügungsbefugnis des Testamentsvollstreckers s. Rn. 20.

Wird ein Erblasser nach **ausländischem Recht** beerbt, so richten sich **6** auch Inhalt und Rechtswirkungen einer Testamentsvollstreckung nach dem Erbstatut. Verliert der Erbe nach dem maßgebenden ausländischen Recht in vergleichbarer Weise wie bei einer Testamentsvollstreckung nach deutschem Recht seine Verfügungsbefugnis über Nachlassgegenstände an einen Dritten, z. B. bei Anordnung einer „Willensvollstreckung" nach Art. 517, 518 des Schweizerischen Zivilgesetzbuchs, so ist in entsprechender Anwendung des § 52 ein Testamentsvollstreckervermerk in das GB einzutragen (BayObLG Rpfleger 1990, 363).

§ 52 gilt auch, wenn der Erblasser vor dem 1.1.1900 gestorben ist (KGJ **7** 40, 191).

3. Verwaltungsrecht des Testamentsvollstreckers

Das Bestehen eines Verwaltungsrechts des Testamentsvollstreckers ist Zuläs- **8** sigkeitsvoraussetzung für die Eintragung eines Testamentsvollstreckervermerks.

a) Gegenstand. Grundsätzlich unterliegt der gesamte Nachlass der Verwaltung des Testamentsvollstreckers (§ 2205 BGB); zum Nachlass gehört auch, was der Testamentsvollstrecker durch Rechtsgeschäft mit Mitteln des Nachlasses erwirbt (KGJ 40, 192; BayObLG Rpfleger 1992, 63). Durch die Teilauseinandersetzung hinsichtlich eines einzelnen Nachlassgegenstandes oder des für ihn erzielten Erlöses scheidet dieser oder der Erlös nicht ohne weiteres aus dem Nachlass und damit aus der Verwaltungsbefugnis des Testamentsvollstreckers aus, es sei denn, mit der Teilauseinandersetzung ist eine Freigabe im Sinn des § 2217 BGB verbunden (s. hierzu BayObLG Rpfleger 1992, 63 mit kritischer Anm. v. Streuer Rpfleger 1992, 350 und Weidlich DNotZ 1993, 403). Soweit der Nachlass der Verwaltung des Testamentsvollstreckers durch Anordnung des Erblassers entzogen ist (§ 2208 BGB), ist die Eintragung des Testamentsvollstreckervermerks unzulässig.

b) Anteil eines Gesellschafters. Zur Beschränkung der Verwaltungsbefugnis des Testamentsvollstreckers, wenn der Anteil eines Gesellschafters einer BGB-Gesellschaft oder einer Personenhandelsgesellschaft in den Nachlass fällt, s. BGH Rpfleger 1981, 100; 1989, 462; BayObLG Rpfleger 1991, 58; Damrau BWNotZ 1990, 69; aber auch LG Leipzig Rpfleger 2008, 492 und zum Ganzen Kämper, Testamentsvollstreckung an Personengesellschaftsanteilen, RNotZ 2016, 625. Ist Testamentsvollstreckung lediglich über den Anteil eines Gesellschafters angeordnet, kommt die Eintragung eines Testamentsvollstreckervermerks nicht in Betracht; bis zur Anerkennung der Rechtsfähigkeit der Gesellschaft a. M. LG Hamburg ZEV 2009, 96 mit abl. Anm. v. Lang ZflR 2008, 795. S. dazu Anh. zu § 13 Rn. 33.2.

c) Bodenreformgrundstück. Soweit das Eigentum an einem Bodenreformgrundstück im Gebiet der ehemaligen DDR gem. Art. 233 § 11 Abs. 2 Satz 1 Nr. 2 EGBGB kraft Gesetzes auf einen Erben übertragen wird, handelt es sich nicht um eine Erbfolge; für die Eintragung eines Testamentsvollstreckervermerks im Zusammenhang mit der GBBerichtigung durch Eintragung des Erben oder der aus mehreren Erben bestehenden Bruchteilsgemeinschaft ist daher kein Raum.

9   **d) Freigabe.** Nach § 2217 BGB hat der Testamentsvollstrecker Nachlassgegenstände, deren er zur Erfüllung seiner Obliegenheiten offenbar nicht bedarf, den Erben auf Verlangen zur freien Verfügung zu überlassen; mit der Überlassung erlischt sein Recht zur Verwaltung der überlassenen Gegenstände und damit auch sein Verfügungsrecht endgültig. Dem GBAmt ist die Überlassung durch eine der Form des § 29 Abs. 1 Satz 1 bedürftige Erklärung des Testamentsvollstreckers nachzuweisen (OLG Hamm Rpfleger 1973, 133); ist ein Notar Testamentsvollstrecker, kann die Freigabe nicht in einer Eigenurkunde erklärt werden (OLG Düsseldorf Rpfleger 1989, 58). Das GBAmt darf nicht prüfen, ob die Überlassung mit den Pflichten des Testamentsvollstreckers im Einklang steht (KGJ 40, 212).

Soweit der Testamentsvollstrecker trotz eines Verfügungsverbots des Erblassers über einen Nachlassgegenstand verfügen darf oder über die Vorschrift des § 2205 Satz 3 BGB hinaus eine unentgeltliche Verfügung über einen solchen treffen kann (s. darüber Rn. 19–22), ist er zu einer Freigabe auch ohne die Schranke des § 2217 Abs. 1 Satz 1 BGB befugt (BGH Rpfleger 1971, 349; 1972, 49).

e) Zustimmungserfordernis. Soll dem Testamentsvollstrecker nach dem **10** Willen des Erblassers zwar nicht die Verwaltung des Nachlasses zustehen, aber die Verfügung des Erben von seiner Zustimmung abhängig sein, dann kommt nicht die Eintragung eines Testamentsvollstreckervermerks in Betracht, sondern (auf Antrag) nur die einer entsprechenden Verfügungsbeschränkung (BayObLG Rpfleger 1990, 365). Dies gilt entsprechend bei einer Vermächtnisvollstreckung (s. Rn. 5).

4. Nachweis der Testamentsvollstreckung

Die Ernennung eines Testamentsvollstreckers und sein Verwaltungsrecht **11** müssen gemäß § 35 nachgewiesen sein, also entweder durch Testamentsvollstreckerzeugnis (s. § 35 Rn. 59) oder durch öffentlich beurkundete Verfügung von Todes wegen und Niederschrift über ihre Eröffnung (s. § 35 Rn. 63); mit bloßen Erklärungen der Beteiligten darf sich das GBAmt nicht begnügen (KGJ 40, 193; 50, 166; KG DNotZ 1956, 197). Ein Erbschein genügt zum Nachweis der Testamentsvollstreckung nicht, da er nur die Ernennung des Testamentsvollstreckers, nicht aber etwaige Beschränkungen seines Verwaltungsrechts bezeugt (a. M. Schneider MittRhNotK 2000, 283, weil gegenständliche Beschränkungen in den Erbschein aufzunehmen seien); andererseits reicht ein Testamentsvollstreckerzeugnis nicht zum Nachweis der Erbfolge aus, so dass daneben noch ein Erbschein oder ein Europäisches Nachlasszeugnis erforderlich ist (KGJ 50, 167). Bei Vorlegung einer öffentlich beurkundeten Verfügung von Todes wegen können Zeugnisse des Nachlassgerichts nur verlangt werden, soweit zur Behebung von Zweifeln oder Unklarheiten tatsächliche Ermittlungen notwendig sind (vgl. § 51 Rn. 8 zum Nachweis des Nacherbenrechts).

5. Inhalt des Testamentsvollstreckervermerks

Einzutragen ist die Ernennung eines Testamentsvollstreckers. Der Name **12** des Testamentsvollstreckers darf nicht in den Vermerk aufgenommen werden (KGJ 50, 168); ebenso wenig eine Beschränkung seiner Befugnisse (KGJ 36, 190); über beides gibt das Testamentsvollstreckerzeugnis Auskunft (s. § 35 Rn. 59). Auch eine Befreiung des Testamentsvollstreckers von den Beschränkungen des § 181 BGB ist nicht in den Vermerk aufzunehmen. Ist der Testamentsvollstrecker nach § 2222 BGB zur Wahrnehmung der Rechte und Pflichten des Nacherben ernannt, so ist dies im Nacherbenvermerk anzugeben (s. § 51 Rn. 17, 24).

6. Zeitpunkt der Eintragung

a) Eintragung des Erben. Die Ernennung eines Testamentsvollstreckers **13** ist gleichzeitig mit der Eintragung des Erben einzutragen, und zwar von Amts wegen, also ohne besonderen Antrag. Eine Eintragung des Testamentsvollstreckers ohne Eintragung des Erben ist unzulässig (BayObLG FGPrax 1996, 32); um eine inhaltlich unzulässige Eintragung im Sinn des § 53 Abs. 1 Satz 2 handelt es sich dabei aber nicht (von BayObLG FGPrax 1996, 32 entgegen der Meinung von Schaub ZEV 1996, 151 und Bestelmeyer ZEV

1996, 261 offen gelassen). Eine aufschiebend bedingt angeordnete Testamentsvollstreckung ist grundsätzlich erst nach Eintritt der Bedingung im GB zu vermerken (OLG Köln FGPrax 2015, 56 mit zustimmender Anm. v. Keim MittBayNot 2016, 237; Litzenburger ZEV 2015, 279 erachtet in seiner Anm. die Eintragung einer aufschiebend befristet angeordneten Testamentsvollstreckung für zulässig).

b) Nachholung. Ist die Eintragung des Vermerks unterblieben, so kann sie von Amts wegen nachgeholt werden, vorausgesetzt, dass der Erbe als Berechtigter eingetragen ist (OLG Hamm Rpfleger 2019, 384), das in Betracht kommende Recht also nicht inzwischen auf einen Dritten umgeschrieben und auch nicht vom Testamentsvollstrecker freigegeben (s. Rn. 29; OLG München RNotZ 2016, 602) worden ist. Im Fall der Umschreibung kommt nur noch die Eintragung eines Widerspruchs (§ 53) in Betracht. Dies gilt auch für den Vermächtnis-Testamentsvollstrecker (s. Rn. 5). In diesem Fall wäre der Vermerk mit der Vermächtniserfüllung an dem davon betroffenen Grundstück zu buchen gewesen. Nachgeholt werden kann der Vermerk, so lange der Vermächtnisnehmer noch als Eigentümer eingetragen ist.

7. Stelle und Fassung der Eintragung

14   Die Eintragung erfolgt nicht nur bei Grundstücken, Grundstücksrechten und Rechten an solchen, sondern auch bei Vormerkungen, Widersprüchen und Verfügungsbeschränkungen.

Hinsichtlich der Stelle der Eintragung gilt das zu § 51 Rn. 22 Ausgeführte entsprechend. Der Vermerk lautet am einfachsten: „Es ist Testamentsvollstreckung angeordnet. Eingetragen am …".

8. Kein Verzicht auf Eintragung

15   Der Erblasser kann die Eintragung des Testamentsvollstreckervermerks nicht ausschließen (s. Rn. 1). Der Testamentsvollstrecker kann auf die Eintragung nicht verzichten, da er sein Amt nicht im eigenen Interesse ausübt (OLG München JFG 20, 294; KG FGPrax 2015, 104). Er kann aber Nachlassgegenstände aus seiner Verwaltung freigeben (s. Rn. 9); soweit eine solche Freigabe nachgewiesen wird, unterbleibt die Eintragung des Testamentsvollstreckervermerks.

9. Rechtsmittel

16   Gegen die Eintragung des Vermerks ist Beschwerde mit dem Ziel der Löschung, gegen die Unterlassung der Eintragung Beschwerde mit dem Ziel der Eintragung eines Widerspruchs zulässig (s. § 71 Rn. 39, 49; s. auch Rn. 13).

10. Wirkung des Testamentsvollstreckervermerks

17   Die Eintragung schützt den Testamentsvollstrecker nicht nur gegen Verfügungen des Erben (§ 2211 Abs. 2, § 892 Abs. 1 Satz 2 BGB), sondern bewirkt für den letzteren zugleich eine Sperre des GB (s. § 22 Rn. 52). Das GBAmt hat die Eintragung gemäß § 891 BGB solange als maßgebend anzusehen, bis ihm Tatsachen bekannt werden, die ihre Unrichtigkeit ergeben (OLG München RNotZ 2015, 232); solche Tatsachen darf es sich aber nicht dadurch schaffen, dass es die Grundlagen früherer Eintragungen erneut nachprüft (KGJ 40, 199; s. hierzu Anh. zu § 13 Rn. 17).

11. Verfügungsbefugnis des Testamentsvollstreckers

Sie ist Ausfluss seines Verwaltungsrechts und dem GBAmt gegenüber ge- **18** mäß § 35 Abs. 2 bezogen auf den Zeitpunkt der GBEintragung nachzuweisen. Sie beginnt erst mit der förmlichen Amtsannahme gegenüber dem Nachlassgericht. Vorher vorgenommene Handlungen sind als Verfügungen eines Nichtberechtigten unwirksam. Sie werden auch nicht durch die bloße nachträgliche Amtsannahme wirksam (OLG Nürnberg FGPrax 2017, 43). Die Verfügungs- und Bewilligungsbefugnis des Testamentsvollstreckers verdrängt die der Erben.

a) Nachweis. Notwendig ist grundsätzlich ein Testamentsvollstreckerzeugnis nach § 2368 BGB; ist der Testamentsvollstrecker aber in einer öffentlich beurkundeten Verfügung von Todes wegen ernannt worden, so genügt es im Allgemeinen, wenn die Verfügung nebst der Eröffnungsniederschrift vorgelegt und außerdem die Amtsannahme nachgewiesen wird (s. § 35 Rn. 59, 63). Ist ein Testamentsvollstreckerzeugnis erteilt, wird im GBEintrVerfahren die Verfügungsbefugnis des Testamentsvollstreckers allein durch das Zeugnis nachgewiesen, das in Urschrift oder Ausfertigung vorgelegt werden muss (OLG München Rpfleger 2018, 318; s. § 35 Rn. 60); auch Beschränkungen gegenüber der gesetzlichen Verfügungsbefugnis können sich nur aus dem Zeugnis ergeben. Zu einer eigenen, ergänzenden oder berichtigenden Auslegung der letztwilligen Verfügungen ist das GBAmt nicht berechtigt. Eine Ausnahme gilt nur, wenn das GBAmt neue, vom Nachlassgericht nicht berücksichtigte Tatsachen kennt, welche die Unrichtigkeit des Zeugnisses in irgendeinem Punkt erweisen und daher seine Einziehung erwarten lassen (BayObLG MittBayNot 1991, 122; FGPrax 2005, 56). § 878 BGB ist nicht entsprechend anwendbar, wenn die Testamentsvollstreckung endet (str.; s. § 19 Rn. 62).

b) Umfang. Die Befugnis des Testamentsvollstreckers zur Verfügung über **19** die seiner Verwaltung unterliegenden Nachlassgegenstände ist grundsätzlich nicht beschränkt (§ 2205 Satz 2 BGB); nur unentgeltliche Verfügungen (s. Rn. 21) sind ihm in der Regel untersagt (§ 2205 Satz 3 BGB). Dies gilt auch dann, wenn dem Testamentsvollstrecker gemäß § 2209 Satz 1 Halbsatz 1 BGB lediglich die Verwaltung des Nachlasses, ohne Zuweisung weiterer Aufgaben übertragen wurde (OLG Bremen RNotZ 2013, 225), ferner dann, wenn der Erbe unter elterlicher Sorge oder Vormundschaft steht (KG OLG 38, 250), seine Verfügungsbefugnis kraft ehelichen Güterrechts beschränkt ist, Nacherben vorhanden sind (KG OLG 34, 298; BGH 40, 119; s. hierzu auch BayObLG MittBayNot 1991, 122) oder ein Erbteil verpfändet oder gepfändet ist (KG JR 1952, 323). Die Verfügungsbefugnis des Testamentsvollstreckers kann jedoch durch Anordnung des Erblassers, z.B. ein Auseinandersetzungsverbot, mit dinglicher Wirkung beschränkt sein (OLG Zweibrücken

Rpfleger 2001, 173 mit Anm. v. Lettmann RNotZ 2001, 589; vgl. BGH
NJW 1984, 2464). In jedem Fall ist durch Auslegung der letztwilligen Verfügung zu ermitteln, in welchem Umfang der Erblasser dem Testamentsvollstrecker Befugnisse einräumen wollte. Dies gilt insbesondere dann, wenn
neben Testamentsvollstreckung auch Vor- und Nacherbfolge angeordnet
wurde (OLG München RNotZ 2016, 399; s. Rn. 20). Zur Notwendigkeit
einer familiengerichtlichen Genehmigung s. § 19 Rn. 65.

19.1 **c) Insichgeschäfte.** Grundsätzlich ist der Testamentsvollstrecker gehindert, Insichgeschäfte (§ 181 BGB) abzuschließen (OLG München NotBZ
2012, 227). Dies gilt nicht, wenn er in Erfüllung einer Nachlassverbindlichkeit handelt, z. B. ein entsprechendes Vermächtnis, eine Teilungsanordnung
oder eine Auflage zu seinen Gunsten besteht. Auch wenn ihm dies vom Erblasser ausdrücklich oder stillschweigend gestattet ist, kann er Verfügungen zu
seinen Gunsten treffen, sofern er hierdurch nicht seine Pflicht zu ordnungsgemäßer Verwaltung des Nachlasses verletzt (JFG 12, 202; OLG München
JFG 21, 240; BGH Rpfleger 1960, 88; OLG Düsseldorf MittBayNot 2014,
69). Zum Nachweis der Befreiung von den Beschränkungen des § 181 BGB
s. Rn. 26.

19.2 **d) Vertretung.** Der Testamentsvollstrecker hat sein Amt grundsätzlich
selbst auszuüben und darf es nicht einem Dritten übertragen Dies schließt es
aber nicht aus, dass er sich für die Wahrnehmung einzelner Angelegenheiten
eines Vertreters bedient. Auch kann er widerrufliche Generalvollmacht erteilen, sofern der Erblasser die Erteilung nicht untersagt hat (JFG 7, 282; KG
FGPrax 2019, 33 mit Anm. v. Reimann MittBayNot 2019, 275 und Terstee-
gen notar 2019, 208). Die Erteilung einer unwiderruflichen Generalvollmacht ist dagegen mit seinem Amt als Vertrauensstellung unvereinbar; sie
käme der unzulässigen dauernden Übertragung seiner gesamten Rechte und
Pflichten auf einen Dritten gleich und ist deshalb grundsätzlich unwirksam
(s. KGJ 32, 90). Mit der Beendigung des Testamentsvollstreckeramts erlischt
auch eine von dem Testamentsvollstrecker erteilte Vollmacht (KGJ 41, 79). Ist
ein Kaufmann als Testamentsvollstrecker eingesetzt, bedarf ein Prokurist zur
Veräußerung und Belastung eines Nachlassgrundstücks einer Ermächtigung
gemäß § 49 Abs. 2 HGB (OLG Köln FGPrax 2020, 59).

20 **e) Testamentsvollstrecker für Vorerben.** Die Verfügungsbeschränkung
des § 2113 Abs. 1 BGB gilt auch für den Testamentsvollstrecker, der nur für
den Vorerben eingesetzt ist (OLG München Rpfleger 2016, 634; str.). Sie gilt
jedenfalls nicht, wenn der Testamentsvollstrecker sowohl für den Vorerben als
auch für den Nacherben eingesetzt ist. Dann vereinigen sich in seiner Person
die beschränkte Verfügungsbefugnis des Vorerben und das Zustimmungsrecht
des Nacherben (s. auch BayObLG Rpfleger 1986, 470). Die Verfügungsbefugnis des Testamentsvollstreckers, der zugleich für den Erben und einen
Vermächtnisnehmer bestimmt ist und zu dessen Aufgaben die Erfüllung des
Vermächtnisses gehört, erstreckt sich auch auf die Entgegennahme der Auflassung für den Vermächtnisnehmer (OLG München MittBayNot 2013, 393
mit Anm. v. Reimann); ist dieser minderjährig, bedarf es dazu weder der
Mitwirkung des gesetzlichen Vertreters noch der familiengerichtlichen Ge-

nehmigung (OLG Hamm FGPrax 2011, 26). Nach BGH Rpfleger 1971, 349 können Testamentsvollstrecker und Erben einschl. Nacherben gemeinsam über einen Nachlassgegenstand auch dann verfügen, wenn der Erblasser durch eine Anordnung von Todes wegen eine Verfügung verboten hat.

f) Unentgeltliche Verfügung. Unentgeltliche Verfügungen des Testamentsvollstreckers sind schwebend unwirksam. Gemeinsam mit allen Erben kann sie der Testamentsvollstrecker aber treffen (s. Rn. 22). Eine unentgeltliche Verfügung liegt vor, wenn der Testamentsvollstrecker (objektiv betrachtet) ohne gleichwertige Gegenleistung ein Opfer aus der Erbschaftsmasse bringt und (subjektiv betrachtet) entweder den Mangel der Gleichwertigkeit der Gegenleistung erkennt oder doch bei ordnungsmäßiger Verwaltung der Masse das Fehlen oder die Unzulänglichkeit der Gegenleistung hätte erkennen müssen (BGH NJW 1991, 842; OLG Hamm Rpfleger 1991, 59; OLG München Rpfleger 2018, 318). Dabei steht eine nur teilweise unentgeltliche Verfügung einer insgesamt unentgeltlichen Verfügung gleich, desgleichen eine rechtsgrundlose Verfügung (OLG München ZEV 2011, 195). Wie der Testamentsvollstrecker eine in die Erbschaftsmasse gelangte Gegenleistung verwendet, ist für die Prüfung der Entgeltlichkeit der Verfügung ohne Belang (KG HRR 1938 Nr. 519; OLG München JFG 19, 245).

Entgeltlichkeit ist auch dann gegeben, wenn der Testamentsvollstrecker eine Verfügung in Ausführung einer letztwilligen Anordnung des Erblassers vornimmt (§ 2203 BGB; vgl. RG 105, 248; BayObLG Rpfleger 1989, 200; OLG Karlsruhe FGPrax 2005, 219), z.B. wenn Miteigentumsanteile eines Grundstücks erfüllungshalber an Vermächtnisnehmer übertragen werden (OLG München RNotZ 2015, 359) oder wenn im Zug der Erbauseinandersetzung einem Miterben ein Gegenstand zu Alleineigentum übertragen wird, vorausgesetzt dass er dabei wertmäßig nicht mehr erhält, als ihm auf Grund seiner Erbquote gebührt (BayObLG Rpfleger 1986, 470). Unentgeltlichkeit liegt auch vor, wenn der Testamentsvollstrecker unter Bestimmung des Berechtigten aus dem vom Erblasser festgelegten Personenkreis eine Zweckauflage erfüllt (OLG München RNotZ 2017, 386). Ein Vergleich kann eine (teilweise) unentgeltliche Verfügung enthalten; Unentgeltlichkeit liegt jedenfalls dann vor, wenn zwei Drittel einer Forderung eingebüßt werden; der Testamentsvollstrecker kann sich bei Abschluss eines Vergleichs dadurch absichern, dass er die Einwilligung des Erben zu dem Vergleich einholt (BGH NJW 1991, 842).

Eine entgegen § 2205 Satz 3 BGB vorgenommene Verfügung des Testamentsvollstreckers ist unwirksam. Sie kann aber dann wirksam getroffen werden, wenn Erben einschl. Nacherben und Vermächtnisnehmer (nicht auch Nachlassgläubiger) zustimmen (BGH Rpfleger 1972, 49; BayObLG Rpfleger 1989, 200; OLG München Rpfleger 2014, 207). Die Notwendigkeit einer Zustimmung von Vermächtnisnehmern (und Nachvermächtnisnehmern) ist allerdings umstritten (verneinend OLG München MittBayNot 2016, 426 mit zust. Anm. v. Weidlich; Kollmeyer NJW 2018, 2289).

g) Prüfung des GBAmts. Das GBAmt hat stets sorgfältig zu prüfen, ob sich der Testamentsvollstrecker in den Grenzen seiner Verfügungsbefugnis gehalten hat. Dabei hat es davon auszugehen, dass im Testamentsvollstreckerzeugnis nicht genannte Verfügungsbeschränkungen nicht bestehen (OLG München FGPrax 2016, 66; s. aber auch Rn. 18).

Der **Nachweis der Entgeltlichkeit** als EintrVoraussetzung wird regelmäßig nicht in der Form des § 29 Abs. 1 geführt werden können. Die Rechtsprechung hat daher folgenden allgemeinen Satz aufgestellt: Eine entgeltliche Verfügung ist anzunehmen, wenn die dafür maßgebenden Beweggründe im Einzelnen angegeben werden und verständlich und der Wirklichkeit gerecht werdend erscheinen, und wenn begründete Zweifel an der Pflichtmäßigkeit der Handlung nicht ersichtlich sind (KG Rpfleger 1968, 189; BayObLG Rpfleger 1989, 200; OLG Stuttgart RNotZ 2019, 24). Es genügt also eine privatschriftliche Erklärung des Testamentsvollstreckers, die diesen Anforderungen entspricht, dagegen nicht seine bloße Behauptung, die Verfügung sei entgeltlich (BayObLG Rpfleger 1986, 470; OLG München MittBayNot 2012, 292).

24 Die Feststellung, dass eine entgeltliche Verfügung vorliegt, ist ausschließlich Sache des GBAmts. Die vorstehenden Grundsätze laufen im Ergebnis auf eine **freie Beweiswürdigung** bei Prüfung der Entgeltlichkeit hinaus (BayObLG Rpfleger 1989, 200; OLG München MittBayNot 2014, 69). Im Rahmen der freien Beweiswürdigung hat das GBAmt keine eigenen Nachforschungen und Ermittlungen anzustellen. Bei begründeten Zweifeln an der Entgeltlichkeit der Verfügung hat es zu deren Zerstreuung durch Zwischenverfügung die Vorlage geeigneter Nachweise aufzugeben, auch wenn diese nicht in grundbuchmäßiger Form erbracht werden können. So kann zum Nachweis dafür, dass der Testamentsvollstrecker eine Verfügung in Erfüllung eines in einem privatschriftlichen Testament enthaltenen Vermächtnisses vorgenommen hat, die Vorlage des privatschriftlichen Testaments genügen (OLG München RNotZ 2015, 359). Ebenso wenig wie der Nachweis, dass ein Vermächtnisanspruch erfüllt wurde, muss der Nachweis, dass dieser abgetreten wurde, dem GBAmt gegenüber in der Form des § 29 erbracht werden (OLG München NJW-RR 2016, 1101).

25 Die vorstehenden Beweiserleichterungen gelten aber nicht, wenn ein Nachweis in der Form des § 29 möglich ist (s. § 29 Rn. 63). Hängt die Entgeltlichkeit einer Verfügung des Testamentsvollstreckers davon ab, dass der Empfänger der Leistung Miterbe zu einem bestimmten Anteil ist, so sind die Erbeneigenschaft und die Höhe des Anteils in der Form des § 35 oder des § 36 nachzuweisen (BayObLG Rpfleger 1986, 470; vgl. auch OLG Köln Rpfleger 1992, 342). Hängt die Wirksamkeit einer Verfügung des Testamentsvollstreckers von einer Zustimmung des Erben ab (vgl. Rn. 20, 22), ist diese in grundbuchmäßiger Form und die Erbeneigenschaft gem. §§ 35, 36 nachzuweisen (OLG Karlsruhe FGPrax 2005, 219). Bei Bewilligung einer **Eigentumsvormerkung** durch den Testamentsvollstrecker stellt sich die Frage der Entgeltlichkeit für das GBAmt grundsätzlich nicht (OLG Zweibrücken FGPrax 2007, 11; OLG Frankfurt ZEV 2011, 534; OLG München MittBayNot 2012, 292; ablehnend Amann MittBayNot 2012, 267; Keim MittBayNot 2014, 71; DNotZ 2020, 94), weil es das Bestehen des gesicherten Anspruchs nicht zu prüfen hat (Anh. zu § 44 Rn. 88). Zum Nachweis der Entgeltlichkeit von Verfügungen des Testamentsvollstreckers im GBVerfahren s. Keim ZEV 2007, 470.

Die Befreiung des Testamentsvollstreckers von den **Beschränkungen des** 26
§ 181 BGB (s. Rn. 19.1) wird nicht in das Testamentsvollstreckerzeugnis aufgenommen. Sie kann damit dem GBAmt in der Regel nicht in der Form des § 29 nachgewiesen werden (OLG München Rpfleger 2018, 318). Daher gilt für den Nachweis dieselbe Beweiserleichterung wie bei der Feststellung der Unentgeltlichkeit einer Verfügung des Testamentsvollstreckers (OLG Düsseldorf MittBayNot 2014, 67). Zum Nachweis der Befreiung in einem privatschriftlichen Testament genügt eine beglaubigte Abschrift des Testaments samt Eröffnungsvermerk (OLG Köln FGPrax 2013, 105; s. dazu § 29 Rn. 63).Ist ein Testamentsvollstrecker auch Generalbevollmächtigter des Erblassers über dessen Tod hinaus, so unterliegt er, wenn er als Bevollmächtigter tätig wird, nicht den Beschränkungen, denen ein Testamentsvollstrecker unterworfen ist (BGH NJW 1962, 1718).

12. Löschung des Testamentsvollstreckervermerks

Gelöscht wird der Vermerk grundsätzlich nur auf Antrag; antragsberechtigt ist 27
auch der Testamentsvollstrecker (OLG München Rpfleger 2019, 332). Nach Maßgabe der §§ 84 ff. ist jedoch auch eine Amtslöschung möglich. Da der Testamentsvollstrecker auf die Eintragung des Testamentsvollstreckervermerks nicht verzichten kann (s. Rn. 15), kommt eine Löschung nur auf Grund **Unrichtigkeitsnachweises** in Betracht. Auch durch Vereinbarung zwischen dem Erben und dem Testamentsvollstrecker kann die Testamentsvollstreckung nicht beendigt werden (KG FGPrax 2015, 104). Deshalb genügen zur Löschung weder die Bewilligung des Testamentsvollstreckers (allein oder gemeinsam mit den Erben) noch seine in öffentlich beglaubigter Form abgegebene Erklärung, dass die Testamentsvollstreckung erloschen sei (OLG München RNotZ 2016, 602; OLG Düsseldorf FGPrax 2017, 35). Vielmehr ist die Beendigung der Testamentsvollstreckung durch öffentliche Urkunden nachzuweisen.

Unrichtigkeit kann gegeben sein: 28
- Weil die **Testamentsvollstreckung nie bestanden** hat, der Testaments-vollstreckervermerk z. B. auf Grund eines unrichtigen Testamentsvollstre-ckerzeugnisses oder irriger Testamentsauslegung eingetragen wurde oder bei Eintragung des Vorerben als Eigentümer eines ihm als Vorausver-mächtnis zugewendeten Grundstücks, obwohl die Testamentsvollstreckung zwar für den Vorerben, aber nicht auch für das Vermächtnis angeordnet worden ist (LG Fulda Rpfleger 2005, 664).
- Weil ein Nachlassgegenstand infolge Veräußerung durch den Testaments- 29 vollstrecker oder einen Bevollmächtigten des Erblassers **aus dem Nach-lass ausgeschieden** ist (JFG 12, 278; vgl. BayObLG Rpfleger 1992, 63) oder von dem Testamentsvollstrecker dem Erben gemäß § 2217 BGB zur freien Verfügung überlassen wurde (KGJ 40, 211). Die Freigabe durch den Testamentsvollstrecker ist ein einseitiges abstrakt dingliches Rechtsgeschäft, das einer empfangsbedürftigen Willenserklärung gegenüber den Erben be-darf. Durch sie verliert der Testamentsvollstrecker sein Verwaltungs- und Verfügungsrecht über den freigegebenen Nachlassgegenstand (OLG Mün-chen FGPrax 2011, 228). Die Freigabeerklärung bedarf materiellrechtlich

keiner besonderen Form, muss dem GBAmt aber in der Form des § 29 nachgewiesen werden (OLG München FGPrax 2005, 243, zugleich zur Freigabe entsprechend § 185 Abs. 2 BGB vor Annahme des Testamentsvollstreckeramtes). Zu der Ausnahme, dass durch letztwillige Verfügung bei Übertragung des Grundstücks auf einen Miterben die Fortdauer der Testamentsvollstreckung an dem Erbteil des Miterben angeordnet ist, s. OLG Hamm FGPrax 2002, 194.

30 • Weil die **Testamentsvollstreckung beendet** ist. Sie endet durch Ablauf der für sie bestimmten Zeit (OLG Köln FGPrax 2015, 56) oder Eintritt einer auflösenden Bedingung, ferner durch Erledigung sämtlicher dem Testamentsvollstrecker zugewiesenen Aufgaben (OLG Hamm Rpfleger 1958, 15; OLG München Rpfleger 2019, 332). Nachzuweisen ist die Erledigung in grundbuchmäßiger Form. Bei einer Abwicklungstestamentsvollstreckung können Beweiserleichterungen (s. § 29 Rn. 63) in Betracht kommen (OLG München Rpfleger 2019, 332). Sofern die Erledigung nicht offenkundig ist, kann sie durch einen neuen Erbschein ohne Testamentsvollstreckervermerk nachgewiesen werden (OLG Saarbrücken FGPrax 2020, 27). Die Erklärung des Testamentsvollstreckers, das Amt niederzulegen, genügt jedenfalls dann nicht, wenn für diesen Fall in der letztwilligen Verfügung um die Ernennung eines Testamentsvollstreckers ersucht ist (OLG München RNotZ 2015, 232).

Ist die Erledigung sämtlicher Aufgaben des Testamentsvollstreckers in grundbuchmäßiger Form nachgewiesen, steht einer Löschung des Testamentsvollstreckervermerks auch die Erteilung eines Testamentsvollstreckerzeugnisses nicht entgegen (s. OLG München FGPrax 2005, 243, KG FGPrax 2015, 104, aber auch OLG Frankfurt MittBayNot 2007, 511 und Weidlich MittBayNot 2006, 390 und 2007, 513). Andererseits kann ein den Antrag des Testamentsvollstreckers auf Erteilung eines Zeugnisses über den Fortbestand der Testamentsvollstreckung zurückweisender rechtskräftiger Beschluss des Nachlassgerichts geeignet sein, die Beendigung der Testamentsvollstreckung nachzuweisen (KG FGPrax 2015, 104), ebenso ein rechtskräftiger Beschluss des Nachlassgerichts, der feststellt, dass ein Bedürfnis für die Ernennung eines Ersatztestamentsvollstreckers nicht besteht (OLG Düsseldorf Rpfleger 2016, 231). Die Testamentsvollstreckung endet ferner, wenn der Testamentsvollstrecker stirbt oder im Sinn des § 2201 BGB unfähig wird und seitens des Erblassers keine Ersatzbestimmung getroffen ist (OLG Saarbrücken FGPrax 2020, 27); dasselbe gilt im Fall der Kündigung und Entlassung (§§ 2225, 2226, 2227 BGB; s. dazu RG 156, 76; OLG Hamm Rpfleger 1958, 15).

31 Enthält zwar das Testament eine zeitliche Begrenzung der Testamentsvollstreckung auf 30 Jahre, ist diese aber im Testamentsvollstreckerzeugnis nicht vermerkt, so reicht der Ablauf der 30-Jahres-Frist für den Nachweis der Unrichtigkeit des GB und die Löschung des Testamentsvollstreckervermerks nicht aus (KG FGPrax 2015, 104; LG Köln MittRhNotK 1986, 49). Die Beendigung der Testamentsvollstreckung kann durch ein Testamentsvollstreckerzeugnis nachgewiesen werden, wenn dieses eine Befristung der Testamentsvollstreckung enthält und die Frist abgelaufen ist oder wenn es dem Testamentsvollstrecker nach Beendigung seines Amtes mit

dem dann notwendigen Vermerk hierüber erteilt ist. Zum Nachweis genügt eine beglaubigte Abschrift des Testamentsvollstreckerzeugnisses, weil es nicht um den Nachweis der noch bestehenden Verfügungsbefugnis des Testamentsvollstreckers geht (BayObLG Rpfleger 1990, 363). Demgegenüber hält das OLG Düsseldorf (FGPrax 2017, 35) das GBAmt in einfach gelagerten Fällen, z. B. bei einer im Testamentsvollstreckerzeugnis nicht vermerkten Befristung der Testamentsvollstreckung bis zum Ablauf des 25. Lebensjahres des Erben, für befugt, die Beendigung der Testamentsvollstreckung festzustellen und den Vermerk zu löschen, wenn der Ablauf der Frist in grundbuchmäßiger Form nachgewiesen ist.

13. Kosten

Für die Eintragung des Testamentsvollstreckervermerks und seine Lö- **32** schung wird nach dem Inkrafttreten des GNotKG keine Gebühr mehr erhoben.

Amtswiderspruch und Amtslöschung

53 (1) **Ergibt sich, daß das Grundbuchamt unter Verletzung gesetzlicher Vorschriften eine Eintragung vorgenommen hat, durch die das Grundbuch unrichtig geworden ist, so ist von Amts wegen ein Widerspruch einzutragen. Erweist sich eine Eintragung nach ihrem Inhalt als unzulässig, so ist sie von Amts wegen zu löschen.**

(2) **Bei einer Hypothek, einer Grundschuld oder einer Rentenschuld bedarf es zur Eintragung eines Widerspruchs der Vorlegung des Briefes nicht, wenn der Widerspruch den im § 41 Abs. 1 Satz 2 bezeichneten Inhalt hat. Diese Vorschrift ist nicht anzuwenden, wenn der Grundschuld- oder Rentenschuldbrief auf den Inhaber ausgestellt ist.**

Inhaltsübersicht

1. Allgemeines

1 **a) Nichtige Eintragungen.** Schwerwiegende Mängel des EintrAktes (zu seiner Rechtsnatur s. § 1 Rn. 39) können zur Nichtigkeit einer GBEintragung führen (vgl. § 44 VwVfG). Dies ist z. B. der Fall, wenn eine Eintragung durch Bedrohung der für die Eintragung zuständigen Person erzwungen (BGH NJW 1952, 1289) oder wenn sie nicht von einem Gericht (s. § 1 Rn. 32) oder zwar von einer mit Aufgaben des GBAmts betrauten Person, aber außerhalb ihrer funktionellen Zuständigkeit (s. § 1 Rn. 21) vorgenommen wurde (Hoche NJW 1952, 1290). Zur Nichtigkeit einer GBEintragung führen dagegen nicht die Geschäftsunfähigkeit oder eine Täuschung der zuständigen Person des GBAmts (Hoche NJW 1952, 1290), auch nicht ihre örtliche oder nach der Geschäftsverteilung bestehende Unzuständigkeit (s. § 1 Rn. 30, 31) oder der gesetzliche Ausschluss (s. § 11). S. dazu auch Wieling AcP 209 (2009), 577.

Bei einer nichtigen GBEintragung handelt es sich überhaupt nicht um eine Eintragung im Rechtssinn, sondern nur um den Schein einer Eintragung. Die nichtige Eintragung hat keinerlei Rechtswirkungen; sie nimmt insbes. nicht am öffentlichen Glauben des GB teil (BGH NJW 1952, 1289) und erledigt einen EintrAntrag nicht. Das GBAmt hat sie von Amts wegen zu beseitigen. Ihre Löschung kann mit der unbeschränkten Beschwerde verlangt werden (BayObLG Rpfleger 1992, 147).

2 **b) Ordnungswidrige Eintragungen.** § 53 befasst sich mit Eintragungen, die ordnungswidrig bewirkt wurden und entweder unrichtig oder ihrem Inhalt nach unzulässig sind. Auch Löschungen sind Eintragungen (BayObLG Rpfleger 1987, 101); dies gilt unabhängig davon, ob sie durch Eintragung eines Löschungsvermerks oder durch Nichtmitübertragung (§ 46) bewirkt werden.

Eintragungen haben regelmäßig keine formale Rechtskraft. Die Eintragung eines Rechts allein bringt dieses nicht zur Entstehung, die Löschung eines Rechts als solche führt nicht zu seinem Untergang; fehlt es an den weiteren Voraussetzungen der Rechtsänderung, also der Einigung oder Aufhebungserklärung, dann ist das GB unrichtig. Unmittelbare Rechtsnachteile erwachsen aus einer unrichtigen Eintragung nicht. Sie begründet aber der Gefahr von Rechtsverlusten durch gutgläubigen Erwerb oder Verjährung (§§ 892, 901 BGB). Im Allgemeinen haben sich die Beteiligten vor solchen Rechtsverlusten selbst zu schützen. Hat das GBAmt die Eintragung aber unter Verletzung gesetzlicher Vorschriften bewirkt, so besteht die Möglichkeit von Schadensersatzansprüchen. Um diese auszuschließen, sieht das Gesetz die Eintragung eines Amtswiderspruchs vor (OLG Hamm Rpfleger 1980, 229; BayObLG Rpfleger 1981, 398; BGH Rpfleger 1985, 189). Die Anregung hierzu ist als Rechtsmittel i. S. von § 839 Abs. 3 BGB zu werten (RG 138, 116). Eine GBBerichtigung von Amts wegen ist nicht zugelassen, weil hierdurch in die Rechtsstellung der Beteiligten eingegriffen würde.

Ihrem Inhalt nach unzulässige Eintragungen sind unwirksam; sie stehen 3
nicht unter dem öffentlichen Glauben (s. Rn. 52). Bilden sie demnach auch
keine Gefahrenquelle, so belasten sie doch das GB und können irreführen.
Daher schreibt das Gesetz ihre Löschung von Amts wegen vor.

2. Auslegung von Eintragungen

a) Grundsätze. Auch Eintragungen sind auslegungsfähig. Dabei ist we- 4
gen der Zweckbestimmung des GB, über bestehende dingliche Rechte jedem, der das GB einsieht, eindeutig Aufschluss zu geben, auf Wortlaut und
Sinn abzustellen, wie er sich aus dem EintrVermerk und der zulässigerweise
(s. § 44 Rn. 15, 16) in Bezug genommenen EintrBewilligung für den unbefangenen Betrachter als nächstliegende Bedeutung des Eingetragenen ergibt;
Umstände, die außerhalb dieser Urkunden liegen, dürfen nur insoweit herangezogen werden, als sie nach den besonderen Verhältnissen des Einzelfalls
für jedermann ohne weiteres erkennbar sind (BGH Rpfleger 1985, 101;
2000, 540; BayObLG DNotZ 1990, 175; OLG Karlsruhe Rpfleger 2005, 79).
Ist die EintrBewilligung, auf die in der Eintragung Bezug genommen wird,
in einer notariellen Urkunde enthalten, können zur Auslegung der Eintragung nur die in der Urkunde enthaltenen Erklärungen herangezogen werden, die durch zulässige Bezugnahme zum GBInhalt geworden sind (Bay-
ObLG MittBayNot 1995, 460; FGPrax 2002, 151).

Soweit diese Grundsätze nicht entgegenstehen, wird bei einer planwidri-
gen Regelungslücke auch eine ergänzende Auslegung, die auf den hypotheti-
schen Willen desjenigen abstellt, auf dessen Bewilligung sich die Eintragung
gründet, nicht für ausgeschlossen gehalten (BGH NJW 2004, 3413 zur Auslegung einer Gemeinschaftsordnung; OLG München FGPrax 2015, 250,
253). Bei der Auslegung ist auf den Zeitpunkt der Eintragung abzustellen (s.
dazu Rn. 50). Ist der EintrVermerk unklar oder widersprüchlich, ist der
Wortlaut der EintrBewilligung maßgebend, soweit auf diese in zulässiger
Weise Bezug genommen ist (BGH Rpfleger 1998, 104). Darauf, was derjenige gewollt hat, auf dessen Bewilligung sich die Eintragung gründet, kommt
es nicht an.

Zur selbstständigen Auslegung durch das Rechtsbeschwerdegericht s. § 78
Rn. 43. Zur Auslegung von GBErklärungen s. § 19 Rn. 28. Über Klarstellungsvermerke s. Rn. 7.

b) Umdeutung. Eine unmittelbare Umdeutung einer inhaltlich unzulässigen Eintragung in eine solche mit einem zulässigen Inhalt ist ausgeschlossen (OLG München FGPrax 2009, 259; a.M. OLG Jena JW 1929, 3319; LG
Darmstadt Rpfleger 2004, 349; offen gelassen von BayObLG MittBayNot
1995, 460). Die inhaltlich unzulässige Eintragung ist vielmehr gem. § 53
Abs. 1 Satz 2 von Amts wegen zu löschen. Sodann ist über den nicht erledigten EintrAntrag neu zu entscheiden (s. Rn. 53). Sofern die EintrUnterlagen
im Weg der Umdeutung (s. dazu § 19 Rn. 30) eine zulässige Eintragung
rechtfertigen, ist diese vorzunehmen. Die neue Eintragung, durch die die
inhaltlich unzulässige Eintragung ersetzt wird, kann jedoch nicht in deren
Rangstelle einrücken, weil eine inhaltlich unzulässige Eintragung diese nicht
wahrt (s. Rn. 52). Zwischenzeitliche Eintragungen gehen daher der neuen

Eintragung vor (str.; a.M. LG Darmstadt Rpfleger 2004, 349; Meikel/
Schneider Rn. 34). Zur Umdeutung von GBErklärungen s. § 19 Rn. 30.

3. Ordnungswidrig bewirkte Eintragungen

5   § 53 handelt nur von vollendeten Eintragungen. Vollendet ist eine Eintragung mit der Leistung der Unterschriften (s. § 44 Rn. 58; zu dem beim maschinell geführten GB maßgebenden Zeitpunkt s. § 129). Über die Änderung nicht vollendeter Eintragungen s. § 44 Rn. 69. Es kommen fünf
Gruppen ordnungswidrig bewirkter Eintragungen in Betracht:

6   **a) Weder Unrichtigkeit noch inhaltliche Unzulässigkeit.** Durfte die
Eintragung wegen Fehlens einer EintrVoraussetzung, z. B. der Bewilligung
oder Voreintragung eines Betroffenen, nicht erfolgen, entspricht sie jedoch
der materiellen Rechtslage, so ist der Rechtsverstoß unschädlich. Ein Fall des
§ 53 Abs. 1 liegt nicht vor; es ist nichts veranlasst.

7   Ist der EintrVermerk unklar gefasst, so ist von Amts wegen ein **Klarstel-
lungsvermerk** einzutragen (KGJ 47, 201; RG 132, 112); dem Antrag eines
Beteiligten kommt nur die Bedeutung einer Anregung zu (vgl. § 22 Rn. 22).
Voraussetzung hierfür ist, dass der Wortlaut der GBEintragung den mit dem
EintrAntrag verfolgten Zweck nicht erreicht und der Vermerk geeignet ist,
Zweifel zu beseitigen und Umfang wie Inhalt des eingetragenen Rechts
klarzustellen (BGH FGPrax 2014, 101; 2015, 5; OLG München FGPrax
2018, 158). Eine sachliche Änderung oder Berichtigung der Eintragung kann
nie Gegenstand eines Klarstellungsvermerks sein (OLG Karlsruhe BWNotZ
1986, 70; BayObLG Rpfleger 2002, 303; MittBayNot 2004, 191). Bei Ablehnung der Klarstellung ist ebenso wie gegen einen Klarstellungsvermerk **unbeschränkte Beschwerde** zulässig (s. § 71 Rn. 46). Für einen Amtswiderspruch ist kein Raum, weil das GB die Rechtslage richtig, wenn auch unklar
wiedergibt. Der Wirksamkeitsvermerk ist kein Klarstellungsvermerk (s. § 71
Rn. 47).
Zur Möglichkeit, einen Klarstellungsvermerk dahin einzutragen, dass sich
bei einer Hyp. die Zinsen auch nach einer Teillöschung weiterhin nach dem
Ursprungskapital berechnen, s. Anh. zu § 44 Rn. 56. Zur Klarstellung einer
Eigentümereintragung dahin, dass wegen Nichtigkeit der eingetragenen Auflassung eine spätere Auflassung maßgebend ist, s. Anh. zu § 13 Rn. 14. Zur
Unzulässigkeit eines Klarstellungsvermerks des Inhalts, dass eine Terrasse oder
ein Balkon zum Sondereigentum gehört, s. Anh. zu § 3 Rn. 21. S. zum Ganzen Holzer ZfIR 2005, 165.

8   **b) Unrichtigkeit ohne möglichen gutgläubigen Erwerb.** Nach dem
Zweck des § 53 Abs. 1 Satz 1 ist kein Amtswiderspruch einzutragen, weil
Regressansprüche in diesem Fall nicht entstehen können (s. Rn. 2). Hierher
gehören außer der Eintragung rein tatsächlicher Angaben (s. § 22 Rn. 22
bis 25) unter anderem die Eintragung mehrerer Berechtigter ohne die nach
§ 47 Abs. 1 erforderliche Angabe des Gemeinschaftsverhältnisses, die unrichtige Eintragung eines nicht übertragbaren Rechts, die Eintragung der Unterwerfungsklausel gemäß § 800 ZPO, die Eintragung von Widersprüchen,
Verfügungsbeschränkungen, z. B. Verfügungsverboten, Rechtshängigkeitsver-

merken, Nacherbenvermerken, soweit nicht die Eintragung einer Befreiung des Vorerben in Rede steht, Testamentsvollstreckervermerken, Insolvenzvermerken oder Zwangsversteigerungsvermerken und grundsätzlich auch die Eintragung von Vormerkungen. Näheres zum Ganzen s. § 71 Rn. 38 bis 43.

Gegen die unrichtige Eintragung ist unbeschränkte Beschwerde zulässig. **9** Dies gilt jedoch nicht für die Löschung von Widersprüchen, Verfügungsbeschränkungen und Vormerkungen, weil sie unter dem öffentlichen Glauben steht (s. § 71 Rn. 51). Das GB wird, außer bei der Eintragung rein tatsächlicher Angaben, nur auf Antrag berichtigt.

c) Unrichtigkeit mit möglichem gutgläubigem Erwerb. Es ist nach **10** § 53 Abs. 1 Satz 1 ein Amtswiderspruch einzutragen; über Einzelheiten s. Rn. 15 ff. Gegen die unrichtige Eintragung ist nur beschränkte Beschwerde zulässig (s. § 71 Rn. 50). Das GB wird nur auf Antrag berichtigt.

d) Inhaltliche Unzulässigkeit. Es ist nach § 53 Abs. 1 Satz 2 die Amts- **11** löschung vorzunehmen. Über Einzelheiten s. Rn. 42. Die Eintragung eines Amtswiderspruchs kommt bei inhaltlicher Unzulässigkeit einer Eintragung nicht in Betracht (OLG München JFG 14, 113).

e) Unvollständige Erledigung des Antrags. Es sind drei Fälle zu un- **12** terscheiden, bei denen die Unvollständigkeit betrifft:

- Den **Umfang** des Rechts; es ist z.B. ein zu geringer Kapitalbetrag eingetragen oder die Eintragung von Zinsen oder sonstigen Nebenleistungen unterblieben. Der Antrag lässt sich in einen erledigten und einen nicht erledigten Teil zerlegen. Das GB ist richtig, wenn das Eingetragene noch als gewollt anzusehen ist (s. § 22 Rn. 7). Eine Ergänzung der Eintragung ist zulässig, solange die EintrUnterlagen dies noch rechtfertigen, z.B. der Bewilligende noch als Berechtigter eingetragen ist; sie erfolgt, falls sie den Kapitalbetrag betrifft, in der Hauptspalte (s. Anh. zu § 44 Rn. 50), sonst in der Veränderungsspalte.

- Den **Inhalt** des Rechts; in der Eintragung fehlen z.B. die Zahlungsbedin- **13** gungen, der Ausschluss der Brieferteilung oder die Bezeichnung als Sicherungshypothek. Der Antrag lässt sich nicht zerlegen. Das GB ist unrichtig, weil Einigung und Eintragung nicht übereinstimmen. Eine Ergänzung der Eintragung ist unzulässig. Es ist vielmehr ein Amtswiderspruch einzutragen.

- Den **Rang** des Rechts; es ist die Eintragung eines Vorrangvermerks oder **14** Rangvorbehalts unterblieben. Der Rang gehört zwar im weiteren Sinn zum Inhalt des Rechts. Jedoch ist das GB bezüglich des Rangs nicht unrichtig, weil sich dieser bei fehlendem Rangvermerk oder Vorbehalt nach der räumlichen Stellung oder dem Datum der Eintragung richtet (s. § 45 Rn. 5, 35). Eine Ergänzung der Eintragung ist zulässig, solange die EintrUnterlagen dies noch rechtfertigen (a. M. Meikel/Schneider Rn. 21).

4. Amtsverfahren

Die Eintragung des Widerspruchs und die Löschung einer Eintragung we- **15** gen inhaltlicher Unzulässigkeit sind von Amts wegen vorzunehmen; ein Antrag hat nur die Bedeutung einer Anregung (s. dazu § 13 Rn. 6). Zum rechtlichen Gehör s. § 1 Rn. 70. Über die Beschwerde s. § 71 Abs. 2 sowie Rn. 31, 61.

Die sich aus § 53 Abs. 1 ergebenden Verpflichtungen des GBAmts sind in jeder Lage des Verfahrens zu beachten. Ergeben sich während eines EintrVerfahrens Anhaltspunkte für die Notwendigkeit eines Tätigwerdens, z. B. die Eintragung eines Amtswiderspruchs, ist die Erledigung des EintrAntrags bis zur Entscheidung im Amtsverfahren zurückzustellen (OLG München Rpfleger 2019, 21).

16 Das GBAmt ist nicht verpflichtet, vorhandene Eintragungen ohne besonderen Anlass auf Ordnungswidrigkeiten nachzuprüfen. Auch die allgemeine Möglichkeit, dass Eintragungen unrichtig sind, macht eine derartige Prüfung nicht notwendig (RG JW 1936, 1211). § 891 BGB gilt auch für das GBAmt. Nur wo die Ordnungswidrigkeit einer Eintragung offen zu Tage tritt, Beteiligte eine Anregung geben oder sonst Anhaltspunkte für eine Gesetzesverletzung vorhanden sind, besteht ein Grund, von Amts wegen tätig zu werden. Besonderen Anlass zur Prüfung bietet immer die Umschreibung eines GBBlatts (s. § 29 GBV). Von Eintragungen in öffentlichen Büchern kann man eine gewisse Stetigkeit erwarten. Hat das GBAmt sich für die Auslegung einer Urkunde, z. B. einer EintrBewilligung oder eines Testaments, in einem bestimmten Sinn entschieden und ein Recht dementsprechend eingetragen, so kann es nicht ohne Eintritt neuer Tatsachen die Urkunde in einem anderen Sinn auslegen (s. zum Ganzen Anh. zu § 13 Rn. 17).

17 Im Amtsverfahren hat das GBAmt die erforderlichen Ermittlungen anzustellen; es gilt hier anders als im Antragsverfahren § 26 FamFG (KGJ 48, 199; BayObLG Rpfleger 1987, 101; OLG Brandenburg VIZ 1996, 722). Über die in Betracht kommenden Beweismittel s. § 1 Rn. 72. Bei Briefrechten wird zunächst der Brief von dem eingetragenen Gläubiger anzufordern sein, um feststellen zu können, ob das Recht außerhalb des GB übergegangen oder belastet worden ist. Dies gilt nicht, wenn zur Eintragung eines Amtswiderspruchs gem. Abs. 2 der Brief nicht vorgelegt werden muss (s. dazu Rn. 65).

5. Rechtliche Natur des Amtswiderspruchs

18 Der Amtswiderspruch ist dem Widerspruch nach § 899 BGB wesensgleich (JFG 9, 179; BGH Rpfleger 1958, 310). Er dient wie dieser dazu, einen gemäß § 894 BGB bestehenden Berichtigungsanspruch gegen die aus dem öffentlichen Glauben des GB erwachsenden Gefahren zu sichern (JFG 2, 293; OLG Naumburg FGPrax 1999, 1; OLG München Rpfleger 2019, 140). Seine Eintragung als solche hindert weitere Verfügungen über das betroffene Recht, mit Ausnahme einer Löschung, nicht.

6. Zweck des Amtswiderspruchs

19 Die Eintragung eines Amtswiderspruchs bezweckt, die sich aus einem Rechtsverlust durch gutgläubigen Erwerb aufgrund eines unrichtigen GB (vgl. § 892 Abs. 1 Satz 1 BGB) möglicherweise ergebenden Schadensersatzansprüche gegen den Fiskus abzuwenden (OLG Hamm FGPrax 2005, 192; OLG München Rpfleger 2009, 673; OLG Düsseldorf FGPrax 2015, 109).

Ein Amtswiderspruch kommt daher nur gegen (noch bestehende) Eintragungen in Betracht, an die sich ein gutgläubiger Erwerb anschließen kann (BayObLG Rpfleger 1987, 450; OLG Frankfurt NJW-RR 2015, 1045; zu Eintragungen, bei denen dies nicht der Fall ist, s. Rn. 8) und sich wegen einer Gesetzesverletzung durch das GBAmt bei Vornahme der Eintragung hieraus Schadensersatzansprüche gegen den Fiskus ergeben können.

Bei der Eintragung eines Amtswiderspruchs steht das Interesse des GBAmts im Vordergrund, Schadensersatzansprüche wegen einer Gesetzesverletzung bei der Eintragung abzuwenden. In der Regel besteht aber auch ein Interesse der Beteiligten daran, einen Rechtsverlust durch gutgläubigen Erwerb unabhängig davon zu verhindern, ob die GBUnrichtigkeit Folge einer Gesetzesverletzung durch das GBAmt ist und Schadensersatzansprüche gegen den Fiskus zur Folge haben kann. Dazu steht den Beteiligten der Widerspruch gem. § 899 BGB zur Verfügung, der nur eine GBUnrichtigkeit, aber keine Gesetzesverletzung des GBAmts zur Voraussetzung hat. Daneben können die Beteiligten aber auch mit der GBBeschwerde die Eintragung eines Amtswiderspruchs verlangen (§ 71 Abs. 2 Satz 2; Rn. 32), der aber nur bei Vorliegen der Voraussetzungen des § 53 eingetragen werden kann. S. dazu Rn. 23.

7. Verletzung gesetzlicher Vorschriften

a) Gesetzesverletzung des GBAmts. Die Eintragung, bei der es sich **20** auch um die Löschung einer Eintragung handeln kann (BGH FGPrax 2011, 163; OLG Hamm FGPrax 2011, 10), muss unter Verletzung gesetzlicher Vorschriften vorgenommen worden sein; erforderlich ist eine Gesetzesverletzung durch das GBAmt, d. h. den GBRichter, Rpfleger oder Urkundsbeamten der Geschäftsstelle. Hat das GBAmt die Eintragung auf Anweisung des Beschwerdegerichts vorgenommen, so kann es von sich aus keinen Amtswiderspruch eintragen; die Eintragung kann vielmehr nur im Weg der Rechtsbeschwerde erwirkt werden (JFG 3, 265). Abzustellen ist dabei auf eine Verletzung gesetzlicher Vorschriften durch das Beschwerdegericht bei der Anweisung des GBAmts (BayObLG NJW-RR 1989, 1495; OLG Hamm MittBayNot 1990, 361). Unzulässig ist es, bei unsicherer Rechtslage eine Eintragung vorzunehmen und zugleich einen Amtswiderspruch einzutragen (vgl. OLG Dresden NotBZ 2000, 60 mit Anm. v. Suppliet).

b) Objektive Gesetzesverletzung. Sie genügt, Verschulden ist nicht er- **21** forderlich (RG JFG 3, 4; BGH 30, 255; OLG Hamm Rpfleger 1960, 405; DNotZ 1967, 686). Eine objektive Gesetzesverletzung kann auch dann vorliegen, wenn die Gesetzesauslegung des GBAmts rechtlich vertretbar erscheint (Bauer in Bauer/Schaub Rn. 46; a. M. LG Lübeck JurBüro 1973, 652 f.). Bei einer rechtlich vertretbaren Auslegung der EintrUnterlagen scheidet dagegen eine Gesetzesverletzung aus (OLG Hamm DNotZ 1967, 686; 1968, 633; OLG Frankfurt Rpfleger 1976, 132; OLG München FGPrax 2009, 154). Die Art der verletzten Vorschrift (zwingende Norm oder Ordnungsvorschrift) ist gleichgültig. Jedoch kommen bloße Dienstanweisungen hier nicht in Betracht. Ausreichend ist z. B., dass es das GBAmt unterlassen hat, eine unklare EintrBewilligung durch Zwischenverfügung klarstellen zu

lassen; desgleichen eine Verletzung der Ermittlungspflicht im Blattanlegungs-
verfahren (OLG München JFG 17, 297; OLG Oldenburg NdsRpfl. 1975, 17;
OLG Hamm Rpfleger 1980, 229) oder ein mangelnder Hinweis auf erkenn-
bares Versehen in einem behördlichen Ersuchen (OLG München RdL 1953,
216).

22   **c) Maßgebender Zeitpunkt.** Maßgebend sind die dem GBAmt zur
Zeit der Eintragung unterbreitete Sachlage und die zu dieser Zeit bestehen-
de Rechtslage. Eine Gesetzesverletzung liegt daher nicht vor, wenn das
GBAmt auf den ihm unterbreiteten Sachverhalt das Gesetz richtig angewen-
det hat, auch wenn dieser Sachverhalt unrichtig war, es sei denn, dass die
Unrichtigkeit dem GBAmt bekannt war oder bei gehöriger Prüfung er-
kennbar gewesen wäre (BGH 30, 255; OLG Hamm FGPrax 2005, 192; OLG
Düsseldorf NJW-RR 2015, 1429); zum Verbot von Ermittlungen des
GBAmts wegen etwaiger EintrHindernisse s. § 13 Rn. 5. Deshalb ist kein
Amtswiderspruch einzutragen, wenn sich erst aus nachträglich zu den Akten
gereichten Urkunden oder bekannt gewordenen Umständen ergibt, dass die
der Eintragung zugrunde gelegten Unterlagen rechtlich fehlerhaft waren
(KG JW 1932, 1064; OLG Düsseldorf Rpfleger 2020, 503); ebenso wenig,
wenn ein späteres Gesetz mit rückwirkender Kraft das GB unrichtig macht
(LG Frankfurt NJW 1953, 588; a.M. BayObLG 24, 62) oder sich auf Grund
der nachträglichen Änderung einer gefestigten Rechtsprechung die rechtliche Beurteilung durch das GBAmt nunmehr als unrichtig erweist. In diesen
Fällen besteht kein Grund zum Einschreiten von Amts wegen, da Regressansprüche nicht in Betracht kommen können.

23   **d) Beschwerdeverfahren.** Etwas anderes gilt auch dann nicht, wenn
gem. § 71 Abs. 2 Satz 2 im Weg der Beschwerde verlangt wird, einen Amtswiderspruch einzutragen. Ist die Eintragung eines Amtswiderspruchs Ziel
eines Beschwerdeverfahrens, steht das Interesse der Beteiligten im Vordergrund, einen Rechtsverlust durch gutgläubigen Erwerb aufgrund des unrichtigen GB zu verhindern. Da Ziel der GBBeschwerde nur sein kann, „nach
§ 53 einen Widerspruch einzutragen" (§ 71 Abs. 2 Satz 2), ist Voraussetzung,
dass die GBUnrichtigkeit die Folge einer Gesetzesverletzung des GBAmts ist.
Daraus folgt, dass für die Beurteilung, ob eine Gesetzesverletzung des
GBAmts vorliegt, unbeschadet der Geltung des § 74 im Übrigen, in tatsächlicher und rechtlicher Hinsicht auf die Gegebenheiten zur Zeit der Eintragung, gegen die ein Widerspruch eingetragen werden soll (s. Rn. 22), abzustellen ist (OLG Frankfurt FGPrax 2003, 197 mit abl. Anm. v. Dümig). Um
sich vor einem Rechtsverlust durch gutgläubigen Erwerb zu schützen, steht
den Beteiligten in erster Linie der Widerspruch des § 899 BGB zur Verfügung, der eine Gesetzesverletzung durch das GBAmt nicht zur Voraussetzung
hat (s. Rn. 19).

    d) Zwangsvollstreckung. Das OLG Celle Rpfleger 1990, 112 ist der
Meinung, gegen eine im Weg der Zwangsvollstreckung vorgenommene
GBEintragung könne wegen der verfassungsrechtlichen Garantie effektiven
Rechtsschutzes mit der Beschwerde die Eintragung eines Widerspruchs auch
dann verlangt werden, wenn zwar keine Gesetzesverletzung im Sinn des § 53

Abs. 1 vorliegt, die Eintragung jedoch objektiv der Rechtsordnung widerspricht und das GB insoweit unrichtig ist (zu Recht a.M. OLG Hamm FGPrax 2005, 192; OLG Schleswig FGPrax 2007, 210; OLG Frankfurt FGPrax 2003, 197; OLG München Rpfleger 2017, 449; OLG Naumburg FGPrax 2012, 252; Münzberg Rpfleger 1990, 253; Mensch Rpfleger 2009, 609). Der Vorlagebeschluss des OLG Schleswig (FGPrax 2006, 150 mit kritischer Anm. v. Dümig ZfIR 2006, 595) wurde vom BGH (Rpfleger 2007, 134 mit kritischer Anm. v. Dümig) als unzulässig angesehen.

e) Ausländisches Recht. Auch die Verletzung ausländischen Rechts fällt **24** unter § 53 (JFG 16, 28; OLG Frankfurt FGPrax 2019, 104). Die Kenntnis etwa anzuwendenden ausländischen Rechts hat sich das GBAmt auch im Antragsverfahren grundsätzlich selbst zu verschaffen (s. dazu § 13 Rn. 5.1). Bei GBEintragungen, die im Gebiet der ehemaligen DDR vor dem 3.10. 1990 vorgenommen wurden, stellt ein Verstoß gegen das damals maßgebende Recht der DDR (s. dazu § 1 Rn. 105; § 150 Rn. 1) eine Verletzung gesetzlicher Vorschriften i. S. des § 53 dar (OLG Jena FGPrax 2002, 199).

8. Unrichtigkeit des Grundbuchs

Die Eintragung muss das GB im Sinn des § 894 BGB unrichtig gemacht **25** haben. Nur die Eintragung, nicht die Gesetzesverletzung, muss für die Unrichtigkeit ursächlich sein. Das Unterlassen einer Eintragung, z. B. einer Vormerkung gem. § 18 Abs. 2, kann nicht zu einer GBUnrichtigkeit führen (a.M. OLG München FGPrax 2007, 63 mit abl. Anm. v. Zeiser FGPrax 2007, 158 und Bestelmeyer Rpfleger 2007, 463). Über Fälle ursprünglicher Unrichtigkeit s. § 22 Rn. 7 ff. Bei einer einheitlichen Sicherungshyp. gemäß § 866 Abs. 3 ZPO kann die Unrichtigkeit auch darin bestehen, dass einer der mehreren Titel einem anderen Gläubiger zusteht. Dann ist die Eintragung der Sicherungshyp. nur insoweit unrichtig und ein Amtswiderspruch darauf zu beschränken (OLG München FGPrax 2010, 120).

Die Unrichtigkeit des GB muss zurzeit der Eintragung des Widerspruchs **26** noch bestehen (JFG 13, 232; OLG Hamm Rpfleger 1991, 59; BayObLG Rpfleger 1987, 450). Zwischenzeitlicher gutgläubiger Erwerb, Ersitzung gemäß § 900 BGB (OLG Hamm FGPrax 2011, 225), Zuschlag in der Zwangsversteigerung, Genehmigung des Berechtigten oder anderes (z. B. die Fiktion des § 7 Abs. 3 GrdstVG) können das GB richtig gemacht haben (s. dazu BayObLG Rpfleger 1980, 108 und 295); zum gutgläubigen Erwerb bei Übertragung eines Miteigentumsanteils unter Miteigentümern s. BGH Rpfleger 2007, 597 mit zust. Anm. v. von Grießenbeck ZfIR 2007, 853. Bei bösgläubigem Erwerb eines unrichtig eingetragenen Rechts genügt es zur Eintragung des Widerspruchs, dass die Eintragung des Rechtsvorgängers unter Verletzung gesetzlicher Vorschriften erfolgt ist (JFG 13, 229).

Ist ein nicht entstandenes Erbbaurecht unter Verletzung gesetzlicher Vor- **27** schriften im GB eingetragen worden, gilt es bei einem gutgläubigen Erwerb von Grundpfandrechten an ihm gemäß § 892 Abs. 1 BGB nur zugunsten der Gläubiger dieser Rechte als entstanden; das GB bleibt im Übrigen unrichtig; zugunsten des Grundstückseigentümers ist daher ein Amtswiderspruch gegen die Eintragung des Erbbaurechts einzutragen (BayObLG Rpfleger 1986, 471).

9. Nachweis

28 Die Gesetzesverletzung muss feststehen, die Unrichtigkeit des GB dagegen nur glaubhaft sein (JFG 7, 253; BayObLG Rpfleger 1987, 101; OLG Jena Rpfleger 2001, 298). Denn der Widerspruch ist nur vorläufiges Sicherungsmittel und setzt auch bei einstweiliger Verfügung nur Glaubhaftmachung des Anspruchs voraus.

Hängt die GBUnrichtigkeit davon ab, dass das unrichtige GB durch einen Erwerb nicht kraft guten Glaubens des Erwerbers wieder richtig geworden ist, muss die Bösgläubigkeit des Erwerbers glaubhaft sein; dies genügt, ist aber auch erforderlich (JFG 13, 232; KG Rpfleger 1973, 22; a.M. BayObLG 24, 224; OLG Karlsruhe FGPrax 2020, 58). Hängt die GBUnrichtigkeit dagegen davon ab, dass das unrichtige GB durch einen Erwerb kraft guten Glaubens des Erwerbers zunächst wieder richtig geworden ist, muss ein gutgläubiger Erwerb glaubhaft sein; von einem solchen ist auszugehen, es sei denn, Bösgläubigkeit steht mit Sicherheit fest (BayObLG Rpfleger 1987, 101). Denn nach § 892 BGB ist ein gutgläubiger Erwerb so lange als nachgewiesen anzusehen, bis die Bösgläubigkeit des Erwerbers feststeht; daher ist ein gutgläubiger Erwerb bis zu dieser Feststellung erst recht als glaubhaft anzusehen. Da ein gutgläubiger Erwerb erst mit der Feststellung der Bösgläubigkeit des Erwerbers nicht mehr nachgewiesen ist, bedarf es zur Glaubhaftmachung, dass kein gutgläubiger Erwerb vorliegt, dieser Feststellung nicht; vielmehr genügt es, dass die Bösgläubigkeit glaubhaft ist (s. zum Ganzen Demharter Rpfleger 1991, 41; vgl. Meikel/Schneider Rn. 114).

Über die Pflicht des GBAmts zur Anstellung der erforderlichen Ermittlungen s. Rn. 17. Zur Bindung des GBAmts an das Urteil eines Zivilgerichts s. § 22 Rn. 37. Zur Glaubhaftmachung s. § 29a Rn. 3.

10. Doppelter Widerspruch

29 Der Amtswiderspruch wird nicht dadurch überflüssig, dass bereits ein Widerspruch auf Grund einstweiliger Verfügung eingetragen ist; letzterer kann gemäß § 25 gelöscht werden; der Amtswiderspruch bietet weitergehenden Schutz (JFG 12, 303).

30 Ist ein eingetragener Amtswiderspruch auf Bewilligung des Berechtigten gelöscht worden, so kann er nicht erneut eingetragen werden; denn wegen dann entstehender Schäden sind Regressansprüche nicht mehr möglich (KG HRR 1933 Nr. 142; s. auch BGH Rpfleger 1985, 189).

11. Rechtsmittel beim Amtswiderspruch

31 Gegen die Eintragung eines Amtswiderspruchs ist ebenso wie gegen die Zurückweisung des Antrags auf Löschung des Amtswiderspruchs (OLG München FGPrax 2016, 63) die unbeschränkte Beschwerde mit dem Ziel der Löschung zulässig (JFG 10, 222; OLG Hamm FGPrax 2006, 146; OLG Frankfurt FGPrax 2019, 104). Über die Voraussetzungen der Löschung s.

Rn. 41. Dagegen ist gegen die Löschung eines Amtswiderspruchs nur die beschränkte Beschwerde mit dem Ziel der Eintragung eines Amtswiderspruchs gegen die Löschung zulässig. So wird klargestellt, dass der erste Widerspruch zu Unrecht gelöscht worden ist. Die Beschwerde kann daher nicht auf die Wiedereintragung des gelöschten Amtswiderspruchs gerichtet werden (KG HRR 1934 Nr. 1223; BayObLG 1989, 138; offengelassen von OLG Hamm NJW-RR 1996, 530). Statt Beschwerde einzulegen, kann beim GBAmt die Löschung des Amtswiderspruchs aufgrund Unrichtigkeitsnachweises gemäß § 22 verlangt werden (s. Rn. 41).

Auch die Ablehnung der Anregung, einen Amtswiderspruch einzutragen, **32** ist mit der Beschwerde anfechtbar (s. § 71 Rn. 26). Die Beschwerde kann sich auch unmittelbar gegen eine Eintragung richten mit dem Ziel, einen Amtswiderspruch gegen sie einzutragen. Die Anordnung des Beschwerdegerichts, einen Amtswiderspruch einzutragen oder einen eingetragenen Amtswiderspruch zu löschen, kann mit der Rechtsbeschwerde angefochten werden.

Zur Beschwerdeberechtigung s. § 71 Rn. 68 bis 72.

12. Inhalt des Amtswiderspruchs

Notwendig ist die Angabe des Berichtigungsanspruchs. Sie erfordert ein **33** Doppeltes:

a) Bezeichnung des Berechtigten. Berechtigt ist derjenige, dem der Berichtigungsanspruch nach § 894 BGB zusteht (JFG 11, 210; OLG Naumburg FGPrax 1999, 1). Steht er mehreren zu, so sind sie sämtlich als Berechtigte einzutragen (KGJ 52, 147; BayObLG 1954, 149); so z. B. der Eigentümer und die nachgehenden Berechtigten, wenn ein eingetragenes Recht nicht entstanden ist; ferner die Erbengemeinschaft, auch wenn der GBBerichtigungsanspruch gem. § 2039 BGB jedem einzelnen Miterben zusteht. Gegen die Löschung einer Eigentumsvormerkung für eine GmbH kann auch dann ein Amtswiderspruch zugunsten der GmbH eingetragen werden, wenn diese inzwischen im Handelsregister gelöscht worden ist (OLG Köln Rpfleger 1993, 349). Macht der Ehegatte des Widerspruchsberechtigten gemäß § 1368 BGB die Voraussetzungen für die Eintragung eines Amtswiderspruchs geltend, so sind beide Ehegatten als Berechtigte einzutragen (OLG Hamm Rpfleger 1959, 349 mit zust. Anm. v. Haegele; BayObLG FamRZ 1988, 504; BGH Rpfleger 1989, 189). Ist das GB unrichtig, weil eine zu der Verfügung notwendige behördliche Genehmigung fehlt, so ist die Behörde selbst dann nicht Berechtigte, wenn sie um Eintragung eines Widerspruchs ersuchen kann (KG JW 1925, 1779; JFG 9, 180). Fehlt die Angabe des Berechtigten, so ist die Eintragung inhaltlich unzulässig (JFG 6, 319; BGH NJW 1985, 3070; OLG Hamm MDR 1967, 1009), daher zu löschen und ein neuer Widerspruch einzutragen.

b) Bezeichnung der Unrichtigkeit. Die Bezeichnung der Unrichtig- **34** keit, gegen die sich der Widerspruch richtet, ist erforderlich, weil sonst der Widerspruch seinen Zweck (s. Rn. 18) nicht erfüllen kann. Die Fassung „Widerspruch gegen die Richtigkeit des GB" ist daher unzureichend (KGJ

43, 254). Der Grund der Unrichtigkeit braucht nicht angegeben zu werden; die Angabe eines unrichtigen Grundes ist unschädlich (JFG 2, 293). Wegen der Fassung s. GBV Muster Anl. 1 Abt. II zu lfd. Nr. 2.

13. Verfahren und Stelle der Eintragung

35   Im Hinblick auf den Sicherungszweck des Amtswiderspruchs (s. Rn. 18) ist die vorherige Anhörung derjenigen, deren Rechtsstellung durch die Eintragung des Amtswiderspruchs beeinträchtigt wird, nicht zwingend erforderlich (OLG München FGPrax 2014, 51; vgl. § 1 Rn. 70).

Für die Stelle der Eintragung ist maßgebend, gegen welche Eintragung sich der Amtswiderspruch richtet:

- Widersprüche gegen Eintragungen im **Bestandsverzeichnis,** die z. B. eine Vereinigung oder Zuschreibung, den Inhalt des Erbbaurechts oder den Gegenstand oder Inhalt des Sondereigentums beim WEigentum betreffen, werden nicht im Bestandsverzeichnis, sondern in Abt. II in der Hauptspalte ganzspaltig eingetragen.

36   • Widersprüche gegen **Eigentümereintragungen** werden ebenfalls in Abt. II in der Hauptspalte ganzspaltig eingetragen (§ 10 Abs. 1 Buchst. b, § 12 Abs. 1 Buchst. a, Abs. 2 GBV).

37   • Widersprüche gegen **Eintragungen anderer Art** werden in Abt. II oder III bei dem betroffenen Recht in der Veränderungsspalte eingetragen (§ 10 Abs. 1 Buchst. a, Abs. 5, § 11 Abs. 1 und 6, § 12 Abs. 1 Buchst. c, Abs. 2 GBV), und zwar ganzspaltig, wenn die Berichtigung durch Löschung in der Löschungsspalte zu erfolgen hat; sonst halbspaltig (§ 19 Abs. 1 und 3 GBV).

38   • Widersprüche gegen die **Löschung** von Rechten an Grundstücken werden in Abt. II oder III in der Hauptspalte, gegen die Löschung von Rechten und Verfügungsbeschränkungen an Grundstücksrechten in Abt. II oder III in der Veränderungsspalte eingetragen, und zwar in beiden Fällen halbspaltig (§ 12 Abs. 1 Buchst. b, Abs. 2, § 19 Abs. 1 und 3 GBV), damit das gelöschte Recht neben dem Widerspruch wieder eingetragen werden kann.

14. Wirkung des Amtswiderspruchs

39   Der Amtswiderspruch hindert gutgläubigen Erwerb und Verjährung (§§ 892, 902 Abs. 2 BGB), sperrt das GB aber grundsätzlich nicht gegen weitere Verfügungen des eingetragenen Rechtsinhabers (s. Rn. 18). Anders nur, wenn die Vermutung des § 891 BGB widerlegt ist, die Unrichtigkeit des GB also feststeht und nicht bloß glaubhaft ist (s. Rn. 28). Der gute Glaube im Zeitpunkt des Erwerbs einer Vormerkung führt jedoch auch dann zum gutgläubigen Erwerb des durch die Vormerkung gesicherten Rechts, wenn in der Zwischenzeit ein Amtswiderspruch eingetragen wird (BGH NJW 1994, 2947; BayObLG MittBayNot 1991, 78). Dagegen verhilft der gute Glaube im Zeitpunkt der Antragstellung (vgl. § 892 Abs. 2 BGB) dann nicht zum gutgläubigen Erwerb, wenn nach Antragseingang aber noch vor Eintragung ein Amtswiderspruch in das GB eingetragen wurde. Zu einer solchen Eintragung ist das GBAmt berechtigt, weil § 17 im Verhältnis einer auf Antrag und

einer von Amts wegen vorzunehmenden Eintragung keine Anwendung findet (§ 17 Rn. 2). Da sich der öffentliche Glaube des GB nicht auf den Bestand des durch die Vormerkung gesicherten Anspruchs erstreckt, kommt, wenn nur dieser in Frage steht, ein Amtswiderspruch nicht in Betracht (s. Anh. zu § 44 Rn. 86).

Das Wesen des Amtswiderspruchs besteht darin, einen Rechtsverlust durch gutgläubigen Erwerb auf Grund eines unrichtigen GB und sich daraus möglicherweise ergebende Schadensersatzansprüche gegen den Fiskus abzuwenden. Einen gutgläubigen Erwerb hat das GBAmt daher, wenn es erkennt, dass das GB durch eine unter Verletzung gesetzlicher Vorschriften vorgenommenen Eintragung unrichtig geworden ist, durch Eintragung eines Amtswiderspruchs zu verhindern (s. dazu BayObLG 1994, 72; ferner § 13 Rn. 12; a. M. Reuter MittBayNot 1994, 115).

Die Eintragung des Widerspruchs steht der endgültigen Eintragung des **40** Widerspruchsberechtigten nicht gleich. Will dieser über das Recht verfügen oder hat er, z. B. gemäß § 27, einer Verfügung zuzustimmen, so bedarf es nach § 39 seiner vorherigen Eintragung.

15. Löschung des Amtswiderspruchs

Gelöscht wird der Amtswiderspruch grundsätzlich nur auf Antrag. Erfor- **41** derlich ist entweder eine Bewilligung des Widerspruchsberechtigten (BGH NJW 1985, 3070) oder der Nachweis der Unrichtigkeit. Zur Löschung auf Beschwerde genügt, dass die Voraussetzungen der Eintragung nicht gegeben waren (OLG Düsseldorf Rpfleger 2001, 230), also bei der Eintragung des von dem Widerspruch betroffenen Rechts eine Gesetzesverletzung nicht vorgefallen ist (OLG Düsseldorf Rpfleger 2012, 21) oder eine Unrichtigkeit des GB sich nicht als glaubhaft erweist (JFG 10, 221; OLG Hamm FGPrax 2014, 10; OLG München NJW-RR 2016, 529), oder dem eingetragenen Berechtigten ein Berichtigungsanspruch nicht zusteht (OLG Hamm FGPrax 2014, 10; OLG Jena Rpfleger 2001, 73). Ist der Widerspruch wegen Fehlens einer behördlichen Genehmigung eingetragen, so kann nach dem Zweck des Gesetzes die Löschungsbewilligung genehmigungspflichtig sein (s. JFG 12, 346). Der Antrag auf Berichtigung des GB enthält nicht ohne weiteres den Antrag auf Löschung des Widerspruchs; denn dieser behält Bedeutung gegenüber einem zwischenzeitlichen Erwerb. Liegt kein zwischenzeitlicher Erwerb vor, so ist der Widerspruch bei Berichtigung des GB gemäß § 19 Abs. 2, 3 GBV zu röten; auch ist nach Maßgabe der §§ 84 ff. die Amtslöschung möglich (s. § 46 Rn. 24).

16. Inhaltlich unzulässige Eintragungen

Eine Eintragung ist inhaltlich unzulässig, wenn ein Recht mit dem Inhalt **42** oder in der Ausgestaltung, wie es eingetragen ist, aus Rechtsgründen nicht bestehen kann (BGH FGPrax 2015, 5; BayObLG Rpfleger 1986, 371). Die Unzulässigkeit muss sich aus dem EintrVermerk selbst oder den in zulässiger Weise in Bezug genommenen EintrUnterlagen ergeben; andere Beweismittel dürfen nicht verwertet werden (BGH FGPrax 2017, 243; BayObLG Rpfleger 1988, 102; OLG Hamm OLGZ 1993, 43; OLG München Rpfleger

2008, 480). Wird bei der Eintragung einer Zwangshyp. auf den die Eintr-Bewilligung ersetzenden Vollstreckungstitel Bezug genommen, so wird gleichwohl der Vermerk gem. § 867 Abs. 1 Satz 1 Halbsatz 2 ZPO nicht Inhalt des EintrVermerks im GB. Dass eine Zwangshyp. unter Verstoß gegen § 867 Abs. 2 ZPO eingetragen wurde, ergibt sich daher nicht aus dem EintrVermerk und dem in Bezug genommenen Titel (BayObLG Rpfleger 1986, 372). Eine inhaltlich unzulässige Eintragung liegt auch nicht vor, wenn auf Grund eines Vollstreckungstitels nur gegen einen Ehegatten ohne Nachweis der Voraussetzungen des § 740 Abs. 1 oder des § 741 ZPO eine Zwangshyp. an einem Grundstück eingetragen wird, das zum Gesamtgut der in Gütergemeinschaft lebenden Ehegatten gehört (BayObLG FGPrax 1995, 188; a. M. LG Heilbronn Rpfleger 1991, 108).

43   Durch überflüssige Vermerke wird eine Eintragung nicht inhaltlich unzulässig (OLG Frankfurt NJW-RR 1997, 1447); auch der überflüssige Vermerk ist es nicht, falls er in einem unnötigen, aber sachenrechtlich erheblichen Zusatz besteht (KGJ 35, 326; BayObLG Rpfleger 1953, 451). Nicht ihrem Inhalt nach unzulässig sind gegenstandslose Eintragungen; für ihre Löschung steht das besondere Verfahren nach §§ 84 ff. zur Verfügung. Inhaltlich unzulässige Eintragungen entstehen nicht, wenn eine Dienstbarkeit, mit der nur das Grundstück insgesamt, nicht aber ein Miteigentumsanteil belastet werden kann, an einem Miteigentumsanteil erlischt (s. dazu Anh. zu § 44 Rn. 11).

44   Nicht alle Eintragungen, die nicht hätten erfolgen sollen, sind inhaltlich unzulässig (s. RG 118, 164), sondern nur Eintragungen, die verlautbaren:

   a) Ein nicht eintragungsfähiges Recht. Hierher gehört z. B. die Eintragung eines Mietrechts (RG 54, 233; s. dazu auch OLG Hamm DNotZ 1957, 314), eines schuldrechtlichen Wiederkaufsrechts (BayObLG JFG 5, 350), einer öffentlichen Last, deren Eintragung gesetzlich weder angeordnet noch zugelassen ist (JFG 15, 95) oder die Eintragung eines Gemeindenutzungsrechts im Bestandsverzeichnis, wenn die öffentlich-rechtliche Natur des Rechts nachgewiesen wird (BayObLG BayVBl. 1990, 26). Der Kreis der eintragungsfähigen Rechte kann durch Vereinbarung nicht erweitert werden (JFG 3, 316). Deshalb ist inhaltlich unzulässig auch eine Eintragung durch die ein Grundstücksrecht in ein solches anderer Art umgewandelt wird, etwa eine beschränkte persönliche Dienstbarkeit in eine Grunddienstbarkeit (JFG 1, 415); Über eine Ausnahme beim Altenteil s. § 49 Rn. 8. Wegen der Behandlung der in Bayern auf dem Weg über das Grundsteuerkataster auf den Blättern der berechtigten Grundstücke vermerkten Gemeindenutzungsrechte s. BayObLG 1964, 210; MittBayNot 1970, 21.

45   **b) Ein Recht ohne den gesetzlich gebotenen Inhalt.** Dies trifft z. B. zu bei der Eintragung eines Rechts ohne Angabe des Berechtigten, nicht aber bei einer bloß ungenauen oder unrichtigen Angabe des Berechtigten (s. dazu § 44 Rn. 47), ferner bei Eintragung eines Rechts ohne Kennzeichnung seines wesentlichen Inhalts im EintrVermerk (RG 89, 159; OLG Hamm ZfIR 1998, 52; OLG München FGPrax 2018, 12; s. auch § 44 Rn. 17). Inhaltlich unzulässig ist auch die Eintragung eines Widerspruchs ohne Bezeichnung der Unrichtigkeit, gegen die er sich richtet (KGJ 43, 254) oder die Eintragung eines Erbbaurechts ohne nähere Bestimmung des Bauwerks

(OLG Frankfurt OLGZ 1983, 165); ferner die Eintragung einer Hyp. ohne die nach § 1115 Abs. 1 BGB notwendigen Angaben. Fehlt im letzteren Fall aber nur die Angabe des Zinssatzes, so ist die Hyp. als unverzinsliche inhaltlich zulässig; das Grundstück haftet nur nicht für die Zinsen (RG 113, 229). Nicht inhaltlich unzulässig ist die Eintragung, wenn bei einer Vormerkung die Angabe des Schuldgrundes fehlt (s. dazu Anh. zu § 44 Rn. 87). Wegen der Eintragung eines Wohnungsrechts nach § 1093 BGB ohne bestimmte Bezeichnung des für die ausschließliche Benutzung in Betracht kommenden Gebäudeteils s. OLG Hamm Rpfleger 1962, 59; BayObLG DNotZ 1965, 166.

c) Ein Recht mit einem nicht erlaubten Inhalt. Hierunter fallen **46** Eintragungen, die ein an sich eintragungsfähiges Recht mit einem gesetzlich nicht zulässigen Inhalt verlautbaren (s. BayObLG 1977, 104), z.B. die Eintragung eines Erbbaurechts zur nicht ersten Rangstelle (BGH NJW 1954, 1444; OLG Hamm Rpfleger 1976, 131; OLG München JFG 21, 16; s. aber für den Fall der Wiedereintragung eines zu Unrecht gelöschten Erbbaurechts BGH Rpfleger 1969, 13) oder mit einem nicht zulässigen dinglichen Inhalt (BayObLG Rpfleger 2002, 140), ferner die Eintragung einer absoluten Verfügungsbeschränkung zugunsten einer bestimmten Person (BayObLG DNotZ 1988, 784), die Eintragung einer Zwangshyp. unter dem erlaubten Mindestbetrag (RG 60, 284; BayObLG Rpfleger 1976, 66) oder als Gesamthyp. (OLG Stuttgart Rpfleger 1971, 191; BayObLG Rpfleger 1986, 372) oder die Eintragung einer Vormerkung, wenn ein durch Vormerkung sicherbarer Anspruch nicht gegeben ist (BayObLG Rpfleger 1981, 190).

Inhaltlich unzulässig ist auch die Eintragung eines bedingten Eigentums- **47** übergangs (§ 925 Abs. 2 BGB), die Zuschreibung eines Grundstücks als Bestandteil mehrerer Grundstücke (KG HRR 1941 Nr. 602) oder die Eintragung einer Verfügung über eine künftige Eigentümergrundschuld (RG 145, 351 unter Aufgabe von RG JW 1933, 2764); desgleichen die Eintragung einer Hyp. an dem Anteil eines Miterben am Nachlassgrundstück (RG 88, 27; BayObLG 1952, 246) oder die Eintragung einer Grunddienstbarkeit oder beschränkten persönlichen Dienstbarkeit an einem ideellen Bruchteil eines Grundstücks (KG JW 1933, 626; Rpfleger 1975, 68; wegen der Rechtslage bei WEigentum s. Anh. zu § 3 Rn. 66); ferner die Eintragung der Unterteilung eines WEigentums (s. dazu Anh. zu § 3 Rn. 73), bei der ein bisher zum Sondereigentum gehörender Raum nicht als Sondereigentum mit einem Miteigentumsanteil verbunden wird (BayObLG Rpfleger 1988, 102) oder bei der dieselben Räume sowohl als Sondereigentum als auch als gemeinschaftliches Eigentum dargestellt werden (BayObLG Rpfleger 1988, 256) oder bei der ausschließlich Gemeinschaftseigentum als Sondereigentum ausgewiesen wird (BGH Rpfleger 2005, 17). Inhaltlich unzulässig ist auch eine GBEintragung, die einen zwingend im Gemeinschaftseigentum stehenden Raum, z.B. das Treppenhaus, als Sondereigentum ausweist.

Dagegen sind **nicht inhaltlich unzulässig** grundsätzlich Eintragungen **48** allein deshalb, weil das GBAmt gegen Rechtsvorschriften verstoßen hat oder weil das ihnen zugrunde liegende materielle Rechtsgeschäft gem. §§ 134, 138 BGB nichtig oder gem. §§ 307 bis 309 BGB unwirksam ist (OLG Köln

Rpfleger 1989, 405 mit abl. Anm. v. Böttcher). Solche Eintragungen können
jedoch das GB unrichtig machen. Nicht inhaltlich unzulässig ist ferner die
Eintragung einer Erweiterung des Kapitalbetrags einer Hyp. (RG 143, 428);
ebenso wenig die Eintragung der Abtretung eines kraft rechtsgeschäftlicher
Vereinbarung unübertragbaren Rechts. Wegen der Eintragung einer
Höchstbetragshyp. für eine bestimmte Forderung s. KG DR 1942, 1796; zur
Eintragung einer Erbbauzinsreallast für eine Pfarrstiftung s. BayObLG NJW
1961, 1262.

49   **d) Ein nicht feststellbares Recht.** Hierunter fallen Eintragungen, die in
einem wesentlichen Punkt so unklar oder widersprüchlich sind, dass die
Bedeutung des Eingetragenen auch bei zulässiger Auslegung (s. Rn. 4) nicht
erkennbar ist (BGH FGPrax 2015, 5; BayObLG Rpfleger 1988, 102; OLG
Karlsruhe Rpfleger 2005, 79). In Widerspruch zueinander mit der Folge der
inhaltlichen Unzulässigkeit der Eintragung können insbes. der EintrVermerk
und die dort in zulässiger Weise in Bezug genommene EintrBewilligung
stehen (s. dazu § 44 Rn. 15) oder bei Eintragung der Unterteilung von WEigentum die Unterteilungserklärung und die ursprüngliche Teilungserklärung
(s. Anh. zu § 3 Rn. 73, 74). Kein unauflösbarer Widerspruch liegt vor, wenn
die Angabe der laufenden Nummern der betroffenen Grundstücke in Sp. 2
der Abt. II oder III infolge von Vereinigungen oder Zuschreibungen nicht
mehr mit der in Sp. 1 des Bestandsverzeichnisses übereinstimmt (zur grundbuchmäßigen Behandlung s. § 5 Rn. 19, 20); in diesem Fall ist auch keine
GBUnrichtigkeit mit der Möglichkeit eines gutgläubigen lastenfreien Erwerbs gegeben (OLG Köln Rpfleger 1998, 333).

17. Maßgebendes Recht

50   Ob eine Eintragung ihrem Inhalt nach unzulässig ist, bestimmt sich
grundsätzlich nach dem Recht zurzeit ihrer Vornahme (KG OLGZ 1977, 8),
wobei auch der seinerzeitige Sprachgebrauch sowie allgemein die damalige
Verkehrsübung und Verkehrsauffassung zu berücksichtigen sind, ferner das
schutzwürdige Vertrauen auf den Bestand von Eintragungen, die jahrzehnte-
lang als wirksam angesehen wurden (BayObLG Rpfleger 1981, 479; OLG
München FGPrax 2018, 12; KG Rpfleger 2020, 15); vor 1900 in zulässiger
Weise Eingetragenes bleibt also inhaltlich zulässig (RG 98, 220).

51   Eine Ausnahme gilt, wenn ein späteres Gesetz die Zulässigkeit der Eintragung mit rückwirkender Kraft aufhebt (KGJ 40, 231; BayObLG Rpfleger
1953, 450; KG OLGZ 1977, 8). Inhaltlich unzulässige Eintragungen können
auch dadurch entstehen, dass eine nach den früheren Vorschriften zulässige
Eintragung ohne die Bestimmungen der GBV zu berücksichtigen unverändert auf den neuen Vordruck übertragen wird (s. hierzu § 145 Rn. 6).

18. Wirkung der inhaltlichen Unzulässigkeit

52   Inhaltlich unzulässige Eintragungen sind unwirksam. Sie bringen weder
ein Recht zum Entstehen (JFG 14, 105; OLG Hamm Rpfleger 1976, 131),
noch wahren sie eine Rangstelle (KG DR 1942, 1796; OLG Hamm Rpfleger 1976, 131), noch stehen sie unter dem öffentlichen Glauben (RG 88, 27;

BGH NJW 1995, 2851; OLG Frankfurt Rpfleger 1975, 305; BayObLG Rpfleger 1988, 102). Sie können nicht Grundlage weiterer Eintragungen sein; solche müssten ebenfalls als unzulässig gelöscht werden (BayObLG Rpfleger 1986, 372; 1988, 102). Wird jedoch das GBBlatt mit der inhaltlich unzulässigen Eintragung umgeschrieben und die Eintragung dabei so verändert, dass sie sich auf dem neuen GBBlatt nicht mehr als inhaltlich unzulässig darstellt, kann sie Grundlage eines gutgläubigen Erwerbs sein (BayObLG Rpfleger 1996, 240; a. M. Bestelmeyer Rpfleger 1997, 7).

Der ursprüngliche Antrag ist durch die inhaltlich unzulässige Eintragung **53** nur scheinbar aber nicht wirklich erledigt und daher nach der von Amts wegen vorzunehmenden Löschung der Eintragung neu zu verbescheiden (OLG Hamm Rpfleger 1976, 131; BayObLG Rpfleger 1998, 334). Gleiches gilt für Anträge, die zu ebenfalls inhaltlich unzulässigen und damit von Amts wegen zu löschenden Folgeeintragungen geführt haben.

19. Voraussetzungen der Amtslöschung

§ 53 Abs. 1 Satz 2 gilt für alle unter den 2. Abschnitt der GBO fallende **54** Eintragungen. Ausgenommen sind Löschungen, die nicht ihrem Inhalt nach unzulässig sein können (BayObLG NJW 1961, 1265). Eintragungen, die das GBAmt auf Anweisung des Beschwerdegerichts vorgenommen hat, kann es nicht von sich aus löschen; die Löschung kann vielmehr nur im Weg der Rechtsbeschwerde erwirkt werden (JFG 3, 265). Im Übrigen ist die Löschung von Amts wegen vorzunehmen. Ein Antrag ist nicht erforderlich; er hat nur die Bedeutung einer Anregung zur Löschung von Amts wegen.

Die inhaltliche Unzulässigkeit der Eintragung muss feststehen und sich aus **55** der GBEintragung und den dort in zulässiger Weise in Bezug genommenen EintrUnterlagen ergeben; bloße Zweifel genügen nicht (KG JW 1931, 3455; BayObLG Rpfleger 1988, 102; OLG Zweibrücken Rpfleger 2001, 485). Wegen der Gewährung rechtlichen Gehörs s. Rn. 57.

Ist eine Eintragung inhaltlich unzulässig, hat das Beschwerdegericht trotz **56** Schlechterstellung des Beschwerdeführers, der einen vom GBAmt eingetragenen Amtswiderspruch bekämpft, zur Löschung der inhaltlich unzulässigen Eintragung anzuweisen (s. § 77 Rn. 30). Dasselbe gilt, wenn das GBAmt die Eintragung eines Amtswiderspruchs abgelehnt hat und sich die Beschwerde hiergegen richtet (s. § 77 Rn. 18).

20. Verfahren des Grundbuchamts

a) Rechtliches Gehör. Vor der Löschung von Amts wegen ist rechtliches **57** Gehör zu gewähren (BayObLG Rpfleger 1998, 334). S. dazu § 1 Rn. 70.

b) Umfang der Löschung. Ist die ganze Eintragung ihrem Inhalt nach **58** unzulässig, so ist sie ganz mit allen an sie anschließenden Eintragungen (OLG Hamm DNotZ 1954, 208) zu löschen (s. aber Rn. 59).

Ist nur ein Teil der Eintragung inhaltlich unzulässig, so ist der Teilvermerk zu löschen (KGJ 38, 268; KG HRR 1931 Nr. 126; s. dazu auch BayObLG Rpfleger 2002, 140). Dabei spielt es keine Rolle, ob sich der inhaltlich unzulässige Teil im EintrVermerk selbst oder in der dort in Bezug genommenen

EintrGrundlage befindet. Die verbleibende Eintragung braucht nicht gelöscht zu werden, wenn sie für sich allein den Inhalt eines eintragungsfähigen
Rechts bildet (BayObLG 1994, 208); dann ist das GB höchstens unrichtig,
wenn die Resteintragung der Einigung nicht entspricht (BGH FGPrax 2017,
54; BayObLG FGPrax 1998, 88; OLG Schleswig Rpfleger 2009, 675; OLG
Frankfurt FGPrax 2017, 202). Ist z. B. eine Höchstbetragshyp. mit Zinsen
eingetragen, so sind die Zinsen allein als inhaltlich unzulässig zu löschen.
Fehlt dagegen dem verbleibenden Rest ein wesentliches Erfordernis, so ist
die ganze Eintragung inhaltlich unzulässig (KGJ 42, 260). Vgl. dazu auch
BGH NJW 1966, 1656.

59   **c) Vervollständigung.** Die Vervollständigung einer inhaltlich unzulässigen Eintragung widerspricht regelmäßig § 53 Abs. 1 Satz 2; sie ist deshalb
ordnungswidrig (KGJ 44, 189; BayObLG JFG 5, 351). In Betracht kommt
nur eine Beseitigung der Eintragung durch Löschung (BayObLG Rpfleger
1995, 455). Jedoch kann eine im Widerspruch dazu gleichwohl vorgenommene Ergänzung die Eintragung zu einer nunmehr inhaltlich zulässigen machen (JFG 9, 196); dies aber niemals mit rückwirkender Kraft (OLG Hamm
DNotZ 1954, 208; OLG Düsseldorf DNotZ 1958, 157). Die Ergänzung ist
ebenso wie eine Neueintragung nur möglich, solange die EintrUnterlagen
dies noch rechtfertigen, z. B. der Bewilligende noch als Berechtigter eingetragen ist (OLG Hamm ZfIR 1998, 52; OLG Köln NJW 1957, 993; OLG
Düsseldorf DNotZ 1958, 157); bei zwischenzeitlichen Eintragungen ist Vorsicht wegen des Rangs geboten (s. Rn. 52). Ein Erbbaurecht, das nicht zur
ersten Rangstelle eingetragen und dessen Eintragung daher inhaltlich unzulässig ist, kann nicht durch Eintragung rangändernder Vermerke über die
Einräumung der ersten Rangstelle zur Entstehung gebracht werden; hierzu
ist vielmehr eine Amtslöschung und rangrichtige Neueintragung erforderlich, s. OLG Hamm Rpfleger 1976, 131. S. in diesem Zusammenhang auch
JFG 14, 102 betr. die weitere Umschreibung einer auf den Eigentümer umgeschriebenen Gesamtzwangshypothek.

60   **d) Löschungsvermerk.** Für Inhalt und Stelle des Löschungsvermerks
gilt nichts Besonderes. Zweckmäßige Fassung: „… als inhaltlich unzulässig
gelöscht am …“.

21. Rechtsmittel bei der Amtslöschung

61   Lehnt das GBAmt die Löschung einer Eintragung als inhaltlich unzulässig
ab, ist hiergegen die auf die Löschung gerichtete Beschwerde zulässig; zur
Beschwerdeberechtigung s. § 71 Rn. 67.
Gegen die Löschung eines Rechts als inhaltlich unzulässig ist dagegen
grundsätzlich nur die beschränkte Beschwerde mit dem Ziel zulässig, gegen
die Löschung einen Amtswiderspruch einzutragen (§ 71 Abs. 2 Satz 2; vgl.
Rn. 52 und § 71 Rn. 44). Zur Beschwerdeberechtigung s. § 71 Rn. 68 ff.;
insoweit gilt nichts anderes für die Rechtsbeschwerde gegen die noch nicht
vollzogene Anordnung des Beschwerdegerichts, eine Eintragung als inhaltlich
unzulässig zu löschen.

Gegen die Ankündigung, eine Eintragung als inhaltlich unzulässig zu löschen, wenn nicht binnen einer bestimmten Frist Beschwerde eingelegt wird, ist eine Beschwerde nicht zulässig (OLG Karlsruhe Rpfleger 1993, 192; BayObLG 1994, 199; a. M. OLG Saarbrücken OLGZ 1972, 129; s. dazu auch § 71 Rn. 18).

22. Beschaffung des Briefs

Der Brief ist entsprechend der Regel des § 41 Abs. 1 Satz 1 vorzulegen **62** und deshalb gemäß § 62 Abs. 3 Satz 1 (s. § 62 Rn. 17) zu beschaffen:

- Zur **Amtslöschung** stets, da § 53 Abs. 2 hierfür keine Ausnahme macht **63** (KGJ 42, 178).

- Zur Eintragung eines **Amtswiderspruchs** dann, wenn der Widerspruch **64** einen anderen als den in § 41 Abs. 1 Satz 2 bezeichneten Inhalt hat, z. B. die Eintragung einer Abtretung betrifft, oder wenn er bei einer Inhabergrundschuld oder Inhaberrentenschuld eingetragen werden soll (§ 53 Abs. 2).

Dagegen ist zur Eintragung eines Amtswiderspruchs eine vorherige Vorle- **65** gung des Briefs nicht notwendig, wenn der Widerspruch bei einer Hypothek, Namensgrundschuld oder Namensrentenschuld eingetragen werden soll und den in § 41 Abs. 1 Satz 2 bezeichneten Inhalt hat (s. darüber § 41 Rn. 14); der Brief ist dann aber nachträglich gemäß § 62 Abs. 3 Satz 2 (s. § 62 Rn. 17) zu beschaffen. Daraus folgt, dass das GBAmt in diesem Fall, wenn der Brief nicht vorliegt, bei der Prüfung, ob die Voraussetzungen eines Amtswiderspruchs vorliegen, die Möglichkeit eines gutgläubigen Erwerbs außerhalb des GB außer Betracht zu lassen hat (BayObLG Rpfleger 1996, 240; OLG Hamm FGPrax 2002, 193).

Widerspruch und Löschung sind nach § 69 Abs. 1 auf dem Brief zu ver- **66** merken.

23. Kosten

Die Eintragung des Amtswiderspruchs und die Amtslöschung sind gebüh- **67** renfrei (Vorbem. 1.4 Abs. 2 Nr. 1 GNotKG-KV).

Sofern Kosten zu erheben sind (vgl. § 81 Abs. 4 FamFG), ist der Geschäftswert regelmäßig mit einem Drittel des Geschäftswerts für die Eintragung des von der Beanstandung betroffenen Rechts anzusetzen.

Öffentliche Lasten

54 Die auf einem Grundstück ruhenden öffentlichen Lasten als solche sind von der Eintragung in das Grundbuch ausgeschlossen, es sei denn, daß ihre Eintragung gesetzlich besonders zugelassen oder angeordnet ist.

1. Allgemeines

§ 54 schließt die auf einem Grundstück ruhenden öffentlichen Lasten von **1** der Eintragung in das GB aus; die Ausschließung betrifft jedoch nur die öffentliche Last als solche; auch tritt das Verbot der Eintragung zurück, falls diese durch eine gesetzliche Vorschrift besonders zugelassen oder angeordnet ist.

Die GBO a. F. enthielt keine Bestimmungen über die Eintragung öffentlicher Lasten. Die diesbezüglich bestehenden landesrechtlichen Vorschriften erwiesen sich als unzureichend und gaben zu mannigfachen Zweifeln Anlass. Mit dem bei Vereinheitlichung des GBRechts eingefügten § 54 kam es zu einer klaren, einheitlichen Regelung.

2. Öffentliche Last

2   **a) Begriff.** Der Rechtsbegriff der öffentlichen Last ist gesetzlich nicht bestimmt. Er wird nach allgemeiner Ansicht dahin verstanden, dass es sich um eine Abgabenverpflichtung handeln muss, die auf öffentlichem Recht beruht, durch wiederkehrende oder einmalige Geldleistung zu erfüllen ist und nicht nur die persönliche Haftung des Schuldners, sondern auch die dingliche Haftung des Grundstücks voraussetzt. Was eine öffentliche Grundstückslast ist, bestimmt sich nach dem öffentlichen Recht des Bundes und der Länder. Meist werden öffentliche Lasten als solche bezeichnet sein; notwendig ist dies aber nicht (s. dazu BGH Rpfleger 1981, 349; 1988, 541).

Öffentliche Lasten sind als dingliche Rechte im Sinn des Art. 8 EuInsVO in der ab 26.6.2017 geltenden Neufassung gemäß VO (EU) 2015/848 v. 20.5.2015 (ABl. EU Nr. L 141 S. 19), vorher Art. 5 EuInsVO, anzusehen (EuGH NJW-RR 2017, 240 mit Anm v. Cranshaw ZfIR 2017, 8; BGH Rpfleger 2017, 294).

3   **b) Bundesrechtliche Lasten.** Nach Bundesrecht sind öffentliche Grundstückslasten insbes. die Grundsteuer gemäß § 12 GrStG v. 7.8.1973 (BGBl. I 965), die Beitrags- und Vorschusspflicht sowie die Ausgleichs- und Erstattungspflicht im Flurbereinigungsverfahren gemäß § 20 FlurbG, die Geldleistungspflicht im Umlegungsverfahren gemäß § 64 Abs. 3 BauGB, der Erschließungsbeitrag gemäß § 134 Abs. 2 BauGB, der Ausgleichsbetrag nach § 25 des Bundes-BodenschutzG v. 17.3.1998 (BGBl. I 502) sowie die Kehr- und Überprüfungsgebühr gemäß § 25 Abs. 4 SchornsteinfegerG i. d. F. v. 10.8.1998 (BGBl. I 2071); die bedeutsamste bundesrechtlich geschaffene öffentliche Grundstückslast ist die HypGewinnabgabe (s. dazu 16. Auflage Anh. zu § 22 Erl. 3 A, B, C).

4   **c) Baulast.** Die in vielen Ländern, nicht jedoch in Bayern vorgesehene Baulast entsteht als freiwillig übernommene öffentlich-rechtliche Verpflichtung des Grundstückseigentümers gegenüber der Baubehörde zu einem das Grundstück betreffenden Tun, Dulden oder Unterlassen. Es muss sich um eine baurechtliche Verpflichtung handeln, die sich nicht schon aus dem öffentlichen Baurecht ergibt. Baulasten werden in ein von der Bauaufsichtsbehörde oder der Gemeinde geführtes Baulastenverzeichnis eingetragen. In das GB können sie nicht eingetragen werden.

Zum Verhältnis GB und Baulastenverzeichnis sowie Baulast und Dienstbarkeit s. OLG Frankfurt NJW 1989, 232; Sachse NJW 1979, 195; Harst MittRhNotK 1984, 229; Michalski MittBayNot 1988, 209; Steinkamp

MittRhNotK 1998, 117; Kraft-Zörcher NotBZ 2017, 130. Zum Verhältnis Baulast und Eigentumsvormerkung s. Drischler Rpfleger 1991, 234. Zum Anspruch auf Bestellung einer Baulast aus dem durch eine deckungsgleiche Grunddienstbarkeit begründeten gesetzlichen Schuldverhältnis s. BGH Rpfleger 1990, 58. S. auch Schmitz-Vornmoor RNotZ 2007, 121.

d) Zwangsversteigerung. In der Zwangsversteigerung und Zwangsver- 5 waltung stehen öffentliche Grundstückslasten, gleichviel ob sie auf Bundes- oder auf Landesrecht beruhen, einander im Rang gleich (§ 10 Abs. 1 Nr. 3 ZVG i. d. F. des Ges. v. 20.8.1953, BGBl. I 952). Eine Ausnahme gilt jedoch hinsichtlich der öffentlichen Last der HypGewinnabgabe; sie geht nach § 112 Abs. 1, § 114 LAG den anderen öffentlichen Grundstückslasten innerhalb derselben Rangklasse des § 10 Abs. 1 ZVG im Rang nach. Wegen des Befriedigungsvorrechts privater Rechte vor der HypGewinnabgabelast s. 16. Auflage Anh. zu § 22 Erl. 3 E. Zur Baulast in der Zwangsversteigerung s. Drischler Rpfleger 1986, 289; BVerwG Rpfleger 1993, 208.

3. Zulässige und nicht zulässige Eintragungen

Die öffentliche Grundstückslast entsteht kraft Gesetzes ohne Eintragung 6 und wirkt gegen jeden Erwerber des belasteten Grundstücks ohne Rücksicht darauf, ob er persönlicher Schuldner ist oder nicht. Ihr gegenüber ist der öffentliche Glaube des GB ohne Bedeutung. In der Zwangsversteigerung bleibt sie vom Zuschlag unberührt (RG 86, 360; JFG 14, 439; wegen der HypGewinnabgabelast s. § 112 Abs. 3, § 113 Abs. 3 LAG sowie Bruhn Rpfleger 1953, 11; Wörbelauer NJW 1953, 726). Deshalb ist sie grundsätzlich von der Aufnahme in das GB ausgeschlossen.

Das EintrVerbot gilt jedoch nicht ausnahmslos. Die Eintragung einer öf- 7 fentlichen Last kann im Einzelfall durch Gesetz (auch Landesgesetz) besonders zugelassen oder angeordnet werden. So ist z. B. ein Vermerk im GB bezüglich der öffentlichen Last nach § 64 Abs. 3 BauGB vorgeschrieben (§ 64 Abs. 6 BauGB), desgleichen bezüglich der öffentlichen Last nach § 25 des Bundes-BodenschutzG v. 17.3.1998, BGBl. I 502 (§ 93b GBV). Aber auch in solchen Fällen hat die Eintragung nur rechtserklärende, nicht rechtsbegründende Bedeutung. Die Eintragung ist nach Maßgabe des § 10 GBV in Abt. II vorzunehmen (§ 93a GBV).

Wegen des Vermerks der auf einem Grundstück ruhenden öffentlichen 8 Last der HypGewinnabgabe s. 16. Auflage Anh. zu § 22 Erl. 3 C c.

4. Sicherung durch Hyp. oder Grundschuld

Die öffentlichen Lasten genießen das Vorrecht nach § 10 Abs. 1 Nr. 3 9 ZVG i. d. F. des Ges. v. 20.8.1953 (BGBl. I 952). Es ist zu unterscheiden zwischen der öffentlichen Last als solcher und der sich daraus ergebenden Leistungspflicht. Darüber, ob die Leistung oder die regelmäßig wiederkehrenden Leistungen außerhalb des § 10 Abs. 1 Nr. 3 ZVG noch durch Hyp. oder Grundschuld gesichert werden können, enthält § 54 keine Bestimmung. Die Entscheidung ist also nach allgemeinen Grundsätzen zu treffen. Dabei ist das volkswirtschaftliche Interesse zu berücksichtigen, Zwangsversteigerungen nach Möglichkeit zu vermeiden, andererseits aber dem Leistungsberechtigten vor dem Verlust des Vorrechts nach § 10 Abs. 1 Nr. 3 ZVG eine dingliche Sicherung in der 4. Rangklasse zu gewähren; der Leistungsberechtigte kann sich dieses Vorrecht nicht dadurch erhalten, dass er nach Eintritt der Fälligkeit Stundung bewilligt (RG 83, 91).

10　　**a) Nichtbevorrechtigte Beträge.** Das sind solche, die erst in der 7. Rangklasse des § 10 ZVG hebungsberechtigt sind; sie können ohne weiteres durch Hyp. gesichert werden; auch die Eintragung einer Grundschuld ist möglich.

11　　**b) Bevorrechtigte Beträge.** Für sie gilt folgendes:
- Die Eintragung einer **unbedingten Hyp.** ist nicht möglich, wenigstens nicht auf dem Blatt des Grundstücks, dessen aus der öffentlichen Last sich ergebende Leistungen rückständig sind oder künftig fällig werden (OLG Dresden HRR 1937 Nr. 1110; s. auch Rn. 13). Denn es wäre sinnwidrig, einen Anspruch hinsichtlich desselben Grundstücks in der 4. Rangklasse zu sichern, solange noch das Vorrecht der 3. Klasse in vollem Umfang besteht. Hierfür spricht auch kein praktisches Bedürfnis, zumal noch andere Rechtsformen zur Verfügung stehen. Die Zulassung einer solchen Eintragung würde nur Unklarheiten schaffen und die Grundbücher mit einer großen Zahl überflüssiger Eintragungen belasten. Wohl aber kann eine Grundschuld eingetragen werden, weil diese sachenrechtlich von der Forderung unabhängig ist (§§ 1191, 1192 BGB). Auch die Verpfändung einer Eigentümergrundschuld ist möglich (KGJ 34, 275).

12　　• Zulässig ist dagegen die Eintragung einer **aufschiebend bedingten Hypothek,** deren Wirksamkeit erst mit Wegfall des Vorrechts eintritt (KGJ 28, 141) Bedingte Zwangshyp. wird man im Hinblick auf das vorhandene Bedürfnis im Rahmen des § 54 allgemein zulassen müssen (JFG 18, 176; BayObLG 1956, 122); s. dazu jetzt auch § 322 Abs. 5 AO. Eine solche Eintragung könnte etwa lauten: „1500 EUR Sicherungshyp. für Grundsteuer für die Zeit vom ... bis zum ... für die Stadt ... Auf Ersuchen der Vollstreckungsbehörde und unter der Bedingung, dass das Vorrecht gemäß § 10 Abs. 1 Nr. 3 ZVG vor Erlöschen des Steueranspruchs wegfällt, eingetragen am ...".
Die Bevorrechtigung der in § 10 Abs. 1 Nr. 2 ZVG genannten **Wohngeldansprüche** begründet kein dingliches Recht der WEigentümergemeinschaft. Es besteht lediglich eine Privilegierung der dort aufgeführten schuldrechtlichen Ansprüche sowohl im Zwangsversteigerungs- als auch im Insolvenzverfahren (BGH NJW 2013, 3515 mit Anm. v. Herrler; kritisch dazu Schneider ZWE 2014, 61 und Becker ZfIR 2013, 809). Die Ansprüche sind gegenüber einer Eigentumsvormerkung, die wie ein Recht der Rangklasse 4 des § 10 Abs. 1 ZVG zu behandeln ist, stets vorrangig, ebenso gegenüber einer Sicherungshyp. im Fall des § 111h Abs. 2 Satz 2 StPO (BGH NJW 2020, 2337). Die Vormerkung ist auch dann nicht im geringsten Gebot zu berücksichtigen, wenn sie vor dem Entstehen der bevorrechtigten Ansprüche der WEigentümergemeinschaft in das GB eingetragen worden ist. Sie erlischt mit dem Zuschlag. Der Eigentumserwerb des Vormerkungsberechtigten ist gegenüber der WEigentümergemeinschaft relativ unwirksam (BGH NJW 2014, 2445 mit zust.

Anm. v. Schneider ZflR 2014, 657). Eine Zwangshyp. für deren Ansprüche kann auch ohne die aufschiebende Bedingung, dass das Vorrecht entfällt, eingetragen werden (OLG Stuttgart Rpfleger 2011, 267; OLG Frankfurt FGPrax 2011, 59; OLG Dresden ZWE 2011, 365; Schneider ZflR 2008, 161, 170; a. M. Zeiser Rpfleger 2008, 58; Traub ZflR 2011, 68). S. hierzu BGH ZWE 2011, 401 mit Anm. v. Schneider.

- Im Fall Rn. 11 kann allerdings ein **anderes Grundstück** des Schuldners **13** mit einer unbedingten Hyp. belastet werden. Beispiel: Dem Schuldner gehören zwei Grundstücke A und B; für A bestehen Realsteuerrückstände, für B nicht; B ist das wertvollere Grundstück. Die Vollstreckungsbehörde will von der – vielleicht z. B. für den Schuldner sehr ungünstigen – Versteigerung des Grundstücks A nur absehen, wenn ihr freiwillig oder zwangsweise Rechte am Grundstück B eingeräumt werden. Unter Berücksichtigung der von RG 98, 106; KG JFG 13, 87 ausgesprochenen Grundsätze wird man die Eintragung einer freiwillig bestellten oder einer Zwangshyp. für zulässig halten müssen. Es ist zweckmäßig, in der Eintragung zum Ausdruck zu bringen, dass es sich um Beträge handelt, die für das Grundstück A geschuldet werden.

c) **Sonstiges.** Mit Rücksicht auf den ausschließlichen Sicherungszweck **14** kann aber nur eine Sicherungshyp. (§ 1184 BGB), also auch eine Höchstbetragshyp. (JFG 18, 176), dagegen keine Verkehrshyp. eingetragen werden.

Zu der Frage, ob Vorauszahlungsansprüche der Gemeinde nach § 133 **15** Abs. 3 BauGB (früher BBauG) durch eine unbedingte Hyp. gesichert werden können, s. LG Köln Rpfleger 1962, 104 mit Anm. v. Haegele; über die Eintragung einer unbedingten Hyp. für Straßenherstellungskosten, wenn eine bayerische Gemeinde und ein Grundstückseigentümer vor dem Inkrafttreten des BBauG einen Vertrag über die Herstellung einer Anliegerstraße durch die Gemeinde geschlossen haben, s. BayObLG NJW 1962, 2157.

Das in Rn. 9 ff. Ausgeführte gilt auch für den, der den Leistungsberechtig- **16** ten nach § 268 BGB befriedigt. Nur bedarf er zur Eintragung einer Zwangshyp. eines vollstreckbaren Titels.

5. Frühere Eintragungen

§ 54 hat keine rückwirkende Kraft. Durfte die öffentliche Last nach dem **17** zur Zeit ihrer Eintragung geltenden Recht eingetragen werden, so bleibt die Eintragung eine zulässige (s. § 53 Rn. 50).

Ist die früher in zulässiger Weise eingetragene öffentliche Last aber einmal, wenn auch zu Unrecht, gelöscht, so steht ihrer Wiedereintragung § 54 entgegen (JFG 15, 95).

6. Gesetzwidrige Eintragungen

Die entgegen § 54 erfolgte Eintragung der öffentlichen Last als solche ist **18** inhaltlich unzulässig und daher nach § 53 Abs. 1 Satz 2 von Amts wegen zu löschen (JFG 15, 95). Inhaltlich unzulässig ist auch die Eintragung eines Rangvermerks bei der öffentlichen Last da, wo diese ausnahmsweise in das GB eingetragen werden darf oder soll (JFG 14, 435).

19 Dasselbe gilt bei der Eintragung einer unbedingten Hyp. für bevorrechtigte Leistungen des Grundstücks (s. Rn. 11), soweit die Eintragung selbst, die in Bezug genommene EintrBewilligung oder das in Bezug genommene Ersuchen die Bevorrechtigung erkennen lassen (vgl. RG 88, 83). Im letzteren Fall besteht auch nicht die Möglichkeit, dass die Hyp. nachträglich in dem Zeitpunkt, in dem der Verlust des Vorrechts für die gesicherte Forderung eintritt, einen zulässigen Inhalt erhält. Die Eintragung ist und bleibt vielmehr wirkungslos.

Bekanntmachung der Eintragungen

55 (1) **Jede Eintragung soll dem den Antrag einreichenden Notar, dem Antragsteller und dem eingetragenen Eigentümer sowie allen aus dem Grundbuch ersichtlichen Personen bekanntgemacht werden, zu deren Gunsten die Eintragung erfolgt ist oder deren Recht durch sie betroffen wird, die Eintragung eines Eigentümers auch denen, für die eine Hypothek, Grundschuld, Rentenschuld, Reallast oder ein Recht an einem solchen Recht im Grundbuch eingetragen ist.**

(2) **Steht ein Grundstück in Miteigentum, so ist die in Absatz 1 vorgeschriebene Bekanntmachung an den Eigentümer nur gegenüber den Miteigentümern vorzunehmen, auf deren Anteil sich die Eintragung bezieht. Entsprechendes gilt bei Miteigentum für die in Absatz 1 vorgeschriebene Bekanntmachung an einen Hypothekengläubiger oder sonstigen Berechtigten von der Eintragung eines Eigentümers.**

(3) **Veränderungen der grundbuchmäßigen Bezeichnung des Grundstücks und die Eintragung eines Eigentümers sind außerdem der Behörde bekanntzumachen, welche das in § 2 Abs. 2 bezeichnete amtliche Verzeichnis führt.**

(4) **Die Eintragung des Verzichts auf das Eigentum ist der für die Abgabe der Aneignungserklärung und der für die Führung des Liegenschaftskatasters zuständigen Behörde bekanntzumachen. In den Fällen des Artikels 233 § 15 Abs. 3 des Einführungsgesetzes zum Bürgerlichen Gesetzbuche erfolgt die Bekanntmachung nur gegenüber dem Landesfiskus und der Gemeinde, in deren Gebiet das Grundstück liegt; die Gemeinde unterrichtet ihr bekannte Berechtigte oder Gläubiger.**

(5) **Wird der in § 9 Abs. 1 vorgesehene Vermerk eingetragen, so hat das Grundbuchamt dies dem Grundbuchamt, welches das Blatt des belasteten Grundstücks führt, bekanntzumachen. Ist der Vermerk eingetragen, so hat das Grundbuchamt, welches das Grundbuchblatt des belasteten Grundstücks führt, jede Änderung oder Aufhebung des Rechts dem Grundbuchamt des herrschenden Grundstücks bekanntzumachen.**

(6) **Die Bekanntmachung hat die Eintragung wörtlich wiederzugeben. Sie soll auch die Stelle der Eintragung im Grundbuch und den Namen des Grundstückseigentümers, bei einem Eigentumswechsel auch den Namen des bisherigen Eigentümers angeben. In die Bekanntmachung können auch die Bezeichnung des betroffenen Grundstücks in dem in**

§ 2 Abs. 2 genannten amtlichen Verzeichnis sowie bei einem Eigentumswechsel die Anschrift des neuen Eigentümers aufgenommen werden.

(7) Auf die Bekanntmachung kann ganz oder teilweise verzichtet werden.

(8) Sonstige Vorschriften über die Bekanntmachung von Eintragungen in das Grundbuch bleiben unberührt.

1. Allgemeines

§ 55 wurde durch das RegVBG erweitert, neu gefasst und durch §§ 55a, **1** 55b ergänzt; dabei wurden die bisher in § 39 Abs. 1, 2, 4, § 41 GBV enthaltenen Regelungen in das Gesetz übernommen. § 55 regelt, welchen Personen und Stellen GBEintragungen mitzuteilen sind und auf welche Weise dies zu geschehen hat. Auf anderen Vorschriften beruhende Benachrichtigungspflichten bleiben unberührt.

Soweit besondere gesetzliche Regelungen, wie sie §§ 55 bis 55b für das GBVerfahren enthalten, für die Übermittlung personenbezogener Daten durch die Gerichte fehlen, schaffen §§ 12 bis 22 EGGVG, die durch das JustizmitteilungsG v. 18.6.1997 (BGBl. I 1430) eingefügt wurden, hierfür eine gesetzliche Grundlage. Die Bestimmungen regeln, unter welchen Voraussetzungen die von Amts wegen auf Grund von Verwaltungsanordnungen, z.B. der Anordnung über Mitteilungen in Zivilsachen (MiZi) v. 29.4.1998 (BAnz. v. 29.7.1998 Nr. 138a = JMBek. v. 11.5.1998, BayJMBl. 64; BayJMBek.), vorzunehmende Übermittlung personenbezogener Daten durch die ordentlichen Gerichte an öffentliche Stellen rechtmäßig und in welchem Umfang eine Übermittlung zulässig ist. Mit der Übermittlung personenbezogener Daten in Zivilsachen einschließlich der Angelegenheiten der freiwilligen Gerichtsbarkeit befasst sich § 15 EGGVG.

2. Gegenstand der Bekanntmachung

§ 55 regelt die Bekanntmachung von Eintragungen. Zwischenverfügun **2** gen oder Zurückweisungsbeschlüsse gehören also nicht hierher; über deren Bekanntmachung s. § 18 Rn. 14, 35. EintrVerfügungen werden nicht mitgeteilt. Art. 233 § 13 EGBGB schrieb im Zusammenhang mit der Abwicklung der Bodenreform im Gebiet der ehemaligen DDR die Benachrichtigung des Landesfiskus von bestimmten, vor dem 3.10.2000 gestellten EintrAnträgen vor (s. dazu Böhringer Rpfleger 1998, 1 und NotBZ 2002, 292 sowie XVI-II/18 MiZi) und Art. 231 § 8 Abs. 2 Satz 2 EGBGB im Zusammenhang mit dem Verkauf von Volkseigentum nach dem sog. Modrow-Verkaufsgesetz v. 7.3.1990 (GBl. DDR I 157) die Anzeige einer beabsichtigten Eintragung an die betroffene Kommune (s. dazu Böhringer VIZ 1997, 617 sowie XVIII/19 MiZi).

3   Mitteilungen kommen bei Eintragungen nur von solchen Einschreibungen in Betracht, die sich auf Rechtsverhältnisse beziehen, nicht hingegen solche, die lediglich tatsächliche Angaben betreffen; auch die auf Rechtsverhältnisse bezüglichen Einschreibungen scheiden aus, wenn sie nur den Charakter eines Hinweises haben.

3. Inhalt der Bekanntmachung

4   Die Benachrichtigung hat die Eintragung wörtlich wiederzugeben (§ 55 Abs. 6 Satz 1). Sie erfolgt durch Übersendung einer Abschrift der Eintragung, die den in § 55 Abs. 6 Satz 2 näher bezeichneten Inhalt haben soll und den in § 55 Abs. 6 Satz 3 genannten Inhalt haben kann (vgl. im Übrigen § 33 Abs. 2 Buchst. a GeschO, Nr. 3.3.1 BayGBGA).

5   Im Fall der Umschreibung eines unübersichtlichen Blatts sind die Gläubiger von Briefrechten bei Bekanntgabe der Umschreibung zugleich aufzufordern, den Brief zur Berichtigung alsbald einzureichen (§ 39 Abs. 3 Satz 3 GBV).

4. Form der Bekanntmachung

6   Maschinell erstellte Mitteilungen müssen nicht unterschrieben werden; dann ist aber darauf hinzuweisen, dass die Mitteilung auch ohne Unterschrift wirksam ist (§ 42 Satz 1, 2 GBV).

Mündliche Mitteilung des Inhalts der Eintragung genügt nicht; im Übrigen bedarf die Mitteilung keiner besonderen Form. Nach Maßgabe des § 140 Abs. 2 ist auch eine Bekanntgabe durch Übermittlung elektronischer Dokumente zulässig (s. dazu § 140 Rn. 5 ff.). Besondere Vorschriften über die Form der Bekanntmachung in den Fällen des § 55 Abs. 8 bleiben unberührt.

5. Veranlassung der Bekanntmachung

7   Die Bekanntmachung der Eintragung wird vom Rpfleger, bei Zuständigkeit des Urkundsbeamten der Geschäftsstelle von diesem verfügt und von der Geschäftsstelle ausgeführt (§ 33 Abs. 1 GeschO, Nr. 3.3.1 BayGBGA). Die Bekanntmachungen sind möglichst zu beschleunigen (§ 33 Abs. 3 GeschO).

8   Wird zu der Mitteilung ein Vordruck verwendet, so bedarf es keines Entwurfs zu den Grundakten. Die Ausführung ist aktenkundig zu machen (§ 33 Abs. 2 Buchst. b GeschO).

Über einen Antrag, jemandem eine GBEintragung bekanntzumachen, **9** entscheidet derjenige, dem die Verfügung der Eintragung obliegt. Dies ist in der Regel der Rpfleger, ausnahmsweise der Urkundsbeamte der Geschäftsstelle (§ 12c Abs. 2 Nr. 2 bis 4). Zur Anfechtung der ergehenden Entscheidung s. Rn. 30 und § 71 Rn. 5 bis 10.

6. Adressat der Bekanntmachung

Eine Nachricht über eine Eintragung im GB erhalten vom GBAmt folgende Personen und Stellen: **10**

a) Notar. Der Notar, der den der Eintragung zugrundeliegenden Antrag beim GBAmt eingereicht hat, erhält in jedem Fall eine Benachrichtigung; ohne Bedeutung ist dabei, ob er den Antrag auf Grund vermuteter Vollmacht gem. § 15 Abs. 2 gestellt oder nur als Bote überbracht hat (§ 55 Abs. 1).

b) Antragsteller. Ihm steht eine nach § 38 ersuchende Behörde gleich (KGJ 49, 240). Antragsteller ist nicht, wer eine von Amts wegen vorzunehmende Eintragung anregt. Mitteilung der Eintragung ist aber auch hier zweckmäßig. Stellt ein Notar gemäß § 15 Abs. 2 den EintrAntrag, so erhält nur er die Benachrichtigung (OLG Düsseldorf FGPrax 1997, 169; OLG Köln Rpfleger 2001, 123; kritisch dazu Raebel ZNotP 1998, 131; a. M. OLG Saarbrücken DNotZ 2011, 549; LG Schwerin NotBZ 2003, 401 mit zust. Anm. v. Biermann-Ratjen); dies gilt auch dann, wenn er zugleich einen Antrag des Antragsberechtigten als Bote überbringt (s. § 15 Rn. 19) oder ausdrücklich nur dessen unmittelbare Benachrichtigung verlangt (OLG Köln FGPrax 2011, 277; OLG Frankfurt FGPrax 2012, 148; OLG Jena FGPrax 2002, 150; OLG Brandenburg RNotZ 2008, 224; s. zur Einschränkbarkeit der Notarvollmacht auch § 15 Rn. 3.1). Außer dem Notar erhält der Antragsberechtigte eine EintrMitteilung nur dann, wenn sein Antrag vom Notar lediglich als Bote überbracht wurde. Wer als Antragsteller Nachricht von der Eintragung erhält, muss von ihr im Rahmen des § 55 Abs. 1 nicht nochmals benachrichtigt werden (OLG Zweibrücken Rpfleger 1968, 154; s. dazu aber auch Schmidt DNotZ 1969, 360).

c) Eingetragener Eigentümer. Ist er nicht der wirkliche Eigentümer, so **11** kann sich das GBAmt an die Eintragung halten; zu Ermittlungen ist es nicht verpflichtet. Bei Erbfall ist die Bekanntmachung an die Erben zu richten, wenn ihre Anschrift bekannt ist. Steht das Grundstück in Miteigentum, erhält die EintrNachricht nur der Miteigentümer, auf dessen Anteil sich die Eintragung bezieht (§ 55 Abs. 2 Satz 1).

d) Begünstigter oder Betroffener. Sie bekommen eine EintrNachricht **12** nur, sofern aus dem GB ersichtlich ist, dass sie durch die Eintragung begünstigt oder betroffen sein können.
Der Begriff des **Begünstigten** ist hier derselbe wie in § 13 Abs. 1 Satz 2. Es kommen also nur Beteiligte in Betracht, deren Begünstigung die Eintragung unmittelbar bezweckt (KGJ 31, 346). Hat jemand ein Recht außerhalb des GB, z. B. nach § 1154 BGB, erworben, so kann ihn das GBAmt an Stelle

des eingetragenen Berechtigten benachrichtigen; verpflichtet ist es dazu aber nicht.

13   Der Begriff des **Betroffenen** stimmt hier mit dem in § 19 überein (s. § 19 Rn. 49). Zu benachrichtigen ist also auch der mittelbar Betroffene, z. B. bei Rangrücktritt einer Hyp. außer dem Gläubiger auch derjenige, dem ein Pfandrecht oder Nießbrauch an der Hyp. zusteht. Ein Nacherbe, dessen Nacherbenrecht im GB vermerkt ist, wird durch die Eintragung einer Hyp. auf dem Grundstück des Vorerben nicht betroffen (KGJ 28, 157). Dasselbe gilt für die Eintragung der Auflassung des Grundstücks durch den Vorerben bei bestehenbleibendem Nacherbenvermerk (OLG Hamm FGPrax 2015, 113 mit abl. Anm. v. Bestelmeyer). Nichts anderes gilt für den Berechtigten einer Eigentumsvormerkung. Von der Eintragung des Zwangsversteigerungs- und Zwangsverwaltungsvermerks ist außer dem Vollstreckungsgericht nur der Eigentümer zu benachrichtigen.

14   **e) Eingetragener Gläubiger.** Zu benachrichtigen ist der eingetragene Gläubiger eines Grundpfandrechts, einer Reallast sowie eines Rechts an einem solchen Recht, falls es sich bei der Eintragung um die eines Eigentümers handelt. Steht das Grundstück in Miteigentum, erhalten die Eintr-Nachricht nur die Gläubiger derjenigen Rechte, die an dem Anteil lasten, dessen Eigentümer eingetragen wird (§ 55 Abs. 2 Satz 2). Dienstbarkeits- sowie Vorkaufsberechtigte brauchen von der Eintragung eines Eigentumswechsels nicht benachrichtigt zu werden. Wegen der Benachrichtigung von Erbbauberechtigten s. Rn. 19.

15   **f) Katasteramt.** Veränderungen der grundbuchmäßigen Beschreibung des Grundstücks (Wohnungs- oder Teileigentums, Erbbaurechts, Wohnungs- oder Teilerbbaurechts, dinglichen Nutzungsrechts i. S. des § 1 Nr. 2 Buchst. a GGV), die Eintragung des Eigentümers (Wohnungs- oder Teileigentümers, Erbbauberechtigten, Wohnungs- oder Teilerbbauberechtigten, Inhabers eines dinglichen Nutzungsrechts i. S. des § 1 Nr. 2 Buchst. a GGV) und der Verzicht auf das Eigentum sind der Katasterbehörde oder der sonstigen, das amtliche Grundstücksverzeichnis führenden Behörde (s. dazu § 2 Rn. 6 ff.) bekanntzumachen (§ 55 Abs. 3, 4 Satz 1). S. zum Ganzen auch § 15 Nr. 2 EGGVG und XVIII/1, 2 MiZi.

16   **g) Aneignungsberechtigter.** Die Eintragung des Verzichts auf das Eigentum (s. dazu Anh. zu § 44 Rn. 4) ist dem aneignungsberechtigten Landesfiskus bekanntzumachen (§ 55 Abs. 4 Satz 1). Wird im Gebiet der ehemaligen DDR auf das Eigentum an einem Grundstück aus der Bodenreform verzichtet, sind gem. Art. 233 § 15 Abs. 3 EGBGB andere aneignungsberechtigt als nach § 928 BGB; bekanntzumachen ist in einem solchen Fall die Eintragung des Verzichts dem Landesfiskus und der Gemeinde, in deren Gebiet das Grundstück liegt (§ 55 Abs. 4 Satz 2). Ist gem. § 11 Abs. 1 Satz 2 VermG der Entschädigungsfonds (s. dazu § 29a VermG) aneignungsberechtigt, ist dieser zu benachrichtigen (§ 55 Abs. 4 Satz 1). S. dazu auch XVIII/2 MiZi.

17   **h) Anderes GBAmt.** Von dem Vermerk eines subjektiv-dinglichen Rechts (vgl. § 9) ist das für die Führung des belasteten Grundstücks zuständige GBAmt zu benachrichtigen; dieses hat dem für das herrschende Grundstück zuständigen GBAmt von einer Änderung oder Aufhebung des Rechts Nachricht zu geben (§ 55 Abs. 5). S. dazu auch XVIII/3 MiZi. Werden bei Gesamtrechten (§ 48) die Grundbücher von verschiedenen GBÄmter geführt, sind Eintragungen durch ein GBAmt den anderen GBÄmtern mitzuteilen (§ 55a Abs. 2). S. dazu auch XVIII/4 MiZi.

7. Bekanntmachung nach sonstigem Bundesrecht

Sonstige Vorschriften über die Bekanntmachung von Eintragungen blei- **18** ben gem. § 55 Abs. 8 unberührt. Es kommen vor allem in Betracht:

§§ 39, 40 GBV: Die **Umschreibung** eines GBBlatts ist dem Eigentümer, den eingetragenen dinglich Berechtigten und der Katasterbehörde bekanntzugeben (§ 39 Abs. 3 Satz 1 GBV; s. ergänzend auch Satz 3). Die Mitteilung an die Grundpfandgläubiger ist mit der Aufforderung zu verbinden, den etwa erteilten Brief zur Berichtigung alsbald einzureichen (§ 39 Abs. 3 Satz 4 GBV). Bei Wechsel der Zuständigkeit für die Führung eines GBBlatts hat das nunmehr zuständige GBAmt hiervon den eingetragenen Eigentümer und die eingetragenen dinglich Berechtigten unter Mitteilung der künftigen Aufschrift des Blatts zu benachrichtigen (§ 40 Abs. 1 Satz 1 GBV; s. ergänzend auch Satz 2); über eine Ausnahme s. § 40 Abs. 1 Satz 3 GBV. Entsprechendes gilt bei Übergang eines Grundstücks in einen anderen GBBezirk desselben GBAmts (§ 40 Abs. 2 GBV). S. dazu auch XVIII/1 Abs. 1 Nr. 4 MiZi.

§ 17 ErbbauRG: Jede Eintragung im **Erbbaugrundbuch** ist dem Grund- **19** stückseigentümer, die Eintragung von Verfügungsbeschränkungen des Erbbauberechtigten auch den im Erbbaugrundbuch eingetragenen dinglich Berechtigten bekanntzumachen (Abs. 1); im Übrigen gelten die Mitteilungspflichten gem. §§ 55 bis 55b, ausgenommen § 55 Abs. 4, für Eintragungen im Erbbaugrundbuch entsprechend. Dem Erbbauberechtigten ist die Eintragung eines Grundstückseigentümers, die Eintragung von Verfügungsbeschränkungen des Grundstückseigentümers sowie die Eintragung eines Widerspruchs gegen die Eintragung des Eigentümers bekanntzumachen (Abs. 2). S. dazu auch XVIII/10 MiZi.

§ 14 GGV: Für Eintragungen im **Gebäudegrundbuch** sowie im GB des **20** mit einem dinglichen Nutzungsrecht belasteten oder von Gebäudeeigentum betroffenen Grundstücks ist § 17 ErbbauRG entsprechend anzuwenden. Der Grundstückseigentümer erhält Nachricht von Eintragungen im Gebäudegrundbuch nur dann, wenn das Recht im Grundstücksgrundbuch eingetragen ist oder gleichzeitig eingetragen wird und der Eigentümer bekannt ist.

§ 19 Abs. 3, § 146 ZVG: Nach Eintragung des Zwangsversteigerungs- oder Zwangsverwaltungsvermerks ist jede Eintragung dem **Vollstreckungsgericht** mitzuteilen. Zu den Mitteilungspflichten des GBAmts nach Anordnung der Zwangsversteigerung im Einzelnen s. Hagemann Rpfleger 1984, 397. S. dazu auch XVIII/6 MiZi.

§ 54 Abs. 2, § 143 Abs. 2 Satz 3, § 165 Abs. 9 Satz 4 BauGB: Von jeder **21** nach Einleitung des Umlegungsverfahrens oder einer städtebaulichen Sanierungs- oder Entwicklungsmaßnahme vorgenommenen Eintragung ist die Umlegungsstelle bzw. die **Gemeinde** zu benachrichtigen. S. dazu auch XVIII/14 MiZi.

§ 108 Abs. 6 BauGB und § 31 Abs. 5 LandbeschG v. 23.2.1957 (BGBl. I 134): Von jeder nach Einleitung des Enteignungsverfahrens vorgenommenen Eintragung ist die **Enteignungsbehörde** zu benachrichtigen. Entsprechendes gilt bei Enteignungsverfahren nach dem WassersicherstellungsG (§ 20 Abs. 2 WassersicherstellungsG v. 24.8.1965, BGBl. I 1225). S. dazu auch XVIII/7 MiZi.

§ 12 Abs. 3 FlurbG: Bis zum Wirksamwerden der Schlussfeststellung hat das GBAmt die **Flurbereinigungsbehörde** von allen Eintragungen zu benachrichtigen, die nach der Anordnung des Flurbereinigungsverfahrens im GB der betroffenen Grundstücke vorgenommen worden sind oder vorgenommen werden. Eine Benachrichtigung unterbleibt jedoch, wenn die Flurbereinigungsbehörde darauf verzichtet. Das GBAmt hat die Flurbereinigungsbehörde außerdem von der Eintragung neuer Eigentümer der an das Flurbereinigungsgebiet angrenzenden Grundstücke zu benachrichtigen, sofern die Flurbereinigungsbehörde dem GBAmt die Bezeichnung solcher Grundstücke zu diesem Zweck mitgeteilt hat. S. dazu auch XVIII/9 MiZi und für Bayern Nr. 1 der Gem.Bek. Flurbereinigung und GB v. 23.6.2003, JMBl. 124. Die Mitteilungspflichten im Flurbereinigungsverfahren gelten sinngemäß im Bodenordnungsverfahren (§ 63 Abs. 2 LandwirtschaftsanpassungsG i. d. F. v. 3.7.1991, BGBl. I 1418). S. dazu auch XVIII/17 MiZi.

§ 17 Abs. 4, § 106 Abs. 1 BBergG: Das GBAmt hat die **Bergbehörde** von der Eintragung eines neuen Bergwerkseigentümers und von allen Eintragungen zu benachrichtigen, die nach dem Zeitpunkt der Einleitung des Grundabtretungsverfahrens gem. §§ 77 ff. BBergG im GB des betroffenen Grundstücks vorgenommen worden sind oder vorgenommen werden. S. dazu auch XVIII/13, 15 MiZi.

22   § 29 Abs. 4, 5 BewG: Der für die Feststellung des Einheitswerts zuständigen **Finanzbehörde** ist die Eintragung eines neuen Eigentümers oder Erbbauberechtigten sowie bei einem anderen als rechtsgeschäftlichen Erwerb auch die Anschrift des neuen Eigentümers oder Erbbauberechtigten mitzuteilen; dies gilt jedoch nicht für die Fälle des Erwerbs nach den Vorschriften des Zuordnungsrechts. Ferner ist die Eintragung der Begründung von Wohnungs- oder Teileigentum sowie eines Erbbaurechts, Wohnungserbbaurechts oder Teilerbbaurechts mitzuteilen; dabei ist auch der Tag des Eingangs des EintrAntrags beim GBAmt und bei einer Eintragung auf Grund Erbfolge das Todesjahr des Erblassers mitzuteilen.

Die Mitteilungen können der Finanzbehörde über die für die Führung des amtlichen Grundstücksverzeichnisses zuständige Behörde (§ 2 Abs. 2; s. dazu auch § 2 Rn. 11) zugeleitet werden (s. dazu Nr. 3.3.2 BayGBGA). Das GBAmt hat die Betroffenen vom Inhalt der Mitteilung zu unterrichten, es sei denn, es werden lediglich Umstände aus dem GB, den Grundakten oder dem Liegenschaftskataster mitgeteilt. S. dazu auch XVIII/5 MiZi.

§ 7 Abs. 5 Satz 2, § 12 Satz 1 und § 8 Abs. 2 SPV: Die Eintragung des Eigentümers eines Grundstücks oder Gebäudes oder eines Erbbauberechtigten auf Grund eines Sonderungsplans (vgl. § 7 Abs. 2 BoSoG) ist dem **Finanzamt** mitzuteilen; Entsprechendes gilt für Eintragungen auf Grund eines Zuordnungsplans (vgl. § 3 Abs. 1 VZOG). Solange ein Sonderungsvermerk (s.

§ 38 Rn. 26) im GB eingetragen ist, erhält die Sonderungsbehörde von allen Eintragungen eine Mitteilung. S. dazu auch XVIII/16 MiZi.

§ 9 HöfeVfO: Von der Eintragung oder Löschung eines Hofvermerks sowie der Abtrennung eines einzelnen Grundstücks vom Hof sind der Eigentümer, das **Landwirtschaftsgericht** und die Genehmigungsbehörde nach dem Grundstückverkehrsgesetz zu unterrichten.

§ 41 DVO z. FidErlG v. 20.3.1939 (RGBl. I 509): Von allen Eintragungen, die Grundstücke oder Rechte betreffen, bei denen der Fideikommissvermerk oder das Recht des Nacherben eingetragen ist, hat das GBAmt das **Fideikommissgericht** zu unterrichten. S. dazu auch XVIII/11 MiZi. Zur Aufhebung fideikommissrechtlicher Vorschriften als Bundesrecht s. Art. 64 des Ges. v. 23.11.2007 (BGBl. I 2614).

§ 2 Abs. 4 SchutzforstVO: Von der Eintragung eines Schutzforstvermerks und allen späteren den Schutzforst betreffenden Eintragungen war die **Forstaufsichtsbehörde** zu benachrichtigen. S. dazu auch XVIII/12 MiZi. Zur Aufhebung der SchutzforstVO s. § 4 Rn. 8.

8. Bekanntmachung nach Landesrecht

Landesrechtliche Bestimmungen gelten im Rahmen des § 143 GBO und **23** des § 55 Abs. 8 fort. Für Bayern s. Art. 27 Abs. 4 Satz 2 Ges. über die entschädigungspflichtige Enteignung i. d. F. v. 25.7.1978 (BayRS 2141-1-I), ferner XVIII der Sondervorschriften für Bayern der Anordnung über Mitteilungen in Zivilsachen (MiZi) in der Neufassung v. 11.5.1998 (JMBl. 64, 112) und Nr. 3.3, 4.1 GBGA sowie Nr. 1 der Gem.Bek. Flurbereinigung und GB v. 23.6.2003, JMBl. 124.

9. Bekanntmachung nach Ermessen des Grundbuchamts

In manchen Fällen ist die Benachrichtigung dem Ermessen des GBAmts **24** überlassen (z.B. § 39 Satz 2 GBV; § 6 AV v. 20.1.1940, DJust. 212 = BayBSVJu III 103) oder zwar nicht ausdrücklich vorgeschrieben, aber nach Sachlage zweckmäßig. Das GBAmt wird in Zweifelsfällen eher eine Nachricht mehr als eine zu wenig absenden.

10. Empfänger der Bekanntmachung

Für das GBAmt sind wegen der Anschrift des Empfängers der Bekannt- **25** machung der Inhalt des GB und der Grundakten maßgebend. Einen ihm bekannt gewordenen Rechtsübergang außerhalb des GB hat das GBAmt jedoch zu beachten. Es braucht aber keine Schriftstücke zu den Grundakten zu nehmen, aus denen sich ein solcher ergibt, sofern er nicht zur Grundlage einer GBBerichtigung gemacht wird. Kann die Nachricht dem Empfänger nicht übermittelt werden, ist dieser z.B. unbekannt verzogen, so besteht keine Ermittlungspflicht des GBAmts (OLG Brandenburg RNotZ 2008, 224; OLG Köln FGPrax 2011, 277). Kommt eine EintrNachricht zurück, ist aber stets zu prüfen, ob die Mitteilung an den richtigen Empfänger unter der sich aus dem GB oder den Grundakten ergebenden Anschrift abgesandt wurde und ob nicht ein Versehen der Geschäftsstelle vorliegt; ergibt sich die neue

Anschrift des Nachrichtenempfängers aus einem Postvermerk, ist die Nachricht dorthin zu senden.

26 Für die Benachrichtigung, insbes. auch des Vollstreckungsgerichts nach § 19 Abs. 2 ZVG, ist wichtig, dass das Wohnungsblatt (Beteiligtendatenbank; vgl. für Bayern § 21 Abs. 8 AktO v. 13.12.1983, JMBl. 1984, 13, neu gefasst durch Bek. v. 30.5.2007, JMBl. 54) stets auf dem Laufenden gehalten wird. Über die Bedeutung des Wohnungsblatts s. RG 157, 94.

27 Hat ein Benachrichtigungsberechtigter verlangt, die Eintragung nicht ihm, sondern **einem anderen** bekanntzumachen, so ist die Bekanntmachung ausschließlich an die von dem Berechtigten bezeichnete Person zu richten (KGJ 34, 329; s. dazu auch Dempewolf MDR 1957, 458; LG Frankenthal Rpfleger 1972, 26 mit Anm. v. Haegele; OLG Stuttgart Rpfleger 1974, 110; BayObLG DNotZ 1990, 739). Haben die Beteiligten Vertreter oder Zustellungsbevollmächtigte bestellt, so sind diese zu benachrichtigen (KGJ 34, 330; zur Benachrichtigung des Notars s. Rn. 10). Zur Entgegennahme einer EintrMitteilung kann auch bevollmächtigt werden, wer nicht gemäß § 10 Abs. 2 FamFG vertretungsbefugt ist (§ 15 Abs. 1 Satz 2). Über entsprechende Vermerke im Wohnungsblatt (Beteiligtendatenbank) vgl. für Bayern § 21 Abs. 8 AktO v. 13.12.1983, JMBl. 1984, 13, neu gefasst durch Bek. v. 30.5.2007, JMBl. 54.

11. Verzicht auf die Bekanntmachung

28 In den Fällen des § 55 und des § 17 ErbbauRG kann auf die Bekanntmachung ganz oder teilweise verzichtet werden (§ 55 Abs. 7 und § 17 Abs. 3 ErbbauRG). Der Verzicht gilt nur für den Verzichtenden und bedarf keiner Form; bei mündlicher Erklärung ist ein Aktenvermerk zweckmäßig.

12. Unterlassen der Bekanntmachung

29 Auf die Wirksamkeit der Eintragung ist es ohne Einfluss, wenn die Mitteilung unterbleibt; § 55 ist nur Ordnungsvorschrift. Das Unterlassen einer Mitteilung kann sich jedoch bei einem Amtshaftungsanspruch nachteilig auswirken (s. Rn. 30). Der Bekanntmachungspflicht wird durch Übersendung des HypBriefs, in den der EintrVermerk aufgenommen ist, genügt (KGJ 49, 239); eine besondere Nachricht ist aber auch hier stets zweckmäßig. Unzulässig ist es, statt der Mitteilung auf GBEinsicht zu verweisen.

13. Bedeutung der Bekanntmachung

30 Der Empfänger einer EintrNachricht hat, sofern er nach seiner Stellung oder seinem Bildungsgrad hierzu in der Lage ist, die Nachricht sorgfältig auf die Richtigkeit der Eintragung nachzuprüfen; erforderlichenfalls muss er sich unverzüglich beim GBAmt erkundigen und Gegenvorstellungen erheben (BayObLG Rpfleger 1989, 147; OLG Köln Rpfleger 2001, 123); Unterlassen ist als Nichtgebrauch eines Rechtsmittels i. S. des § 839 Abs. 3 BGB anzusehen und hat unter Umständen den Verlust von Schadensersatzansprüchen zur Folge (RG 138, 116; s. auch BGH NJW 1958, 1532). Bei Ausbleiben einer EintrNachricht kann Erinnerung beim GBAmt geboten sein. Da ein Antragsteller grundsätzlich von einer ordnungsmäßigen Erledigung seines Antrags durch das GBAmt ausgehen darf, besteht eine Pflicht zur Erkundigung oder zu Hinweisen gegenüber dem GBAmt nur bei Vorliegen besonderer Umstände (RG JW 1935, 772; BGH NJW 1984, 1748; s. auch BGH NJW 1958, 1532).

Zur Überprüfung der EintrNachricht des GBAmts und zur Entscheidung, **31** welche Maßnahmen geboten sind, ist ein Notar aufgrund seiner Sachkunde regelmäßig weit eher geeignet als ein Antragsteller. Hat ein Antragsteller einen Notar mit der grundbuchmäßigen Abwicklung eines Rechtsgeschäfts beauftragt, darf er darauf vertrauen, dass dieser das Erforderliche veranlassen werde (BGH NJW 1984, 1748; OLG Köln Rpfleger 2001, 123). Zur Verpflichtung des Notars, die EintrNachricht zu überprüfen, s. Reithmann NotBZ 2004, 100.

14. Rechtsbehelfe

Gegen die Verweigerung der Benachrichtigung ist Beschwerde zulässig, **32** auch wenn der Beschwerdeführer bereits anderweit von der Eintragung Kenntnis erlangt hat (KGJ 28, 154; OLG Naumburg FGPrax 2003, 109; OLG Brandenburg RNotZ 2008, 224). Eine Änderung der Bekanntmachung kann aber nicht Ziel einer Beschwerde sein (OLG München NJW-RR 2020, 468). Im eigenen Namen kann der Notar ein Rechtsmittel mangels Beschwerdeberechtigung nicht einlegen (OLG Naumburg FGPrax 2003, 109). Das bloße Unterbleiben einer verlangten EintrBekanntmachung stellt keine beschwerdefähige Entscheidung des GBAmts dar (BayObLG Rpfleger 1989, 147; s. dazu OLG Naumburg FGPrax 2003, 109). Auch die Ankündigung, die Bekanntmachung einer Eintragung zu beabsichtigen, ist nicht anfechtbar (s. § 71 Rn. 18).

15. Kosten

Die Benachrichtigung der Beteiligten von der Eintragung ist gebühren- **33** freies Nebengeschäft.

Mitteilungen an ein anderes GBAmt

55a (1) **Enthält ein beim Grundbuchamt eingegangenes Schriftstück Anträge oder Ersuchen, für deren Erledigung neben dem angegangenen Grundbuchamt auch noch ein anderes Grundbuchamt zuständig ist oder mehrere andere Grundbuchämter zuständig sind, so kann jedes der beteiligten Grundbuchämter den anderen beteiligten Grundbuchämtern Abschriften seiner Verfügungen mitteilen.**

(2) **Werden bei Gesamtrechten (§ 48) die Grundbücher bei verschiedenen Grundbuchämtern geführt, so sind die Eintragungen sowie die Verfügungen, durch die ein Antrag oder Ersuchen auf Eintragung zurückgewiesen wird, den anderen beteiligten Grundbuchämtern bekanntzugeben.**

1   § 55a ist durch das RegVBG in die GBO eingefügt worden; er ergänzt
§ 55. Sind für die Erledigung eines EintrAntrags oder -Ersuchens mehrere
GBÄmter nebeneinander zuständig, ist es zu einer sachgerechten Erledigung
des Antrags erforderlich, dass jedes GBAmt Kenntnis davon erlangt, in welcher Weise die anderen beteiligten GBÄmter den Antrag erledigt haben.
Diesem Bedürfnis kann am ehesten dadurch Rechnung getragen werden,
dass jedes GBAmt seine Verfügung den anderen beteiligten GBÄmtern mitteilt. Bei der Verfügung kann es sich um eine Antragszurückweisung, eine
Zwischenverfügung oder um eine EintrVerfügung handeln. § 55a Abs. 1
schafft eine Rechtsgrundlage für solche Mitteilungen. Sie kommen z. B. im
Fall eines Zuständigkeitswechsels von einem GBAmt zu einem anderen als
Folge einer Zusammenschreibung, Vereinigung oder Zuschreibung (s. §§ 4, 5
und 6) in Betracht (vgl. § 25 GBV).

2   Ein besonderer Fall für das notwendige Zusammenwirken von GBÄmtern
ist die Belastung mehrerer, in den Bezirken verschiedener GBÄmter liegender Grundstücke. Gem. § 48 ist in diesem Fall bei jedem der belasteten
Grundstücke ein Mitbelastungsvermerk anzubringen. Nähere Vorschriften
über das von den GBÄmtern dabei zu beachtende Verfahren enthalten § 30
GeschO, Nr. 3.2.5 BayGBGA (vgl. hierzu § 48 Rn. 27 ff.). § 55a Abs. 2
schafft für die dafür erforderlichen Mitteilungen eine gesetzliche Grundlage.
Ist beim Datenbankgrundbuch ein GBAmt aufgrund einer Rechtsverordnung gemäß § 127 Abs. 1 Satz 1 Nr. 4 auch zuständig, soweit Grundbücher
betroffen sind, die von anderen GBÄmtern geführt werden, sind diese Mitteilungen nicht erforderlich. S. dazu § 127 Rn. 15.

3   Der Betroffene muss von den Mitteilungen des GBAmts nicht unterrichtet werden (§ 55b Satz 2).

Mitteilungen aufgrund von Rechtsvorschriften

55b Soweit das Grundbuchamt aufgrund von Rechtsvorschriften
im Zusammenhang mit Grundbucheintragungen Mitteilungen
an Gerichte oder Behörden oder sonstige Stellen zu machen hat, muß
der Betroffene nicht unterrichtet werden. Das gleiche gilt im Falle des
§ 55a.

1   § 55b ist durch das RegVBG in die GBO eingefügt worden; er ergänzt
§ 55. Verschiedentlich sind auf Grund von Rechtsvorschriften vom GBAmt
im Zusammenhang mit GBEintragungen Mitteilungen zu machen, sei es an
Gerichte, Behörden oder sonstige Stellen. Um die Übereinstimmung zwischen GB und Liegenschaftskataster zu erhalten, sind Mitteilungen des
GBAmts über Änderungen im Bestandsverzeichnis und bei einer Änderung
des Eigentümers oder Erbbauberechtigten an das Liegenschaftsamt vorgesehen (s. hierzu § 2 Rn. 18, 19). In verschiedenen gerichtlichen und behördlichen Verfahren sind Mitteilungen des GBAmts über den GBInhalt und seine
Veränderungen an das jeweils zuständige Gericht oder die zuständige Behörde vorgeschrieben, z. B. im Zwangsversteigerungsverfahren (vgl. § 19 ZVG),
im Umlegungsverfahren (vgl. § 54 Abs. 2 BauGB) oder in den Fällen des
§ 55 Abs. 4, 5 und § 55a.

Nach § 55b braucht in allen diesen Fällen der Betroffene von der Mittei- **2** lung nicht unterrichtet zu werden. Entweder handelt es sich dabei um Mitteilungen innerhalb des GBVerfahrens, um die ordnungsmäßige Fortführung von zwei öffentlichen und in sachlicher Wechselwirkung zueinander stehender Register oder der Betroffene ist in dem anderen gerichtlichen oder behördlichen Verfahren ebenfalls beteiligt. Ein Bedürfnis für eine Unterrichtung des Betroffenen durch das GBAmt besteht nicht.

Dritter Abschnitt. Hypotheken-, Grundschuld-, Rentenschuldbrief

Übersicht

Der 3. Abschnitt befasst sich mit dem Hypotheken-, Grundschuld- und Rentenschuldbrief. §§ 56 bis 69 handeln vom HypBrief. § 56 regelt die Zuständigkeit für die Erteilung des Briefs und schreibt vor, welchen Erfordernissen ein Brief genügen und wer ihn unterschreiben muss. § 57 gibt den nichtwesentlichen Inhalt an, § 58 handelt von der Verbindung der Schuldurkunde mit dem Brief. § 59 betrifft die Erteilung eines Gesamtbriefs, § 66 die eines gemeinschaftlichen Briefs. § 60 regelt die Aushändigung des Briefs, § 61 die Zuständigkeit und das Verfahren bei Herstellung von Teilbriefen. § 62 bestimmt, dass grundsätzlich jede Eintragung bei der Hyp. auf dem Brief zu vermerken ist. §§ 63 bis 65 betreffen die Behandlung des Briefs in besonderen Fällen, und zwar § 63 bei nachträglicher Mitbelastung eines anderen Grundstücks, § 64 bei Verteilung einer Gesamthyp. auf die einzelnen Grundstücke und § 65 bei Umwandlung einer Hyp. in eine Grund- oder Rentenschuld sowie im Fall der Forderungsauswechslung. §§ 67, 68 bestimmen das Verfahren bei Erteilung eines neuen Briefs. § 69 betrifft die Unbrauchbarmachung des Briefs.

Nach § 70 sind §§ 56 bis 69 auf den Grundschuld- und Rentenschuldbrief entsprechend anzuwenden; ein Rentenschuldbrief muss bei Meidung seiner Ungültigkeit die Ablösungssumme angeben.

Erteilung und wesentlicher Inhalt des Hypothekenbriefs

56 (1) **Der Hypothekenbrief wird von dem Grundbuchamt erteilt. Er muß die Bezeichnung als Hypothekenbrief enthalten, den Geldbetrag der Hypothek und das belastete Grundstück bezeichnen sowie mit Unterschrift und Siegel oder Stempel versehen sein.**

(2) **Der Hypothekenbrief ist von der für die Führung des Grundbuchs zuständigen Person und dem Urkundsbeamten der Geschäftsstelle zu unterschreiben. Jedoch kann statt des Urkundsbeamten der Geschäftsstelle ein von der Leitung des Amtsgerichts ermächtigter Justizangestellter unterschreiben.**

Inhaltsübersicht

1. Allgemeines

1 § 56, geändert durch Art. 2 Nr. 3 des Ges. v. 22.6.1977 (BGBl. I 998) und ergänzt durch das RegVBG, regelt die Zuständigkeit zur Erteilung des HypBriefs, bestimmt seinen wesentlichen Inhalt und legt fest, von wem der HypBrief zu unterschreiben ist.

2 **a) Bedeutung des Briefs.** Für die Entstehung, Übertragung, Belastung, Geltendmachung und Pfändung der Briefhyp. ist der Brief von maßgebender Bedeutung (§§ 1117, 1154, 1069, 1274, 1160 BGB; § 830 ZPO). Hinsichtlich der Übertragung rückständiger Zinsen und Nebenleistungen gilt Forderungsrecht (§ 1159 BGB). In der Zwangsversteigerung dürfen auf den Hauptanspruch entfallende Beträge nur bei Vorlegung des Briefs ausgezahlt werden (§ 126 ZVG).

3 Gläubigerrecht und Eigentum am Brief können nach § 952 BGB nicht voneinander getrennt werden; ausgeschlossen ist auch eine selbständige Verpfändung oder Pfändung des Briefs (RG 66, 27; 91, 157).

4 **b) Öffentlicher Glaube des Briefs.** Nur das GB, nicht der Brief genießt öffentlichen Glauben (KGJ 38, 298; JFG 16, 289), aber der Brief kann den öffentlichen Glauben des GB zerstören (§§ 1140, 1157 BGB). S. dazu auch OLG Hamm FGPrax 2002, 193.

5 **c) Ausschluss der Brieferteilung.** Er ist ebenso möglich wie die Aufhebung des Ausschlusses (§ 1116 Abs. 2, 3 BGB). Im GB wird nur der Ausschluss der Brieferteilung oder seine Aufhebung, nicht aber die Erteilung des Briefs vermerkt (§ 1116 Abs. 2 Satz 3, Abs. 3 BGB); anders im Fall der Erteilung eines neuen Briefs (§ 68 Abs. 3).

Kein Brief wird erteilt bei Ausschluss der Brieferteilung (§ 1116 Abs. 2 BGB) und bei Sicherungshyp. (§ 1185 Abs. 1 BGB). Wegen des Ausschlusses der Brieferteilung bei Abgeltungshyp. s. § 8 Abs. 3 Satz 2 DVO z. VO über die Aufhebung der Gebäudeentschuldungssteuer v. 31.7.1942, RGBl. I 503 sowie § 84 Rn. 2 und §§ 22 ff. GBMaßnG) und zum Ausschluss bei Aufwertungshyp. unter 500 GM s. Art. 6 DVO z. AufwG v. 29.11.1925 (RGBl. I 392). Über Umstellungsgrundschulden war nach § 4 der 2. DVO z. LASG v. 8.8.1949 (WiGBl. 233) kein Brief zu erteilen; für auf den Eigentümer übergegangene Umstellungsgrundschulden gilt der Ausschluss der Brieferteilung aber nicht (OLG Bremen NJW 1951, 846; Spreckelsen DNotZ 1952, 468). Zum nachträglichen Ausschluss der Brieferteilung ist außer der sachenrechtlichen Einigung von Grundpfandgläubiger und Eigentümer verfahrensrechtlich die Bewilligung beider erforderlich (s. § 19 Rn. 50).

6 **d) Herstellung des Briefs.** Zur Herstellung von Briefen beim maschinell geführten GB s. §§ 87 ff. GBV. Die Briefe sollen mit Hilfe eines maschinellen Verfahrens gefertigt werden. Die Person, welche die Herstellung des Briefs veranlasst, hat diesen auf Vollständigkeit und Richtigkeit zu überprüfen und ist zu einer Nachbearbeitung der Daten auf dem Brief befugt. Der Brief soll weder unterschrieben noch mit einem Siegel oder Stempel versehen werden (s. dazu Rn. 16). Bestelmeyer (Rpfleger 2009, 1) hält Briefe, die beim

maschinell geführten GB in den Verfahren SOLUM-STAR sowie FOLIA und ARGUS hergestellt werden für nichtig und als herkömmliche Briefe nur dann für gültig, wenn sie von Hand unterschrieben und von Hand gesiegelt oder gestempelt sind (a. M. von Proff zu Irnich RNotZ 2010, 384).

2. Zuständigkeit

Zuständig für die Erteilung des Briefs ist nach Satz 1 ausschließlich das **7** GBAmt, und zwar dasjenige, welches das GB über das in Frage kommende Grundstück führt. Eine andere Regelung ist in § 61 Abs. 1 hinsichtlich der Herstellung von Teilbriefen getroffen. Zur Zuständigkeit in Baden-Württemberg bis zum Inkrafttreten der GBAmtsreform am 1.1.2018 s. § 149 Rn. 2.

3. Wesentliche Erfordernisse

Welchen Erfordernissen ein Brief genügen muss, wenn er gültig sein soll, **8** ergibt sich aus Abs. 1 Satz 2. Im Gegensatz zu diesem enthalten §§ 57, 58 lediglich Sollvorschriften, deren Verletzung die Gültigkeit des Briefs nicht berührt. Die Geschäftsnummer und Vermerke über die geschäftliche Erledigung, z. B. Absendungsvermerke, gehören nicht auf den Brief (§ 36 Abs. 3 GeschO, Nr. 6.1.1.4 BayGBGA). Im Einzelnen ist erforderlich:

a) Bezeichnung als HypBrief. Nach § 47 GBV ist der Brief am Kopf **9** mit einer Überschrift zu versehen. Die Überschrift enthält die Worte „Deutscher Hypothekenbrief" und die Bezeichnung der Hypothek, über welche der Brief erteilt wird.

b) Angabe des Geldbetrags der Hypothek. Sie erfolgt entsprechend **10** der Eintragung im GB, also grundsätzlich in geltender Währung (§ 28 Satz 2; s. dazu § 28 Rn. 16 ff.), bei wertbeständigen Hyp. (s. § 28 Rn. 31 ff.) gemäß § 3 Ges. v. 23.6.1923 (RGBl. I 407). Mit dem 31.3. bzw. 31.12.1931 sind nach § 8 GBBerG-1930 alle Briefe kraftlos geworden, die den Geldbetrag in einer damals nicht mehr geltenden inländischen Währung ausdrückten.

c) Bezeichnung des belasteten Grundstücks. Die Bezeichnung nach **11** dem Inhalt des GB ist nicht notwendig, sofern klar ist, um welches Grundstück es sich handelt; auch die Ordnungsvorschrift des § 57 verlangt in ihrer jetzigen Fassung diese Bezeichnung nicht mehr in vollem Umfang, sondern bestimmt in Satz 2 lediglich, dass das belastete Grundstück mit der laufenden Nummer bezeichnet werden soll, unter der es im Bestandsverzeichnis des GB verzeichnet ist.

d) Unterschrift. Der Brief ist nach § 56 Abs. 2 von der für die Führung **12** des GB zuständigen Person (Rpfleger) und dem Urkundsbeamten der Geschäftsstelle zu unterschreiben; statt des Urkundsbeamten kann ein von der Leitung des Amtsgerichts ermächtigter Justizangestellter unterzeichnen. In Baden-Württemberg waren bis 1.1.2018 abweichende landesrechtliche Regelungen maßgebend (s. § 149 Abs. 2). Die Unterschrift muss eigenhändig sein; mechanische Vervielfältigung genügt nicht. Fehlt auch nur eine Unterschrift, so ist der Brief nicht gültig (KGJ 46, 198); eine Nachholung der Unterschrift ist zulässig (s. aber Rn. 18).

13 Auf die Gültigkeit des Briefs ist es ohne Einfluss, wenn eine örtlich oder nach der Geschäftsverteilung unzuständige Person unterschreibt (s. § 1 Rn. 30, 31). Auch ist ein vom Beschwerdegericht erteilter Brief nicht nichtig (s. § 1 Rn. 32, 33; a.M. KGJ 50, 93; Meikel/Wagner Rn. 37; Hügel/Kral Rn. 16).

14 Zu beachten ist, dass nach der GBV (Muster Anl. 3 bis 8) das GBAmt nicht als GBAmt, sondern als Amtsgericht unterzeichnet; für Baden-Württemberg gilt dies erst, seit die Grundbücher auch dort von den Amtsgerichten geführt werden (s. dazu Rn. 16 und § 149 Rn. 2). Für Bayern s. jedoch § 1 Rn. 2.

15 Eine Datierung ist nicht ausdrücklich vorgeschrieben, aber zweckmäßig und in der GBV (Muster Anl. 3 bis 8) überall als selbstverständlich vorgesehen. Es ist kein früheres Datum als das der Eintragung zu wählen; üblich ist es, den Tag anzugeben, an welchem der Rpfleger den ihm zur Prüfung vorgelegten Entwurf des Briefs unterschrieben hat. S. auch § 36 GeschO.

16 **e) Siegel oder Stempel.** Außer mit einer Unterschrift muss der Brief auch mit einem Siegel oder Stempel versehen sein. Neben dem Prägesiegel ist nunmehr auch die Verwendung eines Farbdruckstempels zugelassen. Für eine Siegelung genügt die Einprägung des Dienstsiegels mittels Trockenstempels in die Urkunde selbst; des Oblatensiegels bedarf es nur zur Verbindung mehrerer Urkunden (BayObLG Rpfleger 1974, 160). In Baden-Württemberg waren bis 1.1.2018 abweichende landesrechtliche Regelungen maßgebend (s. § 149 Abs. 2). Siegel des GBAmts war das des Notariats (§ 28 LFGG v. 12.2.1975, GVBl. 116).

f) Maschinell geführtes Grundbuch. Wird der Brief für ein im maschinell geführten GB eingetragenes Recht maschinell hergestellt, muss er nicht unterschrieben werden; er ist jedoch mit dem Namen der Person, welche die Herstellung des Briefs veranlasst hat, zu versehen und mit dem Vermerk: „Maschinell hergestellt und ohne Unterschrift gültig" (§ 87 Satz 3, 4 GBV). Auch muss er nicht von Hand mit einem Siegel oder Stempel versehen werden. Jedoch muss ein Siegelaufdruck entweder bereits auf dem Formular vorhanden sein oder maschinell angebracht werden (§ 87 Satz 3, 5 GBV). S. dazu Rn. 6.

4. Bedeutung der amtlichen Muster

17 Die Beteiligten haben einen im Beschwerdeweg verfolgbaren Rechtsanspruch darauf, dass die Vorschriften über die äußere Form des Briefs (§§ 47 bis 52 GBV; Muster Anl. 3 bis 8) eingehalten werden (s. § 1 Rn. 104 und KGJ 53, 223). Gemäß übereinstimmender, auf Grund des § 52 Abs. 2 GBV getroffener Regelung der Landesjustizverwaltungen dürfen für die Ausfertigung der Briefe nur die amtlich gelieferten, von der Bundesdruckerei in Berlin hergestellten Vordrucke A, B und C verwendet werden (s. dazu für Bayern Nr. 6.1.2 GBGA).

5. Verletzung des § 56

Fehlt ein wesentliches Erfordernis, so ist der Brief nichtig, also kein **18** HypBrief im Sinn des BGB. Die Hyp. bleibt aber trotzdem Briefhyp. (KGJ 46, 198). Ohne Brief ist eine rechtlich wirksame Verfügung über die Hyp. nicht möglich (§ 1154 Abs. 1 BGB). Die Ergänzung fehlender Bestandteile ist zulässig, macht den Brief aber nicht mit rückwirkender Kraft, sondern nur ex nunc gültig.

Bestehen Zweifel, ob ein gültiger Brief erteilt ist, so muss das GBAmt von **19** Amts wegen die zur Aufklärung des Sachverhalts erforderlichen Ermittlungen anstellen und erforderlichenfalls einen neuen Brief herstellen (KGJ 46, 196). Zwangsmaßnahmen zur Wiedererlangung eines nichtigen Briefs sind zulässig (s. KG OLG 44, 163; Recke JW 1937, 2076 A. 18).

6. Rechtsmittel

Gegen einen HypBrief ist wegen seiner Herstellung sowie wegen seines **20** Inhalts die Beschwerde zulässig (BayObLG Rpfleger 1974, 160; KGJ 52, 215; JFG 15, 159).

7. Kosten

Für die Eintragung einer Buchhyp. wird eine Gebühr von 1,0 erhoben **21** (Nr. 14121 GNotKG-KV). Damit ist eine Eintragung des Ausschlusses der Erteilung eines Briefs abgegolten. Für die nachträgliche Eintragung des Ausschlusses wird jedoch ebenso wie für die Eintragung der Aufhebung des Ausschlusses gemäß Nr. 14130 GNotKG-KV eine Gebühr von 0,5 erhoben. Zum Geschäftswert zwischen 10 und 50 % des Nennbetrags s. OLG Bamberg Rpfleger 2017, 593 mit Anm. v. Simon und Anm. v. Wilsch FGPrax 2017, 235. Für die Eintragung einer Briefhyp. wird eine Gebühr von 1,3 fällig (Nr. 14120 GNotKG-KV). Daneben wird für die Erteilung des Briefs keine gesonderte Gebühr erhoben. Für die nachträgliche Erteilung eines Briefs entsteht jedoch eine Gebühr von 0,5 (Nr. 14124 GNotKG-KV). Maßgebend für die Wertberechnung sind § 53 Abs. 1 und § 71 Abs. 1 GNotKG. Für die gleichzeitige oder nachträgliche Eintragung der Unterwerfung unter die Zwangsvollstreckung wird ebenso wie für deren Löschung keine Gebühr erhoben.

Zur Erhebung von Auslagen bei Versendung des Briefs durch Einschreiben **22** gegen Rückschein s. § 49a GBV; Nr. 31002 GNotKG-KV; Nr. 6.1.5 BayGBGA; OLG Zweibrücken Rpfleger 1998, 332; Simon Rpfleger 1997, 542.

Sonstiger Inhalt des Hypothekenbriefs

57 (1) Der Hypothekenbrief soll die Nummer des Grundbuchblatts und den Inhalt der die Hypothek betreffenden Eintragungen enthalten. Das belastete Grundstück soll mit der laufenden Nummer bezeichnet werden, unter der es im Bestandsverzeichnis des Grundbuchs verzeichnet ist. Bei der Hypothek eingetragene Löschungsvormerkungen nach § 1179 des Bürgerlichen Gesetzbuchs sollen in den Hypothekenbrief nicht aufgenommen werden.

(2) Ändern sich die in Absatz 1 Satz 1 und 2 bezeichneten Angaben, so ist der Hypothekenbrief auf Antrag zu ergänzen, soweit nicht die Ergänzung schon nach anderen Vorschriften vorzunehmen ist.

Inhaltsübersicht

1. Allgemeines

1   § 57, neu gefasst durch Art. 2 Nr. 4 des Ges. v. 22.6.1977 (BGBl. I 998), schreibt den nichtwesentlichen Inhalt des HypBriefs vor, verringert diesen zwecks Entlastung der GBÄmter gegenüber der bisherigen Regelung jedoch erheblich.

2. Nummer des Grundbuchblatts

2   Erforderlich ist zunächst die Angabe der Nummer des GBBlatts. Wegen der Bezeichnung des GBBlatts s. GBV Muster Anl. 3.

3. Inhalt der die Hypothek betreffenden Eintragungen

3   Es kommen sämtliche die Hyp. betreffenden Eintragungen, also insbes. auch Vormerkungen (s. aber Rn. 4), Widersprüche, Nacherben- und Testamentsvollstreckervermerke sowie andere Verfügungsbeschränkungen (BayObLG Rpfleger 1980, 429) in Betracht, nicht aber Rangvermerke; im Hinblick auf den Wegfall des § 57 Abs. 2 Buchst. d a. F. sind letztere in einen nach dem 31.12.1977 erteilten Brief nicht mehr aufzunehmen (s. dazu § 62 Rn. 3). In der Regel wird sich die wörtliche Wiedergabe des EintrVermerks empfehlen (s. jedoch Rn. 5).

4   Zu den die Hyp. betreffenden Eintragungen gehören an sich auch bei dieser eingetragene Löschungsvormerkungen nach § 1179 BGB; solche Vormerkungen sind jedoch nach Abs. 1 Satz 3 nicht in den Brief aufzunehmen.

5   Bei nachträglicher Erteilung oder Neuerteilung des Briefs ist eine zusammenfassende Wiedergabe des Inhalt der Eintragungen unter Weglassung überholter Vermerke, z.B. geänderter Zinssätze, zweckmäßig (vgl. JFG 13, 417).

4. Bezeichnung des belasteten Grundstücks

6   Das belastete Grundstück ist mit der laufenden Nummer zu bezeichnen, unter der es im Bestandsverzeichnis des GB verzeichnet ist; seiner nähe-

ren Beschreibung nach dem weiteren Inhalt des GB bedarf es nicht mehr. Für den Fall der Belastung eines Erbbaurechts oder des auf einem besonderen Blatt vorgetragenen Wohnungseigentums s. § 59 GBV und § 5 WGV.

5. Entfallene Erfordernisse

Gänzlich weggefallen sind die Bezeichnung des Eigentümers sowie die **7** kurze Bezeichnung der Eintragungen, die der Hyp. im Rang vorgehen oder gleichstehen.

6. Ergänzung des Hypothekenbriefs

Sie ist in Abs. 2 für den Fall vorgesehen, dass sich die in Abs. 1 Satz 1 und **8** 2 bezeichneten Angaben ändern und die Ergänzung des Briefs nicht schon nach anderen Vorschriften vorzunehmen ist. Letzteres trifft gemäß § 62 für alle Eintragungen bei der Hyp. mit Ausnahme der einer Löschungsvormerkung nach § 1179 BGB zu; hinsichtlich einer solchen scheidet eine Ergänzung des Briefs jedoch nach Abs. 1 Satz 3 aus. Wegen der Rangvermerke s. Rn. 3. Im Fall der Umschreibung eines GBBlatts ist ferner § 39 Abs. 3 Satz 4 GBV zu beachten.

Die Ergänzung des Briefs gemäß Abs. 2, die insbes. in Betracht kommt, **9** wenn sich die Nummer des GBBlatts oder die laufende Nummer des belasteten Grundstücks im Bestandsverzeichnis geändert haben, erfolgt nur auf Antrag, der keiner besonderen Form bedarf. Antragsberechtigt ist jeder Briefbesitzer ohne besonderen Nachweis seines Rechts (Güthe/Triebel Rn. 13; KEHE/Keller Rn. 5; Meikel/Wagner Rn. 30 und § 57 a. F. Rn. 18).

Der Ergänzungsvermerk wird im Anschluss an den letzten vorhandenen **10** Vermerk auf den Brief oder bei Raummangel auf einen besonderen mit dem Brief durch Schnur und Siegel (§ 50 GBV) zu verbindenden Bogen (§ 49 GBV) gesetzt; er ist mit Unterschrift und Siegel oder Stempel zu versehen (s. § 56 Rn. 12–16).

Wird ein Brief maschinell hergestellt, gilt, sofern nicht gem. § 89 GBV ein ergänzter neuer Brief erteilt wird, für die Verbindung des Briefs und des Bogen mit den Ergänzungen § 50 GBV nicht; die Zusammengehörigkeit ist auf andere geeignete Weise sichtbar zu machen (§ 87 Satz 6 GBV).

Auf die Ergänzung eines vor dem 1.1.1978 erteilten Briefs ist § 57 in **11** seiner bisherigen (durch § 27 Nr. 2 GBMaßnG geänderten) Fassung anzuwenden; jedoch soll eine nach dem genannten Zeitpunkt bei dem Recht eingetragene Löschungsvormerkung nach § 1179 BGB auch auf Antrag nicht auf dem Brief vermerkt werden (Art. 8 § 2 des Ges. v. 22.6.1977, BGBl. I 998).

7. Verletzung des § 57

§ 57 ist nur eine Ordnungsvorschrift. Trotz Nichtbeachtung ist der Brief **12** gültig, wenn er den Erfordernissen des § 56 entspricht. Jedoch sind Schadensersatzansprüche möglich (vgl. RG JW 1929, 772).

8. Kosten

13   Für die Briefergänzung nach Abs. 2 wird eine Gebühr von 25 EUR erhoben (Nr. 14125 GNotKG-KV). Für die Vornahme sonstiger Vermerke fällt keine Gebühr an.

Verbindung der Schuldurkunde mit dem Hypothekenbrief

58 (1) **Ist eine Urkunde über die Forderung, für welche eine Hypothek besteht, ausgestellt, so soll die Urkunde mit dem Hypothekenbrief verbunden werden. Erstreckt sich der Inhalt der Urkunde auch auf andere Angelegenheiten, so genügt es, wenn ein öffentlich beglaubigter Auszug aus der Urkunde mit dem Hypothekenbrief verbunden wird.**

(2) Zum Nachweis, daß eine Schuldurkunde nicht ausgestellt ist, genügt eine darauf gerichtete Erklärung des Eigentümers.

1. Allgemeines

1   § 58 schreibt die Verbindung der Schuldurkunde mit dem HypBrief vor.

Die Eintragung einer Hyp. ist nach geltendem Recht nicht von der Vorlegung einer Schuldurkunde abhängig; die Ausstellung einer solchen kann daher unterbleiben. Ist aber eine Schuldurkunde vorhanden, so muss sie vorgelegt und mit dem Brief verbunden werden. Die Regelung soll verhindern, dass missbräuchlicherweise über die Hyp. und über die verbriefte Forderung besondere Verfügung getroffen wird (KG 53, 226).

Abs. 2 war ursprünglich Abs. 3; der frühere Abs. 2 wurde infolge der Neufassung des § 57 Abs. 2 Buchst. a gegenstandslos und daher durch § 27 Nr. 3 GBMaßnG aufgehoben.

2. Schuldurkunde

2   Mit dem Brief zu verbinden ist nur eine Urkunde über die der Hyp. zugrunde liegende persönliche Forderung (z. B. Darlehens- oder Kaufpreisrestforderung). Urkunden über Erklärungen, die lediglich das dingliche Recht betreffen (z. B. Einigung oder EintrBewilligung), gehören nicht hierher; ebenso wenig Legitimationsurkunden (z. B. Vollmachten, Zeugnisse, Erbscheine), sowie Abtretungs- oder Verpfändungserklärungen (KGJ 33, 267).

3. Verbindung mit dem Brief

3   Die Verbindung setzt voraus, dass eine Schuldurkunde vorhanden ist (s. Rn. 1). Zum Nachweis dafür, dass eine solche nicht ausgestellt wurde, genügt nach Abs. 3 eine entsprechende Erklärung des Eigentümers; sie bedarf nicht der Form des § 29 Abs. 1 Satz 1, da es sich um keine zur Eintragung erforderliche Erklärung handelt.

4   In der Regel ist die **Urschrift der Schuldurkunde** mit dem Brief zu verbinden; dies ergibt sich aus Abs. 1 Satz 1. Der Grundsatz erleidet aber mehrere **Ausnahmen:**

- Nach Abs. 1 Satz 2 genügt ein öffentlich beglaubigter Auszug aus der Ur-kunde, wenn sich ihr Inhalt auch auf andere Angelegenheiten erstreckt, wie es bei Kaufverträgen oder Erbauseinandersetzungsverträgen häufig der Fall sein wird; die Verbindung der vollständigen Urkunde mit dem Brief ist auch in einem solchen Fall nicht unzulässig, jedoch meistens un-zweckmäßig und daher zu vermeiden.

- Ist die Schuldurkunde in einer notariellen Niederschrift enthalten, so **5** kann nur eine Ausfertigung oder beglaubigte Abschrift (Ablichtung), im Fall des Abs. 1 Satz 2 auch eine auszugsweise beglaubigte Abschrift, mit dem Brief verbunden werden. Denn die Urschrift der Urkunde bleibt in der Verwahrung des Notars (KG HRR 1936 Nr. 359). Ist die Urkunde eine vollstreckbare nach § 800 ZPO, so kann mit dem Brief auch eine vollstreckbare Ausfertigung verbunden werden (Schmidt DNotZ 1957, 14).

- Bei Herstellung eines TeilhypBriefs wird die Schuldurkunde mit diesem **6** nach § 61 Abs. 2 Satz 3 in beglaubigter Abschrift verbunden; im Fall des § 64, nämlich bei Verteilung einer Gesamthypothek, ist mit einem der Briefe die von dem bisherigen Brief abzutrennende Urschrift oder Ausfer-tigung der Schuldurkunde, mit den übrigen eine beglaubigte Abschrift zu verbinden.

- Erweist sich die Verbindung der Urschrift mit dem Brief aus einem sonsti- **7** gen Grund nicht als möglich, so ist die Verbindung mit einer beglaubigten Abschrift zulässig (JFG 8, 231); bei Erteilung eines neuen Briefs genügt mithin die Verbindung mit einer beglaubigten Abschrift der bei den Grundakten befindlichen beglaubigten Abschrift der Schuldurkunde, wenn diese selbst nicht mehr vorhanden ist.

Die Verbindung geschieht nach § 50 GBV mittels Schnur und Siegel. Eine **8** beglaubigte Abschrift der Schuldurkunde ist nach § 15 GeschO zu den Grundakten zu nehmen.

Steht zur Überzeugung des GBAmts fest, dass die Forderung, z.B. wegen **9** Nichtigkeit des zugrundeliegenden Rechtsverhältnisses, nicht besteht, so hat das GBAmt die Eintragung abzulehnen (Güthe/Triebel Rn. 3; Hesse/Saage/ Fischer A. I; Meikel/Wagner Rn. 22). Hat es diese gleichwohl vorgenommen, so ist der Brief ohne Schuldurkunde zu erteilen.

Wird der Brief **maschinell hergestellt,** muss er nicht mit der Schuldur-kunde verbunden werden. Dann muss er aber den Aufdruck: „Nicht ohne Vorlage der Urkunde für die Forderung gültig" enthalten (§ 88 GBV).

4. Abänderungsurkunden

Sollen bei einer bereits eingetragenen Hyp. nachträglich ohne Änderung **10** des ursprünglichen Schuldgrundes Abänderungen, z.B. neue Verzinsungs-, Kündigungs- und Rückzahlungsbedingungen, eingetragen werden, so braucht die Abänderungsurkunde nicht mit dem Brief verbunden zu werden; das Gesetz schreibt die Verbindung nicht vor; diese kann auch nicht mehr der Erübrigung einer vollständigen Wiedergabe der neuen Bedingungen in dem Brief dienen, weil die Notwendigkeit, den Inhalt einer Bezugnahme in den Brief aufzunehmen, entfallen ist; soweit in KGJ 53, 224 ein anderer Stand-punkt eingenommen wurde, ist dieser überholt.

5. Art der Verbindung

11   Die Verbindung hat gemäß § 50 GBV durch Schnur und Siegel (Prägesiegel) zu geschehen.

6. Auflösung der Verbindung

12   Wird die Hyp. in eine Grund- oder Rentenschuld umgewandelt oder die ihr zugrunde liegende Forderung durch eine andere ersetzt und der bisherige Brief beibehalten, so ist die Schuldurkunde von dem Brief abzutrennen (§ 65). Dasselbe gilt bei Löschung der Hyp. (§ 69) sowie bei Unbrauchbarmachung des Briefs im Zwangsversteigerungsverfahren (§ 127 ZVG).

7. Verletzung des § 58

13   Fehlt der Nachweis, dass keine Schuldurkunde ausgestellt wurde (s. Rn. 3), wird die Schuldurkunde aber nicht vorgelegt, so ist der EintrAntrag nach § 18 zu beanstanden und erforderlichenfalls zurückzuweisen (KEHE/Keller Rn. 3; Meikel/Wagner Rn. 30). Ist die Verbindung der Urkunde mit dem Brief versehentlich unterblieben, so muss das Versäumte von Amts wegen nachgeholt werden.

Im Übrigen ist § 58 wie § 57 nur eine Ordnungsvorschrift. Verstöße gegen § 58 beeinflussen daher weder die Wirksamkeit der Eintragung noch die Gültigkeit des Briefs.

Gesamthypothekenbrief

59 (1) **Über eine Gesamthypothek soll nur ein Hypothekenbrief erteilt werden. Er ist nur von einer für die Führung des Grundbuchs zuständigen Person und von einem Urkundsbeamten der Geschäftsstelle oder ermächtigten Justizangestellten (§ 56 Abs. 2) zu unterschreiben, auch wenn bezüglich der belasteten Grundstücke insoweit verschiedene Personen zuständig sind.**

(2) **Werden die Grundbücher der belasteten Grundstücke von verschiedenen Grundbuchämtern geführt, so soll jedes Amt für die Grundstücke, deren Grundbuchblätter es führt, einen besonderen Brief erteilen; die Briefe sind miteinander zu verbinden.**

Inhaltsübersicht

1. Allgemeines

1   § 59 regelt die Brieferteilung bei Gesamthypotheken; er wird durch § 63 ergänzt. Abs. 1 Satz 2 wurde durch das RegVBG angefügt.

Abs. 1 betrifft den Fall, dass die Grundbücher der belasteten Grundstücke von demselben GBAmt geführt werden und die Brieferteilung gleichzeitig erfolgt; bei nachträglicher Mitbelastung eines anderen bei demselben GBAmt gebuchten Grundstücks gilt § 63. Werden die Grundbücher der belasteten Grundstücke von verschiedenen GBÄmtern geführt, so gilt Abs. 2; dabei ist es unerheblich, ob die Briefe von den beteiligten GBÄmtern gleichzeitig erteilt werden oder nicht.

2. Grundbuchführung von demselben Grundbuchamt

Für den Gesamtbrief gelten ebenfalls §§ 56 bis 58. Unterschrieben wird er **2** auch dann, wenn bezüglich der belasteten Grundstücke insoweit verschiedene Personen zuständig sind, nur von einer für die Führung des GB zuständigen Person (Rpfleger) und einem Urkundsbeamten der Geschäftsstelle oder ermächtigten Justizangestellten (§ 59 Abs. 1 Satz 2). Im Übrigen gilt das in § 56 Rn. 12 bis 16 zur Unterschrift und zur Anbringung eines Siegels oder Stempels Ausgeführte. Nach der GBV (Muster Anl. 5) enthält der Brief folgende Angaben: Am Kopf die Bezeichnung „Deutscher Hypothekenbrief"; den Geldbetrag; die Bezeichnung der Hyp. als Gesamthyp. unter Angabe der in Betracht kommenden Blattnummern des GB sowie der laufenden Nummern der Eintragung; den Inhalt der Eintragung (s. dazu § 57 Rn. 3–5), wobei nach dem amtlichen Muster die Wiedergabe des Mithaftvermerks nicht notwendig ist; die Bezeichnung der belasteten Grundstücke je mit der laufenden Nummer, unter der sie im Bestandsverzeichnis des GB verzeichnet sind.

3. Grundbuchführung von verschiedenen Grundbuchämtern

Über das Verfahren der beteiligten GBÄmter bei Gesamtbelastungen s. **3** § 48 Rn. 27 ff.

Jedes GBAmt erteilt zunächst nach §§ 56, 57 einen **besonderen Brief.** Es empfiehlt sich im Allgemeinen, die einzelnen Briefe erst auszustellen, nachdem die Eintragungen auf sämtlichen beteiligten Blättern übereinstimmend vollzogen sind; doch kann im Einzelfall ein anderes Verfahren geboten sein (§ 37 Abs. 2a GeschO, Nr. 6.1.3.1 BayGBGA). Die Verbindung der Schuldurkunde nach § 58 nimmt zweckmäßig das GBAmt mit vor, welches den ersten Brief erteilt.

Sodann werden die Einzelbriefe miteinander durch Schnur und Siegel **4** **verbunden** (§ 50 GBV). Sind die GBÄmter A, B, C in dieser Reihenfolge beteiligt, so verbindet zweckmäßig B den von ihm hergestellten Brief mit dem von A erteilten; beide Briefe werden wiederum von dem GBAmt C mit dem von diesem erteilten Brief verbunden. Eine allgemeine Regel lässt sich aber nicht aufstellen. Gegenseitige Verständigung der beteiligten GB-Ämter ist geboten (§ 37 Abs. 2b GeschO, Nr. 6.1.3.3 BayGBGA). Erfolgt die Belastung eines im Bezirk eines anderen GBAmts liegenden Grundstücks erst nach Erteilung des Briefs, so ist die Verbindung von diesem GBAmt vorzunehmen (§ 37 Abs. 2c GeschO).

Wird ein Brief **maschinell hergestellt,** so ist abweichend von Abs. 2 Halbsatz 2 eine Verbindung der Briefe nach Maßgabe des § 50 GBV, also mit

Schnur und Siegel, nicht notwendig; die Zusammengehörigkeit der Briefe ist vielmehr in anderer geeigneter Weise sichtbar zu machen (§ 87 Satz 6 GBV). Das OLG München FGPrax 2011, 156 hält für die Bestimmung des gemäß § 466 Abs. 2 FamFG örtlich zuständigen Gerichts für das Aufgebotsverfahren zur **Kraftloserklärung** eines Briefs über ein Gesamtrecht an Grundstücken, für die die Grundbücher von verschiedenen GBÄmtern geführt werden, statt § 2 Abs. 1 FamFG die Vorschrift des § 36 Abs. 1 Nr. 4 ZPO für entsprechend anwendbar. Zum Aufgebotsverfahren s. § 67 Rn. 6.

Für § 59 Abs. 2 ist kein Raum, wenn beim **Datenbankgrundbuch** aufgrund einer Rechtsverordnung gemäß § 127 Abs. 1 Satz 1 Nr. 4 ein GBAmt auch zuständig ist, soweit Grundbücher betroffen sind, die von anderen GBÄmtern des jeweiligen Landes geführt werden (s. dazu § 127 Rn. 12).

4. Behandlung des Briefs bei Erlöschen der Mithaft

5   Ist nur ein Brief erteilt (Abs. 1), so wird das Erlöschen gemäß § 62 Abs. 1 auf dem Brief vermerkt und die Bezeichnung des aus der Gesamthaft ausgeschiedenen Grundstücks in der Überschrift rot unterstrichen. In dem Muster Anl. 5 der GBV würde der entsprechende Vermerk etwa lauten: „Die Hyp. ist im GB von Waslingen Blatt 31 am ... gelöscht." Gleichzeitig sind die Worte in der Überschrift „und ebenda Blatt 31 Abteilung III Nr. 2 (zwei)", ferner der Eintrag II unter „Belastete Grundstücke" rot zu unterstreichen. Das Wort „Gesamthypothek" ist in „Hypothek" zu ändern.

6   Falls die Hyp. bei der Zwangsversteigerung des Grundstücks Waslingen Blatt 31 erloschen wäre, müsste der gemäß § 127 ZVG durch das Vollstreckungsgericht auf den Brief zu setzende Vermerk etwa lauten: „Bei der Zwangsversteigerung des Grundstücks Waslingen Blatt 31 ist die Hyp. auf diesem Grundstück erloschen." Im Übrigen ist wie in Rn. 5 zu verfahren.

7   Sind **mehrere Briefe** erteilt (Abs. 2), so ist gemäß § 62 Abs. 1 die Löschung auf dem Brief über das gelöschte Recht, auf den übrigen das Erlöschen der Mithaft zu vermerken. Der Brief über das gelöschte Recht ist dann zweckmäßig von den übrigen abzutrennen und nach § 69 GBO, § 53 GBV unbrauchbar zu machen. Die etwa mit dem unbrauchbar gemachten Brief verbundene Schuldurkunde wird nicht nach § 69 Satz 2 zurückgegeben, sondern bleibt mit den übrigen Briefen verbunden.

8   Über die Behandlung des Gesamtbriefs im Fall der Verteilung einer Gesamthyp. auf die einzelnen Grundstücke s. § 64 Rn. 5.

5. Beschwerde

9   Hier gilt das zu § 56 Rn. 20 Ausgeführte. Jedoch gibt es keine Sachbeschwerde eines GBAmts gegen Entscheidungen eines anderen gemäß § 59 beteiligten GBAmts (KGJ 52, 102).

6. Verletzung des § 59

10   § 59 ist ebenso wie § 57 und § 58 nur eine Ordnungsvorschrift. Verstöße gegen § 59 berühren weder die Wirksamkeit der Eintragung noch die Gültigkeit des Briefs oder der versehentlich nicht verbundenen mehreren Briefe. Schadensersatzansprüche sind möglich.

7. Kosten

Für die Eintragung einer Gesamthyp. fällt die Gebühr gemäß Nr. 14120 **11** GNotKG-KV an. Sie erhöht sich, wenn das GB bei verschiedenen GBÄmtern geführt wird, um 0,2 ab dem zweiten für jedes weitere beteiligte GBAmt, sofern der Antrag für mehrere GBÄmter gleichzeitig bei einem GBAmt gestellt wird oder bei gesonderter Antragstellung bei den beteiligten GBÄmtern innerhalb eines Monats eingeht (Nr. 14122 GNotKG-KV). Ist die Hyp. bereits an einem Grundstück eingetragen, wird für die Eintragung an einem weiteren Grundstück eine Gebühr von 0,5 erhoben (Nr. 14123 GNotKG-KV); der Geschäftswert bestimmt sich nach § 44 Abs. 1 Satz 1 GNotKG. Daneben fällt für die Erteilung des Briefs keine Gebühr an. Jedoch wird für die nachträgliche Erteilung eines Briefs eine Gebühr von 0,5 erhoben, die im Fall des § 59 Abs. 2 für jeden der besonderen Briefe gesondert erhoben wird (Nr. 14124 GNotKG-KV). Für den Geschäftswert gilt § 44 Abs. 1 GNotKG entsprechend (§ 71 Abs. 2 GNotKG). Zur Erhebung von Auslagen s. § 56 Rn. 22.

Aushändigung des Hypothekenbriefs

60 (1) **Der Hypothekenbrief ist dem Eigentümer des Grundstücks, im Falle der nachträglichen Erteilung dem Gläubiger auszuhändigen.**

(2) **Auf eine abweichende Bestimmung des Eigentümers oder des Gläubigers ist die Vorschrift des § 29 Abs. 1 Satz 1 entsprechend anzuwenden.**

1. Allgemeines

§ 60 trifft Bestimmungen über die Aushändigung des gebildeten Hyp- **1** Briefs.

Nach § 1117 Abs. 1 BGB erwirbt der Gläubiger die Hyp. erst, wenn ihm der Brief von dem Eigentümer übergeben wird; bis zu diesem Zeitpunkt ist der Eigentümer des Grundstücks nach § 952 BGB auch Eigentümer des Briefs. Eine Ausnahme gilt, wenn eine Vereinbarung gemäß § 1117 Abs. 2 BGB getroffen ist; hier erwirbt der Gläubiger die Hyp. mit der Eintragung, das Eigentum am Brief mit dessen Herstellung. Wird der Brief nachträglich erteilt, so gelangt er mit der Herstellung in das Eigentum des Gläubigers. Dieser sachlichrechtlichen Regelung entspricht die Regelung der formellrechtlichen Empfangsberechtigung.

2   Soll ein Briefrecht **abgetreten** werden, ersetzt eine Vereinbarung gemäß § 1117 Abs. 2 BGB die nach § 1154 Abs. 1 Satz 1 BGB erforderliche Briefübergabe nur unter der Voraussetzung, dass das GBAmt den Brief in Händen hat oder die rechtlichen Voraussetzungen für seine Bildung vorliegen. Letzteres ist bei einem nicht mehr vorhandenen Brief erst dann der Fall, wenn dem GBAmt ein Ausschließungsbeschluss gemäß § 1162 BGB mit dem Antrag gemäß § 67, einen neuen Brief zu erteilen, vorgelegt wird (RG 84, 314; BayObLG Rpfleger 1987, 363). Die für das GBAmt maßgebende Bestimmung gemäß Abs. 2 wird durch eine Vereinbarung gemäß § 1117 Abs. 2 BGB nicht ersetzt, kann jedoch in ihr enthalten sein.

2. Empfangsberechtigung

3   Wird der Brief bei Eintragung der Hyp. erteilt, so ist er dem Eigentümer auszuhändigen; wird er nachträglich erteilt, d. h. eine Buchhyp. in eine Briefhyp. umgewandelt, so hat die Aushändigung an den Gläubiger zu erfolgen. Ist mit der Umwandlung gleichzeitig eine Abtretung verbunden, so erhält den Brief der bisherige Gläubiger.

4   Der hiernach Empfangsberechtigte kann eine abweichende Bestimmung treffen (s. Rn. 5). Der Gläubiger erlangt im Fall des § 1117 Abs. 1 BGB das Bestimmungsrecht nicht dadurch, dass er Zahlung des Entgelts für die Hyp. nachweist. Es steht ihm auch nicht zu, wenn der Eigentümer zur Bewilligung einer Hyp. verurteilt ist (KGJ 21, 171). Der Notar hat ohne besondere Vollmacht kein Bestimmungsrecht; § 15 Abs. 2 gilt für eine solche Erklärung des Notars nicht (s. § 15 Rn. 15).

3. Abweichende Bestimmung

5   **a) Inhalt.** Der Eigentümer kann bestimmen, dass der Brief dem Gläubiger oder einem Dritten, der Gläubiger, dass der Brief dem Eigentümer oder einem Dritten ausgehändigt werden soll. Die Bestimmung ist eine einseitige Erklärung, für welche lediglich der Wille des Bestimmungsberechtigten maßgebend ist. Beantragt daher der Eigentümer die Aushändigung des Briefs an den Gläubiger, so kann nicht außerdem der Nachweis einer Vereinbarung nach § 1117 Abs. 2 BGB verlangt werden. Eine solche Vereinbarung ersetzt andererseits nicht die Bestimmung gemäß Abs. 2; diese kann aber in ihr enthalten sein. Geht die Bestimmung dahin, dass der Gläubiger berechtigt sein soll, sich den Brief vom GBAmt aushändigen zu lassen, so bedarf es noch eines besonderen formlosen Antrags auf Briefaushändigung. Diesen kann der Gläubiger oder der beurkundende Notar für ihn auf Grund einer besonderen, aber formfreien Vollmacht stellen; auch mündliche Vollmacht genügt, sofern nur die Erteilung dem GBAmt nachgewiesen ist (KGJ 30, 272).

6   Hat der Eigentümer bestimmt, dass der Brief dem Gläubiger zu Händen des amtierenden Notars ausgehändigt werden soll und beantragt dieser, den Brief unmittelbar an den Gläubiger zu übersenden, so liegt darin keine Ausübung des Bestimmungsrechts nach § 60 Abs. 2; dem Antrag ist ohne Prüfung der Frage zu entsprechen, ob sich der Notar des etwa erforderlichen Einverständnisses der Beteiligten mit der Abkürzung des Übersendungswegs versichert hat.

b) Form. Die Erklärung des Bestimmungsberechtigten bedarf nach Abs. 2 **7** der Form des § 29 Abs. 1 Satz 1, weil eine beweissichere Grundlage geschaffen werden soll. Die Formvorschrift gilt daher auch für die Vollmacht zur Abgabe der Erklärung. Bevollmächtigt werden kann auch wer nicht nach § 10 Abs. 2 FamFG vertretungsbefugt ist (s. § 15 Rn. 2.2).

c) Zurücknahme. Eine Zurücknahme der Bestimmung ist nicht zulässig. **8** Mit Überreichung der die Erklärung enthaltenden öffentlichen oder öffentlich beglaubigten Urkunde an den Gläubiger oder an das GBAmt wird die getroffene Bestimmung unwiderruflich (KGJ 38, 283; JFG 8, 230).

4. Rückgabe eines eingereichten Briefs

§ 60 ist nicht anwendbar, wenn der HypBrief bereits erteilt ist und später **9** aus irgendeinem Grund eingereicht wird (RG HRR 1932 Nr. 473). In diesem Fall ist der Brief dem, der ihn im eigenen Namen vorgelegt hat, und, falls der Brief in fremdem Namen überreicht ist, dem zurückzugeben, in dessen Namen er eingereicht ist (KG OLG 44, 163). So ist z. B. bei Teilabtretung in Ermangelung einer anderen Bestimmung der Stammbrief und der Teilbrief dem bisherigen Gläubiger auszuhändigen, wenn dieser den Stammbrief eingereicht hat.

Der Empfangsberechtigte kann eine abweichende Bestimmung treffen **10** (RG HRR 1932 Nr. 473). Diese Bestimmung bedarf nicht der Form des § 29 Abs. 1 Satz 1; sie kann in dieser Form verlangt werden, wenn Zweifel an der Echtheit der Unterschrift bestehen. Eine Zurücknahme der Bestimmung ist hier zulässig. S. auch § 62 Rn. 20.

5. Form der Aushändigung

Maßgebend ist § 38 GeschO, Nr. 6.1.5 BayGBGA. Danach erfolgt die **11** Aushändigung an der Amtsstelle gegen Quittung, die Übersendung durch die Post mit Zustellungsurkunde oder Einschreiben (§ 49a GBV), die Aushändigung durch Vermittlung des Gerichtswachtmeisters gegen schriftliches Empfangsbekenntnis des Empfängers. Über die Aushändigung muss sich ein Nachweis bei den Grundakten befinden. Die Landesjustizverwaltungen können andere Versendungsverfahren bestimmen (§ 49a Satz 2 GBV).

Nach § 11 GNotKG kann der neu erteilte wie der später eingereichte **12** Brief zurückbehalten werden, bis die in der Angelegenheit erwachsenen Kosten bezahlt sind. Wegen der Auslagen für die Versendung eines Grundschuldbriefs per Einschreiben mit Rückschein s. § 56 Rn. 22.

6. Herausgabeanspruch

§ 60 betrifft nur den öffentlich-rechtlichen Anspruch gegen das GBAmt **13** auf Herausgabe des Briefs (KGJ 40, 325). Daneben besteht aber noch ein privatrechtlicher Herausgabeanspruch gegen den Justizfiskus auf Grund eines verwahrungsähnlichen Rechtsverhältnisses (KGJ 40, 324). Nur der privatrechtliche, nicht der öffentlichrechtliche Herausgabeanspruch ist pfändbar (KGJ 44, 278). Die Pfändung hat nur Erfolg, wenn dem Pfändungsschuldner nicht nur der privatrechtliche, sondern auch der öffentlichrechtliche Herausgabeanspruch zusteht (KGJ 44, 277; OLG Neustadt Rpfleger 1960, 155). Soll z. B. die für A eingetragene Briefhyp. nach Herstellung des Briefs gepfändet werden, so muss außer der Vereinbarung nach § 1117 Abs. 2 BGB (s. Rn. 1) auch die Bestimmung des Eigentümers nach § 60 Abs. 2 vorliegen, dass der Brief dem A auszuhändigen ist.

14   Nur der öffentlich-rechtliche Anspruch kann im Beschwerdeverfahren nach §§ 71 ff. verfolgt werden. Wegen des privatrechtlichen Anspruchs ist dagegen nur Klage gegen den Justizfiskus oder, wenn dieser die Herausgabe nur wegen bestehender Zweifel, wer der Berechtigte ist, verweigert, auch unmittelbar gegen diejenigen zulässig, die das Recht auf Herausgabe für sich in Anspruch nehmen (KGJ 40, 322).

15   Besteht Streit oder Ungewissheit, wem der Brief auszuhändigen ist, so wird er einstweilen in Urkundenverwahrung zu nehmen sein (KGJ 40, 328).

7. Verletzung des § 60

16   § 60 ist nur eine Ordnungsvorschrift. Verstöße beeinträchtigen daher weder die Wirksamkeit der Eintragung noch die Gültigkeit des Briefs, aber Schadensersatzansprüche sind leicht möglich.

17   Ist der Brief versehentlich einem anderen als dem Empfangsberechtigten ausgehändigt worden, so kann ihn das GBAmt von dem Empfänger zurückfordern und die Rückgabe gemäß § 35 FamFG erzwingen (KGJ 38, 290). Es darf dabei nicht in die Rechte des Empfängers oder eines Dritten eingreifen (OLG Düsseldorf Rpfleger 1969, 65). Zur Beachtung solcher Rechte muss es genügen, dass sie glaubhaft gemacht sind.

18   Gegen unrichtige Aushändigung des Briefs ist Beschwerde zulässig (KG OLG 44, 163).

Teilhypothekenbrief

61 (1) **Ein Teilhypothekenbrief kann von dem Grundbuchamt oder einem Notar hergestellt werden.**

(2) **Der Teilhypothekenbrief muß die Bezeichnung als Teilhypothekenbrief sowie eine beglaubigte Abschrift der im § 56 Abs. 1 Satz 2 vorgesehenen Angaben des bisherigen Briefes enthalten, den Teilbetrag der Hypothek, auf den er sich bezieht, bezeichnen sowie mit Unterschrift und Siegel oder Stempel versehen sein. Er soll außerdem eine beglaubigte Abschrift der sonstigen Angaben des bisherigen Briefes und der auf diesem befindlichen Vermerke enthalten. Eine mit dem bisherigen Brief verbundene Schuldurkunde soll in beglaubigter Abschrift mit dem Teilhypothekenbrief verbunden werden.**

(3) **Wird der Teilhypothekenbrief vom Grundbuchamt hergestellt, so ist auf die Unterschrift § 56 Abs. 2 anzuwenden.**

(4) **Die Herstellung des Teilhypothekenbriefes soll auf dem bisherigen Briefe vermerkt werden.**

Inhaltsübersicht

1. Allgemeines

§ 61, geändert durch Art. 2 Nr. 5 des Ges. v. 22.6.1977 (BGBl. I 998) und **1** das RegVBG, regelt die Zuständigkeit zur Herstellung eines TeilhypBriefs, bestimmt seinen wesentlichen und nichtwesentlichen Inhalt und legt fest, von wem er zu unterschreiben ist.

2. Bedeutung des Teilbriefs

Der Teilbrief soll den Rechtsverkehr erleichtern. Ohne die Möglichkeit **2** der Herstellung eines Teilbriefs müsste z. B. bei teilweiser Abtretung und Verpfändung einer Briefhyp. nach §§ 1154, 1274 BGB stets der Brief übergeben oder wenigstens Mitbesitz daran eingeräumt werden (s. RG JW 1928, 2783; zur wirksamen Rangbestimmung hinsichtlich der Teilrechte untereinander ohne GBEintragung s. § 45 Rn. 47). Um dies zu vermeiden, lässt § 1152 BGB bei Teilung der Forderung die Herstellung eines Teilbriefs zu. Notwendig ist die Herstellung aber nicht. Machen die Beteiligten von der Möglichkeit der Herstellung eines Teilbriefs keinen Gebrauch, so behält der bisherige Brief für den Gesamtbetrag der Hyp. Geltung (KGJ 44, 285).

Der Teilbrief tritt für den Teil, auf den er sich bezieht, an die Stelle des **3** bisherigen Briefs (§ 1152 Satz 2 BGB). Er kann bei Herstellung weiterer Teilbriefe wiederum Stammbrief sein.

3. Teilung der Forderung

Sie ist Voraussetzung der Herstellung eines Teilbriefs. Sie kann auf Grund **4** Rechtsgeschäfts oder kraft Gesetzes eintreten. Als Hauptfälle der Teilung kommen die Abtretung, Belastung oder Pfändung eines Teilbetrags der Forderung in Betracht. Des Weiteren gehören hierher der gesetzliche Übergang eines Forderungsteils, die teilweise Umwandlung einer Hyp. in eine Eigentümergrundschuld (s. hierzu auch Rn. 7) sowie der Übergang einer Hyp. auf eine Bruchteilsgemeinschaft (KGJ 39, 268; JFG 21, 9). Die Veränderung in der Person des Gläubigers ist jedoch kein Begriffsmerkmal der Teilung (OLG Dresden JFG 3, 434). Die Teilung kann auch lediglich darin bestehen, dass für die einzelnen Teilbeträge verschiedene Bestimmungen, z. B. hinsichtlich des Rangs (s. hierzu JFG 14, 146; OLG Zweibrücken Rpfleger 1985, 54) des Zinssatzes oder der Kündigungsbedingungen getroffen werden.

5   Teilung ist anzunehmen, wenn sich der Eigentümer nur wegen eines letztrangigen Teilbetrags der Hyp. der sofortigen **Zwangsvollstreckung unterwirft** (OLG Hamm Rpfleger 1984, 60, zugleich zur Notwendigkeit einer Bewilligung der Teilung durch den Gläubiger; OLG Köln JurBüro 1984, 122), nicht aber, wenn die Unterwerfung nur wegen eines zuletzt zu zahlenden Teilbetrags erklärt wird (OLG Hamm Rpfleger 1987, 59 mit Anm. v. Wolfsteiner DNotZ 1988, 234; s. zu diesem Fall auch BGH Rpfleger 1990, 16 mit kritischer Anm. v. Wolfsteiner DNotZ 1990, 589 sowie BGH Rpfleger 2007, 488 mit zust. Anm. v. Wolfsteiner DNotZ 2007, 678 und dazu Zimmer/Pieper NotBZ 2007, 319), eine Bestimmung über den Rang des Teilbetrags also nicht getroffen wird (BayObLG Rpfleger 1985, 355). Neben der Abtretungserklärung des Gläubigers über einen mittelrangigen Teilbetrag ist eine weitere Erklärung zur Teilung der Forderung in drei Teilbeträge nicht erforderlich; in der Abtretungserklärung ist auch die Bestimmung des Rangverhältnisses der drei Teilbeträge enthalten (OLG Hamm Rpfleger 1992, 340 mit zust. Anm. v. Meyer-Stolte Rpfleger 1992, 386). Keine Teilung liegt vor, wenn ein Teil der Forderung nach § 1180 BGB ohne Gläubigerwechsel durch eine andere Forderung ersetzt wird (KEHE/Keller Rn. 2; Meikel/Wagner Rn. 21). Die Herstellung eines Teilbriefs setzt nicht voraus, dass die Teilung bereits erfolgt oder mindestens bewilligt und beantragt ist; es genügt vielmehr grundsätzlich, dass sie beabsichtigt ist (vgl. OLG Oldenburg Rpfleger 1970, 100).

6   Bei einer **verzinslichen Briefhyp.** kann im Fall der Abtretung des Zinsrechts ohne die Hyp. sowie im Fall der Abtretung der Hyp. unter Vorbehalt des Rechts auf die künftigen Zinsen über das gesondert abgetretene oder vorbehaltene Zinsrecht ein Teilbrief gebildet werden (RG 86, 219; KG HRR 1931 Nr. 2060). Dagegen ist die Herstellung eines Teilbriefs über rückständige Zinsen und andere Nebenleistungen mit Rücksicht auf §§ 1159, 1178 Abs. 1 BGB ausgeschlossen.

7   Wenn sich eine Briefhyp. teilweise in eine Eigentümergrundschuld verwandelt, so ist, falls die besondere Verbriefung dieses Teils beantragt wird, ein Teilgrundschuldbrief und nicht ein selbstständiger Grundschuldbrief herzustellen. Denn § 1152 BGB ist auch anwendbar, wenn von den beiden Teilen eines Rechts der eine Hypothek, der andere Grundschuld ist (KGJ 40, 339). Notwendig ist jedoch die Herstellung eines Teilgrundschuldbriefs nicht (JFG 21, 310).

4. Vorhandensein und Vorlegung eines Stammbriefs

8   Die Herstellung eines Teilbriefs setzt ferner das Vorhandensein eines Stammbriefs (JFG 21, 9) sowie dessen Vorlegung (JFG 6, 387) voraus. Wird daher eine Buchhyp. teilweise in eine Briefhyp. umgewandelt, so ist über den umgewandelten Teil ein selbstständiger Brief herzustellen; ebenso bei Zerlegung einer Buchhyp. in mehrere Briefhyp. (KGJ 39, 274; JFG 21, 10). Wird eine Briefhyp. für mehrere Gläubiger in Bruchteilsgemeinschaft eingetragen, so ist entweder ein Brief über das ganze Recht zu bilden oder auf entsprechenden Antrag über den Anteil jedes Gläubigers ein selbstständiger Stammbrief zu erteilen (JFG 21, 8). Der dem früheren Gläubiger im Fall des § 17

AufwG nach § 3 der VO zur weiteren Durchführung des Ges. v. 12.9.1927 (RGBl. I 299) erteilte Hypotheken- oder Grundschuldbrief ist ein selbständiger Brief und kein Teilbrief. Die Vorlegung des ursprünglichen Briefs ist daher nicht erforderlich (JFG 6, 386).

5. Antrag

Ein Teilbrief wird nicht von Amts wegen, sondern nur auf Antrag ausge- **9** stellt. Der Antrag ist formfrei. Antragsberechtigt sind unabhängig voneinander der bisherige und der neue Gläubiger, dieser aber nur, wenn er bereits ein dingliches Recht erworben hat. Antragsberechtigt sind ferner der Pfandgläubiger und der Pfändungsgläubiger; s. in letzterer Hinsicht Anh. zu § 26 Rn. 30.

Eine **Zustimmung** des Eigentümers ist nach § 1152 Satz 1 BGB nicht **10** erforderlich. Ebensowenig bedarf der neue Gläubiger der Zustimmung des bisherigen Gläubigers (Schneider in Bauer/Schaub Rn. 15; KEHE/Keller Rn. 5); jedenfalls ist eine Zustimmung des bisherigen Gläubigers dann nicht notwendig, wenn dieser den Stammbrief kraft gesetzlicher Vorschrift vorlegen muss (§§ 1145, 1150, 1167, 1168 BGB).

6. Zuständigkeit

Zuständig zur Herstellung eines Teilbriefs sind nach Abs. 1 das GBAmt, **11** welches das GB über das belastete Grundstück führt, oder ein Notar (s. auch § 20 Abs. 2 BNotO). § 61 Abs. 1 in seiner ursprünglichen Fassung sah auch eine Zuständigkeit der Gerichte vor. Er ist durch das BeurkG nicht geändert worden; dennoch dürften Gerichte seit dessen Inkrafttreten zur Herstellung von Teilbriefen nicht mehr befugt gewesen sein. Für Bayern stellt Art. 43 AGGVG v. 23.6.1981 (BayRS 300-1-1-J) klar, dass die Gerichte nur als GBÄmter zuständig sind. Durch das RegVBG wurde die Erwähnung der Gerichte in § 61 Abs. 1 gestrichen.

Eine Eintragung nach § 62 Abs. 1, z. B. die Eintragung einer Teilabtretung, **12** kann nur von dem zuständigen GBAmt auf dem Stammbrief und dem Teilbrief vermerkt werden.

7. Kein Vermerk über Herstellung des Teilbriefs im GB

Die Herstellung eines Teilbriefs wird im GB nicht vermerkt. Umgekehrt **13** kann z. B. die Eintragung einer Teilabtretung nicht davon abhängig gemacht werden, dass ein Antrag auf Erteilung eines Teilbriefs gestellt wird (s. Rn. 2).

8. Wesentliche Erfordernisse des Teilbriefs

Dies sind nach Abs. 2 Satz 1: **14**
- Bezeichnung als TeilhypBrief.
- Beglaubigte Abschrift der in § 56 Abs. 1 Satz 2 vorgesehenen Angaben des **15** bisherigen Briefs. Nach dem amtlichen Muster GBV Anl. 4 wird der ganze Stammbrief mit Ausnahme des Vermerks über die Teilabtretung, Teilverpfändung oder Teilpfändung abgeschrieben. Hinter der Abschrift wird vermerkt: „Die vorstehende Abschrift stimmt mit der Urschrift überein".

16 • Bezeichnung des Teilbetrags der Hypothek, auf den sich der Teilbrief bezieht. Nach dem amtlichen Muster GBV Anl. 4 geschieht dies durch einen entsprechenden Vermerk in der Überschrift und am Schluss des Teilbriefs.

17 • Unterschrift. Gem. § 61 Abs. 3 ist auf die Unterschrift eines vom GBAmt hergestellten Teilbriefs § 56 Abs. 2 anzuwenden; es gilt das zu § 56 Rn. 12 ff. Ausgeführte. Wird der Teilbrief nicht vom GBAmt, sondern von einem Notar hergestellt, so ist der Vermerk über die Herstellung des Teilbriefs nur von dem Notar zu unterschreiben. Wegen der Datierung s. § 56 Rn. 15.

18 • Siegel oder Stempel. Es gilt das zu § 56 Rn. 16 Ausgeführte.

9. Nichtwesentliche Erfordernisse des Teilbriefs

19 Dies sind nach Abs. 2 Satz 2 und 3:

• Beglaubigte Abschrift der sonstigen, d. h. der nichtwesentlichen Angaben des bisherigen Briefs. Auch überholte Vermerke sind zu übernehmen; eine vorherige Berichtigung des Stammbriefs erfolgt nur auf Antrag und zwar gemäß § 57 Abs. 2 oder, sofern der Stammbrief vor dem 1.1.1978 erteilt worden ist, gemäß § 57 a. F. (s. dazu § 57 Rn. 11).

20 • Beglaubigte Abschrift der auf dem Stammbrief befindlichen Vermerke, mag es sich um amtliche oder um Privatvermerke handeln; hierher gehört z. B. ein Vermerk über die teilweise Befriedigung des Gläubigers.

21 • Herstellungsvermerk. Er ist von der Stelle auf den Teilbrief zu setzen, die diesen hergestellt hat. Wegen des Wortlauts s. das amtliche Muster GBV Anl. 4.

22 • Eintragungsvermerk. Dieser ist gemäß § 62 Abs. 1, und zwar stets vom GBAmt, auf den Brief zu setzen (s. Rn. 12).

23 • Verbindung einer beglaubigten Abschrift einer mit dem bisherigen Brief verbundenen Schulddurkunde durch Schnur und Siegel. Andere Urkunden, z. B. über Teilabtretung oder Teilpfändung werden mit dem Teilbrief nicht verbunden (s. § 58 Rn. 2). Die Verbindung des Briefs mit einer beglaubigten Abschrift der Schulddurkunde unterbleibt, wenn der Teilbrief maschinell hergestellt wird; in diesem Fall muss er den Aufdruck: „Nicht ohne Vorlage der Urkunde für die Forderung gültig" enthalten (§ 88 GBV).

10. Behandlung des Stammbriefs

24 Die Herstellung des Teilbriefs ist nach Abs. 4 auf dem Stammbrief zu vermerken, und zwar von der Stelle, die den Teilbrief hergestellt hat; es handelt sich um eine Ordnungsvorschrift. Wegen der Unterschrift s. Rn. 17. EintrVermerke nach § 62 Abs. 1 kann nur das GBAmt auf den Stammbrief setzen (s. Rn. 12).

25 Gemäß § 48 GBV ist der Betrag, auf den sich der Stammbrief noch bezieht, neben der in der Überschrift enthaltenen Bezeichnung des Rechts durch den Vermerk ersichtlich zu machen: „Noch gültig für (Angabe des Betrags)". Der Vermerk ist zu datieren und zu unterschreiben; Beifügung des Siegels oder Stempels ist nicht erforderlich. Der ursprüngliche Betrag der Hyp. ist rot zu unterstreichen.

11. Aushändigung des Stammbriefs und des Teilbriefs

Stammbrief und Teilbrief sind bei Fehlen einer anderen Bestimmung dem **26** bisherigen Gläubiger auszuhändigen, wenn dieser den Stammbrief eingereicht hat. S. auch § 62 Rn. 20.

12. Verletzung des § 61

Ist der Teilbrief nicht von einer zuständigen Stelle hergestellt (s. Rn. 11) **27** oder fehlt ein wesentliches Erfordernis (s. Rn. 14 ff.), so ist er nichtig (OLG Saarbrücken FGPrax 2019, 168). Fehlt ein nichtwesentliches Erfordernis (s. Rn. 19 ff.), so berührt dies die Gültigkeit des Teilbriefs nicht.

Ist der Stammbrief ungültig (s. § 56 Rn. 18), so muss auch der Teilbrief **28** ungültig sein. Sorgfältige Prüfung des Stammbriefs vor Herstellung des Teilbriefs ist daher zu empfehlen.

Fehlt auf dem Stammbrief der Vermerk über die Herstellung eines Teilbriefs (s. Rn. 24) und der Nochgültigkeitsvermerk (s. Rn. 25), so erwirbt, falls die Teilung weder aus dem GB noch aus dem Stammbrief ersichtlich ist, auch bei im Übrigen ordnungsmäßiger Herstellung des Teilbriefs, ein gutgläubiger Dritter das ganze Recht (s. § 56 Rn. 4).

13. Kosten

Für die Erteilung eines TeilhypBriefs gelten die gleichen Grundsätze wie **29** für die Erteilung eines HypBriefs (s. Nr. 14124 GNotKG-KV). Der Vermerk auf dem Stammbrief ist gebührenfreies Nebengeschäft.

Der Notar erhält für die Herstellung eines Teilbriefs eine Gebühr von 0,3 (Nr. 25202 GNotKG-KV).

Vermerk späterer Eintragungen

62 (1) **Eintragungen, die bei der Hypothek erfolgen, sind von dem Grundbuchamt auf dem Hypothekenbrief zu vermerken; der Vermerk ist mit Unterschrift und Siegel oder Stempel zu versehen. Satz 1 gilt nicht für die Eintragung einer Löschungsvormerkung nach § 1179 des Bürgerlichen Gesetzbuchs.**

(2) **Auf die Unterschrift ist § 56 Abs. 2 anzuwenden.**

(3) **In den Fällen des § 53 Abs. 1 hat das Grundbuchamt den Besitzer des Briefes zur Vorlegung anzuhalten. In gleicher Weise hat es, wenn in den Fällen des § 41 Abs. 1 Satz 2 und des § 53 Abs. 2 der Brief nicht vorgelegt ist, zu verfahren, um nachträglich den Widerspruch auf dem Brief zu vermerken.**

Inhaltsübersicht

1. Allgemeines

1   § 62, geändert durch Art. 2 Nr. 6a und b des Ges. v. 22.6.1977
(BGBl. I 998) und das RegVBG, schreibt vor, dass Eintragungen bei der Hyp.
auf dem HypBrief zu vermerken sind, sieht aber in Konsequenz der in § 41
Abs. 1 Satz 3 getroffenen Regelung eine Ausnahme für die Eintragung von
Löschungsvormerkungen nach § 1179 BGB vor.

2   Die Vorschrift bezweckt die Erhaltung der Übereinstimmung zwischen
GB und Brief. Diese ist geboten, weil sich ein Erwerber der Hyp. gegenüber
dem richtigen GB nicht auf den abweichenden Inhalt des Briefs berufen
kann.

2. Eintragungen bei der Hypothek

3   Auf dem Brief zu vermerken sind grundsätzlich alle Eintragungen, die bei
der Hyp. erfolgen. Der Begriff ist der nämliche wie in § 41; wegen der in
Betracht kommenden Eintragungen ist daher grundsätzlich auf das zu § 41
Rn. 3 ff. Ausgeführte zu verweisen. Nicht auf dem Brief zu vermerken ist die
Eintragung von Löschungsvormerkungen nach § 1179 BGB, zu der es gemäß § 41 Abs. 1 Satz 3 auch keiner Vorlegung des Briefs mehr bedarf, und
ferner nach § 6 Satz 2 GBMaßnG die Eintragung oder Löschung eines Umstellungsschutzvermerks.

Im Hinblick auf die Neufassung des § 57 durch das Ges. v. 22.6.1977
(BGBl. I 998) sind auf einem nach dem 31.12.1977 erteilten Brief nachträgliche Rangänderungen nicht mehr zu vermerken (LG Krefeld Rpfleger
1979, 139; Mißling Rpfleger 1980, 332; Schneider in Bauer/Schaub Rn. 3;
KEHE/Keller Rn. 2; Meikel/Wagner Rn. 12; a. M. BayObLG MittBayNot
1979, 113; OLG Zweibrücken Rpfleger 1980, 109; OLG Oldenburg
NdsRpfl. 1980, 264). Auch wenn diese bei der Hyp. zu bewirkenden Eintragungen auf den nach dem 31.12.1977 erteilten Briefen nicht mehr zu vermerken sind, müssen diese Briefe doch gemäß § 41 zum Nachweis der Verfügungsberechtigung vorgelegt werden (OLG München FGPrax 2011, 279).
Das OLG Celle (Rpfleger 1985, 398; ebenso KEHE/Keller Rn. 2; a. M.
Meikel/Wagner Rn. 6) hält auch den Vermerk der lastenfreien Abschreibung
einer Grundstücksteilfläche auf einem nach dem 31.12.1977 erteilten Brief
nicht für erforderlich.

4   Für andere Eintragungen, d. h. solche, die nicht bei der Hyp. erfolgen, gilt
§ 57 Abs. 2 oder, sofern der Brief vor dem 1.1.1978 ausgestellt worden ist,
§ 57 a. F. (s. dazu § 57 Rn. 11). So wird z. B. eine Bestandteilszuschreibung
nur auf Antrag auf dem Brief über eine auf dem Hauptgrundstück lastende
Hyp. vermerkt (s. dazu § 41 Rn. 3). Dasselbe gilt, sofern es sich um vor dem
1.1.1978 ausgestellte Briefe handelt, hinsichtlich des Vermerks des Vorrangs
einer Abgeltungshyp. auf den Briefen über die nachgehenden Posten (s. § 9

Abs. 2 DVO z. VO über die Aufhebung der Gebäudeentschuldungssteuer v. 31.7.1942, RGBl. I 503).

Nicht unter § 62 fallen Vermerke, die keine Eintragung wiedergeben. In 5 Betracht kommen in der GBO vorgeschriebene Vermerke, z.B. der Vermerk über die Herstellung eines Teilbriefs (§ 61 Abs. 4), Privatvermerke, z.B. der Vermerk über die teilweise Befriedigung des Gläubigers (§ 1145 BGB) sowie Vermerke anderer Behörden, z.B. der Vermerk des Vollstreckungsgerichts über das teilweise Erlöschen einer Hyp. infolge Zwangsversteigerung (§ 127 Abs. 1 Satz 2 ZVG).

3. Vermerk der Eintragung

a) Zuständigkeit. Zuständig zum Vermerk der Eintragung ist stets das 6 GBAmt; es wird dabei, anders als im Fall des § 57 Abs. 2, von Amts wegen tätig.

Nach § 127 Abs. 1 Satz 2 ZVG hat das Vollstreckungsgericht, falls ein 7 Briefrecht infolge der Versteigerung teilweise erloschen ist, das teilweise Erlöschen auf dem ihm vorgelegten Brief zu vermerken und auf diesen auch den Nochgültigkeitsvermerk nach § 48 Abs. 1 GBV zu setzen. Das GBAmt ist daneben nicht verpflichtet, die vorgenommene Löschung auf dem Brief zu vermerken (KGJ 51, 308). Hat das Vollstreckungsgericht die angegebenen Vermerke versehentlich unterlassen, so kann das GBAmt den Vermerk über die inzwischen erfolgte Löschung und den Nochgültigkeitsvermerk nachholen; es kann aber auch den unvollständigen Brief dem Vollstreckungsgericht übersenden, damit dieses nach § 127 Abs. 1 Satz 2 ZVG verfährt. Ein solcher Vermerk des Vollstreckungsgerichts kann etwa lauten: „Die Hyp. ist infolge Zwangsversteigerung des Pfandgrundstücks in Höhe eines Teilbetrags von 1000 EUR erloschen".

b) Inhalt. Nicht vorgeschrieben ist eine wörtliche Wiedergabe des Eintr- 8 Vermerks. Um Fehler und Ungenauigkeiten zu vermeiden, empfiehlt es sich aber, die Fassung in Anlehnung an den EintrVermerk zu wählen. Enthält der EintrVermerk eine Bezugnahme, so braucht deren Inhalt nicht mehr in den Brief aufgenommen zu werden. Der auf den Brief zu setzende Vermerk über die Eintragung der Verpfändung der Hyp. braucht eine nähere Bezeichnung des Inhalts des Pfandrechts nicht zu enthalten (KGJ 33, 262). Bei Rangänderungen der Hyp. ist auf dem Brief nicht die Ranglage in ihrem Endergebnis, sondern jede einzelne Eintragung zu vermerken (JFG 16, 286); wegen der nach dem 1.1.1978 erteilten Briefe s. jedoch Rn. 3.

c) Stelle. Der Vermerk ist im Anschluss an den letzten vorhandenen Ver- 9 merk auf den Brief zu setzen, erforderlichenfalls auf einen besonderen, mit dem Brief durch Schnur und Siegel zu verbindenden Bogen (§§ 49, 50 GBV). Mehrere Vermerke sind in der Reihenfolge aufzunehmen, die der zeitlichen oder räumlichen Folge der Eintragungen entspricht.

d) Form. Der Vermerk ist nach Abs. 1 Satz 1 Halbsatz 2 mit Unterschrift 10 und Siegel oder Stempel zu versehen; gem. Abs. 2 ist auf die Unterschrift § 56 Abs. 2 anzuwenden (s. hierzu § 56 Rn. 12–16). Der Vermerk ist ferner zu datieren (s. GBV Muster Anl. 3 bis 8). Wegen der Unterschrift bei Gesamtbriefen s. § 59 Abs. 1 Satz 2. Auf den Vermerk des Vollstreckungsgerichts nach § 127 Abs. 1 Satz 2 ZVG (s. Rn. 7) ist die Bestimmung des Abs. 1 Satz 1 Halbsatz 2 entsprechend anzuwenden. Unterschrieben wird der Vermerk aber nur vom Vollstreckungsrichter (Rpfleger).

4. Erteilung eines neuen Briefs

11   Bei einem maschinell hergestellten Brief für ein im maschinell geführten GB eingetragenes Recht kann davon abgesehen werden, eine Eintragung bei dem Recht auf dem Brief zu vermerken, und statt dessen ein entsprechend ergänzter neuer Brief erteilt werden. Dieser Weg kann insbes. auch dann beschritten werden, wenn der bisherige Brief nicht maschinell hergestellt wurde; in diesem Fall würde eine maschinelle Ergänzung auf Schwierigkeiten stoßen. Wird ein neuer Brief hergestellt, ist der bisherige Brief einzuziehen und unbrauchbar zu machen; eine mit ihm verbundene Schuldurkunde ist dem Antragsteller zurückzugeben und auf dem neuen Brief der Aufdruck anzubringen: „Nicht ohne Vorlage der Urkunde für die Forderung gültig" (§§ 89, 88 GBV).

5. Beschaffung des Briefs durch den Antragsteller

12   In der Regel muss der Brief vom Antragsteller oder der ersuchenden Behörde vorgelegt werden (§ 41 Abs. 1 Satz 1; s. § 41 Rn. 7). Geschieht dies nicht und bleibt auch eine auf Vorlegung gerichtete Zwischenverfügung ergebnislos, so ist der EintrAntrag oder das EintrErsuchen zurückzuweisen.

6. Beschaffung des Briefs von Amts wegen

13   In den Fällen des Abs. 3, nämlich bei Amtseintragungen nach § 53 Abs. 1 sowie bei Eintragung eines Widerspruchs der in § 41 Abs. 1 Satz 2 bezeichneten Art hat das GBAmt den Brief zu beschaffen und zu diesem Zweck den Besitzer zur Vorlegung anzuhalten. Die Beschaffung hat vor der Eintragung zu erfolgen, wenn ihre Bewirkung von der Vorlegung des Briefs abhängig ist; dies trifft im Fall der Amtslöschung (§ 53 Abs. 1 Satz 2) stets, im Fall der Eintragung eines Amtswiderspruchs (§ 53 Abs. 1 Satz 1) insoweit zu, als nicht die Ausnahmebestimmung des § 53 Abs. 2 Platz greift. Im Übrigen darf das GBAmt den Brief erst nach der Eintragung anfordern (JFG 7, 412).

14   Eine Befugnis des GBAmts, den Besitzer des Briefs zur Vorlegung anzuhalten, ist ferner im Amtslöschungsverfahren nach §§ 84 ff. sowie im Rangklarstellungsverfahren nach §§ 90 ff. vorgesehen (§ 88 Abs. 1, § 99). Auf den durch § 143 vorbehaltenen Gebieten kann sie auch landesrechtlich begründet werden; in Bayern ist dies z.B. in Art. 42 Satz 2 AGGVG v. 23.6.1981 (BayRS 300-1-1-J) geschehen.

15   Nicht hierher gehört der Fall des § 39 Satz 4 GBV. Bei Bekanntgabe der Umschreibung eines unübersichtlichen GBBlatts ist der Gläubiger zwar zur Einreichung des Briefs aufzufordern; er kann zu der Einreichung jedoch nicht angehalten werden.

16   In anderen als den gesetzlich bestimmten Fällen hat das GBAmt nicht das Recht, den Besitzer des Briefs zur Vorlegung anzuhalten, um GB und Brief

in Übereinstimmung zu bringen; dies gilt auch dann, wenn eine Eintragung entgegen der Vorschrift des § 41 ohne Vorlegung des Briefs vorgenommen worden ist (RG 83, 290; KGJ 38, 297; OLG Dresden JFG 7, 415). Der zum Teil vertretenen Ansicht, dass § 62 Abs. 3 Satz 2 im Fall des Erlöschens einer Hyp. in der Zwangsversteigerung sinngemäß anzuwenden sei, kann nicht zugestimmt werden (OLG München JFG 23, 89). Ebensowenig ist das GBAmt befugt, die Erwirkung eines Ausschließungsbeschlusses hinsichtlich des abhanden gekommenen Briefs durch Zwangsgeld zu erzwingen (KG HRR 1928 Nr. 245).

7. Amtsverfahren

Soweit der Besitzer des Briefs zur Vorlegung anzuhalten ist (s. Rn. 13 ff.), **17** hat ihn das GBAmt zunächst zur Vorlegung aufzufordern und dabei Grund und Zweck der Aufforderung anzugeben; wird der Brief daraufhin freiwillig vorgelegt, so ist das Verfahren mit dem Vermerk der Eintragung erledigt. Befindet sich der Brief aus anderem Anlass, z.B. weil EintrAnträge vollzogen werden müssen, beim GBAmt, so darf er, anders als in den in Rn. 12 erwähnten Fällen (s. § 41 Rn. 7), ohne weiteres gemäß § 62 benutzt werden (OLG Dresden OLG 12, 168).

Leistet der Aufgeforderte der Aufforderung keine Folge, so ist er durch **18** Zwangsmaßnahmen gemäß § 35 FamFG (s. § 1 Rn. 96) zur Vorlegung anzuhalten. Das GBAmt darf jemanden aber nur dann zur Vorlegung anhalten, wenn feststeht, dass er der gegenwärtige Besitzer des Briefs ist; die hierzu erforderlichen Ermittlungen hat es gemäß § 26 FamFG anzustellen. Eine Pflicht der zur Vorlegung aufgeforderten Person, die den Brief früher besessen hat, jetzt aber nicht mehr zu besitzen behauptet, den Besitzverlust glaubhaft zu machen, besteht nicht (KGJ 38, 291; a.M. Meikel/Wagner Rn. 28). Wohl aber ist derjenige, der den Brief weitergegeben hat, verpflichtet, den Empfänger namhaft zu machen (JFG 14, 99).

Besitzer im Sinn des Abs. 2 ist nicht nur der unmittelbare, sondern auch **19** der mittelbare Besitzer; letzterer aber nur, wenn die Wiedererlangung des unmittelbaren Besitzes ausschließlich von seinem Willen abhängt, wie z.B. im Fall des § 695 BGB (JFG 14, 100).

8. Rückgabe des Briefs

Der vorgelegte Brief ist grundsätzlich dem zurückzugeben, der ihn einge- **20** reicht hat (RG HRR 1932 Nr. 473). Das sachliche Recht auf den Besitz des Briefs hat das GBAmt nicht zu prüfen.

Wird der Brief in fremdem Namen vorgelegt, so ist er dem zurückzuge- **21** ben, in dessen Namen er überreicht ist (KGJ 31, 341). Überreicht ihn ein Notar erkennbar im Namen des HypGläubigers, so ist er diesem und nicht dem Notar zurückzugeben, wenn der Notar nicht besondere Empfangsvollmacht hat (KGJ 31, 343). Reicht ihn ein Notar ein, der die zur Eintragung erforderliche Erklärung beurkundet oder beglaubigt hat und somit nach § 15 Abs. 2 als ermächtigt gilt, die Eintragung herbeizuführen, so ist er dem Notar zurückzugeben, wenn der Vertretene nicht Rückgabe an sich persönlich verlangt (KG JW 1937, 114).

22   Bei einer zwangsweise, z. B. auf Grund einstweiliger Verfügung, durchgeführten Vorlegung ist als Einreicher der anzusehen, gegen den der Zwang
ausgeübt worden ist. An ihn muss daher die Rückgabe erfolgen.

9. Aushändigung an einen Nichtempfangsberechtigten

23   Bei versehentlicher Aushändigung an einen Nichtempfangsberechtigten
kann das GBAmt den Brief zurückfordern und die Rückgabe, falls notwendig, gemäß § 35 FamFG erzwingen (s. Rn. 18); es darf dabei aber nicht in
wohlerworbene Rechte eingreifen (KG OLG 44, 163).

10. Verletzung des § 62

24   § 62 ist nur eine Ordnungsvorschrift. Verstöße berühren weder die Wirksamkeit der Eintragung noch die Gültigkeit des Briefs. Stimmt dessen Inhalt
nicht mit dem GB überein, so entscheidet das letztere (s. § 56 Rn. 4). Schadensersatzansprüche sind möglich.

11. Kosten

25   S. dazu § 57 Rn. 13.

Nachträgliche Mitbelastung eines anderen Grundstücks

63 Wird nach der Erteilung eines Hypothekenbriefs mit der Hypothek noch ein anderes, bei demselben Grundbuchamt gebuchtes
Grundstück belastet, so ist, sofern nicht die Erteilung eines neuen Briefes über die Gesamthypothek beantragt wird, die Mitbelastung auf dem
bisherigen Brief zu vermerken und zugleich der Inhalt des Briefes in
Ansehung des anderen Grundstücks nach § 57 zu ergänzen.

1. Allgemeines

1   § 63 ergänzt § 59 Abs. 1 und soll wie dieser verhindern, dass über eine
Gesamthyp. mehrere Briefe erteilt werden.

2. Nachträgliche Mitbelastung eines anderen Grundstücks

2   Es muss bereits ein Brief erteilt und das nachträglich belastete Grundstück
bei demselben GBAmt gebucht sein. Wird über eine Hyp. nachträglich unter
gleichzeitiger Mitbelastung eines anderen Grundstücks ein Brief erteilt, so
gilt § 59. Liegt das nachträglich belastete Grundstück im Bezirk eines anderen GBAmts, so findet § 59 Abs. 2 Anwendung.

3   Es muss ein anderes Grundstück nachträglich mitbelastet werden. § 63
findet daher keine Anwendung, wenn ein Teil des belasteten Grundstücks als
selbstständiges Grundstück auf dem bisherigen Blatt gebucht oder auf ein
anderes Blatt übertragen wird. Ein entsprechender Vermerk wird nicht nur
im ersten, sondern auch im zweiten Fall nur auf Antrag nach § 57 Abs. 2 auf
den Brief gesetzt; denn die gemäß § 48 Abs. 1 Satz 2 einzutragenden Mithaftvermerke bekunden lediglich eine Tatsache (s. § 41 Rn. 6), so dass § 62
Abs. 1 nicht zum Zug kommen kann.

Es muss sich um eine **Gesamtbelastung** handeln. Eine solche liegt nicht **4** vor, wenn dem belasteten Grundstück ein anderes als Bestandteil zugeschrieben wird (s. § 6 Rn. 23; Meikel/Wagner Rn. 9; Schneider in Bauer/Schaub Rn. 5); dasselbe gilt, wenn auf dem Blatt des anderen Grundstücks lediglich eine Vormerkung zur Sicherung des Anspruchs auf Mitbelastung eingetragen wird (KGJ 44, 254).

3. Erteilung eines neuen Briefs

Ein neuer Brief wird nur auf Antrag erteilt, der keiner Form bedarf. Erteilt **5** wird der Brief nach § 59 Abs. 1. Der neue Brief hat nach § 68 Abs. 1 die Angabe zu enthalten, dass er an die Stelle des bisherigen Briefs tritt. Die Erteilung ist nach § 68 Abs. 3 im GB zu vermerken. Der bisherige Brief ist gemäß § 69 unbrauchbar zu machen, die Schuldurkunde abzutrennen und mit dem neuen Brief zu verbinden.

4. Vervollständigung des bisherigen Briefs

Wird ein Antrag auf Erteilung eines neuen Briefs nicht gestellt, so ist der **6** bisherige Brief von Amts wegen zu vervollständigen. Zunächst ist die Mitbelastung zu vermerken. Der Vermerk lautet etwa: „Die Hyp. ist nachträglich im GB von Buchhain Blatt 100 in Abt. III unter Nr. 2 eingetragen worden." Sodann ist der Auszug nach § 57 hinsichtlich des mitbelasteten Grundstücks zu ergänzen. Die Vermerke sind mit Datum, Unterschrift und Siegel oder Stempel zu versehen.

5. Kosten

Für die Eintragung der Erstreckung der Hyp. auf ein weiteres Grundstück **7** wird eine Gebühr von 0,5 (Nr. 14123 GNotKG-KV) und für die Erteilung eines neuen Briefs eine weitere Gebühr von 0,5 erhoben (Nr. 14124 GNotKG-KV). Für den Geschäftswert gilt § 44 Abs. 1 GNotKG entsprechend (§ 71 Abs. 2 GNotKG). Der Vermerk gemäß § 68 Abs. 3 ist gebührenfrei. Zur Erhebung von Auslagen s. § 56 Rn. 22.

Sofern kein neuer Brief erteilt wird, fällt für die Vervollständigung des bisherigen Briefs keine Gebühr an.

Verteilung einer Gesamthypothek

64 Im Falle der Verteilung einer Gesamthypothek auf die einzelnen Grundstücke ist für jedes Grundstück ein neuer Brief zu erteilen.

1. Allgemeines

§ 64 regelt die Behandlung des Briefs im Fall der Verteilung einer Ge- **1** samthyp.

Nach § 1132 Abs. 2 BGB kann der Gläubiger die Forderung auf die einzelnen Grundstücke so verteilen, dass jedes Grundstück nur für einen bestimmten Betrag haftet; die Bestimmung ist in den Fällen der §§ 1172, 1175 BGB sinngemäß anzuwenden. Durch die Verteilung entstehen Einzelrechte.

Dementsprechend ist die Erteilung eines neuen Briefs für jedes Grundstück vorgeschrieben.

2. Verteilung der Gesamthypothek

2   Die Verteilung nach § 1132 Abs. 2 BGB erfordert sachlichrechtlich eine hierauf gerichtete Erklärung des Gläubigers gegenüber dem Eigentümer oder dem GBAmt, die Zustimmung etwaiger Drittberechtigter sowie die Eintragung in das GB. Verfahrensrechtlich bedarf es außer einem EintrAntrag der Bewilligung des Gläubigers und etwaiger Drittberechtigter in der Form des § 29 Abs. 1 Satz 1; eine Zustimmung des Eigentümers gemäß § 27 ist nicht erforderlich (s. § 27 Rn. 8). In den Fällen der §§ 1172, 1175 BGB sind der oder die Eigentümer verteilungsberechtigt.

3   Der Gläubiger kann auch in der Weise verteilen, dass für einzelne Teilbeträge nur einzelne Grundstücke, für andere Teilbeträge dagegen mehrere der anderen Grundstücke gemeinschaftlich haften. Zur Zulässigkeit, zu den Voraussetzungen und zur grundbuchmäßigen Behandlung einer Teilung der Hyp. dergestalt, dass diese ohne Herabsetzung des Betrags an einem Grundstück nur noch als Einzelhyp. besteht und an den übrigen Grundstücken weiterhin als Gesamthyp. (vertikale Teilung) s. Renauld ZNotP 2013, 141. Wegen der Rechtslage im Zwangsversteigerungsverfahren s. § 122 ZVG und RG HRR 1930 Nr. 2176.

4   Nicht unter § 64 fällt die teilweise Löschung der Hyp. auf allen belasteten Grundstücken oder die vollständige Löschung auf einem, wenn mehr als zwei belastet sind; denn die Hyp. bleibt in diesen Fällen Gesamthypothek. Sind nur zwei Grundstücke belastet, so entsteht bei vollständiger Löschung auf dem einen ein Einzelhyp. Über die Behandlung des Briefs in diesem Fall s. § 59 Rn. 5.

3. Behandlung des Briefs

5   Für jedes Grundstück ist von Amts wegen ein neuer Brief zu erteilen. Zuständig für die Erteilung ist stets das GBAmt. Die Herstellung neuer Briefe ist auch im Fall des § 59 Abs. 2 notwendig; eine Verwendung der bisher verbundenen Briefe als Einzelbriefe ist nach Wortlaut und Zweck des § 64 unzulässig.

Die Herstellung der neuen Briefe erfolgt nach §§ 56 bis 58; jeder Brief hat nach § 68 Abs. 1 die Angabe zu enthalten, dass er für den Teilbetrag, auf den er lautet, an die Stelle des bisherigen Briefs tritt; die Erteilung ist nach § 68 Abs. 3 im GB zu vermerken. Der bisherige Brief ist gemäß § 69 unbrauchbar zu machen. Die Schulddurkunde ist abzutrennen und mit einem der neuen Briefe zu verbinden; mit den übrigen Briefen wird eine beglaubigte Abschrift verbunden (s. § 58 Rn. 6).

4. Kosten

6   Für die Erteilung der Briefe wird je Brief eine Gebühr von 0,5 erhoben (Nr. 14124 GNotKG-KV).

Umwandlung der Hypothek. Forderungsauswechslung

65 (1) Tritt nach § 1177 Abs. 1 oder nach § 1198 des Bürgerlichen Gesetzbuchs eine Grundschuld oder eine Rentenschuld an die Stelle der Hypothek, so ist, sofern nicht die Erteilung eines neuen Briefes beantragt wird, die Eintragung der Rechtsänderung auf dem bisherigen Brief zu vermerken und eine mit dem Brief verbundene Schuldurkunde abzutrennen.

(2) Das gleiche gilt, wenn nach § 1180 des Bürgerlichen Gesetzbuchs an die Stelle der Forderung, für welche eine Hypothek besteht, eine andere Forderung gesetzt wird.

1. Allgemeines

§ 65 regelt die Behandlung des Briefs für den Fall, dass an die Stelle der **1** Hyp. eine Grundschuld oder Rentenschuld tritt oder die der Hyp. zugrunde liegende Forderung ausgewechselt wird.

2. Geltungsgebiet

In Betracht kommen die Fälle des § 1177 Abs. 1, des § 1198 und des **2** § 1180 BGB; wird eine Briefhyp. in eine Buchhyp. umgewandelt, so gilt hinsichtlich der Behandlung des Briefs die Bestimmung des § 69.

Nach § 1177 Abs. 1 BGB verwandelt sich die Hyp. kraft Gesetzes in eine **3** Grundschuld, wenn sie sich mit dem Eigentum in einer Person vereinigt und dem Eigentümer nicht auch die Forderung zusteht. Hat sich eine Hyp. nur teilweise in eine Grundschuld verwandelt, so kommt § 65 nicht zur Anwendung; hier ist auf Antrag ein Teilgrundschuldbrief zu erteilen (KGJ 40, 339); wird ein solcher Antrag nicht gestellt, so begegnet es keinen Bedenken, dass der Brief teils über eine Hyp. und teils über eine Grundschuld lautet (JFG 21, 310; Meikel/Wagner Rn. 5; Schneider in Bauer/Schaub Rn. 4).

Gemäß § 1198 BGB kann die Hyp. rechtsgeschäftlich in eine Grund- **4** schuld umgewandelt werden; die Zulässigkeit der Umwandlung in eine Rentenschuld ergibt sich daraus, dass diese lediglich eine Unterart der Grundschuld ist. Erfolgt die Umwandlung nur teilweise, so gilt das in Rn. 3 Ausgeführte entsprechend.

Nach § 1180 BGB kann die der Hyp. zugrunde liegende Forderung durch **5** eine andere ersetzt werden; diese braucht nicht dem bisherigen Gläubiger zuzustehen. Ist die Forderung nur teilweise ausgewechselt worden, so kommt § 65 nur zur Anwendung, wenn beide Forderungen demselben Gläubiger zustehen; andernfalls ist über den ausgewechselten Betrag von Amts wegen ein selbstständiger Brief herzustellen, da mehrere Hyp. nach § 66 nur dann gemeinsam verbrieft werden dürfen, wenn sie demselben Gläubiger zustehen.

3. Erteilung eines neuen Briefs

Ein neuer Brief wird nur auf Antrag erteilt, der keiner Form bedarf. Erteilt **6** wird der Brief nach §§ 56 bis 58. Der neue Brief hat nach § 68 Abs. 1 die

Angabe zu enthalten, dass er an die Stelle des bisherigen Briefs tritt. Die Erteilung ist nach § 68 Abs. 3 im GB zu vermerken. Der bisherige Brief ist gemäß § 69 unbrauchbar zu machen, die Schuldurkunde abzutrennen und zurückzugeben.

4. Änderung des bisherigen Briefs

7   Wird ein Antrag auf Erteilung eines neuen Briefs nicht gestellt, so ist der bisherige Brief von Amts wegen zu ändern. Zunächst ist die Eintragung der Rechtsänderung gemäß § 62 Abs. 1 zu vermerken. Sodann ist die Schuldurkunde von dem Brief abzutrennen und zurückzugeben. Im Fall der Umwandlung der Hyp. in eine Grundschuld oder Rentenschuld wird die Überschrift des Briefs entsprechend zu ändern sein (a. M. Güthe/Triebel Rn. 10). Im Fall der Forderungsauswechslung ist die neue Schuldurkunde mit dem Brief zu verbinden; bei nur teilweiser Ersetzung der Forderung unterbleibt die Abtrennung der bisherigen Schuldurkunde und wird auch die neue mit dem Brief verbunden.

5. Verletzung des § 65

8   § 65 ist nur eine Ordnungsvorschrift. Verstöße berühren die Gültigkeit des Briefs nicht, können aber Schadensersatzansprüche zur Folge haben.

6. Kosten

9   Für den Vermerk der Rechtsänderung auf dem Brief wird keine Gebühr erhoben.

Gemeinschaftlicher Brief

66 Stehen einem Gläubiger mehrere Hypotheken zu, die gleichen Rang haben oder im Rang unmittelbar aufeinanderfolgen, so ist ihm auf seinen Antrag mit Zustimmung des Eigentümers über die mehreren Hypotheken ein Hypothekenbrief in der Weise zu erteilen, daß der Brief die sämtlichen Hypotheken umfaßt.

Inhaltsübersicht

1. Allgemeines

1   § 66 lässt unter bestimmten Voraussetzungen die Erteilung eines gemeinschaftlichen Briefs über mehrere Hyp. zu.

Die Bestimmung soll nach der Denkschrift einem praktischen Bedürfnis gerecht werden. Ob dieses wirklich ein dringendes ist, erscheint zweifelhaft. Als Ausnahmevorschrift ist § 66 jedenfalls einschränkend auszulegen (JFG 9, 319).

2. Mehrere Hypotheken

Es muss sich um mehrere Hyp. handeln. Eine gemeinschaftliche Verbrie- **2** fung von Hypotheken, Grundschulden und Rentenschulden ist unzulässig.

Die Hyp. müssen demselben Gläubiger zustehen. Ob dieser eine natür- **3** liche Person, eine juristische Person oder eine Bruchteils- bzw. Gesamthandsgemeinschaft ist, macht keinen Unterschied.

Die Hyp. müssen sämtlich Briefrechte sein. Eine Teilhyp. darf sich grund- **4** sätzlich nicht unter ihnen befinden (KGJ 20, 103); jedoch ist die Erteilung eines gemeinschaftlichen Briefs statthaft, falls zu den mehreren Hyp. eine Teilhyp. gehört, über die kein Teilbrief, sondern ein Stammbrief zu bilden ist (KGJ 39, 274).

Die Hyp. müssen dasselbe Grundstück oder dieselben Grundstücke be- **5** lasten. Auch über Gesamthyp. kann ein gemeinschaftlicher Brief erteilt werden, sofern alle Rechte auf allen, wenn auch verschiedenen Eigentümern gehörenden Grundstücken lasten; ist dies nicht der Fall, so ist die Erteilung wegen Besorgnis der Verwirrung abzulehnen.

Die Hyp. müssen schließlich entweder gleichen Rang haben oder im **6** Rang unmittelbar aufeinander folgen. Dabei ist nicht nur das Rangverhältnis in Abt. III, sondern auch zu Abt. II zu berücksichtigen (KGJ 39, 277). Rangfolge im Sinn des § 66 liegt deshalb nicht vor, wenn ein Recht in Abt. II im Rang zwischen den Rechten steht, über die ein gemeinschaftlicher Brief erteilt werden soll (KGJ 39, 278). Die Erteilung eines gemeinschaftlichen Briefs ist aber zulässig, wenn Zinsen und sonstige Nebenleistungen der Hyp. ganz oder teilweise den Rang nach anderen Rechten haben (JFG 9, 316; Meikel/Wagner Rn. 18; a. M. Hesse/Saage/Fischer A. II 4).

3. Antrag des Gläubigers

Ein gemeinschaftlicher Brief wird nur auf Antrag des Gläubigers erteilt. **7** Der Antrag bedarf keiner Form; dasselbe gilt für die Vollmacht zur Stellung des Antrags. Bevollmächtigt werden kann auch wer nicht gemäß § 10 Abs. 2 FamFG vertretungsbefugt ist (s. § 15 Rn. 2.2).

4. Zustimmung des Eigentümers

Die Zustimmung des Eigentümers oder der Eigentümer (s. Rn. 5) bedarf **8** nicht der Form des § 29 Abs. 1 Satz 1, weil es sich um keine zur Eintragung erforderliche Erklärung handelt.

5. Herstellung des gemeinschaftlichen Briefs

Zuständig für die Erteilung ist das GBAmt. **9**

Die Erteilung erfolgt nach §§ 56 bis 58; s. auch GBV Muster Anl. 6. Waren **10** über die Hyp. bereits Briefe erteilt, so sind die Vorschriften des § 68 zu beachten. Der gemeinschaftliche Brief wird nach dem gegenwärtigen Inhalt des GB erteilt (KGJ 26, 168; 38, 300) und hat nach § 68 Abs. 1 die Angabe zu enthalten, dass er an die Stelle der bisherigen Briefe tritt. Diese sind gemäß § 69 unbrauchbar zu machen, die Schuldurkunden abzutrennen und mit dem gemeinschaftlichen Brief zu verbinden. Die Erteilung des gemeinschaftlichen Briefs ist nach § 68 Abs. 3 im GB zu vermerken; der Vermerk lautet etwa: „Über diese Hyp. ist dem Gläubiger ein gemeinschaftlicher Brief erteilt. Eingetragen am …".

6. Wirkung des gemeinschaftlichen Briefs

11   Die gemeinsam verbrieften Hyp. bleiben selbstständige Rechte; jede von ihnen kann demnach allein übertragen, belastet oder aufgehoben werden. Die Bildung eines gemeinschaftlichen Briefs über mehrere Hyp. ist somit streng zu scheiden von der Zusammenfassung mehrerer Hyp. zu einer Einheitshyp. (s. Anh. zu § 44 Rn. 58).

7. Auflösung der Briefgemeinschaft

12   Die Briefgemeinschaft ist auf Antrag des Gläubigers jederzeit aufzulösen; der Antrag bedarf keiner Form; eine Zustimmung des Eigentümers ist nicht erforderlich.

13   Die Briefgemeinschaft wird von Amts wegen aufgelöst, wenn eine der in Rn. 2 bis 6 genannten Voraussetzungen für die Erteilung des gemeinschaftlichen Briefs wegfällt, z. B. eine Hyp. Buchhyp. wird, an die Stelle einer Hyp. eine Grundschuld oder Rentenschuld tritt oder verschiedene Berechtigte an die Stelle des einen Gläubigers treten.

8. Auflösungsverfahren

14   Werden sämtliche verbrieften Rechte brieflos oder gelöscht, so ist der Brief nach § 69 unbrauchbar zu machen.

15   Soll die Verbriefung an sich bestehen bleiben und nur der gemeinschaftliche Brief aufgehoben werden, so sind über die einzelnen Rechte selbstständige Briefe zu erteilen. Dabei kann der gemeinschaftliche Brief als selbstständiger Brief für eines der verbrieften Rechte weiterverwendet werden.

16   Scheidet nur ein Recht aus der gemeinschaftlichen Verbriefung aus, so bleibt der gemeinschaftliche Brief hinsichtlich der übrigen bestehen, solange die Voraussetzungen für die Erteilung fortdauern.

9. Kosten

17   Für die Erteilung eines gemeinschaftlichen Briefs wird eine Gebühr von 0,5 erhoben (Nr. 14124 GNotKG-KV). Für den Geschäftswert ist § 71 Abs. 1, § 53 Abs. 1 GNotKG maßgebend.

Die Eintragung des Erteilungsvermerks (vgl. Rn. 10) ist gebührenfreies Nebengeschäft. Zur Erhebung von Auslagen s. § 56 Rn. 22.

Erteilung eines neuen Briefs

67 Einem Antrage des Berechtigten auf Erteilung eines neuen Briefes ist stattzugeben, wenn der bisherige Brief oder in den Fällen der §§ 1162, 1170, 1171 des Bürgerlichen Gesetzbuchs der Ausschließungsbeschluss vorgelegt wird.

1. Allgemeines

§ 67 regelt die Voraussetzungen für die Erteilung eines neuen Briefs; er **1** wird durch § 26 GBMaßnG ergänzt, der an die Stelle des durch das genannte Ges. aufgehobenen § 8 VereinfVO v. 5.10.1942 (RGBl. I 573) getreten ist. War ein Brief nach § 8 GBBerG-1930 kraftlos geworden, so galt die Sonderbestimmung des § 10 GBBerG-1930. § 67 wurde durch Art. 36 Nr. 5 des FGG-RG v. 17.12.2008 (BGBl. I 2586) geändert.

2. Antrag auf Brieferneuerung

Die Erteilung eines neuen Briefs erfolgt nur auf Antrag; eine Ausnahme **2** gilt im Fall des § 64 (s. ferner § 65 Rn. 5 und § 66 Rn. 13). Ob der Antragsteller ein rechtliches Interesse an der Brieferneuerung hat, ist gleichgültig und nicht nachzuprüfen. Eine Zustimmung des Eigentümers ist nicht notwendig.

Antragsberechtigt ist der eingetragene oder gemäß § 1155 BGB legiti- **3** mierte Gläubiger der Hyp. (KGJ 45, 294) sowie derjenige, der sein Recht, z. B. auf Grund eines Pfändungs- und Überweisungsbeschlusses (BGH FGPrax 2012, 95; KG OLG 38, 10), von jenem ableitet. Ein Ausschließungsbeschluss ersetzt nicht den Nachweis der zum Rechtserwerb gemäß § 1154 Abs. 1 Satz 1 BGB erforderlichen Briefübergabe, weil an den Besitz des Ausschließungsbeschlusses nicht die Vermutung des § 1117 Abs. 3 BGB geknüpft ist (BayObLG Rpfleger 1987, 363). Durch einen Ausschließungsbeschluss wird daher das Gläubigerrecht nicht nachgewiesen; eine dahingehende Bedeutung hat § 479 Abs. 1 FamFG nicht (BGH FGPrax 2012, 95; OLG Rostock KGJ 34, 344; KG OLG 38, 12). Zum Nachweis des Gläubigerrechts s. BayObLG Rpfleger 1987, 493. Für ihn gilt § 29 Satz 1 entsprechend (BayObLG Rpfleger 1988, 477). Steht die Hyp. mehreren zu, so muss die Brieferneuerung, falls nicht einer der Berechtigten die alleinige Verfügungsbefugnis hat, gemeinschaftlich beantragt werden. Im Fall der Herstellung eines Teilbriefs genügt zu dessen Erneuerung der Antrag des Teilgläubigers.

Der Antrag auf Erteilung eines neuen Briefs sowie die Vollmacht zur Stel- **4** lung eines solchen sind formfrei (BayObLG Rpfleger 1988, 477). Bevollmächtigt werden kann auch wer nicht gemäß § 10 Abs. 2 FamFG vertretungsbefugt ist (s. § 15 Rn. 2.2).

3. Vorlegung von Brief oder Ausschließungsbeschluss

Die Erteilung eines neuen Briefs setzt grundsätzlich die Vorlegung des **5** bisherigen Briefs voraus. Eine Vorlegung der Schuldurkunde ist nicht vorgeschrieben; es ist daher, falls der Brief vorgelegt wird, unschädlich, wenn diese abhanden gekommen oder vernichtet ist.

6   **a) Ausschließungsbeschluss.** An die Stelle der Vorlegung des bisherigen Briefs tritt die Vorlegung des rechtskräftigen (§ 439 Abs. 2 FamFG) Ausschließungsbeschlusses, wenn der Brief gemäß § 1162 BGB für kraftlos erklärt worden oder wenn er infolge eines nach §§ 1170, 1171 BGB erwirkten Ausschließungsbeschlusses kraftlos geworden ist. Das Antragsrecht des Antragstellers im Aufgebotsverfahren hat das GBAmt nicht nachzuprüfen (KGJ 45, 297); eine Kraftloserklärung wirkt auch dann für und gegen alle, wenn der Ausschließungsbeschluss von einem Nichtberechtigten erwirkt worden ist (KGJ 45, 298). S. hierzu auch das zu der Folgezeit mehrfach geänderte Ges. über die Kraftloserklärung von Hypotheken-, Grundschuld- und Rentenschuldbriefen in besonderen Fällen v. 18.4.1950 (BGBl. 88); ein nach diesem Gesetz erwirkter Ausschließungsbeschluss steht gemäß § 11 Abs. 1 des Ges. im GBVerfahren einem Ausschließungsbeschluss nach § 1162 BGB gleich. Zum Aufgebotsverfahren zur Kraftloserklärung eines Briefs s. Wilsch FGPrax 2012, 231.

7   **b) Vernichtung durch Kriegseinwirkung.** Ist ein Brief durch Kriegseinwirkung vernichtet worden, so hinge die Erteilung eines neuen Briefs von der Erwirkung und Vorlegung eines Ausschließungsbeschlusses gemäß § 1162 BGB ab. Um dem Berechtigten den in diesem Fall nicht gerechtfertigten Umweg über das Aufgebotsverfahren zu ersparen, lässt § 26 GBMaßnG den Antrag auf Erteilung eines neuen Briefs genügen. Der Vernichtung eines Briefs durch Kriegseinwirkung ist nun auch der Fall gleichgestellt, dass ein Brief durch Kriegseinwirkung abhandengekommen und sein Verbleib seitdem nicht bekannt geworden ist. Das GBAmt hat von Amts wegen zu ermitteln, ob die entsprechende Behauptung des Antragstellers zutrifft. Hat es sich hiervon überzeugt (s. dazu LG Bielefeld NJW 1949, 153), so ist der neue Brief zu erteilen. Mit der Erteilung des neuen Briefs wird der bisherige Brief kraftlos.

8   Soll die Erteilung des Briefs nachträglich ausgeschlossen oder die Hyp. gelöscht werden, so ist die Herstellung eines neuen Briefs unsachgemäß, weil er sofort wieder unbrauchbar gemacht werden müsste. Für diese Fälle genügt statt der Vorlegung des Briefs die von den GBAmt zu treffende Feststellung, dass der Brief durch Kriegseinwirkung vernichtet wurde bzw. abhandengekommen und sein Verbleib seitdem nicht bekannt geworden ist. Mit der der Feststellung folgenden Eintragung der Ausschließung oder Löschung wird der Brief kraftlos. Die Feststellung, der die entsprechenden Amtsermittlungen vorauszugehen haben, ist kostenfrei.

9   **c) Vernichtung in der ehemaligen DDR.** Ist ein Brief im Zusammenhang mit besatzungsrechtlichen oder besatzungshoheitlichen Enteignungen von Banken oder Versicherungen im Gebiet der ehemaligen DDR vernichtet worden oder abhanden gekommen, so gilt auf Grund der Änderung des § 26 Abs. 1 GBMaßnG durch das 2. VermRÄndG v. 14.7.1992 (BGBl. I 1257, 1283) dasselbe wie bei Vernichtung oder Abhandenkommen durch Kriegseinwirkung (s. dazu Rn. 7, 8).

4. Herstellung des neuen Briefs

Zuständig ist stets, mithin auch im Fall der Erneuerung eines Teilbriefs, das **10** GBAmt; handelt es sich um einen Gesamtbrief nach § 59 Abs. 2, so sind mehrere GBÄmter an der Herstellung beteiligt.

Der neue Brief ist gemäß §§ 56 bis 59 unter Beachtung des § 68 zu erteilen; über Einzelheiten s. § 68 Rn. 2 bis 7. Auszuhändigen ist der neue Brief demjenigen, der den Antrag auf Erteilung gestellt und den bisherigen Brief oder den Ausschließungsbeschluss vorgelegt hat. § 60 Abs. 1 betrifft die erstmalige Aushändigung eines Briefs; er findet daher keine Anwendung.

5. Briefbildung bei Einheitshypotheken

Bei der Einheitshyp. (s. Anh. zu § 44 Rn. 58) ist über das durch die Zu- **11** sammenfassung der Einzelrechte entstandene Einheitsrecht grundsätzlich ein neuer Brief zu bilden; denn es erscheint nicht angängig, über ein Recht mehrere Briefe bestehen zu lassen (Recke DJust. 1935, 1729; Saage DFG 1937, 123). Nicht erforderlich ist die Herstellung eines neuen Briefs, wenn über die zusammengefassten Einzelrechte ein gemeinschaftlicher Brief nach § 66 erteilt war; in diesem Fall wird nur die Zusammenfassung zur Einheitshyp. nach § 62 Abs. 1 auf dem Brief vermerkt. Der zur Bildung eines neuen Briefs erforderliche Antrag liegt in dem Antrag auf Eintragung der Einheitshypothek.

6. Kosten

Für die Erteilung eines neuen Briefs wird eine Gebühr von 0,5 erhoben **12** (Nr. 14124 GNotKG-KV). Die Eintragung des Erteilungsvermerks nach § 68 Abs. 3 ist gebührenfrei. Maßgebend für die Wertberechnung ist der Nennbetrag der Forderung (§ 71 Abs. 1, § 53 Abs. 1 GNotKG). Zur Erhebung von Auslagen s. § 56 Rn. 22.

Eine gebührenfreie Erteilung ist in § 11 Abs. 2 des Ges. v. 18.4.1950 (s. Rn. 6), eine kostenfreie in § 26 Abs. 1 Satz 4 GBMaßnG (s. Rn. 7) vorgesehen.

Inhalt des neuen Briefs

68 (1) **Wird ein neuer Brief erteilt, so hat er die Angabe zu enthalten, daß er an die Stelle des bisherigen Briefes tritt.**

(2) **Vermerke, die nach den §§ 1140, 1145, 1157 des Bürgerlichen Gesetzbuchs für das Rechtsverhältnis zwischen dem Eigentümer und dem Gläubiger in Betracht kommen, sind auf den neuen Brief zu übertragen.**

(3) **Die Erteilung des Briefes ist im Grundbuch zu vermerken.**

1. Allgemeines

§ 68 gibt für alle Fälle der Brieferneuerung ergänzende Vorschriften über **1** den Inhalt des Briefs und bestimmt, dass die Brieferneuerung im GB zu vermerken ist. War ein Brief nach § 8 GBBerG-1930 kraftlos geworden, so galt die Sonderbestimmung des § 11 GBBerG-1930, die sachlich § 68 entspricht.

2. Inhalt des neuen Briefs

2   Der neue Brief wird gemäß §§ 56 bis 59 nach dem gegenwärtigen Inhalt des GB erteilt. Zur Anstellung von Ermittlungen darüber, ob dieser der materiellen Rechtslage entspricht, ist das GBAmt weder berechtigt noch verpflichtet. Zu berücksichtigen sind Änderungen des Bestandsverzeichnisses und aller drei Abteilungen. Insbesondere sind alle Eintragungen bei der Hyp. aufzunehmen, die noch Gültigkeit haben; nicht dagegen gelöschte Vormerkungen, Widersprüche, Verfügungsbeschränkungen oder Pfandrechte. Rechtsänderungen außerhalb des GB bleiben außer Betracht. Beantragt derjenige, der die Hyp. gemäß § 1154 Abs. 1 BGB außerhalb des GB erworben hat, die Erteilung eines neuen Briefs, so lautet dieser nur dann auf den Erwerber, wenn gleichzeitig das GB berichtigt wird (OLG Rostock KGJ 34, 344). Die Voreintragung der Umstellung ist zur Erteilung eines neuen Briefs nicht erforderlich (LG Würzburg NJW 1954, 1122).

3   Die in Abs. 2 zum Schutz des Eigentümers vorgeschriebene Übertragung von Vermerken nach §§ 1140, 1145, 1157 BGB kommt natürlich nur in Betracht, wenn der bisherige Brief noch vorhanden ist. Im Übrigen ist es gleichgültig, ob es sich um amtliche oder Privatvermerke handelt, ob sie mit Bleistift oder Tinte geschrieben, mit Datum und Unterschrift versehen sind oder nicht. Auch fremdsprachliche Vermerke können in Betracht kommen. Sind die Vermerke unleserlich oder ihrem Inhalt nach unverständlich, so kann das GBAmt durch Rückfrage bei den Beteiligten oder durch Verhandlung mit ihnen den Sachverhalt aufklären; eine Verpflichtung hierzu besteht aber nicht. Falls Vermerke unleserlich oder unverständlich sind, ist entsprechender Hinweis auf dem Brief zweckmäßig.

4   Der neue Brief hat nach Abs. 1 die Angabe zu enthalten, dass er an die Stelle des bisherigen Briefs tritt. Die Fassung des Vermerks hängt davon ab, ob sich der Umfang des bisherigen Briefs und des neuen decken oder nicht. Der Vermerk hat nach dem Muster Anl. 6 bei einem gemeinschaftlichen HypBrief z. B. zu lauten: „Dieser Brief tritt für beide Hyp. an die Stelle des bisherigen Briefs."

3. Verbindung mit der Schuldurkunde

5   Eine mit dem bisherigen Brief verbundene Schuldurkunde ist abzutrennen und nach § 58 mit dem neuen Brief zu verbinden; ist die Schuldurkunde nicht mehr vorhanden, so genügt die Verbindung mit einer beglaubigten Abschrift der gemäß § 15 GeschO zu den Grundakten genommenen beglaubigten Abschrift der Schuldurkunde (s. § 58 Rn. 7). Ein Ausschließungsbeschluss wird nicht mit dem Brief verbunden.

4. Vermerk der Brieferneuerung im GB

6   Die in Abs. 3 vorgesehene Eintragung im GB erfolgt nach § 11 Abs. 6 GBV in Sp. 5 bis 7 der dritten Abteilung und ist zweckmäßigerweise außer

dem Antragsteller auch dem Eigentümer mitzuteilen. Eine Benachrichtigungspflicht gem. § 55 besteht nicht (vgl. § 55 Rn. 3). Die Eintragung ist gebührenfrei.

5. Behandlung des bisherigen Briefs

Zunächst ist die Eintragung nach Abs. 3 zweckmäßigerweise auf dem **7** Brief zu vermerken. § 62 Abs. 1 verpflichtet nicht dazu, einen solchen Vermerk anzubringen (s. dazu § 41 Rn. 4). Danach ist der bisherige Brief nach § 69 unbrauchbar zu machen; die Schuldurkunde ist abzutrennen und mit dem neuen Brief zu verbinden.

6. Verletzung des § 68

§ 68 ist nur eine Ordnungsvorschrift. Verstöße machen den Brief daher **8** nicht unwirksam; insbesondere berührt auch Unterlassung des Vermerks nach Abs. 1 oder der Eintragung gemäß Abs. 3 die Gültigkeit nicht. Nichtigkeit des Briefs tritt nur bei Verletzung der Mussvorschriften des § 56 Abs. 1 Satz 2 und des § 61 Abs. 2 Satz 1 ein (s. § 56 Rn. 18 und § 61 Rn. 27). Schadensersatzansprüche sind möglich.

Unbrauchbarmachung des Briefs

69 Wird eine Hypothek gelöscht, so ist der Brief unbrauchbar zu machen; das gleiche gilt, wenn die Erteilung des Briefes über eine Hypothek nachträglich ausgeschlossen oder an Stelle des bisherigen Briefes ein neuer Hypothekenbrief, ein Grundschuldbrief oder ein Rentenschuldbrief erteilt wird. Eine mit dem bisherigen Brief verbundene Schuldurkunde ist abzutrennen und, sofern sie nicht mit dem neuen Hypothekenbrief zu verbinden ist, zurückzugeben.

Inhaltsübersicht

1. Allgemeines

§ 69 schreibt für bestimmte Fälle vor, dass der Brief unbrauchbar zu ma- **1** chen ist.

Die Ungültigkeit des Briefs ergibt sich in diesen Fällen schon aus dem gemäß § 62 Abs. 1 auf den Brief zu setzenden Vermerk. Die Unbrauchbarmachung soll diese Ungültigkeit sinnfällig machen. Ein einmal unbrauchbar gemachter Brief bleibt ungültig und kann, auch wenn die Maßnahme aus Versehen erfolgt ist, im Rechtsinn nicht wiederhergestellt werden.

Für Briefe, die nach § 8 GBBerG-1930 kraftlos geworden waren, schrieb § 9 GBBerG-1930 die Unbrauchbarmachung vor.

2. Fälle der Unbrauchbarmachung

2 **a) Löschung der Hypothek.** Es muss sich um eine völlige Löschung der Hyp. handeln; eine Teillöschung gehört nur dann hierher, wenn über den gelöschten Teil ein besonderer Brief erteilt war. Hat der Brief, z. B. wegen vorbehaltener Zinsen oder wegen erfolgter Abschreibungen, für den Rechtsverkehr noch Bedeutung, so kommt eine Unbrauchbarmachung nicht in Frage (KG HRR 1931 Nr. 2060; RG 157, 287). Über den Fall, dass über eine Gesamthyp. nach § 59 Abs. 2 mehrere Briefe erteilt sind und die Hyp. nur an einem der belasteten Grundstücke gelöscht wird, s. § 59 Rn. 6.

3 **b) Nachträglicher Ausschluss der Brieferteilung.** Hierher rechnet neben dem Fall des § 1116 Abs. 2 Satz 2 BGB auch der der Umwandlung einer Verkehrshyp. in eine Sicherungshyp. (§ 1186 BGB).

4 **c) Erteilung eines neuen Briefs.** Dabei kann es sich handeln um die Erteilung eines neuen HypBriefs (§§ 63, 64, 65 Abs. 2, §§ 66, 67) oder um die Erteilung eines Grundschuld- oder Rentenschuldbriefs an Stelle des bisherigen HypBriefs (§ 65 Abs. 1).

3. Zuständigkeit

5 Zuständig zur Unbrauchbarmachung ist grundsätzlich das GBAmt. Nach § 127 Abs. 1 Satz 1 ZVG hat jedoch das Vollstreckungsgericht, wenn ein Briefrecht infolge der Versteigerung erloschen ist, den ihm vorgelegten Brief unbrauchbar zu machen. Ist die Unbrauchbarmachung aus Versehen unterblieben, so kann das GBAmt nach § 69 verfahren.

4. Behandlung des Briefs

6 Zunächst ist die Löschung der Hyp. oder die Eintragung der Briefausschließung gemäß § 62 Abs. 1 auf dem Brief zu vermerken. Es ist zweckmäßig, auch die Eintragung gem. § 68 Abs. 3, dass ein neuer Brief erteilt wurde, auf dem bisherigen Brief zu vermerken (s. § 68 Rn. 7).

7 Sodann ist der Brief nach § 53 Abs. 1 GBV in der Weise unbrauchbar zu machen, dass der Vermerk über die erste Eintragung des Rechts (am besten mit roter oder schwarzer Tinte, nicht mit Bleistift oder Buntstift) durchgestrichen und der Brief mit Einschnitten versehen wird. Über die Behandlung eines Gesamtbriefs s. § 59 Rn. 6.

8 Ist die Unbrauchbarmachung des Briefs in den Grundakten ersichtlich gemacht, so ist er nach § 53 Abs. 2 GBV mit anderen unbrauchbar gemachten Briefen zu Sammelakten zu nehmen, die für das Kalenderjahr anzulegen und am Schluss des folgenden Kalenderjahres zu vernichten sind; in der Verfügung der Unbrauchbarmachung kann jedoch angeordnet werden, dass der Brief während bestimmter Zeit bei den Grundakten aufzubewahren ist.

5. Behandlung der Schuldurkunde

Sie ist von dem Brief abzutrennen und, wenn nicht eine Verbindung mit **9** einem neu erteilten HypBrief stattzufinden hat, dem Einreicher zurückzugeben.

6. Rechtsmittel

Gegen die Unbrauchbarmachung eines Briefs ist die Beschwerde mit dem **10** Ziel der Erteilung eines neuen gleich lautenden Briefs zulässig (KG HRR 1931 Nr. 2060).

7. Verletzung des § 69

§ 69 ist nur eine Ordnungsvorschrift. Verstöße berühren die Wirksamkeit **11** der Eintragung, z. B. einer Löschung, nicht. Jedoch sind Schadensersatzansprüche möglich.

Grundschuld- und Rentenschuldbrief

70 (1) **Die Vorschriften der §§ 56 bis 69 sind auf den Grundschuldbrief und den Rentenschuldbrief entsprechend anzuwenden. Der Rentenschuldbrief muß auch die Ablösungssumme angeben.**

(2) **Ist eine für den Inhaber des Briefes eingetragene Grundschuld oder Rentenschuld in Teile zerlegt, so ist über jeden Teil ein besonderer Brief herzustellen.**

1. Allgemeines

§ 70 schreibt die entsprechende Anwendung der §§ 56 bis 69 auf den **1** Grundschuld- und den Rentenschuldbrief vor und trifft zwei ergänzende Bestimmungen.

2. Anwendung der Vorschriften über den Hypothekenbrief

Die sinngemäße Anwendung der §§ 56 bis 69 auf den Grundschuld- und **2** den Rentenschuldbrief ergibt im Zusammenhalt mit der Bestimmung des Abs. 1 Satz 2 folgendes:
- § 56 gilt mit der Maßgabe, dass der Brief als „Grundschuldbrief" oder als **3** „Rentenschuldbrief" zu bezeichnen ist und dass zum wesentlichen Inhalt eines Rentenschuldbriefs auch die Angabe der Ablösungssumme gehört; nach § 51 GBV i. V. m. Muster Anl. 8 erscheint die Ablösungssumme nicht in der Überschrift des Briefs, sondern in der Wiedergabe des Inhalts der Eintragung; in der Überschrift ist der Betrag der einzelnen Jahresleistung anzugeben.
- § 57 gilt; die früher umstrittene, aber zu verneinende Frage, ob statt der Wiedergabe des Inhalts einer in Bezug genommenen Urkunde deren Verbindung mit dem Brief zulässig ist, hat ihre Bedeutung verloren, weil die Notwendigkeit, den Inhalt einer Bezugnahme auf dem Brief zu vermerken, entfallen ist.

- § 58 findet keine Anwendung, weil es bei Grundschulden und Rentenschulden keine zugrunde liegende Forderung gibt (OLG Düsseldorf NJW 1961, 2263).
- § 59 gilt; jedoch ist eine Verbindung von Hypotheken- und Grundschuldbrief unzulässig, weil die Gesamtbelastung Gleichartigkeit der Grundpfandrechte voraussetzt.
- § 60 gilt ohne Einschränkung.
- § 61 gilt mit gewissen Abwandlungen: Statt Teilung der Forderung ist Teilung der Grundschuld oder Rentenschuld Voraussetzung für die Herstellung eines Teilbriefs; ein Teilrentenschuldbrief muss außer dem Teilbetrag der einzelnen Jahresleistung auch den entsprechenden Teilbetrag der Ablösungssumme angeben; Abs. 2 Satz 3 findet gleich § 58 keine Anwendung; im Fall der Teilung einer für den Inhaber des Briefs eingetragenen Grundschuld oder Rentenschuld sind neue selbständige Briefe, nicht Teilbriefe zu bilden (s. Rn. 5).

4 - § 62 ist mit der Maßgabe anzuwenden, dass die Eintragung einer Löschungsvormerkung nach § 1179 BGB bei einer für den Inhaber des Briefs eingetragenen Grund- oder Rentenschuld dann auf dem Brief zu vermerken sein wird, wenn es zu ihrer Eintragung gemäß § 42 Satz 2 der Vorlegung des Briefs bedarf.
- § 63 und § 64 gelten ohne Einschränkung.
- § 65 Abs. 1 besagt bei sinngemäßer Anwendung folgendes: Tritt nach §§ 1198, 1203 BGB eine Hyp. oder Rentenschuld an die Stelle einer Grundschuld oder eine Hyp. oder Grundschuld an die Stelle einer Rentenschuld, so ist, falls nicht die Erteilung eines neuen Briefs beantragt wird, die Eintragung der Rechtsänderung auf dem bisherigen Brief zu vermerken; im Fall der Umwandlung in eine Hyp. ist eine über die Forderung ausgestellte Schuldurkunde mit dem Brief zu verbinden. § 65 Abs. 2 findet keine Anwendung, weil es bei Grundschulden und Rentenschulden keine zugrundeliegende Forderung gibt.
- § 66 gilt; jedoch ist eine gemeinsame Verbriefung von Hypotheken, Grundschulden und Rentenschulden unzulässig.
- § 67 und § 68 gelten ohne Einschränkung; von § 69 gilt nur Satz 1, weil die Verbindung des Briefs mit einer Schuldurkunde nicht in Betracht kommt.

3. Grund- und Rentenschuldbriefe auf den Inhaber

5 Nach § 1195 Satz 1 BGB kann eine Grundschuld in der Weise bestellt werden, dass der Grundschuldbrief auf den Inhaber ausgestellt wird; auf einen solchen Brief finden nach § 1195 Satz 2 BGB die Vorschriften über Schuldverschreibungen auf den Inhaber sinngemäße Anwendung. Übertragung und Belastung der Grundschuld erfolgen daher nicht gemäß § 1154 BGB, sondern nach Fahrnisrecht durch Einigung und Übergabe des Briefs. Ob und inwieweit die Bestimmungen über Zins- und Erneuerungsscheine (§§ 803 bis 805 BGB) anwendbar sind, ist streitig. Die Ausgabe solcher Scheine ist zulässig, aber nicht Sache des GBAmts. Bei Eintragungen bedarf

es einer Vorlegung der Scheine (vgl. §§ 41, 62) nicht. Entsprechendes gilt für die Rentenschuld.

Wird eine für den Inhaber des Briefs eingetragene Grundschuld oder **6** Rentenschuld in Teile zerlegt, so ist nach Abs. 2 über jeden Teil von Amts wegen ein besonderer Brief herzustellen; ein etwa vorhandener Stammbrief ist gemäß § 69 unbrauchbar zu machen. Bei den Briefen über die Teile genügt in entsprechender Anwendung des § 793 Abs. 2 Satz 2 BGB eine im Weg mechanischer Vervielfältigung hergestellte Namensunterschrift der zuständigen Personen (KEHE/Keller Rn. 1; Meikel/Wagner Rn. 21).

Inhaberbriefe durften bis 31.12.1990 bei Meidung ihrer Nichtigkeit nur **7** mit staatlicher Genehmigung in den Verkehr gebracht werden (§ 795 BGB; über die Zuständigkeit zur Erteilung der Genehmigung sowie über Ausnahmen vom Genehmigungserfordernis s. §§ 3, 4 Ges. v. 26.6.1954, BGBl. I 147). Ob die Genehmigung erteilt war, hatte das GBAmt vor der Eintragung zu prüfen (RG 59, 387). Durch das Ges. v. 17.12.1990 (BGBl. I 2839) wurde § 795 BGB mit Wirkung ab 1.1.1991 aufgehoben; gleichzeitig trat das Ges. v. 26.6.1954 (BGBl. I 147) außer Kraft.

4. Kosten

Das zum HypBrief Ausgeführte gilt entsprechend. Bei der Wertberech- **8** nung tritt bei der Rentenschuld an die Stelle des Nennbetrags der Schuld der Nennbetrag der Ablösungssumme (§ 53 Abs. 1 Satz 2 GNotKG).

Vierter Abschnitt. Beschwerde

Übersicht

Der 4. Abschnitt regelt das Beschwerdeverfahren und ordnet dieses in dem Sinn abschließend, dass die Vorschriften des FamFG über die Beschwerde grundsätzlich nicht herangezogen werden können.

§ 71 enthält den Grundsatz, dass jede Entscheidung des GBAmts mit der unbefristeten Beschwerde angefochten werden kann, beschränkt deren Zulässigkeit aber gegenüber Eintragungen. § 72 weist die Entscheidung über die Beschwerde dem Oberlandesgericht zu. § 73 enthält Vorschriften über die Einlegung der Beschwerde, § 74 die wichtige Bestimmung, dass die Beschwerde auf neue Tatsachen und Beweise gestützt werden kann. § 75 gibt dem GBAmt die Befugnis, begründeten Beschwerden abzuhelfen. § 76 handelt von einstweiligen Anordnungen des Beschwerdegerichts, § 77 von der endgültigen Entscheidung über die Beschwerde. § 78 lässt gegen die Entscheidung des Beschwerdegerichts die befristete, von der Zulassung durch das Beschwerdegericht abhängige Rechtsbeschwerde zum BGH zu und erklärt wegen des weiteren Verfahrens die Vorschriften der §§ 71 bis 74a FamFG für entsprechend anwendbar. Die aufgehobenen §§ 79 und 80 befassten sich mit der Vorlage an den BGH und dem Verfahren der weiteren Beschwerde. § 81 gibt ergänzende Bestimmungen für die beiden in Betracht kommenden Rechtsmittelzüge.

Besonderheiten gelten für die Verfahren zur Löschung gegenstandsloser Eintragungen und zur Klarstellung der Rangverhältnisse. Hier sind nach § 85 Abs. 2, § 91 Abs. 1, § 105 Abs. 2 Halbsatz 1 und § 109 gewisse Entscheidungen der Anfechtung entzogen. Bei anderen Entscheidungen ist die GBBeschwerde, wie im Fall des § 89 entweder befristet oder wie in den Fällen § 105 Abs. 2 Halbsatz 2 und § 110 durch die befristete Beschwerde nach den Vorschriften des FamFG ersetzt. Eine Sonderregelung treffen ferner § 2 und § 4 Abs. 4 GBMaßnG. Bei Zurückweisung eines EintrAntrags nach § 1 oder § 4 Abs. 2 dieses Ges. tritt an die Stelle der GBBeschwerde die befristete Beschwerde nach den Vorschriften des FamFG.

Haben der Rpfleger oder der Urkundsbeamte der Geschäftsstelle entschieden, so sind § 11 RpflegerG bzw. § 12c Abs. 4 zu beachten.

Zulässigkeit der Beschwerde

71 (1) **Gegen die Entscheidungen des Grundbuchamts findet das Rechtsmittel der Beschwerde statt.**

(2) **Die Beschwerde gegen eine Eintragung ist unzulässig. Im Wege der Beschwerde kann jedoch verlangt werden, daß das Grundbuchamt angewiesen wird, nach § 53 einen Widerspruch einzutragen oder eine Löschung vorzunehmen.**

Inhaltsübersicht

1. Allgemeines

1   Die §§ 71 ff. enthalten eine eigenständige Regelung des Beschwerdeverfahrens, die den §§ 58 ff. FamFG vorgeht (s. § 1 Rn. 34). § 71 bestimmt, dass jede Entscheidung des GBAmt mit dem Rechtsmittel der Beschwerde angefochten werden kann, beschränkt deren Zulässigkeit jedoch gegenüber Eintragungen. Die Anfechtbarkeit ist anders als in § 58 Abs. 1 FamFG nicht auf Endentscheidungen beschränkt. Anfechtbar ist daher auch eine Zwischenverfügung nach § 18 (vgl. OLG Hamm FGPrax 2010, 177, 226). Die Beschwerde bewirkt keine GBSperre (s. § 76 Rn. 12).

In bestimmten Fällen tritt an die Stelle der GBBeschwerde des § 71 die Beschwerde nach §§ 58 ff. FamFG. S. dazu Rn. 2.

a) Beschwerde gegen Eintragung. Abs. 2 beruht auf der Erwägung, dass sich die Beseitigung einer Eintragung nach materiellem Recht verbietet, falls auf ihrer Grundlage ein gutgläubiger Erwerb eines Dritten stattgefunden hat. Da die Feststellung, ob es zu einem solchen Erwerb gekommen ist, nicht oder nur schwer möglich ist, erklärt das Gesetz die Beschwerde gegen Eintragungen allgemein für unzulässig. Nur soweit das GBAmt nach § 53 berechtigt und verpflichtet wäre, von Amts wegen einzuschreiten, kann es vom Beschwerdegericht dazu angehalten werden. Im Übrigen bleibt es den Beteiligten überlassen, die Berichtigung des GB gemäß § 22 zu betreiben und nach § 899 BGB zu sichern (s. dazu § 53 Rn. 19 und 23).

2   **b) Beschwerdefrist.** Die Beschwerde ist, außer im Fall des § 89, nicht befristet; anders die Rechtsbeschwerde (s. § 78 Rn. 14). In den Fällen des § 105 Abs. 2 und § 110 tritt jedoch an die Stelle der GBBeschwerde die befristete Beschwerde nach den Vorschriften des FamFG; dasselbe gilt nach § 2 und § 4 Abs. 4 GBMaßnG, wenn ein EintrAntrag nach § 1 oder § 4 Abs. 2 dieses Ges. zurückgewiesen wird. Dann gilt für die Frist zur Einlegung der Beschwerde einschließlich der Möglichkeit einer Wiedereinsetzung in den vorigen Stand bei Versäumung der Frist § 63 Abs. 1, § 17 FamFG. Für die Berechnung der Fristen ist in jedem Fall § 16 FamFG i. V. m. §§ 222, 224 Abs. 2 und 3 sowie § 225 ZPO maßgebend. Über den Antrag darf nicht vor Ablauf der Wiedereinsetzungsfrist (vgl. § 18 Abs. 1 FamFG) entschieden werden. Die Beschwerde nach den Vorschriften des FamFG ist in vermögensrechtlichen Angelegenheiten, zu denen GBSachen in der Regel gehören, im Gegensatz zur Beschwerde nach der GBO nur zulässig, wenn der Wert des Beschwerdegegenstands 600 EUR übersteigt oder das GBAmt die Beschwerde zugelassen hat (§ 61 FamFG). Zur Rechtsbeschwerde in diesen Fällen s. § 78 Rn. 3.

c) Außerordentliche Beschwerde. Im Verfahren zur Löschung gegenstandsloser Eintragungen und zur Klarstellung der Rangverhältnisse sind gewisse Entscheidungen ausdrücklich für unanfechtbar erklärt. In solchen und ähnlichen Fällen, in denen eine Entscheidung nach den allgemeinen Vorschriften nicht anfechtbar ist, wurde zunächst die außerordentliche Beschwerde wegen greifbarer Gesetzwidrigkeit zugelassen (vgl. hierzu BGH Rpfleger 1993, 258; NJW 1998, 1715). In Abkehr davon wurde sodann bei einer Verletzung von Verfahrensgrundrechten durch eine unanfechtbare Entscheidung und in sonstigen Fällen greifbarer Gesetzwidrigkeit bis zu der vom BVerfG (NJW 2003, 1924) verlangten gesetzlichen Regelung auch in Verfahren der freiwilligen Gerichtsbarkeit (BayObLG FGPrax 2003, 25) eine Korrektur durch das Ausgangsgericht im Rahmen befristeter Gegenvorstellungen für zulässig und geboten erachtet (BGH NJW 2002, 1577). Da sich die am 1.1.2005 in Kraft getretene gesetzliche Regelung durch das Anhörungsrügengesetz v. 9.12.2004 (BGBl. I 3220) bewusst auf Verstöße gegen das rechtliche Gehör beschränkt (s. dazu § 81 Rn. 17 ff.), sind bei Verstößen gegen andere Verfahrensgrundrechte und in sonstigen Fällen greifbarer Gesetzwidrigkeit jedenfalls Gegenvorstellungen nicht ausgeschlossen (BFH NJW 2006, 861; BSG NJW 2006, 86; vgl. auch BGH NJW-RR 2007, 1654); der BFH hat die Vorlage an den Gem. Senat der obersten Gerichtshöfe des Bundes (NJW 2008, 543) im Hinblick auf den Beschluss des BVerfG (NJW 2009, 829) zurückgenommen (NJW 2009, 3053 mit Anm. v. Sangmeister). Verschiedentlich wurde auch eine außerordentliche Beschwerde für zulässig erachtet. Ganz überwiegend wird die Statthaftigkeit einer solchen inzwischen aber verneint (BGH NJW-RR 2007, 1295; BFH NJW 2006, 861; KG FGPrax 2005, 66; OLG Jena FGPrax 2006, 115; zweifelnd OLG Celle FGPrax 2007, 296).

d) Anwendung der ZPO. oweit Vorschriften der ZPO entsprechend anzuwenden sind (s. dazu § 1 Rn. 36), galt bis zum Inkrafttreten des FGG-RG für das Rechtsmittelverfahren die Besonderheit, dass grundsätzlich nur diejenigen Vorschriften der ZPO entsprechend anwendbar waren, welche die Statthaftigkeit des Rechtsmittels betreffen (vgl. BayObLG Rpfleger 2003, 43; Demharter NZM 2002, 233; Roth Rpfleger 2006, 1). Im Hinblick auf die **3**

inzwischen weitgehende Angleichung der Verfahrensordnungen kommt dem keine nennenswerte Bedeutung mehr zu. Soweit, wie in der Regel bei der Anfechtung von Neben- und Zwischenentscheidungen, die entsprechende Anwendung der §§ 567 bis 572 ZPO vorgeschrieben ist (vgl. z.B. § 35 Abs. 5, § 42 Abs. 3 FamFG), verdrängen diese Bestimmungen die Vorschriften der GBO und des FamFG. Dies gilt insbes. für die Zuständigkeit des Einzelrichters (§ 568 ZPO), die Beschwerdefrist (§ 569 ZPO) und die Abhilfebefugnis (§ 572 ZPO). Die Beschwerde gegen eine Entscheidung über Kosten wird unzulässig, wenn ihr teilweise abgeholfen oder sie teilweise zurückgenommen wird und dadurch der Wert des Beschwerdegegenstandes 200 EUR nicht mehr übersteigt (§ 567 Abs. 2 ZPO). Dann findet die Erinnerung gemäß § 11 Abs. 2 Satz 1 RpflegerG statt (s. Rn. 7; OLG Köln FGPrax 2010, 216). Zur Rechtsbeschwerde gegen die Entscheidung des Beschwerdegerichts, wenn für die Erstbeschwerde ZPO-Vorschriften entsprechend anwendbar waren, s. § 78 Rn. 3.

e) GBAmt als Vollstreckungsorgan. Soweit das GBAmt als Vollstreckungsorgan tätig wird, ersetzt § 71 den im GBVerfahren nicht anwendbaren § 766 ZPO (OLG Stuttgart BWNotZ 1986, 89) und tritt an die Stelle der sofortigen Beschwerde gem. §§ 567, 793 ZPO (s. dazu Rn. 12). Das GBAmt und nicht das Insolvenzgericht ist auch im Rahmen des § 89 Abs. 3 InsO zuständig (KG ZIP 2010, 2467). Bei Eintragung einer Beschlagnahme oder Eintragung einer Sicherungshyp. sowie eines Veräußerungsverbots in Vollziehung eines Arrests auf Ersuchen der Staatsanwaltschaft (s. § 38 Rn. 13) tritt gemäß § 111k Abs. 3 StPO an die Stelle der GBBeschwerde die Beschwerde nach den Vorschriften der StPO (BGH FGPrax 2020, 7; OLG Jena FGPrax 2012, 101; OLG Hamm Rpfleger 2018, 433). Das danach zuständige Gericht hat bei seiner Entscheidung die Beschränkung des § 71 Abs. 2 zu beachten. Der Rpfleger der Staatsanwaltschaft ist nicht nur für das Ersuchen um Eintragung sondern auch für dessen Weiterverfolgung durch Beschwerde zuständig (OLG München FGPrax 2018, 68).

2. Entscheidungsorgane des Grundbuchamts

4   **a) GBRichter.** Seine Entscheidungen sind, soweit nicht unanfechtbar, immer mit der Beschwerde anzufechten. Dies gilt auch dann, wenn der Richter anstelle des Rpflegers oder des Urkundsbeamten der Geschäftsstelle entschieden hat. Die Entscheidung ist wirksam (vgl. § 8 Abs. 1, 5 RpflegerG); die Überschreitung der funktionellen Zuständigkeit rechtfertigt ihre Aufhebung nicht (OLG Hamm Rpfleger 1971, 107).

5   **b) Rpfleger.** Gegen Entscheidungen des Rpflegers ist nach der Abschaffung der Durchgriffserinnerung und Neufassung des § 11 RpflegerG durch das Ges. v. 6.8.1998 (BGBl. I 2030) das Rechtsmittel gegeben, das nach den allgemeinen verfahrensrechtlichen Vorschriften zulässig ist (§ 11 Abs. 1 RpflegerG). Dies ist die Beschwerde gem. § 71 Abs. 1.

6   Auch dann, wenn der Rpfleger **anstelle des Urkundsbeamten** der Geschäftsstelle entschieden hat, ist die gem. § 8 Abs. 5 RpflegerG wirksame

Entscheidung mit der Beschwerde gem. § 71 Abs. 1 und nicht wie eine Entscheidung des Urkundsbeamten (s. hierzu Rn. 10) anfechtbar (KG Rpfleger 1998, 65; BayObLG Rpfleger 1997, 101; OLG Dresden FGPrax 2010, 66; OLG Düsseldorf Rpfleger 2019, 702; a. M. OLG Hamm Rpfleger 1989, 319; offengelassen von OLG Frankfurt Rpfleger 1997, 205); die Überschreitung der funktionellen Zuständigkeit rechtfertigt eine Aufhebung jedoch nicht.

In den Fällen des § 85 Abs. 2, § 91 Abs. 1, § 105 Abs. 2 Halbsatz 1 und des **7** § 109 ist ein Rechtsmittel nicht gegeben. Dasselbe gilt unter bestimmten Voraussetzungen z. B. in den Fällen des § 83 Abs. 1 Satz 1 GNotKG (Anfechtung der Geschäftswertfestsetzung; s. dazu Rn. 87), des § 81 Abs. 2 Satz 1 GNotKG (Anfechtung des Kostenansatzes; s. dazu Rn. 80) und des § 85 FamFG i. V. m. § 104 Abs. 3, § 567 Abs. 2 ZPO (Anfechtung der Kostenfestsetzung; s. dazu Rn. 86). Hat in solchen Fällen der Rpfleger entschieden, findet gegen seine Entscheidung die **Erinnerung** statt, die innerhalb einer Frist von zwei Wochen einzulegen ist (§ 11 Abs. 2 Satz 1 RpflegerG). Im Hinblick auf die Befristung der Erinnerung sind solche Entscheidungen grundsätzlich förmlich zuzustellen (vgl. § 41 Abs. 1 Satz 2 FamFG; s. dazu § 1 Rn. 86); außerdem sind sie zu begründen und mit einer Rechtsbehelfsbelehrung zu versehen (vgl. § 38 Abs. 3 Satz 1, § 39 FamFG). Bei unverschuldeter Versäumung der Frist kann Wiedereinsetzung in den vorigen Stand gewährt werden. Der Antrag ist binnen zwei Wochen nach Beseitigung des Hindernisses zu stellen. Nach Ablauf eines Jahres seit dem Ende der versäumten Frist kann der Antrag nicht mehr gestellt werden. Bei unterbliebener oder fehlerhafter Rechtsbehelfsbelehrung wird ein Fehlen des Verschuldens vermutet (§ 11 Abs. 2 Satz 2, 3, 4 RpflegerG). Der Rpfleger kann der Erinnerung abhelfen. Geschieht dies nicht, legt er sie dem GBRichter vor, der abschließend darüber entscheidet (§ 11 Abs. 2 Satz 5, 6 RpflegerG); die Entscheidung des Richters ist nicht anfechtbar. Auf die Erinnerung sind im Übrigen die Vorschriften der ZPO über die sofortige Beschwerde sinngemäß anzuwenden (§ 11 Abs. 2 Satz 7 RpflegerG). Nach diesen genügt als Zulässigkeitsvoraussetzung einer Erinnerung eine formelle Beschwer durch die Entscheidung des Rpflegers. Zur Zulässigkeit einer Erinnerung in den Fällen der §§ 85, 86 im Hinblick darauf s. § 85 Rn. 6, 7. Eingelegt werden kann die Erinnerung nur beim GBAmt durch eine Erinnerungsschrift oder zur Niederschrift der Geschäftsstelle (§ 569 Abs. 2, 3 ZPO).

Gegen eine **GBEintragung** ist nach § 71 Abs. 2 Satz 1 eine Beschwerde **8** nicht zulässig. Dies gilt aber nur für Eintragungen, an die sich ein gutgläubiger Erwerb anschließen kann (s. dazu Rn. 37 ff.). Gegen solche Eintragungen wäre, wenn sie vom Rpfleger verfügt sind, nach der Regel des § 11 Abs. 2 Satz 1 RpflegerG die befristete Erinnerung gegeben. § 11 Abs. 3 RpflegerG schließt dies jedoch aus. GBEintragungen des Rpflegers, an die sich ein gutgläubiger Erwerb anschließen kann, können daher nur mit der nach Maßgabe des § 71 Abs. 2 Satz 2 beschränkten Beschwerde angefochten werden (zur Verfassungsmäßigkeit der Beschränkung in der richterlichen Überprüfung der Rpflegerentscheidung s. Dümig Rpfleger 2000, 248).

Das Erinnerungsverfahren gem. § 11 Abs. 2 RpflegerG ist gerichtsgebüh- **9** renfrei (§ 11 Abs. 4 RpflegerG).

10   c) **Urkundsbeamter der Geschäftsstelle.** Wird die Änderung einer von
ihm getroffenen Entscheidung verlangt, so entscheidet, falls der Urkundsbeamte dem üblicherweise als Erinnerung bezeichneten Verlangen nicht durch
Abhilfe entspricht, der GBRpfleger; erst gegen seine Entscheidung findet
nach Maßgabe des § 71 die Beschwerde statt. Voraussetzung ist aber, dass es
sich um eine Entscheidung des Urkundsbeamten der Geschäftsstelle gemäß
§ 12c Abs. 1, 2 handelt; denn nur auf diese Fälle bezieht sich § 12c Abs. 4. S.
dazu § 12c Rn. 11.

Diese Grundsätze gelten auch, wenn es um die Anfechtung einer Eintragung geht, die vom Urkundsbeamten verfügt und vorgenommen wurde.
Auch in diesem Fall ist die Erinnerung und nicht unmittelbar die Beschwerde gegeben (OLG Oldenburg Rpfleger 1992, 387; a.M. BayObLG 1976,
109, offensichtlich aufgegeben von OLG München FGPrax 2007, 105 mit
Anm. v. Demharter). Eine Abhilfe durch den Urkundsbeamten ist jedoch
nicht möglich; sie könnte nur in einer Löschung oder der Eintragung eines
Amtswiderspruchs bestehen. Zu solchen Eintragungen ist der Urkundsbeamte aber nicht befugt; sie können daher nur vom GBRpfleger angeordnet
werden. Wenn sich an die Eintragung ein gutgläubiger Erwerb anschließen
kann, scheidet eine Löschung aus; in Betracht kommt nur ein Amtswiderspruch (vgl. § 71 Abs. 2 Satz 2).

Hilft der GBRpfleger der Erinnerung, statt selbst abschließend darüber zu
entscheiden, nicht ab und legt sie dem Beschwerdegericht vor, so hat dieses
die Nichtabhilfe- und Vorlageverfügung aufzuheben und die Sache dem
GBRpfleger zur Entscheidung über die Erinnerung zurückzugeben. Für
eine eigene Sachentscheidung des Beschwerdegerichts ist kein Raum, weil es
an einer Beschwerde fehlt (a.M. OLG Frankfurt Rpfleger 1997, 205 unter
entsprechender Anwendung der §§ 539, 540 ZPO a.F.).

Für das Erinnerungsverfahren werden Gebühren nicht erhoben. Zur Anfechtung, wenn der Richter oder Rpfleger anstelle des Urkundsbeamten
entschieden hat, s. Rn. 4, 6. Zum Verbot der Schlechterstellung s. § 75
Rn. 12.

3. Sachentscheidungen

11   Anfechtbar sind grundsätzlich nur die in der Sache entscheidenden Entschließungen des GBAmts (vgl. JFG 12, 169), also entweder Zwischenverfügungen nach § 18 oder sonst endgültige Entscheidungen, wie die Zurückweisung eines Antrags (OLG Köln FGPrax 2011, 172), nicht aber z.B. eine
Beweisanordnung (s. Rn. 20). Die Entscheidungen müssen auf sachlichrechtlichen oder verfahrensrechtlichen Erwägungen beruhen, nicht bloß auf rein
verwaltungsmäßigen. Sie müssen **bekannt gemacht** oder für die Außenwelt
bestimmt sein (OLG München Rpfleger 2010, 654); sie dürfen also nicht
nur innere Vorgänge des Gerichts oder bloße buchtechnische Mittel zum
Gegenstand haben (s. Rn. 20).

Sie müssen ferner **unterschrieben** sein; sonst liegt keine wirksame Entscheidung, sondern nur ein Entwurf vor (§ 38 Abs. 3 Satz 2 FamFG; BGH
Rpfleger 1998, 123; OLG Köln Rpfleger 2006, 646; BayObLG Rpfleger
1989, 188). Das OLG Zweibrücken (FGPrax 1995, 93; 2003, 249) hält es für

ausreichend, dass die Nichtabhilfeentscheidung des Rpflegers, die auf eine Zwischenverfügung in Form eines nicht unterschriebenen Computerausdrucks Bezug nimmt, unterschrieben ist (ebenso BayObLG FGPrax 1996, 32; a. M. OLG Karlsruhe FamRZ 1999, 452; offen gelassen von OLG Köln Rpfleger 2006, 646); ausreichend ist es auch, wenn die Verfügung, durch die die Zustellung der Zwischenverfügung angeordnet wird, unterschrieben ist (OLG Jena FGPrax 1997, 172; a. M. LG Frankfurt MDR 1996, 776). § 42 GBV gilt nur für die Bekanntmachung der Zwischenverfügung (s. dazu § 18 Rn. 35). Die Anbringung einer Paraphe ersetzt die Unterschrift nicht (OLG Köln Rpfleger 1991, 198). Zum Erfordernis einer qualifizierten elektronischen Signatur bei Entscheidungen in elektronischer Form s. § 140 Rn. 3.

Maßgebend ist der **entscheidende Teil;** die Begründung allein ist nicht anfechtbar (KGJ 48, 175; BayObLG 1994, 117). Anfechtbar sind Eintragungen ab ihrer Vollendung (s. dazu § 44 Rn. 58) und sonstige Entscheidungen, sobald sie erlassen sind (s. dazu § 77 Rn. 5).

Anfechtbar sind unter diesen Voraussetzungen Entscheidungen:

- Über einen **EintrAntrag.** In Betracht kommen Zwischenverfügung, Zu- **12** rückweisung und Eintragung. Die Eintragung ist jedoch in der Regel nur beschränkt anfechtbar (s. Rn. 49 ff.). Die Beschwerde nach §§ 71 ff. und nur sie (s. Rn. 3) ist auch gegeben gegen Entscheidungen über den Antrag auf Eintragung einer Zwangshyp. oder auf Berichtigung der Eintragung einer Zwangshyp. (KG Rpfleger 1987, 301; OLG Zweibrücken FGPrax 2007, 162; OLG Köln Rpfleger 1996, 189; FGPrax 2008, 193).

- Über einen **Brief.** Sie können betreffen die Herstellung (BayObLG **13** Rpfleger 1974, 160) und den Inhalt des Briefes (KGJ 51, 215; JFG 15, 159), seine Aushändigung (KG OLG 44, 163) oder Einforderung (§ 62 Abs. 3, § 88 Abs. 1, § 99); auch die Unbrauchbarmachung des Briefs kann angefochten werden mit dem Antrag, einen neuen gleich lautenden Brief zu erteilen (KG HRR 1931 Nr. 2060).

- Über die Behandlung eingereichter **Urkunden,** z. B. ihre Verwahrung, **14** Herausgabe oder Entfernung aus den Grundakten (s. § 10 Rn. 12 ff.), sowie über die Einsicht des GB und der Grundakten und die Erteilung von Abschriften (Ausdrucken) aus diesen (§ 12; s. hierzu auch § 12 Rn. 31 ff. und für das Gebiet der ehemaligen DDR § 12b Abs. 1, 2); ferner darüber, jemandem eine GBEintragung bekannt zu machen (s. dazu § 55 Rn. 9, 30).

- Über die Schließung eines GBBlatts. Mit der Beschwerde kann die Anle- **15** gung eines neuen GBBlatts verlangt werden (KG HRR 1933 Nr. 143). Zur Beschwerde gegen die erstmalige Anlegung eines GBBlatts s. § 125.

- Über die Durchführung des Berichtigungszwangsverfahrens (s. § 82 **16** Rn. 15–22); über die Gegenstandslosigkeit einer Eintragung (s. § 84 Rn. 3); über einen Widerspruch im Rangklarstellungsverfahren (s. § 110); über die Versagung der Verfahrenskostenhilfe (s. Rn. 56); über die Anordnung der Vorschusspflicht gemäß § 13 GNotKG (s. Rn. 85).

4. Sonstige Maßnahmen

Nicht mit der GBBeschwerde anfechtbar, weil keine Entscheidungen im **17** Sinn des § 71, sind:

a) Vorläufige Meinungsäußerungen. Nicht anfechtbar ist die vorläufige Kundgabe einer Meinung oder Rechtsansicht des GBAmts. Dies gilt auch dann, wenn diese als Verfügung oder Beschluss bezeichnet und mit einer Rechtsbehelfsbelehrung versehen oder mit dem Hinweis auf eine beabsichtigte Zurückweisung des Antrags verbunden ist (BGH Rpfleger 1998, 420; FGPrax 2014, 192; OLG Hamm Rpfleger 1975, 134; OLG Frankfurt Rpfleger 1978, 306).

18   **b) Vorbescheid.** Hält es das GBAmt in Ausnahmefällen für zweckmäßig, vor seiner Entscheidung einem Beteiligten Hinweise zu geben oder in Form eines Vorbescheids seine demnächst zu treffende Entscheidung anzukündigen, so unterliegt die Mitteilung nicht der Anfechtung (OLG Karlsruhe Rpfleger 1993, 192; OLG Zweibrücken FGPrax 1997, 127). Dies gilt auch dann, wenn der Vorbescheid mit dem Ratschlag verbunden ist, den Antrag zurückzunehmen oder Beschwerde einzulegen (BayObLG 1993, 52; vgl. BGH NJW 1980, 2521; a. M. Meikel/Böttcher § 18 Rn. 29). Eine Ausnahme gilt auch nicht bei beabsichtigter Löschung einer Eintragung als inhaltlich unzulässig (OLG Karlsruhe Rpfleger 1993, 192; BayObLG 1994, 199; a. M. OLG Saarbrücken OLGZ 1972, 129; LG Freiburg BWNotZ 1980, 61; LG Memmingen Rpfleger 1990, 251 mit zust. Anm. v. Minkus). Auch die Ankündigung der Absicht, eine Eintragung dem Nacherben bekanntzumachen, ist nicht anfechtbar (a. M. OLG Hamm FGPrax 2015, 113).

Solche Hinweise und Mitteilungen haben grundsätzlich zu unterbleiben, weil leicht Unklarheiten über ihre Tragweite entstehen können, z. B. in Bezug auf die Rangwirkung des EintrAntrags (BayObLG NJW-RR 1993, 530). Die Grundsätze der den früher zulässigen Vorbescheid im Erbscheinsverfahren betreffenden Entscheidungen (RG 137, 226; BGH 20, 255) können daher nicht auf das GBVerfahren übertragen werden (BayObLG 1993, 52; vgl. OLG Stuttgart Justiz 1990, 298). Ordnet das GBAmt durch Beschluss den Vollzug eines Veränderungsnachweises an, handelt es sich dabei um einen unanfechtbaren Vorbescheid (BayObLG NJW-RR 2000, 1258).

19   **c) Sonstige Hinweise.** Nicht anfechtbar sind ferner Verfügungen, die keine Zwischenverfügungen im Sinn des § 18 sind (s. dazu § 18 Rn. 1). Ob eine anfechtbare Zwischenverfügung vorliegt, ist auf Grund des objektiven Erklärungsinhalts der Verfügung zu beurteilen; ohne Bedeutung ist, ob das GBAmt seine Verfügung als Zwischenverfügung bezeichnet hat oder behandelt wissen will (OLG Frankfurt Rpfleger FGPrax 2017, 60; OLG München FGPrax 2011, 173; OLG Celle FGPrax 2018, 145).

Keine anfechtbare Zwischenverfügung ist danach z. B. die Aufforderung, Bedenken zu beseitigen, die gegen die Wirksamkeit der Zurücknahme des Antrags bestehen (KG HRR 1931 Nr. 608), die Aufforderung, zu mitgeteilten EintrHindernissen Stellung zu nehmen (OLG Frankfurt Rpfleger 1997, 105), die Aufforderung in Form einer Aufklärungsverfügung, bei einem Antrag auf Eintragung einer Zwangshyp. vollstreckungsrechtliche Mängel zu beseitigen (OLG München Rpfleger 2010, 578; s. dazu Anh. zu § 44 Rn. 67), die Aufforderung, einen EintrAntrag in vollem Umfang zurückzunehmen (BayObLG FGPrax 1996, 15; OLG Schleswig FGPrax 2010, 235) oder einen von mehreren Anträgen, nachdem den übrigen stattgegeben worden ist

(BayObLG 1977, 270; OLG Frankfurt Rpfleger 1978, 306), die Aufforderung, einen anderen EintrAntrag zu stellen (BayObLG Rpfleger 1987, 154; OLG Frankfurt Rpfleger 1978, 306); zulässig ist es jedoch durch Zwischenverfügung auf eine Einschränkung des EintrAntrags hinzuwirken (s. § 18 Rn. 27). Wird die Beschwerde gegen eine danach unzulässige Zwischenverfügung zurückgewiesen, sind auf Rechtsbeschwerde hin die Beschwerdeentscheidung und die Zwischenverfügung aufzuheben (BGH FGPrax 2014, 2).

d) Interne Entschließungen. Nicht anfechtbar sind Entschließungen **20** des GBAmts, die nur den inneren Geschäftsbetrieb betreffen und einer Bekanntmachung nicht bedürfen (BayObLG Rpfleger 1989, 147). Hierher gehören z. B. die EintrVerfügung, auch wenn sie dem Antragsteller bekanntgemacht wurde (KG HRR 1928 Nr. 1875; a. M. LG Lübeck NJW-RR 1995, 1420), und rein buchtechnische Maßnahmen, wie etwa die Rötung einer Eintragung (KG DRZ 1931 Nr. 265) oder die Umschreibung eines GBBlatts im Ganzen. S. hierzu auch § 44 Rn. 4.

e) Verfahrensleitende Maßnahmen. Nicht angefochten werden können verfahrensleitende Maßnahmen in der Form von Zwischenentscheidungen, z. B. eine Beweisanordnung (OLG Köln Rpfleger 1990, 353). Ein Zwischenbeschluss, der sich nicht als Zwischenverfügung im Sinn des § 18 darstellt, ist nur dann anfechtbar, wenn dies das Gesetz ausdrücklich vorsieht oder wenn er unmittelbar in erheblichem Maße in die Rechte eines Beteiligten eingreift (BayObLG Rpfleger 2005, 250). Dies gilt auch für Zwischenbeschlüsse, die das OLG im Beschwerdeverfahren erlässt. Ein Zwischenbeschluss des OLG, der dem Beteiligten aufgibt, Zweifel an seiner Geschäftsfähigkeit durch ein nervenfachärztliches Gutachten auszuräumen, ist danach nicht anfechtbar (BayObLG FGPrax 1996, 58). Setzt das GBAmt das Verfahren aus (s. dazu aber § 1 Rn. 74), ist die Entscheidung gemäß § 21 Abs. 2 FamFG mit der sofortigen Beschwerde in entsprechender Anwendung der §§ 567 bis 572 ZPO anfechtbar (s. dazu Rn. 3). Eine Aussetzung des Beschwerdeverfahrens durch das OLG ist nur mit der Rechtsbeschwerde des § 78 anfechtbar, die eine Zulassung durch das OLG zur Voraussetzung hat.

f) Richtigstellungen. Nicht mit der GBBeschwerde anfechtbar ist die **21** Berichtigung offenbarer Unrichtigkeiten (s. dazu § 1 Rn. 92), ferner Entscheidungen über den Kostenansatz und die Kostenfestsetzung sowie die Festsetzung des Geschäftswerts (s. Rn. 80–90). Über die Anfechtung der Kostenentscheidung und der Anordnung einer Vorschussleistung mit der GBBeschwerde s. Rn. 31, 85.

g) Untätigkeit. Maßnahmen der Justizverwaltung können nicht mit der GBBeschwerde angefochten werden. Dasselbe gilt für bloßes Untätigsein des GBAmts (vgl. BayObLG 1986, 123; Rpfleger 1998, 67; OLG Stuttgart Justiz 1998, 171). In diesem Fall können Maßnahmen der Dienstaufsicht in Betracht kommen (s. dazu Rn. 92). Jedoch wurde zunehmend – auch in Verfahren der freiwilligen Gerichtsbarkeit – eine Untätigkeitsbeschwerde für statthaft erachtet, wenn eine über das Normalmaß hinausgehende, den Beteiligten unzumutbare Verzögerung dargetan wurde und die Untätigkeit des Gerichts sich bei objektiver Betrachtung als Verweigerung des Rechtsschutzes darstellte (OLG Köln FGPrax 2007, 194; OLG München FGPrax 2008, 25; OLG Frankfurt FGPrax 2010, 136; zur Untätigkeitsbeschwerde als außerordentlichem Rechtsbehelf s. OLG Saarbrücken NJW-RR 1999, 1290; KG MDR 2005, 455). Nach Einführung der Verzögerungsrüge (§ 198 Abs. 3 GVG) durch das Ges. v. 24.11.2011 (BGBl. I 2302) ist eine Untätigkeitsbeschwerde nicht mehr statthaft (BGH NJW 2012, 385; OLG Düsseldorf FGPrax 2012, 184). Ziel der Untätigkeitsbeschwerde könnte im Übrigen nur sein, das GBAmt zu einem Tätigwerden in angemessener oder bestimmter Frist anzuweisen. Eine Weigerung des GBAmts, dieser Anweisung nachzukommen, hätte keine grundbuchrechtlichen Folgen (s. dazu auch § 18 Rn. 1). Als Rechtsbehelf gegen eine Untätigkeit des Beschwerdegerichts käme nur die Rechtsbeschwerde in Betracht, die aber an der fehlenden Zulassung scheitern müsste.

5. Ausschluss oder Beschränkung der Anfechtbarkeit

22   Einige Sachentscheidungen des GBAmts sind kraft ausdrücklicher Vorschrift nicht oder nur beschränkt anfechtbar. Ersteres gilt für gewisse Entscheidungen in den Verfahren zur Löschung gegenstandsloser Eintragungen und zur Klarstellung der Rangverhältnisse (s. § 85 Abs. 2, § 91 Abs. 1, § 105 Abs. 2 Halbsatz 1, § 109), letzteres für Eintragungen (s. Rn. 49).

23   Die Zulässigkeit der Beschwerde entfällt in der Hauptsache, wenn für die Anfechtung der Entscheidung kein Rechtsschutzbedürfnis mehr besteht (s. RG 43, 426). Deshalb kann z.B. nicht mehr angefochten werden eine Zwischenverfügung, nachdem das GBAmt den EintrAntrag zurückgewiesen hat (KGJ 51, 278; OLG München JFG 23, 322; wegen der Rechtsbeschwerde s. § 78 Rn. 28); die Eintragung einer Vormerkung, nachdem sie in das endgültige Recht umgeschrieben wurde; die Zurückweisung eines EintrAntrags, nachdem die Eintragung auf Grund eines neuen hindernisfreien Antrags vollzogen worden ist (KG OLG 5, 439).

Zum Verbrauch des Anfechtungsrechts bei Wiederholung einer bereits verbeschiedenen Beschwerde s. § 77 Rn. 10.

6. Vorsorgliche und bedingte Beschwerde

24   Eine (vorsorgliche) Beschwerde für den Fall, dass einem gestellten Antrag nicht stattgegeben wird, ist unzulässig; denn sie richtet sich gegen eine Entscheidung, die noch gar nicht ergangen ist (KG HRR 1929 Nr. 1945; OLG Hamm Rpfleger 1979, 461). Anfechtbar sind Entscheidungen erst nach ihrem Erlass (OLG München NJW-RR 2014, 552; zum maßgeblichen Zeitpunkt s. § 38 Abs. 3 Satz 3 FamFG).

25   Eine (bedingte) Beschwerde ist zulässig, wenn sie für den Fall erhoben wird, dass das GBAmt seine Sachentscheidung, etwa durch Abhilfe, nicht ändert (KG HRR 1929 Nr. 1945; OLG München Rpfleger 2015, 199), oder für den Fall, dass eine dem Beschwerdeführer nachteilige, aber ihm noch unbekannte Entscheidung ergangen ist (BayObLG 1990, 38).

7. Zurückweisung eines Eintragungsantrags

Der Zurückweisung von EintrAnträgen stehen gleich die Zurückweisung **26** eines behördlichen EintrErsuchens (§ 38) sowie die Ablehnung der Anregung, eine Amtseintragung vorzunehmen (OLG München JFG 14, 108; KG Rpfleger 1987, 301). Gegen die Zurückweisung eines Antrags auf rechtsändernde Eintragung kann Beschwerde auch noch nach Ablauf mehrerer Jahre eingelegt werden. Sie kann mit der Begründung erhoben werden, dass der angegebene Grund unrichtig sei; mit der Beschwerde kann aber auch geltend gemacht werden, dass zunächst eine Zwischenverfügung zu erlassen gewesen wäre (KGJ 24, 83; BayObLG 1984, 127; OLG München DNotZ 2008, 934), ferner, dass die in der vorausgegangenen Zwischenverfügung gesetzte Frist zu kurz gewesen sei (OLG Frankfurt FGPrax 1997, 84). Die Beschwerde ist auch dann zulässig, wenn der Beschwerdeführer bereits gegen die der Zurückweisung vorangegangene Zwischenverfügung erfolglos Beschwerde eingelegt hatte (KG HRR 1933 Nr. 1027). Wird die beantragte Eintragung vorgenommen, sei es auch auf einen neuen EintrAntrag hin, so erledigt sich das Verfahren in der Hauptsache mit der Folge, dass die Beschwerde nur zulässig bleibt, wenn sie auf die Kosten beschränkt wird (BayObLG JurBüro 1989, 378).

8. Zurückweisung eines Berichtigungsantrags

Die Beschwerde ist entsprechend der Regel des Abs. 1 unbeschränkt zu- **27** lässig, falls berichtigt werden soll:
- Eine nicht unter Abs. 2 fallende, d. h. nicht dem öffentlichen Glauben unterstehende Eintragung (s. Rn. 37). Es ist bedeutungslos, ob man die Beschwerde als gegen die Eintragung oder gegen die Zurückweisung des Berichtigungsantrags gerichtet ansieht. Zur unbeschränkten Beschwerde gegen die Zurückweisung eines mit der Nichtexistenz des Berechtigten eines dinglichen Rechts begründeten Antrags auf Berichtigung des GB durch Löschung des Rechts s. Rn. 40.
- Eine unter Abs. 2 fallende Eintragung gemäß der Bewilligung sämtlicher **28** Betroffener (BGH WM 1989, 1760). Die Berichtigungsbewilligung ist eine Unterart der EintrBewilligung. Dieser Fall ist ebenso zu behandeln wie die Eintragung einer Rechtsänderung auf Bewilligung der Betroffenen (KGJ 39, 288; 48, 185; JFG 3, 406; RG 133, 280; KG Rpfleger 1965, 232).
- Eine unter Abs. 2 fallende, jedoch erst nachträglich unrichtig gewordene **29** Eintragung. Der Zweck des § 71 Abs. 2 steht der unbeschränkten Anfechtung hier nicht entgegen (JFG 1, 367; OLG Schleswig FGPrax 2010, 280; OLG Nürnberg FGPrax 2018, 14; s. hierzu auch Rn. 30).

Die Beschwerde ist entsprechend Abs. 2 Satz 2 **nur beschränkt zulässig,** **30** falls eine unter Abs. 2 fallende, ursprünglich unrichtige Eintragung auf Unrichtigkeitsnachweis berichtigt werden soll und der Berichtigungsantrag zurückgewiesen wird (BGH FGPrax 2018, 49); denn die Beschwerde richtet sich in Wahrheit gegen die angeblich von Anfang an unrichtige Eintragung (OLG Hamm Rpfleger 1993, 486; OLG Frankfurt Rpfleger 1996, 336; ZfIR 2005, 254; BayObLG Rpfleger 1993, 58). Dies betrifft auch den Fall, dass es sich bei der ursprünglich unrichtigen Eintragung um eine Löschung handelt und das GB durch Wiedereintragung des gelöschten Rechts berichtigt werden soll (OLG München FGPrax 2014, 15). Die Beschränkung der Zulässigkeit einer Beschwerde betrifft nicht nur die Anfechtung eines den Berichtigungsantrag zurückweisenden Beschlusses sondern auch die Anfechtung einer statt eines Zurückweisungsbeschlusses erlassenen Zwischenverfügung (OLG Hamm FGPrax 2012, 54; OLG Rostock FGPrax 2014, 204). Sie greift aber dann nicht ein, wenn der Beschwerdeführer eine nachträgliche GBUnrichtigkeit behauptet und sein Rechtsmittel darauf stützt (BayObLG FGPrax 1998, 164). Lehnt das GBAmt die Berichtigung einer ursprünglich unrichtigen Eintragung ab, so kann der Beteiligte mit der Beschwerde nur die Eintragung eines Amtswiderspruchs betreiben und dann die Betroffenen auf Bewilligung der Berichtigung verklagen. S. zum Ganzen auch Jansen NJW 1965, 619 und, mit anderer Ansicht, BezG Gera Rpfleger 1994, 106; Otte NJW 1964, 634; Köstler JR 1987, 402.

9. Beschwerde gegen Kostenentscheidung

31   **a) Grundsatz.** Mit dem Inkrafttreten des FamFG am 1.9.2009 wurde die bisherige Trennung bei der Kostenentscheidung zwischen Gerichtskosten und außergerichtlichen Kosten aufgegeben. Das GBAmt kann die gesamten Kosten nach billigem Ermessen ganz oder zum Teil einem Beteiligten auferlegen oder anordnen, dass von der Erhebung der Gerichtskosten abzusehen ist (s. dazu § 1 Rn. 58). Gegenstand einer Anfechtung ist damit diese Kostenentscheidung des GBAmts, kann aber auch das Unterbleiben einer ausdrücklichen Kostenentscheidung sein. Zur Überprüfung der Ermessenentscheidung durch das Beschwerdegericht s. § 77 Rn. 2.

32   **b) Isolierte Anfechtung.** Das FamFG hat das Verbot der isolierten Anfechtung der Kostenentscheidung aufgehoben. Damit kann mit der Beschwerde die Kostenentscheidung allein angefochten werden. Voraussetzung einer zulässigen Beschwerde ist nicht, dass auch die Hauptsachenentscheidung angefochten wird. Eine isoliert anfechtbare Kostenentscheidung ist nach Ansicht des BGH (Rpfleger 2012, 197 mit kritischer Anm. v. Demharter; ebenso OLG München FGPrax 2014, 284) dann nicht gegeben, wenn das Gericht keine ausdrückliche Kostenentscheidung trifft und es damit bei der sich aus dem Gesetz oder allgemeinen Grundsätzen ergebenden Verpflichtung belässt, die Kosten zu tragen (s. dazu § 1 Rn. 59). Auch dieses Ergebnis beruht aber auf einer Ermessensentscheidung des Gerichts über die Kosten des Verfahrens und ist damit einer isolierten Anfechtung zugänglich.

c) GBBeschwerde. Bei der isolierten Anfechtung der Kostenentscheidung handelt es sich um eine GBBeschwerde gemäß § 71 Abs. 1 (OLG Stuttgart FGPrax 2020, 28); die Zulässigkeit der Beschwerde ist nicht davon abhängig, dass sie das GBAmt zugelassen hat oder der Wert des Beschwerdegegenstands einen bestimmten Betrag übersteigt; § 61 FamFG findet keine Anwendung (OLG Dresden NotBZ 2013, 386; OLG München BWNotZ 2019, 60; Meikel/Schmidt-Räntsch Rn. 101; a.M. Hügel/Kramer Rn. 174).

d) Rechtsbeschwerde. Die Kostenentscheidung des OLG kann Gegen- **33** stand einer Rechtsbeschwerde sein, sofern diese vom OLG zugelassen wird. Das gilt sowohl für die Entscheidung des OLG über eine auf die Kostenentscheidung des GBAmts beschränkte Beschwerde als auch für die Kostenentscheidung in der Entscheidung des OLG über eine Hauptsachebeschwerde.

10. Beschwerde gegen Zwischenverfügung

§ 58 Abs. 1 FamFG, der die Anfechtbarkeit auf Endentscheidungen be- **34** schränkt, gilt nicht (s. Rn. 1). Jede einzelne Beanstandung bildet eine Entscheidung im Sinn des § 71, kann also für sich allein angefochten werden. Gegenstand der Beschwerde ist nur das vom GBAmt angenommene Eintr-Hindernis, nicht aber die Entscheidung über den EintrAntrag selbst (s. § 77 Rn. 12, 15). Die Beschwerde ist auch noch zulässig, wenn die gesetzte Frist zwar abgelaufen, der Antrag aber noch nicht zurückgewiesen ist (KGJ 51, 278; OLG Düsseldorf FGPrax 2013, 14; OLG München RNotZ 2019, 269).

Mit der Zurückweisung des EintrAntrags erledigt sich jedoch die Hauptsache (KGJ 51, 278) ebenso wie mit der Beseitigung des angenommenen EintrHindernisses (BayObLG Rpfleger 1982, 275; zu der hiervon abweichenden Rechtslage bei der Rechtsbeschwerde s. § 78 Rn. 28 ff.) und mit der Vornahme der beantragten Eintragung (OLG Frankfurt OLGZ 1970, 284); die Beschwerde gegen die Zwischenverfügung wird unzulässig, sofern sie nicht auf den Kostenpunkt beschränkt wird (BayObLG 1993, 137/138 f.). Die Hauptsache erledigt sich aber nicht, wenn die Berechtigung für die Beanstandung des EintrHindernisses durch eine Veränderung des Sachverhalts nachträglich entfällt. In diesem Fall ist die Zwischenverfügung im Hinblick auf den gemäß § 74 zu berücksichtigenden neuen Sachverhalt aufzuheben (s. dazu § 1 Rn. 80). Mit der Beschwerde kann auch nur eine Verlängerung der Frist, nicht hingegen die sofortige Zurückweisung des EintrAntrags verlangt werden (KG DR 1943, 705; OLG Frankfurt OLGZ 1970, 284; BayObLG 1980, 40; s. auch Rn. 65).

Ist ein Antrag auf Berichtigung einer ursprünglich unrichtigen Eintragung **35** durch Zwischenverfügung beanstandet worden, so ist die Beschwerde gegen diese unbeschränkt zulässig. Hat das GBAmt eine Frist zur Zurücknahme eines unverbundenen Antrags oder zur Stellung eines anderen Antrags gesetzt, so liegt keine beschwerdefähige Zwischenverfügung vor (s. hierzu Rn. 19). Zur Entscheidung über die Beschwerde s. § 77 Rn. 12; über die Anfechtung der Anordnung, einen Vorschuss zu leisten, s. Rn. 85; zum Geschäftswert s. § 77 Rn. 43; zum rechtlichen Gehör s. § 77 Rn. 7.

11. Beschwerde gegen Eintragungen

Grundsätzlich gehören hierher Eintragungen und Löschungen aller Art, **36** also auch die Umschreibung eines Erbanteils (KGJ 40, 168), die Löschung durch Nichtübertragung auf ein anderes GBBlatt gemäß § 46 Abs. 2 (KGJ 46, 211), die Vereinigung von Grundstücken und die Zuschreibung als Bestandteil (KGJ 31, 243; BayObLG 1971, 198).

37   Jedoch verbietet der Zweck des Abs. 2 (s. Rn. 1) nur die Anfechtung solcher Eintragungen, an die sich ein gutgläubiger Erwerb anschließen kann (BGH WM 1989, 1760; BayObLG 1987, 431/432); es genügt die abstrakte Möglichkeit eines gutgläubigen Erwerbs (BGH FGPrax 2018, 49). Soweit das nicht der Fall ist, kann mit der Beschwerde die Löschung der Eintragung oder ihre Berichtigung verlangt werden.

12. Unbeschränkte Beschwerde gegen Eintragungen

38   Unbeschränkt anfechtbar sind Eintragungen, die nicht unter dem öffentlichen Glauben stehen. Mit der Beschwerde kann daher ihre Löschung und im Fall der Löschung ihre Wiedereintragung verlangt werden.

a) Unbeschränkt anfechtbare Eintragungen. Mit der unbeschränkten Beschwerde kann außer einer inhaltlich unzulässigen (s. § 53 Rn. 52) oder nichtigen (s. § 53 Rn. 1) Eintragung oder der Eintragung rein tatsächlicher Angaben (s. § 22 Rn. 22–25) angefochten werden die Eintragung:

39   • Von Widersprüchen (RG 117, 352; BayObLG 1952, 26; OLG Hamm JMBlNRW 1965, 269), von Verfügungsbeschränkungen, z. B. Verfügungsverboten (KG DNotV 1930, 492), Rechtshängigkeitsvermerken (OLG Stuttgart Justiz 1979, 333; OLG Frankfurt FGPrax 2009, 250), Umlegungsvermerken (OLG Frankfurt FGPrax 2011, 274), Nacherbenvermerken (JFG 21, 252; OLG München JFG 23, 300; BayObLG Rpfleger 1970, 344; OLG Zweibrücken ZEV 1998, 354; anders, wenn die Eintragung der Befreiung des Vorerben beseitigt werden soll: OLG Hamm Rpfleger 1971, 255; LG Stuttgart NJW-RR 2008, 1463), Testamentsvollstreckervermerken (KGJ 40, 199), Insolvenzvermerken (BGH FGPrax 2011, 167; OLG Zweibrücken Rpfleger 1990, 87; OLG München NJW-RR 2019, 1037) oder Zwangsversteigerungsvermerken (KG HRR 1930 Nr. 1509; BayObLG Rpfleger 1997, 101; s. dazu auch § 38 Rn. 36) und grundsätzlich auch von Vormerkungen (BGH Rpfleger 1958, 310; gegen die dort angenommene Ausnahme – rechtsgeschäftliche Bewilligung der Vormerkung durch den eingetragenen Nichtberechtigten zugunsten eines Bösgläubigen (vgl. BayObLG Rpfleger 2000, 9) – jedoch Mayer NJW 1963, 2263; Reinicke NJW 1964, 2373), jedenfalls dann, wenn sie auf Grund einstweiliger Verfügung eingetragen wurden (KG Rpfleger 1962, 211; BayObLG Rpfleger 1987, 57, 407; s. dazu ferner Medicus AcP 163, 1; Furtner NJW 1963, 1484; Wunner NJW 1969, 113); dies gilt auch für Widersprüche und Vormerkungen gem. § 18 Abs. 2 (JFG 7, 329) und § 53 Abs. 1 Satz 1 (RG 70, 234; JFG 10, 222; BayObLG 1989, 354/356).

40   • Der Unterwerfungsklausel gemäß § 800 ZPO (KG DNotV 1932, 40; OLG München JFG 15, 260; BGH NJW 1990, 258).

• Eines nicht existenten Eigentümers oder Berechtigten eines dinglichen Rechts (KG FGPrax 1997, 212; OLG Frankfurt ZfIR 2005, 254 mit Anm. v. Dümig ZfIR 2005, 240; OLG Stuttgart FGPrax 2012, 15).

41   • Mehrerer Berechtigter ohne die gemäß § 47 Abs. 1 notwendige Angabe des Gemeinschaftsverhältnisses (RG JW 1934, 2612).

42   • Des Mithaftvermerks gemäß § 48, welcher nur kundmachende Wirkung hat (KG HRR 1934 Nr. 278).

- Einer unzutreffenden Angabe des EintrGrundes in Abt. I Sp. 4 (s. dazu § 44 Rn. 56).
- Des Verzichts auf das Eigentum gemäß § 928 Abs. 1 BGB (OLG Zweibrücken OLGZ 1981, 139; s. dazu Anh. zu § 44 Rn. 4).
- Von Rechten, die nicht übertragbar sind, z.B. eines dinglichen Wohnungs- **43** rechts (a. M. KEHE/Kalb § 53 Rn. 13). Soweit jedoch ein nicht übertragbares Recht, z.b. ein Nießbrauch oder eine beschränkte persönliche Dienstbarkeit (§ 1059 Satz 1, § 1092 Abs. 1 Satz 1 BGB) einer juristischen Person oder einer rechtsfähigen Personengesellschaft zusteht, ist wegen § 1059a Abs. 1 Nr. 2 und Abs. 3 BGB eine Übertragung und damit ein gutgläubiger Erwerb nicht ausnahmslos ausgeschlossen, so dass nur die beschränkte Beschwerde gegeben ist (BayObLG Rpfleger 1982, 14; Mitt-BayNot 1991, 79; s. dazu auch § 23 Rn. 3).

b) Beschränkte Anfechtbarkeit der Löschung. Werden Eintragungen **44** der in Rn. 38 ff. genannten Art gelöscht, so ist die Löschung grundsätzlich nur beschränkt anfechtbar (s. dazu Rn. 51). Richtet sich die Beschwerde gegen die Löschung eines Amtswiderspruchs, so ist dagegen ein Amtswiderspruch einzutragen, nicht ein neuer Widerspruch gegen die ursprüngliche Unrichtigkeit. Nur so wird klargestellt, dass der erste Widerspruch zu Unrecht gelöscht worden ist (s. hierzu § 53 Rn. 31).

c) Ausgeschlossener gutgläubiger Erwerb. Steht eine Eintragung, wie **45** die einer inhaltlich zulässigen Zwangshypothek, an sich unter dem öffentlichen Glauben, so ist sie nach BGH Rpfleger 1975, 246 dann unbeschränkt, d. h. mit dem Ziel ihrer Löschung, anfechtbar, wenn nach dem konkreten Inhalt des GB die Möglichkeit eines gutgläubigen Erwerbs sowohl für die Vergangenheit (infolge Fehlens einer entsprechenden Eintragung) als auch für die Zukunft (infolge Eintragung eines Amtswiderspruchs) rechtlich ausgeschlossen ist (BGH FGPrax 2018, 49; OLG Frankfurt FGPrax 1998, 205; OLG Düsseldorf Rpfleger 2015, 638; OLG München Rpfleger 2016, 556). Ob dies der Fall ist, kann nur das GBAmt, nicht aber das Beschwerdegericht feststellen; ein gutgläubiger Erwerb kann nämlich auch nach Einlegung der Beschwerde, die keine GBSperre bewirkt, stattgefunden haben (OLG München RNotZ 2017, 98). Unbeschränkt anfechtbar ist auch die Löschung eines Bergwerkseigentums, weil ein gutgläubiger lastenfreier Erwerb des Grundstücks ausgeschlossen ist (OLG Frankfurt Rpfleger 1996, 336). Schließlich kann auch die Eintragung einer Vormerkung unbeschränkt angefochten werden, sofern das Löschungsverlangen damit begründet wird, das GB sei durch die Eintragung von Anfang an unrichtig geworden, weil der gesicherte Anspruch nicht entstanden sei; in diesem Fall nimmt die Vormerkung nämlich nicht am öffentlichen Glauben des GB teil (BayObLG Rpfleger 2000, 9).

d) Richtigstellung oder Klarstellung. Die unbeschränkte Beschwerde **46** gegen eine Eintragung ist ferner statthaft, wenn sie nicht auf eine Berichtigung, sondern nur auf eine Richtigstellung (s. dazu § 22 Rn. 22) oder auf eine Klarstellung der Fassung (s. dazu § 53 Rn. 7) gerichtet ist (BayObLG Rpfleger 2002, 303; OLG Zweibrücken FGPrax 2007, 161; OLG

Düsseldorf FGPrax 2010, 272). Mit der Beschwerde kann daher die Richtigstellung einer Eintragung sowie die erstmalige Eintragung eines Klarstellungsvermerks oder seine Wiedereintragung bei Löschung verlangt werden (BayObLG 1988, 124/126). Die unbeschränkte Beschwerde ist ferner zulässig gegen eine richtig- oder klarstellende Eintragung sowie gegen deren Ablehnung (OLG Düsseldorf FGPrax 2009, 101; OLG Schleswig Rpfleger 2012, 249).

47   Bezieht sich die Richtigstellung oder Klarstellung auf eine auf Antrag vorgenommene Eintragung, sind **beschwerdeberechtigt** die Antragsberechtigten des EintrVerfahrens (OLG München Rpfleger 2009, 81; s. dazu Rn. 63). Im Übrigen beurteilt sich die Beschwerdeberechtigung nach allgemeinen Grundsätzen (s. dazu Rn. 58). Zur Beschwerdeberechtigung des Eigentümers bei Richtigstellung der Bezeichnung des Berechtigten einer Zwangshyp. s. Rn. 59.

Bei dem **Wirksamkeitsvermerk** (s. dazu § 22 Rn. 20) handelt es sich nicht um einen Klarstellungsvermerk. Gegen seine unterbliebene Eintragung ist ebenso wie gegen seine Eintragung oder Löschung nur die beschränkte Beschwerde zulässig (OLG Köln DNotZ 2020, 343; a. M. BGH Rpfleger 1999, 383; OLG Celle Rpfleger 2013, 603 mit Anm. v. Demharter).

S. dazu Holzer, Die Fassungsbeschwerde im GBRecht, NotBZ 2006, 333. Zur sog. Fassungsbeschwerde zwecks Namensberichtigung s. BayObLG Rpfleger 1973, 56. Zu den Voraussetzungen der Eintragung eines Klarstellungsvermerks s. § 53 Rn. 7.

48   **e) Ergänzung bei Unvollständigkeit.** Mit der unbeschränkten Beschwerde kann die Ergänzung einer unvollständigen Eintragung in der Weise verlangt werden, dass eine fortgelassene Bestimmung zum Gegenstand einer neuen selbständigen Eintragung gemacht wird (OLG Düsseldorf FGPrax 2010, 272). So z. B. die Nachholung der vergessenen Eintragung einer Nebenleistung (KGJ 42, 258) oder die Eintragung des bei der Buchung der Hyp. vergessenen Rangvorbehalts. Voraussetzung für den Erfolg der Beschwerde ist aber, dass das zunächst Eingetragene inhaltlich zulässig war und alle nunmehr Betroffenen die Eintragung bewilligt haben.

13. Beschränkte Beschwerde gegen Eintragungen

49   Die Beschränkung besteht darin, dass bei einer Eintragung, sofern sie nicht inhaltlich unzulässig im Sinn des § 53 Abs. 1 Satz 2 ist, nicht die Löschung und bei einer Löschung nicht die Wiedereintragung verlangt werden kann, sondern in beiden Fällen nur die Eintragung eines Amtswiderspruchs. Hierfür müssen die Voraussetzungen des § 53 Abs. 1 Satz 1 in jedem Fall (a. M. OLG Celle Rpfleger 1990, 112) vorliegen.

50   Beschränkt anfechtbar sind Eintragungen, die unter dem öffentlichen Glauben stehen, also:

51   • Regelmäßig **jede Eintragung eines Rechts,** auch wenn das GBAmt dabei, wie bei der Zwangshypothek, im Rahmen der Zwangsvollstreckung tätig geworden ist (BGH NJW 1975, 1282; BayObLG 1983, 188; KG Rpfleger 1988, 359), ferner die Eintragung der Veränderung sowie die Löschung eines Rechts; ebenso die Teilung eines Grundstücks (BayObLG

Rpfleger 1995, 495), die Vereinigung von Grundstücken (KGJ 31, 243) und die Zuschreibung als Bestandteil, die Löschung von Widersprüchen, Verfügungsbeschränkungen und Vormerkungen (RG 132, 423; KG HRR 1934 Nr. 1223; BGH NJW 1973, 323; s. Rn. 44) und die Anlegung eines GBBlatts (§§ 116 ff.). Eine altrechtliche Grunddienstbarkeit bedarf zur Erhaltung der Wirksamkeit gegenüber dem öffentlichen Glauben des GB nicht der Eintragung (Art. 187 Abs. 1 EGBGB). Sobald sie aber in das GB eingetragen ist, nimmt sie am öffentlichen Glauben teil; wird sie zu Unrecht gelöscht, ist ein gutgläubiger lastenfreier Erwerb des Grundstücks möglich (BGH Rpfleger 1988, 353; BayObLG 1995, 413/419; LG Bayreuth MittBayNot 1987, 200 mit kritischer Anm. v. F. Schmidt).

- **Unvollständige Eintragungen** (JFG 6, 308), wenn die Unrichtigkeit des **52** GB behauptet wird. So z. B. wenn das an der Forderung begründete Pfandrecht bei Eintragung der Hyp. nicht miteingetragen (JFG 4, 417) oder wenn die Unterwerfungsklausel nachträglich gelöscht wird (KG JW 1937, 3037). Über ergänzende Rechtsänderungen s. Rn. 48.

Hat das Beschwerdegericht eine **Zwischenverfügung aufgehoben** und **53** das GBAmt daraufhin die beantragte Eintragung vorgenommen, so ist eine Rechtsbeschwerde gegen die Entscheidung des OLG mit dem Ziel der Eintragung eines Amtswiderspruchs nicht zulässig. Die Eintragung eines Amtswiderspruchs kann jedoch durch Erstbeschwerde zum OLG verlangt werden.

14. Ausschluss der Erstbeschwerde

Wenn das GBAmt eine Eintragung auf Anweisung des Beschwerdegerichts **54** vorgenommen hat, ist diese nicht durch Beschwerde, sondern nur mit der Rechtsbeschwerde anfechtbar. Anders nur dann, wenn sich die Sachlage nachträglich ändert oder neue Tatsachen vorgebracht werden (RG 70, 236; KG HRR 1933 Nr. 1027; JFG 3, 265); Näheres s. § 78 Rn. 30.

15. Beschränkung der Beschwerde

Die Beschränkung der Beschwerde nach § 71 Abs. 2 Satz 2 braucht nicht **55** ausdrücklich erklärt zu sein. Das OLG darf also eine Beschwerde nicht ohne weiteres als unzulässig verwerfen, nicht hat zu prüfen, ob sie mit dem beschränkten Ziel gewollt ist (BayObLG 1952, 160). Regelmäßig ist anzunehmen, dass der Beschwerdeführer das Rechtsmittel mit dem zulässigen Inhalt einlegen will (OLG Hamm Rpfleger 1993, 486; BayObLG FGPrax 1998, 164; OLG Naumburg OLG-NL 2004, 153). Anders natürlich dann, wenn bereits ein Amtswiderspruch eingetragen ist. Dagegen hindert die Eintragung eines Widerspruchs nach § 899 BGB die Buchung eines Amtswiderspruchs nicht (JFG 12, 303). Über die Voraussetzungen des Amtswiderspruchs und der Amtslöschung s. § 53 Rn. 19 ff. und 54 ff.

16. Beschwerde im Verfahrenskostenhilfeverfahren

Ein Beschluss, der im Verfahrenskostenhilfeverfahren ergeht (s. dazu § 1 **56** Rn. 64), ist mit der sofortigen Beschwerde in entsprechender Anwendung der §§ 567 bis 572 und des § 127 Abs. 2 bis 4 ZPO anfechtbar (§ 76 Abs. 2 FamFG).

a) **Allgemeines.** Die Bewilligung von Verfahrenskostenhilfe kann unbeschadet des § 11 Abs. 2 RpflegerG allein von der Staatskasse und von dieser nur angefochten werden, wenn weder Monatsraten noch aus dem Vermögen zu zahlende Beträge festgesetzt worden sind (§ 127 Abs. 2 Satz 1, Abs. 3 ZPO). Gegen die Versagung von Verfahrenskostenhilfe findet die sofortige Beschwerde nach Maßgabe des § 127 Abs. 2 Satz 2 ZPO statt. Dies gilt auch dann, wenn der Rpfleger des Beschwerdegerichts, dem die Prüfung der persönlichen und wirtschaftlichen Verhältnisse des Antragstellers einschließlich bestimmter in § 118 ZPO bezeichneter Verrichtungen übertragen wurde, Verfahrenskostenhilfe versagt (s. dazu § 1 Rn. 65).

Die Beschwerdefrist beträgt ab 1.1.2014 in allen Fällen, ebenso wie die Erinnerungsfrist, zwei Wochen (§ 569 Abs. 1 Satz 1 ZPO, § 11 Abs. 2 Satz 1 RpflegerG).

56.1   b) **Rechtsbeschwerde.** Gegen die Beschwerdeentscheidung des OLG ist die Rechtsbeschwerde gemäß § 574 ZPO (vgl. § 78 Rn. 3) statthaft, wenn sie das OLG zugelassen hat. Unter dieser Voraussetzung ist auch eine Entscheidung des OLG, mit der Verfahrenskostenhilfe für das Beschwerdeverfahren bewilligt oder versagt wurde, mit der Rechtsbeschwerde anfechtbar, die Bewilligung jedoch nur mit den für die Erstbeschwerde geltenden Einschränkungen. Die Rechtsbeschwerde kann nur wegen solcher Fragen zugelassen werden, die das Verfahren oder die persönlichen Verhältnisse betreffen (BGH NJW-RR 2012, 125). Der Bezirksrevisor kann als Vertreter der Staatskasse die Rechtsbeschwerde gemäß § 10 Abs. 4 Satz 1 FamFG wirksam nur dann einlegen, wenn er die Befähigung zum Richteramt hat (BGH FGPrax 2010, 264). Vor dem BGH müssen sich die Beteiligten im Verfahren über die Bewilligung von Verfahrenskostenhilfe für das Rechtsbeschwerdeverfahren nicht durch einen beim BGH zugelassenen Rechtsanwalt vertreten lassen (§ 10 Abs. 4 Satz 1 FamFG). Die Rechtsbeschwerde unterliegt aber auch in Verfahren über die Verfahrenskostenhilfe dem Anwaltszwang (s. § 78 Rn. 15).

56.2   c) **Kosten.** Bei der Entscheidung über die Kosten eines Beschwerdeverfahrens sind die besonderen Bestimmungen des Teils 1 Hauptabschnitt 9 Abschnitt 1 GNotKG-KV und des § 127 Abs. 4 ZPO zu beachten (vgl. § 81 Abs. 5 FamFG). Nach Nr. 19116 GNotKG-KV wird bei einer verworfenen oder zurückgewiesenen Beschwerde eine Gebühr von 60 EUR erhoben; bei der Rechtsbeschwerde beträgt die Gebühr 120 EUR (Nr. 19128 GNotKG-KV). Die Gebühr kann nach billigem Ermessen des Gerichts ermäßigt werden oder ganz entfallen, wenn die Beschwerde oder Rechtsbeschwerde nur teilweise verworfen oder zurückgewiesen wird. Bei Beendigung es gesamten Verfahrens durch Zurücknahme der Rechtsbeschwerde oder des Antrags ermäßigt sich die Gebühr für das Rechtsbeschwerdeverfahren auf 60 EUR (Nr. 19129 GNotKG-KV). Nach § 127 Abs. 4 ZPO werden Kosten des Beschwerdeverfahrens nicht erstattet.

17. Beschwerdeberechtigung

57   Mit der Beschwerdeberechtigung sind regelmäßig auch das Rechtsschutzbedürfnis und die Beschwer gegeben (s. hierzu aber auch § 77 Rn. 9, 22).

Die GBO enthält keine ausdrückliche Bestimmung über die Beschwerdeberechtigung. Andererseits regelt sie die Beschwerde abschließend. Deshalb kann § 59 FamFG nicht entsprechend angewendet werden (a. M. Meikel/ Schmidt-Räntsch Rn. 109; offen gelassen von BGH NJW-RR 2017, 1162). Die Ausdehnung des Beschwerderechts durch die Rechtsprechung wird durch den Zweck des GB (s. Einl. Rn. 1) gerechtfertigt. Zur Beschwerdeberechtigung als Zulässigkeitsvoraussetzung s. § 77 Rn. 9.

a) Grundsatz. Regelmäßig ist jeder beschwerdeberechtigt, dessen **58** Rechtsstellung durch die Entscheidung des GBAmts unmittelbar oder mittelbar beeinträchtigt wäre, falls diese in dem vom Beschwerdeführer behaupteten Sinn unrichtig wäre (OLG Hamm FGPrax 1995, 181; OLG Köln Rpfleger 2002, 194). Statt der Beeinträchtigung eines Rechts (§ 59 Abs. 1 FamFG) genügt also die eines rechtlich geschützten Interesses (BayObLG Rpfleger 1979, 210; BGH Rpfleger 1998, 420). Der Grundsatz, dass auch derjenige beschwerdeberechtigt ist, der bei einem Erfolg seiner Beschwerde eine ungünstigere Rechtsstellung erlangte, gilt in GBSachen nicht (a. M. OLG München FGPrax 2019, 60). Die Entscheidung des GBAmts muss eine Beeinträchtigung der Rechtsstellung des Beschwerdeführers bewirken, die nur durch eine Aufhebung der Entscheidung beseitigt werden kann (OLG Schleswig FGPrax 2006, 149). Die Begründung einer Entscheidung allein kann nie eine Beschwer begründen; maßgebend ist immer der Entscheidungssatz (BayObLG MittBayNot 2000, 437).

b) Rechtsbeeinträchtigung. Das beeinträchtigte Recht kann ein öffent- **59** lich-rechtliches (KGJ 25, 92; JFG 12, 344) oder ein privatrechtliches sein. Die Beschwerde steht nicht jedem Beliebigen zu (KGJ 52, 103); auch genügt nicht die Beeinträchtigung bloß wirtschaftlicher oder sonstiger nicht rechtlicher, z. B. wissenschaftlicher Interessen (BayObLG Rpfleger 1980, 63; BGH 80, 126/127; OLG Köln Rpfleger 2002, 195). Wenn durch die Entscheidung lediglich eine den Beschwerdeführer belastende Kostenfolge ausgelöst wird, z. B. bei Zurückweisung eines gar nicht gestellten oder wieder zurückgenommenen Antrags, der jederzeit erneut gestellt werden kann, besteht eine Beschwerdeberechtigung nur zur Anfechtung der Kostenentscheidung (BayObLG 1994, 115/117; OLG München BWNotZ 2019, 60; s. dazu auch OLG Naumburg FGPrax 2000, 3 mit Anm. v. Demharter FGPrax 2000, 52). Durch die Richtigstellung der Bezeichnung des Berechtigten einer Zwangshyp. wird der Grundstückseigentümer nicht rechtlich beeinträchtigt (OLG München FGPrax 2009, 14). Ein Beschwerderecht wird nicht dadurch begründet, dass jemand beim GBAmt eine Eintragung anregt und dieser Anregung nicht gefolgt wird (BayObLG DNotZ 1989, 438); eine bloß formelle Beschwer genügt nämlich nicht (BayObLG 1994, 117). Zur Rechtsbeeinträchtigung, wenn das OLG eine nicht eingelegte oder wieder zurückgenommene Beschwerde zurückweist, s. § 78 Rn. 4.

c) Zu Unrecht eingetragener Eigentümer. Derjenige, der zu Unrecht **59.1** als Eigentümer eingetragen wurde, ist durch die Eintragung nicht nur wirtschaftlich beeinträchtigt (OLG München Rpfleger 2010, 491; a. M. OLG München FGPrax 2006, 202 mit abl. Anm. v. Dümig ZfIR 2007, 324). Seine

Beschwerde scheitert aber daran, dass die gemäß § 71 Abs. 2 Satz 2 in Betracht kommende Amtswiderspruch nicht zu seinen Gunsten gebucht werden könnte (s. Rn. 69) und im Übrigen für ihn ein Rechtsnachteil durch gutgläubigen Erwerb, dessen Verhinderung der Amtswiderspruch bezweckt (s. § 53 Rn. 19), nicht eintreten kann. Wegen des damit für eine Beschwerde fehlenden Rechtsschutzbedürfnisses kann er eine GBBerichtigung nur aufgrund eines Urteils erreichen, das den wirklichen Eigentümer rechtskräftig feststellt. Seine Beschwerde mit dem Ziel, die Wiedereintragung des früheren Eigentümers oder die Eintragung eines Amtswiderspruchs zu erreichen, ist unzulässig (BGH FGPrax 2018, 49; OLG München Rpfleger 2010, 491; RNotZ 2017, 98). Demgegenüber hält das OLG Hamm Rpfleger 2016, 276 eine unbeschränkte Beschwerde mit dem Ziel der Wiedereintragung des vorher eingetragen gewesenen Eigentümers im Weg der GBBerichtigung für zulässig, weil es einen gutgläubigen Erwerb von demjenigen, der zu Unrecht als Eigentümer eingetragen wurde und die Wiedereintragung des vorherigen Eigentümers erstrebt, für ausgeschlossen erachtet.

59.2 **d) BGB-Gesellschafter.** Wird der Eintragungsantrag einer BGB-Gesellschaft vom GBAmt zurückgewiesen, sind im Hinblick darauf, dass § 47 Abs. 2 Satz 1 auch die Eintragung der Gesellschafter erfordert, außer der Gesellschaft auch die Gesellschafter in ihrer Rechtsstellung betroffen und damit neben der Gesellschaft beschwerdeberechtigt (BGH FGPrax 2011, 164).

59.3 **e) Vormerkungsberechtigter.** Er ist durch eine Eintragung, der eine vormerkungswidrige Verfügung zugrunde liegt, nicht rechtlich beeinträchtigt, weil die Eintragung ihm gegenüber unwirksam ist (BayObLG Mitt-BayNot 1997, 37). Zur fehlenden Beschwerdeberechtigung des Berechtigten einer Eigentumsvormerkung als nur mittelbar Beteiligtem s. OLG Düsseldorf Rpfleger 2007, 69; OLG Zweibrücken FGPrax 2007, 161.

f) Nacherbe. Er ist vor Eintritt des Nacherbfalls nicht berechtigt, mit der Beschwerde die Eintragung eines Amtswiderspruchs gegen die auf einer Verfügung des Vorerben beruhenden Eintragung des Eigentümers zu verlangen (OLG München Rpfleger 2018, 16).

59.4 **g) Erbe.** Stirbt der Beschwerdeführer, so können regelmäßig die Erben das Verfahren fortsetzen (KGJ 45, 146; OLG Köln FGPrax 2005, 103). Eine Unterbrechung des Verfahrens findet nicht statt (BGH Rpfleger 2019, 378). Die Erbfolge braucht, weil es nicht um eine EintrVoraussetzung sondern um die Beschwerdeberechtigung geht, nicht gem. § 35 nachgewiesen zu werden (s. Rn. 62; a. M. OLG Hamm JMBlNRW 1962, 284; Meikel/Schmidt-Räntsch Rn. 111). Der Tod des durch den Urkundsnotar vertretenen Beschwerdeführers hat keine Unterbrechung des Beschwerdeverfahrens zur Folge, sofern der Notar keinen Aussetzungsantrag stellt (vgl. §§ 239, 246 ZPO). Das Verfahren wird, wenn keine Erben benannt werden, unter dem Namen des verstorbenen Beschwerdeführers fortgeführt (OLG Köln FGPrax 2005, 103).

60 **h) Beschwerdebefugnis.** Sie betrifft die Ausübung der Beschwerdeberechtigung. Beschwerdebefugt ist grundsätzlich der Beschwerdeberechtigte.

Seine Beschwerdebefugnis kann aber eingeschränkt sein oder gänzlich fehlen. Soweit er nicht verfügungsberechtigt ist (Insolvenzverfahren, Nachlassverwaltung, Testamentsvollstreckung), kann nur der Verfügungsberechtigte Beschwerde einlegen, und zwar im eigenen Namen kraft seines Amtes (OLG Karlsruhe FGPrax 2005, 219 für den Fall der Testamentsvollstreckung; OLG Köln FGPrax 2009, 102 für den Fall des Insolvenzverfahrens). Dabei handelt es sich um einen Fall der gesetzlichen Verfahrensstandschaft. Bei Mehrfachberechtigung an einem Grundstück in Form einer Gesamthands- oder Bruchteilsberechtigung steht die Beschwerdebefugnis nur allen Berechtigten gemeinsam zu (OLG Zweibrücken FGPrax 2016, 74; OLG München FGPrax 2019, 60). Dies gilt entsprechend für die Gesellschafter einer BGB-Gesellschaft, wenn sie ihr eigenes Beschwerderecht (s. Rn. 59.2) und nicht das der Gesellschaft als deren Vertreter geltend machen.

Zu dem Fall einer gesetzlichen Verfahrensstandschaft s. § 1011 BGB und BGH NJW 2002, 213. Zur gewillkürten Verfahrensstandschaft s. Rn. 66 und § 1 Rn. 56.

i) Ausübung. Die Ausübung der Beschwerdeberechtigung setzt Verfah- **61** rensfähigkeit voraus (s. hierzu § 1 Rn. 43; BayObLG FGPrax 1996, 58). Zur Ausübung des Beschwerderechts, wenn ein Antrag wegen fehlender Rechts- oder Verfahrensfähigkeit oder wegen nicht ordnungsgemäßer gesetzlicher Vertretung des Antragstellers als unzulässig zurückgewiesen worden ist, s. § 13 Rn. 53.

j) Maßgebender Zeitpunkt. Die Beschwerdeberechtigung muss jeden- **62** falls im Zeitpunkt der Entscheidung über die Beschwerde vorhanden sein (BayObLG Rpfleger 1970, 26). Verliert sie der Beschwerdeführer vor diesem Zeitpunkt, wird die Beschwerde unzulässig und ist zu verwerfen (s. Rn. 66). Andererseits genügt es, wenn die vorher fehlende Beschwerdeberechtigung im Zeitpunkt der Entscheidung vorliegt; entstehen die Voraussetzungen der Beschwerdeberechtigung erst in der Rechtsbeschwerdeinstanz, ist dies zu berücksichtigen (OLG Hamm FGPrax 1996, 210). Dieselben Grundsätze gelten für die Beschwerdebefugnis.

k) Nachweis. Für den Nachweis der Beschwerdeberechtigung einschließlich der Beschwerdebefugnis gilt § 29 nicht. Es genügt schlüssiger Sachvortrag (BGH NJW 1999, 2369); zumindest muss die ernsthafte Möglichkeit einer Rechtsbeeinträchtigung bestehen (OLG München FGPrax 2009, 155; Rpfleger 2018, 16). Ergibt die Sachprüfung, dass eine Rechtsbeeinträchtigung nicht vorliegt, ist die Beschwerde auch dann als unbegründet zurückzuweisen und nicht zu verwerfen, wenn die angefochtene Entscheidung nicht richtig ist (vgl. § 77 Rn. 22).

18. Beschwerdeberechtigung im Eintragungsantragsverfahren

Sie deckt sich mit dem Antragsrecht (OLG Hamm NJW-RR 1996, 1230; **63** BayObLG Rpfleger 1998, 420; OLG Karlsruhe FGPrax 2005, 219); zu diesem s. § 13 Rn. 42 ff. Die Antragsberechtigung verleiht daher auch die Beschwerdeberechtigung zur Weiterverfolgung eines erfolglos gebliebenen Antrags mit der Beschwerde.

a) Voraussetzungen und Umfang. Bei Erlass einer Zwischenverfügung oder Zurückweisung des EintrAntrags ist jeder Antragsberechtigte beschwerdeberechtigt (BGH NJW 1994, 1158), auch wenn er den Antrag nicht gestellt hat (BayObLG 1980, 40; BGH Rpfleger 1998, 420); § 59 Abs. 2 FamFG ist nicht anwendbar. Beschwerdeberechtigt ist daher bei der Erbengemeinschaft jeder Miterbe (s. § 13 Rn. 45). Die Zurückweisung eines EintrAntrags allein verschafft einem nicht antragsberechtigten Antragsteller kein Beschwerderecht (BGH Rpfleger 2005, 354; FGPrax 2014, 48; BayObLG MittBayNot 1994, 39). Wird ein EintrAntrag wegen fehlender Antragsberechtigung zurückgewiesen, ist jedoch ein Beschwerderecht zur Überprüfung der Antragsberechtigung gegeben (s. § 77 Rn. 9). Die Zurückweisung eines gar nicht gestellten oder wieder zurückgenommenen Antrags begründet ebenso wenig ein Beschwerderecht wie die Zurückweisung einer nicht eingelegten Beschwerde (s. Rn. 59). Von mehreren Antragstellern hat jeder allein das Beschwerderecht. Werden zwei gem. § 16 Abs. 2 verbundene Anträge abgewiesen, wird die Beschwerdeberechtigung des nur hinsichtlich eines der beiden Anträge antrags- und damit beschwerdeberechtigten Antragstellers nicht dadurch in Frage gestellt, dass die EintrAnträge wegen eines ausschließlich in dem anderen Antrag begründeten Hindernisses abgewiesen wurden (OLG Hamm NJW-RR 1996, 1230); zur Entscheidung des Beschwerdegerichts s. § 16 Rn. 12. Beschwerdeberechtigt sind, ebenso wie nach § 13 Abs. 1 Satz 2 antragsberechtigt (s. dazu § 13 Rn. 42), nur die unmittelbar Beteiligten. Wegen der Beschwerdeberechtigung der Beteiligten bei Beanstandung oder Zurückweisung eines behördlichen EintrErsuchens s. § 38 Rn. 79.

64   **b) Beispiele.** Nicht beschwerdeberechtigt ist ein Miteigentümer, der den Antrag eines anderen Miteigentümers auf Belastung seines Bruchteils zu Fall bringen will (KG HRR 1932 Nr. 1469). Ebensowenig der Gläubiger des Erwerbers, wenn der Antrag des letzteren auf Eintragung zurückgewiesen ist (KG HRR 1931 Nr. 31). Auch steht dem Verwalter gegen die Eintragung des Verzichts eines WEigentümers auf sein WEigentum (zur Zulässigkeit s. Anh. zu § 3 Rn. 59) kein Beschwerderecht zu (BayObLG DNotZ 1989, 438). Wer nur einen schuldrechtlichen Anspruch auf Einräumung eines dinglichen Rechts hat, kann durch seinen Widerspruch oder eine Beschwerde die Eintragung dieses Rechts für einen andern nicht hindern (KG DR 1943, 705). Wohl aber kann der persönliche Gläubiger des Eigentümers, der die Zwangsvollstreckung in das Grundstück betreibt, die Berichtigung des GB verlangen (KG HRR 1935 Nr. 1406).

65   **c) Verhinderung einer Eintragung.** Die der Antragsberechtigung entsprechende Beschwerdeberechtigung ist grundsätzlich zu dem Zweck eingeräumt, das Antragsrecht durchzusetzen, also den verfahrensrechtlichen Anspruch auf Eintragung im GB zu verwirklichen. Dagegen kann es nicht zulässiges Ziel der Beschwerde sein, den EintrAntrag zurückzuweisen. Grundsätzlich kann nämlich derjenige, der durch eine GBEintragung beeinträchtigt würde, der bevorstehenden Eintragung nicht mit der GBBeschwerde entgegentreten; es muss ihm vielmehr überlassen bleiben, im Klageweg

einen Titel zu erwirken, demzufolge die Eintragung zu unterbleiben hat (vgl.
§ 19 Rn. 97).

d) Wiederherstellung der Antragszurückweisung. Wird vom Be-   **65.1**
schwerdegericht die Antragszurückweisung aufgehoben und die Sache an das
GBAmt zurückverwiesen, ist ein Rechtsmittel mit dem Ziel, die Antragszurückweisung wieder herzustellen, nicht zulässig. Denn mangels Eintragung
fehlt es an einer Rechtsbeeinträchtigung, die mit der bloß drohenden Eintragung nicht verbunden ist. Etwas anderes gilt, wenn nicht nur die Antragszurückweisung aufgehoben, sondern darüber hinaus das GBAmt angewiesen
wird, die beantragte Eintragung vorzunehmen. Die dadurch eintretende Bindung des GBAmts und auch des Beschwerdegerichts (s. § 77 Rn. 38, 39)
kann nur das Rechtsmittelgericht beseitigen, das dabei an die Beschränkung
gemäß § 71 Abs. 2 nicht gebunden ist, solange die Eintragung nicht vorgenommen wurde (vgl. § 78 Rn. 30).

Der Antragsteller der Eintragung kann aber die Aufhebung des Zurück-
weisungsantrags mit der Begründung anfechten, das Beschwerdegericht hätte
das GBAmt zur Eintragung anweisen müssen, statt die Sache an dieses zurückzuverweisen oder dieses zum Erlass einer bestimmten Zwischenverfügung anzuweisen oder selbst eine Zwischenverfügung zu erlassen.

e) Wiederherstellung der Zwischenverfügung. Wird vom Beschwer-   **65.2**
degericht eine Zwischenverfügung aufgehoben, ist ein Rechtsmittel mit dem
Ziel, die Zwischenverfügung wieder herzustellen, nicht zulässig (BayObLG
Rpfleger 1991, 107), weil es mangels Eintragung an einer Rechtsbeeinträchtigung fehlt und die bloß drohende Eintragung keine solche darstellt. Etwas
anderes gilt jedoch, wenn das Beschwerdegericht nicht nur die Zwischenverfügung aufhebt, sondern darüber hinaus das GBAmt anweist, die Eintragung
vorzunehmen (BGH Rpfleger 1998, 420). Hierzu ist es allerdings nicht befugt, weil die Entscheidung über den EintrAntrag nicht Gegenstand der Beschwerde gegen eine Zwischenverfügung ist (s. Rn. 34 und § 77 Rn. 15). S.
zum Ganzen Demharter MittBayNot 1997, 270.

Hat das Beschwerdegericht eine Zwischenverfügung aufgehoben und
lehnt das GBAmt die Eintragung dennoch wegen des EintrHindernisses ab,
das Gegenstand der Zwischenverfügung war, dann ist bei Anfechtung dieser
Entscheidung das Beschwerdegericht nicht an die Rechtsansicht gebunden,
die es seiner Entscheidung über die Beschwerde gegen die Zwischenverfügung zugrunde gelegt hat; dies gilt erst recht für das Rechtsbeschwerdegericht (BayObLG 1999, 104).

f) Maßgebender Zeitpunkt. Da die Beschwerdeberechtigung im Zeit-   **66**
punkt der Entscheidung über die Beschwerde vorhanden sein muss (s.
Rn. 62), ist eine Beschwerde des bisherigen Eigentümers nach Umschreibung des Eigentums, mit der sein Antragsrecht und folglich auch seine Beschwerdeberechtigung entfällt (KG OLG 41, 22; OLG Hamm FGPrax 1996,
210) grundsätzlich als unzulässig zu verwerfen. Der bisherige Eigentümer
kann jedoch nach Eigentumsumschreibung die Beschwerde in Verfahrensstandschaft für den neuen Eigentümer (vgl. § 265 Abs. 2 Satz 1 ZPO)

fortführen (vgl. OLG Frankfurt NJW-RR 1997, 1447; BayObLG DNotZ 2002, 784; OLG München NJW-RR 2017, 7; Demharter FGPrax 1997, 7).

19. Beschwerdeberechtigung bei Eintragungen

67 Für unbeschränkt anfechtbare Eintragungen verbleibt es bei der Regel (s. Rn. 58). Ebenso für das Verlangen, eine Eintragung als inhaltlich unzulässig zu löschen.

68 **a) Eintragung eines Amtswiderspruchs.** Besonders gilt für das Verlangen, gegen eine Eintragung (Löschung) einen Amtswiderspruch einzutragen. Unerheblich ist es, ob die Beschwerde sich unmittelbar gegen die Eintragung, bei der es sich auch um die Löschung eines Amtswiderspruchs handeln kann (BayObLG 1989, 136/138), richtet oder gegen die Zurückweisung einer zunächst an das GBAmt gerichteten Anregung, einen Amtswiderspruch einzutragen (KGJ 53, 175; BayObLG DNotZ 1989, 438), oder gegen die Anordnung der Löschung eines Amtswiderspruchs (BayObLG NJW 1983, 1567).

69 Hier ist nur beschwerdeberechtigt, wer, falls die Eintragung unrichtig wäre, nach § 894 BGB einen Anspruch auf Berichtigung des GB hätte, zu dessen Gunsten also der Widerspruch gebucht werden müsste (BayObLG Rpfleger 1987, 450; OLG Hamm FGPrax 1996, 210; OLG München Rpfleger 2018, 16). Bei zu Unrecht eingetragenem Eigentümer ist dies nur der wahre Eigentümer (OLG München NJW-RR 2011, 235; Rpfleger 2010, 491). Seine Beschwerdeberechtigung wird nicht dadurch in Frage gestellt, dass die Eintragung auf seinen Antrag vorgenommen worden war (OLG Hamm Rpfleger 2002, 617). Bei der Erbengemeinschaft ist wegen § 2039 BGB jeder Miterbe beschwerdeberechtigt, auch wenn der Widerspruch zugunsten der Erbengemeinschaft zu buchen ist (BayObLG MittBayNot 1989, 308).

Wird ein Recht ohne Zustimmung desjenigen gelöscht, dessen Anspruch auf Übertragung oder Belastung vorgemerkt oder zu dessen Gunsten die Pfändung oder Verpfändung vermerkt ist (s. § 19 Rn. 53, 54, § 26 Rn. 35, Anh. zu § 26 Rn. 27), steht diesem ein GBBerichtigungsanspruch zu. Wird jedoch beim WEigentum eine zum Inhalt des Sondereigentums gemachte Vereinbarung ohne Zustimmung des Berechtigten einer Eigentumsvormerkung (s. Anh. zu § 3 Rn. 80) geändert, steht diesem vor seiner Eintragung als Eigentümer kein eigener GBBerichtigungsanspruch zu; er ist daher nicht beschwerdeberechtigt (BayObLG Rpfleger 1999, 178). Dasselbe gilt, wenn der Berechtigte einer Eigentumsvormerkung geltend macht, die Vormerkung sei erloschen (OLG München FGPrax 2009, 155) oder eine Sicherungshyp. sei zu Unrecht eingetragen worden (OLG Düsseldorf Rpfleger 2007, 69). Nicht beschwerdeberechtigt ist auch der Verwalter bei Eintragung eines WEigentümers ohne seine nach § 12 WEG erforderliche Zustimmung (OLG Hamm FGPrax 2001, 98). In diesem Fall sind auch die WEigentümer mit Ausnahme des Veräußerers nicht beschwerdeberechtigt (OLG Frankfurt NZM 2004, 233).

Beschwerdeberechtigt ist ferner derjenige, dem der Widerspruchsberechtigte den Berichtigungsanspruch abgetreten hat (RG 112, 265), damit er im eigenen Interesse zugunsten des Widerspruchsberechtigten das GB berichtigen lassen kann (JFG 11, 210; 18, 55; KG Rpfleger 1972, 174). Außerdem der Ehegatte des Widerspruchsberechtigten im Fall des § 1368 BGB (OLG Hamm Rpfleger 1959, 349 mit zust. Anm. v. Haegele; BayObLG FamRZ 1988, 504; OLG Jena Rpfleger 2001, 298). Zur Beschwerdeberechtigung in Gütergemeinschaft lebender Ehegatten bei Eintragung einer Zwangshyp. s. Anh. zu § 44 Rn. 68.8. Bei der Löschung eines Widerspruchs gem. § 18 Abs. 2 ist beschwerdeberechtigt nur der Antragsteller, nicht jeder Antragsberechtigte (KG Rpfleger 1972, 174).

Ein anderer ist nicht berufen, dem Widerspruchsberechtigten den Schutz **70** seines Rechts aufzudrängen; der Berechtigte könnte den Widerspruch sofort auf seine Bewilligung löschen lassen. Deshalb ist nicht beschwerdeberechtigt ein HypGläubiger gegen die Vereinigung mehrerer Grundstücke (KGJ 31, 241) oder die Zuschreibung als Bestandteil, der Berechtigte einer Eigentumsvormerkung gegen die Eintragung eines neuen Eigentümers (vgl. BayObLG Rpfleger 1987, 450), der Nacherbe vor Eintritt des Nacherbfalls gegen die Eintragung eines Eigentümers (OLG München Rpfleger 2018, 16) oder der Eigentümer gegen die Umschreibung einer Hyp. auf einen neuen Gläubiger (KG JW 1935, 3236; vgl. BGH NJW 2000, 2021). Im Fall der Umschreibung eines dinglichen Rechts auf einen anderen Berechtigten ist der Eigentümer aber beschwerdeberechtigt, wenn die Person des Rechtsinhabers nach der Ausgestaltung des dinglichen Rechts von Bedeutung für den Bestand und Inhalt des Rechts ist; dies gilt für den Nießbrauch und das Vorkaufsrecht wegen der eingeschränkten Verkehrsfähigkeit (vgl. § 1059 Satz 1, §§ 1059a, 1098 BGB) dieser Rechte (OLG München FGPrax 2017, 62).

b) Löschung eines Amtswiderspruchs. Wird die Löschung eines **71** Amtswiderspruchs verlangt oder die Aufhebung der Anordnung, einen solchen einzutragen, so ist beschwerdeberechtigt derjenige, gegen dessen vom GB verlautbarte Rechtsstellung sich der Widerspruch richtet (OLG Brandenburg Rpfleger 2002, 197). Das ist der Grundstückseigentümer bei einem Amtswiderspruch gegen die Löschung einer Eigentumsvormerkung (OLG Hamm FGPrax 2006, 146) oder eines dinglichen Rechts (BayObLG MittBayNot 1991, 78; OLG Frankfurt FGPrax 1998, 128). Im Hinblick auf § 48 ZVG hält KGJ 47, 213 jedoch auch einen HypGläubiger für berechtigt, Beschwerde gegen die Anordnung der Eintragung eines Amtswiderspruchs einzulegen, der sich gegen die Löschung einer im Rang vorgehenden Hyp. richtet. Richtet sich der Amtswiderspruch gegen die Eintragung des Grundstückseigentümers, ist der eingetragene Eigentümer beschwerdebefugt (OLG Hamm FGPrax 2014, 10).

Nicht beschwerdeberechtigt ist aber der Berechtigte einer Eigentumsvor- **72** merkung beim Amtswiderspruch gegen das Eigentum (OLG Brandenburg Rpfleger 2002, 197), ferner, wenn gegen einen im GB vermerkten Vorrang einer Grundschuld vor der Eigentumsvormerkung zu seinen Gunsten ein Amtswiderspruch eingetragen wird (BayObLG Rpfleger 1982, 470) oder wenn ein Amtswiderspruch gegen die Löschung eines vorrangigen Nießbrauchs eingetragen wird und vorrangige Verwertungsrechte nicht eingetragen sind (BayObLG MittBayNot 1991, 78). Wird gegen die Eintragung von

Grundpfandrechten an einem Erbbaurecht zugunsten des Grundstückseigentümers ohne Zustimmung des Erbbauberechtigten ein Amtswiderspruch eingetragen, so ist auch der Erbbauberechtigte beschwerdeberechtigt. Ihm fehlt jedoch die Beschwerdeberechtigung für die Anfechtung eines Amtswiderspruchs gegen die Eintragung des Erbbauzinses und eines Vorkaufsrechts für den jeweiligen Grundstückseigentümer (BayObLG 1986, 294).

20. Beschwerdeeinlegung durch Vertreter

73   Die Beteiligten können sich bei Einlegung einer Beschwerde durch einen vertretungsbefugten Bevollmächtigten vertreten lassen; Entsprechendes gilt für die Einlegung einer Erinnerung. Zur Vertretungsbefugnis s. § 10 Abs. 2 FamFG und § 15 Rn. 2.3.

   a) Vollmacht. Wird die Beschwerde durch einen Vertreter eingelegt, so hat dieser eine schriftliche Vollmacht zu den Gerichtsakten einzureichen. Ein Mangel der Vollmacht kann in jeder Lage des Verfahrens geltend gemacht werden. Das Beschwerdegericht hat ihn von Amts wegen zu berücksichtigen, es sei denn, als Bevollmächtigter tritt ein Rechtsanwalt oder Notar auf. Ein Rechtsmittel kann aber nicht wegen fehlenden Vollmachtsnachweises zurückgewiesen werden, ohne dass vorher Gelegenheit gegeben wurde, die Bevollmächtigung nachzuweisen. Hierfür kann vom Beschwerdegericht eine Frist bestimmt werden (§ 11 FamFG). Entsprechendes gilt für den Nachweis der Vertretungsmacht gesetzlicher Vertreter.

74   **b) Notar.** Der Notar, der eine zur Eintragung erforderliche Erklärung beurkundet oder beglaubigt hat, kann Beschwerde nur im Namen eines Beteiligten einlegen. Er braucht jedoch keine Vollmacht vorzulegen, wenn er nach § 15 Abs. 2 den EintrAntrag gestellt hat; ist dies nicht der Fall, so kann er Beschwerde nur auf Grund besonderer Vollmacht einlegen. Näheres s. § 15 Rn. 20, 21.

75   **c) Eigenes Beschwerderecht.** Ein rechtsgeschäftlich Bevollmächtigter hat ebenso wie ein gesetzlicher Vertreter grundsätzlich kein eigenes Beschwerderecht und kann Beschwerde nur im Namen des Vertretenen einlegen. Im eigenen Namen kann ein Vertreter nur dann Beschwerde einlegen, wenn das GBAmt ihm persönlich Kosten auferlegt hat (vgl. § 81 Abs. 4 FamFG). Dagegen nicht, wenn das GBAmt seine Vertretungsbefugnis bezweifelt. Auch in diesem Fall ist durch die Entscheidung des GBAmts nur der Vertretene in seiner Rechtsstellung beeinträchtigt (a. M. Güthe/Triebel Rn. 23).

21. Beschwerdeberechtigung von Behörden

76   § 59 Abs. 3 FamFG ist in GBSachen nicht anwendbar. Behörden sind zunächst beschwerdeberechtigt, soweit sie um Eintragungen ersuchen dürfen (JFG 18, 55; KG Rpfleger 2013, 284; FGPrax 2018, 99; s. § 38 Rn. 79). Dasselbe gilt, soweit sie befugt sind, privatrechtliche Belange der Beteiligten zu wahren (JFG 3, 271; 16, 215).

77   Darüber hinaus hat die Rechtsprechung, erstmals JFG 12, 344, Behörden ein allgemeines Beschwerderecht zuerkannt, soweit sie die ihnen zugewiese-

nen staats- und volkswirtschaftlichen Aufgaben ohne die Möglichkeit selbstständiger Anfechtung von GBEntscheidungen nicht erfüllen können; ob dies zutrifft, muss von Fall zu Fall entschieden werden; s. dazu JFG 12, 344 für Devisenstellen; JFG 13, 234 für Grunderwerbsteuerstellen; JFG 16, 215; OLG Schleswig RdL 1964, 305 für Kulturämter. Gegen ein Beschwerderecht von Behörden unter dem angeführten Gesichtspunkt sind allerdings verschiedentlich Bedenken erhoben worden (s. z.B. Zimmermann Rpfleger 1958, 212); man wird es jedoch nicht schlechthin ablehnen dürfen. Im Vordergrund muss aber die Abwehr gesetzwidriger GBEintragungen stehen und nicht die Förderung des Behördeninteresses (OLG Schleswig Rpfleger 2009, 675). Ein bloßes Aufsichtsrecht begründet das Beschwerderecht nicht (JFG 3, 271; 12, 344). Zur Beschwerdeberechtigung der Katasterbehörde s. § 2 Rn. 24.

Neben der Behörde ist auch der Beteiligte beschwerdeberechtigt, dessen **78** Rechtsstellung beeinträchtigt ist (KGJ 41, 254; JFG 5, 299; 17, 353).

22. Rechtsbehelfe anderer Art

An Rechtsbehelfen anderer Art kommen in GBSachen in Betracht die Er- **79** innerung gegen Entscheidungen des Rpflegers und des Urkundsbeamten der Geschäftsstelle (s. Rn. 6, 10), der Widerspruch im Rangklarstellungsverfahren (s. § 104 Rn. 3), die Erinnerung gegen den Kostenansatz (s. Rn. 80), die Beschwerde gegen die Vorschussanordnung (s. Rn. 85) und gegen die Kostenfestsetzung (s. Rn. 86), die Geschäftswertbeschwerde (s. Rn. 87) und die Dienstaufsichtsbeschwerde (s. Rn. 92).

23. Erinnerung gegen den Kostenansatz

Wird der Ansatz der Gerichtskosten durch den Kostenbeamten (s. hierzu **80** § 18 GNotKG) mit der Begründung angegriffen, dass er nicht den Vorschriften des GNotKG entspricht oder dass auf Grund sonstiger kostenrechtlicher Bestimmungen Gebührenfreiheit besteht (RG HRR 1928 Nr. 1466; BayObLG 1955, 114), so ist nicht die Beschwerde nach §§ 71 ff. GBO, sondern die Erinnerung nach § 81 Abs. 1 Satz 1 GNotKG gegeben. Mit der Erinnerung kann auch die Ausübung des Zurückbehaltungsrechts gemäß § 11 GNotKG angefochten werden. Wird der Kostenansatz mit der Begründung angegriffen, der zugrunde gelegte, bisher nicht festgesetzte Geschäftswert sei falsch bemessen, wird regelmäßig das förmliche Verfahren auf Festsetzung des Geschäftswerts (s. § 1 Rn. 63) in Gang gesetzt und die Entscheidung über den Kostenansatz zurückgestellt (OLG München FGPrax 2017, 62).

a) Zuständigkeit. Über die Erinnerung entscheidet das Gericht, bei dem **81** die Kosten angesetzt sind (§ 81 Abs. 1 Satz 1 GNotKG). Zuständig für die Entscheidung über die Erinnerung gegen den Ansatz der Kosten des GB-Amts ist der Rpfleger (§ 3 Nr. 1 Buchst. h, § 4 Abs. 1 RpflegerG; OLG Zweibrücken Rpfleger 1998, 332; FGPrax 2002, 272; BayObLG Rpfleger 2002, 485). Jedoch ist derjenige Rpfleger ausgeschlossen, welcher als Kostenbeamter tätig geworden ist (BayObLG Rpfleger 1990, 245; OLG Zweibrücken Rpfleger 1998, 332; FGPrax 2002, 272).

b) Beschwerde. Gegen die Entscheidung des Rpflegers können der Kostenschuldner und die Staatskasse Beschwerde gem. § 11 Abs. 1 RpflegerG i. V. m. § 81 Abs. 2 GNotKG einlegen, wenn der Wert des Beschwerdegegenstands 200 EUR übersteigt oder der Rpfleger die Beschwerde wegen der grundsätzlichen Bedeutung der zur Entscheidung stehenden Frage zulässt. Als Beschwerdegegenstand ist der Mehr- oder Minderbetrag anzusehen, der sich aus der erstrebten Festsetzung gegenüber der Vorentscheidung ergibt. Übersteigt der Wert des Beschwerdegegenstands 200 EUR nicht und ist die Beschwerde nicht zugelassen, findet die befristete Erinnerung gem. § 11 Abs. 2 Satz 1 RpflegerG statt (s. dazu Rn. 7, 9). Der Rpfleger kann dieser auch dadurch abhelfen, dass er nachträglich die Beschwerde zulässt (BayObLG 2003, 277; OLG Zweibrücken FGPrax 2005, 216). Hilft er der Erinnerung nicht ab und legt sie dem Richter vor (§ 11 Abs. 2 Satz 5, 6 RpflegerG), so ist gegen dessen Entscheidung eine Beschwerde nicht gegeben, es sei denn, der Richter lässt sie zu.

c) Abhilfe. Der Rpfleger kann der Beschwerde abhelfen (§ 81 Abs. 3 Satz 1 GNotKG). Hilft er der Beschwerde teilweise ab und übersteigt dadurch der Wert des Beschwerdegegenstands 200 EUR nicht mehr, bleibt die Beschwerde dennoch zulässig; der Rpfleger hat sie unverzüglich dem Beschwerdegericht vorzulegen (§ 81 Abs. 3 Satz 1 Halbsatz 2 GNotKG). Wird die Beschwerde teilweise zurückgenommen und übersteigt danach der Wert 200 EUR nicht mehr, wird die Beschwerde unzulässig. In diesem Fall hat sie der Rpfleger dem Richter zur abschließenden Entscheidung, auch über die Kosten des Beschwerdeverfahrens, vorzulegen (§ 11 Abs. 2 RpflegerG). Gegebenenfalls ist die Sache hierzu dem Richter vom Beschwerdegericht zuzuleiten (OLG Frankfurt Rpfleger 1988, 30). Zum Verbot der Schlechterstellung s. § 77 Rn. 31. Mit der vorbehaltlosen Zahlung der angesetzten Kosten erledigt sich die Hauptsache. Ein Rechtsmittel gegen den Kostenansatz wird gegenstandslos und unzulässig (OLG Köln FGPrax 2005, 181).

82　　**d) Einzelrichter.** Gegen die bei Übersteigen der Wertgrenze von 200 EUR oder Zulassung in Betracht kommende Entscheidung des Einzelrichters des OLG als Beschwerdegericht (§ 81 Abs. 3 Satz 2, Abs. 6 GNotKG) ist ein Rechtsmittel nicht statthaft. Über dieses hätte der BGH zu entscheiden. Gemäß § 81 Abs. 3 Satz 3 GNotKG findet ein Rechtsmittel an einen obersten Gerichtshof des Bundes aber nicht statt. Das Beschwerdegericht ist an die Zulassung der Beschwerde gebunden; die Nichtzulassung ist unanfechtbar (§ 81 Abs. 3 Satz 4 GNotKG). Der Einzelrichter kann das Verfahren zur Entscheidung dem Senat übertragen; die Übertragung oder Nichtübertragung ist unanfechtbar (§ 81 Abs. 6 GNotKG).

Über eine Erinnerung gegen den Ansatz der Kosten eines Beschwerdeverfahrens beim OLG (s. § 81 Abs. 1 GNotKG) entscheidet der Einzelrichter des Beschwerdesenats, der das Verfahren unanfechtbar zur Entscheidung dem Senat übertragen kann (§ 81 Abs. 6 GNotKG). Gegen seine Entscheidung findet ein Rechtsmittel nicht statt (§ 81 Abs. 3 Satz 3 GNotKG).

83　　**e) Einlegung der Rechtsbehelfe.** Erinnerung gemäß § 81 Abs. 1 GNotKG und § 11 Abs. 2 Satz 1 RpflegerG sowie Beschwerde können zur

Niederschrift der Geschäftsstelle des Amtsgerichts oder schriftlich ohne Mitwirkung eines Rechtsanwalts eingelegt werden (§ 81 Abs. 5 Satz 1 GNotKG; § 11 Abs. 2 Satz 7 RpflegerG). Sie können auch als elektronisches Dokument entsprechend § 130a Abs. 1 und 3 sowie des § 298 ZPO eingelegt werden, sofern die Voraussetzungen dafür bei dem Gericht geschaffen sind (§ 7 GNotKG; s. dazu § 73 Rn. 10). Einzulegen ist die Erinnerung des § 81 Abs. 1 GNotKG bei dem Gericht, das für die Entscheidung über die Erinnerung zuständig ist; die Beschwerde ist bei dem Gericht einzulegen, dessen Entscheidung angefochten wird (§ § 81 Abs. 5 Satz 3, 4 GNotKG). Die Erinnerung gemäß § 81 Abs. 1 GNotKG und die Beschwerde sind nicht an eine Frist gebunden; die Erinnerung gem. § 11 Abs. 2 Satz 1 RpflegerG ist dagegen befristet; die Frist beträgt zwei Wochen. Die Verfahren über die Erinnerung gemäß § 81 Abs. 1 GNotKG und § 11 Abs. 2 Satz 1 RpflegerG sowie über die Beschwerde sind gebührenfrei; Kosten werden nicht erstattet (§ 81 Abs. 8 GNotKG, § 11 Abs. 4 RpflegerG). Über die Erinnerungs- und Beschwerdeberechtigung, wenn mehrere Kostenschuldner als Gesamtschuldner haften, s. OLG Braunschweig DNotZ 1955, 440.

f) Aufschiebende Wirkung. Erinnerung und Beschwerde haben keine **84** aufschiebende Wirkung. Jedoch kann das Gericht oder das Beschwerdegericht die aufschiebende Wirkung ganz oder teilweise anordnen (§ 81 Abs. 7 GNotKG). Kostenbeamter, Kostenrechtspfleger und Kostenrichter haben ihrer gebührenmäßigen Beurteilung des Sachverhalts die Rechtsauffassung des GBAmts bei der grundbuchmäßigen Behandlung zugrunde zu legen (BayObLG 1952, 138), ohne dass sie zu überprüfen haben, ob diese Behandlung sachlich richtig ist (KG Rpfleger 1989, 98). Würde die Rechtsauffassung des GBAmts aber zu Gebühren führen, die bei richtiger Sachbehandlung nicht entstanden wären, sind diese Gebühren nach § 21 GNotKG nicht zu erheben (BayObLG Rpfleger 2002, 536). Eine unrichtige Sachbehandlung liegt nur bei einem Verstoß gegen eine klare gesetzliche Regelung, insbesondere einem schweren Verfahrensfehler vor (OLG Köln FGPrax 2014, 129). Zum Verbot der Schlechterstellung s. § 77 Rn. 31.

Wenn eine Entscheidung im Kostenansatzverfahren nicht angefochten werden kann, ist nach Maßgabe des § 84 GNotKG eine **Anhörungsrüge** statthaft. S. dazu Rn. 91.

g) Vorschussanordnung. Ist die Erledigung eines Antrags nach § 13 **85** GNotKG von der Zahlung eines Kostenvorschusses abhängig gemacht worden (s. § 1 Rn. 60.3, § 18 Rn. 28), ist gegen die Anordnung der Vorschussleistung stets, auch wegen der Höhe des Vorschusses, gemäß § 82 GNotKG die unbefristete Beschwerde zulässig (OLG München FGPrax 2019, 44). Dabei handelt es sich nicht, wie bei der Vorgängerregelung, um eine GBBeschwerde gemäß §§ 71 ff. Vielmehr ist § 81 Abs. 3 bis 5 Satz 1, 4 und Abs. 6 und 8 GNotKG entsprechend anzuwenden. Die Beschwerde ist auch statthaft, wenn der Beschwerdegegenstand 200 EUR nicht übersteigt; § 81 Abs. 2 GNotKG ist nicht entsprechend anwendbar. Eine Rechtsbeschwerde ist nicht zulässig (vgl. § 81 Abs. 3 Satz 3 GNotKG). Zuständig zur Entscheidung ist gemäß § 81 Abs. 6 GNotKG der Einzelrichter des Beschwerdegerichts. Auch § 81 Abs. 8 GNotKG, der bestimmt, dass das Beschwerdeverfahren gebührenfrei ist und Kosten nicht erstattet werden, kommt zur entsprechenden Anwendung. Wenn eine Entscheidung im Kostenvorschussverfahren nicht angefochten werden kann, ist eine Anhörungsrüge nach Maßgabe des § 84 GNotKG statthaft.

Sind Gegenstand einer Zwischenverfügung, mit der die Eintragung von der Zahlung eines Kostenvorschusses abhängig gemacht wird, auch sachliche Mängel des EintrAntrags (vgl. § 18 Rn. 28), ist die Zwischenverfügung insoweit mit der GBBeschwerde gemäß § 71 anfechtbar. Wenn sich die Beschwerde nur gegen das Verlangen auf Zahlung eines Vorschusses richtet, verbleibt es bei der Beschwerde gemäß § 82 GNotKG. Wird der EintrAntrag wegen unterbliebener Vorschusszahlung zurückgewiesen, sind dagegen Beschwerde und Rechtsbeschwerde nach allgemeinen Grundsätzen zulässig (OLG Hamm Rpfleger 2000, 267; OLG Düsseldorf FGPrax 2017, 200).

24. Beschwerde gegen die Kostenfestsetzung

86   Die außergerichtlichen Kosten werden gemäß § 85 FamFG i. V. m. §§ 103 bis 107 ZPO festgesetzt (s. dazu § 1 Rn. 62). Gegen die Festsetzung des Rpflegers (§ 21 Nr. 1 RpflegerG) des GBAmts (§ 103 Abs. 2 Satz 1 ZPO) ist die sofortige Beschwerde gem. § 11 Abs. 1 RpflegerG i. V. m. § 104 Abs. 3 Satz 1, § 567 Abs. 2 ZPO gegeben, sofern der Wert des Beschwerdegegenstands 200 EUR übersteigt. Übersteigt der Wert des Beschwerdegegenstands 200 EUR nicht, findet die befristete Erinnerung gem. § 11 Abs. 2 Satz 1 RpflegerG statt (s. Rn. 7, 9). Hilft ihr der Rpfleger nicht ab und legt sie dem Richter vor (§ 11 Abs. 2 Satz 5, 6 RpflegerG), ist gegen dessen Entscheidung eine Beschwerde nicht gegeben. Übersteigt der Wert des Beschwerdegegenstandes 200 EUR, findet gegen eine dann mögliche Beschwerdeentscheidung, die grundsätzlich der Einzelrichter zu treffen hat (vgl. § 568 ZPO), die Rechtsbeschwerde nur statt, wenn sie das Beschwerdegericht zugelassen hat (vgl. § 574 Abs. 1 Nr. 2, Abs. 2, 3 ZPO).

Für die Sachbehandlung, wenn die Beschwerde teilweise zurückgenommen wird und dadurch der Wert des Beschwerdegegenstands 200 EUR nicht mehr übersteigt, gilt das hierzu in Rn. 81 Ausgeführte entsprechend. Wie eine teilweise Zurücknahme ist auch eine teilweise Abhilfe zu behandeln. Hat sie zur Folge, dass der Wert des Beschwerdegegenstands 200 EUR nicht mehr übersteigt, ist die Beschwerde unzulässig.

Wenn eine Entscheidung im Kostenfestsetzungsverfahren nicht angefochten werden kann, ist eine Anhörungsrüge statthaft. Das Verfahren richtet sich nach dem entsprechend anwendbaren § 321a ZPO. Für die Verwerfung oder Zurückweisung der Beschwerde wird eine Gebühr von 60 EUR erhoben, die bei teilweiser Verwerfung oder Zurückweisung auf die Hälfte ermäßigt oder ganz erlassen werden kann (Nr. 1812 GKG-KV).

25. Geschäftswertbeschwerde

87   Gegen die Festsetzung des Geschäftswerts (s. dazu § 1 Rn. 63) ist die Beschwerde gegeben, wenn der Wert des Beschwerdegegenstands 200 EUR übersteigt oder das Gericht, das die angefochtene Entscheidung erlassen hat, sie wegen grundsätzlicher Bedeutung zulässt (§ 83 Abs. 1 Satz 1, 2

GNotKG). Der Wert des Beschwerdegegenstands entspricht dem Mehr-
oder Minderbetrag an Kosten, der sich ergibt, wenn statt des festgesetzten
der angestrebte Geschäftswert zugrunde gelegt wird. Die Beschwerde ist nur
zulässig, wenn sie innerhalb der **Frist** von sechs Monaten gemäß § 83 Abs. 1
Satz 3 Halbs. 1, § 79 Abs. 2 Satz 2 GNotKG eingelegt wird (s. dazu Bay-
ObLG 2003, 87). Bei einer Festsetzung später als einen Monat vor Ablauf
dieser Frist beträgt die Beschwerdefrist mindestens einen Monat, beginnend
mit der Zustellung oder formlosen Mitteilung des Festsetzungsbeschlusses;
bei formloser Mitteilung gilt der Beschluss mit dem dritten Tag nach der
Aufgabe zur Post als bekannt gemacht (§ 83 Abs. 1 Satz 3 Halbs. 2, Satz 4
GNotKG). Bei unverschuldeter Fristversäumung ist nach Maßgabe des § 83
Abs. 2 GNotKG **Wiedereinsetzung** in den vorigen Stand zu gewähren.
Gegen die Entscheidung über das Wiedereinsetzungsgesuch kann binnen
zwei Wochen ab Zustellung Beschwerde eingelegt werden.

Die Beschwerde ist grundsätzlich auch dann gegeben, wenn der **Rpfleger** 88
den Geschäftswert festgesetzt hat (§ 11 Abs. 1 RpflegerG). Übersteigt jedoch
der Wert des Beschwerdegegenstands 200 EUR nicht und ist die Beschwerde
auch nicht zugelassen, findet die befristete Erinnerung gem. § 11 Abs. 2
Satz 1 RpflegerG statt (s. Rn. 7, 9). Der Rpfleger kann dieser auch dadurch
abhelfen, dass er nachträglich die Beschwerde zulässt (BayObLG 2003, 277;
OLG Zweibrücken FGPrax 2005, 216). Hilft er der Erinnerung nicht ab
und legt sie dem Richter vor (§ 11 Abs. 2 Satz 5, 6 RpflegerG), ist gegen
dessen Entscheidung eine Beschwerde nicht gegeben, es sei denn, der Richter lässt sie zu.

Für die Sachbehandlung, wenn die Beschwerde teilweise zurückgenommen wird und dadurch der Wert des Beschwerdegegenstands 200 EUR nicht
mehr übersteigt, gilt das hierzu in Rn. 81 Ausgeführte entsprechend. Wird
der Beschwerde teilweise abgeholfen und übersteigt dadurch der Wert des
Beschwerdegegenstands 200 EUR nicht mehr, bleibt das Rechtsmittel zulässig und ist dem Beschwerdegericht vorzulegen (§ 83 Abs. 1 Satz 5, § 81
Abs. 3 Satz 1 Halbs. 2 GNotKG).

Gegen die **Geschäftswertfestsetzung des OLG** für das Beschwerdever- 89
fahren (s. dazu § 77 Rn. 43) findet ein Rechtsmittel nicht statt. Über dieses
hätte der BGH zu entscheiden. Gemäß § 83 Abs. 1 Satz 5, § 81 Abs. 3 Satz 3
GNotKG findet ein Rechtsmittel an einen obersten Gerichtshof des Bundes
aber nicht statt. Aus denselben Gründen ist auch die Entscheidung des OLG
über eine Beschwerde gegen die Geschäftswertfestsetzung des GBAmts nicht
anfechtbar.

Im Übrigen gelten für die Beschwerde § 81 Abs. 3 GNotKG (Abhilfe, Be- 90
schwerdegericht, Verbindlichkeit der Zulassung), § 81 Abs. 5 Satz 4 GNotKG
(Einlegung der Beschwerde) und § 81 Abs. 6 GNotKG (Einzelrichter) ent-
sprechend (§ 83 Abs. 1 Satz 5 GNotKG). Die Verfahren sind gebührenfrei;
Kosten werden nicht erstattet (§ 83 Abs. 3 GNotKG). Das Verbot der
Schlechterstellung gilt bei der Geschäftswertbeschwerde nicht (s. § 77
Rn. 31).

Wenn im Geschäftswertfestsetzungsverfahren eine Entscheidung nicht an- 91
gefochten werden kann, ist nach Maßgabe des § 84 GNotKG eine **Anhörungsrüge** statthaft. Sie ist innerhalb von zwei Wochen ab Kenntnis von der

Verletzung des rechtlichen Gehörs, die glaubhaft zu machen ist, spätestens innerhalb eines Jahres seit Bekanntmachung der angegriffenen Entscheidung bei dem Gericht einzulegen, das diese Entscheidung getroffen hat. Formlos mitgeteilte Entscheidungen gelten mit dem dritten Tag nach Aufgabe zur Post als bekanntgemacht. Die Rüge kann schriftlich oder zur Niederschrift der Geschäftsstelle ohne Mitwirkung eines Rechtsanwalts erhoben werden. Nur wenn die Rüge in vollem Umfang verworfen oder zurückgewiesen wird, fällt eine Gerichtsgebühr von 60 EUR an (Nr. 19200 GNotKG-KV).

26. Dienstaufsichtsbeschwerde

92 Sie ist kein Rechtsmittel, sondern nur eine Anregung zum Einschreiten der Dienstaufsichtsbehörde. Entschließungen des GBAmts, die auf ausschließlich verwaltungsmäßigen Erwägungen beruhen, können nur im Dienstaufsichtsweg angefochten werden. Dies ist z. B. der Fall, wenn das GBAmt dem Antragsteller keine Auskunft über Stand und Zeitpunkt der Erledigung des gestellten Antrags gibt (KG DNotZ 1933, 372) oder wenn der Rpfleger bei Erlass einer Zwischenverfügung nicht sämtliche EintrHindernisse benennt, sich vielmehr die Beanstandung weiterer EintrHindernisse durch weitere Zwischenverfügungen vorbehält (BayObLG FGPrax 1995, 95). Ebenso kann das persönliche Verhalten der mit Aufgaben des GBAmts betrauten Personen nur zum Gegenstand einer Dienstaufsichtsbeschwerde gemacht werden. Die sachliche Abänderung einer Entscheidung kann nur mit der GBBeschwerde verlangt werden. Zur Abgrenzung von Dienstaufsichtsbeschwerde und Sachbeschwerde s. BayObLG 1986, 416.

Beschwerdegericht

72 Über die Beschwerde entscheidet das Oberlandesgericht, in dessen Bezirke das Grundbuchamt seinen Sitz hat.

1. Allgemeines

1 § 72 bestimmt das zur Entscheidung über die Beschwerde sachlich und örtlich zuständige Gericht; die Zuständigkeit ist eine ausschließliche. Durch Art. 36 Nr. 6 des FGG-RG v. 17.12.2008 ist § 72 geändert worden und an die Stelle des LG als Beschwerdegericht das OLG getreten. S. dazu die Übergangsvorschrift des Art. 111 FGG-RG und zu dieser § 1 Rn. 35. Im Hinblick darauf, dass die GBBeschwerde nicht befristet ist, kommt der Übergangsregelung noch für einen längeren Zeitraum Bedeutung zu.

In Baden-Württemberg wurden die Aufgaben des GBAmts bis zum Inkrafttreten der GBAmtsreform am 1.1.2018 von Notaren und Notarvertretern sowie Ratschreibern wahrgenommen (s. § 149 Rn. 2). Gegen die Entscheidungen der Ersteren war die Beschwerde zum OLG gegeben, gegen die der Ratschreiber die Erinnerung, über die der Notar zu entscheiden hatte (§ 33 LFGG v. 12.2.1975, GBl. 116). Im Gegensatz zu dem im Jahr 2004 aufgelösten, hat das im Jahr 2018 wieder errichtete BayObLG keine Zuständigkeit in GBSachen.

Zur Zuständigkeit des Strafgerichts als Beschwerdegericht s. § 71 Rn. 3.
Zur Einlegung bei einem unzuständigen Gericht s. § 73 Rn. 5.

2. Sachliche Zuständigkeit

Über die Beschwerde entscheidet das OLG, und zwar gemäß § 81 Abs. 1 **2**
ein Zivilsenat. Der Zivilsenat wird durch den Geschäftsverteilungsplan nach
§ 21e Abs. 1 Satz 1 GVG bestimmt. Über die Ausschließung und Ablehnung
der Richter s. § 81 Abs. 2.

3. Örtliche Zuständigkeit

Über die Beschwerde entscheidet das OLG in dessen Bezirk das GBAmt, **3**
dessen Entscheidung angefochten wird, seinen Sitz hat; ist die Zuständigkeit
zur Führung des GB auf ein anderes GBAmt übergegangen, so entscheidet
das diesem übergeordnete OLG (JFG 13, 402). Handelt es sich um Gesamtrechte an Grundstücken, die in den Bezirken verschiedener OLG liegen, so
sind widersprechende Entscheidungen nur durch Rechtsbeschwerde zu beseitigen. Die Bestimmung eines zuständigen Gerichts kennt die GBO nur für
die erste Instanz, nicht aber für die Beschwerdeinstanz.

Wenn im Gebiet der ehemaligen DDR über die Gewährung der Einsicht **4**
in frühere Grundbücher und Grundakten, die von anderen als den grundbuchführenden Stellen aufbewahrt werden, sowie über die Erteilung von
Abschriften der Leiter der Stelle oder ein von ihm hierzu ermächtigter Bediensteter entschieden hat, ist zur Entscheidung über die Beschwerde hiergegen das Gericht zuständig, in dessen Bezirk die Stelle ihren Sitz hat; dies gilt
auch bei Anfechtung einer Entscheidung über die Gewährung von Einsicht
in Grundakten, die gem. § 10a Abs. 2 Satz 2 von anderen Stellen als dem
GBAmt aufbewahrt werden, und über die Erteilung von Abschriften daraus
(§ 12c Abs. 5 i. V. m. § 12b).

4. Überschreitung der Zuständigkeit

Die Entscheidung eines sachlich unzuständigen Beschwerdegerichts, z. B. **5**
des LG, ist nicht unwirksam (Meikel/Schmidt-Räntsch Rn. 6; s. § 1 Rn. 32).
Sie unterliegt aber als Rechtsverletzung der Aufhebung, die mit der Rechtsbeschwerde verlangt werden kann, sofern diese von dem sachlich unzuständigen Gericht zugelassen wurde.

Die Entscheidung eines örtlich unzuständigen Gerichts ist wirksam (§ 2 **6**
Abs. 3 FamFG). Sie ist aber auf Rechtsbeschwerde aufzuheben, weil ein Verstoß gegen § 72 vorliegt. Auch die nur nach dem Geschäftsverteilungsplan
gegebene Unzuständigkeit eines Zivilsenats kann mit der Rechtsbeschwerde
als Verstoß gegen § 21e Abs. 1 Satz 1 GVG gerügt werden.

Das Rechtsbeschwerdegericht hat die Entscheidung des sachlich oder ört- **7**
lich unzuständigen Beschwerdegerichts oder des nach dem Geschäftsverteilungsplan nicht zuständigen Zivilsenats aufzuheben und die Akten dem
zuständigen Gericht zur Entscheidung über die erste Beschwerde zu übersenden.

Trifft der Rpfleger auf Beschwerde gegen einen von ihm erlassenen Beschluss ohne Vorlage an das Beschwerdegericht selbst die Beschwerdeent-

scheidung, ist diese unwirksam (§ 8 Abs. 4 Satz 1 RpflegerG). Sie ist vom Beschwerdegericht aufzuheben. Dabei ist Gegenstand der Beschwerde auch die über eine Abhilfe hinausgehende vermeintliche Endentscheidung des Rpflegers. Für eine Entscheidung des Rechtsbeschwerdegerichts ist schon deshalb kein Raum, weil es an einer wirksamen Beschwerdeentscheidung fehlt (BGH Rpfleger 2009, 221; kritisch dazu Eichel Rpfleger 2009, 606).

Einlegung der Beschwerde

73 (1) **Die Beschwerde kann bei dem Grundbuchamt oder bei dem Beschwerdegericht eingelegt werden.**

(2) **Die Beschwerde ist durch Einreichung einer Beschwerdeschrift oder durch Erklärung zur Niederschrift des Grundbuchamts oder der Geschäftsstelle des Beschwerdegerichts einzulegen. Für die Einlegung der Beschwerde durch die Übermittlung eines elektronischen Dokuments, die elektronische Gerichtsakte sowie das gerichtliche elektronische Dokument gilt § 14 Absatz 1 bis 3 und 5 des Gesetzes über das Verfahren in Familiensachen und in den Angelegenheiten der freiwilligen Gerichtsbarkeit.**

Inhaltsübersicht

1. Allgemeines

1   § 73 regelt die Einlegung der Beschwerde abweichend von § 64 FamFG. Auch für eine Anwendung des § 25 Abs. 2 FamFG ist kein Raum. Durch das Ges. zur Anpassung der Formvorschriften des Privatrechts und anderer Vorschriften an den modernen Rechtsgeschäftsverkehr v. 13.7.2001 (BGBl. I 1542) ist Satz 2 an Abs. 2 angefügt, durch das FGG-RG v. 17.12.2008 (BGBl. I 2586) geändert und durch das ERVGBG v. 11.8.2009 (BGBl. I 2713) neu gefasst worden.

2   **a) Befristete Beschwerde.** Die Beschwerde ist, abgesehen vom Fall des § 89, unbefristet. In den Fällen des § 105 Abs. 2 und § 110 tritt jedoch an die Stelle der GBBeschwerde die Beschwerde nach den Vorschriften des FamFG; dasselbe gilt nach § 2 und § 4 Abs. 4 GBMaßnG, wenn ein EintrAntrag nach § 1 oder § 4 Abs. 2 dieses Ges. zurückgewiesen worden ist. Zur Befristung dieser Beschwerde und zum erforderlichen Beschwerdewert s. § 71 Rn. 2. Das Recht der fristlosen Beschwerde kann nicht durch Zeitablauf verwirkt werden (vgl. BGH Rpfleger 1968, 49; BayObLG 1956, 57).

b) Anschlussbeschwerde. Ein Beschwerdeberechtigter kann sich der 3
Beschwerde eines anderen Beschwerdeberechtigten anschließen, selbst wenn
er auf die Beschwerde verzichtet hat (vgl. § 66 Satz 1 FamFG). Voraussetzung
ist ein Rechtsschutzbedürfnis, das fehlt, wenn mit der Anschließung lediglich
das gleiche Ziel wie mit dem Hauptrechtsmittel verfolgt werden soll (BGH
FGPrax 2014, 187). Die Anschlussbeschwerde ist unzulässig, wenn auf sie
nach Einlegung des Hauptrechtsmittels durch Erklärung gegenüber dem
Gericht verzichtet wurde (§ 67 Abs. 2 FamFG). Die Anschlussbeschwerde
kann bis zur Entscheidung über sie durch Erklärung gegenüber dem Gericht
zurückgenommen zu werden (vgl. § 67 Abs. 4 FamFG). Die Anschließung
verliert ihre Wirkung, wenn die Beschwerde zurückgenommen oder als unzulässig verworfen wird (§ 66 Satz 2 FamFG).

c) Rechtspflegererinnerung. Gemäß § 11 Abs. 2 Satz 7 RpflegerG ist 4
§ 569 ZPO im Fall des § 11 Abs. 2 RpflegerG auf die Erinnerung gegen die
Entscheidungen des Rpflegers sinngemäß anzuwenden. Eingelegt werden
kann die Erinnerung aber nur beim GBAmt und gemäß § 11 Abs. 2 Satz 1
RpflegerG binnen einer bestimmten Frist (s. dazu § 71 Rn. 7).

2. Entgegennahme und Form der Beschwerde

Die Beschwerde kann beim GBAmt oder beim OLG eingelegt werden. 5
Vorzuziehen ist im Hinblick auf § 75 die Einlegung beim GBAmt. Geht die
Beschwerde beim OLG ein, so wird dieses dem GBAmt regelmäßig Gelegenheit zur Abhilfe geben. Es ist aber auch berechtigt, sogleich selbst zu entscheiden.

Wird die Beschwerde bei einem unzuständigen Gericht eingelegt, hat dieses die Beschwerde auch bei einer unrichtigen Rechtsbehelfsbelehrung nur
im üblichen Geschäftsgang an das zuständige Gericht weiterzuleiten; Entsprechendes gilt bei sonstigen Rechtsbehelfen. Besondere Bedeutung kommt
dieser Verpflichtung bei fristgebundenen Rechtsbehelfen zu (vgl. BGH NJW
2018, 165).

An Einlegungsformen stehen dem Beschwerdeführer die Einreichung 6
einer Beschwerdeschrift (s. Rn. 7) oder die Erklärung zur Niederschrift (s.
Rn. 9) zur Wahl. Außerdem kann die Beschwerde in elektronischer Form
eingelegt werden (s. Rn. 10). Mündliche oder fernmündliche Erklärungen
genügen auch dann nicht, wenn über den Anruf ein Vermerk in den Gerichtsakten angebracht wird (OLG Frankfurt FGPrax 2001, 46).

Ein Anwaltszwang besteht bei der Einlegung der Beschwerde nicht. Je-
doch kann nur bevollmächtigt werden, wer vertretungsbefugt ist (s. dazu § 10
Abs. 2 Satz 2 FamFG und § 1 Rn. 52). Zur Beschwerdeeinlegung durch den
Notar s. § 15 Rn. 20; § 71 Rn. 74.

3. Beschwerdeschrift

§ 73 enthält keine näheren Bestimmungen über die Beschwerdeschrift. 7
§ 29 ist nicht anwendbar, weil die Beschwerde keine zur Eintragung erforderliche Erklärung ist; § 126 BGB nicht, weil es sich nicht um ein Rechtsgeschäft handelt.

a) **Eigenhändige Unterschrift.** Die eigenhändige Unterschrift des Beschwerdeführers oder seines Vertreters ist stets zweckmäßig (vgl. § 64 Abs. 2 Satz 4 FamFG), aber nicht notwendig. § 73 Abs. 2 bezweckt, die Person des Beschwerdeführers und seinen Willen zur Anfechtung der Entscheidung festzustellen. Lässt sich beides aus dem Schriftstück zweifelsfrei feststellen, so ist das Fehlen einer Unterschrift unschädlich (JFG 19, 139; OLG Frankfurt Rpfleger 1975, 306; OLG Naumburg NotBZ 2015, 67); dies gilt auch für die Beschwerdeschrift einer Behörde, die nicht unter § 29 Abs. 3 fällt (OLG Schleswig Rpfleger 2009, 675), so dass es auf die Unterzeichnung durch den zuständigen Beamten nicht ankommt (JFG 19, 139; OLG München JFG 21, 1; BGH MDR 1959, 923).

8   b) **Telegramm und Fernschreiben.** Zulässig ist die telegraphische Einlegung (JFG 19, 139; OLG München JFG 21, 2), und zwar auch bei fernmündlicher Aufgabe des Telegramms (BGH Rpfleger 1953, 29); bei befristeter Beschwerde genügt es, wenn das Zustellpostamt den Telegrammwortlaut vor Ablauf der Frist an eine zur Entgegennahme befugte Person durchsagt und diese über den Wortlaut eine Niederschrift aufnimmt (BGH Rpfleger 1953, 29). Zulässig ist auch die Beschwerdeeinlegung mittels Fernschreiber. In diesem Fall ist die Beschwerde in dem Zeitpunkt eingegangen, in dem sie im Empfängerapparat ausgedruckt wird, auch wenn dieser Zeitpunkt nach Dienstschluss liegt und die Fernschreibanlage nicht mehr besetzt ist. Gibt das Beschwerdegericht auf seinen Briefbögen die Telex-Nummer der Fernschreibstelle einer anderen Justizbehörde an, so ist eine befristete Beschwerde fristgerecht eingelegt, wenn sie innerhalb der Frist bei der Fernschreibstelle eingegangen ist, auch wenn sie erst nach Fristablauf an das Beschwerdegericht weitergeleitet wird (BGH 101, 276).

c) **Telefax und E-Mail.** Schließlich kann die Beschwerde auch durch Telebrief oder Telefax, auch als Computerfax (zur Unterscheidung vom elektronischen Dokument: BGH NJW-RR 2015, 624), in zulässiger Weise eingelegt werden. Dazu ist es erforderlich, dass die Kopiervorlage eigenhändig unterschrieben ist; die Verwendung einer eingescannten Unterschrift ist nur beim Computerfax zulässig. Das Erfordernis der Unterschrift ist auch dann erfüllt, wenn eine eigenhändig unterzeichnete Beschwerdeschrift eingescannt und die Datei als Anhang einer E-Mail versandt wird (BGH FGPrax 2015, 142).

4. Erklärung zur Niederschrift

9   a) **Zuständigkeit.** Zur Aufnahme der Niederschrift sind zuständig das GBAmt, und zwar der Rpfleger und der Urkundsbeamte der Geschäftsstelle, sowie die Geschäftsstelle des OLG. Ist die Niederschrift, ohne dass die Voraussetzungen des § 24 Abs. 2 RpflegerG vorgelegen haben, statt von der Geschäftsstelle von einem Rpfleger des OLG aufgenommen worden, so berührt dies ihre Wirksamkeit nach § 8 Abs. 5 RpflegerG nicht. Der Zusammenhalt dieser Bestimmung und der des § 8 Abs. 1 RpflegerG ergibt, dass dasselbe für die von einem Richter des OLG aufgenommene Niederschrift zu gelten hat; zumindest aber ist eine solche Niederschrift als Beschwerdeschrift zu werten.

Zuständig sind nur das mit der Sache befasste GBAmt und das diesem übergeordnete OLG; § 25 Abs. 2 FamFG gilt nicht. Die von einem anderen Amtsgericht oder OLG aufgenommene Niederschrift ist aber als Beschwerdeschrift zu werten. Zur Anfechtbarkeit der Weigerung, eine Niederschrift aufzunehmen, s. KG Rpfleger 1995, 288.

b) Form. Bezüglich der Form der Niederschrift fehlt es an bundesrechtlichen Vorschriften. Maßgebend ist demnach das Landesrecht. Verweigert der Beschwerdeführer seine an sich nicht notwendige Unterschrift (s. BayObLG 1964, 334), so kann dies ergeben, dass eine Beschwerde nicht beabsichtigt ist (KGJ 49, 145; s. auch OLG Stuttgart Justiz 1961, 311). Telefonisch kann die Beschwerde nicht zu Niederschrift des GBAmts oder der Geschäftsstelle des Beschwerdegerichts eingelegt werden (BGH Rpfleger 2009, 395; OLG Frankfurt FGPrax 2001, 46). Eine ordnungswidrig zustandegekommene Niederschrift ist als Beschwerdeschrift zu werten.

5. Elektronische Form

Die Beschwerde kann nach § 73 Abs. 2 Satz 2 entsprechend § 14 Abs. 2 **10** FamFG auch als elektronisches Dokument nach Maßgabe des § 130a sowie des § 298 ZPO eingelegt werden. Nach § 130a Abs. 2 ZPO muss das elektronische Dokument für eine Bearbeitung durch das Gericht geeignet sein. Ist dies nicht der Fall, muss dies dem Absender unter Angabe der geltenden technischen Rahmenbedingungen unverzüglich mitgeteilt werden (§ 130a Abs. 6 ZPO). Außerdem verlangt § 130a Abs. 3 ZPO, dass der Absender das elektronische Dokument mit seiner qualifizierten elektronischen Signatur versieht. S. zu dieser § 126a BGB und Art. 3 Nr. 11, 12 der VO (EU) Nr. 910/2014 v. 23.7.2014 (ABl. EG Nr. L 257 S. 73, eIDAS-VO) sowie das eIDAS-DurchführungsG v. 18.7.2017 (BGBl. I 2745) und Püls/Gerlach NotBZ 2019, 81. Sofern die Gerichtsakte noch in Papierform geführt wird (s. dazu Rn. 15), ist von dem elektronischen Dokument ein Ausdruck für die Akte zu fertigen. Der Ausdruck muss Vermerke über die Integritäts- und Signaturprüfung enthalten. Das elektronische Dokument ist jedenfalls bis zum rechtskräftigen Abschluss des Verfahrens zu speichern (vgl. § 298 ZPO).

Welche Form eingehalten werden muss, damit ein elektronisches Dokument für eine Bearbeitung durch das Gericht geeignet ist, bestimmen der Bund und die Länder jeweils für ihren Bereich durch Rechtsverordnung (§ 81 Abs. 4; s. dazu § 81 Rn. 16). Das elektronische Dokument ist eingereicht, sobald es auf der für den Empfang bestimmten Einrichtung des Gerichts gespeichert ist (§ 130a Abs. 5 ZPO). Dieser Zeitpunkt ist bei der Einlegung befristeter Rechtsbehelfe (s. § 71 Rn. 2 und 7) von Bedeutung.

6. Zurücknahme der Beschwerde

Eine Zurücknahme der Beschwerde ist vor und nach einer Entscheidung, **11** aber nur bis zum Erlass der Beschwerdeentscheidung, d. h. bis zu deren Hinausgabe aus dem Bereich des Gerichts (vgl. § 38 Abs. 3 Satz 3 FamFG; s. § 77 Rn. 5), jederzeit zulässig, dann nicht mehr (§ 67 Abs. 4 FamFG; OLG Köln FGPrax 2005, 181). Sie kann entsprechend § 73 Abs. 2 schriftsätzlich, durch

Erklärung zur Niederschrift oder mittels elektronischen Dokuments erfolgen. Bestehen Zweifel an der Echtheit eines Schriftsatzes, so kann Beglaubigung der Unterschrift verlangt werden. Zur Auslegung einer Erledigterklärung als Zurücknahme einer unzulässigen Beschwerde s. § 1 Rn. 81.

12 In der Zurücknahme einer Beschwerde ist regelmäßig kein Verzicht auf diese zu erblicken (OLG Karlsruhe JFG 7, 242), so dass sie einer Wiederholung der Beschwerde nicht entgegensteht; im Einzelfall kann sie jedoch einen solchen Verzicht zum Ausdruck bringen (s. dazu BayObLG 1964, 448).

Zur Unwirksamkeit und Aufhebung einer trotz Zurücknahme der Beschwerde ergangenen Entscheidung s. § 77 Rn. 40. Zur Zurücknahme einer Anschlussbeschwerde s. Rn. 3.

7. Verzicht auf die Beschwerde

13 Ein Verzicht auf die Beschwerde ist zulässig (JFG 12, 69). Er bewirkt, dass eine trotzdem eingelegte Beschwerde wegen fehlenden Beschwerderechts unzulässig und daher zu verwerfen ist (§ 67 Abs. 1 FamFG; BGH NJW 1989, 296; OLG Hamm Rpfleger 1990, 510; BayObLG 1998, 63). Ist die Entscheidung bereits erlassen, so kann durch einseitige, keiner Form bedürftige Erklärung gegenüber dem GBAmt oder dem Beschwerdegericht verzichtet werden; dagegen ist vor Erlass der Entscheidung nur ein vertragsmäßiger Verzicht möglich (vgl. BGH NJW 1967, 2059; OLG Frankfurt DNotZ 1972, 180; OLG Hamm OLGZ 1973, 118). Wird der Verzicht einem anderen Beteiligten gegenüber erklärt, hat er die Unzulässigkeit der gleichwohl eingelegten Beschwerde nur dann zur Folge, wenn sich der Dritte auf den Verzicht beruft (§ 67 Abs. 3 FamFG).

14 Voraussetzung eines wirksamen Verzichts ist, dass die Verzichtserklärung, die weder einer bestimmten Form bedarf noch ausdrücklich erklärt werden muss, klar und eindeutig zum Ausdruck bringt, sich mit der Entscheidung ohne Vorbehalt abzufinden und das Recht auf Überprüfung durch das übergeordnete Gericht endgültig aufzugeben. Die Erklärung „ich lege keine Beschwerde ein" enthält in der Regel keinen Verzicht. Ein wirksam erklärter Verzicht kann nicht widerrufen oder angefochten werden (BGH NJW 1989, 296; BayObLG 1998, 63).

Zum Verzicht auf eine Anschlussbeschwerde s. Rn. 3.

8. Elektronische Gerichtsakte

15 Die Gerichtsakten des Beschwerdeverfahrens können außer in Papierform auch elektronisch geführt werden (§ 73 Abs. 2 Satz 2 GBO i. V. m. § 14 Abs. 1 FamFG). In diesem Fall müssen in Papierform eingereichte Dokumente in ein elektronisches Dokument umgewandelt werden, das dann die Urschrift ersetzt. Dabei ist sicherzustellen, dass das elektronische Dokument mit den vorliegenden Schriftstücken und Unterlagen bildlich und inhaltlich übereinstimmt. Die in Papierform eingereichten Schriftstücke können, sofern sie nicht zurückzugeben sind, sechs Monate nach der Übertragung vernichtet werden (§ 14 Abs. 1 FamFG, § 298a Abs. 2 ZPO).

16 Sind die Papierdokumente der Gerichtsakte auf einen Bild- oder sonstigen Datenträger übertragen worden, der die Urschrift ersetzt, können Ausfertigungen, Auszüge und Abschriften von dem Bild- oder Datenträger erteilt werden. Voraussetzung ist jedoch ein schriftlicher Nachweis, dass die Wiedergabe von dem Bild- oder Datenträger mit der Urschrift übereinstimmt. Auf der Urschrift anzubringende Vermerke werden in diesem Fall bei dem Nachweis angebracht (§ 14 Abs. 5 FamFG).

Den Zeitpunkt, ab dem Akten elektronisch geführt werden können, **17** bestimmen aufgrund der Ermächtigung in § 81 Abs. 4 der Bund und die Länder jeweils für ihren Bereich durch Rechtsverordnung. Die Zulassung kann auf einzelne Gerichte oder Verfahren beschränkt werden. In der Rechtsverordnung sind auch die Rahmenbedingungen für die Bildung, Führung und Aufbewahrung der elektronischen Akten zu bestimmen sowie die für die Bearbeitung der Dokumente geeignete Form. S. dazu § 81 Rn. 16.

9. Kosten

Zu der bei Zurücknahme der Beschwerde zu erhebenden Gebühr s. § 77 **18** Rn. 41. Über die Gerichtskosten und die Erstattung der einem anderen Beteiligten durch die Beschwerde entstandenen Kosten ist bei Zurücknahme der Beschwerde gemäß § 83 Abs. 2 FamFG entsprechend § 81 FamFG nach billigem Ermessen zu entscheiden. In der Regel wird es der Billigkeit entsprechen, die Kosten dem Beschwerdeführer aufzuerlegen (vgl. § 84 FamFG).

Inhalt der Beschwerde

74 Die Beschwerde kann auf neue Tatsachen und Beweise gestützt werden.

Inhaltsübersicht

1. Allgemeines

§ 74 enthält die einzige Vorschrift über den Inhalt der Beschwerde. Zu **1** diesem ist das Folgende (s. Rn. 2–10) zu beachten.

2. Bezeichnung der angefochtenen Entscheidung

Sie ist so genau wie möglich vorzunehmen, damit kein Irrtum entsteht, **2** falls das GBAmt in derselben Sache mehrere Entscheidungen erlassen hat.

3. Angabe des Beschwerdeführers

3   Sie ist wesentlich, wenn Beschwerde von einem Vertreter eingelegt wird. Unterlässt der Notar die Angabe, so gelten als Beschwerdeführer diejenigen, in deren Namen er den EintrAntrag gestellt hat oder, falls eine Bezeichnung im Antrag fehlt, alle Antragsberechtigten, die durch die angefochtene Entscheidung beschwert sind (s. § 15 Rn. 20).

4. Anfechtungserklärung

4   Notwendig ist die deutliche Erklärung, dass die Entscheidung des GBAmts durch ein Rechtsmittel angefochten und eine sachliche Überprüfung sowie Entscheidung durch das übergeordnete Gericht verlangt wird (BayObLG NJW-RR 2000, 671; OLG München NJW-RR 2016, 852). Zur Unwirksamkeit und Anfechtbarkeit einer Beschwerdeentscheidung ohne Beschwerdeeinlegung s. § 77 Rn. 40. Keine Beschwerde liegt vor, wenn das GBAmt durch bloße Gegenvorstellungen veranlasst werden soll, seine Entscheidung nachzuprüfen. Eine Bezeichnung als „Beschwerde" oder „Rechtsmittel" ist nicht notwendig, wenn auch stets zweckmäßig. Unrichtige Bezeichnung ist unschädlich. Im Zweifel ist das zulässige Rechtsmittel gewollt. Über vorsorgliche und bedingte Beschwerden s. § 71 Rn. 24.

5. Antrag

5   Ein bestimmter Antrag ist nicht notwendig. Es genügt, dass sich aus der Begründung des Rechtsmittels ergibt, worauf es zielt. Im Zweifel ist die Entscheidung des GBAmts ihrem ganzen Umfang nach angefochten. Ist die Beschwerde gegen die angefochtene Eintragung unzulässig (s. § 71 Rn. 49), so ist regelmäßig die Eintragung eines Amtswiderspruchs oder die Amtslöschung als beantragt anzusehen (s. § 71 Rn. 55).

6   **a) Neuer Antrag.** Unzulässig ist die Stellung eines neuen Antrags, sei es als Haupt- oder als Hilfsantrag (KG FGPrax 1997, 87), insbes. eines neuen EintrAntrags. Ein neuer Antrag liegt auch dann vor, wenn im Rechtsbehelfsverfahren von einem Amtslöschungsverfahren in das Antragsverfahren auf GBBerichtigung übergegangen wird oder umgekehrt (OLG München Rpfleger 2017, 258; OLG Hamm NJW-RR 1994, 271; OLG Jena FGPrax 1996, 170). In diesem Fall liegt eine Entscheidung des GBAmts, die vom Beschwerdegericht nachgeprüft werden könnte, nicht vor (OLG Frankfurt FGPrax 2009, 255). Ein Aktenvermerk des GBAmts, dass es nicht abhelfe (§ 75), ist keine Entscheidung. Die Beschwerde ist als unzulässig zu verwerfen oder es sind – nach Rückfrage – die Akten an das GBAmt zu senden. Erst nachdem dieses über den neuen Antrag entschieden hat, ist ein Rechtsbehelf zulässig (JFG 4, 420; KG HRR 1934 Nr. 1056).

     Kein neuer Antrag liegt vor, wenn ein Berichtigungsantrag nicht mehr auf den Nachweis der Unrichtigkeit, sondern auf die Bewilligung des Betroffenen gestützt wird oder umgekehrt. Anders, wenn die Eintragung eines Eigentumswechsels zunächst auf Grund eines Erbausweises, dann aber auf Grund einer Auflassung beantragt wird (OLG Hamm Rpfleger 1953, 129).

b) Einschränkung des Antrags. Zulässig dagegen ist die Einschränkung 7 des vom GBAmt beschiedenen EintrAntrags, so etwa durch Fallenlassen eines Vorbehalts nach § 16 Abs. 2 (BayObLG 1974, 365). Sie bedarf aber, wenn der Antrag nicht bereits zurückgewiesen ist, als teilweise Rücknahme der Form des § 31 (s. § 31 Rn. 4, 8). Eine Einschränkung liegt auch dann vor, wenn mit der Beschwerde die beantragte Zwangshyp. auf mehrere Grundstücke verteilt wird (KG HRR 1934 Nr. 1056; FGPrax 2010, 171).

Zulässig ist der Antrag, das GBAmt anzuweisen, eine Zwischenverfügung 8 zu erlassen oder eine längere Frist zu setzen.

6. Begründung

Eine Begründung der Beschwerde ist nicht erforderlich. Kündigt der Be- 9 schwerdeführer eine solche an, so kann das Beschwerdegericht, ohne eine Frist zu setzen oder den Eingang der Beschwerdebegründung abzuwarten, nach angemessener Frist entscheiden (BayObLG Rpfleger 2003, 361 f.; OLG Köln Rpfleger 2001, 123; OLG Frankfurt NJW-RR 1995, 785); eine Frist von weniger als zwei Wochen ab Rechtsmitteleinlegung wird in der Regel nicht als angemessen anzusehen sein (OLG Köln NJW-RR 1986, 862). Nach OLG Oldenburg Rpfleger 1991, 452 soll dies auch dann gelten, wenn der Beschwerdeführer beantragt, ihm eine bestimmte Frist einzuräumen. In einem solchen Fall wird das Beschwerdegericht aber ebenso wie dann, wenn der Beschwerdeführer eine Begründung innerhalb einer bestimmten Frist ankündigt, die Frist entweder abzuwarten oder abzukürzen haben (s. OLG Köln Rpfleger 1984, 424). Behält sich der Beschwerdeführer eine Begründung bei Beschwerdeeinlegung nicht ausdrücklich vor, kann das Beschwerdegericht, so fern nicht besondere Umstände vorliegen, sogleich entscheiden (BayObLG Rpfleger 1974, 358; OLG Köln Rpfleger 2001, 123). Zur Berücksichtigung von Vorbringen bis zum Erlass der Entscheidung s. § 77 Rn. 5.

7. Neues Vorbringen

a) Umfang. Das Vorbringen neuer Tatsachen und Beweise ist ohne Ein- 10 schränkung zulässig und kann zur Folge haben, dass eine ursprünglich richtige Entscheidung vom GBAmt im Rahmen einer Abhilfeentscheidung oder vom Beschwerdegericht aufgehoben werden muss; sodann kann die Eintragung vorzunehmen oder eine neue Zwischenverfügung zu erlassen sein (BayObLG JurBüro 1989, 378; OLG München NotBZ 2014, 350). So kann z.B. die Beschwerde gegen die Zurückweisung eines EintrAntrags wegen Nichtzahlung des durch Zwischenverfügung innerhalb einer bestimmten Frist geforderten Kostenvorschusses mit Erfolg auf die nachträgliche Einzahlung des Vorschusses gestützt werden (OLG Braunschweig JFG 10, 220; LG Düsseldorf Rpfleger 1986, 175 mit krit. Anm. v. Meyer-Stolte; LG Chemnitz Rpfleger 2005, 422). In diesem Fall wird das GBAmt der Beschwerde mit der Folge abzuhelfen haben, dass die Verpflichtung zur Zahlung der Zurückweisungsgebühr gemäß Nr. 14400 GNotKG-KV erlischt (§ 28 Satz 1 GNotKG).

Neue Tatsachen sind sowohl solche, die schon im ersten Rechtszug hätten vorgebracht werden können, als auch solche, welche erst nach der Entscheidung des GBAmts entstanden sind. Neue Beweise kommen nur insoweit in Betracht, als die Beweismittel im GBVerfahren benutzt werden dürfen; die Berufung auf Zeugen mithin nur im Amtsverfahren, z. B. zwecks Eintragung eines Amtswiderspruchs nach § 71 Abs. 2 Satz 2 (s. § 53 Rn. 17, aber auch Rn. 19 und 23).

b) Zuständigkeitsrüge. Die eigenständige Regelung des Beschwerdeverfahrens durch die GBO sieht eine § 65 Abs. 4 FamFG entsprechende Vorschrift nicht vor. Die Beschwerde kann daher auch darauf gestützt werden, dass das GBAmt seine Zuständigkeit zu Unrecht angenommen hat. Die funktionelle Unzuständigkeit des Rpflegers oder Urkundsbeamten kann ebenso wie die zu Unrecht bejahte deutsche Gerichtsbarkeit, z. B. bei Vollstreckungsimmunität, in jedem Fall gerügt werden.

8. Wirkung des neuen Vorbringens

11 Wird eine Zwischenverfügung angefochten, so spielt die Art der Beschwerdebegründung keine Rolle. Dasselbe gilt, wenn eine Eintragung angefochten wird; hier entsteht eine Wirkung gegenüber Dritten erst mit der neuen Eintragung (Löschung, Berichtigung, Amtswiderspruch). Wird dagegen die Zurückweisung eines EintrAntrags angefochten, so ist zu unterscheiden:

12 • War die Beschwerde nicht auf neues Vorbringen gestützt, so lebt bei erfolgreicher Beschwerde die durch den Eingang des Antrags beim GBAmt begründete Ranganwartschaft wieder auf. Die Eintragung erhält also den Rang vor den zwischen der Zurückweisung und der Beschwerdeentscheidung beantragten Eintragungen; jedoch bleiben bereits vorgenommene Eintragungen bei Bestand (RG 135, 385; BGH DNotZ 1966, 673), und zwar auch hinsichtlich ihres Rangs (BayObLG Rpfleger 1983, 101).

13 • War die Beschwerde auf neues Vorbringen gestützt, so richtet sich bei erfolgreicher Beschwerde die Ranganwartschaft nach dem Zeitpunkt der Beschwerdeeinlegung oder, falls die Beschwerde beim Beschwerdegericht eingelegt wurde, nach dem des Eingangs des Beschwerdeantrags beim GBAmt (KGJ 52, 122; JFG 17, 59; BGH Rpfleger 1958, 218). Alle vor diesem Zeitpunkt beantragten Eintragungen haben den Vorrang zu erhalten; die nach diesem Zeitpunkt beantragten Eintragungen sind, falls nicht bereits vorgenommen, später zu erledigen. Zur Schutzwirkung des § 878 BGB bei einem nur wegen Vorbringens neuer Tatsachen erfolgreichen EintrAntrag s. § 13 Rn. 10.

Abhilfe durch das Grundbuchamt

75 Erachtet das Grundbuchamt die Beschwerde für begründet, so hat es ihr abzuhelfen.

1. Allgemeines

§ 75 verpflichtet das GBAmt, einer für begründet erachteten Beschwerde **1** abzuhelfen. Geht die Beschwerde unmittelbar beim Beschwerdegericht ein, so ist dieses berechtigt, sogleich selbst zu entscheiden (OLG Stuttgart FGPrax 2012, 158; OLG München FGPrax 2013, 155; OLG Naumburg FGPrax 2014, 56); es kann aber auch die Sache zunächst dem GBAmt zur Abhilfeentscheidung zuleiten (OLG Köln FGPrax 2011, 172).

Die Vorschrift gilt auch für die befristete GBBeschwerde gemäß § 89, **2** nicht dagegen für die Beschwerden nach § 105 Abs. 2 und § 110 GBO sowie nach § 2 und § 4 Abs. 4 GBMaßnG. Diese richten sich nach den Vorschriften des FamFG. Eine § 75 entsprechende Vorschrift über die Abhilfe enthält § 68 Abs. 1 FamFG.

§ 75 betrifft nur die erste Beschwerde. Einer Rechtsbeschwerde darf das **3** GBAmt nicht abhelfen.

Nach Abschaffung der Durchgriffserinnerung durch Ges. v. 6.8.1998 **4** (BGBl. I 2030) gilt § 75 auch für die Beschwerde gegen eine Entscheidung des Rpflegers (§ 11 Abs. 1 RpflegerG). Für die Abhilfe der Erinnerung gegen eine Entscheidung des Rpflegers gilt § 11 Abs. 2 Satz 5 RpflegerG (s. § 71 Rn. 7) und für die Abhilfe der Erinnerung gegen eine Entscheidung des Urkundsbeamten der Geschäftsstelle § 12c Abs. 4 (s. § 71 Rn. 10).

2. Prüfungspflicht des GBAmts

Unter dem GBAmt ist nach der Neufassung des § 11 RpflegerG durch **5** das Ges. v. 6.8.1998 (BGBl. I 2030) nicht mehr nur der GBRichter zu verstehen, sondern jetzt auch und in erster Linie der Rpfleger. Es kommt darauf an, wer die mit der Beschwerde angefochtene Entscheidung erlassen hat. Ist dies der Rpfleger, kann nur er, nicht aber auch der GBRichter abhelfen (BayObLG Rpfleger 1999, 525; OLG Jena Rpfleger 2000, 210; Budde Rpfleger 1999, 513; Rellermeyer ZflR 1999, 801; a. M. LG Meiningen ZflR 1999, 326 f.; Kramer ZflR 1999, 568).

Das GBAmt hat jede Beschwerde darauf zu prüfen, ob die getroffene Ent- **6** scheidung aufrechtzuerhalten ist; dies gilt auch bei unzulässigen Beschwerden. Wird die Beschwerde beim Beschwerdegericht eingelegt, so ist die Prüfung nur möglich, wenn dieses die Beschwerde dem GBAmt übermittelt (s. darüber § 73 Rn. 5). Behält sich der Beschwerdeführer bei Rechtsmitteleinlegung eine Begründung vor, muss ihm das GBAmt dazu Gelegenheit geben, bevor es über die Abhilfe entscheidet. Insoweit gilt das Gleiche wie für das Beschwerdegericht (s. dazu § 74 Rn. 9).

Eine Abhilfe des GBAmt ist bis zur Entscheidung des Beschwerdegerichts **7** möglich; nach dieser ist das GBAmt an die Entscheidung des OLG gebunden. Hilft das GBAmt ab, wird das Beschwerdeverfahren gegenstandslos. Für eine Entscheidung des Beschwerdegerichts ist kein Raum. Gerichtskosten fallen für das Beschwerdeverfahren auch dann nicht an, wenn die Beschwerde, was nicht erforderlich ist, zurückgenommen wird (OLG München Rpfleger 2018, 52).

Das GBAmt muss überzeugt sein, dass seine Entscheidung unrichtig war **8** oder auf Grund der neuen Unterlagen nicht mehr richtig ist. Bloße Zweifel genügen nicht. Eine Abhilfe kann auch allein aufgrund neuer Tatsachen und Beweise notwendig werden (s. § 74 Rn. 10). Die Notwendigkeit kann sich auch aus sonstigen Veränderungen ergeben, insbesondere aus neuen Anträgen, die geeignet sein können, durch eine Zwischenverfügung aufgezeigte EintrHindernisse auszuräumen (OLG München NotBZ 2014, 115).

3. Abhilfe

9   Die Abhilfe kann darin bestehen, dass das GBAmt dem Antrag des Beschwerdeführers in vollem Umfang entspricht, z. B. die Zurückweisung eines EintrAntrags aufhebt und die Eintragung vornimmt. Über den Rang der Eintragung bei Aufhebung eines Zurückweisungsbeschlusses s. § 18 Rn. 17. Möglich ist aber auch eine nur teilweise Änderung der Entscheidung; so kann z. B. ein Zurückweisungsbeschluss durch eine Zwischenverfügung ersetzt oder eine von mehreren Beanstandungen einer solchen fallengelassen werden. Ersetzt das GBAmt den Zurückweisungsbeschluss durch eine Zwischenverfügung ist das Beschwerdeverfahren beendet. Die Zwischenverfügung kann dann wiederum mit der Beschwerde angefochten werden (KG FGPrax 2020, 14). Wird mit der Beschwerde die Unrichtigkeit des GB nachgewiesen (§ 22), so darf das GBAmt das GB berichtigen. Sonst kann es auf unzulässige Beschwerde gegen eine Eintragung gemäß § 71 Abs. 2 Satz 2 nur einen Amtswiderspruch eintragen oder eine Amtslöschung vornehmen.

Von der Abhilfe ist das Beschwerdegericht zu benachrichtigen, wenn dieses von der Beschwerde bereits Kenntnis hatte.

10   Hebt das GBAmt eine Zurückweisung auf, so ist auch der etwaige Kostenausspruch aufzuheben. Dies gilt auch, wenn die Zurückweisung begründet war und die Beschwerde nur wegen neuen Vorbringens (§ 74) Erfolg hat (KGJ 52, 125; OLG Braunschweig JFG 10, 221; BayObLG JurBüro 1989, 378).

4. Entscheidung

11   **a) Beschluss.** Die Abhilfeentscheidung ergeht durch Beschluss. Sie ist insbesondere dann zu begründen, wenn der Beschwerde nicht abgeholfen wird (vgl. § 38 Abs. 1, 3 FamFG; OLG Celle Rpfleger 2011, 278). Dabei ist eine Auseinandersetzung mit neuem, gemäß § 74 zulässigem Vorbringen unumgänglich. Bei erheblichen Mängeln des Abhilfeverfahrens kann das Beschwerdegericht die Sache unter Aufhebung der Abhilfeentscheidung an das GBAmt zur erneuten Durchführung des Abhilfeverfahrens zurückgeben (OLG München NotBZ 2010, 351; OLG Düsseldorf Rpfleger 2010, 577; OLG Schleswig FGPrax 2012, 157). Es ist aber grundsätzlich auch befugt, sogleich in der Sache selbst zu entscheiden (OLG Frankfurt FGPrax 2018, 152).

12   **b) Verschlechterungsverbot.** Das Verbot der reformatio in peius gilt für das GBAmt im Abhilfeverfahren nicht. An das Verbot der Schlechterstellung ist aber nur derjenige nicht gebunden, der die angefochtene Entscheidung erlassen hat. Das Verbot gilt daher für den Richter, der über eine Erinnerung gegen eine Entscheidung des Rpflegers (s. § 71 Rn. 7) und den Rpfleger, der

über eine Erinnerung gegen eine Entscheidung des Urkundsbeamten der Geschäftsstelle (s. § 71 Rn. 10) zu entscheiden hat, ebenso wie für das Beschwerdegericht. Zum Verbot der reformatio in peius bei Zurückverweisung durch das Beschwerdegericht s. § 77 Rn. 32.

c) Vorlage an das Beschwerdegericht. Hilft das GBAmt einer Be- **13** schwerde nicht ab, hat es diese unter Benachrichtigung der Beteiligten hiervon (OLG München FGPrax 2008, 13) dem Beschwerdegericht vorzulegen. Die Beschwerde und die Nichtabhilfeentscheidung sind zusammen mit der Grundakte und, sofern das Beschwerdegericht keinen eigenen Zugriff auf das maschinell geführte GB hat, einem vollständigen und aktuellen GBAusdruck vorzulegen (§ 78 GBV; OLG Köln FGPrax 2010, 216; Rpfleger 2011, 158). Wird die Grundakte elektronisch geführt, hat das GBAmt von den dort gespeicherten Dokumenten Ausdrucke für das Beschwerdegericht zu fertigen, soweit dies für das Beschwerdeverfahren erforderlich ist. Die Ausdrucke sind bis zum rechtskräftigen Abschluss des Beschwerdeverfahrens aufzubewahren (§ 98 Abs. 3 GBV). Die Fertigung von Ausdrucken kommt aber nur für den Fall in Betracht, dass das Beschwerdegericht nicht selbst auf die elektronische Grundakte zugreifen kann und auch eine elektronische Übermittlung der Daten an das Beschwerdegericht nicht möglich ist.

d) Anfechtung. Eine selbständige Anfechtung der Nichtabhilfeentschei- **14** dung ist nicht zulässig und nicht gesondert zu verbescheiden, es sei denn, das Rechtsmittel wird erst nach Erlass der Entscheidung über die Beschwerde eingelegt; dann ist es vom Beschwerdegericht als unzulässig zu verwerfen (OLG Köln FGPrax 2010, 229).

Einstweilige Anordnung des Beschwerdegerichts Wirkung der Beschwerde

76 (1) **Das Beschwerdegericht kann vor der Entscheidung eine einstweilige Anordnung erlassen, insbesondere dem Grundbuchamt aufgeben, eine Vormerkung oder einen Widerspruch einzutragen, oder anordnen, daß die Vollziehung der angefochtenen Entscheidung auszusetzen ist.**

(2) **Die Vormerkung oder der Widerspruch (Absatz 1) wird von Amts wegen gelöscht, wenn die Beschwerde zurückgenommen oder zurückgewiesen ist.**

(3) **Die Beschwerde hat nur dann aufschiebende Wirkung, wenn sie gegen eine Verfügung gerichtet ist, durch die ein Zwangsgeld festgesetzt wird.**

Inhaltsübersicht

1. Allgemeines

1   § 76 gibt dem Beschwerdegericht die Befugnis, vor der Entscheidung über die Beschwerde einstweilige Anordnungen zu erlassen; dem GBAmt steht diese Befugnis nicht zu (KEHE/Sternal Rn. 5; Meikel/Böttcher § 18 Rn. 74), wohl aber dem Rechtsbeschwerdegericht (s. § 78 Rn. 49). Die Regelung will eine Abwendung der Nachteile ermöglichen, die dem Beschwerdeführer daraus erwachsen können, dass die Beschwerde regelmäßig keine aufschiebende Wirkung hat.

Durch Art. 106 EGStGB v. 2.3.1974 (BGBl. I 469) wurden in Abs. 3 die Worte „eine Strafe" durch die Worte „ein Zwangsgeld" ersetzt.

2. Voraussetzungen der einstweiligen Anordnung

2   Es muss eine zulässige Beschwerde vorliegen, über die das OLG noch nicht endgültig entschieden hat. Nach der Entscheidung des OLG kann nicht mehr dieses, sondern nur noch das Rechtsbeschwerdegericht eine einstweilige Anordnung erlassen (JFG 5, 330). Ein Antrag ist nicht erforderlich.

3   Im Übrigen ist der Erlass einer einstweiligen Anordnung in das Ermessen des Beschwerdegerichts gestellt. Es wird von seiner Befugnis Gebrauch machen, wenn die Beschwerde Aussicht auf Erfolg hat und die Gefahr eines Schadens besteht. Kein Anlass zum Erlass einer einstweiligen Anordnung ist gegeben, wenn das GBAmt eine Eintragung erst nach Rechtskraft seiner Entscheidung vornehmen kann (§ 87 Buchst. c, § 111), wenn die Beschwerde aufschiebende Wirkung hat (Abs. 3) oder wenn sich an die angefochtene Eintragung, etwa wegen inhaltlicher Unzulässigkeit, ein gutgläubiger Erwerb nicht anschließen kann.

3. Auswahl der Anordnung

4   Sie steht im Ermessen des Beschwerdegerichts, und zwar des Beschwerdesenats, nicht des Vorsitzenden. Neben der besonders hervorgehobenen Anordnung, eine Vormerkung oder einen Widerspruch einzutragen (s. Rn. 5) bzw. die Vollziehung der angefochtenen Entscheidung auszusetzen (s. Rn. 7), kommt jede Maßnahme in Betracht, welche verhüten kann, dass der Beschwerdeführer trotz begründeter Beschwerde um seinen Erfolg gebracht wird; so z.B. ein Verbot an das GBAmt, vor Entscheidung über die Beschwerde einen HypBrief herauszugeben oder, falls eine Zwischenverfügung angefochten ist, den EintrAntrag zurückzuweisen.

4. Vormerkung oder Widerspruch

5   Vormerkung und Widerspruch aus § 76 sind gleich denen aus § 18 Abs. 2 vorläufige Sicherungsmittel (s. § 18 Rn. 37). Eine Vormerkung ist einzutragen, falls die Zurückweisung eines auf Rechtsänderung gerichteten EintrAntrags angefochten ist, ein Widerspruch, wenn sich die Beschwerde gegen die Zurückweisung eines Berichtigungsantrags oder gegen eine Eintragung richtet. Durch Vormerkung oder Widerspruch nach § 76 kann auch die endgültige Eintragung einer Vormerkung oder eines Widerspruchs gesichert werden. Zur Eintragung bei Briefrechten muss der Brief vorliegen; jedoch gilt die Ausnahmeregelung des § 41 Abs. 1 Satz 2 entsprechend.

Die Ausführung obliegt dem GBAmt, dem das Beschwerdegericht die Ak- **6** ten zu übersenden hat; es ist an die Anweisung gebunden, und zwar auch dann, wenn diese Mängel aufweist, z. B. der HypBrief, dessen Beschaffung Sache des Beschwerdegerichts ist, entgegen § 41 nicht vorliegt. Über Ort und Fassung der Eintragung s. §§ 12, 19 GBV. Die vorläufige Eintragung für eine Vormerkung oder einen Widerspruch ist in der Halbspalte vorzunehmen. Bezugnahme auf die einstweilige Anordnung nicht zulässig; aber Hinweis darauf zweckmäßig, damit die Löschungsvoraussetzungen (Abs. 2) sofort zu erkennen sind. Fassung etwa: „... auf Grund der einstweiligen Anordnung des OLG ... vom ... gemäß § 76 Abs. 1 GBO eingetragen am ...".

5. Aussetzung der Vollziehung

In GBSachen fallen Anordnung und Vollziehung nur in wenigen Fällen **7** auseinander; in Betracht kommen ein Beschluss nach § 35 Abs. 1 oder Abs. 4 FamFG sowie ein Beschluss, durch den der verspätete Widerspruch gegen eine Löschungsankündigung (§ 87 Buchst. b) verworfen wird.

6. Bekanntmachung und Rechtsmittel

Eine einstweilige Anordnung ist dem Beschwerdeführer, etwaigen weite- **8** ren Beteiligten und dem GBAmt bekanntzumachen.

Eine einstweilige Anordnung ist nicht anfechtbar; dasselbe gilt für die Ab- **9** lehnung des Erlasses einer solchen. Auch die auf Grund einer einstweiligen Anordnung vorgenommene Eintragung einer Vormerkung oder eines Widerspruchs kann nicht angefochten werden (KEHE/Sternal Rn. 18; Meikel/Schmidt-Räntsch Rn. 12). Das OLG kann seine Anordnung jederzeit aufheben und deshalb auch die Löschung der Vormerkung oder des Widerspruchs anordnen (OLG Hamm Rpfleger 2015, 534).

7. Löschung der Vormerkung oder des Widerspruchs

Vormerkung oder Widerspruch sind ohne besondere Anordnung von **10** Amts wegen zu löschen, wenn die Beschwerde zurückgenommen oder zurückgewiesen wird. Durch die Einlegung einer Rechtsbeschwerde wird die Löschung nicht gehindert; jedoch kann das Rechtsbeschwerdegericht eine neue einstweilige Anordnung erlassen. Zum Schicksal einer Vormerkung oder eines Amtswiderspruchs, die auf Veranlassung des Rechtsbeschwerdegerichts eingetragen wurden, wenn dieses die Sache zurückverweist, s. § 78 Rn. 50.

Gibt das OLG der Beschwerde statt, so ist die Vormerkung oder der Wi- **11** derspruch in die endgültige Eintragung umzuschreiben. Dies kann auch eine Vormerkung oder ein Widerspruch sein. Alsdann genügt es, die Vormerkung oder den Widerspruch durch einen Vermerk in der Veränderungsspalte als endgültig zu kennzeichnen (RG 113, 234). Wegen der Rötung von Vormerkung oder Widerspruch s. § 46 Rn. 24.

8. Wirkung der Beschwerde

12   Die Beschwerde hat grundsätzlich keine aufschiebende Wirkung. Ihre Einlegung führt nicht zu einer Sperre des GB. Das GBAmt ist sonach nicht gehindert, trotz angefochtener Zwischenverfügung den EintrAntrag zurückzuweisen oder trotz angefochtener Zurückweisung eines EintrAntrags Eintragungen auf noch nicht erledigte Anträge vorzunehmen. Ebenso kann es bei angefochtener Eintragung weiteren auf diese bezügliche EintrAnträgen stattgeben. Bei Anfechtung einer Zwischenverfügung wird das GBAmt freilich die Entscheidung des OLG abwarten, bevor es über den EintrAntrag endgültig entscheidet.

13   Eine Ausnahme gilt bei der Anfechtung von Zwangsgeldfestsetzungsbeschlüssen; hier darf das Zwangsgeld nicht eingezogen werden, wenn gegen den Festsetzungsbeschluss Beschwerde erhoben ist. Abs. 3 entspricht § 570 Abs. 1 ZPO, der gemäß § 35 Abs. 5 FamFG bei der Anfechtung eines Beschlusses über die Festsetzung von Zwangsgeld entsprechend anwendbar ist.

9. Kosten

14   Für die Eintragung oder Löschung einer Vormerkung oder eines Widerspruchs werden keine Gebühren erhoben (Vorbem. 1.4 Abs. 2 Nr. 2 GNotKG-KV).

Entscheidung über die Beschwerde

77   Die Entscheidung des Beschwerdegerichts ist mit Gründen zu versehen und dem Beschwerdeführer mitzuteilen.

Inhaltsübersicht

1. Allgemeines

§ 77 bestimmt, dass die Entscheidung des Beschwerdegerichts zu begrün- **1** den (s. Rn. 38) und dem Beschwerdeführer bekanntzumachen (s. Rn. 41) ist. Die Begründung ist notwendig, um dem Rechtsbeschwerdegericht die Nachprüfung zu ermöglichen. Die Bekanntgabe ist Voraussetzung für das Wirksamwerden der Entscheidung. Zur Entscheidung über mehrere Beschwerden in einem Beschluss s. Rn. 8.

2. Verfahren des Beschwerdegerichts

a) Grundsatz. Das OLG tritt im Rahmen der Anfechtung (s. Rn. 11 ff.) **2** vollständig an die Stelle des GBAmts (KG Rpfleger 2019, 251). Es ist an tatsächliche Feststellungen des GBAmts nicht gebunden. Daher hat es insbes. Eintragungen und Urkunden selbst auszulegen. Es hat ferner die vom GBAmt angewandten Vorschriften nachzuprüfen, gleichgültig, ob es sich um zwingende oder um Ordnungsvorschriften handelt. Ordnungswidrig zustande gekommene Eintragungen können aber regelmäßig nur mit dem beschränkten Ziel des § 71 Abs. 2 Satz 2 angefochten werden. An die Beschwerdebegründung ist das OLG nicht gebunden. Es hat im Rahmen der Anfechtung die Sache nach allen Richtungen zu prüfen.

b) Ermessensentscheidungen. Bei der Überprüfung von Ermessensentscheidungen ist das Beschwerdegericht auf die Frage beschränkt, ob das GBAmt von dem ihm eingeräumten Ermessen fehlerfrei Gebrauch gemacht hat. Ist dies der Fall, ist das OLG nicht befugt, die fehlerfreie Entscheidung durch eine eigene Ermessensentscheidung zu ersetzen (OLG Hamm MDR 2013, 469; OLG Frankfurt MDR 2013, 530; OLG Düsseldorf FGPrax 2014, 44 mit Anm. v. Demharter; FGPrax 2016, 47; a. M. OLG Stuttgart FGPrax 2019, 239). Wenn das GBAmt aber sein Ermessen nicht oder fehlerhaft ausgeübt hat, kann das Beschwerdegericht eine eigene Ermessensentscheidung treffen.

c) Antragsverfahren. Im Antragsverfahren ist das OLG nicht befugt, **3** Ermittlungen anzustellen. Der Beschwerdeführer hat die noch fehlenden Unterlagen beizubringen. Jedoch kann das OLG dem Beschwerdeführer die Beibringung von Urkunden oder die Aufklärung von Zweifeln aufgeben. Ein solcher Zwischenbeschluss ist nicht anfechtbar (s. RG RJA 14, 85) und zu unterscheiden von einer durch Endentscheidung des OLG angeordneten Zwischenverfügung im Sinn des § 18 (s. Rn. 25).

d) Amtsverfahren. Im Amtsverfahren gilt § 26 FamFG. Das OLG hat die **4** erforderlichen Ermittlungen, soweit sie das GBAmt nicht vorgenommen hat, nachzuholen. Dabei gelten die gleichen Grundsätze wie für das GBAmt (s. § 1 Rn. 72). Im Strengbeweis verlangt der Grundsatz der Unmittelbarkeit der Beweisaufnahme, dass die Beweise grundsätzlich von dem vollbesetzten Senat erhoben werden; einem Mitglied des Beschwerdesenats oder einem anderen Gericht kann die Beweisaufnahme nur in den gesetzlich vorgesehenen Fällen übertragen werden; einen Einzelrichter kennt das GBVerfahren ohnehin nicht (s. dazu § 81 Rn. 3). Jedoch kann einem Mitglied des Be-

schwerdesenats als Berichterstatter oder beauftragtem Richter die Vorbereitung der Beschwerdeentscheidung übertragen werden, was die Befugnis zu
formlosen Ermittlungen einschließt.

5   **e) Zu berücksichtigendes Vorbringen.** Alles Vorbringen bis zum Erlass
der Entscheidung ist zu berücksichtigen; erlassen ist die Entscheidung nicht
schon mit der Beschlussfassung, sondern erst mit der Übergabe des Beschlusses an die Geschäftsstelle oder mit der Bekanntgabe durch Verlesen der Beschlussformel (§ 38 Abs. 3 Satz 3 FamFG). In der Zwischenzeit eingehende
Schriftsätze sind daher bei der Entscheidung auch dann noch zu berücksichtigen, wenn die Entscheidung bereits von den Richtern unterschrieben ist
(BGH FGPrax 2015, 286); zweckmäßig ist ein Aktenvermerk, dass dies geschehen ist. Ohne Bedeutung ist für den Erlass der Entscheidung der Zeitpunkt, in dem die Geschäftsstelle den Beschluss zur Bekanntgabe an die Beteiligten hinausgibt. Nach dem Erlass darf das Beschwerdegericht seine
Entscheidung nur noch im Rahmen eines Verfahrens nach § 81 Abs. 3 ändern (OLG München FGPrax 2013, 138).

6   **f) Mündliche Verhandlung.** Sie findet im Antragsverfahren nicht statt.
Im Amtsverfahren ist Anhörung der Beteiligten möglich. Im Rangklarstellungsverfahren kann das OLG ebenso wie das GBAmt einen Einigungster-
min abhalten (§ 102).

7   **g) Rechtliches Gehör.** Das verfassungsrechtliche Gebot der Gewährung
rechtlichen Gehörs (Art. 103 Abs. 1 GG) gilt auch für das Beschwerdeverfahren in GBSachen (BayObLG Rpfleger 1967, 12; 1973, 97). Rechtliches Gehör ist jedoch nicht in weiterem Umfang als vor dem GBAmt (s. dazu § 1
Rn. 69, 70) zu gewähren (OLG Stuttgart FGPrax 2012, 158). Daher ist derjenige, der eine Eintragung bewilligt, aber den EintrAntrag nicht gestellt hat,
weder bei Abweisung des EintrAntrags noch bei Erlass einer Zwischenverfügung im anschließenden Beschwerdeverfahren zu beteiligen (OLG Hamm
OLGZ 1965, 344; a. M. BayObLG Rpfleger 1973, 97). Jedoch ist auch vor
Verwerfung einer befristeten Beschwerde wegen Versäumung der Beschwerdefrist dem Beschwerdeführer rechtliches Gehör durch einen Hinweis auf
die Fristversäumung zu gewähren (BGH NJW-RR 2013, 1281).
     Zur Pflicht des OLG, eine Frist zur Beschwerdebegründung zu setzen, s.
§ 74 Rn. 9; zur Verpflichtung, alles Vorbringen bis zum Erlass der Entscheidung zu berücksichtigen, s. Rn. 5.

8   **h) Sonstiges.** Das OLG hat über die Beschwerde zu entscheiden, sobald
dies nach Lage der Sache und der Geschäftslage möglich ist. Eine Aussetzung
des Beschwerdeverfahrens kann der Beschwerdeführer nicht verlangen (s.
hierzu § 1 Rn. 74); zur Anfechtung der Aussetzung des Beschwerdeverfahrens s. § 71 Rn. 20. Über Beschwerden gegen die in verschiedenen selbständigen EintrVerfahren ergangenen Entscheidungen kann das Beschwerdegericht auch ohne förmliche Verfahrensverbindung in einem Beschluss
entscheiden (BGH NJW 1957, 183; Rpfleger 2010, 485; BayObLG FGPrax
2001, 178). Zur Unterbrechung des Verfahrens s. § 1 Rn. 36.

3. Zulässigkeitsprüfung

a) Zulässigkeitsvoraussetzungen. Die Beschwerde ist unzulässig, wenn **9** die angefochtene Entscheidung nicht anfechtbar ist oder die Beschwerde nicht formgerecht oder bei Befristung verspätet eingelegt wurde; § 61 FamFG gilt aber nicht. Auch das Fehlen der Beschwerdeberechtigung macht die Beschwerde unzulässig (BGH 31, 97; OLG Köln OLGZ 1971, 94; BayObLG Rpfleger 1982, 470). Dasselbe gilt, wenn für die Anfechtung kein Rechtsschutzbedürfnis besteht. Dies ist der Fall, wenn dem Antrag stattgegeben wurde und mit der Beschwerde ein geänderter Antrag gestellt werden soll (OLG München FGPrax 2005, 142; OLG Düsseldorf FGPrax 2012, 242). Unzulässig ist eine Beschwerde ferner, wenn sie trotz eines wirksamen Verzichts auf Rechtsmittel (s. dazu § 73 Rn. 14) eingelegt wird (BGH NJW 1989, 295; BayObLG 1998, 62). Eine unzulässige Beschwerde wird nicht dadurch zulässig, dass sie auf eine Verletzung des Anspruchs auf rechtliches Gehör durch das GBAmt gestützt wird (BGH Rpfleger 1998, 420; BayObLG MittBayNot 1990, 355).

b) Doppelrelevante Tatsachen. Die Zulässigkeit ist zu bejahen, wenn sie und die Begründetheit von der Beurteilung derselben tatsächlichen Umstände, so genannter doppelrelevanter Tatsachen abhängen. Diese Beurteilung ist dann im Rahmen der Sachprüfung vorzunehmen (OLG München FGPrax 2012, 251; OLG Hamm Rpfleger 2013, 510). Wurde ein EintrAntrag wegen eines formellen Mangels zurückgewiesen, dessen Vorliegen mit der Beschwerde überprüft werden soll, kann die Beschwerde daher nicht wegen ebendieses Mangels als unzulässig behandelt werden. Dies gilt insbesondere bei Zurückweisung eines Antrags wegen fehlender Antragsberechtigung (s. § 13 Rn. 53). Zur Zulässigkeit einer Beschwerde nach Hauptsacheerledigung mit dem Ziel, die Rechtswidrigkeit feststellen zu lassen, s. § 1 Rn. 83.

c) Zeitpunkt. Maßgebend ist der Zeitpunkt der Entscheidung des OLG; **10** deshalb ist auch eine erst nach der Einlegung gegenstandslos gewordene Beschwerde als unzulässig zu verwerfen, sofern sie nicht auf die Kosten beschränkt wird (KGJ 51, 278; OLG Köln FGPrax 2005, 181). Zur Unzulässigkeit eines Rechtsmittels im Hinblick auf die Erledigung der Hauptsache s. im Übrigen § 1 Rn. 82. Unzulässig ist auch eine neuerliche Beschwerde, wenn bereits einmal sachlich über eine Beschwerde entschieden worden ist; denn damit ist das Anfechtungsrecht verbraucht. Zu dem Fall, dass die Beschwerde zunächst als unzulässig verworfen und dann wiederholt wird s. BayObLG Rpfleger 1981, 401.

4. Sachprüfung

Das Beschwerdegericht ist nur im Rahmen der Anfechtung durch den **11** Beschwerdeführer zur Entscheidung berufen. Der Beschwerdeführer kann zwar keinen neuen Antrag stellen (§ 74 Rn. 6). Er kann aber nur eine von mehreren Entscheidungen anfechten oder seinen Antrag einschränken. Gemäß § 74 kann er seine Beschwerde auf neue Tatsachen und Beweise stützen. In eine Prüfung der Begründetheit der Beschwerde darf das Beschwerdegericht grundsätzlich erst eintreten, wenn es das Rechtsmittel für zulässig erachtet. Das OLG München (FGPrax 2011, 281; ebenso KG FGPrax 2018, 193) hat aber keine Bedenken, dass die Beschwerdeberechtigung des Rechtsmittelführers und damit die Zulässigkeit der Beschwerde dahingestellt bleibt, wenn die Beschwerde jedenfalls unbegründet ist.

5. Beschwerde gegen eine Zwischenverfügung

12   **a) Mehrere Beanstandungen.** Jede einzelne Beanstandung bildet eine Entscheidung i. S. des § 71, kann also für sich allein angefochten werden (JFG 8, 237; BGH NJW 1994, 1158). Deshalb hat das OLG nur das mit der Beschwerde angegriffene EintrHindernis nachzuprüfen (KG Rpfleger 1965, 366; OLG Frankfurt Rpfleger 1979, 206; BayObLG 1986, 212; kritisch zum Standpunkt der Rechtsprechung Blomeyer DNotZ 1971, 329; s. demgegenüber aber Jansen DNotZ 1971, 531).

13   **b) Wegweisende Erörterung.** Bedenken, die gegen nicht angefochtene Beanstandungen bestehen oder EintrHindernisse, die das GBAmt nicht geltend gemacht hat, kann das OLG nur wegweisend erörtern (BayObLG Rpfleger 1989, 100; KG Rpfleger 1993, 236); solche Erörterungen haben keine Bindungswirkung und können nicht mit der Rechtsbeschwerde angefochten werden (OLG Zweibrücken Rpfleger 2011, 491; KG Rpfleger 1993, 236; OLG Hamm Rpfleger 2002, 353); sie können aber Anlass für eine Ergänzung der Zwischenverfügung durch das GBAmt sein (BayObLG 1990, 51/57).

14   **c) Nicht geltend gemachtes Eintragungshindernis.** Eine unbegründete Zwischenverfügung ist auch dann aufzuheben, wenn der EintrAntrag wegen eines anderen, vom GBAmt nicht geltend gemachten EintrHindernisses zu beanstanden gewesen wäre (BayObLG DNotZ 1983, 752) oder sofort hätte zurückgewiesen werden müssen (JFG 8, 238; BayObLG 1984, 138). Andererseits ist die Beschwerde gegen eine begründete Zwischenverfügung auch dann zurückzuweisen, wenn ein weiteres, vom GBAmt nicht geltend gemachtes EintrHindernis vorliegt; auch hier kommt nur eine wegweisende Erörterung in den Gründen der Beschwerdeentscheidung in Betracht; hebt das OLG dennoch die Zwischenverfügung auf, so ist dagegen eine Rechtsbeschwerde nicht zulässig (OLG Zweibrücken OLGZ 1991, 153; OLG Hamm Rpfleger 2002, 353).

Hätte der EintrAntrag jedoch sofort zurückgewiesen werden müssen (s. § 18 Rn. 5), ist eine Zwischenverfügung in jedem Fall aufzuheben (OLG Jena Rpfleger 2002, 431; OLG Schleswig FGPrax 2010, 125). Zu der Entscheidung des Rechtsbeschwerdegerichts, wenn dies nicht geschieht, s. § 78 Rn. 53.

15   **d) Eintragungsantrag kein Beschwerdegegenstand.** Der EintrAntrag selbst ist nicht Gegenstand der Beschwerde (BGH FGPrax 2014, 2; OLG Hamm Rpfleger 2002, 353; OLG Schleswig FGPrax 2010, 282). Daher ist bei deren Begründetheit lediglich die Zwischenverfügung aufzuheben, nicht aber auch über den EintrAntrag zu entscheiden. Dies ist Sache des GBAmts, an das die Akten zu diesem Zweck zurückzugeben sind (BayObLG NJW-RR 1991, 465). Eine Zurückverweisung kommt nicht in Betracht, weil mit der Aufhebung der Zwischenverfügung über den Verfahrensgegenstand der Beschwerde abschließend entschieden ist (OLG Zweibrücken OLGZ 1991, 153). Hebt das OLG nicht nur die Zwischenverfügung auf, sondern weist es darüber hinaus das GBAmt an, den EintrAntrag sofort zurückzuweisen, so ist diese Anweisung auf Rechtsbeschwerde hin aufzuheben (KG Rpfleger 1993, 236).

e) Sonstiges. Mit der Beschwerde kann auch nur die Verlängerung der **16** gesetzten Frist verlangt werden. Das OLG braucht dann die sachliche Berechtigung der Zwischenverfügung nicht nachzuprüfen. Zur Entscheidung bei erheblichen Mängeln des Abhilfeverfahrens s. § 75 Rn. 11. S. zum Ganzen auch § 71 Rn. 34.

6. Beschwerde gegen die Antragszurückweisung

Hier darf sich das OLG nicht darauf beschränken, die Gründe des **17** GBAmts und des Beschwerdeführers nachzuprüfen. Es hat den Antrag in vollem Umfang selbst zu prüfen und zu bescheiden. Ist die Begründung des GBAmts unrichtig, so hat das OLG zu prüfen, ob dem EintrAntrag andere Hindernisse entgegenstehen, und je nachdem zur Eintragung oder zum Erlass einer Zwischenverfügung anzuweisen oder die Beschwerde zurückzuweisen (JFG 5, 434; BayObLG Rpfleger 1967, 11; KG DNotZ 1972, 178).

7. Beschwerde gegen Eintragungen

Ist die Beschwerde unzulässig (§ 71 Abs. 2 Satz 1), so muss das OLG prü- **18** fen, ob sie mit dem beschränkten Ziel des § 71 Abs. 2 Satz 2 eingelegt anzusehen ist. Regelmäßig wird das der Fall sein (s. § 71 Rn. 55). Das OLG hat dann die Zulässigkeit und Richtigkeit der angefochtenen Eintragung unter allen Gesichtspunkten nachzuprüfen. Auf den Antrag und die Begründung der Beschwerde kommt es nicht an (KG JRdsch. 1927 Nr. 2127; OLG Hamm Rpfleger 1957, 117; OLG Naumburg OLG-NL 2004, 153), weil die Beschwerde ein Amtsverfahren des GBAmts anregt. Deshalb hat das OLG die Amtslöschung einer inhaltlich unzulässigen Eintragung auch dann anzuordnen, wenn nur die Eintragung eines Amtswiderspruchs beantragt ist (KGJ 49, 190; BayObLG 1991, 139/141).

8. Verwerfung der Beschwerde

Ist die Beschwerde unzulässig (s. Rn. 9), so ist sie „zu verwerfen". Damit **19** kommt, ohne dass dies im Entscheidungssatz ausgesprochen werden müsste, zum Ausdruck, dass die Beschwerde für unzulässig erachtet wird.

9. Zurückweisung der Beschwerde

Ist die Beschwerde unbegründet, so ist sie „zurückzuweisen" (BayObLG **20** NJW-RR 1993, 530). Auch hier gilt, dass im Entscheidungssatz die Unbegründetheit als Grund für die Zurückweisung nicht ausdrücklich angeführt werden muss.

21   Maßgebend ist, ob die Entscheidung des GBAmts jetzt richtig ist. Unwesentlich ist also, ob das GBAmt seiner Entscheidung eine richtige Begründung gegeben hatte.

22   Ist die Entscheidung des GBAmts unrichtig, so ist die Beschwerde dennoch zurückzuweisen, wenn der Beschwerdeführer durch sie nicht beschwert ist. Beispiel: Das GBAmt schreibt ein Recht auf Grund eines öffentlichen Testaments auf den A als den alleinigen Vollerben um. B legt Beschwerde ein mit der Begründung, er sei alleiniger Vollerbe. Dann ist B beschwerdeberechtigt, weil die Beschwerdeberechtigung vom Standpunkt seiner Behauptung aus zu prüfen ist. Stellt nun das OLG fest, dass A nur Vorerbe ist, dann ist die Eintragung zwar unrichtig. Die Beschwerde des B ist trotzdem zurückzuweisen, wenn er nicht zu den Nacherben gehört. Durch diese Unrichtigkeit wird er nicht beschwert.

10. Stattgeben der Beschwerde

23   Erweist sich die Beschwerde als begründet, so ist bezüglich des Inhalts der ihr stattgebenden Entscheidung zu unterscheiden:

    a) Beschwerde gegen Beschluss. Ist eine Verfügung oder ein Beschluss des GBAmts angefochten, so hat das OLG die Vorentscheidung einschließlich eines etwaigen Kostenausspruchs aufzuheben; im Übrigen ist der Inhalt der Entscheidung je nach dem Gegenstand der Beschwerde verschieden.

24   • Im Fall der **Aufhebung einer Zwischenverfügung** kann das GBAmt angewiesen werden, anderweit über den EintrAntrag zu befinden. Zwingend notwendig ist dies aber nicht; es genügt, wenn zu diesem Zweck die Sache zurückgegeben (nicht zurückverwiesen) wird. Eine unmittelbare Entscheidung über den EintrAntrag kann vom OLG nicht getroffen werden (s. Rn. 15).

25   • Wird die **Zurückweisung eines EintrAntrags** aufgehoben, so ist je nach Sachlage entweder eine Zwischenverfügung zu erlassen oder das GBAmt zur Vornahme der beantragten Eintragung anzuweisen (OLG Köln FGPrax 2013, 150). Die Zwischenverfügung des OLG muss allen Erfordernissen des § 18 entsprechen (s. § 18 Rn. 29) und ergeht zweckmäßig mit dem Hinweis, dass die erforderlichen Nachweise dem GBAmt zu erbringen sind (KG OLG 42, 157). Ist eine Zwischenverfügung geboten, so kann ihr Erlass aber auch dem GBAmt aufgegeben werden (JFG 3, 384; OLG München MittBayNot 2014, 47). Zur Möglichkeit einer Zurückverweisung an das GBAmt s. Rn. 28.

26   • Im Fall der **Aufhebung einer sonstigen Entscheidung** ist das GBAmt anzuweisen, das zu tun, was der Beschwerdeführer verlangt, z. B. die Einsicht in das GB zu gestatten, einen HypBrief in bestimmter Weise zu ergänzen oder die erbetene Abschrift zu erteilen.

27   Die **Aufhebung der Vorentscheidung entfällt,** wenn sich die Beschwerde gegen die zu kurze Bemessung der in einer Zwischenverfügung gesetzten Frist richtet; hier hat das OLG lediglich eine längere Frist zu setzen. Andererseits kann sich die Entscheidung des OLG auch in der Aufhebung der Vorentscheidung erschöpfen; das trifft z. B. zu, wenn die Beschwerde gegen einen sachlich unzutreffenden Feststellungsbeschluss nach § 87 Buchst. c gerichtet ist.

Eine Befugnis des OLG, die Sache unter Aufhebung der Vorentscheidung **28** zur erneuten selbständigen Prüfung an das GBAmt **zurückzuverweisen,** besteht grundsätzlich nicht; sie wird jedoch für den Fall zugestanden, dass das GBAmt in der Sache noch nicht entschieden hat. Eine Zurückverweisung kommt ferner in Betracht, wenn das Verfahren an einem wesentlichen Mangel leidet und zur Entscheidung eine umfangreiche oder aufwendige Beweiserhebung notwendig wäre. Im Übrigen tritt das OLG in vollem Umfang an die Stelle des GBAmts; dazu und zu der Beschränkung bei Ermessensentscheidungen s. Rn. 2.

Im Fall der Zurückverweisung ist das GBAmt, wenn die zurückverweisende Entscheidung nicht ihrerseits angefochten und aufgehoben wird, an die Rechtsauffassung des OLG **gebunden,** die der Aufhebung unmittelbar zugrunde gelegt ist, es sei denn, dass das OLG bei seiner Entscheidung ersichtlich von einem falschen Sachverhalt ausging oder sich die Sachlage, das maßgebende Recht oder die Rechtsprechung der übergeordneten Rechtsmittelgerichte nachträglich geändert hat (OLG München FGPrax 2009, 12). In gleicher Weise sind aber auch das OLG selbst und sogar das Rechtsbeschwerdegericht gebunden, wenn sie im gleichen Verfahren mit der Sache (erneut) befasst werden (BGH 15, 124; 25, 203; s. aber auch die Entscheidung des Gemeinsamen Senats der obersten Gerichtshöfe NJW 1973, 1273 und § 71 Rn. 65). Diese Grundsätze decken sich im Wesentlichen mit den Bestimmungen des § 69 Abs. 1 FamFG, der allerdings keine Anwendung findet (OLG Hamm Rpfleger 2011, 327). Zum Verbot der reformatio in peius für das GBAmt s. Rn. 32.

b) Beschwerde gegen Eintragung. Ist eine Eintragung (dazu zählt **29** auch eine Löschung) angefochten, so hat das OLG das GBAmt anzuweisen, eine genau bestimmte Eintragung vorzunehmen, z.B. eine Löschung, eine Berichtigung oder einen dem Inhalt nach genau zu bezeichnenden Amtswiderspruch einzutragen. Zur Entscheidung, wenn sich die Beschwerde gegen die Löschung eines Amtswiderspruchs richtet s. § 71 Rn. 44.

11. Verbot der Schlechterstellung

a) Grundsatz. Das OLG darf die angefochtene Entscheidung regelmäßig **30** nicht zuungunsten des Beschwerdeführers ändern. Deshalb wird es z.B. als unzulässig erachtet, den EintrAntrag zurückzuweisen, wenn nur eine Zwischenverfügung angefochten ist (JFG 8, 238; BayObLG 1967, 410); bei Anfechtung einer Zwischenverfügung ist Beschwerdegegenstand nur die Entscheidung über diese, nicht die über den EintrAntrag selbst (s. Rn. 15). Das Verbot der reformatio in peius beruht seinem Wesen nach darauf, dass dem Gegner des Beschwerdeführers kein Vorteil zugesprochen werden soll, wenn er nicht ebenfalls Beschwerde eingelegt hat.

b) Ausnahmen. Sie sind dort zuzulassen, wo nicht widerstreitende Privatinteressen, sondern zwingende öffentliche Interessen den Ausschlag geben. So kann das OLG zur Löschung einer inhaltlich unzulässigen Eintragung anweisen, obgleich dies für den Beschwerdeführer eine Schlechterstellung gegenüber der vom GBAmt verfügten und von ihm mit der Beschwerde angegriffenen Eintragung eines Amtswiderspruchs bedeutet (OLG Düsseldorf DNotZ 1958, 157; BayObLG 1984, 246); ebenso kann der BGH eine Anweisung des OLG, eine inhaltlich unzulässige Eintragung vorzunehmen, aufheben, auch wenn diese Anweisung nicht angefochten ist (JFG 12, 300). Entscheidet der BGH auf Rechtsbeschwerde gegen die Zurückverweisung einer Sache durch das OLG an dessen Stelle über die Erstbeschwerde, kann er diese zurückweisen, sofern das OLG durch das Verbot der reformatio in peius daran nicht gehindert gewesen wäre (BayObLG Rpfleger 1997, 101).

31   **c) Kosten und Geschäftswert.** Eine Schlechterstellung des Beschwerdeführers hinsichtlich der Kosten ist nicht ausgeschlossen (BayObLG Rpfleger 1979, 318; MittBayNot 1991, 79). Ferner darf er bei der Geschäftswertfestsetzung schlechter gestellt werden (§ 79 Abs. 2 Satz 1 Nr. 2 GNotKG); dies gilt auch dann, wenn sich die Beschwerde nur gegen die Geschäftswertfestsetzung richtet (BayObLG DNotZ 1990, 670; OLG Köln FGPrax 2006, 85). Dagegen ist das Verbot der Schlechterstellung zu beachten, wenn Gegenstand der Anfechtung nur die Kostenentscheidung (§ 71 Rn. 32), der Kostenansatz (§ 71 Rn. 80) oder die Kostenfestsetzung (§ 71 Rn. 86) ist.

32   **d) Zurückverweisung.** Das Verbot der reformatio in peius gilt im Übrigen nicht für das GBAmt im Abhilfeverfahren (s. § 75 Rn. 12). Nach Aufhebung seiner Entscheidung und Zurückverweisung der Sache an das GBAmt gilt das Verbot der reformatio in peius für das GBAmt insoweit, als bei einer Sachentscheidung durch das Beschwerdegericht eine Verschlechterung ausgeschlossen gewesen wäre (BGH NJW-RR 2004, 1422; Meikel/Schmidt-Räntsch Rn. 8).

12. Kostenausspruch

33   Über die Gerichtskosten und die außergerichtlichen Kosten ist grundsätzlich einheitlich nach dem für die Kostenentscheidung geltenden allgemeinen Grundsatz des billigen Ermessens zu entscheiden (§ 81 FamFG; s. dazu § 1 Rn. 58). Jedoch sollen die Kosten eines ohne Erfolg eingelegten Rechtsmittels demjenigen auferlegt werden, der es eingelegt hat (§ 84 FamFG). Nach Maßgabe des § 21 Abs. 1 Satz 3 GNotKG kann von der Erhebung von Gerichtskosten abgesehen werden (s. dazu auch § 81 Abs. 1 Satz 2 FamFG). Die Staatskasse kommt in GBSachen grundsätzlich nicht als Beteiligte in Betracht, der bei erfolgreicher Beschwerde eines Beteiligten dessen außergerichtlichen Kosten auferlegt werden könnten (OLG München FGPrax 2013, 229). Im Falle einer Aufhebung und Zurückverweisung (s. Rn. 28) unterbleibt eine Kostenentscheidung des Beschwerdegerichts. Diese hat sodann das GBAmt auch für das Beschwerdeverfahren zu treffen.

Die Beschwerdeentscheidung kann nicht gemäß § 13 Satz 2 GNotKG von der Zahlung eines Kostenvorschusses abhängig gemacht werden (KG HRR 1940 Nr. 752). Über die anfallenden Kosten s. Rn. 41.

13. Begründung der Entscheidung

a) Grundsatz. Die Beschwerdeentscheidung ist grundsätzlich zu begrün- **34** den. Unverzichtbar ist eine Begründung, wenn die Sache an das GBAmt zurückverwiesen oder die Rechtsbeschwerde zugelassen wird. Im Fall der Zulassung ist auch die Zulassung selbst zu begründen (vgl. § 69 Abs. 2 FamFG). Notwendig ist zunächst die Angabe des Sachverhalts, die zweckmäßigerweise von den rechtlichen Erwägungen getrennt wird. Die tatsächlichen Feststellungen sind für das Rechtsbeschwerdegericht bindend, müssen für dieses also erkennbar gemacht werden (BGH NJW-RR 2013, 1077; KGJ 48, 2; OLG Zweibrücken NJW-RR 1999, 1174). Ein Verstoß hiergegen nötigt allerdings nur dann zur Aufhebung der Entscheidung, wenn sich der vom OLG zugrunde gelegte Sachverhalt aus den Akten nicht zweifelsfrei entnehmen lässt (BGH NJW-RR 2013, 1077; OLG Köln FGPrax 2008, 193; offen gelassen von OLG Zweibrücken NJW-RR 1999, 1174).

b) Umfang der Begründung. Die Begründung hat sich mit den Grün- **35** den des GBAmts und dem Vorbringen des Beschwerdeführers auseinanderzusetzen (s. KG JW 1927, 721). Allgemeine Redewendungen genügen nicht (OLG München HRR 1936 Nr. 213). Es ist z. B. im Einzelnen auszuführen, weshalb zur Auslegung eines vorgelegten öffentlichen Testaments Ermittlungen notwendig sind und deshalb ein Erbschein (§ 35) zu verlangen ist. Bezugnahme auf die zutreffenden Gründe des GBAmts genügt nur dann, wenn die angefochtene Entscheidung eine ausreichende Begründung enthält und der Beschwerdeführer keine wesentlichen neuen Tatsachen, Beweise oder rechtlichen Hinweise vorgebracht hat.

c) Fehlende Begründung. Fehlt die Begründung, wenn auch nur in einem für die Entscheidung maßgebenden Punkt, so beruht die Entscheidung auf einer Rechtsverletzung (§ 78 Abs. 3 GBO; § 72 Abs. 3 FamFG; § 547 Nr. 6 ZPO). Jedoch sind gedankliche Lücken in der Folgerichtigkeit der Begründung unschädlich (RG 109, 204; JW 1927, 1861).

d) Sonstige Anforderungen. Die Beschwerdeentscheidung ist zur Un- **36** terscheidung von einem bloßen Entscheidungsentwurf grundsätzlich von allen Richtern des Beschwerdegerichts zu unterschreiben und mit dem Datum ihres Erlasses zu versehen (vgl. § 69 Abs. 3, § 38 Abs. 3 Satz 2, 3 FamFG). Die Unterschrift sämtlicher Richter des Beschwerdegerichts ist aber nicht Voraussetzung einer wirksamen Beschwerdeentscheidung (BayObLG WuM 2002, 47). Der Originalbeschluss mit den Unterschriften der Richter wird zu den Sammelakten des Beschwerdegerichts genommen; eine beglaubigte Abschrift bleibt bei den Grundakten (BGH NJW-RR 2016, 1093).
Den Anforderungen eines gerichtlichen elektronischen Dokuments genügt die Aufzeichnung der Beschwerdeentscheidung als elektronisches Dokument, wenn die Richter am Ende des Dokuments ihre Namen hinzufügen und das Dokument mit einer qualifizierten elektronischen Signatur versehen (§ 73 Abs. 2 Satz 2 GBO; § 14 Abs. 3 FamFG; § 130b ZPO). Zur Notwendigkeit einer Rechtsbehelfsbelehrung in der Beschwerdeentscheidung s. § 39 FamFG und § 1 Rn. 76. Offensichtliche Unrichtigkeiten kön-

nen in entsprechender Anwendung des § 42 FamFG berichtigt werden (s. dazu § 1 Rn. 92).

14. Bekanntmachung der Entscheidung

37   Die Entscheidung ist dem Beschwerdeführer, aber auch etwaigen weiteren Beteiligten bekanntzumachen (vgl. § 69 Abs. 3, § 41 Abs. 1 Satz 1 FamFG; s. dazu § 1 Rn. 85). Sie wird mit der Bekanntmachung an den Beschwerdeführer wirksam (§ 69 Abs. 3, § 40 Abs. 1 FamFG). Eine Zustellung ist nur erforderlich, wenn, wie bei zugelassener Rechtsbeschwerde oder im Fall des § 89, mit der Bekanntmachung eine Frist zu laufen beginnt (§ 69 Abs. 3, § 41 Abs. 1 Satz 2 FamFG); im Übrigen richtet sich die Bekanntmachung nach §§ 15, 41 Abs. 2 FamFG (s. dazu § 1 Rn. 85 ff.). Das GBAmt erhält mit den Akten eine Ausfertigung des Beschlusses.

15. Wirkung der Entscheidung

38   **a) Bindung des GBAmts.** Das GBAmt ist an die Entscheidung gebunden (s. dazu BayObLG Rpfleger 1974, 148). Es hat also die Anweisung des OLG auszuführen und es den Beteiligten zu überlassen, etwaige Unrichtigkeiten mit der Rechtsbeschwerde zu rügen, sofern diese zugelassen ist. Die Bindung entfällt nur, wenn sich der GBStand geändert hat, ohne dass das Beschwerdegericht dies erkennen konnte. Das wird nur selten vorkommen, weil das GBAmt ohne Grundakten Eintragungen nicht vornehmen wird. Die Bindungswirkung kann aber auch bei einer Änderung der Rechtslage oder der Rechtsprechung entfallen (s. Rn. 28). Bloß wegweisende Erörterungen des Beschwerdegerichts entfalten keine Bindungswirkung (s. Rn. 13). Über den Rang der Eintragung, zu der das Beschwerdegericht anweist, s. § 74 Rn. 12.

39   **b) Bindung des Beschwerdegerichts.** Auch das Beschwerdegericht ist innerhalb desselben Verfahrens an seine frühere Entscheidung gebunden (s. dazu BayObLG Rpfleger 1974, 148). Das folgt daraus, dass das OLG einer Rechtsbeschwerde nicht abhelfen darf (s. § 78 Rn. 24), und gilt auch dann, wenn eine Rechtsbeschwerde nicht eingelegt wurde (KGJ 46, 5), jedoch nicht, wenn diese mangels Zulassung oder Beschwerdeberechtigung nicht eingelegt werden konnte (BayObLG 1999, 104; OLG München FGPrax 2017, 67). Eine Bindung besteht aber nicht, wenn sich der Sachverhalt geändert hat (OLG Schleswig FGPrax 2005, 105; OLG München FGPrax 2017, 67). Dasselbe gilt bei einer nachträglichen Änderung der Rechtslage oder der Rechtsprechung des BGH.

40   Soweit die Bindung reicht, kann das Beschwerdegericht weder seinen Beschluss auf neue Vorstellungen eines Beteiligten ändern, noch kann es auf eine neue Beschwerde gegen dieselbe Eintragung oder gegen die Zurückweisung desselben oder des inhaltlich wiederholten Antrags seine Rechtsansicht wechseln (RG 70, 236; s. auch KG NJW 1955, 1074; OLGZ 1966, 608). Bestätigt das Beschwerdegericht eine Zwischenverfügung des GBAmts, ist es bei einer Beschwerde gegen die daraufhin vorgenommene Abweisung des EintrAntrags an die von ihm in der Beschwerdeentscheidung über die

Zwischenverfügung vertretene Rechtsansicht gebunden. Dasselbe gilt, wenn das Beschwerdegericht eine Zurückweisung des EintrAntrags durch das GBAmt aufhebt, für die Beschwerde gegen die daraufhin vorgenommene Eintragung (vgl. § 78 Rn. 28). Zur Bindung bei Aufhebung und Zurückverweisung s. Rn. 28.

Eine, z. B. wegen fehlender Beschwerdeeinlegung oder wegen Zurücknahme der Beschwerde, unwirksame Beschwerdeentscheidung kann das Beschwerdegericht jedoch selbst aufheben (BayObLG 1965, 347). Sie kann aber auch auf eine zugelassene Rechtsbeschwerde hin durch den BGH aufgehoben werden. Zur Unzulässigkeit einer wiederholten Beschwerde s. Rn. 10.

16. Kosten

Für die Verwerfung oder Zurückweisung der Beschwerde wird eine **41** Gebühr von 1,0 erhoben, höchstens jedoch ein Betrag von 800 EUR (Nr. 14510 GNotKG-KV). Eine Gebühr von 0,5 wird erhoben bei Beendigung des gesamten Verfahrens ohne Endentscheidung oder Zurücknahme der Beschwerde vor Erlass der Beschwerdeentscheidung; die Gebühr beträgt höchstens 400 EUR (Nr. 14511 GNotKG-KV). Dies gilt jedoch nicht, wenn für die Vornahme eines Geschäfts Festgebühren bestimmt sind. Dann richtet sich die Gebühr für das Beschwerdeverfahren nach Nr. 19116 GNotKG-KV (vgl. Vorbem. 1.4.5 GNotKG-KV). Die Gebühren für das Beschwerdeverfahren werden auch dann erhoben, wenn das Verfahren vor dem GBAmt gebührenfrei ist.

Wenn die Beschwerde nur teilweise verworfen oder zurückgewiesen wird, **42** so fällt die Gerichtsgebühr gemäß Nr. 14510 GNotKG-KV nur aus dem für den verwerfenden oder zurückweisenden Teil der Beschwerdeentscheidung festzusetzenden Geschäftswert an (BayObLG ZflR 2004, 643; OLG München NJW-RR 2018, 1423). Dies gilt für die Gerichtsgebühr gemäß Nr. 14511 GNotKG-KV auch bei einer teilweisen Zurücknahme der Beschwerde, bevor über sie entschieden worden ist. Zu den Kosten einer Beschwerde bei Anfechtung einer Entscheidung im Verfahrenskostenhilfeverfahren s. § 71 Rn. 56. Hat die Beschwerde Erfolg, so werden Gebühren und Auslagen nicht erhoben (§ 25 Abs. 1 GNotKG).

Eine anwaltliche Tätigkeit wird nach Teil 3 RVG-VV vergütet. In der Regel fällt eine Verfahrensgebühr von 1,6 gemäß Nr. 3200 an (vgl. Vorbem. 3.2.1 Nr. 2 Buchst. b). Ob dies auch für die Beschwerde gegen eine Zwischenverfügung gilt, ist zweifelhaft (s. dazu OLG München FGPrax 2019, 286).

17. Geschäftswert

Der der Berechnung der gerichtlichen und außergerichtlichen Kosten **43** zugrunde zu legende Geschäftswert ist gemäß § 79 GNotKG festzusetzen. Die Geschäftswertfestsetzung des Beschwerdegerichts ist nicht anfechtbar; s. hierzu § 71 Rn. 89.

a) Grundsatz. Es gilt § 61 Abs. 1, 2 GNotKG. In GBSachen als vermö- **44** gensrechtlichen Sachen ist der Wert regelmäßig gemäß § 36 Abs. 1 GNotKG nach billigem Ermessen zu bestimmen; dabei kommt es vor allem auf das mit der Beschwerde verfolgte wirtschaftliche Interesse, die Bedeutung der Beschwerde für die Beteiligten sowie auf die sonstigen Umstände des Einzelfalls an; die für den ersten Rechtszug maßgebenden Vorschriften können als Anhaltspunkte herangezogen werden, sind aber nicht unmittelbar anzuwenden (BayObLG JurBüro 1984, 1883; BayObLG 1992, 171/173). Bei fehlenden tatsächlichen Anhaltspunkten für eine Bestimmung wird der Wert ausnahmsweise auf der Grundlage des § 36 Abs. 3 GNotKG festzusetzen sein; bestimmt sich der Geschäftswert für das Verfahren der ersten Instanz nach dieser Vorschrift, so ist sie auch für den Geschäftswert des Beschwerdeverfahrens maßgebend (BayObLG JurBüro 1985, 1382).

45 **b) Zwischenverfügung.** Für den Geschäftswert einer Beschwerde gegen eine Zwischenverfügung ist von Bedeutung, welche Schwierigkeiten die Behebung des Hindernisses macht, das Gegenstand des Beschwerdeverfahrens ist. Geht es um die Eintragung eines Eigentümers, kann der Wert des Grundstücks als Beziehungswert herangezogen werden (OLG Schleswig FGPrax 2005, 105). Ist durch Zwischenverfügung aufgegeben, Zweifel an der Geschäftsfähigkeit auszuräumen (s. hierzu § 18 Rn. 3), wird in der Regel der volle Grundstückswert der Geschäftswertfestsetzung zugrunde zu legen sein, während es bei anderen Hindernissen geboten sein kann, nur von einem Bruchteil des Verkehrswerts auszugehen (BayObLG JurBüro 1995, 259; BayObLG 1993, 137/142).

Statthaftigkeit der Rechtsbeschwerde

78 (1) **Gegen einen Beschluss des Beschwerdegerichts ist die Rechtsbeschwerde statthaft, wenn sie das Beschwerdegericht in dem Beschluss zugelassen hat.**

(2) **Die Rechtsbeschwerde ist zuzulassen, wenn**

1. **die Rechtssache grundsätzliche Bedeutung hat oder**

2. **die Fortbildung des Rechts oder die Sicherung einer einheitlichen Rechtsprechung eine Entscheidung des Rechtsbeschwerdegerichts erfordert.**

Das Rechtsbeschwerdegericht ist an die Zulassung gebunden.

(3) **Auf das weitere Verfahren finden § 73 Absatz 2 Satz 2 dieses Gesetzes sowie die §§ 71 bis 74a des Gesetzes über das Verfahren in Familiensachen und in den Angelegenheiten der freiwilligen Gerichtsbarkeit entsprechende Anwendung.**

Inhaltsübersicht

1. Allgemeines

Durch das am 1.9.2009 in Kraft getretene FGG-RG v. 17.12.2008 **1**
(BGBl. I 2586) wurde das Rechtsmittelverfahren der freiwilligen Gerichtsbarkeit neu gestaltet. Im Zuge der Umstellung wurde auch in GBSachen
anstelle der weiteren Beschwerde einschließlich der Divergenzvorlage zum
BGH die Rechtsbeschwerde nach dem Vorbild der §§ 574 ff. ZPO und der
§§ 70 ff. FamFG eingeführt.

Der durch das FGG-RG neu gefasste und durch das ERVGBG v. 11.8.
2009 (BGBl. I 2713) geänderte § 78 regelt in Abs. 1 und 2 die von der Zulassung durch das Beschwerdegericht abhängige Statthaftigkeit der Rechtsbeschwerde und verweist in Abs. 3 wegen des weiteren Verfahrens auf die
Vorschriften des § 73 Abs. 2 Satz 2 GBO und der §§ 71 bis 74a FamFG, die
entsprechend anzuwenden sind. Die Bestimmungen des FamFG verweisen
ihrerseits verschiedentlich auf entsprechend anwendbare Vorschriften der
ZPO (s. § 71 Abs. 2 Satz 3, § 72 Abs. 3, § 74 Abs. 3 Satz 4 FamFG). Zuständig
zur Entscheidung über die Rechtsbeschwerde ist der BGH (§ 133 GVG).

2. Statthaftigkeit

Die Rechtsbeschwerde ist gegen einen Beschluss des Beschwerdegerichts **2**
statthaft. Beschwerdegericht ist gemäß § 72 das OLG. In Betracht kommen,
wie die Gegenüberstellung in § 76 Abs. 1 ergibt, nur **endgültige Entscheidungen.** Nicht mit der Rechtsbeschwerde anfechtbar sind demnach einstweilige Anordnungen gemäß § 76 Abs. 1 und verfahrensleitende Maßnahmen in der Form von Zwischenentscheidungen, z. B. eine Beweisanordnung
(OLG Köln Rpfleger 1990, 353); zur Anfechtbarkeit der Aussetzung des Beschwerdeverfahren s. § 71 Rn. 20. Anfechtbar ist auch nur die Entscheidung
des Beschwerdegerichts selbst. Die Rechtsbeschwerde ist unzulässig, wenn sie
sich nur gegen nicht entscheidungserhebliche und das GBAmt nicht bindende Ausführungen des Beschwerdegerichts in den Gründen seiner Entscheidung richtet (KGJ 48, 175; BayObLG HRR 1935 Nr. 128), z. B. gegen
wegweisende Hinweise des OLG zur Entscheidung über den EintrAntrag im
Zusammenhang mit der Aufhebung einer Zwischenverfügung (BayObLG
DNotZ 1986, 497; KG Rpfleger 1993, 236; OLG Zweibrücken Rpfleger
2011, 491).

3   Grundsätzlich kann jede endgültige Entscheidung des Beschwerdegerichts
     mit der Rechtsbeschwerde angefochten werden. In den Fällen, in denen eine
     Entscheidung des GBAmts mit der sofortigen Beschwerde in entsprechender
     Anwendung von **Vorschriften der ZPO** (§§ 567 bis 572 ZPO) anfechtbar
     ist (vgl. § 71 Rn. 3), ist für die Statthaftigkeit und Zulässigkeit der Rechtsbe-
     schwerde § 574 ZPO maßgebend und nicht § 78 (BGH FGPrax 2010, 154).
     Soweit die GBBeschwerde ausnahmsweise durch die Beschwerde nach den
     Vorschriften des FamFG ersetzt wird (vgl. § 71 Rn. 2), ist gegen die Ent-
     scheidung des Beschwerdegerichts die Rechtsbeschwerde gemäß §§ 70 ff.
     FamFG gegeben; ausdrücklich ausgeschlossen ist sie jedoch im Fall des § 110.
     Richtet sich die Rechtsbeschwerde gegen eine Eintragung, so ist sie nur mit
     der Einschränkung des § 71 Abs. 2 Satz 2 zulässig. Jedoch kann die Anord-
     nung des OLG, eine Eintragung vorzunehmen, mit der Rechtsbeschwerde so
     lange unbeschränkt angefochten werden, bis die Eintragung vorgenommen
     ist (BayObLG NJW 1983, 1567).

4   Die Rechtsbeschwerde ist weitere Beschwerde, soweit sie sich gegen eine
     Entscheidung des OLG über eine Beschwerde richtet. Erstbeschwerde ist sie,
     wenn Gegenstand eine anfechtbare Entscheidung des OLG im Beschwerde-
     verfahren ist, z. B. die Versagung von Verfahrenskostenhilfe für das Beschwer-
     deverfahren (s. § 71 Rn. 56) oder die Aussetzung des Beschwerdeverfahrens
     (s. § 71 Rn. 20). Weist das OLG eine nicht eingelegte oder wieder zurückge-
     nommene Beschwerde zurück, so handelt es sich dabei um eine unwirksame
     Entscheidung. Gegen sie ist mit dem Ziel ihrer ersatzlosen Aushebung zur
     Beseitigung des durch sie gesetzten Rechtsscheins einer wirksamen Ent-
     scheidung die Rechtsbeschwerde zulässig, bei der es sich um eine Erstbe-
     schwerde handelt. Zulässigkeitsvoraussetzung ist aber, dass die Entscheidung
     des OLG von ihrem äußeren Schein her eine beschwerdefähige Entschei-
     dung des GBAmts bestätigt (OLG Naumburg FGPrax 2000, 3 mit Anm.
     v. Demharter FGPrax 2000, 52; s. auch KG Rpfleger 1982, 304; BayObLG
     1999, 330) und die Rechtsbeschwerde zugelassen wurde.

5   Eine **Sprungrechtsbeschwerde** (s. § 75 FamFG) findet in GBSachen
     nicht statt. Möglich ist jedoch eine Anschlussrechtsbeschwerde (s. dazu
     Rn. 22).

3. Zulassung

6   Voraussetzung einer statthaften Rechtsbeschwerde ist in jedem Fall, dass
     sie das OLG zugelassen hat (§ 78 Abs. 1). Eine Zulassung kommt nur in Be-
     tracht, wenn die für klärungsbedürftig erachtete Rechtsfrage entscheidungs-
     erheblich ist (OLG Köln FGPrax 2012, 57). Zur Zulassung durch den Ein-
     zelrichter s. Rn. 10.

6.1 **a) Entscheidung.** Das OLG darf die Rechtsbeschwerde nur dann zulas-
     sen, wenn die Rechtssache grundsätzliche Bedeutung hat oder die Fortbil-
     dung des Rechts oder die Sicherung einer einheitlichen Rechtsprechung
     eine Entscheidung des Rechtsbeschwerdegerichts erfordert (§ 78 Abs. 2).
     Liegt eine dieser Voraussetzungen vor, muss die Rechtsbeschwerde zugelassen
     werden, es sei denn, sie kann wegen fehlender Beschwerdeberechtigung (s.
     Rn. 26), z. B. weil dem EintrAntrag stattgegeben wurde, nicht eingelegt wer-

den (OLG Düsseldorf RNotZ 2011, 417; KG NotBZ 2012, 173; OLG Köln FGPrax 2017, 61). Die Zulassung steht nicht im Ermessen des OLG. Über die Zulassung ist von Amts wegen zu entscheiden. Eines Antrags der Beteiligten bedarf es nicht. Maßgebend dafür, ob die Rechtbeschwerde zugelassen wurde ist die Entscheidung des Beschwerdegerichts und nicht eine hiervon abweichende fehlerhafte Ausfertigung oder Abschrift (BGH NJW-RR 2016, 1463). Schweigt die Beschwerdeentscheidung zur Zulassung, ist die Rechtsbeschwerde nicht zugelassen. Eine Rechtsbehelfsbelehrung kann die Zulassung nicht ersetzen (s. § 1 Rn. 79).

b) Beschränkung. Die Zulassung kann auf einen tatsächlich oder recht- **6.2** lich selbständigen Teil des Verfahrensgegenstandes beschränkt werden, der einer gesonderten Entscheidung zugänglich ist und auf den die Rechtsbeschwerde beschränkt werden kann. Eine Beschränkung auf einzelne Rechtsoder Vorfragen kommt nicht in Betracht. Die Rechtsbeschwerde wäre dann uneingeschränkt zuzulassen (BGH FGPrax 2012, 95 und 121). Die Beschränkung kann sich auch aus den Gründen der Beschwerdeentscheidung ergeben, sofern der Wille zur Beschränkung und deren Umfang hinreichend klar und deutlich zum Ausdruck kommen.

c) Nachholung. Die unterbliebene Entscheidung über die Zulassung **6.3** kann grundsätzlich nicht durch einen Ergänzungsbeschluss nachgeholt werden. Ausnahmsweise ist dies jedoch auf Anhörungsrüge möglich, wenn die Nichtzulassung eine willkürliche Verletzung von Verfahrensgrundrechten darstellt; zur Bindungswirkung der Zulassung in diesem Fall s. Rn. 10. Nicht ausgeschlossen ist es ferner, die Zulassung im Weg der Berichtigung nachzuholen, wenn aufgrund eines nach außen hervorgetretenen und für Dritte erkennbaren Versehens die gewollte Zulassung unterblieben ist. Die Zulassung auf eine Gegenvorstellung in entsprechender Anwendung von § 44 FamFG setzt jedenfalls voraus, dass die Zulassung willkürlich unterblieben ist oder eine unzumutbare, sachlich nicht mehr zu rechtfertigende Verkürzung des Instanzenzuges vorliegt. Ist das Beschwerdegericht jedoch versehentlich davon ausgegangen, dass die Rechtsbeschwerde gegen seine Entscheidung statthaft ist und hat es sie deshalb nicht zugelassen, kann es die Zulassung weder durch einen Berichtigungs- noch durch einen Ergänzungsbeschluss bewirken. Ebenso wenig kann das Rechtsbeschwerdegericht selbst über die Zulassung der unstatthaften Rechtsbeschwerde befinden (BGH FGPrax 2014, 236; 2018, 191).

d) Begründung. Wird die Rechtsbeschwerde zugelassen, ist es zweck- **6.4** mäßig, die Zulassung ebenso wie eine etwaige Beschränkung im Entscheidungssatz auszusprechen. Dies kann aber auch in den Gründen der Entscheidung geschehen. Außerdem ist es geboten, die Zulassung zu begründen, damit erkennbar wird, welche Zulassungsvoraussetzung (s. dazu Rn. 7 bis 9) für gegeben erachtet wird, ferner ob und in welchem Umfang die Zulassung beschränkt ist.

e) Voraussetzungen. Im Verfahrenskostenhilfeverfahren unterliegt die **6.5** Zulassung der Rechtsbeschwerde Einschränkungen (s. § 71 Rn. 56). Im Übrigen ist die Rechtsbeschwerde bei Vorliegen einer der folgenden Voraussetzungen zuzulassen:

7 • Wegen grundsätzlicher Bedeutung einer Rechtssache ist die Rechtsbeschwerde regelmäßig zuzulassen, wenn eine klärungsbedürftige Rechtsfrage zu entscheiden ist, deren Auftreten in einer unbestimmten Vielzahl von Fällen denkbar ist. Die grundsätzliche Bedeutung der Frage nach der Statthaftigkeit genügt dafür nicht. Allein zur Klärung der Zuständigkeit des Beschwerdegerichts kommt eine Zulassung nicht in Betracht (OLG Schleswig FGPrax 2010, 109; s. dazu auch Rn. 34).

8 • Zur Fortbildung des Rechts ist die Zulassung erforderlich, wenn der Einzelfall Veranlassung gibt, Leitsätze für die Auslegung von Gesetzesbestimmungen des materiellen Rechts oder des Verfahrensrechts aufzustellen oder Gesetzeslücken auszufüllen.

9 • Zur Sicherung einer einheitlichen Rechtsprechung ist die Rechtsbeschwerde zuzulassen, wenn vermieden werden soll, dass schwer erträgliche Unterschiede in der Rechtsprechung entstehen oder fortbestehen. Dabei ist darauf abzustellen, welche Bedeutung die angefochtene Entscheidung für die Rechtsprechung als Ganzes hat.

10 **f) Bindung.** An die Zulassung der Rechtsbeschwerde durch das OLG ist der BGH gebunden, auch wenn ein Zulassungsgrund nicht angegeben und die Zulassung nicht begründet wurde (§ 78 Abs. 2 Satz 2). Lässt das OLG die Rechtsbeschwerde ausdrücklich nicht zu, entfaltet eine nachträgliche, auf eine Anhörungsrüge oder Gegenvorstellung ergangene Zulassung (s. Rn. 6.3), keine Bindungswirkung, wenn die ursprüngliche Entscheidung nicht auf Verstößen gegen Verfahrensgrundrechte beruht (BGH NJW-RR 2016, 955). Wird die Rechtsbeschwerde zugelassen, obwohl die Voraussetzungen dafür nach der Beurteilung des Rechtsbeschwerdegerichts nicht vorliegen, besteht keine Möglichkeit, die Rechtsbeschwerde aus diesem Grund zu verwerfen. Trotz Zulassung ist die Rechtsbeschwerde aber nicht statthaft, wenn die Beschwerdeentscheidung kraft Gesetzes nicht anfechtbar ist (BGH FGPrax 2017, 184) oder bereits das Rechtsmittel zum Beschwerdegericht nicht statthaft war (BGH FGPrax 2012, 183) oder eine andere Zulässigkeitsvoraussetzung fehlt.

g) Einzelrichter. Trifft in den Fällen, in denen eine Entscheidung mit der sofortigen Beschwerde nach den Vorschriften der ZPO anfechtbar ist (s. Rn. 3), der Einzelrichter die Beschwerdeentscheidung und lässt er die Rechtsbeschwerde zu, obwohl er bei Annahme eines Zulassungsgrundes das Verfahren gemäß § 568 Satz 2 Nr. 2 ZPO dem Beschwerdesenat hätte vorlegen müssen, ist das Rechtsbeschwerdegericht dennoch gemäß § 574 Abs. 3 Satz 2 ZPO an die Zulassung gebunden. Die Entscheidung des Einzelrichters ist wegen Verstoßes gegen das Verfassungsgebot des gesetzlichen Richters aufzuheben (BGH NJW-RR 2012, 125 und 441).

11 **h) Fehlende Voraussetzungen.** Liegen nach Ansicht des BGH die Voraussetzungen einer Zulassung im Zeitpunkt seiner Beschlussfassung nicht vor und hat die Rechtsbeschwerde keine Aussicht auf Erfolge, ist die Rechtsbeschwerde durch einstimmigen Beschluss zurückzuweisen. Auf die beabsich-

tigte Zurückweisung und die Gründe dafür ist vorher hinzuweisen und Gelegenheit zur Stellungnahme zu geben (§ 74a FamFG). Dieses Verfahren kommt insbesondere dann in Betracht, wenn der BGH eine Rechtsfrage inzwischen im Sinne des Beschwerdegerichts geklärt hat und die Rechtsbeschwerde daher keine Aussicht auf Erfolg hat.

i) Unanfechtbarkeit. Die Nichtzulassung der Rechtsbeschwerde durch **12** das OLG kann nicht angefochten werden.

4. Einlegung

Die Rechtsbeschwerde ist beim Rechtsbeschwerdegericht einzulegen **13** (§ 71 Abs. 1 Satz 1 FamFG). Dies dient der Verfahrensbeschleunigung. Mit der Sachentscheidung ist allein der BGH befasst, weil eine Abhilfebefugnis des Beschwerdegerichts nicht besteht.

a) Frist. Der Beschleunigung dient auch die Frist von einem Monat. Sie **14** beginnt mit der schriftlichen Bekanntgabe des angefochtenen Beschlusses (§ 71 Abs. 1 Satz 1 FamFG). Im Falle der Zulassung der Rechtsbeschwerde wird der Beschluss des OLG in der Regel durch förmliche Zustellung bekannt gemacht werden (s. dazu § 1 Rn. 86).

b) Wiedereinsetzung. Wurde die Frist ohne Verschulden nicht eingehalten, kann auf Antrag Wiedereinsetzung in den vorigen stand gewährt werden (§ 17 Abs. 1 FamFG). Der Antrag auf Wiedereinsetzung ist binnen zwei Wochen nach Wegfall des Hindernisses zu stellen und die Einlegung der Rechtsbeschwerde muss innerhalb derselben Frist nachgeholt werden (§ 18 Abs. 1, 3 Satz 2 FamFG). Über den Antrag darf nicht vor Ablauf der Wiedereinsetzungsfrist entschieden werden. Im Falle einer unterbliebenen oder fehlerhaften Rechtsbehelfsbelehrung wird das Fehlen des Verschuldens vermutet (§ 17 Abs. 2 FamFG; s. dazu § 1 Rn. 79). Das Verschulden eines gesetzlichen oder gewillkürten Vertreters steht dem Verschulden des Beteiligten gleich (§ 9 Abs. 4, § 11 Satz 5 FamFG i. V. m. § 85 Abs. 2 ZPO).

5. Beschwerdeschrift

Die Rechtsbeschwerde wird durch Einreichen einer Beschwerdeschrift **15** eingelegt (§ 71 Abs. 1 Satz 1 FamFG). Diese kann auch durch Telefax oder Computerfax (zur Unterscheidung vom elektronischen Dokument: BGH NJW-RR 2015, 624) übermittelt werden. Zu Niederschrift eines Gerichts kann die Rechtsbeschwerde nicht eingelegt werden. Zur Einlegung durch ein elektronisches Dokument s. Rn. 18.

Mit der Beschwerdeschrift soll eine Ausfertigung oder beglaubigte Abschrift des angefochtenen Beschlusses vorgelegt werden (§ 71 Abs. 1 Satz 4 FamFG). Dadurch soll das Rechtsbeschwerdegericht möglichst frühzeitig über den Inhalt der angefochtenen Entscheidung informiert werden. Dabei handelt es sich nur um eine Ordnungsvorschrift, deren Nichteinhaltung keine Nachteile mit sich bringt.

a) Rechtsanwalt. Die Rechtsbeschwerde muss unterschrieben sein (§ 71 Abs. 1 Satz 3 FamFG), und zwar eigenhändig von einem beim BGH zugelas-

senen Rechtsanwalt (§ 10 Abs. 4 Satz 1 FamFG). Dies gilt auch für die Einlegung einer Rechtsbeschwerde in einem Verfahren über die Verfahrenskostenhilfe (BGH NJW-RR 2010, 1297) sowie über die Ausschließung und
Ablehnung von Gerichtspersonen. In entsprechender Anwendung des §§ 78b
und 78c ZPO kann einem Beteiligten ein Notanwalt beigeordnet werden,
wenn er einen zu seiner Vertretung bereiten Rechtsanwalt nicht findet und
die Rechtsverfolgung oder Rechtsverteidigung nicht mutwillig erscheint
(§ 10 Abs. 4 Satz 3 FamFG). Ist der beim BGH zugelassene Rechtsanwalt in
eigener Person oder als gesetzlicher Vertreter eines Beteiligten Beschwerdeführer, so genügt seine Unterschrift; er braucht sich nicht durch einen anderen Rechtsanwalt vertreten zu lassen (BayObLG Rpfleger 1972, 142). Wird
die Rechtsbeschwerde durch Telefax oder Computerfax eingelegt, muss die
Kopiervorlage von einem beim BGH zugelassenen Rechtsanwalt unterschrieben sein (BGH NJW 1998, 762). Die Verwendung einer eingescannten
Unterschrift ist nur beim Computerfax zulässig (GmS-OG NJW 2000, 2340;
BGH FGPrax 2015, 142).

16 **b) Behörde.** Eine Ausnahme vom Anwaltszwang gilt, wenn die Rechtsbeschwerde von einer Behörde oder juristischen Person des öffentlichen
Rechts einschließlich der von ihnen zur Erfüllung ihrer öffentlichen Aufgaben gebildeten Zusammenschlüsse eingelegt wird. In diesem Fall ist eine
Vertretung durch eigene Beschäftigte mit Befähigung zum Richteramt oder
durch Beschäftigte mit Befähigung zum Richteramt der zuständigen Aufsichtsbehörde oder des jeweiligen kommunalen Spitzenverbandes des Landes,
dem sie angehören, zulässig (§ 10 Abs. 4 Satz 2 FamFG). Der Bezirksrevisor
kann daher im Verfahrenskostenhilfeverfahren als Vertreter der Staatskasse die
Rechtsbeschwerde wirksam nur einlegen, wenn er die Befähigung zum
Richteramt hat (BGH FGPrax 2010, 264). Die Befreiung vom Anwaltszwang
gilt jedoch nicht, wenn die Behörde die Rechtsbeschwerde in Vollmacht
einer Privatperson einlegt (BGH 27, 146; OLG Hamburg MDR 1953, 689;
a. M. JFG 8, 309; OLG München JFG 17, 295; s. dazu auch Zimmermann
Rpfleger 1960, 141) oder eine Privatperson in Vollmacht einer Behörde
(OLG München JFG 15, 124).

Die Beschwerdeschrift bedarf nicht der Form des § 29 Abs. 3, weil sie keine EintrUnterlage ist (BayObLG 1957, 220). Die Rechtsbeschwerde muss
nicht durch den Leiter der Behörde, seinen Stellvertreter oder den zuständigen Sachbearbeiter unterschrieben werden. Die Unterschrift muss aber in
jedem Fall von einem Beschäftigten mit Befähigung zum Richteramt geleistet werden. Dann genügt die Einreichung einer von der Kanzlei der Behörde
beglaubigten und mit deren Stempel versehenen Abschrift (BGH NJW
1967, 2059; s. auch GmS-OG Rpfleger 1980, 12). Bei Einlegung der
Rechtsbeschwerde durch Telefax oder Computerfax gilt das zur Einlegung
in dieser Form durch einen Rechtsanwalt Ausgeführte entsprechend (s.
Rn. 15).

17 **c) Notar.** Von einem Notar kann eine Rechtsbeschwerde nicht eingelegt
werden, und zwar auch dann nicht, wenn der Notar den EintrAntrag nach
§ 15 Abs. 2 gestellt hat. Eine Ausnahme gilt in Notarkostensachen (§ 130
Abs. 3 Satz 2 GNotKG).

6. Elektronische Form

Die Rechtsbeschwerde kann auch als elektronisches Dokument einge- **18** reicht werden. Es gilt das zur Einlegung der Erstbeschwerde in dieser Form Ausgeführte entsprechend (s. § 73 Rn. 10). Jedoch muss das Dokument mit der qualifizierten elektronischen Signatur eines beim BGH zugelassenen Rechtsanwalts versehen sein. Denn die Signatur muss, um einer eigenhändigen Unterschrift gleichwertig zu sein, von demjenigen vorgenommen werden, dessen Unterschrift dem Formerfordernis genügen würde. Dieses ist dann nicht gewahrt, wenn die Signatur von einem Dritten unter Verwendung der Signaturkarte des Rechtsanwalts vorgenommen wird, ohne dass dieser den Schriftsatz geprüft und sich zu eigen gemacht hat (BGH NJW 2011, 1294 mit Anm. v. Hamm). Entsprechendes gilt bei Einreichung der Rechtsbeschwerde durch eine Behörde. S. dazu auch § 81 Rn. 15.

7. Begründung

a) Frist. Die Rechtsbeschwerde muss begründet werden. Enthält die **19** Rechtsbeschwerdeschrift keine Begründung, muss diese innerhalb der Monatsfrist für die Einlegung der Rechtsbeschwerde nachgeholt werden. Wurde die Frist ohne Verschulden nicht eingehalten, kann auf Antrag, der binnen eines Monats nach Wegfall des Hindernisses zu stellen ist, Wiedereinsetzung in den vorigen Stand gewährt werden (§§ 17, 18 Abs. 1 Satz 2 FamFG). Die Begründungsfrist kann nach Maßgabe des § 551 Abs. 2 Satz 5 und 6 ZPO vom Vorsitzenden des Rechtsbeschwerdegerichts verlängert werden (§ 71 Abs. 2 Satz 3 FamFG).

b) Inhalt. Den erforderlichen Inhalt der Begründung legt § 71 Abs. 3 **20** FamFG fest. Danach muss der Rechtsbeschwerdeführer konkret bezeichnen, inwieweit die Beschwerdeentscheidung angefochten und ihre Abänderung beantragt wird (Rechtsbeschwerdeantrag). Wird kein förmlicher Antrag gestellt, führt dies zur Unzulässigkeit des Rechtsmittels aber nur, wenn sich aus der Begründung nicht ergibt, worauf das Rechtsmittel zielt.

Ferner muss im Einzelnen bezeichnet werden, aus welchen Umständen sich eine Rechtsverletzung ergibt. Allein auf eine solche kann die Rechtsbeschwerde gestützt werden (s. Rn. 34). Die bloße Rüge, das materielle Recht sei verletzt, genügt nicht. Vielmehr muss sich die Rechtsbeschwerdebegründung mit den tragenden Gründen der angefochtenen Entscheidung auseinandersetzen. Es müssen Rechtsfehler des Beschwerdegerichts aufgezeigt sowie Gegenstand und Umfang der mit der Rechtsbeschwerde erhobenen Einwände erkennbar werden; ferner muss deutlich werden, auf die Klärung welcher Rechtsfrage das Rechtsmittel zielt.

Soweit die Rechtsbeschwerde auf eine Verletzung des Verfahrensrechts gestützt wird, müssen die Tatsachen vorgetragen werden, aus denen sich ein Verfahrensmangel ergibt. Wenn von einer Ursächlichkeit des Verfahrensmangels nicht ohne weiteres ausgegangen werden kann, ist auch hierzu ein Vortrag erforderlich. Die Begründung eröffnet die Möglichkeit, die Rechtsbeschwerde auf abtrennbare Teile der Beschwerdeentscheidung zu begrenzen.

21   **c) Bekanntgabe.** Die Rechtsbeschwerde einschließlich Begründung ist
den anderen Beteiligten bekannt zu geben (§ 71 Abs. 4 FamFG). Hierdurch
wird der Lauf der Anschließungsfrist in Gang gesetzt (s. dazu § 73 FamFG).

8. Anschlussrechtsbeschwerde

22   Hat ein Beteiligter Rechtsbeschwerde eingelegt, ist diese und die Begrün-
dungsschrift anderen Beteiligten bekannt zu geben (§ 71 Abs. 4 FamFG).
Diese können sich innerhalb einer Frist von einem Monat ab Bekanntgabe
der Rechtsbeschwerde anschließen. Hierzu muss eine Abschlussschrift beim
Rechtsbeschwerdegericht eingereicht werden, die von einem beim BGH
zugelassenen Rechtsanwalt unterschrieben und begründet sein muss. Ein
Beteiligter kann sich auch dann anschließen, wenn er auf die Rechtsbeschwerde verzichtet hat, die Rechtsbeschwerdefrist verstrichen oder die
Rechtsbeschwerde nicht zugelassen worden ist. Die Anschließung verliert
jedoch ihre Wirkung, wenn die Rechtsbeschwerde zurückgenommen, als
unzulässig verworfen oder nach § 74a Abs. 1 FamFG zurückgewiesen wird
(§ 73 FamFG). Zum Erfordernis eines Rechtsschutzbedürfnisses s. § 73
Rn. 3.

9. Zurücknahme und Verzicht

23   Es gelten die Ausführungen zur Erstbeschwerde entsprechend (s. § 73
Rn. 11–14). Die Rechtsbeschwerde kann ohne Mitwirkung eines beim
BGH zugelassenen Rechtsanwalts zurückgenommen werden; dasselbe gilt
für einen Verzicht auf die Rechtsbeschwerde. Mit der Zurücknahme der
Rechtsbeschwerde verliert eine Anschlussrechtsbeschwerde ihre Wirkung
(§ 73 Satz 3 FamFG).

10. Abhilfe

24   Weder das GBAmt noch das OLG sind befugt, der Rechtsbeschwerde abzuhelfen. Das OLG kann seine Entscheidung nach ihrem Erlass (s. dazu § 38
Abs. 3 Satz 3 FamFG), auch vor Einlegung der Rechtsbeschwerde, grundsätzlich nicht ändern. Eine Änderung kommt nur unter den einschränkenden
Voraussetzungen des § 48 Abs. 1 FamFG in Betracht. Ist jedoch die Entscheidung über die Beschwerde unwirksam, kann sie das OLG selbst aufheben (s. § 77 Rn. 40). Soweit die Entscheidung des OLG in entsprechender
Anwendung der §§ 567 bis 572 ZPO anfechtbar ist, besteht eine Abhilfebefugnis entsprechend § 572 ZPO (s. dazu § 71 Rn. 3).

11. Zulässigkeitsprüfung

25   **a) Zulassung.** Das Rechtsbeschwerdegericht hat die Statthaftigkeit und
Zulässigkeit der Rechtsbeschwerde zu prüfen (§ 74 Abs. 1 Satz 1 FamFG).
Diese Prüfung hat sich zunächst darauf zu erstrecken, ob die Rechtsbe-
schwerde zugelassen wurde. Ist die Zulassung auf einen Teil des Verfahrensge-
genstandes beschränkt (s. Rn. 6.2), ist Zulässigkeitsvoraussetzung, dass der
Rechtsbeschwerdeführer im Umfang der Zulassung beschwert ist. Weil die
Zulassung durch das Beschwerdegericht das Rechtsbeschwerdegericht bindet

(§ 78 Abs. 2 Satz 2), ist im Fall einer Zulassung nicht zu prüfen, ob die Voraussetzungen der Zulassung vom OLG zu Recht bejaht wurden.

b) Form, Frist und Begründung. Außerdem ist zu prüfen, ob die Rechtsbeschwerde in der gesetzlich vorgeschriebenen Form und Frist (§ 71 Abs. 1, 2 FamFG) eingelegt sowie begründet wurde und die Begründung den gesetzlichen Anforderungen entspricht (§ 71 Abs. 3, 4 FamFG).

c) Beschwerdeberechtigung. Die Rechtsbeschwerde ist auch unzuläs- **26** sig, wenn es an der Beschwerdeberechtigung fehlt. Die Beschwerdeberechtigung bestimmt sich nach den für die Beschwerde geltenden Grundsätzen (BayObLG 1980, 39; OLG Frankfurt ZfIR 2005, 254; s. dazu § 71 Rn. 57 ff.). Beschwerdeberechtigt für die Einlegung der Rechtsbeschwerde ist stets, wer mit seiner Beschwerde erfolglos geblieben ist. Dies gilt auch dann, wenn die Erstbeschwerde hätte als unzulässig verworfen werden müssen. In diesem Fall ist die Rechtsbeschwerde mit der Maßgabe zurückzuweisen, dass die Erstbeschwerde als unzulässig verworfen wird (BGH Rpfleger 2005, 354; FGPrax 2014, 48; BayObLG FGPrax 2003, 59; OLG Zweibrücken FGPrax 2007, 161; zu einem Ausnahmefall s. BayObLG 1994, 115). Die Rechtsbeschwerde kann von jedem Beschwerdeberechtigten eingelegt werden, gleichviel, ob er Beschwerde erhoben hatte oder nicht; wurde die Beschwerde aber als unzulässig verworfen, ist zur Rechtsbeschwerde nur der Beschwerdeführer berechtigt (OLG Zweibrücken FGPrax 2006, 103; Budde in Bauer/Schaub Rn. 21; s. aber auch BayObLG 1987, 135/136). Im Übrigen gelten die Ausführungen zur Zulässigkeitsprüfung bei der Beschwerde entsprechend (s. § 77 Rn. 9).

d) Verwerfung. Ist eine der Zulässigkeitsvoraussetzunge nicht erfüllt, ist **27** die Rechtsbeschwerde als unzulässig zu verwerfen (§ 74 Abs. 1 Satz 2 FamFG). Damit verliert auch eine Anschlussrechtsbeschwerde ihre Wirkung (§ 73 Satz 3 FamFG).

12. Zwischenzeitliche Entscheidungen

Hat das GBAmt nach der Entscheidung des OLG neue Entscheidungen **28** getroffen oder Eintragungen vorgenommen, so gilt folgendes:

a) Antragszurückweisung nach Zwischenverfügung. Weist das GBAmt einen EintrAntrag nach Bestätigung einer Zwischenverfügung aus den Gründen derselben zurück, so ist die Rechtsbeschwerde gegen die Entscheidung des OLG trotzdem statthaft (BGH Rpfleger 2006, 257; BayObLG 1986, 54/55; OLG Hamm Rpfleger 2002, 353), sofern die sonstigen Zulässigkeitsvoraussetzungen erfüllt sind (s. dazu Rn. 25), und zwar auch dann, wenn gegen den Zurückweisungsbeschluss die erste Beschwerde eingelegt wird (JFG 6, 350). Denn das GBAmt kann den Zurückweisungsbeschluss nicht ändern, weil es an die Entscheidung des OLG gebunden ist; das OLG ist an seine Vorentscheidung ebenfalls gebunden; die erste Beschwerde gegen den Zurückweisungsbeschluss muss deshalb erfolglos bleiben. Voraussetzung ist aber, dass es sich bei der Entscheidung des OLG über die Zwischenverfügung um eine das GBAmt bindende Sachentscheidung handelt; andernfalls wird die Rechtsbeschwerde mit dem Zurückweisungsbeschluss des GBAmts unzulässig (OLG Frankfurt Rpfleger 1997, 103).

29   Hat die Rechtsbeschwerde gegen die Zwischenverfügung Erfolg, so hat das GBAmt den Zurückweisungsbeschluss von Amts wegen aufzuheben, weil er seine Rechtsgrundlage verloren hat (BayObLG 1992, 131/135). Dies gilt aber nicht, wenn die Zwischenverfügung aufgehoben wird, weil das Eintr-Hindernis zur sofortigen Antragszurückweisung hätte führen müssen (s. § 77 Rn. 14). Zur Beseitigung der Bindung an die Entscheidung des OLG ist gleichwohl auch in diesem Fall die Aufhebung der Zwischenverfügung erforderlich und damit die Rechtsbeschwerde zulässig. Überhaupt beurteilt sich die Zulässigkeit der Rechtsbeschwerde maßgebend danach, ob der Entscheidung des OLG über die Zwischenverfügung in Bezug auf die Zurückweisung des EintrAntrags eine Bindungswirkung zukommt, die nur das Gericht der Rechtsbeschwerde beseitigen kann (vgl. OLG Hamm Rpfleger 2002, 353). Deshalb ist die Rechtsbeschwerde auch dann zulässig, wenn der EintrAntrag nicht oder nicht ausschließlich aus den Gründen der angefochtenen Zwischenverfügung zurückgewiesen wird (str.; wie hier Budde in Bauer/Schaub Rn. 19).

30   **b) Ausführung einer Anweisung des OLG.** Der Zulässigkeit der Rechtsbeschwerde steht auch nicht entgegen, dass das GBAmt eine Anweisung des OLG ausführt, z. B. eine Zwischenverfügung erlässt oder eine Eintragung vornimmt (RG 70, 236; OLG Frankfurt FGPrax 2009, 250). Im letzten Fall kommt es darauf an, ob sich an die Eintragung ein gutgläubiger Erwerb anschließen kann. Ist das nicht der Fall, hat das GBAmt z. B. eine Vormerkung oder einen Widerspruch eingetragen, dann kann z. mit der Rechtsbeschwerde die Löschung der Eintragung verlangt werden (KGJ 53, 191; OLG München JFG 17, 295; OLG Düsseldorf JR 1950, 686). Andernfalls kann die Rechtsbeschwerde gemäß § 71 Abs. 2 Satz 2 nur auf die Eintragung eines Amtswiderspruchs oder die Amtslöschung abzielen (KG DNotZ 1972, 177; BayObLG Rpfleger 1980, 64; BayObLG 1987, 431/432).

31   **c) Veränderung der Rechtslage.** Auch eine Veränderung der Rechtslage durch andere Eintragungen im GB ist im Rechtsbeschwerdeverfahren zu berücksichtigen (BayObLG 1983, 301/303; 1988, 124/127). Führt sie zur Erledigung der Hauptsache, so wird die Rechtsbeschwerde gegenstandslos und in der Hauptsache unzulässig (KGJ 39, 198); sie kann jedoch auf die Kosten beschränkt werden (s. § 1 Rn. 82). Die Hauptsache erledigt sich z. B. wenn eine Buchhypothek, deren Umschreibung beantragt war, in der Zwischenzeit gelöscht oder wenn die mit der ersten Beschwerde angefochtene Vormerkung in eine Hyp. umgeschrieben wird. Im zuletzt genannten Fall kann das Verfahren weder mit dem Ziel festzustellen, dass die Eintragung der Vormerkung rechtswidrig war, noch mit dem Ziel, gegen die Hyp. einen Amtswiderspruch einzutragen, fortgesetzt werden (OLG Düsseldorf Rpfleger 1996, 404).

32   **d) Eintragung nach Zwischenverfügung.** Hebt das OLG eine Zwischenverfügung auf, ist dagegen eine Rechtsbeschwerde mangels Beschwerdeberechtigung auch dann nicht zulässig, wenn das GBAmt daraufhin die beantragte Eintragung vornimmt. OLG und Rechtsbeschwerdegericht sind als Folge davon an die Entscheidung des OLG bei einer Beschwerde gegen die Eintragung nicht gebunden (BayObLG Rpfleger 2002, 140; s. dazu auch § 71 Rn. 65).

13. Begründetheitsprüfung

a) Grundsatz. Das Rechtsbeschwerdegericht überprüft die angefochtene **33** Entscheidung gemäß § 74 Abs. 3 FamFG nur in den Grenzen der gestellten Anträge. Damit kann die Rechtsbeschwerde durch entsprechende Antragstellung auf einen abtrennbaren Verfahrensgegenstand beschränkt werden. An die geltend gemachten Rechtsbeschwerdegründe ist das Rechtsbeschwerdegericht jedoch nicht gebunden.

b) Verfahrensmängel. Sie werden, soweit sie nicht von Amts wegen zu berücksichtigen sind, nur geprüft, wenn sie in der Begründung der Rechtsbeschwerde oder der Anschlussrechtsbeschwerde ordnungsgemäß gerügt wurden (s. dazu § 71 Abs. 3 Nr. 2b FamFG).

c) Verletztes Recht. Die Rechtsbeschwerde kann nur damit begründet **34** werden, dass die angefochtene Entscheidung auf einer Verletzung des Rechts beruht (§ 72 Abs. 1 FamFG). Als verletztes Recht kann jede Rechtsnorm in Betracht kommen. Unerheblich ist, ob sie sachlichrechtlichen oder verfahrensrechtlichen Charakter hat, ob sie eine zwingende oder eine Ordnungsvorschrift darstellt, ob sie zum Bundesrecht oder zum Landesrecht gehört. Jedoch ist vom Rechtsbeschwerdegericht ausländisches Recht nicht auf seine richtige Anwendung nachzuprüfen. Auf eine Verfahrensrüge hin ist aber zu überprüfen, ob ausländisches Recht rechtsfehlerfrei ermittelt wurde (BGH FGPrax 2013, 239; zustimmend Roth NJW 2014, 1224; kritisch Riehm JZ 2014, 73).

d) Zuständigkeit. Die Rechtsbeschwerde kann nicht darauf gestützt werden, dass das GBAmt seine Zuständigkeit zu Unrecht angenommen habe (§ 72 Abs. 2 FamFG). Dies gilt auch dann, wenn das Beschwerdegericht die Rechtsbeschwerde zur Klärung der Zuständigkeit zugelassen hat (vgl. BGH NJW 2009, 1974). Die Rüge der funktionellen Unzuständigkeit des Rpflegers oder Urkundsbeamten der Geschäftsstelle des GBAmts (s. § 1 Rn. 21) wird dadurch nicht ausgeschlossen (vgl. OLG Düsseldorf Rpfleger 2011, 378). Dasselbe gilt für die Rüge der zu Unrecht bejahten deutschen Gerichtsbarkeit, z. B. bei Vollstreckungsimmunität (s. Anh. zu § 44 Rn. 65).

e) Rechtsverletzung. Das Recht ist verletzt, wenn eine Rechtsnorm **35** nicht oder nicht richtig angewendet worden ist (§ 72 Abs. 1 Satz 2 FamFG). Nur auf den objektiven Rechtsverstoß kommt es an; ein Verschulden ist nicht erforderlich. Ist nach der Entscheidung des OLG neues sachliches Recht in Kraft getreten, so hat das Rechtsbeschwerdegericht dieses anzuwenden, wenn es nach seinem zeitlichen Geltungswillen den Verfahrensgegenstand erfasst; dabei kommt es nicht auf eine Rückwirkung des neuen Rechts an (BayOblG DNotZ 1980, 625; OLG München Rpfleger 2010, 71).

14. Nachprüfung

36   a) **Tatsächliche Feststellungen.** Die tatsächlichen Feststellungen des OLG sind für das Rechtsbeschwerdegericht entsprechend § 559 ZPO grundsätzlich bindend (§ 74 Abs. 3 Satz 4 FamFG).

b) Beweiswürdigung. Nachzuprüfen ist nur, ob das OLG bei der Feststellung des Sachverhalts das Recht verletzt hat, also ob bei der Beweiswürdigung alle wesentlichen Umstände, gesetzliche Beweisregeln, die Denkgesetze und feststehende Erfahrungssätze berücksichtigt und ob die Beweisanforderungen zu hoch oder zu niedrig angesetzt worden sind, ferner ob alle bei den Akten befindlichen Urkunden beachtet (BayObLG 1971, 309), im Antragsverfahren nicht Ergebnisse einer unzulässigen Beweisaufnahme verwertet (s. dazu § 13 Rn. 5) oder im Amtsverfahren ausreichende Ermittlungen angestellt worden sind (vgl. BayObLG 1992, 306).

37   c) **Neue Tatsachen.** Sie und neue Beweismittel dürfen nur berücksichtigt werden, sofern sie einen Verfahrensmangel erweisen sollen (§ 559 Abs. 1 Satz 2 i. V. m. § 551 Abs. 3 Nr. 2b ZPO), die Zulässigkeit der Erstbeschwerde betreffen (OLG Jena FGPrax 1999, 87) oder die Rechtsbeschwerde gegenstandslos (OLG München JFG 14, 321; OLG Frankfurt OLGZ 1970, 284) oder erst zulässig (OLG Hamm FGPrax 1996, 210) machen (OLG Frankfurt NJW-RR 2007, 1248). Darüber hinaus sind gerichtliche Entscheidungen, z. B. eine Entscheidung des Rechtsbeschwerdegerichts (BayObLG FGPrax 2003, 199) und sonstige behördlich bescheinigte, insbes. durch Personenstandsurkunden belegte Tatsachen, z. B. der Tod einer Person, auch dann zu berücksichtigen, wenn sie erst während des Rechtsbeschwerdeverfahrens eintreten oder nachgewiesen werden (vgl. BGH 53, 130; 54, 135; zur Berücksichtigung von GBEintragungen s. Rn. 31). Ausnahmsweise können jedoch Tatsachen, die unstreitig sind oder sich unzweideutig aus den Akten ergeben, im Interesse einer baldmöglichsten Erledigung des Verfahrens und zur Vermeidung eines neuen Verfahrens berücksichtigt werde (OLG Hamm FGPrax 2005, 192; OLG Frankfurt NJW-RR 2007, 1248; OLG München Rpfleger 2010, 71). Neue Sachanträge können nicht, auch nicht hilfsweise, gestellt werden (KG WM 1992, 1786; BayObLG 1996, 58/62 und 188/192).

38   d) **Ermessensentscheidung.** Die Anwendung einer Ermessensvorschrift ist darauf zu überprüfen, ob von dem Ermessen ein rechtlich fehlerhafter Gebrauch gemacht worden ist (RG 126, 109; BGH DNotZ 2017, 702; s. auch § 18 Rn. 54). Dies ist dann der Fall, wenn sich das OLG des ihm zustehenden Ermessens nicht bewusst war, von unzureichenden oder verfahrenswidrig zustande gekommenen Feststellungen ausgegangen ist, wesentliche Umstände außer Betracht gelassen, der Bewertung maßgebender Umstände unrichtige Maßstäbe zugrunde gelegt, gegen Denkgesetze verstoßen oder Erfahrungssätze nicht beachtet, von seinem Ermessen einen dem Sinn und Zweck der Ermächtigung nicht entsprechenden Gebrauch gemacht oder die gesetzlichen Grenzen des Ermessens überschritten hat (BayObLG FamRZ 1997, 700; OLG München FGPrax 2007, 225).

39   e) **Auslegung von Urkunden.** Die Auslegung von Urkunden, z. B. von Testamenten (s. dazu BayObLG 1966, 394) oder Vollmachten (s. dazu aber

auch Rn. 41), ist darauf zu überprüfen, ob das OLG gegen den klaren Sinn der Urkunde, gegen gesetzliche Auslegungsregeln und allgemein anerkannte Erfahrungssätze (z. B. den allgem. Sprachgebrauch: OLG München JFG 11, 204) oder gegen Denkgesetze verstoßen und ob es alle für die Auslegung in Betracht kommenden Gesichtspunkte gewürdigt hat. Es genügt, dass die Auslegung möglich ist; zwingend braucht sie nicht zu sein (BayObLG Rpfleger 1981, 147; OLG Hamm FGPrax 2006, 146). Dagegen ist die Auslegungsfähigkeit einer GBErklärung eine vom Rechtsbeschwerdegericht voll nachprüfbare Rechtsfrage (BayObLG 1984, 158). Zu den Auslegungsgrundsätzen s. § 19 Rn. 28.

f) Unbestimmter Rechtsbegriff. Ob die Voraussetzungen eines unbe- **40** stimmten Rechtsbegriffs bei den festgestellten tatsächlichen Verhältnissen gegeben sind, ist eine Rechtsfrage und unterliegt somit als Auslegung des unbestimmten Rechtsbegriffs der Nachprüfung durch das Rechtsbeschwerdegericht (KG Rpfleger 1989, 500).

15. Eigene Auslegung

a) Verfahrenshandlungen. Verfahrenshandlungen, z. B. EintrAnträge **41** oder Beschwerden, einschließlich einer Vollmacht zu ihrer Vornahme, hat das Rechtsbeschwerdegericht selbst auszulegen (BGH ZWE 2011, 401; OLG Hamm Rpfleger 1992, 474; BayObLG Rpfleger 1979, 106). Dies gilt auch für die EintrBewilligung (BGH FGPrax 2012, 50; 2015, 5; BayObLG FGPrax 1997, 210; OLG Zweibrücken Rpfleger 1999, 533; OLG Hamm Rpfleger 1998, 511), weil auch sie eine reine Verfahrenshandlung ist. Auch eine Vereinssatzung, aus der sich der Umfang der Vertretungsmacht des Vorstands ergibt, kann das Rechtsbeschwerdegericht selbst auslegen (BayObLG Rpfleger 1999, 544). Eine Vollmacht, die nicht allein zur Bewilligung der Eintragung, sondern vor allem zur Vornahme des materiellrechtlichen Geschäfts erteilt ist, kann dagegen das Rechtsbeschwerdegericht nach BayObLG Rpfleger 1991, 365, DNotZ 1996, 295 nicht selbst auslegen; es ist auf eine Überprüfung der Auslegung durch das OLG (s. Rn. 39, aber auch Rn. 44) beschränkt. Zur Auslegung s. § 19 Rn. 28.

b) Entscheidungen. Den Inhalt und Umfang der im Verfahren ergange- **42** nen Entscheidungen des GBAmts hat das Rechtsbeschwerdegericht ohne Bindung an die Auffassung des Beschwerdegerichts selbst festzustellen (OLG Köln FGPrax 2009, 6). Auch sonstige Entscheidungen von Gerichten (RG 153, 254; BGH MDR 1965, 738) und Verwaltungsbehörden (RG 102, 3; BGH 3, 1/15; BayObLG 1988, 131/133; zur Auslegung eines Gemeinderatsbeschlusses s. BayObLG MittBayNot 1986, 22; BayVBl. 1989, 412) unterliegen der eigenen Auslegung durch das Rechtsbeschwerdegericht. Dies gilt bei Eintragung einer Zwangshyp. auch für eine gerichtliche Entscheidung, die Vollstreckungstitel ist (OLG Köln Rpfleger 1997, 315). Zur Auslegung s. § 19 Rn. 117.

c) GBEintragungen. Für Eintragungen im GB gilt dasselbe wie für Ver- **43** fahrenshandlungen und Entscheidungen; auch sie hat das Rechtsbeschwerdegericht einschließlich der in Bezug genommenen EintrBewilligung ohne

Bindung an die Auslegung des OLG selbst auszulegen (BGH FGPrax 2012, 50; 2015, 5; BayObLG Rpfleger 1984, 351). Soweit Erklärungen, wie z. B. Vereinbarungen der WEigentümer, durch Bezugnahme in zulässiger Weise Gegenstand der GBEintragung wurden (vgl. § 44 Rn. 15), unterliegen auch sie der selbständigen Auslegung durch das Rechtsbeschwerdegericht (BGH Rpfleger 2000, 540; OLG Düsseldorf Rpfleger 1993, 193; OLG Frankfurt FGPrax 1997, 221). Zur Auslegung s. § 53 Rn. 4.

44   **d) Unterlassene Auslegung durch das OLG.** Das Rechtsbeschwerdegericht hat schließlich eine eigene Auslegung vorzunehmen, wenn das OLG eine gebotene Auslegung unterlassen hat (BGH 37, 243; BayObLG 1984, 158) oder die Auslegung des OLG rechtsfehlerhaft ist (s. Rn. 39) und deshalb keinen Bestand haben kann (BayObLG Rpfleger 1991, 365; OLG Zweibrücken Rpfleger 2005, 597).

16. Eigene Sachprüfung

45   Die Bindung an die tatsächlichen Feststellungen des OLG entfällt, wenn der BGH bei der Tatsachenfeststellung durch das OLG eine Gesetzesverletzung feststellt, also ein verfahrensrechtlicher Fehler vorliegt, der zur Aufhebung der Vorentscheidung berechtigt. In diesem Fall kann der BGH aus verfahrensökonomischen Gründen, wenn die Sache entscheidungsreif ist, von einer Aufhebung und an sich möglichen Zurückverweisung (s. hierzu Rn. 53) absehen und unter entsprechender Feststellung von Tatsachen, soweit diese ohne weitere Ermittlungen feststehen, in der Sache selbst entscheiden. Dabei hat es den Sachverhalt an Stelle des OLG im Rahmen der Anfechtung (s. § 77 Rn. 11 ff.) einer eigenen umfassenden Prüfung und Würdigung zu unterziehen; hierbei ist auch neues tatsächliches Vorbringen zu berücksichtigen. Erweist sich auf Grund dieser Würdigung die Beschwerdeentscheidung im Ergebnis als richtig, so ist die weitere Beschwerde als unbegründet zurückzuweisen (BGH Rpfleger 1961, 233; BayObLG 1982, 93). Dabei entscheidet der BGH nicht in seiner Funktion als Rechtsbeschwerdegericht, sondern anstelle des Tatsachengerichts (vgl. BayObLG NJW-RR 1993, 1417).

17. Ursächlichkeit der Rechtsverletzung

46   Die angefochtene Entscheidung muss auf der Rechtsverletzung beruhen. Dies trifft bei Verfahrensverstößen schon zu, wenn sich nicht ausschließen lässt, dass die Entscheidung ohne den Verstoß anders ausgefallen wäre (BayObLG 1948/51, 333). Es ist aber nicht der Fall, wenn nur die Wegweisung des OLG für die weitere Behandlung der Sache einen Rechtsirrtum aufweist; ebenso wenig bei solchen Fragen, die das OLG ausdrücklich dahingestellt gelassen hat.

47   Der ursächliche Zusammenhang ist entsprechend § 547 ZPO ohne weitere Prüfung anzunehmen bei vorschriftswidriger Besetzung des Gerichts (§ 547 Nr. 1 ZPO; s. dazu § 81 Rn. 3), bei Mitwirkung eines kraft Gesetzes ausgeschlossenen Richters, sofern nicht ein auf denselben Grund gestütztes Ablehnungsgesuch ohne Erfolg geblieben ist (§ 547 Nr. 2 ZPO), bei Mitwirkung eines mit Erfolg abgelehnten Richters (§ 547 Nr. 3 ZPO), bei vorschriftswidriger gesetzlicher bzw. gewillkürter Vertretung eines Beteiligten (§ 547 Nr. 4 ZPO) sowie bei mangelnder Begründung der Entscheidung (§ 547 Nr. 6 ZPO). Über die Ausschließung oder Ablehnung eines Richters s. § 81 Rn. 10 ff., über die Begründung der Entscheidung s. § 77 Rn. 34.

Die Rechtsverletzung ist unbeachtlich, wenn die Entscheidung des OLG **48** aus anderen Gründen **im Ergebnis richtig** ist; in solchen Fällen ist die Rechtsbeschwerde zurückzuweisen (§ 74 Abs. 2 FamFG). Dabei entscheidet der BGH anders als in dem in Rn. 45 behandelten Fall in seiner Funktion als Rechtsbeschwerdegericht. Voraussetzung ist jedoch, dass das Gesetz vom OLG bei Anwendung auf den von ihm rechtsfehlerfrei festgestellten Sachverhalt verletzt wurde, also ein materiellrechtlicher Fehler vorliegt. In diesem Fall entscheidet jedoch das Rechtsbeschwerdegericht anstelle des Tatsachengerichts in der Sache selbst, wenn diese nach dem festgestellten Sachverhältnis zur Endentscheidung reif ist (vgl. BayObLG NJW-RR 1993, 1417).

18. Entscheidung des Rechtsbeschwerdegerichts

Ist die Rechtsbeschwerde nicht als unzulässig zu verwerfen (s. Rn. 27), er- **49** lässt das Rechtsbeschwerdegericht entweder eine einstweilige Anordnung oder entscheidet endgültig in der Sache. Zur Notwendigkeit einer Vorlage an den Großen Senat für Zivilsachen oder die Vereinigten Großen Senate s. § 81 Rn. 2, 5 ff.

a) Einstweilige Anordnung. Der BGH kann entsprechend § 76 eine einstweilige Anordnung erlassen (ebenso Hügel/Kramer Rn. 116). Dies kann zur Abwendung erheblicher Nachteile geboten sein, die einem Rechtsbeschwerdeführer in GBSachen wegen der fehlenden aufschiebenden Wirkung des Rechtsmittels entstehen können; eine Zuständigkeit des Rechtsbeschwerdegerichts zum Erlass einer einstweiligen Anordnung kann allerdings in Zweifel gezogen werden, weil § 78 keine § 80 Abs. 3 GBO a. F. entsprechende Bestimmung enthält.

Ein Antrag ist nicht erforderlich. Die Anordnung, dass eine auf Anordnung des OLG nach § 76 Abs. 1 eingetragene Vormerkung entgegen § 76 Abs. 2 einstweilen nicht gelöscht werden soll (s. Güthe/Triebel Rn. 13), ist wenig zweckmäßig und nur dann zulässig, wenn nachfolgende Eintragungen nicht vorhanden sind; letztere rücken mit der Zurückweisung der ersten Beschwerde im Rang auf, eine Wirkung, die vom Rechtsbeschwerdegericht nicht rückgängig gemacht werden kann.

Verweist der BGH die Sache zur Entscheidung über die Eintragung eines **50** Amtswiderspruchs an das OLG oder das GBAmt zurück, so kann er gleichzeitig im Weg der einstweiligen Anordnung zur Eintragung eines vorläufigen Amtswiderspruchs anweisen (OLG Hamm Rpfleger 2003, 349; Budde in Bauer/Schaub § 76 Rn. 4). Hat er bereits vorher durch einstweilige Anordnung die Eintragung einer Vormerkung oder eines Widerspruchs angeordnet, ist dieser im Fall einer Zurückverweisung der Sache nicht von Amts wegen gem. § 76 Abs. 2 zu löschen. Die Entscheidung, ob die vom BGH vor oder bei Zurückverweisung erlassene einstweilige Anordnung aufrechterhalten wird, obliegt dem Gericht, an das zurückverwiesen wurde.

51   **b) Endgültige Entscheidung.** Wegen des Verbots der Schlechterstellung des Beschwerdeführers s. § 77 Rn. 30, wegen des Kostenausspruchs s. § 77 Rn. 33. Die Entscheidung ergeht durch Beschluss (§ 38 Abs. 1 Satz 1 FamFG). Sie ist entsprechend § 77 zu begründen und dem Beschwerdeführer bekanntzumachen (§ 74 Abs. 4, § 38 Abs. 3, § 41 FamFG). Einer Begründung bedarf die Entscheidung nicht in den in § 74 Abs. 7 und § 74a Abs. 3 FamFG genannten Fällen, ferner dann, wenn Rügen von Verfahrensmängeln, ausgenommen solche nach § 547 ZPO, nicht durchgreifen (§ 74 Abs. 3 Satz 4 FamFG, § 564 ZPO). Die endgültige Entscheidung des BGH über die Rechtsbeschwerde kann sein:

52   • Eine **Zurückweisung** bei Unbegründetheit. Maßgebend ist, ob die angefochtene Entscheidung im Ergebnis richtig ist (s. Rn. 45, 48). Hat das OLG eine unzulässige Beschwerde aus sachlichen Gründen zurückgewiesen, so ist die Rechtsbeschwerde mit der Maßgabe zurückzuweisen, dass die erste Beschwerde als unzulässig verworfen wird (BGH Rpfleger 2005, 354; OLG Karlsruhe FGPrax 2005, 219; OLG Zweibrücken FGPrax 2007, 161). Zur Zurückweisung der Rechtsbeschwerde, wenn der BGH die Voraussetzungen der Zulassung durch das Beschwerdegericht verneint, s. Rn. 11.

53   • Ein **Stattgeben** bei Begründetheit. Dies geschieht durch Aufhebung der Entscheidung des OLG (§ 74 Abs. 5 FamFG). Alsdann entscheidet der BGH anstelle des OLG über die erste Beschwerde (s. dazu Rn. 45). Ist die Sache nicht zur Endentscheidung reif, verweist der BGH die Sache unter Aufhebung der angefochtenen Entscheidung und des Verfahrens zur anderweitigen Behandlung und Entscheidung an das Beschwerdegericht zurück (BGH DNotZ 2017, 702). Dies wird in Betracht kommen, wenn das OLG eine Verfahrensvorschrift verletzt oder eine sachliche Entscheidung nicht getroffen hat (KG FGPrax 1997, 212).

Zurückverwiesen werden kann auch an einen anderen Spruchkörper des Beschwerdegerichts als den, der die angefochtene Entscheidung erlassen hat. Welcher Spruchkörper das ist, muss sich aus dem Geschäftsverteilungsplan des Beschwerdegerichts ergeben (s. dazu Gravenhorst, Zurückverweisung und gesetzlicher Richter, NJW 2018, 2161). Wenn dies aus besonderen Gründen geboten erscheint, ist ferner unter Aufhebung auch der Entscheidung des GBAmts eine Zurückverweisung an dieses möglich (§ 74 Abs. 6 Satz 1 bis 3 FamFG). Zur Bindung an die zurückverweisende Entscheidung s. Rn. 55.

Wegen des Entscheidungsinhalts, insbes. bei Anfechtung einer Zwischenverfügung, gelten die Ausführungen zu § 77 Rn. 24 ff. entsprechend. Das Rechtsbeschwerdegericht kann grundsätzlich auch selbst eine Zwischenverfügung erlassen (OLG Frankfurt Rpfleger 1993, 147). Hat das OLG die Beschwerde gegen eine unzulässige Zwischenverfügung (s. § 18 Rn. 5) zurückgewiesen, sind vom Rechtsbeschwerdegericht die Beschwerdeentscheidung und die Zwischenverfügung aufzuheben. Eine Zurückverweisung kommt ebenso wenig in Betracht, wie eine Sachentscheidung über den EintrAntrag (BGH FGPrax 2017, 54).

19. Wirkung der Entscheidung des BGH

a) Unabänderbarkeit. Der BGH kann seine Entscheidung nach ihrem **54** Erlass (zum maßgebenden Zeitpunkt s. § 38 Abs. 3 Satz 3 FamFG) grundsätzlich nicht mehr ändern. Eine Ausnahme gilt für den Fall, dass die Entscheidung, z. B. wegen fehlender Einlegung oder wegen Zurücknahme der Rechtsbeschwerde, unwirksam ist (s. hierzu § 77 Rn. 40); ferner für den Fall, dass das Rechtsbeschwerdegericht nicht in der Sache selbst entschieden, sondern die Rechtsbeschwerde aus verfahrensrechtlichen Gründen als unzulässig verworfen hat und dabei von unzutreffenden Voraussetzungen ausgegangen ist. Gegenvorstellungen sind daher grundsätzlich unzulässig, wenn das Rechtsbeschwerdegericht in der Sache entschieden hat (BayObLG 1963, 286). Zur Zulässigkeit bei Geltendmachung schwerwiegender Grundrechtsverstöße oder greifbarer Gesetzwidrigkeit s. § 71 Rn. 2. Zur Anhörungsrüge s. § 81 Rn. 17 ff.

b) Bindung. Im Fall der Zurückverweisung ist das GBAmt oder das **55** OLG bei der neuerlichen Entscheidung an die Rechtsauffassung des BGH gebunden, die der Aufhebung unmittelbar zugrunde gelegt ist (§ 74 Abs. 6 Satz 4 FamFG), es sei denn, dass das Rechtsbeschwerdegericht bei seiner Entscheidung ersichtlich von einem falschen Sachverhalt ausging oder sich der Sachverhalt, das maßgebende Recht oder die Rechtsprechung des BGH nachträglich geändert hat (OLG München FGPrax 2009, 12). In gleicher Weise ist aber auch das Rechtsbeschwerdegericht gebunden, wenn es im gleichen Verfahren erneut mit der Sache befasst wird (s. § 77 Rn. 28).

20. Elektronische Gerichtsakte

Da § 73 Abs. 2 Satz 2 entsprechend anwendbar ist, kann auch die Ge- **56** richtsakte im Rechtsbeschwerdeverfahren in elektronischer Form geführt werden. Insoweit gelten die für das Beschwerdeverfahren maßgebenden Grundsätze (s. dazu § 73 Rn. 15 ff.). Gemäß § 2 der VO über die elektronische Aktenführung bei den obersten Gerichten des Bundes in der Zivilgerichtsbarkeit und den Fachgerichtsbarkeiten v. 27.3.2020 (BGBl. I 746) können die Akten ab dem 2.4.2020 beim BGH elektronisch geführt werden. Der Präsident des BGH bestimmt durch Verwaltungsanordnung das Verfahren, in dem die Akten elektronisch geführt werden.

1. Kosten

Für die Verwerfung und Zurückweisung der Rechtsbeschwerde wird eine **57** Gebühr von 1,5 erhoben, höchstens jedoch ein Betrag von 1200 EUR (Nr. 14520 GNotKG-KV). Bei Beendigung des gesamten Verfahrens durch Zurücknahme der Rechtsbeschwerde oder des Antrags bevor die Beschwerdebegründung eingegangen ist, wird eine Gebühr von 0,5 fällig, höchstens 400 EUR (Nr. 14521 GNotKG-KV); bei Beendigung vor Erlass der Endentscheidung wird eine Gebühr von 1,0 erhoben, höchstens 800 EUR (Nr. 14522 GNotKG-KV). Dies gilt jedoch nicht, wenn für die Vornahme eines Geschäfts Festgebühren bestimmt sind. Dann richtet sich die Gebühr für das Rechtsbeschwerdeverfahren nach Nr. 19128 und 19129 GNotKG-

KV (vgl. Vorbem. 1.4.5 GNotKG-KV). Im Übrigen gelten die Ausführungen zu § 77 Rn. 41.

Eine anwaltliche Tätigkeit wird nach Teil 3 RVG-VV vergütet. In der Regel fällt eine Verfahrensgebühr von 1,0 gemäß Nr. 3502 RVG-VV an.

79, 80 *(aufgehoben)*

In den §§ 79 und 80 waren Einlegung und Verfahren der weiteren Beschwerde zum OLG und die Voraussetzungen einer Vorlage an den BGH geregelt. Beide Bestimmungen wurden im Zuge der Neuregelung des Instanzenzuges im GBVerfahren durch das FGG-RG v. 17.12.2008 (BGBl. I 2586) aufgehoben. An die Stelle der weiteren Beschwerde ist die in § 78 geregelte Rechtsbeschwerde zum BGH getreten. Dadurch ist das Vorlageverfahren entbehrlich geworden.

Ergänzende Vorschriften

81 (1) **Über Beschwerden entscheidet bei den Oberlandesgerichten und dem Bundesgerichtshof ein Zivilsenat.**

(2) **Die Vorschriften der Zivilprozeßordnung über die Ausschließung und Ablehnung der Gerichtspersonen sind entsprechend anzuwenden.**

(3) **Die Vorschrift des § 44 des Gesetzes über das Verfahren in Familiensachen und in den Angelegenheiten der freiwilligen Gerichtsbarkeit über die Fortführung des Verfahrens bei Verletzung des Anspruchs auf rechtliches Gehör ist entsprechend anzuwenden.**

(4) **Die Bundesregierung und die Landesregierungen bestimmen für ihren Bereich durch Rechtsverordnung den Zeitpunkt, von dem an elektronische Akten geführt werden können. Die Bundesregierung und die Landesregierungen bestimmen für ihren Bereich durch Rechtsverordnung die organisatorisch-technischen Rahmenbedingungen für die Bildung, Führung und Aufbewahrung der elektronischen Akten. Die Rechtsverordnungen der Bundesregierung bedürfen nicht der Zustimmung des Bundesrates. Die Landesregierungen können die Ermächtigungen durch Rechtsverordnung auf die Landesjustizverwaltungen übertragen. Die Zulassung der elektronischen Akte kann auf einzelne Gerichte oder Verfahren beschränkt werden.**

§ 44 FamFG. (1) Auf die Rüge eines durch eine Entscheidung beschwerten Beteiligten ist das Verfahren fortzuführen, wenn

1. ein Rechtsmittel oder ein Rechtsbehelf gegen die Entscheidung oder eine andere Abänderungsmöglichkeit nicht gegeben ist und

2. das Gericht den Anspruch dieses Beteiligten auf rechtliches Gehör in entscheidungserheblicher Weise verletzt hat.

Gegen eine der Endentscheidung vorausgehende Entscheidung findet die Rüge nicht statt.

(2) Die Rüge ist innerhalb von zwei Wochen nach Kenntnis von der Verletzung des rechtlichen Gehörs zu erheben; der Zeitpunkt der Kenntniserlangung ist glaubhaft zu machen. Nach Ablauf eines Jahres seit der Bekanntgabe der angegriffenen Entscheidung an diesen Beteiligten kann die Rüge nicht mehr erhoben werden. Die Rüge ist schriftlich oder zur Niederschrift bei dem Gericht zu erheben, dessen Entscheidung angegriffen wird. Die Rüge muss die angegriffene Entscheidung bezeichnen und das Vorliegen der in Absatz 1 Satz 1 Nr. 2 genannten Voraussetzungen darlegen.

(3) Den übrigen Beteiligten ist, soweit erforderlich, Gelegenheit zur Stellungnahme zu geben.

(4) Ist die Rüge nicht in der gesetzlichen Form oder Frist erhoben, ist sie als unzulässig zu verwerfen. Ist die Rüge unbegründet, weist das Gericht sie zurück. Die Entscheidung ergeht durch nicht anfechtbaren Beschluss. Der Beschluss soll kurz begründet werden.

(5) Ist die Rüge begründet, hilft ihr das Gericht ab, indem es das Verfahren fortführt, soweit dies aufgrund der Rüge geboten ist.

1. Allgemeines

§ 81 enthält ergänzende Bestimmungen über die Zuständigkeit und die 1 Besetzung der Beschwerdegerichte (Abs. 1) sowie über die entsprechende Anwendung von Vorschriften der ZPO (Abs. 2) sowie des FamFG (Abs. 3). Außerdem enthält er eine Ermächtigung im Zusammenhang mit der elektronischen Aktenführung und der Einreichung elektronischer Dokumente (Abs. 4).

Abs. 3 wurde durch das Anhörungsrügengesetz vom 9.12.2004 (BGBl. I 3220) eingefügt. Im Zusammenhang damit wurde der durch das Ges. zur Anpassung von Formvorschriften des Privatrechts und anderer Vorschriften an den modernen Rechtsgeschäftsverkehr v. 13.7.2001 (BGBl. I 1542) angefügte frühere Abs. 3 zu Abs. 4.

§ 81 Abs. 1 bis 3 wurde durch Art. 36 Nr. 10 des FGG-RG v. 17.12.2008 (BGBl. I 2586) geändert und Abs. 4 durch das ERVGBG v. 11.8.2009 (BGBl. I 2713) neu gefasst. Die erst am 1.1.2018 in Kraft getretenen Änderungen des § 81 Abs. 4 durch das Ges. zur Förderung des elektronischen Rechtsverkehrs mit den Gerichten v. 10.10.2013 (BGBl. I 3786) betreffen die Streichung von Satzteilen in Satz 1, 2 und 5. Die Länder können aber gemäß Art. 24 des Ges. v. 10.10.2013 durch Rechtsverordnung bestimmen, dass § 81 Abs. 4 Satz 1, 2 und 5 in der am 31.12.2017 geltenden Fassung bis zum 31.12.2018 oder weiter Anwendung findet.

Durch das FGG-RG wurde § 2 EGGVG geändert; die Anwendung der 2 Vorschriften des GVG wurde auf die Angelegenheiten der freiwilligen Gerichtsbarkeit erstreckt. Damit kommen die §§ 132 und 138 GVG unmittelbar zur Anwendung. Ihre früher in § 81 Abs. 2 vorgeschriebene entsprechende Anwendung wurde entbehrlich. §§ 132 und 138 GVG betreffen nur den zur Entscheidung über eine Rechtsbeschwerde berufenen BGH. § 132 GVG regelt die Einrichtung und Besetzung und § 138 GVG das Verfahren und die Entscheidung der Großen Senate und der Vereinigten Großen Senate.

2. Zuständigkeit innerhalb der Beschwerdegerichte

3   Es entscheidet bei den Oberlandesgerichten und beim BGH jeweils ein Zivilsenat. Für die Geschäftsverteilung und die Besetzung gelten die Vorschriften des GVG. Eine Entscheidung durch einen Einzelrichter ist ausgeschlossen. Eine entsprechende Anwendung des § 526 ZPO, wie sie § 68 Abs. 4 FamFG für das Beschwerdeverfahren vorschreibt, ist im Rahmen der GBBeschwerde nicht vorgesehen. Ein Verstoß dagegen stellt einen absoluten Rechtsbeschwerdegrund gemäß § 547 Nr. 1 ZPO i.V.m. § 78 Abs. 3 GBO, § 72 Abs. 3 FamFG dar (BGH FGPrax 2016, 95, 96; OLG München FGPrax 2008, 99). Zur Zuständigkeit des Einzelrichters bei Anwendung des § 568 ZPO s. § 71 Rn. 3, 86 und bei Anwendung des § 81 Abs. 6 GNotKG s. § 71 Rn. 82, 90.

4   Im Gebiet der ehemaligen DDR galten bis zur Einrichtung der im GVG vorgesehenen Gerichte für die zur Entscheidung über die Rechtsmittel in GBSachen berufenen Gerichte und ihre Besetzung besondere Vorschriften (s. dazu 26. Auflage).

3. Verfahren vor dem BGH

5   Der Wahrung einer einheitlichen Rechtsprechung dienen die §§ 132 und 138 GVG; daneben ist das Gesetz zur Wahrung der Einheitlichkeit der Rechtsprechung der obersten Gerichtshöfe des Bundes v. 19.6.1968 (BGBl. I 661), geändert durch Art. 11 des Ges. v. 9.7.2001 (BGBl. I 1510) und Art. 5 des Ges. v. 5.12.2012 (BGBl. I 2418), zu beachten. Danach gilt folgendes:

6   • Der Zivilsenat, der über eine Rechtsbeschwerde zu entscheiden hat, darf von der Entscheidung eines anderen Zivil- und Strafsenats, eines Großen Senats oder der Vereinigten Großen Senate nicht abweichen. Will der zuständige Zivilsenat abweichen, so hat er die Rechtsfrage dem Großen Senat für Zivilsachen oder den Vereinigten Großen Senaten zur Entscheidung vorzulegen; die Vorlage ist aber nur zulässig, wenn der Senat, von dessen Entscheidung abgewichen werden soll, auf Anfrage erklärt hat, an seiner Rechtsauffassung festzuhalten (§ 132 Abs. 2, 3 GVG). Dieser Anrufungszwang ist nicht auf grundbuchrechtliche Fragen beschränkt.

7   • Auch wenn keine widersprechende Entscheidung eines anderen Senates vorliegt, kann der erkennende Senat die Entscheidung des Großen Senats herbeiführen, um in Rechtsfragen von grundsätzlicher Bedeutung das Recht fortzubilden oder eine einheitliche Rechtsprechung zu sichern (§ 132 Abs. 4 GVG).

8   • Der Große Senat und die Vereinigten Großen Senate entscheiden nur über die Rechtsfrage. Auf Grund dieser für ihn bindenden Entscheidung befindet der zuständige Zivilsenat über die Rechtsbeschwerde (§ 138 Abs. 1 GVG).

9   • Will der Zivilsenat von der Entscheidung eines anderen obersten Gerichtshofs oder des Gemeinsamen Senats der obersten Gerichtshöfe abweichen, so entscheidet der Gemeinsame Senat der obersten Gerichtshöfe; hat der Zivilsenat nach dem in Rn. 6 Ausgeführten den Großen Senat oder die Vereinigten Großen Senate anzurufen, so entscheidet der Gemeinsame Senat erst, wenn der Große Senat oder die Vereinigten Großen Senate von der Entscheidung des anderen obersten Gerichtshofs oder des Gemeinsamen Senats abweichen wollen; das Verfahren vor dem Gemeinsamen Senat wird durch einen Vorlegungsbeschluss eingeleitet; der Gemeinsame Senat entscheidet nur über die Rechtsfrage; seine Entscheidung ist für den vorlegenden Senat bindend (§§ 2, 11, 15, 16 des Ges. v. 19.6.1968, BGBl. I 661).

4. Ausschließung und Ablehnung von Gerichtspersonen

Es kommen hier nur die Richter der Beschwerdegerichte in Betracht; **10** Urkundsbeamte wirken bei der Entscheidung nicht mit. Die Vorschriften der ZPO sind entsprechend anzuwenden (§§ 41 ff. ZPO; s. dazu § 71 Rn. 3). Zur Ausschließung und Ablehnung des GBRichters, Rpflegers und Urkundsbeamten der Geschäftsstelle s. § 11 Rn. 3 ff. und zur Ablehnung eines Sachverständigen s. § 11 Rn. 9.

a) Gründe. Ausschließungsgründe ergeben sich aus § 41 ZPO. Ableh- **11** nungsgründe sind gemäß § 42 ZPO der Ausschluss kraft Gesetzes, ferner die Besorgnis der Befangenheit, wenn ein Grund vorliegt, welcher geeignet ist, Misstrauen gegen die Unparteilichkeit eines Richters zu rechtfertigen.

Die Ablehnung ist kein Instrument zur Fehlerkontrolle. Verfahrensweise und fehlerhafte Entscheidungen oder Rechtsauffassungen des Richters lassen für sich allein noch nicht den Schluss auf eine unsachliche, auf Voreingenommenheit beruhende Einstellung zu. Die Ablehnung wegen Besorgnis der Befangenheit ist erst dann gerechtfertigt, wenn das verfahrensmäßige Vorgehen ausreichender gesetzlicher Grundlage entbehrt und sich so sehr von dem normaler Weise geübten Verfahren entfernt, dass es als willkürlich erscheint, oder wenn die Auslegung des Gesetzes willkürlich oder offensichtlich unhaltbar ist und deshalb erkennen lässt, dass sie auf einer unsachlichen Einstellung gegenüber einem Beteiligten beruht (OLG München Rpfleger 2018, 530 mit weit. Nachw.).

b) Verfahren. Der Richter kann und muss Ausschließungsgründe und **12** berechtigte Ablehnungsgründe selbst anzeigen (§ 48 ZPO).

Jedem Beteiligten, nicht nur dem Beschwerdeführer, steht das Ablehnungsrecht zu (§ 42 Abs. 3 ZPO). Bekannte Ablehnungsgründe sind aber gleichzeitig mit Einlegung der Beschwerde oder der ersten Äußerung des Beteiligten vorzubringen (§ 43 ZPO).

Form und Inhalt des Ablehnungsgesuchs richten sich nach § 44 ZPO, die Entscheidung über das Ablehnungsgesuch richtet sich nach § 45 Abs. 1, § 46 Abs. 1 ZPO.

Eine für begründet erklärte Ablehnung ist unanfechtbar. Hat das OLG die Ablehnung eines Richters des Beschwerdesenats für unbegründet erklärt, so ist dagegen nicht die Erstbeschwerde statthaft, sondern die Rechtsbeschwerde (vgl. § 46 Abs. 2, § 574 ZPO). Voraussetzung ist, dass sie das OLG zugelassen hat. Über die Rechtsbeschwerde entscheidet der BGH. Vor dem BGH müssen sich die Beteiligten im Verfahren über die Ausschließung und Ablehnung eines Richters des Rechtsbeschwerdegerichts nicht durch einen beim

BGH zugelassenen Rechtsanwalt vertreten lassen (§ 10 Abs. 4 Satz 1 FamFG). Die Rechtsbeschwerde unterliegt aber auch in Verfahren über die Ausschließung und Ablehnung von Gerichtspersonen dem Anwaltszwang (s. § 78 Rn. 15). Bei Ablehnung eines vom OLG ernannten Sachverständigen gelten die für die Richterablehnung maßgebenden Grundsätze entsprechend (OLG Zweibrücken FGPrax 2002, 220). Wenn im Ablehnungsverfahren eine Entscheidung nicht angefochten werden kann, ist eine Anhörungsrüge statthaft. Das Verfahren richtet sich nach § 44 FamFG (s. dazu Rn. 17 ff.).

13   **c) Wirkung.** Unaufschiebbare Amtshandlungen darf auch ein abgelehnter Richter vornehmen (§ 47 ZPO).

Wirkt ein kraft Gesetzes ausgeschlossener Richter mit, beruht die Entscheidung auf einer Rechtsverletzung. Dasselbe gilt für die Mitwirkung eines abgelehnten Richters. Dies kann ebenso wie die fehlerhafte Besetzung des OLG mit der Rechtsbeschwerde gerügt werden, sofern sie das OLG zugelassen hat (§ 78 Abs. 3 GBO, § 72 Abs. 3 FamFG, § 547 Nr. 1 bis 3 ZPO).

14   Wird die Ablehnung eines Richters des Beschwerdesenats nach Erlass der den Rechtszug abschließenden Beschwerdeentscheidung, insbes. im Beschwerdeverfahren gem. § 46 Abs. 2 ZPO für begründet erklärt, so liegt kein absoluter Aufhebungsgrund nach § 78 Abs. 3 GBO, § 72 Abs. 3 FamFG, § 547 Nr. 3 ZPO vor; Voraussetzung hierfür wäre, dass die Ablehnung vor Erlass der Hauptsacheentscheidung für begründet erklärt wurde. Der relative Aufhebungsgrund führt nur dann zur Aufhebung der angefochtenen Entscheidung, wenn sie darauf beruht oder beruhen kann (BayObLG 1993, 56).

5. Elektronische Gerichtsakte

15   Nach § 73 Abs. 2 Satz 2, § 78 Abs. 3 gilt in Beschwerdeverfahren für die Einlegung der Beschwerde durch Übermittlung eines elektronischen Dokuments, die elektronische Gerichtsakte sowie für das gerichtliche elektronische Dokument § 14 FamFG mit Ausnahme der Verordnungsermächtigung in Abs. 4. Eine nahezu wortgleiche Ermächtigung für die Beschwerdeverfahren in GBSachen enthält § 81 Abs. 4; zur Ermächtigung der Länder, die weitere Anwendung der Bestimmung in der am 31.12.2017 geltenden Fassung anzuordnen, s. Rn. 1. § 81 Abs. 4 betrifft die elektronische Führung der Gerichtsakte des Beschwerde- und Rechtsbeschwerdegerichts, während für die vom GBAmt zu führenden Grundakten § 135 Abs. 2 maßgebend ist.

16   Die Nutzbarmachung elektronischer Dokumente erfordert zunächst den Aufbau einer technologischen Infrastruktur bei den Gerichten. Abs. 4 sieht im Hinblick darauf vor, dass die Bundesregierung und die Landesregierungen jeweils für ihren Bereich den Zeitpunkt, von dem an elektronische Akten geführt werden können, durch Rechtsverordnung bestimmen. Die Landesregierungen können die Ermächtigung hierzu auf die Justizverwaltung übertragen. Die Rechtsverordnung legt auch die Rahmenbedingungen für die Bildung, Führung und Aufbewahrung der elektronischen Akten und die für die Bearbeitung der Dokumente geeignete Form fest; die Verordnung bedarf nicht der Zustimmung des Bundesrats.

Zu den beim Rechtsbeschwerdegericht zu führenden elektronischen Akten s. die am 1.1.2018 in Kraft getretenen ERVV v. 24.11.2017 (BGBl. I

3803). Für Bayern s. zur Übertragung der Ermächtigung auf die Justizverwaltung und zu der ERVV-Ju v. 15.12.2006 (GVBl. 1084) § 135 Rn. 1. Zur Führung der elektronischen Gerichtsakte s. § 73 Rn. 15; § 78 Rn. 56. Zur Einlegung von Beschwerde und Rechtsbeschwerde durch elektronisches Dokument s. § 73 Rn. 10; § 78 Rn. 18. Zum gerichtlichen elektronischen Dokument s. § 77 Rn. 36.

6. Anhörungsrüge

a) Gegenstand der Rüge. Grundsätzlich ist eine Verletzung des rechtli-   **17** chen Gehörs (Art. 103 Abs. 1 GG) durch ein zulässiges Rechtsmittel zu rügen. Nur wenn ein Rechtsmittel oder eine sonstige Abänderungsmöglichkeit nicht gegeben ist, stellt Abs. 3 durch die entsprechende Anwendung des § 44 FamFG als eigenständigen Rechtsbehelf die Anhörungsrüge zur Verfügung. Die gesetzliche Regelung beschränkt sich auf den Fall einer Verletzung des rechtlichen Gehörs. Wie bei Verletzung anderer Verfahrensgrundrechte und einem Verstoß gegen das Willkürverbot zu verfahren ist, regelt das Gesetz nicht. In diesen Fällen sind jedenfalls Gegenvorstellungen nicht ausgeschlossen; die Statthaftigkeit einer außerordentlichen Beschwerde wird dagegen ganz überwiegend verneint (s. dazu § 71 Rn. 2). Die Anhörungsrüge kommt nur bei einer das Verfahren abschließenden Entscheidung in Betracht (§ 44 Abs. 1 Satz 2 FamFG).

b) Erhebung der Rüge. Die Anhörungsrüge kann nur ein Beteiligter   **18** erheben, der durch die Entscheidung beschwert ist (vgl. dazu § 71 Rn. 28). Sie ist gemäß § 44 Abs. 2 FamFG bei dem Gericht einzulegen, das die gerügte Entscheidung erlassen hat (iudex a quo). Dies muss innerhalb von zwei Wochen ab Kenntnis von der Verletzung des rechtlichen Gehörs, spätestens innerhalb eines Jahres seit Bekanntgabe der angegriffenen Entscheidung geschehen. Für die Bekanntmachung gilt § 41 FamFG; die Befristung der Rüge erfordert weder eine förmliche Zustellung noch eine Rechtsbehelfsbelehrung. Der Zeitpunkt der Kenntniserlangung ist glaubhaft zu machen. Dazu können alle Beweismittel eingesetzt werden. Insbes. kommt die Versicherung an Eides Statt in Betracht (§ 31 FamFG). Glaubhaftgemacht muss nicht in der Form des § 29 Abs. 1 werden.

c) Begründung. Die Rüge muss die angegriffenen Entscheidung bezeichnen und darlegen, dass eine andere Abänderungsmöglichkeit nicht gegeben ist und das rechtliche Gehör in entscheidungserheblicher Weise verletzt wurde. Dies muss innerhalb der Frist des § 44 Abs. 2 FamFG von zwei Wochen geschehen und verlangt eine Darlegung des übergangenen oder wegen unterlassener Hinweise unterbliebenen Sachvortrags sowie dessen Entscheidungserheblichkeit (OLG München FGPrax 2019, 93). Erforderlich ist dazu, dass die Tatsachen dargelegt werden, aus denen sich die behauptete Gehörsverletzung ergibt. Insoweit ist der Sachvortrag nachzuholen, der bei ordnungsgemäßer Gewährung rechtlichen Gehörs unterbreitet worden wäre. Hieraus muss sich ergeben, dass das Gericht bei Berücksichtigung dieses Vortrags und einer aufgrund dessen möglicherweise gebotenen weiteren Sachaufklärung zu einer günstigeren Entscheidung hätte kommen können (OLG Brandenburg FGPrax 2008, 201; OLG München FGPrax 2016, 143).

d) Form. Die Rüge ist schriftlich oder zu Protokoll ausschließlich bei dem Gericht einzulegen, dessen Entscheidung angegriffen wird. Ist dies der BGH, muss dies in der für die Rechtsbeschwerde vorgeschriebenen Form geschehen. Bei schriftlicher Einlegung ist daher die Vertretung durch einen beim BGH zugelassenen Rechtsanwalt notwendig (§ 10 Abs. 4 Satz 1 FamFG). Bei Einlegung zu Protokoll ist für die Aufnahme der Niederschrift ausschließlich der BGH zuständig (s. dazu aber Briesemeister FGPrax 2005, 101).

19   **e) Verfahren.** Über die Rüge ist nach Anhörung der übrigen Beteiligten (§ 44 Abs. 3 FamFG) zu entscheiden. Die Rüge ist als unzulässig zu verwerfen, wenn sie nicht in der gesetzlichen Form oder Frist erhoben ist. Ist sie unbegründet, wird sie zurückgewiesen. Entschieden wird durch unanfechtbaren Beschluss, der kurz begründet werden soll (§ 44 Abs. 4 FamFG). Bei begründeter Rüge wird das Verfahren fortgesetzt, soweit dies auf Grund der Rüge geboten ist (§ 44 Abs. 5 FamFG). Für die Kostenentscheidung ist § 81 FamFG maßgebend. Die Gerichtsgebühr von 60 EUR wird nur erhoben, wenn die Rüge in vollem Umfang verworfen oder zurückgewiesen wird (Nr. 19200 GNotKG-KV).

Fünfter Abschnitt. Verfahren des Grundbuchamts in besonderen Fällen

Übersicht

Der 5. Abschnitt regelt in drei Unterabschnitten den GBBerichtigungszwang, die Löschung gegenstandsloser Eintragungen sowie die Klarstellung der Rangverhältnisse.

§§ 82 bis 83 über den GBBerichtigungszwang tragen dem Umstand Rechnung, dass an der Richtigkeit der Eigentümereintragung ein erhebliches öffentliches Interesse besteht. Sie gestatten dem GBAmt, den Eigentümer bei Rechtsübergängen außerhalb des GB zur Herbeiführung der GBBerichtigung anzuhalten und diese notfalls auch von Amts wegen vorzunehmen.

§§ 84 bis 89 über die Löschung gegenstandsloser Eintragungen sind fast wörtlich aus dem preußischen AusführungsG zu § 22 GBBerG-1930 v. 16.3.1931 (GS 16) übernommen. Sie bieten die Möglichkeit, überholte Eintragungen, deren Löschung von den Beteiligten nicht beantragt wird, von Amts wegen zu löschen.

§§ 90 bis 115 über die Klarstellung der Rangverhältnisse sind gleichfalls fast wörtlich dem preußischen Recht entnommen, nämlich der auf Grund § 24 GBBerG-1930 erlassenen VO über das Verfahren zur Klarstellung der Rangverhältnisse im GB v. 16.3.1931 (GS 20). Sie geben dem GBAmt die Befugnis, Unklarheiten und Unübersichtlichkeit in den Rangverhältnissen von Amts wegen oder auf Antrag eines Beteiligten zu beseitigen.

§ 22 und § 24 GBBerG-1930 wurden durch Art. 2 ÄndVO mit Wirkung ab 1.4.1936 aufgehoben; zu dem gleichen Zeitpunkt traten landesrechtliche Vorschriften über einen gerichtlichen GBBerichtigungszwang sowie über Verfahren zur Löschung gegenstandsloser Eintragungen und Klarstellung der Rangverhältnisse gemäß Art. 7 Abs. 3 ÄndVO außer Kraft. Spätestens mit Ablauf des 31.12.1968 sind die noch weiter geltenden Bestimmungen des GBBerG-1930 gemäß dem Ges. über die Sammlung des Bundesrechts (s. dazu § 28 Rn. 27) außer Kraft getreten.

I. Grundbuchberichtigungszwang

82 Ist das Grundbuch hinsichtlich der Eintragung des Eigentümers durch Rechtsübergang außerhalb des Grundbuchs unrichtig geworden, so soll das Grundbuchamt dem Eigentümer oder dem Testamentsvollstrecker, dem die Verwaltung des Grundstücks zusteht, die Verpflichtung auferlegen, den Antrag auf Berichtigung des Grundbuchs zu stellen und die zur Berichtigung des Grundbuchs notwendigen Unterlagen zu beschaffen. Das Grundbuchamt soll diese Maßnahme zurückstellen, solange berechtigte Gründe vorliegen. Ist eine Gesellschaft bürgerlichen Rechts als Eigentümerin eingetragen, gelten die Sätze 1

963

und 2 entsprechend, wenn die Eintragung eines Gesellschafters gemäß § 47 Absatz 2 unrichtig geworden ist.

82a Liegen die Voraussetzungen des § 82 vor, ist jedoch das Berichtigungszwangsverfahren nicht durchführbar oder bietet es keine Aussicht auf Erfolg, so kann das Grundbuchamt von Amts wegen berichtigen. Das Grundbuchamt kann in diesem Fall das Nachlaßgericht um Ermittlung des Erben des Eigentümers ersuchen.

83 Das Nachlaßgericht, das einen Erbschein oder ein Europäisches Nachlasszeugnis erteilt oder sonst die Erben ermittelt hat, soll, wenn ihm bekannt ist, daß zu dem Nachlaß ein Grundstück gehört, dem zuständigen Grundbuchamt von dem Erbfall und den Erben Mitteilung machen. Wird ein Testament oder ein Erbvertrag eröffnet, so soll das Gericht, wenn ihm bekannt ist, daß zu dem Nachlaß ein Grundstück gehört, dem zuständigen Grundbuchamt von dem Erbfall Mitteilung machen und die als Erben eingesetzten Personen, soweit ihm ihr Aufenthalt bekannt ist, darauf hinweisen, daß durch den Erbfall das Grundbuch unrichtig geworden ist und welche gebührenrechtlichen Vergünstigungen für eine Grundbuchberichtigung bestehen.

Inhaltsübersicht

1. Allgemeines

1 §§ 82 bis 83 sehen für Fälle, in denen Eigentümereintragungen durch Rechtsübergang außerhalb des GB unrichtig geworden sind, im Hinblick auf das öffentliche Interesse an der Richtigkeit des GB (OLG Hamm NJW-RR 1994, 271; BayObLG 1994, 158/162) einen GBBerichtigungszwang und eine GBBerichtigung von Amts wegen vor. Die GBO a.F. überließ es in solchen Fällen dem Eigentümer, für die Berichtigung des GB zu sorgen. Hieraus ergaben sich oftmals erhebliche Unzuträglichkeiten. Es erschien daher geboten, mit dem Grundsatz zu brechen, dass der Eigentümer zwar berechtigt, aber nicht verpflichtet ist, die GBBerichtigung herbeizuführen. Demgemäß bestimmt § 82, dass ihm die Stellung des Berichtigungsantrags und die Beschaffung der zur GBBerichtigung notwendigen Unterlagen zur Pflicht gemacht werden soll, falls nicht berechtigte Gründe für eine Zurückstellung dieser Maßnahme vorliegen; die Fassung der Vorschrift beruht auf § 27 Nr. 4 GBMaßnG.

a) Amtsberichtigung. Das Ziel, die Richtigkeit der Eigentümereintragung dem Belieben der Beteiligten zu entziehen, lässt sich über § 82 jedoch nicht immer erreichen. Um zu ihm auch dann zu gelangen, wenn der Berichtigungszwang versagt, hat der durch die VereinfVO v. 5.10.1942 (RGBl. I 573) eingefügte § 82a die Möglichkeit der Berichtigung von Amts wegen geschaffen.

b) Erbfolge. Den häufigsten Fall des Eigentumsübergangs außerhalb des GB bildet die Erbfolge. Dem Nachlassgericht, das einen Erbschein oder ein Europäisches Nachlasszeugnis erteilt oder sonst den Erben ermittelt hat (s. hierzu BGH Rpfleger 1992, 351), sowie dem Gericht, das eine Verfügung von Todes wegen eröffnet, ist deshalb in § 83 eine Mitteilungspflicht gegenüber dem GBAmt auferlegt worden. Die Fassung der Vorschrift beruht auf § 27 Nr. 5 GBMaßnG; das Europäische Nachlasszeugnis wurde durch das Ges. v. 29.6.2015 (BGBl. I 1042) in § 83 eingefügt. In Bayern hat das Nachlassgericht die Erben von Amts wegen zu ermitteln und unbeschadet des § 83 bei diesen auf die Berichtigung des GB hinzuwirken; einen Berichtigungsantrag hat es an das GBAmt weiterzuleiten (Art. 37 Abs. 1, 3 AGGVG).

c) BGB-Gesellschaft. Durch das ERVGBG v. 11.8.2009 (BGBl. I 2713) wurde an § 82 ein neuer Satz 3 angefügt. Nach § 47 Abs. 2 Satz 1sind bei Eintragung einer BGB-Gesellschaft als Eigentümerin auch sämtliche Gesellschafter einzutragen. Deren Eintragung wird GBInhalt. Für die Gesellschafter gelten die für den Berechtigten geltenden Vorschriften entsprechend (§ 47 Abs. 2 Satz 2). Ein Wechsel im Gesellschafterbestand oder das Ausscheiden eines Gesellschafters führt zur Unrichtigkeit der Eigentümereintragung. Das Eigentum der Gesellschaft bleibt davon aber unberührt (s. § 47 Rn. 31). Durch § 82 Satz 3 wird der GBBerichtigungszwang auf eine Unrichtigkeit als Folge von Änderungen im Gesellschafterbestand erstreckt (s. dazu OLG Schleswig FGPrax 2010, 235). Die Bestimmung findet auch in so genannten Altfällen Anwendung, in denen die Eintragung die Gesellschafter als Eigentümer ausweist, nicht aber, wenn die Gesellschaft nur mit ihrem Namen eingetragen ist (s. § 47 Rn. 34).

d) Entsprechende Anwendung. Eine entsprechende Anwendung von §§ 82, 82a Satz 1 sieht § 14 Satz 1 GBBerG für die Fälle des Art. 234 § 4a Abs. 1 Satz 1 EGBGB vor (s. dazu Anh. zu §§ 84 bis 89 Rn. 52). Die Vorschriften über den GBBerichtigungszwang sind ferner entsprechend anzuwenden zur Durchsetzung der dem Eigentümer im Fall der Vereinigung von Grundstücks- und Gebäudeeigentum in § 78 Abs. 1 Satz 3, 4 SachenRBerG auferlegten Pflichten (§ 78 Abs. 1 Satz 5, 6 SachenRBerG); s. dazu § 150 Rn. 13.

2. Voraussetzungen des Zwangs

Der Berichtigungszwang ist auf Verfahren beschränkt, in denen eine GBBerichtigung auf Antrag vorzunehmen ist. Er scheidet aus, wenn als Grundlage der Eintragung nur ein behördliches Ersuchen gemäß § 38 in Betracht kommt (OLG Hamm Rpfleger 2012, 252).

a) Unrichtige Eigentümereintragung. Ein Berichtigungszwang ist nur für den Fall der Unrichtigkeit des GB hinsichtlich einer Eigentümereintragung vorgesehen (s. hierzu aber Rn. 11). Es muss sich um eine Unrichtigkeit im Sinn des § 894 BGB handeln (OLG Frankfurt FGPrax 2011, 322). Eine solche liegt nicht vor, wenn sich lediglich Name, Beruf und Wohnort des eingetragenen Eigentümers geändert haben (s. dazu § 22 Rn. 23); dasselbe gilt, wenn sich eine OHG in eine KG verwandelt hat (JFG 1, 371) oder eine solche in eine BGB-Gesellschaft umgewandelt wurde (s. § 22 Rn. 23).

5 **b) Rechtsübergang außerhalb des GB.** Auf ihm muss die Unrichtigkeit der Eigentümereintragung beruhen. Daran fehlt es, wenn eine Auflassung nichtig oder erfolgreich angefochten und das Eigentum deshalb beim Veräußerer geblieben ist, ferner dann, wenn Eintragungen aufgrund eines unrichtigen Erbscheins vorgenommen wurden (OLG Celle ZEV 2008, 401). Bei einer ursprünglich unrichtigen Eigentümereintragung ist daher für einen Berichtigungszwang kein Raum (OLG Frankfurt NJOZ 2014, 341).

6 Den praktisch wichtigsten Fall eines Rechtsübergangs außerhalb des GB bildet die **Erbfolge** (§ 1922 BGB). Weitere Fälle sind vor allem der Eintritt der ehelichen oder fortgesetzten Gütergemeinschaft (§§ 1416, 1485 BGB), die Übertragung eines Erbanteils (§ 2033 BGB), die Anwachsung bei Ausscheiden eines Gesellschafters aus einer BGB-Gesellschaft (§ 738 BGB), die Geschäftsübernahme durch einen Gesellschafter bei zweigliedriger OHG (§ 142 HGB), die Umwandlung inländischer Rechtsträger nach dem UmwandlungsG v. 28.10.1994 (BGBl. I 3210).

7 Die Übertragung eines Erbanteils ist auch dann zulässig, wenn zu dem Nachlass der Anteil an einem fremden Nachlass gehört (BayObLG DNotZ 1960, 483); sie kann auch zu Bruchteilen erfolgen (BGH NJW 1963, 1610; s. dazu auch § 47 Rn. 9); zur Übertragung durch schriftlichen Vergleich s. § 22 Rn. 15; § 20 Rn. 16.3. Eine Zustimmung nach § 5 ErbbauRG oder § 12 WEG ist zur Übertragung eines Erbanteils selbst dann nicht erforderlich, wenn der Nachlass nur oder nur noch aus einem Erbbaurecht oder einem WEigentum besteht (BayObLG Rpfleger 1968, 188; OLG Hamm Rpfleger 1979, 461).

8 Einen Eigentumsübergang außerhalb des GB bewirkt gemäß § 90 ZVG auch der **Zuschlag** in der Zwangsversteigerung; da die Berichtigung des GB hier aber nach § 130 ZVG auf Ersuchen des Vollstreckungsgerichts erfolgt, ein Antrag also weder erforderlich noch genügend ist, kommt eine Anwendung des § 82 nicht in Betracht (KG DJust. 1936, 905; OLG Hamm Rpfleger 2012, 252).

9 **c) Feststehende Unrichtigkeit.** Die Unrichtigkeit einer Eigentümereintragung infolge Rechtsübergangs außerhalb des GB muss feststehen (OLG Frankfurt FGPrax 2011, 322). Die Kenntnis von der Unrichtigkeit einer Eigentümereintragung kann das GBAmt schon bei seiner Amtstätigkeit erlangen; sie kann ihm aber auch von außen, z. B. durch eine Mitteilung des Nachlassgerichts nach § 83, vermittelt werden. In Ermittlungen über die Richtigkeit oder Unrichtigkeit einer Eigentümereintragung hat es dann einzutreten, wenn ihm Tatsachen bekannt werden, die es unwahrscheinlich machen, dass der buchmäßige Eigentümer noch wirklicher Eigentümer ist;

dies ist z. B. der Fall, wenn eine Eigentümereintragung so lange zurückliegt, dass der eingetragene Eigentümer mutmaßlich nicht mehr lebt.

d) Ermittlung des zur Berichtigung Verpflichteten. Hat das GBAmt **10** die Unrichtigkeit einer Eigentümereintragung festgestellt, so muss es zur Anwendung des Berichtigungszwangs den Rechtsnachfolger oder den mit der Verwaltung des Grundstücks Befugten notfalls von Amts wegen ermitteln (OLG Hamm Rpfleger 2012, 253; OLG München FGPrax 2020, 52); dabei darf es, wenn der eingetragene Eigentümer gestorben ist, so lange von der gesetzlichen Erbfolge ausgehen, als das Vorliegen einer letztwilligen Verfügung weder beim Nachlassgericht bekannt ist noch von den gesetzlichen Erben nachgewiesen wird (JFG 14, 423; OLG Naumburg FGPrax 2013, 158). Zur Ermittlung eines Erben kann sich das GBAmt nach § 82a Satz 2 auch der Hilfe des Nachlassgerichts bedienen; denn die Anwendung der genannten Vorschrift ist nicht auf den Fall der Amtsberichtigung (s. dazu Rn. 24) beschränkt (Hesse DFG 1943, 19; OLG Naumburg FGPrax 2018, 204).

e) Entsprechende Anwendung. Ist das GB bezüglich der Eintragung **11** eines Erbbauberechtigten unrichtig geworden, so wird § 82 entsprechend anzuwenden sein (OLG Hamm DB 1993, 158). Im Übrigen, z. B. bei Erwerb einer Briefhyp. nach § 1154 Abs. 1 BGB, bei Umwandlung einer Hyp. in eine Eigentümergrundschuld, bei Entstehen einer Sicherungshyp. nach § 848 ZPO oder bei Erlöschen eines Nießbrauchs durch Tod des Berechtigten, ist für eine sinngemäße Anwendung kein Raum.

3. Anwendung des Zwangs

a) Zurückstellung. Liegen die Voraussetzungen vor, so ist das GBAmt **12** grundsätzlich zur Anwendung des Berichtigungszwangs gehalten; es soll diese Maßnahme jedoch zurückstellen, solange berechtigte Gründe hierfür vorliegen. Danach wird beispielsweise einem Erben die GBBerichtigung dann nicht zur Pflicht zu machen sein, wenn eine Veräußerung des Grundstücks oder ein Verzicht auf das Eigentum bevorsteht; in einem solchen Fall wäre es nicht gerechtfertigt, ihn mit den im Hinblick auf § 40 entbehrlichen Kosten seiner Eintragung zu belasten. Auch die Absicht, WEigentum an dem Grundstück zu begründen, wird in der Regel einen Grund darstellen, der es rechtfertigt, Maßnahmen zur Erzwingung der GBBerichtigung zurückzustellen (OLG Frankfurt Rpfleger 2002, 433 mit zust. Anm. v. Dümig). In jedem Fall wird aber überwacht werden müssen, ob es tatsächlich zu der beabsichtigten Verfügung kommt. Ziehen sich die Verhandlungen über die vom Erben beabsichtigte Eigentumsübertragung in die Länge und ist nicht abzusehen ob und wann sie im GB vollzogen wird, liegen ohne Rücksicht auf die Ursachen hierfür keine berechtigten Gründe im Sinn des § 82 Satz 2 vor. So lange aber die Zweijahresfrist gemäß Nr. 14110 Nr. 2 Abs. 1 GNotKG-KV noch nicht abgelaufen ist, besteht grundsätzlich keine Veranlassung für Maßnahmen zur Erzwingung der GBBerichtigung (OLG Frankfurt Rpfleger 2002, 433 mit zust. Anm. v. Dümig; OLG Hamm FGPrax 2010, 276).

b) Sonderfälle. Die Anwendung des Berichtigungszwangs ist auch mög- **13** lich, wenn ein Berichtigungsantrag bereits gestellt ist, jedoch ohne die Mitwirkung eines sich an dem Antragsverfahren nicht beteiligenden Miteigentümers keinen Erfolg haben kann (JFG 14, 422). Dies ist z. B. der Fall bei Berichtigung des GB durch Eintragung der Erben des eingetragenen Erblassers, von denen einer gestorben ist und die anderen, die den Berichtigungsantrag gestellt haben, den Erbschein über die Erbfolge nach ihm mangels Antragsrecht nicht beschaffen und damit den Unrichtigkeitsnachweis nicht vollständig führen können (BayObLG Rpfleger 1995, 103; OLG Rostock NJW-RR 2005, 604). Ist eine berichtigende Eintragung unter Verletzung gesetzlicher Vorschriften vorgenommen worden, ist für ein erneutes Berichtigungszwangsverfahren zur Behebung des Mangels kein Raum; in Betracht kommen kann aber die Eintragung eines Amtswiderspruchs (OLG Hamm FGPrax 2011, 322).

14   **c) Amtsverfahren.** Das Berichtigungszwangsverfahren ist ein Amtsverfahren; seine Durchführung kann nicht beantragt werden; ein Antrag hat nur die Bedeutung einer Anregung (OLG Hamm NJW-RR 1994, 271). Zur Anregung des GBBerichtigungszwangs in Bayern durch die Flurbereinigungsbehörden s. Nr. 3 der Gem.Bek. Flurbereinigung und GB v. 23.6.2003, JMBl. 124.

Das GBAmt hat die erforderlichen Ermittlungen von Amts wegen (§ 26 FamFG) durchzuführen. Auf die Beteiligten darf es diese nicht verlagern (OLG München FGPrax 2020, 52). Allerdings kann es sich der Hilfe des Nachlassgerichts bedienen (s. Rn. 10).

4. Person des Verpflichteten

15   Die Verpflichtung, die Berichtigung des GB herbeizuführen, trifft nach § 82 den Eigentümer oder den zur Verwaltung des Grundstücks befugten Testamentsvollstrecker oder Nachlassverwalter; antragsverpflichtet ist, wer nach den allgemeinen Vorschriften das Antragsrecht hat. Die Verpflichtung setzt voraus, dass die verlangte Handlung ausschließlich vom Willen des Verpflichteten abhängt (OLG Hamm Rpfleger 2012, 253). Bei einer GBUnrichtigkeit als Folge einer Änderung im Gesellschafterbestand einer BGB-Gesellschaft trifft die Verpflichtung die Gesellschaft als Eigentümerin (OLG Schleswig FGPrax 2010, 235). S. dazu aber OLG Hamm Rpfleger 2012, 253 zu dem Fall der Rechtsnachfolge hinsichtlich eines Gesellschaftsanteils bei Tod eines Gesellschafters.

a) Eigentümer. Verpflichtet ist grundsätzlich der Eigentümer, auf den im Weg der Rechtsnachfolge das Eigentum außerhalb des GB übergegangen ist. Er kann zur Herbeiführung der Berichtigung aber nicht angehalten werden, wenn die Verwaltung des Grundstücks einem Testamentsvollstrecker zusteht; denn dann kann nur dieser und nicht der Erbe den Berichtigungsantrag stellen (s. § 13 Rn. 50). Bei einer Mehrheit von Eigentümern ist jeder von ihnen antragsberechtigt; die Verpflichtung zur Herbeiführung der Berichtigung kann demnach einem von ihnen (OLG Nürnberg FGPrax 2020, 169) oder allen auferlegt werden (s. OLG Frankfurt Rpfleger 1978, 413); letzteres wird aber regelmäßig nicht erforderlich sein, weil es bei Unrichtigkeitsnachweis einer Zustimmung des Eigentümers seit der Neufassung des § 22 Abs. 2

nicht mehr bedarf. Das GBAmt kann daher den GBBerichtigungszwang gegen einen einzelnen Miterben mit der Maßgabe richten, einen Erbschein für den Gesamtnachlass zu beschaffen und einen entsprechenden GBBerichtigungsantrag zu stellen. Voraussetzung dafür ist jedoch, dass feststeht, welche Personen als Erben berufen sind und es lediglich um die Beschaffung entsprechender urkundlicher Nachweise geht (OLG Hamm FGPrax 2013, 197). Zur Verpflichtung, die Erben von Amtswegen zu ermitteln, s. Rn. 10.

b) Testamentsvollstrecker. Er ist nur verpflichtet, sofern ihm die Verwaltung des Grundstücks zusteht (s. hierzu § 52 Rn. 8 ff.); trifft dies nicht zu, so kann nur der Erbe zur Herbeiführung der Berichtigung angehalten werden. Mehrere Testamentsvollstrecker führen das Amt nach § 2224 Abs. 1 BGB grundsätzlich gemeinschaftlich; demgemäß ist die Verpflichtung zur Herbeiführung der Berichtigung ihnen allen aufzuerlegen (OLG München JFG 17, 298). **16**

c) Nachlassverwalter. Auch er ist nur dann verpflichtet, die GBBerichtigung herbeizuführen, wenn ihm die Verwaltung des Grundstücks zusteht. Gehört ein Grundstück einer BGB-Gesellschaft und fällt der Anteil eines Gesellschafters in den Nachlass, so unterliegt der Anteil des Gesellschafter-Erben am Gesellschaftsvermögen nicht der Verwaltung des Nachlassverwalters (BayObLG Rpfleger 1991, 58). Der GBBerichtigungszwang kann sich in diesem Fall nicht gegen den Nachlassverwalter richten (OLG Hamm Rpfleger 1993, 282). **17**

5. Inhalt der Verpflichtung

Die Verpflichtung hat doppelten Inhalt; sie erstreckt sich einmal auf die Stellung des Berichtigungsantrags und weiterhin auf die Beschaffung der Berichtigungsunterlagen. **18**

a) Berichtigungsantrag. Er ist an sich formfrei; ersetzt er jedoch eine zur Eintragung erforderliche Erklärung, so bedarf er der Form des § 29. Die Zurücknahme des erzwungenen Antrags ist zulässig (a. M. Hesse/Saage/Fischer A. III 3c a); für sie gelten die allgemeinen Grundsätze (s. § 13 Rn. 36 ff.).

b) Berichtigungsunterlagen. Dazu gehören alle Unterlagen, die zur Begründung eines nicht erzwungenen Antrags vorgelegt werden müssten, also z. B. der Erbschein. Berichtigungsunterlage ist auch die Unbedenklichkeitsbescheinigung der Finanzbehörde (s. § 20 Rn. 48). Eine Zustimmung des Eigentümers ist bei Unrichtigkeitsnachweis seit der Neufassung des § 22 Abs. 2 nicht mehr erforderlich. **19**

c) Beibringung. Liegt bereits ein Berichtigungsantrag vor, so hat sich das Zwangsverfahren darauf zu beschränken, die Beibringung der erforderlichen Unterlagen zu verlangen. Entsprechendes gilt, wenn die Berichtigungsunterlagen (z. B. der Erbschein) vorliegen und der Berichtigungsantrag fehlt. Zur Beibringung der Berichtigungsunterlagen kann nur verpflichtet werden, wer entweder den Berichtigungsantrag bereits gestellt hat oder zur Stellung des **20**

Antrags vom GBAmt verpflichtet wird (OLG Hamm Rpfleger 2012, 252 mit abl. Anm. v. Krause).

6. Verpflichtung und ihre Durchsetzung

21   Die Verpflichtung wird durch Beschluss (§ 38 Abs. 1 FamFG) auferlegt (OLG Köln FGPrax 2017, 61). In diesem sind der genaue Inhalt des Berichtigungsantrags (OLG München FGPrax 2020, 52) sowie die notwendigen Berichtigungsunterlagen und ihre Form zu bezeichnen. Zur Erledigung der Verpflichtung ist eine angemessene Frist zu setzen. Außerdem ist in der Entscheidung auf die Folgen einer Zuwiderhandlung, nämlich die Möglichkeit, Zwangsmaßnahmen anzuordnen, hinzuweisen (§ 35 Abs. 2 FamFG). Im Hinblick auf die Anfechtbarkeit der Entscheidung (s. Rn. 23) ist ihr eine Rechtsmittelbelehrung (§ 1 Rn. 77) beizufügen. Nicht ausgeschlossen ist es, dass das GBAmt vor Einleitung des Berichtigungszwangsverfahrens den Verpflichteten in einem nicht förmlichen Anschreiben auffordert, einen Antrag auf Berichtigung des GB zu stellen. Häufig lässt sich damit ein Zwangsverfahren vermeiden.

22   Wird die durch Beschluss auferlegte Verpflichtung ohne Angabe ausreichender Hinderungsgründe nicht erfüllt, so hat das GBAmt das Zwangsgeldfestsetzungsverfahren gemäß § 35 FamFG einzuleiten (s. dazu § 1 Rn. 96 ff.); für den Erlass einer Zwischenverfügung ist, wenn zwar der Berichtigungsantrag gestellt, eine notwendige Berichtigungsunterlage aber nicht vorgelegt wird, kein Raum (OLG München JFG 23, 70).

7. Rechtsmittel

23   Die Einleitung des Berichtigungszwangs durch Auferlegung der Verpflichtung gemäß § 82 Satz 1 (s. Rn. 21) sowie ihre Ablehnung sind Sachentscheidungen i. S. des § 71 (OLG Hamm FGPrax 2011, 322; Rpfleger 2014, 667; OLG Köln FGPrax 2017, 61; OLG Naumburg FGPrax 2018, 203; so jetzt auch OLG München FGPrax 2020, 52). Beschwerdeberechtigt ist jeder, dessen Rechtsstellung durch die Entscheidung des GBAmts beeinträchtigt wird, also vor allem derjenige, der ein dingliches Recht am Grundstück oder einen Anspruch auf Verschaffung des Eigentums hat (JFG 14, 418, 448; KG JR 1953, 185). S. hierzu auch OLG Hamm Rpfleger 1994, 248; BayObLG Rpfleger 1995, 103.

Die Beschwerde kann insbes. damit begründet werden, dass berechtigte Gründe vorliegen, Maßnahmen zur Erzwingung der GBBerichtigung zurückzustellen (s. Rn. 12). Auch wenn die vom GBAmt auferlegte Verpflichtung nicht angefochten wurde, kann auf diese Begründung ein Rechtsmittel gegen die Festsetzung von Zwangsgeld (s. dazu § 1 Rn. 101) gestützt werden (OLG Frankfurt Rpfleger 2002, 433; OLG Hamm FGPrax 2010, 276). Ein solches Rechtsmittel kann ferner mit der als neue Tatsache gemäß § 571 Abs. 2 Satz 1 ZPO zu berücksichtigenden zwischenzeitlichen Erfüllung der auferlegten Verpflichtung begründet werden (s. § 1 Rn. 99). Gegen die Ablehnung, Zwangsmaßnahmen zur Durchsetzung des Berichtigungszwangs anzuordnen, ist die GBBeschwerde gegeben.

8. Amtsberichtigung

a) Voraussetzungen. In der Regel bildet der Berichtigungszwang eine 24 ausreichende Handhabe, um eine dem GBAmt geboten erscheinende Richtigstellung der Eigentümereintragung durchzusetzen. Es gibt aber Fälle, in denen das Zwangsverfahren nicht zum Ziel führt. So versagt z. B. die Zwangsgewalt des GBAmts, wenn sich der Antragsberechtigte im Ausland aufhält (vgl. BayObLG Rpfleger 1995, 103); ein erfolgreiches Vorgehen nach § 82 kann ferner daran scheitern, dass der Antragsberechtigte vermögenslos ist; es ist schließlich möglich, dass ein an sich feststehender Eigentumsübergang nicht in grundbuchmäßiger Form nachgewiesen werden kann. Für solche oder ähnliche Fälle sieht § 82a eine Berichtigung von Amts wegen vor. Der Unbedenklichkeitsbescheinigung der Finanzbehörde bedarf es für eine solche Berichtigung nicht (s. § 20 Rn. 49). Zweck des Amtsverfahrens ist es aber nicht, das Antragsverfahren zu verdrängen und einen Beteiligten der Verpflichtung zu entheben, für die GBBerichtigung erforderliche Anträge zu stellen und die notwendigen Unterlagen zu beschaffen (OLG Jena FGPrax 1996, 170). Eine Berichtigung des GB von Amts wegen steht im Hinblick auf die Ausgestaltung des § 82a als Kann-Vorschrift im pflichtgemäßen Ermessen des GBAmts. Zum Verhältnis der Amtsberichtigung zur GBBerichtigung auf Antrag s. OLG Hamm Rpfleger 1994, 248; OLG Düsseldorf FGPrax 2012, 242.

b) Ermittlungen von Amts wegen. Entschließt sich das GBAmt zu einer Berichtigung von Amts wegen hat es die Ermittlungen zur Aufklärung der Erbfolge bis zur Entscheidungsreife durchzuführen. Gemäß § 82a kann es aber auch das Nachlassgericht zur Ermittlung der Erben des Eigentümers ersuchen. In diesem Fall beschränkt sich die Tätigkeit des Nachlassgerichts darauf, die für die Feststellung der Erbfolge erforderlichen Ermittlungen durchzuführen. Eine Sachentscheidung über die Erbfolge trifft es nicht. Insbesondere erteilt es keinen Erbschein. Vielmehr teilt das Nachlassgericht dem GBAmt lediglich das Ergebnis seiner Feststellungen formlos mit. Dabei handelt es sich um eine das GBAmt nicht bindende Entscheidungshilfe (OLG Düsseldorf FGPrax 2012, 242).

c) Rechtsmittel. Kommt das GBAmt einer Anregung nicht nach, das GB 25 von Amts wegen zu berichtigen, so kann die ablehnende Entscheidung von demjenigen mit der Beschwerde angefochten werden, der zur Durchsetzung seiner Rechte auf die vorherige GBBerichtigung angewiesen ist, diese aber nicht durch einen eigenen Berichtigungsantrag gem. § 22 herbeiführen kann. Dagegen ist nicht beschwerdeberechtigt, wer durch die Entscheidung des GBAmts in seinen Rechten nicht beeinträchtigt oder in der Lage ist, einen Berichtigungsantrag zu stellen und den Unrichtigkeitsnachweis zu führen (vgl. OLG Hamm Rpfleger 1994, 248; OLG Jena FGPrax 1996, 170). Berichtigt das GBAmt das GB, ist die berichtigende Eintragung nach allgemeinen Grundsätzen anfechtbar (s. dazu § 71 Rn. 36 ff.).

Gegen die Weigerung des Nachlassgerichts, einem Ersuchen des GBAmts nach § 82a Satz 2 nachzukommen, kann entsprechend § 159 GVG (s. dazu § 1 Rn. 94) das OLG angerufen werden (KG Rpfleger 1969, 57); dies gilt auch dann, wenn es sich um das Nachlassgericht desselben Amtsgerichts handelt (OLG Düsseldorf FGPrax 2012, 242).

9. Kosten

26   Für die Berichtigung des GB durch Eintragung des Eigentümers wird eine Gebühr von 1,0 gemäß Nr. 14110 GNotKG-KV erhoben. Wird das GB jedoch gemäß § 82a von Amts wegen berichtigt, beträgt die Gebühr 2,0, neben der für das Verfahren vor dem GBAmt und dem Nachlassgericht keine weitere Gebühr erhoben wird (Nr. 14111 GNotKG-KV). Kostenschuldner ist der Eigentümer (§ 23 Nr. 11 GNotKG).

27   Der Geschäftswert einer Beschwerde gegen die Anordnung oder Ablehnung des Berichtigungszwangs bemisst sich nach dem öffentlichen Interesse an der GBBerichtigung, das grundsätzlich mit dem Regelwert des § 36 Abs. 3 GNotKG von 5000 EUR zu bewerten sein wird. Dies gilt auch für eine Beschwerde gegen die Festsetzung von Zwangsgeld gemäß § 35 FamFG; maßgebend ist nicht die Höhe des angedrohten oder festgesetzten Zwangsgeldes.

II. Löschung gegenstandsloser Eintragungen

Gegenstandslosigkeit

84 (1) **Das Grundbuchamt kann eine Eintragung über ein Recht nach Maßgabe der folgenden Vorschriften von Amts wegen als gegenstandslos löschen. Für die auf der Grundlage des Gesetzes vom 1. Juni 1933 zur Regelung der landwirtschaftlichen Schuldverhältnisse eingetragenen Entschuldungsvermerke gilt Satz 1 entsprechend.**

(2) **Eine Eintragung ist gegenstandslos:**

a) soweit das Recht, auf das sie sich bezieht, nicht besteht und seine Entstehung ausgeschlossen ist;

b) soweit das Recht, auf das sie sich bezieht, aus tatsächlichen Gründen dauernd nicht ausgeübt werden kann.

(3) **Zu den Rechten im Sinne der Absätze 1 und 2 gehören auch Vormerkungen, Widersprüche, Verfügungsbeschränkungen, Enteignungsvermerke und ähnliches.**

1. Allgemeines

1   § 84 enthält den Grundsatz, dass gegenstandslose Eintragungen von Amts wegen gelöscht werden können, und bestimmt den Begriff der Gegenstandslosigkeit. S. hierzu Peter, Löschung gegenstandsloser Rechte, BWNotZ 1983, 49; Böhringer, Löschung von gegenstandslosen Rechtspositionen im GB, Rpfleger 2019, 1.

Der in einem GB im Gebiet der ehemaligen DDR eingetragene und mit dem Ablauf des Jahres 1992 gegenstandslos gewordene Vermerk über die Anordnung der staatlichen Verwaltung des Grundstücks oder Gebäudes ist nur auf Antrag zu löschen (§ 11a Abs. 2 VermG).

Zu dem Sonderfall der Löschung eingetragener Abgeltungshypotheken, **2** das sind Hypotheken, die ein zur Abgeltung der Gebäudeentschuldungssteuer gewährtes Darlehen sichern (§ 8 DVO z. VO über die Aufhebung der Gebäudeentschuldungssteuer v. 31.7.1942, RGBl. I 503), s. § 24 GBMaßnG sowie 16. Auflage (s. dort Anh. zu §§ 84 bis 89 und Anh. Nr. 10, 11).

Im Gebiet der ehemaligen DDR gelten die §§ 22 bis 25 GBMaßnG nach Maßgabe des § 36a GBMaßnG i. d. F. durch das VermRAnpG v. 4.7.1995 (BGBl. I 895). An die Stelle des Jahres 1964 tritt das Jahr 1995. S. dazu auch Böhringer DtZ 1995, 432.

Abs. 1 Satz 2 ist im Zusammenhang mit der Aufhebung des Ges. zur Abwicklung der landwirtschaftlichen Entschuldung v. 25.3.1952 (BGBl. I 203) und der VO über die Löschung der Entschuldungsvermerke v. 31.1.1962 (BGBl. I 67) durch das Ges. v. 26.10.2001 (BGBl. I 2710) eingefügt worden. Dadurch wurde eine Rechtsgrundlage für die gebührenfreie Löschung von Amts wegen der wenigen noch in den Grundbüchern vorhandenen Entschuldungsvermerke geschaffen.

Im Gebiet der ehemaligen DDR sah die VO zur Aufhebung von Rechtsbeschränkungen aus der landwirtschaftlichen Entschuldung v. 12.3.1959 (GBl. DDR I Nr. 16 S. 175) unter anderem die Löschung der Entschuldungsvermerke von Amts wegen vor. Etwa noch vorhandene Vermerke sind als gegenstandslos anzusehen und von Amts wegen zu löschen. Für Vermerke über die Entschuldung von Klein- und Mittelbauern beim Eintritt in landwirtschaftliche Produktionsgenossenschaften auf Grund des Ges. v. 17.2.1954 (GBl. DDR Nr. 23 S. 224) sieht § 105 Abs. 1 Nr. 6 Satz 2 Buchst. a GBV ein vereinfachtes Verfahren zur Erlangung einer Bewilligung zur Löschung dieser Vermerke vor.

Zur Löschung eines Verfügungsverbots nach dem MilitärregierungsG Nr. 52 s. LG Trier Rpfleger 2005, 138.

2. Gegenstandslosigkeit einer Eintragung

Sie kann nach der Begriffsbestimmung des Abs. 2 eine rechtliche (s. Rn. 4) **3** oder eine tatsächliche (s. Rn. 12) sein; von der Gegenstandslosigkeit aus rechtlichen Gründen handelt Buchst. a, von der aus tatsächlichen Gründen Buchst. b. Im Einzelfall kann ein eingetragenes Recht sowohl aus rechtlichen als auch aus tatsächlichen Gründen gegenstandslos sein. Dies ist z. B. der Fall, wenn eine Grunddienstbarkeit aus tatsächlichen Gründen auf Dauer nicht mehr ausgeübt werden kann und deshalb erlischt (BGH NJW 1984, 2157; BayObLG 1986, 223). Sowohl Abs. 1 als auch Abs. 2 sprechen von der Eintragung über ein Recht; nach Abs. 3 ist der Ausdruck „Recht" jedoch im weitesten Sinn zu verstehen. Unter § 84 fallen demnach Eintragungen jeder Art in Abt. II oder III; hingegen können Eigentumseintragungen nicht gegenstandslos im Sinn dieser Vorschrift sein (JFG 20, 379).

Ein dingliches Recht als solches unterliegt nicht der Verwirkung, so dass eine Löschung wegen Gegenstandslosigkeit nicht aufgrund Verwirkung verlangt werden kann. Der Ausübung des Rechts im einzelnen können aber unter dem Gesichtspunkt des § 242 BGB Schranken gesetzt sein (BayObLG Rpfleger 1999, 525).

3. Gegenstandslosigkeit aus rechtlichen Gründen

4   Sie liegt vor, wenn das eingetragene Recht nicht besteht und eine Entstehung ausgeschlossen ist (Abs. 2 Buchst. a). Demnach sind rechtlich gegenstandslos:

5   **a) Nicht entstandene Rechte.** Eintragungen über Rechte, die nicht
entstanden sind und auch in Zukunft nicht entstehen können, sind gegenstandslos. Fehlt die zur Entstehung eines Rechts erforderliche Einigung, so ist
eine Löschung unzulässig, solange die Einigung der Eintragung nachfolgen
kann. Nach Abs. 2a kann auch ein seinem Inhalt nach unzulässiges Recht
gelöscht werden, falls die Amtslöschung gemäß § 53 Abs. 1 Satz 2 nicht möglich ist. Nicht zulässig dagegen wäre die Löschung einer nicht valutierten
Hypothek, weil das Recht als Grundschuld des Eigentümers besteht.

6   **b) Erloschene Rechte.** Gegenstandslos sind ferner Eintragungen über
Rechte, die zwar entstanden, dann aber erloschen sind. Als Gründe des Erlö-
schens kommen in Betracht Wegfall des Berechtigten (zur Löschung einer
Katholischen Benefizium- oder Pfründestiftung aus diesem Grund s. Bay-
ObLG Rpfleger 1999, 525), Eintritt des Endtermins oder einer auflösenden
Bedingung, Rechtsvorgänge außerhalb des GB (BayObLG Rpfleger 1988,
246) sowie Änderung der Gesetzgebung (s. dazu auch § 22 Rn. 18).

7   **Beispiele:** Erlöschen eines Altenteilsrechts oder eines Nießbrauchs durch
den Tod des Berechtigten; hier ist jedoch § 23 zu beachten. Erlöschen eines
Rechts, dessen Berechtigter im Handelsregister eingetragen ist, mit der Löschung des Berechtigten im Handelsregister, sofern keinerlei Vermögen mehr
vorhanden ist (s. § 19 Rn. 103). Erlöschen eines Wohnungsrechts durch Eintritt der Volljährigkeit oder Eheschließung des Begünstigten. Erlöschen einer
Grunddienstbarkeit gemäß § 1026 BGB; ferner gemäß § 1019 BGB, wenn
das Recht für die Benutzung des herrschenden Grundstücks in Gegenwart
und Zukunft **jeden Vorteil verloren** hat (BGH VIZ 1999, 225: Erlöschen
einer Grunddienstbarkeit zur Verhinderung des Einblicks auf einen jüdischen
Begräbnisplatz wegen dessen Nutzung als Massengrab für Kriegstote; Bay-
ObLG Rpfleger 1988, 246: Erlöschen eines Wasserleitungsrechts durch Anschluss des herrschenden Grundstücks an die öffentliche Wasserversorgung
mit Benutzungszwang; s. hierzu auch BayObLG NJW-RR 1989, 1495;
MittBayNot 1998, 255). Erlöschen eines Wegerechts, wenn das Wegegrund-
stück der öffentlichen Straße gewidmet wurde und eine künftige Entwid-
mung ausgeschlossen erscheint (OLG Düsseldorf MDR 1995, 471; s. dazu
aber auch BayObLG MittBayNot 1971, 201). Erlöschen einer Umstellungsgrundschuld gemäß § 120 Abs. 1 LAG (BayObLG Rpfleger 1953; 449;
Bruhn Rpfleger 1953, 160; 1954, 114); zur Amtslöschung eingetragener Umstellungsgrundschulden s. aber auch 16. Auflage Anh. zu § 22 Erl. 3 D c.
Über die Gegenstandslosigkeit alter Grundlasten in Bayern s. Carmine
DNotZ 1957, 7; wegen der Gegenstandslosigkeit von Verfügungsbeschränkungen, die gemäß § 35 PrAG z. RSiedlG v. 15.12.1919 eingetragen wurden, s. OLG Hamm RdL 1965, 173; zur Frage des Erlöschens von älteren
Grunddienstbarkeiten, die eine Baubeschränkung zum Inhalt haben und
deren Bestellung seinerzeit durch inzwischen außer Kraft getretene öffent-

lich-rechtliche Vorschriften veranlasst worden ist, s. BGH DNotZ 1970, 348. Zur Löschung des an einem Einlagegrundstück eines Flurbereinigungsverfahrens eingetragenen Nießbrauchs, wenn der Flurbereinigungsplan für das Einlagegrundstück kein Ersatzgrundstück ausweist, s. OLG Frankfurt Rpfleger 2002, 73.

Vormerkungen werden nicht ohne weiteres gegenstandslos, wenn die **8** entsprechende endgültige Eintragung erfolgt, da sie nach § 883 BGB den vorläufig Berechtigten gegen Verfügungen schützen sollen, die vor der endgültigen Eintragung erfolgt sind (KGJ 50, 173). Auch wenn Zwischeneintragungen nicht vorhanden sind, kann die Vormerkung Bedeutung erlangen, wenn ein wirksamer, endgültiger Rechtserwerb, z. B. wegen späterer Geschäftsunfähigkeit eines Teils, nicht vorliegt (vgl. dazu KG DNotZ 1958, 255; BayObLG Rpfleger 1975, 395). Gegenstandslos ist die Vormerkung aber dann, wenn der Anspruch, zu dessen Sicherung sie dienen soll, nicht besteht und auch nicht entstehen kann (s. dazu Anh. zu § 44 Rn. 88, 89). Der durch eine Vormerkung gesicherte Anspruch auf Eintragung einer Grunddienstbarkeit besteht nicht, wenn infolge von Veränderungen eines der betroffenen Grundstücke die Ausübung des Rechts dauernd ausgeschlossen ist oder wenn das Recht für die Benutzung des herrschenden Grundstücks infolge grundlegender Änderung der tatsächlichen Verhältnisse oder der rechtlichen Grundlage objektiv und endgültig jeden Vorteil verloren hat (BayObLG ZflR 2003, 341).

Ein **Nacherbenvermerk** wird gegenstandslos, wenn der Gegenstand, auf **9** den er sich bezieht, veräußert worden ist und die Nacherben der Veräußerung zugestimmt haben oder bei befreiter Vorerbschaft die Verfügung des Vorerben nicht unentgeltlich war, nicht aber bereits dadurch, dass der Nacherbe im Vorerbfall den Pflichtteil fordert und erhält, ohne die Erbschaft auszuschlagen zu haben (s. § 51 Rn. 43).

Zur Gegenstandslosigkeit der Eintragung über eine **Erbteilspfändung 10** nach durchgeführter Teilungsversteigerung s. JFG 17, 38; wegen der Gegenstandslosigkeit der Eintragung einer Erbteilsverpfändung im Fall der Grundstücksveräußerung durch einen Testamentsvollstrecker s. JFG 22, 122.

c) Rechtskräftig festgestellte Rechte. Ist das Bestehen eines Rechts **11** durch Abweisung einer Löschungsklage rechtskräftig festgestellt worden, so kann es nicht als gegenstandslos gelöscht werden (KG HRR 1940 Nr. 868).

4. Gegenstandslosigkeit aus tatsächlichen Gründen

Sie liegt vor, wenn das eingetragene Recht aus tatsächlichen Gründen **12** dauernd nicht ausgeübt werden kann (Abs. 2 Buchst. b).

a) Weggefallener Gegenstand. Eintragungen über Rechte, deren Ge- **13** genstand weggefallen ist, sind gegenstandslos. Dies trifft z. B. zu, wenn ein Recht auf die Benutzung von Wegen oder Brücken gerichtet ist, die nicht mehr vorhanden sind. Hinzukommen muss aber, dass der Berechtigte keinen Anspruch auf Wiederherstellung des ursprünglichen Zustands hat (BayObLG Rpfleger 1986, 373). Über das Erlöschen dinglicher Wohnungsrechte im Fall der Zerstörung des Gebäudes s. BGH Rpfleger 1972, 129; zum Fortbestand eines Nießbrauchs in dem genannten Fall s. BGH DNotZ 1965, 165; wegen der Auswirkung einer Gebäudezerstörung auf ein alleiniges Gaststättenbetriebsrecht s. BGH Rpfleger 1980, 12, wegen der auf ein Kellerrecht s. BayObLG 1967, 404.

14   Eine beschränkte persönliche Dienstbarkeit (z. B. ein dingliches Wohnungsrecht gemäß § 1093 BGB) erlischt nur, wenn die Unmöglichkeit der Rechtsausübung auf einer Veränderung des Grundstücks beruht, nicht aber, wenn ein bloß in der Person des Berechtigten liegendes dauerndes Ausübungshindernis vorliegt (OLG Zweibrücken OLGZ 1987, 27; OLG Köln NJW-RR 1995, 1358). Allein der Eintritt der Pflegebedürftigkeit des Berechtigten und sein Umzug in ein Altersheim führen daher nicht zum Erlöschen des Wohnungsrechts (BGH Rpfleger 2007, 308 mit Anm. v. Krauß NotBZ 2007, 129; OLG Celle NJW-RR 1999, 10; OLG Düsseldorf Rpfleger 2001, 542f.; s. dazu auch BGH Rpfleger 2009, 309). Dass eine Dienstbarkeit über längere Zeit, gleich aus welchem Grund, nicht ausgeübt wird, macht die Ausübung noch nicht dauernd unmöglich (BayObLG Rpfleger 1986, 373). Auch rechtfertigt der Umstand, dass seit Entstehung des durch eine Vormerkung gesicherten Anspruchs 30 Jahre verstrichen sind, nicht die Annahme, der vorgemerkte Anspruch könne wegen Verjährung auf Dauer nicht mehr ausgeübt werden (OLG Köln Rpfleger 1986, 374).

15   **b) Nicht zu ermittelnder Berechtigter.** Gegenstandslos sind ferner Eintragungen über Rechte, deren Berechtigter nicht zu ermitteln ist. Bei Prüfung der Frage, ob sich die Person des Berechtigten feststellen lässt, sind der Sprachgebrauch und die Verhältnisse zurzeit der Eintragung zu berücksichtigen; so kann z. B. eine Eintragung: „Die Herrschaft hat das Vorkaufsrecht" auch heute noch zur Feststellung des Berechtigten genügen (JFG 10, 280).

5. Verfahren des Grundbuchamts

16   Gelöscht wird im Amtsverfahren. Es gilt demnach § 26 FamFG. Anträge der Beteiligten haben nur die Bedeutung einer Anregung (BayObLG Rpfleger 1973, 433), können aber dahin auszulegen sein, dass eine Löschung auch im Weg der GBBerichtigung gem. § 22 beantragt ist (BayObLG NJW-RR 1989, 1495). Der Erlass einer Zwischenverfügung kommt nicht in Betracht (BayObLG Rpfleger 1999, 525). Zweck des Amtsverfahrens ist es jedoch nicht, einen Streit der Beteiligten über das Bestehen eines eingetragenen Rechts zu entscheiden (BayObLG Rpfleger 1986, 373). Zum Verfahren im Einzelnen s. §§ 85ff. und zur Anfechtung ergangener Entscheidungen s. § 85 Rn. 5, § 87 Rn. 13ff. und § 89 Rn. 2ff.

6. Kosten

17   Für die Löschung gegenstandsloser Eintragungen von Amts wegen werden Gebühren nicht erhoben; gebührenfrei ist auch das vorangegangene Verfahren vor dem GBAmt. Es fehlt an einem Kostenschuldner.

Einleitung und Durchführung des Verfahrens

85 (1) Das Grundbuchamt soll das Verfahren zur Löschung gegenstandsloser Eintragungen grundsätzlich nur einleiten, wenn besondere äußere Umstände (z. B. Umschreibung des Grundbuchblatts wegen Unübersichtlichkeit, Teilveräußerung oder Neubelastung des Grundstücks, Anregung seitens eines Beteiligten) hinreichenden Anlaß dazu geben und Grund zu der Annahme besteht, daß die Eintragung gegenstandslos ist.

(2) Das Grundbuchamt entscheidet nach freiem Ermessen, ob das Löschungsverfahren einzuleiten und durchzuführen ist; diese Entscheidung ist unanfechtbar.

1. Allgemeines

§ 85 handelt von der Einleitung und Durchführung des Verfahrens. **1**
Eine allgemeine Verpflichtung, die Grundbücher auf gegenstandslose Eintragungen durchzusehen, besteht für das GBAmt nicht; vielmehr soll das Löschungsverfahren in der Regel nur unter bestimmten Voraussetzungen eingeleitet werden. Grundsätzlich ist es Sache der Beteiligten, die GBBerichtigung durch Löschung gegenstandsloser Eintragungen zu betreiben.

2. Voraussetzungen der Verfahrenseinleitung

Nach Abs. 1 soll das Löschungsverfahren grundsätzlich nur eingeleitet **2** werden, wenn besondere äußere Umstände hinreichenden Anlass dazu geben und Grund zu der Annahme besteht, dass die Eintragung gegenstandslos ist. Außer den beispielhaft genannten Fällen kommt als besonderer äußerer Umstand insbes. die in § 104 Abs. 2 GBV angeordnete Umschreibung von GBBlättern auf den neuen Vordruck in Betracht.

3. Entscheidung des Grundbuchamts

Im Rahmen des in Rn. 2 Ausgeführten entscheidet das GBAmt gemäß **3** Abs. 2 nach freiem Ermessen, ob das Verfahren einzuleiten ist; für die Entscheidung sind in erster Linie Zweckmäßigkeitserwägungen maßgebend. Das Verfahren ist grundsätzlich nur einzuleiten, wenn von vornherein eine gewisse Wahrscheinlichkeit dafür besteht, dass es zur Löschung führt. Schwierige und kostspielige Ermittlungen sind zu vermeiden, insbesondere dann, wenn die Bedeutung der Eintragung hierzu in keinem Verhältnis steht. Ein einmal eingeleitetes Verfahren braucht nicht durchgeführt zu werden; das GBAmt ist vielmehr nach freiem Ermessen zur jederzeitigen Einstellung befugt.
Die Einleitung des Löschungsverfahrens erfordert – anders als die des **4** Rangklarstellungsverfahrens – keine förmliche Entscheidung (OLG Hamm RdL 1965, 173, 199), bedarf keiner Begründung und muss den Beteiligten nicht bekanntgemacht werden; ein bloßer Aktenvermerk genügt. Das Gleiche gilt, vorbehaltlich der Sonderregelung des § 86, für die Ablehnung der Verfahrenseinleitung und für die Einstellung eines eingeleiteten Verfahrens.

4. Rechtsbehelfe

5 Die Entscheidung über die Einleitung und die Durchführung des Verfahrens ist unanfechtbar; die höheren Instanzen würden geneigt sein, rechtlichen Gesichtspunkten den Vorzug zu geben, während die Entscheidung nach Zweckmäßigkeitserwägungen zu treffen ist; auch soll das Verfahren einfach gestaltet werden. Ein Rechtsmittel kann jedoch als Antrag auf GBBerichtigung gem. § 22 auszulegen sein (vgl. BayObLG 1973, 272; BWNotZ 1988, 165; KG FGPrax 1997, 212; OLG München Rpfleger 2008, 480).

6 Gegen die Ermessensentscheidung des Rpflegers, die nach Abs. 2 Halbs. 2 nicht mit der Beschwerde angefochten werden kann, findet auch die befristete Erinnerung gem. § 11 Abs. 2 RpflegerG nicht statt, weil es an einer Rechtsbeeinträchtigung (vgl. § 71 Rn. 7, 59) und damit an einer Beschwer durch die Entscheidung des Rpflegers fehlt.

7 Anderes gilt aber im Fall des § 86. Nach der Neufassung des § 11 Abs. 2 RpflegerG durch das Ges. v. 5.12.2012 (BGBl. I 2418) sind auf die Erinnerung die Vorschriften der ZPO über die sofortige Beschwerde sinngemäß anzuwenden. Danach genügt, anders als im grundbuchrechtlichen Beschwerdeverfahren, grundsätzlich eine formelle Beschwer. Gegen die Ablehnung der Anregung, das Löschungsverfahren einzuleiten, ist daher die Erinnerung statthaft (OLG München Rpfleger 2017, 258). Dies erfordert eine Rechtsbehelfsbelehrung (s. § 71 Rn. 7). Im Rechtsbehelfsverfahren ist ein Übergang vom Amtslöschungs- in das Berichtigungsverfahren nicht zulässig (s. § 74 Rn. 6).

Anregung des Verfahrens durch einen Beteiligten

86 Hat ein Beteiligter die Einleitung des Löschungsverfahrens angeregt, so soll das Grundbuchamt die Entscheidung, durch die es die Einleitung des Verfahrens ablehnt oder das eingeleitete Verfahren einstellt, mit Gründen versehen.

1. Allgemeines

1 § 86 trifft eine besondere Bestimmung für den Fall, dass die Einleitung des Verfahrens von einem Beteiligten angeregt worden ist.

2. Entscheidung mit Gründen

2 Da das GBAmt über die Einleitung und die Durchführung des Löschungsverfahrens nach freiem Ermessen und unanfechtbar entscheidet, bedarf seine Entscheidung an sich keiner Begründung. § 86 schreibt eine solche jedoch dann vor, wenn ein Beteiligter die Einleitung des Verfahrens angeregt hat und diese entweder abgelehnt oder das anregungsgemäß eingeleitete Verfahren eingestellt wird. Zweck dieser Regelung ist, dem Anregenden die Gewissheit zu geben, dass sein Vorbringen sorgfältig geprüft wurde; dieser ist dann auch eher in der Lage, für die Beschaffung weiterer Löschungsunterlagen zu sorgen.

Die Entscheidung ist dem Anregenden bekanntzugeben; für die Bekanntmachung gilt § 41 FamFG und für die Form der Bekanntgabe § 15 Abs. 2 FamFG. Zur Anfechtung und Rechtsbehelfsbelehrung s. § 85 Rn. 7.

3. Beteiligter

Wer als Beteiligter in Betracht kommt, ist – anders als für das Rangklar-   **3** stellungsverfahren – nicht näher bestimmt, lässt sich aber in der Regel unschwer feststellen. Eine engherzige Auslegung des Begriffs erscheint nicht angebracht.

Voraussetzungen der Löschung

87 **Die Eintragung ist zu löschen:**

a) **wenn sich aus Tatsachen oder Rechtsverhältnissen, die in einer den Anforderungen dieses Gesetzes entsprechenden Weise festgestellt sind, ergibt, daß die Eintragung gegenstandslos ist;**

b) **wenn dem Betroffenen eine Löschungsankündigung zugestellt ist und er nicht binnen einer vom Grundbuchamt zugleich zu bestimmenden Frist Widerspruch erhoben hat;**

c) **wenn durch einen mit Gründen zu versehenden Beschluß rechtskräftig festgestellt ist, daß die Eintragung gegenstandslos ist.**

Inhaltsübersicht

1. Allgemeines

§ 87 bestimmt, unter welchen Voraussetzungen eine Eintragung als gegen-   **1** standslos gelöscht werden darf.

Jede der drei Voraussetzungen rechtfertigt die Löschung für sich. Eine Löschung gemäß Buchst. b kommt jedoch erst in Betracht, falls nicht nach Buchst. a gelöscht werden kann, eine solche gemäß Buchst. c nur, wenn weder die Löschung nach Buchst. a noch die nach Buchst. b möglich ist.

2. Nachweis der Gegenstandslosigkeit

Die Eintragung kann gelöscht werden, wenn sich ihre Gegenstandslosig-   **2** keit aus Tatsachen oder Rechtsverhältnissen ergibt, die entsprechend den Anforderungen der GBO festgestellt, d. h. in der Form des § 29 nachgewiesen sind (Buchst. a).

Erklärungen, aus denen sich die Gegenstandslosigkeit ableiten lässt, müssen   **3** mithin öffentlich beurkundet oder öffentlich beglaubigt sein (s. § 29 Rn. 27,

41); andere die Gegenstandslosigkeit ergebende Umstände bedürfen, wenn sie nicht offenkundig sind (s. § 29 Rn. 60), des Beweises durch öffentliche Urkunden (s. § 29 Rn. 27 ff.).

4   Auf Grund der vorbezeichneten Nachweise wäre auch eine GBBerichtigung nach §§ 19, 22 möglich; diese würde jedoch einen Antrag und die Beschaffung der Unterlagen durch den Antragsteller erfordern. Wie bei einer GBBerichtigung aufgrund Unrichtigkeitsnachweises gemäß § 22 ist vor der Löschung rechtliches Gehör zu gewähren (OLG München NJW-RR 2009, 597).

3. Löschungsankündigung

5   Kann die Gegenstandslosigkeit in grundbuchmäßiger Form nicht nachgewiesen werden, so ist die Löschung der Eintragung statthaft, falls dem Betroffenen eine Löschungsankündigung zugestellt worden ist und er nicht innerhalb einer zugleich bestimmten Frist Widerspruch erhoben hat (Buchst. b).

6   **a) Voraussetzungen.** Eine Löschungsankündigung darf nur erlassen werden, wenn die Gegenstandslosigkeit der Eintragung wahrscheinlich ist (s. § 85 Rn. 2). Da § 88 Abs. 2b eine öffentliche Zustellung der Löschungsankündigung untersagt, ist weiter erforderlich, dass der Betroffene (über den Begriff s. § 19 Rn. 49) sowohl der Person als auch dem Wohnort nach bekannt ist. Die Löschungsankündigung kann etwa lauten:

„Gemäß § 84 GBO können Eintragungen, die gegenstandslos geworden sind, von Amts wegen gelöscht werden. Im GB von ... Blatt ... Eigentümer: ... Lage des Grundstücks: ... steht in Abt. II/III die in der Anlage abschriftlich mitgeteilte Eintragung. Das GBAmt nimmt an, dass diese Eintragung gegenstandslos ist, weil ...

Sie werden um Äußerung binnen ... gebeten, ob Sie mit der Löschung einverstanden sind, oder ob und aus welchen Gründen Sie widersprechen. Wenn Sie nicht innerhalb der angegebenen Frist bei dem unterzeichneten GBAmt Widerspruch erheben, so kann das GBAmt die bezeichnete Eintragung von Amts wegen löschen."

7   **b) Widerspruch.** Der Widerspruch ist formfrei; er kann schriftlich oder mündlich erhoben werden und bedarf keiner Begründung. Wird er fristgemäß erhoben, so kann nur noch auf Grund eines rechtskräftigen Feststellungsbeschlusses (s. Rn. 9) gelöscht werden. Dasselbe gilt, falls der Löschungsankündigung nach Fristablauf, aber vor Ausführung der Löschung widersprochen wird; denn die zur Erhebung des Widerspruchs bestimmte Frist ist keine Ausschlussfrist.

8   Eine widerspruchslose Entgegennahme der Löschungsankündigung berechtigt das GBAmt zur Löschung, nötigt jedoch nicht zu ihrer Vornahme (s. § 85 Rn. 3).

4. Rechtskräftiger Feststellungsbeschluss

9   Ist die Gegenstandslosigkeit in grundbuchmäßiger Form nicht nachzuweisen und scheidet eine Löschungsankündigung als Grundlage der Löschung aus, so kann die Eintragung gelöscht werden, wenn die Gegenstandslosigkeit durch einen mit Gründen versehenen Beschluss rechtskräftig festgestellt ist (Buchst. c).

Die beschlussmäßige Feststellung der Gegenstandslosigkeit kommt in Betracht, wenn der Betroffene einer Löschungsankündigung widersprochen hat oder nach Person oder Wohnort unbekannt ist. Trifft letzteres zu, so kann der Feststellungsbeschluss gemäß § 88 Abs. 2c öffentlich zugestellt werden. **10**

Einem rechtskräftig gewordenen Feststellungsbeschluss kommt nur verfahrensrechtliche Bedeutung zu; er gestattet dem GBAmt die Löschung, zwingt aber nicht dazu, sie vorzunehmen (s. § 85 Rn. 3). **11**

5. Wirkung der Löschung

Die Löschung bewirkt in keinem Fall ein Erlöschen des Rechts; sie beseitigt aber die für den Inhaber des eingetragenen Rechts sprechende Vermutung des § 891 Abs. 1 BGB und begründet zugleich die ihm nachteilige Vermutung des § 891 Abs. 2 BGB (BayObLG Rpfleger 1986, 373). Hat das GBAmt die Gegenstandslosigkeit der Eintragung zu Unrecht angenommen, so wird das GB unrichtig (s. JFG 10, 280). Der Betroffene kann die Wiedereintragung seines Rechts verlangen, soweit nicht ein gutgläubiger Erwerb entgegensteht; zur Eintragung eines Amtswiderspruchs müssen die Voraussetzungen des § 53 Abs. 1 Satz 1 vorliegen. **12**

6. Rechtsmittel

Gegen eine Löschungsankündigung ist die Beschwerde unzulässig (JFG 10, 214). Ein Feststellungsbeschluss ist gemäß § 89 mit der befristeten Beschwerde anfechtbar. **13**

Gegen die Löschung ist die Beschwerde regelmäßig nur mit dem Ziel der Eintragung eines Amtswiderspruchs zulässig (JFG 22, 123); bedarf das gelöschte Recht zur Erhaltung seiner Wirksamkeit gegenüber Dritten aber nicht der Eintragung, so ist die Beschwerde unbeschränkt statthaft (JFG 10, 282; OLG Hamm RdL 1965, 173, 199).

7. Kosten

Wegen der Erhebung von Gebühren und Auslagen s. § 84 Rn. 17. **14**

Ergänzende Verfahrensvorschriften

88 (1) **Das Grundbuchamt kann den Besitzer von Hypotheken-, Grundschuld- oder Rentenschuldbriefen sowie von Urkunden des in den §§ 1154, 1155 des Bürgerlichen Gesetzbuchs bezeichneten Art zur Vorlegung dieser Urkunden anhalten.**

(2) **§ 40 Abs. 1 und § 41 Abs. 1 und 2 des Gesetzes über das Verfahren in Familiensachen und in den Angelegenheiten der freiwilligen Gerichtsbarkeit ist auf die Löschungsankündigung (§ 87 Buchstabe b) und den Feststellungsbeschluß (§ 87 Buchstabe c) mit folgenden Maßgaben anzuwenden:**

a) § 184 der Zivilprozessordnung ist nicht anzuwenden;

b) die Löschungsankündigung (§ 87 Buchstabe b) kann nicht öffentlich zugestellt werden;

c) der Feststellungsbeschluß (§ 87 Buchstabe c) kann auch dann, wenn die Person des Beteiligten, dem zugestellt werden soll, unbekannt ist, öffentlich zugestellt werden.

1. Allgemeines

1   § 88 enthält ergänzende Verfahrensvorschriften. Sie regeln die Vorlegung von Briefen und sonstigen Urkunden sowie die Bekanntmachung von Löschungsankündigungen und Feststellungsbeschlüssen. Abs. 2 Buchst. a wurde durch das Zustellungsreformgesetz v. 25.6.2001 (BGBl. I 1206) und Abs. 2 Satz 1 durch das FGG-RG v. 17.12.2008 (BGBl. I 2586) geändert.

2. Vorlegung von Briefen und sonstigen Urkunden

2   Das GBAmt hat nur in den gesetzlich bestimmten Fällen das Recht, den Besitzer von Hypotheken-, Grundschuld- oder Rentenschuldbriefen zu deren Vorlegung anzuhalten (s. § 62 Rn. 16). Abs. 1 verleiht ihm die Befugnis für das Löschungsverfahren und erstreckt sie gleichzeitig auf die in §§ 1154, 1155 BGB genannten Urkunden. Zweck dieser Regelung ist, dem GBAmt die Einhaltung der §§ 41, 42 zu ermöglichen sowie die Ermittlung des Berechtigten zu erleichtern. Die Vorlegung ist nach Maßgabe des § 35 FamFG erzwingbar (s. § 62 Rn. 18). Wird die Löschung bei einer Hypothek, Grundschuld oder Rentenschuld vorgenommen, so ist sie gemäß § 62 Abs. 1 auf dem Brief zu vermerken.

3. Bekanntmachung

3   Löschungsankündigungen und Feststellungsbeschlüsse sind gemäß § 41 Abs. 1 Satz 2, § 15 Abs. 2 FamFG grundsätzlich nach den Vorschriften der ZPO über die Amtszustellung bekanntzumachen. Abs. 2 bestimmt aber in einigen Punkten Abweichendes: § 184 ZPO über Zustellungsbevollmächtigte und die Zustellung durch Aufgabe zur Post ist nicht anzuwenden. Ferner ist die öffentliche Zustellung (§§ 185 ff. ZPO) einerseits eingeschränkt, andererseits erweitert; eingeschränkt insofern, als eine Löschungsankündigung nicht öffentlich zugestellt werden darf; erweitert insofern, als die öffentliche Zustellung eines Feststellungsbeschlusses auch zulässig ist, wenn die Person des Zustellungsempfängers unbekannt ist.

Beschwerde gegen den Feststellungsbeschluß

89 (1) **Die Beschwerde (§ 71) gegen den Feststellungsbeschluß ist binnen einer Frist von zwei Wochen seit Zustellung des angefochtenen Beschlusses an den Beschwerdeführer einzulegen. Das Grundbuchamt und das Beschwerdegericht können in besonderen Fällen in ihrer Entscheidung eine längere Frist bestimmen.**

(2) **Auf den zur Zustellung bestimmten Ausfertigungen der Beschlüsse soll vermerkt werden, ob gegen die Entscheidung ein Rechtsmittel zulässig und bei welcher Behörde, in welcher Form und binnen welcher Frist es einzulegen ist.**

1. Allgemeines

§ 89 regelt die Beschwerde gegen den Feststellungsbeschluss und schreibt **1** eine Rechtsbehelfsbelehrung vor.

2. Befristete Beschwerde

Die Beschwerde ist befristet, weil das Verfahren beschleunigt werden soll, **2** und weil die Löschung nach § 87 Buchst. c einen rechtskräftigen Feststellungsbeschluss voraussetzt. Die Beschwerdefrist beträgt nach Abs. 1 Satz 1 regelmäßig zwei Wochen, kann gemäß Abs. 1 Satz 2 jedoch in besonderen Fällen in der Entscheidung des GBAmts verlängert werden.

Die Beschwerde ist, wie der Hinweis auf § 71 ergibt, eine befristete **3** GBBeschwerde und keine Beschwerde nach dem FamFG. Bei Fristversäumung kann gleichwohl Wiedereinsetzung in den vorigen Stand entsprechend §§ 17 ff. FamFG beantragt werden (JFG 16, 322), jedoch nicht mehr, wenn die Löschung im GB vollzogen oder seit dem Ende der Frist ein Jahr verstrichen ist (vgl. § 105 Abs. 2, 3; Budde in Bauer/Schaub Rn. 4). Eine Wiedereinsetzung kommt insbesondere bei unterbliebener oder fehlerhafter Rechtsbehelfsbelehrung (Rn. 7) in Betracht (vgl. § 17 Abs. 2 FamFG). Es gilt nicht § 48 Abs. 1 FamFG, sondern § 75 GBO. Wegen der Beschwerdeberechtigung s. § 71 Rn. 57.

Auch im Beschwerdeverfahren gilt der Grundsatz der Amtsermittlung. Die **4** Erhebung weiterer Beweise durch das OLG ist daher möglich und unter Umständen geboten.

3. Rechtsbeschwerde

Sie ist, wie schon aus Abs. 1 Satz 2 hervorgeht, grundsätzlich zulässig. Die **5** Beschwerdefrist beträgt auch hier zwei Wochen, kann aber in besonderen Fällen in der Entscheidung des OLG verlängert werden. Im Übrigen gilt § 78.

Hebt das OLG den Feststellungsbeschluss des GBAmts auf und verneint es **6** die Gegenstandslosigkeit, so ist gegen diese Entscheidung eine Rechtsbeschwerde unzulässig (BayObLG 1997, 268). Denn das Beschwerdegericht tritt hinsichtlich der Prüfung des Sachverhalts an die Stelle des GBAmts und entscheidet gemäß § 85 Abs. 2 unanfechtbar (KG HRR 1935 Nr. 256; 1939 Nr. 1364; BayObLG DNotZ 1988, 115). Die Zulässigkeit der Rechtsbeschwerde verneinen ebenfalls, wenn auch mit anderer Begründung, Güthe/Triebel Rn. 3.

4. Rechtsbehelfsbelehrung

Sie ist vorgesehen, weil die Beschwerde abweichend von der Regel des **7** § 71 befristet ist. Das GBAmt belehrt in dem Feststellungsbeschluss, das

OLG, sofern es die Rechtsbeschwerde zulässt, in der Beschwerdeentscheidung (JFG 16, 323). Wie der Wortlaut des Abs. 2 ergibt, handelt es sich nur um eine Sollvorschrift, während § 39 FamFG eine Rechtsbehelfsbelehrung zwingend vorschreibt. Die Frist zur Erhebung der Beschwerde beginnt also auch dann zu laufen, wenn die Rechtsbehelfsbelehrung unterlassen wurde (s. § 1 Rn. 79).

Anhang zu §§ 84 bis 89
Grundbuchbereinigung

Inhaltsübersicht

1. Allgemeines

1   Das als Art. 2 des RegVBG verkündete GBBereinigungsG (GBBerG) v. 20.12.1993 (BGBl. I 2192) hat zum Ziel, die Grundbücher, insbes. in den neuen Ländern im Gebiet der ehemaligen DDR, zu bereinigen. Das Ges. befasst sich in Abschnitt 1 mit der Behandlung wertbeständiger und ähnlicher Rechte, in Abschnitt 2 mit überholten Dienstbarkeiten und vergleichbaren Rechten, in Abschnitt 3 mit nicht eingetragenen dinglichen Rechten und in Abschnitt 4 mit der Ablösung von Grundpfandrechten; in Abschnitt 5 enthält es sonstige Erleichterungen des GBVerfahrens.

Zu zweifelhaften Rechtslagen und Problemfällen bei der GBBereinigung s. Böhringer DtZ 1994, 130 und 194. S. dazu auch Richter/Böhringer, Bereinigung und Umschreibung von ostdeutschen Grundbüchern, Rpfleger 1995, 437; ferner Böhringer, Sonderrecht zur Löschung von Altrechten im GB, ZfIR 2018, 721.

2. Umstellung wertbeständiger Rechte

2   **a) Definition.** § 1 Abs. 1 GBBerG enthält eine Legaldefinition des wertbeständigen Rechts und bestimmt, dass vom Inkrafttreten des Ges. am 25.12.1993 an nur noch die Zahlung eines bestimmten Geldbetrages aus dem Grundstück verlangt werden kann; dies gilt jedoch nur für die im Gebiet der ehemaligen DDR vor dem Inkrafttreten des Zivilgesetzbuchs der DDR (ZGB) v. 19.6.1975 (GBl. DDR I 465) am 1.1.1976 bestellten wertbeständigen Rechte. § 1 Abs. 2 GBBerG bestimmt, wie der maßgebende Betrag bei Rechten zu ermitteln ist, bei denen wahlweise die wertbeständigen Leistungen auf verschiedener Basis nebeneinander oder neben Geldleistungen gefordert werden können.

b) Bereits umgestellte Rechte. § 2 GBBerG betrifft die wertbeständi- 3
gen Rechte, die bereits durch reichsrechtliche Vorschriften (s. hierzu 17. Auflage § 28 Anm. 9) zu einem festen Satz auf Reichsmark umgestellt worden
sind. Die Bestimmung stellt auf die seinerzeit vorgesehenen RM-Beträge ab
und stellt diese im Verhältnis 2.1 auf Deutsche Mark um. Wenn der Verpflichtete jedoch eine andere Umstellung nachweist, ist diese maßgebend. Im Gebiet der ehemaligen DDR wurden RM-Beträge im Verhältnis 1.1 auf Mark
der DDR umgestellt und werden nunmehr gemäß dem Vertrag über die
Schaffung einer Währungs-, Wirtschafts- und Sozialunion zwischen der Bundesrepublik Deutschland und der DDR v. 18.5.1990 (BGBl. II 518, 537) im
Verhältnis 2:1 auf Deutsche Mark umgestellt.

c) Umrechnungssatz. In § 3 GBBerG wird für die von reichsrechtli- 4
chen Umstellungsvorschriften nicht erfassten wertbeständigen Rechte ein
fester Umrechnungssatz vorgeschrieben; die besonderen Vorschriften über
die Schweizer Goldhyp. (s. hierzu § 28 Rn. 22) bleiben jedoch unberührt.
Um insbes. dem GBAmt die Ermittlung der maßgebenden Mittelwerte am
Tage des Inkrafttretens des Ges. am 25.12.1993 zu erleichtern, ist das BJM
ermächtigt, diese durch Rechtsverordnung festzustellen. Solche Feststellungen enthält § 12 SachenRDV.

d) Gutgläubiger Erwerb. In § 4 Satz 1 GBBerG ist bestimmt, dass die 5
Änderungen der §§ 1 bis 3 zum Erhalt ihrer Wirksamkeit gegenüber dem
öffentlichen Glauben des GB nicht der Eintragung bedürfen. Das bedeutet,
dass der gutgläubige Erwerber eines wertbeständigen Rechts auch dann nur
die Zahlung des umgestellten Geldbetrages verlangen kann, wenn das GB
noch nicht entsprechend berichtigt war. § 4 Satz 2 GBBerG verpflichtet den
Gläubiger und den Eigentümer entsprechende Berichtigungsbewilligungen
abzugeben; nicht ausgeschlossen ist aber auch eine GBBerichtigung auf
Grund Unrichtigkeitsnachweises. Die GBBerichtigung kann auch von Amts
wegen vorgenommen werden. Sie ist jedenfalls vor solchen das Recht betreffenden Eintragungen unverzichtbar, bei denen der Geldbetrag im Vordergrund steht. Gem. § 4 Satz 3 GBBerG ist sie gebührenfrei.

Die auf Deutsche Mark umgestellten Geldbeträge sind in Euro umzurechnen (1 EUR = 1,95583 DM).

3. Erlöschen eingetragener Rechte

a) Allgemeines. Der Nießbrauch, die beschränkte persönliche Dienst- 6
barkeit und das Wohnungsrecht zugunsten einer natürlichen Person sind
nicht übertragbar (§ 1059 Satz 1, § 1092 Abs. 1 Satz 1, § 1093 Abs. 1 Satz 1
BGB) und erlöschen mit dem Tod des Berechtigten (§ 1061 Satz 1, § 1090
Abs. 3, § 1093 Abs. 1 Satz 1 BGB). Damit wird das GB unrichtig. Die GBBerichtigung durch Löschung setzt den Nachweis voraus, dass der Berechtigte
nicht mehr lebt. Dieser Nachweis kann vielfach nicht geführt werden, weil
der letzte Aufenthalt des Berechtigten nicht bekannt ist. Um in diesen Fällen
die Löschung zu erleichtern, sieht § 5 GBBerG unter bestimmten Voraussetzungen eine Erlöschensfiktion für diese Rechte vor. Erfasst werden von der
Vorschrift nicht nur die ausdrücklich aufgeführten Rechte, sondern auch

sonstige für eine natürliche Person eingetragene unvererbliche und unveräußerliche Rechte, z. B. die Reallast (§ 1105 Abs. 1, § 1111 Abs. 2 BGB).

7   **b) Voraussetzungen des Erlöschens.** Für nicht übertragbare und nicht vererbliche Rechte fingiert § 5 Abs. 1 Satz 1 GBBerG das Erlöschen, wenn auf Grund von Erfahrungssätzen davon auszugehen ist, dass der Berechtigte nicht mehr lebt und das Recht erloschen ist. Steht das Recht mehreren Personen gemeinschaftlich zu, so erlischt es grundsätzlich nur in Bezug auf die Person, bei der die gesetzlichen Voraussetzungen dafür vorliegen. Die Regelung gilt nur für natürliche Personen; bei juristischen Personen gibt es keinen Erfahrungssatz für ihren Untergang nach einem bestimmten Zeitablauf.

8   Ein Nießbrauch, eine beschränkte persönliche Dienstbarkeit und ein Wohnungsrecht, die im GB für eine natürliche Person eingetragen sind, gelten, sofern sich der Geburtstag des Berechtigten aus dem GB oder den Grundakten ergibt, mit dem Ablauf von 110 Jahren vom Geburtstag an als erloschen, wenn sie nicht bereits vorher erloschen sind. Nach § 15 Abs. 1 Buchst. a GBV in der Neufassung durch die VO v. 21.3.1974 (BGBl. I 771) ist das Geburtsdatum des Berechtigten im GB einzutragen, wenn es sich aus den EintrUnterlagen ergibt.

Ist der Geburtstag bei Inkrafttreten des GBBerG am 25.12.1993 nicht aus dem GB oder den Grundakten ersichtlich, so ist nach § 5 Abs. 1 Satz 2 GBBerG der Tag der Eintragung des Rechts im GB für den Beginn der Frist von 110 Jahren maßgebend.

9   Das Recht gilt mit Ablauf der mit dem Geburtstag oder dem Tag der GBEintragung beginnenden Frist von 110 Jahren als erloschen. Gälte ein Recht danach bereits vor dem Inkrafttreten des Ges. am 25.12.1993 als erloschen, so gilt es erst mit dem Inkrafttreten als erloschen (§ 5 Abs. 1 Satz 3 GBBerG).

10   **c) Widerspruch des Berechtigten.** Die Fiktion des Erlöschens tritt nicht ein, wenn der Berechtigte innerhalb von 4 Wochen ab dem für das Erlöschen maßgebenden Zeitpunkt (s. dazu Rn. 10) widerspricht.

Der Widerspruch ist nur zu beachten, wenn er innerhalb der **Frist** beim GBAmt eingeht. Er muss darüber hinaus aber auch nach dem für das Erlöschen maßgebenden Zeitpunkt abgefasst sein; Voraussetzung ist daher, dass der Berechtigte zu diesem Zeitpunkt noch lebt.

Der Widerspruch bedarf nicht der Form des § 29; er muss aber in Textform (s. dazu § 126b BGB) oder zu Niederschrift des Urkundsbeamten der Geschäftsstelle des GBAmts erklärt werden und zum Ausdruck bringen, dass der Berechtigte auf dem Fortbestand seines Rechts besteht (§ 5 Abs. 1 Satz 1 GBBerG). Der Widerspruch ist zu den Grundakten zu nehmen. Im GB wird er nicht vermerkt.

11   **d) Löschung von Amts wegen.** Gilt ein Recht als erloschen, kann es vom GBAmt von Amts wegen gelöscht werden (§ 5 Abs. 3 GBBerG). Das Recht kann damit unabhängig von einem Unrichtigkeitsnachweis des Grundstückseigentümers gelöscht werden. Das GBAmt wird das Amtslöschungsverfahren nur dann in die Wege leiten, wenn besondere äußere Um-

stände hinreichenden Anlass dazu geben und Grund zu der Annahme besteht, dass das Recht erloschen ist (vgl. § 85).

Für die Löschung von Amts wegen werden Gebühren nicht erhoben.

e) Kohleabbaugerechtigkeiten. In Grundbüchern im Gebiet der ehe- **12** maligen DDR insbes. zugunsten der Riebeck'schen Montan-Union eingetragene Kohleabbaugerechtigkeiten sind wegen der Verstaatlichung des Bergbaus in der ehemaligen DDR gegenstandslos geworden. Dies gilt auch für Dienstbarkeiten, Vormerkungen und Vorkaufsrechte, die dem Inhaber solcher Gerechtigkeiten zu deren Ausübung eingeräumt wurden. § 5 Abs. 2 Satz 1 GBBerG stellt klar, dass diese Gerechtigkeiten, Dienstbarkeiten, Vormerkungen und Vorkaufsrechte erloschen sind.

Die Rechte können vom GBAmt von Amts wegen gelöscht werden (§ 5 **13** Abs. 3 GBBerG). Die Löschung wäre aber auch ohne die Bestimmung des § 5 Abs. 3 GBBerG gem. § 84 Abs. 2 Buchst. a möglich (s. hierzu § 84 Rn. 6). Im Übrigen gilt das in Rn. 11 Gesagte. Voraussetzung für die Löschung einer Dienstbarkeit, eines Vorkaufsrechts oder einer Vormerkung ist aber, dass ein Zusammenhang mit einer Kohleabbaugerechtigkeit besteht. Der Zusammenhang ist vom Grundstückseigentümer, der die Löschung betreibt, glaubhaft zu machen. In Anlehnung an § 29a Halbsatz 2 muss dies nicht in der Form des § 29 geschehen, die in vielen Fällen nicht eingehalten werden könnte.

4. Ausschluss unbekannter Berechtigter

a) Betroffene Rechte. Durch § 6 Abs. 1 GBBerG wird der Ausschluss **14** des Begünstigten eines Nießbrauchs, einer beschränkten persönlichen Dienstbarkeit und eines Mitbenutzungsrechts im Sinne des § 321 Abs. 1 bis 3, § 322 des Zivilgesetzbuchs der DDR (ZGB) v. 19.6.1975, GBl. DDR I 465 (vgl. Art. 233 § 5 Abs. 1 EGBGB) im Weg des Aufgebotsverfahrens ermöglicht. Einbezogen sind in die Regelung durch Abs. 1 Satz 2 auch bestimmte subjektiv-dingliche Rechte, darunter insbes. Rechte zugunsten des jeweiligen Eigentümers eines Ritterguts, aber auch Grunddienstbarkeiten, sofern die Grundakten des herrschenden Grundstücks vernichtet und trotz Ausschöpfens der Möglichkeiten des § 148 Abs. 1 GBO nicht mehr wiederherzustellen sind. Bei dem Begünstigten kann es sich um eine natürliche oder um eine juristische Person handeln.

Der durch das SachenRÄndG eingefügte § 6 Abs. 1a GBBerG enthält für die vor dem 3.10.1990 begründeten Vorkaufsrechte und Reallasten eine besondere Regelung; s. dazu Rn. 18. S. zum Ganzen Böhringer NotBZ 2001, 197.

b) Voraussetzungen. Während § 1170 BGB verlangt, dass der Hyp- **15** Gläubiger unbekannt ist, genügt hier, dass der im Hinblick auf die GB-Eintragung bekannte Begünstigte, sofern es sich bei ihm nicht um eine juristische Person handelt, unbekannten Aufenthalts ist. Ohne diese Sonderregelung müsste der Grundstückeigentümer eine auf GBBerichtigung gerichtete Klage gem. § 894 BGB durch öffentliche Zustellung erheben und das Erlöschen des Rechts nachweisen.

Bei einem Recht zugunsten einer natürlichen Person ist das Aufgebotsverfahren darüber hinaus auch zulässig, wenn nicht feststellbar ist, ob der Berechtigte noch lebt; dies erspart es dem Eigentümer in den Fällen, in denen § 5 Abs. 1 GBBerG nicht eingreift, den oft schwierigen Todesnachweis zu führen. Für die Mitbenutzungsrechte gilt dies nicht, weil sie mit dem Tod des Berechtigten nicht erlöschen, vielmehr gem. § 322 Abs. 2 ZGB auf den Rechtsnachfolger des eingetragenen Berechtigten übergehen. Steht das Recht mehreren Personen gemeinschaftlich zu, so ist das Aufgebotsverfahren, wenn seine Voraussetzungen nicht für alle vorliegen, nur bei der Bruchteilsgemeinschaft zulässig.

16 Ist als Begünstigter eine juristische Person eingetragen, kommt ein Aufgebotsverfahren in Betracht, wenn zweifelhaft ist, ob die juristische Person noch besteht oder das Recht auf eine andere juristische Person übergegangen ist.

Das Aufgebotsverfahren ist nur zulässig, wenn seit der Letzten sich auf das Recht beziehenden GBEintragung 30 Jahre verstrichen und das Recht nicht innerhalb dieser Frist von einem Berechtigten ausgeübt oder von dem Eigentümer in einer nach § 212 Abs. 1 Nr. 1 BGB für den Neubeginn der Verjährung geeigneten Weise anerkannt worden ist. Die Regelung lehnt sich an § 1170 BGB an, hinsichtlich der Frist jedoch an § 927 BGB.

17 **c) Aufgebotsverfahren.** Das Aufgebotsverfahren ist in §§ 433 ff. FamFG näher geregelt. Gem. § 6 Abs. 2 GBBerG gelten die für das Aufgebotsverfahren nach § 1170 BGB anwendbaren besonderen Vorschriften der §§ 447 bis 450 FamFG sinngemäß.

d) Ausschließungsbeschluss. Mit der Rechtskraft des Ausschließungsbeschlusses (vgl. § 439 Abs. 2 FamFG) erlischt das Recht; das GB wird unrichtig und kann durch Löschung des Rechts berichtigt werden. Wird der Ausschließungsbeschluss auf Beschwerde aufgehoben, erwirbt der Berechtigte das Recht wieder, es sei denn, das Grundstück ist in der Zwischenzeit gutgläubig lastenfrei erworben worden.

18 **e) Vorkaufsrechte und Reallasten.** Der durch das SachenRÄndG eingefügte § 6 Abs. 1a GBBerG erweitert die Möglichkeiten des Aufgebotsverfahrens nach §§ 1104, 1112 BGB bei einem Vorkaufsrecht oder einer Reallast, sofern das Recht vor dem 3.10.1990 begründet worden ist. Das Aufgebotsverfahren ist auch dann zulässig, wenn es sich um ein subjektivdingliches Recht handelt; ferner genügt es, dass lediglich der Aufenthalt des Berechtigten unbekannt ist. S. hierzu Schöne, Der Vorkaufsberechtigte unbekannten Aufenthalts, Rpfleger 2002, 131.

19 **f) Geltungsbereich.** Die Regelung ist auf das Gebiet der ehemaligen DDR beschränkt, kann aber durch Rechtsverordnung der Länderregierungen auch im übrigen Bundesgebiet in Kraft gesetzt werden (s. für Bayern VO v. 6.9.1994, GVBl. 928, ersetzt ab 14.4.1995 durch VO v. 5.4.1995, GVBl. 157, diese geändert durch VO v. 27.12.1996, GVBl. 577; s. für Nordrhein-Westfalen VO v. 13.2.2001, GVBl. 69, und Wehrstedt RNotZ 2001, 516). In den Ländern, in denen § 6 Abs. 1a GBBerG gemäß § 6 Abs. 3 Satz 2 GBBerG gilt, kann der Inhaber eines vor dem 3.10.1990 begründeten dinglichen Vorkaufsrechts mit seinem Recht nach Maßgabe von § 1104 Abs. 1 BGB im Wege des Aufgebotsverfahrens auch dann ausgeschlossen werden, wenn sein Aufenthalt unbekannt ist (BGH WM 2009, 1669).

Nach § 6 Abs. 3 Satz 3 GBBerG sollte die Vorschrift am 31.12.1996 außer Kraft treten; das BJM war in Art. 18 Abs. 4 Nr. 3 RegVBG ermächtigt worden, die Frist bis längstens zum Ablauf des 31.12.2005 zu verlängern. Die beiden genannten Vorschriften sind durch das EigentumsfristenG v. 20.12.1996 (BGBl. I 2028) aufgehoben worden.

5. Belastungs- und Veräußerungserlaubnis

§ 7 Abs. 1 GBBerG eröffnete die Möglichkeit, dass von dem gesetzlichen **20** Vertreter oder Pfleger eines Grundstückseigentümers unbeschadet der allgemeinen Vorschriften unter bestimmten Voraussetzungen das Grundstück veräußert oder belastet werden konnte. Die Bestimmung regelte einen Sonderfall und ließ die allgemeinen Vorschriften über die Befugnisse eines gesetzlichen Vertreters bei Grundstücksgeschäften unberührt. Sie stand dem Verkauf und der Auflassung eines Grundstücks durch eine natürliche Person, die gem. Art. 233 § 2 Abs. 3 EGBGB zum Vertreter des Eigentümers bestellt worden ist, nicht entgegen (BGH MDR 2003, 324).

a) Voraussetzungen. Erforderlich war eine Erlaubnis des Vormund- **21** schaftsgerichts. Sie konnte nur dem gesetzlichen Vertreter gem. § 11b VermG oder Art. 233 § 2 Abs. 3 EGBGB (OLG Rostock VIZ 2004, 537) oder dem für den Eigentümer eines im Gebiet der ehemaligen DDR gelegenen Grundstücks oder Gebäudes bestellten Pfleger erteilt werden. Die Erlaubnis sollte bei Grundstücken im Gebiet der ehemaligen DDR, die zwar nicht rechtlich, aber faktisch herrenlos waren, notwendige Maßnahmen zur Verwaltung und Instandhaltung oder Instandsetzung ermöglichen. Die Erlaubnis konnte das dafür zuständige Vormundschaftsgericht nicht nach seinem freien Ermessen, sondern nur bei Vorliegen der in § 7 Abs. 1 Satz 2 GBBerG genannten Voraussetzungen erteilen.

b) Verfahren. Die Erteilung der Erlaubnis setzte keinen Antrag des Ver- **22** treters oder Pflegers voraus; es genügte eine Anregung, damit das Vormundschaftsgericht von Amts wegen tätig wurde. Die Erlaubnis durfte erst dann erteilt werden, wenn seit der öffentlichen Aufforderung des Eigentümers durch Aushang an der Gerichtstafel mindestens sechs Monate verstrichen waren (§ 7 Abs. 1 Satz 3 GBBerG). Wurde die Erlaubnis erteilt, war die Entscheidung des Vormundschaftsgerichts öffentlich bekannt zu machen (§ 7 Abs. 2 Halbsatz 1 GBBerG). Der Eigentümer konnte gegen die Erteilung der Erlaubnis unbefristete Beschwerde einlegen (vgl. § 19 FGG).

c) Auskehr des Erlöses. Wurde das Grundstück mit Erlaubnis des Vor- **23** mundschaftsgerichts vom Vertreter oder Pfleger veräußert, war dem Eigentümer der Erlös, mindestens aber der Verkehrswert zu zahlen.

d) Geltungsbereich. Die Regelung des § 7 GBBerG war auf das Gebiet der ehemaligen DDR beschränkt und bis zum 31.12.2005 (§ 7 Abs. 4 GBBerG) befristet. Näheres s. 25. Auflage.

6. Erlöschen nicht eingetragener Rechte

24 **a) Betroffene Rechte.** Durch Rechte, die aus dem GB nicht ersichtlich sind und nicht durch gutgläubigen Erwerb des Grundstücks erlöschen, wird der Rechtsverkehr erheblich beeinträchtigt. Dies trifft nach Maßgabe des Art. 233 § 5 Abs. 2 Satz 1 EGBGB auf nicht eingetragene Mitbenutzungs-rechte gem. § 321 Abs. 1 bis 3 und § 322 ZGB zu und im Hinblick auf Art. 187 EGBGB auf altrechtliche Grunddienstbarkeiten, nicht aber auf eine vor dem 1.1.1976 zu Unrecht gelöschte Grunddienstbarkeit (OLG Dresden ZfIR 2010, 545). Die Anwendung des § 892 BGB ist auch dann ausgeschlos-sen, wenn ein solches Recht bereits zu Zeiten der DDR – mit lediglich de-klaratorischer Wirkung – in das GB eingetragen war, dann aber, vor oder nach dem Beitritt, versehentlich, z.B. durch Nichtmitübertragung, gelöscht wurde (BGH Rpfleger 2004, 152). § 8 Abs. 1 Satz 1 GBBerG sieht unter bestimmten Voraussetzungen das Erlöschen dieser Rechte vor; dabei werden jedoch die in Art. 233 § 4 Abs. 2 EGBGB genannten Nutzungsrechte gem. §§ 287 bis 294 ZGB ausgenommen, ferner gem. § 8 Abs. 3 Satz 1 GBBerG bestimmte beschränkte dingliche Rechte von Versorgungsunternehmen. S. dazu Böhringer NotBZ 2002, 119. Die Ausschlussregel des § 8 Abs. 1 Satz 1 GBBerG gilt nicht für den Anspruch aus § 116 Abs. 1 SachenRBerG auf Einräumung einer Grunddienstbarkeit oder einer beschränkten persönlichen Dienstbarkeit (BGH VIZ 2004, 195). Zur verfassungsrechtlichen Undenk-lichkeit von § 8 GBBerG s. BGH MDR 2003, 803.

25 **b) Voraussetzungen des Erlöschens.** Besondere Voraussetzungen für das Erlöschen stellt das Gesetz nicht auf, benennt vielmehr zwei Voraussetzungen, deren Vorliegen das sonst eintretende Erlöschen der Rechte mit Ablauf des 31.12.1995 (zur Verlängerung der Frist s. Rn. 26) verhindert.

Anerkannte der Grundstückseigentümer vor Ablauf des Stichtages das Be-stehen des Rechts und bewilligte die GBBerichtigung, erlosch das Recht nicht. Anerkenntnis und Bewilligung bedurften der Form des § 29.

Das Recht erlosch ferner nicht, wenn der Berechtigte von dem Grund-stückseigentümer vor Ablauf des Stichtages die Abgabe des Anerkenntnisses und der EintrBewilligung durch Klage oder eine gem. § 209 Abs. 2 BGB dieser gleichstehende Maßnahme verlangte. Im Fall der Klageerhebung er-suchte das Prozessgericht auf Antrag des Klägers das GBAmt um Eintragung eines Rechtshängigkeitsvermerks (§ 8 Abs. 4 GBBerG). Der Kläger war nicht berechtigt, die Eintragung des Vermerks beim GBAmt zu beantragen (s. § 38 Rn. 3; str.).

26 Die bis 31.12.1995 laufende Frist konnte einmal durch Rechtsverordnung des BJM mit Zustimmung des Bundesrats verlängert werden (§ 8 Abs. 1 Satz 2 GBBerG). Dies ist durch § 13 SachenR-DV geschehen. Die Frist wurde für das Gebiet der ehemaligen DDR bis zum Ablauf des 31.12. 2005 verlängert, längstens jedoch bis zum Ablauf des in Art. 233 § 5 Abs. 2 EGBGB genannten Tages; dies war nach einer Änderung des maßgebenden Datums durch das EigentumsfristenG v. 20.12.1996 (BGBl. I 2028) und das 2. EigentumsfristenG v. 20.12.1999 (BGBl. I 2493) der 31.12.2000. Bis zum Ablauf des 31.12.1997 war die Frist verlängert, sofern die Regelung des § 8 GBBerG im übrigen Bundesgebiet in Kraft gesetzt wurde (s. dazu Rn. 29).

c) Auswirkungen. Die gesetzliche Regelung hat zur Folge, dass mit dem   27
Ablauf des Stichtages die in Betracht kommenden Rechte, wenn sie weder
anerkannt noch rechtshängig gemacht worden waren, erloschen. Allerdings
sieht das Ges. nicht vor, dass die Rechte, soweit sie nicht erlöschen, in das GB
einzutragen sind. Solche Rechte bleiben damit weiterhin auch ohne Eintragung wirksam. Der Rechtsverkehr, insbes. die Beleihung von Grundstücken
wird jedoch dadurch erleichtert, dass der Grundstückseigentümer angeben
kann, ob er Rechte anerkannt hat oder auf Anerkennung verklagt worden ist.
Die Rechte können aber im Weg der GBBerichtigung in das GB eingetragen werden, Mitbenutzungsrechte im Sinn des Art. 233 § 5 Abs. 1 EGBGB
auch dann, wenn sie nach dem Recht der DDR nicht eintragungsfähig waren (Art. 233 § 5 Abs. 3 Satz 1 EGBGB). Gegenüber dem öffentlichen Glauben des GB behalten letztere ihre Wirksamkeit nur, wenn sie eingetragen
werden; dabei genügt es, wenn der Eintragungsantrag vor dem 1.1.2000 gestellt worden ist (Art. 233 § 5 Abs. 2 Satz 1 EGBGB).

d) Zeitpunkt des Entstehens. Für den Rang der in § 8 Abs. 1 GBBerG   28
genannten Rechte ist, soweit sie nicht erloschen sind, der Zeitpunkt ihres
Entstehens von ausschlaggebender Bedeutung (Art. 233 § 9 Abs. 2 EGBGB).
Vielfach wird zwar das Bestehen eines Rechts, nicht aber der Zeitpunkt
seines Entstehens eindeutig feststehen. Dann konnte dieser Zeitpunkt auch
nicht in dem Anerkenntnis und der EintrBewilligung angegeben werden. Für
diesen Fall bestimmt § 8 Abs. 2 GBBerG den Tag des Inkrafttretens des Ges.
am 25.12.1993 als Zeitpunkt für das Entstehen. Zur Notwendigkeit, bei
Eintragung eines Mitbenutzungsrechts im Sinn des Art. 233 § 5 Abs. 1
EGBGB in das GB den Zeitpunkt des Entstehens des Rechts oder den von
den Betroffenen bewilligten Vorrang des Rechts vor anderen Rechten zu
vermerken, s. Art. 233 § 5 Abs. 3 Satz 2 und 3 EGBGB und Anh. zu § 13
Rn. 25. S. zum Ganzen Böhringer Rpfleger 1997, 244.

e) Geltungsbereich. Die Regelung des § 8 GBBerG ist auf das Gebiet   29
der ehemaligen DDR beschränkt. Sie konnte jedoch durch Rechtsverordnung der Landesregierungen auch im übrigen Bundesgebiet in Kraft gesetzt
werden, nicht jedoch für die in § 9 genannten Rechte von Versorgungsunternehmen (§ 8 Abs. 3 Satz 2, 3 GBBerG). In Bayern ist davon kein Gebrauch gemacht worden.

7. Dienstbarkeiten für Versorgungsunternehmen

Die Regelung des § 9 GBBerG löst die Maßgaben des EinigungsV zur   30
Energieverordnung über die Aufrechterhaltung von Mitbenutzungsrechten
für Energieversorgungsunternehmen im Gebiet der ehemaligen DDR ab.
§ 9 Abs. 1 GBBerG betrifft Energieanlagen (Anlagen zur Fortleitung von
Elektrizität, Gas und Fernwärme, einschließlich aller dazugehörigen Anlagen). Aufgrund der Ermächtigung in Abs. 9 ist die Regelung des § 9
GBBerG durch § 1 Satz 1 SachenR-DV auf die in § 9 Abs. 9 Satz 1 GBBerG
bezeichneten wasserwirtschaftlichen Anlagen erstreckt worden. Außerdem ist
die Regelung auf diejenigen Anlagen entsprechend anzuwenden, die in dem
durch das TelekommunikationsG v. 25.7.1996 (BGBl. I 1120) neu gefassten

§ 9 Abs. 11 GBBerG genannt sind. Zur Auslegung des § 9 GBBerG s. OLG Brandenburg NotBZ 2008, 30. Zur verfassungsrechtlichen Unbedenklichkeit von § 9 GBBerG s. BGH Rpfleger 2004, 211.

Der Geltungsbereich des § 9 GBBerG ist auf das Gebiet der ehemaligen DDR beschränkt. S. zum Ganzen Seeliger DtZ 1995, 34, Moojer DtZ 1996, 362, Maaß NotBZ 2001, 280, Böhringer Rpfleger 2002, 186 und NotBZ 2002, 119, Schmidt-Räntsch; VIZ 2004, 473; ZflR 2011, 625 und 697.

31   **a) Begründung von Dienstbarkeiten.** Gem. § 9 Abs. 1 GBBerG werden kraft Gesetzes mit dem Inkrafttreten des GBBerG am 25.12.1993 zugunsten von Energieversorgungsunternehmen zur Sicherung der am 3.10. 1990 im Gebiet der ehemaligen DDR genutzten Leistungstrassen beschränkte persönliche Dienstbarkeiten begründet. Entsprechendes gilt mit dem Inkrafttreten der SachenR-DV am 11.1.1995 und der Neufassung des § 9 Abs. 11 GBBerG am 1.8.1996 zugunsten der Betreiber oder Inhaber der in § 9 Abs. 9 Satz 1 und Abs. 11 Satz 1 GBBerG bezeichneten Anlagen.

Für das Entstehen der Dienstbarkeit nach § 9 Abs. 1 GBBerG kommt es allein darauf an, ob das betroffene Grundstück am 3.10.1990 für eine Energiefortleitungsanlage genutzt wurde; ob sie durch ein Mitbenutzungsrecht abgesichert war, ist unerheblich. Eine Dienstbarkeit nach § 9 Abs. 1 GBBerG ist auch für Anlagen entstanden, die am 25.12.1993 durch Mitnutzungs- oder Mitbenutzungsrechte abgesichert waren. § 9 Abs. 2 GBBerG gilt für solche Rechte nicht (BGH Rpfleger 2004, 211). § 9 Abs. 2 GBBerG steht dem Entstehen einer Dienstbarkeit nach § 9 Abs. 1 GBBerG schon dann entgegen, wenn die VO über Allgemeine Bedingungen für die Elektrizitätsversorgung von Tarifkunden (AVBEltV) am Stichtag des 25.12.1993 einschlägig war (BGH Rpfleger 2006, 315).

32   **Belastet sind** alle von der Energieanlage in Anspruch genommenen Grundstücke, ausgenommen öffentliche Verkehrswege und -flächen sowie Grundstücke von Kunden und Anschlussnehmern, sofern diese auf Grund bestehender Rechtsvorschriften zur Duldung der Anlagen verpflichtet sind (§ 9 Abs. 2 GBBerG). Wenn die Voraussetzungen für eine Verpflichtung zur Duldung nach dem 24.12.1993 eintreten, bleibt die zuvor begründete Dienstbarkeit bestehen. Mit der Dienstbarkeit kann nur ein Grundstück, nicht aber ein Miteigentumsanteil belastet werden (s. Anh. zu § 44 Rn. 8). Soweit die Allgemeinen Versorgungsbedingungen dem Versorgungsunternehmen weitergehende Rechte einräumen, sind diese maßgeblich (§ 5 Satz 1, 2 SachenR-DV). Entsprechendes gilt für die in § 9 Abs. 9 Satz 1 und Abs. 11 Satz 1 GBBerG bezeichneten Anlagen (§ 1 Satz 2, § 5 Satz 3 SachenR-DV; § 9 Abs. 11 Satz 2 GBBerG). Ist das Grundstück mit einem Erbbaurecht oder Gebäudeeigentum belastet, ruht die Dienstbarkeit als Gesamtbelastung auch auf ihnen (§ 9 Abs. 1 Satz 3 GBBerG).

33   **Begünstigt sind** nur die Versorgungsunternehmen, die bei Inkrafttreten des GBBerG die Anlage betreiben. Bei den in § 9 Abs. 9 Satz 1 GBBerG bezeichneten Anlagen gilt der Betreiber und bei Überlassung der Anlage an einen Dritten der Inhaber der Anlage unabhängig von seiner Rechtsform als Versorgungsunternehmen (§ 1 Satz 3 SachenR-DV).

Das BJM ist ermächtigt, durch Rechtsverordnung den näheren Inhalt der Dienstbarkeiten zu bestimmen (§ 9 Abs. 8 GBBerG). Solche Bestimmungen enthält § 4 SachenR-DV.

Der **öffentliche Glaube** des GB ist hinsichtlich des Bestands, nicht aber **34** des Rangs der Dienstbarkeiten beschränkt. Ein gutgläubiger lastenfreier Erwerb der belasteten Grundstücke mit der Folge, dass die Dienstbarkeiten erlöschen, war bis 31.12.2010 nicht möglich (§ 9 Abs. 1 Satz 2 GBBerG). Ein gutgläubiger lastenfreier Erwerb des Grundstücks ab 1.1.2011 kann nur dadurch verhindert werden, dass die Eintragung der Dienstbarkeit im Weg der GBBerichtigung beantragt wird. S. dazu Böhringer Rpfleger 2011, 409. Eine an einem Grundstück kraft Gesetzes entstandene, aber bis 31.12.2010 nicht im GB eingetragene Dienstbarkeit erlischt, wenn das Grundstück oder auch nur ein Miteigentumsanteil aufgrund eines nach dem 31.12.2010 eingegangenen Antrags gutgläubig lastenfrei erworben wird (s. dazu die Nachweise in Anh. zu § 44 Rn. 8).

§ 9 Abs. 3 GBBerG regelt im Einzelnen die Verpflichtung des Versorgungsunternehmens zur Zahlung eines Ausgleichs (s. dazu BGH NJW 2014, 2959). Der durch das VermögensrechtsbereinigungsG v. 20.10.1998 (BGBl. I 3180, 3187) eingefügte § 9a GBBerG bestimmt, dass die Anlagen mit Wirkung vom 3.10.1990 im Eigentum des Inhabers der Dienstbarkeit stehen, und regelt die Haftung mehrerer Inhaber der Dienstbarkeit. S. dazu Böhringer VIZ 1998, 605.

b) Berichtigungsgrundlage. Die Dienstbarkeiten entstehen kraft Geset- **35** zes außerhalb des GB, das damit vorbehaltlich eines gutgläubigen lastenfreien Erwerbs (s. Rn. 34) unrichtig wird. Das Versorgungsunternehmen kann die Berichtigung des GB beantragen. Der Unrichtigkeitsnachweis wird durch eine Bescheinigung der Aufsichtsbehörde nach dem Energiewirtschaftsgesetz ersetzt (§ 9 Abs. 4 GBBerG). Die Bescheinigung steht jedoch unter dem Vorbehalt, dass die Dienstbarkeit nicht durch gutgläubigen lastenfreien Erwerb des belasteten Grundstücks erloschen ist (s. Rn. 34); ob dies der Fall ist, obliegt der Prüfung des GBAmts anhand der vorliegenden EintrUnterlagen (BGH FGPrax 2015, 241). Für die in § 9 Abs. 9 Satz 1 GBBerG bezeichneten Anlagen ist die untere Wasserbehörde hierfür zuständig (§ 3 SachenR-DV); wegen der in § 9 Abs. 11 Satz 1 GBBerG genannten Anlagen s. § 9 Abs. 11 Satz 3, 4 GBBerG. Die Zuständigkeit für die Erteilung der Bescheinigung kann auf Grund der Ermächtigung in § 9 Abs. 10 GBBerG von den Landesregierungen auf andere Behörden oder nichtöffentliche Stellen übertragen werden.

Die **Bescheinigung** wird auf Antrag des Versorgungsunternehmens er- **36** teilt. Nähere Bestimmungen über den erforderlichen Inhalt des Antrags enthält § 6 SachenR-DV. Der Antrag ist unter Angabe der Art der Leitung und der betroffenen Gemeinde in ortsüblicher Weise öffentlich bekannt zu machen, damit der Eigentümer die Möglichkeit erhält, der Erteilung der Bescheinigung zu widersprechen. Statt des Antrags kann auch der Ort, an dem der Antrag samt Unterlagen eingesehen werden kann, öffentlich bekanntgemacht werden (vgl. § 7 Abs. 1 SachenR-DV). Die Bescheinigung darf erst nach Ablauf von vier Wochen ab öffentlicher Bekanntmachung erteilt werden (§ 9 Abs. 4 GBBerG). Sie ist unanfechtbar (§ 9 Abs. 5 Satz 3 GBBerG). Zu den Voraussetzungen für die Erteilung der Bescheinigung s. § 7 Abs. 2, 3 SachenR-DV.

37   Die Bescheinigung ist Grundlage für die GBBerichtigung durch das GB-Amt. Sie muss daher den Inhalt des Rechts, den Berechtigten, das belastete Grundstück gem. § 28 und die Ausübungsstelle der Dienstbarkeit bezeichnen; entsprechend § 29 Abs. 3 muss sie unterzeichnet und mit dem Dienstsiegel versehen sein (§ 9 Abs. 5 Satz 1 GBBerG). Hat der Grundstückseigentümer rechtzeitig der Erteilung der Bescheinigung widersprochen, ist dies in ihr zu vermerken (§ 9 Abs. 4 Satz 5 GBBerG). Zum Inhalt der Bescheinigung s. § 7 Abs. 4, 5 SachenR-DV.

Das BJM hat auf Grund der Ermächtigung des § 9 Abs. 8 GBBerG das Bescheinigungsverfahren näher geregelt (§§ 6, 7, 10 SachenR-DV).

38   **c) GBBerichtigung.** Auf Antrag des Versorgungsunternehmens berichtigt das GBAmt das GB auf Grund der Bescheinigung durch Eintragung der Dienstbarkeit; ein Teilvollzug ist zulässig; in der Eintragung ist nach Möglichkeit auf die Bescheinigung Bezug zu nehmen (§ 8 Abs. 1 SachenR-DV). Dem Grundstückseigentümer bleibt es dann unbenommen, das Versorgungsunternehmen gem. § 894 BGB auf Erteilung einer Löschungsbewilligung hinsichtlich der Dienstbarkeit vor den ordentlichen Gerichten in Anspruch zu nehmen (§ 9 Abs. 5 Satz 4 GBBerG); die Beweislast in einem solchen Verfahren regelt Abs. 5 Satz 5.

39   Ist in der Bescheinigung ein Widerspruch des Eigentümers vermerkt, wird die Dienstbarkeit nicht eingetragen sondern nur ein Widerspruch zugunsten des Versorgungsunternehmens. Diesem obliegt es dann, eine Berichtigungsbewilligung (vgl. § 894 BGB) zu erstreiten (§ 9 Abs. 5 Satz 2 GBBerG). Den Inhalt des Widerspruchs legt § 8 Abs. 2 SachenR-DV fest.

Eine auf die Berichtigung des GB durch Eintragung der kraft Gesetzes entstandenen Dienstbarkeit gerichtete Bewilligung des Grundstückseigentümers kann im Hinblick auf den Entschädigungsanspruch gem. § 9 Abs. 3 GBBerG nur dann eingetragen werden, wenn sie mit der Erklärung eines Notars verbunden ist, dass sie auf einer Vereinbarung mit dem begünstigten Versorgungsunternehmen beruht oder dieses trotz Aufforderung innerhalb von drei Monaten keinen Rechtsverzicht gem. § 9 Abs. 6 Satz 1 GBBerG erklärt hat (§ 9 Abs. 1 SachenR-DV).

40   **d) Erlöschen der Dienstbarkeit.** Eine gem. § 9 Abs. 1 GBBerG kraft Gesetzes entstandene Dienstbarkeit erlischt, wenn das Versorgungsunternehmen vor Erteilung der Bescheinigung gem. § 9 Abs. 4 GBBerG auf das Recht verzichtet. Dadurch kann eine Abfindungsverpflichtung für nicht benötigte Rechte vermeiden. Auf Antrag wird das Erlöschen von der für die Erteilung der Bescheinigung gem. Abs. 4 zuständigen Behörde bescheinigt. Der Antrag des Versorgungsunternehmens muss das betroffene Grundstück, Gebäudeeigentum oder Erbbaurecht in grundbuchmäßiger Form (vgl. § 28) bezeichnen und die Erklärung enthalten, dass auf das Recht verzichtet werde (§ 9 Abs. 2 SachenR-DV). Für die Änderung und Aufhebung der Dienstbarkeiten gelten im Übrigen die allgemeinen Vorschriften (§ 9 Abs. 6).

Eine im GB für ein Versorgungsunternehmen eingetragene Dienstbarkeit **41** kann gegenstandslos geworden sein. Zur Erleichterung der Berichtigung des GB durch Löschung solcher Rechte kann die nach § 9 Abs. 4 GBBerG zuständige Behörde bescheinigen, dass das Recht nicht mehr besteht. Voraussetzung ist, dass es nicht mehr ausgeübt wird, das Versorgungsunternehmen, dem die Anlage wirtschaftlich zuzuordnen wäre, zustimmt und ein anderer Berechtigter nicht ersichtlich ist. Der Antrag, den das Versorgungsunternehmen, der Grundstückseigentümer, der Erbbauberechtigte oder der Gebäudeeigentümer stellen kann, muss außer der Angabe der Dienstbarkeit mit ihrer GBStelle die Erklärung des zum Zeitpunkt der Antragstellung zuständigen Versorgungsunternehmens enthalten, dass die Ersten beiden Voraussetzungen vorliegen (§ 10 SachenR-DV). Kann die Behörde die Voraussetzungen des Erlöschens nicht zuverlässig feststellen, kann es den Antragsteller auf das Aufgebotsverfahren gem. § 6 Abs. 1 GBBerG verweisen. Wird die Bescheinigung erteilt, so ist sie eine ausreichende Grundlage für die Berichtigung des GB, sofern sie den Formvorschriften des § 29 Abs. 3 entspricht (§ 9 Abs. 7).

8. Erlöschen abgelöster Grundpfandrechte

§ 10 GBBerG erleichtert die GBBereinigung durch Ablösung geringwer- **42** tiger Rechte. Das Ablöserecht setzt nicht voraus, dass der Gläubiger unbekannt ist (KG FGPrax 1996, 87). S. dazu Böhringer Rpfleger 2010, 193.

a) Betroffene Rechte. In Betracht kommen nur Rechte, die vor Schaffung der Währungs-, Wirtschafts- und Sozialunion zwischen der Bundesrepublik Deutschland und der DDR durch Vertrag v. 18.5.1990 (BGBl. II 518, 537), also vor dem 1.7.1990 an einem Grundstück, selbständigen Gebäudeeigentum oder sonstigen grundstücksgleichen Recht im Gebiet der ehemaligen DDR bestellt worden sind. Darunter fallen auch Rechte, die sich gem. § 1131 BGB auf ein nach dem 30.6.1990 dem belasteten Grundstück zugeschriebenes, nicht im Gebiet der ehemaligen DDR liegendes Grundstück erstrecken. Das Ges. stellt nach seinem Wortlaut auf die Bestellung des Rechts ab; maßgebend ist aber, dass der EintrAntrag vor dem 1.7.1990 beim Liegenschaftsdienst eingegangen ist, auch wenn die GBEintragung erst danach vorgenommen wurde.

Steht ein Recht **mehreren Personen** gemeinschaftlich zu, so kann es nur einheitlich abgelöst werden. Ebenso kann, wenn das Eigentum an dem belasteten Grundstück mehreren Personen zusteht, das Ablöserecht zwar von jedem Miteigentümer, aber nur einheitlich hinsichtlich des gesamten Rechts ausgeübt werden. Handelt es sich um eine Gesamtbelastung, steht das Ablöserecht jedem Eigentümer eines der belasteten Grundstücke zu; die anderen Eigentümer brauchen nicht mitzuwirken.

Abgelöst werden können Hyp. und Grundschulden mit einem **umge-** **43** **rechneten Nennbetrag** von nicht mehr als 6000 EUR. Umgerechnet wurden die RM-Beträge im Verhältnis 1 : 1 in Mark der DDR, die im Verhältnis 2 : 1 auf Deutsche Mark umgestellt wurden; DM-Beträge sind nach dem maßgeblichen Kurs (1 EUR = 1,95583 DM) in Euro umzurechnen (s. hierzu § 28 Rn. 19, 21). Abgelöst werden kann danach ein Recht mit einem Nennbetrag von nicht mehr als 23 469,96 RM oder Mark der DDR. Sofern es sich um wertbeständige Rechte handelt, ist der Nennbetrag gem. § 10 Abs. 2 GBBerG nach §§ 1 bis 3 GBBerG zu berechnen (s. dazu Rn. 2 ff.).

44   Abgelöst werden können auch Rentenschulden und Reallasten. Dabei tritt an die Stelle des Nennbetrags der **Ablösebetrag,** also der kapitalisierte Betrag dieser Rechte. Maßgebend ist der für Rechte dieser Art im Verfahren nach dem VermG anzusetzende Ablösebetrag.

Abgelöst werden kann nur das Recht insgesamt, bei einem Gesamtrecht nicht nur hinsichtlich eines der belasteten Grundstücke. **Ablösungsberechtigt** ist nur der Grundstückseigentümer oder Berechtigte des grundstücksgleichen Rechts, nicht aber der Berechtigte einer Eigentumsvormerkung. Erforderlich ist nicht, dass der Grundstückseigentümer als solcher im GB eingetragen ist.

45   **b) Voraussetzungen des Erlöschens.** Hyp. und Grundschulden erlöschen, wenn der Eigentümer eine Geldsumme zugunsten des Gläubigers unter Verzicht auf die Rücknahme hinterlegt, die dem in Euro umgerechneten und um ein Drittel erhöhten Nennbetrag entspricht. Die Erhöhung des Nennbetrags dient der Absicherung möglicher Zinsen; sie entfällt bei einer Höchstbetragshypothek, weil der Höchstbetrag bereits Zinsen berücksichtigt.

Rentenschulden und Reallasten erlöschen, wenn der Ablösebetrag hinterlegt wird. Wegen der vorgeschriebenen Kapitalisierung war eine Regelung für Zinsrückstände nicht erforderlich; der Ablösebetrag ist daher im Gegensatz zum Nennbetrag bei Hyp. und Grundschulden nicht zu erhöhen.

46   **c) Hinterlegung.** Die Hinterlegung ist nach den Hinterlegungsgesetzen der Länder abzuwickeln, durch die ab 1.12.2010 die HinterlegungsO v. 10.3.1937 (RGBl. I 285) abgelöst wurde (Art. 17 Abs. 2 Nr. 1 des Ges. v. 23.11.2007, BGBl. I 2614; s. dazu Rückheim Rpfleger 2010, 1). In Bayern sind maßgebend das HinterlegungsG v. 23.11.2010 (GVBl. 738) und die Vollzugsvorschriften v. 12.12.2011 (JMBl. 2012, 3), geändert durch Bek. v. 25.10.2013 (JMBl. 158). S. dazu Wiedemann/Armbruster, Das neue Hinterlegungsrecht in Bayern, Rpfleger 2012, 1. Die Hinterlegung stellt eine Form der Sicherheitsleistung für den Ablösebetrag dar. § 10 Abs. 1 Satz 3 GBBerG ermächtigt das BJM durch Rechtsverordnung außer der Hinterlegung andere Arten der Sicherheitsleistung (s. hierzu § 232 BGB) zuzulassen. In Betracht kommt als Sicherheitsleistung insbes. eine Bankbürgschaft (vgl. § 232 Abs. 2 BGB). Auf die Hinterlegung kommen die §§ 372 ff. BGB zur Anwendung (KG Rpfleger 2008, 478).

47   Mit der Hinterlegung oder der Leistung einer anderen zugelassenen Sicherheit erlischt das Recht; es geht nicht auf den Eigentümer über. Das GB wird unrichtig und kann gem. § 22 auf Grund des Hinterlegungsscheins berichtigt werden. Der Hinterlegungsschein muss den Anforderungen der §§ 28, 29 genügen und erkennen lassen, dass nach § 10 GBBerG hinterlegt worden ist.

48   Übersteigt die durch Hinterlegung oder in einer sonst zulässigen Weise geleistete Sicherheit den geschuldeten Betrag, kann der Grundstückseigentümer vom Gläubiger des Rechts die Zustimmung zur Auszahlung oder Freigabe verlangen (§ 10 Abs. 3 GBBerG). Nach Ablauf von 30 Jahren kann er gemäß § 382 BGB den gesamten hinterlegten Betrag herausverlangen. Er ist ferner berechtigt, auch nach Ablösung den unbekannten Gläubiger im Aufgebotsverfahren ausschließen zu lassen und dann den hinterlegten Betrag entsprechend § 10 Abs. 3 GBBerG zurückzuverlangen (KG Rpfleger 2008, 478).

Nach § 10 Abs. 4 GBBERG wird ein für das Recht erteilter Grundpfand- **49** rechtsbrief mit dem Erlöschen des Rechts kraftlos; dies ist entsprechend § 26 Abs. 3 Satz 2 GBMaßnG bekanntzumachen.

Der Gläubiger einer abgelösten Briefhyp. muss der Hinterlegungsstelle seine Empfangsberechtigung an dem hinterlegten Betrag in der Regel durch Vorlage der kraftlos gewordenen HypBriefe nachzuweisen (KG Rpfleger 2008, 478).

9. Sonstige Erleichterungen

Die vorgesehenen Erleichterungen sind nur im Gebiet der ehemaligen **50** DDR von Bedeutung.

a) Voreintragung. § 11 GBBerG enthält Ausnahmen vom Grundsatz der Voreintragung. Abs. 1 schließt die Anwendung des § 39 Abs. 1 für bestimmte Fälle des VermG und des VZOG aus. Abs. 2 erstreckt den Anwendungsbereich des § 40 Abs. 1 zeitlich befristet auf Belastungen. Näheres s. § 39 Rn. 7 und § 40 Rn. 20.

b) Genossenschaft. § 12 GBBerG erleichtert den Nachweis des Rechtsübergangs bei einer Genossenschaft gegenüber dem GBAmt. Die Bestimmung ergänzt § 32. Näheres s. § 32 Rn. 5, 7.

c) Flurneuordnungsverfahren. § 13 GBBerG ergänzt das Flurneuord- **51** nungsverfahren und erübrigt eine Änderung der Vorschriften des 8. Abschnitts des LandwirtschaftsanpassungsG i. d. F. v. 3.7.1991 (BGBl. I 1418). Die Bestimmung trägt einem praktischen Bedürfnis Rechnung und ermöglicht es, durch den Flurneuordnungsbescheid an den im Flurneuordnungsplan festgelegten Grundstücken beschränkte dingliche Rechte, insbes. Grundpfandrechte zu begründen, aber auch aufzuheben und zu ändern.

d) Güterstand. § 14 GBBerG erleichtert die Berichtigung des GB in **52** den Fällen, in denen Ehegatten keine Erklärung des Inhalts abgegeben haben, der bisherige gesetzliche Güterstand des Familiengesetzbuchs der DDR v. 20.12.1965 (GBl. DDR I 1966, 1) solle weitergelten (vgl. Art. 234 § 4 Abs. 2 EGBGB). Dann ist gemeinschaftliches Eigentum der Ehegatten an Grundstücken oder grundstücksgleichen Rechten Bruchteilseigentum zu gleichen oder von den Ehegatten bestimmten anderen Anteilen geworden (vgl. Art. 234 § 4a Abs. 1 EGBGB; s. hierzu auch § 33 Rn. 3). Haben Ehegatten keine Bestimmung hinsichtlich der Anteile getroffen, ergibt sich aus dem GB die außerhalb des GB entstandene Bruchteilsgemeinschaft nach gleichen Anteilen in der Regel nicht.

§ 14 Satz 1 GBBerG sieht für diesen Fall die entsprechende Anwendung der Vorschriften über den GBBerichtigungszwang und die Berichtigung von Amts wegen (§§ 82, 82a Satz 1) vor.

53   Die Berichtigung des GB setzt den Nachweis voraus, dass die Ehegatten keine Erklärung abgegeben haben, der bisherige gesetzliche Güterstand solle weitergelten. Dieser Nachweis wird dadurch erleichtert, dass er außer durch Berufung auf die Vermutung des Art. 234 § 4a Abs. 3 EGBGB (in diesem Fall gilt das zu der Vermutung des § 891 BGB in Anh. zu § 13 Rn. 15 ff. Ausgeführte entsprechend) auch durch übereinstimmende Erklärung der Ehegatten oder Versicherung ihrer Erben oder des überlebenden Ehegatten geführt werden kann, die ebenso wenig wie der Berichtigungsantrag des § 82 der Form des § 29 bedürfen (§ 14 Satz 2 GBBerG).

     Die GBBerichtigung ist in allen Fällen des Art. 234 § 4a EGBGB gebührenfrei (§ 14 Satz 3 GBBerG). Eine Übergangsregelung für die Gebühren enthält Art. 2 § 10 Abs. 2 SachenRÄndG.

54   **e) Aufgebotsverfahren.** § 15 GBBerG, angefügt durch die 2. Zwangsvollstreckungsnovelle v. 17.12.1997 (BGBl. I 3039) und geändert durch das GrundRÄndG v. 2.11.2000 (BGBl. I 1481), regelt das Aufgebotsverfahren nach dem EntschädigungsG und den Erlass eines Ausschlussbescheids mit der Wirkung eines Ausschließungsbeschlusses durch das Bundesamt zur Regelung offener Vermögensfragen.

III. Klarstellung der Rangverhältnisse

Grundsatz

90 **Das Grundbuchamt kann aus besonderem Anlaß, insbesondere bei Umschreibung unübersichtlicher Grundbücher, Unklarheiten und Unübersichtlichkeiten in den Rangverhältnissen von Amts wegen oder auf Antrag eines Beteiligten beseitigen.**

1. Allgemeines

1   Zu der vom Gesetzgeber erstrebten Bereinigung und Übersichtlichkeit der Grundbücher reichen die Bestimmungen über die Löschung gegenstandsloser Eintragungen nicht aus. §§ 90 bis 115 geben daher weitere ergänzende Vorschriften über die Klarstellung der Rangverhältnisse. Ihre Anwendung dient nicht nur dem GBVerkehr und damit dem Allgemeininteresse, sondern erleichtert z. B. auch die Aufstellung der Teilungspläne im Zwangsversteigerungsverfahren wesentlich.

     § 24 GBBerG-1930 ist mit dem 1.4.1936 außer Kraft getreten (Art. 2, 7 Abs. 2 ÄndVO). Mit dem gleichen Zeitpunkt traten landesrechtliche Vorschriften über Rangklarstellung außer Kraft (Art. 7 Abs. 3 ÄndVO).

2. Voraussetzungen

2   Die Einleitung eines Verfahrens zur Klarstellung der Rangverhältnisse, im folgenden Rangbereinigungsverfahren genannt, setzt ein Doppeltes voraus:
- Es müssen unklare oder unübersichtliche Rangverhältnisse vorliegen. Unklar sind die Rangverhältnisse, wenn der Inhalt der Eintragungen zu Zweifeln oder Meinungsverschiedenheiten über die materielle Rangfolge

führt. Unübersichtlich sind die Rangverhältnisse, wenn sie materiell besonders verwickelt sind; zu denken ist hier in erster Linie an eine Häufung relativer Rangverhältnisse.

- Es muss ein besonderer Anlass für die Beseitigung der unklaren oder unübersichtlichen Rangverhältnisse bestehen. Ein solcher ist vor allem die anstehende Umschreibung eines unübersichtlichen GBBlatts. Genügen kann aber auch der Hinweis eines Beteiligten auf Schwierigkeiten, die ob der Rangverhältnisse sich ergeben haben oder zu befürchten sind. **3**

3. Ziel

Ziel des Rangbereinigungsverfahrens, das bei Vorliegen der in Rn. 2, 3 genannten Voraussetzungen sowohl von Amts wegen als auch auf Antrag eingeleitet werden kann, ist die Herstellung einer neuen Rangordnung und die entsprechende Umschreibung des GB (§ 102 Abs. 2, §§ 111, 112). **4**

4. Kosten

Für Eintragungen und Löschungen im Rangbereinigungsverfahren werden Gebühren nicht erhoben; gebührenfrei ist auch das vorangegangene Verfahren vor dem GBAmt einschl. der Beurkundung von Erklärungen der Beteiligten. **5**

Die Auslagen des Verfahrens werden von demjenigen erhoben, dem sie das GBAmt gemäß § 114 auferlegt hat. **6**

Art. 6 ÄndVO ist mit dem Inkrafttreten der KostO gegenstandslos geworden.

Einleitung des Verfahrens

91 (1) **Vor der Umschreibung eines unübersichtlichen Grundbuchblatts hat das Grundbuchamt zu prüfen, ob die Rangverhältnisse unklar oder unübersichtlich sind und ihre Klarstellung nach den Umständen angezeigt erscheint. Das Grundbuchamt entscheidet hierüber nach freiem Ermessen. Die Entscheidung ist unanfechtbar.**

(2) **Der Beschluß, durch den das Verfahren eingeleitet wird, ist allen Beteiligten zuzustellen.**

(3) **Die Einleitung des Verfahrens ist im Grundbuch zu vermerken.**

(4) **Der Beschluß, durch den ein Antrag auf Einleitung des Verfahrens abgelehnt wird, ist nur dem Antragsteller bekanntzumachen.**

1. Allgemeines

§ 91 legt dem GBAmt für den Fall, dass ein unübersichtliches GBBlatt zur **1** Umschreibung ansteht, eine besondere Prüfungspflicht auf und regelt ganz allgemein die Einleitung des Rangbereinigungsverfahrens sowie die Verlautbarung der Entscheidung hierüber.

2. Prüfung

2 Steht ein unübersichtliches GBBlatt zur Umschreibung an, ist ein Antrag auf Einleitung des Rangbereinigungsverfahrens gestellt oder geben sonstige Umstände Anlass, so prüft das GBAmt, ob ein Rangbereinigungsverfahren erforderlich ist und seine Durchführung Erfolg verspricht. Es trifft seine Entscheidung unter Berücksichtigung aller Umstände nach freiem Ermessen (Abs. 1 Satz 2).

3 Die Entscheidung des GBAmts über die Einleitung oder Nichteinleitung des Verfahrens ist ebenso wie im Fall des § 85 Abs. 2 unanfechtbar. Auch ein bereits eingeleitetes Verfahren kann jederzeit eingestellt werden, wenn sich das GBAmt von der Fortsetzung keinen Erfolg verspricht (§ 109).

3. Einleitung des Verfahrens

4 Sie erfordert einen besonderen Beschluss, der allen Beteiligten zuzustellen ist (Abs. 2). Wegen des Begriffs des „Beteiligten" s. § 92 Rn. 2–8. Die Angabe von Gründen, weshalb das Verfahren eingeleitet wird, ist nicht erforderlich, aber ein Hinweis auf die Anzeigepflicht nach § 93 ist notwendig.

5 Die Einleitung des Verfahrens ist im GB zu vermerken (Abs. 3). Diese Regelung bezweckt eine Einschränkung des Schutzes des öffentlichen Glaubens. Nach § 112 tritt die neue Rangordnung, die den Abschluss des Verfahrens bildet, mit der Eintragung an die Stelle der bisherigen. Jeder Inhaber oder Erwerber eines Rechts am Grundstück muss also nach Eintragung des Vermerks mit einer Rangänderung rechnen. Der Vermerk begründet keine Verfügungsbeschränkung. Er ist nach § 10 Abs. 1 Buchst. c GBV in Abt. II einzutragen und kann etwa lauten: „Das Verfahren zur Klarstellung der Rangverhältnisse ist eingeleitet. Eingetragen am …". Wegen der Löschung des Vermerks s. § 113.

4. Ablehnung

6 Der Beschluss, durch den ein Antrag auf Einleitung des Verfahrens abgelehnt wird, ist ebenso wie der Einleitungsbeschluss unanfechtbar (s. Rn. 3). Der Ausschluss einer Anfechtung mit der Beschwerde hat zur Folge, dass gegen die Entscheidung des Rpflegers gemäß § 11 Abs. 2 Satz 1 RpflegerG die Erinnerung stattfindet. Wegen der sich daraus ergebenden Anforderungen hinsichtlich Begründung und Bekanntmachung der Entscheidung s. § 71 Rn. 7. Nach der ausdrücklichen Bestimmung des § 91 Abs. 4 ist der Ablehnungsbeschluss nur dem Antragsteller bekannt zu machen.

Beteiligte

92 (1) In dem Verfahren gelten als Beteiligte:

a) der zur Zeit der Eintragung des Vermerks (§ 91 Abs. 3) im Grundbuch eingetragene Eigentümer und, wenn das Grundstück mit einer Gesamthypothek (-grundschuld, -rentenschuld) belastet ist, die im Grundbuch eingetragenen Eigentümer der anderen mit diesem Recht belasteten Grundstücke;

b) **Personen, für die in dem unter Buchstabe a bestimmten Zeitpunkt ein Recht am Grundstück oder ein Recht an einem das Grundstück belastenden Recht im Grundbuch eingetragen oder durch Eintragung gesichert ist;**
c) **Personen, die ein Recht am Grundstück oder an einem das Grundstück belastenden Recht im Verfahren anmelden und auf Verlangen des Grundbuchamts oder eines Beteiligten glaubhaft machen.**

(2) **Beteiligter ist nicht, wessen Recht von der Rangbereinigung nicht berührt wird.**

1. Allgemeines

§ 92 bestimmt, wer im Rangbereinigungsverfahren als Beteiligter gilt; er **1** wird durch §§ 94, 95 ergänzt. Als Vorbild hat § 9 ZVG gedient, an dessen Wortlaut sich § 92 anlehnt. Schrifttum und Rechtsprechung zu § 9 ZVG können deshalb zur Auslegung herangezogen werden.

2. Beteiligte

Der Kreis der Beteiligten wird grundsätzlich nach dem Stand des GB, und **2** zwar zurzeit der Eintragung des Einleitungsvermerks (§ 91 Abs. 3) bestimmt. Danach sind Beteiligte:
- Der eingetragene Eigentümer (s. aber § 93), bei Gesamtbelastungen die **3** Eigentümer sämtlicher Grundstücke.
- Diejenigen, für die ein Recht am Grundstück oder an einem Grund- **4** stücksrecht (Pfandrecht, Nießbrauch) eingetragen oder durch Eintragung gesichert ist, z.B. durch Vormerkung, Widerspruch, Veräußerungsverbot. Auch der Nacherbe ist hierher zu rechnen, obwohl er kein dingliches Recht am Grundstück hat (s. § 51 Rn. 2). Nicht eingetragene Berechtigte einer Briefpost gelten nur als Beteiligte auf Grund besonderer Anmeldung (vgl. Rn. 5) oder dadurch, dass ihre Person dem GBAmt bekannt wird (§ 95 Abs. 1).
- Diejenigen, die ein Recht am Grundstück oder an einem Grundstücks- **5** recht anmelden und auf Verlangen glaubhaft machen.
- Besteht hinsichtlich eines Rechts Testamentsvollstreckung, so gilt nur der **6** Testamentsvollstrecker als Beteiligter, wenn er nach §§ 2205, 2211 BGB das ausschließliche Verwaltungs- und Verfügungsrecht hat.

3. Nichtbeteiligte

Nicht am Verfahren beteiligt sind: **7**
- Diejenigen, deren Rechte von der Rangbereinigung nicht berührt werden (Abs. 2). Das sind z.B. Inhaber von Rechten, die zweifelsfrei an erster Stelle stehen oder allen Rechten im Rang nachgehen.
- Nicht dinglich Berechtigte oder Gesicherte, z.B. der Grundstückskäufer, **8** dessen Recht auf Eigentumsübertragung nicht durch Vormerkung gesichert ist, der Aneignungsberechtigte (§ 928 BGB) oder der Antragsteller (a.M. Waldner in Bauer/Schaub Rn. 7), solange der Antrag nicht durch Eintragung erledigt ist.

4. Glaubhaftmachung

9   Sie kann vom GBAmt oder einem Beteiligten verlangt werden. Weder die Anmeldung noch das Verlangen nach Glaubhaftmachung ist an eine Frist gebunden, daher während des ganzen Verfahrens möglich.

10   Für die Glaubhaftmachung gilt § 31 FamFG. In Betracht kommen alle Beweismittel, insbes. auch eine Versicherung an Eides Statt; die Formvorschrift des § 29 Abs. 1 Satz 1 gilt hier nicht (vgl. § 29a).

5. Verzicht auf Zuziehung zum Verfahren

11   Ein Beteiligter kann auf seine Zuziehung verzichten. Der Verzicht ist formfrei und kann mündlich oder schriftlich erklärt werden. Vom Zeitpunkt des Verzichts an gilt der Betreffende nicht mehr als Beteiligter, muss aber die nach §§ 108, 112 festgestellte neue Rangordnung gegen sich gelten lassen. Die Auskunftspflicht nach § 93 wird durch den Verzicht nicht berührt.

Anzeigepflicht des Buchberechtigten

93 Ist der im Grundbuch als Eigentümer oder Berechtigter Eingetragene nicht der Berechtigte, so hat er dies unverzüglich nach Zustellung des Einleitungsbeschlusses dem Grundbuchamt anzuzeigen und anzugeben, was ihm über die Person des Berechtigten bekannt ist. Ein schriftlicher Hinweis auf diese Pflicht ist ihm zugleich mit dem Einleitungsbeschluß zuzustellen.

Ermittlung des Berechtigten

94 (1) Das Grundbuchamt kann von Amts wegen Ermittlungen darüber anstellen, ob das Eigentum oder ein eingetragenes Recht dem als Berechtigten Eingetragenen oder einem anderen zusteht, und die hierzu geeigneten Beweise erheben. Inwieweit § 35 anzuwenden ist, entscheidet das Grundbuchamt nach freiem Ermessen.

(2) Der ermittelte Berechtigte gilt vom Zeitpunkt seiner Feststellung an auch als Beteiligter.

(3) Bestehen Zweifel darüber, wer von mehreren Personen der Berechtigte ist, so gelten sämtliche Personen als Berechtigte.

1. Allgemeines

1   Grundsätzlich ist für die Feststellung, wer als Beteiligter in Betracht kommt, der Stand des GB zurzeit der Eintragung des Einleitungsvermerks maßgebend (§ 92), weil vom GBAmt ebenso wenig wie vom Versteigerungsgericht (§ 9 ZVG) eine ständige Nachprüfung der Berechtigung erwartet werden kann. Darüber hinaus erscheint es jedoch wegen der Bedeutung des Rangbereinigungsverfahrens (s. § 112) zweckmäßig, den wahren Berechtigten festzustellen, ohne das GBAmt mit einer Ermittlungspflicht zu belasten. Diesem Zweck dienen §§ 93, 94, 95 sowie auch § 99.

2. Anzeigepflicht des eingetragenen Berechtigten

Ist der Buchberechtigte nicht der wahre Berechtigte, weil er etwa trotz **2** Eintragung kein Recht erworben oder sein Recht außerhalb des GB auf einen anderen übertragen hat (§ 1154 BGB), so trifft ihn eine zweifache Verpflichtung: Er hat diesen Umstand dem GBAmt nach Zustellung des Einleitungsbeschlusses (§ 91 Abs. 2) unverzüglich, d. h. ohne schuldhaftes Zögern, mitzuteilen und außerdem anzugeben, was ihm über die Person des wirklichen Berechtigten bekannt ist. Ein entsprechender schriftlicher Hinweis ist dem Buchberechtigten mit dem Einleitungsbeschluss zuzustellen (§ 93 Satz 2). Die Erfüllung der Pflicht ist nach Maßgabe des § 35 FamFG erzwingbar. Schuldhafte Verletzung kann Schadensersatzansprüche nach § 823 Abs. 2 BGB begründen, weil § 93 ein Schutzgesetz i. S. dieser Vorschrift zugunsten des wahren Berechtigten ist (Krieger DNotZ 1935, 868).

3. Ermittlungen des GBAmts

Das GBAmt kann den wirklichen Berechtigten von Amts wegen, also **3** ohne Antrag eines Beteiligten, ermitteln. Für das Ermittlungsverfahren gilt § 26 FamFG. Im Fall des Todes des eingetragenen Berechtigten ist es hinsichtlich der Erbfolge nicht an den Nachweis durch Erbschein oder öffentliches Testament gebunden; es kann ein privatschriftliches Testament oder sonstige Urkunden und Erklärungen nach seinem Ermessen genügen lassen (§ 94 Abs. 1).

Der vom GBAmt ermittelte Berechtigte gilt vom Zeitpunkt seiner Fest- **4** stellung an „auch", also neben dem eingetragenen Berechtigten, als Beteiligter (§ 94 Abs. 2).

Bestehen Zweifel wer von mehreren der Berechtigte ist, so gelten sämt- **5** liche Personen als Berechtigte und damit als Beteiligte (§ 94 Abs. 3). Das GBAmt ist also weder berechtigt noch verpflichtet, eine Entscheidung über die Berechtigung zu treffen.

Wechsel des Berechtigten

95 **(1) Wechselt im Laufe des Verfahrens die Person eines Berechtigten, so gilt der neue Berechtigte von dem Zeitpunkt ab, zu dem seine Person dem Grundbuchamt bekannt wird, als Beteiligter.**

(2) Das gleiche gilt, wenn im Laufe des Verfahrens ein neues Recht am Grundstück oder an einem das Grundstück belastenden Rechte begründet wird, das von dem Verfahren berührt wird.

1. Allgemeines

§ 95 behandelt zwei Fälle, nämlich den Wechsel in der Person eines Be- **1** rechtigten im Lauf des Verfahrens sowie den Neuerwerb eines Rechts am Grundstück oder einem Grundstücksrecht während des Verfahrens. § 95 bezweckt wie §§ 93, 94 die Zuziehung aller von der Rangbereinigung Betroffenen über den durch § 92 festgestellten Umfang hinaus (s. §§ 93, 94 Rn. 1).

2. Bedeutung für das Verfahren

2 Wechsel in der Person liegt z. B. vor, wenn der eingetragene Berechtigte stirbt oder sein Recht auf einen anderen überträgt.

3 Neuerwerb ist insbesondere auch ein Erwerb außerhalb des GB, z. B. die Begründung eines Nießbrauchs oder Pfandrechts sowie der Erwerb eines Pfändungspfandrechts an einer Briefhyp. (§§ 1069, 1274 BGB, § 830 ZPO).

4 Der neue Berechtigte gilt als Beteiligter von dem Zeitpunkt ab, in welchem seine Person dem GBAmt bekannt wird. Bei Neuerwerb ist erforderlich, dass das Recht vom Rangbereinigungsverfahren berührt wird (s. § 92 Abs. 2 und § 92 Rn. 7). Auf welche Weise das GBAmt Kenntnis erlangt, ist gleichgültig. Der neue Berechtigte ist fortan zum Verfahren zuzuziehen; er muss das bisherige Verfahren gegen sich gelten lassen. Der bisherige Berechtigte scheidet aus. Bestehen begründete Zweifel, ob der Rechtserwerb gültig war, so wird das GBAmt den bisherigen und den neuen Berechtigten als Beteiligte anzusehen haben (s. § 94 Abs. 3).

Bestellung eines Pflegers

96 Ist die Person oder der Aufenthalt eines Beteiligten oder seines Vertreters unbekannt, so kann das Grundbuchamt dem Beteiligten für das Rangbereinigungsverfahren einen Pfleger bestellen. Für die Pflegschaft tritt an die Stelle des Betreuungsgerichts das Grundbuchamt.

1. Allgemeines

1 Mit Rücksicht auf die Bedeutung des Rangbereinigungsverfahrens (s. § 112) sieht § 96 für gewisse Fälle die Bestellung eines Pflegers vor. Vorbild für diese Bestimmung war § 88 FGG, an dessen Stelle § 364 FamFG getreten ist. § 96 wurde durch das FGG-RG v. 17.12.2008 (BGBl. I 2586) geändert.

2. Pflegschaft

2 Abweichend von § 364 FamFG kann die Pflegschaft nicht nur eingeleitet werden, wenn der Aufenthalt, sondern auch, wenn die Person eines Beteiligten unbekannt ist (Satz 1). Dem Sinn des § 96 entspricht es, die Bestellung eines Pflegers auch zuzulassen, wenn Person und Aufenthalt eines Beteiligten zwar bekannt sind, dieser aber infolge Abwesenheit an der Wahrnehmung seiner Rechte im Rangbereinigungsverfahren verhindert ist. Hat der Beteiligte einen Vertreter, dessen Person und Aufenthalt dem GBAmt bekannt sind und dessen gesetzliche oder rechtsgeschäftliche Vertretungsmacht für das Rangbereinigungsverfahren ausreicht, so ist für die Bestellung eines Pflegers kein Raum.

3 Aufgabe des Pflegers ist die Wahrnehmung der Rechte des Beteiligten oder seines Vertreters im Rangbereinigungsverfahren. Zustellungen erfolgen an ihn. Seine Erklärungen wirken für und gegen denjenigen, für den er bestellt ist. Für etwaige Versehen haftet er nach §§ 1915, 1833 BGB.

An die Stelle des Betreuungsgerichts tritt das GBAmt (Satz 2), das damit **4** auch über die nach §§ 1812, 1821, 1822 BGB erforderlich werdende Genehmigung zu entscheiden hat.

Die Wirkung der Pflegerbestellung ist beschränkt auf das Rangbereini- **5** gungsverfahren. Die Pflegschaft endet daher mit Erledigung oder Einstellung (§ 109) des Verfahrens.

Wohnsitz eines Beteiligten im Ausland

97 (1) **Wohnt ein Beteiligter nicht im Inland und hat er einen hier wohnenden Bevollmächtigten nicht bestellt, so kann das Grundbuchamt anordnen, daß er einen im Inland wohnenden Bevollmächtigten zum Empfang der für ihn bestimmten Sendungen oder für das Verfahren bestellt.**

(2) **Hat das Grundbuchamt dies angeordnet, so können, solange der Beteiligte den Bevollmächtigten nicht bestellt hat, nach der Ladung zum ersten Verhandlungstermin alle weiteren Zustellungen in der Art bewirkt werden, daß das zuzustellende Schriftstück unter der Anschrift des Beteiligten nach seinem Wohnorte zur Post gegeben wird; die Postsendungen sind mit der Bezeichnung „Einschreiben" zu versehen. Die Zustellung gilt mit der Aufgabe zur Post als bewirkt, selbst wenn die Sendung als unbestellbar zurückkommt.**

1. Allgemeines

Die Vorschrift ähnelt § 184 ZPO, weicht von dieser Bestimmung aber ver- **1** schiedentlich ab und bezweckt die Erleichterung des Verfahrens.

2. Voraussetzungen

§ 97 setzt voraus, dass ein Beteiligter (s. § 92 Rn. 2–8) nicht im Inland wohnt und er keinen im Inland wohnenden Bevollmächtigten, sei es Zustellungs- oder Verfahrensbevollmächtigten, bestellt hat.

3. Anordnung

Liegen die in Rn. 1 genannten Voraussetzungen vor, so kann das GBAmt **2** von Amts wegen, also ohne Antrag anordnen, dass der Beteiligte einen im Inland wohnenden Bevollmächtigten zum Empfang der für ihn bestimmten Sendungen oder für das Verfahren bestelle.

4. Wirkung

Der Beschluss über die Einleitung des Verfahrens (§ 91 Abs. 2) sowie die **3** Ladung zum ersten Verhandlungstermin (§ 100) müssen auf dem ordentlichen Weg (§ 183 ZPO) zugestellt werden.

Nach der Ladung zum ersten Verhandlungstermin können alle weiteren **4** Zustellungen in der in Abs. 2 angegebenen Weise erfolgen. Die Postsendungen sind mit der Bezeichnung „Einschreiben" zu versehen. Eine Zustellung gilt mit der Aufgabe zur Post als bewirkt, selbst wenn die Sendung als unbestellbar zurückkommt.

Keine öffentliche Zustellung

98 Die öffentliche Zustellung ist unzulässig.

1 Wegen der Bedeutung des Rangbereinigungsverfahrens (s. § 112) ist die öffentliche Zustellung (§§ 185 ff. ZPO) ausgeschlossen. Ist der Aufenthalt oder die Person eines Beteiligten oder seines Vertreters unbekannt, so kann ihm nach § 96 zur Wahrnehmung seiner Rechte vom GBAmt ein Pfleger bestellt werden.

Vorlegungspflicht

99 Das Grundbuchamt kann den Besitzer von Hypotheken-, Grundschuld- oder Rentenschuldbriefen sowie von Urkunden der in den §§ 1154, 1155 des Bürgerlichen Gesetzbuchs bezeichneten Art zur Vorlegung dieser Urkunden anhalten.

1 § 99 entspricht § 88 Abs. 1 und gibt wie dort neben §§ 93, 94 dem GBAmt ein Mittel zur Feststellung des Berechtigten. S. im Übrigen § 88 Rn. 2.

Ladung zum Verhandlungstermin

100 Das Grundbuchamt hat die Beteiligten zu einem Verhandlungstermin über die Klarstellung der Rangverhältnisse zu laden. Die Ladung soll den Hinweis enthalten, daß ungeachtet des Ausbleibens eines Beteiligten über die Klarstellung der Rangverhältnisse verhandelt werden würde.

101 (1) Die Frist zwischen der Ladung und dem Termin soll mindestens zwei Wochen betragen.

(2) Diese Vorschrift ist auf eine Vertagung sowie auf einen Termin zur Fortsetzung der Verhandlung nicht anzuwenden. Die zu dem früheren Termin Geladenen brauchen zu dem neuen Termin nicht nochmals geladen zu werden, wenn dieser verkündet ist.

1. Allgemeines

1 §§ 100, 101 regeln, ähnlich wie § 365 i. V. m. § 32 FamFG im Auseinandersetzungsverfahren unter Miterben die Ladung zum Verhandlungstermin vor dem GBAmt.

2. Ladung der Beteiligten

Ein Verhandlungstermin über die Klarstellung der Rangverhältnisse ist **2** zwingend vorgeschrieben (§ 100 Satz 1). Die Ladung zu diesem muss den Beteiligten (s. § 92 Rn. 2–8) zugestellt werden. Sie soll den Hinweis enthalten, dass ungeachtet des Ausbleibens eines Beteiligten über die Klarstellung der Rangverhältnisse verhandelt werden wird (§ 100 Satz 2); unterbleibt dieser Hinweis, so berührt dies, da es sich nur um eine Ordnungsvorschrift handelt, die Wirksamkeit der Ladung nicht.

3. Ladungsfrist

Die Ladungsfrist soll mindestens zwei Wochen betragen (§ 101 Abs. 1); der **3** Tag der Zustellung der Ladung und der Terminstag werden bei der Berechnung der Frist nicht mitgerechnet. Wie § 100 Satz 2 ist auch diese Bestimmung nur eine Ordnungsvorschrift. Denn sie ist anders als es die vergleichbare Bestimmung des § 90 Abs. 1 FGG war, als Soll-Vorschrift und nicht als zwingende Vorschrift ausgestaltet. Das GBAmt darf daher verhandeln, auch wenn die Ladungsfrist nicht eingehalten ist und nicht alle Beteiligten erschienen sind (a. M. Hügel Rn. 3). Die Ladungsfrist muss aber jedenfalls angemessen sein (vgl. § 32 Abs. 2 FamFG), so dass eine Frist von weniger als zwei Wochen nur in Ausnahmefällen zu rechtfertigen sein wird.

Die Ladungsfrist gilt nur für den ersten Verhandlungstermin. Wurde sie für **4** diesen gewahrt, so braucht sie bei einer Vertagung, d. h. einer Verlegung des Termins vor Eintritt in die Verhandlung, sowie bei Anberaumung eines Termins zur Fortsetzung der Verhandlung nicht mehr eingehalten zu werden (§ 101 Abs. 2 Satz 1). Auch müssen bei einer Vertagung bzw. bei Anberaumung eines Termins zur Fortsetzung der Verhandlung, falls der neue Termin verkündet wird, die zu dem früheren Termin ordnungsgemäß Geladenen nicht erneut geladen werden (§ 101 Abs. 2 Satz 2).

Auf die Einhaltung der Ladungsfrist kann seitens der Beteiligten verzichtet **5** werden.

Verhandlungstermin

102 (1) **In dem Termin hat das Grundbuchamt zu versuchen, eine Einigung der Beteiligten auf eine klare Rangordnung herbeizuführen. Einigen sich die erschienenen Beteiligten, so hat das Grundbuchamt die Vereinbarung zu beurkunden. Ein nicht erschienener Beteiligter kann seine Zustimmung zu der Vereinbarung in einer öffentlichen oder öffentlich beglaubigten Urkunde erteilen.**

(2) **Einigen sich die Beteiligten, so ist das Grundbuch der Vereinbarung gemäß umzuschreiben.**

1. Allgemeines

§ 102 macht es dem GBAmt zur Pflicht, sich zunächst um eine Einigung **1** der Beteiligten auf eine klare Rangordnung zu bemühen. Erst wenn es ihm nicht gelingt, eine solche herbeizuführen, kann es dazu übergehen, nach

Maßgabe der §§ 103, 104 einen Vorschlag für eine neue Rangordnung zu machen.

2. Vorprüfung

2   Dem Versuch, eine Einigung der Beteiligten auf eine klare Rangordnung herbeizuführen (Abs. 1 Satz 1), wird ein Erfolg nur dann beschieden sein, wenn das GBAmt bei Eintritt in die Verhandlung präzise Vorstellungen darüber hat, in welcher Weise eine Rangbereinigung durchführbar ist. Dabei kommt es auf die Umstände des Einzelfalls an. Häufig wird es um die Ersetzung relativer Rangverhältnisse durch eine absolute Rangordnung gehen; zu diesem Zweck kann die Teilung von Rechten, die Verselbständigung von Teilrechten sowie die Zusammenfassung mehrerer Rechte zu einem sog. Einheitsrecht (s. Anh. zu § 44 Rn. 58) in Betracht kommen.

3. Verhandlungstermin

3   Kommt eine Einigung der Beteiligten auf eine klare Rangordnung nicht zustande und erscheint eine solche auch in einem späteren Termin nicht möglich, so kann das GBAmt, unbeschadet seiner Befugnis, das Verfahren nach § 109 durch unanfechtbaren Beschluss einzustellen, nach Maßgabe der §§ 103, 104 einen Vorschlag für eine neue Rangordnung machen.

4   Einigen sich die erschienenen Beteiligten auf eine klare Rangordnung, so beurkundet das GBAmt die getroffene Vereinbarung (Abs. 1 Satz 2). Die Beurkundung ist gebührenfrei. Ein nicht erschienener Beteiligter kann seine Zustimmung in öffentlicher oder öffentlich beglaubigter Urkunde erklären (Abs. 1 Satz 3). Ein Verfahren wie in § 366 Abs. 3 FamFG ist nicht vorgesehen. Das GBAmt wird zur Beibringung der Erklärung eines nicht erschienenen Beteiligten diesem zweckmäßigerweise unter Übersendung einer Abschrift der Vereinbarung eine angemessene Frist setzen. Es kann auch ein anderes Amtsgericht im Rechtshilfeverfahren ersuchen, einen in dessen Bezirk wohnenden Beteiligten über seine Zustimmung zu hören (s. § 1 Rn. 93).

5   Liegt eine Einigung sämtlicher Beteiligter vor, so ist das GB nach ihrer Maßgabe umzuschreiben (Abs. 2), womit die neue Rangordnung an die Stelle der bisherigen tritt und letztere völlig beseitigt (s. § 112).

Vorschlag des Grundbuchamts

103   **Einigen sich die Beteiligten nicht, so macht das Grundbuchamt ihnen einen Vorschlag für eine neue Rangordnung. Es kann hierbei eine Änderung der bestehenden Rangverhältnisse, soweit sie zur Herbeiführung einer klaren Rangordnung erforderlich ist, vorschlagen.**

Widerspruch gegen den Vorschlag

104   **(1) Der Vorschlag ist den Beteiligten mit dem Hinweis zuzustellen, daß sie gegen ihn binnen einer Frist von einem Monat**

von der Zustellung ab bei dem Grundbuchamt **Widerspruch erheben können. In besonderen Fällen kann eine längere Frist bestimmt werden.**

(2) **Der Widerspruch ist schriftlich oder durch Erklärung zur Niederschrift des Urkundsbeamten der Geschäftsstelle eines Amtsgerichts einzulegen; in letzterem Falle ist die Widerspruchsfrist gewahrt, wenn die Erklärung innerhalb der Frist abgegeben ist.**

1. Allgemeines

Um das Rangbereinigungsverfahren, wenn sich die Beteiligten nicht einigen, nicht ohne weiteres scheitern zu lassen, gibt § 103 dem GBAmt die Befugnis, eine bestimmte Rangordnung vorzuschlagen; das dabei einzuhaltende Verfahren regelt § 104. Der Vorschlag ist die Grundlage des Feststellungsbeschlusses nach § 108. **1**

2. Vorschlag des GBAmts

Wie das GBAmt den Vorschlag für eine neue Rangordnung gestaltet, hängt von den Umständen des Einzelfalls ab (s. § 102 Rn. 2). Oftmals wird sich eine klare Rangordnung nicht ohne Änderung der bestehenden Rangverhältnisse herbeiführen lassen; aus diesem Grund bestimmt Satz 2, dass der Vorschlag auch eine solche vorsehen kann. **2**

3. Widerspruch

Der Vorschlag des GBAmts ist den Beteiligten (s. § 92 Rn. 2–8) mit dem Hinweis zuzustellen, dass sie gegen ihn innerhalb eines Monats ab Zustellung beim GBAmt Widerspruch erheben können (§ 104 Abs. 1 Satz 1); die Bestimmung einer längeren Frist ist zulässig (§ 104 Abs. 1 Satz 2) und kann sich z. B. empfehlen, wenn ein Beteiligter im Ausland wohnt oder durch Krankheit verhindert ist, alsbald Stellung zu nehmen. **3**

Der Widerspruch ist schriftlich oder durch Erklärung zur Niederschrift des Urkundsbeamten der Geschäftsstelle eines Amtsgerichts, also nicht notwendig des GBAmts, einzulegen; mündliche Gegenvorstellung genügt nicht (§ 104 Abs. 2 Halbsatz 1). Bei Widerspruch zur Niederschrift des Urkundsbeamten ist die Frist schon mit Abgabe der Erklärung gewahrt (§ 104 Abs. 2 Halbsatz 2). Begründung des Widerspruchs ist nicht vorgeschrieben, aber zweckmäßig. **4**

Wiedereinsetzung in den vorigen Stand

105 (1) **Einem Beteiligten, der ohne sein Verschulden verhindert war, die Frist (§ 104) einzuhalten, hat das Grundbuchamt auf seinen Antrag Wiedereinsetzung in den vorigen Stand zu gewähren, wenn er binnen zwei Wochen nach der Beseitigung des Hindernisses den Widerspruch einlegt und die Tatsachen, die die Wiedereinsetzung begründen, glaubhaft macht.**

(2) **Die Entscheidung, durch die Wiedereinsetzung erteilt wird, ist unanfechtbar; gegen die Entscheidung, durch die der Antrag auf Wieder-**

einsetzung als unzulässig verworfen oder zurückgewiesen wird, ist die Beschwerde nach den Vorschriften des Gesetzes über das Verfahren in Familiensachen und in den Angelegenheiten der freiwilligen Gerichtsbarkeit zulässig.

(3) Die Wiedereinsetzung kann nicht mehr beantragt werden, nachdem die neue Rangordnung eingetragen oder wenn seit dem Ende der versäumten Frist ein Jahr verstrichen ist.

1. Allgemeines

1   Bei Versäumung der gemäß § 104 bestimmten Frist ist Wiedereinsetzung in den vorigen Stand möglich. Die Regelung schließt sich an §§ 17 ff. FamFG an. § 105 wurde durch das FGG-RG v. 17.12.2008 (BGBl. I 2586) geändert.

2. Voraussetzungen

2   War ein Beteiligter ohne sein Verschulden gehindert, die Widerspruchsfrist einzuhalten, so hat ihm das GBAmt auf seinen Antrag Wiedereinsetzung in den vorigen Stand zu gewähren, wenn er den Widerspruch binnen zwei Wochen nach Beseitigung des Hindernisses einlegt sowie die Tatsachen, die Wiedereinsetzung begründen, glaubhaft macht (Abs. 1). Das Verschulden eines Vertreters steht einer Wiedereinsetzung abweichend von § 9 Abs. 2, § 11 Satz 5 FamFG i. V. m. § 85 Abs. 2 ZPO nicht entgegen.

3. Rechtsmittel

3   Wird Wiedereinsetzung gewährt, so ist die Entscheidung unanfechtbar (Abs. 2 Halbsatz 1). Dies hat zur Folge, dass gegen die Entscheidung des Rpflegers gemäß § 11 Abs. 2 Satz 1 RpflegerG die Erinnerung stattfindet. S. dazu § 71 Rn. 7.

4   Gegen die Entscheidung, durch die der Antrag auf Wiedereinsetzung als unzulässig verworfen oder als unbegründet zurückgewiesen wird, ist Beschwerde nach den Vorschriften des FamFG zulässig (Abs. 2 Halbsatz 2). Zur Befristung der Beschwerde und zum erforderlichen Beschwerdewert s. § 71 Rn. 2. Gegen die Entscheidung des Beschwerdegerichts ist die Rechtsbeschwerde nach Maßgabe der §§ 70 ff. FamFG statthaft. Das GBAmt und das Beschwerdegericht haben mit ihrer Entscheidung eine Rechtsbehelfsbelehrung zu erteilen (s. dazu § 1 Rn. 76).

4. Ausschluss der Wiedereinsetzung

5   Der Antrag ist zeitlich durch eine doppelte Frist begrenzt. Die Wiedereinsetzung in den vorigen Stand kann nicht mehr beantragt werden, wenn die neue Rangordnung eingetragen oder seit dem Ende der versäumten Frist ein Jahr verstrichen ist (Abs. 3).

Aussetzung des Verfahrens

106 (1) **Ist ein Rechtsstreit anhängig, der die Rangverhältnisse des Grundstücks zum Gegenstand hat, so ist das Verfahren auf Antrag eines Beteiligten bis zur Erledigung des Rechtsstreits auszusetzen.**

(2) **Das Grundbuchamt kann auch von Amts wegen das Verfahren aussetzen und den Beteiligten oder einzelnen von ihnen unter Bestimmung einer Frist aufgeben, die Entscheidung des Prozeßgerichts herbeizuführen, wenn die Aufstellung einer neuen klaren Rangordnung von der Entscheidung eines Streites über die bestehenden Rangverhältnisse abhängt.**

1. Allgemeines

Das Rangbereinigungsverfahren ist ein Verfahren der freiwilligen Ge- 1 richtsbarkeit. Es ist daher nicht Aufgabe des GBAmts, Streitigkeiten der Beteiligten über die bestehenden Rangverhältnisse zu entscheiden. Zwecks ihrer Klärung im Prozessweg lässt § 106 die sonst in GBSachen nicht vorgesehene Aussetzung des Verfahrens zu.

2. Aussetzung

a) Auf Antrag. Es muss ein Rechtsstreit anhängig sein, der die Rangver- 2 hältnisse des Grundstücks zum Gegenstand hat, mag er alle oder einzelne am Rangbereinigungsverfahren beteiligte Rechte betreffen. Gleichgültig ist, ob der Rechtsstreit bereits bei Einleitung des Verfahrens (§ 91 Abs. 2) anhängig war oder erst später im Lauf des Verfahrens anhängig wird. Den Antrag auf Aussetzung kann jeder Beteiligte (s. § 92 Rn. 2–8) stellen; ihm ist, wenn die angegebenen Voraussetzungen vorliegen, zu entsprechen.

b) Von Amts wegen. Das GBAmt kann auch von Amts wegen, also ohne 3 Antrag, allen oder einzelnen Beteiligten unter Bestimmung einer Frist die Beibringung der Entscheidung des Prozesgerichts aufgeben, wenn die Entscheidung zur Aufstellung einer neuen klaren Rangordnung notwendig ist. Wird die Auflage des GBAmts nicht erfüllt, so kann das Verfahren nach § 109 eingestellt werden. Zwangsmaßnahmen nach § 35 FamFG können nicht ergriffen werden.

3. Anfechtung

Die Aussetzung ist ebenso wie die Einleitung, die Ablehnung der Einlei- 4 tung oder die Einstellung des Verfahrens unanfechtbar (s. § 91 Rn. 6).

Fortsetzung des Verfahrens

107 **Ist der Rechtsstreit erledigt, so setzt das Grundbuchamt das Verfahren insoweit fort, als es noch erforderlich ist, um eine klare Rangordnung herbeizuführen.**

1   Ein nach § 106 ausgesetztes Rangbereinigungsverfahren setzt das GBAmt nach Erledigung des Rechtsstreits fort, soweit es zur Herbeiführung einer klaren Rangordnung noch erforderlich, d. h. eine Unklarheit oder Unübersichtlichkeit der Rangverhältnisse verblieben ist. Andernfalls ist das Verfahren gegenstandslos und einzustellen. Eine rechtskräftige Entscheidung des Prozessgerichts bindet das GBAmt nur hinsichtlich der bestehenden Rangverhältnisse, nicht aber bezüglich einer bei Fortsetzung des Verfahrens aufzustellenden neuen Rangordnung.

Feststellungsbeschluß

108 (1) **Nach dem Ablauf der Widerspruchsfrist stellt das Grundbuchamt durch Beschluß die neue Rangordnung fest, sofern nicht Anlaß besteht, einen neuen Vorschlag zu machen. Es entscheidet hierbei zugleich über die nicht erledigten Widersprüche; insoweit ist die Entscheidung mit Gründen zu versehen.**

(2) **Ist über einen Widerspruch entschieden, so ist der Beschluß allen Beteiligten zuzustellen.**

1. Allgemeines

1   § 108 regelt für den Fall, dass das GBAmt einen Vorschlag für eine neue Rangordnung gemacht hat, das weitere Vorgehen nach Ablauf der Widerspruchsfrist. Sieht das GBAmt keinen Anlass, einen neuen Vorschlag zu machen, so stellt es die neue Rangordnung durch Beschluss fest. Der Feststellungsbeschluss bildet, wenn er rechtskräftig ist, die formelle und materielle Grundlage für die Umschreibung des GB nach § 111.

2. Ablauf der Widerspruchsfrist

2   Für die Feststellung der neuen Rangordnung ist erst Raum, wenn die Widerspruchsfrist nach § 104 Abs. 1 abgelaufen ist. Dabei ist zu berücksichtigen, dass ein Widerspruch gemäß § 104 Abs. 2 auch durch Erklärung zur Niederschrift des Urkundsbeamten der Geschäftsstelle eines anderen Amtsgerichts erhoben sein und deshalb erst nach Ablauf der Widerspruchsfrist beim GBAmt eingehen kann. Das GBAmt wird daher eine angemessene Zeit zu warten haben, bis es seine Entscheidung trifft.

3   An seinen Vorschlag für eine neue Rangordnung ist das GBAmt, auch wenn er unangefochten geblieben ist, aber nicht gebunden. Hat es nachträglich Bedenken gegen ihn, so kann es nach Maßgabe der §§ 103, 104 einen neuen Vorschlag machen, der diesen Rechnung trägt.

3. Feststellungsbeschluss

4   Sind Widersprüche nicht erhoben worden oder erweisen sich erhobene Widersprüche als unzulässig oder unbegründet und hat das GBAmt auch sonst keine Bedenken gegen seinen Vorschlag (s. Rn. 3), so stellt es die neue Rangordnung diesem gemäß durch Beschluss fest; unzulässige oder unbegründete Widersprüche weist es gleichzeitig zurück.

Erscheinen dem GBAmt erhobene Widersprüche begründet, so hat es **5** grundsätzlich einen neuen Vorschlag zu machen. Es wird einem als begründet erachteten Widerspruch aber auch durch einen von seinem Vorschlag abweichenden Feststellungsbeschluss Rechnung tragen dürfen, wenn die Abweichung nur eine unwesentliche ist und den von der Abweichung betroffenen Beteiligten zuvor Gelegenheit zur Stellungnahme gegeben wurde (Meikel/Böttcher Rn. 9; a. M. Güthe/Triebel Rn. 4).

Zu begründen ist der Feststellungsbeschluss nur insoweit, als über einen **6** noch nicht erledigten Widerspruch entschieden ist (Abs. 1 Satz 2).

4. Zustellung

Ist in dem Feststellungsbeschluss über einen Widerspruch entschieden **7** worden, so muss der Beschluss allen Beteiligten (s. § 92 Rn. 2–8), also nicht nur dem Widersprechenden, zugestellt werden (Abs. 2). Die Zustellung setzt die Frist für die Einlegung der nach § 110 Abs. 1 zulässigen Beschwerde in Lauf. Mit dem Feststellungsbeschluss ist eine Rechtsbehelfsbelehrung zu erteilen (s. dazu § 1 Rn. 76).

Ist in dem Feststellungsbeschluss nicht über einen Widerspruch entschie- **8** den worden, weil ein solcher entweder nicht erhoben wurde oder sich durch Zurücknahme erledigt hat, so ist eine Zustellung nicht erforderlich. Der Beschluss muss jedoch, um Wirksamkeit zu erlangen (§ 40 Abs. 1 FamFG), den Beteiligten bekanntgemacht werden.

5. Rechtsmittel

Ist nicht über einen Widerspruch entschieden worden (s. Rn. 8), so wird **9** der Feststellungsbeschluss mit der Bekanntmachung rechtskräftig.

Ist über einen Widerspruch entschieden worden (s. Rn. 7), so ist gegen **10** den Feststellungsbeschluss die Beschwerde nach den Vorschriften des FamFG (§§ 58 ff. FamFG) zulässig (§ 110 Abs. 1). Im Einzelnen gilt folgendes:

Die Beschwerdefrist beträgt nach § 63 Abs. 1 FamFG einen Monat. Die **11** Frist beginnt mit der schriftlichen Bekanntgabe des Feststellungsbeschlusses, spätestens mit Ablauf von fünf Monaten nach Erlass des Beschlusses (§ 63 Abs. 3, § 38 Abs. 3 Satz 3 FamFG). §§ 17 ff. FamFG über die Wiedereinsetzung in den vorigen Stand sind anzuwenden, jedoch mit der Maßgabe, dass eine solche entsprechend § 105 Abs. 3 nach Eintragung der neuen Rangordnung oder Ablauf eines Jahres seit dem Ende der versäumten Frist nicht mehr beantragt werden kann. Hält das GBAmt die Beschwerde für begründet, hat es ihr abzuhelfen; anderenfalls ist die Beschwerde unverzüglich dem OLG als dem zuständigen Beschwerdegericht vorzulegen (§ 68 Abs. 1 FamFG). Zum erforderlichen Beschwerdewert s. § 71 Rn. 2.

Die Beschwerdeberechtigung richtet sich nach § 59 FamFG. Danach ist **12** beschwerdeberechtigt der Widersprechende, dessen Widerspruch zurückgewiesen wurde. Ein Beschwerderecht anderer Beteiligter kann nur in dem in Rn. 5 genannten Ausnahmefall in Betracht kommen (a. M. Güthe/Triebel Rn. 5).

Eine Rechtsbeschwerde findet, da es sich vornehmlich um Zweckmäßig- **13** keitsentscheidungen handelt, nicht statt (§ 110 Abs. 2).

6. Wirkung des Feststellungsbeschlusses

14   Der rechtskräftige Beschluss bildet die formelle und materielle Grundlage für die Umschreibung des GB; diese entsprechend der festgestellten neuen Rangordnung vorzunehmen, ist Pflicht des GBAmts (§ 111). Für eine Einstellung des Verfahrens ist kein Raum mehr. Das GBAmt darf den Feststellungsbeschluss grundsätzlich nicht mehr ändern (vgl. § 48 FamFG).

Einstellung des Verfahrens

109 **Das Grundbuchamt kann jederzeit das Verfahren einstellen, wenn es sich von seiner Fortsetzung keinen Erfolg verspricht. Der Einstellungsbeschluß ist unanfechtbar.**

1. Allgemeines

1   § 109 gibt dem GBAmt die Befugnis, ein eingeleitetes Rangbereinigungsverfahren jederzeit einzustellen, wenn es sich von seiner Fortsetzung keinen Erfolg verspricht.

2. Einstellung

2   Ob von der Fortsetzung des Verfahrens mangels Aussicht auf Erfolg abzusehen ist, entscheidet das GBAmt nach pflichtgemäßem Ermessen.

3   Der Einstellungsbeschluss ist gleich der Entscheidung über die Einleitung des Verfahrens (§ 91 Abs. 1 Satz 3) unanfechtbar. Kein Beteiligter hat mithin einen Anspruch auf Durchführung des Verfahrens Gegen die Entscheidung des Rpflegers ist jedoch gemäß § 11 Abs. 2 Satz 1 RpflegerG die Erinnerung statthaft. S. hierzu § 91 Rn. 6.

4   Hat das GBAmt das Verfahren eingestellt, so ist der Einleitungsvermerk (§ 91 Abs. 3) im GB zu löschen.

Sofortige Beschwerde

110 **(1) Hat das Grundbuchamt in dem Beschluß, durch den die neue Rangordnung festgestellt wird, über einen Widerspruch entschieden, so ist gegen den Beschluß die Beschwerde nach den Vorschriften des Gesetzes über das Verfahren in Familiensachen und in den Angelegenheiten der freiwilligen Gerichtsbarkeit zulässig.**

(2) Die Rechtsbeschwerde ist unzulässig.

1   S. § 108 Rn. 9–13. § 110 wurde durch das FGG-RG v. 17.12.2008 (BGBl. I 2586) geändert.

Umschreibung des Grundbuchs

111 **Ist die neue Rangordnung rechtskräftig festgestellt, so hat das Grundbuchamt das Grundbuch nach Maßgabe dieser Rangordnung umzuschreiben.**

1. Allgemeines

Hat der die neue Rangordnung feststellende Beschluss Rechtskraft erlangt, **1**
so ist das GB nach Maßgabe der neuen Rangordnung umzuschreiben.

2. Umschreibung

Der Feststellungsbeschluss muss rechtskräftig sein, und zwar gegenüber **2**
sämtlichen Beteiligten (s. § 92 Rn. 2 bis 8). Sorgfältige Prüfung nach dieser
Richtung ist zur Vermeidung von Schadensersatzansprüchen geboten.

Steht die Rechtskraft fest, so muss die Umschreibung erfolgen (s. § 108 **3**
Rn. 14).

3. Verfahren

Umschreibung des GB bedeutet nicht notwendig eine solche im Sinn der **4**
§§ 28 ff. GBV, sondern zunächst nur Eintragung der neuen Rangordnung.
Kann diese durch wenige Rangvermerke auf dem bisherigen GBBlatt übersichtlich verlautbart werden, so ist ein Verfahren nach den Vorschriften der
GBV nicht erforderlich.

Vielfach wird jedoch eine Umschreibung nach §§ 28 ff. GBV geboten **5**
sein, wobei zu beachten ist, dass nach § 33 GBV auch nur die Neufassung
einer Abteilung in Betracht kommen kann. Auf eine vorherige Verlautbarung
der neuen Rangordnung auf dem bisherigen GBBlatt kann dann verzichtet
werden; auf ihm ist lediglich der Einleitungsvermerk (§ 91 Abs. 3) zu löschen.

4. Vorlegung und Behandlung der Briefe

Es gelten die allgemeinen Vorschriften, also §§ 41 ff. und § 62. Die Vorle- **6**
gung der Briefe kann, soweit sie nicht bereits erfolgt ist, nach § 99 erzwungen werden (s. § 88 Rn. 2). Neue Briefe über Hypotheken, Grund- und
Rentenschulden werden nicht hergestellt; die Unbrauchbarmachung der
bisherigen und die Herstellung neuer Briefe wäre eine unrichtige Sachbehandlung im Sinne des § 21 GNotKG (KG JW 1934, 433).

5. Kosten

Für die Umschreibung werden Gebühren nicht erhoben. **7**

Neue Rangordnung

112 Ist die neue Rangordnung (§ 102 Abs. 2, § 111) eingetragen, so
tritt sie an die Stelle der bisherigen Rangordnung.

Mit der Eintragung der neuen Rangordnung tritt diese an die Stelle der **1**
bisherigen. Es handelt sich nicht um eine nachträgliche Rangänderung i. S.
des § 880 BGB; die alte Rangordnung ist vielmehr vollständig beseitigt.

Eine Beschwerde gegen die Eintragung ist nur als beschränkte zulässig (s. **2**
§ 71 Rn. 49); sie kann mit Erfolg nur darauf gestützt werden, dass die einge-

tragene Rangordnung nicht der Einigung der Beteiligten oder dem Feststellungsbeschluss des GBAmts entspricht.

Löschung des Einleitungsvermerks

113 Wird die neue Rangordnung eingetragen (§ 102 Abs. 2, § 111) oder wird das Verfahren eingestellt (§ 109), so ist der Einleitungsvermerk zu löschen.

1   Mit der Eintragung der neuen Rangordnung oder der Einstellung des Verfahrens ist die Funktion des Einleitungsvermerks (s. § 91 Rn. 5) beendet; der Vermerk ist daher im GB zu löschen.

Kosten des Verfahrens vor dem Grundbuchamt

114 Die Kosten des Verfahrens erster Instanz verteilt das Grundbuchamt auf die Beteiligten nach billigem Ermessen.

1. Kosten

1   Eintragungen und Löschungen im Rangklarstellungsverfahren sowie das vorangegangene Verfahren vor dem GBAmt einschl. der Beurkundung von Erklärungen der Beteiligten sind gebührenfrei; dasselbe gilt für Umschreibungen (s. § 111 Rn. 2). Die Bestimmung des § 114 betrifft also nur die Auslagen sowie die außergerichtlichen Kosten der Beteiligten.

2. Verteilung

2   Die Verteilung der im erstinstanzlichen Verfahren erwachsenen Auslagen und außergerichtlichen Kosten auf die Beteiligten hat das GBAmt nach billigem Ermessen vorzunehmen. Ist das Verfahren von Amts wegen eingeleitet worden, so wird grundsätzlich eine Verteilung der Auslagen auf alle Beteiligten in Betracht kommen; wurde es auf Antrag eines Beteiligten eingeleitet, so kann es billig sein, die Auslagen dem Antragsteller aufzuerlegen. Hinsichtlich der außergerichtlichen Kosten wird in der Regel davon auszugehen sein, dass jeder Beteiligte seine Kosten zu tragen hat.

Kosten eines erledigten Rechtsstreits

115 Wird durch das Verfahren ein anhängiger Rechtsstreit erledigt, so trägt jede Partei die ihr entstandenen außergerichtlichen Kosten. Die Gerichtskosten werden niedergeschlagen.

1. Allgemeines

1   § 115 stimmt fast wörtlich mit § 82 AufwG überein. Die Bestimmung btrifft die Kosten eines anhängigen Rechtsstreits und verdrängt § 91a ZPO.

2. Anhängiger Rechtsstreit

Gleichgültig ist, ob der Rechtsstreit bereits bei Einleitung des Rangbereinigungsverfahrens anhängig war oder erst im Lauf des Verfahrens anhängig wurde.

3. Erledigung

Die Erledigung muss durch das Rangbereinigungsverfahren erfolgt sein, **2** weil sich z. B. die Beteiligten gemäß § 102 geeinigt oder einen Vorschlag des GBAmts nach § 103 angenommen haben. Die Erledigung in dieser Weise ist denkbar, wenn in Fällen des § 106 Abs. 1 kein Antrag auf Aussetzung des Verfahrens vor dem GBAmt gestellt wurde.

Die Voraussetzungen des § 115 sind gegeben, wenn die Parteien des **3** Rechtsstreits infolge der im Rangbereinigungsverfahren getroffenen Regelung an der Fortführung des Rechtsstreits in der Hauptsache kein Interesse mehr haben (RG 112, 305).

Ist der Rechtsstreit nach dem in Rn. 3 Ausgeführten erledigt, so tritt die **4** in § 115 getroffene Kostenregelung ohne weiteres kraft Gesetzes ein. Eine hiervon abweichende Kostenverteilung darf also das Prozessgericht nicht vornehmen (s. dagegen § 114).

Sechster Abschnitt.
Anlegung von Grundbuchblättern

Übersicht

Der 6. Abschnitt wurde durch das RegVBG in die GBO eingefügt. Er regelt den Fall der nachträglichen Anlegung eines GB-Blattes.

§ 116 bestimmt, dass ein GBBlatt von Amts wegen anzulegen ist. Nach Feststellung der Bestandsdaten des Grundstücks aus dem Liegenschaftskataster hat das GBAmt nach § 118 von Amts wegen das Eigentum festzustellen. Zur Ermittlung des Berechtigten kann es gem. § 119 ein Aufgebot erlassen, dessen Inhalt § 120 und dessen Bekanntmachung § 121 regelt. Ohne Aufgebot ist Voraussetzung der Blattanlegung gem. § 122 eine vorherige öffentliche Ankündigung. §§ 123 und 124 regeln, wer als Eigentümer einzutragen ist und unter welchen Voraussetzungen Eigentumsbeschränkungen einzutragen sind. Die Beschwerde gegen die Blattanlegung schließt § 125 aus, lässt aber die Eintragung eines Amtswiderspruchs oder die Löschung als inhaltlich unzulässig zu.

Anlegung von Amts wegen

116 (1) **Für ein Grundstück, das ein Grundbuchblatt bei der Anlegung des Grundbuchs nicht erhalten hat, wird das Blatt unbeschadet des § 3 Abs. 2 bis 9 von Amts wegen angelegt.**

(2) **Das Verfahren bei der Anlegung des Grundbuchblatts richtet sich nach den Vorschriften der §§ 118 bis 125.**

1. Allgemeines

Die nachträgliche Anlegung eines GBBlatts war zunächst in §§ 7 bis 17 **1** AusfVO geregelt. Durch das RegVBG sind die Vorschriften nahezu unverändert als 6. Abschnitt in die GBO eingestellt worden. Eine § 17 AusfVO entsprechende Vorschrift wurde jedoch nicht übernommen. Diese Vorschrift befasste sich mit dem Fall, dass Miteigentumsanteile an einem Grundstück selbständig gebucht sind und für das Grundstück ein GBBlatt angelegt werden muss (vgl. § 3 Abs. 8, 9); sie bestimmte, dass die Vorschriften über die nachträgliche Anlegung eines GBBlatts grundsätzlich entsprechend anzuwenden sind. Weil aber bei der Blattanlegung im Fall des § 3 Abs. 8, 9 irgendwelche Ermittlungen über Rechtsverhältnisse nicht erforderlich sind und die übrigen Regelungen des § 17 AusfVO Selbstverständlichkeiten enthielten, wurde die Bestimmung für entbehrlich erachtet. § 116 entspricht inhaltlich dem früheren § 7 AusfVO. Abs. 2 wurde durch das DaBaGG geändert.

2. Anwendungsbereich

2   Hat ein Grundstück (oder ein grundstücksgleiches Recht: BayObLG 1991, 184, 294) bei der erstmaligen Anlegung des GB (über deren Beendigung in Bayern s. § 142 Rn. 5) versehentlich kein GBBlatt erhalten, so muss für dieses Grundstück nachträglich ein Blatt angelegt werden. Es handelt sich dabei um die nachträgliche Anlegung einzelner GBBlätter, nicht aber um die Anlegung des GB insgesamt, die der Regelung durch Landesrecht überlassen war (Art. 186 EGBGB; s. hierzu § 142 Rn. 3). Das nach preußischem Landesrecht entstandene selbständige Fischereirecht im engeren Sinn ist ein grundstücksgleiches Recht, für das nach §§ 22, 27 PrAGGBO ein GBBlatt nur auf Antrag angelegt werden kann (OLG Hamm Rpfleger 2000, 493).

3   Die Vorschriften über die Anlegung eines GBBlatts sind entsprechend anzuwenden, wenn für ein Grundstück, für das zunächst ein GBBlatt angelegt war, das aber später als buchungsfrei ausgebucht wurde, wieder ein GBBlatt angelegt werden soll (vgl. § 3 Abs. 2, 3); in diesem Fall ist das GB grundsätzlich auf den Namen des Veräußerers anzulegen (s. § 39 Rn. 2). Eine entsprechende Anwendung kommt ferner in Betracht, wenn ein Grundstück infolge einer Grenzregelung in deutsches Staatsgebiet gelangt.

4   War für ein Grundstück ein GB angelegt und ist dieses ganz oder teilweise zerstört worden oder abhanden gekommen, so richtet sich das Verfahren für die Wiederherstellung des GB nicht nach §§ 116 ff., sondern nach § 148 Abs. 1. Ferner liegt kein Fall der §§ 116 ff. vor, wenn gem. § 3 Abs. 8, 9 ein GBBlatt anzulegen ist (s. hierzu § 3 Rn. 35) oder wenn gem. § 9 Abs. 3 WEG die Wohnungsgrundbücher geschlossen werden und für das Grundstück ein Blatt angelegt werden muss (s. hierzu Anh. zu § 3 Rn. 102, 106). §§ 116 ff. sind jedoch entsprechend anzuwenden, wenn im Gebiet der ehemaligen DDR für Gebäudeeigentum als grundstücksgleiches Recht ein Gebäudegrundbuchblatt angelegt werden soll (s. § 150 Rn. 19).

3. Anlegungsverfahren

5   Ein GBBlatt ist vom GBAmt von Amts wegen anzulegen, sobald das GBAmt davon Kenntnis erlangt, dass für ein Grundstück ein GBBlatt nicht angelegt ist; Anträge Dritter haben nur die Bedeutung einer Anregung. Eine Verpflichtung des GBAmts zur Anlegung eines GBBlattes besteht nicht, wenn bei Vorliegen der Voraussetzungen des § 3 Abs. 4 sämtliche Miteigentumsanteile selbständig gebucht sind, ferner nicht bei buchungsfreien Grundstücken (§ 3 Abs. 2). Soll für ein buchungsfreies Grundstück ein GB angelegt werden, so ist Voraussetzung für die Einleitung des Verfahrens ein Antrag des Eigentümers oder eines Berechtigten (§ 3 Abs. 2); Entsprechendes gilt für die Anlegung eines GBBlatts für bestimmte grundstücksgleiche Rechte (s. § 3 Rn. 9).

6   Das nähere Verfahren zur nachträglichen Anlegung eines GB ist in §§ 117 bis 125 geregelt.

4. Sonderfall

7   Im Gebiet der ehemaligen DDR ist für die Anlegung von GBBlättern für ehemals volkseigene Grundstücke unter den Voraussetzungen des § 113

Abs. 1 Nr. 5 GBV (Vorhandensein eines Bestandsblattes oder eines geschlossenen GBBlatts bei unveränderter Grundstücksbezeichnung) ein Verfahren nach §§ 116 ff. nicht erforderlich. Das GB wird auf der Grundlage des vorliegenden Bestandsblattes des früheren Liegenschaftsdienstes oder des früheren GBBlatts, sofern sich die Grundstücksbezeichnung nicht geändert hat, angelegt; einer weiteren Prüfung bedarf es nicht. Der Eigentümer ergibt sich in der Regel aus einem Zuordnungsbescheid nach dem VZOG. Das einfache Anlegungsverfahren kommt nur für ehemals volkseigene Grundstücke in Betracht, die schon einmal gebucht waren.

117 *(aufgehoben)*

Nach der durch das DaBaGG aufgehobenen Vorschrift, die im Wesentlichen dem früheren § 8 AusfVO entsprach, hatte das GBAmt das Liegenschaftsamt (Katasteramt) um die Übersendung eines Auszugs aus dem Liegenschaftskataster zu ersuchen. Da das GBAmt inzwischen online auf den Datenbestand des Liegenschaftskataster zugreifen kann, bedarf es dieser Regelung nicht mehr.

Amtsermittlung

118 Zur Feststellung des Eigentums an dem Grundstück hat das Grundbuchamt von Amts wegen die erforderlichen Ermittlungen anzustellen und die geeigneten Beweise zu erheben.

1. Eigentumsfeststellung

Ziel des Anlegungsverfahrens ist es, den Eigentümer des Grundstücks **1** (oder den Berechtigten eines grundstücksgleichen Rechts) festzustellen. Für diese Feststellung gilt der Grundsatz der Amtsermittlung; § 118 (früher § 9 AusfVO) entspricht inhaltlich § 26 FamFG. In bestimmten Fällen (s. § 116 Rn. 5) ist allerdings Voraussetzung für die Einleitung des Anlegungsverfahrens ein Antrag (zu Form und Antragsberechtigung s. § 3 Rn. 18). Liegt er vor, ist das weitere Verfahren von Amts wegen zu betreiben. Die Vorschriften des 2. Abschnitts (§§ 13 ff., insbes. § 29) können im Anlegungsverfahren nicht angewendet werden, weil sie Eintragungen in ein bereits bestehendes GB betreffen; darum geht es bei der Anlegung eines GBBlatts nicht.

Der Grundsatz der Amtsermittlung gilt nur für die Feststellung des Eigen- **2** tums, nicht aber für die Feststellung dinglicher Rechte Dritter an dem Grundstück oder sonstiger Eigentumsbeschränkungen (s. dazu § 124). Sobald sich das GBAmt darüber schlüssig geworden ist, wer als Eigentümer einzutragen ist, muss das GB ohne Rücksicht auf mögliche dingliche Rechte angelegt werden.

2. Verfahren

Für den Erlass einer Zwischenverfügung ist in dem Amtsverfahren kein **3** Raum (JFG 13, 128). Der Umfang der von Amts wegen anzustellenden Ermittlungen und die Wahl der Beweismittel liegen im freien Ermessen des GBAmts. In Betracht kommt insbes. die Vernehmung des Grundstücksbesitzers und der Eigentümer benachbarter Grundstücke. Das Beweisergebnis ist vom GBAmt ohne Bindung an Beweisregeln frei zu würdigen. Der Entscheidung über das Eigentum darf sich das GBAmt nicht dadurch entziehen, dass es die Beteiligten auf den Prozessweg verweist oder zunächst eine Ankündigung über die beabsichtigte Eigentümereintragung in der Form eines Vorbescheids erlässt, um seine Rechtsauffassung im Beschwerdeweg nachprüfen zu lassen (JFG 12, 268).

4   Das Verfahren kann, falls sich nicht herausstellt, dass das Grundstück schon gebucht und das Verfahren daher einzustellen ist, nur durch Anlegung eines GBBlatts enden (BayObLG NJW 1989, 2475). Das OLG Stuttgart (Justiz 1990, 299) hält es jedoch für zulässig, dass das GBAmt einen Antrag auf Eintragung als Eigentümer selbständig zurückweist, sofern an diesem Verfahren alle als Eigentümer in Betracht kommenden Personen beteiligt wurden und das Anlegungsverfahren durch die Zurückweisung nicht beendet wird (vgl. auch OLG Hamm Rpfleger 1952, 243).

3. Verstoß gegen die Amtsermittlungspflicht

5   Verletzt das GBAmt seine Pflicht zur Amtsermittlung, so stellt dies eine Verletzung gesetzlicher Vorschriften im Sinn des § 53 Abs. 1 Satz 1 dar, die einen Amtswiderspruch gegen die spätere GBBlattanlegung rechtfertigen kann (vgl. § 125 Satz 2).

Aufgebot

119 Das Grundbuchamt kann zur Ermittlung des Berechtigten ein Aufgebot nach Maßgabe der §§ 120 und 121 erlassen.

Inhalt des Aufgebots

120 In das Aufgebot sind aufzunehmen:

1. die Ankündigung der bevorstehenden Anlegung des Grundbuchblatts;

2. die Bezeichnung des Grundstücks, seine Lage, Beschaffenheit und Größe nach dem für die Bezeichnung der Grundstücke im Grundbuch maßgebenden amtlichen Verzeichnis;

3. die Bezeichnung des Eigenbesitzers, sofern sie dem Grundbuchamt bekannt oder zu ermitteln ist;

4. die Aufforderung an die Personen, welche das Eigentum in Anspruch nehmen, ihr Recht binnen einer vom Grundbuchamt zu bestimmenden Frist von mindestens sechs Wochen anzumelden und glaubhaft zu machen, widrigenfalls ihr Recht bei der Anlegung des Grundbuchs nicht berücksichtigt wird.

Bekanntmachung des Aufgebots

121 (1) Das Aufgebot ist an die für den Aushang von Bekanntmachungen des Grundbuchamts bestimmte Stelle anzuheften und einmal in dem für die amtlichen Bekanntmachungen des Grundbuchamts bestimmten Blatte zu veröffentlichen. Das Grundbuchamt kann anordnen, daß die Veröffentlichung mehrere Male und noch in anderen Blättern zu erfolgen habe oder, falls das Grundstück einen Wert von weniger als 3000 Euro hat, daß sie ganz unterbleibe.

(2) Das Aufgebot ist in der Gemeinde, in deren Bezirk das Grundstück liegt, an der für amtliche Bekanntmachungen bestimmten Stelle anzuheften oder in sonstiger ortsüblicher Weise bekanntzumachen. Dies gilt nicht, wenn in der Gemeinde eine Anheftung von amtlichen Bekanntmachungen nicht vorgesehen ist und eine sonstige ortsübliche Bekanntmachung lediglich zu einer zusätzlichen Veröffentlichung in einen der in Absatz 1 bezeichneten Blätter führen würde.

(3) Das Aufgebot soll den Personen, die das Eigentum in Anspruch nehmen und dem Grundbuchamt bekannt sind, von Amts wegen zugestellt werden.

1. Voraussetzungen

Die §§ 119 bis 121 über das Aufgebot entsprechen den früheren §§ 10 bis 1
12 AusfVO. Für das Aufgebotsverfahren sind die Bestimmungen der §§ 120,
121 maßgebend. Die §§ 433 ff. FamFG finden keine Anwendung.

Im Rahmen seiner Pflicht, von Amts wegen das Eigentum festzustellen, kann das GBAmt ein Aufgebot erlassen (§ 119). Ob es davon Gebrauch macht, liegt in seinem Ermessen. Am Verfahren Beteiligte können ein Aufgebot nicht beantragen; sie können seinen Erlass lediglich anregen. Ein Aufgebot wird nur in Betracht kommen, wenn die von Amts wegen durchgeführten Ermittlungen überhaupt keine oder keine ausreichende Grundlage für die Feststellung des Eigentums ergeben haben. Aber auch in diesem Fall wird für ein Aufgebot kein Raum sein, wenn es von vornherein keinen weiteren Aufschluss verspricht.

2. Inhalt

Den Inhalt der Aufgebotsurkunde bestimmt § 120. Gegenstand des Aufgebots ist allein das zu ermittelnde Eigentum; auf dingliche Rechte oder sonstige Eigentumsbeschränkungen hat es sich nicht zu erstrecken (OLG Karlsruhe Rpfleger 1999, 486).

Grundlage für die Bezeichnung des Grundstücks (§ 120 Nr. 2) sind die 3
aus dem Liegenschaftskataster zu entnehmenden Bestandsdaten.

Der Eigenbesitzer (§ 872 BGB) ist nur anzugeben (§ 120 Nr. 3), wenn er 4
dem GBAmt bekannt ist oder von ihm ermittelt werden kann; vor Erlass eines Aufgebots hat das GBAmt daher in jedem Fall Ermittlungen nach dem Eigenbesitzer anzustellen. Ob es jemanden für den Eigenbesitzer hält, obliegt allein seiner Beurteilung.

5   Der wesentliche Inhalt des Aufgebots ist die Aufforderung an diejenigen Personen, die das Eigentum in Anspruch nehmen, ihr Recht binnen einer bestimmten Frist anzumelden und glaubhaft zu machen (§ 120 Nr. 4).

3. Wirkung

6   Wer das Eigentum für sich in Anspruch nimmt, kann bei der Blattanlegung nur berücksichtigt werden, wenn er sein Recht glaubhaft macht. Hierzu stehen ihm alle geeignet erscheinenden Mittel zur Verfügung; Tatsachen können durch eidesstattliche Versicherung glaubhaft gemacht werden (s. dazu § 29a Rn. 3). Wer das Eigentum beansprucht, ohne sein Recht glaubhaft zu machen, wird im weiteren Anlegungsverfahren nicht berücksichtigt.

7   Die vom GBAmt gem. § 120 Nr. 4 zu bestimmende Frist ist keine Ausschlussfrist. Sie kann von GBAmt verlängert werden. Wer sein Recht erst nach Fristablauf anmeldet und glaubhaft macht, muss vom GBAmt nicht berücksichtigt werden; das GBAmt kann die verspätete Anmeldung aber beachten und im Hinblick auf sie notwendig werdende Ermittlungen anstellen.

4. Bekanntmachung

8   Das Aufgebot ist in mehrfacher Weise bekanntzumachen (§ 121).

Zunächst ist der vollständige Wortlaut des Aufgebots an der für den Aushang von Bekanntmachungen des GBAmts bestimmten Stelle anzuheften. Es wird zweckmäßig sein, das Aufgebot erst nach Ablauf der gem. § 120 Nr. 4 bestimmten Frist wieder abzunehmen. Das GBAmt kann aber auch einen früheren Zeitpunkt hierfür vorsehen, der von ihm nachträglich hinausgeschoben werden kann.

9   Außerdem ist das Aufgebot in dem für die amtlichen Bekanntmachungen des GBAmts bestimmten Blatt zu veröffentlichen. Es steht im Ermessen des GBAmts, ob es das Aufgebot mehrmals und noch in anderen Blättern veröffentlicht oder, sofern das Grundstück weniger als 3000 EUR wert ist, von einer Veröffentlichung ganz absieht. Der zunächst maßgebende Betrag von 5000 DM wurde durch das Ges. v. 27.6.2000 (BGBl. I 897) mit Wirkung vom 30.6.2000 durch den Betrag von 3000 EUR ersetzt. Art. 18 Abs. 4 Nr. 1 RegVBG enthielt bis zu seinem Außerkrafttreten am 24.7.1997 (s. Art. 7 Abs. 3 Nr. 3 WohnraummodernisierungssicherungsG v. 17.7.1997, BGBl. I 1823) eine Ermächtigung des BJM, durch Rechtsverordnung den Betrag den veränderten Lebenshaltungskosten anzupassen.

10   Das Aufgebot ist ferner in der Gemeinde, in der das Grundstück liegt, in ortsüblicher Weise bekanntzumachen. Hiervon ist abzusehen, wenn in der Gemeinde ein Anheften von amtlichen Bekanntmachungen nicht vorgesehen ist und nur eine Veröffentlichung in einem Blatt in Betracht käme, in dem das Aufgebot schon vom GBAmt veröffentlicht wird. Um die Bekanntmachung hat das GBAmt die Gemeinde zu ersuchen und dabei die Frist für das Anheften an der Gemeindetafel zu bestimmen; für die Dauer der Frist gilt das in Rn. 8 Ausgeführte.

11   Schließlich ist das Aufgebot den Personen, die das Eigentum für sich in Anspruch nehmen, von Amts wegen zuzustellen. Voraussetzung ist, dass sie

und ihre Anschrift dem GBAmt bekannt sind oder ermittelt werden können. Die Zustellung richtet sich nach § 15 Abs. 2 FamFG.

5. Mängel

Leidet das Aufgebotsverfahren an einem Mangel, so berührt dies die Wirk- 12 samkeit des Anlegungsverfahrens nicht. Der Verfahrensmangel kann aber eine Gesetzesverletzung im Sinn des § 53 Abs. 1 Satz 1 darstellen und die Eintragung eines Amtswiderspruchs gegen die Blattanlegung rechtfertigen (vgl. § 125). Die Gesetzesverletzung kann auch darin bestehen, dass das GBAmt von einer öffentlichen Bekanntmachung der bevorstehenden Blattanlegung abgesehen hat, die erforderlich gewesen wäre, weil ein wirksames Aufgebotsverfahren nicht durchgeführt wurde.

Bekanntmachung der bevorstehenden Blattanlegung

122 **Das Grundbuchblatt darf, wenn ein Aufgebotsverfahren (§§ 120, 121) nicht stattgefunden hat, erst angelegt werden, nachdem in der Gemeinde, in deren Bezirk das Grundstück liegt, das Bevorstehen der Anlegung und der Name des als Eigentümer Einzutragenden öffentlich bekanntgemacht und seit der Bekanntmachung ein Monat verstrichen ist; die Art der Bekanntmachung bestimmt das Grundbuchamt.**

1. Zweck

Hat ein Aufgebotsverfahren nicht stattgefunden, so darf das GBBlatt erst 1 nach öffentlicher Ankündigung angelegt werden. Dies gilt auch, wenn ein Aufgebotsverfahren zwar durchgeführt wurde, das Verfahren aber an einem so schwerwiegenden Mangel leidet, dass ein wirksames Aufgebotsverfahren nicht vorliegt. Eine öffentliche Ankündigung ist insbes. dann erforderlich, wenn das Aufgebot nicht gem. § 121 bekanntmacht wurde. Die Bestimmung des § 122 (früher § 13 AusfVO) will nämlich sicherstellen, dass die als Eigentümer in Betracht kommenden Personen entweder durch die Veröffentlichung eines Aufgebots oder die öffentliche Ankündigung der Blattanlegung Gelegenheit erhalten, ihr Recht gegenüber dem GBAmt geltend zu machen. Die öffentliche Bekanntmachung ist auch dann notwendig, wenn für das GBAmt zweifelsfrei feststeht, wer Eigentümer ist.

2. Inhalt

Die Bekanntmachung hat zunächst das Grundstück zu bezeichnen; dies 2 geschieht zweckmäßiger Weise wie beim Aufgebot nach Maßgabe des gem. § 117 eingeholten Auszugs aus dem Liegenschaftskataster.

Ferner ist der Name desjenigen anzugeben, der als Eigentümer eingetra- 3 gen werden soll. Der Berechtigte ist so zu bezeichnen, wie dies im GB zu geschehen hat (s. § 15 GBV).

Schließlich ist der Hinweis erforderlich, dass nach Ablauf von einem Mo- 4 nat das GBBlatt für das Grundstück mit der genannten Person als Eigentümer angelegt werden wird.

3. Art

5   In welcher Weise im Einzelnen die Ankündigung bekanntgemacht wird, steht im Ermessen des GBAmts. Es bietet sich an, die Ankündigung in gleicher Weise zu veröffentlichen wie das § 121 für das Aufgebot vorschreibt. Jedenfalls muss die Veröffentlichung in der Gemeinde erfolgen, in der das Grundstück liegt, und sicherstellen, dass ein möglichst großer Personenkreis von der Ankündigung Kenntnis nehmen kann.

4. Wirkung

6   Meldet sich auf die Veröffentlichung hin jemand, der das Eigentum für sich beansprucht, so hat er sein Recht wie im Fall des Aufgebots glaubhaft zu machen. Nur dann muss das GBAmt seine Ermittlungen wieder aufnehmen.

Eintragung des Eigentümers

123 Als Eigentümer ist in das Grundbuch einzutragen:

1. der ermittelte Eigentümer;

2. sonst der Eigenbesitzer, dessen Eigentum dem Grundbuchamt glaubhaft gemacht ist;

3. sonst derjenige, dessen Eigentum nach Lage der Sache dem Grundbuchamt am wahrscheinlichsten erscheint.

1. Anlegung des GBBlatts

1   § 123 entspricht dem früheren § 14 AusfVO. Hat das GBAmt seine Amtsermittlungen abgeschlossen, ist ein GBBlatt für das Grundstück anzulegen; zu einer Ausnahme s. § 118 Rn. 4, zur Unzulässigkeit eines Vorbescheids s. § 118 Rn. 3. Eine Aussetzung des Anlegungsverfahrens ist auch bei einem anhängigen Rechtsstreit über das Eigentum nicht zulässig (a. M. Hesse/Saage/Fischer § 14 AusfVO A. I; KEHE/Sternal Rn. 2).

2   Voraussetzung für die Anlegung des GBBlatts ist, dass sich das GBAmt schlüssig darüber geworden ist, wer als Eigentümer einzutragen ist; ferner muss im Fall des § 122 die Monatsfrist abgelaufen sein. Dann ist entweder ein neues GBBlatt anzulegen oder das Grundstück im Rahmen des § 4 auf einem für den Eigentümer bereits angelegten GBBlatts einzutragen. Für möglich erachtet wird es auch, dass das Grundstück im Zusammenhang mit der Blattanlegung gem. §§ 5, 6 mit einem anderen Grundstück vereinigt oder einen anderen Grundstück als Bestandteil zugeschrieben wird (Güthe/Triebel Rn. 15). Für die Blattanlegung sind die Vorschriften der GBV, insbes. §§ 6 und 9 maßgebend.

2. Eigentümereintragung

3   Ergeben die Ermittlungen, dass das Grundstück herrenlos ist, so ist dies in Abt. I in Sp. 2 einzutragen; die Herrenlosigkeit muss aber feststehen (a. M. Waldner in Bauer/Schaub Rn. 3). Andernfalls ist, ohne dass dies einer Unbe-

denklichkeitsbescheinigung der Finanzbehörde (vgl. § 20 Rn. 48) bedarf (JFG 13, 129), ein Eigentümer einzutragen; dabei ist § 15 GBV zu beachten.

Kommt das GBAmt auf Grund seiner Ermittlungen zu dem Ergebnis, dass **4** eine bestimmte Person Eigentümer ist, so ist diese Person einzutragen (§ 123 Nr. 1). Ergeben die Ermittlungen kein zweifelsfreies Ergebnis hinsichtlich des Eigentums, so ist der Eigenbesitzer (§ 872 BGB) einzutragen (§ 123 Nr. 2); Voraussetzung ist jedoch, dass sein Eigenbesitz feststeht und sein Eigentum wenigstens glaubhaft ist; für die Glaubhaftmachung gilt das zu §§ 119 bis 121 Rn. 6 Ausgeführte. Kann ein Eigenbesitzer nicht ermittelt werden oder ist sein Recht nicht glaubhaft, ist schließlich derjenige als Eigentümer einzutragen, dessen Eigentum dem GBAmt am wahrscheinlichsten erscheint (§ 123 Nr. 3); die Entscheidung hat das GBAmt unter Berücksichtigung aller Umstände zu treffen (s. dazu BayObLG Rpfleger 1981, 300).

Materiellrechtliche Wirkungen hat die Eintragung eines Eigentümers im **5** Anlegungsverfahren nicht. Für ihn streitet künftig jedoch die Vermutung des § 891 BGB.

3. Bekanntmachung

Bei den im Zusammenhang mit der GBAnlegung vorzunehmenden Ein- **6** tragungen handelt es sich nicht um Eintragungen in ein bestehendes GB im Sinn des § 55. Eine Bekanntmachung findet daher grundsätzlich nicht statt (Hesse/Saage/Fischer § 14 AusfVO A. III 3; a. M. Waldner in Bauer/Schaub Rn. 5). Gleichwohl wird sich eine Bekanntgabe der Blattanlegung an das Liegenschaftskataster, den Eigentümer und die Berechtigten dinglicher Rechte empfehlen. S. dazu XVIII/1 Abs. 1 Nr. 3 MiZi.

Eintragung beschränkter dinglicher Rechte und sonstiger Eigentumsbeschränkungen

124 (1) **Beschränkte dingliche Rechte am Grundstück oder sonstige Eigentumsbeschränkungen werden bei der Anlegung des Grundbuchblatts nur eingetragen, wenn sie bei dem Grundbuchamt angemeldet und entweder durch öffentliche oder öffentlich beglaubigte Urkunden, deren erklärter Inhalt vom Eigentümer stammt, nachgewiesen oder von dem Eigentümer anerkannt sind.**

(2) **Der Eigentümer ist über die Anerkennung anzuhören. Bestreitet er das angemeldete Recht, so wird es, falls es glaubhaft gemacht ist, durch Eintragung eines Widerspruchs gesichert.**

(3) **Der Rang der Rechte ist gemäß den für sie zur Zeit ihrer Entstehung maßgebenden Gesetzen und, wenn er hiernach nicht bestimmt werden kann, nach der Reihenfolge ihrer Anmeldung einzutragen.**

1. Voraussetzungen

Soweit das GBAmt im Anlegungsverfahren von Amts wegen tätig zu wer- **1** den hat, erstreckt sich dies nicht auf die Feststellung beschränkter dinglicher Rechte und sonstiger Eigentumsbeschränkungen. Voraussetzung für ihre

Eintragung bei der Anlegung des GB ist, dass sie im Anlegungsverfahren angemeldet und nachgewiesen oder anerkannt sind (OLG Karlsruhe Rpfleger 1999, 486). § 124 entspricht dem früheren § 15 AusfVO.

2 **a) Anmeldung.** Sie bedarf keiner besonderen Form, insbes. nicht der Form des § 29. Zweckmäßig ist jedenfalls eine schriftliche Anmeldung. Zur Nachholung der unterbliebenen Anmeldung im Beschwerdeverfahren s. § 125 Rn. 1.

3 **b) Nachweis oder Anerkenntnis.** Das in Anspruch genommene Recht kann dem GBAmt gegenüber nachgewiesen werden; hierzu bedarf es der Vorlage einer öffentlichen oder einer öffentlich beglaubigten Urkunde (s. dazu § 29 Rn. 27, 41). Der Inhalt der Urkunde muss eine Erklärung des bei der GBAnlegung einzutragenden Eigentümers enthalten. Diese Erklärung muss das angemeldete Recht beweisen; in Betracht kommt insbes. eine Eintr-Bewilligung. Andere Beweismittel sind im Anlegungsverfahren nicht zulässig; ihrer kann sich, wer das Recht in Anspruch nimmt, im Prozess bedienen.

4 Ausreichend ist aber auch, dass die als Eigentümer einzutragende Person das Recht anerkennt. Weil es sich bei den im Zusammenhang mit der GBAnlegung vorzunehmenden Eintragungen nicht um Eintragungen in ein bestehendes GB im Sinn des § 29 handelt, sind die Formvorschriften dieser Bestimmung nicht anzuwenden. Das GBAmt muss aber davon überzeugt sein, dass das Anerkenntnis vom Eigentümer stammt.

2. Widerspruch

5 Ist ein Recht angemeldet, aber weder nachgewiesen noch anerkannt, so hat das GBAmt den einzutragenden Eigentümer dazu anzuhören, ob er das Recht anerkennt. Bestreitet der Eigentümer das Recht, dann ist ein Widerspruch gegen die Anlegung des GB ohne gleichzeitige Eintragung des Rechts einzutragen. Voraussetzung hierfür ist aber, dass das Recht wenigstens glaubhaft gemacht ist (§ 124 Abs. 2); insoweit gilt das zu §§ 119 bis 121 Rn. 6 Ausgeführte. Ist ein Widerspruch eingetragen oder ist weder das Recht noch ein Widerspruch eingetragen, so bleibt es demjenigen, der das Recht beansprucht, überlassen, sein Recht im Prozessweg geltend zu machen.

3. Rang

6 Mit welchem Rang mehrere Rechte im Verhältnis zueinander einzutragen sind, bestimmt sich nach dem Zeitpunkt ihrer Entstehung und dem dabei geltenden Recht. Ist eine Rangbestimmung danach nicht möglich, sind die Rechte in der zeitlichen Reihenfolge ihrer Anmeldung gem. § 124 Abs. 1 in das GB einzutragen (§ 124 Abs. 3).

Rechtsmittel

125 Die Beschwerde gegen die Anlegung des Grundbuchblatts ist unzulässig. Im Wege der Beschwerde kann jedoch verlangt werden, daß das Grundbuchamt angewiesen wird, nach § 53 einen Widerspruch einzutragen oder eine Löschung vorzunehmen.

1. Ausschluss der Beschwerde

§ 125 entspricht dem früheren § 16 AusfVO. Bei den im Zusammenhang **1**
mit der GBAnlegung vorzunehmenden Eintragungen handelt es sich nicht
um Eintragungen in ein bestehendes GB im Sinn des § 71 Abs. 2 Satz 1.
Eine dieser Vorschrift entsprechende Regelung enthält § 125 Satz 1. Sie ist
erforderlich, weil die Eintragungen im Zusammenhang mit der Blattanlegung Grundlage eines gutgläubigen Erwerbs sein können. Mit der Beschwerde kann damit weder die Anlegung des GBBlatts als solche, noch eine
einzelne Eintragung oder deren Unterbleiben angefochten werden; dies gilt
auch dann, wenn die Anlegung und die Eintragungen den Beteiligten bekanntgemacht wurden (JFG 12, 268). Deshalb kann, wenn die Anmeldung
eines beschränkten dinglichen Rechts oder einer Verfügungsbeschränkung
(vgl. § 124) unterblieben ist, dies nicht mit der Beschwerde nachgeholt werden (OLG Karlsruhe Rpfleger 1999, 486).

Wird die selbstständige Zurückweisung eines Antrags auf Eintragung eines **2**
Eigentümers für zulässig erachtet (s. hierzu § 118 Rn. 4), ist hiergegen jedoch
die Beschwerde zulässig. Auch die Ablehnung der Anregung, ein GBBlatt für
ein Grundstück anzulegen, kann mit der unbeschränkten Beschwerde angefochten werden (BayObLG Rpfleger 1980, 390).

2. Amtswiderspruch oder Löschung

Ist das GBBlatt angelegt, so kann entsprechend der Regelung des § 71 **3**
Abs. 2 Satz 2 jedoch mit der Beschwerde verlangt werden, dass unter den
Voraussetzungen des § 53 die Eintragung eines Widerspruchs oder eine Löschung angeordnet wird. Eine Gesetzesverletzung im Sinn des § 53 kann z.B.
darin liegen, dass das GBAmt keine ausreichenden Ermittlungen angestellt
(OLG Düsseldorf NJW-RR 2020, 788) oder eine sonstige Verfahrensvorschrift im Anlegungsverfahren verletzt hat (OLG München JFG 17, 297;
OLG Oldenburg NdsRpfl. 1975, 17; OLG Hamm Rpfleger 1980, 229). Dagegen genügt es nicht, dass die Beweiswürdigung des GBAmts nach Ansicht
des Beschwerdegerichts unrichtig ist (Waldner in Schaub Rn. 2; a.M. OLG
Oldenburg MDR 1956, 112; Hesse/Saage/Fischer § 16 AusfVO A. III);
vielmehr muss in der Beweiswürdigung ein Rechtsverstoß liegen (s. § 78
Rn. 34).

Siebenter Abschnitt.
Das maschinell geführte Grundbuch

Übersicht

Der 7. Abschnitt wurde durch das RegVBG in die GBO eingefügt. Er enthält Vorschriften über das maschinell geführte GB. § 126 enthält die grundlegende Bestimmung zur Einführung des maschinell geführten GB und benennt die Voraussetzungen, die hierzu erfüllt sein müssen. Die Möglichkeit einer Integration von GB und Liegenschaftskataster eröffnet § 127. In § 128 ist der Zeitpunkt festgelegt, in dem das Papiergrundbuch durch das maschinell geführte GB ersetzt wird. § 129 regelt, wann eine Eintragung in das maschinell geführte GB wirksam wird. § 130 bestimmt, dass eine EintrVerfügung nicht zwingend notwendig ist und Eintragungen nicht unterschrieben werden müssen. Mit den beim maschinell geführten GB an die Stelle der Abschriften aus dem GB tretenden Ausdrucken befasst sich § 131 und mit der GBEinsicht bei einem anderen als dem grundbuchführenden GBAmt § 132. In § 133 ist das automatisierte Abrufverfahren zur Übermittlung von Daten aus dem GB als eine neue Form der GBEinsicht geregelt und in § 133a die Mitteilung des GBInhalts durch Notare. § 134 schließlich enthält die Ermächtigung des BJM zum Erlass näherer Vorschriften über die Einrichtung und Gestaltung des maschinell geführten GB, die Einsicht in dieses und das automatisierte Abrufverfahren. § 134a regelt die Datenübermittlung bei der Entwicklung von Verfahren zur Anlegung des Datenbankgrundbuchs.

Anordnung und Voraussetzungen

126 (1) **Die Landesregierungen können durch Rechtsverordnung bestimmen, daß und in welchem Umfang das Grundbuch in maschineller Form als automatisiertes Dateisystem geführt wird; sie können dabei auch bestimmen, dass das Grundbuch in strukturierter Form mit logischer Verknüpfung der Inhalte (Datenbankgrundbuch) geführt wird. Hierbei muß gewährleistet sein, daß**

1. **die Grundsätze einer ordnungsgemäßen Datenverarbeitung eingehalten, insbesondere Vorkehrungen gegen einen Datenverlust getroffen sowie die erforderlichen Kopien der Datenbestände mindestens tagesaktuell gehalten und die originären Datenbestände sowie deren Kopien sicher aufbewahrt werden;**

2. **die vorzunehmenden Eintragungen alsbald in einen Datenspeicher aufgenommen und auf Dauer inhaltlich unverändert in lesbarer Form wiedergegeben werden können;**

3. **die nach den Artikeln 24, 25 und 32 der Verordnung (EU) 2016/679 erforderlichen Anforderungen erfüllt sind.**

Die Landesregierungen können durch Rechtsverordnung die Ermächtigung nach Satz 1 auf die Landesjustizverwaltungen übertragen.

(2) Die Führung des Grundbuchs in maschineller Form umfaßt auch die Einrichtung und Führung eines Verzeichnisses der Eigentümer und der Grundstücke sowie weitere, für die Führung des Grundbuchs in maschineller Form erforderliche Verzeichnisse. Das Grundbuchamt kann für die Führung des Grundbuchs auch Verzeichnisse der in Satz 1 bezeichneten Art nutzen, die bei den für die Führung des Liegenschaftskatasters zuständigen Stellen eingerichtet sind; diese dürfen die in Satz 1 bezeichneten Verzeichnisse insoweit nutzen, als dies für die Führung des Liegenschaftskatasters erforderlich ist.

(3) Die Datenverarbeitung kann im Auftrag des nach § 1 zuständigen Grundbuchamts auf den Anlagen einer anderen staatlichen Stelle oder auf den Anlagen einer juristischen Person des öffentlichen Rechts vorgenommen werden, wenn die ordnungsgemäße Erledigung der Grundbuchsachen sichergestellt ist.

Inhaltsübersicht

1. Allgemeines

1   Seit seiner Einführung wird das GB in Papierform geführt. Zunächst wurden mehrere GBBlätter in festen Bänden, zuletzt nur noch in der Form des Loseblattgrundbuchs zusammengefügt. Die EintrTätigkeit des GBAmts wurde mit der Einführung des Loseblattgrundbuchs, insbes. durch die zunehmend eingesetzten automatisierten Unterstützungsverfahren, entscheidend erleichtert und beschleunigt. Von der Papierform des GB wird nicht nur die EintrTätigkeit geprägt, sondern auch die Einsicht in das GB und die Erteilung von Abschriften und Auskünften.

2   Mit der Einführung des maschinell geführten GB wird die Möglichkeit eröffnet, durch eine Abkehr vom GB in Papierform die Vorteile einer vollelektronischen GBFührung zu nutzen. An die Stelle des Papiergrundbuchs tritt dabei der für GBEintragungen bestimmte Datenspeicher; von Inhalt und Gestalt unterscheidet sich das maschinell geführte GB jedoch im Übrigen nicht vom Papiergrundbuch (s. hierzu § 128 Rn. 4). S. dazu Schmidt-Räntsch, Das EDV-Grundbuch, VIZ 1997, 83. Mit dem Datenbankgrundbuch werden neue Darstellungsformen des GB eröffnet (s. § 128 Rn. 26).

Aus dem Programmsystem SOLUM (solum = lateinisch: Grund, Boden) zur automationsunterstützten Führung des Papiergrundbuchs wurde für die maschinelle GBFührung das Verfahren SOLUM-STAR (STAR = System für Textautomation, Archivierung und Recherche) entwickelt. S. dazu Bredl

MittBayNot 1997, 72. Die Verwaltungsanordnung des Bayer. Staatsministeriums der Justiz v. 23.12.1988 zu dem Programmsystem SOLUM wurde durch Nr. 8.2 BayGBGA mit Ablauf des 30.11.2006 außer Kraft gesetzt.

2. Einführung der maschinellen GBFührung

§ 126 Abs. 1 Satz 1 enthält die allgemeine Ermächtigung, das GB statt in **3** Papierform in maschineller Form als automatisiertes Dateisystem zu führen; dabei kann auch bestimmt werden, dass es in strukturierter Form als Datenbankgrundbuch geführt wird. Die Grundakten sind davon ausgenommen; ihre Aufbewahrung wird durch die in § 10a vorgesehene Aufbewahrung als Wiedergabe auf einem Bild- oder sonstigen Datenträger erleichtert. Ob, in welchem Zeitpunkt und in welchem Umfang das maschinelle GB eingeführt wird, bestimmen die Länder durch Rechtsverordnung. Das GB muss nicht für ein ganzes Land einheitlich umgestellt werden; die Umstellung kann zunächst auf einzelne GBAmtsbezirke oder auch nur auf einzelne Gemarkungen beschränkt werden (s. hierzu § 128 Rn. 1).

Ermächtigt sind die Landesregierungen, die durch Rechtsverordnung die **4** Ermächtigung auf die Landesjustizverwaltungen übertragen können (§ 126 Abs. 1 Satz 1, 3). In Bayern wird das GB bei allen Amtsgerichten in maschineller Form als automatisierte Datei geführt (§ 11 Abs. 1 ERVV-Ju; s. zu der VO § 135 Rn. 1).

Durch das Ges. v. 20.11.2019 (BGBl. I 1724) wurde Abs. 1, insbes. Satz 2 Nr. 3 geändert und die dort genannte Anlage aufgehoben.

3. Datenerfassung und -speicherung

Ein besonderes Problem jeder Umstellung der GBFührung ist die Erfas- **5** sung des vorhandenen Datenbestands in der neuen Form. Das Problem stellte sich auch bei der Einführung des Loseblattgrundbuchs (vgl. § 108, davor § 101 und früher § 70a GBV). Beim maschinell geführten GB werden die eingegebenen Daten in elektronische Datenstrukturen umgewandelt und auf einmal beschreibbaren Datenträgern, entweder auf einer WORM-Platte (WORM = write once read many) mit einem Fassungsvermögen von etwa 10 Gigabyte oder auf CD-ROM (= compact disc-read only memory), gespeichert. Die so in codierter Form gespeicherten Daten (CI-Speicherung) können elektronisch verändert werden, was für die Fortführung des GB durch neue Eintragungen von Bedeutung ist.

Die bereits vorhandenen GBDaten in dieser Weise abzuspeichern, wäre **6** mit einem enormen Aufwand verbunden. Diese Daten werden daher in nicht codierter Form abgespeichert (NCI-Speicherung). Dabei werden nicht einzelne Daten eingegeben, sondern mit einem sog. Scanner elektronische Fotografien von dem vorhandenen GBInhalt gefertigt und als solche in dem hierfür vorgesehenen Bildplattenspeicher abgelegt. Wenn auch die so gespeicherten GBInhalte nicht elektronisch verändert werden können, kann das GB doch maschinell weitergeführt werden. Dabei werden die in elektronischer Form abgespeicherten neuen Eintragungen immer zusammen mit der unverändert gebliebenen elektronischen Fotografie des ursprünglichen Datenbestandes wiedergegeben.

4. Voraussetzungen der maschinellen GBFührung

7 § 126 Abs. 1 Satz 2 stellt die Anforderungen auf, die in technisch-organisatorischer Hinsicht erfüllt sein müssen, damit bei der Umstellung auf die maschinelle GBFührung Qualität, Sicherheit und Zuverlässigkeit des maschinell geführten GB nicht hinter der des Papiergrundbuchs zurückbleiben.

8 **a) Datenverarbeitung.** § 126 Abs. 1 Satz 2 Nr. 1 verlangt, dass die Grundsätze einer ordnungsmäßigen Datenverarbeitung eingehalten werden. Zwar müssen nicht die optimalen, wohl aber die üblichen technischen Standards erfüllt sein, die an eine Datenverarbeitungsanlage zu stellen sind. Diese Anforderungen sind umfassender als die in § 9 BundesdatenschutzG normierten Grundsätze, weil sie auch die Anlage (Hardware) und die Programme (Software) einbeziehen. Die insoweit einzuhaltenden Anforderungen an das Gesamtsystem sind in § 64 GBV im Einzelnen aufgeführt. Verfügt eine Anlage entgegen § 64 Abs. 1 Satz 2 GBV nicht über die gem. Abs. 2 verlangten Grundfunktionen, so berührt dies die Wirksamkeit einer GBEintragung nicht. Die Datenverarbeitungsanlage, die Speichergeräte und die Terminals müssen räumlich-organisatorisch so untergebracht sein, dass ihr Funktionieren gewährleistet und der Zugang Unbefugter ausgeschlossen ist. Die näheren Anforderungen insoweit ergeben sich aus § 65 GBV; insbes. sind Vorkehrungen dagegen zu treffen, dass beim Anschluss der Datenverarbeitungsanlage an ein öffentliches Telekommunikationsnetz Dritte in das Verarbeitungssystem eindringen (sog. Hacking).

9 Beispielhaft für die Grundsätze einer ordnungsmäßigen Datenverarbeitung werden in § 126 Abs. 1 Satz 2 Nr. 1 die Anforderungen an die Sicherheit und Haltbarkeit der gespeicherten GBDaten sowie an die Sicherheit und Aktualität der erforderlichen Kopien dieser Daten aufgeführt. Um einem Datenverlust als Folge eines Bedienungsfehlers oder eines technischen Defekts vorzubeugen, gehört zu den Grundsätzen einer ordnungsmäßigen Datenverarbeitung, dass von den originären Daten Sicherungskopien angefertigt werden. Sie können ihren Zweck nur erfüllen, wenn sie aktuell gehalten werden; verlangt wird als Mindestanforderung Tagesaktualität. Werden die während eines Arbeitstags verfügten GBEintragungen nicht unmittelbar sondern erst nach Dienstschluss im Stapelbetrieb in den Datenspeicher aufgenommen (s. hierzu § 129 Rn. 2), bietet es sich an, im Zusammenhang mit der Abspeicherung mindestens einen Satz Kopien von den abgespeicherten Daten anzufertigen (vgl. hierzu § 66 Abs. 2 GBV). Die Sicherungskopien müssen so aufbewahrt werden, dass sich eine Beschädigung des Datenspeichers nicht auch auf sie erstrecken kann; außerdem müssen sie unverzüglich zugänglich gemacht werden können (§ 66 Abs. 3 GBV). Schließlich verlangt § 66 Abs. 1 GBV, dass eingegebene Daten bereits vor ihrer endgültigen Aufnahme in den dafür bestimmten Datenspeicher gesichert sind.

10 **b) Datenspeicher.** § 126 Abs. 1 Satz 2 Nr. 2 beschreibt die wesentlichen Voraussetzungen für die Einführung des maschinell geführten GB. Der entscheidende Unterschied zum Papiergrundbuch besteht darin, dass die GBDaten elektronisch auf einem Datenspeicher abgelegt werden, so dass sie nicht ohne technische Hilfsmittel lesbar sind (s. hierzu § 128 Rn. 3, 4). Zu den Grundsätzen einer ordnungsmäßigen Datenverarbeitung gehört es, die Eintragungen alsbald und so abzuspeichern, dass sie auf Dauer in lesbarer Form wiedergegeben werden können. Bei der Abspeicherung können die Daten verändert werden; es muss aber sichergestellt sein, dass sie unverändert so wiedergegeben werden, wie sie zur Abspeicherung eingegeben wurden.

Im Regelfall wird die zur Abspeicherung eingegebene GBEintragung aus **11** organisatorischen Gründen nicht sofort in den GBSpeicher aufgenommen, sondern im sog. Stapelbetrieb erst nach Dienstschluss des Tages, an dem der Abspeicherungsbefehl gegeben wurde. Dies entspricht dem Ablauf beim Papiergrundbuch, bei dem die vom Rpfleger verfügte Eintragung später in das GB eingeschrieben und erst mit der Unterzeichnung wirksam wird.

c) Datenschutz. § 126 Abs. 1 Satz 2 Nr. 3 in seiner ursprünglichen Fas- **12** sung verpflichtete im Hinblick auf die große Bedeutung der GBDaten für den Rechtsverkehr zur Einhaltung der Maßnahmen des Datenschutzes, die in einer Anlage näher bezeichnet waren. Die Anlage entsprach wörtlich der Anlage zu § 9 Satz 1 BundesdatenschutzG v. 20.12.1990 (BGBl. I 2954). Nunmehr gelten für technische und organisatorische Maßnahmen die aufgeführten Vorschriften der DS-GVO unmittelbar. Im Hinblick darauf wurde die Anlage durch das Ges. v. 20.11.2019 (BGBl. I 1724) aufgehoben.

5. Verzeichnisse des GBAmts

Die beim Papiergrundbuch geführten Eigentümer- und Grundstücksver- **13** zeichnisse sowie die sonstigen Verzeichnisse des GBAmts dienen in erster Linie dazu, für die Behandlung eines EintrAntrags und eines Einsichts- oder Auskunftsersuchens das richtige GBBlatt ausfindig zu machen. Solche Verzeichnisse sind auch beim maschinell geführten GB erforderlich. § 12a enthält die allgemeine Rechtsgrundlage für ihre Einrichtung und Führung. § 126 Abs. 2 Satz 1 sieht vor, beim maschinell geführten GB auch die Verzeichnisse in maschineller Form zu führen, schließt es aber nicht aus, dass diese auch dann maschinell geführt werden, wenn das GB selbst noch in Papierform geführt wird (s. § 12a Rn. 3).

Das GBAmt darf im Übrigen vergleichbare Verzeichnisse nutzen, die für **14** die Führung des Liegenschaftskatasters von den Katasterbehörden eingerichtet sind; diese Behörden dürfen ihrerseits Verzeichnisse des GBAmts insoweit nutzen, als dies für die Führung des Liegenschaftskatasters erforderlich ist (§ 126 Abs. 2 Satz 2). Damit kann vermieden werden, dass vom GBAmt und vom Katasteramt inhaltsgleiche Verzeichnisse geführt werden.

6. Datenverarbeitung außerhalb des GBAmts

Zur Datenverarbeitung beim maschinell geführten GB kann jedem **15** GBAmt ein eigener Rechner zur Verfügung gestellt werden. § 126 Abs. 3 eröffnet aber auch die Möglichkeit, dass ein Rechner für mehrere GBAmtsbezirke oder für ein ganzes Land an einer zentralen Stelle eingerichtet wird. Dabei muss es sich nicht unbedingt um ein justizeigenes Rechenzentrum handeln. Zulässig ist aber nur eine Datenverarbeitung auf der Anlage einer anderen staatlichen Stelle oder auf der Anlage einer juristischen Person des öffentlichen Rechts. Wegen der besonderen Bedeutung der GBDaten ist eine Speicherung auf Anlagen privater Unternehmen oder von Privatpersonen nicht statthaft. In Bayern ist zur Datenverarbeitung im Auftrag des nach § 1 zuständigen Amtsgerichts eine Grundbuch- und Registerspeicherstelle (GBRS) errichtet worden (s. dazu Rn. 20).

16   Soweit die Daten in zulässiger Weise auf Anlagen anderer Stellen gespeichert werden, ist die Speicherung rechtlich dem GBAmt zuzurechnen. Bei der Inanspruchnahme fremder Anlagen und den damit verbundenen Tätigkeiten anderer Stellen handelt es sich lediglich um Hilfstätigkeiten und den Einsatz technischer Hilfsmittel. Die Bestimmungen der GBV, insbes. des Abschnitts XIII, gelten sinngemäß. Es muss sichergestellt sein, dass nur vom zuständigen GBAmt verfügte Eintragungen vorgenommen werden. Ferner darf eine Einsicht nur gewährt werden, wenn sie vom zuständigen GBAmt verfügt oder nach § 133 GBO und §§ 80 mit 86 GBV zulässig ist (§ 90 GBV).

17   Voraussetzung für die Datenspeicherung auf fremden Anlagen ist, dass die ordnungsmäßige Bearbeitung der GBSachen gewährleistet ist. Die Erledigung der GBSachen muss also Vorrang vor anderen Aufgaben der speichernden Stelle haben. Dem GBAmt muss ein entscheidender rechtlicher Einfluss auf den fremden Speicher eingeräumt sein. Außerdem müssen die an die maschinelle GBFührung in § 126 Abs. 1 Satz 2 gestellten Mindestanforderungen auch von der fremden Datenverarbeitungsanlage erfüllt werden. Werden die GBDaten von einer nicht justizeigenen Anlage gespeichert, dann können dort auch die Verzeichnisse im Sinn des § 126 Abs. 2 gespeichert werden.

7. Ausführungsvorschriften

18   Soll das GB maschinell geführt werden, so kann dies nur nach Maßgabe der in Abschnitt XIII der GBV enthaltenen §§ 61 ff. geschehen (vgl. hierzu Satz 1 des durch die VO v. 10.6.1994, BGBl. I 1253, wieder aufgehobenen § 106 Abs. 1 GBV a. F.). Der neue Abschnitt XIII enthielt zunächst vorläufige Vorschriften über die maschinelle GBFührung, die nach der inzwischen durch die VO v. 30.11.1994 (BGBl. I 3580) aufgehobenen § 106 Abs. 2 GBV a. F. am 31.12.1995 außer Kraft treten sollten. Dadurch sollte sichergestellt werden, dass die Bestimmungen entsprechend den praktischen Erfahrungen überarbeitet werden. Nach den Änderungen durch die VO v. 15.7.1994 (BGBl. I 1606) und die 3. VO zur Änderung der VO zur Durchführung der Schiffsregisterordnung und anderer Fragen des Registerrechts v. 30.11.1994 (BGBl. I 3580) erhielten die Vorschriften des Abschnitts XIII endgültigen Charakter.

19   In Kraft getreten ist Abschnitt XIII der GBV mit dem RegVBG am 25.12.1993 zunächst nur in Bayern und Sachsen (§ 106 Abs. 1 Satz 2 GBV a. F.); dort waren die Vorbereitungen für eine maschinelle GBFührung am weitesten gediehen. Sollte in einem anderen Land die maschinelle GBFührung gem. § 126 Abs. 1 angeordnet werden, war unabdingbare Voraussetzung, dass auch Abschnitt XIII der GBV in Kraft gesetzt wurde; dies hatte eine

Rechtsverordnung der Landesregierung zur Voraussetzung, zu deren Erlass die Landesjustizverwaltung ermächtigt werden konnte (§ 106 Abs. 1 Satz 3 GBV a. F.). Durch die HypAblV v. 10.6.1994 (BGBl. I 1253) ist § 106 Abs. 1 GBV a. F. aufgehoben worden, so dass Abschnitt XIII der GBV jetzt ohne Einschränkungen gilt. Zum Vorrang von Sonderregelungen in §§ 54 bis 60 GBV, der WGV und der GGV s. § 91 Satz 1 GBV.

Gem. § 134 Satz 2 kann das BJM technische Einzelheiten der maschinellen GBFührung durch allgemeine Verwaltungsvorschriften regeln oder die Regelung den Landesregierungen übertragen. Letzteres ist in § 93 GBV geschehen. Danach von den Ländern oder den von ihnen ermächtigten Landesjustizverwaltungen getroffene Regelungen stehen unter dem Vorbehalt einer Verwaltungsanordnung des BJM. Für Bayern s. dazu die E-RechtsverkehrsVO Justiz (ERVV-Ju; s. zu der VO § 135 Rn. 1). Nach § 5 Abs. 1 ERVV-Ju obliegt die Datenverarbeitung im Auftrag des in § 11 Abs. 1 Satz 1 genannten GBAmts und des in Anlage 1 genannten Präsidenten des OLG Nürnberg dem Landesamt für Steuern. **20**

Integration mit dem Liegenschaftskataster. Zuständigkeitserweiterung

127 (1) Die Landesregierungen werden ermächtigt, durch Rechtsverordnung zu bestimmen, dass

1. Grundbuchämter Änderungen der Nummer, unter der ein Grundstück im Liegenschaftskataster geführt wird, die nicht auf einer Änderung der Umfangsgrenzen des Grundstücks beruhen, sowie im Liegenschaftskataster enthaltene Angaben über die tatsächliche Beschreibung des Grundstücks aus dem Liegenschaftskataster automatisiert in das Grundbuch und in Verzeichnisse nach § 126 Absatz 2 einspeichern sollen;

2. Grundbuchämter den für die Führung des Liegenschaftskatasters zuständigen Stellen die Grundbuchstellen sowie Daten des Bestandsverzeichnisses und der ersten Abteilung automatisiert in elektronischer Form übermitteln;

3. Grundbuchämter, die die Richtigstellung der Bezeichnung eines Berechtigten in von ihnen geführten Grundbüchern vollziehen, diese Richtigstellung auch in Grundbüchern vollziehen dürfen, die von anderen Grundbuchämtern des jeweiligen Landes geführt werden;

4. in Bezug auf Gesamtrechte ein nach den allgemeinen Vorschriften zuständiges Grundbuchamt auch zuständig ist, soweit Grundbücher betroffen sind, die von anderen Grundbuchämtern des jeweiligen Landes geführt werden.

Die Anordnungen können auf einzelne Grundbuchämter beschränkt werden. In den Fällen des Satzes 1 Nummer 3 und 4 können auch Regelungen zur Bestimmung des zuständigen Grundbuchamts getroffen und die Einzelheiten des jeweiligen Verfahrens geregelt werden. Die Landesregierungen können die Ermächtigungen durch Rechtsverordnung auf die Landesjustizverwaltungen übertragen.

(2) Soweit das Grundbuchamt nach bundesrechtlicher Vorschrift verpflichtet ist, einem Gericht oder einer Behörde über eine Eintragung Mitteilung zu machen, besteht diese Verpflichtung nicht bezüglich der Angaben, die nach Maßgabe des Absatzes 1 Satz 1 Nummer 1 aus dem Liegenschaftskataster in das Grundbuch übernommen wurden.

(3) Ein nach Absatz 1 Satz 1 Nummer 4 zuständiges Grundbuchamt gilt in Bezug auf die Angelegenheit als für die Führung der betroffenen Grundbuchblätter zuständig. Die Bekanntgabe der Eintragung nach § 55a Absatz 2 ist nicht erforderlich. Werden die Grundakten nicht elektronisch geführt, sind in den Fällen des Absatzes 1 Satz 1 Nummer 3 und 4 den anderen beteiligten Grundbuchämtern beglaubigte Kopien der Urkunden zu übermitteln, auf die sich die Eintragung gründet oder auf die sie Bezug nimmt.

1. Allgemeines

1   Der durch das DaBaGG neu gefasste § 127 ermöglicht es den Ländern, eine Integration von GB und Liegenschaftskataster herbeizuführen (§ 127 Abs. 1 Satz 1 Nr. 1 und 2). Dabei geht es darum, dass bestimmte Daten des Liegenschaftskatasters unmittelbar maschinell in das GB eingegeben werden. Entbehrlich wird dabei die derzeit übliche schriftliche Übermittlung der Daten von der Katasterbehörde an das GBAmt, das sodann die Eintragung im GB vornimmt. In gleicher Weise können bestimmte Daten des GB unmittelbar in das Liegenschaftskataster eingegeben werden.

Außerdem kann ein GBAmt ermächtigt werden, in bestimmten Fällen Eintragungen in Grundbüchern vorzunehmen, die von einem anderen GB-Amt des Landes geführt werden (§ 127 Abs. 1 Satz 1 Nr. 3 und 4). In Betracht kommt dies bei der Richtigstellung der Bezeichnung eines Berechtigten und bei Gesamtrechten.

2. Rechtliche Einordnung einer Datenübernahme

2   Auch wenn Daten unmittelbar aus dem Liegenschaftskataster in das GB eingegeben werden, handelt es sich rechtlich um eine Eintragung durch das GBAmt. Die Programme, die eine unmittelbare Eingabe aus dem Liegenschaftskataster ermöglichen, sind rechtlich dem GBAmt zuzuordnen. Entsprechendes gilt im umgekehrten Fall für die Katasterbehörde.

3   Hieraus folgt, dass unrichtige Eintragungen, die auf Grund eines Fehlers der Katasterbehörde in das GB gelangen, nach denselben Rechtsgrundsätzen zu behandeln sind wie Eintragungen durch das GBAmt auf Grund einer schriftlichen Mitteilung des Katasteramts, für die gem. § 12c Abs. 2 Nr. 2 der Urkundsbeamte zuständig ist (s. hierzu § 2 Rn. 20). Die Eintragung wird rechtlich dem Urkundsbeamten zugerechnet, so dass für eine Anfechtung § 12c Abs. 4 gilt (s. dazu § 71 Rn. 10).

3. Betroffene Daten

4   Gem. § 2 Abs. 2 werden die Grundstücke im GB nach dem Liegenschaftskataster benannt. Übernommen werden dabei aus dem Liegenschaftskataster

die Angaben in Sp. 3 und 4 des Bestandsverzeichnisses über Gemarkung und Flurstück, Wirtschaftsart und Lage sowie Größe des Grundstücks. Im Liegenschaftskataster sind die zugehörige GBStelle und der Eigentümer festgehalten, also die Eintragungen in der Aufschrift eines GBBlatts, in Sp. 1 des Bestandsverzeichnisses und in Sp. 2 und 3 der Abt. I. Zur Erhaltung der Übereinstimmung von GB und Liegenschaftskataster hinsichtlich dieser Eintragungen werden Änderungen der Bestandsangaben vom Katasteramt dem GBAmt in Form von Veränderungsnachweisen und Veränderungen der Bezeichnung des Grundstücks und der Eigentümerangaben in Abt. I vom GBAmt dem Katasteramt mitgeteilt (s. hierzu § 2 Rn. 18 ff.). Das GBAmt nimmt auf Grund der Mitteilungen aus dem Liegenschaftskataster die entsprechenden Eintragungen im GB vor (vgl. § 12c Abs. 2 Nr. 2).

Wenn und soweit von der Ermächtigung des § 127 Abs. 1 Satz 1 Nr. 1 **5** Gebrauch gemacht ist, können die genannten Daten vom GBAmt unmittelbar maschinell aus dem Liegenschaftskataster übernommen werden. Die Änderung einer Flurstücknummer, die darauf beruht, dass sich die Grenzen des Grundstücks verändert haben, kann jedoch nicht unmittelbar übernommen werden. Durch eine solche Änderung werden nämlich die Rechtsverhältnisse am Grundstück berührt. In Betracht kommen damit für eine unmittelbare maschinelle Übernahme insbes. Änderungen der Flurstücksnummer, die ihre Ursache in einer Zerlegung oder Verschmelzung von Flurstücken oder ihrer bloßen Umnummerierung haben.

4. Automatisierte Datenübernahme

Die vom GBAmt für die Führung des Bestandsverzeichnisses benötigten **6** Bestandsangaben aus dem Liegenschaftskataster können in einem automatisierten Verfahren aus dem Liegenschaftskataster angefordert werden (§ 86 Abs. 1, 4 GBV). Voraussetzung hierfür ist aber, dass das Liegenschaftskataster ebenfalls in automatisierter Form geführt wird. Umgekehrt sind die Liegenschaftsämter ermächtigt, Daten ebenfalls im automatisierten Verfahren unmittelbar aus dem GB anzufordern; möglich ist dies aber nur für Daten aus dem Bestandsverzeichnis und der Abt. I. Eine Anforderung von Daten aus anderen Abteilungen des GB ist nur auf Grund einer besonderen Vereinbarung gem. § 133 GBO i. V. m. §§ 80 ff. GBV zulässig.

Voraussetzung für die unmittelbare Anforderung von Daten aus dem GB **7** und dem Liegenschaftskataster ist lediglich eine Anordnung nach § 127 Abs. 1 Satz 1 Nr. 1 und 2; weitere Vereinbarungen oder Genehmigungen sind nicht erforderlich (§ 86 Abs. 3 Satz 1 GBV). Im Rahmen bestimmter Verfahren (Bodensonderung, Umlegung, Vermögenszuordnung, Flurbereinigung oder Flurneuordnung) tritt an die Stelle des Liegenschaftskatasters ein anderes Verzeichnis, das die Funktion des amtlichen Verzeichnisses gem. § 2 Abs. 2 übernimmt (vgl. § 2 Rn. 11). Den in § 86 Abs. 3 Satz 2 GBV genannten, für diese Verfahren und Verzeichnisse zuständigen Behörden sind auf Ersuchen vom GBAmt die für das jeweilige Verfahren benötigten Daten aus dem GB zu übermitteln. Bei Fortführung der an die Stelle des amtlichen Grundstücksverzeichnisses tretenden Verzeichnisse (Pläne) durch diese Behörden, kann das GBAmt die für die Führung des Bestandsverzeichnisses erforderlichen Daten aus diesen Plänen anfordern, ohne dass es dazu einer Vereinbarung oder Genehmigung bedarf.

8   Bei der unmittelbaren Datenübernahme aus dem Liegenschaftskataster wird der Tag der Eintragung oder des Wirksamwerdens der Eintragung nicht angegeben (§ 129 Abs. 2 Satz 2); ein Vermerk in Sp. 6 des Bestandsverzeichnisses wird nicht angebracht.

5. Zuständigkeitserweiterung

9   Grundsätzlich bleibt auch beim elektronisch (maschinell) geführten GB jedes GBAmt für die in seinem Bezirk liegenden Grundstücke zuständig (§ 1 Abs. 1 Satz 2). Nach Einführung des Datenbankgrundbuchs ist es aber möglich, bestimmte Eintragungen, die in Grundbüchern vorzunehmen sind, die von verschiedenen GBÄmtern geführt werden, von nur einem GBAmt vollziehen zu lassen.

10   **a) Richtigstellung.** Eine Richtigstellung ist von Amts wegen vorzunehmen, wenn sich die Bezeichnung, nicht aber die Identität eines Eigentümers oder Berechtigten eines dinglichen Rechts ändert (s. dazu § 22 Rn. 23). Die richtig stellende Eintragung berührt weder ein Rangverhältnis noch kommt § 17 zur Anwendung, so dass keine Prüfung erforderlich ist, ob vorgehende EintrAnträge vorliegen. Durch Rechtsverordnung kann daher bestimmt werden, dass die Richtigstellung von dem damit befassten GBAmt in allen betroffenen Grundbüchern vollzogen wird, auch wenn diese von einem anderen GBAmt geführt werden. Dadurch kann in den Fällen, in denen ein Berechtigter, z. B. ein Versorgungsunternehmen, in einer Vielzahl von Grundbüchern eingetragen ist, eine erhebliche Verringerung des Arbeitsaufwands erreicht werden. Die Verordnung kann auch bestimmen, dass die Zuständigkeitserweiterung für die Richtigstellung auf einzelne GBÄmter beschränkt ist, welches GBAmt zuständig sein soll und wie das Verfahren auszugestalten ist (§ 127 Abs. 1 Satz 2, 3).

11   **b) Gesamtrecht.** Sind von einem Gesamtrecht Grundstücke betroffen, für die das GB von verschiedenen GBÄmtern geführt wird, kann durch eine einheitliche örtliche Zuständigkeit eines GBAmts für alle betroffenen Grundstücke eine erhebliche Verringerung des Bearbeitungsaufwands erzielt werden. Der Erlass einer Rechtsverordnung, die eine solche Zuständigkeit begründet, kommt allerdings erst in Betracht, wenn sicher gestellt ist, dass den GBÄmtern alle hierzu erforderlichen Informationen zur Verfügung stehen. Dies wird erst nach Einführung des elektronischen Rechtsverkehrs (s. § 135 Rn. 2) der Fall sein. Von einer gemäß § 127 Abs. 1 Satz 1 Nr. 4 erlassenen Rechtsverordnung werden nicht nur Anträge auf Ersteintragung eines Gesamtrechts erfasst, sondern alle Vorgänge, die Eintragungen bei einem Gesamtrecht auf GBBlättern verschiedener GBÄmter betreffen, wie Inhaltsänderungen, Übertragungen, Löschungen sowie Mithaftvermerke, Vormerkungen und Widerspüche. Zuständig ist das GBAmt, bei dem zuerst der Antrag gestellt wird. In der Verordnung kann aber eine abweichende Zuständigkeit bestimmt, das Verfahren auf einzelne GBÄmter beschränkt und im Einzelnen geregelt werden (Abs. 1 Satz 2, 3).

Sofern in der Verordnung eine Regelung zur Bestimmung des zuständigen 12 Gerichts gemäß § 127 Abs. 1 Satz 3 nicht getroffen ist, bleibt es bei der sich aus allgemeinen Regeln (vgl. § 1 Abs. 1 Satz 2) ergebenden Zuständigkeit. Jedes danach zuständige GBAmt kann daher einen Antrag betreffend ein Gesamtrecht mit Wirkung für alle anderen betroffenen GBÄmter entgegennehmen (§ 127 Abs. 3 Satz 1). Weil das GB für ein Gesamtrecht nur von einem GBAmt geführt wird, scheidet die Erteilung besonderer Grundpfandrechtsbriefe durch jedes GBAmt aus, in dessen Bezirk ein betroffenes Grundstück liegt. § 59 Abs. 2 kommt nicht zur Anwendung. Es wird nur ein Brief von dem zur GBFührung bezüglich des Gesamtrechts berufenen GBAmt erteilt.

6. Mitteilungen

Mitteilungspflichten des GBAmts nach §§ 55 ff. oder anderen bundes- 13 rechtlichen Vorschriften (s. hierzu § 55 Abs. 8) löst die unmittelbare maschinelle Übernahme von Daten aus dem Liegenschaftskataster nicht aus (§ 127 Abs. 2). Andernfalls würde die mit einer Integration angestrebte Vereinfachung der GBFührung nicht erreicht werden.

Nimmt ein GBAmt bei einem Gesamtrecht Eintragungen auf allen betrof- 14 fenen GBBlättern vor (§ 127 Abs. 1 Satz 1 Nr. 4), entfällt die Verpflichtung, gemäß § 55a Abs. 2 die Eintragung den anderen GBÄmtern bekannt zu geben (§ 127 Abs. 3 Satz 2).

Wenn durch Rechtsverordnung bestimmt ist, dass ein GBAmt für die 15 Richtigstellung der Bezeichnung eines Berechtigten oder für die ein Gesamtrecht betreffenden Eintragungen auch in den von anderen GBÄmtern geführten Grundbüchern zuständig ist (§ 127 Abs. 1 Satz 1 Nr. 3, 4), hat dieses GBAmt den anderen GBÄmtern beglaubigte Kopien der EintrUnterlagen zur Aufnahme in deren Grundakte zu übermitteln. Dies ist nicht erforderlich, wenn die Grundakten elektronisch geführt werden (§ 127 Abs. 3 Satz 3). In diesem Fall kann jedes GBAmt diese Unterlagen über die Grundakten einsehen (vgl. § 96 Abs. 4 GBV).

Anlegung und Freigabe

128 (1) **Das maschinell geführte Grundbuch tritt für ein Grundbuchblatt an die Stelle des bisherigen Grundbuchs, sobald es freigegeben worden ist. Die Freigabe soll erfolgen, sobald die Eintragungen dieses Grundbuchblatts in den für die Grundbucheintragungen bestimmten Datenspeicher aufgenommen worden sind.**

(2) **Der Schließungsvermerk im bisherigen Grundbuch ist lediglich von einer der nach § 44 Abs. 1 Satz 2 zur Unterschrift zuständigen Personen zu unterschreiben.**

(3) **Die bisherigen Grundbücher können ausgesondert werden, soweit die Anlegung des maschinell geführten Grundbuchs in der Weise erfolgt ist, dass der gesamte Inhalt der bisherigen Grundbuchblätter in den für das maschinell geführte Grundbuch bestimmten Datenspeicher aufge-**

nommen wurde und die Wiedergabe auf dem Bildschirm bildlich mit
den bisherigen Grundbuchblättern übereinstimmt.

Inhaltsübersicht

1. Allgemeines

1   Das maschinell geführte GB muss nicht einheitlich zum selben Zeitpunkt
für ein ganzes Land, einen ganzen GBAmtsbezirk oder auch nur eine ganze
Gemarkung eingeführt werden. Vielmehr kann jedes einzelne GBBlatt umgestellt werden. Dies hat zur Folge, dass für den Bezirk, für den die Umschreibung im Gang ist, für eine Übergangszeit das GB teilweise in Papierform und teilweise maschinell geführt wird. Durch das ERVGBG v. 11.8.
2009 (BGBl. I 2713) ist Abs. 3 angefügt worden.

2. Begriff des maschinell geführten GB

2   Beim maschinell geführten GB ist das GB im Sinn des BGB nicht das, was
auf dem Bildschirm oder Ausdruck sichtbar ist. Das GB ist vielmehr der in
den dafür bestimmten Datenspeicher aufgenommene und auf Dauer unverändert in lesbarer Form wiedergabefähige Inhalt des GBBlatts. Diese rechtlich wesentliche Festlegung ist nicht in der GBO sondern in § 62 Abs. 1
GBV getroffen; aus der GBO lässt sie sich nur mittelbar aus den für das
Wirksamwerden von Eintragungen genannten Voraussetzungen und den
Anforderungen ableiten, die erfüllt sein müssen, damit die maschinelle
GBFührung angeordnet werden kann (vgl. § 126 Abs. 1 Satz 2 Nr. 2; ferner
§ 129 Abs. 1 Satz 1). Der Inhalt des GBBlatts, wie er auf dem Datenträger
gespeichert ist, bestimmt Inhalt und Umfang dinglicher Rechte; an ihn
knüpft der öffentliche Glaube des GB an.

3   Maßgebend ist derjenige Datenspeicher, der dazu bestimmt ist, dass in ihm
die GBDaten endgültig und auf Dauer abgelegt werden; entscheidend ist
dafür die elektronische Zuweisung; ohne Bedeutung ist das Speichermedi-
um. Arbeits- und Zwischenspeicher scheiden aus. Welcher Speicher danach
für den GBInhalt maßgebend ist, muss zweifelsfrei und eindeutig festgelegt
sein. Eine einmal getroffene Festlegung kann unter den Voraussetzungen des
§ 62 Abs. 1 Satz 2 GBV nachträglich geändert werden, z. B. bei Beschädigung
oder Zerstörung des Speichermediums. Die Voraussetzungen für eine Änderung können aber auch schon vor Eintritt des Änderungsfalls in allgemeiner
Form festgelegt werden (§ 62 Abs. 1 Satz 3 GBV). Dies ermöglicht es, bei
der Führung des GB parallel auf zwei oder mehr Rechnern (Parallelrechner-
betrieb statt Einzelrechnerbetrieb) im Störungsfall programmgesteuert, also

automatisch von dem von der Störung betroffenen auf einen betriebsbereiten Rechner umzuschalten.

3. Gestalt des maschinell geführten GB

Beim maschinell geführten GB besteht die Besonderheit, dass das GB im **4** Rechtssinn nicht unmittelbar mit den menschlichen Sinnen wahrgenommen werden kann. Sein Inhalt muss erst mit technischen Hilfsmitteln sichtbar gemacht werden, sei es als Wiedergabe auf dem Bildschirm oder als Ausdruck. Unabhängig davon, in welcher Form die GBDaten im Speicher abgelegt sind, muss der sichtbar gemachte GBInhalt in seiner Gestaltung dem Papiergrundbuch entsprechen (§ 63 Satz 1, § 76 GBV; vgl. auch § 91 Satz 1 GBV). Die dort vorgesehene Einteilung in Bestandsverzeichnis und Abteilungen sowie Spalten muss also beibehalten werden. Es gelten insoweit grundsätzlich die für das Papiergrundbuch bestehenden Vorschriften, insbes. die der GBV. Jedoch können Löschungen statt als Rötung schwarz dargestellt werden (§ 91 Satz 2 GBV).

Die Landesregierungen können insbesondere im Hinblick auf eine Datenübernahme in das Datenbankgrundbuch anordnen, dass der GBInhalt in ein anderes Dateiformat übertragen oder der Datenbestand eines GBBlatts zerlegt und in einzelnen Fragmenten in den Datenspeicher übernommen wird. In jedem Fall, muss aber eine Wiedergabefähigkeit des GBInhalts ohne inhaltliche Veränderung sichergestellt sein. Die Ausgangsdaten können sodann ausgesondert werden (§ 62 Abs. 2 GBV).

4. Anlegung des maschinell geführten GB

Ist durch Rechtsverordnung der Landesregierung bestimmt, dass das GB **5** für einen GBAmtsbezirk oder eine Gemarkung in maschineller Form als automatisierte Datei geführt wird, entscheidet das GBAmt, sofern nicht in der Rechtsverordnung der Landesregierung hierzu Bestimmungen getroffen sind, nach pflichtgemäßem Ermessen, in welcher Weise es das maschinell geführte GB anlegt. In Betracht kommen drei Formen der Anlegung, nämlich Umschreibung, Neufassung oder Umstellung (§ 67 Satz 1, 2 GBV). In Bayern bestimmte § 2 Abs. 1 der durch die E-RechtsverkehrsVO v. 15.12. 2006 (GVBl. 1084) außer Kraft gesetzten VO v. 14.6.1996 (GVBl. 242), dass das in maschineller Form geführte GB durch Umstellung anzulegen war.

a) Umschreibung. Gem. § 68 Abs. 1 GBV kann das maschinell geführte **6** GB durch Umschreibung des bisherigen GBBlatts angelegt werden; Voraussetzung dafür ist nicht, dass dieses unübersichtlich geworden ist (vgl. § 28 GBV). Eine Umschreibung nur des Bestandsverzeichnisses oder einzelner Abteilungen des GBBlatts (vgl. § 33 GBV) ist jedoch nicht zulässig; es muss vielmehr das gesamte GBBlatt umgeschrieben werden (§ 68 Abs. 2 Satz 2 GBV). Bei der Anlegung des maschinell geführten GB durch Umschreibung wird nicht der komplette GBInhalt übernommen, sondern nur der jetzt maßgebende. Diese Anlegungstechnik bietet sich dann an, wenn das GBBlatt in kodierter Form (s. dazu § 126 Rn. 5) geführt werden soll.

7   Für die Umschreibung gelten grundsätzlich die allgemeinen Vorschriften
     für eine Umschreibung (vgl. §§ 28 ff. GBV), insbes. § 30 Abs. 1 Buchst. d
     GBV; auch § 44 Abs. 3, der eine Nachholung oder Erweiterung der Bezug-
     nahme auf die EintrBewilligung vorschreibt, ist anzuwenden. Die Eintragun-
     gen auf dem bisherigen GBBlatt werden bei der Umschreibung in elektroni-
     sche Zeichen umgewandelt und als solche in den für das neue GBBlatt
     bestimmten Datenspeicher übernommen (§ 68 Abs. 2 Satz 1 GBV).

8   Beim maschinell geführten GB ist ein **Handblatt** nicht mehr notwendig
     (vgl. § 73 GBV); § 32 Abs. 1 Satz 2, 3 GBV ist nicht anzuwenden (§ 68
     Abs. 2 Satz 2 GBV); zur Aussonderung und Vernichtung des alten Handblatts
     s. § 73 Satz 2, 3 GBV; Nr. 2.2 BayGBGA. Mitgeteilt wird die Umschreibung
     wie beim Papiergrundbuch gem. § 39 Abs. 3 GBV (§ 68 Abs. 2 Satz 1 GBV).

9   Das bisherige in Papierform geführte GB wird geschlossen (s. dazu
     Rn. 20). Es braucht nicht unbedingt in Papierform beim GBAmt aufbewahrt
     zu werden; möglich ist auch in Anlehnung an § 10a eine Aufbewahrung als
     Wiedergabe auf einem Bild- oder sonstigen Datenträger und Aufbewahrung
     des Papiergrundbuchs durch ein Landesarchiv. Voraussetzung dafür ist aber,
     dass der GBInhalt in angemessener Zeit lesbar gemacht werden kann.

10   **b) Neufassung.** Gem. § 69 Abs. 1 GBV kann das maschinell geführte GB
     auch durch Neufassung angelegt werden. Diese Form der Umschreibung ist
     bisher in der GBV nicht vorgesehen. Sinn der Neufassung ist es, GBBlätter
     umzuschreiben, ohne ihnen neue Blattnummern zu geben (§ 69 Abs. 2
     Satz 1 GBV). Diese Form der Umschreibung kommt vor allem in den Fällen
     in Betracht, in denen im Gebiet der ehemaligen DDR Abt. II und III in
     einem einheitlichen Lastenverzeichnis zusammengefasst sind (sog. alte Sach-
     sen-Folien).

11   Grundsätzlich gilt für die Anlegung durch Neufassung dasselbe wie für die
     durch Umschreibung (§ 69 Abs. 1 Satz 2 GBV; s. Rn. 6 ff.). Es ist nicht zuläs-
     sig, ein GBBlatt nur teilweise als maschinell geführtes GB anzulegen und es
     im Übrigen als Papiergrundbuch weiterzuführen; dagegen können Teile eines
     Blatts durch Neufassung angelegt werden und der Rest durch Umschreibung
     oder Umstellung. Mitgeteilt wird die Neufassung nicht; § 39 Abs. 3 GBV gilt
     nicht (§ 69 Abs. 2 Satz 4 GBV).

12   Bei der Neufassung soll im Bestandsverzeichnis nur der aktuelle Bestand
     und in den Abteilungen nur der aktuelle Stand der eingetragenen Rechts-
     verhältnisse wiedergegeben werden; überholte Eintragungen sollen, soweit
     dies zweckmäßig ist, weggelassen (§ 69 Abs. 2 Satz 2 GBV) und einheitliche
     Lastenverzeichnisse nach Möglichkeit aufgelöst werden (§ 69 Abs. 2 Satz 3
     GBV). § 69 Abs. 3 Satz 1 bis 3 GBV schreibt im Einzelnen vor, wo und wel-
     che Vermerke über die Neufassung des Bestandsverzeichnisses und der ein-
     zelnen Abteilungen anzubringen sind; Satz 4, 5 bestimmt, wie zu verfahren
     ist, wenn nur ein Teil des GBBlatts durch Neufassung, der Rest durch Um-
     schreibung oder Umstellung als maschinell geführtes GB angelegt wird;
     Satz 6 schließt die Anwendung des § 30 Abs. 1 Buchst. h Nr. 1 GBV im
     Hinblick auf § 130 Satz 1 Halbsatz 1 i. V. m. § 44 Abs. 1 Satz 2 Halbsatz 2
     und Satz 3 GBO und § 69 Abs. 3 Satz 1 GBV aus. Das OLG Stuttgart
     FGPrax 2018, 15 hält es für zulässig, dass bei der Neufassung eine im Servi-

tutenbuch nach altem Recht eingetragene Dienstbarkeit nur durch Verweis auf diese Eintragung übertragen wird. Zur Durchführung der Neufassung im Einzelnen s. § 69 Abs. 4 GBV und GBV Muster Anl. 10a, 10b.

c) Umstellung. Gem. § 70 Abs. 1 GBV kann das maschinell geführte GB **13** schließlich auch durch Umstellung angelegt werden. Eine Veränderung des bisherigen GBInhalts durch Zusammenfassung, wie bei der Anlegung durch Umschreibung oder Neufassung, findet dabei nicht statt. Anders als bei der Umschreibung wird keine neue Blattnummer vergeben (§ 70 Abs. 2 Satz 1, § 108 Abs. 2 GBV).

Die Umstellung geschieht dergestalt, dass der Inhalt des GBBlatts elektro- **14** nisch in den für das maschinell geführte GB bestimmten Datenspeicher übernommen wird. Dies kann im sog. Scanningverfahren geschehen oder durch Überspielen des bereits in elektronischer Form vorhandenen Datenbestands in diesen Speicher. Denkbar ist aber auch, dass ein bereits vorhandener elektronischer Datenspeicher mit den Eintragungen des GBBlatts als maßgebender Datenspeicher des maschinell geführten GB (vgl. § 62 GBV) bestimmt wird (§ 70 Abs. 1 Satz 2, 3 GBV). Der Schriftzug von Unterschriften braucht dabei nicht gespeichert zu werden (§ 70 Abs. 1 Satz 4 GBV).

Auch bei Anlegung des maschinell geführten GB durch Umstellung **15** kommt eine nur **teilweise Umstellung** nicht in Betracht; auch ist kein neues Handblatt herzustellen (s. dazu § 73 GBV). § 32 Abs. 1 Satz 2, 3 und § 33 GBV sind nicht anzuwenden, da sie nur für die Umschreibung gelten (vgl. hierzu den früheren, durch VO v. 15.7.1994, BGBl. I 1606, weil missverständlich aufgehobenen § 70 Abs. 2 Satz 2 GBV). Um eine Umstellung in großem Umfang zu erleichtern, kann darauf verzichtet werden, sämtliche Seiten des geschlossenen GBBlatts rot zu durchkreuzen, wie dies § 36 Buchst. a GBV vorschreibt; damit nicht versehentlich Eintragungen in dem geschlossenen GBBlatt vorgenommen werden, soll dieses dann in anderer Weise deutlich sichtbar als geschlossen bezeichnet werden (§ 70 Abs. 2 Satz 2 GBV). Dies kann z.B. durch einen Stempel mit der Aufschrift „geschlossen" geschehen. Im Übrigen gelten für die Umstellung weitgehend die Bestimmungen des § 108 GBV über die Umstellung auf das Loseblattgrundbuch entsprechend (§ 70 Abs. 2 Satz 1 GBV). Zur Schließung des bisherigen GB s. auch Rn. 20.

5. Freigabe des maschinell geführten GB

Das maschinell geführte GB tritt erst dann an die Stelle des bisherigen GB **16** wenn die Eintragungen des betreffenden GBBlatts in den hierfür bestimmten Datenspeicher aufgenommen worden sind und das maschinell geführte GB freigegeben ist (§ 71 Satz 1 GBV). Die Freigabe setzt wiederum voraus, dass die Eintragungen wirksam geworden sind, also auf Dauer unverändert in lesbarer Form wiedergegeben werden können (s. hierzu § 129 Abs. 1). Die Freigabe bedarf eines besonderen Aktes; mit dem Wirksamwerden der Eintragungen tritt das maschinell geführte GB damit nicht ohne weiteres an die Stelle des bisherigen GB.

17 **a) Übernahme der Eintragungen.** Die Anlegung des maschinell geführten GB erfordert nicht, dass die Eintragungen wörtlich übernommen werden. Wie bei der Umschreibung beim herkömmlichen GB sind sie grundsätzlich nach Möglichkeit zusammenzufassen und zu ändern, so dass nur ihr gegenwärtiger Inhalt in das GB aufgenommen wird (vgl. § 30 Abs. 1 Buchst. d GBV). Darüber hinaus soll gem. § 44 Abs. 3 eine bei der Eintragung unterbliebene oder nur teilweise vorgenommenen Bezugnahme auf die EintrBewilligung bis zu dem nach § 44 Abs. 2 zulässigen Umfang nachgeholt oder erweitert werden. Im Übrigen ist § 30 Abs. 1 GBV zu beachten; jedoch entfällt im Hinblick auf § 130 Satz 1 Halbsatz 1 i. V. m. § 44 Abs. 1 Satz 2 Halbsatz 2 und Satz 3 die in § 30 Abs. 1 Buchst. h Nr. 1 GBV vorgesehene Unterschrift unter jede Eintragung (vgl. § 69 Abs. 3 Satz 6 GBV). Bei Anlegung des maschinell geführten GB durch Umstellung gilt dies mit Einschränkungen (s. dazu Rn. 13).

18 **b) Zuständigkeit.** Die Freigabe obliegt der für die Führung des GB zuständigen Person, also dem Rpfleger. Die Anlegung des maschinell geführten GB einschließlich seiner Freigabe kann ganz oder teilweise dem Urkundsbeamten der Geschäftsstelle durch Rechtsverordnung der Landesregierung oder der ermächtigten Landesjustizverwaltung übertragen werden (§ 93 Satz 1 Nr. 2; s. aber Satz 3 GBV und dazu Rn. 26). In Bayern ist die Freigabe des durch Umstellung angelegten maschinell geführten GB dem Urkundsbeamten der Geschäftsstelle übertragen (§ 11 Abs. 2 ERVV-Ju; s. zu der VO § 135 Rn. 1). Vor der Freigabe hat die zuständige Person zu prüfen, ob die Eintragungen auf dem bisherigen GBBlatt richtig und vollständig in den Datenspeicher übernommen worden sind und ihre Abrufbarkeit gesichert ist (§ 71 Satz 2 GBV).

19 **c) Freigabevermerk.** Die Freigabe wird in der Aufschrift des betreffenden GBBlatts vermerkt; der Freigabevermerk tritt an die Stelle der sonst einzutragenden Umstellungs- oder Umschreibungsvermerke (vgl. § 30 Abs. 1 Buchst. b, § 67 Satz 4 GBV) und soll bei der Wiedergabe des GBBlatts auf dem Bildschirm oder bei Ausdrucken in der Aufschrift an der für diese Vermerke vorgesehenen Stelle (vgl. GBV Muster Anl. 2b) erscheinen (§ 71 Satz 3 GBV). Der Vermerk enthält das Datum der Freigabe und den Namen der Person, welche die Freigabe veranlasst hat. Der Wortlaut des Vermerks im Übrigen ist in § 71 Satz 4 GBV vorgeschrieben.

6. Schließung des bisherigen GB

20 Sobald das maschinell geführte GB an die Stelle des bisherigen GB tritt, ist das alte GBBlatt zu schließen. Dies geschieht dadurch, dass sämtliche Seiten, die Eintragungen enthalten, rot durchkreuzt werden (s. hierzu auch § 70 Abs. 2 Satz 3 GBV und Rn. 15). Außerdem ist ein Schließungsvermerk (Abschreibevermerk) anzubringen (§ 36 GBV). Bei der Anlegung durch Umschreibung (§ 68 GBV) ist in ihm die Bezeichnung des neuen GBBlatts anzugeben (vgl. § 30 Abs. 2 GBV). Der Wortlaut des Schließungsvermerks ist in § 71 Satz 5 GBV vorgeschrieben. Der Vermerk ersetzt gem. § 67 Satz 4 GBV den beim herkömmlichen GB vorgesehenen Schließungsvermerk (s. GBV

Muster Anl. 2a). Wenn sämtliche GBBlätter eines GBBandes oder eines ganzen GBAmts wegen Anlegung des maschinell geführten GB geschlossen werden müssen, erleichtern die durch die 2. EDVGB-ÄndV an § 70 Abs. 2 GBV angefügten Sätze 3 bis 5 die Schließung mit Wirkung vom 24.12.1993 (vgl. Art. 4 Satz 1 der 2. EDVGB-ÄndV) dadurch, dass der Schließungsvermerk nicht mehr auf jedem einzelnen GBBlatt angebracht werden muss. Es genügt vielmehr ein gemeinsamer Schließungsvermerk der auf dem betroffenen GBBand oder bei Schließung mehrerer GBBände als Abschrift auf allen Bänden angebracht wird. Dadurch wird auch der Aufwand für die Speicherung geschlossener GBBände gem. § 10a auf einem Bild- oder sonstigen Datenträger erheblich verringert.

Der Schließungsvermerk stellt eine GBEintragung dar, die grundsätzlich **21** gem. § 44 Abs. 1 Satz 1 zu unterschreiben ist. Bei der Schließung eines GBBlatts wegen Anlegung des maschinell geführten GB schreibt § 128 Abs. 2 als Ausnahme von der Regel vor, dass die Unterschrift einer der zuständigen Personen genügt.

7. Bekanntmachung

Maßgebend ist bei der Anlegung des maschinell geführten GB durch Um- **22** schreibung § 39 GBV (§ 68 Abs. 2 Satz 1 GBV). Mitgeteilt wird nur die Tatsache der Umschreibung und die neue Blattstelle. Ist über ein Grundpfandrecht ein Brief erteilt, ist der Gläubiger bei der Bekanntgabe aufzufordern, den Brief zur Berichtigung der GBStelle beim GBAmt einzureichen.

Bei der Anlegung des maschinell geführten GB durch Neufassung oder **23** Umstellung (§§ 69, 70 GBV) ist eine Mitteilung nicht erforderlich; § 39 GBV gilt nicht (§ 69 Abs. 2 Satz 4; § 70 Abs. 2 Satz 1 i. V. m. § 108 Abs. 7 GBV). Mitteilungspflichten des GBAmts bestehen aber gegenüber der Katasterbehörde und der Bodenordnungsbehörde gemäß § 69 Abs. 2 Satz 5, 6 GBV.

8. Aussonderung des Papiergrundbuchs

Wenn der Inhalt eines geschlossenen GBBlatts vollständig, also einschließ- **24** lich der gelöschten und geröteten Eintragungen, in den für das maschinell geführte GB vorgesehenen Datenspeicher aufgenommen ist und die Wiedergabe bildlich mit dem bisherigen GBBlatt übereinstimmt, kann das Papiergrundbuchblatt ausgesondert werden (Abs. 3). Das maschinell geführte GB kann durch Umschreibung, Neufassung oder Umstellung angelegt werden (s. Rn. 5). Während bei der Anlegung durch Umschreibung und Neufassung nur der aktuelle Stand des GBBlatts erfasst wird (s. Rn. 6, 12), erfolgt die Anlegung durch Umstellung in der Weise, dass das bisherige GBBlatt gescannt und eine vollständige Kopie in den Datenspeicher übernommen wird (s. Rn. 14). Die Voraussetzungen für eine Aussonderung des bisherigen GBBlatts können daher nur bei Anlegung des maschinell geführten GB durch **Umstellung** erfüllt werden. Nur in diesem Fall ist eine vollständige und bildgetreue Wiedergabe des bisherigen GBBlatts gewährleistet (vgl. § 71 GBV).

25   Möglich ist eine Aussonderung auch solcher GBBlätter, die bereits vor Inkrafttreten des Abs. 3 umgestellt wurden. Für die Art und Weise der Aussonderung, Abgabe an ein staatliches Archiv oder Vernichtung, sind die landesrechtlichen Vorschriften maßgebend. Das GBAmt kann das bisherige
GBBlatt auch bei sich aufbewahren. Eine **Einsicht** kann in dieses dann jedoch nicht mehr verlangt werden. Bei Aufbewahrung durch eine andere
Stelle, insbesondere ein staatliches Archiv, bestimmt sich die Einsicht nach
Landesrecht (§ 12b Abs. 1).

9. Anlegung des Datenbankgrundbuchs

26   **a) Allgemeines.** Durch das Ges. zur Einführung eines Datenbankgrundbuchs (DaBaGG) v. 1.10.2013 (BGBl. I 3719) wird eine neue Darstellungsform des GBInhalts zugelassen, der in strukturierter Form gespeichert wird
und eine logische Verknüpfung der Informationen ermöglicht (s. § 126
Abs. 1). Erhalten bleibt daneben aber die bisherige Darstellungsform. Die
Landesregierungen können weitere Darstellungsformen des GBInhalts zulassen (§ 63 Satz 3 GBV). Das Datenbankgrundbuch stellt einen Unterfall des
maschinell (elektronisch) geführten GB dar. Angelegt wird es gemäß § 71a
Abs. 1 GBV ausschließlich durch Neufassung (s. Rn. 10 ff.). Diese muss nicht
ein ganzes GBBlatt erfassen, kann sich vielmehr auch auf eine einzelne Ab-
teilung oder sogar einzelne Eintragungen beschränken. Die Freigabe des
Datenbankgrundbuchs kann anders als die des maschinell geführten GB (s.
Rn. 18) nicht durch die Landesregierungen dem Urkundsbeamten der Geschäftsstelle übertragen werden (§ 93 Satz 3 GBV). S. Wilsch, Die GBV im
Lichte des Datenbankgundbuchs, ZfIR 2020, 175.

27   **b) Anlegungsgrundsätze.** Für die Neufassung eines Datenbankgrundbuchs gelten die §§ 69 und 71 GBV entsprechend. Abweichungen ergeben
sich jedoch gemäß § 71a Abs. 2 GBV. Grundsätzlich sollen bei der Neufassung Eintragungen nur mit aktualisiertem und bereinigtem Inhalt in die
Datenstruktur überführt werden. Text und Form der Eintragungen sind an
die redaktionellen Vorgaben für Eintragungen in die Datenbank (s. dazu
Rn. 29) anzupassen. Von der Ergänzung und Nachholung einer Bezugnahme
soll Gebrauch gemacht werden (vgl. § 44 Abs. 2, 3). Der Brief braucht nicht
vorgelegt zu werden, wenn die Neufassung ein Briefgrundpfandrecht betrifft
(s. dazu § 41 Rn. 15). Die katastermäßige Bezeichnung eines herrschenden
Grundstücks sowie der Grundstücke in den Belastungsabteilungen sollen
aktualisiert und Geldbeträge in anderer Währung im zulässigen Umfang auf
Euro umgestellt werden.

28   Um eine Verzögerung der Umstellung zu vermeiden, gilt § 29 GBV nicht.
Auch die Verweisung gemäß § 69 Abs. 4 GBV auf die der GBV als Anlagen
beigefügten Muster kommt beim Datenbankgrundbuch nicht zur Anwendung. EintrMasken, Mustertexte und EintrFormulare für dieses werden erst
zu einem späteren Zeitpunkt festgelegt (§ 71a Abs. 3 GBV). Der Wortlaut des
Freigabevermerks gemäß § 128 Abs. 1 wird durch § 71a Abs. 4 GBV vorge-
geben.

29   **c) Besonderheiten.** Für Eintragungen in das Datenbankgrundbuch gelten Besonderheiten. Diese betreffen die Angaben im Bestandsverzeichnis,

wenn ein Grundstück ganz oder teilweise abgeschrieben wird, ferner die Aktualisierung der Bezeichnung des Belastungsgegenstands in den Abt. II und III im Fall einer Veränderung im Bestandsverzeichnis (§ 76a Abs. 1 Nr. 1, 2 GBV). Im letztgenannten Fall ist im Hinblick auf die logische Verknüpfung der Eintragungen in den Belastungsabteilungen und den Eintragungen des Belastungsgegenstands im Bestandsverzeichnis eine automatisierte Aktualisierung möglich, die den GBRpfleger allerdings nicht bindet. Ein gutgläubiger lastenfreier Erwerb kommt nicht in Betracht, wenn die Aktualisierung der Eintragung in Sp. 2 des Belastungsverzeichnisses unterblieben ist (OLG Köln Rpfleger 1998, 333).

Von der von § 46 Abs. 2 zur Verfügung gestellten Form der Löschung **30** durch Nichtmitübertragung darf nach § 76a Abs. 1 Nr. 3 GBV beim Datenbankgrundbuch kein Gebrauch gemacht werden (s. dazu § 46 Rn. 2). Gemäß § 76a Abs. 2 GBV kann durch Rechtsverordnung der Landesregierung bestimmt werden, dass die Vermerke nach § 48 bei einem Gesamtrecht automatisiert eingetragen werden können (s. dazu § 48 Rn. 17).

Eine lediglich auf einzelne Abteilungen beschränkte Neufassung von GBBlättern, die § 33 GBV ermöglicht, ist beim Datenbankgrundbuch ausgeschlossen; § 33 GBV ist daher nicht anzuwenden (§ 72 Abs. 3 Nr. 1 GBV). Im Fall der Schließung des GBBlatts ist stets für alle Grundstücke ein aussagekräftiger Abschreibungsvermerk in das Bestandsverzeichnis aufzunehmen. Ein Schließungsvermerk erübrigt sich dadurch aber nicht (§ 72 Abs. 3 Nr. 2 GBV).

d) Migration. Die erforderliche Umwandlung vorhandener GBDaten in **31** eine strukturierte Form und ihre Speicherung im Datenbankgrundbuch sollen durch ein dafür entwickeltes Migrationsprogramm (s. § 134a) unterstützt und durch Vorbereitungsarbeiten bei der Gestaltung von GBEintragungen, z. B. durch die Beseitigung handschriftlicher Eintragungen erleichtert werden. Zu den Auswirkungen des DaBaGG auf die Praxis s. Wiggers FGPrax 2013, 235.

Wirksamwerden der Eintragung

129 (1) **Eine Eintragung wird wirksam, sobald sie in den für die Grundbucheintragungen bestimmten Datenspeicher aufgenommen ist und auf Dauer inhaltlich unverändert in lesbarer Form wiedergegeben werden kann. Durch eine Bestätigungsanzeige oder in anderer geeigneter Weise ist zu überprüfen, ob diese Voraussetzungen eingetreten sind.**

(2) **Jede Eintragung soll den Tag angeben, an dem sie wirksam geworden ist. Bei Eintragungen, die gemäß § 127 Absatz 1 Satz 1 Nummer 1 Inhalt des Grundbuchs werden, bedarf es abweichend von Satz 1 der Angabe des Tages der Eintragung im Grundbuch nicht.**

1. Allgemeines

Beim GB in Papierform wird eine Eintragung mit ihrer Unterzeichnung **1** durch die zuständigen Personen wirksam (§ 44 Abs. 1). Beim maschinell geführten GB werden Eintragungen nicht unterschrieben (§ 130 Satz 1 Halbsatz 1). Es ist daher notwendig, in anderer Weise festzulegen, wann eine Eintragung wirksam wird. Diese Festlegung trifft § 129 Abs. 1.

2. Voraussetzungen

2 a) **Abspeicherungsbefehl.** Die vom Rpfleger unmittelbar oder vom Urkundsbeamten auf Verfügung des Rpflegers veranlasste Eintragung durch Erteilung des Abspeicherungsbefehls hat nicht zwingend zur Folge, dass die EintrDaten sofort in den maßgebenden Datenspeicher aufgenommen werden. Das Verfahren kann vielmehr so ausgestaltet sein, dass die im Lauf eines Tages veranlassten Eintragungen erst nach Dienstschluss im sog. Stapelverfahren endgültig in den Datenspeicher aufgenommen werden. Bis zu diesem Zeitpunkt kann der Rpfleger die von ihm veranlasste oder verfügte Eintragung noch zurücknehmen oder ändern. Hierzu kann er unter den gleichen Voraussetzungen verpflichtet sein, unter denen er beim Papiergrundbuch davon Abstand zu nehmen hat, eine verfügte Eintragung zu unterschreiben. Dies kann z. B. der Fall sein, wenn der EintrAntrag zurückgenommen wird oder Verfügungsbeschränkungen bekannt werden und die Voraussetzungen des § 878 BGB nicht vorliegen.

3 b) **Aufnahme in den Datenspeicher.** Im Hinblick auf diese Verfahrenskonzeption kommt als Zeitpunkt für das Wirksamwerden der Eintragung erst die endgültige Aufnahme in den Datenspeicher in Betracht; damit wird die Eintragung der Einwirkungsmöglichkeit des Rpflegers entzogen. Voraussetzung des Wirksamwerdens ist aber, dass die Eintragung inhaltlich unverändert in lesbarer Form wiedergegeben werden kann. Nur dann sind die an eine GBEintragung zu stellenden Anforderungen erfüllt (vgl. § 62 GBV). Entscheidend ist die technische Wiedergabemöglichkeit; die Wirksamkeit der Eintragungen kann daher auch außerhalb der Dienststunden des GBAmts eintreten. Diese Verfahrenskonzeption schließt es allerdings aus, dass kurzfristig eine Eintragung in das GB bewirkt wird.

4 c) **Bestätigung.** § 129 Abs. 1 Satz 2 verlangt geeignete Maßnahmen, die sicherstellen, dass das Wirksamwerden der Eintragung als Folge des Abspeicherungsbefehls überprüft werden kann. Damit soll verhindert werden, dass Eintragungen verloren gehen, weil die Anlage einen Abspeicherungsbefehl nicht ausgeführt hat. In welcher Weise im Einzelnen die Ausführung des Abspeicherungsbefehls bestätigt wird, bleibt der Anordnung durch die Landesjustizverwaltungen überlassen (s. dazu Nr. 3.2.1 BayGBGA).

3. Angabe des Tags des Wirksamwerdens

5 In Anlehnung an § 44 Abs. 1 Satz 1, der verlangt, dass beim Papiergrundbuch jede Eintragung den Tag angibt, an dem sie erfolgt ist, schreibt § 129 Abs. 2 Satz 1 für das maschinell geführte GB vor, dass der Tag des Wirksamwerdens der Eintragung anzugeben ist. Dies wird auch bei Ausführung des Abspeicherungsbefehls nach Dienstschluss regelmäßig der Tag sein, an dem der Rpfleger die Eintragung veranlasst oder verfügt hat. Zur Rückdatierung s. § 44 Rn. 61.

Sofern bei einer Integration von GB und Liegenschaftskataster Daten **6**
gem. § 127 Abs. 1 Nr. 1 aus dem Liegenschaftskataster unmittelbar in den
Datenspeicher des GBAmts eingegeben werden, ist der Tag des Wirksamwerdens der Eintragung nicht anzugeben (§ 129 Abs. 2 Satz 2).

Eintragungsverfügung und Eintragung

130 **§ 44 Abs. 1 Satz 1, 2 zweiter Halbsatz und Satz 3 ist für die maschinelle Grundbuchführung nicht anzuwenden; § 44 Abs. 1 Satz 2 erster Halbsatz gilt mit der Maßgabe, daß die für die Führung des Grundbuchs zuständige Person auch die Eintragung veranlassen kann. Wird die Eintragung nicht besonders verfügt, so ist in geeigneter Weise der Veranlasser der Speicherung aktenkundig oder sonst feststellbar zu machen.**

1. Eintragungsverfügung

In § 44 Abs. 1 Satz 2 Halbsatz 1 ist bestimmt, dass der Rpfleger als die zur **1**
GBFührung zuständige Person die Eintragung verfügen und der Urkundsbeamte der Geschäftsstelle sie veranlassen soll. Beim maschinell geführten GB
kann dieser Vorgang dadurch abgekürzt werden, dass der Rpfleger die Eintragung unmittelbar am Bildschirm veranlasst (§ 130 Satz 1 Halbsatz 2). Diese Verfahrensweise schreibt § 74 Abs. 1 Satz 1 GBV, sofern nicht im Hinblick
auf eine Integration von GB und Liegenschaftskataster Daten unmittelbar
aus dem Liegenschaftskataster in das GB übernommen werden (vgl. § 127
Abs. 1 Nr. 1), als Regelfall vor; einer besonderen EintrVerfügung bedarf es
dann nicht (§ 74 Abs. 1 Satz 2 GBV). Etwas anderes gilt, wenn die Landesregierung oder die Landesjustizverwaltung bestimmt, dass auch bei der maschinellen GBFührung der Urkundsbeamte die vom Rpfleger verfügte Eintragung veranlasst.

Liegt eine EintrVerfügung vor, dann kann ohne weiteres festgestellt wer- **2**
den, wer die Eintragung angeordnet hat. Diese Person muss aber auch dann
feststellbar sein, wenn die Eintragung unmittelbar am Bildschirm veranlasst
wird. § 130 Satz 2 bestimmt daher, dass der Veranlasser der Speicherung in
geeigneter Weise aktenkundig oder sonst feststellbar zu machen ist.

2. Eintragung

a) Tagesangabe. § 44 Abs. 1 Satz 1 schreibt vor, dass jede Eintragung den **3**
Tag angeben soll, an dem sie erfolgt ist. Diese Bestimmung ist beim maschinell geführten GB nicht anzuwenden (§ 130 Satz 1 Halbsatz 1). Sie wird
ersetzt durch § 129 Abs. 2; danach ist grundsätzlich der Tag anzugeben, an
dem die Eintragung wirksam geworden ist (s. dazu § 129 Rn. 3).

b) Unterschrift. Auch die Bestimmungen des § 44 Abs. 1 Satz 2 Halbsatz **4**
2 und Satz 3 über die Notwendigkeit einer Unterschrift und die Zuständigkeit dafür sind beim maschinell geführten GB nicht anzuwenden (§ 130
Satz 1 Halbsatz 1). Eine GBEintragung soll aber nur möglich sein, wenn der
sie unmittelbar veranlassende Rpfleger oder der sie auf dessen Verfügung

veranlassende Urkundsbeamte der Geschäftsstelle ihr seinen Nachnamen hinzusetzt und beides elektronisch unterschreibt. Die elektronische Unterschrift (elektronische Signatur, früher: digitale Signatur) soll in einem allgemein als sicher anerkannten automatisierten kryptographischen Verfahren textabhängig und unterzeichnerabhängig hergestellt werden. Bestandteil des maschinell geführten GB werden auch der Name und die elektronische Unterschrift. Sichtbar gemacht wird bei der Wiedergabe des GBInhalts am Bildschirm oder beim Ausdruck aber nur der Name. Nähere Regelungen hierzu enthält § 75 GBV. Die elektronische Unterschrift soll sicherstellen, dass nur ein Berechtigter Eintragungen im GB vornehmen kann und der Veranlasser zu identifizieren ist.

5 **c) Überprüfung.** Unabhängig davon, ob eine Eintragung vom Rpfleger unmittelbar oder vom Urkundsbeamten auf Verfügung des Rpflegers veranlasst wird, soll die veranlassende Person überprüfen, ob die Eintragung richtig und vollständig vorgenommen wurde; der Urkundsbeamte ist dabei darauf beschränkt, die Übereinstimmung der Eintragung mit der Eintr-Verfügung des Rpflegers festzustellen. Außerdem ist die Aufnahme der eingegebenen Daten in den nach § 62 GBV maßgebenden Datenspeicher zu „verifizieren" (§ 74 Abs. 2 GBV). Gegenstand dieser Maßnahme ist die Feststellung, ob die Eintragung wirksam im Sinn des § 129 Abs. 1 geworden ist. Das Verfahren hierzu haben die Landesjustizverwaltungen zu bestimmen. In Betracht kommt ein Anzeigesignal oder eine Erledigungsanzeige.

Ausdrucke

131 (1) **Wird das Grundbuch in maschineller Form als automatisiertes Dateisystem geführt, so tritt an die Stelle der Abschrift der Ausdruck und an die Stelle der beglaubigten Abschrift der amtliche Ausdruck. Die Ausdrucke werden nicht unterschrieben. Der amtliche Ausdruck ist als solcher zu bezeichnen und mit einem Dienstsiegel oder -stempel zu versehen; er steht einer beglaubigten Abschrift gleich.**

(2) **Die Landesregierungen werden ermächtigt, durch Rechtsverordnung**

1. **zu bestimmen, dass Auskünfte über grundbuchblattübergreifende Auswertungen von Grundbuchinhalten verlangt werden können, soweit ein berechtigtes Interesse dargelegt ist, und**

2. **Einzelheiten des Verfahrens zur Auskunftserteilung zu regeln.**

Sie können diese Ermächtigungen durch Rechtsverordnung auf die Landesjustizverwaltungen übertragen.

1. Ausdruck und amtlicher Ausdruck

1 In Abs. 1 wurde durch das Ges. v. 20.11.2019 (BGBl. I 1724) im Hinblick auf die DS-GVO eine terminologische Klarstellung vorgenommen.

Soweit Einsicht in das GB verlangt werden kann, besteht auch ein Anspruch auf Erteilung einer Abschrift aus dem GB, die auf Verlangen zu beglaubigen ist (§ 12 Abs. 2). Dies gilt im Grundsatz auch beim maschinell geführten GB (§ 77 GBV); auch die Zuständigkeit des Urkundsbeamten der Geschäftsstelle gem. § 12c Abs. 1 Nr. 1, Abs. 2 Nr. 1 bleibt unberührt. Die Erteilung von Abschriften kommt aber nicht in Betracht, weil diese ein GB in Papierform voraussetzen. An die Stelle eines unbeglaubigten Auszugs aus dem GB (Abschrift) tritt beim maschinell geführten GB der Ausdruck und an die Stelle der beglaubigten Abschrift der amtliche Ausdruck (§ 131 Satz 1). Die Ausdrucke werden auf Veranlassung des GBAmts durch Schnelldrucker hergestellt.

Um einen Ausdruck im Sinn des § 131 handelt es sich nicht, wenn das **2** GBAmt durch dort installierte Zusatzgeräte sog. Bildschirmabdrucke herstellt. Sie dienen lediglich dem internen Dienstbetrieb; ein Rechtsanspruch auf ihre Erteilung besteht nicht.

2. Form der Ausdrucke

a) Einfacher Ausdruck. Er ist mit der Aufschrift „Ausdruck" zu verse- **3** hen. Außerdem ist das Datum anzugeben, an dem die ausgedruckten GBDaten abgerufen wurden (§ 78 Abs. 1 Satz 1 GBV). Der Ausdruck wird nicht unterschrieben und nicht mit einem Dienstsiegel oder -stempel versehen (§ 131 Satz 2). Auf dem Ausdruck kann der EintrStand, also das Datum der letzten Eintragung in das GBBlatt, vermerkt werden (§ 78 Abs. 3 GBV).

b) Amtlicher Ausdruck. Er steht einer beglaubigten Abschrift (vgl. § 44 **4** Abs. 1 GBV) gleich (§ 131 Satz 3 Halbsatz 2), erfüllt also die Formerfordernisse des § 29. Auf dem Ausdruck ist die Aufschrift „Amtlicher Ausdruck" anzubringen. Auch der amtliche Ausdruck wird nicht unterschrieben, ist aber mit einem Dienstsiegel oder -stempel zu versehen (§ 131 Satz 2, 3). Ein Siegel oder Stempel muss aber nicht von Hand angebracht werden; mit dem Siegel kann bereits das verwendete Formular versehen sein; auch kann es bei der Herstellung des Ausdrucks durch den Drucker angebracht werden (§ 78 Abs. 2 Satz 2 Halbsatz 1 GBV). Außerdem hat der amtliche Ausdruck den Vermerk „beglaubigt" mit dem Namen der Person zu tragen, die den Ausdruck veranlasst oder die ordnungsmäßige drucktechnische Herstellung des Ausdrucks allgemein zu überwachen hat; dadurch wird der Herstellung und Versendung von Ausdrucken durch eine Zentralstelle Rechnung getragen; schließlich ist der weitere Vermerk: „Dieser Ausdruck wird nicht unterschrieben und gilt als beglaubigte Abschrift" anzubringen (§ 78 Abs. 2 Satz 1, 2 Halbsatz 2 GBV). Wie der einfache Ausdruck hat auch der amtliche Ausdruck das Datum anzugeben, an dem die ausgedruckten Daten aus dem GB abgerufen wurden; der EintrStand kann angegeben werden (§ 78 Abs. 1 Satz 1, Abs. 3 GBV).

3. Übermittlung der Ausdrucke

Beim maschinell geführten GB bestehen gegenüber dem GB in Papier- **5** form erweiterte Möglichkeiten der Übermittlung eines GBAusdrucks. Statt einer Aushändigung des Ausdrucks oder einer Übersendung durch die Post kann der Ausdruck unmittelbar aus dem Datenspeicher des GB elektronisch dem Antragsteller übermittelt werden. Diese Form der Übermittlung ist aber nur beim einfachen Ausdruck zulässig (§ 78 Abs. 1 Satz 2, Abs. 2 Satz 3 GBV).

4. Auswertung von Grundbuchinhalten

6 Der durch das DaBaGG angefügte Abs. 2 ermächtigt die Landesregierungen durch Rechtsverordnung zu bestimmen, ab wann, unter welchen Voraussetzungen und in welchem Umfang Auskunft über die Auswertung von GBInhalten verlangt werden kann. Wenn der Inhalt des GB in eine strukturierte Form umgewandelt ist, besteht die Möglichkeit, die Daten automatisiert auszuwerten und den Beteiligten dazu Auskünfte zu geben. Für die Gewährung der Auskunft ist der Urkundsbeamte der Geschäftsstelle gemäß § 12c Abs. 1 Nr. 3 funktionell zuständig. Welches GBAmt bei einer grundsätzlich möglichen grundbuchblattübergreifenden Auswertung örtlich zuständig ist, wird durch die Rechtsverordnung bestimmt.

Einsicht

132 Die Einsicht in das maschinell geführte Grundbuch kann auch bei einem anderen als dem Grundbuchamt gewährt werden, das dieses Grundbuch führt. Über die Gestattung der Einsicht entscheidet das Grundbuchamt, bei dem die Einsicht begehrt wird.

1. Voraussetzungen

1 Die Voraussetzungen, unter denen Einsicht in das maschinell geführte GB verlangt werden kann, sind die gleichen wie beim Papiergrundbuch (§ 77 GBV). Es muss ein berechtigtes Interesse dargelegt sein (§ 12 Abs. 1 Satz 1). Außer § 12 ist auch § 12b entsprechend anwendbar. Ferner ändert sich an der Zuständigkeit des Urkundsbeamten der Geschäftsstelle gem. § 12c Abs. 1 Nr. 1 nichts. Beim maschinell geführten GB stehen jedoch andere Formen der GBEinsicht zur Verfügung als beim GB in Papierform. Durch das ERVGBG v. 11.8.2009 (BGBl. I 2713) wurde § 132 Satz 1 redaktionell geändert und Satz 2 neu gefasst.

2. Gewährung der Einsicht

2 **a) Bildschirminhalt.** Die Einsicht wird beim maschinell geführten GB grundsätzlich dadurch gewährt, dass ein GBBlatt auf dem Bildschirm wiedergegeben wird und der Bildschirminhalt eingesehen werden kann (§ 79 Abs. 1 Satz 1 GBV). Dazu wird von der zuständigen Person des GBAmts das betreffende GBBlatt auf dem Bildschirm aufgerufen. Dies kann aber auch dem Antragsteller gestattet werden, sofern sichergestellt ist, dass er nur das GBBlatt einsehen kann, in das ihm die Einsicht bewilligt ist; außerdem muss die Möglichkeit ausgeschlossen sein, dass durch den Einsichtnehmenden der GBInhalt verändert wird (§ 79 Abs. 1 Satz 2 GBV).

3 **b) Ausdruck.** Dem GBAmt steht es frei, statt Einsicht in eine Wiedergabe des GBBlatts auf dem Bildschirm zu gewähren, einen Ausdruck herzustellen und in diesen Einsicht nehmen zu lassen (§ 79 Abs. 2 GBV). Der Ausdruck

kann auf Antrag auch ausgehändigt und nicht nur zur Einsicht überlassen werden. Dann entstehen aber Gebühren (s. § 12 Rn. 35).

3. Zuständigkeit

Beim maschinell geführten GB ist es technisch möglich, dass ein GBAmt **4** Einsicht in das von einem anderen GBAmt geführte GB gewährt, sei es auf dem Bildschirm oder dadurch, dass ein Ausdruck zur Einsicht zur Verfügung gestellt wird. § 132 lässt dies ausdrücklich zu und bestimmt, dass zur Entscheidung über die Einsicht das GBAmt zuständig ist, bei dem das GB eingesehen werden soll (vgl. § 79 Abs. 3 Satz 1 GBV). Die dafür zuständigen Bediensteten müssen besonders bestimmt werden und eine elektronische Kennung verwenden (§ 79 Abs. 3 Satz 2, 3 GBV). Die Landesjustizverwaltungen können vereinbaren, dass in dieser Weise GBEinsicht über Landesgrenzen hinweg gewährt werden kann (§ 79 Abs. 3 Satz 4 GBV). § 70 Abs. 3 Satz 3 GBV in seiner Neufassung durch die 2. EDVGB-ÄndV bestimmt nicht mehr, wer die elektronische Kennung vergibt. Bei einer GBFührung auf einem zentralen Rechner kann es zweckmäßig sein, dass die Kennung von der zentralen Systemverwaltung und nicht von dem das GB führenden GBAmt vergeben wird. Nach § 70 Abs. 4 GBV kann von dem das GB nicht führenden GBAmt statt oder außer der Einsicht auch die Erteilung eines GBAusdrucks (§ 131) verlangt werden kann (vgl. § 12 Abs. 2). Zur Unterrichtung des das GB führenden GBAmts zum Zwecke der Protokollierung der gewährten Einsicht s. § 12 Rn. 30.

4. Unmittelbarer Datenabruf

Beim maschinell geführten GB besteht über die Form der GBEinsicht **5** durch ein nicht das GB führendes GBAmt hinaus auch die Möglichkeit, dass Gerichten, Behörden und bestimmten Personen der unmittelbare Abruf von GBDaten aus dem Datenspeicher des GBAmts in einem automatisierten Verfahren gestattet wird; s. dazu § 133 GBO und §§ 80 ff. GBV.

Automatisiertes Abrufverfahren

133 (1) **Die Einrichtung eines automatisierten Verfahrens, das die Übermittlung der Daten aus dem maschinell geführten Grundbuch durch Abruf ermöglicht, ist zulässig, sofern sichergestellt ist, daß**

1. **der Abruf von Daten die nach den oder auf Grund der §§ 12 und 12a zulässige Einsicht nicht überschreitet und**

2. **die Zulässigkeit der Abrufe auf der Grundlage einer Protokollierung kontrolliert werden kann.**

(2) **Die Einrichtung eines automatisierten Abrufverfahrens nach Absatz 1 bedarf der Genehmigung durch die Landesjustizverwaltung. Die Genehmigung darf nur Gerichten, Behörden, Notaren, öffentlich bestellten Vermessungsingenieuren, an dem Grundstück dinglich Berechtigten, einer von dinglich Berechtigten beauftragten Person oder Stelle,**

der Staatsbank Berlin sowie für Zwecke der maschinellen Bearbeitung von Auskunftsanträgen (Absatz 4), nicht jedoch anderen öffentlich-rechtlichen Kreditinstituten erteilt werden. Sie setzt voraus, daß

1. diese Form der Datenübermittlung unter Berücksichtigung der schutzwürdigen Interessen der betroffenen dinglich Berechtigten wegen der Vielzahl der Übermittlungen oder wegen ihrer besonderen Eilbedürftigkeit angemessen ist,

2. aufseiten des Empfängers die Grundsätze einer ordnungsgemäßen Datenverarbeitung eingehalten werden und

3. aufseiten der grundbuchführenden Stelle die technischen Möglichkeiten der Einrichtung und Abwicklung des Verfahrens gegeben sind und eine Störung des Geschäftsbetriebs des Grundbuchamts nicht zu erwarten ist.

Satz 3 Nummer 1 gilt nicht für die Erteilung der Genehmigung für Notare.

(3) Die Genehmigung ist zu widerrufen, wenn eine der in Absatz 2 genannten Voraussetzungen weggefallen ist. Sie kann widerrufen werden, wenn die Anlage mißbräuchlich benutzt worden ist. Ein öffentlich-rechtlicher Vertrag oder eine Verwaltungsvereinbarung kann in den Fällen der Sätze 1 und 2 gekündigt werden. In den Fällen des Satzes 1 ist die Kündigung zu erklären.

(4) Im automatisierten Abrufverfahren nach Absatz 1 können auch Anträge auf Auskunft aus dem Grundbuch (Einsichtnahme und Erteilung von Abschriften) nach § 12 und den diese Vorschriften ausführenden Bestimmungen maschinell bearbeitet werden. Absatz 2 Satz 1 und 3 gilt entsprechend. Die maschinelle Bearbeitung ist nur zulässig, wenn der Eigentümer des Grundstücks, bei Erbbau- und Gebäudegrundbüchern der Inhaber des Erbbaurechts oder Gebäudeeigentums, zustimmt oder die Zwangsvollstreckung in das Grundstück, Erbbaurecht oder Gebäudeeigentum betrieben werden soll und die abrufende Person oder Stelle das Vorliegen dieser Umstände durch Verwendung entsprechender elektronischer Zeichen versichert.

(5) Dem Eigentümer des Grundstücks oder dem Inhaber eines grundstücksgleichen Rechts ist jederzeit Auskunft aus einem über die Abrufe zu führenden Protokoll zu geben, soweit nicht die Bekanntgabe den Erfolg strafrechtlicher Ermittlungen oder die Aufgabenwahrnehmung einer Verfassungsschutzbehörde, des Bundesnachrichtendienstes oder des Militärischen Abschirmdienstes gefährden würde; dieses Protokoll kann nach Ablauf von zwei Jahren vernichtet werden.

(6) Genehmigungen nach Absatz 2 gelten in Ansehung der Voraussetzungen nach den Absätzen 1 und 2 Satz 3 Nr. 1 und 2 im gesamten Land, dessen Behörden sie erteilt haben. Sobald die technischen Voraussetzungen dafür gegeben sind, gelten sie auch im übrigen Bundesgebiet. Das Bundesministerium der Justiz und für Verbraucherschutz stellt durch Rechtsverordnung mit Zustimmung des Bundesrates fest, wann und in welchen Teilen des Bundesgebiets diese Voraussetzungen

gegeben sind. Anstelle der Genehmigungen können auch öffentlich-rechtliche Verträge oder Verwaltungsvereinbarungen geschlossen werden. Die Sätze 1 und 2 gelten entsprechend.

Justizverwaltungskostengesetz (JVKostG) vom 23.7.2013
(BGBl. I 2586, 2655)
Kostenverzeichnis (Anlage zu § 4 Abs. 1) Teil 1 Hauptabschnitt 1

Nr.	Gebührentatbestand	Gebührenbetrag
	Abschnitt 5	
	Einrichtung und Nutzung des automatisierten Abrufverfahrens in Grundbuchangelegenheiten, in Angelegenheiten der Schiffsregister, des Schiffsbauregisters und des Registers für Pfandrechte an Luftfahrzeugen	

Vorbemerkung 1.1.5:

(1) Dieser Abschnitt gilt für den Abruf von Daten und Dokumenten aus dem vom Grundbuchamt oder dem Registergericht geführten Datenbestand. Für den Aufruf von Daten und Dokumenten in der Geschäftsstelle des Grundbuchamts oder des Registergerichts werden keine Gebühren erhoben. Der Abruf von Daten aus den Verzeichnissen (§ 12a Abs. 1 der Grundbuchordnung, § 31 Abs. 1, § 55 Satz 2 SchRegDV, §§ 10 und 11 Abs. 3 Satz 2 LuftRegV) und der Abruf des Zeitpunkts der letzten Änderung des Grundbuchs oder Registers sind gebührenfrei.

(2) Neben den Gebühren werden keine Auslagen erhoben.

Nr.	Gebührentatbestand	Gebührenbetrag
1150	Genehmigung der Landesjustizverwaltung zur Teilnahme am eingeschränkten Abrufverfahren (§ 133 Abs. 4 Satz 3 der Grundbuchordnung, auch i.V.m. § 69 Abs. 1 Satz 2 SchRegDV, und § 15 LuftRegV)	50,00 €
	Mit der Gebühr ist die Einrichtung des Abrufverfahrens für den Empfänger mit abgegolten. Mit der Gebühr für die Genehmigung in einem Land sind auch weitere Genehmigungen in anderen Ländern abgegolten.	
1151	Abruf von Daten aus dem Grundbuch oder Register: für jeden Abruf aus einem Grundbuch- oder Registerblatt	8,00 €
1152	Abruf von Dokumenten, die zu den Grund- oder Registerakten genommen wurden: für jedes abgerufene Dokument	1,50 €

Inhaltsübersicht

1. Allgemeines

1 Beim maschinell geführten GB ist die Einsicht auch in der Weise möglich, dass Daten aus dem GB durch bestimmte Stellen und Personen unmittelbar über ein bei diesen installiertes Datensichtgerät abgerufen werden (sog. Online-Anschluss). Die Einschaltung des GBAmts ist dabei entbehrlich. Dadurch wird nicht nur die Geschäftstätigkeit der in Betracht kommenden Stellen und Personen, insbes. von Behörden und Notaren, sondern auch die des GBAmts erheblich erleichtert. Die Vorschrift gilt entsprechend bei Abruf von Daten im automatisierten Verfahren aus der elektronisch geführten Grundakte; dabei besteht keine Beschränkung nur auf Teile der Grundakte (§ 139 Abs. 3).

Durch das ERVGBG v. 11.8.2009 (BGBl. I 2713) ist Abs. 5 Satz 2 geändert und Abs. 8 aufgehoben worden. Abs. 5 Satz 2 wurde durch das DaBaGG und das Ges. v. 3.12.2015 (BGBl. I 2161) erneut geändert. Durch das Ges. v. 20.11.2019 (BGBl. I 1724) wurde Abs. 5 Satz 1 geändert und Abs. 6 im Hinblick auf die unmittelbare Geltung der DS-GVO aufgehoben; sodann wurde Abs. 7 zu Abs. 6. Durch das Ges. v. 30.11.2019 (BGBl. I 1942) wurde an Abs. 2 ein Satz 4 angefügt.

2. Umfang des Datenabrufs

2 Im automatisierten Abrufverfahren kann über einen Bildschirm Einsicht in das GB genommen werden. Außerdem kann ein Abdruck des GBInhalts in Form eines Bildschirmabdrucks gefertigt werden. Dabei handelt es sich aber nicht um einen Ausdruck im Sinn des § 131. Personenbezogene Daten dürfen nur zu den Zwecken verarbeitet werden, zu deren Erfüllung sie übermittelt wurden. Darauf ist, wenn einer nicht öffentlichen Stelle der Datenabruf gestattet wird, in der Genehmigung oder dem Vertrag hinzuweisen (§ 80 Abs. 1 Satz 2 GBV).

3 In automatisierten Abrufverfahren können auch Anträge auf Auskunft aus dem GB maschinell bearbeitet werden. Die GBEinsicht oder die Erteilung eines GBAusdrucks wird dabei in einem automatisierten Verfahren ohne Einschaltung des hierfür an sich zuständigen Urkundsbeamten der Geschäftsstelle bewilligt und ausgeführt (§ 133 Abs. 4; sog. eingeschränktes Abrufverfahren). Die Zulassung zur Teilnahme an diesem Verfahren steht im pflichtgemäßen Ermessen der Landesjustizverwaltung (OLG Hamm FGPrax 2008, 51).

§ 133 gilt für maschinell geführte Verzeichnisse des GBAmts entsprechend (§ 12a Abs. 1 Satz 7). Diese können daher in das automatisierte Abrufverfahren einbezogen werden.

3. Abrufberechtigte Stellen und Personen

a) Grundsatz. Weil beim automatisierten Abrufverfahren das erforderli- **4** che berechtigte Interesse im Sinn des § 12 vom GBAmt nicht im Einzelfall nachgeprüft wird, kommen nur solche Stellen und Personen für das Verfahren in Betracht, die ein berechtigtes Interesse nicht darzulegen brauchen. Zum Kreis der abrufberechtigten Stellen und Personen gehören demnach Gerichte, Behörden, Notare, öffentlich bestellte Vermessungsingenieure, dinglich Berechtigte und von ihnen Beauftragte sowie die Staatsbank Berlin, nicht jedoch andere öffentlich-rechtliche Kreditinstitute (§ 133 Abs. 2 Satz 2). Ein WEigentumsverwalter gehört ebenso wenig dazu (OLG Hamm FGPrax 2008, 51) wie ein Gerichtsvollzieher. Als abrufberechtigte Stellen kommen aber Versorgungsunternehmen in Betracht, sofern sie ein berechtigtes Interesse an der Einsicht dargelegt haben und ihnen deshalb gem. § 86a Abs. 1 GBV die Einsicht in das GB in allgemeiner Form für sämtliche Grundstücke eines GBBezirks oder eines GBAmtsbezirks gestattet worden ist (§ 86a Abs. 2 GBV; s. dazu § 12 Rn. 16).

Das automatisierte Abrufverfahren ist auch zum Zweck der maschinellen Bearbeitung von Auskunftsanträgen aus dem GB zulässig.

b) Eingeschränktes Abrufverfahren. Im sog. eingeschränkten Abruf- **5** verfahren können Anträge auf Gewährung von GBEinsicht oder Erteilung eines GBAusdrucks maschinell erledigt werden (§ 133 Abs. 4 Satz 1). Dieses Verfahren ist für Stellen und Personen vorgesehen, die nicht zum üblichen Kreis der Abrufberechtigten gehören, bei denen aber Auskunftsanträge automatisch bearbeitet werden können. Es handelt sich um Fälle der Zustimmung des Eigentümers (Erbbauberechtigten, Gebäudeeigentümers) und der Zwangsvollstreckung in das Grundstück (Erbbaurecht, Gebäudeeigentum). Das Vorliegen dieser Umstände kann der Datenverarbeitungsanlage des GBAmts elektronisch angezeigt und der Datenabruf in einem automatisierten Verfahren bewilligt werden (§ 133 Abs. 4 Satz 3). Dass dem Verwalter von WEigentum im Einzelfall ein auf Teile des GB beschränktes Einsichtsrecht gem. § 12 Abs. 1 Satz 1 zustehen kann, ersetzt nicht die erforderliche Zustimmung der WEigentümer. Ein grundsätzliches Einsichtsrecht in deren Grundbücher steht dem Verwalter nicht zu (s. dazu § 12 Rn. 9).

c) Notar. Das einem Anwaltsnotar in seiner Eigenschaft als Notar zur Verfügung gestellte uneingeschränkte automatisierte Abrufverfahren darf von diesem nur für notarielle, nicht aber auch für sonstige berufliche oder private Zwecke genutzt werden. Unzulässig ist daher eine Nutzung im Rahmen der Tätigkeit des Anwaltsnotars als Rechtsanwalt. Im Übrigen ist die GBEinsicht durch den Notar für einen Beteiligten, der ein berechtigtes Interesse hat, unabhängig von einer sonstigen Amtstätigkeit des Notars (so genannte isolierte GBEinsicht) auch im automatisierten Abrufverfahren in den Grenzen des § 133a zulässig.

4. Allgemeine Zulassungsvoraussetzungen

Durch das automatisierte Abrufverfahren soll der Umfang der GBEinsicht **6** nicht erweitert werden; lediglich das Einsichtsverfahren ist ein anderes. Als

Voraussetzung für die Einrichtung des automatisierten Abrufverfahrens muss daher sichergestellt sein, dass das GB nur in dem Umfang eingesehen werden kann, wie dies § 12 zulässt. Ein Abruf von GBDaten darf damit nur insoweit möglich sein, als ein berechtigtes Interesse vorliegt (§ 133 Abs. 1 Nr. 1). Bei der Einbeziehung der Verzeichnisse des GBAmts in das automatisierte Abrufverfahren (vgl. § 12a Abs. 1 Satz 7) muss sichergestellt sein, dass eine Einsicht in die Verzeichnisse nur in dem nach § 12a Abs. 1 zulässigen Umfang möglich ist.

7   Beim automatisierten Abrufverfahren ist grundsätzlich das GBAmt nicht dadurch zwischengeschaltet, dass es im Einzelfall über die Gewährung der Einsicht entscheidet. Daher muss in anderer Weise eine Kontrolle dahingehend sichergestellt sein, dass die Schranken der §§ 12, 12a nicht überschritten werden. § 133 Abs. 1 Nr. 2 verlangt deshalb, dass die Zulässigkeit der Abrufe auf der Grundlage einer Protokollierung kontrolliert werden kann.

5. Kontrolle

8   Nähere Vorschriften darüber, wie die in § 133 Abs. 1 Nr. 2 vorgeschriebene Kontrollmöglichkeit umzusetzen ist, enthält § 83 GBV.

9   **a) Protokoll.** Um die Rechtmäßigkeit einzelner Abrufe prüfen zu können, wenn konkrete Umstände dazu Anlass geben, aber auch für die Sicherstellung der ordnungsgemäßen Datenverarbeitung und für die Kostenerhebung werden alle Abrufe durch das GBAmt protokolliert (§ 83 Abs. 1 Satz 1, 2 GBV). Die protokollierten Daten dürfen nur für diese Zwecke verwendet werden (§ 83 Abs. 2 Satz 1 GBV) und sind durch geeignete Vorkehrungen gegen zweckfremde Nutzung und sonstigen Missbrauch zu schützen (§ 83 Abs. 2 Satz 6 GBV). Das GBAmt hält die Protokolle für Stichprobenverfahren durch die aufsichtsführenden Stellen bereit (§ 83 Abs. 1 Satz 3 GBV).

10   **b) Auskunft.** Auf der Grundlage der Protokolldaten kann der Eigentümer des betroffenen Grundstücks oder der Inhaber eines betroffenen grundstücksgleichen Rechts Auskunft darüber verlangen, wer Daten abgerufen hat, bei eingeschränktem Abruf auch über die Art des Abrufs (§ 83 Abs. 2 Satz 2 GBV). Nicht mitzuteilen ist im Rahmen einer solchen Auskunft der Abruf durch eine Strafverfolgungsbehörde, wenn der Abruf zum Zeitpunkt der Auskunftserteilung weniger als sechs Monate zurückliegt und die Strafverfolgungsbehörde erklärt, dass die Bekanntgabe den Erfolg strafrechtlicher Ermittlungen gefährden würde. Durch erneute Erklärungen mit diesem Inhalt verlängert sich die Sperrfrist jeweils um weitere sechs Monate (§ 83 Abs. 2 Satz 3 bis 5 GBV). In ähnlicher Weise ist die Auskunft über einen Datenabruf durch eine Verfassungsschutzbehörde, den Bundesnachrichtendienst oder den Militärischen Abschirmdienst beschränkt (§ 83 Abs. 2a GBV i. V. m. § 46a Abs. 3a GBV).

Ob die Bekanntgabe eines Abrufs den Erfolg strafrechtlicher Ermittlungen oder die Aufgabenwahrnehmung durch eine Verfassungsschutzbehörde, den Bundesnachrichtendienst oder den Militärischen Abschirmdienst gefährden würde, ist einer Überprüfung durch das GBAmt entzogen. Soweit danach eine Auskunft verlangt werden kann, ist diese jedoch nur bis zum Ablauf des zweiten auf die Erstellung der Protokolle folgenden Kalenderjahres möglich, weil die Protokolle danach vernichtet werden (§ 83 Abs. 3 Satz 1 GBV). Die Protokolldaten zu Abrufen, die nach § 83 Abs. 2 Satz 3 und Abs. 2a Satz 1 i. V. m. § 46a Abs. 3a GBV nicht mitzuteilen sind, werden jedoch für die Dauer von zwei Jahren nach Ablauf der Frist, in der sie nicht bekannt gegeben werden dürfen, für Auskünfte an den Grundstückseigentümer oder den Inhaber eines grundstücksgleichen Rechts aufbewahrt und danach gelöscht (§ 83 Abs. 3 Satz 2 GBV). Die Vernichtung der aufsichtsführenden Stellen zur Verfügung gestellten Protokolle regelt § 83 Abs. 3 Satz 3 GBV.

c) Umfang. Welche Daten in dem Protokoll festgehalten werden müssen, **11** bestimmt § 83 Abs. 1 Satz 4 GBV. Sofern eine abrufberechtigte Stelle oder Person keiner allgemeinen Aufsicht untersteht, muss sie sich einer jederzeitigen Kontrolle der Anlage und ihrer Benutzung durch die genehmigende Stelle unterwerfen (§ 84 GBV).

d) Datenschutz. Ergänzt werden die Vorschriften zur Überprüfung an- **12** hand einer Protokollierung durch § 133 Abs. 5. Diese Vorschrift sichert die Einhaltung des Datenschutzes. Der Grundstückseigentümer oder der Inhaber eines grundstücksgleichen Rechts hat grundsätzlich einen Anspruch auf Auskunft aus einem über die Abrufe geführten Protokoll, das allerdings nach Ablauf von zwei Jahren vernichtet werden kann (s. dazu Rn. 10).

6. Besondere Zulassungsvoraussetzungen

Die Zulassung zum automatisierten Abrufverfahren, auch in der Form des **13** eingeschränkten Abrufverfahrens (vgl. § 133 Abs. 4 Satz 2), ist an drei Voraussetzungen geknüpft (§ 133 Abs. 2 Satz 3):

a) Angemessenheit des Abrufverfahrens. Das Abrufverfahren muss **14** unter Berücksichtigung der schutzwürdigen Interessen dinglich Berechtigter wegen der Vielzahl der Übermittlungen oder wegen der besonderen Eilbedürftigkeit angemessen sein (Abs. 2 Satz 3 Nr. 1). Diese Voraussetzungen gelten für die Erteilung der Genehmigung für Notare nicht. Bis zur Anfügung von Satz 4 an Abs. 2 durch das Ges. v. 30.11.2019 mussten nach BGH FGPrax 2017, 193 die Voraussetzungen des Abs. 2 Satz 3 Nr. 1 trotz § 133a auch bei einem Notar vorliegen.

Die Annahme einer besonderen Eilbedürftigkeit setzt voraus, dass unabhängig von der Häufigkeit der Abrufe konkret dargelegt wird, inwieweit im Rahmen der beruflichen Tätigkeit überhaupt und nicht nur im Einzelfall eine besondere Eilbedürftigkeit der Übermittlung besteht (OLG Zweibrücken Rpfleger 2017, 207 für einen Rechtsanwalt; offen gelassen, ob eine Genehmigung bei einer nur geringen Abruftätigkeit überhaupt in Betracht kommt). Was die Zahl der Abrufe angeht, kann nur auf das jeweilige Bundesland abgestellt werden (BGH FGPrax 2017, 193; OLG Hamm RNotZ 2016, 519 mit kritischer Anm. v. Seebach; OLG Bremen FGPrax 2019, 246 mit kritischer Anm. v. Wilsch).

b) Ordnungsmäßige Datenverarbeitung. Beim Abrufberechtigten **15** müssen die Grundsätze einer ordnungsmäßigen Datenverarbeitung eingehalten werden (Abs. 2 Satz 3 Nr. 2). Die Anlage des Nutzers muss die gleichen Standards wie die des GBAmts (vgl. § 126 Abs. 1 Satz 2 Nr. 1) erfüllen; nur so ist gewährleistet, dass die GBDaten ausreichend gesichert sind.

16   **c) Technische Voraussetzungen beim GBAmt.** Beim GBAmt müssen die technischen Voraussetzungen dafür gegeben sein, dass das automatisierte Abrufverfahren ohne Störung des Geschäftsbetriebs eingerichtet und abgewickelt werden kann (Abs. 2 Satz 3 Nr. 3); es können nur so viele Nutzer des Verfahrens zugelassen werden, wie Kapazität beim GBAmt vorhanden ist. Die Einrichtung des Verfahrens darf nicht zur Folge haben, dass das GBAmt bei seiner eigentlichen Aufgabe, das GB ordnungsmäßig und sicher zu führen, beeinträchtigt wird.

7. Genehmigung

17   **a) Grundsatz.** Die Einrichtung des automatisierten Abrufverfahrens ist nur mit Genehmigung der Landesjustizverwaltung zulässig (§ 133 Abs. 2 Satz 1); Voraussetzung für deren Erteilung ist, dass die Anforderungen des § 133 Abs. 2 Satz 3 erfüllt sind. Gleiches gilt für das sog. eingeschränkte Abrufverfahren (§ 133 Abs. 4 Satz 2). In Bayern wird die Genehmigung des automatisierten Abrufverfahrens, auch in der Form des eingeschränkten Abrufverfahrens, vom Präsidenten des OLG Nürnberg erteilt, der auch für die damit verbundenen Abwicklungsarbeiten zuständig ist (§ 12 ERVV-Ju i. V. m. Anlage 1; s. zu der VO § 135 Rn. 1). Die Einrichtung des Verfahrens geht in zwei Schritten vor sich: Zunächst müssen beim GBAmt die technischen Voraussetzungen für das Verfahren geschaffen werden und sichergestellt sein, dass die Abwicklung des Verfahrens die Geschäftstätigkeit des GBAmts im Übrigen nicht stört (vgl. § 133 Abs. 2 Satz 3 Nr. 3). Sodann muss einem interessierten Nutzer, der zum Kreis der abrufberechtigten Stellen und Personen gehört und die technischen Voraussetzungen für einen Anschluss an das Verfahren bei sich geschaffen hat, der Anschluss bewilligt werden; dies ist nur bei Vorliegen der Voraussetzungen des § 133 Abs. 2 Satz 3 Nr. 1 und 2 möglich.

18   **b) Gestattung.** Die Genehmigung wird bei abrufberechtigten Personen im Rahmen einer Gestattung erteilt, sofern nicht ein öffentlich-rechtlicher Vertrag geschlossen wird. Bei Gerichten, Behörden und der Staatsbank Berlin ist eine Verwaltungsvereinbarung zu schließen (§ 81 Abs. 1 GBV). Soweit nicht ein öffentlich-rechtlicher Vertrag oder eine Verwaltungsvereinbarung geschlossen wird, ist die Genehmigung nur auf Antrag zu erteilen. Die Genehmigung kann mit einem Widerrufsvorbehalt für den Fall der Nichtzahlung der Abrufgebühren versehen werden (KG FGPrax 2015, 232). Zuständig zur Erteilung ist die dazu bestimmte Behörde der Landesjustizverwaltung, in deren Bezirk des GBAmt liegt; die Länder können jedoch eine hiervon abweichende Regelung treffen. Für das Genehmigungsverfahren gelten nicht die Vorschriften der GBO sondern des Verwaltungsverfahrens- und -zustellungsgesetzes des jeweiligen Landes (§ 81 Abs. 2 GBV).

19   **c) Mehrere GBÄmter.** Die Genehmigung zum Anschluss an das automatisierte Abrufverfahren kann einem Nutzer nicht nur für ein bestimmtes

GBAmt sondern auf Antrag auch für mehrere GBÄmter des Landes erteilt werden, sofern bei diesen die Voraussetzungen dafür (vgl. § 133 Abs. 2 Satz 3 Nr. 3) geschaffen sind. Das Vorliegen der subjektiven Zulassungsvoraussetzungen (§ 133 Abs. 2 Satz 2, 3 Nr. 1, 2) ist in der Genehmigung in jedem Fall festzustellen (§ 81 Abs. 3 GBV).

d) Geltungsbereich. Hat die zuständige Behörde eines Landes die sub- **20** jektiven Voraussetzungen für die Zulassung zum automatisierten Abrufverfahren gem. § 133 Abs. 1, 2 Satz 3 Nr. 1, 2 für einen Abrufberechtigten bejaht und ihm eine Genehmigung erteilt, so hat dies Geltung für das ganze Land. Wer also zum Abrufverfahren bei einem GBAmt zugelassen ist, ist bei allen anderen GBÄmtern desselben Landes, bei denen die Voraussetzungen des § 133 Abs. 2 Satz 3 Nr. 3 vorliegen, zugelassen. Sofern das BJM das Vorliegen dieser Voraussetzungen für bestimmte Teile des Bundesgebiets durch Rechtsverordnung feststellt, erstreckt sich die Regelung auch hierauf (§ 133 Abs. 6). Durch diese Vorschrift soll zusätzlicher Verwaltungsaufwand für eine mehrfache Prüfung der subjektiven Zulassungsvoraussetzungen einer abrufberechtigten Stelle oder Person vermieden werden. Was in diesem Zusammenhang für die Genehmigung gesagt ist, gilt für öffentlich-rechtliche Verträge oder Verwaltungsvereinbarungen entsprechend.

e) Verweigerung. Wird die Genehmigung verweigert, kann die Ablehnung durch einen Antrag nach § 23 Abs. 1 EGGVG einer gerichtlichen Überprüfung zugeführt werden (OLG Hamm FGPrax 2008, 51).

8. Widerruf

a) Grundsatz. Wenn eine der Voraussetzungen des § 133 Abs. 2 wegge- **21** fallen ist, muss zwingend die Genehmigung widerrufen oder ein öffentlich-rechtlicher Vertrag oder eine Verwaltungsvereinbarung gekündigt werden (§ 133 Abs. 3 Satz 1, 4). Dies ist z. B. der Fall, wenn die Anlage eines Nutzers nicht mehr den Anforderungen an eine ordnungsmäßige Datenverarbeitung genügt oder die technische Kapazität des GBAmts nicht mehr ausreicht. Widerrufen oder gekündigt werden muss aber auch dann, wenn ein Nutzer aus dem Kreis der abrufberechtigten Stellen oder Personen ausgeschieden ist.

b) Ermessen. Widerruf oder Kündigung können nach dem Ermessen **22** der zuständigen Stelle ausgesprochen werden, wenn das Abrufverfahren missbräuchlich benutzt worden ist (§ 133 Abs. 3 Satz 2, 3). In Betracht kommen insbes. die Fälle, in denen an sich berechtigte Mitarbeiter einer abrufberechtigten Stelle oder Person sich nicht an die gesetzlich gezogenen Schranken des Abrufverfahrens gehalten oder nicht berechtigter Mitarbeiter sich Zugang zu dem Verfahren verschafft haben oder in zulässiger Weise abgerufene Daten unrechtmäßig weitergegeben werden. In diesen Fällen kann als milderes Mittel gegenüber einem Widerruf oder einer Kündigung eine förmliche Abmahnung in Betracht kommen (OLG Hamm FGPrax 2017, 187). Ein Widerruf oder eine Kündigung ohne vorherige Abmahnung kann bei leichteren Fällen eines Missbrauchs des Abrufverfahrens ermessensfehlerhaft sein (OLG Hamm FGPrax 2011, 151). Die Genehmigung kann auch aufgrund eines Widerrufsvorbehalts (s. Rn. 18) widerrufen werden.

23   **c) Zuständigkeit.** Für den Widerruf der Genehmigung ist die Stelle zuständig, welche die Genehmigung erteilt hat. Ist die Genehmigung für alle
technisch entsprechend ausgerüsteten GBÄmter eines Landes erteilt, kann sie
außerdem für jedes einzelne GBAmt durch die jeweils zuständige Stelle ausgesetzt werden, sofern eine Gefährdung der Grundbücher zu befürchten ist.
Widerruf und Aussetzung der Genehmigung sind den anderen Landesjustizverwaltungen mitzuteilen (§ 81 Abs. 4 GBV).

d) Gerichtliche Überprüfung. Die Vorschrift des § 133 Abs. 3 über den
Widerruf einer Genehmigung oder eine Kündigung ist auch bei dem sog.
eingeschränkten Abrufverfahren des § 133 Abs. 4 anzuwenden. Eine gerichtliche Überprüfung des Widerrufs oder der Kündigung kann gemäß § 23
EGGVG beantragt werden (OLG Hamm FGPrax 2011, 151). In Bayern ist
zur Entscheidung das Oberste Landesgericht zuständig (§ 25 EGBGB,
Art. 12 Nr. 3 AGGVG v. 23.6.1981, BayRS 300-1-1-J).

9. Abrufverfahren

24   Beim automatisierten Abrufverfahren darf ein Datenabruf aus dem GB
nur unter Verwendung eines bestimmten Codezeichens möglich sein. Der
abrufberechtigten Stelle oder Person ist in der Genehmigung oder dem öffentlich-rechtlichen Vertrag oder der Verwaltungsvereinbarung zur Auflage zu
machen, dass das Codezeichen nur von der Leitung und berechtigten Mitar-
beitern verwendet werden darf; ein Wechsel der befugten Mitarbeiter ist
ebenfalls mitzuteilen. Außerdem muss sich die abrufberechtigte Stelle oder
Person verpflichten, das Codezeichen sicher aufzubewahren (§ 82 Abs. 1
GBV).

25   Im eingeschränkten Abrufverfahren (s. dazu Rn. 5) werden standardisierte
Formen der GBEinsicht abgewickelt. In diesem Fall ist der abrufberechtigten
Stelle oder Person zusätzlich zur Auflage zu machen, dass eine Codezeichen
zu verwenden ist, das die Art des Datenabrufs kennzeichnet. Bis zur Anfügung von Abs. 2 an § 80 GBV durch das DaBaGG wurde im Abrufverfahren
der GBInhalt in der klassischen GBAnsicht zur Verfügung gestellt. Sobald die
GBDaten in strukturierter Form mit logischer Verknüpfung der Inhalte in
das Datenbankgrundbuch aufgenommen sind, stehen auch andere Ansichts-
formen zur Verfügung. Die Aufzählung in § 80 Abs. 2 GBV ist nicht abschließend. Die Informationen können auch ohne Beschränkung auf einzelne GBAmtsbezirke angeboten werden. Möglich ist weiterhin der auch
bereits heute zulässige Aktualitätsnachweis, der die Feststellung ermöglicht,
ob ein früherer Abruf noch die aktuellen Daten wiedergibt.

10. Kosten

26   Das BJM war gem. § 133 Abs. 8 ermächtigt, durch Rechtsverordnung Gebühren für die Einrichtung und Nutzung des automatisierten Abrufverfahrens festzulegen. Abs. 8 enthielt auch die bei Bemessung der Gebührenhöhe
zu beachtenden Grundsätze. Ergänzt wurde er durch § 85 GBV. Aufgrund
der Ermächtigung in § 133 Abs. 8 wurde die VO über GBAbrufverfahrengebühren (GBAbVfV) v. 30.11.1994 (BGBl. I 3580, 3585) mit späteren Änderungen erlassen.

Durch das ERVGBG v. 11.8.2009 wurde die Regelung der Gebühren des **27** GBAbrufverfahrens als neuer Abschnitt 7 des Gebührenverzeichnisses in die JVKostO eingegliedert; § 133 Abs. 8 GBO, § 85 GBV und die GBAbVfV wurden aufgehoben. Die nach der GBAbVfV vorgesehene Einrichtungsgebühr von 500 EUR ist für Teilnehmer am uneingeschränkten Abrufverfahren entfallen und für Teilnehmer am eingeschränkten Abrufverfahren (s. dazu Rn. 5) auf 50 EUR ermäßigt worden. Sie fällt bei diesen nur in dem Land an, in dem das Verfahren erstmalig eingerichtet wird. Die Einrichtung in weiteren Ländern ist kostenfrei. Eine monatliche Grundgebühr wird nicht mehr erhoben. Für die Einsicht in Hilfsverzeichnisse nach § 12a fallen keine Gebühren mehr an. Demgegenüber ist die Gebühr für einen Abruf aus dem GB auf nunmehr 8 EUR angehoben worden und eine Ermäßigung für Folgeabrufe nicht mehr vorgesehen. Für den künftig möglichen Abruf von Dokumenten, die zu den Grundakten genommen werden, fällt jeweils eine Gebühr von 1,50 EUR an. Eine Abweichung von der bundesgesetzlichen Regelung durch Landesgesetz ist nicht ausgeschlossen. Damit bleibt den Ländern die Möglichkeit erhalten, z. B. für die Nutzung angebotener Mehrwertdienste besondere Gebühren zu verlangen. Die Regelung wurde in der Folgezeit durch das 2. KostRMoG v. 23.7.2013 inhaltlich unverändert in das JVKostG-KV (Teil 1 Hauptabschnitt 1 Abschnitt 5) übernommen.

Kostenschuldner der Einrichtungsgebühr ist der Antragsteller (§ 14 Abs. 1 JVKostG). Zur Zahlung der Abrufgebühr ist derjenige verpflichtet, der den Abruf tätigt. Erfolgt der Abruf unter einer Kennung, die aufgrund der Anmeldung zum Abrufverfahren vergeben worden ist, schuldet die Gebühren derjenige, der sich zum Abrufverfahren angemeldet hat (§ 15 JVKostG). Die Fälligkeit der Abrufgebühren regelt § 6 Abs. 2 JVKostG. Übergangsregelungen enthalten § 24 Satz 1 Nr. 3 und § 25 Abs. 1 Nr. 3 JVKostG. Probleme beim Abruf von Daten berechtigen grundsätzlich nicht, die Kostenrechnung einseitig zu kürzen. Einwendungen müssen vielmehr gemäß § 22 JVKostG geltend gemacht werden (KG FGPrax 2015, 232).

Gebühren, die dem Notar für die Nutzung des automatisierten Verfahrens **28** zum Abruf von Daten aus dem maschinellen GB im Rahmen einer Beurkundungstätigkeit berechnet werden, kann dieser dem Zahlungspflichtigen in voller Höhe in Rechnung stellen (Nr. 32011 GNotKG-KV).

Erteilung von Grundbuchabdrucken durch Notare; Verordnungsermächtigung

133a (1) **Notare dürfen demjenigen, der ihnen ein berechtigtes Interesse im Sinne des § 12 darlegt, den Inhalt des Grundbuchs mitteilen. Die Mitteilung kann auch durch die Erteilung eines Grundbuchabdrucks erfolgen.**

(2) **Die Mitteilung des Grundbuchinhalts im öffentlichen Interesse oder zu wissenschaftlichen und Forschungszwecken ist nicht zulässig.**

(3) **Über die Mitteilung des Grundbuchinhalts führt der Notar ein Protokoll. Dem Eigentümer des Grundstücks oder dem Inhaber eines grundstücksgleichen Rechts ist auf Verlangen Auskunft aus diesem Protokoll zu geben.**

(4) Einer Protokollierung der Mitteilung bedarf es nicht, wenn

1. die Mitteilung der Vorbereitung oder Ausführung eines sonstigen Amtsgeschäfts nach § 20 oder § 24 Absatz 1 der Bundesnotarordnung dient oder

2. der Grundbuchinhalt dem Auskunftsberechtigten nach Absatz 3 Satz 2 mitgeteilt wird.

(5) Die Landesregierungen werden ermächtigt, durch Rechtsverordnung zu bestimmen, dass abweichend von Absatz 1 der Inhalt von Grundbuchblättern, die von Grundbuchämtern des jeweiligen Landes geführt werden, nicht mitgeteilt werden darf. Dies gilt nicht, wenn die Mitteilung der Vorbereitung oder Ausführung eines sonstigen Amtsgeschäfts nach § 20 oder § 24 Absatz 1 der Bundesnotarordnung dient. Die Landesregierungen können die Ermächtigung durch Rechtsverordnung auf die Landesjustizverwaltungen übertragen.

1   Die Bestimmung des § 133a wurde durch das Ges. zur Übertragung von Aufgaben im Bereich der freiwilligen Gerichtsbarkeit auf Notare vom 26.6.2013 (BGBl. I 1800) eingefügt.

Zuständig für die Offenlegung des GBInhalts in Form der Gewährung von Einsicht in das GB und die Erteilung von Abschriften oder beim elektronisch geführten GB von Ausdrucken ist das GBAmt (s. § 12 Rn. 23). Grundsätzlich ist dasjenige GBAmt zuständig, das das GB führt, beim maschinell (elektronisch) geführten GB gemäß § 132 aber auch ein anderes GBAmt. Außerdem ist der Abruf von Daten aus dem maschinell geführten GB im Rahmen eines automatisierten Verfahrens möglich (§ 133).

2   § 133a erlaubt die Offenlegung des GBInhalts in der Form seiner Mitteilung oder Erteilung eines Abdruckes, soweit sie nicht im öffentlichen Interesse oder zu Forschungszwecken geschieht, auch den Notaren. Voraussetzung ist, dass dem Notar ein berechtigtes Interesse dargelegt wird. Wegen der Einzelheiten s. § 12 Rn. 31 ff. und Böhringer, Isolierte GBEinsicht durch Notare an Dritte, DNotZ 2014, 16.

Regelung der Einzelheiten

134 Das Bundesministerium der Justiz und für Verbraucherschutz wird ermächtigt, durch Rechtsverordnung mit Zustimmung des Bundesrates nähere Vorschriften zu erlassen über

1. die Einzelheiten der Anforderungen an die Einrichtung und das Nähere zur Gestaltung des maschinell geführten Grundbuchs sowie die Abweichungen von den Vorschriften des Ersten bis Sechsten Abschnitts der Grundbuchordnung, die für die maschinelle Führung des Grundbuchs erforderlich sind;

2. die Einzelheiten der Gewährung von Einsicht in maschinell geführte Grundbücher;

3. die Einzelheiten der Einrichtung automatisierter Verfahren zur Übermittlung von Daten aus dem Grundbuch auch durch Abruf und der Genehmigung hierfür.

Das Bundesministerium der Justiz und für Verbraucherschutz kann im Rahmen seiner Ermächtigung nach Satz 1 die Regelung weiterer Einzelheiten durch Rechtsverordnung den Landesregierungen übertragen und hierbei auch vorsehen, dass diese ihre Ermächtigung durch Rechtsverordnung auf die Landesjustizverwaltungen übertragen können.

Die inhaltlichen Anforderungen an das maschinell geführte GB sind in 1
§ 126 nur in allgemeiner Form bestimmt, damit das Gesetz nicht überfrachtet und eine schnelle Anpassung an die technische Entwicklung ermöglicht wird. Der durch das ERVGBG und das DaBaGG geänderte § 134 ermächtigt das BJM, die Einzelheiten der Einrichtung und Gestaltung des maschinell geführten GB, der Einsicht in dieses und der Einrichtung eines automatisierten Verfahrens zum Abruf von Daten aus ihm in einer Rechtsverordnung festzulegen. Dies ist in Abschnitt XIII der GBV geschehen.

Von der Ermächtigung des BJM, die Regelung weiterer Einzelheiten den 2
Landesregierungen mit der Befugnis der Weiterübertragung auf die Landesjustizverwaltungen zu übertragen, ist durch § 93 GBV Gebrauch gemacht worden.

Datenübermittlung bei der Entwicklung von Verfahren zur Anlegung des Datenbankgrundbuchs

134a (1) Die Landesjustizverwaltungen können dem Entwickler eines automatisierten optischen Zeichen- und Inhaltserkennungsverfahrens (Migrationsprogramm) nach Maßgabe der Absätze 2 bis 5 Grundbuchdaten zur Verfügung stellen. Das Migrationsprogramm soll bei der Einführung eines Datenbankgrundbuchs die Umwandlung der Grundbuchdaten in voll strukturierte Eintragungen sowie deren Speicherung unterstützen.

(2) Der Entwickler des Migrationsprogramms darf die ihm übermittelten Grundbuchdaten ausschließlich für die Entwicklung und den Test des Migrationsprogramms verwenden. Die Übermittlung der Daten an den Entwickler erfolgt zentral über eine durch Verwaltungsabkommen der Länder bestimmte Landesjustizverwaltung. Die beteiligten Stellen haben dem jeweiligen Stand der Technik entsprechende Maßnahmen zur Sicherstellung von Datenschutz und Datensicherheit zu treffen, insbesondere zur Wahrung der Vertraulichkeit der betroffenen Daten. Die nach Satz 2 bestimmte Landesjustizverwaltung ist für die Einhaltung der Vorschriften des Datenschutzes verantwortlich und vereinbart mit dem Entwickler die Einzelheiten der Datenverarbeitung.

(3) Die Auswahl der zu übermittelnden Grundbuchdaten erfolgt durch die Landesjustizverwaltungen. Ihr ist ein inhaltlich repräsentativer Querschnitt des Grundbuchdatenbestands zugrunde zu legen. Im Übrigen erfolgt die Auswahl nach formalen Kriterien. Dazu zählen insbesondere die für die Grundbucheintragungen verwendeten Schriftarten und Schriftbilder, die Gliederung der Grundbuchblätter, die Darstellungsqualität der durch Umstellung erzeugten Grundbuchinhalte sowie

das Dateiformat der umzuwandelnden Daten. Es dürfen nur so viele Daten übermittelt werden, wie für die Entwicklung und den Test des Migrationsprogramms notwendig sind, je Land höchstens 5 Prozent des jeweiligen Gesamtbestands an Grundbuchblättern.

(4) Der Entwickler des Migrationsprogramms kann die von ihm gespeicherten Grundbuchdaten sowie die daraus abgeleiteten Daten der nach Absatz 2 Satz 2 bestimmten Landesjustizverwaltung oder den jeweils betroffenen Landesjustizverwaltungen übermitteln. Dort dürfen die Daten nur für Funktionstests des Migrationsprogramms sowie für die Prüfung und Geltendmachung von Gewährleistungsansprüchen in Bezug auf das Migrationsprogramm verwendet werden; die Daten sind dort zu löschen, wenn sie dafür nicht mehr erforderlich sind.

(5) Der Entwickler des Migrationsprogramms hat die von ihm gespeicherten Grundbuchdaten sowie die daraus abgeleiteten Daten zu löschen, sobald ihre Kenntnis für die Erfüllung der in Absatz 2 Satz 1 genannten Zwecke nicht mehr erforderlich ist. An die Stelle einer Löschung tritt eine Sperrung, soweit und solange die Kenntnis der in Satz 1 bezeichneten Daten für die Abwehr von Gewährleistungsansprüchen der Landesjustizverwaltungen erforderlich ist. Ihm überlassene Datenträger hat der Entwickler der übermittelnden Stelle zurückzugeben.

(6) Für den im Rahmen der Konzeptionierung eines Datenbankgrundbuchs zu erstellenden Prototypen eines Migrationsprogramms mit eingeschränkter Funktionalität gelten die Absätze 1 bis 5 entsprechend.

1   Die Vorschrift wurde durch das Ges. zur Verbesserung des Austauschs von strafregisterrechtlichen Daten zwischen den Mitgliedstaaten der Europäischen Union und zur Änderung registerrechtlicher Vorschriften v. 15.12. 2011 (BGBl. I 2714) im Hinblick auf die angestrebte Einführung eines Datenbankgrundbuchs in die GBO eingefügt. § 134a Abs. 1 Satz 1 wurde durch das Ges. v. 20.11.2019 (BGBl. I 1724) und Satz 2 durch das DaBaGG geändert.

Die bei der Einführung des Datenbankgrundbuchs erforderliche Umwandlung der GBDaten in voll strukturierte Eintragungen und deren Speicherung soll durch ein so genanntes Migrationsprogramm unterstützt werden. Zur Entwicklung eines solchen Programms und dessen Erprobung können die Landesjustizverwaltungen GBDaten zur Verfügung stellen, die ausschließlich zu diesem Zweck verwendet werden dürfen. Zur Sicherstellung von Datenschutz und Datensicherheit sind entsprechende Vereinbarungen mit dem Programmentwickler zu treffen. Für deren Einhaltung ist die federführende Landesjustizverwaltung verantwortlich.

2   Art und Umfang der übermittelten Daten legt Abs. 3 fest. Die Auswahl ist nach objektiven Kriterien vorzunehmen und soll die ganze Bandbreite an EintrTypen berücksichtigen. Es dürfen nur so viele Daten übermittelt werden, wie für die Entwicklung und Erprobung des Programms erforderlich sind. Abs. 4 und 5 regeln die Behandlung der übermittelten und der im Zuge

des Entwicklungsprogramms gespeicherten Daten. Abs. 6 bestimmt, dass die Vorschriften des Abs. 1 bis 5 für die Erstellung der Prototypen entsprechend gelten.

Die Vorschrift tritt am 31.12.2020 außer Kraft (§ 150 Abs. 6). Bis dahin **3** sollten Gewährleistungsansprüche im Zusammenhang mit der Erstellung des Migrationsprogramms abgewickelt sein.

Achter Abschnitt. Elektronischer Rechtsverkehr und elektronische Grundakte

Übersicht

Der 8. Abschnitt wurde durch das ERVGBG v. 11.8.2009 (BGBl. I 2713) eingefügt. Seine Bestimmungen schaffen die rechtlichen Grundlagen für die Einführung des elektronischen Rechtsverkehrs in Grundbuchsachen.

§ 135 enthält eine umfassende Ermächtigung der Landesregierungen, die Voraussetzungen, den Zeitpunkt und den Umfang der Einführung des elektronischen Rechtsverkehrs durch Rechtsverordnung festzulegen. Mit dem Eingang elektronischer Dokumente beim GBAmt befasst sich § 136 und mit der Form solcher Dokumente § 137. Die Vorschrift des § 138 bestimmt, dass in Papierform vorliegende Dokumente in elektronische Dokumente übertragen und zum Inhalt der Grundakten genommen werden können. Die Einsicht in die elektronische Grundakte und der Ausdruck daraus sind Gegenstand von § 139. Nach § 140 können bei elektronisch geführter Grundakte Entscheidungen und Verfügungen elektronisch erlassen und mitgeteilt werden. § 141 enthält schließlich eine Ermächtigung des BMJ, durch Rechtsverordnung die näheren Einzelheiten unter anderem der technischen und organisatorischen Anforderungen an die Einrichtung des elektronischen Rechtsverkehrs und der elektronischen Grundakte zu regeln.

Elektronischer Rechtsverkehr und elektronische Grundakte; Verordnungsermächtigungen

135 (1) Anträge, sonstige Erklärungen sowie Nachweise über andere Eintragungsvoraussetzungen können dem Grundbuchamt nach Maßgabe der folgenden Bestimmungen als elektronische Dokumente übermittelt werden. Die Landesregierungen werden ermächtigt, durch Rechtsverordnung

1. den Zeitpunkt zu bestimmen, von dem an elektronische Dokumente übermittelt werden können; die Zulassung kann auf einzelne Grundbuchämter beschränkt werden;

2. Einzelheiten der Datenübermittlung und -speicherung zu regeln sowie Dateiformate für die zu übermittelnden elektronischen Dokumente festzulegen, um die Eignung für die Bearbeitung durch das Grundbuchamt sicherzustellen;

3. die ausschließlich für den Empfang von in elektronischer Form gestellten Eintragungsanträgen und sonstigen elektronischen Dokumenten in Grundbuchsachen vorgesehene direkt adressierbare Einrichtung des Grundbuchamts zu bestimmen;

4. zu bestimmen, dass Notare

   a) Dokumente elektronisch zu übermitteln haben und

b) neben den elektronischen Dokumenten bestimmte darin enthaltene Angaben in strukturierter maschinenlesbarer Form zu übermitteln haben;

die Verpflichtung kann auf die Einreichung bei einzelnen Grundbuchämtern, auf einzelne Arten von Eintragungsvorgängen oder auf Dokumente bestimmten Inhalts beschränkt werden;

5. Maßnahmen für den Fall des Auftretens technischer Störungen anzuordnen.

Ein Verstoß gegen eine nach Satz 2 Nummer 4 begründete Verpflichtung steht dem rechtswirksamen Eingang von Dokumenten beim Grundbuchamt nicht entgegen.

(2) Die Grundakten können elektronisch geführt werden. Die Landesregierungen werden ermächtigt, durch Rechtsverordnung den Zeitpunkt zu bestimmen, von dem an die Grundakten elektronisch geführt werden; die Anordnung kann auf einzelne Grundbuchämter oder auf Teile des bei einem Grundbuchamt geführten Grundaktenbestands beschränkt werden.

(3) Die Landesregierungen können die Ermächtigungen nach Absatz 1 Satz 2 und Absatz 2 Satz 2 durch Rechtsverordnung auf die Landesjustizverwaltungen übertragen.

(4) Für den elektronischen Rechtsverkehr und die elektronischen Grundakten gilt § 126 Absatz 1 Satz 2 und Absatz 3 entsprechend. Die Vorschriften des Vierten Abschnitts über den elektronischen Rechtsverkehr und die elektronische Akte in Beschwerdeverfahren bleiben unberührt.

Inhaltsübersicht

1. Allgemeines

1   § 135 schafft die rechtlichen Grundlagen für den elektronischen Rechtsverkehr und die elektronische Grundakte. Ergänzende Bestimmungen enthalten §§ 94 ff. GBV. Den Beteiligten wird damit die Möglichkeit eröffnet, Anträge, EintrGrundlagen und sonstige Erklärungen als elektronisches Dokument einzureichen. Die elektronische Führung der Grundakte führt im Vergleich zur Aktenführung in Papierform zu Einsparungen beim GBAmt, insbesondere an Archivraum. Eine bundesweit einheitliche und gleichzeitige Einführung des elektronischen Rechtsverkehrs und der elektronischen Grundakte kommt wegen der unterschiedlichen finanziellen, technischen

und organisatorischen Gegebenheiten bei den einzelnen Ländern nicht in Betracht. Bei der Einführung des elektronischen Rechtsverkehrs und der nicht notwendig gleichzeitigen Einführung auch der elektronischen Grundakte ist den Ländern ein weiter Gestaltungsspielraum hinsichtlich Zeitpunkt und Umfang eingeräumt.

§ 135 Abs. 1 Satz 2 und Abs. 2 Satz 2 enthalten umfassende Ermächtigungen der Landesregierungen, durch Rechtsverordnung die Einzelheiten zu regeln. Die Ermächtigung kann auf die Landesjustizverwaltungen übertragen werden (§ 135 Abs. 3). In Bayern ist dies, wie auch bei anderen Ermächtigungen der Landesregierung (z. B. in § 1 Abs. 3, § 81 Abs. 4, § 126 Abs. 1, § 127 Abs. 1) durch die DelegationsVO v. 28.1.2014 (GVBl. 22), zuletzt geändert durch VO v. 13.1.2020 (GVBl. 11) geschehen. Von der übertragenen Ermächtigung wurde durch die VO über den elektronischen Rechtsverkehr bei den ordentlichen Gerichten (E-RechtsverkehrsVO Justiz – ERVV-Ju) v. 15.12.2006 (GVBl. 1084), zuletzt geändert durch VO v. 19.6.2020 (GVBl. 334) Gebrauch gemacht. Die VO ist an die Stelle der VO v. 14.6.1996 (GVBl. 242) getreten.

Die Vorschriften der GBO über die elektronische Akte und das gerichtliche elektronische Dokument finden auch in den Verfahren über die in GBSachen anfallenden Kosten Anwendung; dies gilt insbesondere für die Form und den Eingang von Erklärungen und Anträgen (§ 7 GNotKG).

2. Zeitpunkt und Umfang

Die Einführung des elektronischen Rechtsverkehrs hat den Aufbau einer **2** technischen Infrastruktur bei den GBÄmtern zur Voraussetzung. Davon abhängig bestimmen die einzelnen Länder den Zeitpunkt, ab dem elektronische Dokumente dem GBAmt übermittelt werden können. Die Zulassung des elektronischen Rechtsverkehrs kann zunächst auf einzelne GBÄmter beschränkt und nach und nach auf andere ausgeweitet werden. Eine weitergehende Beschränkung der Zulassung, insbesondere auf einzelne GBBezirke oder EintrVorgänge ist nicht vorgesehen (Abs. 1 Satz 2 Nr. 1).

3. Dateiformate

Die dem GBAmt übermittelten elektronischen Dokumente müssen zur **3** Bearbeitung durch das GBAmt geeignet sein. Die Länder bestimmen deshalb jeweils für ihren Bereich die aufgrund der technischen Gegebenheiten zulässigen Dateiformate. Sie haben sich dabei untereinander auf einheitliche Standards (vgl. den Entwurf eines Fachmoduls XJustiz. Grundbuch) verständigt. Damit ist sichergestellt, dass bundesweit elektronische Dokumente in einem einheitlichen Dateiformat eingereicht werden können. Festgelegt werden auch die Einzelheiten der Dateiübermittlung und Datenspeicherung (Abs. 1 Satz 2 Nr. 2).

4. Direkt adressierbare Einrichtung

Die Länder bestimmen eine unmittelbar adressierbare Einrichtung, die **4** ausschließlich für den Empfang elektronischer Dokumente, insbesondere auch von EintrAnträgen in elektronischer Form, durch das GBAmt zuständig ist (Abs. 1 Satz 2 Nr. 3). Dabei handelt es sich um die Empfangseinrichtung, die für die Bestimmung des Eingangszeitpunkts eines beim GBAmt eingereichten EintrAntrags maßgebend ist (s. § 136 Rn. 2). Durch einen Dritten darf die Einrichtung nur im Auftrag des GBAmts und nicht als bloßer Teledienst betrieben werden (vgl. Abs. 4 Satz 1 i. V. m. § 126 Abs. 3). Wegen der mit dem Eingang eines EintrAntrags beim GBAmt verbundenen Rechtswirkungen, insbesondere hinsichtlich des Rangs von Rechten, muss ein unverzüglicher Zugriff auf die von der Einrichtung aufgezeichneten elektronischen Dokumente sichergestellt sein. Die erforderliche direkte Adressierbarkeit der Empfangsstelle ermöglicht es einem Antragsteller, unmittelbar auf die Rangfolge mehrerer eingereichter EintrAnträge Einfluss zu nehmen. Wird ein EintrAntrag an das allgemeine Postfach des Amtsgerichts gerichtet, ist damit ein unmittelbarer Eingang beim GBAmt nicht gegeben (s. § 136 Rn. 2).

5. Verpflichtung der Notare

5   **a) Anordnung der Landesregierung.** Auch wenn bei einem GBAmt der elektronische Rechtsverkehr eingeführt ist, können grundsätzlich weiterhin Dokumente in Papierform eingereicht werden. In einem solchen Fall müssen, falls die Grundakten elektronisch geführt werden, die Papierdokumente in ein elektronisches Dokument übertragen werden (s. dazu § 138 Rn. 2). Die mit der Einführung des elektronischen Rechtsverkehrs angestrebte Vereinfachung kann dann aber nicht erreicht werden. Da die Mehrzahl der Dokumente dem GBAmt von Notaren übermittelt wird und die Notare nach § 15 Abs. 3 Satz 2 BNotO mit technischen Einrichtungen zur elektronischen Übermittlung von Dokumenten ausgestattet sein müssen, kann von den Landesregierungen bestimmt werden, dass Notare Dokumente nur in elektronischer Form übermitteln dürfen (Abs. 1 Satz 2 Nr. 4a).

6   **b) Beschränkung der Verpflichtung.** Die Landesregierungen können den Zeitpunkt bestimmen, ab dem eine solche Verpflichtung der Notare besteht. Die Verpflichtung kann auf den Rechtsverkehr mit einzelnen GBÄmtern beschränkt werden, außerdem auf einzelne Arten von EintrVorgängen, z. B. Grundpfandrechte oder Eigentumsvormerkungen, ferner auf bestimmte Dokumente, z. B. EintrAnträge. Damit kann dem Notar die Möglichkeit belassen werden, bestimmte Dokumente, die sich für eine elektronische Übermittlung nicht ohne weiteres eignen, z. B. Aufteilungspläne nach § 7 Abs. 4 Satz 1 Nr. 1 WEG, weiterhin in Papierform einzureichen.

7   **c) Angaben in strukturierter Form.** Die Verpflichtung der Notare kann darauf erstreckt werden, zusätzlich zu dem elektronischen Dokument bestimmte darin enthaltene Angaben auch in strukturierter Form, insbesondere im XML-Format (XML = Extensible Markup Language) zu übermitteln (Abs. 1 Satz 2 Nr. 4b). Dies wird aber nur in Betracht kommen, wenn die gängigen Softwareprodukte dies ermöglichen. Das GBAmt wird in diesem Fall aber nicht von einer eigenverantwortlichen Prüfung der Daten vor einer Übernahme in das GB entbunden. Für die Erstellung einer Datei im

XML-Format oder in einem nach dem Stand der Technik vergleichbaren Format erhält der Notar eine gesonderte Vollzugsgebühr von 0,3, höchstens 250 EUR (Nr. 22114 GNotKG-KV). Die Gebühr beträgt 0,6, höchstens 250 EUR, wenn der Notar keine Gebühr für ein Beurkundungsverfahren oder die Fertigung eines Entwurfs erhalten hat (Nr. 22125 GNotKG-KV). Eine Pflicht des Notars, auf die Entstehung der Gebühr hinzuweisen, besteht nicht (Herzog NotBZ 2016, 127). Nach der Rechtslage vor dem Inkrafttreten des GNotKG erhielt der Notar keine Gebühr (BGH NJW-RR 2013, 632).

d) Durchsetzung der Verpflichtung. Die Einhaltung der den Notaren 8 auferlegten Verpflichtung kann im Weg der Dienstaufsicht durchgesetzt werden. Grundbuchrechtliche Auswirkungen hat ein Verstoß aber nicht (Abs. 1 Satz 3). Ein EintrAntrag, der von einem Notar in Papierform eingereicht wird oder zwar in elektronischer Form, aber hinsichtlich der in Betracht kommenden Angaben nicht in strukturierter maschinenlesbarer Form, ist rechtswirksam eingegangen. Praktische Bedeutung kann dies erlangen, wenn dem Notar aufgrund einer technischen Störung ein elektronischer Rechtsverkehr nicht möglich ist.

6. Technische Störung

Die Landesregierungen können schließlich auch Maßnahmen für den Fall 9 anordnen, dass technische Störungen auftreten, die einen elektronischen Rechtsverkehr nicht zulassen (Abs. 1 Satz 2 Nr. 5). In diesem Fall kann die Übermittlung elektronischer Dokumente statt im Weg der Datenfernübertragung durch Einreichung eines Datenträgers vorgesehen werden oder auch in Papierform. Dies erlangt Bedeutung insbesondere in dem Fall, dass Notare zur Benutzung des elektronischen Rechtsverkehrs verpflichtet sind und eine technische Störung im Bereich eines Notars dies unmöglich macht.

7. Elektronische Grundakte

a) Zeitpunkt. Die Vorteile eines elektronischen Rechtsverkehrs kommen 10 beim GBAmt nur dann in vollem Umfang zum Tragen, wenn eingehende elektronische Dokumente als solche zu den Grundakten genommen werden könne. Dies setzt voraus, dass auch die Grundakten elektronisch geführt werden. Andernfalls müssen die elektronischen Dokumente in Papierform übertragen werden (s. dazu § 138 Abs. 3). Die Landesregierungen können daher durch Rechtsverordnung bestimmen, dass, ab welchem Zeitpunkt und bei welchem GBAmt die Grundakten elektronisch geführt werden. Die Anordnung kann auch auf Teile des Grundaktenbestands eines GBAmts beschränkt werden, z.B. auf die Grundakten für Grundstücke einzelner GBBezirke (Abs. 2). Schließlich kann die Grundakte auch als so genannte Hybridakte, also ein Teil elektronisch und der Rest in Papierform, geführt werden. Die Landesregierungen können die Ermächtigung auf die Landesjustizverwaltungen übertragen (Abs. 3).

b) Hybridakte. Für einen längeren Zeitraum werden gemäß § 10 zu den 11 Grundakten zu nehmende Dokumente sowohl in Papierform als auch in elektronischer Form beim GBAmt eingereicht werden. Das GBAmt kann dann entweder den gesamten in Papierform vorhandenen Grundaktenbestand und die in Papierform eingehenden Dokumente in elektronische Dokumente umwandeln und die Grundakten in vollem Umfang elektronisch führen. Es kann aber auch eingehende elektronische Dokumente in Papierform umwandeln und die Grundakten weiterhin in Papierform führen. In diesem Fall ist es nicht ausgeschlossen, zu einem späteren Zeitpunkt den Gesamtbestand in elektronische Dokumente zu übertragen. Schließlich besteht aber auch die Möglichkeit, den vorhandenen Bestand in Papierform weiterzuführen und nur neu eingehende elektronische Dokumente in elektronischer Form zu den Grundakten zu nehmen. Wird die Grundakte als Hybridakte, also teils in Papierform, teils elektronisch geführt, ist in den einzelnen Teilen auf den jeweils anderen Teil hinzuweisen (§ 96 Abs. 1 GBV). Ob die Grundakten bei einem GBAmt elektronisch geführt werden, bestimmt die Landesregierung durch Rechtsverordnung. Ob und in welchem Umfang der bereits vorhandene Bestand in elektronische Dokumente übertragen wird und wie nach Anlegung der elektronischen Grundakte mit weiterhin in Papierform eingehenden Dokumenten verfahren wird, entscheidet dagegen grundsätzlich das jeweilige GBAmt. Jedoch können auch insoweit die Landesregierungen gemäß § 101 GBV Vorgaben machen (§ 96 Abs. 3 GBV).

12   **c) Protokoll.** Bei Eingang elektronischer Dokumente hat das GBAmt deren Integrität und die damit verbundene elektronische Signatur zu prüfen. Dies geschieht regelmäßig automationsunterstützt. Über die Prüfung ist nach § 96 Abs. 2 GBV ein Protokoll zu fertigen, das mit den Dokumenten in die Grundakte aufzunehmen ist. Das Protokoll muss nicht signiert werden. Bei Dokumenten des GBAmt ist die Aufnahme eines Protokolls nicht erforderlich.

13   **d) Mehrere GBBlätter.** Für die in Papierform geführten Grundakten bestimmt § 24 Abs. 1 bis 3 GBV, wie die zu den Grundakten zu nehmenden Dokumente aufzubewahren sind, wenn sie Eintragungen auf mehreren GB-Blättern betreffen. Das jeweilige Dokument wird grundsätzlich nur zu einer der in Betracht kommenden Grundakten genommen und in den anderen darauf verwiesen. Bei der elektronisch geführten Grundakte sind in diesem Fall eingehende elektronische Dokumente so zu speichern, dass sie über alle beteiligten GBBlätter eingesehen werden können (Abs. 4). Dies ist eine erhebliche Erleichterung für den Rechtsverkehr, die durch die elektronische Aktenführung ohne nennenswerten zusätzlichen Arbeitsaufwand für das GBAmt ermöglicht wird. Die Regelung gilt nicht für den in Papierform vorhandenen Bestand einer Grundakte, der in elektronische Dokumente übertragen und zu der elektronisch geführten Grundakte genommen wird.

8. Grundsätze der Datenverarbeitung

14   Die allgemeinen technischen und organisatorischen Anforderungen an die Datenverarbeitung entsprechen beim elektronischen Rechtsverkehr und der elektronischen Grundakte denen, die für das maschinell geführte GB gelten.

Wie beim elektronischen GB kann auch beim elektronischen Rechtsverkehr und der elektronischen Grundakte die Datenverarbeitung im Auftrag des GBAmts von einer anderen staatlichen Stelle oder auf den Anlagen einer juristischen Person des öffentlichen Rechts vorgenommen werden, sofern die ordnungsmäßige Erledigung sichergestellt ist. § 126 Abs. 1 Satz 2 und Abs. 3 gilt daher entsprechend (Abs. 4 Satz 1). Die Einzelheiten regelt § 95 GBV, der auf die einschlägigen Bestimmungen des Abschnitts XIII für das maschinell geführte GB verweist, die sinngemäß anzuwenden sind.

Die Grundsätze einer ordnungsmäßigen Datenverarbeitung erfordern, dass **15** Vorkehrungen gegen einen Datenverlust getroffen, die erforderlichen Kopien der Datenbestände mindestens tagesaktuell gehalten und die originären Datenbestände sowie deren Kopien sicher aufbewahrt werden. Weiterhin ist zu gewährleisten, dass die elektronischen Dokumente auf Dauer inhaltlich unverändert in lesbarer Form wiedergegeben werden können und Vorsorge gegen unbefugte Zugriffe, insbesondere gegen unbefugte Einsicht und Veränderung der in die elektronische Grundakte aufgenommenen Daten getroffen ist. S. dazu § 126 Rn. 7–12, 15–17).

9. Beschwerdeverfahren

Der 4. Abschnitt über das Beschwerdeverfahren enthält Regelungen über **16** den elektronischen Rechtsverkehr im Beschwerde- und Rechtsbeschwerdeverfahren. Es gilt § 14 FamFG (s. § 73 Abs. 2 Satz 2, § 78 Abs. 3). Dabei verbleibt es auch nach Führung des elektronischen Rechtsverkehrs in GBSachen und der elektronischen Grundakte (Abs. 4 Satz 2). Für die elektronische Gerichtsakte des Beschwerde- und Rechtsbeschwerdegerichts gilt § 81 Abs. 4 (s. § 81 Rn. 15, 16).

Eingang elektronischer Dokumente beim Grundbuchamt

136 (1) **Ein mittels Datenfernübertragung als elektronisches Dokument übermittelter Eintragungsantrag ist beim Grundbuchamt eingegangen, sobald ihn die für den Empfang bestimmte Einrichtung nach § 135 Absatz 1 Satz 2 Nummer 3 aufgezeichnet hat. Der genaue Zeitpunkt soll mittels eines elektronischen Zeitstempels bei dem Antrag vermerkt werden. § 13 Absatz 2 und 3 ist nicht anzuwenden. Die Übermittlung unmittelbar an die nach § 135 Absatz 1 Satz 2 Nummer 3 bestimmte Einrichtung ist dem Absender unter Angabe des Eingangszeitpunkts unverzüglich zu bestätigen. Die Bestätigung ist mit einer elektronischen Signatur zu versehen, die die Prüfung der Herkunft und der Unverfälschtheit der durch sie signierten Daten ermöglicht.**

(2) **Für den Eingang eines Eintragungsantrags, der als elektronisches Dokument auf einem Datenträger eingereicht wird, gilt § 13 Absatz 2 Satz 2 und Absatz 3. Der genaue Zeitpunkt des Antragseingangs soll bei dem Antrag vermerkt werden.**

(3) **Elektronische Dokumente können nur dann rechtswirksam beim Grundbuchamt eingehen, wenn sie für die Bearbeitung durch das**

Grundbuchamt geeignet sind. Ist ein Dokument für die Bearbeitung durch das Grundbuchamt nicht geeignet, ist dies dem Absender oder dem Einreicher eines Datenträgers nach Absatz 2 Satz 1 unter Hinweis auf die Unwirksamkeit des Eingangs und auf die geltenden technischen Rahmenbedingungen unverzüglich mitzuteilen.

1. Allgemeines

1   Der Zeitpunkt, in dem eine EintrAntrag beim GBAmt eingeht, hat weit reichende Bedeutung; er bestimmt insbesondere das Rangverhältniss mehrerer im GB einzutragender Rechte. Für den papiergebundenen EintrAntrag enthält § 13 Abs. 2, 3 eine ins Einzelne gehende Regelung, die eine eindeutige Festlegung dieses Zeitpunkts sicherstellt. Bei einem mittels Datenfernübertragung gestellten Antrag wird diese Regelung durch die Bestimmung des § 136 Abs. 1 ersetzt, während für den Eingang des auf einem beim GBAmt eingereichten Datenträger enthaltenen EintrAntrag § 13 Abs. 2 Satz 2, Abs. 3 gilt. Für eine längere Übergangszeit wird es zu einem Nebeneinander von elektronischen EintrAnträgen und solchen in Papierform oder auf einem übergebenen Datenträger abgespeicherten Anträgen kommen.

S. hierzu Büttner/Frohn, Elektronische Antragstellung in GBSachen, NotBZ 2016, 201 und 241.

2. EintrAntrag mittels Datenfernübertragung

2   **a) Eingangsstelle.** Die für den EintrAntrag in Papierform geltende Bestimmung des § 13 Abs. 2, 3 gilt nicht. Aufgrund der Ermächtigung in § 135 Abs. 1 Satz 2 Nr. 3 ist eine direkt adressierbare Einrichtung bei jedem GBAmt zu bestimmen, die ausschließlich für den Empfang elektronischer Daten, insbesondere von EintrAnträgen zuständig ist. Mittels elektronischer Datenfernübertragung kann ein EintrAntrag wirksam nur gestellt werden, wenn er bei dieser Stelle eingeht. Allein diese Einrichtung des GBAmts ist zuständig, den Zeitpunkt zu bestimmen, in dem ein EintrAntrag eingegangen ist. Wird ein EintrAntrag an eine andere Stelle des GBAmts adressiert, z. B. das allgemeine Postfach des Amtsgerichts, wird sie von dort an die direkt adressierbare und allein zuständige Stelle weitergeleitet.

3   **b) Eingangszeitpunkt.** Maßgebender Zeitpunkt des Eingangs ist der Abschluss der Aufzeichnung des EintrAntrags durch die hierfür aufgrund der Bestimmung gemäß § 135 Abs. 1 Satz 2 Nr. 3 zuständige Einrichtung des GBAmts. Wird ein Antrag gemeinsam mit anderen Daten übersandt, kommt es auf den Zeitpunkt der vollständigen Aufzeichnung aller Anlagen an. Die Regelung des § 136 Abs. 1 Satz 1 gilt auch für die außerhalb der Dienstzeiten des GBAmts übermittelten Anträge und solche, die an eine andere Stelle des GBAmts adressiert sind und von dort an die zuständige Einrichtung weitergeleitet werden; dadurch entstehende Verzögerungen sind dem Antragsteller zuzurechnen, der von der Möglichkeit einer Direktadressierung an die zuständige Einrichtung keinen Gebrauch gemacht hat.

4   **c) Aufzeichnung.** Ein eingegangener EintrAntrag wird von der Datenverarbeitungsanlage unabhängig von Dienstzeiten des GBAmts und ohne

Mitwirkung von Personal des GBAmts in einem automatisierten Verfahren aufgezeichnet. Dasselbe gilt für die Feststellung und den Vermerk des Zeitpunkts, in dem die Aufzeichnung abgeschlossen ist. Der genaue Zeitpunkt wird durch einen Zeitstempel beim Antrag vermerkt. Der Vermerk muss dauerhaft und manipulationssicher mit dem Antrag verbunden werden.

d) Bestätigung. Der Eingang eines EintrAntrags mittels elektronischer 5 Datenfernübertragung ist dem Antragsteller unter Mitteilung des maßgebenden Eingangszeitpunkts unverzüglich zu bestätigen. Damit wird das Haftungsrisiko, insbesondere des Notars, bei einer fehlgeschlagenen Übermittlung begrenzt. Die Bestätigung kann automatisiert erstellt werden, muss aber eine sichere Zuordnung zu der eingegangenen Nachricht ermöglichen. Wird der Antrag nicht an die allein zuständige Einrichtung des GBAmts adressiert, sondern an eine andere Stelle, etwa das allgemeine Postfach des Amtsgerichts, erhält der Einsender in der Regel von dort eine Empfangsbestätigung mit dem Hinweis auf die Weiterleitung an die zuständige Einrichtung. Der Eingang bei dieser wird dem Antragsteller nicht bestätigt, weil dies nicht automatisiert möglich wäre. Die Eingangsbestätigung muss nicht mit einer elektronischen Signatur versehen werden, die eine Prüfung der Herkunft und Unverfälschtheit ermöglichen würde.

3. EintrAntrag auf Datenträger

a) Zulässigkeit. Der EintrAntrag kann außer in Papierform oder als 6 elektronisches Dokument mittels Datenfernübertragung auch auf einem Datenträger gespeichert und dieser dem GBAmt übergeben werden. Voraussetzung dafür ist, dass diese Übertragungsform durch Rechtsverordnung gemäß § 135 Abs. 1 Satz 2 Nr. 2 zugelassen ist. Dies kann auch nur für den Fall geschehen, dass eine Störung der Datenfernübertragung auftritt (vgl. § 135 Abs. 1 Satz 2 Nr. 5).

b) Behandlung. Bei Antragsstellung mittels Übergabe eines Datenträgers 7 wird der Antrag wie bei Einreichung eines Schriftstücks auf Papier in körperlicher Form dem GBAmt übergeben. Deshalb gilt für diese Form der Antragstellung § 13 Abs. 2 Satz 2, Abs. 3. Maßgebender Eingangszeitpunkt ist die Vorlage des Datenträgers bei einer gemäß § 13 Abs. 3 zuständigen Person des GBAmts (§ 13 Abs. 2 Satz 2). Dieser Zeitpunkt soll nach Einlesen des auf dem Datenträger gespeicherten Antrags in die Datenverarbeitungsanlage des GBAmts beim EintrAntrag vermerkt werden (§ 136 Abs. 2 Satz 2, § 13 Abs. 2 Satz 1).

4. Eignung des elektronischen Dokuments

a) Voraussetzungen. Elektronische Dokumente können vom GBAmt 8 nur berücksichtigt werden, wenn sie für eine Bearbeitung durch das GBAmt geeignet sind. Welche Voraussetzungen dafür erfüllt sein müssen, ist durch Rechtsverordnung gemäß § 135 Abs. 1 Satz 2 Nr. 2 festzulegen. Trotz Erfüllung dieser Voraussetzungen kann dennoch die Eignung für eine Bearbeitung durch das GBAmt ausgeschlossen sein, z.B. dann, wenn das Dokument Computerviren enthält.

9　b) **Mitteilungspflicht.** Im Hinblick auf ein mögliches Haftungsrisiko des Absenders ist dieser vom GBAmt unverzüglich zu unterrichten, wenn die mittels Datenfernübertragung oder Übergabe eines Datenträgers eingereichten Daten nicht zur Bearbeitung durch das GBAmt geeignet sind. Dabei ist der Absender auf die Rechtsfolge der Unwirksamkeit des Antrags und die geltenden technischen Rahmenbedingungen für einen elektronischen Rechtsverkehr mit dem GBAmt hinzuweisen. Die Mitteilung kann automatisiert zugeleitet werden. Mit ihr soll dem Absender die Möglichkeit gegeben werden, zur Vermeidung eines Rechtsverlusts den EintrAntrag in einer für die Bearbeitung durch das GBAmt geeigneten Form alsbald einzureichen.

Form elektronischer Dokumente

137 (1) Ist eine zur Eintragung erforderliche Erklärung oder eine andere Voraussetzung der Eintragung durch eine öffentliche oder öffentlich beglaubigte Urkunde nachzuweisen, so kann diese als ein mit einem einfachen elektronischen Zeugnis nach § 39a des Beurkundungsgesetzes versehenes elektronisches Dokument übermittelt werden. Der Nachweis kann auch durch die Übermittlung eines öffentlichen elektronischen Dokuments (§ 371a Absatz 3 Satz 1 der Zivilprozessordnung) geführt werden, wenn

1. das Dokument mit einer qualifizierten elektronischen Signatur versehen ist und

2. das der Signatur zugrunde liegende qualifizierte Zertifikat oder ein zugehöriges qualifiziertes Attributzertifikat die Behörde oder die Eigenschaft als mit öffentlichem Glauben versehene Person erkennen lässt.

Ein etwaiges Erfordernis, dem Grundbuchamt den Besitz der Urschrift oder einer Ausfertigung einer Urkunde nachzuweisen, bleibt unberührt.

(2) Werden Erklärungen oder Ersuchen einer Behörde, auf Grund deren eine Eintragung vorgenommen werden soll, als elektronisches Dokument übermittelt, muss

1. das Dokument den Namen der ausstellenden Person enthalten und die Behörde erkennen lassen,

2. das Dokument von der ausstellenden Person mit einer qualifizierten elektronischen Signatur versehen sein und

3. das der Signatur zugrunde liegende qualifizierte Zertifikat oder ein zugehöriges qualifiziertes Attributzertifikat die Behörde erkennen lassen.

(3) Erklärungen, für die durch Rechtsvorschrift die Schriftform vorgeschrieben ist, können als elektronisches Dokument übermittelt werden, wenn dieses den Namen der ausstellenden Person enthält und mit einer qualifizierten elektronischen Signatur versehen ist.

(4) Eintragungsanträge sowie sonstige Erklärungen, die nicht den Formvorschriften der Absätze 1 bis 3 unterliegen, können als elektronisches Dokument übermittelt werden, wenn dieses den Namen der aus-

stellenden Person enthält. Die §§ 30 und 31 gelten mit der Maßgabe, dass die in der Form des § 29 nachzuweisenden Erklärungen als elektronische Dokumente gemäß den Absätzen 1 und 2 übermittelt werden können.

1. Allgemeines

Die EintrBewilligung oder sonstige zur Eintragung erforderliche Erklä- **1** rungen müssen dem GBAmt gemäß § 29 Abs. 1 grundsätzlich durch öffentliche oder öffentlich beglaubigte Urkunden nachgewiesen werden. Der Nachweis kann regelmäßig außer durch Vorlage der Urschrift oder einer Ausfertigung auch durch Vorlage einer notariell beglaubigten Abschrift der Urkunde erbracht werden (s. dazu § 29 Rn. 57, aber auch Rn. 59). Die Form von Erklärungen oder Ersuchen von Behörden, die Grundlage einer GBEintragung werden sollen, regelt § 29 Abs. 3. Die auf Erklärungen in Papierform zugeschnittene Bestimmung des § 29 wird durch § 137 wirkungsgleich auf den elektronischen Rechtsverkehr übertragen. Dem GBAmt können damit EintrUnterlagen in Form öffentlicher oder öffentlich beglaubigter Urkunden auch als elektronische Dokumente übermittelt werden. § 137 Abs. 1 Satz 2 wurde durch das Ges. v. 10.10.2013 (BGBl. I 3786) geändert. Durch das eIDAS-DurchführungsG v. 18.7.2017 (BGBl. I 2745) wurde in Abs. 1, 2 und 3 jeweils die Wörter „nach dem Signaturgesetz" gestrichen. Zur qualifizierten elektronischen Signatur s. § 73 Rn. 10.

Zur Form beim GBAmt einzureichender Unterlagen beim papiergebundenen Verfahren und beim elektronischen Rechtsverkehr s. Böhringer NotBZ 2016, 281.

2. EintrVoraussetzungen

a) Elektronisches Zeugnis. Gemäß § 39a BeurkG kann der Notar in **2** der Form eines einfachen elektronischen Zeugnisses sowohl eine öffentlich beglaubigte Urkunde (s. dazu § 29 Rn. 41) errichten als auch Abschriften einer Urkunde beglaubigen. Bei der Unterschriftsbeglaubigung ist § 40 BeurkG zu beachten. Bei der Beglaubigung einer Abschrift muss der Beglaubigungsvermerk wie bei der beglaubigten Abschrift in Papierform die Feststellung enthalten, ob es sich bei der zugrunde liegenden Urkunde um eine Urschrift, eine Ausfertigung, eine beglaubigte oder eine einfache Abschrift handelt (§ 42 Abs. 1 BeurkG; OLG Brandenburg FGPrax 2011, 89). Welche Anforderungen das elektronische Dokument zu erfüllen hat, ergibt sich aus § 39a Satz 2 bis 5 BeurkG. Danach muss es insbesondere mit einer qualifizierten elektronischen Signatur versehen werden.

Außerdem muss mit dem Zeugnis eine Bestätigung der Notareigenschaft durch die zuständige Stelle (sog. Notarattribut) verbunden werden. An deren Stelle tritt bei Errichtung des elektronischen Dokuments durch einen Notarvertreter eine elektronisch beglaubigte Abschrift der Urkunde über seine Bestellung. Das mit einem einfachen elektronischen Zeugnis versehene elektronische Dokument hat wie die beglaubigte Abschrift in Papierform keine stärkere Beweiskraft als die zugrunde liegende Urkunde. Handelt es sich bei dieser um eine Privaturkunde, kann damit ein Nachweis von

EintrUnterlagen in grundbuchmäßiger Form nicht geführt werden (s. § 29 Rn. 59).

3   **b) Öffentliche elektronische Urkunde.** Gemäß Abs. 1 Satz 2 können öffentliche Urkunden außer in Papierform auch als elektronisches Dokument errichtet werden, das die Beweiskraft einer öffentlichen Urkunde hat. Wie bei der Errichtung einer öffentlichen Urkunde in Papierform ist Voraussetzung, dass das Dokument von einer Behörde innerhalb der Grenzen ihrer Amtsbefugnisse oder von einer mit öffentlichem Glauben versehenen Person innerhalb des ihr zugewiesenen Geschäftskreises erstellt wird (§ 371a Abs. 3 Satz 1 ZPO; s. dazu § 29 Rn. 31 ff.).

4   Als Nachweis von EintrUnterlagen ist die elektronisch erzeugte Urkunde nur geeignet, wenn das Dokument mit einer qualifizierten elektronischen Signatur versehen ist und das zugrunde liegende qualifizierte Zertifikat oder ein zugehöriges qualifiziertes Attributzertifikat die Behörde oder die Urkundsperson erkennen lässt. Die qualifizierte elektronischen Signatur begründet die Vermutung der Echtheit (§ 371a Abs. 3 Satz 2 i. V. m. § 437 ZPO). Beglaubigte Ausdrucke solcher öffentlicher elektronischer Dokumente stehen öffentlichen Urkunden in beglaubigter Abschrift gleich, wenn die Ausdrucke innerhalb der Grenzen der Amtsbefugnis oder des zugewiesenen Geschäftskreises gefertigt wurden (§ 416a ZPO). Sie entsprechen dann den Anforderungen des § 29 Abs. 1. Mögliche Anwendungsfälle elektronisch erzeugter öffentlicher Urkunden sind z. B. Eigenurkunden des Notars (s. § 29 Rn. 35 und OLG Stuttgart FGPrax 2018, 114) oder behördliche Genehmigungen (s. § 19 Rn. 116).

5   **c) Nachweis des Urkundenbesitzes.** In der Regel können die Eintr-Unterlagen dem GBAmt außer durch Vorlage der Urschrift auch durch Vorlage einer Ausfertigung oder einer beglaubigten Abschrift der Urkunde nachgewiesen werden. In Ausnahmefällen ist jedoch der Nachweis des Besitzes einer Urkunde erforderlich. Dies gilt insbesondere für Legitimationsurkunden, wie z. B. Vollmachten. Dann genügt die Vorlage eines beglaubigten Abschrift nicht (§ 19 Rn. 80; § 29 Rn. 59). Dabei hat es auch bei öffentlichen Urkunden in der Form elektronischer Dokumente sein Bewenden (Abs. 1 Satz 3). In diesen Fällen genügt die Vorlage eines einfachen elektronischen Zeugnisses nur dann, wenn der Notar bestätigt, dass ihm die Urkunde in Urschrift oder Ausfertigung bei Erstellung des Zeugnisses vorgelegen hat. Eine Ausnahme gilt aber für Erbscheine und Testamentsvollstreckerzeugnisse, die grundsätzlich immer in Urschrift oder Ausfertigung dem GBAmt vorzulegen sind (s. § 29 Rn. 59). In diesen Fällen ist ein Nachweis in elektronischer Form nicht möglich, solange die Ausfertigung zwingend an die Papierform gebunden ist.

3. Erklärungen von Behörden

6   Bei Erklärungen und Ersuchen einer Behörde, die Grundlage einer Eintragung sein sollen, ist die Prüfungspflicht des GBAmts eingeschränkt. Ist die Urkunde unterschrieben und mit Siegel oder Stempel versehen, kann das GBAmt von einer ordnungsmäßigen Erklärung ausgehen (s. § 29 Rn. 45).

Diese Einschränkung der Prüfungspflicht des GBAmts wird für die im Weg des elektronischen Rechtsverkehrs übermittelten Erklärungen und Ersuchen übernommen. Es genügt daher die qualifizierte elektronische Signatur nur einer Person, deren Vertretungsbefugnis vermutet wird. Dienstsiegel oder Stempel der Behörde wird durch das qualifizierte Zertifikat oder ein zugehöriges qualifiziertes Attributzertifikat ersetzt, aus dem sich die Zugehörigkeit der signierenden Person zu der Behörde ergibt (Abs. 2).

4. Erklärungen in Schriftform

Mitunter ist in GBSachen für Erklärungen die Schriftform (s. dazu § 126 **7** BGB) vorgeschrieben, z. B. für den Widerspruch im Rangklarstellungsverfahren gemäß § 104 Abs. 2. In diesem Fall kann die Erklärung als elektronisches Dokument übermittelt werden, wenn dieses den Namen der ausstellenden Person enthält und mit einer qualifizierten elektronischen Signatur versehen ist (Abs. 3; vgl. § 126a Abs. 1 BGB). Soweit im Beschwerdeverfahren schriftliche Erklärungen in Betracht kommen, gelten nach § 135 Abs. 4 Satz 2 die Vorschriften des 4. Abschnitts der GBO (s. dazu § 73 Abs. 2 Satz 2, § 78 Abs. 3, § 81 Abs. 4).

5. Eintragungsantrag

a) Reiner Antrag. Der EintrAntrag, der nicht auch eine zur Eintragung **8** erforderliche Erklärung ersetzt (vgl. § 30 Rn. 3, 4), bedarf keiner Form. Er muss nicht einmal eigenhändig unterschrieben sein, sofern nur der Antragsteller eindeutig erkennbar ist (§ 30 Rn. 5). Wird ein reiner Antrag als elektronisches Dokument angebracht, ist einzige Voraussetzung, dass das Dokument den Namen des Antragstellers enthält. Einer elektronischen Signatur bedarf es nicht. Auf diese Weise können alle Erklärungen dem GBAmt gegenüber abgegeben werden, für die weder Schriftform noch die Erfüllung der Anforderungen des § 29 Abs. 1 vorgeschrieben sind (Abs. 4 Satz 1).

b) Sonstiger EintrAntrag. Für den Antrag, der auch eine zur Eintra- **9** gung erforderliche Erklärung ersetzt (gemischter Antrag), gilt § 29. Dasselbe gilt für eine Vollmacht, die zur Stellung eines solchen Antrags ermächtigt (§ 30). Die Zurücknahme eines EintrAntrags und der Widerruf einer Antragsvollmacht bedürfen ebenfalls der Form des § 29 (§ 31 Satz 1, 3). In diesen Fällen ist im elektronischen Rechtsverkehr die Form des Abs. 1 oder 2 einzuhalten (Abs. 4 Satz 2).

6. Kosten

Auch elektronische Dokumente können Kopien darstellen. Elektronisch **10** errichtete Beglaubigungen sind wie papiergebundene zu bewerten. Eine Gebühr gemäß Nr. 25102 GNotKG-KV fällt daher auch für sie an (vgl. zur Rechtslage vor dem Inkrafttreten des GNotKG OLG Düsseldorf RNotZ 2010, 352 mit abl. Anm. v. Neie; ablehnend auch Diehn MittBayNot 2010, 335 und Tiedtke ZNotP 2010, 320).

Übertragung von Dokumenten

138 (1) In Papierform vorliegende Schriftstücke können in elektronische Dokumente übertragen und in dieser Form anstelle der Schriftstücke in die Grundakte übernommen werden. Die Schriftstücke können anschließend ausgesondert werden, die mit einem Eintragungsantrag eingereichten Urkunden jedoch nicht vor der Entscheidung über den Antrag.

(2) Der Inhalt der zur Grundakte genommenen elektronischen Dokumente ist in lesbarer Form zu erhalten. Die Dokumente können hierzu in ein anderes Dateiformat übertragen und in dieser Form anstelle der bisherigen Dateien in die Grundakte übernommen werden.

(3) Wird die Grundakte nicht elektronisch geführt, sind von den eingereichten elektronischen Dokumenten Ausdrucke für die Akte zu fertigen. Die elektronischen Dokumente können aufbewahrt und nach der Anlegung der elektronischen Grundakte in diese übernommen werden; nach der Übernahme können die Ausdrucke vernichtet werden.

1. Allgemeines

1 Über einen längeren Zeitraum wird es sowohl in Papierform als auch elektronisch geführte Grundakten geben. § 138 trifft Regelungen einerseits für die Behandlung eingereichter und vorhandener Papierdokumente bei der elektronisch geführten Grundakte und andererseits für die Behandlung eingehender elektronischer Dokumente bei der noch in Papierform geführten Grundakte. Ergänzt wird die Bestimmung durch §§ 97, 98 GBV.

2. Elektronische Akte

2 **a) Übertragung von Papierdokumenten.** Bei Einführung der elektronischen Grundakte sollen zu dieser nicht nur neu eingehende elektronische Dokumente genommen werden können, sondern auch sowohl in Papierform neu eingereichte als auch bereits in Papierform vorhandene Dokumente. Dazu ist es notwendig, diese Schriftstücke in elektronische Dokumente zu übertragen. Erfasst werden davon nicht nur von Beteiligten eingereichte, sondern auch vom GBAmt selbst hergestellte Schriftstücke.

3 Bei Übertragung eines Papierdokuments in ein elektronisches Dokument ist sicherzustellen, dass die Wiedergabe auf dem Bildschirm mit dem Schriftstück inhaltlich und bildlich übereinstimmt (§ 97 Abs. 1 Satz 1 GBV). Die Notwendigkeit hierfür ergibt sich auch daraus, dass nach einer Übertragung in ein elektronisches Dokument das Papierdokument ausgesondert werden kann (s. Rn. 5). Dennoch muss die Rechtmäßigkeit einer GBEintragung weiterhin zuverlässig nachprüfbar sein. Auch ist zu berücksichtigen, dass im Fall der Bezugnahme im GB auf die EintrBewilligung die beim GBAmt eingereichte Urkunde maßgeblich ist und nicht die vom Notar verwahrte Urschrift. Auf diese kann allenfalls bei Zweifeln an einer Übereinstimmung im Einzelfall zurückgegriffen werden. Durch eine fehlerhafte oder unvollständige Übertragung der eingereichten Papierurkunde in die elektronische

Form könnte das GB unrichtig werden. Um eine fehlerfreie Übertragung sicherzustellen, kommen die Einrichtung technischer Prüfmechanismen in Betracht und organisatorische Maßnahmen, die eine optimale Aufbereitung der Papierdokumente ermöglichen. Auch kann eine stichprobenartige Kontrolle zur Qualitätssicherung beitragen.

Für die Übertragung der Papierdokumente in die elektronische Form ist **4** der Urkundsbeamte der Geschäftsstelle zuständig. Der Name des zuständigen Urkundsbeamten ist zusammen mit dem Zeitpunkt der Übertragung auf dem elektronischen Dokument zu vermerken (§ 97 Abs. 1 Satz 2 GBV). Wird auf eine in Papierform eingereichte Urkunde in einer aktuellen, also nicht gelöschten, GBEintragung Bezug genommen, ist bei ihrer Übertragung darüber hinaus auf dem elektronischen Dokument zu vermerken, dass die Wiedergabe auf dem Bildschirm mit dem Schriftstück inhaltlich und bildlich übereinstimmt. Veränderungen des Schriftstücks, z. B. Durchstreichungen, sind ebenfalls zu vermerken. Der Vermerk ist von dem Urkundsbeamten mit seinem Namen und einer qualifizierten elektronischen Signatur zu versehen (§ 97 Abs. 2 GBV).

b) Behandlung der Papierdokumente. Nach Übertragung in ein **5** elektronisches Dokument können die Papierdokumente ausgesondert werden. Die mit einem EintrAntrag eingereichten Schriftstücke müssen aber bis zur Entscheidung über den Antrag beim GBAmt bleiben (Abs. 1 Satz 2). Die mit der Aussonderung der Papierdokumente erreichbare Verringerung des Raumbedarfs beim GBAmt ist eines der mit der elektronisch geführten Grundakte angestrebten Ziele. Die Einzelheiten der Aussonderung richten sich nach Landesrecht. Dabei kann je nach Art, Inhalt oder Alter der Schriftstücke eine unterschiedliche Behandlungsweise vorgesehen werden.

Eine Pflicht zur Aussonderung besteht nicht. Das GBAmt kann die **6** Schriftstücke der einreichenden Person zurückgeben oder weiterhin bei sich, nicht notwendig bei den Grundakten, aufbewahren. Die Schriftstücke können aber auch endgültig vernichtet werden, sofern nicht ihre Herausgabe von der Person verlangt wird, die sie eingereicht hat. Bei Urkunden, die in Urschrift oder Ausfertigung vorgelegt wurden, insbesondere Erbscheine und Testamentsvollstreckerzeugnisse (s. § 137 Rn. 5), wird eine Vernichtung grundsätzlich nicht in Betracht kommen. Diese Urkunden sollten der einreichenden Person zurückgegeben werden.

Werden die Originale weiterhin vom GBAmt aufbewahrt, kann eine Ein- **7** sicht in diese nicht mehr verlangt werden. Bei Aufbewahrung durch eine andere Stelle, insbesondere ein staatliches Archiv, bestimmt sich die Einsicht nach Landesrecht (§ 12b Abs. 1).

S. hierzu Böhringer, Rückgabe bzw. Aktenaufbewahrung zur GBEintragung eingereichter Urkunden, Rpfleger 2017, 310.

3. Format der elektronischen Dokumente

Durch Rechtsverordnung gemäß § 135 Abs. 1 Satz 2 Nr. 2 werden die **8** Dateiformate festgelegt, die im elektronischen Rechtsverkehr mit dem GBAmt benutzt werden dürfen. Zu enge Zulassungsbeschränkungen sind im Hinblick auf europarechtliche Vorgaben allerdings nicht zulässig. Daher

werden unterschiedliche Dateiformate zuzulassen sein. Wegen der technischen Weiterentwicklung besteht die Gefahr, dass einzelne Dateiformate
veralten werden und dann mit Standardmitteln nicht mehr lesbar gemacht
werden können. Die dauernd aufzubewahrenden elektronischen Grundakten müssen aber auf Dauer in lesbarer Form erhalten bleiben (Abs. 2
Satz 1).

9   Der Gefahr, dass Teile der elektronischen Grundakte wegen fehlender Lesbarkeit unbrauchbar werden, kann nur dadurch begegnet werden, dass die
betroffenen elektronischen Dokumente rechtzeitig, gegebenenfalls mehrmals,
in ein anderes, auch künftig lesbares Format übertragen werden und in dieser
Form anstelle der Originaldatei zur elektronischen Grundakte genommen
werden (§ 138 Abs. 2 Satz 2). Dabei muss sichergestellt sein, dass das an die
Stelle der Originaldatei tretende elektronische Dokument inhaltlich und
bildlich mit dem Original übereinstimmt (§ 98 Abs. 2 Satz 1 GBV). Einzelheiten können die Länder aufgrund der Ermächtigung in § 101 GBV durch
Rechtsverordnung regeln. Auf einem elektronischen Dokument angebrachte
Eingangsvermerke (§ 136 Abs. 1 Satz 2, Abs. 2 Satz 2), Übertragungsvermerke (§ 97 Abs. 1 Satz 2 GBV) oder Protokolle nach § 96 Abs. 2 GBV sind
ebenfalls in lesbarer Form zu erhalten; bei Übertragung auf ein anderes Dateiformat muss die inhaltliche Übereinstimmung mit der Originaldatei sichergestellt sein (§ 98 Abs. 2 Satz 2 GBV).

4. Grundakte in Papierform

10   Bis zu einer flächendeckenden Einführung sowohl des elektronischen
Rechtsverkehrs als auch der elektronischen Grundakte werden noch viele
Jahre vergehen. Die Länder haben bei der Einführung des elektronischen
Rechtsverkehrs und der elektronischen Grundakte einen weiten Handlungs-
spielraum. So können sie z.B. den elektronischen Rechtsverkehr zulassen
ohne gleichzeitig die elektronische Grundakte einzuführen.

11   Für den Fall, dass bei einer in Papierform geführten Grundakte in zulässiger Weise elektronische Dokumente eingereicht werden, müssen diese in
Papierdokumente übertragen werden, um zu den Grundakten genommen zu
werden. Hierzu ist von dem eingereichten elektronischen Dokument ein
Ausdruck zu fertigen (Abs. 3 Satz 1). Dabei muss durch technische und organisatorische Maßnahmen sichergestellt sein, dass das elektronische Dokument richtig und vollständig wiedergegeben wird. Dazu gehört, dass eine
etwaige Fehlfunktion des Systems automatisch erkannt und gemeldet wird.
Der Papierausdruck muss inhaltlich und bildlich mit der Wiedergabe des
elektronischen Dokuments auf dem Bildschirm übereinstimmen. Bei dem
Ausdruck sind außerdem die in § 96 Abs. 2 Satz 1 GBV genannten Festtel-
lungen zur Integritäts- und Signaturprüfung zu vermerken (§ 98 Abs. 1
GBV). Die Prüfung kann automatisiert durchgeführt und der Vermerk maschinell erstellt werden.

12   Das elektronische Originaldokument kann vom GBAmt aufbewahrt werden. Eine sichere Aufbewahrung muss nach Maßgabe des § 126 Abs. 1 Satz 2
Nr. 1 gewährleistet sein (vgl. § 135 Abs. 4 Satz 1). Wenn später die elektronische Grundakte angelegt wird, kann das elektronische Originaldokument

anstelle des Ausdrucks zur Grundakte genommen und der Ausdruck vernichtet werden (Abs. 3 Satz 2).

Aktenausdruck, Akteneinsicht und Datenabruf

139 (1) **An die Stelle der Abschrift aus der Grundakte tritt der Ausdruck und an die Stelle der beglaubigten Abschrift der amtliche Ausdruck. Die Ausdrucke werden nicht unterschrieben. Der amtliche Ausdruck ist als solcher zu bezeichnen und mit einem Dienstsiegel oder -stempel zu versehen; er steht einer beglaubigten Abschrift gleich.**

(2) **Die Einsicht in die elektronischen Grundakten kann auch bei einem anderen als dem Grundbuchamt gewährt werden, das diese Grundakten führt. Über die Gestattung der Einsicht entscheidet das Grundbuchamt, bei dem die Einsicht begehrt wird.**

(3) **Für den Abruf von Daten aus den elektronischen Grundakten kann ein automatisiertes Verfahren eingerichtet werden. § 133 gilt entsprechend mit der Maßgabe, dass das Verfahren nicht auf die in § 12 Absatz 1 Satz 2 genannten Urkunden beschränkt ist.**

1. Allgemeines

In die Grundakten kann gemäß § 12 Abs. 1 Satz 2 GBO, § 46 GBV Einsicht genommen werden. Soweit das Recht auf Einsicht reicht, können einfache oder beglaubigte Abschriften verlangt werden (§ 12 Abs. 2 GBO, § 46 Abs. 3 GBV). Für die elektronisch geführten Grundakten enthält hierzu § 139 nähere Vorschriften. Die einzelnen Regelungen der Bestimmung sind den insoweit für das automatisierte GB geltenden Vorschriften nachgebildet. **1**

2. Ausdruck aus den Grundakten

Abs. 1 Satz 1 bestimmt, dass an die Stelle der Abschrift aus den Grundakten der Ausdruck und an die Stelle der beglaubigten Abschrift der amtliche Ausdruck tritt. Satz 2 und 3 trifft Bestimmungen über die Form der Ausdrucke. Die Regelungen entsprechen inhaltlich dem für das automatisierte GB geltenden § 131. Eine ergänzende Regelung enthält § 99 Abs. 1 GBV, der die für Ausdrucke aus dem automatisierten GB geltenden Bestimmungen des § 78 Abs. 1, 2 GBV für entsprechend anwendbar erklärt. Wegen der Einzelheiten wird auf die Erläuterungen zu § 131 verwiesen. **2**

3. Einsicht in die Grundakten

Die elektronische Führung der Grundakten ermöglicht es, Einsicht in diese wie in das automatisierte GB auch von einem anderen als dem grundbuchführenden GBAmt zu gewähren. Ob die Einsicht zu gewähren ist, entscheidet in diesem Fall das GBAmt, von dem die Einsicht verlangt wird (Abs. 2). Die Regelung entspricht inhaltlich dem für das automatisierte GB geltenden § 132. Ergänzend gilt § 99 Abs. 2 GBV. Wegen der Einzelheiten wird auf die Erläuterungen zu § 132 verwiesen. **3**

4. Automatisierter Datenabruf aus den Grundakten

4   Wie beim automatisierten GB kann auch bei der elektronisch geführten Grundakte ein automatisiertes Verfahren zum Abruf von Daten aus der Grundakte eingerichtet werden. § 133 GBO und §§ 80 bis 84 GBV gelten entsprechend. Jedoch ist der Abruf nicht auf Teile der Grundakte beschränkt (§ 139 Abs. 3 GBO, § 99 Abs. 3 GBV). Wegen der Einzelheiten wird auf die entsprechend geltenden Erläuterungen zu § 133 verwiesen.

Entscheidungen, Verfügungen und Mitteilungen

140 **(1) Wird die Grundakte vollständig oder teilweise elektronisch geführt, können Entscheidungen und Verfügungen in elektronischer Form erlassen werden. Sie sind von der ausstellenden Person mit ihrem Namen zu versehen, Beschlüsse und Zwischenverfügungen zusätzlich mit einer qualifizierten elektronischen Signatur. Die Landesregierungen werden ermächtigt, durch Rechtsverordnung den Zeitpunkt zu bestimmen, von dem an Entscheidungen und Verfügungen in elektronischer Form zu erlassen sind; die Anordnung kann auf einzelne Grundbuchämter beschränkt werden. Die Landesregierungen können die Ermächtigung durch Rechtsverordnung auf die Landesjustizverwaltungen übertragen.**

(2) Den in § 174 Absatz 1 der Zivilprozessordnung genannten Empfängern können Entscheidungen, Verfügungen und Mitteilungen durch die Übermittlung elektronischer Dokumente bekannt gegeben werden. Im Übrigen ist die Übermittlung elektronischer Dokumente zulässig, wenn der Empfänger dem ausdrücklich zugestimmt hat. Die Dokumente sind gegen unbefugte Kenntnisnahme zu schützen. Bei der Übermittlung von Beschlüssen und Zwischenverfügungen sind die Dokumente mit einer elektronischen Signatur zu versehen, die die Prüfung der Herkunft und der Unverfälschtheit der durch sie signierten Daten ermöglicht.

(3) Ausfertigungen und Abschriften von Entscheidungen und Verfügungen, die in elektronischer Form erlassen wurden, können von einem Ausdruck gefertigt werden. Ausfertigungen von Beschlüssen und Zwischenverfügungen sind von dem Urkundsbeamten der Geschäftsstelle zu unterschreiben und mit einem Dienstsiegel oder -stempel zu versehen.

(4) Die Vorschriften des Vierten Abschnitts über gerichtliche elektronische Dokumente in Beschwerdeverfahren bleiben unberührt. Absatz 1 gilt nicht für den Vollzug von Grundbucheintragungen.

1. Allgemeines

1   Wenn die Grundakte elektronisch geführt wird, können grundsätzlich auch Entscheidungen in elektronischer Form erlassen werden. Dies ist auch dann zulässig, wenn die Grundakte teilweise weiterhin in Papierform, als so genannte Hybridakte (s. dazu § 135 Rn. 11), aufbewahrt wird. § 140 enthält nähere Vorschriften über die Einzelheiten einer Entscheidung in elektronischer Form, ferner über die Mitteilung von Entscheidungen in elektronischer Form an die Beteiligten sowie für die Fertigung von Ausfertigungen und Abschriften von solchen Entscheidungen. § 140 Abs. 1 wurde durch das DaBaGG und das eIDAS-DurchführungsG v. 18.7.2017 (BGBl. I 2745) geändert. Zur qualifizierten elektronischen Signatur s. § 73 Rn. 10.

2. Entscheidungen in elektronischer Form

Voraussetzung für den Erlass einer Entscheidung in elektronischer Form **2** ist, dass die Grundakte ganz oder teilweise elektronisch geführt wird. In diesem Fall kommen außer Verfügungen, die ausschließlich den internen Geschäftsablauf betreffen, auch Maßnahmen mit Außenwirkung in Betracht. Außenwirkung haben z. B. die Abweisung eines EintrAntrag, eine Zwischenverfügung gemäß § 18 oder die Ablehnung eines Antrags auf GBEinsicht.

Bei einer in elektronischer Form erlassenen Entscheidung genügt es **3** grundsätzlich, dass sie wie eine Entscheidung in Papierform den Namen der ausstellenden Person enthält. Beschlüsse und Zwischenverfügungen in Papierform müssen darüber hinaus unterschrieben werden; bei der elektronischen Form wird dem dadurch Rechnung getragen, dass Beschlüsse und Zwischenverfügungen mit einer qualifizierten elektronischen Signatur versehen sein müssen. Soweit § 42 Satz 1 GBV etwas anderes bestimmt, bezieht sich dies nicht auf das Original der Zwischenverfügung.

Den Zeitpunkt, ab dem Beschlüsse und Zwischenverfügungen in elektro- **4** nischer Form erlassen werden können, bestimmen die Länder durch Rechtsverordnung. Die Anordnung kann auf einzelne GBÄmter beschränkt werden (Abs. 1 Satz 2).

3. Bekanntgabe in elektronischer Form

Die den Beteiligten bekannt zugebenden Beschlüsse und Zwischenverfü- **5** gungen sind beim GBAmt in der Regel als elektronisches Dokument vorhanden. Sofern sie nicht bereits in elektronischer Form erlassen wurden, hat das GBAmt in der Regel Zugriff auf eine elektronisch gespeicherte Vorlage der in Papierform erlassenen Entscheidungen, kann jedenfalls eine solche fertigen. Das Gleiche gilt für Mitteilungen von GBEintragungen. Beim elektronischen Rechtsverkehr erübrigt es sich, diese Dokumente auszudrucken und mit der Post an die Beteiligten zu versenden.

a) Notare, Rechtsanwälte und Behörden. Unabhängig davon, ob die **6** Grundakte elektronisch geführt wird, können den in § 174 Abs. 1 ZPO aufgeführten Empfängern, insbesondere Notaren, Rechtsanwälten und Behörden, Beschlüsse, Zwischenverfügungen und Mitteilungen als elektronisches Dokument übermittelt werden. Dies gilt auch dann, wenn die Dokumente in Papierform erlassen wurden. In diesem Fall kann entweder eine gespeicherte elektronische Vorlage verwendet werden oder ein von dem Original in Papierform gefertigtes elektronisches Dokument. An andere als die in § 174 Abs. 1 ZPO genannten Empfänger ist eine Übermittlung in elektronischer Form nur zulässig, wenn deren ausdrückliche Zustimmung vorliegt (Abs. 2 Satz 1, 2).

7   **b) Verschlüsselung.** Um die Vertraulichkeit des übermittelten Dokuments und den Schutz darin enthaltener personenbezogener Daten sicherzustellen, müssen geeignete Vorkehrungen getroffen werden, damit von den Dokumenten unbefugte Dritte keine Kenntnis erlangen können. Im Regelfall erfordert dies eine Verschlüsselung.

   c) Elektronische Signatur. Damit die Herkunft und Unverfälschtheit der übermittelten Dokumente überprüft werden kann, sind die Dokumente mit einer qualifizierten elektronischen Signatur zu versehen, die auch die zuverlässige Feststellung erlaubt, von wem das Dokument stammt. Die Signatur muss nicht einer bestimmten natürlichen Person zugeordnet sein, aber eine sichere Zuordnung zu dem übermittelnden GBAmt ermöglichen. Unverzichtbar ist eine Signatur, wenn das übermittelte Dokument in Papierform erlassen wurde. Eine gemäß Abs. 1 in elektronischer Form erlassene Entscheidung bedarf keiner erneuten Signatur, weil sie bereits mit einer qualifizierten Signatur versehen ist. EintrMitteilungen gemäß §§ 55 bis 55b bedürfen ebenfalls keiner elektronischen Signatur.

4. Ausfertigungen und Abschriften

8   Abs. 3 regelt die Herstellung von Ausfertigungen und Abschriften von elektronischen Dokumenten in Papierform. Hierzu sind von den elektronischen Dokumenten Ausdrucke zu fertigen. Die in Form eines Ausdrucks von Beschlüssen und Zwischenverfügungen hergestellten Ausfertigungen sind vom Urkundsbeamten der Geschäftsstelle zu unterschreiben und zu siegeln. Für die förmliche Zustellung gelten die allgemeinen Vorschriften (s. dazu § 1 Rn. 86).

5. Ausnahmen

9   Für gerichtliche elektronische Dokumente in Beschwerdeverfahren gelten die Vorschriften des 4. Abschnitts. Diese verweisen auf § 14 Abs. 1 bis 3 und 5 FamFG (§ 73 Abs. 2, § 78 Abs. 3). Für GBEintragungen bleibt es bei § 75 GBV (Abs. 4 Satz 2). Eine qualifizierte elektronische Signatur ist hier nicht erforderlich, weil es sich anderes als bei Beschlüssen und Zwischenverfügungen nicht um Dokumente handelt, die unmittelbar an Außenstehende gerichtet sind. Durch die technischen und organisatorischen Vorschriften gemäß der GBO und GBV ist sichergestellt, dass GBEintragungen nur durch hierzu befugte Personen vorgenommen werden können.

Ermächtigung des Bundesministeriums der Justiz und für Verbraucherschutz

141   **Das Bundesministerium der Justiz und für Verbraucherschutz wird ermächtigt, durch Rechtsverordnung mit Zustimmung des Bundesrates nähere Vorschriften zu erlassen über**

1. die Einzelheiten der technischen und organisatorischen Anforderungen an die Einrichtung des elektronischen Rechtsverkehrs und der elektronischen Grundakte, soweit diese nicht von § 135 Absatz 1 Satz 2 Nummer 2 erfasst sind,

2. die Einzelheiten der Anlegung und Gestaltung der elektronischen Grundakte,

3. die Einzelheiten der Übertragung von in Papierform vorliegenden Schriftstücken in elektronische Dokumente sowie der Übertragung elektronischer Dokumente in die Papierform oder in andere Dateiformate,

4. die Einzelheiten der Gewährung von Einsicht in elektronische Grundakten und

5. die Einzelheiten der Einrichtung automatisierter Verfahren zur Übermittlung von Daten aus den elektronischen Grundakten auch durch Abruf und der Genehmigung hierfür.

Das Bundesministerium der Justiz und für Verbraucherschutz kann im Rahmen seiner Ermächtigung nach Satz 1 die Regelung weiterer Einzelheiten durch Rechtsverordnung den Landesregierungen übertragen und hierbei auch vorsehen, dass diese ihre Ermächtigung durch Rechtsverordnung auf die Landesjustizverwaltungen übertragen können.

Im 8. Abschnitt werden die Besonderheiten und Abweichungen von den **1** bestehenden GBVorschriften im Zusammenhang mit der Einführung des elektronischen Rechtsverkehrs und der elektronisch geführten Grundakte geregelt. Die Einzelheiten der Durchführung können durch Rechtsverordnung festgelegt werden. In Ergänzung der in der GBO bereits vorhandenen Verordnungsermächtigungen enthält Satz 1 eine spezielle Ermächtigung des BJM, mit Zustimmung des Bundesrats die Einzelheiten des elektronischen Rechtsverkehrs und der elektronischen Grundakte zu regeln.

Satz 2 ermächtigt zum Erlass einer Rahmenverordnung, die nach den Be- **2** dürfnissen der einzelnen Länder durch Rechtsverordnung der Landesregierungen ausgefüllt werden können. Die Vorschrift ist § 134 Satz 2 für das maschinell geführte GB nachgebildet.

§ 141 Satz 1 Nr. 2 wurde durch das DaBaGG geändert.

Neunter Abschnitt.
Übergangs- und Schlussbestimmungen

Übersicht

Der 9. Abschnitt hat Übergangs- und Schlussbestimmungen zum Inhalt. Vor den Änderungen durch das RegVBG und das ERVGBG enthielt er als 6. Abschnitt der GBO die früheren §§ 116 bis 125 und sodann als 8. Abschnitt die früheren §§ 135 bis 144.

§ 142 regelt das Inkrafttreten der GBO und bestimmt, dass einige Vorschriften des EGBGB sinngemäß anzuwenden sind. § 143 enthält einen Vorbehalt zugunsten der Landesgesetzgebung, § 144 dessen Einschränkung. §§ 145 bis 147 befassen sich mit den nach den früheren Bestimmungen geführten Grundbüchern. § 148 Abs. 1 enthält eine Ermächtigung zum Erlass von Vorschriften über die Wiederherstellung zerstörter oder abhandengekommener Grundbücher und Urkunden; § 148 Abs. 2 bis 4 befasst sich mit dem Ersatzgrundbuch beim maschinell geführten GB, der Herstellung eines Ausdrucks elektronischer Dokumente und der Rückkehr zum Papiergrundbuch. § 149 enthält einen Vorbehalt für Baden-Württemberg, § 150 die Maßgaben für das Inkrafttreten der GBO im Gebiet der ehemaligen DDR. § 151 bestimmt, ab wann die Eintragungsfähigkeit von einem Notar zu prüfen ist.

Inkrafttreten und Verhältnis zu anderen Gesetzen

142 (1) *(Inkrafttreten)*

(2) **Die Artikel 1 Abs. 2, Artikel 2, 50, 55 des Einführungsgesetzes zum Bürgerlichen Gesetzbuche sind entsprechend anzuwenden.**

1. Allgemeines

§ 142 (früher § 135 und davor § 116) handelt von dem Inkrafttreten der **1** GBO und der entsprechenden Anwendung mehrerer im EGBGB enthaltener Vorschriften.

Abs. 2 ist durch das Ges. zur Neuregelung des Internationalen Privatrechts vom 25.7.1986 (BGBl. I 1142) geändert worden. In seiner ursprünglichen Fassung verwies er auf Art. 2 bis 5, 32, 55 EGBGB. Der auf Elsass-Lothringen bezügliche Art. 5 EGBGB a. F. ist gegenstandslos geworden. Art. 2 und Art. 55 EGBGB gelten unverändert weiter. Durch das Ges. vom 25.7.1986 ist Art. 3 EGBGB a. F. zu Art. 1 Abs. 2 geworden und Art. 32 EGBGB a. F. zu Art. 50; Art. 4 EGBGB a. F. ist im Wege der Textbereinigung gestrichen worden.

2. Inkrafttreten der GBO

2   Die Bestimmung des Abs. 1 betrifft das Inkrafttreten der GBO überhaupt; das Inkrafttreten der Fassung von 1935 regelten Art. 7 und 8 ÄndVO. Bezüglich des Inkrafttretens der GBO als solcher ist zu unterscheiden zwischen den die Anlegung des GB betreffenden Vorschriften und den übrigen Bestimmungen.

3   **a) Anlegungsvorschriften.** Unter der Anlegung des GB ist hier die erstmalige Anlegung zu verstehen. Sie ist im Allgemeinen auf Grund des Art. 186 Abs. 1 EGBGB durch Landesverordnungen geregelt (s. dazu für Bayern VO v. 23.7.1898, GVBl. 493). Nur einige Vorschriften der GBO über die Einrichtung des GB sowie über Form und Inhalt der Eintragungen haben auch für die erstmalige Anlegung des GB Bedeutung. Sie sind deswegen gleichzeitig mit dem BGB, also am 1.1.1900, in Kraft getreten.

4   **b) Übrige Bestimmungen.** Ihr Inkrafttreten setzt ein angelegtes GB voraus; es richtet sich demgemäß für jeden GBBezirk nach dem Zeitpunkt, in welchem das GB als angelegt anzusehen ist. Wegen der Bestimmung des Zeitpunkts s. Art. 186 Abs. 1 EGBGB und für Bayern § 26 VO v. 23.7.1898 (GVBl. 493).

5   In einer Reihe von GBBezirken war das GB schon am 1.1.1900 als angelegt anzusehen; in den übrigen Teilen Deutschlands wurde es inzwischen überall angelegt. In Bayern ist die GBAnlegung seit dem 16.1.1911 beendet (s. dazu Henle BayRpflZ 1910, 319; JMBek. v. 22.12.1910, JMBl. 1042).

6   Ist das GB für einen GBBezirk als angelegt anzusehen, so ist die Anlegung nach Art. 186 Abs. 2 EGBGB grundsätzlich auch für die zu dem Bezirk gehörenden Grundstücke als erfolgt anzusehen, welche noch kein GBBlatt erhalten haben. Die GBO und das Sachenrecht des BGB (Art. 189 EGBGB) gelten demnach auch für sie; wegen der buchungsfreien Grundstücke s. jedoch § 3 Rn. 22, 23. Die nachträgliche Anlegung eines GBBlatts richtete sich seit dem 11.8.1935 zunächst nach §§ 7 bis 16 AusfVO und richtet sich seit dem Inkrafttreten des RegVBG nach §§ 116 bis 125 GBO.

3. Verweisung auf das EGBGB

7   Nach Abs. 2 sind Art. 1 Abs. 2, Art. 2, 50, 55 EGBGB entsprechend anzuwenden.

    Art. 1 Abs. 2 EGBGB: Soweit in der GBO oder der ÄndVO die Regelung den Landesgesetzen vorbehalten oder bestimmt ist, dass landesgesetzliche Vorschriften unberührt bleiben oder erlassen werden können, bleiben die bestehenden landesgesetzlichen Vorschriften in Kraft und können neue landesgesetzliche Vorschriften erlassen werden. Ein Vorbehalt zugunsten der Landesgesetzgebung besteht nur noch gemäß § 143 GBO (s. § 143 Rn. 4).

8   **Art. 2 EGBGB:** Gesetz im Sinn der GBO ist jede Rechtsnorm, also neben dem eigentlichen Gesetz auch die Rechtsverordnung und das Gewohnheitsrecht. Die GBO gebraucht den Begriff „Gesetz" in §§ 13, 38, 53, 54 und 143. In § 78 ist der Begriff ohne inhaltliche Änderung durch das Zivilprozessreformgesetz v. 27.7.2001 (BGBl. I 1887) durch den Begriff „Recht" ersetzt worden; s. jetzt § 78 Abs. 3 GBO i.V.m. § 72 Abs. 1 FamFG.

Art. 50 EGBGB: Grundbuchrechtliche Vorschriften anderer Bundesge- 9
setze bleiben in Kraft; sie treten jedoch insoweit außer Kraft, als sich aus der
GBO oder der ÄndVO die Aufhebung ergibt. Nicht mehr gelten die
in früheren Reichsgesetzen enthaltenen Vorbehalte zugunsten des Landesgrundbuchrechts (s. § 143 Rn. 4).

Art. 55 EGBGB: Grundbuchrechtliche Vorschriften der Landesgesetze 10
treten außer Kraft, soweit nicht in der GBO oder der ÄndVO etwas anderes
bestimmt ist. Näheres über das Verhältnis der GBO zum Landesrecht s. § 143
Rn. 3.

Vorbehalt für Landesrecht

143 (1) **Soweit im Einführungsgesetz zum Bürgerlichen Gesetzbuche zugunsten der Landesgesetze Vorbehalte gemacht sind,
gelten sie auch für die Vorschriften der Landesgesetze über das Grund-
buchwesen; jedoch sind die §§ 12a, 13 Abs. 3, § 44 Abs. 1 Satz 2 und 3,
§ 56 Abs. 2, § 59 Abs. 1 Satz 2, § 61 Abs. 3 und § 62 Abs. 2 auch in diesen Fällen anzuwenden.**

(2) **Absatz 1 zweiter Halbsatz gilt auch für die grundbuchmäßige Behandlung von Bergbauberechtigungen.**

(3) **Vereinigungen und Zuschreibungen zwischen Grundstücken und
Rechten, für die nach Landesrecht die Vorschriften über Grundstücke
gelten, sollen nicht vorgenommen werden.**

(4) **§ 15 Absatz 3 gilt nicht, soweit die zu einer Eintragung erforderlichen Erklärungen von einer gemäß § 68 des Beurkundungsgesetztes
nach Landesrecht zuständigen Person oder Stelle öffentlich beglaubigt
worden ist.**

1. Allgemeines

Abs. 1 Halbsatz 1 übernimmt im Wesentlichen unverändert den in dem 1
früheren § 117 und sodann § 136 enthaltenen Vorbehalt zugunsten des Landesrechts. Dieser Vorbehalt war durch § 20 AusfVO dahin eingeschränkt, dass
die Vorschriften des Abschnitts I der AusfVO über die funktionelle Zuständigkeit der Organe des GBAmts grundsätzlich auch im Bereich des landes-
gesetzlicher Regelung vorbehaltenen Rechts anwendbar waren; diese Einschränkung des Vorbehalts galt auch für die grundbuchmäßige Behandlung
der Bergbauberechtigungen. Durch das RegVBG wurde diese Regelung des
§ 20 AusfVO als Abs. 1 Halbsatz 2 und Abs. 2 in die GBO übernommen.
Außerdem wurde Abs. 3 angefügt. Abs. 4 wurde durch das Ges. v. 1.6.2017
(BGBl. I 1396) angefügt.

Der Vorbehalt zugunsten des Landesrechts erklärt sich daraus, dass wegen 2
der notwendigen Abstimmung von materiellem GBRecht und Verfahrensrecht dem Landesgesetzgeber, soweit ihm das EGBGB das sachliche Recht
vorbehält, auch die Regelung des Verfahrensrechts überlassen bleiben muss.
Der Vorbehalt wird außer durch Abs. 1 Halbsatz 2 und Abs. 2 auch durch
§ 144 eingeschränkt. Ergänzt wird er durch § 110 GBV.

2. Verhältnis der GBO zum Landesrecht

3   Nach § 142 Abs. 2 ist die Bestimmung des Art. 55 EGBGB sinngemäß anzuwenden. Grundbuchrechtliche Vorschriften der Landesgesetze sind demnach außer Kraft getreten, soweit in der GBO oder der ÄndVO nicht etwas anderes bestimmt ist. Die GBO enthält keinen Vorbehalt, der es erlaubt, nach der GBV neu angelegte Grundbücher in Verbindung mit einem anderen Register als das GB im Sinn des BGB zu führen. Eine im Servitutenbuch einer württembergischen Gemeinde eingetragene Dienstbarkeit muss daher auf einem neu angelegten GBBlatt als Belastung eingetragen sein. Andernfalls gilt sie, obwohl materiellrechtlich weiter bestehend, gemäß § 46 Abs. 2 als gelöscht (BGH Rpfleger 2012, 193).

4   Die GBO i. d. F. v. 20.5.1898 enthält zahlreiche Vorbehalte zugunsten des Landesgrundbuchrechts. Von ihnen ist bei der Vereinheitlichung des GB-Rechts lediglich der des § 117 (jetzt § 143) aufrechterhalten worden. Die übrigen Vorbehalte einschließlich der stillschweigenden hat die ÄndVO beseitigt; aufgehoben wurden gemäß Art. 7 Abs. 3 ÄndVO ferner die in anderen Reichsgesetzen enthaltenen Vorbehalte zugunsten des Landesgrundbuchrechts (s. dazu Hesse DJust. 1935, 1291). Der Vorbehalt in Art. 186 Abs. 1 EGBGB (s. § 142 Rn. 3) ist materiellrechtlicher Natur und daher durch die ÄndVO nicht berührt worden.

5   Von dem auf Grund aufgehobener Vorbehalte erwachsenen Landesgrundbuchrecht wurden bei der Vereinheitlichung des GBRechts gemäß Art. 7 Abs. 3 i. V. m. Art. 8 Abs. 3 ÄndVO nur einzelne Vorschriften und auch diese nur übergangsweise aufrechterhalten (s. dazu Hesse DJust. 1935, 1291).

3. Inhalt des Vorbehalts

6   Auf den der Landesgesetzgebung im EGBGB vorbehaltenen Gebieten kann diese von allen Vorschriften der GBO abweichen und neue grundbuchrechtliche Normen schaffen (OLG Jena Rpfleger 2018, 534). Sie braucht sich demnach auch nicht der Amtsgerichte als GBÄmter zu bedienen; tut sie dies aber, so hat sie diese in ihrer bundesrechtlich festgelegten Verfassung hinzunehmen; demgemäß bestimmt Abs. 1 Halbsatz 2, dass die Vorschriften über die funktionelle Zuständigkeit der Organe des GBAmts, unbeschadet des § 149 Abs. 1, auch im Bereich des landesgesetzlichen Vorbehalts anzuwenden sind; Abs. 2 stellt klar, dass dies trotz des Vorbehalts für den Landesgesetzgeber in § 176 Abs. 2 BBergG auch für die grundbuchmäßige Behandlung von Bergbauberechtigungen gilt. Damit soll vermieden werden, dass innerhalb des GBAmts für vergleichbare Tätigkeiten unterschiedliche Zuständigkeiten bestehen.

7   Der Vorbehalt ist vor allem für grundstücksgleiche Rechte des Landesrechts von Bedeutung (s. dazu § 3 Rn. 7). Über die grundbuchmäßige Behandlung von Fischereirechten in Bayern s. §§ 6 ff. VO v. 7.10.1982 (BayRS 315-1-J). Hierzu und zum Verhältnis von Gewässergrundbuch und Fischereigrundbuch s. ferner BayObLG Rpfleger 1994, 453.

4. Wirkung des Vorbehalts

Sie richtet sich nach Art. 1 Abs. 2 EGBGB, der gemäß § 142 Abs. 2 ent- **8** sprechend anzuwenden ist. Soweit der Vorbehalt reicht, sind bestehende landesrechtliche Vorschriften in Geltung geblieben und können neue landesgesetzliche Vorschriften erlassen werden.

5. Beschränkung der Vereinigung und Zuschreibung

Die Vereinigung und Zuschreibung von Grundstücken und grundstücks- **9** gleichen Rechten des Landesrechts ist materiellrechtlich nicht ausgeschlossen. Solche Gestaltungen können aber beim maschinell geführten GB zu Schwierigkeiten führen und darüber hinaus allgemein Unklarheiten und Verwirrung bei der GBFührung bewirken. Sie werden deshalb, wie dies für das Bergwerkseigentum bereits in § 9 Abs. 2 BBergG in ähnlicher Weise geschehen ist, durch Abs. 3 nicht zugelassen. Die Bestimmung ist als Soll-Vorschrift ausgestaltet, so dass bestehende oder unter Verletzung von Abs. 3 künftig vorgenommene Vereinigungen oder Zuschreibungen in ihrer materiellrechtlichen Gültigkeit unberührt bleiben.

Für das selbständige Gebäudeeigentum im Gebiet der ehemaligen DDR **10** gelten die Vorschriften über Grundstücke nicht kraft Landesrechts, sondern nach Art. 233 § 4 Abs. 1, 7, § 2b Abs. 4, § 8 Satz 2 EGBGB (s. § 150 Rn. 11); Vereinigungen und Zuschreibungen von Grundstücken und selbständigem Gebäudeeigentum fallen deshalb nicht unter die Beschränkung des Abs. 3. Zu den grundstücksgleichen Rechten s. § 3 Rn. 6.

6. Prüfung der Eintragungsfähigkeit

Nach § 15 Abs. 3 hat der Notar die zu einer Eintragung in das GB erfor- **11** derlichen Erklärungen auf ihre Vollzugsfähigkeit zu prüfen. Ausgenommen sind Erklärungen öffentlicher Behörden. Soweit Länder von dem Vorbehalt des § 68 BeurkG Gebrauch gemacht haben, sind auch Erklärungen, die bei einem GBAmt des betreffenden Landes eingereicht werden, von der Prüfpflicht befreit, sofern sie von einer nach Landesrecht zuständigen Person oder Stelle öffentlich beglaubigt sind (s. § 15 Rn. 23).

Einschränkung des Vorbehalts für gewisse grundstücksgleiche Rechte

144 (1) **Die Vorschriften des § 20 und des § 22 Abs. 2 über das Erbbaurecht sowie die Vorschrift des § 49 sind auf die in den Artikeln 63, 68 des Einführungsgesetzes zum Bürgerlichen Gesetzbuche bezeichneten Rechte entsprechend anzuwenden.**

(2) **Ist auf dem Blatt eines Grundstücks ein Recht der in den Artikeln 63 und 68 des Einführungsgesetzes zum Bürgerlichen Gesetzbuche bezeichneten Art eingetragen, so ist auf Antrag für dieses Recht ein besonderes Grundbuchblatt anzulegen. Dies geschieht von Amts wegen, wenn das Recht veräußert oder belastet werden soll. Die Anlegung wird auf dem Blatt des Grundstücks vermerkt.**

(3) **Die Landesgesetze können bestimmen, daß statt der Vorschriften des Absatzes 2 die Vorschriften der §§ 14 bis 17 des Erbbaurechtsgesetzes entsprechend anzuwenden sind.**

1. Allgemeines

1   § 144 (früher § 137 und davor § 118) schränkt den Vorbehalt des § 143 ein; für bestimmte grundstücksgleiche Rechte des Landesrechts gilt in gewisser Hinsicht Bundesrecht.

2. In Betracht kommende Rechte

2   Die Bestimmung bezieht sich auf Erbpachtrechte einschl. der Büdner- und Häuslerrechte (Art. 63 EGBGB; nach allgemeiner Ansicht wird die Bestimmung als aufgehoben angesehen; s. hierzu die Anmerkungen zu der Bestimmung in BGBl. III 400-1) sowie auf Abbaurechte an nicht bergrechtlichen Mineralien (Art. 68 EGBGB); die Rechte kommen in Bayern nicht vor.

3. Anzuwendendes Bundesrecht

3   § 20: Im Fall der Bestellung, Inhaltsänderung oder Übertragung eines Erbpacht- oder Abbaurechts ist die Einigung nachzuweisen.

4   § 22 Abs. 2: Zur Berichtigung des GB durch Eintragung des Berechtigten ist dessen Zustimmung nachzuweisen, sofern nicht der Fall des § 14 vorliegt oder die Unrichtigkeit nachgewiesen ist.

5   § 49: Die Bezugnahme auf die EintrBewilligung ist in weiterem Umfang gestattet als nach § 874 BGB.

4. Anlegung eines besonderen Blatts

6   Die Regelung des Abs. 2 entspricht der für Erbbaurechte älterer Art geltenden Bestimmung des § 8; es ist daher auf das in Anh. zu § 8 Rn. 17 bis 27 Ausgeführte zu verweisen. Entsprechend § 60 Buchst. a GBV ist in der Aufschrift des besonderen Blatts hinzuzufügen: „Erbpachtrecht" oder „Salzabbaurecht"; die sinngemäße Anwendung des § 60 Buchst. b GBV scheidet wegen des nach Abs. 1 entsprechend anzuwendenden § 49 aus; im Übrigen gilt für die Einrichtung des besonderen Blatts nach § 110 GBV Landesrecht.

7   Auf Grund landesrechtlicher Vorschriften kann das besondere Blatt gemäß Abs. 3 nach §§ 14 bis 17 ErbbauRG geführt werden; dann sind nach § 111 GBV die Bestimmungen der §§ 54 ff. GBV entsprechend anzuwenden.

Fortführung der bisherigen Grundbücher

145 **Die Bücher, die nach den bisherigen Bestimmungen als Grundbücher geführt wurden, gelten als Grundbücher im Sinne dieses Gesetzes.**

1. Allgemeines

§ 145 (früher § 138 und davor § 119) erklärt die vor dem 1.4.1936 nach **1** den früheren Bestimmungen geführten Grundbücher zu Grundbüchern i. S. der nunmehrigen GBO. Dabei ist unerheblich, ob sie den Anforderungen der Letzteren entsprechen oder nicht; es sind jedoch die Anpassungsvorschriften in § 146 und § 147 zu beachten.

2. Fortführung der bisherigen Grundbücher

Die Bestimmung des § 145 ergibt im Zusammenhalt mit §§ 104 bis 106 **2** GBV folgendes:
- Vor dem 1.4.1936 in den bisherigen Grundbüchern vorgenommene Eintragungen behalten ihre Wirksamkeit und bleiben unbeschadet der §§ 146 und 147 in ihrer äußeren Form bestehen.
- Ab 1.4.1936 vorzunehmende Eintragungen erfolgen in den bisherigen **3** Grundbüchern, jedoch sind neue GBBlätter nach § 104 Abs. 1 GBV grundsätzlich unter Verwendung des in der GBV vorgeschriebenen Vordrucks anzulegen.
- Sämtliche GBBlätter sind nach § 104 Abs. 2 GBV nach und nach auf den **4** neuen Vordruck umzuschreiben, falls nicht ihre Weiterführung besonders zugelassen wird; bei der Umschreibung sind nach § 106 GBV die §§ 29 und 30 GBV entsprechend anzuwenden. Über die einstweilige Einstellung der Umschreibung s. AV v. 1.3.1943 (DJust. 169); wegen ihrer Wiederaufnahme in Bayern s. JMBek. v. 8.4.1952 (BayBSVJu III 106).
- Solange GBBlätter weder auf den neuen Vordruck umgeschrieben sind, **5** noch ihre Weiterführung gemäß § 104 Abs. 2 GBV besonders zugelassen ist, bleiben nach § 105 Satz 1 GBV die früheren Vorschriften über die Nummernbezeichnung und die Eintragung im GB unberührt. In Bayern kommen insoweit die Vorschriften der Dienstanweisung für die GBÄmter in den Landesteilen rechts des Rheins v. 27.2.1905 (JMBl. 63) in Betracht.
- Eintragungen auf dem neuen Vordruck sind nur nach Maßgabe der GBV **6** vorzunehmen (BGH Rpfleger 2012, 193). Werden Eintragungen, die zwar nach den bisherigen Vorschriften zulässig waren, es aber nach denen der GBV nicht mehr sind, unverändert auf den neuen Vordruck übertragen, können inhaltlich unzulässige Eintragungen entstehen. Zur rechtlichen Bedeutung einer Eigentümereintragung in den bisherigen Grundbüchern gemäß § 346 DA und den Auswirkungen ihrer unveränderten Übernahme auf den neuen Vordruck s. BayObLG 1987, 121.

Aus mehreren Büchern bestehende bisherige Grundbücher

146 Werden nach § 145 mehrere Bücher geführt, so muß jedes Grundstück in einem der Bücher eine besondere Stelle haben. An dieser Stelle ist auf die in den anderen Büchern befindlichen Eintragungen zu verweisen. Die Stelle des Hauptbuchs und die Stellen, auf welche verwiesen wird, gelten zusammen als das Grundbuchblatt.

1. Allgemeines

1 § 146 (früher § 139 und davor § 120) ist ebenso wie § 147 eine Ergänzungsvorschrift zu § 145.

2. Mehrere Bücher als Grundbuch

2 Wo ein nach den früheren Bestimmungen geführtes GB aus mehreren Büchern besteht, sind diese dem § 3 Abs. 1 anzupassen. In einem der Bücher muss jedes Grundstück eine besondere Stelle haben; an ihr ist auf die Eintragungen in den anderen Büchern zu verweisen. Die Stelle des Hauptbuchs und die Stellen, auf die verwiesen wird, gelten zusammen als das GBBlatt.

Bezeichnung der Grundstücke in bisherigen Grundbüchern

147 Sind in einem Buch, das nach § 145 als Grundbuch gilt, die Grundstücke nicht nach Maßgabe des § 2 Abs. 2 bezeichnet, so ist diese Bezeichnung von Amts wegen zu bewirken.

1. Allgemeines

1 § 147 (früher § 140 und davor § 121) ist ebenso wie § 146 eine Ergänzungsvorschrift zu § 145.

2. Grundstücksbezeichnung

2 Sind in einem nach den früheren Bestimmungen geführten GB die Grundstücke nicht nach Maßgabe des § 2 Abs. 2 bezeichnet, so ist diese Bezeichnung, um die Auffindung der Grundstücke in der Örtlichkeit zu sichern, von Amts wegen zu bewirken; dies geschieht gebührenfrei.

Wiederherstellung von Grundbüchern. Ersatzgrundbuch

148 (1) Das Bundesministerium der Justiz und für Verbraucherschutz wird ermächtigt, durch Rechtsverordnung mit Zustimmung des Bundesrates das Verfahren zum Zwecke der Wiederherstellung eines ganz oder teilweise zerstörten oder abhanden gekommenen Grundbuchs sowie das Verfahren zum Zwecke der Wiederbeschaffung zerstörter oder abhanden gekommener Urkunden der in § 10 Absatz 1 bezeichneten Art zu bestimmen. Es kann dabei auch darüber bestimmen, in welcher Weise die zu einer Rechtsänderung erforderliche Eintragung bis zur Wiederherstellung des Grundbuchs ersetzt werden soll.

(2) Ist die Vornahme von Eintragungen in das maschinell geführte Grundbuch (§ 126) vorübergehend nicht möglich, so können auf Anordnung der Leitung des Grundbuchamts Eintragungen in einem Ersatzgrundbuch in Papierform vorgenommen werden, sofern hiervon Verwirrung nicht zu besorgen ist. Sie sollen in das maschinell geführte Grundbuch übernommen werden, sobald dies wieder möglich ist. Für die Eintragungen nach Satz 1 gilt § 44; in den Fällen des Satzes 2 gilt

§ 128 entsprechend. Die Landesregierungen werden ermächtigt, die Einzelheiten des Verfahrens durch Rechtsverordnung zu regeln; sie können diese Ermächtigung auf die Landesjustizverwaltungen durch Rechtsverordnung übertragen.

(3) Ist die Übernahme elektronischer Dokumente in die elektronische Grundakte vorübergehend nicht möglich, kann die Leitung des Grundbuchamts anordnen, dass von den Dokumenten ein Ausdruck für die Akte zu fertigen ist. Sie sollen in die elektronische Grundakte übernommen werden, sobald dies wieder möglich ist. § 138 Absatz 3 Satz 2 gilt entsprechend.

(4) Die Landesregierungen können durch Rechtsverordnung bestimmen, dass

1. das bis dahin maschinell geführte Grundbuch wieder in Papierform geführt wird,

2. der elektronische Rechtsverkehr eingestellt wird oder

3. die bis dahin elektronisch geführten Grundakten wieder in Papierform geführt werden.

Die Rechtsverordnung soll nur erlassen werden, wenn die Voraussetzungen des § 126, auch in Verbindung mit § 135 Absatz 4 Satz 1, nicht nur vorübergehend entfallen sind und in absehbarer Zeit nicht wiederhergestellt werden können. Satz 2 gilt nicht, soweit durch Rechtsverordnung nach § 135 Absatz 1 und 2 bestimmt wurde, dass der elektronische Rechtsverkehr und die elektronische Führung der Grundakten lediglich befristet zu Erprobungszwecken zugelassen oder angeordnet wurden. § 44 gilt sinngemäß. Die Wiederanordnung der maschinellen Grundbuchführung nach dem Siebenten Abschnitt sowie die Wiedereinführung des elektronischen Rechtsverkehrs und die Wiederanordnung der elektronischen Führung der Grundakte nach dem Achten Abschnitt bleiben unberührt.

1. Allgemeines

§ 148 Abs. 1 (früher § 141 Abs. 1 und davor § 123) enthält eine Ermächtigung zum Erlass von Vorschriften über die Wiederherstellung zerstörter oder abhandengekommener Grundbücher und Urkunden; seine Fassung beruht auf § 27 Nr. 6 GBMaßnG. Abs. 1 wurde durch das DaBaGG neu gefasst. **1**

Abs. 2 und 3 sind durch das RegVBG angefügt und Abs. 3 sodann durch das ERVGBG durch die Abs. 3 und 4 ersetzt worden. Abs. 2 enthält Vorschriften darüber, wie zu verfahren ist, wenn das maschinell geführte GB vorübergehend nicht mehr benutzt werden kann. Abs. 3 regelt den Fall, dass die Übernahme elektronischer Dokumente in die elektronische Grundakte vorübergehend nicht möglich ist. Abs. 4 befasst sich mit dem Fall, dass das GB auf Dauer nicht mehr maschinell geführt werden kann und die Voraussetzungen für den elektronischen Rechtsverkehr und die elektronische Führung der Grundakte auf Dauer entfallen sind.

2. Grundbücher und Urkunden

2   Die Bestimmung des Abs. 1 bezieht sich in erster Linie auf zerstörte oder abhandengekommene Grundbücher; zerstörte oder abhandengekommene Urkunden betrifft sie nur, falls eine Eintragung sich auf sie gründet oder auf sie Bezug nimmt. Sind andere Teile der Grundakten zerstört oder abhanden gekommen, so hat das GBAmt die Urkunden, soweit möglich, von Amts wegen wieder zu beschaffen; ein zerstörtes oder abhandengekommenes Handblatt ist ohne besondere Anordnung wiederherzustellen; über die Wiederherstellung eines zerstörten oder abhandengekommenen Briefs s. § 67 Rn. 2 ff.; über die Ersetzung sonstiger gerichtlicher oder notarieller Urkunden s. die VO v. 18.6.1942 (RGBl. I 395) mit Änderungen durch das Ges. v. 28.8.1969 (BGBl. I 1513) und LG Potsdam Rpfleger 2000, 545.

3. Wiederherstellung

3   **a) Rechtsverordnung.** Das Verfahren der Wiederherstellung ist auf Grund des § 123 a. F. durch die VO des RJM v. 26.7.1940 (RGBl. I 1048; BGBl. III 315-11-4) geregelt worden. Der Bestand dieser VO wurde durch die Änderung des § 123 nicht berührt. Die gemäß Art. 129 Abs. 1 GG zunächst auf das BJM übergegangene Zuständigkeit zum Erlass einer Rechtsverordnung wurde sodann durch § 27 Nr. 6 GBMaßnG auf die Landesregierungen und durch das DaBaGG in Anlehnung an § 134 Abs. 1 und § 141 Abs. 1 wieder auf das BJM übertragen; § 28 GBMaßnG, der eine Ermächtigung zugunsten der Länder enthielt, wurde aufgehoben.

Der Wortlaut der VO vom 26.7.1940 über die Wiederherstellung zerstörter oder abhanden gekommenen Grundbücher und Urkunden ist im Anhang Nr. 5 abgedruckt.

4   **b) Maschinell geführtes GB.** Die VO vom 26.7.1940 gilt auch dann, wenn ein maschinell geführtes GB wiederhergestellt werden muss. Dies ist der Fall, wenn es ganz oder teilweise nicht mehr in lesbarer Form wiedergegeben werden kann, weil es auf Grund eines technischen oder eines Benutzerfehlers ganz oder teilweise gelöscht oder sonst unerreichbar geworden ist. Dann ist der Inhalt des betreffenden GBBlatts unter Zuhilfenahme aller geeigneten Unterlagen zu ermitteln (§ 92 Abs. 1 GBV). Die Regelung des § 92 Abs. 1 GBV beruht auf der Ermächtigung des BJM in § 134, nähere Anordnungen zur Wiederherstellung des maschinell geführten GB zu erlassen.

    c) Elektronisch geführte Grundakte. Die VO vom 26.7.1940 gilt auch dann, wenn der Inhalt der elektronisch geführten Grundakte ganz oder teilweise auf Dauer nicht mehr in lesbarer Form wiedergegeben werden kann. Dann ist der Inhalt in elektronischer Form wiederherzustellen. Nähere Vorschriften können aufgrund der Ermächtigung in § 141 Satz 1 Nr. 2 erlassen werden (vgl. §§ 100, 92 Abs. 1 Satz 2, 3 GBV). Eine Rückkehr zur Grundakte in Papierform ist nur ausnahmsweise unter den Voraussetzungen des Abs. 4 zulässig. Zur Wiederherstellung sind alle geeigneten Unterlagen nutzbar zu machen. In der Regel wird ein Zugriff auf den Sicherungsspeicher in Betracht kommen. Von den Vorschriften über die Wiederherstellung werden jedoch nicht die Fälle erfasst, in denen der Sicherungsspeicher als Primärdatenspeicher bestimmt ist (vgl. §§ 95, 62 Satz 2 GBV).

4. Ersatzgrundbuch

a) GB in Papierform. Beim maschinell geführten GB besteht die Ge- 5
fahr, dass auf Grund einer technischen oder sonstigen Störung die Datenverarbeitungsanlage zwar nicht endgültig, aber doch für einen längeren und nicht nur ganz kurzen Zeitraum ausfällt; dann können Eintragungen in das GB nicht vorgenommen werden. In diesem Fall können auf Anordnung der Leitung des GBAmts Eintragungen in einem Ersatzgrundbuch in Papierform vorgenommen werden; dabei muss aber sichergestellt sein, dass keine Verwirrung entsteht, insbes. darüber, was maßgebender GBInhalt ist (s. § 148 Abs. 2 Satz 1). Für die Einrichtung des Ersatzgrundbuchs und die Eintragungen in dieses gelten die allgemeinen Vorschriften für die Einrichtung und Führung des Papiergrundbuchs, sei es auch als Erbbau-, Wohnungs- oder Gebäudegrundbuch (§ 92 Abs. 2 Satz 1, 3 GBV); für Eintragungen gilt insbes. § 44 (§ 148 Abs. 2 Satz 3 Halbsatz 1). Den Wortlaut des in der Aufschrift anzubringenden Vermerks schreibt § 92 Abs. 2 Satz 2 GBV vor. Die Einzelheiten des Verfahrens zur Anlegung des Ersatzgrundbuchs können die Landesregierungen oder die von ihnen ermächtigten Landesjustizverwaltungen durch Rechtsverordnung regeln (§ 148 Abs. 2 Satz 4).

In Bayern soll ein Ersatzgrundbuch in der Regel angelegt werden, wenn die Vornahme von Eintragungen in das maschinell geführte GB länger als einen Monat nicht möglich ist (§ 13 Abs. 1 ERVV-Ju; s. zu der VO § 135 Rn. 1).

b) Rechtsverbindliche Eintragungen. Bei den im Ersatzgrundbuch 6
vorgenommenen Eintragungen handelt es sich um wirksame und rechtsverbindliche Eintragungen in das GB. Gleichwohl bleibt GB im Rechtssinn im Übrigen das maschinell geführte GB. Deshalb schreibt § 148 Abs. 2 Satz 2 vor, dass die Eintragungen im Ersatzgrundbuch, das nur ein Provisorium darstellt, sobald als möglich in das maschinell geführte GB übertragen werden. Unter welchen Voraussetzungen die Eintragungen im Ersatzgrundbuch Inhalt des maschinell geführten GB werden, bestimmt sich nach der entsprechend anwendbaren Vorschrift des § 128 (§ 148 Abs. 2 Satz 3 Halbsatz 2). Es bedarf also insoweit einer besonderen Freigabe und einer Schließung des Ersatzgrundbuchs in Papierform.

In Bayern enthält § 13 Abs. 2 ERVV-Ju (s. zu der VO § 135 Rn. 1) nähere Bestimmungen, wie bei Übernahme neuer Eintragungen aus dem Ersatzgrundbuch in das maschinell geführte GB zu verfahren ist.

c) Rückkehr zum GB in Papierform. Ist das maschinell geführte GB 7
nicht nur vorübergehend sondern auf nicht absehbare Zeit nicht funktionsfähig, dann kann durch ein Ersatzgrundbuch, das nur eine Übergangslösung darstellen kann, keine Abhilfe geschaffen werden. In diesem Fall ermöglicht es § 148 Abs. 4 Satz 1 Nr. 1, dass das maschinell geführte GB wieder in Papierform geführt wird. Erforderlich ist hierzu eine Rechtsverordnung des BJM. Für die Eintragungen in das anzulegende Papiergrundbuch gilt § 44

entsprechend. Im Übrigen ist für die Umschreibung § 72 GBV maßgebend. Nicht ausgeschlossen ist es in einem solchen Fall, dass zu einem späteren Zeitpunkt vom Papiergrundbuch wieder auf das maschinell geführte GB übergegangen wird (§ 148 Abs. 4 Satz 5).

5. Ersatzgrundakte

8   **a) Grundakte in Papierform.** Wenn aufgrund einer technischen Störung elektronische Dokumente vorübergehend, also nicht nur für einen kurzen Zeitraum, nicht mehr in die elektronische Grundakte übernommen werden können, kann die Leitung des GBAmts anordnen, dass die Grundakte für diese Dokumente vorübergehend in Papierform geführt wird (Abs. 3). Erforderlich ist hierzu, dass die Dokumente in Papierform übertragen werden. Dabei ist § 98 Abs. 1 GBV zu beachten. Nach Behebung der Störung sind die elektronischen Dokumente zur Grundakte zu nehmen. Da in der Regel die ursprünglichen elektronischen Dokumente noch vorhanden sein werden, ist eine Rückübertragung der Papierdokumente in elektronische Form nicht erforderlich. Nach Übernahme der elektronischen Dokumente zu der Grundakte können die Ausdrucke vernichtet werden (vgl. § 138 Abs. 3 Satz 2). Einzelheiten können aufgrund der Ermächtigung in § 101 i. V. m. § 96 Abs. 3 GBV geregelt werden.

9   **b) Einstellung des elektronischen Rechtsverkehrs.** Wenn die Voraussetzungen für die Einführung des elektronischen Rechtsverkehrs und der elektronischen Grundakte nicht nur vorübergehend weggefallen sind und auch in absehbarer Zeit nicht wieder hergestellt werden können, kann durch Rechtsverordnung des BJM bestimmt werden, dass der elektronische Rechtsverkehr eingestellt wird oder die bisher elektronisch geführte Grundakte wieder in Papier geführt wird. Wenn jedoch der elektronische Rechtsverkehr und die elektronische Grundakte lediglich befristet zu Erprobungszwecken angeordnet wurden, kann die Erprobungsphase vorzeitig beendet werden, ohne dass die Voraussetzungen für den elektronischen Rechtsverkehr und die elektronische Grundakte auf Dauer weggefallen sein müssen (Abs. 4 Satz 3).

10   **c) Rückkehr zur elektronischen Grundakte.** Sobald die Funktionsfähigkeit wieder gewährleistet ist, können der elektronische Rechtsverkehr und die elektronische Grundakte entsprechend den Bestimmungen des 8. Abschnitts wieder eingeführt und damit zur elektronischen Grundakte zurückgekehrt werden.

Vorbehalt für Baden-Württemberg

149 In Baden-Württemberg können die Gewährung der Einsicht in das maschinell geführte Grundbuch und in die elektronische Grundakte sowie die Erteilung von Ausdrucken hieraus im Wege der Organleihe auch bei den Gemeinden erfolgen. Zuständig ist der Ratschreiber, der mindestens die Befähigung zum mittleren Verwaltungs- oder Justizdienst haben muss. Er wird insoweit als Urkundsbeamter des Grundbuchamts tätig, in dessen Bezirk er bestellt ist. Das Nähere wird durch Landesgesetz geregelt.

1. Allgemeines

§ 149 erhielt seine ab 1.1.2018 geltende Fassung durch das Ges. zur Er- **1** leichterung der Umsetzung der GBAmtsreform in Baden-Württemberg sowie zur Änderung des Ges. betreffend die Einführung der ZPO und des WEG v. 5.12.2014 (BGBl. I 1962).

In seiner vorhergehenden Fassung wurde § 149 (als § 143) durch das RegVBG angefügt. Durch Abs. 1 wurde der bisher in Art. 8 ÄndVO enthaltene Vorbehalt im Wesentlichen unverändert übernommen; Art. 8 ÄndVO wurde gleichzeitig aufgehoben. Sonderregelungen enthielt auch § 19 Ausf-VO; die AusfVO wurde durch das RegVBG ebenfalls aufgehoben. Durch das Ges. v. 21.11.2016 (BGBl. I 2591) wurde mit Wirkung vom 1.4.2012 an Abs. 1 ein weiterer Satz angefügt, der die Beibehaltung, Änderung oder Ergänzung von Vorschriften nach Satz 1 auch dann zuließ, wenn die Grundbücher bereits vor dem 1.1.2018 von den Amtsgerichten geführt wurden. Durch Abs. 2 wurden Besonderheiten hinsichtlich der Form von EintrUnterlagen beseitigt. Abs. 3 wurde durch das DaBaGG angefügt; er betraf die Anwendung der Vorschriften über die Protokollierung von GBEinsichtnahmen (s. dazu § 12 Rn. 30).

Zu den im Zusammenhang mit der Einführung des maschinell geführten GB in Baden-Württemberg auf Grund des Vorbehalts in § 149 a. F. ergangenen Gesetze und Verordnungen s. Böhringer BWNotZ 2001, 1.

2. Zuständigkeit zur GBFührung

a) Bis 31.12.2017. Das GB wurde in Baden-Württemberg aufgrund des **2** Vorbehalts in § 149 a. F. (vorher § 143) lange Zeit nicht wie im übrigen Bundesgebiet von den Amtsgerichten (vgl. § 1 Abs. 1 Satz 1, aber auch § 150 Abs. 1 Nr. 1, Abs. 2), sondern von den grundsätzlich in jeder Gemeinde eingerichteten GBÄmtern geführt. Die Aufgaben des GBAmts nahmen im Landesdienst stehende Notare und Notarvertreter sowie Ratschreiber wahr, im badischen Rechtsgebiet in beschränktem Umfang auch Rpfleger. Daraus ergaben sich auch Besonderheiten bei der Zahl der erforderlichen Unterschriften unter GBEintragungen und auf den Grundpfandrechtsbriefen.

Die maßgebenden landesrechtlichen Bestimmungen waren im baden-württembergischen Landesgesetz über die freiwillige Gerichtsbarkeit (LFGG) v. 12.2.1975 (GBl. 116) und in der VO zur Ausführung des LFGG im Bereich des GBWesens v. 21.5.1975 (GBl. 398), jeweils mit späteren Änderungen, enthalten. Sie blieben ebenso unberührt, wie die bundesgesetzlichen Grundlagen für Besonderheiten in Baden-Württemberg in §§ 35, 36 RpflegerG und Art. 1 Abs. 1 des Ges. v. 17.12.1974 (BGBl. I 3602); dies gilt insbes. für Regelungen, die von den Bestimmungen der GBO über die funktionelle Zuständigkeit der mit der GBFührung und der Wahrnehmung der sonstigen dem GBAmt übertragenen Aufgaben betrauten Personen in § 12c, § 13 Abs. 3, § 44 Abs. 1 Satz 2, 3 und § 56 Abs. 2 abwichen.

3   **b) Ab 1.1.2018.** Im Zuge der eingeleiteten GBAmtsreform in Baden-Württemberg wurden die bei den Gemeinden eingerichteten GBÄmter schrittweise bis 1.1.2018 in die Amtsgerichte eingegliedert. Um den dort entstehenden Personalbedarf zu decken, können die Aufgaben des Rpflegers des GBAmts nach den Vorgaben des durch das Ges. v. 5.12.2014 (BGBl. I 1962) eingefügten § 35a RpflegerG Ratschreibern und Beschlussfertigern übertragen werden. Zum 1.1.2018 wurden §§ 35, 36 RpflegerG aufgehoben (Art. 6 Nr. 2, Art 12 Abs. 3 Ges. v. 15.7.2009, BGBl. I 1798).

Zu dem Ges. v. 5.12.2014 (BGBl. I 1962) s. Lissner ZNotP 2013, 414; zu den ergänzenden landesgesetzlichen Regelungen s. das Ges. zur Reform des Notariats- und GBWesens v. 29.7.2010 (GBl. 555), insbes. die darin vorgenommenen Änderungen des LFGG v. 12.2.1975 (GBl. 116). Seit 1.1.2018 ist die Grundbuchamtsreform in Baden-Württemberg durch Überleitung des beamteten Notariats in ein freiberufliches Nur-Notariat abgeschlossen. S. dazu auch das Ges. zur Abwicklung der staatlichen Notariate in Baden-Württemberg v. 23.11.2015 (BGBl. I 2090) und das baden-württembergische Ges. zur Abwicklung der staatlichen Notariate und zur Anpassung von Vorschriften zu GBEinsichtsstellen v. 29.11.2016 (GBl. 605).

3. Zuständigkeit zur GBEinsicht

4   Aufgrund der ab 1.1.2018 geltenden Fassung des § 149 bestehen in Baden-Württemberg Besonderheiten noch bei der Einsicht in das maschinell geführte GB und die elektronische Grundakte sowie bei der Erteilung von Ausdrucken daraus. Diese Tätigkeiten können gemäß § 35a LFGG auch von den Gemeinden wahrgenommen werden. Die bei diesen eingerichteten GBEinsichtsstellen sind mit einem Ratschreiber besetzt, der mindestens die Befähigung zum mittleren Verwaltungs- oder Justizdienst haben muss. Der Ratschreiber wird als Urkundsbeamter der Geschäftsstelle des GBAmts tätig. Seine Entscheidungen sind in gleicher Weise anfechtbar, wie die des Urkundsbeamten (s. dazu § 12c Rn. 11). Nähere Regelungen zu den GBEinsichtsstellen enthält § 35a LFGG i. d. F. des Ges. v. 29.11.2016 (GBl. 605).

Anwendung der GBO im Gebiet der ehemaligen DDR

150 (1) **In dem in Artikel 3 des Einigungsvertrages genannten Gebiet gilt dieses Gesetz mit folgenden Maßgaben:**

1. Die Grundbücher können abweichend von § 1 bis zum Ablauf des 31. Dezember 1994 von den bis zum 2. Oktober 1990 zuständigen oder später durch Landesrecht bestimmten Stellen (Grundbuchämter) geführt werden. Die Zuständigkeit der Bediensteten des Grundbuchamts richtet sich nach den für diese Stellen am Tag vor dem Wirksamwerden des Beitritts bestehenden oder in dem jeweiligen Lande erlassenen späteren Bestimmungen. Diese sind auch für die Zahl der erforderlichen Unterschriften und dafür maßgebend, inwieweit Eintragungen beim Grundstücksbestand zu unterschreiben sind. Vorschriften nach den Sätzen 2 und 3 können auch dann beibehalten, geändert oder ergänzt werden, wenn die Grundbücher wieder von

den Amtsgerichten geführt werden. Sind vor dem 19. Oktober 1994 in Grundbüchern, die in dem in Artikel 3 des Einigungsvertrages genannten Gebiet geführt werden, Eintragungen vorgenommen worden, die nicht den Vorschriften des § 44 Abs. 1 entsprechen, so sind diese Eintragungen dennoch wirksam, wenn sie den Anforderungen der für die Führung des Grundbuchs von dem jeweiligen Land erlassenen Vorschriften genügen.

2. Amtliches Verzeichnis der Grundstücke im Sinne des § 2 ist das am Tag vor dem Wirksamwerden des Beitritts zur Bezeichnung der Grundstücke maßgebende oder das an seine Stelle tretende Verzeichnis.

3. Die Grundbücher, die nach den am Tag vor dem Wirksamwerden des Beitritts bestehenden Bestimmungen geführt werden, gelten als Grundbücher im Sinne der Grundbuchordnung.

4. Soweit nach den am Tag vor dem Wirksamwerden des Beitritts geltenden Vorschriften Gebäudegrundbuchblätter anzulegen und zu führen sind, sind diese Vorschriften weiter anzuwenden. Dies gilt auch für die Kenntlichmachung der Anlegung des Gebäudegrundbuchblatts im Grundbuch des Grundstücks. Den Antrag auf Anlegung des Gebäudegrundbuchblatts kann auch der Gebäudeeigentümer stellen. Dies gilt entsprechend für nach später erlassenen Vorschriften anzulegende Gebäudegrundbuchblätter. Bei Eintragungen oder Berichtigungen im Gebäudegrundbuch ist in den Fällen des Artikels 233 § 4 des Einführungsgesetzes zum Bürgerlichen Gesetzbuche das Vorhandensein des Gebäudes nicht zu prüfen.

5. Neben diesem Gesetz sind die Vorschriften der §§ 2 bis 85 des Gesetzes über das Verfahren in Familiensachen und in den die Angelegenheiten der freiwilligen Gerichtsbarkeit entsprechend anwendbar, soweit sich nicht etwas anderes aus Rechtsvorschriften, insbesondere aus den Vorschriften des Grundbuchrechts, oder daraus ergibt, daß die Grundbücher nicht von Gerichten geführt werden.

6. Anträge auf Eintragung in das Grundbuch, die vor dem Wirksamwerden des Beitritts beim Grundbuchamt eingegangen sind, sind von diesem nach den am Tag vor dem Wirksamwerden des Beitritts geltenden Verfahrensvorschriften zu erledigen.

7. Im übrigen gelten die in Anlage I Kapitel III Sachgebiet A Abschnitt III unter Nr. 28 des Einigungsvertrages aufgeführten allgemeinen Maßgaben entsprechend. Am Tag des Wirksamwerdens des Beitritts anhängige Beschwerdeverfahren sind an das zur Entscheidung über die Beschwerde nunmehr zuständige Gericht abzugeben.

(2) Am 1. Januar 1995 treten nach Absatz 1 Nr. 1 Satz 1 fortgeltende oder von den Ländern erlassene Vorschriften, nach denen die Grundbücher von anderen als den in § 1 bezeichneten Stellen geführt werden, außer Kraft. Die in § 1 bezeichneten Stellen bleiben auch nach diesem Zeitpunkt verpflichtet, allgemeine Anweisungen für die beschleunigte Behandlung von Grundbuchsachen anzuwenden. Die Landesregierun-

gen werden ermächtigt, durch Rechtsverordnung einen früheren Tag
für das Außerkrafttreten dieser Vorschriften zu bestimmen. In den Fällen der Sätze 1 und 3 kann durch Rechtsverordnung der Landesregierung auch bestimmt werden, daß Grundbuchsachen in einem Teil des
Grundbuchbezirks von einer hierfür eingerichteten Zweigstelle des
Amtsgerichts (§ 1) bearbeitet werden, wenn dies nach den örtlichen
Verhältnissen zur sachdienlichen Erledigung zweckmäßig erscheint,
und, unbeschadet des § 176 Abs. 2 des Bundesberggesetzes im übrigen,
welche Stelle nach Aufhebung der in Satz 1 bezeichneten Vorschriften
die Berggrundbücher führt. Die Landesregierung kann ihre Ermächtigung nach dieser Vorschrift durch Rechtsverordnung auf die Landesjustizverwaltung übertragen.

(3) Soweit die Grundbücher von Behörden der Verwaltung oder Justizverwaltung geführt werden, ist gegen eine Entscheidung des Grundbuchamts (Absatz 1 Nr. 1 Satz 1), auch soweit sie nicht ausdrücklich im
Auftrag des Leiters des Grundbuchamts ergangen ist oder ergeht, die
Beschwerde nach § 71 der Grundbuchordnung gegeben. Diese Regelung gilt mit Wirkung vom 3. Oktober 1990, soweit Verfahren noch
nicht rechtskräftig abgeschlossen sind. Anderweitig anhängige Verfahren
über Rechtsmittel gegen Entscheidungen der Grundbuchämter gehen
in dem Stand, in dem sie sich bei Inkrafttreten dieser Vorschrift befinden, auf das Beschwerdegericht über. Satz 1 tritt mit dem in Absatz 2
Satz 1 oder Satz 3 bezeichneten Zeitpunkt außer Kraft.

(4) In den Grundbuchämtern in dem in Artikel 3 des Einigungsvertrages genannten Gebiet können bis zum Ablauf des 31. Dezember 1999
auch Personen mit der Vornahme von Amtshandlungen betraut werden,
die diesen Ämtern auf Grund von Dienstleistungsverträgen auf Dauer
oder vorübergehend zugeteilt werden. Der Zeitpunkt kann durch
Rechtsverordnung des Bundesministeriums der Justiz und für Verbraucherschutz mit Zustimmung des Bundesrates verlängert werden.

(5) Das Bundesministerium der Justiz und für Verbraucherschutz wird
ermächtigt, durch Rechtsverordnung mit Zustimmung des Bundesrates
nähere Vorschriften zu erlassen über den Nachweis der Befugnis, über

1. beschränkte dingliche Rechte an einem Grundstück, Gebäude oder
   sonstigen grundstücksgleichen Recht,

2. Vormerkungen oder

3. sonstige im Grundbuch eingetragene Lasten und Beschränkungen

zu verfügen, deren Eintragung vor dem 1. Juli 1990 in dem in Artikel 3
des Einigungsvertrages genannten Gebiet beantragt worden ist. Dabei
kann bestimmt werden, dass § 39 nicht anzuwenden ist und dass es der
Vorlage eines Hypotheken-, Grundschuld- oder Rentenschuldbriefes
nicht bedarf.

(6) § 134a tritt am 31. Dezember 2020 außer Kraft.

1. Allgemeines

§ 150 (früher § 144) wurde durch das RegVBG angefügt. In § 150 Abs. 1 **1** sind im Wesentlichen die in Anl. I Kap. III Sachgeb. B Abschn. III Nr. 1 des Einigungsvertrags v. 31.8.1990 (BGBl. II 889; GBl. DDR I 1629) enthaltenen Maßgaben für das Inkrafttreten der GBO im Gebiet der ehemaligen DDR übernommen. An § 150 Abs. 1 Nr. 1 wurden Satz 4 und 5 durch das EGInsO mit Wirkung vom 19.10.1994 angefügt. § 150 Abs. 1 Nr. 5 wurde durch das FGG-RG v. 17.12.2008 (BGBl. I 2586) geändert und Abs. 5 durch das ERVGBG angefügt. Abs. 6 wurde durch das Ges. v. 15.12.2011 (BGBl. I 2714) angefügt.

In der DDR oblag die Führung des GB nach der VO über die Übertragung der Angelegenheiten der freiwilligen Gerichtsbarkeit vom 15.10.1952 (GBl. DDR 1057) nicht mehr den Amtsgerichten, sondern den Räten der Kreise, Abteilung Kataster, an deren Stelle später die Räte der Bezirke, **Liegenschaftsdienst,** getreten sind; auch über Beschwerden wurde nicht mehr von den Gerichten, sondern von den Verwaltungsbehörden entschieden. Seit dem 1.1.1976 galt in der DDR das Zivilgesetzbuch vom 19.6.1975 (GBl. DDR I 465). Vom gleichen Zeitpunkt an ist dort das GBWesen neu geregelt worden; es bestimmte sich nunmehr nach der Grundstücksdokumentationsordnung vom 6.11.1975 (GBl. DDR I 697) sowie der auf Grund deren § 17 ergangenen GBVerfahrensordnung vom 30.12.1975 (GBl. DDR I 1976, 42). Vgl. dazu den Überblick von Kittke/Kringe NJW 1977, 183; ferner Straub, Die staatliche Grundstücksdokumentation, NJ 1976, 422; von Schuckmann, Einrichtung und Führung des GB in der ehemaligen DDR, Rpfleger 1991, 139; Mrosek/Petersen, Grundstücksdokumentation in der DDR, DtZ 1994, 331.

Ab 3.10.1990 gilt im Gebiet der ehemaligen DDR mit Einschränkungen **2** das Sachen- und GBRecht des Bundes. Art. 231 § 5 und Art. 233 EGBGB (mit umfangreichen Änderungen und Ergänzungen durch das 2. VermRÄndG vom 14.7.1992, BGBl. I 1257, 1275, das RegVBG vom 20.12.1993, BGBl. I 2182, und das SachenRÄndG vom 21.9.1994, BGBl. I 2457) enthalten sachenrechtliche **Übergangsregelungen,** insbes. im Hinblick auf die Nutzungs- und Mitbenutzungsrechte nach dem Zivilgesetzbuch der DDR. Weitere Überleitungsregelungen enthält das SachenRBerG vom 21.9.1994 (BGBl. I 2457). In Anl. I Kap. III Sachgeb. B Abschn. III Nr. 1 bis 5 EinigungsV ist geregelt, mit welchen Maßgaben grundbuchrechtliche Vorschriften in Kraft traten; die in Nr. 1 Buchst. d und Nr. 3 angeführten Maßgaben sind durch das 2. VermRÄndG vom 14.7.1992 (BGBl. I 1257, 1283) neu gefasst worden. Gem. Art. 4 Abs. 2 RegVBG sind die in Nr. 1 bis 4 aufgeführten Maßgaben nicht mehr anzuwenden; entsprechende Regelungen wurden in § 150 GBO, § 36a GBMaßnG (s. dazu § 29 Rn. 19) und § 113 GBV (s. dazu § 1 Rn. 105) übernommen. Die in Nr. 5 aufgeführte Maßgabe ist gem. Art. 3 Abs. 2 der 3.VO zur Änderung der VO zur Durchführung der Schiffsregisterordnung und zur Regelung anderer Fragen des Registerrechts v. 30.11.1994 (BGBl. I 3580) nicht mehr anzuwenden; eine entsprechende Regelung enthält nunmehr § 10 Abs. 2, 3 WGV.

Zu den im Gebiet der ehemaligen DDR von den GBÄmtern, insbes. bei der Löschung eingetragener dinglicher Rechte, zu beachtenden Besonderheiten s. Böhringer, Beseitigung dinglicher Rechtslagen bei Grundstücken in den neuen Ländern, Rpfleger 1995, 51, ferner: Löschung von Grundpfandrechten in den neuen Ländern, Rpfleger 1995, 139. S. dazu auch das Schreiben des BMF zur Löschung von Grundpfandrechten im ehemaligen Volkseigentum der DDR v. 16.12.1996 (BStBl. II 1467) und außerdem Richter/Böhringer, Bereinigung und Umschreibung von ostdeutschen Grundbüchern, Rpfleger 1995, 437. Zur Sicherung von Rechtspositionen durch Eintragung eines Widerspruchs in Grundbüchern der ehemaligen DDR s. Böhringer VIZ 1999, 569. S. ferner Cremer, Wiederherstellung des öffentlichen Glaubens des GB und Beseitigung sonstiger spezifischer Rechtsunsicherheiten im Grundstücksrecht des Beitrittsgebietes – der Stand zehn Jahre nach der Wiedervereinigung, NotBZ 2000, 13; Böhringer, Grundstücksverkehr bei im GB unsichtbaren Gebäudeeigentumsrechten, Mitbenutzungsrechten und Dienstbarkeiten, NotBZ 2002, 117; Das Verkehrsflächenbereinigungsgesetz aus grundbuchrechtlicher Schau, VIZ 2002, 193; Entwicklung des Grundstücksrechts in den neuen Bundesländern von 2000 bis Ende 2010, ZfIR 2011, 1; GBBerichtigung bei aufgelösten altrechtlichen Personenzusammenschlüssen, Rpfleger 2012, 304.

2. Grundbuchämter

3   Nach der Regelung des EinigungsV wurden ab 3.10.1990 im Gebiet der ehemaligen DDR die Grundbücher vorbehaltlich späterer bundesgesetzlicher Regelung von den am 2.10.1990 zuständigen oder den sonstigen durch Landesrecht bestimmten Stellen geführt (Anl. I Kap. III Sachgeb. B Abschn. III Nr. 1 Buchst. a EinigungsV). Nach § 5 Abs. 1 der Grundstücksdokumentationsordnung vom 6.11.1975 (GBl. DDR I 697) oblag die GBFührung den Liegenschaftsdiensten der Räte der Bezirke. Sie waren ab 3.10.1990 bis auf weiteres GBÄmter im Sinne des § 1 Abs. 1 Satz 1. Sodann wurden von den einzelnen Ländern die Kreisgerichte als zur GBFührung zuständige Stellen bestimmt (vgl. für Sachsen § 1 Abs. 1 Satz 1 GrundbuchG v. 13.6.1991, GVBl. 153). Soweit in der Folgezeit die im GVG vorgesehenen Gerichte eingerichtet worden waren, wurden die Grundbücher auch im Gebiet der ehemaligen DDR von den Amtsgerichten geführt (vgl. für Sachsen Art. 8 § 4 Abs. 1 GerOrgG v. 30.6.1992, GVBl. 287). In Sachsen-Anhalt waren jedoch die Direktoren (Präsidenten) der Amtsgerichte als untere Verwaltungsbehörden zuständig (§ 17 Abs. 1 AGGVG v. 24.8.1992, GVBl. 648).

Durch § 150 Abs. 1 Nr. 1 Satz 1 wurde die Ausnahmeregelung des Eini- **4**
gungsV für das Gebiet der ehemaligen DDR **zeitlich begrenzt.** Am
1.1.1995 traten alle Vorschriften außer Kraft, nach denen die Grundbücher
von anderen Stellen als den nach § 1 Abs. 1 zuständigen Amtsgerichten geführt wurden; die Landesregierungen waren ermächtigt, durch Rechtsverordnung hierfür einen früheren Tag zu bestimmen (§ 150 Abs. 2 Satz 1, 3).
Mit dem Übergang der Zuständigkeit auf die Amtsgerichte gelten auch für
diese die für die bisher zuständigen Stellen erlassenen allgemeinen Anweisungen für eine beschleunigte Behandlung von GBSachen (§ 150 Abs. 2
Satz 2; s. dazu § 18 Rn. 1).

Die Landesregierungen sind ermächtigt, bei den Amtsgerichten durch **5**
Rechtsverordnung Zweigstellen einzurichten, die für einen Teil des Amtsge-
richtsbezirks zuständig sind; Voraussetzung hierfür ist, dass dies nach den örtlichen Verhältnissen zur schnelleren Erledigung der GBVerfahren sachdienlich ist. Außerdem können die Landesregierungen unbeschadet des § 176
Abs. 2 BBergG die zur Führung der Berggrundbücher zuständigen Stellen
bestimmen (§ 150 Abs. 2 Satz 4). Soweit die Landesregierungen nach Abs. 2
Satz 3 und 4 ermächtigt sind, können sie die Ermächtigung auf die Landesjustizverwaltungen übertragen (§ 150 Abs. 2 Satz 5).

3. Organe des GBAmts

Die Vorschriften der GBO über die funktionelle Zuständigkeit der mit der **6**
GBFührung und den sonstigen Aufgaben des GBAmts betrauten Personen
gelten im Gebiet der ehemaligen DDR noch nicht. Maßgebend sind dort
die am 2.10.1990 für die zur GBFührung berufenen Stellen bestehenden
oder in dem jeweiligen Land später erlassenen Vorschriften. Nach ihnen bestimmt sich auch die Zahl der erforderlichen Unterschriften und die Notwendigkeit, Eintragungen beim Grundstücksbestand zu unterschreiben (§ 150
Abs. 1 Nr. 1 Satz 2, 3; s. hierzu auch § 150 Abs. 1 Nr. 1 Satz 4, 5, angefügt mit
Wirkung vom 19.10.1994 durch das EGInsO). Bereits mit der Übertragung
der GBFührung auf die Kreisgerichte wurden von einzelnen Ländern die
jetzt in der GBO und damals noch in §§ 1 bis 4 AusfVO enthaltenen Zuständigkeitsregelungen, allerdings mit bestimmten Maßgaben, für anwendbar
erklärt (vgl. für Sachsen § 2 GrundbuchG v. 13.6.1991, GVBl. 153).

Wegen der bei den GBÄmtern im Gebiet der ehemaligen DDR vorherr- **7**
schenden großen Personalnot konnten dort bis zum 31.12.1999 auch Personen mit der Vornahme von Amtshandlungen betraut werden, die den
GBÄmtern auf Grund von **Dienstleistungsverträgen** auf Dauer oder nur
vorübergehend zugeteilt wurden. Hätte sich auch nach dem genannten
Stichtag ein Bedürfnis für diese personelle Unterstützung ergeben, hätte der
Zeitpunkt durch Rechtsverordnung des BJM, die der Zustimmung des Bundesrats bedurft hätte, hinausgeschoben werden können (§ 150 Abs. 4). Dies ist
nicht geschehen. Zur Wahrnehmung von Rpflegeraufgaben s. § 1 Rn. 16.

4. Grundbücher

Nach § 150 Abs. 1 Nr. 3 gelten die Grundbücher, die am 2.10.1990 ge- **8**
führt werden als Grundbücher im Sinn der GBO fort. Was Gegenstand der

staatlichen Dokumentation durch Eintragung im GB war, ergibt sich aus §§ 2 und 3 der Grundstücksdokumentationsordnung v. 6.11.1975 (GBl. DDR I 697). Danach waren unter anderem für Gebäude, die auf Grund eines Nutzungsrechts nach §§ 287 bis 294 des Zivilgesetzbuchs der DDR v. 19.6.1975 (GBl. DDR I 465) oder anderen Rechtsvorschriften (s. dazu die Zusammenstellung bei Beckers DNotZ 1993, 369) errichtet wurden, Gebäudegrundbuchblätter anzulegen (vgl. § 2 Abs. 1 Buchst. c, § 3 Abs. 1 Buchst. a der Grundstücksdokumentationsordnung). Diese sind wie ein GBBlatt im Sinn des § 3 Abs. 1 zu behandeln. Gleiches gilt für GBBlätter, die für Gebäudeeigentum ohne dingliches Nutzungsrecht gem. Art. 233 § 2b Abs. 1, § 8 EGBGB anzulegen sind (s. Rn. 17).

9 Als GB gilt bei Vorliegen der Voraussetzungen des § 105 Abs. 1 Nr. 5 GBV (Vorhandensein eines Bestandsblattes oder eines geschlossenen GBBlatts bei unveränderter Grundstücksbezeichnung) auch ein ohne ein Verfahren nach §§ 116 ff. oder nach den früher geltenden §§ 7 ff. AusfVO vor Inkrafttreten des § 113 Abs. 1 Nr. 5 GBV am 24.7.1994 angelegtes GB (§ 113 Abs. 2 GBV).

5. Gebäudeeigentum

10 **a) Allgemeines.** Nach § 295 Abs. 1 ZGB umfasste das Eigentum an Grundstücken den Boden und die damit fest verbundenen Gebäude und Anlagen; Abs. 2 sah daneben aber auch die Möglichkeit vor, selbständiges Eigentum an Gebäuden und Anlagen unabhängig vom Eigentum am Boden zu begründen, für das die Vorschriften über Grundstücke entsprechend anzuwenden waren. Neben dem Gebäudeeigentum auf Grund dinglicher Nutzungsrechte nach Rechtsvorschriften der DDR (s. Rn. 8) besteht nutzungsrechtloses Gebäudeeigentum gem. Art. 233 § 2b Abs. 1, § 8 EGBGB (s. Rn. 17). An Ferienbungalows, die ein volkseigener Betrieb auf Grund eines Nutzungsvertrags auf fremdem Boden errichtet hat, ist kein Gebäudeeigentum entstanden. Für sie ist weder ein Gebäudegrundbuchblatt anzulegen noch ein Sicherungsvermerk gem. Art. 233 § 2c Abs. 2 EGBGB in das GB einzutragen (OLG Brandenburg Rpfleger 2003, 240). Zum selbständigen Eigentum an Meliorationsanlagen s. §§ 1 ff. MeliorationsanlagenG v. 21.9. 1994 (BGBl. I 2538, 2550).

11 **b) Fortgeltung.** Das selbständige Gebäudeeigentum blieb gem. Art. 231 § 5 Abs. 1 EGBGB bestehen; auch nach dem 2.10.1990 auf Grund eines bis dahin begründeten Nutzungsrechts errichtete Gebäude und Anlagen werden selbständiges Gebäudeeigentum. Das Nutzungsrecht und die Anlagen gelten als wesentliche Bestandteile des Gebäudes (Art. 231 § 5 Abs. 2 EGBGB). Für das Gebäudeeigentum gelten ab 3.10.1990 die sich auf Grundstücke beziehenden Vorschriften des BGB, ausgenommen §§ 927, 928 BGB, entsprechend (Art. 233 § 4 Abs. 1, 7, § 2b Abs. 4, § 8 Satz 2 EGBGB; zur Aufgabe des selbstständigen Gebäudeeigentums s. Rn. 13). Das selbstständige Gebäudeeigentum ist danach ein grundstücksgleiches Recht. Wohnungseigentum kann an ihm nicht begründet werden (s. Anh. zu § 3 Rn. 2).

12 **c) Öffentlicher Glaube des GB.** Art. 231 § 5 Abs. 3 ff. EGBGB hat zum Ziel, den öffentlichen Glauben des GB ab 1.1.2001 auf dingliche Nutzungs-

rechte und das Gebäudeeigentum zu erstrecken, was bis dahin nicht der Fall war (vgl. Art. 233 § 4 Abs. 2 EGBGB); das ursprünglich vorgesehene Datum des 1.1.1997 wurde durch das EigentumsfristenG v. 20.12.1996 (BGBl. I 2028) und das 2. EigentumsfristenG v. 20.12.1999 (BGBl. I 2493) geändert. Das selbständige Gebäudeeigentum erlischt bei Übertragung des Grundstücks nach dem 31.12.2000, es sei denn, das Nutzungsrecht oder das selbständige Gebäudeeigentum sind im GB eingetragen oder dem Erwerber bekannt; die gleichen Rechtsfolgen wie bei einer Übertragung des Grundstückseigentums treten bei Belastung mit einem dinglichen Recht oder bei Erwerb eines solchen Rechts ein. Entsprechende Regelungen für den Fall der Zwangsversteigerung enthält § 9a EGZVG (s. dazu Keller Rpfleger 1994, 194; OLG Naumburg OLG-NL 2004, 153); s. auch § 111 SachenRBerG. Durch das EigentumsfristenG v. 20.12.1996 (BGBl. I 2028) und das 2. EigentumsfristenG v. 20.12.1999 (BGBl. I 2493) wurden auch die Daten in diesen Bestimmungen entsprechend geändert. Außerdem wurde durch das EigentumsfristenG v. 20.12.1996 Art. 18 Abs. 4 Nr. 3 RegVBG, der das BJM zur Verlängerung der ursprünglich am 31.12.1996 ablaufenden Frist ermächtigte, aufgehoben. S. dazu Böhringer BWNotZ 2000, 1 und NotBZ 2002, 117. Zum gutgläubigen Erwerb von Gebäudeeigentum s. Rn. 18.

d) Grundeigentum und Gebäudeeigentum. Erwirbt der Nutzungs- **13** berechtigte das Eigentum an dem betroffenen Grundstück, so erlöschen das Nutzungsrecht und ein entstandenes Gebäudeeigentum nicht kraft Gesetzes (§ 889 BGB; a.M. LG Schwerin DNotZ 1993, 512 mit abl. Anm. v. Fassbender; ablehnend auch Albrecht MittBayNot 1993, 217). Gebäudegrundbuch und Grundstücksgrundbuch sind weiterhin nebeneinander fortzuführen. Eine Veräußerung oder Belastung allein des Gebäudes oder des Grundstücks ohne das Gebäude ist jedoch nicht mehr zulässig (§ 78 Abs. 1 Satz 1 SachenRBerG). Eine **Zwangshyp.** kann aber gleichwohl eingetragen werden, allerdings nur als Gesamthyp. am Grundstück und Gebäudeeigentum; § 867 Abs. 2 ZPO steht dem nicht entgegen (OLG Brandenburg DtZ 1996, 384; OLG Jena Rpfleger 1997, 431; a.M. LG Chemnitz Rpfleger 1995, 456 mit abl. Anm. v.Wanek; LG Frankfurt/Oder Rpfleger 1997, 212). S. dazu auch die Bek. des BJM v. 2.3.1995 (BAnz. Nr. 54 v. 17.3.1995 S. 2797 = DtZ 1995, 199). Eine **Vormerkung** ist keine Belastung; ihrer Eintragung steht § 78 Abs. 1 Satz 1 SachenRBerG daher nicht entgegen (vgl. LG Leipzig Rpfleger 1996, 285). Das Verfügungsverbot des § 78 Abs. 1 Satz 1 SachenR-BerG greift auch dann ein, wenn vor dem 1.10.1994 sowohl die Einigung (§§ 873, 925 BGB) und EintrBewilligung (§ 19) erklärt wurden als auch der EintrAntrag (§ 13) beim GBAmt eingegangen ist (OLG Jena Rpfleger 1997, 431; a.M. LG Dresden Rpfleger 1995, 407 mit Anm. v.Wanek; das OLG Rostock NotBZ 1999, 214 mit Anm. v. Krauß lässt das Verfügungsverbot jedenfalls dann eingreifen, wenn sich die dingliche Rechtsänderung nach dem 1.10.1994 vollzogen hat). Ein Verstoß gegen das Verfügungsverbot führt zur GBUnrichtigkeit, nicht aber zu einer inhaltlich unzulässigen Eintragung.

Das **Gebäudeeigentum erlischt** mit der Aufhebung und Löschung des **13.1** Nutzungsrechts; das Gebäude wird Bestandteil des Grundstücks (Art. 233 § 2b Abs. 4, § 4 Abs. 6 EGBGB). Zur Aufhebung und Löschung ist die Zu-

stimmung (Bewilligung) dinglich Berechtigter am Gebäudeeigentum in der
Form des § 29 erforderlich (§ 19 GBO; §§ 875, 876 BGB; OLG Jena Rpfleger 1998, 195; LG Magdeburg DtZ 1994, 159); der Zustimmung des Grundstückseigentümers bedarf es mangels einer § 26 ErbbauRG entsprechenden
Vorschrift nicht. Zur Entbehrlichkeit einer Genehmigung nach der GVO s.
LG Erfurt NotBZ 1999, 85. Zur Notwendigkeit der Aufhebung einer Zuschreibung des Grundstücks, wenn das Gebäudeeigentum aufgehoben werden soll, s. LG Dresden Rpfleger 1999, 271. Zur Aufgabe des selbständigen
Gebäudeeigentums s. BGH Rpfleger 2007, 310. Erklärt im Zusammenhang
mit der Auflassung einer Grundstücksteilfläche der Eigentümer eines nutzungsrechtslosen Gebäudeeigentums nach § 27 des Ges. über die landwirtschaftlichen Produktionsgenossenschaften v. 2.7.1982 (GBl. DDR I 443), für
das ein Gebäudegrundbuch nicht angelegt und das im Grundstücksgrundbuch nicht vermerkt ist, die Aufgabe des Gebäudeeigentums gem. Art. 233
§ 2b Abs. 4 i. V. m. § 4 Abs. 6 EGGBB, § 875 BGB, so hat das GBAmt die
Auflassung einzutragen ohne zu prüfen, ob die Aufgabeerklärung, die zu
keiner GBEintragung führt, vom Berechtigten abgegeben wurde (OLG Celle NotBZ 1998, 190).

13.2 S. zum Ganzen Böhringer, Zusammenführung von Gebäude- und Grundeigentum, DtZ 1994, 266; Aufhebung des dinglichen Nutzungsrechts/
Gebäudeeigentums, Rpfleger 1995, 52; Die Aufhebung des Gebäudeeigentums und die erforderliche Bescheinigung hierzu, NotBZ 1999, 68; Aufhebung eines Erbbaurechts und Gebäudeeigentums, Rpfleger 2019, 557; Hügel,
Vor- und Nachteile des Gebäudeerwerbs durch Aufgabeerklärung, NotBZ
1998, 13; ferner § 78 SachenRBerG, dessen Abs. 1 Satz 3, 4, 6 mit Mitteln
des GBBerichtigungszwangs durchsetzbare Verpflichtungen begründet, das
Eigentum am Gebäude, sobald es unbelastet ist oder sich die dinglichen
Rechte daran mit dem Eigentum in einer Person vereinigt haben, und eine
Grundschuld, wenn die durch sie gesicherte Forderung nicht entstanden oder
erloschen ist, aufzugeben. S. dazu Böhringer, Der Aufhebungszwang des § 78
SachenRBerG beim Gebäudeeigentum, VIZ 2004, 346; zur ausnahmsweisen
Befreiung von der Aufgabepflicht s. OLG Brandenburg NotBZ 2006, 99.

13.3 § 78 SachenRBerG ist auch auf andere Erwerbstatbestände als den Ankauf
nach §§ 61 ff. SachenRBerG anwendbar (OLG Jena Rpfleger 1997, 431;
OLG Rostock NotBZ 1999, 214 mit Anm. v. Krauß). Die Bestimmungen
des SachenRBerG und damit auch dessen § 78 finden jedoch **keine An-
wendung,** wenn das Eigentum an einem Grundstück dem Nutzer nach
Maßgabe besonderer Gesetze zugewiesen worden oder zu übertragen ist (§ 1
Abs. 2 SachenRBerG); dies ist aber nicht der Fall, wenn dem Nutzer das
vormals volkseigene Grundstück nach dem Ges. über den Verkauf volkseige-
ner Gebäude und Grundstücke v. 7.3.1990 (GBl. DDR I 157; sog. Modrow-
Verkaufsgesetz) verkauft worden ist (OLG Brandenburg DtZ 1996, 384;
OLG Jena Rpfleger 1997, 431; LG Frankfurt/Oder Rpfleger 1997, 212; a. M.
OLG Dresden FGPrax 1996, 43). S. hierzu auch Krauß, § 78 SachenRBerG
– Bestandsaufnahme einer problemreichen Norm, VIZ 1996, 691.

14 **e) Heilung früherer Übereignungen.** Vor dem Inkrafttreten des
2. VermRÄndG am 22.7.1992 ohne Beachtung des § 925 BGB vorgenom-

mene Übereignungen von selbständigem Gebäudeeigentum, das nach § 27 des Ges. über die landwirtschaftlichen Produktionsgenossenschaften v. 2.7. 1982 (GBl. DDR I 443) oder nach § 459 Abs. 1 Satz 1 ZGB entstanden ist, sind nach dem durch das SachenRÄndG an Art. 233 § 2b EGBGB angefügten neuen Abs. 6 wirksam, sofern nicht eine rechtskräftige Entscheidung entgegensteht.

f) Sachenrechtsbereinigung. Zur Anpassung der nach dem Recht der 15 DDR bestellten Nutzungsrechte an das BGB und seine Nebengesetze sowie zur Regelung der Rechte am Grundstück beim Auseinanderfallen von Grundstücks- und Gebäudeeigentum enthält das SachenRBerG Regelungen, insbes. in Form der Begründung von Ansprüchen des Grundstückseigentümers und Nutzers auf Bestellung eines Erbbaurechts oder auf Ankauf des Grundstücks oder des Gebäudes (vgl. § 3 SachenRBerG). Zur Eintragung eines Besitzrechtsvermerks in das GB zur Sicherung dieser Ansprüche gem. Art. 233 § 2a, § 2c EGBGB s. Rn. 18, 27.

6. Gebäudegrundbuchblatt

a) Allgemeines. Die am 2.10.1990 geltenden Vorschriften über die Anle- 16 gung und Führung von Gebäudegrundbuchblättern sind nach § 144 Abs. 1 Nr. 4 Satz 1 weiter anzuwenden; dies gilt nach Satz 2 auch für § 36 der GBVerfahrensordnung v. 30.12.1975 (GBl. DDR I 1976, 42), wonach die Anlegung des Gebäudegrundbuchblatts im GB des Grundstücks vermerkt werden soll; nach Satz 3 kann auch der Gebäudeeigentümer die Anlegung beantragen. Dies gilt nach Satz 4 entsprechend bei Gebäudegrundbuchblättern, die nach später erlassenen Vorschriften anzulegen sind. Die danach maßgebenden Vorschriften des DDR-Rechts sind jetzt durch die Bestimmungen der GGV ersetzt (s. Rn. 21, 22).

b) Nutzungsrechtsloses Gebäudeeigentum. Ein Gebäudegrundbuch- 17 blatt ist nach dem durch das 2.VermRÄndG v. 14.7.1992 (BGBl. I 1257, 1276) eingefügten Art. 233 § 2b Abs. 2 Satz 1 EGBGB auf Antrag des Nutzers (oder des Gebäudeeigentümers: § 144 Abs. 1 Nr. 4 Satz 3) auch für das nach § 2b Abs. 1 an Gebäuden und Anlagen landwirtschaftlicher Produktionsgenossenschaften sowie Wohnungsgenossenschaften entstehende und das nach § 27 des Ges. über die landwirtschaftlichen Produktionsgenossenschaften v. 2.7.1982 (GBl. DDR I 443) für landwirtschaftliche Produktionsgenossenschaften und diesen nach § 46 des genannten Ges. gleichgestellte Einrichtungen (OLG Brandenburg FGPrax 1995, 182) entstandene Gebäudeeigentum anzulegen; nach Art. 233 § 2b Abs. 2 Satz 2 EGBGB sind für die Anlegung und Führung des Gebäudegrundbuchblatts die vor dem 3.10.1990 geltenden sowie später erlassene Vorschriften entsprechend anzuwenden. Vor Anlegung des Gebäudegrundbuchblatts ist in diesem Fall im Hinblick auf die Erlöschensregelung des Art. 231 § 5 Abs. 3 EGBGB gem. Art. 233 § 2b Abs. 2 Satz 3 EGBGB das Gebäudeeigentum wie eine Belastung im GB des Grundstücks von Amts wegen einzutragen, sofern dies noch nicht gem. Art. 233 § 2c Abs. 1 EGBGB geschehen ist. Soweit Gebäudeeigentum gem. § 459 ZGB besteht, ist Art. 233 § 2b und § 2c EGBGB entsprechend anzu-

wenden (Art. 233 § 8 Satz 2 EGBGB; s. dazu Gruber Rpfleger 1998, 508).
Zur Aufgabe des nutzungsrechtslosen Gebäudeeigentums s. Rn. 13.

18　　c) **Eintragung im Grundstücksgrundbuch.** Der durch das RegVBG
eingefügte Art. 233 § 2c EGBGB schafft die Möglichkeit, durch Eintragungen im Grundstücksgrundbuch das Erlöschen nicht eingetragenen Gebäudeeigentums und nicht vorgemerkter Ansprüche aus der Sachenrechtsbereinigung auf Grund der Vorschriften über den öffentlichen Glauben und die
Wirkungen des Zuschlags in der Zwangsversteigerung (s. dazu Rn. 12) zu
verhindern. Nutzungsrechtsloses Gebäudeeigentum nach Art. 233 § 2b
EGBGB ist auf Antrag im GB des Grundstücks – obgleich ein grundstücksgleiches Recht – in Abt. II wie eine Belastung einzutragen; dabei ist von
Amts wegen ein Gebäudegrundbuchblatt anzulegen. Zur Sicherung der Ansprüche aus der Sachenrechtsbereinigung ist auf Antrag ein Vermerk in
Abt. II des Grundstücksgrundbuchs einzutragen, der die Wirkung einer Vormerkung hat; zum Nachweis der Ansprüche s. § 4 Abs. 4 GGV und Rn. 23;
zur Eintragung und Löschung des Vermerks s. Rn. 27.

Voraussetzung für den **gutgläubigen Erwerb** von Gebäudeeigentum sowie dinglicher Rechte daran ist, dass das Gebäudeeigentum auch im GB des
Grundstücks wie eine Belastung eingetragen ist. Entsprechende Regelungen
enthält Art. 233 § 4 Abs. 1 EGBGB für das nutzungsrechtsbewehrte Gebäudeeigentum; dabei ist auf das dingliche Nutzungsrecht abzustellen. Gebäudeeigentum kann gutgläubig auch dann erworben werden, wenn das Gebäudeeigentum (auch) bei dem belasteten Grundstück zugleich mit der Umschreibung des Eigentums im Gebäudegrundbuch eingetragen wird (BGH NJW
2003, 202). Zum öffentlichen Glauben des GB bei Auseinanderfallen von
Grundstücks- und Gebäudeeigentum s. OLG Naumburg FGPrax 2020, 166.

Anders als Erbbaurechte müssen dingliche Nutzungsrechte i. S. des
Art. 233 § 4 EGBGB nicht ausschließlich an erster Rangstelle eingetragen
werden (vgl. BezG Dresden Rpfleger 1993, 396). Zum Rang mehrerer Nutzungsrechte s. § 14 Abs. 2 GGV.

19　　d) **Anlegung.** Die Anlegung eines Gebäudegrundbuchblatts setzt die Feststellung voraus, dass Gebäudeeigentum entstanden ist und noch besteht, welche Gebäude Gegenstand des Gebäudeeigentums sind und wer Eigentümer
ist. Nach § 150 Abs. 1 Nr. 4 Satz 5 braucht beim nutzungsrechtsbewehrten
Gebäudeeigentum gem. Art. 233 § 4 EGBGB bei Eintragungen und Berichtigungen im angelegten Gebäudegrundbuch das Vorhandensein des Gebäudes
nicht geprüft zu werden. Welche Urkunden bei der Anlegung des Gebäudegrundbuchblatts im Einzelnen genügen, um die erforderlichen Feststellungen
zu treffen, ergibt sich aus § 4 Abs. 1 bis 3, § 8 GGV; s. dazu auch Art. 233 § 2b
Abs. 3 EGBGB. Das Anlegungsverfahren richtet sich auch nach dem Inkrafttreten der GGV am 1.10.1994 nach den entsprechend anwendbaren
§§ 116 ff. GBO. Für die Anwendung des § 29 ist dabei kein Raum; es gilt der
Amtsermittlungsgrundsatz (§ 118; s. dazu auch Meikel/Böhringer Rn. 29).
Nach einer anderen Meinung (OLG Brandenburg FGPrax 1995, 182 mit abl.
Anm. v. Demharter; KG FGPrax 1996, 12; OLG Jena Rpfleger 1997, 104;
s. dazu auch OLG Naumburg OLG-NL 2004, 153) obliegt es dem Antragsteller, die erforderlichen Nachweise in der Form des § 29 zu erbringen.

Zur Anlegung eines Gebäudegrundbuchblatts für ein im Eigentum einer **landwirtschaftlichen Produktionsgenossenschaft** stehendes Gebäude vor dem Inkrafttreten der GGV s. OLG Brandenburg DtZ 1984, 248; OLG Rostock AgrarR 1994, 60; BezG Dresden Rpfleger 1991, 493; BezG Meiningen MittBayNot 1993, 294; aber auch KrG Rathenow Rpfleger 1993, 331 mit zust. Anm. v. Weike; LG Berlin Rpfleger 1995, 107; Hartung Rpfleger 1994, 413; ferner Böhringer MittBayNot 1992, 112; Rpfleger 1993, 51. S. hierzu auch die Empfehlungen des BJM zur Anlegung von Gebäudegrundbuchblättern für Gebäudeeigentum nach Art. 233 § 2b EGBGB – Verfahren vor der Zuordnungsstelle – (BAnz. Nr. 140a v. 31.7.1997 = VIZ 1997, 630), durch die die Vorläufigen Empfehlungen (BAnz. Nr. 150 v. 13.8.1993 S. 7536 = DtZ 1993, 369) aufgehoben und ersetzt wurden. S. auch Wilhelms, Verfahrensfragen bei der Anlegung des GB für Gebäudeeigentum ohne dingliches Nutzungsrecht, VIZ 2003, 313.

e) Grundbuchmäßige Behandlung. Das BJM ist in Art. 18 Abs. 4 Nr. 2 **20** RegVBG ermächtigt, durch Rechtsverordnung mit Zustimmung des Bundesrats die grundbuchmäßige Behandlung des Gebäudeeigentums, insbes. die Anlegung und Gestaltung der Gebäudegrundbuchblätter in Ergänzung, aber auch in Abweichung von den Vorschriften der GBO näher zu regeln. Dies ist durch die Gebäudegrundbuchverfügung (GGV) v. 15.7.1994 (BGBl. I 1606) geschehen (s. Rn. 21 ff.). S. hierzu auch Böhringer, Gebührenfragen beim ostdeutschen Gebäudeeigentum, JurBüro 1995, 176.

7. Gebäudegrundbuchverfügung

Die Anlegung und Führung von Gebäudegrundbuchblättern für das Ge- **21** bäudeeigentum gem. Art. 231 § 5 und Art. 233 §§ 2b, 4 und 8 EGBGB sowie die Eintragung eines dinglichen Nutzungsrechts, eines Gebäudeeigentums ohne Nutzungsrecht und eines Vermerks zur Sicherung der Ansprüche aus Art. 233 § 2a EGBGB im GB des betreffenden Grundstücks sind in der am 1.10.1994 in Kraft getretenen GGV v. 15.7.1994 (BGBl. I 1606) näher geregelt. S. dazu Schmidt-Räntsch/Sternal DtZ 1994, 262; ferner Keller, Das Gebäudeeigentum und seine grundbuchmäßige Behandlung nach der GGV, MittBayNot 1994, 389. Zur Ermächtigungsgrundlage der GGV s. OLG Brandenburg FGPrax 2002, 148.

Die vorhandenen Gebäudegrundbuchblätter können nach den gem. § 150 **22** Abs. 1 Nr. 4 Satz 1, 2 weiter anwendbaren DDR-Vorschriften (insbes. Nr. 75 ff. der Colido-GBAnweisung) weitergeführt werden, um einen sonst großen Umstellungsaufwand zu vermeiden. Sie können aber auch nach dem für neu anzulegende Gebäudegrundbuchblätter maßgebenden § 3 GGV fortgeführt, umgeschrieben oder neu gefasst werden (§ 2 GGV). § 3 GGV regelt die Gestaltung und Führung neu anzulegender Gebäudegrundbuchblätter in enger Anlehnung an das Erbbaugrundbuchblatt.

Wann das Bestehen eines Gebäudeeigentums in seinen verschiedenen **23** Formen und von Ansprüchen aus der Sachenrechtsbereinigung zum Recht auf Besitz **nachgewiesen** ist, regelt § 4 Abs. 1 bis 4 GGV. Eine EintrBewilligung oder einstweilige Verfügung ist nicht unabdingbare Voraussetzung für die Eintragung des Vermerks gem. Art. 233 § 2c Abs. 2 EGBGB (OLG Brandenburg FGPrax 2002, 148; a. M. KG Rpfleger 1998, 240; LG Schwerin Rpfleger 1998, 283; zum Nachweis auf Grund eines Überlassungsvertrags gem. § 4 Abs. 4 Nr. 3 GGV s. OLG Brandenburg FGPrax 2002, 148; zum Nachweis auf Grund eines Prüfbescheids gem. § 4 Abs. 4 Nr. 2 GGV s. OLG Jena FGPrax 1999, 45 und 129; s. dazu auch Purps NotBZ 2000, 88; zur Eintragung des Vermerks s. Rn. 27). Abs. 5 bestimmt, wann die Nachweise bei den Grundakten des Grundstücksgrundbuchs und wann sie bei den Grundakten des Gebäudegrundbuchs aufzubewahren sind.

24 § 4 Abs. 1 GGV über den Nachweis des Bestehens eines nutzungsrechts-bewehrten Gebäudeeigentums gilt jedoch nicht für Gebäudegrundbuchblätter, die vor dem 1.10.1994 angelegt worden sind oder deren Anlegung vor diesem Zeitpunkt beantragt worden ist (§ 15 Abs. 2 GGV).

25 In § 5 GGV ist im Einzelnen vorgeschrieben, mit welchem Inhalt das dem Gebäudeeigentum zugrundeliegende **Nutzungsrecht** in Abt. II des Grundstücksgrundbuchs einzutragen ist. Bezieht sich das Nutzungsrecht auf mehrere Grundstücke, so ist § 48 anzuwenden; es handelt sich dann um ein Gesamtrecht.

26 In entsprechender Anwendung von § 5 GGV ist bei der Anlegung eines Gebäudegrundbuchblatts für ein nutzungsrechtsloses Gebäudeeigentum das Gebäudeeigentum unter Löschung eines in Abt. I vorhandenen Vermerks in Abt. II des Grundstücksgrundbuchs einzutragen (§ 6 GGV).

27 Wie ein Vermerk zur Sicherung der Ansprüche aus der Sachenrechtsbereinigung auf Grund eines Rechts zum Besitz (s. Art. 233 § 2a, § 2c Abs. 2 EGBGB) in Abt. II des Grundstücksgrundbuchs einzutragen ist, regelt § 7 GGV. S. dazu OLG Jena FGPrax 1999, 45 und 129. Nach Erlöschen des Besitzrechts als Folge der Verjährung des Bereinigungsanspruchs kann der Grundstückseigentümer von dem Nutzer die Abgabe der zur Löschung des Besitzrechtsvermerks erforderlichen Erklärungen verlangen (BGH Rpfleger 2015, 194 mit Anm. v. Böhringer NotBZ 2015, 147 und Maletz ZfIR 2015, 156).

28 Bei der Eintragung von **Ehegatten** als Berechtigten eines dinglichen Nutzungsrechts, eines Gebäudeeigentums oder eines Rechts zum Besitz kann der Nachweis, dass eine Erklärung über das Fortgelten des bisherigen gesetzlichen Güterstands der Eigentums- und Vermögensgemeinschaft des Familiengesetzbuchs der DDR nicht abgegeben wurde, die Ehegatten also vorbehaltlich anderer Bestimmung Berechtigte je zur Hälfte sind (vgl. Art. 234 § 4a Abs. 1 EGBGB), durch entsprechende Erklärungen und Versicherungen nach Maßgabe des § 14 Satz 2 GBBerG geführt werden, die nicht der Form des § 29 bedürfen (§ 8 Satz 1 GGV). Für Eintragungen, die ohne Angaben gem. § 47 Abs. 1 im GB vorgenommen worden sind, gilt die widerlegliche Vermutung des Art. 234 § 4a Abs. 3 EGBGB, dass die Ehegatten Berechtigte zu gleichen Teilen geworden sind; die Ergänzung der GBEintragung im Hinblick auf § 47 Abs. 1 geschieht nur auf Antrag (§ 8 Satz 2 GGV).

29 Das Gebäudeeigentum kann sich auch nur auf eine **Teilfläche** eines oder mehrerer Grundstücke beziehen oder auf die Gesamtfläche eines oder mehrerer Grundstücke und zusätzlich auf eine oder mehrere Teilflächen weiterer Grundstücke. § 9 GGV regelt, wie in diesen Fällen, sofern die Grundstücke und Teilflächen bestimmt sind, bei der Eintragung dinglicher Nutzungsrechte, eines Gebäudeeigentums oder eines Rechts zum Besitz vorzugehen ist; eine Grundstücksteilung gem. § 7 Abs. 1 ist nicht geboten. § 10 GGV enthält Vorschriften für den Fall, dass betroffene Grundstücke oder Teilflächen nicht grundbuchmäßig bestimmt sind. Das GBAmt fordert den Inhaber des Rechts auf, den Umfang seines Rechts nachzuweisen. Welche Nachweise in Betracht kommen, ist im Einzelnen aufgezählt; die Einhaltung der Formvorschrift des § 29 ist nicht durchgängig erforderlich.

Mit der Anlegung des Gebäudegrundbuchs könnten durch gutgläubigen **30** Erwerb dem Grundstückseigentümer zustehende Einreden, die an die Person des ursprünglichen Gebäudeeigentümers geknüpft sind, verlorengehen. Um dem vorzubeugen, ist grundsätzlich gleichzeitig mit der Anlegung des Gebäudegrundbuchblatts und der Eintragung im Grundstücksgrundbuch von Amts wegen zugunsten des Grundstückseigentümers ein **Widerspruch** gegen die Richtigkeit der Eintragungen anzubringen. Der Widerspruch ist zeitlich befristet und kann, wenn er gegenstandslos geworden ist, von Amts wegen gelöscht werden (§ 11 GGV).

In § 12 GGV sind die erforderlichen Maßnahmen des GBAmts bei **Auf- 31 hebung** eines Nutzungsrechts oder Gebäudeeigentums beschrieben, und zwar für den Fall, dass eine Aufhebung grundbuchmäßig nicht ordnungsgemäß vollzogen wurde oder ein Gebäudegrundbuchblatt zum Grundstücksgrundbuchblatt „umfunktioniert" wurde. § 13 GGV regelt die bei Eintragungen im Gebäudegrundbuch und im Grundstücksgrundbuch erforderlichen Bekanntmachungen.

§ 14 Abs. 1 GGV enthält eine Begriffsbestimmung des Nutzers. Vorschrif- **32** ten über den Rang mehrerer an einem Grundstück bestehender Nutzungsrechte enthält § 14 Abs. 2 GGV und ergänzende Regelungen über die Teilung und Vereinigung von Gebäudeeigentum § 14 Abs. 3 GGV; diese Bestimmungen gelten nur für Eintragungen, die nach dem 1.10.1994 beantragt werden (§ 15 Abs. 3 GGV). Mit der Teilung des belasteten oder betroffenen Grundstücks und der Möglichkeit einer lastenfreien Abschreibung befasst sich § 14 Abs. 4 GGV. Zur Teilung von Gebäudeeigentum s. auch Böhringer DtZ 1996, 290.

8. Ergänzende Regelungen

Amtliches Verzeichnis ist im Gebiet der ehemaligen DDR noch nicht das **33** Liegenschaftskataster, sondern das am 2.10.1990 für die Grundstücksbezeichnung maßgebende Verzeichnis oder das an seine Stelle getretene Verzeichnis (§ 150 Abs. 1 Nr. 2).

Neben der GBO sind §§ 2 bis 85 FamFG entsprechend anzuwenden. Dies **34** gilt aber nicht, soweit dem andere Rechtsvorschriften, insbes. solche der GBO, entgegenstehen. Solange die Grundbücher nicht von Gerichten geführt wurden, konnte die Anwendung auch hieran scheitern (§ 150 Abs. 1 Nr. 5).

Bis zum 2.10.1990 beim GBAmt eingegangene EintrAnträge waren wei- **35** terhin nach den zu diesem Zeitpunkt geltenden Verfahrensvorschriften zu erledigen (§ 150 Abs. 1 Nr. 6). Maßgebend war also das **GBVerfahrensrecht**

der **ehemaligen DDR,** nämlich die Grundstücksdokumentationsordnung
v. 6.11.1975 (GBl. DDR I 697), die auf Grund ihres § 17 ergangene GBVerfahrensordnung v. 30.12.1975 (GBl. DDR I 1976, 42) sowie die auf Grund
§ 37 GBVerfahrensordnung erlassene und am 1.3.1988 in Kraft getretene
Colido-GBAnweisung v. 27.10.1987 (Colido = computergestützte Liegenschaftsdokumentation). Auch materiellrechtlich war das Recht der ehemaligen DDR, insbes. das Zivilgesetzbuch v. 19.6.1975 (GBl. DDR I 465), maßgebend (Art. 233 § 7 EGBGB).

36   Am 3.10.1990 anhängige Beschwerdeverfahren waren an das nunmehr
zuständige Gericht abzugeben (§ 150 Abs. 1 Nr. 7 Satz 2). Zuständig waren
zunächst als Beschwerdegericht das Bezirksgericht und als Rechtsbeschwerdegericht der besondere Senat eines Bezirksgerichts (s. hierzu § 81 Rn. 4).
Mit der Einrichtung der im GVG vorgesehenen Gerichte sind das OLG und
der BGH Beschwerdegerichte (§ 81 Abs. 1).

37   Die GBBeschwerde nach § 71 war auch dann gegeben, wenn die von einer Behörde der Verwaltung oder Justizverwaltung als GBAmt erlassene Entscheidung (s. hierzu Rn. 3) angefochten wurde. Erfasst wurden von dieser
Regelung alle am 3.10.1990 noch nicht rechtskräftig abgeschlossenen Verfahren. Auf das danach zuständige Gericht gingen bei anderen Stellen anhängige Rechtsmittelverfahren in dem Zustand über, in dem sie sich bei Inkrafttreten des RegVBG befanden. Die Regelung, dass die GBBeschwerde auch
dann gegeben ist, wenn nicht das Amtsgericht sondern eine andere Stelle als
GBAmt entschieden hat, galt nur für Entscheidungen, die ergingen, als nach
§ 150 Abs. 2 Satz 1, 3 die Grundbücher von anderen Stellen als den Amtsgerichten geführt werden durften, also vor dem 1.1.1995 (§ 150 Abs. 3).

38   Mit dem durch das ERVGBG angefügten Abs. 5 wurde eine Verordnungsermächtigung für die Verlängerung der Geltungsdauer des § 113 (früher
§ 105) Abs. 1 Nr. 6 GBV über den 31.12.2010 hinaus bis zum Ablauf des
31.12.2020 geschaffen. Nach dieser Vorschrift gelten gegenüber dem GBAmt
Erleichterungen für den Nachweis der Bewilligungsbefugnis (s. dazu und zur
Fristverlängerung § 19 Rn. 59).

39   Im Übrigen gelten die in Anl. I Kap. III Sachgeb. A Abschn. III Nr. 28 EinigungsV aufgeführten allgemeinen Maßgaben entsprechend (§ 150 Abs. 1
Nr. 7 Satz 1).

Anwendung der Pflicht zur Prüfung der Eintragungsfähigkeit

151 **Für Erklärungen, die bis einschließlich 8. Juni 2017 beurkundet
oder beglaubigt wurden, findet § 15 Absatz 3 keine Anwendung.**

Die Vorschrift wurde durch das Ges. v. 1.6.2017 (BGBl. I 1396) angefügt.
Sie regelt die Anwendung der durch § 15 Abs. 3 eingeführten Pflicht des
Notars zur Prüfung der Eintragungsfähigkeit von GBErklärungen in zeitli-
cher Hinsicht (s. dazu § 15 Rn. 23).

Anhang

Text der Grundbuchverfügung und weiterer Vorschriften

Anhang 1
Verordnung zur Durchführung
der Grundbuchordnung
(Grundbuchverfügung – GBV)

In der Fassung vom 24. Januar 1995

(BGBl. I S. 114)

Geändert durch die 2. EDVGB-ÄndV vom 11.7.1997 (BGBl. I S. 1808), die VO vom 10.2.1999 (BGBl. I S. 147, 155), die VO vom 18.3.1999 (BGBl. I S. 497), das Gesetz vom 23.11.2007 (BGBl. I S. 2614, 2629), das ERVGBG vom 11.8.2009 (BGBl. I S. 2713), das Gesetz vom 26.6.2013 (BGBl. I S. 1800), das DaBaGG vom 1.10.2013 (BGBl. I S. 3719), das Gesetz vom 29.6.2015 (BGBl. I S. 1042), die 10.Zuständigkeitsanpassungs-VO vom 31.8. 2015 (BGBl. I S. 1474), das Gesetz vom 3.12.2015 (BGBl. I 2161), das eIDAS-Durchführungsgesetz vom 18.7.2017 (BGBl. I 2745), das Gesetz zur Beschleunigung des Energieleitungsausbaus vom 13.5.2019 (BGBl. I 706), das Gesetz zur Anpassung an die DS-GVO vom 20.11.2019 (BGBl. I 1724) sowie das Gesetz zur Umsetzung der ÄndRL zur 4. EU-Geldwäsche RL vom 12.12.2019 (BGBl. I S. 2692)

Inhaltsübersicht

Abschnitt I. Das Grundbuch

Unterabschnitt 1. Grundbuchbezirke

§ 1 [Gemeindebezirke]

(1) Grundbuchbezirke sind die Gemeindebezirke. Soweit mehrere Gemeinden zu einem Verwaltungsbezirk zusammengefaßt sind (Gesamtgemeinden; zusammengesetzte Gemeinden), bilden sie einen Grundbuchbezirk. Jedoch kann ein Gemeindebezirk durch Anordnung der Landesjustizverwaltung oder der von ihr bestimmten Stelle in mehrere Grundbuchbezirke geteilt werden.

(2) Wird ein Gemeindebezirk mit einem anderen Gemeindebezirk vereinigt oder wird ein Gemeindebezirk oder ein Verwaltungsbezirk der im Absatz 1 Satz 3 genannten Art in mehrere selbständige Verwaltungsbezirke zerlegt, so können die bisherigen Grundbuchbezirke beibehalten werden.

Unterabschnitt 2. Die äußere Form des Grundbuchs

§ 2 [Grundbuchbände]

Die Grundbücher werden in festen Bänden oder nach näherer Anordnung der Landesjustizverwaltungen in Bänden oder Einzelheften mit herausnehmbaren Einlegebogen geführt. Die Bände sollen regelmäßig mehrere Grundbuchblätter umfassen; mehrere Bände desselben Grundbuchbezirks erhalten fortlaufende Nummern. Soweit die Grundbücher in Einzelheften mit herausnehmbaren Einlegebogen geführt werden, sind die Vorschriften, die Grundbuchbände voraussetzen, nicht anzuwenden.

§ 3 [Nummernfolge]

(1) Sämtliche Grundbuchblätter desselben Grundbuchbezirks erhalten fortlaufende Nummern. Besteht das Grundbuch aus mehreren Bänden, so schließen sich die Blattnummern jedes weiteren Bandes an die des vorhergehenden an.

(2) Von der fortlaufenden Nummernfolge der Grundbuchblätter kann abgewichen werden, wenn das anzulegende Grundbuchblatt einem Bande zugeteilt werden soll, in dem der Umfang der Grundbuchblätter von dem des sonst nach Absatz 1 zu verwendenden Grundbuchblatts verschieden ist.

(3) Wird das Grundbuch in Einzelheften mit herausnehmbaren Einlegebogen geführt, so kann nach Anordnung der Landesjustizverwaltung bei der Numerierung der in Einzelheften anzulegenden Grundbuchblätter eines Grundbuchbezirks neu mit der Nummer 1 oder mit der auf den nächsten freien Tausender folgenden Nummer begonnen werden.

Abschnitt II. Das Grundbuchblatt

§ 4 [Einteilung des Grundbuchblatts]

Jedes Grundbuchblatt besteht aus der Aufschrift, dem Bestandsverzeichnis und drei Abteilungen.

§ 5 [Aufschrift]

In der Aufschrift sind das Amtsgericht, der Grundbuchbezirk und die Nummer des Bandes und des Blattes anzugeben. In den Fällen des § 1 Abs. 2 ist durch einen Zusatz auf die Vereinigung oder Teilung des Bezirks hinzuweisen.

§ 6 [Bestandsverzeichnis]

(1) In dem Bestandsverzeichnis ist die Spalte 1 für die Angabe der laufenden Nummer des Grundstücks bestimmt.

(2) In der Spalte 2 sind die bisherigen laufenden Nummern der Grundstücke anzugeben, aus denen das Grundstück durch Vereinigung, Zuschreibung oder Teilung entstanden ist.

(3a) Die Spalte 3 dient zur Bezeichnung der Grundstücke gemäß dem amtlichen Verzeichnis im Sinne des § 2 Abs. 2 der Grundbuchordnung. Hier sind einzutragen:

1. in Unterspalte a: die Bezeichnung der Gemarkung oder des sonstigen vermessungstechnischen Bezirks, in dem das Grundstück liegt;

2. in Unterspalte b: die vermessungstechnische Bezeichnung des Grundstücks innerhalb des in Nummer 1 genannten Bezirks nach den Buchstaben oder Nummern der Karte;

3. in Unterspalte c und d: die Bezeichnung des Grundstücks nach den Artikeln oder Nummern der Steuerbücher (Grundsteuermutterrolle, Gebäudesteuerrolle oder ähnliches), sofern solche Bezeichnungen vorhanden sind;

4. in Unterspalte e: die Wirtschaftsart des Grundstücks und die Lage (Straße, Hausnummer oder die sonstige ortsübliche Bezeichnung).

Die für die Bezeichnung des Grundstücks nach der Gebäudesteuerrolle oder einem ähnlichen Buch bestimmte Unterspalte d kann nach näherer Anordnung der Landesjustizverwaltung mit der Maßgabe weggelassen werden, daß die Unterspalte c durch die Buchstaben c/d bezeichnet wird; im Rahmen dieser Änderung kann von den Mustern in der Anlage zu dieser Verfügung abgewichen werden. Ferner kann die Landesjustizverwaltung anordnen, daß die in Nummer 3 bezeichneten Eintragungen unterbleiben.

(3b) Soweit das Grundbuch in Loseblattform mit einer Vordruckgröße von 210 × 297 mm (DIN A 4) geführt wird, kann die Landesjustizverwaltung abweichend von den Bestimmungen des Absatzes 3a und von den Mustern in der Anlage zu dieser Verfügung anordnen, daß

1. die Unterspalten a und b der Spalte 3 in der Weise zusammengelegt werden, daß die vermessungstechnische Bezeichnung des Grundstücks unterhalb der Bezeichnung der Gemarkung oder des sonstigen vermessungstechnischen Bezirks einzutragen ist; die Eintragung der Bezeichnung der Gemarkung oder des sonstigen vermessungstechnischen Bezirks kann nach näherer Anordnung der Landesjustizverwaltung unterbleiben, wenn sie mit der des Grundbuchbezirks übereinstimmt;

2. die Unterspalten c und d der Spalte 3 weggelassen werden und die für die Eintragung der Wirtschaftsart des Grundstücks und der Lage bestimmte Unterspalte e der Spalte 3 durch den Buchstaben c bezeichnet wird.

(3c) Soweit in besonderen Fällen nach den bestehenden gesetzlichen Vorschriften ein Grundstück, das nicht im amtlichen Verzeichnis aufgeführt ist, im Grundbuch eingetragen werden kann, behält es hierbei sein Bewenden.

(4) Besteht ein Grundstück aus mehreren Teilen, die in dem maßgebenden amtlichen Verzeichnis als selbständige Teile aufgeführt sind (z.B. Katasterparzellen), so kann die in Absatz 3a Nr. 2 und 3 vorgeschriebene Angabe unterbleiben, soweit dadurch das Grundbuch nach dem Ermessen des Grundbuchamts unübersichtlich werden würde. In diesem Falle müssen jedoch die fehlenden Angaben in einem bei den Grundakten aufzubewahrenden beglaubigten Auszug aus dem maßgebenden amtlichen Verzeichnis der Grundstücke nachgewiesen werden. Das Grundbuchamt berichtigt den beglaubigten Auszug auf Grund der Mitteilung der das amtliche Verzeichnis führenden Behörde, sofern der bisherige Auszug nicht durch einen neuen ersetzt wird. Sofern das Verzeichnis vom Grundbuchamt selbst geführt wird, hat dieses das Verzeichnis auf dem laufenden zu halten. Statt der in Absatz 3a Nr. 4 vorgeschriebenen Angabe genügt alsdann die Angabe einer Gesamtbezeichnung (z.B. Landgut). Ab dem 9. Oktober 2013 darf eine Buchung gemäß den Vorschriften dieses Absatzes nicht mehr vorgenommen werden.

(5) Die Spalte 4 enthält die Angaben über die Größe des Grundstücks nach dem maßgebenden amtlichen Verzeichnis. Besteht ein Grundstück aus mehreren Teilen, die in diesem Verzeichnis als selbständige Teile aufgeführt sind (z.B. Katasterparzellen), so ist die Größe getrennt nach den aus dem Grundbuch ersichtlichen selbständigen Teilen anzugeben; ist das Grundstück nach Maßgabe des Absatzes 4 bezeichnet, so ist die Gesamtgröße anzugeben.

(6) In der Spalte 6 sind einzutragen:

a) der Vermerk über die Eintragung des Bestandes des Blattes bei der Anlegung (Zeit der Eintragung, Nummer des bisherigen Blattes usw.);

b) die Übertragung eines Grundstücks auf das Blatt;

c) die Vereinigung mehrerer auf dem Blatt eingetragener Grundstücke zu einem Grundstück sowie die Zuschreibung eines solchen Grundstücks zu einem anderen als Bestandteil;

d) die Vermerke, durch welche bisherige Grundstücksteile als selbständige Grundstücke eingetragen werden, insbesondere im Falle des § 7 Abs. 1 der Grundbuchordnung, sofern nicht der Teil auf ein anderes Blatt übertragen wird;

e) die Vermerke über Berichtigungen der Bestandsangaben; eines Vermerks in Spalte 6 bedarf es jedoch nicht, wenn lediglich die in Absatz 3a Nr. 3 für die Unterspalte c vorgeschriebene Angabe nachgetragen oder berichtigt wird.

(7) Die Spalte 8 ist bestimmt für die Abschreibungen, bei denen das Grundstück aus dem Grundbuchblatt ausscheidet.

(8) Bei Eintragungen in den Spalten 6 und 8 ist in den Spalten 5 und 7 auf die laufende Nummer des von der Eintragung betroffenen Grundstücks zu verweisen.

§ 7 [Subjektiv-dingliche Rechte]

(1) Vermerke über Rechte, die dem jeweiligen Eigentümer eines auf dem Blatt verzeichneten Grundstücks zustehen, sind in den Spalten 1, 3 und 4 des Bestandsverzeichnisses einzutragen.

(2) In Spalte 1 ist die laufende Nummer der Eintragung zu vermerken. Dieser ist, durch einen Bruchstrich getrennt, die laufende Nummer des herrschenden Grundstücks mit dem Zusatz „zu" beizufügen (z. B. 7/zu 3).

(3) In dem durch die Spalten 3 und 4 gebildeten Raum sind das Recht nach seinem Inhalt sowie Veränderungen des Rechts wiederzugeben. Im Falle der Veränderung ist in der Spalte 2 die bisherige laufende Nummer der Eintragung zu vermerken.

(4) In Spalte 6 ist der Zeitpunkt der Eintragung des Rechts zu vermerken.

(5) In Spalte 8 ist die Abschreibung des Rechts zu vermerken.

(6) Bei Eintragungen in den Spalten 6 und 8 ist in den Spalten 5 und 7 auf die laufende Nummer des von der Eintragung betroffenen Rechts zu verweisen.

§ 8 [Miteigentumsanteile]

Für die Eintragung eines Miteigentumsanteils nach § 3 Abs. 5 der Grundbuchordnung gilt folgendes:

a) in Spalte 1 ist die laufende Nummer der Eintragung zu vermerken. Dieser ist, durch einen Bruchstrich getrennt, die laufende Nummer des herrschenden Grundstücks mit dem Zusatz „zu" beizufügen;

b) in dem durch die Spalten 3 und 4 gebildeten Raum ist der Anteil der Höhe nach zu bezeichnen. Hierbei ist das gemeinschaftliche Grundstück zu beschreiben;

c) für die Ausfüllung der Spalten 5 bis 8 gilt § 6 Abs. 6 bis 8 entsprechend.

§ 9 [Abteilung I]

(1) In der ersten Abteilung sind einzutragen:

a) in Spalte 1: die laufende Nummer der unter Buchstabe b vorgesehenen Eintragung. Mehrere Eigentümer, die in einem Verhältnis der im § 47 der Grundbuchordnung genannten Art stehen, sollen entsprechend dem Beispiel 1 in DIN 1421, Ausgabe Januar 1983, nummeriert werden;

b) in Spalte 2: der Eigentümer, bei mehreren gemeinschaftlichen Eigentümern auch die in § 47 der Grundbuchordnung vorgeschriebene Angabe; besteht zwischen mehreren Eigentümern kein Rechtsverhältnis der in § 47 der Grundbuchordnung genannten Art, so ist bei den Namen der Eigentümer der Inhalt ihres Rechts anzugeben;

c) in Spalte 3: die laufende Nummer der Grundstücke, auf die sich die in Spalte 4 enthaltenen Eintragungen beziehen;

d) in Spalte 4: der Tag der Auflassung oder die anderweitige Grundlage der Eintragung (Erbschein, Europäisches Nachlasszeugnis, Testament, Zuschlagsbeschluß, Bewilligung der Berichtigung des Grundbuchs, Ersuchen der zuständigen Behörde, Enteignungsbeschluß usw.), der Verzicht auf das Eigentum an einem Grundstück (§ 928 Abs. 1 des Bürgerlichen Gesetzbuchs) und der Tag der Eintragung.

(2) Die Eintragung eines neuen Eigentümers ist auch in den Fällen des Ausscheidens eines Grundstücks aus dem Grundbuch sowie der Einbuchung eines Grundstücks in das Grundbuch in der ersten Abteilung vorzunehmen.

§ 10 [Abteilung II]

(1) In der zweiten Abteilung werden eingetragen:

a) alle Belastungen des Grundstücks oder eines Anteils am Grundstück, mit Ausnahme von Hypotheken, Grundschulden und Rentenschulden, einschließlich der sich auf diese Belastungen beziehenden Vormerkungen und Widersprüche;

b) die Beschränkung des Verfügungsrechts des Eigentümers sowie die das Eigentum betreffenden Vormerkungen und Widersprüche;

c) die im Enteignungsverfahren, im Verfahren zur Klarstellung der Rangverhältnisse (§§ 90 bis 115 der Grundbuchordnung) und in ähnlichen Fällen vorgesehenen, auf diese Verfahren hinweisenden Grundbuchvermerke.

(2) In der Spalte 1 ist die laufende Nummer der in dieser Abteilung erfolgenden Eintragungen anzugeben.

(3) Die Spalte 2 dient zur Angabe der laufenden Nummer, unter der das betroffene Grundstück im Bestandsverzeichnis eingetragen ist.

(4) In der Spalte 3 ist die Belastung, die Verfügungsbeschränkung, auch in Ansehung der in Absatz 1 bezeichneten beschränkten dinglichen Rechte, oder der sonstige Vermerk einzutragen. Dort ist auch die Eintragung des in § 9 Abs. 1 der Grundbuchordnung vorgesehenen Vermerks ersichtlich zu machen.

(5) Die Spalte 5 ist zur Eintragung von Veränderungen der in den Spalten 1 bis 3 eingetragenen Vermerke bestimmt einschließlich der Beschränkungen des Berechtigten in der Verfügung über ein in den Spalten 1 bis 3 eingetragenes Recht und des Vermerks nach § 9 Abs. 3 der Grundbuchordnung, wenn die Beschränkung oder der Vermerk nach § 9 Abs. 3 der Grundbuchordnung nachträglich einzutragen ist.

(6) In der Spalte 7 erfolgt die Löschung der in den Spalten 3 und 5 eingetragenen Vermerke.

(7) Bei Eintragungen in den Spalten 5 und 7 ist in den Spalten 4 und 6 die laufende Nummer anzugeben, unter der die betroffene Eintragung in der Spalte 1 vermerkt ist.

§ 11 [Abteilung III]

(1) In der dritten Abteilung werden Hypotheken, Grundschulden und Rentenschulden einschließlich der sich auf diese Rechte beziehenden Vormerkungen und Widersprüche eingetragen.

(2) Die Spalte 1 ist für die laufende Nummer der in dieser Abteilung erfolgenden Eintragungen bestimmt.

(3) In der Spalte 2 ist die laufende Nummer anzugeben, unter der das belastete Grundstück im Bestandsverzeichnis eingetragen ist.

(4) Die Spalte 3 dient zur Angabe des Betrags des Rechts, bei den Rentenschulden der Ablösungssumme.

(5) In der Spalte 4 wird das Recht inhaltlich eingetragen, einschließlich der Beschränkungen des Berechtigten in der Verfügung über ein solches Recht.

(6) In der Spalte 7 erfolgt die Eintragung von Veränderungen der in den Spalten 1 bis 4 vermerkten Rechte, einschließlich der Beschränkungen des Berech-

tigten in der Verfügung über ein solches Recht, wenn die Beschränkung erst nachträglich eintritt.

(7) In der Spalte 10 werden die in den Spalten 3, 4 und 6, 7 eingetragenen Vermerke gelöscht.

(8) Bei Eintragungen in den Spalten 7 und 10 ist in den Spalten 5 und 8 die laufende Nummer, unter der die betroffene Eintragung in der Spalte 1 eingetragen ist, und in den Spalten 6 und 9 der von der Veränderung oder Löschung betroffene Betrag des Rechts anzugeben.

§ 12 [Vormerkung]

(1) Eine Vormerkung wird eingetragen:

a) wenn die Vormerkung den Anspruch auf Übertragung des Eigentums sichert, in den Spalten 1 bis 3 der zweiten Abteilung;

b) wenn die Vormerkung den Anspruch auf Einräumung eines anderen Rechts an dem Grundstück oder an einem das Grundstück belastenden Recht sichert, in der für die endgültige Eintragung bestimmten Abteilung und Spalte;

c) in allen übrigen Fällen in der für Veränderungen bestimmten Spalte der Abteilung, in welcher das von der Vormerkung betroffene Recht eingetragen ist.

(2) Diese Vorschriften sind bei der Eintragung eines Widerspruchs entsprechend anzuwenden.

Abschnitt III. Die Eintragungen

§ 13 [Vereinigung; Zuschreibung; Abschreibung]

(1) Bei der Vereinigung und der Zuschreibung von Grundstücken (§ 6 Abs. 6 Buchstabe c) sind die sich auf die beteiligten Grundstücke beziehenden Eintragungen in den Spalten 1 bis 4 rot zu unterstreichen. Das durch die Vereinigung oder Zuschreibung entstehende Grundstück ist unter einer neuen laufenden Nummer einzutragen; neben dieser Nummer ist in der Spalte 2 auf die bisherigen laufenden Nummern der beteiligten Grundstücke zu verweisen, sofern sie schon auf demselben Grundbuchblatt eingetragen waren.

(2) Bisherige Grundstücksteile (§ 6 Abs. 6 Buchstabe d) werden unter neuen laufenden Nummern eingetragen; neben diesen Nummern ist in der Spalte 2 auf die bisherige laufende Nummer des Grundstücks zu verweisen. Die Eintragungen, die sich auf das ursprüngliche Grundstück beziehen, sind in den Spalten 1 bis 4 rot zu unterstreichen.

(3) Wird ein Grundstück ganz abgeschrieben, ist in Spalte 8 des Bestandsverzeichnisses die Nummer des Grundbuchblatts anzugeben, in das das Grundstück aufgenommen wird; ist das Blatt einem anderen Grundbuchbezirk zugeordnet, ist auch dieser anzugeben. Eintragungen in den Spalten 1 bis 6 des Bestandsverzeichnisses sowie in den drei Abteilungen, die ausschließlich das abgeschriebene Grundstück betreffen, sind rot zu unterstreichen. In Spalte 6 des Bestandsverzeichnisses des Grundbuchblatts, in das das Grundstück aufgenommen wird, ist die bisherige Buchungsstelle in entsprechender Anwendung des Satzes 1 anzugeben. Wird mit dem Grundstück ein Recht oder eine sonstige Eintragung in der

zweiten oder dritten Abteilung übertragen, soll dies in der Veränderungsspalte der jeweils betroffenen Abteilung des bisherigen Blatts vermerkt werden. Die Sätze 1 bis 4 gelten auch für die nach § 3 Absatz 5 der Grundbuchordnung eingetragenen Miteigentumsanteile, wenn nach § 3 Absatz 8 und 9 der Grundbuchordnung für das ganze gemeinschaftliche Grundstück ein Blatt angelegt wird.

(4) Wird ein Grundstücksteil abgeschrieben, sind die Absätze 2 und 3 Satz 1 bis 4 entsprechend anzuwenden. Ein Grundstücksteil, der in dem amtlichen Verzeichnis nach § 2 Absatz 2 der Grundbuchordnung als selbstständiges Flurstück aufgeführt ist, soll nur dann abgeschrieben werden, wenn er in Spalte 3 Unterspalte b des Bestandsverzeichnisses in Übereinstimmung mit dem amtlichen Verzeichnis gebucht ist. Im Fall des Satzes 2 kann das Grundbuchamt von der Eintragung der bei dem Grundstück verbleibenden Teile unter neuer laufender Nummer absehen; in diesem Fall sind lediglich die Angaben zu dem abgeschriebenen Teil rot zu unterstreichen. Löschungen von Rechten an dem Grundstücksteil sind in der Veränderungsspalte der jeweils betroffenen Abteilung einzutragen. Ist das Grundstück nach Maßgabe des § 6 Abs. 4 bezeichnet, so ist auch in dem bei den Grundakten aufzubewahrenden beglaubigten Auszug aus dem maßgebenden amtlichen Verzeichnis der Grundstücke die Abschreibung zu vermerken; eine ganz oder teilweise abgeschriebene Parzelle ist rot zu unterstreichen; eine bei dem Grundstück verbleibende Restparzelle ist am Schluß neu einzutragen.

(5) Die Vorschriften der Absätze 3 und 4 gelten auch für den Fall des Ausscheidens eines Grundstücks oder Grundstücksteils aus dem Grundbuch (§ 3 Abs. 3 der Grundbuchordnung).

§ 14 [Veränderung bei subjektiv-dinglichen Rechten; Rötung]

(1) Wird ein Vermerk über eine Veränderung eines Rechts, das dem jeweiligen Eigentümer eines auf dem Blatt verzeichneten Grundstücks zusteht, eingetragen, so ist der frühere Vermerk in den Spalten 3 und 4 insoweit rot zu unterstreichen, als er durch den Inhalt des Veränderungsvermerks gegenstandslos wird. Ferner ist bei der bisherigen Eintragung in Spalte 1 ein Hinweis auf die laufende Nummer des Veränderungsvermerks einzutragen.

(2) Im Falle der Abschreibung eines solchen Rechts sind in den Spalten 1 bis 6 des Bestandsverzeichnisses die Eintragungen, die sich auf dieses Recht beziehen, rot zu unterstreichen.

§ 15 [Bezeichnung des Berechtigten]

(1) Zur Bezeichnung des Berechtigten sind im Grundbuch anzugeben:

a) bei natürlichen Personen Vorname und Familienname, Geburtsdatum und, falls aus den Eintragungsunterlagen ersichtlich, akademische Grade und frühere Familiennamen; ergibt sich das Geburtsdatum nicht aus den Eintragungsunterlagen und ist es dem Grundbuchamt nicht anderweitig bekannt, soll der Wohnort des Berechtigten angegeben werden;

b) bei juristischen Personen, Handels- und Partnerschaftsgesellschaften der Name oder die Firma und der Sitz; angegeben werden sollen zudem das Registergericht und das Registerblatt der Eintragung des Berechtigten in das Handels-, Genossenschafts-, Partnerschafts- oder Vereinsregister, wenn sich diese Angaben aus den Eintragungsunterlagen ergeben oder dem Grundbuchamt anderweitig bekannt sind;

c) bei der Eintragung einer Gesellschaft bürgerlichen Rechts nach § 47 Absatz 2 der Grundbuchordnung zur Bezeichnung der Gesellschafter die Merkmale gemäß Buchstabe a oder Buchstabe b; zur Bezeichnung der Gesellschaft können zusätzlich deren Name und Sitz eingetragen werden.

(2) Bei Eintragungen für den Fiskus, eine Gemeinde oder eine sonstige juristische Person des öffentlichen Rechts kann auf Antrag des Berechtigten der Teil seines Vermögens, zu dem das eingetragene Grundstück oder Recht gehört, oder die Zweckbestimmung des Grundstücks oder des Rechts durch einen dem Namen des Berechtigten in Klammern beizufügenden Zusatz bezeichnet werden. Auf Antrag kann auch angegeben werden, durch welche Behörde der Fiskus vertreten wird.

§ 16 [Rötung bei Eigentumswechsel]

Bei der Eintragung eines neuen Eigentümers sind die Vermerke in den Spalten 1 bis 4 der ersten Abteilung, die sich auf den bisher eingetragenen Eigentümer beziehen, rot zu unterstreichen.

§ 17 [Geldbeträge in Buchstaben; Rötung in Abteilung II und III]

(1) Bei Reallasten, Hypotheken, Grundschulden und Rentenschulden sind die in das Grundbuch einzutragenden Geldbeträge (§ 1107, § 1115 Abs. 1, § 1190 Abs. 1, §§ 1192, 1199 des Bürgerlichen Gesetzbuchs) in den Vermerken über die Eintragung des Rechts mit Buchstaben zu schreiben. Das gleiche gilt für die Eintragung einer Veränderung oder einer Löschung bezüglich eines Teilbetrags eines Rechts sowie im Falle des § 882 des Bürgerlichen Gesetzbuchs für die Eintragung des Höchstbetrags des Wertersatzes.

(2) Wird in der zweiten oder dritten Abteilung eine Eintragung ganz gelöscht, so ist sie rot zu unterstreichen. Dasselbe gilt für Vermerke, die ausschließlich die gelöschte Eintragung betreffen. Die rote Unterstreichung kann dadurch ersetzt werden, daß über der ersten und unter der letzten Zeile der Eintragung oder des Vermerks ein waagerechter roter Strich gezogen wird und beide Striche durch einen von oben links nach unten rechts verlaufenden roten Schrägstrich verbunden werden; erstreckt sich eine Eintragung oder ein Vermerk auf mehr als eine Seite, so ist auf jeder Seite entsprechend zu verfahren. Im Falle der Löschung eines Erbbaurechts unter gleichzeitiger Eintragung der im § 31 Abs. 4 Satz 3 des Erbbaurechtsgesetzes bezeichneten Vormerkung ist auf diese im Löschungsvermerk hinzuweisen.

(3) Wird in der zweiten oder dritten Abteilung ein Vermerk über eine Veränderung eingetragen, nach dessen aus dem Grundbuch ersichtlichen Inhalt ein früher eingetragener Vermerk ganz oder teilweise gegenstandslos wird, so ist der frühere Vermerk insoweit rot zu unterstreichen. Wird der früher eingetragene Vermerk ganz gegenstandslos, so gilt Absatz 2 Satz 3 entsprechend.

(4) Bei Teilabtretungen und sonstigen Teilungen der in der dritten Abteilung eingetragenen Rechte ist der in Spalte 5 einzutragenden Nummer eine Nummer entsprechend dem Beispiel 1 in DIN 1421, Ausgabe Januar 1983, hinzuzufügen.

(5) Wird eine Hypothek, Grundschuld oder Rentenschuld teilweise gelöscht, so ist in der Spalte 3 der dritten Abteilung der gelöschte Teil von dem Betrag abzuschreiben. Bezieht sich diese Löschung auf einen Teilbetrag (Absatz 4), so ist der gelöschte Teil auch in Spalte 6 von dem Teilbetrag abzuschreiben.

§ 17a [Entsprechende Anwendung]

§ 17 Abs. 2 Satz 3 ist auch bei Löschungen in dem Bestandsverzeichnis oder in der ersten Abteilung sinngemäß anzuwenden.

§ 18 [Rangvermerke]

Angaben über den Rang eines eingetragenen Rechts sind bei allen beteiligten Rechten zu vermerken.

§ 19 [Vormerkung und Widerspruch in Halbspalte]

(1) In den Fällen des § 12 Abs. 1 Buchstabe b und c ist bei Eintragung der Vormerkung die rechte Hälfte der Spalte für die endgültige Eintragung freizulassen. Das gilt jedoch nicht, wenn es sich um eine Vormerkung handelt, die einen Anspruch auf Aufhebung eines Rechts sichert.

(2) Soweit die Eintragung der Vormerkung durch die endgültige Eintragung ihre Bedeutung verliert, ist sie rot zu unterstreichen.

(3) Diese Vorschriften sind bei der Eintragung eines Widerspruchs entsprechend anzuwenden.

§ 20 [Eintragung in mehreren Spalten]

Sind bei einer Eintragung mehrere Spalten desselben Abschnitts oder derselben Abteilung auszufüllen, so gelten die sämtlichen Vermerke im Sinne des § 44 der Grundbuchordnung nur als eine Eintragung.

§ 21 [Äußere Form der Eintragung]

(1) Eintragungen sind deutlich und ohne Abkürzungen herzustellen. In dem Grundbuch darf nichts radiert und nichts unleserlich gemacht werden.

(2) Für Eintragungen, die mit gleichlautendem Text in einer größeren Zahl von Grundbuchblättern vorzunehmen sind, ist die Verwendung von Stempeln mit Genehmigung der Landesjustizverwaltung oder der von ihr bestimmten Stelle zulässig.

(3) Die sämtlichen Eintragungen in das Bestandsverzeichnis und in der zweiten und dritten Abteilung sind an der zunächst freien Stelle in unmittelbarem Anschluß an die vorhergehende Eintragung derselben Spalte und ohne Rücksicht darauf, zu welcher Eintragung einer anderen Spalte sie gehören, vorzunehmen.

(4) Sollen bei einem in Loseblattform geführten Grundbuch Eintragungen gedruckt werden, so kann abweichend von Absatz 3 der vor ihnen noch vorhandene freie Eintragungsraum in den Spalten, auf die sich die zu druckende Eintragung erstreckt, nach Maßgabe der folgenden Vorschriften gesperrt werden. Unmittelbar im Anschluß an die letzte Eintragung wird der nicht zu unterzeich-

nende Hinweis angebracht: „Anschließender Eintragungsraum gesperrt im Hinblick auf nachfolgende Eintragung"; für den Hinweis können Stempel verwendet werden, ohne daß es der Genehmigung nach Absatz 2 bedarf. Sodann werden auf jeder Seite in dem freien Eintragungsraum oben und unten über die ganze Breite der betroffenen Spalten waagerechte Striche gezogen und diese durch einen von oben links nach unten rechts verlaufenden Schrägstrich verbunden. Der obere waagerechte Strich ist unmittelbar im Anschluß an den in Satz 2 genannten Hinweis und, wenn dieser bei einer sich über mehrere Seiten erstreckenden Sperrung auf einer vorhergehenden Seite angebracht ist, außerdem auf jeder folgenden Seite unmittelbar unter der oberen Begrenzung des Eintragungsraumes, der untere waagerechte Strich unmittelbar über der unteren Begrenzung des zu sperrenden Raumes jeder Seite zu ziehen. Liegen nicht sämtliche betroffenen Spalten auf einer Seite nebeneinander, so ist die Sperrung nach den vorstehenden Vorschriften für die Spalten, die nebeneinanderliegen, jeweils gesondert vorzunehmen.

§ 22 [Eintragungsmuster]

Die nähere Einrichtung und die Ausfüllung des Grundbuchblatts ergibt sich aus dem in Anlage 1 beigefügten Muster. Die darin befindlichen Probeeintragungen sind als Beispiele nicht Teil dieser Verfügung.

§ 23 *(aufgehoben)*

Abschnitt IV. Die Grundakten

§ 24 [Inhalt der Grundakten; Handblatt]

(1) Die Urkunden und Abschriften, die nach § 10 der Grundbuchordnung von dem Grundbuchamt aufzubewahren sind, werden zu den Grundakten genommen, und zwar die Bewilligung der Eintragung eines Erbbaurechts zu den Grundakten des Erbbaugrundbuchs.

(2) Betrifft ein Schriftstück der in Absatz 1 bezeichneten Art Eintragungen auf verschiedenen Grundbuchblättern desselben Grundbuchamts, so ist es zu den Grundakten eines der beteiligten Blätter zu nehmen; in den Grundakten der anderen Blätter ist auf diese Grundakten zu verweisen.

(3) Ist ein Schriftstück der in Absatz 1 bezeichneten Art in anderer der Vernichtung nicht unterliegenden Akten des Amtsgerichts enthalten, welches das Grundbuch führt, so genügt eine Verweisung auf die anderen Akten.

(4) Bei den Grundakten ist ein in seiner Einrichtung dem Grundbuchblatt entsprechender Vordruck (Handblatt) zu verwahren, welcher eine wörtliche Wiedergabe des gesamten Inhalts des Grundbuchblatts enthält. Die mit der Führung des Grundbuchs beauftragten Beamten haben für die Übereinstimmung des Handblatts mit dem Grundbuchblatt zu sorgen.

§ 24a [Gestaltung der aufzubewahrenden Urkunden]

Urkunden oder Abschriften, die nach § 10 der Grundbuchordnung bei den Grundakten aufzubewahren sind, sollen tunlichst doppelseitig beschrieben sein, nur die Eintragungsunterlagen enthalten und nur einmal zu der betreffenden Grundakte eingereicht werden. § 18 der Grundbuchordnung findet insoweit keine Anwendung. Das Bundesministerium der Justiz und für Verbraucherschutz gibt hierzu im Einvernehmen mit den Landesjustizverwaltungen und der Bundesnotarkammer Empfehlungen heraus.

Abschnitt V. Der Zuständigkeitswechsel

§ 25 [Schließung und Neuanlegung des Grundbuchblatts]

(1) Geht die Zuständigkeit für die Führung eines Grundbuchblatts auf ein anderes Grundbuchamt über, so ist das bisherige Blatt zu schließen; dem anderen Grundbuchamt sind die Grundakten sowie eine beglaubigte Abschrift des Grundbuchblatts zu übersenden.

(2a) In der Aufschrift des neuen Blattes ist auf das bisherige Blatt zu verweisen.

(2b) Gelöschte Eintragungen werden in das neue Blatt insoweit übernommen, als dies zum Verständnis der noch gültigen Eintragungen erforderlich ist. Im übrigen sind nur die laufenden Nummern der Eintragungen mit dem Vermerk „Gelöscht" zu übernehmen. Die Übernahme der Nummern der Eintragungen mit dem Vermerk „Gelöscht" kann unterbleiben und der Bestand an Eintragungen unter neuen laufenden Nummern übernommen werden, wenn Unklarheiten nicht zu besorgen sind.

(2c) Die Übereinstimmung des Inhalts des neuen Blattes mit dem Inhalt des bisherigen Blattes ist im Bestandsverzeichnis und jeder Abteilung von der für die Führung des Grundbuchs zuständigen Person und dem Urkundsbeamten der Geschäftsstelle zu bescheinigen. Die Bescheinigung kann im Bestandsverzeichnis oder einer Abteilung mehrfach erfolgen, wenn die Spalten nicht gleich weit ausgefüllt sind. Befinden sich vor einer Bescheinigung leergebliebene Stellen, so sind sie zu durchkreuzen.

(2d) Das Grundbuchamt, welches das neue Blatt anlegt, hat dem früher zuständigen Grundbuchamt die Bezeichnung des neuen Blattes mitzuteilen. Diese wird dem Schließungsvermerk (§ 36 Buchstabe b) auf dem alten Blatt hinzugefügt.

(3a) Geht die Zuständigkeit für die Führung des Grundbuchs über eines von mehreren, auf einem gemeinschaftlichen Blatt eingetragenen Grundstücken oder über einen Grundstücksteil auf ein anderes Grundbuchamt über, so ist das Grundstück oder der Grundstücksteil abzuschreiben. Dem anderen Grundbuchamt sind eine beglaubigte Abschrift des Grundbuchblatts sowie die Grundakten zwecks Anfertigung von Abschriften und Auszügen der das abgeschriebene Grundstück betreffenden Urkunden zu übersenden.

(3b) Ist der Übergang der Zuständigkeit von einem vorherigen, die Eintragung des neuen Eigentümers erfordernden Wechsel des Eigentums abhängig, so hat das bisher zuständige Grundbuchamt den neuen Eigentümer auf einem neu anzulegenden Blatt einzutragen; sodann ist nach den Absätzen 1 und 2 zu verfahren.

(4) Im Abschreibungsvermerk ist die Bezeichnung des Blattes, auf das das Grundstück oder der Grundstücksteil übertragen wird, zunächst offen zu lassen.

Sie wird auf Grund einer von dem nunmehr zuständigen Grundbuchamt dem früher zuständigen Grundbuchamt zu machenden Mitteilung nachgetragen.

§ 26 [Abgabe des Grundbuchbandes]

(1) Geht bei einer Bezirksänderung die Führung des Grundbuchs in Ansehung aller Blätter eines Grundbuchbandes auf ein anderes Grundbuchamt über, so ist der Band an das andere Grundbuchamt abzugeben. Dasselbe gilt, wenn von der Bezirksänderung nicht alle, aber die meisten Blätter eines Bandes betroffen werden und die Abgabe den Umständen nach zweckmäßig ist.

(2a) Der abzugebende Band ist an das andere Grundbuchamt zu übersenden.

(2b) Die von der Bezirksänderung nicht betroffenen Grundbuchblätter sind zu schließen. Ihr Inhalt ist auf ein neues Grundbuchblatt zu übertragen. § 25 Abs. 2a bis 2c findet entsprechende Anwendung. In dem Schließungsvermerk (§ 36 Buchstabe b) ist die Bezeichnung des neuen Blattes anzugeben.

(3) Die abgegebenen Grundbuchbände und Blätter erhalten nach Maßgabe des § 2 Satz 2 und des § 3 neue Bezeichnungen. In der neuen Aufschrift (§ 5) sind in Klammern mit dem Zusatz „früher" auch der bisherige Bezirk und die bisherigen Band- und Blattnummern anzugeben.

(4) Mit den Grundbuchbänden sind die Grundakten sowie die sonstigen sich auf die darin enthaltenen Grundbuchblätter beziehenden und in Verwahrung des Gerichts befindlichen Schriftstücke abzugeben.

(5) Bei Grundstücken, die kein Grundbuchblatt haben, sind die sich auf sie beziehenden Schriftstücke gleichfalls abzugeben.

(6) Geht die Führung der Grundbuchblätter eines ganzen Grundbuchbezirks auf ein anderes Grundbuchamt über, so sind auch die Sammelakten und Verzeichnisse (z. B. Katasterurkunden) abzugeben, soweit sie sich auf diesen Bezirk beziehen.

(7) In den Fällen der Absätze 4, 5 und 6 ist über die Abgabe ein Vermerk zurückzubehalten.

§ 27 [Wechsel des Grundbuchbezirks]

Die Vorschriften des § 25 und des § 26 Abs. 1, 2 und 3 sind entsprechend anzuwenden, wenn ein Grundstück in einen anderen Grundbuchbezirk desselben Grundbuchamts übergeht.

§ 27a [Abgabe von Grundbuchblättern]

(1) Geht die Zuständigkeit für die Führung eines oder mehrerer Grundbuchblätter auf ein anderes Grundbuchamt über und wird bei beiden beteiligten Grundbuchämtern für die in Frage kommenden Bezirke das Grundbuch in Einzelheften mit herausnehmbaren Einlegebogen geführt, so sind die betroffenen Blätter nicht zu schließen, sondern an das nunmehr zuständige Grundbuchamt abzugeben. § 26 Abs. 3, 4, 6 und 7 ist entsprechend anzuwenden. Im Fall des § 27 ist nach Satz 1 und § 26 Abs. 3 zu verfahren.

(2) Wird das Grundbuch in Einzelheften mit herausnehmbaren Einlegebogen nur bei einem der beteiligten Grundbuchämter für den in Frage kommenden

Bezirk geführt, so ist nach § 25 Abs. 1 und 2, § 26 Abs. 3, 4, 6 und 7 zu verfahren. Im Fall des § 27 ist nach § 25 Abs. 1 und 2, § 26 Abs. 3 zu verfahren.

Abschnitt VI. Die Umschreibung von Grundbüchern

§ 28 [Fälle der Umschreibung]

Ein Grundbuchblatt ist umzuschreiben, wenn es unübersichtlich geworden ist. Es kann umgeschrieben werden, wenn es durch Umschreibung wesentlich vereinfacht wird.

§ 29 [Verfahren vor Umschreibung]

Vor der Umschreibung hat die für die Führung des Grundbuchs zuständige Person Eintragungen, die von Amts wegen vorzunehmen sind, zu bewirken (z. B. §§ 4, 53 der Grundbuchordnung). Sie hat über die Einleitung eines Löschungsverfahrens (§§ 84 bis 89 der Grundbuchordnung) oder eines Verfahrens zur Klarstellung der Rangverhältnisse (§§ 90 bis 115 der Grundbuchordnung) zu beschließen und das Verfahren vor der Umschreibung durchzuführen; auch hat sie gegebenenfalls die Beteiligten über die Beseitigung unrichtiger Eintragungen sowie über die Vereinigung oder Zuschreibung von Grundstücken zu belehren.

§ 30 [Gestaltung des neuen Blattes]

(1) Für das neue Blatt gelten die folgenden Bestimmungen:
a) Das Blatt erhält die nächste fortlaufende Nummer; § 3 Abs. 2 ist anzuwenden.
b) In der Aufschrift des neuen Blattes ist auf das bisherige Blatt zu verweisen.
c) Gelöschte Eintragungen werden unter ihrer bisherigen laufenden Nummer in das neue Blatt insoweit übernommen, als dies zum Verständnis der noch gültigen Eintragungen erforderlich ist. Im übrigen sind nur die laufenden Nummern der Eintragungen mit dem Vermerk „Gelöscht" zu übernehmen. Die Übernahme der Nummern der Eintragungen mit dem Vermerk „Gelöscht" kann unterbleiben und der Bestand an Eintragungen unter neuen laufenden Nummern übernommen werden, wenn Unklarheiten nicht zu besorgen sind; dabei sollen bei Eintragungen in der zweiten und dritten Abteilung die jeweiligen bisherigen laufenden Nummern vermerkt werden.
d) Die Eintragungsvermerke sind tunlichst so zusammenzufassen und zu ändern, daß nur ihr gegenwärtiger Inhalt in das neue Blatt übernommen wird.
e) Veränderungen eines Rechts sind tunlichst in den für die Eintragung des Rechts selbst bestimmten Spalten einzutragen; jedoch sind besondere Rechte (z. B. Pfandrechte), Löschungsvormerkungen sowie Vermerke, die sich auf mehrere Rechte gemeinsam beziehen, wieder in den für Veränderungen bestimmten Spalten einzutragen.
f) *(weggefallen)*
g) In der zweiten und dritten Abteilung ist der Tag der ersten Eintragung eines Rechts mit zu übertragen.
h) 1. Jeder übertragene Vermerk, dessen Unterzeichnung erforderlich ist, ist mit dem Zusatz „Umgeschrieben" zu versehen und von der für die Führung

des Grundbuchs zuständigen Person und dem Urkundsbeamten der Geschäftsstelle zu unterzeichnen.

2. In Spalte 6 des Bestandsverzeichnisses genügt der Vermerk: „Bei Umschreibung des unübersichtlich gewordenen Blattes … als Bestand eingetragen am …"; der Vermerk in Spalte 4 der ersten Abteilung hat zu lauten: „Das auf dem unübersichtlich gewordenen Blatt … eingetragene Eigentum bei Umschreibung des Blattes hier eingetragen am …".

i) In den Fällen des § 30 (§§ 31, 32) des Reichsgesetzes über die Bereinigung der Grundbücher vom 18. Juli 1930 (Reichsgesetzbl. I S. 305) ist nach Möglichkeit an Stelle der Bezugnahme auf das Aufwertungsgesetz ein Widerspruch mit dem im § 30 des Gesetzes über die Bereinigung der Grundbücher bezeichneten Inhalt einzutragen, sofern eine endgültige Klarstellung in einem Verfahren zur Klarstellung der Rangverhältnisse (§§ 90 bis 115 der Grundbuchordnung) oder auf andere Weise nicht erreichbar ist.

(2) Das umgeschriebene Blatt ist zu schließen. In dem Schließungsvermerk (§ 36 Buchstabe b) ist die Bezeichnung des neuen Blattes anzugeben.

§ 31 [Muster für Umschreibung]

Die Durchführung der Umschreibung im einzelnen ergibt sich aus den in den Anlagen 2a und 2b beigefügten Mustern. § 22 Satz 2 gilt entsprechend.

§ 32 [Neues Handblatt]

(1) Die für das geschlossene Grundbuchblatt gehaltenen Grundakten werden unter entsprechender Änderung ihrer Bezeichnung für das neue Blatt weitergeführt. Nach dem umgeschriebenen Blatt ist ein neues Handblatt herzustellen. Das alte Handblatt ist bei den Grundakten zu verwahren; es ist deutlich als Handblatt des wegen Umschreibung geschlossenen Blattes zu kennzeichnen.

(2) Mit Genehmigung der Landesjustizverwaltung oder der von ihr bestimmten Stelle können auch die für das geschlossene Grundbuchblatt gehaltenen Akten geschlossen werden. Das alte Handblatt und Urkunden, auf die eine Eintragung in dem neuen Grundbuchblatt sich gründet oder Bezug nimmt, können zu den Grundakten des neuen Blattes genommen werden; in diesem Fall ist Absatz 1 Satz 3 Halbsatz 2 entsprechend anzuwenden. Die Übernahme ist in den geschlossenen Grundakten zu vermerken.

§ 33 [Teilweise Unübersichtlichkeit]

(1) Sind nur das Bestandsverzeichnis oder einzelne Abteilungen des Grundbuchblatts unübersichtlich geworden, so können sie für sich allein neu gefaßt werden, falls dieser Teil des Grundbuchblatts hierfür genügend Raum bietet.

(2a) § 29 ist entsprechend anzuwenden.

(2b) Der neu zu fassende Teil des Grundbuchblatts ist durch einen quer über beide Seiten zu ziehenden rot-schwarzen Doppelstrich abzuschließen und darunter der Vermerk zu setzen: „Wegen Unübersichtlichkeit neu gefaßt." Die über dem Doppelstrich stehenden Eintragungen sind rot zu durchkreuzen.

(2c) § 30 Abs. 1 Buchstaben c, d, e, g und i ist entsprechend anzuwenden, Buchstabe c jedoch mit Ausnahme seines Satzes 3.

(2d) 1. Jeder übertragene Vermerk, dessen Unterzeichnung erforderlich ist, ist mit dem Zusatz: „Bei Neufassung übertragen" zu versehen und von dem *Richter* und dem Urkundsbeamten der Geschäftsstelle zu unterzeichnen.

2. In Spalte 6 des Bestandsverzeichnisses genügt der Vermerk: „Bei Neufassung des unübersichtlich gewordenen Bestandsverzeichnisses als Bestand eingetragen am ...".

(2e) Die nicht neu gefaßten Teile des Grundbuchblatts bleiben unverändert.

Abschnitt VII. Die Schließung des Grundbuchblatts

§ 34 [Weitere Fälle der Schließung]

Außer den Fällen des § 25 Abs. 1, § 26 Abs. 2, § 27, § 27a Abs. 2 und § 30 Abs. 2 wird das Grundbuchblatt geschlossen, wenn:

a) alle auf einem Blatt eingetragenen Grundstücke aus dem Grundbuchblatt ausgeschieden sind;

b) an Stelle des Grundstücks die Miteigentumsanteile der Miteigentümer nach § 3 Abs. 4 und 5 der Grundbuchordnung im Grundbuch eingetragen werden und weitere Grundstücke nicht eingetragen sind;

c) das Grundstück untergegangen ist.

§ 35 [Nicht nachweisbares Grundstück]

(1) Das Grundbuchblatt wird ferner geschlossen, wenn das Grundstück sich in der Örtlichkeit nicht nachweisen läßt.

(2) Vor der Schließung sind alle, denen ein im Grundbuch eingetragenes Recht an dem Grundstück oder an einem solchen Rechte zusteht, aufzufordern, binnen einer vom Grundbuchamt zu bestimmenden angemessenen Frist das Grundstück in der Örtlichkeit nachzuweisen, mit dem Hinweis, daß nach fruchtlosem Ablauf der Frist das Blatt geschlossen werde. Die Aufforderung ist den Berechtigten, soweit ihre Person und ihr Aufenthalt dem Grundbuchamt bekannt ist, zuzustellen. Sie kann nach Ermessen des Grundbuchamts außerdem öffentlich bekanntgemacht werden; dies hat zu geschehen, wenn Person oder Aufenthalt eines Berechtigten dem Grundbuchamt nicht bekannt ist. Die Art der Bekanntmachung bestimmt das Grundbuchamt.

§ 36 [Form der Schließung]

Das Grundbuchblatt wird geschlossen, indem

a) sämtliche Seiten des Blattes, soweit sie Eintragungen enthalten, rot durchkreuzt werden;

b) ein Schließungsvermerk, in dem der Grund der Schließung anzugeben ist, in der Aufschrift eingetragen wird.

§ 37 [Wiederverwendung geschlossener Blätter]

Die Nummern geschlossener Grundbuchblätter dürfen für neue Blätter desselben Grundbuchbezirks nicht wieder verwendet werden.

Abschnitt VIII. Die Beseitigung einer Doppelbuchung

§ 38 [Beseitigung einer Doppelbuchung]

(1) Ist ein Grundstück für sich allein auf mehreren Grundbuchblättern eingetragen, so gilt folgendes:

a) Stimmen die Eintragungen auf den Blättern überein, so sind die Blätter bis auf eins zu schließen. Im Schließungsvermerk (§ 36 Buchstabe b) ist die Nummer des nicht geschlossenen Blattes anzugeben.

b) 1. Stimmen die Eintragungen auf den Blättern nicht überein, so sind alle Blätter zu schließen. Für das Grundstück ist ein neues Blatt anzulegen. Im Schließungsvermerk (§ 36 Buchstabe b) ist die Nummer des neuen Blattes anzugeben.

   2. Das Grundbuchamt entscheidet darüber, welche Eintragungen aus den geschlossenen Blättern auf das neue Blatt zu übernehmen sind. Nicht übernommene Eintragungen sind durch Eintragung von Widersprüchen zu sichern. Das Grundbuchamt hat vor der Entscheidung, soweit erforderlich und tunlich, die Beteiligten zu hören und eine gütliche Einigung zu versuchen.

c) Die wirkliche Rechtslage bleibt durch die nach den Buchstaben a und b vorgenommenen Maßnahmen unberührt.

(2a) Ist ein Grundstück oder Grundstücksteil auf mehreren Grundbuchblättern eingetragen, und zwar wenigstens auf einem der Grundbuchblätter zusammen mit anderen Grundstücken oder Grundstücksteilen (§§ 4, 5, 6, 6a der Grundbuchordnung), so ist das Grundstück oder der Grundstücksteil von allen Blättern abzuschreiben. Für das Grundstück oder den Grundstücksteil ist ein neues Blatt anzulegen.

(2b) Für die Anlegung des neuen Blattes gilt Absatz 1 Buchstabe b Nr. 2 entsprechend.

(2c) Würde das nach den Absätzen 2a und 2b anzulegende neue Blatt mit einem der alten Blätter übereinstimmen, so wird dieses fortgeführt und das Grundstück oder der Grundstücksteil nur von den anderen alten Blättern abgeschrieben.

(2d) Die wirkliche Rechtslage bleibt von den nach den Absätzen 2a bis 2c vorgenommenen Maßnahmen unberührt.

Abschnitt IX. Die Bekanntmachung der Eintragungen

§ 39 [Bekanntmachung an Behörden]

Die Umschreibung eines Grundbuchblatts ist dem Eigentümer, den eingetragenen dinglich Berechtigten und der Katasterbehörde (Flurbuchbehörde, Vermessungsbehörde) bekanntzugeben. Inwieweit hiermit eine Mitteilung von etwaigen Änderungen der Eintragungsvermerke zu verbinden ist, bleibt, unbeschadet der Vorschrift des § 55 der Grundbuchordnung, dem Ermessen der für die Führung des Grundbuchs zuständigen Person überlassen. Die Änderung der laufenden

Nummern von Eintragungen (§ 30 Abs. 1 Buchstabe c Satz 3) ist dem Eigentümer stets, einem eingetragenen dinglich Berechtigten, wenn sich die laufende Nummer seines Rechts ändert oder die Änderung für ihn sonst von Bedeutung ist, bekanntzugeben. Ist über eine Hypothek, Grundschuld oder Rentenschuld ein Brief erteilt, so ist bei der Bekanntgabe der Gläubiger aufzufordern, den Brief zwecks Berichtigung, insbesondere der Nummer des Grundbuchblatts, dem Grundbuchamt alsbald einzureichen.

§ 40 [Bekanntmachungen bei Zuständigkeitswechsel]

(1) Geht die Zuständigkeit für die Führung des Grundbuchblatts infolge einer Bezirksänderung oder auf sonstige Weise auf ein anderes Grundbuchamt über (§§ 25, 26), so hat dieses hiervon den eingetragenen Eigentümer und die aus dem Grundbuch ersichtlichen dinglich Berechtigten unter Mitteilung der künftigen Aufschrift des Grundbuchblatts zu benachrichtigen. Die Vorschriften des § 39 Satz 3 und 4 sind entsprechend anzuwenden. Die vorstehenden Bestimmungen gelten nicht, wenn die Änderung der Zuständigkeit sich auf sämtliche Grundstücke eines Grundbuchbezirks erstreckt und die Bezeichnung des Grundbuchbezirks sowie die Band- und Blattnummern unverändert bleiben.

(2) Die Vorschriften des Absatzes 1 Satz 1 und des § 39 Satz 3 und 4 sind entsprechend anzuwenden, wenn ein Grundstück in einen anderen Grundbuchbezirk desselben Grundbuchamts übergeht (§ 27).

§ 41 *(weggefallen)*

§ 42 [Form der Benachrichtigung]

Erforderliche maschinell erstellte Zwischenverfügungen und die nach den §§ 55 bis 55b der Grundbuchordnung vorzunehmenden Mitteilungen müssen nicht unterschrieben werden. In diesem Fall soll auf dem Schreiben der Vermerk „Dieses Schreiben ist maschinell erstellt und auch ohne Unterschrift wirksam" angebracht sein.

Abschnitt X. Grundbucheinsicht und -abschriften

§ 43 [Einsicht durch Notare und Behörden]

(1) Beauftragte inländischer öffentlicher Behörden sind befugt, das Grundbuch einzusehen und eine Abschrift zu verlangen, ohne daß es der Darlegung eines berechtigten Interesses bedarf.

(2) Dasselbe gilt für Notare sowie für Rechtsanwälte, die im nachgewiesenen Auftrag eines Notars das Grundbuch einsehen wollen, für öffentlich bestellte Vermessungsingenieure und dinglich Berechtigte, soweit Gegenstand der Einsicht das betreffende Grundstück ist. Unbeschadet dessen ist die Einsicht in das Grundbuch und die Erteilung von Abschriften hieraus zulässig, wenn die für den Einzelfall erklärte Zustimmung des eingetragenen Eigentümers dargelegt wird.

§ 44 [Grundbuchabschriften]

(1) Grundbuchabschriften sind auf Antrag zu beglaubigen.

(2) Auf einfachen Abschriften ist der Tag anzugeben, an dem sie gefertigt sind. Der Vermerk ist jedoch nicht zu unterzeichnen.

§ 45 [Beglaubigte Abschrift von Blatteilen]

(1) Die Erteilung einer beglaubigten Abschrift eines Teils des Grundbuchblatts ist zulässig.

(2) In diesem Fall sind in die Abschrift die Eintragungen aufzunehmen, welche den Gegenstand betreffen, auf den sich die Abschrift beziehen soll. In dem Beglaubigungsvermerk ist der Gegenstand anzugeben und zu bezeugen, daß weitere ihn betreffende Eintragungen in dem Grundbuch nicht enthalten sind.

(3) Im übrigen ist das Grundbuchamt den Beteiligten gegenüber zur Auskunftserteilung nur auf Grund besonderer gesetzlicher Vorschrift verpflichtet.

§ 46 [Einsicht in die Grundakten]

(1) Die Einsicht von Grundakten ist jedem gestattet, der ein berechtigtes Interesse darlegt, auch soweit es sich nicht um die im § 12 Abs. 1 Satz 2 der Grundbuchordnung bezeichneten Urkunden handelt.

(2) Die Vorschrift des § 43 ist auf die Einsicht von Grundakten entsprechend anzuwenden.

(3) Soweit die Einsicht gestattet ist, kann eine Abschrift verlangt werden, die auf Antrag auch zu beglaubigen ist. Die Abschrift kann dem Antragsteller auch elektronisch übermittelt werden.

§ 46a [Protokoll über die Einsichtsgewährung]

(1) Das Protokoll, das nach § 12 Absatz 4 der Grundbuchordnung über Einsichten in das Grundbuch zu führen ist, muss enthalten:

1. das Datum der Einsicht,

2. die Bezeichnung des Grundbuchblatts,

3. die Bezeichnung der Einsicht nehmenden Person und gegebenenfalls die Bezeichnung der von dieser vertretenen Person oder Stelle,

4. Angaben über den Umfang der Einsichtsgewährung sowie

5. eine Beschreibung des der Einsicht zugrunde liegenden berechtigten Interesses; dies gilt nicht in den Fällen des § 43.

Erfolgt die Einsicht durch einen Bevollmächtigten des Eigentümers oder des Inhabers eines grundstücksgleichen Rechts, sind nur die Angaben nach Satz 1 Nummer 1 bis 3 in das Protokoll aufzunehmen.

(2) Dem Eigentümer des jeweils betroffenen Grundstücks oder dem Inhaber des grundstücksgleichen Rechts wird die Auskunft darüber, wer Einsicht in das Grundbuch genommen hat, auf der Grundlage der Protokolldaten nach Absatz 1 erteilt.

(3) Die Grundbucheinsicht durch eine Strafverfolgungsbehörde ist im Rahmen einer solchen Auskunft nicht mitzuteilen, wenn

1. die Einsicht zum Zeitpunkt der Auskunftserteilung weniger als sechs Monate zurückliegt und

2. die Strafverfolgungsbehörde erklärt hat, dass die Bekanntgabe der Einsicht den Erfolg strafrechtlicher Ermittlungen gefährden würde.

Durch die Abgabe einer erneuten Erklärung nach Satz 1 Nummer 2 verlängert sich die Sperrfrist um sechs Monate; mehrmalige Fristverlängerung ist zulässig. Wurde dem Grundstückseigentümer oder dem Inhaber eines grundstücksgleichen Rechts eine Grundbucheinsicht nicht mitgeteilt und wird die Einsicht nach Ablauf der Sperrfrist auf Grund eines neuerlichen Auskunftsbegehrens bekanntgegeben, so sind die Gründe für die abweichende Auskunft mitzuteilen.

(3a) Die Grundbucheinsicht durch eine Verfassungsschutzbehörde, den Bundesnachrichtendienst, den Militärischen Abschirmdienst oder die Zentralstelle für Finanztransaktionsuntersuchungen ist im Rahmen einer Auskunft nach Absatz 2 Satz 1 nicht mitzuteilen, wenn die Behörde erklärt hat, dass die Bekanntgabe der Einsicht ihre Aufgabenwahrnehmung gefährden würde. Die Auskunftssperre endet, wenn die Behörde mitteilt, dass die Aufgabengefährdung entfallen ist, spätestens zwei Jahre nach Zugang der Erklärung nach Satz 1. Sie verlängert sich um weitere zwei Jahre, wenn die Behörde erklärt, dass die Aufgabengefährdung fortbesteht; mehrmalige Fristverlängerung ist zulässig. Absatz 3 Satz 3 gilt entsprechend.

(4) Nach Ablauf des zweiten auf die Erstellung der Protokolle folgenden Kalenderjahres werden die nach Absatz 1 gefertigten Protokolle gelöscht. Die Protokolldaten zu Grundbucheinsichten nach Absatz 3 Satz 1 und Absatz 3a Satz 1 werden für die Dauer von zwei Jahren nach Ablauf der Frist, in der eine Bekanntgabe nicht erfolgen darf, für Auskünfte an den Grundstückseigentümer oder den Inhaber eines grundstücksgleichen Rechts aufbewahrt; danach werden sie gelöscht.

(5) Zuständig für die Führung des Protokolls nach Absatz 1 und die Erteilung von Auskünften nach Absatz 2 ist der Urkundsbeamte der Geschäftsstelle des Grundbuchamts, das das betroffene Grundbuchblatt führt.

(6) Für die Erteilung von Grundbuchabschriften, die Einsicht in die Grundakte, sowie die Erteilung von Abschriften aus der Grundakte gelten die Absätze 1 bis 5 entsprechend. Das Gleiche gilt für die Einsicht in ein Verzeichnis nach § 12a Absatz 1 der Grundbuchordnung und die Erteilung von Auskünften aus einem solchen Verzeichnis, wenn hierdurch personenbezogene Daten bekanntgegeben werden.

Abschnitt XI. Hypotheken-, Grundschuld- und Rentenschuldbriefe

§ 47 [Überschrift des Briefes]

Die Hypothekenbriefe sind mit einer Überschrift zu versehen, welche die Worte „Deutscher Hypothekenbrief" und die Bezeichnung der Hypothek (§ 56 Abs. 1 der Grundbuchordnung) enthält, über die der Brief erteilt wird. Die laufende Nummer, unter der die Hypothek in der dritten Abteilung des Grundbuchs eingetragen ist, ist dabei in Buchstaben zu wiederholen.

§ 48 [Kennzeichnung bei Teillöschungen und Teilbriefen]

(1) Wird eine Hypothek im Grundbuch teilweise gelöscht, so ist auf dem Brief der Betrag, für den die Hypothek noch besteht, neben der in der Überschrift enthaltenen Bezeichnung des Rechts durch den Vermerk ersichtlich zu machen: „Noch gültig für (Angabe des Betrags)." Der alte Betrag ist rot zu unterstreichen.

(2) In derselben Weise ist bei der Herstellung von Teilhypothekenbriefen auf dem bisherigen Brief der Betrag ersichtlich zu machen, auf den sich der Brief noch bezieht.

§ 49 [Nachtragsvermerke]

Vermerke über Eintragungen, die nachträglich bei der Hypothek erfolgen, sowie Vermerke über Änderungen der im § 57 der Grundbuchordnung genannten Angaben werden auf dem Brief im Anschluß an den letzten vorhandenen Vermerk oder, wenn hierfür auf dem Brief kein Raum mehr vorhanden ist, auf einen mit dem Brief zu verbindenden besonderen Bogen gesetzt.

§ 49a [Versendung]

Wird der Grundpfandrechtsbrief nicht ausgehändigt, soll er durch die Post mit Zustellungsurkunde oder durch Einschreiben versandt werden. Die Landesjustizverwaltungen können durch Geschäftsanweisung oder Erlaß ein anderes Versendungsverfahren bestimmen. Bestehende Anweisungen oder Erlasse bleiben unberührt.

§ 50 [Verbindung durch Schnur und Siegel]

Die im § 58 Abs. 1 und § 59 Abs. 2 der Grundbuchordnung sowie im § 49 dieser Verfügung vorgeschriebene Verbindung erfolgt durch Schnur und Siegel.

§ 51 [Grundschuld- und Rentenschuldbriefe]

Die Vorschriften der §§ 47 bis 50 sind auf Grundschuld- und Rentenschuldbriefe entsprechend anzuwenden. In der Überschrift eines Rentenschuldbriefes ist der Betrag der einzelnen Jahresleistung, nicht der Betrag der Ablösungssumme, anzugeben.

§ 52 [Muster und Vordrucke für Briefe]

(1) Für die Hypotheken-, Grundschuld- und Rentenschuldbriefe dienen die Anlagen 3 bis 8 als Muster.

(2) Für die Ausfertigung der Hypotheken-, Grundschuld- und Rentenschuldbriefe sind die amtlich ausgegebenen, mit laufenden Nummern versehenen Vordrucke nach näherer Anweisung der Landesjustizverwaltung zu verwenden.

§ 53 [Unbrauchbarmachung]

(1) Ist nach dem Gesetz ein Hypotheken-, Grundschuld- oder Rentenschuldbrief unbrauchbar zu machen, so wird, nachdem die bei dem Recht bewirkte Grundbucheintragung auf dem Brief vermerkt ist, der Vermerk über die erste Eintragung des Rechts durchstrichen und der Brief mit Einschnitten versehen.

(2) Ist verfügt worden, daß der Brief unbrauchbar zu machen ist, und ist in den Grundakten ersichtlich gemacht, daß die Verfügung ausgeführt ist, so ist der Brief mit anderen unbrauchbar gemachten Briefen zu Sammelakten zu nehmen. Die Sammelakten sind für das Kalenderjahr anzulegen und am Schluß des folgenden Kalenderjahres zu vernichten. In der Verfügung kann angeordnet werden, daß ein unbrauchbar gemachter Brief während bestimmter Zeit bei den Grundakten aufzubewahren ist.

Abschnitt XII. Das Erbbaugrundbuch

§ 54 [Entsprechende Anwendung der allgemeinen Vorschriften]

Auf das für ein Erbbaurecht anzulegende besondere Grundbuchblatt (§ 14 Abs. 1 des Erbbaurechtsgesetzes sind die vorstehenden Vorschriften entsprechend anzuwenden, soweit sich nicht aus den §§ 55 bis 59 Abweichendes ergibt.

§ 55 [Nummernfolge; Aufschrift]

(1) Das Erbbaugrundbuchblatt erhält die nächste fortlaufende Nummer des Grundbuchs, in dem das belastete Grundstück verzeichnet ist.

(2) In der Aufschrift ist unter die Blattnummer in Klammern das Wort „Erbbaugrundbuch" zu setzen.

§ 56 [Bestandsverzeichnis beim Erbbaugrundbuch]

(1) Im Bestandsverzeichnis sind in dem durch die Spalten 2 bis 4 gebildeten Raum einzutragen:

a) die Bezeichnung „Erbbaurecht" sowie die Bezeichnung des belasteten Grundstücks, wobei der Inhalt der Spalten 3 und 4 des Bestandsverzeichnisses des belasteten Grundstücks in die Spalten 3 und 4 des Erbbaugrundbuchs zu übernehmen ist;

b) der Inhalt des Erbbaurechts;

c) im unmittelbaren Anschluß an die Eintragung unter b der Eigentümer des belasteten Grundstücks;

d) Veränderungen der unter a bis c genannten Vermerke.

(2) Bei Eintragung des Inhalts des Erbbaurechts (Absatz 1 Buchstabe b) ist die Bezugnahme auf die Eintragungsbewilligung zulässig; jedoch sind Beschränkungen des Erbbaurechts durch Bedingungen, Befristungen oder Verfügungsbeschränkungen (§ 5 der Erbbaurechtsverordnung) ausdrücklich einzutragen.

(3) In der Spalte 1 ist die laufende Nummer der Eintragung anzugeben.

(4) In der Spalte 6 sind die Vermerke über die Berichtigungen des Bestandes des belasteten Grundstücks, die auf dem Blatt dieses Grundstücks zur Eintragung gelangen (§ 6 Abs. 6 Buchstabe e), einzutragen. In der Spalte 5 ist hierbei auf die laufende Nummer hinzuweisen, unter der die Berichtigung in den Spalten 3 und 4 eingetragen wird.

(5) Verliert durch die Eintragung einer Veränderung nach ihrem aus dem Grundbuch ersichtlichen Inhalt ein früherer Vermerk ganz oder teilweise seine Bedeutung, so ist er insoweit rot zu unterstreichen.

(6) Die Löschung des Erbbaurechts ist in der Spalte 8 zu vermerken.

§ 57 [Eintragungen in den Abteilungen des Erbbaugrundbuchs]

(1) Die erste Abteilung dient zur Eintragung des Erbbauberechtigten.

(2) Im übrigen sind auf die Eintragungen im Bestandsverzeichnis sowie in den drei Abteilungen die für die Grundbuchblätter über Grundstücke geltenden Vorschriften (Abschnitte II, III) entsprechend anzuwenden.

§ 58 [Muster für Erbbaugrundbuch]

Die nähere Einrichtung und die Ausfüllung des für ein Erbbaurecht anzulegenden besonderen Grundbuchblatts ergibt sich aus dem in der Anlage 9 beigefügten Muster. § 22 Satz 2 ist entsprechend anzuwenden.

§ 59 [Hypothekenbriefe bei Erbbaurechten]

Bei der Bildung von Hypotheken-, Grundschuld- und Rentenschuldbriefen ist kenntlich zu machen, daß der belastete Gegenstand ein Erbbaurecht ist.

§ 60 [Grundbuchblatt für bis 21.1.1919 begründete Erbbaurechte]

Die vorstehenden Vorschriften sind auf die nach § 8 der Grundbuchordnung anzulegenden Grundbuchblätter mit folgenden Maßgaben entsprechend anzuwenden:

a) In der Aufschrift ist an Stelle des Wortes „Erbbaugrundbuch" (§ 55 Abs. 2) das Wort „Erbbaurecht" zu setzen;

b) bei der Eintragung des Inhalts des Erbbaurechts ist die Bezugnahme auf die Eintragungsbewilligung (§ 56 Abs. 2) unzulässig.

Abschnitt XIII. Vorschriften über das maschinell geführte Grundbuch

Unterabschnitt 1. Das maschinell geführte Grundbuch

§ 61 Grundsatz

Für das maschinell geführte Grundbuch und das maschinell geführte Erbbaugrundbuch gelten die Bestimmungen dieser Verordnung und, wenn es sich um Wohnungsgrundbuchblätter handelt, auch die Wohnungsgrundbuchverfügung und die sonstigen allgemeinen Ausführungsvorschriften, soweit im folgenden nichts abweichendes bestimmt wird.

§ 62 Begriff des maschinell geführten Grundbuchs

(1) Bei dem maschinell geführten Grundbuch ist der in den dafür bestimmten Datenspeicher aufgenommene und auf Dauer unverändert in lesbarer Form wiedergabefähige Inhalt des Grundbuchblatts (§ 3 Abs. 1 Satz 1 der Grundbuchordnung) das Grundbuch. Die Bestimmung des Datenspeichers nach Satz 1 kann durch Verfügung der zuständigen Stelle geändert werden, wenn dies dazu dient, die Erhaltung und die Abrufbarkeit der Daten sicherzustellen oder zu verbessern, und die Daten dabei nicht verändert werden. Die Verfügung kann auch in allgemeiner Form und vor Eintritt eines Änderungsfalls getroffen werden.

(2) Nach Anordnung der Landesjustizverwaltung kann der Grundbuchinhalt in ein anderes Dateiformat übertragen oder der Datenbestand eines Grundbuchblatts zerlegt und in einzelnen Fragmenten in den Datenspeicher übernommen werden. Eine Übertragung nicht codierter Informationen in codierte Informationen ist dabei nicht zulässig. Durch geeignete Vorkehrungen ist sicherzustellen, dass der Informationsgehalt und die Wiedergabefähigkeit der Daten sowie die Prüfbarkeit der Integrität und der Authentizität der Grundbucheintragungen auch nach der Übertragung erhalten bleiben. § 128 Absatz 3 der Grundbuchordnung gilt entsprechend.

§ 63 Gestaltung des maschinell geführten Grundbuchs; Verordnungsermächtigung

Der Inhalt des maschinell geführten Grundbuchs muß auf dem Bildschirm und in Ausdrucken so sichtbar gemacht werden können, wie es den durch diese Verordnung und die Wohnungsgrundbuchverfügung vorgeschriebenen Mustern entspricht. Wird das Grundbuch als Datenbankgrundbuch geführt, soll unter Verwendung dieser Muster die Darstellung auch auf den aktuellen Grundbuchinhalt beschränkt werden können; nicht betroffene Teile des Grundbuchblatts müssen dabei nicht dargestellt werden. Die Landesregierungen werden ermächtigt, durch Rechtsverordnung weitere Darstellungsformen für die Anzeige des Grundbuchinhalts und für Grundbuchausdrucke zuzulassen; sie können diese Ermächtigung durch Rechtsverordnung auf die Landesjustizverwaltungen übertragen.

§ 64 Anforderungen an Anlagen und Programme

(1) Für das maschinell geführte Grundbuch dürfen nur Anlagen und Programme verwendet werden, die den bestehenden inländischen oder international anerkannten technischen Anforderungen an die maschinell geführte Verarbeitung geschützter Daten entsprechen. Sie sollen über die in Absatz 2 bezeichneten Grundfunktionen verfügen. Das Vorliegen dieser Voraussetzungen ist, soweit es nicht durch ein inländisches oder ausländisches Prüfzeugnis bescheinigt wird, durch die zuständige Landesjustizverwaltung in geeigneter Weise festzustellen.

(2) Das eingesetzte Datenverarbeitungssystem soll gewährleisten, daß

1. seine Funktionen nur genutzt werden können, wenn sich der Benutzer dem System gegenüber identifiziert und authentisiert (Identifikation und Authentisierung),

2. die eingeräumte Benutzungsrechte im System verwaltet werden (Berechtigungsverwaltung),

3. die eingeräumten Benutzungsrechte von dem System geprüft werden (Berechtigungsprüfung),

4. die Vornahme von Veränderungen und Ergänzungen des maschinell geführten Grundbuchs im System protokolliert wird (Beweissicherung),

5. eingesetzte Subsysteme ohne Sicherheitsrisiken wiederhergestellt werden können (Wiederaufbereitung),

6. etwaige Verfälschungen der gespeicherten Daten durch Fehlfunktionen des Systems durch geeignete technische Prüfmechanismen rechtzeitig bemerkt werden können (Unverfälschtheit),

7. die Funktionen des Systems fehlerfrei ablaufen und auftretende Fehlfunktionen unverzüglich gemeldet werden (Verläßlichkeit der Dienstleistung),

8. der Austausch von Daten aus dem oder für das Grundbuch im System und bei Einsatz öffentlicher Netze sicher erfolgen kann (Übertragungssicherheit).

Das System soll nach Möglichkeit Grundbuchdaten übernehmen können, die in Systemen gespeichert sind, die die Führung des Grundbuchs in Papierform unterstützen.

§ 65 Sicherung der Anlagen und Programme

(1) Die Datenverarbeitungsanlage ist so aufzustellen, daß sie keinen schädlichen Witterungseinwirkungen ausgesetzt ist, kein Unbefugter Zugang zu ihr hat und ein Datenverlust bei Stromausfall vermieden wird. In dem Verfahren ist durch geeignete systemtechnische Vorkehrungen sicherzustellen, daß nur die hierzu ermächtigten Personen Zugriff auf die Programme und den Inhalt der maschinell geführten Grundbuchblätter haben. Die Anwendung der Zugangssicherungen und Datensicherungsverfahren ist durch Dienstanweisungen sicherzustellen.

(2) Ist die Datenverarbeitungsanlage an ein öffentliches Telekommunikationsnetz angeschlossen, müssen Sicherungen gegen ein Eindringen unbefugter Personen oder Stellen in das Verarbeitungssystem (Hacking) getroffen werden.

§ 66 Sicherung der Daten

(1) Das Datenverarbeitungssystem soll so angelegt werden, daß die eingegebenen Eintragungen auch dann gesichert sind, wenn sie noch nicht auf Dauer unverändert in lesbarer Form wiedergegeben werden können.

(2) Das Grundbuchamt bewahrt mindestens eine vollständige Sicherungskopie aller bei ihm maschinell geführten Grundbuchblätter auf. Sie ist mindestens am Ende eines jeden Arbeitstages auf den Stand zu bringen, den die Daten der maschinell geführten Grundbuchblätter (§ 62) dann erreicht haben.

(3) Die Kopie ist so aufzubewahren, daß sie bei einer Beschädigung der maschinell geführten Grundbuchblätter nicht in Mitleidenschaft gezogen und unverzüglich zugänglich gemacht werden kann. Im übrigen gilt § 65 Abs. 1 sinngemäß.

Unterabschnitt 2. Anlegung des maschinell geführten Grundbuchs

§ 67 Festlegung der Anlegungsverfahren

Das Grundbuchamt entscheidet nach pflichtgemäßem Ermessen, ob es das maschinell geführte Grundbuch durch Umschreibung nach § 68, durch Neufassung nach § 69 oder durch Umstellung nach § 70 anlegt. Die Landesregierungen oder die von diesen ermächtigten Landesjustizverwaltungen können in der Verordnung nach § 126 Abs. 1 Satz 1 der Grundbuchordnung die Anwendung eines der genannten Verfahren ganz oder teilweise vorschreiben. Sie können hierbei auch unterschiedliche Bestimmungen treffen. Der in dem Muster der Anlage 2b zu dieser Verordnung vorgesehene Vermerk in der Aufschrift des neu anzulegenden

Blattes wird durch den Freigabevermerk, der in dem Muster der Anlage 2a zu dieser Verordnung vorgesehene Vermerk in der Aufschrift des abgeschriebenen Blattes wird durch den Abschreibevermerk nach § 71 ersetzt.

§ 68 Anlegung des maschinell geführten Grundbuchs durch Umschreibung

(1) Ein bisher in Papierform geführtes Grundbuchblatt kann auch umgeschrieben werden, wenn es maschinell geführt werden soll. Die Umschreibung setzt nicht voraus, daß für neue Eintragungen in dem bisherigen Grundbuchblatt kein Raum mehr ist oder daß dieses unübersichtlich geworden ist.

(2) Für die Durchführung der Umschreibung nach Absatz 1 gelten § 44 Abs. 3 der Grundbuchordnung und im übrigen die Vorschriften des Abschnitts VI sowie § 39 mit der Maßgabe, daß die zu übernehmenden Angaben des umzuschreibenden Grundbuchblatts in den für das neue Grundbuchblatt bestimmten Datenspeicher durch Übertragung dieser Angaben in elektronische Zeichen aufzunehmen sind. § 32 Abs. 1 Satz 2 und 3 und § 33 finden keine Anwendung.

(3) *(weggefallen)*

§ 69 Anlegung des maschinell geführten Grundbuchs durch Neufassung

(1) Das maschinell geführte Grundbuch kann durch Neufassung angelegt werden. Für die Neufassung gilt § 68, soweit hier nicht etwas abweichendes bestimmt wird.

(2) Das neugefaßte Grundbuchblatt erhält keine neue Nummer. Im Bestandsverzeichnis soll, soweit zweckmäßig, nur der aktuelle Bestand, in den einzelnen Abteilungen nur der aktuelle Stand der eingetragenen Rechtsverhältnisse dargestellt werden. Soweit Belastungen des Grundstücks in einer einheitlichen Abteilung eingetragen sind, sollen sie, soweit tunlich, getrennt in einer zweiten und dritten Abteilung dargestellt werden. § 39 gilt nicht. Änderungen der laufenden Nummern von Eintragungen im Bestandsverzeichnis und in der ersten Abteilung sind der Katasterbehörde bekanntzugeben. Liegt ein von der Neufassung betroffenes Grundstück im Plangebiet eines Bodenordnungsverfahrens, sind Änderungen der laufenden Nummern von Eintragungen, auch in der zweiten und dritten Abteilung, der zuständigen Bodenordnungsbehörde bekanntzugeben.

(3) In Spalte 6 des Bestandsverzeichnisses ist der Vermerk „Bei Neufassung der Abteilung 0/des Bestandsverzeichnisses als Bestand eingetragen am …" und in Spalte 4 der ersten Abteilung der Vermerk „Bei Neufassung der Abteilung ohne Eigentumswechsel eingetragen am …" einzutragen. Wird eine andere Abteilung neu gefaßt, so ist in dem neugefaßten Blatt der Vermerk „Bei Neufassung der Abteilung eingetragen am …" einzutragen. In den Fällen der Sätze 1 und 2 ist der entsprechende Teil des bisherigen Grundbuchblatts durch einen Vermerk „Neu gefaßt am …" abzuschließen. Die für Eintragungen in die neugefaßten Abteilungen bestimmten Seiten oder Bögen sind deutlich sichtbar als geschlossen kenntlich zu machen. Der übrige Teil des Grundbuchblatts ist nach § 68 oder § 70 zu übernehmen. § 30 Abs. 1 Buchstabe h Nr. 1 ist nicht anzuwenden.

(4) Die Durchführung der Neufassung im einzelnen ergibt sich aus den in den Anlagen 10a und 10b beigefügten Mustern. Die darin enthaltenen Probeeintragungen sind als Beispiele nicht Teil dieser Verordnung.

§ 70 Anlegung des maschinell geführten Grundbuchs durch Umstellung

(1) Die Anlegung eines maschinell geführten Grundbuchs kann auch durch Umstellung erfolgen. Dazu ist der Inhalt des bisherigen Blattes elektronisch in den für das maschinell geführte Grundbuch bestimmten Datenspeicher aufzunehmen. Die Umstellung kann auch dadurch erfolgen, daß ein Datenspeicher mit dem Grundbuchinhalt zum Datenspeicher des maschinell geführten Grundbuchs bestimmt wird (§ 62 Absatz 1). Die Speicherung des Schriftzugs von Unterschriften ist dabei nicht notwendig.

(2) § 108 Abs. 2 Satz 1, Abs. 4, Abs. 5 Satz 1, Abs. 7 und § 36 Buchstabe b gelten entsprechend. Das geschlossene Grundbuch muß deutlich sichtbar als geschlossen kenntlich gemacht werden. Sämtliche Grundbuchblätter eines Grundbuchbandes oder eines Grundbuchamtes können durch einen gemeinsamen Schließungsvermerk geschlossen werden, wenn die Blätter eines jeden Bandes in mißbrauchssicherer Weise verbunden werden. Der Schließungsvermerk oder eine Abschrift des Schließungsvermerks ist in diesem Fall auf der vorderen Außenseite eines jeden Bandes oder an vergleichbarer Stelle anzubringen. Die Schließung muß nicht in unmittelbarem zeitlichen Zusammenhang mit der Freigabe erfolgen; das Grundbuchamt stellt in diesem Fall sicher, daß in das bisherige Grundbuchblatt keine Eintragungen vorgenommen werden und bei der Gewährung von Einsicht und der Erteilung von Abschriften aus dem bisherigen Grundbuchblatt in geeigneter Weise auf die Schließung hingewiesen wird.

§ 71 Freigabe des maschinell geführten Grundbuchs

Das nach den §§ 68 bis 70 angelegte maschinell geführte Grundbuch tritt mit seiner Freigabe an die Stelle des bisherigen Grundbuchblatts. Die Freigabe erfolgt, wenn die Vollständigkeit und Richtigkeit des angelegten maschinell geführten Grundbuchs und seine Abrufbarkeit aus dem Datenspeicher gesichert sind. In der Wiedergabe des Grundbuchs auf dem Bildschirm oder bei Ausdrucken soll in der Aufschrift anstelle des in Anlage 2b vorgesehenen Vermerks der Freigabevermerk erscheinen. Der Freigabevermerk lautet:

1. in den Fällen der §§ 69 und 70:
    „Dieses Blatt ist zur Fortführung auf EDV umgestellt/neu gefaßt worden und dabei an die Stelle des bisherigen Blattes getreten. In dem Blatt enthaltene Rötungen sind schwarz sichtbar. Freigegeben am/zum ...

    Name(n)",

2. in den Fällen des § 68:
    „Dieses Blatt ist zur Fortführung auf EDV umgeschrieben worden und an die Stelle des Blattes (nähere Bezeichnung) getreten. In dem Blatt enthaltene Rötungen sind schwarz sichtbar. Freigegeben am/zum ...

    Name(n)".

In der Aufschrift des bisherigen Blattes ist anstelle des in Anlage 2a zu dieser Verordnung vorgesehenen Vermerks folgender Abschreibevermerk einzutragen:

1. in den Fällen der §§ 69 und 70:
    „Zur Fortführung auf EDV umgestellt/neu gefaßt und geschlossen am/zum
    ...

Unterschrift(en)",

2. in den Fällen des § 68:

„Zur Fortführung auf EDV auf das Blatt ... umgeschrieben und geschlossen am/zum ...

Unterschrift(en)".

§ 71a Anlegung des Datenbankgrundbuchs

(1) Die Anlegung des Datenbankgrundbuchs erfolgt durch Neufassung. Die §§ 69 und 71 gelten sinngemäß, soweit nachfolgend nichts Abweichendes bestimmt ist.

(2) Bei der Anlegung des Datenbankgrundbuchs gilt § 69 Absatz 2 Satz 2 mit folgenden Maßgaben:

1. Text und Form der Eintragungen sind an die für Eintragungen in das Datenbankgrundbuch geltenden Vorgaben anzupassen;

2. Änderungen der tatsächlichen Beschreibung des Grundstücks, die von der für die Führung des Liegenschaftskatasters zuständigen Stelle mitgeteilt wurden, sollen übernommen werden;

3. in Eintragungen in der zweiten und dritten Abteilung des Grundbuchs sollen die Angaben zu den betroffenen Grundstücken und sonstigen Belastungsgegenständen aktualisiert werden; bei Rechten, die dem jeweiligen Eigentümer eines Grundstücks zustehen, sollen zudem die Angaben zum herrschenden Grundstück und in Vermerken nach § 9 der Grundbuchordnung die Angaben zum belasteten Grundstück aktualisiert werden;

4. die Bezugnahme auf die Eintragungsbewilligung oder andere Unterlagen kann um die Angaben nach § 44 Absatz 2 Satz 2 der Grundbuchordnung ergänzt werden;

5. Geldbeträge in Rechten und sonstigen Vermerken, die in einer früheren Währung eines Staates bezeichnet sind, der an der einheitlichen europäischen Währung teilnimmt, sollen auf Euro umgestellt werden;

6. die aus der Teilung von Grundpfandrechten entstandenen Rechte sollen jeweils gesondert in die Hauptspalte der dritten Abteilung übernommen werden; für die Nummerierung der Rechte gilt § 17 Absatz 4 entsprechend.

Betrifft die Neufassung ein Grundpfandrecht, für das ein Brief erteilt wurde, bedarf es nicht der Vorlage des Briefs; die Neufassung wird auf dem Brief nicht vermerkt, es sei denn, der Vermerk wir ausdrücklich beantragt.

(3) Die §§ 29 und 69 Absatz 4 sind nicht anzuwenden.

(4) Der Freigabevermerk lautet wie folgt: „Dieses Blatt ist zur Fortführung als Datenbankgrundbuch neu gefasst worden und an die Stelle des bisherigen Blattes getreten. Freigegeben am/zum ...". In der Aufschrift des bisherigen Blattes ist folgender Vermerk anzubringen: „Zur Fortführung als Datenbankgrundbuch neu gefasst und geschlossen am/zum ...". Den Vermerken ist jeweils der Name der veranlassenden Person hinzuzufügen. Werden nur einzelne Teile des Grundbuchblatts neu gefasst, ist dies bei den betroffenen Eintragungen zu vermerken.

§ 72 Umschreibung, Neufassung und Schließung des maschinell geführten Grundbuchs

(1) Für die Umschreibung, Neufassung und Schließung des maschinell geführten Grundbuchs gelten die Vorschriften der Abschnitte VI und VII sowie § 39 sinngemäß, soweit in diesem Abschnitt nichts Abweichendes bestimmt ist. Anstelle von § 39 ist bei der Neufassung § 69 Absatz 2 Satz 5 und 6 anzuwenden.

(2) Der Inhalt der geschlossenen maschinell geführten Grundbuchblätter soll weiterhin wiedergabefähig oder lesbar bleiben.

(3) Wird das Grundbuch als Datenbankgrundbuch geführt, ist

1. § 33 nicht anzuwenden;

2. im Fall der Schließung des Grundbuchblatts (§ 36) in Spalte 8 des Bestandsverzeichnisses ein Hinweis auf die neue Buchungsstelle der von der Schließung betroffenen Grundstücke aufzunehmen, soweit nicht bereits ein Abschreibevermerk nach § 13 Absatz 3 Satz 1 eingetragen wurde.

§ 73 Grundakten

Auch nach Anlegung des maschinell geführten Grundbuchs sind die Grundakten gemäß § 24 Abs. 1 bis 3 zu führen. Das bisher geführte Handblatt kann ausgesondert und auch vernichtet werden; dies ist in den Grundakten zu vermerken. Wird das bisher geführte Handblatt bei den Grundakten verwahrt, gilt § 32 Abs. 1 Satz 3 Halbsatz 2 entsprechend.

Unterabschnitt 3. Eintragungen in das maschinell geführte Grundbuch

§ 74 Veranlassung der Eintragung

(1) Die Eintragung in das maschinell geführte Grundbuch wird, vorbehaltlich der Fälle des § 127 Absatz 1 Satz 1 Nummer 1 der Grundbuchordnung sowie des § 76a Absatz 1 Nummer 3 und Absatz 2 dieser Verordnung und des § 14 Absatz 4 des Erbbaurechtsgesetzes von der für die Führung des maschinell geführten Grundbuchs zuständigen Person veranlaßt. Einer besonderen Verfügung hierzu bedarf es in diesem Fall nicht. Die Landesregierung oder die von ihr ermächtigte Landesjustizverwaltung kann in der Rechtsverordnung nach § 126 der Grundbuchordnung oder durch gesonderte Rechtsverordnung bestimmen, daß auch bei dem maschinell geführten Grundbuch die Eintragung von dem Urkundsbeamten der Geschäftsstelle auf Verfügung der für die Führung des Grundbuchs zuständigen Person veranlaßt wird.

(2) Die veranlassende Person soll die Eintragung auf ihre Richtigkeit und Vollständigkeit prüfen; die Aufnahme in den Datenspeicher (§ 62 Absatz 1) ist zu verifizieren.

§ 75 Elektronische Unterschrift

Bei dem maschinell geführten Grundbuch soll eine Eintragung nur möglich sein, wenn die für die Führung des Grundbuchs zuständige Person oder, in den Fällen des § 74 Abs. 1 Satz 3, der Urkundsbeamte der Geschäftsstelle der Eintragung ihren oder seinen Nachnamen hinzusetzt und beides elektronisch unterschreibt. Die elektronische Unterschrift soll in einem allgemein als sicher anerkannten automatisierten kryptographischen Verfahren textabhängig und unterzeichnerabhängig hergestellt werden. Die unterschriebene Eintragung und die elektronische Unterschrift werden Bestandteil des maschinell geführten Grundbuchs. Die elektronische Unterschrift soll durch die zuständige Stelle überprüft werden können.

§ 76 Äußere Form der Eintragung

Die äußere Form der Wiedergabe einer Eintragung bestimmt sich nach dem Abschnitt III. § 63 Satz 3 bleibt unberührt.

§ 76a Eintragungen in das Datenbankgrundbuch; Verordnungsermächtigung

(1) Wird das Grundbuch als Datenbankgrundbuch geführt, gelten bei Eintragungen in das Grundbuch folgende Besonderheiten:

1. wird ein Grundstück ganz oder teilweise abgeschrieben, ist in Spalte 8 des Bestandsverzeichnisses neben der Nummer des aufnehmenden Grundbuchblatts auch die laufende Nummer anzugeben, die das Grundstück im dortigen Bestandsverzeichnis erhält; in Spalte 6 des Bestandsverzeichnisses des aufnehmenden Grundbuchblatts ist die bisherige Buchungsstelle in entsprechender Anwendung des Satzes 1 anzugeben;

2. ändert sich die laufende Nummer, unter der ein Grundstück im Bestandsverzeichnis eingetragen ist, sollen die Angaben in Spalte 2 der zweiten und dritten Abteilung, die dieses Grundstück betreffen, aktualisiert werden; die bisherige laufende Nummer ist rot zu unterstreichen; ist von einer Eintragung lediglich ein Grundstücksteil oder der Anteil eines Miteigentümers betroffen, soll bezüglich der Angaben zum betroffenen Gegenstand, auch in anderen Spalten der zweiten und dritten Abteilung, entsprechend verfahren werden; Aktualisierung und Rötung sollen automatisiert erfolgen; die diesbezügliche Zuständigkeit der für die Führung des Grundbuchs zuständigen Person bleibt jedoch unberührt;

3. die Löschung eines Rechts soll nicht dadurch ersetzt werden, dass das Recht bei der Übertragung eines Grundstücks oder eines Grundstücksteils auf ein anderes Grundbuchblatt nicht mitübertragen wird.

(2) Die Landesregierungen werden ermächtigt, durch Rechtsverordnung zu bestimmen, dass Vermerke nach § 48 der Grundbuchordnung über das Bestehen und das Erlöschen einer Mitbelastung automatisiert angebracht werden können. Die Anordnungen können auf einzelne Grundbuchämter beschränkt werden. Die Landesregierungen können die Ermächtigung durch Rechtsverordnung auf die Landesjustizverwaltungen übertragen. Automatisiert angebrachte Vermerke nach Satz 1 gelten als von dem Grundbuchamt angebracht, das die Eintragung vollzogen hat, die dem Vermerk zugrunde liegt.

Unterabschnitt 4. Einsicht in das maschinell geführte Grundbuch und Abschriften hieraus

§ 77 Grundsatz

Für die Einsicht in das maschinell geführte Grundbuch und die Erteilung von Abschriften hieraus gelten die Vorschriften des Abschnitts X entsprechend, soweit im folgenden nichts abweichendes bestimmt ist.

§ 78 Ausdrucke aus dem maschinell geführten Grundbuch

(1) Der Ausdruck aus dem maschinell geführten Grundbuch ist mit der Aufschrift „Ausdruck" und dem Hinweis auf das Datum des Abrufs der Grundbuchdaten zu versehen. Der Ausdruck kann dem Antragsteller auch elektronisch übermittelt werden.

(2) Der Ausdruck gilt als beglaubigte Abschrift, wenn er gesiegelt ist und die Kennzeichnung „Amtlicher Ausdruck" sowie den Vermerk „beglaubigt" mit dem Namen der Person trägt, die den Ausdruck veranlaßt oder die ordnungsgemäße drucktechnische Herstellung des Ausdrucks allgemein zu überwachen hat. Anstelle der Siegelung kann in dem Vordruck maschinell ein Abdruck des Dienstsiegels eingedruckt sein oder aufgedruckt werden; in beiden Fällen muß auf dem Ausdruck „Amtlicher Ausdruck" und der Vermerk „Dieser Ausdruck wird nicht unterschrieben und gilt als beglaubigte Abschrift." aufgedruckt sein oder werden. Absatz 1 Satz 2 gilt nicht.

(3) Auf dem Ausdruck oder dem amtlichen Ausdruck kann angegeben werden, welchen Eintragungsstand er wiedergibt.

§ 79 Einsicht

(1) Die Einsicht erfolgt durch Wiedergabe des betreffenden Grundbuchblatts auf einem Bildschirm. Der Einsicht nehmenden Person kann gestattet werden, das Grundbuchblatt selbst auf dem Bildschirm aufzurufen, wenn technisch sichergestellt ist, daß der Umfang der nach § 12 oder § 12b der Grundbuchordnung oder den Vorschriften dieser Verordnung zulässigen Einsicht nicht überschritten wird und Veränderungen des Grundbuchinhalts nicht vorgenommen werden können.

(2) Anstelle der Wiedergabe auf einem Bildschirm kann auch die Einsicht in einen Ausdruck gewährt werden.

(3) Die Einsicht nach Absatz 1 oder 2 kann auch durch ein anderes als das Grundbuchamt bewilligt und gewährt werden, das das Grundbuchblatt führt. Die für diese Aufgabe zuständigen Bediensteten sind besonders zu bestimmen. Sie dürfen Zugang zu den maschinell geführten Grundbuchblättern des anderen Grundbuchamts nur haben, wenn sie eine Kennung verwenden, die ihnen von der Leitung des Amtsgerichts zugeteilt wird. Diese Form der Einsichtnahme ist auch über die Grenzen des betreffenden Landes hinweg zulässig, wenn die Landesjustizverwaltungen dies vereinbaren.

(4) Die Gewährung der Einsicht schließt die Erteilung von Abschriften mit ein.

Unterabschnitt 5. Automatisierter Abruf von Daten

§ 80 Abruf von Daten

(1) Die Gewährung des Abrufs von Daten im automatisierten Verfahren nach § 133 der Grundbuchordnung berechtigt insbesondere zur Einsichtnahme in das Grundbuch in dem durch §§ 12 und 12b der Grundbuchordnung und in dieser Verordnung bestimmten Umfang sowie zur Fertigung von Abdrucken des Grundbuchblatts. Wird die Abrufberechtigung einer nicht-öffentlichen Stelle gewährt, ist diese in der Genehmigung oder dem Vertrag (§ 133 der Grundbuchordnung) darauf hinzuweisen, daß sie die abgerufenen Daten nur zu dem Zweck verarbeiten darf, für den sie ihr übermittelt worden sind.

(2) Die Grundbuchdaten können auch für Darstellungsformen bereitgestellt werden, die von den in dieser Verordnung und in der Wohnungsgrundbuchverfügung vorgeschriebenen Mustern abweichen, oder in strukturierter maschinenlesbarer Form bereitgestellt werden. Insbesondere sind auszugsweise Darstellungen, Hervorhebungen von Teilen des Grundbuchinhalts sowie Zusammenstellungen aus verschiedenen Grundbuchblättern zulässig. Im Abrufverfahren können auch Informationen über den Zeitpunkt der jüngsten Eintragung in einem Grundbuchblatt bereitgestellt werden.

§ 81 Genehmigungsverfahren, Einrichtungsvertrag

(1) Die Einrichtung eines automatisierten Abrufverfahrens bedarf bei Gerichten, Behörden und der Staatsbank Berlin einer Verwaltungsvereinbarung, im übrigen, soweit nicht ein öffentlich-rechtlicher Vertrag geschlossen wird, einer Genehmigung durch die dazu bestimmte Behörde der Landesjustizverwaltung.

(2) Eine Genehmigung wird nur auf Antrag erteilt. Zuständig ist die Behörde, in deren Bezirk das betreffende Grundbuchamt liegt. In der Rechtsverordnung nach § 93 kann die Zuständigkeit abweichend geregelt werden. Für das Verfahren gelten im übrigen das Verwaltungsverfahrens- und das Verwaltungszustellungsgesetz des betreffenden Landes entsprechend.

(3) Die Genehmigung kann auf entsprechenden Antrag hin auch für die Grundbuchämter des Landes erteilt werden, bei denen die gesetzlichen Voraussetzungen dafür gegeben sind. In der Genehmigung ist in jedem Fall das Vorliegen der Voraussetzungen nach § 133 Abs. 2 Satz 2 und 3 Nr. 1 und 2 der Grundbuchordnung besonders festzustellen.

(4) Der Widerruf einer Genehmigung erfolgt durch die genehmigende Stelle. Ist eine Gefährdung von Grundbüchern zu befürchten, kann in den Fällen des Absatzes 3 Satz 1 die Genehmigung für einzelne Grundbuchämter auch durch die für diese jeweils zuständige Stelle ausgesetzt werden. Der Widerruf und die Aussetzung einer Genehmigung sind den übrigen Landesjustizverwaltungen unverzüglich mitzuteilen.

§ 82 Einrichtung der Verfahren

(1) Wird ein Abrufverfahren eingerichtet, so ist systemtechnisch sicherzustellen, daß Abrufe nur unter Verwendung eines geeigneten Codezeichens erfolgen kön-

nen. Der berechtigten Stelle ist in der Genehmigung zur Auflage zu machen, dafür zu sorgen, daß das Codezeichen nur durch deren Leitung und berechtigte Mitarbeiter verwendet und mißbrauchssicher verwahrt wird. Die Genehmigungsbehörde kann geeignete Maßnahmen anordnen, wenn dies notwendig erscheint, um einen unbefugten Zugriff auf die Grundbuchdaten zu verhindern.

(2) Wird ein Abrufverfahren für den Fall eigener Berechtigung an einem Grundstück, einem grundstücksgleichen Recht oder einem Recht an einem solchen Recht, für den Fall der Zustimmung des Eigentümers oder für Maßnahmen der Zwangsvollstreckung eingerichtet (eingeschränktes Abrufverfahren), so ist der berechtigten Stelle in der Genehmigung zusätzlich zur Auflage zu machen, daß der einzelne Abruf nur unter Verwendung eines Codezeichens erfolgen darf, das die Art des Abrufs bezeichnet. Das zusätzliche Codezeichen kann mit dem Codezeichen für die Abrufberechtigung verbunden werden.

§ 83 Abrufprotokollierung

(1) Die Rechtmäßigkeit der Abrufe durch einzelne Abrufberechtigte prüft das Grundbuchamt nur, wenn es dazu nach den konkreten Umständen Anlaß hat. Für die Kontrolle der Rechtmäßigkeit der Abrufe, für die Sicherstellung der ordnungsgemäßen Datenverarbeitung und für die Erhebung der Kosten durch die Justizverwaltung protokolliert das Grundbuchamt alle Abrufe. Das Grundbuchamt hält das Protokoll für Stichprobenverfahren durch die aufsichtsführenden Stellen bereit. Das Protokoll muß jeweils das Grundbuchamt, die Bezeichnung des Grundbuchblatts, die abrufende Person oder Stelle, deren Geschäfts- oder Aktenzeichen, den Zeitpunkt des Abrufs, die für die Durchführung des Abrufs verwendeten Daten sowie bei eingeschränktem Abrufverfahren auch eine Angabe über die Art der Abrufe ausweisen.

(2) Die protokollierten Daten dürfen nur für die in Absatz 1 Satz 2 genannten Zwecke verwendet werden. Ferner kann der Eigentümer des jeweils betroffenen Grundstücks oder der Inhaber des grundstücksgleichen Rechts auf der Grundlage der Protokolldaten Auskunft darüber verlangen, wer Daten abgerufen hat; bei eingeschränktem Abruf auch über die Art des Abrufs. Der Abruf durch eine Strafverfolgungsbehörde ist im Rahmen einer solchen Auskunft nicht mitzuteilen, wenn

1. der Abruf zum Zeitpunkt der Auskunftserteilung weniger als sechs Monate zurückliegt und

2. die Strafverfolgungsbehörde erklärt, dass die Bekanntgabe des Abrufs den Erfolg strafrechtlicher Ermittlungen gefährden würde; die Landesjustizverwaltungen können bestimmen, dass die Erklärung durch die Verwendung eines Codezeichens abzugeben ist.

Durch die Abgabe einer erneuten Erklärung nach Satz 3 Nummer 2 verlängert sich die Sperrfrist um sechs Monate; mehrmalige Fristverlängerung ist zulässig. Wurde dem Grundstückseigentümer oder dem Inhaber eines grundstücksgleichen Rechts nach den Sätzen 3 und 4 ein Abruf nicht mitgeteilt und wird der Abruf nach Ablauf der Sperrfrist auf Grund eines neuerlichen Auskunftsbegehrens bekannt gegeben, so sind die Gründe für die abweichende Auskunft mitzuteilen. Die protokollierten Daten sind durch geeignete Vorkehrungen gegen zweckfremde Nutzung und gegen sonstigen Mißbrauch zu schützen.

(2a) Für die Mitteilung des Abrufs durch eine Verfassungsschutzbehörde, den Bundesnachrichtendienst oder den Militärischen Abschirmdienst im Rahmen einer Auskunft nach Absatz 2 Satz 2 gilt § 46a Absatz 3a entsprechend.

(3) Nach Ablauf des zweiten auf die Erstellung der Protokolle folgenden Kalenderjahres werden die nach Absatz 1 Satz 2 gefertigten Protokolle vernichtet. Die Protokolldaten zu Abrufen nach Absatz 2 Satz 3 und Absatz 2a Satz 1 werden für die Dauer von zwei Jahren nach Ablauf der Frist, in der eine Bekanntgabe nicht erfolgen darf, für Auskünfte an den Grundstückseigentümer oder den Inhaber eines grundstücksgleichen Rechts aufbewahrt; danach werden sie gelöscht. Protokolle, die im Rahmen eines Stichprobenverfahrens den aufsichtsführenden Stellen zur Verfügung gestellt wurden, sind dort spätestens ein Jahr nach ihrem Eingang zu vernichten, sofern sie nicht für weitere bereits eingeleitete Prüfungen benötigt werden.

§ 84 Kontrolle

Die berechtigte Person oder Stelle, die einer allgemeinen Aufsicht nicht unterliegt oder die zum eingeschränkten Abrufverfahren berechtigt ist, muß sich schriftlich bereit erklären, eine Kontrolle der Anlage und ihrer Benutzung durch die genehmigende Stelle zu dulden, auch wenn diese keinen konkreten Anlaß dafür hat. § 133 Abs. 5 der Grundbuchordnung bleibt unberührt.

§ 85 Erteilung von Grundbuchabdrucken durch Notare

Der von dem Notar erteilte Grundbuchabdruck (§ 133a Absatz 1 Satz 2 der Grundbuchordnung) ist mit der Aufschrift „Abdruck" und dem Hinweis auf das Datum des Abrufs der Grundbuchdaten zu versehen. Der Abdruck steht einem amtlichen Ausdruck gleich, wenn er die Kennzeichnung „beglaubigter Ausdruck" trägt, einen vom Notar unterschriebenen Beglaubigungsvermerk enthält und mit dem Amtssiegel des Notars versehen ist. Der Ausdruck nach Satz 1 kann dem Antragsteller auch elektronisch übermittelt werden.

§ 85a Protokollierung der Mitteilung des Grundbuchinhalts durch den Notar

(1) Das Protokoll, das nach § 133a Absatz 3 Satz 1 der Grundbuchordnung über die Mitteilung des Grundbuchinhalts durch den Notar zu führen ist, muss enthalten:

1. das Datum der Mitteilung,

2. die Bezeichnung des Grundbuchblatts,

3. die Bezeichnung der Person, der der Grundbuchinhalt mitgeteilt wurde, und gegebenenfalls die Bezeichnung der von dieser vertretenen Person oder Stelle und

4. die Angabe, ob ein Grundbuchabdruck erteilt wurde.

(2) Das Protokoll darf nur für die Überprüfung der Rechtmäßigkeit der Mitteilung sowie die Unterrichtung des Eigentümers des Grundstücks oder des In-

habers eines grundstücksgleichen Rechts nach § 133a Absatz 3 Satz 2 der Grundbuchordnung verwendet werden. § 83 Absatz 2 Satz 6 und Absatz 3 gilt entsprechend.

Unterabschnitt 6. Zusammenarbeit mit den katasterführenden Stellen und Versorgungsunternehmen

§ 86 Zusammenarbeit mit den katasterführenden Stellen

(1) Soweit das amtliche Verzeichnis (§ 2 Abs. 2 der Grundbuchordnung) maschinell geführt wird und durch Rechtsverordnung nach § 127 Absatz 1 Satz 1 Nummer 1 der Grundbuchordnung nichts anderes bestimmt ist, kann das Grundbuchamt die aus dem amtlichen Verzeichnis für die Führung des Grundbuchs benötigten Daten aus dem Liegenschaftskataster anfordern, soweit dies nach den katasterrechtlichen Vorschriften zulässig ist.

(2) Soweit das Grundbuch maschinell geführt wird, dürfen die für die Führung des amtlichen Verzeichnisses zuständigen Behörden die für die Führung des automatisierten amtlichen Verzeichnisses benötigten Angaben aus dem Bestandsverzeichnis und der ersten Abteilung anfordern.

(3) Die Anforderung nach den Absätzen 1 und 2 bedarf keiner besonderen Genehmigung oder Vereinbarung. Auf Ersuchen der Flurbereinigungsbehörde, der Umlegungsstelle, der Bodensonderungsbehörde, der nach § 53 Abs. 3 und 4 des Landwirtschaftsanpassungsgesetzes zuständigen Stelle oder des Amtes oder Landesamtes zur Regelung offener Vermögensfragen übermittelt das Grundbuchamt diesen Behörden die für die Durchführung eines Bodenordnungsverfahrens erforderlichen Daten aus dem Grundbuch der im Plangebiet belegenen Grundstücke, Erbbaurechte und dinglichen Nutzungsrechte. Bei Fortführungen der Pläne durch diese Behörden gelten Absatz 1 und Satz 1 entsprechend.

(4) Die Übermittlung der Daten kann in den Fällen der vorstehenden Absätze auch im automatisierten Verfahren erfolgen.

§ 86a Zusammenarbeit mit Versorgungsunternehmen

(1) Unternehmen, die Anlagen zur Fortleitung von Elektrizität, Gas, Fernwärme, Wasser oder Abwasser oder Telekommunikationsanlagen betreiben (Versorgungsunternehmen), kann die Einsicht in das Grundbuch in allgemeiner Form auch für sämtliche Grundstücke eines Grundbuchamtsbezirks durch das Grundbuchamt gestattet werden, wenn sie ein berechtigtes Interesse an der Einsicht darlegen. Ein berechtigtes Interesse nach Satz 1 liegt in der Regel vor, wenn

1. Anlagen nach Satz 1 im Grundbuchbezirk belegen sind oder

2. konkrete Planungen für Änderung, Erweiterung oder Neubau von Anlagen nach Satz 1 betrieben werden, insbesondere dann, wenn die Erweiterung oder der Neubau im nach § 12c Absatz 4 des Energiewirtschaftsgesetzes bestätigten Netzentwicklungsplan enthalten ist.

Wird die Gestattung befristet erteilt, sollte die Befristung nicht unter einem Zeitraum von drei Jahren liegen

(2) Soweit die Grundbuchblätter, in die ein Versorgungsunternehmen auf Grund einer Genehmigung nach Absatz 1 Einsicht nehmen darf, maschinell geführt werden, darf das Unternehmen die benötigten Angaben aus dem Grundbuch anfordern. Die Übermittlung kann auch im automatisierten Verfahren erfolgen. Die Einzelheiten dieses Verfahrens legt die in § 81 Abs. 2 bestimmte Stelle fest.

Unterabschnitt 7. Hypotheken-, Grundschuld- und Rentenschuldbriefe

§ 87 Erteilung von Briefen

Hypotheken-, Grundschuld- und Rentenschuldbriefe für Rechte, die im maschinell geführten Grundbuch eingetragen werden, sollen mit Hilfe eines maschinellen Verfahrens gefertigt werden; eine Nachbearbeitung der aus dem Grundbuch auf den Brief zu übertragenden Angaben ist dabei zulässig. Die Person, die die Herstellung veranlaßt hat, soll den Wortlaut des auf dem Brief anzubringenden Vermerks auf seine Richtigkeit und Vollständigkeit prüfen. Der Brief soll abweichend von § 56 Absatz 1 Satz 2 der Grundbuchordnung weder unterschrieben noch mit einem Siegel oder Stempel versehen werden. Er trägt anstelle der Unterschrift den Namen der Person, die die Herstellung veranlaßt hat, sowie den Vermerk „Maschinell hergestellt und ohne Unterschrift gültig". Der Brief muß mit dem Aufdruck des Siegels oder Stempels des Grundbuchamts versehen sein oder werden. § 50 ist nicht anzuwenden; die Zusammengehörigkeit der Blätter des Briefs oder der Briefe ist in geeigneter Weise sichtbar zu machen.

§ 88 Verfahren bei Schuldurkunden

Abweichend von § 58 und § 61 Abs. 2 Satz 3 der Grundbuchordnung muß ein Brief nicht mit einer für die Forderung ausgestellten Urkunde, Ausfertigung oder einem Auszug der Urkunde verbunden werden, wenn er maschinell hergestellt wird. In diesem Fall muß er den Aufdruck „Nicht ohne Vorlage der Urkunde für die Forderung gültig." enthalten.

§ 89 Ergänzungen des Briefes

Bei einem maschinell hergestellten Brief für ein im maschinell geführten Grundbuch eingetragenes Recht können die in den §§ 48 und 49 vorgesehenen Ergänzungen auch in der Weise erfolgen, daß ein entsprechend ergänzter neuer Brief erteilt wird. Dies gilt auch, wenn der zu ergänzende Brief nicht nach den Vorschriften dieses Abschnitts hergestellt worden ist. Der bisherige Brief ist einzuziehen und unbrauchbar zu machen. Sofern mit dem Brief eine Urkunde verbunden ist, ist diese zu lösen und dem Antragsteller zurückzugeben.

Unterabschnitt 8. Schlußbestimmungen

§ 90 Datenverarbeitung im Auftrag

Die Bestimmungen dieser Verordnung gelten für die Verarbeitung von Grundbuchdaten durch eine andere Stelle im Auftrag des Grundbuchamts sinngemäß.

Hierbei soll sichergestellt sein, daß die Eintragung in das maschinell geführte Grundbuch und die Auskunft hieraus nur erfolgt, wenn sie von dem zuständigen Grundbuchamt verfügt wurde oder nach § 133 der Grundbuchordnung oder den Unterabschnitten 5 und 6 zulässig ist.

§ 91 Behandlung von Verweisungen, Löschungen

Sonderregelungen in den §§ 54 bis 60 dieser Verordnung, in der Wohnungsgrundbuchverfügung und in der Gebäudegrundbuchverfügung gehen auch dann den allgemeinen Regelungen vor, wenn auf die §§ 1 bis 53 in den §§ 61 bis 89 verwiesen wird. Soweit nach den in Satz 1 genannten Vorschriften Unterstreichungen, Durchkreuzungen oder ähnliche Kennzeichnungen in rot vorzunehmen sind, können sie in dem maschinell geführten Grundbuch schwarz dargestellt werden.

§ 92 Ersetzung von Grundbuchdaten, Ersatzgrundbuch

(1) Kann das maschinell geführte Grundbuch ganz oder teilweise auf Dauer nicht mehr in lesbarer Form wiedergegeben werden, so ist es wiederherzustellen. Sein Inhalt kann unter Zuhilfenahme aller geeigneten Unterlagen ermittelt werden. Für das Verfahren gilt im übrigen die Verordnung über die Wiederherstellung zerstörter oder abhanden gekommener Grundbücher und Urkunden in der jeweils geltenden Fassung.

(2) Für die Anlegung und Führung des Ersatzgrundbuchs (§ 148 Abs. 2 Satz 1 der Grundbuchordnung) gelten die Bestimmungen dieser Verordnung, der Wohnungsgrundbuchverfügung und die in § 150 Abs. 1 Nr. 4 der Grundbuchordnung bezeichneten Vorschriften sinngemäß. Das Ersatzgrundbuch entspricht dem Muster der Anlage 2b dieser Verordnung, jedoch lautet der in der Aufschrift anzubringende Vermerk „Dieses Blatt ist als Ersatzgrundbuch an die Stelle des maschinell geführten Blattes von ... Band ... Blatt ... getreten. Eingetragen am ...". Dies gilt für Erbbaugrundbücher, Wohnungs- und Teileigentumsgrundbücher sowie Gebäudegrundbücher entsprechend.

§ 92a Zuständigkeitswechsel

(1) Geht die Zuständigkeit für die Führung eines Grundbuchblatts auf ein anderes Grundbuchamt desselben Landes über, ist das betroffene Blatt nicht zu schließen, sondern im Datenverarbeitungssystem dem übernehmenden Grundbuchamt zuzuordnen, wenn die technischen Voraussetzungen für eine Übernahme der Daten gegeben sind. Die Zuordnung im System bedarf der Bestätigung durch das abgebende und das übernehmende Grundbuchamt.

(2) Geht die Zuständigkeit für die Führung eines Grundbuchblatts auf ein Grundbuchamt eines anderen Landes über und sind die technischen Voraussetzungen für eine Übernahme der Daten in das dortige Datenverarbeitungssystem gegeben, sind die Grundbuchdaten dem übernehmenden Grundbuchamt nach Anordnung der Landesjustizverwaltung in elektronischer Form zu übermitteln.

(3) In den Fällen der Absätze 1 und 2 ist § 26 Absatz 3, 4, 6 und 7 entsprechend anzuwenden. Sind die technischen Voraussetzungen für eine Übernahme der Daten nicht gegeben, erfolgt der Zuständigkeitswechsel in sinngemäßer Anwendung der Vorschriften des Abschnitts V dieser Verordnung.

§ 93 Ausführungsvorschriften; Verordnungsermächtigung

Die Landesregierungen werden ermächtigt, durch Rechtsverordnung

1. in der Grundbuchordnung oder in dieser Verordnung nicht geregelte weitere Einzelheiten des Verfahrens nach diesem Abschnitt zu regeln und

2. die Anlegung des maschinell geführten Grundbuchs einschließlich seiner Freigabe ganz oder teilweise dem Urkundsbeamten der Geschäftsstelle zu übertragen.

Die Landesregierungen können die Ermächtigungen durch Rechtsverordnung auf die Landesjustizverwaltungen übertragen. Die Ermächtigung nach Satz 1 Nummer 2 gilt nicht für die die Freigabe eines Datenbankgrundbuchs.

Abschnitt XIV. Vermerke über öffentliche Lasten

§ 93a Eintragung öffentlicher Lasten

Öffentliche Lasten auf einem Grundstück, die im Grundbuch einzutragen sind oder eingetragen werden können, werden nach Maßgabe des § 10 in der zweiten Abteilung eingetragen.

§ 93b Eintragung des Bodenschutzlastvermerks

(1) Auf den Ausgleichsbetrag nach § 25 des Bundes-Bodenschutzgesetzes wird durch einen Vermerk über die Bodenschutzlast hingewiesen. Der Bodenschutzlastvermerk lautet wie folgt:

„Bodenschutzlast. Auf dem Grundstück ruht ein Ausgleichsbetrag nach § 25 des Bundes-Bodenschutzgesetzes als öffentliche Last."

(2) Der Bodenschutzlastvermerk wird auf Ersuchen der für die Festsetzung des Ausgleichsbetrags zuständigen Behörde eingetragen und gelöscht. Die zuständige Behörde stellt das Ersuchen auf Eintragung des Bodenschutzlastvermerks, sobald der Ausgleichsbetrag als öffentliche Last entstanden ist. Sie hat um Löschung des Vermerks zu ersuchen, sobald die Last erloschen ist. Die Einhaltung der in den Sätzen 2 und 3 bestimmten Zeitpunkte ist vom Grundbuchamt nicht zu prüfen. Eine Zustimmung des Grundstückseigentümers ist für die Eintragung und die Löschung des Vermerks nicht erforderlich.

Abschnitt XV. Vorschriften über den elektronischen Rechtsverkehr und die elektronische Grundakte

§ 94 Grundsatz

Die Vorschriften dieser Verordnung über die Grundakten gelten auch für die elektronischen Grundakten, soweit nachfolgend nichts anderes bestimmt ist.

§ 95 Allgemeine technische und organisatorische Maßgaben

Für die Bestimmung des Datenspeichers für die elektronischen Grundakten, die Anforderungen an technische Anlagen und Programme, die Sicherung der

Anlagen, Programme und Daten sowie die Datenverarbeitung im Auftrag gelten § 62 Absatz 1 Satz 2 und 3, § 64 Absatz 1 und 2 Satz 1 sowie die §§ 65, 66 und 90 sinngemäß.

§ 96 Anlegung und Führung der elektronischen Grundakte

(1) Die Grundakte kann vollständig oder teilweise elektronisch geführt werden. Bei teilweiser elektronischer Führung sind in die beiden Teile der Grundakte Hinweise auf den jeweils anderen Teil aufzunehmen.

(2) Mit dem elektronischen Dokument ist in die Grundakte ein Protokoll darüber aufzunehmen,

1. welches Ergebnis die Integritätsprüfung des Dokuments ausweist,

2. wen die Signaturprüfung als Inhaber der Signatur ausweist,

3. welchen Zeitpunkt die Signaturprüfung für die Anbringung der Signatur ausweist,

4. welche Zertifikate mit welchen Daten dieser Signatur zugrunde lagen und

5. wann die Feststellungen nach den Nummern 1 bis 4 getroffen wurden.

Dies gilt nicht für elektronische Dokumente des Grundbuchamts.

(3) Das Grundbuchamt entscheidet vorbehaltlich des Satzes 3 nach pflichtgemäßem Ermessen, ob und in welchem Umfang der in Papierform vorliegende Inhalt der Grundakte in elektronische Dokumente übertragen und in dieser Form zur Grundakte genommen wird. Das Gleiche gilt für Dokumente, die nach der Anlegung der elektronischen Grundakte in Papierform eingereicht werden. Die Landesregierungen oder die von diesen ermächtigten Landesjustizverwaltungen können in der Rechtsverordnung nach § 101 diesbezügliche Verfahrensweisen ganz oder teilweise vorschreiben.

(4) Abweichend von § 24 Absatz 1 bis 3 sind elektronische Dokumente, die nach § 10 der Grundbuchordnung vom Grundbuchamt aufzubewahren sind, so zu speichern, dass sie über die Grundakten aller beteiligten Grundbuchblätter eingesehen werden können. Satz 1 gilt nicht für Dokumente, die bereits in Papierform zu den Grundakten genommen wurden.

§ 97 Übertragung von Papierdokumenten in die elektronische Form

(1) Wird ein in Papierform vorliegendes Schriftstück in ein elektronisches Dokument übertragen und in dieser Form anstelle der Papierurkunde in die Grundakte übernommen, ist vorbehaltlich des Absatzes 2 durch geeignete Vorkehrungen sicherzustellen, dass die Wiedergabe auf dem Bildschirm mit dem Schriftstück inhaltlich und bildlich übereinstimmt. Bei dem elektronischen Dokument ist zu vermerken, wann und durch wen die Übertragung vorgenommen wurde; zuständig ist der Urkundsbeamte der Geschäftsstelle.

(2) Bei der Übertragung einer in Papierform eingereichten Urkunde, auf die eine aktuelle Grundbucheintragung Bezug nimmt, hat der Urkundsbeamte der Geschäftsstelle bei dem elektronischen Dokument zu vermerken, dass die Wiedergabe auf dem Bildschirm mit dem Schriftstück inhaltlich und bildlich übereinstimmt. Durchstreichungen, Änderungen, Einschaltungen, Radierungen oder andere Mängel des Schriftstücks sollen in dem Vermerk angegeben werden. Das

elektronische Dokument ist von dem Urkundsbeamten der Geschäftsstelle mit seinem Namen und einer qualifizierten elektronischen Signatur zu versehen. Ein Vermerk kann unterbleiben, soweit die in Satz 2 genannten Tatsachen aus dem elektronischen Dokument eindeutig ersichtlich sind.

§ 98 Übertragung elektronischer Dokumente in die Papierform oder in andere Dateiformate

(1) Wird ein elektronisches Dokument zur Übernahme in die Grundakte in die Papierform übertragen, ist durch geeignete Vorkehrungen sicherzustellen, dass der Ausdruck inhaltlich und bildlich mit der Wiedergabe des elektronischen Dokuments auf dem Bildschirm übereinstimmt. Bei dem Ausdruck sind die in § 96 Absatz 2 Satz 1 genannten Feststellungen zu vermerken.

(2) Wird ein elektronisches Dokument zur Erhaltung der Lesbarkeit in ein anderes Dateiformat übertragen, ist durch geeignete Vorkehrungen sicherzustellen, dass die Wiedergabe der Zieldatei auf dem Bildschirm inhaltlich und bildlich mit der Wiedergabe der Ausgangsdatei übereinstimmt. Protokolle nach § 96 Absatz 2, Vermerke nach § 97 sowie Eingangsvermerke nach § 136 Absatz 1 und 2 der Grundbuchordnung sind ebenfalls in lesbarer Form zu erhalten; für sie gilt Satz 1 entsprechend mit der Maßgabe, dass die inhaltliche Übereinstimmung sicherzustellen ist.

(3) Im Fall einer Beschwerde hat das Grundbuchamt von den in der elektronischen Grundakte gespeicherten Dokumenten Ausdrucke gemäß Absatz 1 für das Beschwerdegericht zu fertigen, soweit dies zur Durchführung des Beschwerdeverfahrens notwendig ist. Die Ausdrucke sind mindestens bis zum rechtskräftigen Abschluss des Beschwerdeverfahrens aufzubewahren.

§ 99 Aktenausdruck, Akteneinsicht und Datenabruf

(1) Für die Erteilung von Ausdrucken aus der elektronischen Grundakte gilt § 78 Absatz 1 und 2 entsprechend. In den amtlichen Ausdruck sind auch die zugehörigen Protokolle nach § 96 Absatz 2 und Vermerke nach § 97 aufzunehmen.

(2) Für die Einsicht in die elektronischen Grundakten gilt § 79 entsprechend.

(3) Für den Abruf von Daten aus der elektronischen Grundakte im automatisierten Verfahren nach § 139 Absatz 3 der Grundbuchordnung gelten die §§ 80 bis 84 entsprechend.

§ 100 Wiederherstellung des Grundakteninhalts

Kann der Inhalt der elektronischen Grundakte ganz oder teilweise auf Dauer nicht mehr in lesbarer Form wiedergegeben werden, so ist er wiederherzustellen. Für die Wiederherstellung gilt § 92 Absatz 1 Satz 2 und 3 entsprechend.

§ 100a Zuständigkeitswechsel

(1) Für die Abgabe elektronischer Akten an ein anderes Grundbuchamt gilt § 92a sinngemäß.

(2) Geht die Zuständigkeit für die Führung des Grundbuchs über eines von mehreren Grundstücken, die auf einem gemeinschaftlichen Blatt eingetragenen

sind, oder über einen Grundstücksteil auf ein anderes Grundbuchamt über, sind dem anderen Grundbuchamt die das abgeschriebene Grundstück betreffenden Akteninhalte in elektronischer Form zu übermitteln.

§ 101 Ausführungsvorschriften

Die Landesregierungen werden ermächtigt, in der Grundbuchordnung oder in dieser Verordnung nicht geregelte weitere Einzelheiten der Verfahren nach diesem Abschnitt durch Rechtsverordnung zu regeln. Sie können diese Ermächtigung durch Rechtsverordnung auf die Landesjustizverwaltungen übertragen.

Abschnitt XVI. Übergangs- und Schlußvorschriften

§ 102 [Frühere Grundbuchbezirke]

Soweit die Grundbücher bisher für andere Bezirke als die im § 1 Abs. 1 Satz 1 und 2 genannten angelegt sind, behält es bis zur Auflösung dieser Bezirke bei dieser Einrichtung sein Bewenden; jedoch bedarf es zur Änderung dieser Bezirke einer Anordnung der Landesjustizverwaltung.

§ 103 [Fortführung bisheriger Grundbuchhefte]

Soweit bisher jedes Grundbuchblatt in einem besonderen Grundbuchheft geführt worden ist, bedarf es der Zusammenfassung zu festen, mehrere Blätter umfassenden Bänden (§ 2) nicht, solange die bisherigen Blätter fortgeführt werden (§§ 104 bis 106).

§ 104 [Umschreibung auf den neuen Vordruck]

(1) Vom Zeitpunkt des Inkrafttretens dieser Verfügung an sind neue Grundbuchblätter nur unter Verwendung des hier vorgeschriebenen Vordrucks (§§ 4 bis 12, 22) anzulegen, soweit nicht für eine Übergangszeit die Weiterverwendung des alten Vordrucks besonders zugelassen wird.

(2) Sämtliche Grundbuchblätter sind nach näherer Anordnung der Landesjustizverwaltung unter Verwendung des neuen Vordrucks umzuschreiben, sofern nicht ihre Weiterführung besonders zugelassen wird.

§ 105 [Frühere Vorschriften bei Benutzung alter Vordrucke]

Die bestehenden Vorschriften über die Nummernbezeichnung und die Eintragung im Grundbuch bleiben unberührt, solange die alten Vordrucke weder umgeschrieben sind noch ihre Weiterführung nach § 104 Abs. 2 besonders zugelassen ist. Jedoch ist ein Grundbuchblatt, das für Neueintragungen keinen Raum mehr bietet, in jedem Fall unter Verwendung des neuen Vordrucks umzuschreiben.

§ 106 [Verfahren bei Umschreibung auf neuen Vordruck]

Bei der Umschreibung der bereits angelegten Grundbuchblätter auf den neuen Vordruck sind die §§ 29, 30 sinngemäß anzuwenden. Weitere Anordnungen zur Behebung von hierbei etwa entstehenden Zweifeln bleiben vorbehalten.

§ 107 [Weiterführung und Neuanlegung von Grundakten]

(1) Die bisher für jedes Grundbuchblatt geführten Grundakten können weitergeführt werden.

(2) Sofern bisher Grundakten nicht geführt sind, sind sie für jedes Grundbuchblatt spätestens bei der Neuanlegung (§ 104 Absatz 1) oder bei der Umschreibung des bisherigen Blattes (§ 104 Absatz 2, § 105 Satz 2) anzulegen, und zwar aus sämtlichen das Grundbuchblatt betreffenden Schriftstücken, die nach den für die Führung von Grundakten geltenden allgemeinen Vorschriften zu diesen gehören, auch sofern sie schon vor der Anlegung der Grundakten bei dem Grundbuchamt eingegangen sind. Das gleiche gilt für das Handblatt (§ 24 Absatz 4).

§ 108 [Umstellung auf das Loseblattgrundbuch]

(1) Grundbuchblätter in festen Bänden können nach näherer Anordnung der Landesjustizverwaltung durch die Verwendung von Ablichtungen der bisherigen Blätter auf Bände mit herausnehmbaren Einlegebogen umgestellt werden.

(2) Das neue Blatt behält seine bisherige Bezeichnung; ein Zusatz unterbleibt. In der Aufschrift ist zu vermerken, daß das Blatt bei der Umstellung an die Stelle des bisherigen Blattes getreten ist und daß im bisherigen Blatt enthaltene Rötungen schwarz sichtbar sind.

(3) Die Übereinstimmung des Inhalts des neuen Blattes mit dem bisherigen Blatt ist im Bestandsverzeichnis und in jeder Abteilung zu bescheinigen. § 25 Abs. 2 Buchstabe c gilt entsprechend.

(4) Enthält die zweite oder dritte Abteilung nur gelöschte Eintragungen, kann von der Ablichtung der betreffenden Abteilung abgesehen werden, wenn nicht die Übernahme zum Verständnis noch gültiger Eintragungen erforderlich ist. Auf dem für die jeweilige Abteilung einzufügenden Einlegebogen sind die laufenden Nummern der nicht übernommenen Eintragungen mit dem Vermerk „Gelöscht" anzugeben. Die Bescheinigung nach Absatz 3 lautet in diesem Falle inhaltlich: „Bei Umstellung des Blattes neu gefaßt." Enthält die zweite oder dritte Abteilung keine Eintragungen, so braucht für die betreffende Abteilung lediglich ein neuer Einlegebogen eingefügt zu werden; Absatz 3 ist anzuwenden.

(5) Das bisherige Blatt ist zu schließen. § 30 Abs. 2 Satz 2 und § 36 gelten entsprechend.

(6) Für Grundbuchblätter in einem festen Band, die vor der Umstellung geschlossen wurden, können in den Band mit herausnehmbaren Einlegebogen neue Blätter zur Wiederverwendung eingefügt werden. Das neue Blatt erhält die Nummer des alten Blattes unter Hinzufügung des Buchstabens A. Tritt das neue Blatt an die Stelle eines Blattes, das bereits mit einem solchen Zusatz versehen ist, ist an Stelle dieses Zusatzes der Buchstabe B hinzuzufügen.

(7) Die Umstellung braucht dem Eigentümer, den eingetragenen dinglich Berechtigten und der Katasterbehörde nicht mitgeteilt zu werden.

§ 109 [Briefvordrucke]

Die noch vorhandenen Vordrucke für Hypotheken-, Grundschuld- und Rentenschuldbriefe können nach näherer Anordnung der Landesjustizverwaltung oder der von ihr bestimmten Stelle weiterverwendet werden. Jedoch ist die etwa am Kopfe des Briefes befindliche Angabe des Landes, in dem der Brief ausgegeben wird, zu durchstreichen und durch die Überschrift „Deutscher Hypothekenbrief" („Grundschuldbrief" o. ä.) zu ersetzen.

§ 110 [Landesrecht]

In den Fällen des § 143 der Grundbuchordnung behält es bei den landesrechtlichen Vorschriften über Einrichtung und Führung von Grundbüchern sein Bewenden.

§ 111 [Erbpacht-, Büdner-, Häusler- und Abbaurechte]

Soweit auf die in den Artikeln 63 und 68 des Einführungsgesetzes zum Bürgerlichen Gesetzbuche bezeichneten Rechte nach den Landesgesetzen die §§ 14 bis 17 des Erbbaurechtsgesetzes für entsprechend anwendbar erklärt worden sind (§ 144 Abs. 3 der Grundbuchordnung), sind die Vorschriften über das Erbbaugrundbuch (Abschnitt XII) entsprechend anzuwenden.

§ 112 [Nachweis der Rechtsinhaberschaft]

Zum Nachweis der Rechtsinhaberschaft ausländischer staatlicher oder öffentlicher Stellen genügt gegenüber dem Grundbuchamt eine mit dem Dienstsiegel oder Dienststempel versehene und unterschriebene Bestätigung des Auswärtigen Amtes. § 39 der Grundbuchordnung findet in diesem Fall keine Anwendung.

§ 113 [Maßgaben für das Gebiet der früheren DDR]

(1) In dem in Artikel 3 des Einigungsvertrages genannten Gebiet gilt diese Verordnung mit folgenden Maßgaben:

1. Die §§ 43 bis 53 sind stets anzuwenden.

2. Die Einrichtung der Grundbücher richtet sich bis auf weiteres nach den am Tag vor dem Wirksamwerden des Beitritts bestehenden oder von dem jeweiligen Lande erlassenen späteren Bestimmungen. Im übrigen ist für die Führung der Grundbücher diese Verordnung entsprechend anzuwenden, soweit sich nicht aus einer abweichenden Einrichtung des Grundbuchs etwas anderes ergibt oder aus besonderen Gründen Abweichungen erforderlich sind; solche Abweichungen sind insbesondere dann als erforderlich anzusehen, wenn sonst die Rechtsverhältnisse nicht zutreffend dargestellt werden können oder Verwirrung zu besorgen ist.

3. Soweit nach Nummer 2 Bestimmungen dieser Verordnung nicht herangezogen werden können, sind stattdessen die am Tag vor dem Wirksamwerden des Beitritts geltenden oder von dem jeweiligen Lande erlassen späteren Bestimmungen anzuwenden. Jedoch sind Regelungen, die mit dem in Kraft tretenden Bundesrecht nicht vereinbar sind, nicht mehr anzuwenden. Dies gilt insbesondere auch für derartige Regelungen über die Voraussetzungen und den Inhalt von Eintragungen. Am Tag vor dem Wirksamwerden des Beitritts nicht vorgesehene Rechte oder Vermerke sind in entsprechender Anwendung dieser Verordnung einzutragen.

4. Im Falle der Nummer 3 sind auf die Einrichtung und Führung der Erbbaugrundbücher sowie auf die Bildung von Hypotheken-, Grundschuld- und Rentenschuldbriefen bei Erbbaurechten die §§ 56, 57 und 59 mit der Maßgabe entsprechend anzuwenden, daß die in § 56 vorgesehenen Angaben in die entsprechenden Spalten für den Bestand einzutragen sind. Ist eine Aufschrift mit Blattnummer nicht vorhanden, ist die in § 55 Abs. 2 vorgesehene Bezeichnung „Erbbaugrundbuch" an vergleichbarer Stelle im Kopf der ersten Seite des Grundbuchblatts anzubringen. Soweit in den oben bezeichneten Vorschriften auf andere Vorschriften dieser Verordnung verwiesen wird, deren Bestimmungen nicht anzuwenden sind, treten an die Stelle der in Bezug genommenen Vorschriften dieser Verordnung die entsprechend anzuwendenden Regelungen über die Einrichtung und Führung der Grundbücher.

5. Für die Anlegung von Grundbuchblättern für ehemals volkseigene Grundstücke ist ein Verfahren nach dem Sechsten Abschnitt der Grundbuchordnung nicht erforderlich, soweit für solche Grundstücke Bestandsblätter im Sinne der Nummer 160 Abs. 1 der Anweisung Nr. 4/87 des Ministers des Innern und Chefs der Deutschen Volkspolizei über Grundbuch und Grundbuchverfahren unter Colidobedingungen – Colido-Grundbuchanweisung – vom 27. Oktober 1987 vorhanden sind oder das Grundstück bereits gebucht war und sich nach der Schließung des Grundbuchs seine Bezeichnung nicht verändert hat.

6. Gegenüber dem Grundbuchamt genügt es zum Nachweis der Befugnis, über beschränkte dingliche Rechte an einem Grundstück, Gebäude oder sonstigen grundstücksgleichen Rechten oder über Vormerkungen zu verfügen, deren Eintragung vor dem 1. Juli 1990 beantragt worden ist und als deren Gläubiger oder sonstiger Berechtigter im Grundbuch
   a) eine Sparkasse oder Volkseigentum in Rechtsträgerschaft einer Sparkasse,
   b) ein anderes Kreditinstitut, Volkseigentum in Rechtsträgerschaft eines Kreditinstituts, eine Versicherung oder eine bergrechtliche Gewerkschaft,
   c) Volkseigentum in Rechtsträgerschaft des Staatshaushalts oder eines zentralen Organs der Deutschen Demokratischen Republik, des Magistrats von Berlin, des Rates eines Bezirks, Kreises oder Stadtbezirks, des Rates einer Stadt oder sonstiger Verwaltungsstellen oder staatlicher Einrichtungen,
   d) eine juristische Person des öffentlichen Rechts oder ein Sondervermögen einer solchen Person, mit Ausnahme jedoch des Reichseisenbahnvermögens und des Sondervermögens Deutsche Post, eingetragen ist, wenn die grundbuchmäßigen Erklärungen von der Bewilligungsstelle abgegeben werden; § 27 der Grundbuchordnung bleibt unberührt.
   Bewilligungsstelle ist in den Fällen des Satzes 1 Buchstabe a die Sparkasse, in deren Geschäftsgebiet das Grundstück, Gebäude oder sonstige grundstücksgleiche Recht liegt, und in Berlin die Landesbank, in den übrigen Fällen des Satzes 1 jede Dienststelle des Bundes oder einer bundesunmittelbaren Körperschaft oder Anstalt des öffentlichen Rechts. Für die Löschung
   a) von Vermerken über die Entschuldung der Klein- und Mittelbauern beim Eintritt in Landwirtschaftliche Produktionsgenossenschaften auf Grund des Gesetzes vom 17. Februar 1954 (GBl. Nr. 23 S. 224),
   b) von Verfügungsbeschränkungen zugunsten juristischer Personen des öffentlichen Rechts, ihrer Behörden oder von Rechtsträgern sowie

c) von Schürf- und Abbauberechtigungen

gilt Satz 1 entsprechend; Bewilligungsstelle ist in den Fällen des Buchstabens a die Staatsbank Berlin, im übrigen jede Dienststelle des Bundes. Die Bewilligungsstellen können durch dem Grundbuchamt nachzuweisende Erklärung sich wechselseitig oder andere öffentliche Stellen zur Abgabe von Erklärungen nach Satz 1 ermächtigen. In den vorgenannten Fällen findet § 39 der Grundbuchordnung keine Anwendung. Der Vorlage eines Hypotheken-, Grundschuld- oder Rentenschuldbriefes bedarf es nicht; dies gilt auch bei Eintragung eines Zustimmungsvorbehalts nach § 11c des Vermögensgesetzes.

In den Fällen des Satzes 1 Buchstabe c und d soll der Bund oder die von ihm ermächtigte Stelle die Bewilligung im Benehmen mit der obersten Finanzbehörde des Landes erteilen, in dem das Grundstück, Gebäude oder sonstige grundstücksgleiche Recht belegen ist; dies ist vom Grundbuchamt nicht zu prüfen.

(2) Als Grundbuch im Sinne der Grundbuchordnung gilt ein Grundbuchblatt, das unter den in Absatz 1 Nr. 5 genannten Voraussetzungen vor Inkrafttreten dieser Verordnung ohne ein Verfahren nach dem Sechsten Abschnitt der Grundbuchordnung oder den §§ 7 bis 17 der Verordnung zur Ausführung der Grundbuchordnung in ihrer im Bundesgesetzblatt Teil III, Gliederungsnummer 315-11-2, veröffentlichten bereinigten Fassung vom 8. August 1935 (RGBl. I S. 1089), die durch Artikel 4 Abs. 1 Nr. 1 des Gesetzes vom 20. Dezember 1993 (BGBl. I S. 2182) aufgehoben worden ist, angelegt worden ist.

(3) Bei Eintragungen, die in den Fällen des Absatzes 1 Nr. 6 vor dessen Inkrafttreten erfolgt oder beantragt worden sind, gilt für das Grundbuchamt der Nachweis der Verfügungsbefugnis als erbracht, wenn die Bewilligung von einer der in Absatz 1 Nr. 6 genannten Bewilligungsstellen oder von der Staatsbank Berlin erklärt worden ist. Auf die in Absatz 1 Nr. 6 Satz 2 und 3 bestimmten Zuständigkeiten kommt es hierfür nicht an. Absatz 1 Nr. 6 tritt mit Ablauf des 31. Dezember 2020 außer Kraft.

§ 114 [Übergangsregelung]

Die §§ 6, 9, 13, 15 und 17 in der seit dem 9. Oktober 2013 geltenden Fassung sind auch auf Eintragungen anzuwenden, die vor diesem Zeitpunkt beantragt, aber zu diesem Zeitpunkt noch nicht vorgenommen worden sind.

Anlagen 1 bis 10b
zur Grundbuchverfügung

Inhaltsübersicht

Hinweis

Im Zuge der Neufassung der Grundbuchverfügung vom 24.1.1995 wurden die Anlagen 1 bis 10b ebenfalls neu gefasst. Bei dem in Papierform geführten Grundbuch sind die Aufschrift eines Grundbuchblatts und die Blätter des Bestandsverzeichnisses weiß; die Blätter der ersten Abteilung sind rosa, die der zweiten Abteilung gelb und die der dritten Abteilung grün unterlegt. Diese farbliche Gestaltung ist hier nicht wiedergegeben.

GBV 1

Anlage 1
(zu § 22)

Muster
(Grundbuchblatt)

Amtsgericht

Köln

Grundbuch
von
Worringen

Grundbuchblatt-Nr.
0100

Amtsgericht Köln | Grundbuch von Worringen | Blatt 0100 | **Bestandsverzeichnis** | 1

Laufende Nummer der Grundstücke	Bisherige laufende Nummer der Grundstücke	Bezeichnung der Grundstücke und der mit dem Eigentum verbundenen Rechte					Größe		
		Gemarkung (Vermessungsbezirk)	Karte Flur	Flurstück	Liegenschaftsbuch	Wirtschaftsart und Lage	ha	a	m²
		a	b	b	c/d	e			
1	2				3			4	
1		Worringen	1	100		Freifläche Alte Neußer Landstraße		10	10
2	1	Worringen	1	101		Weg Alte Neußer Landstraße			90
3	1	Worringen	1	102		Gebäude- und Freifläche Alte Neußer Landstraße 100		9	10
4		Worringen	1	200		Landwirtschaftsfläche Alte Neußer Landstraße		5	00
5		Worringen	1	310		Gartenland		2	00
6	3,5	Worringen	1	102		Gebäude- und Freifläche Alte Neußer Landstraße 100		11	10
			1	310		Gartenland			
7 zu 6		1/10 Miteigentumsanteil an dem Grundstück Worringen	1	110		Weg Alte Neußer Landstraße		1	00

Bestand und Zuschreibungen		Abschreibungen	
Zur laufenden Nummer der Grundstücke		Zur laufenden Nummer der Grundstücke	
5	6	7	8
1	Aus Blatt 0200 am 5. Januar 1993. Neumann Götz	2	Nach Blatt 0001 am 15. April 1993. Neumann Götz
1,2,3	Lfd. Nr. 1 geteilt und fortgeschrieben gemäß VN Nr. 100/93 in Nrn. 2 und 3 am 15. April 1993. Neumann Götz		
4,5	Aus Blatt 0250 am 10. Mai 1993. Neumann Götz		
3,5,6	Lfd. Nr. 5 der Nr. 3 als Bestandteil zugeschrieben und unter Nr. 6 neu eingetragen am 9. Juni 1993. Neumann Götz		
7 --- zu 6	Aus Blatt 0300 am 12. Juli 1993. Neumann Götz		

Amtsgericht Köln		Grundbuch von Worringen	Blatt 0100	Erste Abteilung	1
Laufende Nummer der Eintragungen		**Eigentümer**	**Laufende Nummer der Grundstücke im Bestandsverzeichnis**	**Grundlage der Eintragung**	
1		2	3	4	
1		M ü l l e r , Friedrich, geb. am 5. Juli 1944, Alte Neußer Landstraße 100, 5000 Köln 71	1	Aufgelassen am 14. Oktober 1992, eingetragen am 5. Januar 1993. Neumann Götz	
			4.5	Aufgelassen am 11. November 1992, eingetragen am 10. Mai 1993. Neumann Götz	
			7/zu 6	Das bisher in Blatt 0300 eingetragene Eigentum aufgrund Auflassung vom 15. April 1993 und Buchung gemäß § 3 Abs. 3 GBO hier eingetragen am 12. Juli 1993. Neumann Götz	
2a) b)		S c h u m a c h e r , Ute geb. Müller, geb. am 12. Mai 1966, Grundermühle 7, 51515 Kürten M ü l l e r , Georg, geb. am 6. März 1968, Kemperbachstraße 48, 51069 Köln – in Erbengemeinschaft –	4,6,7	Erbfolge (33 VI 250/94 AG Köln), eingetragen am 7. Dezember 1994. Neumann Götz	

Laufende Nummer der Eintragungen	Eigentümer	Laufende Nummer der Grundstücke im Bestandsverzeichnis	Grundlage der Eintragung
1	2	3	4

| Amtsgericht Köln | | Grundbuch von Worringen | Blatt 0100 | Zweite Abteilung | 1 |

Laufende Nummer der Eintragungen	Laufende Nummer der betroffenen Grundstücke im Bestandsverzeichnis	Lasten und Beschränkungen
1	2	3
1	4, 6, 7	Nießbrauch für Müller, Gerhard, geb. am 23. April 1918, Alte Neußer Landstraße 100, 50769 Köln, befristet, löschbar bei Todesnachweis. Unter Bezugnahme auf die Bewilligung vom 15. April 1993 - URNr. 400/93 Notar Dr. Schmitz in Köln - eingetragen am 12. Juli 1993. Götz Neumann
2	4, 6	Widerspruch gegen die Eintragung des Eigentümers Friedrich Müller zugunsten des Josef Schmitz, geb. am 26. Juli 1940, Rochusstraße 300, 50827 Köln. Unter Bezugnahme auf die einstweilige Verfügung des Landgerichts Köln vom 30. Juli 1993 - 10 O 374/93 - eingetragen am 3. August 1993. Götz Neumann
3	4	Dienstbarkeit (Wegerecht) für den jeweiligen Eigentümer des Grundstücks Flur 1 Nr. 201 (derzeit Blatt 0250). Unter Bezugnahme auf die Bewilligung vom 11. November 1992 - URNr. 2231/92 Notar Dr. Schneider in Köln - eingetragen am 4. August 1993. Götz Neumann

Veränderungen		Löschungen	
Laufende Nummer der Spalte 1		Laufende Nummer der Spalte 1	
4	5	6	7
		2	Gelöscht am 31. August 1993 Neumann Götz

Amtsgericht Köln		Grundbuch von Worringen	Blatt 0100	Dritte Abteilung	1
Laufende Nummer der Eintragungen	Laufende Nummer der belasteten Grundstücke im Bestandsverzeichnis	Betrag	Hypotheken, Grundschulden, Rentenschulden		
1	2	3	4		
1	3, 4, 5, 6	10.000,00 DM 5.000,00 DM	Grundschuld – ohne Brief – zu zehntausend Deutsche Mark für die Stadtsparkasse Köln in Köln; 18% Zinsen jährlich; vollstreckbar nach § 800 ZPO. Unter Bezugnahme auf die Bewilligung vom 19. April 1993 – URNr. 420/93 Notar Dr. Schmitz in Köln – eingetragen am 9. Juni 1993. Gesamthaft: Blätter 0100 und 0550. Neumann Götz		
2	4, 6	20.000,00 DM -5.000,00 DM -15.000,00 DM	Hypothek zu zwanzigtausend Deutsche Mark für Bundesrepublik Deutschland (Wohnungsfürsorge); 12% Zinsen jährlich; 2% bedingte Nebenleistung einmalig. Unter Bezugnahme auf die Bewilligung vom 6. Oktober 1993 – URNr. 1300/93 Notar Dr. Schmitz in Köln –. Vorrangsvorbehalt für Grundpfandrechte bis zu DM 100.000,00; bis 20% Zinsen jährlich; bis 10% Nebenleistungen einmalig; inhaltlich beschränkt. Eingetragen am 15. November 1993. Neumann Götz		
3	4, 6, 7	100.000,00 DM	Grundschuld zu einhunderttausend Deutsche Mark für Inge Müller geb. Schmidt, geb. am 12. Mai 1952, Alte Neußer Landstraße 100, 50769 Köln, 18% Zinsen jährlich. Unter Bezugnahme auf die Bewilligung vom 3. Januar 1994 – URNr. 2/94 Notar Dr. Klug in Köln –; unter Ausnutzung des Rangvorbehalts mit Rang vor III/2. Eingetragen am 17. Januar 1994. Neumann Götz		

	Veränderungen			Löschungen		
Laufende Nummer der Spalte 1	Betrag		Laufende Nummer der Spalte 1	Betrag		
5	6	7	8	9	10
2	20.000,00 DM	Dem Recht Abt. III Nr. 3 ist der vorbehaltene Vorrang eingeräumt. Eingetragen am 17. Januar 1994. Neumann Götz	2	5.000,00 DM	Fünftausend Deutsche Mark gelöscht am 4. Oktober 1994. Neumann Götz
3	100.000,00 DM	Gepfändet mit den Zinsen seit dem 30. Juni 1994 für die Haftpflicht-Versicherungs-Aktiengesellschaft in Köln wegen einer Forderung von DM 65.800,00 mit 9% Zinsen aus DM 59.600,00 seit dem 18. Juni 1992. Gemäß Pfändungs- und Überweisungsbeschluß des Amtsgerichts Köln vom 15. Juni 1994 – 183 M 750/94 – eingetragen am 20. Juni 1994. Neumann Götz	3 3a 3b	20.000,00 DM 60.000,00 DM 20.000,00 DM	Pfändungsvermerk vom 26. Juli 1994 gelöscht am 4. Oktober 1994. Neumann Götz
1	5.000,00 DM	Das Recht ist gemäß § 1132 Abs. 2 BGB derart verteilt, daß die hier eingetragenen Grundstücke nur noch haften für fünftausend Deutsche Mark. Die Mithaft in Blatt 0550 ist erloschen. Eingetragen am 1. Juli 1994. Neumann Götz			

| Amtsgericht Köln | | Grundbuch von Worringen | Blatt 0100 | Dritte Abteilung | 1 R |

Laufende Nummer der Eintragungen	Laufende Nummer der belasteten Grundstücke im Bestandsverzeichnis	Betrag	Hypotheken, Grundschulden, Rentenschulden
1	2	3	4
4	4	8.200,00 DM	Zwangssicherungshypothek zu achttausendzweihundert Deutsche Mark für die Schmidt & Müller oHG, Köln, Wienerplatz 2, 51065 Köln, mit 8% Zinsen jährlich aus DM 7.180,00 seit dem 20. Oktober 1994. Gemäß Urteil des Amtsgerichts Köln vom 2. November 1994 – 115 C 1500/94 – eingetragen am 1. Dezember 1994. Götz Neumann
5	4,6,7	30.000,00 DM	Sicherungshypothek zum Höchstbetrag von dreißigtausend Deutsche Mark für die Stadt Köln – Amt. für Wohnungswesen. Unter Bezugnahme auf die Bewilligung vom 3. November 1994 – URNr. 1400/94 Notar Dr. Schmitz in Köln – eingetragen am 5. Dezember 1994. Götz Neumann

	Veränderungen			Löschungen	
Laufende Nummer der Spalte 1	Betrag		Laufende Nummer der Spalte 1	Betrag	
5	6	7	8	9	10
3 3 3a 3b	100.000,00 DM 20.000,00 DM 60.000,00 DM 20.000,00 DM	Das Recht ist geteilt in zwanzigtausend Deutsche Mark erstrangig -, zwanzigtausend Deutsche Mark zweitrangig -, sechzigtausend Deutsche Mark zweitrangig -, zwanzigtausend Deutsche Mark drittrangig -. Eingetragen am 1. August 1994. Neumann Götz			
3a	60.000,00 DM	Abgetreten mit den Zinsen seit dem 17. Januar 1994 an die Kölner Bausparkasse Aktiengesellschaft in Köln. Eingetragen am 1. August 1994. Neumann Götz			

Fortsetzung auf Einlegebogen

Anlage 2a
(zu § 31)

Muster
(Unübersichtliches Grundbuchblatt)

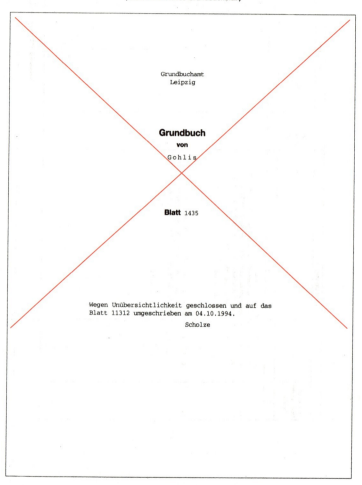

Grundbuchamt
Leipzig

Grundbuch
von

G o h l i s

Blatt 1435

Wegen Unübersichtlichkeit geschlossen und auf das
Blatt 11312 umgeschrieben am 04.10.1994.

Scholze

Grundbuchamt Leipzig

Grundbuch von Gohlis   **Blatt** 1435   **Bestandsverzeichnis**

Einlegebogen   1

Lfd. Nr. der Grund-stücke	Bisherige lfd. Nr. der Grund-stücke	Bezeichnung der Grundstücke und der mit dem Eigentum verbundenen Rechte		Größe
		Gemarkung (nur bei Abweichung vom Grundbuchbezirk angeben) Flurstück	Wirtschaftsart und Lage	m²
		a/b	c	
1	2	3		4
1	–	1327	Freifläche	141 67 09
2	–	Stötteritz		
		110	Gartenfläche	10 53
		111	Landwirtschaftsfläche	90 00
		112	Gartenfläche	10 00
3	–	66	Gartenfläche	15 06
4	–	73	Dresdner Str. 54, Gebäude- und Freifläche	25 08
5	3,4	73	Dresdner Str. 54, Gebäude- und Freifläche	25 08
		66	Gartenfläche	15 06
6	R.v.5	73	Dresdner Str. 54, Gebäude- und Freifläche	25 08
		66	Gartenfläche	9 02
7	R.v.2	Stötteritz 112	Gartenfläche	10 00
8 ---- zu 6		Geh- und Fahrtrecht an dem Grundstück Gohlis Flste. 74, 75; Grundbuch von Gohlis Blatt 2487.		
9	6,7	73	Dresdner Str. 54, Gebäude- und Freifläche	25 08
		66	Gartenfläche	9 02
		Stötteritz 112	Gartenfläche	10 00
10 ---- zu 6	–	Das Geh- und Fahrtrecht lastet nur noch an Flst. 74; Grundbuch von Gohlis Blatt 2487.		
11	T.v.9	73	Dresdner Str. 54, Gebäude- und Freifläche	25 08
		Stötteritz 112	Gartenfläche	10 00
12	T.v.9	66	Gartenfläche	9 02

Grundbuchamt Leipzig

Grundbuch von Gohlis   **Blatt** 1435   **Bestandsverzeichnis**   Einlegebogen   1R

Bestand und Zuschreibungen		Abschreibungen	
Zur lfd. Nr. der Grund- stücke		Zur lfd. Nr. der Grund- stücke	
5	6	7	8
1	Von Blatt 428 hierher übertragen am 04.10.1990. Dehn	1	Übertragen nach Blatt 3155 am 02.12.1991. Müller
2	Von Stötteritz Blatt 112 hierher übertragen am 05.11.1990. Müller	5,6	Veränderungsnachweis 54/92: BVNr. 5 geteilt; Flst. 102/66 übertragen nach Blatt 3900; Rest als BVNr. 6 neu vorgetragen am 05.02.1992. Müller
3	Von Blatt 27 hierher übertragen am 03.04.1991. Müller	2,7	BVNr. 2 geteilt; Flste. 110, 111 übertragen nach Blatt 3796; Rest als BVNr. 7 neu vorgetragen am 11.06.1992. Lehmann
3,4,5	BVNr. 4 von Blatt 212 hierher über- tragen, mit BVNr. 3 vereinigt und als BVNr. 5 neu vorgetragen am 20.09.1991. Müller		
8 ---- zu 6	Hier vermerkt am 03.08.1992. Lehmann		
6,7,9	BVNr. 7 der BVNr. 6 als Bestandteil zugeschrieben und als BVNr. 9 neu vorgetragen am 02.12.1992. Lehmann		
10 ---- zu 6	Hier vermerkt am 08.12.1992. Lehmann		
9,11,12	BVNr. 9 geteilt in BVNrn. 11, 12 am 10.12.1992. Lehmann		

Fortsetzung auf Einlegebogen

Grundbuchamt Leipzig			Einlegebogen
Grundbuch von Gohlis	**Blatt** 1435	**Erste Abteilung**	1

Lfd. Nr. der Eintragungen	Eigentümer	Lfd. Nr. der Grundstücke im Bestandsverzeichnis	Grundlage der Eintragung
1	2	3	4
1	Gerber, Hans, geb. am 12.06.1916, Leipzig	1	Auflassung vom 20.09.1990; eingetragen am 04.10.1990. Dehn
		2	Auflassung vom 15.10.1990; eingetragen am 05.11.1990. Müller
		3	Auflassung vom 05.02.1991; eingetragen am 03.04.1991. Müller
2a	Gerber, Friedrich, geb. am 06.04.1942, Leipzig	1,2,3	Erbfolge vom 07.04.1991; Erbschein des Amtsgerichts Leipzig vom 17.04.1991 (VI 2554/91); eingetragen am 08.05.1991. Müller
b	Gerber, Max, geb. am 29.07.1939, Magdeburg		
c	Stumpf, Ella geb. Gerber, geb. am 21.09.1949, Berlin – in Erbengemeinschaft –		
3	Gerber, Friedrich, geb. am 06.04.1942, Leipzig	1,2,3	Auflassung vom 13.05.1991; eingetragen am 03.06.1991. Müller
		4	Ohne Eigentumswechsel; eingetragen am 20.09.1991. Müller
		8 ---- zu 6	In Blatt 2487 eingetragen am 04.11.1991; hier vermerkt am 03.08.1992. Lehmann
4a	Gerber, Friedrich, geb. am 06.04.1942, Leipzig;	6,7, 8 ---- zu 6	Ehevertrag vom 18.02.1992; eingetragen am 01.10.1992. Lehmann
b	Gerber, Amalie geb. Evers, geb. am 16.02.1948, Leipzig; – in Gütergemeinschaft –		

Grundbuchamt Leipzig

Grundbuch von Gohlis **Blatt** 1435 **Erste Abteilung** 1 R

Einlegebogen

Lfd. Nr. der Eintragungen	Eigentümer	Lfd. Nr. der Grundstücke im Bestandsverzeichnis	Grundlage der Eintragung
1	2	3	4

Fortsetzung auf Einlegebogen

Grundbuchamt Leipzig

Einlegebogen

Grundbuch von Gohlis   **Blatt** 1435   **Zweite Abteilung** ☐ 1

Lfd. Nr. der Eintragungen	Lfd. Nr. der betroffenen Grundstücke im Bestandsverzeichnis	Lasten und Beschränkungen
1	2	3
1	1	Vorkaufsrecht für alle Verkaufsfälle für die Stadt Leipzig; gemäß Bewilligung vom 12.10.1990 eingetragen am 15.10.1990. Müller
2	2,7	Reallast (Geldrente) für die Stiftung „St. Laurentius", Leipzig; gemäß Bewilligung vom 02.11.1990 eingetragen am 07.11.1990. Müller
3	5	Geh- und Fahrtrecht für den jeweiligen Eigentümer des Flst. 85 (Grundbuch von Gohlis Blatt 19); gemäß Bewilligung vom 01.10.1991 eingetragen am 14.10.1991. Müller
4	2	Auflassungsvormerkung für Mühleisen, Franz, geb. am 14.04.1940, Dresden; gemäß einstweiliger Verfügung des Kreisgerichts Leipzig-Stadt vom 01.04.1992 - 38 Z 122/92 - eingetragen am 05.05.1992. Müller
5	12	Erbbaurecht auf die Dauer von 99 Jahren seit Eintragung für die Gemeinnützige Baugenossenschaft Leipzig-Mitte e.G., Leipzig; unter Bezugnahme auf BVNr. 1 des Erbbaugrundbuchs Gohlis Blatt 4128 eingetragen am 11.12.1992. Lehmann
6	11	Die Zwangsversteigerung ist durch Beschluß des Amtsgerichts Leipzig vom 16.02.93 - K 187/92 - angeordnet; eingetragen am 17.02.1993. Späth
7	11	Vorgemerkt gemäß § 18 Abs. 2 GBO: Nießbrauch für Frey, Adele geb. Gerber, geb. am 12.02.1925, Meißen; gemäß Bewilligung vom 01.06.1994 (Notar Behringer, Eilenburg, URNr. 1343/94) von Amts wegen eingetragen am 30.09.1994. Keller

Grundbuchamt Leipzig

Grundbuch von Gohlis   **Blatt** 1435   **Zweite Abteilung**   **Einlegebogen**   1/R

	Veränderungen		Löschungen	
Lfd. Nr. der Spalte 1		Lfd. Nr. der Spalte 1		
4	5	6	7	
3	Das Recht ist auf dem Blatt des herrschenden Grundstücks vermerkt; hier vermerkt am 04.11.1991. Müller	1,3	Je gelöscht am 02.12.1991. Müller	
2	Zur Mithaft übertragen nach Blatt 3796 am 11.06.1992. Müller	4	Gelöscht am 18.05.1992. Müller	
5	Der Inhalt des Erbbaurechts ist gemäß BVNr. 2 des Erbbaugrundbuchs geändert; hier vermerkt am 04.01.1993. Späth	2	Gelöscht am 17.11.1992. Müller	
5	Das Erbbaurecht ist übertragen auf die Wohnungsbaugesellschaft Gohlis mbH, Leipzig; eingetragen am 17.08.1993. Keller	6	Gelöscht am 15.03.1993. Späth	

Fortsetzung auf Einlegebogen

Grundbuchamt Leipzig

Grundbuch von Gohlis   **Blatt** 1435   **Dritte Abteilung** [1

Einlegebogen

Lfd. Nr. der Eintragungen	Lfd. Nr. der belasteten Grundstücke im Bestandsverzeichnis	Betrag	Hypotheken, Grundschulden, Rentenschulden
1	2	3	4
1	2, 7, 9 (nur Flst.112), 11 (nur Flst.112)	100.000 DM − 50.000 DM ‾‾‾‾‾‾‾‾ 50.000 DM − 10.000 DM ‾‾‾‾‾‾‾‾ 40.000 DM	Hypothek zu einhunderttausend Deutsche Mark für Dr. jur. Schulze, Walter, geb. am 22.05.1930, Görlitz; 14 % Zinsen; vollstreckbar nach § 800 ZPO; gemäß Bewilligung vom 12.10.1990 eingetragen am 23.11.1990. Müller
2	1,2	30.000 DM	Grundschuld ohne Brief zu dreißigtausend Deutsche Mark für die Deutsche Handelsbank AG, Dresden; 15 % Zinsen; vollstreckbar nach § 800 ZPO; gemäß Bewilligung vom 22.11.1990 eingetragen am 03.12.1990. Müller
3	1,2,3, 5	70.000 DM	Hypothek zu siebzigtausend Deutsche Mark für Gruhn, Maria geb. Weiß, geb. am 24.02.1934, Crimmitschau; 6 % Zinsen; vollstreckbar nach § 800 ZPO; gemäß Bewilligung vom 20.02.1991 eingetragen am 18.06.1991. Mithaft: Gohlis Blatt 212 Müller
4	1,2,7, 9 (nur Flst.112), 11 (nur Flst.112)	5.000 DM	Vorgemerkt gemäß § 883 BGB: Sicherungshypothek zu fünftausend Deutsche Mark für Müller, Karl, geb. am 23.06. 1938, Grimma; 14 % Zinsen; gemäß Bewilligung vom 10.05.1991 eingetragen am 02.07.1991. Müller / Sicherungshypothek zu fünftausend Deutsche Mark für Müller, Karl, geb. am 23.06. 1938, Grimma; 14 % Zinsen; gemäß Bewilligung vom 10.05.1991 eingetragen am 01.08.1991. Müller
5	1	60.000 DM	Rentenschuld zu dreitausend Deutsche Mark jährlich; Ablösebetrag sechzigtausend Deutsche Mark für die Stadt Leipzig; gemäß Bewilligung vom 28.06.1991 eingetragen am 02.07.1991. Müller

Grundbuchamt Leipzig

Grundbuch von Gohlis **Blatt** 1435 **Dritte Abteilung** Einlegebogen 1/R

	Veränderungen			Löschungen	
Lfd. Nr. der Spalte 1	Betrag		Lfd. Nr. der Spalte 1	Betrag	
5	6	7	8	9	10
1a	30.000 DM	Erstrangiger Teilbetrag von dreißigtausend Deutsche Mark mit Zinsen seit 01.01.1991 abgetreten an den Freistaat Sachsen; eingetragen am 15.01.1991. Rennert	1	50.000 DM	Fünfzigtausend Deutsche Mark gelöscht am 16.01.1991. Rennert
1b	20.000 DM	Zwanzigtausend Deutsche Mark mit den Zinsen seit 01.10.1990 abgetreten an Rausch, Franz, geb. am 15.11.1954, Lommatzsch; eingetragen am 02.05.1991. Rennert	2	30.000 DM	Verfügungs- verbot ge- löscht am 21.05.1991. Rennert
2	30.000 DM	Verfügungsverbot für Schmidt, Bruno, geb. am 31.03.1936, Leipzig; gemäß einstweiliger Verfügung des Kreisgerichts Leipzig-Stadt vom 13.05.1991 – 38 Z 200/91 – eingetragen am 17.05.1991. Müller	1b	10.000 DM	Zehntausend Deutsche Mark gelöscht am 15.08.1991. Müller
1bI	10.000 DM	Erstrangiger Teilbetrag von zehntausend Deutsche Mark mit den Zinsen seit 01.01.1991 abgetreten an Martens, Paul, geb. am 24.08.1947, Leipzig; eingetragen am 29.05.1991. Müller	3	70.000 DM	Gelöscht am 02.10.1991. Müller
2	30.000 DM	Ausschluß der Brieferteilung aufgehoben; eingetragen am 04.07.1991. Müller	2	30.000 DM	Gelöscht am 11.11.1991. Müller
3	70.000 DM	Durch Erbfolge vom 14.05.1991 (Erbschein des Kreisgerichts Werdau vom 15.07.1991, VI 455/91) übergegangen auf Gruhn, Karl, geb. am 12.04. 1959, Chemnitz; Nacherbfolge ist angeordnet; Nacherbe ist Gruhn, Emil, geb am 23.03. 1963, Chemnitz; die Nacherb- folge tritt ein mit dem Tode des Vorerben; der Vorerbe ist von den gesetzlichen Be- schränkungen nicht befreit; eingetragen am 12.09.1991. Müller	5	60.000 DM	Gelöscht am 25.07.1991. Müller

Fortsetzung auf Einlegebogen

GBV 1

Grundbuchamt Leipzig

Grundbuch von Gohlis **Blatt** 1435 **Dritte Abteilung** | Einlegebogen | 2 |

Lfd. Nr. der Eintragungen	Lfd. Nr. der belasteten Grundstücke im Bestandsverzeichnis	Betrag	Hypotheken, Grundschulden, Rentenschulden
1	2	3	4

Grundbuchamt Leipzig

Grundbuch von Gohlis   **Blatt** 1435   **Dritte Abteilung**   Einlegebogen 2 R

			Veränderungen		Löschungen	
Lfd. Nr. der Spalte 1	Betrag			Lfd. Nr. der Spalte 1	Betrag	
5	6		7	8	9	10.
3	70.000 DM		Das mithaftende Grundstück Blatt 212 ist als BVNr. 4 hierher übertragen am 20.09.1991. Müller			
4	5.000 DM		An BVNr. 1 gelöscht am 11.11. 1991. Müller			
4	5.000 DM		Der Gläubiger hat auf das Recht verzichtet; als Grundschuld ohne Brief umgeschrieben auf Gerber, Friedrich, geb. am 06.04.1942 Leipzig; eingetragen am 20.01.1992. Müller			
1a 1bI 4	30.000 DM 10.000 DM 5.000 DM		Zur Mithaft übertragen nach Blatt 3796 am 11.06.1992. Teichmann			
4	5.000 DM		Übergegangen auf Gerber, Friedrich, geb. am 06.04.1942, Leipzig und Gerber, Amalie geb. Evers, geb. am 16.02.1948, Leipzig, in Gütergemeinschaft; eingetragen am 01.10.1992. Teichmann			
4	5.000 DM		Gepfändet für die Westdeutsche Hypothekenbank AG, Frankfurt a.M., wegen einer Forderung von siebentausend Deutsche Mark nebst 14 % Zinsen seit 07.02.1993; gemäß Pfändungs- und Überweisungsbeschluß des Amtsgerichts Grimma vom 03.03.1993 (3 M 143/93) eingetragen am 23.03.1993. Späth			

Fortsetzung auf Einlegebogen

Anlage 2b
(zu § 31)

Muster

(Neues Grundbuchblatt)*)

Grundbuchamt
Leipzig

Grundbuch

von

G o h l i s

Blatt 11312

Dieses Blatt ist an die Stelle des wegen Unübersichtlichkeit geschlossenen Blattes 1435 getreten;
eingetragen am 04.10.1994.

Scholze

*) Die Eintragungen sind gemäß § 30 Abs. 1 Buchstabe c Satz 3 der Grundbuchverfügung unter neuen laufenden Nummern in das neue Grundbuchblatt übernommen worden.

Grundbuchamt Leipzig				Einlegebogen
Grundbuch von Gohlis		**Blatt** 11312	**Bestandsverzeichnis**	1

Lfd. Nr. der Grund- stücke	Bisherige lfd. Nr. der Grund- stücke	Bezeichnung der Grundstücke und der mit dem Eigentum verbundenen Rechte		Größe
		Gemarkung (nur bei Abweichung vom Grundbuchbezirk angeben) Flurstück	Wirtschaftsart und Lage	m²
		a/b	c	
1	2	3		4
1	–	73	Dresdner Str. 54, Gebäude- und Freifläche	25 08
		Stötteritz 112	Gartenfläche	10 00
2	–	66	Gartenfläche	9 02
3 ------ zu 1,2	–	Geh- und Fahrtrecht an dem Grundstück Gohlis Flst. 74, Grundbuch von Gohlis Blatt 2487.		

Grundbuchamt Leipzig

Grundbuch von Gohlis · · · · · · · · **Blatt** 11312 · · · · · · · **Bestandsverzeichnis** · · · · 1 **R**

Einlegebogen

	Bestand und Zuschreibungen		Abschreibungen	
Zur lfd. Nr. der Grund- stücke		Zur lfd. Nr. der Grund- stücke		
5	6	7	8	
1,2, 3 zu 1,2	Bei Umschreibung des unübersichtlichen Blattes 1435 als Bestand eingetragen am 04.10.1994. Scholze			

Fortsetzung auf Einlegebogen

Lfd. Nr. der Eintragungen	Eigentümer	Lfd. Nr. der Grundstücke im Bestandsverzeichnis	Grundlage der Eintragung
1	2	3	4
1a	Gerber, Friedrich, geb. am 06.04.1942, Leipzig;	1, 2, 3	Ohne Eigentumswechsel; eingetragen am 04.10.1994.
b	Gerber, Amalie geb. Evers, geb. am 16.02.1948, Leipzig;	zu 1,2	Scholze
	– in Gütergemeinschaft –		

Grundbuchamt Leipzig

Grundbuch von Gohlis   **Blatt** 11312   **Erste Abteilung** [R]

Einlegebogen

Lfd. Nr. der Ein- tragungen	Eigentümer	Lfd. Nr. der Grund- stücke im Bestands- verzeichnis	Grundlage der Eintragung
1	2	3	4

Fortsetzung auf Einlegebogen [   ]

		Grundbuchamt Leipzig **Einlegebogen**

Grundbuch von Gohlis   **Blatt** 11312   **Zweite Abteilung** ‖ I ‖

Lfd. Nr. der Ein- tragungen	Lfd. Nr. der betroffenen Grundstücke im Bestands- verzeichnis	Lasten und Beschränkungen
1	2	3
1	2	Erbbaurecht auf die Dauer von 99 Jahren seit Eintragung für die Wohnungsbaugesellschaft Gohlis mbH, Leipzig; unter Bezugnahme auf BVNr. 1 des Erbbaugrundbuchs Gohlis Blatt 4128 eingetragen am 11.12.1992 und umgeschrieben am 04.10.1994. Scholze
2	1	Vorgemerkt gemäß § 18 Abs. 2 GBO: Nießbrauch für Frey, Adele geb. Gerber, geb. am 12.02.1925, Meißen; gemäß Bewilligung vom 01.06.1994 (Notar Behringer, Eilenburg, URNr. 1343/94) von Amts wegen eingetragen am 30.09.1994 und umgeschrieben am 04.10.1994. Scholze
3	1	Vorkaufsrecht für alle Verkaufsfälle für Frey, Adele geb. Gerber, geb. am 12.02.1925, Meißen; gemäß Bewilligung vom 01.06.1994 (Notar Behringer, Eilenburg, URNr. 1343/94) eingetragen am 04.10.1994. Scholze

Grundbuchamt Leipzig

Grundbuch von Gohlis   **Blatt** 11312   **Zweite Abteilung**   1 **R**

Einlegebogen

Veränderungen		Löschungen	
Lfd. Nr. der Spalte 1		Lfd. Nr. der Spalte 1	
4	5	6	7

Fortsetzung auf Einlegebogen

Grundbuchamt Leipzig

Einlegebogen

Grundbuch von Gohlis   **Blatt** 11312   **Dritte Abteilung** 1

Lfd. Nr. der Eintragungen	Lfd. Nr. der belasteten Grundstücke im Bestandsverzeichnis	Betrag	Hypotheken, Grundschulden, Rentenschulden
1	2	3	4
1a	1 (nur Flst. 112)	30.000 DM	Hypothek zu dreißigtausend Deutsche Mark für den Freistaat Sachsen; 14 % Zinsen; vollstreckbar gemäß § 800 ZPO; gemäß Bewilligung vom 12.10.1990 (Notar Dieterlein, Pirna, URNr. 231/90) eingetragen am 23.11.1990 und umgeschrieben am 04.10.1994. Mithaft: Blatt 3796 Gohlis. Scholze
b	1 (nur Flst. 112)	10.000 DM	Hypothek zu zehntausend Deutsche Mark für Martens, Paul, geb. am 24.08.1947, Leipzig; 14 % Zinsen; vollstreckbar gemäß § 800 ZPO; gemäß Bewilligung vom 12.10.1990 (Notar Dieterlein, Pirna, URNr. 231/90) eingetragen am 23.11.1990 und umgeschrieben am 04.10.1994. Mithaft: Blatt 3796 Gohlis. Scholze
2	1 (nur Flst. 112)	5.000 DM	Grundschuld ohne Brief zu fünftausend Deutsche Mark entstanden durch Umwandlung der Sicherungshypothek für Gerber, Friedrich, geb. am 06.04.1942, Leipzig, und Gerber, Amalie geb. Evers, geb. am 16.02.1948, Leipzig, in Gütergemeinschaft; 14 % Zinsen; gemäß Bewilligung vom 10.05.1991 (Notar Dr. Fechter, Leipzig, URNr. 997/91) eingetragen am 01.08.1991 und umgeschrieben am 04.10.1994. Mithaft: Blatt 3796 Gohlis. Scholze

Grundbuchamt Leipzig

Grundbuch von Gohlis

Blatt 11312

Einlegebogen

Dritte Abteilung 1 **R**

Veränderungen			Löschungen		
Lfd. Nr. der Spalte 1	Betrag		Lfd. Nr. der Spalte 1	Betrag	
5	6	7	8	9	10
2	5.000 DM	Gepfändet für die Westdeutsche Hypothekenbank AG, Frankfurt a.M., wegen einer Forderung von siebentausend Deutschen Mark nebst 14 % Zinsen seit 07.02.1993; gemäß Pfändungs- und Überweisungsbeschluß des Amtsgerichts Grimma vom 03.03.1993 (3 M 143/93) eingetragen am 23.03.1993 und umgeschrieben am 04.10.1994. Scholze			

Fortsetzung auf Einlegebogen

Anlage 3
(zu § 52 Abs. 1)

Deutscher
Hypothekenbrief

Noch gültig für 15 000 DM.	über
Schönberg, den 9. Juli 1981	20 000 Deutsche Mark

(Unterschriften)

eingetragen im Grundbuch von

Waslingen (Amtsgericht Schönberg)

Blatt 82 Abteilung III Nr. 3 (drei)

Inhalt der Eintragung:

Nr. 3: 20 000 (zwanzigtausend) Deutsche Mark Kaufpreisforderung mit fünf vom Hundert jährlich verzinslich für Josef Schmitz, geboren am 20. März 1931, Waslingen. Unter Bezugnahme auf die Eintragungsbewilligung vom 1. Dezember 1978 eingetragen am 16. Februar 1979.

Belastetes Grundstück:

Das im Bestandsverzeichnis des Grundbuchs unter Nr. 1 verzeichnete Grundstück.

Schönberg, den 20. Februar 1979

	Amtsgericht
(Siegel oder Stempel)	
	(Unterschriften)

Dem belasteten Grundstück ist am 14. November 1980 das im Bestandsverzeichnis unter Nr. 3 verzeichnete Grundstück als Bestandteil zugeschrieben worden. Infolge der Zuschreibung ist das belastete Grundstück unter Nr. 4 des Bestandsverzeichnisses neu eingetragen worden.

Schönberg, den 13. März 1981

	Amtsgericht
(Siegel oder Stempel)	
	(Unterschriften)

Von den vorstehenden 20 000 DM sind 5 000 (fünftausend) Deutsche Mark nebst den Zinsen seit dem 1. Juli 1981 mit dem Vorrange vor dem Rest abgetreten an den Ingenieur Hans Müller, geboren am 14. Januar 1958, Waslingen. Die Abtretung und die Rangänderung sind am 7. Juli 1981 im Grundbuch eingetragen. Für den abgetretenen Betrag ist ein Teilhypothekenbrief hergestellt.

Schönberg, den 9. Juli 1981

	Amtsgericht
(Siegel oder Stempel)	
	(Unterschriften)

Muster

(Teilhypothekenbrief)

**Deutscher
Teilhypothekenbrief**

über

5 000 Deutsche Mark

Teilbetrag der Hypothek von 20 000 Deutsche Mark

eingetragen im Grundbuch von
Waslingen (Amtsgericht Schönberg)
Blatt 82 Abteilung III Nr. 3 (drei)

Der bisherige Brief über die Hypothek von 20 000 Deutsche Mark lautet wie folgt:

Deutscher
Hypothekenbrief

über

20 000 Deutsche Mark

eingetragen im Grundbuch von
Waslingen (Amtsgericht Schönberg)
Blatt 82 Abteilung III Nr. 3 (drei)

Inhalt der Eintragung:

Nr. 3: 20 000 (zwanzigtausend) Deutsche Mark Kaufpreisforderung mit fünf vom Hundert jährlich verzinslich für Josef Schmitz, geboren am 20. März 1931, Waslingen. Unter Bezugnahme auf die Eintragungsbewilligung vom 1. Dezember 1978 eingetragen am 16. Februar 1979.

Belastetes Grundstück:

Das im Bestandsverzeichnis des Grundbuchs unter Nr. 1 verzeichnete Grundstück.

Schönberg, den 20. Februar 1979

Amtsgericht

(Siegel oder Stempel)

(Abschrift der Unterschriften)

Dem belasteten Grundstück ist am 14. November 1980 das im Bestandsverzeichnis unter Nr. 3 verzeichnete Grundstück als Bestandteil zugeschrieben worden. Infolge der Zuschreibung ist das belastete Grundstück unter Nr. 4 des Bestandsverzeichnisses neu eingetragen worden.

Schönberg, den 13. März 1981

Amtsgericht

(Siegel oder Stempel)

(Abschrift der Unterschriften)

Die vorstehende Abschrift stimmt mit der Urschrift überein.

Von den 20 000 DM sind 5 000 (fünftausend) Deutsche Mark nebst den Zinsen seit dem 1. Juli 1981 mit dem Vorrange vor dem Rest abgetreten an den Ingenieur Hans Müller, geboren am 14. Januar 1958, Waslingen. Die Abtretung und die Rangänderung sind am 7. Juli 1981 im Grundbuch eingetragen.

Über diese 5 000 (fünftausend) Deutsche Mark ist dieser Teilhypothekenbrief hergestellt worden.

Schönberg, den 9. Juli 1981

Amtsgericht

(Siegel oder Stempel)

(Unterschriften)

Anlage 5
(zu § 52 Abs. 1)

Muster
(Hypothekenbrief über eine Gesamthypothek)

**Deutscher
Hypothekenbrief**

über

12 000 Deutsche Mark

Gesamthypothek

eingetragen im Grundbuch von
Waslingen (Amtsgericht Schönberg)
Blatt 30 Abteilung III Nr. 3 (drei)
und ebenda Blatt 31 Abteilung III Nr. 2 (zwei)

Inhalt der Eintragungen:
12 000 (zwölftausend) Deutsche Mark Darlehen mit sechs vom Hundert jährlich verzinslich für Maria Weiß, geborene Grün, geboren am 11. Juli 1925, Waslingen. Unter Bezugnahme auf die Eintragungsbewilligung vom 15. Februar 1979 eingetragen am 15. Mai 1979.

Belastete Grundstücke:
I. Waslingen Blatt 30:
   Die im Bestandsverzeichnis des Grundbuchs unter den Nummern 1, 2 und 3 verzeichneten Grundstücke;
II. Waslingen Blatt 31:
   Das im Bestandsverzeichnis des Grundbuchs unter Nr. 1 verzeichnete Grundstück.

Schönberg, den 17. Mai 1979

(Siegel oder Stempel)

Amtsgericht

(Unterschriften)

Anlage 6
(zu § 52 Abs. 1)

Muster

(Gemeinschaftlicher Hypothekenbrief)

Deutscher
Hypothekenbrief

über zusammen

8 000 Deutsche Mark

eingetragen im Grundbuch von

Waslingen (Amtsgericht Schönberg)

Blatt 87 Abteilung III Nr. 1 (eins) und 2 (zwei)

mit 6 000 und 2 000 Deutsche Mark

Inhalt der Eintragungen:

Nr. 1: 6 000 (sechstausend) Deutsche Mark Darlehen mit sechs vom Hundert jährlich verzinslich für die Darlehensbank Aktiengesellschaft in Waslingen. Unter Bezugnahme auf die Eintragungsbewilligung vom 5. Januar 1979 eingetragen am 15. Januar 1979.

Nr. 2: 2 000 (zweitausend) Deutsche Mark Darlehen mit sechs vom Hundert jährlich verzinslich für die Darlehensbank Aktiengesellschaft in Waslingen. Unter Bezugnahme auf die Eintragungsbewilligung vom 21. März 1980 eingetragen am 3. April 1980.

Belastetes Grundstück:

Das im Bestandsverzeichnis des Grundbuchs unter Nr. 1 verzeichnete Grundstück.

Dieser Brief tritt für beide Hypotheken jeweils an die Stelle der bisherigen Briefe.

Schönberg, den 9. September 1982

Amtsgericht

(Siegel oder Stempel)

(Unterschriften)

Anlage 7
(zu § 52 Abs. 1)

Muster

(Grundschuldbrief)

**Deutscher
Grundschuldbrief**

über

3 000 Deutsche Mark

eingetragen im Grundbuch von
Waslingen (Amtsgericht Schönberg)
Blatt 84 Abteilung III Nr. 3 (drei)

Inhalt der Eintragung:

Nr. 3: 3 000 (dreitausend) Deutsche Mark Grundschuld mit fünf vom Hundert jährlich verzinslich für Herbert Müller, geboren am 20. Januar 1910, Waslingen. Unter Bezugnahme auf die Eintragungsbewilligung vom 1. März 1979 eingetragen am 23. März 1979.

Belastetes Grundstück:

Das im Bestandsverzeichnis des Grundbuchs unter Nr. 1 verzeichnete Grundstück.

Schönberg, den 26. März 1979

(Siegel oder Stempel)

Amtsgericht

(Unterschriften)

Muster

(Rentenschuldbrief)

**Deutscher
Rentenschuldbrief**

über

300 Deutsche Mark

eingetragen im Grundbuch von

Waslingen (Amtsgericht Schönberg)

Blatt 13 Abteilung III Nr. 5 (fünf)

Inhalt der Eintragung:

Nr. 5: 300 (dreihundert) Deutsche Mark, vom 1. März 1978 an jährlich am 1. Juli zahlbare Rentenschuld, ablösbar mit sechstausend Deutsche Mark, für die Gemeinde Waslingen. Eingetragen am 1. März 1978.

Belastetes Grundstück:

Das im Bestandsverzeichnis des Grundbuchs unter Nr. 1 verzeichnete Grundstück.

Schönberg, den 6. März 1978

Amtsgericht

(Siegel oder Stempel)

(Unterschriften)

Die Rentenschuld ist gelöscht am 25. Juni 1981.

Schönberg, den 25. Juni 1981

Amtsgericht

(Siegel oder Stempel)

(Unterschriften)

Anlage 9
(zu § 58)

Muster
(Erbbaugrundbuchblatt)

Amtsgericht

München

Grundbuch

von

W a s l i n g e n

Band 375 **Blatt** 11361

(Erbbaugrundbuch)

Amtsgericht München					Einlegebogen		
Grundbuch von Waslingen		Band 375 **Blatt** 11361		**Bestandsverzeichnis**		1	

Lfd. Nr. der Grund- stücke	Bisherige lfd. Nr. der Grund- stücke	Bezeichnung der Grundstücke und der mit dem Eigentum verbundenen Rechte		Größe		
		Gemarkung (nur bei Abweichung vom Grundbuchbezirk angeben) Flurstück	Wirtschaftsart und Lage	ha	a	m²
		a/b	c			
1	2	3		4		
1		Erbbaurecht an Grundstück Band 370 Blatt 11180 Bestands- verzeichnis Nr. 2:				
		102/66	Gebäude- und Freifläche, An der Wublitz		25	15
		eingetragen Abt. II/1, bis zum 30.06.2045;				
		Zustimmung des Grundstückseigentümers ist erforderlich zur:				
		Veräußerung, Belastung mit Grundpfandrechten, Reallasten, Dauerwohn-/Dauernutzungsrechten; nebst deren Inhaltsänderung als weitere Belastung;				
		Grundstückseigentümer: Breithaupt Walter, geb. 26.08.1943;				
		gemäß Bewilligung vom 25.07.1994 - URNr. 1000/Notar Dr. Schmidt, Waslingen -;				
		angelegt am 02.08.1994.				
		Fuchs Körner				
2		Als Eigentümer des belasteten Grundstücks ist am 01.09.1994 eingetragen worden: Geßler Ernst, geb. 28.02.1946; hier ver- merkt am 01.09.1994				
		Fuchs Körner				
3		Der Inhalt des Erbbaurechts ist dahin geändert, daß der Erbbauberechtigte zur Veräußerung des Erbbaurechts nicht der Zustimmung des Grundstückseigentümers bedarf. Eingetragen am 09.09.1994.				
		Fuchs Körner				

Amtsgericht München		Einlegebogen
Grundbuch von Waslingen **Band** 375 **Blatt** 11361	**Bestandsverzeichnis**	1 **R**

Bestand und Zuschreibungen		Abschreibungen	
Zur lfd. Nr. der Grund- stücke		Zur lfd. Nr. der Grund- stücke	
5	6	7	8

Fortsetzung auf Einlegebogen

GBV 1

Amtsgericht München

Grundbuch von Waslingen   **Band** 375   **Blatt** 11361   **Erste Abteilung** [1]

Lfd. Nr. der Eintragungen	Eigentümer	Lfd. Nr. der Grundstücke im Bestandsverzeichnis	Grundlage der Eintragung
1	2	3	4
1	K ö h l e r Max, geb. 14.11.1911	1	Bei Bestellung des Erbbaurechts in Band 370 Blatt 11180 eingetragen und hier vermerkt am 02.08.1994. Fuchs Körner
2	G r a u e r Walter, geb. 16.12.1948	1	Einigung vom 16.08.1994; eingetragen am 15.09.1994. Fuchs Körner

1 GBV

| **Amtsgericht** München | | | | **Einlegebogen** |
| **Grundbuch von** Waslingen | **Band** 375 **Blatt** 11361 | | **Erste Abteilung** | R |

Lfd. Nr. der Eintragungen	Eigentümer	Lfd. Nr. der Grundstücke im Bestandsverzeichnis	Grundlage der Eintragung
1	2	3	4

Fortsetzung auf Einlegebogen

Amtsgericht München			Einlegebogen
Grundbuch von Waslingen	**Band** 375 **Blatt** 11361	**Zweite Abteilung**	1

Lfd. Nr. der Ein- tragungen	Lfd. Nr. der betroffenen Grundstücke im Bestands- verzeichnis	Lasten und Beschränkungen
1	**2**	**3**
1	1	Erbbauzins von 500 (fünfhundert) Deutsche Mark jährlich für jeweilige Eigentümer von BVNr. 2 in Band 370 Blatt 11180; gemäß Bewilligung vom 25.07.1994 – URNr. 1000/Notar Dr. Schmidt, Waslingen –; eingetragen am 02.08.1994. Fuchs Körner
2	1	Vorgemerkt nach § 883 BGB: Anspruch auf Einräumung einer Reallast (Erb- bauzinserhöhung) für jeweilige Eigentümer von BVNr. 2 in Band 370 Blatt 11180; gemäß Bewilligung vom 25.07.1994 – URNr. 1000/Notar Dr. Schmidt, Waslingen –; eingetragen am 02.08.1994. Fuchs Körner
3	1	Geh- und Fahrtrecht für jeweilige Eigentümer von Flst. 166/10 (BVNr. 3 in Band 200 Blatt 9907); gemäß Bewilligung vom 26.07.1994 – URNr. 555/ Notar Uhlig, Waslingen –; eingetragen am 18.08.1994. Fuchs Körner

Amtsgericht München		Einlegebogen	
Grundbuch von Waslingen	Band 375 Blatt 11361	Zweite Abteilung	1 R

Veränderungen		Löschungen	
Lfd. Nr. der Spalte 1		Lfd. Nr. der Spalte 1	
4	5	6	7
1	Das Recht ist auf dem Blatt des berechtigten Grundstücks vermerkt. Hier vermerkt am 02.08.1994. Fuchs Körner		

Amtsgericht München			Einlegebogen	
Grundbuch von Waslingen		**Band** 375 **Blatt** 11361	**Dritte Abteilung**	1

Lfd. Nr. der Eintragungen	Lfd. Nr. der belasteten Grundstücke im Bestandsverzeichnis	Betrag	Hypotheken, Grundschulden, Rentenschulden
1	2	3	4
1	1	50.000 DM	Grundschuld ohne Brief zu fünfzigtausend Deutsche Mark für Heidemann Ernst, geb. 18.06.1944; 12 % Zinsen jährlich; vollstreckbar nach § 800 ZPO; gemäß Bewilligung vom 23.09.1994; - URNr. 1255/Notar Dr. Schmidt, Waslingen -; eingetragen am 30.09.1994. Fuchs Körner

Amtsgericht München					Einlegebogen	
Grundbuch von Waslingen		**Band** 375 **Blatt** 11361		**Dritte Abteilung**		R
Veränderungen			Löschungen			
Lfd. Nr. der Spalte 1	Betrag		Lfd. Nr. der Spalte 1	Betrag		
5	6	7	8	9		10

Fortsetzung auf Einlegebogen

Muster
(In Papierform geführtes Grundbuchblatt)

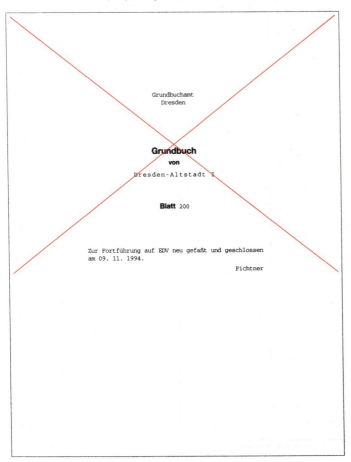

Grundbuchamt
Dresden

Grundbuch

von

Dresden-Altstadt I

Blatt 200

Zur Fortführung auf EDV neu gefaßt und geschlossen
am 09. 11. 1994.

Fichtner

		Grundbuchamt Dresden		**Einlegebogen**

Grundbuch von Dresden-Altstadt I   **Blatt** 200   **Bestandsverzeichnis** | 1 |

Lfd. Nr. der Grund-stücke	Bisherige lfd. Nr. der Grund-stücke	Bezeichnung der Grundstücke und der mit dem Eigentum verbundenen Rechte		Größe
		Gemarkung (nur bei Abweichung vom Grundbuchbezirk angeben) Flurstück	Wirtschaftsart und Lage	m²
		a/b	c	
1	2	3		4
1	–	Flst. 74/1	Gebäude- und Freifläche Leipziger Straße 4	04 70

	Grundbuchamt Dresden			Einlegebogen
Grundbuch von Dresden-Altstadt I		**Blatt** 200	**Bestandsverzeichnis**	1 R

Bestand und Zuschreibungen			Abschreibungen	
Zur lfd. Nr. der Grund-stücke			Zur lfd. Nr. der Grund-stücke	
5	6		7	8
1	Von Blatt 23 hierher übertragen am 10. 09. 1992. Richter			

Fortsetzung auf Einlegebogen

Grundbuchamt Dresden			Einlegebogen
Grundbuch von Dresden-Altstadt I		**Blatt** 200	**Erste Abteilung** [1]

Lfd. Nr. der Ein- tragungen	Eigentümer	Lfd. Nr. der Grund- stücke im Bestands- verzeichnis	Grundlage der Eintragung
1	2	3	4
1	Gudrun Beckert geb. Braun, geb. am 01. 11. 1939, Dresden	1	Auflassung vom 25. 05. 1992, ein- getragen am 10. 09.1992. Richter
2	Simone Franke geb. Beckert, geb. am 06. 10. 1962, Dresden	1	Erbschein des Amtsgerichts Dresden vom 12. 12. 1992 – VI 256/92 –, ein- getragen am 15. 01. 1993. Richter

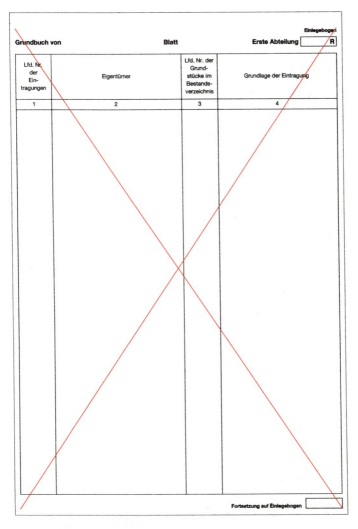

Grundbuchamt Dresden				Einlegebogen

Grundbuch von Dresden-Altstadt I   **Blatt** 200   **Zweite Abteilung** [1]

Lfd. Nr. der Eintragungen	Lfd. Nr. der betroffenen Grundstücke im Bestandsverzeichnis	Lasten und Beschränkungen
1	2	3
1	1	Beschränkte persönliche Dienstbarkeit (Wohnungsrecht) für Kathrin Paul geb. Knauth, geb. am 06. 10. 1912, Dresden. Zur Löschung genügt der Nachweis des Todes der Berechtigten. Gemäß Bewilligung vom 25. 05. 1992 (Notar Werner, Pirna, URNr. 434/92); eingetragen am 10. 09. 1992. Richter
2	1	Eigentumsübertragungsvormerkung für Grit Schmied geb. Bauer, geb. am 24. 03. 1964, Dresden. Gemäß Bewilligung vom 22. 10. 1993 (Notar Franz, Freital, URNr. 1234/93); eingetragen am 29. 10. 1993. Richter

	Grundbuchamt Dresden				Einlegebogen
Grundbuch von Dresden-Altstadt I		**Blatt** 200		**Zweite Abteilung**	R
	Veränderungen			Löschungen	
Lfd. Nr. der Spalte 1			Lfd. Nr. der Spalte 1		
4	5		6	7	
2	Rang nach Abt. III Nr. 4, eingetragen am 04. 01. 1994. Thomas		1	Gelöscht am 10. 05. 1994. Thomas	
2	Rang nach Abt. III Nr. 5, eingetragen am 02. 11. 1994 Thomas				
				Fortsetzung auf Einlegebogen	

		Grundbuchamt Dresden		Einlegebogen

Grundbuch von Dresden-Altstadt I **Blatt** 200 **Dritte Abteilung** 1

Lfd. Nr. der Ein-tragungen	Lfd. Nr. der belasteten Grundstücke im Bestands-verzeichnis	Betrag	Hypotheken, Grundschulden, Rentenschulden
1	2	3	4
1	1	100 000 DM	Grundschuld ohne Brief zu einhunderttausend Deutsche Mark für die Kreissparkasse Boxberg in Boxberg; 15 % Jahres-zinsen; vollstreckbar nach § 800 ZPO; gemäß Bewilligung vom 09. 10. 1992 (Notar Wilhelm, Freiberg, URNr. 868/92); eingetragen am 11. 12. 1992. Richter
2	1	25 000 DM	Grundschuld zu fünfundzwanzigtausend Deutsche Mark für die MEIßNER BAUSPARKASSE AG, Meißen; 16 % Jahreszinsen; vollstreckbar nach § 800 ZPO; gemäß Bewilligung vom 22. 01. 1993 (Notar Peter, Plauen, URNr. 44/93); ein-getragen am 02. 03. 1993. Richter
3	1	134 000 DM	Grundschuld ohne Brief zu einhundertvierunddreißig-tausend Deutsche Mark für die LAUSITZER HYPOTHEKEN- UND WECHSEL-BANK Aktiengesellschaft, Görlitz; 17 % Jahres-zinsen; vollstreckbar nach § 800 ZPO; gemäß Bewilligung vom 27. 10. 1993 (Notar Stephan, Bautzen, URNr. 1576/93); eingetragen am 24. 09. 1993. Richter
4	1	350 000 DM	Grundschuld zu dreihundertfünfzigtausend Deutsche Mark für die STADTSPARKASSE COTTA, Cotta; 18 % Jahreszinsen; 3 % einmalige Nebenleistung; vollstreckbar nach § 800 ZPO; Rang vor Abt. II Nr. 2; gemäß Bewilligung vom 11. 01. 1994 (Notarin Cosel, Stolpen, URNr. 56/94); eingetragen am 04. 01. 1994. Thomas
5	1	500 000 DM	Grundschuld zu fünfhunderttausend Deutsche Mark für die VOLKSBANK BÜHLAU eG, Bühlau; 18 % Jahreszinsen; 3 % ein-malige Nebenleistung; vollstreckbar nach § 800 ZPO; gemäß Bewilligung vom 14. 10. 1994 (Notar Markus, Esslingen, URNr. 2589/94); eingetragen am 28. 10. 1994. Thomas

Grundbuchamt Dresden

Grundbuch von Dresden-Altstadt I   **Blatt** 200

Dritte Abteilung ⟋R

	Veränderungen			Löschungen	
Lfd. Nr. der Spalte 1	Betrag		Lfd. Nr. der Spalte 1	Betrag	
5	6	7	8	9	10
5	500 000 DM	Rang vor Abt. II Nr. 2, eingetragen am 02. 11. 1994. Thomas	1	100 000 DM	Gelöscht am 01. 06. 1994. Thomas
			2	25 000 DM	Gelöscht am 10. 08. 1994. Thomas
			4	350 000 DM	Gelöscht am 28. 10. 1994. Thomas

Fortsetzung auf Einlegebogen

Anlage 10b
(zu § 69 Abs. 4)

Grundbuchamt
Dresden

Grundbuch

von

Dresden-Altstadt I

Blatt 200

Dieses Blatt ist zur Fortführung auf EDV neu
gefaßt worden und dabei an die Stelle des bisherigen Blattes getreten. In dem Blatt enthaltene
Rötungen sind schwarz sichtbar.
Freigegeben am 09. 11. 1994.

Fichtner

GBV 1

Grundbuchamt Dresden

Grundbuch von Dresden-Altstadt I   **Blatt** 200   **Bestandsverzeichnis** | 1 |

Lfd. Nr. der Grund- stücke	Bisherige lfd. Nr. der Grund- stücke	Bezeichnung der Grundstücke und der mit dem Eigentum verbundenen Rechte		Größe
		Gemarkung (nur bei Abweichung vom Grundbuchbezirk angeben) Flurstück	Wirtschaftsart und Lage	m²
		a/b	c	
1	2	3		4
1	–	Flst. 74/1	Gebäude- und Freifläche Leipziger Straße 4	04 70

Bestand und Zuschreibungen		Abschreibungen	
Zur lfd. Nr. der Grund-stücke		Zur lfd. Nr. der Grund-stücke	
5	6	7	8
1	Bei Neufassung des Bestandsverzeich-nisses als Bestand eingetragen am 09. 11. 1994.		

Fortsetzung auf Einlegebogen ⌐

	Grundbuchamt Dresden			Einlegebogen

Grundbuch von Dresden-Altstadt I **Blatt** 200 **Erste Abteilung** | 1 |

Lfd. Nr. der Ein- tragungen	Eigentümer	Lfd. Nr. der Grund- stücke im Bestands- verzeichnis	Grundlage der Eintragung
1	2	3	4
1	Simone Franke geb. Beckert, geb. am 06. 10. 1962, Dresden	1	Bei Neufassung der Abteilung ohne Eigentumswechsel eingetragen am 09. 11. 1994.

Grundbuchamt Dresden   **Einlegebogen**

Grundbuch von Dresden-Altstadt I   **Blatt** 200   **Zweite Abteilung** ☐ 1

Lfd. Nr. der Ein- tragungen	Lfd. Nr. der betroffenen Grundstücke im Bestands- verzeichnis	Lasten und Beschränkungen
1	2	3
1	1	Eigentumsübertragungsvormerkung für Grit Schmied geb. Bauer, geb. am 24. 03. 1964, Dresden. Gemäß Bewilligung vom 22. 10. 1993 (Notar Franz, Freital, URNr. 1234/93); eingetragen am 29. 10. 1993 (ehem. Abt. II lfd. Nr. 2). Rang nach Abt. III Nr. 2. Bei Neufassung der Abteilung eingetragen am 09. 11. 1994.

			Einlegebogen

Grundbuchamt Dresden

Grundbuch von Dresden-Altstadt I   **Blatt** 200   **Dritte Abteilung** [1]

Lfd. Nr. der Ein- tragungen	Lfd. Nr. der belasteten Grundstücke im Bestands- verzeichnis	Betrag	Hypotheken, Grundschulden, Rentenschulden
1	2	3	4
1	1	134 000 DM	Grundschuld ohne Brief zu einhundertvierunddreißig- tausend Deutsche Mark für die LAUSITZER HYPOTHEKEN- UND WECHSEL-BANK Aktiengesellschaft, Görlitz; 17 % Jahres- zinsen; vollstreckbar nach § 800 ZPO; gemäß Bewilligung vom 27. 10. 1993 (Notar Stephan, Bautzen, URNr. 1576/93); eingetragen am 24. 09. 1993 (ehem. Abt. III lfd. Nr. 3).
2	1	500 000 DM	Grundschuld zu fünfhunderttausend Deutsche Mark für die VOLKSBANK BÜHLAU eG, Bühlau; 18 % Jahreszinsen; 3 % ein- malige Nebenleistung; vollstreckbar nach § 800 ZPO; ge- mäß Bewilligung vom 14. 10. 1994 (Notar Markus, Esslingen, URNr. 2589/94); eingetragen am 28. 10. 1994 (ehem. Abt. III lfd. Nr. 5). Rang vor Abt. II Nr. 1. Rechte unter lfd. Nr. 1 bis 2 bei Neufassung der Abteilung eingetragen am 09. 11. 1994.

Anhang 2
Verordnung über die Anlegung und Führung der Wohnungs- und Teileigentumsgrundbücher (Wohnungsgrundbuchverfügung – WGV)

In der Fassung vom 24. Januar 1995

(BGBl. I S. 134)

Geändert durch das DaBaGG vom 1.10.2013 (BGBl. I S. 3719)

§ 1

Für die gemäß § 7 Abs. 1, § 8 Abs. 2 des Wohnungseigentumsgesetzes vom 15. März 1951 (Bundesgesetzbl. I S. 175) für jeden Miteigentumsanteil anzulegenden besonderen Grundbuchblätter (Wohnungs- und Teileigentumsgrundbücher) sowie für die gemäß § 30 Abs. 3 des Wohnungseigentumsgesetzes anzulegenden Wohnungs- und Teilerbbaugrundbücher gelten die Vorschriften der Grundbuchverfügung entsprechend, soweit sich nicht aus den §§ 2 bis 5, 8 und 9 etwas anderes ergibt.

§ 2

In der Aufschrift ist unter die Blattnummer in Klammern das Wort „Wohnungsgrundbuch" oder „Teileigentumsgrundbuch" zu setzen, je nachdem, ob sich das Sondereigentum auf eine Wohnung oder auf nicht zu Wohnzwecken dienende Räume bezieht. Ist mit dem Miteigentumsanteil Sondereigentum sowohl an einer Wohnung als auch an nicht zu Wohnzwecken dienenden Räumen verbunden und überwiegt nicht einer dieser Zwecke offensichtlich, so ist das Grundbuchblatt als „Wohnungs- und Teileigentumsgrundbuch" zu bezeichnen.

§ 3

(1) Im Bestandsverzeichnis sind in dem durch die Spalte 3 gebildeten Raum einzutragen:

a) der in einem zahlenmäßigen Bruchteil ausgedrückte Miteigentumsanteil an dem Grundstück;

b) die Bezeichnung des Grundstücks nach den allgemeinen Vorschriften; besteht das Grundstück aus mehreren Teilen, die in dem maßgebenden amtlichen Verzeichnis (§ 2 Abs. 2 der Grundbuchordnung) als selbständige Teile eingetragen sind, so ist bei der Bezeichnung des Grundstücks in geeigneter Weise zum Ausdruck zu bringen, daß die Teile ein Grundstück bilden;

c) das mit dem Miteigentumsanteil verbundene Sondereigentum an bestimmten Räumen und die Beschränkung des Miteigentums durch die Einräumung der zu den anderen Miteigentumsanteilen gehörenden Sondereigentumsrechte; dabei sind die Grundbuchblätter der übrigen Miteigentumsanteile anzugeben.

(2) Wegen des Gegenstandes und des Inhalts des Sondereigentums kann auf die Eintragsbewilligung Bezug genommen werden (§ 7 Abs. 3 des Wohnungseigentumsgesetzes); vereinbarte Veräußerungsbeschränkungen (§ 12 des Wohnungseigentumsgesetzes) sind jedoch ausdrücklich einzutragen.

(3) In Spalte 1 ist die laufende Nummer der Eintragung einzutragen. In Spalte 2 ist die bisherige laufende Nummer des Miteigentumsanteils anzugeben, aus dem der Miteigentumsanteil durch Vereinigung oder Teilung entstanden ist.

(4) In Spalte 4 ist die Größe des im Miteigentum stehenden Grundstücks nach den allgemeinen Vorschriften einzutragen.

(5) In den Spalten 6 und 8 sind die Übertragung des Miteigentumsanteils auf das Blatt sowie die Veränderungen, die sich auf den Bestand des Grundstücks, die Größe des Miteigentumsanteils oder den Gegenstand oder den Inhalt des Sondereigentums beziehen, einzutragen. Der Vermerk über die Übertragung des Miteigentumsanteils auf das Blatt kann jedoch statt in Spalte 6 auch in die Eintragung in Spalte 3 aufgenommen werden.

(6) Verliert durch die Eintragung einer Veränderung nach ihrem aus dem Grundbuch ersichtlichen Inhalt eine frühere Eintragung ganz oder teilweise ihre Bedeutung, so ist sie insoweit rot zu unterstreichen.

(7) Vermerke über Rechte, die dem jeweiligen Eigentümer des Grundstücks zustehen, sind in den Spalten 1, 3 und 4 des Bestandsverzeichnisses sämtlicher für Miteigentumsanteile an dem herrschenden Grundstück angelegten Wohnungs- und Teileigentumsgrundbücher einzutragen. Hierauf ist in dem in Spalte 6 einzutragenden Vermerk hinzuweisen.

§ 4

(1) Rechte, die ihrer Natur nach nicht an dem Wohnungseigentum als solchem bestehen können (wie z. B. Wegerechte), sind in Spalte 3 der zweiten Abteilung in der Weise einzutragen, daß die Belastung des ganzen Grundstücks erkennbar ist. Die Belastung ist in sämtlichen für Miteigentumsanteile an dem belasteten Grundstück angelegten Wohnungs- und Teileigentumsgrundbüchern einzutragen, wobei jeweils auf die übrigen Eintragungen zu verweisen ist.

(2) Absatz 1 gilt entsprechend für Verfügungsbeschränkungen, die sich auf das Grundstück als Ganzes beziehen.

§ 5

Bei der Bildung von Hypotheken-, Grundschuld- und Rentenschuldbriefen ist kenntlich zu machen, daß der belastete Gegenstand ein Wohnungseigentum (Teileigentum) ist.

§ 6

Sind gemäß § 7 Abs. 1 oder § 8 Abs. 2 des Wohnungseigentumsgesetzes für die Miteigentumsanteile besondere Grundbuchblätter anzulegen, so werden die Miteigentumsanteile in den Spalten 7 und 8 des Bestandsverzeichnisses des Grundbuchblattes des Grundstücks abgeschrieben. Die Schließung des Grundbuchblattes gemäß § 7 Abs. 1 Satz 3 des Wohnungseigentumsgesetzes unterbleibt, wenn auf dem Grundbuchblatt, von der Abschreibung nicht betroffene Grundstücke eingetragen sind.

§ 7 *(aufgehoben)*

§ 8

Die Vorschriften der §§ 2 bis 6 gelten für Wohnungs- und Teilerbbaugrundbücher entsprechend.

§ 9

Die nähere Einrichtung der Wohnungs- und Teileigentumsgrundbücher sowie der Wohnungs- und Teilerbbaugrundbücher ergibt sich aus den als Anlagen 1 und 3 beigefügten Mustern. Für den Inhalt eines Hypothekenbriefes bei der Aufteilung des Eigentums am belasteten Grundstück in Wohnungseigentumsrechte nach § 8 des Wohnungseigentumsgesetzes dient die Anlage 4 als Muster. Die in den Anlagen befindlichen Probeeintragungen sind als Beispiele nicht Teil dieser Verfügung.

§ 10

(1) Die Befugnis der zuständigen Landesbehörden, zur Anpassung an landesrechtliche Besonderheiten ergänzende Vorschriften zu treffen, wird durch diese Verfügung nicht berührt.

(2) Soweit auf die Vorschriften der Grundbuchverfügung verwiesen wird und deren Bestimmungen nach den für die Überleitung der Grundbuchverfügung bestimmten Maßgaben nicht anzuwenden sind, treten an die Stelle der in Bezug genommenen Vorschriften der Grundbuchverfügung die entsprechenden anzuwendenden Regelungen über die Einrichtung und Führung der Grundbücher. Die in § 3 vorgesehenen Angaben sind in diesem Falle in die entsprechenden Spalten für den Bestand einzutragen.

(3) Ist eine Aufschrift mit Blattnummer nicht vorhanden, ist die in § 2 erwähnte Bezeichnung an vergleichbarer Stelle im Kopf der ersten Seite des Grundbuchblatts anzubringen.

(4) Wurde von der Anlegung besonderer Grundbuchblätter abgesehen, sollen diese bei der nächsten Eintragung, die das Wohnungseigentum betrifft, spätestens jedoch bei der Anlegung des Datenbankgrundbuchs angelegt werden.

§ 11 *(Inkrafttreten)*

Anlagen 1 bis 4
zur Wohnungsgrundbuchverfügung

Inhaltsübersicht

Hinweis

Im Zuge der Neufassung der Wohnungsgrundbuchverfügung vom 24.1.1995 wurden die Anlagen 1 bis 4 ebenfalls neu gefasst. Bei dem in Papierform geführten Grundbuch sind die Aufschrift eines Grundbuchblatts und die Blätter des Bestandsverzeichnisses weiß; die Blätter der ersten Abteilung sind rosa, die der zweiten Abteilung gelb und die der dritten Abteilung grün unterlegt. Diese farbliche Gestaltung ist hier nicht wiedergegeben.

Anlage 1
(zu § 9)

Muster
(Wohnungs- und Teileigentumsgrundbuch)

Amtsgericht

Schönberg

Grundbuch
von
Waslingen

Blatt 171

(Wohnungs- und Teileigentumsgrundbuch)

(Wohnungsgrundbuch)

Amtsgericht Schönberg				Einlegebogen
Grundbuch von Waslingen		**Blatt** 171	**Bestandsverzeichnis**	1

		Bezeichnung der Grundstücke und der mit dem Eigentum verbundenen Rechte		Größe
Lfd. Nr. der Grundstücke	Bisherige lfd. Nr. der Grundstücke	Gemarkung Flur Flurstück	Wirtschaftsart und Lage	m²
		a/b/c	d	
1	2	3		4
1	–	42/100 (zweiundvierzig Hundertstel) Miteigentumsanteil an dem Grundstück		
		Waslingen $\frac{3}{112}$	Gebäude- und Freifläche, Mühlenstr.10	468
		verbunden mit dem Sondereigentum an dem Ladenlokal im Erdgeschoß und an der Wohnung im ersten Stockwerk links, im Aufteilungsplan bezeichnet mit Nr. 1.		
		Das Miteigentum ist durch die Einräumung der zu den anderen Miteigentumsanteilen gehörenden Sondereigentumsrechte (eingetragen in den Blättern 171 bis 176, ausgenommen dieses Blatt) beschränkt.		
		Veräußerungsbeschränkung: Zustimmung durch die Mehrheit der übrigen Wohnungs- und Teileigentümer.		
		Im übrigen wird wegen des Gegenstands und des Inhalts des Sondereigentums auf die Bewilligung vom 6. Mai 1981 Bezug genommen.		
		Eingetragen am 15. Mai 1981.		
		Neu Meier		
2	Rest von 1	14/100 (vierzehn Hundertstel) Miteigentumsanteil an dem Grundstück		
		Waslingen 3 112	Gebäude- und Freifläche, Mühlenstr. 10	468
		verbunden mit dem Sondereigentum an der Wohnung im ersten Stockwerk links, im Aufteilungsplan bezeichnet mit Nr. 1.		
		Das Miteigentum ist durch die Einräumung der zu den anderen Miteigentumsanteilen gehörenden Sondereigentumsrechte (eingetragen in den Blättern 171 bis 176, 227, ausgenommen dieses Blatt) beschränkt.		
$\frac{3}{\text{zu } 2}$		Licht- und Fensterrecht an dem Grundstück Waslingen Flur 3 Flurstück 119, eingetragen im Grundbuch von Waslingen Blatt 21 Abt. II Nr. 2, zugunsten des jeweiligen Eigentümers des Grundstücks Waslingen Flur 3 Flurstück 112.		

Amtsgericht Schönberg   **Einlegebogen**

Grundbuch von Waslingen   **Blatt** 171   **Bestandsverzeichnis** [1 **R**]

Bestand und Zuschreibungen		Abschreibungen	
Zur lfd. Nr. der Grund- stücke		Zur lfd. Nr. der Grund- stücke	
5	6	7	8
1	Der Miteigentumsanteil ist bei Anlegung dieses Blattes von Blatt 47 hierher übertragen am 15. Mai 1981. Neu Meier	1, 2	Von Nr. 1 sind 28/100 Miteigentums- anteil, verbunden mit Sonder- eigentum an dem Laden im Erd- geschoß, übertragen nach Blatt 227 am 18. Juli 1985. Rest: Nr. 2. Neu Meier
3 zu 2	Hier sowie auf den für die übrigen Mit- eigentumsanteile angelegten Grund- buchblättern (Blätter 172 bis 176, Blatt 227) vermerkt am 26. April 1986. Schmidt Lehmann		
2	Der Inhalt des Sondereigentums ist dahin geändert, daß a) die Zustimmung zur Veräußerung nicht erforderlich ist im Falle der Versteigerung nach § 19 des Wohnungseigentumsgesetzes sowie bei Veräußerung im Wege der Zwangsvollstreckung oder durch den Konkursverwalter; b) über den Gebrauch des Hofraums eine Vereinbarung getroffen ist. Eingetragen unter Bezugnahme auf die Bewilligung vom 18. August 1988 am 2. September 1988. Schmidt Lehmann		
2	Der Gegenstand des Sondereigentums ist bezüglich eines Raumes ge- ändert. Unter Bezugnahme auf die Bewilligung vom 28. Februar 1989 eingetragen am 21. März 1989. Schmidt Lehmann		

Fortsetzung auf Einlegebogen [ ]

Amtsgericht Schönberg			**Einlegebogen**	
Grundbuch von Waslingen		**Blatt** 171	**Erste Abteilung**	1

Lfd. Nr. der Eintragungen	Eigentümer	Lfd. Nr. der Grundstücke im Bestandsverzeichnis	Grundlage der Eintragung
1	2	3	4
1a	Müller, Johann, geb. am 21. Februar 1938, Waslingen	1	Der Miteigentumsanteil ist aufgelassen am 6. Mai 1981; eingetragen am 15. Mai 1981.
b	Müller, Johanna, geb. Schmitz, geb. am 27. Juli 1940, Waslingen		Neu Meier
	– je zu 1/2 –		
		3 ----- zu 2	In Blatt 21 eingetragen am 26. April 1986; hier vermerkt am 26. April 1986.
			Schmidt Lehmann

Lfd. Nr. der Ein- tragungen	Lfd. Nr. der betroffenen Grundstücke im Bestands- verzeichnis	Lasten und Beschränkungen
1	2	3
1	1	Geh- und Fahrtrecht an dem Grundstück Flur 3 Flurstück Nr. 112 für den jeweiligen Eigentümer des Grundstücks Blatt 4 Nr. 2 des Bestands- verzeichnisses (Flur 3 Flurstück 115); eingetragen in Blatt 47 am 4. April 1943 und hierher sowie auf die für die anderen Miteigentums- anteile angelegten Grundbuchblätter (Blätter 172 bis 176) übertragen am 15. Mai 1981. Neu Meier
2	2	Wohnungsrecht für Müller, Emilie, geb. Schulze, geb. am 13. März 1912, Waslingen. Eingetragen unter Bezugnahme auf die Bewilligung vom 20. September 1986 am 11. Oktober 1986. Schmidt Lehmann

			Einlegebogen
Amtsgericht Schönberg			
Grundbuch von Waslingen	**Blatt** 171	**Dritte Abteilung**	1

Lfd. Nr. der Ein- tragungen	Lfd. Nr. der belasteten Grundstücke im Bestands- verzeichnis	Betrag	Hypotheken, Grundschulden, Rentenschulden
1	2	3	4
1	1	10 000 DM	Zehntausend Deutsche Mark Darlehen, mit sechs vom Hundert jährlich verzinslich, für die Stadtsparkasse Waslingen. Die Erteilung eines Briefes ist ausgeschlossen. Unter Bezugnahme auf die Bewilligung vom 8. Mai 1981 als Gesamtbelastung in den Blättern 171 bis 176 eingetragen am 17. Mai 1981. Neu Meier
2	2	3 000 DM	Dreitausend Deutsche Mark Grundschuld mit sechs vom Hundert jährlich verzinslich für Ernst Nuter, geb. am 23. April 1940, Neudorf. Unter Bezugnahme auf die Bewilligung vom 17. Januar 1986 eingetragen am 2. Februar 1986. Schmidt Lehmann

Veränderungen			Löschungen		
Lfd. Nr. der Spalte 1	Betrag		Lfd. Nr. der Spalte 1	Betrag	
5	6	7	8	9	10
1	10 000 DM	Weitere Mithaft besteht in Blatt 227; eingetragen am 18. Juli 1985. Neu Meier			

Fortsetzung auf Einlegebogen

Muster

(Aufschrift und Bestandsverzeichnis
eines Wohnungserbbaugrundbuchs)

Amtsgericht

Schönberg

Grundbuch

von

Waslingen

Blatt 148

(Wohnungserbbaugrundbuch)

Amtsgericht Schönberg			**Einlegebogen**
Grundbuch von Waslingen		**Blatt** 148 **Bestandsverzeichnis**	1

Lfd. Nr. der Grund- stücke	Bisherige lfd. Nr. der Grund- stücke	Bezeichnung der Grundstücke und der mit dem Eigentum verbundenen Rechte		Größe
		Gemarkung Flur Flurstück	Wirtschaftsart und Lage	m²
		a/b/c	d	
1	2	3		4
1	–	1/12 (ein Zwölftel) Anteil an dem Erbbaurecht, das im Grund- buch von Waslingen Blatt 23 als Belastung des im Bestands- verzeichnis unter Nr. 2 verzeichneten Grundstücks		
		Waslingen 5 102 --- 66	Garten an der Wublitz	2 515
		in Abteilung II Nr. 1 für die Dauer von 99 Jahren seit dem Tag der Eintragung, dem 1. Juni 1981, eingetragen ist.		
		Grundstückseigentümer: Walter Breithaupt, geb. am 1. März 1947, Waslingen.		
		Unter Bezugnahme auf die Bewilligung vom 26. April 1981 bei Anlegung dieses Wohnungserbbaugrundbuchs hier ver- merkt am 1. Juni 1981.		
		Mit dem Anteil an dem Erbbaurecht ist das Sondereigentum an der Wohnung im ersten Stockwerk links, im Aufteilungs- plan bezeichnet mit Nr. 12, des auf Grund des Erbbau- rechts zu errichtenden Gebäudes verbunden. Der Anteil ist durch die Einräumung der zu den anderen Anteilen gehörenden Sondereigentumsrechte (eingetragen in den Blättern 137 bis 148, ausgenommen dieses Blatt) be- schränkt.		
		Der Wohnungserbbauberechtigte bedarf zur Veräußerung des Wohnungserbbaurechts der Zustimmung der Mehrheit der übrigen Wohnungserbbauberechtigten.		
		Im übrigen wird wegen des Gegenstands und des Inhalts des Sondereigentums auf die Bewilligung vom 15. Mai 1981 Bezug genommen. Eingetragen am 1. Juni 1981.		
		Fuchs Körner		
		Der Inhalt des Erbbaurechts ist bezüglich der Heim- fallgründe geändert. Unter Bezugnahme auf die Bewilligung vom 11. September 1985 eingetragen am 3. Oktober 1985.		
		Fuchs Körner		

	Einlegebogen

Amtsgericht Schönberg

Grundbuch von Waslingen   **Blatt** 148   **Bestandsverzeichnis** | 1 **R** |

Bestand und Zuschreibungen		Abschreibungen	
Zur lfd. Nr. der Grund-stücke		Zur lfd. Nr. der Grund-stücke	
5	6	7	8
1	Der Inhalt des Sondereigentums ist hinsichtlich der Gebrauchsregelung geändert. Unter Bezugnahme auf die Bewilligung vom 20. Februar 1986 eingetragen am 3. März 1986. Fuchs Körner		

Fortsetzung auf Einlegebogen | |

Anlage 4
(zu § 9)

Muster

(Probeeintragungen
in einen Hypothekenbrief
bei Aufteilung des Eigentums am belasteten Grundstück
in Wohnungseigentumsrechte nach § 8 des Wohnungseigentumsgesetzes)

**Deutscher
Hypothekenbrief**

über

100 000 Deutsche Mark

eingetragen im Grundbuch von

Waslingen (Amtsgericht Schönberg)

Blatt 88 Abteilung III Nr. 3 (drei)

Inhalt der Eintragung:

Nr. 3: 100 000 (einhunderttausend) Deutsche Mark Darlehen für die Darlehensbank Aktiengesellschaft in Waslingen mit sechseinhalb vom Hundert jährlichen Zinsen. Unter Bezugnahme auf die Eintragungsbewilligung vom 28. September 1979 eingetragen am 18. Oktober 1979.

Belastetes Grundstück:

Das im Bestandsverzeichnis des Grundbuchs unter Nr. 1 verzeichnete Grundstück.

Schönberg, den 18. Oktober 1979

Amtsgericht

(Siegel oder Stempel)

(Unterschriften)

Das Eigentum an dem belasteten Grundstück ist in Wohnungseigentum aufgeteilt worden. Für die einzelnen Wohnungseigentumsrechte ist am 26. September 1980 jeweils ein Wohnungsgrundbuch angelegt worden. Diese Wohnungsgrundbücher haben folgende Bezeichnungen:

Wohnungsgrundbuch von Waslingen

Blatt

97

98

99

100

In den vorgenannten Wohnungsgrundbüchern ist das Wohnungseigentum jeweils unter Nr. 1 im Bestandsverzeichnis eingetragen worden. Die Hypothek ist jeweils in die dritte Abteilung dieser Wohnungsgrundbücher unter Nr. 1 (eins) übertragen worden. Das Grundbuch von Waslingen Band 3 Blatt 88 ist geschlossen worden.*)

Schönberg, den 29. September 1980

Amtsgericht

(Siegel oder Stempel)

(Unterschriften)

---

*) Dieser Satz entfällt im Falle des § 6 Satz 2 der Wohnungsgrundbuchverfügung.

Anhang 3
Verordnung über die Anlegung und Führung
von Gebäudegrundbüchern
(Gebäudegrundbuchverfügung – GGV)

Vom 15. Juli 1994

(BGBl. I S. 1606)

Geändert durch das Ges. vom 23.11.2007 (BGBl. I S. 2614) und das ERVGBG vom
11.8.2009 (BGBl. I S. 2713)

§ 1 Anwendungsbereich

Diese Verordnung regelt

1. die Anlegung und Führung von Gebäudegrundbuchblättern für Gebäudeeigentum nach Artikel 231 § 5 und Artikel 233 §§ 2b, 4 und 8 des Einführungsgesetzes zum Bürgerlichen Gesetzbuche,

2. die Eintragung
   a) eines Nutzungsrechts,
   b) eines Gebäudeeigentums ohne Nutzungsrecht und
   c) eines Vermerks zur Sicherung der Ansprüche aus der Sachenrechtsbereinigung aus dem Recht zum Besitz gemäß Artikel 233 § 2a des Einführungsgesetzes zum Bürgerlichen Gesetzbuche

in das Grundbuchblatt des betroffenen Grundstücks.

§ 2 Grundsatz für vorhandene Grundbuchblätter

Die Führung von vorhandenen Gebäudegrundbuchblättern richtet sich nach den in § 150 Abs. 1 Nr. 4 Satz 1 und 2 der Grundbuchordnung bezeichneten Vorschriften. Diese Grundbuchblätter können auch gemäß § 3 fortgeführt, umgeschrieben oder neu gefaßt werden.

§ 3 Gestaltung und Führung neu anzulegender Gebäudegrundbuchblätter

(1) Für die Gestaltung und Führung von neu anzulegenden Gebäudegrundbuchblättern gelten die Vorschriften über die Anlegung und Führung eines Erbbaugrundbuches, soweit im Folgenden nichts Abweichendes bestimmt ist.

(2) Ist ein Gebäudegrundbuchblatt neu anzulegen, so kann nach Anordnung der Landesjustizverwaltung bestimmt werden, daß es die nächste fortlaufende Nummer des bisherigen Gebäudegrundbuchs erhält.

(3) In der Aufschrift des Blattes ist anstelle der Bezeichnung „Erbbaugrundbuch" die Bezeichnung „Gebäudegrundbuch" zu verwenden.

(4) Im Bestandsverzeichnis ist bei Gebäudeeigentum auf Grund eines dinglichen Nutzungsrechts in der Spalte 1 die laufende Nummer der Eintragung, in der Spalte 2 die bisherige laufende Nummer der Eintragung anzugeben. In dem durch die Spalten 3 und 4 gebildeten Raum sind einzutragen:

1. die Bezeichnung „Gebäudeeigentum auf Grund eines dinglichen Nutzungsrechts auf" sowie die grundbuchmäßige Bezeichnung des Grundstücks, auf dem das Gebäude errichtet ist, unter Angabe der Eintragungsstelle; dabei ist der Inhalt der Spalten 3 und 4 des Bestandsverzeichnisses des belasteten oder betroffenen Grundstücks zu übernehmen;

2. der Inhalt und der räumliche Umfang des Nutzungsrechts, auf Grund dessen das Gebäude errichtet ist, soweit dies aus den der Eintragung zugrundeliegenden Unterlagen ersichtlich ist; sind auf Grund des Nutzungsrechts mehrere Gebäude errichtet, so sind diese nach Art und Anzahl zu bezeichnen;

3. Veränderungen der unter den Nummern 1 und 2 genannten Vermerke, vorbehaltlich der Bestimmungen des Satzes 5.

Bei der Eintragung des Inhalts des Nutzungsrechts sollen dessen Grundlage und Beschränkungen angegeben werden. Bezieht sich das Nutzungsrecht auf die Gesamtfläche mehrerer Grundstücke oder Flurstücke, gilt Satz 2 Nr. 1 für jedes der betroffenen Grundstücke oder Flurstücke. Die Spalte 6 ist zur Eintragung von sonstigen Veränderungen der in den Spalten 1 bis 3 eingetragenen Vermerke bestimmt. In der Spalte 8 ist die ganze oder teilweise Löschung des Gebäudeeigentums zu vermerken. Bei Eintragungen in den Spalten 6 und 8 ist in den Spalten 5 und 7 die laufende Nummer anzugeben, unter der die betroffene Eintragung in der Spalte 1 vermerkt ist.

(5) Verliert ein früherer Vermerk durch die Eintragung einer Veränderung nach ihrem aus dem Grundbuch ersichtlichen Inhalt ganz oder teilweise seine Bedeutung, so ist er insoweit rot zu unterstreichen.

(6) Bei dinglichen Nutzungsrechten zur Errichtung eines Eigenheims sowie für Freizeit- und Erholungszwecke sind mehrere Gebäude unter einer laufenden Nummer im Bestandsverzeichnis zu buchen, es sei denn, daß die Teilung des Gebäudeeigentums gleichzeitig beantragt wird. Im übrigen sind mehrere Gebäude jeweils unter einer besonderen laufenden Nummer im Bestandsverzeichnis oder in besonderen Blättern zu buchen, es sei denn, daß die Vereinigung gleichzeitig beantragt wird. Bei der Einzelbuchung mehrerer Gebäude gemäß Satz 2 können die in Absatz 4 Satz 2 bezeichneten Angaben zusammengefaßt werden, soweit die Übersichtlichkeit nicht leidet.

(7) Für die Anlegung eines Grundbuchblattes für nutzungsrechtsloses Gebäudeeigentum gemäß Artikel 233 §§ 2b und 8 des Einführungsgesetzes zum Bürgerlichen Gesetzbuche gelten die vorstehenden Absätze sinngemäß mit der Maßgabe, daß an die Stelle des Nutzungsrechts das Eigentum am Gebäude tritt. An die Stelle des Vermerks „Gebäudeeigentum auf Grund eines dinglichen Nutzungsrechts auf …" tritt der Vermerk „Gebäudeeigentum gemäß Artikel 233 § 2b EGBGB auf …" oder „Gebäudeeigentum gemäß Artikel 233 § 8 EGBGB auf …".

§ 4 Nachweis des Gebäudeeigentums oder des Rechts zum Besitz gemäß Artikel 233 § 2a EGBGB

(1) Zum Nachweis des Bestehens des Gebäudeeigentums gemäß Artikel 233 § 4 des Einführungsgesetzes zum Bürgerlichen Gesetzbuche und des Eigentums daran genügt die Nutzungsurkunde, die über das diesem Gebäudeeigentum

zugrundeliegende Nutzungsrecht ausgestellt ist und die Genehmigung zur Errichtung des Gebäudes auf dem zu belastenden Grundstück oder ein Kaufvertrag über das auf dem belasteten Grundstück errichtete Gebäude. Anstelle der Genehmigung oder des Kaufvertrages kann auch eine Bescheinigung der Gemeinde vorgelegt werden, wonach das Gebäude besteht. Eine Entziehung des Gebäudeeigentums oder des Nutzungsrechts ist nur zu berücksichtigen, wenn sie offenkundig, aktenkundig oder auf andere Weise dem Grundbuchamt bekannt ist.

(2) Zum Nachweis von Gebäudeeigentum gemäß Artikel 233 § 2b des Einführungsgesetzes zum Bürgerlichen Gesetzbuche genügt der Bescheid des Präsidenten der Oberfinanzdirektion nach Absatz 3 jener Vorschrift, wenn auf dem Bescheid seine Bestandskraft bescheinigt wird.

(3) Zum Nachweis von Gebäudeeigentum gemäß Artikel 233 § 8 des Einführungsgesetzes zum Bürgerlichen Gesetzbuche genügt

1. die Vorlage des Vertrages, der die Gestattung zur Errichtung von Bauwerken enthalten muß, und

2. a) die Zustimmung nach § 5 der Verordnung über die Sicherung des Volkseigentums bei Baumaßnahmen von Betrieben auf vertraglich genutzten nichtvolkseigenen Grundstücken vom 7. April 1983 (GBl. I Nr. 12 S. 129) oder

   b) ein Prüfbescheid der staatlichen Bauaufsicht nach § 7 Abs. 5 und § 11 der Verordnung der Deutschen Demokratischen Republik über die staatliche Bauaufsicht vom 30. Juli 1981 (GBl. I Nr. 26 S. 313), der sich auf den Zustand des Gebäudes während oder nach der Bauausführung bezieht; der Nachweis der Bauausführung durch andere öffentliche Urkunden ist zulässig.

(4) Zum Nachweis der Ansprüche aus der Sachenrechtsbereinigung aus dem Recht zum Besitz gemäß Artikel 233 § 2a des Einführungsgesetzes zum Bürgerlichen Gesetzbuche genügt:

1. ein Nachweis seines Gebäudeeigentums nach Absatz 2 oder 3, oder

2. die Vorlage eines Prüfbescheids der staatlichen Bauaufsicht oder ein Abschlußprotokoll nach § 24 Abs. 6 der Verordnung über die Vorbereitung und Durchführung von Investitionen vom 30. November 1988 (GBl. I Nr. 26 S. 287), aus dem sich ergibt, daß von einem anderen Nutzer als dem Grundstückseigentümer ein Gebäude auf dem zu belastenden Grundstück oder Flurstück errichtet worden ist, oder

3. die Vorlage eines den Nutzer zu anderen als Erholungs- und Freizeitzwecken berechtigenden Überlassungsvertrages für das Grundstück oder

4. die Vorlage eines vor dem 22. Juli 1992 geschlossenen oder beantragten formgültigen Kaufvertrages zugunsten des Nutzers über ein Gebäude auf einem ehemals volkseigenen oder LPG-genutzten Grundstück oder

5. die Vorlage einer gerichtlichen Entscheidung, durch die die Eintragung angeordnet wird, oder

6. die Vorlage der Eintragungsbewilligung (§ 19 der Grundbuchordnung) des Grundstückseigentümers.

(5) Die Nachweise nach den Absätzen 1 bis 4 sind zu den Grundakten des Gebäudegrundbuchblattes oder, wenn dieses nicht besteht, zu den Grundakten des belasteten oder betroffenen Grundstücks zu nehmen.

§ 5 Eintragung des dinglichen Nutzungsrechts

(1) In den Fällen des Artikels 233 § 4 Abs. 1 Satz 2 des Einführungsgesetzes zum Bürgerlichen Gesetzbuche ist das dem Gebäudeeigentum zugrundeliegende Nutzungsrecht in der zweiten Abteilung des für das belastete Grundstück bestehenden Grundbuchblattes nach Maßgabe des Absatzes 2 einzutragen. Ist ein Gebäudegrundbuchblatt bereits angelegt, so gilt Satz 1 entsprechend mit der Maßgabe, daß die Eintragung bei der nächsten anstehenden Eintragung im Gebäudegrundbuchblatt oder, soweit das Bestehen des Nutzungsrechts dem Grundbuchamt bekannt ist, im Grundbuchblatt des belasteten Grundstücks vorzunehmen ist.

(2) In Spalte 1 ist die laufende Nummer der Eintragung anzugeben. In der Spalte 2 ist die laufende Nummer anzugeben, unter der das belastete Grundstück im Bestandsverzeichnis eingetragen ist. In Spalte 3 sind einzutragen das Nutzungsrecht unter der Bezeichnung „Dingliches Nutzungsrecht für den jeweiligen Gebäudeeigentümer unter Bezugnahme auf das Gebäudegrundbuchblatt …." unter Angabe der jeweiligen Bezeichnung des oder der Gebäudegrundbuchblätter. Die Spalte 5 ist zur Eintragung von Veränderungen der in den Spalten 1 bis 3 eingetragenen Vermerke bestimmt, und zwar einschließlich der Beschränkungen in der Person des Nutzungsberechtigten in der Verfügung über das in den Spalten 1 bis 3 eingetragene Recht, auch wenn die Beschränkung nicht erst nachträglich eintritt. In der Spalte 7 erfolgt die Löschung der in den Spalten 3 und 5 eingetragenen Vermerke. Bei Eintragungen in den Spalten 5 und 7 ist in den Spalten 4 und 6 die laufende Nummer anzugeben, unter der die betroffene Eintragung in der Spalte 1 vermerkt ist.

(3) Bezieht sich das Nutzungsrecht auf mehrere Grundstücke oder Flurstücke, ist § 48 der Grundbuchordnung anzuwenden.

§ 6 Eintragung des Gebäudeeigentums gemäß Artikel 233 §§ 2b und 8 EGBGB

Vor Anlegung des Gebäudegrundbuchblattes ist das Gebäudeeigentum von Amts wegen in der zweiten Abteilung des Grundbuchblattes für das von dem Gebäudeeigentum betroffene Grundstück einzutragen. Für die Eintragung gelten die Vorschriften des § 5 Abs. 2 und 3 sinngemäß mit der Maßgabe, daß an die Stelle des Nutzungsrechts das Eigentum am Gebäude tritt. An die Stelle des Vermerks „Dingliches Nutzungsrecht …" tritt der Vermerk „Gebäudeeigentum gemäß Artikel 233 § 2b EGBGB …" oder „Gebäudeeigentum gemäß Artikel 233 § 8 EGBGB …". § 5 Abs. 1 gilt entsprechend.

§ 7 Vermerk zur Sicherung der Ansprüche aus der Sachenrechtsbereinigung aus dem Recht zum Besitz gemäß Artikel 233 § 2a EGBGB

(1) Die Eintragung eines Vermerks zur Sicherung der Ansprüche aus der Sachenrechtsbereinigung aus dem Recht zum Besitz gemäß Artikel 233 § 2a des

Einführungsgesetzes zum Bürgerlichen Gesetzbuche erfolgt in der zweiten Abteilung und richtet sich nach Absatz 2.

(2) In der Spalte 1 ist die laufende Nummer der Eintragung, in der Spalte 2 die laufende Nummer, unter der das betroffene Grundstück in dem Bestandsverzeichnis eingetragen ist, anzugeben. In der Spalte 3 ist einzutragen „Recht zum Besitz gemäß Artikel 233 § 2a EGBGB …" unter Angabe des Besitzberechtigten, des Umfangs und Inhalts des Rechts, soweit dies aus den der Eintragung zugrundeliegenden Unterlagen hervorgeht, sowie der Grundlage der Eintragung (§ 4 Abs. 4). § 44 Abs. 2 der Grundbuchordnung gilt sinngemäß. § 9 Abs. 1 und 2 gilt sinngemäß mit der Maßgabe, daß an die Stelle der grundbuchmäßigen Bezeichnung des oder der betroffenen Grundstücke die laufende Nummer tritt, unter der diese im Bestandsverzeichnis eingetragen sind. Die Spalte 5 ist zur Eintragung von Veränderungen der in den Spalten 1 bis 3 eingetragenen Vermerke bestimmt, und zwar einschließlich der Beschränkungen in der Person des Besitzberechtigten in der Verfügung über das in den Spalten 1 bis 3 eingetragene Recht, auch wenn die Beschränkung nicht erst nachträglich eintritt. In der Spalte 7 erfolgt die Löschung der in den Spalten 3 und 5 eingetragenen Vermerke. Bei Eintragungen in den Spalten 5 und 7 ist in den Spalten 4 und 6 die laufende Nummer anzugeben, unter der die betroffene Eintragung in der Spalte 1 vermerkt ist.

§ 8 Nutzungsrecht, Gebäudeeigentum oder Recht zum Besitz für mehrere Berechtigte

Soll ein dingliches Nutzungsrecht oder ein Gebäudeeigentum als Eigentum von Ehegatten eingetragen werden (§ 47 GBO), kann der für die Eintragung in das Grundbuch erforderliche Nachweis, daß eine Erklärung nach Artikel 234 § 4 Abs. 2 und 3 des Einführungsgesetzes zum Bürgerlichen Gesetzbuche nicht abgegeben wurde, auch durch übereinstimmende Erklärung beider Ehegatten, bei dem Ableben eines von ihnen durch Versicherung des Überlebenden und bei dem Ableben beider durch Versicherung der Erben erbracht werden. Die Erklärung, die Versicherung und der Antrag bedürfen nicht der Form des § 29 der Grundbuchordnung. Für die bereits ohne Beachtung der Vorschrift des § 47 der Grundbuchordnung eingetragenen Rechte nach Satz 1 gilt Artikel 234 § 4a Abs. 3 des Einführungsgesetzes zum Bürgerlichen Gesetzbuche entsprechend mit der Maßgabe, daß die Eintragung des maßgeblichen Verhältnisses nur auf Antrag eines Antragsberechtigten erfolgen soll.

§ 9 Nutzungsrecht oder Gebäudeeigentum auf bestimmten Grundstücksteilen

(1) Bezieht sich das Gebäudeeigentum nur auf eine Teilfläche des oder der belasteten oder betroffenen Grundstücke oder Flurstücke, so sind dem in § 3 Abs. 4 Satz 2 Nr. 1 oder § 6 Abs. 1 Satz 3 vorgesehenen Vermerk die Bezeichnung „… einer Teilfläche von …", die Größe der Teilfläche sowie die grundbuchmäßige Bezeichnung des oder der belasteten oder betroffenen Grundstücke oder Flurstücke anzufügen. Soweit vorhanden, soll die Bezeichnung der Teilfläche aus dem Bestandsblatt des Grundbuchblattes für das Grundstück übernommen werden.

(2) Soweit sich im Falle des Absatzes 1 das Gebäudeeigentum auf die Gesamtfläche eines oder mehrerer Grundstücke oder Flurstücke sowie zusätzlich auf eine

oder mehrere Teilflächen weiterer Grundstücke oder Flurstücke bezieht, sind die grundbuchmäßige Bezeichnung der insgesamt belasteten oder betroffenen Grundstücke oder Flurstücke und der Vermerk „... und einer Teilfläche von ...“ unter Angabe der Größe der Teilfläche sowie der grundbuchmäßigen Bezeichnung der teilweise belasteten oder betroffenen Grundstücke oder Flurstücke anzugeben.

(3) Für die Eintragung des Nutzungsrechts oder des Gebäudeeigentums im Grundbuch des oder der belasteten oder betroffenen Grundstücke gelten die Absätze 1 und 2 sinngemäß mit der Maßgabe, daß statt der grundbuchmäßigen Bezeichnung des oder der Grundstücke die laufende Nummer anzugeben ist, unter der das oder die Grundstücke im Bestandsverzeichnis eingetragen sind.

§ 10 Nutzungsrecht, Gebäudeeigentum oder Recht zum Besitz auf nicht bestimmten Grundstücken oder Grundstücksteilen

(1) Besteht ein dingliches Nutzungsrecht, ein Gebäudeeigentum oder ein Recht zum Besitz an einem oder mehreren nicht grundbuchmäßig bestimmten Grundstücken oder an Teilen hiervon, so fordert das Grundbuchamt den Inhaber des Rechts auf, den räumlichen Umfang seines Rechts auf den betroffenen Grundstücken durch Vorlage eines Auszugs aus dem beschreibenden Teil des amtlichen Verzeichnisses oder einer anderen Beschreibung nachzuweisen, die nach den gesetzlichen Vorschriften das Liegenschaftskataster als amtliches Verzeichnis der Grundstücke ersetzt.

(2) Soweit die in Absatz 1 genannten Nachweise nicht vorgelegt werden können und der Berechtigte dies gegenüber dem Grundbuchamt versichert, genügen andere amtliche Unterlagen, sofern aus ihnen die grundbuchmäßige Bezeichnung der belasteten oder betroffenen Grundstücke hervorgeht oder bestimmt werden kann; diese Unterlagen und die Versicherung bedürfen nicht der in § 29 der Grundbuchordnung bestimmten Form. Ausreichend ist auch die Bestätigung der für die Führung des Liegenschaftskatasters zuständigen Stelle oder eines öffentlich bestellten Vermessungsingenieurs, aus der sich ergibt, auf welchem oder welchen Grundstücken oder Flurstücken das dingliche Nutzungsrecht, das Gebäudeeigentum oder das Recht zum Besitz lastet. Vervielfältigungen dieser anderen amtlichen Unterlagen sowie dieser Bestätigungen hat das Grundbuchamt der für die Führung des amtlichen Verzeichnisses zuständigen Stelle zur Verfügung zu stellen.

§ 11 Widerspruch

(1) In den Fällen der §§ 3, 5 und 6 hat das Grundbuchamt gleichzeitig mit der jeweiligen Eintragung einen Widerspruch gegen die Richtigkeit dieser Eintragung nach Maßgabe der Absätze 2 bis 5 von Amts wegen zugunsten des Eigentümers des zu belastenden oder betroffenen Grundstücks einzutragen, sofern nicht dieser die jeweilige Eintragung bewilligt hat oder ein Vermerk über die Eröffnung eines Vermittlungsverfahrens nach dem in Artikel 233 § 3 Abs. 2 des Einführungsgesetzes zum Bürgerlichen Gesetzbuche genannten Gesetz (Sachenrechtsbereinigungsgesetz) in das Grundbuch des belasteten oder betroffenen Grundstücks eingetragen ist oder gleichzeitig eingetragen wird.

(2) Die Eintragung des Widerspruchs nach Absatz 1 erfolgt

1. in den Fällen des § 3 in der Spalte 3 der zweiten Abteilung des Gebäude-grundbuchblattes; dabei ist in der Spalte 1 die laufende Nummer der Eintra-gung anzugeben;

2. in den Fällen der §§ 5 und 6 in der Spalte 5 der zweiten Abteilung des Grund-buchblattes für das Grundstück; dabei ist in der Spalte 4 die laufende Nummer anzugeben, unter der die betroffene Eintragung in der Spalte 1 vermerkt ist.

(3) Der Widerspruch wird nach Ablauf von vierzehn Monaten seit seiner Ein-tragung gegenstandslos, es sei denn, daß vorher ein notarielles Vermittlungsverfah-ren eingeleitet oder eine Klage auf Grund des Sachenrechtsbereinigungsgesetzes oder eine Klage auf Aufhebung des Nutzungsrechts erhoben und dies bis zu dem genannten Zeitpunkt dem Grundbuchamt in der Form des § 29 der Grund-buchordnung nachgewiesen wird.

(4) Ein nach Absatz 3 gegenstandsloser Widerspruch kann von Amts wegen ge-löscht werden; er ist von Amts wegen bei der nächsten anstehenden Eintragung im Grundbuchblatt für das Grundstück oder Gebäude oder bei Eintragung des in Absatz 1 Halbsatz 2 genannten Vermerks zu löschen.

(5) Ein Widerspruch nach den vorstehenden Absätzen wird nicht eingetragen, wenn

1. der Antrag auf Eintragung nach Absatz 1 nach dem 31. Dezember 1996 bei dem Grundbuchamt eingeht oder

2. der Antragsteller eine mit Siegel oder Stempel versehene und unterschriebene Nutzungsbescheinigung vorlegt oder

3. sich eine Nutzungsbescheinigung nach Nummer 2 bereits bei der Grundakte befindet.

Die Nutzungsbescheinigung wird von der Gemeinde, in deren Gebiet das Grundstück belegen ist, erteilt, wenn das Gebäude vom 20. Juli 1993 bis zum 1. Oktober 1994 von dem Antragsteller selbst, seinem Rechtsvorgänger oder auf Grund eines Vertrages mit einem von beiden durch einen Mieter oder Pächter genutzt wird. In den Fällen des Satzes 1 Nr. 2 und 3 wird der Widerspruch nach Absatz 1 auf Antrag des Grundstückseigentümers eingetragen, wenn dieser Antrag bis zum Ablauf des 31. Dezember 1996 bei dem Grundbuchamt eingegangen ist. Der Widerspruch wird in diesem Fall nach Ablauf von 3 Monaten gegenstandslos, es sei denn, daß vorher ein notarielles Vermittlungsverfahren eingeleitet oder eine Klage auf Grund des Sachenrechtsbereinigungsgesetzes oder eine Klage auf Auf-hebung des Nutzungsrechts erhoben und dies bis zu dem genannten Zeitpunkt dem Grundbuchamt in der Form des § 29 der Grundbuchordnung nachgewiesen wird. Absatz 4 gilt entsprechend.

§ 12 Aufhebung des Gebäudeeigentums

(1) Die Aufhebung eines Nutzungsrechts oder Gebäudeeigentums nach Arti-kel 233 § 4 Abs. 5 des Einführungsgesetzes zum Bürgerlichen Gesetzbuche oder nach § 16 Abs. 3 des Vermögensgesetzes ist in der zweiten Abteilung des Grund-buchs des oder der belasteten oder betroffenen Grundstücke oder Flurstücke einzutragen, wenn das Recht dort eingetragen ist; ein vorhandenes Gebäude-grundbuchblatt ist zu schließen.

(2) Sofern im Falle des Absatzes 1 eine Eintragung im Grundbuch des belasteten Grundstücks oder die Schließung des Gebäudegrundbuchblattes nicht erfolgt ist, sind diese bei der nächsten in einem der Grundbuchblätter anstehenden Eintragung nachzuholen. Ist das Grundbuchblatt des belasteten Grundstücks infolge der Aufhebung des Nutzungsrechts oder Gebäudeeigentums gemäß Absatz 1 geschlossen oder das belastete oder betroffene Grundstück in das Gebäudegrundbuchblatt übertragen worden, so gilt ein als Grundstücksgrundbuchblatt fortgeführtes Gebäudegrundbuchblatt als Grundbuch im Sinne der Grundbuchordnung.

(3) Sind die für Aufhebung des Nutzungsrechts oder Gebäudeeigentums erforderlichen Eintragungen erfolgt, ohne daß eine Aufgabeerklärung nach Artikel 233 § 4 Abs. 5 des Einführungsgesetzes zum Bürgerlichen Gesetzbuche dem Grundbuchamt vorgelegen hat, hat das Grundbuchamt die Erklärung von dem eingetragenen Eigentümer des Grundstücks bei der nächsten in einem der Grundbuchblätter anstehenden Eintragung nachzufordern. Ist der jetzt eingetragene Eigentümer des Grundstücks nicht mit dem zum Zeitpunkt der Schließung des Grundbuchblattes für das Grundstück oder das Gebäude eingetragenen Eigentümer des Gebäudes identisch, so hat das Grundbuchamt die in Satz 1 bezeichnete Erklärung von beiden anzufordern. Nach Eingang der Erklärungen hat das Grundbuchamt die seinerzeit ohne die notwendigen Erklärungen vorgenommenen Eintragungen zu bestätigen; Absatz 2 Satz 2 gilt entsprechend. Wird die Erklärung nicht abgegeben, werden Grundstück und Gebäude in der Regel wieder getrennt gebucht.

§ 13 Bekanntmachungen

Auf die Bekanntmachungen bei Eintragungen im Grundbuch des mit einem dinglichen Nutzungsrecht belasteten oder von einem Gebäudeeigentum betroffenen Grundstücks oder Flurstücks sowie bei Eintragungen im Gebäudegrundbuchblatt ist § 17 des Erbbaurechtsgesetzes sinngemäß anzuwenden. Bei Eintragungen im Gebäudegrundbuchblatt sind Bekanntmachungen gegenüber dem Eigentümer des belasteten oder betroffenen Grundstücks jedoch nur dann vorzunehmen, wenn das Recht dort eingetragen ist oder gleichzeitig eingetragen wird und der Eigentümer bekannt ist.

§ 14 Begriffsbestimmungen, Teilung von Grundstück und von Gebäudeeigentum

(1) Nutzer im Sinne dieser Verordnung ist, wer ein Grundstück im Umfang der Grundfläche eines darauf stehenden Gebäudes einschließlich seiner Funktionsflächen, bei einem Nutzungsrecht einschließlich der von dem Nutzungsrecht erfaßten Flächen unmittelbar oder mittelbar besitzt, weil er das Eigentum an dem Gebäude erworben, das Gebäude errichtet oder gekauft hat.

(2) Bestehen an einem Grundstück mehrere Nutzungsrechte, so sind sie mit dem sich aus Artikel 233 § 9 Abs. 2 des Einführungsgesetzes zum Bürgerlichen Gesetzbuche ergebenden Rang einzutragen.

(3) Die Teilung oder Vereinigung von Gebäudeeigentum nach Artikel 233 §§ 2b oder 8 des Einführungsgesetzes zum Bürgerlichen Gesetzbuche kann im Grundbuch eingetragen werden, ohne daß die Zustimmung des Grundstücksei-

gentümers nachgewiesen wird. Bei Gebäudeeigentum nach Artikel 233 § 4 jenes Gesetzes umfaßt die Teilung des Gebäudeeigentums auch die Teilung des dinglichen Nutzungsrechts.

(4) Soll das belastete oder betroffene Grundstück geteilt werden, so kann der abgeschriebene Teil in Ansehung des Gebäudeeigentums, des dinglichen Nutzungsrechts oder des Rechts zum Besitz gemäß Artikel 233 § 2a des Einführungsgesetzes zum Bürgerlichen Gesetzbuche lastenfrei gebucht werden, wenn nachgewiesen wird, daß auf dem abgeschriebenen Teil das Nutzungsrecht nicht lastet und sich hierauf das Gebäude, an dem selbständiges Eigentum oder ein Recht zum Besitz gemäß Artikel 233 § 2a des Einführungsgesetzes zum Bürgerlichen Gesetzbuche besteht, einschließlich seiner Funktionsfläche nicht befindet. Der Nachweis kann auch durch die Bestätigung der für die Führung des Liegenschaftskatasters zuständigen Stelle oder eines öffentlich bestellten Vermessungsingenieurs, daß die in Satz 1 genannten Voraussetzungen gegeben sind, erbracht werden.

§ 15 Überleitungsvorschrift

(1) Es werden aufgehoben:

1. § 4 Abs. 3 des Gesetzes über die Verleihung von Nutzungsrechten an volkseigenen Grundstücken vom 4. Dezember 1970 (GBl. I Nr. 24 S. 372),

2. § 10 Abs. 1 der Verordnung über die Sicherung des Volkseigentums bei Baumaßnahmen von Betrieben auf vertraglich genutzten nichtvolkseigenen Grundstücken vom 7. April 1983 (GBl. I Nr. 12 S. 129),

3. Nummer 9 Abs. 3 Buchstabe a, Nummer 12 Abs. 2 Buchstabe a, Nummer 18 Abs. 2, Nummer 40 und Nummer 75 Abs. 3 sowie Anlage 16 der Anweisung Nr. 4/87 des Ministers des Innern und Chefs der Deutschen Volkspolizei über Grundbuch und Grundbuchverfahren unter Colidobedingungen – Colido-Grundbuchanweisung – vom 27. Oktober 1987.

Nach diesen Vorschriften eingetragene Vermerke über die Anlegung eines Gebäudegrundbuchblattes sind bei der nächsten anstehenden Eintragung in das Grundbuchblatt für das Grundstück oder für das Gebäudeeigentum an die Vorschriften des § 5 Abs. 2 und 3, § 6, § 9 Abs. 3 und § 12 anzupassen.

(2) § 4 Abs. 1 gilt nicht für Gebäudegrundbuchblätter, die vor dem Inkrafttreten dieser Verordnung angelegt worden sind oder für die der Antrag auf Anlegung vor diesem Zeitpunkt bei dem Grundbuchamt eingegangen ist.

(3) § 14 Abs. 2 und 3 gilt nur für Eintragungen, die nach Inkrafttreten dieser Verordnung beantragt worden sind.

Anhang 4
Grundbuchbereinigungsgesetz (GBBerG)

Vom 20. Dezember 1993

(BGBl. I S. 2182, 2192)

Geändert durch das SachenRÄndG vom 21.9.1994 (BGBl. I S. 2457), das TelekommunikationsG vom 25.7.1996 (BGBl. I S. 1120), das EigentumsfristenG vom 20.12.1996 (BGBl. I S. 2028), die 2. Zwangsvollstreckungsnovelle vom 17.12.1997 (BGBl. I S. 3039), das VermögensrechtsbereinigungsG vom 20.10.1998 (BGBl. I S. 3180, 3187), das Ges. vom 27.6.2000 (BGBl. I S. 897), das Ges. vom 2.11.2000 (BGBl. I S. 1481), das Ges. vom 13.7.2001 (BGBl. I S. 1542), die Siebente Zuständigkeitsanpassungs-VO vom 29.10.2001 (BGBl. I S. 2785), das Gesetz zur Modernisierung des Schuldrechts vom 26.11.2001 (BGBl. I S. 3138), die Achte Zuständigkeitsanpassungs-VO vom 25.11.2003 (BGBl. I S. 2304), das Gesetz vom 7.7.2005 (BGBl. I S. 1970), das Gesetz vom 22.9.2005 (BGBl. I S. 2809), die Neunte Zuständigkeitsanpassungs-VO vom 31.10.2006 (BGBl. I S. 2407), das FGG-ReformG vom 17.12.2008 (BGBl. I S. 2586), die Zehnte ZuständigkeitsanpassungsVO vom 31.8.2015 (BGBl. I S. 1474)

Abschnitt 1. Behandlung wertbeständiger und ähnlicher Rechte

§ 1 Umstellung wertbeständiger Rechte

(1) In dem in Artikel 3 des Einigungsvertrages bestimmten Gebiet kann aus einer Hypothek, Grundschuld oder Rentenschuld, die vor dem 1. Januar 1976 in der Weise bestellt wurde, daß die Höhe der aus dem Grundstück zu zahlenden Geldsumme durch den amtlich festgestellten oder festgesetzten Preis einer bestimmten Menge von Feingold, den amtlich festgestellten oder festgesetzten Preis einer bestimmten Menge von Roggen, Weizen oder einer bestimmten Menge sonstiger Waren oder Leistungen oder durch den Gegenwert einer bestimmten Geldsumme in ausländischer Währung bestimmt wird (wertbeständiges Recht), vom Inkrafttreten dieses Gesetzes an nur die Zahlung eines Geldbetrages nach den folgenden Vorschriften aus dem Grundstück verlangt werden.

(2) Ist die Leistung oder Belastung in einer bestimmten Menge von Roggen und daneben wahlweise in einer bestimmten Menge von Weizen ausgedrückt, so ist der höhere Betrag maßgeblich. Ist die Leistung oder Belastung in einer bestimmten Menge von Roggen oder Weizen und daneben wahlweise in Reichsmark, Rentenmark, Goldmark, in ausländischer Währung oder in einer bestimmten Menge von Feingold ausgedrückt, so kann aus dem Grundstück nur die Zahlung des Betrages in Deutscher Mark verlangt werden, auf den der in Reichsmark, Rentenmark, Goldmark, ausländischer Währung oder der in einer bestimmten Menge von Feingold ausgedrückte Betrag umzurechnen ist.

§ 2 Umgestellte wertbeständige Rechte

(1) Bei wertbeständigen Rechten, die bestimmen, daß sich die Höhe der aus dem Grundstück zu zahlenden Geldsumme durch den amtlich festgestellten oder

festgesetzten Preis einer bestimmten Menge von Feingold bestimmt, entsprechen einem Kilogramm Feingold 1395 Deutsche Mark.

(2) Ist bei wertbeständigen Rechten die aus dem Grundstück zu zahlende Geldsumme durch den amtlich festgestellten oder festgesetzten Preis einer bestimmten Menge von Roggen oder Weizen bestimmt, so entsprechen einem Zentner Roggen 3,75 Deutsche Mark und einem Zentner Weizen 4,75 Deutsche Mark. Satz 1 gilt nicht

1. für wertbeständige Rechte, die auf einem Grundstücksüberlassungsvertrag oder einem mit einer Grundstücksüberlassung in Verbindung stehenden Altenteilsvertrag (Leibgedings-, Leibzuchts- oder Auszugsvertrag) beruhen,

2. für wertbeständige bäuerliche Erpachtrechte und ähnliche Rechte (Kanon, Erbzins, Grundmiete, Erbleihe).

Die Sätze 1 und 2 gelten für Reallasten, die auf die Leistung einer aus dem Roggen- oder Weizenpreis errechneten Geldsumme aus dem Grundstück gerichtet sind, entsprechend.

(3) Dem Verpflichteten bleibt es unbenommen, sich auf eine andere Umstellung zu berufen, wenn er deren Voraussetzungen nachweist.

§ 3 Umstellung anderer wertbeständiger Rechte

(1) Bei sonstigen wertbeständigen Rechten einschließlich den in § 2 Abs. 2 Satz 2 genannten, bei denen sich die aus dem Grundstück zu zahlende Geldsumme nach dem Gegenwert einer bestimmten Menge Waren oder Leistungen bestimmt, kann nur Zahlung eines Betrages verlangt werden, der dem für die Umrechnung am Tag des Inkrafttretens dieses Gesetzes an den deutschen Börsen notierten Mittelwert, bei fehlender Börsennotierung dem durchschnittlichen Marktpreis für den Ankauf dieser Waren entspricht. Das Bundesministerium der Justiz und für Verbraucherschutz wird ermächtigt, diese Mittelwerte, bei ihrem Fehlen die durchschnittlichen Marktpreise, durch Rechtsverordnung festzustellen.[1]

(2) Absatz 1 gilt entsprechend, wenn sich die Höhe der aus dem Grundstück zu zahlenden Geldsumme nach dem Gegenwert einer bestimmten Geldsumme in ausländischer Währung bestimmt. Die besonderen Vorschriften über schweizerische Goldhypotheken bleiben unberührt.

---

[1] Siehe dazu § 12 SachenR-DV vom 20.12.1994 (BGBl. I S. 3900), der wie folgt lautet: „**Mittelwerte und Marktpreise bei sonstigen wertbeständigen Grundpfandrechten.** Bei wertbeständigen Grundpfandrechten im Sinne des § 3 Abs. 1 Satz 1 und Abs. 2 des Grundbuchbereinigungsgesetzes sind für die jeweils bestimmten Waren oder Leistungen folgende Werte zugrundezulegen:
1. für einen US-Dollar 1,70 Deutsche Mark,
2. für eine Tonne Fettförderkohle des Rheinisch-Westfälischen Kohlesyndikats 285,66 Deutsche Mark,
3. für eine Tonne gewaschene Fettnuß IV des Rheinisch-Westfälischen Kohlesyndikats 314,99 Deutsche Mark,
4. für eine Tonne oberschlesische Flammstückkohle 192,80 Deutsche Mark,
5. für eine Tonne niederschlesische Stückkohle 114,60 Deutsche Mark,
6. für eine Tonne niederschlesische gewaschene Nußkohle I 314,99 Deutsche Mark,
7. für einen Doppelzentner zu je 100 kg Kalidüngesalz 40 vom Hundert 23,00 Deutsche Mark."

§ 4 Grundbuchvollzug

Die nach den §§ 1 bis 3 eintretenden Änderungen bedürfen zum Erhalt ihrer Wirksamkeit gegenüber dem öffentlichen Glauben des Grundbuchs nicht der Eintragung. Die Beteiligten sind verpflichtet, die zur Berichtigung, die auch von Amts wegen erfolgen kann, erforderlichen Erklärungen abzugeben. Gebühren für die Grundbuchberichtigung werden nicht erhoben.

Abschnitt 2. Überholte Dienstbarkeiten und vergleichbare Rechte

§ 5 Erlöschen von Dienstbarkeiten und vergleichbaren Rechten

(1) Im Grundbuch zugunsten natürlicher Personen eingetragene nicht vererbliche und nicht veräußerbare Rechte, insbesondere Nießbrauche, beschränkte persönliche Dienstbarkeiten und Wohnungsrechte, gelten unbeschadet anderer Erlöschenstatbestände mit dem Ablauf von einhundertundzehn Jahren von dem Geburtstag des Berechtigten an als erloschen, sofern nicht innerhalb von 4 Wochen ab diesem Zeitpunkt eine Erklärung des Berechtigten bei dem Grundbuchamt eingegangen ist, daß er auf dem Fortbestand seines Rechts bestehe; die Erklärung kann in Textform oder zur Niederschrift des Urkundsbeamten der Geschäftsstelle abgegeben werden. Ist der Geburtstag bei Inkrafttreten dieses Gesetzes nicht aus dem Grundbuch oder den Grundakten ersichtlich, so ist der Tag der Eintragung des Rechts maßgeblich. Liegt der nach den vorstehenden Sätzen maßgebliche Zeitpunkt vor dem Inkrafttreten dieses Gesetzes, so gilt das Recht mit dem Inkrafttreten dieses Gesetzes als erloschen, sofern nicht innerhalb von 4 Wochen ab diesem Zeitpunkt eine Erklärung des Berechtigten gemäß Satz 1 bei dem Grundbuchamt eingegangen ist.

(2) In dem in Artikel 3 des Einigungsvertrages genannten Gebiet in dem Grundbuch eingetragene Kohleabbaugerechtigkeiten und dem Inhaber dieser Gerechtigkeiten zu deren Ausübung eingeräumte Dienstbarkeiten, Vormerkungen und Vorkaufsrechte erlöschen mit Inkrafttreten dieses Gesetzes. Der Zusammenhang zwischen der Kohleabbaugerechtigkeit und der Dienstbarkeit, der Vormerkung oder dem Vorkaufsrecht ist glaubhaft zu machen; § 29 der Grundbuchordnung ist nicht anzuwenden.

(3) Ein nach Maßgabe des Absatzes 1 als erloschen geltendes oder gemäß Absatz 2 erloschenes Recht kann von dem Grundbuchamt von Amts wegen gelöscht werden.

§ 6 Berechtigte unbekannten Aufenthalts, nicht mehr bestehende Berechtigte

(1) Ist bei einem Nießbrauch, einer beschränkten persönlichen Dienstbarkeit oder einem eingetragenen Mitbenutzungsrecht (Artikel 233 § 5 Abs. 1 des Einführungsgesetzes zum Bürgerlichen Gesetzbuche) der Begünstigte oder sein Aufenthalt unbekannt, so kann der Begünstigte im Wege des Aufgebotsverfahrens mit seinem Recht ausgeschlossen werden, wenn seit der letzten sich auf das Recht beziehenden Eintragung in das Grundbuch 30 Jahre verstrichen sind und das

Recht nicht innerhalb dieser Frist von dem Eigentümer in einer nach § 212 Abs. 1 Nr. 1 des Bürgerlichen Gesetzbuchs für den Neubeginn der Verjährung geeigneten Weise anerkannt oder von einem Berechtigten ausgeübt worden ist. Satz 1 gilt entsprechend bei Dienstbarkeiten, die zugunsten des jeweiligen Eigentümers oder Besitzers eines Familienfideikommisses, einer Familienanwartschaft, eines Lehens, eines Stammgutes oder eines ähnlichen gebundenen Vermögens eingetragen sind, sowie bei Grunddienstbarkeiten, die zugunsten des jeweiligen Eigentümers eines Grundstücks eingetragen sind, dessen Grundakten vernichtet und nicht mehr wiederherzustellen sind.

(1a) Soweit auf § 1170 des Bürgerlichen Gesetzbuchs verwiesen wird, ist diese Bestimmung auf die vor dem 3. Oktober 1990 begründeten Rechte auch dann anzuwenden, wenn der Aufenthalt des Gläubigers unbekannt ist. § 1104 Abs. 2 des Bürgerlichen Gesetzbuchs findet auf die vor dem 3. Oktober 1990 begründeten Vorkaufsrechte und Reallasten keine Anwendung.

(2) Für das Aufgebotsverfahren sind die besonderen Vorschriften der §§ 447 bis 450 des Gesetzes über das Verfahren in Familiensachen und in den Angelegenheiten der freiwilligen Gerichtsbarkeit sinngemäß anzuwenden.

(3) Diese Vorschrift gilt nur in dem in Artikel 3 des Einigungsvertrages genannten Gebiet. Sie kann im übrigen Bundesgebiet durch Rechtsverordnung der Landesregierung in Kraft gesetzt werden.

§ 7 Verkaufserlaubnis

(1) Ein gesetzlicher Vertreter des Eigentümers (§ 11b des Vermögensgesetzes, Artikel 233 § 2 Abs. 3 des Einführungsgesetzes zum Bürgerlichen Gesetzbuche) oder der für den Eigentümer eines in dem in Artikel 3 des Einigungsvertrages genannten Gebiets belegenen Grundstücks oder Gebäudes bestellte Pfleger darf dieses unbeschadet der allgemeinen Vorschriften belasten oder veräußern, wenn das Vormundschaftsgericht ihm dies erlaubt hat. Die Erlaubnis kann erteilt werden, wenn

1. der Vertreter oder Pfleger eine juristische Person des öffentlichen Rechts ist,

2. der Eigentümer oder sein Aufenthalt nicht ausfindig zu machen ist und

3. die Verfügung etwa zur Sicherung der Erhaltung eines auf dem Grundstück befindlichen Gebäudes oder zur Durchführung besonderer Investitionszwecke nach § 3 Abs. 1 des Investitionsvorranggesetzes erforderlich ist.

In Ergänzung der gesetzlichen Ermittlungspflichten muß der Eigentümer des Grundstücks oder Gebäudes öffentlich zur Geltendmachung seiner Rechte aufgefordert worden und eine Frist von mindestens sechs Monaten von dem öffentlichen Aushang an verstrichen sein.

(2) Die Erlaubnis ist öffentlich bekannt zu machen; dem Eigentümer steht gegen die Entscheidung die Beschwerde zu.

(3) Der Vertreter oder Pfleger ist verpflichtet, dem Eigentümer den Erlös, mindestens aber den Verkehrswert zu zahlen. Bei einer Belastung erfolgt ein entsprechender Ausgleich, wenn die Belastung nicht dem Grundstück zugute gekommen ist. Dieser Anspruch unterliegt den Vorschriften des Bürgerlichen Ge-

setzbuchs über Schuldverhältnisse. Der Anspruch ist zu verzinsen; er verjährt nach Ablauf von 30 Jahren.

(4) Die Vorschrift gilt bis zum Ablauf des 31. Dezember 2005.

Abschnitt 3. Nicht eingetragene dingliche Rechte

§ 8 Nicht eingetragene Rechte

(1) Ein nicht im Grundbuch eingetragenes Mitbenutzungsrecht der in Artikel 233 § 5 Abs. 1 des Einführungsgesetzes zum Bürgerlichen Gesetzbuche bezeichneten Art oder ein sonstiges nicht im Grundbuch eingetragenes beschränktes dingliches Recht mit Ausnahme der in Artikel 233 § 4 Abs. 2 des Einführungsgesetzes zum Bürgerlichen Gesetzbuche genannten Nutzungsrechte, das zur Erhaltung der Wirksamkeit gegenüber dem öffentlichen Glauben des Grundbuchs nicht der Eintragung bedarf, erlischt mit dem Ablauf des 31. Dezember 1995, wenn nicht der Eigentümer des Grundstücks vorher das Bestehen dieses Rechts in der Form des § 29 der Grundbuchordnung anerkennt und die entsprechende Grundbuchberichtigung bewilligt oder der jeweilige Berechtigte von dem Eigentümer vorher die Abgabe dieser Erklärungen in einer zur Unterbrechung der Verjährung nach § 209 des Bürgerlichen Gesetzbuchs geeigneten Weise verlangt hat. Die Frist des Satzes 1 kann durch Rechtsverordnung des Bundesministeriums der Justiz und für Verbraucherschutz mit Zustimmung des Bundesrates einmal verlängert werden.[2]

(2) Wird in dem Anerkenntnis oder der Eintragungsbewilligung gemäß Absatz 1 ein Zeitpunkt für die Entstehung dieses Rechts nicht angegeben, so gilt dieses als am Tage des Inkrafttretens dieses Gesetzes entstanden.

(3) Diese Vorschrift gilt nicht für beschränkte dingliche Rechte, die die Errichtung und den Betrieb von Energieanlagen (§ 9) oder Anlagen nach § 40 Abs. 1 Buchstabe c des Wassergesetzes vom 2. Juli 1982 (GBl. I Nr. 26 S. 467) zum Gegenstand haben. Sie gilt im übrigen nur in dem in Artikel 3 des Einigungsvertrages genannten Gebiet. Sie kann im übrigen Bundesgebiet durch Rechtsverordnung der Landesregierung auch für einzelne Arten von Rechten, sofern es sich nicht um Rechte für Anlagen der in § 9 bezeichneten Art handelt, in Kraft gesetzt werden.

(4) Wird eine Klage nach Absatz 1 rechtshängig, so ersucht das Gericht auf Antrag des Klägers das Grundbuchamt um Eintragung eines Rechtshängigkeitsver-

---

[2] Siehe dazu § 13 SachenR-DV vom 20.12.1994 (BGBl. I S. 3900), der wie folgt lautet:

„**Verlängerung von Fristen.** (1) Die Frist des § 8 Abs. 1 Satz 1 und nach § 8 Abs. 3 Satz 3 in Verbindung mit § 8 Abs. 1 Satz 1 des Grundbuchbereinigungsgesetzes wird in den Ländern Berlin, Brandenburg, Mecklenburg-Vorpommern, Sachsen, Sachsen-Anhalt und Thüringen bis zum Ablauf des 31. Dezember 2005, längstens jedoch bis zu dem Tage verlängert, an dem der öffentliche Glaube des Grundbuchs für die in Artikel 233 § 5 Abs. 1 des Einführungsgesetzes zum Bürgerlichen Gesetzbuche bezeichneten beschränkten dinglichen Rechte wieder in vollem Umfang gilt.

(2) In den übrigen Ländern wird die in Absatz 1 bezeichnete Frist bis zum Ablauf des 31. Dezember 1997 verlängert."

merks zugunsten des Klägers. Der Vermerk hat die Wirkungen eines Widerspruchs. Er wird mit rechtskräftiger Abweisung der Klage gegenstandslos.

§ 9 Leitungen und Anlagen für die Versorgung mit Energie und Wasser sowie die Beseitigung von Abwasser

(1) Zum Besitz und Betrieb sowie zur Unterhaltung und Erneuerung von Energieanlagen (Anlagen zur Fortleitung von Elektrizität, Gas und Fernwärme, einschließlich aller dazugehörigen Anlagen, die der Fortleitung unmittelbar dienen) auf Leitungstrassen, die am 3. Oktober 1990 in dem in Artikel 3 des Einigungsvertrages genannten Gebiet genutzt wurde, wird zugunsten des Versorgungsunternehmens (Energieversorgungsunternehmen im Sinne des Energiewirtschaftsgesetzes und Fernwärmeversorgungsunternehmen), das die jeweilige Anlage bei Inkrafttreten dieser Vorschrift betreibt, am Tage des Inkrafttretens dieser Vorschrift eine beschränkte persönliche Dienstbarkeit an den Grundstücken begründet, die von der Energieanlage in Anspruch genommen werden. § 892 des Bürgerlichen Gesetzbuches gilt in Ansehung des Ranges für Anträge, die nach dem Inkrafttreten dieser Vorschrift, im übrigen erst für Anträge, die nach dem 31. Dezember 2010 gestellt werden. Ist das Grundstück mit einem Erbbaurecht oder einem dinglichen Nutzungsrecht im Sinne des Artikels 233 § 4 des Einführungsgesetzes zum Bürgerlichen Gesetzbuche belastet, ruht die Dienstbarkeit als Gesamtbelastung auf dem Grundstück und dem Erbbaurecht oder Gebäudeeigentum.

(2) Absatz 1 findet keine Anwendung, soweit Kunden und Anschlußnehmer, die Grundstückseigentümer sind, nach der Verordnung über Allgemeine Bedingungen für die Elektrizitätsversorgung von Tarifkunden vom 21. Juni 1979 (BGBl. I S. 684), der Verordnung über Allgemeine Bedingungen für die Gasversorgung von Tarifkunden vom 21. Juni 1979 (BGBl. I S. 676) oder der Verordnung über Allgemeine Bedingungen für die Versorgung mit Fernwärme vom 20. Juni 1980 (BGBl. I S. 742) zur Duldung von Energieanlagen verpflichtet sind, sowie für Leitungen über oder in öffentlichen Verkehrswegen und Verkehrsflächen.

(3) Das Versorgungsunternehmen ist verpflichtet, dem Eigentümer des nach Absatz 1 mit dem Recht belasteten Grundstücks, in den Fällen des Absatzes 1 Satz 3 als Gesamtgläubiger neben dem Inhaber des Erbbaurechts oder Gebäudeeigentums, einen einmaligen Ausgleich für das Recht zu zahlen. Dieser Ausgleich bestimmt sich nach dem Betrag, der für ein solches Recht allgemein üblich ist. Die erste Hälfte dieses Betrags ist unverzüglich nach Eintragung der Dienstbarkeit zugunsten des Versorgungsunternehmens und Aufforderung durch den Grundstückseigentümer, frühestens jedoch am 1. Januar 2001 zu zahlen, die zweite Hälfte wird am 1. Januar 2011 fällig. Das Energieversorgungsunternehmen ist zur Zahlung eines Ausgleichs nicht verpflichtet, wenn das Grundstück mit einer Dienstbarkeit des in Absatz 1 bezeichneten Inhalts belastet ist oder war und das Grundstück in einem diese Berechtigung nicht überschreitenden Umfang genutzt wird oder wenn das Versorgungsunternehmen auf die Dienstbarkeit nach Absatz 6 vor Eintritt der jeweiligen Fälligkeit verzichtet hat. Zahlungen auf Grund der Bodennutzungsverordnung vom 26. Februar 1981 (GBl. I Nr. 10 S. 105), früherer oder anderer Vorschriften entsprechenden Inhalts genügen im übrigen nicht. Abweichende Vereinbarungen sind zulässig.

(4) Auf seinen Antrag hin bescheinigt die nach dem Energiewirtschaftsgesetz zuständige Landesbehörde dem Versorgungsunternehmen, welches Grundstück in welchem Umfang mit der Dienstbarkeit belastet ist. Die Aufsichtsbehörde macht den Antrag unter Beifügung einer Karte, die den Verlauf der Leitungstrasse auf den im Antrag bezeichneten Grundstücken im Maßstab von nicht kleiner als 1 zu 10 000 erkennen läßt, in ortsüblicher Weise öffentlich bekannt. Sie kann von der Beifügung einer Karte absehen, wenn sie öffentlich bekannt macht, daß der Antrag vorliegt und die Antragsunterlagen bei ihr eingesehen werden können. Sie erteilt nach Ablauf von vier Wochen von der Bekanntmachung an die Bescheinigung. Widerspricht ein Grundstückseigentümer rechtzeitig, wird die Bescheinigung mit einem entsprechenden Vermerk erteilt.

(5) Auf Antrag des Versorgungsunternehmens berichtigt das Grundbuchamt das Grundbuch entsprechend dem Inhalt der Bescheinigung, wenn die Bescheinigung

1. unterschrieben und mit dem Dienstsiegel der Aufsichtsbehörde versehen ist und

2. der Inhalt des Rechts, der Berechtigte, das belastete Grundstück und, wobei eine grafische Darstellung genügt, der räumliche Umfang der Befugnis zur Ausübung des Rechts auf dem Grundstück angegeben sind.

Ist in der Bescheinigung ein rechtzeitiger Widerspruch vermerkt, wird im Grundbuch ein Widerspruch zugunsten des Versorgungsunternehmens eingetragen, das den Eigentümer oder Inhaber eines mitbelasteten Gebäudeeigentums oder Erbbaurechts im ordentlichen Rechtsweg auf Bewilligung der Eintragung in Anspruch nehmen kann. Die Bescheinigung ist für den Eigentümer, Erbbauberechtigten oder sonstigen dinglich Berechtigten an dem Grundstück unanfechtbar. Diesem bleibt es jedoch unbenommen, den in der Bescheinigung bezeichneten Inhaber der Dienstbarkeit vor den ordentlichen Gerichten auf Berichtigung des Grundbuchs und auf Bewilligung der Löschung des Widerspruchs in Anspruch zu nehmen. Das Energieversorgungsunternehmen trägt die Beweislast für den Lagenachweis, es sei denn, daß das Grundstück nach dem Inhalt des Grundbuchs vor dem Inkrafttreten dieser Vorschrift mit einer Dienstbarkeit für Energieanlagen belastet war.

(6) Verzichtet das Versorgungsunternehmen auf die Dienstbarkeit vor ihrer Bescheinigung nach Absatz 4, so erlischt das Recht; sein Erlöschen kann auf Antrag durch die nach Absatz 4 zuständige Behörde bescheinigt werden. Im übrigen gelten für die Aufhebung, Änderung und Ausübung der Dienstbarkeit die Vorschriften des Bürgerlichen Gesetzbuchs. In Ansehung von Leitungsrechten vor Inkrafttreten dieses Gesetzes getroffene Vereinbarungen bleiben unberührt.

(7) Die nach Absatz 4 zuständige Behörde kann auf Antrag bescheinigen, daß eine im Grundbuch eingetragene beschränkte persönliche Dienstbarkeit für Energieanlagen nicht mehr besteht, wenn das Recht nicht mehr ausgeübt wird, das Energieversorgungsunternehmen, dem die Anlage wirtschaftlich zuzurechnen wäre, zustimmt und ein anderer Berechtigter nicht ersichtlich ist. Die Bescheinigung ist zur Berichtigung des Grundbuchs genügend. Die Behörde kann den Antragsteller auf das Aufgebotsverfahren verweisen.

(8) Das Bundesministerium der Justiz und für Verbraucherschutz wird ermächtigt, durch Rechtsverordnung mit Zustimmung des Bundesrates die näheren technischen Einzelheiten des in Absatz 1 beschriebenen Inhalts der Dienstbarkeit, nähere Einzelheiten des Verfahrens, insbesondere zum Inhalt der Bescheinigung, zum Antrag und zur Beschreibung des Rechts, zu regeln.[3]

(9) Die Bundesregierung wird ermächtigt, durch Rechtsverordnung mit Zustimmung des Bundesrates die vorstehende Regelung und auf Grund von Absatz 8 erlassene Bestimmungen ganz oder teilweise zu erstrecken auf

1. Anlagen der öffentlichen Wasserversorgung und Abwasserbeseitigung, insbesondere Leitungen und Pumpstationen, mit Ausnahme jedoch von Wasserwerken und Abwasserbehandlungsanlagen,

2. Hochwasserrückhaltebecken ohne Dauer- oder Teildauerstau und Schöpfwerke, die der Aufrechterhaltung der Vorflut dienen und im öffentlichen Interesse betrieben werden,

3. gewässerkundliche Meßanlagen wie Pegel, Gütemeßstationen, Grundwasser- und andere Meßstellen nebst den dazugehörigen Leitungen.[4]

Die Erstreckung ist nur bis zum Ablauf des 31. Dezember 1995 zulässig und soll erfolgen, soweit dies wegen der Vielzahl der Fälle oder der Unsicherheit der anderweitigen rechtlichen Absicherung erforderlich ist. In der Rechtsverordnung kann von den Bestimmungen der Absätze 4 bis 7 sowie der auf Grund von Absatz 8 erlassenen Rechtsverordnung abgewichen, insbesondere Absatz 7 von der Erstreckung ausgenommen werden, soweit dies aus Gründen des Wasserrechts geboten ist. Bis zu dem Erlaß der Rechtsverordnung bleiben Vorschriften des Landesrechts unberührt. Eine Verpflichtung zur Zahlung eines Ausgleichs nach Absatz 3 besteht nicht, soweit nach Landesrecht bereits Entschädigung geleistet worden ist.

(10) Die Landesregierungen werden ermächtigt, durch Rechtsverordnung die Zuständigkeit der in den Absätzen 4, 6 und 7 genannten oder in der Rechtsverordnung nach Absatz 9 bestimmten Behörden ganz oder teilweise auf andere Behörden zu übertragen. Die nach Absatz 4 oder Satz 1 dieses Absatzes zuständige Landesbehörde kann auch andere geeignete Stellen, bei nichtöffentlichen Stellen unter Beleihung mit hoheitlichen Aufgaben, beauftragen, die Bescheinigungen zu erteilen; diese stehen denen nach Absatz 4 gleich.

(11) Die Absätze 1 bis 10 und die auf ihrer Grundlage erlassenen Verordnungen gelten entsprechend für

1. Telekommunikationsanlagen der früheren Deutschen Post,

2. Anlagen zur Versorgung von Schienenwegen der früheren Reichsbahn und der öffentlichen Verkehrsbetriebe mit Strom und Wasser sowie zur Entsorgung des Abwassers solcher Anlagen,

3. Anlagen zur Fortleitung von Öl oder anderen Rohstoffen einschließlich aller dazugehörigen Anlagen, die der Fortleitung unmittelbar dienen, und

4. Anlagen zum Transport von Produkten zwischen den Betriebsstätten eines oder mehrerer privater oder öffentlicher Unternehmen,

---

[3] Siehe dazu §§ 4 ff. SachenR-DV vom 20.12.1994 (BGBl. I S. 3900).
[4] Siehe dazu §§ 1 bis 3 SachenR-DV vom 20.12.1994 (BGBl. I S. 3900).

die in dem in Artikel 3 des Einigungsvertrages genannten Gebiet liegen und vor dem 3. Oktober 1990 errichtet worden sind. Absatz 1 findet keine Anwendung, soweit Grundstückseigentümer auf Grund einer abgegebenen Grundstückseigentümererklärung nach § 7 der Telekommunikationsverordnung vom 24. Juni 1991 (BGBl. I S. 1376) oder nach § 8 der Telekommunikations-Kundenschutzverordnung vom 19. Dezember 1995 (BGBl. I S. 2020) zur Duldung von Telekommunikationsanlagen verpflichtet sind. An die Stelle der Aufsichtsbehörde im Sinne des Absatzes 4 treten das Bundesministerium für Verkehr und digitale Infrastruktur für Anlagen nach Satz 1 Nr. 1 und das Bundeseisenbahnvermögen für Anlagen der früheren Reichsbahn nach Satz 1 Nr. 2. Diese können mit der Erteilung der Bescheinigung auch eine andere öffentliche Stelle oder eine natürliche Person beauftragen, die nicht Bediensteter des Bundesministeriums oder des Bundeseisenbahnvermögens sein muß. Für Dienstbarkeiten nach Satz 1 Nr. 3 und 4 gilt § 1023 Abs. 1 Satz 1 Halbsatz 2 des Bürgerlichen Gesetzbuchs bei der Anlegung neuer öffentlicher Verkehrswege nur, wenn die Dienstbarkeit im Grundbuch eingetragen ist. Vor diesem Zeitpunkt hat der Inhaber der Dienstbarkeit die Kosten einer erforderlichen Verlegung zu tragen.

§ 9a [Inhaber der Dienstbarkeit als Eigentümer der Anlage]

(1) Die in § 9 sowie in den §§ 1 und 4 der Sachenrechts-Durchführungsverordnung bezeichneten Anlagen stehen mit Wirkung vom 3. Oktober 1990 im Eigentum des Inhabers der Dienstbarkeit. Befinden sich die Anlagen mehrerer Inhaber von Dienstbarkeiten in einem begehbaren unterirdischen Kanal oder einer vergleichbaren Anlage (Leitungssammelkanal), so steht das Eigentum an dieser Anlage zu gleichen Teilen in Miteigentum sämtlicher Inhaber dieser Dienstbarkeiten. Soweit ein Teil des Leitungssammelkanals fest verbunden ist mit einem Gebäude, an dem selbständiges Gebäudeeigentum besteht, gilt dieser Teil als wesentlicher Bestandteil des Gebäudes; besteht kein selbständiges Gebäudeeigentum, gilt dieser Teil des Leitungssammelkanals als wesentlicher Bestandteil des Grundstücks.

(2) In den Fällen des Absatzes 1 Satz 2 und 3 haften die Inhaber der Dienstbarkeit für ihre Verpflichtungen aus den §§ 1004 und 1020 des Bürgerlichen Gesetzbuchs als Gesamtschuldner. § 1004 des Bürgerlichen Gesetzbuchs gilt in diesen Fällen mit der Maßgabe, daß eine Beseitigung erst nach Erlöschen der letzten Dienstbarkeit verlangt werden kann.

(3) Vor dem 27. Oktober 1998 getroffene Vereinbarungen sowie vor diesem Zeitpunkt in Rechtskraft erwachsene Urteile bleiben unberührt.

(4) Die Vorschriften der Absätze 1 bis 3 gelten in den Fällen des § 9 Abs. 2 sinngemäß.

Abschnitt 4. Ablösung von Grundpfandrechten

§ 10 Ablöserecht

(1) Eine vor dem 1. Juli 1990 an einem Grundstück in dem in Artikel 3 des Einigungsvertrages genannten Gebiet bestellte Hypothek oder Grundschuld mit

einem umgerechneten Nennbetrag von nicht mehr als 6000 Euro erlischt, wenn der Eigentümer des Grundstücks eine dem in Euro umgerechneten und um ein Drittel erhöhten Nennbetrag entsprechende Geldsumme zugunsten des jeweiligen Gläubigers unter Verzicht auf die Rücknahme hinterlegt hat; bei einer Höchstbetragshypothek entfällt die in Halbsatz 1 genannte Erhöhung des Nennbetrags. Satz 1 gilt für Rentenschulden und Reallasten entsprechend; anstelle des Nennbetrages tritt der für Rechte dieser Art im Verfahren nach dem Vermögensgesetz anzusetzende Ablösebetrag, der nicht zu erhöhen ist. Das Bundesministerium der Justiz und für Verbraucherschutz wird ermächtigt, durch Rechtsverordnung anstelle der Hinterlegung andere Arten der Sicherheitsleistung zuzulassen.

(2) Die §§ 1 bis 3 gelten auch für die Berechnung des Nennbetrages des Grundpfandrechts.

(3) Der Eigentümer des Grundstücks kann von dem jeweiligen Gläubiger die Zustimmung zur Auszahlung des die geschuldete Summe übersteigenden Teils eines hinterlegten Betrages oder im Falle der Leistung einer anderen Sicherheit entsprechende Freigabe verlangen.

(4) Ein für das Grundpfandrecht erteilter Brief wird mit dem Zeitpunkt des Erlöschens des Rechts kraftlos. Das Kraftloswerden des Briefes ist entsprechend § 26 Abs. 3 Satz 2 des Gesetzes über Maßnahmen auf dem Gebiet des Grundbuchwesens vom 20. Dezember 1963 (BGBl. I S. 986), zuletzt geändert durch Artikel 3 Abs. 3 des Registerverfahrenbeschleunigungsgesetzes vom 20. Dezember 1993 (BGBl. I S. 2182) bekanntzumachen.

Abschnitt 5. Sonstige Erleichterungen

§ 11 Ausnahmen von der Voreintragung des Berechtigten

(1) § 39 Abs. 1 der Grundbuchordnung ist nicht anzuwenden, wenn eine Person aufgrund eines Ersuchens nach § 34 des Vermögensgesetzes einzutragen ist. Er ist ferner nicht anzuwenden, wenn die durch den Bescheid, der dem Ersuchen nach § 34 des Vermögensgesetzes zugrundeliegt, begünstigte Person oder deren Erbe verfügt. Die Sätze 1 und 2 gelten entsprechend für Eintragungen und Verfügungen aufgrund eines Bescheids, der im Verfahren nach § 2 des Vermögenszuordnungsgesetzes ergangen ist, sowie für Verfügungen nach § 8 des Vermögenszuordnungsgesetzes.

(2) Bis zum Ablauf des 31. Dezember 1999 ist in dem in Artikel 3 des Einigungsvertrages genannten Gebiet § 40 Abs. 1 der Grundbuchordnung für Belastungen entsprechend anzuwenden.

§ 12 Nachweis der Rechtsnachfolge bei Genossenschaften

(1) Zum Nachweis gegenüber dem Grundbuchamt oder dem Schiffsregistergericht, daß in dem in Artikel 3 des Einigungsvertrages genannten Gebiet ein Recht von einer vor dem 3. Oktober 1990 gegründeten Genossenschaft auf eine im Wege der Umwandlung, Verschmelzung oder Spaltung aus einer solchen hervorgegangenen Kapitalgesellschaft oder eingetragenen Genossenschaft überge-

gangen ist, genügt unbeschadet anderer entsprechender Vorschriften eine Bescheinigung der das Register für den neuen Rechtsträger führenden Stelle.

(2) Eine Genossenschaft, die am 1. Januar 1990 in einem örtlich abgegrenzten Bereich des in Artikel 3 des Einigungsvertrages genannten Gebietes tätig war, gilt gegenüber dem Grundbuchamt oder dem Schiffsregistergericht als Rechtsnachfolger der Genossenschaften der gleichen Art, die zwischen dem 8. Mai 1945 und dem 31. Dezember 1989 in diesem örtlichen Bereich oder Teilen hiervon tätig waren und nicht mehr bestehen. Fällt der Genossenschaft nach Satz 1 ein Vermögenswert zu, der ihr nicht zukommt, so gelten die Vorschriften des Bürgerlichen Gesetzbuchs über den Ausgleich einer ungerechtfertigten Bereicherung entsprechend.

§ 13 Dingliche Rechte im Flurneuordnungsverfahren

In Verfahren nach dem 8. Abschnitt des Landwirtschaftsanpassungsgesetzes können dingliche Rechte an Grundstücken im Plangebiet und Rechte an einem ein solches Grundstück belastenden Recht aufgehoben, geändert oder neu begründet werden. Die Bestimmung über die Eintragung eines Zustimmungsvorbehalts für Veräußerungen in § 6 Abs. 4 des Bodensonderungsgesetzes ist entsprechend anzuwenden.

§ 14 Gemeinschaftliches Eigentum von Ehegatten

In den Fällen des Artikels 234 § 4a Abs. 1 Satz 1 des Einführungsgesetzes zum Bürgerlichen Gesetzbuche gelten die §§ 82, 82a Satz 1 der Grundbuchordnung entsprechend. Der für die Berichtigung des Grundbuchs erforderliche Nachweis, daß eine Erklärung nach Artikel 234 § 4 Abs. 2 und 3 des Einführungsgesetzes zum Bürgerlichen Gesetzbuche nicht abgegeben wurde, kann durch Berufung auf die Vermutung nach Artikel 234 § 4a Abs. 3 des Einführungsgesetzes zum Bürgerlichen Gesetzbuche oder durch übereinstimmende Erklärung beider Ehegatten, bei dem Ableben eines von ihnen durch Versicherung des Überlebenden und bei dem Ableben beider durch Versicherung der Erben erbracht werden; die Erklärung, die Versicherung und der Antrag bedürfen nicht der in § 29 der Grundbuchordnung vorgeschriebenen Form. Die Berichtigung ist in allen Fällen des Artikels 234 § 4a des Einführungsgesetzes zum Bürgerlichen Gesetzbuche gebührenfrei.

§ 15 Aufgebotsverfahren nach § 10 Abs. 1 Satz 1 Nr. 7 des Entschädigungsgesetzes

(1) Das in § 10 Abs. 1 Satz 1 Nr. 7 des Entschädigungsgesetzes vorgesehene Aufgebotsverfahren wird von dem Bundesamt für zentrale Dienste und offene Vermögensfragen (nachfolgend: Bundesamt) von Amts wegen als Verwaltungsverfahren durchgeführt.

(2) Das Bundesamt oder die Stelle, die die Vermögenswerte verwahrt, ermittelt deren Eigentümer oder Rechtsinhaber. Können diese nicht mit den zu Gebote stehenden Mitteln gefunden werden, leitet das Bundesamt das Aufgebotsverfahren ein. Hierzu gibt es die Vermögenswerte im Bundesanzeiger bekannt und fordert die Eigentümer oder Rechtsinhaber auf, sich beim Bundesamt zu melden. In der

Bekanntmachung wird der Vermögenswert genau bezeichnet sowie das jeweilige Aktenzeichen und der Endzeitpunkt der Aufgebotsfrist angegeben.

(3) Meldet sich innerhalb von einem Jahr seit der ersten Veröffentlichung der Aufforderung im Bundesanzeiger der Berechtigte nicht, erläßt das Bundesamt einen Ausschlußbescheid. Wenn erforderlich, kann zuvor eine angemessene Nachfrist gesetzt werden. Der Bescheid ist öffentlich zuzustellen. Auf die öffentliche Zustellung ist § 5 der Hypothekenablöseverordnung entsprechend anzuwenden. Der bestandskräftige Ausschlußbescheid hat die Wirkungen eines rechtskräftigen Ausschließungsbeschlusses. Der Vermögenswert ist an den Entschädigungsfonds abzuführen.

(4) Aufgebote, die von den Amtsgerichten nach § 10 Abs. 1 Satz 1 Nr. 7 des Entschädigungsgesetzes eingeleitet worden sind, gehen in dem Stand, in dem sie sich am Tage nach der Verkündung dieses Gesetzes befinden, auf das Bundesamt über. Aufgebotsverfahren, die am 8. November 2000 anhängig sind, enden spätestens mit Ablauf eines Jahres nach dem 8. November 2000; die Möglichkeit der Nachfristsetzung bleibt unberührt.

Anhang 5
Verordnung über die Wiederherstellung zerstörter oder abhanden gekommener Grundbücher und Urkunden

Vom 26. Juli 1940

(RGBl. I S. 1048; BGBl. III 315-11-4)

Geändert durch das FGG-RG vom 17.12.2008 (BGBl. I S. 2586) und das Gesetz vom 8.12.2010 (BGBl. I S. 1864)

Auf Grund des § 123 *(vgl. jetzt § 148)* der Grundbuchordnung verordne ich folgendes:

§ 1 [Wiederherstellung von Amts wegen]

(1) Ist ein Grundbuch ganz oder teilweise zerstört oder abhanden gekommen, so hat das Grundbuchamt es von Amts wegen wiederherzustellen. Das gleiche gilt für eine ganz oder teilweise zerstörte oder abhanden gekommene Urkunde, auf die eine Eintragung Bezug nimmt. Urkunden, auf die eine Eintragung sich gründet, ohne auf die Urkunde Bezug zu nehmen, kann das Grundbuchamt wiederherstellen, wenn es dies für angezeigt hält.

(2) *(aufgehoben)*

(3) § 1 des Gesetzes über das Verfahren in Familiensachen und in den Angelegenheiten der freiwilligen Gerichtsbarkeit gilt auch, soweit die Grundbuchführung den Amtsgerichten noch nicht übertragen ist.

Abschnitt 1. Wiederherstellung des Grundbuchs nach den Grundakten oder dem Handblatt

§ 2

Sind die Grundakten oder das Handblatt des zerstörten oder abhanden gekommenen Grundbuchs vorhanden und ergibt sich aus ihnen der Inhalt des Grundbuchs zweifelsfrei, so ist das Grundbuch nach dem Inhalt der Grundakten oder des Handblatts wiederherzustellen.

Abschnitt 2. Wiederherstellung des Grundbuchs in anderen Fällen

§ 3 [Verfahren]

Kann das Grundbuch nicht nach § 2 wiederhergestellt werden, so ist nach den §§ 4 bis 10 zu verfahren.

§ 4 [Einholung des Verzeichnisses der Vermessungsbehörde]

Das Grundbuchamt hat die zuständige Behörde um Übersendung eines beglaubigten Auszugs aus dem nach § 2 Abs. 2 der Grundbuchordnung für die Bezeichnung der Grundstücke im Grundbuch maßgebenden amtlichen Verzeichnis oder, wenn dieses Verzeichnis vom Grundbuchamt selbst geführt wird, um Übersendung der sonstigen, für die Kennzeichnung des Grundstücks erforderlichen Unterlagen zu ersuchen, soweit ihm der Auszug oder die Unterlagen nicht schon zur Verfügung stehen.

§ 5 [Anhörung der Beteiligten; Urkundenbeschaffung]

(1) Über den Inhalt des Grundbuchblatts ist unbeschadet des § 26 des Gesetzes über das Verfahren in Familiensachen und in den Angelegenheiten der freiwilligen Gerichtsbarkeit schriftlich oder mündlich zu hören,

a) wer in dem im § 4 genannten Verzeichnis oder seinen Unterlagen als Eigentümer vermerkt oder dessen Rechtsnachfolger im Eigentum des Grundstücks ist;

b) wer bei der Ermittlung gemäß Buchst. a als eingetragener Eigentümer bezeichnet wird oder für wessen Eintragung sonst hinreichender Anhalt besteht;

c) der Eigenbesitzer.

(2) Die Anhörung nach Abs. 1 kann unterbleiben, wenn sie untunlich ist. In diesem Falle sind nach Möglichkeit andere Personen, die über den Inhalt des Grundbuchs Auskunft geben können, zu hören.

(3) Das Grundbuchamt kann dem Besitzer von Urkunden, die für die Wiederherstellung des Grundbuchs von Bedeutung sind, aufgeben, die Urkunden zur Einsicht vorzulegen.

(4) Das Grundbuchamt kann die Beteiligten nach den Vorschriften der Zivilprozessordnung über den Zeugenbeweis vernehmen. Die Beeidigung eines Beteiligten steht, unbeschadet des § 393 der Zivilprozessordnung, im Ermessen des Gerichts.

(5) Zeigt der Eigentümer oder der sonst Betroffene dem Grundbuchamt die Eintragung von beschränkten dinglichen Rechten oder sonstigen Beschränkungen an, so ist der von der Eintragung Begünstigte davon in Kenntnis zu setzen.

§ 6 [Aufgebot]

Nach Abschluß der Ermittlungen kann das Grundbuchamt ein Aufgebot erlassen.

§ 7 [Inhalt des Aufgebots]

In das Aufgebot sind aufzunehmen:

a) die Ankündigung der bevorstehenden Wiederherstellung des Grundbuchs;

b) die Bezeichnung der Lage, der Beschaffenheit und der Größe des Grundstücks gemäß dem nach § 2 Abs. 2 der Grundbuchordnung für die Bezeichnung der Grundstücke im Grundbuch maßgebenden Verzeichnis;

c) die Bezeichnung des Eigenbesitzers;

d) die Aufforderung an die Personen, die nicht gemäß § 5 Abs. 1 als Eigentümer oder Eigenbesitzer gehört oder deren Rechte nicht gemäß § 5 Abs. 5 vom Eigentümer oder dem sonst Betroffenen angezeigt worden sind, Eintragungen, die zu ihren oder ihres Rechtsvorgängers Gunsten im Grundbuch bestanden haben, binnen einer vom Grundbuchamt zu bestimmenden Frist von mindestens sechs Wochen anzumelden und glaubhaft zu machen, widrigenfalls sie Gefahr laufen würden, bei der Wiederherstellung des Grundbuchs nicht berücksichtigt zu werden.

§ 8 [Veröffentlichung des Aufgebots]

(1) Das Aufgebot ist an die für den Aushang von Bekanntmachungen des Grundbuchamts bestimmte Stelle anzuheften und einmal in dem für die amtlichen Bekanntmachungen des Grundbuchamts bestimmten Blatte zu veröffentlichen. Das Grundbuchamt kann anordnen, daß die Veröffentlichung mehrere Male und noch in anderen Blättern zu erfolgen habe oder, falls das Grundstück nur einen geringen Wert hat, daß sie ganz unterbleibe.

(2) Das Aufgebot ist in der Gemeinde, in deren Bezirk das Grundstück liegt, an der für amtliche Bekanntmachungen bestimmten Stelle anzuheften oder in sonstiger ortsüblicher Weise bekanntzumachen.

§ 9 [Wiederherstellung ohne Aufgebot]

Das Grundbuch darf, wenn ein Aufgebotsverfahren nicht stattgefunden hat, erst wiederhergestellt werden, nachdem in der Gemeinde, in deren Bezirk das Grundstück liegt, das Bevorstehen der Wiederherstellung und der Name der als Eigentümer oder sonstige Berechtigte Einzutragenden öffentlich bekanntgemacht und seit der Bekanntmachung ein Monat verstrichen ist; die Art der Bekanntmachung bestimmt das Grundbuchamt.

§ 10 [Inhalt des neuen Grundbuchs]

(1) Nach Ablauf der Frist des § 7 oder des § 9 und nach Abschluß etwa erforderlicher weiterer Ermittlungen ist das Grundbuch wiederherzustellen.

(2) Als Eigentümer ist in das Grundbuch einzutragen,
a) wer erwiesenermaßen im Grundbuch als Eigentümer eingetragen war;
b) sonst der, dessen frühere Eintragung dem Grundbuchamt nach den Umständen am wahrscheinlichsten erscheint;
c) äußerstenfalls der, dessen jetziges Eigentum nach Lage der Sache dem Grundbuchamt am wahrscheinlichsten erscheint.

(3) Beschränkte dingliche Rechte oder sonstige Beschränkungen sind einzutragen, wenn ihre Eintragung im Grundbuch vom Eigentümer oder dem sonst Betroffenen angezeigt ist oder wenn ihre Eintragung beim Grundbuchamt angemeldet und nachgewiesen ist. Liegen diese Voraussetzungen nicht vor, so kann das Grundbuchamt sie eintragen, wenn ihre Eintragung glaubhaft gemacht ist.

(4) Das Grundbuchamt kann in den Fällen des Abs. 2 Buchst. b und c sowie Abs. 3 Satz 2 für Beteiligte, deren Rechte nicht oder nicht mit dem in Anspruch genommenen Inhalt oder Rang im Grundbuch eingetragen werden, einen Widerspruch eintragen.

Abschnitt 3. Wiederherstellung von Urkunden

§ 11 [In Bezug genommene Urkunden]

(1) Ist eine Urkunde, auf die eine Eintragung Bezug nimmt, ganz oder teilweise zerstört oder abhanden gekommen, so ist die Urkunde an Hand der Urschrift, einer Ausfertigung oder einer beglaubigten Abschrift oder, falls dies nicht möglich ist, auf Grund einer Einigung der Beteiligten wiederherzustellen.

(2) Äußerstenfalls ist die Urkunde mit dem Inhalt wiederherzustellen, den das Grundbuchamt nach dem Ergebnis der Ermittlungen für glaubhaft gemacht hält; das Grundbuchamt kann in geeigneten Fällen für einen Beteiligten einen Widerspruch gegen den Inhalt des Grundbuchs eintragen, soweit er durch die Bezugnahme auf die wiederhergestellte Urkunde wiedergegeben ist.

(3) § 5 Abs. 3 und 4 sind anzuwenden.

(4) Die Wiederherstellung der Urkunde kann unterbleiben, wenn bei Wiederherstellung des Grundbuchs von der Bezugnahme auf die Urkunde abgesehen wird.

§ 12 [Sonstige Urkunden]

Für die Wiederherstellung einer Urkunde, auf die eine Eintragung sich gründet, ohne auf die Urkunde Bezug zu nehmen, gilt § 11 Abs. 1, Abs. 2 Halbsatz 1 und Abs. 3 entsprechend.

Abschnitt 4. Kosten, Beschwerde

§ 13 [Kostenfreiheit]

Das Verfahren nach dieser Verordnung ist kostenfrei.

§ 14 [Beschwerde]

Die Beschwerde gegen die Wiederherstellung des Grundbuchblatts ist unzulässig. Im Wege der Beschwerde kann jedoch verlangt werden, daß das Grundbuchamt angewiesen wird, nach § 10 Abs. 4, § 11 Abs. 2 dieser Verordnung oder § 53 der Grundbuchordnung einen Widerspruch einzutragen oder eine Löschung vorzunehmen.

Abschnitt 5. Rechtsverkehr bis zur Wiederherstellung

§ 15 [Eintragungsanträge vor Wiederherstellung]

Wird vor der Wiederherstellung des Grundbuchs die Eintragung einer Rechtsänderung beantragt, so erstreckt sich, wenn die Rechtsänderung bei der Wiederherstellung eingetragen wird, die Wirksamkeit der Eintragung auf den Zeitpunkt zurück, den das Grundbuchamt im Einzelfall bestimmt. Dieser Zeitpunkt ist bei der Eintragung im Grundbuch zu vermerken.

§ 16 [Zwangsversteigerung]

(1) Die Zwangsversteigerung eines Grundstücks, dessen Grundbuch ganz oder teilweise zerstört oder abhanden gekommen ist, kann vor der Wiederherstellung des Grundbuchs angeordnet werden, wenn durch Urkunden glaubhaft gemacht wird, daß der Schuldner als Eigentümer des Grundstücks eingetragen war oder daß er Erbe des eingetragenen Eigentümers ist.

(2) Im Falle des § 22 Abs. 1 Satz 2 des Gesetzes über die Zwangsversteigerung und die Zwangsverwaltung genügt es, wenn die Eintragung des Versteigerungsvermerks nach der Wiederherstellung des Grundbuchs erfolgt.

(3) Der Versteigerungstermin darf erst nach der Wiederherstellung des Grundbuchblatts bestimmt werden.

Abschnitt 6. Inkrafttreten

§ 17

Die Verordnung tritt am 15. August 1940 in Kraft.

Anhang 6
Gesetz über Maßnahmen
auf dem Gebiete des Grundbuchwesens

Vom 20. Dezember 1963

(BGBl. I S. 986)[*]

Geändert durch das 2.VermRÄndG vom 14.7.1992 (BGBl. I S. 1257, 1283), das RegVBG vom 20.12.1993 (BGBl. I S. 2182), das VermRAnpG vom 4.7.1995 (BGBl. I S. 895), das ÜG vom 21.7.1999 (BGBl. I S. 1642), das Gesetz vom 27.6.2000 (BGBl. I S. 897), das Gesetz vom 19.4.2006 (BGBl. I S. 866), das FGG-RG vom 17.12.2008 (BGBl. I S. 2586), das ERVGBG vom 11.8.2009 (BGBl. I S. 2713), das 2. KostRMoG vom 23.7.2013 (BGBl. I S. 2586), das DaBaGG vom 1.10.2013 (BGBl. I S. 3719), das Gesetz vom 29.6.2015 (BGBl. I S. 1042), die 10. Zuständigkeitsanpassungs-VO vom 31.8.2015 (BGBl. I S. 1474)

Gesetzesübersicht

Der Bundestag hat mit Zustimmung des Bundesrates das folgende Gesetz beschlossen:

Erster Abschnitt. Eintragung der Umstellung

§ 1 [Eintragung eines höheren Umstellungsbetrages]

Der Antrag, bei einer Hypothek einen Umstellungsbetrag, der sich auf mehr als eine Deutsche Mark für je zehn Reichsmark beläuft, in das Grundbuch einzutragen, kann nach dem Ende des Jahres 1964 nur noch gestellt werden, wenn

a) ein Verfahren nach § 6 der Vierzigsten Durchführungsverordnung zum Umstellungsgesetz, in dem über die Umstellung der Hypothek zu entscheiden ist, (Umstellungsverfahren) vor dem Ende des Jahres 1964 eingeleitet, aber noch nicht durch rechtskräftige Entscheidung oder anderweitig beendet ist oder

b) die Voraussetzungen, unter denen die Umstellung der Hypothek sich nach § 2 Nr. 4 der Vierzigsten Durchführungsverordnung zum Umstellungsgesetz richtet, vorliegen und seit dem Ende des Jahres, in dem sie eingetreten sind, nicht mehr als drei Jahre verstrichen sind.

---

[*] Im Gebiet der früheren DDR nach Maßgabe des § 36a anzuwenden.

§ 2 [Zurückweisung der Eintragung eines höheren Umstellungsbetrages]

(1) Weist das Grundbuchamt einen Antrag des in § 1 bezeichneten Inhalts zurück, so ist die Beschwerde nach den Vorschriften des Gesetzes über das Verfahren in Familiensachen und in den Angelegenheiten der freiwilligen Gerichtsbarkeit zulässig. Auf den zur Zustellung bestimmten Ausfertigungen der Verfügung, durch die der Antrag zurückgewiesen wird, soll vermerkt werden, welcher Rechtsbehelf gegen die Verfügung gegeben ist und bei welcher Behörde, in welcher Form und binnen welcher Frist er einzulegen ist.

(2) Gegen die Entscheidung des Beschwerdegerichts ist die Rechtsbeschwerde nach den Vorschriften des Gesetzes über das Verfahren in Familiensachen und in den Angelegenheiten der freiwilligen Gerichtsbarkeit zulässig. Absatz 1 Satz 2 ist entsprechend anzuwenden.

(3) Hat das Grundbuchamt vor dem Inkrafttreten dieses Gesetzes den Antrag zurückgewiesen, so beginnt die Frist für die Beschwerde mit dem Ablauf von drei Monaten nach dem Inkrafttreten dieses Gesetzes, jedoch nicht vor dem Zeitpunkt, an dem die Verfügung dem Beschwerdeführer bekanntgemacht worden ist. Absatz 1 Satz 2 ist nicht anzuwenden.

(4) Hat das Beschwerdegericht vor dem Inkrafttreten dieses Gesetzes eine Beschwerde gegen eine Verfügung zurückgewiesen, durch die das Grundbuchamt den Antrag zurückgewiesen hatte, so findet die Rechtsbeschwerde statt. Für den Beginn der Frist gilt Absatz 3 Satz 1 entsprechend; Absatz 1 Satz 2 ist nicht anzuwenden.

(5) Weist das Beschwerdegericht nach dem Inkrafttreten dieses Gesetzes eine vor diesem Zeitpunkt erhobene Beschwerde der in Absatz 4 bezeichneten Art zurück, so findet die Rechtsbeschwerde statt; Absatz 1 Satz 2 ist entsprechend anzuwenden.

§ 3 [Eintragung eines höheren Umstellungsbetrages ab 1966]

Nach dem Ende des Jahres 1965 darf bei einer Hypothek ein Umstellungsbetrag, der sich auf mehr als eine Deutsche Mark für je zehn Reichsmark beläuft, in das Grundbuch nur eingetragen werden, wenn
a) zur Zeit der Eintragung bei der Hypothek ein Umstellungsschutzvermerk eingetragen ist oder
b) ein nach § 1 Buchstabe b zulässiger Eintragungsantrag gestellt worden ist.

§ 4 [Eintragung eines Umstellungsschutzvermerkes]

(1) Ein Umstellungsschutzvermerk wird von Amts wegen eingetragen, wenn ein Eintragungsantrag des in § 1 bezeichneten Inhalts vor dem 1. November 1965 nicht erledigt wird. Ist in einem Verfahren über einen Antrag des in § 1 bezeichneten Inhalts oder in einem vor dem Ende des Jahres 1964 eingeleiteten Umstellungsverfahren ein Rechtsmittel oder ein Antrag auf Wiedereinsetzung in den vorigen Stand anhängig und wird über das Rechtsmittel oder den Antrag vor dem 1. November 1965 nicht entschieden, so hat das Gericht das Grundbuchamt um die Eintragung eines Umstellungsschutzvermerkes für den Fall zu ersuchen, daß ein solcher Vermerk bei der Hypothek noch nicht eingetragen ist.

(2) Ein Umstellungsschutzvermerk wird auf Antrag eines Beteiligten in das Grundbuch eingetragen, wenn

a) ein Eintragungsantrag des in § 1 bezeichneten Inhalts vom Grundbuchamte zurückgewiesen ist und die zurückweisende Verfügung noch nicht rechtskräftig ist oder im Falle der Versäumung der Beschwerdefrist über einen Antrag auf Wiedereinsetzung in den vorigen Stand noch nicht rechtskräftig entschieden ist oder

b) ein vor dem Ende des Jahres 1964 eingeleitetes Umstellungsverfahren anhängig oder in einem solchen Verfahren die Entscheidung über die Umstellung noch nicht rechtskräftig oder im Falle der Versäumung der Beschwerdefrist über einen Antrag auf Wiedereinsetzung in den vorigen Stand noch nicht rechtskräftig entschieden ist oder

c) die Voraussetzungen vorliegen oder noch eintreten können, unter denen die Umstellung der Hypothek sich nach § 2 Nr. 4 der Vierzigsten Durchführungsverordnung zum Umstellungsgesetz richtet, es sei denn, daß ein Eintragungsantrag des in § 1 bezeichneten Inhalts keinen Erfolg mehr haben könnte.

Ein Antrag auf Eintragung eines Umstellungsschutzvermerkes darf nicht aus dem Grunde zurückgewiesen werden, weil er vor Erledigung eines Eintragungsantrags des in § 1 bezeichneten Inhalts für den Fall der Zurückweisung dieses Antrags gestellt worden ist. Wird vor Erledigung eines Eintragungsantrags des in § 1 bezeichneten Inhalts ein Antrag auf Eintragung eines Umstellungsbetrages, der sich auf eine Deutsche Mark für je zehn Reichsmark beläuft, gestellt, so wird der spätere Antrag erst erledigt, wenn auf den ersten Antrag der Umstellungsbetrag eingetragen oder der erste Antrag rechtskräftig zurückgewiesen worden oder anderweitig erledigt ist.

(3) Zum Nachweis der Voraussetzungen des Absatzes 2 Satz 1 Buchstaben a und b genügt ein Zeugnis des Gerichts, bei dem das Verfahren anhängig ist oder war, in der Form des § 29 Abs. 3 der Grundbuchordnung. Im Falle des Absatzes 2 Satz 1 Buchstabe c bedarf es lediglich des Nachweises, daß der, dem die Hypothek bei Ablauf des 20. Juni 1948 zustand oder zur Sicherung abgetreten oder verpfändet war, Angehöriger der Vereinten Nationen im Sinne des § 13 Abs. 4 des Umstellungsgesetzes in der Fassung des Gesetzes Nr. 55 der ehemaligen Alliierten Hohen Kommission ist.

(4) Wird der Antrag auf Eintragung eines Umstellungsschutzvermerkes zurückgewiesen, so gilt § 2 Abs. 1, 2 entsprechend.

(5) Soweit eine Beschwerde gegen die Eintragung des Umstellungsschutzvermerkes darauf gegründet wird, daß diejenigen Voraussetzungen des Absatzes 2 Satz 1 Buchstabe c, die keines Nachweises bedürfen, nicht gegeben seien, hat der Beschwerdeführer nachzuweisen, daß diese Voraussetzungen nicht vorliegen.

(6) Ein Antrag auf Eintragung des Umstellungsschutzvermerkes kann in den Fällen des Absatzes 2 Satz 1 Buchstaben a und b nur bis zum 31. Oktober 1965 gestellt werden.

(7) Nach dem Ende des Jahres 1965 darf ein Umstellungsschutzvermerk nur noch auf Grund des Absatzes 2 Satz 1 Buchstabe c eingetragen werden.

§ 5 [Löschung des Umstellungsschutzvermerkes]

(1) Der Umstellungsschutzvermerk wird von Amts wegen im Grundbuch gelöscht, wenn

a) der Umstellungsbetrag eingetragen wird oder

b) der Antrag des in § 1 bezeichneten Inhalts oder der Antrag auf Wiedereinsetzung in den vorigen Stand zurückgenommen oder rechtskräftig zurückgewiesen worden ist oder

c) das Umstellungsverfahren auf andere Weise als durch die rechtskräftige Entscheidung, daß der Umstellungsbetrag sich auf mehr als eine Deutsche Mark für je zehn Reichsmark beläuft, beendet ist oder der Antrag auf Wiedereinsetzung in den vorigen Stand zurückgenommen oder rechtskräftig zurückgewiesen worden ist,

jedoch in den Fällen der Buchstaben b und c nicht, wenn der Umstellungsschutzvermerk auf Grund des § 4 Abs. 2 Satz 1 Buchstabe c eingetragen ist.

(2) Sind die in Absatz 1 Buchstabe c bezeichneten Voraussetzungen eingetreten, so hat das Amtsgericht dies dem Grundbuchamte mitzuteilen.

(3) Ist der Umstellungsschutzvermerk auf Antrag eingetragen worden, so wird er auch auf Antrag dessen gelöscht, der seine Eintragung beantragt hat.

§ 6 [Hypothekenbrief]

Zur Eintragung oder Löschung des Umstellungsschutzvermerkes bei einer Hypothek, über die ein Brief erteilt ist, bedarf es nicht der Vorlegung des Briefs. Die Eintragung und die Löschung werden auf dem Brief nicht vermerkt.

§ 7 [Hypothekenumstellung 10 : 1]

(1) Darf gemäß § 3 der dort bezeichnete Umstellungsbetrag nicht mehr eingetragen werden, so besteht die Hypothek nur in Höhe eines Umstellungsbetrags, der sich auf eine Deutsche Mark für je zehn Reichsmark beläuft.

(2) Die durch die Hypothek gesicherte persönliche Forderung wird durch die Vorschrift des Absatzes 1 nicht berührt.

§ 8 [Grundbuchberichtigung bei Hypotheken ohne Umstellungsschutzvermerk]

(1) Ist bei der Hypothek ein Umstellungsschutzvermerk nicht eingetragen, so gelten nach dem Ende des Jahres 1965 für die Berichtigung des Grundbuchs durch Eintragung eines Umstellungsbetrags, der sich auf eine Deutsche Mark für je zehn Reichsmark beläuft, die besonderen Vorschriften der Absätze 2 bis 8.

(2) Antragsberechtigt ist auch der Inhaber eines im Grundbuch eingetragenen Rechtes, das der Hypothek im Range gleichsteht oder nachgeht, sowie derjenige, der auf Grund eines vollstreckbaren Titels die Zwangvollstreckung in ein solches Recht oder in das belastete Grundstück betreiben kann.

(3) Die Berichtigung kann auch von Amts wegen vorgenommen werden.

(4) Ist für die Hypothek ein Brief erteilt worden, so kann der Antragsberechtigte von dem Gläubiger die Vorlegung des Briefs beim Grundbuchamt und von jedem früheren Gläubiger Auskunft darüber verlangen, was diesem über die Rechtsnachfolge bekannt ist.

(5) Ist der Gläubiger nicht als Berechtigter im Grundbuch eingetragen, so kann der Antragsberechtigte von dem Eigentümer Auskunft darüber verlangen, was diesem über die Rechtsnachfolge bekannt ist.

(6) Die Berichtigung kann ohne die Bewilligung des Gläubigers vorgenommen werden, wenn der Gläubiger nicht innerhalb einer ihm vom Grundbuchamt zu setzenden Frist diesem gegenüber schriftlich oder durch Erklärung zur Niederschrift des Grundbuchamts der Berichtigung widersprochen hat. In diesem Falle bedarf es nicht des Nachweises, daß ein Umstellungsbetrag, der sich auf mehr als eine Deutsche Mark für je zehn Reichsmark beläuft, nach § 3 Buchstabe b nicht mehr eingetragen werden darf. Kann dem Gläubiger keine Gelegenheit zur Äußerung gegeben werden, so ist eine Berichtigung auf Grund dieses Absatzes nicht statthaft.

(7) Die Vorschriften des Absatzes 6 gelten sinngemäß für den Eigentümer.

(8) Ist der Gläubiger nicht als Berechtigter im Grundbuch eingetragen, so kann der Antragsberechtigte von ihm verlangen, die Berichtigung der Eintragung des Berechtigten im Grundbuch zu erwirken. Dies gilt nicht, wenn sich der Gläubiger im Besitz des Hypothekenbriefs befindet und dem Grundbuchamt gegenüber sein Gläubigerrecht nach § 1155 des Bürgerlichen Gesetzbuches nachweist.

(9) Hat der Gläubiger oder der Eigentümer der Berichtigung des Grundbuchs widersprochen, so kann der Antragsberechtigte von ihm verlangen, die Berichtigung des Grundbuchs durch Eintragung des Umstellungsbetrags oder die Eintragung eines Umstellungsschutzvermerkes auf Grund des § 4 Abs. 2 Satz 1 Buchstabe c zu erwirken.

§ 9 [Zulässigkeit von Umstellungsverfahren]

(1) Die Zulässigkeit eines Umstellungsverfahrens wird durch die Vorschriften des § 7 Abs. 1 nicht berührt. § 7 Abs. 1 gilt jedoch auch dann, wenn in einem Umstellungsverfahren entschieden worden ist oder entschieden wird, daß der Umstellungsbetrag sich auf mehr als eine Deutsche Mark für je zehn Reichsmark beläuft.

(2) § 7 Abs. 1 gilt nicht als eine Umstellungsvorschrift im Sinne des Lastenausgleichsgesetzes.

§ 10 [Bestellung einer weiteren Hypothek bei Verminderung durch Umstellung]

(1) Hat die dem Gläubiger zustehende Hypothek sich auf Grund des § 7 Abs. 1 vermindert, so kann der Gläubiger verlangen, daß der Eigentümer ihm in Höhe der Verminderung eine weitere Hypothek an nächstbereiter Rangstelle bestellt. Ist ein anderer als derjenige, der bei Eintritt der Verminderung der Hypothek Eigentümer gewesen ist, Eigentümer des Grundstücks, so kann jedoch der Anspruch nur geltend gemacht werden
a) im Falle des Erwerbes durch Gesamtrechtsnachfolge oder
b) im Falle des Erwerbes durch Einzelrechtsnachfolge mittels Rechtsgeschäftes, wenn in dem nach § 892 Abs. 2 des Bürgerlichen Gesetzbuches maßgebenden Zeitpunkt der Erwerber das Bestehen des Anspruchs kannte oder die Verminderung der Hypothek noch nicht eingetreten war.

(2) Der Gläubiger hat dem Eigentümer die Auslagen zu erstatten, die mit der Bestellung der weiteren Hypothek verbunden sind.

§ 11 [Grundschulden, Rentenschulden usw.]

Die Vorschriften dieses Abschnitts sind auf Grundschulden und Rentenschulden sowie auf Pfandrechte an Bahneinheiten und auf Schiffshypotheken entsprechend anzuwenden, jedoch gilt § 8 Abs. 3 für Schiffshypotheken nicht.

§ 12 [Reallasten]

Die Vorschriften dieses Abschnitts sind auf Reallasten entsprechend anzuwenden. Im übrigen gelten auch für Reallasten die §§ 5 und 6 der Vierzigsten Durchführungsverordnung zum Umstellungsgesetz.

§ 13 [Kosten]

(1) Für die Eintragung des Umstellungsbetrags wird die Hälfte der in Nummer 14130 des Kostenverzeichnisses zum Gerichts- und Notarkostengesetz bestimmten Gebühr erhoben. Geschäftswert ist der Umstellungsbetrag. Wird die Berichtigung von Amts wegen vorgenommen oder hätte sie auch von Amts wegen vorgenommen werden können, so ist nur der Eigentümer Kostenschuldner.

(2) Die Eintragung und die Löschung des Umstellungsschutzvermerkes sind kostenfrei.

Zweiter Abschnitt. Umstellungsgrundschulden

§ 14 [Eintragung des Übergangs auf den Eigentümer]

(1) Der Antrag, den Übergang einer eingetragenen Umstellungsgrundschuld auf den Eigentümer in das Grundbuch einzutragen, kann nur bis zum Ende des Jahres 1964 gestellt werden. Das gleiche gilt für den Antrag, eine nicht eingetragene Umstellungsgrundschuld, die auf den Eigentümer übergegangen ist, für den Eigentümer in das Grundbuch einzutragen.

(2) In den Fällen des Absatzes 1 gelten die Vorschriften in § 2 sinngemäß.

§ 15 [Erlöschen der Umstellungsgrundschuld]

Ist der Übergang einer eingetragenen Umstellungsgrundschuld auf den Eigentümer im Grundbuch nicht eingetragen und ist die Eintragung bis zum Ende des Jahres 1964 nicht beantragt worden oder eine Verfügung, durch der die Eintragungsantrag zurückgewiesen ist, rechtskräftig geworden, so erlischt die Umstellungsgrundschuld, soweit sie nicht vorher erloschen ist. Die Umstellungsgrundschuld kann von Amts wegen im Grundbuch gelöscht werden. Die Löschung der Umstellungsgrundschuld ist kostenfrei.

§ 16 [Erlöschen nicht eingetragener Umstellungsgrundschulden]

Eine im Grundbuch nicht eingetragene Umstellungsgrundschuld, die auf den Eigentümer übergegangen ist, erlischt, wenn der in § 14 Abs. 1 Satz 2 bezeichnete

Antrag nicht bis zum Ende des Jahres 1964 gestellt worden ist oder eine Verfügung, durch die der Antrag zurückgewiesen ist, rechtskräftig geworden ist.

§ 17 [Rangrücktritt der Umstellungsgrundschuld]

Ein durch Rangrücktritt der Umstellungsgrundschuld dem vortretenden Recht eingeräumter Rang geht nicht dadurch verloren, daß die Umstellungsgrundschuld erlischt.

Dritter Abschnitt. Löschung umgestellter Grundpfandrechte und Schiffshypotheken

§ 18 [Erleichterungen zur Löschung kleinerer Rechte]

(1) Wird die Löschung einer umgestellten Hypothek oder Grundschuld beantragt, deren Geldbetrag 3000 Euro nicht übersteigt, so bedürfen die erforderlichen Erklärungen und Nachweise nicht der Form des § 29 der Grundbuchordnung. Bei dem Nachweis einer Erbfolge oder des Bestehens einer fortgesetzten Gütergemeinschaft kann das Grundbuchamt von den in § 35 Abs. 1 und 2 der Grundbuchordnung genannten Beweismitteln absehen und sich mit anderen Beweismitteln, für welche die Form des § 29 der Grundbuchordnung nicht erforderlich ist, begnügen, wenn die Beschaffung des Erbscheins, des Europäischen Nachlasszeugnisses oder des Zeugnisses nach § 1507 des Bürgerlichen Gesetzbuches nur mit unverhältnismäßigem Aufwand an Kosten oder Mühe möglich ist; der Antragsteller kann auch zur Versicherung an Eides Statt zugelassen werden.

(2) Bei Berechnung des Geldbetrags der Hypothek oder Grundschuld ist von dem im Grundbuch eingetragenen Umstellungsbetrag auszugehen. Ist der Umstellungsbetrag nicht eingetragen und liegen die Voraussetzungen vor, unter denen eine Berichtigung des Grundbuchs durch Eintragung eines Umstellungsbetrags, der sich auf eine Deutsche Mark für je zehn Reichsmark beläuft, zulässig ist, so ist von diesem Umstellungsbetrag auszugehen; liegen diese Voraussetzungen nicht vor, so ist von einem Umstellungsbetrag auszugehen, der sich auf eine Deutsche Mark für je eine Reichsmark beläuft.

§ 19 [Rentenschulden, Reallasten]

Die Vorschriften des § 18 gelten sinngemäß für eine umgestellte Rentenschuld oder Reallast, deren Jahresleistung 15 Euro nicht übersteigt.

§ 20 [Schiffshypotheken]

Die Vorschriften des § 18 gelten für eine umgestellte Schiffshypothek, deren Geldbetrag 3000 Euro nicht übersteigt, entsprechend mit der Maßgabe, daß statt auf den § 29 und den § 35 Abs. 1 und 2 der Grundbuchordnung auf die §§ 37 und 41 der Schiffsregisterordnung vom 26. Mai 1951 (Bundesgesetzbl. I S. 360) verwiesen wird.

Vierter Abschnitt. Öffentliche Last der Hypotheken-gewinnabgabe. Änderung des Lastenausgleichsgesetzes

§ 21 *(überholt)*

Fünfter Abschnitt. Abgeltungshypotheken und Abgeltungslasten

§ 22 [Unzulässigkeit der Eintragung von Abgeltungshypotheken]

Nach dem Ende des Jahres 1964 darf eine Abgeltungshypothek (§ 8 der Verordnung zur Durchführung der Verordnung über die Aufhebung der Gebäudeentschuldungssteuer vom 31. Juli 1942 – Reichsgesetzbl. I S. 503) nicht mehr in das Grundbuch eingetragen werden.

§ 23 [Erlöschen von Abgeltungslasten]

Abgeltungslasten (§ 2 Abs. 2 der Verordnung über die Aufhebung der Gebäudeentschuldungssteuer vom 31. Juli 1942 – Reichsgesetzbl. I S. 501) erlöschen mit dem Ende des Jahres 1964, soweit sie nicht vorher erloschen sind.

§ 24 [Löschung von Abgeltungshypotheken]

(1) Ist eine Abgeltungshypothek im Grundbuch eingetragen, so kann das Grundbuchamt nach dem Ende des Jahres 1964, jedoch frühestens drei Jahre nach der Eintragung der Abgeltungshypothek in das Grundbuch, den Gläubiger auffordern, binnen einer Frist von drei Monaten bei dem Grundbuchamt eine schriftliche Erklärung einzureichen, ob eine Forderung aus dem Abgeltungsdarlehen noch besteht; in der Aufforderung ist auf die Rechtsfolge ihrer Nichtbeachtung hinzuweisen. Auf einen vor Ablauf der Frist eingegangenen Antrag des Gläubigers kann das Grundbuchamt die Frist auf bestimmte Zeit verlängern. Die Frist beginnt mit der Zustellung der Aufforderung an den, der als Gläubiger der Abgeltungshypothek eingetragen ist.

(2) Ergibt die Erklärung des Gläubigers, daß eine Forderung aus dem Abgeltungsdarlehen nicht mehr besteht, so gilt die Erklärung als Antrag auf Löschung der Abgeltungshypothek.

(3) Reicht der Gläubiger die Erklärung nicht ein, so ist die Abgeltungshypothek nach dem Ablauf der Frist von Amts wegen im Grundbuch zu löschen.

(4) Sind nach Ablauf der Frist die Voraussetzungen für die Löschung der Abgeltungshypothek nicht gegeben, so kann das Grundbuchamt, wenn seit dem Ablauf der Frist drei Jahre verstrichen sind, die Aufforderung wiederholen. Im Falle einer wiederholten Aufforderung gelten die Vorschriften der Absätze 1 bis 3 entsprechend.

(5) Mit der Löschung erlischt die Abgeltungshypothek, soweit sie nicht vorher erloschen ist; ein durch Rangrücktritt der Abgeltungshypothek dem vortretenden Recht eingeräumter Rang geht dadurch nicht verloren. Die Löschung ist kostenfrei.

(6) Die Vorschriften der Grundbuchordnung über die Löschung gegenstandsloser Eintragungen bleiben unberührt.

§ 25 [Forderungen aus Abgeltungsdarlehen]

Die Forderung aus dem Abgeltungsdarlehen wird nicht dadurch berührt, daß die Abgeltungslast oder die Abgeltungshypothek nach den Vorschriften dieses Abschnitts erlischt.

Sechster Abschnitt. Zusätzliche Vorschriften des Grundbuchrechts

§ 26 [Erteilung eines neuen Briefs]

(1) Einem Antrag des Berechtigten auf Erteilung eines neuen Hypothekenbriefs ist außer in den Fällen des § 67 der Grundbuchordnung auch stattzugeben, wenn der Brief durch Kriegseinwirkung oder im Zusammenhang mit besatzungsrechtlichen oder besatzungshoheitlichen Enteignungen von Banken oder Versicherungen in dem in Artikel 3 des Einigungsvertrages genannten Gebiet vernichtet worden oder abhanden gekommen und sein Verbleib seitdem nicht bekanntgeworden ist. § 68 der Grundbuchordnung gilt auch hier. Mit der Erteilung des neuen Briefs wird der bisherige Brief kraftlos. Die Erteilung des neuen Briefs ist kostenfrei.

(2) Soll die Erteilung des Briefs nachträglich ausgeschlossen oder die Hypothek gelöscht werden, so genügt an Stelle der Vorlegung des Briefs die Feststellung, daß die Voraussetzungen des Absatzes 1 vorliegen. Die Feststellung wird vom Grundbuchamt auf Antrag des Berechtigten getroffen. Mit der Eintragung der Ausschließung oder mit der Löschung wird der Brief kraftlos. Die Feststellung ist kostenfrei.

(3) Das Grundbuchamt hat die erforderlichen Ermittlungen von Amts wegen anzustellen. Es kann das Kraftloswerden des alten Briefs durch Aushang an der für seine Bekanntmachungen bestimmten Stelle oder durch Veröffentlichung in der für seine Bekanntmachungen bestimmten Zeitung bekanntmachen.

(4) Die Vorschriften der Absätze 1 bis 3 gelten für Grundschuld- und Rentenschuldbriefe sinngemäß.

§ 26a Eintragungen im Zusammenhang mit der Einführung des Euro

(1) Für die Eintragung der Umstellung im Grundbuch eingetragener Rechte und sonstiger Vermerke auf Euro, deren Geldbetrag in der Währung eines Staates bezeichnet ist, der an der einheitlichen europäischen Währung teilnimmt, genügt in der Zeit vom 1. Januar 1999 bis zum 31. Dezember 2001 der Antrag des Grundstückseigentümers oder des Gläubigers oder Inhabers des sonstigen Rechts oder Vermerks, dem die Zustimmung des anderen Teils beizufügen ist; der Antrag und die Zustimmung bedürfen nicht der in § 29 der Grundbuchordnung vorgesehenen Form. Nach dem in Satz 1 bezeichneten Zeitraum kann das Grundbuchamt die Umstellung von Amts wegen bei der nächsten anstehenden Eintragung im Grundbuchblatt vornehmen. Es hat die Umstellung einzutragen, wenn

sie vom Eigentümer oder vom eingetragenen Gläubiger oder Inhaber des Rechts oder Vermerks beantragt wird. Das gleiche gilt, wenn bei dem Recht oder Vermerk eine Eintragung mit Ausnahme der Löschung vorzunehmen ist oder das Recht oder der Vermerk auf ein anderes Grundbuchblatt übertragen wird und die Umstellung beantragt wird. In den Fällen der Sätze 2 bis 4 bedarf es nicht der Vorlage eines für das Recht erteilten Briefs; die Eintragung wird auf dem Brief nicht vermerkt, es sei denn, der Vermerk wird ausdrücklich beantragt.

(2) Die vorstehenden Vorschriften gelten für die dort genannten Eintragungen in das Schiffsregister, das Schiffsbauregister und das Register für Pfandrechte an Luftfahrzeugen sinngemäß.

§ 27 *(überholt)*

§ 28 *(aufgehoben)*

§ 29 *(überholt)*

§ 30 [Aufgehobene Vorschriften]

Aufgehoben werden

1. die §§ 5 bis 10 der Verordnung zur Vereinfachung des Grundbuchverfahrens vom 5. Oktober 1942 (Reichsgesetzbl. I S. 573) und folgende zu ihrer Ergänzung erlassenen Vorschriften:

   a) die Verordnung des Präsidenten des Zentral-Justizamtes für die Britische Zone vom 12. Mai 1947 (Verordnungsblatt für die Britische Zone S. 52),

   b) das Badische Landesgesetz vom 7. Juli 1948 (Badisches Gesetz- und Verordnungsblatt S. 127),

   c) das Gesetz des Landes Württemberg-Hohenzollern vom 6. August 1948 (Regierungsblatt für das Land Württemberg-Hohenzollern S. 93),

   d) das Rheinland-Pfälzische Landesgesetz vom 8. Oktober 1948 (Gesetz- und Verordnungsblatt der Landesregierung Rheinland-Pfalz S. 369),

   e) das Berliner Gesetz vom 11. Dezember 1952 (Gesetz- und Verordnungsblatt für Berlin S. 1075),

   f) die Allgemeinen Verfügungen des Reichsministers der Justiz vom 15. Dezember 1942 (Deutsche Justiz S. 823) und vom 7. Januar 1943 (Deutsche Justiz S. 44);

2. die Entscheidung über die sachliche Zuständigkeit für den Erlaß von Verordnungen über die Wiederherstellung von Grundbüchern und die Wiederbeschaffung von grundbuchrechtlichen Urkunden vom 27. Juni 1951 (Bundesgesetzbl. I S. 443).

§ 31 *(aufgehoben)*

§ 32 [Bestehenbleiben landesrechtlicher Sonderregelungen]

Soweit nach landesrechtlichen Vorschriften für die dem Grundbuchamt obliegenden Verrichtungen andere Behörden als die Amtsgerichte zuständig sind, bleiben die Bestimmungen, wonach die Abänderung einer Entscheidung des Grundbuchamts zunächst bei dem Amtsgericht nachzusuchen ist, unberührt.

Siebenter Abschnitt. Änderung der Zivilprozeßordnung

§ 33 *(überholt)*

Achter Abschnitt. Änderung der Kostenordnung

§ 34 *(überholt)*

Neunter Abschnitt. Schlußbestimmungen

§ 35 [Geltung im Saarland]

Die Vorschriften des Ersten, des Zweiten, des Dritten und des Vierten Abschnitts gelten nicht im Saarland.

§ 36 *(aufgehoben)*

§ 36a [Geltung im Gebiet der früheren DDR]

In dem in Artikel 3 des Einigungsvertrages genannten Gebiet gelten nur die §§ 18 bis 20 und 22 bis 26a, § 18 Abs. 2 Satz 2 jedoch mit der Maßgabe, daß an die Stelle eines Umrechnungsbetrages von einer Deutschen Mark zu zehn Reichsmark der Umrechnungssatz von einer Deutschen Mark zu zwei Reichsmark oder Mark der Deutschen Demokratischen Republik tritt, und die §§ 22 bis 25 mit der Maßgabe, daß das Jahr 1964 durch das Jahr 1995 ersetzt wird. Die Verjährung am 9. Juli 1995 noch nicht verjährter Forderungen aus Abgeltungsdarlehen (§ 25) ist gehemmt. Das Bundesministerium der Justiz und für Verbraucherschutz wird ermächtigt, durch Rechtsverordnung im Einvernehmen mit dem Bundesministerium der Finanzen das Datum festzulegen, zu dem die Hemmung nach Satz 2 endet.

§ 37 [Inkrafttreten]

Dieses Gesetz tritt mit dem Beginn des zweiten Kalendermonats nach der Verkündung in Kraft, jedoch § 21 Nr. 4 mit Wirkung vom Inkrafttreten des Lastenausgleichsgesetzes (§ 375).

Anhang 7
Bayerische Geschäftsanweisung für die Behandlung der Grundbuchsachen (GBGA)

Bekanntmachung des Bayerischen Staatsministeriums der Justiz

Vom 16. Oktober 2006

(JMBl. S. 182)

Geändert durch Bek. vom 7.4.2011 (JMBl. S. 66), 12.7.2011 (JMBl. S. 82), 14.5.2012 (JMBl. S. 50) und 18.4.2018 (JMBl. 22)

Inhaltsübersicht

Geschäftsanweisung für die Behandlung der Grundbuchsachen (GBGA)

1. Allgemeine Vorschriften

1.1 Bezeichnung des Grundbuchamts; Siegel

1.1.1 Das Grundbuchamt führt die Bezeichnung des Amtsgerichts, zu dem es gehört, mit dem Zusatz „Grundbuchamt". Das Grundbuchamt führt das Siegel des Amtsgerichts.

1.1.2 In amtlichen Ausdrucken aus dem maschinell geführten Grundbuch kann anstelle der Siegelung ein Abdruck des Siegels maschinell eingedruckt oder. aufgedruckt werden. Soweit amtliche Ausdrucke von der Grundbuch- und Registerspeicherstelle für Bayern hergestellt werden, ist das Dienstsiegel mit der Bezeichnung „Bayern Amtsgericht" zu versehen.

1.2 Geschäftserledigung bei mehreren Grundstücken

In der durch den Gerichtsvorstand zu treffenden Geschäftsverteilung ist sicherzustellen, dass die Erledigung eines Eintragungsantrags, der sich auf mehrere Grundstücke desselben Grundbuchamts bezieht, nur einer Geschäftsaufgabe zugewiesen wird.

1.3 Aufbewahrung der Grundbücher, Grundakten und Verzeichnisse

1.3.1 Die geschlossenen Grundbücher, die Grundakten und die Verzeichnisse sind in sicheren Räumen aufzubewahren. Sie sind vor Feuchtigkeit, Hitze und anderen schädlichen Einflüssen zu schützen.

1.3.2 Sind in einem der Aufbewahrung von geschlossenen Grundbüchern, Grundakten oder Verzeichnissen dienenden Raum nicht ständig Bedienstete des Grundbuchamts anwesend, soll der Raum nur durch die Geschäftsstelle oder einen anderen ständig mit Bediensteten des Grundbuchamts besetzten Raum zugänglich oder ständig verschlossen sein. Dritten darf vorbehaltlich der Nr. 3.4.1.4 der Zutritt nur gestattet werden, wenn gleichzeitig ein Bediensteter des Grundbuchamts anwesend ist.

2. Grundakten und Verzeichnisse

2.1 Herausgabe von Grundakten

2.1.1 Grundakten dürfen nur an Gerichte und Behörden sowie an Rechtspfleger zu Zwecken der Wohnraum- oder Telearbeit, im Einzelfall auch an Notare, herausgegeben werden. Einem Ersuchen soll nicht stattgegeben werden, wenn durch die Überlassung der Grundakten die Amtsgeschäfte des Grundbuchamts verzögert werden. Ferner ist zu prüfen, ob statt der Überlassung eine anderweitige Erledigung des Ersuchens (z. B. durch Fertigung von Ablichtungen) zweckmäßiger ist.

2.1.2 Den Grundakten ist ein einfacher aktueller Ausdruck aus dem Grundbuch beizufügen. Davon kann abgesehen werden, wenn bekannt ist, dass die Stelle, die die Akte angefordert hat, Teilnehmer am automatisierten Abrufverfahren ist.

2.1.3 Die Versendung der Grundakten auf dem Postweg hat gegen Empfangsbestätigung und über eine Versandart zu erfolgen, die eine elektronische Sendungsnachverfolgung ermöglicht und eine Zustellung an eine andere Person als den Empfänger ausschließt.

2.1.4 Ersuchen ausländischer Stellen um zeitweilige Überlassung von Grundakten sind dem Staatsministerium der Justiz mit einer Stellungnahme vorzulegen, ob gegen die zeitweilige Überlassung Bedenken bestehen.

2.1.5 Die Pflicht zur Vorlage von Grundakten an die Dienstaufsichtsbehörden bleibt unberührt.

2.2 Aussonderung des Handblatts

Das vor Anlegung des maschinell geführten Grundbuchs geführte Handblatt ist spätestens dann gemäß § 73 Satz 2 GBV auszusondern, wenn die Grundakten für ein Grundbuchgeschäft herangezogen oder zur Verwendung gebracht werden. Das Handblatt ist zu vernichten. Von der Aussonderung und Vernichtung kann nach Anweisung des Gerichtsvorstands abgesehen werden, wenn dies der Zweckmäßigkeit entspricht.

2.3 Verzeichnisse nach der Aktenordnung

2.3.1 Die Verzeichnisse nach § 21 Abs. 8 und 9 Aktenordnung werden als elektronische Datei geführt.

2.3.2 Die Daten können dem automatisierten Liegenschaftsbuch der Vermessungsverwaltung entnommen und elektronisch fortgeführt werden.

2.3.3 Solange grundstücksgleiche Rechte noch nicht in elektronischer Form geführt werden, ist für sie ein gesondertes Verzeichnis zu führen.

2.3.4 Das Verzeichnis über den Inhalt der Grundakten, die Nachweise bei Aktenversendung und die Beteiligten der einzelnen Grundbuchblätter können in elektronischer Form geführt werden. Die Liste 10 ist in elektronischer Form zu führen.

3. Einzelne Grundbuchgeschäfte

3.1 Behandlung der Eingänge

3.1.1 Entgegennahme von Anträgen

3.1.1.1 Der für die Entgegennahme eines Eintragungsantrags zuständige Bedienstete (§ 13 Abs. 3 GBO), dem der Antrag zuerst zugeht, hat das Schriftstück mit dem Eingangsvermerk zu versehen. Im Vermerk sind der Zeitpunkt des Eingangs nach Tag, Stunde und Minute sowie die Zahl etwaiger Anlagen anzugeben. Der Eingangsvermerk ist zu unterschreiben.

3.1.1.2 Wird ein Antrag auf Eintragung in das Grundbuch zur Niederschrift eines für die Entgegennahme von Anträgen oder Ersuchen zuständigen Bediensteten zu Protokoll erklärt, so ist der Zeitpunkt des vollständigen Abschlusses der Niederschrift, zu dem auch die Unterzeichnung durch den Bediensteten gehört, zu vermerken.

3.1.1.3 Gelangen Anträge auf Eintragung in das Grundbuch nicht unmittelbar zu einem für die Entgegennahme zuständigen Bediensteten, so sind sie einem solchen unverzüglich zuzuleiten. Dies gilt auch, wenn Eintragungsanträge zu Protokoll solcher Bediensteten erklärt werden, die nicht für die Entgegennahme zuständig sind.

3.1.1.4 Wird ein Schriftstück, das einen Eingangsvermerk trägt, herausgegeben, so ist der Vermerk in beglaubigter Form auf die zurückzuhaltende beglaubigte Abschrift mitzuübertragen.

3.1.1.5 Auf dem Briefkasten des Gerichts soll der Hinweis angebracht werden, dass Schriftstücke in Grundbuchsachen zur Vermeidung von Nachteilen nicht einzuwerfen, sondern in der Geschäftsstelle des Grundbuchamts abzugeben sind.

3.1.2 Behandlung der Anträge

Nach Anbringung des Eingangsvermerks sind Eintragungsanträge unverzüglich elektronisch zu erfassen, insbesondere hinsichtlich Eingangsdatum, Veranlasser, Eintragungsgrundlage und Grundbuchstelle. Stellt der zuständige Bedienstete fest, dass noch andere dasselbe Grundstück betreffende Anträge eingegangen sind, weist er hierauf gegebenenfalls beim Eingangsvermerk hin. Sodann legt er den Antrag mit den Grundakten oder dem Kontrollblatt (§ 5 Abs. 2 Aktenordnung) dem Rechtspfleger oder Urkundsbeamten (§ 12c Abs. 2 GBO) vor.

3.1.3 Abgabe an ein weiteres betroffenes Grundbuchamt

3.1.3.1 Ist für die Erledigung eines Eintragungsantrags nur ein anderes Grundbuchamt zuständig, so soll der Antrag, wenn nicht der Rechtspfleger anderweitig entscheidet, an dieses abgegeben werden. Der Antragsteller oder die ersuchende Stelle ist von der Abgabe zu benachrichtigen.

3.1.3.2 Ist für die Erledigung teilweise ein anderes Grundbuchamt zuständig, so erledigt zunächst das angegangene Grundbuchamt den Antrag innerhalb seiner Zuständigkeit. Danach übersendet es die erforderlichen Unterlagen, gegebenenfalls eine beglaubigte Abschrift (Ablichtung) davon, dem anderen Grundbuchamt und bewirkt gegebenenfalls die Mitteilung, nach Unterabschnitt XVIII/4 der Anordnung über Mitteilungen in Zivilsachen (MiZi). Der Antragsteller oder die ersuchende Stelle ist von der Abgabe zu benachrichtigen.

3.1.3.3 Sind neben dem angegebenen Grundbuchamt mehrere Grundbuchämter zuständig, so verfährt das angegangene Grundbuchamt hinsichtlich jedes der anderen Grundbuchämter gemäß Nr. 3.1.3.2 Satz 2 und 3.

3.1.3.4 Nr. 3.1.3.2 Satz 2 und 3, Nr. 3.1.3.3 sind nicht anzuwenden, wenn sich aus den Schriftstücken ergibt oder sonst bekannt geworden ist, dass der Antrag bereits bei jedem beteiligten Grundbuchamt gesondert gestellt wurde oder gestellt werden wird.

3.1.4 Aufbewahrung von Urkunden, Empfangsbestätigung

3.1.4.1 Urkunden, die nicht dauerhaft zu den Grundakten genommen werden, sollen nach den Bestimmungen über die Behandlung der in amtliche Verwahrung genommenen Gegenstände und Geldbeträge behandelt und aufbewahrt werden. Für die Dauer einer Zwischenverfügung oder sonstigen Befristung ist auch bei Urkunden, die eines besonderen Schutzes gegen Verlust oder Beschädigung bedürfen, die nach diesen Bestimmungen vorgesehene einfache Aufbewahrung ausreichend, sofern nicht im Einzelfall die besonders gesicherte Aufbewahrung angeordnet wird.

3.1.4.2 Dem Einlieferer einer Urkunde, auch z.B. eines Eintragungsantrags, ist von der Geschäftsstelle auf Verlangen in geeigneter Weise eine Empfangsbestätigung zu erteilen. Dies kann beispielsweise auf einer beigefügten Zweitschrift erfolgen.

3.2 Eintragungen im Grundbuch

3.2.1 Schlussbehandlung

3.2.1.1 Die Abspeicherung der Grundbucheintragung ist in der Schlussverfügung aktenkundig zu machen.

3.2.1.2 Wird eine Eintragungsvoraussetzung als offenkundig angesehen, ist dies aktenkundig zu machen.

3.2.1.3 Die Schlussverfügung ist zu den Grundakten zu nehmen. Wird bei Beteiligung mehrerer Grundakten nicht zu jedem Grundakt eine Schlussverfügung gefertigt, so ist in den Grundakten, zu denen keine Schlussverfügung genommen wird, auf den Vorgang hinzuweisen, bei dem sich die Schlussverfügung befindet.

3.2.2 Verbesserung von Schreibfehlern und Rötungen

Ergibt sich Anlass zur Berichtigung von Schreibversehen, so ist die Sache dem Rechtspfleger oder dem Urkundsbeamten (§ 12c Abs. 2 GBO) zur Entscheidung vorzulegen. Dies gilt auch, wenn eine versehentliche Rötung beseitigt werden soll. Diese ist in geeigneter Weise, beispielsweise durch einen Vermerk, dass die Rötung versehentlich erfolgt ist, zu berichtigen.

3.2.3 Eintragung zur Bezeichnung der Grundstücke im Bestandsverzeichnis

Ein Hinweis im Liegenschaftsbuch, wonach zu einem Grundstücksbestand ein Teil eines im Grundbuch nicht gesondert ausgewiesenen Flurstücks (Anliegerweg oder -graben) gehört (Anliegervermerk), ist im Anschluss an die Wirtschaftsart und Lage des Grundstücks zu vermerken, zu dem der Teil gehört.

3.2.4 Bestandsblatt aus dem Liegenschaftskataster

3.2.4.1 Wird bei einem aus mehreren Flurstücken bzw. Flurstücksteilen bestehenden Grundstück entgegen Nr. 4.2.1 nach § 6 Abs. 4 Satz 1 und 2 GBV verfahren, so ist das beglaubigte Bestandsblatt aus dem Liegenschaftskataster mit dem Vorblatt zu verbinden.

3.2.4.2 Sind auf einem gemeinschaftlichen Grundbuchblatt auf diese Weise mehrere Grundstücke eingetragen, so ist das beglaubigte Bestandsblatt für jedes Grundstück getrennt zu halten.

3.2.5 Eintragung von Gesamtrechten

3.2.5.1 Ist das Grundbuchamt bei der Eintragung von Gesamtrechten nicht selbst für die Eintragung bei allen Grundstücken zuständig und wird die Mithaft der Grundstücke, deren Grundbuchblätter es nicht führt, zugleich mit der Eintragung des Rechts erkennbar gemacht, so soll vorher bei den anderen beteiligten Grundbuchämtern angefragt werden, ob die Grundstücke in den Eintragungsunterlagen grundbuchmäßig richtig bezeichnet sind.

3.2.5.2 Zur Durchführung des § 55a Abs. 2 GBO bewirkt das Grundbuchamt die Mitteilungen nach Unterabschnitt XVIII/4 MiZi. Im Falle der Nr. 3.2.5.1 ist die Bezeichnung der mitbelasteten Grundstücke mit den eingehenden Mitteilungen der anderen Grundbuchämter zu vergleichen. Ist die Mithaft der anderen Grundstücke noch nicht vermerkt oder ergeben sich Unstimmigkeiten, sind die Mitteilungen dem Rechtspfleger vorzulegen.

3.2.5.3 Sofern nicht nach Nrn. 3.1.3.2 und 3.1.3.3 zu verfahren ist, ist in geeigneter Weise (z. B. Fristsetzung für die Antragstellung, Anfrage bei den beteiligten Grundbuchämtern) zu überwachen, ob der Antrag auf Eintragung des Gesamtrechts auch bei den anderen Grundbuchämtern gestellt wird.

3.3 Mitteilungen

3.3.1 Allgemeines

3.3.1.1 Die erforderlichen Mitteilungen sind mit der Schlussverfügung und der Bezeichnung der einzelnen Empfänger anzuordnen und von der Geschäftsstelle auszuführen, wenn sie nicht vom Rechtspfleger selbst veranlasst werden.

3.3.1.2 Die Mitteilungen werden in elektronischer Form oder durch Übersendung eines Ausdrucks der Eintragung ausgeführt. Hierbei sind die Stelle der Eintragung (Grundbuchbezirk, Blatt), die Gemarkung und der Name des Eigentümers, gegebenenfalls auch des neuen Eigentümers, anzugeben. Weiterhin sollen die Flurstücksnummer des betroffenen Grundstücks und gegebenenfalls das Aktenzeichen des Notars angegeben werden. Die Angabe der Gemarkung kann unterbleiben, wenn sie mit dem Grundbuchbezirk übereinstimmt. Die Ausdrucke sind bei der Herstellung der Eintragung in das Grundbuch in der erforderlichen Zahl zu erstellen.

3.3.1.3 Eine Unterzeichnung der Mitteilungen ist nicht erforderlich.

3.3.2 Mitteilungen an die Finanzämter

3.3.2.1 Die Mitteilungen an die Finanzämter erfolgen über den Datenaustausch mit der Vermessungsverwaltung ohne Unterrichtung der Betroffenen.

3.3.2.2 Den Finanzämtern werden vorerst nur die in § 29 Abs. 4 Satz 1 BewG bezeichneten Daten bekannt gemacht. Eine Mitteilung der in § 29 Abs. 4 Satz 2 und 3 BewG genannten Daten unterbleibt.

3.4 Einsicht, Abschriften, Auskunft

3.4.1 Einsicht in das Grundbuch, die Grundakten und Verzeichnisse

3.4.1.1 Die Einsicht in das Grundbuch und die Grundakten ist in ständiger Anwesenheit eines Bediensteten des Grundbuchamts durchzuführen.

3.4.1.2 Aktentaschen und ähnliche Behältnisse mit einem größeren Innenformat als DIN A 4 dürfen bei der Grundakteneinsicht nicht mitgeführt werden.

3.4.1.3 Für die Einsicht in die Verzeichnisse (§ 12a GBO) gelten die Nrn. 3.4.1.1 und 3.4.1.2 entsprechend.

3.4.1.4 Der Gerichtsvorstand kann nähere Anordnungen über die Durchführung der Einsicht treffen. Er kann hierbei für Angehörige inländischer öffentlicher Behörden sowie für Notare und deren Mitarbeiter Ausnahmen von den Nrn. 3.4.1.1 und 3.4.1.2 zulassen.

3.4.2 Übermittlung von Grundbuchausdrucken mit Telekopie

3.4.2.1 Grundbuchausdrucke können auf Antrag in Schriftform oder elektronischer Form mit Telekopie übermittelt werden, wenn die Eilbedürftigkeit dargelegt und der Geschäftsgang des Grundbuchamts nicht unangemessen belastet wird. Ein Anspruch auf Übermittlung eines Grundbuchausdrucks auf diesem Wege besteht nicht.

3.4.2.2 Das Sendeprotokoll ist zum Vorgang zu nehmen.

3.4.3 Einsicht zu allgemeinen Zwecken

3.4.3.1 Über Anträge von Privatpersonen, ihnen im Verwaltungswege die Einsicht in Grundbücher und Grundakten zu gestatten, entscheidet der Gerichtsvorstand. Entsprechende Anträge sind ihm mit einer Stellungnahme vorzulegen, ob gegen die Gewährung der Einsicht Bedenken bestehen.

3.4.3.2 Einem Antrag kann unter dem Vorbehalt des jederzeitigen Widerrufs stattgegeben werden, wenn dargelegt wird, dass dadurch unterstützungswürdige Zwecke, insbesondere wissenschaftliche Studien, gefördert, die Belange der Eigentümer oder sonstiger Beteiligter nicht beeinträchtigt werden und wenn sichergestellt ist, dass mit gewonnenen Informationen kein Missbrauch getrieben wird. Auch darf der Geschäftsgang des Grundbuchamts nicht unangemessen belastet werden.

3.4.4 Einsichtsrecht der Presse

Der Presse kann aufgrund der Wahrnehmung öffentlicher Interessen grundsätzlich ein Recht auf Grundbucheinsicht nach § 12 Abs. 1 GBO zustehen. Sie muss ein berechtigtes Interesse an der Einsichtnahme darlegen. Die Anforderungen an das berechtigte Interesse selbst und an dessen Darlegung müssen der Besonderheit der freien Presse Rechnung tragen. Das Grundbuchamt überprüft das Vorliegen des berechtigten Einsichtsinteresses und die Anforderungen der Verhältnismäßigkeit (Eignung/Erforderlichkeit) in eigener Verantwortung aufgrund der Darlegungen des Einsichtsbegehrenden. Dies geschieht im Regelfall ohne Anhörung des Eigentümers.

4. Erhaltung der Übereinstimmung zwischen Grundbuch und Liegenschaftskataster

4.1 Mitteilungen zum Liegenschaftskataster

4.1.1 Umfang der Mitteilungspflicht

Die Mitteilungspflicht des Grundbuchamts bei Veränderungen in der Buchung eines Grundstücks im Grundbuch und bei Veränderungen in der Ersten Abteilung des Grundbuchs bestimmt sich nach Unterabschnitt XVIII/1 MiZi.

4.1.2 Ausführungen der Mitteilungen

Die Mitteilungen erfolgen über den elektronischen Datenaustausch zwischen Grundbuchamt und Vermessungsverwaltung. Dieser findet regelmäßig automatisiert über die im Verfahren SolumSTAR integrierte Schnittstelle zur Vermessungsverwaltung statt. Ist ein Datenaustausch vorübergehend nicht möglich, stellt das Grundbuchamt sicher, dass die Mitteilungen nachgeholt werden.

4.2 Eintragungen mehrerer Grundstücke

4.2.1 Buchung mehrerer Grundstücke

Im Hinblick auf die Übereinstimmung des Grundbuchs mit dem automatisierten Liegenschaftsbuch sind aus mehreren Teilen bestehende Grundstücke unter Aufführung der einzelnen Flurstücksnummern als rechtlich vereinigte Grundstücke zu buchen. Die Buchung als Gesamtgrundstück nach § 6 Abs. 4 GBV soll nur aus wichtigen Gründen im Einzelfall erfolgen.

4.3 Änderung von Bestandsangaben

4.3.1 Auszüge aus Fortführungsnachweisen

Das Grundbuchamt erhält vom Vermessungsamt laufend Auszüge aus den Fortführungsnachweisen. Aufgrund dieser Auszüge ändert das Grundbuchamt das Bestandsverzeichnis.

4.3.2 Aufklärung des Sachverhalts

Kann eine Änderung oder Berichtigung erst nach Beseitigung von Unstimmigkeiten in das Grundbuch übernommen werden, soll das Grundbuchamt in Verbindung mit dem Vermessungsamt die Sache aufklären und, soweit erforderlich, die Beteiligten unter Hinweis auf ihr Interesse zur Mitwirkung veranlassen.

4.3.3 Dokumentation der Veränderungen

Der Vollzug des Fortführungsnachweises ist auf diesem zu vermerken.

4.3.4 Vollzug der Veränderungen, Benachrichtigungen

4.3.4.1 Die Bestandsangaben sind grundsätzlich in der Weise zu ändern oder zu berichtigen, dass das Grundstück mit den neuen Angaben unter einer neuen laufenden Nummer eingetragen wird.

4.3.4.2 Die Benachrichtigung des Vermessungsamts richtet sich nach Unterabschnitt XVIII/1 MiZi in Verbindung mit Nrn. 4.1.1 und 4.1.2.

5. Änderung der Grundbuchbezirke

5.1 Änderung in der Benennung und im Bestand

5.1.1 Bei Änderungen in der Benennung der Gemarkungen werden die Benennungen der Grundbuchbezirke entsprechend geändert.

5.1.2 Bei Änderungen im Bestand der Gemarkung (Neubildung, Zusammenlegung, Umgliederung) werden die Grundbuchbezirke entsprechend dem neuen Gemarkungsbestand gebildet.

5.1.3 Bei Änderungen der Grenzen der Gemarkungen (Gemarkungsgrenzänderungen) werden die Grundbuchbezirke dem neuen Verlauf der Gemarkungsgrenze angeglichen.

5.2 Wirksamwerden der Änderungen

Die Änderung des Grundbuchbezirks wird wirksam

a) bei Neubenennungen und Umbenennungen in dem Zeitpunkt, in dem die Änderungsverfügung des Landesamts für Vermessung und Geoinformation dem Grundbuchamt zugeht, in dessen Bezirk die von der Änderung betroffene Gemarkung liegt;

b) bei Änderungen im Bestand der Gemarkungen und bei Verfügungen von Gemarkungsgrenzänderungen mit dem Zeitpunkt, in dem die Änderungsverfügung des Landesamts für Vermessung und Geoinformation oder der zuständigen nachgeordneten Behörde dem Grundbuchamt zugeht, in dessen Bezirk die von der Änderung betroffene Gemarkung liegt;

c) bei Gemarkungsgrenzänderungen als Rechtsfolge von Änderungen der Gemeindegrenzen mit dem Zeitpunkt, in dem das Grundbuchamt, in dessen Bezirk die von der Änderung betroffene Gemarkung liegt, von der Änderung Kenntnis erlangt;

d) bei Gemarkungsgrenzänderungen durch den Flurbereinigungsplan mit dem Zeitpunkt, in dem das Grundbuchamt, in dessen Bezirk die von der Änderung betroffene Gemarkung liegt, von der Änderung Kenntnis erlangt;

e) auch im Übrigen mit dem Zeitpunkt, in dem das Grundbuchamt, in dessen Bezirk die von der Änderung betroffene Gemarkung liegt, von der Änderung Kenntnis erhält.

6.   **Hypotheken-, Grundschuld- und Rentenschuldbriefe (Grundpfandrechtsbriefe)**

6.1   Herstellung der Briefe

6.1.1   Herstellung des Briefs, Nachweis in den Grundakten

6.1.1.1 Briefe und nachträgliche Vermerke auf den Briefen sind automationsunterstützt herzustellen.

6.1.1.2 Bei Schreibversehen ist ein neuer Vordruck zu verwenden. Schreibversehen in nachträglichen Vermerken auf Briefen sind zu berichtigen; der ursprüngliche Text muss jedoch leserlich bleiben. Die Berichtigung ist am Schluss des Vermerks zu bescheinigen.

6.1.1.3 Wird nicht nach § 87 oder § 89 GBV verfahren, bedürfen Briefe oder nachträgliche Vermerke der Unterschrift des Rechtspflegers und des Urkundsbeamten der Geschäftsstelle (§ 56 Abs. 2 GBO).

6.1.1.4 Die Geschäftsnummer und sonstige Vermerke über die geschäftliche Erledigung sind nicht auf den Briefen anzubringen.

6.1.1.5 Über jeden Brief einschließlich der Gruppe und der Nummer des verwendeten Vordrucks ist ein Nachweis zu den Grundakten zu nehmen. Dazu kann eine Ablichtung verwendet werden.

6.1.1.6 Falls der Brief Bezugnahmen auf Schriftstücke enthält, ist von diesen eine beglaubigte Abschrift (Ablichtung) zu den Grundakten zu nehmen.

6.1.1.7 Die Nrn. 6.1.1.5 und 6.1.1.6 gelten entsprechend für nachträgliche Vermerke auf den Briefen.

6.1.1.8 Wird ein Teilbrief hergestellt, so ist auf dem Nachweis bei der Wiedergabe des bisherigen Briefs auch dessen Gruppe und Nummer anzugeben.

6.1.1.9 Teilt ein Notar, der einen Teilbrief hergestellt hat, die Gruppe und die Nummer des Teilbriefs sowie den Betrag, auf den er sich bezieht, dem Grundbuchamt, das den Stammbrief ausgestellt hat, mit, so hat das Grundbuchamt diese Angaben auf dem Nachweis des Stammbriefs zu vermerken.

6.1.2   Briefvordrucke

Für die Ausfertigung der Briefe dürfen nur die amtlichen Vordrucke A, B und C verwendet werden. Der Vordruck C ist insbesondere für die auf den Vordrucken A und B nicht angegebenen Fälle bestimmt, z. B. für Rentenschuldbriefe.

6.1.3   Grundpfandrechtsbrief bei Gesamtrechten

6.1.3.1 Hat gemäß § 59 Abs. 2 GBO jedes Grundbuchamt einen besonderen Brief zu erteilen, so sind die einzelnen Briefe in der Regel erst herzustellen, nachdem die Eintragungen auf sämtlichen Grundbuchblättern übereinstimmend vollzogen sind.

6.1.3.2 Bei nicht maschinell hergestellten Grundbuchbriefen haben die beteiligten Grundbuchämter Übereinstimmung herbeizuführen, welches Grundbuchamt die einzelnen Briefe miteinander verbindet.

6.1.3.3 Bei Änderungen und Ergänzungen von Briefen, für die mehrere Grundbuchämter zuständig sind, hat in der Regel das Grundbuchamt, bei dem der Brief eingereicht wird, die Verbindung zu lösen und die einzelnen

Briefe unter Hinweis auf den Antrag mit der Bescheinigung der Vollzählig-keit des Gesamtbriefs sowie gegebenenfalls mit den erforderlichen Unterlagen (vgl. Nr. 3.1.3.2) an die beteiligten Grundbuchämter zu übersenden. Diese Grundbuchämter senden nach der Änderung oder Er-gänzung der Einzelbriefe diese an das absendende Grundbuchamt zum Zwecke der Wiederherstellung des Gesamtbriefs zurück. Soweit dies zweckmäßig erscheint, insbesondere wenn nur zwei Grundbuchämter zuständig sind, kann das zuerst mit der Sache befasste Grundbuchamt nach Ergänzung oder Änderung seines Einzelbriefs die Vorgänge ohne Verbindung der Briefe an das andere Grundbuchamt zur weiteren Bear-beitung und Wiederherstellung des Gesamtbriefes senden.

6.1.4 Verbindung

Bei der Verbindung (§ 50 GBV) ist eine Schnur in den Farben Weiß und Blau zu verwenden.

6.1.5 Aushändigung des Briefs

6.1.5.1 Über die Aushändigung neuer Grundpfandrechtsbriefe und die Rückga-be eingereichter Briefe muss sich ein Nachweis bei den Grundakten be-finden. Die Aushändigung in der Amtsstelle oder durch Vermittlung eines Gerichtswachtmeisters erfolgt gegen schriftliche Empfangsbestäti-gung des Empfängers, die Übersendung durch die Post mit Zustellungs-urkunde oder als Einschreiben mit Rückschein. Auf dem Vordruck des Nachweises ist die Geschäftsnummer anzugeben.

6.1.5.2 Sind dem Empfänger mehrere Briefe zu übersenden, so können diese zu einer Sendung zusammengefasst werden. Auf dem Vordruck des Nach-weises sind sämtliche Geschäftsnummern zu vermerken. Der Nachweis ist zu den Grundakten eines der beteiligten Grundbuchblätter zu neh-men, in den anderen Grundakten ist auf die Stelle zu verweisen, an der sich der Nachweis befindet.

6.2 Kennzeichnung und Bezug der Briefvordrucke

6.2.1 Kennzeichnung der Briefvordrucke

Die bundeseinheitlich gestalteten Vordrucke werden von der Bundesdru-ckerei GmbH in Berlin hergestellt. Jeder Vordruck trägt eine Gruppen- und Nummernbezeichnung. Die Gruppen werden durch die drei Arten der Vordrucke gebildet. Es entspricht die Gruppe 01 dem Vordruck A, die Gruppe 02 dem Vordruck B und die Gruppe 03 dem Vordruck C. Inner-halb jeder Gruppe erhalten die Vordrucke für das gesamte Bundesgebiet fortlaufende Nummern. Kann die Nummernfolge aus technischen oder sonstigen Gründen nicht fortgesetzt werden, so wird für den Vordruck eine neue Gruppe eröffnet, deren Zahl sich an die letzte bereits für die Zählung verwendete anschließt.

6.2.2 Bestellung und Lieferung der Briefvordrucke

6.2.2.1 Die Vordrucke können von den Amtsgerichten unmittelbar bei der Bun-desdruckerei GmbH in Berlin unter Verwendung der von dieser zur Ver-fügung gestellten Bestellscheinsätze bestellt werden. Die Bestellungen sind 100-stückweise vorzunehmen.

6.2.2.2 Die Bundesdruckerei GmbH sendet die Vordrucke an die Amtsgerichte, die zugleich Rechnungsempfänger sind und die Bezahlung unmittelbar vornehmen.

6.3 Verwahrung der Briefvordrucke

6.3.1 Bestellung eines Bediensteten für die Verwahrung

Den Vordruckbestand hat ein vom Gerichtsvorstand zu bestimmender Bediensteter unter sicherem Verschluss zu verwahren. Von ihm sind die Vordrucke auch zu beziehen, wenn sie ein Notar zur Herstellung von Teilbriefen benötigt.

6.3.2 Nachweisung

6.3.2.1 Der Verbleib eines jeden Vordrucks muss in einwandfreier Weise nachgewiesen werden können. Die Vordrucke dürfen daher nur dem Verwahrungsbediensteten zugänglich sein. Sie dürfen insbesondere nicht summarisch an die einzelnen Grundbuchabteilungen abgegeben und dort zum allmählichen Verbrauch aufbewahrt werden.

6.3.2.2 Der Verwahrungsbedienstete hat für jede Vordruckart getrennt eine Nachweisung zu führen. Die Nachweisungen sind dauernd aufzubewahren. Die Nachweisung kann auch in elektronischer Form geführt werden.

6.3.2.3 In der Nachweisung ist als Empfänger des Vordrucks derjenige anzugeben, dem die Herstellung der Reinschrift des Briefes obliegt, wenn das Grundbuchamt selbst den Brief erteilt. Wird ein Teilbrief von einem Notar hergestellt, so ist dieser als Empfänger zu bezeichnen; in der Nachweisung ist dann seine Geschäftsnummer anzugeben, statt der Unterzeichnung genügt ein schriftliches Empfangsbekenntnis, das zu den Sammelakten zu nehmen ist.

6.3.2.4 Wird ein Vordruck unverwendbar (z. B. wegen Beschmutzung, Verschreibens), so ist er an den Verwahrungsbediensteten zurückzugeben und von diesem unter Beteiligung eines vom aufsichtführenden Richter bestimmten weiteren Bediensteten alsbald zu vernichten. Die Vernichtung ist in der Nachweisung von beiden Bediensteten zu bescheinigen.

6.3.2.5 Die Nachweisungen und die Belege dazu sind jährlich mindestens einmal vom aufsichtführenden Richter oder einem von ihm beauftragten Bediensteten zu prüfen. Die Prüfung hat sich auch darauf zu erstrecken, ob die Vordrucke unter sicherem Verschluss aufbewahrt werden und ob die nach der Nachweisung nicht ausgegebenen Vordrucke als Bestand vorhanden sind.

6.3.2.6 Die Verwaltung bereits erteilter und wieder in den Geschäftsgang des Grundbuchamts gelangter Grundpfandrechtsbriefe kann auch über die elektronische Briefverwaltung in SolumSTAR erfolgen.

7. Entbehrlichkeit der Vorlage einer Unbedenklichkeitsbescheinigung

Das Bayerische Staatsministerium der Finanzen hat sich damit einverstanden erklärt, dass Personen als Eigentümer oder Erbbauberechtigte in das Grundbuch eingetragen werden, ohne dass die Unbedenklichkeitsbescheinigung nach § 22 GrEStG 1983 vorgelegt wird,

a) wenn sie Alleinerbe oder Miterben des eingetragenen Eigentümers oder Erbbauberechtigten sind und die Erbfolge durch einen Erbschein oder eine öffentlich beurkundete Verfügung von Todes wegen zusammen mit der Niederschrift über die Eröffnung dieser Verfügung nachgewiesen wird;

b) wenn sie Alleinerbe oder Miterben eines verstorbenen Alleinerben oder eines verstorbenen Miterben sind, ohne dass die vorhergegangene Erbfolge in das Grundbuch eingetragen wurde, und die Erbfolgen durch die in Buchst. a bezeichneten Urkunden nachgewiesen werden;

c) wenn der Erwerb ein geringwertiges Grundstück oder Erbbaurecht betrifft, die Gegenleistung 2500 Euro nicht übersteigt und sie ausschließlich in Geld oder durch Übernahme bestehender Hypotheken oder Grundschulden entrichtet wird;

d) beim Erwerb durch den Ehegatten oder den Lebenspartner des Veräußerers;

e) bei Erwerbsvorgängen zwischen Personen, die in gerader Linie verwandt sind; den Abkömmlingen stehen Stiefkinder gleich; den Verwandten in gerader Linie sowie den Stiefkindern stehen deren Ehegatten oder deren Lebenspartner gleich;

f) beim nach § 4 Nr. 1 GrEStG steuerfreien Übergang des Eigentums an einem Grundstück von einer Gebietskörperschaft auf eine andere anlässlich der Übertragung der Straßenbaulast nach § 6 Abs. 1 Satz 1 FStrG oder Art. 11 Abs. 4 Satz 1 BayStrWG;

g) beim Grundstückserwerb durch die Bundesrepublik Deutschland, durch ein Land oder durch eine Gemeinde bzw. einen Gemeindeverband.

8. Inkrafttreten; Aufhebung von Vorschriften

8.1 Diese Geschäftsanweisung tritt am 1. Dezember 2006 in Kraft.

8.2 Mit Ablauf des 30. November 2006 treten außer Kraft:

a) die Geschäftsanweisung für die Behandlung der Grundbuchsachen (GBGA) vom 7. Dezember 1981 (JMBl. S. 190), zuletzt geändert durch Bekanntmachung vom 11. Mai 1998 (JMBl. S. 64),

b) die Verwaltungsanordnung zu dem Programmsystem der Grundbuchämter SOLUM vom 23. Dezember 1988 (Gz. 1512a – VI – 417/87), zuletzt verlängert mit Schreiben vom 25. November 2003.

Anhang 8
Verordnung über die grundbuchmäßige Behandlung von Anteilen an ungetrennten Hofräumen (Hofraumverordnung – HofV)

Vom 12. Juli 2017

(BGBl. I S. 2358)

Auf Grund des § 23 des Bodensonderungsgesetzes, der durch Artikel 186 der Verordnung vom 31. August 2015 (BGBl. I S. 1474) geändert worden ist, verordnet das Bundesministerium der Justiz und für Verbraucherschutz:

§ 1 Amtliches Verzeichnis bei ungetrennten Hofräumen

(1) Bis zur Aufnahme des Grundstücks in das amtliche Verzeichnis gilt vorbehaltlich anderer bundesgesetzlicher Bestimmungen bei Grundstücken, die im Grundbuch als Anteile an einem ungetrennten Hofraum eingetragen sind, das Gebäudesteuerbuch als amtliches Verzeichnis im Sinne des § 2 Absatz 2 der Grundbuchordnung. Ist das Gebäudesteuerbuch nicht oder nicht mehr vorhanden, gilt der zuletzt erlassene Bescheid über den steuerlichen Einheitswert des Grundstücks als amtliches Verzeichnis.

(2) Ist ein Bescheid über den steuerlichen Einheitswert nicht oder noch nicht ergangen, dient in dieser Reihenfolge der jeweils zuletzt für das Grundstück ergangene Bescheid über die Erhebung der Grundsteuer, der Grunderwerbsteuer, ein Bescheid über die Erhebung von Abwassergebühren für das Grundstück nach dem Kommunalabgabengesetz des Landes als amtliches Verzeichnis des Grundstücks im Sinne des § 2 Absatz 2 der Grundbuchordnung.

(3) Entspricht die Bezeichnung des Grundstücks in dem Bescheid nicht der Anschrift, die aus dem Grundbuch ersichtlich ist, genügt zum Nachweis, dass das in dem Bescheid bezeichnete Grundstück mit dem im Grundbuch bezeichneten übereinstimmt, eine mit Siegel und Unterschrift versehene Bescheinigung der Behörde, deren Bescheid als amtliches Verzeichnis dient.

§ 2 Bezeichnung des Grundstücks

(1) Im Grundbuch ist das Grundstück, das dort als Anteil an einem ungetrennten Hofraum bezeichnet ist, mit der Nummer des Gebäudesteuerbuchs oder im Falle ihres Fehlens mit der Bezeichnung und dem Aktenzeichen des Bescheids unter Angabe der Behörde, die ihn erlassen hat, zu bezeichnen.

(2) Bei Grundstücken nach § 1 Absatz 1, die nicht gemäß Absatz 1 bezeichnet sind, kann diese Bezeichnung von Amts wegen nachgeholt werden. Sie ist von Amts wegen nachzuholen, wenn in dem jeweiligen Grundbuch eine sonstige Eintragung vorgenommen werden soll.

§ 3 Inkrafttreten, Außerkrafttreten

Diese Verordnung tritt am Tag nach der Verkündung in Kraft. Sie tritt mit Ablauf des 31. Dezember 2025 außer Kraft.

Sachverzeichnis

Die fetten Zahlen bedeuten die Paragraphen der GBO, die mageren Zahlen
die Randnummern.

Sachverzeichnis

fette Zahlen = §§ der GBO

Sachverzeichnis

Sachverzeichnis

magere Zahlen = Randnummern

Sachverzeichnis

Sachverzeichnis

Sachverzeichnis

Sachverzeichnis

Sachverzeichnis

Sachverzeichnis

beschränkte persönliche D. **Anh. 44** 21
Eintragung einer D. **Anh. 44** 8
Energiegewinnungsanlage **Anh. 44** 26
Erlöschen **Anh. 44** 11
Grunddienstbarkeit **Anh. 44** 20 ff.
am eigenen Grundstück **Anh. 44** 38
Inhaltsänderung **Anh. 44** 15
an einem Miteigentumsanteil **7** 20
Unterlassungsdienstbarkeit **Anh. 44** 17;
s. auch Reallast
an WEigentum **Anh. 3** 66
Zwangsversteigerung eines Miteigen-
tumsanteils an einem mit einer D. be-
lasteten Grundstück **Anh. 44** 11
Dingliches Wohnungsrecht
Eintragung vor Gebäudeerrichtung
Anh. 44 28
Erlöschen bei Gebäudezerstörung **84** 13
als ausschließliches Recht **Anh. 44** 29.1
Dokumentation
lückenlose D. aller GBEintragungen
44 71
Dolmetscher 1 48
Doppelbevollmächtigter 19 68; **20** 41
Doppelbuchung
Beseitigung **3** 26
Wirkung **3** 25
Doppelhypothek Anh. 44 44; **48** 12
Doppelrelevante Tatsachen 77 9
Doppelstockgarage
selbständige Buchung von Miteigen-
tumsanteilen **3** 27
Gebrauchsregelung der WEigentümer
Anh. 3 31
zur Sondereigentumsfähigkeit **Anh. 3** 21
Duplex-Stellplatz
s. Doppelstockgarage

E

EDV-Grundbuch
s. maschinell geführtes Grundbuch
Ehegatte
Bezeichnung des ausländischen Güter-
rechts **47** 25
Eintragung als Berechtigter **33** 28
erforderliche Nachweise **33** 31
Verfügungsbefugnis **33** 30
Zustimmung zu Vermögensverfügung
33 6
Eheliches Güterrecht
EintrFähigkeit **33** 23
Ersetzung des Zeugnisses **33** 37
Europäische Güterrechtsverordnung
33 22
ausländisches G. **33** 18; **47** 25
gesetzliches G. **33** 4
vertragliches G. **33** 13

Nachweis durch Zeugnis des Registerge-
richts **33** 1, 34
Notwendigkeit des Nachweises **33** 28 ff.
Überleitung im Gebiet der ehemaligen
DDR **33** 3
Ehescheidung
Auflassung eines Grundstücks für den
Fall der E. **20** 36
Einfluss auf die Zustimmungsbedürftig-
keit einer Gesamtvermögensverfügung
bei gesetzlichem Güterstand **33** 12
Ehevertrag 33 14, 40
Eidesstattliche Versicherung
als Beweismittel **1** 71; **29** 23; **35** 6, 39.3,
41, 44, 49; **51** 39
Eigentum
des Volkes s. Volkseigentum
Eigentümer
Eintragung des E. **Anh. 44** 1
Eintragung mehrerer E., zwischen denen
kein Rechtsverhältnis der in § 47 ge-
nannten Art besteht **47** 24
Zustimmung zur Lösung von Grund-
pfandrechten **27** 10
Zustimmung zu seiner Eintragung bei
Berichtigung **22** 54
Eigentümerbeschluss
Nachweis **29** 10
nicht eintragungsfähig **Anh. 13** 28
Eigentümergrundschuld
aufgrund Aufhebung des einer Zwangs-
hyp. zugrunde liegenden Titels
Anh. 44 65.4
gesetzlicher Löschungsanspruch
39 22
Pfändung **Anh. 26** 32
auf Grund Rückschlagsperre unwirksam
gewordene Zwangshyp. **Anh. 44** 66.2
Verfügung über künftige E. **39** 20
Voreintragung des Eigentümers bei Ver-
fügung über eine E. **39** 19
Zinsbeginn bei Abtretung **26** 21
Eigentümerversammlung
Nachweis der Zustimmung zur Veräuße-
rung von Wohnungseigentum **29** 10
Eigentümerverzeichnis 1 108; **12a** 1
Auskunft **12a** 6
Einsicht **12 2**
Protokollierung der Einsicht **12a** 10
Eigentumsverschaffungsanspruch
s. Auflassungsanspruch
Eigentumsvormerkung
nach erklärter Auflassung **Anh. 44** 103
Begriff **Anh. 44** 102
fehlende Beschwerdeberechtigung des
Berechtigten **71** 59.3, 69
für einen Ehegatten **Anh. 44** 105

1308

Sachverzeichnis

Sachverzeichnis

Sachverzeichnis

Sachverzeichnis

Sachverzeichnis

Sachverzeichnis

Sachverzeichnis

Sachverzeichnis

Sachverzeichnis

Sachverzeichnis

Sachverzeichnis

Sachverzeichnis

Sachverzeichnis

Sachverzeichnis

Sachverzeichnis

Sachverzeichnis

Sachverzeichnis

Sachverzeichnis

Sachverzeichnis

Sachverzeichnis

Sachverzeichnis

Sachverzeichnis

Sachverzeichnis

Sachverzeichnis

Sachverzeichnis

Sachverzeichnis

Sachverzeichnis

Sachverzeichnis

Sachverzeichnis

Sachverzeichnis

Sachverzeichnis

Sachverzeichnis